KB130504

Clinical Handbook of Psychological Disorders

A Step-by-Step Treatment Manual (5th ed.)

심리장애의 임상적용을 위한 핸드북

근거기반의 단계적 치료

David H. Barlow 편저

김정모 · 김지혜 · 박상규 · 박중규 · 배주미 · 서수연
신성만 · 전미애 · 정경미 · 조용래 · 최기홍 · 현명호 공역

학지사

Clinical Handbook of Psychological Disorders, Fifth Edition: A Step-by-Step Treatment Manual
edited by David H. Barlow, PhD.

역자 서문

심리장애를 이해하고 치료하는 데 있어서 기존 심리치료의 이론들이 큰 기여를 하였다. 그러나 최근 심리장애의 발생과 유지에 관한 조건, 그리고 장애의 극복을 위한 치료적 전략에 관해 근거기반의 심리학적 연구 결과가 축적되고 있다. 이러한 학문적 결실의 결과, 근거기반의 임상실무라고 하는 심리치료의 새로운 흐름이 발전하고 있다. 특히 몸과 마음의 건강에 관여하는 임상의 전문분야에서는 과학적 증거에 기반한 임상실무의 가치가 강조된다는 것이 큰 의의가 있다고 할 것이다.

이 책에서는 최근의 이론과 모델을 통해 심리장애의 증상을 과학적으로 설명하고, 임상실무에 적합한 치료적 전략을 제시하고 있다. 학문적 업적이 뛰어나고 임상경험이 풍부한 많은 저자가 모여 각각의 심리장애에 대한 증상과 평가과정을 설명하고, 실제 그들의 임상사례를 중심으로 치료전략을 기술하고 있다. 저자들이 보여 주는 임상가로서의 자세와 내담자에 대한 깊은 공감이 우러나는 소중한 경험을 같이 공유할 수 있다는 것에 깊은 감사를 드린다.

이 책의 번역을 위해 참여한 역자들은 국내의 교육과 현장에서 오랜 시간 임상실무를 담당하고 교육에 힘써 오고 있었기 때문에 근거기반 접근의 중요성을 느껴 왔다. 장애의 설명과 개입을 동일한 근거기반의 모델을 통해 접근하는 노력이 국내 임상실무 발전에 큰 도움이 될 것이라 생각된다. 이 책에서는 만성의 정신장애와 우울, 불안과 같은 정서곤란, 그리고 중독과 섭식 및 수면의 행동변화와 건강한 부부관계의 발전까지 다양한 임상현장에서 마주칠 수 있는 사례들이 포함되어 있어 그 가치가 더 크다고 할 수 있다.

또한 이 책은 치료 과정의 실제 대화와 그 대화에 참여하는 임상가의 의도가 자세히 설명되어 있기에 심리장애의 치료적 접근에 관심이 있는 모든 정신건강의 전문가와 관련 대학원생들에게 실질적인 임상실무 능력을 향상시키는 데 큰 도움이 될 것이다. 그리고 이제 임상 관련 분야에 입문하는 학생들에게도 과학적 태도로 심리장애에 접근하는 가능성과 유용성의 소중한 실제를 보여 줄 것이다. 이 책의 내용이 임상실무 능력을 발전시키는 데 크게 기여할 것이라고 확신하지만, 혹시라도 여기에 미흡한 점이 있다면 그것은 역자들의 노력에도 불구하고 완벽하지 못한 번역의 한계라고 말하고 싶다. 이 책이 나오기까지 오랫동안 인내와 애정을 갖고 관심을 기울여 주신 학지사 김진환 사장님과 편집부 여러분의 노고에도 감사를 표한다.

역자 일동

편저자 서문

근거기반의 임상실무(evidence-based practice)는 간헐적으로 나타났지만, 전체 학계에서 강조되고 있는 개념이다. 근거기반의 임상실무 중 일부는 수십 년 동안 있었지만(이 핸드북에서 강조한 바와 같이), 체계적인 임상실무의 방법으로서 공식적으로 확인된 것은 지난 15년 전의 일이다(Institute of Medicine, 2001; Sackett, Strauss, Richardson, Rosenberg, & Haynes, 2000).

그 이후 근거기반의 임상실무에 대한 '변곡점'(Gladwell, 2000)이 제기되었으며, 전 세계 정신건강의 정책입안자와 정부기관, 전문적 학계 등에서 정신건강의 실무가 근거에 기반되어야 함을 결정하였다(APA Task Force on Evidence-Based Practice, 2006). 이 선언을 이해하는 것이 근거기반 임상실무의 목표이며, 이 책이 1985년에 첫 출간되었을 때의 목표이기도 하다.

이 책의 제5판에서도 근거기반의 심리적 장애의 치료를 개관한 다른 유사한 책들과는 다른 독특한 특징이 유지되었다. 지난 20년 동안 우리는 장애마다 필연적으로 서로 다를 수밖에 없는 행동 변화의 기법을 발전시켜 왔다.

이 기법들은 특정 장애에 효율적이라고 검증된 다양한 기술과 절차로 구성되어 있다(그리고 점점 더 많은 종류의 장애가 포함되고 있다). 여기서 다루는 장애들은 다른 장애보다 치료의 효과가 더 크다는 증거가 많다. 또 초판 이후 이 기술을 효율적으로 적용하기 위한 임상적 기법이 더 필요하다는 것이 분명하다. 그러므로 제5판에서는 특정 장애에 대한 치료적 절차를 새롭게 개관하고자 하는 것이 아니다. 오히려 경험이 많은 임상가가 대부분의 장애에서 직면하게 되는 행동 변화의 기법을 실제 임상현장에서 적용한 경험을 자세하게 기술하고자 하였다.

이번 판에서는 가장 최신의 치료 매뉴얼을 설명하였다. 새로운 수정 내용 중 다음의 몇 장을 소개하는 것이 필요할 것이다. Mondon, Resick과 Rizvi(제2장)가 이라크 참전 군인의 전투경험을 기술하여 외상 후 스트레스 장애에 대한 내용을 개정하였다. 말로 표현하기 어려운(참기 어려운) 이라크 전쟁의 외상을 성공적으로 치료한 사례는 뉴스를 장식할 만한 주요 주제 중 하나이지만 거의 언급되고 있지 않다. 또한 약물

남용은 개인의 삶과 가족의 기능, 그리고 사회조직을 황폐화시키고 있다. Higgins, Sigmon과 Heil(제14장)은 최근의 접근법을 소개하는데, 이것은 모든 약물남용의 사례에 적용할 수 있을 것이다. 선구적인 연구자에 의해 작성된 조현병과 다른 정신증적 장애, 경계선 성격장애, 양극성장애, 그리고 우울을 포함한 다양한 불안장애가 최근의 가장 효율적인 치료적 접근을 반영하여 개정되었다.

또한 3개의 독창적인 치료 매뉴얼이 이번에 처음으로 소개되었다. 불면증의 단기치료는 약물치료보다 우월한 근거기반치료의 성공적인 사례로 간주된다. 그러나 이 치료법은 많은 치료자가 직면하는 문제로서 환자들 자신도 알지 못하는 전략들을 포함하고 있다. 이러한 치료법의 성공으로 인해 미국수면의학회(American Academy of Sleep Medicine)는 이 치료법을 수면약물을 처방하는 불면증 환자의 1차 치료법으로 권고하고 있다. Kaplan과 Harvey(제16장)가 기술한 치료적 절차는 이 문제에 성공적인 접근방식을 보여주고 있다.

Roemer와 Orsillo(제5장)는 범불안장애에 대한 새로운 수용중심의 접근법을 설명한다. 이 접근법은 창의적인 방식으로 심리장애에 대한 소위 '제3의 흐름'이라고 일컬어지는 원칙들을 반영한다. 이 치료적 접근의 첫 결과가 인상적이다.

경험이 많고 잘 알려진 치료자인 Norcross와 Beutler(제15장)는 다중약물 남용 및 우울증으로 고통받는 젊은 여성의 사례를 통해 '치료 일치'의 전략적 접근을 소개하고 있다. 이 치료 설명에서 표준화된 인지행동 및 체계 접근법이 설명되고 있지만, 저자들은 이 책에서 초진단적이나 경험적으로 지원되는 치료자 및 관계적 요인을 명시적으로 강조한다.

마지막으로, 근거기반의 임상실무의 여러 진단적 조건에 적용할 수 있는 효율적인 변화 원칙들을 자세하게 설명하고 있다. '통합적'이며 '초진단적'인 매뉴얼 중 두 가지가 이번 5판에 소개되어 있다. 제6장(Payne, Ellard, Farchione, Fairholme, & Barlow)에서 우리는 정서장애에 대한 우리 자신의 통합된 접근을 소개하고 있으며, Fairburn과 Cooper(제17장)는 그들의 동료들과 함께 처음 시작한 섭식장애에 대한 초진단적 접근에 대해 설명한다.

모든 장에서는 임상적 적용의 과정에서 중요한 내용이 강조된다.

이전 판과 마찬가지로, 이 책은 수많은 임상심리학의 대학원생, 정신과 전문의, 그리고 정신건강 분야의 수련생 또는 임상가에 의해 동기화되었다. 이들이 궁금해하는 것은 "하지만 어떻게 해야 합니까?"였다. 임상실무를 안내하는 유용한 자료로서 단계적인 치료 매뉴얼이 부족하다는 것을 고려하면, 이 책은 감히 그 점에서 하나의 용감한 시도라고 할 만하다. 이 목적을 달성하기 위해서 많은 특별한 주제가 대부분의 장에서 공통적으로 언급되고 있다. 각 장은 특정 장애(또는 장애군)의 간단한 지식을 소개하는 것으로 시작한다. 이후 장애에 핵심적으로 적용 가능한 기법을 안내하는 특정 모델 또는 이론에 대한 설명이 뒤따른다. 이 모델 또는 이론은 일반적으로 다음과 같은 질문에 대해 해결책을 제시한다. 장애의 어떤 측면이 평가되어야 하고 또 개입되어야 하는가? 임상적인 적용은 항상 이론적 모델과는 괴리가 있지만, 임상가는 인지행동 및 체계적 접근과 부분적으로 정신역동적 이론이 중요한 이론적 근거를 제공한다는 데 인식을 같이하고 있다.

장애 모델의 설명 후, 실제 치료 설정에 관한 내용이 설명된다. 치료 설정은 일반적인 사무실 설정에서 환자의 가정환경에 이르기까지 장애에 따라 서로 다르다. 저자는 치료의 사회적 맥락(예: 가족 또는 친구의 참여의 중요성)과 특정 문제와 관련한 치료자 및 내담자의 변인에 대해 상세한 설명을 제공한다. 예를 들어, 광장공포증 또는 부부치료의 기술을 구현하는 데 중요한 치료자 변인이 설명된다. 또 저자들은 광장공포증이 있는 공황장애 환자의 의존성 및 비주장성 같은 내담자 변인이 치료에 미치는 영향에 대해 논의한다.

평가 및 치료의 실질적인 단계적 과정의 자세한 설명이 제시된 후 많은 장에서 축어록이 예시되어 있다. 여기에서 치료 전에 환자에게 제시되는 이론적 근거와 특정 기법을 적용할 때 나타나는 전형적인 문제들이 중요하게 언급되고 있다. 자료가 있다면 저자들은 성공 또는 실패의 임상적 예측에 대한 정보를 제공한다.

앞에서 설명한 야심찬 목표를 달성하는 과정에서 이전 판과 마찬가지로 나는 이 책에서도 선도적인 임상가와 연구자의 실제 치료 과정에서의 자세한 자료를 얻을 수 있었다는 점을 행운이라고 생각한다. 다시 한번, 저자들이 실제 적용한 치료 과정을 설명하기 위해 많은 자료를 자세하게 설명한 것은 기대 이상이었다. 임상가와 임상심리학의 학생들이 이 책의 자세한 내용을 통해 많은 이득을 얻기를 희망한다.

마지막으로, 나는 이 책을 편집하는 데 도움을 준 동료 연구자이며 행정 조력자인 Amantia Ametaj에게 깊은 감사를 표한다. 그녀는 나와 다른 저자들의 작업에 깊이 관여하였다. 나는 이 감사의 표시가 그녀가 임상심리학의 박사학위를 취득하는 데 큰 도움이 될 것이라고 확신한다.

David H. Barlow

참고문헌

APA Task Force on Evidence-Based Practice. (2006). Evidence-based practice in psychology. *American Psychologist, 61*, 271-285.

Gladwell, M. (2000). *The tipping point: How little things can make a big difference.* Boston: Little, Brown.

Institute of Medicine. (2001). *Crossing the quality chasm: A new health system for the 21st century.* Washington, DC: National Academies Press.

Sackett, D. L., Strauss, S. E., Richardson, W. S., Rosenberg, W., & Haynes, R. B. (2000). *Evidence-based medicine: How to practice and teach EBM* (2nd ed.). London: Churchill Livingstone.

차례

chapter
7 우울증을 위한 인지치료 … 405

/ 박중규 역

chapter
8 우울증의 대인관계치료 … 487

/ 김지혜 역

chapter
9 우울증을 위한 행동활성화 … 519

/ 박중규 역

chapter
10 경계선 성격장애 ……… 581

/ 배주미 역

chapter 15 우울증과 물질남용을 위한 근거 기반 관계 및 반응성 치료 … 899

/ 정경미 역

chapter 16 수면장애의 치료 ……… 931

/ 서수연 역

chapter 17 섭식장애: 범진단적 프로토콜 … 973

/ 배주미 역

chapter 18 커플 고충 ……………1019

/ 정경미 역

chapter 1

공황장애와 광장공포증

Michelle G. Craske, David H. Barlow 공저
김정모 역

이 장에서 기술한 치료계획서는 근거기반의 심리학적 치료가 보여 준 하나의 대표적인 성공사례이다. 많은 연구 결과, 이 접근법은 위약효과와 긍정적 기대는 물론 유익한 치료적 동맹과 같은 '공통' 요소를 포함한 대안적인 심리사회적 접근을 넘어서는 효과를 보여 준다. 또 이 치료는 전 세계의 공중보건이나 다른 영역에서의 임상실무를 위한 지침서로서 중요한 부분을 구성하고 있으며, 공황장애와 광장공포증의 효율적인 치료를 기술하고 있다. 이 치료계획서를 평가한 많은 연구 결과에 의하면, 이 치료법은 단독 또는 최신의 약물치료와의 병행치료에서 단기적으로 최선의 약물치료와 동일한 효과를 나타내며, 장기적으로는 더 지속적인 효과를 보여 주고 있다. 그러나 이 치료법은 아직 발전 중이다. 예를 들면, 우리는 최근에 공포감소의 과정에서 신경생물학적인 기제에 관한 많은 연구를 알고 있으며, 이 결과를 효과적으로 적용하기 위한 최선의 심리적 방법과 최근에 발전한 수용중심의 절차가 효율적으로 검증되었다는 것을 알고 있다. 이 장에서는 이 치료계획서의 최근 개정된 내용을 설명하고 있으며, 개정된 내용은 DSM-5 진단기준의 맥락과 일치한다. 모든 내용이 '줄리'의 치료 과정을 자세하게 설명하면서 예시되어 있다. - D. H. B.

공황장애와 광장공포증의 치료를 위한 생물심리사회적 모델과 인지행동치료가 계속 발전하고 있다. 공황장애를 신체감각에 대한 습득된 공포로 개념화하고, 광장공포증을 그 신체감각들이 예상되거나 또는 점점 더 공황발작으로 크게 발전할 것 같은 예상 때문에 취하는 행동 반응으로 간주하는 것은 실험 및 임상적, 그리고 장기추적 연구에서 지지되고 있다. 특히 신체감각의 공포와 연관된 대중적 상황에 초점을 둔 인지행동치료의 효과가 잘 입증되고 있다. 이 장에서는 치료 결과에 대한 최신의 개관을 제시하고, 원인론적 요인과 치료 과정에서의 동반이환장애의 역할, 노출치료 중 효율적인 학습, 그리고 인지행동치료 과정 중 약물치료의 효과라는 관점에서 이론적 · 실증적 발전을 살펴보기로 한다. 또 이 장에서는 공황장애와 광장공포증의 치료에 대한 자세한 회기별 과정을 설명할 것

인데, 이것은 저자들의 심리치료기관에서 발전시켜 온 것이며, 자세한 치료 매뉴얼은 이곳에서 얻을 수 있다(Barlow & Craske, 2006; Craske & Barlow, 2006).

공황과 광장공포증의 특성

공황발작

'공황발작(panic attacks)'이란 강력한 공포와 불편감을 경험하는 삽화로서 DSM-5의 공황장애의 체크리스트에 있는 신체적·인지적 증상을 동반하게 된다[American Psychiatric Association(APA), 2013]. 공황발작은 갑작스럽게 혹은 돌발적으로 나타나 잠시 지속되는 간헐적인 것으로서 점진적으로 발전하는 불안의 긴장감과는 대비된다. 공황장애의 공황발작은 주로 예상치 못한 특징을 갖고 있다. 즉, 공황발작은 환자의 관점에서는 어떤 명확한 촉발 요인이 없거나, 또는 예기치 않게 언제라도 일어난다는 것을 의미한다. 실제 공황장애의 진단은 반복적으로 '예기치 못한' 공황발작이 일어나고, 이로 인해 최소 1개월 동안은 재발과 그 결과에 대한 지속적인 걱정, 또는 발작의 결과 나타나는 행동의 변화로서 정의된다(APA, 2013).

기본 정서(Izard, 1992)와 마찬가지로, 공황발작도 강한 행동경향성을 보인다. 도피충동이 가장 자주 나타나며, 가끔 투쟁충동이 나타나기도 한다. 투쟁-도피 경향성은 투쟁, 도피를 위한 자율신경계의 항진을 포함하고 있다. 또 죽음, 통제상실, 혹은 사회적으로 웃음거리가 되는 것과 같은 즉각적인 위협이나 위험을 지각하는 것도 투쟁-도피 반응을 일으키게 된다. 그러나 긴급한 도피와 자율신경계 항진, 그리고 위협지각의 속성들은 자신이 공황을 경험하고 있다고 보고할 때 모든 사람에게서 나타나지 않는다. 예를 들면, 심장박동이 증가한다는 증거에도 불구하고 다른 교감신경계의 지표는 평균 수준을 보인다(Wilkinson et al., 1998). 또 Margraf, Taylor, Ehlers, Roth와 Agras(1987)에 의하면, 공황발작을 경험한다고 한 사람 중 40%는 심장박동의 증가와 관련이 없다. 특히 일반적으로 공황장애 환자는 불안하지 않은 통제집단과 비교하여 실제보다 더 많은 부정맥을 경험한다고 보고한다(Barsky, Cleary, Sarnie, & Ruskin, 1994). 자율신경지표의 항진에 대한 불안이 증가함으로써 환자들은 심혈관에서의 이상을 실제보다 더 많이 지각할 수 있다(Barlow, Brown, & Craske, 1994; Craske & Tsao, 1999). 그러므로 공황발작을 경험한다고 보고하지만 심장박동이 증가하지 않거나 다른 자율신경계 항진의 지표가 없다는 것은 실제 공황보다는 예기불안을 반영하는 것이라고 생각된다(Barlow et al., 1994). 이것은 심각한 공황발작은 심장박동의 증가와 밀접한 관련이 있다(Margraf et al., 1987)는 것을 고려할 때 타당한 추론이 될 것이다. 사람들은 가끔 위협이나 위험을 지각하지 않을 때에도 갑자기 강력한 공포를 경험한다고 보고한다. 이것을 '비인지적 공황'이라고 한다(Rachman, Lopatka, & Levitt, 1988; Kircanski, Craske, Epstein, & Wittchen, 2009 참조). 또 도피충동은 성과를 보여주거나 직업적 요구가 있을 때처럼 지속적인 접근과 유지가 반복되는 상황에서는 약화된다. 그러므로 행동적 반응과 언어적·생리학적 공포 반응은 일치하지 않을 때도 있다.

공황장애(panic disorder)의 한 하위 집단으로 야간성 공황발작이 있다. '야간성 공황'은 공황상태에서 잠에서 깨어나는 것을 의미하는데, 이때의 증상은 깨어 있을 때의 공황 증상과 매우 유사하다(Craske & Barlow, 1989: Uhde, 1994). 야간성 공황은 잠에서 깨어나서 잠시 후에 공황에 빠져든다거나, 혹은 악몽과 외부 자극(예: 예기치 못한 소음)에 의해 초래되는 야간의 긴장을 의미하는 것은 아니다. 즉, 야간성 공황은 어떤 명확한 촉발 요인 없이 공황상태에서 갑자기 깨어나는 것을 의미한다. 대부분의 야간성 공황발작은 취침 후 1~3시간 후에 발생하고, 가끔 밤에 1회 이상 나타나기도 한다(Craske & Barlow, 1989). 임상연구에 의하면, 공황장애 환자의 44~71%가 최소 1회, 30~45%가 반복적인 야간성 공황을 경험한다(Craske & Barlow, 1989; Krystal, Woods, Hill, & Charney, 1991: Mellman & Uhde, 1989; Roy-Byrne, Mellman, & Uhde, 1988; Uhde, 1994). 야간성 공황발작으로 자주 고통받는 사람들은 수면을 두려워하고, 잠자리에 드는 것을 늦추려고 한다. 수면을 회피하는 것은 만성적인 수면박탈을 초래하고, 이것은 결국 더 빈번한 야간성 공황발작을 촉발하게 된다(Uhde, 1994).

'비임상적' 공황발작은 공황장애가 아닌 일반 사람들의 약 3~5%가 경험한다(Norton, Cox, & Malan, 1992). 또 공황발작은 공황장애에 한정되지 않고 불안장애와 기분장애, 약물사용장애와 성격장애, 그리고 정신증적 장애에서도 나타난다(Craske et al., 2010). 실제 공황발작은 DSM-5(APA, 2013)에도 다른 장애에서도 나타날 수 있는 표지자로 강조되어 왔다. 이미 언급하였듯이 공황발작은 그 자체로 공황장애의 진단적 특성은 아니지만, 공황을 재경험하거나 그 부정적인 결과, 또는 공황으로 인한 행동 변화에 대한 추가적인 불안을 포함하고 있다. 즉, 공황이 발생하면 재앙 같은 일이 일어날 것이라는 생각 때문에 공황에 대한 추가적인 불안을 경험한다는 점이 공황장애와 비임상적 공황, 그리고 공황이 있는 다른 불안장애를 구분하는 기준이 된다.

환자: 저는 자주 잠들기 전에 수많은 생각을 하면서 누워 있습니다. 만약 제가 아프다면 제 딸에게 무슨 일이 일어날 것인가, 누가 그녀를 돌볼 것인가, 혹은 제 남편이 죽어서 딸을 교육시킬 충분한 돈이 없다면 어찌 될 것인가와 같은 생각을 합니다. 그렇다면 어디에서 거주하고, 또 어떻게 대처할 것인가? 그런 생각이 증폭되면서 가슴이 뛰고, 손에 땀이 나고, 어지럽고, 두려움을 느끼게 됩니다. 이런 때는 보통 모든 생각을 중단하기 위해 침대에서 일어나 TV를 켜고 걱정에서 벗어날 수 있는 어떤 일이라도 하게 됩니다.

치료자: 당신은 심장이 뛰고, 땀이 나고, 또 다시 어지럼증에 빠지는 것을 걱정합니까?

환자: 아닙니다. 그런 것들이 어느 정도 불편하기는 하지만, 제가 더 걱정하는 것은 제 딸과 우리의 미래입니다.

이 예는 공황경험이 예시이지만 불안이 공황에 초점이 맞추어진 것은 아니다. 오히려 이 여성은 범불안장애이며, 통제 불가능한 걱정이 가끔 공황을 초래하는 것이다. 다음은 사회불안 환자의 사례인데, 이 사람은 사회적 상황에서 공황발작이 나타나면 타인들로부터 부정적인 평가를 받을까 봐 걱정하고 있다.

환자: 저는 직장에서 공황이 일어나지는 않을까 두렵습니다. 다른 사람들이 제가 불안해하는 것을 아는 것이 두렵습니다. 그들은 제 손이 떨리고, 이마에 땀이 나고, 또 최악의 경우 제 얼굴이 붉어지는 것을 알게 될 것입니다.

치료자: 다른 사람들이 신체 증상을 알게 된다면 당신은 무엇이 가장 걱정됩니까?

환자: 사람들이 저를 이상하다고 생각하는 것입니다.

치료자: 모임에서 공황발작이 사라졌어도 불안합니까?

환자: 그래도 제가 일에서 실수하거나, 잘못 말하지는 않을까 걱정입니다. 공황발작 자체가 걱정되는 것은 아닙니다.

치료자: 또 다른 상황에서 공황이 일어나지는 않을까 걱정합니까?

환자: 공식적인 사회적 상황과 가끔 낯선 사람을 처음 만날 때 걱정을 합니다.

이 사례에서 환자는 공황을 경험하기는 하지만, 실제 걱정하는 것은 공황으로 인해 타인에게서 부정적인 평가를 받는 것이다. 공황은 사회적 상황이 아닌 경우에는 나타나지 않는다. 그러므로 이 사례는 사회불안으로 기술되는 것이 적절하다.

광장공포증

'광장공포증(agoraphobia)'은 공황과 유사한 증상(공황에 한정된 것은 아니다), 또 배변과 구토의 통제 상실, 방향감각의 상실(아동), 기절할 것 같은 느낌(성인)을 경험할 때 도피나 도움의 손길이 없는 상황을 참지 못하거나 피하는 것을 말한다(APA, 2013). 광장공포증의 전형적인 상황은 쇼핑몰, 줄 서서 기다리기, 극장, 자동차나 버스 여행, 사람이 붐비는 식당, 혼자 있는 것 등이다. 혼자 하는 장거리 운전을 주저하지만 직장의 출퇴근은 가능한, 또 출구 옆에 앉는다면 극장이나 사람이 붐비는 장소에는 갈 수 있는 사람의 경우에는 '경도(mind)'의 광장공포증을 의미한다. '중등도(moderate)'의 광장공포증은 집에서 반경 10마일 이내의 범위에서 동승자가 있을 때 운전을 할 수 있는 사람이 예가 될 것이다. 이 사람은 붐비는 시간을 피해서 쇼핑이 가능하고 대형마트와 기차여행과 항공기 탑승은 피한다. '중도(severe)'의 광장공포증은 이동에 제약이 있고 심지어 집 안에만 머물기도 한다.

공황과 광장공포증의 관계

공황과 광장공포증의 관계는 복잡하다. 공황장애를 겪는 모든 환자가 광장공포증을 경험하는 것은 아니며, 광장공포증의 정도도 매우 다양하기 때문이다(Craske & Barlow, 1988). 광장공포증을 초래하는 다양한 요인이 연구되어 왔다. 공황장애의 병력이 길수록 광장공포증이 증가하지만, 광장공포증 없이 공황장애를 경험하는 사람들도 많이 있다. 또 광장공포증은 공황장애의 발생 빈도 및 연령과도 관련이 없다(Cox, Endler, & Swinson, 1995; Craske & Barlow, 1988; Kikuchi et al., 2005; Rapee & Murrell, 1988). 공황발작 기간에 신체 증상을 더 많이 경험하는 것이 광장공포증을 더 많이 초래한다는 약간의 연구가 있다(예: de Jong & Bouman, 1995; Goisman et al., 1994; Noyes, Clancy, Garvey, & Anderson, 1987; Telch, Brouillard,

Telch, Agras, & Taylor, 1989). 그렇지만 다른 연구들에서는 그런 증거를 발견하지 못하였다(예: Cox et al., 1995; Craske, Miller, Rotunda, & Bralow, 1990). 또 죽음과 미칠 것 같은, 통제감 상실에 대한 두려움은 광장공포증의 발생과 관련이 없다(Cox et al., 1995; Craske, Rapee, & Barlow, 1988). 한편, 공황의 사회적 결과를 더 많이 걱정할수록 광장공포증을 더 겪게 된다(Amering et al., 1997; de Jong & Bouman, 1995; Rapee & Murrell, 1988; Telch, Brouilard, et al., 1989). 또 Kikuchi와 동료들(2005)은 공황장애의 발생 이후 6개월 이전에 광장공포증을 경험하는 환자들은 범불안장애의 유병률은 높지만 우울장애의 유병률은 높지 않다는 것을 발견하였다. 그러나 사회적 평가에 대한 두려움이나 동반이환이 광장공포증의 선행 요인인지 또는 2차적 증상인지에 관해서는 명확하지 않다. 직업 특성이 광장공포증을 예측할 수 있다는 연구도 있는데, 이 연구에서는 약 18%가 이에 해당하는 것으로 나타났다(de Jong & Bouman, 1995). 아마도 광장공포증의 가장 강력한 예측인자는 성별 차이일 것이다. 광장공포증의 수준이 악화될수록 여성의 비율이 극적으로 높아진다(예: Thyer, Himle, Curtis, Cameron, & Nesse, 1995).

한편, 공황장애일 때 광장공포증을 겪는 환자가 치료를 찾는 경우가 더 많지만, 모든 광장공포증 환자가 공황장애나 유사한 증상들을 경험하는 것은 아니다(Wittchen, Gloster, Beesdo-Baum, Fava, & Craske, 2010). 그러나 모든 인구학적 연구에서 공황장애의 병력, 공황발작, 공황 유사 증상이 없는 광장공포증의 유병률은 광장공포증이 있거나 없는 모든 공황장애의 유병률만큼 높다(Wittchen et al., 2010). 광장공포증 약을 처방받는 지역사회의 약 50%가 공황장애의 처방을 받지는 않는다. 특히 공황 유사 증상이 없는 광장공포증 환자들도 광장공포증이 없는 공황장애만큼 역기능적이다. 그러나 동반이환이 있는 경우는 더 역기능적이다. 이에 더하여, 발생률, 동반이환, 그리고 치료 반응에 있어서 둘 사이에 약간의 차이가 있다(Wittchen et al., 2010). 이런 이유 때문에 공황장애와 광장공포증이 동반이환의 비율이 높긴 하지만, DSM-5(APA, 2013)에서는 서로 독립적인 장애로 간주되고 있다.

증상의 특징

최근의 인구학적 연구(전국 동반이환 조사 반복, National Comorbidity Survey Replication: NCS-R; Kessler, Berglund, Demler, Jin, & Walters, 2005; Kessler, Chiu, Demler, & Walters, 2005)에 의하면, 성인과 청소년기에 공황장애의 1년 유병률은 약 2%이다. 아시아, 아프리카, 라틴아메리카의 유병률은 약 0.1~0.8%로 낮다(Lewis-Fernandez et al., 2010). 광장공포증의 1년 유병률은 약 1.7%이며, 평생 유병률은 3.7%이다(Kessler et al., 2012).

10대 후반과 초기 청소년기에 공황장애의 빈도가 가장 많다(Kessler, Berglund, et al., 2005). 14세 이전의 공황장애는 매우 드물지만, 많은 청소년이 공황발작을 보고하고 있으며(예: Hayward et al., 1992), 아동과 청소년의 공황장애는 만성적이고 다른 불안장애와 기분장애, 그리고 파괴적 장애와의 동반이환이 높다(Biederman, Faraone, Marrs, & Moore, 1997). 치료는 보통 34세경에서 훨씬 늦게 시작된다(예: Noyes et al., 1986). 광장공포증은 어린 시절에 발생할 수 있지만 발병률은 청소년기와 초기 성인기에 최고조에 달한다(Beesdo, Knappe, & Pine, 2007; Bittner et al., 2007). 발병의 평균 연령은 17세이며(Kessler et al., 2012), 공황장애 또는 공황발작의 병력이 없는 경우에는 더 늦다. 또 고령 환자의 공황장애 비율은 감소하며, 증상도 임상적 수준 이하로 감소하게 된다(Wolitzky-Taylor, Castriotti, Lenze, Stanley, & Craske, 2010). 유사하게, 광장공포증에 대한 12개월의 유병률은 65세 이상의 개인에서 0.4%로 감소한다(Kessler et al., 2006). 여성과 남성의 전체 비율은 약 2:1이며(Kessler et al., 2006), 이미 언급했듯이 광장공포증의 정도가 악화됨에 따라 여성의 비율은 극적으로 높아지게 된다(Thyer et al., 1985).

공황장애와 광장공포증은 거의 같이 발생한다. 공황과 자주 공통적으로 발생하는 축 I 장애는 특정공포, 사회공포증 기분부전장애, 범불안장애, 주요우울장애 및 약물남용이다(예: Brown, Campbell, Lehman, Grishman, & Mancill, 2001; Goisman, Goldenberg, Vasile, & Keller, 1995; Kessler, Chiu, et al., 2005). 또한 공황장애의 25~60%는 주로 회피적이며 의존적인 성격장애(예: Chambless & Renneberg, 1988)의 기준을 충족한다. 그러나 성격장애와의 연관성에 대한 특징은 아직 분명히 알려져 있지 않다. 예를 들어, 동반이환 유병률은 축 II 진단뿐만 아니라, 우울 기분을 평가하는 방법과 매우 밀접한 연관이 있다(Alneas & Torgersen, 1990; Chambless & Renneberg, 1988). 특히 비정상적인 성격 특성이 향상되고, 공황장애의 성공적인 치료 후에도 어떤 성격장애가 나타난다는 사실(Black, Monahan, Wesner, Gabel, & Bowers, 1996; Mavissakalian & Hamman, 1987; Noyes, Reich, Suelzer, & Christiansen, 1991)은 축 II 진단의 타당성에 대한 의문을 제기한다. 성격장애와의 동반이환과 공황장애 및 광장공포증에 대한 치료효과에 대해서는 다음 절에서 자세히 설명할 것이다.

마지막으로, 공황장애와 광장공포증은 심각한 재정적 · 개인적 비용 때문에 만성질환이 되는 경향이 있다(Wittchen et al., 2010). 치료받지 않은 소수의 사람만 몇 년 동안의 재발 없이 회복된다(Emmelkamp & Wittchen, 2009; Katschnig & Amering, 1998; Roy-Byrne & Cowley, 1995). 또한 공황장애를 가진 개인은 일반 대중 및 다른 '정신병' 장애의 개인과 비교하여 의료 자원을 과다하게 사용한다(예: Katon et al., 1990; Roy-Byrne et al., 1999).

공황장애와 광장공포증의 심리치료 역사

DSM-III(APA, 1980)가 발표되고 나서 광장공포증이 있거나 없는 공황장애는 명백한 불안 문제로 인식되었다. 그 전까지는 공황발작이 주로 자유형 불안(free-floating)의 한 형태로 간주되었다. 그 결과, 심리치료적 접근법은 상대적으로 비특이적이었다. 치료적 접근법에는 일반적으로 스트레스가 많은 삶의 사건에 대한 이완과 인지재구성이 포함되었다(Barlow, O'Brien, & Last, 1984). 또 많은 사람은 공황의 조절에 약물치료가 필요하다고 가정하였다. 이와는 달리, 광장공포증의 치료는 1970년대 이후부터 주로 특정 상황에 대한 두려움과 회피에 초점을 둔 노출기반 접근법이었다. 그러나 광장공포증의 개념화나 치료에 있어서 공황발작의 역할에 대해서는 상대적으로 거의 고려되지 않았다. 1980년대 중반에서 후반에 특정 공황조절 치료법이 개발되면서 광장공포증에 대한 관심에서 벗어나게 되었다. 광장공포증에 대한 관심은 꾸준히 새롭게 제기되었는데, 특히 공황조절치료가 광장공포증의 치료에 충분한지, 또는 공황과 광장공포증을 목표로 하는 치료법이 전반적으로 더 우월한지에 관한 주제와 관련되었다. 우리는 공황과 광장공포증의 치료에 대한 인지행동적 접근법의 기초가 되는 개념화를 기술한 후에 이러한 질문을 보다 자세하게 다룰 것이다.

공황장애와 광장공포증의 원인 및 유지 요인의 개념화

여러 독립적인 연구 결과(Barlow, 1988; Clark, 1986; Ehlers & Margraf, 1989)에 의해 1980년대에 공황장애를 신체감각에 대한 학습된 두려움, 특히 자율신경의 활성화와 관련된 감각으로 개념화하는 이론이 정립되기 시작하였다. 심리적 · 생물학적인 성향이 이러한 공포를 획득하는 취약성을 높이는 것으로 간주되었다. 이러한 상호작용의 취약성은 일반적으로 '3요인 취약성 이론'(triple vulnerability theory; Barlow, 1988, 2002; Suarez, Bennett, Goldstein, & Barlow, 2008)으로 불리는 불안장애의 원인론적 개념으로 구성되었다. 첫째, 불안과 부적정서의 발달에 기여하는 유전적 요인이 일반적(유전적)인 생물학적 취약성을 일으킨다. 둘째, 일반적인 심리적 취약성이 불안과 불안 관련 부적정서를 경험하는 데 영향을 미친다는 증거가 제시되어 있다. 특히 이것은 통제감 감소를 초래하는데, 초기 발달의 경험에 기인한다. 일반화된 생물학적 · 심리적 취약성의 공존이 불안과 불안 관련 상태, 즉 범불안장애와 우울증을 일으키는 데 충분할 수 있지만, 적어도 공황장애와 같은 일부 특정 불안장애의 발달을 설명하기 위해서는 세 번째 취약성이 필요해 보인다. 즉, 어떤 경우에는 초기 학습경험이 특정 관심 영역에 불안을 집중시키는 것처럼 보인다. 공황장애에서 특정 내부수용감각적(신체감각적) 경험은 고조된 위협과 위험으로 지각된다. 이 특정한 심리적 취약성이 앞서 언급한 일반화된 생물학적 · 심리적 취약성과 함께 나타난다면 공황장애가 발생하는 것으로 보인다. 공포학습과 회피 반응, 그리고 정보처리 편향이 이러한 공포가 확산되는 데 영향을 준다. 이러한 점들이 인지행동치료의 접근법에서 목표로 하는 중요한 요소이다. 다음은 공황장애의 임상적 중요성과 연관된 몇가지 요인을 간략히 개관할 것이다.

취약성

유전 및 기질

공황장애를 포함한 불안장애와 가장 관련이 있는 기질은 신경증(Eysenck, 1967; Gray, 1982) 또는 스트레스원에 대한 부정적인 감정을 경험하는 취약성이다. '부적정서'는 객관적인 스트레스 요인이 없는 다양한 상황에서도 부정적인 감정을 경험하는 경향성이다(Watson & Clark, 1984). 구조분석 결과, 부적정서는 불안장애(우울증)의 개인과 정신장애가 없는 통제집단을 구별하는 고차 요인이라는 것을 보여 준다. 불안장애를 변별하는 하위 요인들, 즉 '공포에 대한 두려움'은 공황장애를 다른 불안장애와 차별화하는 요인이다(Brown, Chorpita, & Barlow, 1998; Prenoveau et al., 2010; Zinbarg & Barlow, 1996). 불안장애는 부적정서라는 측면에서 그 정도가 서로 다른데, 범불안장애는 가장 심한 정도의 부적정서를, 공황장애는 중간 정도의 부적정서를, 그리고 사회불안은 낮은 수준의 부적정서를 보인다(Brown et al., 1998).[1] 그러나 이것은 횡단적 연구 결과에서 유래한다.

공황장애의 발병을 예측하는 데 있어서 신경증의 역할에 대한 종단적 연구 결과는 상대적으로 제한되어 있다. 특히 신경증은 청소년기의 공황발작을 예측했으며(Hayward, Killen, Kraemer, & Taylor, 2000; Schmidt, Lerew, & Jackson, 1997, 1999), 3세 때의 '정서적 반응'은 18~21세 남성의 공황장애 진단에서 유의미한 변인이었다(Craske, Poulton, Tsao, & Plotkin, 2001). 현재 노스이스턴/UCLA 청소년 정서 프로젝트의 연구에서는 공황장애를 예측하는 신경증의 역할을 평가하고 있는 중이다.

쌍생아에 대한 다요인적 유전 연구에서는 신경증 변량의 약 30~50%가 유전적 요인에 기여하고 있다는 것을 보여 준다(Eley, 2001; Lake, Eaves, Maes, Heath, & Martin, 2000). 불안과 우울 장애는 신경증의 유전적 경향의 한 표현으로 보인다(Kendler, Heath, Martin, & Eaves, 1987). 공황 증상(즉, 호흡곤란, 심장박동)은 우울과 불안(Kendler et al., 1987) 및 신경증(Martin, Jardine, Andrews, & Heath, 1988)의 증상과는 연관이 없는 유전적 원인에 의해 설명될 수 있다.

특정 유전적 표식의 분석은 아직 일관성이 없다. 예를 들어, 공황장애는 13번 염색체(Hamilton et al., 2003; Schumacher et al., 2005) 및 9번 염색체(Thorgeirsson et al., 2003)와 연관되어 있지만, 정확한 유전인자는 알려져 있지 않다. 콜레시스토키닌-B 수용체(cholecystokinin-B receptor) 유전자의 표식에 대한 연구 결과는 일치하지 않았다(Hamilton et al., 2001; van Megen, Westenberg, Den Boer, & Kahn, 1996 참조). 또 유전자 연관성 연구는 공황장애에서 아데노신 수용체와 연관이 있다는 것을 시사한다(Deckert et al., 1998; Hamilton et al., 2004). 7번 염색체의 뉴로펩타이드 S 수용체(neuropeptide S receptor) 유전자의 대립유전자는 남성 특유의 방법으로 공황장애와 연관이 있었으나 조현병, 주의력결핍장애와는 연관이 없었다(Okamura et al., 2011). 그러나 여성 특유의 방식에서는 동일한 유전자가 건강한 대조군과 비교하여 공황장애와 연관성이 있음을 보여 주었다(Domschke et al., 2011). 그러므로 현재 단계에서 결과는 다소 단편적이고 때로는 일관성이 없으며, 또 유전적 표식과 기질, 그리고 공황장애와 어떤 연관성이 있다는 증거는 없다. 오히려 신경생리학적 요인은 비특이적인 생물학적 취약성을 포함하는 것 같다.

불안민감성

앞서 언급했듯이 신경증은 모든 불안장애의 고차원 특성으로 간주되며, '공포에 대한 공포'는 공황장애에 특이적이다. '공포에 대한 공포' 구조는 불안민감성과 중복되는데, 이것은 불안과 그 증상이 불안 혹은 공황 증상의 불편한 정도를 넘어 유해한 신체적·사회적·심리적 증상을 악화시킬 것이라고 믿는 것을 말한다(Reiss, 1980). 불안민감성은 대부분의 불안장애에서 증가하지만, 공황장애(예: Taylor, Koch, & McNally, 1992; Zinbarg &

1) 주 1을 보라.

Barlow, 1996)에서 높아지며, 특히 불안민감성 지수(Anxiety Sensitivity Index; Zinbarg & Barlow, 1996; Zinbarg, Barlow, & Brown, 1997)의 신체적 건강 소척도에서 증가한다. 그러므로 불안의 신체적 증상이 해롭다는 신념은 공황장애와 관련이 있으며, 특이적인 심리적 취약성을 나타낼 수 있다.

불안민감성은 신체감각에 대한 공포 반응을 촉발하기 때문에 공황장애에 대한 위험 요소라고 판단된다. 불안민감성은 CO_2 흡입(Forsyth, Palav, & Duff, 1999), 풍선 불기(Messenger & Shean, 1998)와 과호흡(Sturges, Goetsch, Ridley, & Whittal, 1998) 같은 강한 신체적 감각을 유도하는 과정에서 나타나는 주관적 고통과 신체 증상을 보여 주는데, 이것은 특질불안의 효과를 통제한 비임상군(Rapee & Medoro, 1994)에서도 나타난다. 또 몇몇의 장기추적 연구에서 보면, 불안민감성 지수에서의 높은 점수는 특정공포나 불안장애가 없는 지역사회 표본(Ehlers, 1995)의 청년, 청소년(Hayward et al., 2000), 대학생(Maller & Reiss, 1992)에서 1~4년 간격으로 공황발생을 예측해 준다. 이 예측관계는 연구자가 과거의 우울증을 통제한 후에도 유지된다(Hayward et al., 2000). 또한 불안민감성 지수는 공황발작과 특질불안의 병력을 통제한 후에도 급격한 군사적 스트레스 요인 동안(즉, 기본 훈련 5주) 자발적 공황발작과 공황에 대한 걱정(일반적 불안)을 예측해 준다(Schmidt et al., 1997, 1999). 마지막으로, 공황발작 그 자체는 성인에서 5주간(Schmidt et al., 1997, 1999), 청소년에서는 1년 간(Weems, Hayward, Killen, & Taylor, 2002) 불안민감성을 높인다.

그러나 Bouton, Mineka와 Barlow(2001)는 이 연구에서 불안민감성과 공황발작 사이의 관계는 공황에만 국한된 것이 아니라 공황과 신경증의 관계보다 약하다는 점을 지적하였다. 또 이 연구들은 공황발작과 공황에 대한 걱정을 평가하였지만 공황장애의 진단에 기초한 것은 아니다. 따라서 공황장애에 대한 불안민감성은 더 연구되어야 할 것이다.

의학적 질환과 학대경험

또 다른 연구들은 공황장애에 대한 특정 심리적 취약성에 기여하는 것으로 의학적 질환의 역할을 강조한다. 예를 들어, 우리는 Dunedin 다분야 연구 데이터베이스를 사용하여 18세 또는 21세 청소년의 공황장애를 예측할 때 호흡장애(및 건강상태가 좋지 않음)가 연관이 있음을 발견하였다(Craske et al., 2001). 이 결과는 불안장애 환자의 내력에서 호흡장애가 더 심하다는 보고와 일치한다(Verburg, Griez, Meijer, & Pols, 1995). 또한 공황장애가 있는 환자의 1차 관련성은 다른 불안장애 환자의 1차 관련성보다 특히 만성 폐쇄성 호흡기 질환과 천식의 유병률에서 유의하게 높았다(van Beek, Schruers, & Friez, 2005).

성적 및 신체적 학대에 대한 어린 시절의 경험도 공황장애를 일으킬 수 있다. 뉴질랜드인의 소급 보고서를 통한 종단분석에서 보면, 출생에서 21세까지의 아동 학대는 공황 발병과 관련이 있었다(Goodwin, Fergusson, & Horwood, 2005). 이러한 사실은 임상 및 지역사회 표본에서 다중 횡단 연구와 일치한다(예: Bandelow et al., 2002; Kendler et al., 2000; Kessler, Davis, & Kendler, 1997; Moisan & Engels, 1995; Stein et al., 1996). 아동기 학대와의 연관성은 사회공포증(Safren, Gershuny, Marzol, Otto, & Pollack, 2002; Stein et al., 1996) 및 강박장애(Stein et al., 1996)와 같은 다른 불안장애보다 공황장애에서 더 강한 연관성을 보여 준다. 또한 일부 연구에서는 공황장애와 다른 가족 구성원 간의 폭력에 대한 노출, 일반적으로 부모 간의 폭력과의 연관성을 보여 주었으나(예: Bandelow et al., 2002; Moisan & Engels, 1995), 다른 연구에서는 그렇지 않은 것으로 보고되었다(Goodwin et al., 2005). 그러나 이러한 모든 연구에서 사용된 소급적 연구방법은 아동학대 및 가족 폭력에 대한 한계를 보여 준다.

내부수용감각(신체감각)의 지각

공황장애를 가진 환자뿐만 아니라 비임상적 공포 환자는 신체 각성을 잘 인식하거나 감지할 수 있는 능력을 보여 준다(예: Ehlers & Breuer, 1992, 1996; Ehlers, Breuer, Dohn, & Feigenbaum, 1995; Zoellner & Craske, 1999). 비록 연구 결과가 일치하지는 않지만(예: Antony et al., 1995; Rapee, 1994), 이것은 사소한 방법론적 차이에 따른 것이다(Ehler & Breuer, 1996). 심장박동을 인지할 수 있는 능력은 특히 공황장애를 치료받지 않은 환자와 치료받은 환자 사이에서(Ehlers & Breuer, 1992), 또 성공적인 치료 전후에서(Antony, Meadows, Brown, & Barlow, 1994; Ehlers et al., 1995) 차이가 없다는 점을 고려하면 상대적으로 안정된 개인차 변인인 것으로 보인다. 따라서 내부수용감각(신체감각)의 정확성은 공황발작에 대한 선천적 특성이 될 수 있으며, 감각을 지각하는 능력은 다시 공황발작을 일으킬 수 있다. 공황발작이 학습되고 다른 특정한 심리적 취약성을 의미하는지, 아니면 더 많은 기질이 있는지는 아직 명확하지 않다.

내부수용감각(신체감각)과는 별도로 자율신경의 활성화와 관련된 논란이 있다. 앞서 언급했듯이 호흡곤란, 심장박동, 공포감의 경험이 독특한 유전적 영향을 받는다는 증거가 있다(Kendler et al., 1987). 심혈관 반응은 공황장애에 대한 독특한 물리적 성향을 나타낼 것이라고 생각된다. 심장 증상과 호흡곤란은 나중에 공황발작과 공황장애의 발병을 예측한다는 증거가 있다(Keyl & Eaton, 1990). 그러나 이런 자료는 증상의 보고에 따른 것으로 실제 자율신경계의 좋은 지표가 아니며(Pennebaker & Roberts, 1992), 대신 내부수용감각(신체감각)을 반영할 수 있다.

초기 공황발작

진화론적 관점에서 보면, 두려움은 위협 자극에 대한 자연스러운 적응 반응이다. 그러나 예기치 못한 첫 공황발작 동안 경험한 두려움은 명확한 촉발 요인 또는 선행사건의 부족으로 인해 타당화되지 않는다. 그러므로 이것은 '오경보'를 나타낸다(Barlow, 1988, 2002). 대부분의 초기 공황발작은 집 밖에서의 운전, 걷기, 직장 또는 학교에서(Craske et al., 1990), 또 일반적으로 공공장소(Lelliott, Marks, McNamee, & Tobena, 1989), 버스, 비행기, 지하철 또는 사회적 평가 상황(Shulman, Cox, Swinson, Kuch, & Reichman, 1994)에서 발생하는 것으로 보고된다. Barlow(1988), Craske와 Rowe(1997b)는 초기 공황발작과 연관이 있는 장면은 기능장애(운전), 도피 불가능(예: 항공기 여행, 엘리베이터), 부정적인 사회적 평가(예: 직업, 공식적인 사회적 사건) 또는 안전거리(예: 생소한 지역) 때문에 신체적 감각이 잘못되었을 때 위험한 것으로 지각되는 상황이라고 간주한다. 도피 불가능에 대한 걱정은 특히 광장공포증의 후속 발달에 있어서 두드러질 수 있다(Faravelli, Palantant, Biondi, Paterniti, & Scarpato, 1992).

유지 요인

취약한 사람들의 초기 공황발작 후 급성 '공포에 대한 공포'(또는 더 정확하게는 신체감각에 대한 불안)는 공황발작과 관련된 특정 신체감각에 대한 불안감(예: 심장박동, 현기증, 감각이상)을 의미하는데(Barlow, 1988; Goldstein & Chambless, 1978), 이것은 두 가지 요인에 기인한다. 첫 번째 요인은 심박수 상승과 같은 내부수용감각(신체감각)의 조건화 또는 내적 단서에 대한 조건화이다. 왜냐하면 이 연합은 강렬한 두려움, 통증, 또는 고통과 관련되어 있기 때문이다(Razran, 1961). 특히 내부수용감각(신체감각)의 연합은 낮은 수준의 신체 자극이 긴장 또는 불안의 조건 자극이 되고, 불안 반응의 초기 신체적 구성요소가 다시 불안이나 공포를 촉발하게 된다(Bouton et al., 2001). 광범위한 실험 연구에 의하면, 내부수용감각적(신체감각적) 연합의 견고성(예: Dworkin & Dworkin, 1999), 특히 내부수용감각적(신체감각적) 약물 발생 단서가 더 강력한 약물효과를 초래하는 조건적 자극이 된다(예: Sokolowska, Siegel, & Kim, 2002). 또 내부수용감각(신체감각)의 조건적 반응은 촉발단서의 의식적 자각과 큰 연관이 없다(Razran, 1961). 즉, 마취상태에 있는 환자에게서도 내부수용감각적(신체감각적) 연합이 관찰되었다(예: Block, Ghoneim, Fowles, Kumar, & Pathak, 1987). 이 모델에 의하면, 의식적이지 않더라도 중요한 신체기능의 경미한 변화는 과거의 공황과의 연합으로 인해 조건화된 불안이나 공포 또는 공황을 유발할 수 있으며(Barlow, 1988; Bouton et al., 2001), 그 결과는 예상치 못한 공황발작을 초래할 수 있다. 조건적 모델에 대한 더 많은 증거가 공황장애뿐만 아니라 다른 불안장애를 가진 사람들에서도 나타나는데(Lissek et al., 2005), 이는 그들이 부정적인 연합을 통해 두려움을 경험하기 쉽고, 일단 두려움을 학습하면 시간이 지날수록 줄어들지 않는다는 것을 보여 준다. 이 패턴은 공황장애가 있는 사람들을 위한 실험에서 안전학습의 장애(Lissek et al., 2009)와 공포의 일반화(Lissek et al., 2010) 연구에서 검증되고 있다. 즉, 특정한 신체감각에 대한 두려움이 학습되면, 공황장애가 있는 사람들은 그 감각을 무해하다고 인식하는 것이 어려울 수 있으며, 여러 가지 신체상태에 대한 두려움을 일반화할 가능성이 더 높아지게 된다.

공황과 관련된 신체감각의 급성 공포를 설명하기 위해 Clark(1986)가 제시한 두 번째 요인은 신체감각에 대한 재앙적 판단(즉각적인 사망, 통제력 상실 등의 감각 오해석)이다. 우리는 '자동적인 평가'라는 개념 없이 공황발작에 대한 인지 모델의 한계를 제시하였다. 왜냐하면 단순한 인지 모델에서는 의식적인 평가 없이 발생하는 공황발작을 설명할 수 없기 때문이다(Bouton et al., 2001). 재앙적 오류는 공황발작과 동반될 수 있다. 재앙적 판단은 공황상태와 함께 나타나는 자연스러운 부분이거나 어린 시절의 질병역할행동처럼 조장되고 강화 되었기 때문이다. 또한 이러한 생각은 감각과 재앙적 결과가 연합된 단어 쌍의 제시를 통해 공황유도가 입증된 바와 같이 불안과 공포감을 유발하는 조건 자극이 될 수 있다(Clark et al., 1988). 이 경우 재앙적 인지가 공황발작을 유도하기에 충분할 수 있지만 반드시 필수적인 것은 아니다.

인지적 기반이든 비인지적 기반이든, 공황장애에서의 공황 관련 신체감각에 대한 과도한 불안은 충분히 검증되고 있다. 공황장애가 있는 사람들은 공황발작과 관련된 신체감각이 신체적 또는 정신적 피해를 유발한다는 신념을 갖고 있다(예: Chambless, Caputo, Bright, & Gallagher, 1984; McNally & Lorenz, 1987). 그들은 재앙적인 방식으로 신체감각을 해석하고(Clark et al., 1988), '질병'이나 '사망'과 같은 물리적 위협을 나타내는 단어, '죽음' '미친'과 같은 재앙적 단어(예: Maidenberg, Chen, Craske, Bohn, & Bystritsky, 1996; McNally, Riemann, Louro, Lukach, & Kim, 1992), 그리고 심장박동 단서(예: Kroeze & van den Hout, 2000)에 더 많은 주의력 자원을 할당할 가능성이 높다(예: Ehlers, Margraf, Davies, & Roth, 1988; Hope, Rapee, Heimberg, & Dombeck, 1990). 그러나 주의집중 편향이 항상 나타나는 것은 아니다(DeCort, Hermans, Spruyt, Griez, & Schuerers, 2008). 또한 공황장애가 있는 사람들은 공황 관련 단어에 대한 반응으로 뇌파가 활성화된다(Pauli, Amrhein, Muhlberger, Dengler, & Wiedemann, 2005). 더욱이 그들은 심혈관, 호흡기 및 심근경색 운동을 포함하여 공황발작 시 경험한 것과 유사한 신체감각을 이끌어 내는 실험에서 불안해질 가능성이 더 높고(Antony, Ledley, Liss, & Swinson, 2006; Jacob, Furman, Clark, & Durrant, 1992), CO_2 흡입과 같은 더 강력한 신체감각 유발 실험에서 다른 불안장애(예: Perna, Bertani, Arancio, Ronchi, & Bellodi, 1995; Rapee, 1986; Rapee, Brown, Antony, & Barlow, 1992) 또는 건강한 대조군(예: Gorman et al., 1994)과 비교하여 공황을 경험할 가능성이 높다. 그러나 공황장애가 있는 환자는 에피네프린 도전과제에서 사회공포증 환자와 큰 차이를 보이지는 않는다(Veltman, van Zijderveld, Tilders, & van Dyck, 1996). 그럼에도 불구하고, 공황장애가 있는 사람들은 높은 수준의 각성과 생리적 거짓 피드백의 신호를 두려워한다(Craske & Freed, 1995; Craske, Lang, et al., 2002; Ehlers, Marf, Roth, Taylor, & Birnbaumer, 1988).

신체감각에 대한 불편감은 여러 가지 이유로 끊임없이 고통을 야기할 수 있다. 첫째, 공포에 의해 발생하는 자율신경계의 활성화는 공포감각을 더 심화시키고, 자율신경 자극이 없어지거나 개인이 안전하다고 인식할 때까지 지속적인 공포와 감각의 악순환을 일으킨다. 둘째, 공황발작을 일으키는 신체감각이 항상 즉각적으로 나타나는 것은 아니기 때문에 예기치 않은 또는 돌연한 공황발작을 초래하고(Barlow, 1988), 이것이 더 심각한 불편감을 야기하게 된다(Craske, Glover, & DeCola, 1995). 셋째, 지각된 통제 불능감 또는 신체감각을 회피하거나 종료시킬 능력이 없다면, 불안감이 더 커질 수 있다(예: Maier, Laudenslager, & Ryan, 1985; Mineka, Cook, & Miller, 1984). 예측 불가능성과 통제 불가능성은 '언제 다시 일어날 것인가?'와 '만약 일어난다면 무엇을 할 것인가?'에 대한 전반적인 불안 수준을 향상시켜 만성적인 불안감을 높이게 된다(Barlow, 1988, 2002). 불안감은 다시 공황과 공황의 신체적 단서에 대한 주의를 조건화함으로써 공황의 가능성을 증가시키게 된다. 따라서 공포와 불안감의 순환적 유지가 발전하게 된다. 또한 은밀한 회피행동은 공포의 신체감각에 대한 부정적인 믿음을 유지시키게 된다(Clark & Ehler, 1993). 예를 들어, 실신에 대한 두려움 때문에 물건이나 사람을 붙잡는 것, 심장마비에 대한 두려움 때문에 앉아서 조용히 머무는 것, 어리석은 행동을 할 것에 대한 두려움 때문에 천천히 움직이거나 탈출경로를 찾는 것 등이 포함된다(Salkovskis, Clark, & Gelder, 1996). 이러한 회피는 신체감각 및 재앙적 사고와 연관된 '경험적 회피'나 특정한 사적인 경험을 꺼리는 것 등을 포함한다. 경험적 회피는 일반적으로 전반적인 고통과 기능장애에 영향을 미친다고 여겨지고 있으며(Hayes et al., 1996), 공황장애가 있는 개인의 경우, 공황 관련 걱정 및 장애와 관련이 있는 것으로 보인다(Kampfe et al., 2012). 공황장애가 있는 환자에게 두려움과 회피를 덜어 주기 위해 공황의 증상을 받아들이라는 지시(Campbell-Sills, Barlow, Brown, & Hofmann, 2006; Eifert & Heffner, 2003) 및 CO_2 흡입 도전과제(Levitt, Brown, Orsillo, & Barlow, 2004)에 대한 연구로부터 경험회피의 역할에 대한 추가적인 증거들이 제시된다. 마지막으로, 불안감은 공황이 특별히 문제가 될 수 있다는 맥락(즉, 손상, 마비, 부정적인 사회적 평가 및 안전지역에서의 먼 거리)에서 발전할 수 있다. 이러한 불안은 광장공포증에 영향을 줄 수 있으며, 이것은 재앙적 사고오류의 불일치와 조건 반응의 소거를 불가능하게 한다. 이 모델은 공황장애와 광장공포증을 설명하는 것을 목표로 하며, 공황발작이나 공황유사 증상이 없는 광장공포증과는 관련이 없다.

치료적 변인

치료환경

공황장애와 광장공포증에 대한 인지행동치료를 수행하기 위한 여러 가지 치료적 환경이 있다. 첫 번째는 외래 클리닉 환경이며, 심리교육, 인지재구성, 과제 및 과제 관련 피드백과 역할수행 시연에 적합하다. 또 어떤 노출개입은 나중에 설명할 공포스러운 신체감각에 대한 내부수용감각적(신체감각적) 노출에 적용될 수 있다. 외래환자의 치료환경은 정신건강 설정에서 1차 진료환경까지 확장될 수 있다(예: Craske, Roy-Byrne, et al., 2002; Craske et al., 2011; Roy-Byrne, Craske, et al., 2005; Roy-Byrne et al., 2010; Sharp, Power, Simpson, Swanson, & Anstee, 1997). 이러한 확장은 1차 진료환경에서 공황장애가 더 많이 발생하기 때문에 특히 중요하다(예: Shear & Schulberg, 1995; Tiemens, Ormel, & Simon, 1996). 그러나 정신건강시설이나 1차 의료시설이 사용되고 있는지 여부에 상관없이 그 치료적 환경에서 안전신호가 내장되어 있으면 해당 환경에서 이루어지는 학습의 일반화 가능성이 제한될 수 있다. 예를 들어, 치료자가 있거나 또는 의료시설이 근처에 있는 곳에서 공포를 두려워하지 않는 학습은 일반화되지 않을 수도 있다. 이러한 이유로 다양한 상황에서 인지행동적 기술을 실습하기 위한 과제가 특히 중요하다.

두 번째 자연환경에서는 환자가 두려워하는 상황에서 인지재구성 및 불안관리 기술이 적용된다. 이것은 실생활 노출(in vivo exposure)이라고 하며, 치료자의 도움을 받거나 단독으로 실시할 수 있다. 실생활 노출을 지원하는 사회적 관계망이 결여되어 있고, 더 심한 광장공포증이 있는 환자에게는 치료자-지시 노출이 자기-지시 노출보다 더 유용하다(Holden, O'Brien, Barlow, Stetson, & Infantino, 1983). 치료자-지시 노출은 '유도된 숙달 노출(guided mastery exposure)'에 필수적이며, 치료자는 불필요한 방어행동을 최소화하기 위해 환자가 두려운 상황에 직면하는 방식에 대한 올바른 피드백을 제공한다. 예를 들어, 환자는 이완된 자세로 운전하고, 난간을 잡지 않고도 다리를 건널 수 있도록 교육받을 수 있다. 한편, 유도된 숙달 노출은 치료자의 피드백 없이 공포가 감소할 때까지 상황을 견디는 '자극 노출(stimulus exposure)'보다 더 효과적이다(Williams & Zane, 1989). 한편, 자기-지시 노출은 치료자의 도움 없이 환자가 치료에서 배운 기술의 독립성과 일반화를 촉진하는 정도를 달성하고자 할 때 매우 유용하다. 그러므로 자연환경에서 가장 유익한 접근은 치료자-지시 노출에서 자기-지시 노출로 진행하는 것이다.

치료실과 자연환경을 결합한 전화 안내의 치료환경을 통해서 치료자는 광장공포증이 있는 환자의 실생활 노출을 안내하거나(NcNamee, O'Sullivan, Lelliot, & Marks, 1989; Swinson, Fergus, Cox, & Wickwire, 1995), 공황조절 기술에 대한 지침을 제공한다(Cote, Gauthier, Laberge, Cormier, & Plamondon, 1994). 한 연구에서는 인지행동치료가 대면치료와 마찬가지로 화상회의를 통해 전달될 때에도 효과적이라는 것을 보여 주었다(Bouchard et al., 2004).

치료자의 지시를 최소화한 자기-지시치료 환경은 자연환경에서 실시되고, 동기와 교육 수준이 높은 환자들에게 유익하다(예: Ghosh & Marks, 1987; Gould & Clum, 1995, Gould, Clum, & Shapiro, 1993; Lidren et al., 1994; Schneider, Mataix-Cols, Marks, & Bachofen, 2005). 그러나 자기-지시치료는 증상이 심각한 환자(Holden, O'Brien, Barlow, Stetson, & Infantino, 1983)나 동반이환이 많고(Hecker, Losee, Roberson-Nay, & Maki, 2004), 동기부여가 적으며, 교육 수준이 낮은, 또는 의뢰된(Hecker, Losee, Fritzler, & Fink, 1996) 환자에게는 효과적이지 않다. 자기-지시 치료법은 워크북과 매뉴얼을 넘어서서 컴퓨터 및 인터넷 판으로 확장되고 있다(예: Carlbring, Ekselius, & Andersson, 2003; Richards, Klein, & Austin, 2006; Richards, Klein, & Carlbring, 2003). 일반적으로 자기-지시 치료법은 효과가 큰 긍정적인 결과를 보여 주고 있으며(Andrews, Cuijpers, Craske, McEvoy, & Titov, 2010), 최소한 두 연구에서 치료자가 주도하는 공황장애의 인지행동치료만큼 효과적이었다(Carlbring et al., 2005; Kiropoulos et al., 2008). 그러나 치료자와의 접촉이 없는 경우 자기-지시 컴퓨터 및 인터넷 프로그램에서는 결석률이 더 높아질 수 있다(예: Carlbring et al., 2003).

세 번째 입원치료시설은 강력한 인지행동치료(예: 치료자와의 1일 접촉)를 하거나 가정에서 기능하는 데 어려움이 있는 심각한 환자의 치료를 수행하는 데 가장 적절하다. 또 어떤 약물 부작용이 예상될 때에도 입원치료가 적절하다. 입원치료의 가장 큰 단점은 치료적 효과의 일반화가 적다는 것이므로 적응 및 추후 회기에서 일상에서의 적용가능성을 촉진하는 것이 중요하다.

형식

공황장애 및 광장공포증에 대한 인지행동치료는 개인 또는 집단 형식으로 수행될 수 있다. 다수의 임상적 집단치료에 관한 효과 연구가 제시되어 왔다(예: Bohni, Spindler, Arendt, Hougaard, & Rosenberg, 2009; Craske, DeCola, Sachs, & Pontillo, 2003; Craske et al., 2007; Evans, Holt, & Oei, 1991; Feigenbaum, 1988; Hoffart, 1995; Telch et al., 1993). 집단치료에 대한 연구 결과가 일반적으로 개인치료에서 얻은 통계와 일치한다는 사실은 집단치료도 개인치료만큼 효과적이라는 것을 시사한다. 직접적인 비교연구의 수는 적지만 개인치료의 이점이 있다. 특히 Neron, Lacroix와 Chaput(1995)는 12~14주간의 개인 인지행동치료 및 1시간씩 2회의 개인 회기를 추가한 집단 인지행동치료(N=20)의 회기를 비교하였다. 두 조건 모두 처치 후와 6개월의 추후 시점에서 공황 및 광장공포증의 효과가 같았다. 그러나 추후 시점에서 개인치료는 범불안 및 우울 증상에서 더 큰 효과를 보여 주었다. 또 개인치료는 1차 의료에서 집단치료보다 임상적으로 더 중요한 결과를 나타냈다(Sharp, Power, & Swanson, 2004). 특히 이 연구에서 대기집단의 사람들 중 95%가 선택이 가능하다면 개인치료에 대한 명확한 선호도를 표명하였다.

공황 및 광장공포증에 대한 대부분의 인지행동치료 연구는 10~20주의 치료 회기를 포함한다. 여러 연구는 더 짧은 치료 회기도 효과적일 수 있음을 보여 준다. Evans와 동료들(1991)은 2일의 집단 인지행동치료를 무선할당이 아닌 대기집단과 비교하였다. 2일간의 집단 프로그램은 강의(3시간)와 호흡, 이완, 인지도전 기술(3시간), 실생활 노출(9시간), 그리고 2시간의 중요 타인의 지지를 포함한 집단 토론으로 구성되었다. 연구 결과, 환자 중 85~50%가 증상이 사라지거나 증상이 향상된 것으로 보고되었으며, 이 결과는 1년 후에도 유지되었다. 이와는 달리 대기집단에서는 유의한 변화를 보여 주지 않았다. 유사한 예비연구에서도 2일에 걸친 집중적 인지행동치료의 효과가 나타났다(Deacon & Abramowitz, 2006). 다른 연구들에서는 더 짧은 회기에서 인지행동치료의 효과를 평가하였다. 무선할당의 연구에서는 약물치료를 준비 중인 광장공포증의 공황장애 환자를 대상으로 인지행동치료와 비지시적 지지치료를 실시하여 4주간의 효과를 비교하였다(Craske, Maidenberg, & Bystritsky, 1995). 인지행동치료는 지지치료보다 효과적이었고, 특히 더 심한 증상의 환자에게 효과적이었지만, 장기간의 회기에서 전형적으로 나타나는 효과만큼 긍정적인 결과를 보여 주지는 않았다. 또한 우리는 약물치료를 결합한 최대 6회기의 인지행동치료(평균 3회기)가 '기존의 일반적 치료(treatment as usual)'인 공황장애의 1차 치료와 비교하여 삶의 질을 포함한 일련의 측정에서 유의하게 큰 향상이 나타났음을 보고하였다(Roy-Byrne, Craske, et al., 2005). 또 인지행동치료 회기(6회기까지)와 추후 전화 회기(6회기까지)가 증가함에 따라 치료효과가 현저히 증가하였다(Craske et al., 2006). 이후의 1차 진료 연구에서 평균 7회기의 인지행동치료 및(또는) 약물치료가 기존의 일반적 치료보다 우월했으며, 이 경우 기존의 일반적 치료는 다양한 치료 요소를 포함하였다(Craske et al., 2011). 마지막으로, 표준화된 12회기와 약 6회기의 인지행동치료를 직접 비교하였을 때 그 효과가 동일하였다(Clark et al., 1999).

대인관계적 맥락

대인관계적 맥락 변인은 광장공포증의 발생, 유지 및 치료 측면에서 연구되어 왔다. 이 연구가 관심을 받는 이유는 다음과 같은 예를 통해 알 수 있다.

> "남편은 나를 정말로 이해하지 못한다. 그는 모든 것이 나의 정신적인 문제 때문이라고 생각한다. 그는 내가 대처능력이 없다고 생각하기 때문에 나를 화나게 한다. 그는 내가 약하고 무책임하다고 말한다. 그는 나를 데려다 주어야 하고, 내가 해 왔던 자

> 녀를 돌보는 일을 하는 것에 대해 기분 나빠 한다. 집안일의 피곤함과 직장에서의 스트레스, 또 우리가 겪고 있는 문제로 인해 더 좌절하기 때문에 서로 많이 다투곤 한다. 그러나 나는 남편 없이는 아무것도 할 수 없다. 나는 그 사람 없이는 무기력하게 붕괴될 것이며, 평생 동안 혼자 있게 될까 두렵다. 그가 내게 모질게 대할수록 나는 안전하다고 느끼는데, 왜냐하면 그는 항상 일을 잘 통제하고 있기 때문이다. 그는 항상 해야 할 일을 잘 알고 있다."

이 사례에서는 남편의 비공감적 반응이 환자의 스트레스를 증가시킴에도 불구하고, 안전감 때문에 중요한 타인에 대한 의존성이 증가하는 것을 보여 준다. 다음 두 번째 사례에서는 중요한 타인의 관심을 통해 나타나는 두려움과 회피의 역기능적 강화를 보여 준다.

> "내 남자 친구는 나를 돕기 위해 정말로 열심히 노력한다. 그는 항상 내 감정을 신경 쓰며 내가 할 수 없는 일을 하도록 나를 압박하지 않는다. 그는 내 상태를 확인하기 위해 직장에서 전화를 한다. 그는 내가 정말로 두렵다고 느낄 때 나와 함께 머물면서 손을 잡아 준다. 그는 내가 힘들 때 기꺼이 나를 돕는다. 이제 우리는 그의 친구들을 더 이상 방문하지 않는다. 나는 우리가 함께 즐기곤 했던 것들을 더 이상 하지 않기 때문에 죄책감을 느낀다. 우리는 더 이상 극장에 가지 않는다. 우리는 게임을 보러 경기장에 가는 것을 좋아했지만, 이제는 그것도 나에게 큰 부담이 된다. 나는 그에게 정말 감사한다. 나는 그 사람 없이는 무엇을 해야 할지 모르겠다."

아마도 광장공포증의 일부 유형에서는 자율성에 대한 욕구와 대인관계의 의존성 간에 갈등이 나타날 것이다(Fry, 1962; Goldstein & Chambless, 1978). 즉, '친광장공포증적(preagoraphobic)'이라는 덫에 걸리는데, 이것은 변화에 필요한 기술 없이 일방적 관계에 빠지게 되는 것을 말한다. 그러나 광장공포증에 걸리기 쉬운 어떤 부부관계의 맥락이 있다는 개념에 관해서는 경험적 증거가 부족하다. 그렇지만 이것이 부부관계나 결혼이나 대인관계의 체계가 광장공포증에 중요하지 않다는 것을 의미하는 것은 아니다. 예를 들어, 대인관계의 불일치, 불편함은 공황발작을 일으키는 여러 가지 스트레스 요인 중 하나일 수 있다. 또한 광장공포증 때문에 대인관계가 부정적인 영향을 받고(Buglass, Clarke, Henerson, & Presley, 1977), 이것이 다시 광장공포증을 유지하는 데 기여할 수 있다. 이전 사례와는 달리, 한 광장공포증 여성을 생각해 보자. 이 여성은 쇼핑과 다른 일상의 일을 하기 위해 남편에게 의지한다. 남편은 이러한 새로운 요구 때문에 화가 나고, 이것은 부부간의 불화로 이어진다. 결국 부부간의 스트레스는 배경 스트레스를 초래하고, 환자의 진전과 회복을 더욱 어렵게 만들게 된다.

대인관계의 갈등이 공황발작이나 광장공포증의 발병이나 유지에 기여하는지 여부와는 별개로, 일부 연구에서는 취약한 부부관계가 노출기반의 치료에 악영향을 미친다는 것을 시사한다(Bland & Hallam, 1981; Dewey & Hunsley, 1989; Milton & Hafner, 1979). 그러나 다른 연구들에서는 결혼생활의 어려움과 인지행동치료의 결과 사이에 아무런 연관성이 보이지 않는다(Arrindell & Emmelkamp, 1987; Emmelkamp, 1980; Himadi, Cerny, Barlow, Cohen, & O'Brien, 1986). 또 다른 연구에서는 치료의 모든 측면에서 중요한 타인이 모든 치료적 개입에 참여하게 되면 공황에 미치는 취약한 부부관계의 부정적인 영향을 상쇄시킬 수 있음을 보여 준다(Barlow et al., 1984; Cerny, Barlow, Craske, & Himadi, 1987). 특히 중요한 타인의 참여는 광장공포증의 인지행동치료에서 장기적으로 긍정적 효과를 보여 주었다(Cerny et al., 1987). 이와 유사하게, 4주간의 실생활 노출 후에 중요한 타인과의 의사소통 훈련이 이완 훈련과 비교하여 광장공포증에 더 큰 효과를 보여 주었으며(Arnow, Taylor, Agras, & Telch, 1985), 이 결과는 8개월간의 추적관찰 기간 동안에도 유지되었다. 종합하면, 이 연구들은 광장공포증의 치료에서 중요한 타인의 참여가 가치가 있다는 것을 의미한다. 반면에 대인관계 치료에서 단지 대인관계에 초점을 둔 치료적 개입은 공황장애와 광장공포증의 인지행동치료만큼 효과적이지 않았다(Vos, Huibers, Diels, & Arntz, 2012).

한편, 공황장애와 광장공포증에 대한 치료가 부부관계 및 대인관계에 어느 정도로 영향을 미치는가에 대한 의문이 제기되어 왔다. 어떤 연구에서는 성공적인 치료가 부부관계 및 대인관계에 해로운 영향을 미칠 수 있다고 지적한다(Hafner, 1984; Hand & Lamontagne, 1976). 그러나 다른 연구들에서는 치료가 부부관계(Barlow, O'Brien, & Last, 1984; Himadi et al., 1986) 및 대인관계(Hoffart, 1997)의 기능에 아무런 영향이나 긍정적 효과가 없다고 지적한다. 우리(Barlow et al., 1983)는 부정적인 영향이 발생한다면, 이것은 중요한 타인의 참여가 없는 집중적인 노출치료 때문일 수 있다고 본다. 왜냐하면 집중적인 노출치료는 역할의 변화를 초래하게 되는데, 중요한 타인은 이 역할 변화를 어려워할 수 있기 때문이다. 다시 말하면, 치료 과정에서 중요한 타인이 참여하는 것은 가치가 있다고 할 수 있다.

치료자 변인

공황장애와 광장공포증은 물론 불안장애에 대한 인지행동치료와 관련하여 치료자 변인을 평가한 연구는 소수에 불과하다. Williams와 Chambless(1990)는 치료자를 보살펴 주는 역할이나 또는 자기확신의 모델로서 평가한 광장공포증의 환자들이 행동적 접근 검사에서 더 나은 결과를 얻을 수 있음을 발견하였다. 그러나 이 연구에서 치료자의 자질이 치료에 대한 환자의 반응에 기초하여 평가되었다는 것은 한계로 지적될 수 있다. Keijsers, Schaap, Hoogduin과 Lammers(1995)는 치료자의 대인관계적 요인과 행동적 결과에 대한 연관성을 검토하였다. 그들은 치료 초기에 평가된 공감, 온화함, 긍정적인 존중 및 진실성이 긍정적인 결과를 예측한다고 결론을 내렸다. 치료자가 자신을 이해하고 존중한다고 간주하는 환자는 가장 긍정적인 효과를 보여 준다. 일관적이지는 않지만, 치료자의 전문성, 자기확신 및 자기주도성이 긍정적인 결과를 가져온다. Keijsers와 동료들은 광장공포증이 있거나 없는 공황장애에 대한 인지행동치료를 시행한 치료자에 대한 연구에서 1회기에서 더 많은 공감적 진술과 질문이 사용되었음을 발견하였다. 3회기에서 치료자는 보다 적극적이고 더 많은 지시와 설명을 제공하였다. 10회기에서 치료자들은 이전보다 더 많은 해석과 직면을 사용하였다. 중요한 것은 1회기의 지시 및 설명은 결과가 좋지 않다는 것이다. 1회기에서의 공감적인 경청은 더 긍정적인 결과와 관련이 있는 반면, 3회기에서의 공감적인 경청은 부정적인 결과를 보여 주었다. 이것은 치료적 상호작용의 형태는 치료 시점에 따라 그 효과가 다르다는 것을 보여 준다.

대부분의 임상가는 치료자의 훈련과 경험이 성공적인 결과를 일으킨다고 가정한다. 일부 연구자는 이것이 인지행동치료의 인지적 측면과 관련이 있다고 믿고 있으며(예: Michelson et al., 1990), 이것을 지지하는 증거가 존재한다. 특히 의료장면에서 초보 치료자에 의해 수행된 인지행동치료(Welkowitz et al., 1991)는 경험은 적지만 고도로 훈련된 심리센터의 치료(Barlow, Craske, Czerny, & Klosko, 1989)와 지역사회 정신건강센터(Wade, Treat, & Stuart, 1998)에서 경험이 풍부하고 고도로 숙련된 치료자의 치료보다 덜 효과적이었다. 또 치료자 경험의 효과를 직접적으로 평가한 Huppert와 동료들(2001)은 일반적으로 치료자의 경험이 긍정적인 결과와 관련이 있다는 것을 발견하였다. 이것은 치료자들이 치료를 유연하고 내담자의 특성에 맞게 적용할 수 있었기 때문이다. 그러나 인지행동치료에서는 치료자의 경험과 훈련의 효과에 대한 더 많은 연구가 필요하다.

우리는 1차 진료에서 초보 임상가가 공황장애(그리고 다른 불안장애 및 우울장애)에 대한 인지행동치료 프로그램을 시행하는 데 도움이 되는 컴퓨터 안내 프로그램(Calm Tools for Living)을 개발하였다(Craske et al., 2009). 임상가와 환자는 옆에 같이 앉아 프로그램 화면을 같이 본다. 이 프로그램을 통해 임상가는 환자가 공포위계를 설정하고, 호흡기술을 시연하며 인지적 기술을 연습하고, 내부수용감각(신체감각) 노출이나 또는 실생활 노출을 수행하는 것을 돕는다. 또 이 프로그램은 교육적인 정보, 상호작용적 연습, 영상 자료 및 퀴즈와 같은 학습도구도 제공한다. 컴퓨터 프로그램의 목표는 초보자와 비훈련 임상가를 위해 인지행동치료의 통합성을 향상시키는 것이다.

환자 변인

공황장애와 광장공포증 인지행동치료의 동반이환 효과에 대한 연구가 진행되어 왔다. Brown, Antony와 Barlow(1995)는 사회공포가 공황장애와 광장공포증의 치료에서 기대하지 않았던 효과를 보여 주었음에도 불구하고, 다른 불안장애와의 동반이환에 대한 인지행동치료는 효과적이지 않다는 사실을 발견하였다. 이와는 달리, Tsao, Lewin과 Craske(1998)는 대체로 다른 불안장애에 포함되는 동반이환의 치료에서 약간의 성공률을 보인 것으로 나타났다. 그러나 후속 연구에서 Brown과 동료들은 공황장애 및 광장공포증의 사후 및 6개월의 추후 연구에서 불안에 포함되는 기본적인 동반이환에 대한 효과를 발견하지 못하였다(Tsao, Mystkowski, Zucker, & Craske, 2002).

공황장애의 치료 결과와 과정 중 우울장애의 동반이환이 어떻게 영향을 미치는지에 대한 연구 결과는 서로 다르다. 모든 불안장애와 치료적 참가에 대한 인지행동치료의 연구에서 우울장애와의 동반이환은 치료 거부의 비율을 증가시킨다(Issakidis & Andrews, 2004). 그러나 일단 환자가 치료에 참가하면 우울장애가 미치는 치료 거부의 영향은 감소한다(Allen et al., 2010; Brown et al., 1995). 동반이환이 치료 참여에 미치는 선행연구에서 우울 동반이환은 치료적 스트레스를 증가시키기는 하지만(Murphy et al., 1998), 인지행동치료의 과제 수행

(McLean, Woody, Taylor, & Koch, 1998)과 전반적인 인지행동치료의 참여(Murphy, Michelson, Marchione, Marchione, & Testa, 1998)에 영향을 주지 않는다는 것이 밝혀졌다. 흥미롭게도, 동반이환의 우울장애는 치료 후 또는 추후 시점에서 의뢰 및 1차 진료환경 모두에서 공황장애에 대한 인지행동치료에 영향을 미치지 않는다(Allen et al., 2010; McLean et al., 1998; Roy-Byrne, Craske, et al., 2005). 동반이환 우울장애가 공황장애의 심각성과 지속성에 유의한 영향을 미칠 것이지만(Baldwin, 1998), 공황장애 치료의 결과에는 영향을 미치지 않을 것이라는 건 모순된 것처럼 보인다. 이것은 현재의 치료적 연구의 한계 때문일 수 있다. 예를 들어, 앞의 연구에서는 공황장애 치료를 위해 환자를 모집했으며, 매우 심각한 우울과 자살 위험 환자는 제외하였다. 따라서 대다수의 환자는 경도에서 중등도의 우울장애를 보였다. 또 이 연구들 중 다수는 양극성장애 환자를 배제하기 때문에 주요우울 삽화를 경험하는 전체 집단이 배제되었다. 그러나 공황장애에 대한 인지행동치료의 효과가 우울 증상에 직접적으로 또는 간접적으로 영향을 미쳤을 수도 있다.

공황장애와 광장공포증, 그리고 회피성, 의존성, 연극성 성격장애 사이에는 비교적 높은 동반이환 현상이 존재한다(예: Reich et al., 1994). 진단의 신뢰성 및 타당성에 대한 논란에도 불구하고, 성격장애의 동반이환은 공황장애 또는 광장공포증의 인지행동치료의 낮은 효과와 관련이 있다(예: Hoffart & Hedley, 1997; Marchand, Goyer, Dupuis, & Mainguy, 1998). 그러나 면밀한 조사에 따르면, 동반이환의 성격장애가 있는 개인은 인지행동치료의 사전 및 사후에 공황 또는 광장공포증이 심각하기는 하지만, 공황 또는 광장공포증 증상의 감소율은 일반적으로 동반이환의 성격장애에 영향을 받지 않는다. 또 Dreessen, Arntz, Luttels와 Sallaerts(1994), van den Hout, Brouwers와 Oomen(2006)은 동반이환의 성격장애는 공황 또는 광장공포증의 인지행동치료에 대한 반응에 영향을 미치지 않는 것을 발견하였다. 특히 Hofmann과 동료들(1988)은 축 II 장애를 반영한 설문지 하위 점수가 인지행동치료나 약물치료에 대한 공황장애의 치료 반응을 예측하지 못한다는 사실을 발견하였다. 실제로 Rathus, Sanderson, Miller와 Wetzler(1995)가 강박 성격 특성과 관련하여 보고한 것과 같이, 성격 특성 중 일부는 치료 결과에 긍정적인 영향을 미칠 수 있다.

물질관련장애도 공황장애 및 광장공포증과 자주 동시에 발생하지만, 이 중요한 동반이환의 치료에 대한 연구는 거의 없다. 일련의 단일 사례연구(N=3)에서 Lehman, Brown과 Barlow(1998)는 알코올 남용에 대한 공황발작을 성공적으로 통제하였다. 또한 알코올 의존의 1차적 진단과 공황장애 또는 사회공포증의 동반이환 진단을 위한 재발방지 프로그램에 불안치료를 추가하면 단순한 재발방지 프로그램보다 불안 증상이 더 감소하는 것을 보여 주었다(Schade et al., 2005). 그러나 이 연구에서 불안치료를 추가한 것이 알코올 재발 비율에는 영향을 미치지 않았다.

심장 부정맥이나 천식과 같은 또 다른 동반이환의 의학적 조건이 있다. 이것은 불안과 질병의 증상을 구분하는 것을 어렵게 하고, 결국 증상을 개선하는 데 방해가 된다. 또 의학적 조건은 급성 의학적 위협과 신체질환의 부담을 증가시킨다. 우리는 공황장애가 있는 신체질환 환자가, 비록 초기에는 비신체적 질환의 환자보다 더 심한 상태이기는 하지만, 향정신성 약물요법을 사용하는 인지행동치료에 긍정적으로 반응하는 것을 발견하였다(Roy-Byrne, Stein, et al., 2005). 또한 공황장애에 대한 인지행동치료는 자기보고의 신체적 건강 증상을 완화시키는 것으로 나타났다(Schmidt et al., 2003). 유사하게, 우리는 공황장애를 포함한 불안장애의 인지행동치료와 향정신성 약물이 신체적 건강을 유의하게 향상시킨다는 것을 발견하였다(Niles et al., 2013).

다른 환자 변인에는 사회경제적 지위와 일반적인 생활조건이 포함된다. 우리는 공황장애에 대한 1차 진료 연구에서 정신건강치료에 대한 지각된 장벽을 평가하였다(Craske, Golinelli, et al., 2005). 흔히 도움을 요청할 곳을 찾을 수 없음(43%), 비용 걱정(40%), 건강보험 가입 부족(35%), 필요한 시기에 예약을 잡을 수 없음(35%) 등이 장애 요인으로 보고되었다. 또한 우리의 다기관 임상실험에서 광장공포증이 있는 공황장애에 대한 인지행동치료 및 약물치료의 감소는 낮은 교육에 의해 예측되었는데, 이것은 낮은 소득에 기인한다(Grilo et al., 1998). 유사하게, 교육 수준과 동기부여 수준은 비록 효과가 적지만 탈락률과 관련이 있다(Keijsers, Kampman, & Hoogduin, 2001). 낮은 수준의 교육 및 소득은 매주의 치료와 같은 활동에 참여하는 시간을 줄일 수 있다. 전일제 점원으로서 남편이 부상으로 장애가 있고 두 명의 자녀를 둔 어머니, 또는 일주일에 25시간씩 일하는 전일제 여학생을 예로 들어 보자. 이러한 조건에서는 매일 실생활 노출의 치료과제가 완료될 가능성이 훨씬 적다. 그 결과 치료 진전의 부족으로 인한 좌절이 초래될 수 있다. 치료가 성공하기 위해서는 인지행동치료가 우선시될 수 있도록 삶의 조건에 변화가 있거나, 그렇지 않다면 삶의 조건이 변화할 때까지 치료를 보류하는 것이 좋다. 실제로 이러한 종류의 생활환경 문제는 아프리카계 미국인이 유럽계 미국인보다 활동성, 불안 및 공황의 측면에서 치료효과가 낮은 이유를 설명할 수 있다(Friedman & Paradis, 1991; Williams & Chambless, 1994). 앞의 두 연구와 달리 Friedman, Paradis와 Hatch(1994)는 두 종족집단 간에 동등한 결과를 얻었으며, 또 다른 연구에서도 여성 아프리카계 미국인 표본이 유럽계 미국인 표본과 동일한 결과를 보여 주었다(Carter, Sbrocco, Gore, Marin, & Lewis, 2003). 그러나 치료결과에 대한 인종적·문화적 차이의 영향에 대해서는 더 많은 연구가 필요하다.

마지막으로, 환자가 자신의 문제의 본질을 이해하는 것은 인지행동치료의 성공에서 중요하다. 공황장애의 신체적인 특성을 감안할 때, 많은 환자는 의학적 도움을 제일 먼저 찾는다. 즉, 문제를 이해하는 데 있어서의 차이는 약리학적 또는 분석적 치료가 인지행동치료보다 더 신뢰할 만하다는 인식을 초래할 수 있다. 예를 들어, 자신의 상태가 '신경화학적 불균형'에 기인한다고 믿는 사람은 약물치료를 찾고 심리적 치료를 거부할 가능성이 더 높다. 이와 유사하게, 자신의 상태를 '나의 과거에 대한 무언가'로 간주하는 개인은 인지행동치료의 관점에 저항할 수 있다. 또 Grilo와 동료들(1998)에 따르면 공황장애나 광장공포증 환자가 그들의 장애를 자신의 삶의 특별한 스트레스에 기인한다고 믿었을 때 인지행동치료와 약물치료를 받지 않을 가능성이 더 높았는데, 이것은 그들이 이 치료법들을 중요하지 않다고 생각하였기 때문이다.

약리학적 치료의 병행

1차 진료 의사가 일반적으로 치료의 첫 번째 라인이기 때문에 대부분의 공황장애 및 광장공포증 환자는 인지행동치료보다 약물치료를 받는다. 따라서 심리학 연구 클리닉에 참석하는 공황장애 환자 중 절반 이상이 이미 항불안제를 복용하고 있다. 그러므로 인지행동치료와 약물치료가 어느 정도의 상승효과를 갖는가, 그리고 약물치료가 인지행동치료에 어떻게 영향을 미치는가가 중요한 주제이다.

우리가 속한 다양한 연구소의 임상실험(Barlow, Gorman, Shear, & Woods, 2000)을 포함한 대규모 임상실험의 결과, 인지행동치료와 약리학적 치료를 병행하는 것은 치료 중간과 직후에 어떤 이점이 없음을 시사한다. 특히 개별적인 인지행동치료와 약물치료, 그리고 병행치료는 치료 직후 모두 효과적이었다. 특히 약물 중단 이후에도 약물치료와 인지행동치료를 병행하는 것은 인지행동치료를 단독으로 시행한 것보다 결과가 나빴으며, 이것은 약물치료하에서 상황(또는 맥락) 의존적 학습이 인지행동치료를 통해 나타나는 새로운 학습을 약화시켰을 가능성을 시사한다. 이와는 대조적으로, 1차 진료환경에서는 공황장애의 약물치료에 더해 인지행동치료의 어떤 한 요인이라도 추가하면 치료 및 12개월의 추후 시점에서 통계적 · 임상적으로 유의한 향상이 나타났다(Craske, Golinelli, et al., 2005).

최근에 우리의 협력 팀은 공황장애 치료에 있어 장기전략을 연구해 왔다. 우리는 순차적 병행이 동시적 병행보다 유리한가를 평가하였다. 초기 단계에서 총 256명의 공황장애 및 모든 수준의 광장공포증 환자가 초기 3개월의 인지행동치료를 완료하였다(Aaronson et al., 2008; White et al., 2010). 환자들은 두 가지 임상군으로 분류되었다. 응답자는 9개월간 매월 지지 회기(N=79) 또는 비지지 회기(N=78)로 무선할당된 후 치료 없이 추가로 12개월 동안 추적조사를 받았다(White et al., 2013). 21개월의 추후 시점에서 비지지 통제집단(18.4%)과 비교하여 지지 회기 집단에서 재발률(5.2%)이 유의하게 낮았고, 직업 및 사회적 장애가 감소하였다. 다변량 콕스 비례 위험 모델(Multivariate Cox proportional hazards model)의 통계 결과, 급성치료의 종료 시 광장공포증의 잔류 증상은 21개월의 추후 조사 기간의 재발시간을 독립적으로 예측하는 것으로 나타났다(위험비=1.15, $p<.01$). 따라서 재발 방지의 급성치료 효과를 강화하기 위한 지지 회기는 광장공포증이 있거나 없는 공황장애의 장기적인 결과를 향상시켰다. 최초의 환자 중 58명이 최적의 기능 수준에 도달하지 못했고, 추가로 3개월의 인지행동치료를 지속했거나 또는 파록세틴(paroxetine)을 투여받았다. 한 치료에 잘 반응한 환자는 추가된 9개월 동안 각각 그 치료를 계속 유지하였다(Payne et al., 2012). 3개월의 시점에서 인지행동치료를 지속한 환자와 비교하여 파록세틴 치료를 받은 환자의 공황장애 증상이 유의하게 감소하였다. 그러나 이 차이는 9개월 후에 사라졌다. 이 결과는 주요우울장애가 있는 개인을 제외하더라도 유지되었다. 이 결과는 인지행동치료에 효과적으로 반응하지 않을 때 신속히 약물치료로 전환하는 것이 중요하다는 것을 시사한다. 그러나 두 치료법 모두 궁극적으로는 비슷한 결과를 보여 주었다.

비슷한 결과를 보인 또 다른 연구에서, 인지행동치료에 반응하지 않는 환자는 약물 위약 조건보다 지속적인 인지행동치료에 세로토닌계 약물(파록세틴)을 추가한 조건에서 효과크기가 큰 이득을 얻었다(Kampman, Keijsers, Hoogduin, & Hendriks, 2002). 반대로, 무선할당이 아닌 공개 임상실험의 일부 연구이지만 약물치료에 내성이 있는 사람들은 인지행동치료에 긍정적으로 반응하였다(Heldt et al., 2006).

빠른 작용의 불안완화제, 특히 고효능 벤조디아제핀(benzodiazepine)과 광장공포증 행동치료의 병행에 관한 연구 결과는 일치하지 않는다(예: Marks et al., 1993; Wardle et al., 1994). 그럼에도 불구하고 공황 또는 광장공포증에 대한 인지행동치료에서 고용량 벤조디아제핀의 만성적 사용이 단기적 및 장기적으로 유해한 효과를 일으킨다는 연구들이 있다(예: Otto, Pollack, & Sabatino, 1996; van Balkom, de Beurs, Koele, Lange, & van Dyck, 1996; Wardle et al., 1994). 특히 고용량 벤조디아제핀의 만성적 사용은 부정적 결과를 초래하고 더 많은 재발을 일으킨다는 증거가 있다. 또 소규모 자연조건의 연구에서 벤조디아제핀의 일시적인 사용은 규칙적인 사용과 사용하지 않을 때보다 더 부정적인 효과를 보여 주었다(Westra, Stewart, & Conrad, 2002).

마지막으로, 인지행동치료 및 약물치료의 병행과 비교하여 각각의 개별적인 치료의 비용 대비 효과에 대한 더 많은 연구가 필요하다. 현재는 인지행동치료의 비용 대비 효과가 약물치료보다 우수하다고 간주되고 있다(예: 기능장애 비용, 회사 결근, 건강보험 사용 면에서; Heuzenroeder et al., 2004).

인지행동치료에 미치는 향정신성 약물의 방식을 이해하는 것은 이 두 치료법의 결합을 최적화하는 방법을 개발하는 데 유용할 수 있다. 첫째, 약물, 특히 신속히 작용하는 약물은 현 상태를 **현저하게** 변화시킬 수 있고, 필요에 따라 사용할 수 있으나(예: 벤조디아제핀, 베타차단제), 치료의 성공을 인지행동치료보다는 약물에 귀인시키기 때문에 재발에 취약하다. 자기통제 부족은 약물 사용을 중단하거나, 또는 약물이 현재의 기능에 필요하다는 가정 때문에 재발가능성을 높인다. 예를 들어, 인지행동치료를 수행하는 중에 치료적 효과를 알프라졸람(alprazolam)에 기인하거나, 알프라졸람 없이는 대처능력이 부족하다고 믿는 것은 재발을 예측하였다(Basoglu, Marks, Kilic, Brewin, & Swinson, 1994). 둘째, 약물은 안전신호의 역할, 또는 사람이 고통스럽고 혐오스러운 결과로부터 자신의 안전을 오귀인하는 대상이 될 수 있다. 안전신호는 장기간에 걸친 두려움과 회피의 유지에 기여할 수 있으며(Hermans, Craske, Mineka, & Lovibond, 2006), 신체 증상의 왜곡된 인지를 수정하는 데 방해가 될 수 있다(이 문제에 대한 자세한 설명은 다음 참조). 셋째, 약물치료는 인지행동적 기술의 실행에 대한 동기를 감소시킬 수 있는데, 특히 회기 사이의 과제 수행은 인지행동치료의 결과를 긍정적으로 예측하는 지표이다(예: Glenn et al., 출판 중). 마지막으로, 약물의 영향하에서 일어나는 학습은 약물이 제거되었을 때 일반화되지 않을 수 있는데, 이는 재발을 일으키게 된다(Bouton & Swartzentruber, 1991). 이상의 요점 중 몇몇이 다음에 예시되어 있다.

"나는 인지행동치료 프로그램을 수행해 왔지만, 실제로 도움을 받은 것은 팍실(paxil)이라는 약물이었다. 기분이 훨씬 나아졌기 때문에 약물치료를 줄여 나가기로 하였다. 처음에 나는 그 계획에 대해 걱정이 많았다. 나는 약물 중단에 따른 다른 사람들의 부정적 경험 때문에 걱정이 많았다. 그러나 나는 천천히 중단하면 괜찮을 것이라고 생각하였다. 그래서 나는 서서히 감소시켜 나갔다. 정말 그렇게 나쁘지 않았다. 약 한 달 동안 약을 완전히 끊었다. 나는 음식점에 앉아서 기분이 좋았다. 전에 음식점에서 얼마나 많은 어려움을 겪었는지 생각해 보았다. 그런 다음 어지러워졌고, 곧바로 '오, 안 돼. 다시 시작하는구나.'라고 생각하였다. 나는 정말 공황발작을 일으켰다. '왜 내가 약물치료를 계속하지 않았을까?'라고 생각하였다.

"나는 자낙스(xanax) 복용량을 줄이기 시작하였다. 나는 처음 며칠 동안은 괜찮았다. …… 나는 정말로 기분이 좋았다. 하지만 금요일 아침에 일어났을 때, 나는 이상하다고 느꼈다. 머리가 너무 빡빡해졌고 이전의 느낌이 다시 반복되는 것이 걱정되었다. 내게 들었던 유일한 생각은 다시 이전으로 돌아가는 것이다. 그래서 나는 자낙스를 다시 복용하였고, 몇 분 지나지 않아 다시 기분이 좋아졌다. 약이 필요하였다. 나는 약 없이는 나를 조절할 수 없다."

이 사례에서처럼 약물의 부정적인 영향은 어떻게 상쇄될 수 있는가? 한 가지 가능성은 약물 중단 후의 지속적인 노출이 개인의 숙달감을 향상시키고 약물의 안전신호 기능을 감소시키기 때문에 재발을 상쇄할 수 있다는 것이다. 또한 약물의 도움 없이 노출과 인지적·행동적 전략을 연습하는 것이 의존성을 극복하는 데 도움이 되고, 치료가 끝나면 치료 이득의 일반화가 향상된다.

사례연구

줄리는 33세의 유럽계 미국인으로서 두 자녀의 어머니이며, 남편 래리와 8년 동안 함께 살고 있다. 지난 3년 동안 그녀는 만성적인 불안과 공황을 경험하고 있다. 공황발작은 참기 힘들 정도이며, 빈도가 증가하고 있다고 한다. 그녀는 3년 전 처음 공황발작을 느꼈으며, 이때 그녀는 할머니의 임종에 함께하고자 서둘러 운전하고 있었다. 줄리는 고속도로에서 혼자 운전하였다. 그녀는 마치 모든 것이 느린 동작으로 움직이는 듯한 느낌을 경험하였다. 마치 차가 여전히 서 있고, 그녀 주변의 물건이 비현실적인 것처럼 보였다. 그녀는 숨이 가쁘고 정신을 차리기 어려웠다. 그러나 목적지에 도달하는 것이 너무 중요했기 때문에 나중에 그 경험을 자세히 알기 어려웠다. 하루가 지난 후, 그녀는 아무런 사고가 없었다는 것에 대해 얼마나 운이 좋았는지를 알게 되었다. 몇 주 후, 그녀는 고속도로에서 운전할 때 같은 느낌을 다시 경험하였다. 이번에는 임종을 앞둔 할머니에게 가야 한다는 압박감 없이 일어났다. 그녀는 이 감정을 이해할 수 없었기 때문에 두려워졌다. 그녀는 길가에 차를 세우고 남편에게 전화를 걸어서 와 줄 것을 요청하였다. 그녀는 남편을 따라 집으로 가는 내내 불안을 느꼈다.

현재 줄리는 많은 상황에서 이러한 감정을 경험하고 있다. 그녀는 자신의 공황발작을 비현실감, 분리감, 호흡곤란, 심장박동, 그리고 불명확성에 대한 전반적인 두려움으로 묘사한다. 그녀를 가장 두렵게 하는 것은 비현실감이다. 결과적으로, 줄리는 잠들기 직전에 나타나는 반의식적 상태, 낮에서 밤으로 바뀌는 시간, 밝은 빛, 오랜 시간 같은 일에 집중하는 것, 알코올이나 마약, 그리고 일반적인 불안과 같이 '비현실적인' 느낌을 초래하는 모든 것에 민감하다. 그녀는 클로노핀(klonopin, 고농도의 벤조디아제핀)에 대한 처방전을 갖고 있지만,

약의 영향이나 변화된 의식에 대한 일반적인 두려움 때문에 거의 사용하지 않는다. 그녀는 가능한 한 항상 조심하고 싶어 하지만, 공황에 대처하기 위한 최후의 순간을 위해 클로노핀을 갖고 다닌다. 그녀는 클로노핀 없이는 집을 떠나지 않는다. 줄리는 일반적으로 자신의 몸에 매우 민감하다. 그녀는 평소보다 약간 다른 느낌을 받는 것에 대해 두려워한다. 그녀가 즐기던 커피조차도 홍분과 심장박동의 상승 때문에 그녀를 불안하게 한다. 그녀는 결코 운동을 많이 하는 것은 아니지만, 운동에 대해 두려움을 느낀다. 줄리는 또 다음 공황발작이 언제 일어날지에 관해 항상 긴장하고 있다고 보고한다. 그녀는 고속도로를 피하고 익숙한 곳에서만 운전을 한다. 그녀는 자신의 생활을 집에서 반경 10마일 이내로 제한하고 있다. 그녀는 너무 많은 자극과 부분적으로는 다른 사람들 앞에서 공황상태에 빠질까 봐 두려워서 군중과 대규모의 집단을 피한다. 일반적으로 그녀는 남편이나 어머니와 함께 있기를 원한다. 그러나 그녀는 그녀의 '안전'지역 내에 있는 한 대부분의 일을 할 수 있다.

줄리는 이전과는 다르게 자신이 약하고 두려움이 많아진 것을 느낀다. 그녀에게 있어서 현재의 공황발작과 비슷한 유일한 사건은 20대 초반에 그녀가 마리화나 흡연에 대해 부정적 반응을 가졌을 때 일어났다. 줄리는 통제력을 상실한 것과 다시 현실로 돌아가지 못할 것 같은 두려움을 경험하였다. 그 이후로 마약을 복용하지 않았다. 그 이외에는 심각한 건강상태나 심리적 치료에 대한 병력이 없다. 줄리는 분리불안이 있었고, 어린 시절과 10대 때는 부끄러움이 많았다. 그러나 20대에 공황이 시작될 때까지 그녀의 사회적 불안은 향상되었고, 주변 사람들과 매우 편안하게 지냈다. 공황발작이 시작된 이래, 줄리는 다른 사람들이 자신이 불안해한다는 사실을 알게 될 것이라고 걱정하였다. 그러나 그녀의 사회적 불안은 공황발작에 한정되어 있으며 사회공포를 의미하는 것은 아니다.

일반적으로 줄리의 식욕은 좋지만 수면은 불안정하다. 적어도 한 주에 한 번 그녀는 한밤중에 갑자기 잠에서 깨어났다. 숨이 차서 두려웠다. 그녀는 남편이 여행할 때 잠들기가 매우 어려웠다. 그녀는 공황발작뿐만 아니라 남편과 자녀에 대해서도 걱정이 많다. 하지만 후자보다는 공황에 대한 걱정이 더 크다. 그녀는 집중력이 부족하지만, 주변 환경에 대한 친숙함과 남편이 있다는 점에서 직장과 가정에서는 잘 기능하고 있다. 줄리는 부부 공동 소유의 사업체에서 관리자로 일한다. 그녀는 때때로 자신의 공포와 여행 거리의 제한 때문에 우울하다. 또 그녀는 불안을 극복할 수 있을지 의심스럽고 미래에 대한 희망이 없다고 생각한다. 절망과 눈물의 감정이 며칠 이상 지속되지는 않지만, 자신의 삶이 공황발작 때문에 제한되어 있기 때문에 기분이 저하되어 있다.

줄리가 어렸을 때 어머니와 사촌 모두에게 공황발작이 있었다. 줄리는 자신이 새로운 일을 시도하고 집 밖에서 시간을 보내는 것을 주저하기 때문에 자녀도 자신의 영향을 받아 불안해지는 것 같아 걱정이 된다.

평가

기능적 행동분석은 다음에 설명할 여러 평가방법에 따라 이루어진다.

면접

심층 면접은 진단적 특징과 증상 및 반응 행동의 패턴을 확립하는 첫 번째 단계이다. 몇 종류의 구조화 및 반구조화된 면접이 있다. DSM-IV(ADIS-IV; Di Nardo, Brown, & Barlow, 1994)와 DSM-5(ADIS-5; Brown & Barlow, 출판 중)의 불안장애 면접 스케줄(Anxiety Disorders Interview Schedule: ADIS)은 불안장애와 기분장애 및 신체형 장애를 평가한다. 이 도구는 정신병과 약물상태의 선별도구로도 사용된다. ADIS는 불안장애군의 변별진단을 위해 필요한 정보를 수집하며, 장애의 임상적 및 하위 증상의 상태를 구별하는 수단을 제공한다. 공황발작의 빈도, 강도 및 지속시간에 대한 자료 및 회피행동에 대한 세부 정보가 ADIS에 포함되어 있다. 이 정보는 각 개인의 상태에 따라 치료를 설정하는 데 필요하다. 구조화된 면접은 변별진단 및 평가자간 신뢰도가 높다는 점에서 가치가 있다. 불안장애의 경우 ADIS-IV의 평가자간 신뢰도는 만족에서 우수한 수준이다(Brown, Di Nardo, Lehman, & Campbell, 2001). ADIS-5에 기초한 평가는 현재 개정 중이다.

이와 유사하게, 조현병과 정서장애의 면접도구(불안 연구를 위해 수정됨)는 대부분의 불안장애(범불안장애 및 단순공포증은 예외임)에 대한 신뢰할 수 있는 진단을 제공한다(Manuzza, Fyer, Liebowitz, & Klein, 1990). 또 DSM-5에 포함된 모든 DSM-IV의 구조화된 임상면접(Structured Clinical Interview for DSM: SCID)이 있으며(First, Spitzer, Gibbon, & Williams, 1994), 현재 DSM-5의 진단기준에 따라 수정되고 있다.

이미 설명한 것처럼, 공황은 다양한 정서장애에 걸쳐 나타나는 폭넓은 현상이기 때문에 변별진단이 어렵다(Barlow, 1988). 특정공포, 사회공포증, 범불안장애, 강박장애 및 외상 후 스트레스 장애를 가진 사람들이 공황발작을 보고하는 것은 드문 일이 아니다. 줄리의 경우 사회불안장애, 공황장애 및 광장공포증과 관련한 변별진단의 문제가 있었다. [그림 1-1]에는 이러한 변별진단의 문제를 다루는 ADIS-IV의 질문이 예시되어 있다(줄리의 답변은 다른 서체로 표시함).

[그림 1-1]에서 볼 수 있듯이 줄리는 사회적 상황에서 공황발작을 경험하고, 불안이 드러날 경우 타인에 의해 부정적인 평가를 받는 것을 걱정한다. 그러나 수줍음의 내력이 있음에도 불구하고 줄리의 현재 사회적 불편감은 주로 공황발작의 가능성에 기초하고 있다. 이것 때문에, 그리고 다른 공황발작의 기준을 충족시키기 때문에(즉, 예기치 않은/비사회적인 공황발작 및 미래의 공황발작에 대한 전반적인 걱정), 사회적 불편감은 공황장애 및 광장공포증에 가장 잘 포함된다. 만약 줄리가 사회적 상황에서만 공황발작을 경험했다고 보고하거나 또 사회적인 상황에서만 공황발작에 대해 걱정한다면 사회불안장애로 진단하는 것이 더 적절할 것이다. 예기치 않은 공황발작과 공황과 상관없이 사회적 상황에서의 말과 행동에 대한 자기초점적 주의는 공황장애-광장공포증과 사회불안장애의 이중진단과 일치한다. 일반적으로 공황장애가 있는 개인은 사회적 환경에서 수동적인 역할을 할 때에도 계속 불안감을 느낄 수 있지만, 사회불안장애 환자는 주의집중을 하지 않을 때 편안함을 느낄 가능성이 더 높다(Dattilio & Salas-Auvert, 2000).

공황장애가 있는 광장공포증과 폐쇄공포를 구별하는 데에는 비슷한 진단적 질문이 유용하다.

ADIS-IV 공황장애 영역

당신은 갑자기 공포감이나 불편함을 느낄 때가 있습니까? **예.**

어떤 상황에서 그 감정을 경험합니까? **운전 중이나, 특히 고속도로에서…… 또 집에 혼자 있을 때나…… 파티 또는 사람들이 많은 곳입니다.**

이 감정은 뚜렷한 이유가 없거나 또는 예상치 못한 상황에서 나타났습니까? **예.**

공포와 불편함이 급격히 증가하는 데 보통 얼마나 걸리나요? **그건 다양합니다. 예를 들어, 때로는 몇 초가 걸리며 다른 때에는 천천히 진행되는 것 같습니다.**

공포/불편함은 어느 정도까지 지속됩니까? **상황에 따라 다릅니다. 혼자 있을 때는 몇 분 또는 몇 초 내에 끝납니다. 여러 사람과 같이 있다면 그 상황을 떠날 때까지 지속됩니다.**

지난 달 당신은 어느 정도로 걱정, 또는 다른 공황발작에 대한 두려움을 경험했습니까?

0	1	2	3	4	5	(6)	7	8
걱정, 공포 없음		거의 걱정이 없거나 약간의 두려움		때때로 걱정/중간 정도의 두려움		잦은 걱정/심한 두려움		끊임없는 걱정/극단적 공포

ADIS-IV 사회공포증 영역

타인에 의해 관찰되거나 평가될 수 있는 사회적 상황에서, 또는 새로운 사람들을 만날 때 당신은 두렵거나, 불안하거나, 또는 긴장된 느낌이 듭니까? **예.**

당신은 다른 사람을 당혹스럽게 하는 행동이나 말을 하거나 또는 타인에게 수치심을 느끼거나 다른 사람이 자신을 나쁘게 생각할 것을 지나치게 염려합니까? **예.**

이런 상황에서 걱정되는 것은 무엇입니까? **다른 사람들은 내가 불안해한다는 것을 알게 될 것입니다. 당황할 때 내 얼굴이 창백해지고 내 눈이 흔들릴 것입니다. 나는 사람들 앞에서 혼란스럽게 느낄 것이고, 무엇을 해야 할지 모른다는 것입니다.**

예기치 못한 공황발작을 일으킬까 봐 두려워서 이런 상황이 걱정됩니까? **예(공황발작이나 비현실적인 느낌을 경험하게 되는 것).**

당신은 이러한 상황을 제외하고 예기치 않은 공포와 불안을 경험한 적이 있습니까? **예.**

[그림 1-1] 줄리의 ADIS-IV 질문에 대한 답변

또 신체형장애, 의학적 조건, 회피성 또는 의존성 성격장애와의 변별진단에 관한 문제가 나타날 수 있다.

진단 평가가 완료되면, 공황장애 심각도 척도(Panic Disorder Severity Scale: PDSS; Shear et al., 1997)와 같은 공황장애를 위해 특별히 고안된 평가가 도움이 될 수 있다. 임상가가 평가하는 이 척도는 0~4점의 심각도 등급을 사용하여 일곱 가지의 반응 영역을 평가한다. 공황발작의 빈도, 고통, 예기불안, 광장공포증 및 내부수용감각(신체감각)의 두려움, 회피행동, 그리고 직업과 사회적 손상이 그것이다. PDSS의 절단점은 8점이며, 공황장애를 가진 환자를 확인하는 데 높은 민감도와 특이도를 보여 준다(Shear et al., 2001).

의학적 평가

공황장애를 진단하기 전에 몇 가지 의학적 상태를 배제해야 하기 때문에 일반적으로 의학적 평가가 권장된다. 여기에는 갑상선 질환, 카페인 또는 암페타민 중독, 약물 중독 또는 갈색세포종(부신종양)이 포함된다. 또 어떤 의학적 상태는 공황장애를 악화시킬 수 있다. 또 공황장애는 증상이 의학적 통제하에 있더라도 계속될 가능성이 있다. 승모판 탈출증, 천식, 알레르기 및 저혈당은 이 후자의 범주에 속한다. 앞에서 설명한 모델에 따르면, 이러한 건강상태는 공포스러운 신체적 감각을 이끌어 낼 정도로 공황발작을 악화시킨다. 예를 들어, 승모판 탈출증은 때때로 심장박동감을 일으키고, 천식은 호흡곤란을 일으키며, 저혈당은 어지럼증과 약화를 유발한다. 이것은 모두 공황 증상과 중첩되기 때문에 공황에 대한 조건단서가 될 수 있다.

자기관찰

자기관찰(self-monitoring)은 공황장애와 광장공포증에 대한 평가와 치료에서 매우 중요한 부분이다. 특히 공황상태에 있을 경우 이전의 공황과 불안 삽화의 회상은 공황 빈도와 심각도에 대한 추정치를 보여 줄 수 있다(Margraf et al., 1987; Rapee, Craske, & Barlow, 1990). 특히 이 추정치는 미래의 공포에 대한 적응에 기여할 수 있다. 이와는 달리 현재의 관찰은 일반적으로 더 정확하다(공황 및 불안에 대한 자기관찰에 대한 포괄적인 검토는 Craske & Tsao, 1999 참조). 또 지속적인 자기관찰은 객관적인 자각을 향상시킨다고 간주된다. 객관적인 자기관찰은 "나는 끔찍한 느낌을 갖고 있다. 최악의 상황이다. 내 몸 전체가 통제 불능이다."와 같은 부정적이고 정서적인 자기진술을 "나의 불안감은 6 정도이다. 증상으로는 떨림, 어지러움, 비현실적인 느낌, 호흡곤란 등이 있으며, 이 삽화의 지속시간은 10분이다."와 같은 객관적인 자기진술로 대치시킨다. 객관적인 자기자각은 일반적으로 부적정서를 감소시킨다. 마지막으로, 자기관찰은 회기 중 진전과 유용한 자료를 평가하기 위한 피드백을 제공한다.

공황발작은 공황발작 기록지(Panic Attack Record)에 기록되어 있으며, 그중 하나가 [그림 1-2]에 제시되어 있다. 따라서 공황발작 후 가능한 한 빨리 완료되어야 하는 이 기록은 개인이 지참하게 된다(지갑 크기). 하루의 불안, 우울, 그리고 공황에 대한 걱정 수준은 [그림 1-3]에 나와 있는 일일 기분 기록지(Daily Mood Record)를 통해 관찰된다. 이 기록은 매일 수행된다. 마지막으로, 일기장에서 일일활동을 기록하거나 광장공포증 체크리스트의 활동을 확인하여 기록할 수 있다.

자기관찰의 일반적인 문제는 비순응이다. 비순응은 자기관찰에 대한 오해나 신뢰가 결여되기 때문에 나타난다. 그러나 대부분의 경우, 비순응은 관찰로 인해 불안감이 증가할 것이라는 예상 때문

날짜: 2/16/06 시간: 오후 5시 20분

촉발 상황: 집에 혼자 머물고 있으며 숨이 가쁘다.

예상함: x 예기치 못함: ______

최대 공포 0——1——2——3——4——5——6——7——8——9——10

없음 온화함 보통 강함 매우 강함

경미한 수준의 모든 증상을 확인하여 체크해 주십시오.

가슴 통증이나 불편함		땀	x
심장박동/심계항진/두근거림	x	메스꺼움/배탈	
숨 가쁨	x	어지러운/불안정한/약간 어지러운/희미한	
몸의 흔들림/떨림	x		
마비/저림		오한/안면홍조	
질식에 대한 느낌		비현실감	x
통제력 상실/미칠 것 같은 두려움	x	죽을 것 같은 공포	

생각: 나는 미칠 것 같다, 나는 통제력을 잃을 것이다

행동: 어머니에게 전화하기

[그림 1-2] 줄리의 공황발작 기록지

0——1——2——3——4——5——6——7——8——9——10

없음 온화함 보통 강함 매우 강함

날짜	평균 불안	평균 우울	공황에 대한 평균 걱정
2/16	7	5	7
2/17	5	4	5
2/18	4	4	5
2/19	4	3	4
2/20	4	4	5
2/21	2	1	1
2/22	2	2	2

[그림 1-3] 줄리의 일일 기분 기록지

에 나타난다. 이것은 특히 주의전환의 대처방식을 선호하는 사람들에게서 나타나는데, 공황에 대한 생각이 압도적으로 다가올 수도 있다고 생각하기 때문이다. 즉, '왜 기분이 얼마나 나쁜지 스스로 질문함으로써 내가 나 자신을 더 악화시켜야 하는가?'와 같은 생각이다. 줄리의 경우에는 그녀의 불안을 분명히 기억한다는 것이 현실에서 더 괴리될 수 있다는 우려 때문에 자기관찰이 특히 어려웠다. 줄리의 경우 자기관찰이 내면에 대한 불안감을 감소시키고, 자기관찰의 객관성과 주관성을 검토하는 것이 도움이 된다는 점이 강조되었다. 또 치료자가 자기관찰의 정보에 주의를 기울이고, 각 치료 회기가 시작될 때 자기관찰의 방법에 대한 피드백을 해 준 것이 줄리의 자기관찰을 강화하였다.

표준화된 검사도구

몇몇 표준화된 자기보고 검사지는 치료계획과 치료적 변화에 민감한 표지자를 제공한다. 불안민감성 지수(Reiss, Peterson, Gursky, & McNally, 1986)와 다차원 불안민감성 지수-3(Taylor et al., 2007)은 신체감각을 위협적으로 믿는 특성을 평가하는 도구로서 인정을 받고 있다. 둘 다 좋은 심리측정적 속성을 보여 주며, 특히 신체적 걱정의 소척도(Zinbarg et al., 1997)를 포함하여 공황장애와 광장공포증을 다른 불안장애와 변별해 준다(Taylor et al., 1992; Telch, Sherman, & Lucas, 1989). 가장 공포적인 특정 신체감각에 대한 특이적 정보와 인지왜곡은 신체감각 질문지(Body Sensation Questionnaire)와 광장공포증의 사고 질문지(Agoraphobia Cognitions Questionnaire)에서 측정된다(Chambeless, Caputo, Bright, & Gallagher, 1984). 이 두 평가척도는 탁월한 심리측정학적 속성을 보여 주며, 치료 후 변화에 민감하다(Keller & Craske, 2008 참조). 이동용 검사(Mobility Inventory; Chambless, Caputo, Gracely, Jasin, & Williams, 1985)는 혼자 있을 때와 동행할 때 회피 수준과 연관된 장소를 측정한다. 이 도구는 실생활 노출위계를 설정하는 데 매우 유용하며, 심리측정적으로 잘 구성되어 있다.

또한 우리는 공황장애 및 광장공포증에 유용한 두 가지 표준화된 자기보고 목록을 개발하였다. 첫째, 알바니 공황 및 공포 질문지(Albany Panic and Phobia Questionnaire; Rapee, Craske, & Barlow, 1995)는 보다 일반적인 광장공포증과 사회적 상황뿐만 아니라 두려운 신체감각을 유발하는 활동(예: 운동, 카페인)의 불안과 회피를 평가한다. 요인분석 결과, 이 척도는 광장공포증(Agoraphobia), 사회공포(Social Phobia) 및 내부수용감각적(신체감각적)(Interoceptive) 공포의 3요인으로 구성되어 있다. 이 설문지는 적절한 심리측정적 속성을 보여 주고 있으며, 광장공포증 대 내부수용감각(신체감각)의 회피를 탐색하는 데 유용하다. 둘째, 불안 통제 질문지(Anxiety Control Questionnaire)는 내적인 정서적 반응이나 외적인 위협단서와 같은 불안 관련 사건에 대한 지각된 통제감을 평가한다(Rapee, Craske, Brown, & Barlow, 1996). 이 척도는 일반적인 통제 소재 척도보다 좀 더 구체적이며, 불안과 불안장애에 초점을 두어 평가하도록 설계되었다. 개정된 15개 항목의 척도에서는 감정 통제, 위협 통제 및 스트레스 통제의 세 가지 요인과 1개의 고차원적인 지각된 통제의 요인으로 구성되어 있다(Brown, White, Forsyth, & Barlow, 2004). 이 척도를 통한 사전-사후의 변화는 추후 기간에 동반이환의 감소를 예측해 주었다(Craske et al., 2007). 여기서 언급한 평가척도의 세부적인 내용과 공황장애, 광장공포증의 좀 더 자세한 평가에 관해 Keller와 Craske(2008)를 참고할 수 있다.

행동검사

행동검사는 특정한 내부수용감각(신체감각) 단서와 외적 상황의 회피 정도를 평가하는 데 유용한 척도이다. 행동적 접근 검사는 표준화되거나 개별적으로 맞추어 실시될 수 있다. 장소 회피를 평가하기 위한 표준화된 행동검사는 일반적으로 반경 1마일에 있는 병원 인근의 특정 경로를 걷거나 운전하는 것 등이 포함된다. 신체감각에 대한 불안의 표준화된 행동검사에는 원형으로의 회전, 제자리 뛰기, 과호흡 및 빨대를 통한 호흡과 같이 공황 증상을 유발하는 활동이 포함된다(Barlow & Craske, 2006). 불안 수준은 행동검사를 통해 규칙적인 간격으로 평가되며, 실제 거리 또는 시간이 측정된다. 표준화된 행동검사의 단점은 특정 과제가 모든 환자에게 관련되지 않을 수 있다는 것이다(예: 1마일 걷기 또는 달리기는 약간의 불안감을 유발할 수 있지만 다른 사람에게는 매우 심한 불안감을 유발할 수 있음). 따라서 개별적으로 맞추어 과제를 설정하는 것이 중요하다. 광장공포증의 경우, 이것은 일반적으로 환자가 '어느 정도 어려움'에서 '매우 어려움'으로 평가한 3~5개의 상황을 포함한다. 예를 들어, 고속도로의 출구를 2회 운전하기, 은행에서 줄 서서 기다리기, 인근 상점에서 약 15분간 쇼핑하기와 같은 개별적 상황을 3~5회 시도하는 것이 될 수 있다. 신체감각에 대한 불안감을 위해 개별적으로 맞춤화된 행동검사는 그 환자가 가장 두려워하는 감각을 유도하도록 특별히 고안된 연습을 필요로 한다(예: 코 집게를 통해 호흡곤란을 유도). 표준화된 검사와 마찬가지로, 개별적으로 맞춤 설정된 행동검사를 통하여 현재의 불안 수준과 접근행동 정도가 측정된다.

개별적으로 맞춤화된 행동검사는 연구 목적으로서는 피험자 간 비교가 어렵지만, 임상적 적용을 위해서는 많은 정보를 포함하고 있다. 또 행동검사는 환자가 실제로 달성할 수 있는 것을 과소평가하는 경향이 있기 때문에 자기보고식 회피행동에 대한 중요한 보완책이다(Craske et al., 1988). 또한 행동검사는 치료계획 중 종종 개인에게 아직 알려지지 않은 중요한 정보를 보여 주기도 한다. 예를 들어, 환자가 쇼핑몰을 걷는 것을 관찰할 때 비로소 난간이나 벽과 같은 지지대에 가까이 있으려는 경향이 드러날 수 있다. 줄리의 경우 낮시간에서 밤시간으로의 변화가 의미가 있었는데, 이것은 행동검사 중 도로를 주행해야 할 때 분명히 드러났다. 그녀는 황혼 때문에 사물이 비현실적인 것처럼 느껴졌기 때문에 운전하기에 너무 늦었다고 생각하였다. 마찬가지로 줄리가 행동검사를 마칠 때까지는 운전 중 에어컨의 중요성을 인식하지 못하였다. 줄리는 얼굴에 차가운 바람이 불어와야 '현실과의 만남'을 유지하는 데 도움이 된다고 믿었다. 또 운전 중 신체적인 자세가 불안과 연관이 있는 요인임을 알게 되었다. 줄리의 어깨는 앞으로 기울어져 있고, 운전대를 아주 단단히 잡았다. 이 모든 것이 치료의 대상이었다. 해질녘에 운전하기는 그녀의 위계에 포함되었다. 에어컨은 감소되어야 하는 안전신호로서 간주되었다. 좀 더 이완된 자세에서 운전하는 것이 노출 훈련을 통해 숙달되어야 하였다.

생리심리학

현재 사용 중인 생리학적 측정은 임상가를 위한 실질적인 도구는 아니지만 중요한 정보를 제공할 수 있다. 특히 보고된 증상과 실제 생리적 각성의 불일치(즉, 보고된 심장박동과 실제 심장박동의 차이)는 증상을 일으키는 데 주의력과 인지의 역할에 대한 치료적 기제로 작용할 수 있다. 즉, 실제 기록은 "심장이 너무 빨리 뛰어 폭발할 것 같다." 또는 "내 혈압이 너무 높아서 곧 뇌졸중을 일으킬 수 있다고 확신한다."와 같은 인지왜곡을 교정하도록 도울 수 있다. 마지막으로, 불안한 개인에서 역기능적인 생리적 기능이 안정되는 것은 치료 결과의 측정에 도움이 될 수 있다(예: Craske, Lang, et al., 2005).

기능분석

다양한 평가 자료를 통하여 줄리의 기능분석을 수행할 수 있다. 공황발작의 양상은 다음과 같다. 가장 흔한 증상은 비현실적 느낌, 호흡곤란 및 심장박동이다. 공황발작의 평균 빈도는 일주일에 3회이다. 각 공황발작은 평균 몇 초에서 5분 정도 지속된다. 군중을 빠져나올 때까지 공황발작의 느낌이 지속된다. 줄리는 하루의 75%를 공황에 대해 걱정한다. 그리고 그녀의 공황발작은 대부분 예상되지만 예상치 못한 경우도 있다. 줄리에게 있어서 공황의 상황적 및 내적인 선행 요인이 있다. 상황적 선행 요인은 고속도로 주행, 군중, (특히 밤에) 혼자 있는 것, 레스토랑, 황혼, 장시간 독서 및 집중, 숨찬 활동이 포함된다. 내적 선행 요인은 심장박동의 불균형, 눈부신 느낌, 배고픈 느낌, 음식 부족으로 인한 피로감, '큰일'이 일어날 것 같은 생각, 대처할 수 없다는 생각, 분노가 포함된다. 공황발작에 대한 그녀의 왜곡된 인지는 정상으로 돌아오지 않을 것이라는 신념, 미쳐 버리거나 통제력을 잃을 것이라는 믿음, 그리고 다른 사람들이 그녀가 이상하다고 생각할 것이라는 믿음이다. 공황발작에 대한 그녀의 반응행동은 길가에 차를 세우거나 식당이나 다른 혼잡한 장소를 피하는 것 또는 남편과 어머니에게 전화를 걸거나, 향정신성 약물[클로나제팜(klonopin)]을 확인하는 것과 같은 회피행동이 포함된다. 공황발작이 예상되기 때문에 혼자 장거리 운전을 피하고, 익숙하지 않은 도로와 고속도로 또는 황혼, 혼잡한 지역에서의 운동, 아무 일도 하지 않는 채 혼자 조용히 있는 것, 오랫동안 한 가지 일을 하는 것 등의 활동을 피한다. 또 그녀는 불안이나 비현실감에 대해 생각하지 않으려고 노력한다. 안전신호와 안전 추구 행동에는 항상 향정신성 약물을 몸에 지니고 있는 것, 남편의 위치를 확인하는 것과 에어컨을 켜는 것 등이 포함된다. 광장공포증이 있는 공황장애는 그녀의 가족에게 영향을 미친다. 줄리의 남편은 애정을 갖고 지지적이지만, 어머니는 모든 것이 '정신적인 문제'이기 때문에 그녀가 힘을 내야 한다고 생각한다. 그녀는 근무시간을 많이 줄였고, 여행 및 사회적 활동을 축소하였다. 그녀는 전반적으로 집중력과 수면곤란, 불안정, 두통, 근육통 및 통증 등의 어려움을 겪고 있다. 또 그녀는 때때로 눈물이 많고 슬퍼하며, 절망적이고 기분이 저하되어 있다.

인지행동치료의 구성요소

이 절에서 설명한 인지행동치료의 구성요소는

다음 장의 회기별 치료 프로그램에 통합되어 있다.

교육

치료는 공황장애의 특성, 공황 및 불안의 원인, 그리고 공황과 불안이 신체적 · 인지적 및 행동적 반응체계 내에서 상호작용하는 방식에 대한 교육으로 시작된다. 또 투쟁-도피 반응의 생리심리학적 설명과 공황과 불안 상태에서 발생하는 다양한 생리학적 변화의 적응적 가치에 대한 설명이 포함된다. 이 교육의 목적은 공황 증상에 대한 왜곡된 신념과 오류를 수정하기 위한 것이다(예: 미치거나 죽을 것 같은, 또는 통제력을 잃을 것이라는 믿음). 전반적으로 생존을 위한 경고 반응(즉, 공황발작)이라는 점이다.

교육은 또한 불안상태와 공포/공황 감정의 차이를 세 종류의 반응양식(주관적 · 생리학적 · 행동적)의 관점에서 구분할 수 있도록 한다. 이렇게 구분하는 것은 공황장애의 모델과 치료에 핵심적이다. 불안은 미래의 위협에 대한 준비의 상태로 여겨지는 반면, 공황은 임박한 위협에 대한 투쟁-도피 반응의 감정이다. 공황/공포는 임박한 위협과 급격한 교감신경계 항진, 그리고 투쟁-도피 행동으로 특징지어진다. 이와는 달리, 불안은 미래의 위협과 만성적인 긴장, 조심, 회피 및 수행저하에 대한 지각으로 특징지어진다.

자기관찰

자기관찰은 인지행동치료의 개인의 과학자 모델에 필수적이다. 자기관찰은 객관적인 자각을 높이고 자기관찰의 정확성을 높이기 위한 방법으로 소개된다. 이전에 언급했듯이, 환자가 적어도 두 가지 종류의 기록지를 지니고 다닐 수 있도록 한다. 첫째, 공황발작 기록지는 가능한 한 공황발작이 끝난 직후 작성되도록 한다. 이 기록지에는 단서, 증상의 정도, 사고, 행동을 기술할 수 있도록 되어 있다. 둘째, 일일 기분 기록지는 하루가 끝날 때마다 전체 또는 평균 수준의 불안과 우울, 그리고 중요하다고 생각되는 어떤 것이든지 기록할 수 있다. 또 환자는 이 기록지에 그날 하루하루 수행하였거나 또는 회피한 활동 및 상황에 대해 기록한다.

호흡 재훈련과 카프노메트리 보조 호흡 훈련

호흡 재훈련은 초기 공황치료의 발전에서 핵심적인 요소이다. 왜냐하면 많은 공황 환자가 과호흡 증후군의 증상이 공황발작 증상과 매우 유사하다고 기술하였기 때문이다. 그러나 과호흡 증상이 과호흡의 생리학적 지표를 정확히 반영하는 것이 아니라는 사실은 주목할 만하다. 50% 이하의 환자만이 공황발작 중 호기성 CO_2 값의 실제 감소를 보여준다(Hibbert & Pilsbury, 1989; Holt & Andrews, 1989; Hornsveld, Garssen, Fiedelij Dop, & van Spiegel, 1990).

초기 개념화에서 공황발작은 스트레스에 의한 호흡 변화가 두려움을 유발하는 것으로 나타났는데, 이것은 공포감을 유발하거나 다른 공포 자극에 의해 이미 유발된 공포감을 증가시키기 때문이다(Clark, Salkovskis, & Chalkley, 1985). 여러 연구에서 느린 복부호흡 실습(예: Kraft & Hoogduin, 1984)이 호흡 재훈련의 긍정적인 효과를 보여 주었다. 그러나 호흡 재훈련의 가치에 대한 의문이 제기되었다.

예를 들어, 몇몇 연구에서는 호흡 재훈련의 추가만으로는 실생활 노출(예: de Beurs, van Balkom, Lange, Koele, & van Dyck, 1995)의 효과가 나타나지 않는다는 것을 보여 주었다. 우리는 인지재구성과 실생활 노출(Craske, Rowe, Lewin, & Noriega-Dimitri, 1997)에 호흡 재훈련이 추가될 때 효과적이라는 것을 발견했으며, 다른 연구에서는 비록 강력하지는 않지만 호흡 재훈련이 없는 인지행동치료가 더 효과적이라는 것이 밝혀졌다(Schmidt et al., 2000). Garssen, de Ruiter와 van Dyck(1992)는 호흡 재훈련 자체가 아니라 호흡 훈련의 주의 회피 및/또는 통제감의 변화가 효과를 보이는 것이라고 결론을 내렸다. 따라서 호흡 재훈련은 더 이상 공황장애에 대한 인지행동치료의 핵심적인 구성요소로 고려되지 않는다. 또 호흡 재훈련이 어느 정도는 신체적 증상을 피하기 위한 수단으로 오용될 수 있기 때문에 치료에 도움이 되지 않을 수도 있다. 그렇지만 호흡 재훈련은 유용한 수단으로 작용할 수 있다. 예를 들어, 분명히 불규칙한 호흡을 보이는 개인(예: 빠르고 얕은, 가쁜 호흡)의 경우, 호흡 재훈련이 회피 또는 안전 추구의 수단이 되지 않는다면 도움이 된다.

전통적인 호흡 재훈련과 달리, 카프노메트리의 보조 호흡 훈련(capnometry-assisted respiratory training: CART)은 호흡곤란, 특히 저산소증을 목표로 활용된다(Meuret, Rosenfield, Seidel, Bhaskara, & Hofmann, 2010; Meuret, Wilhelm, Ritz, & Roth, 2008). CART는 호기 시의 CO_2의 분압(pCO_2)에 즉각적인 피드백을 사용하여 환자가 비정상적인 수준의 pCO_2(과호흡)를 높이고 공황장애의 호흡 패턴(예: 호흡곤란, 현기증)을 제어할 수 있도록 하기 위한 간단한 방식의 4주 훈련 과정이다. 이 휴대용 CO_2 분압측정기는 매 호흡 시의 이산화탄소 배출량 및 호흡률(비강 경로를 통해 측정됨)에 대한 피드백을 제공한다. CART의 희소성으로 인해 무선통제연구는 제한적이지만 유망하다. 첫 무선통제연구에서 Meuret과 동료들(2008)은 지연 대기통제집단(WL, N=17)과 4주간의 CART(N=20)의 효율성을 비교하였다. CART 집단은 pCO_2 수준이 지속적으로 증가하고, 공황의 심각성과 빈도가 감소하였다. 공황증상 심각도(PDSS; Shear et al., 1997)는 표준적인 인지행동치료의 효과와 유사하였고, 12개월의 추적관찰 기간 동안 그 효과가 유지되었다. 두 번째 연구에서 공황장애 환자는 4주간의 CART(N=21)와 인지치료(N=20)의 조건에 무선할당되었다. 초기 4주의 인지기술 훈련 후에 3회기의 실생활 노출과 2개월의 추후 기간 동안 4회기의 평가가 진행되었다. 각 기술 습득 교육은 모든 집단에서 공황 증상의 심각도와 공황 관련 사고가 유의하게 감소되었다. 그러나 CART 집단에서만 pCO_2의 저산소증이 향상되었다(Meuret et al., 2010; Seidel, Rosenfield, Bhaskara, Hofmann, & Meuret, 2009). 그러나 CART의 노출치료 효과(단독의 노출치료와 비교하여)에 대한 연구는 현재 진행 중이다.

응용이완

응용이완(applied relaxation)으로 알려진 이완은 공황발작의 치료에 좋은 효과를 보여 준다. Öst의 두 연구(Öst & Westling, 1995; Öst, Westling, & Hellström, 1993)는 응용이완이 실생활 노출과 인지치료만큼 효과적이라는 것을 보여 준다. 이와는 반대로, Barlow와 동료들(1989)은 노출위계에서 내부수용감각(신체감각)의 노출이 없는 점진적 근육

이완훈련(prograssive muscle relaxation: PMR)의 응용이완이 공황발작에 상대적으로 비효율적이라는 것을 밝혔지만, Öst의 연구에서는 내부수용감각(신체감각) 노출이 배제되지 않았다. Clark와 동료들(1994)은 인지치료가 동일한 시간의 실생활 노출이 수행된 응용이완보다 효과적이라는 것을 발견하였다. 그러나 Beck, Stanley, Baldwin, Deagle과 Averill(1994)은 노출 절차가 없는 경우 인지치료와 PMR의 응용이완 간에 큰 차이가 없음을 밝혔다.

인지재구성

인지재구성은 환자가 인지오류를 인식하고, 공황발작 중의 두려운 신체감각에 대한 비재앙적(noncatastrophic)인 대안설명을 찾는 방법을 배우는 기술이다. 인지치료는 치료 근거와 감정을 촉발하는 사고의 역할에 대한 토의로 시작한다. 다음으로, 사고는 사실보다는 가설로 간주되며, 의문을 갖고 도전을 받을 수 있다. 특정 신념, 평가 및 가정을 확인하기 위해 정서 및 관련 인지에 대한 상세한 자기탐색이 이루어진다. 일단 확인되면, 관련된 사고는 부정적인 사건의 위험성을 과대평가하거나 사건의 의미를 재앙화하는 것과 같이 감정이 고조되는 동안 발생하는 전형적인 오류의 유형으로 분류된다. 범주화 및 사고의 오류를 확인하는 과정은 개인 과학자 모델과 일치하며, 사고의 타당성을 평가할 객관적인 관점을 촉진한다. 따라서 인지왜곡의 유형을 분류할 때, 환자는 가능한 모든 증거를 고려하여 자신의 생각의 타당성을 조사하기 위한 경험적 접근법을 사용하는 것이 좋다. 치료자는 소크라테스 질문을 사용하여 환자가 안내된 발견을 하고 그들의 불안사고를 검증하는 데 도움을 준다. 이후 근거기반의 대안적 가설이 도출된다. 표면적 수준의 평가(예: "내가 어리석기 때문에 사람들이 나를 싫어한다."), 핵심 수준의 신념 또는 도식(예: "나는 더 이상 고통을 견딜 수 없다." 또는 "나는 사랑받지 못한다.")들은 동일한 방식으로 그 타당성에 의문이 제기된다. 중요한 것은 인지재구성이 두려움, 불안 또는 불쾌한 증상을 최소화하는 직접적인 수단으로 사용되지 않는다는 것이다. 즉, 인지재구성은 왜곡된 사고를 바로잡기 위한 것이다. 결국 두려움과 불안은 감소할 것으로 예상되지만, 두려움과 불안의 감소가 인지치료의 첫 번째 목표는 아니다.

인지치료는 행동적 기술(예: '행동실험', '가설검증', 노출을 포함한 '지시')을 포함하기 때문에 '순수한' 형태의 인지치료 효과를 직접 검증하는 것은 단순하지 않다(Hoffart, Sexton, Hedly, & Martinsen, 2008; Hoffmann et al., 2007; Öst et al., 1993; Teachman, Marker, & Smith-Janik, 2008). 그럼에도 불구하고, 노출과 행동 절차로부터 완전히 독립적인 인지 과정을 훈련하는 것은 공황 증상을 감소시키는 데 효과적이라는 증거가 있다(Beck et al., 1994; Meuret et al., 2010; Salkovskis, Clark, & Hackmann, 1991; van den Hout, Arntz, & Hoekstra, 1994). 유사하게, Bouchard와 동료들(1996)의 연구에서 인지재구성은 공황 증상을 줄이는 데 있어서 노출치료만큼 효과적이었다. 그러나 인지치료만으로 광장공포증에 대해 효과가 있는지는 명확하지 않다. 한 연구에서 인지치료는 노출보다 광장공포증에 덜 효과적이라는 것이 밝혀졌다(Williams & Falbo, 1996). 중등도에서 고도의 광장공포증을 보이는 환자를 대상으로 한 또 다른 연구(Hoffart, 1995)에서는 인지치료가 6주간에 걸친 집중적인 숙달 노출과 유사하게 효과적이었지만, 앞의 인지치료의 조건에서는 노출치료의 일부 요소(예: 감각 유발을 위한 과호흡검사)가 포함되었다.

몇몇 연구는 노출을 포함한 인지치료를 단독 노출과 비교하거나 또는 다른 대처기술과 함께 시행된 노출치료를 평가하였다. 대부분의 경우, 노출을 결합한 인지치료는 단독의 실생활 노출에 비해 효과가 나타나지 않았다(Öst, Thulin, & Ramnero, 2004; van den Hout et al., 1994; 예외적인 연구는 Murphy et al., 1998 참조).

노출

노출은 치료의 중요한 과정이며, 일단 시작되면, 노출이 충분히 수행되지 않은 경우 이점이 크게 없거나 심지어 해로울 수도 있기 때문에 치료 회기뿐만 아니라 회기 간의 과제로서 중요한 주제가 된다. 노출은 실생활 노출을 통해서는 외적 상황과 맥락에 대한, 그리고 내부수용감각(신체감각) 노출을 통해서는 신체감각에 대한 인지왜곡과 정서적 조건 반응을 각각 소거할 수 있도록 설계되어 있다. 노출이 공황장애와 광장공포증의 인지행동치료에서 강력한 치료적 요소라는 증거가 점점 증가하고 있으며, 메타연구에서도 각각의 인지치료와 신체감각의 대처기술은 단독의 노출치료보다 효과적이지 않다는 것이 검증되었다(Norton & Price, 2007). 대규모의 연구에서 광장공포증의 향상과 노출 사이의 '용량-반응(dose-response)' 관계가 보고되었다(Gloster et al., 2011).

실생활 노출

실생활 노출(in vivo exposure)이란 반복적이고 체계적인 현실적 노출을 말하며, 이 경우 광장공포증의 상황에 노출되는 것이다. 오랜 역사적 연구의 결과, 광장공포증에 대한 실생활 노출의 효율성이 입증되었다.

대부분의 경우, 실생활 노출은 회피 위계의 최소한의 불안에서 가장 불안이 심한 상황에 이르기까지 점진적인 방식으로 수행된다. 그러나 집중적이거나 비단계적 노출도 효과적일 수 있음을 시사하는 몇 가지 증거가 있다. Feigenbaum(1988)은 6~10일의 연속적인 치료 과정의 연구를 대규모로 수행하였다. 한 집단은 회피위계에서 가장 두려운 항목부터 시작하는 비단계적 노출(N=25)을 수행하였다. 다른 집단은 두려움이 적은 항목부터 시작하는 단계적 노출(N=23)을 수행하였다. 심각한 광장공포증 환자의 약 1/3은 초기 평가에서 집 밖을 나가지 못하였다. 치료 후, 그리고 8개월 후에도 두 조건의 노출은 똑같이 효과적이라는 것이 입증되었다(흥미롭게도, 단계적 집단의 환자가 치료 과정에 대해 더 고통스러워한다고 보고하였다). 그러나 비단계적 노출이 5년의 추적 평가에서 우월한 효과를 보여 주었다. 집중 노출집단의 76% 대 단계적 집단의 35%가 증상이 완전히 없어졌다고 보고하였다. 104명의 피험자가 집중적인 노출 형식에 추가되었을 때 동일한 결과가 도출되었다. 129명의 피험자 중 78%는 5년 후 완전히 증상이 없는 것으로 보고되었다. 이러한 극적인 결과는 점진적인 접근보다 높은 수준의 각성을 유발할 수 있는 집중적인 접근이 매우 유용할 수 있음을 암시한다(적어도 광범위한 노출이 수행될 때). 아쉽게도, 이 연구에서 결과 측정법의 타당성에 다소 의문의 여지가 있으며, 독립적인 연구자에 의한 반복적인 연구 결과는 아직 보고되지 않았다.

실생활 노출에 소요되는 시간의 양은 광장공포증 프로파일에 크게 좌우된다. 즉, 고도의 광장공포증이 있는 환자에게 더 많은 노출시간이 필요하다는 것은 분명하다.

내부수용감각(신체감각)의 노출

내부수용감각(신체감각)의 노출에서는 충분한 횟수의 노출과 매 횟수에 오랜 시간의 노출을 통해 의도적으로 공포의 신체감각을 유발하는 것이 목표이다. 왜냐하면 충분한 시간과 횟수가 신체감각에 대한 잘못된 판단을 확인하고 조건화된 불안반응을 소거해 주기 때문이다. 과호흡과 회전 같은 운동의 표준 목록을 사용하여 내부수용감각(신체감각)의 위계를 설정한다. 점진적인 접근방식의 노출에서는 덜 고통스러운 신체적 활동에서 시작하여 좀 더 고통스러운 활동으로 지속된다. 환자가 첫 감각을 알아차린 이후 최소 30초에서 1분 이상 그 감각을 지속적으로 경험하는 것이 핵심이다. 왜냐하면 노출을 조기에 종료하면 감각이 해롭지 않다는 것을 알고 불안이 습관화될 수 있는 기회가 없어지기 때문이다. 노출활동 이후 환자가 신체감각에 대해 무엇을 배웠는지에 관한 토의가 이루어진다. 이러한 내부수용감각(신체감각)의 활동은 치료 과정의 학습을 공고히 하기 위하여 치료 회기가 아닌 일상생활에서 매일 훈련된다. 내부수용감각(신체감각)의 노출은 신체감각을 유도하는 자연적 활동(예: 카페인 섭취, 운동)으로 확대된다.

일련의 연구에서는 다른 치료적 전략과 관계가 없는 내부수용감각(신체감각)의 노출효과에 대해 보고하였다. Bonn, Harrison과 Rees(1971), Haslam(1974)은 젖산나트륨(공황 증상의 신체감각을 유발하는 약물)을 반복적으로 주입할 때 반응이 성공적으로 감소하는 것을 관찰하였다. 그러나 이 연구에서는 공황상태가 평가되지 않았다. Griez와 van den Hout(1986)는 점진적인 6회의 CO_2 흡입을 프로프라놀롤(propranolol) 처방의 치료(베타차단제는 CO_2 흡입에 의해 유발된 증상을 억제한다)와 비교하였다. 두 조건 모두 2주 동안 진행되었다. CO_2 흡입치료는 프로프라놀롤 치료보다 평균 12회 내지 4회의 공황발작을 유의하게 감소시켰다. 또 흡입치료는 자기보고의 신체감각에 대한 두려움의 유의한 감소를 보여 주었다. 6개월의 추후 평가에서 치료적 이득이 유지되었다. 이와 유사하게, Beck과 Shipherd(1997)는 반복적인 CO_2 흡입의 긍정적인 효과를 보고하였으나 광장공포증에 대한 효과는 작았다(Beck, Shipherd, & Zebb, 1997). Brookes와 동료들(1998)은 10주간의 클로미프라민(clomipramine) 또는 위약과 운동의 효과(치료자로부터 매주 한 번의 지지적 접촉)를 검증하였다. 운동집단은 매주 3회, 4마일을 달리는 것을 훈련하였다. 중단 비율이 높았음에도 불구하고(31%), 운동은 위약보다 효과적이었다. 그러나 클로미프라민은 운동보다 더 큰 효과를 보여 주었다.

Barlow와 동료들(1989)은 공황장애 환자를 대상으로 인지치료 및 행동치료와 비교하였다. 즉, 그들은 PMR의 응용이완, 호흡 재훈련과 인지재구성을 포함한 내부수용감각(신체감각)의 노출과 동일한 조건의 응용이완, 그리고 대기 통제집단을 비교하였다. 그 결과, 내부수용감각(신체감각)의 노출집단과 호흡 재훈련을 포함한 인지재구성의 집단들이 PMR의 응용이완 및 대기 통제집단보다 더 유의한 효과를 보여 주었다. 이 결과는 내부수용감각(신체감각)의 노출, 호흡 재훈련, 그리고 응용이완이 없는 인지재구성의 집단에 있어서 24개월의 추후 기간에도 유지되었으나, 병행집단의 경우에는 공황 증상이 추후 기간 동안 더 악화되는 경향을 보여 주었다(Craske, Brown, & Barlow, 1991). 이미 언급했듯이, 우리는 다양한 수준의 광장공포증을 가진 사람들을 대상으로 내부수용감각(신체감각)의 노출과 인지치료, 그리고 호흡 재훈련과 인지치료 및 실생활 노출, 또 실생활 노출을 비교 검증하였다. 내부수용감각(신체감각)의 노출을 포함한 조건이 사후 및 6개월 후의 추후 기간에 약간 우세한 효과를 보여 주었다(Craske et al., 1997). 마찬가지로 Ito, Noshirvani, Basoglu와 Marks(1996)는 자기지시의 실생활 노출과 호흡 재훈련이 포함된 내부수용감각(신체감각)의 노출이 특정공포와 회피에서 최소 50%의 향상이 있었음을 보여 주었다. 그러나 호흡에 대한 교육, 호흡 재훈련, 과호흡에 대한 반복적 내부수용감각(신체감각)의 노출 조합은 광장공포증에 대한 실생활 노출의 효과를 증가시키지 못하였다(de Beurs, Lang, van Dyck, & Koele, 1995).

내부수용감각(신체감각)의 노출은 이제 공황장애에 대한 인지행동치료에서 표준적인 구성요소이다(예: Barlow et al., 2000; Craske, Lang, Aikins, & Mystkowski, 2005). 그러나 내부수용감각(신체감각)의 노출에 있어서 공포 반응의 감소(Barlow & Craske, 2006) 또는 인지왜곡의 수정(Clark, 1996)과 같은 서로 다른 치료적 요소가 강조될 수 있다.

노출 중 학습의 최적화

노출치료의 기제에 관해 많은 지식이 밝혀져 왔다. 가장 강력한 이론 중 하나는 정서처리 이론(emotional processing theory)이다. 이 이론은 회기 내의 노출이 공포 반응의 습관화를 일으키고, 이 습관화가 치료 회기를 거치면서 점차 확장되어 결국 장기적으로 교정적 학습을 유발한다는 것이다(Foa & Kozak, 1986; Foa & McNally, 1996). 최근에 우리는 억제학습과 회복이 노출을 통해 공포를 감소시키는 과정에서 서로 연관되지 않도록 최적화하여야 한다는 것을 강조하였다(Craske et al., 2008). 이 이론에 관해 우리는 다시 논의하게 될 것이다.

정서처리 이론에서는 습관화가 인지 교정의 선행 요인으로서 작용한다는 것을 강조한다. 구체적으로 정서처리 이론은 노출치료의 효과가 '공포 구조'의 활성화와 이 공포 구조와 일치하지 않는 정보를 통합하는 과정에서 나타나며, 이것이 결국 원래의 공포 구조를 대체할 수 있는 비공포 구조를 발전시키게 된다는 것을 지지한다. 즉, 1차적으로 회기 내의 습관화 또는 공포 자극에 대한 장기간의 노출을 통해 서로 일치하지 않는 정보가 획득된다는 것이다. 회기 내 습관화는 이후 일상생활에서의 반복적인 노출을 통해 경험한 정보들이 기존의 공포 구조와 서로 일치하지 않는다는 것을 확인할 수 있는 기회를 제공한다. 일상생활의 습관화는 장기적인 학습의 기초를 형성하고, 자극의 '의미' 변화, 해악 확률(즉, 위험) 및 부정성(즉, 가치)의 감소에 의해 중재되는 것으로 알려져 있다. 정서처리 이론은 임상가들에게 초기의 공포 상승이 회기 내와 회기 사이의 공포를 감소시키고, 결국 치료를 성공적으로 이끈다는 점을 강조한다. 이 이론이 타당한 것 같지만, 연구 결과는 일관적이지 않다(Craske et al., 2008; Craske, Liao, Brown, & Vervliet, 2012). 오히려 노출의 전 과정 동안 습관화의 양은 전반적인 결과를 예측하는 좋은 지표가 아니며, 또 일상생활의 습관화에 대한 효과가 명확하지 않다는 증거가 있다(Craske et al., 2008, 2012).

공포학습과 소거에 대한 과학적 증거는 노출치료의 효과를 설명하고 최적으로 적용하는 데 도움이 될 수 있을 것이다. 억제학습은 소거의 핵심이라고 생각된다(Bouton, 1993). 억제의 신경회로는 공포 소거의 신경생물학에서도 검증되고 있다(Sotres-Bayon, Cain, & LeDoux, 2006 참조). Pavlov의 조건이론에 의하면, 억제학습은 원래의 공포조건 과정에서 학습된 조건 자극-무조건 자극(CS-US)의 연합이 소거를 통해서 제거되는 것이 아니라 그대로 남아 있으며, 오히려 조건 자극-무조건 자극에 관한 새로운 2차 학습의 발전을 통해 나타나게 된다(Bouton, 1993). 억제학습이 후에 어느 정도의 공포 반응을 형성하는가 하는 것(새로운 학습의 강도와 안정성의 지표)은 소거 과정 중의 공포 수준과는 관련이 없으며, 오히려 맥락 및 시간 같은 요인들과 관련이 있다.

소거의 억제회복 모델(inhibitory retrieval model of extinction)에 기초하면, 소거는 내담자가 노출 과정 중 공포 감소의 경험이 없어도 촉진될 수 있다(Craske et al., 2008, 2012). 사실 공포 감소는 공황장애 환자에게는 안전행동이 될 수 있다(공포 감소는 공포를 일으키는 그 자극들이 사라진다는 것을 의미하기 때문이다). 그러므로 부정적으로 예상되는 결과가 잘못되었다는 것을 확증하기 위하여 높은 수준의 공포와 불안을 유지하는 것이 적절한 치료 목표가 될 수 있다. 또 한 가지 활용 가능한 전략은 '심층적 소거'(Rescorla, 2006)이다. 이것은 여러 공포 자극이 소거 과정에서 복합적으로 연합되기 이전에 우선 개별적으로 소거되어야 한다는 것을 의미하는데, 동물 연구의 경우 심층적 소거는 자발적 회복과 공포의 재출현을 감소시킨다. 이것이 내부수용감각(신체감각)의 노출이 공포 상황에서 수행될 때 작용하는 핵심적 요인이다(Barlow & Craske, 1994). 또 최근의 실험 자료를 보면 인간의 조건화 연구에서 심층적 소거의 긍정적인 효과가 지지되고 있다(Culver, Vervliet, & Craske, 출판 중).

또 노출치료의 효과는 '안전신호' 또는 '안전행동'의 예방 및 제거를 통하여 향상될 수 있다. 공황장애가 있는 환자의 경우 일반적인 안전 신호 및 행동은 다른 사람, 치료자, 약물, 음식 또는 음료 등이다. 안전 신호 및 행동은 단기적으로는 고통을 완화하지만, 이들이 더 이상 존재하지 않으면 공포가 다시 나타나게 되고(Lovibond, Davis, & O'Flaherty, 2000), 부분적으로는 억제연합의 발달을 저해한다. 광장공포증 환자집단에서 안전 신호 및 행동의 접근성과 사용은 노출치료에 해가 될 수 있으나(Sloan & Telch, 2002), 안전행동을 제한하는 지시는 긍정적 결과를 보여 주었다(Salkovskis, 1991). 유사하게, 안전신호의 사용이 공황에 대한 치료효과를 저하시킨다(Helbig-Lang & Petermann, 2010). 그러나 최근의 자료는 상반된 결과를 보여 준다(Rachman, Shafran, Radomsky, & Zysk, 2011).

노출치료에서는 자극의 다양성을 추가하는데, 다양성이 새로 습득한 정보의 저장 용량을 향상시키는 것으로 나타났기 때문이다. 자발적 회복이라는 측면에서 다양성의 긍정적인 이점을 보인 2개의 연구가 있으나(Lang & Craske, 2000; Rowe & Craske, 1998), 세 번째 연구에서는 경향성만을 보였다(Kircanski et al., 2011). 앞의 결과는 광장공포증을 동반한 공황장애 치료에서, 한 상황에서 공포가 감소할 때까지 지속적인 노출을 시행하고 그 후 다른 상황의 노출을 시도하는 것보다 다양한 시간과 강도로서 다양한 노출을 시행하는 것이 유익하다는 것을 시사한다. 다양성은 노출 동안의 높은 불안을 야기하지만 부정적인 효과는 없으며, 장기적으로는 이득이 된다.

Walker와 Davis(2002)는 편도체에서 글루타메이트 수용체(glutamate receptor)의 길항제에 의해 공포 소거가 약화된다는 증거를 기초로 동일한 수용체의 약물 작용제[특히 D-사이클로세린(D-cycloserine)]가 소거를 촉진한다는 것을 동물 연구를 통해 검증하였다. Norberg, Krystal과 Tolin(2008)은 불안장애에 대한 D-사이클로세린의 효능에 대한 메타분석에서 불안 환자집단의 치료 후 d=0.60의 효과크기와 추후 기간 0.47의 효과크기를 보고하였다. 공황장애 환자에 대한 D-사이클로세린과 내부수용감각(신체감각)의 노출을 병행한 치료는 노출치료와 위약 조건의 환자보다 증상의 심각도에서 큰 감소를 보여 주었고, 또 사후 및 1개월 후의 추후 기간에 임상적으로 큰 폭의 변화 가능성을 보여 주었다(Otto et al., 2010). 특히 D-사이클로세린은 노출 동안 공포의 수준에 영향을 주지 않으면서 긍정적인 효과를 보여 주었다.

소거 기억의 회복을 향상시키기 위한 많은 조건이 연구되었다. 소거 훈련 중 소거가 끝나면 다른 상황에서 사용될 회복단서를 포함시키는 것이 한 가지 대안이 될 수 있다. 이것은 동물과 인간의 조건화 연구(개관은 Craske et al., 2012 참조)에서 효과적인 것으로 나타났다. 임상 유사 연구에서 회복단서는 맥락 반복(retrieval renewal)에 대한 미약한 효과를 보여 주었지만(Culver et al., 2012), 또 다른 연구에서는 노출 중 학습한 것을 정신적으로 복원하는 지시가 맥락 반복을 감소시키는 데 큰 효과가 있음을 보여 주었다(Mystkowski, Craske, Echiverri, & Labus, 2006). 공황장애의 치료에서 이 접근법은 단순히 내담자가 노출치료 중에 배운 것을 생각나게 하기 위해 단서(예: 손목 밴드)를 휴대하거나(단서가 안전신호가 되지 않는 한), 이전에 두려워했던 감각이나 상황이 발생할 때마다 노출치료에서 배운 것을 상기하는 것이 도움이 될 수 있다는 것을 시사한다.

또 다른 대안은 소거가 일어나는 동안 다중 맥락을 제공하는 것이다. 이 접근법은 결과가 항상 일관적이지는 않지만, 설치류 표본과 임상적 유사 표본의 노출치료 연구(Vansteenwegen et al., 2007)에서 맥락 반복의 제거에 효과를 보이는 것으로 나타났다(Neumann, Lipp, & Cory, 2007). 이것은 공황장애와 광장공포증의 치료에서 내담자에게 여러 다른 상황, 즉 혼자 있을 때, 생소한 장소에서, 또는 하루 중 다양한 시간이나 일주일의 다양한 요일에 내부수용감각(신체감각)과 실생활 노출을 수행하도록 하는 것이 도움이 된다는 것을 의미한다.

최근 이미 저장된 기억을 회복하는 것은 기억이 장기 기억에 다시 기록되고 새로운 신경화학적 과정을 필요로 하기 때문에 공고화 과정을 유도한다는 이론이 재조명되고 있다(Nader, Schafe, & Le Doux, 2000). 따라서 회복의 공고화를 통해 기억을 변화시킬 가능성이 있다. 베타차단제인 프로프라놀롤은 기억의 재공고화를 막는 것으로 나타났고, Debiec과 Le Doux(2004)는 프로프라놀롤의 투여가 이전에 형성된 조건 자극-무조건 자극의 기억의 재공고화를 차단함으로써 공포 반응을 제거하고 이전의 공포연합의 발생에 저항하는 효과가 있음을 보여 주었다. 이것은 프로프라놀롤이 임상적으로 유용하다는 것을 시사하며, 실제로 건강한 사람을 대상으로 한 2개의 연구에서 그 효과가 검증되었다(Kindt, Soeter, & Vervliet, 2009; Soeter &

Kindt, 2010). 그러나 이 효과는 공황장애 환자의 노출치료의 맥락에서는 검증되지는 않았다.

노출 중 수용의 역할

인지와 신체감각의 대처기술은 인지행동치료의 핵심이며, 노출치료를 향상시키기 위해 교육된다. 수용 및 탈융합의 새로운 접근법(예: 수용전념치료; Hayes, Strosahl, & Wilson, 1999)이 관심을 받고 있다. 특히 체험회피가 불안의 정신병리와 관련이 있으며, 수용은 공황장애가 있는 개인에서 유발된 불안 증상(예: Campbell-Sills et al., 2006; Eifert & Heffner, 2003)과 이산화탄소 흡입 도전(Levitt et al., 2004)에 대한 정서적 고통을 감소시키고 불안을 기꺼이 감내하는 경향을 증가시킨다는 증거가 있다. 수용 접근법은 환자가 공포스러운 신체감각을 감소시키기 위한 어떤 시도도 하지 않고, 또는 노출의 순간에 다른 생각을 하지 않고 신체감각을 경험하도록 격려한다는 점에서 내부수용감각(신체감각)의 공식과 완전히 일치한다. 우리는 최근 공황장애 환자 11명(Meuret, Twohig, Rosenfield, Hayes, & Craske, 2012)의 공개 임상실험에서 내부수용감각(신체감각)에 대한 수용의 노출 모델을 실생활 노출에 대한 수용의 모델로 확장하였다. 일반적으로 노출은 환자가 공황과 관련된 생각, 감정 및 신체감각과 함께 행동할 수 있는 기회였다. 즉, 환자가 불쾌한 내적 경험이 있는 상황에서도 삶의 목표를 달성하고 목표를 달성할 수 있다는 것을 깨닫도록 격려하였다. 그 목적을 위해 불안이나 공포의 정도가 결정적인 요인이 아니라는 것을 분명히 하였다. 오히려 "기꺼이 하는 것은 자신의 내적 경험에 놀라운 경험을 줄 수 있다고 설명하였다. 불안감을 기꺼이 느끼고자 한다면 불안은 나타나거나 나타나지 않을 수도 있다. 따라서 우리는 불안이 얼마나 심각한지를 노출의 성공으로 판단하지 않을 것이다. 대신에 앞으로 일어날 일에 얼마나 개방적인지를 판단할 것이다."라고 설명하였다. 내부수용감각(신체감각)(예: 심장박동 또는 호흡곤란)과 실생활 노출(예: 공황감각의 공포 때문에 이전에 피하던 장소와 상황을 찾음)을 효과적으로 계획하기 위해 최소에서 최대의 불안위계를 설정하였다. 불안위계의 높은 수준으로 이동하는 것은 이전 단계에서의 불안 감소에 기초한 것이 아니라 공황 관련 내적 경험을 기꺼이 경험하려는 의지에 기초하였다. 노출 동안 환자는 그 순간에 나타나는 어떤 생각이나 감정 또는 신체감각이든 간에 개방적이고 비판단적인 태도를 유지하고, 불안함에도 불구하고 자신의 현재 경험이 어떻든 간에 그 경험을 향할 수 있도록 격려되었다. 그 결과, 공황 증상의 심각도, 내적 경험을 기꺼이 허락하는 정도, 회피행동의 감소와 같은 임상적으로 유의한 치료효과가 나타났다. 복합적인 불안장애의 표본에 대한 또 다른 연구에서 우리는 각 조건에서 노출치료에 소모된 시간이 약간의 차이가 있음에도 불구하고, 수용전념치료(Hayes et al., 1999)와 인지행동치료의 효과가 서로 차이가 없음을 발견하였다(Arch et al., 2012). 따라서 현재까지의 결과는 인지치료의 대처 접근과 수용기반의 노출 접근 모두가 효과적이라는 것을 보여 준다.

인지행동치료의 전반적 효율성

광범위한 연구를 통하여 공황장애와 광장공포

증에 대한 인지행동치료의 효과가 평가되어 왔다. 앞에서 열거된 대부분의 구성요소를 포함하는 인지행동치료는 광장공포증이 있는 공황장애의 환자에게서 70~80% 치료 비율과 50~80% 범위의 최적의 상태(즉, 정상적인 기능의 범위)를 보여 준다(예: Barlow et al., 1989; Clark et al., 1994). 비록 광장공포증의 경우 치료 성과가 상대적으로 적지만(예: Dow et al., 2007), 사전-사후의 공황장애와 광장공포증의 집단 내 효과크기는 매우 크다(예: 효과크기=1.53; Norton & Price, 2007). 특히 집단 간 효과크기는 대기집단의 조건과 비교하는 데 중요하다(예: 효과크기=0.64; Haby, Donnelly, Corry, & Vos, 2006). 그러나 추가적으로 인지행동치료와 다른 대안적 치료조건과의 비교연구가 필요하다.

야간에 공황발작을 경험하는 환자에게도 인지행동치료의 효과가 나타난다(Craske, Lang, et al., 2005). 또 인지행동치료는 한 연구에서 동반이환율의 조건인 경우 2년 후의 평가 결과 효과가 감소하기는 하였지만(Brown et al., 1995), 불안과 기분장애의 동반이환에서는 긍정적인 향상을 보였다(예: Craske et al., 2007; Tsao, Mystkowksi, Zucker, & Craske, 2005). 마지막으로, 인지행동치료는 고효능의 벤조디아제핀 중단 시에도 재발률을 낮춘다(Spiegel, Bruce, Gregg, & Nuzzarello, 1994). 메타분석의 결과, 인지행동치료는 사후에서 추후 기간의 변화가 크지 않기 때문에(효과크기=0.12; 즉, 치료효과의 유지; Norton & Price, 2007), 시간이 지나도 효과가 지속된다. 모든 장애에 대한 인지행동치료의 메타분석의 개관연구에서 Butler, Chapman, Forman과 Beck(2006)은 공황장애의 경우에 치료 이득이 강하게 유지된다는 결론을 내렸다. 이 연구에서 두 번째의 효과를 보인 약물치료는 인지행동치료에 비하여 1/2의 재발률을 보여 주었다. 광장공포증의 급성치료 후에 중요한 제3자의 참여는 치료의 효과를 촉진시킨다(Cerny et al., 1987). 또 지지 회기는 장기적인 치료의 효과를 향상시킨다(Craske et al., 2006).

연구현장의 효율성(efficacy)이 실제 생활에서의 효과(effectiveness)에 의해 보완되고 있다. 1차 진료의 무선통제연구에서 약물에 대한 전문가의 권고를 포함한 초보 인지행동치료자의 치료가 기존의 일반적 치료(treatment as usual)보다 효과적이었다(Roy-Byrne, Craske, et al., 2005). 그 효과는 약물보다는 주로 인지행동치료에 기인하는 것으로 나타났다(Craske, Golinelli, et al., 2005). 최근의 CALM 연구(Craske et al., 2011)에서, 1차 진료환경의 공황장애에 대해 컴퓨터의 도움과 약물에 대한 전문가의 권고를 받은 초보 인지행동치료자의 치료효과가 기존의 치료보다 큰 것으로 나타났다.

비록 공황장애와 광장공포증에 대한 인지행동치료가 효과적이고 효율성이 있을지라도 보완의 여지는 있다. 한 연구에 따르면 추후 시점에서 30%의 환자는 기능을 잘 수행하지 못하고 단지 48%만이 최상의 상태에 이른 것으로 나타났다(Brown & Barlow, 1995). 획기적인 한 연구(Barlow et al., 2000)에서 인지행동치료의 조건에만 할당된 공황장애 환자 중 32%만이 급성치료에 대해 12개월 후에 성공적인 치료적 반응을 보였다. 이 연구에서 인지행동치료를 시작한 사람들은 0~54%의 범위 내에서 평균 19%의 탈락률을 보여 주었다(Haby et al., 2006).

치료계획서

다음은 줄리의 공황장애와 광장공포증에 적용된 12회기의 인지행동치료에 대한 설명이다. 각 환자들에 대한 기능평가의 결과에 따라 강조되는 치료 요소들이 서로 다를 수 있다.

개관

치료 프로토콜의 기본적 목표는 신체감각과 광장공포증 상황에 대한 파국적인 오해석과 회피에 대한 올바른 이해를 돕기 위한 것이다. 이것은, 첫째, 투쟁-도피 반응의 특성에 대한 정확한 정보를 제공함으로써 시작된다. 올바른 이해를 통해 내담자들은 자신이 경험하는 신체감각이 위험하지 않은 정상적인 것임을 배운다. 둘째, 치료는 신체감각과 광장공포증 상황에 대한 근거기반 평가를 개발하기 위한 일련의 기법을 가르치는 것이다. 동시에 공황발작 시 경험하는 과호흡과 그것의 결과에 대한 구체적인 정보를 배우고, 또 호흡 재훈련이 필요하다고 판단되면 그에 관한 정보도 함께 제공된다. 그다음은 치료에 있어 가장 핵심적 부분인 공포의 내적 단서와 광장공포증 상황에 대한 반복적 노출이 진행된다.

1회기

1회기의 목적은 공포와 불안을 기술하고, 행동적 · 신체적 · 인지적 반응들 간의 상호작용에 대한 이해를 도우며, 공황발작 증상이 위험한 것이 아님을 이해할 수 있도록 돕고, 만약 평가 회기부터 시작되지 않았다면 자기관찰을 시작하는 것이다. 치료는 불안과 공황발작이 발생할 것 같은 상황과 불안의 패턴을 발견하는 것으로 시작한다. 많은 환자가 공황은 어느 때나 발생할 수 있다고 말하고, 특정한 선행사건을 인식하는 것을 어려워한다. 치료자는 내적인 촉발 요인, 특히 부정적 사고, 파국적 심상, 신체감각과 같은 촉발 요인들을 찾아내도록 돕는다. 다음은 줄리와의 대화이다.

치료자: 어떤 상황에서 공황이 주로 일어나는 것 같나요?

줄리: 복잡한 식당에 있을 때와 고속도로를 운전하고 있을 때입니다. 그런데 가끔은 운전하고 있는 동안, 또 어느 순간 갑자기 공황을 경험하게 됩니다. 그리고 어떤 때는 집에서 아주 편안하게 앉아서 쉬고 있는 중에도 갑작스럽게 공황을 경험하기도 합니다. 언제 갑자기 공황을 경험할지 예상할 수 없어서 매우 불안합니다.

치료자: 그러면 당신이 고속도로에서 운전하는 동안 공황발작이 일어날 거라고 느끼게 하는 첫 번째 단서는 무엇인가요?

줄리: 글쎄요, 도로에 있는 다른 차들이 정말로 천천히 움직이고 있는 것처럼 보이고, 마치 제가 꿈을 꾸고 있는 것처럼 느껴지는 것입니다.

치료자: 그러면 집에 있을 때 공황발작이 일어날 거라고 느끼게 하는 첫 번째 단서는 무엇인가요?

줄리: 제가 둥둥 떠 있는 것 같은 비현실감입니다.

치료자: 비현실감은 당신에게 어떤 의미가 있습

니까? 두 사건에서 공황발작이 시작되는 공통 요소는 무엇이라고 생각합니까?

줄리: 모든 게 실제가 아니라는 비현실감 아닐까요? 아, 저는 항상 몸의 느낌이 공황발작이라고 생각했지만, 어쩌면 몸의 느낌은 공황발작의 출발점이었겠습니다.

다음은 불안과 공황을 설명하고 이해하기 위한 인지, 신체, 행동의 세 반응 체계 모델(three-response system model)을 소개한다. 이 모델은 내담자가 '개인 과학자'처럼 되어, 객관적으로 자기를 자각하도록 돕고, 자신의 공황과 불안을 설명할 이론적 틀에 대한 기초를 제공하고, 내담자 스스로 자신의 잘못된 가정을 대체할 수 있도록 돕는다. 치료자는 환자들로 하여금 불안하고 공황이 발생할 것 같을 때 그들이 어떻게 느끼고, 생각하고, 행동하는지를 알아내기 위해 환자들의 인지적 · 신체적 · 행동적 반응을 설명하도록 돕는다. 앞에서 설명했듯이 불안과 공황의 반응 패턴의 차이점이 강조된다. 부분적으로 서로 독립적인 세 반응의 개념을 이해한 다음, 세 요소 간의 상호작용을 설명한다. 환자는 자신이 경험한 최근의 공황발작의 경우를 떠올려서 그때 경험했던 세 반응 체계의 요소들을 설명하고, 그것들이 어떻게 상호작용해서 심적 고통을 강화하는지를 이해하도록 질문을 받는다. 예를 들면 다음과 같다.

치료자: 지난주에 당신이 집에서 경험한 공황발작에서 행동-신체-인지적 반응을 어떻게 설명할 수 있을까요?

줄리: 글쎄요, 신체적으로 머릿속이 정말 텅 비었고, 손에서는 식은땀이 났습니다. 기절하거나 제가 완전히 녹아서 사라질 것 같다고 생각했습니다. 제가 한 행동은 주저앉아서 남편한테 전화를 한 것이었습니다.

치료자: 생각과 신체감각, 행동을 아주 잘 설명했어요. 이제 이것들의 순서를 한번 살펴봅시다. 당신이 가장 먼저 알아차린 것은 어떤 것인가요?

줄리: 제가 서 있을 때 머릿속이 빙빙 도는 것처럼 정말 이상한 느낌이 들기 시작했어요.

치료자: 그 느낌에 대한 당신의 첫 번째 반응은 무엇이었나요?

줄리: 의자에 기대서 뭔가 문제가 생겼다고 생각했습니다. 이게 점점 심해져서 쓰러질 거라고 생각했어요.

치료자: 그러니까 신체감각이 시작됐고, 그 감각에 대한 아주 구체적인 생각들이 떠올랐네요. 그다음에 어떻게 됐나요?

줄리: 너무 불안해졌어요.

치료자: 그다음엔 어떻게 됐나요?

줄리: 그러니까 어지럼증이 점점 심해지는 것 같았고, 지금까지 경험했던 다른 경험들과 달라서 정말로 걱정이 됐어요. 이게 바로 '그것'이라고 확신을 했어요.

치료자: 그래서 점점 더 불안해지면서 신체감각과 뭔가 좋지 않은 일이 발생할 거라는 생각이 심해졌네요. 그래서 그때 무슨 행동을 했나요?

줄리: 남편한테 전화를 했고, 남편이 집에 도착할 때까지 누워 있었어요. 정말 너무 힘들었어요.

치료자: 세 요소가 어떻게 맞물려서 서로 상호작용하는지가 이해되나요? 먼저 신체감각이

시작되었고, 그다음 여러 가지 불안사고가 일어났고, 그다음 불안한 느낌이 이어졌고, 더 많은 신체감각과 생각, 더 큰 두려움 등이 이어지는 악순환이 이해되나요?

이후 처음 공황발작이 시작됐던 원인을 간략하게 토의한다. 치료를 위해 처음 공황이 시작된 이유를 반드시 알아야 할 필요는 없는데, 처음 공황발작에 관련된 요인들이 꼭 공황을 유지시키는 요인과 같은 것은 아니기 때문이다. 그렇지만 처음의 공황발작은 불안/스트레스의 징후로 설명된다. 치료자는 내담자와 함께 처음 공황발작이 일어났던 기간의 스트레스 원인들과, 특히 그것이 어떻게 신체감각의 각성을 증가시키고 위험을 내포한 특정 인지도식을 불러일으키는지 탐색한다.

또한 치료자는 불안과 공황의 생리학적인 특성과 신체감각의 의미에 관한 신화(myths)를 간단히 설명한다. 이 심리교육의 주요 내용은 다음과 같다. ① 불안과 공황의 생존적 가치 또는 보호적 기능, ② 공황과 불안을 경험하는 동안의 다양한 신체감각의 생리학적 기초와 그 기저의 생존적 기능, ③ 특정 신체감각에 대한 학습과 인지적으로 개입하는 공포의 역할이다. 또 치료자는 이 장의 앞에서 설명한 공황 모델을 설명한다. 특히 오해석(misappraisals)과 내부수용감각(신체감각)의 조건화(interoceptive conditioning)에 대한 개념이 갑자기 뜬금없이 발생하는 것처럼 보이지만, 어느 때나 발생할 수 있는 신체감각 또는 아주 애매한 내적인 신호에 의해 촉발되는 공황발작의 기제를 설명한다. 이 정보는 공황발작에 대한 불확실성을 감소시켜 줌으로써 불안을 감소시킬 뿐만 아니라 치료과정의 신뢰성을 향상시킨다. 이 정보는 다음 몇 주 동안 내담자가 읽을 유인물에 자세히 들어 있다(유인물은 Barlow와 Craske, 2006 참조).

이 유인물의 내용은 줄리에게 매우 중요했는데, 왜냐하면 자신의 공황발작을 설명할 수 없다는 것이 스트레스의 주원인이었기 때문이다. 다음은 줄리가 자신의 공황을 더 잘 이해하기 위해 했던 몇 가지 질문이다.

줄리: 그러니까 제가 제대로 이해했다면, 공황발작이 우리 집에 강도가 들었다는 것을 알았을 때 경험했던 공포와 같은 거라는 말씀이네요. 전혀 그렇게 느껴지지 않는데요.

치료자: 맞아요. 그 두 정서적 상태, 예측하지 못한 공황발작과 강도를 마주쳤을 때의 공포는 근본적으로 같은 것입니다. 그러나 강도를 만났을 때 당신은 어디에 주의를 집중했나요? 강도와 당신이 느끼는 느낌 중 어느 것에 집중했습니까?

줄리: 제 심장이 심하게 요동을 쳤겠지만 당연히 강도한테 집중했겠지요.

치료자: 공황발작이 일어날 때, 당신은 주변에 있는 사람과 당신의 느낌 중 어디에 주의를 집중하나요?

줄리: 장소에 따라 다르겠지만, 대부분 제 느낌에 주의를 집중합니다.

치료자: 비록 기본적으로 같은 생리적인 반응이 일어나지만, 강도를 만난 것에 대한 걱정보다 내부에서 일어나고 있는 신체감각을 더 걱정하는 것은 아주 다른 종류의 경험을 초래합니다. 예를 들어, 감각에 대한 공포가 그 감각을 극대화할 수 있다고 설명했던 것을 기억해 보십시오.

줄리: 이해가 됩니다. 그런데 비현실적인 감각에 대해서는 어떻게 이해해야 되나요? 그런 느낌이 어떻게 위험한 상황에서 저를 방어하거나 그 상황에 잘 대처할 수 있도록 하는 데 도움이 되나요?

치료자: 좋아요. 그것이 신체감각이 아니라 방어적인 생리적 현상이라는 것을 기억하세요. 그 감각은 이 현상들에 대한 결과일 뿐입니다. 비현실감은 뇌 혈류의 변화(비록 문제가 있어서 일어나는 일이 아니더라도), 과호흡이나 신체 내부에서 일어나는 변화에 과도하게 집중하는 것에 의해 생길 수도 있습니다. 그러니까 비현실적인 감각은 방어적이 아닐 수도 있으나, 혈류의 변화나 과호흡은 보호적인 기능이 있습니다.

줄리: 심장박동이나 비현실감 같은 신체감각에 대한 두려움이 어떻게 저에게 공황발작을 유도하는지 이해가 됩니다. 그런데 가끔은 공황이 너무 갑자기 발작해서 생각할 여유가 없습니다.

치료자: 그래요. 이런 반응들이 가끔 자동적으로 아주 빨리 일어날 수 있습니다. 그렇지만 우리는 위험하다고 믿는 것에 즉각적이고 자동적으로 반응하라고 설계되어 있습니다. 예를 들어, 어두운 골목을 걸어가고 있는데, 그곳 어딘가 틀림없이 살인자가 숨어 있다고 상상해 보세요. 이 상황에서 당신은 아주 작은 소리나 신호, 또는 누군가가 나타나지 않을까 매우 예민해지겠지요? 만약에 당신이 똑같은 골목을 걸어가는데 거기에 살인자가 있을지도 모른다는 생각을 하지 않는다면, 당신이 처음에 예민하게 감지했던 것들에 신경조차 쓰지 않을 것입니다. 자, 이제 이 논리를 공황발작에 적용해 봅시다. 어두운 골목의 살인자는 공황발작이고, 신호나 소리, 냄새는 당신이 공황발작의 징조라고 생각하는 신체감각입니다. 당신이 신체감각의 변화에 예민한 정도를 감안했을 때 평소에는 알아차리지도 못했을 평범한 '사소한 변화'를 알아차렸을 가능성이 높고, 가끔은 그 '사소한 것들' 때문에 즉각적으로 불안해졌을 것입니다. 다시 말하면, 신체감각은 가끔 당신이 주의를 기울였기 때문에 지각될 수 있었습니다.

그다음으로는 자기관찰 기법이 설명되고, 공황발작 기록지를 완성하는 연습을 회기 안에서 실시한다. 줄리는 자기관찰 기법이 자신이 두려워하는 불안과 비현실감을 상기시켜서 더 힘들어질 것이라고 걱정하였다. 그래서 치료자는 객관적 자기관찰과 주관적 자기관찰의 차이점에 대해서 명확하게 구분했고, 줄리가 자기관찰을 꾸준히 함으로써 불안이 줄어들 것이라고 설명하였다.

1회기의 과제는 공황발작과 불안, 기분에 대한 자기관찰과 유인물 읽기였다. 실제로 우리는 환자들에게 유인물을 여러 번 읽는 것을 권장하고, 자신이 가장 중요하다고 생각하는 부분에 밑줄도 긋고 표시도 하면서 적극적으로 유인물의 내용을 활용하는 것을 추천한다. 왜냐하면 이러한 노력을 통해 유인물에서 배운 내용이 장기적인 효과를 증진시키기 때문이다. 물론 어떤 환자에게는 유인물을 읽는 것이 자기관찰 기법처럼 그들이 불안해하는 것을 더 상기시킬 수도 있다. 이런 경우에 치료자는 회피행동의 역할과 반복해서 읽는 것이 어떻게 불안의 정도를 줄어들게 하는가에 대해 의논할 수 있다.

회기가 끝날 즈음에, 줄리는 갑자기 아주 불안해졌다. 그녀는 치료 절차 또는 치료 과정을 견뎌낼 수 없을 거라고 느꼈다. 치료실 내에서 아주 불안해졌고 비현실감을 호소하였다. 치료실 밖에서 기다리고 있는 남편을 찾으려고 문을 열었다. 치료자는 줄리의 공황 악순환이 바로 그 순간에 어떻게 나타나는지를 이해하도록 도왔다. ① 두려워하는 상황과 감각에 직면하기로 되어 있는 치료 설명서가 촉발 요인이었다. ② 이것은 불안을 유발시켰는데, 왜냐하면 줄리는 치료에서 요구되는 것을 자신은 할 수 없고, 치료를 받는 것이 너무나 큰 불안을 유발시켜서 '기절하거나' 영구적으로 현실감을 잃을 것이고, 치료를 완수할 수 없기 때문에 절대로 자신의 공황발작이 나아지지 않을 거라고 믿었기 때문이다. ③ 치료실에서의 불안은 비현실감과 빠른 심장박동을 유도하였다. ④ 줄리는 자신이 공황발작을 하게 될 것이고, 몇 분 안에 영구적으로 현실감을 잃을 것을 걱정하기 시작하였다. ⑤ 줄리가 더 높은 불안을 느낄수록 안전함을 찾으려는 도피 시도가 더 강해졌고, 신체감각은 더 강해졌다. ⑥ 그녀는 남편을 발견하고는 좀 편안해졌는데, 그것은 남편의 존재가 자신의 안전을 보증해 주기 때문이었다. 줄리는 치료가 안전한 속도로 진행될 것이라는 것에 안심했고, 동시에 자신의 비현실감에 대한 심한 스트레스가 정확한 치료의 목표가 될 것이라는 것을 이해하였다. 또 그녀는 영구적으로 현실감을 잃을 개연성에 대한 인지재구성 작업을 통해 차분해졌다. 긴 토론 끝에 줄리는 치료에 더 수용적이 되었다. 치료 계획과 진행에 함께 참여하는 것에 동의했고, 자신이 할 수 없다고 생각하는 것에 대해 강요받는다는 느낌을 갖지 않았다.

2회기

2회기의 목적은 광장공포증 상황에 대한 불안위계를 개발하고, 호흡 재훈련과 인지재구성 기법을 시작하는 것이다. 불안위계는 가벼운 불안부터 중간 정도의 불안과 심한 불안 상황까지 포함한다. 이 위계 목록은 실생활 노출의 기초가 된다. 실생활 노출은 4회기까지는 실시되지 않지만, 불안위계가 2회기에서 소개되기 때문에 위계에 있는 각 상황에 대한 인지재구성 기법은 실생활 노출이 시작되기 전부터 연습할 수 있다. 더구나 인지재구성은 광장공포증에서 불안을 촉발하는 가장 중요한 부분을 다루기 때문에 그 결과에 따라 불안위계는 조정될 수 있다.

줄리는 다음 주간 동안 불안위계를 작성하는 과제를 받았다. 그녀는 자신이 그 위계 전체는 고사하고 하나라도 완성할 수 있을지에 대한 의구심을 나타냈다. 치료자는 줄리에게 지금까지 어려웠지만 연습을 통해 수월하게 느꼈던 것을 떠올려 보라고 말함으로써 줄리의 위계 작성을 도왔다. 줄리는 자신이 남편의 회사에서 고객들을 상대하는 일을 처음 시작했을 때 얼마나 불안했는지, 그리고 그 불편함이 시간이 지나면서 어떻게 줄어들었는지를 떠올렸다. 이 일은 불안위계에 기록된 상황에서 똑같은 일이 발생할 수 있는다는 것을 깨닫게 하였다. 줄리의 마지막 불안위계는 다음과 같았다. 직장에서 혼자 차를 몰고 집으로 오기, 복잡한 영화관에 앉아 있기, 낮 동안 혼자 집에서 2시간 동안 지내기, 저녁이 될 때 혼자 집에 있기, 오빠 집으로 10마일 운전하기, 남편이 차를 타고 뒤에 따라오올 때 고속도로 444에서 출구 2개를 지나치기, 혼자 운전해서 고속도로 444의 출구 2개를 지나치기, 고속도로 444의 출구 4개를 지나치기, 오빠 집에 혼자 고속도로로 운전해서 가기이다. 그다음 줄리는 항불안제(클로노핀)를 먹지 않고, 남편이 어느 곳에 있는지 확인하지 않고 이 모든 과제를 반복하기로 되어 있었다.

호흡 재훈련도 이번 회기에서 시작한다. 치료자는 환자에게 마치 1.5분 동안 풍선을 부는 것처럼, 일어서서 빠르고 깊게 호흡을 해서 의도적으로 과호흡을 하라고 한다. 치료자의 권유대로 환자들은 증상이 가라앉을 때까지 앉아서 눈을 감고 아주 천천히 각 호흡 사이에 쉬면서 1분 30초 동안 호흡을 할 수 있다. 그런 다음 그때의 증상이 불안이나 공황 동안 발생하는 증상과 비슷한 정도에 관해 논의한다. 50~60%의 환자들이 과호흡 때의 신체 증상이 공황 증상과 아주 비슷하다고 보고한다. 그러나 가끔은 그 증상이 불안 증상과 비슷하다고 혼돈되기도 한다. 이 실습은 안전한 환경에서 실시되고 증상이 뚜렷한 이유가 있기 때문에, 대부분의 환자는 과호흡 실습으로 촉발되는 불안을 실제로 공황을 겪을 때의 불안보다 낮게 평가한다. 이 둘을 구분하는 것은 불안에 대해 안전하다고 생각하는 정도의 차이를 나타내기 때문에 중요하다. 줄리는 과호흡 실습으로 인한 불안을 8점으로 평가했고, 이것을 공황과 매우 비슷한 증상(6/10)으로 평가하였다. 그녀는 확실히 공황발작을 경험할 거라는 생각 때문에 40초 만에 과호흡 실습을 중단하였다. 치료자와 줄리는 이 경험을 세 반응 체계와 1회기에서 배운 오해석 및 내부수용감각적(신체감각적) 조건화의 기능적 관점에서 토의하였다.

이어서 줄리는 과호흡에 대한 생리학적 기초(Barlow & Craske, 2006 참조)에 대해 간략하게 배웠다. 이전과 마찬가지로 이론적 설명은 과호흡의 위험에 대한 잘못된 해석으로 인한 불안을 줄이고, 사실에 근거한 정보를 제공하기 위한 것이다. 전달 내용은 환자의 교육 수준에 맞게 조정되고 환자에게 도움이 될 정도만 언급된다.

다음 단계에서 치료자는 호흡 재훈련을 가르치는데, 가슴 근육보다는 횡격막(아랫배)을 활용하라고 가르치면서 시작한다. 추가로 환자들은 들숨에는 숫자를 세고 날숨에는 '편안하다(relax)'고 말하면서 호흡에 주의를 집중하는 것을 배운다(느린 호흡은 3회기에서 설명한다). 치료자들은 호흡 패턴의 시범을 보이고, 치료실에서 환자들이 연습을 하는 동안 환자들의 호흡을 교정해 준다. (CART의 도구를 사용하여 바이오피드백을 통해 혈중 CO_2 양을 증가시키는 데 역점을 둔 다른 호흡 재훈련 방식을 사용한다.)

호흡 훈련이 호흡에 대한 주의집중을 초래하기 때문에 호흡기의 감각에 대해 불안이 있는 환자들은 처음에는 부정적으로 반응을 한다. 또 만성적으로 과호흡을 하는 환자들과 호흡 패턴의 변화가 호흡기의 복합적인 증상을 증가시키는 환자들은 과호흡 실습이 힘들 수도 있다. 이 경우에는 짧은 호흡과 같은 신체감각은 위험한 것이 아니라고 안심시키면서 과호흡 실습을 계속하라고 권장한다. 불안과 불안 상황에서 호흡 훈련 기법을 활용할 수 있도록 하는 것이 호흡 재훈련의 목적이다. 가끔 환자들은 불안 증상에서 벗어나기 위한 방법으로 호흡 재훈련을 하는 것이라고 잘못 이해한다. 환자들은 호흡을 교정하는 것이 공포의 덫에 빠져드는 것을 예방하기 위한 수단이라고 이해해서는 안 된다. 다음은 줄리에게 있었던 일이다.

줄리: 그래서 제가 할 일은 호흡을 천천히 하는 것이고, 그러면 모든 게 좋아진다는 건가요?

치료자: 그래요. 천천히 호흡하는 것이 당신의 신체 증상을 감소시켜 줄 겁니다. 그런데 모든 것이 좋아질 거냐고 질문했는데 그게 어떤 의미인가요?

줄리: 적절한 호흡이 제가 현실감을 잃는 것(actual loss of touch with reality)을 막아 줘서 제가 사라져 버리지 않을 거라고 생각합니다.

치료자: 호흡 재훈련은 당신의 호흡을 조절하는 것을 도와줌으로써 비현실감 같은 신체적 증상을 감소시켜 줄 것입니다. 그런데 당신의 질문은 다음에 배울 치료기법인 인지재구성에 대한 근거인데, 이때 당신은 비현실감이 '내가 사라진다는' 것 또는 실질적인 '현실감의 상실'이 아니라는 것을 배우게 될 것입니다.

편안한 환경에서 하루에 두 번, 최소한 10분씩 횡격막 호흡을 연습하는 것이 과제이다.

이번 회기에서 치료자는 불안할 때는 누구에게나 생각에 오류가 있을 수 있다는 것을 설명하고, 내담자들이 자신의 사고가 왜곡되었음을 받아들일 수 있도록 돕고 인지재구성을 소개한다. 환자들은 인지적 왜곡의 적응적 기능을 이해한다. 즉, 위험은 언제라도 있을 수 있는 것이며, 그러므로 위험에 주의를 기울이는 것이 우리의 생존 기회를 더 높여 준다. 그러므로 불안은 우리로 하여금 위협적인 사건을 실제보다 더 위험하고 가능성이 더 높다고 판단하게 한다. 그러나 공황장애의 원인에는 실제적 위협이 없다는 점에서 인지적 왜곡의 부적절성이 커지게 된다.

환자들은 생각을 사실이 아닌 가설이나 추측으로 여기도록 배운다. 자동적 사고에 대한 개념과 예상에 대해서 배우고, 각 상황에서 습관적 자기진술에 대한 관찰자가 될 필요가 있다. 이때 특정 상황에 대한 구체적인 예측을 탐색하기 위해 '하향화살기법(downward arrow technique)'을 활용한다. 줄리의 예를 보자.

치료자: 어제 저녁 영화관에서 당신을 무섭게 한 '분리된 느낌'이란 어떤 느낌입니까?

줄리: 정말 끔찍한 느낌이었습니다.

치료자: 무엇이 그렇게 끔찍했나요?

줄리: 도저히 견딜 수 없었습니다.

치료자: 무엇이 당신을 견딜 수 없게 했나요? 그 분리된 느낌이 당신을 어떻게 할 것 같아서 너무나 무섭고, 그것을 도저히 참을 수 없다고 생각하게 만들었나요?

줄리: 그 느낌이 너무 강해서 저는 압도됐어요.

치료자: 압도되면 어떻게 될 것 같나요?

줄리: 너무나 고통스러워서 현실감을 잃게 될 것입니다.

치료자: 당신이 현실감을 잃는다는 것은 어떤 의미인가요?

줄리: 그것은 제가 영원히 다른 심리상태가 되는 것, 다시는 절대로 현실로 돌아오지 못하는 것을 의미합니다. 제가 미쳐서 영화관에서 끌려 나와 정신병원이나 어딘가에 영원히 감금될 거라는 그런 생각입니다.

"나는 무서웠고 뭔가 나쁜 일이 일어날 거라고 느껴진다."와 같이 너무 일반적인 자기진술은 불충분하고, 치료적이지 않으며, 전반적이고, 구체적이지 않아 불안을 악화시킬 수 있다. 대신에 "나는 운전하는 동안 너무 불안해져서 운전대를 놓쳤고, 도로 밖으로 떨어져서 죽지 않을까 하는 생각에 불안하다."와 같은 자세한 생각의 내용은 이후의 인지재구성을 통해 작업이 가능해진다.

불안을 초래하는 생각을 분석하게 되면 '위험(risk)'과 '가치(valence)'의 두 가지 중요한 요소가 제기된다. 이 두 유형의 주된 인지적 오류를 환자들이 이해하는 것이 중요하다. 위험이란 부정적 사건이 실제로 발생할 가능성이 없는데도 일어날 사건으로 간주하는 과대평가 또는 자의적 결론으로 정의된다. 환자들은 과거 2주 동안 불안 및 공황 사건에서의 과대평가를 확인하기 위해 다음과 같은 질문을 받는다. "불안했을 때 틀림없이 공황이 발생할 거라고 느꼈는데, 결국은 전혀 그런 일이 발생하지 않은 적이 있나요?" 대체로 환자들이 이런 경우를 쉽게 찾아내기는 하지만 쉽게 납득하지 못한다. 예를 들면 다음과 같다.

줄리: 글쎄요. 이번에는 진짜로 미쳐서 절대로 현실로 돌아오지 못할 거라고 생각했던 적이 여러 번 있는데, 그때는 그렇게 되지 않았지만, 여전히 가능성은 있다고 봐요.

치료자: 왜 아직도 '그런 일'이 일어날 수 있다고 생각하나요?

줄리: 저는 항상 제가 제때 가까스로 빠져나왔다고 느껴요. 그 상황에서 도망치거나, 남편이 도와주거나, 미칠 것 같은 느낌을 간신히 버텨 냈지만, 다음에 제가 그렇게 하지 못하면 어떻게 되겠어요?

치료자: 불안할 때의 우리 생각에 대해 배운 것 중에 당신이 방금 표현한 '간신히 버텨서' 또는 '가까스로 빠져나왔다는' 생각이 과대평가의 생각이라고 이해할 수 있습니까?

줄리: 선생님은 제가 항상 버틸 수 있고, 언제나 제시간에 도망칠 수 있다고 말하는 것 같네요.

치료자: 당신이 미칠 것 같은 가능성과 절대로 현실로 돌아올 수 없을지도 모른다는 것을 과대평가하고 있기 때문에 버티고 도망칠 필요를 더 크게 느끼는 겁니다.

줄리: 그렇지만 정말 그렇게 느껴집니다.

치료자: 일어날 거라는 생각과 실제로 일어나는 일을 명확히 구분하지 못하는 것이 이번 회기에 우리가 다루고자 하는 바로 그 문제입니다.

자신의 예측이 맞지 않다는 것을 반복적으로 경험함에도 불구하고 내담자들의 마음속에 위험에 대한 과대평가가 지속되는 이유를 탐색한다. 전형적으로 내담자들은 원래 자신의 예측이 틀렸다는 것을 깨닫는 대신, 위험한 일이 일어나지 않은 것을 외적 요인이나 안전행동 또는 '행운'으로 잘못 귀인한다(예: "나는 제때 도움을 받았기 때문에 공황을 겨우 이겨 냈다." "지난주에 상점에서 불안했을 때 자낙스를 먹지 않았더라면 나는 분명히 기절했을 것이다." "제때 차를 세우지 않았더라면 나는 견디지 못했을 것이다."). 마찬가지로 내담자들은 자신이 지금까지 맑은 정신으로 안전하게 살아 있는 유일한 이유가 '큰일'이 일어나지 않았기 때문이라고 생각할 수 있다. 이런 경우, 내담자들은 공황발작의 강도가 재앙적인 결과의 위험을 증가시킨다고 가정하는 실수를 한다.

과대평가의 오류를 논박하는 방법은 가능성을

지지하는 증거를 요구하는 것이다. 일반적인 형식은 생각을 사실이 아닌 가설이나 가정으로 여기고, 증거를 살펴보고, 대안적이고 더 현실적인 예측을 탐색하는 것이다. 이것은 치료자가 소크라테스 질문을 통해서 환자가 자신의 진술문의 내용을 탐색하는 기법을 배우고 모든 증거를 고려한 후에 대안적인 진술문이나 예측에 도달하게 하는 최선의 방법이다. 논리적인 질문(예: "빠른 심장박동이 어떻게 심장마비를 일으키나요?"), 그 판단의 근거(예: 다른 사람으로부터의 잘못된 정보, 비정상적인 감각)가 도움이 된다. 줄리의 사례로 돌아가 보자.

치료자: 당신이 발견한 구체적 생각은 당신이 미쳐서 다시는 절대로 현실로 돌아오지 못할 거라는 것입니다. 그 일이 일어날 거라고 믿게 만든 것이 구체적으로 어떤 것인가요?

줄리: 글쎄요. 정말로 그렇게 느껴졌어요.

치료자: 그 느낌을 한번 설명해 보시겠습니까?

줄리: 음, 제 주변에 있는 것이 다르게, 제가 동떨어져 있는 것 같이, 마치 우주에 있는 것 같이, 현실이 아닌 것처럼 느껴집니다.

치료자: 그런 느낌이 당신이 실제로 현실감을 잃었음을 의미한다고 생각하는 이유가 무엇인가요?

줄리: 모르겠습니다. 그냥 그런 것처럼 느껴져요.

치료자: 자, 그 가정을 살펴봅시다. 비현실감을 느낄 때 당신은 어떤 행동을 하나요? 예를 들면, 그럴 때 누가 뭘 물어보면 당신이 대답을 하나요?

줄리: 글쎄요. 가끔, 지금-여기에서도 그런 느낌이 들지만 선생님의 질문에 대답은 합니다.

치료자: 좋아요. 그러면 당신이 그런 느낌이 들 때 걷거나, 뭔가를 적거나, 운전을 할 수도 있나요?

줄리: 예, 그렇지만 다르게 느끼죠.

치료자: 그렇지만 그런 분리된 느낌에도 불구하고 자신의 역할은 수행하고 있습니다. 그러면 그건 무슨 의미인가요?

줄리: 글쎄요. 제가 현실감을 완전히 잃은 건 아닌 것 같습니다. 그렇지만 다음에 그렇게 되면 어떡하죠?

치료자: 몇 번이나 그런 분리된 느낌을 경험했나요?

줄리: 수백 번도 더 됩니다.

치료자: 그러면 실제로 몇 번이나 현실감을 완전히 잃었나요?

줄리: 한 번도 그런 적이 없어요. 그렇지만 그 느낌이 평생 안 없어지면 어떻게 하죠? 그래서 정말 미치게 된다면 어떻게 하죠?

치료자: 만약 이런 일이 일어난다면 이것은 당신에게 또 어떤 의미인가요?

줄리: 글쎄요, 제 사촌은 스물다섯 살에 미쳐서 지금은 완전히 엉망이 됐어요. 그는 제대로 하는 게 없고, 계속해서 정신병원에 들락날락하고 있어요. 병원에서는 사촌한테 엄청난 정신과 약을 처방했습니다. 사촌이 완전히 제정신이 아니었던 모습을 잊을 수가 없어요. 자기 스스로 정신 나간 소리를 하고 있었어요.

치료자: 그러면 당신 자신과 사촌 사이에 어떤 관계가 있다고 생각하나요?

줄리: 예.

치료자: 어떤 비슷한 점이 있나요?

줄리: 사실 전혀 비슷한 점은 없어요. 다만 저도 사촌과 비슷한 상태가 될 거라는 거죠.

치료자: 사촌도 지금 당신이 느끼는 것과 비슷한 느낌을 느낀 적이 있나요?

줄리: 모르겠습니다.

치료자: 그러면 만약 당신 사촌이 허리에 심각한 문제가 있다면 당신에게도 그런 문제가 생길 것이라 걱정합니까?

줄리: 아니요.

치료자: 왜 그런 걱정을 안 하나요?

줄리: 그런 생각을 해 본 적이 없기 때문이지요. 제 걱정은 그런 것이 아닙니다.

치료자: 그러니까 당신이 사촌처럼 될 거라고 생각하는 이유는 당신이 그렇게 될까 봐 걱정하기 때문인 것 같습니다.

줄리: 그런 것 같습니다.

치료자: 자, 그러면 이것에 대한 모든 증거를 살펴보고 다른 대안이 있는지 생각해 봅시다. 당신은 수백 번도 더 비현실감을 느꼈는데, 한 번도 현실감을 잃은 적은 없었습니다. 그 이유는 그런 느낌에도 불구하고 당신이 계속 기능할 수 있었기 때문이고, 그 느낌이 오래 지속되지는 않았어요. 당신은 사촌처럼 될까 봐 불안해하지만, 당신과 사촌이 같은 문제를 가졌다는 증거는 없습니다. 당신은 기능을 하지만 사촌은 그렇지 못하기 때문에 서로 다르다는 것은 사실입니다. 그래서 당신이 현실감을 영원히 잃을 실제 가능성은 얼마나 될까요? 0에서 100 사이의 척도로 평가해 보세요. 0은 전혀 가능성이 없음이고, 100은 확실한 가능성을 의미합니다.

줄리: 글쎄요. 제가 생각하던 것보다 낮을 거 같습니다. 아마도 20%요?

치료자: 그러면 당신이 비현실감을 느끼는 다섯 번 중에 한 번은 영구적으로 현실감을 실제로 잃을 것이라는 것을 의미하는 것 같습니다.

줄리: 그렇게 생각하면 그건 아닙니다. 아마도 아주 가능성이 적을 것 같습니다.

치료자: 예, 그러면 대안적인 설명은 어떻게 될까요?

줄리: 아마도 비현실감은 불안이나 과호흡의 느낌 때문에 생기고, 그런 느낌을 갖는 것은 제가 실제로 현실감을 잃는 것을 의미하는 것이 아니며, 저는 제 사촌과 전혀 같지 않다는 겁니다.

이번 주 줄리의 과제는 자기관찰과 횡격막 호흡 실습, 그리고 광장공포증 위계에 있는 항목들과 관련된 불안사고를 찾아내고, 회기에서 했던 것 같이 증거를 검토해서 과대평가의 오류 대신에 증거에 기반한 대안적 해석을 도출해 내는 것이다. 그녀는 다음 주에 일어날 모든 공황발작에 대해 이 작업들을 동일하게 진행할 것이다.

3회기

3회기의 목표는 호흡 재훈련을 발전시키고 인지 재구성을 활발하게 하는 것이다. 치료자는 지난 주 동안 내담자가 경험한 횡격막 호흡 훈련에 대해 토의한다. 줄리는 자신이 했던 실습에 대해 실망하였다.

줄리: 제가 실습을 제대로 못한 것 같습니다. 가끔 시작은 잘 했는데, 더 애를 쓸수록 숨이

차고, 호흡 사이에 크게 한숨을 쉬어야 했어요. 다른 때는 어지럼증과 비현실감을 느껴서 실습을 중단하고 신경을 다른 곳에 쓰려고 '밀린 일'을 했습니다.

치료자: 몇 가지 일이 있었던 것 같네요. 첫째, 호흡 훈련은 자전거 타는 것을 배우는 것 같이 기술을 배우는 거라서 그냥 쉽게 될 거라고 기대해서는 안 된다는 것을 기억하세요. 둘째, 당신이 걱정하는 몇 가지 불편한 신체 증상을 경험한 것 같습니다. 당신은 숨이 막히는 것처럼 느꼈다고 했습니다. 지난주에 얘기를 나누었던 것을 바탕으로 생각해 보면 무엇이 그런 느낌을 유발했을까요?

줄리: 글쎄요. 아마도 제가 횡격막 근육을 사용하는 것이 아주 어려워서 충분한 공기를 들이마시지 않았을 수도 있습니다. 질식할 것처럼 느꼈어요.

치료자: 아마도 이 훈련은 횡격막 근육을 사용하는 것을 배우는 것일 수도 있어요. 그런데 실제로 숨이 막힌 건가요, 아니면 질식할 것 같았다는 해석인가요?

줄리: 잘 모르겠습니다. 전에 복잡한 공간에 갇혔을 때 숨막히는 느낌이 든 적이 있습니다.

치료자: 그러면 당신이 숨이 막힌다는 것을 어떻게 압니까?

줄리: 잘 모르겠어요. 그냥 그렇게 느껴집니다.

치료자: 자, 그러면 증거들을 함께 찾아봅시다. 당신이 전에 그렇게 느낀 적은 있지만 질식한 적은 없었습니다. 지난번에 함께 이야기했듯이, 불안은 당신이 충분한 공기를 들이마셨음에도 불구하고 가끔 숨이 차는 감각을 일으킬 수도 있습니다. 다르게 설명할 수 있을까요?

줄리: 글쎄요. 아마도 제가 실제로 숨이 막힌 것이 아니라 그냥 그렇게 느꼈을지도 모르겠습니다.

호흡 훈련에 대한 줄리의 걱정들은 토의되어야 할 전형적인 내용이었다. 다음 단계는 환자가 들숨과 날숨을 6초씩 쉬는 것이 편안해질 때까지 호흡을 느리게 하는 것이다. 다시 말하면, 치료자는 느린 호흡의 시범을 보여 주고, 회기 내에서 실습을 하고, 환자의 호흡에 대해 피드백을 해 준다. 환자는 계속해서 '안전하고' 편안한 환경에서 느린 호흡을 연습하도록 안내를 받지만, 이 훈련이 확실하게 익숙해질 때까지는 불안할 때 느린 호흡을 활용하는 것은 권장되지 않는다.

인지재구성은 공황발작을 '위험한' '견딜 수 없는' '파국적인' 것으로 간주하는 두 번째 인지오류를 다루면서 계속 진행된다. 재앙화 오류의 전형적인 예는 다음과 같다. "내가 기절하면 사람들은 나를 나약하다고 생각할 것이고, 나는 그것을 견딜 수 없을 것이다." "공황발작은 최악의 사건이다." "내가 불안해지기 시작하면 오늘 저녁은 다 망치는 것이다." '탈재앙화'는 최악의 경우를 직면해서 발생한 그 일이 그다지 '파국적'이지는 않다는 것을 깨닫고, 그 일이 얼마나 '나쁜가'보다 부정적인 사건에 대처하는 실제적인 방법을 생각하는 것을 의미한다. 탈재앙화의 핵심 원리는 공황발작이 불편하기는 하지만 참을 수 있다는 것이다. 불편한 감각이 영원히 지속되는 것은 아님을 아는 것은 그것에 대처할 수 있다는 유능감을 갖게 한다. 환자들은 그 일이 일어나지 않기를 선호하지만, 필요하다면 그 불편함을 견딜 수 있다는 것이 중요한 차이점이다. 그러므로 다른 사람의 부정적인 판단을 견딜 수 없다고 말한 사람은 그것에 어떻게 대처할 것인지를 논의하는 것이 중요하다. 마찬가지로 공황의 신체감각이 참을 수 없을 만큼 창피하다고 느끼는 사람에게는 다음과 같은 질문이 도움이 된다.

줄리: 제가 통제력을 잃고 고함을 치고 비명을 지르는 것과 같이 뭔가 미친 짓을 할까 봐 정말 걱정이 됩니다.

치료자: 자, 최악의 경우를 생각해 보고, 그게 왜 그렇게 안 좋은지를 생각해 봅시다. 고함을 치고 비명을 지르는 것이 왜 그렇게 끔찍한가요?

줄리: 제가 절대로 그걸 만회할 수 없을 테니까요.

치료자: 글쎄요, 그걸 계속 생각해 봅시다. 그 상황에서 당신이 할 수 있는 다른 것들은 뭐가 있을까요? 당신이 고함을 치고 소리를 질렀고, 그다음에 어떤 일이 일어날까요?

줄리: 글쎄요, 고함을 지르고 소리를 치는 것이 결국은 멈춰지겠지요.

치료자: 맞아요, 결국 당신은 지치겠지요. 또 어떤 일이 일어날까요?

줄리: 글쎄요, 저는 주변 사람들에게 내가 오늘 많이 힘들었지만 지금은 괜찮다고 말할 거예요. 그러니까 사람들을 안심시키는 거죠.

치료자: 좋아요. 또 어떤 일이 있을까요?

줄리: 거기서 나와 저를 진정시키면서, 최악의 시간은 지나갔다고 저 자신을 안정시키게 될 것입니다.

치료자: 좋아요.

줄리: 그렇지만 만약에 경찰이 와서 저를 정신병원으로 데리고 가서 감금하면 어떡하죠?

치료자: 자, 다시 최악의 경우로 가 봅시다. 당신이 고함치고 소리 지를 때 경찰이 출동을 했다면, 그 경찰이 당신을 데리고 간다면 어떻게 될까요? 당신이 생각하는 것만큼 무서울지, 실제로 무슨 일이 일어날지를 생각해 봅시다.

줄리: 저는 실제로 무슨 일이 일어나고 있는지 경찰한테 말을 못하고 있는 저 자신을 보고 있는 거 같아요. 저는 정말 사람들에게 제가 불안했을 뿐이라는 것을 말할 능력이 없습니다.

치료자: 만약 당신이 정말 제정신이 아니어서 분명하게 의사소통을 할 수 없다면, 그게 얼마나 지속될까요?

줄리: 맞아요. 결국 저는 지치고 난 다음 더 분명하게 말할 수 있을 겁니다. 그렇지만 만약에 경찰이 저를 믿지 않으면 어떡하죠?

치료자: 처음에 그들이 당신을 믿지 않으면, 당신이 미친 것이 아니라는 것을 그들이 깨닫는데 얼마나 걸릴까요?

줄리: 제 생각에 그들은 잠시 후 제가 괜찮아진 것을 알게 되고, 저는 무슨 일이 있었는지 설명해 줄 친구나 의사에게 전화할 수 있을 것 같습니다.

이번 회기의 과제는 자기관찰을 계속하는 것과 함께 편안한 환경에서 느린 횡격막 호흡을 연습하는 것, 광장공포증 위계에 있는 항목과 관련된 재앙화 오류를 찾는 것, 탈재앙화 실습과 대처방식을 개발하는 것이다. 추가로 줄리는 지난주에 발생했던 공황발작에 대해 탈재앙화 기법을 적용하는 훈련을 하였다.

4회기

4회기의 목표는 대처기법으로서 호흡재훈련 기술을 활용하는 것과 인지재구성을 개관하고 광장공포증의 실생활 노출을 시작하는 것이다.

환자들은 편안한 환경에서 충분히 연습을 해 왔으므로, 이제 불안하고 불편한 상황에서 느린 횡격막 호흡을 훈련할 준비가 되었다. 환자들은 공포나 불안을 촉발하는 상황에 직면했을 때 대처기법으로 호흡을 활용하도록 배웠다. 어떤 환자들은 안전신호 또는 안전행동으로 호흡법을 잘못 활용한다. 즉, 그들은 호흡을 올바르게 하지 않으면 어떤 정신적 · 신체적 또는 사회적 재난을 당할 위험이 있다고 믿는다. 이 문제가 줄리에게도 나타났다.

줄리: 아주 불안했을 때 호흡기법을 시도했는데 소용이 없었어요. 그래서 더 안 좋아졌어요.

치료자: 마치 불안을 통제하기 위한 결사적 수단으로 호흡법을 시도했던 것 같네요.

줄리: 예, 맞아요.

치료자: 그때 불안을 통제할 수 없으면 무슨 일이 생길 거라고 생각했나요?

줄리: 제가 그 느낌을 조절하지 못할까 봐 정말 걱정됐습니다.

치료자: 그 느낌을 조절하지 못하면 무슨 일이 일어날까요?

줄리: 현실감을 영영 잃을 것 같이 느껴집니다.

치료자: 그 생각이 지난주에 함께 얘기했던 것입니다. 당신이 생각해 냈던 증거들에 따르면 현실감을 영영 잃을 가능성이 있습니까?

줄리: 그러니까 제가 호흡을 조절하지 못한다 해도 제가 괜찮을 거라는 말씀을 하는 거네요?

치료자: 호흡법을 배우기 전에도 당신은 현실감을 잃은 적이 없었습니다, 그것이 의미하는 것은 무엇입니까?

줄리: 예, 알겠습니다.

치료자: 호흡 훈련은 불안을 촉발하는 것을 직면하도록 돕는 수단이라고 생각하는 것이 정확합니다. 그러니까 당신이 불안 상황에 직면해서 불안이 심해질 때, 불안을 없애기 위해서가 아니라 그것에 직면하도록 돕는 수단으로 호흡을 활용하는 것이 중요합니다.

호흡을 안전행동의 한 수단으로 활용해 온 환자들은 호흡 훈련에 대해 실망할 수도 있다. 그들이 가장 바라는 것은 호흡을 통해 불안에 대처할 수 있는 것이기 때문이다.

인지재구성의 경우에 치료자는 내담자가 지난 주 동안 발생했던 공황발작과 광장공포증의 위계 목록에 있는 상황에서 최악의 경우를 맞닥뜨릴 가능성과 대처할 방법에 대해 현실적 증거를 탐색하기 위한 피드백을 제공한다. 인지재구성의 과제 기록지에 구체적인 내용이 부족한 내담자(예: 자신이 가장 걱정하는 극심한 불안이 무엇인지를 구체적으로 기록하도록 지지할 필요가 있는 내담자), 또는 마음의 위안(blanket reassurance)에 의존하는 내담자(예: 기록한 증거 목록이나 실질적인 대처기법을 발전시킬 필요가 있는데도 "다 잘될 것이다."라고 기록한 내담자)의 경우 교정적 피드백이 필요하다.

다음 주제는 광장공포증의 첫 위계 목록의 노출 훈련을 시작하는 방법에 관한 것이다. 이전에 시도했던 실생활 노출이 실패했던 이유를 살펴보는 것도 적절하다. 전형적인 실패 원인은 너무 위험한 상황, 너무 짧은 시간, 너무 멀리 떨어진 공간의 노출, 그리고 망칠 가능성이 있다는 신념을 유지한 채, 또는 숙달감(sense of mastery) 없이 노출을 시도하는 것이다. 줄리는 이전에 광장공포증 상황을 직면하려고 시도한 적이 있지만 현실감을 영영 잃을 것에 대한 공포감에 압도되어서 실패하였다. 치료자는 줄리가 그 당시 경험했던 광장공포증의 노출 훈련과는 다른 유익한 노출의 방법에 관해 설명하였다. 줄리의 대표적 안전행동은 남편이 함께 있는 것, 최소한 남편의 소재를 아는 것, 그리고 클로노핀(먹지는 않지만 지니고 다니는 약)이었다. 치료자는 안전행동의 감소가 중요하다는 것을 강조하였다.

앞에서 언급했듯이, 노출치료의 목적은 공포와 불안을 직접 감소시키는 것이 아니라 내담자가 노출의 결과를 새롭게 배우는 것이다. 환자들이 공포 상황이나 환경에 직면할 때 배워야 할 가장 중요한 것은 그들이 걱정하는 상황이 절대 또는 거의 일어나지 않는다는 것과 자신이 그 상황에 대처하면서 불안을 견딜 수 있다는 것을 명확히 이해하는 것이다. 만약 환자가 훈련 동안 공포와 불안이 계속 심한 상태로 유지된다는 것을 걱정한다면 불안감내에 대한 교정적인 학습을 제공한다. 예를 들어, 줄리의 불안위계의 첫 상황은 혼자 자동차를 운전해서 퇴근하는 것이다. 그녀가 그 상황에서 가장 두려워하는 것은 공황이 와서 현실감을 잃고, 교통사고가 나서 죽는 것이다. 그녀는 또한 이런 일은 해질녘에 일어날 것이라고 확신하고 있다. 그러므로 치료자는 줄리가 현실감을 잃지 않고, 비현실감이나 공황에 대처할 수 있다는 것을 가장 잘 배울 수 있는 과제는 해질녘에 퇴근하고 집으로 운전해서 오는 것이라고 생각하였다.

노출과제를 가능한 한 구체적으로 설명해서 환자들이 실습에 대해 명확하게 이해할 수 있도록 하라(예: "혼자 10분 동안 쇼핑몰 안에서 걸어 다니라."). 실습은 불안 때문에 중단되지 않아야 하는데, 그렇지 않다면 노출 실습이 불안의 회피를 강화하게 되기 때문이다(예: "불안을 느낄 때까지 고속도로에서 운전을 계속하라.").

치료자는 줄리가 과제를 수행할 때 대처기법을 사용하라고 상기시켜 준다. 즉, 공포 상황에서 환자들이 과제를 완성하기 위해 호흡법과 인지재구성 기법을 활용할 수 있도록 하고, 대처기법은 불안과 공포를 줄이기 위한 도구가 아니라 불안을 감내하기 위한 수단이라는 것을 이해할 수 있도록 돕는다. 신체감각과 그에 대한 생각을 수용하고 비판단적으로 관찰하는 것이 노출치료의 중요한 또 다른 전략이다.

환자들은 실생활 노출 실습을 일주일에 최소한 세 번은 규칙적으로 하고, 어떤 내적 요인(예: '재수 없는 날', 기분 나쁜 느낌) 및 외적 요인(예: 궂은 날씨, 바쁜 일상)에 상관없이 계속 실습할 수 있도록 한다. 줄리는 다음 주에 세 번의 실습을 할 수 있을지에 대해 걱정하였다.

줄리: 요즘 피곤해서 지치는 날이 더 많아서 실습을 세 번이나 할 수 있을지 모르겠습니다. 아마도 기분이 괜찮은 월요일과 화요일은 실습을 수행할 수 있을 것 같습니다.

치료자: 피곤한 날 실습하는 것에 대해 걱정되는 것이 무엇입니까?

줄리: 그런 날은 훨씬 더 불안할 것 같아요.

치료자: 더 불안해지면 어떤 일이 일어날 거 같은가요?

줄리: 실습을 할 수 있을지 모르겠습니다. 아무

래도 너무 힘들 것 같아요. 실습하다가 제가 완전히 정신을 잃고 현실감을 영원히 잃어버릴 거 같습니다.

치료자: 좋아요. 그러면 그 생각에 대해서 살펴봅시다. 그 느낌은 어떤 의미인가요? 피곤에 지친 날을 포함해서 당신이 실제로 현실감을 잃은 적이 몇 번이나 있었나요?

줄리: 글쎄요, 한 번도 없었어요.

치료자: 그것은 무슨 의미입니까?

줄리: 어떤 의미인지는 알겠습니다. 그렇지만 그런 날은 아무래도 운전하기 어려울 것 같아요.

치료자: 월요일이나 화요일에 시작하고, 피곤하고 지친 느낌이 드는 다른 날에는 실습을 해서, 그것을 당신이 현실감을 잃는지 그렇지 않은지를 확인하는 기회로 활용하는 것은 어떨까요?

이번 회기에서 줄리의 과제는 불안과 공황이 심각해질 때 자기관찰과 인지재구성, 호흡 재훈련을 계속하는 것이다. 그리고 광장공포증 위계의 첫 항목을 최소한 세 번 실시하는데, 그중 한 번은 남편 래리를 동반하지 않고 하는 것이다.

5회기

이번 회기는 실생활 노출의 경험을 검토하고, 다음 주에 실시될 또 다른 노출과제를 설계하며, 내부수용감각(신체감각)의 노출을 시작하는 것이 목표이다. 실생활 및 내부수용감각(신체감각)의 노출은 동시에 또는 순차적으로 수행될 수 있다. 줄리의 경우 실생활 노출은 4회기에서 시작되었지만, 내부수용감각(신체감각)의 노출은 이번 회기에서 시작되었다. 그러나 반대 순서로 수행할 수도 있다.

지난주의 실생활 노출의 경험을 검토하는 것이 중요하다. 주관적이고 자기파괴적인 평가를 상쇄하기 위해서는 수행에 대한 객관적인 평가가 필요하다. 학습과 조건화에 관한 실험에서 입증된 바와 같이, 혐오스러운 사건이 발생한 후의 평가는 미래에 예상되는 동일한 유형의 혐오스러운 사건의 불안경험에 영향을 줄 수 있다. 조기에 중단된 수행은 신중하게 검토해야 한다. 왜냐하면 중단을 초래한 요인이 다음 수행에 통합될 수 있기 때문이다. 회피 상황을 인식하는 것은 회피충동이 대개 계속 그곳에 머물러 있을 경우 해로운 결과가 일어날 것이라는 예측 때문에 발생한다. 예를 들어, 환자는 감각이 강렬해지고 통제 불가한 반응을 초래할 것으로 예측할 수 있다. 이 예측은 과도한 결론과 일방적인 비교의 관점에서 논의될 수 있다. 동시에 회피 자체를 치명적으로(즉, 창피하거나 실패의 표시로) 볼 필요는 없다. 또한 치료전문가들은 불편한 감각에도 불구하고 환자가 특정 기간이나 과제가 완료될 때까지 그 상황에서 머물 수 있도록 호흡 및 인지 기술(또는 수용기술)의 사용을 강화한다.

다시 말하지만, 환자는 불안의 완전한 제거가 아니라 불안이 있음에도 불구하고 반복적으로 목표에 직면하는 것이 목적이라는 것을 이해하는 것이 중요하다. 즉각적인 두려움의 감소보다는 두려움에 대한 인내가 노출 연습의 목표이다. 이 접근법을 통하여 공포는 결국 시간이 지남에 따라 줄어든다. 반복적인 실생활 노출에도 불구하고 불안이 감소하지 않는 것은 즉각적인 공포와 불안의 감소를 너무 의식하기 때문이다. 즉, 불안을 줄이려고 너무 열심히 노력하거나 너무 많이 바라는 것은 일반적으로 불안을 유지하게 한다.

줄리는 첫 실생활 노출을 성공적으로 수행하였다. 그녀는 혼자서 네 번 직장에서 집으로 운전을 할 수 있었다. 그녀는 처음에는 예상보다 쉬웠다고 언급하였다. 두 번째는 더 힘들었고, 운전 도중 길가에 차를 세웠다. 치료자는 줄리가 '회피'로 이끄는 생각과 신체감각(비현실감 및 현실과의 접촉을 잃는 것에 대한 두려움)을 파악하는 데 도움을 주었다. 줄리는 잠시 기다렸다가 치료자에 의해 강화된 행동을 계속하였다. 세 번째와 네 번째가 더 쉬웠다.

줄리의 남편인 래리는 5회기에 참석하여 줄리가 어떻게 공황과 광장공포증을 극복하는지 같이 배울 수 있었다. 그는 가능한 모든 방법으로 도움을 주려고 하였다. 그는 과거에는 도움이 되는 방법을 전혀 몰랐기 때문에 좌절감을 느꼈다고 하였다.

치료에 중요한 타인을 참여시키기 위한 일반적인 원칙이 있다. 첫째, 환자의 정서적 기능에 대한 좌절감 및/또는 부정적인 귀인(예: "아, 그것은 그녀 탓입니다. 그녀는 우리가 결혼하기 전부터 이렇게 되었으므로 결코 변하지 않을 것입니다.")을 줄이기 위해 사례개념화가 제공된다. 광장공포증의 문제가 일상생활을 방해하는 것, 가정의 책임을 분배하는 방식도 탐색되고 논의된다. 사회활동, 여가활동 및 가사 등이 포함된다. 치료자는 가정활동이 심한 불안 없이 수행될 수 있도록 광장공포증과 회피를 중심으로 조정될 수 있음을 설명한다. 또 동시에 환자의 가족 내 역할을 다른 사람에게 재할당하는 것은 공포의 행동 패턴을 강화할 수 있다. 결과적으로, 환자가 처음에 약간의 고통을 경험할 수 있지만, 실생활 노출의 지시사항을 준수하는 것이 중요하다.

환자의 행동과 두려움, 가정에 미치는 영향을 이해할 수 있게 함으로써 중요한 타인이 치료에 적극적으로 참여할 수 있다. 때때로 중요한 타인은 환자의 행동이 자신의 일상기능에 미치는 영향과 관련하여 환자 스스로 잘 알지 못하거나 보고하지 않은 정보를 제공한다. 예를 들어, 래리는 집에서 저녁에 느낀 일상생활의 제약을 설명하였다. 그는 때때로 지역 체육관에서 친구들과 농구를 했는데, 줄리를 내버려 두면 죄책감을 느끼기 때문에 집에 머물고 있다.

다음 단계는 실생활 노출과 관련한 역할을 설명하는 것이다. 중요한 타인은 코치로 간주되고, 부부는 문제해결의 팀으로서 과제를 수행하도록 한다. 실생활 노출을 언제 어디서 정확히 실시할지 결정하는 것이 그 예가 될 수 있다. 준비를 위해 환자는 노출과제에 대한 자신의 오해석을 확인하고 대안적 인지를 설정한다. 중요한 타인은 환자가 스스로 자신의 '불안한' 생각에 대해 의문을 제기할 수 있도록 돕는다. 중요한 타인이 환자를 돕는 역할연기는 다음 회기에서 수행될 수 있다. 이때 치료자는 각 파트너에게 올바른 피드백을 제공할 수 있다. 실생활 노출을 통해 중요한 타인은 인지적 도전, 호흡 또는 수용 기술의 어떤 것이든 상관없이 환자에게 대처기술을 적용할 수 있도록 돕는다. 중요한 타인은 안전신호이기 때문에 노출과제 시 불안이 덜 유발된다. 그러나 환자는 결국 안전신호에서 벗어나야 한다. 따라서 광장공포증의 상황에 직면하기 위한 초기 시도는 다른 중요한 타인과 함께 수행되고, 이후의 노출은 단독으로 수행된다. 중요한 타인의 역할은 점진적으로 종료되는데, 줄리의 경우, ① 자동차에서 래리와 함께 첫 운전하기, ② 뒷차로 따라오며 함께 운전하기, ③ 목적지에서 만나기, ④ 혼자 운전하기 같은 것이다.

이 협력에서 중요한 것은 의사소통의 방식이다. 중요한 타인은 공황의 경험을 확장하는 것을 권장하지 않으며, 불안할 때 환자가 대처 진술을 적용할 수 있도록 돕는다. 반면에 환자의 진전이 불규칙할 수 있다는 사실을 충분히 이해하는 것이 중요하다. 환자와 중요한 타인은 현재의 불안 수준이나 의사소통을 위해 0~10점 척도를 사용하는 것이 좋다. 특히 이것은 공공장소에서 불안에 대한 논의를 할 때 도움이 된다. 불안에 대한 토론과 집중이 자신의 고통을 악화시킬 수 있다는 두려움 및 당혹감 때문에 환자가 불안에 대한 토의를 피하지 않도록 한다. 회피는 불편감에 직면하여 예상한 재앙이 발생하지 않는다는 것을 학습할 수 없도록 하기 때문에 도움이 되지 않는다. 환자는 파트너가 불안과 그 관리에 대해 친숙해짐에 따라 초기의 불편함과 혼란이 감소될 것임을 확신하게 된다. 또한 타인의 무관심 또는 과도한 압박에 대한 환자의 걱정이 감소하게 된다. 예를 들어, 중요한 타인은 환자의 확인 없이 환자의 불안과 불안한 생각을 안다고 추측할 수 있다. 또 상황을 피하거나 두려워하는 환자에게 화를 낼 수 있다. 이러한 모든 문제는 흔히 있을 수 있는 의사소통의 방식이긴 하지만, 그럼에도 불구하고 수정되어야 할 필요가 있다. 불안이 심한 시기에는 회기 중에 보다 적응적인 방식의 의사소통을 학습하는 것이 유용하다. 특히 파트너가 실생활 노출을 위한 주제나 방법에 대해 환자와 논쟁하려고 한다면, 구체적인 의사소통 교육이 도움이 된다.

줄리의 다음 실생활 노출과제는 복잡한 영화관에 앉아 점차 통로에서 의자 중간으로 들어가는 것이었다. 왜냐하면 그녀가 통제력을 잃고 다른 사람의 주의를 끄는 것을 가장 걱정하였기 때문이다. 줄리와 래리는 회기 중에 실생활 노출 작업을 연습했으며, 치료자는 앞에서 설명한 의사소통 및 대처 원칙을 사용하여 피드백을 주었다. 치료자는 그들이 다음 주에 이 과제를 적어도 세 번 실천하도록 요청하였다. 적어도 한 번은 줄리가 스스로 혼자 연습해야 하였다.

다음으로, 내부수용감각(신체감각)의 노출이 도입되었다. 환자는 실생활 노출에서와 같이 두려움에 대한 반복된 노출을 통해 신체감각에 의해 해를 입지 않으며, 불안 증상을 견딜 수 있다는 신뢰감을 향상시키기 시작한다. 내부수용감각(신체감각)의 노출은 일련의 표준화된 활동에 대한 환자의 반응을 평가하는 것으로 시작한다. 치료자가 먼저 각각의 활동을 시범적으로 수행한다. 그런 다음 치료자는 환자가 활동을 마친 후에 감각, 불안 수준(0~10), 감각의 강도(0~10) 및 실제 공황감각(0~10)과의 유사성을 기록한다. 다음과 같은 활동이 있다. 머리를 좌우로 30초 동안 흔들기, 다리 사이에 머리를 30초 동안 놓고 머리를 다시 똑바로 세워 올리기, 제자리에서 달리거나 1분 동안 계단을 오르내리기, 숨을 최대한 오래 참기, 1분 동안 전신 근육을 긴장시키기 또는 가능한 한 오랫동안 팔 굽혀 펴기 자세를 유지하기, 회전의자에서 1분 동안 회전하기, 1분 동안 과호흡하기, 좁은 빨대를 통해 호흡(비강 폐쇄)하거나 또는 2분 동안 최대한 천천히 호흡하기, 벽의 한 지점이나 자신의 거울 이미지를 90초 동안 응시하기가 그것이다. 만약 이러한 활동이 자연적인 신체감각을 생성하지 않는다면, 개별적으로 맞춤화된 다른 활동을 실시한다.

예를 들어, 가슴의 압박감은 과호흡 전의 깊은 호흡으로 유발될 수 있다. 난방실에서 두꺼운 옷을 입는 것은 열감을 발생시킬 수 있다. 질식감은 혀 억제기, 색상이 짙은 스웨터 또는 넥타이에 의해 유발될 수 있다. 이완 중에 갑작스럽고 시끄러운 소음을 통해 놀람 반응을 유도할 수 있다. 줄리의 경우 벽의 한 부분을 응시하는 것, 과호흡, 회전이 가장 큰 신체감각을 유도하였다.

치료자가 있을 때는 안전하다고 느끼기 때문에 두려움을 거의 또는 전혀 느끼지 않는 환자는 집에서나 치료실 외부에서 각 활동을 단독으로 시도해야 한다. 동시에 공포경험의 양이 안전감을 높이는 요소라는 것을 토의함으로써 인지재구성의 가능성이 증가한다. 소수 환자의 경우, 신체감각의 원인과 과정을 알게 되면 두려움을 무시할 수 있게 된다. 즉, 감각은 예측이 가능한 분명한 원인이 있으며[내부수용감각(신체감각) 활동], 단순히 내부수용감각(신체감각) 훈련을 중단함으로써 신체감각을 쉽게 통제할 수 있다는 것을 알면 두려움은 최소화된다. 이러한 조건하에서는 자연적인 신체감각이 내부수용감각(신체감각) 훈련을 통해 생성된 신체감각보다 더 위험하다는 잘못된 신념에 도전하게 될 수 있다. 일반적으로 다음과 같은 잘못된 가정이 있다. 자연적으로 발생하는 감각은 예측할 수 없다. 예측할 수 없는 감각은 더 해롭다. 자연적으로 발생하는 감각이 통제되지 않으면 잠재적인 위협이 된다. 대다수의 환자는 감각의 원인과 그 통제가능성을 알고 있음에도 불구하고 내부수용감각(신체감각) 활동을 두려워한다.

반복적인 노출을 위해 자연적으로 발생하는 공황과 유사한 정도를 일으키는 내부수용감각(신체감각) 운동이 선택된다(0~10점 척도에서 최소 3점 이상). 4회기에서 설정된 위계 중 가장 낮은 항목부터 점진적으로 훈련한다. 매 노출 훈련을 위해 환자는 신체감각이 처음 느껴질 때 신호하기(예: 손 들기), 그 후 교정학습을 위해 최소한 30초 이상 신체감각의 유도를 계속하기와 같은 지시를 받는다. 유도가 종료된 후 불안이 평가되고, 환자에게 인지 및 호흡 대처기술을 적용할 시간이 주어진다. 마지막으로, 치료자는 환자의 유도경험과 대처전략의 적용에 대해 검토한다. 이 검토 과정에서 치료자는 유도하는 동안 신체감각을 완전히 경험하는 것, 감각에 대한 객관적인 감각에 집중하는 것, 특정 인지를 확인하고 증거에 기반하여 인지에 도전하는 것의 중요성을 강조한다. 또 치료자는 환자가 안전하다고 인식할 수 있도록 질문하고(예: "60초 동안 계속 회전하면 어떻게 될까요?"), 자연적인 공황경험에 일반화할 수 있도록 돕는다(예: "직장에서 어지러울 때와 어떻게 다른가요?"). 즉, 반복적인 내부수용감각(신체감각) 노출의 결과로 암묵적으로 발생하는 인지의 재검토를 통해 인지재구성을 확장한다.

특히 전에는 인식하지 못했던 생각들이 반복적인 노출을 통해 분명해진다. 예를 들어, 줄리가 과호흡과 회전에 노출되기 시작했을 때, 그녀는 공간감이나 어두움으로 인해 사지에 대한 통제력을 잃게 될 것이라는 자신의 암묵적인 가정을 더 잘 알게 되었다. 이것은 운전 중 사고로 이어질 것이라는 걱정과 관련이 있었다. 반복적인 과호흡 활동과 치료자의 '만약 그렇다면……'이라는 질문을 통해 줄리는 자신이 팔이나 다리를 움직일 수 없다는 두려움을 알게 되었다. 그 후 치료자는 줄리가 더 오랜 시간 동안 과호흡을 하게 한 직후 걷기, 물건 줍기 등을 통해 이 가정에 대한 행동적 도전을 촉진하였다.

치료실 환경의 안전신호와 치료자의 존재가 자연적 환경에 대한 일반화를 방해할 수 있기 때문에 과제 수행이 매우 중요하다. 환자들에게 매일 세 번씩 회기 중 수행했던 내부수용감각(신체감각) 활동을 하도록 하였다. 줄리는 다음 주에 과호흡을 연습해야 하였다. 그녀는 혼자 수행하는 것에 대해 약간의 걱정을 표시하였지만, 치료자는 줄리가 혼자 있는 것과 관련하여 인지재구성 기술을 사용할 수 있도록 도와주었다. 또한 줄리는 처음 며칠 동안 집에 있을 때, 그 후 집에 없을 때 과호흡을 연습할 수 있도록 과제를 점진적으로 수행할 것을 제안하였다.

6~7회기

이번 회기는 지난주의 실생활 노출 수행을 검토하고, 새로운 노출을 설계하며, 또 회기 사이의 실생활 노출 수행을 검토하고, 회기 내에서의 반복적인 내부수용감각(신체감각)의 노출을 수행하고, 다음 주의 과제를 할당하는 것이 주된 목표이다.

지난 회기와 마찬가지로 실생활 노출이 검토되었다. 줄리와 래리는 영화관에서의 연습을 잘 수행하였다. 줄리는 스스로 영화관에 가는 연습을 하였다. 그 당시 그녀는 일어나서 극장을 나오는 것에 대한 두려움으로 인해 래리와 함께 있을 때보다 더 큰 불안감을 보였으며, 다른 관람객들을 불편하게 하지 않을까 하는 것을 걱정하였다. 치료자는 줄리가 처음에 극장을 나오는 것에 대해 어떤 걱정을 하는지 생각할 수 있도록 도와주었다. 다시 말해, 그녀가 떠날 수 없다면 어떻게 될 것이라고 생각했는가? 줄리는 자신이 통제력을 상실하고 웃음거리가 되는 상황이 초래될 것이라고 생각했을 때, 근거기반의 분석과 탈재앙화의 인지재구성 기술을 적용하라는 지시를 받았다. 그녀는 위계의 다음 항목으로 이동할 준비가 되었다. 낮에는 집에서 2시간을 혼자 보내고, 저녁에는 밤이 될 때까지 집에 혼자 있는 것이다. 실생활 노출과제와 마찬가지로 줄리는 이러한 상황에서 가장 두려워하는 것과 어떤 조건에서 그것이 일어나지 않을 수 있는지, 또는 최악의 상황에서의 대처방법을 확인하였다.

지난주의 내부수용감각(신체감각) 노출 실습에 대해 회피의 마음이 검토되었다. 유도된 감각의 강도 또는 지속시간을 최소화함으로써, 또는 안전신호(예: 중요한 타인)와 배경불안이 최소화된 시간을 적용함으로써 노출 실습에 대한 외적 실수와 내적 인지의 회피를 주제로 하였다. 신체감각을 불안으로 오해석하는 회피의 이유가 포함될 수 있다(예: "나는 과호흡이 한번 시작되면 멈출 수 없고, 나를 도울 수 있는 사람이 없기 때문에 싫어한다."). 또는 이 연습을 반복해도 불안이 줄어들지 않을 것이라는 믿음이 포함될 수 있다.

첫 주 동안 줄리는 일주일의 절반만 내부수용감각(신체감각)의 노출을 연습하였다. 치료자는 하향화살기법을 사용하여 매일 실습하지 않는 이유를 검토하였다.

줄리: 저는 스스로 과호흡을 시도했습니다. 그러나 저는 너무 무서워서 이상한 감정을 느끼자마자 중단했기 때문에 크게 성공하지 못했습니다.

치료자: 감각이 더 강해지면 어떻게 될 것이라고 생각했습니까?

줄리: 기분이 점점 더 악화되고 악화될 것이라고 생각했습니다. 다시는 그 공황 감정을 느끼

고 싶지 않았습니다.

치료자: 만약 당신이 압도당한다면, 당신에게 무슨 일이 일어나게 됩니까?

줄리: 그럼 정말 끔찍할 것 같아요.

치료자: 정말로 끔찍하다면 무슨 일이 일어납니까?

줄리: 글쎄요. 끔찍한 느낌이 듭니다.

치료자: '끔찍한'이라는 단어는 많은 의미를 지닙니다. 감정을 끔찍하게 만드는 당신의 불안한 생각을 멈출 수 있는지 봅시다.

줄리: 저는 그 감정을 견딜 수 없습니다.

치료자: 견딜 수 없다는 것은 무엇입니까? 견딜 수 없다는 것을 어떻게 알 수 있습니까?

그리고 토론은 계속되었고, 그 결과 줄리는 과호흡을 통해 반복적으로 배우는 것이 가장 중요하다는 것을 알게 되었다. 그녀는 감각과 불안을 견딜 수 있었다. 그러나 그 후 몇 주에 걸쳐 반복 실습을 한 후에 줄리는 실습으로 인해 자신이 몇 주 전의 상태로 되돌아갈까 봐 걱정하였다. 즉, 그녀는 과호흡이 그녀의 증상을 지속적으로 남겨 둘 것이라고 걱정하였다. 더욱이 그녀는 하루가 끝날 때, 비현실적으로 느껴질 가능성이 높은 날, 또는 중요한 사교 행사가 예정된 날에 내부수용감각(신체감각) 노출을 실습하는 것을 꺼렸다. 다시 이러한 회피 패턴은 증상이 너무 강해지거나 어떤 유형의 정신적 또는 사회적 재앙을 초래할 것이라는 두려움과 관련이 있다. 이러한 유형의 회피 패턴은 다음과 같은 대화에서 나타난다.

치료자: 회전과 과호흡을 의도적으로 연습하는 때는 주로 언제입니까?

줄리: 보통 아침에 합니다. 어느 날은 하루 종일 했는데 결과는 끔찍했습니다.

치료자: 조금 더 생각해 봅시다. 하루 종일 연습했을 때 무엇이 끔찍했습니까?

줄리: 글쎄요, 저는 비현실적인 느낌을 받았습니다. 그래서 증상에 대해 더 걱정하게 됐습니다.

치료자: 더 불안했다는 것은 당신이 증상이 악화될 것이라고 생각했다는 것을 의미합니다. 당신이 내부수용감각(신체감각)의 노출을 했던 날 비현실적인 느낌을 받았습니까?

줄리: 예, 저는 비현실감을 느꼈습니다. 비현실감이 심해지면서 당황했습니다.

치료자: '당황했다는 것'은 무엇을 의미합니까?

줄리: 미칠 것 같은 강렬한 느낌이었습니다.

치료자: 하나의 가설이 있습니다. 즉, 비현실감을 느끼는 것은 미친다는 것을 의미합니다. 증거를 살펴보지요. 강렬한 비현실감을 느낀다는 것이 미친다는 것을 의미합니까?

회기 중에 치료자는 줄리가 작성한 위계의 다음 항목에 기초하여 벽에 있는 지점을 쳐다보고 회전을 하는 내부수용감각(신체감각)의 노출을 계속하였다.

이번 회기 이후의 과제는 자기탐색과 광장공포증의 위계에 따라 최소 하루에 3회 이상, 매일 실생활 노출을 실습하는 것이다.

8~9회기

이번 회기의 주요 목표는 이전 회기에서 설명한 대로 실생활 노출을 계속하고 자연스러운 일상활동에 대한 내부수용감각(신체감각)의 노출을 확장하는 것이다. 줄리는 어두워질 때까지 하루 2시간 동안 집에 머무르는 것을 실습했으며 그 결과는 긍정적이었다. 특히 이러한 실생활 노출 실습에서 몇 차례의 공황발작이 있었음에도 불구하고, 그녀는 계획한 대로 실습을 계속하였다. 줄리는 공황을 견딜 수 있다는 사실을 배울 수 있었다는 점에서 매우 중요한 경험을 하였다. 공황이 있음에도 불구하고 그녀가 그 상황에 머물렀던 것은 처음이었다.

내부수용감각(신체감각)의 노출을 검토할 때 줄리는 실제의 신체감각과 실습 시의 신체감각이 서로 다르다고 생각했고, 이것은 일반화를 방해하였다. 다음의 예를 살펴보자.

줄리: 몇 번의 회전과 과호흡 후에는 훨씬 덜 불안합니다. 저는 처음에 겁을 먹었지만 지금은 전혀 염려하지 않습니다. 그러나 이것은 고속도로나 집에 있을 때의 경험과는 다릅니다.

치료자: 어떻게 다른가요?

줄리: 현실에서는 현기증과 비현실감의 느낌을 예상할 수 없다는 것입니다.

치료자: 그렇다면 특정 시간에 현기증이 나거나 비현실감이 나타나는 잠재적 이유는 무엇입니까?

줄리: 호흡이나 불안 또는 피곤 등의 여러 가지 이유가 있을 수 있습니다.

치료자: 좋습니다. 그러한 감정이 언제 일어날지를 아는 것이 왜 그렇게 중요한가요?

줄리: 제가 그것들은 원하지 않기 때문입니다.

치료자: 왜 안 되나요? …… 당신은 무엇을 두려워합니까?

줄리: 저를 계속 괴롭혀 왔던 그 문제인 것 같습니다. 즉, 제 자신을 통제할 수 없을 것 같다는 것입니다.

치료자: 이제 전에 이야기했던 인지재구성으로 다시 돌아가 봅시다. 구체적으로 무엇을 두려워합니까? 그것이 실제 일어날 가능성은 얼마나 됩니까? 대안은 무엇입니까?

줄리: 이해합니다.

치료자: 이제 현기증이나 비현실감은 불안, 과호흡, 식사 또는 운동 때문에 일어난다는 것을 알 수 있습니다. 그것들은 단지 불편한 신체감각입니다. 운전 중이거나 집에 있을 때 그것들이 당신을 괴롭히는 유일한 이유는 그러한 상황에 대해 의미를 부여하기 때문입니다.

'자연적'인 내부수용감각(신체감각)의 노출은 공황과 비슷한 감각 때문에 회피해 온 일상의 과제나 활동에 대한 노출을 의미한다. 유산소 운동 또는 격렬한 신체활동하기, 계단 오르기, 과식이나 폭식하기, 사우나 또는 뜨거운 물에 샤워하기, 히터를 켜고 창문을 닫은 채로 운전하기, 카페인 섭취하기 등이 전형적인 예가 될 수 있다(물론 이러한 운동은 천식이나 고혈압 같은 실제 의학적 합병증이 있는 경우에는 제외될 수 있다). 일반적으로 두려워하는 활동 및 개인의 경험에 맞는 항목 중에서 개인의 위계 목록이 설정된다. 각 항목은 불안 척도(0~10점)로 평가된다. 줄리의 위계는 다음과 같다. 베니스풍 블라인드를 통해 창 밖을 내다보기(불안=3), 영화 〈뻐꾸기 둥지 위로 날아간 새〉 보기(불안=4), 테니스 치기(불안=4), 슈퍼마켓 선반에서 상표를 보기(불안=5), 1시간 동안 바느질에 집중하기(불안=6),

창문을 닫고 히터를 켠 상태로 운전하기(불안=7), 깜박거리는 조명이 있는 나이트클럽에 가기(불안=8), 디즈니랜드의 기차 타기(불안=10)이다.

증상의 실습과 마찬가지로, 활동 실습은 체계적으로 점진적이고 반복적으로 설계되었다. 활동이 진행되는 동안 환자는 호흡 및 인지 기술을 적용할 수 있다. 이것은 증상을 유도하는 실습과는 대조적인데, 증상의 실습에서는 실습 후에야 대처기술이 적용되기 때문이다. 즉, 활동이 좀 더 장시간에 걸쳐 진행되기 때문이다. 그럼에도 불구하고 환자는 감각에 집중하고, 활동 전반에 걸쳐 경험에 초점을 두도록 격려된다. 또 감각을 제거하거나 예방하기 위해 대처기술을 사용하지 않도록 한다.

환자는 각 활동을 시작하기 전에 역기능적 인지를 확인하고 인지재구성을 실습하도록 한다. 치료자는 회기 중에 인지 교정을 위한 피드백을 제공할 수 있다. 줄리는 베니스풍 블라인드를 통해 창 밖을 내다보기와 영화 〈뻐꾸기 둥지 위로 날아간 새〉 보기의 두 가지 자연적인 활동을 치료자와 함께 수행하였다. 줄리는 자신이 비현실감과 미쳐 가는 것에 대해 가장 걱정하고 있음을 깨달았지만, 이 시점에서는 다양한 노출 실습의 결과로 그러한 느낌이 무해하고 견딜 수 있음을 인식할 수 있었다. 이러한 불안이 비현실적이라는 것을 검증을 통해 알게 되었다.

모든 노출과 마찬가지로 휴대전화, 행운의 부적, 천천히 걷기, 느리게 서기, 의료시설에 가까이 머물기와 같은 안전신호 또는 보호 동작(필요한 경우 점진적으로)을 식별하고 제거하는 것이 중요하다. 이러한 안전 신호와 행동은 신체적 감각에 대한 잘못된 해석을 강화한다. 줄리의 안전행동으로는 시간을 확인하고(현실과 접촉하고 있다는 확신), 현실을 느끼기 위해 자신의 피부를 꼬집는 것이 확인되었다. 그녀는 안전행동 없이 다음 치료 회기 전에 적어도 두 번의 자연적인 내부수용감각(신체감각)의 노출을 실시하도록 요청받았다.

10~11회기

이번 회기의 주요 목표는 지난주 동안의 실생활 및 내부수용감각(신체감각)의 노출 실습을 검토하고, 공포 및 회피 상황과 그 상황에서 겪는 공포스러운 신체감각을 결합하는 것이다. 이전의 내부수용감각(신체감각) 노출과제와 마찬가지로, 자연적인 내부수용감각(신체감각)의 노출 과제를 회피하는 경향을 평가하고 수정하는 것이 중요하다. 또 회피가 안전신호 또는 안전행동의 형태로 나타날 수 있다는 것을 기억하는 것이 중요하다. 그러므로 자연적 노출의 수행방식이 자세하게 탐색되어야 하고, 어떤 조건에서 이러한 불필요한 예방 조치가 부주의하게 수행되는지 파악되어야 한다. 줄리는 비현실감을 경험했지만 베니스풍 블라인드를 통해 창 밖을 내다보는 데 성공했다고 보고하였다. 그녀에게는 영화 〈뻐꾸기 둥지 위로 날아간 새〉를 보는 것이 현실과 영구적으로 단절되는 최악의 두려움과 연관되어 있기 때문에 더 힘들었다. 그녀는 그 영화를 보는 것을 시도했지만 도중에 중단하였다. 줄리는 그 영화를 래리와 함께 다시 보았다. 래리는 줄리가 인지 및 호흡 기술을 상기하도록 도왔고, 그녀는 영화를 모두 볼 수 있었다. 그녀는 스스로 영화를 한 번 더 보았다. 다음 주의 자연적 노출을 위해 두 가지 항목이 선택되었다. 이때 안전신호 및 안전행동의 제거에 주의를 기울이도록 하였고, 회기 중에 수년 동안 회피하였던 테니스 치기와 선반의 상표 보기는 인지재구성을 시연하였다.

공포 상황에서 공포의 신체 증상을 의식적으로 유도한다는 것은 외적·내적 단서의 복합적인 관계가 가장 강력한 불안 촉발사건일 수 있다는 증거에서 비롯된다(즉, 앞절에서 살펴본 심층적 소거). 즉, 상황이나 신체감각만으로는 고통이 유발되지 않는다. 신체감각과 상황의 결합이 가장 고통스러운 것이다. 따라서 효과적인 노출은 두 가지 유형의 단서를 대상으로 한다. 그렇지 않으면 환자는 나중에 다시 두려움을 느낄 위험이 있다. 예를 들어, 어지러움을 느끼지 않고 쇼핑몰에서 반복적으로 걷는 것은 환자로 하여금 쇼핑몰에서 어지러운 상태로 걷는 느낌에 대해 적절하게 준비하지 못하게 하며, 그러한 준비가 없으면 환자는 미래에 이런 상황이나 비슷한 상황에서 현기증을 느꼈을 때 공황발작과 회피행동을 다시 할 수 있다. 식당에서 두꺼운 옷을 입는 것은 환자가 식당뿐만 아니라 더운 느낌을 덜 두려워하는 것을 배우는 데 도움이 된다. 광장공포증의 노출 전에 커피를 마시는 것, 운전 중 에어컨을 끄고 히터를 켜는 것, 붐비는 지역에서 매우 느리게 호흡하는 것 등이 예가 될 수 있다.

환자들은 공포의 위계에서 이미 완료한 항목이나 새로운 항목을 선택하고, 그것이 어떤 증상을 유발할 것인지, 그리고 그 상황에서 그 증상을 유도하는 방법을 선택한다. 줄리의 과제는 영화를 보러 갈 때 커피를 마시는 것이었다. 그녀는 다음과 같은 우려를 표명하였다.

줄리: 제가 커피를 마시고 영화를 보러 갈 준비가 된 것 같습니까?

치료자: 커피와 영화관의 조합에 대해 무엇을 걱정합니까?

줄리: 영화관은 많이 연습했기 때문에 걱정이 안 되지만 커피를 마시면 매우 불안해집니다.

치료자: 영화관에서 매우 불안하다고 느끼면 어떻게 해야 합니까?

줄리: 잘 모르겠어요. 이전의 감정을 다시 느낄 것입니다. 아마 극장 밖으로 나가게 될 것 같습니다.

치료자: 당신이 배운 것을 참고한다면 그 감정들을 어떻게 관리할 수 있을까요?

줄리: 글쎄요, 저의 가장 중요한 규칙은 불안감을 느끼더라도 그 상황을 피하지 않는 것입니다. 어떤 일이 있더라도 그 규칙을 지킬 겁니다.

치료자: 아주 좋습니다. 그것은 당신이 불안을 받아들이고 그것을 견딜 수 있음을 배울 수 있다는 것을 의미합니다. 생각나는 또 다른 무엇이 있습니까?

줄리: 일어날 수 있는 최악의 상황을 스스로에게 물어볼 수 있습니다. 저는 죽거나 미치지 않는다는 것을 알고 있습니다. 아마 커피 때문에 제 심장박동이 꽤 빠르게 느껴질 것입니다.

치료자: 심장박동이 빠르다는 게 무엇을 의미합니까?

줄리: 그것은 단지 제 심장박동이 빨라진다는 것을 의미한다고 생각합니다.

치료자: 이것은 당신이 불안과 심장박동의 증상을 견딜 수 있는 정말 좋은 방법이 될 것입니다.

이 회기의 과제는 자기탐색을 계속하고, 내부수

용감각(신체감각)과 연합된 실생활 노출, 그리고 자연적인 내부수용감각(신체감각)의 노출을 계속하는 것이다.

12회기

마지막 치료 회기는 배운 원칙과 기술을 검토하고 환자에게 향후 잠재적 위험이 높은 상황에 대처할 수 있는 대처기술의 자료를 제공한다. 줄리는 12회기의 프로그램을 마치고 이후 8주일까지 공황을 경험하지 않았고, 현기증이나 비현실감을 거의 느끼지 않았다. 또 더 장거리를 운전하였다. 노출 실습이 필요한 몇몇의 상황이 있었다(예: 해질녘에 집에서 멀리 떨어진 고속도로에서 운전하기). 그러나 줄리와 래리는 배운 것을 안정화하고, 증상의 향상을 위해 몇 개월 동안 실생활 노출 실습을 계속하는 데 동의하였다.

결론

이 장의 앞부분에서 언급했듯이 공황장애와 광장공포증에 대한 인지행동치료는 매우 효과적이며, 심리치료의 성공 사례 중 하나이다. 이 치료를 받는 환자의 80~100%는 치료가 끝날 때 공황 증상이 없으며, 최대 2년 동안 이러한 이익이 유지된다. 이러한 결과는 약물치료보다 실질적으로 더 높은 안정성을 반영한다. 또한 이 환자의 50~80%는 '최선의 상태'에 도달하는데, 이는 증상 및 기능이 표준 영역 내에 있으며, 나머지 대부분은 잔류 증상만 있음을 의미한다. 그럼에도 불구하고 중요한 문제가 남아 있다.

첫째, 이러한 치료법은 완전하지 않다. 기준선으로부터의 향상에도 불구하고 환자의 최대 50%가 상당한 증상을 유지하며, 특히 심한 광장공포증 환자의 경우 그렇다. 더 많은 연구를 통해서 고통을 완화하기 위한 치료법의 향상과 개인화의 방식이 논의되어야 한다. 예를 들어, 우리 중 한 명(D. H. B.)에게는 초기 치료 과정을 마쳤지만 4년 이상 정기적으로 치료를 받는 환자가 있었다. 이 환자는 약 9개월 동안 향상을 보였지만, 업무 스트레스로 인해 재발하였다. 몇 회의 지지 회기를 통해 기능이 회복되었지만 6개월 후 증상이 다시 나타났다. 회복과 (아마도) 스트레스 관련 재발의 패턴은 기본적으로 4년 동안 지속되었다. 또한 재발성 공황장애는 3~6개월 동안 지속되기도 하였다.

이 사례는 다소 이례적이었지만, 이러한 재발 및 회복의 패턴을 설명하기가 쉽지 않다. 석사학위를 받은 환자는 치료 모델을 이해하고 수용했으며, 치료 프로그램을 충분히 소화하였다. 그는 불안과 공황의 핵심, 그리고 복잡한 치료전략을 충분히 이해하였다. 그는 자신의 사무실에서 공황 감정의 특성을 잘 이해하였으며, 공황상태에서 자신이 반응하는 과정에 대해서도 충분히 알고 있었다. 그럼에도 불구하고 환자는 사무실을 벗어나서는 공황발작 중에 '벼랑을 넘어가지 않기를' 기대하였다. 그는 사무실에서는 이것이 비합리적이라는 것을 명확하게 이해하고 있었다. 또 그는 증상의 핵심을 충분히 이해했음에도 불구하고, 불안 및 공황과 관련된 생리적 증상을 줄이기 위해 꾸준히 노력하였다(그는 이 생리적 증상이 기쁨의 순간에도 나타난다는 것을 잘 알고 있었다). 신체적 감각을 견디기 힘들어하는 것은 고통을 잘 참는 그의 능력을 생각할 때 이해하기 어려운 것이었다.

불안기간 동안 '과도한 기대'와 매우 강력한 비합리적 신념을 보이거나, 또 이와 같은 환자가 정서장애(기분장애와 조현병일 가능성이 높다)로 입원한 가족이 있다는 사실을 설명할 수 있는 요인들이 많이 있다. 그럼에도 불구하고 우리는 왜 이 환자가 대부분의 사람만큼 빨리 반응하지 않았는지 알 수 없다. 결국 그는 완전히 회복하였고, 직장에서 여러 번 승진을 하였으며, 치료를 인생의 전환점으로 생각하였다. 그러나 그렇게 되기까지 5년의 시간이 걸렸다.

앞서 언급한 바와 같이 다른 환자는 치료에 참여하는 데 관심이 없는 것으로 보이며, 그들은 문제를 화학적 불균형으로 이해하기를 좋아한다. 또 다른 사람들은 인지전략 중 일부를 이해하기 어려워하며, 이러한 치료법을 '사용자 친화적'으로 만들기 위해서는 더 많은 노력이 필요하다.

구조화된 치료계획서 중심의 치료는 많은 사람에게 매우 표준적인 방식으로 적용되는 것처럼 보일 수 있다. 사실은 그렇지 않다. 이에 관련된 임상 기술과 이 책에 설명된 치료전략을 개별 사례에 적용할 때는 신중해야 한다. 줄리의 증상 대부분은 비현실적인 느낌(비현실감 및 이인증)과 관련이 있다. 이러한 감정이 일어나는 것에 대한 합리적인 설명을 강조하고 신체감각의 자각을 향상시키기 위한 노출 실습이 이 치료 프로그램의 중요한 부분이다. 비록 줄리의 경우 표준화된 내부수용감각(신체감각)의 실습이 연관된 신체 증상을 유발하는 데 충분해 보였지만, 특히 비현실감이나 해리감이 있는 사람들을 위해 새로운 절차를 개발해야 하였다. 인지적 및 행동적 개입의 전략을 적용할 때 치료자 개인의 창의력이 필요하다.

이러한 새로운 치료법은 훈련된 치료자가 적용할 때 매우 성공적인 것처럼 보이지만, 치료가 모든 환자에게 잘 적용되는 것은 아니다. 실제로 이러한 치료법은 짧고 구조적이지만, 예를 들어 약물치료보다 전달하기가 훨씬 더 어렵다(물론 약물치료도 잘못 적용되는 경우가 있다). 또한 현재 이 치료법을 숙련되게 적용할 수 있는 치료자가 많지 않다. 이 치료 프로그램과 다른 성공적인 심리사회적 치료에 필요한 것은 새로운 방법을 개발하여 확장시키는 것이며, 이것을 통해 많은 환자가 치료를 받을 수 있게 될 것이다. 이러한 치료계획서를 사용자에게 보다 친숙한 형식으로 수정하고, 가능한 한 단기간에 자격을 갖춘 치료자를 훈련시키는 것이 이 치료 프로그램의 확장을 위해 중요하다. 이것은 달성하기 어려울 수 있다.

주

1. 특정공포는 평가되지는 않았으나, 최소한의 부적정서를 일으키는 것으로 간주될 수 있다.

참고문헌

Aaronson, C. J., Shear, M. K., Goetz, R. R., Allen, L. B., Barlow, D. H., White, K. S., et al. (2008). Predictors and time course of response among panic disorder patients treated with cognitive-behavioral therapy. *Journal of Clinical Psychiatry*, *69*, 418-424.

Allen, L. B., White, K. S., Barlow, D. H., Shear, M. K., Gorman, J. M., & Woods, S. W. (2010). Cognitive-behavior therapy (CBT) for panic disorder:

Relationship of anxiety and depression comorbidity with treatment outcome. *Journal of Psychopathology and Behavioral Assessment, 32*, 185-192.

Alneas, R., & Torgersen, S. (1990). DSM-III personality disorders among patients with major depression, anxiety disorders, and mixed conditions. *Journal of Nervous and Mental Disease, 178*, 693-698.

American Psychiatric Association. (1980). *Diagnostic and statistical manual of mental disorders* (3rd ed.). Washington, DC: Author.

American Psychiatric Association. (2013). *Diagnostic and statistical manual of mental disorders* (5th ed.). Arlington, VA: Author.

Amering, M., Katschnig, H., Berger, P., Windhaber, J., Baischer, W., & Dantendorfer, K. (1997). Embarrassment about the first panic attack predicts agoraphobia in disorder patients. *Behaviour Research and Therapy, 35*, 517-521.

Andrews, G., Cuijpers, P., Craske, M. G., McEvoy, P., & Titov, N. (2010). Computer therapy for the anxiety and depressive disorders is effective, acceptable and practical health care: A meta-analysis. *PLoS ONE, 5*, e13196.

Antony, M. M., Brown, T. A., Craske, M. G., Barlow, D. H., Mitchell, W. B., & Meadows, E. A. (1995). Accuracy of heartbeat perception in panic disorder, social phobia, and nonanxious subjects. *Journal of Anxiety Disorders, 9*, 355-371.

Antony, M. M., Ledley, D. R., Liss, A., & Swinson, R. P. (2006). Responses to symptom induction exercises in panic disorder. *Behaviour Research and Therapy, 44*, 85-98.

Antony, M. M., Meadows, E. A., Brown, T. A., & Barlow, D. H. (1994). Cardiac awareness before and after cognitive-behavioral treatment for panic disorder. *Journal of Anxiety Disorders, 8*, 341-350.

Arch, J. J., Eifert, G. H., Davies, C., Plumb, J. C., Rose, R. D., & Craske, M. G. (2012). Randomized trial of cognitive behavioral therapy versus acceptance and commitment therapy for the treatment of mixed anxiety disorders. *Journal of Consulting and Clinical Psychology, 80*, 750-765.

Arnow, B. A., Taylor, C. B., Agras, W. S., & Telch, M. J. (1985). Enhancing agoraphobia treatment outcome by changing couple communication patterns. *Behavior Therapy, 16*, 452-467.

Arrindell, W., & Emmelkamp, P. (1987). Psychological states and traits in female agoraphobics: A controlled study. *Journal of Psychopathology and Behavioral Assessment, 9*, 237-253.

Baldwin, D. S. (1998). Depression and panic: Comorbidity. *European Psychiatry, 13*, 65s-70s.

Bandelow, B., Spath, C., Tichaner, G. A., Brooks, A., Hajak, G., & Ruther, E. (2002). Early traumatic life events, parental attitudes, family history, and birth risk factors in patients with panic disorder. *Comprehensive Psychiatry, 43*, 269-278.

Barlow, D. H. (1988). *Anxiety and its disorders: The nature and treatment of anxiety and panic*. New York: Guilford Press.

Barlow, D. H. (2002). *Anxiety and its disorders: The nature and treatment of anxiety and panic* (2nd ed.). New York: Guilford Press.

Barlow, D. H., Brown, T. A., & Craske, M. G. (1994). Definitions of panic attacks and panic disorder in the DSM-IV: Implications for research. *Journal of Abnormal Psychology, 103*, 553-564.

Barlow, D. H., Cohen, A., Waddell, M., Vermilyea, J., Klosko, J., Blanchard, E., et al. (1984). Panic and generalized anxiety disorders: Nature and treatment. *Behavior Therapy, 15*, 431-449.

Barlow, D. H., & Craske, M. G. (1994). *Mastery of your anxiety and panic* (2nd ed.) San Antonio, TX: Harcourt Brace.

Barlow, D. H., & Craske, M. G. (2006). *Mastery of your anxiety and panic: Patient workbook* (4th ed.). New York: Oxford University Press.

Barlow, D. H., Craske, M. G., Cerny, J. A., & Klosko, J. S. (1989). Behavioral treatment of panic disorder. *Behavior Therapy, 20*, 261-282.

Barlow, D. H., Gorman, J. M., Shear, M. K., & Woods, S. W. (2000). Cognitive-behavioral therapy, imipramine, or their combination for panic disorder: A randomized controlled trial. *Journal of the American Medical Association, 283*(19), 2529-2536.

Barlow, D. H., O'Brien, G. T., & Last, C. G. (1984). Couples treatment of agoraphobia. *Behavior Therapy, 15*(1), 41-58.

Barlow, D. H., O'Brien, G. T., Last, C. G., & Holden, A. E. (1983). Couples treatment of agoraphobia. In K. D. Craig & R. J. McMahon (Eds.), *Advances in clinical behavior therapy* (pp. 99-27). New York: Brunner/Mazel.

Barlow, D. H., Vermilyea, J., Blanchard, E., Vermilyea, B., Di Nardo, P., & Cerny, J. (1985). Phenomenon of panic. *Journal of Abnormal Psychology, 94*, 320-328.

Barsky, A. J., Cleary, P. D., Sarnie, M. K., & Ruskin, J. N. (1994). Panic disorder, palpitations, and the awareness of cardiac activity. *Journal of Nervous and Mental Disease, 182*, 63-71.

Basoglu, M., Marks, I. M., Kilic, C., Brewin, C. R., & Swinson, R. P. (1994). Alprazolam and exposure for panic disorder with agoraphobia: Attribution of improvement to medication predicts subsequent relapse. *British Journal of Psychiatry, 164*, 652-659.

Beck, J. G., & Shipherd, J. C. (1997). Repeated exposure to interoceptive cues: Does habituation of fear occur in panic disorder patients?: A preliminary report. *Behaviour Research and Therapy, 35*, 551-557.

Beck, J. G., Shipherd, J. C., & Zebb, B. J. (1997). How does interoceptive exposure for panic disorder work?: An uncontrolled case study. *Journal of Anxiety Disorders, 11*, 541-556.

Beck, J. G., Stanley, M. A., Baldwin, L. E., Deagle, E. A., & Averill, P. M. (1994). Comparison of cognitive therapy and relaxation training for panic disorder. *Journal of Consulting and Clinical Psychology, 62*, 818-826.

Beesdo, K., Knappe, S., & Pine, D. S. (2007). Anxiety and anxiety disorders in children and adolescents: developmental issues and implications for DSM-V. *Psychiatric Clinics of North America, 32*, 483-524.

Biederman, J., Faraone, S. V., Marrs, A., & Moore, P. (1997). Panic disorder and agoraphobia in consecutively referred children and adolescents. *Journal of the American Academy of Child and Adolescent Psychiatry, 36*(12), 214-223.

Bittner, A., Egger, H. L., Erkanli, A., Costello, J., Foley, D. L., & Angold, A. (2007). What do childhood anxiety disorders predict? *Journal of Child Psychology and Psychiatry, 48*, 1174-1183.

Black, D. W., Monahan, P., Wesner, R., Gabel, J., & Bowers, W. (1996). The effect of fluvoxamine, cognitive therapy, and placebo on abnormal personality traits in 44 patients with panic disorder. *Journal of Personality Disorders, 10*, 185-194.

Bland, K., & Hallam, R. (1981). Relationship between response to graded exposure and marital satisfaction in agoraphobics. *Behaviour Research and Therapy, 19*, 335-338.

Block, R. I., Ghoneim, M. M., Fowles, D. C., Kumar, V., & Pathak, D. (1987). Effects of a subanesthetic concentration of nitrous oxide on establishment, elicitation and semantic and phonemic generalization of classically conditioned skin conductance responses. *Pharmacological and Biochemical Behavior, 28*, 7-14.

Bohni, M. K., Spindler, H., Arendt, M., Hougaard, E., & Rosenberg, N. K. (2009). A randomized study of massed three-week cognitive behavioural therapy schedule for panic disorder. *Acta Psychiatrica Scandinavica, 120*(3), 187-195.

Bonn, J. A., Harrison, J., & Rees, W. (1971). Lactate-induced anxiety: Therapeutic application. *British Journal of Psychiatry, 119*, 468-470.

Bouchard, S., Gauthier, J., Laberge, B., French, D., Pelletier, M., & Godbout, D. (1996). Exposure versus cognitive restructuring in the treatment of panic disorder with agoraphobia. *Behaviour Research and Therapy, 34*, 213-224.

Bouchard, S., Paquin, B., Payeur, R., Allard, M., Rivard, V., Gournier, T., et al. (2004). Delivering cognitive-behavior therapy for panic disorder with agoraphobia in videoconference [Special issue: Telemedicine in Canada]. *Telemedicine Journal and E-Health, 10*(1), 13-24.

Bouton, M. E. (1993). Context, time and memory retrieval in the interference paradigms of Pavlovian learning. *Psychological Bulletin, 114*, 90-99.

Bouton, M. E., Mineka, S., & Barlow, D. H. (2001). A modern learning-theory perspective on the etiology of panic disorder. *Psychological Review, 108*(1), 4-32.

Bouton, M. E., & Swartzentruber, D. (1991). Sources of relapse after extinction in Pavlovian conditioning and instrumental conditioning. *Behavioral Neuroscience, 104*, 44-55.

Broocks, A., Bandelow, B., Pekrun, G., George, A., Meyer, T., Bartmann, U., et al. (1998). Comparison of aerobic exercise, clomipramine, and placebo in the treatment of panic disorder. *American Journal of Psychiatry, 155*, 603-609.

Brown, T. A., Antony, M. M., & Barlow, D. H. (1995). Diagnostic comorbidity in panic disorder: Effect on treatment outcome and course of comorbid diagnoses following treatment. *Journal of Consulting and Clinical Psychology, 63*, 408-418.

Brown, T. A., & Barlow, D. H. (1995). Long-term outcome in cognitive-behavioral treatment of panic disorder: Clinical predictors and alternative strategies for assessment. *Journal of Consulting and Clinical Psychology, 63*, 754-765.

Brown, T. A., & Barlow, D. H. (in press). *Anxiety Disorders Interview Schedule-5*. New York: Oxford University Press.

Brown, T. A., Campbell, L. A., Lehman, C. L., Grisham, J. R., & Mancill, R. B. (2001). Current and lifetime comorbidity of the DSM-IV anxiety and mood disorders in a large clinical sample. *Journal of Abnormal Psychology, 110*(4), 585-599.

Brown, T. A., Chorpita, B. F., & Barlow, D. H. (1998). Structural relationships among dimensions of the DSM-IV anxiety and mood disorders and dimensions of negative affect, positive affect, and autonomic arousal. *Journal of Abnormal Psychology, 107*(2), 179-192.

Brown, T. A., Di Nardo, P. A., Lehman, C. L., & Campbell, L. A. (2001). Reliability of DSM-IV anxiety and mood disorders: Implications for the classification of emotional disorders. *Journal of Abnormal Psychology, 110*(1), 49-58.

Brown, T. A., White, K. S., Forsyth, J. P., & Barlow, D. H. (2004). The structure of perceived emotional control: Psychometric properties of a revised Anxiety Control Questionnaire. *Behavior Therapy, 35*(1), 75-99.

Buglass, P., Clarke, J., Henderson, A., & Presley, A. (1977). A study of agoraphobic housewives. *Psychological Medicine, 7*, 73-86.

Butler, A. C., Chapman, J. E., Forman, E. M., & Beck, A. T. (2006). The empirical status of cognitive-behavioral therapy: A review of meta-analyses. *Clinical Psychology Review, 26*, 17-31.

Campbell-Sills, L., Barlow, D. H., Brown, T. A., & Hofmann, S. G. (2006). Acceptability and suppression of negative emotion in anxiety and mood disorders. *Emotion, 6*(4), 587-595.

Carlbring, P., Ekselius, L., & Andersson, G. (2003). Treatment of panic disorder via the Internet: A randomized trial of CBT vs. applied relaxation. *Journal of Behavior Therapy and Experimental Psychiatry, 34*, 129-140.

Carlbring, P., Nilsson-Ihrfelt, E., Waara, J., Kollenstam, C., Buhrman, M, Klado, V., et al. (2005). Treatment of panic disorder: live therapy vs. self-help via the internet. *Behaviour Research and Therapy, 43*, 1321-1333.

Carter, M. M., Sbrocco, T., Gore, K. L., Marin, N. W., & Lewis, E. L. (2003). Cognitive-behavioral group therapy versus a wait-list control in the treatment of African American women with panic disorder. *Cognitive Therapy and Research, 27*(5), 505-518.

Cerny, J. A., Barlow, D. H., Craske, M. G., & Himadi, W. G. (1987). Couples treatment of agoraphobia: A two-year follow-up. *Behavior Therapy, 18*, 401-415.

Chambless, D. L. (1990). Spacing of exposure sessions in treatment of agoraphobia and simple phobia. *Behavior Therapy, 21*, 217-229.

Chambless, D. L., Caputo, G., Bright, P., & Gallagher, R. (1984). Assessment of fear in agoraphobics: The Body Sensations Questionnaire and the Agoraphobic Cognitions Questionnaire. *Journal of Consulting and Clinical Psychology, 52*, 1090-1097.

Chambless, D. L., Caputo, G., Gracely, S., Jasin, E., & Williams, C. (1985). The Mobility Inventory for Agoraphobia. *Behaviour Research and Therapy, 23*, 35-44.

Chambless, D. L., & Renneberg, B. (1988, September). *Personality disorders of agoraphobics*. Paper presented at World Congress of Behavior Therapy, Edinburgh, Scotland.

Clark, D. M. (1996). Panic disorder: From theory to therapy. In P. M. Salkovskis (Ed.), *From frontiers of cognitive therapy: The state of art and beyond* (pp. 318–344). New York: Guilford Press.

Clark, D. M. (1986). A cognitive approach to panic. *Behaviour Research and Therapy, 24*, 461–470.

Clark, D. M., & Ehlers, A. (1993). An overview of the cognitive theory and treatment of panic disorder. *Applied and Preventive Psychology, 2*, 131–139.

Clark, D. M., Salkovskis, P., & Chalkley, A. (1985). Respiratory control as a treatment for panic attacks. *Journal of Behavior Therapy and Experimental Psychiatry, 16*, 23–30.

Clark, D. M., Salkovskis, P., Gelder, M., Koehler, C., Martin, M., Anastasiades, P., et al. (1988). Tests of a cognitive theory of panic. In I. Hand & H. Wittchen (Eds.), *Panic and phobias II* (pp. 71–90). Berlin: Springer-Verlag.

Clark, D. M., Salkovskis, P. M., Hackmann, A., Middleton, H., Anastasiades, P., & Gelder, M. (1994). A comparison of cognitive therapy, applied relaxation and imipramine in the treatment of panic disorder. *British Journal of Psychiatry, 164*, 759–769.

Clark, D. M., Salkovskis, P. M., Hackmann, A., Wells, A., Ludgate, J., & Gelder, M. (1999). Brief cognitive therapy for panic disorder: A randomized controlled trial. *Journal of Consulting and Clinical Psychology, 67*, 583–589.

Cote, G., Gauthier, J. G., Laberge, B., Cormier, H. J., & Plamondon, J. (1994). Reduced therapist contact in the cognitivebehavioral treatment of panic disorder. *Behavior Therapy, 25*, 123–145.

Cox, B. J., Endler, N. S., & Swinson, R. P. (1995). An examination of levels of agoraphobic severity in panic disorder. *Behaviour Research and Therapy, 33*, 57–62.

Craske, M. G., & Barlow, D. H. (1988). A review of the relationship between panic and avoidance. *Clinical Psychology Review, 8*, 667–685.

Craske, M. G., & Barlow, D. H. (1989). Nocturnal panic. *Journal of Nervous and Mental Disease, 177*(3), 160–167.

Craske, M. G., & Barlow, D. H. (2006). *Mastery of your anxiety and panic: Therapist guide* (3rd ed.). New York: Oxford University Press.

Craske, M. G., Brown, T. A., & Barlow, D. H. (1991). Behavioral treatment of panic disorder: A two-year follow-up. *Behavior Therapy, 22*, 289–304.

Craske, M. G., DeCola, J. P., Sachs, A. D., & Pontillo, D. C. (2003). Panic control treatment of agoraphobia. *Journal of Anxiety Disorders, 17*(3), 321–333.

Craske, M. G., Farchione, T., Allen, L., Barrios, V., Stoyanova, M., & Rose, D. (2007). Cognitive behavioral therapy for panic disorder and comorbidity: More of the same or less of more. *Behaviour Research and Therapy, 45*(6), 1095–1109.

Craske, M. G., & Freed, S. (1995). Expectations about arousal and nocturnal panic. *Journal of Abnormal Psychology, 104*, 567–575.

Craske, M. G., Glover, D., & DeCola, J. (1995). Predicted versus unpredicted panic attacks: Acute versus general distress. *Journal of Abnormal Psychology, 104*, 214–223.

Craske, M. G., Golinelli, D., Stein, M. B., Roy-Byrne, P., Bystritsky, A., & Sherbourne, C. (2005). Does the addition of cognitive behavioral therapy improve panic disorder treatment outcome relative to medication alone in the primary-care setting? *Psychological Medicine, 35*(11), 1645–1654.

Craske, M. G., Kircanski, K., Epstein, A., Wittchen, H.-U., Pine, D.S., Lewis-Fernandez, R., et al. (2010). Panic disorder: A review of DSM-IV panic disorder and proposals for DSM-V. *Depression and Anxiety, 27*, 93–112.

Craske, M. G., Kircanski, K., Zelikowsky, M., Mystkowski, J., Chowdhury, N., & Baker, A. (2008). Optimizing inhibitory learning during exposure therapy. *Behaviour Research and Therapy, 46*, 5–27.

Craske, M. G., Lang, A. J., Aikins, D., & Mystkowski, J. L. (2005). Cognitive behavioral therapy for nocturnal panic. *Behavior Therapy, 36*, 43–54.

Craske, M. G., Lang, A. J., Rowe, M., DeCola, J. P., Simmons, J., Mann, C., et al. (2002). Presleep attributions about arousal during sleep: Nocturnal panic. *Journal of Abnormal Psychology, 111*, 53-62.

Craske, M. G., Liao, B., Brown, L., & Vervliet, B. (2012). Role of inhibition in exposure therapy. *Journal of Experimental Psychopathology, 3*(3), 322-345.

Craske, M. G., Maidenberg, E., & Bystritsky, A. (1995). Brief cognitive-behavioral versus non directive therapy for panic disorder. *Journal of Behavior Therapy and Experimental Psychiatry, 26*, 113-120.

Craske, M. G., Miller, P. P., Rotunda, R., & Barlow, D. H. (1990). A descriptive report of features of initial unexpected panic attacks in minimal and extensive avoiders. *Behaviour Research and Therapy, 28*, 395-400.

Craske, M. G., Poulton, R., Tsao, J. C. I., & Plotkin, D. (2001). Paths to panic-agoraphobia: An exploratory analysis from age 3 to 21 in an unselected birth cohort. *American Journal of Child and Adolescent Psychiatry, 40*, 556-563.

Craske, M. G., Rapee, R. M., & Barlow, D. H. (1988). The significance of panic-expectancy for individual patterns of avoidance. *Behavior Therapy, 19*, 577-592.

Craske, M. G., Rose, R. D., Lang, A., Welch, S., Campbell-Sills, L., Sullivan, G., et al. (2009). Computer-assisted delivery of cognitive-behavioral therapy for anxiety disorders in primary care settings. *Depression and Anxiety, 26*, 235-242.

Craske, M. G., & Rowe, M. K. (1997a). A comparison of behavioral and cognitive treatments of phobias. In G. C. L. Davey (Ed.), *Phobias-a handbook of theory, research and treatment* (pp. 247-280). West Sussex, UK: Wiley.

Craske, M. G., & Rowe, M. K. (1997b). Nocturnal panic. *Clinical Psychology: Science and Practice, 4*, 153-174.

Craske, M. G., Rowe, M., Lewin, M., & Noriega-Dimitri, R. (1997). Interoceptive exposure versus breathing retraining within cognitive-behavioural therapy for panic disorder with agoraphobia. *British Journal of Clinical Psychology, 36*, 85-99.

Craske, M. G., Roy-Byrne, P., Stein, M. B., Donald-Sherbourne, C., Bystritsky, A., Katon, W., et al. (2002). Treating panic disorder in primary care: A collaborative care intervention. *General Hospital Psychiatry, 24*(3), 148-155.

Craske, M. G., Roy-Byrne, P., Stein, M. B., Sullivan, G., Hazlett-Stevens, H., Bystritsky, A., et al. (2006). CBT intensity and outcome for panic disorder in a primary care setting. *Behavior Therapy, 37*, 112-119.

Craske, M. G., Stein, M. B., Sullivan, G., Sherbourne, C., Bystritsky, A., Rose, D., et al. (2011). Disorder specific impact of CALM treatment for anxiety disorders in primary care. *Archives of General Psychiatry, 68*, 378-388.

Craske, M. G., & Tsao, J. C. I. (1999). Self-monitoring with panic and anxiety disorders. *Psychological Assessment, 11*, 466-479.

Culver, N., Stoyanova, M. S., & Craske, M. G. (2012). Emotional variability and sustained arousal during exposure. *Journal of Behavior Therapy and Experimental Psychiatry, 43*, 787-793.

Culver, N., Vervliet, B., & Craske, M. G. (in press). Compound extinction: Using the Rescorla-Wagner model to maximize the effects of exposure therapy for anxiety disorders. *Clinical Psychological Science*.

Dattilio, F. M., & Salas-Auvert, J. A. (2000). *Panic disorder: Assessment and treatment through a wide-angle lens*. Phoenix, AZ: Zeig, Tucker.

Deacon, B., & Abramowitz, J. (2006). A pilot study of two-day cognitive-behavioral therapy for panic disorder. *Behaviour Research and Therapy, 44*, 807-817.

de Beurs, E., Lange, A., van Dyck, R., & Koele, P. (1995). Respiratory training prior to exposure *in vivo* in the treatment of panic disorder with agoraphobia: Efficacy and predictors of outcome. *Australian and New Zealand Journal of Psychiatry, 29*, 104-113.

de Beurs, E., van Balkom, A. J., Lange, A., Koele, P., & van Dyck, R. (1995). Treatment of panic disorder with agoraphobia: Comparison of fluvoxamine, placebo, and psychological panic management combined with exposure and of exposure *in vivo* alone. *American Journal of Psychiatry, 152*, 683-691.

Debiec, J., & Le Doux, J. E. (2004). Disruption of reconsolidation but not consolidation of auditory fear conditioning by noradrenergic blockade in the amygdala. *Neuroscience, 129*(2), 267-272.

Deckert, J., Nothen, M. M., Franke, P., Delmo, C., Fritze,

J., Knapp, M., et al. (1998). Systematic mutation screening and association study of the A1 and A2a adenosine receptor genes in panic disorder suggest a contribution of the A2a gene to the development of disease. *Molecular Psychiatry, 3*, 81-85.

De Cort, K., Hermans, D., Spruyt, A., Griez, E., & Schruers, K. (2008). A specific attentional bias in panic disorder? *Depression and Anxiety, 25*(11), 951-955.

de Jong, M. G., & Bouman, T. K. (1995). Panic disorder: A baseline period: Predictability of agoraphobic avoidance behavior. *Journal of Anxiety Disorders, 9*, 185-199.

Dewey, D., & Hunsley, J. (1990). The effects of marital adjustment and spouse involvement on the behavioral treatment of agoraphobia: A meta-analytic review. *Anxiety Research, 2*(2), 69-83.

Di Nardo, P., Brown, T. A., & Barlow, D. H. (1994). *Anxiety Disorders Interview Schedule-Fourth Edition (ADISIV)*. New York: Oxford University Press.

Domschke, K., Agineszka, G., Winter, B., Hermann, M. J., Warrings B., Muhlberger, A., et al. (2011). ADORA2A gene variation, caffeine, and emotional processing: A multi-level interaction on startle reflex. *Neuropsychopharmacology, 37*, 759-769.

Dow, M., Kenardy, J., Johnston, D., Newman, M., Taylor, C., & Thomson, A. (2007). Prognostic indices with brief and standard CBT for panic disorder: I. Predictors of outcome. *Psychological Medicine, 27*, 1493-1502.

Dreessen, L., Arntz, A., Luttels, C., & Sallaerts, S. (1994). Personality disorders do not influence the results of cognitive behavior therapies for anxiety disorders. *Comprehensive Psychiatry, 35*(4), 265-274.

Dworkin, B. R., & Dworkin, S. (1999). Heterotopic and homotopic classical conditioning of the baroreflex. *Integrative Physiological and Behavioral Science, 34*(3), 158-176.

Ehlers, A. (1995). A 1-year prospective study of panic attacks: Clinical course and factors associated with maintenance. *Journal of Abnormal Psychology, 104*, 164-172.

Ehlers, A., & Breuer, P. (1992). Increased cardiac awareness in panic disorder. *Journal of Abnormal Psychology, 101*, 371-382.

Ehlers, A., & Breuer, P. (1996). How good are patients with panic disorder at perceiving their heartbeats? *Biological Psychology, 42*, 165-182.

Ehlers, A., Breuer, P., Dohn, D., & Fiegenbaum, W. (1995). Heartbeat perception and panic disorder: Possible explanations for discrepant findings. *Behaviour Research and Therapy, 33*, 69-76.

Ehlers, A., & Margraf, J. (1989). The psychophysiological model of panic attacks. In P. M. G. Emmelkamp (Ed.), *Anxiety disorders: Annual series of European research in behavior therapy* (Vol. 4, pp. 1-29). Amsterdam: Swets.

Ehlers, A., Margraf, J., Davies, S., & Roth, W. T. (1988). Selective processing of threat cues in subjects with panic attacks. *Cognition and Emotion, 2*, 201-219.

Ehlers, A., Margraf, J., Roth, W. T., Taylor, C. B., & Birnbaumer, N. (1988). Anxiety induced by false heart rate feedback in patients with panic disorder. *Behaviour Research and Therapy, 26*(1), 1-11.

Eifert, G. H., & Heffner, M. (2003). The effects of acceptance versus control contexts on avoidance of panic-related symptoms. *Journal of Behavior Therapy and Experimental Psychiatry, 34*(3-4), 293-312.

Eley, T. C. (2001). Contributions of behavioral genetics research: Quantifying genetic, shared environmental and nonshared environmental influences. In M. W. Vasey & M. R. Dadds (Eds.), *The developmental psychopathology of anxiety* (pp. 45-59). New York: Oxford University Press.

Emmelkamp, P. (1980). Agoraphobic's interpersonal problems. *Archives of General Psychiatry, 37*, 1303-1306.

Emmelkamp, P. M., & Wittchen, H.-U. (2009). Specific phobias. In G. Andrews (Ed.), *Stress-induced and fear circuitry disorders: Advancing the research agenda for DSM-V* (pp. 77-104). Arlington, VA: American Psychiatric Association.

Evans, L., Holt, C., & Oei, T. P. S. (1991). Long term follow-up of agoraphobics treated by brief intensive group cognitive behaviour therapy. *Australian and*

New Zealand Journal of Psychiatry, 25, 343–349.

Eysenck, H. J. (1967). *The biological basis of personality.* Springfield, IL: Thomas.

Faravelli, C., Pallanti, S., Biondi, F., Paterniti, S., & Scarpato, M. A. (1992). Onset of panic disorder. *American Journal of Psychiatry, 149*, 827–828.

Feigenbaum, W. (1988). Long-term efficacy of ungraded versus graded massed exposure in agoraphobics. In I. Hand & H. Wittchen (Eds.), *Panic and phobias: Treatments and variables affecting course and outcome* (pp. 83–88). Berlin: Springer-Verlag.

First, M. B., Spitzer, R. L., Gibbon, M., & Williams, J. B. W. (1994). *Structured Clinical Interview for Axis I DSM-IV Disorders.* New York: Biometric Research Department, New York State Psychiatric Institute.

Foa, E. B., & Kozak, M. J. (1986). Emotional processing of fear: exposure to corrective information. *Psychological Bulletin, 99*, 20–35.

Foa, E. B., & McNally, R. J. (1996). Mechanisms of change in exposure therapy. In R. M. Rapee (Ed.), *Current controversies in the anxiety disorders* (pp. 329–343). New York: Guilford Press.

Forsyth, J. P., Palav, A., & Duff, K. (1999). The absence of relation between anxiety sensitivity and fear conditioning using 20% versus 13% CO_2-enriched air as unconditioned stimuli. *Behaviour Research and Therapy, 37*(2), 143–153.

Friedman, S., & Paradis, C. (1991). African-American patients with panic disorder and agoraphobia. *Journal of Anxiety Disorders, 5*, 35–41.

Friedman, S., Paradis, C. M., & Hatch, M. (1994). Characteristics of African-American and white patients with panic disorder and agoraphobia. *Hospital and Community Psychiatry, 45*, 798–803.

Fry, W. (1962). The marital context of an anxiety syndrome. *Family Process, 1*, 245–252.

Garssen, B., de Ruiter, C., & van Dyck, R. (1992). Breathing retraining: A rational placebo? *Clinical Psychology Review, 12*, 141–153.

Ghosh, A., & Marks, I. M. (1987). Self-treatment of agoraphobia by exposure. *Behavior Therapy, 18*, 3–16.

Glenn, D., Golinelli, D., Rose, R., Roy-Byrne, P., Stein, M., Sullivan, G., et al. (in press). Who gets the most out of cognitive behavioral therapy for anxiety disorders: The role of treatment dose and patient engagement. *Journal of Consulting and Clinical Psychology.*

Gloster, A. T., Wittchen, H.-U., Einsle, F., Lang, T., Helbig-Lang, S., Fydrich, T., et al. (2011). Psychological treatment for panic disorder with agoraphobia: A randomized controlled trial to examine the role of therapist-guided exposure in situ in CBT. *Journal of Consulting and Clinical Psychology, 79*, 406–420.

Goisman, R. M., Goldenberg, I., Vasile, R. G., & Keller, M. B. (1995). Comorbidity of anxiety disorders in a multicenter anxiety study. *Comprehensive Psychiatry, 36*, 303–311.

Goisman, R. M., Warshaw, M. G., Peterson, L. G., Rogers, M. P., Cuneo, P., Hunt, M. F., et al. (1994). Panic, agoraphobia, and panic disorder with agoraphobia: Data from a multicenter anxiety disorders study. *Journal of Nervous and Mental Disease, 182*, 72–79.

Goldstein, A. J., & Chambless, D. L. (1978). A reanalysis of agoraphobia. *Behavior Therapy, 9*, 47–59.

Goodwin, R. D., Fergusson, D. M., & Horwood, L. J. (2005). Childhood abuse and familial violence and the risk of panic attacks and panic disorder in young adulthood. *Psychological Medicine, 35*, 881–890.

Gorman, J. M., Papp, L. A., Coplan, J. D., Martinez, J. M., Lennon, S., Goetz, R. R., et al. (1994). Anxiogenic effects of CO_2 and hyperventilation in patients with panic disorder. *American Journal of Psychiatry, 151*(4), 547–553.

Gould, R. A., & Clum, G. A. (1995). Self-help plus minimal therapist contact in the treatment of panic disorder: A replication and extension. *Behavior Therapy, 26*, 533–546.

Gould, R. A., Clum, G. A., & Shapiro, D. (1993). The use of bibliotherapy in the treatment of panic: A preliminary investigation. *Behavior Therapy, 24*, 241–252.

Gray, J. A. (1982). *The neuropsychology of anxiety: An enquiry into the functions of the septo-hippocampal system.* New York: Oxford University Press.

Griez, E., & van den Hout, M. A. (1986). CO_2 inhalation in the treatment of panic attacks. *Behaviour Research and Therapy, 24*, 145-150.

Grilo, C. M., Money, R., Barlow, D. H., Goddard, A. W., Gorman, J. M., Hofmann, S. G., et al. (1998). Pretreatment patient factors predicting attrition from a multicenter randomized controlled treatment study for panic disorder. *Comprehensive Psychiatry, 39*, 323-332.

Haby, M., Donnelly, M., Corry, J., & Vos, T. (2006). Cognitive behavioural therapy for depression, panic disorder and generalized anxiety disorder: A meta-regression of factors that may predict outcome. *Australian and New Zealand Journal of Psychiatry, 40*, 9-19.

Hafner, R. J. (1984). Predicting the effects on husbands of behavior therapy for agoraphobia. *Behaviour Research and Therapy, 22*, 217-226.

Hamilton, S. P., Fyer, A. J., Durner, M., Heiman, G. A., Baisre de Leon, A., Hodge, S. E., et al. (2003). Further genetic evidence for a panic disorder syndrome mapping to chromosome 13q. *Proceedings of National Academy of Science USA, 100*, 2550-2555.

Hamilton, S. P., Slager, S. L., De Leon, A. B., Heiman, G. A., Klein, D. F., Hodge, S. E., et al. (2004). Evidence for genetic linkage between a polymorphism in the adenosine 2A receptor and panic disorder. *Neuropsychopharmacology, 29*, 558-565.

Hamilton, S. P., Slager, S. L., Helleby, L., Heiman, G. A., Klein, D. F., Hodge, S. E., et al. (2001). No association or linkage between polymorphisms in the genes encoding cholecystokinin and the cholecystokinin B receptor and panic disorder. *Molecular Psychiatry, 6*, 59-65.

Hand, I., & Lamontagne, Y. (1976). The exacerbation of interpersonal problems after rapid phobia removal. *Psychotherapy: Theory, Research and Practice, 13*, 405-411.

Haslam, M. T. (1974). The relationship between the effect of lactate infusion on anxiety states and their amelioration by carbon dioxide inhalation. *British Journal of Psychiatry, 125*, 88-90.

Hayes, S. C., Strosahl, K. D., & Wilson, K. G. (1999). *Acceptance and commitment therapy: An experiential approach to behavior change*. New York: Guilford Press.

Hayes, S. C., Wilson, K. G., Gifford, E. V., & Follette, V. M. (1996). Experiential avoidance and behavioral disorders: A functional dimensional approach to diagnosis and treatment. *Journal of Consulting and Clinical Psychology, 64*(6), 1152-1168.

Hayward, C., Killen, J. D., Hammer, L. D., Litt, I. F., Wilson, D. M., Simmonds, B., et al. (1992). Pubertal stage and panic attack history in sixth- and seventh-grade girls. *American Journal of Psychiatry, 149*, 1239-1243.

Hayward, C., Killen, J. D., Kraemer, H. C., & Taylor, C. B. (2000). Predictors of panic attacks in adolescents. *Journal of the American Academy of Child and Adolescent Psychiatry, 39*(2), 1-8

Hecker, J. E., Losee, M. C., Fritzler, B. K., & Fink, C. M. (1996). Self-directed versus therapist-directed cognitive behavioral treatment for panic disorder. *Journal of Anxiety Disorders, 10*, 253-265.

Hecker, J. E., Losee, M. C., Roberson-Nay, R., & Maki, K. (2004). Mastery of your anxiety and panic and brief therapist contact in the treatment of panic disorder. *Journal of Anxiety Disorders, 18*(2), 111-126.

Helbig-Lang, S., & Petermann, F. (2010). Tolerate or eliminate?: A systematic review on the effects of safety behavior across anxiety disorders. *Clinical Psychology: Science and Practice, 17*(3), 218-233.

Heldt, E., Manfro, G. G., Kipper, L., Blaya, C., Isolan, L., & Otto, M. W. (2006). One-year follow-up of pharmacotherapy-resistant patients with panic disorder treated with cognitive-behavior therapy: Outcome and predictors of remission. *Behaviour Research and Therapy, 44*(5), 657-665.

Hermans, D., Craske, M. G., Mineka, S., & Lovibond, P. F. (2006). Extinction in human fear conditioning. *Biological Psychiatry, 60*, 361-368.

Heuzenroeder, L., Donnelly, M., Haby, M. M., Mihalopoulos, C., Rossell, R., Carter, R., et al. (2004). Cost-effectiveness of psychological and pharmacological interventions for generalized anxiety disorder and panic disorder. *Australian and New Zealand Journal of Psychiatry, 38*(8), 602-612.

Hibbert, G., & Pilsbury, D. (1989). Hyperventilation: Is it a cause of panic attacks? *British Journal of Psychiatry, 155*, 805-809.

Himadi, W., Cerny, J., Barlow, D., Cohen, S., & O'Brien, G. (1986). The relationship of marital adjustment to agoraphobia treatment outcome. *Behaviour Research and Therapy, 24*, 107-115.

Hoffart, A. (1995). A comparison of cognitive and guided mastery therapy of agoraphobia. *Behaviour Research and Therapy, 33*, 423-434.

Hoffart, A. (1997). Interpersonal problems among patients suffering from panic disorder with agoraphobia before and after treatment. *British Journal of Medical Psychology, 70*(2), 149-157.

Hoffart, A., & Hedley, L. M. (1997). Personality traits among panic disorder with agoraphobia patients before and after symptom-focused treatment. *Journal of Anxiety Disorders, 11*, 77-87.

Hoffart, A., Sexton, H., Hedley, L., & Martinsen, E. W. (2008). Mechanisms of change in cognitive therapy for panic disorder with agoraphobia. *Journal of Behavior Therapy and Experimental Psychiatry, 39*(3), 262-275.

Hofmann, S. G., Shear, M. K., Barlow, D. H., Gorman, J. M., Hershberger, D., Patterson, M., et al. (1988). Effects of panic disorder treatments on personality disorder characteristics. *Depression and Anxiety, 8*(1), 14-20.

Hofmann, S. G., Suvak, M. K., Barlow, D. H., Shear, M. K., Meuret, A. E., et al. (2007). Preliminary evidence for cognitive mediation during cognitive-behavioral therapy of panic disorder. *Journal of Consulting and Clinical Psychology, 75*(3), 374-379.

Holden, A. E. O., O'Brien, G. T., Barlow, D. H., Stetson, D., & Infantino, A. (1983). Self-help manual for agoraphobia: A preliminary report of effectiveness. *Behavior Therapy, 14*, 545-556.

Holt, P., & Andrews, G. (1989). Hyperventilation and anxiety in panic disorder, agoraphobia, and generalized anxiety disorder. *Behaviour Research and Therapy, 27*, 453-460.

Hope, D. A., Rapee, R. M., Heimberg, R. G., & Dombeck, M. J. (1990). Representations of the self in social phobia: Vulnerability to social threat. *Cognitive Therapy and Research, 14*, 177-189.

Hornsveld, H., Garssen, B., Fiedeldij Dop, M., & van Spiegel, P. (1990). Symptom reporting during voluntary hyperventilation and mental load: Implications for diagnosing hyperventilation syndrome. *Journal of Psychosomatic Research, 34*, 687-697.

Huppert, J. D., Bufka, L. F., Barlow, D. H., Gorman, J. M., Shear, M. K., & Woods, S. W. (2001). Therapist, therapist variables, and cognitive-behavioral therapy outcome in a multicenter trial for panic disorder. *Journal of Consulting and Clinical Psychology, 69*(5), 747-755.

Issakidis, C., & Andrews, G. (2004). Pretreatment attrition and dropout in an outpatient clinic for anxiety disorders. *Acta Psychiatrica Scandinavica, 109*(6), 426-433.

Ito, L. M., Noshirvani, H., Basoglu, M., & Marks, I. M. (1996). Does exposure to internal cues enhance exposure to external exposure to external cues in agoraphobia with panic. *Psychotherapy and Psychosomatics, 65*, 24-28.

Izard, C. E. (1992). Basic emotions, relations among emotions, and emotion cognition relations. *Psychological Review, 99*, 561-565.

Jacob, R. G., Furman, J. M., Clark, D. B., & Durrant, J. D. (1992). Vestibular symptoms, panic, and phobia: Overlap and possible relationships. *Annals of Clinical Psychiatry, 4*(3), 163-174.

Kampfe, C. K., Gloster, A. T., Wittchen, H.-U., Helbig-Lang, S., Lang, T., & Gerlach, A. L. (2012). Experiential avoidance and anxiety sensitivity in patients with panic disorder and agoraphobia: Do both constructs measure the same? *International Journal of Clinical and Health Psychology, 12*, 5-22.

Kampman, M., Keijsers, G. P. J., Hoogduin, C. A. L., & Hendriks, G.-J. (2002). A randomized, double-blind, placebo-controlled study of the effects of adjunctive paroxetine in panic disorder patients unsuccessfully treated with cognitive-behavioral therapy alone.

Journal of Clinical Psychiatry, 63(9), 772-777.

Katon, W., Von Korff, M., Lin, E., Lipscomb, P., Russo, J., Wagner, E., et al. (1990). Distressed high utilizers of medical care: DSM-III-R diagnoses and treatment needs. *General Hospital Psychiatry, 12*(6), 355-362.

Katschnig, H., & Amering, M. (1998). The long-term course of panic disorder and its predictors. *Journal of Clinical Psychopharmacology, 18*(6, Suppl. 2), 6S-11S.

Keijsers, G. P., Kampman, M., & Hoogduin, C. A. (2001). Dropout prediction in cognitive behavior therapy for panic disorder. *Behavior Therapy, 32*(4), 739-749.

Keijsers, G. P., Schaap, C. P., Hoogduin, C. A., & Lammers, M. W. (1995). Patient-therapist interaction in the behavioral treatment of panic disorder with agoraphobia. *Behavior Modification, 19*, 491-517.

Keller, M. L., & Craske, M. G. (2008). Panic disorder and agoraphobia. In J. Hunsley & E. J. Mash (Eds.), *A guide to assessments that work* (pp. 229-253). New York: Oxford University Press.

Kendler, K. S., Bulik, C. M., Silberg, J., Hettema, J. M., Myers, J., & Prescott, C. A. (2000). Childhood sexual abuse and adult psychiatric and substance use disorders in women: An epidemiological and co-twin analysis. *Archives of General Psychiatry, 57*, 953-959.

Kendler, K. S., Heath, A. C., Martin, N. G., & Eaves, L. J. (1987). Symptoms of anxiety and symptoms of depression: Same genes, different environments? *Archives of General Psychiatry, 44*, 451-457.

Kessler, R. C., Berglund, P., Demler, O., Jin, R., & Walters, E. E. (2005). Lifetime prevalence and age-of-onset distributions of DSM-IV disorders in the National Comorbidity Survey Replication. *Archives of General Psychiatry, 62*, 593-602.

Kessler, R. C., Chiu, W. T., Demler, O., & Walters, E. E. (2005). Lifetime prevalence and age-of-onset distributions of DSM-IV disorders in the National Comorbidity Survey Replication. *Archives of General Psychiatry, 62*(6), 593-602.

Kessler, R. C., Chiu, W. T., Jin, R., Ruscio, A. M., Shear, K., & Walters, E. E. (2006). The epidemiology of panic attacks, panic disorder, and agoraphobia in the National Comorbidity Survey Replication. *Archives of General Psychiatry, 63*, 415-424.

Kessler, R. C., Davis, C. G., & Kendler, K. S. (1997). Childhood adversity and adult psychiatric disorder in the U.S. National Comorbidity Survey. *Psychological Medicine, 27*, 1101-1119.

Kessler, R. C., McGonagle, K. A., Zhao, S., Nelson, C. B., Hughes, M., Eshkeman, S., et al. (1994). Lifetime and 12 month prevalence of DSM-III-R psychiatric disorders in the United States: Results from the National Comorbidity Study. *Archives of General Psychiatry, 51*, 8-19.

Kessler, R. C., Petukhova, M., Sampson, N. A., Zaslavsky, A. M., & Wittchen, H.-U. (2012). Twelve-month and life time prevalence and lifetime morbid risk of anxiety and mood disorders in the United States. *International Journal of Methods in Psychiatric Research, 21*(3), 169-184.

Keyl, P. M., & Eaton, W. W. (1990). Risk factors for the onset of panic disorder and other panic attacks in a prospective, population-based study. *American Journal of Epidemiology, 131*, 301-311.

Kikuchi, M., Komuro, R., Hiroshi, O., Kidani, T., Hanaoka, A., & Koshino, Y. (2005). Panic disorder with and without agoraphobia: Comorbidity within a half-year of the onset of panic disorder. *Psychiatry and Clinical Neurosciences, 58*, 639-643.

Kindt, M., Soeter, M., & Vervliet, B. (2009). Beyond extinction: Erasing human fear responses and preventing the return of fear. *Nature Neuroscience, 12*, 256-258.

Kircanski, K., Craske, M. G., Epstein, A. M., & Wittchen, H.-U. (2009). Subtypes of panic attacks: A critical review of the empirical literature. *Depression and Anxiety, 26*, 878-887.

Kircanski, K., Mortazavi, A., Castriotta, N., Baker, A., Mystkowski, J., Yi, R., et al. (2011). Challenges to the traditional exposure paradigm: variability in exposure therapy for contamination fears. *Journal of Behavior Therapy and Experimental Psychiatry, 43*, 745-751.

Kiropoulos, L. A., Klein, B., Austin, D. W., Gilson, K., Pier, C., Mitchell J., et al. (2008). Is internet-based CBT for panic disorder and agoraphobia as effective as face-to-face CBT? *Journal of Anxiety Disorders, 22*, 1273-1284.

Kraft, A. R., & Hoogduin, C. A. (1984). The hyperventilation syndrome: A pilot study of the effectiveness of treatment. *British Journal of Psychiatry, 145*, 538-542.

Kroeze, S., & van den Hout, M. A. (2000). Selective attention for cardiac information in panic patients. *Behaviour Research and Therapy, 38*, 63-72.

Krystal, J. H., Woods, S. W., Hill, C. L., & Charney, D. S. (1991). Characteristics of panic attack subtypes: Assessment of spontaneous panic, situational panic, sleep panic, and limited symptom attacks. *Comprehensive Psychiatry, 32*(6), 474-480.

Lake, R. I., Eaves, L. J., Maes, H. H., Heath, A. C., & Martin, N. G. (2000). Further evidence against the environmental transmission of individual differences in neuroticism from a collaborative study of 45,850 twins and relatives of two continents. *Behavior Genetics, 30*(3), 223-233.

Lang, A. J., & Craske, M. G. (2000). Manipulations of exposure based therapy to reduce return of fear: a replication. *Behaviour Research and Therapy, 38*, 1-12.

Lehman, C. L., Brown, T. A., & Barlow, D. H. (1998). Effects of cognitive-behavioral treatment for panic disorder with agoraphobia on concurrent alcohol abuse. *Behavior Therapy, 29*, 423-433.

Lelliott, P., Marks, I., McNamee, G., & Tobena, A. (1989). Onset of panic disorder with agoraphobia: Toward an integrated model. *Archives of General Psychiatry, 46*, 1000-1004.

Levitt, J. T., Brown, T. A., Orsillo, S. M., & Barlow, D. H. (2004). The effects of acceptance versus suppression of emotion on subjective and psychophysiological response to carbon dioxide challenge in patients with panic disorder. *Behavior Therapy, 35*, 747-766.

Lewis-Fernandez, R., Hinton, D. E., Laria, A. J., Patterson, E. H., Hofmann, S. G., Craske, M. et al. (2010). Culture and the anxiety disorders: recommendations for DSM-V. *Depression and Anxiety, 27*, 212-229.

Lidren, D. M., Watkins, P., Gould, R. A., Clum, G. A., Asterino, M., & Tulloch, H. L. (1994). A comparison of bibliotherapy and group therapy in the treatment of panic disorder. *Journal of Consulting and Clinical Psychology, 62*, 865-869.

Lovibond, P. F., Davis, N. R., & O'Flaherty, A. S. (2000). Protection from extinction in human fear conditioning. *Behaviour Research and Therapy, 38*, 967-983.

Lissek, S., Powers, A. S., McClure, E. B., Phelps, E. A., Wolderhawariat, G., et al. (2005). Classical fear conditioning in the anxiety disorders: A meta-analysis. *Behaviour Research and Therapy, 43*, 1391-1424.

Lissek, S., Rabin, S. J., Heller, R. E., Lukenbaugh, D., Geraci, M., Pine, D. S., et al. (2010). Overgeneralization of conditioned fear as a pathogenic marker of panic disorder. *American Journal of Psychiatry, 167*(1), 47-55.

Lissek, S., Rabin, S. J., McDowell, D. J., Divir, S., Bradford, D. E., Geraci, M., et al. (2009). Impaired discriminative fear-conditioning resulting from elevated fear responding to learned safety cues among individuals with panic disorder. *Behaviour Research and Therapy, 47*(2), 111-118.

Maidenberg, E., Chen, E., Craske, M., Bohn, P., & Bystritsky, A. (1996). Specificity of attentional bias in panic disorder and social phobia. *Journal of Anxiety Disorders, 10*, 529-541.

Maier, S. F., Laudenslager, M. L., & Ryan, S. M. (1985). Stressor controllability, immune function and endogenous opiates. In F. R. Brush & J. B. Overmeier (Eds.), *Affect, conditioning and cognition: Essays on the determinants of behavior* (pp. 183-201). Hillsdale, NJ: Erlbaum.

Maller, R. G., & Reiss, S. (1992). Anxiety sensitivity in 1984 and panic attacks in 1987. *Journal of Anxiety Disorders, 6*(3), 241-247.

Mannuzza, S., Fyer, A. J., Liebowitz, M. R., & Klein, D. F. (1990). Delineating the boundaries of social phobia: Its relationship to panic disorder and agoraphobia. *Journal of Anxiety Disorders, 4*(1), 41-59.

Marchand, A., Goyer, L. R., Dupuis, G., & Mainguy, N. (1998). Personality disorders and the outcome of cognitive-behavioural treatment of panic disorder with agoraphobia. *Canadian Journal of Behavioural Science, 30*(1), 14-23.

Margraf, J., Taylor, C. B., Ehlers, A., Roth, W. T., & Agras, W. S. (1987). Panic attacks in the natural environment. *Journal of Nervous and Mental Disease, 175*, 558-565.

Marks, I. M., Swinson, R. P., Basoglu, M., Kuck, K., Noshirvani, H., O'Sullivan, G., et al. (1993). Alprazolam and exposure alone and combined in panic disorder with agoraphobia: A controlled study in London and Toronto. *British Journal of Psychiatry, 162*, 776-787.

Martin, N. G., Jardine, R., Andrews, G., & Heath, A. C. (1988). Anxiety disorders and neuroticism: Are there genetic factors specific to panic? *Acta Psychiatrica Scandinavica, 77*, 698-706.

Mavissakalian, M., & Hamman, M. (1987). DSM-III personality disorder in agoraphobia: II. Changes with treatment. *Comprehensive Psychiatry, 28*, 356-361.

McLean, P. D., Woody, S., Taylor, S., & Koch, W. J. (1998). Comorbid panic disorder and major depression: Implications for cognitive-behavioral therapy. *Journal of Consulting and Clinical Psychology, 66*, 240-247.

McNally, R. J., & Lorenz, M. (1987). Anxiety sensitivity in agoraphobics. *Journal of Behavior Therapy and Experimental Psychiatry, 18*(1), 3-11.

McNally, R. J., Riemann, B. C., Louro, C. E., Lukach, B. M., & Kim, E. (1992). Cognitive processing of emotional information in panic disorder. *Behaviour Research and Therapy, 30*, 143-149.

McNamee, G., O'Sullivan, G., Lelliott, P., & Marks, I. M. (1989). Telephone-guided treatment for housebound agoraphobics with panic disorder: Exposure vs. relaxation. *Behavior Therapy, 20*, 491-497.

Mellman, T. A., & Uhde, T. W. (1989). Sleep panic attacks: New clinical findings and theoretical implications. *American Journal of Psychiatry, 146*, 1204-1207.

Messenger, C., & Shean, G. (1998). The effects of anxiety sensitivity and history of panic on reactions to stressors in a non-clinical sample. *Journal of Behavior Therapy, 29*, 279-288.

Meuret, A. E., Rosenfield, D., Seidel, A., Bhaskara, L., & Hofmann, S. G. (2010). Respiratory and cognitive mediators of treatment change in panic disorder: Evidence for intervention specificity. *Journal of Consulting and Clinical Psychology, 78*, 691-704.

Meuret, A. E., Twohig, M. P., Rosenfield, D., Hayes, S. C., & Craske, M. G. (2012). Brief acceptance and commitment therapy and exposure for panic disorder: A pilot study. *Cognitive and Behavioral Practice, 19*(4), 606-618.

Meuret, A. E., Wilhelm, F. H., Ritz, T., & Roth, W. T. (2008). Feedback of end-tidal pCO_2 as a therapeutic approach for panic disorder. *Journal of Psychiatric Research, 42*(7), 560-568.

Michelson, L., Mavissakalian, M., Marchione, K., Ulrich, R., Marchione, N., & Testa, S. (1990). Psychophysiological outcome of cognitive, behavioral, and psychophysiologically based treatments of agoraphobia. *Behaviour Research and Therapy, 28*, 127-139.

Milton, F., & Hafner, J. (1979). The outcome of behavior therapy for agoraphobia in relation to marital adjustment. *Archives of General Psychiatry, 36*, 807-811.

Mineka, S., Cook, M., & Miller, S. (1984). Fear conditioned with escapable and inescapable shock: The effects of a feedback stimulus. *Journal of Experimental Psychology: Animal Behavior Processes, 10*, 307-323.

Moisan, D., & Engels, M. L. (1995). Childhood trauma and personality disorder in 43 women with panic disorder. *Psychological Reports, 76*, 1133-1134.

Murphy, M. T., Michelson, L. K., Marchione, K., Marchione, N., & Testa, S. (1998). The role of self-directed *in vivo* exposure in combination with cognitive therapy, relaxation training, or therapist-assisted exposure in the treatment of panic disorder with agoraphobia. *Behaviour Research and Therapy, 12*, 117-138.

Mystkowski, J. L., Craske, M. G., Echiverri, A. M., & Labus, J. S. (2006). Mental reinstatement of context and return of fear in spider-fearful participants. *Behavior Therapy, 37*(1), 49-60.

Nader, K., Schafe, G. E., & Le Doux, J. E. (2000). Fear memories require protein synthesis in the amygdala for reconsolidation after retrieval. *Nature, 406*, 722-726.

Neron, S., Lacroix, D., & Chaput, Y. (1995). Group vs individual cognitive behaviour therapy in panic disorder: An open clinical trial with a six month follow-up. *Canadian Journal of Behavioural Science, 27*, 379-392.

Neumann, D. L., Lipp, O. V., & Cory, S. E. (2007). Conducting extinction in multiple contexts does not necessarily attenuate the renewal of shock expectancy in a fear-conditioning procedure with humans. *Behaviour Research and Therapy, 45*, 385-394.

Niles, A. N., Sherbourne, C., Roy-Byrne, P., Stein, M., Sullivan, G., Bystritsky, A., et al. (2013). Anxiety treatment improves physical functioning with oblique scoring of the SF-12 Short Form Health Survey. *General Hospital Psychiatry, 35*(3), 291-296.

Norberg, M. M., Krystal, J. H., & Tolin, D. F. (2008). A meta-analysis of D-cycloserine and the facilitation of fear extinction and exposure therapy. *Biological Psychiatry, 63*, 1118-1126.

Norton, G. R., Cox, B. J., & Malan, J. (1992). Nonclinical panickers: A critical review. *Clinical Psychology Review, 12*, 121-139.

Norton, P., & Price, E. (2007). A meta-analytic review of adult cognitive-behavioral treatment outcome across the anxiety disorders. *Journal of Nervous and Mental Disease, 195*, 521-531.

Noyes, R., Clancy, J., Garvey, M. J., & Anderson, D. J. (1987). Is agoraphobia a variant of panic disorder or a separate illness? *Journal of Anxiety Disorders, 1*, 3-13.

Noyes, R., Crowe, R. R., Harris, E. L., Hamra, B. J., McChesney, C.M., & Chaudhry, D. R. (1986). Relationship between panic disorder and agoraphobia: A family study. *Archives of General Psychiatry, 43*, 227-232.

Noyes, R., Reich, J., Suelzer, M., & Christiansen, J. (1991). Personality traits associated with panic disorder: Change associated with treatment. *Comprehensive Psychiatry, 32*, 282-294.

Okamura, N., Garau, C., Duangdao, D. M., Clark, S. D., Jungling, K., Hans-Christian, P., et al. (2011). Neuropeptide S enhances memory during the consolidation phase and interacts with noradrenergic systems in the brain. *Neuropsychopharmacology, 36*(4), 744-752.

Öst, L.-G. (1988). Applied relaxation vs. progressive relaxation in the treatment of panic disorder. *Behaviour Research and Therapy, 26*, 13-22.

Öst, L.-G., Thulin, U., & Ramnero, J. (2004). Cognitive behavior therapy vs exposure *in vivo* in the treatment of panic disorder with agoraphobia. *Behaviour Research and Therapy, 42*(1), 1105-1127.

Öst, L. G., & Westling, B. E. (1995). Applied relaxation vs cognitive behavior therapy in the treatment of panic disorder. *Behaviour Research and Therapy, 33*, 145-158.

Öst, L. G., Westling, B. E., & Hellstrom, K. (1993). Applied relaxation, exposure *in vivo*, and cognitive methods in the treatment of panic disorder with agoraphobia. *Behaviour Research and Therapy, 31*, 383-394.

Otto, M. W., Pollack, M. H., & Sabatino, S. A. (1996). Maintenance of remission following cognitive behavior therapy for panic disorder: Possible deleterious effects of concurrent medication treatment. *Behavior Therapy, 27*, 473-482.

Otto, M. W., Tolin, D. F., Simon, N. M., Pearlson, G. D., Basden, S., Meunier, S. A., et al. (2010). Efficacy of D-cycloserine for enhancing response to cognitive-behavior therapy for panic disorder. *Biological Psychiatry, 67*(4), 365-370.

Pauli, P., Amrhein, C., Muhlberger, A., Dengler, W., & Wiedemann, G. (2005). Electrocortical evidence for an early abnormal processing of panic-related words in panic disorder patients. *International Journal of Psychophysiology, 57*, 33-41.

Payne, L. A., White, K. S., Gallagher, M. W., Woods, S. W., Shear, M. K., Gorman, J. M., et al. (2012). *Second-stage treatments for relative non-responders to cognitive-behavioral therapy (CBT) for panic disorder with and without agoraphobia.* Manuscript submitted for publication.

Pennebaker, J. W., & Roberts, T. (1992). Toward a his and hers theory of emotion: Gender differences in visceral perception. *Journal of Social and Clinical Psychology, 11*(30), 199-212.

Perna, G., Bertani, A., Arancio, C., Ronchi, P., & Bellodi, L. (1995). Laboratory response of patients with panic and obsessive-compulsive disorders to 35% CO_2 challenges. *American Journal of Psychiatry, 152*, 85-89.

Prenoveau, J. M., Zinbarg, R. E., Craske, M. G., Mineka, S., Griffith, J. W., & Epstein, A. (2010). Testing a hierarchical model of anxiety and depression in adolescents: A trilevel model. *Journal of Anxiety Disorders, 24*, 334-344.

Rachman, S., Lopatka, C., & Levitt, K. (1988). Experimental analyses of panic: II. Panic patients. *Behaviour Research and Therapy, 26*, 33-40.

Rachman, S., Shafran, R., Radomsky, A. S., & Zysk, E. (2011). Reducing contamination by exposure plus safety behaviour. *Journal of Behavior Therapy and Experimental Psychiatry, 42*, 397-404.

Rapee, R. (1986). Differential response to hyperventilation in panic disorder and generalized anxiety disorder. *Journal of Abnormal Psychology, 95*, 24-28.

Rapee, R. M. (1994). Detection of somatic sensations in panic disorder. *Behaviour Research and Therapy, 32*, 825-831.

Rapee, R. M., Brown, T. A., Antony, M. M., & Barlow, D. H. (1992). Response to hyperventilation and inhalation of 5.5% carbon dioxide-enriched air across the DSM-III-R anxiety disorders. *Journal of Abnormal Psychology, 101*, 538-552.

Rapee, R. M., Craske, M. G., & Barlow, D. H. (1990). Subject described features of panic attacks using a new self-monitoring form. *Journal of Anxiety Disorders, 4*, 171-181.

Rapee, R. M., Craske, M. G., & Barlow, D. H. (1995). Assessment instrument for panic disorder that includes fear of sensation-producing activities: The Albany Panic and Phobia Questionnaire. *Anxiety, 1*, 114-122.

Rapee, R. M., Craske, M. G., Brown, T. A., & Barlow, D. H. (1996). Measurement of perceived control over anxiety-related events. *Behavior Therapy, 27*(2), 279-293.

Rapee, R. M., & Medoro, L. (1994). Fear of physical sensations and trait anxiety as mediators of the response to hyperventilation in nonclinical subjects. *Journal of Abnormal Psychology, 103*(4), 693-699.

Rapee, R. M., & Murrell, E. (1988). Predictors of agoraphobic avoidance. *Journal of Anxiety Disorders, 2*, 203-217.

Rathus, J. H., Sanderson, W. C., Miller, A. L., & Wetzler, S. (1995). Impact of personality functioning on cognitive behavioral treatment of panic disorder: A preliminary report. *Journal of Personality Disorders, 9*, 160-168.

Razran, G. (1961). The observable unconscious and the inferable conscious in current soviet psychophysiology: Interoceptive conditioning, semantic conditioning, and the orienting reflex. *Psychological Review, 68*, 81-147.

Reich, J., Perry, J. C., Shera, D., Dyck, I., Vasile, R., Goisman, R. M., et al. (1994). Comparison of personality disorders in different anxiety disorder diagnoses: Panic, agoraphobia, generalized anxiety, and social phobia. *Annals of Clinical Psychiatry, 6*(2), 125-134.

Reiss, S. (1980). Pavlovian conditioning and human fear: An expectancy model. *Behavior Therapy, 11*, 380-396.

Reiss, S., Peterson, R., Gursky, D., & McNally, R. (1986). Anxiety sensitivity, anxiety frequency, and the prediction of fearfulness. *Behaviour Research and Therapy, 24*, 1-8

Rescorla, R. A. (2006). Deepened extinction from compound stimulus presentation. *Journal of Experimental Psychology: Animal Behavior Processes, 32*, 135-144.

Richards, J., Klein, B., & Carlbring, P. (2003). Internet-based treatment for panic disorder. *Cognitive Behaviour Therapy, 32*, 125-135.

Richards, J. C., Klein, B., & Austin, D. W. (2006). Internet cognitive behavioural therapy for panic disorder: Does the inclusion of stress management information improve end-state functioning? *Clinical Psychologist, 10*(1), 2-15.

Rowe, M. K., & Craske, M. G. (1998). Effects of an expanding-spaced vs massed exposure schedule on fear reduction and return of fear. *Behaviour Research and Therapy, 36*, 701-717.

Roy-Byrne, P. P., & Cowley, D. S. (1995). Course and outcome in panic disorder: A review of recent follow-up studies. *Anxiety, 1*, 151-160.

Roy-Byrne, P., Craske, M. G., Stein, M. B., Sullivan, G., Bystritsky, A., Katon, W., et al. (2005). A randomized effectiveness trial of cognitive-behavioral therapy and medication for primary care panic disorder. *Archives of General Psychiatry, 62*, 290-298.

Roy-Byrne, P., Craske, M. G., Sullivan, G., Rose, R. D., Edlund, M. J., Lang, A. J., et al. (2010). Delivery of evidence-based treatment for multiple anxiety disorders in primary care. *Journal of American Medicine, 303*(19), 1921-1928.

Roy-Byrne, P., Stein, M. B., Russo, J., Craske, M. G., Katon, W., Sullivan, G., et al. (2005). Medical illness and response to treatment in primary care panic disorder. *General Hospital Psychiatry, 27*(4), 237-243.

Roy-Byrne, P. P., Mellman, T. A., & Uhde, T. W. (1988). Biologic findings in panic disorder: Neuroendocrine and sleep-related abnormalities [Special issue: Perspectives on Panic-Related Disorders]. *Journal of Anxiety Disorders, 2*, 17-29.

Roy-Byrne, P. P., Stein, M. B., Russo, J., Mercier, E., Thomas, R., McQuaid, J., et al. (1999). Panic disorder in the primary care setting: Comorbidity, disability, service utilization, and treatment. *Journal of Clinical Psychiatry, 60*(7), 492-499.

Safren, S. A., Gershuny, B. S., Marzol, P., Otto, M. W., & Pollack, M. H. (2002). History of childhood abuse in panic disorder, social phobia, and generalized anxiety disorder. *Journal of Nervous and Mental Disease, 190*(7), 453-456.

Salkovskis, P., Clark, D., & Hackmann, A. (1991). Treatment of panic attacks using cognitive therapy without exposure or breathing retraining. *Behaviour Research and Therapy, 29*, 161-166.

Salkovskis, P. M. (1991). The importance of behaviour in the maintenance of anxiety and panic: A cognitive account [Special issue: The changing Face of Behavioural Psychotherapy]. *Behavioural Psychotherapy, 19*(1), 6-19.

Salkovskis, P. M., Clark, D. M., & Gelder, M. G. (1996). Cognition-behaviour links in the persistence of panic. *Behaviour Research and Therapy, 34*, 453-458.

Schade, A., Marquenie, L. A., van Balkom, A. J., Koeter, M. W., de Beurs, E., van den Brink, W., et al. (2005). The effectiveness of anxiety treatment on alcohol-dependent patients with a comorbid phobic disorder: A randomized controlled trial. *Alcoholism: Clinical and Experimental Research, 29*(5), 794-800.

Schmidt, N. B., Lerew, D. R., & Jackson, R. J. (1997). The role of anxiety sensitivity in the pathogenesis of panic: Prospective evaluation of spontaneous panic attacks during acute stress. *Journal of Abnormal Psychology, 106*, 355-364.

Schmidt, N. B., Lerew, D. R., & Jackson, R. J. (1999). Prospective evaluation of anxiety sensitivity in the pathogenesis of panic: Replication and extension. *Journal of Abnormal Psychology, 108*, 532-537.

Schmidt, N. B., McCreary, B. T., Trakowski, J. J., Santiago, H. T., Woolaway-Bickel, K., & Ialong, N. (2003). Effects of cognitive behavioral treatment on physical health status in patients with panic disorder. *Behavior Therapy, 34*(1), 49-63.

Schmidt, N. B., Woolaway-Bickel, K., Trakowski, J., Santiago, H., Storey, J., Koselka, M., et al. (2000). Dismantling cognitive-behavioral treatment for panic disorder: Questioning the utility of breathing retraining. *Journal of Consulting and Clinical Psychology, 68*(3), 417-424.

Schneider, A. J., Mataix-Cols, D., Marks, I. M., & Bachofen, M. (2005). Internet-guided self-help with or without exposure therapy for phobic and panic disorders. *Psychotherapy and Psychosomatics, 74*(3), 154-164.

Schumacher, J., Jamra, R. A., Becker, T., Klopp, N., Franke, P., Jacob, C., et al. (2005). Investigation of the DAOA/G30 locus in panic disorder. *Molecular Psychiatry, 10*, 428-429.

Seidel, A., Rosenfield, D., Bhaskara, L., Hofmann, S. G., & Meuret, A. E. (2009). *Pathways of biobehavioral change in exposure therapy of panic disorder*. Paper presented at the 43rd Annual Convention of the Association of Advancement for Behavioral and Cognitive Therapies, New York.

Sharp, D. M., Power, K. G., Simpson, R. J., Swanson, V., & Anstee, J. A. (1997). Global measures of outcome in a controlled comparison of pharmacological and psychological treatment of panic disorder and agoraphobia in primary care. *British Journal of General Practice, 47*, 150–155.

Sharp, D. M., Power, K. G., & Swanson, V. (2004). A comparison of the efficacy and acceptability of group versus individual cognitive behaviour therapy in the treatment of panic disorder and agoraphobia in primary care. *Clinical Psychology and Psychotherapy, 11*(2), 73–82.

Shear, M. K., Brown, T. A., Barlow, D. H., Money, R., Sholomskas, D. E, Woods, S. W., et al. (1997). Multicenter collaborative Panic Disorder Severity Scale. *American Journal of Psychiatry, 154*, 1571–1575.

Shear, M. K., Rucci, P., Williams, J., Frank, E., Grochocinski, V., Vander-Bilt, J., et al. (2001). Reliability and validity of the Panic Disorder Severity Scale: Replication and extension. *Journal of Psychiatric Research, 35*(5), 293–296.

Shear, M. K., & Schulberg, H. C. (1995). Anxiety disorders in primary care. *Bulletin of the Menninger Clinic, 59*(2, Suppl. A), A73–A85.

Shulman, I. D., Cox, B. J., Swinson, R. P., Kuch, K., & Reichman, J. T. (1994). Precipitating events, locations and reactions associated with initial unexpected panic attacks. *Behaviour Research and Therapy, 32*, 17–20.

Sloan, T., & Telch, M. J. (2002). The effects of safety-seeking behavior and guided threat reappraisal on fear reduction during exposure: An experimental investigation. *Behaviour Research and Therapy, 40*(3), 235–251.

Soeter, M., & Kindt, M. (2010). Dissociating response systems: Erasing fear from memory. *Neurobiology of Learning and Memory, 94*(1), 30–41.

Sokolowska, M., Siegel, S., & Kim, J. A. (2002). Intraadministration associations: Conditional hyperalgesia elicited by morphine onset cues. *Journal of Experimental Psychology: Animal Behavior Processes, 28*(3), 309–320.

Sotres-Bayon, F., Cain, C. K., & LeDoux, J. E. (2006). Brain mechanisms of fear extinction: historical perspectives on the contribution of prefrontal cortex. *Biological Psychiatry, 60*, 329–336.

Spiegel, D. A., Bruce, T. J., Gregg, S. F., & Nuzzarello, A. (1994). Does cognitive behavior therapy assist slow-taper alprazolam discontinuation in panic disorder? *American Journal of Psychiatry, 151*(6), 876–881.

Stein, M. B., Walker, J. R., Anderson, G., Hazen, A. L., Ross, C. A., Eldridge, G., et al. (1996). Childhood physical and sexual abuse in patients with anxiety disorders and a community sample. *American Journal of Psychiatry, 153*, 275–277.

Sturges, L. V., Goetsch, V. L., Ridley, J., & Whittal, M. (1998). Anxiety sensitivity and response to hyperventilation challenge: Physiologic arousal, interoceptive acuity, and subjective distress. *Journal of Anxiety Disorders, 12*(2), 103–115.

Suárez, L., Bennett, S., Goldstein, C., & Barlow, D. H. (2008). Understanding anxiety disorders from a "triple vulnerabilities" framework. In M. M. Anthony & M. B. Stein (Eds.), *Oxford handbook of anxiety and related disorders* (pp. 153–172). New York: Oxford University Press.

Swinson, R. P., Fergus, K. D., Cox, B. J., & Wickwire, K. (1995). Efficacy of telephone-administered behavioral therapy for panic disorder with agoraphobia. *Behaviour Research and Therapy, 33*, 465–469.

Taylor, S., Koch, W. J., & McNally, R. J. (1992). How does anxiety sensitivity vary across the anxiety disorders? *Journal of Anxiety Disorders, 6*, 249–259.

Taylor, S., Zvolensky, M. J., Cox, B .J., Deacon, B., Heimberg, R. G., Ledley, D. R., et al. (2007). Robust dimensions of anxiety sensitivity: development and initial validation of the Anxiety Sensitivity Index-3. *Psychological Assessment, 19*(2), 176–188.

Teachman, B. A., Marker, C. D., & Smith-Janik, S. B. (2008). Automatic associations and panic disorder: Trajectories of change over the course of treatment. *Journal of Consulting and Clinical Psychology, 76*(6), 988–1002.

Telch, M. J., Brouillard, M., Telch, C. F., Agras, W. S., & Taylor, C. B. (1989). Role of cognitive appraisal in panic-related avoidance. *Behaviour Research and Therapy, 27*, 373-383.

Telch, M. J., Lucas, J. A., & Nelson, P. (1989). Nonclinical panic in college students: An investigation of prevalence and symptomatology. *Journal of Abnormal Psychology, 98*, 300-306.

Telch, M. J., Lucas, J. A., Schmidt, N. B., Hanna, H. H., LaNae, Jaimez, T., et al. (1993). Group cognitive-behavioral treatment of panic disorder. *Behaviour Research and Therapy, 31*, 279-287.

Telch, M. J., Sherman, M., & Lucas, J. (1989). Anxiety sensitivity: Unitary personality trait or domain specific appraisals? *Journal of Anxiety Disorders, 3*, 25-32.

Thorgeirsson, T. E., Oskarsson, H., Desnica, N., Kostic, J. P., Stefansson, J. G., Kolbeinsson, H., et al. (2003). Anxiety with panic disorder linked to chromosome 9q in Iceland. *American Journal of Human Genetics, 72*, 1221-1230.

Thyer, B. A., Himle, J., Curtis, G. C., Cameron, O. G., & Nesse, R. M. (1985). A comparison of panic disorder and agoraphobia with panic attacks. *Comprehensive Psychiatry, 26*, 208-214.

Tiemens, B. G., Ormel, J., & Simon, G. E. (1996). Occurrence, recognition, and outcome of psychological disorders in primary care. *American Journal of Psychiatry, 153*, 636-644.

Tsao, J. C. I., Lewin, M. R., & Craske, M. G. (1998). The effects of cognitive-behavior therapy for panic disorder on comorbid conditions. *Journal of Anxiety Disorders, 12*, 357-371.

Tsao, J. C. I., Mystkowski, J. L., Zucker, B. G., & Craske, M. G. (2002). Effects of cognitive-behavioral therapy for panic disorder on comorbid conditions: Replication and extension. *Behavior Therapy, 33*, 493-509.

Tsao, J. C. I., Mystkowski, J. L., Zucker, B. G., & Craske, M. G. (2005). Impact of cognitive-behavioral therapy for panic disorder on comorbidity: A controlled investigation. *Behaviour Research and Therapy, 43*, 959-970.

Uhde, T. W. (1994). The anxiety disorders: Phenomenology and treatment of core symptoms and associated sleep disturbance. In M. Kryger, T. Roth, & W. Dement (Eds.), *Principles and practice of sleep medicine* (pp. 871-898). Philadelphia: Saunders.

van Balkom, A. J., de Beurs, E., Koele, P., Lange, A., & van Dyck, R. (1996). Long-term benzodiazepine use is associated with smaller treatment gain in panic disorder with agoraphobia. *Journal of Nervous and Mental Disease, 184*, 133-135.

van Beek, N., Schruers, K. R., & Friez, E. J. (2005). Prevalence of respiratory disorders in first-degree relatives of panic disorder patients. *Journal of Affective Disorders, 87*, 337-340.

van den Hout, M., Arntz, A., & Hoekstra, R. (1994). Exposure reduced agoraphobia but not panic, and cognitive therapy reduced panic but not agoraphobia. *Behaviour Research and Therapy, 32*, 447-451.

van den Hout, M., Brouwers, C., & Oomen, J. (2006). Clinically diagnosed Axis II co-morbidity and the short term outcome of CBT for Axis I disorders. *Clinical Psychology and Psychotherapy, 13*(1), 56-63.

van Megen, H. J., Westenberg, H. G., Den Boer, J. A., & Kahn, R. S. (1996). The panic-inducing properties of the cholecystokinin tetrapeptide CCK4 in patients with panic disorder. *European Neuropsychopharmacology, 6*, 187-194.

Vansteenwegen, D., Vervliet, B., Iberico, C., Baeyens, F., van den Bergh, O., & Hermans, D. (2007). The repeated confrontation with videotapes of spiders in multiple contexts attenuates renewal of fear in spider-anxious students. *Behavior Research and Therapy, 45*(6), 1169-1179.

Veltman, D. J., van Zijderveld, G., Tilders, F. J., & van Dyck, R. (1996). Epinephrine and fear of bodily sensations in panic disorder and social phobia. *Journal of Psychopharmacology, 10*(4), 259-265.

Verburg, K., Griez, E., Meijer, J., & Pols, H. (1995). Respiratory disorders as a possible predisposing factor for panic disorder. *Journal of Affective Disorders, 33*, 129-134.

Vos, S. P., Huibers, M. J., Diels, L., & Arntz, A. (2012). A randomized clinical trial of cognitive behavioral therapy and interpersonal psychotherapy for panic disorder with agoraphobia. *Psychological Medicine, 42*(12), 2661-2672.

Wade, W. A., Treat, T. A., & Stuart, G. L. (1998). Transporting an empirically supported treatment for panic disorder to a service clinic setting: A benchmarking strategy. *Journal of Consulting and Clinical Psychology, 66*, 231-239.

Walker, D. L., & Davis, M. (2002). The role of amygdala glutamate receptors in fear learning, fear-potentiated startle, and extinction. *Pharmacology, 71*, 379-392.

Wardle, J., Hayward, P., Higgitt, A., Stabl, M., Blizard, R., & Gray, J. (1994). Effects of concurrent diazepam treatment on the outcome of exposure therapy in agoraphobia. *Behaviour Research and Therapy, 32*, 203-215.

Watson, D., & Clark, L. A. (1984). Negative affectivity: The disposition to experience aversive emotional states. *Psychological Bulletin, 96*(3), 465-490.

Weems, C. F., Hayward, C., Killen, J., & Taylor, C. B. (2002). A longitudinal investigation of anxiety sensitivity in adolescence. *Journal of Abnormal Psychology, 111*(3), 471-477.

Welkowitz, L., Papp, L., Cloitre, M., Liebowitz, M., Martin, L., & Gorman, J. (1991). Cognitive-behavior therapy for panic disorder delivered by psychopharmacologically oriented clinicians. *Journal of Nervous and Mental Disease, 179*, 473-477.

Westra, H. A., Stewart, S. H., & Conrad, B. E. (2002). Naturalistic manner of benzodiazepine use and cognitive behavioral therapy outcome in panic disorder and agoraphobia. *Journal of Anxiety Disorders, 16*(3), 223-246.

White, K. S., Allen, L. B., Barlow, D. H., Gorman, J. M., Shear, M. K., & Woods, S. W. (2010). Attrition in a multicenter clinical trial of panic disorder. *Journal of Nervous and Mental Diseases, 198*, 665-671.

White, K. S., Payne, L. A., Gorman, J. M., Shear, M. K., Woods, S. W., Saska, J. R., et al. (2013). Does maintenance CBT contribute to long-term treatment response of panic disorder with or without agoraphobia?: A randomized controlled clinical trial. *Journal of Consulting and Clinical Psychology, 81*, 47-57.

Wilkinson, D. J., Thompson, J. M., Lambert, G. W., Jennings, G. L., Schwarz, R. G., Jefferys, D., et al. (1998). Sympathetic activity in patients with panic disorder at rest, under laboratory mental stress, and during panic attacks. *Archives of General Psychiatry, 55*(6), 511-520.

Williams, K. E., & Chambless, D. (1990). The relationship between therapist characteristics and outcome of *in vivo* exposure treatment for agoraphobia. *Behavior Therapy, 21*, 111-116.

Williams, K. E., & Chambless, D. L. (1994). The results of exposure-based treatment in agoraphobia. In S. Friedman (Ed.), *Anxiety disorders in African Americans* (pp. 149-165). New York: Springer.

Williams, S. L., & Falbo, J. (1996). Cognitive and performance-based treatments for panic attacks in people with varying degrees of agoraphobic disability. *Behaviour Research and Therapy, 34*, 253-264.

Williams, S. L., & Zane, G. (1989). Guided mastery and stimulus exposure treatments for severe performance anxiety in agoraphobics. *Behaviour Research and Therapy, 27*, 237-245.

Wittchen, H.-U., Gloster, A. T., Beesdo-Baum, K., Fava, G. A., & Craske, M. G. (2010). Agoraphobia: A review of the diagnostic classificatory position and criteria. *Depression and Anxiety, 27*, 113-133.

Wolitzky-Taylor, K., Castriotta, N., Lenze, E., Stanley, M. A., & Craske, M. G. (2010). Anxiety disorders in older adults: A comprehensive review. *Depression and Anxiety, 27*, 190-211.

Zinbarg, R. E., & Barlow, D. H. (1996). Structure of anxiety and the anxiety disorders: A hierarchical model. *Journal of Abnormal Psychology, 105*(2), 184-193.

Zinbarg, R. E., Barlow, D. H., & Brown, T. A. (1997). Hierarchical structure and general factor saturation of the Anxiety Sensitivity Index: Evidence and implication. *Psychological Assessment, 9*, 277-284.

Zoellner, L. A., & Craske, M. G. (1999). Interoceptive accuracy and panic. *Behaviour Research and Therapy, 37*, 1141-1158.

chapter 2

외상 후 스트레스 장애

Candice M. Monson, Patricia A. Resick, Shireen L. Rizvi 공저
현명호 역

심각하지만 예상하지 않았던 외상이 순간적으로 일어날 수 있지만 그 결과는 매우 오래 남는다. 외상 후 스트레스 장애(PTSD)라는 비극은 외상이 다른 사람에 대한 사람의 잔인함이라는 맥락에서 발생한 것일 때 더욱 분명해진다. 이 장에서 다룬 '탐'의 사례는 모든 면에서 PTSD와 연관된 정신병리를 잘 보여 줄 것이고, 그 영향에 대하여 매우 개인적으로 설명할 것이다. 밋밋한 일상사건을 요약한 많은 사건 중의 하나로 신문 중간에 보도된 탐은 이라크 전쟁 중에 임신한 여성과 그녀의 아이를 그녀의 남편과 아버지가 보는 자리에서 총으로 살해하였다. 이 사건의 영향으로 그는 황폐화되었다. 이 장에서 설명할 매우 세심하고 숙련된 치료적 개입은 새로운 치료자의 모델로서 매뉴얼화된 치료를 자동적이고 기계적으로 심각한 사례에 적용할 수 있다는 생각이 잘못된 것임을 잘 보여 준다. 더구나 PTSD의 차세대 치료법인 '인지처리치료(CPT)'는 재능 있는 실무자가 이 치료 프로그램을 자신의 치료에 포함하여 충분히 사용할 수 있다. 이러한 포괄적인 치료 프로그램은 치료전략을 외상 관련 정신병리 극복에 맞추어 외상의 영향에 대한 우리의 정신병리 지식을 발전시켰고, DSM-5 진단기준의 유의한 변화에 영향을 주었다.

- D. H. B.

진단

대부분의 다른 심리적 장애와 달리 외상 후 스트레스 장애(posttraumatic stress disorder: PTSD)는 그 영향을 받은 사람이 회복되지 않은 특정한 사건이 있어야 진단한다. 『정신질환의 진단 및 통계 편람 제5판(Diagnostic and statistical manual of Mental Disorders 5th edition: DSM-5)』(American Psychiatric Association, 2013)에 따라 진단을 하려면 죽음이나 심각한 부상 또는 성폭력과 같은 위협적이거나 실제하는 사건을 경험했거나, 목격했거나, 최소한 직면했어야 한다. 외상사건에 대한 노출에는 사건을 직접 경험했거나, 누군가에게 일어나고 있는 일을 목격했거나, 친한 친구나 가족에게 폭력이나 사고

로 인한 외상이 있음을 보았거나, 외상적인 사건으로 인한 혐오스러운 요소에 반복적이고 극단적으로 노출되는 것(신체 부분을 찾아 모으는 구조전문가) 등이 포함된다. 증상 기준은 재경험(기준 B), 회피(기준 C), 인지와 정서의 부정적인 변화(기준 D; 예: 기억 손상, 격리감, 지속적인 부정적 신념), 그리고 과각성(진단 E)의 네 유목 안에 포함된다. 기준 B에 의하면, 재경험 증상은 다음 방법 중 하나로 경험되어야 한다. 외상 기억이 경고도 없이 의식 속에 반복적으로 침습하거나 그것을 유발하는 촉발 자극이 있거나 혹은 없어도 마치 청천벽력처럼 나타날 수 있다. 침습된 기억은 관련된 주제의 공포 형태로 수면 중에 나타나기도 한다. 또는 상징적으로나 실제적으로 외상사건과 관련이 있는 단서를 직면하면 강력한 심리적 반응(공포, 혐오, 우울 등)이나 생리적 반응(심박이나 호흡의 증가, 가빠진 호흡)을 보일 수 있다.

재경험 증상은 일반적으로 불편하면서 침습적이다. 왜냐하면 이 증상이 나타났을 때 통제가 어렵고 처음 외상과 관련된 강력한 부정정서를 유발하기 때문이다(Janoff-Bulman, 1992; Resick & Schnicke, 1992). 공포 자극(단서)은 차의 엔진이 급발화하거나 총소리를 듣게 된 참전 병사가 공포를 느끼는 것처럼 분명하다. 그러나 외상과 단서의 관계는 그렇게 분명하지 않다. 예를 들어, 강간 피해자의 경우 사건이 집이 아닌 다른 곳에서 발생했음에도 샤워하는 것을 두려워한다. 그러나 치료를 통해 강간을 다루기 시작하면서 그녀는 샤워를 할 때마다 자신이 혼자이고 벗고 있고 도망갈 곳이 없으며 시야가 좁아지고 외부 소리가 잘 들리지 않는데, 이것이 강간을 떠올리게 했고 위험을 느끼게 했다는 것을 알았다.

회피 증상(기준 C)은 사람들이 외상으로부터 물리적으로나 심리적으로 거리를 두려고 하는 시도를 반영한다. 회피 증상은 재경험 증상에 대한 반응이라는 주장도 있다(Buckley, Blanchard, & Hickling, 1998; Creamer, Burgess, & Passey, 1992; Taylor, Kuch, Koch, Crockett, & Pattison, 1998). 외상 기억이 의식 속으로 침습하면 외상과 관련된 고통스러운 부정정서가 일어난다. 그러므로 외상에 관한 생각이나 감정을 회피하기도 하고, 외상을 기억하게 하는 상황 혹은 사건을 회피하거나 실제로 외상과 관련된 중요한 사실을 잊어버리기도 한다(기준 D1). 외상 기억의 회피는 일시적으로 고통스러운 정서를 줄여 주지만 역설적으로 회피행동은 증가시킨다. 외상 생존자는 외상을 경험한 후에 외상 기억 및 그와 관련된 정서를 회피하기 위해 매우 제한된 생활방식을 유지한다고 자주 보고한다. 진단을 하기 위해서는 적어도 세 가지 이상의 회피행동이 필요하다.

마찬가지로 무감동이나 타인과의 거리감 증상(기준 D의 하나)도 침습 기억과 관련된 혐오적인 기분을 줄이려는 시도에 속한다(Astin, Layne, Camilleri, & Foy, 1994; Resick & Schnicke, 1992). 이러한 거리감은 긍정정서나 부정정서 모두에 일반화된다. 외상 생존자는 보통 강한 감정을 더 이상 느끼지 못하거나 감동 없이 많은 시간을 보낸다고 말한다. 이러한 포괄적인 무감동감은 타인과 관계를 맺고, 일상생활을 즐기고, 생산적으로 행동하고, 미래를 계획하는 능력을 상당히 방해한다. 물론 모든 외상 생존자가 정서적 무감동을 경험하는 것은 아니라는 것을 주목해야 한다. 반대로 어떤 사람은 분노와 수치심과 같은 강한 부정정서를 지속적으로 경험하기도 한다. 외상 생존자는 기준 D

로 분류될 수 있는 인지적 증상을 지속적으로 경험할 수 있다. 여기에는 자신과 타인 혹은 일반적인 삶에 대한 부정적인 신념이 포함된다(예: "이제 나는 정상적인 관계를 맺을 수 없어." "어느 곳도 100% 안전하지 않아."). 그들은 외상이 발생한 이유와 그 결과를 왜곡하여 지각하면서 자신을 비난하기도 한다.

외상 생존자는 과각성을 경험하기도 한다(기준 E). 이는 마치 개인의 몸이 현재 외상사건을 겪고 있는 것처럼 '투쟁이나 도피' 상태에 항상 머물러 있음을 의미한다. 이처럼 각성된 상태에서 사람은 비교적 안전한 상황에서조차 새롭게 위험에 반응하는 경향이 있다. 위기 중에는 생존을 도모하기 때문에 이러한 반응이 적응적이다. 그러나 안전한 상태에서 과각성이 되어 있으면 일상 기능을 방해하고 소진될 수 있다. 이러한 상황에서는 환경에 위험단서가 있는지 확인하는 데 많은 에너지를 쓰는 과경계 상태에 있게 된다. 따라서 수면장애를 경험하고, 집중력이 감소하며, 안절부절못하거나 자극에 대한 과반응(과도한 경계 반응)을 하게 된다. 이러한 긴장상태가 유지되면서 전반적인 신체적 건강이 악화되는 경험을 하게 된다(예: Kulka et al., 1990). 적어도 기준 E의 두 행동은 PTSD를 진단하기 위해서는 꼭 존재해야 한다.

앞서 기술한 증상 기준은 PTSD로 진단하기 위해서 적어도 1개월 이상 지속되어야 하고, 그 증상이 불편하게 지각되고 기능적 손상의 원인이 되어야 한다. 외상 생존자의 대다수는 외상사건 후 즉시 PTSD의 진단에 해당하는 증상을 보인다. 그러나 이 비율은 외상 후 3개월이 지나면 약 절반으로 떨어지고 안정화된다. 예를 들어, 강간 외상 피해자를 외상 후 2주, 1개월, 3개월, 6개월, 9개월 후에 평가해 보았더니 PTSD의 진단율이 94, 65, 47, 42, 42%이었다(Rothbaum & Foa, 1992). 즉, 3개월이 지나면 PTSD 비율이 크게 감소하지 않았다. 강간 외상을 경험한 2주 후와 3개월 후를 평가한 다른 연구에서도 PTSD의 비율은 매우 유사하였다(Gutner, Rizvi, Monson, & Resick, 2006). 처음 평가했을 때 강간 생존자의 81%가 시간 기준을 제외한 PTSD의 증상 기준을 만족시켰지만 3개월이 되었을 때에는 53%로 감소하였다. 전투나 재난 혹은 신체적 공격과 같은 (사건의 심각성이 매우 다른) 사건에서 PTSD로 진단되는 비율은 강간의 경우보다 적다(Kessler, Sonnega, Bromet, Hughes, & Nelson, 1995). PTSD가 지연되어 발병하는 경우는 드문데, 이는 (해리나 기억상실 혹은 지나친 회피로 인해) 초기에는 역치하 상태로 증상이 있었거나 (범죄자가 희생자를 죽여 생존자에게 있어 사건의 의미가 변하는 것처럼) 시간이 지나면서 사건의 의미가 변했음을 반영한다.

DSM-5(2013)는 PTSD의 연구와 치료에 영향을 주는 진단기준의 변화를 가져왔다. PTSD는 이전 판에서는 불안장애로 분류되었지만 이제는 외상과 스트레스 관련 장애에 포함된다. 이러한 변화는 PTSD가 요인분석 결과, 불안장애로 분명하게 군집화되지 않는다는 점(예: Cox, Clara, & Enns, 2002; Miller, Grief, & Smith, 2003; Miller, Kaloupek, Dillon, & Keane, 2004; Miller & Resick, 2007)과 분노와 슬픔, 죄책감이나 공포와 같은 다양한 정서가 포함된다는 점(DSM-5의 진단기준 참조)을 볼 때 의미가 있다. 또한 DSM-5는 스트레스원의 기준을 엄격하게 하였고, 기준 D(인지와 기분의 부적 변화)를 새로 포함하였다.

침습 기준은 사건에 대한 반추를 분명하게 포함하고 있지는 않으나 적어도 다음 중 하나를 포함하고 있어야 한다. 외상사건에 대한 자발적이거나 단서에 의한 불편한 기억, 사건과 관련된 내용과 정서가 담긴 불편한 꿈의 재현, 마치 외상사건이 다시 발생한 것처럼 느끼거나 행동하는 해리 반응, 외상사건을 상징화하거나 유사한 내외 단서에 직면할 때의 심리적 불편감, 그리고 외상사건을 기억하게 하는 것에 대한 분명한 생리적 반응.

회피 기준은 다음 두 가지 항목을 포함한다: 외상사건의 내적 회상 요인의 회피와 외적 회상 요인의 회피. 이 둘 중 하나가 충족되면 진단을 내리게 된다.

세 번째 증상 기준은 DSM-5에 처음 소개되거나 분류된 것이다. 진단을 하려면 다음 증상 중에서 최소한 2개를 경험해야 한다. 외상사건의 중요한 장면을 기억할 수 없음, 자신이나 타인, 그리고 세상에 대한 지속적이고 격앙된 부정적 인지, 사건의 원인과 결과에 대해 자신이나 타인을 왜곡되게 비난함, 전반적으로 부정적인 정서상태(예: 공포, 극단적 공포, 분노, 죄책감, 수치심), 중요한 활동에 대한 흥미나 참여의 극심한 감소, 타인과의 분리감이나 적대감, 또는 지속적으로 긍정정서를 경험할 수 없음(예: 사랑할 수 없고, 정신적으로 무심해짐).

DSM-IV와 비교하여 DSM-5에서는 네 번째 증상 기준을 생리적 각성을 넘어 역기능적이고 충동적인 행동으로 확장시켜서, 안절부절못하는 행동이나 공격적인 행동, 분별없는 행동이나 자기파괴적 행동, 과경계적 행동, 과장된 경악 반응, 집중의 어려움, 그리고 수면장애까지 포함시켰다.

DSM-IV와 달리 DSM-5에서는 증상이 약물이나 일반적인 의학적 상태로 인한 직접적인 생리적 영향(예: 외상적 뇌손상이나 혼수상태)으로 인한 것은 아니라고 규정하고 있다.

DSM-5에서는 해리형을 새롭게 포함하였다. 이는 심각한 PTSD 환자의 소수(15%)가 매우 심한 해리를 보고한다는 역학 연구(예: Wolf et al., 2012), 심리생리학 연구(예: Griffin, Resnick, & Mechanic, 1997), 신경 이미지 연구(예: Lanius et al., 2010), 그리고 치료연구(Cloitre, Petkova, Wang, & Lu Lassell, 2012; Resick, Williams, Suvak, Monson, & Gradus, 2012)에서 얻은 결론을 수렴한 것이다. 이 사람들은 해리 증상이 없는 심한 PTSD 환자와 다르게 치료에 반응하는 경향이 있다.

DSM-5에서는 어린 아동의 PTSD와 증상이 외상 후 적어도 6개월 내에 발생하지 않은 PTSD도 분류를 달리하고 있다.

유병률

역학 연구에 의하면 전집에서 외상에 노출되고 PTSD가 되는 비율이 높은 것으로 보고되고 있다(Kessler et al., 1995; Kilpatrick, Saunders, Veronen, Best, & Von, 1987; Kulka et al., 1990). 미국에서 4,008명의 여성을 무선적으로 표집한 Resnick, Kilpatrick, Dansky, Saunders와 Best(1993)는 이들의 외상경험률이 높다(68%)고 보고하였다. 그들은 이 결과를 1989년도 인구 센서스 자료에 근거하여 미국 평균을 구했는데, 6,600만 명의 미국 여성이 적어도 한 번 이상 주요한 외상사건을 경험하는 것으로 추산되었다. Resnick 등은 이들 중 기준 A의 스트레스 경험을 기준으로 일생 동안 강간 32%, 기타 성적 공격 31%, 신체적 공격 39%, 가족이나 친구의 살해 31%, 범죄 피해 26%, 자연재해나 인재, 사고나 부상 등 범죄 외의 외상은 9%가 경험한다는 것을 발견하였다.

외상의 심리적 영향에 관한 첫 대규모 전국적 유병률 연구에서 Kessler 등(1995)은 5,877명(남자 2,812명, 여자 3,065명)의 미국 내 표본을 대상으로 조사를 하였다. 이 연구에서는 외상이 되는 스트레스를 12개의 유목으로 평정하였고, 적어도 주요한 외상사건을 하나 이상 경험한 사람이 대다수라는 것을 발견하였다. 그들은 외상에 노출된 후 여성의 20.4%와 남성의 8.2%가 PTSD로 발병하였고, 특정한 외상의 경우에는 그 비율이 더 높았음을 발견하였다. 예를 들어, 강간은 여성뿐 아니라 남성에서도 가장 빈번한 외상으로 알려져 있어서 자신의 가장 괴로운 외상으로 강간을 언급한 남성의 65%와 여성의 46%가 PTSD로 진단되었다. 가장 괴로운 외상으로 다른 외상을 언급한 남성 중에서 PTSD로 진단될 확률은 전쟁의 경우 39%, 아동기에 방임을 경험한 경우 24%, 아동기에 신체적 학대를 경험한 경우 22%였다. 여성은 강간이 아닌 경우는 아동기의 신체적 학대(49%), 무기를 통한 위협(33%), 성적 괴롭힘(27%), 그리고 물리적 공격(21%)이 PTSD와 관계가 있었다. Resnick과 동료(1993)의 연구에 의하면 사고와 자연재해는 남녀 모두에서 PTSD를 예측하는 정도가 낮았다. 반대로 Norris(1992)는 자동차 사고(motor vehicle accidents: MVAs)는 비극적인 죽음이나 강도와 같은 외상보다 발생 빈도가 적고, 성적이고 신체적인 공격 같은 사건보다 덜 외상적이지만 발생 빈도와 영향력을 함께 고려하면 매우 심각한 단일사건이 될 수 있다는 것을 지적하였다. 일생 동안의 자동차 사고율은 23%이고, PTSD 발생률은 12%로서 미국에서 1,000명당 28명이 자동차 사고로 심각한 괴로움을 경험한다.

최근에 Kessler와 동료들(Kessler, Berglund, et al., 2005; Kessler, Chiu, Demler, Merikangas, & Walter, 2005)은 9,200명을 대상으로 하는 대규모 국가 유병률 조사를 시행하였다. 이 연구에서 전체적인 PTSD의 유병률은 6.8%였다. 이는 1995년에 보고된 유병률 7.5%와 비교된다.

참전 군인을 대상으로 한 베트남 참전용사 재적응 연구(National Vietnam Veterans Readjustment Study: NVVRS; Kulka et al., 1990)는 베트남 참전 후의 PTSD와 심리적 문제를 평가하기 위해 1983년 미 의회의 요청에 의해 실시되었다. 전쟁 중에 800만 명 이상이 군에 복무하였다. 이 중 310만 명 정도의 군인이 베트남에서 복무하였고, 나머지는 외국의 다른 지역이나 미국에서 복무하였다. 여군은 7,200명이 베트남에서 복무하였고, 25만 5,000명은 다른 지역에서 복무하였다. 이 연구에서는 1,632명의 참전용사와 716명의 타 지역 복무병사, 그리고 668명의 일반 시민까지 총 3,016명을 상대로 심층 면접과 평가를 실시하였다.

연구 결과, 대다수의 참전용사는 PTSD나 다른 문제 없이 사회에 잘 적응하고 있었다. 그러나 참전한 남성의 31%, 여성의 27%는 살아가는 동안 PTSD로 진단된 경험을 가지고 있었다. 더구나 전쟁이 끝난 지 10년 후 실시된 연구에서는 참전용사 중 15%의 남성과 9%의 여성이 PTSD에 해당하였다. 이는 베트남 참전용사 중 47만 9,000명에 해당한다. 더구나 11%의 남성 참전용사와 7%의 여성 참전용사는 PTSD의 진단기준을 만족하지는 않지만 유의한 증상과 불편을 경험하고 있었다. 이는 베트남 전쟁 후에 미국의 35만 명의 남녀 참전용사가 괴로움을 경험하고 있음을 의미한다.

베트남 참전용사 재적응 연구 자료는 역사적 기

록을 통해 입증될 수 있는 사례만을 포함하는 엄격한 진단을 활용하여 재평가되었다. Dohrenwend와 동료들(2006)은 외상에 노출된 정도와 PTSD 비율 간의 강력한 관계(용량-반응 관계)가 거의 입증되지 않았음을 발견하였다. 그러나 베트남전쟁 참전 전이나 후에 PTSD가 발병한 사람을 통제하고 입증할 수 없는 사건을 경험한 사람을 제외한 후에는 PTSD 비율이 낮음을 발견하였다. 이러한 엄격한 기준을 사용하여 그들은 18.7%의 참전용사가 전쟁 관련 PTSD의 기준을 만족하였고, 11~12년 후에도 9.1%는 여전히 PTSD로 진단된다는 것을 발견하였다. 이 비율은 전쟁이라는 역사적 사건에서 강간이나 사고와 같이 수용될 수 없는 사건으로 외상을 경험할 수 있다는 점에서 최소한의 발생 확률을 고려한 것이다. 베트남 참전용사 재적응 프로그램 참가자를 대상으로 한 장기연구(National Vietnam Veterans Longitudinal Study: NVVLS)는 우리에게 PTSD의 장기적 결과를 잘 보여 준다.

최근 이라크와 아프카니스탄 전쟁에서는 전쟁 **중에** 직접 PTSD를 측정하려는 첫 시도가 있었다(Hoge et al., 2004; Hoge, Auchterlonie, & Milliken, 2006). Hoge와 동료들(2004)은 전쟁 전의 육해군 2,530명과 전쟁 후의 참전 군인 3,672명을 연구하였다. 그 결과, 참전했던 병사는 그렇지 않은 병사에 비해 정신건강의 문제가 유의하게 컸으며, 특히 아프카니스탄에 파병된 병사에 비해 이라크에 파병된 병사에게서 문제가 더욱 크게 나타났다. 파병 전 PTSD가 약 9% 정도였는데 아프카니스탄 파병군은 11.5%, 이라크 파병군은 18~20%가 PTSD 진단기준을 넘어섰다. 또한 그들이 참가한 전투의 수와 PTSD의 심각도 간에는 직선적인 관계가 있었다. 부상이나 신체적 손상을 입은 경우에는 PTSD의 증상이 더욱 심하였다.

군에서는 파병 후 모든 병사에게 PTSD를 검사하였기 때문에 1년 동안(2003년 5월에서 2004년 4월까지) 아프카니스탄과 이라크, 그리고 그 외 지역에 파병된 30만 3,905명의 육해군 전체를 대상으로 한 연구(Hoge et al., 2006)가 가능하였다. 이전 보고서와 마찬가지로 이라크에 파병된 남녀 군인의 정신건강 문제는 19.1%로 아프카니스탄의 11.3%이나 기타 지역의 8.5%보다 높았다. 이 연구에서는 전체 군인의 10.7%에 해당하는 3만 2,500명의 여군도 평가하였다. 정신건강에 대한 관심은 여군이 23.6%로, 18.6%인 남자 군인보다 높았다. 그러나 이러한 성차는 이미 존재하는 외상이나 PTSD를 설명하지 못하며, 전투 외상이나 성적 폭력에 대한 노출 등과 같은 변인이 이를 설명한다. 또한 PTSD의 선별은 4문항 중 2개에 '예'라고 대답하는 경우 PTSD 가능성이 있는 것으로 보았다. 이러한 경우 이라크에 파병된 병사의 9.8%는 PTSD 가능성이 있는 기준에 해당하였고, 역시 전투에 노출된 정도와 PTSD는 관계가 있었다.

최근 Vogt와 동료들(2011)은 이전 해에 이라크나 아프카니스탄에서 돌아온 여군에게 전투가 PTSD의 예측 요인인지 확인하기 위해 국가 차원에서 무선조사를 실시하였다. 그들은 여군을 과대표집하여 남녀의 차이가 없도록 2,000명의 군인을 표집해 접촉하였다. 조사가 끝난 사람은 579명이었다. 여성(43%)보다는 남성(49%)이 전투에 더 많이 노출되었다. 여군은 또한 관계에 대한 걱정을 매우 낮게 보고하였다. 그러나 남녀 모두 지각된 위협, 아동기 가족의 기능, 이전의 스트레스원, 파병 후의 스트레스, 파병 후의 사회적 지지, 그리고 PTSD 증상의 심각도에 있어서 차이는 없었다. 이 연구는 군에서의 성적 외상은 검증하지 않았다. 이것은 여성에게서 높은 것으로 보고되는 것인데, 이로 인해 이 표본에서 남녀 간의 PTSD 비율이 유사하였던 것으로 보인다(Street, Gradus, Vogt, Giasson, & Resick, 2013).

PTSD의 이론적 모델

1970년대 강간과 베트남 참전용사에 대한 연구를 시작한 임상가와 연구자는 그들이 관찰한 증상을 학습 이론에 근거하여 설명하기 시작하였다. 고전적 조건화와 조작적 조건화로 구성된 Mowrer의 2요인 이론(1947)은 외상 후 증상을 설명하기 위해 처음 제안되었다(Becker, Skinner, Abel, Axelrod, & Cichon, 1984; Holmes & St. Lawrence, 1983; Keane, Zimering, & Caddell, 1985; Kilpatrick, Veronen, & Best, 1985; Kilpatrick, Veronen, & Resick, 1982). 고전적 조건화는 외상 피해자에게서 외상과 관련된 자극에 대한 반응으로 자주 발견되는 높은 수준의 불편감과 공포를 설명한다. 조작적 조건화는 PTSD 회피 증상의 발현과 무조건 자극, 즉 외상성 스트레스가 더 이상 나타나지 않음에도 공포가 계속 유지되는 것을 설명한다. 외상 기억과 그 외 단서(조건 자극)는 공포와 불안(조건화된 정서 반응)을 유발하고, 사람들은 이 단서로부터 회피하여 공포와 불안을 회피한다. 이러한 방식으로 조건 자극에 대한 회피는 부적 강화되어 외상 자체가 반복되지 않으면 보통은 약화되는 외상 단서와 불안 간의 관계를 약화시키지 못하게 된다.

학습 이론은 PTSD의 공포와 회피의 발생과 유지를 상당 부분 설명해 주지만 '침습 증상(즉, 생존자의 생각 속으로 침습하여 오는 외상에 대한 반복적인 기억으로 악몽과 같은 상태)'은 잘 설명하지 못한다. Lang의 불안 발달에 대한 정보처리 이론(information-processing theory)에 기초하여 Foa, Steketee와 Rothbaum(1989)은 PTSD가 기억의 공포망 발달로 인하여 나타나는데, 이는 도피와 회피 행동을 유발한다고 주장하였다. 정신적인 공포 구조는 자극과 반응, 그리고 의미 요소로 구성되어 있다. 외상과 관련된 것은 공포 구조나 도식을 활성화하여 회피행동을 하게 한다. PTSD가 있는 사람의 공포 구조는 안정적이고 넓게 일반화되어 있기 때문에 쉽게 접근할 수 있다. Chemtob, Roitblat, Hamada, Carlson과 Twentyman(1988)은 이러한 구조가 PTSD인 사람에게서 항상 적어도 약하게 활성화되어 사건을 잠재적으로 위험한 것으로 해석하게 한다고 제안하였다. 공포망이 외상의 잔유물로 인해 활성화되면 망에 있던 정보가 의식 속으로 들어가게 된다(침습 증상). 이러한 활성화를 회피하려는 시도가 PTSD의 회피 증상이다. 정보처리 이론에 의하면 안전한 환경에서 외상 기억에 반복적으로 노출되면 공포는 습관화되고 공포 구조의 변화가 일어나게 된다. 정서가 감소하면서 PTSD인 환자는 자신의 의미 요소를 자발적으로 수정하기 시작하고, 결과적으로 자기진술이 변하게 되어 일반화가 축소된다.

인지 이론도 정보처리에 관심이 있지만 외상이 생존자의 신념 체계와 적응에 미치는 영향에 좀 더 초점을 맞추어 외상사건과 이전의 신념이나 기대가 조화를 이루도록 하려 한다. 최초의 가장 영향력 있는 인지 이론가인 Horowitz(1986)는 정신역동적 관점을 벗어나 인지처리 이론적 관점을 취하였다. 그는 '완성'경향성에 의해 처리가 일어난다고 주장하였는데, 이는 새롭고 양립되지 않는 정보를 기존의 신념에 통합시키려는 심리적 욕구를 말한다. 완성경향성은 외상 정보가 완전히 처리되어 사건이 해결될 때까지 활성 기억으로 남게 한다. 또한 Horowitz는 사건을 자신의 역사 속에 일치시키고 녹여 넣으려는 욕구와 정서적 고통을 회피하려는 욕구 간에 기본적인 갈등이 내재한다고 이론화하였다. 사건에 대한 심상(플래시백, 악몽, 침습적 재현)과 사건의 의미에 대한 생각, 외상과 관련된 정서가 매우 압도적일 때 심리적 방어기제가 작동하고, 사람들은 무감각해지거나 회피한다. 그는 PTSD인 사람은 침습과 회피 단계 사이를 배회하는데, 만약 성공적으로 처리되면 이러한 배회가 약해지고 줄어들게 된다고 주장하였다. 이 이론에 따르면 만성적인 PTSD는 외상이 완전히 통합되지 않아 활성화된 기억으로 남아 있는 상태이며, 이것이 침습 반응과 회피 반응을 자극한다.

PTSD의 인지 내용에 초점을 맞추고 있는 기타 여러 사회인지 이론가나 연구자는 PTSD의 세상과 자신에 대한 기본적인 가정이 '부서졌다'고 제안하였다. 구성주의 이론은 사람들이 세상(그리고 자신)에 대한 내적 표상을 능동적으로 구성한다는 생각에 기반을 두고 있다. 새로운 경험은 세상에 대한 자신의 모델에 기초하여 의미를 부여받는다(Janoff-Bulman, 1985, 1992; Mahoney & Lyddon, 1988; McCann & Pearlman, 1990). 회복이란 결국 근본적인 신념을 재구성하고 평형을 유지하게 하는 것이다. Janoff-Bulman(1985)은 이러한 과정에서 개인이 이전 신념과 새로운 신념 간의 차이를 줄이기 위해 사건을 재해석한다고 제안하였다. 다른 이론가는 개인의 기존 신념이 유난히 긍정적이거나 부정적이라면 더욱 심각한 PTSD 증상이 나타난다고 주장하였다(McCann & Pearlman, 1990; Resick & Schnicke, 1992; Resick, Monson, & Chard, 2007). Foa, Steketee와 Rothbaum(1989)은 특히 외상의 예측가능성과 통제가능성에 대한 신념에 주목하였고, McCann과 Pearlman(1990)은 여러 인지영역이 안전과 신뢰, 통제력, 자존감, 친밀감 등에 대한 신념을 와해시킬 수도 있고 지지할 수도 있다고 제안하였다. Resick과 동료들(2007)의 모델은 '공평세사관'의 신화와 자신의 삶을 예측하거나 통제할 수 있다는 희망이자 환상에 초점을 맞추고 있다.

인지 모델에서 정서적 표현은 습관화를 위해서가 아니라 외상 기억을 완전하게 처리하기 위해서 필요하다. 자연적인 정동은 한번 접근되면 빨리 사라지고, 기억을 신념과 조화시키는 작업이 시작된다고 가정된다. 사건에 대한 잘못된 신념(자기비난, 죄책감)과 자신이나 세상에 대한 과잉일반화된 신념(예: 안전, 신뢰, 통제, 자존감, 친밀감)이 도전을 받으면 침습적인 기억 요소와 함께 2차적인 정서가 감소한다. 외상 노출 연습 없는 스트레스 면역 훈련(Foa, Rothbaum, Riggs, & Murdock, 1991; Foa et al., 1999)과 외상경험에 대한 글 또는 말에 의한 설명이 없는 인지치료(예: Ehlers et al., 2003; Resick et al., 2008; Tarrier et al., 1999)가 PTSD의 치료에 효과적이라는 사실은 습관화가 변화의 유일한 기제라는 가정을 의심하게 한다.

Ehlers와 Clark(2000)는 위협의 지각과 기억에 초점을 맞춘 PTSD의 인지 모델을 제안하였다. 그들은 PTSD인 사람은 사건이 과거에 일어났음에도 불구하고 사건을 한정된 시간 내에서 바라보지 못하고 미래에 큰 시사점을 가지고 있는 것으로 가정한다고 보았다. PTSD인 사람은 자신이 현재 위험에 처해 있다고 믿는 사람처럼 사건을 평가한다.

이러한 잘못된 평가를 일으키는 방법은 여러 가지가 있다. 하나는 사건에 기초하여 과잉일반화하는 것으로서 정상적인 활동을 실제 객관적인 정도보다 훨씬 위험한 것으로 가정한다. 그들은 사건이 다시 일어날 가능성을 과도하게 추산한다. 외상이 일어난 후 그들은 자신의 PTSD 증상을 마치 자신이 매우 위험한 상황에 있는 것처럼 생각하거나(오경보를 진경보로 오인함) 자신의 증상은 미래의 사건을 자신이 극복할 수 없다는 의미로 해석하도록 잘못된 의미를 부여한다.

Ehlers와 Clark(2000)의 인지 이론은 기억의 문제가 발생한다는 점도 주장하였는데, PTSD인 사람은 사건의 기억에 의도적으로 접근하는 것을 어려워하지만 의도하지 않았음에도 사건의 일부 기억의 침습을 경험한다. 그들은 외상이 일어났을 때의 상세한 사건 내용과 시간 맥락, 그리고 그 진행사항 등 입력된 기억이 완전히 정교화되어 다른 기억과 통합되지 못한다. 그래서 PTSD인 사람은 자전적인 기억이 빈약하고, (시간 맥락이 없는) 지금 현재의 성질을 가지고 적절한 외상 후 평가(예: "나는 죽지 않았어.")가 되지 않은 기억의 파편에 의해 자극을 받게 된다. 정서처리 모델처럼 Ehlers와 Clark는 강력한 연합학습이 공포 반응과 짝지어져서 일반화된다고 제안하였다. 위협을 지각하면 PTSD인 사람은 자신의 평가에 기초하여 다양한 부적응적인 대처전략을 사용한다. 예를 들어, 외상사건에 대해 계속 생각하는 것은 자신이 미쳐 가고 있다는 증거라고 믿는 사람은 외상에 관한 생각을 회피하고 가능한 한 그 생각에 점령당하지 않으려고 한다. 외상사건이 발생한 이유를 알아서 재발하는 것을 막아야 한다고 믿는 사람은 이를 방지하기 위한 방법을 계속 반추하게 된다. 자신의 행동에 대해 벌을 받은 것이라고 생각하는 사람은 꼼짝하지 못하고 결정하지 못할 수 있다. 대부분은 회피행동인 부적응적인 전략은 ① 증상을 증가시키고, ② 부정적 평가의 변화를 방해하며, ③ 외상 기억의 변화도 방해한다.

Brewin, Dalgleish와 Joseph(1996)은 PTSD의 이론을 조정하기 위해 정보처리 이론과 사회인지 이론을 통합하는 이중표상 이론(dual representation theory)을 제안하였다. 그리고 그들은 기억에 관한 인지과학의 연구와 이론을 소개하였다. 그들은 단일한 정서적 기억이라는 개념은 연구나 임상적 관찰에서 분명한 전체적인 기억을 기술하기에 너무 협소한 개념이라고 주장하였다. 이전 연구에 기초하여 그들은 감각 입력이 의식적인 처리와 무의식적인 처리가 된다고 보았다. 그들은 의식적이며 정교하게 회상되는 기억은 '언어적으로 접근 가능한 기억(verbally accessible memories: VAMs)'이라고 하고, 이 기억은 감각 정보와 정서 및 신체 반응에 대한 정보, 그리고 사건의 개인적 의미를 포함한다고 보았다. VAMs는 매우 상세하지만 스트레스를 받는 조건에서는 주의가 매우 협소해지고 단기 기억 용량이 감소하여 매우 선택적으로 작동한다.

또 다른 유형의 기억은 무의식적인 것으로 '상황적으로 접근 가능한 기억(situationally accessed memories: SAMs)'이라고 한다. 이러한 유형의 정보는 사건에 대한 자전적인 기억보다 매우 광범위하여 정교하게 접근할 수 없으며, 외현적으로 접근할 수 있는 VAMs처럼 쉽게 변경하거나 처리할 수 없다. SAMs는 외상과 일부 측면에서 유사한 자극 상황에 노출되거나 의식적으로 외상에 대해 생각하면 자동적으로 접근하게 되는 감각(예: 청각, 시각, 촉각), 생리, 그리고 기억 정보를 포함한다. SAMs

는 침습적인 감각 이미지나 생리적 각성에 뒤따라 오는 플래시백으로 경험된다.

이중표상 이론은 두 가지 정서 반응을 가정한다. 하나는 사건 동안 조건화된 것(예: 공포, 분노)으로 SAMs에 기록되고 재경험하는 감각 및 생리적 정보와 함께 활성화된다. 다른 한 유형의 정서인 2차적 정서는 외상의 결과와 의미로부터 나타난다. 이러한 2차적 정서는 공포와 분노뿐 아니라 죄책감과 수치심, 그리고 슬픔을 포함할 수 있다.

Brewin과 동료들(1996)은 외상의 정서처리가 두 가지 요소를 가지고 있다고 제안하였다. 한 가지 처리 요소는 정보처리 이론에서 제안한 것처럼 SAMs의 활성화로서 외상에 관한 상세한 감각과 생리적 정보를 제공하여 인지적으로 재적응하게 도우려는 목적을 갖는다. SAMs의 활성화는 새로운 SAMs가 발생하여 방해되거나 새로운 정보가 통합되어 변화될 때 그 빈도가 감소한다. SAMs가 의식될 때 그것은 다른 신체상태(예: 이완이나 습관화)나 다른 의식적 사고와 짝지어짐으로써 변할 수 있다. 결국 SAMs가 충분히 대치되거나 변화되면 부정정서와 뒤따르는 주의 편향, 그리고 기억의 접근성이 감소한다.

(사회인지 이론가가 제안한) 두 번째 요소는 사건의 의미, 책임과 원인, 또는 비난의 대상을 찾고, 사건과 이전의 기대와 신념 간의 갈등을 해소하려고 하는 의식적인 시도를 말한다. 이러한 과정의 목적은 부정정서를 줄이고, 자신의 환경에서 안전감과 통제감을 회복하려는 것이다. 이러한 두 번째 목적을 달성하기 위해 외상을 입은 사람은 사건과 자신의 신념 체계 간의 갈등을 조정하고자 자신의 자전적 기억(VAMs)을 교정하여야 한다. 이들은 기존의 신념 체계를 재형성하기 위하여 사건의 기억을 변화시키거나 새로운 정보에 맞추어 기존의 신념이나 기대를 수정하기도 한다.

Brewin과 동료들(1996)은 정서가 우선하면서 SAMs에 의해 유도되는 사례를 위해서는 노출치료가 가장 필요하다고 주장하였다. 그러나 자기비난, 죄책감, 수치심과 같은 2차적 정서가 있을 때에는 인지치료가 필요할 것이다. 노출과 인지치료는 PTSD의 치료에 효과적임이 발견되었지만, 아직 내담자의 프로파일에 치료의 유형을 매칭한 연구는 없다.

SPAARS(Dalgleish, 2004)라고 불리는 중다표상 인지 모델(multirepresentational cognitive model)은 원래 일상생활에서의 정서경험을 설명하기 위해 제안된 것이었지만 PTSD에도 적용되고 있다. 이 모델은 이전 이론을 포용하려고 하였다. 모델에서는 정신적 표상 체계를 4개의 유형 또는 수준으로 구분하였다. 그것은 도식적 표상, 명제적 표상, 유추적 표상, 그리고 연합적 표상 체계이다. 도식적 표상은 추상적인 일반적 정보, 즉 도식을 표상한다. 명제적 표상은 VAMs처럼 언어적으로 접근 가능한 의미를 말하고, 유추적 표상은 SAMs와 같이 모든 종류의 감각 체계를 아우르는 '심상'으로 저장된다. 연합적 표상은 정보처리 이론에서 다른 유형의 표상 간의 연결을 의미하는 것으로 가정한 공포 체계와 유사하다. SPAARS 모델에서 정서는 두 가지 경로를 따라 발생한다. 하나는 Ehlers와 Clark(2000)의 인지 이론과 유사하게 도식적 수준에서 평가를 통하는데, 여기서 사건은 중요한 목적과 비교된다. 사람들은 이것이 만약 중요한 목적을 방해한다면 위협으로 평가하고 공포를 경험한다. 외상사건은 생존에 위협이 되기 때문에 위협으로 평가되고 공포를 유발한다. 두 번째 경로는 연합학습을 통해 발생하는데, 이는 자동적이며 Foa와 동료들(1989)이 기술한 공포 활성화와 유사하다.

SPAARS 모델에서 외상사건은 평가로 인한 강력한 공포와 무력감, 전율 등의 광범위한 정서를 촉발한다. 외상사건에 대한 정보는 도식, 명제 및 유추수준에 동시적으로 입력된다. 외상사건에 대한 기억이 목표에 대한 지속적인 위협을 나타내기 때문에 사람들은 낮은 수준의 공포 활성화와 위협에 주목하게 되는 인지적 편향, 침습적인 감각적 이미지와 평가상태에 머무르게 된다. 외상 기억은 다양한 수준의 정신적 표상에 남아 있지만 개인의 거대한 정신 표상 속에 통합되어 있지 않다. 기억은 플래시백이나 악몽으로 나타난다. 이러한 강력한 기억과 정서적 침습은 회피를 통해 극복하려는 노력을 이끌어 낸다.

평가

PTSD를 종합적으로 평가하기 위해서는 생활사건이 외상적 스트레스로서 충분히 심각하고 주관적인 반응을 이끌어 내는가(기준 A)와 함께 DSM-IV-TR에 기술된 20개 관련 증상의 존재와 심각성(기준 B~D)을 평가하여야 한다. 면접에 기초한 측정은 PTSD를 평가하는 데 있어서 '황금 기준'이지만, 많은 자기보고 측정치도 PTSD를 평가하는 빠르고 자원이 덜 필요한 방법으로 최근에 많이 개발되었다. DSM-5의 새로운 기준은 심리측정적으로 타당화되었고, 평가와 연구는 이에 따라 이루어지고 있다.

외상사건의 평가

PTSD를 평가하는 기본적인 첫 단계는 환자의 생애에서 외상을 확인하는 것이다. 그러나 이것은 쉬운 일은 아니다. 그 이유는 특히 강간과 아동기 성학대 외상 피해자와 같은 많은 외상 생존자는 자발적으로 외상경험을 노출하지 않기 때문이다. 이는 외상 관련 자극을 회피하는 일반적인 경향성과 관계가 있고, 사건과 관련된 수치심과 당황, 그리고 자기비난을 반영한다. 정신건강 문제로 치료를 받으려고 할 때조차 외상 생존자는 자신의 심리적 문제가 그 외상사건과 관련되어 있다는 것을 인식하지 못하는 경우가 있다. Kilpatrick(1983)은 생존자가 이러한 정보를 제공하지 못하는 이유는 매우 다양한데, 여기에는 노출하였을 때의 부정적 반응에 대한 공포가 포함된다고 하였다. 이는 특히 이전에 노출이 비난이나 불신을 가져왔던 경우에 그러하다. 이에 더하여 그 가해자가 친지나 잘 아는 사람인 경우나 외상이 전쟁에서처럼 많은 사람이 경험하는 것이라면 많은 외상 생존자는 자신의 경험을 '외상', '강간' 또는 '학대'로 명명하거나 인식하지 못하기도 한다. 마지막으로, 치료자와 강력한 치료동맹이 맺어지지 못하면 많은 사람은 개인적인 정보를 노출하지 않는다. 그러므로 임상가는 가능한 한 조속히 긍정적인 동맹을 형성하여 질문과 신뢰의 한계에 관하여 논의하고, 얻은 정보(예: 진단이나 치료계획, 연구의 목적 등)를 어떻게 활용할 것인지에 대해 논의할 수 있어야 한다.

외상경험의 존재에 관한 질문을 할 때 "당신에게 신체적으로 압력을 가하거나 위협하여 원치 않게 성적 접촉을 한 사람이 있습니까?"와 같은 행동적이고 서술 촉진적인 질문은 매우 구체적이고,

"당신은 강간당한 적이 있습니까?"와 같은 질문보다 낫다. 후자의 질문에 대해 결혼을 했거나 데이트 중이고 성적으로 폭행당한 사람은 "아니요."라고 대답할 것이다. 왜냐하면 '강간'은 파트너의 강제적인 성적 접촉과 연결되는 용어가 아닐 것이라고 생각하기 때문이다. 아동 학대에서도 이러한 문제가 발생한다. 내담자는 자신이 아동기에 학대를 당하지 않았다고 말하겠지만 질문을 하면 자국이 남을 때까지 벨트로 맞았다는 것을 인정할 것이다. 일반적으로 임상가는 경험에 대해 항상 포괄적인 질문에서 점차 구체적이고 행동으로 표현될 수 있는 질문을 하여야 한다.

어떤 구조화된 면접은 외상을 좀 더 상세하게 평가하는 것을 1차적인 목적으로 개발되었다. 잠재적 스트레스 사건 면접(Potential Stress Events Interview; Kilpatrick, Resnick, & Freedy, 1991)은 다양한 기타 외상 스트레스뿐 아니라 대인관계에서의 피해를 평가하기 위한 목적으로 만들어진 행동적 질문으로 구성되어 있다. 임상가가 시행하는 PTSD 척도(Clinician-Administered PTSD Scale: CAPS)의 DSM-IV(Blake et al., 1995; 후에 상세하게 다룰 것이고, 대다수의 PTSD 연구에 사용되었음)는 자기보고식 선별척도(Life Event Checklist)를 포함하며, 기준 A를 만족하는지를 면접자가 확인하게 하는 데 도움이 된다. 최근 CAPS는 DSM-5 기준에 맞추어 개정되었다(Weathers, Blake, et al., 2013).

많은 임상가는 초기 정보를 얻기 위해 체크리스트 같은 자기보고식 측정도구를 이용하여 포괄적인 질문을 하기도 한다. 임상가가 체크리스트에만 전적으로 의존하는 것은 아니지만 이후 탐색을 위한 도약대로 사용할 수 있다. 생활사건 체크리스트(Life Event Checklist)뿐 아니라 외상성 스트레스 점검표(Traumatic Stress Schedule; Norris, 1990), 외상력 질문지(Traumatic History Questionnaire; THQ, Green, 1996), 외상 생활사건 질문지(Traumatic Life Event Questionnaire: TLEQ; Kubany, Haynes, et al., 2000), 외상사건 척도(Traumatic Event Scale; Vrana & Lauterbach, 1994)는 모두 교통사고, 자연재해, 성폭력, 신체 손상에 대한 위협이나 실제 손상을 포함한 다양한 유형의 외상을 측정한다. 외상성 스트레스 진단 척도(Posttraumatic Stress Diagnostic Scale: PDS; Foa, 1995)는 증상을 평가하기 위한 2개의 부분으로 구성되어 있다. 첫 번째 부분은 13개의 외상이 발생할 만한 사건을 평정하며, 두 번째 부분은 그 사건이 진단기준 A를 만족하는지를 확인하기 위한 질문으로 구성되어 있다. 특히 전쟁과 관련해서 전쟁에 노출된 정도를 평가하기 위해 전쟁노출 척도(Combat Exposure Scale; Keane, Fairbank, Caddell, & Zimering, 1989)가 폭넓게 사용되고 있다.

구조화된 진단 면접

CAPS는 Blake와 동료들(1995)이 개발한 것으로 PTSD를 평가하는 최고의 기준이 되어 가장 널리 사용되는 진단용 면접도구가 되었다(Weathers, Keane, & Davidson, 2001; Weathers, Ruscio, & Keane, 1999). CAPS는 매력적인 몇 가지 특징을 가지고 있다. 개인의 외상경험을 상세하게 평가할 뿐 아니라 특정 기준을 활용하여 증상의 심각도와 빈도를 평가한다. 더욱이 CAPS는 PTSD와 연관된 특징인 해리, 생존자의 죄책감, 사회적 · 직업적 손상 등에 대한 질문도 포함한다. 이와 함께 외상에 노출된 후 행동의 변화를 평가하는 명확한 지침을 제공하고 있다. 다양한 외상집단에서 CAPS를 이용해 신뢰도와 타당도를 확보하기 위한 수많은 연구가 이루어졌다. 한 가지 단점은 시행하는 데 시간이 많이 걸려서 평균 1시간 정도 소요되며, 정신건강 임상가가 시행하여야 한다는 것이다. 시행에 걸리는 시간은 DSM-IV의 17개 핵심 증상만 평가하면 약간 줄일 수 있다. CAPS는 DSM-5 기준과 일치하도록 개정되었고(Weather, Blake, et al., 2013), 현재 검증을 진행하고 있다.

DSM-IV의 구조화된 임상면접(Structured Clinical Interview for DSM-IV: SCID; First, Spitzer, Williams, & Gibbon, 1995)은 폭넓게 활용되는 진단척도로서 PTSD의 증상을 평가하는 것으로 숙련된 임상가에 의해 사용할 수 있게 개발되었다. 이 도구는 PTSD의 모든 증상을 평가하고 진단기준에 해당하는지를 알려 주지만 각 개별 증상의 빈도나 심각도를 평가하기 위한 것이 아니라는 점을 명심할 필요가 있다. 더구나 SCID를 사용하여 양성 증상의 수를 셀 수 있을 뿐이라서 심각도를 계속 측정해야 하는 연구나 임상장면에서는 그 유용성이 한정된다. Resnick, Kilpatrick과 Lipovsky(1991)는 강간 피해자에게 사용하기 위해서 SCID를 일부 수정할 것을 권장했는데, 거기에는 성폭력의 내력이나 다른 주요한 외상사건의 경험에 대하여 질문하는 민감한 선별 질문이 포함된다. SCID는 PTSD 진단을 위한 DSM-5를 반영하여 개정되었다.

또 다른 구조화된 면접도구인 진단면접 계획표(Diagnostic Interview Schedule: DIS; Robins, Helzer, Croughan, & Ratcliff, 1981)는 실시하기 위한 훈련이나 경험이 CAPS나 SCID보다 덜 필요하다는 장점이 있다. SCID와 마찬가지로 DIS는 진단을 하는데 사용되지만 지속적인 심각도 점수는 산출하지 않는다. 한 가지 중요한 문제는 PTSD 부분에서 성폭력과 같은 일반적인 외상에 노출되는 것을 측정하지만 더욱 상세화하지 않은 채 '강간'이라는 용어를 사용한다는 것이다. 그러므로 Resnick과 동료들(1991)이 강간과 관련하여 제안한 수정 사항은 이 도구뿐 아니라 대인 외상을 측정할 때도 적용된다. Kessler와 동료들(1995)은 일반 면접자와의 대단위 연구에서 PTSD의 진단을 더 잘할 수 있도록 DIS를 수정하였다.

PTSD 증상 척도-면접(PTSD Symptom Scale-Interview: PSS-I; Foa, Riggs, Dancu, & Rothbaum, 1993)은 특히 실시하기 쉽고 간단하다는 장점을 가지고 있다. PSS-I 원판은 17문항으로 DSM-IV의 17개 증상에 맞추어 놓은 것이었는데, DSM-5의 진단기준을 반영한 수정판은 현재 타당화 작업 중이다. PSS-I는 증상의 빈도를 반영하거나 PTSD 진단을 할 수 있도록 연속 점수를 보고해 준다. 또 다른 장점은 PSS-SR이라는 자매 자기보고식 질문지가 있어서 면접을 통해 얻은 점수와 비교할 수 있다. 그러므로 초기 면접을 실시한 후 PSS-SR을 규칙적으로 사용(예: 2주 간격으로)하여 다시 면접을 실시하지 않고도 증상의 변화를 관찰할 수 있다. 단점은 1개월이 아니라 2주 간격으로 평가하기 때문에 어떤 진단은 DSM-5에 잘 맞지 않을 수 있다는 것이다. 시간 간격은 조심스럽게 진단을 하기 위해서 수정되어야 한다.

자기보고식 도구

현재 우리는 심리측정적 속성이 우수한 자기보고식 PTSD 척도를 많이 가지고 있다. 그중에는 PSS-SR(Falsetti, Resnick, Resick, & Kilpatrick, 1993; Foa et al., 1993), 개정판 Purdue PTSD 척도

(Lauterbach & Vrana, 1996), PTSD 체크리스트(PCL; Weather, Litz, Herman, Huska, & Keane, 1993), 불쾌한 사건 질문지(Distressing Event Questionnaire: DEQ; Kubany, Leisen, Kaplan, & Kelly, 2000), 미시시피 전투 관련 PTSD 척도(Mississippi Scale for Combat-Related PTSD, 또는 Mississippi Scale; Keane, Caddell, & Taylor, 1988), 그리고 PDS(Foa, 1995)가 있다. 이러한 척도는 대부분 강간 외상 피해자(예: PSS)나 참전용사(예: Mississippi 척도, PCL) 등 특정 집단을 대상으로 만들어졌으며, 다른 집단에 대한 타당도 연구는 매우 적은 편이다. 그러므로 임상가는 측정을 하기 전에 목표집단이 누구인지를 생각하는 것이 중요하다. 자기보고식 척도는 진단이나 증상의 심각성에 대한 질문에 전적으로 의존한다는 한계가 있다. 구조화된 면접과 함께 사용할 때에는 선별척도로 사용하거나 특정한 개입 후 시간이 지나면서 나타나는 변화를 관찰하는 데 사용할 수 있다. PTSD 증상에 대한 자기보고와 임상가의 면접은 치료 과정 중에 상관이 높아진다는 증거가 있다(Monson et al., 2008).

개정판 사건충격척도(Impact of Event Scale-Revised: IES-R; Weiss & Marmar, 1997)와 미시시피 척도(Keane et al., 1988, 1989)는 가장 오래된 대표적인 자기보고식 측정도구이다. IES-R은 외상 충격을 측정하고 회피와 침습, 그리고 각성 증상을 포함한 DSM-IV 기준을 측정하는 데 유용하다(Weiss & Marmer, 1997). 35문항의 미시시피 척도 원판은 참전용사의 PTSD 진단기준과 관련된 특징을 평가한다. 최신 개정판은 일반 시민에게도 적용할 수 있다(Lauterbach, Vrana, King, & King, 1997). PDS(Foa, 1995)는 다섯 가지 PTSD 기준을 평가하기 위해 고안된 49문항의 질문지로 강력한 심리측정적 특징을 가지고 있다. Griffin, Uhlmansiek, Resick과 Mechanic(2004)은 PDS와 CAPS의 상관이 매우 높다는 것을 발견하였다.

PTSD의 두 측정도구는 다른 척도에서 경험적으로 추출한 것이다. MMPI와 MMPI-2의 Keane PTSD 척도(Keane PTSD Scale: PK)는 PTSD인 베트남 참전용사와 그렇지 않은 베트남 참전용사를 잘 구분한다(Keane, Malloy, & Fairbank, 1984; Weather & Keane, 1999). 개정판 증상 체크리스트 90(Symptom Checklist 90-Revised: SCL-90-R; Derogatis, 1983)은 Saunders, Arata와 Kilpatrick(1990)뿐 아니라 Weather와 동료들(1999)이 검토한 후 여성 범죄피해자와 참전용사를 위한 다양한 문항군을 추출하여 PTSD 소척도를 각각 개발하였다.

PCL은 재향군인부에서 널리 사용되고 있으며, 특히 군과 관련된 외상에 잘 맞도록 개발된 군인판(PCL-M)을 가지고 군에 적용하고 있다. 일반 시민판(PCL-C)은 일반 시민의 외상을 평가하고, 특별판(PCL-S)은 특정한 외상집단을 확인하기 위해 사용된다. PDS처럼 PCL도 DSM-IV의 PTSD 증상을 반영하였으며, CAPS처럼 최근 DSM-5에 맞추어 개정되었고, 현재 검증 작업을 하고 있다(Weather, Litz, et al., 2013).

시간이 없을 때 전쟁이나 재앙 후 혹은 병원에서 PTSD인 수많은 사람을 선별하려면 1차 의료장면이나 혹은 군 제대를 하는 병사에게서 대단위로 PTSD를 선별할 도구가 필요하다(Prins et al., 2004). 1차 의료 PTSD 선별지(Primary Care PTSD Screen: PC-PTSD)는 이러한 목적을 위해 개발되었는데, 미국에서는 현재 군에서 제대하여 돌아오는 사람이나 재향병원 체계에서 치료를 받은 사람을 선별하는 데 일상적으로 사용되고 있다(Hoge et al., 2006). 이 척도는 진위형의 4문항으로 구성되어 있는데, 무감각과 회피를 분류한 대부분의 PTSD 요인분석 연구에서 발견된 4개의 주요 증상군을 측정한다. 이러한 4문항은 CAPS로 측정한 PTSD와 매우 상관이 높다. 사실 PC-PTSD는 PCL보다 민감성이나 특정성, 효율성 면에서 우수하다. 3점은 남녀 모두에서 최적의 효율적인 점수로 권장되고, 2점은 최대의 민감성을 가진 것으로 권장된다.

마지막으로, 외상증상증후군검사(Trauma Symptom Inventory: TSI; Briere, 1995)는 유일하게 반응 편포를 평정할 수 있는 척도이다. 반응편포의 문제에 관심이 큰 법적 장면에서 평가자는 PK 척도와 타당도 소척도를 포함하고 있는 TSI나 MMPI-2를 실시하고 싶어 한다. 임상척도와 함께 TSI는 특이하거나, 이상한 증상 또는 일관성 없이 무선적으로 한 반응이나 다른 사람은 일반적으로 보이는 증상을 부정하는 것을 기록하는 경향성을 평가하는 소척도를 포함하고 있다. 침습경험, 방어적 회피, 불안 각성과 같은 PTSD 관련 소척도와 함께 이 검사는 자주 발견할 수 있는 문제, 즉 우울, 분노, 해리, 긴장 감소 행동, 그리고 자기지각과 성적 기능의 와해와 같은 것을 측정하는 소척도를 가지고 있다.

심리생리적 평가

이상적인 평가를 하려면 생리적 반응을 포함한 다양한 반응 경로를 측정할 수 있어야 한다. 이것은 특히 PTSD를 평가할 때 중요한데, 왜냐하면 외상 단서에 대한 생리적 반응은 장애의 기준 중 하나이기 때문이다. 그러나 심리생리적 검사는 임상 장면에서는 활용이 쉽지 않은데, 그 이유는 필요한 기술이나 전문인력을 쉽게 구할 수 있는 것이 아니기 때문이다. 이러한 한계에도 불구하고 이 영역의 연구를 잘 알고 환자와 그들의 경험에 대해서 대화를 할 때 환자의 다양한 생리 증상(안절부절못함, 발한, 홍조 등)에 대해 민감할 필요가 있다. 연구는 개인적인 외상사건에 대한 생각과 같은 외상 관련 자극에 노출되었을 때 PTSD가 있는 사람과 없는 사람에게서 발견되는 일관성 있는 생리적인 반응의 집단 간 차이를 보여 주고 있다(이와 관련된 체계적인 개관은 Orr, Metzger, Miller, & Kaloupek, 2004 참조). PTSD인 베트남 참전용사는 다른 불안장애나 심리적 문제를 가지고 있는 표본과 비교했을 때보다 PTSD가 아닌 참전용사와 비교했을 때 전쟁과 관련된 심상에 대한 반응이 더욱 크다(Keane et al., 1998; Pitman, Orr, Forgue, & Altman, 1990; Pitman, Orr, Forgue, de Jong, & Claiborn, 1987). 유사한 결과가 MVAs와 아동기의 성학대로 인해 PTSD를 갖게 된 사람에게서도 발견된다(Blanchard, Hicking, Buckley, & Taylor, 1996; Orr et al., 1998).

생리적 반응에 대한 대집단 연구가 1,300명 이상의 참전용사를 대상으로 여러 곳에서 시행되었다(Keane et al., 1998). Keane와 동료들(1998)은 4개의 심리생리적 측정도구를 사용하여 PTSD인 사람 중 2/3를 정확하게 구별할 수 있었다. 이는 심리생리적 반응성이 높은 PTSD와 비PTSD 집단을 구별하는 데 도움이 될 수 있지만 진단 평가를 위해 이 측정도구만 단독으로 사용하는 것은 적절하지 않음을 보여 준다. 사실 많은 요인이 생리적 반응에 영향을 주기 때문에 심리생리적 결과의 타당성을 평가할 때 고려하여야 한다. 예를 들어, 향정신성 약물(즉, 벤조디아제핀, 베타-아드레날린 차단제)은 개인의 반응에 영향을 줄 수 있다. 생리적으로 반응하지 않는 사람도 있고, 각성에 대한 반응이 사람마다 다르다. Griffin과 동료들(1997)은 이전 연구와 두 가지 측면에서 다른 방법을 사용하여 최근에 강간 외상을 경험한 사람에 대한 심리생리적 반응을 연구하였다. 첫째, 시나리오를 제작하여 들려주는 대신에 참여자에게 중성적인 회상 주제와 강간에 대해 5분간 이야기를 하도록 하였다. 이러한 중성적인 단계와 외상 단계는 기저선 조건과 비교되었다. 둘째, PTSD 집단을 전체로 보기보다는 외상사건을 경험하면서 해리되는 정도를 의미하는 '외상 중 해리(peritraumatic dissociation: PD)'의 정도에 따라 생리적 반응을 검토하였다. Griffin과 동료들은 PD가 높은 소수의 여성이 다른 PTSD 여성과 다르게 반응한다는 것을 발견하였다. PD가 낮은 여성의 피부전도와 심박수는 강간사건을 이야기할 때 기대대로 증가하였지만 PD가 높은 여성은 생리적 측정치가 감소하였다. 각 단계에서 참여자의 주관적인 불편감을 측정하였을 때 PD가 높은 여성은 PD가 낮은 여성과 차이가 없었다. 즉, 불편감의 경험과 상관없이 PD가 높은 집단의 생리적 반응은 억제되었다. Griffin과 동료들은 대다수를 차지하는 공포형 PTSD와 생리적 반응이 매우 다른 해리형 PTSD가 있을 것이라는 생각을 하게 되었다. 뉴로이미징 기법을 통해서 해리 반응이 큰 사람은 편도체의 반응이 높은 대신에 지나치게 조절하는 반응을 하면서 전두엽의 활성화가 강하다는 것을 발견할 수 있었다(Lanius et al., 2010). 이와 같은 연구는 DSM-5에서 볼 수 있는 해리형이 있음을 지지한다.

일반적으로 임상장면에서는 진단과 치료계획을 세우기 위해 평가를 한다. 진단과 치료계획 중 평가의 1차 목적이 무엇인가에 따라 다차원적·다축적 접근이 바람직하다. 특정 시점에서 횡단적으로 접근하면 증상의 전반적 범위와 패턴을 놓치게 되므로 Denny, Robinowitz와 Penk(1987), Sutker, Uddo-Crane과 Allain(1991)은 종단 평가를 강조하고 있다. 치료가 목적이라면 증상의 패턴과 치료의 효과를 계속 평가하는 것이 필수적이다. PTSD를 횡단적으로 측정할 때에도 평가의 목적에 따라 다양한 측정과 연구 방법을 사용할 필요가 있다(Keane, Brief, Pratt, & Miller, 2007; Weathers & Keane, 1999).

평가와 관련하여 마지막으로 정리해 둘 점이 있다. 첫째, PTSD와 자살위험 간의 관계에 관한 경험적 증거가 있다는 점에서 자살위험은 항상 조심스럽게 평가하고 살펴보아야 한다. 전국여성연구(National Women's Study; Kilpatrick, Edmunds, & Seymour, 1992) 결과, 일반인은 1%에 불과한 자살시도가 강간 피해자의 경우는 13%에 이른다고 한다. 또한 강간 피해자의 33%는 살면서 자살에 대해 심각하게 생각해 본 적이 있다고 하여 일반인의 8%보다 높다. 더욱이 PTSD와 동반이환을 가지고 있을 때 주요우울장애를 가지고 있는 사람 중에 자살시도를 하는 수가 매우 많다고 한다(Oquendo et al., 2003). 이러한 자료는 PTSD를 평가하거나 치료할 때 자살사고와 자해행동에 대해 항상 조심스럽게 주목할 필요가 있음을 강조한다.

둘째, PTSD인 사람은 타인에게 신체적 공격성을 보일 위험이 증가한다는 연구가 점점 많아지고 있다. McFall, Fontana, Raskind와 Rosenheck(1999)은 PTSD로 입원한 베트남 참전용사는 PTSD가 없거나 베트남 참전용사인 지역사회 거주자에 비해 타인이나 물건에 폭력적인 행동을 할 가능성이 높았다고 보고하였다. NVVRS의 결과, PTSD인 베트남 참전용사의 33%는 전 해에 배우자에게 폭력을 행사했다고 한다(Jordan et al., 1992). 폭력의 위험은 베트남 참전용사에게만 한정된 것은 아니다. 여성을 포함한 다른 외상집단에서도 폭력의 위험이 높다는 증거가 있다(예: Miller et al., 2004). DSM-5의 PTSD 증상 중 하나로 분노의 표출이 있다는 점에서 과거 공격적 행동의 유무(기준 E)와 현재 공격충동이 있는가(예: 기준 D의 분노감)를 조심스럽게 평가하고 기술하는 것이 중요하다.

치료

PTSD 치료의 유형

PTSD의 치료 형태로는 네 가지가 대표적이다. 그것은 대처-기술초점적 치료, 노출기반치료, 인지치료, 조합치료, 그리고 조합치료의 하나인 안구운동 민감소실 및 재처리 요법(eye movement desensitization and reprocessing: EMDR)이다. PTSD 치료 결과에 대한 연구를 살펴보기 전에 먼저 각 치료에 대해 설명하겠다.

스트레스 면역 훈련

강간 피해자에게 특별히 적용하기 위해 초기에 사용한 종합적인 접근법은 스트레스 면역 훈련이다(stress inoculation training: SIT; Kilpatrick & Amick, 1985; Kilpatrick et al., 1982). 이 훈련은 불안에 대한 Meichenbaum(1985)의 접근에 근거하여 내담자가 다양한 대처기술을 학습함으로써 공포를 정복하였다는 감각을 느끼게 하는 것이 목적이다. 내담자의 문제와 욕구에 맞추어 유연하게 적용할 수 있고, 개인과 집단 모두에 적용할 수 있다. 스트레스 면역 훈련은 단계적으로 접근한다. 첫 단계인 준비단계에서는 내담자가 자신의 공포와 불안의 기원과 속성을 이해하고 외상과 그 후유증을 이해할 수 있도록 설명하며 개념화할 수 있는 틀을 제공하는 교육 요소를 준비한다. 스트레스 면역 훈련은 사회학습 이론을 활용하여 훈련한다. 이와 함께 공포와 불안 반응은 ① 신체적이고 자율적인 경로, ② 행동적이고 운동적인 경로, 그리고 ③ 인지적 경로를 통해서 발생한다고 설명한다(Lang, 1968). 각 경로에 대한 예를 제공하고 환자가 각 경로를 활용하여 자신의 반응을 확인하게 한다. 세 경로 간의 상호작용도 설명하고 토론하게 된다. 두 번째 단계에서는 각 반응의 경로에 대한 대처기술을 훈련한다. 그 순서는 대처기술 정의하기, 논리적 근거 들기, 각 기술이 작동하는 기제 설명하기, 그 기술 보여 주기, 내담자가 자신의 목표행동과 관련되지 않은 문제 영역에 기술을 적용해 보기, 기술을 잘 적용하는 방법에 대해 검토하기, 그리고 목표로 삼은 공포 중 하나에 기술 실시하기의 순서를 따른다. 그 기술로 신체적 경로에서 공포에 대처하는 것과 근육이완 및 호흡통제 방법도 가르친다.

행동적 경로를 위해 내현적 모델링과 역할연기를 대처기술로 가르친다. 내담자는 공포나 불안을 야기하는 상황을 시각화하고 이에 성공적으로 직면하는 장면을 심상하는 방법을 학습한다. 인지적 경로를 위해 인도된 자기대화를 배우게 된다. 내담자는 자신의 내적 대화에 초점을 맞추면서 이러한 대화가 부정적이고 비합리적이며 부적응적인 자기대화로 되어 있음을 학습하게 된다. 그리고 나서 이를 더욱 적응적인 자기말로 교체하는 학습을 한다. 자기대화는 네 가지 유목으로 되어 있는데, 그것은 준비, 대처와 관리, 압도되는 느낌의 극복, 강화이다. 각 유목은 내담자가 부정적인 사건이 발생할 실제 확률을 평가하고, 압도적인 공포와 회피행동을 관리하고, 자기비난이나 자기가치 비하를 통제하며, 공포감을 느끼게 하는 행동에 참여하고 자신이 그러한 시도를 하고 있음을 강화하여 이후에도 그러한 단계를 밟을 수 있도록 격려하는 일련의 질문과 대화로 구성한다.

노출기법

1980년대 초, PTSD 치료의 하나로 노출치료가 연구되기 시작하였다. 체계적 둔감화(systematic desensitization: SD)가 많은 사례연구 보고서나 통제연구에서 PTSD를 치료하는 데 효과적이라는 것이 보고되었지만 널리 수용되지 못하였다(Bowen & Lambert, 1986; Brom, Kleber, & Defares, 1989; Frank et al., 1988; Frank & Stewart, 1983, 1984; Schindler, 1980; Shalev, Orr, & Pitman, 1992). PTSD인 사람은 외상과 관련된 폭넓은 자극을 두려워하고 회피하기 때문에 체계적 둔감화가 효과를 보이기 위해서는 많은 위계를 요구할 수 있다.

공포 단서나 외상 기억 자체에 대한 노출을 확장하는 것은 매우 효과적인 치료이며 널리 적용될 수 있다. 직접적인 치료적 노출(direct therapeutic exposure: DTE), 홍수법(flooding), 지속적인 노출이라고도 불리는 이러한 노출기법은 내담자가 심상을 통해 두려운 상황에 직면하여 자신이 공포를 유발하는 장면에 있다고 상상하거나 특정 시기에 일어난 특정 외상사건을 상상하도록 한다. Rothbaum, Hodges, Ready, Graap와 Alarcon(2001)은 참전용사를 치료하기 위해 가상현실을 사용하는 실험을 하였다. PTSD인 참전용사는 가상 헬리콥터를 타고 베트남을 여행하거나, 중서부 도로에서 차량을 운전할 수 있고, 외상 기억을 유발하는 다른 자극을 경험할 수 있었다.

Foa와 동료들(1991; Rothbaum & Foa, 1992)은 먼저 공포를 유발하는 자극보다는 특정한 외상 기억에 집중적으로 초점을 맞추었다. 지속적 노출(prolonged exposure: PE)은 9~12주 동안 격주로 매번 90분씩 개별적으로 수행된다. 처음 두 회기는 정보를 수집하고 치료계획을 세우며 치료의 논거를 설명하는 데 사용된다. 이때 내담자는 호흡훈련을 받는다. 공포를 유발하여 회피하게 되는 주요 자극의 위계 목록을 만든다. 내담자에게는 적어도 하루에 45분간 공포 단서에 직면하라고 지시를 하게 되는데, 위계상 중간 정도의 불안을 유발하는 자극에서 시작하도록 한다. 3회기에서는 외상장면이 심상을 통해 재현되도록 하고, 내담자에게 그 긴장상태에서 이를 자세하게 기술하도록 한다. 처음 두 번의 시도에서는 얼마나 상세하게 말해야 하는가를 내담자가 알아서 결정하지만, 이후에는 외적 단서뿐만 아니라 생각과 생리적 반응, 공포스러운 결과와 같은 내적 단서에 대해 보다 더 자세하게 기술하도록 내담자를 격려한다. 60분간의 각 회기마다 여러 번 이를 반복하게 하면서 녹음을 해 둔다. 내담자에게 이를 집에서 듣도록 숙제로 주고 실제 장면에 참여하도록 한다. 필요하다면 각 회기가 끝나기 전에 내담자의 불안이 감소하였다는 것을 치료자가 조심스럽게 확신시켜 주는 것도 도움이 된다(Foa & Rothbaum, 1998).

노출치료를 조금은 다른 방식으로 수행한 연구가 있다(Marks, Lovell, Noshirvani, Livanou, & Thrasher, 1998). 이 치료에는 5개의 심상 노출 회기에 이어 5개의 실제 노출 회기가 포함되어 있다. 심상 노출을 하는 동안 내담자는 큰 소리로 회상을 하고 현재의 긴장과 자신의 경험을 자세히 말하라고 요청을 받는다. 이어서 사건의 중요한 측면을 상상하고 기술하도록 요청받게 된다(되감고 보유하기). 내담자는 자신의 치료 기록을 회기와 회기 사이에 듣는다. 치료의 실제 노출장면에서 내담자는 대개 치료자와 동행하면서 두렵고 회피하고 싶으며 무력함을 느끼게 하는 외상 관련 자극의 위계에 따라 노출하게 된다. 회기 간에는 그들이 매일 하루에 1시간씩 실제 노출을 연습하도록 한다.

인지적 개입

PTSD의 인지치료는 일반적으로 두 가지 형태로 이루어져 있다. 하나는 현재 초점적이어서 내담자가 한 주 동안 보고한 현재의 생각을 유발하기 위해 일기나 기록을 사용한다. 이러한 과제지는 인지적 접근의 기초가 되어 교육이나 소크라테스 질문을 하는 데 사용된다. 내담자는 자신과 세계, 그리고 미래에 대해 가지고 있는 비합리적이거나 지나친 사고를 확인하고, 이를 좀 더 확률적으로 합리적이고 증거에 기반한 생각으로 대치하는 것을 배운다. 이러한 인지적 재구성 모델을 사용하는 대표적인 연구자는 Blanchard와 동료들(2003), 그리고 Foa와 동료들(2005)이다.

다른 형태의 인지치료는 외상초점적이고 구성주의적이어서 내담자가 외상사건에 부여한 의미와 해석이 자신이나 타인에 대해 이미 가지고 있는 신념에 반하거나 지지하는지에 초점을 맞춘다. 이처럼 사건에 대해 왜곡된 가정(예: "이 사건을 멈추어야 해, 이것은 내가 저지른 잘못이야.")이 공평한 세계관이나 통제감에 대한 신념을 유지하지만, 한편으로는 자존감을 낮추고 수치심이나 죄책감을 일으킨다. 치료는 내담자가 정의나 타인의 역할에 관한 이전의 신념을 유지하기 위해 사건 자체를 왜곡하거나(동화), 반대로 현재나 미래에 통제감이나 안전감을 유지하기 위해 자신이나 세상에 대한 생각을 지나치게 많이 수정하는(과대조절) 것("나는 더 이상 다른 사람을 전혀 믿을 수 없어.")에 초점을 맞추게 된다. 외상초점적인 인지치료자로는 Resick과 동료들(2002, 2008), Tarrier와 동료들(1999)이 있다.

인지처리치료(cognitive processing therapy: CPT)는 원래 성폭력 피해자의 PTSD 증상을 치료하기 위해 개발되었고(Resick & Schnicke, 1992, 1993), 최근에는 다른 집단에도 적용될 수 있도록 보완·발전되었다(Resck et al., 2007). 개인 혹은 집단으로 적용 가능한 CPT는 12회기로 구성되어 있고, 인지치료가 주를 이루는 구조화된 치료 프로그램이다. PTSD 증상과 치료에 대해 설명한 후, 내담자는 충격 조사지를 작성하게 되는데, 그 안에 고통스러웠던 외상사건이 자신에게 어떤 영향을 주었는지 기술하게 된다. 내담자는 외상과 관련하여 경험하는 자기비난에 초점을 맞추고 사건이 자신과 타인에 대한 신념에 준 영향에 주목하게 한다. 이러한 과정은 자신이 사건의 원인을 어떻게 왜곡했고, 그 의미를 과잉일반화하여 자신의 기능에 영향을 주었는지 이해하는 데 사용된다. 예를 들어, 사건이 더 이상 진행되지 않게 했어야 했다고 생각하는 사람은 죄책감을 느끼게 될 것이다. 그 사건은 세상 누구도 믿을 수 없다는 의미였다고 생각하는 내담자는 그 생각을 사실로 받아들이고 행동할 것이다.

외상을 깊이 검토하기 전에 내담자는 정서를 명명하고 사건과 사고, 그리고 감정 간의 관계를 인식하는 것을 배우게 되고, 이어서 외상사건을 상세하게 묘사한 글을 쓰고 나서 매일 이것을 읽도록 한다. 상담 회기 중에는 내담자 앞에서 이것을 읽어 주고, 어떤 감정이 유발되든 느끼도록 격려하고 상담지에 외상에 관한 주요한 포인트를 적도록 한다. 치료자는 외상사건에 관한 문제가 되는 생각을 소크라테스 질문을 통해 도전한다. 두 번에 걸쳐 사건에 대해 쓰고 읽은 후 치료자는 일련의 작업지를 통해 생각과 가정에 도전하는 기술을 내담자에게 가르치기 시작한다. 내담자는 먼저 하나의 사고에 대해 질문을 던지는 것을 배우게 되고, 이어서 문제가 되는 생각의 패턴을 찾아서 먼저 사건 자체에 대해, 그리고 이어서 자신과 세계에 관한 일반화된 가정에 대해 대안적이면서 좀 더 균형 잡힌 생각을 만들어 내도록 교육을 받는다. 마지막 다섯 회기에서는 내담자가 외상사건 이후 보통 왜곡되어 버린 특정 주제, 즉 안전과 신뢰, 힘과 통제, 자존감과 친밀감 등에 관한 생각을 다루는 방법을 배우게 된다. 최근 많은 관심을 받고 있는 대안적인 방법에서는 글쓰기는 제외한다. 이것은 다음 연구를 다룬 절에서 논의할 것이다.

조합치료/추가적 연구

다음에서 개관한 일부 연구는 인지행동치료(cognitive-behavioral therapy: CBT; 예: Blanchard et al., 2003)라고 불리는 프로토콜이다. 이 치료 패키지는 다양한 형태의 노출(심상 혹은 실제)과 인지치료를 조합한 것이지만 이완이나 기타 대처기술도 포함하고 있다. 이 프로토콜의 일부는 처음부터 조합치료로 개발되었거나 새로운 요소가 기존 치료의 가치를 높이는 역할을 했는지 알아보기 위해 그 요소를 기존 치료에 더하여 실시한 추가적 연구 결과를 반영한다. 두 가지 프로토콜의 중요한 차이는 조합치료는 치료 요소에 동화될 수 있도록 길이를 특정하여 설계되었다는 것이다. 즉, 치료 패키지는 노출이나 인지적 요소의 최선의 목표를 달성할 수 있도록 설계되었다. 추가적 연구는 원래 프로토콜의 길이에 맞추어야 한다. 그러므로 그것은 요소의 목적을 달성하기 위해서 필요한 치료의 적정량을 설정하고 있지는 않다. 추가 연구에서 노출, 스트레스 관리 혹은 인지치료의 양은 비교하고자 하는 원래 프로토콜의 길이를 유지하기 위해서 짧은 편이다.

STAIR/ MPE

Cloitre, Koenen, Cohen과 Han(2002)은 아동기 성폭력 외상의 생존자는 PTSD뿐 아니라 정서조절과 대인관계 문제를 가지고 있어서 외상초점적인 개입으로는 효과를 얻을 수 없다고 주장하였다. 그러므로 그들은 지속적인 노출의 수정(modification of prolonged exposure: MPE)에 앞서 이러한 문제에 대한 치료를 포함하고 있는 소위 정서와 대인관계 조절 기술 훈련(skills training in affective and interpersonal regulation: STAIR)이라는 프로토콜을 개발하였다. 이러한 조합치료는 먼저 8주간 환자에게 정서관리와 대인관계 기술을 훈련시키고, 이어서 심상 노출과 함께 두 번째 단계의 치료를 시행한다. 또한 심상 노출 단계는 노출 후 정서관리와 인지치료를 포함한다.

안구운동 민감소실 및 재처리요법

안구운동 민감소실 및 재처리요법(EMDR)은 다른 장애에 효과적인 기법을 이론화하여 적용한 것이 아니라 개인적 관찰로부터 발전한 것으로 많은 논쟁을 이끌어 냈다. Shapiro(1989, 1995)가 발전시킨 EMDR은 공원을 걸으면서 흔들리는 나뭇잎을 따라 눈이 움직이는 동안 혼란스러운 생각이 해소되는 것을 우연히 관찰한 것에서 비롯되었다. 이러한 관찰에 근거해서 Shapiro는 EMDR을 개발했고, 좌우로 눈을 움직이면 외상의 인지적 처리가 촉진된다고 주장하였다. 이어서 EMDR은 외상사건의 정보처리를 돕는 인지행동치료이며, 부정적인 외상 관련 인지에 인지적으로 개입하는 것으로 개념화되었다. 처음에는 폭넓은 장애에 대해 단회기로 진행되었으나 최근 많은 연구는 특히 외상 관련 증상에 맞추어졌고, 다른 외상치료와 비슷한 과정을 밟았다. EMDR은 내력 수집, 내담자의 준비, 목표 평가, 둔감화, 시작, 보디스캔, 종결, 치료효과의 재평가라는 여덟 단계로 구성되었다. EMDR은 안구운동뿐 아니라 노출과 인지 요소도 포함한다.

기본 EMDR 프로토콜에서는 내담자에게 외상 심상이나 기억을 확인하여 초점을 맞추게 한다(목표 평가 단계). 이어서 치료자는 기억에 대한 부정적 인지나 신념을 유도한다. 내담자는 기억이나 부정적 인지의 불편함을 11점 척도로 평정하게 되고, 불안으로 변화가 나타난 신체부위를 확인하게 된다. 치료자는 기억과 관련하여 바람직한 긍정적 인지를 내담자가 이끌어 낼 수 있도록 돕는다. 이것을 내담자가 얼마나 믿는지를 7점 척도에 기술한다. 치료자는 내담자에게 기본 EMDR 과정을 소개한 후 내담자가 다음의 네 가지를 동시에 시도하게 한다(둔감화 단계). ① 기억의 심상화, ② 부적 인지의 재생, ③ 불안의 신체감각에 대한 집중, 그리고 ④ 치료자의 검지손가락을 따라 시각을 이동. 내담자가 이것을 하는 동안 치료자는 내담자의 얼굴에서 35cm 떨어진 위치에서 초당 2회의 속도로 손가락을 좌에서 우로 반복하여 움직인다(최근에는 광선막대를 사용하기도 한다). 이를 24회 반복한다. 이어서 내담자는 기억을 지우고 깊은 호흡을 하도록 한다. 이어서 내담자는 기억과 인지를 되돌아보면서 불편한 정도를 평정한다. 안구운동은 불편감이 0에서 1 정도가 될 때까지 반복한다. 이러한 정도가 될 때 내담자는 얼마나 긍정적인 인지를 느끼고 있는지를 평가하게 된다(시작 단계).

치료효과의 증거

CBT와 EMDR은 여러 메타분석 연구에서 효과가 있다는 것이 확인되었다(예: Bradley, Greene, Russ, Dutra, & Westen, 2005; Power, Halpern, Ferenschak, Gilihan, & Foa, 2010; van Etten & Taylor, 1998). 이 치료는 PTSD의 다양한 치료지침에서 우선 선택해야 하는 치료로 권장되고 있다(예: Foa, Keane, Friedman, & Cohen, 2008; National Institute of Clinical Excellence, 2005; U.S. Department of Veterans Affairs and Defence, 2010).

무선통제연구는 일관성 있게 CBT가 대기집단이나 일상적인 치료조건보다 결과가 우수하다고 보고하고 있고(Chard, 2005; Foa et al., 1999; Monson et al., 2006; Resick et al., 2002), 효과적인 심리치료의 필수 요소를 가지고 있으며, 비특정적 요소를 통제하기 위한 치료보다 우수하다고 보고되고 있다(예: Blanchard et al., 2003; Neuner, Schauer, Klaschik, Karunakara, & Elbert, 2004; Schnurr et al., 2007). 그리고 치료 후 다양한 CBT 패키지 간에는 거의 차이가 없다는 결과(예: Bryant, Moulds, Guthrie, Dang, & Nixon, 2003; Foa et al., 1999; Resick et al., 2002; Tarrier et al., 1999)와 장기 추적조사(즉, 치료 후 5년 이상)에서 치료효과에 대한 결과가 유사하다는 연

구가 있다(Resick et al., 2012; Tarrier & Sommerfield, 2004). CBT의 다른 요소를 추가하거나 제거한 것이 일반적으로 이 패키지의 효과에 영향을 주지는 않는다(예: Foa et al., 1999; Resick et al., 2008).

무선통제연구는 대기집단보다 EMDR이 효과적이라는 것을 보여 준다(예: Rothbaum, Austin, & Marsteller, 2005). 그러나 여러 연구에서는 CBT가 EMDR보다 효과적이라고 하고(예: Devilly & Spence, 1999; Taylor et al., 2003), 둘 간의 차이가 없다는 연구도 있으며(예: Ironson, Freund, Strauss, & Williams, 2002; Power et al., 2002; Rothbaum et al., 2005), 또 다른 연구에서는 EMDR이 적어도 침습 증상에 대해서는 CBT보다 우세하다고 한다(Lee, Gavriel, Drummond, Richards, & Greenwald, 2002). Shapiro는 좌우 안구운동이 EMDR의 중요한 치료 요소라고 주장하고 있지만, 이를 집중적으로 연구한 결과는 주장과 일치하지 않는다(예: Pitman, Orr, Altman, Longpre, Poire, & Macklin, 1996; Renfrey & Spates, 1994; Wilson, Silver, Covi, & Foster, 1996).

요컨대, 인지적인 혹은 행동적인 방법을 통하여 기술을 개발하거나 외상을 처리하려고 하는 여러 형태의 CBT는 PTSD의 치료에 효과가 있으며, 그 효과가 장기적이고 지속적이라는 것이 밝혀졌다. EMDR은 좌우 안구운동이 치료의 주요한 요소라는 점을 지지하는 증거가 있지만 그 효과는 다소 모호하다.

치료자, 내담자, 그리고 치료환경 변인

성과 인종

국립 동반이환율 조사연구(National Comorbidity Survey Replication study; Kessler, Berglund, et al., 2005)에 따르면 PTSD의 평생 유병률은 남성(3.6%)보다 여성(9.7%)이 거의 3배 높다고 한다. Tolin과 Foa(2006)가 외상사건에 노출되어 PTSD를 갖게 될 위험의 성차를 다룬 연구를 메타분석한 결과, 남성보다 여성이 PTSD의 진단기준을 만족하는 경향이 높지만 외상사건을 경험할 가능성은 적다고 한다. 여성은 남성보다 성적 공격이나 아동기 성학대를 경험할 가능성이 높지만 사고나 성적이지 않은 공격을 경험하고, 죽음이나 손상을 목격하고, 재앙과 화재, 전쟁 관련 외상을 경험할 가능성은 낮다. 특정한 외상사건 유형 내에서 여성이 PTSD가 될 확률이 높다는 점은 특정한 외상 유형에 노출되는 위험이 남성과 여성의 PTSD 위험 차이를 부분적으로 설명한다.

성적 공격은 대개 남성에 의해서 저질러지며, 매우 개인적이고 친밀한 범죄이기 때문에 성적 공격을 경험한 사람은 남성을 믿지 못한다. 결과적으로 치료자의 성이 문제가 될 수 있다. 빈번하게, 내담자는 여성 치료자를 선호하거나 고집한다. 남성 치료자의 효과에 대해 연구가 되지 않았지만 잘 훈련된 사람이라면 효과가 있을 것이다(Resick, Jordan, Girelli, Hutter, & Marhoeder-Dvorak, 1988). Silverman(1977), Koss와 Harvey(1991)가 논의한 것처럼, 남성 치료자의 문제는 남성이 강간을 폭력범죄보다는 성범죄로 보는 경향성을 포함하고 있기 때문에(Burt, 1980) 강간으로 인한 경험과 그 후유증을 좀 더 성적 측면에서 초점을 맞춘다는 것이다.

성폭력 피해자를 치료할 때는 치료자의 성과 상관없이 치료자가 강간과 PTSD에 대해 잘 알고 있어야 한다. 이는 강간에 대한 반응을 다룬 문헌, 강간의 신화, 강간에 대한 태도를 포함한다. 치료자는 내담자와 마찬가지로 자신의 문화에서 학습한 성폭력 피해자에 대한 지각을 가지고 있으며, 만약 강간에 대한 공통적인 오해(예: 강간은 1차적으로 성에 관한 것이다, 대부분의 강간자는 외부인이다, 여성이 적극적으로 저항하지 않았다면 강간이 아니다)를 수용한다면 치료를 크게 방해할 것이다. 성폭력 피해자는 자신이 비난을 받을 것 같은 암시에 매우 예민하며, 치료자가 피해자를 비난하는 귀인을 하는 것 같으면 치료를 포기한다.

유사하게, 참전용사의 경우에도 특별한 전쟁에 대해 상세하게 모르거나 관련된 경험이 없어 보이는 신참 치료자에게 치료받는 것을 주저하곤 한다. 치료자는 내담자의 경험을 알려고 나름대로 노력하면서 그들의 외상경험과 환경적인 맥락을 온전히 이해하기 위하여 노력하는 것이 중요하다.

PTSD 환자에 대한 인지행동치료에서 인종의 역할은 치료 결과를 연구할 때 별로 주목을 받지 못하였다. 불행하게도, 이러한 한계는 PTSD 치료 연구를 제한하였다. 정신장애에 대한 공중위생국 장관 보고서(U.S. Department of Health and Human Services, 2001)에서는 소수집단에 대한 우울과 불안의 치료에 관한 경험적 연구가 매우 적다는 것을 분명히 하였다. 인종집단에 따른 유병률에 관한 연구가 매우 적어서 그 결과도 매우 혼재되어 있는데, 이는 부분적으로는 외상 노출 비율의 차이를 반영한다(Breslau, Davis, & Andreski, 1995; Norris, 1992).

2개의 프로그램 평가 연구에서 PTSD인 아프리카계 미국인과 유럽계 미국인을 비교하였다. Rosenheck, Fontana와 Cottrol(1995)은 일부 측정치에서 아프리카계 미국인 병사에게는 효과가 거의 없었음을 발견하였다. 그러나 Rosenheck과 Fontana(1996)의 연구는 이 결과를 지지하지 않았다. 지금까지 단지 몇몇 연구만이 CBT가 PTSD인 아프리카계 미국인 여성에게 효과적인지를 검증하였다. Zoellner, Feeny, Fitzgibbons와 Foa(1999)는 성폭력이나 기타 폭력을 경험한 아프리카계 미국인 여성과 유럽계 미국인 여성을 비교하였다. 치료는 PE와 SIT 또는 이 둘을 함께 사용한 것이었다. 그 결과, 치료효과에서 인종 간 차이는 없었다. 내담자와 치료자를 짝지을 수 없었음에도 이러한 결과가 얻어졌다. Lester, Resick, Young-Xu와 Artz(2010)는 대인관계 외상을 경험한 94명의 아프리카계 미국인 여성과 214명의 유럽계 미국인 여성의 치료 탈락과 치료 결과를 검토하기 위해서 Resick과 동료들(2002, 2008)의 자료를 함께 분석하였다. 그 결과, 탈락률은 아프리카계 환자에게서 유의하게 더 높았다(회기를 모두 끝낸 비율은 45% 대 73%). 그러나 모든 사람을 무선화한 치료효과 분석에서는 치료 결과에서의 인종집단 간 차이가 없었다. 차이는 치료를 중단한 아프리카계 환자가 치료를 중단한 유럽계 환자보다 치료에서 더 많은 것을 얻었기 때문이다. 이러한 결과는 고무적이지만 인종과 민족, 문화적 문제에 대해 지속적으로 관심을 갖는 것은 매우 중요하다(McNair & Nevile, 1996 참조).

대리적 외상

외상 피해자를 상담하다 보면 치료자도 '2차적(secondary)' 또는 '대리적(vicarious)' 외상이라는 부정적인 경험을 할 수 있다. McCann과 Pearlman(1990)은 이러한 영향을 자신과 세상에 관한 치료자의 인지적 도식이 와해된 것으로 논의하였다. 내담자의 외상경험을 듣는 것은 충격적인 것이고, 가정과 기대의 지속적인 변화를 이끌어서 결국은 치료자의 감정과 행동, 그리고 관계에 영향을 미친다. 외상 피해자를 상담하다 보면 자신의 강인함과 안정감에 대한 치료자의 가정과 세상은 의미가 있고 믿을 만한 가치가 있는 사람으로 채워진 질서정연한 곳이라는 신념이 도전을 받게 된다. McCann과 Pearlman의 모델에 의하면 치료자의 반응은 생존자의 외상과 치료자의 인지 도식 간의 괴리 정도에 따라 달라진다. 예를 들어, 치료자의 복잡한 경험이 자신의 안녕감의 중심에 안전가정(도식)의 발달을 이끌어 냈다면 외상 생존자를 상담하는 것은 취약감을 증가시켜서 불쾌함을 경험하게 한다. 더구나 치료자의 기억 체계는 침습해 오는 외상 심상을 통합하기 위해 변화를 겪는다.

외상을 경험한 개인의 상담에서 부정적 효과를 중화하기 위해 치료자는 그 효과를 인식하고 잘 알아서 그것을 다루기 위한 준비를 해야 한다. McCann과 Pearlman(1990)은 지지원으로서 자신의 전문적 관계망을 사용하여 고립을 피하라고 권고하였다. 외상 피해자를 상담하는 다른 전문가와 대화를 하는 것은 치료자가 이러한 효과를 인식할 수 있게 해 주고 그 반응을 정상화하는 것을 도와주기 때문에 유용하다. McCann과 Pearlman이 제안한 다른 전략은 외상을 경험한 내담자와 그렇지 않은 내담자에게 부하되는 정도에 균형을 맞추고, 다른 전문적이고 개인적인 활동에 참여하고, 자신의 한계를 인식하고, 사회적 변화를 위해 노력하고, 외상 피해자를 상담함으로써 경험한 긍정적인 영향에 초점을 맞추고, 자신의 삶을 풍부하게 해 줄 수 있는 방법을 찾는 것 등이다.

'저항'

PTSD 환자는 치료에 대한 양가감정으로 치료의 참여에 어려움을 느낄 수 있다. 그들은 도움을 받고 싶어 하지만 자신의 기억에 직면하는 것을 두려워하고 치료자를 포함한 타인을 믿는 것도 어려워한다. 그들은 자신의 경험을 노출하면 다른 사람이 거부감을 느낄 것이라고 생각하는데, 이러한 외상사건에 대한 강한 수치심이 외상을 노출하려는 의지를 방해한다. 물론 외상사건을 회피하는 것을 포함한 회피행동은 PTSD 진단기준의 하나이다. 그러므로 회피는 치료의 맥락에서도 발생할 것이다. 예약을 어기는 것은 일상적이며, 미묘하고 분명한 회피행동이 치료의 시작 단계에서부터 발견된다. 가능하다면 첫 회기 이전에 전화 통화를 하고 치료를 시작하는 것도 바람직하다. 치료자가 내담자의 주저함을 이해하고 참석을 격려한다면 예약을 어기는 비율이 감소할 것이다. 치료 초기에 치료자는 회피를 PTSD 증상의 하나로 이해하기는 하지만 그것이 효과가 없는 대처 수단이라는 점을 알려주어야 한다. 이를 '저항'이라고 명명하는 것은 내담자에 대한 비난을 증가시키고 치료의 효과를 방해할 수 있다. 성폭력 외상 경험자를 상담할 때 경험할 수 있는 다양한 문제는 Koss와 Harvey(1991), Kilpatrick과 Veronen(1983)이 상세히 논의하였다. Shay와 Munroe(1990)는 복합 PTSD를 가진 참전용사의 상담에서 만날 수 있는 문제를 다루고 있다.

중다외상 피해자

지금까지 다룬 치료 접근은 짧은 기간에 민간 외상 피해자에게서 상당한 진전이 있음을 보여 주었다. 전형적으로 보고되는 연구에서는 대부분 포괄적인 외상경험을 가지고 있고, 1차적 진단기준(강간, 전쟁)에 속하는 외상이 있을 때조차도 외상경험을 가진 사례를 배제하지 않는다. 더욱이 Resick과 동료들(2002)의 실험에 대한 두 번째 분석(Resick et al., 2003)에서 성인기 외상과 함께 아동기 성학대(child sexual abuse: CSA)를 경험한 환자의 42%가 PTSD의 상당한 회복을 경험하였고, 이는 CSA가 없었던 환자와 다르지 않았다고 보고하였다. 최근에는 치료의 성공이 가정 폭력(Kubany et al., 2004), 전쟁(Monson et al., 2006), 그리고 오랜 기간의 CSA(Chard, 2005; Cloitre, Stovail-McClough, Miranda, & Chemtob, 2004)와 같은 만성적이고 반복적인 외상경험이 있는 사람에게서 나타난다는 증거가 늘어나고 있다. 이러한 연구는 복합 외상의 경우에도 근거기반치료가 유용하고, 과거 CBT가 단일 외상만을 가진 '단순' 사례에만 도움이 된다는 생각이 잘못이었음을 잘 보여 준다. 즉, 치료자는 이러한 사례를 상담할 때 특별한 문제에 주목하고 있어야 한다. 예를 들어, 어떤 연구는 비록 그 관계가 복잡하기는 하지만(Wilson, Calhoun, & Bernat, 1999), 성폭력 피해로 외상을 경험한 사람의 PTSD는 외상을 반복하는 데 중요한 역할을 한다는 것을 보여 준다(예: Kilpatrick et al., 1987). CSA의 생존자는 이러한 외상이 정상적인 발달을 방해하여 다른 도전을 경험하게 된다(Cloitre, 1998). 학대가 친지나 믿을 만한 어른에 의해 발생하게 되면서 아동은 기본적인 안전과 보호를 위해 의존할 사람에 대한 심각한 배신을 경험하게 된다. 그들에게는 기술의 발달이 더욱 필요한데, 특히 대인관계와 정서조절 기술이 필요하다. 어떤 경우에는 성적 부적응을 다루어야 한다. 이는 개인치료 프로그램에 포함될 수도 있고 성치료 전문가에게 의뢰될 수도 있지만, 먼저 다른 외상 관련 문제를 다루어야 한다. 참전용사는 폭력이나 살상행위에 참여한 것과 같은 문제와 정부나 권위적 인물에 대한 불신, 인종이나 종족에 대한 편견, 그리고 지연된 애도 반응과 같은 문제를 가져오기도 한다(Monson, Price, & Ranslow, 2005).

집단치료

치료를 집단으로 할 것인지 또는 개인으로 할 것인지는 임상적 판단과 실용적 관점에 기초하여 결정된다. 이 두 치료를 비교한 연구는 부족하다. 외상 희생자에게 두 치료 모두를 적절히 조합하여 적용할 수 있다. 최근 연구에서는 표준화된 집단치료가 참전용사와 CSA 외상 생존자에게 성공적이었음을 보여 주었다(Chard, 2005; Creamer, Morris, Biddle, & Elliott, 1999). 최근 Morland, Hynes, Mackintosh, Resick과 Chard(2001)는 하와이의 섬에 있는 환자에게 다른 섬에 있는 치료자가 전화를 통해 집단 CPT를 실시한 연구의 파이럿트 자료를 보고하였다. 비록 완전하게 무선화를 하지는 못하였지만, 이 결과는 전화를 통한 집단과 직접 만나는 집단 간에 치료효과가 유사하다는 점을 보여 주었다.

집단치료는 외상 생존자와 전문가 모두에게 보편적인 몇 가지 장점을 가지고 있다. Koss와 Harvey(1991)는 이를 논의하였다. 집단치료는 상호작용에서 철회하고, 타인은 자신의 감정을 이해할 수 없다고 믿는 대부분의 외상 생존자에게 소외감을 줄여 준다. 집단은 분명하면서도 비난하지 않는 사회적 지지를 제공한다. 이는 외상에 대한 감정과 반응을 승인해 주고 정상화한다. 집단치료는 외상경험의 현실성을 확인해 주고 대처전략을 공유하게 한다. 이는 자기비난에 대응하게 하고 자존감을 촉진한다. 집단치료는 개인치료보다 평등주의적이어서 능력감을 촉진하고 의존심을 줄인다. 타인에 대한 애착과 친밀감을 발전시킬 안전한 환경을 제공하고, 애도감과 상실감을 공유할 기회를 준다. 마지막으로, 집단치료는 인지처리를 촉진하여 외상 생존자가 사건에 의미를 부여할 수 있도록 한다.

집단적 접근은 약점도 가지고 있어서 내담자가 집단에 참여할 준비가 되어 있는지 조심스럽게 평가해야 한다. McCann과 Pearlman(1990)은 심각한 PTSD 환자는 아직 준비되지 못한 상태에서 자신을 압도할 강력한 기억과 감정을 경험할 수 있으므로 개인치료를 함께 실시할 것을 제안하였다. 비슷한 이유로, Markaway(1991)는 처음 몇 회기에는 내담자의 강간경험을 집단 구성원이 공유하는 것에 대해 경고하였다. 회복하는 데 중요하지만, '전쟁 이야기'는 집단치료나 개인치료 모두에서 후기에 공유하여 다른 집단 구성원이 두려워하거나 다른 취약 상황에 민감해지는 것을 막아야 한다. Koss와 Harvey(1991), McCann과 Pearlman의 제안처럼 집단치료에 가장 부적합한 사람은 자살시도 내담자, 심각한 약물남용자, 경계선 성격장애를 진단받고 자해하거나 약물을 남용하는 내담자, 매우 불안정하고 혼란스러운 삶을 사는 내담자, 그리고 외상과 그 기억에 대해 이전에 전혀 말하지 않았던 내담자이다.

사례연구

탐은 23세의 백인 남성으로 이라크에서 군복무를 하던 중 외상사건을 경험하였다. 그 후 1년이 지난 후 치료를 받았는데, 군복무 중에는 CPT를 받은 경험이 있다.

배경 정보

탐은 셋째로 태어났다. 아버지는 이혼하기 전에 출장으로 자주 집을 비웠던 알코올 중독자였다. 그리고 그는 가족과 정서적으로 거리를 두었는데, 특히 이혼 후에는 더욱 심하였다. 탐은 어머니나 형제자매와의 관계는 친밀하였다. 그는 성장 과정에서 어떤 정신건강이나 신체건강상의 문제가 없었다고 하였다. 그러나 청소년기에 중요한 외상사건이 2회 있었는데, 특히 친한 친구가 머리에 총을 쏘아 자살한 것을 목격했었다. 이 사건은 그뿐 아니라 지역사회 전체에 심각한 영향을 주었다. 그는 여전히 친구의 자살을 막지 못했다는 책임감을 느끼고 있었다. 두 번째 외상사건은 17세 때 발생한 남동생의 교통사고였다. 이러한 사건 이후에 술과 불법 약물을 사용하게 되었음에도 그는 아동기뿐 아니라 이 사건 이후에도 정신건강상의 치료를 받지 않았다. 그는 고등학생 때 거의 매일 대마초를 피웠고, 음주를 했으며, 하루에 24팩의 맥주를 마셔서 의식을 잃기도 하였다. 탐은 입대 후 음주량을 줄였고, 대마초를 사용하지 않았다.

그는 보병이었다. 기초 훈련 후 이라크에 파병되기 전에 특기 훈련학교에 입학하였다. 이라크에 있는 동안 탐은 수많은 외상사건을 경험하였다. 그는 복무 중 사망하거나 부상을 당한 동료 병사에 대해 언급하였고, 강력한 폭발물에 부상을 당하여 호송되는 사람을 보았다. 그러나 그에게 가장 고통스러우면서 불안감을 유발하였던 외상사건은 임산부와 아이에게 총을 쏘았던 것이었다.

탐은 이 사건을 다음과 같이 기술하였다. 탐이 근무한 지역에서 자살폭탄 사건이 여러 차례 있었고, 지역을 봉쇄하기 위해 통제구역이 설정되었다. 그가 배치된 며칠 동안 탐은 통제구역을 순찰하였다. 그날은 밖이 어두웠다. 차 한 대가 검문소 쪽으로 다가왔고, 그곳에 있던 병사들은 차를 멈추라고 신호를 하였다. 차는 경고에도 불구하고 멈추지 않았다. 통제구역까지 접근한 차는 보병이 입구를 지키고 있는 지역까지 들어왔다. 탐은 접근하는 차를 향하여 경고 사격을 하였다. 그러나 차는 통제구역까지 접근하였다. 차가 통제구역 정문 앞 약 25야드 정도에 도달하였을 때 탐과 사병 한 명이 차를 향하여 여러 번 총을 쏘았다.

잠시 혼돈의 시간이 지난 후 옷이 피로 젖은 한 남자가 울면서 손을 높이 들고 차에서 내렸다. 그는 재빠르게 무릎을 꿇고 손과 머리를 땅에 붙였다. 탐은 그 남자가 흐느끼는 소리를 들었다. 그 울음소리는 목구멍 깊숙한 곳에서 나오는 것 같았고 절망감이 가득한 것처럼 들렸다고 탐은 말하였다. 탐은 조수석에서 임신한 것으로 보이는 여자가 죽어 있음을 발견하였다. 뒷좌석에는 한 아이가 죽어 있었다. 탐은 이를 인정할 수 없었지만 그와 병사들은 길에서 울고 있는 남자가 죽은 사람의 아버지이자 남편이라는 것을 알 수 있었다.

탐은 이 사건 후 곧바로 고통스러워했고, 야전의 전쟁 스트레스 통제소는 그를 전진 작전기지로 이송하였다. 그는 극심한 재경험과 과각성 증상을 경험하였다. 결국 군병원으로 후송된 그는 그곳에서 개인 CPT를 받게 되었다.

치료 전에 탐에게 CAPS를 실시하였다. 그의 점수는 심각한 수준이었으며 PTSD의 진단기준을 만족하였다. 그는 Beck 우울척도 제2판(Beck Depression Inventory-II: BDI-II)과 상태불안검사(State-Trait Anxiety Inventory: STAI)도 완성하였다. 치료 전의 우울과 불안 점수도 심각한 범위에 속하였다. 이 평가 결과는 심리평가 결과를 검토하고 CPT 과정에 참여한다는 동의를 받기 위한 회기에 탐에게 알려 주었다. 평가에 대한 피드백 후에 치료자는 탐에게 CPT 전반에 대해서 그것이 외상에 초점을 맞추고 있다는 점과 상담장면 밖에서 연습을 잘해야 한다는 점, 그리고 좋은 결과를 얻으려면 내담자의 적극적인 역할이 필요하다는 점을 함께 설명하였다. 탐은 이러한 정보가 담긴 'CPT 치료 계약서'에 사인을 하였고, 복사본 한 부를 받았다. CPT 회기는 다음 회기부터 시작되었다.

1회기

탐은 CPT를 받기로 한 첫날 약속보다 15분 먼저 도착하였다. 치료자가 앉으라고 권한 의자에 앉은 그는 곧 불편해하면서 자주 자세를 바꾸었다. 곧이어 탐이 다른 의자로 이동해 앉고 싶다고 하여 밖에서 문을 통하여 그의 등을 볼 수 없고, 문과 창문을 감시할 수 있는 자리로 이동하였다. 그는 치료자에게 이번 회기가 얼마나 걸리며, 무엇을 하게 되는지를 질문하였다. 치료자는 이번 회기가 50~60분간 지속될 것이고, 앞으로 있을 회기와 비교해 보면 주로 대화를 하게 될 것이라 알려 주었다. 그녀는 치료 계약 회기에 논의한 것처럼 외상사건에 대한 반응을 탐이 어떻게 생각하는지를 다룰 것이지만 이번 회기에는 조금 다루게 될 것이라고 덧붙였다. 치료자는 치료 매뉴얼에 따라 진행이 될 것인데 이를 알려 주는 이유는 처방된 방식으로 심리치료가 진행될 것임을 확신시키기 위한 것이라고 설명하였다. 그녀는 탐에게 회기에 대해 궁금한 것이 있으면 질문하도록 격려하였다.

치료자는 매 회기가 각 회기의 의제를 잡는 것으로부터 시작될 것임을 알려 주었다. 첫 치료 회기의 목적은 ① PTSD 증상의 기술, ② 증상이 사라지지 않는 이유를 이해하기 위한 사고의 틀을 탐이 갖게 하는 것, ③ 치료 회기 외의 시간과 장소에서 연습하는 것이 얼마나 중요한지를 탐이 이해하도록 치료의 전반에 대해 설명하여 치료의 점진적 속성을 이해하도록 하는 것, ④ 탐과 치료자 간의 라포 형성, 그리고 ⑤ 내담자에게 가장 불편한 외상사건이나 그 외 주제에 대하여 간단하게 말할 기회를 부여하는 것이었다.

이어서 치료자는 PTSD 증상에 대하여 가르치기 위해 정보를 제공하였다. 그녀는 탐에게 그가 경험하고 있는 다양한 PTSD 증상군을 설명하도록 하여, 재경험 증상이 과각성 증상과 어떻게 관련되고, 과각성 증상은 회피하고 싶어 하거나 무감각해지고 싶은 욕구를 어떻게 일으키는지를 강조하였다. 회피와 무감각이 PTSD 증상을 유지하거나 증가시키는 역설적인 효과도 논의하였다. 탐은 이 시간이 누군가가 자신에게 PTSD 증상에 대해 설명해 준 첫 시간으로 서로 상호작용을 어떻게 하는지 알려 줌으로써 행동을 하게 하였다고 말하였다.

치료자는 정보처리의 틀 안에서 외상의 후유증을 설명하였다. 그녀는 일반 용어를 사용하여 외상이 도식과 격차가 있는 사건인 이유와 외상사건이 종종 자신이나 타인, 세상에 대한 이전의 신념과 맞지 않을 수 있음을 설명하였다. 이 사건과 자신의 기억을 일치시키기 위해 사람들은 (사건을 기존 신념 체계 속에 동화시킴으로써) 사건에 대한 자신의 지각을 변화시킬 수 있다. 동화의 예는 사건을 회상하고 어떤 다른 행동을 했어야 했다고 믿거나(사건의 '취소') 그렇지 못해서 사건이 일어났다고 자신을 비난하는 것이 포함된다. 치료자는 탐도 사건을 이전 신념에 과잉동화하기 위해 자신의 신념 체계를 급격하게 변화시키려고 했을 것이라고 설명하였다. '과잉동화'란 외상사건의 결과로 신념을 너무 크게 변화시키는 것을 말한다(예: "나는 나 자신의 어떤 것도 믿을 수 없어."). 그녀는 안전, 신뢰, 능력과 통제, 자존심, 친숙함과 같은 신념의 여러 영역이 외상의 영향을 받았을 것이라고 설명하였다. 더 나아가서 이러한 신념은 자신과 타인에 대해서도 마찬가지일 것이라고 설명하였다. 치료자는 만약 탐이 어떤 다른 주제와 비교하여 외상사건에 대해 부정적인 신념을 이미 가지고 있었다면 사건은 이미 있었던 부정적 신념을 더욱 강화하였을 것이라고 지적해 주었다.

이 시점에서 탐은 자신의 아동기와 청소년기에 대해 이야기하였고, 이것이 어떻게 군에서의 외상 신념에 기여했을지에 대해 이야기하였다. 치료자는 탐에게 자신을 비난하는 경향과 가족에게 일어난 나쁜 사건과 친구의 자살을 내면화하는 경향이 있음을 지적하였다. 또한 "아버지가 나와 나의 사촌에게 잘 대해 주었으면…….”과 같은 말에 주목하였다. 탐의 경우 외상경험은 그가 주변에 일어나는 나쁜 일의 원인이거나 그에 크게 기여한다는 기존의 신념을 확증하는 데 크게 기여하였을 것이다.

탐은 군대에서의 외상 이후 얼마나 강렬한 변화가 있었는지를 상당한 시간을 할애하여 설명하였다. 군대에서의 경험, 특히 여자와 아이에게 총을 쏜 일 이전에 탐은 자신이 '군인으로서 자부심을 느끼는', 그리고 '자신의 삶과 조화된' 군인으로 기술하였다. 그는 군 조직이 자신을 단련하고 자존감을 높이는 데 적격이라고 생각하였다. 그는 '테러리즘을 종식하는 임무'에 기뻐하였고, 조국을 위해 봉사한다는 자부심을 가지고 있었다. 그는 동료 병사에게 전우애를 느꼈고, 군에서의 경력을 자랑스러워하였다. 그는 권한과 관련된 문제를 부인했고, 자신의 상사를 자신이 되고 싶은 리더 유형의 역할 모델로 생각하였다. 탐은 이라크에 파병되기 전에 아내를 만나 결혼했고, 안정적이며 친밀한 관계를 맺고 있었다. 이라크에서 돌아온 후 그는 특히 미국 정부와 관련된 사람을 비롯하여 누구도 믿지 않았다. 그는 전쟁에서의 노력에 환멸감을 표현했고, 그의 부대를 지휘하는 사람을 믿지 않았다. 그는 또한 자신도 신뢰하지 않았다. "나는 항상 잘못된 결정을 해." 그는 자신의 환경에 대해 안전감을 전혀 느끼지 못하였다. 그는 귀향한 후 은폐하고 있는 저격수가 그를 죽이기 위해 겨냥하고 있다고 믿었다. 그는 아내와의 성적 접촉을 포함하여 친밀한 상태를 전혀 참지 못하였다.

치료자는 '고정점'이라는 개념, 즉 외상에서 탐이 회복하는 것을 방해하는, 예컨대 외상에 의미를 두는 방식이나 자신과 타인, 그리고 세상에 관하여 생각하는 방식을 소개하였다. 치료자는 매우 많은 사람이 외상사건에 노출된다는 것을 말하였다. 사실 군에서 일하는 사람은 외상에 가장 쉽게 노출되는 사람이다. 그런데 대부분의 사람은 외상에 노출되어도 회복된다. 그러므로 치료의 1차 목적은 탐의 회복을 방해하는 것(예: 그의 생각이 그를 어떻게 멈추어 있게 하여 PTSD 증상을 유지하는지)을 분명히 하는 것이었다.

이어서 치료자는 5분간 지표가 되는 외상사건을 생각해 보도록 하였다. 탐은 즉시 대답하였다. "매우 많지요. 그중 하나만 말해 볼까요?" 치료자는 대답하였다. "그중 가장 생각이 많이 나거나 상상되는 사건은 무엇인가요? 가장 생각하기 싫은 것은 어떤 것이지요?" 치료자는 탐에게 사건을 상세하게 기술할 필요가 없고 어떤 일이 있었는지 개략적으로 묘사하게 하였다. 탐은 여자와 아이에게 총을 쏜 사건을 빠르게 설명하였다. 치료자는 탐이 사건을 그녀와 공유한 점을 칭찬하고, 그렇게 털어놓은 이후의 감정에 대해 질문하였다. 탐은 불안하다고 하면서 상담을 끝내고 싶다고 하였다. 치료자는 이를 '자연스러운' 감정과 '만들어 낸' 감정 간의 차이를 기술하는 기회로 사용하였다.

치료자는 '자연스러운' 감정이란 경험에 상응하는 반응으로 나타나는 감정이라고 기술하였다. 예를 들어, 어떤 사람이 우리에게 잘못했다고 생각하면 자연스럽게 화가 난다. 위협에 직면하면 공포를 느끼는 것이 자연스럽다. 자연스러운 감정은 자신에게 한정되고 감소하는 과정을 밟는다. 만약 자연스러운 감정을 느끼게 한다면 그것들은 자연스럽게 사라진다. 치료자는 이를 탄산수가 든 병에 비유하여 설명하였다. 탄산수로 가득 찬 병 속의 에너지는 병 뚜껑이 제거되면 어느 정도의 압력에 의해 밖으로 발산되지만 곧 힘이 적어지면서 에너지는 결국 사라진다. 반대로 '만들어진' 감정은 사람이 이를 만드는 데 역할을 한다. 우리의 사고가 이러한 감정의 속성과 고정에 기여한다. 자기진술로 이 감정에 에너지를 부여하면 할수록 이러한 감정의 '압력'은 더욱 증가할 수 있다. 예를 들어, 사람들이 스스로 바보 같다고 반복하여 말하면서 자신이 실수한 상황 속에 있는 모습을 계속 생각하면 자신에 대해 더욱 화가 날 수밖에 없다. 치료자는 탐이 스스로 틀어막아 외상에서 회복하지 못하고 있는 자연스러운 감정을 느끼게 하고, 자신에게 도움이 되지 않는 감정을 그가 어떻게 만들고 있는지를 확실히 알려 주는 것으로 치료의 목적을 재정립하였다.

치료자는 탐에게 치료에 세 가지 주요 목적이 있음을 알려 주었다. 첫째, 그에게 일어난 일에 대한 기억과 그것에 연상된 감정을 회피하지 않고 회상하여 수용하게 하는 것이고, 둘째, 자연스러운 감정을 느끼는 것을 수용하고 그 과정에 맡김으로써 기억이 강렬한 감정 없이 격리되지 않도록 하는 것이다. 마지막으로 셋째, 파괴되거나 강화된 신념이 균형을 잡도록 하여 탐이 도움이 되지 않는 감정을 만들어 내지 않도록 하는 것이다.

치료자는 탐에게 처음으로 실습거리를 주기 전에 상담실 밖에서 연습하는 것이 얼마나 중요한지에 대해 강력하게 설명하였다. 치료자는 탐에게 내담자가 열심히 노력하는 것 이상으로 치료효과를 잘 예측해 주는 것은 없다는 점을 말하였다. 그녀는 일주일의 168시간 중 한두 시간을 심리치료 상담에 사용하고 있음을 지적하였다(주: 우리는 치료 초기에는 라포의 형성을 촉진하고, 회피를 극복하고, 치료 초기의 이점을 살리기 위해 일주일에 두 번씩 만나는 것이 도움이 된다는 것을 발견하였다). 탐이 심리치료 회기에만 이 문제에 초점을 맞추는 데 사용한다면 그는 회복을 위해 일주일에 1%도 안 되는 시간을 사용하는 것이다. 좋아지기 위해서는 일상생활에 필요한 기술을 획득하고 회피를 감소시키기 위한 일간 활동지와 같은 기록지를 사용하는 것이 좋다. 치료자는 또한 각 회기가 시작될 때 탐이 수행한 연습과제에 대해 논의할 것이라고 말하였다. 설명 후 치료자는 탐에게 의견을 물었고, 그는 "좋아요, 선생님이 하라는 대로 해 보는 것도 좋을 것 같아요."라고 대답하였다.

탐에게 준 첫 과제는 그가 외상사건에 어떻게 의미를 부여하고 있고, 사건 이후 동화와 조절, 그리고 과잉조절이 일어났는지를 알기 위해 사건의 영향에 대해 기술하는 것이었다. 회복 과정을 방해하는 '고정점'을 먼저 확인하고자 하였다. 탐은 과제의 완성을 회피한 것을 직접적으로 언급하기 위해 그날 이후에 대해 과제를 작성하기 시작하라고 지시를 받았다. 특히 그에게 이것이 외상을 설명한 것이 아니고 그의 인생에서 차지하는 사건의 의미와 그의 신념 체계에 어떤 영향을 주었는지 알아내기 위한 것이라는 점을 기억하도록 하였다.

과제의 내용은 다음과 같다.

> 이러한 외상사건이 당신에게 어떤 의미가 있는 것인지에 대해 한 페이지 정도 써 보세요. 사건이 당신과 다른 사람에 대한 당신의 신념, 그리고 세상에 대한 당신의 신념에 어떻게 영향을 주었나요? 이것을 기술하면서 그 사건이 당신의 안전과 믿음, 능력과 자존심, 그리고 친밀감과 같은 것에 어떤 영향을 주었는지 써 보세요. 그리고 다음에 만날 때 가지고 오시기 바랍니다.

2회기

두 번째 회기의 목적은 ① 사건의 의미를 논의하고, ② 탐이 생각을 인식하고, 정서에 이름을 붙이고, 그가 자신에게 하는 말과 그의 느낌 간의 연관성을 볼 수 있도록 돕는 것에 있다. 탐은 분명한 분노를 가지고 왔고, 회기 대부분에서 방어적이었다. 그는 일주일 내내 매우 화가 나 있고, 사회와, 특히 '오로지 자기 이익만 찾거나 돈 있는 사람에게 영합하는' 정치인이 혐오스럽다고 하였다. 그는 그 당시의 주요한 뉴스였던 아부 그라이브 교도소에서의 고문사건에 대해 매우 심한 분노를 표현하였다. 치료자는 탐이 아부 그라이브에서 일어난 사건에 대해 분노를 느끼는 이면에 있는 생각에 관심이 있었다. 그러나 그녀는 작업을 완수한 점에 대해 강화를 하고 그가 첫 회기에 윤곽을 그려 준 상담 회기의 구조를 유지하기 위하여 먼저 탐이 사건의 영향을 기술하라고 한 실습과제를 했는지를 먼저 검토하였다.

치료자는 탐에게 자신이 작성한 사건의 영향 보고서를 크게 읽도록 하였다. 개인 CPT에서 내담자는 항상 실습과제를 크게 읽으라는 요청을 받는다. 치료자가 읽는다면 내담자는 그/그녀가 쓴 글에 대해 해리되거나 반응을 회피할 수도 있다.

> 이 끔찍한 사건이 일어난 이유는 내가 지독하게 멍청해서 잘못 판단하였기 때문이다. 나는 아무 생각 없이 죄 없는 가족을 죽였다. 나는 그 남자의 아내와 아이를 죽였다. 나는 내가 한 일을 믿을 수가 없다. 나는 그 남자의 아내와 아이, 그리고 맙소사 배 속의 아이까지. …… 그 아내와 아이를 길에서 죽인 나는 살 가치도 없다고 느껴졌다. 그가 절망하고 있고 죄 없는 여자와 아이, 그리고 배 속의 아이가 죽었는데 내가 어떻게 행복할 수 있는가? 지금 나는 완벽하게 안전하지 않다. 병원에 있는 지금도 안전하게 느껴지지 않고, 도시 속에 혹은 가족이 있는 집으로 돌아갈 때조차도 그렇다. 테러리스트가 이 사건에 대한 정보를 알고 나를 감시하면서 나와 가족에게 총을 겨누고 있는 것 같은 느낌이 든다. 사람들이 내 주변에 있으면 안전하지 않을 것 같다. 내가 갑자기 흥분하여 누군가를 해칠 것 같고, 하나님이 우리 가족을 그렇게 할 것 같기도 하다. 아내가 임신했는데 내가 그녀를 해칠까 두렵다. 나는 내 주변에 있는 사람을 믿지 않으며, 특히 정부를 믿지 않는다. 나를 치료했던 군도 믿지 않는다. 나 자신 또한 믿지 않는다. 그때 잘못된 판단을 했는데 다시 잘못된 판단을 하지 않을 것이라고 누가 말할 수 있겠는가? 힘과 통제력은 내가 통제할 수 있는 범위를 완전히 벗어났는데, 군과 지휘소처럼 나를 완전하게 통제해야 한다. 자존심이 바닥이다. 왜 내가 이처럼 엉망이 되었나? 살아오면서 좋았던 적이 있었다는 생각이 들지 않는다. 나는 항상 실패했고 다른 사람을 불행하게 하였다. 다른 사람의 가치가 무엇인지 잘 모르겠지만, 나는 아내를 사랑한다. 사실 나는 그녀가 나를 잘 돌보아야 한다고 생각하지 않지만 내가 없었으면 그들은 더 잘 살았을 것이다. 나는 아내나 그 외에 누구와도 더 친해지고 싶지 않다. 아내가 나를 건드리면 피부 밖으로 도망쳐 나가고 싶다. 나는 이것을 결코 극복할 수 없을 것 같다. 그렇게 상상이 되지 않는다.

치료자는 탐에게 영향 보고서를 쓰고 크게 읽고 나니 어떤지에 대해 질문하였다. 탐은 매우 힘들었고, 상담을 하기 전날 저녁까지 하고 싶지 않았다고 말하였다. 치료자는 탐이 힘든 과제를 잘 마쳤다고 칭찬하였다. 그녀는 또한 PTSD 증상이 유지되는 과정에서 회피가 하는 역할을 설명할 수 있는 기회로 이것을 사용하였다. 그녀는 예기불안과 관련된 불편함을 설명할 목적으로 소크라테스 질문을 하였고, 탐이 그 과제를 주초에 마친 것은 매우 바람직한 일이라는 것을 탐과 함께 탐색하였다. 또한 그녀는 탐이 과제를 끝낸 후에 기분이 나쁜 것이 아니라 좋아졌다는 사실을 보여 주기 위해서 소크라테스 질문을 하였다.

탐이 첫 회기에 공유한 첫 영향 보고서와 정보는 도전해야 할 고정점을 분명하게 해 주었다. CPT에서 순응은 치료의 첫 목표로서 우선된다. 순응은 사건 자체에 대한 해석의 변화가 과잉동화에 함축된 다른 일반적인 신념과 통합적으로 관련이 있기 때문에 치료의 첫 목표가 된다. 탐의 경우에 그는 자신을 비난함으로써 사건에 순응하고 있었다. 그는 사건 주변에 있는 중요한 맥락 요소를 무시하고, 사건 중의 자신의 역할을 '살인자'라는 말로 기술하였다. 이러한 신념은 도전하게 될 첫 작업목표가 된다. 탐의 과잉동화는 사회와 권위적 인물에 대한 일반적인 불신과 난해한 상황에서 잘못된 판단을 할 것이라는 신념에서 분명하게 드러난다. 그의 과잉동화는 환경에서 위협감을 느끼는 것(예: 저격수), 아내와 정서적이고 신체적인 친밀감을 느끼는 데에서의 어려움, 타인과 자신의 존중감이 낮음에서 명백하게 나타난다.

치료자는 탐이 아부 그라이브에 관하여 분노하는 것을 가능성 있는 고정점으로 정하고, 그의 인지적 경직성 수준이나 인지적 도전에 대한 개방성에 관한 실험을 하였다. 다음은 탐과 치료자 간에 있었던 대화이다.

치료자: 아부 그라이브와 관련된 보고서를 보고 분노감이 생겼다고 하였지요? 무엇이 그렇게 화가 나게 하나요?

탐: 포로에게 그렇게 했을 것이라고 믿어지지 않아요.

치료자: 아부 그라이브와 관련하여 특별히 당황스럽게 하는 것이 있나요?

탐: 보고서에 대해 듣지 못했어요? 그들이 그렇게 상처를 주고 욕보였다는 것을 믿을 수 없어요. 미군이 그렇게 힘을 사용하는 것을 용납할 수 없어요.

치료자: 미군의 한 구성원으로서 당신이 힘을 사용한 것도 받아들일 수 없나요?

탐: 예, 저는 죄 없는 시민을 살해했어요. 저는 아부 그라이브에 근무하는 군인과 다를 것이 없어요. 사실 저는 그들을 죽였으니 더 나쁘지요.

치료자: '살인'. 강한 단어이지요.

탐: 예?

치료자: 당신의 말을 들어 보면 당신은 '죄'의 유무와 상관없는 사람을 죽였다는 것 같아요. 당신은 매우 특수한 곳에서 특수한 시간에 사격을 한 것이지요.

탐: 예, 그들은 제 손에 죽었어요.

치료자: 예, 그들은 죽었고, 당신이 총을 쏘았기 때문이지요. 그 사건으로 당신은 살인자가 되었지요.

탐: 죄 없는 사람이 죽었고, 제가 방아쇠를 당겼어요. 저는 그들을 살해했어요. 아부 그라이브에서 일어난 것보다 더 나쁜 일이지요.

치료자: (조용하게) 정말로 그 일이 더 나쁜 일이라고 생각해요?

탐: 예, 여기서는 사람이 죽었고, 거기에서는 죽지 않았어요. 둘 다 나쁘고 둘 다 군인이 벌인 일이지만 저는 사람을 죽였고, 그들은 아니었어요.

치료자: 결과가 다르군요. 맞아요, 그렇지요. 당신은 그런 일이 일어날 것이라고 생각했나요?

탐: 예?

치료자: 결과와 상관없이 그 상황에서 군인이 어

떤 의도를 가지고 한 행동인가는 문제가 되지 않나요?

탐: 문제가 아니지요. 근본적인 것은 죽였는가 죽이지 않았는가입니다.

치료자: (이때가 최소한의 유연성이 있어야 할 지점이라는 것을 이해하면서) 여자와 아이가 사망했다는 사실을 바꿀 수 없다는 점에 동의합니다. 그리고 그 일에 당신이 관계가 있다는 점에 대해서도 동의합니다. 그런데 우리는 '살인'이라는 말에 대해 다소 이견을 가지고 있네요. 그들의 죽음을 당신이 수용하는 것과 그것의 의미를 다시 생각하는 것은 정말 힘든 일일 것입니다. 당신이 그들의 죽음에 대해 가지고 있는 생각은 당신은 '살인자'라는 것입니다. 내 생각에 이것은 당신이 외상사건으로부터 회복하는 것을 방해하는 고정점의 좋은 예라고 생각합니다. 우리는 함께 그들의 죽음에 있어서 당신의 역할을 이해하는 데 좀 더 많은 시간을 사용할 것입니다.

치료자는 탐의 인지적 유연성을 검사하고 사건을 다양하게 해석할 수 있도록 씨를 뿌리고 싶어 하였다. 그렇지만 지나치게 멀리 끌고 가지 않으려고 조심하였고, 탐이 대안적인 해석을 할 가능성이 없다는 것이 분명할 때 이를 다시 다루었다. 그는 이미 방어적인 태도로 다소 화가 나 있었는데, 치료자는 이를 더 악화시켜서 치료를 중단하게 하고 싶지 않았다.

이때부터 치료자는 정서를 명명하는 것과 그것을 무엇이라고 식별하기 시작하는 것이 얼마 나 중요한지를 설명하였다. 치료자와 탐은 사건을 어떻게 해석하는가에 따라 그에 따른 정서 반응이 다르다는 것을 함께 논의하였다. 그들은 생각의 변화가 다양한 감정을 이끌어 낸 다양한 예를 함께 다루었다. 또한 치료자는 어떤 해석과 반응은 그 상황에서 자연스럽게 생성되는 것이므로 바꾸려 할 필요가 없음을 기억하게 하였다. 예를 들어, 탐이 가족의 죽음 때문에 슬프다고 했을 때 치료자는 이러한 진술에 도전하지 않았다. 도리어 탐이 슬퍼하는 것을 격려하고 애도 과정을 밟도록 하였다. 무언가를 잃게 되면 자연스럽게 슬픈 감정을 느끼게 된다는 것을 그가 알게 하였다. 탐은 이 시점에서 "나는 슬픔을 느끼고 싶지 않았습니다. 사실 나는 그런 감정을 느끼는 것을 좋아하지 않습니다. 내가 미칠 수도 있다는 것이 두려웠습니다."라고 반응하였다. 치료자는 조심스럽게 이러한 신념에 도전하였다. "전에는 한 번도 자신이 슬퍼하도록 놔둔 적이 없나요?" 탐은 그러한 감정을 조금도 경험하지 않으려고 열심히 일했다고 말하였다. 치료자는 탐을 격려하였다. "탐, 당신이 그러한 감정을 느껴 보는 경험을 할 수 있도록 스스로를 허용하지 않는다면 우리는 당신이 그러한 감정을 느끼게 될 때 정말 미치게 되는지 확인할 수 없겠지요?" 치료자는 또한 탐에게 살아오면서 슬픔을 경험했지만 미치지 않은 사람으로 생각나는 사람이 없는지를 질문하였다. 그는 웃었다. 치료자는 "당신이 감정을 느끼지 않으면 우리가 하는 이 작업을 더 진행하기 어려워요. 당신이 매우 자연스러운 감정을 경험하는 것이 당신에게 일어난 사건으로부터 당신을 회복하게 하는 데 도움이 되는지 실험해 볼 수 있는 좋은 기회입니다."

그가 자신에게 하는 말과 그것으로 인한 감정을 확인하기 위해 탐에게 여러 장의 A-B-C 기록지를 실습과제로 주었다. 첫 열에는 A라는 문자가 적혀 있고 그 아래 '발생한 일'이라고 되어 있는데, 여기에 사건을 기록하게 하였다. 가운데 열에는 B라고 적혀 있고, '나에게 한 말'이라는 항목 밑에 자신의 생각을 적게 하였다. '느낀 점'이라고 적힌 마지막 C열에는 사건에 대한 행동과 정서 반응을 적게 하였다. 치료자는 탐이 자신에게 많은 말을 하고 있는데 그것이 자동적으로 일어나는 일임을 지적하였다. 잠시 동안 생각하다 보면 곧 의식적으로 생각할 필요 없이 곧바로 감정을 느끼게 된다. 자동적 사고가 가지고 있는 의미와 그 사고에 도전하여 변화시켜야 하는지를 결정하려면 잠시 멈추어서 그 생각을 인식하는 것이 중요하다.

3회기

탐은 도착하자마자 과제를 꺼내 놓았다. 치료자는 탐이 완성한 A-B-C 기록지를 보았다. 치료자는 그 기록지를 하나하나 살펴보고는 자신의 감정과 생각을 인지하는 과제를 훌륭히 했음을 칭찬하였다. 그의 작업 일부는 [그림 2-1]과 같다.

치료 중 이 시점에서 이 작업을 살펴보는 목적은 사고와 감정을 확인하기 위한 것이지 사고의 내용을 깊이 다루려는 것이 아니다. 치료자는 ([그림 2-1]에서 진한 글자로 표시된) "내가 나쁜 사람인 것처럼 느껴진다."와 같이 사고를 감정에 기록한 것을 수정하는 정도만 개입하였다. 그녀는 감정을 대개 한 단어로 기록했음을 지적했고, 자신의 '내부'에서 느껴진 것인데 "나는 ……하게 느꼈다."와 같이 문장을 완성할 필요가 없음을 지적하였다. 치료자는 탐이 주로 기록하는 사고의 형태(즉, 내면화와 자기비난)와 정서의 특징을 파악할 수 있었다.

치료자는 다시 동화의 주제(즉, 자기비난)를 확인하고 이와 관련된 생각에 부드럽게 도전하기로 마음먹었다. 그녀는 특별히 아내의 임신과 관련된 탐의 사고와 감정을 다루기로 했는데, 이 일은 궁극적으로 외상사건의 동화 과정과 깊은 관계가 있어 보였기 때문이다.

치료자: 당신은 가족을 가질 자격이 없다고 생각한다고요? 이에 대해서 조금 더 말씀을 해 주시겠어요?

탐: 다른 사람의 가족은 제거하고 저는 가족을 가져야만 하나요?

치료자: 좋아요. 당신이 A-B-C 기록지에 살인자라고 쓴 당신의 첫 번째 생각과 이것이 관계가 있는 것처럼 들리는군요. 당신은 "나는 다른 사람의 가족을 제거하였다."라고 자신에게 말했는데 기분이 어떠세요?

탐: 매우 나쁩니다.

치료자: 조금만 더 정확하게 생각해 보지요. 당신이 나쁘다고 한 감정은 무엇인가요? 그 정서의 1차적인 색깔에 대해 우리가 나눈 대화를 기억해 보세요. 당신은 어떻게 느꼈다고 했지요?

탐: 제가 그런 행동을 했다는 사실이 몹시 화가 나요.

치료자: 그래요. 한번 써 볼까요? 자신에게 화가 난다. 그런데 탐, 이러한 상황에 대해 당신이 한 말처럼 다른 사람도 말할까요? 그때 그곳에 있던 사람은 당신이 한 행동이 잘못된 것이었다고 할까요?

탐: 그렇지 않겠지만 그들은 그런 행동을 한 사람이 아니에요. 그리고 그들은 제가 그런 것

촉발사건 A '발생한 일'	신념 B '나에게 한 말'	결과 C '느낀 점'
나는 죄 없는 가족을 살해하였다.	"나는 살인자이다."	**"내가 나쁜 사람인 것처럼 느껴진다."** 말하는 것을 회피
아내가 임신하였다.	"나는 가족을 가질 자격이 없다."	죄책감
아부 그라이브	"정부가 역겹다."	분노
치료를 받으러 감	"나는 나약하다. 나는 PTSD가 있다. PTSD는 나약한 사람만 걸린다."	분노

B에 적은 내 생각이 현실적입니까?

예.

나중에는 이런 경우에 당신에게 무엇이라고 말할 것 같습니까?

?

[그림 2-1] A-B-C 기록지

처럼 이라크 사람에게 관심이 없어요.

치료자: 음. …… 생각해 볼 것이 있네요. 탐, 당신이 이라크에 있었던 전투지역에서 당신이 싸울 사람이 누구인지 판단하는 것은 쉬웠나요?

탐: 항상 쉬웠던 것은 아닙니다. 일상생활을 하는 사람처럼 보이는 반란군도 많아요.

치료자: 시민처럼? 죄 없는 시민처럼? (침묵)

탐: 선생님이 하고자 하는 말을 알겠어요. 하지만 그들은 죽었고, 이것은 잘못된 일이에요.

치료자: 당신이 그렇게 느껴진다고 한 말을 이해해요. 그러나 어떤 방식으로 느껴야 하는가가 항상 사실이나 진실에 근거하고 있다는 것을 의미하지는 않아요. 당신의 죄의식이나 잘못된 행동이 그 상황에 대해 조심스럽게 살펴볼 때 의미가 있는 것인지를 함께 검토하도록 합시다.

탐이 자신의 신념에 도전하여 제거하는 것이 목적이었기 때문에 치료자는 외상사건의 대안적인 해석을 위한 검토를 하고 씨앗을 심었을 뿐 그 문제를 멀리 추적하지는 않았다. 탐은 상담 중에 극단적인 자세에서 약간의 움직임은 있었지만 치료자는 극적인 변화가 있을 것으로 기대하지는 않았다. 그녀는 탐이 생각과 감정, 그리고 행동 간의 관계를 찾도록 하는 것과 인지적 개입이 성공적으로 제공될 수 있는 협동적인 관계를 형성할 수 있도록 도와주는 것에 주된 초점을 맞추었다.

치료자는 탐이 사고와 감정을 인식하고 명명하는 능력이 있음을 칭찬하고 주요 외상사건에 관하여 글을 쓰는 다음 과제를 하면서 사고와 감정에 주목하길 원한다고 말하였다. 탐은 실습할 과제로 사건에 관하여 상세하게 적어 올 것을 요구받았는데, 가급적 많은 감각정보를 포함하여 쓰라고 하였다. 탐은 사건 중에 자신의 사고와 감정을 포함하여 쓰도록 요청받았다. 그는 가능한 한 빠르게, 가장 바람직하게 오늘부터 과제를 시작하고 사생활이 보장되는 시간과 장소를 선정하여 자신의 자연적인 정서를 경험하도록 지시를 받았다. 사건에 대하여 상세하게 기술하던 것을 멈추어야 할 때마다 선을 그어 놓도록 하였다(내담자가 중단한 지점은 내담자가 투쟁하기를 포기하는 사건의 고정점으로 종종 머뭇거림이 일어나는 곳이다). 탐은 또한 다음 상담을 할 때까지 매일 자신이 작성한 것을 읽도록 지시받았다. 치료자는 탐이 회피하려고 한 것을 쓰는 것을 가급적 늦추려고 할 것이라고 예측하였다. 그녀는 탐에게 과제를 하는 것이 중요한 이유와 가급적 빨리 시작해야 하는 이유를 질문하였다. 이것은 탐이 치료의 전개 과정에 대하여 가급적 많이 생각하도록 하고 회피를 극복하는 능력을 강화하기 위한 기법으로 사용되었다. 탐은 회피하지 않아야 하고 자신은 여전히 기억으로 인해 상처를 받고 있다고 대답하였다. 치료자는 과제가 탐으로 하여금 전체적인 기억을 되살리고, 그에 관한 정서를 경험하고, 치료자와 내담자가 고정점을 탐색할 수 있도록 하는 데 도움이 될 것이라고 알려 주었다. 그녀는 탐에게 그렇게 하는 것이 비교적 짧은 시간에는 어렵겠지만 강력하게 지속하여 곧 치료의 가장 어려운 부분을 극복하게 할 것이라는 점을 재확신시켰다.

4회기

회기를 시작하면서 탐은 매일 생각이 나고 두려워하는 그 사건에 대한 글을 전날 저녁에 썼다고 하였다. 그는 불안해서 회피했음을 인정하였다. 치료자는 그 자리에서 그 글을 크게 읽도록 하였다. 탐은 글을 읽기 전에 왜 상담을 하는 동안 그것을 큰 소리로 읽어야 하는지 질문하였다. 치료자는 전 회기에 그들이 나눈 대화를 그가 기억하도록 하였고, 크게 읽는 것이 그에 관한 전체적인 기억과 감정에 접근하도록 도와준다고 알려 주었다. 탐은 마치 사건 보고서를 읽는 것처럼 감정을 담지 않고 빠르게 그 글을 읽었다.

> 우리는 바그다드 남쪽 검문소를 보호하라는 명령을 받았다. 우리는 반란군이 특정 지역을 공격하기 시작했기 때문에 그 지역을 보호하기 위해 거기에 있었다. 나는 검문소의 가장 높은 곳에 있었다. 먼지가 많은 날이었다. 매우 일상적인 날이었고, 사람들은 입장료를 내고 통과하듯이 검문소를 통과하고 있었다. 먼 곳에서 검은색 차가 다른 차보다 빠르게 오고 있는 것이 보였다. 차 뒤로 흙먼지가 많이 일어나서 빠르게 보였는지도 모른다. 검문소 앞에 있던 사람이 천천히 접근하라는 수신호를 보냈지만 차는 속도를 늦추지 않는 것 같았다. 누군가가 경고 사격으로 허공에 총을 쏘았지만 그 차는 여전히 멈추지 않았다. 차 안에 두 사람이 앉아 있는 것 같았다. 우리

는 문 근처 25야드 이내로 차량이 들어오면 문과 문 뒤의 지역을 보호하기 위해 사격하라는 명령을 받았다. 차는 멈추지 않았고, 나는 차를 향해서 방아쇠를 당겼다.

군인 중 한 사람이 같이 총을 쏘았다. 그다음은 혼돈 그 자체였다. 나는 총을 들고 그 앞에 서 있었던 것을 느꼈다. 잠시 후 내 다리가 차를 향해서 내려가게끔 움직였다. 어떻게 갔는지 잘 기억나지 않지만 그곳에 도착하였다. 여러 사람이 차 주변을 에워싸고 있었고, 한 남자가 차 안에서 내렸다. 그는 울고 있었다. 아니, 흐느끼고 있었다. 그는 울면서 빠르게 말하고 있었다. 그는 차가 있는 곳으로 다시 돌아가려고 했지만 다른 사람들이 그를 차에서 떼어 놓으려고 하였다. 나는 그 남자가 바라보는 곳을 보았고, 그 안에서 그들을 보았다. 먼저 여자가 보였다.

사방이 피투성이었고, 그녀는 얼굴에 총을 맞았다. 그리고 뒷좌석에는 인형을 안은 한 여자아이가 축 늘어진 채로 앉아 있었다. 그 아이의 몸도 피투성이었다. 차를 관통한 탄흔도 보였다. 여자를 다시 보았고, 눈을 다른 곳으로 돌릴 수 없었다. 그녀의 옷 아래 불룩한 배가 보였다. 그녀는 임신 중이었다.

그다음은 기억이 잘 나지 않는다. 나는 캠프로 되돌아갔고 안정을 취하였다. 그들은 나를 이틀간 임무에서 제외하였지만 결국 나는 이렇게 혼란스러워해서 전진 작전기지로 보내졌다.

글을 읽은 후 탐은 마치 무슨 일인가 하기 위해 이동해야 하는 것처럼 글을 쓴 종이를 바인더에 급히 넣고는 잠갔다. 치료자는 그에게 기분이 어떤지를 질문했고, 그는 '아무것'도 느끼지 못했다고 대답하였다. 치료자는 "전혀 아무것도요?"라고 말하면서 따라갔다. 탐은 불안을 느꼈다는 것을 인정하였다. 치료자는 그에게 다시 그 글을 읽도록 했는데, 천천히 읽으면서 그 사건이 있었을 때 느꼈던 감정을 경험해 보도록 격려하였다.

두 번째로 글을 읽은 후 치료자는 탐이 '애써' 숨겨 온 사건의 세세한 부분을 꺼내 놓도록 하였고, 상황의 가장 어려운 측면으로 보이는 것에 초점을 두기로 하였다.

치료자: 지금 읽으면서 가장 힘들었던 부분은 어디였나요?

탐: 모두 다요. 전부 다 끔찍했어요.

치료자: 그래도 최악이라고 생각되는 것이 있겠지요?

탐: 뒷좌석에 있는 작은 여자애를 보았어요.

치료자: 그 아이를 보았을 때 어떻게 보였나요?

(탐은 그가 차에 가까이 가서 소녀를 본 기억을 말하였다.)

치료자: 지금 기분은 어떠세요?

탐: 위가 아파요. 지금 거기에 있는 것 같이 느껴져요. 토하고 싶어요. 혐오스럽고 슬퍼요. 제가 죄 없는 아이를 죽였어요. 그 애를 죽이지 않고 제가 할 수 있는 것이 매우 많았어요.

(치료자는 탐이 동화 과정에서 통찰 편견을 사용하고 있다는 것을 알았다. 그녀는 탐이 외상사건에 관해 가급적 자연적인 감정을 강력하게 느낄 수 있게 하고 싶었기 때문에 이 정보를 앞으로 사용할 준거로 기억해 두었다.)

치료자: 그 감정을 좀 더 계속해서 느껴 보세요. 도피하지 마세요. 어떤 기분이 느껴지나요?

탐: 제가 미친 것 같고 죄책감이 느껴져요.

치료자: 그때 미쳤다는 생각과 죄의식이 느껴졌

다는 말이지요?

탐: 아니요. 그때는 무서웠어요.

치료자: 좋아요. 그 감정을 좀 더 느껴 봅시다.

탐: (잠시 있다가) 더 이상 이 느낌을 느끼고 싶지 않아요.

치료자: 당신은 지금 더 이상 이 느낌을 느끼고 싶지 않다고 했어요. 지금 당신은 여기서 그 감정을 피하지 않고 잘 해 왔어요. 오랫동안 이러한 감정을 느끼지 않으려면 당신은 이 자연적인 감정을 완전히 느껴야 해요. 조금 더 지속해 봅시다. 그러면 그 감정이 점점 줄어들 거예요.

탐이 상황과 관련된 감정을 경험하여 이를 흐트러뜨린 후 다른 사람이 전쟁에 대해 반응한 것을 듣는 것이 그에게 얼마나 고통스러웠는지에 대한 토의를 하였다. 그는 전쟁에 대한 대통령의 통치와 정책에 대해 특별히 좌절감을 표현하였다. 치료자는 탐이 국제 정책에 대한 철학적 토론을 하려고 하자 외상이 그에게 미친 영향으로 부드럽게 방향을 바꾸었다. 그는 자신이 고등학교 친구에게 자신의 외상경험을 이야기했을 때를 언급하였다. 그는 자신의 이야기를 듣고 그 친구가 부정적인 반응을 하였다고 생각하였다. 탐은 친구가 자신을 판단하고, 지지하지 않는다고 느꼈다. 이 경험 후 탐은 다른 사람에게 자신의 전쟁경험에 대해 말하는 것을 자제하였다. 소크라테스 질문을 하여 치료자는 탐에게 충격사건에 대한 이야기를 들었던 친구가 부정적으로 반응한 또 다른 이유가 있을 것 같은지를 확인하였다. 이러한 대화를 통해서 탐은 다른 사람이 외상사건에 대해 들었을 때 그들도 마찬가지로 자신의 현재 신념 체계를 바탕으로 이 경험에 의미를 부여할 것이라는 점을 인식할 수 있었다. 즉, 주변 사람은 나쁜 일은 나쁜 사람에게만 생긴다는 '공정세상' 신념을 가지고 있었다. 그들은 탐이 차 안에 있는 사람에게 총격을 한 전반적인 맥락을 고려하지 않았다. 이러한 인식의 결과로 탐은 이러한 판단을 한 친구에게 거의 분노를 느끼지 않게 되었다. 그는 친구의 반응에 대한 해석은 그에 대한 자신의 판단에 의해 편포되어 있다는 것을 어느 정도 수용하였다. 사실 치료의 후반부에서 탐이 친구에게 직접 자신이 지각한 반응에 대해 질문할 수 있었을 때 그 친구는 이야기를 듣는 것이 매우 힘들었을 뿐 탐을 판단한 것이 전혀 아니었다고 말하였다. 실제로 그는 그때 탐이 얼마나 고통스러웠을까 하는 생각을 하였다.

치료자는 탐에게 그 글을 쓰고 읽을 때 어떤 고정점이 있었는지를 질문하였다. 다음의 대화는 그때 이루어진 것이다.

탐: 고정점이 무엇인지 잘 모르겠지만 선생님이 묻는 것을 보니 제가 이 가족을 살해했는가 아닌가에 대한 질문을 하는 것 같네요.

치료자: 맞아요. 비난과 책임감 간의 차이를 논의하는 것이 우리에게 매우 가치가 있는 것 같아요. 책임감을 먼저 논의하지요. 당신이 쓴 글에서 가족에게 총격을 한 책임이 있다고 말하는 것 같아요. 그들에게 총격을 한 다른 사람이 있는데 그 사람도 책임을 느끼고 있는 것 같이 들리네요.

(치료자는 그의 행동의 적절성에 관하여 탐에게 도전하기 위해 이 사실을 잘 기억해 두었다. 이는 스트레스 상황에서 탐이 잘 수행했을 때 강화할 좋은 기회를 알려 주었다.)

책임감은 당신이 어떤 결과의 원인이 되는 행동을 했을 때에 관한 것이군요. **비난**은 해로운 사건의 원인이 되려는 의도성과 관계가 있군요. 그때 당신의 동기와도 관계가 있고요. 당신은 그 가족을 죽이려는 동기와 의도를 가지고 행동했나요?

탐: 아니요. 그렇지만 결과적으로 그들은 살해됐어요.

치료자: **죽었지요**. 당신이 언급한 것을 따라서 우리가 함께 그때 그 상황으로 돌아간다면 그들을 죽일 의도가 전혀 없었지요. 그들은 도로에서 매우 빠르게 달려왔고, 멈추게 하려고 경고하는 것에 대해 반응하지 않았어요. 당신과 다른 군인의 의도는 그들을 검문소 앞에서 멈추게 하려는 것이었지요. 당신의 의도는 결코 그들을 죽이려고 한 것이 아니었어요. 사실 당신의 의도는 그 반대였지요?

탐: 예. (울기 시작한다.)

치료자: (탐이 우는 것을 어느 정도 그대로 두었다가) 당신은 그들을 죽이려는 의도가 없었어요. 그러므로 '비난'은 적절한 말이 아니네요. 살인 혹은 당신이 살인자라는 것은 이 상황에서는 정확한 것이 아니에요. 내가 '살인'이나 '살인자'라는 용어에 대해 의문을 제기하는 이유는 당신이 그들에게 의도적으로 총격을 한 것처럼 말하기 때문입니다.

탐: 그런데 왜 저는 비난을 받아야 한다고 느꼈을까요?

치료자: 좋은 질문입니다. 당신은 왜 그렇게 생각했나요?

탐: (여전히 울면서) 누군가가 죽었다면 누군가는 책임을 져야 해요.

치료자: 비난하지 않고 책임을 지는 것이 가능하지 않은가요? 당신의 책임이지만 그 일이 일어나게 할 의도가 없었던 상황을 어떻게 표현할 수 있을까요? 어떤 사람이 누군가에게 총을 쏘았지만 죽일 의도는 없었다면 이 상황을 무엇이라고 할까요?

탐: 사고. 사고라고 하겠지요.

치료자: 맞았어요. 사실 당신은 무엇인가 혹은 누군가를 보호하려고 어떤 사람에게 총을 쏘았다면 이것을 어떻게 표현하시겠어요?

탐: 자기방어.

치료자: 예, 매우 좋아요. 당신은 검문소를 보호할 책임이 있었지요.

탐: 예.

치료자: 그래요, 당신은 그 검문소를 보호할 책임이 있었고, 그들은 계속 다가오고 있었어요. 그렇다면 그 지역을 위험에서 보호해야겠지요.

탐: 그래요. 하지만 그들은 가족이었지 반군이 아니었어요.

치료자: 그때 그들이 가족인 것을 어떻게 알았지요?

탐: 차 안에 여자와 아이가 있었어요.

치료자: 그 위에 있었을 때 알았나요?

탐: 아니요.

치료자: 오직 혜안을 가지고 있어야만 그들이 나쁜 의도를 가지지 않은 가족이라는 것을 알겠지요. 우리는 실제 가족의 의도를 모르잖아요? 그들도 여러 번의 경고를 무시했고요, 그렇지요?

탐: 예, (잠시 멈추었다가) 저는 그들이 차 안에 아내와 아이를 태우고 나쁜 짓을 하려 했다고

생각하지 않아요.

치료자: 우리는 알지 못하고 또 알 수도 없어요. 그러나 우리가 알고 있는 것은 당신이 그때 무엇을 알고 있었는지입니다. 당신이 알고 있었던 것은 그들이 경고신호를 무시했다는 것과 검문소를 보호할 책임이 있다는 것, 그리고 그곳을 보호하기 위해 필요한 행동을 해야 한다는 것입니다. 일어난 일과 당신이 그때 알고 있었던 것을 생각해 보면 어떤 기분이 드세요?

탐: 음…… 죄책감은 적어질 것 같아요.

치료자: 죄책감이 덜한 것 같아요? 아니면 덜 느껴져요?

탐: 잘 생각해 보니 죄책감이 덜 느껴지네요.

치료자: 더욱 심하게 죄책감을 느끼기 시작하는 때가 있습니다. 당신은 실제 일어난 사실과 그것에 대해 지금 자동적으로 해석하는 것을 구분하는 것이 매우 중요합니다. 혹시 이 부분에서 자부심을 느끼게 하는 것은 없나요?

탐: 자부심이요?

치료자: 예, 이런 스트레스 상황에서 당신이 했어야 하는 행동을 정확하게 했던 것 같은데요? 전투 중에 용기를 보여 준 적은 없나요?

탐: 그들을 죽인 것이 용기 있는 행동이라고 생각할 수는 없어요.

치료자: 그렇군요. 당신은 오랫동안 이런 방식으로 이것에 대해 생각하지 않았지만 고려해 볼 만합니다.

소크라테스 대화를 한 이유는 탐이 자신이 행동한 전반적 맥락에 대해 고려할 수 있게 도와주기 위해서이다. 그녀는 또한 탐이 전혀 잘못하지 않았다는 것이 아니라 검문소를 보호하기 위해 그런 행동을 했을 것이라는 생각의 씨앗을 심기 시작하였다. 가능할 때마다 영웅적이고 용기 있는 활동을 지적하는 것은 외상 생존자에게 접근하는 강력한 방법이 될 수 있다.

회기를 종료하기 전에 치료자는 상담을 하는 도중보다 지금 그가 안정되어 있는지 점검하기 위해 그의 정서상태를 확인하였다. 또한 그녀는 치료에 대한 그의 반응을 탐색하였다. 그는 매우 힘들지만 발생한 일에 머무르면서 기대한 것보다 좋은 감정을 느낀다고 말하였다. 그는 또한 '생각을 위한 음식'이 된 사건에 관해 생각하지 않은 것이 있다고 말하였다. 치료자는 탐이 과제를 작성하는 큰일을 했다고 칭찬하고 지금 중단하지 않는 것이 중요함을 강조하였다. 그녀는 치료의 어려운 단계 중 하나를 끝냈고 이것이 그의 회복을 도울 것이라고 말하였다.

치료자는 외상을 처음 기술한 것을 탐에게 주면서 다음 과제로 이를 좀 더 전체적으로 다시 기술하도록 하였다. 치료자는 탐에게 처음에 기술한 것 외에 추가할 세세한 부분과 그때 느껴진 감각을 기록하게 하였다. 그리고 또한 사건이 있었을 때의 생각과 감정을 적으면서 지금-여기에서 느껴지는 감정과 사고를 괄호 안에 기록하라고 하였다.

5회기

탐은 밝은 표정으로 상담실을 방문하였고, 치료자와 눈맞춤도 많이 하였다. 그는 이전 상담이 끝난 직후 다시 작성한 글을 내보였다. 그는 글 쓰는 것이 힘들었지만 처음처럼 그렇지는 않았다고 말하였다. 치료자는 이것을 자연적인 정서의 표현이 허락됨으로써 그 정서가 자연적으로 해소되는 것을 알려 주는 기회로 사용하였다. 탐은 지난주에 피하지 않고 아내와 좀 더 많은 대화를 했다고 말하였다. 그들의 대화가 늘어나면서 아내는 탐의 건강에 대해 걱정이 된다는 것을 표현할 수 있었다. 그녀는 그가 자신과 배 속의 아이에게 관심이 없는 것처럼 보였다고 말하였다. 탐은 이전에 아내에게 사건에 대해 말했지만 차 안의 여자가 임신하고 있었다는 사실을 상세하게 공유하지는 않았다. 탐은 임신한 여자에 관하여 말하자 아내가 매우 좋은 반응을 했다고 지각하였다. 그는 그녀가 그에게 질문을 했고, 그녀가 그를 비난하지 않는 말을 했다는 것에 주목하였다. 예를 들어, 그녀는 "그들이 가족이라는 것을 그때 어떻게 알았어?"와 같은 질문을 하였다. 그녀는 또한 "가족이 실제로 여행하는지는 테러가 한창인 곳에서는 알기 어렵지."라고 말하였다. 탐은 그들의 대화가 그의 마지막 심리치료 회기와 같이 들렸다고 말하면서 웃었다.

치료자는 탐에게 두 번째 작성한 글을 감정을 담아서 큰 소리로 읽으라고 하였다. 탐은 전보다 더 많이 적어 왔고, 치료자는 그가 다른 장병과 함께 검문소로 차를 천천히 몰고 오라고 경고한 것에 대해 더 많은 정보를 담아 왔음을 확인하였다. 탐은 두 번째 작성한 글을 천천히 읽었으며, 처음 소리 내어 읽었을 때보다 긴장을 하지 않았다. 탐의 두 번째 글은 매우 상세한 내용을 담고 있었으며, 총격이 일어난 후 차량과 거기에 타고 있던 사람에 더욱 초점을 맞추었다.

치료자: 지난번보다 차와 가족에 대해 더 많이 기록하였네요. 지금 어떤 기분이 드세요?

탐: 슬퍼요.

치료자: 당신이 이에 대해 처음 썼을 때만큼 슬펐나요?

탐: 지금이 더 슬픈 것 같아요.

치료자: 음…… 왜 그렇다고 생각하세요?

탐: 지금 생각하는 것은 괄호 안에 썼던 것과 비슷한 것 같아요. 지금은 그들에게 총을 쏘았다는 죄책감보다 그들이 경고를 받아들이지 않았다는 사실이 슬퍼요.

치료자: 당신은 지금 죄책감을 덜 느낀다고 했는데요. 왜 그럴까요?

탐: 저 혼자만 그들을 멈추게 하려고 했던 것은 아니었다는 것을 깨닫기 시작했어요. 우리 중 여럿이 그들을 멈추게 하려고 했어요. 하지만 저는 그들에게 총을 쏜 유일한 사람이에요.

치료자: 다른 장병 중 한 명도 총을 쏘았다면 당신은 그를 비난할 것인가요? 자신의 행동에 대한 죄책감을 그도 느껴야 하나요?

탐: (웃으면서) 이번 주에 그에 대해 생각해 보았어요. 제가 정말 그들을 맞추었는지에 대해 의심하게 되었지요. 그 사건에 대해 기록하면서 더 생각하다 보니 다른 사병이 동시에 총을 쏘았을 가능성이 있다는 것을 알게 되었어요.

치료자: 동시에 총을 쏜 사람이 있다는 것은 무엇을 의미하나요?

탐: 동시에 총을 쏜 사람이 있다면 그들에게 총격을 한 것이 그 상황에서는 옳은 일이었을 수 있겠지요.

치료자: 마땅히 옳은 것을 한 것이지요?

탐: (웃음) 예, 저는 여전히 우리가 다른 일을 했어야 했던 건지 의심이 돼요.

치료자: 당신은 일어난 일을 '취소'하려고 하는 것처럼 보여요. 당신이 다른 행동을 할 수 있었을까요?

탐: 그들에게 총을 쏘지 않는 것이지요.

치료자: 그러면 어떤 일이 일어났을까요?

탐: 그들은 멈추어야 했어요. (잠시 침묵) 아니면 그들은 검문소로 돌진하여 그곳을 통과하는 사람을 다치게 했겠지요. 차량에 폭탄을 장치했다면 많은 사람이 다쳤겠지요. 그렇지만 여자와 아이가 차 안에 있었던 것으로 보아 그럴 가능성은 거의 없어요.

치료자: 우리는 앞에서 논의한 것처럼 그들의 의도를 알지 못해요. 중요한 것은 당신은 그때 다른 행동을 하거나 아무것도 하지 않는 것이 더 나은 결과를 가져왔을 것이라고 생각한다는 것이지요.

탐: 맞아요. 그래서 저는 슬퍼요.

치료자: 그래요, 그것이 자연적인 감정이에요. 당신이 슬픔을 느낀다는 것은 좋은 신호이지요. 슬픔은 발생한 일에 대한 매우 자연스럽고 적절한 반응입니다. 그리고 당신이 경험하고 있는 죄책감이나 자기비난보다 발생한 일에 더욱 일치하는 반응이지요.

탐과 치료자는 발생한 일을 잊는 것이 아니라 불안이나 죄책감, 그리고 그와 관련된 부정정서를 경험하지 않으면서 기억하는 것이 치료의 목적임을 논의하였다. 탐은 자신이 덜 두려워하게 되었고, 강력한 감정이라도 조금 더 인내할 수 있게 되었다고 말하였다. 탐은 자신의 글을 읽고, 외상에 대해 토의하고, 심리치료 회기에 참석하는 것이 점차 수월해지고 있다는 것과 부정적 감정이 점차 사라지고 있다는 것을 알게 되었다.

탐이 자신의 기억을 신념에 동화시키려고 시도한 방법에 초점을 맞추면서 그의 기억에 대한 반응을 논의한 후에 치료자는 과잉조절에 대한 논의를 시작하였다. 과잉조절의 한 영역은 미군에 대한 탐의 신념이다. 그는 군에 대한 매우 긍정적인 관점을 가지고 입대하였다. 탐의 가족은 군과 관계가 있으며, 그는 국가를 위한 군의 서비스와 '정당함'을 믿고 있었다.

이라크에서의 외상사건과 군복무 끝에 탐은 군에서 더 나아가 연방정부까지 확장하여 부정적인 관점을 갖게 되었다. 치료자는 이러한 내용을 탐의 고정점에 도전하기 위한 유용한 첫 도구로 사용하였다. 그녀는 또한 그가 점진적으로 자신의 치료자로서 어떻게 수행해야 하는지를 고정점에 대한 그의 사고 패턴에 도전하면서 강조하였다.

치료자: 당신은 군과 미국 정부에 대해서 이전부터 매우 강한 신념을 가지고 있었던 것 같네요. 나는 이 신념을 당신 자신에 대한 고정점에 도전하기 위해 사용할 것입니다. 당신이 이것에 대해 어떻게 생각하고 느끼는지 생각해 보는 작업을 할 것입니다. 당신은 이에 대해 대안적인 해석을 시도할 수도 있습니다. 이번 회기에 시작합니다. 나는 당신이 자신의 치료자가 되어 자신의 고정점을 직접 공격해 보도록 도울 것입니다.

탐: 좋아요.

치료자: 오늘 우리는 첫 번째 기술을 다룰 것입니다. 우리는 다음 몇 회기 동안 당신의 기술을 형성할 것입니다. 첫 도구는 도전질문 기록지라는 기록지입니다. 첫 단계는 당신이

가지고 있는 고정점이 분명한 하나의 신념을 확인하는 것입니다. 전에 언급한 것처럼 연방정부에 대한 당신의 신념을 지금 사용하고자 합니다. 만약 당신이 연방정부나 군에 대해 믿고 있는 바를 줄여서 말한다면 무엇이 될까요?

탐: 글쎄요. 잘 모르겠어요. 아마 미군은 극단적으로 부패했다고 말할 것 같아요.

치료자: 좋아요. 매우 분명하게 요점을 말한 것 같네요. 이어서 그 신념과 관련된 질문을 해봅시다. 당신 자신에게 할 첫 번째 질문은 '이러한 생각을 하게 하거나 하지 못하게 하는 증거는 무엇인가?'입니다.

탐: 그 증거는 아부 그라이브입니다. 그들이 그렇게 했다는 것이 믿어지세요? 내가 총을 쏜 것도 그 증거입니다.

치료자: 군이 부패했다는 또 다른 증거는 무엇인가요?

탐: 오, 그 청부업자들. …… 이게 뭐람! 그들이 제게 이 치료를 받게 했어요. 전쟁터에서 돈 버는 것에만 관심을 가지고 있어요. 그리고…… 이 나라 밖으로 나가는 석유 혹은 돈을 버는 것에만 관심이 있어요!

치료자: 예, 그렇게 생각하게 한 증거를 말했네요. 이제 그에 반하는 증거를 말해 볼까요?

탐: 예, 제 동료 병사들은 참 좋은 사람들이에요. 그들은 자신의 임무와 명령에 충실해요. 일부는 돼지 같은 사람이지만 저도 대부분 좋은 상관과 같이 근무했어요. 그런데 일부는 정말로 권력에 굶주린 사람 같아요.

치료자: 예, 그 말은 미군은 완전히 부패했다는 신념에 대한 찬반론을 모두 가지고 있는 것처럼 들리는데요. 변화 과정에서 양쪽 생각을 다 가지고 있는 것은 보기 드문 일이 아니지요. 좋은 소식입니다. 이것은 당신이 다른 대안적인 사고를 하고 있다는 말이고, 사물을 한 방향으로 보도록 고정되지 않았다는 의미로 들립니다. 자, 다음에는…….

치료자는 탐이 그것을 이해했다는 것을 확신할 수 있게 하는 질문 목록을 되풀이하는 데 회기의 상당 부분을 사용하였다. 많은 질문은 군의 부패에 관한 문제에 초점을 맞추었지만 다른 주제도 질문의 의미를 잘 보여 주기 위해 다루었다. 예를 들어, 치료자는 탐의 삶에서 그가 집에 있는 동안 반군 저격병에 의해 저격될 것 같다는 믿음을 예로 들어 확률 질문을 도입하였다. 이러한 질문은 안전 문제에 관한 좋은 예이다. 치료자는 탐이 사용하고 있는 신념에 모든 질문을 적용하지는 않을 것이라는 점을 지적하였다. "당신은 이것이냐 저것이냐라는 식으로 생각하나요?"와 같은 질문은 군에 대한 탐의 신념에 적용되기 때문에 그에게 잘 어울린다. 그는 군 전체가 타락한 것처럼 보이는 몇 가지 예를 적용하여 언급하였다. 또한 그는 그가 군을 '극단적으로' 부패했다고 기술한 것은 "당신은 극단적이고 과장된 단어나 말을 사용하나요?"와 같은 질문과 일치한다고 말하였다. 목록을 이해한 탐은 "당신은 그 상황에서 적절하게 선택된 예를 알고 있나요?"와 같은 질문은 자신의 행동이 외상사건에서의 살인이었다고 본 이전 신념에 적용된다는 것을 이해하였다.

6회기 전에 그가 실습할 과제로 탐은 매일 도전 질문 기록지를 하나씩 작성하는 것에 동의하였다. 그와 치료자는 실습과제의 완성을 촉진하기 위해 회기가 끝나기 전에 잠재적인 고정점에 대해 브레인스토밍을 하였다. 이 고정점에는 "나는 가족을 가질 자격이 없다." "나는 죄 없는 가족을 살해하였다." 그리고 "내가 PTSD인 것을 보니 나는 나약하다."가 포함되었다.

6회기

탐은 치료자와 함께 만든 모든 고정점에 관한 도전질문 기록지를 완성하였다. 치료자는 고안된 방식으로 탐이 질문을 사용했는지 알아보기 위해 기록지를 살펴보았다. 그녀는 탐에게 기록지에서 **최소한의** 도움이 된 것은 무엇이었는지 질문하였다. 탐은 가족을 가질 자격에 대한 기록지를 완성하는 것이 가장 어려웠다고 대답하였다. 치료자는 탐과 함께 기록지를 상세히 검토하였다([그림 2-2] 참조).

치료자: 그래요, 당신이 가족을 가질 자격이 있는가에 대한 지지 증거나 반대 증거로 기록한 답을 보니 당신이 다른 사람의 가족을 빼앗았다고 기술했네요. 반갑게도 '살인'이라는 단어가 포함되지 않았어요. 여하튼 이것이 **당신이** 가족을 가질 자격이 없다는 증거라는 말이지요?

탐: 저는 다른 사람과 같아야 한다고 느끼기 때문에 이것이 증거입니다. 저는 가족을 가질 수 없어요. 그래야 공평하지요.

치료자: 9번 문항에서 혼란스러운 감정과 사실의 혼란에 대해 기술하였는데 내가 좀 더 확신을 갖고 볼 수 있게 해 주세요. 지금 당신은 당신에게 일어난 일 때문에 가족과 당신 가족에 관한 행복을 가질 자격이 없다고 했는데 그 논리를 내가 이해할 수 있게 설명해 주세요.

탐: 잘 모르겠어요. 단지 그것이 공평한 것 같아요.

치료자: 공평하다? 그것은 당신이 벌을 받으려면 당신이 좋지 않게 되어야 한다는 의미인가요?

탐: 그에 대해 조금 더 생각해 보면 정말 그 일이 제가 잘못한 것이라고 생각하지 않아도 되지만 그래도 여전히 제가 잘못한 것이 있는 것 같이 **느껴지고**, 제가 사는 동안 어떤 아내와 아이 같은 좋은 것을 가질 수 없다고 **느껴져요**.

치료자: 9번 문항에 대한 당신의 응답을 지금 상세하게 살펴보지요. "그 판단은 사실이 아닌 감정에 근거한 것입니까?"에 대해 당신은 무엇이라고 적었나요?

탐: "나는 사실 내가 해야 할 것을 했을 때 잘못한 것처럼 죄책감을 느꼈다."라고 썼어요. 저는 우리가 나눈 대화를 기억하려고 했고, 그들이 경고에 반응하지 않아서 잘못된 일이 발생하지 않기 위해 그들에게 총을 쏜 것이라고 아내가 한 말을 기억하려고 했어요. 이전만큼은 아니지만 여전히 잘못되었다고 느껴지고, 제가 잘못 행동한 것처럼 느껴져요.

(치료자는 이것을 정서 변화를 위한 새로운 대안적 사고의 연습이 필요하다는 이야기를 나눌 기회로 사용하였다.)

치료자: 탐! 당신은 고정되지 않고 회복의 길을 잘 가고 있군요. 당신의 머리는 그렇게 하기 시작했고, 당신의 감정은 그것을 받아들일 필요가 있어요. 당신은 지금 잠시 동안 어떤

도전질문 기록지

다음은 당신의 적응에 방해가 되거나 문제가 되는 신념에 도전하기 위해 사용할 질문 목록입니다. 모든 질문이 당신이 도전하기 위해 선택해야 할 신념에 적절한 것은 아닙니다. 다음 도전하기로 당신이 선택하여 적은 신념에 대해 가능하면 많은 답을 적어 봅시다.

신념: 나는 가족을 가질 자격이 없다.

1. 이러한 생각을 지지하거나 지지하지 않는 증거는 무엇입니까?
   지지: 나는 다른 사람의 가족을 죽였다.
   반대: 나는 누구에게도 총을 쏘고 싶지 않았다. '눈에는 눈'은 여기에 적용되지 않는다.

2. 당신의 이 신념은 습관적인 것입니까, 아니면 사실에 근거합니까?
   내가 이렇게 생각하는 것은 습관이다. 사실 나는 이러한 방식으로 처벌을 받을 만큼 잘못된 행동을 하지 않았다.

3. 상황에 대한 당신의 해석은 실제와 매우 달라서 정확하지 않습니까?
   실제 상황에 대한 해석은 분명히 현실적인 것이 아니고 이것이 나의 신념을 형성하였다.

4. 옳고 그르다는 방식으로 생각하지 않습니까?
   응답하지 않음

5. 극단적이거나 과장스러운 단어나 구를 사용합니까?(예: 항상, 영원히, 결코, 꼭, 마땅히, 당연히, 결코 할 수 없는, 매번)
   '그럴 가치가 있다'는 말은 극단적인 단어일 수 있다.

6. 맥락을 벗어나 상황을 보고 사건의 일부분에만 초점을 맞추었습니까?
   예. 3번에서와 같이 총격을 하였을 때 모든 일이 어떻게 진행되었는지 망각하는 경향이 있다.

7. 정보원은 신뢰롭습니까?
   아니요. 전혀 신뢰하지 않는다.

8. 확률이 낮은 사건과 높은 사건을 혼돈합니까?
   응답하지 않음

9. 그 판단은 사실이 아닌 감정에 근거한 것입니까?
   나는 사실 내가 해야 할 것을 했을 때 잘못한 것처럼 죄책감을 느꼈다.

10. 당신은 관련 없는 요인에 초점을 맞춥니까?
    아마도 내가 가정을 꾸리는 것은 가정을 잃은 사람과 관련이 없는 일일 것이다.

[그림 2-2] 도전질문 기록지

일이 발생했고 당신이 어떻게 행동했는지에 대해 생각했어요. 당신은 잘못한 것이라고 반복하여 자신에게 말하면서 계속 자신을 비난했어요.

탐: (눈물을 흘리면서) 저는 차에 총을 쏘아야 했고, 사람들이 죽었어요.

치료자: 맞아요, 그랬지요. 잠깐 동안만 당신이 그 생각을 믿는다고 생각해 봅시다. 그러니 어떤 감정이 드나요?

탐: 조금 기분이 가벼워지겠지요. 죄책감을 느끼지 않겠지요. 이렇게 공포스러운 장면에 대해 슬픔을 느끼겠지만 저 자신을 비난하지는 않겠지요.

치료자: 다음 단계로 넘어가 봅시다. 만약 자신을 비난하지도 죄책감을 느끼지도 않게 된다면 당신은 아내와 곧 태어날 아이와 행복해질 수 있나요?

탐: 예, 그렇지요.

치료자: 그래요, 탐. 좀 더 정확하고 새로운 방식으로 당신에게 일어난 일과 당신이 했어야 할 역할을 바라보는 연습을 계속 반복해 봅시다. 당신은 연습을 통해 당신에게 일어난 일에 대한 진실과 당신이 자신을 비난할 이유가 없다는 사실이 일치함을 느끼기 시작할 것입니다.

탐: 무기를 다루는 훈련과 같은 것이군요. 익숙해져서 자동적으로 사용할 때까지 반복해서 자신의 총을 가지고 훈련을 하지요. 시간이 지나면 익숙해지게 됩니다.

치료자: 바로 그것입니다. 당신이 연습을 하면서 이에 대한 사실을 확신하는 데 도움이 될 만한 다른 질문이 있군요. "당신의 이 신념은 습관적인 것입니까, 아니면 사실에 근거합니까?"에 무엇이라고 쓰셨나요?

이 대화는 치료 중의 이 단계에서 공통적으로 발생하는 것을 잘 보여 준다. 탐은 인지적 변화를 경험하기 시작했지만 정서적 변화는 지연되고 있었다. 치료자는 다르게 경험할 수 있도록 새로운 사고방법을 연습할 필요성을 강조하고 있다. 또한 내담자의 감정이 변화하지 않거나 양면적일지라도 사고를 변화시켜서 내담자가 얻는 것을 강조하는 것이 중요하다. 사고의 변화는 감정에서의 변화가 불충분한 것보다는 좀 더 체계적이다. 결과적으로 사고의 변화는 사고나 학습의 경쟁을 의미하고, 새로운 사고의 상당한 반복을 통해서 연합된 감정이 따라오고 결국은 승리하게 된다.

이 회기의 나머지 부분에서는 치료자가 문제사고패턴 기록지([그림 2-3] 참조)를 소개하고 도전질문 기록지와 어떻게 다른지를 설명하였다. 문제사고패턴 기록지는 더욱 일반적인 사고 패턴과 관계가 있어서 탐이 가지고 있는 개별 사고에 도전하게 된다. 문제사고패턴 기록지는 일곱 가지 유형의 잘못된 사고 패턴(예: 과잉단순화, 과잉일반화, 정서적 추론)을 기록한다.

탐과 치료자는 목록을 살펴보고 각 사고 패턴의 예를 만들었다. 예를 들어, '상황의 중요한 측면 무시'의 경우 치료자는 탐이 치료 중에 여러 번에 걸쳐 주제를 내놓은 것을 지적하였다. 처음에 탐은 그와 다른 병사가 총을 쏘기 전에 차를 멈추기 위해 시도한 중요한 정보를 제공하지 않았다. 그녀는 또한 정서적 추론은 이 회기의 주요 주제였던 기분과 사실의 혼돈과 유사함을 알려 주었다.

'단일 사건으로부터 과잉일반화' 항목에 대해 논

문제사고패턴

다음 목록은 사람들이 다양한 생활장면에서 사용하는 다양한 유형의 문제사고 패턴을 기록한 것입니다. 이러한 사고 패턴은 자동적이고 습관적이 되어 우리가 자기파괴적인 행동을 하게 하는 원인이 됩니다. 당신의 고정점을 고려하면서 이러한 사고 패턴의 예를 찾아보십시오. 적절한 곳에 이것을 기술하고 어떻게 찾았는지 기록하십시오. 이러한 사고가 자신에게 어떻게 영향을 주었는지 생각해 보십시오.

1. 부족하거나 반대일 때 **결론으로 뛰어넘기**
   나쁜 일이 발생하면 나는 내가 무엇인가 잘못했을 것이라는 결론으로 뛰어넘곤 한다. 모든 것이 내가 잘못한 것이라고 생각한다.

2. (비율을 넘어서서 강조하거나 그 중요성을 부적절하게 낮추어) **상황을 과장하거나 축소하기**
   나는 군에서 내가 잘했던 것도 하찮게 본다.

3. 상황의 **중요한 측면을 무시하기**
   전에는 우리가 검문소로 오고 있는 차를 멈추려고 했던 중요한 측면을 무시하는 경향이 있었다.

4. 선악이나 옳고 그름으로 **상황을 단순화하기**
   나는 종종 이라크에서 있었던 일이 모두 잘못되었다고 생각하였다.

5. 단일 사건으로부터 **과잉일반화하기**(부정적인 사건은 끝없이 지속되는 것으로 보입니다.)
   외상사건을 경험하였기 때문에 곧 태어날 우리 아이도 안전하지 않을 것이라고 생각하였다.

6. **마음 읽기**(분명한 증거가 없을 때 사람들이 당신에 대해 부정적으로 생각할 것이라고 생각합니다.)
   실제 내가 그랬기 때문에 모든 사람이 나를 끔찍한 사람이며 살인자라고 생각할 것이다.

7. **정서적 추론**(당신은 기분을 갖고 있고 그것을 추론해야 한다고 생각합니다.)
   이것은 쉬운 일이다. 나는 죄책감을 느끼고, 그러므로 나는 그래야 한다.

[그림 2-3] 문제사고패턴 기록지

의할 때 탐은 그가 정부와 지도자에 대한 자신의 생각이 바뀌기 시작했다는 것을 알았다고 말하였다. 그는 많은 경우에 그의 부하 병사가 통일된 작전을 하고, 임무를 수행하며, 타인의 안전과 보호를 위해 행동해야 한다는 것을 명심하는 것이 그에게 매우 중요한 것이라는 점을 언급하였다. 탐은 자발적으로 "증거가 부족하거나 혹은 반대일 때에도 이러한 결론을 내렸던 것 같아요."라고 말하였다. 그는 외상사건 후에 상투적인 사고를 하기 시작해서 군과 정부의 모든 사람에 대해 포괄적으로 부정적인 의견과 태도를 적용하였다고 말하였다. 탐과 치료자는 치료의 목표를 외상 전의 이상적인 관점과 외상 후의 매우 부정적인 관점에서 균형 잡히고 현실적인 관점을 형성하는 것으로 정하기로 논의하였다. 즉, 정부와 군, 그리고 지도자에 관한 그의 생각의 어두운 점을 찾고 균형을 형성하는 것이 목적이었다. 탐은 이러한 생각의 예로 "적어도 정부의 몇몇 사람은 다른 사람을 위해 좋은 일을 하려고 한다."를 더하였다.

탐은 문제사고패턴 기록지에 있는 목록을 읽고 문제가 되는 사고 패턴을 사용한 예를 기입하는 연습과제를 받아가지고 갔다.

7회기

탐은 상담이 시작되자마자 기분이 좋았고 아내도 그런 변화를 느꼈으며, 치료를 통해 좋아지기보다 나빠질 것을 걱정하던 것이 줄었다고 말하였다. 치료자는 탐에게 기다리는 동안 PCL과 BDI-II를 주어 완성하게 하였다. 그녀는 빨리 평가척도를 채점하여 탐에게 피드백을 주는 것으로 상담을 시작하였다. 그의 PCL 점수는 68점에서 39점으로 줄었는데, 이는 그의 PTSD 증상이 분명하고 임상적으로 의미 있게 변화했음을 보여 준다. 그는 그의 회피와 재경험 증상이 가장 많이 감소했다는 것과 크지는 않으나 과각성 증상도 감소했다는 것을 알았다. BDI-II 점수도 28점에서 14점으로 감소하여 이는 우울의 감소를 분명하게 보여 준다.

치료자는 탐이 과제인 문제사고패턴 기록지를 완성했는지 질문하였다. 그는 그러지 못했지만 지난주에 이에 관해 많은 생각을 했다고 대답하였다. 또한 그는 웃으면서 아내와 다른 사람에게서도 그러한 사고 패턴이 발견되었다고 말하였다. 치료자는 탐에게 상담 중에 기록지의 일부를 완성하라고 하였다. 여기에서 치료자는 탐이 자신의 인지에 도전할 수 있도록 약간 물러앉았다. 치료자는 탐과 상담하면서 알게 된 추가적인 예와 약간의 분류방법을 제공하였다.

이번 회기에 치료자는 신념도전 기록지를 소개하였다. 그녀는 조심스럽게 이 기록지가 이전에 탐이 했던 모든 작업을 통합하고 약간의 새로운 요소를 포함한 것이라고 소개하였다. 다음 대화는 이 기록지([그림 2-4] 참조)를 알려 주면서 했던 대화이다.

치료자: 남은 치료 과정 중에 사용할 마지막 기록지입니다.

탐: 예. 와우, 복잡해 보이는데요.

치료자: 실제로 그래요. 당신은 이미 이 기록지에 담길 내용을 다 작성했어요. 이 기록지는 당신이 작업한 모든 것을 한곳에 모아 놓는 것이지요.

탐: 선생님이 자주 사용하는 말로 '기록'이군요.

치료자: A-B-C 기록지를 작성했던 것 기억나지요?

탐: 예.

치료자: (신념도전 기록지의 처음 세 칸을 지적하면서) 여기 A, B, 그리고 C를 보세요. 당신은 A칸에 상황, 즉 '촉발사건'을 A-B-C 기록지에서 기입했어요. B칸에는 '자동적 사고'를 기록했는데, A-B-C 기록지의 '신념'에 해당합니다. 마지막 C칸은 '정서'로서 A-B-C 기록지의 '결과'에 해당하고요.

탐: 예, 그렇군요.

치료자: D칸은 당신이 작업한 사고나 고정점에 적용한 '도전질문 작업지'와 같은 것입니다.

A. 상황	B. 사고	D. 도전적 질문	E. 문제 패턴	F. 대안적 사고
불쾌한 정서를 이끌어 내는 사건, 생각, 신념 기술	A칸과 관련된 사고기술 각 사고에서 신념의 정도를 0~100%로 다음에 평정하십시오. (이 생각을 얼마나 믿습니까?)	B칸에서의 자동적 사고를 검토하기 위해 **도전 질문** 사용 사고가 균형이 잡혀 있고, 사실적이거나 극단적입니까?	**문제사고패턴** 기록지를 사용하여 이것이 당신의 문제가 되는 사고 패턴인지 판단하십시오.	B칸 대신 다른 말을 할 수 있습니까? B칸 대신 사건을 어떻게 다르게 해석했습니까? 대안 사고의 신념을 0~100%로 평정하십시오.
군복을 입고 상점에 있음	**"내가 군인이기 때문에 이 사람이 시비를 거는 것이다." (100%)** **C. 정서** 슬픔과 분노 등 각 감정을 얼마나 강하게 느끼는지 0~100%로 평정하십시오. 분노(80%) 공포(30%)	증거는? **습관 또는 사실?** **"내가 이라크에 다녀와서 모든 사람이 나를 싫어한다."** 부정확한 해석? 실무율적 해석? 극단적 또는 과장? 맥락을 벗어남? **믿을 수 없는 정보원?** 나 낮은 **혹은** 높은 확률? 감정 혹은 사실에 근거? 무관 요인?	결론으로 건너뜀 과장 혹은 축소 중요한 측면의 무시 과잉단순화 과잉일반화 **마음 읽기** **"그가 나를 좋지 않게 해석한다고 가정하였다."** 정서적 추론	**"나는 그가 시비를 걸었는지 알지 못한다." (60%)** **"만약 그가 시비를 건다면 내가 이라크에서 근무한 것만 가지고 그러는 것인지, 나에 대한 것인지 모르겠다."** **G. 옛 사고의 재평정** B칸에 있는 생각을 지금 얼마나 믿는지 0~100%로 재평정하십시오. 35% **H. 정서** 지금 기분이 어떻습니까? 0~100% 분노(20%) 공포(15%)

[그림 2-4] 회기 중에 완성한 신념도전 기록지

E칸에는 당신이 작업한 사고와 고정점에 적용한 '문제사고패턴' 유형입니다. 이해가 되나요?

탐: 예.

치료자: 다만 F칸은 '대안적 사고'로서 새로운 것입니다. 여기는 그 상황에 관해 대안이 될 만한 사고를 적는 것입니다. 즉, 우리는 당신이 자신에게 말하는 대안적인 진술이나 사건에 대해 다른 해석을 찾을 것입니다. G칸과 H칸은 당신의 원래 생각에서 신념이 어떻게 변하였고, 새로운 생각이 당신의 감정에 어떻게 영향을 미쳤는지를 보게 될 것입니다.

탐: 알겠습니다.

치료자: 자, 신념도전 기록지를 사용하여 고정점을 하나 정하고 시작해 봅시다. 우리는 안전에 대해 다음 몇 회기 동안 논의할 것입니다. 당신과 당신의 주변 사람을 안전하게 할 수 있는 능력과 관련된 고정점에 대해 생각해 볼 수 있겠지요?

탐: 글쎄요, 저를 저격할 사람이 없다는 것을 지금 알고 있을지라도 저를 해치고 싶어 하는 사람이 세상 밖에 있을지도 모르잖아요.

치료자: 좀 더 구체적인 사건을 들어 봅시다. 구체적일수록 더욱 좋아요.

탐: 잡화점에 있었고, 유니폼을 입고 있었어요. 그에 관해 시비를 걸려고 하는 것 같은 젊은이가 있었습니다. 그는 나나 혹은 무엇인가를 미워하는 것 같았어요.

치료자: 그래요, 그 사건을 A칸에 적읍시다. (침묵) 어떤 생각이 들었나요? 이미 그것에 대해 언급했어요.

탐: 그 젊은이는 제가 군인이기 때문에 제게 시비를 걸려고 했어요.

치료자: 좋아요. 당신은 그 생각을 얼마나 믿습니까?

탐: 100%요.

치료자: 좋습니다. 다음 칸에 생각을 적습니다. 우리는 지금 당신의 생각에 대한 믿음이 얼마나 강한지를 평가했습니다. 이는 마지막에 당신이 얼마나 변했는지를 판단하는 데 사용될 것입니다. 그 사고와 관련하여 어떤 기분이 들었나요?

탐: 당연히 화가 났지요.

치료자: 그래요, 사고에서 했던 것처럼 얼마나 화가 났는지를 0에서 100%까지 적어 보세요. 100은 당신이 상상해 보기에 가장 강하게 화가 난 것입니다.

탐: 음…… 80%요.

치료자: 다른 기분은 든 것이 없나요? 당신은 한 가지 이상 느낀 것 같은데요.

탐: 좀 더 생각해 보니 약간의 공포도 느낀 것 같아요.

치료자: 그렇군요. 0에서 100%까지에서 어느 정도인가요?

탐: 아마 30%요. 그렇게 강한 감정은 아니었지만 그가 무슨 말과 행동을 했는지 생각해 보니 그런 것 같아요.

치료자: 잘했어요. 이미 당신이 해 본 도전질문 기록지와 관계가 있는 다음 칸으로 넘어가 봅시다. 여기서 생각해 봅시다. 여기서 적용할 수 있는 질문은 무엇인가요?

탐: 제가 습관과 사실을 혼돈하고 있는 것 같아요. 제가 이라크에 있었기 때문에 모든 사람이 저를 싫어한다고 생각하는 것은 습관 같

아요. 왜 그가 저에게 시비를 거는 것으로 보였는지 잘 모르겠어요. 그가 저에게 시비를 걸려고 했는지 확실하지 않아요. 그는 저에게 아무 말도 하지 않았어요. (침묵) 얻은 정보가 현실적이지 않은 예가 되겠군요. 그리고 정보는 저에게서 나갔고! (웃음)

치료자: 당신이 이야기를 하는 동안 나는 같은 것을 적용하는 것에 대해 생각했어요. 그래서 당신은 이 칸에 그것을 써 보세요. 당신은 적용할 수 있는 다른 도전적인 질문을 적을 수 있지만 보통 2~3개는 착각이에요. 다음 칸은 문제사고패턴 기록지에서 했던 것입니다. 여기에 적당한 것은 무엇일까요?

탐: 건너뛰는 것, 마음 읽기입니다.

치료자: 어떻게요?

탐: 그가 저와, 그리고 전쟁에서 우리나라를 위해 근무한 것에 대해 나쁘게 생각하고 있다고 가정했어요. 저는 그것이 확실하다고 생각했어요.

치료자: 여기에 쓰세요. 다른 것이 적용될 수 있다면 후에 다른 것을 적어 넣을 수 있습니다. 이것은 당신이 상황에 관한 대안적 사고나 지각을 찾으려 할 때 당신을 코칭하는 지점이 될 것입니다. 이러한 질문을 스스로 하고 문제가 되는 사고 패턴을 확인하면 이 상황에 대해 당신은 어떻게 다른 방법으로 생각하게 될까요?

탐: 저 자신에게 "그가 왜 시비를 거는지 모르겠다."라든가 "만약 그가 시비를 건다면 내가 이라크에서 근무한 것만 가지고 그러는 것인지 나에 대한 것인지 모르겠다."라는 말을 할 것 같습니다.

치료자: 와! 굉장합니다. 그것을 거기에 적으세요. 그리고 이 두 가지 생각을 당신이 얼마나 믿는지 적어 보세요. B칸에 있는 원래 생각을 얼마나 믿고 있는지 확인하기 위해 대안적 사고 밑에 당신에게 물어보는 것을 기록하세요. 이러한 과정을 진행한 후 당신은 이러한 생각을 얼마나 믿나요? 전에 당신은 100%라고 했지요.

탐: 예, 지금 생각해 보니 35% 정도가 될 것 같아요.

치료자: 그것은 매우 큰 변화입니다. 당신은 이라크에서 근무했던 것 때문에 그가 시비를 걸었다는 확신이 100%에서 35%로 감소했습니다.

탐: 저도 사실 놀랍네요.

치료자: 마지막 단계로 가 봅시다. 지금 기분은 어떠세요? 거기에 다시 평정해 보세요.

탐: 화가 좀 가라앉았네요. 약 20%. 저 자신을 보호하지 못했고, 그는 저에게 시비를 걸었기 때문에 불안은 여전히 있습니다. 약간 감소하기는 했지만 그가 저를 배척한다는 것을 100% 확신하지는 않습니다. 공포는 15% 정도입니다.

치료자: 우리가 여기서 한 작업에 대해 궁금한 점이 있나요?

탐: 지금은 없어요. 있으면 질문하겠습니다.

치료자: 우리가 다시 만날 때까지 매일 하나의 고정점을 선택하여 이 기록지 중 하나에 기록해 보기 바랍니다. 당신에게 도움이 되도록 다른 환자가 한 예를 보여 드리겠습니다.

탐: 감사합니다. 흥미롭네요.

치료자는 탐에게 그가 문제사고를 사용하는 것이 아님을 발견하게 되면 이 경우에 어떤 감정의 변화도 기대할 수 없다는 것을 재확인하였다. 또한 그녀는 탐에게 자신의 신념과 감정이 기록지를 작성하는 과정에서 항상 완전히 변할 것이라고 기대하지 말라고 경고하였다. 옛 생각이 완전하게 재정립되고 변화되기 위해서는 새로운 생각이 습관처럼 그에게 익숙해져야 한다. 치료자는 탐에게 자신에 관해 완성한 기록지를 여러 번 반복하여 읽음으로써 이 과정을 촉진하자고 제안하였다.

이어서 안전 모듈을 도입하였다. 안전은 신뢰, 권력/통제, 자존감, 그리고 친밀감을 포함하여 두 세 페이지로 기록한 5개의 모듈이다. 치료자는 탐에게 모듈의 형태를 안내하였는데, 이는 이 영역에서 자신과 타인에 대한 신념이 외상사건 후 외상사건 이전의 개인적 경험에 따라 어떻게 와해될 수 있고 확인되는지를 논의하도록 되어 있다. 모듈은 이러한 문제신념이 정서나 행동으로 어떻게 표현되는지(예: 세상은 안전하지 않다는 믿음 때문에 자신의 집을 떠나지 않음)를 기술한다. 또한 각 영역에서 가장 균형 잡히고 실제적인 대안적 자기진술을 제공한다.

탐은 외상사건이 일어나기 전에는 타인과 있는 것에 대해 안전감을 느꼈지만, 자신의 주변에 있는 사람이 자신을 배척한다는 감각으로 인해 안전감이 와해되었다. 외상 전에 탐은 타인에 대해 위험하지 않다는 느낌을 가지고 있었다. 외상 후에 그는 타인과 함께 있으면 안전하지 못하다는 믿음을 갖고 있어서 임신한 아내 주변에 대한 근심을 표현하였다. 치료자는 탐이 안전할 수 있는 타인에 대한 고정점과 위험할 수 있는 고정점에 대한 기록지를 완성하도록 하였다. 또한 치료자는 탐에게 문제사고패턴 기록지를 지난 회기에 끝낼 필요가 있었다는 것을 상기시켜 주었다.

8회기

탐은 문제사고패턴 기록지와 2개의 신념도전 기록지를 완성하고 상담실에 도착하였다. 치료자는 그가 완성한 것이 중요하지 않다는 메시지를 조심성 없이 보내고 싶지 않아서 문제사고패턴 기록지에 기록한 탐의 응답을 검토하는 데에 약간의 시간만 할애하였다. 그녀는 이전 회기와 반대로 그가 집에서 완수한 패턴을 읽도록 하였다.

탐은 2개의 신념도전 기록지를 완성하였는데, 치료자가 알려 준 대로 안전이라는 주제를 다루었다. 그는 자기와 타인의 안전신념을 각각 다루었다. 탐은 그를 불편하게 하는 사건이나 긍정적인 일상적 사건에 신념도전 기록지를 사용할 수 있다는 것을 이해하는 것 같지 않았다. 따라서 치료자는 탐이 이러한 과정을 일상생활에서 사용하는 방법을 강조하였고, 많이 연습할수록 좋은 결과가 있다는 점을 강조하였다. 그녀는 이 과정을 정서적으로 덜 불편한 주제에 사용하여 실제로 과정이 해보는 데 도움이 된다는 것을 확인하였다. 사람들이 매우 도전적인 환경에서 다루어 보지 못한 것을 학습한다는 것은 쉽지 않다. 그녀는 탐과 함께 평소 장전하여 총을 쏘는 연습을 하면 전투 중에 행동의 반복이 가능하다는 것을 비유하여 갈등이 없는 상황에서 학습해야 한다는 것을 다루었다.

치료자는 탐이 완성한 두 장의 기록지를 대충 읽어 보고 그가 아내의 임박한 출산에 관한 불안감에 관하여 대안적인 진술을 하려고 애썼다는 것을 알게 되었다. 다음 대화는 그에 관한 것이다([그림

2-5] 참조).

치료자: 당신은 아내와 곧 태어날 아이와 함께 얼마나 안전하게 지낼 수 있는가에 대한 대안적 사고를 찾아내는 데 매우 어려워하는 것으로 보입니다.

탐: 예, 그것에 대해 말하는 것이 정말 좋지 않아요. 아내는 매우 흥분을 해요. 아내에게 전념하는 것이 불편한데, 그래서 아내는 기분 나빠 합니다. 하지만 저는 그녀나 아이에게 상처를 주게 될까 두려워요.

치료자: 이것은 일반적인 것이니 당신의 첫 사고를 다루어 봅시다. 당신이 생각하기에 그들에게 상처를 줄 가능성이 있다는 것이지요? 신체적인 것입니까, 정신적인 것입니까?

탐: 제가 말하는 것은 신체적인 것입니다. 얼마나 정확한 것이고 어떤 방법인지는 모르겠지만…… 그럴 것 같아요.

치료자: 그 말은 약간 구체적인 것처럼 들립니다. 당신이 그들에게 신체적으로 상처를 줄 것이라는 말이지요? 당신의 외상경험처럼 그들에게 총을 쏠 것 같이 생각됩니까?

탐: 아니요. 전혀 아닙니다. 우리 집에는 총이 없어요. 저는 사냥을 하지 않고, 사냥하는 친구나 가족이 없어요. 제 생활에서 총은 전혀 없어요.

치료자: 그래요. 당신의 마음속에서 염려하는 것은 무엇인가요?

탐: 갑자기 제가 폭력적이 될 것 같아 걱정이 돼요.

치료자: 좋아요. 한번 계속해 봅시다. 그곳에 "갑자기 폭력적이 될 것 같다."라고 씁시다. C칸에 확률에 관하여 아무것도 쓰지 않았지요. 안전에 관한 주제는 거의 항상 확률을 고려하게 됩니다. 세상은 완전히 안전한 곳이 아니고, 우리 모두 매일 나쁜 일이 우리나 누군가에게 발생할 확률에 근거하여 안전에 관한 위험을 계산합니다. 확률에 대한 질문을 적용하여 생각할 수 있겠지요?

탐: 확률이 낮은 것과 높은 것을 혼돈한다고 말하고 싶은 건가요?

치료자: 맞아요. 여기서 적용해 볼 수 있겠지요?

탐: '어찌되었든' 저는 가족에게 상처를 줄 것이라 확신해요. 그래서 그런 일이 발생할 확률이 매우 높고, 낮지 않다고 믿어요. 선생님은 제가 그럴 확률이 낮다고 생각하는 것 같아요. 하지만 저는 여전히 그것이 걱정스러워요.

치료자: 실제 확률에 대해 이야기해 봅시다. 당신은 가족에게 얼마나 자주 신체적으로 상처를 주나요?

탐: 그런 적 없어요. 농담하세요?

치료자: 내 생각에 당신은 그럴 확률이 매우 높은 것처럼 많이 말하고 있어요. 나는 그것이 문제의 한 부분이라고 생각해요. 그렇지 않아요?

탐: 선생님 말이 맞습니다.

치료자: 누군가에게 신체적으로 폭력을 행사한 적이 있나요?

탐: 총격을 한 사건 말고는 없어요. 그리고 이것은 기대하지 않았던 것은 아니에요. 지금 우리가 대화하는 중에 약간 멍청하다는 느낌이 들어요.

치료자: 그래요. 이러한 행동의 실제 확률을 살펴보는 것은 우리가 진행할 필요가 있는 것입

A. 상황	B. 사고	D. 도전적 질문	E. 문제 패턴	F. 대안적 사고
불쾌한 정서를 이끌어 내는 사건, 생각, 신념 기술	A칸과 관련된 사고 기술 각 사고에서 신념의 정도를 0~100%로 다음에 평정하십시오. (이 생각을 얼마나 믿습니까?)	B칸에서의 자동적 사고를 검토하기 위해 **도전 질문** 사용 사고가 균형이 잡혀 있고, 사실적이거나 극단적입니까?	**문제사고패턴** 기록지를 사용하여 이것이 당신의 문제가 되는 사고 패턴인지 판단하십시오.	B칸 대신 다른 말을 할 수 있습니까? B칸 대신 사건을 어떻게 다르게 해석했습니까? 대안 사고의 신념을 0~100%로 평정하십시오.
아내와 아이 주변에 있음	**"아무 곳에서든 내가 신체적으로 폭력을 저지를 수 있다." (80%)** **C. 정서** 슬픔과 분노 등 각 감정을 얼마나 강하게 느끼는지 0~100%로 평정하십시오. **공포(85%)**	증거는? 습관 또는 사실? 부정확한 해석? 실무율적 해석? 극단적 또는 과장? 맥락을 벗어남? 믿을 수 없는 정보원? **낮은 혹은 높은 확률?** **"내 경험에 비추어 보면 확률이 그렇게 높지 않고 낮을 것이다."** 감정 혹은 사실에 근거? 무관 요인?	결론으로 건너뜀 **과장 혹은 축소** **"내가 폭력적일 가능성을 과장하였다."** 중요한 측면의 무시 과잉단순화 **과잉일반화** **"나는 내가 총을 쏜 사실이 있기 때문에 상당히 폭력적일 것이라고 가정하고 있다."** 마음 읽기 정서적 추론	**"내가 가족에게 상처를 줄 가능성은 없다. 심지어 갑작스럽게 기대하지 않게 상처를 줄 가능성은 없다." (95%)** **G. 옛 사고의 재평정** B칸에 있는 생각을 지금 얼마나 믿는지 0~100%로 재평정하십시오. **10%** **H. 정서** 지금 기분이 어떻습니까? 0~100% **공포(10% 이하)**

[그림 2-5] 안전에 대한 신념도전 기록지

니다. 이에 관해 토의하면서 자신에게 말하고 싶은 대안적인 진술은 무엇인가요? 그리고 그것을 얼마나 믿나요?

탐: 가족에게 상처를 줄 것 같지는 않고, 갑자기 기대하지 않은 일이 발생할 가능성도 없겠지요.

치료자: 당신이 느끼는 방법을 변화시킬 수단을 알아보도록 합시다. 당신은 85%의 공포를 가지고 있다고 썼지요. 지금도 그런가요?

탐: 이제는 10% 이하입니다. 지금도 가족에게 상처를 줄지 모른다는 약간의 공포가 있지만 옛날 일에 대해 대화하면서, 그리고 기억해 보면서 어떤 상태에서는 일어날지 모르지만 지금 가족과 한 시민으로서 일상생활을 하는 동안에는 그러지 않을 것이라고 생각해요.

탐과 치료자의 이러한 대화는 안전에 대한 평가와 신념에서 확률의 역할이 중요함을 잘 보여 준다. 객관적으로 안전하지 않은 상황이나 행동이 있고, 이는 최소화하거나 도전되지 않았다는 것을 이해하는 것이 중요하다. 비합리적으로 안전에 따른 조심이나 신념이 있다면 조심해도 100% 안전은 거의 없다는 것을 명심하고 실제 해로움의 확률을 조심스럽게 평가해야 한다.

치료자는 신뢰 모듈을 도입하기 위해 상담 회기를 변경하였다. 탐은 고등학교 재학 중에 친한 친구가 자살하기 전에는 자신과 타인에 대한 신뢰가 매우 강했음을 인식하였다. 탐은 그 사건 이후 가끔 다른 사람에 대한 자신의 판단을 믿을 수 없었고, 친구의 자살을 예측하지 못한 책임감을 느꼈다. 군에서의 외상사건은 타인의 의도에 대한 자신의 판단을 믿지 못하겠다는 신념을 공고히 하였다. 아내와 태어날 아이와 안전하게 살 능력에 대한 근심은 신뢰라는 주제와 잘 맞아떨어졌다. 치료자와 탐은 신뢰 모듈을 적는 곳에 정보를 적어내려갔고, 이 모든 잠재적인 효과에 대해 공감하는 것처럼 보였다. 그는 아내에게 마음을 열고 회피하지 않으려고 노력하였다고 보고하였다. 그는 그들이 더 많은 대화를 하였고, 둘 다 편안하고 이완됨을 경험했다는 것을 알았다.

치료자는 매일 신념도전 기록지를 주면서 신뢰라는 주제에 대해 적어도 하나를 적어 오게 하고 상담을 종료하였다. 그녀는 그에게 다른 영역과 마찬가지로 균형 잡힌 대안적 사고의 개발이 목표라고 알려 주었다. 신뢰의 경우 그녀는 신뢰에 관한 고정점이 실무율적 판단, 믿을 것인가 말 것인가의 판단 주변에 머물러 있다는 것을 인식하였다. 치료의 목표는 신뢰를 다차원적으로 고려하게 하여 다양한 상황에서 여러 수준의 신뢰를 하게 하는 다양한 유형의 문제가 있음을 알게 하는 것이었다.

9회기

탐은 여러 장의 신념도전 기록지를 완성하여 상담실에 도착하였다. 그중 일부는 정부에 대한 신뢰 수준, 아버지로서 자신에 대한 신뢰 수준을 포함한 것이었다. 그는 또한 신뢰와 무관한 일상생활에 관한 주제를 다룰 기록지도 완성하였다. 그는 기록지를 작성하는 것이 충동적으로 행동하거나 비극적인 감정을 경험하기 전에 자신의 생각을 돌아보는 데 크게 도움이 되었다고 말하였다.

치료자는 기록지를 잘 작성하였다고 칭찬하고 어느 기록지에 담긴 내용에 도움이 필요하다고 느꼈는지를 질문하였다. 탐은 즉시 아버지다움에 관한 기록지를 다루고 싶다고 하였다. 그 이유는 출산일이 가까이 다가와서 매우 불안하게 느끼고 있었기 때문이었다. 치료자는 탐이 곧 아버지가 된다는 불안감을 증폭하는 다양한 유형의 사고를 가지고 있어서 기록지를 작성하는 데 어려움이 있었다는 것을 발견하였다. 그녀는 탐이 기록지를 사용하는 방법을 조정하는 기회를 가지기로 하였다. 치료자는 먼저 도전하려고 하는 사고를 선택하고 치료목표로 우선하는 것이 무엇인지를 보여 주었다. 그녀는 외상과 직접 관련된 사고를 선택하였다. 탐이 여자와 태아, 그리고 아이의 죽음으로 인해 자신이 가정을 꾸려 행복해질 자격이 없다는 사고는 그가 외상사건과 그 사건의 여러 맥락을 완전히 수용하지 않은 것이라고 보았다([그림 2-6] 참조).

치료자: 와우…… 당신의 머릿속에는 아버지가 된다는 생각으로 가득하군요. 이 주제에 관해 당신이 가지고 있는 생각을 각각 다룰 기록지를 사용해 봅시다. 내 생각에는 신념도전 기록지를 사용하는 것이 가장 좋을 것 같군요. 어떤 생각은 외상경험과 직접 관계가 있고, 어떤 생각은 아내의 임신과 출산과 관련된 것 같아요. 먼저 외상과 직접 관계가 있는 것을 다루도록 합시다. 당신은 죄책감을 85% 정도 느낀다고 적었는데, 이것은 곧 태어날 아이와 행복해질 권리가 당신에게는 없다는 생각과 관련 있는 것 같군요.

탐: 맞아요. 솔직하게 말해서 이라크의 그 여자는 임신 중으로 곧 출산할 예정이었는데 제가 쏜 총 때문에 그 여자와 아이의 행복이 빼앗겼어요. 그런데 제가 행복해지려고 하니 죄책감이 느껴져요.

치료자: 전에 이 문제를 다루었지만 이번에 좀 더 그 상황 속으로 들어가서 생각해 봅시다.

탐: 출산일이 가까워질수록 이라크 여자에 대한 생각이 더 커져요. 그녀는 테러활동을 할 가능성이 없고 죄가 없는 사람이었다는 생각이 계속 나요. 그러면 안절부절 못하면서 그녀가 임신한 것을 고려하지 않고 의심만 했다는 생각이 들고요. 한편으로는 이것은 사고일 뿐이고, 그들이 멈춤신호를 이해하지 못한 결과라는 생각도 합니다. 우…… 정말 당황스러워요.

치료자: 우리도 결코 알 수 없어요. 만약 친구가 모든 것을 당신에게 다 말했다면 당신은 어떻게 반응했을까요?

탐: 자신을 미워하지 말고 죄책감을 느끼지 말라고 했을 겁니다.

치료자: 말하는 것이 행동보다 더 쉽지요. 또 다른 반응은요? 도전질문 기록지와 문제사고 패턴 기록지를 살펴보면 도움이 될 것 같아요. 도전질문 기록지의 '관련 없는 요인'이라는 10번 문항을 주목해 볼까요?

탐: 음…… 이 경우에 관련 없는 것이 무엇일까요?

치료자: 이라크 여자의 의도는 당신이 아이를 가지고 행복해할 자격과 얼마나 관계가 있나요?

탐: (잠시 후) 잠시 그 문제를 생각해 보아야겠어요.

치료자: 이 상황에서 당신의 의도는 관련이 있는 것이지요? 당신이 그녀가 임신하고 행복해질 권리를 빼앗았다고 했는데 이것은 당신의 의도인가요?

탐: 아니에요. 전혀 아닙니다.

A. 상황	B. 사고	D. 도전적 질문	E. 문제 패턴	F. 대안적 사고
불쾌한 정서를 이끌어 내는 사건, 생각, 신념 기술	A칸과 관련된 사고기술 각 사고에서 신념의 정도를 0~100%로 아래에 평정하십시오. (이 생각을 얼마나 믿습니까?)	B칸에서의 자동적 사고를 검토하기 위해 **도전 질문** 사용 사고가 균형이 잡혀 있고, 사실적이거나 극단적입니까?	**문제사고패턴** 기록지를 사용하여 이것이 당신의 문제가 되는 사고 패턴인지 판단하십시오.	B칸 대신 다른 말을 할 수 있습니까? B칸 대신 사건을 어떻게 다르게 해석했습니까? 대안 사고의 신념을 0~100%로 평정하십시오.
임신한 이라크 여자와 그의 아이를 죽였음	"이런 일이 있었는데 내가 살면서 아이와 함께 행복해할 권리는 없다." (80%) "그녀는 테러활동을 할 가능성이 없는 사람이고, 통행하려는 사람이었다." (50%) **C. 정서** 슬픔과 분노 등 각 감정을 얼마나 강하게 느끼는지 0~100%로 평정하십시오. 죄책감(85%) 공포(30%)	증거는? 습관 또는 사실? 부정확한 해석? 실무율적 해석? 극단적 또는 과장? 맥락을 벗어남? 믿을 수 없는 정보원? 낮은 혹은 높은 확률? 감정 혹은 사실에 근거? **무관 요인?** "그녀의 의도는 관련이 없고, 나의 의도가 관련이 있다."	결론으로 건너뜀 과장 혹은 축소 중요한 측면의 무시 과잉단순화 과잉일반화 **마음 읽기** "나는 그녀의 머릿속에 있는 것을 그려 내려고 노력하고 있다." 정서적 추론	"나의 의도가 문제이다. 나는 가족의 행복을 빼앗으려는 행동을 할 의도가 전혀 없었다." (85%) **G. 옛 사고의 재평정** B칸에 있는 생각을 지금 얼마나 믿는지 0~100%로 재평정하십시오. 15% (두 번째는 문제가 될 정도가 아니다.) **H. 정서** 지금 기분이 어떻습니까? 0~100% 죄책감(5%) 행복(10%)

[그림 2-6] 외상에 대한 신념도전 기록지

치료자: 그런데 왜 죄책감을 느끼지요? 당신이 처벌을 받아야 할 만큼 잘못한 것인가요?

탐: 어, 예. 그런 생각은 해 보지 않았어요. 그녀의 의도는 관계가 없어요. 그녀의 머릿속 생각을 알아보려고 무척이나 애쓰고 있어요. 이것이 마음 읽기인가요? 그렇지요?

치료자: 맞았어요. 다른 형태의 마음 읽기이지요. 다른 균형 잡히고 현실적인 생각에는 무엇이 있을까요?

탐: 제 의도가 문제예요. 저는 그녀와 아이의 인생을 잃게 할 의도는 없었어요.

치료자: 예, 그렇지요. 당신은 행복을 경험할 권리가 있지요?

탐: 예, 그렇지요. 이상한 느낌이 들어요.

치료자: 그래요, 생소하지요. 조금 전까지 당신이 생각해 온 것과 다른 것이지요. 당신이 자신에게 "나는 가족의 행복에 대한 어떤 것도 빼앗으려고 의도적으로 행동하지 않았다. 나는 아빠가 되어 행복해질 자격이 있다."라고 말한다면 어떤 기분이 들까요?

탐: 죄책감은 거의 없을 것이고 행복하겠지요.

치료자: 이것을 써 봅시다. 지금 당신은 새로운 통찰을 하고 이것을 연습하는 작업 중입니다. 다음에 다시 만날 때까지 매일 이것을 읽으세요. 이 생각을 신념도전 기록지에 적어 보고 다른 기록지에도 적어서 계속 연습했으면 좋겠어요. 열심히 해 볼 수 있겠지요?

탐: 예, 이미 마음이 가벼워지네요.

치료자: 흥분되네요. 당신이 이것을 열심히 계속해서 당신이 누릴 만한 기쁨을 경험할 수 있게 되겠군요.

여기서 치료자는 힘/통제 모듈을 소개하였다. 탐은 외상사건 전에는 통제를 발휘하고 싶어 하는 사람이었다. 그는 예측이 불가능한 것은 좋아하지 않았는데 친구의 자살 후 이러한 경향이 급격하게 나빠졌다. 군에서의 생활방식은 이런 경향성과 일치하였다. 탐은 외상사건 전에는 권위와 관련된 문제가 없었지만 군에서의 외상경험 이래로 권위에 대한 의문을 가지게 되었다. 탐에게 이전 상담 회기에서처럼 다음 상담 때까지 매일 신념도전 기록지를 완성해서 가지고 오고, 적어도 한 가지는 힘/통제 주제에 할당하라는 과제를 주었다.

10회기

탐은 아내가 전날 산부인과에 갔는데 특별한 문제가 없다면 일주일 이내에 출산할 것이라는 말을 들었다고 하면서 상담이 시작되었다. 탐은 지난 회기가 곧 아이가 태어날 것임을 행복하게 받아들이는 데 크게 도움이 되었으며, 그날 이후로 여러 번 행복해짐에 관한 도전질문 기록지를 읽었다고 말하였다. 그는 아버지가 되는 것과 아내의 임신과 출산의 모든 과정이 순조로운 것에 대해 여전히 약간의 불안을 느끼고 있었다. 치료자는 누구나 처음 아버지가 될 때 자연스럽게 불안을 느낀다는 점을 강조하여 탐의 불안을 완화시키려고 했고, 탐도 다른 사람이 부모가 될 때 불안을 느끼는 것이 일반적임을 인식할 수 있었다.

탐은 지난 시간의 힘/통제 모듈을 읽은 이후로 누구도 자신의 권위를 이용하여 이를 탐에게 악의적으로 휘두르지 않았다는 것을 깨닫기 시작하였다. 이는 탐이 통제력을 발휘하고 싶어 한 이전의 경력에서 보면 매우 중요한 것이었다. 그는 자신의 통제에 대한 환상을 직접 직면하였다. 치료자와 탐은 이 기록지의 내용에 대해 함께 진행해 나갔다.

탐은 모든 것에 대해 자신이 통제할 수 있고 통제해야 한다는 신념이 어떻게 자신의 자존감을 낮추었는지를 설명하였다. 일반적으로 무언가 원하는 대로 되지 않을 때 탐은 결과를 통제하지 못한 실패자라고 느꼈다. 이러한 신념 구조는 그가 자신의 친구를 통제하여 자살을 막았어야 한다는 생각을 하게 하였다. 또한 군에서의 외상사건에서 긍정적인 결과를 만들었어야 한다고 생각하게 하였다. 이러한 논의는 다음 주제인 자존감으로 자연스럽게 넘어가게 하였다. 탐은 자신이 매우 많은 성취를 해내는 사람이 되려고 했다는 것을 수용하였다. 이는 그의 자존감에 영향을 주었고, 특히 군에서의 목표를 달성하지 못했다는 신념과 관련이 있었다. 왜냐하면 그는 검문소에서의 외상사건 후 현장에서 멀어졌기 때문이었다.

11회기

탐은 군에서 자신의 목표를 달성한 적이 없다는 신념과 관련된 자존감 기록지를 완성하였다. 치료자와 탐은 이 기록지를 이용하여 그 사람이 자신에 대하여 생각하고 느끼는 방법에 유의한 변화가 있었음을 알게 되었다. 탐은 사람들을 자신의 전문적인 성취 이상의 존재로 보기 시작하게 되었다고 주장하였다. 그들은 성취 외에 다른 활동, 가족과 친구, 그리고 자신과의 관계를 가지고 있다.

치료자는 칭찬을 주고받는 과제에 대해 문의하였다. 탐은 아직 서투르고 부자연스러움을 느끼기는 했지만 자신이 잘했다고 대답하였다. 그는 다른 사람을 칭찬하고 긍정적인 태도를 취할 때 그 사람으로부터 긍정적인 반응을 얻게 된다는 것을 인식할 수 있게 되었다. 치료자는 그가 여러 번 그의 아내를 칭찬한 것을 알고, 탐이 아내와 밀접하게 연결되어 있는 것처럼 보인다는 점을 지적하였다. 그는 실제로 아이의 출산에 대하여 어렴풋하게 흥분감을 느끼기 시작했다고 말하였다. 여전히 아버지가 되는 것과 출산 과정에 대하여 약간의 불안을 경험하고 있기는 하였지만, 그 수준이 낮아서 충분히 관리할 수 있는 정도라고 보고하였다. 치료자가 탐에게 칭찬받은 것에 대해 질문하자 그는 매우 불편해하였다. 치료자는 탐이 칭찬을 받으면 어떤 행동을 하는지 질문했고, 그러면 그는 그것을 피하거나 의미를 축소하였다. 탐은 또한 지난 회기 후 자신을 위해 한 가지 좋은 일을 하였다는 것과 기분이 좋지 않다는 말을 하였다. 이러한 행동은 탐의 무가치감이라는 전반적인 도식과 잘 맞아 보였다. 다음은 치료자와 탐의 대화이다.

치료자: 당신을 위해 누군가가 좋은 일을 하고 당신 스스로 좋은 일을 하는 시간이 어렵게 느껴졌던 것 같군요.

탐: 예.

치료자: 왜 그랬다고 생각하세요?

탐: 잘 모르겠어요. (잠시 후) 그게 싫어요. 그들이 저에게 좋은 일을 하지 않는 것 같이 느껴지고, 저도 제 자신에게 좋은 일을 하지 않았어요.

치료자: 음…… 그렇게 생각하게 한 무엇인가가 있었을 것 같은데요? 어떻게 생각하세요?

탐: 제가 한 말이지만 약간 이상하기는 하네요. 마치 저는 저를 위해 좋은 것을 가질 권리가 없다는 듯이 들렸어요. 가족을 가질 자격이

없다는 것과 같이…….

치료자: 당신의 생활에서 문제가 되는 사고 패턴의 하나가 바로 그것 같군요. 당신은 당신의 생각에서 어떤 패턴을 읽지 못했나요? 기록지를 보고 대답해도 됩니다.

탐: 아마도 정서적 추론일 거예요. 저는 그럴 가치가 없는 것 같이 느껴져요. 그래서 그러면 안 돼요. 그게 최선인 것 같아요. 아마 증거가 부족할 때 결론을 내리는 것 같아요.

치료자: 동의해요. 당신의 사고 패턴을 따라가 보면 확실히 그런 생각이 들어요. 이라크에서의 총격 전에도 그렇고요.

탐: 맞아요, 아마 알코올 중독이었던 아버지와 관계가 있는 것 같아요. 친하지는 않았지만. …… 어렸을 때 저는 항상 제가 잘못했다고 생각했고, 제가 잘못해서 아버지가 저를 주변에 두려 하지 않는다고 생각했어요.

치료자: 지금 어른이 되어서 볼 때 아버지가 당신과 친해지지 않으려고 했다고 생각하세요?

탐: 아버지가 술을 마시고 들어왔고, 그 이유는 저와 제 형제자매 때문이었던 것 같아요.

치료자: 왜 그가 당신들 때문에 술을 마셨다고 생각하나요?

탐: 잘 모르겠어요. 우리 네 남매 때문에 스트레스를 받았겠지요.

치료자: 그랬을 수 있겠지요. 이제 자신의 말을 잘 들어 보세요. 아버지의 음주와 당신과의 친밀감에 대해 당신이 생각하고 있는 것에 잘못된 것은 없나요?

탐: 아이가 넷이지만 음주 문제가 없는 다른 사람을 알고 있어요. 제가 자란 것처럼 대가족이지요. 물론 제가 어렸을 때 아버지와 어머니가 돈 문제가 있었다는 것과 많이 싸웠다는 것을 알고 있어요.

치료자: 그래요. 그가 술을 마시고 외롭게 지낸 이유가 당신 때문이라고 생각하는 이유가 무엇이지요?

탐: 선생님과 이야기하면서 그것이 저 혼자만의 문제는 아니라는 것을 알겠네요.

치료자: 당신의 이유만은 아니지요. 모든 사람은 자신의 스트레스를 어떻게 해소할지에 대해 선택을 합니다. 아버지는 당신만이 아니라 모든 사람과 거리를 두려고 한 것 같아요.

탐: 맞아요. 하지만 여전히 그렇게 느껴져요.

치료자: 당신의 머릿속에는 무엇인가 잘못되면 스스로를 비난하는 잘 닦인 길이 있는 것 같아요. 다음 단계는 당신은 벌을 받아야 하고, 그렇지 않다면 적어도 좋은 일이 있을 수 없다는 것이지요. 나는 이러한 경향이 하룻밤 사이에 변할 거라고 생각하지 않아요. 당신은 자신이 느끼는 방법을 변화시키기 위해 자신과 합리적으로 대화하는 작업을 열심히 할 필요가 있어 보입니다. 새로운 길을 만들기 위해 그 길을 매우 많이 걸어야 합니다. 그러면 곧 길이 자동적으로 닦일 것입니다. 노력이 필요하지만 당신이 자동적으로 느끼는 방법을 변화시킬 수 있을 것입니다. 당신이 자신과 논의할 것에 관하여 신념도전 기록지를 사용하는 것이 좋겠습니다. 일단 그에 관한 좋은 것을 찾고 나면 그 새로운 길을 단단히 하기 위한 방법으로 그것을 읽고 참고하세요. 하실 수 있겠지요?

탐: 예, 제 생각에도 그게 좋겠습니다.

아버지에 대한 탐의 이러한 대화는 마지막 모듈인 친밀감과 잘 맞아떨어진다. 치료자는 사람들이 친밀감을 낭만적인 관계나 성적인 친밀감의 견지에서 생각하는 경향이 있다는 것을 주목하였다. 그녀는 여러 사람과의 매우 많은 종류의 친밀감이 있음을 강조하였다. 근본적으로 친밀감은 우리가 다른 사람과 얼마나 친밀하고 다른 사람에게 얼마나 개방하는가와 관련이 있다. 그녀는 자기친밀 개념, 즉 우리가 스스로를 돌보고 지지하고 부드럽게 하는 방법에 대해 논의하고자 하였다. 즉, 우리 자신과 얼마나 좋은 관계를 가지고 있는가를 반영한다. 탐은 다른 사람과 친해지기 위해 매우 노력하고 있었고, 그것은 아내와 곧 태어날 아이와 관계 있는 일을 하려고 하는 것에서 가장 분명하게 표현된다. 탐은 또한 자신에게 좋은 것, 그리고 자신을 돌보는 데 좋은 것을 하려고 열심이었다. 이 두 영역은 자신이 무가치하다는 그의 기본 도식에 의해 영향을 받았던 것으로 보인다.

치료자는 매일 할 신념도전 기록지를 주고 자신에게 잘 대하고 아내와 친밀하게 지내는 것에 대한 기록지를 작성하라고 요청하였다. 또한 그녀는 탐에게 마지막 영향 보고서를 작성하는데, 특히 그가 한 모든 작업 후 현재 외상에 대해 자신이 이해한 바를 작성하도록 하였다. 치료자는 그에게 안전과 신뢰, 힘/통제, 자존감, 그리고 친밀감 영역에서의 현재 그의 사고와 신념에 대해서 작성해 올 것을 요청하였다.

12회기

11회기 후에 탐은 아내가 건강한 여아를 출산했다는 메시지를 보내왔다. 그는 음성 메시지를 통해 행복하고 기쁘다고 말하였다. 그는 아이가 매우 예쁘고 아내가 출산 과정을 잘 이겨 냈으며, 처음으로 딸을 안아 보면서 행복해하고 있다고 말하였다. 아이의 출산으로 인해 열두 번째 상담은 몇 주 지체되었다.

탐의 아내와 딸이 마지막 회기에 탐을 따라왔다. 치료자는 탐의 아이를 축복하고 그의 아내에게 축하의 인사를 하느라 마지막 회기를 조금 늦게 시작하였다. 탐은 딸에 대해 진정으로 자부심과 행복감을 느끼는 것 같았고, 아버지가 되는 것은 그가 예측한 것보다 자연스러운 것임을 언급하였다. 그는 상처를 주게 될 것 같고 무엇인가 잘못할 것 같아서 딸을 안아 주지 않으려고 했다고 말하였다. 그러나 아이를 안아 주는 것은 거의 '본능적'인 것이고, 생각보다 매우 자연스럽게 아이를 달래고 있는 자신을 발견하였다. 탐은 아버지로서 자신의 역할을 자연스럽게 하는 것에 대해 놀라는 것 같았다.

치료자는 탐이 과제를 얼마나 했는지에 대해 탐색하였다. 탐은 아이가 태어남으로 인해 과제를 원하는 만큼 하지 못했지만 그의 아버지에 관한 것과 아내와의 친밀감에 관한 기록지는 완수했다고 대답하였다. 기록지를 검토한 결과, 탐이 매우 충실하게 작성하였음을 알 수 있었다. 그것이 얼마나 도움이 되었는지 질문하자 탐은 매우 도움이 되었다고 대답하였다. 이어서 그는 아버지에 관한 점은 아직 고민 중이지만 이것이 그에 관한 전부가 아니라는 생각을 하게 되어 스스로에 대한 좋은 감정을 느끼고 죄책감은 거의 느끼지 않게 되었다고 말하였다. 그는 아버지에게 손녀딸이 태어났다는 편지를 쓸 것이고, 왜 술을 마시면서 가족과 거리를 두었는지 물어볼 생각이라는 말도 하였다. 치료자는 이러한 생각을 하는 탐을 격려하였고, 아버지의 음주에 자신의 역할이 있었다는 가정을 하지 않은 점을 강화해 주었다. 그러나 그녀는 (그의 아버지와의 내력에 대해 잘 모르지만) 그의 아버지가 음주로 인해 그와 형제자매를 비난할 가능성과 이것이 항상 사실임을 의미하는 것이 아니라는 점에 대해 탐이 마음의 준비를 하도록 하였다. 그녀는 그가 여러 정보원을 고려해야 하고, 현명한 탐정은 다양한 정보를 얻는다는 것을 상기하도록 하였다. 탐은 형제자매와 함께 아버지의 알코올 중독을 비난하는 신념에 관하여 진정으로 논의한 경험이 없다는 말을 하면서 다른 사람으로부터 많은 정보를 얻어야 한다는 생각을 받아들이는 것 같았다.

탐은 성적 행위를 하지 않아도 아내와의 관계에서 친밀해질 수 있다는 생각을 잘 이해하였다. 그는 아이가 태어난 후 아내와 더욱 가까워졌음을 느꼈고, 자신이 그녀에게 더욱 개방적으로 대하고 있다고 말하였다. 자신을 위해 잘하고 있는 일이 무엇이냐고 질문하자 그는 웃으면서 그렇게 하려고 하지만 아이가 태어나는 바람에 시간적인 여유가 없었다고 말하였다.

치료자는 탐에게 그가 한 작업 후에 사건의 의미에 관한 최초의 영향 보고서를 읽어 보도록 하였다. 그는 다음과 같이 썼다.

의심할 것도 없이 외상사건은 나에게 깊은 충격을 주었다. 나와 주변 사람, 그리고 세상에 대한 나의 생각은 변하였다. 치료를 받기 시작했을 때 나는 내가 살인자라고 믿고 있었다. 스스로를 완벽하게 비난하고 있었다. 그러나 내가 한 가족에게 총격을 가한 것은 사실이지만 그들을 살해한 것은 아니다. 내 주변에 있었던 사람도 마찬가지로 그때 내가 했던 행동을 할 것이다. 그것이 우리의 임무였기 때문에 총을 쏜 것임을 이제는 알고 있다. 나는 그 가족이 검문소를 통과하여 무슨 일을 하려고 했는지 알지 못하였다. 나는 선택의 여지가 없었고, 그들을 세우기 위해 총을 쏠 수밖에 없었다. 나와 다르게 행동하는 사람도 있겠지만 안전을 고려할 때 그 가능성은 매우 낮다고 생각한다. 지금도 나는 나와 아내, 그리고 딸이 상처를 받을까 불안해하고 있지만 결코 저격을 당할 것이라고 생각하지는 않는다. 그럴 가능성은 거의 없다. 지금은 미친 운전자, 질병, 또는 사고처럼 모든 사람이 걱정하는 것을 걱정한다. 나는 간혹 '정신을 놓아' 가족에게 상처를 주게 될까 걱정한다. 물론 이전에 그런 일이 없었기 때문에 내가 그런 행동을 할 것이라고 믿지 않는다. 기본적으로 외상사건은 내가 다른 사람을 해칠 가능성에 대해 혼란스럽게 만들었다. 그러나 나는 내가 결정하는 것에 대해 나를 믿으며, 정부에 대해 신뢰와 믿음을 가지고 있고, 그 상황에서 총격을 할 필요가 있었다는 것을 알고 있다. 나는 항상 모든 것을 지배하고 통제하고 싶어 분투했지만 이제는 모든 것을 통제할 수 없다는 것을 알고 행동한다. 사실 내가 통제하고 싶어도 통제하지 못하는 것이 있다. 내 자존감은 높아졌다. 내게 일어난 모든 잘못된 일이 내 잘못이 아니고, 아직은 완전하게 믿고 있지는 않지만 나도 행복해질 권리가 있다고 생각한다. 가장 큰 변화가 일어난 것은 내가 아내와 딸과 친밀감을 즐긴다는 것이다. 나는 행복해질 자격이 없으며 아내에게 상처를 줄 것이라고 생각하여 아내를 피하곤 하였다. 내가 아내와 딸에게 상처를 줄 가능성이 거의 없으며, 최소한 의도적으로 그러지는 않을 것이라는 점을 서서히 이해하기 시작하였다. 아내도 지금은 행복해하고 있다. 이러한 시간을 즐기고 싶고, 아내와 아이에게 행복한 삶을 주고 싶다. 저격수가 총격을 할지 모른다고 불안해하면서 모든 것과 모든 사람을 피했던 과거의 나를 알지 못한다는 것이 기쁘다. 실없는 소리 같지만, 이로 인해 좋은 아빠, 좋은 사람이 되었다고 생각하니 상담을 받은 것이 매우 기쁘다.

탐은 보고서의 마지막 부분을 읽으면서 약간 눈물을 흘렸다. 치료자는 그가 처음에 썼던 내용을 기억하는지 탐에게 물었다. 그가 기억하지 못한다고 하여 치료자는 그가 처음 쓴 영향 보고서를 읽어 주었다. 그녀는 탐이 먼 길을 왔다고 했고, 그도 동의하였다. 치료자와 탐은 치료 과정 전반을 함께 검토하였고, 그들이 다룬 문제와 탐이 도전했던 '고정점'을 검토하였다. 탐은 사안에 대해 즉시 반응하기보다 천천히 생각하게 하는데 기록지가 도움이 되기 때문에 이를 계속 사용할 것이라고 말하였다. 그들은 이후의 계획에 대해 논의했고, 치료자는 만약 그가 PTSD나 우울 증상으로 힘들다는 느낌이 들거나 새로운 사고방식에 의심이 들었을 때 그가 할 행동에 대해 알려 주었다. 그는 '그의 머리를 정리하는 데' 아내가 매우 큰 도움이 되기 때문에 아내와 이 자료를 공유할 것이라고 말하였다. 그는 또한 그가 치료 과정에서 완성한 자료를 살펴본 것도 목록에 포함하였다. 아버지에게 편지를 쓰고 형제자매와의 만남을 늘려야겠다는 탐의 목표에 대해 토의하고 치료 회기가 끝났다. 그는 아버지가 알코올 중독이 된 이유와 가족을 내버려 둔 이유에 대해 더 많은 것을 알기 위해 많은 접촉을 할 계획이다. 탐은 또한 그가 원하는 아버지 및 남편의 모습과 군을 떠난 후의 전문적인 미래의 모습에 대한 그의 목표를 표현하였다. 치료자는 탐이 그에게 일어난 일에서 회복하려고 노력하는 것과 가족과 미래를 위해 최선을 다하고 싶어 하는 의지에 대해 격려와 축하를 해 주었다. 탐은 치료에 대해 감사를 표하였다.

참고문헌

American Psychiatric Association. (1994). *Diagnostic and statistical manual of mental disorders* (4th ed.). Washington, DC: Author.

American Psychiatric Association. (2013). *Diagnostic and statistical manual of mental disorders* (5th ed.). Arlington, VA: Author.

Astin, M. C., Layne, C. M., Camilleri, A. J., & Foy, D. W. (1994). Posttraumatic stress disorder in victimization-related traumata. In I. J. Briere (Ed.), *Assessing and treating victims of violence: New directions for mental health services* (pp. 39-51). San Francisco: Jossey-Bass.

Becker, J. V., Skinner, L. J., Abel, G. G., Axelrod, R., & Cichon, J. (1984). Sexual problems of sexual assault survivors. *Women and Health, 9*, 5-20.

Beckham, J. C., Feldman, M. E., & Kirby, A. C. (1998). Atrocities exposure in Vietnam combat veterans with chronic posttraumatic stress disorder: Relationship to combat exposure, symptom severity, guilt, and interpersonal violence. *Journal of Traumatic Stress, 11*, 777-785.

Blake, D. D., Weathers, F. W., Nagy, L. M., Kaloupek, D. G., Gusman, F. D., Charney, D. S., et al. (1995). The development of a Clinician-Administered PTSD Scale. *Journal of Traumatic Stress, 8*, 75-90.

Blanchard, E. B., Hickling, E. J., Buckley, T. C., & Taylor, A. E. (1996). Psychophysiology of posttraumatic stress disorder related to motor vehicle accidents: Replication and extension. *Journal of Consulting and Clinical Psychology, 64*, 742-751.

Blanchard, E. B., Hickling, E. J., Devinei, T., Veazey,

C. H., Galovski, T. E., & Mundy, E. (2003). A controlled evaluation of cognitive behavioral therapy for posttraumatic stress in motor vehicle accident survivors. *Behaviour Research and Therapy, 41*, 79-96.

Bowen, G. R., & Lambert, J. A. (1986). Systematic desensitization therapy with post-traumatic stress disorder cases. In C. R. Figley (Ed.), *Trauma and its wake: Vol. II. Traumatic stress theory, research, and intervention* (pp. 280-291). New York: Brunner/Mazel.

Bradley, R., Greene, J., Russ, E., Dutra, L., & Westen, D. (2005). A multidimensional meta-analysis of psychotherapy for PTSD. *American Journal of Psychiatry, 162*, 214-227.

Breslau, N., Davis, G. C., & Andreski, P. (1995). Risk factors for PTSD-related traumatic events: A prospective analysis. *American Journal of Psychiatry, 152*, 529-535.

Brewin, C. R., Dalgleish, T., & Joseph, S. (1996). A dual representation theory of posttraumatic stress disorder. *Psychological Review, 103*, 670-686.

Briere, J. (1995). *The Trauma Symptom Inventory (TSI): Professional manual*. Odessa, FL: Psychological Assessment Resources.

Brom, D., Kleber, R. J., & Defares, P. B. (1989). Brief psychotherapy for PTSD. *Journal of Consulting and Clinical Psychology, 57*, 607-612.

Bryant, R. A., Moulds, M. L., Guthrie, R. M., Dang, S. T., & Nixon, R. D. V. (2003). Imaginal exposure alone and imaginal exposure with cognitive restructuring in treatment of posttraumatic stress disorder. *Journal of Consulting and Clinical Psychology, 71*, 706-712.

Buckley, T. C., Blanchard, E. B., & Hickling, E. J. (1998). A confirmatory factor analysis of posttraumatic stress symptoms. *Behaviour Research and Therapy, 36*, 1091-1099.

Burt, M. R. (1980). Cultural myths and supports for rape. *Journal of Personality and Social Psychology, 38*, 217-230.

Chard, K. M. (2005). An evaluation of cognitive processing therapy for the treatment of posttraumatic stress disorder related to childhood sexual abuse. *Journal of Consulting and Clinical Psychology, 73*, 965-971.

Chemtob, C., Roitblat, H. L., Hamada, R. S., Carlson, J. G., & Twentyman, C. T. (1988). A cognitive action theory of post-traumatic stress disorder. *Journal of Anxiety Disorders, 2*, 253-275.

Cloitre, M. (1998). Sexual revictimization: Risk factors and prevention. In V. M. Follette, J. I. Ruzek, & F. R. Abueg (Eds.), *Cognitive-behavioral therapies for trauma* (pp. 278-304). New York: Guilford Press.

Cloitre, M., Koenen, K. C., Cohen, L. R., & Han, H. (2002). Skills training in affective and interpersonal regulation followed by exposure: A phase-based treatment for PTSD related to childhood abuse. *Journal of Consulting and Clinical Psychology, 70*, 1067-1074.

Cloitre, M., Petkova, E., Wang, J., & Lu Lassell, F. (2012). An examination of the influence of a sequential treatment on the course and impact of dissociation among women with PTSD related to childhood abuse. *Depression and Anxiety, 29*, 707-717.

Cloitre, M., Stovall-McClough, K. C., Miranda, R., & Chemtob, C. M. (2004). Therapeutic alliance, negative mood regulation, and treatment outcome in child abuse-related posttraumatic stress disorder. *Journal of Consulting and Clinical Psychology, 72*, 411-416.

Cox, B. J., Clara, I. P., & Enns, M. W. (2002). Posttraumatic stress disorder and the structure of common mental disorders. *Depression and Anxiety, 15*, 168-171.

Creamer, M., Burgess, P., & Pattison, P. (1992). Reactions to trauma: A cognitive processing model. *Journal of Abnormal Psychology, 101*, 452-459.

Creamer, M., Morris, P., Biddle, D., & Elliott, P. (1999). Treatment outcome in Australian veterans with combat-related posttraumatic stress disorder: A cause for cautious optimism? *Journal of Traumatic Stress, 12*, 545-558.

Dalgleish, T. (2004). Cognitive approaches to posttraumatic stress disorder: The evolution of multirepresentational theorizing. *Psychological Bulletin, 130*, 228-260.

Denny, N., Robinowitz, R., & Penk, W. (1987). Conducting applied research on Vietnam combat-related post-traumatic stress disorder. *Journal of Clinical*

Psychology, 43, 56-66.

Derogatis, L. R. (1983). *SCL-90-R: Administration, scoring and procedures manual-II*. Towson, MD: Clinical Psychometric Research.

Devilly, G. J., & Spence, S. H. (1999). The relative efficacy and treatment distress of EMDR and a cognitive-behavior trauma treatment protocol in the amelioration of posttraumatic stress disorder. *Journal of Anxiety Disorders, 13*, 131-157.

Dohrenwend, B. P., Turner, J. B., Turse, N. A., Adams, B. G., Koenen, K. C., & Marshall, R. (2006). The psychological risks of Vietnam for U.S. veterans: A revisit with new data and methods. *Science, 313*, 979-982.

Ehlers, A., & Clark, D. M. (2000). A cognitive model of posttraumatic stress disorder. *Behaviour Research and Therapy, 38*, 319-345.

Ehlers, A., Clark, D. M., Hackmann, A., McManus, F., Fennell, M., Herbert, C., et al. (2003). A randomized controlled trial of cognitive therapy, a self-help booklet, and repeated assessments as early interventions for posttraumatic stress disorder. *Archives of General Psychiatry, 60*, 1024-1032.

Ehlers, A., Hackmann, A., Steil, R., Clohessy, S., Wenninger, K., & Winter, H. (2002). The nature of intrusive memories after trauma: The warning signal hypothesis. *Behaviour Research and Therapy, 40*, 9951-002.

Falsetti, S. A., Resnick, H. S., Resick, P. A., & Kilpatrick, D. G. (1993). The Modified PTSD Symptom Scale: A brief self-report measure of posttraumatic stress disorder. *Behavior Therapist, 16*, 161-162.

First, M. B., Spitzer, R. L., Williams, J. B. W., & Gibbon, M. (1995). *Structured Clinical Interview for DSM-IV-Patient Edition (SCID-P)*. Washington, DC: American Psychiatric Press.

Foa, E. B. (1995). *Posttraumatic Stress Diagnostic Scale (manual)*. Minneapolis, MN: National Computer Systems.

Foa, E. B., Dancu, C. V., Hembree, E. A., Jaycox, L. H., Meadows, E. A., & Street, G. P. (1999). A comparison of exposure therapy, stress inoculation training, and their combination for reducing posttraumatic stress disorder in female assault victims. *Journal of Consulting and Clinical Psychology, 67*, 194-200.

Foa, E. B., Hembree, E. A., Cahill, S. E., Rauch, S. A. M., Riggs, D. S., Feeny, N. C., et al. (2005). Randomized trial of prolonged exposure for posttraumatic stress disorder with and without cognitive restructuring: Outcome at academic and community clinics. *Journal of Consulting and Clinical Psychology, 73*, 953-964.

Foa, E. B., Keane, T. M., Friedman, M. J., & Cohen, J. A. (Eds.). (2008). *Effective treatments for PTSD: Practice guidelines from the International Society for Traumatic Stress Studies* (2nd ed.). New York: Guilford Press.

Foa, E. B., Riggs, D. S., Dancu, C. V., & Rothbaum, B. O. (1993). Reliability and validity of a brief instrument for assessing post-traumatic stress disorder. *Journal of Traumatic Stress, 6*, 459-473.

Foa, E. B., & Rothbaum, B. O. (1998). *Treating the trauma of rape: Cognitive-behavioral therapy for PTSD*. New York: Guilford Press.

Foa, E. B., Rothbaum, B., Riggs, D., & Murdock, T. (1991). Treatment of posttraumatic stress disorder in rape victims: A comparison between cognitive-behavioral procedures and counseling. *Journal of Consulting and Clinical Psychology, 59*, 715-723.

Foa, E. B., Steketee, G., & Rothbaum, B. O. (1989). Behavioral/cognitive conceptualizations of post-traumatic stress disorder. *Behavior Therapy, 20*, 155-176.

Frank, E., Anderson, B., Stewart, B. D., Dancu, C., Hughes, C., & West, D. (1988). Efficacy of cognitive behavior therapy and systematic desensitization in the treatment of rape trauma. *Behavior Therapy, 19*, 403-420.

Frank, E., & Stewart, B. D. (1983). Treating depression in victims of rape. *Clinical Psychologist, 36*, 95-98.

Frank, E., & Stewart, B. D. (1984). Depressive symptoms in rape victims: A revisit. *Journal of Affective Disorders, 1*, 269-277.

Green, B. L. (1996). Trauma History Questionnaire. In B. H. Stamm (Ed.), *Measurement of stress, trauma, and adaptation* (pp. 366-369). Lutherville, MD: Sidran.

Griffin, M. G., Resick, P. A., & Mechanic, M. B. (1997). Objective assessment of peritraumatic dissociation: Psychophysiological indicators. *American Journal of Psychiatry, 154*, 1081-1088.

Griffin, M. G., Uhlmansiek, M. H., Resick, P. A., & Mechanic, M. B. (2004). Comparison of the Posttraumatic Stress Disorder Scale versus the Clinician-Administered Posttraumatic Stress Disorder Scale in domestic violence survivors. *Journal of Traumatic Stress, 17*, 497-504.

Gutner, C., Rizvi, S. L., Monson, C. M., & Resick, P. A. (2006). Changes in coping strategies, relationship to the perpetrator, and posttraumatic stress disorder in female crime victims. *Journal of Traumatic Stress, 19*, 813-823.

Hoge, C. W., Auchterlonie, J. L., & Milliken, C. S. (2006). Mental health problems, use of mental health services, and attrition from military service after returning from deployment to Iraq or Afghanistan. *Journal of the American Medical Association, 295*, 1023-1032.

Hoge, C. W., Castro, C. A., Messer, S. C., McGurk, D., Cotting, D. I., & Koffman, R. L. (2004). Combat duty in Iraq and Afghanistan, mental health problems, and barriers to care. *New England Journal of Medicine, 351*, 13-22.

Holmes, M. R., & St. Lawrence, J. S. (1983). Treatment of rape-induced trauma: Proposed behavioral conceptualization and review of the literature. *Clinical Psychology Review, 3*, 417-433.

Horowitz, M. J. (1986). *Stress response syndromes* (2nd ed.). New York: Aronson.

Ironson, G., Freund, B., Strauss, J. L., & Williams, J. (2002). Comparison of two treatments for traumatic stress: A community-based study of EMDR and prolonged exposure. *Journal of Clinical Psychology, 58*, 113-128.

Janoff-Bulman, R. (1985). The aftermath of victimization: Rebuilding shattered assumptions. In C. R. Figley (Ed.), *Trauma and its wake: Vol. I. The study and treatment of posttraumatic stress disorder* (pp. 15-35). New York: Brunner/Mazel.

Janoff-Bulman, R. (1992). *Shattered assumptions: Towards a new psychology of trauma*. New York: Free Press.

Jordan, B. K., Marmar, C. R., Fairbank, J. A., Schlenger, W. E., Kulka, R. A., Hough, R. L., et al. (1992). Problems in families of male Vietnam veterans with posttraumatic stress disorder. *Journal of Consulting and Clinical Psychology, 60*, 916-926.

Keane, T. M., Brief, D. J., Pratt, E. M., & Miller, M. W. (2007). Assessment and its comorbidities in adults. In M. J. Friedman, T. M. Keane, & P. A. Resick (Eds.), *Handbook of PTSD: Science and practice* (pp. 279-305). New York: Guilford Press.

Keane, T. M., Caddell, J. M., & Taylor, K. L. (1988). Mississippi Scale for Combat-Related Posttraumatic Stress Disorder: Three studies in reliability and validity. *Journal of Consulting and Clinical Psychology, 56*, 85-90.

Keane, T. M., Fairbank, J. A., Caddell, J. M., & Zimering, R. T. (1989). Implosive (flooding) therapy reduces symptoms of PTSD in Vietnam combat veterans. *Behavior Therapy, 20*, 245-260.

Keane, T. M., Kolb, L. C., Kaloupek, D. G., Orr, S. P., Blanchard, E. B., Thomas, R. G., et al. (1998). Utility of psychophysiology measurement in the diagnosis of posttraumatic stress disorder: Results from a Department of Veteran's Affairs cooperative study. *Journal of Consulting and Clinical Psychology, 66*, 914-923.

Keane, T. M., Malloy, P. F., & Fairbank, J. A. (1984). Empirical development of an MMPI subscale for the assessment of combat-related posttraumatic stress disorder. *Journal of Consulting and Clinical Psychology, 52*, 888-891.

Keane, T. M., Zimering, R. T., & Caddell, J. M. (1985). A behavioral formulation of posttraumatic stress disorder. *Behavior Therapist, 8*, 9-12.

Kessler, R. C., Berglund, P., Demler, O., Jin, R., Merikangas, K. R., & Walters, E. E. (2005). Lifetime prevalence and age-of-onset distributions of DSM-IV disorders in the National Comorbidity Survey

Replication. *Archives of General Psychiatry, 62*, 593-602.

Kessler, R. C., Chiu, W. T., Demler, O., Merikangas, K. R., & Walters, E. E. (2005). Prevalence, severity, and comorbidity of 12-month DSM-IV disorders in the National Comorbidity Survey Replication. *Archives of General Psychiatry, 62*, 617-627.

Kessler, R. C., Sonnega, A., Bromet, E., Hughes, M., & Nelson, C. B. (1995). Posttraumatic stress disorder in the National Comorbidity Survey. *Archives of General Psychiatry, 52*, 1048-1060.

Kilpatrick, D. G. (1983). Rape victims: Detection, assessment and treatment. *Clinical Psychologist, 36*, 92-95.

Kilpatrick, D. G., & Amick, A. E. (1985). Rape trauma. In M. Hersen & C. Last (Eds.), *Behavior therapy casebook* (pp. 86-103). New York: Springer.

Kilpatrick, D. G., Edmunds, C. N., & Seymour, A. K. (1992). *Rape in America: A report to the nation*. Arlington, VA: National Victim Center.

Kilpatrick, D. G., Resnick, H. S., & Freedy, J. R. (1991). *The Potential Stressful Events Interview*. Unpublished instrument, National Crime Victims Research and Treatment Center, Medical University of South Carolina, Charleston.

Kilpatrick, D. G., Saunders, B. E., Veronen, L. J., Best, C. L., & Von, J. M. (1987). Criminal victimization: Lifetime prevalence, reporting to police, and psychological impact. *Crime and Delinquency, 33*, 479-489.

Kilpatrick, D. G., & Veronen, L. J. (1983). Treatment for rape-related problems: Crisis intervention is not enough. In L. H. Cohen, W. L. Claiborn, & G. A. Specter (Eds.), *Crisis intervention* (pp. 165-185). New York: Human Sciences Press.

Kilpatrick, D. G., Veronen, L. J., & Best, C. L. (1985). Factors predicting psychological distress among rape victims. In C. R. Figley (Ed.), *Trauma and its wake: Vol. I. The study and treatment of posttraumatic stress disorder* (pp. 114-141). New York: Brunner/Mazel.

Kilpatrick, D. G., Veronen, L. J., & Resick, P. A. (1982). Psychological sequelae to rape: Assessment and treatment strategies. In D. M. Doleys, R. L. Meredith, & A. R. Ciminero (Eds.), *Behavioral medicine: Assessment and treatment strategies* (pp. 473-497). New York: Plenum Press.

Koss, M. P., & Harvey, M. R. (1991). *The rape victim: Clinical and community interventions* (2nd ed.). Thousand Oaks, CA: Sage.

Kubany, E. S., Haynes, S. N., Leisen, M. B., Owens, J. A., Kaplan, A. S., Watson, S. B., et al. (2000). Development and preliminary validation of a brief broad-spectrum measure of trauma exposure: The Traumatic Life Events Questionnaire. *Psychological Assessment, 12*, 210-224.

Kubany, E. S., Hill, E. E., Owens, J. A., Iannce-Spencer, C., McCaig, M. A., & Tremayne, K. J. (2004). Cognitive trauma therapy for battered women with PTSD (CTT-BW). *Journal of Consulting and Clinical Psychology, 72*, 3-18.

Kubany, E. S., Leisen, M. B., Kaplan, A. S., & Kelly, M. P. (2000). Validation of a brief measure of posttraumatic stress disorder: The Distressing Event Questionnaire(DEQ). *Psychological Assessment, 12*, 197-209.

Kulka, R. A., Schlenger, W. E., Fairbank, J. A., Hough, R. L., Jordan, B. K., Marmar, C. R., et al. (1990). *Trauma and the Vietnam war generation: Report of findings from the National Vietnam Veterans Readjustment Study*. New York: Brunner/Mazel.

Lang, P. J. (1968). Fear reduction and fear behavior: Problems in treating a construct. In J. M. Schlien (Ed.), *Research in psychotherapy* (pp. 90-102). Washington, DC: American Psychological Association.

Lang, P. J. (1977). Imagery in therapy: An information processing analysis of fear. *Behavior Therapy, 8*, 862-886.

Lanius, R. A., Vermetten, E., Loewenstein, R. J., Brand, B., Schmahl, C., Bremner, J. D., et al. (2010). Emotion modulation in PTSD: Clinical and neurobiological evidence for a dissociative subtype. *American Journal of Psychiatry, 167*(6), 640-647.

Lauterbach, D., & Vrana, S. R. (1996). Three studies on

the reliability and validity of a self-report measure of posttraumatic stress disorder. *Assessment, 3*, 17-25.

Lauterbach, D., Vrana, S., King, D. W., & King, L. A. (1997). Psychometric properties of the civilian version of the Mississippi PTSD scale. *Journal of Traumatic Stress, 10*, 499-513.

Lee, C., Gavriel, H., Drummond, P., Richards, J., & Greenwald, R. (2002). Treatment of PTSD: Stress inoculation training with prolonged exposure compared to EMDR. *Journal of Clinical Psychology, 58*, 1071-1089.

Lester, K. M., Resick, P. A., Young-Xu, Y., & Artz, C. E. (2010). Impact of ethnicity on early treatment termination and outcomes in PTSD treatment. *Journal of Consulting and Clinical Psychology, 4*, 480-489.

Mahoney, M. J., & Lyddon, W. J. (1988). Recent developments in cognitive approaches to counseling and psychotherapy. *Counseling Psychologist, 16*, 190-234.

Marks, I., Lovell, K., Noshirvani, H., Livanou, M., & Thrasher, S. (1998). Treatment of posttraumatic stress disorder by exposure and/or cognitive restructuring: A controlled study. *Archives of General Psychiatry, 55*, 317-325.

McCann, I. L., & Pearlman, L. A. (1990). Vicarious traumatization: A framework for understanding the psychological effects of working with victims. *Journal of Traumatic Stress, 3*, 131-149.

McFall, M., Fontana, A., Raskind, M., & Rosenheck, R. (1999). Analysis of violent behavior in Vietnam combat veteran psychiatric inpatients with posttraumatic stress disorder. *Journal of Traumatic Stress, 12*, 501-517.

McNair, L. D., & Neville, H. A. (1996). African American women survivors of sexual assault: The intersection of race and class. In M. Hill & E. D. Rothblum (Eds.), *Classism and feminist therapy: Counting costs* (pp. 107-118). New York: Haworth.

Meichenbaum, D. H. (1985). *Stress inoculation training*. Elmsford, NY: Pergamon.

Miller, M. W., Greif, J. L., & Smith, A. A. (2003). Multidimensional Personality Questionnaire profiles of veterans with traumatic combat exposure: Externalizing and internalizing subtypes. *Psychological Assessment, 15*, 205-215.

Miller, M. W., Kaloupek, D. G., Dillon, A. L., & Keane, T. M. (2004). Externalizing and internalizing subtypes of combat-related PTSD: A replication and extension using the PSY-5 scales. *Journal of Abnormal Psychology, 113*, 636-645.

Miller, M. W., & Resick, P. A. (2007). Internalizing and externalizing subtypes in female sexual assault survivors: Implications for the understanding of complex PTSD. *Behavior Therapy, 38*, 58-71.

Monson, C. M., Gradus, J. L., Young-Xu, Y., Schnurr, P. P., Price, J. A., Schumm, J. A. (2008). Change in posttraumatic stress disorder symptoms: Do clinicians and patients agree? *Psychological Assessment, 20*, 131-138.

Monson, C. M., Price, J. L., & Ranslow, E. (2005, October). Treating combat PTSD through cognitive processing therapy. *Federal Practitioner, 22*(10), 75-83.

Monson, C. M., Schnurr, P. P., Resick, P. A., Friedman, M. J., Young-Xu, Y., & Stevens, S. P. (2006). Cognitive processing therapy for veterans with military-related posttraumatic stress disorder. *Journal of Consulting and Clinical Psychology, 74*, 898-907.

Morland, L. A., Hynes, A. K., Mackintosh, M., Resick, P. A., & Chard, K. M. (2011). Group cognitive processing therapy delivered to veterans via telehealth: A pilot cohort. *Journal of Traumatic Stress, 24*, 465-469.

Mowrer, O. H. (1947). On the dual nature of learning—reinterpretation of "conditioning" and "problem-solving." *Harvard Educational Review, 14*, 102-148.

National Institute of Clinical Excellence. (2005). *Post-traumatic stress disorder (PTSD): The treatment of PTSD in adults and children*. London: Author.

Neuner, F., Schauer, M., Klaschik, C., Karunakara, U., & Elbert, T. (2004). A comparison of narrative exposure therapy, supportive counseling, and psychoeducation for treating posttraumatic stress disorder in an African refugee settlement. *Journal of Consulting and Clinical Psychology, 72*, 579-587.

Norris, F. H. (1990). Screening for traumatic stress: A scale for use in the general population. *Journal of Applied*

Social Psychology, 20, 1704-1718.

Norris, F. H. (1992). Epidemiology of trauma: Frequency and impact of different potentially traumatic events on different demographic groups. *Journal of Consulting and Clinical Psychology, 60*, 409-418.

Oquendo, M. A., Friend, J. M., Halberstam, B., Brodsky, B. S., Burke, A. K., Grunebaum, M. F., et al. (2003). Association of comorbid posttraumatic stress disorder and major depression with greater risk for suicidal behavior. *American Journal of Psychiatry, 160*, 580-582.

Orr, S. P., Lasko, N. B., Metzger, L. J., Berry, N. J., Ahern, C. E., & Pitman, R. K. (1998). Psychophysiologic assessment of women with posttraumatic stress disorder resulting from childhood sexual abuse. *Journal of Consulting and Clinical Psychology, 66*, 906-913.

Orr, S. P., Metzger, L. J., Miller, M. W., & Kaloupek, D. G. (2004). Psychophysiological assessment of PTSD. In J. P. Wilson & T. M. Keane (Eds.), *Assessing psychological trauma and PTSD* (2nd ed., pp. 289-243). New York: Guilford Press.

Pitman, R. K., Orr, S. P., Altman, B., Longpre, R. E., Poire, R. E., & Macklin, M. L. (1996). Emotional processing during eye movement desensitization and reprocessing therapy of Vietnam veterans with chronic posttraumatic stress disorder. *Comprehensive Psychiatry, 37*, 419-429.

Pitman, R. K., Orr, S. P., Forgue, D. F., & Altman, B. (1990). Psychophysiologic responses to combat imagery of Vietnam veterans with posttraumatic stress disorder versus other anxiety disorders. *Journal of Abnormal Psychology, 99*, 49-54.

Pitman, R. K., Orr, S. P., Forgue, D. F., de Jong, J., & Claiborn, J. M. (1987). Psychophysiologic assessment of posttraumatic stress disorder imagery in Vietnam combat veterans. *Archives of General Psychiatry, 44*, 970-975.

Power, K., McGoldrick, T., Brown, K., Buchanan, R., Sharp, D., & Swanson, V. (2002). A controlled comparison of eye movement desensitization and reprocessing versus exposure plus cognitive restructuring versus wait list in the treatment of posttraumatic stress disorder. *Clinical Psychology and Psychotherapy, 9*, 299-318.

Powers, M. B., Halpern, J. M., Ferenschak, M. P., Gillihan, S. J., & Foa, E. B. (2010). A meta-analytic review of prolonged exposure for posttraumatic stress disorder. *Clinical Psychology Review, 30*, 635-641.

Prins, A., Ouimette, P., Kimerling, R., Camerond, R. P., Hugelshofer, D. S., Shaw-Hegwer, J., et al. (2004). The Primary Care PTSD Screen (PC-PTSD): Development and operating characteristics. *Primary Care Psychiatry, 9*, 9-14.

Renfrey, G., & Spates, C. R. (1994). Eye movement desensitization: A partial dismantling study. *Journal of Behavior Therapy and Experimental Psychiatry, 25*, 231-239.

Resick, P. A., Galovski, T. E., Uhlmansiek, M. O., Scher, C. D., Clum, G., & Young-Xu, Y. (2008). A randomized clinical trial to dismantle components of cognitive processing therapy for posttraumatic stress disorder in female victims of interpersonal violence. *Journal of Consulting and Clinical Psychology, 76*, 243-258.

Resick, P. A., Jordan, C. G., Girelli, S. A., Hutter, C. K., & Marhoeder-Dvorak, S. (1988). A comparative outcome study of behavioral group therapy for sexual assault victims. *Behavior Therapy, 19*, 385-401.

Resick, P. A., & Markaway, B. E. (1991). Clinical treatment of adult female victims of sexual assault. In C. R. Hollin & K. Howells (Eds.), *Clinical approaches to sex offenders and their victims* (pp. 261-284). London: Wiley.

Resick, P. A., Monson, C. M., & Chard, K. M. (2007). *Cognitive processing therapy: Veteran/military version*. Washington, DC: Department of Veterans Affairs.

Resick, P. A., Nishith, P., & Griffin, M. G. (2003). How well does cognitive-behavioral therapy treat symptoms of complex PTSD?: An examination of child sexual abuse survivors within a clinical trial. *CNS Spectrums, 8*, 340-355.

Resick, P. A., Nishith, P., Weaver, T. L., Astin, M. C., & Feuer, C. A. (2002). A comparison of cognitive processing therapy, prolonged exposure and a waiting condition for the treatment of posttraumatic stress disorder in female rape victims. *Journal of Consulting and Clinical Psychology, 70*, 867-879.

Resick, P. A., & Schnicke, M. K. (1992). Cognitive processing therapy for sexual assault victims. *Journal of Consulting and Clinical Psychology, 60*, 748-756.

Resick, P. A., & Schnicke, M. K. (1993). *Cognitive processing therapy for rape victims: A treatment manual*. Newbury Park, CA: Sage.

Resick, P. A., Williams, L. F., Suvak, M. K., Monson, C. M., & Gradus, J. L. (2012). Long-term outcomes of cognitive-behavioral treatments for posttraumatic stress disorder among female rape survivors. *Journal of Consulting and Clinical Psychology, 80*, 201-210.

Resnick, H. S., Kilpatrick, D. G., Dansky, B. S., Saunders, B. E., & Best, C. L. (1993). Prevalence of civilian trauma and posttraumatic stress disorder in a representative national sample of women. *Journal of Consulting and Clinical Psychology, 61*, 984-991.

Resnick, H. S., Kilpatrick, D. G., & Lipovsky, J. A. (1991). Assessment of rape-related posttraumatic stress disorder: Stressor and symptom dimensions. *Psychological Assessment, 3*, 561-572.

Robins, L. N., Helzer, J. E., Croughan, J., & Ratcliff, K. S. (1981). National Institute of Mental Health Diagnostic Interview Schedule: Its history, characteristics, and validity. *Archives of General Psychiatry, 38*, 381-389.

Rosenheck, R., & Fontana, A. (1996). PTSD and community-based treatment: A commentary on "PTSD diagnosis and treatment for mental health clinicians." *Community Mental Health Journal, 32*, 191-193.

Rosenheck, R., Fontana, A., & Cottrol, C. (1995). Effect of clinician-veteran racial pairing in the treatment of posttraumatic stress disorder. *American Journal of Psychiatry, 152*, 555-563.

Rothbaum, B. O., Astin, M. C., & Marsteller, F. (2005). Prolonged exposure versus eye movement desensitization and reprocessing (EMDR) for PTSD rape victims. *Journal of Traumatic Stress, 18*, 607-616.

Rothbaum, B. O., & Foa, E. B. (1992). Exposure therapy for rape victims with post-traumatic stress disorder. *Behavior Therapist, 15*, 219-222.

Rothbaum, B. O., Hodges, L. F., Ready, D., Graap, K., & Alarcon, R. (2001). Virtual reality exposure therapy for Vietnam veterans with PTSD. *Journal of Clinical Psychiatry, 62*, 617-622.

Saunders, B. E., Arata, C. M., & Kilpatrick, D. G. (1990). Development of a crime-related posttraumatic stress disorder scale for women within the Symptom Checklist-90-Revised. *Journal of Traumatic Stress, 3*, 439-448.

Schindler, F. E. (1980). Treatment by systematic desensitization of a recurring nightmare of a real life trauma. *Journal of Behavior Therapy and Experimental Psychiatry, 11*, 53-54.

Schnurr, P. P., Friedman, M. J., Engel, C. C., Foa, E. B., Shea, T., Chow, B. K., et al. (2007). Cognitive-behavioral therapy for posttraumatic stress disorder in women: A randomized controlled trial. *Journal of the American Medical Association, 297*, 820-830.

Shalev, A. Y., Orr, S. P., & Pitman, R. K. (1992). Psychophysiologic response during script-driven imagery as an outcome measure in posttraumatic stress disorder. *Journal of Clinical Psychiatry, 53*, 324-326.

Shapiro, F. (1989). Eye movement desensitization: A new treatment for post-traumatic stress disorder. *Journal of Behavior Therapy and Experimental Psychiatry, 20*, 211-217.

Shapiro, F. (1995). *Eye movement desensitization and reprocessing: Basic principles, protocols, and procedures*. New York: Guilford Press.

Shay, J., & Munroe, J. (1999). Group and milieu therapy for veterans with complex posttraumatic stress disorder. In P. A. Saigh & J. D. Bremner (Eds.), *Posttraumatic stress disorder: A comprehensive text* (pp. 391-13). Needham Heights, MA: Allyn & Bacon.

Silverman, D. (1977). First do no more harm: Female rape victims and the male counselor. *American Journal of Orthopsychiatry, 47*, 91-96.

Street, A. E., Gradus, J. L., Vogt, D. S., Giasson, H.

L., & Resick, P. A. (2013). Gender differences among veterans deployed in support of the wars in Afghanistan and Iraq. *Journal of General Internal Medicine, 28*(Suppl. 2), 556-562.

Sutker, P. B., Uddo-Crane, M., & Allain, A. N. (1991). Clinical and research assessment of posttraumatic stress disorder: A conceptual overview. *Psychological Assessment, 3*, 520-530.

Tarrier, N., Pilgrim, H., Sommerfield, C., Faragher, B., Reynolds, M., Graham, E., et al. (1999). A randomized trial of cognitive therapy and imaginal exposure in the treatment of chronic posttraumatic stress disorder. *Journal of Consulting and Clinical Psychology, 67*, 13-18.

Tarrier, N., & Sommerfield, C. (2004). Treatment of chronic PTSD by cognitive therapy and exposure: 5-year follow-up. *Behavior Therapy, 35*, 231-246.

Taylor, S., Kuch, K., Koch, W. J., Crockett, D. J., & Passey, G. (1998). The structure of posttraumatic stress symptoms. *Journal of Abnormal Psychology, 107*, 154-160.

Taylor, S., Thordarson, D. S., Maxfield, L., Fedoroff, I. C., Lovell, K., & Orgodniczuk, J. (2003). Comparative efficacy, speed, and adverse effects of three PTSD treatments: Exposure therapy, EMDR, and relaxation training. *Journal of Consulting and Clinical Psychology, 71*, 330-338.

Tolin, D. F., & Foa, E. B. (2006). Sex differences in trauma and posttraumatic stress disorder: A quantitative review of 25 years of research. *Psychological Bulletin, 132*, 959-992.

U.S. Department of Health and Human Services. (2001). *Mental health: A report of the Surgeon General.* Washington, DC: Author.

U.S. Departments of Veterans Affairs and Defense. (2010). *VA/DoD clinical practice guideline for the management of PTSD.* Washington, DC: Author.

van Etten, M. L., & Taylor, S. (1998). Comparative efficacy of treatments for post-traumatic stress disorder: A meta-analysis. *Clinical Psychology and Psychotherapy, 5*, 126-144.

Vogt, D., Smith, B., Elwy, R., Martin, J., Schultz, M., Drainoni, M.-L., et al.(2011). Predeployment, deployment, and postdeployment risk factors for posttraumatic stress symptomatology in female and male OEF/OIF veterans. *Journal of Abnormal Psychology, 120*, 819-831.

Vrana, S., & Lauterbach, D. (1994). Prevalence of traumatic events and post-traumatic psychological symptoms in a nonclinical sample of college students. *Journal of Traumatic Stress, 7*, 289-302.

Weathers, F. W., Blake, D. D., Schnurr, P. P., Kaloupek, D. G., Marx, B. P., & Keane, T. M. (2013). *Clinician-Administered PTSD Scale for DSM-5.* Washington, DC: U.S. Veterans Affairs National Center for Posttraumatic Stress Disorder.

Weathers, F., Litz, B. T., Herman, D. S., Huska, J. A., & Keane, T. M. (1993, October). *The PTSD Checklist (PCL): Reliability, validity, and diagnostic utility.* Presentation at the International Society for Traumatic Stress Studies, San Antonio, TX.

Weathers, F. W., & Keane, T. M. (1999). Psychological assessment of traumatized adults. In P. A. Saigh & J. D. Bremner (Eds.), *Posttraumatic stress disorder: A comprehensive text* (pp. 219-247). Boston: Allyn & Bacon.

Weathers, F. W., Keane, T. M., & Davidson, J. R. (2001). Clinician-Administered PTSD Scale: A review of the first ten years of research. *Depression and Anxiety, 13*, 132-156.

Weathers, F. W., Litz, B., Keane, K. M., Palmieri, P. A. , Marx, B., & Schnurr, P. P. (2013). *PTSD Checklist-5.* Washington, DC: U.S. Veterans Affairs National Center for Posttraumatic Stress Disorder.

Weathers, F. W., Ruscio, A. M., & Keane, T. M. (1999). Psychometric properties of nine scoring rules for the Clinician-Administered Posttraumatic Stress Disorder Scale. *Psychological Assessment, 11*, 124-133.

Weiss, D. S., & Marmar, C. R. (1997). The Impact of Event Scale-Revised. In J. P. Wilson & T. M. Keane (Eds.), *Assessing psychological trauma and PTSD* (pp. 399-411). New York: Guilford Press.

Wilson, A. E., Calhoun, K. S., & Bernat, J. A. (1999). Risk recognition and trauma-related symptoms among sexually revictimized women. *Journal of Consulting and Clinical Psychology, 67*, 705-710.

Wilson, D., Silver, S. M., Covi, W., & Foster, S. (1996). Eye movement desensitization and reprocessing: Effectiveness and automatic correlates. *Journal of Behavior Therapy and Experimental Psychiatry, 27*, 219-229.

Wolf, E. J., Lunney, C. A., Miller, M. W., Resick, P. A., Friedman, M. J., & Schnurr, P. P. (2012). The dissociative subtype of PTSD: A replication and extension. *Depression and Anxiety, 29*, 679-688.

Zoellner, L. A., Feeny, N. C., Fitzgibbons, L. A., & Foa, E. B. (1999). Response of African American and Caucasian women to cognitive behavioral therapy for PTSD. *Behavior Therapy, 30*, 581-595.

chapter 3

사회불안장애

Richard G. Heimberg, Leanne Magee 공저
조용래 역

많은 사람이 매우 수줍어하고 다소 억제되어 있다. 이러한 이유 때문에 사회불안장애와 연관된 괴로움은 집중적인 공식된 치료개입들(약물치료든 심리학적 치료든)을 필요로 하지 않는 일반 전집에서 흔히 관찰되는 특질 중 하나라고 종종 과소평가된다. 이것은 전혀 사실이 아니다. 심신을 쇠약하게 하는 사회불안을 가진 아주 많은 (전집의 12%가 넘고 그 수가 증가하는) 사람의 경우, 인생의 어느 시점에서 사람들과 교류하거나 관계를 형성하는 외관상 단순한 과정이 압도할 만한 공포를 일으키며 흔히 회피된다. 사회생활과 삶의 질에 미치는 영향은 강력할 수 있다. 이 장에서는 사회불안장애를 위한 일종의 확립된 심리학적 치료의 최신판을 살펴본다. 심리학적 개입이 새로운 세대에 점차 적용되듯이, 인지행동치료는 동등하게 신빙성이 있으나 덜 초점적인 심리학적 개입들에 비해 유의하게 우수하다는 점이 판명되었으며, 그 효과는 시간이 갈수록 점차 더 강력하다. 인지행동치료는 검증력과 특정성이라는 특징이 있는 가장 우수한 새로운 세대의 심리학적 치료들 중 하나이다. 조시의 사례는 이 판에서 처음 5년 추후 평가 시 진전을 보였다는 보고와 함께, 또한 사회불안에 대한 그러한 뛰어난 접근의 성숙함과 임상적 정교함을 구체적으로 보여 준다.

– D. H. B.

미국 전역에 있는 9천 명이 넘는 지역사회 주민을 대상으로 평가한 전국 동반이환 조사 반복연구(National Comorbidity Survey Replication Study: NCS-R)에 따르면, 12.1%의 사람들이 인생의 어느 시점에서 사회불안장애(social anxiety disorder)에 시달리는 것으로 밝혀졌다(Kessler et al., 2005). 이 조사에서 사회불안장애(사회공포증으로도 알려짐; Liebowitz, Heimberg, Fresco, Travers, & Stein, 2000)는 네 번째로 흔한 정신과적 장애였다. 주요우울장애, 알코올 남용 및 특정공포증만 유병률이 더 높았을 뿐이다. 더 보수적인 평생 유병률 추정치는 임상적으로 의미 있는 사회불안이 전집의 약 4%에 영향을 미치는 것으로 시사되었다(Narrow, Rae, Robins, & Rogier, 2002).

사회불안장애가 『정신장애의 진단 및 통계 편람 제3판』(DSM-III; American Psychiatric Association, 1980)에서 하나의 진단범주로 처음 포함되었을 때, 역할기능에 단지 최소한도로 지장을 주는 것으로 생각되었다. 그 후 이루어진 연구에서 사회불안장애는 정상적인 생활을 아주 못하게 할 수도 있음이 밝혀졌다. 사회불안장애가 있는 대다수의 사람은 그들의 직업적·학업적 및 사회적 적응기능이 자신들의 공포에 의해 심하게 손상되었다고 보고한다(Acarturk, de Graaf, van Straten, ten Have, & Cuijpers, 2008; Aderka et al., 2012; Katzelnick et al., 2001; Schneier et al., 1994). 사회불안장애가 있는 사람들은 불안하지 않은 동년배들에 비해서 친구와 데이트 파트너 수가 더 적다고 보고하였으며(Rodebaugh, 2009; Wenzel, 2002), 다른 불안장애가 있는 사람들에 비해서도 결혼할 가능성이 더 낮다. 한 연구에서 평균 연령이 30대 초반임에도 불구하고, 결코 결혼한 적이 없는 사람들의 비율은 공황장애가 있는 사람이 36%, 범불안장애가 있는 사람이 18%인 데 비해 사회불안장애가 있는 사람은 50%였다(Sanderson, Di Nardo, Rapee, & Barlow, 1990). 또 다른 연구에서 사회불안장애가 있는 사람들은 비불안 통제집단과 비교하여 교육 수준 대비 낮은 직장에서 근무할 가능성과, 그들의 상사가 자신들이 업무환경에 맞지 않다고 생각할 것으로 믿을 가능성이 더 컸다(Bruch, Fallon, & Heimberg, 2003). 사회불안 증상들은 또한 이러한 증상이 초래한 기능장애 수준을 통제한 후에도 낮은 수준의 삶의 만족도와 연관되어 있다(Hambrick, Turk, Heimberg, Schneier, & Liebowitz, 2003).

사회불안장애는 아주 일반적으로 아동기 초기 또는 청소년기에 시작되며(Schneier, Johnson, Hornig, Liebowitz, & Weissman, 1992), 임상 표본들에서 일반적으로 지속적인 경과를 보인다(Bruce et al., 2005). 그럼에도 불구하고, 사회불안장애가 있는 대부분의 사람은 추가적인 장애가 발병하지 않는 한 치료를 받지 않는다(Schneier et al., 1992). 이와 대조적으로, 관해율은 임상 표본에 비해 역학 표본에서 더 높았다(Blanco et al., 2001; Vriends, Becker, Meyer, Williams, et al., 2007).

사회불안장애가 있는 사람들 중 약 70~80%는 추가 진단의 기준을 충족하며, 대부분의 사회불안장애가 동반이환장애의 발병보다 앞서서 나타난다(W. J. Magee, Eaton, Wittchen, McGonagle, & Kessler, 1996; Schneier et al., 1992). 지역사회 표본에서 가장 일반적인 추가 진단에는 특정공포증, 광장공포증, 주요우울증 및 알코올사용장애가 포함된다(W. J. Magee et al., 1996; Schneier et al., 1992). 동반이환장애 없이 사회불안장애만 있는 사람들에 비해 사회불안장애와 동반이환장애가 있는 사람들의 자살시도율이 더 높고, 의미 있는 역할 손상을 보고할 가능성이 더 크며, 그들의 증상을 통제하기 위하여 약물을 더 흔히 사용한다(W. J. Magee et al., 1996; Schneier et al., 1992).

동반이환장애가 있는 사람이나 그렇지 않은 사람이나 인지행동치료의 효과는 비슷했지만, 동반이환율은 인지행동치료 전이나 후의 더 심각한 손상과도 연관되어 있다(Erwin, Heimberg, Juster, & Mindlin, 2002). 동반이환 기분장애가 동반이환 불안장애에 비해 손상과 더 강하게 연관되어 있는 듯 보인다(Erwin et al., 2002).

사회불안장애의 하위 유형과 회피성 성격장애

사회불안이 있는 사람들은 공포의 만연성과 심각도 측면에서 볼 때 이질적인 집단이다. 많은 사람은 사회적 상호작용 공포(예: 데이트하기, 진행 중인 대화에 참여하기, 자기주장하기), 수행 공포(예: 발표하기, 다른 사람들 앞에서 악기 연주하기), 그리고 관찰 공포(예: 다른 사람들 앞에서 일하기, 거리를 걷기)를 포함하여 다양한 사회적 공포를 보인다. 이것은 DSM의 이전 판들에서 사회불안장애의 일반화된 하위 유형으로 명명되었으나, DSM-5에서는 이러한 용어가 빠졌다. 대신에, DSM-5에는 수행 단독 하위 유형이 포함되어 있는데, 이는 두려움이 대중 앞에서 연설하거나 수행하는 것에 국한되어 있음을 나타낸다(American Psychiatric Association, 2013).

DSM-5의 수행 단독 하위 유형에 비해 많은 상황에서 사회불안을 경험하는 것은 발병 시기가 더 빠르고, 교육적 성취가 낮으며, 실업률이 더 높고, 결혼하지 않을 가능성이 더 큰 것과 연관되어 있다(Heimberg, Hope, Dodge, & Becker, 1990; Mannuzza et al., 1995). 이 집단은 또한 우울증, 불안, 회피, 부정적 평가에 대한 두려움, 그리고 기능적 손상을 더 많이 경험한다(예: Brown, Heimberg, & Juster, 1995; Herbert, Hope, & Bellack, 1992; Turner, Beidel, & Townsley, 1992). 그럼에도 불구하고, CBT를 받은 후에 많은 사회적 상황을 두려워하는 내담자들은 수행 상황만 두려워하는 내담자들과 마찬가지로 많은 개선을 보인다(Brown et al., 1995; Hope, Herbert, & White, 1995; Turner, Beidel, Wolff, Spaulding, & Jacob, 1996). 하지만 다수의 사회적 두려움을 경험하는 내담자들은 더 큰 손상을 가진 채로 치료를 시작하기 때문에 동일한 치료 회기 수를 제공받은 후에는 더 많이 손상된 상태로 남아 있다. 따라서 이러한 사람들이 수행 단독 하위 유형을 가진 내담자들과 비슷한 성과를 얻기 위해서는 더 긴 치료 회기를 요구할 수 있다. 그렇지만 DSM-5의 하위 유형 구분 도식이 두려워하는 사회적 상황의 수를 단순하게 세는 것보다 더 많은 정보를 제공한다는 점이 분명하게 확립되어 있지 못하다(Vriends, Becker, Meyer, Michael, & Margraf, 2007).

수행 단독 하위 유형을 제외한 사회불안장애는 회피성 성격장애(avoidant personality disorder: APD)와 많은 공통점을 갖고 있다. 현재의 진단 체계에서 회피성 성격장애는 '사회적 억제, 부적절감, 그리고 부정적 평가에 대한 과도한 민감성'이 오랫동안 지속되는 양상을 보이는 특징이 있다(Americans Psychiatric Association, 2013, p. 672). 두 가지 장애에 대한 기술이 비슷하다는 점을 고려할 때, 사회불안장애의 기준을 충족하는 사람들이 회피성 성격장애의 기준 또한 충족한다는 점은 놀랍지 않다. 임상 표본과 지역사회 표본 모두(Cox, Pagura, Stein, & Sareen, 2009; Huppert, Strunk, Ledley, Davidson, & Foa, 2008; Marques et al., 2012)에서 사회불안장애와 회피성 성격장애 모두의 기준을 충족하는 사람들은 더 우울하고, 더 큰 기능적 손상을 보이며, 삶의 질이 더 낮았다. 하지만 한 연구에서 이러한 차이는 사회불안의 심각도가 통제되었을 때에는 더 이상 분명하지 않았다(Chambless, Fydrich, & Rodebaugh, 2008). 사회불안장애와 회피성 성격장애 간의 관계를 가장 간명하게 기술하는 것은 이 두 장애가 서로 다른 장애가 아니라는 점과, 이 두 장애의 기준을 모두 충족하는 사람들은 사회불안장애를 가진 사람들 중에서 단지 가장 심하게 손상되어 있는 사람들이라는 점일 수 있다(Chambless et al., 2008; Heimberg, Holt, Schneier, Spitzer, & Liebowitz, 1993). 치료 성과와 관련하여 몇몇 연구는 회피성 성격장애가 공존하든 그렇지 않든 비슷한 성과를 보인다는 점을 보고하였다(Brown et al., 1995; Hofmann, Newman, Becker, Taylor, & Roth, 1995; Hope, Herbert, et al., 1995). 이와 달리, 다른 연구들에서는 회피성 성격장애가 공존하는 것은 치료 반응이 더 나쁜 것과 연관되어 있으며(Chambless, Tran, & Glass, 1997; Feske, Perry, Chambless, Renneberg, & Goldstein, 1996), 한 연구에서는 치료 과정의 초기에 더 큰 개선을 보인 것으로 밝혀졌다(Huppert et al., 2008). 사회불안장애의 기준을 충족하는 사람들과 마찬가지로, 회피성 성격장애가 있는 내담자들을 대상으로 최적의 성과를 얻기 위해서는 긴 치료가 요구될 수 있다.

치료 성과 문헌에 대한 개관

연구자들은 사회불안장애에 대한 광범위한 치료의 효능을 살펴보았다. 이러한 치료에는 사회기술 훈련, 인지치료, 이완 훈련, 노출, 대인관계 심리치료, 역동적으로 지향된 지지적 심리치료, 그리고 다양한 약물치료가 포함된다. 이 개관은 노출과 인지재구성이 결합된 치료의 효능을 검증한 연구들만 검토하고 있다. 노출과 인지재구성의 결합은 사회불안장애에 대한 심리사회적 개입 중에서 가장 빈번하게 연구된 치료 형태이며, 이 장에 기술된 개입의 초점이 되고 있다(더 광범위한 치료 성과 문헌 개관은 Pontoski, Heimberg, Turk, & Coles, 2010; Wong, Gordon, & Heimberg, 2012 참조).

연구자들은 노출의 효능이 인지재구성을 추가함으로써 증진된다는 점을 입증하려고 종종 시도하였다. 이러한 노력의 결과는 혼재되어 있다. Powers, Sigmarrson과 Emmelkamp(2008)가 수행한 메타분석은 노출에 인지재구성을 추가함으로써 어떤 더 큰 이득도 얻지 못했음을 밝혔다. 하지만 더 최근에 Ougrin(2011)이 수행한 메타분석에서는 치료 종결 직후에 평가하든 또는 추후 평가에서든 이러한 결합을 지지하는 방향으로 유의미한 차이가 있음을 입증하였다. 이러한 차이는 사회불안장애의 치료에서는 분명하였으나, 다른 불안장애들의 치료에서는 그렇지 않았다.

Heimberg, Dodge와 동료들(1990)은 사회불안장애에 대한 집단치료, 즉 통합된 노출, 인지재구성 및 숙제 할당으로 구성된 인지행동 집단치료(즉, cognitive-behavioral group therapy: CBGT)의 통제된 실험연구를 최초로 수행하였다. 이 치료는 사회불안장애에 대한 교육과 비지시적인 지지 집단치료로 구성된 주의통제치료와 비교되었다. CBGT 참가자들은 통제집단 참가자들에 비해 개인화된 행동검사 동안 보고한 불안 수준이 더 낮았고, 임상적 평가자에 의해 개선된 것으로 평정될 가능성이 더 높았다. 원래의 참가자 표본의 하위 집단을 대상으로 한 5년 추후 평가에 의하면, CBGT 참가자들은 주의통제치료 참가자들에 비해 그들의 치료 이득이 유지될 가능성이 더 높은 것으로 밝혀졌다(Heimberg, Salzman, Holt, & Blendell, 1993).

CBGT의 구성요소 분석 연구에서 Hope, Heimberg

와 Bruch(1995)는 CBGT와 노출치료 단독 두 조건 모두 대기통제 조건에 비해 더 효과적임을 보고하였다. 사후검사에서는 노출 단독조건이 CBGT 조건에 비해 더 효과적이라는 몇 가지 증거가 있었으나, 6개월 추후 평가 시에는 그러한 차이가 사라졌다.

두 기관 연구에서 133명의 내담자는 CBGT, 모노아민 산화효소 억제제인 페넬진(phenelzine), 알약 위약조건, 또는 Heimberg, Dodge와 동료들(1990; Heimbeg et al., 1998)이 개발한 주의통제 심리치료 조건에 무선할당되었다. 사후검사 결과, 독립적인 평가자들은 28명의 CBGT 완료자 중에서 21명(75%; 치료 참가 의향 표본의 58%)이, 그리고 26명의 페넬진 완료자들 중에서 20명(77%; 치료 참가 의향 표본의 65%)을 치료 반응자로 분류하였다. 페넬진 내담자들과 CBGT 내담자들의 반응률은 알약 위약이나 주의통제 심리치료를 받은 내담자들의 반응률에 비해 유의미하게 더 좋았다. 이 연구의 두 번째 시기에서 CBGT 또는 페넬진에 반응을 보인 내담자들은 유지치료의 추가 6개월과 6개월 추후 기간을 통하여 계속되었다(Liebowitz et al., 1999). 치료가 끝날 무렵에는 이전에 반응을 보인 페넬진 복용자의 50%가 재발한 것에 비해, CBGT를 받은 반응자의 단 17%만 재발하였다.

또 다른 연구는 CBGT 단독 대 페넬진, 그리고 이 두 치료의 결합조건의 효능을 검토하였다(Blanco et al., 2010). 사후검사 시의 반응률은 결합치료가 위약조건보다 우수하였으며, CBGT 단독과 페넬진 단독 조건은 서로 차이를 보이지 않았고, 결합치료 또는 위약조건과도 차이를 보이지 않았다. 하지만 추가 검증 결과, 페넬진은 이러한 단기분석에서 CBGT에 비해 종종 우수했음이 시사되었는데, 이는 Heimberg와 동료들의 발견과 일치되지 않는 것은 아니다.

두 연구는 CBGT를 마음챙김과 수용에 기반을 둔 치료와 비교하였다. Koszycki, Benger, Shilk와 Bradwejn(2007)은 CBGT와 마음챙김 기반 스트레스 완화(mindfulness-based stress reduction: MBSR; Kabat-Zinn, 1990) 프로그램을 비교하였다. 이 연구에서 MBSR은 1회기당 2시간 30분씩 소요되는 8회의 집단 회기와 1회의 종일 명상 수련 회기로 이루어졌다. 두 치료 모두 기분, 기능 수준 및 삶의 질에서 개선을 보였다. 하지만 CBGT는 자가 평정된 사회불안과 임상가에 의해 평정된 사회불안의 유의미하게 더 큰 감소뿐만 아니라 더 높은 반응률 및 관해율과 연관되었다. Piet, Hougaard, Hecksher와 Rosenberg(2010)는 사회불안장애가 있는 18세부터 25세 사이의 젊은 성인들을 대상으로 CBGT와 마음챙김 기반 인지치료(mindfulness-based cognitive therapy: MBCT; Segal, Williams, & Teasdale, 2002)를 비교하였다. 크로스오버 설계를 사용하여 참가자들은 8회의 각 2시간짜리 집단 회기로 구성된 MBCT와 12회의 각 2시간짜리 CBGT에 무선할당되었다. MBCT는 중등도의 효과크기(d=.78)를 보였으며, 이는 CBGT가 산출한 효과크기(d=1.15)에 비해 더 낮았으나 유의미한 차이를 보이지는 않았다. 참가자들은 6개월 추후 평가기간 동안 계속 개선되었다.

이 치료의 개인판을 대기통제조건과 비교한 연구가 최근에 완료되었다(Ledley et al., 2009). 개인 인지행동치료는 사회불안에 대한 자기보고식 검사와 임상가에 의해 실시된 측정도구상에서 대기집단에 비해 일관성 있게 우수하였다. 효과크기는 컸으며, 중도탈락은 거의 없었다. 이러한 긍정적인 발견들은 독립적인 표본을 통하여 Goldin과 동료들(2012)에 의해 본질적으로 반복 입증되었다.

사회불안장애를 위한 Clark의 인지치료에 관한 통제된 실험연구는 또한 큰 효과크기를 산출했으며, 이 치료는 유망해 보인다. 인지치료는 노출과 인지재구성을 포함하며, 안전행동을 찾아내고 제거하는 것을 강조한다. 인지치료에서 치료자와 환자는 환자의 사회불안을 유지하는 데 기여하는 요인들(예: 환자의 특유한 생각, 이미지, 안전행동 및 주의 전략)에 대한 개인화된 개념화를 만들어 낸다. 치료 전반에 걸쳐서 환자의 부정적으로 왜곡된 자기표상은 비디오 피드백을 사용하여 수정된다. 비디오 피드백에서는 예측된 수행이 실제 수행과 비교된다. 이에 더해, 치료자는 주의 방향을 혐오적인 내부 경험(예: 불안 증상)에서 벗어나 당면한 과제 쪽으로 격려한다. 인지치료는 사회불안장애가 있는 사람들을 대상으로 하여 효능을 입증하였을 뿐 아니라(Clark et al., 2003, 2006), 대인관계치료보다 우수함을 보였다(Stangier, Schramm, Heidenreich, Berger, & Clark, 2011). 인지치료 동안의 이득은 5년 후에 평가했을 때까지 유지되었다(Mörtberg, Clark, & Bejerot, 2011).

요약하면, 노출과 인지재구성을 결합한 패키지는 사회불안장애에 대한 효과적인 개입으로 보인다. 이러한 패키지가 노출치료 단독보다 더 효과적인지의 여부는 연구의 수가 제한되어 있고 결과들이 혼재되어 있는 점을 고려할 때 결정하기가 더 어렵다. 하지만 실무자들에게 더 중요한 사실은 사회불안장애가 있는 내담자 4명 중 3명이 노출과 인지재구성을 결합한 치료를 집중적으로 받은 후에는 임상적으로 의미 있는 변화를 달성할 가능성이 있다는 증거가 늘어나고 있다는 점이다.

사회불안장애에 대한 통합된 인지행동 모델

사회불안장애가 있는 개인들이 부정적 평가를 받을 가능성이 내포된 상황에 당면했을 때 어떻게 정보를 처리하는지를 기술하기 위해 Rapee와 Heimberg(1994)가 개발한 통합된 인지행동 모델은 최근에 Heimberg, Brozovich와 Rapee(2010)에 의해 업데이트되었다. 그 과정은 사회불안을 호소하는 사람들이 청중 앞에 있을 때 시작된다. '청중'이라는 용어는 상황이 발표든, 사회적 교류든, 당사자가 타인들에 의해 관찰될 수 있는 또 다른 상황이든 사회불안을 호소하는 사람들이 다른 사람들 앞의 '무대 위'에 서 있다는 의미를 담고 있다. 사회불안을 호소하는 사람들은 이런 청중이 본래 비판적이며(예: Leary, Kowalski, & Campbell, 1988), 자신들이 충족할 수 없는 기준을 갖고 있다고(예: Wallace & Alden, 1991) 지각한다.

사회불안을 호소하는 사람들은 청중 앞에 있을 때 자신들이 다른 사람들에게 어떻게 보이는지에 대한 정신적 표상을 구성한다. 이러한 자기에 대한 정신적 표상[1]은 자기를 관찰자 관점으로 보는 부정적이고 왜곡된 이미지를 구성한다(Hackmann, Surawy, & Clark, 1998). 이러한 이미지들은 괴롭힘

1) 역자 주: 이는 Clark와 Wells(1995)의 인지 모델에서 '사회적 대상으로서 자기의 처리(processing of self as a social object)'로 언급되며, 간단히 '사회적 자기상(social self-image)'으로 부를 수 있다.

을 당하는 것과 같은 초기의 부정적인 사회적 사건에 대한 기억들과 관련이 있는 것으로 밝혀졌다(Hackmann, Clark, & McManus, 2000). 예를 들어, 한 내담자는 사춘기 청소년으로, 키가 크고 깡말랐다는 이유로 또래들로부터 무자비하게 놀림을 당한 것으로 기술하였다. 그녀는 치료받는 시기에 매력적인 성인이었을지라도, 자신의 외모를 여전히 '홀쭉하고' '어색하며' '못생겼다'고 기술하였다. 사회불안장애가 있는 사람들은 그들 자신의 사회적 행동을 객관적인 관찰자들보다 더 가혹하게 평정하며(Rapee & Lim, 1992; Stopa & Clark, 1993), 객관적인 관찰자들의 평정치에 비해서 그들의 불안이 눈에 띄는 정도를 과잉추정한다(Bruch, Gorsky, Collins, & Berger, 1989; Norton & Hope, 2001)는 결과를 연구에서 또한 보여 주었다. 확실히 이러한 신념들은 그들이 다른 사람들에게 어떤 인상을 주는지에 대한 그들의 이미지에 부정적인 영향을 미친다. 자기의 이미지는 내부 단서(예: 땀이라는 신체 감각은 자신의 얼굴에 땀이 흘러내리는 이미지를 만들어 낼 수 있음)와 타인들의 반응과 같은 외부 단서(예: 어떤 사람이 내 옷차림을 힐끗 보고 인상을 찌푸리는 것은 내 옷차림이 단정하지 못하다는 이미지를 이끌어 낼 수 있음)에 추가로 영향을 받는다.

자신이 다른 사람들에게 받아들여질 수 없다는 신념, 다른 사람들은 본래 비판적이라는 신념, 그리고 타인들의 평가는 대단히 중요하다는 신념은 사회불안장애가 있는 사람들에게 타인들이 못마땅해하는 것을 나타내는 초기 징후들(예: 인상 쓰기, 하품하기)과 그들 자신의 행동이나 외모의 어떤 측면들에 지나치게 경계하도록 동기화시킨다. 이러한 징후들과 측면들(예: 어리석은 평을 하는 것, 옷을 적절하게 입지 못하는 것, 눈에 띄게 떨리는 것)은 타인의 부정적 평가를 유발할 수 있기 때문이다. 외부의 사회적 위협, 다른 사람들에게 보이는 자기의 (왜곡된) 정신적 표상, 그리고 현재의 사회적 과제의 요구들 간에 주의 자원을 분할하게 되면 실제 수행이 저하될 수 있으며, 이는 다시 실제로 부정적인 사회적 피드백을 이끌어 낼 수 있다. 결과적으로, 사회불안장애가 있는 사람들은 중다과제 패러다임에 상당하는 것 내에서 작용하며, 이로 인해 사회적 수행의 곤란이 발생할 가능성이 증가한다(MacLeod & Mathews, 1991). 따라서 복잡한 사회적 과제는 덜 복잡한 과제에 비해 처리 자원이 제한되기 때문에 수행이 낮아질 가능성이 더 크다.

사회불안장애가 있는 사람들은 또한 청중이 특정 상황에 처한 그들에 대해서 보유하는 기준을 예측하려고 시도한다. 청중의 특성(예: 중요성, 매력)과 특정 상황의 세부 특징(예: 공식적이든 비공식적이든)은 청중의 투사된 기준에 영향을 미친다. 그런 다음 사회불안장애가 있는 개인들은 자신들의 외모와 행동의 현재 정신적 표상이 청중의 투사된 기준에 대응하는 정도를 판단하려고 시도한다. 물론 그들의 정신적 표상에 있는 부정적 편향을 고려할 때, 그들은 자신들이 청중의 기대에 못 미치며, 사회적 지위의 상실과 거절 같은 고통스러운 결과가 뒤따를 수 있다고 결론 내릴 가능성이 있다. 부정적 예측은 불안의 인지적·행동적 및 생리적 증상을 초래하며, 이러한 증상들은 결국 다른 사람들 눈에 비치는 부정적으로 편향된 자기의 정신적 표상으로 피드백이 되고 불안의 순환을 영속시킨다.

이 모델에 대한 최근의 중요한 변화는 사회불안장애의 핵심 공포로 간주되는 것, 즉 일반적으로 부정적 평가에 대한 공포로 특징지어진 것을 다룬다. 하지만 최근 연구는 사회불안장애가 있는 개인들은 부정적이든 긍정적이든 평가를 두려워한다는 점을 시사한다(예: Weeks, Heimberg, Rodebaugh, & Norton, 2008). 사회적 수행이 성공하면 미래의 사회적 상호작용에서도 계속 성공할 것이라고 다른 사람들이 기대할 것이라는 믿음이 활성화되지만, 당사자는 이러한 증가된 기대를 충족시킬 자신의 능력을 의심할 때 긍정적 평가에 대한 두려움(fear of positive evaluation: FPE)이 생길 수 있다. 하

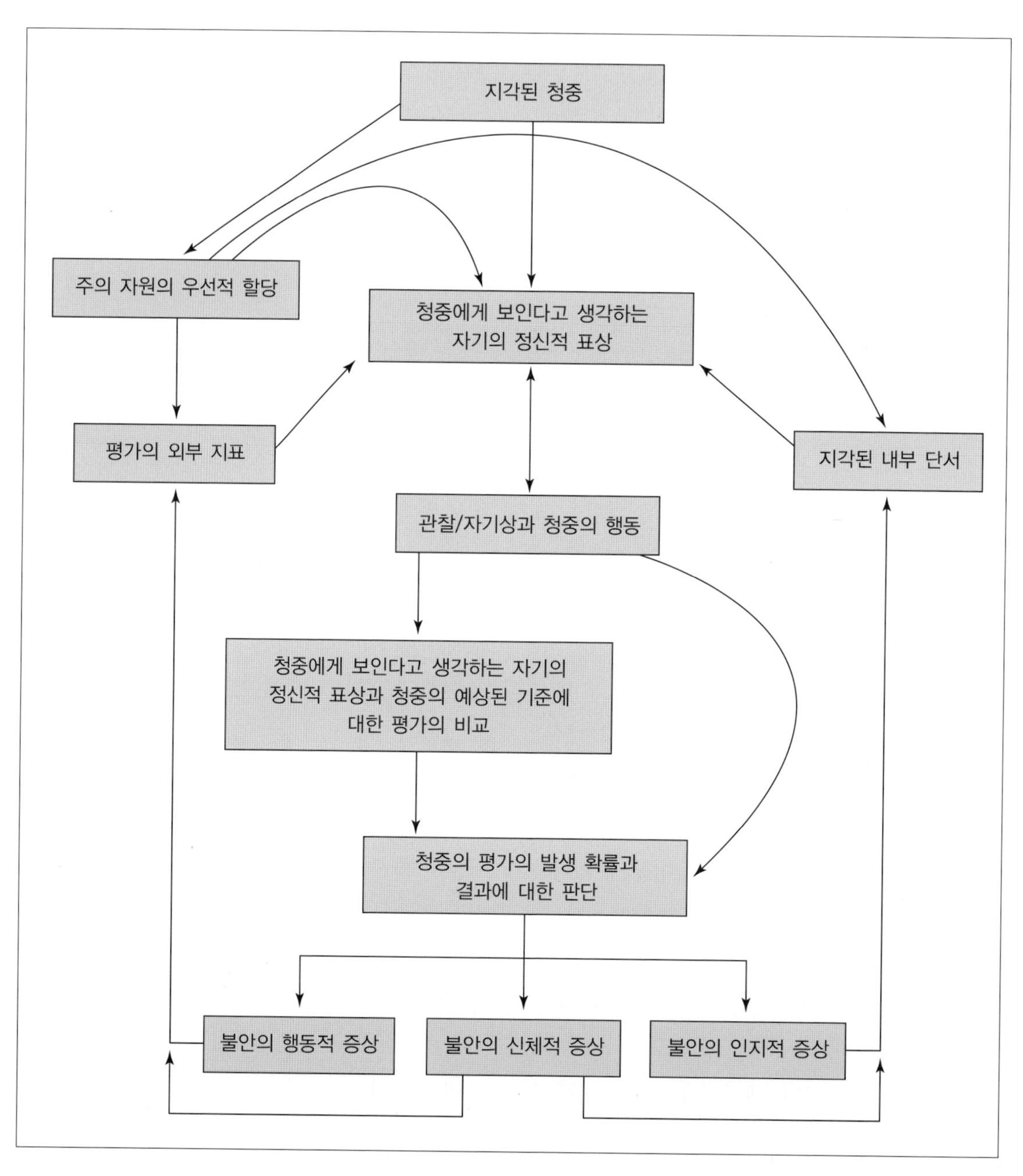

[그림 3-1] 사회불안장애에 대한 업데이트된 인지행동 모델

출처: Heimberg, Brozovich, & Rapee (2010). [그림 15-2], p. 416.

지만 긍정적 평가에 대한 두려움이라는 구성개념은 사회불안장애에 대한 진화론적 모델에서 나왔다. 이 모델은 사회불안장애가 있는 개인들이 자기 자신에게 주의를 기울이지 않음으로써 자신들이 (낮은) 사회적 지위를 유지하려고 노력한다고 단정한다(Gilbert, 2001). 이런 식으로, 그들은 달성했을 수 있는 상승된 사회적 지위를 변호하기 위하여 지위를 잃을 위험을 감수하지도 않거니와 더 힘 있는 타인들과 갈등을 빚을 필요가 없다. Rapee-Heimberg 모델에 대한 업데이트는 그런 식의 사고를 반영하며, 이 모델은 현재 사회불안장애가 있는 사람들이 정서가와 관계없이 평가의 단서를 두려워하고 그 단서들에 주목한다고 단정한다. Heimberg와 동료들(2010)이 업데이트한 모델은 [그림 3-1]에 제시되어 있다. 원래의 모델에 대한 개정판을 더 자세하게 설명한 내용에 관심이 있으면 그 책의 해당 장을 보기 바란다.

인지행동적 관점에서 본 치료 근거

저자들의 치료 접근의 핵심은 노출과 인지재구성의 통합이다(Heimberg & Becker, 2002; Hope, Heimberg, & Turk, 2010a, 2010b). 노출은 내담자들에게 전달되는 여러 가지 이유 때문에 이롭다. 노출의 가장 중요한 측면들 중 하나는 역기능적 신념(예: "나는 너무 불안해져서 발표를 끝내지 못할 것이다.")을 검증하고 자기와 타인을 이해하는 더 현실적인 방식들(예: "나는 불안하더라도 발표를 계속할 수 있다.")을 만들어 낼 수 있는 기회이다. 노출은 또한 내담자들이 장시간 동안 어떤 두려운 상황에 머무를 때 나타나는 자연적인 불안 감소(즉, 습관화)를 몇 차례나 경험하도록 해 준다. 마지막으로, 노출은 내담자들이 오랫동안 회피해 온 행동적 기술들(예: 데이트 신청하기, 자기 의사 표현하기)을 실습하고, 개인적 목표에 부합되는 행동들(예: 미래에 우정으로 진전될 수 있는 새로운 사람들과의 한담)에 참여하도록 해 준다.

인지재구성 또한 내담자들에게 소통되는 여러 가지 이유 때문에 중요하다. 내담자들은 그들의 불안 유발 사고와 신념들을 가설로 다루는 법과 특정 상황, 자기와 타인들을 바라보는 더 유용하거나 현실적인 방식들이 있는지 탐색하는 법을 배운다. 내담자들이 사회적 상황을 덜 위협적으로 보게 됨에 따라 흔히 노출 훈련에서 그러한 상황들에 더 기꺼이 직면하게 된다. 게다가 역기능적 인지를 다루게 되면 흔히 주의 자원을 확보하게 되어 당면한 사회적 과제에 대한 집중력을 높이고 수행을 잠재적으로 개선하는 데 그 자원을 사용할 수 있다. 이에 더해, 인지재구성은 내담자들이 노출과제의 성공에 기여한 공을 인정받으며 노출 후의 실망에 대처할 수 있게 해 준다. 어떤 불안 촉발사건 후의 반추가 또 다른 불안 촉발사건에 직면하기 전에 경험하는 더 큰 초기 불안과 연관되어 있다는 점을 고려할 때 사후 반추를 분산시키기 위한 인지적 기술의 사용은 특히 중요할 수 있다(개관은 Brozovich & Heimberg, 2008 참조). 마지막으로, 사회적 상황에 내재되어 있는 위험에 대한 내담자들의 인지적 평가가 더 현실적으로 되어 감에 따라 그들이 경험하는 불안의 생리적 증상들도 흔히 완화된다.

각 노출 전, 동안, 그리고 후에 실시되는 인지재구성과 함께 회기 내 노출(in-session exposure)은 특히 대단히 중요하다. 치료자의 부드러운 격려와 정서적 지지가 제공된다면, 내담자들은 흔히 수년 동안 회기 바깥에서 회피해 왔던 행동들을 회기 내에서 기꺼이 참여하게 된다. 성공적인 회기 내 노출은 현실 세계에서 그러한 행동들을 시도하도록 내담자들에게 자신감과 동기를 제공할 수 있다. 회기 내 노출은 또한 실생활 노출(in vivo exposure)에 비해 더 쉽게 단계를 나눌 수 있다. 예를 들면, 공식적인 발표를 무서워하는 내담자는 앉아서 어떤 잡지의 기사를 큰 소리로 읽는 것으로 구성된 최초의 회기 내 노출을 수행할 수 있다. 다음 노출은 그 기사를 큰 소리로 읽는 동안 서 있는 것, 그 다음에는 소규모의 청중으로부터 질문을 받는 것으로 구성될 수 있다. 회기 내 노출은 또한 치료자에게 효과적인 노출의 원리들에 관해 내담자들을 가르칠 수 있는 기회를 제공한다. 불안 수준이 상승하더라도 회피하지 않고 오랫동안 어떤 두려운 사회적 상황에 머무르는 것이 그러한 원리의 예에 해당한다. 회기 내 노출은 또한 내담자들이 불안을 관리하기 위해 사용할 수 있는 어떤 미묘한 회피행동(예: 안전행동)이든 치료자가 그것을 직접 관찰할 수 있게 해 준다. 예를 들어, 다른 사람들이 자신을 개인적으로 알게 될 경우 그들로부터 거절당할 것이라고 두려워하는 내담자는 대화 상대에게 질문을 퍼붓고 어떤 개인 정보도 드러내지 않을 수 있다. 발표에 대한 타인들의 반응을 두려워하는 내담자는 자신의 노트를 보느라 청중을 결코 쳐다보지 않을 수 있는데, 그렇게 함으로써 지루해하거나 비판적인 얼굴을 전혀 볼 필요가 없다(그리고 흥미 있어 하거나 동의하는 얼굴을 볼 기회도 물론 갖지 못한다). Clark와 Wells(1995)가 언급했듯이, 이러한 안전행동들은 본질적으로 두려워하는 결과를 회피하려는 시도이지만, 개인들이 사회적으로 부자연스럽게 보이게 하고 타인들로부터 부정적인 반응을 받을 가능성을 높이는 의도치 않은 결과를 가져올 가능성이 있다. 게다가 내담자들은 특정 사회적 상황을 처리하는 데 있어서 안전행동을 하지 않아도 안전행동을 할 때와 비슷하게 (더 낫지는 않더라도) 잘 처리할 수 있었을 것이라는 점을 학습하지 못한다. 회기 내 노출은 치료자에게 이러한 안전행동들을 지적할 기회와 내담자들이 두려워하는 상황에 충분히 직면하게 하는 다음 번 노출을 위한 계획(예: 발표 동안 청중을 쳐다보기, 대화 도중에 개인적 정보를 드러내기)을 수립할 기회를 제공한다. 회기 내 노출은 실생활에서는 흔히 가능하지 않은 방식으로 내담자들에게 그들의 사회적 수행에 관한 직접적인 피드백을 받을 수 있는 기회를 또한 제공한다. 이를테면, 발표 동안 너무 떨어서 다른 사람들이 자신을 불쌍히 여길 것이라고 믿는 내담자는 노출 상황에 있는 청중에게 자신의 떨림이 얼마나 눈에 띄었는지, 그리고 그들이 자신을 어떻게 생각하는지 물어볼 수 있다(청중은 좀처럼 불안해하는 사람을 불쌍하게 여겼다고 대답하지 않을 것이다). 끝으로, 회기 내 노출은 내담자들이 인지재구성 기술을 실제 불안 유발 상황에 적용하는 것을 치료자가 지원해 줄 기회를 제공한다. 일단 회기 내 노출이 시작되면, 회기 바깥에서 비슷한 상황에 직면하기를 숙제로 내 준다. 회기 내 노출과 마찬가지로 내담자들은 각 실생활 노출 전, 동안, 그리고 후에 인지재구성 활동에 참여하도록 요구받는다.

치료 관련 변인

집단치료 대 개인치료

사회불안장애의 치료는 흔히 집단의 형태로 진행되어 왔다(예: Blanco et al., 2010; Heimberg, Dodge, et al., 1990; Heimberg et al., 1998). 이는 개인치료와 비교할 때 다수의 장점이 있는 것으로 개념화되어 왔다. 집단치료는 대리학습, 비슷한 문제를 가진 다른 사람들로부터의 지지, 다수의 역할연기 파트너를 이용할 수 있음, 집단 참여를 통해 경험하는 비공식적인 노출, 그리고 왜곡된 사고에 대항하는 증거를 다양한 사람이 제공함 등의 다양한 기회를 준다(Heimberg & Becker, 2002; Sank & Shaffer, 1984). 그럼에도 불구하고, 집단치료는 여러 가지 잠재적인 단점 또한 갖고 있다. 한 집단의 구성원으로 대략 6명의 내담자가 모일 때까지 치료를 시작할 수 없는데, 이는 집단에 참여하기로 한 처음 몇 명이 치료 시작 전에 긴 기간 동안 기다려야 할 수 있음을 의미한다. 이 중 몇몇 사람은 집단 시작 전에 동기가 상실되고 중도탈락된다. 집단치료는 또한 빠진 회기를 보완하는 데 있어서 유연성이 부족하다. 집단치료는 대리학습의 기회를 제공하기도 하지만, 이러한 이점은 각 내담자의 개인적 욕구를 충족시키기 위해 사용할 수 있는 시간이 줄어드는 특징에 의해 상쇄될 수 있다. 임상적 측면에서 볼 때, 어떤 내담자들은 자신들보다 더 빠른 속도로 호전되는 다른 집단 구성원들을 볼 때 낙심하고 동기가 저하되는 듯 보인다. 이에 더해 잠정적인 집단 구성원들을 선별하기 위해 노력을 기울임에도 불구하고, 지배적이고 공격적이거나 기타 이유들로 관리하기 어려운 내담자가 집단에 포함될 수 있다. 마지막으로, 어떤 참가자들은 집단 상황에 결코 충분히 적응하지 못하며, 그들의 불안은 회기 동안 정보를 처리하는 능력을 방해할 수 있다.

개인치료와 집단치료 중 어느 것이 더 우수한 성과를 보이는지에 관한 이슈를 다룬 가용한 연구는 별로 없다. Powers와 동료들(2008)은 사회불안장애에 대한 집단과 개인 인지행동 개입이 비슷한 효과크기를 보인다고 보고하였으나, 또 적은 수의 연구 표본에 기초한 또 다른 메타분석(Aderka, 2009)은 개인치료가 약간 더 나음을 시사하였다. 동일한 연구 내에서 집단과 개인의 형태가 좀처럼 비교되어 오지는 않았다. Scholing과 Emmelkamp(1993)는 집단이나 개인 형태로 전달되는 노출과 인지재구성의 여러 조합을 검토하였는데, 둘 중에 어떤 형태도 분명하게 더 나은 것이 아니라는 점을 밝혔다. 이와 비슷하게, Wlazlo, Schroeder-Hartwig, Hand, Kaiser와 Münchau(1990)는 집단과 개인 노출치료 간에 성과상의 어떤 차이도 발견하지 못하였다. 한 가지 연구는 사회불안장애에 대한 개인 인지행동치료가 집단 인지행동치료보다 우수했고, 두 가지 형태 모두 대기집단보다 우수함을 밝혔다(Stangier, Heidenreich, Peitz, Lauterbach, & Clark, 2003). 하지만 이것이 사회불안장애의 치료에서 어느 형태가 분명하게 더 낫다는 점을 시사하는 것은 아니다.

Heimberg와 Becker(2002)는 사회불안장애의 인지행동 집단치료(CBGT)에 관해 자세히 서술하였다. 이 장에서는 이 치료의 개인형태를 서술하는데, 이것은 최근 저자들의 연구 초점이 되어 오고 있다(Hope et al., 2001a, 2001b도 참조).

적절한 내담자

지금까지 치료연구들에서 사회불안장애는 참가자들의 주된 진단이 되어 왔다. 이전에 논의했듯이, 사회불안장애는 흔히 다른 장애들과 동반이환을 보인다(W. J. Magee et al., 1996; Schneier et al., 1992). 이런 사례들의 경우, 임상가와 내담자는 정해진 기간(예: 16주) 동안에는 사회불안이 치료의 초점이라는 결정을 함께 할 필요가 있다. 임상적 측면에서 볼 때, 치료를 시작하기 전에 이러한 이슈를 명료화하는 것이 중요하다. 왜냐하면 몇몇 내담자는 노출 훈련을 시작할 시점이 되면 치료의 초점을 또 다른 문제 영역으로 전환하고 싶은 바람을 표현할 수 있기 때문이다. 일반적으로, 저자들의 정책은 내담자들에게 원래의 치료 계약과 목표를 상기시켜 주는 것과 '회피를 피하라'고 격려해 주는 것이다. 몇몇 사례에서는 내담자의 생활 여건이나 증상들이 변화되었기 때문에 치료의 초점을 바꾸는 것이 최선의 임상적 결정이다. 그럼에도 불구하고 저자들은 치료의 초점을 바꾸고 싶은 내담자의 바람이 노출 훈련의 시작과 동시에 표현될 때 치료계획을 변경하는 것을 특별히 조심한다. 인지행동치료나 노출치료의 강한 배경이 없는 치료자들은, 부분적으로 회기 내 노출을 시행하는 것에 대해 그들 스스로 불편해하기 때문에 너무 쉽게 치료의 초점을 바꾸는 위험에 빠질 수 있다. 때때로 노출 훈련은 치료계획에 그대로 두면서 다른 이슈들을 다루기 위해 별도의 회기시간을 확보하는 타협책에 이를 수 있다.

적절한 치료자

이상적인 치료자는 불안장애에 대한 인지행동치료의 이론적 기반에 대한 강한 배경, 노출 훈련을 시행해 본 경험, 훌륭한 기본적인 치료기술, 그리고 특히 사회불안이 있는 내담자들을 다루어 본 경험을 가지고 있는 사람이다. 여기서 소개된 치료들이나 이와 비슷한 치료들이 지역사회 장면에서 시행될 때 효능을 유지한다는 점을 시사하는 자료들이 축적되고 있지만(Gaston, Abbott, Rapee, & Neary, 2006; Lincoln et al., 2003; McEvoy, 2007; McEvoy, Nathan, Rapee, & Campbell, 2012), 특정 매뉴얼의 이론적 기반과 절차들에 대한 광범위한 훈련을 받지 않은 임상가들이 시행할 때, 매뉴얼로 된 치료들이 효과적인지에 관해서는 거의 알려져 있지 않다(Chambless & Ollendick, 2001). 저자들의 임상경험에 의하면, 이 치료는 훌륭한 슈퍼비전을 받을 경우 첫 내담자를 만나는 초심 치료자(사실 뒤에 제시된 내담자는 당시에 초심 치료자였던 L. Magee가 치료한 사례임)와 인지행동 접근이 아닌 다른 이론적 지향을 가진 경험 있는 치료자들이 성공적으로 시행할 수 있다. 훌륭한 인지행동적 배경을 가진 경험 있는 임상가들은 이렇게 매뉴얼로 된 치료와 독립적으로 아주 잘 시행할 가능성이 있다. 게다가 비록 슈퍼비전 또는 처음 몇 사례와 더 복잡한 사례들에 관한 경험 있는 인지행동치료자들의 컨설팅이 유익할지라도, 저자들이 저술한 내담자 워크북(Hope et al., 2010a)과 치료자용 가이드(Hope et al., 2010b)는 충분히 자세하게 작성함으로써 아주 다양한 배경을 가진 치료자들이 이 치료를 시행할 수 있게 해 주려는 의도를 갖고 만들었다.

사회불안장애에 대한 약물치료와 인지행동치료

치료를 받기 위해 내원할 때 이미 향정신성 약물을 복용하고 있는 내담자들이 많이 있다. 사회불안을 조절하기 위해 약을 복용하는 내담자들이 있는가 하면, 동반이환장애 때문에 약을 복용하는 내담자들도 있다. (특정한 연구 프로토콜이 요구하는 것이 아니라면) 저자들은 인지행동치료를 시작하기 전에 약물치료를 중단하라고 내담자들에게 요구하지 않는다. 하지만 저자들은 내담자들에게 치료를 시작하기 전에 약물의 복용량을 일정하게 유지할 것과 치료 동안에 복용량을 변화시키거나 새로운 약을 복용하지 않을 것을 요구한다. 임상적 측면에서 저자들은 내담자들이 증상의 긍정적 변화를 약물의 변화보다는 치료 중에 그들이 보이는 노력에 귀인하기를 원한다. 필요시에 약을 복용하는 사람들에게 치료 회기 전이나 노출숙제 전에 약을 복용하지 않도록 요구한다. 불안을 조절하기 위하여 처방받지 않은 약, 알코올, 또는 다른 약을 사용하는 사람들에게도 동일하게 요구한다.

치료 전 평가 및 치료를 위한 준비

평가는 진단, 사례개념화, 치료계획 수립, 그리고 종결 결정에 중요한 역할을 한다. 여기에 제시된 모든 측정도구를 사용하는 것은 대부분의 임상장면에서 실용적이지는 않지만, 저자들은 가능한 한 다음에 기술된 일련의 자기보고식 및 임상가 평정용 측정도구들과 하나의 행동 평가를 실시하는 것을 강하게 추천한다(사회불안장애의 평가에 대한 더 철저한 개관은 Heimberg & Turk, 2002 참조).

임상적 면접

DSM-IV에 대한 불안장애 면접 스케줄(Anxiety Disorders Interview Schedules for DSM-IV: ADIS-IV; Brown, Di Nardo, & Barlow, 1994), ADIS-IV-평생판(ADIS-IV-L; Di Nardo, Brown, & Barlow, 1994), 그리고 DSM-5에 대한 ADIS(ADIS-5-L; Brown, Di Nardo, & Barlow, 2013)는 불안장애에 대한 철저한 진단 평가를 제공하며, 기분장애, 약물사용장애, 그리고 임상양상이 불안장애들과 중복되는 장애(예: 건강염려증, 신체화장애)를 위한 모듈을 포함하고 있다. 다른 주요 장애들(예: 정신병)을 위한 선별용 질문들도 있다. 0점에서 8점 사이의 임상가의 심각도 평정치(clinician's severity rating: CSR)는 각 진단과 연관된 고통과 지장(방해)의 정도를 나타낸다. 4점 이상의 CSR 점수는 특정 내담자가 진단기준을 충족함을 시사한다. 다수의 장애가 4점 이상을 받게 되면 CSR 점수가 가장 높은 장애가 주 진단으로 정해지고 다른 장애들은 부 진단(추가 진단)으로 정해진다. ADIS-IV-L에 대한 주요한 신뢰도 연구의 경우, 불안전문 클리닉에 치료를 받으러 온 362명의 사람을 대상으로 ADIS-IV를 독립적으로 두 번 실시하였다(Brown, Di Nardo, Lehman, & Campbell, 2001). 사회불안장애는 주 진단(kappa=.77), 임상적 (주 또는 부) 진단(kappa=.77), 그리고 과거 (평생) 진단(kappa=.72)으로서 양호한 신뢰도를 보였다. 사회불안장애의 CSR 또한 평정자간 신뢰도(r=.80)가 양호하였다.

저자들은 내담자가 첫 방문하는 동안 ADIS를 정례적으로 실시한다. ADIS와 같은 구조화된 면접은 변별진단에, 그리고 치료 경과에 영향을 미칠 수 있는 다양한 동반이환장애에 대한 체계적 평가를 제공하는 데 도움이 된다. 그럼에도 불구하고, 진단 면접은 비용이 많이 들고 시간 소모적일 수 있다. 반구조화된 면접이 시행되느냐, 아니면 비구조화된 면접이 시행되느냐에 상관없이, 철저하고 정확한 진단 평가에 시간을 투자하는 것은 적절한 치료계획을 수립하는 데 매우 중요하다. 증상이 또 다른 진단으로 더 잘 설명되는 내담자들은 무엇보다도 사회불안을 표적으로 한 치료로 호전을 거의 경험하지 못하며, 적절한 치료를 받지 못한 채 불필요하게 괴로움이 지속되고, 절망감이 증가하며, 재정적 어려움을 겪는다.

자기보고식 도구

자기보고식 도구들은 진단 면접에 대한 중요한 보완책이다. 내담자들은 임상적 면접 동안에 수치심과 당혹감을 경험할 수 있으며, 사회적 두려움이나 회피의 심각도나 만연성을 충분히 나타내지 않는 문제를 기술할 수 있다. 더 나아가 질문지에 관한 규준 자료는 임상가들이 의미 있는 참조점과 비교해서 내담자 증상의 심각도를 평가할 수 있게 해준다. 중요하게도, 치료 전 점수들은 치료 진전을 평가할 수 있는 기저선을 제공한다.

사회불안 측정도구

사회불안과 회피를 평가하기 위해 사용할 수 있는 질문지는 많이 있다. 사회적 상호작용 불안 척도(Social Interaction Anxiety Scale: SIAS)와 사회적 수행불안 척도(사회공포증 척도; Social Phobia Scale: SPS)는 사회불안장애를 평가하기 위하여 특정하게 개발되었으며, 흔히 사용되고 있는 동반 척도이다(Mattick & Clarke, 1998). SIAS는 두 사람 및 집단에서 상호작용하는 것에 대한 두려움을 평가하며, SPS는 다른 사람들에 의해 관찰되는 것(예: 남들 앞에서 먹는 것)에 대한 두려움을 평가한다. 출판된 대부분의 연구에서 SIAS와 SPS는 각각 20문항으로 구성되어 있다. 각 도구별로 응답자들은 각 문항이 자신을 얼마나 잘 나타내는지 5점 Likert형 척도(0점: 전혀 아니다, 4점: 대단히 그렇다)상에 평정하게 되어 있다. 다수의 연구는 SIAS와 SPS가 신뢰롭고 타당한 척도이며, 인지행동치료의 효과에 민감하다는 점을 시사한다(예: Brown et al., 1997; Cox, Ross, Swinson, & Direnfeld, 1998; Heimberg, Mueller, Holt, Hope, & Liebowitz, 1992; Ries et al., 1998). 하지만 최근 연구는 외향성이라는 구성개념과 더 관련되어 보이는 SIAS의 3개 역채점 문항들에 비해 17개의 순방향 문항이 사회불안이라는 구성개념에 더 민감하다는 점을 시사한다(Rodebaugh, Woods, & Heimberg, 2007). 현재 많은 연구가 17개 문항의 척도 사용을 시사한다(예: Rodebaugh et al., 2011). 최근에는 두 척도의 훨씬 더 단축된 형태가 개발되었는데(Fergus, Valentiner, McGrath, Gier-Lonsway, & Kim, 2012; Kupper & Denollet, 2012; Peters, Sunderland, Andrews, Rapee, & Mattick, 2012), 어떤 단축형 도구는 두 척도의 조합된 문항 세트에 대한 요인분석을 통해 도출되었다(Social Interaction Phobia Scale: SIPS; Carleton et al., 2009). 하지만 원척도들을 제쳐 두고 최근의 단축형 척도들을 사용할 시점이라고 제안하는 것은 현재로서는 시기상조이다.

사회불안장애를 평가하기 위해 개발되어 흔히 사용되고 있는 또 다른 도구인 사회공포증 및 불안 검사(Social Phobia and Anxiety Inventory: SPAI; Turner, Beidel, Dancu, & Stanley, 1989)는 사회공포증 소척도, 광장공포증 소척도, 그리고 산출된 차이(또는 총) 점수(예: 사회공포증−광장공포증 소척도 점수)로 구성되어 있다. SPAI는 45문항으로 되어 있으며, 그중 21개 문항은 다수의 반응을 요구한다. 예를 들면, "나는…… 사람이 있는 사회적 상황을 회피하려고 한다."로 시작하는 문항의 경우, 내담자들은 자신이 낯선 사람, 권위적 인물, 이성, 그리고 일반적인 사람이 있는 상황을 얼마나 자주 피하는지를 각각 별도로 평정한다. 내담자들은 총 109개의 반응을 하게 되는데, 이로 인해 SPAI를 실시하고 채점하는 데 시간이 비교적 많이 소요된다. 이 척도의 길이와 관련된 단점에도 불구하고, 이 척도가 제공하는 정보의 양과 구체성은 사례개념화와 치료계획 수립에 아주 유용할 수 있다.

SPAI의 사회공포증 소척도는 다양한 상호작용, 수행 및 관찰 상황들에 대한 신체적·인지적 및 행동적 반응을 평가한다. 광장공포증 소척도는 광장공포증을 동반한 공황장애를 가진 사람들이 흔히 두려워하는 상황들(예: 줄 서서 기다리기)에서의 불안을 평가한다. 응답자들은 각 상황에서 얼마나 자주 불안하게 느끼는지를 7점 Likert형 척도(1점: 전혀 아니다, 7점: 항상 그렇다)에 평정한다. 차이 점수는 광장공포증이 있는 내담자들이 때로 경험하는 비슷한 우려와 구분되는 사회불안과 회피의 지표를 제공하기 위한 의도로 제시되었다. 하지만 차이 점수와 사회공포증 소척도 점수 간의 아주 높은 상관(r=.91; Ries et al., 1998)은 이러한 전략이 별 이득이 없을 가능성을 시사한다. 다수의 연구가 SPAI가 신뢰롭고 타당한 도구이며(예: Beidel, Turner, Stanley, & Dancu, 1989; Herbert, Bellack, & Hope, 1991; Turner et al., 1989), 치료 관련 변화에 민감함을 시사한다(예: Cox et al., 1998; Ries et al., 1998; Taylor, Woody, McLean, & Koch, 1997).

아주 유용한 것으로 판명될 수 있는 또 다른 척도는 17문항의 사회공포증 검사(17-item Social Phobia Inventory: SPIN)이다(Antony, Coons, McCabe, Ashbaugh, & Swinson, 2006; Connor et al., 2000). SPIN으로 알려진 이 검사는 신뢰도가 양호하고, 관련 측정도구들과 유의한 상관을 보이며, 사회불안장애와 다른 불안장애 내담자들 간을 변별하는 능력이 있는 것으로 밝혀졌다. 3문항으로 된 SPIN, 즉 Mini-SPIN도 일반적인 건강관리(Connor, Kobak, Churchill, Katzelnick, & Davidson, 2001) 및 불안전문 클리닉(Weeks, Spokas, & Heimberg, 2007) 장면 모두에서 사회불안장애의 선별도구로서 실질적인 유용성이 있는 것으로 보고되었다.

사회불안장애가 DSM에 포함되기 전에 대학생들을 대상으로 개발되고 타당화된 도구이기는 하지만, 원판 부정적 평가에 대한 두려움 척도(Fear of Negative Evaluation Scale: FNE; Waston & Friend, 1969)와 단축형 FNE(Brief version of the FNE Scale: BFNE; Leary, 1983)는 사회불안장애의 핵심 구성개념을 표적으로 하기 때문에 계속해서 널리 사용되어 왔다. FNE는 30문항으로 구성되어 있으며 진위형으로 응답하게 되어 있다. 치료 연구에서 FNE의 변화는 최종 상태의 기능 수준을 예측하는 것으로 밝혀졌다(예: Mattick & Peters, 1988). 변화의 크기가 일반적으로 작기는 하지만, FNE는 치료의 효과에 민감한 것으로 보인다(Heimberg, 1994). BFNE는 12문항의 5점 Likert형(1점: 전혀 그렇지 않다, 5점: 대단히 그렇다) 척도이며, 원척도와 높은 상관(r=.96)을 보인다(Leary, 1983). 대규모 대학생 표본을 사용한 Rodebaugh와 동료들(2004)의 최근 연구에서 BFNE는 FNE에 비해 상이한 정도의 부정적 평가에 대한 두려움에 더 민감하였다. 사회불안장애 내담자의 대규모 표본을 활용한 Weeks와 동료들(2005)의 연구는 BFNE의 내적 일치도가 높고, 사회불안 측정도구들과 유의한 상관을 보이며, 변별타당도가 양호하고, 인지행동치료의 효과에 민감함을 보고하였다. 이 두 연구 모두 SIAS와 비슷하게 BFNE의 역채점 문항들이 척도의 타당도를 떨어뜨릴 수 있다는 점을 아주 설득력 있게 시사하며, 저자들은 현재 순방향 문항들만을 사용하고 있다. 다른 연구자들은 역채점 문항들을 순방향 문항들과 일치되도록 문장 표현을 바꿈으로써 비슷한 접근을 취해 왔다(예: Collins, Westra, Dozois, & Stewart, 2005).

사회불안장애의 치료에서 회기별 변화를 평가하기 위하여 사회불안 회기 변화 지수(Social Anxiety Session Change Index: SASCI; Hayes, Miller, Hope, Heimberg, & Juster, 2008)가 개발되었다. 내담자들은 치료 시작 이후 네 가지 차원, 즉 불안, 회피, 창피와 무안에 대한 염려, 그리고 방해(지장)에서 그들이 얼마나 많이 변화했는지를 표시하기 위하여 7점 Likert형 척도를 사용한다. 4~15점은 호전을, 17~28점은 악화를 나타낸다. 회기에 걸쳐서 SASCI의 내적 일치도는 Hayes와 동료들(2008)의 연구에서 회기에 걸쳐서 .84부터 .94까지의 범위(평균=.89)에 있다. SASCI의 변화는 부정적 평가에 대한 두려움의 변화 및 임상가에 의해 평정된 호전과 관련이 있었으나, 불안민감성이나 우울증과는 관련이 없었다. 회기별 측정도구로서 SASCI와 BFNE의 사용은 이 장의 뒷부분에 보고된 사례연구에 제시되어 있다.

다른 자기보고식 측정도구

저자들은 사회불안을 표적으로 한 측정도구들에 더하여, 다른 구성개념들을 평가하는 질문지들을 사례개념화 및 치료 성과와 관련하여 실시한다. 저자들은 우울 증상을 평가하기 위하여 Beck 우울척도 제2판(Beck Depression Inventory-II: BDI-II; Beck, Steer, & Brown, 1996)을 정례적으로 실시한다. 이 척도는 우울 증상의 정서적 · 인지적 · 행동적 · 신체적 및 동기적 구성요소들뿐 아니라 자살 소망을 측정한다. 저자들은 또한 Liebowitz 자기평정식 기능장애 척도(Liebowitz Self-Rated Disability Scale; Schneier et al., 1994)와 삶의 질 척도(Quality of Life Inventory; Frisch, 1994)를 사용한다. 전자는 열한 가지 영역(예: 학교, 직장, 알코올 남용)에 걸쳐서 손상을 평가하며, 후자는 내담자의 전반적인 안녕감(웰빙)과 삶의 만족도를 평가한다.

피드백 및 치료 계약 면접

접수 회기에 뒤이은 회기에서 면접자는 내담자와 함께 평가 자료를 살펴보고, 진단을 설명하며, 질문에 대답을 하고, 치료 권고사항들을 제공한다. 앞서 언급했듯이 동반이환 진단을 받은 내담자들의 경우, 사회불안을 처음에 매주 12~16회의 회기 동안 주요 치료 초점으로 삼는 이점들에 관해 논의한다. 끝으로, 내담자들이 경험하는 사회불안 증상의 심각도와 어떤 동반이환장애든 이러한 치료의 초기 경과 뒤에 재평가될 것이며, 필요할 경우 그 당시에 추가적인 치료 권고들을 제시할 것이라는 점을 내담자들에게 확인시켜 준다. 추가 평가는 이러한 방문 시에 진행될 수 있으며, 아니면 치료가 공식적으로 시작되기 전에 다음의 평가를 진행할 목적으로 1회의 추가 회기를 위한 스케줄을 내담자들과 잡을 수 있다. 추가 평가에는 사회불안을 위한 임상가 실시용 측정도구와 행동검사가 포함될 수 있다.

사회불안을 위한 임상가 실시용 측정도구

가장 흔히 사용되는 임상가 실시용 사회불안 측정도구 두 가지는 Liebowitz 사회불안척도(Liebowitz Social Anxiety Scale: LSAS; Liebowitz, 1987)와 단축형 사회공포증 척도(Brief Social Phobia Scale: BSPS; Davidson et al., 1991, 1997)이다. 저자들은 정례적으로 LSAS를 사용하고 있는데, 그런 이유로 여기서 기술한다. 이 측정도구는 처음의 접수 회기가 너무 길어지는 것을 피하기 위하여 대체로 클리닉을 두 번째 방문했을 때 완료한다. LSAS는 열한 가지 상호작용(예: 권위적인 사람들과 대화하기)과 열세 가지 수행(예: 남들이 관찰하는 동안 무엇인가를 하기) 상황들에 대한 두려움과 회피를 4점 Likert형 척도들에서 별도로 평가한다.

전체 24개 문항에 대한 두려움과 회피 평정 점수를 합산하면 전반적인 심각도 지수가 된다. LSAS는 신뢰도와 수렴 및 변별타당도가 양호한 것으로 보고되었다(예: Cox et al., 1998; Heimberg et al., 1999). 이 척도는 사회불안장애 내담자들과 범불안장애 내담자들을 잘 변별한다(Heimberg & Holaway, 2007). 또한 사회불안장애에 대한 인지행동치료와 약물치료에 대한 민감성을 보여 주었다(예: Blanco et al., 2010; Heimberg et al., 1998). 자세한 지시문과 함께 LSAS를 실시하면, 일종의 자기보고식 도구로서 신뢰도와 타당도가 양호해 보인다(Fresco et al., 2001; Rytwinski et al., 2009).

행동 평가

행동검사, 즉 특정 내담자와 관련된 사회적 상황에 대한 역할연기는 앞서 기술된 자기보고식 및 임상가 실시용 측정도구에 대한 아주 유용한 추가 평가도구일 수 있다. 이러한 검사들이 특정 내담자에게 아주 불안을 유발하는 것일 수 있지만, 어떤 행동검사 동안 얻는 정보는 여러 가지 측면에서 고유하고 중요하다. 사회불안장애가 있는 사람들은 자신들의 사회적 행동을 부적절하고(예: Rapee & Lim, 1992; Stopa & Clark, 1993), 자신들의 불안이 다른 사람들의 눈에 쉽게 띌 것이라고 기술할 수 있다(예: Norton & Hope, 2001). 하지만 행동검사는 종종 이러한 보고가 대체로 부정확하고 본질적으로 왜곡된 신념의 예임을 보여 준다. 게다가 행동검사 동안 어떤 내담자가 보이는 불안 수준과 수행의 질은 노출의 난이도를 측정하기 위해, 그리고 치료자가 특정 내담자에게 도전과 성공 경험 모두를 제공하는 첫 번째 노출과제를 만들어 낼 가능성을 높이기 위해 사용될 수 있다.

행동검사 동안에 임상가는 역할연기 전에, 역할연기 동안의 여러 시점에서, 그리고 역할연기 후에 불안 평정치를 요구할 수 있다. 내담자들에게 자신의 수행의 질을 평정하게 하거나 역할연기 동안 떠올랐던 생각들을 열거하도록 요구하는 방법 같은 다른 평가법들이 쉽게 포함된다. 맥박 모니터기 같은 저렴한 휴대용 생리적 평가 장치들이 가용하며 유용한 차원에 관한 정보를 추가한다. 임상가는 일정한 시간(일반적으로 4~5분) 동안 특정한 상황에 머물러 있도록 요구함으로써 불안할 때 내담자의 수행능력의 한계를 검사하려고 할 수 있다. 다른 한편으로, 임상가는 내담자에게 불안이 과도해지면 중단할 수 있는 명확한 권한을 부여할 수 있으며(예: Ries et al., 1998), 특정한 상황을 피하는 데 걸리는 잠복기는 회피의 한 측정치가 된다.

행동검사는 표준화되거나 아니면 개인화될 수 있다. 표준화된 역할연기는 특정한 과제에 대해 내담자들 사이에 나타나는 차이를 살펴볼 수 있도록 해 준다. 흔히 사용되는 과제들에는 낯선 동성과의 대화, 낯선 이성과의 대화, 2명이나 그 이상의 사람들과의 대화, 그리고 소규모의 청중 앞에서의 발표가 포함된다. 이와 대조적으로, 개인화된 행동검사의 이점은 개별적인 두려움에 초점을 맞추어서 더 정확하게 설계할 수 있다는 것이다. 예를 들면, 남들 앞에서 음식을 먹을 때 손 떨림이 드러나는 것에 대해 두려움을 느끼는 내담자는 일대일 대화 동안에는 별로 불안을 경험하지 않을 수 있다. 하지만 그 내담자에게 수프 한 그릇을 먹는 동안 일대일 대화에 참여하도록 요구하면, 그 내담자의 불안은 활성화될 가능성이 더 크다.

사회불안장애를 위한 개인 인지행동치료

원리와 로지스틱

사회불안장애의 개인치료에 관한 저자들의 연구들의 경우, 저자들은 치료자들이 준수해야 하는 지침을 확립하였다(Hope et al., 2010b). 매뉴얼화된 치료에 당면하는 한 가지 이슈는 해당 치료를 시행하는 방법에 대해 어느 정도 재량권을 가질 수 있는지와, 효능 연구 동안 얻어진 성과들과 비슷한 성과를 어느 정도 기대할 수 있는지가 불분명하다는 점이다. 따라서 저자들은 이 치료가 임상장면에서 더 유연하게 적용될 수 있음을 인식하지만, 치료자들이 아주 철저하게 연구되어 왔던 대로 이 치료를 이해하는 데 도움이 되는 이러한 지침들을 제시한다.

이 치료는 16~20주의 기간 내에 매주 1시간씩 16회기로 구성되어 있다. 16주 내에 16회기를 완성하는 것이 이상적일지라도 질환, 휴가, 휴일 등으로 인해 빠진 회기를 고려하기 위하여 20주까지 허용된다. 16회기를 완성하기 위해 20주 넘게 걸리는 것은 치료의 모멘텀을 제약할 수 있다. 앞서 기술된 치료 전의 2~3회기뿐만 아니라, 치료 후의 평가와 피드백 회기들은 16회기의 치료기간의 일부로 계산하지 않는다.

저자들의 개인치료는 특정 내담자가 각 회기 동안 치료자와 작업한 대로, 그리고 숙제 할당을 위해 워크북(Hope et al., 2010a)을 사용해야 함을 요구한다. 이 워크북은 13개 장으로 이루어져 있으나, 이 치료 프로그램은 회기당 1개 장의 형식을 따르지 않는다. 대신에 치료는 다음에 기술되어 있듯이 다섯 가지 부분으로 나뉘며, 치료자는 진행속도와 이 부분들의 내용이라는 측면에서 어느 정도 유연성을 갖는다. 저자들은 내담자들에게 해당 회기에 오기 전에 할당해 준 장을 읽어 오도록 요구한다.

내담자들은 자신들의 워크북을 모든 회기에 가져오도록 요구받는다. 치료자들은 또한 일반적으로 그들 자신의 워크북 사본이나 치료자 가이드 사본을 회기에 가져온다. 치료자는 또한 특정 회기 동안에 치료자와 내담자가 함께 살펴볼 수 있게 판서할 곳이 있는지 확인한다. 저자들의 클리닉에서는 벽에 설치된 신문용지 이젤이나 화이트보드(편의상 이젤이라고 부름)를 일반적으로 사용한다. 하지만 때때로 저자들은 의자 2개를 나란히 당겨서 치료자와 내담자 둘 다 클립보드에 끼워 놓은 동일한 용지 위에 적고 살펴볼 수 있도록 한다. 중요한 점은 매 회기에 기재되어 있는 핵심 개념들을 소개하는 것이다(예: 치료자는 1회기에 불안의 연속선을 그릴 수 있음, 내담자의 자동적 사고들과 합리적 반응들을 항상 기록함). 회기 동안 적음으로써 내담자들이 그 회기 동안 다뤄지는 정보를 더 잘 추적하고 처리하도록 돕는다. 따라서 회기 동안 적는 것은 이 치료의 필수 구성요소이다.

치료 전반에 걸쳐서 치료적 관계는 적극적으로 함양된다. Kendall, Chu, Gifford, Hayes와 Nauta (1998)가 지적했듯이, 몇몇 비판적인 사람은 매뉴얼이 활용될 때에는 치료적 관계가 의미 있는 것으로 고려되지 않는다고 생각한다(Kendall, Gosch, Furr, & Sood, 2008도 참조). 그와는 반대로, 저자들의 치료자 준수 매뉴얼(Hope, Van Dyke, Heimberg, Turk, & Fresco, 2002)에는 각 치료 부분 내에 치료적 관계에 대한 명백한 평정이 포함된다. 치료자들이 얼마나 잘 적극적 경청을 하는지, 언어적 및 비언어적 단서에 반응하는지, 내담자의 치료 참여를 촉진하는지, 그리고 내담자에 대한 지지와 투자를 전달하는지에 관해서 치료자들을 평정한다. 이에 더해, 내담자들이 정서를 당면 상황에 적절한 것으로 경험하고 심화시키는 것을 도와줄 거라고 치료자들에게 기대한다. 예를 들면, 어떤 내담자는 노출 훈련 동안 불안경험에 대해 열린 태도를 보이는 것뿐 아니라 수년간 사회적 회피를 해 온 결과인 상실을 처리하고 애도하는 것도 도와줄 거라고 치료자에게 기대한다. 다른 상황들에서는 내담자가 불편한 감정을 부가적인 인지적 대처 실습의 단서로 사용하는 것을 도와줄 거라고 치료자에게 기대한다. 예컨대, 내담자가 다른 사람 앞에서 작은 실수(예: 음료를 엎지르거나 어떤 사람의 이름을 잘못 부르는 것)를 한 후에 깊은 수치심을 경험할 때, 치료자는 이러한 정서를 유발한 사건의 의미를 변화시키기 위하여 내담자가 인지재구성에 참여하도록 도와줄 것이다. 치료자들은 치료의 이러한 측면들에 관해서 적극적으로 슈퍼비전을 받는다. 치료자들이 치료적 관계에 주목하지 않거나 회기 내에서 일어나고 있는 것에 적절하게 반응하지 않으면 그것은 프로토콜을 준수하지 않는 심각한 실패로 간주된다.

최근 자료는 치료적 관계가 저자들의 프로토콜에서의 성공적인 성과와 실제로 관련되어 있음을 시사한다(Hayes, Hope, Van Dyke, & Heimberg, 2007). 치료동맹에 대한 내담자들의 평정치는 회기가 도움이 된 정도에 대한 그들의 지각과 긍정적으로 관련되어 있었다. 흥미롭게도, 치료동맹과 회기 내 노출 동안의 불안 감소 간의 관계는 곡선적이었다. 이를테면, 동맹에 대한 평정치가 중간 수준이었을 때보다 그 평정치가 더 높거나 더 낮았을 때 내담자들은 불안 감소를 덜 보였다. 동맹에 대한 평정치가 낮았을 때 그런 효과를 보인 것에 관해서는 설명이 필요하지 않을 것 같다. 하지만 내담자가 치료자를 너무 편안하게 느낀다면, 이것은 노출 동안에 아마도 불안 유발에 지장을 줄 가능성이 있으며, 이로 인해 정서처리가 방해받을 가능성이 있다고 저자들은 추측하였다. '적절한' 치료동맹을 유지하는 것은 사회불안장애에 대한 인지행동치료에 중요하다(Hayes et al., 2007).

치료자들은 또한 시간을 효율적으로 관리할 것으로 기대된다. 저자들의 치료자 준수 매뉴얼은 치료자들이 내담자를 다그치거나 장황하게 말을 함으로써 내담자를 지루하게 만들지 않고, 요구되는 주제들을 유연하게 다루는 치료자들의 능력을 평정한다(Hope et al., 2002). 시간 관리와 관련하여 나타나는 경향이 있는 두 가지 유형의 문제는 치료적 관계에 다시 부정적으로 영향을 미칠 수 있다. 어떤 치료자들은 각 회기를 심리교육적인 강의로 바꾸는 덫에 빠지는데, 이러한 경향은 치료자가 초기 회기에 아주 말 없는 내담자와 작업을 한다면 악화될 가능성이 있다. 이런 상황에서 1차적인 권고는 내담자가 자신의 개인적 경험들을 주어진 자료와 관련짓도록 촉진하는 개방형 질문을 하는 것이다. 이러한 질문에 대한 반응으로 내담자가 보이는 언어 표현들은 적극적인 경청기술의 사용을 통하여 강화되며, 이는 내담자의 더 많은 언어 표현을 유발한다. 어떤 치료자들이 빠지는 다른 덫은 내담자가 사회불안을 겪은 경험에 관해 길고 자세하게 이야기를 함으로써 특정 회기를 지배하도록 허용하는 것이다. 어떤 경우에 치료자는 적극적 경청기술과 비언어적 단서들을 무분별하게 사용함으로써 내담자가 그런 식으로 특정 회기를 주도하도록 무심코 가르쳐 왔을 수 있다. 내담자는 관련 없는 주제나 반복된 주제에 관해 논의하고 있을 때조차도 그러한 양상을 보일 수 있다. 다른 경우에는 내담자들이 전통적인 대화치료에 대한 이전 경험들을 통해 회기를 주도하는 것에 익숙할 수 있거나, 아니면 어려운 주제, 특히 회기 내 노출을 피하기 위하여 특정 회기를 의도적으로 지배하려고 시도할 수 있다. 이런 상황에서는 부드럽게 언어적으로 다시 방향을 수정하는 것이 요구된다. 어떤 경우에는 시간 관리 이슈에 관해 곧바로 논의하고 회기시간을 협상하는 것이 유익할 수 있다.

마지막으로, 이 치료와 같이 매뉴얼화된 치료가 모든 내담자에게 무분별하게 적용되는 유연하지 못한 일련의 절차를 나타내는 것은 아니라는 저자들의 신념을 강조하고 싶다. 그 대신에, 저자들은 각 내담자가 제시하는 특별한 문제에 대한 개인화된 개념화를 치료자들이 개발할 것으로 기대하며, 이러한 개념화는 치료가 진행됨에 따라 계속 다듬어지고 특정 내담자의 고유한 특징들(예: 문화적 집단, 성별, 교육 배경)을 통합한다. 그런 다음에 치료 절차들은 각 사례의 고유한 양상들을 다루기 위해서 맞춤형으로 적용된다.

제1부분: 심리교육

제1부분은 내담자 워크북(Hope et al., 2010a)의 제1장부터 제4장까지의 내용을 망라한다. 좋은 작업관계를 확립하는 것이 이 치료 부분의 중요한 목표이다. 만약 치료자가 초기 면접자와 동일인이 아니라면, 라포를 형성하는 데 적절한 관심을 기울이기 위해서 심리교육 부분에 일반적으로 3~4회기가 필요하다. 만약 좋은 작업동맹이 초기 평가 동안에 확립되었다면, 그리고 내담자가 특별히 이해력이 있고 동기가 부여되어 있다면, 회기당 2개의 장을 다루어서 2주 내에 심리교육 부분을 마치는 것이 가능하다. 내담자들이 주어진 내용을 충분히 처리하고 그와 연관된 연습 및 자기관찰 숙제를 최대한 활용하지 못할 가능성이 있기 때문에 치료자들은 치료의 어떤 시점에서든 주당 2개 장을 넘게 할당해서는 안 된다.

1개 또는 2개의 장은 각 회기의 끝에 숙제로 할당된다. 또한 각 장에는 내담자들이 완성해야 할 다양한 기록지가 포함되어 있다. 다음 회기를 시작할 때 치료자는 내담자에게 읽어 올 거리들에 대한 반응을 요구하고 질문이 있는지 물어보며, 치료자와 내담자는 그 내담자가 작성해 온 기록지들을 검토한다. 만약 내담자가 기록지를 작성해 오지 않았다면, 해당 회기의 시작 시에 숙제를 점검하는 동안 작성하게 한다.

내담자 워크북의 각 장에 있는 몇몇 주제는 회기 내에 검토하도록 치료자들에게 요구하며, 다른 주제들은 개별 내담자의 필요에 맞추어서 선택적으로 다룬다. 제1장의 경우, 치료자는 ① 정상적 사회불안 대 문제 있는 사회불안, ② 치료가 요구할 투자의 두 가지 주제를 살펴보아야 한다. 정상적 및 문제 있는 사회불안에 관한 논의를 통하여 내담자에게 사회불안이란 연속선상에서 존재함을 전달한다. 즉, 어떤 사회불안도 좀처럼 경험하지 않는 사람들이 있는가 하면 강렬한 사회불안을 빈번하게 경험하는 사람들도 있는데, 대부분의 사람은 이 양극단 사이의 어떤 지점에 위치한다는 점을 전달한다. 연속선상의 중간 지점에 위치하는 사람들은 첫 데이트나 취업 면접 같은 상황에서 불안을 경험하지만, 이런 불안은 일반적으로 다룰 수 있으며 당사자가 그 상황에 머물러 있음에 따라 감소한다. 사회적 상황에 처하기 전과 처해 있는 동안에 경험하는 불안의 강도와 지속시간, 불안을 유발하는 상황의 수, 그리고 불안으로 인해 삶에 방해받는 정도 같은 요인들이 정상적 사회불안과 진단이 부여될 수 있는 문제 있는 사회불안을 구분하는 데 활용된다. 치료자는 어떤 유형의 상황이 많은 사람에게 사회불안을 유발하는지, 그리고 사회불안이 어떤 목적에 기여할 수 있을지에 관해 질문함으로써 사회불안이 적응적 가치가 있다는 견해(예: 다른 사람들이 어떻게 생각하는지에 관해서 신경을 쓰면 불안이 초래될 수 있지만, 그것은 또한 사람들이 서로를 좀 더 친절하게 대하는 데 도움이 됨)를 구체적으로 제시하는 데 내담자를 참여시킬 수 있다. 어떤 치료자는 이러한 기회를 내담자가 치료 성과 측면에서 무엇을 기대해야 하는지에 관해 논의하는 데 일반적으로 사용한다. 첫째, 사회불안은 인간 상태의 일부분이므로 사회불안을 완전히 없애는 것은 불가능하다. 설사 그것이 바람직한 목표라 하더라도 사회불안으로부터 완전히 벗어나는 것은 치료에 대한 합리적인 기대가 아니다. 하지만 문제 있는 사회불안 수준으로부터 대부분의 사람에게 더 일반적인 사회불안 수준에 이르기까지의 연속선상에서 아래로 이동하기를 기대하는 것은 합리적이다. 모든 내담자가 이러한 치료 초기에 사회불안이 연속선상에 존재한다거나 또는 사회불안이 적응적 가치를 가질 수 있다는 견해를 자발적으로 수용하는 것은 아니다. 첫 번째 회기에서는 이러한 개념들을 단지 소개할 뿐인데, 만약 이러한 쟁점들에 관해서 내담자와 논쟁하게 되면 그것은 비생산적일 수 있다. 대신에, 치료자는 내담자의 현재 세계관에 공감해 주지만(예: "당신은 자신이 침착하거나 아니면 대단히 불안하다고 느끼며, 자신에게 어떤 중간지대도 가능하지 않다고 느낍니다."), 동의하지는 않는다.

치료에서 요구되는 투자에 관해 논의하는 것은 내담자에게 그가 의미 있는 변화를 만들어 낼 수 있을 것이라는 희망을 심어 주는 것과, 치료활동이 요구하는 시간, 노력 및 정서적 에너지를 전하는 것을 포함한다. 연구에 의하면, 긍정적인 기대는 사회불안에 대한 인지행동치료의 더 좋은 성과와 연관되어 있다(Chambless et al., 1997; Safren, Heimberg, & Juster, 1997). 치료자는 인지행동치료를 완료한 사람들에 대한 연구들에서 약 75~80%가 의미 있는 사회불안 완화를 경험한 것으로 독립적인 임상적 면접자들에 의해 평정되었다는 점을 내담자와 공유한다(Heimberg et al., 1998). 치료자는 회기에 규칙적으로 참석하고, 숙제를 해 오며, 노출 훈련 동안 불안을 자발적으로 경험하고, 세상과 타인 및 자기 자신을 새롭게 바라보는 방식에 개방적인 것이 치료 반응자가 되느냐 그렇지 않느냐에 상당히 영향을 주는 요인들이며, 이러한 요인들은 대체로 내담자가 통제 가능한 것이라는 점을 또한 강조한다. 이 시간 동안 내담자들은 치료에 대한 자신들의 두려움과 치료 후의 더 좋은 삶에 대한 목표에 관해 말하도록 격려를 받는다. 여기에는 동기강화 훈련이 포함되는데, 여기서 치료 과정에 대한 참여를 증가하기 위한 수단으로서 내담자에게 자신의 사회불안을 개선하기 위해 애쓰는 것의 장단점(찬성과 반대 이유)과 그렇게 하지 않는 것의 장단점을 열거해 보도록 요청한다.

다음으로, 치료자는 내담자 워크북(Hope et al., 2010a)의 제2장에 제시되어 있는 불안의 세 가지 구성요소에 관해 내담자와 함께 살펴본다. 세 가지 구성요소 각각이 서술된다. 즉, ① 생리적 요소는 심장이 두근거리는 증상 같은 신체 반응들로 이루어지고, ② 인지적 요소는 "내가 바보 같아."처럼 개인의 생각으로 이루어지며, ③ 행동적 요소는 시선 접촉을 피하는 것과 같이 불안할 때 보이는 행동으로 이루어진다. 치료자는 행동적 구성요소를 제시할 때 어떻게 해서 도피와 회피 행동이 단기적으로는 불안을 감소시킬 수 있지만 장기적으로는 기회를 놓치고, 덜 만족스러운 삶을 살며, 죄책감과 수치심 같은 부정적 감정을 가져올 수 있는지를 강조한다.

그런 다음, 치료자는 가상적인 예를 사용하여 내담자가 세 가지 구성요소 각각을 찾아보는 실습을 하는 것을 돕는다. 수년에 걸쳐서 저자들은 초기에 가상적인 예를 사용하는 것이 내담자 자신의 경험의 예를 사용하여 시작하는 것보다 학습에 훨씬 더 도움이 된다는 점을 알아내었다. 부정적 평가에 대한 두려움, 방어성, 불안 및 객관성의 부족 같은 쟁점들로 인하여 내담자가 치료 초기에 개인적 경험에서 불안의 세 가지 구성요소를 찾아내는 데 어려움을 경험할 수 있다(예: "아무 생각이 나지 않아요."). 치료자의 기본 선택은 세 가지 구성요소를 구체적으로 제시하는 워크북의 가상적 예를 살펴보는 것이지만, 저자들은 내담자가 더 많이 실습할 수 있게 해 주기 위하여 회기 내에서 다른 가상적인 예를 사용하는 것을 일반적으로 추천한다. 대안적으로, 저자들은 집단치료판(Heimberg & Becker, 2002)에 있는 예를 사용한다. 여기서는 책무, 급여 및 시간 면에서 대단히 매력적인 직장에 취직하기 위해 면접에 참여하여 로비에서 대기하고 있는 사람을 상상해 보도록 한다. 내담자는 그 사람이 면접에 대해 불안하게 느끼고 있다는 말을 들으며 사무실로 호출되기를 불안하게 기다리는 동안 그 사람이 무엇을 경험하고 있을 것 같은지 질문을 받는다. 치료자는 이젤을 이용하여 적절한 제목하에 내담자의 반응들을 쓴다(예: '생리적 요소'하의 '속이 메스꺼움'). 치료자는 내담자의 자발적 반응들을 분류한 다음, 세 가지 각 구성요소에 해당하는 여러 가지 예를 끄집어내기 위하여 질문을 한다(예: "그 사람은 손바닥이 땀에 젖은 것과 관련하여 무슨 생각을 할까요?" "그녀는 그것에 관해서 자기 자신에게 무엇이라고 말할까요?"). 치료자는 세 가지 구성요소 각각이 서로 어떻게 상호작용해서 불안을 가

중시키는 소용돌이로 빠져드는지를 그려 보려고 노력한다(예: 손바닥에 땀이 젖으면 '면접관은 내가 불안하다고 생각할 거야.'라는 사고를 하게 되며, 이런 생각 때문에 자신의 정장에 손을 닦는 행동을 할 수 있다). 치료자는 치료가 이러한 불안의 소용돌이를 중단시키는 방법과 관련된다는 말로 끝을 맺는다. 치료의 이 시점에서 치료자는 내담자가 불안을 유발하는 생각에 도전하도록 돕기 위한 어떤 노력도 하지 않으며, 내담자가 불안의 세 가지 구성요소를 찾아내고 각 구성요소가 서로 어떻게 상호작용하는지 이해하도록 돕기 위한 노력을 기울일 뿐이다. 워크북의 읽을거리와 함께 내담자는 한 주 동안 사회적 상황에서 경험한 불안의 세 가지 구성요소 모두를 찾아내 보라는 숙제를 할당받는다.

치료자는 내담자 워크북의 제3장에 있는 내용들에 관해 언급하면서 주관적 불편감 단위 척도(Subjective Units of Discomfort Scale: SUDS; Wolpe & Lazarus, 1966)를 사용하고, 두려움과 회피 위계표를 작성하는 방법을 내담자에게 가르친다. 이러한 중요한 영역에서의 학습을 공고화하기 위하여 다음 몇 회기 동안 전 주의 숙제를 다시 반복해서 할당하며, SASCI를 사용하여 진전에 대한 주별 평가를 시작한다.

다음으로, 치료자는 워크북의 제4장에 제시되어 있는 문제 있는 사회불안의 발병과 관련되어 있다고 생각하는 내담자 요인들에 관하여 서술한다. 치료자는 내담자에게 유전이 사회불안장애의 원인론에 어떤 역할을 한다는 점을 시사하는 연구가 있음을 말한다. 치료자는 유전되는 것이 사회불안을 필연적으로 일으키는 유전자가 아니라 아마도 민감하고 정서적으로 반응적인 경향이라는 점을 강조한다(Barlow, 2002). 이러한 유전된 민감성은 전혀 문제가 되지 않을 수도 있으며, 심지어 좋은 것일 수 있다. 예를 들어, 그 사람은 다른 사람들에 대해 특별히 공감적일 수 있으며, 불안뿐 아니라 기쁨을 경험하는 능력이 더 클 수 있다. 하지만 만약 생물학적으로 민감한 개인이 발달기간 동안 중요한 사회적 경험에 노출되고 다른 사람들이 위협적이고 해를 끼친다는 점을 알게 된다면, 그러한 생물학적 취약성은 문제 있는 사회불안의 발생에 기여할 수 있다. 치료자는 다른 가족 구성원들이 사회불안이나 다른 유형의 불안 문제를 갖고 있는 것 같은지의 여부를 질문할 수 있는데, 만약 그렇다면 이는 유전적 소인을 시사한다. 그다음에 치료자는 가족 내에서의 경험들이 사회불안에 기여할 수 있는 또 다른 잠재적 요인임을 제시한다. 예를 들어, 사회불안을 겪고 있는 어머니는 자녀에게 다른 사람들의 의견이 대단히 중요하다는 점과 부정적 평가는 무슨 수를 써서라도 피해야 한다는 점을 가르칠 수 있다. 아니면 언어 학대를 가하는 아버지는 자녀에게 다른 사람들은 위험하다는 점과 회피가 자기보호를 위한 좋은 전략 중 하나라는 점을 가르쳐 주는 경험을 제공할 수 있다. 다시 말해서, 치료자는 내담자에게 이러한 정보가 그의 개인적 경험과 일치하는지 여부를 질문한다. 끝으로, 치료자는 어떻게 가족 바깥의 경험들이 이와 비슷하게 다른 사람들은 위협의 원천임을 개인에게 가르쳐 줄 수 있는지에 대해 서술한다. 예를 들면, 또래의 괴롭힘은 이후의 사회불안과 관계 있는 듯 보인다(Roth, Coles, & Heimberg, 2002). 이러한 논의는 특정 회기에 앞서 완성된 숙제에 의해 촉진된다. 이 숙제에서 내담자는 사회불안에 대한 그 자신의 개인적 경험에 관한 일련의 질문과, 이러한 경험들이 세 가지 주요한 기여 원천과 어떻게 연관되는지에 대해 대답하며, 각 원천들의 상대적 중요성에 대한 내담자의 믿음을 나타내는 파이차트를 완성한다. 치료자는 사회불안이 주로 경험을 통해 학습되기 때문에 경험을 통하여 사회불안이 변화될 수 있다는 점을 논의 전반에 걸쳐서 강조한다.

사회불안의 원인론에 관한 논의는 역기능적 사고에 관한 논의로 넘어간다. 치료자들은 내담자들에게 괴롭힘을 당한 것과 같은 인생 초기의 부정적인 사회적 경험을 통하여 자기 자신과 다른 사람들에 관하여 어떤 교훈을 배웠는지(예: "제가 어울리지 못한다는 점을 배웠어요.")에 관하여 질문할 수 있다. 이런 식으로 치료자들은 많은 자동적 사고의 기원에 관하여 내담자들에게 교육하는데, 이는 다수의 내담자가 부정적인 인지를 갖는 경향을 그들의 경험에 따른 논리적 결과로 바라보기보다는 본래부터 갖고 있던 개인적 결함의 징후로 간주한다는 점을 고려할 때 중요한 점이다. 그런 다음 내담자들에게 이러한 역기능적인 사고방식들이 사회적 상황에 당면했을 때 그들이 요즘 하는 생각과 반응들(예: 모임에서 어울리지 못한다는 생각, 동료들이 비웃을 것이라는 예상)을 어떤 식으로 물들인다고 생각하는지 질문한다. 이 치료 시점에서 내담자들에게 단지 이러한 몇 가지 자동적 사고의 편향을 바꾸면 불안경험이 변화될 수 있음을 고려해 보도록 요구한다. 그런 다음에 치료자들은 인지재구성, 노출 및 숙제라는 1차적 개입의 근거를 제시한다.

제2부분: 인지재구성 훈련

인지재구성 훈련은 일반적으로 2~3회기가 필요하다. 내용은 내담자 워크북(Hope et al., 2010a)의 제5장과 제6장에 제시되어 있다. 소수의 내담자는 3회의 회기 후에도 낮은 교육적 성취 또는 추상적 사고기술의 부족 같은 요인들로 인해 인지적 개념들을 마스터하느라 여전히 허우적거릴 수 있다. 저자들의 경험은 이러한 내담자들에게 그 쟁점을 억지로 다루기보다는 3회의 회기 후에 다음 치료 부분들로 그냥 넘어가는 것이 더 좋다는 점을 시사한다. 이럴 경우 Heimberg와 Becker(2002)는 남아 있는 치료기간 동안에 인지치료 부분을 덜 강조하는 대신에 반복 노출 훈련을 더 많이 활용할 것을 권고한다. 부가적으로, 이러한 내담자들은 더 공식적인 인지재구성 훈련에 의지하기보다는 불안 유발 상황들에 사용하기 위하여 치료자의 도움을 받아서 비공식적으로 현실적인 자기진술(예: "전에 이걸 한 적이 있어.")이나 자기지시(예: "자기소개를 하면서 시작하라.")를 만들어 낼 수 있다.

이전 치료 부분에서처럼, 각 회기는 숙제 점검으로 시작하고 숙제 할당으로 끝마친다. 숙제 할당에는 내담자 워크북 읽어 오기, 연관되어 있는 기록지 작성하기, 그리고 자기관찰 훈련이 포함된다. 어떤 내담자들은 이 치료 시점에서 구체적으로 그런 숙제를 할당하지 않았음에도 불구하고, 자발적으로 실생활 노출을 시도해 보기도 한다. 이러한 노출이 잘 진행되면, 이 내담자에게 유익할 수 있다. 하지만 치료자들은 인지재구성 훈련과 한 번의 회기 내 노출 훈련을 마치기 전에는 노출을 숙제로 해 오도록 적극적으로 부추겨서는 안 된다. 이 치료 시점에 있는 내담자들은 불안을 다루는 기술이나 실망스러운 결과를 초래하는 사회적 상황들에 대처하는 적응적인 기술이 여전히 부족하다. 이들은 또한 곤란을 나타내는 최초의 신호에 대해 상황을 도피할 가능성이 있다. 따라서 이 치료 시기에 그다지 긍정적이지 않은 노출을 경험한다면 이후에 노출을 시도하는 것에 저항을 보일 수 있다.

이 치료 부분에서 내담자들은 인지행동 모델의 기본 원리를 명시적으로 소개받는다. 이 원리는 상황 그 자체가 아니라 상황에 대한 해석의 결과로 정서 반응이 나타난다고 상정한다. '자동적 사고'는 문제가 되는 불안경험을 일으키거나 증가시키는 자기 자신, 세상, 또는 미래에 대한 부정적이고 왜곡되거나 또는 비합리적인 생각으로 정의된다. 이러한 개념들을 시범 보이기 위하여 내담자 자신의 삶에서 나온 정서적으로 부담이 되는 예보다는 가상적인 예를 먼저 사용한다. 내담자 워크북은 여자를 만난 후에 아주 판이한 생각을 하는 2명의 젊은 남자를 소개한다. 남자가 부정적인 생각을 하면 그 여자를 더 잘 알아보려는 시도를 포기하게 되고 더 불쾌한 생각과 감정을 경험하게 된다. 더 중립적이고 현실적인 생각은 이런 생각을 하는 다른 남자로 하여금 계속 대화를 하려는 노력을 촉진시킨다. 내담자가 자동적 사고의 개념에 관한 더 많은 교육을 필요로 하는 것 같은지 여부를 검토하기 위하여 치료자와 내담자에게 부가적인 예들을 제공한다. 그런 다음에 내담자들에게 자기 자신의 생각들, 처음에는 가상적인 사회적 상황과 관련된 자기 자신의 생각들을, 그리고 그 뒤에는 이전에 완성된 숙제 기록지에 기재되어 있는 자기 자신의 생각들을 검토하라고 요구한다.

'사고오류'는 자동적 사고가 해당될 수 있는 일반적 범주로 정의된다. 내담자들은 자신들이 특별하게 어떤 유형의 왜곡된 사고(예: 독심술, 지레짐작하기, 긍정적인 측면 평가 절하하기)를 보이는 경향이 있음을 종종 발견한다. 이러한 습관적인 사고오류를 찾아내는 작업은 자동적 사고에 도전하는 것을 도울 수 있다(예: "또 독심술 타령. 그들이 최악을 생각하고 있다고 가정할 이유가 없잖아."). 내담자들에게 Judith Beck(1995)의 『인지행동치료의 이론과 실제(Cognitive Therapy: Basics and Beyond)』 첫 번째 판에 요약되어 있는 사고의 오류 목록을 원래 조정한 내용을 소개한다. 이상적으로는, 내담자가 숙제를 위한 읽을거리를 살펴보는 동안 사고오류 목록을 검토해 오며, 치료자와 내담자는 내담자가 개인적으로 가장 관련되어 있다고 발견한 사고오류는 어떤 것인지에 관해 짤막하게 상의할 수 있다. 만약 내담자가 그 숙제를 해 오지 않았다면, 각 사고오류를 치료자와 내담자가 회기 내에서 짧게 살펴본다. 치료자와 내담자는 워크북에 있는 예들과 이전 숙제의 일부분으로 내담자가 기록해 온 자동적 사고들 모두에서 사고오류를 찾아보는 실습을 할 수 있으며, 더 나아가 내담자가 다가올 상황들에 관해 떠올릴 수 있는 자동적 사고들을 검토할 수 있다. 숙제의 경우, 내담자들은 그들의 자동적 사고, 그 사고에 대해 그들이 믿는 정도(0~100점 척도), 그 사고에 포함되어 있는 사고오류, 그리고 지난 한 주간 한 가지 또는 두 가지의 자연적인 상황에서 그런 사고에 의해 초래되는 정서를 모니터링한다.

인지재구성의 두 번째 단계는 자동적 사고에 도전하고 그에 대한 합리적 반응을 만들어 내는 것이다. 자동적 사고에 도전하는 과정은 원래 Sank와 Shaffer(1984)의 저서에 있는 것을 조정한 논박 질문의 도움을 받아서 시작한다. 이러한 일반적인 질문들은 자동적 사고에 영향을 미칠 수 있다. 예를 들어, "________라는 것을 내가 확실히 아는가?" "________라는 생각을 뒷받침하는 증거를 내가 갖고 있는가?" "일어날 수 있는 최악은 무엇인가? 그것이 그렇게 나쁜가? 내가 그것을 어떻게 대처할 수 있을까?" "________라는 것은 무엇을 의미하는

가? _______는 정말 내가 _______라는 의미인가?" 등이다. 하지만 내담자로 하여금 이러한 질문들을 자신의 생각에 적용하도록 하기 전에, 치료자와 내담자는 내담자 워크북에 나오는 가상적인 예를 살펴본다. 그 이후에 치료자는 사고오류에 관해 이전 논의에서 검토되었던 내담자의 자동적 사고를 다룬다. 내담자와 치료자는 함께 논박 질문들을 사용하여 특정 자동적 사고에 의문을 제기하는데, 이를 통하여 특정 상황을 바라보는 대안적이고 더 현실적인 방식에 도달할 수 있다. 논박 질문에 대한 대답 그 자체가 자동적 사고를 포함하는 경우가 일반적이며, 이 사고들이 더 논박되어야 한다. 이러한 과정을 저자들은 불안한 자기와 대처 자기의 대화(Anxious Self/Coping Self Dialogue)라고 이름 붙였는데, 이를 통하여 내담자는 궁극적으로 더 믿을 만하고 수용 가능한, 원래의 논박 질문에 대한 대답에 도달할 수 있다. 그런 뒤에 이러한 대화의 결과는 합리적 반응으로 쓰이는 한두 가지 진술문으로 요약된다. 합리적 반응은 주어진 상황에 대한 현실적이고 균형 잡힌 견해를 제공하는데, 이는 해당 자동적 사고가 제공했던 것보다 일반적으로 더 긍정적이다. 다음 숙제를 위하여 내담자들은 그 주 동안 불안 유발 상황에서 경험한 자동적 사고를 기록하고, 그 자동적 사고에 대해 그들이 믿는 정도를 평정하며, 그 사고에 포함되어 있는 사고오류를 찾아내고, 합리적 반응을 만들어 내며, 그 합리적 반응에 대해 그들이 믿는 정도를 평정한다. 앞에서 살펴볼 수 있듯이, 이러한 숙제 할당은 이전 숙제를 기반으로 하며 점차 복잡해지지만 내담자들에게 권한을 더 부여하게 된다.

이 치료 부분의 마지막 회기가 끝날 무렵, 치료자는 내담자에게 노출 훈련이 다음 주부터 시작될 것이라고 알려 준다. 노출 훈련을 시작함으로써 내담자가 불안을 느끼게 된다면, 치료자는 다음 회기에 참석함으로써 '회피를 피하도록', 그리고 노출 훈련과 관련된 자동적 사고를 찾아내고, 그 사고에 도전하며, 합리적 반응에 도달하도록 내담자를 격려해 준다. 치료자는 압도적인 상황이 아니라 도전적인 상황이 첫 번째 노출 훈련을 위해 사용될 것이라고 내담자를 안심시킨다. 더 경험이 풍부한 치료자들은 이 회기 동안 첫 번째 노출 훈련을 위한 몇 가지 가능성에 관해 종종 논의한다. 이러한 치료 접근에 대한 경험이 없는 치료자들은 노출 훈련의 세부사항에 관하여 다음 주, 즉 슈퍼비전을 받은 후에 내담자와 함께 일반적으로 논의한다.

제3부분: 노출

노출 훈련은 빠르면 5회기, 늦어도 8회기에는 시작해야 하는데, 이는 이전 내용이 다루어진 비율에 달려 있다. 내담자 워크북의 제7장에는 노출 훈련의 이론적 근거가 제시되어 있으며, 성취 가능한 행동적 목표를 정하기라는 개념이 소개되어 있다. 제7장의 내용은 짧게 다루는데, 이런 개념들 다수는 앞서 다뤄진 바 있으며(예: 노출 훈련이 중요한 이유), 노출 훈련 그 자체 동안에 새로운 내용을 시범 보인다. 이와 비슷하게, 치료자들이 제8장 또는 이 치료 부분에 할당되어 있는 특정한 주제의 장들(제9장 '상호작용에 대한 두려움', 제10장 '관찰에 대한 두려움', 제11장 '발표에 대한 두려움')에 관해 논의하는 데 전체 회기를 쓰는 경우는 좀처럼 없다. 대신에 숙제 점검 동안에 해당 내용을 짧게 다룰 뿐이며, 회기 내 노출이 시행된다. 이 치료 시기 동안에 치료자들은 거의 매 회기 노출 훈련을 완료하려고 노력한다. 저자들의 연구에 있는 프로토콜을 따르려면, 최소한 4회의 회기 내 노출 훈련이 완료되어야 한다. 더 흔하게는 적어도 6회의 회기 내 노출 훈련이 완료되는데, 많으면 많을수록 더 좋다. 그러므로 이 프로토콜이 이 치료 부분 동안 치료자에게 인지재구성 단독을 시행하거나 어떤 주제의 장을 자세히 살펴보기 위하여 두세 회기를 사용할 수 있는 재량권을 줄지라도, 저자들은 주어진 시간을 가장 잘 투자하는 것이 인지재구성을 통합한 회기 내 노출을 반복해서 시행하는 것이라고 믿는다.

모든 노출 훈련 회기는 동일한 기본 형식을 따른다(〈표 3-1〉 참조). 회기는 숙제 점검으로 시작하고 숙제 할당으로 마친다. 숙제는 일반적으로 회기 내 노출에 논리적으로 기반을 둔 실생활 노출과제 및 이와 연관된 인지재구성으로 구성된다. 첫 번째 회기 내 노출은 내담자가 SUDS 평정치상 최소 50점을 준 상황에 대해 치료자와의 역할연기를 포함한다. 경험상 내담자들은 노출 훈련을 압도적이거나 그들이 인지적 대처기술을 사용할 수 있는 능력을 초월하는 것이 아니라 도전적인 것으로 지각해야 한다. 치료자들은 노출 훈련을 최대한 현실성 있게 시행한다. 이를 위하여 가구를 재배치하고, 보조 수단을 사용하며, 역할연기 파트너(예: 노출 훈련을 지원하기 위하여 회기에 들어와 있는 보조치료자)에게 특별한 방식으로 행동하도록 지시한다. 특정 상황을 더 실감나게 만들기 위해 기울이는 약간의 노력은 현저한 불안을 유발하는 노출 훈련과 너무 인위적이어서 관련이 없는 노출 훈련 간에 차이가 있음을 의미할 수 있다. 흔히 사용되는 보조 수단에는 남들 앞에서 먹기, 음료수 마시기 또는 음식 서빙하는 것에 대해 두려움을 보이는 사람들을 위한 음식이나 음료수, 그리고 프레젠테이션을 위해 내담자가 준비한 노트가 포함된다. 특정 상황을 더 불안하게 하거나 덜 불안하게 만드는 측면들에 각별히 주의를 기울여야 한다. 예를 들면, 남들 앞에서 먹는 것을 두려워하는 내담자는 손으로 집어 먹는 음식을 먹을 때보다 엎지르기 쉬운 음식(예: 수프)을 먹을 때 더 불안해질 수 있다.

이 치료의 핵심은 인지재구성 작업과 노출 훈련 간의 협응이다(〈표 3-1〉 참조). 치료자는 노출 상황을 간략하게 서술함으로써 노출 훈련의 사전 처리를 시작한다. 내담자는 수정사항이나 대안을 제안할 수 있다. 하지만 치료자는 노출과제에 협력적으로 접근하는 것과 노출 훈련이 시작되는 것을 피하는 데 일반적으로 도움이 되는 지나치게 자세한 논의에 대해 매우 경계하는 자세 간에 균형을 유지할 필요가 있다. 그런 다음에 치료자는 선택된 상황에 대한 내담자의 자동적 사고를 이끌어 내고 그 사고를 이젤 위에 기록한다. 치료자는 내담자가 모든 자동적 사고를 논박하도록 돕기보다 논박할 1~2개의 자동적 사고를 짚는다. 내담자는 그 자동적 사고에 대해 믿는 정도를 평정하고, 그 사고에 포함되어 있는 사고오류를 찾아낸다. 가능하다면, 내담자는 논박 질문을 가지고 그 사고들에 도전하고 합리적 반응을 만들어 내는 데 앞장선다. 치료자는 필요할 때에만 지원해 줄 뿐이다. 새로운 종이에 합리적 반응을 기재한다면, 동일한 페이지에 열거되어 있는 자동적 사고에 주의가 산만해지지 않고, 노출 훈련 동안 합리적 반응에 주의를 돌릴 수 있다.

다음에는 노출 훈련을 위한 행동적 목표를 설정한다. 지도를 받지 않는다면, 사회불안장애를 가진 내담자들은 비현실적이고 완벽주의적인 목표(예: "나는 불안하지 않을 것이다." 또는 "나는 결코 말실수를 하지 않을 것이다."), 아니면 다른 사람들의 반응

〈표 3-1〉 노출 회기의 아웃라인

1. 지난주 숙제 점검하기

2. 회기 내 노출 훈련 완료하기

1) 노출 훈련의 사전 처리
- 노출 훈련의 세부사항들을 짧게 협상하기
- 자동적 사고를 이끌어 내기
- 내담자는 자동적 사고에 대해 믿는 정도를 평정하기
- 내담자는 자동적 사고에 있는 사고오류에 이름 붙이기
- 내담자는 1개 또는 2개의 자동적 사고를 논박하기
- 내담자는 합리적 반응(들)을 만들어 내고 합리적 반응(들)에 대한 믿음을 평정하기
- 내담자는 완벽주의적이지 않고 행동적인 목표를 설정하기

2) 약 10분 동안 역할연기 시행하기
- 1분마다 SUDS와 합리적 반응 요청하기
- 내담자는 자동적 사고가 떠오름에 따라 논박 질문과 합리적 반응 사용하기
- 행동적 목표상에서 내담자의 진전을 추적하기

3) 노출 훈련의 사후처리
- 목표들이 달성되었는지 여부를 점검하기
- 자동적 사고가 떠올랐는지 점검하기
- 합리적 반응(들)을 사용했는지 점검하기
- 예상치 못했거나 새로운 자동적 사고에 관해 논의하기
- 내담자, 치료자 및 역할연기자들이 내담자의 수행에 대해 반응하기
- SUDS 평정치 패턴을 그래프로 나타내고 해석하기
- 자동적 사고 및 합리적 반응과 관련된 증거들을 검토하기
- 내담자는 자동적 사고 및 합리적 반응에 대해 각각 믿는 정도를 재평정하기
- 내담자는 노출 훈련 경험으로부터 배운 점을 요약하기

3. 숙제 할당

1) 연관된 인지재구성을 포함하여 회기 내 노출과 관계된 실생활 노출
2) 적절한 다른 숙제들

에 기초하고 자신들의 통제 범위를 넘어서는 목표(예: 좋은 인상을 주기)를 설정하는 경향이 있다. 치료자는 내담자의 특정 상황에 맞게 두세 가지 측정 가능하고 관찰 가능한 목표(예: 상대방을 더 잘 알기 위하여 최소 세 가지 질문을 던지기, 의견을 말하기, 발표 동안에 세 가지 상이한 점에 관해 말하기)를 세우는 것을 돕는다. 이러한 목표들을 합리적 반응 밑에 기록하며, 이렇게 해서 내담자는 노출 훈련 동안에 합리적 반응들에 주의를 돌릴 수 있다.

노출 훈련 동안에 치료자는 1분 간격으로, 그리

고 불안이 높아지거나 떨어지는 듯 보일 때 SUDS 평정치를 요청한다. SUDS 평정을 재측할 때마다 내담자는 또한 합리적 반응을 큰 소리로 읽는다. 내담자들은 이러한 방해에 신속히 적응하는데, 특히 역할연기자가 그들에게 언어적 단서(예: "당신은 ~에 관해 얘기하고 있었어요.")를 줘서 다시 집중하도록 도움을 줄 경우에 그렇다. 노출 훈련은 불안이 감소하거나 안정 수준에 달하고 특정 목표가 충족될 때까지 계속되어야 하는데, 일반적으로 10분가량 소요된다. 곤란해질 때 특정 상황을 도피하는 경향을 내담자가 극복하도록 돕기 위하여 노출 훈련을 끝내는 사람은 치료자여야 한다.

노출 훈련의 사후처리 시기에는 치료자가 노출 전에 인지재구성의 초점이었던 자동적 사고가 떠올랐는지 주목하는 것과 함께 목표가 달성되었는지 점검하는 것, 합리적 반응이 도움이 되었는지에 관해 논의하는 것, 그리고 미래에 다뤄져야 하는 예상치 못한 자동적 사고를 찾아내는 것이 포함된다. 내담자에게 역할연기가 그의 관점에서 볼 때 어떻게 진행되었는지를 물어보기보다 치료자는 내담자의 합의된 목표가 성취되었는지 여부를 질문하며, 내담자가 불안해지지 않기와 같은 다른 목표를 달성하지 못한 것에 관한 논의로 되돌아가는 기회를 주지 않는다. 치료자는 또한 목표 달성에 관한 그의 의견을 공유하며, 내담자가 제기하는 염려사항들에 대해 반응하고 내담자가 긍정적인 면을 평가 절하하는 것을 허용하지 않는다. 이후 노출 훈련들에서는 외부 역할연기자들에게 그들의 반응을 공유하고 노출 훈련이 어떻게 진행되었는지에 관한 내담자의 질문에 대답하도록 요구할 수 있다. 치료자와 역할연기자들의 피드백은 내담자의 부정적 신념에 반대되는 정보를 강조해야 한다. 예를 들면, 특정 내담자는 그의 얼굴이 새빨개지고, 남들을 지루하게 하며, 남들에게 부족해 보이고, 10분간의 대화를 계속할 수 없다고 믿을 수 있다. 아마도 그 내담자는 객관적으로 노출 훈련 초기에 얼굴이 붉어졌고, 역할연기자의 질문에 대답만 했으며, 전체 10분 동안 매우 높은 SUDS 점수(예: 90점 또는 그 이상)를 보고하였다. 하지만 그 내담자는 자기 자신에 관한 내용을 공유하고 치료자가 그만이라고 말할 때까지 노출 상황에 계속 머물러 있기라는 그의 목표를 충족하였다. 이런 상황에서 치료자는 그 내담자가 어떻게 자신의 목표를 충족시켰는지, 그리고 내담자가 두려워하는 결과들 중 많은 것(예: 너무 불안해서 대화를 계속하지 못함)이 어떻게 일어나지 않았는지를 짚어낸다. 이에 더하여, 내담자들이 자신들이 생각하는 것만큼 불안하게 보이는 것은 드문 경우에만 그렇다. 따라서 특정 내담자가 몇 가지 불안 증상을 보이기는 했으나, 그의 불안이 SUDS 평정치들이 나타내는 것처럼 두드러지지 않았다는 점, 그의 불안 때문에 대화의 즐거움을 느끼지 못한 것은 아니었다는 점 등을 알리는 것이 일반적으로 아주 적절하다. 분명하게 불안했던 내담자에게서 어떤 불안도 관찰하지 못하였다고 부인하는 치료자들은 그들에 대한 믿음을 손상시킬 위험이 높아진다. 특히 치료 초기에 치료자들은 대화의 질을 떨어뜨린 많은 내담자 행동(예: 내담자는 질문에 반응만 했을 뿐 어떤 질문도 하지 않았음, 더 많은 시선 접촉을 할 수 있었어야 했음)의 긴 목록을 제공하기 전에 진지하게 생각해야 한다. 많은 내담자는 노출 훈련의 긍정적인 면들을 평가 절하하고 부정적인 피드백에만 초점을 맞춘다. 그러므로 이러한 정보를 잠시 미뤄 두는 것과, 특히 그러한 자신의 문제행동들 중 하나를 내담자 스스로 목표로 제시하지 않는다면 그러한 행동들은 다음 역할연기를 위한 목표로 포함된다는 점을 확실하게 해 두는 것이 더 좋다. 어떤 질문도 전혀 하지 않는 것과 같은 객관적으로 부족한 행동 때문에 노출 훈련의 사후처리 동안 자기비판적인 내담자들의 경우, 가장 일반적인 전략은 특정 문제행동을(내담자의 사회기술의 부족함이나 어떤 다른 부적절성의 증거보다는) 현저한 불안에 대한 회피 반응의 하나로 보는 개념화를 그 내담자와 공유하는 것이다. 이러한 개념화에 근거해서 작업을 하는 치료자는 개념화 다음에 특정 문제행동을 초래하는 자동적 사고에 관하여 조사할 수 있다. 내담자의 반응들은 일반적으로 이해를 많이 도와준다(예: "나는 다른 사람을 불쾌하게 만드는 민감한 주제에 관해서 무심코 질문을 할 수 있다."). 그다음에 치료자는 그 내담자와 함께 이러한 자동적 사고들에 관해 작업하고, 그가 두려워하는 사회적 행동을 미래의 노출 훈련에서 하나의 목표로 포함함으로써 그 행동에 접근할 계획을 수립한다.

다음으로, SUDS 평정치의 패턴은 내담자를 위하여 신속하게 그래프로 제시한다. 상이한 점을 전하기 위하여 서로 다른 SUDS 패턴들을 사용할 수 있다. 가장 흔한 패턴은 최초의 SUDS 평정치가 꽤 높으며 그 뒤에는 시간의 흐름에 따라서 감소하는 것이다. 이러한 경우에 치료자는 (노출 훈련을) 처음 시작하는 것이 가장 힘든 부분이라는 점과 내담자가 견뎌 내면 일이 더 쉬워지는 것 같다는 점을 강조할 수 있다. 만약 이러한 패턴이 미래의 노출 훈련에도 계속 유지된다면, 이것은 새로운 합리적 반응(예: "점점 더 쉬워진다." "가장 힘든 부분은 시작하는 것이다.")을 유도할 수 있다. 노출 훈련 내내 SUDS 평정치가 높으면서 자신들의 목표를 충족하는 내담자들에게 치료자는 매우 불안하면서 동시에 특정 사회적 상황에서 해야 할 일을 해낼 수 있는 사람이 있음(예: "내가 불안하면서 동시에 내 의견을 공유할 수 있다."라는 것은 미래의 합리적 반응이 될 수 있다)을 강조할 수 있다. 치료자는 또한 습관화를 방해해 왔을 자동적 사고에 관하여 조사를 하며, 그렇게 함으로써 이러한 사고들을 다음 노출 훈련 시행 전에 다룰 수 있다. 또 다른 흔한 패턴은 SUDS 평정치가 감소하거나 꾸준히 유지되다가 내담자가 노출 훈련 중에 어려움이 있음을 지각할 때 높은 수준으로 치솟는 것이다. 때때로 치료자는 불안 수준을 치솟게 한 점(예: 대화 도중 멈추는 것)을 관찰할 수 있다. 그것이 분명하지 않을 때도 있는데, 이럴 경우 해당 내담자가 무슨 일이 일어났는지 설명할 필요가 있다(예: 아무 멈춤이 없었지만, 현재 주제에 관한 논의가 한계에 도달했으며 대화를 계속할 수 없을까 봐 두렵다는 자동적 사고가 떠올랐다). 이러한 논의들은 새로운 목표(예: 대화 동안 자기 스스로 두 번 멈추도록 허용하며, 그래서 당신이 멈춤에서 회복할 수 있음을 배우고 멈춤을 두려워하지 않게 되기)와 인지재구성을 위한 표적(예: 멈춤은 사회적 무능감을 나타낸다는 신념은 도전받을 수 있으며, 합리적 반응, 즉 "멈춤은 대화의 정상적인 일부분이야." 또는 "나는 멈춤을 끝내는 것에 대해 50%만 책임이 있어."와 같은 반응을 이끈다)을 유도할 수 있다. 그런 다음에 특히 회기 내 노출경험에 근거해서 자신들의 자동적 사고와 합리적 반응에 대해 믿는 정도를 내담자들에게 재평정하도록 요구한다. 끝으로, 내담자에게 노출 훈련에서 그들이 배운 점이 무엇인지를 질문하는데, 이러한 점은 클리닉 바깥의 삶에 적용될 수 있다.

숙제 할당은 내담자에게 회기 내 노출 훈련 동

안 표적이 되어 왔던 상황들과 비슷한 상황들에 들어가도록 요구하기 때문에, 이 치료 부분에서 매우 중요한 일부분이다. 내담자들이 노출 훈련 숙제를 실제로 실행하기 전에 인지재구성을 시행하도록 지원하기 위하여 자기 자신의 인지치료자 되기(Be Your Own Cognitive Therapist: BYOCT) 기록지의 사본을 그들에게 제공한다. 이는 회기 내에서 논의되며, 내담자 워크북에 견본이 나와 있다. 이 기록지는 앞서 기술된 인지재구성의 각 단계를 통하여 내담자를 이끌어 주며, 회기 내 노출 훈련뿐 아니라 숙제를 위해 할당된 노출 훈련을 위하여 흔히 사용된다. 노출 훈련 숙제를 완료한 후에 이 기록지의 두 번째 부분은 내담자들이 인지적 디브리핑을 완성하고, 그러한 숙제경험 동안과 후에 학습했던 내용들을 공고화하는 것을 돕는다.

제4부분: 고급 인지재구성

3회 또는 4회의 노출 훈련 후에 치료자와 내담자는 특정 내담자의 자동적 사고들 안에서 공통 주제에 주목해야 한다. 이것은 고급 인지재구성(advanced cognitive restructuring)으로 이동할 시간이 곧 될 것이라는 징후의 하나이다(내담자 워크북의 제12장). 이러한 치료 부분은 치료 동안에 빈번하게 반복적으로 나타난 생각들에 하향화살기법(downward arrow technique; J. S. Beck, 1995 참조)을 적용함으로써 내담자가 상황 특정적인 자동적 사고를 넘어서도록 지원한다. 내담자와 치료자는 이러한 과제를 효율적으로 성취하기 위하여 자동적 사고의 기록뿐 아니라 회기 내 노출 훈련에 앞서 기록했던 사고들을 포함하여 이전에 작성된 모든 숙제물을 살펴보며, 내담자 워크북에 있는 당신의 양파 껍질 벗기기 기록지를 끝까지 다 완성한다. 이는 그 내담자의 핵심 신념(들)을 찾아낼 때까지 자동적 사고들에 대해 질문을 던지고, 이러한 질문들에 대한 반응들을 더 찾아보는 것에 대한 체계적 접근을 제공한다.

고급 인지재구성을 시작한다는 것이 노출 훈련의 끝을 나타내는 것은 아니다. 그보다는 치료자와 내담자는 핵심 신념에 도전하기 위하여 회기 내 노출과 실생활 노출 훈련을 만든다. 예를 들면, 만약 한 내담자가 "다른 사람들에게 수용되기 위해서는 내가 완벽해야 한다."와 같은 핵심 신념을 갖고 있다면, 이 내담자는 남들 앞에서 실수 저지르기(예: 음료 엎지르기, 오류가 있는 보고서 제출하기)가 포함된 노출 훈련에 참여할 수 있다. 핵심 신념들은 또한 다른 방식으로 도전받을 수 있다. 예를 들어, 노출 훈련에 더하여, 특정 내담자에게 다른 사람들이 저지른 실수 때문에 실제로 그들과 쉽게 동일시하거나 그들이 더 사랑스러워지는 사례들을 주목하도록 요구할 수 있다. 일반적으로 내담자가 하향화살기법을 활용하고 핵심 신념들에 도전하도록 돕는 데 한 회기를 온전히 쓴다. 추가적인 회기들 동안에 핵심 신념을 계속 탐색할 뿐 아니라 회기 내 노출 훈련을 시행한다.

제5부분: 종결

치료가 16회기에 가까워질수록, 치료자는 종결과 치료 계약의 재평가에 관한 이슈들을 비공식적으로 여러 번 제기할 것이다. 15회기 후에 내담자 워크북의 제13장을 할당한다. 16회기는 공식적으로 진전에 대한 평가, 재발방지 및 종결의 이슈에 초점을 맞춘다. 치료자와 내담자는 내담자가 치료

동안에 배웠던 점들(예: 자동적 사고들을 찾아내고 그 사고들에 도전하는 방법, 회피를 회피하는 것의 중요성)을 기록한 기록지를 점검한다. 치료자는 내담자에게 치료 초기에 작성했던 두려움과 회피 위계표의 모든 항목에 대한 현재의 평정치를 제시하도록 요구하며, 이어서 그동안 내담자가 이뤄 낸 진전과 더 작업이 필요한 지점에 관한 논의를 진행한다. 종결이 적합하다고 치료자와 내담자가 상호 합의할 때 재발의 위험 요인들(예: 다른 사람들의 사회적 압력, 호전이 계속됨에 따라 생기는 새로운 상황들)에 관해 논의한다. 재발의 징후들을 다루기 위한 계획들(예: 내담자 워크북에 있는 장들을 살펴보거나 치료자에게 전화를 걸 수 있다)도 수립한다. 종결과 연관된 혼합된 정서들(예: 자부심, 치료관계의 종결에 대한 슬픔) 역시 처리한다.

저자들의 클리닉에서는 치료 전에 실시했던 동일한 질문지들을 16회기 후에 반복해서 실시한다. 최초의 치료 전 평가 결과들의 맥락에서 제시된 자료를 가지고서 치료 후 평가 자료들에 대한 피드백을 내담자에게 제공한다. 16회기가 끝났을 때 많은 내담자는 소수의 영역에서 문제 있는 사회불안을 여전히 경험한다. 1회기에서 저자들이 언급했듯이, 사회불안을 없애는 것은 종결의 기준이 아니다. 대신에 내담자가 주요한 사회적 상황들을 회피하지 않게 되었고, 몇 개의 영역에서 불안이 의미 있게 감소하였으며, 독립적으로 계속 작업하기 위하여 치료에서 배운 기술들을 사용할 수 있다고 믿는다면 이 내담자는 치료를 마칠 준비가 된 것이다. 이런 식으로 치료에 반응하는 사람들 대부분은 종결 후에도 계속 진전을 보일 가능성이 있다. 내담자의 임상적 상태를 모니터하기 위하여 추후 약속(예: 치료 종결 후 1개월과 6개월 시점)을 할 것을 추천한다.

어떤 사람들은 치료 이득을 분명하게 나타내 보이겠지만, 불안과 회피가 계속 너무 심하고 만연되어 있어서 특정 내담자가 혼자서 계속 치료 노력을 기울인다. 이러한 현상은 치료 시작 시에 심각한 사회불안을 경험했던 내담자들, 즉 전형적으로 회피성 성격장애가 있는 내담자나 많은 사회적 상황을 두려워하는 내담자들에게서 매우 흔하게 나타난다. 뚜렷한 동반이환장애가 있는 내담자들 또한 충분한 치료 이득을 얻는 데까지 더 긴 시간이 소요될 수 있다. 이러한 경우에는 계속 치료를 받을 것을 추천한다. 새로운 치료 계약은 원래의 계약과 마찬가지로 16회기 또는 그 미만 동안 진행되어야 하며, 각 시점에 평가를 시행해야 한다. 새로운 영역들이 종종 도입될지라도(예: 우정 관련 작업으로부터 데이트 관계로 이동하는 것), 치료계획은 일반적으로 더 많은 인지재구성과 노출 훈련으로 구성된다.

사례연구

사회불안장애에 대한 개인 인지행동치료가 어떻게 시행되는지 더 잘 보여 주기 위하여 한 사례를 제시한다. 먼저 배경 정보와 치료 전 평가 자료를 제시하고, 그다음에는 16주의 치료기간에 걸쳐서 내담자의 진전과, 치료 종결을 한 지 1년과 5년 후의 내담자 상태를 서술한다. 내담자 워크북(Hope, Heimberg, Juster, & Turk, 2000)과 치료자 가이드의 제1판(Hope, Heimberg, & Turk, 2006)에 따라 치료가 진행되었으며, 앞서 제시된 프로토콜의 업데이트판과는 절차상 약간의 차이를 보임에 주목하라. 저자들은 더 장기적인 추적 정보에 대한 검토를 포함한 사례를 제시할 수 있기 때문에 그렇게 결정하였다.

22세인 조시는 사회적 상호작용과 수행 상황 모두에 대한 현저한 불안을 치료받기 위하여 방문하였다. 그녀는 지역 대학에서 음악을 공부하는 전일제 학생이었으며, 룸메이트와 살고 있었다. 재정적으로 상당한 어려움이 있음에도 불구하고 취업을 하지 않았다. 그녀는 자기 자신을 수줍어하고 남들과 교류하는 데 곤란을 겪고 있는 것으로 기술하였다. 그녀는 룸메이트나 자신의 남자 친구와는 어울렸으나, 불안 때문에 그들의 친구들과 어울리는 기회를 자주 거절하였다. 조시는 자신과 친한 친구가 아무도 없으며, 불안 때문에 친밀한 관계, 특히 동년배 여자들과 친밀한 관계를 맺는 데 어려움이 있다고 보고하였다. 조시는 또한 사회불안 때문에 직업적 및 학업적 측면에서 손상을 겪었다. 예를 들면, 조시는 수차례 취업 면접을 계속 하였고 심지어 자리를 제안받기도 했으나, 해고될 것이라는 두려움으로 인해 당시 미취업상태였다. 그녀는 수업시간에 큰 불안을 겪었으며, 질문을 직접 받지 않는 한 참석하지 않았는데, 심지어 참석이 학점의 중요한 부분이었는데도 그러하였다. 이에 더해, 조시는 한 학기에 여러 번 그녀의 음악작품에 대한 리사이틀과 수업 내 비평회에 참여하도록 요구받았다. 비록 그녀가 이러한 행사들 중 어느 것도 회피하지는 않았을지라도, 수 주 동안 미리 그 행사들에 관해 염려하고 커다란 불안을 경험하면서도 그 행사 내내 참았다. 조시는 사회불안으로 인해 졸업 후에, 즉 취업 면접과 오디션에 참여할 필요가 있을 때, 자신이 훨씬 더 큰 어려움을 겪을까 봐 두려워하였다.

치료 전 평가

조시는 사회불안 때문에 도움을 구하기 위하여 클리닉을 방문하였다. 그뿐 아니라 그녀는 일반적인 걱정과 긴장, 우울증, 그리고 공황발작과 관련하여 어려움을 겪었다. 그녀에게 ADIS-IV-L과 일련의 자기보고식 측정도구들을 실시하였다. 이러한 정보에 근거하여 조시는 사회불안장애 진단을 받았으며, ADIS-IV-L의 CSR은 5점이었다. 이 점수는 중등도에서 심도의 증상을 나타낸다. 그녀는 범불안장애, 중등도의 심각도를 가진 재발성 주요우울장애, 최근 자동차 사고와 관련된 외상 후 스트레스 장애, 그리고 광장공포증을 수반한 공황장애 진단을 추가로 받았다.

사회불안 측정도구들과 관련하여, 조시의 점수는 사회적 상호작용과 수행/관찰 상황 모두에서 현저한 두려움을 나타낸다(〈표 3-2〉 참조). Heimberg와 동료들(1992)은 사회불안장애가 있는 사람들과 그렇지 않은 사람들을 구별하기 위한 절단점으로 SIAS의 총 20문항 판(상호작용 두려움) 34점과 SPS(수행/관찰 두려움) 24점을 제시하였다. 이 두 측정도구에서 조시의 점수는 이러한 절단점을 초과하였다. 이와 비슷하게, LSAS상에서 조시는 사회적 상호작용과 수행 상황 모두에 대해 두려움과 회피를 보고하였으며, 그녀의 전체 점수는 사회불안장애 유무를 판별하기 위해 경험적으로 도출된 절단점보다 아주 위에 있었다(Mennin et al., 2002).

이상적으로 보면, 치료는 증상 완화와 기능 증진을 가져와야 할 뿐 아니라 내담자의 전체적인 웰빙 의식과 삶의 만족도를 향상시켜야 한다. Safren, Heimberg, Brown과 Holle(1997)는 사회불안장애

〈표 3-2〉 치료 전과 1년 및 5년 추후 평가에서 실시된 자기보고식과 임상가 실시용 평가도구

측정도구	치료 전	1년 추후 평가	5년 추후 평가
자기보고식			
단축형 부정적 평가에 대한 두려움 척도	49	23	29
사회적 상호작용 불안 척도	48	22	23
사회적 수행 불안 척도	38	12	24
Beck 우울척도 제2판	25	8	8
삶의 질 척도	-0.9	1.1	-0.6
임상가 평정용			
ADIS-IV-L 임상가 심각도 평정	5	3	3
Liebowitz 사회불안척도-총점	48	37	31

주: ADIS-IV-L=Anxiety Disorders Interview Schedule for DSM-IV-Lifetime Version.

내담자들이 삶의 질 척도에서 평균 0.8점을 보였다고 보고하였다. 이 점수는 Frisch(1994)가 보고한 비임상 성인 표본의 평균 점수(M=2.6, SD=1.3)보다 유의미하게 더 낮다. 조시의 점수는 삶의 만족도가 매우 낮으며 사회불안장애가 있는 다른 사람들과 비슷한 수준임을 나타낸다.

사회불안장애로 인한 기능 곤란 및 이와 연관된 삶의 질 저하는 흔히 우울증을 초래한다. BDI-II에서 조시의 점수는 저자들의 치료 프로그램에 참여하는 사람들에서 전형적으로 관찰되는 것보다 더 심한 우울 수준을 보였다(Elting, Hope, & Heimberg, 1997). 조시는 자살사고를 경험한다고 보고하지는 않았다. 저자들은 임상적 면접에 근거하여, 조시의 현재 우울한 기분은 재발성 주요우울증과 관련된 것이라고 결정하였다. 이러한 가장 최근의 우울증 삽화는 그녀가 평가받기 약 6개월 전에 시작되었으며, 외국에서 공부하는 동안 겪은 부정적인 사회적 경험과 연관되어 있었다. 조시는 우울한 기분이 사회불안보다 약간 덜 고통스럽고 일상생활 기능에 지장을 덜 준다고 보고하였다. 따라서 우울증은 사회불안에 2차적이며, 그녀의 치료에 악영향을 미칠 것 같지 않다고 판단되었다. 이와 비슷하게, 저자들은 그녀의 다른 진단들이 임상적으로 의미 있지만 사회불안장애에 대한 치료를 방해할 수도 있는 우려의 수준으로 보이지는 않는다고 결정하였다.

치료

심리교육 부분

🗔 1~2회기

처음 4회의 회기는 치료의 토대를 다지고, 라포를 형성하며, 사회불안장애에 대한 인지행동 모델에 관해 조시에게 교육하고, 치료목표에 대한 개요를 서술하는 데 쏟았다.

처음 두 번의 미팅에서 조시는 목소리가 아주 상냥하였고, 시선 접촉을 거의 하지 않았으며, 자신이 더 좋아질 수 있는 능력에 관해 절망감을 표현하였다. 그녀는 다른 내담자들이 이 치료 프로그램에 대해 어떤 반응을 보였는지에 관해 많은 질문을 던졌으며, 치료 성과는 치료 전반에 걸쳐서 일관된 노력을 기울일 수 있는 내담자의 능력에 달

려 있다고 치료자는 강조하였다. 치료자는 치료에서 그녀가 당면할 수도 있는 도전과 보상을 나란히 제시하기 위하여 조시 자신의 몇 가지 경험을 사용하였다. 예를 들어, 조시에게 얼마나 오랫동안 피아노를 연주해 왔는지, 그리고 그 기간 동안 자신에게 나타난 어떤 변화든 그것을 알아차렸는지 질문하였다. 조시는 피아노 연주를 시작했을 때, 그 과정은 많은 노력을 필요로 하였고 도전적이었으며 심지어 기를 꺾었다는 점과 계속 실습하고 교육을 받은 결과, 피아노 연주가 쉬워지고 즐길 수 있는 수준에 도달했다고 보고하였다. 이러한 개입 덕분에 조시는 자신의 예후에 관해 고무된 듯 보였으며, 치료를 간절히 시작하고 싶어 하고 매우 열심히 노력하기 위한 동기부여가 되었다고 보고하였다. 1회기 대다수는 라포를 형성하고 사회불안과 치료 구성요소들에 관한 심리교육 자료를 소개하는 데 사용되었다. 치료자는 사회불안에 관한 자신의 경험을 말하도록 조시를 격려하기 위하여 개방형 질문을 사용하였고, 그 예들이 조시에게 친숙하게 들렸는지 여부를 질문하였으며, 그녀의 불안이 다른 사람들에 비해서 더 심했거나 아니면 덜했던 몇 가지 상황을 기술하도록 요구하였다. 예를 들면, 조시가 청중 앞에서 연주할 때 현저한 수준의 불안을 경험하였다고 느꼈을지라도, 이런 불안은 그 상황에 처한 대부분의 사람에게 일반적인 것이라고 생각하였다. 하지만 연주 전후의 리셉션에서 다른 사람들과 상호작용하는 동안 그녀는 심한 불안을 경험하였으며, 리사이틀에 맨 마지막에 도착하고 연주가 끝나자마자 바로 떠남으로써 이러한 상황들을 자주 회피하였다. 조시는 이런 식으로 치료 회기에 참여함으로써 사회불안이 연속선상에 위치한다는 중요한 개념을 이해했음을 보여 주었다.

3회기

3회기에서는 조시의 사회불안 발생과 사회불안이 수년간 어떻게 유지되어 왔는지를 탐색하였다. 조시는 어머니에게 물어서 그녀가 어린 시절 아주 수줍어하였다는 점과 어머니가 자주 다른 아동들과의 사회적 활동에 조시가 참여하도록 강요해야만 했다는 점을 알게 되었다. 조시는 또한 어머니가 홀로 지내고 남들과 교류하는 것을 제한하는 경향이 있었으며, 어린 시절부터 어머니를 본보기로 삼았을 수도 있다고 보고하였다. 이에 더해, 조시는 어린 시절부터 자신이 기대에 못 미치는 느낌과 싸웠다고 보고하였다. 예를 들면, 그녀는 숙련된 운동선수였지만 엘리트 청소년 축구팀에 들어갈 자격을 아예 얻지 못했으며, 리사이틀과 경연대회에서 결코 3등 이상을 수상하거나 찬사를 받지 못하였다고 보고하였다. 치료자는 이러한 경험들이 어떻게 해서 조시 자신이 너무 부족하다는 신념을 만들어 낼 수 있는지에 관해 그녀와 논의하였으며, 그녀가 상황의 부정적인 면을 보는 경향(예: 1등을 차지하지 못함)이 어떻게 다른 성공(예: 큰 경연대회에서 상위 5명의 연주자에 속하는 것)을 이룰 자격이 없다는 생각을 유도하였는지도 부각시켰다.

4~5회기

4회기의 초반부에 치료자와 조시는 완벽주의적인 기준과 낮은 자기효능감이 조시의 사회불안 경험에 기여했던 역할에 관한 3회기의 논의를 마무리하였다. 이 회기의 나머지 부분과 5회기는 조시의 두려움과 회피 위계표(〈표 3-3〉 참조)를 만들고 다듬는 작업에 사용되었다. 조시는 전화 통화를 하는 것보다 사람들과 직접 상호작용하는 것이 더 쉽다고 보고하였다. 왜냐하면 상대방과의 상호작용이 어떻게 진행되고 있는지를 가늠하는 데 있어서 대면 접촉은 보디랭귀지와 얼굴 표정을 해석하도록 도와주기 때문이라고 말하였다. 이에 더해, 조시는 더 비판적이라고 믿는 여자들보다 남자들과 상호작용하는 것이 더 쉽다고 생각하였다. 조시는 또한 낯선 사람들과 함께 있을 때보다는 그녀가 존

〈표 3-3〉 치료 전, 치료 후, 그리고 1년과 5년 추후 평가의 평정치가 기재된 두려움과 회피 위계표

상황	치료 전	치료 후	1년 추후 평가	5년 추후 평가
1. 대중교통 혼자 이용하기				
두려움	100	20	9	90
회피	100	20	6	85
2. 사교를 위하여 리사이틀이 끝난 후에 남아 있기				
두려움	95	7	3	55
회피	95	8	0	60
3. 리사이틀 하러 가기				
두려움	90	7	3	45
회피	70	8	0	15
4. 예전에 친했던 사람들에게 전화 걸기				
두려움	75	5	3	65
회피	60	5	1	60
5. 수업 비평과 수업시간에 자신의 작곡에 관해 대화하기				
두려움	65	6	1	60
회피	50	1	0	20
6. 교수님 및 자신이 존경하는 권위적 인물들과 대화하기				
두려움	65	4	5	75
회피	50	2	5	60
7. 친구 및 자신이 존경하는 사람들과 대화를 나누기/이어 나가기				
두려움	60	3	4	25
회피	60	1	2	10
8. 맨 처음으로 전화 걸기				
두려움	55	2	4	65
회피	5	0	1	35
9. 남자 친구의 친구들이 사귀는 여자 친구들과 어울려 시간을 보내기				
두려움	50	6	3	40
회피	85	2	0	15
10. 연락이 끊겼던 예전 친구와 대화하기				
두려움	40	7	4	30
회피	70	4	2	45

경하는 사람들 주위에 있을 때 더 불안해하였다.

인지재구성 훈련 부분

6회기

이 회기에서는 조시에게 인지재구성을 소개하였다. 조시는 불안감을 일으키는 데 있어 사고의 중요성을 이해한다고 표현했을지라도, 그녀 자신의 자동적 사고를 찾아내는 것이 어렵다고 보고하였다. 특히 그녀는 불안 유발 상황을 예상하거나 그 상황에 있는 동안 그녀의 마음속에 스쳐 지나간 질문들을 찾아내는 경향이 있었다. 예를 들면, 수업시간에 동료들 앞에 서서 작품을 발표해야 하는 최근의 불안 유발 상황을 회상할 때, 조시는 '다른 사람들이 나를 어떻게 생각할까?'라는 생각을 찾아냈다. 치료자는 조시의 '불안한 자기'가 이러한 질문에 대답을 하도록 요구함으로써 그 질문을 그녀가 두려워하는 진술문으로 바꾸는 것을 도와주었다. 그녀는 '다른 사람들이 날 얼간이로 생각할 거야.'와 '다른 사람들은 내가 이번 발표를 할 준비가 되지 않았다고 생각할 거야.'와 같은 자동적 사고를 파악할 수 있었다. 그녀는 '내가 그들의 시간을 허비하고 있어.' '그들은 나를 지루하다고 느낄 거야.' '교수님은 내가 제대로 하지 못했다고 실망하실 거야.'와 같은 다른 생각들도 찾아냈다. 이러한 많은 자동적 사고는 다른 사람들을 실망시킨다는 일반적인 의식과 관련이 있는 듯 보였다. 치료자는 조시가 계속 실습을 하면 자동적 사고를 찾아내는 데 더 익숙해질 것이라고 격려하였다.

7회기

이번 회기에서 조시는 자동적 사고를 찾아내려고 다시 한 번 애썼으며, 격려를 받아서 점차 그렇게 할 수 있었다. 그녀는 또한 자신의 자동적 사고에 포함되어 있는 사고오류를 찾아내는 데 얼마간 어려움을 보였으며, 종종 모든 사고를 유용하지 않고 비생산적인 사고, 이를테면 사실이지만 유용하지 않은 사고로 본다고 우겼다. 치료자는 조시에게 몇 가지 논박 질문을 던짐으로써 그 사고들이 사실과 맞지 않거나 전적으로 정확한 것은 아니며, 다른 사고오류들이 적용될 수도 있다고 예를 들어 설명해 주었다. 그러나 회기가 끝날 즈음에 조시는 사고오류들을 더 잘 다루었으며, 몇 가지 논박 질문을 성공적으로 사용할 수 있게 되었다. 조시는 인지재구성 훈련이 그녀가 기대했던 것보다 훨씬 더 도전적이었지만, 노출 훈련 동안 열심히 실천하겠다고 보고하였다.

8회기

치료자는 노출 훈련으로 넘어가기 전에 인지재구성 훈련을 계속하기 위해 추가 회기를 진행하기로 결정하였으며, 이를 통해 조시가 최대한 준비되도록 하였다. 인지재구성 실습은 조시가 선호하는 아티스트의 공연 티켓을 제공하겠다는 학교 교수님의 제안을 거절한 최근 상황에 초점을 맞추었다. 조시는 이 상황과 관련된 자동적 사고를 훨씬 더 잘 찾아낼 수 있었는데, 그것은 다음과 같다.

1. '내가 이 티켓을 가져간다면 다른 학생들이 내게 화를 낼 거야.'
2. '나는 너무 무서워서 갈 수 없고 티켓을 못 쓰게 될 거야.'
3. '그곳으로 가는 대중교통을 이용할 수 없을 거야.'
4. '내가 대중교통을 이용한다면 길을 잃고 공연

을 놓치고 말 거야.'

5. '다른 학생들이 나보다 더 그 티켓을 원해.'

조시는 사고오류들, 그중에서도 지레짐작하기, 독심술 및 파국화와 같은 사고오류들을 찾아낼 수 있었다. 하지만 조시가 자기 자신에 대하여, 그리고 인지재구성 개념을 파악하는 데 있어 이따금씩 어려움을 보이는 것에 대하여 비판적이라는 증거가 있었다. 처음에 조시는 자신의 자동적 사고에 사고오류의 이름을 붙이고 적절한 합리적 반응을 찾아내느라 씨름을 하였다. 치료자는 자동적 사고에 도전하거나 합리적 반응을 만들어 내는 데 있어 옳거나 틀린 방법은 없다고 조시에게 조언하였으나, 조시는 자신의 제안들이 마음에 들지 않는다고 계속 평가하였다. 게다가 조시는 자동적 사고에 도전하기 위하여 논박 질문들을 사용했을 때 대단히 좌절하고 비관적으로 느꼈다. 특히 그녀는 지하철에서 길을 잃으면 공연을 아예 놓치고 말 것이라는 생각에 도전하는 데 어려움을 겪었다. 그녀는 지하철 노선도를 읽거나 도움을 구하는 자신의 능력을 의심한다고 보고하였으며, 길을 잃어 집으로 되돌아오거나 공연이 이미 시작된 후에 도착할 것이라고 예측하였다. 조시는 그녀가 대중교통을 이용하고 길을 잃는다면, 자신이 실망하고 당황하며 부끄럽게 느낄 것이라고 보고하였다. 왜냐하면 길을 잃는 것이 공연을 아예 보지 못했다는 것을 의미하며, 그럼으로써 그녀가 예측하기에 기회를 잃어버린 것처럼 느낄 급우들을 화나게 만들 것이기 때문이었다. 그녀는 자신의 불안 유발 사고들의 강도에 대한 좌절감이 점차 커져만 갔으며, 그런 사고들에 성공적으로 도전할 수 없는 것 때문에 자신이 바보 같다고 보고하였다. 이것은 조시가 완벽주의적인 기준과 흑백논리적 사고(예: 그녀의 사고와 행동 반응들을 전부 옳다거나 전부 틀렸다는 식으로 평가하는 것)에 의지하는 경향 및 자신의 치료 진전에 대한 조바심을 포함하여, 치료 전반에 걸쳐서 주목되는 몇 가지 패턴을 부각시켰다. 그럼에도 불구하고, 그녀는 연습을 계속하고 회기 내 노출 훈련으로 넘어갈 용의가 있다고 보고하였다. 치료자는 회기의 나머지 시간 동안 조시의 자동적 사고에 도전하기 위하여 그녀와 작업을 하였다. 조시는 자신이 길을 잃어버렸다는 증거가 없다는 점을 확인하는 것과 설사 길을 잃어버리더라도 추가적인 도움이나 길 안내를 요청함으로써 그녀가 공연을 관람하는 것이 충분히 중요하다는 점을 인식하는 데 도움을 받았다.

노출 훈련 부분

9회기

숙제 점검 동안에 조시는 커피숍에서 옛날 룸메이트를 우연히 만났을 때 인지재구성 기술들을 사용할 수 있었다고 보고하였다. 조시는 자신이 예측했던 것보다 대화가 훨씬 더 순조롭게 진행되었었다고 보고하였으며, 이러한 경험 덕분에 그녀는 인지재구성 기술에 대한 이해와 사회적 상황에서 인지재구성 기술을 적극적으로 사용하는 능력에 대해 더 큰 확신을 느끼게 되었다. 회기 내 노출 훈련과 관련하여, 치료자는 그녀의 치료목표에 잘 들어맞는 듯 보이고, 중등도의 불안을 유발하며, 조시가 합리적으로 잘 수행할 수 있는 상황을 선택하기를 원하였다. 이 회기 내 노출 훈련은 조시의 급우인 앤과의 최근 상호작용에 대한 추적이었다. 앤은 같은 반의 몇몇 사람이 주말에 함께 시간을 보내기 위해 어울릴 것이라고 조시에게 언급하였다. 하지만 앤은 조시에게 구체적인 계획을 세우자는 전화를 걸지 않았다. 조시 역시 모임에 참석하기 위한 계획을 수립하는 것을 결코 추진하지 않았으며, 결국 그것을 놓쳤다. 조시는 자신의 불안 증상(예: 수줍음, 말 없음, 시선 접촉 부족)을 사회적 교류를 하는 데 관심이 없는 것으로 앤이 해석했을 수도 있기 때문에 앤이 전화를 하지 않았다고 생각하였다. 조시의 노출 훈련은 이러한 오해에 관하여 앤과 대화 나누기를 포함하였으며, 앤의 역할은 치료자가 맡았다. 다음 축어록은 노출 훈련 전에 인지재구성으로부터 나온 것이다.

치료자: 노출 훈련을 시작하기에 앞서 BYOCT 기록지로 넘어가서 특정 상황에 대하여 작업을 해 봅시다. 지금 그 상황이 벌어지는 것에 관해서 무슨 생각이 듭니까? 당신에게 어떤 종류의 자동적 사고가 떠오르나요?

조시: 저는 무슨 말을 해야 할지 모르기 때문에 그녀에게 말을 걸지 않을 거예요. 또한 그녀가 제게 전화를 하지 않은 것에 관하여 제가 어떤 말도 하지 않아야 해요. 그런 말을 하면 모든 것이 어색해질 것 같거든요. 저는 시종 정말 친절하고 미소를 보여야 합니다.

치료자: 당신은 그런 상호작용이 어떻게 진행될 것이라고 예측하나요?

조시: 아, 예. 저는 말문이 막힐 것이고, 그녀는 그런 저를 판단할 것입니다. 그것이 다예요.

치료자: 좋아요, 자신의 자동적 사고를 잘 찾아냈어요. 그렇게 생각할 때 지금 어떤 종류의 감정이 일어나나요?

조시: 슬퍼요. 불안은 거의 사라지고, 저는 단지 그녀에게 말하고 싶지 않아요. 그것에 관해 그녀를 직면시키지 못하고 그녀를 불편하게 만드는 것을 원하지 않기 때문에 저 자신에게 약간 화가 나고 좌절감도 느껴요.

치료자: 그래서 그런 종류의 생각 때문에 당신은 아무 말도 못하고, 그런 상호작용을 피하게 된다는 말로 들리는 것 같네요?

조시: 예. 저는 분명하게 그런 상황을 피해요.

치료자: 음, 이런 노출 훈련을 통하여 우리는 그런 자동적 사고에 직면하는 실습을 할 수 있어요. 먼저 인지재구성 실습을 할 필요가 있어요. 어떤 사고오류가 있는지 그것을 찾아내는 것부터 시작해 볼까요?

조시: 지금 당장 강박적 의무감과 지레짐작하기가 보여요. 그리고 그녀가 절 판단할 것이라고 생각하는 것은 독심술이에요.

치료자: 잘했어요. 자, 그런 생각들에 대해서 논박을 시도해 봐요. '저는 할 말이 없기 때문에 그녀에게 말을 걸지 않을 거예요.'라는 자동적 사고부터 시작해 봅시다. 당신은 그것을 확실히 아나요?

조시: (미소를 지으며) 아니요, 실제로 저는 그녀와 대화하기 원해요. 그리고 그녀에게 사소한 일들에 관해 언제나 질문을 던질 수 있을 것 같아요. 저는 아무 할 말이 없다는 생각에 대한 증거를 갖고 있지 않습니다.

치료자: 그래서 당신은 할 말을 생각해 낼 수 있나요?

조시: 예, 한담에 불과할지라도 저는 무엇을 좀 생각해 낼 수 있어요. 저는 그녀에게 무슨 일이 일어났는지 질문하기를 원하지만, 제가 너무 공격적이거나 대립을 일삼는다는 인상을 주고 싶지 않습니다. 저는 사람들과

맞설 때 기분이 나빠요.

치료자: 그러면 그녀에게 시간을 함께 보내자고 요청하더라도 당신이 편안하게 느끼는 방법들, 즉 공격적이거나 무뚝뚝하지 않게 당신의 메시지를 전달하는 방법들을 생각해 봐요. 이것 덕분에 우리는 노출 훈련을 위한 몇 가지 행동적 목표를 찾아낼 수 있을 거예요. 당신이 그녀에게 질문하거나 말하기를 원하는 것이 무엇인지 살펴보도록 해 봐요.

조시: 음, 저는 어떤 다른 시간에 우리가 함께 시간을 보낼 수 있는지 그녀에게 물어보기를 원해요. 그녀가 지난번에 저에게 전화를 하지 않았으니까요. 하지만 제가 무슨 말을 하면 상황이 어색해질 것이기 때문에 저는 아무 말도 해서는 안 된다는 자동적 사고를 갖고 있어요. 제가 짐작하기에, 만약 제가 그 생각에 도전한다면 저는 제가 상황을 어색하게 만들 거라는 점을 진짜 알지는 못해요.

치료자: 만약 당신이 무슨 말인가 한다면 일어날 수도 있는 또 다른 결과는 무엇일까요?

조시: 그녀는 제게 사과하고 제가 가고 싶어 하는지 물어볼 수 있어요. 그러면 저는 다음번에 초대해 주면 가고 싶다고 그녀에게 말할 수 있어요. 그녀가 처음으로 저를 초대하는 거지요. 그녀는 제가 가는 것을 원하지 않는다고 생각했기 때문에 저에게 결코 전화하지 않았어요.

치료자: 좋아요. 그래서 우리는 몇 가지 자동적 사고를 찾아내었으며, 이 생각들의 영향으로 당신은 슬프고 좌절감을 느꼈다고 말했어요. 그런 후에 우리는 그 사고들에 도전했고, 몇 가지 대처 사고를 생각해 냈어요. 이 생각들은 당신을 어떻게 느끼게 만드나요?

조시: 그게 더 좋아요. 저는 훨씬 더 기분이 좋아요.

치료자: 우리는 이런 생각들을 어떻게 합리적 반응으로 요약해 볼 수 있을까요? 무엇이 당신의 마음속에 떠오르나요?

조시: '무슨 말을 하면 긍정적인 결과를 가져올 수도 있어.'라는 생각이 실제로 제 마음속에 떠올라요. 제 자신에게 이런 생각을 상기시키면 제 기분이 더 좋아지고 사정이 분명히 더 좋아질 것 같아요. 이 방법은 제가 말문이 막히거나 할 말이 없을 것이라는 생각에 도전하도록 도움을 줄 것입니다.

치료자는 인지재구성을 위하여 그 자동적 사고를 선정하였다. 왜냐하면 그 사고가 숙제에서 조시에게 반복해서 나타나는 사고였으며, 곧 하게 될 노출 훈련과 관련되어 있어 보였기 때문이었다. 또한 치료자는 노출 훈련이 오래 지연될수록 조시가 더 불안해지고, 그런 불안 때문에 그녀가 인지재구성 훈련에 집중하는 것이 더 어려울 수 있기 때문에, 비교적 신속하게 그녀가 인지재구성을 익히도록 노력을 기울였다. 다음 단계는 노출 훈련을 위한 목표를 설정하는 것이었다. 조시는 이 노출 훈련을 위한 성취 가능한 행동적 목표로서 그녀가 최근의 사회적 모임에 관심이 있다고 앤에게 말하고, 그녀가 조만간 함께 시간을 보내는 데 관심이 있음을 앤에게 알려 주며, 자신의 전화번호를 앤에게 건네기를 포함하는 것으로 결정하였다.

노출 훈련은 조시와 치료자가 학교에서 복도를 서로 지나쳐 가다가 일어날 수도 있는 상호작용에 대해 더 면밀하게 모의 실험을 하기 위하여 두 사람 다 서 있는 것부터 시작하였다. 조시는 이젤 위에 작성되어 있는 합리적 반응과 행동적 목표를 볼 수 있는 위치에 서 있었다.

치료자: 조시, 최초의 SUDS 평정치는 몇 점이지요?

조시: 대략 45점이요.

치료자: 좋아요. 그러면 합리적 반응은 무엇인가요?

조시: 무슨 말을 하면 긍정적인 결과를 가져올 수도 있어요.

조시와 치료자는 수업에 관해 이야기를 나누기 시작하였고, 조시는 곧 최근에 있었던 사회적 모임에 관해 이야기를 꺼냈다. 치료자는 노출 훈련이 대략 5분 동안 진행되도록 하였다. 치료자가 묻자마자 조시는 상호작용 전반에 걸쳐서 1분 단위로 SUDS 평정치를 제시했으며, 합리적 반응을 큰 소리로 읽었다. 노출 훈련을 다 마친 다음에는 사후처리가 시작되었다.

치료자: 당신은 자신의 행동적 목표들에 도달하였나요?

조시: 저는 그녀에게 함께 시간을 보내기를 원한다고 말했고, 또다시 저를 초대해 달라고 요청했어요.

치료자: 그러면 당신은 목표에 도달했네요. 잘했어요. 새로운 자동적 사고가 떠올랐나요?

조시: 제가 많이 초조해한다는 것을 알아차렸어요. 저는 '이것이 무섭다.'라는 생각과 그녀가 이런 상호작용에 대해 아주 차분해 보인다는 생각도 들었어요. 저는 실제로 예민해서는 안 된다고 생각했어요.

치료자: 우리가 앞서 찾아냈던 생각들도 떠올랐나요?

조시: 예. 저는 무슨 말을 해야 할지 모르겠다고 생각했고, 대화에 침묵이 있었어요. 하지만 제가 무슨 말을 했을 때 좋았어요. 이것이 그녀를 어색하게 만들까 봐 걱정했지만, 제가 너무 예민했기 때문에 그것이 저에게 더 어색했다고 생각해요.

치료자: 당신의 합리적 반응은 얼마나 효과적이었나요?

조시: 매우 효과적이었어요. 제가 합리적 반응을 말로 표현했을 때 기억하기가 더 쉬웠고, 그것이 사실이라고 믿었어요. 그것은 실제로 불안 유발 사고들 대신에 합리적 사고들을 더 많이 생각하도록 돕는 것 같았어요.

치료자: 당신의 SUDS를 살펴봅시다. 당신은 45점으로 시작했고, 대화가 시작되었을 때 55점으로 올랐어요. 그녀가 전화해 주기를 바라는 것과 관련하여 그녀에게 무슨 말을 했을 때 SUDS는 60점으로 올랐어요. 그녀가 당신에게 무슨 일이 있는지 물어볼 무렵에 SUDS는 40점으로 떨어졌어요. 약간의 한담을 나눈 후에 그 점수는 20점으로 떨어졌어요. 이것은 아주 눈에 띄는 감소예요.

조시: 제가 고비를 극복한 후에, 즉 함께 시간을 보내기를 원한다고 그녀에게 말했을 때 훨씬 더 좋아졌어요.

치료자: 그 당시 무슨 생각을 한 것으로 기억하나요?

조시: '나는 아무 말도 해서는 안 돼.' '나는 외면해야 해.' '나는 무엇인가 말해야 해.'

치료자: 그래서 그다음에 무슨 일이 일어났나요?

조시: 선생님이 질문하셨을 때 저는 합리적 반응을 말했어요. 제가 그녀에게 무슨 일이 있었는지 물어보았던 직후에요. 그래서 제 기분이 훨씬 더 좋아졌어요.

노출 훈련을 처리한 후에 치료자는 조시가 그 주에 그녀 스스로 실행할 실생활 노출을 계획하는 것을 도왔다. 그녀는 인지재구성, 노출 훈련 및 그런 경험에 대한 그녀 자신의 사후처리를 가이드해 주는 BYOCT 기록지를 사용하여 오래전 룸메이트와 커피를 마시기 위해 만날 계획을 세웠다.

10회기

10회기에서 조시는 매우 도전적이면서도 보람있는 한 주를 경험했다고 보고하였다. 그녀는 자신의 작품에 대한 수업 내 비평을 회상하였으며, 불안이 강렬했을지라도 "그들의 피드백으로부터 난 뭔가 배울 수 있어."라는 합리적 반응을 자신에게 상기시킴으로써 불안을 처리하고 수업시간에 계속 남아 있을 수 있었다. 조시는 또한 자신이 두 가지 실생활 노출, 즉 오래전 룸메이트와 커피 마시기와 급우인 앤과 대화하기를 마쳤다는 점을 주목하였다. 후자는 지난주 회기에서 그녀가 실습했던 바로 그것이었다. 조시는 이런 상황들의 결과 및 불안 유발 상황 전과 동안에 인지재구성 기법들을 사용할 수 있는 그녀의 능력에 의해 많은 힘을 얻은 듯 보였다.

이 회기의 노출 훈련을 위하여 조시는 사이좋게 지낼 수 없다고 느끼는, 남자 친구의 친구들이 사귀는 약혼자 역할을 맡고 있는 두 여자와 상호작용하는 계획을 세웠다. 치료자는 이번 노출 훈련이 조시에게 더 어려울 것이라고 예측하였다. 왜냐하면 이 훈련에는 상당히 비구조화된 상호작용과 조시에게 비교적 낯선 주제, 예컨대 결혼계획 세우기에 관한 그럴싸한 대화가 포함되어 있기 때문이다. 조시는 이러한 노출 훈련을 예측하면서 다음과 같은 자동적 사고들을 보고하였다.

1. '나는 아직 결혼하지 않았어. 그런데 관계와 결혼에 관해 내가 무엇을 알까?'
2. '내 견해 때문에 그들을 불쾌하게 만들 거야.'
3. '그들은 나를 이상하다고 생각할 거야.'
4. '그들은 내가 너무 어리게 행동한다고 생각할 거야.'
5. '나는 그들의 질문에 적절한 대답을 하지 못할 거야.'

첫 번째 노출 훈련에서의 자동적 사고들과 마찬가지로, 조시는 지레짐작하기, 독심술, 이름 붙이기 및 흑백논리 같은 사고오류를 찾아낼 수 있었다. 조시는 논박 질문들을 사용함으로써 찾아낸 자동적 사고들에 도전할 수 있었다. 첫 번째 생각에 대한 반응으로, 조시는 그녀가 결혼을 하지 않았을지라도 여러 해 동안 관계를 맺어 왔으며, 그래서 그 수준에서 다른 여자들과 관계를 맺을 수 있을 것이라고 결론지었다. 이에 더하여, 그녀는 사촌이 결혼계획을 세우는 데 도움을 주었는데, 그래서 결혼계획 수립의 어떤 측면들에는 익숙하였다. 그들을 불쾌하게 만들 것 같다는 두려움과 관련하여, 조시는 자신의 견해 때문에 그들을 불쾌하게 만들 것임을 스스로 확신하지 못한다는 점과 자신의 상이한 관점은 흥미로운 대화를 이끌 수도 있다는 점에 주목하였다. 다른 여자들이 조시를 이상하다고 생각할 것이라는 자동적 사고에 그녀가 도전하는 데에는 더 어려움이 있었으나, 조시는 그들이 자신을 좀 별나다고 생각하더라도 자존심을 유지할 수 있으며, 그런 생각이 그들과의 관계에 영향을 줄 가능성이 없다고 결론 내렸을 때 만족하였다. 그녀가 너무 어리게 행동한다고 그들이 생각할 것 같다는 두려움과 관련하여, 조시는 자신이 그 여자들보다 단 두 살 어리지만, 생활이 더 정착되었다고 느낄 때까지 계속 교육을 받고 결혼을 남겨 두는 것, 즉 그녀가 느끼기에 더 성숙한 결정을 포함하는 자기 자신을 위한 상이한 인생 경로를 선택했다는 도전을 사용하였다. 그들의 질문에 적절한 대답을 하지 못할 거라는 자동적 사고에 대한 반응으로, 조시는 아마도 옳거나 틀린 대답이 없다는 점과, 그녀가 다른 여자들의 견해와 일치하지 않는 대답을 하더라도 그녀는 그러한 실수를 극복할 수 있으며, 견해 차이는 흥미로운 대화를 이끌 수 있을 것이라는 점을 주장하였다.

조시는 적절한 합리적 반응이 그들의 상이한 여건에도 불구하고 그러한 여자들과 사이좋게 지낼 수 있을 것이라고 그녀가 느끼도록 도왔다고 결론을 내렸다. 이번 노출 훈련에 대한 그녀의 합리적 반응은 "나는 그렇게 다르지 않아."이다. 조시의 목표는 그녀 자신의 관심사(예: 음악)에 관해 대화를 나누고, 질문을 던지며, 의견을 제시하고, 노출 훈련이 끝날 때까지 대화에 남아 있는 것이었다. 조시의 SUDS 평정치는 45점으로 시작해서 노출 훈련을 하는 4분까지 약 20점으로 감소했으며, 8분간의 노출 훈련에서 마지막 순간에는 15점으로 낮아졌다. 조시는 그녀의 모든 행동적 목표를 충족하였으며, 대화 초기에 역할연기자들에 비해 조용했을지라도 시간이 경과함에 따라 점차 더 편안해 보였다. 조시는 노출 훈련이 상당히 잘 진행되었다고 보고하였으며, 대화를 하는 동안 그녀가 이야기를 공유함으로써 주제가 바뀌고 대화가 추가로 진행되었다는 점을 경험하고 기뻐하였다. 비록 조시가 그들의 경험과 의견들을 공유하지 못했을지라도, 그녀는 그들과 교류하고 대화에 참여하는 방법을 발견할 수 있었다. 그녀는 그 상황을 떠날 거라는 생각이 떠올랐다고 보고하였지만, 그 상황에 머무르면 유익할 것이라는 점을 자신에게 상기시킴으로써 그녀 스스로 머물러 있도록 확신을 심어 주었다. 조시의 숙제는 오래된 작곡가 급우에게 전화를 걸어서 대화를 하고, 곧 있을 공연을 위해서 그녀가 작업하고 있는 곡을 연습한 것을 한번 들어봐 달라고 그에게 요청하는 것이었다.

11회기

이 회기 전에 조시는 교실학습과 기말 시험의 일환으로 곧 있을 음악 작품 리사이틀을 위한 준비 때문에 매우 바빴다. 결과적으로, 그녀는 여러 회기를 빼먹었다. 조시는 지난 1개월 사이에 지역 서점에 취업하기 위한 면접에 참여하였으며, 자리를 제안받아서 수락하였다고 보고하였다. 그녀는 그 취업 면접과 근무 초기 며칠간 현저한 수준의 불안을 경험하였으나, 이제는 일에 대해 자신감을 훨씬 더 느끼고 있다고 말하였다. 비록 그녀의 주관적인 불안 수준이 극적인 개선을 보였으며 규칙적인 치료 후 1개월의 공백기간 동안 계속 개선되었을지라도, 치료자는 이 치료 프로그램의 남은 5~6주를 완료하는 것의 중요성에 관해 논의하였다. 조시는 치료를 끝까지 완수하는 것과 자신의 숙제를 더 일관되게 실행하는 것에 전념하였다. 조시가 숙제를 공식적으로 수행해 오지 않았고 회기 내 노출 훈련이 시행되지 않았을지라도, 치료자는 그녀의 두려움 및 회피 위계표와 관련하여 지금까지의 진전을 점검하였다. 한 무리의 친구들과 어울리는 것과 혼자서 대중교통을 이용하는 것이 계속 작업할 영역으로 확인되었다. 숙제의 경우, 곧 있을 리사이틀을 위해 친구와 가족들에게 안내문을 나눠 주는 것을 조시에게 할당하였다. 이 숙제는 반복된 사회적 상호작용과 그녀의 작품에 관한 논의가 수반되는 것이었다. 그녀에게는 또한 내담자 워크북에서 사회적 상호작용 및 한담 나누기와 관련된 장을 읽어 오는 숙제가 할당되었다.

12회기

12회기에서 숙제를 점검했을 때, 조시는 곧 있을 공연을 홍보하는 동안 자신이 캠퍼스와 동네 주변에서 많은 사람과 상호작용했으며, 예상했던 것보다 대화가 훨씬 더 순조롭게 진행되었다고 말하였다. 그녀는 자신이 음악 작곡 분야에서 전문가라고 스스로에게 상기시키는 것이 도움이 되며, 자신이 홍보하고 있는 공연에 관해서는 적어도 어느 정도 대화할 수 있다고 말하였다. 이번 회기에 끝마친 세 번째 회기 내 노출 훈련은 조시가 그 주에 곧 있을 자신의 리사이틀과 관련된 몇 가지 자동적 사고를 대상으로 작업하는 것을 도와주기 위하여 설계되었다. 치료자는 리사이틀 다음에 있는 리셉션에서 관객들과 상호작용하는 노출 훈련을 계획했으며, 클리닉의 직원들이 이러한 역할을 맡기 위하여 자원하였다. 조시는 이 노출 훈련이 자신의 현재 우려들과 매우 관련되어 있고, 자신을 아주 불안하게 만들 것이라며 동의하였다. 조시는 노출 훈련을 예상할 때 떠오른 자동적 사고들을 다음과 같이 보고하였다.

1. '내 공연에 관해 자신 있게 말하면 허세 부리는 것으로 들릴 거야.'
2. '그들이 날 측은하게 느끼기 때문에 내게 말을 걸 뿐이야.'
3. '나는 그들에게 감동을 줘야 해.'
4. '그들은 이 공연이 지루하다고 생각할 거야.'
5. '나는 무슨 말을 해야 할지 모를 거야.'

조시는 흑백논리, 이름 붙이기, 지레짐작하기와 독심술을 포함한 사고오류를 찾아낼 수 있었다. 인지재구성 훈련 동안 조시는 다른 사람들에게 흥미를 유발하며 말할 수 있는 점들을 그녀가 가졌다는 증거로서 지난 두 번의 노출 훈련에서의 성공경험에 주목하도록 격려를 받았다. 조시는 치료자의 도움을 받아 "내가 창작을 했으니까 내 공연에 관해 말할 수 있어."라는 합리적 반응에 도달하였다.

조시의 목표는 천천히 말하는 것, 그녀 자신에 관한 정보를 제공하는 것, 그녀에게 제기된 질문들에 답하는 것, 그리고 상대방이 끝낼 때까지 주어진 상호작용을 계속하는 것이었다. 조시의 처음 SUDS 평정치는 80점으로 시작했으나, 3분 내에 30점으로 감소하였다. 10분간의 노출 훈련이 끝날 무렵, 조시의 SUDS 평정치는 20점 미만이었다. 또다시 조시는 자신의 행동적 목표들을 달성하였으며, 그녀의 수행은 객관적으로 능숙하였다. 조시는 자신의 합리적 반응에 더하여, '다른 사람들이 말한 것이 무엇이든 맘에 둘 필요가 없어.'라고 자기 자신에게 말하는 것이 도움이 되었다고 말하였다. 조시는 노출 훈련이 잘 진행되었다고 생각했으며, 관객들과 상호작용하고 주목받는 것이 재미있다는 보고까지 하였다. 그녀는 이러한 실습이 그 주말에 열릴 리사이틀의 실제 상황과 대면할 때 매우 도움이 될 것이라고 생각하였다. 조시의 숙제는 공연 전, 동안 및 후에 떠오를 수도 있는 불안 유발 사고들에 대해 그녀 스스로 준비하기 위하여 실제 리사이틀 전과 후에 BYOCT 기록지를 사용하는 것이었다.

13회기

조시는 회기에 와서 지난주 리사이틀 다음에 열린 리셉션에서 느낀 불안을 과거에 비해 더 잘 관리할 수 있었으며, 가족, 음악 강사들 및 동료 학생들과의 대화를 실제로 즐길 수 있었다고 보고하였다. 그녀는 자신의 공연에 대해 자신감을 느꼈으며, 이는 그녀가 리셉션에서 다른 사람들과 상호작용하는 동안 자신감 있고 편안하게 느끼는 데 도움이 되었다고 보고하였다. 비록 리사이틀 후에 가족 및 친구들과 어울리기 시작하면서 현저한 불안을 경험했다고 보고했을지라도, 그녀의 공연에 관해 다른 사람들과 상호작용을 계속함에 따라 불안이 상당히 떨어졌으며, 리셉션을 떠나고 싶다는 생각을 하지 않았다고 말하였다. 조시는 리사이틀과 리셉션이 성공적이었으며, 자신의 불안이 과거와 달리 이러한 상황을 즐기는 데 방해하지 않았다고 생각하였다.

회기 내 노출 훈련의 경우 조시는 자신의 음악적 및 학업적 수행에 관한 피드백, 즉 긍정적 및 부정적 피드백을 모두 받는 것을 실습하면 도움이 될 것이라고 말하였다. 이 상황은 조시가 수강하는 작곡 과목 기말시험의 일부로서 학생들과 강사 앞에서 독창적인 작품을 연주하고, 그들의 피드백을 받을 것이기 때문에 실제 상황과 관련되어 있다. 이렇게 하는 그녀의 능력이 수업활동 동안에 비교적 자그마하게 개선되어 왔을지라도, 이렇게 특별한 수업 비평은 조시에게 상당한 수준의 불안을 유발하였으며, 인지재구성과 행동적 실습을 통해 직접 도움을 좀 받기를 원하였다. 치료자는 비교적 작은 규모의 두 가지 노출 훈련을 시행하기로 결정하였다. 하나는 급우들과 강사 앞에서 중립적이거나 긍정적인 피드백을 받는 상황이었고, 다른 하나는 부정적인 피드백을 받는 상황이었다. 각 노출 훈련은 조시가 그녀의 작품과 연주에 관해 적절하게 논의하고, 피드백을 받고, 그에 반응하도록 해 주기 위해 대략 5~10분 동안 진행되는 것으로 설계되었다. 다수의 클리닉 직원이 이 노출 훈련의 진행을 돕기 위해 자원하였다.

노출 훈련 전에 조시는 두 가지 노출 훈련과 관련된 자동적 사고를 다음과 같이 찾아내었다.

1. '난 이걸 망칠 것 같아.'
2. '나는 전문가로 보여야 해.'
3. '그들에게 감동을 주려면 완벽하게 연주해야 해.'
4. '나는 무슨 말을 해야 할지 모를 거야.'
5. '나는 그들의 질문을 이해하지 못할 거야.'

조시는 지레짐작하기, 흑백논리, 파국화 및 강박적 의무감과 같은 사고오류를 찾아낼 수 있었다. 그녀는 자신의 완벽주의적 기준과 낮은 자기효능감이 어떻게 해서 자신의 수행과 상호작용 기술에 대한 외현적 평가를 포함하는 상황에 의해 신속하게 유발되는지에도 주목하였다. 조시는 자동적 사고에 도전한 후 각 노출 훈련에 도움이 되는 합리적 반응을 "나는 내 작품을 창작하고 연주했기 때문에 그것을 알고 있어."로 정하였다. 이러한 합리적 반응은 그녀가 어떤 피드백을 받든지 간에 그녀 자신의 작품과 연주에 관해 계속해서 자신감 있게 말하도록 격려해 줄 거라고 생각하였다. 조시의 행동적 목표는 그녀에게 제기된 질문에 답하는 것과 명료화가 필요할 경우 후속 질문을 던지는 것이었다.

노출 훈련들은 연주 후에 즉각 진행하는 것으로 설정되었으며, 조시가 "감사합니다. 제 작품에 관해 여러분의 생각을 듣고 싶습니다."라고 말하는 것으로 시작되었다. 첫 번째 노출 훈련에서 그녀는 자신의 작품, 연주, 그리고 비평 동안에 처신하는 능력에 관해 중립적 피드백과 긍정적 피드백을 섞어서 받았다. 조시의 SUDS 점수는 45점으로 시작했고, 3분 내에 15점으로 떨어졌다. 두 번째 노출 훈련 역시 동일한 방식으로 진행했는데, 이번에는 중립적 피드백과 부정적 피드백을 섞어서 받았다. 즉, 청중은 그녀가 연주 중에 범한 실수를 지적했고, 예민해 보인다고 말했으며, 그녀가 쓴 음악작품을 좋아하지 않는다고 내비쳤다. 조시의 SUDS 점수는 다시 45점으로 시작했고, 첫 번째 부정적인 피드백을 받았을 때 60점으로 높이 올라갔다. 노출 훈련이 시작된 후 5분경이 지났을 때 그녀의 SUDS 점수는 30점이었으며, 노출 훈련이 끝날 무렵에는 20점이었다. 조시는 다시 그녀의 행동적 목표들을 충족하였으며, 두 상황 다 아주 잘 처리하였다고 보고하였다. 조시는 부정적인 피드백을 받았을 때 자신의 불안이 높이 상승했지만, 그 의견들에 대해 정중하게 반응했으며 그것들로부터 배울 수도 있었다고 생각하였다. 그녀는 이런 노출 훈련이 곧 있을 수업시간의 피드백 회기를 준비하는 데 매우 도움이 되었다고 생각하였다. 숙제로는 핵심 신념에 관한 내담자 워크북의 장을 읽어 보고, 친구와 함께 대중교통을 이용하여 학교까지 가고 또 학교에서 돌아오는 것이 포함된 실생활 노출을 실행할 것이 요구되었다. 또한 그녀에게 수업시간 내의 연주와 평가 전과 후에 BYOCT 기록지를 작성해 오도록 요구하였다.

고급 인지재구성 훈련 부분

14회기

조시는 친구와 함께 버스를 타고 학교까지 가고 학교에서 돌아오는 노출숙제를 완수하였으며, 아주 불안하지는 않았다고 보고하였다. 다음번에는 혼자 버스를 타고서 멀리 떨어져 있고 덜 익숙한 장소까지 가기 위해 노력하겠다고 말하였다. 조시는 또한 자신의 수업시간 내의 평가가 잘 진행되었으며 그녀가 작곡한 음악 연주도 잘 되었으나, 한두 번 망칠 것 같다는 생각도 들었다고 보고하였다. 하지만 어떤 학생도 그녀에게 실수가 있었음을 암시하는 피드백을 주지 않았다. 조시는 연주를 끝마친 후에 믿을 수 없을 정도로 불안을 느꼈으며, 피드백 회기 바로 직전에는 몇 분 동안 스스로를 변명하는 생각도 떠올랐다고 보고하였다. 그녀 자신에게 "그들의 피드백으로부터 무엇인가를 배울 수 있어."라는 합리적 반응을 상기시키는 방법은 조시가 수업시간에 계속 머물러 있고 평가를 완료하도록 격려하는 것이다. 비록 조시가 어떻게 그 음악을 작곡했는지, 그리고 누가 그녀에게 영향을 끼쳤는지 같은 몇 가지 도전적 질문을 받았을지라도, 몇 번 더듬거리며 말을 했던 적은 있지만 스스로 자신이 괜찮은 일을 해냈다고 생각하였다. 그녀는 몇 명의 학생이 그녀가 선택한 음악 스타일을 특별히 좋아하지 않는다고 언급하였다는 점을 주목했으나, 그녀는 자신이 이러한 의견을 인신공격적으로 받아들이지는 않았다고 말하였다. 전반적으로, 조시는 그 학생들과 강사로부터 많은 것을 배웠으며, 자신이 불안했을지라도 그것은 그 상황의 연주와 평가 측면들을 고려할 때 수용 가능한 수준의 불안이라고 생각하였다.

조시가 핵심 신념에 관한 장을 읽어 오지 않았기 때문에, 치료자는 회기 내 시간을 이러한 개념을 소개하는 데 할애하였다. 이번 회기에 조시는 당신의 양파 껍질 벗기기 기록지를 사용하여 자신의 핵심 신념을 찾아내기 위해 열심히 노력하였다. 여러 상황에 걸쳐서 그녀의 가장 흔한 자동적 사고는 자기 자신에게 이름 붙이기, 자신이 다른 사람들의 기대에 부응하지 못할 것이라고 생각하는 것, 그리고 자신의 사회적 또는 수행 기술 때문에 다른 사람들이 자신을 부정적으로 판단할 것 같은 두려움과 관련되어 있다고 인식하였다. 조시는 '제구실을 못한다.'라는 주제가 친숙하며, 부모님의 기준에 결코 맞추지 못하고 제대로 하는 일이 없다는 그녀의 신념과 잠재적으로 관련되어 있다고 생각하였다. 이러한 신념은 더 일반화된 완벽주의를 초래한다고 생각하였다. 조시는 '제구실을 못한다.'라는 생각을 그녀가 인생에서 성공하지 못할 것 같다는 두려움과 관련이 있는 것으로 파악하였으며, 성공하기 위해서는 자신이 완벽해야 한다고 생각하였다. 그녀는 이러한 사고의 연쇄를 찾아냄으로써 슬픔, 좌절감과 실망감을 느끼게 되었다. 여기서부터 조시는 기록지를 가지고 끝까지 작업을 하였으며, "완벽하지 않으면 나는 무가치해."라는 핵심 신념을 찾아내었다. 이러한 핵심 신념을 검증하고 도전하기 위하여 그녀 스스로 할 수 있는 노출 훈련을 짜내는 데 시간을 썼다. 숙제를 위해서, 치료자는 조시에게 몇몇 가족을 위하여 피아노를 연주하는 동안 일부러 엉망으로 만들어 보고, 그리하여 완벽하지 않은 것은 실패자임을 나타낸다는 핵심 신념에 도전해 보게 하였다. 조시는 또한 직장에서 인터콤 시스템을 사용하는 동안 일부러 엉망으로 만들 수 있는 또 다른 상황을 찾아내었다. 치료자는 또한 조시가 그녀의 불완전함이 한 인간으로서의 그녀의 가치에 실제로 기여할 수도 있는 방식들을 찾아보도록 하는 도전에 직면하게 하였다. 조시는 이렇게 하는 것을 주저하였으나, 그녀가 자기 자신에게 두려운 상황에 직면하기의 중요성을 상기시켰을 때 동의하였다.

15회기

조시는 15회기에 도착해서 그녀가 가족 앞에서 음악 연주를 할 때 일부러 실수를 저지를 수는 없었지만, 직장에서 인터콤 시스템을 사용하는 동안에는 실수를 저지를 수 있었다고 보고하였다. 치료자는 인지재구성을 계속 사용해서 "완벽하지 못하면 나는 무가치해."라는 핵심 신념을 탐색하였다.

치료자: 지난주에 우리는 몇 가지 핵심 이슈에 관해 논의를 시작했는데, 당신은 약간 압도된 채로 여기를 떠났다는 느낌이 들었어요. 지금은 어떻게 느끼고 있어요?

조시: 처음에는 어려운 점을 극복하는 것에 관해 정말 기분이 좋았기 때문에 지난주는 어려운 회기였어요. 어려운 점을 극복하는 것은 자동적 사고를 찾아내는 방법과 그 사고들이 어떻게 잘못되었는지 파악하는 방법을 배워서 그것에 대한 정말 좋고 도전적인 반응을 찾으며 그 반응을 실제로 믿는 것과 같았어요. 저는 지금 거의 자동적으로, 아니면 적어도 너무 많은 노력 없이도 그것을 할 수 있기 때문에 기분이 좋았어요. 저는 일을 끝

마쳤다는 기분이 들었고, 그런 뒤에 우리는 정말 두려운 것에 다시 직면하기를 끝마쳤어요. 저는 더 힘든 작업 수준까지 큰 도약을 한 것 같은 느낌이 들었어요.

치료자: 우리가 지난주에 논의한 것은 더 힘든 것이었어요. 우리가 정말로 당신의 핵심 신념에까지 작업을 진전시킨 것은 좋은 징후예요. 그것은 이전과 너무나 다르기 때문입니다. 그러나 우리가 작업했던 다른 모든 자동적 사고나 상황을 찾아내고 도전하는 데 기울였던 당신의 모든 노력과 실습을 기억해 보세요. 모든 것이 즉각적으로 일어나지는 않았어요. 핵심 신념의 측면에서 볼 때, 우리는 동일한 작업을 수행할 것입니다. 우리가 했던 것은 핵심 신념을 찾아내는 것이에요. 지금 우리는 그것에 도전하고, '완벽하지 못하면 나는 무가치할 것이다.'라는 생각을 검증하는 데 시간을 할애할 것입니다. 우리는 오늘 회기에서 여기서부터 시작할 것입니다. 하지만 이것은 당신 스스로 계속 수행할 작업이에요. 어떤 사고오류들이 있을까요? 100% 미만이면 어떤 것이든 실패라고 생각하는 것에 어떤 오류가 있나요?

조시: 그것은 파국화입니다. 저는 완벽해야 한다고 생각하기 때문에 아마도 강박적 의무감도 있어요. 그리고 제가 결국 상황이 잘못될 것이라고 추정하는 것 같기 때문에 지레짐작일 수도 있어요. 다 됐습니다.

치료자: 흑백논리적 사고는요?

조시: 맞아요, 확실히 그렇습니다. 제 생각에는 0% 아니면 100% 성공이라는 것과 같아요.

치료자: 그러면 우리가 그것에 도전할 수 있는 방법에는 어떤 것들이 있을까요? 쉽지는 않을 것 같지만 함께 노력해 봐요.

조시: 음, 몇 가지 간단한 도전방법이 생각납니다. 예를 들어, '내가 완벽하지 못하면 무가치할 것이라는 점을 나는 어떻게 아는가?'라는 질문이요. 저는 알지 못합니다. 저는 완벽하지 못한 것이 무가치하다는 것과 동일하지 않다고 생각해요.

치료자: 그 점에 관해 더 말해 주세요.

조시: 어떤 것들은 완벽하지 못하더라도 아마 가치가 있을 것입니다. 사람들처럼요. 아니면 예술 작품같이요.

치료자: 그래서 때로 사람들의 결함이나 별난 점 때문에 그 사람들이 더 흥미를 끌게 되나요?

조시: 예, 그것이 제 남자 친구에 관해서 제가 가장 좋아하는 점입니다. 저는 다른 사람들이 괴로워하는 점들을 사랑스럽다고 생각해요. 저는 불완전한 것, 아주 정확하지는 않지만 그만의 고유한 개성이 있는 것을 좋아합니다. 다른 사람이 불완전할 때에는 사실 문제가 되지 않아요. 하지만 제가 그럴 경우에는 달라요.

치료자: 당신은 다른 사람들에 대해서보다 자기 자신에 대해서 더 가혹한 비판자인가요?

조시: 확실히 그렇습니다. 유감스럽게도 제가 다른 사람들을 보는 방식대로 저 자신을 볼 수가 없습니다.

치료자: 아마 당신은 할 수 있을 것이고, 우리가 그렇게 하려고 노력할 수 있어요. 사실 그게 어려운데, 당신이 오랜 시간 동안 자기 자신을 비판적으로 보고 있었기 때문에 그래요. 변화가 있을 건데, 변화에는 검증과 실습이

필요합니다. 그러나 다른 사람들보다 자기 자신에 대해 더 가혹한 판단자가 되는 것에 더해 뭔가를 하려고 노력하는 것에 대한 보상은 무엇일 수 있을까요?

조시: 그런 노력이 결실을 얻을 것이라고 생각해요. 마치 다른 모든 것이 그런 것처럼요. 연습을 하면서 저는 제 공연에서 재미를 느꼈어요. 제가 실패자가 될 거라고 믿지 않았어요. 저는 해낼 수 있다고 믿었어요. 대성공이었어요.

치료자: 저녁에 어떤 사소한 문제라도 있었나요? 뭔가 잘못된 일, 그러나 당신이 대처했던 일이요?

조시: 예, 많습니다. 제가 저의 부모님께 친구를 소개할 때 그 친구의 이름을 깜박 잊어버렸던 일 같은 것들이요. 그렇다고 그것이 그날 저녁을 망치지는 않았어요. 전반적으로 상황이 좋았고, 저는 그날 저녁에 대해 좋게 느꼈어요. 그러한 결함들을 건너뛸 수 있었고, 단지 저녁시간을 즐길 수 있었어요.

치료자: 그래서 그 상황에 관해 생각할 때 당신이 완벽하지 못하면 자신이 무가치하다는 신념이 얼마나 사실로 느껴지나요?

조시: 제가 들어왔을 때 모든 것에 압도되었다고 느꼈어요. 제가 해 온 모든 작업을 우리가 볼 수 있기 때문에, 저는 기분이 더 좋습니다. 저는 그 신념에 도전할 수 있다고 생각합니다. 저는 더 이상 그 신념이 전적으로 사실이라고 생각하지 않습니다.

치료자: 좋아요, 그러면 그런 핵심 신념이 사실이 아닐 수 있다는 점을 뒷받침하는 증거는 무엇입니까?

조시: 음, 다른 모든 사람은 완벽하지 못해도 괜찮습니다. 제가 완벽하지 못하다면 아마 약간 덜 괜찮을 것 같은데, 그래도 여전히 어느 정도는 괜찮다고 생각해요. 그리고 어떤 사람들은 그들이 불완전하기 때문에 저에게 더 가치 있습니다. 저는 완벽한 것은 따분하다고 생각해요. 완벽한 것은 불가능합니다.

치료자: 그것은 당신 자신을 끼워 맞추는 높은 기준 같아요.

조시: (웃으며) 예. 저는 완벽한 사람을 알지 못해요. 모든 사람은 실수를 저지릅니다. 심지어 저도요. 특히 제가요. 세계 역사상 모든 사람은 불완전했어요.

치료자: 맞아요. 지금 다른 사람들이 아니라 당신에게로 돌아가 봐요. 당신이 불완전하더라도 가치 있을 수 있다는 증거가 있나요? 불완전함의 긍정적인 면이 있나요?

조시: 제가 더 개성 있고 인간다워질 것입니다. 그것은 흥미로운 도전들에 도움이 되며, 정말 흥미로운 삶을 꾸려 나가는 데 기여할 수 있을 거예요. 제가 일을 다르게 하는 방식들에 관해 많이 배우고, 모든 종류의 새로운 일을 하려고 시도해 볼 수 있어요. 실수를 많이 해서 다음번에 일을 더 잘하는 법을 배우세요. 완벽하지 못하더라도 더 잘할 것입니다. 그리고 실패할 여지를 주세요.

치료자: 그래서 당신은 자신이 완벽하지 못하면 가치가 없다는 것을 얼마나 믿나요?

조시: 아마 20%요. 지금은 최소 20%만이요.

치료자: 그러면 당신에게 그 신념을 대략 20%만 믿도록 만들어 주었던 몇 가지 도전을 어떻게 요약할 수 있을까요? '완벽하지 못하면

난 무가치해.'라는 핵심 신념에 대한 합리적 반응은 무엇일까요?

조시: 모르겠어요. 어렵네요. 완벽하지 못하더라도 제가 가치가 있다고요? 저는 그것을 믿지 않아요. 하지만 그것은 저를 웃게 만들어요. 제가 완벽하지 못하더라도 어쩌면 괜찮을 거라고 생각해요.

치료자: 그것이 설득력 있는 것 같아요?

조시: 사실 아닙니다. 적절한 합리적 반응이 생각나지 않아요.

치료자: 이런 합리적인 반응이 완벽하지 못할 거라고 우리가 인식한다면 어쩌지요? 아마 우리는 지금으로서 괜찮은 것을 찾을 필요가 있어요. 그래서 우리 이것을 계속해 봐요.

조시: 예, 알겠습니다. 또 완벽주의적 사고가 있네요. 사실 완벽한 것은 인간적으로 가능하지 않다는 생각이 들어요. 그리고 제가 결국 완벽한 사람이 되고 싶다고 생각하지는 않아요.

치료자: 정말로 그런 완벽함이 존재하지 않을 때 그것을 추구하고 있는 경우가 많은 것 같아요. 당신이 아무리 열심히 노력해도 완벽한 것보다 더 잘하려는 시도가 언제나 있는 것처럼 들리네요.

조시: 예. 무엇을 하든지 간에 저는 결코 완벽하지 못할 것 같습니다. 그것은 인간적으로 가능하지 않아요. 제가 이것을 일종의 합리적 반응으로 만들어야 한다면 '완벽한 그런 것은 없다'는 식으로 저 자신에게 말할 텐데라고 생각해요. 저는 그것을 좋아해요. 그것이 지금으로서는 효과적일 거라고 생각합니다. 저는 이것에 관해 더 많이 생각할 것입니다. 이것은 일종의 도전이지만, 저는 이것에 시간을 할애하고 싶어요.

치료자: 좋아요, 그러면 아마 우리는 이번 주에 이러한 합리적 반응을 시도해 볼 수 있겠네요. "완벽하지 못하면 나는 무가치할 거야."라는 핵심 신념에 당신이 도전할 수 있게 해 줄 몇 가지 노출 훈련을 함으로써요.

조시: 예. 저는 매일 이런 핵심 신념에 도전하고, 저의 불완전함을 더 많이 수용할 필요가 있습니다. 일부러 실수하는 것이 재미있을 것 같아요. 많은 시간 저는 그저 자연스럽게 실수를 하지만, 그럴 때에도 제가 무가치한 것은 아니라고 생각합니다. 완벽한 것은 없기 때문에 실수들이 나타날 것입니다.

이번 회기의 숙제로 조시에게 대화 중에 실수 저지르기(예: 사람들 이름을 '까먹기', 사람들에게 그들이 말했던 것을 반복하도록 요구하기), 직장에서 실수 저지르기(예: 인터콤 시스템을 사용할 때 잘못된 버튼을 누르기, 어떤 과업을 수행하는 데 도움을 요청하기), 그리고 연주 중에 실수 저지르기(예: 가족과 친구들을 위해 피아노를 연주하는 동안 틀린 음을 연주하기)를 할당하였다.

종결 부분

16회기

마지막 회기에서 조시와 치료자는 그녀의 진전과 앞에 놓인 도전들에 관하여 논의하였다. 조시는 자신의 두려움과 회피 위계표를 다시 평정하였으며, 자신의 평정치의 감소를 현저하고 의미 있는 것으로 간주하였다(〈표 3-3〉 참조). 그녀는 치료를 받는 동안 자동적 사고를 찾아내고 도전하기와 자기 자신의 모든 면—불완전함을 포함하여—을 수용 가능한 것으로 보기와 같은 새로운 기술들을 배웠다고 보고하였다. 그녀가 언급한 가장 중요한 변화는 종일 고객들이나 동료들과 상호작용해야 하는 서점에 취업하고 계속 근무할 수 있는 것이었다. 조시는 자신이 치료를 받은 결과, 처음으로 자기 자신을 다른 사람들에 비해 열등하지 않고 동등하다고 인식할 수 있었으며, 인간적으로든 직업적으로든 자신의 미래 목표에 대하여 낙관적이라고 보고하였다.

회기별 평가

[그림 3-2]는 SASCI와 BFNE의 회기별 점수를 나타낸다. SASCI에서 16점은 아무 변화가 없음을 나타내고, 더 낮은 점수들은 기저선에 비해 점차로 더 큰 개선을 나타낸다는 점을 기억하라. 조시는 3회기 후에 약간의 개선을 보이기 시작하였다. 8회기에 점수가 치솟았다가 그 뒤로 꾸준히 감소하기 시작하였고, 12회기에 최소 4점에 도달하고 치료가 끝날 때까지 그대로 유지되었다. BFNE의 경우, Weeks와 동료들(2005)에 따르면 사회불안장애가 있는 대규모 표본은 평균 46.91점(표준편차=9.27)이었으며, 정상 통제집단은 평균 26.81점(표준편차=4.78)이었다. 치료 초기에 조시의 회기 점수는 임상 표본의 평균 점수를 10점 정도 초과하였다. 하지만 그녀의 점수는 그 이후 일관되게 감소하였으며, 치료 종결 시에는 통제집단의 평균 점수 바로 밑이었다.

1년 추후 평가

치료 없이 1년이 경과한 후에 조시는 치료 전 평가 점수들과 비교하여 모든 자기보고식 검사와 임상가 실시용 측정도구에서 상당한 개선을 보였다(〈표 3-2〉 참조). 실제로 그녀는 더 이상 사회불안장애의 진단기준을 충족하지 않았다. 그녀는 음악 공부를 계속하기 위하여 대학원 프로그램에 지원하는 것을 고려하고 있었으며, 지역 오케스트라 단원이 되기 위하여 오디션을 받을 계획을 수립하였다. 조시는 직장에서 사람들을 사귀어 왔다고 보고하였으며, 현재 그녀가 의지할 수 있는 확고한 사회적 지지 기반을 갖고 있다고 생각하였다.

5년 추후 평가

치료가 끝난 지 약 5년이 지난 후에, 조시가 여기에 기술된 인지행동치료를 완료한 이후에 어떻게 지내왔는지를 그녀와 함께 점검하고 논의할 기회를 가졌다. 그녀는 성직자에게 짧은 기간 결혼 전 상담을 받은 것 외에 추가적인 치료를 받은 적이 없었다. 조시는 결혼을 해서 큰 도시로 이사를 하였으며, 자녀 한 명을 가졌다. 그녀는 산후우울증 삽화를 경험했는데 치료 없이 해결되었다. 그녀는 명망 있는 음악 펠로우십 프로그램을 이수하였는데, 여기서 작곡가이자 연주자로서 추가적인 경험과 자신감을 얻었다. 저자들이 점검할 당시에 조시는 더 많은 시간을 음악에 바치는 것, 아마도 교사로서 활동하는 것을 희망하고 있었다. 조시는 처음에 어려웠던 사회적 상황들에 그녀 자신이 참여하도록 밀어붙이는 것에 성공하였다는 점과 그녀가 처음 두려워했던 것만큼 사정이 일반적으로 어렵지 않은 점을 배웠다고 보고하게 되어 매우 자랑스러워하였다. 조시는 자신의 두려움과 회피 위계표의 평정치들에 나타나 있는 대로 몇 가지 불안

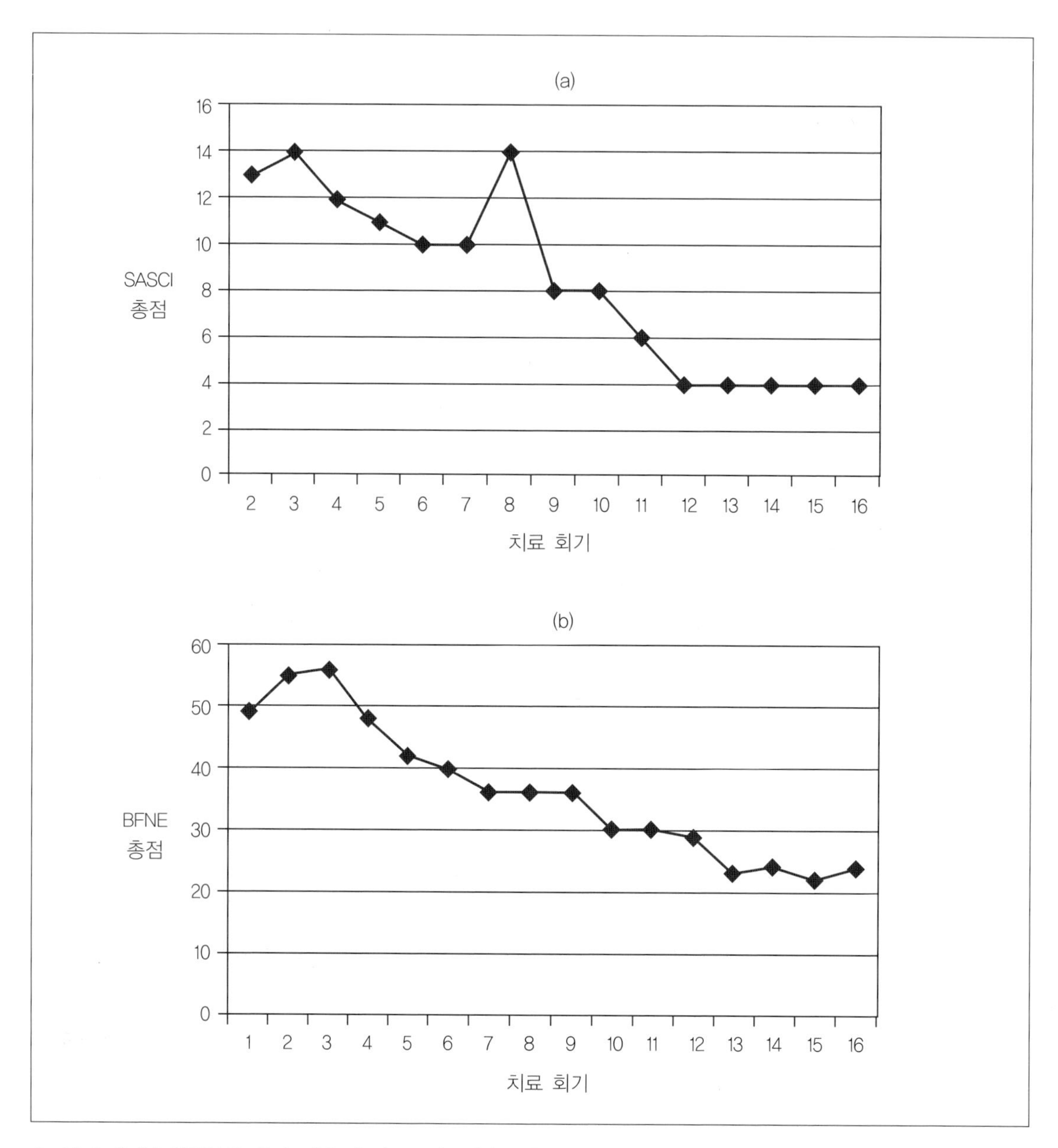

[그림 3-2] (a) 사회불안 회기 변화 지표(SASCI)와 (b) 단축형 부정적 평가에 대한 두려움 척도(BFNE)의 주별 점수

증상의 재현을 보고하였다. 이 평정치들은 1년 추후 평가 시에 보고된 것보다 더 높았으나 처치 전 평가 시의 평정치들에 비해서는 일반적으로 더 낮았다(〈표 3-3〉 참조). 하지만 그녀는 대다수의 자기보고식 및 임상가 실시용 측정도구들의 점수에 나타나 있는 대로(〈표 3-2〉 참조), 그러한 불안 증상이 그녀의 일상적 기능을 의미 있게 방해하지는 않는다고 보고하였다. 조시는 1년 추후 평가에서처럼, 사회불안장애의 진단기준을 충족시키지 않았다. 하지만 그녀는 치료 시에 그녀의 삶과 관련되지 않았던 사회적 상황들에서 다소간의 고통을 경험하였다. 예를 들면, 학교와 교회에서 다른 자녀의 부모들과 어울리는 것은 최근에 어느 정도 불안과 회피를 초래하였던 새로운 도전이었다. 조시는 몇 번의 추후 지원 회기를 통해서 도움을 받을 수도 있을 것이라는 생각을 하였으나, 자신의 CBT 기술들을 유지하기 위하여 이따금씩 내담자 워크북과 치료 노트들을 계속 복습한다고 보고하였다.

성공과 실패에 대한 임상적 예측 변인

많은 내담자의 경우와 마찬가지로, 조시의 치료는 잘된 것이 분명하다. 하지만 치료 반응은 변화 가능한 것인데, 연구자들은 인지행동치료의 성과에 대한 다수의 예측 변인에 관해 연구해 왔다(이 주제에 대한 더 상세한 개관은 L. Magee, Erwin, & Heimberg, 2009 참조).

개선에 대한 기대, 사회불안장애의 하위 유형 및 다른 불안장애나 기분장애의 동반이환뿐만 아니라 회피성 성격장애에 관해서는 이 장의 다른 절에서 논의되었다. 여기서는 세 가지 다른 변인, 즉 할당된 인지행동치료 숙제에 대한 성실도, 분노 및 인지 변화를 간략하게 살펴본다.

처방된 숙제에 대한 성실도는 긍정적인 치료 성과와 연관된 것으로 알려져 왔으며, 경험적 증거는 치료 성과에 대한 인지행동치료의 특정한 구성요소 관련 숙제 성실도의 예측력이 차별적일 수 있음을 시사한다. 예를 들면, 회기 간 인지재구성과 노출 훈련 숙제의 성실도는 치료 초기에 심리교육과 더 많이 관련되어 있는 숙제에 대한 성실도에 비해 치료 종결 후의 성과를 더 잘 예측한다(Leung & Heimberg, 1996). 다른 연구들(Edelmann & Chambless, 1995; Woody & Adessky, 2002)은 치료 종결 직후에 이러한 효과들을 동일하게 입증하지 못하였다. 하지만 6개월 추후 평가에서는 숙제 순응도가 높은 사람들이 낮은 사람들에 비해 회피행동을 더 적게 보이고, 부정적 평가에 대한 두려움이 덜했으며, 발표할 때에 덜 불안한 것으로 보고하였다(Edelman & Chambless, 1995).

분노 또한 인지행동치료의 성과에 대한 유의미한 예측 변인이다. Erwin, Heimberg, Schneier와 Liebowitz(2003)의 연구에서 특질분노 수준이 높은 사람들은 치료를 조기에 종결할 가능성이 더 높았다. 또한 치료 전에 측정된 상태분노와 특질분노 및 분노억제 수준들은 치료 종결 후 사회불안의 심각도와 유의미한 상관을 보였다.

끝으로, 집단 인지행동치료, 집단 노출치료 및 대기통제조건들을 비교한 연구에서 추정된 사회적 부담, 즉 부정적 인지 평가의 변화는 두 가지 적극적인 치료집단에서 치료 전과 후의 변화를 매개하였다(Hofmann, 2004). 게다가 노출 훈련에 더하여 인지기법들을 제공받은 집단만이 치료 종결 후부터 6개월 추후 평가까지 계속 개선을 보였다. 계속된 치료 이득은 치료 전과 치료 후 사이에 추정된 사회적 부담의 전반적인 감소와 연관되어 있었다. 이러한 결과는 인지행동적 개입이 추정된 사회적 부담의 변화를 통하여 매개되는 더 큰 치료 이득과 연관되어 있음을 시사한다(Hofmann, 2004). 더 최근에 Boden과 동료들(2012)은 대인관계적 핵심 신념들의 변화가 사회불안 증상에 대한 인지행동치료의 효과를 매개한다는 결과를, 그리고 Goldin과 동료들(2012)은 인지적 재평가 수행능력에 대한 믿음의 증가가 동일한 양상을 보인다는 결과를 보고하였다.

요약 및 결론

이 장의 1차적인 목적은 초기 평가에서부터 장기 추적까지 사회불안장애에 대한 개인 인지행동치료의 시행에 대한 단계별 분석을 제공하는 것이다. 공간의 제약 때문에 사회불안장애의 인지행동치료를 시행할 때 일어날 수 있는 절차상의 어려움들은 여기서 논의하지 않았다. 이러한 내용들은 Heimberg와 Becker(2002)의 책에서 철저하게 논의되어 있다. 자신들의 삶에서 극적인 개선을 보이는 조시와 같은 사람들은 사회불안장애—심신을 쇠약하게 만들 가능성이 있으면서도 점차 예후가 좋아지는 장애—의 치료에 관해 연구를 계속하게 하는 추진력을 제공한다.

참고문헌

Acarturk, C., de Graaf, R., van Straten, A., ten Have, M., & Cuijpers, P. (2008). Social phobia and number of social fears, and their association with comorbidity, health-related quality of life and help seeking. *Social Psychiatry and Psychiatric Epidemiology, 43*, 273-279.

Aderka, I. M. (2009). Factors affecting treatment efficacy in social phobia: The use of video feedback and individual vs. group formats. *Journal of Anxiety Disorders, 23*, 12-17.

Aderka, I. M., Hofmann, S. G., Nickerson, A., Hermesh, H., Gilboa-Schectman, E., & Marom, S. (2012). Functional impairment in social anxiety disorder. *Journal of Anxiety Disorders, 26*, 393-400.

American Psychiatric Association. (1980). *Diagnostic and statistical manual of mental disorders* (3rd ed.). Washington, DC: Author.

American Psychiatric Association. (2013). *Diagnostic and statistical manual of mental disorders* (5th ed.). Arlington, VA: Author.

Antony, M. M., Coons, M. J., McCabe, R. E., Ashbaugh, A., & Swinson, R. P. (2006). Psychometric properties of the Social Phobia Inventory: Further evaluation. *Behaviour Research and Therapy, 44*, 1177-1185.

Barlow, D. H. (2002). *Anxiety and its disorders: The nature and treatment of anxiety and panic* (2nd ed.). New York: Guilford Press.

Beck, A. T., Steer, R. A., & Brown, G. K. (1996). *Beck Depression Inventory manual* (2nd ed.). San Antonio, TX: Psychological Corporation.

Beck, J. S. (1995). *Cognitive therapy: Basics and beyond.* New York: Guilford Press.

Beidel, D. C., Turner, S. M., Stanley, M. A., & Dancu, C. V. (1989). The Social Phobia and Anxiety Inventory: Concurrent and external validity. *Behavior Therapy, 20*, 417-427.

Blanco, C., Heimberg, R. G., Schneier, F. R., Fresco, D. M., Chen, H., Turk, C. L., et al. (2010). A placebo-controlled trial of phenelzine, cognitive behavioral group therapy and their combination for social anxiety disorder. *Archives of General Psychiatry, 67*, 286-295.

Blanco, C., Xu, Y., Schneier, F., Okuda, M., Liu, S.-M., & Heimberg, R. G. (2011). Predictors of persistence of social anxiety disorder: A national study. *Journal of Psychiatric Research, 45*, 1557-1563.

Boden, M. T., John, O. P., Goldin, P. R., Werner, K., Heimberg, R. G., & Gross, J. J. (2012). The role of maladaptive beliefs in cognitive behavioral therapy: Evidence from social anxiety disorder. *Behaviour Research and Therapy, 50*, 287-291.

Brown, E. J., Heimberg, R. G., & Juster, H. R. (1995). Social phobia subtype and avoidant personality disorder: Effect on severity of social phobia, impairment, and outcome of cognitive-behavioral treatment. *Behavior Therapy, 26*, 467-486.

Brown, E. J., Turovsky, J., Heimberg, R. G., Juster, H. R., Brown, T. A., & Barlow, D. H. (1997). Validation of the Social Interaction Anxiety Scale and the Social Phobia Scale across the anxiety disorders. *Psychological Assessment, 9*, 21-27.

Brown, T. A., Di Nardo, P. A., & Barlow, D. H. (1994). *Anxiety Disorders Interview Schedule for DSM-IV*. New York: Oxford University Press.

Brown, T. A., Di Nardo, P. A., & Barlow, D. H. (2013). *Anxiety and Related Disorders Interview Schedule for DSM-5: Lifetime version (ADIS-5-L)*. Manuscript in preparation.

Brown, T. A., Di Nardo, P. A., Lehman, S. L., & Campbell, L. A. (2001). Reliability of DSM-IV anxiety and mood disorders: Implications for the classification of emotional disorders. *Journal of Abnormal Psychology, 110*, 49-58.

Brozovich, F., & Heimberg, R. G. (2008). An analysis of post-event processing in social anxiety disorder. *Clinical Psychology Review, 28*, 891-903.

Bruce, S. E., Yonkers, K. A., Otto, M. W., Eisen, J. L., Weisberg, R. B., Pagano, M., et al. (2005). Influence of psychiatric comorbidity on recovery and recurrence in generalized anxiety disorder, social phobia, and panic disorder: A 12-year prospective study. *American Journal of Psychiatry, 162*, 1179-1187.

Bruch, M. A., Fallon, M., & Heimberg, R. G. (2003). Social phobia and difficulties in occupational adjustment. *Journal of Counseling Psychology, 50*, 109-117.

Bruch, M. A., Gorsky, J. M., Collins, T. M., & Berger, P. (1989). Shyness and sociability reexamined: A multicomponent analysis. *Journal of Personality and Social Psychology, 57*, 904-915.

Carleton, R. N., Collimore, K. C., Asmundson, G. J. G., Mc-Cabe, R. E., Rowa, K., & Antony, M. M. (2009). Refining and validating the Social Interaction Anxiety Scale and the Social Phobia Scale. *Depression and Anxiety, 26*, E71-E81.

Chambless, D. L., Fydrich, T., & Rodebaugh, T. L. (2008). Generalized social phobia and avoidant personality disorder: Meaningful distinction or useless duplication? *Depression and Anxiety, 25*, 8-19.

Chambless, D. L., & Ollendick, T. H. (2001). Empirically supported psychological interventions: Controversies and evidence. *Annual Review of Psychology, 52*, 685-716.

Chambless, D. L., Tran, G. Q., & Glass, C. R. (1997). Predictors of response to cognitive-behavioral group therapy for social phobia. *Journal of Anxiety Disorders, 11*, 221-240.

Clark, D. M., Ehlers, A., Hackmann, A., McManus, F., Fennell, M., Grey, N., et al. (2006). Cognitive therapy versus exposure and applied relaxation in social phobia: A randomized controlled trial. *Journal of Consulting and Clinical Psychology, 74*, 568-578.

Clark, D. M., Ehlers, A., McManus, F., Hackmann, A., Fennell, M., Campbell, H., et al. (2003). Cognitive therapy versus fluoxetine in generalized social phobia: A randomized placebo-controlled trial. *Journal of Consulting and Clinical Psychology, 71*, 1058-1067.

Clark, D. M., & Wells, A. (1995). The cognitive model of social phobia. In R. G. Heimberg, M. R. Leibowitz, D. A. Hope, & F. R. Schneier (Eds.), *Social phobia: Diagnosis, assessment, and treatment* (pp. 69-93). New York: Guilford Press.

Collins, K. A., Westra, H. A., Dozois, D. J. A., & Stewart, S. H. (2005). The validity of the brief version of the Fear of Negative Evaluation Scale. *Journal of Anxiety Disorders, 19*, 345-359.

Connor, K. M., Davidson, J. R. T., Churchill, E., Sherwood, A., Foa, E. B., & Weisler, R. H. (2000). Psychometric properties of the Social Phobia Inventory (SPIN): A new self-rating scale. *British Journal of Psychiatry, 176*, 379-386.

Connor, K. M., Kobak, K. A., Churchill, E., Katzelnick, D., & Davidson, J. R. T. (2001). Mini-SPIN: A brief screening assessment for generalized social anxiety disorder. *Depression and Anxiety, 14*, 137-140.

Cox, B. J., Pagura, J., Stein, M. B., & Sareen, J. (2009). The relationship between generalized social phobia and avoidant personality disorder in a national mental health survey. *Depression and Anxiety, 26*, 354-362.

Cox, B. J., Ross, L., Swinson, R. P., & Direnfeld, D. M. (1998). A comparison of social phobia outcome measures in cognitive-behavioral group therapy. *Behavior Modification, 22*, 285-297.

Davidson, J. R. T., Miner, C. M., De Veaugh-Geiss, J., Tupler, L. A., Colket, J. T., & Potts, N. L. (1997). The Brief Social Phobia Scale: A psychometric evaluation. *Psychological Medicine, 27*, 161-166.

Davidson, J. R. T., Potts, N. L., Richichi, E. A., Ford, S. M., Krishnan, R. R., Smith, R. D., et al. (1991). The Brief Social Phobia Scale. *Journal of Clinical Psychiatry, 52*(Suppl. 11), 48-51.

Di Nardo, P. A., Brown, T. A., & Barlow, D. H. (1994). *Anxiety Disorders Interview Schedule for DSM-IV: Lifetime version (ADIS-IV-L).* New York: Oxford University Press.

Edelmann, R. E., & Chambless, D. L. (1995). Adherence during session and homework in cognitive-behavioral group treatment of social phobia. *Behaviour Research and Therapy, 33*, 537-577.

Elting, D. T., Hope, D. A., & Heimberg, R. G. (1997). Inter-relationships among measures commonly used in research on social phobia. *Depression and Anxiety, 4*, 246-248.

Erwin, B. A., Heimberg, R. G., Juster, H. R., & Mindlin, M. (2002). Comorbid anxiety and mood disorders among persons with social phobia. *Behaviour Research and Therapy, 40*, 19-35.

Erwin, B. A., Heimberg, R. G., Schneier, F. R., & Liebowitz, M. R. (2003). Anger experience and expression in social anxiety disorder: Pretreatment profile and predictors of attrition and response to cognitive-behavioral treatment. *Behavior Therapy, 34*, 331-350.

Fergus, T. A., Valentiner, D. P., McGrath, P. B., Gier-Lonsway, S. L., & Kim, H.-S. (2012). Short forms of the Social Interaction Anxiety Scale and the Social Phobia Scale. *Journal of Personality Assessment, 94*, 310-320.

Feske, U., Perry, K. J., Chambless, D. L., Renneberg, B., & Goldstein, A. J. (1996). Avoidant personality disorder as a predictor for severity and treatment outcome among generalized social phobics. *Journal of Personality Disorders, 10*, 174-184.

Fresco, D. M., Coles, M. E., Heimberg, R. G., Liebowitz, M. R., Hami, S., Stein, M. B., et al. (2001). The Liebowitz Social Anxiety Scale: A comparison of the psychometric properties of self-report and clinician-administered formats. *Psychological Medicine, 31*, 1025-1035.

Frisch, M. B. (1994). *Manual and treatment guide for the Quality of Life Inventory.* Minneapolis, MN: National Computer Systems.

Gaston, J. E., Abbott, M. J., Rapee, R. M., & Neary, S. A. (2006). Do empirically supported treatments generalize to private practice?: A benchmark study of a cognitive-behavioural group treatment programme for social phobia. *British Journal of Clinical Psychology, 45*, 33-48.

Gilbert, P. (2001). Evolution and social anxiety: The role of attraction, social competition, and social hierarchies. *Psychiatric Clinics of North America, 24*, 723-751.

Goldin, P. R., Ziv, M., Jazaieri, H., Werner, K., Kraemer, H., Heimberg, R. G., et al. (2012). Cognitive reappraisal self-efficacy mediates the effects of individual cognitive-behavioral therapy for social anxiety disorder in a randomized controlled trial. *Journal of Consulting and Clinical Psychology, 80*, 1034-1040.

Hackmann, A., Clark, D. M., & McManus, F. (2000). Recurrent images and early memories in social phobia. *Behaviour Research and Therapy, 38*, 601-610.

Hackmann, A., Surawy, C., & Clark, D. M. (1998). Seeing yourself through others' eyes: A study of spontaneously occurring images in social phobia. *Behavioural and Cognitive Psychotherapy, 26*, 3-12.

Hambrick, J. P., Turk, C. L., Heimberg, R. G., Schneier, F. R., & Liebowitz, M. R. (2003). The experience of disability and quality of life in social anxiety disorder. *Depression and Anxiety, 18*, 46-50.

Hayes, S. A., Hope, D. A., Van Dyke, M., & Heimberg, R. G. (2007). Working alliance for clients with social anxiety disorder: Relationship with session helpfulness and within-session habituation. *Cognitive Behaviour Therapy, 36*, 34-42.

Hayes, S. A., Miller, N. A., Hope, D. A., Heimberg, R. G., & Juster, H. R. (2008). Assessing client progress session-by-session: The Social Anxiety Session Change Index. *Cognitive and Behavioral Practice, 15*, 203-211.

Heimberg, R. G. (1994). Cognitive assessment strategies and the measurement of outcome of treatment for social phobia. *Behaviour Research and Therapy, 32*, 269-280.

Heimberg, R. G., & Becker, R. E. (2002). *Cognitive-behavioral group therapy for social phobia: Basic mechanisms and clinical strategies*. New York: Guilford Press.

Heimberg, R. G., Brozovich, F. A., & Rapee, R. M. (2010). A cognitive-behavioral model of social anxiety disorder: Update and extension. In S. G. Hofmann & P. M. DiBartolo (Eds.), *Social anxiety: Clinical, developmental, and social perspectives* (2nd ed., pp. 395-422). New York: Academic Press.

Heimberg, R. G., Dodge, C. S., Hope, D. A., Kennedy, C. R., Zollo, L. J., & Becker, R. E. (1990). Cognitive-behavioral group treatment for social phobia: Comparison with a credible placebo control. *Cognitive Therapy and Research, 14*, 1-23.

Heimberg, R. G., & Holaway, R. M. (2007). Examination of the known-groups validity of the Liebowitz Social Anxiety Scale. *Depression and Anxiety, 24*, 447-454.

Heimberg, R. G., Holt, C. S., Schneier, F. R., Spitzer, R. L., & Liebowitz, M. R. (1993). The issues of subtypes in the diagnosis of social phobia. *Journal of Anxiety Disorders, 7*, 249-269.

Heimberg, R. G., Hope, D. A., Dodge, C. S., & Becker, R. E. (1990). DSM-III-R subtypes of social phobia: Comparison of generalized social phobics and public speaking phobics. *Journal of Nervous and Mental Disease, 178*, 172-179.

Heimberg, R. G., Horner, K. J., Juster, H. R., Safren, S. A., Brown, E. J., Schneier, F. R., et al. (1999). Psychometric properties of the Liebowitz Social Anxiety Scale. *Psychological Medicine, 29*, 199-212.

Heimberg, R. G., Liebowitz, M. R., Hope, D. A., Schneier, F. R., Holt, C. S., Welkowitz, L. A., et al. (1998). Cognitive behavioral group therapy vs. phenelzine therapy for social phobia: 12-week outcome. *Archives of General Psychiatry, 55*, 1133-1141.

Heimberg, R. G., Mueller, G. P., Holt, C. S., Hope, D. A., & Liebowitz, M. R. (1992). Assessment of anxiety in social interaction and being observed by others: The Social Interaction Anxiety Scale and the Social Phobia Scale. *Behavior Therapy, 23*, 53-73.

Heimberg, R. G., Salzman, D. G., Holt, C. S., & Blendell, K. A. (1993). Cognitive-behavioral group treatment for social phobia: Effectiveness at five-year followup. *Cognitive Therapy and Research, 17*, 325-339.

Heimberg, R. G., & Turk, C. L. (2002). Assessment of social phobia. In R. G. Heimberg & R. E. Becker (Eds.), *Cognitive-behavioral group therapy for social phobia: Basic mechanisms and clinical strategies* (pp. 107-126). New York: Guilford Press.

Herbert, J. D., Bellack, A. S., & Hope, D. A. (1991). Concurrent validity of the Social Phobia and Anxiety Inventory. *Journal of Psychopathology and Behavioral Assessment, 13*, 357-368.

Herbert, J. D., Hope, D. A., & Bellack, A. S. (1992). Validity of the distinction between generalized social phobia and avoidant personality disorder. *Journal of Abnormal Psychology, 101*, 332-339.

Hofmann, S. G. (2004). Cognitive mediation of treatment change in social phobia. *Journal of Consulting and Clinical Psychology, 72*, 392-399.

Hofmann, S. G., Newman, M. G., Becker, E., Taylor, C. B., & Roth, W. T. (1995). Social phobia with and without avoidant personality disorder: Preliminary behavior therapy outcome findings. *Journal of Anxiety Disorders, 9*, 427-438.

Hope, D. A., Heimberg, R. G., & Bruch, M. A. (1995). Dismantling cognitive-behavioral group therapy for social phobia. *Behaviour Research and Therapy, 33*, 637-650.

Hope, D. A., Heimberg, R. G., Juster, H., & Turk, C. L. (2000). *Managing social anxiety: A cognitive-behavioral therapy approach (client workbook).*

New York: Oxford University Press.

Hope, D. A., Heimberg, R. G., & Turk, C. L. (2006). *Managing social anxiety: A cognitive-behavioral therapy approach (therapist guide)*. New York: Oxford University Press.

Hope, D. A., Heimberg, R. G., & Turk, C. L. (2010a). *Managing social anxiety: A cognitive-behavioral therapy approach* (Client Workbook, 2nd ed.). New York: Oxford University Press.

Hope, D. A., Heimberg, R. G. , & Turk, C. L. (2010b). *Managing social anxiety: A cognitive-behavioral therapy approach* (Therapist Guide, 2nd ed.). New York: Oxford University Press.

Hope, D. A., Herbert, J. D., & White, C. (1995). Diagnostic subtype, avoidant personality disorder, and efficacy of cognitive behavioral group therapy for social phobia. *Cognitive Therapy and Research, 19*, 399-417.

Hope, D. A., Van Dyke, M., Heimberg, R. G., Turk, C. L., & Fresco, D. M. (2002). *Cognitive-behavioral therapy for social anxiety disorder: Therapist adherence scale*. Unpublished manuscript, available from Richard G. Heimberg, Adult Anxiety Clinic, Department of Psychology, Temple University, Philadelphia, PA 19122-6085.

Huppert, J. D., Strunk, D. R., Ledley, D. R., Davidson, J. R. T., & Foa, E. B. (2008). Generalized social anxiety disorder and avoidant personality disorder: Structural analysis and treatment outcome. *Depression and Anxiety, 25*, 441-448.

Kabat-Zinn, J. (1990). *Full catastrophe living: Using the wisdom of your body and mind to face stress, pain, and illness*. New York: Dell.

Katzelnick, D. J., Kobak, K. A., DeLeire, T., Henk, H. J., Greist, J. H., Davidson, J. R. T., et al. (2001). Impact of generalized social anxiety disorder in managed care. *American Journal of Psychiatry, 158*, 1999-2007.

Kendall, P. C., Chu, B., Gifford, A., Hayes, C., & Nauta, M. (1998). Breathing life into a manual: Flexibility and creativity with manual-based treatments. *Cognitive and Behavioral Practice, 5*, 177-198.

Kendall, P. C., Gosch, E., Furr, J. M., & Sood, E. (2008). Flexibility within fidelity. *Journal of the American Academy of Child and Adolescent Psychiatry, 47*, 987-993.

Kessler, R. C., Berglund, P. D., Demler, O., Olga, J. R., Merikangas, K. R., & Walters, E. E. (2005). Lifetime prevalence and age-of-onset distributions of DSM-IV disorders in the National Comorbidity Survey Replication. *Archives of General Psychiatry, 62*, 593-602.

Koszycki, D., Benger, M., Shlik, J., & Bradwejn, J. (2007). Randomized trial of a meditation-based stress reduction program and cognitive behavior therapy in generalized social anxiety disorder. *Behaviour Research and Therapy, 45*, 2518-2526.

Kupper, N., & Denollet, J. (2012). Social anxiety in the general population. Introducing abbreviated versions of the SIAS and SPS. *Journal of Affective Disorders, 136*, 90-98.

Leary, M. R. (1983). A brief version of the Fear of Negative Evaluation Scale. *Personality and Social Psychology Bulletin, 9*, 371-375.

Leary, M. R., Kowalski, R. M., & Campbell, C. D. (1988). Self-presentational concerns and social anxiety: The role of generalized impression expectancies. *Journal of Research in Personality, 22*, 308-321.

Ledley, D. R., Heimberg, R. G., Hope, D. A., Hayes, S. A., Zaider, T. I., Van Dyke, M., et al. (2009). Efficacy of a manualized and workbook-driven individual treatment for social anxiety disorder. *Behavior Therapy, 40*, 414-424.

Leung, A. W., & Heimberg, R. G. (1996). Homework compliance, perceptions of control, and outcome of cognitive-behavioral treatment for social phobia. *Behaviour Research and Therapy, 34*, 423-432.

Liebowitz, M. R. (1987). Social phobia. *Modern Problems in Pharmacopsychiatry, 22*, 141-173.

Liebowitz, M. R., Heimberg, R. G., Fresco, D. M., Travers, J., & Stein, M. B. (2000). Social phobia or social anxiety disorder: What's in a name? *Archives of General Psychiatry, 57*, 191-192.

Liebowitz, M. R., Heimberg, R. G., Schneier, F. R., Hope, D. A., Davies, S., Holt, C. S., et al. (1999). Cognitive-behavioral group therapy versus phenelzine in social phobia: Long-term outcome. *Depression and Anxiety, 10*, 89-98.

Lincoln, T. M., Rief, W., Hahlweg, K., Frank, M., von Witzleben, I., Schroeder, B., et al. (2003). Effectiveness of an empirically supported treatment for social phobia in the field. *Behaviour Research and Therapy, 41*, 1251-1269.

MacLeod, C., & Mathews, A. (1991). Biased cognitive operations in anxiety: Accessibility of information or assignment of processing priorities? *Behaviour Research and Therapy, 29*, 599-610.

Magee, L., Erwin, B. A., & Heimberg, R. G. (2009). Psychological treatment of social anxiety disorder and specific phobia. In M. M. Antony & M. B. Stein (Eds.), *Handbook of anxiety and the anxiety disorders* (pp. 334-349). New York: Oxford University Press.

Magee, W. J., Eaton, W. W., Wittchen, H.-U., McGonagle, K. A., & Kessler, R. C. (1996). Agoraphobia, simple phobia, and social phobia in the National Comorbidity Survey. *Archives of General Psychiatry, 53*, 159-168.

Mannuzza, S., Schneier, F. R., Chapman, T. F., Liebowitz, M. R., Klein, D. F., & Fyer, A. J. (1995). Generalized social phobia: Reliability and validity. *Archives of General Psychiatry, 52*, 230-237.

Marques, L., Porter, E., Keshaviah, A., Pollack, M. H., Van Ameringen, M., Stein, M. B., et al. (2012). Avoidant personality disorder in individuals with generalized social anxiety disorder: What does it add? *Journal of Anxiety Disorders, 26*, 665-672.

Mattick, R. P., & Clarke, J. C. (1998). Development and validation of measures of social phobia scrutiny fear and social interaction anxiety. *Behaviour Research and Therapy, 36*, 455-470.

Mattick, R. P., & Peters, L. (1988). Treatment of severe social phobia: Effects of guided exposure with and without cognitive restructuring. *Journal of Consulting and Clinical Psychology, 56*, 251-260.

McEvoy, P. M. (2007). Effectiveness of cognitive behavioural group therapy for social phobia in a community clinic: A benchmarking study. *Behaviour Research and Therapy, 45*, 3030-3040.

McEvoy, P. M., Nathan, P., Rapee, R. M., & Campbell, B. N. C. (2012). Cognitive behavioural group therapy for social phobia: Evidence of transportability to community clinics. *Behaviour Research and Therapy, 50*, 258-265.

Mennin, D. S., Fresco, D. M., Heimberg, R. G., Schneier, F. R., Davies, S. O., & Liebowitz, M. R. (2002). Screening for social anxiety disorder in the clinical setting: Using the Liebowitz Social Anxiety Scale. *Journal of Anxiety Disorders, 16*, 661-673.

Mörtberg, E., Clark, D. M., & Bejerot, S. (2011). Intensive group cognitive therapy and individual cognitive therapy for social phobia: Sustained improvement at 5-year follow-up. *Journal of Anxiety Disorders, 25*, 994-1000.

Narrow, W. E., Rae, D. S., Robins, L. N., & Regier, D. A. (2002). Revised prevalence estimates of mental disorders in the United States: Using a clinical significance criterion to reconcile two surveys' estimates. *Archives of General Psychiatry, 59*, 115-123.

Norton, P. J., & Hope, D. A. (2001). Kernels of truth or distorted perceptions: Self and observer ratings of social anxiety and performance. *Behavior Therapy, 32*, 765-786.

Ougrin, D. (2011). Efficacy of exposure versus cognitive therapy in anxiety disorders: Systematic review and meta analysis. *BMC Psychiatry, 11*, 200.

Peters, L., Sunderland, M., Andrews, G., Rapee, R. M., & Mattick, R. P. (2012). Development of a short form Social Interaction Anxiety (SIAS) and Social Phobia Scale (SPS) using nonparametric item response theory: The SIAS-6 and the SPS-6. *Psychological Assessment, 24*, 66-76.

Piet, J., Hougaard, E., Hecksher, M. S., & Rosenberg, N. K. (2010). A randomized pilot study of mindfulness-based cognitive therapy and group cognitive-behavioral therapy for young adults with social phobia. *Scandinavian Journal of Psychology, 51*, 403-410.

Pontoski, K., Heimberg, R. G., Turk, C. L., & Coles,

M. E. (2010). Psychotherapy for social anxiety disorder. In D. Stein, E. Hollander, & B. Rothbaum (Eds.), *American Psychiatric Publishing textbook of anxiety disorders* (2nd ed., pp. 501-521). Washington, DC: American Psychiatric Press.

Powers, M. B., Sigmarsson, S. R., & Emmelkamp, P. M. G. (2008). A meta-analytic review of psychological treatments for social anxiety disorder. *International Journal of Cognitive Therapy, 1*, 94-113.

Rapee, R. M., & Heimberg, R. G. (1997). A cognitive-behavioral model of anxiety in social phobia. *Behaviour Research and Therapy, 35*, 741-756.

Rapee, R. M., & Lim, L. (1992). Discrepancy between self- and observer ratings of performance in social phobics. *Journal of Abnormal Psychology, 101*, 728-731.

Ries, B. J., McNeil, D. W., Boone, M. L., Turk, C. L., Carter, L. E., & Heimberg, R. G. (1998). Assessment of contemporary social phobia verbal report instruments. *Behaviour Research and Therapy, 36*, 983-994.

Rodebaugh, T. L. (2009). Social phobia and perceived friendship quality. *Journal of Anxiety Disorders, 23*, 872-878.

Rodebaugh, T. L., Heimberg, R. G., Brown, P. J., Fernandez, K. C., Blanco, C., Schneier, F. R., et al. (2011). More reasons to be straightforward: Findings and norms for two scales relevant to social anxiety. *Journal of Anxiety Disorders, 25*, 623-630.

Rodebaugh, T. L., Woods, C. M., & Heimberg, R. G. (2007). The reverse of social anxiety is not always the opposite: The reverse-scored items of the Social Interaction Anxiety Scale do not belong. *Behavior Therapy, 38*, 192-206.

Rodebaugh, T. L., Woods, C. M., Thissen, D. M., Heimberg, R. G., Chambless, D. L., & Rapee, R. M. (2004). More information from fewer questions: The factor structure and item properties of the original and Brief Fear of Negative Evaluation Scale. *Psychological Assessment, 16*, 169-181.

Roth, D. A., Coles, M. E., & Heimberg, R. G. (2002). The relationship between memories for childhood teasing and anxiety and depression in adulthood. *Journal of Anxiety Disorders, 16*, 149-164.

Rytwinski, N. K., Fresco, D. M., Heimberg, R. G., Coles, M. E., Liebowitz, M. R., Cissell, S., et al. (2009). Screening for social anxiety disorder with the self-report version of the Liebowitz Social Anxiety Scale. *Depression and Anxiety, 26*, 34-38.

Safren, S. A., Heimberg, R. G., Brown, E. J., & Holle, C. (1997). Quality of life in social phobia. *Depression and Anxiety, 4*, 126-133.

Safren, S. A., Heimberg, R. G., & Juster, H. R. (1997). Client expectancies and their relationship to pretreatment symptomatology and outcome of cognitive-behavioral group treatment for social phobia. *Journal of Consulting and Clinical Psychology, 65*, 694-698.

Sanderson, W. C., Di Nardo, P. A., Rapee, R. M., & Barlow, D. H. (1990). Syndrome comorbidity in patients diagnosed with a DSM-III-R anxiety disorder. *Journal of Abnormal Psychology, 99*, 308-312.

Sank, L. I., & Shaffer, C. S. (1984). *A therapist's manual for cognitive behavior therapy in groups*. New York: Plenum Press.

Schneier, F. R., Heckelman, L. R., Garfinkel, R., Campeas, R., Fallon, B. A., Gitow, A., et al. (1994). Functional impairment in social phobia. *Journal of Clinical Psychiatry, 55*, 322-331.

Schneier, F. R., Johnson, J., Hornig, C. D., Liebowitz, M. R., & Weissman, M. M. (1992). Social phobia: Comorbidity and morbidity in an epidemiologic sample. *Archives of General Psychiatry, 49*, 282-288.

Scholing, A., & Emmelkamp, P. M. G. (1993). Exposure with and without cognitive therapy for generalized social phobia: Effects of individual and group treatment. *Behaviour Research and Therapy, 31*, 667-681.

Segal, Z. V., Williams, J. M., & Teasdale, J. D. (2002). *Mindfulness-based cognitive therapy for depression: A new approach to preventing relapse*. New York: Guilford Press.

Stangier, U., Heidenreich, T., Peitz, M., Lauterbach, W., & Clark, D. M. (2003). Cognitive therapy for social phobia: Individual versus group treatment. *Behaviour Research and Therapy, 41*, 991-1007.

Stangier, U., Schramm, E., Heidenreich, T., Berger, M., & Clark, D. M. (2011). Cognitive therapy vs. interpersonal therapy in social anxiety disorder. *Archives of General Psychiatry, 68*, 692-700.

Stopa, L., & Clark, D. M. (1993). Cognitive processes in social phobia. *Behaviour Research and Therapy, 31*, 255-267.

Taylor, S., Woody, S., McLean, P. D., & Koch, W. J. (1997). Sensitivity of outcome measures for treatments of generalized social phobia. *Assessment, 4*, 181-191.

Turner, S. M., Beidel, D. C., Dancu, C. V., & Stanley, M. A. (1989). An empirically derived inventory to measure social fears and anxiety: The Social Phobia and Anxiety Inventory. *Psychological Assessment, 1*, 35-40.

Turner, S. M., Beidel, D. C., & Townsley, R. M. (1992). Social phobia: A comparison of specific and generalized subtype and avoidant personality disorder. *Journal of Abnormal Psychology, 101*, 326-331.

Turner, S. M., Beidel, D. C., Wolff, P. L., Spaulding, S., & Jacob, R. G. (1996). Clinical features affecting treatment outcome in social phobia. *Behaviour Research and Therapy, 34*, 795-804.

Vriends, N., Becker, E. S., Meyer, A., Michael, T., & Margraf, J. (2007). Subtypes of social phobia: Are they of any use? *Journal of Anxiety Disorders, 21*, 59-75.

Vriends, N., Becker, E. S., Meyer, A., Williams, S. L., Lutz, R., & Margraf, J. (2007). Recovery from social phobia in the community and its predictors: Data from a longitudinal epidemiological study. *Journal of Anxiety Disorders, 21*, 320-337.

Wallace, S. T., & Alden, L. E. (1991). A comparison of social standards and perceived ability in anxious and nonanxious men. *Cognitive Therapy and Research, 15*, 237-254.

Watson, D., & Friend, R. (1969). Measurement of social-evaluative anxiety. *Journal of Consulting and Clinical Psychology, 33*, 448-457.

Weeks, J. W., Heimberg, R. G., Fresco, D. M., Hart, T. A., Turk, C. L., Schneier, F. R., et al. (2005). Empirical validation and psychometric evaluation of the Brief Fear of Negative Evaluation Scale in patients with social anxiety disorder. *Psychological Assessment, 17*, 179-190.

Weeks, J. W., Heimberg, R. G., & Rodebaugh, T. L., & Norton, P. J. (2008). Exploring the relationship between fear of positive evaluation and social anxiety. *Journal of Anxiety Disorders, 22*, 386-400.

Weeks, J. W., Spokas, M. E., & Heimberg, R. G. (2007). Psychometric evaluation of the Mini-Social Phobia Inventory (Mini-SPIN) in a treatment-seeking sample. *Depression and Anxiety, 24*, 382-391.

Wenzel, A. (2002). Characteristics of close relationships in individuals with social phobia: A preliminary comparison with nonanxious individuals. In J. H. Harvey & A. Wenzel (Eds.), *A clinician's guide to maintaining and enhancing close relationships* (pp. 199-214). Mahwah, NJ: Erlbaum.

Wlazlo, Z., Schroeder-Hartwig, K., Hand, I., Kaiser, G., & Münchau, N. (1990). Exposure *in vivo* vs. social skills training for social phobia: Long-term outcome and differential effects. *Behaviour Research and Therapy, 28*, 181-193.

Wolpe, J., & Lazarus, A. A. (1966). *Behavior therapy techniques*. New York: Pergamon.

Wong, J., Gordon, E. A., & Heimberg, R. G. (2012). Social anxiety disorder. In P. Sturmey & M. Hersen (Eds.), *Handbook of evidence-based practice in clinical psychology: Volume II, Adult disorders* (pp. 621-649). New York: Wiley.

Woody, S. R., & Adessky, R. S. (2002). Therapeutic alliance, group cohesion, and homework compliance during cognitive-behavioral group treatment of social phobia. *Behavior Therapy, 35*, 5-27.

chapter 4

강박장애

Martin E. Franklin, Edna B. Foa 공저
현명호 역

강박장애(OCD)를 성공적으로 치료하는 방법이 일반적인 치료적 접근과 구조나 내용에 있어서 상당히 다르다는 것을 독자가 이해하는 데는 오랜 시간이 걸리지 않을 것이다. 그 이유는 유감스럽게도 이러한 치료를 유능하게 수행할 수 있다고 생각하는 치료자는 거의 없으며, 임상장면에서 강박장애에 장단기 효과를 얻기 위해 어떤 치료를 해야 하는가는 선택의 문제이기 때문이다. 이 장에서는 훈련이 잘 된 정신건강 전문가가 선택의 여지가 없을 때 치료를 수행하기 위한 정보를 충분히 제공하고자 한다. 강박장애로 인한 고통이 통상적인 수준을 넘어설 수는 있지만 완벽한 치료를 시도하지 못한 경우에도 고통을 많이 줄여 줄 수 있다. 이 장에서는 심상을 통한 연습이나 실제 연습과 같은 집중적인 하루 단위의 치료장면을 상세히 기술할 것이다. 또한 주목할 것은 치료자에게 필요한 창의성(예: 당신은 어디서 죽은 동물을 발견했습니까?)이다. 제1장에서 Craske와 Barlow가 기술한 중요한 타인의 중요성을 여기에서도 계속 다룰 것이다. 예를 들어, 문제를 가지고 있는 사람의 배우자와 파트너 혹은 가까운 사람은 치료에서 중요하면서도 통합적인 부분을 차지하게 될 것이다. 마지막으로, 이 장에서는 강박장애를 심리학적으로나 약물학적으로 접근하는 최근의 방법을 현재의 시점에 맞게 소개할 것이다.

– D. H. B.

지난 40년간 인지행동치료(cognitive-behavioral treatment: CBT)와 약물치료가 발전하면서 강박장애(obsessive-compulsive disorder: OCD) 환자의 예후를 크게 증진시켰다. 이 장에서는 먼저 강박장애의 진단과 이론에 관련된 문제를 논의하고 사용 가능한 치료를 살펴볼 것이며, 강박장애에 대한 노출 및 반응방지(exposure and ritual prevention: EX/RP)와 같은 CBT를 시행하는 방법을 예를 들어 설명할 것이다. 또한 치료 과정 전반을 보여 주기 위해 치료자와 환자 사이에 발생하는 상호작용을 보여 주는 사례를 이용할 것이다.

정의

『정신질환의 진단 및 통계 편람 제5판』(DSM-5; American Psychiatric Association, 2013)에서는 강박장애를 일상생활 기능을 심각하게 방해하는 강박사고와 강박행동이 나타나는 것으로 정의하고 있다. 강박사고(obsession)는 "장애가 발현되었을 때 경험하게 되는 지속적인 사고와 충동 또는 심상으로서 침습적이고 환자가 원한 것이 아니며, 대부분의 사람에게 상당한 불안과 불편을 야기한다"(p. 237). 보편적인 강박사고에는 타인에게 해를 끼치는 생각, 오염에 대한 생각, 혹은 문을 잘 잠갔나 하는 의심을 반복적으로 생각하는 것이 포함된다. 강박행동(compulsion)은 "강박사고에 대한 반응으로 혹은 엄격하게 적용되어야 하는 규칙에 따라 반응을 하고자 하는 반복적인 행동 혹은 정신적 행위"를 말한다(p. 237). 강박행동의 예에는 손 씻기, 확인하기, 숫자 세기와 같은 것이 있다. DSM-5에서 강박장애는 강박 및 관련 장애로 분류되어 있고(예: Stein et al., 2010), 강한 불안 및 불안과 관련된 강박행동과 같은 장애(예: 신체이형장애), 욕구 충족을 위한 반복행동(예: 발모광, 피부뜯기장애)과 강박장애의 형식적이고 기능적인 유사성을 강조하고 있다(APA, 2013).

DSM에서는 강박사고와 강박행동 간의 기능적 연결을 강조한다. '강박사고'는 현저한 불안과 불편감의 원인이 되는 사고나 심상 또는 충동으로 정의된다. '강박행동'은 강박사고나 혹은 엄격한 규칙을 지키기 위해 발생하게 되는 불편감을 줄이려고 수행하는 외현적 행동이나 내현적 정신활동으로 정의된다. 이러한 정의는 강박장애에 대한 DSM-IV의 현장연구 결과가 지지하는데, 그 연구를 보면 참여자의 90%가 자신의 강박행동은 그 목적이 강박사고와 관련된 해악을 방지하거나 강박사고로 인한 불편감을 감소시키는 것에 있다고 보고하고 있다(Foa et al., 1995).

DSM-IV의 현장연구에서 얻은 자료는 강박장애를 가진 사람의 대다수(90% 이상)가 강박사고와 행동적인 의례를 표현하고 있음을 보여 주고 있다. 정신적인 의례를 포함하면 표본의 2%만이 '순수한' 강박사고를 보고하였다(Foa et al., 1995). 강박사고에 대한 기능적 관계라는 측면에서 행동적 의례(예: 손 씻기)는 정신적 의례(예: 조용히 반복하는 특정한 기도)와 동일하다. 두 의례 모두 강박사고로 인한 불편감을 줄여 주고, 두려운 해악을 방지하며, 안전을 회복시켜 주는 역할을 한다. 그러므로 모든 강박사고는 정신적인 사건인 반면에 강박행동은 정신적이거나 행동적일 수 있다. 강박사고와 강박행동은 모두 다양한 치료기법을 통해 다룰 수 있으므로 특히 치료계획을 세울 때 정신적 의례의 확인은 매우 중요하다. 예를 들어, 우리는 자신을 '순수하게 강박사고만 있는 사람'이라고 말하는 사람을 치료했는데, 그는 여자 친구가 동물의 습격으로 큰 상처를 입게 되는 원치 않는 침습적인 심상을 경험하고 있었다. 환자는 재빠르면서 의도적으로 자신이 동물의 습격으로 인해 희생자가 되는 심상을 구성하였고, 이를 통해 불편감과 미래에 여자 친구에게 해로운 일이 발생할 가능성을 어느 정도 감소시킬 수 있다고 생각하였다. 그의 심상을 정신적 의례를 구성하는 장면으로 대치시키고 심상적 노출 연습에 성공하기 위해서는 환자가 이러한 강박행동을 참아 내는 것이 필요하다.

강박장애를 가진 사람에 대한 통찰의 연속선

에 대한 합의가 증가하면서(예: Foa et al., 1995; Insel & Akiskal, 1986), DSM-IV(American Psychiatric Association, 1994)는 강박사고와 강박행동을 가지고 있으면서 자신의 어리석음을 인식하지 못하는 사람을 포함하기 위해 '통찰력이 부족한' 강박장애 아형을 분류하였다. 강박장애자를 통찰 수준에 따라 분류하기 위해(Leckman et al., 2010), DSM-5에서는 우수하거나 적절한 통찰, 통찰의 부족, 통찰의 부재/망상적 신념으로 구분하였다. 인지행동치료를 하기 전에 통찰의 정도를 평가하는 것은 임상적으로 매우 중요하다. 왜냐하면 강박행동을 중단했을 때 발생할 결과에 대한 확고한 신념과 회피행동은 치료 결과와 연관되어 있기 때문이다(예: Foa, Abramowitz, Franklin, & Kozak, 1999; Neziroglu, Stevens, Yaryura-Tobias, & McKay, 2000).

강박장애를 진단하기 위해서는 강박사고와 강박행동이 불편함을 일으킬 만큼 충분히 심각하고, 시간 소모적이며, 일상기능을 방해해야 한다. 다른 축 I 장애가 있다면 강박사고와 강박행동이 그 장애의 내용에 한정되지 않아야 한다(예: 섭식장애에서 음식에 대한 몰두).

강박장애의 유병률과 원인

한때 극단적으로 드문 장애라고 생각되었던 강박장애는 최근 미국에서 성인 9,000명을 대상으로 조사한 국가 동반이환율 조사에서 유병률이 1.0% 정도인 것으로 추산되었다(Kessler et al., 2005). 아동과 청소년 대상 역학 연구에 의하면 평생 유병률도 이 정도인 것으로 보고되고 있다(예: Flament et al., 1988; Valleni-Basille et al., 1994). 소아 임상 표본에서는 약 2:1 정도의 비율로 남아가 여아보다 많지만(예: Hanna, 1995; Swedo, Rapoport, Leonard, Lenane, & Cheslow, 1989) 강박장애를 경험하고 있는 성인의 절반 이상은 여성이다(Rasmussen & Tsuang, 1986). 대개 초기 청소년기에서 젊은 성인기 사이에 발병하지만 남성은 13~15세경, 여성은 20~24세경으로 남성이 빨리 발병한다(Rasmussen & Eisen, 1990). 그러나 2세 아동이 강박장애로 보고된 경우도 있다(Rapoport, Swedo, & Leonard, 1992).

보통 강박장애의 진행은 점진적이지만 일부의 경우에는 급작스럽게 발병하기도 한다. 증상이 만성적으로 좋아졌다가 나빠지는 것을 반복하는 것이 보통이지만 약 10%의 환자는 삽화적이고 악화 과정을 보이기도 한다(Rasmussen & Eisen, 1990). 소아 강박장애와 틱장애의 일부 사례는 급작스럽게 발병하고, 연쇄상구균 감염과 관계가 있으며, 감염을 치료하면 증상이 상당히 줄어들지만 다시 감염되면 증상이 악화된다(Swedo et al., 1998). 이러한 강박장애는 남성에게 더욱 전형적이며, 연쇄상구균 감염과 관련된 소아 자율면역 신경정신적 장애(pediatric autoimmune neuropsychiatric disorders associated with streptococcal infection: PANDAS)로 알려져 있다. PANDAS는 최근 '소아 자율면역 신경정신적 증상(pediatric autoimmune neuropsychiatric syndrome: PANS)'(Swedo, Leckman, & Rose, 2012)이라는 폭넓은 진단 범위 안에 포함되었고, PANDAS와 PANS의 유병률은 확인되고 있는 상태이다. 강박장애는 보통 유급 취업의 어려움(Koran, 2000; Leon, Portera, & Weissman, 1995)이나 인간관계의 어려움(Emmelkamp, de Haan, & Hoogduin, 1990; Riggs, Hiss, & Foa, 1992)과 같은 일반기능의 손상과 관계가 있다. 강박장애로 진단된 청소년을 추적한 결과(Flament et al., 1988), 이들은 오염을 방지하고 강박행동을 하기 위한 에너지를 보호하기 위해서 사회적으로 철회되어 있었다(Flament et al., 1990). 강박장애가 있는 많은 사람은 치료를 받기 이전에 여러 해 동안 고통을 경험한다. 증상이 발견되고 평균 7년이 넘어서야 처음 정신과 치료를 받는다(Rasmussen & Tsuang, 1986). 이 장애는 직장을 잃거나 결혼생활과 대인관계의 와해 같은 기능손상의 원인이 된다. 예컨대, 강박장애를 치료받으러 온 기혼자의 약 50%는 부부간의 문제를 보고하고 있다(Emmelkamp et al., 1990; Riggs et al., 1992).

동반이환

다양한 역학과 임상 자료를 보면, 강박장애는 단독으로 발병하는 경우가 매우 드물다. 선택된 전집이나 방법론에 따라 연구에서 보고되는 동반이환율은 매우 다양하지만 비교적 높은 편이다. 예를 들어, Weissman과 동료들(1994)은 강박장애 진단을 받은 사람의 49%가 불안장애를 함께 가지고 있었고, 27%는 주요우울장애(major depressive disorder: MDD)로 고통스러워한다고 보고하였다. 불안장애 클리닉에서 수행된 연구에서도 동반이환의 정도는 매우 다양하지만 일반적으로 발견되고 있다(개관은 Ledley, Pai, & Franklin, 2007 참조). 불안장애 클리닉에서 수행된 매우 많은 연구를 통해 Brown, Campbell, Lehman, Grisham과 Mancill(2011)은 강박장애가 주요 장애로 진단된 77명 중 57%가 축 I에 해당하는 장애를 함께 가지고 있었고, 평생 동반이환으로 보면 축 I에 속하는 장애가 86%까지 증가하였다. 다른 불안장애와 함께 강박장애가 발병하면 1차적으로 강박장애로 진단한다(심각도 측면에서의 진단; Antony, Downie, & Swinson, 1998 참조). 또한 주요우울장애의 발병은 강박장애의 발병 후에 나타나는 경우가 있어서 우울증이 강박장애 증상의 반응일 가능성을 시사한다(Bellodi, Sciuto, Diaferia, Ronchi, & Smeraldi, 1992; Diniz et al., 2004).

동반이환이 강박장애의 표현에 미치는 영향은 분명하지 않다. Denys, Tenney, van Megen, de Geus와 Westenberg(2004)는 동반이환이 강박장애 증상의 심각도에 영향을 주지 않는다는 것을 발견하였지만, 다른 연구(Angst, 1993; Tukel, Polat, Ozdemir, Aksut, & Turksov, 2002)에서는 동반이환과 강박장애 증상의 심각도는 관계가 있다는 것을 발견하였다. 많은 연구에서 일관성 있게 발견되는 것은 특히 우울이 동반이환일 경우 동반이환이 삶의 질 저하와 연관되어 있다는 것이다(Lochner & Stein, 2003; Masellis, Rector, & Richter, 2003).

동반이환으로서 불안과 우울이 치료 결과에 미치는 영향을 살펴보면, 우울의 영향은 경험적인 지지를 받고 있다. 치료 전에 우울이 높은 경우 치료 결과가 나쁘다는 연구도 있지만(예: Keijsers, Hoogduin, & Schaap, 1994; Steketee, Chambless, & Tran, 2001), 영향이 거의 없다는 연구도 있다(Mataix-Cols, Marks, Greist, Kobak, & Baer, 2002; O'Sullivan, Noshirvani, Marks, Monteiro, & Lelliott, 1991; Steketee, Eisen, Dyck, Warshaw, & Rasmussen, 1999). 어떤 연구자들은 특히 심각한 우울을 동반이환으로 가지고 있으면 치료 결과가 크게 영향을 받는다고 주장한다. Abramowitz, Franklin, Street, Kozak과 Foa(2000)는 우울이 심각한 환자만이 강

박장애의 노출 및 반응방지 치료에 반응하지 않는다는 것을 발견하였다. 마찬가지로 강박장애가 동반이환인 우울한 환자는 치료 후 재발 위험성이 매우 높았다(Abramowitz & Foa, 2000; Basoglu, Lax, Kasvikis, & Marks, 1988). 동반이환으로서 우울장애가 결과에 미치는 영향은 비교적 관심을 적게 받았다. 한 연구에서 강박장애와 동반이환으로서 범불안장애를 가진 환자는 다른 환자보다 강박장애 치료를 종결하는 비율이 높았다(Steketee et al., 2001). 그러나 다른 연구에서는 강박장애 환자가 외상 후 스트레스 장애를 가지고 있을 때 노출 및 반응방지 치료에 대한 반응이 약하였다(Gershuny, Baer, Jenike, Minichiello, & Wilhelm, 2002). 2차 불안장애(예: 외현화장애, 기분장애)가 아닌 다른 장애를 동반이환으로 가진 소아 강박장애의 경우에는 인지행동치료에 대한 즉각적인 반응이 좋지 않다(Storch et al., 2008). 그러나 ADHD를 동반이환으로 가진 아동에 대한 연구에서는 인지행동치료에 대한 결과가 아동과 청소년 모두 추적 연구 시점에서 약해졌다(Farrell, Waters, Milliner, & Ollendick, 2012). 주목할 점은 동반이환상태가 치료 결과에 영향을 미치는 기제에 대해서는 아직도 탐구되고 있는 상태라는 점이다.

뚜렛장애와 기타 틱장애는 DSM-5의 강박 및 관련 장애로 묶을 정도로 충분한 것은 아니지만 강박장애와 관련이 있는 것으로 보인다. 뚜렛장애와 강박장애의 동반이환율은 대략 28~63%에 이른다(Comings, 1990; Kurlan et al., 2002; Leckman Zahner, & Cohen, 1986). 반대로 강박장애 환자의 17% 이상이 뚜렛 증상을 가지고 있는 것으로 생각된다(Comings, 1990; Kurlan et al., 2002; Rasmussen & Eisen, 1989). 최근 연구 보고에 의하면, 일반적으로 동반이환이 있으면 치료 결과가 좋지 않다(Matsunaga et al., 2005). 그러나 최근 소아를 대상으로 한 연구에서는 약물치료에는 반응을 하지만 인지행동치료에는 그렇지 않다는 것이 발견되었다.

변별진단

강박장애가 다른 장애와의 동반이환율이 높고 DSM의 다른 장애와 진단기준이 유사하다는 점은 진단을 곤란하게 한다. 다음에서 우리는 임상가가 직면할 수 있는 보편적인 진단의 어려움을 살펴보고, 이처럼 어려운 진단적인 판단을 하기 위한 제언을 할 것이다.

강박사고와 우울반추

우울증에서 보이는 반추와 강박사고를 구분하는 것은 어려운 일이다. 이는 주로 사고의 내용과 환자가 이러한 사고에 저항하였다는 보고에 의존하여 이루어진다. 강박사고와 달리 반추는 대개 자신과 세상에 대해 비관적으로 사고하고, 반추 내용이 자주 변한다. 또한 우울반추를 하는 사람은 강박장애자가 강박사고를 억제하려고 하는 것처럼 자신의 반추를 억제하려고 노력하지 않는다. 우울과 강박장애가 함께 있을 때 두 현상이 함께 나타나지만 강박사고만이 노출 연습의 주목표가 된다. 우리는 우울 환자의 비관적 사고가 노출 및 반응방지 치료를 하면 좋아질 것이라는 희망을 저하시킨다는 것을 임상적으로 발견하였다. 그러므로 그들이 강박적이지 않을지라도 이러한 신념에 대한 치료 개입이 필요하다.

불안장애

강박장애는 DSM-IV에서 불안장애로 분류되었고, 실제 불안장애와 함께 발생하곤 한다. 진단기준도 관련된 (불안)장애와 유사한 경우도 있지만 각 진단과 관련된 증상은 보통 구분이 가능하다. 예를 들어, 범불안장애의 특징인 과도한 걱정은 강박장애의 걱정과 유사해 보이지만 강박사고와 달리 걱정은 실제 생활에 대한 지나친 근심으로 개인에게 적절한(자아동질적인) 것으로 경험된다. 반대로 강박사고는 비현실적이고 마술적인 경향이 있어서, 강박사고를 부적절하고 자아이질적인 것으로 경험한다. 그러나 이러한 일반적인 규칙에 예외가 있다. 범불안장애나 강박장애를 가진 사람은 아이가 질병에 걸리는 것과 같은 일상생활의 문제에 대해 걱정할 수 있다. 그러나 아이가 감기에 걸릴까 걱정할 때 범불안장애 부모는 학업을 못 따라가거나 장기적으로 허약해지면 어떻게 하나 하는 장기적인 결과에 관심을 두는 반면, 강박장애 부모는 질병의 오염적 측면, 즉 감기균 보균자로 남는 것에 집중한다. 특정 환자의 강박사고와 걱정을 구분하는 문제는 환자가 강박행동을 보이지 않을 때 중요하지만, 이미 언급한 것처럼 강박사고만 가진 환자는 강박장애자의 약 2%에 불과하다.

의례적 행동 없이 특정공포증과 관련된 것을 회피하는 것은 강박장애자도 마찬가지이다. 예를 들어, 병균에 대한 과도한 공포와 특정공포증으로 인하여 개에 대해 지속적인 공포를 가질 수 있다. 그러나 강박장애를 가진 사람과 달리 특정공포증을 가진 사람은 대부분의 경우에 개를 성공적으로 회피할 수 있거나 회피가 불가능할 때 신속하게 개에게서 도피하여 불편감을 감소시킬 수 있다. 반대로 '개의 병균'에 대한 강박사고를 가진 강박장애자는 개가 사라진 후에 오염되었다는 생각을 계속 하고, 때로는 개가 돌아올 가능성이 전혀 없어도 여러 시간 전에 가까운 곳에 개가 있었다는 것을 알고 강박사고로 인한 불편감을 경험할 수도 있다. 이러한 불편감은 오염된 개 근처에 있었을 때 입었던 옷을 벗는 것과 같은 회피행동을 지속적으로 촉진하지만 특정공포증 환자에게는 이러한 점이 발견되지 않는다.

신체이형장애

신체이형장애는 상상 속의 신체적 결함에 몰두하는데, 이는 강박장애의 강박사고와 형식적인 측면에서 유사하며, DSM-5에서는 강박 및 관련 장애에 함께 속해 있다. 강박장애와 변별하는 가장 좋은 방법은 공포를 유발하는 사고 내용의 특수성을 검토하는 것이다. 신체이형장애자의 대부분은 단일한 강박사고를 가지고 있는 반면에 강박장애자의 대부분은 여러 개의 강박사고를 가지고 있다.

뚜렛장애와 틱장애

뚜렛장애와 틱장애의 주요 특징인 상동적인 운동행동과 강박장애를 변별하기 위해서는 이러한 행동과 강박사고 간의 함수관계를 검토해야 한다. 운동성 틱은 일반적으로 불수의적으로 경험되는 것으로, 강박사고에 의한 불편감을 중화하려는 목적은 없다. 운동성 틱을 '순수한' 강박행동과 변별할 편리한 방법은 없지만, '순수한' 강박행동을 가진 강박장애자는 극히 드물다(Foa et al., 1995). 앞에서 살펴본 것처럼 강박장애와 틱장애의 동반이환율은 매우 높다(예: Pauls et al., 1986). 그러므로 양 장애가 특정 환자에게서 동시에 나타날 수도 있다. 흥미로운 것은 경쟁 반응이 틱을 대신하도록 하는 습관 전환 훈련과 비교한 무선집단 연구에서 틱장애자가 노출 및 반응방지 치료 프로토콜에 반응한다는 것이다. 이러한 발견은 틱의 치료에 대한 개념적 모델을 수정할 필요가 있음을 시사한다(Verdellen, Keijsers, Cath, & Hoogduin, 2004).

망상장애와 조현병

강박장애자는 망상 수준의 강박사고를 보일 수 있다(개관은 Kozak & Foa, 1994 참조). 강박장애자의 대략 5%는 자신의 강박사고와 강박행동이 실제적인 것이라는 확신을 보고하고, 20%는 강하지만 고정되지 않은 확신을 보고한다. 그러므로 강박장애를 진단할 때에는 비록 이들이 매우 강력한 신념을 유지하더라도 '통찰의 부족'을 고려하는 것이 중요하다. 강박장애에는 강박행동이 있다는 점이 망상장애와 구별된다(Eisen et al., 1998). 강박장애의 경우에는 망상 수준의 강박사고가 강박행동에 선행하는 것이 일반적이다.

강박장애는 강박사고의 내용이 조현병의 망상처럼 매우 기괴한지를 알아보는 것이 매우 중요하지만, 기괴함이 있다고 강박장애의 진단을 배제하는 것은 아니다. 예를 들어, 우리가 상담한 한 환자는 공공 쓰레기통 옆을 가까이 지나가면 자신의 영적 본질을 영원히 상실할 것이라고 두려워하였다. 이 환자는 연상의 이완이나 환각, 정서적 둔마나 부적절한 정서, 사고의 침습이나 투사와 같은 사고장애를 나타내는 증상은 보고하지 않았다. 그녀는 자신의 영적 본질을 상실하는 경험에 노출되도록(도시의 쓰레기 하치장에 운전해서 가기) 연습하는 노출 및 반응방지 훈련을 한 후 강박장애가 상당히 감소하였다. 강박장애와 조현병의 진단기준을 모두 만족하는 환자에게는 이중진단을 내리는 것이 적절하다. 이러한 환자에게는 함께 나타난 사고장애 증상을 노출 및 반응방지 치료가 악화시키지 않는다면 이 치료를 진행하는 것이 중요하다.

인지행동 모델

공포와 회피 행동의 습득과 유지에 관한 Mowrer(1939)의 2단계 이론(two-stage theory)은 공포증과 강박장애를 설명하는 데 적용되어 왔다. Mowrer(1960)의 정교화 작업을 거친 이 이론은 첫 단계에서 불편감이나 불안을 유도하는 속성을 가진 자극과 짝지어짐으로써 중성 자극이 공포와 연합된다고 가정한다. 조건화 과정을 통해 물건뿐만 아니라 사고와 심상은 불편감을 유발하는 능력을 갖게 된다. 두번째 단계에서는 다양한 조건 자극으로 인해 발생하는 불안이나 불편감을 줄이기 위해 도피나 회피 반응이 발달하게 되고, 성공경험으로 인해 이 반응을 유지하게 된다. Dollard와 Miller(1950)는 Mowrer의 2단계 이론을 공포증과 강박신경증의 발병을 설명하는 데 적용하였다. 강박의 침습적 속성 때문에 강박사고를 유발하는 상황을 회피하는 것은 쉽지 않다. 공포증에서 사용되는 형태의 수동적인 회피행동은 강박사고로 인한 불편감을 통제하는 데 효과적이지 못하다. 의례적 행동의 형태로 표현되는 능동적 회피행동이 이러한 불편감을 줄이는 데 성공했던 경험으로 인하여 발달하고 유지된다.

2단계 이론은 확실한 경험적 지지를 받지 못했고, 강박사고의 원인을 설명하는 데 한계가 있어서 강박장애 증상의 발병과 유지를 설명하기 위해 여러 인지적 설명이 제안되었다(예: Beck, 1976; Carr, 1974). Salkovskis(1985)는 종합적이고 인지적으로 강박장애를 분석하였다. 그는 침습적 강박사고는 부정적인 자동적 사고를 불러일으키는 자극이라고 가정한다. 따라서 받아들일 수 없는 침습적 사고는 강박장애자 자신의 신념 체계(예: 오로지 나쁜 사람만이 성적 사고를 한다)와 상호작용하여 부정적인 자동적 사고를 촉발함으로써 기분의 동요를 이끌어 낸다. Salkovskis에 의하면, 책임감과 자기비난의 증가가 강박장애자의 신념 체계에서 중요한 주제로 자리 잡고 있다. 행동적 또는 인지적 강박행동인 중화행동은 이러한 책임감을 줄이고 비난을 막으려는 시도로 볼 수 있다. 수용되지 않는 행동에 관해 빈번하게 나타나는 사고는 강박장애자가 그 행동 자체로 지각하게 하여 설사 죄를 짓지 않았더라도 죄를 짓는 생각을 하는 것은 죄를 짓는 것과 같이 나쁜 일이라고 생각하게 한다.

더 나아가서 Salkovskis(1985)는 5개의 역기능적 가정이 강박장애자의 특징을 대표하며, 이것이 강박장애가 없는 사람과 구별할 수 있게 한다고 주장하였다.

> ① 행동에 대해 생각하는 것은 그 행동을 수행한 것과 같다. ② 자신이나 다른 사람에게 해가 되는 것을 막지 못하는 또는 (막으려고 시도하지 않은 것)은 애초부터 해를 가한 원인과 같다. ③ 책임감은 다른 요인(예: 발생 확률이 낮음)에 의해 줄어들지 않는다. ④ 침습적 사고가 있을 때 이를 중화하는 행동을 하지 않는 것은 그러한 침습이 실제로 발생했을 때 일어날 해로움을 추구하거나, 원한 것과 유사하거나 동등한 것이다. ⑤ 사람은 자신의 사고를 통제해야 하고 또 그렇게 할 수 있다(p. 579).

그러므로 강박사고는 자아이질적이지만 그로 인해 발생한 자동적 사고는 자아동질적일 수 있다. 이 모델을 확장하여 생각해 보면, 강박장애의 치료는 잘못된 가정을 확인하고 자동적 사고를 수정하는 것에 초점을 맞추어야 한다. 이 이론은 인지 모델을 다양하게 정교화하고 실험연구를 하며, 이러한 주요 인지적 요인의 역할로부터 인지 이론이 발달할 수 있는 길을 열어 주었다.

Salkovskis(1985)의 이론은 강박장애의 정신병리학에서 책임감의 역할을 검증하도록 자극하였다(Ladoucer et al., 1995; Rachman, Thordarson, Shafran, & Woody, 1995; Rhéaume, Freeston, Dugas, Letarte, & Ladoucer, 1995). 이보다 더 주목을 받은 것은 Rachman(1998)이 사고-행위융합(thought-action fusion: TAF)이라고 부른 현상이다. 이는 사람들이 단순히 수용될 수 없는 생각을 갖는 것만으로 공포스러운 결과가 발생할 확률이 증가한다고 믿고, 불쾌한 활동에 참가하는 생각을 하는 것은 그 행동을 실제로 한 것과 같다고 믿는 것을 말한다. 현대의 인지 이론가는 TAF와 같은 강박적 신념은 책임감을 증가시키고 불확실성을 참지 못하게 하여 사고를 억제하고, 도움이 되지 않는 정신적 통제전략을 쓸데없이 사용하게 하여 도리어 이러한 생각의 빈도와 그와 관련된 불편함을 증가시킨다고 주장한다(Purdon & Clark, 2002). 그러므로 회피는 강박장애를 유지하고 강화하는 악순환을 갖게 한다. 이러한 현대의 모델에 근거를 둔 인지치료에서는 강박신념에 직접 초점을 맞추어 악순환을 깨뜨리려고 한다.

통합적인 인지행동적 설명으로서 Foa와 Kozak(1985)은 불안장애를 정서적 기억망에 특정한 손상이 있는 것으로 개념화하였다. 그들은 Lang(1979)을 추종하면서 공포를 공포 자극, 공포 반응, 그리고 그 의미에 관한 표상을 포함하는 기억에 존재하는 정보망으로 보았다. 공포와 관련된 내용에 대해서 그들은 불안장애가 있는 사람의 공포망은 위협에 대한 잘못된 계산치와 공포사건에 대한 지나치게 높은 부정적 가치, 그리고 과도한 반응 요소(예: 생리학적 반응성)를 특징으로 하며, 수정에 저항한다고 생각하였다. 이러한 고집스러움은 능동적인 회피나 혹은 공포의 내용이 일상생활에서 불안을 유발하는 상황에 자발적으로 직면하는 것을 방해하기 때문에 공포망에 접근하지 못하게 한다. 더욱이 불안은 소거 기제의 어떤 손상으로 인하여 지속되기도 한다. 인지적 방어, 습관화를 방해하는 과도한 각성, 잘못된 전제, 그리고 추론방식의 오류는 공포행동을 감소시키기 위해 공포 구조를 수정하는 데 필요한 정보처리를 방해하는 손상에 해당한다.

Foa와 Kozak(1985)은 강박장애에서도 다양한 형태의 공포가 발생한다고 제안하였다. 대중목욕탕에서 성병에 감염될 것이라고 두려워하면서 이를 방지하기 위해 씻는 행동을 하는 환자는 자극(예: 목욕탕)과 불안/불편감 반응이 지나치게 연합되어 있고, 자극과 관련된 해로움에 대한 잘못된 신념을 포함한 공포 구조를 가지고 있다. 강박장애를 가진 다른 사람은 공포 반응이 특정 자극이 아닌 잘못된 의미와 연합되어 있을 수 있다. 예를 들어, 균형이 잡혀 있지 않다고 불편해하거나 물건을 재정돈하여 불편감을 줄이려고 하는 환자는 물건 자체를 두려워하는 것이 아니며, 어질러진 것 때문에 불행해질 것이라고 예측하여 두려워하는 것도 아니다. 그들을 당황하게 하는 것은 물건이 '적절하지 않게' 배열되어 있다고 지각한 것에서 비롯된다.

Reed(1985)처럼 Foa와 Kozak(1985)은 강박사고의 병적 측면에 더하여 정보처리 기제의 병적 측면이 강박장애와 다른 장애를 구별하게 해 준다고 제안하였다. 특히 그들은 강박장애를 가진 사람은 위험을 추론하는 규칙이 손상되어 안전의 증거가 없다는 것에 기초하여 상황이 위험하다고 결론을 내리곤 하며, 위험이 없다는 정보로부터 안전하다는 귀납적 결론을 내리는 데 실패한다고 보았다. 결국 위험가능성을 줄이기 위한 의례적 행동은 안전을 담보하지 못하여 그 행동이 반복된다. 노출의 작용에 관한 정보처리 이론과 기제를 정교화하면서 Foa, Huppert와 Cahil(2006)은 예상되는 해로움이 없음에도 두려워하는 장면에 실생활 노출되면 과대추정한 확률을 수정하고, 심상에 의한 노출은 부풀려진 비용을 수정할 뿐 아니라 '해로움에 대한 생각'과 '실제 해로움'을 구별하는 능력을 증진시켜서 상황의 위협적 의미와 공포 구조의 반응적 요소 간의 연합을 변화시킬 것이라고 제안하였다.

앞서 기술한 강박장애의 일반 이론과 대비하여 강박장애의 하위 유형에서 발견되는 병리를 설명하기 위한 가설을 제안하는 이론도 있다. 예를 들어, 임상적 관찰을 통해 어떤 연구자들은 행위에 대한 기억 결함이 강박적 확인의 원인이라고 말한다(예: Sher, Frost, & Otto, 1983). 그러나 실험을 통해 이 가설을 검증한 결과는 일치하지 않는다. 어떤 연구에서는 확인을 의례적으로 하는 비임상집단에서 행위-기억 결함이 발견되었다(예:

Rubenstein, Peynircioglu, Chambless, & Pigott, 1993; Sher et al., 1983). 반대로 임상 표본에서는 비임상 표본과 달리 확인행동을 보이는 강박장애 환자가 공포와 관련된 행동(예: 다리미의 코드를 꽂기, 칼집에서 칼을 뽑기)은 잘 회상하였고, 공포와 무관한 행동(예: 클립을 상자에 넣기)은 그렇지 않은 모습을 보였다(Constans, Foa, Franklin, & Mathews, 1995). 이를 통해 확인행동은 기억 문제로 인하여 동기화된 것이 아님이 명확해졌다. 따라서 확인행동을 하는 강박장애 환자에게 기억책략을 가르치는 것은 최선의 임상적 방법이 아니며, 환자를 강박적 불쾌감의 위험이 적은 상황에 반복해서 노출시키고 동시에 확인행동이나 생각을 통한 행동의 재생을 억제하는 것이 더욱 바람직하다.

치료

노출 및 반응방지

Victor Meyer(1966)가 강박을 일으키는 단서에 계속 노출시키면서 의례행동을 엄격하게 방지하는 치료에 2명의 환자가 좋은 반응을 보였음을 보고한 이후 강박장애의 예후는 몰라보게 좋아졌다. 노출 및 반응방지라고 알려진 이 방법은 15명의 환자 중 10명에게서 매우 성공적이었고, 나머지 5명에게도 부분적으로 효과가 있었다. 이 방법으로 치료를 받은 환자는 그 효과가 유지되어서 5년 후에 단지 2명만이 재발하였다(Meyer & Levy, 1973; Meyer, Levy, & Schnurer, 1974).

Meyer의 프로그램 사례처럼 현재의 노출 및 반응방지 프로그램은 강박 단서에 계속 노출시키는 것과 의례행동을 막기 위한 절차를 포함한다. 노출연습은 난로를 키고 외출하여 집에 화재가 날 것이라고 두려워하는 환자에게 난로를 확인하지 않고 집을 나가게 하는 것처럼 실제 상황에서 이루어지기도 한다. 만약 환자가 의례행동을 중단한 결과에 대해 몹시 두려워한다면 심상을 통해 공포를 유발할 수도 있다. 사실 심상 노출 연습과 같은 방법은 강박사고에 의한 불편감을 촉진하기 위해 고안되었다. 두려워하는 사고와 상황에 반복적으로 오래 노출되면 환자가 가지고 있는 잘못된 연합과 평가를 지지하지 않는 정보를 주게 되어 습관화가 일어나게 된다(Foa & Kozak, 1986). 보통은 극단적으로 불편한 것에 직면하기 전에 보통 정도의 불편을 유발하는 상황에 직면하도록 점진적으로 노출시킨다. 실생활에서의 연습은 회기 사이에 할당하여 환자가 의례행동을 억제하도록 한다.

Meyer가 노출 및 반응방지의 효과에 대해 처음 보고한 후 여러 연구에서 이 치료를 받은 사람은 임상적으로 유의한 변화가 일어나서 그 변화가 유지된다는 것이 보고되고 있다. 노출 및 반응방지는 무선통제연구에서 위약(Marks, Stern, Mawson, Cobb, & McDonald, 1980), 이완(Fals-Stewart, Marks, & Schafer, 1993)과 불안관리 훈련(Lindsay, Crino, & Andrews, 1997) 등의 처치보다 우수하다고 보고되었다. Foa와 Kozak(1996)은 12개의 치료 연구(N=330)을 개괄한 결과, 노출 및 반응방지 처치를 마친 사람의 83%는 치료 후 반응을 보인 사람으로 분류되었다고 보고하였다. 장기효과를 보고한 16개의 연구(N=376; 평균 추적기간 29개월)에서는 76%가 좋은 반응을 보였다. 또한 이러한 고무적인 연구 결과는 매우 한정된 무선통제연구에서만 보고되는 것은 아니다(Franklin, Abramowitz,

Kozak, Levitt, & Foa, 2000; Rothbaum & Shahar, 2000; Valderhaug, Larson, Gotestam, & Piacentini, 2007; Warren & Thomas, 2001).

일반적으로 노출 및 반응방지는 강박 증상을 줄이는 데 매우 효과적이고, 치료효과가 오래 유지된다. 또한 우리는 문헌을 검토한 결과, 다양한 노출 및 반응방지의 변형 중에서 어떤 것은 효과적이지만 어떤 것은 그렇지 않다는 것도 발견하였다. 우리는 임상가가 노출 및 반응방지의 핵심 요소가 무엇인지 판단하는 데 도움을 주기 위해 이 치료에 포함되어 있는 여러 요소의 상대적인 효과에 관한 문헌을 검토하였다.

노출 및 반응방지 치료의 변인

노출, 반응방지 대 노출 및 반응방지

강박장애 증상에 대한 노출의 효과와 반응방지의 효과를 분리하기 위해 Foa, Steketee, Grayson, Turner와 Latimer(1984)는 닦기행동을 하는 환자를 노출집단(EX)과 반응방지집단(RP), 그리고, 이 두 가지를 모두 하는 집단(EX/RP)에 무선할당하였다. 각 치료는 (3주에 걸쳐 매일 2시간씩 15일간) 집중적으로 시행하였고, 가정 방문도 병행하였다. 모든 조건에 할당된 환자는 치료 후와 추적조사에서 진전이 있었지만 특히 두 가지 처치를 모두 한 집단이 거의 모든 증상에서 측정을 할 때마다 한 가지 처치만 한 집단보다 우수하였다. 한 가지 처치만 한 집단에서는 노출치료를 받은 집단이 반응방지 처치를 받은 집단보다 공포스러운 오염에 직면하였을 때 불안이 낮았지만, 반응방지 처치를 받은 집단이 노출치료를 받은 집단보다 의례행동을 하려는 충동은 크게 감소하였다. 그러므로 노출과 반응방지가 영향을 미치는 강박장애 증상은 다른 것으로 보인다. 이 연구에서 얻은 결과는 노출과 반응방지를 동시에 시행하여야 한다는 것이다. 두 요소를 모두 포함한 프로그램이 아니면 큰 효과를 얻기 어렵다. 이러한 발견은 특히 회기 중이나 회기 간에 의례행동을 멈추는 것과 노출 연습을 효과적으로 하지 못하는 환자에게 알려 줄 필요가 있다.

반응방지의 시행

의례행동의 중단을 촉진하는 것은 핵심적인 치료목표이지만 의례행동의 예방을 위한 방법은 해를 거듭하면서 변화해 왔다. Meyer(1966)의 노출 및 반응방지 치료 프로그램에서는 치료진이 물리적으로 환자의 의례행동을 수행하지 못하게 하였다(예: 환자의 방에 급수를 차단함). 그러나 치료진이나 가족이 물리적인 방법을 사용하여 의례행동을 하지 못하도록 하는 것은 더 이상 권장되지 않는다. 이러한 예방법은 너무 강제적이어서 오늘날에는 수용될 수 없어 보인다. 현실적으로 타인에 의한 물리적인 예방은 타인이 개입할 수 없는 치료 외 상황에 일반화하기 어렵다. 최근에는 의례행동과 회피를 하지 않도록 지시하고 격려하는 것이 권장되고 있다. 앞에서 언급한 것처럼 노출 자체는 강박사고로 인한 불편감을 감소시키지만 충동행동을 줄이는 효과는 적다. 치료효과를 최대화하기 위해서는 환자가 자발적으로 체계적 노출 연습에 참여하여 의례행동을 멈출 필요가 있다. 치료자는 의례행동을 멈추는 것이 중요하다는 것을 강조하고, 지지와 격려, 그리고 의례행동의 대안을 제시함으로써 환자가 이러한 어려운 작업을 수행하는 것을 도와야 한다.

심상 노출의 사용

심상과 실생활 노출 및 반응방지를 함께한 치료는 심상 노출 없이 노출 및 반응방지 프로그램만 실시한 결과보다 우수하였다(Foa, Steketee, Turner, & Fischer, 1980; Steketee, Foa, & Grayson, 1982). 그러나 심상 노출을 포함한 결과가 단순히 실생활 노출만 실시한 경우보다 장기적으로 우수하다는 것을 발견하지 못한 연구도 있다(De Araujo, Ito, Marks, & Deale, 1995). 두 연구는 예를 들어 심상 노출을 90분 실시하거나 30분 실시하는 등 여러 가지 점에서 차이가 있어서 무엇이 이러한 결과를 얻게 했는지는 확실히 알기 어렵다.

우리의 임상경험에 의하면, 의례행동을 억제하면 심각한 결과가 나타날 것이라고 생각하는 환자에게 심상 노출은 도움이 되는 것으로 보인다. 지옥불 속에서 고통을 당할 것이라는 등의 심각한 결과는 실생활 노출을 할 수 없기 때문에 심상 노출을 통해 환자가 이러한 공포스러운 생각에 직면하도록 할 수 있을 것이다. 또한 심상 노출을 실생활 노출과 함께 사용하면 실제로 공포 상황에 직면할 때 상상되는 결과를 의도적으로 생각하지 않으려고 하는 환자가 사용하는 인지적 회피전략을 무력화할 수 있을 것이다. 요컨대, 심상 노출은 즉각적인 결과를 얻어 내는 데 필수적이지 않지만, 장기적으로 효과를 유지하게 한다는 점과 파국적인 상황을 상상하고 두려워하는 환자에게 실제 연습과 함께 사용할 수 있다는 장점을 가지고 있다. 의례행동을 억제하면 극단적으로 파국적인 상황을 맞이하게 될 것이라고 두려워하면서 회피행동을 하는 환자에게 심상 노출은 필수적인 것은 아니다.

점진적 노출 대 급진적 노출

매우 불편한 상황에 노출시키면서 치료를 시작한 환자와 덜 불편한 상황에 노출시키면서 치료를 시작한 환자를 비교한 연구에서 강박장애 증상의 감소에는 차이가 없었지만 환자는 점진적으로 노출되는 것을 선호하였다(Hodgson, Rachman, & Marks, 1972). 그러나 환자의 동기와 치료목표에 대한 동의는 노출 및 반응방지 치료의 성공에 필수 요소이기 때문에 처음에는 대개 적당히 불편한 상황에 노출시키고, 여러 단계를 밟아서 가장 불편한 상황에 노출시키게 된다. 그러므로 우리는 환자가 수용할 수 있는 정도의 속도로 노출을 시도하고, 환자의 동의 없이 노출을 시도하지 않는다는 것을 강조한다. 동시에 치료의 위계에 있어서 치료 초기에는 가장 높은 항목에 직면시켜서(예: 첫 주에는 집중적인 처치를 하기), 힘든 상황에 노출되었던 것을 이후 회기에 충분히 반복하도록 하는 방법도 선호된다.

노출기간

지속적이고 연속적인 노출이 단기간의 간헐적인 노출보다 효과적이라는 점에서 노출기간은 치료 결과에 매우 중요하다(Rabavilas, Boulougouris, & Perissaki, 1979). 사실 회기가 거듭됨에 따른 불안의 감소(습관화)는 강박장애와 외상 후 스트레스장애에 있어서 노출기반치료 후의 진전과 연관되어 있다(예: Jaycox, Foa, & Morral, 1998; Kozak, Foa, & Steketee, 1988; van Minnen & Hagenaars, 2002). 그러나 여러 연구 결과는 회기 내 습관화와 공포 및 증상의 감소 간의 강한 상관을 보여 주지 못하였다(Jaycox et al., 1998; Kozak at al., 1988; Mathews, Johnston, Shaw, & Gelder, 1974; Rowe & Craske,

1998). Foa와 동료들(2006)은 정서처리 이론을 정교화하면서 회기 내 습관화와 결과 간의 관계를 강조하지 않은 것이 중요한 문제가 아니라는 것을 발견하였다. 그 이유는 증상 감소는 습관화 자체가 아니라 잘못되었다는 정보를 통해 관련된 잘못된 관계를 수정하는 것이 치료의 기제이기 때문이다. 실제적인 의미에서 이것은 환자에게 불안이 충분히 감소할 때까지 노출을 지속해야 하지만 시간이 지나면서 관련된 불안이 감소하는 데 더욱 중요한 요인은 동일한 노출을 반복하는 것이라는 점을 가르쳐 주는 것임을 의미한다. 강박장애 환자는 특히 노출이 '너무 일찍' 종료되어 치료가 실패할 것이라는 두려움에 매우 취약하다. 그러므로 이러한 새로운 교육은 환자가 노출 작업 동안 불안이 지속되더라도 의례행동을 하거나 회피하지 않고 자신의 일을 할 수 있도록 격려하는 데 도움이 될 것이다. 수용전념치료에서 더욱 자세히 언급되겠지만(예: Twohig et al., 2010), 여기서 습관화의 중요성이 덜 강조된 것은 일반적으로 많은 인지행동치료자의 수용을 얻고 있는 것 같다. 예를 들어, 임상적으로 의례행동과 회피는 공포를 유지시키기 때문에 환자의 불안은 불안할 때 어떤 행동을 했거나 하지 않았다는 것과 관계가 거의 없다는 점을 환자에게 상기시킨다.

노출 회기의 빈도

얼마나 자주 노출 회기를 가져야 적절한지는 아직 분명하지 않다. 훌륭한 결과를 성취한 집중적인 노출치료 프로그램(예: Foa, Kozak, Steketee, & McCarthy, 1992)에서는 대략 1개월간 매일 회기를 열었다. 그러나 회기 간 간격을 충분히 둔 경우에도 매우 바람직한 결과가 얻어지기도 하였다(예: Abramowitz, Foa, & Franklin, 2003; De Araujo et al., 1995; Franklin et al., 1998). 최근 소아 강박장애 환자에 대한 무선통제연구에서는 집중적인 처치와 주 단위의 처치에서 차이를 발견하지 못하였다(Storch et al., 2007). 임상적으로 경도 및 중등도의 강박 증상을 가진 동기가 높은 환자의 경우에는 집에서 매일 노출 연습을 하는 것이 중요함을 이해하고 있으므로 자주 회기를 갖지 않아도 충분하다. 증상이 매우 심각하거나 여러 가지 이유로 회기 간에 노출 및 반응방지를 할 수 없는 환자에게는 집중적인 치료를 하는 것이 바람직하다.

치료자 보조 노출 대 자기노출

노출을 할 때 치료자의 존재에 대한 평가 결과가 일치하지 않는다. 치료자 보조 노출을 한 강박장애 환자는 클로미프라민(clomipramine) 처방과 자기노출을 한 경우보다 단기적인 치료효과는 컸지만 추적조사에서는 그 차이가 분명하지 않았다(Marks et al., 1988). 그러나 이 결과는 연구 설계가 복잡하여 해석하기가 쉽지 않다. 강박장애 환자에 대한 또 다른 연구(Emmelkamp & van Kraanen, 1977)에서는 치료 후나 추적조사에서 치료자 보조 노출이 자기노출보다 우수하다는 것을 보여 주지 못했지만, 각 조건에 할당된 환자의 수가 확실한 결론을 내리기에는 너무 적었다. Marks와 동료들(1988), Emmelkamp와 van Kraanen(1977)의 부정적인 결과와 반대로, 특정공포증을 가진 환자에게 3시간의 단일 회기의 노출을 했을 때 치료자가 있는 경우가 자기노출을 한 경우보다 결과가 더욱 좋았다(Öst, 1989). 특정공포증은 전반적으로 강박장애보다 심각하지 않고 치료가 쉽기 때문에 치료자의 존재가 강박장애자의 치료 결과에 영향을 줄 것이 분명하다고 추정하는 사람도 있을 것이다. 더구나 메타분석 연구에서 Abramowitz(1996)는 강박장애와 범불안장애의 경우 치료자 통제 노출이 자기통제 노출보다 결과가 우수했다는 것을 발견하였다. 최근 연구(Lovell et al., 2006)에서는 치료자 보조 노출 및 반응방지 치료를 받은 환자와 전화로 치료를 받은 환자의 치료 결과에 차이가 없어서 치료자의 보조가 치료 결과에 필요한 것인가에 대한 의문이 제기되고 있다. 이처럼 일관성이 없는 결과를 볼 때 강박장애의 치료를 위한 노출 작업을 하는 데 있어 치료자의 보조가 어떤 역할을 하는가에 대해서는 명쾌한 해답을 내놓기 어렵다. 그러나 임상적인 측면에서 환자가 불안이 높지만 노출을 하는 동안 미묘한 의례행동이나 회피행동(예: 주의전환이나 정신적 의례행동)을 하지 않고 불편해도 높은 동기상태를 유지하도록 하는 데 있어서 치료자의 존재는 크게 도움이 된다. 최근에 뚜렛 증상(Himle, Olufs, Himle, Tucker, & Woods, 2010)이나 강박장애(예: Bachofen et al., 1999)에 대한 전화치료나 스카이프(Skype) 치료가 효과적인지에 대해 검토하기 시작하였다. 그 결과로 이러한 방법을 효율적으로 사용할 수 있다는 확신을 준다면 강박장애 치료전문가의 부족 문제를 해결하는 데 도움을 줄 것이다.

노출 및 반응방지 대 그 외 치료 접근법

여기서 우리는 표준화된 개인 노출 및 반응방지 치료와 그 외 집단치료, 가족기반의 노출 및 반응방지 치료, 인지치료 및 약물치료 등 다양한 치료 접근법의 효과를 다룬 문헌을 검토할 것이다.

개인 대 집단 노출 및 반응방지

집중적인 개인 노출 및 반응방지는 효과적이지만, 비용 문제나 환자와 치료자의 스케줄 조정 등의 어려움이 있다. 또한 노출 및 반응방지 치료의 전문가가 거의 없거나 멀리 있어서 치료를 받으려면 오래 기다려야 하거나 멀리 여행을 해야 한다. 그러므로 어떤 연구자는 접근 가능하고 효율적인 치료양식을 검토하기 시작하였다. 하나의 대안이 집단치료이다. Fals-Stewart와 동료들(1993)은 강박장애 환자를 개인 노출 및 반응방지 치료와 집단 노출 및 반응방지 치료, 그리고 심리사회적 통제(이완)조건에 무선할당한 통제연구를 진행하였다. 각 집단은 모두 매주 2회씩 12주간 치료를 진행하였고, 매일 노출 연습을 하도록 과제를 주었다. 그 결과, 치료를 받은 두 집단에서 강박 증상이 호전되었으나 치료 직후와 6개월 후에 개인치료와 집단치료 간의 차이는 발견되지 않았다. 치료를 진행하는 과정에서 수집한 강박 증상 평가치를 분석한 결과, 개인치료를 받은 환자의 증상이 더 빠르게 감소하였다. 이러한 결과는 집단치료의 효용성에 대한 증거가 된다. 그러나 이 연구에서는 성격장애가 있거나 우울을 동반이환으로 가지고 있는 환자는 배제하였기 때문에 표본이 대표성을 갖는다고 보기 어렵다. 더구나 참여자 중 그 누구도 이전에 강박장애 치료를 받은 사람이 없어서 표본이 특이하거나 증상이 심하지 않았을 가능성이 있다. 그러므로 이러한 결과가 반복되어 보고되기 전에는 강박장애 표본으로 결과를 확대 추론하는 것을 조심할 필요가 있다.

최근에 Barrett, Healy-Farrell과 March(2004)는 개인이나 집단 인지행동치료가 치료를 하지 않은 통제조건보다 강박장애를 가진 소아나 청소년에게 효용성이 높으면서 유사하다는 것을 발견하였다. 이는 집단 처치가 강박장애를 가진 젊은이의 치료에 도움이 될 가능성을 보여 주었다. 또한 Asbahr와 동료들(2005)은 젊은 사람에게는 집단 인지행동치료와 세르트랄린(sertraline) 치료의 효과가 유사하지만 재발률은 인지행동치료의 경우가 더 낮다는 것을 발견하였다. 최근에는 또 다른 호주 연구진이 집단치료 결과가 개인치료 결과와 비교할 만하며 통제집단보다 우수하다는 것을 발견하였다(Anderson & Rees, 2007). 하지만 치료에 대한 반응은 개인치료에서 가장 빨랐다.

가족의 개입 대 표준형 노출 및 반응방지

Emmelkamp와 동료들(1990)은 가족이 개입했을 때 강박장애자에 대한 노출 및 반응방지의 효과가 좋아지는지를 검토하였다. 결혼하여 배우자와 살고 있는 사람을 배우자가 개입하는 조건과 아닌 조건으로 나누어 노출 및 반응방지 처치를 받게 하였다. 그 결과, 두 집단 모두 강박장애 증상은 크게 감소하였다. 치료 간의 차이는 없었고, 치료 초기 부부의 불화 정도가 결과를 예측하지 않았다. 그러나 전체 표본에서 보고한 불안이나 불편함이 감소한 정도는 33%로 중간 정도였는데, 이것은 노출 연습을 포함하지 않는 단기치료 회기에서 얻을 수 있는 정도에 해당한다.

Mehta(1990)는 노출 및 반응방지 치료에 가족이 참여하는 것이 효과를 증진시키는지에 대해 연구하였다. 그는 강박장애 처치를 받고자 하는 미혼 젊은이가 매우 많고 혈족 체계가 잘 발달한 인도에 적용하기 위하여 배우자기반이 아닌 가족기반 치료 접근을 사용하였다. 약물에 반응하지 않았던 환자를 가족의 도움을 받거나 받지 않는 조건에서 체계적 둔감법과 노출 및 반응방지 치료에 무선할당하였다. 각 회기는 주당 2회로 12주간 시행되었다. 반응방지는 점진적으로 이루어졌다. 가족 참여조건에서는 부모와 배우자, 성인 자녀 등이 과제 수행과 이완치료를 도왔으며, 반응방지에 함께 참여하고 지지적 분위기를 만들도록 하였다. 스스로 보고한 강박장애 증상은 치료 직후와 6개월 후에 크게 좋아졌다. 이 연구는 해석을 어렵게 하는 방법상의 문제가 있지만(예: 자기보고식 강박장애 측정도구만 사용하였고, 치료 절차를 분명하게 기술하지 않음), 가족의 참여가 강박장애의 치료에 도움이 된다는 예비적인 증거를 제공한다. 임상장면에서 우리는 노출 및 반응방지 치료 초기에 장애와 그 결과에 대한 심리건강 교육을 실시하고 환자가 확신을 얻으려고 하거나, 회피행동을 하거나, 상담 회기 사이에 노출 및 반응방지의 규칙을 위반하려고 할 때 이를 다루는 방법을 조언하고 격려하는 방법으로 가족 구성원의 지지를 포함시키고 있다. 또한 우리는 환자에 대한 가족의 비판 및 강박장애와 치료 중에 발생할 수 있는 문제에 대해 건설적이지 않은 논의를 줄이려고 노력한다.

젊은 강박장애 환자를 대상으로 한 인지행동치료의 무선연구를 보면 어느 정도는 부모가 치료에 참여하도록 한다(Barrett et al., 2004; de Haan, Hoogduin, Buitelaar, & Keijser, 1998; Pediatric OCD Treatment Study Team, 2004). 그리고 소아 강박장애자에게 동일한 프로토콜을 사용하여 가족이 포함되거나 포함되지 않은 인지행동치료를 직접 비교하였다. 가족이 참여할 경우 다른 불안장애에서도 개인 인지행동치료의 결과가 좋은가에 대한 연구 결과는 일반적으로 일치하지 않지만, 최근에 이루어진 무선통제연구(Bogels & Bodden, 2005)에서는 두 치료 형태가 모두 효과적이고 상당히 동일하다는 것을 보여 주고 있다. 최근 연구(Barrett, Farrell, Dadds, & Boulter, 2005)에 의하면 일반적으로 가족기능이 매우 나쁜 경우에는 장기적 결과가 좋지 않다. 가족이 강박장애의 의례행동에 적응하고(Peris et al., 2012), 이러한 점에서 가족이 환자의 의례행동(예: 확신을 얻으려고 하는 것)에 직접 관여했을 때나 치료를 통해 얻은 것을 복잡한 가정환경에 일반화하는 것을 가족의 정신병리가 방해할 때에는 가족을 포함시킬 것인지에 대해 임상적으로 깊이 고민해야 한다. 또한 환자가 매우 어릴 때에는 가족이 치료에 많이 개입할 필요가 있을 수 있다(Freeman et al., 2003, 2007).

노출 및 반응방지 대 인지치료

소거(Stampfl & Levis, 1967)나 습관화(Watts, 1973)와 같은 절차를 매개로 하는 치료에 대한 불만과 인지치료(예: Beck, 1976; Ellis, 1962)에 대한 관심으로 인하여 불안장애, 특히 강박장애에 대한 인지적 개입의 효용성에 대한 검토가 촉진되었다. 초기의 많은 연구는 표준 행동치료와 인지적 접근을 포함한 행동치료의 차이가 거의 없다는 것을 발견하였다(예: Emmelkamp & Beens, 1991; Emmelkamp, Visser, & Hoekstra, 1988). 최근 강박장애에 대한 인지적 개념화가 발전하면서 가시적으로 더욱 효과가 있고 튼튼한 인지치료를 만들어 내고 있다. Freeston과 동료들(1997)은 무처치보다 인지행동치료가 '순전히' 강박사고만 있는 환자에게 효과가 있다는 것을 발견하였다. 여러 다른 연구(Cottraux et al., 2001; McLean et al., 2001; Vogel, Stiles, & Götestam, 2004; Whittal, Thordarson, & McLean, 2005)에서는 인지행동치료와 노출 및 반응방지가 절차상 서로 중복되는 것이 많아서 해석이 용이하지는 않지만 결과가 유사하다는 것을 보여 주고 있다. 강박장애와 매우 유사한 상태인 건강염려증에 대한 인지적 접근의 유용성을 검증한 연구(Barsky & Ahern, 2004; Warwick, Clark, Cobb, & Salkovskis, 1996)를 보면, 인지치료는 강박장애의 미래가 될 수 있으며 노출 및 반응방지의 효과적인 강력한 대안치료가 될 수 있는 것처럼 보인다. 그러나 최근 Whittal, Woody, McLean, Rachman와 Robichaud(2010)는 비록 스트레스 관리 훈련(stress management training: SMT)이 치료 전보다 치료 후에 강력하고 지속적인 변화를 이끌었고 인지치료는 그렇지 못한 여러 이유가 있기는 하지만 1차 강박사고와 정신적 의례행동이 있는 환자에게서 두 치료 간의 차이를 보여 주지 못하였다.

인지치료가 노출 및 반응방지의 효과를 증진시킬 수 있는지는 확실하지 않은데, 그 이유는 인지치료와 노출치료 모두 잘못된 인지를 수정하기 위해 실시하기 때문이다. 약물치료를 하는 상황이나 그렇지 않은 상황 중에 '순수한' 형태의 인지치료나 노출 및 반응방지를 비교하는 무선통제연구 결과(van Balkom et al., 1998), 각 치료에서 전형적으로 기대한 것과 비교하여 효과가 유사하거나 그 차이가 매우 적다. Foa와 Kozak(1986)은 잘못된 사고나 신념을 인정하지 않는 것이 노출치료의 중요한 기제이기 때문에 노출 및 반응방지에서 잘못된 인지를 논의하는 것은 좋은 효과를 방해하게 될 것이라고 주장하였다. 예를 들어, 환자와 치료자가 공중화장실 바닥에 마주 앉아서 오염된 것을 만지며 위험의 정도와 확률을 과대추정하였음을 논의하는 것은 환자가 인지수정을 하여 효과를 증진시킬 것이다. 재미있는 실제적 문제는 어떻게 효과를 높일 것인가 하는 점이다. 노출 연습 중에 비공식적으로 인지왜곡에 대해 논의하는 것으로 충분한가? 아니면 책임감의 과잉지각과 같은 왜곡된 인지에 대해 소크라테스 질문을 공식적으로 하는 것이 좋은가? 메타분석연구(Abramowitz, Franklin, & Foa, 2002)에 의하면, 어떤 형태로든 공포자극에 노출하는 것이 포함된 강박장애에 대한 인지치료는 그렇지 않은 치료보다 효과가 우수하여 효과를 증진시키는 데 노출이 필수적이라는 것을 시사한다.

Hiss, Foa와 Kozak(1994)은 집중적인 노출 및 반응방지 후에 재발방지 기법을 사용하는 것이 효과를 유지하는 데 도움이 되는지를 연구하였다. 분명히 순수한 치료에 포함되는 인지 요인(악화와 재발, 치료 후 노출 지시, 죄책감과 개인적 책임의 문제, 공포스러운 결과에 대한 논의)에 관한 모든 논의는 제거하였다. 이처럼 수정된 노출 및 반응방지 치료를 받은 환자는 재발방지치료나 심리사회적 통제치료(associative treatment)를 받게 하였다. 두 조건에서 모든 환자는 치료 후에 반응자로 분류되었다. 즉, 강박장애 증상이 50% 이상 감소하였다. 그리고 6개월 후에도 재발방지치료를 받은 집단이 통제치료를 받은 집단보다 치료효과를 잘 유지하였다. 추적 시점에서 반응자로 분류된 사람은 통제치료에서 33%였고, 재발방지치료에서는 75%였다. 통제치료의 재발률이 일반적인 재발률보다 높은 이유는 공포스러운 결과에 대한 논의와 같이 핵심 치료 중에 전형적으로 사용되는 인지기법을 제거하였기 때문일 것이다. 앞서 논의한 것과 이 결과는 환자의 잘못된 인지를 인정하지 않도록 고안된 치료가 임상적으로 의미가 있다는 우리의 신념을 뒷받침한다. 따라서 우리의 접근법은 비공식적 인지 절차를 명확하게 통합하였고, 노출 결과에 대한 논의는 잘못된 신념을 목표로 하였다. 이는 이러한 변화를 가져오는 데 있어서 노출 및 반응방지의 중요성을 강조하는 치료 접근의 맥락에서 수행되었다.

세로토닌계 약물치료

약물의 효과

강박장애의 치료제로서 세로토닌계 약물은 지난 25년간 매우 많은 주목을 받았다. 삼환계 항우울제 중 클로미프라민(CMI)의 효과는 집중적으로 연구되었다. 통제연구에서 CMI는 위약보다 효과가 우수하다는 것이 일관성 있게 보고되었다(예: DeVeaugh-Geiss, Landau, & Katz, 1989). 이와 비슷한 결과는 선택적 세로토닌 재흡수 억제제(selective serotonin reuptake inhibitors: SSRIs)인 플루옥세틴(fluoxetine), 플루복사민(fluvoxamine), 세르트랄린(sertraline)에서도 발견되었다(Greist, Jefferson, Kobak, Katzelnick, & Serlin, 1995 참조). 그 결과, 미국 식약처(FDA)는 이 약물을 성인 강박장애의 치료제로서 승인하였다. 전체적으로 이 연구는 환자의 60%가 SSRIs 치료에 어느 정도 반응한다는 점을 보여 주었다. 그러나 치료에 반응을 보인 사람이 좋아진 정도는 기껏해야 중간 정도에 불과하였다(Greist, 1990). 게다가 강박 증상의 경감은 약물을 사용하는 기간에만 유지되었다. 예를 들어, 초기 통제된 이중맹검 연구에서 90%의 환자는 CMI를 중단하자 몇 주 만에 재발하였다(Pato, Zohar-Kadouch, Zohar, & Murphy, 1988). 약물을 천천히 중단한 최근 연구에서도 긍정적인 효과를 얻지 못하였다. 그럼에도 불구하고 연구자는 약물을 통해 감소한 강박장애 증상을 유지하려면 유지치료가 필수적이라고 제안하였다(Dougherty, Rauch, & Janike, 2002).

노출 및 반응방지 대 약물치료

여러 통제연구 결과에 따르면, 세로토닌계 항우울제는 강박 증상을 줄이는 데 있어서 위약보다 우세하다(Geist et al., 1995 참조). 그러나 항우울제 치료와 노출 및 반응방지의 상대적 효과나 함께 사용한 결과를 보고한 연구는 드물다. 또한 이러한 비교를 한 대부분의 연구는 설계가 복잡해서 효과에 대한 확신 있는 결론을 내리기가 매우 어렵다(예: Marks et al., 1980, 1988). Cottraux와 동료들(1990)은 노출 방지 지시와 플루복사민(FLV), 주간 노출 및 반응방지와 플루복사민, 그리고 위약과 노출 및 반응방지를 비교하였다. 그 결과, 위약보다 플루복사민을 사용하였을 때의 효과가 우세하였다. 이는 조합치료를 선호하는 추세를 반영하지만, 그 효과는 유의한 정도에 이르지 못하였다. Hohagen과 동료들(1998)은 노출 및 반응방지와 플루복사민의 조합치료를 노출 및 반응방지와 위약의 조합치료와 비교하였다. 그 결과, 두 집단 모두 강박행동을 감소시켰지만 노출 및 반응방지와 플루복사민의 조합치료가 강박 증상을 감소시킨 정도가 더 좋았다. 추가 분석에서 2차 우울증이 있는 환자가 노출 및 반응방지와 플루복사민 조합 처치를 받는다면 더 좋은 효과를 얻는다는 것을 보고하였다.

우리의 펜실베이니아 센터와 컬럼비아 대학교에서는 클로미프라민과 집중적인 노출 및 반응방지의 상대적 효과와 조합치료 효과에 대한 무선통제연구를 수행하였다. 치료를 끝낸 사람의 자료와 치료 의도에 대한 자료를 볼 때, 치료를 한 후에는 위약보다 적극적인 치료가 우세하고 노출 및 반응방지가 클로미프라민 치료보다 우세하지만, 두 치료의 조합이 노출 및 반응방지 치료를 단독으로 시행한 경우보다 우세하지는 않았다(Foa et al., 2005). 재발의 경우는 더욱 분명해서 집중적인 노출 및 반응방지를 사용한 두 치료에 비하여 클로미프라민 치료만 한 집단의 재발률이 더욱 높았다(Simpson et al., 2004). 그러나 펜실베이니아-컬럼비아 연구는 환자가 클로미프라민의 최대 용량에 도달하기 전에 집중적인 노출 및 반응방지 프로그램의 많은 부분이 완료되었기 때문에 클로미프라민의 가산효과를 최대한 촉진하는 연구 설계를 사용한 것은 아니었다. 더욱이 조합치료 효과는 집중적인 노출 및 반응방지를 사용하지 않았을 때 분명하였다(Foa, Franklin, & Moser, 2002). 비록 펜실베이니아 대학교에서 한 인지행동 단독치료의 경우 효과크기가 가장 컸고 조합치료의 가산효과는 발견되지 않았지만, 최근 펜실베이니아, 듀크, 브라운 대학교에서 실시한 소아강박 환자의 치료에서는 조합치료의 가산효과가 발견되었다(Pediatric OCD Treatment Team, 2004).

요컨대, 세로토닌계 약물치료와 노출 및 반응방지가 강박장애에 효과적이라는 증거가 있지만, 상대적인 효과나 조합치료의 효과에 대한 정보는 이를 다룬 대부분의 연구가 방법적인 한계를 가지고 있기 때문에 부족한 편이다. 그럼에도 불구하고 약물치료와 노출 및 반응방지를 함께 사용한 치료가 노출 및 반응방지만을 실시한 경우보다 분명하고 장기적으로 우세하다는 연구는 찾을 수 없었다. 결론을 내릴 만한 발견이 없었음에도 많은 전문가는 강박장애의 치료방법으로 조합치료를 우선하라고 주장하고 있다(예: Geist, 1992). 임상장면에서 SSRIs 약물을 복용하면서 노출 및 반응방지

치료를 받는 환자는 쉽게 발견할 수 있다. 외래에서 노출 및 반응방지를 성인(Franklin, Abramowitz, Bux, Zoeliner, & Feeny, 2002), 청소년(Franklin et al., 1998; Piacentini, Bergman, Jacobs, McCracken, & Kretchman, 2002)에게 적용한 공개 임상실험연구에서 노출 및 반응방지만을 실시한 환자와 이와 함께 SSRIs 약물을 함께 처방받은 환자 간의 강박장애 증상 심각도의 차이는 치료 후에 발견되지 않았다. 이 자료를 통해 볼 때 노출 및 반응방지에 상당한 효과를 보이는 모든 환자에게 약물치료를 함께 하는 것은 불필요하고 도리어 그 효과를 억제할 가능성이 있다. SSRIs에 부분적인 반응을 보이는 환자에게 노출 및 반응방지를 실시한 무선통제연구에서는 노출 및 반응방지가 약물 처방만 받은 청소년(Franklin et al., 2011)과 스트레스 관리 훈련을 받은 성인(Simpson et al., 2010)과 비교하여 효과가 증가하였다. 하지만 노출 및 반응방지를 통해 약물치료의 효과를 증대시킨다는 결론을 내리기 위해서는 더욱 섬세하게 통제된 연구가 필요하다.

평가

강박장애를 확진하기 위한 면접에 이어서 다음에 기술한 도구 중 1~2개를 사용하여 강박장애 증상의 심각성을 수량화하는 것이 좋다. 증상의 심각도를 수량화하면 환자에 대한 치료의 성공 여부를 평가하는 데 도움이 된다. 우리는 여러 가지 평가도구를 사용한다. 대부분의 강박장애에 대한 연구에서와 마찬가지로 우리 센터에서 강박장애 증상의 심각도를 측정하는 1차적 도구는 예일-브라운 강박장애 척도이다.

예일-브라운 강박장애 척도

예일-브라운 강박장애 척도(Yale-Brown Obsessive-Compulsive Scale: Y-BOCS; Goodman et al., 1989a, 1989b)는 표준화되고 반구조화된 면접지로 대략 30분 정도의 시간이 소요된다. Y-BOCS 심각도 척도는 강박사고와 강박행동을 측정하는 문항이 각각 5개씩 10문항으로 구성되어 있으며, 0점(전혀 없음)에서 4점(심각함)까지의 5점 척도로 평가하도록 되어 있다. 평가자는 강박사고와 강박행동에 사로잡힌 시간, 일상생활을 방해한 정도, 불편감 수준, 증상에 저항한 정도, 증상을 통제한 수준을 평가한다. Y-BOCS는 적절한 수준의 평가자간 일치도와 내적 일치도, 타당도를 가지고 있다(Goodman et al., 1989a, 1989b). Y-BOCS는 1990년대에 수행된 약물치료나 인지행동치료 연구의 결과를 측정하는 도구로서 1차적으로 사용되었다.

자기보고식 측정도구

수정판 강박장애 검사

수정판 강박장애 검사(Obsessive-Compulsive Inventory-Revised: OCI-R; Foa, Huppert, et al., 2002)는 강박사고와 강박행동과 관련된 불편감을 측정하는 18문항으로 구성된 자기보고식 척도이다. 총점과 함께 각 소척도를 구성하는 3개의 문항 점수를 합산한 6개의 소척도 점수를 얻을 수 있다. 그 소척도는 씻기, 확인, 정렬, 강박사고, 강박적 수집, 그리고 중성화로 구성되어 있다. Foa와 Huppert 등(2002)은 강박장애와 외상 후 스트레스장애, 일반화된 사회공포증 환자와 불안이 없는 통제집단에서 내적 일치도와 검사-재검사 신뢰도,

변별타당도가 좋은 수준임을 보고하였다. 전체 점수는 0점에서 72점까지이고, 각 소척도는 0점에서 12점까지 분포한다.

그 외 자기보고식 측정도구

Leyton 강박사고 검사(Leyton Obsessional Inventory; Kazarian, Evans, & Lefave, 1977)와 Lynfield 강박사고 및 행동 질문지(Lynfield Obsessional/Compulsive Questionnaire; Allen & Tune, 1975)와 같이 강박장애 증상을 평가하는 자기보고식 측정도구가 있다. 이러한 도구는 단지 일부 형태의 강박행동만 측정하고, 강박장애 증상과 관련된 문항이 포함되어 있다는 점에서 한계를 가지고 있다. 최근에는 Storch와 동료들(2009)이 아동용 플로리다 강박장애 검사(Children's Florida Obsessive/Compulsive Inventory)를 개발했는데, 이는 1차적으로 선별을 목적으로 사용된다.

초기 면접

강박장애 진단을 내린 후 치료를 시작하기 전에 치료자는 환자와 4~6시간 정도의 면담을 하게 된다. 이 만남에서 치료자는 세 가지 중요한 작업을 수행하게 된다. 첫째, 치료계획을 세우기 위해 필요한 정보를 수집한다. 특히 치료자는 먼저 환자의 불편감의 원인이 되는 특정한 단서(위협단서)와 회피, 의례행동, 그리고 공포로 인한 결과를 확인하여야 한다. 둘째, 집중적인 노출 및 반응방지 처치 중에 불안과 불편감을 유발하는 노출 연습에 참여할 환자와 라포를 형성하여야 하는데, 치료자와 환자 간에 좋은 관계가 형성되어 있지 않으면 결과가 만족스럽지 않을 수 있다. 셋째, 치료자는 강박장애에 대한 환자의 신념을 탐색하고 의례행동과 회피를 중단하면 어떤 결과가 올 것이라 생각하는지를 탐색해야 한다. 왜냐하면 이러한 정보가 노출 및 반응방지 처치 중에 발생할 인지 과정을 비공식적으로 논의하는 데 도움이 되기 때문이다.

위협단서는 ① 주변 환경에 분명히 존재하는 물체이거나, ② 개인이 경험하는 사고와 심상 혹은 충동일 수 있다(적절한 용어가 없어서 각각 '외적 단서'와 '내적 단서'라는 용어를 사용할 것이다). 수동적 회피와 (종종 적극적 회피라고 불리는) 의례행동은 모두 위협단서와 관련된 불편감을 감소시키는 역할을 한다. 의례행동은 외현적인 유형과 내현적(정신적)인 유형으로 구분된다. 환자는 강박사고와 정신적 강박행동을 잘 구분할 필요가 있는데, 그 이유는 강박사고는 체계적 노출로 치료하고 정신적 강박행동은 반응방지를 통해 치료하기 때문이다. 치료 중에는 환자가 치료자에게 정신적 강박행동을 보고하도록 지시하는데, 그 이유는 노출 연습 중의 이러한 강박행동은 행동적 강박과 마찬가지로 연습효과를 감소시키기 때문이다.

외적 공포 단서

강박장애를 가지고 있는 환자는 특별한 환경 단서(물건, 사람, 혹은 상황)에 대한 반응으로 공포를 경험하지만 개인마다 위협단서는 독특한 면이 있다. 예를 들어, 변기로부터 오염될 것이라는 공포를 가진 사람 중에는 모든 변기를 두려워하거나 대중에게 개방된 화장실의 변기를 두려워하기도 한다. 어떤 환자는 변기 자체를 두려워하지만, 다른 환자는 화장실 바닥, 화장실 문의 손잡이, 수도꼭지를 두려워할 수 있다. 마찬가지로 집에 불이 나서 무너질 것이라고 불안해하는 두 사람이 있더라도, 한 사람은 자기 혼자 집에 머물러 있을 때에만 불편해 하지만, 다른 사람은 아이와 함께 잠들기 전에 불편함을 경험할 수 있다.

치료자는 환자가 가진 공포의 근원을 확인하기 위해 불편감을 유발하는 단서에 관한 정보를 수집해야 한다. 기본적인 근원은 치료 프로그램을 구성하는 데 있어서 매우 중요하다. 공포의 근원을 직면하는 것은 강박장애에 대한 행동치료의 기본적인 핵심에 속한다. 가끔 이러한 노출이 치료 중에 발생하지 않을 때 재발할 수 있다. 예를 들어, 고향에서 오염이 될 것을 두려워하는 환자를 그곳에서 3,000마일이나 떨어진 곳에서 노출 및 반응방지로 치료할 수 있다. 고향은 매우 멀리 있기 때문에 직접 노출되는 것은 불가능하다. 그러므로 고향에 갔을 때 직간접적으로 접촉할 수 있는 물건에 노출되도록 할 수 있다. 환자는 노출 회기에 사용된 대상에 습관화되겠지만 여전히 고향에 대한 두려움을 경험할 것이다. 1년간의 치료 중에 환자는 고향과 관련된 다른 새 물건에 대해 공포를 경험하게 될 수 있다. 그녀가 반복적으로 고향 자체에 노출되기 전까지는 지속적인 진전을 기대할 수 없을 것이다.

치료자는 환자가 어떤 물건이 제시되었거나 발병하였을 때 강박적인 불편감을 경험하였던 물건과 상황, 그리고 공간을 심도 있게 탐색해야 한다. 이러한 정보는 불편감의 근원이 무엇인지를 확인할 수 있게 한다. 불편감을 일으키는 상황에 대하여 환자와의 소통을 증진하기 위해서 0에서 100점 안에서 평가하는 주관적 불편감 단위 척도(Subjective Units of Discomfort Scale: SUDS)를 사용하는 것도 바람직하다. 환자는 자신이 각 상황에 노출되면 얼마나 불편한지 평가할 수 있다. 불편감의 근원은 100점이 될 것이다. 다음 치료자와 환자의 대화는 불편감을 유발하는 상황에 대한 정보를 수집하는 과정을 보여 주고 있다.

치료자: 언제 손을 닦고 싶은 충동이 일어나나요?

환자: 많은 곳에서요. 매우 많은 곳이에요.

치료자: 그런 충동이 특별이 강하게 느껴지는 곳이 있나요?

환자: 아마 우리 집 거실, 특히 벽난로 옆일 거예요. 또 세탁실이요. 제가 결코 가지 않는 곳이지만. …… 그리고 공원을 걸을 때에도 그래요.

치료자: 거실에 있을 때에 대해 이야기해 보지요. 벽난로 옆에 있을 때면 얼마나 혼란스럽나요?

환자: 무척 안 좋아요. 90점은 될 것 같아요.

치료자: 거실에서 당신을 혼란스럽게 하는 것이 무엇인지 이야기할 수 있겠어요?

환자: 이야기하자면 매우 긴데…… 저도 이게 무슨 의미인지 모르겠어요.

치료자: 말씀해 보세요. 거실에 있을 때 당신을 불편하고 두렵게 하는 것이 무엇인지 우리가 함께 이해하는 것은 매우 중요하지요.

환자: 약 2년 전에 아침에 일어나서 거실로 나왔을 때 벽난로 옆에 다람쥐가 죽어 있는 것을 보았어요. 아마 굴뚝을 통해 들어온 것 같아요. 다람쥐가 죽었다면 아마 많이 아팠을 것이라고 생각했지요. 많은 다람쥐가 광견병에 걸려 있잖아요. 그러니까 만약 다람쥐가 광견병으로 죽었다면 굴뚝에는 광견병균이 있겠지요.

치료자: 혹시 굴뚝이나 벽난로를 청소할 생각을

해 보지는 않았나요?

환자: 예, 청소업체에 연락해서 전부 다 깨끗하게 청소를 했어요. 그렇지만 병균이 모두 없어졌다고 생각하지 않아요.

치료자: 그렇군요. 세탁실에 대해 이야기할까요? 그곳에서는 얼마나 혼란스러운가요?

환자: 100점이요. 그래서 그곳에 가지 않아요.

치료자: 세탁실이 그렇게 위험한 곳인가요?

환자: 아니요, 그게 아니라…… 1년 전까지 아이들이 기니피그를 그곳에서 길렀어요. 그런데 암컷이 죽었어요. 아마 광견병에 걸려 죽은 것 같아요.

치료자: 그렇군요. 당신은 광견병균에 오염되었을 것이라고 생각하고, 그것과 접촉하게 되면 광견병과 접촉한 것이라고 생각하는군요. 그렇지요?

환자: 맞아요. 그래서 저는 나무 근처나 공원에 가지 않아요. 선생님도 알다시피 그곳에 모든 동물이 살고 있잖아요. 분명히 병균이 있을 거예요.

이러한 대화는 환자가 두려워하는 것이 거실, 세탁실 혹은 공원 자체가 아니라는 것을 잘 보여준다. 그녀는 광견병균에 감염될 확률이 있는 상황을 오염원으로 보고 있는 것이다. 그러나 오염공포를 가진 환자 중에는 오염되었다고 지각한 자극을 접촉한 두려운 결과를 설명하지 못할 수 있다. 이러한 환자의 1차적 공포는 오염됨으로써 발생하게 될 극단적인 정서적 불편감을 견딜 수 없을 것이라는 것이다. 이러한 환자에게는 강박사고를 촉진하는 자극에 대한 반응으로 크고 중단할 수 없는 불안을 경험하게 하는 장기적인 건강상의 결과에 대해 공포심을 가지고 있는지 확인하는 작업을 하는 것이 중요하다.

내적 공포 단서

불안과 괴로움은 개인이 불안하거나, 수치스럽거나, 역겹다고 생각하는 이미지나 충동, 또는 추상적인 생각에 의해 발생할 수 있다. 그러한 단서의 예로는 아이를 칼로 찌르는 충동, 사고로 다친 배우자에 대한 생각, 성적 활동을 하는 종교인의 이미지가 있다. 내부 위협단서는 아이를 찌르고 싶은 충동을 유발하는 칼과 같은 외부 상황에 의해 생성될 수 있다. 어떤 환자는 사소한 고통과 같은 특정한 신체감각을 경험할 때 암에 대한 두려움이 유발되어 고통스러워할 수 있다.

많은 경우, 환자는 자신의 강박적인 생각을 표현하기를 꺼릴 수 있다. 왜냐하면 그들은 스스로를 부끄러워하거나 강박적 생각을 표현하는 것이 그 결과를 더 발생시킬 것이라고 우려하기 때문이다. 이런 경우에 치료자는 직접적인 질문과 실질적인 태도를 통해 이러한 생각의 표현을 장려할 필요가 있다. 때로는 강박장애의 여부와 상관없이 많은 사람이 원치 않는 생각을 한다는 것을 환자에게 알리는 것이 도움이 된다(보통 사람의 85% 정도; Rachman & DeSilva, 1978). 또한 환자에게 자신의 강박관념에 대해 말하는 것이 치료의 일부라는 것을 상기시켜 주는 것도 도움이 될 수 있다. 평가 회기는 이러한 과정을 시작하는 기회가 될 수 있다.

치료자: 말해 보세요. 언제 숫자를 세고 싶은 충동을 느끼나요?

환자: 제가 항상 숫자를 세고 있는 것처럼 보이

지만, 그때는 대부분 어떤 것에 대해 생각할 때죠.

치료자: 어떤 것이요?

환자: 몰라요. 나쁜 것이요.

치료자: 당신이 숫자를 세고 싶게 만드는 나쁜 생각의 예를 들어 주실 수 있나요?

환자: (짧은 침묵) 그것에 대해 정말로 말하고 싶지 않아요. 상황을 악화시켜요.

치료자: 수를 세는 것을 더 악화시킨다는 말씀인가요?

환자: 네.

치료자: 좋아요, 이제 당신이 어떤 나쁜 것에 대해 생각하거나 말할 때, 수를 세고 싶은 충동이 든다는 것을 알았어요. 하지만 여전히 그 나쁜 것이 무엇인지 모르겠어요. 당신을 도와줄 수 있도록 말해 주시겠어요?

환자: 정말 안 하는 게 좋겠어요. 다른 얘기 좀 할 수 있을까요?

치료자: 치료계획을 세우기 위해서는 그 생각이 무엇인지 저도 알아야 해요. 제가 도와줄 겁니다. 그 생각은 누군가가 다치는 것을 포함하나요?

환자: 네.

치료자: 어떤 특정한 사람만 다치는 것인가요, 아니면 누구든 다칠 수 있나요?

환자: 대부분 가족이에요.

치료자: 좋아요, 그 생각에 대해 좀 더 말씀해 주시겠어요?

환자: 더 이상 말하고 싶지 않아요.

치료자: 무섭다는 건 알지만, 두려움에 맞서는 것이 치료의 핵심이라는 것을 기억하세요.

환자: 좋아요. 항상 생각하는 건 아니에요. 가끔 제 마음속에서 남동생이나 엄마, 아빠가 살해된 사진을 봐요. 이런 생각과 사진에 대해 이야기하면 정말 그들이 죽을 것 같아서 걱정이 돼요.

치료자: 많은 사람은 하고 싶지 않은 생각을 해요. 심지어 강박장애가 없는 사람도요. 당신이 이러한 생각을 한다는 것이, 혹은 그것에 대해 이야기한다는 것이 나쁜 일이 실제로 일어난다거나 당신이 그것이 실현되기를 바란다는 것을 의미하지는 않아요.

불쾌한 생각이 종종 발생한다는 것을 말해 주어 환자를 안심시키고 생각과 현실의 차이를 강조하는 것이 중요하다. 강박장애를 앓고 있는 많은 환자는 '생각하는 것'과 '발생하는 것' 사이의 괴리가 불분명하다는 신비한 생각을 가지고 있는데, Salkovskis(1985)는 이것을 '사고-행위 융합'이라고 명명하였다. 환자에게 생각과 행동이 다르다는 점을 지적하는 것이 중요하다. 많은 환자는 부정적인 생각이 떠오르면, 그것은 그들이 나쁜 일이 일어나기를 바란다는 것을 의미한다고 생각한다. 치료자는 환자에게 나쁜 것에 대해 생각하는 것이 그러한 나쁜 일이 일어나길 원하는 것을 의미하지 않는다고 확신시켜야 한다. 잘못된 믿음에 대한 이런 종류의 비공식적인 논의는 노출 및 반응방지(EX/RP)의 정확한 구현에 필수적인 부분이다. 이러한 논의는 치료계획 과정과 함께 이루어져야 하며, 노출 연습 중 필요에 따라 반복되어야 한다. 그러나 이러한 논의는 노출 및 반응방지를 대체하기보다는 노출 및 반응방지와 동반하는 것이 중요하다.

두려운 결과

강박장애를 앓고 있는 많은 사람은 의례행동을 하지 못하면 끔찍한 일이 일어날까 봐 두려워한다. 예를 들어, 세척 의례가 있는 환자는 일반적으로 자신이나 다른 사람이 오염되어 병들거나, 장애인이 되거나, 사망할 것이라고 두려워한다. 확인 의례를 가진 많은 환자는 자신의 부주의로 인해 집에 화재가 발생하는 것과 같은 재난이 일어날 수도 있고, 혹은 그들이 운전하는 동안 누군가를 죽일 수도 있다고 우려한다. 일부 환자는 부정적인 결과에 대해 막연하게 생각하기도 한다(예: "정확히 어떤 일이 일어날지 모르지만, 제가 7을 세지 않으면 우리 가족에게 나쁜 일이 일어날 것 같아요."). 다른 사람은 재앙을 전혀 두려워하지 않지만, 의례를 행하지 않으면 자신이 겪는 정신적 고통을 참아 낼 수 없다. 어떤 사람은 의례를 치르지 않으면 불안감이 신경쇠약에 걸릴 때까지 계속 증가할 것이라고 우려한다. DSM-IV 현장연구 자료에 의하면, 강박장애 환자 중 약 2/3가 의례 수행을 자제할 때 정서적 고통 이외에 어떤 결과가 발생하는지 명확하게 언급하지만, 나머지는 그러지 못하였다(Foa et al., 1995).

효과적인 노출 프로그램을 계획하기 위해 환자가 우려하는 결과를 구체적으로 파악하는 것이 중요하다. 예를 들어, 운전 중에 보행자를 차로 치면 감옥에 가는 것이 두려워 항상 확인하는 환자와 신의 처벌을 받게 되는 것이 두려운 환자에게 실시할 심상 노출 내용은 다르다. 이와 유사하게, 의례적으로 물건을 특정한 순서로 놓는 환자도 그들이 두려워하는 재앙이 무엇인가에 따라 다를 수 있다. 어떤 사람은 재앙적인 결과(예: 부모의 죽음)를 막기 위해 의례를 행하는 반면, 어떤 사람은 물건이 질서 없이 놓여 있어서 불편한 마음을 줄이기 위해 의례를 행한다. 전자는 심상 노출과 실생활 노출을 모두 포함하는 치료가 도움이 되지만 후자는 실생활 노출에만 적합할 가능성이 높다.

신념의 강도

비록 두 번의 연구가 공포스러운 재난에 대한 신념의 강도와 노출 및 반응방지에 의한 진전 사이의 선형관계를 발견하지 못했지만, 통찰력이 부족한 강박장애 환자는 노출 및 반응방지에 적절히 반응하지 못한다는 임상관찰 결과가 보고되었다(Foa et al., 1999; Lelliott, Noshirvani, Basoglu, Marks, & Monteiro, 1988). 이러한 발견을 평가할 때 두 가지 문제를 고려해야 한다. 첫째, 이전 연구에서 사용한 신념 강도의 신뢰성과 타당성은 알려져 있지 않다. 둘째, 과대평가된 이론과 실제 치료 결과의 관계는 선형적이지 않을 수 있다. 임상관찰에 따르면 강박관념에 대해 극단적인 믿음을 표현한 환자만 결과가 좋지 않았다. 실제로 Foa와 동료들(1999)은 오직 매우 강한 믿음(고정된 신념)만이 치료효과의 감소와 관련이 있음을 발견하였다. 그러한 환자는 그들의 무서운 재앙을 논할 때 망상적으로 보일 수도 있다. 우리는 고정된 신념이 결과에 미치는 영향은 치료 준수에 의해 조정될 수 있다고 가정하였다. 그런데 재난의 우려가 있다고 확신하는 환자는 처방된 연습에 참여하도록 하였을 때 이를 완수하지 못할 수도 있다.

신념의 강도를 평가할 때, 자기 신념의 무의미감을 통찰하는 정도는 자주 변한다. 몇몇 환자는 자신의 강박관념이 비이성적이라는 것을 쉽게 인정하지만, 그 믿음은 여전히 뚜렷한 고통을 야기한다. 몇몇 사람은 자신의 강박관념과 강요가 합리적이라고 굳게 믿는다. 그러나 대부분의 환자는 상황에 따라 신념의 강도가 변하기 때문에, 강박관념이 불합리하다고 생각하는 정도를 확인하기 어렵다. 다음의 예는 후천성 면역결핍 증후군(AIDS)에 걸릴 것이라는 강박적인 두려움을 가진 환자의 신념의 강도에 대한 질문이다.

치료자: 공중화장실에서 에이즈에 감염될 가능성은 얼마나 될까요?

환자: 식당에서 화장실에 가게 되면 에이즈에 걸릴까 봐 정말 겁이 나요.

치료자: 당신이 에이즈에 걸리는 것을 두려워한다는 것을 알지만, 논리적으로 볼 때 공중화장실에서 에이즈에 걸릴 확률이 얼마나 된다고 생각하세요?

환자: 공중화장실을 사용하면 에이즈에 걸릴 것 같아요.

치료자: 그렇다면 당신이 공중화장실에 한 번 앉으면 에이즈에 걸릴 확률이 100%라고 말하는 건가요?

환자: 글쎄요, 한 번인지는 몰라요. 하지만 제가 몇 번이고 공중화장실에 앉았다면 가능성이 크겠지요.

치료자: 다른 사람은요? 공중화장실을 사용하면 에이즈에 걸릴까요?

환자: 그렇게 생각해요. 확실하지는 않아요.

치료자: 대부분의 사람이 공중화장실을 사용하는데, 지금쯤 거의 모든 사람이 에이즈에 걸렸겠네요. 에이즈에 걸린 사람이 비교적 적다는 점은 어떻게 설명하시겠어요?

환자: 아마 모든 사람이 저만큼 에이즈에 취약하지는 않을 거예요.

치료자: 당신이 다른 사람보다 더 취약하다고 생각하나요?

환자: 정확히는 모르겠어요. 아마도 제가 에이즈에 걸릴 확률은 50%일 거예요.

방금 설명한 상호작용을 바탕으로, 치료자는 환자가 '과대평가된 이념가'가 아니라고 결론지었다. 따라서 이 환자의 예후는 그녀가 자신의 신념을 강하게 고수하고 있지만 밝은 편이다. 그러므로 이 환자에게는 표준 노출 및 반응방지(EX/RP) 지침을 따른다.

회피와 의례

치료효과를 극대화하려면 사소한 것을 포함하여 모든 회피와 의례적인 행동을 예방해야 한다. 따라서 치료자는 모든 수동적인 회피와 의례에 대한 정보를 완벽하게 수집해야 한다. 치료자는 특정 회피행동이 강박장애와 관련이 있는지 의심스러울 때는 환자를 회피 상황에 노출시키는 '경험'을 제안할 수 있다. 만약 환자가 불안이나 고통을 경험한다면, 그 회피행동은 치료의 일환으로 방지해야 한다. 이와 유사하게 특정 행동이 의례를 구성하는지가 불분명한 경우, 반응방지 '실험'을 시행할 수 있다. 만약 그 행동을 자제하는 것이 고통을 유발한다면, 그 행동은 의례로 인식하고 치료에서 다루어야 한다.

강박장애를 앓고 있는 사람은 특정공포증이 있는 사람처럼 불안감을 유발하는 상황을 피하려고 애쓰는 경우가 많다. 대부분의 수동적인 회피 전략은 매우 분명하다(예: 공중화장실에 들어가지 않기,

식사를 준비하지 않기, 쓰레기를 버리지 않기). 하지만 치료자는 지갑을 여는 것을 피하기 위해 주머니에 돈을 넣고, 끈을 만지는 것을 피하기 위해 그냥 신고 벗을 수 있는 신발을 신고, 빨대를 사용하여 마시는 것과 같은 미묘한 형태의 회피에 주의를 기울여야 한다. 강박적인 확인 의례행동이 있는 환자 역시 탐색해야 하는 미묘한 회피행동을 한다. 예를 들어, 업무를 처리하는 마지막 사람이 되는 일이 없도록 하기 위해 작업 일정을 조정함으로써 안전 확인의 책임을 동료에게 미룬다.

수동적 회피와 같은 능동적 의례는 분명하거나(예: 장시간의 씻기, 반복적인 문 확인, 물건 정리하기) 미묘할(예: 바지에 손 닦기, 눈 깜박이기, '좋은' 생각하기) 수 있다. 치료자는 분명하고 미묘한 의례를 모두 식별하여 치료 중에 두 가지 모두에 대응해야 한다.

강박적인 의례는 강박장애와 관련된 고통을 줄이기 위한 것이지만, 때때로 환자는 이러한 의례 수행 자체가 혐오스럽다고 보고한다. 예를 들어, 선반 위 물건의 정돈에 집착했던 S씨는 모든 것을 위한 '완벽한' 장소를 찾을 수 없었기 때문에 선반을 다시 정렬하는 것이 혐오스럽다는 것을 발견하였다. 마찬가지로 화학 물질에 오염된 J씨도 손이 언제 깨끗한지 알 수 없기 때문에 반복적으로 손을 씻음으로써 오염 물질을 제거하는 행동을 하였다. 그는 살갗이 벗겨질 때까지 씻었다. 의례는 그 외 생활을 침해함으로써 혐오감을 일으킬 수 있다. 예를 들어, 깨끗함을 느끼기 위해 2시간 동안 샤워를 한 J씨는 출근시간에 지각하여 상사에게 거듭 질책을 받았다.

어떤 충동이 혐오스러울 때 어떤 환자는 방지행동을 늘리거나 시간이 덜 걸리는 다른 의례로 대체함으로써 의례를 행하는 데 보내는 시간을 줄인다. 예를 들어, 장례와 관련된 물건의 오염(예: 묘지, 그리고 장례식에 참여하고 돌아온 사람)을 두려워하던 E씨는 몇 시간 동안 샤워와 손 씻기를 하는 반응을 보였다. 그녀는 결국 자신의 침실로 다시 들어가 바깥세상과의 모든 접촉을 피하였다. 앞서 설명한 J씨는 한 번에 며칠씩 샤워하는 것을 피했지만, 샤워 사이에 충동적으로 손을 닦고 아내와의 접촉을 피하였다. 어떤 경우 겉으로 보기에 '새로운' 의례는 치료 과정 동안 개발되어서 제거된 의례행동을 대신하기도 한다. 예를 들어, 손이 오염되는 것을 우려한 F씨는 반응방지가 시행되고 난 후 손을 씻으려는 충동을 성공적으로 참아 냈지만, 두 손을 힘차게 비벼서 '오염 물질을 제거'하기 시작하였다. 이러한 대체 의례가 확인되면, 그것도 반응방지를 통해 다루어야 한다. 치료자는 의례행동의 변화에 주의를 기울여야 할 뿐만 아니라 환자에게도 변화의 가능성에 대해 경고해야 한다.

주요 불만사항 및 치료 내력

강박장애를 앓고 있는 많은 사람은 증상이 미묘하게, 오래전에 시작되었기 때문에 증상의 발생에 대해 상세한 설명을 할 수 없다. 그럼에도 불구하고, 치료자는 병의 시작과 진행에 대해 가능한 한 많은 정보를 수집하려고 노력해야 한다. 그러한 정보는 두려움 관계망의 양상 및 증상의 유지와 관련된 요인에 대한 단서를 제공할 수 있으며, 치료 중에 발생할 수 있는 어려움을 예측하는 데 도움이 될 수 있다(예: 눈에 띄는 것이 줄어들면서 다시 떠오를지도 모르는 오래된 강박관념이나 의례).

많은 강박장애자는 광범위한 심리학적 · 약리학

적 치료 내력을 가지고 있으며, 이전 치료의 결과에 대해 상세한 조사를 하는 것이 중요하다. 환자가 노출 및 반응방지 치료를 받은 경우, 치료자는 치료가 적절하게 구현되었는지, 환자가 치료 중에 요구된 것에 불만을 나타냈는지 평가해야 한다. 환자가 반응방지 지침을 준수하는 데 어려움을 겪었거나 이전 치료에서 적절한 노출경험이나 반응방지 지침을 제공하지 못했다는 인식은 행동 프로그램을 설계하는 데 중요하다. 취업 스트레스, 가족의 사망, 임신 등과 같은 성공적인 결과를 막거나 재발의 원인이 될 수 있는 다른 요인도 논의되어야 한다. 동시에 이전에 노출 및 반응방지 치료의 실패가 반복될 것이라고 보아서는 안 되는데, 특히 과거의 치료가 성공적이지 않은 이유를 환자가 인식하는 경우에 더욱 그렇다. 덜 집중적인 노출 및 반응방지를 여러 번 시험하지 못한 환자가 회기 간 일주일 동안 노출 연습을 준수하지 않아 치료효과가 크게 감소했다는 사실을 알고 우리 센터에 왔다. 그는 이전의 치료 결과가 호전이 되지 않아서 사기가 저하되었고, 결국 치료를 중단하게 되었다고 말하였다. 그에게 매일 치료 회기를 갖거나 주 2회 치료 회기를 갖는 것 중에 선택하도록 했을 때, 집중적인 접근이 실패가능성을 감소시킬 수 있다고 말하면서 매일 치료를 선택하였다. 그는 집중적인 요법을 성공적으로 완수하였다.

우리 병원에서는 상당수의 외래 환자에게 세로토닌계 약물을 처방하여 치료하고 있다. 일부는 약물로 달성한 부분적 이득을 증대하기 위해 노출 및 반응방지 치료를 실시한다. 어떤 사람은 약이 효과가 없거나, 부작용이 있거나, 무한정 약을 복용하고 싶지 않기 때문에 복용을 중단하기를 원한다. 이처럼 환자의 치료목표를 평가하는 것은 치료 프로그램을 계획하는 데 필요하다.

사회적 기능

강박 증상은 환자의 일상생활을 심각하게 방해할 수 있다. 치료자는 강박 증상이 다양한 기능 영역에 미치는 영향을 평가해야 한다. 적절한 정보는 적절한 노출 연습을 설계하는 데 도움이 된다. 예를 들어, D씨는 업무를 반복하여 확인하느라 업무를 완수하는 데 어려움을 겪었다. 치료 과정에는 확인하지 않고 업무를 수행하는 노출을 포함시켰다. 내담자는 현재 작업을 하고 있지 않더라도, 증상으로 인해 이전 작업에서 문제가 발생한 경우 작업 상황을 시뮬레이션하는 노출이 필요할 수 있다.

강박장애는 분명히 많은 환자의 친밀한 관계에 해로운 영향을 끼친다. 강박장애 치료를 원하는 기혼자의 절반 정도가 무차별적인 고통을 경험한다 (Emmelkamp et al., 1990; Riggers et al., 1992). 강박장애 증상의 결과로 가족관계나 사회적 관계에서 고통을 받을 수 있다. 사회적 접촉을 위협적인 것으로 인식하거나(예: "나는 다른 사람에게 세균을 퍼뜨릴지도 모른다.") 혹은 환자의 시간과 에너지의 상당 부분을 의례를 수행하고 고통스러운 상황을 피할 수 있는 방법을 계획하는 데 투자하기 때문에 사회적 기능의 손상이 발생할 수 있다. 즉, 강박장애 증상과 사회적 기능장애의 관계에 대한 정보는 이러한 사회적인 어려움을 개선시키는 것을 목표로 하는 노출을 치료에 포함되도록 할 것이다.

사회적 기능을 평가할 때 다른 사람이 환자의 강박적인 의례에 어떤 역할을 하는지도 평가되어야 한다. 환자가 안심이나 의례 준수를 위해 다른 사람에게 의지하면(예: 가족은 집에 들어가기 전에 신발을 벗어야 한다), 치료자는 환자가 의례에 참여하도록 요청했을 때 적절하게 반응하는 방법을 가족 구성원에게 가르쳐야 한다. 가까운 사람에게 구체적인 지침을 주기 전에 관계를 신중히 분석해야 한다. 게다가 강박적인 고통이 일어날 때 가족 구성원이 환자를 비난하는 경향이 있다면, 이러한 부정적인 교류를 다루어야 한다. 우리는 종종 가족 구성원이 경험한 좌절감에 대해 공감적인 토론과 보다 효과적인 반응의 역할연기를 조합하여 이 문제를 다루어 왔다.

기분상태

심각한 우울증과 강박장애를 가진 일부 환자는 강박장애에 대한 행동치료로 혜택을 얻을 수 있지만(Foa et al., 1992), 심각한 우울증은 강박장애 증상의 감소와 그로 인한 이득의 유지를 제한할 수 있다(예: Abramowitz et al., 2000). 따라서 행동치료를 시작하기 전에 환자의 기분상태를 평가하는 것이 중요하다. 심각한 우울증을 앓고 있는 환자는 강박장애에 대한 행동치료를 시행하기 전에 우울증상을 줄이기 위해 항우울제나 인지치료로 치료되어야 한다. 세로토닌계 항우울제 치료는 우울증뿐만 아니라 강박장애 증상을 감소시킬 수 있다. 이러한 약물이 강박장애 증상에 미치는 영향은 치료가 시작된 지 3개월 이내에는 명백하지 않을 수 있기 때문에, 치료자는 우울증이 감소할 때 노출 및 반응방지를 시작할지 또는 강박장애 증상에 대한 약물효과를 평가할 수 있을 때까지 기다릴지에 대한 임상적 판단을 해야 한다.

치료의 선택

환자에게 가장 적합한 치료법을 어떻게 결정해야 하는가? 앞서 논의한 바와 같이, 세로토닌계 약물뿐 아니라 노출 및 반응방지도 강박장애에 효과적이다. 치료자와 환자는 선택에 직면해 있다. 어떤 치료법도 모든 환자에게 효과적이지는 않으며, 치료양식을 식별했을 때 누가 가장 큰 혜택을 받을지에 대한 일관된 예측 변인도 없다. 따라서 환자가 이전의 치료 과정에서 특히 성공적이거나 실패한 경우가 아니면 결정은 치료의 유용성, 환자가 치료에 투자할 수 있거나 기꺼이 투자할 수 있는 시간, 부작용을 수용하려는 동기 및 의지와 같은 요인에 근거해야 한다.

집중치료를 위해서는 수 주간 상당한 시간을 투자해야 한다. 많은 환자는 하루 4~5시간을 할애하여 치료를 받을 수 없다. 이러한 환자에게는 많은 시간을 요구하지 않는 약물치료를 시도하도록 권고해야 한다. 추적관찰을 해 보면 집중치료와 비교하여 주 2회의 노출 및 반응방지 치료의 효과는 유사하였다(Abramowitz et al., 2003; Storch et al., 2007). 따라서 우리 센터에서는 노출 및 반응방지를 고려하는 환자에게 프로그램을 제공한다. 일부 환자는 노출 및 반응방지로 인한 일시적인 불편함을 경험하지 않으려고 할 수 있다(때때로 "그것을 할 수 없다."라고 표현한다). 이 환자에게도 약물치료를 권유한다. 종종 노출 및 반응방지 치료를 받은 환자 중에 탈락률이 높음을 고려하면 이러한 환자가 노출 및 반응방지 치료를 받을 수 있도록 고안된 '준비 프로그램'을 개발해야 할 필요성은 매우 높다. 이러한 프로그램에는 이전에 치료받은 환자의 증명서, 환자가 객관적인 위험을 더 정확하게 계산하도록 설계된 인지전략, 강박장애와 노출 및 반응방지에 대한 심리교육 및 다양한 치료 결과에 대한 문헌 검토가 포함될 수 있다(Tolin, Maltby, Diefenbach, Hannan, & Worhunsky, 2004). 초기의 무선통제연구에서는 노출 및 반응방지와 동기강화 면담을 실시한 것이 노출 및 반응방지를 단독으로 실시한 것보다 우월하다는 결과를 얻지 못했으나(Simpson et al., 2010), 이 연구에서는 동기가 낮은 환자를 특별히 모집하지는 않았다. 이러한 환자를 위한 특별한 프로그램을 구성하고 동기강화 면담과 함께 노출 및 반응방지를 실시하였을 때의 수용률 및 효능을 조사하는 것은 다음에 연구할 주제가 될 것이다.

약물의 잠재적(또는 이미 경험한 적이 있는) 부작용이나 알려지지 않은 장기적 효과에 대해 우려하는 환자는 종종 노출 및 반응방지를 선호한다. 현재의 지식에 따르면, 약물치료가 중단되면 재발하기 때문에 '끝없이' 치료를 받을 가능성에 대해 여러 환자가 우려하고 있다(Pato et al., 1988; Thoren, Asberg, Chronholm, Journestedt, & Traskman, 1980). 이러한 우려는 특히 아이를 낳을 계획이며 임신 중 약물 복용을 중단해야 하는 여성에게서 크다. 노출 및 반응방지는 효과가 지속적이기 때문에 이러한 환자에게 권장된다.

앞서 논의한 바와 같이, 노출 및 반응방지와 의약품의 결합에 따른 장기적인 효과는 명확하지 않다. 따라서 두 치료법을 결합한 치료 프로그램을 제안하는 것은 시기상조이다. 그러나 치료를 받고 있는 일부 환자는 이미 항우울제를 복용하고 있다. 이러한 약물이 노출 및 반응방지의 효과를 방해하지 않는 것으로 밝혀졌기 때문에, 환자가 강박증이나 우울증에 어느 정도 개선을 경험했다면 약을 계속 복용하는 것을 권장한다. 단, 환자가 약물에 의한 진전을 경험하지 못한 경우 노출 및 반응방지 전후에 약물 중단을 고려해야 한다. 강박장애와 동시에 심각한 우울증이 있는 환자는 특별한 주의를 기울여야 한다. 심한 우울증을 앓고 있는 환자는 호전이 다소 느리다는 최근 결과를 보면, 이러한 환자는 강박증에 대한 집중적인 노출 및 반응방지를 시작하기 전에 우울증에 대한 항우울제나 인지요법으로 치료를 받는 것이 바람직하다.

집중적인 노출 및 반응방지

집중치료 프로그램은 ① 정보수집, ② 집중적인 노출 및 반응방지, ③ 가정 방문, ④ 유지 및 재발방지의 네 단계로 구성된다.

정보수집 및 치료계획

정보수집의 첫 단계는 환자의 주요 정신질환이 강박장애인지를 판단하기 위한 철저한 진단 평가로 구성된다. 두 번째 단계는 환자가 노출 및 반응방지에 적합한지 평가하는 것이다. 우리는 약물이나 알코올을 남용하는 사람은 강박장애에 대한 집중치료 전에 약물 남용에 대해 치료를 받아야 한다고 권고하였다. 분명한 망상과 환각을 가진 환자 역시 집중치료의 우선 후보군은 아니다. 중증 주요우울장애를 가진 사람은 강박장애 치료를 시작하기 전에 우울증 치료를 받아야 한다. 환자가 집중치료의 요구에 따르려는 동기가 있는지 신중하게 평가해야 한다. 치료가 시작될 때 환자가 놀라지 않을 정도로 치료 프로그램을 자세히 설명하는 것이 중요하다. 환자가 치료에 대한 강한 동기부여와 헌신을 표현하지 않는 경우 집중치료를 지연하거나 약물과 같은 대체치료를 제공하는 것이 바람직할 수 있다. 앞서 언급한 바와 같이, 동기부여가 된 것처럼 보이지만 매일 치료를 받을 수 없는 환자에게 덜 집중적인 노출 및 반응방지를 실시한 결과는 집중치료의 결과와 유사하였다. 환자 요인이 다른 결과를 예측하는지를 결정하기 위해서는 훨씬 더 큰 표본을 가진 추후 연구가 필요하다.

일단 환자가 집중적인 치료에 적합하다고 판단되면, 치료계획을 위한 정보를 수집한다. 이 단계에서는 일반적으로 환자와 2~3일 동안 4~6시간 접촉한다. 이 단계에서 치료자는 앞에서 설명한 것처럼 환자의 강박 증상, 일반적 병력 및 강박장애 치료 기록에 대한 정보를 수집한다. 이 기간 동안 치료자는 치료의 이유를 논의하고, 프로그램을 자세하게 설명하고, 환자가 자신의 의례를 감시하도록 가르치고, 치료계획을 개발한다.

첫 번째 정보수집 회기

치료의 근거를 논의하고 치료 프로그램을 자세히 설명하는 것이 중요하다. 이 프로그램은 환자가 강박관념을 버려야 하므로 일시적으로 상당한 불편함을 경험한다. 환자가 이러한 단기적인 고통을 겪는 이유를 이해하지 못하거나 치료의 효과에 대해 확신하지 못한다면 치료지침을 따를 가능성이 거의 없다. 치료 근거에 대해서는 다음과 같이 설명한다.

"당신도 알다시피, 당신은 강박 증상이라고 불리는 일련의 습관을 가지고 있습니다. 이것들은 극도로 불쾌하고 낭비적이며 스스로 없애기 힘든 사고, 감정, 행동 습성입니다. 보통 이러한 습관은 당신이 원하지 않더라도 습관적으로 머리에 떠오르는 생각, 이미지, 혹은 충동을 포함합니다. 이러한 생각과 함께 당신은 원치 않는 극심한 괴로움이나 불안감, 그리고 고통을 줄이기 위한 무언가를 하고 싶은 강한 충동을 가집니다. 불안감을 없애기 위해 사람들은 우리가 '의례'라고 부르는 다양하고 특별한 생각이나 행동에 참여하는 습관을 갖게 됩니다."

"아시다시피, 의례행동은 그다지 효과가 없어서 단기간 고통이 줄어들었다가 다시 증가합니다. 결국 당신은 걱정을 줄이기 위해 점점 더 많은 의례행동을 하고 있는 자신을 발견할 수도 있지만, 그때조차도 안도감은 일시적이어서 당신은 그 의례를 다시 해야만 합니다. 점차적으로, 당신은 너무 많은 시간과 에너지를 의례—어쨌든 잘 되지 않는—를 행하는 데 소비하게 됩니다. 결국 당신은 당신의 생활 곳곳에서 심각하게 방해를 받고 있음을 발견합니다."

"우리가 시작하려고 하는 치료를 노출 및 반응방지라고 합니다. 이는 두 가지 유형의 연합을 깨기 위해 고안했습니다. 첫 번째 연합은 불안감과 고통을 일으키는 물건, 상황 또는 생각 사이의 관계입니다. (치료자는 수집된 정보를 예로 들 수 있다. 예를 들어, "당신은 소변과 관련된 모든 것을 만질 때마다 불안감, 고민 또는 오염을 느낍니다.") 우리가 깨고 싶은 두 번째 연합은 의례행동을 하는 것과 덜 불안하거나 덜 괴로운 감정 사이의 관계입니다. 다시 말해서, 당신은 의례를 수행한 후에 (확인된 의례를 구체화한다.) 일시적으로 덜 고통스러워합니다. 따라서 이러한 행동을 자주 계속합니다. 우리가 제공하는 치료는 불만/불안/오염의 감정과 (강박관념을 구체화한다.) 의례 사이의 자동적인 결합을 깨뜨립니다. 또한 당신이 불안할 때 의례를 치르지 않도록 훈련시킬 것입니다."

치료 근거를 제시한 후, 치료자는 환자의 강박장애 증상에 대한 정보를 수집해야 한다. 정보수집의 근거와 치료의 설명은 다음과 같다.

"다음 두 회기에는 당신에게 불편함이나 걱정을 유발하는 다양한 상황과 생각에 대해 구체적으로 질문할 것입니다. 우리는 그것이 당신에게 야기한 고통의 정도에 따라 0에서 100까지의 점수를 매길 것입니다. 여기서 0은 불안감이 전혀 없는 것이고, 100은 극도의 불안감이나 공포를 의미합니다. 당신이 회피하고자 하는 상황과 생각이 불안감을 일으키고 의례적인 행동을 수행하려는 충동을 일으키기 때문에 노출치료 프로그램은 이 상황과 생각에 당신이 직면하도록 할 것입니다. 왜 우리는 당신을 불편하게 만드는 장소와 사물, 심지어 많은 비용을 들이면서까지 피하려고 했던 상황에 노출시키고자 할까요? 우리는 사람들을 두려워하는 상황에 노출시키면 불안감이 점차 감소한다는 것을 압니다. 당신이 이런 상황에 반복하여 노출됨으로써 불안과 강박관념이라고 명시한 것 사이의 연합이 약화되어 이전에 야기된 불안은 시간이 지남에 따라 감소할 것입니다."

"강박장애를 가지고 있는 많은 사람에게 있어서 강박관념은 상상 속의 생각일 뿐 현실에서는 거의 일어나지 않습니다. 이로 인해 실제로 장기간에 걸쳐 그러한 상황에 직면하여 노출을 연습하는 것이 불가능합니다. 예를 들어, 만약 어떤 사람이 집이 타버릴 것을 두려워한다면, 노출을 연습하기 위해 그 집에 불이 나게 할 수는 없습니다. 비슷하게, 길에 누워 있는 사람을 차로 칠 것이라고 두려워하는 사람을 실제로 그런 상황에 노출시킬 수는 없습니다."

"강박관념을 줄이기 위해 두려운 상황에 직면해야 하지만 당신이 그 상황에 직접 맞서지 않는다면 어떤 방법으로 개선할 수 있을까요? 두려운 상황을 시각화하여 그 이미지를 통해 당신이 두려움에 직면할 수 있습니다. 이미지 연습에서 당신은 의례적인 행동을 하지 않으면 일어날 끔찍한 결과에 대한 상세한 그림을 마음속에 그립니다. 이러한 이미지에 장기간 노출되면 그 고통의 수준이 점차 감소합니다."

"강박장애가 있는 사람은 두려운 상황이나 강박적인 생각에 맞닥뜨리게 되면 불안감이나 괴로움을 느끼고 고통을 줄이기 위하여 의례 행동을 하도록 강요받는다고 느낍니다. 노출 연습은 이와 같은 고통과 의례에 대한 충동을 야기할 수 있습니다. 보통 의례를 행하면 고통과 의례의 관계가 강화됩니다. 그러므로 치료에서 의례방지는 의례의 습관을 깨기 위해 행해집니다. 이것은 당신이 여전히 그렇게 하고 싶은 충동을 가지고 있음에도 불구하고, 의례를 중단해야 한다고 요구합니다. 당신은 강박에 의지하지 않고 두려움에 직면함으로써 점차 덜 불안해집니다. 행동치료자는 이 과정을 '습관화'라고 부릅니다. 그러므로 3주 동안의 집중적인 노출을 통해 당신이 그러한 행동에 관여하는 것을 허용하지 않기 때문에 불안으로부터의 구제(환자의 의례를 구체화)와 수행하는 것 사이의 결합은 약화될 것입니다. 그러므로 당신은 이러한 활동을 하지 않을지라도 불안감이 줄어든다는 것을 알게 될 것입니다."

초기 정보수집 회기에서는 환자의 의례를 정확하게 모니터하기 위해 환자를 훈련시키기도 한다. 의례행동의 빈도와 기간에 대한 정확한 보고는 치료의 진행 상황을 평가하고 환자의 변화를 입증하는 데 중요하다. 일부의 경우, 모니터링은 치료에서 적극적인 역할을 한다. 환자는 의례가 실제로 하루 종일 일어나는 것이 아니며, 그 의례를 감시하는 행동은 그 빈도와 지속시간을 감소시킬 수 있다는 것을 인식하기 시작한다.

> "당신이 강박적인 사고와 강박적인 행동에 관여하는 정도를 정확하게 아는 것은 치료 프로그램의 성공에서 매우 중요합니다. 당신의 문제가 당신의 시간을 얼마나 많이 소모하는지를 분명하게 알 수 있다면 당신의 진행 상황을 모니터링하고 그에 따라 치료 프로그램을 조정하는 데 도움이 될 것입니다. 그러므로 이번 주에 제가 치료 프로그램을 만들기 위해 정보를 모으는 동안 매일 자신의 증상을 기록하여 주십시오. 당신이 얼마나 강박적이고 충동적인 행동에 관여하고 있는지 정확하게 보고하는 것은 쉽지 않습니다. 따라서 우리는 지금, 그리고 다음 회기에 당신의 증상을 기록하는 방법에 대한 몇 가지 규칙을 검토하는 시간을 가질 것입니다. 여기에 당신의 생각과 의례를 기록할 몇 가지 모니터링 양식이 있습니다."

치료자는 환자가 보고해야 하는 의례행동을 분명히 하고 환자에게 조심스럽게 지시를 건네어 그의 생활에서 심상을 사용하여 환자가 기록을 하도록 해야 한다. 다음과 같은 규칙은 의례행동을 점검하는 데 도움이 된다.

1. 시계를 사용하여 의례에 소비하는 시간을 모니터링하라.
2. 의례의 시간을 추측하지 말고 정확하게 기록하라.
3. 모니터링 양식에 즉시 시간을 기입하라.
4. 하루가 끝나거나 다음 날이 시작될 때까지 기록을 저장하지 말라.
5. 무엇이 의례행동을 하게 했는지 짧은 문장으로 기록하라.

치료를 시작하기 전에 집중치료 프로그램 동안 환자를 지원할 수 있는 사람을 확인한다. 환자에게 노출 동안의 지지를 위해 이 사람에게 의존하도록 지시하고, 지원자에게는 반응방지 지침을 준수하는지 모니터링하도록 요청한다. 만약 환자가 의례에 대한 충동에 저항하는 데 어려움을 겪는다면 지원자에게 연락하여 도움을 청한다. 지원자가 치료에 참여하기 때문에 치료자는 정보수집 단계에서 치료를 설명하고 그와 그 근거를 토론하기 위해 시간을 갖는다.

치료자는 지원자와 환자가 건설적인 비판과 관찰을 제공할 것이라는 점을 상호 동의하도록 노력한다. 이러한 제안을 할 때 지원자는 과거에 발생한 어려움에 민감해야 한다. 예를 들어, 아내가 항상 의지했던 B씨는 아내가 손 씻기 의례를 수행하는 것을 '알아차리고' 그녀를 심하게 비난하였다. 이런 반응이 치료를 방해하는 것을 막고 남편이 아내의 반응방지를 감독하도록 하기 위해, 치료자는 아내의 행동에 적절하고 비판적이지 않은 반응을 하도록 하기 위해 부부와 함께 오랜 시간 논의하였다.

지원자는 정기적으로(최소한 일주일에 두 번) 치료자와 연락하며, 환자가 수행해야 하는 특정 노출 과제에 대한 정보를 제공할 뿐만 아니라 밖에서의 환자의 행동에 대한 자신의 의견을 전달한다. 또한 환자의 동의하에 치료를 준수하지 않을 경우(예: 과제하기를 거부하거나 의례적인 행동을 하는 경우) 지원자가 치료자에게 연락해야 한다.

두 번째 정보수집 회기

두 번째 정보수집 회기가 시작될 때 치료자는 환자의 자기관찰 양식에 시간을 할애하는데, 여기에서는 의례행동을 유발하는 상황에 대한 설명을 검토하고 필요하면 건설적인 의견을 제시한다. 치료자는 환자에게 짧은 구나 문장을 사용하여 상황을 설명하도록 하고, 시간 추정치의 정확성을 평가하면서 정확한 측정에 대한 필요성을 강조한다.

치료계획 수립

두 번째 정보수집 회기의 대부분은 환자의 증상에 대한 자세한 정보를 수집하고, 증상에 대해 알게 된 내용에 따라 환자와 치료법을 개발하는 데 할당한다. 환자에게 치료를 구성하는 노출 연습이 강박장애 증상을 어떻게 감소시키는지 설명하는 것이 중요하다. 예를 들어, 종교적 강박사고를 가진 환자에게 정교하지는 않지만 지옥에서 불타는 이미지가 떠오를 때, 강박적인 고통을 줄이기 위해 지옥에서 불타는 것을 상세하게 심상으로 노출하도록 할 것이라고 알려 준다. 환자는 노출 및 반응방지에서 중심 개념의 근간을 이루는 근거를 이해하는 것이 중요하다. 즉, 치료 중 강박 증상에 직면하는 것은 단기적으로는 고통을 증가시키지만 장기적으로는 그것을 감소시킨다. 우리는 종종 환자에게 노출 회기의 첫 주 동안 경험한 어려움이 노출 및 반응방지의 적절한 구현으로 감소할 것이라고 말한다.

과제 설명하기

두 번째 정보수집 회기가 끝날 때, 치료자는 치료 프로그램에 포함된 과제에 대해 설명한다. 2시간의 치료 회기 외에 일반적으로 2~3시간이 걸리는 과제는 환자의 가정이나 다른 곳(예: 쇼핑몰 또는 친척집)에서 치료 회기 간에 추가 노출 연습을 수행하는 것으로 구성된다. 환자가 과제를 하는 동안 10분마다 주관적 불편감 단위 척도(SUDS) 수준을 모니터링하도록 제안한다. 환자가 45~60분 동안 노출을 유지할 수 없는 경우, 치료자는 가능하다면 환자와 협력하여 노출을 연장할 수 있는 계획을 수립한다. 예를 들어, 환자에게 지역 레스토랑의 화장실에서 45분을 보내라고 요구하는 대신에, 치료자는 변기에 손수건을 올려놓았다가 이 '오염물질'을 주머니에 넣고 다니라고 제안할 수 있다.

치료기간

우리 센터의 치료 프로그램은 일반적으로 3주 동안 매일 2시간씩 총 15회의 치료 회기로 구성되어 있다. 임상적 관찰에 따르면 상담 회기가 집중되어 있는 것이 산발적으로 수행하는 것보다 결과가 더 좋았다. 그러므로 최소한 1주일에 3회기를 권장한다. 각 회기는 과제와 전날 모니터링한 의례에 대해 10~15분간 토론을 하면서 시작한다. 다음 90분은 각각 45분씩 심상 및 실생활 노출을 시행한다. 마지막 15분은 다음 날의 과제에 대해 토론한다. 이러한 구성은 필요할 때 조정할 수 있다. 예를 들어, 아동의 옷을 오염시키기 위해 치료자와 환자가 지역 쇼핑몰로 이동하여 실생활 노출을 하여야 한다면 전체 회기는 이 활동에 전념한다. 일부 환자는 심상 노출에서 정서적으로 몰입하기 어려워한다(즉, 심상이 고통을 유발하지 못하였다). 이러한 경우에는 실생활 노출에만 초점을 맞추어야 한다.

치료자가 회기를 시작할 때 환자와 해당 회기에 대한 계획을 논의하는 것이 좋다. 특정 상황(예: 계획된 노출을 진행하는 것에 대해 환자가 반대하는 상황)을 제외하고, 이러한 토론은 15분 이내로 제한하여야 한다. 강박장애를 갖고 있는 환자는 대개 노출 작업에 참여하는 것을 매우 두려워하며, 당면한 과제에 대해 세부적으로 논의하면서 노출을 피하는 경우도 있다. 이처럼 사전에 노출에 대한 토론을 하는 것은 확신을 확인하는(즉, 제안된 운동이 안전하다고 확신하는지 치료자에게 질문하는 환자) 좋은 근거가 되기도 한다. 치료자는 그러한 질문에 신중하게 생각하고 반응하여 환자에게 강박적인 확신을 주거나 제안한 노출이 객관적으로 위험하다는 인상을 전달할 가능성을 피해야 한다.

심상 노출 연습은 일반적으로 각 회기에서 실생활 노출 연습에 앞서 수행되어 예정된 실생활 노출 연습의 전 단계가 된다. 심상 노출 동안 환자는 편안한 의자에 앉아 다음 지시사항을 받는다.

"오늘 당신은 한 장면을 상상할 거예요. (장면을 설명한다.) 집중할 수 있도록 눈을 감아 주세요. 이 장면을 가능한 한 생생하게 그려 보세요. 당신이 이야기를 듣고 있는 것이 아니라 지금 바로 여기서 경험하고 있는 것처럼요. 몇 분마다 불안감 수준을 0에서 100까지 평가하라고 요청할 것입니다. 신속하게 대답하고 이미지를 남겨 주세요."

심상 노출 회기는 오디오테이프로 녹화되며, 환자는 과제의 일부로 테이프를 듣고 노출을 반복하도록 요청받는다. 실생활 노출에 포함된 상황은 환자에 따라 크게 다르다(특히 눈에 띄는 확인 의례가 있는 환자의 경우). 다음은 실생활 노출 연습 중 환자에게 제공할 수 있는 몇 가지 지침의 예시이다.

〈현저한 씻기 의례를 가진 환자의 경우〉

"오늘, 당신은 이것(물건을 지정한다.)을 만질 것입니다. 손가락뿐만 아니라 당신의 손 전체로 만지기 바랍니다. 그런 다음 이것을 당신의 얼굴, 머리카락, 옷, 그리고 온몸에 대 보십시오. 당신은 결코 오염을 피할 수 없을 것입니다. 그런 다음 나머지 시간 동안 앉아서 얼굴, 머리카락, 옷을 반복적으로 만져 보십시오. 이것이 당신을 화나게 하겠지만, 결국 불안감이 줄어들 것입니다. 또한 노출 이후에 당신은 씻거나 세척을 하지 않을 것이기 때문에 두려운 일—예를 들어, 질병—이 일어날까 걱정스러울 것입니다. 이 치료가 어렵고 많이 불편하겠지만, 당신이 할 수 있을 것입니다. 시간이 지날수록 더 쉬워질 거예요. 자, 여기 있습니다. 만져 보세요."

치료자는 환자에게 물건을 잡고 만져 달라고 한 다음, 물건이나 '오염된' 손을 얼굴, 머리카락, 옷에 직접 닿도록 요청해야 한다. 10분마다 환자에게 "지금 만지고 있는 것에 집중할 때 불안이나 불편함이 0에서 100까지 중 어느 정도입니까?"라고 질문을 해야 한다. 일단 환자가 질문을 이해하면 "주관적 불편감은 어느 정도인가요?"라고 짧게 물을 수 있다.

〈현저한 확인 의례를 가진 환자의 경우〉

"이제 저는 당신이 (예: 다 읽은 후에 월간 청구서를 보지 않고 지불할 수 있도록 확인 표시를 해 주셨으면 합니다. 우리는 당신이 그것을 그냥 봉투에 넣은 다음, 한 번도 확인하지 않고 우편으로 보내는 것을) 하기를 바랍니다. 그런 다음 동일한 방법으로 (예: 백미러를 보지 않고 울퉁불퉁한 도로에서 운전)을 계속하겠습니다. 이렇게 하는 동안, 저는 당신이 행동을 점검하지 않았기 때문에 어떤 해로운 일이 일어날지 걱정하기를 바랍니다. 하지만 이런 생각이 실제로 그런 활동을 하는 데 방해가 되지 않도록 하세요."

환자는 치료 첫날과 치료 도중에 정기적으로 반응방지에 대한 구체적인 지침을 상기해야 한다. 우리는 환자에게 반응방지를 위한 규칙의 인쇄본을 제공하는 것이 그들이 규칙을 이해하고 기억하는 데 도움이 된다는 것을 알았다. 환자를 위해 약술된 규칙이 환자가 나타내는 의례의 유형을 적절하게 다루지 않는 경우, 치료자는 이러한 양식을 본떠 만든 일련의 지침을 제공해야 한다.

마지막 몇 차례의 치료기간 동안 환자에게 '정상적인' 씻기, 청소 또는 점검 규칙에 대해 소개해야 한다. 환자가 정상적인 일상으로 돌아갈 수 있도록 반응방지 요구사항을 완화해야 한다.

가정 방문

치료 프로그램을 통해 환자가 얻은 이득을 가정환경에 일반화하는 것이 중요하다. 보통 과제는 일반화에 매우 중요한 역할을 하지만, 특히 집중치료 단계 동안 환자가 매일 집에 돌아갈 수 없는 경우(예: 멀리서 왔거나 입원한 경우)에는 치료자의 방문이 상당히 도움이 될 수 있다. 가정 방문은 또한 치료자와 환자에게 '정상적인' 행동에 대한 지침을 논의할 기회를 제공한다. 치료자는 치료가 끝나기 전에 환자와 환자의 가족과 함께 방문계획을 상의해야 한다. 강박적 수집가를 치료할 때와 같이 어떤 경우에는 치료 회기의 대부분을 환자의 집에서 실시해야 한다. 핵심 치료 중 가정 방문 빈도를 결정하는 것은 환자의 강박장애 증상이 집 밖의 상황으로 쉽게 '이동'할 수 있는지, 아니면 집 안에서만 나타나는지에 기초해야 한다. 집에 '안전한' 방과 장소가 있는 씻기 의례를 가진 환자의 경우, 이러한 영역의 오염은 필수적이지만 매우 어렵다. 치료자는 환자가 이 '성역'을 성공적으로 오염시킬 수 있는지 의심스러울 때, 가정기반 노출치료를 직접 실시하는 것이 좋다.

일반적으로 가정 방문은 치료 프로그램의 끝에 2일마다 4시간 동안 진행되는 회기로 구성한다. 이 회기에서 대부분의 시간은 환자의 집이나 직장 주변의 강박적 자극에 대한 추가 노출을 수행하는 데 사용한다. 예를 들어, 치료자는 환자가 오염된 것이 있다고 하는 집이나 동네 식료품점에 환자와 함께 방문할 수 있다. 마찬가지로 환자는 확인하지 않고 난로를 켜거나 끄고 치료자와 함께 집을 나가는 요구를 받을 수 있다. 대부분의 환자, 특히 치료 중 귀가할 수 있는 사람은 과제를 반복하기 때문에 이러한 노출을 할 때 불편함을 거의 또는 전혀 느끼지 않을 것이다. 그러나 어떤 경우에는 치료자가 환자의 오염되지 않은 부분 또는 이전의 노출에도 불구하고 집에서 고통을 계속해서 발생시키는 일부 장소를 발견한다. 가정 방문은 문제를 일으키는 상황이나 사물에 대한 노출에 초점을 맞추어야 한다.

유지기간

환자가 치료효과를 유지하기 위해 노출 연습을 스스로 계속하라고 지시하는 것 외에도 치료자는 정기적인 유지 관리 일정을 계획할 수 있다. 이러한 회기는 추가 노출을 계획하고, 정상적인 행동에 대한 지침을 세우고, 환자가 강박장애가 없는 삶에 적응할 때 발생하는 문제를 해결하기 위해 사용할 수 있다.

집중치료 회기 후에 환자와 계속 접촉하면 도움이 된다는 몇 가지 증거가 있다. 한 연구에서 12주간의 지원치료 회기(노출 연습 없음)는 3주간의 집중적인 노출 및 반응방지로 치료한 강박장애 환자의 재발 횟수를 줄이는 것으로 나타났다(Foa et al., 1992). 또 다른 연구에서는 인지행동치료를 일주일에 1회 집중적으로 치료한 후 주당 8회 정도 10분씩 짧은 전화 통화를 한 결과, 1주간의 자유연상을 하는 집중치료를 받은 경우보다 장기적인 결과가 더 좋았다(Hiss et al., 1994).

치료환경

집중치료를 받는 동안 환자는 정상적인 환경을 유지하는 것이 좋다. 이는 특히 주로 가정환경 자극에 의해 두려움이 유발되는 환자에게 중요하다. 병원은 인위적으로 보호받는 환경일 수 있으며, 특히 눈에 띄는 확인 의례를 가진 환자의 경우 주변 환경에 대해 책임감을 느끼지 못할 수 있으므로 결과적으로 흔히 하는 일반적인 확인 욕구를 경험하지 못한다. 환자가 일상적으로 통근하기에 너무 멀리 떨어져 있을 경우, 병원 근처에 아파트나 호텔 방을 임대하는 것을 추천한다. 이것이 가능하지 않으면 입원을 고려해야 한다. 입원은 자살 또는 정신분열의 위험에 처한 환자 및 면밀한 감독이 필요하지만 치료 중에 환자를 보조하기에 충분한 지원 시스템이 부족한 환자에게 권장한다.

환자가 일을 하고 있고 강박장애 증상이 업무와 관련된 경우, 관련 노출이 치료에 포함될 수 있도록 하기 위해 직장을 계속 유지하도록 해야 한다. 그러나 치료는 하루에 5~6시간을 필요로 하기 때문에 환자는 집중치료 중에 오전이나 오후 중 반나절만 근무하는 것을 선택할 수도 있다.

환자의 증상이 직장과 관련이 없는 경우, 집중치료를 받는 동안 일하지 않기로 결정할 수 있다. 시간이 많이 걸리는 치료 특성 때문에 환자는 업무에서 벗어나는 것이 좋다. 환자가 연속하여 3주간 쉬는 것이 불가능한 경우, 치료자는 첫 주와 두 번째 주에 치료 프로그램을 진행하면서 환자가 반나절만 일을 하거나 휴직하는 것을 제안할 수 있다.

치료자 변인

두려운 상황에 대한 노출과 의례행동의 반응 예방에 대한 집중치료는 환자에게 상당한 스트레스를 유발한다. 그러한 '고문과 같은 것'을 겪으려는 그들의 의지는 강박관념 증상을 제거하려는 강한 동기를 나타낸다. 집중치료 요법은 환자에게 치료에 참여하도록 압박하는 것과 환자의 고통을 공감하는 것 사이에 미묘한 균형을 유지할 것을 요구한다. Rabavilas와 동료들(1979)의 연구에서 발견한 임상 소견과 연구 결과는 관대하고 이해력이 뛰어나고 격려적이며 분명하고 도전적인 치료자가 허용적이고 잘 참는 치료자보다 성공적인 결과를 성취할 가능성이 높다는 것을 시사한다. 전문성은 부족하지만 노출 및 반응방지 치료를 배우고 슈퍼비전을 받는 사람이 이러한 치료를 잘 받아들이는 것 같다(Franklin, Abramowitz, Furr, Kalsy, & Riggs, 2003; Valderhaug et al., 2007).

치료를 하는 동안 환자가 보이는 행동은 매우 협조적인 행동부터 노출에 참여할 의지가 없거나 치료자의 지시를 거부하는 행동까지 매우 범위가 넓다. 각 환자는 특정 회기에 수행한 노출의 종류에 따라 행동이 다를 수 있다. 대부분 강박장애를 위한 행동치료를 실시하는 '기술'은 추진해야 할 시점, 직면해야 할 시기, 그리고 유연해야 할 때를 아는 것을 포함한다. 이러한 결정은 치료자가 환자의 반응을 주의 깊게 관찰하고 자신의 경험에 근거하여 판단하도록 요구한다. 치료자는 프로그램을 시작할 때 가능한 한 확립된 치료 규칙을 유지하면서 치료 프로그램의 유연성을 가미하는 태도를 보여야 한다. 치료자는 환자에게 노출을 실시하기 위해 무력을 사용하지 않으며, 환자의 동의 없이는 노출을 계획하지 않음을 보장해야 한다. 만약 치료자가 이러한 필수 지침을 준수할 것이라고 환자가 신뢰할 수 없다면, 치료가 제대로 이루어지지 않을 것이다. 우리는 또한 가족 구성원에게 토론하지 않고 환자에게 예기치 않은 노출(예: 쓰레기 배출)을 하지 말 것을 당부한다.

환자 변인

집중 행동치료의 효과를 얻기 위해 환자의 잠재력에 영향을 미치는 주요 요인은 동기부여의 수준이다. 노출 및 반응방지는 높은 고통을 초래하기 때문에 환자가 치료를 받기 위해서는 높은 동기부여가 필요하다. 종종 동기부여 수준은 환자의 증상의 심각도와 관련이 있다. 증상을 견딜 수 없을 때, 환자는 장기간에 걸쳐 증상을 완화하기 위해 단기간에 상당한 불편을 참는 경향이 있다. Tolin과 동료들(2004)은 노출 및 반응방지에서 동기부여 준비의 중요성에 대해 논의했으며, 환자가 종종 가혹한 치료법에 대비할 수 있는 최선의 방법을 구체적으로 제시하였다.

때때로 개인은 가족으로부터 치료를 받으라는 압력을 받고, 때로는 배우자나 부모를 달래기 위해 치료에 참여하는 것에 동의한다. 이러한 환자는 치료자의 지시를 잘 따르지 않을 것이다. 그들은 지속적인 치료로 효과를 얻을 가능성이 적다. 이러한 관찰에 비추어 환자가 해당 지침을 따르지 않을 경우 노출 및 반응방지를 실시하는 것을 권장하지 않는다. 일반적으로 이러한 상황에서는 대체치료전략을 권장한다.

치료자가 환자에게 1개월의 치료가 집중적임에도 불구하고 모든 강박장애 증상을 제거하지는 않을 것이라고 명확하게 설명하는 것이 중요하다. 오히려 환자는 불안과 의례 욕구가 줄어들어 관리가 쉬워질 것이라고 기대해야 한다. 치료가 끝날 때 증상이 없어지리라는 기대는 실망을 초래할 수 있고, 집중치료 후 치료효과를 유지하기 위해서는 보통 지속적인 노력이 필요하기 때문에 재발가능성이 있다. 따라서 초기 면접에서 우리는 강박장애에 대한 '치유법'이 없다는 것을 환자에게 말한다. 오히려 우리는 단기 및 장기적으로 증상을 크게 줄이는 데 도움이 될 치료법을 가지고 있다.

노출 및 반응방지 치료는 환자의 심리와 대인관계 문제에 만병통치약이 아니라는 것을 설명하는 것도 중요하다. 이 치료는 특히 환자의 강박관념과 의례에 대한 욕구를 줄이는 것을 목표로 한다. 치료 이전에 존재했던 문제(예: 부부간의 불화 또는 우울증)는 치료 후에 다소 완화될 수 있지만 남아 있을 수도 있다.

앞서 언급했듯이, 심한 우울증이나 강박적 공포의 실재를 매우 강하게 믿는 환자는 노출 및 반응방지로부터 혜택을 받지 못할 수 있다. 강박장애의 인지행동과 약리학적 치료의 잠재적인 장애물로 판명된 또 다른 요인은 분열형 성격장애의 동반이환이다(Jenike, Baer, Minichiello, Schwartz, & Carey, 1986). 분열형 성격장애를 진단하는 데 사용하는 방법에 대해 일부 의문이 제기되었지만(Stanley, Turner, & Borden, 1990 참조), 분열형 성격장애를 가진 환자는 강박장애 치료에 잘 반응하지 않을 가능성에 주의를 기울여야 한다.

사례연구

이 절에서는 치료와 관련된 정보를 수집하고 치료 프로그램을 계획하여 노출 회기를 진행하는 과정을 축어록을 통해 설명한다.

사례 설명

간호학과를 졸업한 26세의 기혼 여성인 '준'은 심각한 세척과 청결 문제로 인하여 치료를 요청하였다. 그녀는 첫 면접을 하는 동안 매우 불안정했고, 지난 6주 동안 "많이 울었어요."라는 말로 자신을 표현하였다. 그녀는 결혼한 지 6개월 된 남편과 좋은 친구로 여기는 시누이와 함께 도착하였다. 체계적 둔감법, 항우울제, 진정제 및 인지적 재구조화를 실시한 이전 치료는 모두 효과가 없었다. 준은 증상 때문에 간호사로 취직하지 못하였다.

이러한 정보는 노출 및 반응방지 치료를 실시하기 위해 초기 평가 과정에서 수집하였다. 정신질환, 약물 및 알코올 남용, 기질적 장애가 없음을 확인한 후, 준에게 치료자가 지정되었다.

정보수집

현재 증상

먼저, 치료자는 준으로부터 외적 및 내적 공포단서, 결과에 대한 믿음, 수동적인 회피 유형과 의례 유형에 대한 정보를 포함한 강박관념에 관한 내용을 확인하였다. 의례가 가장 구체적인 증상이기 때문에 이 행동에 대해 설명하도록 요청하면서 질문을 시작하는 것이 편리하다.

치료자: F 박사님에게 당신이 세척 및 청결에 많은 어려움을 겪고 있음을 들었어요. 그 문제에 대해 좀 더 말씀해 주시겠어요?

준: 최근 들어 전혀 통제할 수 없었어요. 저는 아주 많이 씻어요. 샤워하는 데 시간이 오래 걸리고, 남편은 저에게 무척 화가 나 있어요. 그와 시누이가 도와주려고 하는데 멈출 수가 없어요. 늘 화가 나고 요즘 아주 많이 울어요. (울기 일보 직전) 아무것도 도움이 안 될 것 같아요.

치료자: 그렇군요. 지금 기분이 안 좋아 보이네요. 지난 며칠 동안 씻는 행동이 어땠는지 설명해 주세요. 제가 이해할 수 있도록 말이에요. 얼마나 많이 씻었어요?

준: 엄청 많이요. 샤워를 하면 온수를 다 써 버려

요. 그리고 항상 손을 씻어야 해요. 그래도 깨끗하다는 느낌은 없어요.

치료자: 샤워하는 데 얼마나 걸리나요? 몇 분 혹은 몇 시간인가요?

준: 45분 정도요. 좀 더 일찍 끝내려고 해요. 가끔씩 저는 케니에게 저를 멈추게 해 달라고 부탁해요.

치료자: 샤워를 얼마나 자주 하나요?

준: 보통 두 번이요. 아침에 한 번, 그리고 잠자리에 들기 전에 한 번이요. 하지만 가끔 화가 나는 일이 있으면 한 번 더 해요.

치료자: 손 씻는 건 어떨까요? 얼마나 걸릴까요?

준: 제가 얼마나 많이 씻느냐는 뜻인가요?

치료자: 손을 씻을 때마다 얼마나 오래 걸리나요? 그리고 하루에 얼마나 자주 손을 씻나요?

준: 음, 아마 하루에 스무 번 정도요. 아마 매번 5분씩 걸리기도 하고, 가끔은 더 걸릴 수도 있어요. 그래도 항상 깨끗하지 않은 것 같아요. 설거지 후에 싱크대 옆을 만진 것처럼요. 그러면 저는 다시 더러워졌다고 생각해요.

치료자는 이제 가장 두드러진 의례에 대한 몇 가지 기본적인 정보를 얻었다. 다른 강박행동도 분명히 드러나는지에 대한 몇 가지 추가 질문을 하였다.

치료자: 당신은 자신을 깨끗하게 하기 위해 또 어떤 것을 하나요?

준: 알코올이요. 앉기 전에 자동차 좌석에 그러는 것처럼, 저는 알코올로 닦아요.

치료자: 당신은 알코올로 자신을 닦나요?

준: 아니요, 제가 더럽다고 생각하는 것만요.

치료자: 얼마나 하는지 말해 주시겠어요?

준: 일주일에 한 병 정도의 알코올을 사용해요.

여기서 치료자는 준이 세척하는 대상에 대해 질문할 것인지, 아니면 있을 수 있는 추가적인 의례에 대해 물어볼 것인지를 선택해야 하였다. 치료자는 의례행동에 대한 조사를 계속하고, 조사가 끝나는 대로 '오염 물질'의 주제로 전환하기로 결정하였다.

치료자: 좋아요. 당신이 자신을 깨끗하게 하기 위해서 하는 일이나 당신이 더럽다고 생각되는 주위의 물건에 대해 생각해 볼까요?

준: 이게 지금 제가 생각할 수 있는 전부입니다.

치료자: '강박'행동이라고 부르는 다른 종류의 활동은 어떨까요? 계속해서 확인하거나 반복하나요?

준: 아니요. 제가 씻을 때를 제외하면, 제가 충분하다고 느끼지 않는다면요. 그러면 다시 씻어요.

치료자: 씻는 것 외에 다른 반복적인 행동은 없나요?

이 환자는 다양한 형태의 의례행동을 보이지 않았기 때문에 치료자는 강박적인 내용으로 눈을 돌렸다. 일반적으로 외부 단서를 먼저 찾는다.

치료자: 당신이 씻고 싶다고 느끼게 하는 것은 무엇인가요? 예를 들어, 자동차 좌석을 알코올로 닦는 이유는 무엇입니까?

준: 이전에 제가 좌석에 앉았을 때 개똥이 묻었을 수도 있고 케니에게 묻어 있을 수도 있다고 생각해요.

치료자: 당신의 신발에서요?

준: 네, 좌석에 닿는 옷자락도 걱정이에요. 저는 제 신발이 치맛자락을 걷어차거나 건물에 들어가기 위해 계단을 올라갈 때 드레스가 계단에 닿는 것이 걱정스러워요.

치료자: 이런 드레스에서요? (준은 무릎 바로 아래까지 내려오는 드레스를 입고 있었다. 그런데 그것이 그녀의 신발 밑창이나 계단에 닿을 가능성은 매우 희박하였다.)

준: 네.

치료자: 당신의 치마에 개똥이 묻은 적이 있나요?

준: 그렇지는 않아요. 하지만 조금 묻었을 수도 있다고 생각해요. 그런 일이 일어나기는 힘들 것 같아요, 그렇죠?

발생 확률이 매우 낮은 사건이 발생할지도 모른다는 생각은 강박장애에서 일반적이다. 이러한 왜곡은 극심한 불안의 결과일 수 있다. '안전'에 대한 의문은 종종 안심을 위한 요청이나 의례를 이끌 수 있다. 드레스가 더러워지지 않을 것이라고 준을 안심시키는 것은 신경증적인 두려움을 영구화하기 때문에 치료에 방해가 된다. 오히려 치료자는 강박적인 내용에 대해 더 많은 질문을 하였다.

치료자: 당신이 가장 걱정하는 것이 개의 '더러움'인가요?

준: 어쩌면요. 예, 그렇습니다. 하지만 욕실 세균도 꽤 나빠요.

치료자: 어떤 세균이요?

준: 화장실에서 나오는 거요. 선생님도 화장실에 갔을 때 알다시피요.

치료자: 소변과 대변이요?

준: 네, 소변은 다른 것만큼 저를 괴롭히지 않아요.

치료자: 왜요?

준: 간호학교에서 소변은 거의 살균된 것이라고 배웠기 때문이에요. 박테리아와 미생물에 대해 배우는 것이 매우 불편해서 미생물학을 공부할 때 어려움을 겪었어요. 진짜 위험한 모든 종류의 세균이 어디에나 있는 것처럼 들렸기 때문이에요. 저는 잘 배우지 못했어요. 그것에 대해 생각하지 않으려고 노력했죠.

개똥과 욕실 세균에 대한 준의 우려는 그녀의 공포 구조 안에 잠재적인 질병에 대한 두려움이 포함되어 있음을 시사하였다. 치료자는 오염으로 인한 두려운 결과의 본질을 더 잘 이해하기 위해 그녀에게 질문을 하였다.

치료자: 당신은 배설물로 인해 생길 수 있는 질병을 두려워하나요?

준: 네, 그런 것 같아요. 하지만 다른 사람은 저처럼 그것에 대해 걱정하지 않는다는 걸 저도 알고 있어요. 당신도 알다시피 그들은 화장실에 가서 손을 씻고 그냥 나오잖아요! 하지만 저는 충분히 깨끗하지 않았을지도 모른다는 생각을 머릿속에서 지울 수가 없어요.

치료자: 만약 당신이 깨끗이 씻지 않았다면 당신이 병에 걸릴까요? 아니면 다른 누가 병에 걸릴까요?

준: 대부분 제가 병에 걸릴까 걱정하지만 가끔은 케니도 걱정이 돼요.

치료자: 특히 어떤 질병에 걸릴 것 같은가요?

준: 잘 모르겠어요. 그냥 병들 것 같아요.

의례행동을 하지 않음으로써 발생할 피해를 두려워하는 환자가 그 결과를 분명하게 말하지 못하는 것은 드문 일이 아니다. 확인 의례행동을 하는 환자는 자신의 중요한 것을 잊어버리거나 버리게 될까 두려워하지만, 그것이 무엇인지 항상 정확히 말하는 것은 아니다. 의례행동을 반복하는 사람은 사랑하는 사람에게 나쁜 일이 일어날 것을 두려워할 수도 있지만 종종 그들에게 어떤 특정한 재난이 닥칠지 구체적으로 밝히지 못한다. 그러나 강박장애를 가진 많은 사람은 특정한 결과(예: 실명이나 백혈병)를 두려워한다. 이 시점에서 치료자는 외부 위협단서에 대한 조사를 완료하거나 우려하는 결과 및 그러한 위해가 실제로 발생할 가능성이 있다는 믿음에 대한 조사를 진행할 수 있다. 여기에서는 후자를 선택하였다.

치료자: 당신이 실제로 개나 사람의 배설물을 만졌는데 그것을 알아차리지 못했어요. 그래서 그것을 제거하기 위해 씻지 못했다고 가정해 봅시다. 당신이나 케니가 정말 심하게 아플 가능성은 얼마나 되나요?

준: 글쎄요, 그런 일이 정말 일어날 수 있겠네요.

치료자: 그런 일이 일어나면 매우 고통스럽겠지요. 당신이 정말 병에 걸릴 수도 있고요. 하지만 만약 제가 객관적으로 판단해 달라고 부탁한다면, 지금 당신이 대변을 만지고 씻지 않아서 아플 가능성이 얼마나 될까요? 예를 들어, 만약 당신이 배설물을 열 번 만진다면, 당신은 몇 번이나 아플까요?

준: 아, 그럴 가능성은 희박하지만 때로는 너무 현실적인 것처럼 보여요.

치료자: 숫자로 말씀해 주시겠어요? 만약 당신이 소량의 대변을 만지고 씻지 않았다면 당신이 병에 걸릴 확률은 얼마나 될까요?

준: 낮게 말할래요. 25% 미만요.

치료자: 네 번 중 한 번은 아플 것이라는 말이군요.

준: 아뇨, 그건 아니에요. 1%도 안 되겠지요.

이 대화를 통해 준은 당초에 가능성을 높게 추정했음에도 불구하고 그녀가 두려워했던 재난이 실제로 일어날 것이라고 강하게 믿지 않았다는 것을 알 수 있다. 강박장애 증상의 무감각함에 대한 통찰력이 부족한 사람은 확률을 더 높게 할당(일반적으로 80% 이상)하고 질문을 반복해도 예상 정확도가 줄지 않는다. 또한 이 대화는 앞에서 논의한 노출 및 반응방지를 수반하는 비공식적 인지 구조조정의 한 예이다. 오염 물질을 직면하는 것을 매우 두려워하는 준이 불안감이 있을 때 자신의 가능성 추정치를 재조정할 경우, 치료자는 후속 노출회기 동안에 이 논의를 반복해야 할 수도 있다. 신념의 강도는 환자에 따라 달라질 수 있지만 환자가 위협을 감지하면 강해진다.

치료자: 좋아요. 자, 이제 질병 말고도 만약 배설물과 접촉했다면 어떤 일이 일어날 수 있을까요?

준: 제 신발이나 옷에 개의 배설물이 묻으면 다른 사람이 어떻게 생각할지 두렵기도 해요. 누군가는 그것을 보거나 냄새를 맡고는 정말 역겹다고 생각하겠지요. 저는 더러운 사람이 되겠죠. 그들이 저를 좋은 사람이 아니라고 생각할까 봐 걱정이 돼요.

치료자는 그 후 준이 그녀의 옷에 배설물이 묻어 있기 때문에 다른 사람이 그녀를 부정적으로 평가할 가능성에 대해 질문하면서 이 두려운 결과에 대해 확인하였다. 우려하는 결과에 관한 자료는 나중에 심상 노출 장면에 포함하기 위해 수집하였다. 치료자는 강박관념의 본질에 대한 질문을 끝내기 위해 외적 공포 자극에 대해 더 자세히 설명하였다.

치료자: 개와 사람의 배설물, 그리고 변기 외에 무엇이 당신을 오염시킬 수 있을까요? '오염된'이라는 단어를 사용해서 당신이 이런 것을 다룰 때 어떤 느낌인지 설명해도 괜찮아요.

준: 네, 제 피부에서 느낄 수 있는 것 같아요. 음, 제 차에 '새똥'이 묻어 있으면 화가 나요.

치료자: 새똥이요? 희끄무레한 반점이요?

준: 네, 이 반점을 만지지 않도록 치맛자락을 가까이 붙들어야 해요.

치료자: 좋아요, 새똥. 또 뭐가 있나요?

준: 길가에 있는 죽어 있는 동물이요. 세균처럼 느껴져요. 혹 그게 무엇이든 포장도로에서 타이어를 따라서 차로 올라와요. 제가 비록 그것을 차로 치지 않더라도요. 근처 거리에 퍼져 있는 것처럼요.

치료자: 죽은 동물을 보면 어떻게 하죠?

준: 거리를 두고 그 주위를 벗어나요. 한번은 주차하고 차에서 내렸을 때 차 바로 뒤에서 죽은 고양이를 봤어요. 저는 모든 옷을 빨고 바로 샤워를 해야 했죠. 그날은 정말 엉망이었어요.

치료자: 매우 힘들었겠군요. 죽은 동물 이외에 당신을 오염시키는 다른 것이 있나요?

준: 아니요, 그 정도예요. 제가 피하려는 장소가 많지만, 그건 제가 지금 얘기한 바로 그것 때문이에요.

치료자는 준에게 그녀가 이미 언급한 것과 관계가 있어서 오염될 가능성이 있는 그 외 항목에 대해 더 질문한다.

치료자: 쓰레기와 음식물 쓰레기는 어떤가요?

준: 네, 그게 절 괴롭혀요. 그리고 저는 배수로도 피해요.

치료자: 배수로 속에 뭐가 들어 있나요?

준: 죽은 동물이요. 비가 오면 길을 따라 세균을 퍼트려요. 그리고 썩은 쓰레기요. 정말 더러워요. 배수로는 정말 역겨워요.

치료자: 음, 죽은 동물이나 쓰레기로 인해 병이 날까 봐 걱정인가요?

준: 네, 화장실이나 개 배설물처럼요.

불편함을 유발하는 것과 관련된 대상에 위계적으로 노출하도록 하는 프로그램을 준비하기 위해, 준에게 오염 물질의 순위를 매기도록 요청하였다. 이는 오염 물질과 관련된 그녀의 회피행동에 대해서도 알게 한다.

치료자: 자, 당신을 불쾌하게 하는 것의 목록을 만들어 봅시다. 제가 말하는 것을 당신이 만진다고 가정했을 때 얼마나 고통스러울지 0점부터 100점까지로 생각해 보세요. 0은 전혀 고통을 주지 않는 것이고, 100은 당신이 극도로 불편한 것으로서 당신이 지금까지 느낀 것 중 가장 불편한 것을 의미합니다.

준: 좋아요.

치료자: 만약 당신이 개의 배설물에 손을 댄다면?

준: 원하는 만큼 씻을 수 있나요?

치료자: 아니요, 잠시 동안 씻을 수 없다고 가정해 봅시다.

준: 100이요.

치료자: 죽은 동물은요?

준: 그것도 100.

치료자: 당신의 차에 새똥이 묻어 있다면?

준: 그것은 젖었는지 말랐는지에 달려 있어요.

치료자: 둘 다 말해 줘요.

준: 젖은 건 100이고 마른 건 95요.

치료자: 거리의 배수로는요?

준: 95.

치료자: 부엌 싱크대의 음식물 쓰레기.

준: 나쁘지 않아요. 50. 하지만 야외의 쓰레기통은 90이 될 거예요.

치료자: 차이점은 무엇인가요?

준: 쓰레기통 안은 쓰레기가 오래 되어서 더러울 거예요.

치료자: 그렇군요. 공중화장실 변기는 어떨까요?

준: 나빠요. 95.

치료자: 자동차 타이어는요?

준: 보통 90이요. 하지만 제가 죽은 동물을 그냥 지나치면 99가 될 거예요.

치료자: 공중화장실 문 손잡이는 어때요?

준: 바깥 손잡이는 40 정도로 낮아요. 하지만 내부 손잡이는 80입니다. 왜냐하면 화장실을 사용한 직후에 만지기 때문이에요. 그리고 손을 씻지 않는 사람도 있으니까요.

치료자: 알겠습니다. 개가 있는 공원 잔디밭은 어떤가요?

준: 만약 잔디밭을 걷는다면, 80에서 85 정도가 되겠지만, 저는 보통 그렇게 하지 않죠. 인도에서도 문제가 많아요. 아시겠지만, 콘크리트에 갈색 반점이 있어요. 대부분 녹이나 먼지겠지요. 하지만 저는 그것이 개똥일 수도 있다고 생각해요.

치료자: 그게 당신을 얼마나 괴롭게 하나요?

준: 갈색 반점을 밟으면요? 90 정도요. 저는 항상 그것을 피해 다녀요.

치료자는 10~20개의 항목 목록이 작성될 때까지 이러한 방식으로 계속해야 한다. 강박적인 공포나 의례행동의 수가 많은 환자에게는 더 많은 항목이 필요할 수 있다. 항목은 노출치료를 준비하기 위해 두려움이 낮은 수준에서 높은 수준으로 정렬한다. 불편 정도가 동등한 항목은 함께 분류된다. 또한 환자의 특정 '강박장애 논리'에 대한 추가 정보를 제공하기 때문에 한 자극이 다른 자극과 다르다고 생각한 근거를 조사하는 것이 중요하다. 이 정보는 노출위계 구조의 구성이나 위험 평가, 책임 등에 관하여 비공식적으로 인지적 논의를 하는 것과 매우 관련이 있다.

회피 패턴 및 의례에 관한 상당한 정보는 외부 위협단서에 대한 이전 면접에서 나왔다. 더 자세한 사항은 환자가 아침에 일어나서 밤에 잠들 때까지 일반적인 하루의 활동을 단계적으로 기술하도록 하여 얻을 수 있다. 일반적으로 환자는 면접 중에 자신의 강박행동을 완전히 정확하게 설명하지 못한다. 왜냐하면 한 환자가 우리에게 말했듯이, 그들은 '이전에는 그런 방법으로 자신의 강박증을 생각'하지 않았기 때문이다. 따라서 자기관찰 작업은 환자가 강박장애 패턴에 대한 인식을 높이는 데 도움을 주고, 의례와 회피 행동에 대한 보다 정확한 자료를 치료자에게 제공한다.

우리는 특히 준의 욕실생활, 샤워, 화장실 사용, 수건과 더러운 옷을 다룰 때, 그리고 옷을 입고 신발을 신는 것에 대해 관심이 있었다. 회피 패턴에 대한 추가 정보는 쇼핑, 외식, 청소, 식사 준비, 직장 등과 같은 다른 일상활동에 대해 질문함으로써 확인할 수 있었다. 다음 대화는 이를 잘 보여 준다.

치료자: 준, 우리가 당신의 치료를 세심하게 계획하기 위해서는 당신이 일상생활에서 무엇을 피하는지 알아야 합니다. 잠에서 깰 때 제일 먼저 무엇을 하는지 설명해 볼까요?

준: 화장실에 먼저 가요.

치료자: 잠옷을 입고서요, 아니면 벗고서요?

준: 잠옷이 변기에 닿는 것이 싫어서 잠옷을 벗어요. 그런 방식으로 밤에 샤워하고 나면 깨끗해요.

치료자: 계속하세요.

준: 화장실에 가요. 화장지를 많이 쓰는 것 같아요. 손에 아무것도 닿고 싶지 않으니까요. 그리고 나서 샤워를 해야 하죠.

치료자: 샤워할 준비는 어떻게 하나요?

준: 샤워실 근처의 막대에 새 수건을 놓아야 해요. 사용하기 전에 만지는 건 싫어요. 아, 그리고 슬리퍼는 문을 향하게 샤워실 옆에 놓아요. 그래야 샤워실에서 나올 때 화장실 바닥을 밟지 않고 신을 수 있어요. 그러고 나서 샤워를 해요.

치료자: 45분 동안 샤워한다고 했잖아요. 왜 그렇게 오래 걸리나요?

준: 씻는 순서가 있어요. 그리고 각 부위를 얼마나 많이 씻었는지 셉니다. 제가 팔을 네 번 씻는 것처럼요. 그래서 그렇게 오래 걸려요.

치료자: 씻는 순서가 어떻죠?

준: 먼저 손을 씻고 나서 얼굴과 머리를 씻은 다음 위에서 아래로 내려갑니다.

치료자: 생식기 및 항문 부위는 어떻습니까? (분변의 세균에 의한 오염을 두려워하기 때문에 이 부분은 환자를 가장 불편하게 한다.)

준: 오, 그래요. 마지막이죠. 발 다음이요.

이러한 상세한 설명은 치료자가 치료 중 환자의 회피를 방지하고 특정 노출지침을 계획하는 데 도움을 준다. 치료가 끝날 때 정상적인 씻기행동을 감독하면서 준이 수를 세어 보고 씻는 순서를 다룰 것이다. 처음 정보를 수집하는 동안, 준은 자신의 강박 빈도와 지속시간을 스스로 감독하라는 지시를 받았다.

치료자: 지금과 다음 회기 사이에 알코올로 물건을 닦는 것을 포함하여 당신이 하는 모든 씻기와 청소를 기록했으면 합니다. 이 양식을 사용할 수 있습니다. (의례양식에 대한 자기관찰 기록지를 건네준다.) 매번 씻을 때마다 얼마나 오래 씻었는지, 무엇을 씻었는지, 그리고 씻기 전에 얼마나 불안했는지를 적어 두세요. 이러한 종류의 기록은 당신이 언급하는 것을 잊어버린 모든 오염원을 확인하는 데 도움을 주며, 또한 치료 중 진행 상황을 측정하는 데 사용할 수 있습니다.

준: 30분마다 빈칸을 채워야 하나요?

치료자: 아니요, 당신이 씻거나 알코올을 사용할 때만요.

준: 좋아요.

증상과 치료 내력

환자의 현재 증상을 평가한 후 치료자는 특히 그 시기의 특정 스트레스 요인이 있는지, 그리고 이러한 스트레스 요인이 여전히 존재하는지 여부와 관련하여 문제의 발병에 대한 정보를 찾았다.

치료자: 이렇게 씻은 지 얼마나 됐어요?

준: 약 2년 전 간호학교 신입생 때 시작됐어요. 바로 그렇게 나쁘진 않았어요. 도시에서 시작됐죠. 저는 도시로 수업을 들으러 가야 했는데 도시는 정말 지저분하게 보였어요.

치료자: 간호 일이 그 일과 관련이 있습니까?

준: 아마도요. 긴장감이 너무 심했어요. 비서 일을 그만둬야 했고, 학비가 많이 들어서 정말 힘들었어요. 우리 엄마와 아빠는 별로 도움을 주지 못했죠. 그러고 나서 모든 살균 기술을 배우기 시작했습니다. 그리고 제가 이미 선생님한테 미생물학 강좌에 대해 말씀드렸죠.

치료자: 점점 더 나빠졌나요?

준: 대체로요. 하지만 저는 수술 실습 후에 훨씬 더 안 좋아진 것을 알았어요. 거기서 저는 장비를 오염시키는 세균에 대해 걱정했습니다. 그때부터 평소보다 더 씻기 시작했어요.

치료자: 그 당시 도움을 구했나요?

준: 대학교에 다닐 때 W 박사님을 만나고 있었고, 그는 도와주려고 했죠.

치료자: 그때 이미 치료를 받았습니까? 무슨 이유로요?

준: 먹는 문제로요. 거식증이 있었어요. 씻는 행동을 시작했을 때 일 년 정도 그를 만나고 있었죠.

치료자: 거식증이요? 치료가 도움을 주었나요?

준: 네. 40kg이 안 되었는데 지금은 약 48kg이 되었어요. 그는 주로 매주 몸무게를 늘리라고 부탁했고, '인지치료'라고 불리는 것을 했어요.

치료자: 그렇군요. 씻기 문제는요?

준: 그는 같은 종류의 치료를 시도했지만 효과가 없었어요. 그게 여기에 온 이유입니다. 제 시누이가 그 이야기를 들었고, W 박사님도 가 보라고 했어요.

치료자: 약은 어때요? 이 문제에 대해 약물치료를 받은 적이 있나요?

준: 예, 잠시 동안 아나프라닐[anafranil(클로미프라민)]을 복용했는데, 조금 도움이 되었지만 어지럽고 졸려서 복용을 중지했어요. 또한 임신 중에는 약을 복용할 수 없다고 하더군요. 케니와 저는 아기를 갖기를 원했거든요. 그 전에는 자낙스[xanax(알프라졸람, alprazolam)]를 복용했어요. 저를 진정시켰지만 씻기가 중단되지 않았어요.

치료자: 다른 치료도 해 보셨나요?

준: 거식증에 대해서만요. 약 1년 동안 대학의 다른 상담센터에도 갔지만 전혀 도움이 안 되었어요.

준의 병력은 비교적 최근에 발생한 증상에서만 이례적이었다. 우리 클리닉 환자들 대부분은 증상으로 평균 8년 정도 고생하였다. 영국과 네덜란드의 다른 센터도 비슷한 수치를 보고하고 있다. 노출 및 반응방지를 시도하기 전에 다양한 정신치료와 약리학적 치료를 시도했던 준의 치료 내력은 꽤 전형적이었다. 비행동치료로 인한 이전의 실패가 노출 및 반응방지 치료의 결과에 영향을 미치지 않는다는 것이 밝혀졌기 때문에 임상의는 병력만 보고 실망하지 않아야 한다. 그러나 치료의 가치에 대해 회의적인 태도를 가질 수 있기 때문에, 치료자는 환자에게 다음에서 논의하고 설명하는 방식으로 노출 및 반응방지 치료에 대한 명확한 근거를 제공해야 한다.

치료자: 당신의 문제에 대한 정보를 더 모으기 전에 치료법에 대해 설명해 드리겠습니다.

준: 음, F 박사님께서 말씀해 주셨는데, 이 치료법이 어떨지 아직 잘 모르겠어요.

치료자: 이것을 노출 및 반응방지라고 해요. 저는 당신에게 두렵게 하거나 오염되었다고 느끼게 하는 상황과 물건에 직면하도록 요청할 것입니다. 우리는 이 일을 차근차근 수행하여 가장 어려운 일까지 수행할 것입니다. 예를 들어, 우리는 화장실 바깥 문의 손잡이에서 시작해서 변기 좌석과 새똥까지 진행할 수 있어요. 제가 항상 함께하면서 당신을 도울 것입니다. 한 회기는 1시간 반 내지 2시간 동안 진행되고, 평일에 매일 만나게 될 것입니다. 치료 회기 사이에는 비슷한 작업을 하도록 과제를 내 줄 겁니다.

준: 제가 개똥이라도 만져야 한다는 뜻인가요?

치료자: 그렇습니다. 이런 종류의 두려움을 극복하기 위해서는 두려워하는 것을 직시하고 불편함이 줄어들 때까지 그걸 가지고 머물러야 합니다.

준: 그렇게 하더라도, 익숙해지려면 아마 1년이 걸릴 거예요.

치료자: 기억하세요. 당신은 항상 개똥을 더럽게 느끼는 것은 아니었어요. 어렸을 때 개똥을 밟은 후 잔디 위에 문질러 닦고 놀았던 적이 있나요?

준: 네, 그랬겠지요. 오래전에. …… 하지만 그 이후 그런 생각을 두 번 다시 한 적이 없어요.

치료자: 예전처럼 느끼기 위해서, 우리는 당신이 두려워하는 것에 당신을 노출시킬 것입니다. 치료의 두 번째 부분에서는 3일 동안 씻지 말라고 할 것입니다. 3일 동안 손을 씻거나 샤워하지 마십시오. 그런 다음 샤워를 할 수는 있지만 10분으로 제한해야 합니다. 샤워 후 당신은 다시 한 번 자신을 오염시키고, 다음번 샤워를 위해 3일을 기다려야 합니다.

준: 안 돼요! 전 절대 그렇게 할 수 없을 거예요. 할 수 있었다면 여기에 왔겠어요? 어떻게 씻지 않나요? 매일 결심했다가 항상 포기한 것인데요. 화장실을 사용한 후에나 식사 전에 씻을 수 없다는 말씀이세요? 다른 사람은 화장실을 사용한 후에 씻어요. 왜 저는 다른 사람처럼 덜 씻을 수 없나요?

치료자: 다른 사람은 강박장애를 가지고 있지 않아요. 씻으면 당신은 '오염되었다'는 느낌과 불안하다는 느낌을 덜 느끼잖아요. 그렇죠?

준: 네.

치료자: 당신이 '오염된' 느낌을 받을 때마다 씻는다면, 씻지 않고 오염된 느낌이 사라지는 것을 결코 배울 수 없습니다. 매우 불안하더라도 시간이 약간, 혹은 몇 시간이 걸리기는 하겠지만, 결국에는 기분이 나아질 거예요.

하지만 그때마다 씻는다면 기분이 나아지려면 씻어야 한다는 생각을 강화할 것입니다.

준: 하지만 왜 3일이죠? 다른 사람처럼 하루에 한 번 샤워를 할 수 없을까요?

치료자: 같은 이유입니다. 24시간을 기다렸음에도 불구하고 씻는 것이 당신을 안심시킬 수 있어요. 그리고 그것은 씻음으로써 '오염 물질을 제거'해야 한다는 믿음을 강화할 것입니다. 당신은 깨끗하고 상쾌함을 느끼기 위해 비누와 물을 사용하는 법을 배워야 하지만 '오염을 제거'시키지는 않아야 합니다.

준: 이해가 됩니다. 저는 두려워하는 것을 제 몸에서 떨어뜨리기 위해 샤워하고 있다고 느낄 때가 있어요. 저는 땀과 먼지를 털고 기분이 좋아지기 위해 샤워를 하곤 했어요. 그래도 제가 그렇게 오랫동안 씻지 않고 견딜 수 있을지 모르겠어요.

치료자: 치료는 매우 까다로워요. 치료 프로그램을 시작하기 전에 당신은 비록 매우 불편하고 심지어 때로는 매우 화가 나더라도 씻지 않을 것임을 자신에게 약속해야 합니다. 매일 무엇을 기대해야 하는지 알 수 있도록 치료계획을 세우고, 당신이 필요할 때마다 지지해 줌으로써 제가 가능한 한 도와드릴 수 있도록 노력하겠습니다. 필요할 때 언제든지 감독하고 지원해 줄 수 있는 사람이 있어야 합니다. 회기 사이에 문제가 생기면 언제든지 저에게 전화하세요. 치료가 쉽지 않을 것입니다. 그러나 당신이 결심하면 분명히 할 수 있습니다.

이 시점에서 확고한 약속을 요구해서는 안 된다. 그보다는 환자가 치료기간 동안 이러한 기대에 부응하고 활동을 계획하기 위해 무엇이 필요한지 인식하도록 해야 한다. 환자는 3~4주 동안 매일 치료 회기에 참석하는 데 필요한 준비를 해야 한다. 앞서 논의한 바와 같이, 증상이 덜 심각한 환자에게는 주당 두세 번의 상담만으로 충분할 수 있다. 치료자가 치료요법의 난이도를 최소화하지 않는 것이 중요하다. 그렇게 함으로써 환자는 투쟁할 준비를 하고, 내적 자원과 친구나 가족으로부터 정서적 지지를 동원할 수 있도록 준비된 상태로 치료에 들어갈 수 있다.

환자의 병력은 일반적으로 첫 번째 회기에서 얻는다. 강박장애를 갖고 있는 개인의 내력을 수집하는 것은 다른 정신질환 환자의 내력을 수집하는 것과 다르지 않기 때문에 자세한 내용은 여기에서 다루지 않는다.

치료계획

치료자는 의례 형태에 대한 환자의 자기관찰을 간략히 검토함으로써 두 번째 회기를 시작하였다. 나머지 회기는 치료계획을 수립하는 데 전념하였다.

치료자: 좋아요. 첫 주 동안은 매일 우리의 계획에 대해 의논하고 싶어요. 이제 첫 회기에 당신이 말한 상상과 현실에서 당신을 괴롭히는 것에 직면해 보도록 합시다. 이미 말했듯이 씻기 역시 제한할 것입니다. 당신이 상상하는 장면은 당신이 씻지 않으면 일어날 것이라고 두려워하는 해악에 초점을 맞출 거예요. 실생활 노출은 당신을 오염시키는

것을 직면하는 데 초점을 맞출 것입니다. 씻는 것을 제한하는 것은 의례 없이 사는 법을 가르쳐 줄 겁니다. 심상 노출에서는 변기 좌석과 같이 당신이 두려워하는 것을 만지는 것과 씻지 않아서 아프게 되는 것을 상상할 것입니다. 당신이 무엇이 잘못되었는지 몰라서 병을 고칠 수 없는 의사에게 가는 것을 상상해 봅시다. 당신이 가지고 있는 일종의 두려움이죠?

준: 네. 그리고 케니가 병에 걸리는 건 제 잘못이에요.

치료자: 좋아요. 어떤 장면에서는 당신이 아프기도 하고, 어떤 장면에서는 케니가 아플 수도 있어요. 다른 사람이 당신의 부주의를 비난하는 것도 포함시킬까요? 이게 당신이 두려워하는 건가요?

준: 네, 특히 어머니요.

치료자: 알았어요. 당신이 부주의하여 어머니가 비난하는 것을 상상해 보죠. 상상에 추가해야 할 다른 것이 있나요?

준: 아니요, 그게 다예요.

치료자: 우리는 실생활 노출을 계획한 후에 장면을 자세하게 구성할 수 있습니다. 당신이 피하거나 만지는 것을 두려워하는 것의 목록을 검토하고 올바른 순서로 나열했는지 확인해 봅시다. 그런 다음 우리는 매일 무엇을 할지 결정할 것입니다. 괜찮나요?

준: 좋아요.

준은 쓰레기통, 주방 바닥, 욕실 바닥, 공용 복도 카펫, 식물에 묻은 흙, 물 웅덩이, 자동차 타이어, 마른 개의 '배설물' 및 새'똥'과 같은 항목을 포함하는 목록을 검토하였다. 항목은 필요에 따라 변경하였다.

치료자: 좋아요. 이제 치료계획을 세우죠. 첫날에는 당신이 60점 미만으로 평가한 것에서 시작합니다. 카펫, 욕실 안의 문 손잡이, 선반 위의 책, 전등 스위치 및 계단 난간을 만지면 됩니다. 둘째 날에는 수도꼭지, 맨 바닥, 더러운 세탁물, 케니의 책상 위에 있는 물건과 같은 60~70점의 물건을 만질 것입니다. (치료자는 3~5회기 동안 세부적으로 진행하여 매일 어려움의 수준을 높였다.) 두 번째 주에는 배수로, 타이어, 공중화장실, 새의 흰 반점 및 개의 배설물과 같은 더 나쁜 상황을 반복할 것이며, 동물도 찾아 주변을 걸어 다니고 사체 옆의 땅바닥도 만져 볼 것입니다.

드문 경우이긴 하지만, 두려운 물건(예: 살충제 또는 다른 화학 물질)을 접촉하는 것이 실제 피해를 일으킬 가능성은 어느 정도 있을 수 있다. 그러한 경우 치료자는 전체적인 회피와 위험 사이의 중간 지점이 어디인지 판단해야 한다. 예를 들어, 화학 물질의 경우 환자에게 객관적으로 해를 끼치지 않는 소량을 노출한다. 준의 경우 치료자는 죽은 동물을 직접 접촉하도록 요구하지 않았고, 신발로 동물의 모피를 밟은 후 신발 밑창을 만지는 것으로 노출을 대신하기로 결정하였다. 일반적으로 치료자는 노출을 완료하는 데 수반되는 객관적인 위험과 함께 주어진 노출에 의해 야기될 강박적인 고통의 수준을 평가해야 한다. 강박장애 환자는 그러한 위험을 현실적으로 평가하는 데 어려움을 겪는다. 따라서 노출이 정당한지 여부를 평가하는 것은 치료자의 책임이다. 예를 들어, HIV 감염을 두려워하는 환자가 도시 빈민가에서 발견된 더러운 피하주사 바늘을 다루도록 요청을 받는다면 분명 매우 고통스러울 것이다. 하지만 그러한 자극에 대한 노출은 객관적으로 위험하기 때문에 치료에 포함하지 않아야 한다.

치료자: 이 계획은 어떻습니까?

준: 첫 주는 괜찮은데, 두 번째 주는 정말 무서워요. 그때까지 제가 화장실과 개 배설물을 만질 준비를 할 수 있을지 모르겠네요.

치료자: 많은 사람이 처음에는 이렇게 느끼지만, 첫 주가 끝날 무렵이 되면 당신은 지금처럼 타이어나 공중화장실을 만지는 것만큼 두려워하지 않을 거예요. 기억하세요. 처음에는 어려울 것이기 때문에 제가 여기서 당신을 도울 것입니다.

준: 네, 알아요. 어쨌든 선택의 여지가 없는 것 같아요. 이 씻는 행동은 미친 짓이고 전 제 자신이 역겨워요. 저는 제가 할 수 있는 만큼 준비가 된 것 같아요.

치료자: 좋아요. 이제 기억하세요. 매번 수업이 끝난 후 집에서 2~3시간 동안 이런 일을 계속해 달라고 부탁할 거예요. 하지만 당신은 이미 저와 함께 했기 때문에 그렇게 힘들지는 않을 거예요. 대기실에서 케니에게 지도를 받으면서 우리를 도와 달라는 말을 했지요.

준: 네. 괜찮다고 말했어요. 자신이 해야 할 일을 알고 싶어 했어요.

치료자: 그가 참여할 수 있도록 합시다. 케니가 출근했을 때는 시누이가 할 수 있는지 시누이와 얘기해 봤어요?

준: 네, 좋다고 했어요. 하지만 오늘은 아이들 때문에 올 수 없었어요.

치료자: 그녀가 오기 어렵다면 전화로 이야기할 수 있습니다. 지금 케니를 데리러 가는 게 어때요?

치료

준은 3주 동안 매주 갖는 15회의 치료시간에 모습을 보였다. 넷째 주에는 치료자가 4시간 동안 그녀의 집을 두 번 방문하였다. 치료자는 가정 방문을 통해 집 전체를 오염시켰고, 집과 주변에 고통을 유발하는 물건에 자신을 노출시키도록 감독하였다. 이후 이익을 유지하고 기타 우려사항을 해결하기 위해 매주 한 번씩 추후 회기를 갖고 있다.

앞서 논의한 바와 같이 치료는 위계 구조에 따라 약간 어려운 항목에 노출하는 것부터 시작하여 두 번째 주 초반에는 다음 불안한 항목으로 진행한다. 가장 고통스러운 항목은 남은 2주 및 3주 동안 반복 노출하였다. 치료 6일째 날에 발생한 다음 순서는 이 과정을 보여 준다.

치료자: 주말은 어떻게 보내셨어요?

준: 별로 대단하지 않았어요. 제가 기대했던 것만큼 좋았다고 생각해요. 일요일 밤에 샤워를 했는데 제때에 끝내야 하기 때문에 너무 긴장했어요. 제대로 씻었는지조차 모르겠어요.

치료자: 대부분의 사람도 그렇게 느껴요. 하지만 기억하세요. 당신은 '올바르게' 씻어야 하는 것이 아니라 단지 씻어야 하는 거예요. 케니가 시간을 쟀나요?

준: 네. 그는 선생님이 말한 대로 '5, 7, 9'라고 분을 세다가 "그만해."라고 말했어요.

치료자: 그만두라고 했을 때 멈췄어요?

준: 네, 하지만 쉽지는 않았어요.

치료자: 알아요. 당신이 규칙을 지키려고 노력해서 정말 기뻐요.

준: 이게 나아질 수 있는 기회라고 생각했기 때문에 최선을 다하고 있어요.

치료자: 좋아요. 당신이 그렇게 긍정적으로 생각해 줘서 기뻐요. 과제는 어땠어요?

준: 저는 바닥과 신발 밑창, 그리고 시멘트를 만졌어요. 그것은 모두 기록지에 쓰여 있어요. 토요일에 여동생 집에 가서 우리가 말한 대로 아이들과 놀 수 있었어요. 아이들은 제가 바닥에 누웠을 때 저를 밟았고, 제가 아이들을 잡았을 때 그 바닥을 만지려고 노력했어요. 일요일에 케니와 저는 공원에 갔어요. 저는 풀밭에 앉지 않았지만, 그 주위를 걸어 다녔고 그 후에 신발을 만졌어요.

치료자: 밑창을요?

준: 네. 시내에 가서 쓰레기통에 물건들을 좀 던져서 밀어 넣고 옆쪽을 만지려고 했어요. 눈에 띄어서 어렵긴 했지만 어쨌든 그렇게 했어요.

치료자: 그거 정말 좋네요. 그 말을 들으니 기뻐요. 현관 매트와 정원에 가는 것은 어땠어요?

준: 현관 매트는 만졌고, 정원에 서 있었지만 흙을 만질 수는 없었어요. 이웃집 개가 항상 여기저기 뛰어다녀요. 만졌어야 했는데, 용기를 낼 수 없었어요.

치료자: 좋아요. 정말 많은 일을 했네요. 이제 외출을 함께 해 봅시다. 그러면 돌아올 때 정원을 걷는 것이 한결 쉽게 느껴질 것입니다.

준: 네.

준은 치료요법을 매우 잘 준수하였다. 일부 환자는 특히 치료 프로그램의 첫 주에 반응방지를 중단하곤 한다. 치료자는 환자가 부분적으로 준수해도 강화해야 하지만 치료지침을 완전히 준수해야 한다는 점을 강조해야 한다. 노출과제와 관련하여 환자가 일부 과제를 완수하지 않은 일이 특별한 것은 아니다. 다시 말해서, 그들이 성취한 것에 대해 강화를 해 주어야 하고 모든 과제를 완성하도록 격려해야 한다.

치료자: 당신과 케니는 어떻게 지내나요?

준: 일요일 밤에 샤워가 끝난 후 그는 화를 냈어요. 왜냐하면 제가 그에게 샤워를 깨끗이 했는지, 그리고 충분히 깨끗한지를 물어보았거든요. 제가 너무 괴롭힌다고 생각해서 저에게 화를 냈어요. 우리는 그냥 TV를 봤고, 잠시 후에 얘기를 좀 했죠. 그리고 그가 화를 낸 것에 대해 사과했어요. 하지만 이해해요. 저는 너무 많은 질문을 해요. 만약 그러지 않았다면 나머지 주말 내내 괜찮았겠죠.

치료자: 케니가 화낸 것은 유감이지만, 그가 당신의 질문에 대답하지 않았다는 것은 다행이에요. 그는 당신에게 청결에 대해 안심시켜서는 안 돼요.

준: 그가 제게 언제 대답해야 하고 언제 그러지 않아야 하는지 잘 모르는 것 같아요. 저도 잘 모르겠어요. 수요일 전에 제가 다시 샤워를 할 때 그와 얘기를 해 줄 수 있나요?

치료자: 좋은 생각이에요. 오늘 상담이 끝나면 그

에게 전화할게요. 자, 오늘은 약속 장소로 차를 몰고 가는 장면부터 시작해 볼게요. 그리고 타이어가 펑크 나서 갈아야 해요. 차들이 당신 근처의 웅덩이에서 물을 튀기고, 그 물은 차와 당신에게 튀었죠. 그런 다음 차 뒤로 갔을 때 죽은 동물을 발견합니다. 당신 바로 뒤에 있어요. 당신은 정말 오염된 것 같다고 느낍니다. 당신은 타이어를 고칠 수 있는지 보기 위해 근처 주유소로 걸어가고, 소변을 보기 위해서 주유소의 화장실을 사용해야 해요. 타이어를 제거하고 그것을 가지고 오면 주유소 직원은 타이어를 교체하라고 합니다. 주유소가 너무 바쁘기 때문이에요. 물론 그것은 죽은 동물에 의해 오염된 타이어를 당신이 다루어야만 한다는 것을 의미해요. 길과 보도에 새의 흰 배설물을 추가해 보죠. 그러고 나서 당신은 나중에 아프기 시작하고, 그 원인이 죽은 동물에 있는 것처럼 느낍니다. 충분히 끔찍하게 들리나요?

준: 네. 어, 정말 안 좋네요. 제가 해야만 하나요? 아니, 됐어요. 저는 답을 알고 있어요.

치료자: 좋아요. 이제 눈을 감고 웨스트가에서 차를 운전하고 있다고 상상해 보세요.

치료자는 전날부터 환자의 과제를 확인하여 그녀가 치료 과정을 완료했는지, 그리고 회피와 의례에 관여하지 않았는지를 확인하였다. 이것은 자기 노출에 대한 노력을 강화할 수 있는 기회를 제공하였다. 환자가 누락에 대한 정보를 항상 자발적으로 제공하지는 않기 때문에 과제 완료를 추적하는 것이 중요하다. 그러나 직접 요구할 경우 준수하지 않은 것을 인정할 것이고, 적절하게 강화를 줄 경우 다음 과제를 수행할 것이다.

치료 회기를 경험해 보면 대부분의 가족이 케니처럼 기꺼이 도와주려고 한다. 그러나 그들이 화를 내지 않고서는 도울 수 없을 때 어려움이 발생하게 되고, 따라서 환자의 긴장감이 높아질 수 있다. 가족에게 대체 반응을 지도할 수 있는 치료자에게 연락함으로써 그들이 불만을 표출할 기회를 주는 것은 가족 간의 긴장을 감소시킬 수 있다.

같은 회기에는 사전에 계획한 시나리오를 수행하기 위한 심상 노출도 포함한다. 그 시나리오는 이미 환자와 상세하게 논의했기 때문에 그녀에게 놀라운 일은 아니었다. 최대 1시간 동안 또는 불안이 현저하게 감소할 때까지 심상을 통해 노출하게 한다. 다음으로, 환자는 심상장면에 포함된 상황과 같은 실제 상황에 직면한다.

치료자: 이제 실전을 할 때입니다. 어제 길가에서 죽은 동물을 찾아보았는데, 1마일쯤 떨어진 곳에서 발견했어요. 그곳으로 가 봅시다.

준: 윽, 그거 끔찍하네요. 저를 위해서 그것을 찾으셨군요.

치료자: 오늘은 운이 좋은 날이에요. 어쨌든 우리가 오늘 찾아야 할 거라는 걸 알고 있었잖아요. 그리고 가깝잖아요.

준: 엄청나네요.

환자가 유머에 반응할 수 있다면 유머는 상당히 도움이 되므로 권하고 싶다. 동시에 치료자가 환자를 비웃기보다는 함께 웃는 것이 중요하다. 환자와 치료자는 종종 강박장애와 그 치료법을 논의하기 위해 그들에게 있어서 독특하고 치료의 준수를 촉진하는 것을 목적으로 하는 속기 어휘를 개발한다.

예를 들어, 한 환자-치료자 쌍은 환자가 소개한 속담에 기초하여 노출과제를 '개구리 삼키기'라고 말하기 시작하였다. 치료자가 환자에게 그날 아침에 '개구리를 삼켰냐'고 물었을 때, 그녀는 회기 사이에 해야 할 노출과제의 어려움을 전달하였다. 치료자는 그러한 농담이 치료목표를 촉진할 가능성이 있는지를 판단하기 위해 환자의 대인관계 스타일을 관찰하는 것이 중요하다.

치료자: (치료실 밖) 저기, 차 뒤에 있어요. 가서 옆에 있는 도로와 거리를 만져 봅시다. 약간 냄새가 나서 직접 만질 필요는 없을 것 같지만, 옆에 서 있다가 신발 밑창을 만지세요.

준: 윽, 정말 죽었네요. 역겨워요!

치료자: 네, 좀 역겹지만, 단순하게 생각해 보면 죽은 고양이일 뿐이에요. 그것이 어떤 해를 끼칠 수 있을까요?

준: 모르겠어요. 제 손에 세균이 묻겠지요.

치료자: 어떤 세균이요?

준: 죽은 고양이 세균이요.

치료자: 그것은 어떤 종류의 세균이죠?

준: 모르겠어요. 그냥 세균이요.

치료자: 우리가 이미 다룬 화장실 세균 같은 건가요?

준: 일종의 그런 거죠, 뭐. 사람들은 죽은 고양이를 만지지 않아요.

치료자: 그들은 또한 샤워를 하기 위해 집으로 달려가거나 알코올로 차를 소독하지도 않죠. 이제 이것을 극복할 때입니다. 자, 이리 오세요. 제가 먼저 할게요. (준은 따른다.) 좋아요. 도로와 거리를 만지세요. 여기 돌과 꼬리 밑에 당신이 잡을 수 있는 종이 한 조각이 있습니다. 어서요, 그것을 잡으세요.

준: (상당히 불편해 보인다.) 윽!

치료자: 우리 둘 다 그것을 잡을 거예요. 이제 그것을 당신의 가슴과 치마, 얼굴과 머리카락에 대 보세요. 이것처럼요. 좋아요. 얼마나 불안하신가요?

준: 윽! 99요. 100이라고 말하고 싶지만 약간 두려움이 덜 느껴졌어요. 선생님이 여기 없었다면 100이었을 거예요.

치료자: 당신은 과거의 경험을 통해 이것이 얼마 후에 훨씬 쉬워질 것이라는 것을 알고 있습니다. 머무르세요. 우리는 여기서 기다릴 것입니다. 당신은 잘하고 있어요.

준: (매우 불편해 보이는 몇 분이 지났다.) 만일 저를 위한 것이 아니었어도 선생님은 이렇게 하셨을까요?

치료자: 네, 만약 이게 제 차이고 제가 열쇠를 여기에 떨어뜨린 거라면 그냥 집어서 챙길 겁니다.

준: 선생님은 그것을 씻지 않을 건가요?

치료자: 네. 죽은 동물은 즐겁지 않지만, 우리가 사는 세상의 일부입니다. 이것으로 우리가 병에 걸릴 확률이 얼마나 될까요?

준: 아주 작은 것 같아요. 처음보다 조금 나아졌어요. 지금은 90 정도예요.

치료자: 좋습니다! 지금 그대로 머무르세요.

45분 동안 혹은 불안감이 현저히 줄어들 때까지 상담을 계속하였다. 이 기간 동안 대화는 일반적으로 우려하는 상황과 그에 대한 환자의 반응에 초점을 맞췄다. 치료자는 대략 10분마다 준에게 불안 수준을 물었다. 준과 치료자가 노출과제 내내 습관화, 위험, 책임, 장기적인 결과와 같은 이슈를 논의하면서 대화를 해 왔다는 점을 주목할 필요가 있다. 동시에 환자가 계속 접촉하고 있는지 확인하기 위해 환자가 가까운 노출 작업에 다시 초점을 맞추도록 하는 것이 필수적이다. 따라서 주관적 불편감 단위 척도 평정은 두 가지 목적을 수행한다. 그것은 공포 감소에 관한 자료를 제공하며, 환자가 노출에 다시 주목하게 한다. 그러나 비공식 토론이 산만하여 환자가 무엇을 하는지 '생각하지 못하게' 한다면 치료자는 그러한 대화를 제한해야 한다.

치료자: 이제 좀 어떻습니까?

준: 음, 좀 더 쉬워졌지만 기분은 별로 좋지 않아요.

치료자: 숫자로 말해 주시겠어요?

준: 아마 55에서 60 정도라고 말하고 싶네요.

치료자: 오늘 열심히 했어요. 피곤할 겁니다. 여기서 그만합시다. 당신이 계속 오염되도록 이 막대기와 조약돌을 가지고 가세요. 당신은 그것을 주머니에 넣어서 하루 동안 만질 수 있어요. 당신이 그것을 가지고 직장 사무실과 아파트를 오염시키세요. 부엌에 있는 모든 것, 의자, 침대, 옷장 안에 있는 옷을 포함한 모든 것에 그것을 문지르세요. 참! 출퇴근하는 동안 운전하면서 이곳을 지나갔으면 좋겠어요. 그렇게 할 수 있겠지요?

준: 그렇게 해 볼게요. 문제는 이 모든 더러운 것을 가지고 집에 가는 거예요.

치료자: 케니에게 전화해서 함께 귀가하는 것이 어때요? 그러면 그가 근처에서 당신을 도와줄 수 있을 거예요. 기억하세요. 문제가 생기면 언제든지 저에게 전화하세요.

준: 좋은 생각이네요. 그 사람이 퇴근한 후에 집에 가겠습니다. 내일 뵙겠습니다.

이 시나리오는 실생활 노출 과정을 설명한다. 치료자는 회기의 근본 목적에서 벗어나지 않고 두려워하는 오염 물질에 노출시켜서 언급된 질문에 대해 명확하게 대답하였다. 일부 환자의 경우 불안은 초기 증가 후 상대적으로 빠르게 감소하기 시작하지만 어떤 환자에게는 시간이 걸릴 수 있다. 앞서 언급한 것처럼 환자가 보다 편안해 보이고 불안감이 현저하게 감소했다고 보고할 때까지 (40 또는 50%) 노출을 계속하는 것이 좋다.

10~15회기 이후에는 환자의 불안감이 크게 감소할 것으로 예상된다. 15회기에서 준은 70의 주관적 불편감 단위 척도(SUDs)를 보고했는데(99 SUDs에서 다소 감소했지만 여전히 다소 높음), 이는 몇 분 동안 지속되었다. 그녀의 최소한의 불안감은 35 SUDs였다. 이 회기 동안 그녀의 평균 불안 수준은 45 SUDs였다. 이상적으로, 치료가 끝날 무렵에는 가장 높은 수준의 불안이 50 SUDs를 넘지 않아야 하고, 20 SUDs 아래로 낮아져야 한다. 준의 경우, 불안감이 여전히 꽤 높았기 때문에 더 많은 추후상담이 필요하였다.

정상적인 세척 및 청소 행동으로 전환하기 위해 치료자는 치료 3주째에 정상적인 세척요법을 시작하였다. 환자는 매일 10분씩 샤워를 할 수 있었고, 손에 먼지가 보이거나 끈적거릴 때는 30초간 5회 이하의 손 씻기는 가능하게 하였다.

다음 주에 치료자가 가정치료 회기를 위해 방문했을 때, 다음과 같은 대화가 이어졌다.

치료자: 주말을 어떻게 보내셨어요?

준: 나쁘지 않았어요. 하지만 토요일에 좀 화가 났어요. 소풍을 갔는데 주변에 개 배설물이 몇 무더기 쌓여 있었거든요. 배구를 하고 싶었는데 샌들을 신고 할 수는 없어서 맨발로 배구를 했어요.

치료자: 멋지네요! 그 말을 들으니 기쁘네요.

준: 네, 하지만 집까지 가는 동안 너무 화가 났어요. 저는 해냈죠. 저는 샌들을 들고 맨발로 걸어왔어요. 하지만 오후에 케니에게 제 생각에 대해 얘기하기 전까지는 하루 종일 걱정했어요. 그가 그것에 대해 걱정하지 않는다고 말했을 때 기분이 좋아졌어요. 죄책감이나 뭐 그런 것을 느낀 것 같아요. 집이 깨끗하지 않은 것 같아서요. 하지만 그가 깨끗하다고 말한다면, 그의 말을 받아들일 수 있었겠죠.

치료자: 그럼요. 시간이 지남에 따라 스스로 이런 종류의 판단을 할 수 있을 것입니다. 세척과 청소는 어떻습니까?

준: 괜찮았어요. 배구를 하면서 먼지투성이였기 때문에 식사를 하기 전에 30분 동안 씻었어요. 집에 도착했을 때는 일부러 씻지 않았어요. 왜냐하면 기분이 좋지 않아서 씻었다면 제 자신의 '오염을 제거'하는 것이 될 것이기 때문이죠. 저는 토요일 밤에 샤워를 했고 안도감을 느꼈지만, 맨발로 걸어 다녀야 하고 걸어 다닌 바닥을 만져야 한다는 것을 알았죠. 그래서 그렇게 했어요.

치료자: 멋지네요! 잘하신 것 같군요. 정말 기쁘네요. 당신은 오염된 기분을 줄이기 위한 씻기 행동을 피했고, 세균을 걱정하면서도 자신을 노출시켰습니다. 훌륭하군요. 자, 이제 집에서 여전히 작업이 필요한 문제 상황을 살펴봅시다. 여전히 당신을 괴롭히는 것은 무엇인가요?

준: 지하실요. 1년 전에 거기에 넣어 둔 작은 상자나 오래된 신발이 오염되어 있을 것이기 때문에 그곳에 자주 가지 않아요. 벽장에는 오염된 옷이 좀 있어요. 그리고 뒷마당도 여전히 걱정이 돼요. 현관도요. 비둘기가 지붕에 자주 와서 지금도 난간에 배설물이 있어요. 그래서 선생님이 올 때까지 기다려야겠다고 생각했어요.

치료자: 좋아요, 쉬운 것부터 시작해 봅시다. 어떤 것이 가장 쉬운가요?

준: 지하실과 옷장이요.

치료자: 좋아요, 아래로 갑시다.

가정 방문 중에 오염 물질에 대한 노출은 치료 과정과 동일한 방식으로 수행한다. 일반적으로 가정에서의 회기는 2시간에서 4시간까지 지속되며, 모든 '더러운 항목을 접촉하고 '깨끗한' 장소를 오염시킬 때까지 지속한다. 환자가 계속 회피하지 않을 수 없다고 우려하고 있다면 가정 방문을 반복해야 한다.

추후 조치 회기

준은 새로운 강박관념의 발달로 차질을 겪을 때까지 3개월 동안 매주 만났다. 그녀는 운전 중에 보행자를 치는 것에 대해 걱정하였다. '누군가를 쳤을지도 모른다'는 생각은 특히 코너를 돌거나 차선을 바꾸기 위해 거울을 바라보았을 때 발생하였다. 일단 발생하면, 몇 시간 동안 지속되었다. 이 새로운 문제를 극복하기 위해, 치료자는 그녀에게 운전을 늘리고, 사상자를 확인하기 위해 되돌아가거나 거울을 들여다보지 말라고 지시하였다. 그리고 준이 누군가를 차로 친 것이 분명할 때에만 차를 세울 수 있도록 하였다. 사고가 났을 것이라는 생각은 무시해야 하였다. 강박사고에 대한 걱정(예: "오, 세상에, 또 시작이군. 이것은 끔찍해.")을 줄이기 위해 그녀에게 강박사고가 간혹 재발할 수 있음을 예상해야 한다고 충고하였다. 누군가를 치는 것에 대한 강박관념의 빈도는 3주간의 자기노출 후에 매일 여러 번에서 매주 한 번으로 줄어들었다. 관련 불안은 95에서 50 SUDs 이하로 감소하였다.

준의 세균에 관련된 강박관념 중 개의 배설물만이 부분적으로 재발하였다. 공중화장실과 죽은 동물에 대한 두려움은 낮은 수준을 유지하였다. 치료자는 개 배설물에 대한 준의 두려움이 치료 중에 충분한 주의를 받지 못했다고 느꼈다. 이러한 공포의 재발을 해결하기 위해 준은 일주일에 3회씩 1시간의 노출 회기를 경험하였다. 그녀는 보도 위의 갈색 점들을 만지고, 근처로 걸어가고, 결국 개 배설물을 밟았다. 과제는 공원에 가는 것, 보지도 않고 인도 위를 걷는 것, 개 배설물을 밟는 것, 그리고 개가 있었다고 생각하는 잔디 위를 밟는 것을 포함하였다. 이 치료법은 4주 동안 지속되었고, 일주일에 두 번으로 줄여서 추가로 3주 동안 진행하였다. 그 후 준은 6주 동안 일주일에 한 번씩 치료를 받았는데, 이 기간 동안 치료자는 자기노출을 할당하고 준의 일상적인 문제를 다뤘다. 헤르페스균에 대한 뉴스를 보고 공중화장실에 대한 우려가 잠시 있었지만, 며칠 내에 사라졌다.

다음 대화에서 치료자는 준과 함께 9개월 후의 추후 치료에서 그녀의 진행 상황을 검토하였다.

치료자: 9개월 전에 여기 처음 왔을 때와 비교해서 기분이 어떤지 알고 싶어요.

준: 확실히 훨씬 나아졌어요. 하지만 무언가에 대해 많이 걱정할 때에는 여전히 좋지 않아요. 그리고 제 자신을 탓하죠. 하지만 지난 여름 제가 얼마나 불편했는지와 저의 씻는 행동을 생각해 보면, 정말로 훨씬 더 나아졌어요. 어쩌면 약 80% 정도 나아졌다고 할 수 있죠. 저는 아직 간호사가 될 준비가 안 됐지만, 치료를 마친 후에 얻은 직업은 지금으로서는 꽤 괜찮은 것 같아요. 케니와 저는 잘 지내요. 다만 제가 두려워하는 것을 말하면 그가 아주 예민해진다는 것만 빼면요. 저는 그가 저를 걱정하는 대신 그냥 듣고 "좋아."라고 말했으면 좋겠어요. 제가 또 불편할까 봐 두려워하는 것 같아요. 자유롭게 말하는 것은 저에게 힘든 일이지만, 때때로 그는 그것을 잘 다뤄요. 저는 불평을 할 수가 없어요. 작년과 그 이전에 제가 아주 엉망이었을 때 많이 참아 주었거든요.

치료자: 기분이 좋아졌다니 기쁘네요. 당신은 훨씬 더 편안해 보여요. 많이 웃기도 하네요. 기억하는지 모르겠지만, 당신은 처음부터 그러지는 않았어요.

준: 기억해요.

치료자: 나머지 20%는 무엇인가요?

준: 제 생각엔 강박사고가 있는 것 같아요. 저는 여전히 제가 차로 사람을 칠지도 모른다는 두려움을 가지고 있어요. 이런 두려움은 대부분 15분 정도 지나면 사라지지만 저녁까

지 계속될 때도 있어요.

치료자: 얼마나 자주 그러죠?

준: 일주일에 한두 번 정도요. 그리고 아직도 공원의 잔디 위를 걷는 것을 피하고 싶은 충동이 있어요. 그러지 않으려고 하지만 제가 과민해서 스스로 의식하고 그래요.

치료자: 개똥을 피하지 말라고 스스로에게 상기시켜야 한다는 말인가요?

준: 네. 그리고 저는 흑백논리로 사물을 보는 경향이 있어요. 좋지 않으면 나쁘다는. 저는 충분히 식사한 후에 디저트를 먹으면 어리석은 짓을 했다는 죄책감이 들어요. 멈출 수는 있지만, 그건 마치 스스로 벌을 주거나 제가 한 일에 대해 나쁘게 생각하는 것과 같아요. 저는 그것을 조심해야 해요. 그럼에도 불구하고, 그 생각은 예전 같지 않아요. 이제 즐길 수 있어요. 그리고 일이 꽤 흥미로워서 어떤 것에 의지하지 않고도 하루 종일 보낼 수 있어요. 앞으로도 제가 계속 그럴 수 있을까요?

치료자: 어쩌면 어느 정도는요. 우리는 당신이 집착하는 경향이 있다는 것을 알고 있어요. 강박장애를 앓았던 대부분의 사람은 의례행동과 그것을 해야 한다는 충동이 강박사고보다 빨리 감소한다고 해요. 당신은 잠시 동안 불안감을 주는 생각을 할 수 있지만, 의례행동을 통해 통제하려고 하거나 피하려고 하지 않는다면 그러한 생각은 이제 자주 일어나지 않을 것입니다. 해 볼 수 있겠지요?

준: 그럴 수 있을 것 같군요. 별로 재미는 없지만 다시 평범한 삶을 살고 있는 것 같아요. 누구나 해결해야 할 문제를 몇 가지 안고 산다고 생각해요.

모든 강박사고로부터 완전히 회복되었다고 보고하는 환자는 거의 없다. 4주간의 치료 후 강박사고와 의례가 완전히 없어질 것이라고 기대하는 것은 비현실적이다. 환자는 몇 가지 강박사고 및 의례를 하려는 충동과 계속 투쟁을 해야 할 것이다. 이처럼 때때로 일어나는 어려움에 대처하기 위한 전략을 연습해야 한다.

행동치료 중의 어려움

노출 및 반응방지 치료로 강박장애를 치료할 때 어려움이 발생할 수 있다. 그중 몇 가지를 다음에서 설명하며, 가능한 해결책을 논의한다.

반응방지 미준수

강박장애를 가진 사람은 종종 반응방지 지침에도 불구하고 의례행동을 한다고 말한다. 대부분의 경우 이는 치료자가 치료요법에 대한 근거와 반응방지 지침을 엄격하게 따라야 할 필요성을 반복해서 언급해야 할 간단한 '실수'를 나타낸다. 치료자는 의례를 '취소하는' 방법을 알려 줄 수도 있다(예: 다시 오염시키기 혹은 난로를 다시 켜거나 끄기).

때로는 환자를 지원하는 사람이 반응방지 지침 위반을 치료자에게 보고한다. 치료자는 환자와 함께 위반사항에 대해 논의해야 하며, 반응방지 지침을 준수하지 않으면 치료에 실패할 수 있음을 지속적으로 강조해야 한다. 다음은 환자에게 반응방지 위반을 제시하는 방법의 예이다.

"집을 나서기 전에 대여섯 번 정도 현관문 자물쇠를 확인하는 것을 이번 주에 세 번이나 봤다고 아버지께서 말씀하시더군요. 첫 회기에 우리가 동의한 대로 아버지께서 당신의 확인 점검행동에 대해 알려 주려고 전화했습니다. 당신은 문을 한 번만 확인하겠다고 하셨던 것을 기억하고 계시지요? 그리고 만약 문제가 있다면 즉시 아버지나 저와 의논하여 당신이 의례행동 욕구를 극복할 수 있도록 우리가 돕겠다고 했던 것도 생각나시지요? 무슨 일이 있었는지 설명해 주시겠어요?"

환자가 실수를 인정하고 지침을 잘 따르기 위한 새로운 합의로 대응한다면, 더 이상 이 문제를 추궁할 필요가 없다. 그러나 반응방지 지침을 다시 위반하면 치료자는 환자에게 치료 규칙과 이러한 규칙에 대한 근거를 다시 상기시켜야 하며, 성공적으로 의례행동 방지를 구현하는 방법을 환자와 함께 '분석'해야 한다. 이러한 논의 중에 환자가 권고사항을 거부하며 강박적인 고통을 줄이기 위한 수단으로 의례와 회피에 전념하는 것이 명백해지면, 치료자는 환자가 따를 준비가 되어 있지 않는 한 치료를 중단할 수밖에 없다는 말을 해야 한다.

"지금 당장 의례행동을 멈출 수 없는 것 같군요. 치료가 성공하려면 의례행동을 완전히 멈추어야 합니다. 의례행동으로 불편함을 해소할 때마다 의례행동을 하지 않아도 불안이 사라진다는 사실을 깨닫지 못하게 되고, 강박으로 인한 두려움을 고통과 불안으로부터 분리할 수 없습니다. 의례행동을 멈추지 않고 두려운 상황에 당신을 노출시키는 것은 도움이 되지 않을 것입니다. 의례행동을 하지 않겠다는 규칙을 준수하지 못하면 지금 치료를 중단하고 모든 요구사항을 준수할 준비가 될 때까지 기다릴 수밖에 없습니다. 의례행동에 대한 충동을 참는 것은 매우 어려운 일입니다. 아직 당신은 준비가 되지 않았고 미래에도 그렇게 할 수 있을지 모르겠습니다. 치료 효과가 없을 것 같은 상황에서 계속 치료를 하는 것보다는 치료를 중단하는 것이 훨씬 더 좋습니다. 계속하는 것은 앞으로 개선될 가능성을 절망적으로 느끼게 할 뿐입니다."

앞서 논의했듯이, 환자는 종종 분명하지 않은 회피 패턴으로 의례행동을 대체한다. 예를 들어, 환자는 원래 했던 과도한 세척 대신 핸드 로션을 사용하여 손의 '오염을 제거'할 수 있다. 만약 이런 행동을 한다면, 치료자는 환자에게 새로운 의례행동을 즉시 멈추라고 해야 한다. 세척의 대체 의례의 다른 예로는 손을 솔로 털거나 '세균'을 불어 버리는 것 등이 있다. 광범위한 확인 점검은 종종 시선의 빠른 움직임으로 대체된다. 정보를 얻기 위해서 환자에게 다음과 같이 직접 질문할 수 있다.

"씻는 의례행동을 그만둔 후에 걱정을 덜기 위해 당신이 다른 행동을 하는 것을 발견한 적이 있나요? 예를 들어, 어떤 사람은 비누와 물로 씻는 대신 종이 타월이나 티슈로 닦습니다. 당신도 그런가요?"

'예'라고 대답하면, 치료자는 이러한 새로운 행동을 의례행동으로 인식하고 다른 강박행동에 저항하는 것과 같은 방식으로 의례행동을 하지 않도록 가르쳐야 한다.

지속적인 수동 회피

강박적인 고통을 유발할 수 있는 상황을 계속 회피하는 환자는 노출 및 반응방지를 통한 효과를 적게 경험할 가능성이 있다. 예를 들어, 환자는 지시대로 옷장에 '오염된' 옷을 다시 넣을 수 있지만, 그 과정에서 오염된 옷이 깨끗한 옷에 닿지 않도록 할 수 있다. 그러한 회피는 치료에 대한 양면적인 태도를 반영하고, 두려운 상황에 대한 불안의 습관화를 방해한다. 따라서 치료자와 환자는 회피행동을 빈번하게 지속하고 있는지를 계속 검토하면서 치료의 지속 여부를 재평가해야 한다.

치료자: 짐, 당신이 과제를 잘하고 있는지 확인해 봅시다. 당신은 더러운 속옷을 다른 더러운 옷과 함께 옷장에 넣어 두는 것을 어려워했는데, 지금은 어떻게 하고 있나요?

짐: 글쎄요, 선생님이 그걸 물어볼까 봐 걱정하고 있었어요. 저는 여전히 그것을 섞어 놓지 않아요. 그렇게 하기에는 너무 무서웠어요.

치료자: 며칠 전에 이 문제에 대해 논의하면서 그날 밤에 그것을 하도록 과제를 냈습니다. 다음 날 즉시 그것을 할 수 없었다고 말했으면 좋았을 텐데요. 내일은 더러운 옷을 가져오시기 바랍니다. 속옷과 다른 옷을 별도의 가방에 넣어서 가져오면 우리가 그것을 여기 사무실에서 섞을 것입니다. 이것 말고 당신이 회피하고 있는 다른 것은 없나요?

짐: 없어요.

치료자: 당신이 하고 있는 것이나 하고 있지 않은 것에 주의 깊게 신경을 써서 자신이 피하고 있는 것의 목록을 만들어 보세요. 특히 당신이 치료를 위해 해야 할 일을 목록으로 만들어 보세요. 이런 상황에 직면하지 않으면 강박 증상이 나아질 수 없어요. 당신이 고통스러운 상황을 회피하는 방식으로 자신을 보호하지 않아야 합니다. 다른 시도를 해 봅시다. 하지만 만약 당신이 이러한 작은 회피 없이는 문제 상황에 직면할 수 없다면, 치료를 나중으로 미루어서 치료 프로그램을 잘 따를 수 있을 때 하는 것이 더 나을 것입니다.

논쟁

의례행동을 하지 않으며 필요한 노출을 수행하는 일부 환자는 과제에 대한 논쟁에 치료자를 참여시키려고 시도할 수 있다. 치료 중에 무엇을 하고 무엇을 하지 않을지에 대해 논쟁하는 것은 환자에게 매우 유혹적이다. 이를 피하려면 집중적인 치료 프로그램을 시작하기 전에 치료자와 환자가 몇 가지 기본 규칙에 합의해야 한다. 환자는 치료자와 함께 개발한 치료계획을 따르고, 논쟁 없이 고통스러운 상황에 자신을 노출시키는 것에 동의해야 한다. 새롭고 두려운 상황에 대해 논의해야 하고, 새로운 상황에 노출하기 전에 새로운 노출 프로그램을 개발하고 동의해야 한다. 계획한 노출을 환자가 회피하거나 변경하려는 경우, 치료자는 환자의 불편함을 인정하고, 주저하는 이유를 묻고, 환자가 다음과 같은 방법으로 진행하도록 해야 한다.

"당신이 바닥에 앉는 것에 대해 너무 많이 어려워하시다니 유감입니다. 힘들고 두려운 건 알지만 노출을 더 미루거나 그것을 건너뛴다면 당신에게 좋지 않습니다. 당신은 바닥을 만져야만 합니다. 지금 가서 해 봅시다. 우리는 오늘이 '바닥의 날'이라는 데 동의했고, 만약 당신이 그것을 회피한다면 저는 당신의 치료를 더 이상 진행하지 않을 것입니다. 기억하세요. 저는 당신이 불편해할 때 당신을 최대한 도우려고 여기 있습니다."

어떤 경우에는 환자를 더 낮은 수준의 고통을 유발하는 유사한 항목에 먼저 노출시킴으로써 어려움을 극복할 수 있다. 예를 들어, 환자가 변기 만지기를 거부할 경우, 치료자는 먼저 화장실 바닥이나 화장실 칸막이 문을 만지라고 요청할 수 있다. 그 후 환자는 화장실 변기로 가기 전에 화장실 칸막이 문과 화장실 손잡이를 만질 것이다.

정서 과부하

때때로 치료 과정 중에 환자는 강박장애 증상과 직접 관련이 없는 두려움이나 기타 감정에 압도될 수 있다. 예를 들어, 환자는 최근 사건(예: 친척의 죽음)이나 미래 계획(예: 직장생활이나 직업을 얻는 것)에 직면하는 두려움으로 인해 화를 낼 수 있다. 환자가 극도로 화가 나면 노출 자극에 적절히 대처하기 어렵기 때문에 노출 연습을 실행하는 것은 좋지 않다. 불안은 습관화되지 않을 것이다. 대신에 치료자는 고통스러운 상황에 대해 환자와 의논하고 환자가 더 차분해진 후에 노출을 진행해야 한다. 드물기는 하지만 다음 회기까지 노출을 연기할 수 있다. 만약 이러한 패턴이 반복된다면 위기가 끝날 때까지 치료를 중단하는 것이 바람직하다.

노출에 대한 불안 이외의 반응

환자는 때때로 분노나 우울과 같은 불안이나 괴로움 이외의 감정으로 노출에 반응한다. 임상적 관찰에 따르면 분노는 환자가 노출의 목표인 고통이나 불안을 피할 수 있는 수단으로 이용된다. 만약 이런 일이 일어난다면, 분노는 회피 반응으로 보아야 한다. 치료자는 불안을 유발하는 상황에 환자를 다시 집중시켜야 하며, 분노가 진전을 방해하고 있다는 점을 환자에게 지적해야 한다.

환자는 심상 노출을 하면서 자신의 행동에 따른 두려운 결과에 노출될 때 우울해하기도 한다. 이러한 우울증 및 다른 감정 반응은 치료 효과를 떨어뜨릴 수 있으므로, 치료자는 환자가 불안을 유발하는 단서에 집중하도록 도울 필요가 있다. 이는 심상 노출 내용을 두려워하는 결과에서 벗어나 외부의 위협단서로 유도함으로써 이루어질 수 있다. 경우에 따라 이러한 방향 전환으로 문제가 해결되지 않고 환자가 노출에 대한 우울 반응을 계속 나타낼 수 있다. 이 경우 우울증을 유도하지 않는 대안적 시나리오를 개발해야 한다.

새로운 두려움과 의례

앞서 언급했듯이, 환자는 치료 중에 '새로운' 두려움이나 의례를 개발하기도 한다. 종종 이러한 새로운 증상의 내용은 원래의 두려움과 밀접한 관련이 있다. 따라서 치료 초기에 알려 준 노출 및 반응방지 지침을 활용하여 이러한 두려움을 치료할 수 있다. 예를 들어, 강박적인 손 씻기에 대한 반응을 성공적으로 방지한 후, F씨는 손을 문질러서 오염을 제거하기 시작하였다. 치료자는 이것을 또 다른 의례행동으로 간주하고, F씨에게 손을 비비고 싶은 충동에 저항하라고 지시하였다. 다음으로, F씨는 손을 깨끗이 씻고 불안을 줄이기 위해 손가락으로 손바닥을 문지르기 시작하였다. 치료자는 F씨에게 다른 의례행동과 마찬가지로 이 행동을 중단할 것을 요청했고, 이는 성공적이었다.

일부 새로운 두려움은 환자의 원래 두려움과 분명한 관계가 없어 보일 수 있다. 예를 들어, 준이 운전하는 동안 누군가를 차로 치는 것에 대한 두려움은 오염에 대한 그녀의 두려움과 관련이 없어 보였다. 추가 평가 결과, 종종 보고된 두 두려움 사이의 개념적인 연관성이 발견되기도 한다. 준의 경우, 누군가를 아프게 하거나 죽게 만든 것에 대한 비난의 두려움과 누군가를 죽였거나 개의 배설물 냄새가 나서 '나쁜 사람'으로 여겨지는 것에 대한 그녀의 걱정은 어떤 연관성이 있음을 시사한다. 이러한 경우, 치료자는 보다 일반적인 두려움에 대한 단서를 포함한 노출기법을 개발하는 것이 중요하다. 준의 치료자는 준을 비판하거나 혹은 누군가를 죽게 한 것에 대해 그녀를 비난하는 사람의 이미지를 포함하는 심상 노출을 수행할 수 있다.

부정적인 가족 반응

가족 구성원은 전형적으로 환자의 증상에 대해 수년간 좌절감을 경험해 왔기 때문에, 치료가 원활하게 진행되어 증상이 완전히 완화되는 것을 그들이 참고 기다리지 못하는 것은 놀라운 일이 아니다. 가족 구성원은 그 증상이 빠르게 없어지지 않고 있다고 인식하면 종종 실망하거나 화를 낸다. 이러한 경우, 치료자는 가족에게 때때로 강한 불안 반응이 있을 수 있고 이는 실패를 의미하는 것이 아님을 확신시켜야 한다. 가족은 환자의 강력하고 갑작스러운 불안에 대해 침착하게 반응하고 환자를 지지하도록 격려받아야 한다.

가족은 종종 환자의 고통을 줄이기 위한 행동 패턴을 개발해 왔다. 일부 가족 구성원은 환자의 기분을 상하게 하지 않고 환자를 보호하기 위하여, 혹은 수년간 환자의 요구를 수용하면서 만들어진 습관이라서 이러한 패턴을 버리지 못하고 계속할 수 있다. 예를 들어, 지하실을 통해 집에 들어가 즉시 옷을 벗고 아내를 위해 샤워를 하는 것이 익숙한 P씨는 현관문을 통해 집에 들어오고 소파에 외투를 던지라는 지시를 받았다. 마찬가지로 그 행동으로 인한 고통을 회피하고자 하는 환자의 바람 때문에 가족 구성원은 자신의 책임이라고 할 수 있는 다양한 가족활동을 계속해서 하고 있음을 발견할 수 있다. 예를 들어, 아내의 부주의로 음식을 오염시킬 가능성이 있다고 힘들어한 P씨가 모든 가족 식사를 준비해 왔다. 이러한 익숙한 패턴이 치료의 진전을 방해할 수 있기 때문에 치료자는 환자와 가족 모두에게 그러한 습관에 대해 물어보고, 환자의 노출을 극대화하고 회피를 최소화하는 적절한 대체행동을 처방해야 한다.

증상 없이 기능하기

치료가 끝날 무렵, 강박장애를 앓고 있던 많은 사람은 일상생활에 상당한 공백이 있음을 알아차린다. 더 이상 하루의 대부분을 의례행동을 하는 데 할당할 필요가 없다는 사실은 그들이 앞으로 무엇을 해야 할지 궁금하게 만든다. 치료자는 이러한 문제에 민감해야 하며, 치료 후 달성해야 할 새로운 사회적 또는 직업적 목표를 세우는 데 도움을 주어야 한다. 필요하다면 치료자는 추가적인 회기를 진행하거나 적응 문제를 다룰 치료자에게 환자를 의뢰해야 한다. 수용전념치료(acceptance and commitment therapy: ACT)와 같은 행동치료를 이 문제에 적용할 수 있다. 강박장애를 앓고 있는 환자는 강박사고가 사라지지 않는 한 인생을 성공적으로 살 수 없다는 믿음에 취약할 수 있는데, ACT는 이런 종류의 문제를 다루는 데 적합하다. 사례집의 예비적인 증거는 강박장애에 대한 ACT의 적용가능성을 제안했고(Twohig, Hayes, & Masuda, 2006), 무선통제연구는 ACT의 효능에 대한 강력한 증거를 제공하고 있다(Twhohig et al., 2010).

수년 동안 의례행동을 수행해 온 환자는 무엇이 정상적인 행동인지 확신하지 못할 수 있다. 치료자는 적절한 세척, 검사, 반복 또는 정리에 대한 지침을 제공해야 한다. 의례행동이 여전히 존재하는 경우, 치료자는 환자에게 치료효과를 유지하기 위해 일부 행동에 대한 반응방지를 계속하도록 지시해야 한다. 환자는 또한 강박장애 증상이 재발할 것을 두려워할 수도 있다. 치료자는 한 번 손을 씻는다고 재발했다는 것을 의미하지 않음을 말해 주어 환자를 안심시켜야 한다.

결론

이 장에서는 강박장애와 그 치료법에 대한 문헌을 검토하고, 노출 및 반응방지가 어떻게 구현되는지 보여 주기 위해 환자-치료자 간 상호작용을 축어록으로 제공하였다. 강박장애를 위한 인지행동치료와 약물치료에 대해 이미 많은 것이 알려져 있다. 성인을 대상으로 한 임상 사례에서 모든 임상적 결정이 경험적 연구에 의해 명백하게 지지되는 것은 아니지만, 우리는 이 장에 요약된 경험적 연구를 따르고 있다. 예를 들어, 통제되지 않은 직접 비교연구 결과는 집중적인 노출 및 반응방지가 덜 집중적인 치료보다 효과가 우수함을 보여 준다. 이에 따라 우리는 약간 심각한 강박장애를 가진 성인 환자에게는 집중적인 치료를 한다. 임상적 경험에 따르면 강박장애를 가진 대부분의 성인 환자에게 주 단위의 회기는 효과를 창출하기에는 부족하지만, 매일 회기를 갖는 것과 비교하여 주 2~3회의 회기가 치료 직후와 추후 시점에서 유사한 결과를 산출하는지 여부는 아직 분명하지 않다. 향후 연구는 노출 및 반응방지에 대한 '용량-반응' 곡선을 확립하기 위해 이러한 문제를 검토해야 한다. 우리는 임상적 측면에서 환자의 초기 심각도, 동반 질환 및 치료에 참여할 동기적 준비를 검토하여 노출 및 반응방지의 치료 일정에 관한 판단을 결정한다. 또 다른 중요한 문제는 노출 및 반응방지와 약물을 가장 잘 결합하는 방법이다. 향후 연구를 통해 특정 환자에 대한 최적의 치료 과정을 파악할 수 있을 것이다.

강박장애의 심리사회적 치료에 대한 경험적 결과와 임상적 관찰 결과는 노출과 반응방지 지침을 반드시 포함해야 하며, 가장 불안한 상황에 노출하는 데 실패하면 치료 결과가 좋지 않을 수 있다. 우리는 임상장면에서 치료자 보조 노출을 자기노출보다 먼저 선택한다. 현재 노출 연습에서 치료자의 지원을 제거하는 것은 기존 연구가 표본 크기 부족과 같은 방법론적인 문제를 가지고 있기 때문에 시기상조인 것으로 보이며, 소아 강박장애에서 최근 완료된 무선통제연구 결과를 보면 회기 중에 노출하는 노출 및 반응방지가 치료 절차에 포함되지 않는 간단한 형태의 노출 및 반응방지보다 결과가 우수하다는 것을 보여 주었다(Franklin et al., 2011). 이 장에서 설명한 노출 및 반응방지 프로그램은 인지와 행동 모두를 목표로 한다는 점에서 강박장애의 '인지행동'치료이다. 그러나 우리는 일반적으로 공식적인 인지 구조 조정을 포함하지 않는다. 향후 연구는 어떤 인지 및 행동 절차가 특정 병리적 정서를 교정하는 데 가장 효과적인지를 기술해야 한다. 인지 절차는 노출 및 반응방지에 대해 양면적인 태도를 가진 환자에게 치료가 견딜 만하고 효과적이라는 것을 깨닫도록 돕기 위해 고안된 '준비 프로그램'에도 활용될 수 있다. 지금까지의 경험적 연구는 항우울제가 강박장애에 대한 인지행동치료의 효능을 저해하지는 않는다는 것을 시사하지만, 조합치료가 노출 및 반응방지만 단독으로 실시하는 것보다 반드시 더 효과적이지는 않다. 그러나 강박장애에 대한 약물치료 연구에서 일반적으로 발견되는 부분적인 증상 감소는 일부 환자가 노출 및 반응방지와 관련된 고통을 더 잘 견뎌 낼 수 있게 한다. 따라서 그러한 경우 사전치료는 준비를 촉진하는 데 도움이 될 수 있다.

노출 및 반응방지가 강박장애에 장기적인 효능을 갖게 하는 요인은 무엇인가? 연구에 따르면 인지행동치료 직후에 진전이 큰 강박장애 환자는 치료 후 중간 정도로 좋아진 사람보다 추후 치료에서 효과를 유지할 가능성이 더 높다고 한다(예: Simpson et al., 2004). 따라서 단기적 효과를 최대한 이끌어 낼 수 있는 절차를 강조하는 것 역시 효과를 잘 유지하고 관리하는 데 크게 기여한다. 우리의 임상경험에 의하면 치료 근거에 대한 이해, 노출 연습의 적극적인 참여, 의례 방지 지침에 대한 엄격한 준수, 회기 간 노출 연습을 설계하고 구현하려는 의지 및 두려움 위계에서 가장 어려운 과제에 직면하려는 의지는 모두 긍정적인 치료 결과와 관련이 있는 요인이다. 따라서 환자가 이러한 목표를 달성할 때의 언어적 강화와 그렇지 않은 경우의 재교육은 지속적인 개선을 촉진하는 데 중요하다. 또한 강박장애를 위해 특별히 고안된 재발방지 기술은 추후 조치 때 효과를 유지하는 데 효과적이다(Hiss et al., 1994). 임상 실무에서 우리는 치료를 끝내기 훨씬 전에 이미 재발방지 절차에 대해 논의하기 시작하며, 마지막 몇 가지 활동적인 치료 회기에서는 효과를 유지하는 데 초점을 맞춘다. 진료 담당자와 지속적으로 연락을 취하는 것도 유익하다. 따라서 활동적인 치료가 완료된 후 처음 몇 개월 동안 간단한 추후 회기가 이루어지며, 공식적인 추후 회기 단계를 거친 후 필요에 따라 연락을 취한다. 재발방지의 일환으로 우리는 종종 환자가 치료자의 지시에 의존하기보다 강박장애 문제를 스스로 해결하기 위해서 향후 발생할 수 있는 가상의 강박사고에 대한 노출 및 반응방지 연습을 계획한다(예: "만약 당신이 6개월 후에 나무 껍질을 만지면 끔찍한 질병에 걸릴 것이라는 강박사고에 사로잡힌다면, 당신은 어떤 연습을 해야 할까요?"). 우리는 또한 되풀이하여 발생하는 강박사고에 대처하기 위해 환자가 노출 및 반응방지를 시행한다고 가정할 때, 때때로 발생하는 강박사고는 불안의 큰 원인이 되어서는 안 된다고 강조한다. 이러한 현실을 받아들이는 환자는 흔히 치료에서 배운 것을 잘 적용할 수 있고, 치료가 끝난 후에도 오랫동안 그들의 강박장애 증상을 통제할 수 있다.

참고문헌

Abramowitz, J. S. (1996). Variants of exposure and response prevention in the treatment of obsessive compulsive disorder: A meta-analysis. *Behavior Therapy*, *27*, 583-600.

Abramowitz, J. S., & Foa, E. B. (2000). Does major depressive disorder influence outcome of exposure and response prevention for OCD? *Behavior Therapy*, *31*, 795-800.

Abramowitz, J. S., Foa, E. B., & Franklin, M. E. (2003). Exposure and ritual prevention for obsessive-compulsive disorder: Effects of intensive versus twice-weekly sessions. *Journal of Consulting and Clinical Psychology*, *71*, 394-398.

Abramowitz, J. S., Franklin, M. E., & Foa, E. B. (2002). Empirical status of cognitive-behavioral therapy for obsessive compulsive disorder: A meta-analytic review. *Romanian Journal of Cognitive and Behavior Psychotherapies*, *2*, 89-104.

Abramowitz, J. S., Franklin, M. E., Street, G. P., Kozak, M. J., & Foa, E. B. (2000). Effects of comorbid depression on response to treatment for obsessive-compulsive disorder. *Behavior Therapy*, *31*, 517-528.

Allen, J. J., & Tune, G. S. (1975). The Lynfield Obsessional/Compulsive Questionnaire. *Scottish Medical Journal*, *20*, 21-24.

American Psychiatric Association. (1994). *Diagnostic and statistical manual of mental disorders* (4th ed.). Washington, DC: Author.

American Psychiatric Association. (2013). *Diagnostic and statistical manual of mental disorders* (5th ed.). Arlington, VA: Author.

Angst, J. (1993). Comorbidity of anxiety, phobia, compulsion and depression. *International Clinical Psychopharmacology*, *8*(Suppl. 1), 21-25.

Anderson, R. A., & Rees, C. S. (2007). Group versus individual cognitive-behavioural treatment for obsessive-compulsive disorder: A controlled trial. *Behaviour Research and Therapy*, *45*(1), 123-137.

Antony, M. M., Downie, F., & Swinson, R. P. (1998). Diagnostic issues and epidemiology in obsessive-compulsive disorders. In R. P. Swinson, M. M. Antony, S. Rachman, & M. A. Richter (Eds.), *Obsessive-compulsive disorder: Theory, research and treatment* (pp. 3-32). New York: Guilford Press.

Asbahr, F. R., Castillo, A. R., Ito, L. M., Latorre, R. D., Moreira, M. N., & Lotufo-Neto, F. (2005). Group cognitive-behavioral therapy versus sertraline for the treatment of children and adolescents with obsessive-compulsive disorder. *Journal of the American Academy of Child and Adolescent Psychiatry*, *44*(11), 1128-1136.

Bachofen, M., Nakagawa, A., Marks, I. M., Park, J., Greist, J. H., Baer, L., et al. (1999). Home self-assessment and self-treatment of obsessive compulsive disorder using a manual and a computer-conducted telephone interview: Replication of a UK-US study. *Journal of Clinical Psychiatry*, *60*, 545-549.

Barrett, P., Farrell, L., Dadds, M., & Boulter, N. (20050. Cognitive-behavioral family treatment of childhood obsessive-compulsive disorder: Long-term follow-up and predictors of outcome. *Journal of the American Academy of Child and Adolescent Psychiatry*, *44*, 1005-1014.

Barrett, P., Healy-Farrell, L., & March, J. S. (2004). Cognitive-behavioral family treatment of childhood obsessive-compulsive disorder: A controlled trial. *Journal of the American Academy of Child and Adolescent Psychiatry*, *43*, 46-62.

Barsky, A. J., & Ahern, D. (2004). Interventions for hypochondriasis in primary care: In reply. *Journal of the American Medical Association*, *292*(1), 42-43.

Basoglu, M., Lax, T., Kasvikis, Y., & Marks, I. M. (1988). Predictors of improvement in obsessive-compulsive disorder. *Journal of Anxiety Disorders*, *2*, 299-317.

Beck, A. T. (1976). *Cognitive therapy and the emotional disorders*. New York: International Universities Press.

Bellodi, L., Scuito, G., Diaferia, G., Ronchi, P., & Smeraldi, E. (1992). Psychiatric disorders in the families of patients with obsessive-compulsive disorder. *Psychiatry Research*, *42*(2), 111-120.

Bogels, S. M., & Bodden, D. (2005, November). *Family*

versus child CBT for childhood anxiety disorders: Short and long-term results of a multicenter study. In S. M. Bogels (Chair), Family-Based Prevention and Treatment of Childhood Anxiety Disorders Symposium presented at the annual meeting of the Association for Behavioral and Cognitive Therapies, Washington, DC.

Brown, T., Campbell, L., Lehman, C., Grisham, J., & Mancill, R. (2001). Current and lifetime comorbidity of the DSM-IV anxiety and mood disorders in a large clinical sample. *Journal of Abnormal Psychology, 110*(4), 585-599.

Carr, A. T. (1974). Compulsive neurosis: A review of the literature. *Psychological Bulletin, 81*, 311-318.

Comings, D. E. (1990). *Tourette syndrome and human behavior.* Duarte, CA: Hope Press.

Constans, J. I., Foa, E. B., Franklin, M. E., & Mathews, A. (1995). Memory for actions in obsessive compulsives with checking rituals. *Behaviour Research and Therapy, 33*, 665-671.

Cottraux, J., Mollard, L., Bouvard, M., Marks, L., Sluys, M., Nury, A. M., et al. (1990). A controlled study of fluvoxamine and exposure in obsessive-compulsive disorder. *International Clinical Psychopharmacology, 5*, 17-30.

Cottraux, J., Note, I., Yao, S. N., Lafont, S., Note, B., Mollard, E., et al. (2001). A randomized controlled trial of cognitive therapy versus intensive behavior therapy in obsessive compulsive disorder. *Psychotherapy and Psychosomatics, 70*(6), 288-297.

De Araujo, L. A., Ito, L. M., Marks, I. M., & Deale, A. (1995). Does imaginal exposure to the consequences of not ritualising enhance live exposure for OCD?: A controlled study: I. Main outcome. *British Journal of Psychiatry, 167*, 65-70.

de Haan, E., Hoogduin, K. A., Buitelaar, J. K., & Keijsers, G. P. (1998). Behavior therapy versus clomipramine for the treatment of obsessive-compulsive disorder. *Journal of the American Academy of Child and Adolescent Psychiatry, 37*, 1022-1029.

Denys, D., Tenney, N., van Megen, J. G., de Geus, F., & Westenberg, H. G. (2004). Axis I and II comorbidity in a large sample of patients with obsessive-compulsive disorder. *Journal of Affective Disorders, 80*, 155-162.

DeVeaugh-Geiss, J., Landau, P., & Katz, R. (1989). Treatment of OCD with clomipramine. *Psychiatric Annals, 19*, 97-101.

Diniz, J. B., Rosario-Campos, M. C., Shavitt, R. G., Curi, M., Hounie, A. G., Brotto, S. A., et al. (2004). Impact of age at onset and duration of illness on the expression of comorbidities in obsessive-compulsive disorder. *Journal of Clinical Psychiatry, 65*, 22-27.

Dollard, J., & Miller, N. L. (1950). *Personality and psychotherapy: An analysis in terms of learning, thinking and culture.* New York: McGraw-Hill.

Dougherty, D. D., Rauch, S. L., & Jenike, M. A. (2002). Pharmacological treatments for obsessive compulsive disorder. In P. E. Nathan & J. M. Gordon (Eds.), *A guide to treatments that work* (2nd ed., pp. 387-410). New York: Oxford University Press.

Eisen, J. L., Phillips, K. A., Baer, L., Beer, D. A., Atala, K. D., & Rasmussen, S. A. (1998). The Brown Assessment of Beliefs Scale: Reliability and validity. *American Journal of Psychiatry, 155*, 102-108.

Ellis, A. (1962). *Reason and emotion in psychotherapy.* New York: Lyle Stuart.

Emmelkamp, P. M. G., & Beens, H. (1991). Cognitive therapy with obsessive-compulsive disorder: A comparative evaluation. *Behaviour Research and Therapy, 29*, 293-300.

Emmelkamp, P. M. G., de Haan, E., & Hoogduin, C. A. L. (1990). Marital adjustment and obsessive-compulsive disorder. *British Journal of Psychiatry, 156*, 55-60.

Emmelkamp, P. M. G., & van Kraanen, J. (1977). Therapist-controlled exposure *in vivo*: A comparison with obsessive-compulsive patients. *Behaviour Research and Therapy, 15*, 491-495.

Emmelkamp, P. M. G., Visser, S., & Hoekstra, R. J. (1988). Cognitive therapy vs. exposure *in vivo* in the treatment of obsessive-compulsives. *Cognitive Therapy and Research, 12*, 103-114.

Fals-Stewart, W., Marks, A. P., & Schafer, J. (1993). A comparison of behavioral group therapy and individual behavior therapy in treating obsessive compulsive disorder. *Journal of Nervous and Mental Disease, 181*, 189-193.

Farrell, L. J., Waters, A., Milliner, E., & Ollendick, T. (2012). Comorbidity and treatment response in pediatric OCD: A pilot study of group cognitive-behavioral treatment. *Psychiatry Research, 199*, 115-123.

Flament, M., Koby, E., Rapoport, J. L., Berg, C., Zahn, T., Cox, C., et al. (1990). Childhood obsessive compulsive disorder: A prospective follow-up study. *Journal of Child Psychology and Psychiatry, and Allied Disciplines, 31*, 363-380.

Flament, M., Whitaker, A., Rapoport, J. L., Davies, M., Berg, C., Kalikow, K., et al. (1988). Obsessive compulsive disorder in adolescence: An epidemiological study. *Journal of the American Academy of Child and Adolescent Psychiatry, 27*, 764-771.

Foa, E. B., Abramowitz, J. S., Franklin, M. E., & Kozak, M. J. (1999). Feared consequences, fixity of belief, and treatment outcome in patients with obsessive compulsive disorder. *Behavior Therapy, 30*, 717-724.

Foa, E. B., Franklin, M. E., & Moser, J. (2002). Context in the clinic: How well do CBT and medications work in combination? *Biological Psychiatry, 51*, 989-997.

Foa, E. B., Huppert, J. D., & Cahill, S. P. (2006). Emotional processing theory: An update. In B. O. Rothbaum (Ed.), *Pathological anxiety: Emotional processing in etiology and treatment* (pp. 3-24). New York: Guilford Press.

Foa, E. B., Huppert, J. D., Leiberg, S., Langner, R., Kichic, R., & Hajcak, G., et al. (2002). The Obsessive-Compulsive Inventory: Development and validation of a short version. *Psychological Assessment, 14*(4), 485-495.

Foa, E. B., & Kozak, M. J. (1985). Treatment of anxiety disorders: Implications for psychopathology. In A. H. Tuma & J. D. Maser (Eds.), *Anxiety and the anxiety disorders* (pp. 421-452). Hillsdale, NJ: Erlbaum.

Foa, E. B., & Kozak, M. J. (1986). Emotional processing of fear: Exposure to corrective information. *Psychological Bulletin, 99*, 20-35.

Foa, E. B., & Kozak, M. J. (1996). Psychological treatments for obsessive compulsive disorder. In M. R. Mavissakalian & R. P. Prien (Eds.), *Long-term treatments of anxiety disorders* (pp. 285-309). Washington, DC: American Psychiatric Press.

Foa, E. B., Kozak, M. J., Goodman, W. K., Hollander, E., Jenike, M. A., & Rasmussen, S. (1995). DSM-IV filed trial: Obsessive compulsive disorder. *American Journal of Psychiatry, 152*, 90-96.

Foa, E. B., Kozak, M. J., Steketee, G., & McCarthy, P. R. (1992). Treatment of depressive and obsessive-compulsive symptoms in OCD by imipramine and behavior therapy. *British Journal of Clinical Psychology, 31*, 279-292.

Foa, E. B., Liebowitz, M. R., Kozak, M. J., Davies, S. O., Campeas, R., Franklin, M. E., et al. (2005). Treatment of obsessive compulsive disorder by exposure and ritual prevention, clomipramine, and their combination: A randomized, placebo-controlled trial. *American Journal of Psychiatry, 162*, 151-161.

Foa, E. B., Steketee, G., Grayson, J. B., Turner, R. M., & Latimer, P. (1984). Deliberate exposure and blocking of obsessive-compulsive rituals: Immediate and long-term effects. *Behavior Therapy, 15*, 450-472.

Foa, E. B., Steketee, G., Turner, R. M., & Fischer, S. C. (1980). Effects of imaginal exposure to feared disasters in obsessive-compulsive checkers. *Behaviour Research and Therapy, 18*, 449-455.

Franklin, M. E., Abramowitz, J. S., Bux, D. A., Zoellner, L. A., & Feeny, N. C. (2002). Cognitive-behavioral therapy with and without medication in the treatment of obsessive compulsive disorder. *Professional Psychology: Research and Practice, 33*, 162-168.

Franklin, M. E., Abramowitz, J. S., Furr, J., Kalsy, S., & Riggs, D. S. (2003). A naturalistic examination of therapist experience and outcome of exposure and ritual prevention for OCD. *Psychotherapy Research, 13*, 153-167.

Franklin, M. E., Abramowitz, J. S., Kozak, M. J., Levitt, J., & Foa, E. B. (2000). Effectiveness of exposure and ritual prevention for obsessive compulsive disorder: Randomized compared with non-randomized samples. *Journal of Consulting and Clinical Psychology, 68*, 594-602.

Franklin, M. E., Kozak, M. J., Cashman, L., Coles, M., Rheingold, A., & Foa, E. B. (1998). Cognitive behavioral treatment of pediatric obsessive compulsive disorder: An open clinical trial. *Journal of the American Academy of Child and Adolescent Psychiatry, 37*, 412-419.

Franklin, M., Sapyta, J., Freeman, J., Khanna, M., Compton, S., Almirall, D., et al. (2011). Cognitive behavior therapy augmentation of pharmacotherapy in pediatric obsessive-compulsive disorder: The Pediatric OCD Treatment Study II (POTS II). *Journal of the American Medical Association, 306*, 1224-1232.

Freeman, J. B., Choate-Summers, M. L., Moore, P. S., Garcia, A. M., Sapyta, J. J., Leonard, H. L., et al. (2007). Cognitive behavioral treatment of young children with obsessive compulsive disorder. *Biological Psychiatry, 61*, 337-343.

Freeman, J. B., Garcia, A. M., Fucci, C., Karitani, M., Miller, L., & Leonard, H. L. (2003). Family-based treatment of early-onset obsessive-compulsive disorder [Special issue]. *Journal of Child and Adolescent Psychopharmacology, 13*(2), 71-80.

Freeston, M. H., Ladouceur, R., Gagnon, F., Thibodeau, N., Rheaume, J., Letarte, H., et al. (1997). Cognitive-behavioral treatment of obsessive thoughts: A controlled study. *Journal of Consulting and Clinical Psychology, 65*, 405-413.

Gershuny, B. S., Baer, L., Jenike, M. A., Minichiello, W. E., & Wilhelm, S. (2002). Comorbid posttraumatic stress disorder: Impact on treatment outcome for obsessive-compulsive disorder. *American Journal of Psychiatry, 159*, 852-854.

Goodman, W. K., Price, L. H., Rasmussen, S. A., Mazure, C., Delgado, P., Heninger, G. R., et al. (1989a). The Yale-Brown Obsessive-Compulsive Scale: II. Validity. *Archives of General Psychiatry, 46*, 1012-1016.

Goodman, W. K., Price, L. H., Rasmussen, S. A., Mazure, C., Fleischmann, R. L., Hill, C. L., et al. (1989b). The Yale-Brown Obsessive-Compulsive Scale: I. Development, use, and reliability. *Archives of General Psychiatry, 46*, 1006-1011.

Greist, J. H. (1990). Treatment of obsessive-compulsive disorder: Psychotherapies, drugs, and other somatic treatments. *Journal of Clinical Psychiatry, 51*, 44-50.

Greist, J. H. (1992). An integrated approach to treatment of obsessive compulsive disorder. *Journal of Clinical Psychiatry, 53*(Suppl.), 38-41.

Greist, J. H., Jefferson, J. W., Kobak, K. A., Katzelnick, D. J., & Serlin, R. C. (1995). Efficacy and tolerability of serotonin reuptake inhibitors in obsessive compulsive disorder: A meta-analysis. *Archives of General Psychiatry, 46*, 53-60.

Hanna, G. L. (1995). Demographic and clinical features of obsessive compulsive disorder in children and adolescents. *Journal of the American Academy of Child and Adolescent Psychiatry, 34*, 19-27.

Himle, M. B., Olufs, E., Himle, J., Tucker, B., & Woods, D. W. (2010). Behavior therapy for tics via Videoconference Delivery: An initial pilot test in children. *Cognitive & Behavioral Practice, 17*, 329-337.

Hiss, H., Foa, E. B., & Kozak, M. J. (1994). A relapse prevention program for treatment of obsessive compulsive disorder. *Journal of Consulting and Clinical Psychology, 62*, 801-808.

Hodgson, R. J., Rachman, S., & Marks, L. M. (1972). The treatment of chronic obsessive-compulsive neurosis: Follow-up and further findings. *Behaviour Research and Therapy, 10*, 181-189.

Hohagen, F., Winkelmann, G., Rasche-Raeuchle, H., Hand, I., Konig, A., Munchau, N., et al. (1998). Combination of behaviour therapy with fluvoxamine in comparison with behaviour therapy and placebo: Results of a multicentre study. *British Journal of Psychiatry, 173*, 71-78.

Insel, T. R., & Akiskal, H. (1986). Obsessive-compulsive disorder with psychotic features: A phenomenologic analysis. *American Journal of Psychiatry, 12*, 1527-1533.

Jaycox, L. H., Foa, E. B., & Morral, A. R. (1998). Influence of emotional engagement and habituation on exposure therapy for PTSD. *Journal of Consulting and Clinical Psychology, 66*, 185-192.

Jenike, M., Baer, L., Minichiello, W., Schwartz, C., & Carey, R. (1986). Concomitant obsessive-compulsive disorder and schizotypal personality disorder. *American Journal of Psychiatry, 143*, 530-532.

Kazarian, S. S., Evans, D. L., & Lefave, K. (1977). Modification and factorial analysis of the Leyton Obsessional Inventory. *Journal of Clinical Psychology, 33*, 422-425.

Keijsers, G. P., Hoogduin, C. A., & Schaap, C. P. (1994). Predictors of treatment outcome in the behavioural treatment of obsessive-compulsive disorder. *British Journal of Psychiatry, 165*, 781-786.

Kessler, R. C., Demier, O., Frank, R. G., Olfson, M., Pincus, H. A., Walters, E. E., et al. (2005). Prevalence and treatment of mental disorders, 1990 to 2003. *New England Journal of Medicine, 352*(24), 2515-2523.

Koran, L. M. (2000). Quality of life in obsessive-compulsive disorder. *Psychiatric Clinics of North America, 23*, 509-517.

Kozak, M. J., & Foa, E. B. (1994). Obsessions, overvalued ideas, and delusions in obsessive compulsive disorder. *Behaviour Research and Therapy, 32*, 343-353.

Kozak, M. J., Foa, E. B., & Steketee, G. (1988). Process and outcome of exposure treatment with obsessive-compulsives: Psychophysiological indicators of emotional processing. *Behavior Therapy, 19*, 157-169.

Kurlan, R., Como, P. G., Miller, B., Palumbo, D., Deeley, C., Andersen, E. M., et al. (2002). The behavioral spectrum of tic disorders: A community-based study. *Neurology, 59*, 414-420.

Ladoucer, R., Rhéame, J., Freeston, M. H., Aublet, F., Jean, K., Lachance, S., et al. (1995). Experimental manipulations of responsibility: An analogue test for models of obsessive-compulsive disorder. *Behaviour Research and Therapy, 33*, 937-946.

Lang, P. J. (1979). A bio-informational theory of emotional imagery. *Psychophysiology, 6*, 495-511.

Leckman, J. F., & Chittenden, E. H. (1990). Gilles de la Tourette syndrome and some forms of obsessive-compulsive disorder may share a common genetic diathesis. *L'Encephale, 16*, 321-323.

Leckman, J. F., Denys, D., Simpson, H. B., Mataix-Cols, D., Hollander, E., Saxena, S., et al. (2010). Obsessive compulsive disorder: A review of the diagnostic criteria and possible subtypes and dimensional specifiers for DSM V. *Depression and Anxiety, 27*, 507-527.

Ledley, D. R., Pai, A., & Franklin, M. E. (2007). Treating comorbid presentations: Obsessive compulsive disorder, anxiety, and depression. In M. M. Antony, C. Purdon, & L. Summerfeldt (Eds.), *Psychological treatment of OCD: Fundamentals and beyond* (pp. 281-293). Washington, DC: American Psychological Association Press.

Lelliott, P. T., Noshirvani, H. F., Basoglu, M., Marks, I. M., & Monteiro, W. O. (1988). obsessive-compulsive beliefs and treatment outcome. *Psychological Bulletin, 18*, 697-702.

Leon, A. C., Portera, L., & Weissman, M. M. (1995). The social costs of anxiety disorders. *British Journal of Psychiatry, 166*(Suppl.), 19-22.

Lindsay, M., Crino, R., & Andrews, G. (1997). Controlled trial of exposure and response prevention in obsessive compulsive disorder. *British Journal of Psychiatry, 171*, 135-139.

Lochner, C., & Stein, D. J. (2003). Heterogeneity of obsessive-compulsive disorder: A literature review. *Harvard Review of Psychiatry, 11*(3), 113-132.

Lovell, K., Cox, D., Haddock, G., Jones, C., Raines, D., Garvey, R., et al. (2006). Telephone administered cognitive behaviour therapy for treatment of obsessive compulsive disorder: Randomised controlled non-inferiority trial. *British Medical Journal, 333*, 883.

March, J. S., Franklin, M. E., Leonard, H., Garcia, A., Moore, P., Freeman, J., et al. (2007). Tics moderate the outcome of treatment with medication but not CBT in pediatric OCD. *Biological Psychiatry, 61*, 344-347.

Marks, I. M., Lelliott, P., Basoglu, M., Noshirvani, H.,

Monteiro, W., Cohen, D., et al. (1988). Clomipramine self-exposure, and therapist-aided exposure for obsessive-compulsive rituals. *British Journal of Psychiatry, 152*, 522-534.

Marks, I. M., Stern, R. S., Mawson, D., Cobb, J., & McDonald, R. (1980). Clomipramine and exposure for obsessive-compulsive rituals: I. *British Journal of Psychiatry, 136*, 1-25.

Masellis, M., Rector, N. A., & Richter, M. A. (2003). Quality of life in OCD: Differential impact of obsessions, compulsions, and depression comorbidity. *Canadian Journal of Psychiatry, 48*(2), 72-77.

Mataix-Cols, D., Marks, I. M., Greist, J. H., Kobak, K. A., & Baer, L. (2002). obsessive-compulsive symptoms dimensions as predictors of compliance with and response to behaviour therapy: Results from a controlled trial. *Psychotherapy and Psychosomatics, 71*, 255-262.

Mathews, A. M., Johnston, D. W., Shaw, P. M., & Gelder, M. G. (1974). Process variables and the prediction of outcome in behavior therapy. *British Journal of Psychiatry, 125*, 256-264.

Matsunaga, H., Kiriike, N., Matsui, T., Oya, K., Okino, K., & Stein, D. (2005). Impulsive disorders in Japanese adult patients with obsessive-compulsive disorder. *Comprehensive Psychiatry, 46*, 43-49.

McLean, P. L., Whittal, M. L., Thordarson, D. S., Taylor, S., Sochting, I., Koch, W. J., et al. (2001). Cognitive versus behavior therapy in the group treatment of obsessive-compulsive disorder. *Journal of Consulting and Clinical Psychology, 69*, 205-214.

Mehta, M. (1990). A comparative study of family-based and patients-based behavioural management in obsessive-compulsive disorder. *British Journal of Psychiatry, 157*, 133-135.

Meyer, V. (1966). Modification of expectations in cases with obsessional rituals. *Behaviour Research and Therapy, 4*, 273-280.

Meyer, V., & Levy, R. (1973). Modification of behavior in obsessive-compulsive disorders. In H. E. Adams & P. Unikel (Eds.), *Issues and trends in behavior therapy* (pp. 77-136). Springfield, IL: Thomas.

Meyer, V., Levy, R., & Schnurer, A. (1974). A behavioral treatment of obsessive-compulsive disorders. In H. R. Beech (Ed.), *Obsessional states*. London: Methuen.

Mowrer, O. H. (1939). A stimulus-response analysis of anxiety and its role as a reinforcing agent. *Psychological Review, 46*, 553-565.

Mowrer, O. H. (1960). *Learning theory and behavior.* New York: Wiley.

Neziroglu, F., Stevens, K. P., Yaryura-Tobias, J. A., & McKay, D. (2000). Predictive validity of the Overvalued Ideas Scale: Outcome in obsessive-compulsive and body dysmorphic disorder. *Behaviour Research and Therapy, 39*, 745-756.

Öst, L. G. (1989). One-session treatment for specific phobias. *Behaviour Research and Therapy, 27*, 1-7

O'Sullivan, G., Noshirvani, H., Marks, I., Monteiro, W., & Lelliott, P. (1991). Six-year follow-up after exposure and clomipramine therapy for obsessive-compulsive disorder. *Journal of Clinical Archives, 52*, 150-155.

Pato, M. T., Zohar-Kadouch, R., Zohar, J., & Murphy, D. L. (1988). Return of symptoms after discontinuation of clomipramine in patients with obsessive-compulsive disorder. *American Journal of Psychiatry, 145*, 1521-1525.

Pauls, D. L., Towbin, K. E., Leckman, J. F., Zahner, G. E., & Cohen, D. J. (1986). Gilles de la Tourette syndrome and obsessive-compulsive disorder. *Archives of General Psychiatry, 43*, 1180-1182.

Pediatric OCD Treatment Study Team. (2004). Cognitive-behavioral therapy, sertraline, and their combination for children and adolescents with obsessive-compulsive disorder: The Pediatric OCD Treatment Study (POTS) randomized controlled trial. *Journal of the American Medical Association, 292*, 1969-1976.

Peris, T. S., Sugar, C. A., Bergman, L., Chang, S., Langley, A., & Piacentini, J. (2012). Family factors predict treatment outcome for pediatric obsessive-compulsive disorder. *Journal of Consulting and Clinical Psychology, 80*, 255-63.

Piacentini, J., Bergman, R. L., Jacobs, C., McCracken, J. T., & Kretchman, J. (2002). Open trial of cognitive behavior therapy for childhood obsessive-compulsive disorder. *Journal of Anxiety Disorders, 16*, 207-219.

Purdon, C., & Clark, D. A. (2002). The need to control thoughts. In R. Frost & G. Steketee (Eds.), *Cognitive approaches to obsessions and compulsions: Theory, research, and treatment* (pp. 29-43). Oakland, CA: New Harbinger.

Rabavilas, A. D., Boulougouris, J. C., & Perissaki, C. (1979). Therapist qualities related to outcome with exposure *in vivo* in neurotic patients. *Journal of Behavior Therapy and Experimental Psychiatry, 10*, 293-299.

Rachman, S. (1998). A cognitive theory of obsessions: Elaborations. *Behaviour Research and Therapy, 36*, 385-401.

Rachman, S., & DeSilva, P. (1978). Abnormal and normal obsessions. *Behaviour Research and Therapy, 16*, 233-248.

Rachman, S., Thordarson, D. S., Shafran, R., & Woody, S. R. (1995). Perceived responsibility: Structure and significance. *Behaviour Research and Therapy, 33*(7), 779-784.

Rapoport, J. L., Swedo, S. E., & Leonard, H. L. (1992). Childhood obsessive compulsive disorder (144th Annual Meeting of the American Psychiatric Association: Obsessive Compulsive Disorder: Integrating Theory and Practice [1991, New Orleans, LA]). *Journal of Clinical Psychiatry, 53*(Suppl. 4), 11-16.

Rasmussen, S. A., & Eisen, J. L. (1989). Clinical features and phenomenology of obsessive-compulsive disorder. *Psychiatric Annals, 19*, 67-73.

Rasmussen, S. A., & Eisen, J. L. (1990). Epidemiology of obsessive-compulsive disorder. *Journal of Clinical Psychiatry, 51*, 10-14.

Rasmussen, S. A., & Tsuang, M. T. (1986). Clinical characteristics and family history in DSM III obsessive-compulsive disorder. *American Journal of Psychiatry, 1943*, 317-382.

Reed, G. E. (1985). *Obsessional experience and compulsive behavior: A cognitive structural approach*. Orlando, FL: Academic Press.

Rhéaume, J., Freeston, M. H., Dugas, M. J., Letarte, H., & Ladouceur, R. (1995). Perfectionism, responsibility, and obsessive compulsive symptoms. *Behaviour Research and Therapy, 36*, 385-402.

Riggs, D. S., Hiss, H., & Foa, E. B. (1992). Marital distress and the treatment of obsessive-compulsive disorder. *Behavior Therapy, 23*, 585-597.

Rothbaum, B. O., & Shahar, F. (2000). Behavioral treatment of obsessive-compulsive disorder in a naturalistic setting. *Cognitive and Behavioral Practice, 7*, 262-270.

Rowe, M. K., & Craske, M. G. (1998). Effects of an expanding-space vs. massed exposure schedule on fear reduction and return of fear. *Beahviour Research and Therapy, 36*, 701-717.

Rubenstein, C. S., Peynircioglu, Z. F., Chambless, D. L., & Pigott, T. A. (1993). Memory in sub-clinical obsessive-compulsive checkers. *Behaviour Research and Therapy, 31*(8), 759-765.

Salkovskis, P. M. (1985). Obsessional compulsive problems: A cognitive-behavioral analysis. *Behaviour Research and Therapy, 23*, 571-583.

Sher, K. J., Frost, R. O., & Otto, R. (1983). Cognitive deficits in compulsive checkers: An exploratory study. *Behaviour Research and Therapy, 21*, 357-364.

Simpson, H. B., Liebowitz, M. R., Foa, E. B., Kozak, M. J., Schmidt, A. B., Rowan, V., et al. (2004). Post-treatment effects of exposure therapy and clomipramine in obsessive-compulsive disorder. *Depression and Anxiety, 19*, 225-233.

Simpson, H. B., Zuckoff, A. M., Maher, M. J., Page, J. R., Franklin, M. E., & Foa, E. B. (2010). Challenges using motivational interviewing as an adjunct to exposure therapy for obsessive-compulsive disorder. *Behaviour Research and Therapy, 48*, 941-948.

Stampfl, T. G., & Levis, D. J. (1967). Essentials of implosive therapy: A learning-based psychodynamic behavioral therapy. *Journal of Abnormal Psychology, 72*, 496-503.

Stanley, M. A., Turner, S. M., & Borden, J. W. (1990). Schizotypal features in obsessive-compulsive disorder. *Comprehensive Psychiatry, 31*, 511-518.

Steketee, G., Chambless, D. L., & Tran, G. Q. (2001). Effects of Axis I and II comorbidity on behavior therapy outcome for obsessive-compulsive disorder and agoraphobia. *Comprehensive Psychiatry, 42*,

76-86.

Steketee, G., Eisen, J., Dyck, I., Warshaw, M., & Rasmussen, S. (1999). Predictors of course in obsessive-compulsive disorder. *Psychiatry Research, 89*, 229-238.

Steketee, G. S., Foa, E. B., & Grayson, J. B. (1982). Recent advances in the treatment of obsessive-compulsives. *Archives of General Psychiatry, 39*, 1365-1371.

Stein, D. J., Fineberg, N. A., Bienvenu, O. J., Denys, D., Lochner, C., Nestadt, G., et al. (2010). Should OCD be classified as an anxiety disorder in DSM V? *Depression and Anxiety, 27*, 495-506.

Storch, E., Geffken, G., Merlo, L., Mann, G., Duke, D., Munson, M., et al. (2007). Family-based cognitive-behavioral therapy for pediatric obsessive-compulsive disorder: Comparison of intensive and weekly approaches. *Journal of American Academy of Child and Adolescent Psychiatry, 46*, 469-478.

Storch, E. A., Merlo, L. J., Larson, M. J., Geffken, G. R., Lehmkuhl, H. D., Jacob, M. L., et al. (2008). Impact of comorbidity on cognitive-behavioral therapy response in pediatric obsessive-compulsive disorder. *Journal of the American Academy of Child and Adolescent Psychiatry, 47*, 83-92.

Storch, E. A., Khanna, M., Merlo, L. J., Loew, B. A., Franklin, M., et al. (2009). Children's Florida Obsessive Compulsive Inventory: Psychometric properties and feasibility of a self-report measure of obsessive-compulsive symptoms in youth. *Child Psychiatry and Human Development, 40*(3), 467-483.

Swedo, S. E., Leckman, J. F., & Rose, N. R. (2012). From research subgroup to clinical syndrome: Modifying the PANDAS criteria to describe PANS (pediatric acuteonset neuropsychiatric syndrome). *Pediatric Therapeutics, 2*, 2.

Swedo, S. E., Leonard, H. L., Garvey, M., Mittleman, B., Allen, A. J., Perlmutter, S., et al. (1998). Pediatric autoimmune neuropsychiatric disorders associated with streptococcal infections: Clinical description of the first 50 cases. *American Journal of Psychiatry, 155*, 264-271.

Swedo, S. E., Rapoport, J. L., Leonard, H. L., Lenane, M., & Cheslow, D. (1989). Obsessive compulsive disorder in children and adolescents: Clinical phenomenology of 70 consecutive cases. *Archives of General Psychiatry, 46*, 335-341.

Thoren, P., Asberg, M., Chronholm, B., Jornestedt, L., & Traskman, L. (1980). Clomipramine treatment of obsessive-compulsive disorder: I. A controlled clinical trial. *Archives of General Psychiatry, 37*, 1281-1285.

Tolin, D. F., Maltby, N., Diefenbach, G. J., Hannan, S. E., & Worhunsky, P. (2004). Cognitive-behavioral therapy for medication nonresponders with obsessive-compulsive disorder: A wait-list-controlled open trial. *Journal of Clinical Psychiatry, 65*, 922-931.

Tukel, R., Polat, A., Ozdemir, O., Aksut, D., & Turksov, N. (2002). Comorbid conditions in obsessive-compulsive disorder. *Comprehensive Psychiatry, 43*, 204-209.

Twohig, M. P., Hayes, S. C., & Masuda, A. (2006). Increasing willingness to experience obsessions: Acceptance and commitment therapy as a treatment for obsessive compulsive disorder. *Behavior Therapy, 37*, 3-13.

Twohig, M., Hayes, S. C., Plumb, J., Pruitt, L. D., Collins, A. B., Hazlett-Stevens, H., et al. (2010). A randomized controlled trial of acceptance and commitment therapy versus progressive relaxation training for obsessive compulsive disorder. *Journal of Consulting and Clinical Psychology, 78*, 705-716.

Valderhaug, R., Larsson, B., Gotestam, K. G., & Piacentini, J. (2007). An open clinical trial of cognitive-behaviour therapy in children and adolescents with obsessive-compulsive disorder administered in regular outpatient clinics. *Behaviour Research and Therapy, 45*, 577-589.

Valleni-Basille, L. A., Garrison, C. Z., Jackson, K. L., Waller, J. L., McKeown, R. E., Addy, C. L., et al. (1994). Frequency of obsessive-compulsive disorder in a community sample of young adolescents. *Journal of the American Academy of Child and Adolescent Psychiatry, 33*, 782-791.

van Balkom, A. J., de Haan, E., van Oppen, P., Spinhoven, P., Hoogduin, K. A., Vermeulen, A. W. A., et al. (1998). Cognitive and behavioral therapies alone and in combination with fluvoxamine in the treatment of obsessive compulsive disorder. *Journal of Nervous and Mental Disease, 186*, 492–499.

van Minnen, A., & Hagenaars, M. (2002). Fear activation and habituation patterns as early process predictors of response to prolonged exposure treatment in PTSD. *Journal of Traumatic Stress, 15*, 359–367.

Verdellen, C. W., Keijsers, G. P., Cath, D. C., & Hoogduin, C. A. (2004). Exposure with response prevention versus habit reversal in Tourette syndrome: A controlled study. *Behaviour Research and Therapy, 42*, 501–511.

Vogel, P. A., Stiles, T. C., & Gotestam, K. G. (20040. Adding cognitive therapy elements to exposure therapy for obsessive-compulsive disorder: A controlled study. *Behavioural and Cognitive Psychotherapy, 32*, 275–290.

Warren, R., & Thomas, J. C. (2001). Cognitive-behavior therapy of obsessive-compulsive disorder in private practice: An effectiveness study. *Journal of Anxiety Disorders, 15*, 277–285.

Warwick, H. M., Clark, D. M., Cobb, A. M., & Salkovskis, P. M. (1996). A controlled trial of cognitive-behavioural treatment of hypochondriasis. *British Journal of Psychiatry, 169*(2), 189–195.

Watts, F. N. (1973). Desensitization as an habituation phenomenon: II. Studies of interstimulus interval length. *Psychological Reports, 33*, 715–718.

Weissman, M. M., Bland, R. C., Canino, G. J., Greenwald, S., Hwu, H. G., Lee, C. K., et al. (1994). The cross national epidemiology of obsessive compulsive disorder: The Cross National Collaborative Group. *Journal of Clinical Psychiatry, 55*(Suppl.), 5–10.

Whittal, M. L., Thordarson, D. S., & McLean, P. D. (2005). Treatment of obsessive-compulsive disorder: Cognitive behavior therapy vs. exposure and response prevention. *Behaviour Research and Therapy, 43*, 1559–1576.

Whittal, M. L., Woody, S. R., McLean, P. D., Rachman, S., & Robichaud, M. (2010). Treatment of obsessions: A randomized controlled trial. *Behaviour Research and Therapy, 48*, 295–303.

chapter 5

범불안장애를 위한 수용기반 행동치료

Lizabeth Roemer, Susan M. Orsillo 공저
전미애 역

범불안장애는 일반화된 불안이라는 의미에서 다른 불안장애 및 불안 관련 장애의 한 요소인 동시에 가장 '기본적인' 불안장애로 여겨진다. 범불안장애는 증상의 정도에 있어서 상당한 변동이 있긴 하지만 만성적이라는 특성이 있다. 많은 사람이 언제 증상이 시작되었는지 인식하지 못한 채 오랫동안 불안을 경험해 왔다고 하기 때문에 일부에서는 성격장애로 보는 것이 더 바람직하다고 주장한다. 심리치료와 약물치료의 효과에 대한 연구가 종종 수행되었지만, 다른 불안장애의 치료처럼 분명한 효과를 도출하지는 못하였다. 이런 이유로 새로운 치료기법에 대한 연구들이 더욱더 시급하다. 이 장에서는 Roemer 박사와 Orsillo 박사가 최근에 개발한 치료기법을 설명했는데, 초기 실험에서 높은 성공률을 보인 최신의 범불안장애에 대한 수용기반치료이다. 따라서 5장에서는 인지행동치료의 '제3의 물결'이라고 일컬어지는 수용기반치료와 관련된 기본 원리를 다른 어떤 장보다 더 많이 설명한다. '헥터'의 사례연구를 통해 치료기법을 활용하는 실제 방법을 볼 수 있다.

– D. H. B.

범불안장애(generalized anxiety disorder: GAD)는 최소한 6개월 이상 지속된 과도한 불안과 걱정이라는 진단기준으로 DSM-IV와 DSM-5에 정의된 만성 불안장애이다(APA, 1994, 2013). 범불안장애 기준을 충족시키는 환자들은 3개 이상의 관련 증상(근육긴장, 과민성, 초조 또는 긴장감, 주의집중 곤란 또는 머릿속이 하얗게 되는 것, 피로, 수면곤란)과 통제할 수 없는 걱정을 보고한다. 역학 연구에 따르면, DSM-IV 기준에 해당되는 범불안장애의 평생 유병률은 5.7%이다(Kessler et al., 2005).

범불안장애는 다른 심리장애와의 동반이환율이 높다. 선행연구에 따르면, 범불안장애 기준을 충족하는 90% 이상의 사람들은 일생 동안 최소한 하나 이상의 다른 장애 기준을 충족하고(Bruce, Machan, Dyck, & Keller, 2001), 범불안장애는 다른 정신장애, 특히 주요우울증의 실질적 위험 요소로 밝혀졌으며(Bruce et al., 2001), 삶의 질의 저하와 깊은 관련이 있다(Hoffman, Dukes, & Wittchen, 2008). 그뿐

만 아니라 범불안장애가 있는 사람들은 다른 환자들보다 연간 병원 방문 횟수가 더 많은데(Belanger, Ladouceur, & Morin, 2005), 정신과적 치료보다 의학적 치료를 더 많이 찾는다(Wang et al., 2005). 사실 범불안장애는 1차 진료기관을 방문하는 환자들한테서 발견되는 가장 보편적인 불안장애이며(Ballenger et al., 2001), 연간 평균 의료비용이 다른 불안장애보다 2,138달러 더 높다(평균 6,475달러; Revicki et al., 2012). 범불안장애가 신체적 통증(Romera et al., 2010)과 소화기계통의 증상(Mussell et al., 2008), 심장질환(Logue, Thomas, Barbee, & Hoehn-Saric, 1993)을 포함한 다양한 건강 문제와 연관되어 있음을 고려할 때, 범불안장애 환자들이 정신과적 치료(Kennedy & Schwab, 1997)보다 일반 병원(Ballenger et al., 2001)을 더 많이 이용하는 것은 당연하다.

비록 DSM-IV의 범불안장애에 대한 진단기준이 자율신경의 항진 증상들(예: 심박 증가)을 포함하고 있었지만, 몇몇 연구는 이 항목을 삭제할 것을 주장하였다. 범불안장애 증상에 대한 대규모 연구는 앞서 설명한 자율신경의 항진 증상들보다 근육긴장, 경계(vigilance), 스캐닝(scanning) 증상들이 더 많이 보고되었음을 지적하였다(Marten et al., 1993). 더구나 생리학적 연구들은 자율신경의 항진 증상의 증가가 아니라 심박 변동의 감소로 범불안장애를 설명하는 것이 더 정확한 표현임을 밝혔다(예: Thayer, Friedman, & Borkovec, 1996). 걱정에 대한 실험연구는 공포 자극에 노출되기 전에 걱정하는 것이 이완하는 것보다 자율신경의 항진을 더 적게 유도한다는 것을 분명하게 보여 주었다(예: Borkovec & Hu, 1990). 이 연구 결과들을 종합해 보면, 자율신경의 항진이 범불안장애의 필수 증상은 아니라고 볼 수 있다.

오히려 범불안장애의 핵심적 특징은 과도한 걱정 또는 미래의 일에 대한 최악의 결과를 반복적으로 생각하는 것이다. 걱정의 내용에 있어서는 범불안장애 기준을 충족하는 사람과 그렇지 않은 사람 간에 차이가 없지만, 범불안장애 기준을 충족하는 사람들은 여러 가지 잡다한 일, 특히 작은 문제에 대해 더 많이 걱정한다(예: Roemer, Molina, & Borkovec, 1997). 앞서 설명했듯이, 범불안장애 환자들은 일단 걱정이 시작되면 멈추기가 어렵고, 한 가지 걱정은 또 다른 걱정으로 이어진다고 보고한다. 즉, 걱정은 범불안장애 환자들의 인지적 습관으로서, 일단 시작되면 멈추기 힘든 다양한 주제에 대한 걱정의 쳇바퀴에 '갇힌다'는 것을 의미한다. 범불안장애에 대한 인지행동치료는 다양한 기법을 적용함으로써 이 걱정의 회로를 끊는 것을 강조한다.

범불안장애와 걱정에 대한 기술 연구들(descriptive studies)은 중요한 치료적 함의를 가진 정서 및 인지, 대인관계 간의 연관성을 밝혔다. Borkovec의 연구에 따르면, 걱정은 더 많은 정서적 주제로부터 주의를 분산시킬 뿐만 아니라(Borkovec & Roemer, 1995), 애초부터 일어날 가능성이 낮은 부정적 사건에 대한 발생 확률의 감소와 연합되어 앞에서 설명한 생리적 각성을 감소시킴으로써 회피의 기능을 한다(Borkovec, Alcaine, & Behar, 2004). Mennin과 동료들은 범불안장애가 정서조절 능력의 부족(예: Mennin, Holaway, Fresco, Moore, & Heimberg, 2007) 및 정서처리의 암묵적인 조절능력의 한계(Etkin & Schatzberg, 2011)와 관련이 있다고 입증하였다. 이 분야의 연구들은 범불안장애가 불안(그리고 다른 정서; Lee, Orsillo, Roemer,

& Allen, 2010; Mennin et al., 2007)에 대한 불안, 걱정에 대한 걱정(또는 메타걱정; Wells, 2005), 그리고 내적 경험에 대한 습관적 회피(예: 경험적 회피; Lee et al., 2010)와 관련이 있음을 발견하였다. 게다가 한 임상 사례에 따르면, 걱정 및 범불안장애는 범불안장애의 인지적 예측 요인보다 불안에 대한 지각된 통제 불능과 더 크게 연합되어 있다(Stapinski, Abbott, & Rapee, 2010). 불확실성이 걱정을 증가시킨다는 것을 보여 준 대규모 실험연구(Ladouceur, Gosselin, & Dugas, 2000)는 범불안장애와 불확실성에 대한 민감성(불확실한 사건과 상황에 부정적으로 반응하는 경향) 간의 관계를 입증하였다(Gentes & Ruscio, 2011). 범불안장애는 부부관계 스트레스(Whisman, 2007)의 증가 및 대인관계 문제(Przeworski et al., 2011)와 관련이 있다.

범불안장애에 대한 심리사회적 치료 결과 개관

메타연구에 따르면, 범불안장애에 대한 인지행동치료는 효과의 크기가 크고, 종결 후에도 그 효과가 유지되며(Borkovec & Ruscio, 2001; Covin, Ouimet, Seeds, & Dozois, 2008), 비지시적 치료를 능가하는 효과를 보였다(Borkovec & Costello, 1993). CBT 내에서의 메타연구에 따르면, 인지치료와 이완치료가 비슷한 효과가 있는 것으로 나타났다(Siev & Chambless, 2007). 그러나 대부분의 연구에서 65% 미만의 내담자만 치료 후에 최적의 기능 상태(high end-state functioning/an optimal level of functioning)에 해당되는(Ladouceur et al., 2000; Newman et al., 2011), 가장 낮은 치료 성공률을 보이는 불안장애 중 하나이다(Waters & Craske, 2005).

앞에서 간략히 살펴보았듯이, 최근 연구는 치료효과를 개선하기 위해 장애의 원인과 유지 요인을 밝히고, 범불안장애에 대한 이해를 확장해 왔다(Behar, DiMarco, Hekler, Mohlman, & Staples, 2009 참조). 범불안장애의 대인관계 및 정서적인 요인(Newman et al., 2011)과 불확실성에 대한 민감성(Dugas et al., 2010)에 중점을 둔 최근의 통제연구는 기존의 CBT에 버금가는 효과를 도출하였다. 메타인지(예: 걱정에 대한 걱정)를 표적으로 하는 것이 이완기법보다 더 효과적이라는 것을 발견한 연구(Wells et al., 2010)가 있었지만, 연구에 참여한 사례 수가 적고 그 효과가 매우 적었기 때문에 그에 대한 후속 연구가 더 필요함이 지적되었다. 범불안장애에 대한 정서조절치료의 효과를 확인하려는 연구는 현재 진행 중이다(Mennin & Fresco, 출판 중).

우리는 범불안장애 및 그 동반이환장애를 더 잘 치료하고자 내적 경험에 대한 반응성과 경험적 회피 및 행동적 회피를 분명하게 표적으로 삼는 수용기반 행동치료를 개발하였다. 이 기법은 인지행동치료에 기반한 치료기법이지만, 내적 경험에 대한 수용을 촉진하는 방식들[예: 수용전념치료(acceptance and commitment therapy: ACT; Hayes, Strosahl, & Wilson, 2012), 변증법적 행동치료(dialectical behavior therapy: DBT; Linehan, 1993], 마음챙김에 기반한 인지치료(mindfulness-based cognitive therapy: MBCT; Segal, Williams, & Teasdale, 2002)]을 통합한다는 의미에서 '수용기반 행동치료(acceptance-based behavioral therapy: ABBT)'(Roemer & Orsillo, 2009)라는 용어를 사용한다. 이 치료들과 범불안장애에 대한 Borkovec의 인지행동치료(Borkovec & Sharpless, 2004)로부터 도출된 이 수용기반 행동치료는 공개 임상실험(an open trial)과 두 무선통제 방식을 통해 연구되었다. 공개 임상실험에서 수용기반 행동치료는 치료자 평가를 통한 범불안장애의 심각도와 자기보고를 통한 걱정, 불안, 우울 증상에 통계적으로 의미 있는 큰 효과크기를 나타냈다(Roemer & Orsillo, 2007). 마찬가지로, 무선통제연구의 대기집단에서도 우울 증상뿐만 아니라 치료자 평가와 자기보고에 따른 범불안장애 증상에 대한 통계적으로 유의미한 큰 효과크기가 나타났다(Roemer, Orsillo, & Salters-Pedneault, 2008). 치료자의 추가적 진단과 삶의 질에 대한 자기보고에서 중간 정도의 효과크기가 유의미하게 나타났고, 치료효과의 기제로 제안된 두 요인인 경험회피와 마음챙김에서도 유의미한 큰 효과의 크기가 나타났다. 모든 효과는 치료 종결 후 9개월까지 유지되었다. 참여자의 77%가 치료 후에 대부분의 불안 척도에서 표준 점수에 해당되어 최적의 기능 상태(대부분의 불안 척도에서 정상 범위에 해당)였고, 통계적으로 유의미하지는 않지만 시간이 지나면서 이 확률은 약간 증가하였다. 이 연구에서 수용기반 행동치료는 개인이 가치 또는 의미를 두는 활동에 관여하는 정도를 유의미하게 증가시켰다(Michelson, Lee, Orsillo, & Roemer, 2011). 그뿐만 아니라 수용기반 행동치료는 다른 치료기법에서 범불안장애의 핵심적인 치료효과 변인으로 제안하는 변인들(정서조절 능력 부족, 불확실성에 대한 민감성, 불안 관련 사건에 대한 지각된 통제력)에 상당한 영향을 미친다(Treanor, Erisman, Salters-Pedneault, Roemer, & Orsillo, 2011). 수용기반 행동치료와 이완기법을 비교하는 최근의 무선통제연구는 치료자 평가와 자기보고를 통한 범불안장애 증상, 치료자 평가의 동반이환 진단, 자기보고 우울 증상 및 삶의 질에서 비슷한 효과를 나타냈다(Hayes-Skelton, Roemer, & Orsillo, 2013). 두 조건 모두에서 많은 사람이 최적의 기능 상태(가장 높은 점수 중 몇몇은 각 조건에서 보고되었다)에 해당되었고, 이 효과는 6개월 추후 시점에서도 유지되었다. 따라서 수용기반 행동치료는 제안된 기제를 통해 효과가 나타남이 입증되었다. 각 회기에서 걱정의 감소뿐만 아니라 치료효과를 예측하는 내적 경험에 대한 수용과 의미를 두는 활동에 관여하는 정도가 증가하였다(Hayes, Orsillo, & Roemer, 2010).

여러 종류의 불안을 경험하는 불안 환자들을 위한 CBT와 ACT의 상대적 효과를 살펴본 최근 연구는 전체 사례에서 비슷한 효과가 있음이 밝혀졌다(Arch et al., 2012). 범불안장애에 해당하는 사례가 많지 않아 집단 내 분석은 불가능했지만, 평균 비교에 따르면 ACT는 치료자 평가와 자기보고 범불안장애 증상의 감소에 효과적인 것으로 나타났다.

이상의 연구 결과는 범불안장애에 대한 심리사회적 치료의 긍정적인 효과를 나타냈고, 범불안장애의 구체적인 특성을 표적으로 삼는 CBT의 적용은 매우 전망이 밝다. 행동 이론에 근거한 다른 치료들과 같이, 잘 계발된 사례개념화는 특정 내담자를 위한 효율적인 증거기반치료를 위해 필수적이다.

범불안장애에 대한 수용기반 행동치료 모델

범불안장애에 대한 수용기반 행동치료 모델은 행동적 학습 이론에 기반을 둔다. 다른 이론과 같이, 우리는 범불안장애 환자들이 미래의 위험과 위협을 반복적으로 예측하면서 걱정하는 습관을 개발한다고 간주한다. 이 습관은 반복과 강화를 통해 확고해진다. 즉, 걱정함으로써 그 걱정하던 결과가 발생하지 않음과 걱정의 긍정적 결과인 생리적 작용의 감소를 경험함으로써 걱정하는 것은 더욱 강화된다(Borkovec et al., 2004).

더 나아가 범불안장애가 있는 사람들은 공포나 불안, 걱정과 같은 인간의 보편적인 경험들을 자신의 부정적인 성격과 관련짓는다. 그 결과, 범불안장애가 있는 사람들은 불안관련 사고와 불안한 정서를 경험하는 자신을 비난하고 부정적으로 판단한다. 범불안장애가 있는 사람들은 원하지 않는 걱정 및 그것과 연합된 부정적 자기평가를 회피 또는 도피하기 위해 다양한 문제행동을 한다. 이러한 문제행동은 단기적으로는 부정적 감정을 완화시키지만, 장기적으로는 삶의 질을 떨어뜨린다.

우리는 범불안장애 및 다른 불안장애에 관한 오랜 연구와 광범위한 정신병리 모델(예: Hayes et al., 2012)을 바탕으로 다음의 세 가지 학습된 행동이 범불안장애의 발전과 유지에 기여한다는 가정을 도출하였다.

내적 경험에 대한 정서적 고통, 비난, 판단 (연루 또는 융합을 초래하는)

불안장애 영역에서 가장 중요하고 일관적인 결과 중 하나는 불안이나 공포경험 그 자체(예: 공황감각, 걱정스러운 생각들, 재앙적인 이미지, 재현되는 고통스런 기억들)는 장애가 아니라는 것이다. 오히려 이 증상들에 대한 반응 또는 '반응에 대한 반응'이 고통을 유발하고(Borkovec & Sharpless, 2004), 불안의 정도와 시간을 가중시키며, 불안장애로 진단되게 하고, 삶의 질을 저하시킨다. 심리장애의 이론에서 '반응에 대한 반응(reactions to reactions)'의 중요성은 치료연구에서 최근에 개념화되었다. 정서에 대한 **반응**의 변화는 정서장애를 위한 통합 치료 기법에 대한 연구에서 정서의 **빈도**뿐만 아니라 모든 결과 변인의 고유변량(unique variance)을 예측하였다(Sauer-Zavala et al., 2012; Payne, Ellard, Farchione, Fairholme, & Barlow, 이 책의 6장 참조).

범불안장애가 있는 사람들이 불안민감성(즉, 불안한 신체감각에 대한 공포; Olatunji & Wolitzky-Taylor, 2009)과 정서에 대한 부정적 반응(예: Lee et al., 2010; Mennin et al., 2007), 그리고 걱정에 대한 걱정(Wells, 2005)이 증가했음을 보고하는 연구들이 많아지고 있다. 게다가 불안은 잠정적인 위협에 내적으로 또 외적으로 지나치게 주의를 집중하게 만드는데(Cisler & Koster, 2010), 이것은 불안을 가중시키고, 그에 대한 반응에 의해 강화되면서 불안 반응의 주기를 유지시킨다. 이 반응은 사람들을 불안과 걱정에 휩싸이거나(Germer, 2005) '푹 빠져들게(hooked)'(Chodron, 2007) 해서 마치 불안이 자신의 모든 것을 아우르는 특성인 것처럼 보이게 한다. 즉, 불안을 특정 상황에서 유발되는 감정으로 보지 않고, 이 불안과 자신의 정체성이 융합되어 자신을 '불안한 사람'으로 정의하게 된다(예: Hayes et al., 2012). 따라서 정서에 대한 부정적 반응은 개인에 대한 부정적 판단(예: "나는 너무 유약해." "다른 사람들은 나처럼 걱정하지 않아.")으로 발전되어 불안과 걱정을 가중시킬 수 있다.

내적 경험과 뒤섞이거나 융합되는 것은 생각과 감정, 감각이 자연스럽게 발생했다가 사라지고, 시간이 흘러감에 따라 변하는 것으로 보는 것을 방해한다. 뚜렷한 원인이 없는 스트레스 경험과 정서상태가 융합되는 것은 그 정서를 바르게 이해하고 효과적으로 반응하는 능력을 저해할 수 있다. 공포와 불안, 걱정이 고통스럽고 강력해서 좀처럼 수그러들지 않을 것처럼 지각될 때, 사람들은 자연스럽게 도피나 회피를 시도하게 된다.

내적 고통회피를 위한 경직된(rigid) 노력

고통스러운 것에 대한 생각이나 느낌, 기억을 피하려고 하는 것은 자연스런 반응이다.

모든 사람은 자신의 일에 집중하기 위해 내적 고통으로부터 주의를 분산시키려는 전략을 종종 사용한다. 그러나 경험적 연구들은 고통스러운 생각이나 감정, 감각 또는 기억을 없애려는 반복적인 노력(예: 경험회피; Hayes, Wilson, Gifford, Follette, & Strosahl, 1996)은 오히려 고통스런 경험을 가중시킨다는 것을 보여 준다(예: Gross, 2002; Levitt, Brown, Orsillo, & Barlow, 2004; Najmi & Wegner, 2008). 그뿐만 아니라 특정 상황을 생각하지 않으려는 노력은 그 상황과 관련된 불안을 증가시킬 수 있고(Roemer & Borkovec, 1994), 이것은 경험회피가 생각과 감정에 대한 고통을 증가시킴을 보여 준다. 종합하면, 이 연구들은 고통스런 생각과 감정, 신체감각, 기억을 회피하려는 융통성 없는 시도는 그것들과 관련된 고통뿐만 아니라 그 자체를 더 자주 경험하게 하며, 반응과 회피의 주기를 더 강화시킨다는 것을 보여 준다. 경험회피는 즉각적인 부적 강화를 유도하고, 더 나아가 이 습관적인 반응을 더 강화하면서 단기간으로는 고통을 감소시키는 기능을 할 가능성이 있다.

경험회피는 우울 증상과의 공변량 이상으로 범불안장애 진단과 관련이 있다(Lee et al., 2010). 그뿐만 아니라 앞에서 설명했듯이, 걱정 자체가 공포자극에 대한 생리적 각성을 감소시키고, 더 고통스러운 걱정거리들로부터 주의를 분산시킴으로써 경험회피 기능을 한다(Borkovec et al., 2004).

행동적 회피/속박(constriction)

내적 경험에 대한 반응과 경직된 경험회피는 이 둘 사이의 상승 주기를 유지시킬 뿐만 아니라 불안이나 다른 고통스런 경험들을 유발하는 상황에 대한 회피를 자연스럽게 유도한다. 행동적 회피는 다른 불안장애들의 핵심적 특징이지만 범불안장애에서는 간과되어 왔다. 그러나 범불안장애가 있는 사람들은 특정 상황을 회피하거나, 그 상황에 대비하기 위해 많은 시간을 소비하고, 의사결정을 미루거나, 정신적 스트레스나 불안, 불확실성을 피하기 위해 온갖 노력을 다한다(Andrews et al., 2010). 범불안장애가 있는 사람들은 의미를 두는 행동(예: 개인적으로 의미 있다고 여기는 것)을 하기보다는 상황을 통제하는 데 더 몰두한다(Michelson et al., 2011).

범불안장애가 있는 사람들은 임상적으로 다양한 행동적 회피를 보인다. 때로는 회피가 거절에 대한 공포나 불안 및 걱정 때문에 데이트를 하지 않으려고 하거나 직장에서 승진을 위해 노력하지 않는 것과 같이 겉으로 뚜렷하게 드러날 수도 있다. 그러나 어떤 때는 중요한 여러 가지 행동(예: 직장에서 어려움을 감수하는 것, 자녀들과 함께 어떤 활동에 참여하는 것)에 관여하는 것처럼 보이는 내담자들도 현재 하고 있는 것에 집중하기보다는 미래에 일어날 일에 대해 끊임없이 걱정하고 있을 수도 있다. Borkovec은 현재가 아닌 미래에 초점을 두는 것은 범불안장애의 핵심 증상이며(예: Borkovec & Sharpless, 2004), 범불안장애와 걱정은 마음챙김(현재 순간에 대한 자각)의 감소와 관련이 있다고 주장하였다(Roemer et al., 2009). 내담자가 미래에 뭔가 잘못될 것에 지속적으로 초점을 두는 것은 자신의 삶에서 구경꾼처럼 느끼게 할 수 있다. 그들은 중요한 어떤 일에 감정적 관여 없이 행동적으로만 참여한다.

이 이론적 모델은 범불안장애와 다른 동반이환 장애를 가진 내담자들을 치료할 때 다음의 세 가지 목표를 강조한다. ① 내적 경험과의 관계방식에서의 문제, ② 경험회피를 목표로 하는 경직된 전략들, ③ 의미 있는 행동에 대한 회피 또는 속박이다. 범불안장애에 대한 이 모델에 근거한 수용기반 행동치료의 목적은, ① 내적 경험에 대한 **확장된** 자각(좁은 자각이 아닌)과 **자애**(비판적 · 판단적이 아닌) 및 **거리를 둔**(얽히거나 융합된 것이 아닌) 자세를 개발, ② 내적 경험에 대한 개방과 수용의 증가, ③ 개인적으로 의미를 두는 행동에 마음을 챙기며 참여하는 것이다.

수용기반 행동치료 적용

치료의 맥락

수용기반 행동치료의 첫 번째 사례연구는 집단치료에서 적용되었다(Orsillo, Roemer, & Barlow, 2003). 집단이라는 맥락이 여러 가지 면에서 유익하기도 했지만, 내담자들은 자신의 가치(예: 자신에게 중요한 것)를 명료하게 하고 구체적인 자신의 상황에 치료를 적용하기 위해 개별적인 도움을 받고 싶어 하였다. 그 결과, 그 이후의 모든 실험은 개인치료에 적용되었다. 그러나 우리는 이 치료 모델이 특수한 상황에 맞게 수정될 수 있다고 생각한다. 실제로 집단 형태의 치료 프로토콜이 지역사회에서 자기보고에 따른 불안과 걱정, 범불안장애 증상들의 의미 있는 감소에 효과가 있다는 것이 최근 연구에서 나타났다(Heatherington et al., 2013). 더구나 수용기반 행동치료의 여러 요소(예: 심리교육, 마음챙김 훈련, 가치행동 몰입)가 다른 집단 상황(group settings)에서 효과적으로 활용되어 왔다(예: Evans et al., 2008; Kocovski, Fleming, & Rector, 2009).

1차 진료에서 나타난 범불안장애의 유병률을 감안할 때, 수용기반 행동치료를 1차 진료 상황에 맞게 조정해서 통합치료의 일부로 활용할 수도 있다. 이런 맥락에서 우리는 도움이 될 자조서를 썼으나(Orsillo & Roemer, 2011), 그 효과성을 검증한 연구는 아직 없다. 경제적 · 시간적 한계 때문에 개인치료의 적용이 어려운 경우, 마음챙김과 가치행동에 대한 이론적 모델과 치료기법을 교육하는 간단한 워크숍(예: Blevins, Roca, & Spencer, 2011; Brown et al., 2011)도 효과적인 방법일 수 있다.

치료자 특성

수용기반 행동치료의 핵심은 강한 정서적 경험에 대한 수용을 모델링하는 것이다. 그러므로 성공적인 수용기반 행동치료의 치료자들은 내담자들에게 강한 정서를 포용하고 수용하는 것을 가르치고 있다. 마찬가지로 치료자들은 내담자들의 고통을 타당화해 주면서 연민(compassion)을 지속적으로 표현하며 증상 유지에 기여하는 자동적 반응과 회피를 줄이고, 자신의 경험에 다르게 반응하는 방법에 대한 예시를 제공한다. 이론적 모델과 그것을 구체적인 상황에 적용하는 방법을 정확히 이해하는 것은 강한 치료적 동맹을 촉진하고, 치료효과를 의미 있게 예측하였다(Sorenson, Hayes-Skelton, Roemer, & Orsillo, 2012).

다음에서 자세하게 설명한 것처럼, 수용기반 행동치료의 치료자들은 치료적 접근과 사용하는 전략들, 그리고 회기 간의 과제들을 내담자들의 상황에 맞게 융통성 있게 적용해야 한다. 이런 융통성은 치료자의 중요한 특성이다. 가장 최근에 실시된 무선통제연구의 일부인 작은 질적 연구에서 우리는 인종, 민족성, 성적 지향, 사회경제적 지위, 종교적 측면에서 소외집단으로 간주되는 내담자들을 면담하였다. 내담자들은 치료가 자신에게 얼마나 도움이 될지와 자신들의 특수한 상황에 얼마나 잘 적용될지를 결정하는 중요한 요소는 치료자의 유연성이라고 응답하였다(Fuchs et al., 2012).

내담자 특성

우리는 범불안장애 치료에 적용한 수용기반 행동치료에 대한 연구에서 일반화 가능성을 극대화하기 위해 배제 기준을 최소화하였다. 내담자들은 동반이환 진단인 경우가 많았는데, 주요우울장애와 사회불안장애, 그리고 다른 불안장애인 경우가 가장 흔하였다. 수용기반 행동치료는 이런 다른 장애에도 적용되는 기저의 기제를 표적으로 하기 때문에, 치료는 동반이환 질병들에도 긍정적인 치료효과를 나타낼 수 있다(예: Roemer et al., 2008). 그러나 우리는 필요한 경우, 치료서의 한계를 넘어 다른 증거기반 기법들(예: 행동활성화, 노출)을 통합해서 적용하기를 권장한다. 우리는 기본적으로 다른 특정 치료기법의 효과가 입증된 물질의존, 양극성장애, 조현병, 자폐스펙트럼장애는 무선통제연구에서 배제하였다. 따라서 우리는 이 장애들과의 동반이환에 대한 수용기반 행동치료의 효과는 설명할 수는 없다.

현재까지 우리는 수용기반 행동치료에 효과가 있는 잠재적 예측인자들을 예비적으로 탐색하였다. 연구에 따르면, 성별과 연령, 범불안장애의 심각도, 걱정의 빈도 및 강도, 우울 증상, 동반이환 진단들은 치료효과를 의미 있게 예측하지 않는다(Orsillo, Roemer, & Salters-Pedneault, 2008).

대부분의 다른 증거기반치료와 마찬가지로, 범불안장애에 대한 수용기반 행동치료를 문화적으로 소외된 집단에 속한 사람들에게 효과적으로 적용할 방법을 밝히기 위해서는 더 많은 연구가 필요하다. 한 메타연구는 더 포괄적인 수용기반 행동치료에 대한 긍정적인 결과들을 제시하였다(Fuchs, Lee, Roemer, & Orsillo, 2013). 소규모 질적 연구에서는 소외계층의 내담자들이 전반적으로 수용기반 행동치료의 효과를 경험하는 것으로 나타났다(Fuchs et al., 2012). 특히 치료자의 유연성과 가치 있는 삶에 대한 초점이 자신들을 치료에 더 집중하게 했다고 말하였다. 그러나 어떤 내담자들은 치료자의 비유연성이나 특정 마음챙김 훈련에 대한 어려움이 치료의 장해물이었다고 보고하였다.

보편적인 문제는 자신을 불교 신자가 아닌 다른 종교인이라고 강하게 믿는 사람들이 마음챙김을 받아들이지 않는 것이다. 그러나 마음챙김은 서양 기독교의 묵상 수행과 같이 많은 종교적 전통의 일부이기 때문에(Dimidjian & Linehan, 2009), 마음챙김 훈련은 특정 종교적 관습에 맞게 활용될 수 있다(Sobczak & West, 2013). 수용기반 행동치료를 다른 배경을 가진 내담자들에게 가장 잘 적용할 수 있는 방법과 인종차별 및 자원 부족과 같은 상황적 스트레스를 해결하기 위해 수용기반 행동치료를 활용하는 방법에 대한 더 많은 후속 연구가 필요하다(Lee, Fuchs, Roemer, & Orsillo, 2009; Sobczak & West, 2013).

약물치료 병행

약물치료는 범불안장애 치료에서 가장 먼저 고려되는 (Katzman, 2009) 보편적인 치료방법이지만(Issakidis, Sanderson, Corry, Andrews, & Lapsley, 2004), 임상적 효과가 일관적이지 않다는 한계가 있다(Davidson, Bose, Korotzer, & Zheng, 2004; Gelenberg et al., 2000; Rickels et al., 2003). 범불안장애 증상에 대한 약물치료의 효과는 거의 없다부터 보통이다까지 다양하다(Hidalgo, Tupler, & Davidson, 2007). 게다가 약물치료는 부작용이 있을 수 있고(Katzman, 2009), 인지행동치료와 같은 심리치료보다 비용 대비 효과가 낮다(Heuzenroeder et al., 2004).

약물치료를 받고 있던 내담자들이 우리 임상실험에 합류하였다. 수용기반 행동치료에서 처방약의 복용은 내적 반응 강도를 줄이는 하나의 방법으로 이해되기 때문에 더 쉽게 치료에 받아들여졌고, 자기연민과 함께 가치를 둔 행동(action)에 더 몰두할 수 있도록 돕는다. 이것은 약물에 대한 비경험적 회피기능의 특성을 부각시킬 수 있기 때문에(약물은 무엇이든 있는 그대로 수용하고, 삶에 더 적극적으로 관여하도록 돕는다), 수용기반 행동치료의 나머지 부분과 일치한다.

치료 요소의 개관

우리의 임상실험은 일주일에 한 번씩 16회기의 수용기반 행동치료의 개인치료 매뉴얼을 사용했는데, 마지막 2회기는 재발방지에 초점을 두면서 2주에 한 번씩 진행되었다. 처음 7회기는 심리교육과 기술 훈련에 중점을 두었고, 나머지 회기들은 각 내담자가 의미를 두는 가치행동에 전념하기 위한 기법의 활용에 초점을 두었다. 여기서 우리는 치료 요소들을 간략히 살펴본 후, 각 요소가 치료 과정에서 어떻게 적용되는지 사례들을 통해 설명한다. 보다 자세한 내용은 치료자 지침서(Roemer & Orsillo, 2009)와 자조서(Orsillo & Roemer, 2011)를 참고하기 바란다.

수용기반 행동치료의 개념화를 위한 임상적 평가

치료 요소들을 융통성 있게 활용하기 위한 사례 개념화를 개발하기 위해서, 우리는 내담자들의 불안 증상과 상황, 치료 모델에 포함된 세 가지 요소를 평가한다.

증상

내담자들의 불안 및 관련 증상들을 평가하는 것은 치료목표 설정에 중요한 정보가 될 뿐만 아니라 불안에 대한 내담자들의 관점을 바꿀 치료적 목표를 제공한다. 불안 관련 생각과 감정, 신체감각, 행동, 불안을 경험하는 전형적인 상황, 불안의 빈도와 강도에 대한 평가는 내담자들이 불안 반응의 구체적인 요소들을 더 정확하게 관찰할 수 있게 한다. 회기에서 심상으로 유도되는 불안뿐만 아니라 일상에서의 불안 증상을 지속적으로 관찰하는 것은 불안의 빈도나 지속시간, 또는 취약성에 대한 정확한 이해 없이 불안을 습관적으로 억누르거나 회피하는 내담자들의 보고보다 더 정확한 정보가 될 수 있다. 증상의 기저선을 확인하고 증상의 주간 변화를 추적하기 위해서 간단하지만 구체적인 자기보고식 측정도구(예: Depression Anxiety Stress Scales; Lovibond & Lovibond, 1995)나 펜실베이니아 주립 걱정 질문지(Penn State Worry Questionnaires; Meyer, Miller, Metzger, & Borkovec, 1990; Stöber & Bittencourt, 1998)를 사용할 수 있다.

치료의 초점이 될 주된 장애와 동반이환장애에 대한 구체적 치료전략을 세우기 위해 불안장애 면접 스케줄(Anxiety Disorders Interview Schedule; Di Nardo et al., 1994)과 같은 반구조화된 임상면접도 활용할 수 있다. 우울은 섭식장애나 물질사용장애와 같은 다른 임상적 상태와 같이 중요한 평가의 대상(표적, target)이며, 이것들은 치료의 초점이 될 구체적 회피전략에 대한 제안이 될 수도 있다.

내적 경험에 대한 반응

내담자들이 자신들의 내적 경험(예: 생각, 감정, 신체감각, 기억)뿐만 아니라 불안 증상에 대해 어떻게 반응하는지 평가하는 것은 사례개념화를 위해 중요하다. 치료자들은 다음과 같은 질문들을 할 수 있다. "당신이 걱정하고 있는 것을 알아차렸을 때, 어떤 생각과 감정, 신체감각들을 경험했나요?" "자신이 불안을 경험하는 것에 대해 부정적으로 판단하나요?" "어떤 종류의 생각들을 하나요?" 또는 이런 내용들을 포착하기 위해 자기보고식 측정도구를 사용할 수 있다. 자신의 생각과 감정에 대한 반응으로 발생하는 자기비난이나 부정적 판단과 같은 반응은 중요한 치료의 표적이다. 정서통제 척도(Affective Control Scale; Williams, Chambless, & Ahrens, 1997)와 같은 측정도구와 불안, 우울, 분노, 긍정정서에 대한 심리적 곤란의 측정도구, 자기연민 척도(Self-Compassion Scale; Neff, 2003)는 정서와 자기비난에 대한 반응성을 밝히는 데 도움이 될 수 있다.

경험회피

치료자들은 내담자들이 내적 경험을 억압하거나, 회피 또는 정서를 바꾸기 위해 사용하는 전략들도 평가한다(Hayes et al., 1996). 경험회피 전략들은 생각이나 정서를 억압하는 것과 같은 내적인 것(Gross & Levenson, 1997; Najmi & Wegner, 2008) 또는 물질 사용이나 자해, 섭식제한과 같은 외적인 것일 수 있다. 치료자들은 내담자들이 자신의 정서적 고통이나 불안을 다루기 위해 어떤 방법들을 동원할지를 질문함으로써 회피전략에 대해 알 수 있다. 내담자들이 자동적 또는 습관적으로 하는 대부분의 노력은 역설적이게도 그 고통과 증상들을 가중시킨다. 치료자들은 불안을 조절하려는 노력과 그것을 회피하려는 습관적 노력을 구분할 필요가 있다. 그 전략을 사용한 후에 어떤 일이 발생하느냐에 따라 그 차이가 분명해진다. 전자를 유연하게 사용할 경우 유익할 뿐만 아니라 그것을 치료에 도입해서 강화할 수 있지만, 후자는 고통과 혼란을 더 가중시킨다. 예를 들어, 우리가 치료한 한 내담자 중에 걱정을 멈추기 위해 산책을 간다고 말한 내담자가 있었다. 산책에서 돌아와 무엇을 하는가에 대한 치료자의 질문에, 그녀는 걱정에서 벗어나 자녀들과 함께 즐거운 시간을 보냈다고 말하였다. 한편, 걱정으로부터 주의를 분산시키기 위해 정기적으로 TV를 본다는 다른 내담자는 TV를 끄면 걱정거리들이 다시 밀려오기 때문에 의도했던 것보다 더 긴 시간 동안 TV를 본다고 말하였다. 앞의 내담자의 산책은 자신을 보살피는 방법으로 치료에 통합시켜서 내담자가 자녀들과 효율적인 시간을 보낼 수 있게 하는 반면, 두 번째 내담자의 치료자는 불안에 대처하는 다른 방법을 개발하도록 내담자를 도울 수 있다. 수용과 행동 질문지(Acceptance and Action Questionnaire; Bond et al., 2011)는 경험회피 전략을 찾아내는 데 도움이 되고, 정서조절곤란 척도(Difficulties in Emotion Regulation Scale; Gratz & Roemer, 2004)는 정서조절의 어려움을 더 광범위하게 평가하는 데 도움이 된다.

행동적 속박(긴축, 수축…)

치료자들은 내담자들이 일상에서 얼마나 잘 기능하는지, 불안과 걱정이 어떤 식으로 생활에 방해가 되는지도 평가해야 한다. 우리는 수용전념치료(Wilson & Murrell, 2004)에서 도입한, 내담자들의 삶에 중요한 것(즉, 가치 있게 여기는 것)을 실천하는 정도에 특히 중점을 둔다. 우리는 가치 있는 삶 질문지(Valued Living Questionnaire; Wilson, Sandoz, Kitchens, & Roberts, 2010)로 이것을 평가하는 한편, 내담자들에게 자신의 불안이 대인관계와 직장-학교-가정에서의 생활 관리, 자기강화(self-nourishment), 지역사회 참여에 얼마나 방해가 되는지 기록하도록 한다. 이것은 내담자들의 현재 기능에 대한 중요한 정보일 뿐만 아니라 내담자들이 더 의미 있고 충만한 삶을 살 수 있게 하는 치료목표와 동기를 제공한다. 이 평가는 가끔 불안 감소에서 삶의 질 향상으로 치료목표를 바꾸는 중요한 첫걸음이 된다.

상황과 내력

다른 치료기법들과 마찬가지로, 내담자의 주변상황(맥락)을 평가하는 것은 중요하다. 치료자들은 내담자의 불안 증상의 내력(history)과 현재 경험하고 있는 다른 문제들, 내담자(가족과 친구들뿐만 아니라)가 자신의 불안을 이해하는 방식을 알 필요가 있다. 또 내담자의 문화적 정체성을 탐색할 때, 치료자들은 내담자가 직면할 수 있는 스트레스의 상황적 요인들뿐만 아니라 구체적인 대처기술 및 강점에도 주의를 기울여야 한다. 이것은 라포를 형성하고 내담자의 경험을 타당화함으로써 치료적 동맹을 강화시킨다. 이 정보들은 치료자가 문화적으로 민감하면서도 적절하게 치료를 진행해 나갈 수 있도록 돕는다(Sue & Sue, 2012; Sue, 1998).

이와 같은 종합적인 평가는 다음과 같이 목표로 삼을 치료적 요소에 대한 단계를 설정하는 데 도움이 된다. ① 내적 경험에 대한 확장된(좁은 자각이 아닌) 자각과 자애(비판적 · 판단적이 아닌) 및 거리를 둔(얽매이거나 융합된 것이 아닌) 자세를 개발, ② 내적 경험에 대한 개방과 수용의 증가, ③ 개인적으로 의미를 두는 행동에 마음을 챙기며 참여하는 것이다.

치료적 관계

치료적 관계는 치료효과를 위한 중요한 맥락이 된다. 수용기반 행동치료에서 치료자는 내담자들이 자신의 내적 경험에 다르게 반응하는 것을 시작할 수 있도록 수용과 연민을 제공한다. 치료자들은 내담자들의 생물학적인 기질과 학습된 경험들이 쉽게 불안과 다른 정서적 반응으로 이어질 수 있다는 것과 겉으로 보기에는 '비합리적'으로 보이는 생각조차도 사회와 가족의 영향으로 습득될 수 있음을 강조하면서, 내담자들이 보고하는 모든 경험은 인간으로서 지극히 자연스러운 것임을 분명하게 타당화하고 수용한다. 예를 들면, 내담자가 입사 면접을 볼 때 불안하지 않아야 한다고 말할 때, 치료자는 정말 원하는 직장에 입사하기 위한 면접을 앞두고 불안한 것은 지극히 자연스런 반응이며, 사회적으로 거절당하는 것을 두려워하는 것은 모든 사람이 타고나는 것이라고 말하였다. 이것은 불안에 대한 다른 반응을 내담자에게 보여 주는 것이며, 덜 자기비판적인 새로운 반응을 기르기 위한 첫걸음이다.

어떤 내담자들, 특히 적대적이거나 반응이 없는 내담자들을 공감하고 인정하는 것은 어려울 수 있다. 이런 문제들, 한편으로는 기능적인 행동들이 생기고 유지되는 학습의 상황과 내력을 이해하는 것은 치료자들이 내담자에 대한 연민을 개발하는 데 도움이 된다. 치료자가 내담자에 대한 진실한 연민을 표현할 때, 연결(connection)과 타당화(validation), 공감(empathy), 더 나아가 치료를 위한 계기가 마련되고, 내담자들의 자동적 반응이 조금이라도 변화한다.

치료적 동맹에서의 또 다른 문제는 내담자와 치료자의 정체성(예: 연령, 성, 인종, 종교, 민족성, 성적 지향, 이민자 신분 또는 사회계층) 차이에서 발생할 수 있다(Hays, 2008; Sue & Sue, 2012). 치료 초기에 치료자와 내담자의 서로 다름에 대해 이야기하는 것은 오해의 소지에 대해 이야기할 수 있게 하고, 치료 중에 발생할 수 있는 일에 대해 편안하게 대화할 수 있게 한다. 치료자들은 각 내담자의 경험과 상황에 민감하면서도 그들의 문화적 상황에 대해 배워야 한다. 또한 문화적 · 체계적 요소들이 내담자의 반응에 어떤 역할을 하는지, 성장과 긍정적 적응을 촉진하는 데 어떻게 활용될 수 있을지를 고려할 수 있어야 한다. 치료자 자신의 상대적인 특권을 민감하게 알아차리고, 그것에 대해 대화하는 것도 더 강한 치료적 동맹을 맺도록 돕는다.

심리교육

CBT와 마찬가지로, 수용기반 행동치료에서 심리교육은 중요한 치료적 요소이다. 치료자들은 특히 치료의 전반부 동안 유인물을 활용해서 치료 이론들을 설명하고, 치료 후반부, 즉 치료기법의 적용 시점에는 필요에 따라 이론을 다시 살펴본다. 내용들 간의 관계를 분명하게 이해할 수 있도록 내담자의 생활 속의 예를 활용해서 설명한다(자기관찰 양식이나 평가 자료, 또는 구체적인 질문 활용).

심리교육은 공포, 불안, 걱정의 특성에 대한 토의(걱정의 기능에 대한 토의를 포함한)로 시작되고, 이어서 불안에 반응하는 습관과 회피 및 반복이 이 습관에 미치는 영향을 강조하면서 불안의 기능을 광범위하게 탐색한다. 치료자들은 내적 경험을 통제하고 불안을 촉발하는 상황을 회피하려는 경직된 시도와 관련된 문제와 고통스럽거나 위협적인 신호를 회피하려는 인간의 보편적 경향성에 대해 설명한다. 치료자들은 분명한 정서(현재의 상황에 어떻게 반응하는가를 포함한)와 애매한 정서(뒤섞이거나, 혼란스럽거나, 지연되거나 더 오래 지속될 수 있는)를 구분해서 설명한다. 또 치료자들은 마음챙김 기법을, 특히 이 기술이 정서적 반응들을 명료하게 하고, 가치를 두는 일상활동에의 참여를 촉진하는 데 활용되는 방법에 대해 설명한다.

심리교육은 많은 시간(예: 마음챙김 훈련)과 노력(예: 가치를 둔 행동에 참여하는 것)이 필요한 행동에 참여하도록 이끌어 주는 동시에 치료 후반부를 위한 이론적 바탕을 제공한다. 또 심리교육은 내적 경험과의 새로운 관계를 맺도록 한다. 예를 들면, 불충분한 수면이나 파트너와의 갈등 때문에 화난 것과 같은 당연한 일의 결과로 자신의 감정이 얼마나 혼란스러워질 수 있고 그것에 얼마나 압도될 수 있는지를 이해하는 것은 자기 비난이나 비판과 같은 습관적 반응을 덜하도록 돕는다. 어떤 내담자들은 심리교육만으로도 새로운 행동에 참여하게 될 수 있고, 내적 경험에 대한 수용을 촉진시키고 삶에 대한 관여를 증가시키는 새로운 학습에 이를 수 있다. 그러나 경험적 학습은 종종 이런 임상적 전략을 보완하기 위해 필요하다.

심리교육을 하는 동안 많은 어려움이 발생할 수 있다. 첫째, 여러 가지 내용을 다루는 동안 내담자의 구체적 관심에 주의를 기울이는 것이 어렵다. 이때 내담자의 사례를 활용해서 그들의 자동적 반응을 나누도록 유도함으로써 심리교육과 내담자들의 관심에 주의를 기울이는 것을 동시에 할 수 있다. 또 종종 내담자들은 심리 교육의 내용에 동의하지 않는다. 예를 들면, 어떤 내담자들은 회피가 효과적인 전략이라고 우긴다. 내담자와의 논쟁은 거의 대부분 비생산적일 뿐만 아니라 치료적 관계를 약화시킨다. 또 사례개념화는 문헌과 임상적 관찰에 근거한 가설일 뿐이기 때문에 거기에 융통성 없이 매이지 않는 것이 중요하다. 이런 상황에서 내담자가 그들의 경험에 대해 새로운 어떤 것을 배울 수 있을지를 살펴보기 위해 앞으로 몇 주 동안 사례개념화를 검토해 볼 생각이 있는지를 물어보는 것이 좋다. 이것은 치료에 대한 협력을 촉진하고 내담자를 치료에 참여시키는 데 도움이 될 뿐만 아니라 사례개념화에 대한 내담자의 의견을 이끌어 낼 수도 있다.

마음챙김 기술 개발

'마음챙김(mindfulness)'(Kabat-Zinn, 2003) 또는 개방성, 호기심, 연민을 가지고 현재 순간에 주의를 집중하는 것은 내적 경험에 대한 태도를 변화시킬 수 있고[예: 생각에 대한 생각 또는 '탈중심화(decentering)'를 배우기 시작], 마음속에 일어나는 어떤 자동적 반응도 기꺼이 받아들이려는 마음을 키워 주며, 의미 있고 충만한 삶에의 참여를 촉진한다. 우리는 현재 순간을 자각하기 위한 여러 가지 기법을 활용하면서 내담자들이 호기심과 친절함, 연민을 가지고 자신을 경험을 알아차리도록 돕는다.

자기관찰

자기관찰은 모든 인지행동치료에서 보편적으로 활용하는 기법이다. 치료는 걱정이 생기는 상황에 대한 내담자의 자기관찰로 시작된다. 회기 주제에 맞추어 새로운 자기관찰의 내용이 매주 추가된다(예: 정서, 경험회피를 위한 노력, 가치행동에의 참여). 걱정 및 다른 내적 경험들과 행동에 대한 관찰은 자각과 탈중심화를 촉진시킨다. 내담자들은 내적 경험을 습관적으로 회피하는 대신 그것에 직면하고, 생각과 감정 및 행동을 혼동하는 대신 각각의 경험들을 구분할 수 있게 된다(즉, 생각과 감정, 행동을 따로따로 알아차림). 내담자들이 정서와 행동을 구분해서 알아차리기 시작함에 따라 강한 감정을 경험할 때도 다양한 행동적 선택이 가능하다는 것을 생각할 수 있게 된다.

어떤 내담자들에게는 자기관찰이 어려울 수 있다. 자기관찰 과제를 하는 것을 잊어버리거나, 그저 치료자가 내준 '과제'일 뿐이라고 생각하거나, 심지어는 대기실에서 과제를 하기도 한다. 치료자들은 자기관찰이 정서를 명료화하고 스트레스를 감소시키며, 가치행동을 촉진하는 데 활용될 수 있음을 강조하고, 각 회기를 마무리할 때 자기관찰과 치료목표를 연결시키면서 그에 대한 이론적 근거에 대해 이야기를 나눔으로써 내담자가 실습의 중요성을 이해할 수 있도록 돕는다. 불안에 대한 습관적 패턴이 나타날 때, 즉 자동적 반응이 일어나는 그 순간에 자기를 관찰하는 것이 자각을 촉진하는 데 중요하다는 것을 강조하고, 과제를 내담자의 생활에 맞게 융통성 있게 조절할 수 있다. 예를 들면, 하루에 한 상황에서만 자기관찰을 하거나 관찰 내용을 기록할 때 종이에 적는 대신 휴대전화나 녹음기를 활용할 수도 있다.

공식 마음챙김 실습

마음챙김은 기술(skill)이기 때문에 정기적으로 실습하는 것이 많은 도움이 된다. 치료자들은 내담자들이 호흡이나 신체감각, 생각에 대한 자각을 기르기 위한 마음챙김 실습을 위해 언제, 얼마 만큼의 시간을 할애할 것인지를 결정하도록 돕는다. MBCT와 같은 마음챙김에 기반한 치료에서는 하루에 45분씩 실습을 하지만, 우리는 일반적으로 더 짧게 실습을 하는데, 내담자들이 스스로 실습시간의 길이를 정하도록 한다. 모든 내담자는 근육의 긴장과 이완의 감각을 알아차리는 수정된 점진적 근육이완 실습을 한다.[1] 이 실습은 불안한 내담자들로 하여금 주의집중 실습을 더 길게 하면서 마음챙김을 경험하게 한다. 얼마나 오랫동안 이 실습을 계속할지는 내담자에 따라서 다르다.

수용기반 행동치료에서 우리는 내담자들에게 마음챙김 실습을 점진적으로 가르치는데, 먼저 호흡과 신체감각에 집중하는 것으로 시작하고, 다음은 미각과 청각에, 그다음은 더 어려운 생각과 감정에 대한 자각으로 실습을 계속한다. 내담자들과 치료자는 먼저 치료 회기에서 함께 실습을 하고, 그 실습 동안 내담자들이 경험한 것에 대해 토론한다. 초기에 내담자들은 대체로 실습에 대해 '좋은' 또는 '좋지 않은', '편안한' 또는 '불편한'이라고 명명한다. 이때 치료자들은 모든 실습은 도움이 되며, '잘 되지 않은' 실습이라고 말하는 그것을 통해서는 사람의 마음이 얼마나 분주한지를 알게 되고, 그런 마음의 방황에도 불구하고 그 순간을 자각하기 위해 얼마나 자주 마음을 되돌리는지를 깨달으면서 내담자가 실습 동안의 자신의 경험을 있는 그대로 관찰하도록 돕는다.

회기에서 함께했던 실습에 대해 토론할 때, 치료자는 그 실습과 내담자들의 현재 문제와의 연관성을 설명한다. 예를 들어, 내담자가 호흡에 대한 마음챙김 실습을 할 때 룸메이트에 대한 실망으로 자꾸만 집중이 흩어져서 실습이 잘 되지 않았고, 나아진 것이 없다고 말하였다. 이때 치료자는 이것을 내담자가 직장에서 새로운 업무를 맡았을 때 종종 갖는 자기비판적 사고와 부정적 예측과 연결시켰다. 즉, 공식 마음챙김 실습을 하는 동안 떠오르는 자기비판적인 사고를 연민과 호기심어린 마음으로 관찰하는 실습을 하면, 직장에서의 어려운 상황에 이 기술들을 적용할 수 있을 것이라고 제안하였다.

내담자들은 종종 마음챙김을 정기적으로 실습하기 위한 시간을 내기가 어렵다고 말한다. 마음챙

1) 주 1을 보라.

김 실습을 위한 시간을 정하기 위해 문제해결 전략을 활용할 수 있다(지하철을 타고 통근하는 시간, 아이들을 재우고 난 직후). 또 치료자들은 마음챙김 실습이 일상에서 내담자들을 더 깨어 있게 하는 데 도움이 될 수 있다는 것을 강조한다. 특히 초반에 마음챙김 실습이 이완에 도움이 된다는 것을 경험한 내담자들은 마음챙김을 회피전략으로 사용할 수도 있다. 치료자들은 내담자들이 원치 않는 내적 경험을 회피하는 수단으로 마음챙김을 사용하지 않도록 하는 데 주의할 필요가 있다.

비공식 마음챙김 실습

실습을 위한 시간을 따로 정해 놓는 것이 기술 개발을 위해 중요하지만, 마음챙김 실습의 목적은 생활 속에서 그 기술을 언제나 활용할 수 있기 위함이다. 내담자들은 설거지(Nhat Hanh, 1992) 또는 식사, 샤워, 빨래 개기 등의 일상적인 일들을 마음을 챙기면서 함으로써 마음챙김을 비공식적으로 실습한다. 내담자들은 점차적으로 대화나 데이트, 직장에서의 미팅, 지역사회 행사와 같은 더 어려운 상황에서도 이 실습을 적용하기 시작한다. 초기에는 치료자가 내담자들에게 치료 회기 동안 마음챙김 실습을 할 것을 상기시키지만, 치료가 진행되면서 내담자들은 현재 순간으로 주의를 되돌리는 것을 스스로 기억하기 시작하고, 이 기술을 더 강화하여 자신의 삶에서 마음챙김을 더 효과적으로 활용할 수 있게 된다.

언어 습관

자신의 경험에 대한 거리를 둔 자각을 개발하는 또 다른 방법은 자신의 언어에 주의를 기울이고 생각으로부터 탈융합되도록 돕는 몇 가지 전략(ACT로부터)을 적용하는 것이다. 하나는 생각을 사실이라고 말하는 대신 "나는 ~한 생각을 하고 있다." 또는 "나는 ~을 느끼고 있다."라고 말(생각)하는 것이다. 치료자들은 이 방법을 사용해서 내담자들이 자신의 언어를 재구성하기 시작하고, 스스로 서서히 바꿔도록 돕는다. 마찬가지로 '그러나'를 '그리고'로 대치하는 것이 서로 다른 상황들을 더 정확하게 알게 하는지의 여부를 생각해 보라고 내담자들을 독려한다. 예를 들면, 내담자는 "나는 정말 데이트를 하고 싶지만, 너무 불안해."라고 말하는 대신, "나는 데이트를 하고 싶고, 나는 불안을 경험하고 있어."라고 말할 수 있다. 이것은 감정과 생각이 회피나 도피 행동으로 이어질 필요가 없다는 것을 강조한다.

행동 참여

마지막으로, 치료자들은 내담자들이 자신의 내적 경험을 통제하려고 애쓰는 대신, 자신의 삶에 더 많이 참여하는 것에 주의와 노력을 더 기울이도록 돕는다. 내담자들은 쓰기과제를 하면서 자신에게 중요한 것(관계, 직장-학교-가정생활 관리, 자기강화, 지역사회 참여)이 무엇인지를 탐색하기 시작한다. 그다음은 만약 불안하지 않다면 이 영역에서 어떻게 되기를 원하는지 기록한다. 이때 치료자들은 내담자들이 중점을 두고 싶은 구체적인 영역이 어떤 것인지 정하도록 돕는다. 그런 다음 사회적 관계 맺기, 직장에서 자기주장하기, 지역사회 활동에 참여하기와 같은 내담자가 중요하게 생각하는 어떤 것을 실천하도록 주간행동계획을 세운다. 치료자들은 생각이나 감정에 상관없이 실천할 구체적인 행동을 선택하는 것이 중요하다는 것을 강조하고, 내담자들은 불안을 경험하는 중에도 마음챙김 기술을 활용해서 자신이 가치를 두는 행동을 실행한다.

습관적인 회피를 멈추고 가치를 두는 활동에 참여하는 행동의 변화는 시간을 요하는 과정이다. 불안을 다루는 것에 오랫동안 몰두해 왔기 때문에 어떤 내담자들에게는 자신의 삶의 가치를 명확히 아는 것이 어려울 수 있다. 내담자가 자신이 가치를 두는 것을 분명하게 알게 되었을 때, 그 활동을 하는 것이 극도의 불안을 촉발해서 실행하기 어려울 수 있다. 그러나 치료자의 지지와 마음챙김 기술 개발, 목표를 실행 가능하게 세분화하는 것(예: 직장 동료에게 점심을 같이 먹자고 하기, 부모님과 터놓고 대화하기)은 내담자로 하여금 불안을 감수하면서도 행동적 변화를 시도해 볼 용기를 갖게 할 것이다. 가치행동에 참여하는 경험은 치료가 진행되면서 자연스럽게 강화될 수 있다. 그렇지만 불안 때문에 과거의 회피 패턴으로 되돌아가는 것을 방지하기 위해서는 지속적인 자각과 훈련이 필요하다.

가치행동을 해 나감에 있어 많은 어려움이 발생한다. 첫째, Hayes와 동료들(2012)이 언급했듯이, 내담자들은 종종 가치(예: 정서적으로 친숙해지기, 건강해지기)가 아닌 목적(예: 파트너 찾기, 체중을 15파운드 줄이기)에 대해 생각한다. 체중을 15파운드 줄이는 것에 초점을 두는 것은 자기비난적 사고를 유도할 수 있고, 이것은 그 목적의 달성을 방해할 수 있다. 한편, 어떤 사람은 목표 달성을 가능하게 하는 활동(체육관에 가는 것 또는 점심을 건강식으로 먹는 것)을 선택할 수 있는데, 이것은 목표 달성에 도움이 될 수 있다. 치료자는 내담자가 말하는 목표의 저변에 깔린 가치와 의미를 발견하도록 돕고, 내담자들은 중요한 순간에 그 행동을 실천할 수 있게 된다.

치료자들은 자신의 가치관과 의미를 내담자에게 강요하지 않도록 주의해야 한다. 이때 문화적 민감성은 특히 중요하다. 예를 들어, 수용기반 행동치료를 받은 한 내담자가 자신의 부모님을 경제적으로 지원하는 것에 대한 자신의 가치를 이야기하면서, 직업을 선택할 때 자신의 흥미보다는 가족을 재정적으로 도울 수 있는 직업을 선택하는 것이 자신의 가치를 추구하는 것이라고 말하였다. 개인주의적 문화에서 자란 치료자의 초기 반응은 내적 흥미에 맞는 직업을 선택하는 것이 더 중요하다는 것이었다. 그러나 치료자는 이것이 내담자에게 강요하는 것임을 인식하였다.

또 치료자들은 중요한 활동에 참여하는 것을 방해하는 내담자들의 현실적인 한계에 대해 민감할 필요가 있다. 가용 자원의 한계, 불평등 가족 상황과 같은 외적 제약 요인들은 치료과제 개발에서 고려되어야 한다. 내담자들은 자신이 아닌 주변 사람들이 바뀌기를 원하기도 한다. 이것이 아주 자연스러운 바람이지만, 다른 사람을 바꾸는 것이 언제나 가능한 것은 아니다. 내담자들이 다른 사람한테 달라지기를 요구하거나 불의한 일을 해결하기 위해 뭔가를 할 수는 있겠지만, 그것이 내담자가 원하는 변화를 이끌어 낼 것이라는 보장은 없다. 대신에 치료자들은 이런 한계 속에서도 내담자가 최선의 선택을 할 수 있도록 도울 수 있고, 여기에는 타인에게 변화를 요구하는 것 또는 필요하면 내담자가 그 상황을 떠나는 것도 포함된다.

재발방지

불안은 내적 경험과 경험적 회피에 대한 반응으로서 자연스럽고 습관적인 감정이다. 치료자들은 내담자들이 치료에서 가장 도움이 되었던 훈련을 지속적으로 유지함으로써 미래의 '재발'에 대비하도록 돕는다. 치료자들은 어려움이 발생했을 때 유인물과 과제 기록지들을 다시 살펴보고, 치료에 도움이 되었던 이론들과 훈련들을 복습하라고 내담자들을 격려한다.

사례연구

이 사례는 전체적으로 한 내담자에 대한 내용이지만, 몇 가지 핵심적 내용을 설명하기 위해 다른 내담자들의 이야기를 함께 실었다. 비밀보장을 위해 개인 정보는 수정하였다.

배경 정보

헥터는 학사경고를 받은 후, 치료실에 온 24세의 남미계 남자였다. 그는 학부에서는 상당히 좋은 성적을 받았지만, 빡빡한 의과대학의 첫 학기 과정을 공부해 나가는 것이 힘들었다. 처음에 헥터는 잦은 두통과 근육긴장, 복통과 같은 다양한 스트레스 관련 증상의 치료를 위해 1차 진료기관을 방문하였다. 그러나 의사는 그가 불안장애임을 확신하면서 심리치료를 권하였다.

초기 평가에서 헥터는 범불안장애에 해당되는 증상들을 보고하였다. 그는 자신의 걱정은 초등학교 때 시작돼서 상당히 오랫동안 지속되었다고 말하였다. 그의 걱정은 주로 학교 성적에 대한 부담이었다. 그는 자신의 학업능력과 지식의 양, 그리고 공부에 대한 자신과 타인의 기대를 충족시킬 자신의 능력에 대해 계속해서 걱정한다고 보고하였다. 헥터는 가족 중에 처음으로 대학을 졸업한 사람이고, 온 집안의 자랑거리이자 가족 전체가 그의 의대 졸업을 위해 상당한 투자를 하였다. 헥터의 어머니는 인상된 학비를 충당하기 위해 두 직장에서 일을 했고, 삼촌은 학자금 대출 서류에 공동 서명했으며, 사촌은 그에게 숙소를 제공하였다. 그는 친지들의 도움이 고맙긴 하지만, 그들을 실망시킬까 봐 계속 걱정하였다.

또 헥터는 자신의 어머니의 건강에 대해 많은 걱정을 하였다. 어머니가 직장을 두 군데나 다니면서 무리하다가 심장마비를 일으키거나, 퇴근길에 졸음 운전을 하다가 교통사고로 죽을까봐 걱정하였다. 헥터는 자신의 두 조카에 대해서도 걱정하였다. 그가 보기에는 조카들이 TV와 비디오 게임에 너무 많은 시간을 낭비하고 있고, 그 애들에게 지금보다 더 많은 교육적인 지도가 필요하다고 믿었다.

헥터는 계속되는 근육 긴장으로 인한 통증을 호소했으며, 다음 날 생길 것 같은 많은 부정적 일이 끊임없이 떠올라서 밤마다 잠드는 것이 상당히 어려웠다고 말하였다. 또 주의집중의 어려움, 특히 수업시간이나 과제를 하려고 할 때 집중하는 것이 매우 어려웠다는 것은 놀랄 일이 아니었다. 그는 불안과 걱정이 너무 심해지면 수업을 빠지고 체육관으로 간다. 얼마 전까지만 해도 지칠 때까지 운동을 하면 '눕자마자' 바로 잠이 들었는데, 최근 들어서는 점점 효과가 없어지고 있다. 그는 학점을 유지할 수 없을 만큼 자주 체육관에 가고, 수업을 빠지는 날이 점점 많아지고 있다는 것을 알게 되었다. 게다가 운동 후에 비교적 잠이 쉽게 들기는 하지만, 1~2시간 후에는 잠을 깬다.

헥터는 고등학교와 학부 때, 친구들이나 가족들과 시간을 보내는 것이 자신의 불안 증상을 방지

한다는 것을 알았다. 그러나 그는 6개월 전에 의대 공부를 위해 친한 친구들과 가족이 있는 마이애미를 떠나 보스턴으로 이사를 하였다. 처음에는 같은 과 친구 몇 명과 외식도 하고 가끔 스터디도 했지만, 편안하다고 느낀 적은 없었다. 그는 친구들이 자신을 이런 일류 대학교의 의대에 어울리지 않는다고 생각할까 봐 걱정했고, 또 자신이 몇 안 되는 소수민족 출신 중 한 명이라는 것을 절실히 실감하였다.

회기 참여

치료 회기에서 헥터는 자기가 심리치료를 받는 것을 가족이 모르고 있으며, 자신의 공부 문제를 가족한테 말하는 것은 너무 창피한 일이라고 털어놓았다. 이것은 자신의 주된 사회적 지지 자원인 가족에게조차 더 거리감을 느끼게 하기 때문에 무척 힘들어하였다.

헥터는 학부 첫 학기에 몇 번의 치료 회기를 가진 것 외에 다른 심리치료를 받은 적은 없었다. 그는 이전 치료가 기본적인 지지상담이었다고 말하였다. 남미계 남자 치료자와 주로 학업 스트레스에 대해 이야기를 나누었으며, 그것이 대학생활 적응에 매우 도움이 되었다고 말하였다. 비록 지금 자신이 경험하고 있는 불안이 완전히 극복하기에 너무 심하다고 생각하지만, 이전의 치료경험이 현재의 치료에 긍정적인 기대를 갖게 하였다.

치료자는 일상생활의 여러 가지 상황을 생각할 때 치료에 방해가 되는 장애 요소가 무엇인지 질문하였다. 헥터는 학사경고 때문에 약간 줄이기는 했지만, 여전히 세 과목을 들으면서 한 주에 많게는 20시간까지 일을 하고 있었다. 헥터가 치료를 위해 노력하고 있음은 인정하지만, 처음의 6~8회기 동안에는 치료시간 이외의 추가적인 시간을 투자할 필요성을 설명하였다. 치료자는 마라톤 훈련에 비유하면서 일상에서의 과제를 수행하기 위해 시간을 충분히 할애하는 것이 얼마나 중요한지를 설명하였다. 걱정하는 습관이 헥터의 몸에 깊이 배어 있으며, 새로운 반응방식을 배우기 위해 훈련이 필요하다는 것을 강조하였다. 마라톤 훈련을 하는 선수는 훈련을 하는 동안 평소와 똑같이 일/생활을 할 수는 없다. 대신에 집중적인 훈련을 위해 일시적 계획을 세울 필요가 있다. 마찬가지로 범불안장애 내담자들이 평소와 똑같이 바쁜 일상을 유지하는 한 새로운 습관을 개발하기는 어렵다. 치료에 집중하고 새로운 반응방식을 훈련하기 위해서는 특별한 시간과 관심을 할애해야 한다.

마지막으로, (백인) 치료자는 자신이 백인 여성이라는 것이 치료에 어떤 영향을 끼칠 것인지를 탐색하였다.

치료자: 이전의 치료에서 좋았던 것 중 하나는 치료자가 당신을 잘 이해해 준 거인 것 같네요.

헥터: 예, 맞아요. 그분에게 그렇게 편하게 느꼈다는 것이 놀라웠어요. 사실 저는 치료자가 여자였기를 바랐어서 처음에는 남자 치료자에게 제 이야기를 하는 것이 좀 어색했어요. 제가 치료를 받는 것에 대해 그분이 저를 모자라는 사람으로 생각할 거라고 생각했거든요.

치료자: 대부분의 사람이 치료자에 대한 기대를 가지고 치료에 옵니다. 치료자의 나이나 성별 또는 특정 인종이기를 기대할 수 있어요. 치료자가 자신의 기대에 맞느냐의 여부에 따라 편안함이나 이해받는 것에 대한 다소

간의 차이가 있을 수 있습니다. 혹시 오늘은 어떤 기대를 가지고 왔나요?

헥터: 사실 이름을 보고 제가 여자 치료자를 만날 줄 알았어요. 그리고 잘은 몰랐지만 솔직히 이곳에 오는 사람들로 보아 선생님이 남미계통이라고는 생각지 않았어요.

치료자: 저와 상담하는 것에 대해 걱정되는 것이 있나요?

헥터: 그렇지는 않아요.

치료자: 우리가 함께 잘 협력할 수 있기를 정말 바라지만, 당신이 처음부터 저를 신뢰하거나 편안하게 느껴야 한다고 생각지 않아요. 전혀 알지 못하는 낯선 사람에게 마음을 여는 것이 어려울 수 있습니다. 저도 어떤 사람에게는 제가 남미계가 아니라 백인이라는 것이 중요할 수 있다는 것을 압니다. 어떤 사람들은 가끔 이것 때문에 제가 약자나 유색인종으로서의 어떤 경험들을 이해하지 못하는 것처럼 느끼기도 합니다. 그러나 제 목표는 당신의 개인적 경험을 이해하고, 제가 할 수 있는 모든 것을 동원해서 당신을 돕는 것입니다. 때로는 제가 상담에서 필요한 전문지식을 설명하기도 하겠지만, 당신 자신의 경험에 있어서는 당신이 전문가입니다. 그렇기 때문에 상담을 하면서 의논하거나 제안할 것이 있을 때는 항상 당신과 함께 해 나갈 겁니다. 앞으로 저의 말이나 행동이 상황에 적절하지 않다고 생각되거나 당신을 잘 이해하지 못한다고 느껴지면, 언제든지 얘기해 주세요. 제가 절대 완벽하지는 않지만, 치료에서 당신이 목표를 달성할 수 있도록 도울 것입니다.

치료자는 다음 회기 전에 헥터가 완성할 몇 가지 활동을 제시하면서 회기를 마쳤다. 첫째, 그녀는 치료 동안 사용할 관찰일지(여기에는 날짜, 상황, 걱정거리를 적을 칸들만 있는데, 관찰할 영역들은 새로운 회기 주제가 추가되면서 바뀐다)를 설명하면서 언제 걱정하는 것을 알아차리기 시작했는지를 물었다. 또 치료자는 다음과 같은 안내와 함께 가치 있는 삶 질문지를 전달하였다.

> "불안과 걱정은 우리의 가치관과 일치되는 어떤 행동을 못하게 할 수 있습니다. 예를 들면, 당신이 좋은 학생이 되는 것을 중요하게 생각하고 있음에도 불구하고, 너무 불안해지면 수업을 빠진다고 말했지요. 불안과 걱정은 사람들이 뭔가를 하려고 **선택하는** 것이 아닌 자동조종 상태에 있는 것처럼, 또는 **해야 하는** 것을 하느라고 삶을 소모하는 것처럼 느끼게 할 수도 있습니다. 이 질문지는 불안과 걱정이 당신의 삶을 얼마나 힘들게 하는지를 알기 위한 첫 번째 단계입니다. 원하는 대로 되지 않는 삶의 부분에 대해 생각하는 것이 가끔 힘들기도 하지만, 변화를 위해서는 그것을 자각할 수 있어야 합니다. 따라서 이 질문지를 작성하면서 감정을 알아차리는 연습을 하고, 다음 주에 그것에 대해서 이야기를 하도록 하지요."

1회기

1회기의 목표는 치료에 대한 전체적인 설명(치료자와 내담자의 역할, 과제 등)과 함께 수용기반 행동치료 이론에 근거한 내담자의 현재 문제에 대한 사례개념화에 대해 토의하고 치료계획을 세우는 것이다. 치료자는 헥터가 관찰일지에 기록한 불안 촉발 상황을 상상하면서 헥터에게 경험적 훈련을 하자고 제안하였다. 치료자는 헥터가 심상을 통해 불안경험에 대한 생각(걱정)과 신체감각(어깨와 가슴 조임), 행동(수업 도중에 나가서 체육관으로 가는 것)이 서로 관련되어 있다는 것을 이해할 수 있도록 설명하였다.

헥터: 제가 불안할 때 그렇게 많은 일이 벌어지고 있다는 것을 몰랐어요. 보통 제가 불안하다는 것을 알자마자 더 불안해지는 것을 예방하기 위해 다른 것을 하거든요.

치료자: 그렇죠. 당신은 확실한 습관을 개발했던 겁니다. 불안해지면 즉시 불안으로부터 주의를 분산시키고, 불안을 줄이거나 통제할 방법을 찾는 거죠. 월요일에 강의실로 돌아가는 걸 상상을 하는 것이 얼마나 어려웠나요?

헥터: 신기하게도 쉬웠어요. 제가 교실에 앉아있을 때 얼마나 불안한지를 떠올리면 그때처럼 불안을 느꼈어요.

치료자: 아주 잘 알아차리셨네요. 사람만이 지난 사건을 생생하게 기억하는 능력이 있거든요. 우리도 다른 동물들처럼 포식자가 우리 앞에 나타나는 것과 같은 위협에 직면하면 불안을 느끼도록 타고났어요. 그렇지만 인간은 그 위협을 단순히 상상하는 것만으로도 똑같은 불안을 경험할 수가 있지요. 혹시 그날 교실에서 당신이 상상했던 것이 무엇인지 아나요?

헥터: 그냥 마음속에 0부터 100까지 숫자가 떠올랐고, 무슨 생각을 했는지는 잘 모르겠어요. 근데 오늘 실습을 하는 동안 몇 가지 장면이 떠올랐어요. 첫 번째로 생각한 것은 나는 수업 준비가 되지 않았다는 거였어요. 그다음엔 그때 교수님이 나한테 소리를 지르고, 과 친구들이 나를 비웃고, 가족은 실망을 하는 상상이 떠올랐어요.

치료자: 음…… 모든 사람이 동시에 당신을 거부하는 상상을 했다면, 당신이 불안한 것이 당연하네요. 모든 사람은 다른 사람의 인정을 기대하도록 설계되었거든요. 함께 공부하는 모든 사람과 당신의 친구들, 가족 모두가 당신을 거부했다면, 당신이 느끼는 불안은 확실한 이유가 있는 거네요. 그렇지만 불행히도 우리의 마음은 상상 속의 위험과 실제 위험을 구분하지 않습니다.

치료자와 헥터는 범불안장애에 대한 수용기반 행동치료의 걱정과 불안, 공포에 대한 이론적 모델에 대해 이야기를 나누었다. 치료자는 공포와 불안이 적응적인 기능을 한다는 것을 설명하였다. 불안은 다가올 위협을 미리 예상해서 대비하도록 돕는다. 공포는 위협으로부터 도망치고 회피하는 에너지가 된다. 이 두 상태에서 우리의 주의(attention)는 다른 정보들을 차단하고 그 위협과 도피계획으로 초점을 좁힌다.

불행히도, 미래를 생각하고 상상하는 능력과 과거를 기억하는 능력은 우리로 하여금 끝없는 위험을 상상하게 하고, 실제적 위험이 없을 때조차도 공포 반응을 하게 만든다(즉, 우리의 마음은 실제로 존재하지 않는 위협에 반응하도록 유도하면서 사건이 실제로 있는 것과 똑같은 정서적 경험을 하게 한다). 게다가 우리는 위험을 도피하거나 회피하도록 타고났지만, 때때로 중요한 어떤 것을 하기 위해 위험할 수도 있는 상황(친밀해지기 위해 위험을 감수해야 하거나 직장에서 문제해결을 위해 위험을 감수하는 것)에 접근해야 한다. 많은 사람이 이런 애매한 상황에서 자신의 자연스러운 감정을 엄격하게 비판하거나 그것을 회피하기 위해 갖은 애를 쓴다.

치료자와 헥터는 걱정의 기능에 대해서도 얘기를 나누었다. 걱정은 분명히 부정적 측면(주의집중 저해, 긴장과 피로 유발)이 많이 있지만, 순기능을 제공하기도 한다.

헥터: 걱정이 나를 힘들게 하는 만큼, 다른 면으로는 제가 공부를 포기할까 봐 두려워요. 가끔은 통제 불능 상태를 통제하기 위해 제가 할 수 있는 유일한 것이 걱정이라고 생각해요.

치료자: 흥미로운 관찰이네요. 그 얘기를 좀 더 해 보세요.

헥터: 글쎄요, 가끔 어머니의 건강에 대한 걱정을 멈추면 어머니가 심장마비를 일으킬 것 같이 느끼거든요. 또 시험에 대한 걱정을 멈추면 제가 공부를 안 할 거라고 생각하기도 해요.

치료자: 어떤 사람들은 일상의 작은 일들에 대한 걱정이 큰 걱정거리들과 불안을 잊게 한다고 합니다. 혹시 그런 걸 알아차린 적은 있나요?

헥터: (눈물을 흘리기 시작하며) 가끔 시험이나 지각, 또는 학교 행사에 갈 때 입어야 할 옷에 대해 걱정하는 것이 제가 얼마나 외톨이인가를 잊게 해 주는 유일한 것이라고 생각해요. 걱정을 멈추었다면 저는 너무 슬프고 우울해서 절대로 침대 밖으로 나오지 않았을 거예요.

회기 마지막에 치료자는 사례개념화와 치료계획을 요약하였다.

"불안과 걱정은 우리의 초점을 흐리게 하면서 주의(attention)를 미래로 끌고 갑니다. 이것은 우리가 자각하지 못하는 동안에 발생하기 때문에 바꾸기가 어려울 수 있습니다. 이 습관을 해결하기 위해 마음챙김 기술을 활용할 것입니다. 마음챙김은 현재 순간에 대한 주의를 향상시킴으로써 이 습관을 알아차리고 주의를 현재로 바꾸도록 돕습니다. 사람들은 불안이 행복을 방해한다고 생각하기 때문에, 불안을 통제하려는 경향성을 가지고 있습니다. 불안에 대한 이런 습관적 반응이 유익한지 아니면 해로운지를 탐색하고, 이에 대한 다른 반응방식을 살펴볼 것입니다. 마지막으로, 걱정은 미리 예상하는 것이기 때문에 위협이 예상되는 활동을 하는 것을 방해합니다. 그러나 우리는 이런 상황들, 특히 가치 있게 생각하는 삶에 관여하기를 원합니다. 치료 과정에서 불안을 촉발할 가능성이 있는 상황을 자동적으로 회피하기보다는 다른 대안적 반응을 개발하기 위해 보다 유연해지는 것을 배울 겁니다."

1회기 마지막에 치료자는 마음챙김 호흡 실습을 지도하였다. 실습은 그가 의자에 앉아 있는 감각을 알아차리는 것으로 시작해서, 호흡의 감각을 느낄 수 있는 신체 부위로 주의를 옮기도록 하였다. 그런 다음, 치료자는 몇 분간 깊은 호흡을 하는 동안 마음이 얼마나 자주 다른 곳으로 옮겨 가는지에 상관없이 들숨과 날숨의 감각을 자각하도록 지도하였다. 이 실습을 하면서 경험한 것을 함께 나누고 난 후, 치료자는 다음 회기 전까지 매일 실습할 것을 제안하였다.

2회기

2회기는 주로 마음챙김 소개에 중점을 둔다. 치료자는 마음챙김 호흡 실습을 지도한 후, 내담자가 자신의 실습경험에 대해 설명하게 하였다.

치료자: 무엇을 알아차렸나요?

헥터: 글쎄요, 오늘은 많이 힘드네요. 주중에 실습했을 때는 잘 됐는데, 오늘은 그만큼 안 됐어요.

치료자: 그것에 대해 좀 더 얘기해 보세요. '잘 됐다'는 게 무슨 말인가요?

헥터: 이번 주에 거의 매일 밤잠을 자려고 호흡을 했고, 실제로 도움이 되는 것 같았어요. 적어도 마음을 안정시켜 줘서 좀 더 수월하게 잠을 잘 수 있었어요. 근데 오늘은 더 불편해지네요.

치료자: 정말 재미있는 것은 실제로 '목표'를 세우지 않은 채로 마음챙김을 하는데도 불구하고, 마음챙김을 하면 어떤 상태에 도달할 것이라는 기대를 우리가 가지기 시작하는 것입니다. 그렇지만 사실 이 실습은 우리가 어떤 상태인지를 알아차리고 수용하는 것입니다. 그래서 우리는 주의의 초점을 알아차려 호흡으로 되돌리고, 주의가 흩어진 것을 알아차렸을 때 다시 주의를 되돌리는 것입니다. 어떤 때는 이 과정이 즐겁고 고요할 수 있지만, 어떤 때는 힘들고 실망스러울 수도 있습니다. 이 과정이 어떻든 그 자체를 관찰하는 것(observing)이 마음챙김 실습입니다.

헥터: 그런가요? 저는 편안해지려고 애써야 한다고 생각했어요.

치료자: 인간은 원래 목표 지향적인 존재입니다. 그래서 마음챙김에서도 목표를 찾으려는 경향을 가진 겁니다. 다행히도 마음챙김은 최소한 잠시라도 목표를 포기하게 하고, 그냥 존재하도록 돕습니다. 또 어떤 것을 알게 되었나요?

헥터: 호흡에 주의를 계속 집중할 수 없었고, 주의가 다른 곳으로 흩어졌어요. 제 성격이 마음챙김을 하기에 적절한지 모르겠네요.

치료자: 대단한 관찰이네요. 첫째, 당신의 주의가 다른 방향으로 끌려다닌다는 것을 알게 되었네요. 그것은 일과 중 다른 때도 그럴 거라고 생각해요. 우리 마음이 얼마나 분주한지를 아는 것만으로도 도움이 되지요.

헥터: 한 번도 그렇게 생각해 본 적이 없어요. 제 머릿속에 생각이 너무 많을 때 수업에 집중이 잘 안 되는 게 이해가 가네요.

치료자: 그리고 실제로 호흡에 주의집중을 계속해야 한다고 말한 것이 아니라 단지 당신의 주의가 어디에 있는지를 알아차리고, 계속해서 호흡으로 주의를 되돌리라고만 했지요. 뭔가를 할 때 자신이 그것을 '옳게' 또는 '틀리게' 하고 있는지를 우리 마음이 얼마나 빨리 판단하는지 아는 것은 참 신기한 겁니다. 그렇지요?

헥터: (웃으며) 선생님이 무슨 말을 할지 알지만, 제가 호흡을 틀리게 하고 있다고 느꼈어요. 저는 계속해서 입으로 호흡을 내뱉기 때문에 선생님보다 더 큰 소리가 났어요.

치료자: (미소를 지으며) 잘 관찰하셨어요. 우리 마음이 호흡처럼 쉽고 자연스러운 것을 이렇게 판단하는데, 학교나 직장에서 친구와

있을 때 마음속에 어떤 판단하는 생각이 떠오르는지 상상해 보세요. 당신이 실제로 마음챙김을 마음의 습관을 관찰하는 기회로 활용했던 것 같네요.

치료자는 헥터가 건포도 실습을 하도록 지도했는데, 그것은 건포도 한 알을 의식하면서 먹는 실습이다. 그 후에 마음챙김 기술에 대한 '초보자의 마음'을 강조했고, 뭔가를 기대하는 '앎'은 때때로 그것을 정확하게 관찰하는 것을 방해한다는 것을 강조하였다. 신체감각에 대한 관찰과 이완(불안 감소가 아닌)을 목표로 하는 약간 수정된 점진적 근육 이완 훈련을 하도록 하면서 2회기를 마쳤다.

3회기

치료자는 듣기명상 실습으로 3회기를 시작하였다. 헥터는 이 실습과 2회기에 했던 건포도 실습의 공통점을 이해하였다. 구체적으로, 이름을 붙이지 않고(후진하는 트럭), 판단하지 않으면서(시끄럽고 짜증 나는 소리) 주변에서 나는 소리의 음량, 음색, 높이를 관찰하는 것이 어렵다는 것을 발견하였다. 치료자는 이 반응을 조심스럽게 타당화하고, 우리 모두가 그런 경향이 있다는 것을 아는 것이 중요하다는 것을 강조하였다.

헥터의 자기관찰과 마음챙김 과제를 살펴본 후, 치료자는 정서의 역할이라는 새로운 주제로 심리교육을 시작하였다. 헥터는 공포와 같은 감정이 의미를 두는 신호가 될 수 있는 예를 얼른 제시하였다. 그는 늦은 밤에 도서관에서 집으로 돌아오는 길에 있었던 일을 설명하였다. 어떤 이상한 것도 보거나 듣지 않았지만 뭔가 위험하다는 것을 느꼈고, 방어 조치를 취하였다. 헤드폰을 벗고 좀 더 밝은 길로 가기 위해 도로를 건넜고, 룸메이트에게 전화를 걸었다. 다음 날 아침, 지난밤에 학교에서 강도사건이 발생했다는 이야기를 들었고, 그가 느꼈던 공포신호가 자신을 보호했다고 확신하였다. 치료자는 정서를 통한 메시지를 무시한 결과에 대한 한 예를 제시하였다.

치료자: 직장에서 성취감을 못 느끼는 것 때문에 당신이 실망하고 슬프다고 상상해 보세요. 슬픔을 느끼는 것이 편안하지 않기 때문에 그 감정을 없애고 싶은 게 당연할 겁니다. 당신은 아마도 저녁에 혼자 TV를 멍하니 보거나, '편안해지려고' 친구와 함께 술을 마시며 밤늦게까지 밖에서 지내면서, 한편으로는 당신이 슬픔을 느끼고 있다는 것을 모를 수도 있을 겁니다. 당신은 직장에 결근할 이유를 만들든지 직장에서 공상에 빠지기 시작할 수도 있겠지요. 이 전략들은 모두 당신의 슬픔을 줄이기 위한 것입니다. 이 방법은 단기적으로는 효과가 있을 수 있지만, 문제에 대한 해결책은 아닙니다. 더 안 좋은 점은 이 전략들이 잠자는 시간을 단축시키고, 직장에서 일을 잘 못하게 하고, 더 많은 갈등에 얽히게 하는 등 새로운 문제를 초래할 수 있다는 겁니다. 슬픈 감정을 회피하기 위해 모든 수단과 방법을 동원한다 해도 슬픔은 여전히 거기에 있습니다. 이것을 해결하기 위해 첫 번째로 할 일은 당신이 슬픔을 느낀다는 것과 직장에서의 상황이 슬픔을 유발하고 있음을 알아차리는 것입니다. 그래야만 당신이 어떻게 해야 할지를 결정할

수 있습니다.

헥터: 이해가 갑니다. 근데 제가 공부를 같이 하자고 과 친구한테 물어볼까 하고 생각할 때 제가 느끼는 공포는 뭘까요?

치료자: 그 상황에서 당신이 느끼는 공포가 어떤 의미라고 생각되나요?

헥터: 그 친구가 거절할 변명거리들을 생각해서 안 된다고 말할 것 같아요.

치료자: 맞아요. 인간은 사회적 지지와 인정을 추구하도록 설계되었습니다. 수용되느냐 거절되느냐 하는 상황에 놓이는 것 자체가 당연히 위태로운 겁니다. 그래서 우리의 정서가 보내는 메시지를 알아차리는 것이 중요하지만, 항상 그 신호를 따를 필요는 없습니다. 공포를 느끼면 도망갈 준비를 하고, 분노를 느끼면 싸울 준비를 하는 것처럼 정서는 행동경향과 관련이 있습니다. 그러나 실제로 정서는 행동을 통제하지는 않습니다. 실제로 마음을 터놓아서 다른 사람에게 약하게 보이거나 어려운 공부를 떠맡는 것 같은 실제로 어떤 의미를 두는 행동을 하려고 할 때, 우리의 정서는 종종 위험신호를 보낼 수도 있습니다. 이런 경우에 그 신호를 인지할 필요는 있지만, 그럼에도 불구하고 우리는 그 행동을 하기로 선택할 수 있습니다.

헥터: 저도 그렇게 생각해요. 가족을 떠나 이사를 해서 의대 공부를 시작한 것이 어려울 것이라는 것을 분명히 알고 있었습니다. 저는 상당한 불안을 느꼈지만, 제가 성공하는 것이 가족에게 중요하기 때문에 그렇게 한 겁니다. 할머니는 마음과 함께 행동하는 것이 용기라고 항상 말씀하시거든요. 불안하지만 사랑과 열정 때문에 어쨌든 그것을 합니다.

그러나 헥터는 다른 상황에서 자신의 감정의 기능을 이해하는 것에 약간의 어려움이 있었다.

헥터: 감정이 가끔 어떤 역할(기능)을 제공하는지를 이해할 수 있습니다. 그런데 어떤 경우에는 그 역할이 훨씬 덜 불명해 보입니다. 예를 들면, 약간의 시험불안이 동기부여에 도움이 될 수 있다는 것을 알지만, 공부를 하면서 어떤 날 밤에는 왜 더 심하게 불안할까요? 제 문제는 대부분의 경우 강한 불안으로 인해 혼란스러워진다는 겁니다.

치료자: 감정은 '분명한(clear)' 감정과 '혼탁한(muddy)' 감정으로 구분할 수 있습니다. 특정 상황에서 아주 강한 감정을 경험하는 것은 분명한 감정이라고 할 수 있습니다. 예를 들면, 도로에서 차가 돌진해 오면 강한 공포를 느끼는데, 그것을 '분명한' 정서적 반응이라고 할 수 있습니다. 반면에 복잡해서 헛갈리거나 너무 강하게 오래 지속되는 감정을 우리는 '혼탁한' 감정이라고 합니다.

헥터와 치료자는 자기관리의 실패(예: 수면 부족, 건강하지 않은 식사, 운동 부족)가 얼마나 혼탁한 감정의 개연성을 증가시키는지 함께 살펴보았다. 그들은 걱정(일어나지 않은 일을 상상하는 것)과 반추(과거 사건을 반복적으로 기억하는 것)가 현재 순간에 발생한 일과 전혀 상관이 없는 감정을 유발할 수 있음을 살펴보았다. 마지막으로, '반응에 대한 반응'이 우리의 정서 반응을 혼탁하게 하는 방식에 대해 이야기를 나누었다.

"우리의 감정을 혼란스럽고 혼탁하게 만드는 또 다른 것은 우리가 정서적 반응을 경험할 때 그 한 가지 감정만을 경험하지 않는다는 것입니다. 즉, 우리는 처음의 감정으로 인해 촉발되는 여러 가지 감정을 경험합니다. 예를 들어, 불안을 느낀 후 그 불안이 분노를 촉발하고, 그런 다음 불안한 감정이 더 커져서 수치감을 경험할 수도 있습니다. 우리는 분명한 감정에 대한 반응으로 '이런 감정을 느끼면 안 돼.' '이 감정은 내가 약한 사람이라는 신호야.'라는 생각들을 할 수도 있습니다. 흔히 우리는 정서적인 반응을 통제하려고 노력합니다. 이 얘기는 다음 회기에 좀 더 할 겁니다. 마지막으로, 감정을 생겼다가 사라지는 어떤 사건에 대한 자연스런 반응으로 보지 않고, 성격을 나타내는 변하지 않는 특질로 볼 때 우리가 경험하는 감정은 처음보다 훨씬 더 강해질 수 있습니다."

보통 첫 글쓰기 과제(예: 불안과 걱정이 대인관계, 직장-학교-가정생활, 자기강화, 지역사회 참여에 얼마나 영향을 미치는지에 대한 글쓰기)를 살펴보면서 3회기를 마친다. 그러나 헥터는 시험 때문에 무척 바빠 자신을 위한 시간을 할애할 수가 없어서 과제를 못했다고 말하였다. 헥터와 치료자는 이 글쓰기를 일정에 넣을 방법에 대해 함께 브레인스토밍을 하였다. 그렇지만 치료자는 자신의 불안이 가장 소중한 삶의 일부를 얼마나 방해할지를 앉아서 생각해 보는 것이 아주 힘든 일이라는 것을 이해하였다. 이런 힘든 과정을 통해 헥터가 더 만족한 삶을 살기 위해서는 변화가 필요함을 깨닫기를 제안했고, 치료에 참여하는 것이 그것을 이해하는 표시이고 변화에 대한 의지라는 것을 강조하였다. 치료자는 감정을 적는 칸이 추가된 새로운 자기관찰일지 양식을 헥터에게 제공했고, 헥터는 걱정뿐만 아니라 자신의 정서적 반응에 대한 관찰을 시작할 수 있다.

4회기

4회기에 헥터는 잔뜩 화가 난 상태로 왔다. 그는 마이애미에 있는 고향 집에 갔다가 막 돌아왔고, 그의 형 때문에 극도로 화가 났다. 그가 상황을 설명할 때, 치료자는 조심스럽게 말을 꺼냈다.

"말을 끊어서 미안한데, 궁금한 게 있어요. 이번에 집에 갔던 것 때문에 굉장히 화났다는 것을 알겠고, 오늘 그 얘기를 많이 할 겁니다. 그런데 괜찮다면 우리가 늘 하던 대로 마음챙김 실습을 간단하게 하면서 시작하고 싶어요. 여러 가지 감정과 생각으로 마음이 복잡할 때 마음챙김 실습을 하는 게 어렵긴 하지만, 도움이 많이 되기도 합니다. 괜찮다면 지금 경험하는 신체감각을 자각하는 것으로 시작할 수 있습니다. 집에 갔다 온 것에 대해 이야기를 더 듣고 나면 지금 느끼는 감정을 더 잘 탐색하는 데 도움이 될 다른 마음챙김 실습을 할 수 있습니다. 그렇게 할까요?"

헥터가 마음챙김 실습을 하는 데 동의했고, 치료자는 신체감각에 대한 자각을 향상시킬 마음챙김 실습을 소개하였다. 실습을 하는 동안, 헥터는 집에 갔던 일에 대한 생각에서 현재의 신체감각으로 주의를 되돌리는 것이 굉장히 어렵다는 것을 발견하였다. 그렇지만 시간이 지나면서 쉬워졌고, 치료자는 헥터가 처음 왔을 때보다 점점 더 잘 집중하는 것을 발견하였다. 헥터 또한 자신이 현재를 더 잘 자각할 수 있으며, 자신의 문제를 논의할 준비가 되었다고 말하였다.

치료자: 집에 가 있는 동안 발생한 몇 가지 어려움에 대해 관찰일지를 작성했나요?

헥터: 물론이죠. 저는 아주 화가 나서 생각을 종이에 적어야 했어요. 여기에 적은 것처럼, 지난 토요일에 형이랑 조카들과 부모님 집에 있을 때 걱정이 밀려왔습니다. 조카들은 정말 너무 착한 아이들이었는데, 지금은 서로 눈도 거의 안 맞춥니다. 폭력적인 비디오 게임을 하면서 하루 종일 시간을 보냅니다. 형은 애들을 거의 방치하고 있고, 최근에 데이트한 이야기만 하고 싶어 했습니다.

치료자: 당신이 경험하는 구체적인 걱정이 무엇인지 알아차렸나요?

헥터: 예, 형과 조카들이 어머니를 너무 힘들게 하는 것을 걱정했다고 적었습니다. 저는 그들이 어머니의 건강과 돈을 탕진하는 것을 걱정합니다. 제 조카들이 교육을 잘 받지 못하고, 나쁜 친구들과 어울릴까 봐 걱정됩니다. 그리고 형이 술을 너무 많이 마시고 너무 이기적인 것이 걱정됩니다.

치료자: 당신의 반응들을 잘 관찰했네요. 어떤 감정을 느꼈나요? 어떤 감정(들)을 경험했는지 구분할 수 있나요?

헥터: 저는 아주 화가 났어요. 대체로 화라고 생각해요. 잘 모르겠어요. 이때가 제가 혼란스러운 감정을 느끼는 상황 중 하나입니다.

치료자는 헥터가 정서적 반응을 관찰하는 것을 돕기 위해 마음챙김 실습을 하도록 지도하였다. 눈을 감고, 형과 상호작용을 하는 장면을 생생하게 상상하고, 주변의 시청각적 자극들을 알아차리고, 신체에서 경험되는 감각에 초점을 두고, 그의 마음속을 왔다 갔다 하는 생각과 감정에 주의를 집중하라고 지시하였다. 치료자는 헥터에게 강한 감정을 경험할 때 나타나는 현상들을 관찰하면서, 호기심과 연민(compassion)을 가지고 그것들을 바꾸거나 판단하지 않으면서, 단순히 그 경험을 자각하라고 상기시켰다. 또 하나 이상의 감정을 경험하는지를 자각하고, 그 감정이 생기고 사라지는 것을 관찰하도록 안내하였다. 잠시 후에 눈을 뜨라고 하였다.

치료자: 무엇을 알아차렸나요?

헥터: 처음에 느낀 감정은 온통 분노였는데, 불안을 느꼈다는 것을 알아차렸습니다. 그런데 정말 놀랐던 것은 제가 심한 슬픔을 느꼈다는 거예요. 그때 제가 정말 화가 났다고 생각했는데, 다시 생각해 보니 제 감정들이 밀물과 썰물처럼 밀려왔다가 쓸려 내려가는 것 같아서 신기하네요. 또 하나 재미있는 것은 제가 그 감정을 막 느끼기 시작했다는 거예요. 그런데 실습을 하면서, 제가 그 감정들을 관찰하고 있었다는 것을 깨닫기 시작한 거예요. 제가 감정에 사로잡히기 전에 약간의 거리가 생겨서 실제로 도움이 되었어요.

치료자: 대단한 관찰력이네요. 그 감정에 대한 당신의 반응에 대해 좀 더 얘기해 보세요. 그 감정들이 어떤 역할을 했다고 생각하세요?

헥터: 형의 자녀 양육방식에 동의하지 않기 때문에 제가 화를 느꼈다고 생각해요. 그런데 화를 경험하는 저 자신에 대해 화가 났어요. 형은 저처럼 혜택을 경험하지 못했거든요.

그 생각에 죄책감을 느꼈습니다.

치료자: 죄책감에 대한 당신의 반응은 무엇이었나요?

헥터: 저는 죄책감이 싫어요. 가슴에 엄청난 무게감을 느끼거든요. 그 느낌이 싫어서 주의를 딴 데로 돌리려고 노력했는데, 형이 망쳐 놓은 모든 문제가 떠오르기 시작했고 걱정과 두려움에 잔뜩 사로잡혔다고 생각해요. 근데 그때 선생님이 감정을 관찰하는 곳으로 돌아오라고 해서 그렇게 했어요. 그러고는 제 감정에 더 많이 집중할수록 제가 정말로 슬픔을 느낀다는 것을 깨닫기 시작했어요. 평소에 저는 슬픈 감정을 견딜 수가 없어요. 무슨 말이냐 하면 제가 우울해져서 혼자만의 세계로 돌아갈까 봐 두렵다는 겁니다. 하지만 그게 그저 슬픈 상황이라는 것을 깨닫기 시작했다고 생각해요. 저는 가족이 그리워요. 형의 문제를 고쳐 주고 싶지만 그럴 수가 없어요.

치료자는 헥터의 경험을 분명하거나 혼탁한 감정이라는 주제로 정리하였다. 분노란 어떤 사람이 자신의 바람과 반대되는 행동을 할 때 생기는 자연스런 반응이라는 것을 강조하였다. 그리고 슬픔은 고통스러운 상황에 대한 정상적인 반응이다. 치료자는 헥터의 분노가 처음에 왜 그렇게 강렬했는지 이해할 수 있도록 도왔다. 토요일의 상황에 대한 분노와 함께 과거에 형이 자신을 화나게 했던 여러 가지 일에 대한 분노도 있었다. 또한 헥터는 형이 앞으로도 계속 '엉망으로 만들어 버릴' 것이라고 상상했고, 그것은 헥터의 분노를 더 부추겼다. 헥터가 경험한 그 '감정에 대한 반응'도 감정의 강도를 더 높였다. 예를 들어, 분노 감정이 용납될 수 없다고 판단했을 때 그는 죄책감을 느끼기 시작하였다. 그리고 그는 그 죄책감이 너무 고통스러워 미래에 대한 걱정을 하면서 자신의 주의를 분산시켰다.

다음으로, 치료자는 중요한 회기 주제인 내적 경험에 대한 통제 노력의 한계와 그 결과에 대해 토의하였다. 그녀는 생각과 감정, 이미지와 같은 내적인 경험을 통제하려는 노력이 종종 역설적 효과로 나타나는 몇 가지 실습을 할 것을 제안하였다. 예를 들어, 치료자는 헥터에게 중요한 시험이 있는 전날 밤에는 '잠을 잘 자야 해.'라고 상상하게 하였다. 그리고 그가 잠을 자려고 애를 쓰면서 늦은 시간까지 불안해했다면 무슨 일이 일어났을지를 물었다. 헥터는 이런 일이 자주 있는 일이고, 자신이 자려고 노력할수록 잠들기가 더 힘들어지고 더 자주 깬다는 것을 깨달았다.

마지막으로, 치료자는 헥터의 가치과제를 점검하였다. 헥터는 자신의 불안이 학교와 직장생활에 방해가 되고 있다는 것을 쉽게 이해하였다. 그는 여러 가지 걱정—낙제에 대한 걱정, 가족을 실망시키는 것에 대한 걱정, 가족의 건강과 행복에 대한 걱정—에 사로잡혀서 수업과 과제를 하는 동안 집중하는 것이 점점 더 어렵다는 것을 깨달았다. 그는 또한 가족에 대한 불안이 심해질 때 자신이 가족에게 전화를 하거나 방문계획을 짠다는 것을 깨달았다. 그러나 정작 가족과 통화를 하거나 만났을 때는 공부시간을 빼앗기는 것에 대한 걱정으로 힘들어한다는 것을 발견하였다. 헥터는 자신이 평생 배우자를 절대로 만날 수 없을 것이라는 불안에 대해 기록하였다. 그는 학교와 가족 일로 현재까지 너무나 바빴고, 죽을 때까지 독신으로 사는 것이 자신의 운명이라고 믿었다. 자신을 지극히 가족 지향적인 사람이라고 생각하기 때문에 사실은 그렇게 될까 봐 겁을 냈다.

회기를 마치면서, 치료자는 '통제를 위한 노력' 칸이 추가된 자기관찰일지를 헥터에게 전달함으로써 이에 대한 관찰을 시작할 수 있다. 또 치료자는 다음 주간 동안 완성할 두 번째 가치과제를 제시하였다. 불안과 걱정, 스트레스를 회피하려는 시도가 은근히 행동 변화를 유발하기 때문에, **원하는 것** 또는 개인적으로 **자신에게 소중한 것**을 하는 것을 잊어버리고, 오히려 우리는 하기로 '예상되는' 것을 반응적으로 하기 시작한다. 치료자는 헥터가 단순한 목표 달성보다 나아가기를 원하는 방향을 발견하는 것이 중요하다는 것을 강조하면서 가치와 목표의 차이를 설명하였다. 다음 과제는 삶의 질 향상을 위해 어떤 변화가 필요할지를 알기 위해 세 가지 삶의 영역을 탐색하는 것이라고 설명하였다.

"당신에게 중요한 대인관계 2~3개를 선택하세요. 기존의 관계(당신의 형과의 관계)나 당신이 새롭게 만들고 싶은 관계("나는 커플관계를 원합니다." "나는 더 많은 친구를 만나고 싶습니다.")를 선택할 수 있습니다. 그 관계에서 당신이 어떻게 하고 싶은지 간단히 적으세요. **다른 사람과 어떻게 의사소통하고** 싶은지를 생각하세요(예: 얼마나 자주, 얼마나 개인적인 것을 공유하고 싶은지, 당신이 원하는 것을 요구하고 다른 사람에게 피드백을 제공할 때 얼마나 직접적 또는 얼마나 수동적이기를 원하는지). 다른 사람으로부터 **어떤 종류의 지지를 원하는지**, 당신의 자기관리를 포기하지 않으면서 상대방에게 **어떤 도움을 제공할 수 있는지**를 생각해 보세요. 당신이 하고 싶은 일과 **그것이 좋은 이유**를 간단히 기록하기 바랍니다. 다음으로, 당신의 업무방식이나 교수 및 동기들과의 **관계**라는 측면에서 어떤 **학생**이 되고 싶은지를 기록하세요.

일/공부의 결과에 있어서 당신에게 중요한 것은 무엇인가요? 일에 대해 **다른 사람과 어떻게 의사소통하고** 싶은가요? **피드백에 대해 어떻게 반응하고** 싶은가요? 해결하고 싶은 부수적인 **문제**는 무엇인가요? 마지막으로, 자유시간에 하고 싶은 것이 무엇인지 간단히 적으면 좋겠습니다. 당신의 건강이나 지역사회에 기여하기 위해 무엇을 더 잘하고 싶은가요(예: 영양, 운동, 영성)?"

5~7회기

5~7회기에서의 초점은 내담자들이 저항(resistant)과 회피(avoidance) 대신에 기꺼이 경험하기(willingness)로 마음 자세를 바꾸도록 돕는 것이다. 여러 가지 마음챙김 실습과 경험적 실습들은 내담자들이 생각과 감정, 신체감각을 일시적인 사건으로 관찰할 수 있도록 돕는다. 예를 들면, 헥터는 생각과 감정들이 그의 앞에 있는 영화 스크린에 흘러가는 장면들처럼 상상하는 실습을 하였다. 내담자가 내적 경험으로부터 거리두기(decenter)나 탈융합(defuse)이 가능해지면, 그들은 내적 경험들로 자신을 규정하거나 그것들로 인해 더 이상 위협을 느끼지 않고, 다양한 활동에 접근하고 참여하려는 자발성을 더 갖게 된다.

다른 내담자들과 마찬가지로 처음에 헥터는 기꺼이 경험하기의 개념을 이해하는 것이 약간 어려웠다. 처음에 헥터는 불안을 더 긍정적인 관점으로 봐야 한다는 뜻으로 이해하였다. 그렇지 않으면 '남자답게' 자신의 불안을 수용하는 것을 배워야 한다고 생각하였다. 치료자는 ACT의 은유(metaphor)를 활용해 자발성을 멋진 산으로 가는 여행길에서 기꺼이 늪을 헤치고 지나가려는 마음에 비유하여 설명하였다.

"기꺼이 경험하기의 태도를 취하는 것은 삶의 여정에서 경험하는 (합리적인 또는 비합리적인) 생각과 감정을 받아들이고, 자신이 가치를 두는 것을 얻기 위해 노력하면서, 그것들과 함께 살아가는 것을 의미합니다. 예를 들면, 당신이 스터디 그룹에 합류할 수 있을지 친구들에게 물어보고 싶은 것을 예를 들어 봅시다. 거절당할지도 모른다는 생각과 불안이 유발될 수도 있습니다. 그러나 공부를 잘하는 것이 당신의 가치에 일치되는 행동이라면, 당신은 그 생각과 감정을 기꺼이 경험할 수 있을 겁니다. 다시 말하면, 당신은 그 불안을 좋아하지는 않지만, 가치행동을 위해서 그것을 기꺼이 경험할 수 있을 겁니다."

"그것은 마치 멋진 산으로 여행 중인 것과 같습니다. 그런데 그 길에 당신이 싫어하는 지저분한 습지가 나타났습니다. 그 습지를 지나가고 싶지 않고, 습지를 반드시 통과해야 하는 것이 불공평해 보일 수도 있습니다. 그러나 그 산으로 가는 여정이 가치 있는 일이라고 생각한다면, 당신은 기꺼이 그곳을 통과하기로 선택할 수 있겠지요."

"그 습지가 길가에 있다면, 당신은 그것을 관통해서 갈 필요도, 습지 안으로 들어가 허우적거릴 필요도 없겠지요. 그저 더러운 것이 묻는 것을 피하기 위해 부츠를 신거나 널빤지를 깔고 그 위로 걸어갈 수 있습니다. 그러나 당신은 여전히 여행 중이고 늪지에 빠질 수도 있으며, 기꺼이 경험하기(willingness)란 당신이 선택한 여행을 해 가면서 그 가능성을 받아들이는 것을 의미합니다."

가치과제들은 내담자들이 각자의 등반의 '여정'을 계획하도록 돕는다. 앞에서 언급했듯이, 헥터는 세 가지 구체적인 영역에서 그의 가치를 기록하는 과제를 받았다. 가끔 내담자들은 가치와 목표를 혼돈한 나머지, 가치를 통제나 완벽에 대한 필요라고 설명하기도 하고, 또는 가치에 일관된 삶을 사는 데 극복하기 어려운 지각된 장애물로 이해하기도 한다. 그래서 가끔 가치과제를 설명하는 데 몇 회기가 걸리기도 하고, 회기 중이나 과제를 하면서 자신의 가치를 여러 번 수정하는 것이 예사이다. 예를 들면, 헥터는 첫 글쓰기과제에서 그가 추구하기 어려웠던 몇 가지 가치를 적었다.

헥터: 학업 영역에 있어서의 저의 가치는 모든 과목에서 최고의 점수를 받는 것입니다. 졸업반에서 1등을 해서 가족의 자랑이 되고 싶어요.

치료자: 시험에 완벽한 점수를 받으려는 목표가 가치나 목표의 예가 될까요?

헥터: 맞아요. 점수는 결과니까, 제 생각에는 목표겠네요.

치료자: 당신이 의사로 일을 한다고 생각해 보세요. 당신은 인터넷 서핑을 하다가 환자들이 의사를 평가하고 댓글을 남기는 웹 사이트를 우연히 발견합니다. 당신은 거기에 무슨 말을 하고 싶으세요? 당신에 대한 평가가 정확하다고 할 수 있을까요?

헥터: (빙그레 웃으며) 아니요. 저는 사람들이 저를 따뜻하고 친절한 의사라고 말했으면 좋겠어요. 그리고 정확한 진단과 최고의 치료를 제공할 수 있을 때까지 의학 공부에만 집중해 왔다는 것을 사람들이 알았으면 좋겠어요.

치료자: 좋아요. 이런 것들이 가치에 좀 더 가깝겠네요. 그러면 당신이 뭔가를 배우는 것에 더 집중하기를 원하는 것이 맞나요? 그리고 환자들을 치료하는 데 더 전념하면서 따뜻하고 친절하게 대하기를 원하나요?

헥터: 예, 그게 제가 가치를 두는 거예요. 저는 제 성적이 가장 중요하다고 계속 생각하지만, 그것 때문에 제가 의대에 다니는 것은 아니에요. 교수님이나 과 친구들에게 잘 보이려고 제가 여기 있는 것은 아니거든요. 저는 다른 사람들을 돕기 위해서 의사가 되고 싶습니다.

헥터는 어머니와의 관계에 대한 가치를 분명히 하는 것도 어려워하였다.

헥터: 저는 어머니가 원하면 언제든 시간을 낼 수 있기를 원한다고 적었습니다. 저는 어머니가 의지할 수 있는 사람이 되고 싶습니다. 너무 피곤해서 밤에 어머니한테 다시 전화를 드리지 못하면 저 자신에게 너무 화가 납니다. 그리고 부엌 수도꼭지 같이 뭔가 고칠 것이 있을 때, 제가 보스턴에 있기 때문에 그것을 해 줄 수 없어서 화가 납니다. 또 어머니가 외로울 때 기분이 안 좋습니다. 어머니가 더 이상 힘들어 하는 것을 해결해 주고 싶어요.

치료자: 당신이 어머니를 많이 생각하는 것을 나도 알고 있습니다. 그리고 어머니를 돌보려는 당신의 마음을 충분히 이해할 수 있어요. 그렇지만 불편한 감정을 느끼지 않는 것이 불가능하듯이 사랑하는 사람들이 고통이나 불편을 겪지 않게 하는 것은 인간적으로 불가능하다고 생각합니다. 당신이 학교를 그만두고 집으로 돌아간다고 해도 어머니를 위해서 할 수 있는 일은 한계가 있습니다. 이 사실은 받아들이기 어렵고 고통스러울 수 있습니다. 어쩌면 당신의 가치는 어머니를 잘 보살피고 강한 관계를 유지하고 싶은 것 같습니다. 그렇죠?

헥터: 맞아요, 바로 그거예요.

치료자: 수도꼭지를 고치고 답신 전화를 하는 것은 이 가치와 일치하는 행동입니다. 당신의 가치를 반영하는 또 다른 행동은 뭐가 있을까요? 다시 말하면, 당신은 보스턴에, 어머니는 마이애미에 있는데 수도꼭지를 고치지 않고 어머니를 돌볼 수 있나요?

헥터: 글쎄요. 그 일에 대해 어머니와 이야기해 볼 수 있습니다. 어머니는 이야기를 들어 주면 고마워하거든요.

치료자: 좋아요. 또 어떤 게 있을까요?

헥터: 수리공을 불러 줄 수도 있겠고, 형한테 어머니를 도와드리라고 말할 수도 있겠네요.

치료자: 아주 좋아요. 중요한 것은 가치와 일치되는 가능한 행동들이 많이 있다는 겁니다. 가치행동을 한두 가지만 정해 놓으면, 그것을 못하게 될 때 우리는 아주 속상하고 기분이 나빠질 수 있습니다. 자신의 가치와 일관되게 산다는 것은 다양한 행동 옵션을 융통성 있게 적용하며 의미를 두는 삶을 추구하는 것을 의미합니다.

헥터는 형과 조카들과의 관계에서 자신의 가치를 설명하는 것도 어려워하였다.

헥터: 저는 형과 조카들과 친하게 지내기를 바라지만 그게 안 됩니다. 제가 그들을 어떻게 대하느냐가 문제가 아니라 그들이 너무 이기적이고, 절대 저와 시간을 보내고 싶어 하지 않아요.

치료자: 관계가치에서 가장 어려운 것 중에 하나가 상대편을 우리가 어떻게 조정할 수 없다는 겁니다. 형의 행동방식을 통제할 수가 없기 때문에, 오로지 당신이 그를 대하는 방식만 선택할 수 있습니다.

헥터: 형이 지금 하는 그대로 둬야 한다는 얘기인가요? 자기 아들을 아무렇게나 키우게 내버려 두라고요?

치료자: 당신의 가치와 다른 선택을 하는 형을 지켜보는 것이 많이 힘들지요. 당신이 그의 행동을 바꿀 수 있다면 이미 그렇게 했을 거예요. 어쩌면 불가능한 것을 통제하려고 계속 노력하는 것처럼 보입니다. 가끔 마음챙김 기법은 현실을 분명하게 받아들이는 것을 도와줍니다. 그리고 여기서 '수용'은 상황의 현실성을 인식한다는 의미입니다. 당신이 형의 자녀 양육방식을 좋아하거나 지지해야 한다는 의미가 아닙니다. 그렇지만 당신은 이 힘든 상황의 일부만 통제할 수 있다는 현실을 받아들일 필요가 있습니다. 내가 보기에 형과 어떻게 관계를 맺느냐에 대한 가치는 당신이 정할 수 있어 보이지만, 그의 행동을 통제할 수는 없습니다. 만약 당신이 그를 따뜻하게 대하면서 친하게 지내려고 노력한다면, 형은 친절하게 반응할 수도 있습니다. 그런 유대감이 형성되면 형의 자녀교육에 대한 당신의 걱정을 형에게 얘기할 수 있을 것 같습니다. 아니면 더 친밀한 관계를 맺게 되더라도 형은 지금의 습관대로 계속 살아갈 수도 있겠지요. 또는 형이 친해지려고 하는 당신의 노력을 완전히 거부할 수도 있겠고요. 우리가 행동을 선택하는 것은 화살을 겨냥하는 것과 같습니다. 어떻게 목표를 조준할지와 언제 화살을 쏠지는 우리가 선택할 수 있습니다. 그렇지만 화살이 어디에 떨어질지를 결정할 수는 없습니다. 다만 화살이 어디에 떨어지는지를 알면, 다음 화살을 조준하는 방식과 언제 다음 화살을 쏠지를 결정하는 데 도움이 되겠지요. 마찬가지로, 행동의 결과를 통제할 수는 없지만, 반복적으로 시도할 행동을 선택할 수는 있습니다.

헥터는 대인관계와 학업, 자기강화, 지역사회 참여의 영역에서 그가 소중하게 여기는 것들을 분명하게 표현할 수 있을 때까지 가치를 규정하는 작업을 계속하였다. 이것은 내담자들이 치료를 진행해가기 위해 반드시 거쳐야 하는 중요한 단계지만, 가치규정(values articulation)이 역동적인 과정이라는 것을 인식하는 것이 중요하다. 가치를 분명히 하는 것이 앞으로 남은 아홉 번의 회기에 도움이 되지만, 무엇보다 중요한 것은 가치가 행동의 방향을 제시해 주고 삶의 질을 향상시킬 수 있다는 전반적인 관점을 내담자가 갖는 것이다.

이 회기 동안 헥터는 전체적인 치료 모델에 해당하는 최종적인 관찰일지를 완성하였다. 여기에는 날짜/시간, 상황, 첫 반응(생각, 감정, 신체감각), 둘째 반응(통제를 위한 노력, 혼란, 기꺼이 경험하기, 수용), 행동/반응(예: 회피, 가치행동, 마음챙김 기법 활용)의 칸이 포함되었다.

8~12회기

8~12회기의 목표는 앞의 회기에서 도입한 개념들을 개인에게 적용하는 것과 헥터가 자신의 삶에 가치행동과 마음챙김 기법을 적용하도록 돕는 것이다. 각 회기의 서두에서 헥터와 치료자는 함께 마음챙김 실습을 하였다. 매주 헥터가 가진 구체적인 어려움과 그에게 가장 도움이 되었던, 그가 당면한 구체적인 문제에 가장 적절할 것 같은 마음챙김 기법을 의도적으로 선택해서 실습하였다(〈표 5-1〉 참조).

이 회기들 동안의 초점은 가치행동에 참여할 헥터의 자발성을 향상시키기 위해 앞 단계에서 소개했던 마음챙김과 수용 전략을 활용하는 것이었다. 헥터는 수행한 가치행동과 가치행동을 하지 못했던 상황, 마음챙김 기법, 기꺼이 경험하기의 장애물을 계속해서 관찰하였다([그림 5-1] 참조).

예를 들어, 10회기에서 헥터는 가치행동을 수행할 기회를 놓친 것을 얘기하였다. 구체적으로 그가 가장 좋아하는 교수 중에 한 명이 앞으로의 선택 수업 선정을 의논하기 위해 헥터에게 미팅을 제안했는데, 헥터는 그 약속을 취소하였다.

치료자: 그의 제안에 대한 당신의 반응을 알아차렸나요?

헥터: 처음에는 기대가 됐는데 시간이 지나면서 점점 불안해졌어요.

치료자: 그때 경험했던 감정을 분명하게 구분할 수 있나요?

헥터: 사실 이것을 좀 정리하고 싶어서 감정에 대한 마음챙김 기법을 활용했습니다. 다음 단계 공부를 할 것에 대해 기대됐고, 교수가 저를 지명해서 불렀다는 것이 기뻤지만, 제 진로 관련 문제들 때문에 불안했습니다.

치료자: 좋습니다. 당신의 반응에 대한 반응을 관찰할 수 있었나요?

헥터: 솔직히 아직 잘 안 됩니다. 반응을 관찰하기보다는 그 반응에 사로잡혔습니다. 근데 오늘 마음챙김 실습을 하는 동안 제가 항상 하는 똑같은 반응 몇 가지를 알아차렸습니다. 저는 제 자신과 제 미래에 대한 좋은 느낌을 두려워했습니다. 잘못될 가능성에 대해 걱정하는 것은 실수를 하지 않기 위해서 필요한 것이라는 생각을 가지고 있었어요. 또 제 자신의 불안에 대해 아주 비판적이게 됩니다.

치료자: 당신이 다르게 할 수 있었던 것은 무엇일까요?

헥터: 관찰일지를 쓸 때면 힘이 빠져요. 그렇지만 선생님이 지난주에 얘기했던 것을 생각하고 있었어요. 과제를 작성하는 과정이 저를 스트레스 상황에서 잠시 멈추게 하고, 회기에서 배웠던 기술들을 기억나게 한다고 생각합니다.

11회기에서는 더 어려운 문제들을 다루었다. 헥터는 학교 경비원과의 상호작용에서 아주 큰 스트레스를 경험하였다. 늦게까지 공부를 하고 집으로 돌아오는 길에 경비원이 그에게로 다가와서 학생증을 제시할 것을 요구하였다. 자정에 가까운 시간이었지만, 최소한 다른 학생 5명은 보았는데 경비원이 헥터한테만 학생증을 요구하였다. 헥터는 자신이 그날 밤 도서관에 있던 유일한 유색인종이었다는 것에 대해 벌써부터 민감해 있었다. 그는 시

〈표 5-1〉 마음챙김 실습 선택하기

제목	주의의 초점	도움이 되는 방법	자료 출처
호흡에 대한 마음챙김	호흡	• 소지가 용이 • 중심이 될 수 있음 • 마음의 습관(바쁘고 판단적인)에 대한 자각	www.themindfulwaythrough anxietybook.com에서 접근 가능한 MP3 • Kabat-Zinn (1990) • Roemer & Orsillo (2009) • Orsillo & Roemer (2011)
소리에 대한 마음챙김	소리	• 분류하고 판단하는 습관을 알아차리는 데 도움이 됨 • 우리가 생각하는 대로가 아닌 있는 그대로를 보는 '초심자의 마음'을 훈련하게 함	온라인에서 접근 가능한 MP3 • Segal et al. (2002) • Roemer & Orsillo (2009) • Orsillo & Roemer (2011)
3분 공간 호흡	신체감각(호흡 포함), 생각, 감정	• 한 활동에서 다른 활동으로 옮길 때 현재에 집중하도록 도움 • 자신의 경험과 '연결'되기를 원할 때 유용함	• Segal et al. (2002) • Roemer & Orsillo (2009) • Orsillo & Roemer (2011)
신체감각에 대한 마음챙김	신체감각	• 주로 두렵고 회피하는 신체감각에 호기심과 자애를 불러일으키는 데 좋은 실습 • 판단이나 회피하지 않고 몸의 감각을 자각하기	온라인에서 접근 가능한 MP3 • Orsillo & Roemer (2011)
점진적 이완 마음챙김	근육 긴장/이완	• 긴장과 이완의 감각에 대한 자각 향상 • '내려놓기' 실습을 위한 확실한 방법 • 이완상태를 유도할 수 있음	온라인에서 접근 가능한 MP3 • Orsillo & Roemer (2011)
정서와 신체감각에 대한 마음챙김	신체감각을 동반하는/하지 않는 정서	• 현재의 다양한 정서에 대한 자각 향상 • 혼란스럽거나 스트레스를 경험할 때 유익 • 정서의 분명함과 혼탁함의 정도를 평가하는 데 유용	온라인에서 접근 가능한 MP3 • Orsillo & Roemer (2011)
하늘과 구름에 대한 마음챙김	생각과 감성, 심상	• 생각과 감정을 자신이 아닌 일시적인 것으로 보는 훈련 • 탈중심화와 탈융합에 도움이 됨	온라인에서 접근 가능한 MP3 • Roemer & Orsillo (2009) • Orsillo & Roemer (2011)
문제를 초대해서 신체감각을 통해 해결하기	고통스런 경험과 관련된 신체감각	• 고통스런 정서를 경험하려는 자발성 개발 • 고통스런 현실을 수용하는 것이 어려울 때 유용한 첫 번째 단계	온라인에서 접근 가능한 MP3 • Williams et al. (2007) • Roemer & Orsillo (2009) • Orsillo & Roemer (2011)
자애 경험/자기비난 사고에 대한 관찰	자기비난 사고	• 과거와 현재의 비난경험에 대한 자각 불러오기 • 자애의 장애물 찾기	온라인에서 접근 가능한 MP3 • Orsillo & Roemer (2011)
산 명상	산 심상-사건에 대한 덧없음	• 일시적이고 변하는 생각과 감정, 신체감각에 대한 경험을 촉진하기 위해 산의 이미지 이용 • 고통스럽고 감정적인 상황에서조차 내면의 힘과 안정감을 함양하는 데 유익	온라인에서 접근 가능한 MP3 • Kabat-Zinn (1995) • Roemer & Orsillo (2009) • Orsillo & Roemer (2011)

가치행동일지

하루를 정리하면서 이 양식을 완성하세요.

이번 주 동안, 매일 저녁 당신의 가치와 일치되는 행동을 했던 또는 못했던 상황을 생각해 보세요. 각 활동에 대해 간략히 적고, 그 행동을 했을 경우 ○, 그렇지 않았을 경우 ×로 표기하세요.

그 행동을 할 때 또는 그 기회를 놓쳤을 때, 그것을 얼마나 알아차렸는지 0~100척도로 평가하세요.

그 행동을 하지 못하도록 방해한 장애물이 무엇인지 기록하세요.

이 과제에는 옳거나 틀린 답이 없습니다. 우리 모두는 여러 가지 이유로 가치행동을 하지 않기로 결정합니다. 이것은 당신이 원하는 방식대로 선택할 수 있도록 도와줄 방법을 잘 이해하기 위해 사용될 뿐입니다.

날짜	행동	수행(○) 또는 비수행(×)	마음챙김(0~100)	장애물

[그림 5-1] 가치관찰 양식

험과 가족 및 친구들에 대한 그리움 때문에 힘들었고, 솔직히 매일의 일상에서 그가 직면하는 은근하지만 명백한 인종차별을 견디는 것이 힘든 상황이었다. 그래서 그는 학생증 제시를 거부하면서 '분실'했다고 소리를 질렀다. 상황이 결국 정리되긴 했지만, 헥터는 자신의 행동에 대해 화가 났고, 창피하면서 혼란스러웠다.

헥터: 저는 정말 이 일에 대해 상당히 고민스러워요. 제 머릿속은 복잡하고, 긴장되고, 분명한 감정은 뭔지, 혼탁한 감정은 뭔지 정리가 안 되고, 더 중요한 것은 제가 어떤 가치행동을 선택할 수 있었는지 정리가 안 됩니다.

치료자: 그런 힘든 상황에서 생각과 감정의 갈등이 밀려오는 것은 자연스러운 것입니다. 우리 사회에 이런 인종차별이 내재되어 있고, 당신이 외모 때문에 그런 취급을 받는다는 것이 참 유감스러운 일입니다. 그런 구조적인 문제는 당신의 잘못이 아닙니다. 그리고 이런 문제를 직면할 때마다 얼마나 고통스럽고 화가 날지 충분히 이해가 갑니다. 변화가 필요한 구체적인 문제에 대한 당신의 태도를 바꾸라고 말하고 싶지 않습니다. 그렇지만 우리가 알다시피 인종차별은 당장 사라질 문제가 아니기 때문에 이런 문제를 효과적으로 다룰 방법을 찾도록 돕고 싶습니다. 다시 말하면, 이 말은 당신이 어떻게 반응할 것인지를 선택해야 한다는 뜻입니다. 그때의 경험

을 좀 더 분명하게 이해하기 위해, 괜찮다면 마음챙김 실습을 하도록 하지요.

헥터: 제가 준비가 된 거 같지는 않지만, '문제를 불러와서 신체감각을 통해 해결하기'([그림 5-2] 참조)가 도움이 될 것 같습니다.

실습 후에 헥터는 눈물을 흘리기는 했지만 많이 안정되어 보였다.

치료자: 무엇을 알아차렸나요?

헥터: 긴장된 곳을 찾는 것은 아주 쉬웠어요. 바로 명치끝이었어요. 근데 그 감각에 마음을 열기가 정말 어려웠어요. 저의 첫 반응은 "인종차별에 대한 문제를 그냥 넘기고 싶지 않다." "왜 내가 이런 일을 받아들여야 하나?" 였어요. 그런데 그때 우리가 했던 이 실습이 기억났어요. 그래서 오직 현재 순간에만 마음을 열어야 한다고 저 자신에게 상기시켰어요. 수용이 상황에 대한 체념을 의미하지 않는다는 것을 떠올렸어요. 대신에 무슨 일이 일어났는지와 제 몸이 잔뜩 긴장되었다는 것을 받아들이는 데 초점을 두었어요.

이 실습을 하기 전에 지금 경험하고 있는 어려움을 떠올려 보십시오. 큰 문제일 필요는 없지만, 기분 좋지 않은, 해결되지 않은 문제를 선택하십시오. 당신이 걱정하거나 오해 또는 논쟁해 왔던 것으로서 당신이 화, 분노, 죄책감, 실망감을 느끼게 하는 어떤 것일 수 있습니다. 현재 경험하는 어려운 문제가 없다면 최근에 무서웠거나, 걱정했거나, 실망했거나, 분노했거나, 화났거나, 죄책감을 느꼈던 어떤 경험을 떠올려 보십시오.

당신이 의자나 바닥에 어떻게 앉아 있는지를 알아차려 보십시오. 의자나 바닥에 맞닿은 당신의 몸을 알아차려 보십시오. 들숨과 날숨을 알아차려 보십시오. 이제 천천히 당신의 자각을 확장하면서 몸을 하나로 느껴 보십시오. 떠오르는 감각을 알아차리면서 몸 전체로 호흡하십시오.

준비가 되면 어려운 감정을 불러일으키는 상황을 떠올려 보십시오. 일어나는 구체적인 감정과 그에 대한 반응들에 주의를 집중하십시오. 이 문제의 상황에 집중하면서, 당신이 경험하는 어떤 신체감각에 주의를 기울이고…… 그 **신체감각**들을 알아차리고…… 의도적으로 부드럽게 환영하고 받아들이면서 가장 강한 감각이 있는 신체의 부분에 주의를 집중하고…… 지금-여기에서 어떤지를 알아차리고…… 그 신체 부위로 숨을 들이쉬고 내쉬며 순간순간 그 감각의 강도가 변하는 것을 자각하면서 감각들을 살펴보십시오.

이제 당신이 경험하는 불쾌한 감각이나 생각, 감정에 대해 순간순간 "어떤 경험이든 괜찮아. 이미 벌어진 일이니 마음을 열자."라고 말하면서 개방적이고 깊은 연민의 마음으로 주의를 집중해 보십시오.

내적 감각에 대한 자각과 함께 머무르면서 그것들을 받아들이고, 억누르거나 밀어내려 하지 말고 있는 그대로를 허용하면서 함께 호흡하십시오. 이렇게 하는 것이 도움이 된다면 당신에게 "어떤 경험이든 괜찮아. 이미 벌어진 일이니 마음을 열자."라고 다시 말하십시오. 당신이 알아차리는 신체감각에 부드럽게 마음을 열고 긴장과 뻣뻣함이 사라져 가도록 내버려 두십시오. 당신이 원하면, 들숨과 날숨에 따른 순간순간의 호흡의 감각과 몸의 감각을 함께 알아차리는 연습을 해 보십시오.

신체감각이 더 이상 당신의 주의를 끌지 못하는 것을 알아차렸으면, 100%의 주의를 호흡으로 되돌려서 집중하십시오. 그런 다음 당신이 의자에 앉아 있는 자세와 당신의 호흡에 주의를 되돌린 후, 준비가 되면 눈을 뜨십시오.

[그림 5-2] 어려움을 의도적으로 불러일으켜서 신체감각을 통해 해결하기

출처: Williams, Teasdale, Segal, & Kabat-Zinn (2007), pp. 151-152.

치료자: 그렇게 할 수 있었다니 정말 놀라워요. 그다음엔 어떻게 됐나요?

Héctor: 명치로 호흡을 계속 들이마시면서 긴장을 내보내려고 애를 썼지요. 긴장이 좀 풀렸을 때 그 사건에 대한 제 생각으로 주의를 돌렸어요.

치료자: 네. 무엇을 관찰했나요?

Héctorr: 저는 인종차별과 사람들이 생김새 때문에 차별받는 것이 얼마나 불공평한지에 대한 생각을 하고 있었어요. 분명한 감정은 분노였지만, 그때 제 행동이 부끄러워지기 시작했어요.

치료자: 그 반응이 분명했나요, 아니면 혼탁했나요?

Héctor: 글쎄요. 제 생각에는 둘 다였던 거 같아요. 분명히 저 자신에 대한 연민(compassion)을 어느 정도 가질 수 있었어요. 어느 누구도 그 사람의 외모가 다르다는 이유로 차별받지 않았으면 좋겠어요.

치료자: 아주 잘했어요. 당신 자신의 생각과 반응에 대해 연민의 자세(compassionate stance)를 취하는 것이 쉽지 않다는 것을 압니다. 그 반응에 대해 분명한 것은 무엇인가요?

Héctor: 제 행동에 대해 부끄럽습니다. 아무리 상대방이 그런 대접을 받을 만했어도, 제가 그 경비원에게 그렇게 대했다는 것은 제 가치와 일치되지는 않습니다. 솔직히 그 사람이 저를 어떻게 생각하는지는 상관할 바가 아니지만, 제 자신에 대해 어떻게 생각하는지는 중요해요.

치료자: 당신의 가치와 다른 말과 행동을 했었다는 말이군요. 그렇지만 그렇게 한 당신 자신에게 어느 정도 연민을 가질 수 있을지 궁금합니다. 우리 모두는 가치와 일치된 행동을 하려고 하지만, 잠깐씩 실패를 합니다. 감정이 아주 격해진 상황이었고, 그 순간에 배운 것을 적용하기가 어려웠던 거죠. 중요한 것은 이제 당신이 가치를 훨씬 더 잘 자각한다는 것입니다. 이번 주 동안 가치와 일치되게 할 수 있는 것은 어떤 것이 있을까요?

Héctor: 그 일로 인해서 제 가치가 약간 불균형하다는 것을 최근에 알게 되었어요. 학교 공부에 굉장히 많이 주의를 집중해 왔고, 대인관계 영역에도 상당히 신경을 쓰고 있었지만, 자기관리와 지역사회 영역의 가치에 대해서는 신경을 덜 써 왔다는 생각이 들었습니다. 첫 학기 초에 라틴계 의대생 협회에 대한 광고지를 받았는데, 거기에서 제가 할 수 있는 게 뭐가 있을지 연락을 해 봐야겠습니다.

치료자: 좋은 생각이네요.

Héctor: 그리고 학교 경비실에 연락을 해서 그 사람을 좀 만날 수 있을 것 같습니다. 제 행동에 대해 사과를 하고 싶지만, 문화적 민감성 훈련(cultural sensitivity training)에 대해서도 이야기를 하고 싶습니다. 몇 주 전에 함께 이야기를 나눴던 화살에 대한 이야기를 잊지 않았으니 걱정하지 마세요. 화살을 겨냥할 수만 있는 거지 그게 어디로 떨어질지는 제가 통제할 수 없습니다. 제가 그 사람들의 관습(practices)을 바꿀 수는 없더라도, 이렇게 하는 것이 제 가치와 일치되는 행동입니다.

13~16회기

헥터는 치료의 마지막 네 번의 회기 동안 하기로 되어 있던 치료 소감 쓰기과제를 완성하였다. 그는 치료를 마치기 전에 자신이 원했던 몇 가지 구체적인 가치행동을 발견하였다. 상당히 안정적으로 공식 마음챙김 실습을 계속하고 있었지만, 비공식 마음챙김 실습에는 거의 신경을 쓰지 않고 있었다는 것을 깨달았다. 헥터는 또한 자애(self-compassion)의 향상을 통해 상당히 많은 유익을 경험했지만, 유지치료를 하고 있는 동안 더 많은 실습이 필요하다고 생각하였다.

그래서 13~15회기는 치료효과 유지를 위한 논제들에 초점을 두면서 8~11회기와 같은 구조로 진행하였다. 이 과정 동안 치료자는 서서히 덜 지시적으로 임하면서 헥터 스스로 성공을 경험하고 또 어려움을 해결하도록 도왔다. 이 기간 동안 헥터는 데이트를 하기 시작했고, 더 많은 사회적 관계를 가지기 시작했으며, 가족관계와 학교 공부도 만족하며 더 잘하기 시작하였다.

마지막 회기에서 지금까지 얘기한 모든 치료적 효과에도 불구하고, 치료자는 헥터가 감정에 휩싸이면 마음챙김 실습에서 벗어나고 가치에 대한 관점을 잃을 때가 올 수도 있다고 예상하였다. 치료자는 이 '잠깐의 실패'는 인생의 여정에서 있을 수 있는 자연스러운 부분이며, 그 실패는 그것을 극복할 계획을 짜야 한다는 것을 의미한다고 설명하였다. 치료자는 특히 유인물 다시 보기와 자기관찰 일지 다시 쓰기, 마음챙김 실습을 더 많이 하기, 몇 가지 가치를 기록하도록 제안하였다. 치료자와 헥터는 특히 그에게 도움이 되었던 것들에 대한 개인적 목록들을 함께 만들어서 그의 파일에 추가하였다. 헥터는 치료자와 헤어지는 것을 아쉬워하면서도, 치료에 할애해 왔던 시간을 다른 가치행동을 하는 데 활용하면서 스스로 자신의 발전을 계속해 나갈 수 있다는 것에 기대감을 갖게 되었다.

결론

범불안장애에 대한 수용기반 행동치료는 범불안장애 내담자들이 자신의 삶에 만족할 활동을 하도록 도우면서 범불안장애 증상과 동반이환 문제들, 기저의 기제를 목표로 삼을 수 있음을 제안한다. 이 장은 구체적인 치료 사례와 함께 수용기반 행동치료의 이론적 근거와 유연한 활용을 위한 지침을 제시하였다. 치료 과정 및 기제에 대한 이해와 지역사회와 1차 진료기관에 어떻게 보급할 것인지에 대한 후속 연구들이 필요하다.

감사의 글

수년 동안 우리에게 가르침을 준 치료자들과 학생들, 내담자들, 그리고 이 연구를 지원한 국립보건원(승인번호 MH174589)에 감사한다. 또 Dave Barlow, Tim Brown, Bonnie Brown, 그리고 과거 10년 동안 우리 연구를 도와준 불안 및 관련장애센터(CARD)의 직원들에게 감사한다. 우리는 이 장을 Tom Borkovec에게 바치는데, 그의 연구는 우리 연구의 든든한 기초가 되었다.

주

1. 여기서 우리가 사용한 마음챙김 실습과 치료 실습이 수록된 오디오는 www.mindfulwaythroughanxietybook.com에 수록되어 있다. 마음챙김 실습 지시문은 Roemer와 Orsillo(2009), Orsillo와 Roemer(2011)에서 활용 가능하다.

참고문헌

American Psychiatric Association. (1994). *Diagnostic and statistical manual of mental disorders* (4th ed.). Washington, DC: Author.

American Psychiatric Association. (2013). *Diagnostic and statistical manual of mental disorders* (5th ed.). Arlington, VA: Author.

Andrews, G., Hobbs, M. J., Borkovec, T. D., Beesdo, K., Craske, M. G., Heimberg, R. G., et al. (2010). Generalized worry disorder: A review of DSM-IV generalized anxiety disorder and options for DSM-V. *Depression and Anxiety, 27*(2), 134-147.

Arch, J. J., Eifert, G. H., Davies, C., Vilardaga, J. C. P., Rose, R. D., & Craske, M. G. (2012). Randomized clinical trial of cognitive behavioral therapy (CBT) versus acceptance and commitment therapy (ACT) for mixed anxiety disorders. *Journal of Consulting and Clinical Psychology, 80*(5), 750-765.

Ballenger, J. C., Davidson, J. R. T., Lecrubier, Y., Nutt, D. J., Borkovec, T. D., Rickels, K., et al. (2001). Consensus statement on generalized anxiety disorder from the international consensus group on depression and anxiety. *Journal of Clinical Psychiatry, 62*, 53-58.

Behar, E., DiMarco, I. D., Hekler, E. B., Mohlman, J., & Staples, A. M. (2009). Current theoretical models of generalized anxiety disorder (GAD): Conceptual review and treatment implications. *Journal of Anxiety Disorders, 23*(8), 1011-1023.

Belanger, L., Ladouceur, R., & Morin, C. M. (2005). Generalized anxiety disorder and health care use. *Canadian Family Physician, 51*(10), 1362-1363.

Blevins, D., Roca, J. V., & Spencer, T. (2011). Life guard: Evaluation of an ACT-based workshop to facilitate reintegration of OIF/OEF veterans. *Professional Psychology: Research and Practice, 42*(1), 32-39.

Bond, F. W., Hayes, S. C., Baer, R. A., Carpenter, K. M., Guenole, N., Orcutt, H. K., et al. (2011). Preliminary psychometric properties of the Acceptance and Action Questionnaire-II: A revised measure of psychological inflexibility and experiential avoidance. *Behavior Therapy, 42*, 676-688.

Borkovec, T. D., Alcaine, O. M., & Behar, E. (2004). Avoidance theory of worry and generalized anxiety disorder. In R. G. Heimberg, C. L. Turk, & D. S. Mennin (Eds.), *Generalized anxiety disorder: Advances in research and practice.* (pp. 77-108). New York: Guilford Press.

Borkovec, T. D., & Costello, E. (1993). Efficacy of applied relaxation and cognitive-behavioral therapy in the treatment of generalized anxiety disorder. *Journal of Consulting and Clinical Psychology, 61*(4), 611-619.

Borkovec, T. D., & Hu, S. (1990). The effect of worry on cardiovascular response to phobic imagery. *Behaviour Research and Therapy, 28*(1), 69-73.

Borkovec, T. D., & Roemer, L. (1995). Perceived functions of worry among generalized anxiety disorder subjects: Distraction from more emotionally distressing topics? *Journal of Behavior Therapy and Experimental Psychiatry, 26*(1), 25-30.

Borkovec, T. D., & Ruscio, A. M. (2001). Psychotherapy for generalized anxiety disorder. *Journal of Clinical Psychiatry, 62*, 37-42.

Borkovec, T. D., & Sharpless, B. (2004). Generalized anxiety disorder: Bringing cognitive-behavioral therapy into the valued present. In S. C. Hayes, V. M. Follette, & M. M. Linehan (Eds.), *Mindfulness and acceptance: Expanding the cognitive-behavioral tradition* (pp. 209-42). New York: Guilford Press.

Brown, L. A., Forman, E. M., Herbert, J. D., Hoffman, K. L., Yuen, E. K., & Goetter, E. M. (2011). A randomized controlled trial of acceptance-based behavior therapy and cognitive therapy for test anxiety: A pilot study. *Behavior Modification, 35*(1), 31-53.

Bruce, S. E., Machan, J. T., Dyck, I., & Keller, M. B. (2001). Infrequency of "pure" GAD: Impact of psychiatric comorbidity on clinical course. *Depression and Anxiety, 14*(4), 219-225.

Chodron, P. (2007). *Practicing peace in times of war.* Boston: Shambhala.

Cisler, J. M., & Koster, E. H. W. (2010). Mechanisms of attentional biases towards threat in anxiety disorders: An integrative review. *Clinical Psychology Review, 30*(2), 203-216.

Covin, R., Ouimet, A. J., Seeds, P. M., & Dozois, D. J. A. (2008). A meta-analysis of CBT for pathological worry among clients with GAD. *Journal of Anxiety Disorders, 22*(1), 108-116.

Davidson, J. R. T., Bose, A., Korotzer, A., & Zheng, H. (2004). Escitalopram in the treatment of generalized anxiety disorder: Double-blind, placebo controlled, flexible-dose study. *Depression and Anxiety, 19*(4), 234-240.

Dimidjian, S., & Linehan, M. M. (2009). Mindfulness practice. In W. T. O'Donohue & J. E. Fisher (Eds.), *General principles and empirically supported techniques of cognitive behavior therapy* (pp. 425-434). Hoboken, NJ: Wiley.

Di Nardo, P. A., Brown, T. A., & Barlow, D. H. (1994). *Anxiety Disorders Interview Schedule for DSM-IV.* Albany, NY: Graywind.

Dugas, M. J., Brillon, P., Savard, P., Turcotte, J., Gaudet, A., Ladouceur, R., et al. (2010). A randomized clinical trial of cognitive-behavioral therapy and applied relaxation for adults with generalized anxiety disorder. *Behavior Therapy, 41*(1), 46-58.

Etkin, A., & Schatzberg, A. F. (2011). Common abnormalities and disorder-specific compensation during implicit regulation of emotional processing in generalized anxiety and major depressive disorders. *American Journal of Psychiatry, 168*(9), 968-978.

Evans, S., Ferrando, S., Findler, M., Stowell, C., Smart, C., & Haglin, D. (2008). Mindfulness-based cognitive therapy for generalized anxiety disorder. *Journal of Anxiety Disorders, 22*(4), 716-721.

Fuchs, C., Lee, J. K., Roemer, L., & Orsillo, S. M. (2013). Using mindfulness- and acceptance-based treatments with clients from nondominant and/or marginalized backgrounds: Clinical considerations, meta-analysis findings, and introduction to the special series. *Cognitive and Behavioral Practice, 20*(1), 1-12.

Fuchs, C., West, L. M., Graham, J. R., Hayes-Skelton, S. A., Orsillo, S. M., & Roemer, L. (2012, April). *Exploring the acceptability of mindfulness-based treatment among individuals from non-dominant cultural backgrounds.* In J. R. Graham (Chair), Examining Mindfulness and Anxiety across Diverse Methods and Contexts Symposium presented at the annual meeting of the Anxiety Disorders Association of America, Arlington, VA.

Gelenberg, A. J., Lydiard, R. B., Rudolph, R. L., Aguiar, L., Haskins, J. T., & Salinas, E. (2000). Efficacy of venlafaxine extended-release capsules in nondepressed outpatients with generalized anxiety disorder: A 6-month randomized controlled trial. *Journal of the American Medical Association, 283*(23), 3082-3088.

Gentes, E. L., & Ruscio, A. M. (2011). A meta-analysis of the relation of intolerance of uncertainty to symptoms of generalized anxiety disorder, major depressive disorder, and obsessive-compulsive disorder. *Clinical Psychology Review, 31*(6), 923-933.

Germer, C. K. (2005). Anxiety disorders: Befriending fear. In C. K. Germer, R. D. Siegel, & P. R. Fulton (Eds.), *Mindfulness and psychotherapy* (pp. 152-172). New York: Guilford Press.

Gratz, K. L., & Roemer, L. (2004). Multidimensional assessment of emotion regulation and dysregulation: Development, factor structure, and initial validation of the Difficulties in Emotion Regulation Scale. *Journal of Psychopathology and Behavioral Assessment, 26*(1), 41-54.

Gross, J. J. (2002). Emotion regulation: Affective, cognitive, and social consequences. *Psychophysiology, 39*(3), 281-291.

Gross, J. J., & Levenson, R. W. (1997). Hiding feelings: The acute effects of inhibiting negative and positive emotion. *Journal of Abnormal Psychology, 106*(1), 95-103.

Hayes, S. A., Orsillo, S. M., & Roemer, L. (2010). Changes in proposed mechanisms of action during an acceptance-based behavior therapy for generalized anxiety disorder. *Behaviour Research and Therapy, 48*(3), 238-245.

Hayes, S. C., Strosahl, K. D., & Wilson, K. G. (2012). *Acceptance and commitment therapy: The process and practice of mindful change* (2nd ed.). New York: Guilford Press.

Hayes, S. C., Wilson, K. G., Gifford, E. V., Follette, V. M., & Strosahl, K. (1996). Experiential avoidance and behavioral disorders: A functional dimensional approach to diagnosis and treatment. *Journal of Consulting and Clinical Psychology, 64*(6), 1152-1168.

Hayes-Skelton, S. A., Roemer, L., & Orsillo, S. M. (2013). A randomized clinical trial comparing an acceptance based behavior therapy to applied relaxation for generalized anxiety disorder. *Journal of Consulting and Clinical Psychology, 81*(5), 761-773.

Hays, P. A. (2008). *Addressing cultural complexities in practice: Assessment, diagnosis, and therapy* (2nd ed.). Washington, DC: American Psychological Association.

Heatherington, L., Harrington, N. T., Harrington, J., Neimeyer, K. F., Weinberg, S. C., & Friedlander, M. L. (2013). *Applying group cognitive behavior therapy for anxiety disorders in community settings: Retention, outcome, and clinical considerations.* Manuscript under review.

Heuzenroeder, L., Donnelly, M., Haby, M. M., Mihalopoulos, C., Rossell, R., Carter, R., et al. (2004). Cost-effectiveness of psychological and pharmacological interventions for generalized anxiety disorder and panic disorder. *Australian and New Zealand Journal of Psychiatry, 38*(8), 602-612.

Hidalgo, R. B., Tupler, L. A., & Davidson, J. R. T. (2007). An effect-size analysis of pharmacologic treatments for generalized anxiety disorder. *Journal of Psychopharmacology, 21*(8), 864-872.

Hoffman, D. L., Dukes, E. M., & Wittchen, H. (2008). Human and economic burden of generalized anxiety disorder. *Depression and Anxiety, 25*(1), 72-90.

Issakidis, C., Sanderson, K., Corry, J., Andrews, G., & Lapsley, H. (2004). Modelling the population cost-effectiveness of current and evidence-based optimal treatment for anxiety disorders. *Psychological Medicine, 34*(1), 19-35.

Kabat-Zinn, J. (1990). *Full catastrophe living: Using the wisdom of your body and mind to face stress, pain, and illness.* New York: Delta.

Kabat-Zinn, J. (1995). *Wherever you go there you are: Mindfulness meditation in everyday life.* New York: Hyperion.

Kabat-Zinn, J. (2003). Mindfulness-based interventions in context: Past, present, and future. *Clinical Psychology: Science and Practice, 10*(2), 144-156.

Katzman, M. A. (2009). Current considerations in the treatment of generalized anxiety disorder. *CNS Drugs, 23*(2), 103-120.

Kennedy, B. L., & Schwab, J. J. (1997). Utilization of medical specialists by anxiety disorder patients. *Psychosomatics, 38*(2), 109-112.

Kessler, R. C., Berglund, P., Demler, O., Jin, R., Merikangas, K. R., & Walters, E. E. (2005). Lifetime prevalence and age-of-onset distributions of DSM-IV disorders in the National Comorbidity Survey Replication. *Archives of General Psychiatry, 62*(6), 593-602.

Kocovski, N. L., Fleming, J. E., & Rector, N. A. (2009). Mindfulness and acceptance-based group therapy for social anxiety disorder: An open trial. *Cognitive and Behavioral Practice, 16*(3), 276-289.

Ladouceur, R., Gosselin, P., & Dugas, M. J. (2000). Experimental manipulation of intolerance of uncertainty: A study of a theoretical model of worry. *Behaviour Research and Therapy, 38*(9), 933-941.

Lee, J. K., Fuchs, C., Roemer, L., & Orsillo, S. M. (2009).

Cultural considerations in acceptance-based behavior therapies. In L. Roemer & S. M. Orsillo (Eds.), *Mindfulness-and acceptance-based behavioral therapies in practice* (pp. 215-228). New York: Guilford Press.

Lee, J. K., Orsillo, S. M., Roemer, L., & Allen, L. B. (2010). Distress and avoidance in generalized anxiety disorder: Exploring the relationships with intolerance of uncertainty and worry. *Cognitive Behaviour Therapy, 39*(2), 126-136.

Levitt, J. T., Brown, T. A., Orsillo, S. M., & Barlow, D. H. (2004). The effects of acceptance versus suppression of emotion on subjective and psychophysiological response to carbon dioxide challenge in patients with panic disorder. *Behavior Therapy, 35*(4), 747-766.

Linehan, M. M. (1993). *Cognitive-behavioral treatment of borderline personality disorder*. New York: Guilford Press.

Logue, M. B., Thomas, A. M., Barbee, J. G., & Hoehn-Saric, R. (1993). Generalized anxiety disorder patients seek evaluation for cardiological symptoms at the same frequency as patients with panic disorder. *Journal of Psychiatric Research, 27*(1), 55-59.

Lovibond, S. H., & Lovibond, P. F. (1995). *Manual for the Depression Anxiety Stress Scales*. Sydney: Psychology Foundation of Australia.

Marten, P. A., Brown, T. A., Barlow, D. H., Borkovec, T. D., Shear, M. K., & Lydiard, R. B. (1993). Evaluation of the ratings comprising the associated symptom criterion of DSM-III-R generalized anxiety disorder. *Journal of Nervous and Mental Disease, 181*(11), 676-682.

Mennin, D. S., & Fresco, D. M. (2014). Emotion regulation therapy. In J. J. Gross (Ed.), *Handbook of emotion regulation* (2nd ed., pp. 469-490). New York: Guilford Press.

Mennin, D. S., Holaway, R. M., Fresco, D. M., Moore, M. T., & Heimberg, R. G. (2007). Delineating components of emotion and its dysregulation in anxiety and mood psychopathology. *Behavior Therapy, 38*(3), 284-302.

Meyer, T. J., Miller, M. L., Metzger, R. L., & Borkovec, T. D. (1990). Development and validation of the Penn State Worry Questionnaire. *Behaviour Research and Therapy, 28*(6), 487-495.

Michelson, S. E., Lee, J. K., Orsillo, S. M., & Roemer, L. (2011). The role of values-consistent behavior in generalized anxiety disorder. *Depression and Anxiety, 28*(5), 358-366.

Mussell, M., Kroenke, K., Spitzer, R. L., Williams, J. B. W., Herzog, W., & Lowe, B. (2008). Gastrointestinal symptoms in primary care: Prevalence and association with depression and anxiety. *Journal of Psychosomatic Research, 64*(6), 605-612.

Najmi, S., & Wegner, D. M. (2008). Thought suppression and psychopathology. In A. J. Elliot (Ed.), *Handbook of approach and avoidance motivation* (pp. 447-459). New York: Psychology Press.

Neff, K. D. (2003). The development and validation of a scale to measure self-compassion. *Self and Identity, 2*(3), 223-250.

Newman, M. G., Castonguay, L. G., Borkovec, T. D., Fisher, A. J., Boswell, J. F., Szkodny, L. E., et al. (2011). A randomized controlled trial of cognitive-behavioral therapy for generalized anxiety disorder with integrated techniques from emotion-focused and interpersonal therapies. *Journal of Consulting and Clinical Psychology, 79*(2), 171-181.

Nhat Hanh, T. (1992). *Peace is every step: The path of mindfulness in everyday life*. New York: Bantam Books.

Olatunji, B. O., & Wolitzky-Taylor, K. B. (2009). Anxiety sensitivity and the anxiety disorders: A meta-analytic review and synthesis. *Psychological Bulletin, 135*(6), 974-999.

Orsillo, S. M., & Roemer, L. (2011). *The mindful way through anxiety: Break free from chronic worry and reclaim your life*. New York: Guilford Press.

Orsillo, S. M., Roemer, L., & Barlow, D. H. (2003). Integrating acceptance and mindfulness into existing cognitive-behavioral treatment for GAD: A case study. *Cognitive and Behavioral Practice, 10*(3), 222-230.

Orsillo, S.M., Roemer, L., & Salters-Pedneault, K. (2008,

November). *Acceptance-based behavioral therapy for GAD: Predictors of change*. Paper presented at the annual meeting of the Association of Behavioral and Cognitive Therapies, Orlando, FL.

Przeworski, A., Newman, M. G., Pincus, A. L., Kasoff, M. B., Yamasaki, A. S., Castonguay, L. G., et al. (2011). Interpersonal pathoplasticity in individuals with generalized anxiety disorder. *Journal of Abnormal Psychology, 120*(2), 286-298.

Rickels, K., Zaninelli, R., McCafferty, J., Bellew, K., Iyengar, M., & Sheehan, D. (2003). Paroxetine treatment of generalized anxiety disorder: A double-blind, placebo-controlled study. *American Journal of Psychiatry, 160*(4), 749-756.

Revicki, D. A., Travers, K., Wyrwich, K. W., Svedsäter, H., Locklear, J., Mattera, M., et al. (2012). Humanistic and economic burden of generalized anxiety disorder in North America and Europe. *Journal of Affective Disorders, 140*(2), 103-112.

Roemer, L., & Borkovec, T. D. (1994). Effects of suppressing thoughts about emotional material. *Journal of Abnormal Psychology, 103*(3), 467-474.

Roemer, L., Lee, J. K., Salters-Pedneault, K., Erisman, S. M., Orsillo, S. M., & Mennin, D. S. (2009). Mindfulness and emotion regulation difficulties in generalized anxiety disorder: Preliminary evidence for independent and overlapping contributions. *Behavior Therapy, 40*(2), 142-154.

Roemer, L., Molina, S., & Borkovec, T. D. (1997). An investigation of worry content among generally anxious individuals. *Journal of Nervous and Mental Disease, 185*(5), 314-319.

Roemer, L., & Orsillo, S. M. (2007). An open trial of an acceptance-based behavior therapy for generalized anxiety disorder. *Behavior Therapy, 38*(1), 72-85.

Roemer, L., & Orsillo, S. M. (2009). *Mindfulness-and acceptance-based behavioral therapies in practice*. New York: Guilford Press.

Roemer, L., Orsillo, S. M., & Salters-Pedneault, K. (2008). Efficacy of an acceptance-based behavior therapy for generalized anxiety disorder: Evaluation in a randomized controlled trial. *Journal of Consulting and Clinical Psychology, 76*(6), 1083-1089.

Romera, I., Fernández-Pérez, S., Montejo, Á. L., Caballero, F., Caballero, L., Arbesu, J. A., et al. (2010). Generalized anxiety disorder, with or without co-morbid major depressive disorder, in primary care: Prevalence of painful somatic symptoms, functioning and health status. *Journal of Affective Disorders, 127*(1-3), 160-168.

Sauer-Zavala, S., Boswell, J. F., Gallagher, M. W., Bentley, K. H., Ametaj, A., & Barlow, D. H. (2012). The role of negative affectivity and negative reactivity to emotions in predicting outcomes in the unified protocol for the transdiagnostic treatment of emotional disorders. *Behaviour Research and Therapy, 50*(9), 551-557.

Segal, Z. V., Williams, J. M., & Teasdale, J. D. (2002). *Mindfulness-based cognitive therapy for depression: A new approach to preventing relapse*. New York: Guilford Press.

Siev, J., & Chambless, D. L. (2007). Specificity of treatment effects: Cognitive therapy and relaxation for generalized anxiety and panic disorders. *Journal of Consulting and Clinical Psychology, 75*(4), 513-522.

Sobczak, L. R., & West, L. M. (2013). Clinical considerations in using mindfulness- and acceptance-based approaches with diverse populations: Addressing challenges in service delivery in diverse community settings. *Cognitive and Behavioral Practice, 20*(1), 13-22.

Sorensen, S. M., Hayes-Skelton, S. A., Roemer, L., & Orsillo, S. M. (2012, June). *Working alliance across an acceptance-based behavior therapy and applied relaxation for clients with GAD*. Poster presented at the annual meeting of the Society for Psychotherapy Research, Virginia Beach, VA.

Stapinski, L. A., Abbott, M. J., & Rapee, R. M. (2010). Fear and perceived uncontrollability of emotion: Evaluating the unique contribution of emotion appraisal variables to prediction of worry and generalised anxiety disorder. *Behaviour Research and Therapy, 48*(11), 1097-1104.

Stöber, J., & Bittencourt, J. (1998). Weekly assessment of worry: An adaptation of the Penn State Worry Questionnaire for monitoring changes during treatment. *Behaviour Research and Therapy, 36*(6), 645-656.

Sue, D. W., & Sue, D. (2012). *Counseling the culturally diverse: Theory and practice* (6th ed.). Hoboken, NJ: Wiley.

Sue, S. (1998). In search of cultural competence in psychotherapy and counseling. *American Psychologist, 53*(4), 440-448.

Thayer, J. F., Friedman, B. H., & Borkovec, T. D. (1996). Autonomic characteristics of generalized anxiety disorder and worry. *Biological Psychiatry, 39*(4), 255-66.

Treanor, M., Erisman, S. M., Salters-Pedneault, K., Roemer, L., & Orsillo, S. M. (2011). Acceptance-based behavioral therapy for GAD: Effects on outcomes from three theoretical models. *Depression and Anxiety, 28*(2), 127-136.

Wang, P. S., Lane, M., Olfson, M., Pincus, H. A., Wells, K. B., & Kessler, R. C. (2005). Twelve-month use of mental health services in the united states: Results from the National Comorbidity Survey Replication. *Archives of General Psychiatry, 62*(6), 629-640.

Waters, A. M., & Craske, M. G. (2005). Generalized anxiety disorder. In M. M. Antony, D. R. Ledley, & R. G. Heimberg (Eds.), *Improving outcomes and preventing relapse in cognitive-behavorial therapy* (pp. 77-27). New York: Guilford Press.

Wells, A. (2005). The metacognitive model of GAD: Assessment of meta-worry and relationship with DSM-IV generalized anxiety disorder. *Cognitive Therapy and Research, 29*(1), 107-121.

Wells, A., Welford, M., King, P., Papageorgiou, C., Wisely, J., & Mendel, E. (2010). A pilot randomized trial of metacognitive therapy vs applied relaxation in the treatment of adults with generalized anxiety disorder. *Behaviour Research and Therapy, 48*(5), 429-434.

Whisman, M. A. (2007). Marital distress and DSM-IV psychiatric disorders in a population-based national survey. *Journal of Abnormal Psychology, 116*(3), 638-643.

Williams, J. M. G., Teasdale, J. D., Segal, Z. V., & Kabat-Zinn, J. (2007). *The mindful way through depression: Freeing yourself from chronic unhappiness.* New York: Guilford Press.

Williams, K. E., Chambless, D. L., & Ahrens, A. (1997). Are emotions frightening?: An extension of the fear of fear construct. *Behaviour Research and Therapy, 35*(3), 239-248.

Wilson, K. G., & Murrell, A. R. (2004). Values work in acceptance and commitment therapy: Setting a course for behavioral treatment. In S. C. Hayes, V. M. Follette, & M. M. Linehan (Eds.), *Mindfulness and acceptance: Expanding the cognitive-behavioral tradition* (pp. 120-51). New York: Guilford Press.

Wilson, K. G., Sandoz, E. K., Kitchens, J., & Roberts, M. (2010). The Valued Living Questionnaire: Defining and measuring valued action within a behavioral framework. *Psychological Record, 60*(2), 249-272.

chapter 6

정서장애: 단일화된 범진단적 프로토콜

Laura A. Payne, Kristen K. Ellard, Todd J. Farchione, Christopher P. Fairholme, David H. Barlow 공저
조용래 역

이 장에서는 미국 보스턴 대학교 부설 불안 및 관련장애센터(Center for Anxiety and Related Disorders: CARD)에서 아주 최근에 개발된 치료 프로토콜을 소개한다. 이 '단일화된' 범진단적 프로토콜에서는 다양한 정서장애에 대한 심리학적 치료에 공통된 치료 원리들이 추출되었고, 이론상 전 범위의 정서장애에 적용 가능한 단일 프로토콜로 통합되었다. 다른 장에 소개된 특정한 문제나 장애에 대한 프로토콜들과는 달리, 이러한 새로운 접근은 광범위한 경험적 타당화를 확립하기 위한 노력의 결과로 그저 효능을 보이는 시작 단계에 있다. 그러나 이 치료를 구성하는 요소들은 넓고 깊은 경험적 지지를 받아 왔으며, 이 프로토콜의 초기 성과들은 유망해 보인다. 이 접근의 새로운 점으로는 특정 치료 구성요소들이 여러 장애에 걸쳐서 적용되는 체계적인 방식뿐 아니라 치료의 주 표적을 DSM에서 정의하는 특정한 체계 클러스터보다는 정서장애들을 아우르는 높은 수준의 공통된 기질로 재개념화하도록 하는 이론적 발전을 들 수 있다. 물론 단일장애에 대한 많은 수의 중복되는 프로토콜을 제거함으로써 보급을 크게 단순화한 점에 더하여, 주요한 이점은 이 접근이 정서장애들 사이에서 흔히 발견되는 광범위한 동반이환 또한 고려하고 있다는 점이다. 이 접근은 '요셉'의 치료 사례를 통하여 구체적으로 제시된다. -D. H. B.

1985년 이 책의 초판이 출판되었을 때는 근거기반 심리학적 치료의 시작 단계였다. 그 당시에는 다양한 형태의 정신병리를 가진 수많은 사람에게 광범위하게 적용 가능했던, 충분한 경험적 지지를 받은 심리학적 치료들만이 기술하는 데에 포함되었다. 이 책의 후속 판들에는 널리 적용되고 강한 경험적 지지를 받은 몇 가지 새로운 치료 접근이 추가되어 온 반면에 다른 치료 접근들은 삭제되어 왔다. 이에 더해, 이 분야는 전 세계적인 공공건강 서비스들이 근거기반의 심리학적 치료들이 그 효과성, 효율성 및 지속가능성 때문에(Clark, 2012; Nathan & Gorman, 2007; Ruzek, Karlin, & Zeiss, 2012) 건강관리 전달 체계의 필수 요소가 되는 것을 지향해 왔을 정도로 성장하였다. 기존 증거의 한계점들

을 면밀하게 검토하는 것은 또한 어떤 분야의 성숙도를 나타내는 징후의 하나이다. 분명하게 상당히 많은 수의 환자는 우리의 현재 심리학적(또는 약물) 치료들에 가치가 있지만 여전히 반응하지 않으며, 개선의 여지가 많다.

특히 정서장애(emotional disorders)의 맥락에서 분명한 또 하나의 문제는 별개의 불안 및 기분 장애 각각에 대한 치료 프로토콜들이 현재 너무 많다는 점이다. 비록 이러한 프로토콜들이 대체적으로 유용한 것으로 입증되고 잘 받아들여져 왔지만, 임상 실무에 통합하려면 별개의 프로토콜들에 충분히 친숙해지는 데까지 상당한 양의 훈련이 필요하다(Barlow, Bullis, Comer, & Ametaj, 2013). 만약 이러한 치료들이 권고받은 대로 더 '사용자 친화적'이 되지 않는다면, 임상가들이 정서장애에 대한 이러한 근거기반치료들을 충분히 이해하거나 이러한 치료들에 접근할 수 있는 가능성이 덜해진다(McHugh & Barlow, 2012). 이 장에서 저자들은 정서장애의 단일화된 범진단적 치료 프로토콜[unified protocol(UP) for the transdiagnostic treatment of emotional disorders]을 제시한다. 저자들의 개념에서 '정서장애'는 불안장애, 우울장애, 강박장애 및 외상 관련 장애뿐만 아니라 정서의 경험과 조절이 중요한 역할을 하는 다른 부류의 장애들, 예컨대 신체 증상 및 관련 장애,[1] 해리장애, 그리고 어느 정도까지는 섭식장애를 포함한다. 경계선 성격장애 또한 극단적인 정서조절곤란의 장애로 개념화될 수 있으며(Sauer-Zavala & Barlow, 2013; Neasciu & Linehan, 이 책의 제10장 참조), 저자들의 UP 개념화 내에 적합할 수 있다. 저자들의 과학과 실무는 기존 치료 프로토콜의 수를 실질적으로 줄이는 매우 실용적인 이점에 더하여 그러한 접근의 개발을 지지하는 여러 가지 강한 주장이 있을 정도로 충분히 발전해 왔다. 저자들은 이 책이 오랜 기간 유지하고 있는 형식을 따라가는 데 있어서 UP의 치료 구성요소들을 자세히 기술하기 전에 여기서 그러한 주장들을 간단히 언급하고 있다.

단일화된 접근을 위한 이론적 근거

아마도 정서장애에 대한 단일화된 범진단적 치료 접근을 뒷받침하는 가장 강력한 주장은 이 장애들의 원인론에 공통점이 있음을 지지하는 새로운 많은 증거이다. 저자들은 최근에 이를 '삼중 취약성(triple vulnerability)'이라 불리는 새로운 원인론적 모델의 형태로 요약하였다(Barlow, 1991, 2000, 2002; Suárez, Bennett, Goldstein, & Barlow, 2009). 물론 공유된 원인적 경로 또는 병태생리적 과정들이 아직 확고하게 확립되지 않았다는 점과, 정서장애와 그 하위 유형들 각각이 식별 가능한 분류군(taxa)을 가진 (일종의 진정한 범주적 조직화를 반영하는) 고유한 기저 병리와 연관되어 있음을 규명할 수 있다는 점에 주목하는 것이 중요하다.

두 번째 주장은 주요한 정서장애들 간의 차이점보다는 공통점을 강조하는 개념들에 초점을 맞춘다. '스펙트럼' 접근은 이러한 개념을 보여 주는 한 가지 방식이다. 예를 들어, 높은 동반이환율은 장

1) 역자 주: 원서에 somatic disorders로 되어 있어 신체 증상 및 관련 장애로 번역하였다. Barlow 등(2011)이 저술한 『정서장애의 단일화된 범진단적 치료 프로토콜: 치료자용 가이드』의 서문에는 이와 관련하여 "건강염려증, 그리고 건강염려에 초점이 맞춰진 과도한 불안과 관련된 기타 장애……."로 되어 있다(조용래, 노상선, 최미경 공역, p. 9).

애들 간의 상당한 중복을 시사한다. 현대적인 심리학적 치료들이 동반이환 상태에 미치는 관찰된 효과는 또한 치료 반응이 최소한 부분적으로 불특정함을 나타낸다. 현상학적 관점에서 볼 때, 최신 연구들은 정서장애의 차원적 특징들에 내재하는 요인 구조가 이러한 장애들을 아우를 수 있는 위계적 구조로 이루어져 있음을 나타낸다. 다음 절에서는 이러한 주장들과 관련된 증거를 간략하게 소개하고 있다.

원인론

저자들은 불안, 불안장애 및 관련 정서장애의 발병에 관여하는 일련의 상호작용하는 취약성 또는 병적 소질을 자세히 기술하였다. 이러한 '삼중 취약성' 이론은 일반화된 생물학적 취약성, 일반화된 심리적 취약성, 그리고 초기 학습으로부터 형성되는 특정한 심리적 취약성을 아우른다(Barlow, 2000, 2002; Suárez et al., 2009). 일반화된 생물학적 및 심리적 취약성에 관한 연구 대부분은 '신경증성' '부적 정동' '행동억제' 또는 '특질불안' 등 다양하게 이름 붙여진 기질에 초점을 맞추어 왔다. 이처럼 밀접하게 관련된 특질이나 기질 간의 관계가 아직 충분히 규명되어 있지 않지만, 이 기질들은 정서장애의 발병에 관여하는 생물학적 취약성과 연관되어 있는 하나의 공통된 주제를 실질적으로 표상하고, 이와 중복되는 듯 보인다(Barlow, 2000, 2002; Campbell-Sills, Liverant, & Brown, 2004; Suárez et al., 2009). 저자들은 이 기질을 '신경증성'이라는 가장 전통적인 용어로 언급해 오고 있다(Barlow, Sauer-Zavala, Carl, Bullis, & Ellard, 출판 중; Eysenck, 1947). 일반화된 생물학적 취약성은 신경증성의 발달에 기여하는 불특정한 유전적 요소와 관련된다. 아울러 사건들, 특히 부정적 사건들에 대한 예측불허감 또는 통제 불능감을 일으키는 생의 초기 경험들이 이후에 신경증성의 발생에 관여하는 심리적 취약성, 즉 일반화된 심리적인 병적 소질에 기여한다. 만약 일반화된 생물학적 및 심리적 취약성이 차례대로 작용하고 생활 스트레스의 영향에 의해 강화된다면, 그 결과로 범불안장애와 우울장애라는 두 가지 밀접하게 관련된 임상적 증후군이 발병할 가능성이 있다. 오경보(공황발작) 또한 스트레스성 생활사건의 함수로 나타날 수 있으며, 높은 수준의 기저 불안에 의해 촉진될 수 있다. 그러나 이러한 오경보는 불안과는 상이한 유전가능성을 가지는 듯 보이며, 어떤 임상적 장애와 꼭 연관되지는 않는다. 임상적 장애가 발병하기 위해서는 더 특정한 심리적 취약성이라는 추가적인 요소가 고려되어야 한다. 특히 어떤 학습경험은 특정한 생활 여건에 관한 불안에 초점을 맞추는 듯 보이며, 이러한 여건 또는 사건은 고양된 위협감과 연관되어 있다. 예를 들어, 특정한 초기 학습경험은 사람들이 신체감각, 침습사고 또는 사회적 평가를 특정하게 위험한 것으로 볼 수 있는지 여부를 결정하는 듯 보인다(Barlow, 2002; Bouton, Mineka, & Barlow, 2001). 다시 말해서, 한 예를 들면 사회불안을 보이는 사람들은 타인들로부터 부정적 평가를 받거나 그들의 '반대'에 부딪히는 두려운 결과를 회피하기 위하여 항상 최선을 다해 행동하고 가장 좋게 보이려고 애쓰는데, 흔히 부모나 가족의 질책이 그 뒤에 숨어 있다. 앞서 언급된 일반화된 생물학적 취약성 및 심리적 취약성과 협응되었을 때, 사회불안장애, 공황장애 및 특정공포증 같은 별개의 불안장애의 발병에 기여하는 듯 보이는 것이 바로 특정한 심리적 취약성이다. 이 모델은 또한 강박장애와 외상 및 스트레스 사건 관련 장애에도 적용 가능하다. 예를 들어, 강박장애에서 개인들은 어떤 생각을 하는 것이 그 행동을 실행하는 것만큼 나쁘다(예: 조용히 시키기 위해서 신생아를 흔든다는 생각을 하는 것은 실제로 아이를 흔드는 것 못지않게 나쁘다)는 점을 권위적 인물들로부터 학습하게 되었다고 흔히 보고한다. 이러한 '삼중 취약성' 모델을 지지하는 기존의 증거들은 다른 문헌들(Bouton et al., 2001; Chorpita & Barlow, 1998; Suárez et al., 2009)에 자세히 조사되어 있으며, 정서장애의 발생과 표현에서 공통 요인들이 최우선적으로 중요하다는 점과 일치한다.

정서장애의 잠재 구조

『정신장애의 진단 및 통계 편람 제4판(Diagnostic and Statistical Manual of Mental Disorders, fourth edition: DSM-IV-TR)』(American Psychiatric Association, 2000)과 『정신질환의 진단 및 통계 편람 제5판(Diagnostic and Statistical Manual of Mental Disorders, fifth edition: DSM-5)』(APA, 2013)은 높은 비율의 진단적 신뢰도를 이루기 위한 시도의 하나로 진단분류에 대한 '분할적 접근'을 강조한다. 반면에 이러한 점은 진단적 타당도를 희생시킬 가능성이 있다. 즉, 현재의 분류 체계는 보다 근본적인 기저의 증후군들의 사소한 변산인 범주들을 부각할 가능성이 있다. 잠재변인 방법론을 사용하는 계량적 접근은 다양한 불안장애와 기분장애, 그리고 기존의 (아마도) 인위적인 범주들을 제약하지 않고도 그러한 장애들 간의 관계를 현재 검토할 수 있다(Brown, Chorpita, & Barlow, 1998; Chorpita, Albano, & Barlow, 1998; Clark, 2005; Clark & Watson, 1991; Watson, 2005). 저자들은 수년 동안 이러한 질문들을 다루기 위해 연구하고 있다. 예를 들어, Brown과 동료들(1998)은 DSM-IV의 불안장애와 기분장애를 가진 350명의 환자 표본을 대상으로 정서장애에 대한 위계적 구조를 확증하였다. 이러한 구조에서 특질 부정정서와 특질 긍정정서는 DSM-IV의 장애 요인들에 대한 중요한 고차 요인들로 확인되었는데, 부정정서로부터 DSM-IV의 다섯 가지 장애 요인(범불안장애, 사회공포증, 공황장애, 강박장애 및 주요우울증) 각각으로 가는 경로들이 유의하였다. 흥미롭게도, 낮은 긍정정서는 주요우울증과 사회공포증에 대한 경로만이 유의한 것으로 밝혀졌다. 이 모델에서 자율신경계 각성은 공황 현상을 표상하며, 이러한 각성은 공황장애와 범불안장애(후자와의 관계는 부적이었음)로부터 오는 경로가 유의한 일종의 저차 요인으로 나타났다.

DSM-IV의 불안장애와 기분장애를 가진 606명의 환자를 2년의 기간 동안 추적조사한 별개의 연구(Brown, 2007)는 앞서 소개한 위계적 모델을 추가로 지지하였다. 이 연구는 이전의 횡단적 연구 결과들을 반복 검증하였는데, 신경증성/행동억제/부정정서성과 행동활성화/긍정정서성이라는 두 가지 고차적인 기질 차원들은 DSM-IV의 장애 구성개념들(범불안장애, 사회공포증 및 주요우울증) 간의 모든 공변량을 실제로 설명하였다. 게다가 연구기간 동안의 신경증성/행동억제의 변화율은 DSM-IV의 장애 구성개념들에서의 변화율 간의 모든 공변량을 실제로 설명하였다. 이와 같은 발견들은 정서장애들 간의 공통점이 차이점보다 비중이 더 크다는 점을 시사한다. 저자들은 이 연구에 근거하여 DSM-IV의 정서장애 범주들이 신경증성/행동억제라는 일종의 일반적인 배경 위에서 '빛나는 점'으로 드러나는 유용한 구성개념들로 가장 잘 간주되며, 질병 분류를 조직화하기 위한 최선의 방식은 아닐 가능성이 있다고 결론을 내렸다(Brown & Barlow, 2009).

장애들 간의 중복

진단적 수준에서 정서장애들 간의 중복은 현재 및 평생 동반이환율이 높다는 점에서 아주 자명하다(예: Brown, Campbell, Lehman, Grisham, & Mancill, 2001; Kessler et al., 1996; Roy-Byrne, Craske, & Stein, 2006; Tsao, Mystkowski, Zucker, & Craske, 2002, 2005). Brown, Campbell과 동료들(2001)은 주요 불안장애를 가진 환자들 중 55%가 평가 시기에 적어도 한 가지 이상의 추가적인 불안 또는 우울 장애를 가졌음을 시사한다. 그러나 면접 당시에 어떤 장애가 있는지 여부에 상관없이 특정 환자가 평생에 걸쳐서 어떤 장애를 겪는지를 검토한다면, 그 비율은 76%까지 증가한다. 한 가지 예를 들면, 광장공포증이 동반되든 그렇지 않든, 공황장애로 진단된 324명의 환자 중 60%가 추가로 불안 또는 기분 장애 중 한 가지 아니면 두 가지 모두의 진단기준을 충족시키는 것으로 밝혀졌다. 특히 47%는 추가로 불안장애를, 33%는 추가로 우울장애를 겪고 있었다. 평생 진단을 고려할 때, 그 비율은 77%가 어떤 종류의 불안 또는 기분 장애를 경험하는 것으로 증가하였으며, 이를 나누면 56%가 어떤 종류의 불안장애를, 그리고 60%가 어떤 종류의 기분장애를 겪는 것으로 나타났다. 외상 후 스트레스 장애나 범불안장애가 주(가장 심한) 진단일 경우, 동반이환율이 가장 높았다. Merikangas, Zhang과 Aveneoli(2003)는 15년 동안 약 500명을 대상으로 추적조사한 결과, 불안 또는 우울 장애만을 겪고 있는 사람들은 상대적으로 거의 없는 것으로 보고하였다. 어떤 단일한 장애를 한 시점에 겪게 된다면, 추가적인 기분상태가 그 뒤에 거의 확실하게 나타나는 것 같다.

이처럼 높은 동반이환율에 대한 여러 가지 가능한 설명들은 다른 문헌(Brown & Barlow, 2002)에 광범위하게 제시되어 있다. 이러한 설명 중에는 정의적 기준이 중복되어 있다는 비교적 사소한 이슈들, 저자들의 기관에서 조사된 차별적인 기저율 같은 인위적 사실과 관련된 이유, 그리고 장애들이 순차적으로 관련되어 있을 가능성과 한 가지 장애의 특징들이 또 다른 장애에 대한 위험 요인으로 작용할 가능성 등이 있다. 예를 들면, 우울증은 광장공포증이 동반된 공황장애 다음에 나타나는 듯 보이고, 광장공포증이 동반된 공황장애는 외상 후 스트레스 장애 다음에 나타나는 듯 보인다. 그러나 Gavin Andrews와 Peter Tyrer(Andrews, 1990, 1996; Tyrer, 1989; Tyrer et al., 1998)가 처음으로 제안한 더 흥미로운 설명은, 저자들의 취지에 맞게 이러한 동반이환 패턴이 '일반적인 신경증적 증후군(general neurotic syndrome)'으로 불리어 왔던 것의 존재를 지지한다는 점이다. Andrews와 Tyrer는 정서장애 증상들의 표현에서의 차이(사회불안, 공황발작, 무쾌감증 등의 현저함에 있어서 개인적인 변산)가 더 광범위한 어떤 증후군의 발현에 있어 단지 사소한 변산일 뿐임을 제안하였다. 이러한 점은 다시, 앞서 언급했던 불안(그리고 기분)장애들은 공유된 심리사회적 및 생물학적/유전적인 병적 소질들로부터 드러난다는 '삼중 취약성' 모델과 일치한다. 만약 그렇다면 불안 또는 기분 장애의 핵심 특징들을 다루며 현재의 진단범주들을 가로지르는 단일화된 치료 프로토콜은 더 간명하고 아마도 강력한 치료 선택안의 하나일 가능성이 있다.

저자들은 불안과 우울 상태 사이의 공통점에 관한 유전적이고 신경생물학적 증거들을 다른 문헌(Barlow, 2002, 제3, 6, 7, 8장; Bouton, 2005; Brown, 2007; Suárez et al., 2009)에서 자세히 개관한 바 있다. 예를 들어, 불안과 우울증에 대한 유전적 기여에 초점을 둔 대부분의 연구는 Ken Kendler(1996; Kendler et al., 1995)의 '동일한 유전자 상이한 환경'이라는 초기 금언을 지지한다(Hettema, Neale, & Kendler, 2001; Rutter, Moffitt, & Caspi, 2006). 기저의 유전적 취약성에 관한 한 이론과 일치되게, 유전적 변산들은 특질불안과 부정적 정서성(또는 신경증성) 모두와 연결되어 있으며(Montag, Fiebach, Kirsch, & Reuter, 2011; Stein, Campbell-Sills, & Gerlernter, 2009), 생활 스트레스 사건에 뒤따르는 정신병리의 이후 발병에 영향을 미치는 것으로 보고되었다(Caspi, 2006). 유전학에서 증가 추세에 있는 최근 증거에 따르면, 유전적 다형성은 정서처리에 관련된 신경경로의 기능과 구조 모두와 연관성이 있음이 관찰되었다. 이는 유전적 소인, 비효율적이거나 부적응적인 정서처리, 그리고 정서장애의 발병 간의 연관성을 시사한다. 예를 들면, 유전적 변산성은 정서발생에 관련된 신경 구조의 과잉활성화(Drabant et al., 2012; Lonsdorf et al., 2011; Munafò, Brown, & Hariri, 2008), 변연계의 회백질 용적의 감소, 그리고 정서발생 영역 및 그 억제적 통제와 관련된 구조 간의 기능적 연결성의 감소와 연관되어 있다(Pezawas et al., 2005).

정서를 통제할 수 없고 감내할 수 없다는 지각의 증가, 회피처리의 증가, 그리고 정서통제 시도의 증가 또한 여러 장애에 걸쳐서 입증되어 왔다(Campbell-Sills, Barlow, Brown, & Hofmann, 2006a, 2006b; Weinberg & Hajcak, 2010; Weiser, Pauli, Weyers, Alpers, & Muhlberger, 2009). 불확실성과 고통에 대한 인내력 부족은 우울증, 범불안장애, 사회불안장애, 강박장애를 포함한 다양한 장애에 걸쳐서 입증되어 왔다(Boelen, Vrissen, & van Tulder, 2010; Boswell, Thompson-Holland, Farchione, & Barlow, 2013; Lee, Orsillo, Roemer, & Allen, 2010). 이에 더해 점차 많은 수의 연구에 따르면, 불안 또는 기분 장애를 가진 사람들이 부적응적인 정서조절 전략들을 사용하는 경향이 있는 것으로 밝혀졌다(예: Campbell-Sills et al., 2006a, 2006b; Liverant, Brown, Barlow, & Roemer, 2008; Mennin, Heimberg, Turk, & Fresco, 2005; Tull & Roemer, 2007). 이런 전략들은 불편한 정서를 회피하거나 그 강도를 약화시키려는 시도를 포함하는데, 결국 그러한 증상들의 유지에 기여하고 악화시키는 것으로 알려져 있다. 종합하면, 여러 장애에 걸쳐서 하나의 공통되고 중복된 특징은 정서 반응이 증가하고 그에 대한 조절적인 통제력이 비효율적이거나 부족한 성향이라는 점이 유전학, 신경과학, 행동적 연구 및 정신병리학 연구 증거들로부터 시사된다. 이러한 성향은 그러한 경험을 혐오적으로 바라보는 높은 경향과 연결되며, 정서 반응을 바꾸거나 또는 회피하거나 통제하려는 시도들에서 나타나는 특징이 있다.

요약하면, 기존 문헌은 개별적인 DSM 진단적 범주들 및 이와 연관된 장애 특정적인 심리학적 프로토콜들로부터 물러나서 정신병리의 본질에 관한 새로운 발견들에 기초하고, 정서과학의 새로운 분야로부터 나온 더 단일화된 범진단적 접근을 고려하기 위한 여러 가지 주장을 지지한다. 이에 더해, 정서장애에 대한 현재의 근거기반 인지행동치료 프로토콜들은 많은 공통점이 있고, 세 가지 광범위한 변화의 원칙으로 축소된다. 즉, 특출한 사건에 대한 정서기반 오평가 바꾸기, 부정적이고 정서적으로 부담된 내부적 또는 외부적 촉발 요인들에 대한 회피를 방지하기뿐만 아니라 정서주도행동들을 수정하고 두려움의 소거를 촉진하기, 그리고 강렬한 정서경험 동안에 불안과 고통 줄이기 등이다. 다음 절에는 이 프로토콜에 대한 충분한 설명과 한 환자에게 적용한 내용에 관한 기술이 제시된다.

치료 변인

환경

환자들에 대한 모든 평가와 치료는 보스턴 대학교의 불안 및 관련장애센터(CARD)에서 진행된다. 저자들의 이 클리닉에는 매년 500명 넘는 사람이 새로 방문하는데, 많은 환자가 초기 접수 평가를 받은 후에 치료를 제공받는다. CARD는 치료진으로 심리학자들과 한 명의 정신과 의사가 근무하는 곳일 뿐만 아니라, 박사과정 학생들과 정신과 레지던트들을 위한 수련센터이기도 하다. 어떤 특정한 시기든지, 미국 국립보건원(National Institutes of Health: NIH)으로부터 연구비 지원을 받은 다수의 치료와 연구 프로젝트가 이 센터에서 진행되고 있다. 치료를 받으러 온 환자들을 진단에 따라 분류해 보면, 가장 흔한 진단은 범불안장애이며, 그다음은 사회불안장애, 공황장애, 특정공포증, 강박장애 및 외상 후 스트레스 장애 순이지만, 광범위한 '신경증 스펙트럼' 장애들을 평가하고 치료하고 있다. 환자들 중에서 작은 비율은 '공동 주 진단'을 받는데, 이는 별개의 두 가지 진단이 동등한 심각도를 보이는 것으로 판단되는 사례를 말한다.

각 환자는 접수 평가를 받기 이전에 우편으로 받은 질문지 묶음을 완성해서 평가를 받으러 올 때 가져온다. 이러한 질문지 묶음은 면접 후에 채점되고, 그 결과에 대한 해석이 제공된다. 접수 평가를 위해 약속한 날에 대다수의 시간은 불안장애 면접 스케줄[DSM-5의 경우(Anxiety Disorder Interview Schedule for DSM-5: ADIS-5; Brown, Di Nardo, & Barlow, 2014) 또는 DSM-IV의 경우(Anxiety Disorder Interview Schedule for DSM-IV: ADIS-IV; Di Nardo, Brown, & Barlow, 1994)]의 시행으로 이뤄진다. 전체 평가 과정을 완료한 다음에는 특정 환자에게 진단적 피드백과 치료 권고사항들을 제공하며, 그 후에 매주 이뤄지는 치료진 회의 동안에 합의된 진단이 결정된다. 면접을 통해 수집된 정보에 기초하여 특정 환자에게 CARD에서 시행되는 여러 치료 선택지 중 한 가지가 제공되거나, 아니면 지역사회의 다른 기관으로 의뢰될 수 있다.

형식

UP를 사용한 치료는 비록 혼합된 1차 정서장애 진단들을 가진 환자들로 이뤄진 집단에서 성공적으로 진행되었던 적이 있지만, 전형적으로 개인별로 진행된다. 이 장에 기술된 치료는 개인치료 프로토콜이며, 각 회기 동안 치료 구성요소들에 대한 기술과 적용에 더 많은 주의를 허용한다. 하지만 집단장면으로 시행될 때 환자들은 다양한 호소 문제 간의 공통점을 쉽게 발견할 수 있으며, 이러한 이해를 통하여 집단 구성원들은 종종 서로 간의 강한 유대감을 형성하게 된다. 따라서 저자들이 CARD에서 했던 것처럼 이 프로토콜을 집단치료를 위해 조정하는 것이 유용할 수 있다.

치료자 변인

임상경험과 UP에 대한 전문성의 정도가 다양한 치료자가 UP를 실시해 오고 있다. 저자들이 알기에, 주니어 치료자들(인지행동치료에 대한 경험이 전혀 없는 치료자들조차도)과 시니어 치료자들(즉, 최소 4년 이상의 치료경험이 있는 치료자들) 모두 큰 어려움 없이 UP에 적응할 수 있었다. 확실히 인지행동기법들의 배경은 이 프로토콜을 활용할 때(예: 인지적 재평가를 촉진하거나 노출 훈련을 고안하고 시행할 때) 도움이 될 수 있다. 적어도 고도로 구조화된 인지행동치료 프로토콜을 가지고 광장공포증이 동반된 공황장애를 치료할 때에는 치료자의 심리치료 경험이 치료 성과에 어느 정도 도움이 됨을 시사하는 증거가 있다(Huppert et al., 2001).

UP는 정서중심치료 접근의 일종이다. 이를테면, 모든 훈련의 초점은 다양한 정서와 정서 유발 단서에 대한 반응들을 유발하고 변화시키는 데 초점을 둔다. 아마 치료자에게 가장 도전적인 측면 중 하나는 치료 초기에 시작해서 치료가 진행되는 동안 쭉 계속되는 정서 촉발 노출 훈련을 효과적으로 만들어 내고 활용할 수 있는 것이다. 가장 중요한 점은 언제 환자들이 정서를 경험하고 표현하거나 수용하는 과정을 회피하는지 인식할 수 있어야 한다는 것이다. 이러한 회피는 눈맞춤 피하기, 논의 주제 바꾸기, 회기에 늦게 도착하기, 그리고 할당된 숙제를 완성하지 않기(또는 '너무 많이 해 오기')와 같이 매우 미묘한 행동적 단서들에 의해 종종 드러난다. 이러한 각 행동은 직접 회피 또는 과잉통제를 통하여 불편한 정서를 통제하려는 시도를 나타낸다. 치료자는 이러한 행동들이 나타날 때 그 행동들을 인식하고 다룰 수 있으며, 이를 통해 효과적인 정서 노출 및 회피에 관한 논의를 위한 기회가 정서처리를 촉진할 수 있도록 하는 것이 필수적이다.

치료자에게 있어 두 번째 도전은 환자의 정서 표현을 감내하고 경험하는 것이다. 덜 숙련된 치료자들은 환자들의 정서 반응을 신속하게 합리화해 버리는 경우가 흔하다. 하지만 이것은 정서와 회피의 주기에 연료를 제공할 뿐이다. 각 단계에서 치료자는 정서의 표현과 수용을 격려해야만 하며, 이와 동시에 그런 정서가 '더 심화되게' 하지 않으면서 환자들에게 그런 정서를 '검토'하는 방법을 안내해 줘야 한다. 이러한 사례들에서 시니어 치료자로부터의 모델링과 광범위한 슈퍼비전은 덜 숙련된 치료자들에게 자신들의 환자들이 '정서적'이 될 수 있도록 돕는 방법에 있어서 유용한 교육이 될 수 있다.

환자 변인

앞서 언급했듯이, 주 진단이 불안 또는 기분 장애인 환자들의 동반이환율은 주 진단에 따라서 대략 55%이다(Brown, Campbell, et al., 2001), 대부분의 인지행동치료 프로토콜의 경우, 주 진단인 불안장애에 대한 성공적인 치료의 결과로 흔히 동반이환율의 감소를 보이지만(예: Allen et al., 2010; Brown, Antony, & Barlow, 1995), 동반이환 진단은 결코 치료의 초점이 아니다. 단일화된 치료 접근의 한 가지 이점은 동반이환 진단과 관계된 증상들이 치료 회기 내에서 논의될 수 있으며 정서 노출의 초점이 될 수도 있다는 것이다. 예를 들어, 일상적인 문제들에 관해 만성적 걱정을 경험하는 범불안장애를 가진 어떤 환자는 사회적 상황에서도 불안을 느낄 수 있다. 따라서 이 환자의 회기 내 정서 노출은 낯선 사람과의 대화나 소수의 집단 앞에서 발표하는 것으로 구성될 수 있다. 전통적인 프로토콜들과 대조적으로, 치료의 표적은 어떤 정서의 경험이며, 이는 의미 있는 동반이환을 가진 환자들이나 치료 동안 다수의 관심사를 다루고 싶어 하는 환자들에게 특히 유익할 수 있다.

병행 약물치료

치료를 받으러 오는 많은 환자는 어떤 형태의 향정신성 약물을 또한 복용하고 있다. 저자들의 클리닉인 CARD에서는 환자들에게 접수면접 전에 그들이 복용 중인 약물의 특정 용량에 안정화되도록 요구하고 있다. 그렇게 함으로써 치료자는 (치료용 약물을 초기에 추가하거나 없앰으로써 초래될 수 있는 증상들이 아니라) 실제 증상들에 대한 분명한 그림을 갖게 된다. 삼환계 항우울제와 선택적 세로토닌 재흡수 억제제(selective serotonin reuptake inhibitors: SSRIs) 같은 치료용 약물의 동시 사용은, 일단 그 약물을 더 이상 복용하지 않는다면 초기에 치료 성과에 부정적인 영향을 미치지 않는 듯 보인다. 반면에 약물치료만 받거나 또는 약물치료에 더해 인지행동치료를 받은 환자들은 재발가능성이 더 높다는 점을 시사하는 증거가 있다(예: Barlow, Gorman, Shear, & Woods, 2000; Heimberg et al., 1998; Liebowitz et al., 1999). 몇몇 연구자는 환자들이 치료의 성공을 치료용 약물의 사용으로 귀인할 수 있으며, 일단 약물치료를 철회한다면 자신의 증상을 처리하는 능력이 자신에게 있음을 더 이상 믿지 않을 수 있다고 시사하였지만, 증상들이 다시 나타나는 현상의 기저에 있는 정확한 기제는 불분명하다. 하지만 공황장애 치료를 위한 다중기관 비교연구로부터 수집된 자료를 사용한 최신 연구에서는 인지행동치료와 위약을 함께 받은 환자들이 실제로 약물치료를 받았던 환자들과 비교하여 약물치료를 받았다고 믿을 가능성이 동등하다고 보고하였다(Raffa et al., 2008). 하지만 인지행동치료와 위약 결합조건에 속한 환자들이 인지행동치료와 약물치료의 결합조건이나 약물치료 단독조건에 속한 환자들과 비교하여 재발가능성이 더 낮았다. 따라서 약물치료 조건에서 재발률이 더 높은 이유가 오직 그러한 '귀인 가설' 때문만이라는 점은 믿기 힘들어 보인다. 정신약물학적 치료를 받은 환자들에게서 재발률이 더 높은 이유를 설명하는 다른 한 가지 가설은 치료용 약물이 생리적 각성과 불안의 증가를 막는 의도하지 않은 '보호'효과를 제공한다는 것이다. 하지만 불안과 공황을 유발하는 것은 인지행동치료 프로토콜들의 핵심 요소 중 하나이며, 그래서 치료용 약물을 복용하는 환자들은 ① 약물을 더 이상 복용하지 않을 경우 더 큰 신체감각을 경험했을 가능성이 있으며, ② 치료를 받는 동안 생리적 각성과 공황에 결코 충분히 직면하지 못했을 수 있다. 그러나 이러한 가설들은 앞으로 충분히 검토되어야 한다.

한 가지 추가적으로 고려해야 할 사항은 치료 동안에 필요에 따라서 벤조디아제핀(benzodiazepine)을 사용하는 것이다. UP에 요약된 개념들에 따르면, 매 순간에 정서의 강도를 줄이기 위해 사용되는 전략은 정서회피 전략의 일종으로 고려되며, 결국 불안과 정서 반응성의 수준 증가에 기여한다. 따라서 벤조디아제핀(또는 다른 속효성 약물)의 사용을 막는데, 특히 당사자가 약물을 '안전신호'의 하나로 휴대한다면 더 그렇다.

평가

사례연구

요셉은 미혼인 25세 남자이며, 접수 당시에는 자신의 음악을 작은 지역의 장소에서 이따금씩 연주하는 프리랜서 음악 교사와 독립적인 뮤지션으로 일하고 있었다. 요셉은 개인적 및 직업적 목표를 달성하는 그의 능력에 방해가 되고 있었던 장기적이고 쇠약하게 만드는 정서적 문제들 때문에 도움을 받기 위해 저자들의 센터를 찾아왔다. 요셉은 그의 신체건강 문제들에 의해 악화되고 복잡하게 된 불안 및 우울과 오랜 기간 씨름했다고 보고하였다.

접수면접 동안 요셉은 상당하고 종종 무력화시키는 사회불안을 보고하였는데, 부정적 평가를 받는 것과 다른 사람들이 그를 짐으로 또는 '방해하는' 사람으로 보는 것에 대한 상당한 두려움을 기술하였다. 이러한 두려움 때문에 그는 평생 동안 중요한 사교적 약속, 예컨대 생일 파티나 다른 특별한 행사를 회피하였고, 종종 바에서 또는 친구들의 집에서 이루어지는 일상적 모임을 위한 초대를 자주 거절하였다. 이 때문에 그는 자신이 점점 고립되어 감을 알게 되었고, 친구들 몇 명은 정나미가 떨어져서 그를 '단념한다'고 느꼈다. 이에 더해, 다른 사람들에게 짐이 될 것 같은 두려움으로 인해 자신의 의사를 표현하지 못했으며, 이는 종종 상당한 지장을 초래하였다. 예를 들어, 요셉은 초등학교 아동을 대상으로 한 음악 교사로서 취직하기를 원했다고 보고하였다. 하지만 그가 해내기에는 거의 불가능한 일인, 취직 원서를 완성하는 데 필요한 정보를 제공해 달라고 다른 사람들에게 요구해야 하는데, 그렇게 하지 못해서 마감 기한이나 약속 기회를 놓치게 되었다고 말하였다. 요셉은 평생 동안 사회불안을 경험했으며, 9세 때 당뇨병 진단을 받은 후에 더 심해졌다고 말하였다. 그때 이후로 자신이 남들에게 짐인 것 같고, 항상 '방해하고 있는' 것 같이 느껴진다고 하였다. 특히 이러한 느낌들은 대중이 많이 이용하는 인도에까지 확대되는데, 즉 그가 가장 두려워하는 상황 중 한 가지는 다른 방향으로 걷고 있는 어떤 사람과 우연히 마주치는 것이다. 왜냐하면 자신이 그 사람을 불편하게 하거나 상대방이 자신을 부정적으로 판단할까 봐 두렵기 때문이다. 요셉은 자신의 사회불안이 취업을 방해하고, 그의 사회생활이 현재 '존재하지 않는 것'과 마찬가지로 이전에 비해 현재의 일상생활을 더 방해하고 있다고 보고하였다.

이에 더하여, 요셉은 과민성 대장 증후군의 증상들과 관련된 상당한 난처함을 기술했는데, 이는 5년 전에 시작되었다. 특히 그가 배 속의 문제를 경험하기 시작할 때는 공공장소와 같이 쉽게 벗어날 수 없는 상황을 피한다고 말하였다. 그는 모든 과일 또는 속 부글거림이나 설사를 유발할 수 있는 어떤 유형의 음식이든 먹는 것을 피한다. 그는 공공장소에 있는 동안 예기치 못한 장운동을 경험하는 것을 피하려는 시도의 일환으로, 집을 나서기 전에 화장실을 수차례 사용하기 위하여 출근해야 하는 시간보다 3시간 일찍 기상한다고 보고한다. 그는 출근하기 전에 매일 아침 다섯 번까지 화장실을 사용한다고 추정하였다. 이와 함께, 요셉은 예기치 못한 장운동을 경험하는 것에 대한 두려움 때문에 자동차로 장거리 여행을 하는 것, 영화나 스포츠 경기를 보러 가는 것, 또는 화장실에 신속하게 갈 수 없는 활동에 참여하는 것을 하지 못했다고 보고하였다. 이러한 증상들과 관련된 그의 가장 큰 두려움은 속이 부글거리거나 자신의 장을 전혀 조절하지 못해서 그 자신이 다른 사람들 앞에서 창피당하는 것이라고 말하였다.

요셉은 또한 삶의 많은 다양한 영역에 대한 상당한 불안과 걱정이 있다고 말하였다. 그는 직장에서 문법의 오류 같은 작은 실수를 하는 것에 관해 걱정한다. 그가 교직을 얻는다면 직장에서 자신의 잠재적인 수행에 관해 걱정하는데, 자신이 할지도 모르는 실수로 인해 결국 해고당할까 봐 두렵기 때문이다. 그는 자신의 재정상태와 독립된 생활을 하는 것뿐 아니라 부모님의 건강과 복지에 관해서도 걱정한다. 또한 지역사회와 세계 정세에 관해서도 걱정하며, '어떻게 해서든지 뉴스를 피함'으로써 이러한 걱정들을 통제한다고 말하였다. 요셉은 자신의 걱정들이 통제하기 어려우며 집중력을 방해한다고 보고한다. 그가 걱정할 때에는 안절부절못하고, 긴장되어 있으며, 짜증을 잘 내고, 종종 수면에 어려움을 보인다. 하루 평균 약 90%를 어떤 것에 대해 걱정하는 데 허비하며, 이러한 걱정들이 그의 사회생활, 전반적인 웰빙, 그리고 취직능력을 방해해 왔다고 말하였다.

요셉은 또한 침습적으로 의심하는 생각들, 남들에게 우연히 피해를 입힐 수도 있다는 생각들과 관련하여 상당한 불안이 있다고 말하였다. 그는 무심코 난로를 켜 두거나 집의 문을 잠그지 않고 떠나서 룸메이트가 불이나 강도의 피해를 입을까 봐 두려워서 아침에 집을 나서는 데 어려움을 겪고 있다고 하였다. 이러한 생각들 때문에 문을 잠갔는지, 촛불을 껐는지, 또는 오븐과 난로를 제대로 껐는지 반복해서 확인하게 되는데, 이러다 보면 1시간이 소요될 수 있다. 요셉은 또한 특별하게 운전하는 동안에 우연히 사람을 치거나 사고를 일으킬 수도 있다는 두려움 때문에 운전면허증을 결코 취득하지 않았다. 그는 자신의 의심하는 생각들과 남들에게 우연히 피해를 입힐 수 있다는 생각들로 인해 극도로 고통스러우며, 신뢰받지 못하는 끔찍한 사람인 것처럼 느껴진다고 보고하였다.

마지막으로, 요셉은 대학을 졸업한 이후 작년 동안 우울한 기분과 활동에 대한 흥미 부족을 경험하고 있다고 보고하였다. 그는 종종 밤에 잠을 자는 데 어려움을 겪으며, 낮에 너무 많이 잔다고 보고한다. 그는 '중압감'과 활력 부족, 주의집중의 어려움을 경험한다. 끊임없는 죄책감과 무가치감을 느끼며, 구체적인 계획이나 의도를 보고하지는 않으나 주기적으로 자살사고를 보인다. 요셉은 며칠마다 자신의 다리와 가슴을 외날 면도칼로 자해하는데, 이는 긴장을 완화하고 자기 자신을 안정시키기 위해서이다. 요셉은 우울감이 '성가시지만', 삶의 대부분을 그러한 감정과 함께 있어 왔기 때문에 그것에 또한 '익숙해져 있다'고 말하였다.

자기보고식 질문지들을 사용하여 요셉의 정서상태를 객관적으로 평가한 결과, 사회적 상호작용 불안 척도(Social Interaction Anxiety Scale: SIAS; Mattick & Clarke, 1998)에서 51점을 보였는데, 이는 심각한 사회불안임을 나타낸다. Beck 우울척도 제2판(Beck Depression Inventory-II: BDI-II; Beck,

Steer, & Brown, 1996)에서는 49점으로 심각한 우울 수준에 해당되고, 펜실베이니아 주립 걱정 질문지(Penn State Worry Questionnaire: PSWQ; Meyer, Miller, Metzger, & Borkovec, 1990)에서는 80점으로 중간에서 심각한 수준의 걱정을 보였다. 일과 사회적 적응 척도[Work and Social Adjustment Scale: WSAS; Hafner와 Marks(1976)가 도입한 척도의 수정판]의 점수는 요셉이 이러한 정서 증상들로 인해 일상생활에 심각한 지장을 경험하고 있음을 나타내었다. ADIS-IV를 사용한 진단적 면접 결과, 주진단은 사회불안장애로서 임상적 심각도 평정치(clinical severity rating: CSR; 다음에 기술되어 있음)는 7점이었으며, 부가적 진단은 범불안장애(CSR=6), 강박장애(CSR=5), 그리고 주요우울장애(CSR=5됨)였다.

면접

다수의 구조화된, 그리고 반구조화된 임상적 면접도구가 축 I 장애들을 진단하는 데 적합할 수 있다. DSM-IV의 구조화된 임상면접(Structured Clinical Interview for DSM-IV: SCID; First, Spitzer, Gibbon, & Williams, 1996)은 널리 사용되며 진단을 평가한다. 이러한 면접도구는 고도로 구조화되어 있고 현재 증상의 수에만 초점을 맞추기 때문에, 다수의 진단에 대해 평가자간 신뢰도가 높은 수준을 보인다. 하지만 이러한 면접도구는 증상의 빈도와 심각도에 대한 차원적인 평정을 포함하는데, 이 때문에 정서장애에 대한 더 자세한 프로파일을 그리는 데에는 덜 유용할 수 있다.

반구조화된 진단적인 임상적 면접도구의 하나인 DSM-5에 대한 불안장애 면접 스케줄(Anxiety Disorders Interview Schedules for DSM-5: ADIS-5; Brown, Di Nardo, & Barlow, 2014)은 불안, 강박 및 관련 장애, 외상 및 스트레스 관련 장애, 그리고 이에 동반되는 기분상태뿐 아니라 신체 증상 및 해리장애, 그리고 물질 및 중독성 장애의 DSM 진단에 초점을 맞춘다. ADIS를 사용하여 면접에서 얻은 정보는 임상가들로 하여금 변별진단을 결정하고 각 진단의 수준과 심각도를 더 분명하게 이해할 수 있게 해 준다. 지금부터 별도로 언급하지 않는 한 업데이트된 DSM-5 판을 가리킨다. 주요 진단과 추가 진단들은 0점(증상이 없음)에서 8점(증상이 극도로 심함) 사이의 척도에서 CSR 점수로 부여된다. 이 척도에서 4점 이상의 점수(분명한 곤란을 보임)는 DSM 진단기준의 임상적 역치를 통과했음을 의미한다. 자살사고에 대한 질문은 이 면접의 일부분이다. ADIS-IV는 불안 및 기분 장애에 대한 탁월한 수준에서 수용할 만한 수준 사이의 평가자간 신뢰도를 보였다(Brown, Di Nardo, Lehman, & Campbell, 2001).

더 넓은 범위의 점수를 제공하며 임상가들이 평정하는 두 가지 부가적인 측정도구에는 Hamilton 불안평정척도를 위한 구조화된 면접 가이드(Structured Interview Guide for the Hamilton Anxiety Rating Scale: SIGH-A; Shear, Vander Bilt, & Rucci, 2001)와 Hamilton 우울평정척도를 위한 구조화된 면접 가이드(Structured Interview Guide for Hamilton Depression Rating Scale: SIGH-D; Williams, 1988)가 있다. Hamilton 불안평정척도(Hamilton Anxiety Rating Scale: HARS; Hamilton, 1959)를 실시하기 위한 구조화된 형식을 만들어 내고자 SIGH-A가 개발되었다. 응답자들은 지난 1주간 불안한 기분, 긴장, 수면 문제, 자극과민성 등을 포함한 다수의 증

상의 경험 여부와 심각도에 관한 질문을 받는다. 평가자 또한 해당 환자의 면접행동을 평정하도록 지시를 받는다. SIGH-A에는 심각도 평정치들을 평가하기 위한 실시와 기준점에 관한 구체적인 지시문이 포함되어 있다. 이 측정도구는 평가자간 신뢰도와 검사-재검사 신뢰도가 양호한 것으로 보고되었다(Shear et al., 2001). 이에 더해, 점수들은 HARS와 비슷한(HARS에 비해 일관되게 더 높기는 하지만) 편이다.

SIGH-A와 유사하게, Hamilton 우울평정척도(Hamilton Depression Rating Scale: HDRS; Hamilton, 1960)의 실시와 채점을 위한 더 구체적인 지시문을 제공하기 위하여 SIGH-D가 개발되었다. 환자들은 반복해서 지난 1주간 우울한 기분, 자살사고, 피로감, 절망감, 체중 상실 등을 포함한 다양한 우울 증상의 경험 여부와 심각도에 관한 질문을 받는다. SIGH-D도 평가자간 신뢰도와 검사-재검사 신뢰도가 양호하였으며, HDRS와 비슷한 점수를 보인다(Williams, 1988).

의학적 평가

의학적 평가는 일반적으로 정서장애의 증상들에 대한 기질적 원인을 배제하기 위하여 진단 할당 및 치료 시작 전에 실시하도록 권고된다. 갑상선 기능저하증, 갑상선 기능항진증, 저혈당증, 승모판 탈출증, 또는 알코올이나 물질 금단 같은 몇 가지 신체상태가 범불안장애나 광장공포증을 동반한 공황장애와 연관된 장애들과 비슷한 증상을 유발할 수 있다. 이러한 의학적 상태의 진단이 심리학적 치료의 필요성을 배제하지는 않지만, 대안적 치료가 임상적으로 제안될 수 있기 때문에 의사에게 이러한 의학적 상태들을 검사받는 것을 일반적으로 권고한다.

자기관찰

자기관찰 양식은 여러 가지 이유로 치료 프로토콜의 중요한 부분 중 하나이다. 첫째, 치료자는 지난주에 발생했고 정서 반응에 기여했을 수 있는 구체적인 사건이나 상황에 관해 논의할 수 있다. 이러한 기록들은 치료 회기 동안에 제시된 개념들에 관한 논의를 촉진할 수 있으며, 치료자가 일반적인 치료 구성요소들을 환자의 구체적인 증상들로 통합하는 것에 도움이 될 수 있다. 둘째, 과거 불안 삽화에 대한 환자들의 회고적인 회상은 특히 공황발작을 회상할 때 과장될 수 있음을 시사하는 몇몇 증거가 있다(Margraf, Taylor, Ehlers, Roth, & Agras, 1987; Rapee, Craske, & Barlow, 1990). 자기관찰 양식들은 불안 삽화에 대해 전향적이면서 아마도 더 정확하게 보고할 수 있기 때문에 치료적으로 더 유용할 가능성이 있다. 이에 더해, UP에 요약되어 있는 주제들과 일치되게 지금 이 순간의 정서에 대한 알아차림을 실습하는 것은 정서 반응의 부적응적 양상을 바꾸기 위한 중요한 구성요소 중 하나라고 믿는다. 자기관찰의 바로 그 성질이야말로 구체적인 생각, 느낌과 행동을 기록하기 위하여 환자들에게 습관적인 불안 과정으로부터 짧게라도 벗어나도록 요구하며, 그들이 자신의 정서경험에 대하여 더 객관적인 자세를 취하도록 돕는다. 이러한 습관을 함양하게 되면 궁극적으로 환자들이 정서 반응 및 그 결과로 나타나는 행동들을 바꾸는 데 도움이 될 수 있다.

UP에 사용된 치료양식들에는 정서 알아차림,

자동적 평가, 정서회피 및 정서주도행동을 파악하기 위한 자기관찰 양식들뿐 아니라 내부수용감각적(신체감각적) 및 상황적 노출을 추적하는 양식들도 포함된다. [그림 6-1]은 맥락 내에서 정서와 정서주도행동 모니터링(Monitoring Emotions and EDBs in Context: MEEC) 양식을 보여 준다. 이 양식은 환자들이 그들 자신의 정서 반응들을 추적하는 것에 맞추도록 치료 초기에 수 주 동안 제시된다. 새로운 기술들(예: 인지적 재평가, 정서주도행동 바꾸기)이 도입됨에 따라 새로운 자기관찰 양식들이 일반적으로 MEEC를 대체한다. 예를 들어, 정서와 연관된 행동경향성을 변경하는 기술이 도입되면 환자들은 상황, 정서주도행동을 모니터하고, 정서주도행동 바꾸기 모니터링 양식([그림 6-2] 참조)에 원래의 정서주도행동과 상반된 새로운 행동을 찾아내서 기록하도록 요구받는다.

자기관찰 양식의 도입 및 완성과 관련하여 여러 가지 문제가 생길 수 있다. 첫째, 어떤 환자들은 모니터링 양식과 할당된 숙제의 완성에 대해 순응적이지 않을 수 있으며, 이것은 치료 회기에서 다뤄야 하는 중요한 이슈 중 하나이다. 동기강화접근을 사용하여 과제와 모니터링의 완성에 대한 환자들의 양가감정의 기저에 있는 이유들을 끄집어내는 것(예: 환자가 과제를 완료하고 싶지 않은 이유와 그렇게 함으로써 스스로 지각하는 이득을 끄집어내는 것)은 가치 있는 기법의 하나일 수 있다. 이런 과정은 모니터링 양식들을 제대로 완성하지 않는 행동에 기여하는 부적응적인 인지적 평가와 정서적 이유들을 치료자가 찾아낼 수 있도록 해 주기 때문에 대단히 중요하다. 일단 이러한 이유들이 밝혀지면, 환자가 보이는 비순응의 이유 몇 가지를 다룸으로써 환자들이 과제 기록지를 기꺼이 완성할 의향을 높이도록 인지적 재평가와 같은 치료적 전략들을 또한 사용한다. 더 나아가 과제를 완성하는 것의 이득 및 비순응과 연관된 부담을 선택적으로 반영해 주면 과제 기록지를 완성할 동기를 유발하는 데 도움이 될 수 있다. 몇몇 사례의 경우, 특히 완성에 대한 환자의 자기효능감이 낮을 때 과제 기록지 자체를 완성하는 것은 일종의 정서 노출이 될 수 있기 때문에, 이런 목표로 진전하면 이를 강화해 줘야 한다.

자기관찰 양식의 완성과 관련된 또 다른 일반적인 문제는 몇몇 환자(특히 범불안장애와 강박장애에서 흔히 발견되는 강박적이거나 '완벽주의적인' 특징이 많은 환자)가 숙제 기록지를 '지나치게 많이 작성해 오는' 경향이 있을 수 있다는 것이다. 이를테면, 이런 환자들은 어떤 상황과 그 상황에 대한 반응들을 대단히 길고 자세하게 서술해서 가져올 수 있다. 이는 특정 사건에 관한 모든 정보를 '떠넘기고' 싶은 욕구를 느끼는 환자들에게서 흔하다. 환자들이 정해진 과제를 하고 있을지라도, 그의 지나친 관여는 불안/걱정 과정을 또한 촉진할 수 있다. 만약 이것이 분명하다면, 치료자는 과제에 지나치게 관여하는 경향을 정서회피전략(또는 정서주도행동)의 하나로 논의하고 상황과 사건을 한 단어 또는 두 단어로 서술하는 식으로 모니터하려고 노력하라고 환자들을 격려하는 것이 좋다. 아니면 환자들이 기술하는 데 긴 시간을 허비하지 않는다는 것을 확실하게 하기 위하여 시간 제한을 두는 것이 좋다.

	A 선행사건	R 반응			C 결과
날짜/시간	상황/촉발 요인	생각	감정	행동	다음에 무엇이 일어났는가?

[그림 6-1] 맥락 내에서 정서와 정서주도행동 모니터링(MEEC) 양식

상황/촉발 요인	정서	정서주도행동	새로운(상반된) 반응	결과

[그림 6-2] 정서주도행동 바꾸기 모니터링 양식

질문지

저자들은 그들의 연구에서 치료 경과 동안 다수의 자기보고식 질문지를 활용한다. 저자들은 여기에 그 대부분을 기술하고 있으며, 순전히 임상적 목적을 위해서는 단지 몇 가지 질문지만이 필요하다는 점을 인식하고 있다. 치료가 진행되는 동안 증상들과 (기능적) 손상을 추적하고자 증상들 및 그와 연관된 (기능적) 손상을 측정하기 위해 개발된 두 가지 일반적인(진단 비특정적인) 질문지들을 회기 전에 매주 실시한다. 더 큰 질문지 배터리를 치료 전, 중간 및 후, 그리고 치료 동안 매 4회기에 실시하는데, 이는 환자들이 제시하는 문제들 뿐 아니라 그들의 전반적인 기능 수준과 삶의 질에 대한 더 포괄적인 그림을 얻기 위함이다. 이 배터리는 일반적인 질문지들(불안 및 기분 장애들과 연관된 다양한 증상을 평가하기 위해 개발된 측정법들)뿐 아니라 특정한 장애와 연관된 증상들을 추적하기 위하여 개발된 진단 특정적인 측정법들로 구성된다.

매주 실시되는 일반적 측정도구

불안 관련 증상의 심각도와 (기능적) 손상을 연속적으로 측정하기 위하여 개발된 5개 문항의 간편형 질문지인 전반적인 불안 심각도 및 손상 척도(Overall Anxiety Severity and Impairment Scale: OASIS; Norman, Cissell, Means-Christensen, & Stein, 2006)는 다수의 불안장애와 역하 불안 증상들을 포함한 불안장애들에 걸쳐서 사용될 수 있다. 이 측정도구는 내적 일치도가 양호하고, 검사-재검사 신뢰도가 탁월하며, 수렴 및 변별 타당도가 있는 것으로 알려져 있다(Campbell-Sills et al., 2009; Norman et al., 2006). OASIS의 직접적인 수정판인 전반적인 우울 심각도 및 손상 척도(Overall Depression Severity and Impairment Scale: ODSIS; Bentley, Gallagher, Carl, Farchione, & Barlow, 2013)는 우울증에 적용할 수 있도록 수정되었다. 이 척도는 차원적인 우울 관련 증상의 심각도와 (기능적) 손상을 평가하기 위한 5개 문항으로 구성된 간편형 질문지이며, 다양한 동반이환 양상과 역하 우울 증상을 포함한 여러 우울장애에 걸쳐서 사용될 수 있다. 이 두 질문지는 지난 한 주 동안의 특별한 증상들의 심각도 및 이 증상들과 연관된 (기능적) 손상에 초점을 맞추며, 치료가 진행되는 동안 일어나는 변화를 추적하기 위해 개발된 일반적이며 진단 비특정적인 측정치를 제공한다.

추가적인 일반적 측정도구

긍정정서와 부정정서에 대한 신뢰롭고 타당한 간편형 측정도구인 긍정 및 부정 정서 척도—특질판(Positive and Negative Affect Schedule—Trait version: PANAS; Watson, Clark, & Tellegen, 1988)의 경우, 개인들은 그들이 스무 가지 정서 단어를 일반적으로 얼마나 빈번하게 경험하는지 평정하게 되어 있다. PANAS는 광장공포증, 사회불안장애, 우울증 등의 장애에서 핵심 부정정서 및 긍정정서의 부족 정도를 평가하며, 치료 동안의 긍정 및 부정 정서의 변화 정도를 측정하는 데 있어 유용하다. 증상들에 의해 다양한 삶의 영역이 지장을 받는 정도를 확립하려는 노력의 일환으로, 일과 사회적 적응 척도(WSAS; Hafner & Marks, 1976)에는 증상들에 의해 일, 가정 관리, 개인적 여가활동, 사회적 여가활동 및 가족관계에 지장을 받는 정도를 참가자들에게 평정하도록 요구하는 5개의 문항이 포함되어 있다. 다양한 삶의 영역에서 주관적인 지장

정도에 대한 기술적 측정도구의 하나인 WSAS는 이전 연구들(예: Brown & Barlow, 1995)에서 성공적으로 사용되어 왔다.

삶의 질과 웰빙 측정도구

삶의 질과 즐거움 만족도 질문지(Quality of Life and Enjoyment Satisfaction Questionnaire: QLESQ; Endicott, Nee, Harrison, & Blumenthal, 1993)는 다양한 삶의 영역에서 지난 1주간의 즐거움과 만족의 정도를 평가하는 14개 문항의 측정도구이다. 이 질문지는 널리 사용되고 있으며, 임상 전집에 사용하기 위하여 타당화되었고, 변화에 민감한 것으로 보고되었다(Endicott et al., 1993). 정신적 웰빙 간편형 척도(Mental Health Continuum-Short Form: MHC-SF; Keyes, 2005, 2006; Keyes et al., 2008; Lamers, Westerhof, Bohlmeijer, ten Klooster, & Keyes, 2011; Westerhof & Keyes, 2009)는 사회적 · 정서적 및 심리적 웰빙을 평가하기 위하여 개발된 14개 문항의 측정도구이다. 이 측정도구는 미국, 네덜란드, 남아프리카의 청소년과 성인 모두에서 탁월한 내적 일치도와 변별타당도를 보여 주었다(Keyes, 2005, 2006; Keyes et al., 2008; Lamers et al., 2011; Westerhof & Keyes, 2009).

진단 특정적인 측정도구

일반적인(진단 비특정적인) 측정도구들에 더해, 개인의 특정한 진단적인 제시 문제들에 고유한 증상들을 평가하는 것이 중요하다. 저자들은 지난 한 주간의 증상 심각도를 평가하고 자기보고식 측정도구로뿐 아니라 임상가 평정용 측정도구로도 실시할 수 있어서 임상적 유용성을 높일 수 있는 다음 질문지들을 사용한다. 예일-브라운 강박장애 척도 제2판(Yale-Brown Obsessive-Compulsive Scale-II: Y-BOCS-II; Storch, Larson, Price, Rasmussen, Murphy, & Goodman, 2010)은 강박장애 증상들의 유무와 심각도를 평가하기 위해 개발된 Y-BOCS(Goodman et al., 1989)의 개정판이다.

7개 문항으로 구성된 공황장애 심각도 척도(Panic Disorder Severity Scale: PDSS; Shear et al., 1997)는 광장공포증이 동반되거나 동반되지 않는 공황장애의 핵심 특징들(공황 빈도, 공황 동안의 고통, 예기불안, 상황과 감각에 대한 공황 관련 회피) 및 공황장애에 의한 일과 사회적 손상/지장 정도에 대한 평정치를 제공한다(Shear et al., 1997).

Liebowitz 사회불안척도(Liebowitz Social Anxiety Scale: LSAS; Liebowitz, 1987)는 사회불안을 가진 환자들이 두려워하고 회피하는 다양한 사회적 상호작용과 수행 상황을 평가하기 위해 개발된 24개 문항으로 널리 사용되는 척도이다(Heimberg et al., 1999; Safren et al., 1999).

범불안장애 심각도 척도(Generalized Anxiety Disorder Severity Scale: GADSS; Shear, Belnap, Mazumdar, Houck, & Rollman, 2006)는 범불안장애의 핵심 특징들을 평가하는 6개 문항의 척도이다.

외상 후 스트레스 장애 증상 척도(PTSD Symptom Scale: PSS; Foa, Riggs, Dancu, & Rothbaum, 1993)는 외상 후 스트레스 장애의 DSM-IV 증상들을 평가하기 위하여 개발된 17개 문항의 측정도구이다. 외상 후 스트레스 장애의 증상에 상응하는 각 문항들은 0점(전혀 그렇지 않다)에서 3점(주 5회 이상/매우 그렇다) 사이로 평정되는 한 가지 간단한 질문으로 구성된다. 이 측정도구는 외상 후 스트레스 장애의 전체 심각도 점수뿐 아니라 재경험, 회피 및 각성 소척도 점수들을 제공한다(Foa & Tolin, 2000).

기능적 분석

진단에 상관없이, 특정 환자의 행동에 대한 분명한 기능적 분석(함수관계 분석)은 치료를 시작하기 전에 필수적이다. 기능적 분석에 기초하여 어떤 환자를 진단할 때 여러 가지 구성요소를 고려하는 것이 중요하다. 이는 증상 지형(질환의 지속기간, 신체감각, 고통의 수준과 증상으로부터 지장받는 정도 포함), 촉발 요인(상황, 신체 증상, 장소, 생각 등), 인지(증상에 대한 신념과 잘못된 평가), 정서에 대한 행동 반응(상황, 장소, 사람 또는 촉발 요인에 대한 회피행동뿐 아니라 도피행동 포함), 그리고 행동 반응의 결과들(삶의 질을 제한함과 '안락 존'의 감소 등)에 대한 면밀한 검토를 포함한다.

요셉은 진단적 수준에서 여러 가지 뚜렷한 불안과 기분 장애의 진단기준을 충족하였다. 그의 1차적 염려는 다른 사람들이 판단하거나 싫어하는 것에 대한 두려움 때문에 사회적 상황에 대해 보이는 불안이나 회피와 관련된다. 이러한 두려움은 요셉이 어린아이일 때부터 계속되어 왔으며, 사회불안장애(사회공포증) 진단과 분명하게 일치한다. 하지만 요셉은 다른 사람들에게 피해를 줄 것 같다는 침습사고와 관련하여 불안을 또한 경험하였다. 다른 사람들에게 실수로 피해를 줄 것 같다는 침습사고들은 하루에 1시간 이상 허비한 다수의 강박적인 확인행동과 연관되어 있는데, 이는 강박장애 진단과 일치한다. 요셉은 여러 가지 연관된 신체 증상과 함께 자신의 업무 수행능력, 재정 및 가족의 건강에 대한 커다란 불안과 통제 불능의 걱정 또한 호소하였다. 이러한 걱정들은 어느 정도 사회적 상황들과 관련되어 있을지라도, 미래의 부정적 결과 가능성과 관련되어 있는 더 막연한 걱정 또한 포함하였다. 이러한 걱정들은 우울증 삽화의 맥락 이외에서도 나타났다. 따라서 범불안장애라는 추가 진단이 또한 부여되었다. 끝으로, 요셉이 작년에 보고했던 우울 증상들은 이에 동반해서 나타난 활동에 대한 흥미 부족, 수면곤란, 에너지 부족 및 집중력 곤란과 함께 주요우울장애 진단과 일치하였다.

요셉의 증상들은 다수의 동반이환장애 진단을 받을 만했던 반면, 현상적 수준에서는 이러한 진단 특정적인 증상들이 상호작용하고 서로 악화시키는 경향이 있어서 각 장애 특정적인 증상군들이 꼭 독립적으로 나타나는 것은 아니라는 점을 주목하는 것이 중요하다. 이러한 점은 치료를 위한 중요한 고려사항이었으며, 단일화된 범진단적 접근을 지지하는 강력한 근거를 제공하였다. 예를 들어, 요셉의 우울 유발적인 반추에 의해 촉발된 그의 낮은 자기존중감은 다른 사람들보다 못하다는 의식을 불러일으키고, 그들에 의해 부정적인 평가를 받을 수 있다는 지각을 증가시켰다. 부정적 평가에 집중된 이러한 불안은 다시 요셉의 더 일반적인 불안을 증가시켰으며, 그의 정서주도행동을 불러일으켰다. 정서주도행동의 예는 확인행동인데, 이는 일을 제대로 하지 못해 일어날 수 있는 두려운 결과를 통제하기 위한 방법(재산 손실을 막기 위하여 문을 잠갔는지 확인하기), 다른 사람들에게 실제로 해를 끼칠 것 같은 두려운 결과를 통제하기 위한 방법(난로나 촛불 등을 확인함으로써 화재를 예방하기), 또는 대중 앞에서 망신을 당할 것 같은 두려운 결과를 통제하기 위한 방법(과민성 대장 증후군 증상들의 갑작스러운 재발을 막기 위하여 일을 시작하기 전에 여러 번 화장실에 가기)으로 종종 사용된다. 이러한 불안들은 다시 자기 스스로 '방해가 되고 있으며', '자신이 나쁜 사람'이라는 신념들과 일치하였다. 자신의 과민성 대장 증후군 증상들과 비교하여 보이는 요셉의 경계심은 또한 부정적 평가에 대한 불안에 의해 더 활성화되었으며, 신체 증상에 대한 관심의 증가는 보통 예기불안 수준의 증가와 연관되어 있었다. 직장에서 미래에 실패할 가능성, 재정 및 가족의 건강에 관한 요셉의 걱정들은 그가 불가피하게 무슨 잘못을 저지르고 '꼴찌로 떨어지고' 말 것이라거나, 또는 어떤 예기치 못한 부정적인 결과가 언제나 곧 일어날 것 같다는 일반적인 신념과도 일치한다. 요셉은 이러한 예측불능감과 통제불능감을 그의 어린 시절 당뇨병 진단과 연결지었다. 당뇨병 진단은 또한 '방해가 되었다'는 그의 가장 초기의 기억이었다. 어른들이 그의 섭식과 인슐린 수준을 모니터해야만 했기 때문에 그의 인생에서 어른들이 귀찮아하는 듯이 보였던 어린 시절의 여러 가지 사건을 회상하였다. 자신이 남들보다 '못하다'는 생각을 훨씬 더 일찍부터 하게 되었다고 회상하면서 자신이 남들에게 짐이라는 생각을 하게 되었다고 회상하였다. 따라서 특정한 진단분류와 상관없이 이러한 신념, 행동 및 생리적 반응들은 모두 요셉의 정서경험에서 상호작용하였으며, 적응적인 방식으로 기능하는 그의 능력에 영향을 주고 있었다. 요셉의 증상들에 대해 UP를 사용한 치료는 어떤 특정한 순간에서든 생각, 느낌 및 행동의 상호작용이 어떻게 전반적인 정서경험과 후속 행동에 영향을 미치는가에 초점을 맞추는데, 이는 한 번에 하나의 진단 특정적인 증상군들보다는 요셉의 기능장애의 현상적 패턴에 표적을 맞출 수 있도록 해 주었다.

치료의 구성요소

UP는 다섯 가지 핵심 치료 모듈과 세 가지 추가 모듈로 이루어지고, 매주 1회기씩 1회기당 50~60분 소요되며, 총 12~18회의 개인치료 회기로 진행되는 것으로 만들어졌다. 뒷부분의 회기들은 환자들이 치료 이득을 공고화하고, 매주 치료를 서서히 줄일 수 있도록 2주에 1회씩 진행될 수 있다. 뒷부분 회기들에 대한 이러한 형식은 의무사항이 아니다. 즉, 특정 환자가 매주 회기를 갖지 않는다면 치료 개념들을 일관되게 사용하는 데 어려움을 겪을 가능성이 있을 경우 그 환자는 계속 매주 회기를 갖는 것이 더 도움이 될 수 있을 것 같다. 따라서 뒷부분 회기들 간의 간격은 환자의 진전과 치료 후 예상되는 어려움을 고려해서 치료자가 결정한다.

정서처리와 정서조절의 여러 측면을 표적으로 해서 개발된 다섯 가지 핵심 치료 모듈은 다음과 같다. ① 현재에 초점을 둔 정서 알아차림 증가시키기(제3모듈), ② 인지적 유연성 증가시키기(제4모듈), ③ 정서회피의 양상들과 부적응적인 정서주도 행동들을 찾아내고 예방하기(제5모듈), ④ 정서 관련 신체감각에 대한 알아차림과 감내 증진하기(제6모듈), ⑤ 내부수용감각적(신체감각적) 및 상황 기반 정서에 초점을 둔 노출(제7모듈)이다. 변화와 치료 참여의 동기와 준비성을 높이는 데 초점을 둔 모듈(제1모듈)뿐 아니라 정서의 본질에 관한 심리교육과 정서경험을 이해하는 데 도움이 되는 틀을 제공하는 도입 모듈도 다섯 가지 핵심 모듈에 앞서 진행된다. 마지막 모듈은 치료에 따른 진전을 점검하고 재발방지 전략들을 개발한다. 상황적 · 내부적 및 신체적[내부수용감각적(신체감각적)] 단서들뿐 아니라 표준적인 기분 유도 연습을 통해 정서 표현을 촉발하는 맥락에서 진행되는 이러한 치료는 활용되는 상황적 단서와 연습들이 환자마다 상이하다. 이에 더해, '노출'을 일종의 작용 기제로 개념화하지 않는다. 대신에 성공적인 정서 촉발은 필수적인 치료 구성요소들을 실행하기 위한 여건을 조성하는 역할을 한다. 정서 노출은 일반적인 자극들(예: 기분 유도와 신체감각의 촉발)로 시작하며, 나중에는 각 환자의 특별한 염려와 증상들을 다루는 식으로 맞춰진다. 각 회기는 치료 프로토콜의 어떤 특정한 구성요소를 다루지만, 환자들이 배우는 전략들을 이후에 미래 회기들까지 '계속 사용할' 것으로 기대된다(예: 환자들이 제4모듈에서 인지 재평가 전략들을 배우지만 치료의 나머지 회기 전반에 걸쳐서 인지 재평가를 사용할 것으로 기대됨).

제1모듈: 치료 참여를 위한 동기 증진

동기강화 면담(motivational interviewing; Miller & Rollnick, 2013)에서 활용되는 원리와 치료기법들에 기반을 두고 있는 이 첫 번째 치료 모듈에서 치료자들은 행동 변화를 위한 환자의 준비도와 동기를 증진하고, 자기효능감, 즉 변화 능력에 대한 그의 믿음을 함양하기 위해 작업한다. 이 모듈은 동기강화 면담이 불안장애에 대한 인지행동치료의 효능을 증진할 수 있음을 시사하는 Westra와 동료들(Westra, Arkowitz, & Dozois, 2009; Westra & Dozois, 2006)의 최근 연구에 대한 반응으로 이 치료 프로토콜에 포함되었다. 이 모듈은 두 가지 구체적인 동기증진 연습을 활용한다. 즉, ① 치료자는 변화하기 대 그대로 있기의 찬성과 반대를 확인하고 비교하기 위하여 환자와 작업하는 결정저울 연습, ② 환자들이 성취 가능하고 구체적인 치료목표를 더 분명하게 수립하는 데 도움이 되는 치료목표 설정하기 연습이다. 이 모듈 및 그에 포함된 원리와 기법들이 핵심 모듈에 포함되어 있는 후속 학습을 위한 기초를 닦는 데 도움이 되도록 1차적으로 사용된다. 하지만 이런 원리들은 치료 참여를 증진하고 행동 변화를 위한 환자의 동기를 유지하기 위하여 치료 과정과 전반에 걸쳐서 적용될 수도 있다.

제2모듈: 심리교육과 정서경험 추적하기

첫 번째 동기증진 회기 다음에 정서의 본질과 기능에 관한 심리교육을 환자들에게 제공한다. 이러한 치료 구성요소는 불안의 기능에 더하여 여러 가지 다른 정서(분노, 슬픔 등)의 기능을 포함하는 식으로 초점이 확장되었지만, 대부분의 인지행동치료 프로토콜에 공통된 부분이다. (전형적으로 한 회기 또는 두 회기 동안 진행되는) 이 모듈에서 정서 반응의 인지적 · 생리적 · 행동적 후유증 및 이 세 가지 요소가 어떻게 상호작용하는지에 관한 정보를 환자들에게 제공한다. 그들의 반응이 기능적이며 위해로부터 보호할 뿐 아니라 특정 환경에 관한 정보를 제공하는 기능을 한다는 점을 환자들이 고려하는 것이 중요하다. 그다음에 이 세 가지 구성요소 모델은 특정 환자가 경험한 최근 상황이나 사건에 적용되는데, 그럼으로써 그 환자는 각 구성요소의 측면 및 그 요소들이 어떻게 상호작용하는지를 더 잘 이해할 수 있을 것이다. 환자들은 또한 그들의 정서 반응을 더 주의 깊게 모니터하고 추적하는 방법을 학습하며, 그 결과 잠재적인 유지 요인들(예: 일반적인 촉발 요인들과 환경적 수반성)을 포함하여 그들 자신의 정서 반응 양상들을 더 잘 알아차릴 수 있을 것이라고 기대된다.

심리교육의 또 하나의 중요한 점은 부적 강화라는 개념이다. 특히 이것은 단기적으로는 어떤 정서 삽화에 대한 특정 환자의 행동 반응(대개 도피 또는 어떤 형태의 정서회피)을 줄이지만(즉, 당사자를 특정 정서 자극으로부터 벗어나게 해 줌으로써), 장기적으로는 관련 정서의 주기를 강화(즉, 당사자에게 도피/회피가 미래에 이런 정서들을 관리하는 유일한 방법이라는 점을 가르쳐 줌으로써)하기 때문에 그런 반응이 어떻게 해서 문제가 되는지에 관해 자세히 논의하는 것이다. 환자들이 행동 반응과 정서의 강화 간의 연관성을 이해하는 것, 그래서 이후 회기에서 소개될 정서 노출의 취지와 기능을 더 잘 인식할 수 있는 것은 대단히 중요하다.

제3모듈: 정서알아차림 훈련

(전형적으로 한 회기 또는 두 회기 동안 진행되는) 첫 번째 핵심 모듈은 정서경험에 대한 더 비판단적이고 현재에 초점을 둔 접근을 촉진함으로써 환자들이 그들의 정서에 어떻게 반응하는지를 더 잘 알아차리도록 돕기 위해 개발되었다. 종종 환자들은 그들의 정서가 혼란스럽거나, 단지 '자동적으로' 일어나는 것 같다거나, 또는 자신의 즉각적인 의식을 벗어나는 식으로(예: '무의식적으로') 느껴진다고 보고한다. 환자들은 이 모듈을 통하여 생각, 느낌과 행동 간의 상호작용을 더 잘 알아차리는 법과 그들의 정서를 더 객관적이고 현재에 초점을 둔 방식으로 바라보는 법을 배운다. 이것은 특정 정서경험이 나타나는 특정한 상황적 맥락 안에서 일어난다. 현재 순간의 경험에 초점을 두는 것은 중요하며, 환자들로 하여금 정서 반응의 양상들과 특정 상황에서 사용되는 정서조절 전략들을 더 분명하게 알아내도록 해 주는 더 좋은 위치로 이끈다고 믿는다. 다시 말해서, 이것은 특정 정서 반응이 지속적인 상황적 또는 동기적 요구에 더 잘 부합하거나 양립할 수 있도록 환자들이 자신의 정서 반응을 적응적으로 더 잘 바꿀 수 있게 해 준다. 게다가 치료자는 환자들의 정서경험에 대한 2차 반응들도 탐색하며, 문제가 되는 것은 정서 그 자체가 아니라 특정 정서에 대한 그들의 반응양식이라는 견해를 소개한다. 이러한 2차 반응들은 판단이 실리는 경향(예: 불안을 대처 무능, 나약함 또는 실패의 징후로 보는)이 있고, 종종 지금 이 순간 맥락에서 온 정보에 기초를 두지 않기 때문에 특정 정서 반응의 변화를 가능하게 하는 잠재적으로 교정적인 정보의 처리를 방해할 수 있다. 환자들이 그들의 정서에 대해 더 비판단적인 자세를 함양하면 그들의 고통에 기여하고 있을 특정한 생각, 신체감각 및 행동을 더 잘 알아낼 수 있으며, 이에 따라 그들의 정서 반응을 적응적으로 바꾸기 위한 전략들을 실행하는 더 좋은 입장에 놓일 것으로 기대된다. 이러한 기술들은 간단한 마음챙김 실습과 기분 유도 실습을 함으로써 개발된다.

제4모듈: 인지 평가 및 재평가 (인지적 유연성 증가시키기)

Aaron T. Beck(Beck, 1967; Beck, Rush, Shaw, & Emery, 1979; Young, Rygh, Weinberger, & Beck, 또한 이 책 제7장에서 심도 있게 논의함)이 우울증을 치료하기 위하여 초창기에 개발한 인지치료는 심리학적 치료의 근본적인 부분이 되었다. 정서장애를 가진 사람들은 인지적 편향, 예컨대 부정적 사건의 발생 확률을 과대평가하고, 이러한 사건들에 대처하는 능력을 과소평가하는 경향을 보이는 외부 사건들에 대한 평가와 해석을 할 가능성이 있다. 따라서 인지치료의 목표는 이러한 부정적 평가를 할 가능성을 객관적으로 검토하고, 어떤 상황의 결과에 대한 더 현실적이고 근거에 기반을 둔 평가를 통합하는 것이다. 표면적으로는 이러한 기법이 그런 생각들을 '합리화'함으로써 부정적 생각들을 억제하거나 통제하는 하나의 방법으로 보일 수 있으며, 때로 이것은 Hayes, Strosahl과 Wilson(1999)이 언급한 대로 인지치료가 부정확하게 사용되는 방식이다. 하지만 이러한 전략은 또한 정서조절 관점으로 개념화할 수 있는데, 특히 재평가가 어떤 상황에 대한 많은 수의 가능한 해석 중 한 가지로 고려된다면 그럴 수 있다.

이 모듈의 1차적 목표는 사고의 더 큰 유연성을 함양하는 데 있다(이 모듈은 전형적으로 한 회기 또는 두 회기로 진행된다). 이것은 먼저 환자들에게 그들이 어떻게 상황을 해석하거나 평가하는지, 그리고 그들의 평가가 어떻게 정서 반응 양상에 영향을 미치는지를 이해하도록 도와서, 다음에 강한 정서를 경험할 때 그들에게 다수의 대안적인 귀인과 해석을 만들어 내는 법을 가르쳐 줌으로써 이뤄진다. 환자들의 최초 해석은 전형적으로 더 부정적이거나 불안 유발적이기 때문에 그들이 생각에 더 유연성을 갖도록(즉, 대안적인 평가를 만들어 내도록) 격려하고 재평가전략들을 가르쳐 준다.

저자들이 사용할 때 조정되었듯이, UP는 정서장애를 가진 사람들에게서 흔히 발견되는 두 가지 기본적인 오평가를 교정하는 데 초점을 맞춘다. 즉, 어떤 부정적 사건이 발생할 가능성(발생 확률 과대평가)과 그런 부정적 사건이 일어날 경우의 결과(탈파국화)이다. 다른 전통적인 인지행동치료 프로토콜들은 수많은 다른 오평가에 주목하지만, 대부분의 오평가는 여기서 소개되는 두 가지 평가 중 한 가지로 압축될 수 있다.

제5모듈: 정서회피의 예방과 정서주도행동 수정하기

제5모듈은 일반적으로 한 회기 또는 두 회기로 구성된다. 정서회피의 개념은 상황을 신체적으로 회피하거나 도피하지는 않으나, 높은 수준의 불안을 큰 완화 없이 여전히 경험하는 환자들에게는 특히 중요할 것 같다. 치료자는 당사자가 특정 상황에 신체적으로 머무를지라도 충분한 정서적 각성을 방지하기 위하여 수많은 다른 미묘한 행동에 참여할 가능성이 있음을 전해야 한다. UP에서 정서회피 전략들은 정서경험의 행동적 결과들인 정서주도행동(EDBs, 이 장의 뒷부분에 기술되어 있음)과 대조적으로, 어떤 상황에서 충분한 정서경험을 못하게 하는 행동들이다. 정서를 줄이기 위해서 환자들이 사용하는 기법이나 전략은 어떤 것이든 정서회피 전략의 일종으로 개념화할 수 있으며, 충분한 정서처리를 허용하는 정서 노출에 참여하기 전에 정서회피를 밝혀내고 없애는 것이 필수적이다. 따라서 각 환자별로 개별적인 정서회피 전략들에 대한 아주 상세한 서술을 얻어 내야 한다.

저자들은 세 가지 일반적인 정서회피 전략의 범주를 밝혀냈다. 즉, ① 미묘한 행동적 회피, ② 인지적 회피, 그리고 ③ 안전신호(예들은 〈표 6-1〉 참조)이다. 미묘한 행동적 회피전략들에는 어떤 행동들이 특별한 장애와 함께 더 빈번하게 나타나므로, 많은 수의 상이한 행동이 포함될 수 있다. 예를

〈표 6-1〉 정서회피 전략의 예

정서회피 전략	가장 흔히 연관되는 장애
1. 미묘한 행동적 회피	
• 눈맞춤을 피하기	사회불안장애(사회공포증)
• 카페인 섭취를 피하기	광장공포증을 동반한 공황장애
• 호흡을 통제하려고 시도하기	광장공포증을 동반한 공황장애
• 운동이나 신체 각성 피하기(내부수용감각 회피)	광장공포증을 동반한 공황장애/우울증
• 싱크대나 변기 만지기	강박장애
• 꾸물대기(정서적으로 두드러지는 과제 피하기)	범불안장애
2. 인지적 회피	
• 주의분산(책 읽기, TV 보기)	우울증/광장공포증을 동반한 공황장애
• 대화 도중에 '듣지 않기(신경 끄기)'	사회불안장애(사회공포증)
• 모든 것이 괜찮다고 자신을 안심시키기	범불안장애
• 생각이 떠오르지 못하게 시도하기	강박장애
• 외상을 떠올리게 하는 단서로부터 주의분산	외상 후 스트레스 장애
• '긍정적인 것을 생각'하려고 애쓰기	우울증
• 걱정	범불안장애
• 반추	우울증
• 사고억제	모든 장애
3. 안전신호	
• 휴대전화 가지고 다니기	광장공포증을 동반한 공황장애/범불안장애
• 빈 약통 지니고 다니기	광장공포증을 동반한 공황장애
• '행운'의 부적을 꼭 잡고 있기	강박장애
• 긍정적인 경험과 연관된 물건(예: 테디베어, 그림)을 지니고 다니기	범불안장애/우울증
• 늘 타격무기를 가지고 다니기	외상 후 스트레스 장애
• 물병을 가지고 다니기	광장공포증을 동반한 공황장애
• 읽을거리나 기도서를 손에 가지고 다니기	범불안장애
• 얼굴/눈을 가릴 선글라스나 물건 휴대하기	사회불안장애(사회공포증)

들어, 공황장애 또는 사회공포증에서 (사교 모임 참여 전에) 카페인의 회피는 불안 촉발 상황들에서 생리적 증상들이 강해지는 것을 막으려는 시도이다. 또한 사회공포증을 가진 환자들은 사회적 상황에서 교류할 때 시선 접촉을 피하거나 선글라스를 착용할 수 있다. 범불안장애를 가진 환자들은 잠재적으로 부정적인 성과를 통제하려는 시도의 일환으로 과도하게 계획을 세우거나, 준비하거나, 또는 해야 할 일 목록을 작성할 수 있다. 이와 마찬가지로 꾸물거림도 미묘한 행동적 회피의 한 형태인데, 어떤 특별한 과제나 프로젝트가 특정 환자에게 지나치게 정서를 일으키는 듯이 보인다면 그렇다. 어

떤 행동이 회피전략, 이를테면 정서경험을 줄이거나 회피하는 데 기여하는 행동인지, 그리고 상황에 대한 기능적 반응인지 결정하기 위해서는 미묘한 행동에 대한 기능적 분석을 수행하는 것이 매우 중요하다. 그리고 특히 어떤 사람에게 회피전략일 수 있는 것이 다른 사람에게는 기능적인 반응일 수 있다. 인지적 회피는 전형적으로 환자들의 의식을 벗어나서 나타나는 경향이 있기 때문에 밝혀내기가 더 어렵다. 이러한 전략들 몇 가지는 주의분산, '신경 끄기', 머릿속으로 목록 체크하기, 과거의 대화 점검하기 등이 포함된다. 하지만 자료는 또한 걱정과 반추가 실제로 정서를 하향 조정하고 회피하는 방식의 하나로 기능함을 시사한다(예: Borkovec, 1994). 걱정의 기능은 당사자로 하여금 가능한 위협에 대비할 수 있도록 해 주는 것이다. 하지만 어떤 사람이 만성적 걱정 및 이와 연관된 불안을 경험할 때, 그의 주의는 지금 이 순간이 아니라 미래에 집중한다. 연구에 의하면, 만성적으로 걱정을 많이 하는 사람들은 ① 나쁜 일이 일어나는 것에 대해 스스로 대비해 왔기 때문에, 그리고 ② 그들의 초점을 이미 미래의 다른 부정적 사건들로 전환했기 때문에 정서 유발 사건에 직면할 때 그 사건의 충분한 정서적 영향을 경험하지 않는 것으로 밝혀졌다(Borkovec, Hazlett-Stevens, & Diaz, 1999). 그러므로 걱정은 일종의 인지적 회피전략으로 기능하며, 외관상 통제 불가능한 미래 사건들에 대한 통제력을 얻으려는 부적응적 시도로 기여할 뿐이다. 강박장애를 가진 사람들에게 흔히 나타나는 강박사고 또한 이와 비슷한 방식으로 기능한다.

안전신호는 범불안장애, 강박장애 또는 다른 정서장애를 가진 사람들에게도 있지만, 광장공포증을 동반한 공황장애를 가진 사람들에게 가장 흔하다. 안전신호에는 환자들이 특히 정서 유발 상황에 들어갈 경우에 더 안전하거나 '편안하게' 느끼기 위하여 휴대하는 물건이 포함된다. 안전신호는 실제 약(예: 신체 각성을 줄이기 위한 항불안제나 위장기관의 고통을 완화하기 위한 약)에서부터 빈 약통이나 '행운의' 물건(부적, 테디베어, '행운'의 펜 등)에까지 이를 수 있다. 물건 그 자체와 상관없이 만약 그것의 기능이 환자들로 하여금 그 순간의 정서적 각성을 줄이는 데 도움이 되는 것이라면, 부적 강화 주기에 연료를 주기 때문에 문제가 된다.

정서회피 양상을 바꾸는 것에 더하여, 이 모듈은 또한 환자들이 정서주도행동을 찾아내고 그 후에 그 행동을 바꾸는 데 초점을 맞춘다. 정서과학의 자료와 가설들에 따르면, 정서를 변화시키는 가장 효율적이고 효과적인 방식은 정서에 대한 반응들을 바꾸는 것이다(Barlow, 1988; Izard, 1971). 따라서 노출 동안의 변화 기제는 특정한 정서경험과 연관된 행동경향을 방지하는 것이라는 점을 상상할 수 있다. 지난 수십 년 동안 연구는 이러한 행동경향에 초점을 맞추어 왔으며, 행동경향을 바꾸는 것은 불안뿐 아니라 다른 정서장애들에 대한 중요한 치료 구성요소가 되어 왔다(Barlow, 1988; Linehan, 1993). 예를 들어, Beck과 동료들(1979)은 우울증에 대한 그들 치료의 대부분을 "수동적이고, 지체되어 있으며, 무감동하게" 행동하는 환자들의 행동경향을 바꾸는 것에 기초를 둔다(p. 312). 더 최근에 행동활성화 전략들은 우울증에 대한 더 최신 치료들의 중심 특징이 되어 왔다(Dimidjian et al., 2006; Jacobson, Martell, & Dimidjian, 2001). 이에 관한 더 깊이 있는 논의는 Dimidjian, Martell, Herman-Dunn과 Hubley(이 책의 제9장)를 살펴보기 바란다.

UP는 행동경향과 (앞서 기술했던) 회피전략들을 구분하기 위하여 정서에 대한 이러한 행동경향을 '정서주도행동'(emotion-driven behaviors: EDBs)이라고 이름 붙였다. 정서회피 전략의 기능은 정서를 하향 조정하거나 억제하는 것인 반면, 정서주도행동은 각 정서와 연관된 일련의 특정한 '반응적' 행동들을 포함한다. 예를 들어, 공황발작의 정서주도행동이 도망(투쟁이냐 도피냐)이라면, 불안의 정서주도행동은 과잉경계이다. 비슷하게, 분노의 정서는 공격하기-방어하기라는 정서주도행동을 유발하며, 슬픔의 정서주도행동은 인지적·정서적 및 신체적으로 느리고 철회하는 것이다(여러 정서장애와 연관된 정서주도행동들의 예는 〈표 6-2〉 참조). 하지만 치료자들은 정서회피를 방지하는 것에 더하여 정서주도행동을 바꾸는 것에 초점을 맞추어야 한다는 점에 주목하는 것이 중요하다. 예컨대, 사회불안장애를 가진 환자는 눈맞춤을 유지하고 사회적 상황에 충분히 참여할 수 있지만, 그의 불안이 공황 수준으로 증가하면 그 상황에서 달아날 수 있다. 반면에 같은 환자가 요구되는 만큼 오랜 시간 그 상황에 머무를 수 있지만, 전체 시간 동안 주의를 다른 곳에 두거나 사람들과의 대화를 피할 수 있다. 분명하게, 이 두 시나리오는 그 환자가 그 상황을 떠나지 않고도 자신이 최대한 정서를 경험할 수 있다는 점을 자기 스스로 학습하지 못하게 하기 때문에 문제가 된다. 실무에서는 회피와 정서주도행동을 구분하기 어려울 수 있다는 점과, 필요하거나 임상적으로 적절하다면 이러한 구분이 특정 환자에게는 경시될 수 있다는 점 또한 주목해야 한다.

환자들은 정서주도행동을 소개받은 후에 자기

〈표 6-2〉 정서주도행동과 상반된 행동

정서주도행동	가장 흔하게 연관된 장애	상반된 행동
안전을 확인하기 위해 친척들에게 전화하기	범불안장애	친척들과의 연락/전화 제한하기
직장이나 집에서의 완벽주의적 행동	범불안장애	뭔가를 잘 정리하지 않거나 끝마치지 않고 내버려 두기
자물쇠, 난로, 또는 기타 가전제품 확인하기	강박장애	기억이 불명확해질 때까지 잠그기/열기와 켜기/끄기를 반복하기
극장, 예배당, 혹은 기타 혼잡한 지역 떠나기(벗어나기)	광장공포증을 동반한 공황장애	많은 사람 가운데로 가기, 미소를 짓거나 두렵지 않은 표정 짓기
사회적 철회	우울증	행동활성화
사회적 상황 떠나기(벗어나기)	사회불안장애(사회공포증)	상황에 머무르기와 사람들에게 다가가기
논쟁할 때 누군가를 언어적/신체적으로 공격하기	외상 후 스트레스 장애	상황에서 벗어나기 및/또는 이완기법 실습하기
지나친 경계	모든 장애	당면한 특정 과제에 주의를 집중하기, 명상, 이완

관찰일지를 활용하여 정서주도행동을 추적하고, 결국에는 정서주도행동을 바꾸는 데 초점을 맞춘다. 이것은 환자들이 "일반적으로 하던 것과는 상이한 행동을 실행하라."라고 지시받기 때문에 그들에게는 매우 구체적인 연습이 될 수 있다. 정서주도행동 바꾸기를 모니터하는 양식의 예는 [그림 6-2]에 있다.

제6모듈: 신체감각에 대한 알아차림과 감내

(전형적으로 한 회기로 진행되는) 이 모듈은 정서경험의 핵심 구성요소의 하나로서 신체감각의 역할에 대한 환자들의 알아차림을 증가시키고 이러한 감각을 더 잘 감내하는 것을 촉진하기 위하여 개발되었다. 이 모듈에서 환자들은 자연스럽게 일어나는 불안감이나 정서적 고통감과 전형적으로 연관된 신체감각들(예: 숨가쁨, 심계항진, 어지러움)을 유도하도록 설계된 일련의 신체감각에 대한 노출 연습에 참여하도록 요구받는다. 이러한 신체감각들 그 자체는 종종 내부수용감각적(신체감각적) 조건화를 통해 불안의 단서가 된다(Barlow, 2002). 내부수용감각적(신체감각적) 노출 연습의 예로는 과호흡, 원을 그리며 돌기(서서 또는 회전의자에 앉아서), 제자리에서 뛰기, 그리고 가는 빨대로 숨쉬기가 있다. 내부수용감각적(신체감각적) 노출의 사용은 광장공포증을 동반한 공황장애의 치료에 대체로 국한되어 왔으며, 공황발작의 빈도와 이 장애의 주된 특징으로 나타나는 신체감각에 대한 두려움을 줄이는 데 효과적인 것으로 밝혀져 왔다(예: Barlow et al., 2000; Craske, Rowe, Lewin, & Noriega-Dimitri, 1997). 하지만 신체 각성의 증가와 신체감각에 대한 민감성이 다른 정서장애들에서도 관찰된다는 점을 고려하여, 신체감각이 환자가 경험하는 불안의 특정한 초점인지 아닌지와 상관없이 범진단적으로 적용된다.

제7모듈: 내부수용감각적(신체감각적) 및 상황적 노출

이 마지막 핵심 모듈에서 치료자가 환자의 호소증상들에 개별적으로 맞추어 연출하는 회기 내 정서 노출 동안 치료 개념들은 실습이 이루어지고 확대된다(이 모듈이 가장 길며, 전형적으로 4~6회기 정도 지속된다). 환자들은 내부 및 외부 단서 모두에 대한 노출을 통하여 궁극적으로 강렬하고 불편한 정서경험에 대한 감내력을 증가시킨다. 회기 내 노출은 (외상 후 스트레스 장애나 범불안장애를 위한) 과거 정서적 사건에 대한 심상 노출에서부터 (사회불안장애를 위한) 낯선 사람과의 대화, (강박장애를 위한) 불결한 화장실에 들어가기, 또는 (주요우울장애나 기분부전장애를 위한) 슬픈 영화 시청하기에 이르기까지 다양할 수 있다. 게다가 어떤 환자들에게는 불편한 신체감각에 대한 더 큰 감내력을 증진하기 위해 내부수용감각적(신체감각적) 노출에 계속 참여하는 것이 제안될 수 있다. 노출의 목표는 정서경험을 위한 외부 촉발 요인들로 기능하는 상황과 경험들을 점진적으로 도입하는 것이다. 환자들이 회피해 오고 있는 정서를 유발함으로써, 그들은 치료에서 배운 기법들(현재에 초점을 둔 알아차림, 인지 재평가, 정서주도행동 바꾸기, 그리고 정서회피 방지하기)을 실습하는 기회를 갖는다. 이러한 의미에서 볼 때 정서 자체에 대한 노출은 변화를 위해 필요한 작용 기제이다. 따라서 노출의 실제 상황적 맥락은 덜 중요해진다. 치료자들은 특정 환자에게 정서 촉발을 최대화하기 위한 노출을 설계하는 데 있어 창의적이어야 한다.

제8모듈: 재발방지

치료는 (통상 한 회기 동안) 치료 원칙들에 대한 전반적인 복습과 환자들의 진전에 대한 논의를 통하여 마무리한다. 이 모듈에서 치료자와 환자는 치료 이득을 유지하고 확대하기 위한, 그리고 미래에 일어날 수 있는 난관들에 대응하기 위한 특정한 전략들을 찾아낸다. 예를 들어, 불안이나 기분곤란이 다시 나타나는 것은 재발을 의미하는 것이 아니며, 대신에 치료에서 익힌 기술들을 사용하여 다룰 수 있는 정서의 더 자연스러운 기복일 수 있다는 점이 강조된다.

프로토콜의 자세한 소개

다음에 제시하는 회기 서술과 함께 소개하는 축어록은 앞서 예시로 들었던 요셉의 사례이며, 그는 저자들 중 한 명(K. K. E)으로부터 치료를 받았다.

도입: 전반적인 치료 구성과 절차 개관

도입 회기 동안에는 치료 프로그램의 목표들을 확인하고 점검한다. 단일화된 치료 프로토콜(UP)은 환자들이 정서경험과 정서 반응들을 알아차리고 더 잘 이해하며, 불편한 정서에 대한 부적응적 반응들에 대항하는 것을 돕는 데 목표를 둔다. 부적응적인 반응들을 수정함으로써 불편한 정서의 강도와 빈도를 줄일 수 있는 반면, 환자들이 그런 정서를 적응적인 방식으로 경험하도록 여전히 허용할 수 있다. 부적응적인 반응들을 수정하는 것은 도전적일 수 있다는 점과, 변화는 흔히 직선 형태로 일어나지 않는다는 점을 강조하는 것 또한 중요하다.

첫 번째 치료 모듈 전에 치료자는 일반적인 회기 길이와 구조, 치료자와 환자의 역할, 치료의 우선순위를 두는 것과 회의 바깥에서 실습을 완료하는 것의 중요성을 포함한 치료 실행계획에 대한 일반적인 소개도 제공한다. 환자가 주는 피드백의 중요성을 포함하여 치료의 협력적 특성을 강조한다. UP가 모듈 형태에 기초하기 때문에 이상적으로는 한 회기당 50~60분씩 12~18회기로 제공되지만, 각 모듈별로 유연한 회기 수를 사용할 수 있으며, 환자에 따라서 총 회기 수가 다양할 수 있다.

이러한 치료 도입 다음에는 환자가 호소하는 문제를 자세하게 살펴본다. 이러한 점검에서 치료자는 특정 환자에게 큰 고통을 주거나 그의 삶에 크게 지장을 주는 정서, 그러한 정서가 일어나는 상황과 맥락, 그리고 그 환자가 이러한 정서를 어떻게 처리하려고 시도했는지에 초점을 맞춘다. 다음 대화에서는 요셉이 새로운 취업 기회와 관련된 불안을 기술하고 있다.

치료자: 당신은 최근에 여름 동안 가르칠 기회를 제안받았다고 말했어요. 그것에 관해 더 말해 줄 수 있습니까?

요셉: 예, 저는 그 일에 관해 흥분이 돼요. 도시 학생들에게 음악을 가르치는 일은 제가 정말 하고 싶은 일이기도 하지만 그걸 망쳐 버릴 것 같아서 스트레스를 경험하고 있습니다.

치료자: 어째서 그런가요?

요셉: 글쎄요, 수업을 진행하기 위해서는 제가 교

실 일정을 짜고 물품을 제공받을 필요가 있는데, 이런 일을 처리하기 위해서 누구에게 말해야 할지 모르겠습니다. 그리고 저를 고용한 분에게 제가 이메일을 보내야 한다면, 그녀가 저를 바보 같다거나 무능하다고 생각할까 봐, 또는 제가 무엇을 할지 모르기 때문에 저를 잘못 고용했다고 생각할까 봐 두려워요.

치료자: 그러면 당신은 현재 불안에 어떻게 대처하고 있나요?

요셉: 글쎄요, 제 생각에 매우 잘 대처하지는 못하고 있어요. 이 모든 것이 큰 실수였던 것처럼 단지 숨기고 싶어요. 어떻게든 일이 잘 풀리기만을 바라고 있지만 어떻게 해결할지 모르겠습니다. 저는 그녀에게 이메일 보내는 것을 계속 피하고 있으며, 누구에게도 그것에 관해 물어보지 않았습니다. 저는 밤에 자다가 깨어나서 그것에 관해 계속 생각하고 있으며, 속이 답답함을 느낄 뿐입니다.

치료자: 그 일이 당신의 수면에도 영향을 주고 있는 것처럼 들리는데요?

요셉: 예.

치료자: 당신은 자신의 문제에 대한 해결책을 찾아냈습니까?

요셉: 아니요, 지금 놀라서 어쩔 줄 몰라 하고 있을 뿐이에요. 마치 얼어붙고 덫에 갇힌 것 같아요.

치료자: 당신은 조언을 얻기 위해서 학교에 있는 누군가에게 물어보는 것에 대해 생각해 본 적 있습니까?

요셉: 아니요. 전혀 그렇게 할 수 없었습니다.

이러한 초기 대화에서 치료자는 이미 환자의 정서경험과 불편한 정서에 대처하는 방식에 관한 중요한 정보를 얻었다. 이 경우에 요셉은 새로운 취업 기회와 관련하여 심한 불안을 경험하고 있다. 치료자는 이미 요셉의 부정적인 자동적 평가(예: 정보나 도움을 요청하게 되면 남들이 자신을 무능하게 볼 것이라는 요셉의 가정), 불안 관련 신체감각(예: 속이 답답함), 그리고 부적응적인 행동(예: 걱정, 반추, 회피, 꾸물거림) 몇 가지에 관한 정보를 수집하고 있다. 치료자는 또한 불편한 정서에 대한 환자의 현재 반응방식이 그에게 얼마나 도움이 되는지에 관해 정보를 이끌어 낼 수 있다. 이 경우에 요셉은 심한 불안을 경험하고 있지만, 자신의 문제에 대한 어떤 해결책도 찾아내지 못한 채 '얼어붙고 덫에 갇힌' 것 같이 느끼고 있다.

치료자가 요셉의 호소 문제들을 살펴보고 그의 정서 반응에 관한 추가 정보를 수집하는 데 해당 회기의 상당한 분량을 쓸 것이지만, 이러한 과정은 처음 여러 번의 치료 회기에 걸쳐서 계속될 것이다. 치료자가 정서를 처리하는 (적응적이거나 부적응적인) 전략, 정서적 또는 상황적 회피, 그리고 정서주도행동에의 참여에 관한 추가 정보를 얻음에 따라 이것은 그 환자의 기능적 분석에 통합되고, 치료계획은 그에 따라서 조정될 수 있다.

제1모듈: 치료 참여를 위한 동기 증진

이 모듈은 Miller와 Rollnick(2013)이 개발한 동기강화 면담의 원칙과 기법들에 기초하여, (치료목표로) 찾아낸 행동 변화를 이루어 내고 싶은 각 환자의 의향을 준비하고 개발하고자 하는 목표를 달성하는 데 초점을 맞춘다. 특히 ① 공감 표현하기,

② 불일치감을 발달시키기, ③ 저항과 함께 구르기, 그리고 ④ 자기효능감 지원하기와 같은 원칙들은 이 모듈에 사용되며, 행동 변화를 지지하기 위하여 치료 과정 전반에 걸쳐서 사용된다. 이 모듈에서 치료자와 환자는 (결정저울 기록지를 통하여) 동기를 개발하고 (치료목표 설정 기록지를 통하여) 자기효능감을 증진하기 위해 개발된 연습을 통하여 함께 동기적인 이슈들을 탐색한다. 이 연습들의 목표는 변화에 대한 잠재적인 장애물을 부각할 뿐 아니라 구체적인 목표들을 각각 찾아내는 것이다.

치료자: 당신의 결정저울 기록지를 살펴봅시다. 더 사교적이 되는 것과 당신이 좋아하는 직장에서 일하는 것을 포함해서 당신은 변화에 찬성하는 몇 가지 이유를 적었네요. 변화에 찬성하는 몇 가지 이유에 대해 어떻게 생각하세요?

요셉: 글쎄요, 때로 이런 상황들을 처리하지 않은 채 그냥 지금 그대로 있는 것이 더 쉬워요.

치료자: 맞습니다. 이 문제에 관하여 자기 자신에게 솔직해지고, 또 그렇게 기록하는 것이 중요합니다. 왜냐하면 변화를 원하는 것도 당신의 일부분이고, 적어도 단기적으로는 그냥 지금 그대로 있는 게 더 쉽다는 점을 알게 된 것도 당신의 또 다른 일부분이기 때문이지요. 지금 그대로 있는 것을 반대하는 이유에 대해 어떻게 생각하세요?

요셉: 글쎄요, 제 불안에 아예 직면하지 않는다면, 저는 사교생활이나 제가 원하는 직장생활을 결코 할 수 없을 것 같아요.

치료자: 그래서 한편으로 당신은 불안에 대처하는 방법을 바꾸어서 자신이 원하는 생활을 할 수 있기를 원하고, 다른 한편으로는 이렇게 변화하는 것이 그냥 피하는 것보다 더 어렵다는 거지요?

요셉: 예, 맞습니다.

치료자: 자기 자신의 이러한 부분 모두를 인식하는 것이 중요합니다. 왜냐하면 변화에 대해 어느 정도 염려하거나 양가적인 태도를 보이는 것은 실제로 매우 정상적이기 때문이지요. 이 문제에 관하여 자기 자신에게 열린 태도를 취함으로써 당신은 치료에 참여할 것인지 여부에 관한 자신의 결정을 따져보는 데 있어 훨씬 더 나은 입장에 있게 됩니다. 왜냐하면 그것이 성공이나 실패로 자신을 판단하기보다 어떤 선택에 관해 저울질해 보는 것이기 때문입니다. 만약 당신 스스로 치료 동안 망설인다는 것을 알게 되면, 이것은 당신이 어떤 식으로 꼭 실패할 것이기 때문이 아니라 변화에 대한 불안감이나 양가감정과 관련될 수 있고, 이러한 감정은 지극히 정상이라는 점을 인식할 수 있을 것입니다.

제2모듈

정서 이해하기

치료자는 정서의 본질 및 정서가 어떻게 해서 장애가 되는지에 관한 심리교육을 제공함으로써 이 모듈을 시작한다. 이러한 논의를 시작할 때 다음 두 가지 이유로 정서의 기능적이고 적응적인 성질을 부각하는 것이 중요하다. 첫째, 환자들은 자신들이 단순히 정서를 없애 버리기만을 원해서는 안 되는 이유를 이해할 수 있기 때문이며, 둘째, 적응적인 정서가 제공하는 잠재적으로 중요한 정보를 탐색하기 위한 것이기 때문이다. 두 번째 이유는 정서주도행동(정서에 반응하여 일어나는 행동)을 소개함으로써 분명하게 보여 주며, 그리하여 환자들은 정서가 어떻게 해서 내부적이거나 외부적인 사건/상황에 대한 특정한 반응을 유발하는지 이해할 수 있다.

다음에는 정서경험의 3요소 모델이 정서를 검토하기 위한 하나의 틀로 기술된다. 이는 정서를 세 가지 요소(인지, 행동 및 신체감각)로 나눔으로써 검토하게 되는데, 이렇게 3요소로 나눔으로써 정서를 더 다루기 쉽게 해 준다. 치료자는 환자의 정서경험에 대한 각 요소의 기여도를 보여 주기 위하여 환자의 경험과 관련되는 예를 사용한다. 치료자는 환자들이 이러한 예에서 각 요소를 찾아내도록 안내해 주며, 치료를 위한 구조적인 토대로 정서경험의 3요소 모델을 제시한다. 치료 과정 동안 각 요소를 전반적인 정서에 기여하고 다른 요소들과 상호작용하는 것으로서 별도로 다룬다. 이 모듈의 이 부분에서 과제로, 환자들로 하여금 3요소 모델의 예를 작성해 오도록 요구한다. 이는 그 주 동안에 경험한 예와 관련하여 구체적인 생각, 행동 및 신체감각을 기록함으로써 그 주의 정서를 회기 내에서 제시된 3요소 모델으로 분해해 오도록 하는 과제이다.

치료자: 우리가 상의했듯이, 중심에 있는 정서들, 불안, 두려움, 분노감 또는 슬픔과 같은 정서들조차도 우리가 기능하는 것을 돕고, 주변 세상을 항해하도록 돕기 때문에 실제로는 좋은 것입니다. 실은 정서에 대한 우리의 반응이 또한 있다는 것입니다. 어떤 정서는 모든 종류의 연관된 생각, 기억, 신체감각 및 흔히 평생 동안 학습한 행동들을 촉발할 수 있습니다. 문제는 우리가 한꺼번에 그 모든 것을 경험하고, 압도하는 것으로 느껴질 수 있으며, 우리의 정서 반응에 사로잡힐 수 있고, 갑작스럽게 이 정서들이 우리가 대처할 수 없는 것, 우리가 도망쳐야만 하는 것과 같이 느껴지는 것입니다. 불현듯 당신이 새로운 직업에 대해 느끼는 불안은 불안의 적응적 기능인 미래를 준비하도록 당신을 동기 유발시키는 유용한 방법의 하나로 기능하지 못합니다. 대신에 불안은 무력하게 만드는 어떤 것이며, 밤에 우리를 깨우고, 우리가 '얼어붙은 것'과 같이 느끼게 만드는 어떤 것입니다.

요셉: 맞습니다. 저는 불안이 사라지기를 바랄 뿐입니다.

치료자: 맞아요. 정서는 유용한 것으로 느껴지는 대신에 참을 수 없는 것으로 느껴집니다. 그래서 우리가 해야 할 일은 정서경험들을 세 가지 요소로 분해하는 것입니다. 이렇게 하는 이유는 그러한 정서경험들이 덜 압도적이도록 도우며, 불안과 같은 정서가 어떻게 해서 적응적이고 유용한 것에서 두렵고 피하는 것으로 바뀌는지를 이해하도록 돕기 때문입니다. 제가 언급했듯이 정서경험은 생각, 느낌 및 행동의 세 가지 주요 부분으로 구성되어 있습니다. 우리가 해야 할 일은 당신이 자신의 정서경험에 대한 더 유능한 관찰자가 되도록 만들기 위하여 세 가지 요소 각각을 인식하는 데 더 익숙해지도록 하는 것입니다. 다음에 우리는 치료 전반

에 걸쳐서 이러한 각 요소를 개별적으로 면밀하게 살펴볼 것입니다. 이는 특정한 생각, 느낌 또는 신체감각들이 어떤 식으로 당신의 전반적인 경험에 영향을 미치고, 그 경험이 유용한 것에서 불편하고 원치 않는 것으로 바뀌도록 만드는지를 이해하기 위해서입니다.

정서 반응 인식하고 추적하기

정서경험을 더 잘 이해하기 위한 중요한 단계는 특정 정서가 언제, 어디서, 왜 발생하는지를 더 면밀하게 모니터하는 것이다. 이는 정서의 ARC에 대한 예시를 통해서 이뤄진다. 이 예시에서 치료자는 환자와 함께 한 가지 예를 놓고 여러 가지 중요한 요소에 초점을 맞추어서 분명하게 작업하는 것이 결정적이다. 첫째, 처음에는 촉발 요인을 파악하기 어려울 수 있으나, 정서는 항상 어떤 (내부적 또는 외부적) 사건이나 상황에 의해 촉발된다. 하지만 반복된 실습과 알아차림을 통하여 특정한 촉발 요인을 파악하기가 더 쉬워질 수 있으며, 촉발 요인은 **선행사건**(antecedents; 정서의 ARC에서 'A')으로 알려져 있다. 선행사건은 특정 정서를 경험하기 직전에 발생할 수 있거나(예: 엘리베이터 안으로 들어가는 것은 공황발작을 촉발함), 아니면 특정 정서를 경험하기 수일 또는 훨씬 더 오래전에 발생했을 수 있다(예: 특정 주간의 좀 더 초기에 친구와의 논쟁은 나중에 연인에게 감정 폭발을 촉발함). 종종 많은 수의 선행사건이 있으며, 즉각적인 것과 멀리 있는 것 둘 다일 수 있다. 정서의 ARC에서 R은 정서경험에 대한 모든 **반응**(responses)이며, 여기에는 3요소 모델에서 언급된 생각, 신체감각 및 행동이 포함된다. 마지막으로, 정서의 ARC에서 **결과**(consequences), 즉 C는 정서 반응의 단기적 또는 장기적 결과를 의미한다. 결과들은 흔히 부정적이지만, 치료자는 정서 반응의 잠재적인 긍정적 결과(예: 곤란한 상황에서 도망간 후에 경험하는 불안 감소)에 주의를 기울이도록 언급하는 것이 중요하다. 왜냐하면 이러한 부적 강화 과정이 통상 정서의 주기를 유지시키고 있기 때문이다.

치료자는 이러한 논의를 확장하면서 학습된 행동이라는 개념을 소개한다. 이는 본질적으로 환자들이 보통 특정 정서를 관리하거나 통제하려고 시도하지만 종종 기분을 더 악화시키는 것으로 끝나는 정서에 대한 학습된 반응을 어떻게 해서 갖는지에 초점을 맞춘다. 정서에 대해 습관적으로 반응하는 것은 새로운 학습(예: 상황이 공황발작을 경험하는 동안 보이는 것에 비해 위험하지 않다는 점을 깨달음)이 일어나는 것을 방해하며 환자들이 대처방식을 개발하지 못하게 만든다. 이 과정은 적응적인 정서와 정서 반응을 부적응적인 것으로 만드는 것이다.

제3모듈: 정서 알아차림 훈련
–경험을 관찰하는 법 배우기

이 모듈의 목표는 환자들에게 정서 알아차림이라는 개념을 소개하고, 규칙적인 실습을 통하여 이러한 기술을 개발하는 것이다. 치료자는 정서 알아차림 기술이 환자가 자신의 정서에 대해 현재 갖고 있는 의미와는 다르다는 점을 전달해야 한다. 이 기술은 환자들이 부적응적인 생각과 행동들을 더 잘 찾아내고 바꾸도록 해 주기 위하여 그들로 하여금 정서를 객관적이고 비판단적인 시각으로 보도록 허용해 준다. 이러한 소개시간 동안 치료자는 **1차 정서**와 **2차 반응** 간의 차이를 살펴본다. 1차 정서는 어떤 상황이나 기억에 대한 '첫 번째' 정서 반응이며(보통 특정 상황이나 기억 그 자체와 직접 관계됨), 2차 반응은 1차 정서에 대한 반응으로서 판단이 실리고 지금 이 순간의 맥락에 기초를 두지 않는 경향이 있다. 2차 반응은 현재 상황에 관한 교정적 정보를 받아들이지 못하게 하기 때문에 문제가 된다. 이에 더해, 2차 반응은 보통 특성상 평가적이고 비판적이며, 나아가 환자들을 현재 상황이나 1차 정서에 의해 제공되는 잠재적으로 유용하거나 교정적인 정보와 거리를 두게 만들고 정서경험을 악화시키거나 연장시키는 경향이 있다. 1차 정서와 2차 반응 모두를 기술하기 위하여 환자들 자신의 경험으로부터 개인적인 예를 사용하는 것이 이러한 논의를 할 때 매우 도움이 될 수 있다.

현재에 초점을 둔 알아차림에 관해 살펴볼 때, 치료자는 환자들에게 여러 가지 중요한 점을 상기시키는 것이 중요하다. 첫째, 이러한 유형의 실습은 처음에 어색하거나 불편하게 느낄 수있다. 그 목표는 연습을 '완벽하게 하는' 것이 아니라 환자들이 정서경험에 대한 객관적인 관찰자가 되는 것에 초점을 맞추고 이 순간에 마음을 챙겨서 주의를 집중하는 능력을 개발해야 하는 데 있다. 둘째, 비공식적인 현재에 초점을 둔 알아차림 실습도 중요하다. 치료자는 환자들이 특히 고통스러운 시기에 현재 순간으로 주의의 초점을 이동하는 데 도움이 되는 '단서'(예: 호흡)를 찾도록 도울 수 있다. 이러한 더 비공식적인 실습의 목표는 어떤 광경, 소리, 또는 다른 감각에 초점을 맞춤으로써 환자들이 선택한 단서를 지금 이 순간으로 주의집중과 알아차림을 전환하는 것과 반복해서 짝짓는 것이다. 그리하여 이 단서에 주의를 기울이는 것은 궁극적으로 지금 이 순간에 대한 알아차림과 자동적으로 짝지어질 것이다. 치료자는 호흡(또는 다른 단서)을 주의분산을 위해 사용해서는 안 되며, 환자들이 지금 이 순간에 마음챙김을 하도록 상기시키는 단서로 사용해야만 한다는 점에 유념하는 것이 중요하다. 종국에는 환자들이 이러한 단서를 지금 이 순간에 다시 초점을 맞추도록 돕는 것과 성공적으로 조건화를 했다면, 환자들이 생각, 신체감각 및 행동에 대한 간단한 '세 가지 항목 체크'를 사용하여 지금 이 순간에 다시 초점을 맞추는 방법을 배울 수 있다. 환자들은 그 순간에 일어나는 것을 이러한 세 가지 영역 내에서 관찰함으로써 이러한 영역들에서의 어떤 반응이든 전반적인 정서경험에 어떻게 영향을 미칠 수 있는지 파악하고, 이 영역들에서 일어나는 것과 현재 맥락으로부터 오는 정보를 비교할 수 있으며, 궁극적으로는 부적응적인 정서 반응을 찾아내서 바꿀 수 있다.

이러한 개념들은 공식적인 마음챙김 또는 알아차림 연습 동안에 특정한 비판단적인 정서 알아차림 실습을 사용하여 회기 내에서 구체적으로 제시된다. 이것은 일종의 유도된 명상 또는 어떤 다른 실습일 수 있는데, 환자들이 판단과 평가에 주목하고 이를 내려놓은 것을 실습하는 동안 현재 순간에 집중하도록 해 주는 실습이다. 환자들이 이 기술을 실습하는 기회를 가져 본 후 다음 실습은 약간 더 강한 정서경험에 주목하는 기술을 사용하는 것이다. 환자들로 하여금 회기 내에서 들을 수 있는 강렬한 음악 한 곡을 찾아내도록 하는 것 또한 도움이 된다. 만일 환자들이 음악을 찾지 못한다면, 치료자가 음악 한 곡을 선택할 수 있다. 그 음악의 말미에 치료자는 환자들이 생각, 느낌이나 다른 반응들을 이끌어 내서 이 경험을 객관적이고 비판단적인 방식으로 논의하는 것을 실습하도록 돕는다. 다음에 있는 사례 발췌록은 음악 한 곡을 듣는 것에 대한 요셉의 반응을 기술한 것이다.

치료자: 당신은 그 음악을 들을 때 무엇에 주목했습니까?

요셉: 저는 제 마음이 여기저기 돌아다니는 것에 주목했습니다. 제 생각을 관찰하는 것이 힘들었습니다.

치료자: 그러나 당신은 자신의 생각이 여기저기 돌아다니고 파악하기 힘들다는 점을 주목할 수 있었던 것 같이 들리네요. 이 연습의 목표는 관찰하기를 실습하는 것이기 때문에 이미 일어났던 이후라도 자신의 생각이 어떤 다른 곳에 가 있었다는 것을 단지 주목하는 것이 중요합니다. 신체감각과 관련하여 어떤 신체감각에 주목했나요?

환자: 저는 악기 하나가 시작될 때 복부에서 어떤 감각이 느껴지는 것에 주목했습니다.

치료자: 말하자면 단지 그런 새로운 소리를 듣는 것만으로도 어떤 신체감각이 느껴졌다는 거지요?

환자: 예.

치료자: 그리고 행동과 관련하여 어떤 행동이나 무엇을 하려는 충동에 주목했습니까?

요셉: 글쎄요, 저는 단지 불편한 느낌과 뭐랄까 여기저기 움직이고 싶은 마음에 두어 차례 주목했습니다.

치료자: 그리고 음악 그 자체와 관련하여 당신은 음악 자체에 귀 기울일 수 있었습니까?

환자: 저의 상상 속으로 더 빠져들었다고 생각합니다.

치료자: 이것이 우리의 정서가 할 수 있는 것입니다. 정서는 '방 안에서' 일어나고 있는 것과는 전혀 관련이 없는 모든 종류의 연관된 생각, 느낌과 행동을 촉발할 수 있습니다. 하지만 처음 촉발된 정서 그 자체는 당신이 듣고 있었던 음악처럼 현재 순간에 일어나는 어떤 것과 연관되어 있습니다. 촉발 요인(이 사례에서는 음악)에 대한 우리의 반응을 관찰하는 것에 더 익숙해지면 우리는 자신의 수많은 연관된 생각, 느낌과 행동들이 어떻게 현재의 맥락과 실제로 '부합'되는지, 그것들 다수가 어떻게 현재의 맥락과 부합될 수도 있고 전혀 그렇지 않을 수도 있는 단지 연상에 불과한지를 파악할 수 있게 됩니다.

제4모듈: 인지 평가 및 재평가

인지적 평가는 먼저 해석은 어떤 사람이 주어진 상황의 수많은 측면(또는 자극) 중에서 어떤 측면에 초점을 맞추느냐에 대체적으로 달려 있다는 개념에 관해 논의하는 것과 관련된다. 어떤 상황의 특정하거나 제한된 측면에만 초점을 맞추는 것은 우리의 생존을 위해 결정적이다. 만약 우리가 갔던 모든 곳에 있는 자극 모두에 초점을 맞춘다면 우리는 그 정보에 압도될 것이다. 이러한 과정은 우리가 위험에 관하여 상황들을 신속하게 평가하는 것을 도우며, 미래에 일어날지도 모르는 것을 추정하도록 해 준다. 이러한 과정은 보통 무의식중에 일어난다. 중요하게도, 우리가 초점을 맞추고 위험한 것으로 지각하는 정보는 특정한 정보나 자극과 그런 자극의 정서가 또는 위험값 간의 학습된 연합으로부터 초래되는 경향이 있다. 예를 들어, 만약 타인의 부정적 평가가 과거의 위협과 연합되어 있다면, 그 결과로 부정적 평가에 대한 경계심이 증가할 수 있다. 중요하게도, 평가는 우리의 기분상태에 강력하게 영향을 미칠 수 있으며, 그 반대일 수도 있다. 치료자는 이 개념을 구체적으로 제시하기 위하여 환자들의 기분이 즐거운지, 슬픈지, 아니면 화나는지에 따라 평가가 어떻게 달라질 수 있는지를 질문할 수 있다.

하나의 상황에 대해 수많은 다양한 평가가 가능하다는 점을 보여 주기 위하여 한 가지 회기 내 연습을 사용한다. 치료자는 환자들에게 많은 인지적 평가를 할당할 수 있는 '모호한' 그림을 보여 주고, 그 그림을 대략 30초 동안 바라보도록 지시한 다음, 환자들이 처음 평가와 적어도 두 가지 또는 세 가지 대안적인 평가를 만들어 내도록 돕는다. 이에 더해, 환자들에게 자동적 평가를 하도록 기여한 것이 무엇인지(예: 비슷한 상황에 대한 기억, 그 그림에 있는 구체적인 사항들)를 질문한다. 이러한 연습은 만약 가용한 모든 정보가 고려된다면 상황들이 수많은 방식으로 해석될 수 있음을 보여 주기 위하여 사용된다.

자동적 평가, 즉 상황에 대해 아주 신속하게 나타나는 해석은 성질상 흔히 부정적이거나 비관적이다. **핵심적인** 자동적 평가(예: "나는 실패자이다.")는 수많은 정서 반응을 유발할 수 있는 평가이다. 치료자가 어떤 특정한 상황과 관계된 표면적인 수준의 평가에만 초점을 맞추는 대신에 하향화살표 기법을 사용하여 한 가지 이상의 핵심적인 자동적 평가를 찾아낼 수 있다면 도움이 된다.

자동적 평가들은 어떤 상황이나 사건에 대한 아마도 더 적절하거나 현실적인 다른 평가들을 제외시키는 습관적이고 강력한 어림법(휴리스틱)을 만들어 낼 수 있다. 이러한 자동적 평가들은 '생각의 덫(thinking traps)'이라 불리는데, 이렇게 불리는 이유는 시간이 경과함에 따라 환자들은 이러한 사고방식에 갇혀서 꼼짝 못할 수 있기 때문이다. 앞서 기술했듯이, 두 가지 흔한 생각의 덫인 '발생 확률 과대평가[probability overestimation, 성급하게 결론짓기(jumping to conclusions)]'와 '파국화[catastrophizing, 최악을 생각하기(thinking the worst)]'는 모든 정서장애에 공통된 두 가지 인지적 편향으로 제시되어 있다. 전자는 부정적 사건이 발생할 가능성을 높게 추정하는 경향성이며, 후자는 어떤 사건의 결과들이 그 개인의 대처능력을 넘어설 것이라고 가정하는 것을 말한다. 치료자는 환자들이 자신들의 경험의 맥락 속에서 이러한 편향들을 찾아내도록 안내해 준다. 다음 대화에서 치료자는 요셉이 길을 건너는 동안 차에 치일 뻔한 최근 상황에 기초해서 이 두 가지 인지적 편향 모두에 관해서 논의한다.

치료자: 당신이 차에 치일 뻔했을 때 일어났던 것들을 저에게 말씀해 주세요.

요셉: 글쎄요, 제가 길을 건너고 있었는데 차 한 대가 불법 우회전을 해서 저를 칠 뻔했습니다. 제 손이 그 차의 보닛을 쳤고, 저는 그 운전자가 저에게 고함을 지르는 것을 볼 수 있었습니다.

치료자: 그리고 그다음에는 무슨 일이 일어났나요?

요셉: 글쎄요, 인도에 있던 사람들이 모두 제가 완전히 바보인 것처럼 쳐다보고 있다는 것을 알아챘습니다. 그래서 저는 너무 창피해서 곧장 집으로 뛰어갔습니다. 저는 그날 종일 외출하지 않았고, 아무도 마주칠 수가 없

었습니다.

치료자: 그 당시 당신의 생각을 기억할 수 있습니까?

환자: 제가 바보같이 느껴졌다는 기억이 납니다. 그리고 모든 사람이 저를 빤히 쳐다보면서 저를 얼마나 멍청한 사람으로 볼까 같은 생각을 했던 기억이 납니다.

치료자: 당신은 교차로를 건너고 있었다고 하셨는데, 보행자 신호가 켜져 있었습니까?

요셉: 예.

치료자: 그리고 운전자, 당신이 말씀하신 그 운전자는 불법 회전을 하고 있었습니까?

요셉: 예, 회전이 안 되는 빨간불 신호가 켜져 있었습니다.

치료자: 그렇다면 당신에게 우선권이 있었네요?

요셉: 그렇다고 생각합니다.

치료자: 인도에 있던 사람들의 반응으로 돌아가 봅시다. 당신은 그들이 당신을 빤히 쳐다보고 있었고, 당신을 바보로 생각한다고 말했지요?

요셉: 그런 것처럼 보였습니다.

치료자: 보행자들이 당신을 바보라고 생각했다는 것을 나타내는 어떤 증거가 있습니까?

요셉: 모르겠습니다. 그들이 저를 단지 쳐다보고 있었고, 손으로 가리키면서 인상을 찌푸리고 있었어요.

치료자: 그들이 무슨 생각을 하고 있었는지 당신은 확실하게 아나요?

요셉: 글쎄요, 확실히는 모릅니다.

치료자: 맞아요, 그들이 무슨 생각을 하고 있었는지 우리는 실제로 알지 못합니다. 그래서 그들이 당신을 바보라고 생각했다는 것은 한 가지 가능성일 수 있습니다. 게다가 그들의 마음에 떠올랐을지도 모르는 다른 가능한 생각들을 해 볼 수 있을까요? 만약 당신이 인도 위에 서 있다가 어떤 사람이 교차로에서 치일 뻔한 모습을 목격했다면, 당신은 어떤 생각을 할 것 같아요?

요셉: 글쎄요, 저는 두렵거나 아니면 그 사람이 괜찮기를 바랄 것 같습니다.

치료자: 만약 당신이 어떤 사람이 도로를 건너는 것을 보았고, 그 사람들에게 우선권이 있는데 그들이 불법으로 회전하는 차에 치일 뻔했다면, 당신이 그 사람을 바보라고 생각하는 것이 얼마나 그럴듯하다고 생각합니까?

요셉: 매우 그럴듯할 것 같지는 않고, 저는 아마도 더 염려할 것 같습니다.

치료자: 하지만 당신이라면 그 순간에 보행자들이 당신에 관해 생각하고 있었던 것, 즉 당신을 바보라고 생각하는 것이 0%(전혀 그렇지 않다)에서 100%(확실하다)의 척도상에서 얼마나 많이 그럴 것이라고 느꼈습니까?

요셉: 그 순간에요? 아마도 80~90%입니다.

치료자: 그러면 현재 당신이 여기에 앉아 있는 상황에서 보행자들이 당신을 바보로 생각하고 있다는 것이 앞과 동일한 척도를 사용할 때 얼마나 그럴듯하다고 생각하나요?

요셉: 잘 모르겠습니다만, 아마도 20%요?

치료자: 그러면 그 당시에 당신은 어떤 정서를 경험했습니까?

요셉: 글쎄요. 그 운전자가 저를 칠 뻔했을 때 저는 두려움을 느꼈다고 생각합니다.

치료자: 어떤 신체감각을 느꼈는지 기억하시겠습니까?

요셉: 제 심장이 뛰었고, 몸에서 열감이 느껴지면서 떨렸다고 기억합니다.

치료자: 그러면 당신이 두려움, 그리고 관련된 모든 신체감각을 경험하고 있었을 때 머릿속에 떠올랐던 생각, 즉 다른 사람들이 당신을 바보로 여겼다는 생각은 잘못된 것이었습니다. 그리고 그 당시에 이러한 생각들이 사실인 것 같이 느껴졌습니다. 자, 여기에 앉아서 두려움 또는 연관된 신체 증상들을 경험하지 않는다면 그런 생각들이 얼마나 그럴듯하게 느껴지는지요?

요셉: 글쎄요, 지금 여기에 앉아 있을 때는 제가 차에 치일 뻔했다면 그들이 저를 바보라고 생각하고 있을 가능성이 그렇게 높을 것 같지 않아 보입니다. 그것은 다소 지나쳐 보입니다.

치료자는 자동적 평가를 모니터링하고 기록하는 것의 중요성을 논의하는데, 이는 이러한 자동적 평가가 일어나고 있다는 환자들의 알아차림을 증가시키기 위해서이다. 그리고 이전 모듈에서 배운 현재에 초점을 둔 알아차림 기술들을 사용하면 그런 과정에 도움을 받을 수 있음을 환자들에게 상기시킨다. 즉, 환자들이 선택한 단서(즉, 깊은 호흡을 하는 것과 지금 이 순간에 일어나는 소리나 감각에 주의를 집중하는 것)를 사용하여 지금 이 순간에 닻을 내림으로써 환자들은 그 순간에 일어나는 생각들이 무엇인지 관찰하기 위하여 '세 가지 항목 체크'를 사용할 수 있다. 그 목표는 어떤 자동적 사고가 일어나고 있는지 알아차리는 것인데, 현재 상황으로부터 얻는 정보를 사용하여 현재의 맥락 내에서 일어나는 것에 대한 다른 가능한 해석들을 고려한다. 이런 식으로, 환자들은 학습된 연합으로부터의 정보(즉, 기억)와 현재 맥락으로부터의 정보를 더 적응적인 평가 쪽으로 더 유연하게 적용할 수 있다.

환자들이 자동적 평가를 기록하게 됨에 따라 치료자는 그들이 자동적 사고에서 패턴을 찾아내도록 도울 수 있다. 치료자는 생각의 덫을 찾아내는 것을 지도하며 '하향화살표'식 소크라테스 질문을 사용하여 환자들이 '핵심적인' 평가에 주의를 맞추도록 노력한다. 다음에 제시된 사례 발췌록은 요셉이 그의 과민성 대장 증후군 증상들이 갑자기 심해져서 사교 모임 중간에 화장실 사용이 필요해지는 것에 대한 두려움에 관해 논의하는 것이다.

치료자: 당신은 과민성 대장 증후군 증상 때문에 사교 모임에 가지 못했는지에 관해 말했던 적이 있습니다. 자신의 과민성 대장 증후군 증상과 사교 모임에 관하여 당신은 구체적으로 어떤 점을 염려하세요?

요셉: 글쎄요. 사교 모임에 가 있을 때 갑자기 제가 화장실로 뛰어가야 하는 것에 대해서입니다.

치료자: 그래서 그것과 관련하여 어떤 점을 염려하세요?

요셉: 글쎄요. 사람들이 제가 화장실로 서둘러 뛰어가는 것을 쳐다볼 것입니다.

치료자: 그래서 어떤 점을요?

요셉: 그들은 제가 화장실을 사용하면서 그곳에 있다는 것을 알 것입니다.

치료자: 그래서 그것과 관련하여 당신은 어떤 점을 염려하세요?

요셉: 그들이 저를 혐오스럽다고 생각할 것입니다.

치료자: 그러면 그것이 당신에게 무엇을 의미합

니까?

요셉: 제가 역겹고 쓸모없다는 것을 의미합니다. 어느 누구도 저와 무엇을 함께 하기를 원하지 않을 것입니다.

치료자: 우리가 원하는 것은 그러한 해석으로 몰고 가는 정말 핵심적인 것입니다. 당신이 기록해 온 이러한 많은 불안 유발적인 생각은 흔히 자신이 무가치하다는 생각에까지 이르게 됩니다. 그래서 당신은 '만약 내가 장을 통제하지 못하면 화장실을 사용해야만 할 것이고, 내가 화장실을 사용해야 한다면 사람들이 나를 역겹고 쓸모없다고 생각하며 거절할 것이다.'라고 생각합니다. 물론 누구든 그런 유형의 생각을 하게 된다면 사교 모임에 가는 것이 불안해질 것입니다.

앞서 보았듯이, 치료자는 그다음에 환자들이 이러한 핵심적인 인지 재평가에 관한 더 자세한 논의에 참여하게 하여 유연한 사고에 초점을 맞춘다. 발생 확률 과대평가에 대항하기와 탈파국화 전략들은 대안적인 평가를 만들어 내고, 특정한 자동적 평가에 초점을 덜 두는 방법의 하나로 제시된다. 발생 확률 과대평가에 대항하기는 어떤 정서를 경험할 때 환자의 추정이 얼마나 현실적인지를 검토하기 위하여 과거의 증거에 의지하는 것과 관련된다. 치료자는 환자들이 구체적인 추정을 하고 원래의 추정을 더 현실적인 추정과 비교하도록 안내한다. 탈파국화는 과거의 증거와 구체적인 실례(예: 과거에 있었던 비슷한 경험)를 사용하여 환자들이 두려운 상황에 대처하는 자신의 능력을 확인하도록 그들을 돕는 것과 관련된다. 이러한 전략들은 부정적인 평가를 없애는 것이 아니며, 과잉학습된 자동적 평가에 사로잡혀 있기보다는 더 정확한 정보를 일종의 가이드로 사용하여 더 큰 유연성을 제공하고, 환자들이 공포 상황에 대해 전체적으로 올바른 시각을 갖도록 허용한다는 점을 소통하는 것이 중요하다.

제5모듈

정서회피

치료자는 회피가 단기적으로는 약간의 완화를 제공할 수 있지만 장기적으로는 어떻게 해로운지를 서술하면서 정서회피의 개념을 소개한다. 앞서 언급했듯이, 미묘한 행동적 회피(예: 꾸물거림), 인지적 회피(예: 주의분산), 그리고 안전신호(예: 약통 휴대하기)를 포함한 회피의 유형들을 소개한다. 회피가 왜, 그리고 어떻게 해서 문제가 되는지를 환자가 이해하는 것이 중요하다. 치료자는 회피가 ① 공포 자극에 대한 습관화를 방지하는데, 이로 인해 그 자극을 접촉함에도 불구하고 공포 수준이 높게 또는 일정한 수준으로 유지된다는 점, ② 소거 과정을 방해하는데, 이로 인해 특정 단서와 공포 반응 간의 조건화된 연합이 약화되는 대신에 유지된다는 점, ③ 환자들이 긍정적인 결과를 회피전략에 귀인하기 때문에 통제감이나 자기효능감을 개발하지 못하게 한다는 점을 설명한다. 치료자는 환자들로 하여금 개인적으로 관련된 회피의 실례를 찾아보도록 요구하며, 그러한 전략들이 어떻게 해서 정서의 주기를 유지시키는지에 관해서 논의한다.

치료자: 우리는 지금 초점을 이동해서 행동들이 어떻게 당신의 정서경험에 기여하는지에 주목할 것입니다. 먼저 회피에 관해서 말씀드

리겠습니다. 때때로 당신은 먼저 불편한 정서를 느끼는 것을 피하기 위해 어떤 것을 할지도 모르겠습니다. 예를 들어, 당신은 자신이 모르는 어떤 일에 관한 정보를 구하기 위해 학교에 있는 동료 직원들에게 연락해야 하는 것이 당신에게 심한 불안을 일으키고, 그들이 당신을 무능하다거나 바보라고 생각할 것이라는 평가를 유발한다고 말씀을 하셨는데, 맞나요?

요셉: 예, 제가 수업을 하기 위해서는 보조 자료들이 필요합니다. 아이들을 위해 더 많은 음악책이 필요한데, 이것들을 제 스스로 구해야 하는지, 학교를 통해 주문을 해야 하는지, 아니면 제가 어떻게 지불을 해야 하는지를 모릅니다. 제가 (저의 상사에게) 이메일을 보내야 한다는 것을 알지만, 그녀는 물품 주문하는 것에 관하여 아무것도 말하지 않았기 때문에 그녀가 저를 바보 같다거나 너무 많은 것을 물어본다고 생각할까 봐 걱정되고, 그녀에게 물어보는 대신에 저 스스로 알아서 처리해야 할까 봐 염려됩니다.

치료자: 그래서 당신은 불안하거나 '바보같이' 느껴지는 것을 피하기 위해서 그녀에게 물어보는 것을 피한다는 말이네요. 이것은 불편한 정서를 피하기 위해서 우리가 적극적으로 조치를 취할 수 있는 방식들 중 한 가지의 좋은 예입니다. 우리가 회피전략의 하나로 수행하고 있음을 잘 알지 못하는 더 미묘할 수 있는 몇몇 행동이 또 있습니다. 예를 들어, 공황발작을 경험하는 어떤 사람은 각성의 증가라는 신체감각을 느끼지 않기 위해서 카페인을 피할 수 있습니다. 당신은 자신이 불편한 정서를 피할 수 있는 더 미묘한 방식들의 실례를 생각해 낼 수 있습니까?

요셉: 글쎄요, 선생님이 그렇게 말씀을 하실 때 저는 과일이 바로 떠올랐습니다. 저는 과일을 먹으면 과민성 대장 증후군 증상들이 갑자기 심해질까 봐 염려되어서 2년간 과일을 먹지 않고 있습니다.

치료자: 그래서 당신은 속이 부글거리고 경련이 일어나는 것을 피하기 위해 노력하고 있다는 말이지요?

요셉: 글쎄요. 아마도 더 중요한 것은 여러 사람 앞에서 제가 창피당하는 것을 피하려고 애쓴다는 것입니다.

치료자: 당신도 알 수 있듯이, 우리는 불편한 정서를 피하는 미묘하고 더 명시적인 방식들을 갖고 있습니다. 그러나 의문은 그런 방식이 문제를 사라지게 하느냐 하는 것입니다.

요셉: 글쎄요. 아닙니다. 저는 책을 주문하는 것과 관련해 무엇을 해야 하는지 여전히 모릅니다. 그리고 제가 과일을 먹지 않는데도 과민성 대장 증후군에 관해 여전히 걱정하고 있다고 생각합니다.

치료자: 당신도 이해하는 것처럼, 회피는 단기적으로 문제를 사라지게 할 수 있지만, 장기적으로는 이런 전략이 특별히 도움 되지 않으며 상황을 더 악화시킬 가능성조차 있습니다. 실제로 이러한 회피행동들은 두려움이나 불안과 이러한 상황들 간의 연합을 강화시킬 수 있습니다. 즉, 당신이 상사에게 이메일 보내는 것을 피하면 피할수록 그녀와 연락해야 한다는 생각은 더 많은 불안을 일으킬 것입니다.

요셉: 맞습니다. 지금 그것이 단지 서서히 나타나다가 더 악화되는 것으로 느껴집니다.

다음에는 정서회피의 영향을 보여 주는 회기 내 연습을 수행한다. 첫 번째 연습은 환자들에게 어떤 생각을 억제하라고 직접 요구하는 것과 관련된다. 이를테면, 환자들에게 다음 30초 동안 어떤 것이든 생각하라고 요구하면서 자기 스스로 흰곰에 관해 생각하는 것을 허용하지 말라고 요구하는 것이다(Wegner, Schneider, Carter, & White, 1987). 이러한 고전적인 실례에서 환자들은 흰곰에 관해 생각하지 않는 것에 큰 어려움이 있음을 보고하고, 실험 전반에 걸쳐서 흰곰에 관한 반복되는 이미지나 생각을 계속 경험한다. 억제의 영향에 관해서는 그다음에 논의한다. 두 번째 연습에서는 첫 번째와 동일한 연습이 시행되지만, 이번에는 환자들에게 자신과 관련되면서 고통을 주는 기억이나 생각을 억제하도록 요구한다. 예를 들어, 요셉은 그가 상사에게 이메일을 보내서 학생들을 위한 물품을 주문하는 방법에 관한 정보를 요청했던 것에 관해 생각하지 않으려고 적극적으로 노력해 왔다. 그는 무능한 사람으로 비춰질까 봐, 그리고 상사가 그의 이메일에 대해 부정적으로 반응할까 봐 걱정하였다. 동일한 '흰곰' 실험이 이런 생각과 함께 시행되었다. 즉, 30초 동안 요셉이 원하는 어떤 것에 관해서든 생각하되, 그 이메일에 관해서는 생각하지 않도록 요구받았다. 예측할 수 있듯이, 요셉은 상사의 잠재적인 반응에 관한 반추가 그의 마음속에 떠오르지 못하게 막는 것이 극도로 어려움을 알게 되었다. 따라서 이러한 연습은 고통을 주는 주제나 상황을 회피하려는 적극적인 시도가 소용없음을 신랄하고 개인과 관련지어서 보여 준다.

정서주도행동

정서주도행동의 개념은 치료에서 더 초기에 소개되었으며(제2모듈), 이번 모듈의 목표는 정서주도행동에 더 자세히 초점을 맞추어 부적응적인 정서주도행동들을 찾아내고 그런 행동들에 대항하는 법을 배우는 것이다. 치료자는 적응적인 정서주도행동과 부적응적인 정서주도행동들을 살펴보는 것으로 시작한다. 되풀이하면, 공황을 경험할 때 어떤 상황을 탈출하는 정서주도행동은 한 개인이 자신의 안전에 대한 직접적인 위협에 대면한다면 적응적일 수 있다. 하지만 공황을 경험할 때 도망가는 정서주도행동은 분명한 위협이 존재하지 않는다면 부적응적이다. 후자의 예에서 공황과 그 결과로 나타나는 정서주도행동은 '오경보(false alarm)'의 한 가지 예이다. 그다음에 치료자는 정서주도행동들이 어떻게 해서 확립되고 부적 강화의 개념을 통해 어떻게 유지되는지를 설명할 수 있다. 정서회피와 비슷하게, 정서주도행동에 습관적으로 의지하는 것은 단기적으로 해당 정서를 어느 정도 완화시키며, 그리하여 정서의 주기를 유지하는 강력한 학습된 반응이 될 수 있다. 이 시점에서 환자들은 그의 경험으로부터 정서주도행동들의 예를 만들어 내고, 부적 강화가 어떻게 해서 정서적 고통에 기여할 수 있는지에 관해서 논의하도록 요구받는다. 다음 사례 발췌록에서 요셉은 정서주도행동의 개인적 실례들을 기술하고 있다. 여기에는 그의 과민성 대장 증후군을 통제하기 위한 시도로 화장실을 반복해서 사용하는 것, 의심하는 생각, 다른 사람들을 실망시키거나 그들에게 피해를 입힐 것 같은 두려움에 대한 반응으로 확인행동을 하는 것이 포함된다.

치료자: 당신은 직장으로 출근해야 하는 시간보다 수 시간 전에 일어난다고 말했습니다. 그 시간 동안 무엇을 하는지 말해 줄 수 있습니까?

요셉: 글쎄요. 제가 말씀드렸듯이 일단 출근을 하면 화장실을 사용하는 것이 힘듭니다. 그래서 출근하기 전에 제가 화장실을 사용했다는 확신을 갖기를 원합니다.

치료자: 그러면 출근 전에 당신은 화장실을 몇 번이나 사용합니까?

요셉: 아마도 대여섯 번이요.

치료자: 그러면 무엇 때문에 당신은 단 한 번이 아니라 대여섯 번이나 화장실을 다녀오게 됩니까?

요셉: 글쎄요, 처음에는 한 번 갔어요. 하지만 다음에는 제가 다시 가야 하는 것은 아닐까 걱정하기 시작했고, 그래서 다시 갔습니다. 그런 다음 한동안 왔다 갔다 했으며, 충분히 다녀왔을까 걱정하고, 다시 가고, 또 걱정했습니다…….

치료자: 그러면 당신은 충분히 다녀왔다는 것을 어떻게 압니까?

요셉: 저는 결코 정말 확실히 알지 못합니다. 하지만 어떤 시점에 저는 집을 나서야만 하는데, 그렇지 않으면 직장에 지각할 것입니다. 그것이 제가 일찍 일어나기 시작한 이유인데, 제가 화장실을 충분히 사용했다는 확신을 갖기 위해서입니다.

치료자: 만약 당신이 단 한 번만 다녀온다면 무슨 일이 일어날 것 같습니까?

요셉: 제가 너무 불안해져서 그렇게 할 수 없을 것 같습니다.

치료자: 그러면 충분히 다녀왔는지, 그렇지 않은지 불확실감을 경험하고 있는 순간에 나타나는 정서는 무엇입니까?

요셉: 불안입니다.

치료자: 그래서 당신이 불안해지면 무엇을 합니까?

요셉: 다시 화장실로 갑니다.

치료자: 그래서 그렇게 하면 당신이 덜 불안해집니까? 적어도 단기적으로는요?

요셉: 예, 그러면 제게 어느 정도 통제력이 있는 것 같이 느껴집니다.

치료자: 그것은 제가 말씀드린 정서주도행동의 일종입니다. 화장실을 충분히 다녀오지 못한 것 같다는 걱정 때문에 당신 스스로 화장실을 다시 사용하게 될 때 일어나는 일은…… 일시적으로 당신의 기분이 나아질 수 있으며, 걱정, 불안과 화장실 다시 사용하기 간의 관계가 강화되는 것입니다. 이것은 매우 강력한 개념입니다. 그래서 그러한 불확실성이 다음번에 나타나면 당신은 무엇을 하겠습니까? 당신이 아는 어떤 것이 당신의 기분을 더 좋게 해 줄 것입니다. 당신은 다음과 같은 점을 학습했습니다. 집을 나서기 위해서 그 상황을 충분히 처리했는지 여부에 관해 확신을 갖지 못함으로써 당신이 경험하는 불안은 단지 화장실에 다시 감으로써 완화될 수 있다는 점, 이렇게 하는 것이 일종의 순환을 활성화시킨다는 점을요. 당신은 불안감이나 불확실감과 어떤 종류의 행동을 취하는 것 사이의 이러한 관계를 나타내는 다른 예를 생각해 볼 수 있습니까?

요셉: 글쎄요. 제가 난로를 끄는 것을 깜박한 것

은 아닐까 걱정할 때, 또는 전날 밤부터 촛불을 켜 둔 채로 내버려 둔 것 같아 되돌아가서 체크해야 할 때 같은 동일한 종류의 예들이 생각납니다.

치료자: 그러면 당신이 되돌아가서 체크하기 직전에 무슨 일이 일어나는지 말씀해 주실 수 있습니까?

요셉: 두려움을 느끼게 됩니다. 제 머릿속에서 아파트가 불타고, 룸메이트는 여전히 잠자고 있는 이미지가 떠오릅니다. 그다음에 그것에 관해 걱정하기 시작합니다. 그리고 제가 출근하면서 난로를 끄는 것을 잊어버려 부엌에 불이 나서 결국 아파트가 불타 버리고, 아파트에 여전히 남아 있는 제 룸메이트에게 훨씬 더 나쁜 일이 일어나면 어떻게 될까 생각하게 됩니다.

치료자: 그것은 크게 불안을 촉발하는 생각이네요. 그 순간에 신체적으로는 무엇을 느낍니까?

요셉: 확실하지는 않습니다만, 아마도 매우 긴장되고 예민해집니다.

치료자: 그리고 무엇을 합니까?

요셉: 다시 가서 모든 것을 다시 체크합니다.

치료자: 한 번입니까, 아니면 한 번이 넘습니까?

요셉: 제가 체크하면 다시 의심이 들기 시작하고, 그러면 다시 체크할 것입니다.

치료자: 그래서 처음 체크할 때 당신은 어떻게 느낍니까?

요셉: 처음에는 기분이 좋아집니다.

치료자: 그래서 다른 예와 마찬가지로 이처럼 체크하는 정서주도행동은 적어도 일시적으로는 당신의 기분을 좋아지게 해 주기 때문에 그런 행동을 할 때마다 강화됩니다. 당신이 불안을 느낄 때, 그런 불안을 완화하는 방식의 하나로 확인행동을 하려는 충동을 느끼거나 그런 불안에 따라서 행동하려는 충동을 느낍니다. 그러나 이런 정서주도행동들은 의심하는 생각이 다시 나타나기 때문에 효과적이지 않은 것 같습니다. 그리고 당신은 결국 직장에 늦게 도착하거나 이러한 행동들을 할 시간을 확보하기 위하여 잠을 제대로 못 자게 됩니다. 회피행동을 하면 불안을 더 악화시키는 것 같다고 우리가 논의했던 것과 마찬가지로, 당신이 느끼는 의심과 불안이 너무 심해져서 그러한 행동을 하지 않으면 당신이 감내할 수 없는 것처럼 느끼게 됩니다. 우리가 해야 할 일은 당신의 생각에 대해 우리가 했던 것과 마찬가지로 이러한 연합을 깨뜨리는 것입니다. 이렇게 하면 당신은 정서주도행동을 하게 만드는 의심과 불안에 관하여 새로운 사실을 학습할 수 있습니다. 예컨대, 정서주도행동을 하지 않더라도 당신이 생각하는 것보다 어쩌면 그러한 정서들을 더 잘 감내할 수 있다는 점을 깨달을 수 있습니다.

이 모듈은 특정한 행동을 표적으로 삼아서 수정하는 것을 통하여 회피양상과 정서주도행동에 대항하기를 소개하면서 마무리한다. 1차적인 두 가지 치료전략은 ① 현재 회피하고 있는 정서를 유발하기 위한 활동들에 참여하는 것, ② 부적응적인 정서주도행동과 상이하거나 그것에 대항하는 행동들을 생각해 내고 실행함으로써 부적응적인 정서주도행동에 대항하는 것이다.

제6모듈: 신체감각에 대한 알아차림과 감내

제6모듈은 흔히 강한 정서 반응을 일으키는 신체감각을 유발하는 데 초점을 맞춘 노출에 참여하고, 신체감각이 정서경험에 기여하는 것을 환자들이 알아차리게 해 주는 첫 번째 기회를 소개한다. 신체감각을 유발하는 것의 이론적 근거를 소개한 다음, 치료자와 환자는 '증상유도 연습'으로 알려진 신체 활성화를 통하여 정서를 유발하기 위해 고안된 일련의 연습을 완성한다. 몇 가지 예로 과호흡하기, 원을 그리며 돌기, 제자리 뛰기가 있다. 이와 함께 특정 환자에게 특별히 관련될 수 있는 어떤 연습이든 추가될 수 있다. 각 연습을 시행하기 전에 치료자는 해당 연습을 시범 보이고, 환자가 그 연습을 마친 다음에는 환자에게 신체 증상의 강도, 고통의 정도, 그리고 어떤 정서 동안 전형적으로 경험하는 신체감각과 유사한 정도를 각각 0점(전혀 아니다)부터 8점(매우 그렇다) 사이의 척도에서 평정하도록 요구한다.

치료자: 그러면 오늘 우리는 당신이 불안을 경험할 때 흔히 나타나는 몇 가지 신체감각을 유도해서 그 강도, 고통의 정도, 그리고 그러한 감각들이 불편한 정서 동안 당신이 경험하는 것과 얼마나 유사한지를 살펴보는 여러 가지 연습을 해 볼 것입니다. 제일 먼저 당신이 해 볼 것은 과호흡 연습입니다. (이 연습을 한 후에) 당신은 어떤 감각들을 느낍니까?

요셉: 저는 그것을 전혀 좋아하지 않았습니다.

치료자: 그래서 당신은 신체감각에 대하여 생각과 판단을 하고 있네요. 당신이 신체감각들을 좋아하지 않는다와 같이 말이죠. 실제 신체감각 자체는 어떤가요? 그 감각들을 말해 줄 수 있습니까?

요셉: 머리가 어지럽고, 띵하며, 제가 주위와 동떨어져 있는 것처럼 다소 비현실적인 느낌이 듭니다.

치료자: 잘했습니다. 그러한 감각들을 살펴보면, 그런 감각의 강도는 어느 정도라고 평정하겠습니까?

요셉: 아마도 7점이요.

치료자: 그러면 고통의 정도는요?

요셉: 마찬가지로 7점이요.

치료자: 유사한 정도는요?

요셉: 글쎄요. 저는 불안할 때 보통 어지럽지는 않고요. 머리가 띵하고 비현실적인 느낌이 더 비슷하니까 아마도 5점 정도요?

치료자는 두 차례 이상 특정 노출 연습을 반복하며, 마지막에는 환자에게 신체감각들에 대해 그가 가지는 생각, 특히 부정적인 평가들과 이러한 생각들이 어떻게 신체감각과 상호작용하는지, 그리고 신체감각을 줄이는지 또는 악화시키는지에 특별히 주의를 기울이도록 요구한다.

치료자: 이번에는 그 강도를 어느 정도라고 평정하겠습니까?

요셉: 아마도 5점입니다.

치료자: 그리고 고통 정도는요?

요셉: 저번보다 훨씬 나아졌으니까 아마도 단 4점 정도일 뿐입니다.

치료자: 당신이 느낀 것은 그 전과 상이합니까?

요셉: 글쎄요. 저는 무엇을 예상해야 할지 알고

다음 각 연습의 빈칸을 채워 넣으세요. 반드시 각각의 연습을 충분히 하고, 적어도 보통 강도의 증상을 일으키도록 노력하세요. 연습을 한 후에 기록해 보세요.

1. 당신이 경험한 신체 증상
2. 증상의 **강도**(0~8척도; 0=전혀 강렬하지 않음, 8=대단히 강렬함)
3. 이 연습을 하는 동안 경험한 **고통**의 정도(0~8척도; 0=전혀 고통스럽지 않음, 8=대단히 고통스러움)
4. **자연스레 일어나는 증상**들과 유사한 정도(0~8척도; 0=전혀 유사하지 않음, 8=대단히 유사함)

다음 연습을 시도하기 전에 증상이 대부분 가라앉을 때까지 기다리세요. 기타 칸을 사용하여 당신에게 맞춘 추가적인 연습을 창의적으로 떠올려 보세요. 연습을 마쳤을 때, 당신을 가장 불안하게 했던 연습 세 가지를 골라서 그 연습들 옆에 별표를 하세요. 당신이 가장 고통스럽다고 평가한 그 연습들을 반복할 것입니다.

절차	경험한 증상	강도	고통의 정도	유사한 정도
과호흡(60초)				
가는 빨대로 숨쉬기(2분)				
서서 돌기(60초)				
제자리에서 뛰기(60초)				
기타: (_____초)				
기타: (_____초)				
기타: (_____초)				
기타: (_____초)				
기타: (_____초)				
기타: (_____초)				
기타: (_____초)				

[그림 6-3] 증상유도검사 양식

있다고 생각하는데, 첫 번째와 동일한 생각을 하지는 않았습니다. 첫 번째에 저는 '나는 이것을 좋아하지 않아.'라고 계속 생각했고, 언제 끝날 것인지 계속 궁금해했습니다. 이번에는 단지 그것과 함께 어느 정도 어울렸습니다.

치료자: 흥미롭네요. 그러면 당신이 신체감각에 대해 판단하거나 부정적인 생각을 하지 않고 신체감각 그 자체에 단지 집중했을 때 그 강도는 더 약했나요?

요셉: 예, 분명히 그랬습니다.

선택한 모든 연습을 마친 다음, 치료자와 환자는 다음 주간에 규칙적으로 참여할 가장 관련된 연습을 선택한다. 환자는 한 가지 연습을 하루에 여러 차례, 즉 연관된 고통이 감소할 때까지 완료하도록 요구를 받는다. 이처럼 노출 연습을 반복하면 신체감각이 가진 위험성(또는 위험성의 부족)에 관한 새로운 정보의 학습을 촉진하는 데 도움을 받을 수 있으며, 신체감각이 나타날 때 미래의 고통을 감소시키는 데 도움이 될 수 있다. 증상유도검사 양식의 예는 [그림 6-3]을 보기 바란다.

제7모듈: 내부수용감각적(신체감각적) 및 상황적 정서 노출

이 치료 모듈은 지금까지 배웠던 모든 기술을 환자들이 이전에 회피해 왔던 강한 수준의 정서를 일으키는 실제 상황, 사건 또는 활동에 적용할 수 있게 해 준다. 치료자는 정서 노출을 위한 이론적 근거에 관해 논의하는 것으로 시작한다. 비록 이 치료 프로그램에서 이 모듈이 흔히 가장 도전적일지라도, 지속적인 행동적 및 정서적 변화를 가져올 수 있는 가장 좋은 기회이다. 정서 노출은 세 가지 중요한 목표를 이루는 데 기여한다. 즉, ① (내부적 또는 외부적인) 상황의 위험성에 관한 해석과 평가를 수정하며, 더 새롭고 더 적응적인 해석과 평가로 대체하는 것, ② 회피 및 이와 관련된 기능적 손상을 개선하며, 정서주도행동을 인식하고 수정하는 것, 그리고 ③ 강렬한 정서경험에 대한 불안이나 고통을 주는 반응들을 없애고자 하는 1차적 목표가 계속 이행될 수 있다는 것이다.

과제를 위해 정서 노출에 참여하는 것에 더하여, 이 모듈의 중요한 부분은 회기 내에서 정서 노출을 실습하는 것이다. 이것은 치료자가 회기 내에서 더 어려운 노출 연습에 참여하도록 환자를 흔히 도전시킬 수 있으며, 환자가 무의식중에 보일 수 있는 회피전략의 사용이나 정서주도행동의 실행을 기록할 수 있기 때문에 매우 중요하다. 특별한 회기 내 노출과제들은 환자마다 다른데, 치료자에게는 환자들의 참여가 가능한 많은 수의 다양한 과제를 만들어 낼 수 있다는 점에서 중요하다. 일단 특정한 과제를 찾아냈다면, 치료자는 환자에게 떠오르는 불안 유발적 또는 부정적인 자동적 평가에 관해 논의하고 환자들이 다른 가능성들을 고려하도록 도울 수 있다. 치료자는 또한 환자들이 현재에 초점을 둔 알아차림 기술을 사용하는 것과 특정 노출 훈련을 방해하는 회피전략들을 사용하지 않으려고 노력하는 것을 상기시켜야 한다. 각 회기의 끝에 치료자는 환자들이 과제로 회기 바깥에서 참여할 여러 가지 정서 노출 과제들을 선택하는 것을 돕는다.

요셉을 위해서 다양한 불안 유발 상황을 표적으로 삼은 여러 가지 상이한 노출과제를 고안하였다. 사람들로 붐비는 인도에서 똑바로 앞으로 걸어가면서 자기 자신이 비키기보다는 다가오는 보행자들에게 억지로 길을 비키게 하기, 낯선 사람과의 모의 토론에 참여해서 자신의 의견을 고수하기, 과일 한 조각을 먹은 후 대중교통을 이용하고 과일에 대한 후속 신체 반응(예: 가스, 부글부글 끓음)보다는 자기 주변에서 일어나고 있는 일에 주의를 집중하기, 다른 사람들이 자신을 어떻게 생각하는지에 관해 자신이 예상하는 자동적 평가를 검증하기 위해 사교 모임에 참석하여 화장실에 가려고 양해를 구하기, 아침에 화장실을 사용하는 횟수를 다섯 번에서 한 번으로 줄이기, 이와 비슷하게 집을 나서기 전에 난로, 촛불 등을 체크하는 횟수를 줄이기 등이 그러한 예에 속한다.

요셉의 위계표에서 상위권에 가까운 노출과제는 인접 도시에서 열리는 콘서트를 보러 가기 위해 몇 명의 친구나 지인과 함께 긴 자동차 여행을 하는 것이었다. 이 과제는 그의 여러 가지 두려움을 한번에 직면하도록 요구하는 것이었다. 첫째, 차로 함께 갈 수 있는지 자신의 의사를 스스로 표현하고 친구들에게 물어봐야 하였다. 둘째, 잘 알지 못하는 몇 사람을 포함하여 소규모의 사람들과 여행하고, 일상적인 대화를 계속해야 했을 수도 있었다. 셋째, 그의 과민성 대장 증후군 증상들이 갑자기 나타난다면 쉽게 도피할 수 있는 경로가 없는 작고 좁은 공간에 갇혀 있어야 하였다.

치료자: 이것은 당신에게 커다란 노출과제였습니다. 당신이 그 여행에 함께 갈 수 있을지 친구에게 물어봐야 했던 처음부터 시작해 보지요. 그 전화를 걸기 직전에 당신이 경험했던 것을 기억합니까?

요셉: 제가 떨리는 것을 알아챘습니다. 마음이 조마조마하고, 얼굴에 열이 났으며, 심장이 빨리 뛰었습니다.

치료자: 그런 식으로 불안과 연관된 많은 신체감각을 느꼈네요. 생각은 어떠했습니까?

요셉: 제 친구에게 폐를 끼치기 때문에 그 친구가 짜증을 낼까 봐 걱정했습니다. 아니면 제가 너무 오랫동안 기다렸다가 친구에게 질문을 해서 그가 몹시 화를 낼까 봐 걱정했습니다. 저는 계속 꾸물거리고, 인터넷에서 물건들을 검색하며, 소다를 사기 위해 길모퉁이 가게로 가는 것 등도 알아차렸습니다.

치료자: 좋습니다! 그래서 당신은 몇 가지 행동을 또 알아차렸습니다. 그러면 그에게 전화했을 때 무슨 일이 일어났습니까? 당신이 예상했던 자동적 평가들이 사실이었습니까?

요셉: 전혀 그렇지 않았습니다. 친구는 제가 물어본 것에 대해 실제로 무척 마음에 들어 했습니다. 그는 제가 함께 가기를 바라고 있었다고 말했어요. 마치 함께 가는 것을 그가 기대하고 그것에 대해 마음에 들어 했던 것처럼요.

치료자: 여행 자체는 어떻게 되었습니까?

요셉: 글쎄요, 약 10분가량 제 배 속에서 경련이 약간 일어나는 느낌이 들기 시작했고, '아, 시작이다.'라고 생각했습니다. 다음에는 과일을 먹으며 수행했던 노출을 기억해서 제 배 속에 집중하기보다는 스테레오에서 들려오는 음악, 차창 밖의 경치, 그리고 차 속에서 일어나고 있었던 대화에 집중하려고 결심했습니다.

치료자: 그것이 도움이 되었나요?

요셉: 글쎄요. 경련은 여전히 있었지만, 단지 제

가 그것에 집중하지 않았기 때문에 그렇게 많이 괴롭지는 않았습니다.

치료자: 화장실을 사용하고 싶은 충동을 느꼈습니까?

요셉: 한 번 느꼈습니다. 우리가 논의했던 것을 실천하고, 제가 그런 충동이 사라지길 기다릴 수 있는지, 그리고 그것이 지나가는지 보려고 결심했는데, 그게 사라졌습니다! 한 번 화장실을 사용할 필요가 있었습니다.

치료자: 그다음에는 무슨 일이 일어났나요?

요셉: 다음 휴게소에서 멈출 수 있는지 제 친구에게 물어보았습니다.

치료자: 그래서 그의 반응 또는 다른 승객들의 반응은 어땠습니까?

요셉: 전혀 대단한 일이 아니었습니다! 아무도 신경 쓰는 것 같지 않았고, 실제로 그들 또한 멈추고 싶어 했다고 생각합니다. 그래서 별일 아니었습니다! 저는 또한 다른 어떤 것에 주목했습니다. 차를 타고 돌아오는 중에 저는 정말 그것에 관해 전혀 생각하지 않았으며, 제 배에서 꼬르륵 소리가 나기 시작했지만 저는 그것에 관해 염려하지 않았고, 제 주변에 일어나고 있는 일에 계속 집중하고 있었습니다. 돌아오는 길에는 전혀 문제가 되지 않았습니다.

요셉의 경우, 그의 불안 증상 및 과민성 대장 증후군 증상의 관리와 관련이 있는 노출 훈련을 통하여 커다란 진전을 보였다. 하지만 요셉은 자신이 '쓸모없고' '비호감'이라는 핵심 신념을 계속 붙잡고 있었다. 이러한 신념을 직접 표적으로 삼기 위해 추가적인 노출 훈련이 고안되었다.

치료자: 당신은 지난 몇 주 사이에 몇 가지 커다란 진전을 이룬 듯 보이는데, 동의합니까?

요셉: 예, 저는 분명히 제 불안에 더 잘 대처할 수 있는 것 같습니다. 그리고 지금으로 봐서는 직장에서 모든 것이 잘 돌아가고 있는 것 같고, 도움이 됩니다. 다른 교사들이 퇴근 후에 제게 술 마시러 나가자고 초대까지 했으며, 제가 몇 번 갔고 실제로 많이 재미있었습니다.

치료자: 그거 굉장한 소식이군요. 흥미로운 점은 이러한 변화에도 불구하고, 매주 실시되는 질문지에서 "나는 나 자신을 싫어한다." 또는 "나는 전혀 쓸모없다."와 같은 몇 개의 문항에 당신이 여전히 표시를 하고 있다는 것이 눈에 띄네요.

요셉: 맞아요, 저는 여전히 제가 대단한 사람이라고 생각하지 않습니다. 그리고 제가 그저 사람들을 속이고 있을까 봐, 아니면 그들이 저의 '진면목'을 발견하고는 도망가 버릴까 봐 여전히 걱정하고 있습니다.

치료자: 우리가 그 문제에 맞추어서 노출 훈련을 할 수 있을지 궁금합니다.

치료자는 제4모듈에서 배운 비슷한 기법들을 사용해서 요셉이 자기 자신을 싫어한다는 진술문과 자신이 쓸모없다는 진술문에 대한 지지 증거와 반대 증거를 찾아내는 것을 돕는다. 그는 이러한 믿음에 반대되는 증거, 예컨대 최근 그의 음악 연주회에 참석한 친구들과 후원자들의 수가 많다는 것 등을 찾아낼 수 있다. 치료자는 이 증거와 다른 증거들을 활용하여 요셉이 긍정적인 자기진술문 목록을 만드는 것을 돕는다.

치료자: 그러면 최근 당신의 음악 연주회에 대하여 당신은 무엇이라고 말할 수 있습니까?

요셉: 잘 모르겠습니다. 제가 훌륭한 뮤지션이라고요?

치료자: 그것도 하나지만, 아마 당신에게 훨씬 더 객관적이고 사실로 믿을 만한 것은, 예컨대 당신의 음악을 위해 열심히 노력한다?

요셉: 사실입니다. 제가 연주할 때 사람들이 좋아하는 것 같아요.

치료자: 그러면 당신의 음악을 위해 열심히 노력하며, 당신은 그것으로 사람들을 즐겁게 해준다?

요셉: 예, 맞습니다. 저는 또한 경청을 잘하는 사람입니다.

치료자: 그것에 관해서 제게 좀 더 말씀해 주세요.

요셉: 음, 지금 당장 어려움을 겪고 있는 친구가 한 명 있는데, 때때로 그 친구는 제게 전화해서 자신의 어려움에 관해 말을 합니다. 보통 저는 친구가 그것에 관해 끝까지 말하도록 하는 데 아주 능숙합니다.

치료자: 그러면 우리가 목록에 "나는 사람들을 도우며 그들의 말을 경청한다."를 추가할 수 있을까요? 어쩌면 심지어 "나는 좋은 친구다."도 추가할 수 있을까요?

일단 치료자와 요셉은 자신이 쓸모없다와 자신을 싫어한다는 핵심 신념에 반대되는 증거 목록을 작성한 다음에, 요셉으로 하여금 그 문장들을 큰 소리로 읽고 그 문장들에 대한 자신의 반응에 주목하도록 요구하였다.

치료자: 그 문장들을 읽는 것은 어땠습니까?

요셉: 어색했어요. 정말 불편했습니다. 불안을 느꼈어요.

치료자: 저에게 그런 경험을 말해 줄 수 있습니까?

요셉: 글쎄요, 제 마음 깊은 곳에서 그런 이상한 두려움을 '확' 느꼈고, '그건 사실이 아니야.'라거나 '너 확실해?'와 같은 종류의 비꼬는 생각을 한다는 것을 알았습니다.

치료자: 그런 식으로 당신 자신에게 좋은 말을 하니 두려운 느낌과 자신에 대한 부정적인 생각들이 들었다는 것이죠?

요셉: 예, 또한 경비가 소홀한 것처럼 제 자신이 약간 나약하게 느껴집니다.

치료자: 그것 참 흥미로운 관찰이군요. 당신 자신에게 긍정적인 말을 하니까 당신이 약간 나약하고, 어쩌면 (위험에) 노출된 느낌이 든다는 거죠? 자기비판보다는 당신에게 덜 친숙한 느낌일 수 있다는 건가요?

요셉: 확실합니다. 제 눈에 금방 들어올 수도 있는 것이 무엇인지 모르는 것처럼 다른 나라 땅에 들어가는 것 같은 두려움을 말하는 것인가요?

치료자: 아마 그와 비슷한 것 같아요! 부정적인 생각들이 아마도 어떤 면에서는 더 친숙하고 덜 두렵지요. 우리가 그 문장들을 두세 번 반복해서 읽음으로써 약간 덜 새롭고 덜 친숙하게 된다면 어떨까요? (요셉이 다시 그 문장들을 두 번 이상 반복해서 읽은 다음에) 지금 어떠세요?

요셉: 글쎄요, 약간 더 편안해지고 그렇게 이질적이지는 않습니다. 하지만 여전히 약간 이상

한 것 같습니다.

치료자: 좋습니다. 이런 식으로 당신 자신을 그러한 문장들에 반복해서 노출하는 것은 우리가 했던 몇 가지 다른 노출 훈련과 비슷한 효과를 보이는 것 같습니까? 그때마다 약간 더 편안해지고 약간 덜 이질적으로 느껴지나요?

요셉: 예, 실습할 때마다 약간씩 더 편안해지는 것 같습니다.

치료자: 이번 주에 이러한 노출 훈련, 즉 그런 문장들을 몇 가지 더 만들어 내서 매일 당신 자신에게 큰 소리로 읽어 주는 연습을 계속하는 것에 대해 어떻게 생각하세요?

요셉: 그렇게 해 볼 수 있습니다.

미래의 회기들에서 치료자는 정서 노출에 대한 환자의 계속되는 욕구와 다시 만난다. 만약 환자가 추가적인 정서 노출 훈련을 통해 효과를 얻을 것이라는 확신이 들면, 이 시점에서 회기 내에서뿐 아니라 과제를 위해서도 그런 훈련을 계속할 수 있다. 이에 더해, 치료자는 회기에서 계속 진행할 수 있는 지난 주간의 어떤 사건이나 정서 반응에 대해서든 초점을 맞출 수 있다. 노출 훈련을 완료하는데 있어 장애물과 노출 훈련에 대한 반응에 관해서는 회기에서 논의할 수 있다.

제8모듈: 성취, 유지, 그리고 재발방지

마지막 치료 회기에서 치료자는 치료에서 제시된 주요한 개념들을 복습하고 환자들의 진전도 점검한다. 치료자는 정서의 3요소 모델, 인지적 재평가에 초점 맞추기, 정서회피 방지하기, 그리고 정서주도행동 수정하기를 복습한다. 환자들은 치료 동안 이룬 진전에 대한 자신의 인상이 어떤지 말해 보도록 요청받으며, 치료자는 개선된 영역들과 계속 실습이 필요한 영역들을 부각할 수 있다. 개선이 부족한 이유들(예: 초기의 진단 오류, 치료 원칙들에 대한 이해 부족, 동기 부족)도 점검해야 한다. 그 다음에 치료자는 미래에 당면할 스트레스 요인들과 증상들이 다시 나타날 가능성이 불가피함에 관하여 논의한다. 비공식적인 정서 노출 훈련을 계속하고 그동안 배운 기술들을 사용하는 것을 권장한다. 치료자는 각 환자별로 장기적인 목표를 확립함으로써 환자들이 치료에 계속 전념하도록 더 지원해 줄 수 있다.

성과와 결론

요셉의 증상들은 앞서 소개된 자기보고식 질문지 배터리를 사용하여 치료 전과 종결 후에 평가되었다. 치료 동안, 요셉의 SIAS 점수는 치료 전 51점에서 치료 종결 후 26점으로 감소하였다. BDI-II 점수는 치료 전 49점에서 치료 종결 후 11점으로 감소하였다. PSWQ 점수는 80점에서 35점으로 감소하였다. 기능적으로, 요셉은 치료 동안 그의 치료목표 다수를 충족시킬 수 있었다. 예를 들면, 그는 자신의 경력목표와 합치되고 철저하게 즐기는 직장을 찾을 수 있었다. 대인관계 교류가 크게 증가하였고 지역 콘서트와 같은 활동들에 참여하기 시작하였는데, 이는 모두 그의 자신감과 자기가치감을 의미 있게 증가시켰다. 그는 자신의 과민성대장 증후군 증상들에 대한 통제력을 갖게 되었고, 자신의 증상들과 관계된 회피행동을 더 이상 보이지 않았다. 종결 시점에 요셉은 자신이 '전혀 다른 사람같이' 느껴진다고 했으며, 그의 태도와 처신이 눈에 띄게 더 긍정적이고 자신감이 있었다. 요셉이 연구 프로그램의 일원이 아니고 독립적인 치료 후 임상적 면접에 참여하지 않았지만, 임상가(K. K. E.)는 사회불안장애와 범불안장애 진단 모두에 대한 임상적 심각도 평정치가 3점(준임상 수준)으로 떨어지고, 주요우울장애 진단의 임상적 심각도 평정치는 2점으로 부분 관해상태였다. 그리고 그의 강박장애 관련 증상들 다수가 호전되었으나, 강박장애 진단은 임상적 심각도 평정치가 (임상적 심각도를 약간 넘는) 4점에 해당되었다.

요셉은 치료 종결 8개월 후에 ADIS와 자기보고식 질문지들의 재실시로 구성된 추후 평가를 받기 위해 저자들의 센터로 다시 왔다. 추후에 요셉의 자기보고된 증상 평정치들은 치료 종결 후보다 약간 올라갔다. SIAS의 추후 평가 점수는 37점으로 치료 종결 후와 비교해 약간 더 높아졌는데, 특히 낯선 사람에게 인사하기와 길가에서 낯선 사람과 만나기 문항들에서 그러하였다. PSWQ의 점수는 35점에서 40점으로 약간 올라갔다. 주목할 만하게도, 요셉의 BDI 점수는 치료 종결 후 11점에서 추후 35점으로 상승하였는데, 이는 우울 증상들의 재발을 시사한다. 특히 요셉은 미래에 대한 비관적 사고, 죄책감, 피로감 및 수면곤란의 증가를 보였다. 추후 면접 때 요셉은 최근 휴가 시즌 시작 무렵 여자친구와 헤어졌다고 보고했으며, 이러한 이별과 겨울 날씨 때문에 우울한 기분을 겪었다고 하였다. 하지만 더 자세한 추후 평가 자료가 없기 때문에, 우울 증상의 증가가 이러한 상황 변인들로 귀인 가능하거나 또는 우울증의 재발을 나타내는 정도가 불분명하다. 추후에 이러한 증가에도 불구하고, 요셉의 WSAS 점수는 치료 전에 비해 추후에 감소하였다(심각한 지장 수준인 34점에서 중간 정도의 지장 수준인 21점으로). 이 결과는 그의 증상들이 어느 정도 다시 나타났을지라도 그가 증상들을 훨씬 더 잘 관리할 수 있음을 나타낼 수 있다. 하지만 요셉은 치료 종결 후에 WSAS를 작성하지 않았으므로, 이 측정도구에서 정확하게 어떤 변화양상을 보이는지는 분명하지 않다.

ADIS를 사용한 임상가의 평정은 대체로 요셉의 자기보고식 검사 결과와 일치하는 듯 보였다. 치료 종결 후와 추후 평가 사이에 범불안장애와 주요우울장애 증상들이 약간 악화되었다(임상적 심각도 평정치는 각각 4점과 5점). 주목할 만하게도, 요셉의 사회불안장애는 임상적 심각도 평정치가 2점으로서, 그가 치료에서 얻은 이득을 유지하고 아마도 좀 더 개선할 수 있음을 시사한다. 사회적 상황과 관련된 두려움과 불안을 여전히 어느 정도 보이지만, 이러한 두려움과 관련된 지장과 고통은 더 이상 임상적 수준에 해당되지 않았다.

참고문헌

Allen, L. B., White, K. S., Barlow, D. H., Shear, M. K., Gorman, J. M., & Woods, S. W. (2010). Cognitive-behavior therapy (CBT) for panic disorder: Relationship of anxiety and depression comorbidity with treatment outcome. *Journal of Psychopathology and Behavioral Assessment*, *32*(2), 185-192.

American Psychiatric Association. (2000). *Diagnostic and statistical manual of mental disorders* (4th ed., text rev.). Washington, DC: Author.

American Psychiatric Association. (2013). *Diagnostic and*

statistical manual of mental disorders (5th ed.). Arlington, VA: Author.

Andrews, G. (1990). Classification of neurotic disorders. *Journal of the Royal Society of Medicine, 83*(10), 606-607.

Andrews, G. (1996). Current controversies in the anxiety disorders. In R. M. Rapee (Ed.), *Comorbidity in neurotic disorders: The similarities are more important than the difference* (pp. 3-20). New York: Guilford Press.

Barlow, D. H. (1988). *Anxiety and its disorders: The nature and treatment of anxiety and panic.* New York: Guilford Press.

Barlow, D. H. (1991). Disorders of emotion. *Psychological Inquiry, 2,* 58-71.

Barlow, D. H. (2000). Unraveling the mysteries of anxiety and its disorders from the perspective of emotion theory. *American Psychologist, 55*(11), 1247-1263.

Barlow, D. H. (2002). *Anxiety and its disorders: The nature and treatment of anxiety and panic* (2nd ed.). New York: Guilford Press.

Barlow, D. H., Bullis, J. R., Comer, J. S., & Ametaj, A. A. (2013). Evidence-based psychological treatments: An update and the way forward. *Annual Review of Clinical Psychology, 9,* 1-27.

Barlow, D. H., & Craske, M. G. (2007). *Mastery of your anxiety and panic: Client workbook for anxiety and panic* (4th ed.). New York: Oxford University Press.

Barlow, D. H., Gorman, J. M., Shear, M. K., & Woods, S. W. (2000). Cognitive-behavioral therapy, imipramine, or their combination for panic disorder: A randomized controlled trial. *Journal of the American Medical Association, 283,* 2529-2536.

Barlow, D. H., Sauer-Zavala, S. E., Carl, J. R., Bullis, J. R., & Ellard, K. K. (in press). The nature, diagnosis, and treatment of neuroticism: Back to the future. *Clinical Psychological Science.* Beck, A. T. (1967). *The diagnosis and management of depression.* Philadelphia: University of Pennsylvania Press.

Beck, A. T., Rush, A. J., Shaw, B. F., & Emery, G. (1979). *Cognitive therapy of depression.* New York: Guilford Press.

Beck, A. T., Steer, R. A., & Brown, G. K. (1996). *Beck Depression Inventory manual* (2nd ed.). San Antonio, TX: Psychological Corporation.

Bentley, K. H., Gallagher, M. W., Carl, J. R., Farchione, T. J., & Barlow, D. H. (2013). *Development and validation of an Overall Depression Severity and Impairment Scale.* Manuscript submitted for publication.

Boelen, P. A., Vrinssen, I., & van Tulder, F. (2010). Intolerance of uncertainty in adolescents: Correlations with worry, social anxiety, and depression. *Journal of Nervous and Mental Disease, 198,* 194-200.

Borkovec, T. D. (1994). The nature, functions, and origins of worry. In G. C. L. Davey & F. Tallis (Eds.), *Worrying: Perspectives on theory, assessment, and treatment* (pp. 5-34). New York: Wiley.

Borkovec, T. D., Hazlett-Stevens, H., & Diaz, M. L. (1999). The role of positive beliefs about worry in generalized anxiety disorder and its treatment. *Clinical Psychology and Psychotherapy, 6,* 126-138.

Boswell, J. F., Thompson-Holland, J., Farchione, T. J., & Barlow, D. H. (2013). The intolerance of uncertainty: A common factor in the treatment of emotional disorders. *Journal of Clinical Psychology, 69,* 630-645.

Bouton, M. E. (2005). Behavior systems and the contextual control of anxiety, fear, and panic. In L. Feldman Barrett, P. M. Niedenthal, & P. Winkielman (Eds.), *Emotion and consciousness* (pp. 205-227). New York: Guilford Press.

Bouton, M. E., Mineka, S., & Barlow, D. H. (2001). A modern learning theory perspective on the etiology of panic disorder. *Psychological Review, 108,* 4-32.

Brown, T. A. (2007). Temporal course and structural relationships among dimensions of temperament and DSM-IV anxiety and mood disorder constructs. *Journal of Abnormal Psychology, 116,* 313-328.

Brown, T. A., Antony, M. M., & Barlow, D. H. (1995). Diagnostic comorbidity in panic disorder: Effect on treatment outcome and course of comorbid diagnoses following treatment. *Journal of Consulting and*

Clinical Psychology, 63, 408-418.

Brown, T. A., & Barlow, D. H. (1995). Long-term outcome in cognitive-behavioral treatment of panic disorder: Clinical predictors and alternative strategies for assessment. *Journal of Consulting and Clinical Psychology, 63*, 754-765.

Brown, T. A., & Barlow, D. H. (2002). Classification of anxiety and mood disorders. In D. H. Barlow (Ed.), *Anxiety and its disorders: The nature and treatment of anxiety and panic* (2nd ed., pp. 292-327). New York: Guilford Press.

Brown, T. A., & Barlow, D. H. (2009). A proposal for a dimensional classification system based on the shared features of the DSM-IV anxiety and mood disorders: Implications for assessment and treatment. *Psychological Assessment, 21*, 256-271.

Brown, T. A., Campbell, L. A., Lehman, C. L., Grisham, J. R., & Mancill, R. B. (2001). Current and lifetime comorbidity of the DSM-IV anxiety and mood disorders in a large clinical sample. *Journal of Abnormal Psychology, 110*, 49-58.

Brown, T. A., Chorpita, B. F., & Barlow, D. H. (1998). Structural relationships among dimensions of the DSM-IV anxiety and mood disorders and dimensions of negative affect, positive affect, and autonomic arousal. *Journal of Abnormal Psychology, 107*, 179-192.

Brown, T. A., Di Nardo, P. A., & Barlow, D. H. (2014). *Anxiety Disorders Interview Schedule for DSM-5*. New York: Oxford University Press.

Brown, T. A., Di Nardo, P. A., Lehman, C. L., & Campbell, L. A. (2001). Reliability of DSM-IV anxiety and mood disorders: Implications for the classification of emotional disorders. *Journal of Abnormal Psychology, 110*, 49-58.

Campbell-Sills, L., Barlow, D. H., Brown, T. A., & Hofmann, S. G. (2006a). Acceptability and suppression of negative emotion in anxiety and mood disorders. *Emotion, 6*, 587-595.

Campbell-Sills, L., Barlow, D. H., Brown, T. A., & Hofmann, S. G. (2006b). Effects of suppression and acceptance on emotional responses in individuals with anxiety and mood disorders. *Behaviour Research and Therapy, 44*, 1251-1263.

Campbell-Sills, L., Liverant, G. I., & Brown, T. A. (2004). Psychometric evaluation of the behavioral inhibition/behavioral activation scales in a large sample of outpatients with anxiety and mood disorders. *Psychological Assessment, 16*(3), 244-254.

Campbell-Sills, L., Norman, S. B., Craske, M. G., Sullivan, G., Lang, A. J., Chavira, D. A. (2009). Validation of a brief measure of anxiety-related severity and impairment: the Overall Anxiety Severity and Impairment Scale (OASIS). *Journal of Affective Disorders, 112*(1-3), 92-101.

Caspi, A., Sugden, K., Moffitt, T. E., Taylor, A., Craig, I. W., & Harrington, H. (2003). Influence of life stress on depression: Moderation by a polymorphism in the 5-HTT gene. *Science, 301*, 386-389.

Chorpita, B. F., Albano, A. M., & Barlow, D. H. (1998). The structure of negative emotions in a clinical sample of children and adolescents. *Journal of Abnormal Child Psychology, 107*, 74-85.

Chorpita, B. F., & Barlow, D. H. (1998). The development of anxiety: The role of control in the early environment. *Psychological Bulletin, 124*, 3-21.

Clark, D. A. (2012). The English Improving Access to Psychological Therapies (IAPT) program: History and progress. In R. K. McHugh & D. H. Barlow (Eds.), *Dissemination and implementation of evidence-based psychological interventions* (pp. 61-77). New York: Oxford University Press.

Clark, L. A. (2005). Temperament as a unifying basis for personality and psychopathology. *Journal of Abnormal Psychology, 114*, 505-521.

Clark, L. A., & Watson, D. (1991). Tripartite model of anxiety and depression: Psychometric evidence and taxonomic implications. *Journal of Abnormal Psychology, 103*, 103-116.

Craske, M. G., & Barlow, D. H. (2006). *Mastery of your anxiety and worry* (2nd ed.). New York: Oxford University Press.

Craske, M. G., Rowe, M., Lewin, M., & Noriega-Dimitri, R. (1997). Interoceptive exposure versus breathing retraining within cognitive-behavioural therapy for panic disorder with agoraphobia. *British Journal of Clinical Psychology, 36*, 85-99.

Dimidjian, S., Hollon, S. D., Dobson, K. S., Schmaling, K. B., Kohlenberg, R. J., & Addis, M. E. (2006). Randomized trial of behavioral activation, cognitive therapy, and antidepressant medication in the acute treatment of adults with major depression. *Journal of Consulting and Clinical Psychology, 74*(4), 658-670.

Di Nardo, P. A., Brown, T. A., & Barlow, D. H. (1994). *Anxiety Disorders Interview Schedule for DSM-IV.* Albany, NY: Graywind.

Drabant, E. M., Ramel, W., Edge, M. D., Hyde, L. W., Kuo, J. R., Goldin, P. R. (2012). Neural mechanisms underlying 5-HTTLPR-related sensitivity to acute stress. *American Journal of Psychiatry, 169*, 397-405.

Endicott, J., Nee, J., Harrison, W., & Blumenthal, R. (1993). Quality of Life Enjoyment and Satisfaction Questionnaire: A new measure. *Psychopharmacology Bulletin, 29*(2), 321-326.

Eysenck, H. J. (1947). *Dimension of personality.* London: Routledge & Kegan Paul.

First, M. B., Spitzer, R. L., Gibbon, M., & Williams, J. B. W. (1996). *Structured Clinical Interview for DSM-IV Axis I Disorders—Patient Edition (SCID-I/P, Version 2.0).* New York: Biometrics Research Department, New York State Psychiatric Institute.

Foa, E. B., Riggs, D. S., Dancu, C. V., & Rothbaum, B. O. (1993). Reliability and validity of a brief instrument for assessment post-traumatic stress disorder. *Journal of Traumatic Stress, 6*(4), 459-473.

Foa, E. B., & Tolin, D. F. (2000). Comparison of the PTSD Symptom Scale-Interview Version and the Clinician-Administered PTSD scale. *Journal of Traumatic Stress, 13*(2), 181-191.

Goodman, W. K., Price, L. H., Rasmussen, S. A., Mazure, C., Fleischmann, R. L., & Hill, C. L. (1989). The Yale-Brown Obsessive Compulsive Scale: I. Development, use, and reliability. *Archives of General Psychiatry, 46*(11), 1006-1011.

Hafner, J., & Marks, I. M. (1976). Exposure *in vivo* of agoraphobics: Contributions of diazepam, group exposure, and anxiety evocation. *Psychological Medicine, 6*, 71-88.

Hamilton, M. (1959). The assessment of anxiety states by rating. *British Journal of Medical Psychology, 32*, 50-55.

Hamilton, M. (1960). A rating scale for depression. *Journal of Neurology, Neurosurgery, and Psychiatry, 23*, 56-62.

Hayes, S. C., Strosahl, K. D., & Wilson, K. G. (1999). *Acceptance and commitment therapy: An experiential approach to behavior change.* New York: Guilford Press.

Heimberg, R. G., Horner, K. J., Juster, H. R., Safren, S. A., Brown, E. J., & Schneier, F. R. (1999). Psychometric properties of the Liebowitz Social Anxiety Scale. *Psychological Medicine, 29*(1), 199-212.

Heimberg, R. G., Liebowitz, M. R., Hope, D. A., Schneier, F. R., Holt, C. S., & Welkowitz, L. A. (1998). Cognitive behavioral group therapy vs phenelzine therapy for social phobia: 12-week outcome. *Archives of General Psychiatry, 55*(12), 1133-1141.

Hettema, J. M., Neale, M. C., & Kendler, K. S. (2001). A review and meta-analysis

of the genetic epidemiology of anxiety disorders. *American Journal of Psychiatry, 158*, 1568-1578.

Huppert, J. D., Bufka, L. F., Barlow, D. H., Gorman, J. M., Shear, M. K., & Woods, S. W. (2001). Therapists, therapist variables and cognitive-behavioral therapy outcome in a multicenter trial for panic disorder. *Journal of Consulting and Clinical Psychology, 69*, 747-755.

Izard, C. E. (1971). *The face of emotion.* New York: Appleton-Century-Crofts.

Jacobson, N. S., Martell, C. R., & Dimidjian, S. (2001). Behavioral activation treatment for depression: Returning to contextual roots. *Clinical Psychology: Science and Practice, 8*, 255-270.

Kendler, K. S. (1996). Major depression and generalized anxiety disorder: Same genes, (partly) different environments-revisited. *British Journal of*

Psychiatry, 30(Suppl.), 68-75.

Kendler, K. S., Walters, E. E., Neale, M. C., Kessler, R. C., Heath, A. C., & Eaves, L. J. (1995). The structure of genetic and environmental risk factors for six major psychiatric disorders in women: Phobia, generalized anxiety disorder, panic disorder, bulimia, major depression, and alcoholism. *Archives of General Psychiatry, 52*, 374-382.

Kessler, R. C., Nelson, C. B., McGonagle, K. A., Lui, J., Swartz, M., & Blazer, D. G. (1996). Comorbidity of DSM-III-R major depressive disorder in the general population: Results from the National Comorbidity Survey. *British Journal of Psychiatry, 168*, 17-30.

Keyes, C. L., Wissing, M., Potgieter, J. P., Temane, M., Kruger, A., & van Rooy, S. (2008). Evaluation of the Mental Health Continuum-Short Form (MHC-SF) in Setswana-speaking South Africans. *Clinical Psychology and Psychotherapy, 15*(3), 181-192.

Keyes, C. L. M. (2005). Mental illness and/or mental health?: Investigating axioms of the complete state model of health. *Journal of Consulting and Clinical Psychology, 73*, 539-548.

Keyes, C. L. M. (2006). Mental health in adolescence: Is America's youth flourishing? *American Journal of Orthopsychiatry, 76*, 395-402.

Lamers, S. M., Westerhof, G. J., Bohlmeijer, E. T., ten Klooster, P. M., & Keyes, C. L. (2011). Evaluating the psychometric properties of the Mental Health Continuum-Short Form (MHC-SF). *Journal of Clinical Psychology, 67*(1), 99-110.

Lee, J. K., Orsillo, S. M., Roemer, L., & Allen, L. B. (2010). Distress and avoidance in generalized anxiety disorder: Exploring the relationships with intolerance of uncertainty and worry. *Behaviour Therapy, 39*, 126-136.

Liebowitz, M. R. (1987). Social phobia. *Modern Problems in Pharmacopsychiatry, 22*, 141-173.

Liebowitz, M. R., Heimberg, R. G., Schneier, F. R., Hope, D. A., Davies, S., & Holt, C. S. (1999). Cognitive-behavioral group therapy versus phenelzine in social phobia: Longterm outcome. *Depression and Anxiety, 10*(3), 89-98.

Linehan, M. M. (1993). *Cognitive behavioral treatment of borderline personality disorder.* New York: Guilford Press.

Liverant, G. I., Brown, T. A., Barlow, D. H., & Roemer, L. (2008). Emotion regulation in unipolar depression: The effects of acceptance and suppression of subjective emotional experience on the intensity and duration of sadness and negative affect. *Behaviour Research and Therapy, 46*, 1201-1209.

Lonsdorf, T. B., Golkar, A., Lindstom, K. M., Fransson, P., Schalling, M., & Ohman, A. (2011). 5-HTTLPR and COMTval158met genotype gate amygdala reactivity and habituation. *Biological Psychology, 87*, 106-112.

Margraf, J., Taylor, C. B., Ehlers, A., Roth, W. T., & Agras, W. S. (1987). Panic attacks in the natural environment. *Journal of Nervous and Mental Disease, 175*, 558-565.

Mattick, R. P., & Clarke, J. C. (1998). Development and validation of measures of social phobia scrutiny fear and social interaction anxiety. *Behaviour Research and Therapy, 36*, 455-470.

McHugh, R. K., & Barlow, D. H. (Eds.). (2012). *Dissemination and implementation of evidence-based psychological interventions.* New York: Oxford University Press.

Mennin, D. S., Heimberg, R. G., Turk, C. L., & Fresco, D. M. (2005). Preliminary evidence for an emotion dysregulation model of generalized anxiety disorder. *Behaviour Research and Therapy, 43*, 1281-1310.

Merikangas, K. R., Zhang, H., & Aveneoli, S. (2003). Longitudinal trajectories of depression and anxiety in a prospective community study. *Archives of General Psychiatry, 60*, 993-1000.

Meyer, T. J., Miller, M. L., Metzger, R. L., & Borkovec, T. D. (1990). Development and validation of the Penn State Worry Questionnaire. *Behaviour Research and Therapy, 28*, 487-495.

Miller, W. R., & Rollnick, S. (2013). *Motivational interviewing: Preparing people for change* (3rd ed.). New York: Guilford Press.

Montag, C., Fiebach, C. J., Kirsch, P., & Reuter, M. (2011). Interation of 5-HTTLPR and a variation on the oxytocin recepter gene influences negative emotionality. *Biological Psychiatry, 69*, 601-603.

Munafo, M. R., Brown, S. M., & Hariri, A. R. (2008). Seratonin transporter (5-HTTLPR) genotype and amygdala activation: A meta-analysis. *Biological Psychiatry, 63*, 852-857.

Nathan, P. E., & Gorman, J. M. (Eds.). (2007). *A guide to treatments that work* (3rd ed.). New York: Oxford University Press.

Norman, S. B., Cissell, S. H., Means-Christensen, A. J., & Stein, M. B. (2006). Development and validation of an Overall Anxiety Severity and Impairment Scale (OASIS). *Depression and Anxiety, 23*(4), 245-249.

Pezawas, L., Meyer-Lindenberg, A., Drabant, E. M., Verchinski, B. A., Munoz, K. E., & Kolachana, B. S. (2005). 5-HTTLPR polymorphism impacts human cingulate-amygdala interactions: A genetic susceptibility mechanism for depression. *Nature Neuroscience, 8*(6), 828-834.

Raffa, S. D., Stoddard, J. A., White, K. S., Barlow, D. H., Gorman, J. M., & Shear, M. K. (2008). Relapse following combined-treatment discontinuation in a placebo-controlled trial for panic disorder. *Journal of Nervous and Mental Disease, 196*(7), 548-555.

Rapee, R. M., Craske, M. G., & Barlow, D. H. (1990). Subject described features of panic attacks using a new self-monitoring form. *Journal of Anxiety Disorders, 4*, 171-181.

Roy-Byrne, P. P., Craske, M. G., & Stein, M. B. (2006). Panic disorder. *Lancet, 368*, 1023-1032.

Rutter, M., Moffit, T. E., & Caspi, A. (2006). Gene-environment interplay and psychopathology: Multiple varieties but real effects. *Journal of Child Psychology and Psychiatry, 47*, 226-261.

Ruzek, J. I., Karlin, B. E., & Zeiss, A. (2012). Implementation of evidence-based psychological treatments in the Veterans Health Administration. In R. K. McHugh & D. H. Barlow (Eds.), *Dissemination and implementation of evidence-based psychological interventions* (pp. 78-96). New York: Oxford University Press.

Safren, S. A., Heimberg, R. G., Horner, K. J., Juster, H. R., Schneier, F. R., & Liebowitz, M. R. (1999). Factor structure of social fears: The Liebowitz Social Anxiety Scale. *Journal of Anxiety Disorders, 13*(3), 253-270.

Sauer-Zavala, S. E., & Barlow, D. H. (2013). *The case for borderline personality disorder as an emotional disorder: Implications for treatment*. Manuscript submitted for publication.

Shear, K., Belnap, B. H., Mazumdar, S., Houck, P., & Rollman, B. L. (2006). Generalized anxiety disorder severity scale (GADSS): A preliminary validation study. *Depression and Anxiety, 23*(2), 77-82.

Shear, M. K., Brown, T. A., Barlow, D. H., Money, R., Sholomskas, D. E., & Woods, S. W. (1997). Multicenter collaborative Panic Disorder Severity Scale. *American Journal of Psychiatry, 154*, 1571-1575.

Shear, M. K., Vander Bilt, J., & Rucci, P. (2001). Reliability and validity of a Structured Interview Guide for the Hamilton Anxiety Rating Scale (SIGH-A). *Depression and Anxiety, 13*, 166-178.

Stein, M. B., Campbell-Sills, L., & Gelernter, J. (2009). Genetic variation in 5HTTLPR is associated with emotional resilience. *Neuropsychiatric Genetics, 150B*, 900-906.

Storch, E. A., Larson, M. J., Price, L. H., Rasmussen, S. A., Murphy, T. K., & Goodman, W. K. (2010). Psychometric analysis of the Yale-Brown obsessive-compulsive Scale Second Edition Symptom Checklist. *Journal of Anxiety Disorders, 24*, 650-656.

Suárez, L., Bennett, S. M., Goldstein, C., & Barlow, D. H. (2009). Understanding anxiety disorders from a "triple vulnerability" framework. In M. M. Antony & M. B. Stein (Eds.), *Handbook of anxiety and the anxiety disorders* (pp. 153-172). New York: Oxford University Press.

Tsao, J. C. I., Mystkowski, J. L., Zucker, B. G., & Craske, M. G. (2002). Effects of cognitive-behavior therapy for panic disorder on comorbid conditions: Replication and extension. *Behavior Therapy, 33*, 493-509.

Tsao, J. C. I., Mystkowski, J. L., Zucker, B. G., & Craske, M. G. (2005). Impact of cognitive-behavioral therapy for panic disorder on comorbidity: A controlled investigation. *Behaviour Research and Therapy, 43*,

959-970.

Tull, M. T., & Roemer, L. (2007). Emotion regulation difficulties associated with the experience of uncued panic attacks: Evidence of experiential avoidance, emotional nonacceptance, and decreased emotional clarity. *Behaviour Research and Therapy, 38*, 378-391.

Tyrer, P. J. (1989). *Classification of neurosis*. Chichester, UK: Wiley.

Tyrer, P. J., Seivewright, N., Murphys, S., Ferguson, B., Kingdon, D., & Barczak, B. (1998). The Nottingham study of neurotic disorder: Comparison of drug and psychological treatments. *Lancet, 2*, 235-240.

Watson, D. (2005). Rethinking the mood and anxiety disorders: A quantitative hierarchical model for DSM-V. *Journal of Abnormal Psychology, 114*, 522-536.

Watson, D., Clark, L. A., & Tellegen, A. (1988). Development and validation of brief measures of positive and negative affect: The PANAS scales. *Journal of Personality and Social Psychology, 54*, 1063-1070.

Wegner, D. M., Schneider, D. J., Carter, S. R., III, & White, T. L. (1987). Paradoxical effects of thought suppression. *Journal of Personality and Social Psychology, 53*(1), 5-13.

Weinberg, A., & Hajcak, G. (2010). Electrocortical evidence for vigilance-voidance in generalized anxiety disorder. *Psychophysiology, 48*(6), 1-10.

Weiser, M., Pauli, P., Weyers, P., Alpers, G., & Muhlberger, A. (2009). Fear of negative evaluation and the hypervigilance-avoidance hypothesis: An eye-tracking study. *Journal of Neural Transmission, 116*, 717-723.

Westerhof, G. J., & Keyes, C. L. (2009). Mental illness and mental health: The two continua model across the lifespan. *Journal of Adult Development, 17*(2), 110-119.

Westra, H. A., Arkowitz, H., & Dozois, D. J. A. (2009). Adding a motivational interviewing pretreatment to cognitive behavioral therapy for generalized anxiety disorder: A preliminary randomized controlled trial. *Journal of Anxiety Disorders, 23*, 1106-1117.

Westra, H. A., & Dozois, D. J. A. (2006). Preparing clients for cognitive behavioural therapy: A randomized pilot study of motivational interviewing for anxiety. *Cognitive Therapy and Research, 30*, 481-498.

Williams, J. B. (1988). A structured interview guide for the Hamilton Depression Rating Scale. *Archives of General Psychiatry, 45*, 742-747.

chapter 7

우울증을 위한 인지치료

Jeffrey E. Young, Jayne L. Rygh, Arthur D. Weinberger, Aaron T. Beck 공저
박중규 역

정서[1] 문제를 다루는 심리적 접근법의 가장 중요한 발전 중 하나는 우울증에 관한 인지치료의 성공일 것이다. 이것의 강력한 효능성에 관한 증거는 특히 성공적인 장기적 성과와 관련하여 수십 년간 꾸준히 증가하고 있다. 인지치료는 구체적인 인지적 및 행동적 기법들을 적용하고, 각 회기마다 특정한 의제를 다루는 상세한 구조를 가지며, 의도적으로 계획되고 명백히 효과적인 일련의 질문(소크라테스 질문)으로서 환자와 상호작용하는 특징을 갖는다. 저자는 또한 치료자와 환자 간의 협력적 관계의 중요성을 강조하고 이를 달성하기 위한 구체적인 기술을 개관하는데, 이로써 환자와 치료자가 함께 문제를 밝혀 나가는 팀으로서 작업함을 강조한다. 이 장에서 저자는 전통적인 인지치료뿐만 아니라 '도식중심치료'라는 확장된 인지치료도 다룬다. 이 접근법은 심하게 우울하고 치료에 저항하는 환자, 즉 흔히 재발에 취약한 성격장애를 동반하는 환자를 대상으로 유아기부터 발달했을 것으로 생각되는 초기 부적응 또는 '핵심' 도식을 식별하고 수정하는 데 중점을 둔다. 이러한 확장된 치료에 대한 상세한 설명은 경험이 풍부한 인지치료자뿐만 아니라 우울증에 관한 인지치료를 익히려는 사람 모두에게 매우 유용할 것이다. 두 가지 사례 중 데니스는 전통적인 인지치료로, 바바라는 도식중심치료를 통해서 각각의 접근법을 예시한다. - D. H. B.

개관 및 연구

우울증 및 인지치료의 출현

우울증(depression)은 정신건강 전문가가 만나는 가장 흔한 장애 중 하나이다. 미국의 전국 동반이환 조사 반복(U.S. National Comorbidity Survey Replication: NCS-R; 2005), 질병통제예방센터(Centers for Disease Control and Prevention: CDC; 2010), 세계보건기구(WHO, 2008)의 연구 및 미국 국립정신건

1) 역자 주: emotion, 문맥에 따라 '감정'으로도 번역되었다.

강연구소(National Institute of Mental Health: NIMH; 2006)의 자료는 다음의 사항을 보여 준다.

- 미국에서 주요우울장애의 평생 유병률 추정치는 29.9%이다(Kessler, Petukhova, Sampson, Zaslavsky, & Wittchen, 2012).
- 미국에서 주요우울장애의 12개월 유병률은 8.6%이다(Kessler et al., 2012).
- 국가 및 문화권 전반에 걸쳐, 주요우울장애의 평생 유병률 추정치는 고소득 국가에서는 14.6%, 중 · 저소득 국가에서는 11.1%이다. 12개월 유병률 추정치는 고소득 국가에서는 5.5%, 중 · 저소득 국가에서는 5.6%이다 (Bromet et al., 2011).
- 미국에서 주요우울 삽화의 비율은 물질 의존 또는 남용의 문제를 가진 18세 이상 성인(21.5%)과 12~17세 청소년(18.9%)이 그렇지 않은 경우(각각 8.2% 및 6.7%)에 비해 현저히 높다[Substance Abuse and Mental Health Services Administration(SAMHSA), 2008].
- 우울증은 심장마비의 위험을 증가시키며, 비만, 당뇨병, 심혈관 질환, 암, 천식 및 관절염과 같은 만성질환을 겪는 사람에게 더욱 흔하다 (NIMH, 2006; Strine et al., 2008; Chapman, Perry, & Strine, 2005).
- 미국에서는 주요우울장애로 연간 27.2일의 근무일 손실이 있고 양극성장애(I형 및 II형)로 연간 65.5일의 근무일 손실이 있다.
- 주요우울장애는 미국에서 15~44세 연령층에서 기능장애(disability)를 일으키는 첫 번째 원인이며(NIMH, 2006), 전체 사회에 부담을 주는 주요 질환 중 하나이다(WHO, 2004).

우울증과 연관된 높은 재발 위험률(Scott, 2000)과 과도한 자원의 사용(Howland, 1993), 인적 자원의 손실(Berndt et al., 2000) 등은 문제의 심각성을 보여 준다. 세계보건기구는 2030년까지 질환 및 기능장애, 조기 사망 등으로 인하여 삶을 잃게 되는 상위 세 가지 원인에 우울증이 포함될 것으로 예측하였다(WHO, 2004). 보고서가 지적하듯이 우울증은 광범위하게 만연되어 있으며, 쇠약을 야기하고, 과도한 비용을 발생시키며, 잠재적으로 황폐화를 이끌 수 있다.

우울증을 겪는 이들의 개인적 고통과 아픔을 적절하게 포착하고 전달해 주는 자료는 많지 않다. 우울한 사람 중 많은 이가 전문적인 조력을 받지 못하고 있으며(Frank & Thase, 1999; Jarrett, 1995; Wang et al., 2005), 지난 10여 년간 도움을 구하는 수효는 늘어났지만 과소치료(undertreatment)는 여전히 심각한 문제로 남아 있다(Olfson et al., 2002; Wang et al., 2005). 건강보험관리제도[2]는 충분한 보장을 제공하지 않으며, 과도한 비용 및 비밀보장에 관한 우려, 지속적인 사회적 낙인, 심지어 어떠한 서비스 기관[3]에 가서 무슨 서비스를 얻을 것인지에 대한 정보의 부족 등이 적정하고도 양호한 정신건강 서비스를 이용하는 데 장애물이 되고 있다 (SAMHSA, 2008). 최적화된 조력양식을 찾는 것이 어려울 뿐만 아니라 불가능한 일이 될 수도 있는

2) 역자 주: 공공 건강보험 및 민간 건강보험을 모두 포함한다.
3) 역자 주: 한국에서는 병원 및 정신건강복지센터, 국공립 및 사설 심리상담센터 등이 해당된다.

데, 이미 기능이 손상된 사람의 경우에는 더욱 그럴 수밖에 없다. 다음의 인용문은 오늘날에도 여전히 유효하다.

> 우울 증상의 치료를 원하는 미국인들은 어디에서 그리고 어떤 유형의 전문가를 찾아야 할지 결정해야 한다. …… 임상가(clinician)는 신체적·심리적 또는 조합치료를 선택하여 시행해야 하는데, 이는 정해져 있는 용량과 일정 스케줄에 의한 것이어야 한다. …… 이러한 과정 전반에 걸쳐 환자는 권고사항을 얼마나 따를 것인지 결정해야 하는데, 예컨대 얼마나 오래 지속할 것인지는 경제적·실용적·신체적 및 감정적 비용의 고려사항에 의해 결정된다. 유감스럽게도, 정보의 부족과 정신질환 및 치료에 관한 지속적인 사회적 낙인은 이러한 결정에 영향을 미친다. 또한 동시에 결정은 일정한 환경 속에서 이루어지는데, 그 환경은 정책 입안자와 제3자 지불인(예: 보험회사 등), 임상가, 다양한 유형의 전문가 이익단체 간의 사회적·정치적·경제적 논쟁과 긴장감으로 가득 차 있다(Jarrett, 1995, p. 435).

관리보호가 제공될 때에도, 흔히 적절하지 못하거나 최소로 적절한 정도이다(Wang et al., 2005). 근거기반치료는 임상 실제에서 널리 채택되지 못하고 있으며(Stirman et al., 출판 중), 이는 공중보건의 위기를 반영하고 있다(Keller & Boland, 1998). 신속하고도 효능이 입증된 치료방안을 보급할 필요성은 여전히 최우선적인 과제로 남아 있다.

우울증 치료의 주요 발전 중 하나는 인지치료(cognitive therapy)의 출현인데, 이는 1979년에 Beck이 우울증에 관한 상세한 치료 매뉴얼을 발표한 이후 기하급수적으로 확대되고 있다(Beck, 1967, 1976; Beck, Rush, Shaw, & Emery, 1979). Beck과 동료들의 연구는 심리치료에서 패러다임의 변화를 이끌어 냈다(Salkovskis, 1996). Beck의 검증 가능한 가설과 임상 프로토콜의 개발에 힘입어 인지치료는 전문가들의 지대한 관심을 받았다(Hollon, 1998; McGinn & Young, 1996; Rehm, 1990). 우울증에 대한 모든 인지행동치료 접근법 중에서 Beck의 패러다임(Beck, 1967; Beck et al., 1979)은 가장 많은 경험적 연구와 타당화, 임상적 적용이 이루어져 왔다(Barlow & Hofmann, 1997; de Oliveira, 1998; Dobson & Pusch, 1993; Hollon, 1998; Hollon, Thase, & Markowitz, 2002; Jarrett & Thase, 2010; Rehm, 1990; Roberts & Hartlage, 1996; Scott, 1996a). 인지치료의 절차를 가르치는 전문가(예: J. S. Beck, 2011)뿐만 아니라 내담자를 위한 훌륭한 워크북 및 안내서들이 다수 존재한다(예: Gilson, Freeman, Yates, & Freeman, 2009; Leahy, 2010; Wright & McCray, 2011).

한편, 이러한 관심과 함께 '인지치료'라는 용어가 실제로 의미하는 것이 무엇인지 혼란스러워졌다. 다양한 '인지'치료가 채택한 실제 전략들은 각 치료방안마다 다르며, Beck과 동료들(1979)이 우울증의 인지치료를 위한 지침서에서 명확히 규정한 것과도 다를 수 있다. 따라서 독자는 '인지치료'라는 용어를 사용할 때 반드시 절차의 획일성(uniformity)을 의미하지 않음을 감안해야만 한다. Beck과 동료들에 의해 기술된 치료법은 인지적 및 행동적 기술들의 사용을 포함하고 있기에 보다 정확하게는 '인지-행동적'으로 명명될 수도 있다. Beck과 동료들의 절차를 묘사하는 데 두 가지 용어(인지/행동)를 적용하지만, 일부 문헌에서는 '인지치료'라는 용어를 사용하기도 한다(Sacco & Beck, 1995, p. 345).

급성기 치료에 관한 연구

임상 전집을 대상으로 하는 통제된 시험의 연구 성과는 인지치료의 효과성을 입증하고 있다(개관은 Beck & Alford, 2009; Hollon & Shelton, 2001 참조). 일부 초기 연구(Blackburn, Bishop, Glen, Whalley, & Christie, 1981; Rush, Beck, Kovacs, & Hollon, 1977)는 우울증에 관하여 인지치료가 종결 시점에서 약물 처치보다 효과가 우월할 수 있음을 제안하였다. 반면, Meterisian과 Bradwejn(1989)은 정신약리학적 개입들이 대부분 적절하게 적용되지 못했음을 지적하였고, 이후 적절한 개입이 확인된 연구 결과에서 인지치료는 일반적으로 비양극성의 외래 우울증 환자의 치료에서 삼환계 항우울제(tricyclic antidepressants: TCAs) 및 선택적 세로토닌 재흡수 억제제(selective serotonin reuptake inhibitors: SSRIs)와의 효능 비교(DeRubeis et al., 2005; Hollon et al., 1992; Murphy, Simmons, Wetzel, & Lustman, 1984), 비전형적인 우울증을 가진 외래 환자에게 시행된 모노아민 산화효소 억제제(monoamine oxidase inhibitor: MAOI) 처치와의 비교에서 동등한 효능을 보였다(Jarrett et al., 1999). 많은 연구가 정제형 위약조건(pill placebo conditions)을 포함하지는 않았는데, Jarrett과 동료들, DeRubeis와 동료들(2005)의 연구에 의하면 정제형 위약조건에 비해 적극적인 처치는 우월한 것으로 밝혀졌다. DeRubeis, Gelfand, Tang과 Simons(1999)는 고도 우울증 환자를 대상으로 시행된 4개 치료연구의 성과에 대한 거대분석(mega-analysis) 결과, 인지치료는 항우울제[이미프라민(impramine) 또는 노르트리프틸린(nortriptyline)] 처치와 동등함을 밝혔다. Bhar와 동료들의 연구(2008)에 따르면 인지행동치료(CBT)와 약물치료[파로섹틴(paroxetine)]가 주요우울증의 인지 증상 및 생장(식물성) 증상 변화와 관련하여 16주의 치료기간 동안 유사한 궤적을 산출함을 발견하였다.

정제형 위약을 포함한 2개의 연구만이 인지치료가 정신약물치료보다 덜 효과적일 수 있다고 보고하였다. 첫째는 중등도-고도 우울증을 겪는 성인을 대상으로 시행된 미국 국립정신건강연구소(NIMH)의 우울증 치료를 위한 협동 연구 프로그램(Treatment of Depression Collaborative Research Program: TDCRP)이었다. 둘째는 청소년의 우울증 경감을 위한 다중기관 연구(Treatment for Adolescents with Depression Study: TADS)였다.

NIMH의 TDCRP는 정제형 위약조건을 포함한 첫 번째 주요 연구였다. TDCRP(Elkin et al., 1989)의 최초 보고는 이전 연구들에 비해 CBT의 개선율이 저조한 것처럼 나타났다. 또한 고도 우울증 환자집단에서는 대인관계 심리치료와 항우울제가 CBT보다 더 우수한 것처럼 보고하였다. NIMH의 높은 명성과 가시성 덕분에 TDCRP 연구가 이전 연구들이 보고했던 급성기 치료 단계에서 CBT의 이득이 과대평가되었을 가능성이 있다고 주장한 것은 많은 논란을 불러일으켰다(Hollon, DeRubeis, & Evans, 1996; Wolpe, 1993). 하지만 이후 원자료에 대한 재검토에서 Elkin, Gibbons, Shea와 Shaw(1996)는 Jacobson과 Hollon(1996)이 본 대로 치료 성과가 연구 장소에 따라 매우 상이하며, 셋 중 한 곳에서는 고도 우울증 환자들에게 약물치료와 함께 인지치료도 시행되었음을 인정하였다. Jacobson과 Hollon은 가장 경험 많은 치료자가 있는 현장에서 최상의 성과가 산출되었음에 주목하였다. Hollon과 동료들(2002, p. 62)은 "인지치료가 그런 환자들에게 효과적이지 못하다는 것이 아니라, 치료가 어려운 우울증일수록 치료자의 전문성이 더 큰 차이를 내는 것으로 추측하였다." 그 외 Albon과 Jones(2003)는 TDCRP에서 시행된 두 가지 심리치료 처치의 독특성(distinctiveness)에 관하여 의문을 제기하였다. 두 사람은 각각 CBT와 대인관계 심리치료의 전문가로서 각자의 관점에서 이상적인 치료개입 원형(prototype)을 개발하였다. 그런 다음 TDCRP에서 사용된 치료 회기의 실제 기록물을 자신들이 개발한 원형들과 비교하였다. Albon과 Jones는 CBT 및 대인관계 심리치료 회기 모두가 CBT의 원형과 가장 유사함을 확인하였고, 두 치료 모두에서 CBT의 원형과 유사하게 시행되었을 경우 성과 측정치에서 정적 상관이 산출되었다. 아마도 이런 이유로 Quilty, McBride와 Bagby(2008)는 대인관계 심리치료와 CBT, 약물치료 조건에서 동등한 성과를 보고했을 수 있으며, Peeters와 동료들(2013)은 CBT와 대인관계 심리치료, 그리고 두 가지 치료법과 약물치료가 조합되었을 때 모두 유사한 관해율(remission rate)을 보고했을 수 있다. 유사하게, Luty와 동료들(2007)은 대인관계 심리치료와 CBT가 전반적으로는 동등하게 효과적이었지만(NIMH의 TDCRP와는 대조적으로), 고도 우울증에서는 CBT가 더 효과적임을 밝혔다.

Luty 등(2007)의 동일 데이터 세트에 관한 추가 분석을 통하여, Joyce 등(2007)은 성격장애와 주요우울장애가 공존하는 경우 대인관계 심리치료의 치료 반응에 불리한 영향을 미쳤지만 CBT에서는 그렇지 않음을 밝혔다. Bellino, Rinaldi와 Bogetto(2007)는 경계선 성격장애와 주요우울장애 동반이환 환자의 우울증 치료에서 대인관계 심리치료 및 CBT[각각 플루옥세틴(fluoxetine) 조합]가 동등하게 효과적임을 밝혔다. Fournier와 동료들(2008)은 16주의 치료 시점에서 중등도 또는 고도 우울증이면서 성격장애가 없는 환자의 경우 CBT가 약물(파록세틴)보다 우울증 경감에 더 효과적이었지만, 성격장애가 있는 환자에게는 덜 효과적임을 밝혔다. 이 연구는 경계선 또는 조현형, 반사회성 성격장애가 있는 환자를 포함하지 않았다. 주요우울증과 성격장애가 동반이환하는 경우 CBT(단독 또는 정신약물치료 보조제로서)의 효과는 아직 불분명하다.

일부 연구자는 연구 대상 장애의 종류와 상관없이 주요 심리치료들이 효과성에서 본질적으로 동등하다고 주장해 왔다. 이 가설을 검증하기 위하여 CBT가 다양한 장애에 걸쳐 다른 형태의 심리치료보다 우수한 것인지에 대해 최근 메타분석이 시행되었다(Tolin, 2010). 그 결과, **연구에 포함된 모든 장애에서** CBT는 정신역동치료보다 우월하였으나, 사후 및 추적 시점에서 대인관계치료 또는 지지치료와 비교했을 때는 그렇지 못하였다. 그러나 CBT는 **우울장애 및 불안장애에 대해서는** 다른 어떤 치료보다도 월등히 우월하게 나타났다. Tolin(2010)은 "이 성과는 치료 동등성에 대한 이전의 주장에 반하는 것이며, 적어도 불안과 우울 장애가 있는 환자에 대해서는 가장 우선시하는 심리사회적 치료로 CBT를 선택하여야 함을 시사한다."(p. 710)라고 결론지었다.

청소년의 우울 증상을 줄이기 위한 우울치료 조합 연구(Treatment for Adolescents with Depression Study; TADS, 2004)는 약물(플루옥세틴)과 CBT의 조합이 가장 긍정적인 성과를 보였으며, 약물만으로는 정제형 위약보다 우수했지만, CBT만으로는 정제형 위약과 큰 차이가 없었다. 이 성과는 12주간의 성과 측정치에 기초하였다. 그러나 18, 24, 36주 시점에 따른 성과 측정자료 분석(TADS, 2007)에 따르면, CBT의 효과가 36주까지 유의하게 증가하며, 약물치료와 동등하였고, 약물과 CBT의 조합이 CBT 또는 약물 단독보다 약간 더 효과적이었다.

Spirito, Esposito-Smythers, Wolff와 Uhl(2011)은 최근 청소년 우울증과 자살에 대한 CBT 성과 연구의 최신 논평을 보고하였다. 그들은 "청소년 우울증을 위한 CBT는 연구 문헌에서 상당한 지지를 받아 왔다."라고 결론짓고 자료를 요약하였다. 치료의 구성요소로서 부모의 포함 여부와 관계없이 개인 및 집단 CBT는 대다수 참여자에게 양호하게 확립된 수준 또는 효능이 입증되는 수준[4]이었다. CBT와 청소년의 자살에 관련해서도 "우울증 청소년을 위한 CBT 연구의 대부분은 형식(예: 개인, 집단)과 관계없이 CBT가 자살사고를 경감시킴을 밝혔다. 물론 가족치료 또는 지지(supportive) 치료, 약물치료에 대한 반응으로도 자살가능성(suicidality)이 감소된다는 것에 유의해야만 한다. 다양한 형태의 치료가 청소년 자살가능성의 감소를 낳을 수 있지만, 그럼에도 CBT는 주요우울장애의 진단/증상과 자살사고를 동시에 줄이는 데 가장 유망한 방안임이 입증되고 있다."

급성치료 단계의 우울증 외래 환자를 대상으로 했을 때, 몇몇 연구는 CBT와 약물의 조합이 각각의 단독치료에 비해 우수하지 못함을 보고하였다(Biggs & Rush, 1999; Evans et al., 1992; Hollon, Shelton, & Loosen, 1991; Scott, 1996a; Shaw & Segal, 1999). 조합의 경우 급성기 치료 단계에서 10~20% 효능이 증가하는 정도에 불과하였다(Conte, Plutchik, Wild, & Karasu, 1986). 입원하고 있는 우울증 환자의 치료에 관한 연구에서는 CBT가 약물치료와 조합될 때 유익한 성과를 제시하였다(Bowers, 1990; Miller, Norman, Keitner, Bishop, & Dow, 1989; Stuart & Bowers, 1995; Wright, 1996). 입원 환자의 표준치료에 인지치료가 유용한 일부처럼 보이지만, 인지치료 단독만으로 충분한 것인지는 아직 불명확하다(Hollon et al., 2002).

전통적인 인지치료를 일반 대중이 보다 접근하기 쉽고 적정한 것으로 만들기 위한 시도로서 인터넷 기반 인지행동치료(ICBT) 및 인지행동 집단치료(CBGT)가 모색되었다. 급속히 축적되고 있는 ICBT의 자료 검토에서 Johansson과 Andersson(2012)은 지침이 없는 ICBT(치료자와의 접촉이 없는 ICBT)보다 지침이 안내된 ICBT(전자 메일을 통해 치료자와의 접촉이 있는 구조화된 자기조력 방안)의 효과가 더 높다는 보고가 증가하고 있다고 하였다. 안내된 ICBT(guided ICBT)는 효과 면에서 대면치료와 필적될 수 있다. 맞춤형 치료(동반이환 진단을 위한 추가 기술을 포함)는 획일적인 비맞춤형 치료(모든 환자에게 동일한 방식으로 시행)보다 고도 우울증 치료에서 뛰어나다.

ICBT와 관련하여, 2000년부터 2010년까지 발표된 연구에 대한 최근의 메타분석(Feng et al., 2012)에서 CGBT가 경도-중등도 우울증에 더 효과적이라는 것을 보여 주었다. 이러한 효과는 우울증의 심각도가 증가함에 따라 감소하였다. 각 회기의 최적 시간은 60~90분이었다. 귀가 후 수행할 숙제 할당하기는 결과를 증진시켰다. 높은 중도탈락률은 빈약한 성과와 관련되었다. Feng과 동료들

4) 역자 주: 근거기반 심리치료는 '양호하게 확립된 수준'으로 효과를 인정받는 최상위 수준과 '잠정적으로 효능이 입증된 수준'으로 구별된다.

(2012)은 6개월 시점에서 재발률에는 미약한 효과를 보고하였다. 재발률은 치료 후 잔류 증상이 없을 때 가장 낮았다.

재발방지에 관한 연구[5]

대다수의 환자가 우울증 삽화에서 회복되지만, 그럼에도 그들은 향후 우울증에 취약한 편이다.

> 재발은 우울증을 앓는 많은 사람에게 주요 문제인데, 적어도 한 번의 우울증 삽화로 고통받은 사람의 최소 50%는 10년 이내에 또 다른 삽화를 보인다. 두 번의 삽화를 경험한 사람들이 세 번째 고통을 겪을 확률은 90%이며, 평생 3회 이상의 삽화를 경험한 개인은 한 삽화로부터 회복한 지 15주 이내에 40%의 재발률을 보인다(Kupfer, Frank, & Wamhoff, 1996, p. 293).

다른 연구자들은 단극성 우울증 환자의 85%가 재발을 경험할 것으로 추정하였다(Keller & Boland, 1998, p. 350). Wang(2004)은 6년간의 추적조사를 통해 주요우울증 치료를 받은 환자의 49.8%가 후속된 주요우울증 삽화를 겪는다는 것을 발견하였다. 이 수치들이 분명히 보여 주듯이, 재발을 최소화하고 예방할 수 있는 치료법의 필요성이 절실하다. 매우 흥미로운 사실은 (두 치료가 모두 종료되는 경우) 환자를 약물치료로만 치료할 때보다 인지치료 단독 또는 인지치료와 약물치료 조합의 경우가 재발의 측면에서 훨씬 우수하다는 일관된 관찰이다(Paykel, 2007). 여러 연구에서 표본 특성과 방법의 차이에도 불구하고, 인지치료는 중요한 예방적 속성을 갖는 것으로 보인다. 1년간의 추적조사 후, 매우 많은 연구에서 항우울제를 투여한 환자보다 인지치료로 치료된 환자의 재발률이 더 낮은 것으로 보고되었다. Simons, Murphy, Levine과 Wetzel(1986)은 인지치료로 12%, 항우울제로 66%의 재발률을 보고하였다. Bowers(1990)는 인지치료로 20%의 재발률을, 항우울제로 80%의 재발률을 보고하였다. Shea와 동료들(1992)은 인지치료로 9%의 재발률을 보고했고, 항우울제에서는 28%의 재발률을 보고하였다. Hollon과 동료들(2005)은 인지치료로 31%의 재발률을, 항우울제로 76%의 재발률을 보고하였다. 현재까지 가장 광범위한 메타분석의 성과에 따르면, "평균적으로 인지치료로 치료받은 환자 29.5%에 비해 항우울제로 치료받은 환자는 60%가 재발하였다"(Gloaguen, Cottraux, Cucherat, & Blackburn, 1998, p. 68). 인지치료의 예방적 이득이 매우 중요한 이유는 다음과 같다.

> 치료 종료 이후 약물치료가 증상의 회귀를 막을 수 있다는 증거는 없다.[6] 우울한 사람들의 대다수가 여러 삽화를 경험할 수 있으므로, 치료 후 증상의 재발을 방지하는 개입의 능력은 적어도 현재 삽화를 치료할 수 있는 능력만큼 중요할 수 있다(Evans et al., 1992, p. 802).

연관된 우려사항의 하나는 치료 후 잔류 증상이 존재한다는 것이다(단, 향정신성 약제와 관련하여

---

5) 주 1을 보라.

6) 주 2를 보라.

가장 두드러진 것이지만, 이는 약물치료만 그런 것은 아니다). "약리학적 수단에 의해 우울증을 치료하면, 대부분 환자에게 상당한 잔류 증상이 남을 가능성이 있다."(Fava, Rafanelli, Grandi, Conti, & Belluardo, 1998, p. 820) 항우울제를 복용하여 개선된 환자는 불가피하게 우울 증상 중 일부를 계속 나타내며, 여러 연구자가 결론지었듯이 환자가 완전히 치료되지 않는 한 잔류 증상은 재발의 위험을 증가시킨다(Evans et al., 1992; Fava, Rafanelli, Grandi, Conti, et al., 1998; Hardeveld, Spijker, de Graaf, Nolen, & Beekman, 2010; Keller & Boland, 1998; Rush et al., 2006).

잔류 증상과 관련된 재발 위험에 대해 우려한 연구진은 플루옥세틴(Prozac)으로 처치 후 지속되는 증상을 살펴보았다. 그들이 발견한 것은 다음과 같다.

> 심지어 5주간 플루옥세틴 50mg의 완전한 반응자로 간주할 수 있는 피험자 중에도 80% 이상이 DSM-Ⅲ-R 주요우울장애의 증상 중 한 가지 이상의 잔류 증상을 나타냈고, 30% 이상이 세 가지 이상의 증상을 보였으며, 10.2%가 경도우울(minor depresson) 또는 아증후군 수준(subsyndromal) 우울증의 공식적 기준에 부합하였다. …… 이 발견들은 최소의 우울 증상이 전조가 될 수 있으며, 만개한(full-blown) 주요우울증 삽화를 일으키는 초기 위험을 증가시킴을 시사한다(Nierenberg et al., 1999, pp. 224-225).

인지치료는 약물치료 종료 후 잔류 증상과 재발을 감소시키는 데 효과적임을 밝히고 있다. "성공적인 항우울제 치료 후 단기 CBT는 항우울제 중단 이후 재발률에 상당한 영향을 미쳤다. CBT를 받았던 환자들은 2년 동안의 추적관찰 동안 임상적 관리(80%)를 받은 사람들에 비해 실제로 낮은 재발률(25%)을 보고하였다."(Fava, Rafanelli, Grandi, Conti, et al., 1998, p. 818) 인지치료의 보호적 이점들은 4년 추적연구에서 여전히 주목할 만했지만, 6년 이후에는 사라졌다(Fava, Rafanelli, Grandi, Canestrari, & Morphy, 1998). 또 다른 연구에서 'CBT 치료 및 회복' 집단의 단 5%만이 추가적인 치료가 요구되었는데, 항우울제 집단에서는 39%에 이르렀다(Williams, 1997 참조). Paykel과 동료들(1999)은 약물치료에 부분적으로 반응한 후 16회의 CBT를 받은 환자들은 68주 시점에서 누적 재발률이 현저히 낮음을 밝혔다. Bockting과 동료들(2005)은 약물 투여를 지속하는 일반적 치료(treatment as usual: TAU)와 단기 인지치료가 증강된 TAU를 비교하여, 다섯 번 이상 우울증 삽화를 가진 환자의 재발률이 유의하게 감소됨을 보고하였다. TAU의 재발률은 72%인 반면, 단기 인지치료가 증강된 TAU의 재발률은 46%였다.

항우울제와 관련된 높은 재발률을 다루기 위해 정신과 의사들이 사용하는 예방적 전략은 '지속적 약물치료'이다. 지속적 약물치료는 장기적으로(많은 경우 평생) 유지되는 치료방안이다(Evans et al., 1992; Fava, Rafanelli, Grandi, Conti, et al., 1998; Thase, 1999). 통상적으로 치료의 급성기 국면과 동일한 복용량을 제공한다. 장기간 약물 복용을 계속한 환자의 재발률과 인지치료를 받은 뒤 중단한 환자의 재발률을 비교한 연구에서 지속적 약물치료는 유의한 이득을 제시하지 못하였다. 예를 들어, DeRubeis와 동료들(2005)은 두 집단에서 동일한 재발률(40%)을 발견하였다. Hollon과 동료들(2005)은 인지치료를 받고 중단했던 사람들은 31%

가 재발하였고, 지속적인 약물치료를 받았던 사람들은 47%가 재발했다고 보고하였다. Fournier와 동료들(2008)은 주요우울장애와 성격장애를 모두 가진 환자가 16주의 CBT에서 긍정적인 반응을 보였고, 12개월에 걸쳐 세 번의 선택적 보강 회기를 가졌는데, 약물치료를 중단한 경우와 비교했을 때 우월하고 지속적인 개선을 보였으며, 이들은 12개월 동안 지속적인 약물치료를 받았던 환자들과 동등한 개선을 보였다. Dobson과 동료들(2008)은 CBT 또는 행동활성화, 약물치료에 반응을 보였던 급성기 우울증 환자들을 추적하였다. 심리치료 환자들은 2년간의 추적관찰 기간 동안 더 이상 치료를 받지 않았고, 약물치료 환자들은 지속적인 약물치료나 지속적인 정제형 위약 처치를 받았다. 그 결과, CBT가 가장 강력한 보호효과를 제공한다는 것이 밝혀졌다. 두 심리치료 모두 지속된 약물치료와 동등한 효과를 냈다. 두 심리치료 모두 지속된 정제형 위약보다 우월하였다.

이 같은 상황이기에 일부 연구자는 약물치료는 동어반복적 해결방식을 주장한다고 지적한다. "약물치료는 CBT보다 높은 재발률을 초래한다. 따라서 환자들은 재발방지를 위해서는 약물 복용을 유지해야만 한다."(Antonuccio, Danton, & DeNelsky, 1995, p. 578) 미국에서는 여전히 약이 주요우울장애에 최우선시되고 가장 자주 처방되는 치료방법이며(Antonuccio et al., 1995; Cipriani et al., 2009), 치료 이득을 유지하기 위한 가장 일반적인 방법이지만, 다음의 세 가지 중요한 고려사항을 따져 보아야 한다: 조기 종결, 약리적 의원성(iatrogenic) 부작용의 영향, 비용-효과성.

연구에 따르면 "상당 규모의 환자들이 우울 증상이 없을 때는 장기간의 약물치료를 지속하지 않으며, 의학적 상태 때문에 항우울제를 사용할 수 없거나, 약제로 인한 견딜 수 없는 부작용으로 고통받고 있다"(Spanier, Frank, McEachran, Grochocinski, & Kupfer, 1999, p. 250). 새로운 '최선의' 약은 오래된 것보다 견딜 만하지만, 이러한 약을 복용하는 환자의 70%는 유의한 우울 증상들을 계속 경험하며, 최대 50%가 원치 않은 의원성 부작용 영향 때문에 복용을 중단한다(Connolly & Thase, 2012). Thase(2011)는 반응이 없거나 효과가 충분하지 않다는 문제로 여러 항우울제를 조합하는 다양한 처방이 만연하고 있음을 지적했는데, 이러한 처방들은 심지어 적절하게 통제되고 적정하게 검증된 임상시험을 거치지도 않은 것이다.

의원성 부작용의 영향과 관련하여, 일련의 연구자는 다음과 같은 결론을 내렸다. "항우울제 투약은 좋은 처치가 아니라는 증거가 많다. …… 다수의 항우울제가 심장 독성과 같은 위험한 부작용이 있으며, 종종 자살기도에 사용된다. (이는 또한) 심리치료에 비해 상대적으로 빈약한 치료 순응 및 더 높은 중도탈락률을 보이며, 어떤 환자집단에서는 무반응 비율이 최대 60%에 이르기도 한다."(Antonuccio et al., 1995, p. 581). 심리치료도 의도하지 못하고 원치 않은 부작용을 일으킬 수 있겠지만(Mohr, 1995), 우리는 인지치료와 관련된 부정적인 영향에 대해서는 알려진 것이 거의 없음을 강조하고자 한다.

세 번째 고려사항은 치료 비용 대비 효과성이다. 이 주제에 관한 연구는 놀라울 정도로 제한되어 있다. Antonuccio, Thomas와 Danton(1997)이 우울증에 대한 여러 가지 결과 연구에 대한 비용-효과 분석을 실시한 결과, 2년 동안 플루옥세틴 단독치료 비용이 개별 CBT보다 33% 높았고,

CBT와 플루옥세틴 조합치료의 비용도 CBT 단독보다 23%나 더 높았다. 호주의 한 연구(Vos, Corry, Haby, Carter, & Andrews, 2005)는 우울증의 삽화 및 유지 기간의 치료에서 CBT와 약물치료의 비용 및 이득을 조사하였다. 그들은 선택적 세로토닌 재흡수 억제제(SSRIs)를 이용한 유지치료가 가장 비용이 많이 드는 방법임을 밝혔는데, 이는 독서치료나 집단 CBT, 개인 CBT, TCAs의 거의 2배였다. Scott, Palmer, Paykel, Teasdale과 Hayhurst(2003)는 항우울제 및 임상 관리를 하는 경우와 더불어 부가 치료로 CBT를 사용한 경우를 17개월 동안 비교하여 재발방지에서 비용 대비 효과를 연구하였다. CBT를 추가한 경우가 좀 더 비쌌지만, 누적 재발률 감소에 더욱 효과적이었다(재발률은 항우울제와 임상 관리의 경우 47%, CBT 부가치료의 경우 29%). 주목할 것은 추적조사가 17개월에 불과했기 때문에 해당 연구에서 부가된 CBT와 관련된 비용은 '최악의' 시나리오라는 점이다. 다른 연구(이전 부분에서 언급한 바와 같이)는 CBT로 이득을 유지하면서 최대 6년까지 재발률을 낮춘다고 보고하였다. Sava, Yates, Lupu, Szentogatai와 David(2009)는 CBT, 합리적 정서치료, 약물치료(플루옥세틴)의 비용을 비교한 결과, 세 가지 치료법 모두 증상 감소에 동등하게 효과가 있었지만 두 가지 심리치료가 40주 동안 우울 증상이 없었던 일/월 횟수를 대비시킨 수치에서 약물치료보다 비용 효과적이었음을 발견하였다. Dobson과 동료들(2008)은 치료조건 간 비용에 대하여 공식적인 통계적 비교를 수행하지는 않았지만, "이 연구에서는 1년 추적 시점에서 지속적 약물치료의 누적 비용이 더 비싼 것으로 증명되었다."(p. 471)라고 하였다. Scott과 동료들(2003)은 다양한 처치방안의 가치를 결정하는 과정에서 재발까지의 시간 경과를 따져 할증방식으로 조정된 비용을 고려해야 한다고 하였다. 이러한 연구 결과는 CBT는 단독 시행 또는 약물과 조합 시행되어 비용 대비 효과성을 향상시킬 것인데, 조합치료의 더 높은 단기적 비용이 장기적으로는 더 양호한 성과와 더 낮은 한계 비용으로서 상쇄될 때 특히 그러할 것이라고 하였다.

종결과 장기 추적 관점에서 인지치료가 효과적이기 위한 최적의 횟수 및 기간은 얼마일까? Sacco와 Beck에 따르면 다음과 같다(1995, p. 332).

> 일반적인 지침은 1주일 간격으로 15~25회기(50분)를 제안한다. 보다 심각한 우울증 환자일 경우 처음 4~5주 동안은 보통 주 2회의 만남이 요구된다. 갑작스러운 종결을 피하기 위해 '점진적 감축' 과정이 추천되며, 마지막 몇 번의 회기는 2주에 한 번씩 시행한다. 종결 후에는 일부 내담자의 경우 몇 번 정도 보강 회기가 필요할 수 있다(4~5회 정도가 보통).

일부 저자는 완전하고 더욱 지속적인 회복을 위하여 좀 더 장기적인 치료 과정이 요청될 수 있음을 지적하였다(Elkin et al., 1996; Thase, 1992). Jarrett과 동료들(2001)의 연구에 따르면, 어린 나이에 발병하거나 불안정한 관해를 보이는 고위험 환자군의 재발률을 '지속 단계 인지치료(continuation-phase cognitive therapy: CCT)'로 좀 더 낮출 수 있다고 제안했는데, 이는 급성치료 단계 이후에 10회기(처음 2개월 동안 격주로 1회, 다음 6개월 동안 1회)를 시행한다. 지속 단계에서 초점은 재발방지와 기술의 일반화(반응, 상황, 자극, 시간)이다. 이 전략은 우울증의 급성기에 시행된 다양한 치료방안(약물치료, 대인관계치료 및 CBT)

에서 반응을 보인 사람들의 재발을 방지하기 위한 연구(Jarrett et al., 2001; Vittengl, Clark, Dunn, & Jarrett, 2007; Vittengl, Clark, & Jarrett, 2009)에 의해 지지되었다. 이 전략에 대해 더 많은 연구가 수행되는 중이며(Jarrett & Thase, 2010), Jarrett, Vittengl과 Clark(2008)는 치료자에게 증상의 재출현 또는 재발을 방지하기 위하여 추가 회기가 얼마나 필요한지 결정하는 데 다양한 측정도구[Hamilton 우울평정척도(Hamilton Rating Scale for Depression: HRSD), Beck 우울척도(Beck Depression Inventory: BDI), 우울 증상 질문지(Inventory for Depressive Symptomatology) 및 장기적 간격 추적평가(Longitudinal Interval Follow-Up Evaluation)]의 점수 사용을 제안하였다.

재발방지를 위한 또 다른 대안은 Teasdale, Segal과 Williams가 개발한 마음챙김 기반 인지치료(mindfulness-based cognitive therapy: MBCT)이다. MBCT는 경계선 성격에 대한 변증법적 행동치료(dialectical behavior therapy: DBT; Linehan, 1993a, 1993b)의 핵심이기도 한 수용과 명상 전략을 채택한다. “MBCT는 환자들이 더 이상 원하지 않는 생각 및 감정, 신체감각에 대하여 자신의 자각(awareness)을 발전시키고, 그러한 것들과의 관계를 변화시켜 더 이상 그에 대해 회피하거나 자동적으로 반응하지 않고, 오히려 의도적이고도 숙련된 방식으로 반응하는 것을 목표로 한다.”(Ma & Teasdale, 2004, p. 32) Teasdale과 동료들(Ma & Teasdale, 2004; Teasdale, 1997a, 1997b; Teasdale et al., 1995, 2002)은 인지치료의 치료적 변화의 주된 기제는 생각의 내용을 변화시키기보다는 인지와 거리두기(distancing) 및 탈중심화(decentering)라고 주장해 왔다. MBCT를 시행한 두 가지 연구에 따르면, TAU(일반적 치료)를 단독으로 시행했을 때와 비교하여 TAU에 이어 MBCT를 시행했을 때 세 번 이상의 삽화를 가진 우울증 환자의 재발을 현저히 감소시켰다는 것을 밝혔다. 첫 번째 연구에서 TAU 단독으로 시행한 경우 재발률은 66%, MBCT와 TAU를 병행한 경우 재발률은 37%였고(Teasdale et al., 2000), 두 번째 연구에서 TAU만 단독으로 시행한 경우 재발률은 78%, MBCT와 TAU를 병행한 경우 재발률은 36%(Ma & Teasdale, 2004)였다. 2년간 추적관찰한 Matthew, Whitford, Kenny와 Denson(2010)은 단독 시행된 TAU보다 MBCT를 추가 시행했을 때 ‘우울 증상 및 걱정, 반추의 감소와 마음챙김 기술 향상’이라는 효과가 있음을 보고했으며, 시간이 갈수록 효과가 약화되었는데, 이는 공식적인 MBCT 수련의 총량과 관련되어 보인다고 하였다.

선행 연구자들(Segal, Williams, & Teasdale, 2002)이 우울증 삽화 중에는 주의집중 곤란과 부정적 사고가 있어 MBCT의 주의통제 기술훈련을 방해할 것이라고 추정했지만, van Aalderen과 동료들(2012)은 단독 시행된 TAU와 비교하여 MBCT 조합 TAU는 회복 중인 환자들만큼 현재 우울한 환자군에서도 효과성에서 동등한 이득을 보임을 밝혔다. Manicavasagar, Perich와 Parker(2012)는 MBCT가 현재 진행하는 우울증 감소에 미치는 효과를 조사하였다. 그들은 인지행동 집단치료(CBGT)와 MBCT를 비교했고, 우울증에서 동등한 개선효과를 밝혔다. 흥미롭게도, 이 연구에서 두 조건 간에는 마음챙김이나 반추 점수의 유의한 차이가 발견되지 않았다. 치료 비용을 절감할 수 있는 집단 형식의 치료 시행가능성은 재발방지뿐만 아니라 재발성 우울증에도 매력적일 수 있음이 시사된다.

만성 우울증에 관한 연구

이전 연구 자료에서 볼 수 있듯이, CBT는 광범위한 우울증 환자군에게 효과적인 치료방안임이 입증되고 있다. 그럼에도 불구하고 많은 우울증 환자는 여전히 치료에 반응하지 않는다. 현재의 치료방안에 저항적인 우울증은 여전히 주요한 공중보건의 문제로 남아 있다. 환자의 40~50%는 급성 우울증을 위한 CBT로 완치되지 않거나 반응하지 않았다(DeRubeis et al., 2005; Jarrett & Thase, 2010). 환자의 50%가 두 번의 약물치료 시행 후에도 우울증상의 완전한 관해에 이르지 못하였다(Mathys & Mitchell, 2011; Rush et al., 2006; Trivedi et al., 2006). Wiersma와 동료들(2008)은 최근 연구에서 우울증의 20%가 2년 후에도 지속되며, 외래 정신건강기관 내원 환자의 25~35%가 만성 우울증으로 고통받고 있다고 지적하였다.

McCullough(2003)는 만성 및 비 만성 형태의 우울증 간에 질적인 차이가 있다는 기존의 연구에 근거하여, 서로 다른 치료전략이 필요하다는 점을 강조하였다. McCullough에 따르면, 연구는 "급성/삽화적 주요우울증(단일 삽화 또는 삽화 간 완전 회복을 보이는 재발 삽화 모두)과 비교했을 때 만성 우울장애는 발병 연령을 비롯하여 임상적 경과 패턴, 발달력, 흔히 동반이환하는 성격장애, 치료 대비 반응 비율의 특성, 예측 가능한 재발률, 장기치료의 필요성에서 상당히 차이가 있다"(p. 243). 그는 이러한 차이점이 치료 문헌에서 크게 다루어지지 않았다고 지적한다. 결과적으로, 우울증 환자는 하나의 차별화되지 않은 전집인 것처럼 심리사(psychologist) 및 정신과 의사, 사회복지사에 의해 치료 작업이 수행되어 왔다. Young, Klosko와 Weishaar(2003)는 전통적인 CBT가 많은 환자에게 매우 효과적이지만, 도움을 받지 못하거나 정서적 고통과 기능손상을 계속 경험하는, 특히 중요한 성격적 병리를 가진 환자들도 상당히 많이 남아 있다는 점을 지적하였다. 만성적인 문제가 있는 사람들의 경우 더 광범위한 치료 접근법이 필요할 수 있다.

만성 우울증에 관한 구체적인 치료법을 논의하기 전에, 이 집단의 일반적인 특징을 설명하면 다음과 같다. 기분부전장애 형태의 조기 발병 연령(청소년 중기, 보통 20세 이전)은 임상 전집의 70~75%에서 만성 및 비 만성 형태의 우울증을 구별하는 경향이 있다(Keller & Boland, 1998; Keller & Hanks, 1995; McCullough, 2000). 어린 시절의 외상이나 불행한 가족관계(어린 시절 부모의 상실, 성적 및 육체적 · 언어적 학대, 무시, 과잉보호)는 만성 우울증을 앓고 있는 사람들에게 더욱 뚜렷하게 나타난다(Chapman et al., 2004; Cong et al., 2012; Dube et al., 2001; Heim & Nemeroff, 2001; Kendler et al., 1995; Lizardi et al., 1995; Randolph & Dykman, 1998; Sachs-Ericsson, Verona, Joiner, & Preacher, 2006). 만성 스트레스를 경험하는 조기 발병 기분부전장애 환자의 경우, 불행한 가족력을 지닌 환자들은 그러한 가족력이 없는 사람들에 비해 시간이 지남에 따라 우울증의 심각성이 증가함을 보였다(Dougherty, Klein, & Davila, 2004). 동반이환장애, 특히 성격장애의 유병률이 높았다(Garyfallos et al., 1999; Pepper et al., 1995). C군 성격장애는 만성 우울증과 관련이 있다(Hayden & Klein, 2001).

만성 우울증에 대처할 수 있는 CBT에서 확장된 잠재적으로 유망한 치료방안 다섯 가지가 개발되었다. Linehan(1993b)의 변증법적 행동치료(DBT)

의 기술 훈련을 적용한 Harley, Sprich, Safren, Jacob과 Fava(2008)의 예, Segal과 동료들(2002)의 MBCT 적용(Barnhofer et al., 2009; Eisendrath et al., 2011), Wells와 동료들(2012)의 메타인지치료(metacognitive therapy: MCT), McCullough(2000)의 인지-행동 분석체계 심리치료(cognitive-behavioral analysis system of psychotherapy: CBASP), Young과 동료들(2003)의 도식치료(schema therapy: ST)이다.

Harley와 동료들(2008)은 집단으로 수행된 변증법적 행동치료(DBT)의 기술 훈련이 치료저항적 우울증에 효과적인 대안이 될 수 있다는 예비증거를 제공하였다. 항우울제 약물치료로 관해를 보이지 않았던 환자들은 매주 1회씩 16회기 DBT 기술 훈련(마음챙김, 대인관계 효과성, 정서조절, 고통 감내)집단과 대기목록 통제집단에 할당되었다. DBT 기술 훈련집단에서 우울 증상이 상당히 개선되었음(Hamilton 평정척도와 BDI에서 큰 효과크기)을 밝혔다. Feldman, Harley, Kerrigan, Jacobo와 Fava(2009)는 DBT 기술 훈련을 통해 환자들이 우울 증상을 악화시키기보다는 감소시키는 방식으로 자신의 감정적 경험을 처리하는 데 도움을 줄 것이라고 가정하였다.

또 다른 예비조사(Barnhofer et al., 2009)와 사례연구(Eisendrath, Chartier, & McLane, 2011)는 만성 우울증을 치료하기 위해 마음챙김 기반 인지치료(MBCT)를 성공적으로 사용하였다. Barnhofer와 동료들(2009)은 MBCT와 TAU를 시행한 집단과 TAU만 시행한 집단을 비교했고, MBCT와 TAU를 시행한 집단에서 훨씬 더 큰 성과를 보고하였다. Eisendrath와 동료들(2011)은 MCBT의 수정된 판형으로 환자를 성공적으로 치료하였다. 그들은 수용전념치료(acceptance and commitment therapy: ACT; Luoma, Hayes, & Walser, 2007; Zettle, 2007)의 연습과 비유법을 추가하고, MCBT에서 현재의 우울증에 초점을 맞추었다. 이러한 초기 연구 결과들은 흥미로운 것인데, 특히 치료기간이 비교적 짧았고, 집단 시행방식으로 되어 있기에 더욱 그렇다.

Wells와 동료들(2012)은 또한 치료저항적 우울증 환자를 치료하기 위해 메타인지치료(MCT)를 사용한 예비연구를 실시하였다. 주의 통제, 반추, 걱정, 메타인지적 신념이 8회기 동안 치료 회기의 목표가 되었다. 그들은 치료 후와 12개월 추적관찰 모두에서 유의한 개선을 밝혔다. 이 치료의 긍정적인 결과들이 무선통제연구에서 재현될 수 있다면 더욱 관심의 대상이 될 것이다.

McCullough(2000)의 CBASP는 인지, 행동, 대인관계 및 정신역동적 심리치료의 요소를 포함하는 통합적이고 시간 제한적인 치료이다. McCullough(2003)는 다음과 같이 말한다.

> 치료는 세상에 대한 부정적인 '스냅사진(snapshot)' 관점을 가지고 오는 인지적-감정적으로 지체된 어른 아이와 함께 시작된다. 만성 환자는, 적어도 사회적 상호관계 영역에서 구조적인 마음 태세가 4~6세의 전조작기적인(Piaget) 아이이며…… 환자는 형식적 조작기 수준으로 기능하는 것을 배워야만 하고, 자신의 행동에는 결과가 있음을 지각하기 위해 진정한 공감을 생성할 수 있도록 배워야 하며, 자기 자신을 효과적으로 주장하는 법을 배워야 한다. 심리치료는 인지적-감정적 영역에서 발달적으로 성숙하게끔 도움을 필요로 하는 '어른 아이'와 함께 시작된다(pp. 247, 248).

변화는 부적 강화에 기초한 유관성 프로그램을

통해 이루어진다. 첫째, 행동과 결과 간의 유관성이 드러나게 된다. 그런 다음 행동의 긍정적인 변화의 결과로서 불편과 고통이 감소되거나 제거된다. 변화를 위하여 세 가지 기법이 사용된다: 상황적 분석, 대인관계 변별 연습, 행동적 기술훈련/시연. CBASP를 만성 우울증을 앓고 있는 외래 환자를 대상으로 시행한 두 가지 연구가 있다. 첫 번째 연구(Keller et al., 2000)에서는 12주간의 급성기 치료 단계 후 CBASP 단독, 세르존(Serzone; nefazodone) 단독, 조합치료 조건 간의 효과를 비교하였다. 두 가지 단독치료 모두 전체 반응률은 48%였고, 조합치료의 경우 73%였다. 연구 참여자 중 76%(681명 중 519명)가 완료했는데, 그중 CBASP 단독 52%, 세르존 단독 55%, 조합치료 조건에서 85%가 반응을 보였다. 두 번째 연구(Klein et al., 2004)에서는 앞선 초기 연구의 1년 추적연구로서 지속적 CBASP 치료(52주 동안 16회)의 효과와 같은 기간 평가만을 실시한 비교로서 최초 CBASP에 반응했던 이들의 시간 경과에 따른 재발 및 우울 증상을 조사하였다. CBASP 지속치료에서 재발 및 우울 증상이 유의하게 적었다. 반면에 보다 최근의 연구에서는 혼재된 결과가 나타났다. Kocsis와 동료들(2009)은 약물치료에 CBASP를 증강한 조건과 약물치료와 단기 지지치료를 증강한 조건, 초기 약물치료 시행에서 무반응 및 부분적 반응을 보였던 집단에 대한 지속적 약물치료 조건을 비교하였다. 이들 세 조건에서 37.5%가 부분적으로 반응하거나 관해를 경험했지만, 연구자들은 세 가지 조건 간의 유의한 차이를 발견하지는 못하였다. 만성 우울증에 대한 CBASP의 구체적인 유용성을 명확히 하기 위해 현재 두 연구가 더 진행 중이다(Schramm et al., 2011; Wiersma et al., 2008).

도식치료(ST; 또는 도식중심치료)는 인지적 · 행동적 · 대인관계 및 감정중심 치료의 요소를 포함한 통합치료(Young et al., 2003)이다. Hawke와 Provencher(2011)에 의하면, "Young의 도식 이론은 전통적인 Beck의 이론과 경쟁하려고 시도하지 않으며, 그보다는 오히려 복잡한 성격학적 기초에 의한 심리적인 문제가 있고 치료에 저항력이 있는 환자에게 널리 적용된다. 그것은 심각한 정신병리의 발달 원인을 좀 더 강조하고 있다"(p. 258).

Giesen-Bloo와 동료들(2006)은 만성적인 경계선 성격장애의 치료에서 도식치료(ST)가 전이중심(transference-focused)치료보다 놀라울 정도로 강력하며 유의한 결과를 보임을 발견하였다. 3년간의 치료(주 2회씩) 후, 도식치료 환자의 45%(전이중심치료의 경우 24%)가 완전히 회복되었다. 1년 후 도식치료의 절반 이상(52%)이 완전히 회복되었고(전이중심치료의 경우 29%), 도식치료의 2/3(70%)가 유의하게 개선되었다. 더불어 도식치료 환자들은 치료를 중단할 가능성이 현저히 낮았다(도식치료 중 27%가 중단 대 전이중심치료 중 50% 중단). 심지어 경계선 성격장애의 경우 더욱 강력한 결과를 보고했으며(Farrell, Shaw, & Webber, 2009), 집단 도식중심치료(group schema-focused therapy: GST; Farrell & Shaw, 2012 참조)에서도 마찬가지였다. 이 연구는 개별적인 TAU(CBT나 정신역동치료)를 받은 16%에 비교하여 TAU와 집단 도식중심치료를 병행한 94%가 20개월의 치료 후에 더 이상 경계선 성격장애의 진단기준을 충족시키지 않음을 보고하였다. 또한 TAU와 집단 도식중심치료를 병행한 조건에서는 중도탈락률이 0%였으나, TAU 단독 시행조건에서는 25%였다. 만성장애가 있는 환자 사이의 유사성(어린 시절의 역경, 초기 우울증, 여러 가지 초기

부적응 도식의 중첩)이 높기 때문에, 우리는 도식치료가 만성 우울증 환자에게도 효과적인 치료법이 될 가능성이 매우 높다고 믿는다. 네덜란드 마스트리히트 대학교의 Fritz Renner는 현재 도식치료의 만성 우울증에 대한 효과성 연구를 진행하고 있다(웹 페이지: clinicaltrials.gov/ct2/show/nct01153867).

우울증 치료 연구의 현황과 미래

현재 우울증 치료에 관한 연구의 규모는 상당하다. 단, 연구 문헌 간의 불일치는 우울증에 관한 서로 다른 치료법 간의 상대적 장점에 대하여 지속적인 논쟁과 연구가 분명히 보장되어야 할 만큼 충분하다. 그럼에도 불구하고, 우울증에 대한 인지치료의 전반적인 효능은 분명 반복검증 가능(replicable)하고 견실한(robust) 결과들이다.

중요하지만 아직 답을 찾지 못한 많은 의문점이 비일관적인 연구 결과와 함께 특정 단일 치료를 선호하는 지지자가 우울장애와 전집 전체에 걸쳐 확고한 권고안을 만드는 것을 불가능하게 하는 상황이다. 검증 가능한 가설과 임상 프로토콜에 대한 Beck의 정신으로, 우리는 더 정교한 연구를 통해 어떤 유형의 우울증 환자가 어떤 종류의 치료나 치료의 조합으로부터 어떤 순서로 가장 많은 도움을 받을 수 있는지 더 이해할 수 있기를 바란다.

이 장의 나머지 부분에서 우울증의 인지 모델과 도식 이론, 인지치료 및 도식치료의 기본적 특성의 세부사항, 우울증의 인지치료 및 도식치료의 임상적 실제 적용을 제시할 것이다.

우울증의 인지 모델

인지 모델은 인지와 행동, 생화학이 우울장애의 중요한 구성요소라고 가정한다. 우리는 이들을 우울증에 관한 경쟁적인 이론이라기보다는 다른 분석 수준으로 간주한다. 각각의 처치방식은 고유의 '편의성 초점'을 가지고 있다. 약리학적 치료자는 생화학적인 수준으로 개입한다. 이에 비해 인지치료자는 인지와 정동(affect), 행동 수준에서 개입한다. 우리의 경험에 따르면, 우울증의 인지를 변화시키면 동시에 우울증의 기분과 행동을, 일부 증거는 우울증의 생화학을 변화시킬 수 있음을 제안한다(Free, Oei, & Appleton, 1998; Joffe, Segal, & Singer, 1996). 비록 변화의 정확한 기제는 꽤 많은 연구조사와 추론, 논쟁의 대상으로 남아 있지만(Barber & DeRubeis, 1989; Castonguay, Goldfried, Wiser, Raue, & Hayes, 1996; Crews & Harrison, 1995; DeRubeis et al., 1990; DeRubeis & Feeley, 1990; Hayes & Strauss, 1998; Oei & Free, 1995; Oei & Shuttlewood, 1996; Shea & Elkin, 1996; Sullivan & Conway, 1991; Whisman, 1993), "인지치료는 신념과 정보처리의 부정적 성향을 변화시킴으로써 작동하며, 인지의 상이한 양상들은 변화 과정에서 서로 다른 역할을 담당함을 보여 주고 있다"(Hollon et al., 1996, p. 314).

이 장에서 우리의 초점은 우울증의 인지적 장해(disturbances)에 관한 것이다. 인지과학 연구는 우울증의 증상학에서 정보처리의 중요성을 강조한다(Ingram & Holle, 1992). 이 이론에 따르면, 부정적으로 편향된 인지가 우울증의 핵심 과정이다. 이 과정은 '우울증의 인지적 3요소(삼제)'에 반영되어 있다. 우울증 환자들은 일반적으로 자신, 환경, 미래에 관한 부정적인 관점을 가지고 있다. 그들은 스스로를 쓸모없으며, 부적절하고, 사랑스럽지 못하며, 부족하다고 본다. 우울증 환자들은 환경을 압도적이고 극복할 수 없는 장애물로 보며, 자신이 계속 실패할 것이라고 여긴다. 게다가 그들은 미래를 절망적으로 본다. 그들은 만족스럽지 못한 그들의 삶을 변화시키기 위한 스스로의 노력이 충분하지 못하다고 여긴다. 이러한 미래에 관한 부정적인 견해는 종종 자살사고와 실제적인 자살시도로 이어진다.

우울증 환자들은 사건에 대한 해석을 일관되게 왜곡하여 자신, 환경, 그리고 미래에 대한 부정적인 시각을 유지한다. Beck은 이러한 왜곡된 인지처리의 대부분이 삶의 사건과 그 사건에 대한 정서적 반응 사이에 개입하는 생각인 '자동적 사고'의 형태로 무의식적으로 일어난다고 제안하였다. 자동적 사고는 자각하지 못한 채 일어나는 반복적이며 습관적인 사고방식의 일부로서 자주 발생하며 흔히 인식되지 않는다. 자동적 사고는 환자가 논리적이고 의식적으로 사실이라고 알고 있는 것과 오히려 반대되는 경우가 많으며, 대부분의 환자는 치료 전에는 합리적 사고 과정을 통해 자동적 사고를 차단할 수 없는 경우가 많다.

이러한 인지왜곡의 과정은 보통 사람에 비해 우울증 환자에게서 더 흔하다. 예를 들어, 우울한 여성은 남편이 어느 날 밤늦게 집으로 돌아왔을 때, 비록 뒷받침할 만한 증거가 없음에도 불구하고 남편이 다른 여성과 바람을 피고 있다고 결론 내릴 수 있다. 이 예는 '임의적 추론'으로 가용한 증거에 의해 정당화되지 않는 결론에 이르게 되는 것을 말한다. 다른 왜곡으로는 실무율적 사고, 과잉일반화, 선택적 추상화와 확대해석이 있다(Beck et al., 1979).

도식 이론

인지 모델에 포함된 후속 발전으로, 많은 우울증 환자에게 중요한 선행 요인인 도식이 존재한다고 가정한다(Stein & Young, 1992; Young, 1990/1999).[7] Beck(1976)은 우울증에서 도식의 중요성을 강조하고, 다음과 같은 정의를 내렸다.

> 도식은 유기체가 마주하는 자극을 선별, 부호화 및 평가하는 인지 구조이다. …… 이들 도식의 행렬에 기초하여 개인은 시간과 공간의 관계에서 자신의 방향을 정하고, 의미 있는 방식으로 경험을 범주화하며 해석할 수 있다(p. 233).

더불어 Beck, Freeman과 동료들(1990)은 다음과 같이 지적하였다.

> 정신병리학 분야에서 '도식'은 우울증, 불안, 공황발작 및 강박관념과 같은 장애기간에 활성화되고 유력해지는, 고도로 개인화된 독특한 내용을 가진 구조에 관한 용어로 적용되고 있다. …… 그러므로 예를 들어, 임상적 우울증에서는 부정적 도식이 우위에 있으면 단기적 및 장기적으로 경험의 해석과 기억에 있어서 부정적 결과가 초래되며, 대조적으로

7) 주 3을 보라. 역자 주: 국내에서는 schema therapy를 '심리도식치료' 또는 '스키마치료'로 번역하기도 한다.

긍정적 도식에는 접근하기 어려워진다. 즉, 우울증 환자는 사건의 부정적 측면은 쉽게 볼 수 있지만 긍정적 측면은 보기 어렵다. 그들은 긍정적인 사건보다 부정적인 사건을 더 쉽게 회상할 수 있다. 그들은 바람직하지 않은 결과의 확률을 긍정적인 결과보다 훨씬 더 중요시한다(p. 32).

"핵심 도식에 초점을 맞추는 것은 효과적인 단기치료의 비결"이라는 인식이 증가하고 있다 (Freeman & Davison, 1997, p. 8).

임상적인 관찰을 통해 Young은 초기 부적응 도식(early maladaptive schemas: EMSs)이라 지칭한 일군의 도식을 확인하였다. "초기 부적응 도식은 어린 시절에 발달하며, 개인의 생애 전반에 걸쳐 정교해지고, 유의한 수준으로 역기능적인 매우 안정되고 지속되는 주제를 일컫는다(Young, 1990/1999, p. 9)." Young에 의해 확인된 18개의 초기 부적응 도식은 [그림 7-1]에 있다.[8]

Young의 이론에 따르면(Young et al., 2003 참조), 초기 부적응 도식[9]은 아동의 선천적인 기질과 중요한 사람과의 초기 부정적인 삶의 경험 사이의 상호작용에서 비롯된 결과이다. 아이들은 그들의 도식을 통해 걸러지고, 그들의 도식과 일치하는, 자신과 타인에 대한 전반적이고 부적응적인 자기만의 시각을 점차 구성하게 된다.

Young에 따르면, 초기 부적응 도식들은 ① 자신이나 환경에 관한 최우선시되는 진실, ② 자기영속적이고 변화에 저항적, ③ 역기능적, ④ 어떤 환경 변화에 의해 유발되는 경우가 많음(예: 직업이나 친구의 상실), ⑤ 활성화되면 높은 수준의 정동과 결합, ⑥ 앞에서 언급한 바와 같이 일반적으로 가족 구성원, 보호자 및 친구 등과의 역기능적 발달 경험과 아동의 기질 사이의 상호작용에서 비롯되는 것이다(Young, 1990/1999). Young은 초기 부적응 도식이 작동될 때 특정한 초기 기억, 핵심 신념, 강한 정서와 심리적 반응이 활성화된다고 설명하였다(Young의 모델에서 핵심 신념은 도식의 인지적 요소를 나타낸다).[10]

초기 부적응 도식은 안전, 안정성/예측 가능성, 사랑, 양육과 관심, 수용과 칭찬, 공감, 현실적인 한계, 감정과 욕구의 타당화를 필요로 하는 아동의 핵심 욕구를 환경이 충족시키지 못할 때 발달하기 쉽다. 그들의 핵심 욕구가 충족되지 않을 때, 아동은 종종 부적절한 행동과 신념을 내면화한다. 예를 들면, 반복적으로 비판을 받는 아동은 실패 도식을 발달시킬 수 있다. 이는 자신이 무엇을 하든 자신의 수행 능력이 결코 충분하지 않을 것이라는 인식이다.

도식은 일반적으로 자각하지 못한 채 발생하고, 생활사건(예: 직장에서의 해고)이 나타날 때까지 휴지기 상태로 있을 것이다. 실패 도식이 활성화되면, 환자는 도식을 유지하는 방식으로 정보를 분류, 선택, 부호화한다. 그러므로 초기 부적응 도식은 많은 우울증 환자가 그들 자신과 환경, 그리고 미래를 부정적인 시각으로 왜곡하는 특징적 경향을 갖게 만든다.

강력하고 깊게 뿌리박힌 다수의 초기 부적응 도식을 가진 환자들, 또는 생활사건을 융통성 없이

8) 주 4를 보라. 18개의 도식은 5개의 군집으로 묶일 수 있다고 제안되었다.
9) 주 5를 보라.
10) 주 6을 보라.

회피하는 방식으로 자신의 도식에 대처하거나 그것에 대해 과잉보상하는 환자들을 통해, 우리는 환자들의 사고, 감정, 행동을 이해시키고 변화시키는 데 중요한 역할을 하는 '도식양식'이라는 개념(Young et al., 2003)을 발견하였다. 양식 작업은 건강한 양식을 강화 및 개발하고, 역기능적인 양식은 약화시킴으로써 환자 스스로의 반응을 제어할 수 있도록 한다.

Young의 양식 개념은 자아상태(ego state)와 유사하다. '양식'은 "개인에게 현재 활성화되어 있는 적응 또는 부적응의 도식 또는 도식의 조작"으로 정의된다(Young et al., 2003, p. 271). 양식(mode)은 개인이 주어진 시점에서 생각하고 느끼고 행동하는 것이 무엇이든 포함되며, 따라서 특질보다는 상태로 생각할 수 있다. 특정한 부적응적 도식이 개인의 기능을 장악하고 통제하는 시점에서 역기능적 양식은 괴로운 감정, 회피 반응, 자기패배적인 행동으로 활성화된다. 개인은 한 양식에서 다른 양식으로 '전환'할지도 모른다. 그런 변화가 일어나면 개인의 인지, 감정, 대처 반응의 변화가 나타난다. Young과 동료들은 양식의 네 가지 유형에 대해 정의를 내렸다. 아동양식([그림 7-2A]), 부적응 대처양식([그림 7-2B]), 역기능 부모양식([그림 7-2C]), 그리고 건강한 성인양식이다. 건강한 성인양식은,

> 다른 양식과 관련하여 '집행자'의 역할을 하는 건강한 자기의 성인 부분이다. 건강한 성인(Healthy Adult) 양식은 아동의 기본적인 정서적 욕구를 충족시키는 것을 도와준다. 환자의 건강한 성인을 확립하고 강화하여 다른 양식들이 더욱 효과적으로 작동하도록 하는 것이 도식치료 양식 작업의 가장 포괄적이자 중요한 목표이다(Young et al., 2003, p. 277).

1. 유기/불안정성(ABANDONMENT/INSTABILITY)
   지지 및 연결의 가용성에 관련된 지각된 **불안정성** 또는 **비신뢰감**으로, 중요한 타인이 감정적인 지원, 연결, 힘 또는 실질적인 보호를 지속하여 제공할 수 없다는 감각을 포함한다. 왜냐하면 이는 중요한 타인이 정서적으로 불안정하고 예측 불가(예: 분노 폭발)하거나 신뢰할 수 없고 변덕스럽기 때문에, 그들이 곧 죽을 것이기 때문에, 또는 그들이 더 좋아하는 사람 때문에 환자를 버릴 것이라고 믿기 때문이다.

2. 불신/학대(MISTRUST/ABUSE)
   다른 사람들이 상처를 입히거나, 학대하거나, 모욕하거나, 속이거나, 거짓말을 하거나, 조종하거나, 이용할 것이라고 예상하는 것이다. 대개 그 피해는 의도적이거나 부당하고 극단적인 무시의 결과라는 인식이 포함된다. 사람은 항상 타인과 관련하여 속임수를 쓰거나 '손해 보는 일을 하게 된다'는 느낌을 포함한다.

3. 정서적 박탈(EMOTIONAL DEPRIVATION)
   정서적 지지에 대한 욕구 수준이 타인들에게서부터 적절히 충족되지 않을 것이라고 예상하는 것이다. 박탈의 세 가지 주요 형태는 다음과 같다.
   A. **양육의 박탈**: 관심, 애정, 따뜻함 또는 동료애의 부재
   B. **공감의 박탈**: 이해, 경청, 자기개방, 타인과의 감정 공유의 부재
   C. **보호의 박탈**: 다른 이의 지도와 지시, 강점을 제공받은 경험의 부재

4. 결함/수치심(DEFECTIVENESS/SHAME)
중요한 영역에서의 결함, 불량, 원하지 않음, 열등감 또는 잘못되었다는 느낌이다. 또는 이것이 드러나서 중요한 타인에게 사랑받지 못할 것으로 여길 수 있다. 비판, 거절, 비난에 대해 과민성을 보일 수 있다. 자기의식, 비교, 관계에서의 불안전감, 또는 인지 결함과 관련된 수치심이 포함된다. 이러한 흠결은 **사적**(예: 이기심, 화난 충동, 부적절한 성적 욕구)이거나 **공적**(예: 바람직하지 않은 신체적 외모, 사회적 어색함)일 수 있다.

5. 사회적 고립/소외(SOCIAL ISOLATION/ALIENATION)
다른 사람들과 달리 어떤 집단이나 공동체의 일부가 아닌 채로 세상에서 소외되어 있다는 느낌이다.

6. 의존/무능(DEPENDENCE/INCOMPETENCE)
타인의 도움 없이 능숙한 방법으로 **일상의 책임**(예: 자신을 돌보고, 일상적인 문제를 해결하고, 올바른 판단을 내리고, 새로운 과제를 수행하고, 올바른 결정을 내리는 것)을 다룰 수 없다는 믿음이다. 이는 흔히 무력감을 느끼게 한다.

7. 위험/질병에 대한 취약성(VULNERABILITY TO HARM OR ILLNESS)
임박한 재앙이 언제든지 터질 것이고, 그것을 막을 수 없을 것이라는 과장된 두려움이다. 두려움은 다음 중 하나 혹은 그 이상에 중점을 둔다. (A) **의학적 재앙**(예: 심장마비, AIDS), (B) **정서적 재앙**(예: 미치게 됨), (C) **외부적 재앙**(예: 엘리베이터 추락, 범죄자에게 희생되는 것, 비행기 추락, 지진)

8. 융합/미발달된 자기(ENMESHMENT/UNDEVELOPED SELF)
정상적인 사회성 발달이나 완전한 개별화를 희생시키는 한 사람 또는 그 이상의 중요한 사람들(종종 부모)과의 과도한 정서적 밀착과 개입이다. 종종 적어도 융합된 1명 이상의 다른 사람의 끊임없는 지지 없이는 생존하거나 행복할 수 없을 것이라는 믿음을 포함한다. 또한 타인에 의해 짓눌리거나 융합된 느낌, 불충분한 개인의 정체성을 포함할 수 있다. 공허함과 버둥대는 느낌, 방향감이 없거나 극단적인 경우에는 자신의 존재에 의문을 제기하는 경우도 있다.

9. 실패(FAILURE)
성취 영역(학교, 동료, 스포츠 등)에서 동료들과 비교하여 실패했거나, 실패하는 것이 명백할 것이라고 여기거나, 기본적으로 부족하다는 믿음이다. 종종 타인에 비해 어리석고, 서툴고, 재능 없고, 무지하며, 지위가 낮고, 덜 성공했다는 등의 믿음을 포함한다.

10. 특권의식/과대성(ENTITLEMENT/GRANDIOSITY)
타인보다 우월하다는 믿음, 특별한 권리와 특혜를 부여받은 듯한 믿음, 또는 정상적인 사회적 상호작용을 이끄는 호혜성의 원칙에 얽매이지 않는다는 믿음이다. 종종 현실적인 것과 타인이 합리적이라고 생각하는 것 또는 타인이 감당할 수고에 개의치 않고 자신이 원하는 것을 할 수 있어야 한다고 고집하는 것을 포함한다. 또는 **권력이나 통제**(주의나 승인을 위한 것이 아님)를 성취하기 위하여 우월성(예: 성공, 유명, 부)에 지나치게 초점을 맞추는 것이다. 때때로 타인에 대한 과도한 경쟁이나 지배가 포함되기도 한다. 타인의 욕구나 감정에 대한 공감에 관심을 기울이지 않고, 자신의 욕구에 따라 자신의 권력을 주장하고 자신의 관점을 강요하며 타인의 행동을 통제한다.

11. 부족한 자기-통제/자기규제(INSUFFICIENT SELF-CONTROL/SELF-DISCIPLINE)

자신의 개인적 목표를 달성하거나 자신의 감정과 충동의 과도한 표현을 억제하기 위한 충분한 자제력이나 자기조절, 좌절 감내를 실행하는 데 전반적인 어려움과 거부감을 갖는다. 경미한 경우 환자는 불편감 회피를 지나치게 강조함으로써, 개인적 성취나 참여, 통합감의 희생을 감수하면서, 고통 및 갈등, 직면, 책임, 전력투구를 회피한다.

12. 복종(SUBJUGATION)

보통 분노, 보복 또는 유기를 회피하기 위하여, 강압당한다고 느끼기 때문에 타인의 통제에 과도하게 굴복한다. 복종에는 두 가지 유형이 있다.

A. **욕구의 복종**: 개인의 선호, 결정 및 욕망을 억제

B. **정서의 복종**: 감정(특히 분노) 표현의 억제

대개 자신의 욕구, 의견 및 감정이 타인에게 타당하거나 중요하지 않다고 지각한다. 덫에 걸렸다는 느낌의 과민성과 결합되어 과도한 순응이 빈번하다. 일반적으로 분노가 쌓이게 되며, 부적절한 증상(예: 수동-공격적 행동, 통제되지 않은 성질 발작, 심리신체적 증상, 애정의 철회, '행동화', 약물 남용)으로 이어진다.

13. 자기희생(SELF-SACRIFICE)

자신의 만족감을 희생하면서까지 일상생활에서 타인의 욕구를 **자발적으로** 충족시켜 주는 데 과도하게 초점을 둔다. 가장 흔한 이유는 타인에게 고통을 주는 것을 방지하거나, 이기적인 느낌으로 인한 죄책감을 회피하거나, 필요하다고 인식한 타인과의 관계를 유지하는 것이다. 이는 흔히 타인의 고통에 대한 즉각적인 민감성에서 기인된다. 흔히 자기의 욕구가 적절히 충족되지 못했다는 느낌이나 돌봄을 제공했던 사람에 대한 분노로 이어진다. (공동의존[11]의 개념과 겹친다.)

14. 승인 추구/인정 추구(APPROVAL SEEKING/RECOGNITION SEEKING)

진정하며 안전감이 보장된 자기 감각의 발달을 희생시키면서까지 타인으로부터 승인, 인정, 관심 또는 적합 판정을 얻는 것에 지나친 강조점을 둔다. 이들의 자존감은 자기 본래의 성향보다 타인의 반응에 의존한다. 때때로 **인정**, **칭송** 또는 **관심**을 얻기 위한 수단으로(권력이나 통제를 위한 것이 아님) 지위, 외모, 사회적 수용, 금전 또는 성취에 대한 과도한 강조가 포함된다. 흔히 삶의 중대한 결정에 있어서도 불만족하거나 진정성이 없으며, 또는 거절에 대한 과민성을 낳는다.

15. 부정성/비관주의(NEGATIVITY/PESSIMISM)

삶의 긍정적이며 낙관적인 양상들은 최소화하거나 무시하는 반면, 부정적 측면들(통증, 죽음, 상실, 실망, 갈등, 죄책감, 복수심, 미해결 문제, 잠재적 실수, 배신, 잘못될 가능성이 있는 일 등)에는 전반적이고도 평생 지속적인 초점을 둔다. 보통 매우 넓은 범위의 직업 및 재정, 대인관계 상황들과 관련된 과장된 기대/예언으로 궁극적으로 모든 일이 심각하게 잘못될 것이며, 심지어는 현재 잘되고 있는 삶의 측면들도 결국에는 붕괴될 것이라고 예상한다. 대개 재정적인 파산 및 상실, 굴욕, 나쁜 상황에 빠지게 되는 실수를 할 것 같은 과도한 두려움이 포함된다. 잠재적인 부정적 결과가 과장되어 있기 때문에, 이러한 환자들은 흔히 만성적인 걱정과 경계심, 불평, 우유부단함 등의 특징을 보인다.

11) 역자 주: 공동의존(codependence)은 상호의존(interdependence)을 넘는 병리적인 공생적 의존관계를 말한다.

16. 정서적 억제(EMOTIONAL INHIBITION)
자발적인 행위와 감정, 의사소통의 과도한 억제로서, 이는 대개 다른 사람의 거절/불승인이나 수치심, 충동 통제의 상실 등을 회피하기 위한 것이다. 가장 흔한 억제의 영역은 (A) **분노**와 공격성의 억제, (B) **긍정적 충동**(예: 기쁨, 애정, 성적 흥분, 놀이)의 억제, (C) **취약성**에 대한 표현의 어려움 혹은 자기 기분이나 욕구에 대한 자유로운 **의사소통**의 어려움, (D) 감정이 무시된 **합리성**의 과도한 강조이다.

17. 엄격한 기준/과잉비판(UNRELENTING STANDARDS/HYPERCRITICALNESS)
보통 비판을 회피하기 위해 행동 및 수행의 매우 높은 **내면화된 기준**을 충족시키기 위해 끊임없이 노력해야만 한다는 기저 신념이다. 전형적으로 자신이나 타인에 대하여 과도한 비판을 가하며, 긴장을 풀지 못하고 압박감을 느낀다. 지나친 당위성(must)은 즐거움, 이완, 건강, 성취에 대한 자존감, 만족스러운 관계 등에서 중대한 손상을 가져온다. 무자비한 기준은 전형적으로 (A) **완벽주의**, 세부 사항에 대한 지나친 집중, 또는 규준과 비교된 자신의 수행에 대한 과소평가, (B) 비현실적으로 높은 도덕적 · 윤리적 · 문화적 또는 종교적 계율을 포함하는 것으로서, 생활의 많은 영역에서 **경직된 규칙**과 '의무사항' 또는 (C) 더 많은 것을 성취할 수 있게끔 **시간과 효율성**에 집착하는 것으로 나타난다.

18. 처벌(PUNITIVENESS)
실수를 저지르면 매우 엄격히 처벌해야만 한다는 신념이다. 자신의 기대나 기준에 맞지 않는 사람(자신을 포함하여)에게 화를 내고, 용납하지 않으며, 징벌적이고, 참지 못하는 경향이 있다. 정상 참작이 가능한 상황을 감안한다거나 인간의 불완전성을 받아들이고 감정을 공감하는 것 등에 거리낌을 가지며, 보통 자신 또는 타인의 실수를 용서하는 것이 어렵다.

[그림 7-1] 초기 부적응 도식

출처: Young (1999).

아동양식	설명	공통된 관련 도식
취약한 아동 (Aulnerable Child)	관련 도식과 '접촉'할 때 불쾌감이나 불안감, 특히 공포, 슬픔 및 무력감을 경험	유기, 불신/학대, 감정적 박탈, 결함, 사회적 고립, 의존/무능, 위험/질병에 대한 취약성, 융합/미발달된 자기, 부정성/비관주의 등이 포함
화난 아동 (Angry Child)	핵심 도식과 연관된 핵심 욕구의 미충족이나 부당한 대우를 인식하면 직접적으로 분노를 나타냄	유기, 불신/학대, 정서적 박탈, 복종(때때로 취약한 아동과 연관된 도식)
충동적/ 훈육받지 않은 아동 (Impulsive/ Undisciplined Child)	한계 또는 다른 사람들의 욕구나 감정(핵심 요구와 관련이 없음)에 관계없이 즉각적인 쾌락 욕구에 따라 충동적으로 행동함	특권의식, 부족한 자기-통제/자기규제
행복한 아동 (Happy Child)	사랑, 연계, 만족, 충족감을 느낌	없음. 활성화된 도식 없음

[그림 7-2A] 아동양식

출처: Young, Klosko, & Weishaar (2003).

부적응 대처양식	설명
순응적 굴복자 (Compliant Surrender)	순응 및 의존의 대처방식을 채택함
분리된 방어자 (Detached Protector)	정서적인 철회, 단절, 고립 및 행동적 회피의 대처방식을 채택함
과도 보상자 (Over Compensator)	역공 및 통제의 대처방식을 채택함 일중독과 같은 일부 적응적인 수단을 통해 과도하게 보상할 수도 있음

[그림 7-2B] 부적응 대처양식

출처: Young, Klosko, & Weishaar (2003).

역기능 부모양식	설명	공통된 관련 도식
처벌적/비판적 부모 (Punitive/Critical Parent)	자신이나 타인을 제한, 비난 또는 처벌	복종, 처벌, 결함, 불신/학대(학대자로서)
요구적 부모 (Demanding Parent)	높은 기대치와 다른 사람들에 대한 높은 책임감에 고정됨. 자신이나 타인에게 그것을 성취하도록 압박함	엄격한 기준, 자기희생

[그림 7-2C] 역기능 부모양식

출처: Young, Klosko, & Weishaar (2003).

도식 이론과 관련된 연구

Young의 도식 질문지(Schema Questionnaire: YSQ; Young, 2005)에 의해 측정된 대로 여러 연구에서 18개의 초기 부적응 도식(EMS)이 밝혀졌다. 연구 결과는 인구집단에 따라 다소 차이가 있었지만, 18개의 EMS는 일반적으로 지지되어 왔다(Lee, Taylor, & Dunn, 1999; Schmidt, 1994; Schmidt, Joiner, Young, & Telch, 1995).

우울증 환자의 EMS에 관한 많은 연구가 있다. Hawke와 Provencher(2011)는 기분장애(Bailleux, Romo, Kindynis, Radtchenko, & Debray, 2008; Halvorsen et al., 2009; Halvorsen, Wang, Eisemann, & Waterloo, 2010; Riso et al., 2003, 2006; Wang, Halvorsen, Eisemann, & Waterloo, 2010)와 불안장애에 관한 EMS 연구의 우수한 개관을 제공한다. 대부분의 도식 영역의 상승이 모두 그렇지는 않았지만 우울증 환자와 한 번도 질병이 없었던 정상 대조군을 비교했을 때 명확히 나타났다. Riso와 동료들(2003)은 만성 우울증, 비 만성 우울증, 건강한 대조군의 EMS를 비교한 연구에서 건강한 대조군에 비해 두 우울증 집단 모두 모든 도식 영역에서 더 높은 점수를 받았다고 밝혔다. 한편, 만성 우울증 집단의 점수는 연구자들이 우울증 및 성격장애 증상을 통제했을 때 단절과 거부, 손상된 자율성 및 수행, 과잉경계 영역에서 가장 높게 나타났다. Hawke와 Provencher(2011, p. 261)는 "만성 우울증은 비 만성 형태보다 EMS에 더 강하게 연관되어 있으며, 현재의 우울증이나 축 II 증후의 기능은 아니다."라고 제안하였다.

Renner와 동료들(2012)은 EMS가 특히 단절(disconnection)과 거부(rejection), 그리고 손상된 자율성/수행 영역인 경우, 우울 증상의 심각성과 관련이 있음을 발견하였다. 이는 Beck의 이론과 일관되며, "이 발견은 우울증의 인지 모델과 일관된 것이며 우울 증상의 핵심에 실패, 상실 및 무가치감 영역의 도식 또는 핵심 신념이 있음을 제시한다."(p. 587)라고 지적한다. 우울증에 대한 근거기반치료(CBT 및 IPT, 약물치료 유무와 별개로)를 시행하고 EMS의 견고함을 조사한 결과, EMS가 시간 경과에 따라 상대적으로 안정적이라는 것을 발견하였다(치료 전후). 이러한 결과는 EMS가 축 I 증상을 성공적으로 치료한 이후에도 남아 있을 안정적이고 특질 같은 신념이라는 Young과 동료들(2003)의 개념과 일치한다. 도식 모델에 따르면, 이 연구에서 어떠한 치료법도 EMS의 변화를 구체적으로 목표로 하지 않았기 때문에 이러한 결과는 놀라운 것이 아니다.

최근 연구에서 Eberhart, Auerbach, Bigda-Peyton과 Abela(2011)는 EMS와 스트레스가 우울 증상에 미치는 영향을 조사했으며 두 가지 스트레스 모델을 비교해 보았다. 소인-스트레스 모델(dia-thesis-stress model)은 EMS가 높은 수준의 스트레스 요인과 상호작용할 때 우울증에 취약하다는 것을 가정한다. 스트레스-생성 모델(stress-generation model)은 EMS가 스트레스 조건을 만드는 데 도구적 역할을 하며, 이후 우울증이 증가함을 가정한다. 결과는 스트레스 생성 가설을 지지하였다. 연구자들은 다음과 같이 지적하였다.

> 단절과 거부, 손상된 자율성/수행 및 타인 지향성 영역의 일군의 부적응적 도식들이 의존적인 대인관계 스트레스 요인의 발생을 예측한다. 이러한 의존적인 대인관계 스트레스 요인은, 이번에는 우울한 증상의 증가를 예측하였다. 더욱이 이러한 스트레스 요인이 부적응적 도식과 우울 증상 사이의 관계를 매개한다는 증거가 있다. 특히 복종 도식, 실패 도식 및 단절/거부와 관련된 여러 도식의 매개효과가 관찰되었다(p. 96). 이 연구는 만성 우울증 치료에서 EMS를 표적으로 삼아야 하는 것의 중요성을 강조하였다.

다음 부분에서는 인지치료의 일반적인 특성과 본질에 대한 정보, 인지치료 과정에 대한 설명, 인지행동치료를 예시하는 두 사례를 제시한다. 첫 번째 환자는 비 만성적 우울증을 앓고 있으며 '표준' 인지치료로 치료를 받는다(Beck 등의 1979년 저서에서 처음 소개된 방식처럼). 표준 인지치료의 초점은 현재의 우울한 사고의 변화에 있다. 두 번째 환자는 만성 우울증이 있으며 인지치료와 도식치료가 적용된다. 이 경우 도식치료의 초점은 양식 작업을 통해 환자의 기저 도식을 규명하고 수정하는 것이다.

치료의 특성

성인 우울증 외래 환자와의 인지치료는 대개 치료자의 치료실에서 수행된다. 이는 일대일 환경으로 가장 자주 적용되었다. 집단 인지치료는 비록 개인치료만큼 효과적이지는 못하지만(Wierzbicki & Bartlett, 1987), 우울 외래 환자에게는 집단치료가 성공적인 것으로 나타났다(Beutler et al., 1987; Jarrett & Nelson, 1987). 또한 우울증에 대한 컴퓨터 보조 인지치료(컴퓨터 보조로 50분 대 25분 회기)가 효과적이라는 것도 발견되었다(Wright et al., 2005). 치료 중 배우자, 동반자, 부모 및 기타 가족 구성원을 참여시키는 것은 드문 일이 아니다. 예를 들어, 그들은 다른 가족 구성원이 환자를 어떻게 보는지에 대해 환자가 자신의 생각의 타당성을 검증하는 데 도움이 되는 정보를 제공할 수 있다. 더욱이 인지 모델을 기반으로 한 부부치료는 종종 만성 대인관계 문제와 관련된 우울증 완화에 매우 효과적이다(Beck, 1988; O'Leary & Beach, 1990).

우리의 임상경험에서 많은 치료자 특성이 효과적인 인지치료에 기여한다. 첫째, 인지치료자는 다른 연구자들(예: Truax & Mitchell, 1971 참조)이 밝힌 '비특이적인' 이상적 치료기술을 제시할 수 있어야만 하는데, 즉 따뜻함, 진실성, 정직성 및 개방성을 전달할 수 있어야 한다. 둘째, 가장 효과적인 인지치료자는 환자의 관점(공감)으로 사건을 보는 데 특히 숙련되어야 하는 것으로 보인다. 우울증 환자의 말을 듣는 동안 자신의 개인적인 짐작과 편견을 멈추게 할 수 있어야 한다. 셋째, 숙련된 인지치료자는 논리적이고 추론하고 전략을 세울 수 있어야 하며, '모호한 논리주의자(fuzzy thinker)'가 아니다. 이 점에서 그들은 훌륭한 재판 변호사와 유사하여, 다른 사람의 추론에서 때로는 미묘한 차이를 발견할 수 있고 똑같은 사건에 대해 더 설득력 있게 해석할 수 있다. 숙련된 인지치료자는 원하는 결과를 기대하면서 몇 가지 단계를 예견하고 전략을 계획한다. 넷째, 가장 훌륭한 이 접근법의 전문가는 활동적이다. 그들은 치료 과정에서 구조와 방향을 제공하면서 편안하게 이끌 줄 알아야 한다.

비록 환자의 특성이 몇 가지 실증적 관심의 대상이었지만(Eifert, Beach, & Wilson, 1998; Padesky, with Greenberger, 1995; Persons, Burns, & Perloff, 1988; Shea et al., 1990), 우리는 아직 인지치료의 성공과 관련이 있는 환자의 특성에 관한 충분한 지식을 가지고 있지 않다. 우리의 경험은 주요우울장애(또는 우울증의 경미한 형태)를 가진 환자가 이 장에서 설명한 인지치료 접근법에 잘 반응함을 제시한다. 환자가 축 II 성격장애 또는 우울증이 만성적이라고 진단되는 경우라면, 인지치료와 약물치료의 조합과 보다 장기적인 치료기간이 더 완전하고 지속적인 긍정적 반응을 얻는 데 불가결할 수도 있다.

인지치료는 양극성장애에 대한 약물치료에 중요한 보조적 역할을 할 수 있고(Ball et al., 2006; Basco & Rush, 1996; Colom, Vieta, Martinez, Jorquera, & Gastó, 1998; Craighead, Miklowitz, Vajk, & Frank, 1998; Lam, Hayward, Watkins, Wright, & Sham, 2005; Scott, 1996b), 또한 중증의 내인성 우울증 환자를 치료하는 데에도 효과적이다(Thase, Bowler, & Harden, 1991; Whisman, 1993). 예비적 증거는 또한 인지치료가 산후우울증을 가진 여성의 치료에도 효과적임을 시사한다(Bledsoe & Grote, 2006).

환자가 인지치료에 적합성(suitability)을 갖는지 평가하는 것이 권장된다(Padesky, with Greenberger, 1995; Safran & Segal, 1990, Safran, Segal, Vallis, Shaw, & Samstag, 1993). 우리의 경험에 의하면, 일정한 특성을 가진 환자들은 보다 빠른 반응이 예측된다. '전형적인' 인지치료 환자는 적절하게 자기분석적이고 논리적으로 추론할 수 있으며, 잘 조직되고, 훌륭한 계획가이며, 책임을 수행하는 데 성실하다. 이들은 고용된 상태이거나 고용된 경력이 있고, 그들 자신이나 다른 사람들에게 지나치게 화를 내지 않으며, 그들의 사고는 덜 독단적이고 덜 경직되며, 우울 삽화와 관련된 명확한 촉발사건을 확인할 수 있고, 이는 다른 사람들과 밀접한 관계가 있다. 대부분의 환자는 어떤 면에서는 이러한 원형에서 벗어나 있으며, 이러한 특성들이 성공적인 치료에 반드시 필수적인 것은 아니다. 그렇지만 이러한 특성이 더 많은 환자는 종종 인지치료를 통해 우울증상의 빠른 개선을 보이기도 한다.

나이는 방해물이 아니다. 전 생애기간에 걸쳐 환자들은 인지치료를 통해 이득을 얻는 것으로 보인다(Beutler et al., 1987; Floyd, Scogin, McKendree-Smith, Floyd, & Rokke, 2004; Gallagher-Thompson, Hanley-Peterson, & Thompson, 1990; Harrington, Wood, & Verduyn, 1998; Koder, Brodaty, & Anstey, 1996; Levendusky & Hufford, 1997; Reinecke, Ryan, & DuBois, 1998). 많은 연구에 의하면 아동과 청소년은 CBT에 의해 유의한 임상적 호전을 보였다(Curry, 2001). 고령 환자에 대한 연구에 따르면 "다양한 형태의 인지 및 행동 심리치료법이 노인성 우울증 치료에 효과적일 수 있다."라는 것을 시사한다(Futterman, Thompson, Gallagher-Thompson, & Ferris, 1995, p. 511).

협력

인지치료의 기본은 환자와 치료자 간의 협력관계이다. 치료자와 환자가 함께 일할 때 학습경험이 향상되고, 형성된 협력 정신은 치료 과정에 크게 기여한다. 마찬가지로 중요한 것은 협력적 접근방식이 환자가 치료목표를 달성하고 환자와 치료자 간의 오해 및 그 예방에 도움이 된다는 것이다. 협력관계의 중요성 때문에 우리는 치료자의 대인관계 기술, 공동 협력을 통한 작업 문제의 선정, 정례적인 피드백 및 '협력적 경험주의'로 부르는 탐구과정을 크게 강조한다.

대인관계 특성

협력을 위해서는 환자가 치료전문가를 신뢰해야 하므로 신뢰에 기여하는 대인관계 특성을 강조한다. 앞서 언급했듯이, 따뜻함, 정확한 공감, 그리고 진실성은 모든 심리치료자뿐만 아니라 인지치료자에게도 바람직한 개인적 자질이다. 인지치료자가 치료자의 역할을 연기하는 것처럼 보이지 않는 것이 중요하다. 치료자는 자신이 진실하고 개방적이며 관심이 있고 직접적인 언어적 및 비언어적 방식으로 의사소통을 할 수 있어야 한다. 또한 치료자가 인상 또는 정보를 보류한다거나 질문을 피하는 것 같이 보이지 않도록 하는 것이 중요하다. 치료자는 환자의 관점을 비판적으로 보거나 불승인하는 것처럼 보이지 않도록 주의해야 한다.

우울증 환자의 치료에는 환자와 치료자 간의 라포(rapport)가 중요하다. 라포가 최적일 때, 환자는 치료자를 자기의 감정과 태도에 조화를 잘 맞추며 동정심을 갖고 이해할 수 있는 사람으로, 감정을 상세히 표현하거나 진술을 입증할 필요 없이 통할 수 사람으로 인식한다. 라포가 잘 형성되어 있으면, 환자와 치료자는 모두 편안하고 안전하게 느낀다.

확신을 가진 전문 직업인으로서의 자세(manner) 또한 인지치료에서 중요하다. 치료자는 우울증 환자를 도울 수 있다는 자신의 능력에 대해 편안한 확신감을 전달해야 한다. 이러한 확신감은 환자의 미래에 관한 초기 절망감에 맞서 대응하는 데 도움이 될 수 있다. 인지치료자는 때로 지시적이어야 하고 구조를 부과해야만 하기 때문에, 특히 치료의 초기 단계에서는 명확한 직업적 전문성을 유지하여야 한다.

치료를 위한 목표의 공동 결정

환자와 치료자는 공동으로 치료목표를 설정하고, 그중에서 우선순위를 결정하며, 각 회기에 대한 의제를 작성한다. 치료 과정에서 해결해야 할 문제로는 구체적인 우울 증상(예: 절망감, 울음, 집중의 어려움)과 외부 문제(예: 부부 문제, 진로 문제, 자녀 양육 문제)가 있다. 우선순위는 특정 문제에 의해 얼마나 많은 고통이 발생하는지, 그리고 그 특정 문제가 얼마나 쉽게 변할 수 있는지에 따라 공동으로 결정된다. 각 치료 회기의 의제 설정 중(다음 절에서 자세히 설명함), 치료자와 환자가 함께 해당 회기에서 다루어야 할 항목을 결정한다. 이 협력 과정을 통해 매주 표적 문제가 선정된다.

문제 선택의 과정은 종종 초보 인지치료자에게 어려움을 안겨 주는데, 여기에는 초점을 맞출 특정 문제에 관한 합의 실패, 지엽적인 관심의 선택, 그리고 한 번에 하나의 문제에 만족할 만한 해결책을 지속적으로 모색하지 못하고 쉽게 다른 문제로 이동하는 경향 등이 포함된다. 문제 선택 과정은 치료자의 편에서 구조화와 협력 형성을 모두 포함하고 있기 때문에 상당한 기술이 필수적이다.

정례적인 피드백

피드백은 우울증 환자의 치료에 특히 중요하다. 그것은 협력적인 치료관계를 개발하고 유지하는 데 중요한 요소이다. 인지치료자는 특정 문제의 처리, 치료자의 태도, 숙제와 같은 치료의 많은 측면에 관한 환자의 생각과 감정을 이끌어 냄으로써 치료 초기부터 피드백 요소를 시작한다. 많은 환자가 치료자의 진술과 질문을 잘못 해석하고 있기 때문에, 치료자와 환자가 같이 '주파수를 맞추고 있는지' 확인하는 것은 정기적인 피드백을 통해서만 알 수 있다. 치료자는 또한 부정적인 반응을 감추고자 하는 언어적이고 비언어적인 단서들에 대해 경각심을 갖고 있어야 한다.

정례적인 피드백 과정의 일부로, 인지치료자는 각 개입에 관한 근거를 공유한다. 이는 치료 과정을 명백히 규명하고 환자가 특정 접근방식의 타당성에 관한 질문을 쉽게 하도록 하는 데 도움이 된다. 또한 환자는 특정한 기술이나 숙제가 환자의 삶에서 특정 문제를 해결하는 데 어떻게 도움이 될 수 있는지를 이해하면 성실하게 참여할 가능성이 높아진다.

피드백 과정의 또 다른 핵심 요소는 환자가 자신의 사례개념화를 제대로 이해하는지 여부를 정기적으로 점검하는 것이다. 환자들은 때때로 순응하는 식으로 사례개념화에 동의하며, 우울증 환자들은 종종 거부당하거나, 비난을 받거나, 실수를 저지르지는 않을까 걱정하며 그들의 치료자와 '솔직히 대화'하는 것을 꺼린다. 따라서 치료자는 환자의 감정이나 순응과 관련된 소망(예: 거절에 관한 불안, 기쁘게 해 주고 싶은 바람)을 이끌어 내기 위해 추가적인 노력을 해야 하며, 환자가 실제로 설명을 이해하지 못할 수도 있으므로 언어적 · 비언어적 단서들에 대해 경각심을 가져야 한다.

각 회기가 끝날 때마다 인지치료자는 일어난 일에 관하여 간결한 요약을 제공하고, 환자에게 회기에서 요점을 축약하고 기록하도록 요청한다. 환자는 주중에 검토를 위해 이 요약을 보관한다. 실제로 치료자는 표준치료 면담 동안 요약을 자주 사용한다: 의제 작성, 그 시점까지 다룬 자료의 중간 요약, 진행된 면담의 주요 요점 최종 요약. 환자들은 일반적으로 피드백의 도출과 핵심 요약의 전달에 호의적으로 반응한다. 우리는 이러한 기술들에 의해 공감과 관계의 발전이 촉진된다는 것을 관찰하였다.

협력적 경험주의

협력적인 치료관계가 성공적으로 형성되면, 환자와 치료자는 조사탐구 팀의 역할을 한다. 나중에 탐구 과정에 대해 상세하게 설명하긴 하겠지만, 협동관계의 맥락에서 이것을 소개하는 것이 적절하다. 한 팀으로서 환자와 치료자는 과학자가 질문에 접근하는 것과 같은 방식으로 환자의 자동적 사고와 도식에 접근한다. 각각의 생각이나 도식은 시험해야 할 가설이 되고, 그 가설을 뒷받침하거나 반박하는 증거가 모아진다. 과거의 사건, 현재의 상황, 미래의 가능성은 증거를 구성하는 자료로서 환자 및 치료자가 증거를 논리적 분석에 포함시킴에 따라 가설을 수용하거나 기각하는 결론에 이르게 된다. 실험은 또한 특정 인지의 타당성을 시험하기 위해 고안될 수도 있다. 인지치료자들은 환자들이 그들 자신의 모순을 '발견'하기 때문에 비논리적이거나 또는 현실과 모순되는 사항에 관하여 환자들을 설득할 필요가 없다. 이러한 안내된 발견 과정은 널리 받아들여지는 교육방법으로 인지치료의 핵심 요소 중 하나이다.

인지치료의 과정

여기서 우리는 인지치료 회기가 어떻게 구조화되고 진행되는지 전달하려고 한다. 특정 기법의 상세한 설명이 제공된다.

초기의 몇 회기

처음 몇 회기의 주요 치료목표는 증상 완화이다. 환자의 고통을 줄이는 것은 치료 과정에 관한 관계, 협력, 자신감을 높이는 데 도움이 된다. 그러나 증상 완화는 라포, 공감, '완쾌'에 대한 내포된 긍정적 기대 이상의 것을 기반으로 해야 한다. 처음 몇 회기에서 인지치료자는 환자의 문제를 정의하고 이러한 문제들을 다루기 위해 치료에 사용되는 몇 가지 전략을 보여 주는 과정을 시작한다.

문제 정의는 치료의 초기 단계에서 주된 목표이다. 치료자는 환자와 협력하여 그들이 치료 회기 동안 집중할 구체적인 문제를 정의한다. 인지치료자는 환자의 심리적 및 생활 상황의 어려움에 대해 가능한 한 완벽하게 파악하여 이 과정을 수행한다. 치료자는 또한 우울증의 심각도 및 특정 증상을 자세히 조사한다. 인지치료자들은 특히 환자들이 자신의 문제를 보는 방식에 관심이 있다.

일단 특정 문제가 정의되면, 환자와 치료자는 그중에서 우선순위를 정한다. 결정은 환자의 정서적 고통에 대한 치료적 변화의 가용성과 삶의 문제 또는 인지의 중요성에 기초하여 결정한다. 치료자는 우선순위를 효과적으로 정하는 데 도움을 주기 위해 특정한 생각, 특정한 생활 상황, 그리고 특정한 고통스러운 감정 사이의 관계를 살펴보아야 한다.

초기 회기의 또 다른 목표는 인지와 감정 사이의 밀접한 관계를 설명하는 것이다. 치료자가 환자의 기분 변화를 관찰할 수 있게 되면(예: 울기), 변화의 영향을 지적하며 기분이 바뀌기 직전에 있었던 환자의 생각을 묻는다. 그런 다음 치료자는 부정적인 생각을 표시하고 기분 변화와의 관계를 지적한다. 치료자는 우선 환자의 지각과 감정 사이의 밀접한 연관성을 볼 수 있도록 도와주는 방향으로 숙제를 조정한다.

치료의 초기 단계에서 흔한 필요사항은 환자를 인지치료에 익숙하게 하는 것이다. 이전에 분석지향적 또는 Rogers식의 치료법을 시행한 환자는 각각 통찰지향적이거나 비지시적인 치료 접근법을 기대하면서 인지치료를 시작할 수 있다. 인지치료자는 문제지향적인 자세를 유지함으로써 보다 능동적이고 구조적인 접근으로 전환을 촉진할 수 있는데, 때때로 문제의 근원을 추측하고 치료자에게 해석을 요구하는 경향이 있는 환자는 부드럽게 이를 차단하고 끌어들인다.

마지막으로, 치료자는 초기 회기 동안 숙제를 하는 것이 실제로 치료 회기 자체보다 더 중요하다는 것을 강조함으로써 숙제의 중요성을 전달해야 한다. 치료자는 또한 숙제를 완료한 환자들이 일반적으로 더 빨리 좋아진다는 것을 설명함으로써 동기를 강화할 수 있다. 숙제의 성격과 실행은 이 장의 뒷부분에 더 자세히 설명되어 있다.

전형적인 치료 회기의 진행 과정

각 회기는 해당 회기에서 다룰 의제를 정하는 것으로 시작한다. 이것은 상대적으로 단기적인 문제해결 치료 접근법에서 최적의 시간 사용을 보장한다. 의제는 일반적으로 숙제 할당에 대한 논의를 포함하여 마지막 회기 이후 환자의 경험에 대한 간략한 요약으로 시작한다. 그러면 치료자는 환자에게 회기 중에 무엇을 하고 싶은지 질문하고, 흔히 포함시키면 좋을 관심사를 제시한다.

문제와 관심사에 관한 짧은 목록이 완성되었을 때, 환자와 치료자는 그것의 치료방법을 결정하고 필요한 경우 각 주제에 할당할 시간을 결정한다. 치료의 단계, 우울증의 심각도, 문제해결 진전가능성 및 특정 주제나 관심사의 효과가 갖는 잠재적인 영향 범위 등이 우선순위를 수립할 때 고려할 몇 가지 쟁점이다. 인지치료자는 여타 목표와 관련하여 생산적이지 못한 것처럼 보일지라도, 어느 순간 내담자가 중요한 것으로 보는 무엇인가를 얘기하려는 욕구에 민감해야 한다. 이런 방식의 유연성은 협력적 치료관계를 특징짓는다.

이러한 예비적인 것들이 다뤄진 이후, 환자와 치료자는 회기 중에 고려해야 할 한두 가지 문제로 이동한다. 치료자는 환자의 어려움의 이유를 명확히 하기 위해 환자에게 일련의 질문을 함으로써 문제에 관한 논의를 시작한다. 그렇게 함으로써 치료자는 초기 부적응 도식, 사건의 오해석 또는 비현실적인 기대가 개입되어 있는지 판단하려고 노력한다. 치료자는 또한 환자가 비현실적인 기대를 갖고 있는지, 환자의 행동이 적절한지, 그리고 문제에 관한 가능한 모든 해결책을 고려하는지를 알아내려고 한다. 환자의 반응은 치료자에게 왜 환자가 관심 영역에서 어려움을 겪고 있는지에 관하여 인지행동적 개념화를 제안한다. 이 지점까지 치료자는 작업해야 할 한두 가지의 중요한 생각, 도식, 이미지 또는 행동을 분별하게 된다. 표적 문제가 선택되면, 치료자는 적용할 인지적 또는 행동적 기법을 선택하고 자신의 근거를 환자와 공유한다. 인지치료에서 사용되는 구체적인 기법은 이 장의 다음 절에 설명되어 있다.

회기가 끝날 때 치료자는 환자에게 회기 중에 도출된 주요 결론을, 종종 글로써, 요약해 달라고 요청한다. 치료자는 환자의 회기에 대한 반응을 요청하여 방해되는 것은 없었는지 확인하고, 면담 이후에 생길 수 있는 지연된 부정적인 반응을 미연에 방지할 수 있도록 한다. 마지막으로, 치료자는 다음 주 동안 회기에서 문제에 특정 기술과 개념을 적용하는 데 도움을 주기 위해 고안된 숙제를 내준다.

시간 경과에 따른 회기 내용의 진전

치료 과정 중 인지치료 회기의 구조는 변하지 않지만, 내용은 크게 변하는 경우가 많다. 치료의 첫 단계인 증상 감소는 절망감을 극복하고, 문제를 식별하며, 우선순위를 정하고, 환자를 인지치료에 익숙하게 만들며, 협력적 관계를 수립하고, 인지와 감정 간의 관계를 제시하며, 사고오류를 명명하고, 표적 문제에서 진전 향상에 초점을 둔다. 치료는 처음에는 환자의 증상에 중심을 맞추며, 이때 행동적이고 동기적인 어려움에도 주의를 기울인다.

두 번째 단계에서는 재발방지 및 만성 사례를 위한 도식 변경에 중점을 두는데, 치료자와 환자는 특정 문제에 관한 구체적 생각에서 방향을 틀어 자기와 타인에 관한 핵심 도식 및 이러한 도식과 관련된 양식으로 주요 관심을 전환한다. 치료자와 환자는 어떻게 그 도식과 양식이 환자의 많은 문제를 발병, 악화 및 유지시키는지 탐구한다. 그런 다음 치료자와 환자는 다양한 기법을 통해 도식과 양식을 수정하고 재구조화하기 위해 협력하여, 궁극적으로 일상의 기능과 기분에서 보다 광범위하고 전반적인 개선이 이루어지도록 한다.

치료 과정에서 환자는 문제를 확인하고, 해결책을 찾으며, 숙제를 통해 해결책을 구현하는 책임이 늘어난다고 가정한다. 환자가 지속적인 지원 없이도 치료기법을 시행하는 법을 배우는 동안에, 치료자는 조언자나 자문가의 역할을 점차 높여 갈 것이라고 여길 수 있다. 환자가 보다 효과적인 문제해결자가 되어 감에 따라 회기의 빈도는 줄어들고, 결국 치료가 끝나게 된다.

이 장의 나머지 부분은 인지 및 도식 기반치료 전략에 대해 상세히 설명한다.

증상 감소

행동적 기법

행동적 기법은 인지치료의 과정 전반에 걸쳐 사용되지만, 일반적으로 치료의 초기 단계에 집중되어 있다. 행동적 기법은 수동적이고, 무쾌감적이며, 사회적으로 철회되고, 장기간 집중할 수 없는 보다 심한 우울증 환자에게 특히 필요하다. 이러한 환자의 관심과 흥미에 관여함으로써 인지치료자는 환자가 철회 현상을 방지하고, 건설적인 활동에 더욱 참여할 수 있도록 이끈다. 다양한 행동적 기법에서 치료자는 환자가 상황 및 대인관계 문제에 더 효과적으로 대처할 수 있도록 도와주는 기술을 선택한다. 숙제 할당을 통해 구체적으로 상황에 대처하거나 시간을 보다 적응적으로 활용하기 위한 절차를 수립한다.

인지치료자는 자동적 사고의 수정을 표적으로 삼아 행동적 기법을 사용한다. 예를 들어, '나는 더 이상 아무것도 할 수 없다.'라고 생각하는 환자는 숙달도를 높이기 위해 고안된 일련의 단계적 과업을 완료한 후에 이러한 생각을 고칠 수 있다. 심한 우울증 환자는 악순환에 빠지는데, 그 악순환으로 활동 수준이 낮아지면 스스로에 대한 부정적 명명하기(labelling)가 생김으로써 결과적으로 더욱 낙담하고 활동하지 않게 된다. 행동적 기법의 개입은 이러한 자기파괴적 패턴을 바꿀 수 있다.

가장 일반적으로 사용되는 행동기술은 숙달 및 즐거움 연습, 인지 시연, 자기주도 훈련, 역할연기 및 주의분산 기법을 포함하는 주간 활동 일정표를 포함한다. 활동계획은 동기 상실, 절망, 과도한 반

지시: 활동 중 숙달은 M, 즐거움은 P로 표시하고, 0~10으로 점수를 매김

		월요일	화요일	수요일	목요일	금요일	토요일	일요일
아침	6~7							
	7~8							
	8~9							
	9~10							
	10~11							
	11~12							
점심	12~1							
	1~2							
	2~3							
	3~4							
	4~5							
	5~6							
저녁	6~7							
	7~8							
	8~9							
	9~10							
	10~11							
	11~12							
	12~6							

[그림 7-3] 주간 활동 일정표

추에 대응하기 위해 인지치료의 초기 단계에서 자주 사용된다. 치료자는 주간 활동 일정표를 시간별 및 일별로 사용한다([그림 7-3] 참조). 환자들은 그들이 참여한 활동에 관한 시간별 기록을 지속한다. 또한 활동계획은 환자들이 매일의 활동에서 더 많은 즐거움과 숙달도를 얻는 것을 도우며, 환자들은 숙달과 즐거움을 위해 각각 완료된 활동을 평가한다(0~10점 척도 사용). 평정은 일반적으로 그들이 더 이상 아무것도 성취하거나 즐길 수 없다는 환자들의 믿음과 배치된다. 일부 환자에게 숙달(mastery)과 즐거움을 경험하는 활동을 시작하도록 지원하기 위하여, 치료자는 때로 활동의 각 측면들을 가장 단순한 것에서 가장 어렵고 복잡한 것까지 작은 단계별로 세분화할 필요가 있음을 알 수 있다. 우리는 이것을 '단계적 과제(graded tasks)' 접근법이라고 부른다. 세분화를 통해 환자는 애초에 불가능했던 과제를 수행할 수 있으며, 그럼으로써 성공의 증거가 제공된다.

인지 시연(cognitive rehearsal)은 환자에게 특정 과제의 성취와 관련된 각 단계를 마음속에 그려 보거나 상상하도록 요청하는 것을 포함한다. 이 기법은 완성을 위해 연속적인 단계가 요구되는 과제 수행에 어려움을 겪는 환자에게 특히 도움이 될 수 있다. 때로 집중의 어려움은 특정 과제에 초점을 두는 주의 과정에서의 어려움을 야기한다. 인지 시연에 의해 떠오른 이미지(심상)는 환자가 초점을 맞출 수 있도록 돕고, 치료자가 특정 환자의 과제 수행을 어렵게 만드는 장애물을 확인하는 데 도움을 줄 수 있다.

일부 우울증 환자는 그들의 일상적 필요사항 대부분을 돌보기 위해 다른 사람에게 의존한다. 자기주도 훈련(self-reliance training)[12]을 통해 환자는 샤워, 침대 정리, 집 청소, 식사 준비, 그리고 쇼핑과 같은 일상적 활동에서 더 많은 책임을 지는 것을 배운다. 자기주도는 정서 반응에 관한 통제력을 증가시키는 것도 포함한다.

역할연기(role playing)는 인지치료에서 많이 사용된다. 첫째, 직장에서 상사와의 만남과 같은 특정 대인관계 상황의 재연을 통해 자동적 사고를 이끌어 내는 데 사용될 수 있다. 둘째, 숙제를 통해 문제가 될 수 있는 사회적 만남에서 새로운 인지 반응을 연습하고 참여하도록 환자를 안내할 수 있다. 역할연기의 세 번째 용도는 새로운 행동을 연습하는 것이다. 따라서 역할연기는 자기주장 훈련의 일부분으로 사용될 수 있고, 모델링과 코칭이 동반된다.

역할연기의 변형인 역할 반전(role reversal)은 다른 사람이 그들의 행동을 어떻게 볼 수 있는지를 시험하는 데 매우 효과적일 수 있다. 이는 상점에서 옷을 사는 동안 '굴욕적인 경험'을 한 환자에 의해 명확하게 예시될 수 있다. 점원 역할을 한 후, 환자는 그녀가 어설프고 서툴러 보인다는 이전 판단에 관한 자료가 불충분하다고 결론짓게 될 수 있다. 역할 반전을 통해 환자는 자신을 덜 가혹하게 보기 시작하며 '자기동정(self-sympathy)'의 반응이 유발될 수 있다.

마지막으로, 치료자는 환자에게 다양한 주의분산(distraction) 기법을 소개함으로써 고통스러운 정동의 강도를 감소시키는 방법을 배우도록 도울 수 있다. 환자는 신체적 활동이나 사회적 접촉, 직장

12) 역자 주: 자립 훈련으로 번역하기도 한다.

일, 놀이, 시각적 이미지를 통해 부정적 생각을 전환시키는 것을 배우게 된다. 또한 환자는 주의전환(diversion) 기법 연습을 통해 정서적 반응성을 더 잘 조절할 수 있다.

인지적 기법

구체적인 인지적 기법은 환자의 인지적 조직화로 들어가는 진입 지점을 제공한다. 인지치료자는 자동적 사고를 끌어내고 검증하는 기법을 사용하며, 치료자와 환자가 현실을 어떻게 구성하고 있는지 이해할 수 있게 해 주는 도식을 확인하는 기법을 사용한다. 치료자가 구체적인 인지적 기법을 적용할 때는 우울증의 인지 모델의 틀 안에서 작업하는 것이 중요하다. 다음에서 각 유목의 기법들이 차례대로 논의된다.

자동적 사고 끌어내기

'자동적 사고'는 외부 사건 및 그와 관련된 개인의 정서적 반응 사이에 개입하고 있는 사고이다. 이는 반복적인 사고 패턴의 일부분으로서 너무 빠르게 또한 빈번하게 생기기 때문에 보통 알아차리지 못하는 식으로 지나간다. 사람들은 이것의 타당성을 평가하기 위하여 좀처럼 멈추지 않는데, 왜냐하면 이는 매우 믿을 만하고, 익숙하고, 습관적이기 때문이다. 인지치료에서 환자는 효과적으로 치료를 진행하기 위해 자동적 사고를 인식하는 법을 배워야 한다. 인지치료자와 환자는 분노, 슬픔, 불안과 같은 정서에 앞선 특정 사고를 발견하기 위하여 공동의 노력을 기울인다. 치료자는 자동적 사고를 끌어내기 위해 질문, 심상, 역할연기를 사용한다.

자동적 사고를 알아내는 가장 간단한 방법은 치료자가 환자에게 특정 사건에 대해 어떤 생각이 그의 마음속에서 지나갔는지를 물어보는 것이다. 이 질문은 치료자가 없을 때, 그리고 치료가 마무리된 후, 환자가 스스로 사용할 수 있는 자기성찰적(내성적) 탐색을 위한 모델을 제공한다.

다른 방식에서 환자가 특정 정서 반응을 유발하는 외적 사건과 상황을 식별할 수 있을 때, 치료자는 환자에게 상황을 자세히 그려 달라고 요청하는 심상을 사용할 수 있다. 환자는 종종 이미지가 선명하게 떠오를 때 실제 상황과 연결된 자동적 사고를 식별할 수 있다. 이 기법에서 치료자는 환자에게 긴장을 풀고, 눈을 감고, 고통스러운 상황을 상상하게 한다. 환자는 사건을 다시 떠올릴 때 무슨 일이 생기는지에 대해 자세히 묘사한다.

만약 고통스러운 사건이 대인관계에 관련된 것이라면 인지치료자는 역할연기를 활용할 수 있다. 치료자는 환자가 만남에서 자신을 연기할 동안 상대방을 연기할 수 있다. 자동적 사고는 환자가 역할연기에 충분히 몰입할 때 끌어낼 수 있다.

자동적 사고 끌어내기를 시도할 때 치료자는 회기 동안 일어나는 모든 기분 변화를 알아차리고 주목해야 하며, 기분 변화 직전에 환자의 생각을 질문해야 한다. 기분 변화는 울음이나 분노와 같은 정서적 반응을 포함한다. 이 기법은 환자가 자동적 사고를 식별하는 것을 처음 배울 때 특히 유용할 수 있다.

일단 환자가 자동적 사고를 식별하는 기술에 익숙해지면, 그들은 일일 역기능적 사고 기록지(Beck et al., 1979; [그림 7-4] 참조)를 작성하도록 요청받는다. 이후 회기에서 환자들은 역기능적 자동적 사고에 대한 합리적 반응을 발달시키고 합리적 반응 칸에 그 내용을 기록하도록 배운다. 치료자와 환자는

날짜	상황 있는 그대로 기록함 1. 불쾌한 감정을 유발하는 실제 사건, 또는 2. 불쾌한 감정을 이끄는 생각의 흐름, 백일몽, 회상	감정 1. 슬픔/불안/분노 등을 구체화하기 2. 감정의 정도를 평정, 1~100	자동적 사고 1. 감정에 앞서는 자동적 사고 기록하기 2. 자동적 사고에 대한 믿음 평정, 0~100%	합리적 반응 1. 자동적 사고에 대한 합리적 반응을 기록하기 2. 합리적 반응에 대한 믿음 평정, 0~100%	결과 1. 자동적 사고에 대한 믿음을 재평정, 1~100% 2. 후속되는 감정을 구체화하고 평정, 1~100%

* 설명: 불쾌한 감정을 경험할 때는 그 감정을 자극하는 듯한 상황을 주목하라. (백일몽이나 생각을 하는 동안 감정이 일어났다면 그것을 기록하라.) 그런 다음 그런 감정과 관련된 자동적 사고를 주목하라. 이 생각을 믿는 정도를 기록하라. 0%=전혀 아님, 100%=완전히. 감정의 수준을 평가할 때는 1=가장 미약함, 100=가장 강렬함.

[그림 7-4] 일일 역기능적 사고 기록지

일반적으로 치료 회기 이전 주의 일상생활 기록을 재검토한다. 회기에서 치료자는 만성 환자에게 양식을 자각하도록 가르친다. 그러한 양식과 관련된 기저 도식의 변화를 가져오기 위해 다양한 정서적 연습을 사용한다.

자동적 사고를 이끌어 내는 것은 다른 심리치료의 해석 과정과 구별되어야만 한다. 일반적으로, 인지치료자는 환자가 언급한 자동적 사고로만 작업한다. 환자에게 사고를 제시하는 것은 협력을 약화시킬 수 있고, 환자 스스로 그러한 과정을 계속 수행함으로써 학습하는 것을 막을 수 있다. 그러나 비지시적 전략이 실패하는 경우 인지치료자는 마지막 수단으로 몇 가지 가능한 자동적 사고를 제시하고, 환자에게 그중에서 보다 적당한 것이 무엇인지 질문할 수 있다.

자동적 사고를 이끌어 내기 위해 치료자가 많은 노력을 기울였음에도 불구하고 때로 사고에 접근하기 어려운 경우도 있다. 이러한 경우 인지치료자는 감정적 반응을 불러일으킨 사건의 구체적인 의미를 확인하려고 노력해야 한다. 예를 들어, 한 환자는 좋은 친구였던 그녀의 룸메이트와 말다툼을 할 때마다 울었다. 자동적 사고를 이끌어 내기 위한 노력은 성공하지 못하였다. 치료자는 사건의 의미를 판단하기 위해 일련의 질문을 한 후에야 비로소 환자가 논쟁하는 것을 그들의 관계가 끝나는 것과 연합시키고 있음을 명백히 알 수 있었다. 이 과정을 통해 치료자와 환자는 울음을 유발하는 의미를 파악할 수 있었다.

비 만성 우울증 환자의 자동적 사고 검증하기

핵심적인 자동적 사고를 분리하는 작업을 하면서 치료자와 환자는 이를 일종의 검증 가능한 가설이라는 관점에서 접근한다. 인지치료의 근본적인 '과학적' 접근으로서 환자는 탐구 과정(investigative process)과 유사하게 생각하는 방식을 배우게 된다. 자료 모으기, 증거 평가하기, 결론 도출하기 과정을 통해, 환자는 우선 자신의 현실을 바라보는 관점이 실제로 일어난 일과는 상당히 다를 수 있음을 배운다. 환자의 자동적 사고를 객관적으로 분석하게 만드는 실험을 설계함으로써 경험적 사고의 과정을 익히게 되고, 환자는 자신의 사고를 수정하는 방법을 배우게 된다. 환자는 치료 과정 동안에 이러한 방식의 생각하기를 배우고, 공식적인 치료가 끝난 후에도 경험적 접근을 계속할 수 있다.

인지치료자는 환자에게 가설을 지지하거나 반대하는 경험의 증거를 나열해 달라고 요청함으로써 자동적 사고를 검증하기 시작한다. 때때로 환자는 증거를 고려한 후에 자신의 사고가 왜곡되거나 실제로 허위임을 깨닫고서 즉각적으로 자동적 사고를 포기하기도 한다.

이전의 경험이 가설을 검증하기에 불충분하거나 부적절할 때, 치료자는 환자에게 그러한 목적을 위해 실험을 설계해 보도록 한다. 환자는 일정한 예측을 한 뒤에 계속해서 자료를 수집한다. 만약 자료가 예측과 모순된다면, 환자는 자동적 사고를 거부할 수 있다. 실험의 결과는 물론 환자의 예측을 확인할 수도 있다. 당연히 치료자는 환자의 자동적 사고가 왜곡되지 않을 수도 있다고 가정하는 것이 역시 중요하다.

때로 증거의 탐구를 통한 가설 검증이 일부 자동적 사고에서는 작동하지 않을 수 있다. 이 경우 두 가지 선택이 가능하다. 치료자는 자신의 경험에서 증거를 만들고 그것을 모순이 드러나게 하는 질문의 형태로 바꾸어 제공하거나 또는 환자의 신념에 내재된 논리적 오류가 드러나도록 고안된 질문을 할 수 있다. 예를 들어, 치료자는 개인적으로 친밀한 관계 없이는 살아남을 수 없다고 확신하는 남성 환자에게 "당신은 작년에 혼자였고 잘 지냈는데, 왜 지금은 그럴 수 없다고 생각하나요?"라고 물을 수 있다.

자동적 사고를 시험할 때, 때때로 환자가 사용한 단어를 재정의하는 것이 필수적일 때가 있다. 특히 '나쁜' '멍청한' '이기적인'과 같은 단어는 전반적인 낙인(명명하기)으로 활용된 것이다. 이 경우에 필요한 것은 그러한 단어에 관한 조작적 정의이다. 예를 들어, 우리 병원의 한 환자에게는 '나는 수학에 실패했어.'라는 자동적 사고가 반복되었다. 치료자와 환자는 그 생각을 시험하기 전에 단어의 의미를 좁혀야 한다. 그들은 수학에서 '실패'를 '일반 학급 구성원만큼 공부한 후에 C 학점을 받을 수 없는 것'이라고 조작적으로 정의한다. 이제 그들은 과거 증거를 탐구하고, 가설에 대한 타당성을 시험할 수 있을 것이다. 이 과정은 환자의 부정적 자기평가에서 과포괄성(overinclusivenss)과 여러 자동적 사고의 개인 특정적 성질을 볼 수 있도록 도와줄 수 있다.

재귀인(reattribution)은 환자가 부적절한 자기비난 사고를 거부하도록 돕는 유용한 기법이다. 부정적 사건에 대한 책임이나 비난을 자신에게 돌리는 것은 우울증에서 흔히 볼 수 있는 인지 패턴이다. 재귀인은 환자가 비현실적으로 능력이나 노력의 부족과 같은 개인적 결핍으로 원인을 돌릴 때 사용할 수 있다. 치료자와 환자는 적절한 사건을 검토하고, 이용할 수 있는 정보에 논리를 적용하여 보다 현실적인 책임을 귀인할 수 있다. 재귀인의 목표는 환자에게 모든 책임을 면죄해 주는 것이 아니라 부정적 사건에 기여하는 많은 요소를 탐구하는 것이다. 이 과정을 통해 환자는 객관성을 얻게 되고, 자기비난의 부담을 완화시키고, 현실적 문제를 해결하는 방법을 찾거나 재발방지를 위한 방법을 모색할 수 있다.

재귀인과 관련된 또 다른 전략은 불만족스러운 자신의 행동에 대한 책임을 부여하는 환자의 기준이 다른 사람의 행동을 평가할 때 사용하는 기준보다 더 엄격함을 치료자가 증명하는 것이다. 종종 환자의 생각과 행동 문제의 일부는 우울증의 증상(예: 집중력 상실)일 수 있으며, 신체적 쇠퇴의 징후가 아님을 보여 주기 위하여 재귀인이 사용될 수 있다.

환자가 현실적인 삶의 문제나 기술 부족을 정확하게 식별하고 있다면, 인지치료자는 치료자와 환자의 대안적 해결책을 적극적으로 찾아보는 대안 만들기 기법을 사용할 수 있다. 우울증 상태의 사람은 추론하는 것이 제한되는 경우가 많기 때문에, 문제를 재개념화하는 노력을 통해 환자가 이전에 거부했을지도 모르는 실행 가능한 해결책을 알아보게 할 수 있다.

모든 인지적 기법은 치료자의 질문에 의한다는 점에 유의해야 한다. 초보 인지치료자에게 흔히 관찰할 수 있는 오류는 설교적인(exhortative) 방식이다. 우리는 치료자가 조심스럽게 만들어진 질문을 사용함으로써 환자로 하여금 더욱 효과적으로 생각을 변화시킬 수 있도록 돕는다는 것을 발견하였다. 만일 환자가 문제를 극복하는 자신만의 방식으로 작업하여 결론에 도달하도록 촉구된다면, 그들은 효과적인 문제해결 과정을 배울 것이다. 다음은 인지치료에서 질문을 사용하는 법에 관하여 자세히 설명할 것이다.

질문하기

이미 강조했듯이, 질문은 인지치료에서 주요한 치료 수단이다. 치료 회기 동안에 치료자의 언급 대부분은 질문이다. 하나의 질문이 한 번에 여러 목적을 위해 쓰일 수도 있고, 세심하게 설계된 연속된 질문들은 환자가 특정한 문제, 결정, 또는 의견을 고려하는 데 도움을 줄 수 있다. 인지치료자는 환자가 생각하는 바를 환자에게 말하는 대신, 질문을 통해 환자가 무엇을 생각하고 있는지 알아내는 방법을 찾는다.

치료 초기에는 환자의 특별한 어려움을 완전하고 상세하게 파악하기 위한 배경 정보 및 진단적 자료 얻기, 환자의 스트레스 내성 평가하기, 자기 성찰 능력, 대처방법 등의 파악을 위해 질문을 사용한다. 환자의 외적 상황과 대인관계에 대한 정보를 얻고, 환자와 협력하여 작업할 특정한 표적 문제에 관해 함께 작업함으로써 모호한 불만사항을 수정할 수 있다.

치료가 진행됨에 따라 치료자는 질문을 통해 문제에 대한 접근법을 탐구하고, 가능한 해결책의 장단점을 따져 보는 것을 돕고, 특정 부적응적 행동을 유지하는 결과를 탐구하며, 자동적 사고를 이끌어 내고, EMS 및 그 결과를 제시한다. 요컨대, 치료자는 거의 모든 인지치료 기법에서 질문을 사용한다.

질문 자체가 자동적 사고와 도식을 식별하고 변화시키는 강력한 수단이지만, 신중하고 능숙하게 할 줄 아는 것이 중요하다. 만약 질문이 서로 모순되는 식으로 환자가 '덫에 걸리게(trap)' 사용되었다면, 환자는 그들이 치료자에게 공격을 받거나 조종당하고 있다고 느낄 수 있을 것이다. 너무 많은 개방형 질문은 치료자가 그들에게 무엇을 기대하는지 모르게 만들 수 있다. 치료자는 환자가 자신의 생각과 도식을 인식하고 문제를 객관적으로 따질 수 있도록 돕기 위해 조심스럽고 시기 적절하게 질문해야 한다.

자조적 숙제 할당

논리적 근거

정례적인 숙제 할당은 인지치료에서 매우 중요하다. 환자가 치료기간 동안 배운 것을 외부 생활에 적용하면, 그들은 치료에 상당한 진전을 보이고 치료 종료 후에도 개선을 유지할 수 있을 가능성이 높아진다. Burns와 Spangler(2000)는 숙제를 가장 많이 한 환자는 덜 순응한 환자보다 크고 의미있는 우울의 감소를 보였다고 하였다. 숙제 할당은 환자가 자료를 모으고, 가설을 시험하고, 그들의 생각과 도식을 수정하기 시작하는 수단이다. 또한 숙제 할당을 통해 제공되는 자료는 주관적이고 추상적인 것에서부터 더 구체적이고 객관적인 관심사로 전환하는 데 도움이 된다. 숙제는 또한 매 회기에서 의제 설정을 하는 처음 동안, 환자와 치료자가 지난주 활동을 검토하며, 신속하게 매 회기와 구체적인 과제 사이에서 어떤 관계가 있는지 파악할 수 있도록 함으로써 빗나가거나 부차적인 안건을 회피할 수 있게 해 준다. 숙제 할당은 환자의 자기주도와 치료의 종료 후에도 문제를 계속 해결할 수 있는 방법을 제공한다. 인지치료자는 치료에서 숙제를 할당하는 이유를 공유함으로써 숙제의 중요성을 강조한다. 그들은 또한 각각의 개별적 과제에서 도출되는 특정한 이점을 설명하는 데 유의해야 한다.

숙제 할당 및 검토

인지치료자는 특정 환자를 위한 각각의 숙제를 설계한다. 각 과제는 환자가 그 목적과 중요성을 이해할 수 있도록 치료 회기의 내용과 직접적으로 관련되어야 한다. 각 과제는 본질적으로 명확하게 표현되어야 하며, 매우 구체적이어야 한다. 각 회기가 마무리될 무렵, 과제물을 복사하여 한 부는 치료자가 갖고 있고, 다른 한 부는 환자에게 전달된다. 할당되는 전형적인 숙제는 특정 문제에 대한 책이나 기사를 읽기, 주의분산 및 이완 기술을 연습하기, (손목 계수기 등을 이용하여) 자동적 사고의 횟수를 기록하기, 주간 활동 일정표에 활동에 대한 숙달도와 즐거움을 평정하기, 일일 역기능적 사고 기록지를 작성하기, 치료 회기 녹음을 청취하기 등이다.

치료 회기 중에 치료자는 할당된 숙제에 관하여 환자의 반응을 질문해야 한다. 예를 들어, 치료자는 숙제가 분명하고 다룰 수 있는 것인지 물어보아야 한다. 잠재적인 방해물을 알아내기 위해, 치료자는 환자에게 숙제를 실행하는 것을 상상해 보라고 요청할 수 있다. 이 기법은 치료의 초기 단계에서 특히 유용할 것이다. 치료가 중후반 단계로 진행되면 숙제를 정할 때 환자가 더 많은 책임을 갖게 된다.

환자와 치료자는 치료 회기 자체에서 이전 회기의 숙제를 검토하는 것이 필수적이다. 만약 그들이 그렇게 하지 않는다면, 환자는 숙제가 중요하지 않다고 결론지을 수 있다. 치료 회기의 첫 부분에서 치료자와 환자는 이전 회기의 숙제를 의논하고, 치료자는 그 결과를 요약한다.

숙제 완성의 어려움

환자가 숙제를 하지 않거나 확신 없이 해 온다면, 인지치료자는 어려움이 어디에 있는지 이해하는 데 도움이 되는 자동적 사고, 도식 또는 행동 문제를 이끌어 내야 한다. 치료자는 환자가 '저항적'이라거나 '수동-공격적'이라고 전제하지 않는다. 어려움이 성공적으로 확인되면, 치료자와 환자는 그것들을 극복하기 위해 협력한다. 물론 환자들이 숙제를 완성하기 위하여 어려움을 겪는 것은 흔한 일이며, 여기서 우리는 전형적인 문제 몇 가지와 그 문제에 관한 해결책을 고려할 것이다.

환자가 숙제를 완전히 이해하지 못했을 때, 치료자는 기대를 세부적으로 구체화하면서 보다 자세히 설명해야 한다. 때로는 인지 시연의 행동적 기법을 사용하는 것이 그러한 상황에서 도움이 될 수 있다.

일부 환자는 자신이 원래 조직적이지 못하며, 기록을 잘 유지할 수 없고, 세부적인 과제를 수행할 수 없다고 생각한다. 이런 경우 치료자들은, 예를 들어 휴가나 쇼핑, 여행을 계획할 때처럼 환자가 목록을 만들기 쉬운 다른 상황에 관하여 질문함으로써 환자의 일반적인 믿음을 무효화시키는 데 도움을 줄 수 있다. 치료자들은 또한 이러한 환자에게 실질적인 보상이 수반된다면 임무를 완수할 수 있겠는지 여부를 물어볼 수 있다. 이런 종류의 질문은 그러한 환자들이 자기통제가 문제가 아님을 인식하는 데 도움이 된다. 그뿐만 아니라 그들은 보상이 충분히 클 거라고 생각하지도 않는다. 결국 문제가 태도와 관련된 일임을 환자가 깨닫게 된다면, 치료자와 환자는 숙제를 완료하는 것의 장점을 열거해 보기로 나아갈 수 있다.

더 심각한 우울증을 겪는 환자들은 그들의 시간을 구조화하는 데 도움이 필요할 수 있다. 그래서 숙제는 규칙적인 활동이 된다. 이것은 일반적으로 매일 숙제를 위한 특정한 시간을 정함으로써 이룰 수 있다. 필요한 경우, 환자와 치료자는 숙제를 완료하기 위한 동기를 증가시키기 위해 보상 시스템을 갖출 수 있다. 예를 들어, 환자들은 특별 쇼핑을 함으로써 임무를 수행한 것에 대해 스스로에게 보상을 할 수 있다.

일부 환자는 숙제를 실패하거나 불충분하게 하는 것을 두려워한다. 이 경우 치료자는 스스로 하는 숙제는 '실패'할 수 없다는 것을 설명할 수 있다. 숙제를 부분적으로 수행하는 것이 전혀 수행하지 않는 것보다 도움이 되고, 실수는 여전히 필요한 문제에 대한 중요한 정보를 제공한다. 또한 성과를 평가하지 않기 때문에 환자가 좀 더 적응적인 관점에서 활동을 본다면, 환자는 실패할 수 없다.

때때로 환자들은 그들의 문제가 너무 깊이 박혀 있고, 숙제를 통해 해결되기 어렵다고 믿는다. 치료자는 이러한 환자들에게 아무리 복잡한 일이라도 작고 구체적인 단계로 시작하고 이루어 간다는 것을 설명할 수 있다. 예를 들어, 작가는 "책을 쓸 수 없다면, 최소한 한 단락이라도 쓸 수 있다."라는 태도를 취함으로써 '작가의 벽'을 해결할 수 있다. 충분한 단락이 쓰였을 때, 그 결과물은 책이 된다. 치료자와 환자는 숙제를 통해 문제를 해결할 수 없다는 환자의 신념의 장단점을 고려할 수 있다. 또는 치료자는 환자에게 그러한 결론에 도달하기 전에 실험하도록 요청할 수 있다. 환자가 충분한 진전을 이루지 못했고, 따라서 숙제가 도움이 되지 않는다고 생각하는 경우에는 치료자가 환자의 진전상태를 자세히 설명하거나 환자가 실질적인 변화가 일어나기까지 더 많은 시간이 걸릴 수 있음을 알도록 도울 수 있다.

환자가 숙제를 할당받는 것에 대해 불만스러워하는 것 같을 때, 치료자는 환자 스스로 숙제를 개발하도록 격려할 수 있다. 또한 환자에게 선택할 수 있는 대체 과제들을 제공할 수 있으며, 대안 중 하나로 과제를 불이행하는 것을 선택하게 할 수도 있다. 만일 환자가 불이행(noncompliance)을 선택하면, 치료자는 그러한 선택의 결과를 따져 보도록 돕는다. 또 다른 전략은 환자에게 치료의 소비자 모델을 제시하는 것이다. 환자는 특정 목표(우울증 극복)를 가지고 있으며, 치료자는 그 목표를 달성하기 위한 수단을 제공한다. 환자들은 우리가 시장에서 자유롭게 구입하거나 구입하지 않을 수 있는 것처럼 도구(숙제)를 사용하거나 거부할 수 있다.

어떤 환자들은 숙제 없이도 쉽게 나아질 수 있다고 믿는다. 이 경우 치료자들에게는 두 가지 선택사양이 있다. 우선, 능동적으로 관여하지 않고 치료적 숙제를 하지 않은 대부분의 환자가 치료에서 더 느리게 진전된다는 그들 자신의 임상경험(기존의 경험적 증거에 의해 지지됨)을 제공할 수 있다. 또 다른 방안은 환자가 숙제를 완료하지 않아도 되는 일정 기간의 실험을 설정하는 것이다. 미리 정해진 기간이 끝나면, 치료자와 환자는 그 기간 동안 환자의 진행 상황을 평가할 수 있다. 다시 한 번 말하건대, 인지치료자는 열린 마음을 유지하는 것이 중요하다. 어떤 환자들은 공식적으로 숙제를 완수하는 일 없이도 정말로 중요한 변화를 이루어 낸다.

특별한 문제

초보 인지치료자는 종종 잘 작동하지 않는데도 여기에 설명된 표준적인 방법을 계속 사용함으로써 오류를 범한다. 인지치료자는 환자의 요구와 치료에서 흔히 발생하는 몇 가지 특별한 문제에 대응할 수 있을 만큼 충분히 유연해야 한다. 우리는 이 특별한 문제들을 두 가지 범주, 즉 치료자-환자 관계 문제와 치료 자체가 효과적으로 작동하지 않는 것처럼 보이는 문제로 분류하였다.

치료자-환자 관계의 어려움

첫 번째 부류의 문제는 치료자-환자 관계 자체와 관련된다. 치료자가 먼저 환자가 불만이나 적대적 태도, 화, 적개심 등을 가졌다고 지각했을 때, 환자가 공감할 수 있는 방식으로 이러한 관찰 내용을 환자에게 제시하는 것이 반드시 요청된다. 또한 중요한 사항으로 치료자가 처방된 기법이나 치료의 논리적 근거에 따라 너무 경직된 지침 준수로서 환자에게 단순히 반응하는 것은 자제되어야 한다. 또한 치료자는 자기비판적(self-critical) 언급도 자제하는 것이 중요하다. 연구 결과에 따르면 그러한 반응은 치료적 관계에 해로운 영향을 미친다(Castonguay et al., 1996; Henry, Strupp, Butler, Schact, & Binder, 1993; Piper et al., 1999). 대신에 예비연구(Castonguay et al., 2004; Safran, Muran, Samstag, & Stevens, 2002)는 다음을 나타낸다. 치료자의 상위의사소통 기술(metacommunication skills)의 사용(환자의 부정적 반응에 대한 개방적 토의, 환자의 경험 탐색, 그러한 부정적 반응과 관련하여 치료자의 원인 제공에 대한 인식 및 인정)은 치료적 유대를 개선하고 회복시키며, 더 나아가 증진시킬 가능성이 훨씬 더 높아진다.

치료자는 여러 개입방안이 우울증 환자에게는 부정적 방식으로 오해석될 수 있음을 알아야 한다.

치료자는 다른 생각에 접근하는 것과 똑같은 방식으로 오해석의 문제에 접근한다. 그들은 환자와 함께 자료를 수집하고, 증거에 대한 대안적인 설명을 찾기 위해 환자와 협력한다. 치료자와 환자 관계에서 어려움은 일반적으로 대화를 통해 해결될 수 있다. 치료자가 개별 환자의 특정 요구에 맞게 행동을 조정해야 하는 경우가 있다. 예를 들어, 치료자를 냉담한 사람으로 볼 때면, 환자의 요구를 충족시키기 위해 적절한 자기 소개와 함께 더 자유로워질 수 있다. 치료자를 비인간적이라고 보는 것을 고집하는 환자의 요구를 충족시키기 위한 개인적인 반응도 할 수 있다. 마찬가지로, 치료자는 자신을 이해하지 못한다고 믿고 있는 환자의 요구를 충족시키기 위해서 환자의 생각을 확인하는 사례개념화의 요점 확인을 좀 더 자주 할 수 있다.

어떠한 상황에서든 치료자는 환자가 완고하게 저항적이라거나 비합리적이라고 가정하지 않도록 해야 한다. 치료 반발성[therapeutic reactance, "자유에 관여하는 개인의 능력이 상실되거나 위협당한다고 지각될 때 이를 복구 또는 재주장하는 경향성으로 특정지어지는 동기적 상태"(Arnow et al., 2003, p. 1026)]은 만성 우울증 환자를 대상으로 하는 지시적 치료에서 치료 성과의 긍정적인 예측 변인임이 밝혀졌다. 그들은 또한 치료자가 그러한 환자의 행동에 유연한 방식으로 반응할 때 치료가 향상된다는 것을 발견하였다. 인지치료자는 환자의 반응을 더 잘 이해하기 위해 협력한다. 그 반응 자체는 종종 환자들이 그들의 다른 사회적 · 개인적 관계에서 일으키는 왜곡의 종류에 관한 자료를 제공한다. 따라서 환자의 반응은 치료자들이 그들의 관계에서 부적응적 해석에 대해 함께 작업할 수 있는 기회가 된다.

만족스럽지 못한 치료 경과

두 번째 부류의 문제는 치료법이 효과가 없는 것처럼 보일 때, 심지어 환자가 성실하게 숙제를 완료하고 협력관계가 성공한 것처럼 보일 때에도 발생한다. 때때로 문제는 변화의 신속성과 일관성에 대한 환자의 부적절한 기대 또는 치료자의 비현실적인 기대에서 비롯된다. 치료가 '되어야 하는' 만큼 빨리 진행되지 않는 것처럼 보일 때, 환자와 치료자 모두 치료 과정에서 오르내림의 기복을 예상해야 함을 기억해야 한다. 치료자들은 어떤 환자들은 다른 환자들보다 더 느리게 진전된다는 것을 명심해야 한다. 치료자나 환자, 또는 둘 다 실제로 일어나고 있는 작은 변화를 최소화하고 있는지도 모른다. 이 경우 치료자는 이루어진 작은 이득을 강조할 수 있으며, 환자에게 큰 목표는 작은 단계를 통해 달성된다는 것을 상기시킬 수 있다

때로 환자는 절망감 탓에 자신이 얻은 이득을 타당한 것으로 여기지 않는다. 치료자는 만연된 절망감에 기여하는 부적응적인 자동적 사고, 인지왜곡, 초기 도식들을 밝혀내려고 노력해야만 할 것이다. 이러한 경우에 치료자들은 더 많은 치료의 진전을 이루기 전에 변화의 과정과 우울증의 본질에 대한 잘못된 개념을 수정하기 위해 노력해야 한다.

치료가 성공적으로 작동하지 않는 것처럼 보일 경우 치료법 중 일부가 제대로 사용되지 않은 것일 수도 있다. 문제는 종종 환자들이 합리적인 반응을 진정으로 믿지 않거나 감정적인 고통에 시달릴 때 이를 기억하지 못하면서 발생한다. 치료자는 환자의 합리적 반응에 대한 믿음의 정도를 결정하고, 자동적 사고가 일어나는 순간 가능한 한 즉각적으로 새로운 반응을 이용하도록 돕는 것이 중요하다. 합리적인 반응을 완전히 믿지 않는 환자에게 치료

자는 새로운 믿음을 '크기에 맞추어 사용해 보기'를 실험적으로 제안할 수 있다. 감정적 동요로 대답을 생각할 수 없는 환자에게는 감정적 고통의 상태가 추론을 더욱 어렵게 만들고, '이게 안 되면 아무것도 안 된다.'라는 식의 생각이 문제를 악화시킬 수 있다는 말을 해 주어야만 한다. 환자들은 실행함으로써 합리적인 반응을 더 쉽게 생각할 수 있게 될 것임을 확신해야 한다.

인지치료 기술의 잘못된 적용에서 파생된 또 다른 문제는 치료자가 특정한 기술을 융통성 없이 사용할 때 발생한다. 치료자는 환자가 잘 반응하는 접근법을 찾기 전에 몇 가지 행동 또는 인지 기술을 시험해 보는 것이 흔히 필요하다. 인지치료자는 그것이 효과가 있는지 확인하기 위해 잠시 동안 특정 기술에 머물러야 하지만, 환자가 나아지지 않고 있다는 것이 명백해지면 다른 기술을 기꺼이 시도해 볼 수 있어야 한다. 구체적인 예를 들면, 치료자가 인지적 숙제가 더 효과적일 것이라고 미리 예측할 수 있는 충분한 이유를 가정하고 있음에도 불구하고, 때때로 특정 환자에게는 행동적 숙제가 더 도움이 되기도 한다.

치료에서 거의 진전이 없는 것으로 보이는 몇몇 사례에서 치료자가 빗나간 문제를 선택했다는 것이 밝혀지곤 한다. 인지치료자는 특히 치료의 초기 단계에서 이 가능성에 대해 경계해야 한다. 환자가 문제 영역에서 상당한 진전을 이룬 것처럼 보일 때에도 우울증 수준에 거의 또는 전혀 변화가 없는 것으로 보일 때, 치료자는 가장 고통스러운 문제가 아직 발견되지 않았을 가능성을 고려해야 한다. 이러한 종류의 어려움을 보여 준 대표적인 예로 직장 업무의 어려움을 주요 문제로 제시한 환자가 있었는데, 실제로는 대인관계 문제가 업무의 어려움에 현저하게 기여하고 있는 것으로 판명되었다. 진짜 문제는 너무 위협적으로 보이기 때문에 환자가 피할 수도 있다.

마지막으로, 인지치료는 모든 사람을 위한 것은 아니다. 만약 치료자가 그 문제에 대해 가능한 모든 접근법을 시도하고 다른 인지치료자와 자문도 했다면, 환자를 동일하거나 상이한 이론적 지향을 가진 다른 치료자에게 의뢰하는 것이 최선일 것이다.

왜 치료가 만족스럽게 진행되지 않는지에 상관없이, 인지치료자들은 그들 자신의 감정과 인지에 주의를 기울여야 한다. 그들은 훈련된 문제해결적 자세를 유지해야 한다. 인지치료자가 환자의 절망에 지나치게 영향을 받은 자신을 발견하거나 자신의 도식이 치료적 상호작용에 의해 유발된다는 것을 알아차리기 시작하면, 슈퍼비전을 받아야 한다. 환자나 치료자의 절망감은 문제해결의 장애물이다. 만약 치료자들이 그들 자신의 부정적인 자기평가와 다른 역기능적 생각에 효과적으로 대항할 수 있다면, 치료자들은 환자들이 그들의 문제에 대한 해결책을 찾도록 돕는 데 좀 더 집중할 수 있을 것이다.

데니스의 사례연구: 비 만성 우울증

이어지는 사례연구에서는 센터에 내원했던 비 만성 우울증 여성의 치료 과정을 설명한다. 사례연구를 통해 우리는 이 장의 앞부분에서 설명한 자동적 사고 이끌어 내기, 우울증의 인지적 3요소(삼제), 협동적 경험주의, 회기 구성 및 피드백을 포함하여 많은 개념을 설명한다.

평가 및 현재 문제

초기 평가에서 59세의 미망인인 데니스는 그녀가 지난 1년 동안 혼자 살고 있다고 보고하였다. 데니스의 남편은 3년 전에 뇌암 진단을 받았고, 약 1년 전에 사망하였다. 그녀의 두 미혼 자녀(27세, 25세)는 다른 지역에서 직장 생활을 하고 있었다. 데니스는 학사학위를 가지고 있었고 30세까지 일했지만, 결혼 후에 그만뒀다. 데니스는 자신의 주요 문제를 우울증(지난 1년 반 동안), 일상생활의 어려움, 외로움이라고 표현하였다. 그녀는 아버지가 사망한 25세 무렵에 심각한 우울증 삽화를 경험했다고 보고하였다.

데니스는 남편의 질병(뇌암)이 시작되면서 사회적으로 점점 고립되어 왔다고 하였다. 그녀는 아동기, 십 대, 그리고 젊은 성인으로서 정상적인 우정을 가졌다고 보고하였다. 그녀와 남편은 자녀 양육과 각자의 일에 중점을 두고, 비교적 조용한 삶을 함께 살아왔다. 그들은 자유시간이 있을 때 박물관, 강연, 콘서트, 고급 레스토랑 같은 곳에서 지적인 문화활동을 함께 즐겼다. 그들이 교제했던 소수의 친한 친구들은 데니스의 남편이 와병 중일 때 은퇴하여 플로리다와 애리조나로 이사를 갔다.

데니스는 고도의 우울장애, 재발성 진단을 받았다. 그녀의 검사 점수는 우울증 진단을 입증하였다. 데니스의 BDI-II 점수는 28점으로, 중등도에서 고도 범위의 우울증에 달하였다. 그녀의 가장 두드러진 우울 증상으로는 쾌락의 상실, 짜증스러움, 사회적 철회, 결정 불능, 피로, 죄책감, 일상적 기능을 수행하고자 하는 동기부여의 어려움, 외로움 등이었다.

1회기

첫 회기는 데니스가 자신이 겪고 있는 '슬픈 느낌'을 설명하는 것으로 시작되었다. 치료자는 이 기간에 데니스의 자동적 사고를 거의 즉각적으로 이끌어 내기 시작하였다.

치료자: 지난주에 이런 슬픈 감정이 있었을 때 어떤 생각이 들었습니까?

데니스: 글쎄요, 저는 이 모든 것의 요점이 무엇인지 생각했어요. 제 삶은 끝났어요. 죽지만 않았을 뿐 똑같아요. 저는 '난 뭘 할 것인가?'와 같은 생각을 했어요. 때때로 저는 그에게 화가 났어요. 아시다시피 제 남편 말이에요. 어떻게 남편이 저를 떠날 수 있을까요? 제 입장에서 정말 끔찍할 것 같지 않나요? 저에게 무엇이 잘못된 걸까요? 제가 그에게 화를 낼 수 있을까요? 그는 끔찍한 죽음을 원하지 않았어요. 저는 무언가 더 해야 했어요. 그가 두통을 앓기 시작했을 때 의사를 찾아가도록 해야만 했어요. 오, 이게 다 무슨 소용일까요?

치료자: 당신은 지금 기분이 매우 좋지 않은 것처럼 들리는군요. 맞습니까?

데니스: 네.

치료자: 지금 바로 당신의 마음속에서 어떤 일이 벌어지고 있는지 말씀해 주시겠습니까?

데니스: 저는 아무것도 바꿀 수 없어요. 끝났어요. 저는 모르겠어요. …… 모든 것이 황량하고 절망적으로 보여요. 저는 무엇을 기대해야 하나요? …… 병, 그리고 그다음은 죽음?

치료자: 생각하시는 것 중 하나는 당신이 벌어진

일들을 바꿀 수 없다는 것이고, 더 나아질 수 없다는 것이지요?

데니스: 네.

치료자: 그리고 때로 당신은 그 생각을 완전히 믿나요?

데니스: 네, 저는 그걸 믿어요.

치료자: 바로 지금도 그렇게 믿습니까?

데니스: 네, 그렇습니다.

치료자: 지금 당신은 스스로 그것을 더 좋게 바꿀 수는 없다고 믿나요?

데니스: 글쎄요, 어렴풋한 희망이 있겠지만, 그래도 거의…….

치료자: 여기 당신 자신의 삶이라는 관점에서 어떤 것을 기대할 수 있을까요?

데니스: 글쎄요, 제가 기대하는 것…… 전 제 아이들을 보는 것이 좋아요. 하지만 애들은 지금 바빠요. 제 아들은 변호사이고, 딸은 의대에 다녀요. 그래서 그들은 매우 바빠요. 그들은 저와 함께할 시간이 없어요.

데니스의 자동적 사고에 대해 질문함으로써 치료자는 그녀의 관점—자신은 거의 혼자일 것이고, 계속 그럴 것이다—을 이해하기 시작하였다. 이것은 대부분의 우울증 환자의 특성인 미래에 대한 절망감을 보여 준다. 이러한 식으로 질문하는 것의 부차적 이점은 치료자가 데니스에게 자신의 생각을 살펴보는 아이디어를 소개하였다는 것으로, 이는 인지치료의 핵심이다.

회기가 계속되면서 치료자는 데니스의 일상생활에 대한 관점을 면밀히 탐구하였다. 치료자는 그녀의 비활동성과 사회적 철회에 초점을 맞추기로 하였다. 이는 흔히 심각한 우울증 환자와 작업할 때 우선적인 목표가 된다.

치료자는 우선 데니스가 하루 종일 집에 있는 것의 장단점을 따져 보도록 안내하였다.

데니스: 보통 저는 집에서 나가고 싶지 않습니다. 아시다시피 아무것도 하고 싶지 않습니다. 저는 모든 것을 피하고 싶고, 저한테서 모든 것을 떨어져 있게 놔두고 싶습니다.

치료자: 모든 것을 차단하고 하루 종일 집에 있으면 기분이 좋은가요?

데니스: 어느 정도는요.

치료자: 그게 무슨 뜻인가요?

데니스: 글쎄요, 저는 하루 종일 TV를 볼 수 있고, 그런 시시한 쇼를 보면서 그저 저를 잊는 것 같습니다. 그 쇼에서 다른 사람들과 그들의 문제를 보면 제 기분이 좀 나아지거든요. 제가 덜 외롭게, 그리고 마치 제 문제들도 그렇게 나쁘지 않은 것처럼 느껴집니다.

치료자: 그래서 얼마나 많은 시간을 TV 보는 데 쓰시나요?

데니스: 최근에요? 거의 대부분이요. 집에서 머무르면서 TV를 보는 것은 안전하고, 일종의 편안한 모든 것입니다. …… 그러면 제 외로움도 더 멀게 느껴집니다.

치료자: 그렇게 시간을 보낸 후에는 어떤 기분이 느껴지나요?

데니스: 저는 보통 제 감정에 별로 신경을 쓰지 않으려고 노력해요.

치료자: 하지만 그러고 나면 기분이 어떻습니까?

데니스: 기분이 안 좋아요. 하루를 낭비한 것 같아 기분이 나빠요. 저는 공과금 납부, 청소, 샤워하기 같은 제가 해야 할 일을 하지 못하

고, 결국 좀 한심하고…… 죄책감을 느끼게 돼요.

치료자: 한편으로 당신은 좀 편안해지는데, 다른 한편으로는 이후 자신에 대해 비판적이게 되는 건가요?

치료자가 환자와 논쟁하거나, 외출이나 일과에 필요한 일들에 개입하도록 촉구하려 하지 않았다는 것에 유의해야 한다. 치료자는 오히려 질문을 통해서 그녀가 집에서 하루 종일 TV를 보는 것보다 훨씬 더 좋은 게 있다는 가정을 좀 더 자세히 다루었다. 이것이 우리가 '협력적 경험주의'라고 부르는 과정이다. 2회기까지 데니스는 TV 시청과 하루 종일 집에 있는 것에 관한 그녀의 가설에 대해 재검증을 진행하였다.

데니스: 집에서 나가지 않고 TV를 보는 것과 외출하는 것에 대해 다른 날은 어땠는지 생각해 보았어요. 집에 있으면 기분이 더 나아진다고 했는데, 제가 실제로 느꼈던 감정을 좀 더 생각해 보니 집에 있었다고 기분이 더 좋아지진 않았네요. 그냥 나쁜 기분을 막는 정도였고, 그렇다고 기분이 더 좋다고 느끼진 않았습니다.

치료자: 흥미롭게도, 그 경험에 대한 당신의 기억은 실제보다 더 긍정적이었던 것 같습니다. 때때로 다른 사람들도 그렇습니다. 저도 그런 일이 있었습니다. 제 생각에 좋은 일이었는데, 실제로 곰곰이 따져 보니 그렇게 화끈한 일은 아니었던 거죠.

이제 다시 첫 회기로 돌아온다. 치료자의 자세한 질문 이후 데니스는 인지치료가 '마지막 희망'이라는 말을 언급하였다. 치료자는 이를 그녀의 절망감과 자살사고를 탐색해 볼 기회로 여겼다.

치료자: "이게 내 마지막 희망이야."라고 말했을 때, 어떤 생각을 했나요? 혹시 다른 생각을 하고 있었나요?

데니스: 네, 이게 실패한다면 평생 이렇게 살 순 없을 것 같아요.

치료자: 만약 치료가 성공하지 못하면 그 다음은요?

데니스: 글쎄요, 전 저에게 무슨 일이 일어나든지 상관없어요.

치료자: 좀 더 구체적인 생각을 마음속에 갖고 있는 것인가요?

데니스: 뭐, 당장 자살하지는 않을 것 같아요. 하지만 제가 오랫동안 이런 기분을 느낀다면, 아마 자살을 할 수도 있을 것 같아요. 하지만 전 모르겠어요. 자살에 대해 생각해 본 적은 있지만, 제가 어떻게 자살할지에 대해서는 정말 생각해 본 적이 없어요. 제 아이들을 생각하면 멈춰야 하고, 제가 자살을 하면 많은 사람이 다치겠죠. 아이들과 저희 엄마요. 엄마는 지금은 건강하지만 언젠가는 저를 필요로 할 텐데, 그 두 가지가 저를 자살하지 않게 해요. 저희 아이들이랑 엄마요.

치료자: 자, 그런 것들이 자살을 막는 이유군요. 그럼 자살하고 싶은 이유는 무엇일 수 있을까요?

데니스: 가끔은…… 정말 텅 빈 것 같고 절망감이 들어요. 아무런 기대도 없고. 모든 날이 똑같아요. 제 삶은 낭비예요. …… 그냥 끝낼

수는 없을까요?

치료자는 데니스가 자살에 대해 가능한 한 자유롭게 이야기하기를 원하였다. 그래서 치료자는 그녀의 절망감과 자살억제 요인 두 가지 모두를 이해하려고 애썼다. 치료자는 그녀에게 즉각적인 자살기도 계획이 없다고 판단한 후, 그녀가 새로운 변화에 도전하게끔 노력하도록 만들기로 하였다. 그녀가 치료자와 같이 시도할 만한 작은 문제를 고를 수 있게 질문하고자 하였다.

치료자: 지금 당장 당신의 삶에 영향을 미칠 수 있는 작은 일들이 있을까요?

데니스: 잘 모르겠습니다. 플로리다에 있는 제 친구 다이애나에게 전화하는 것 정도요. 그녀와는 지난달에 통화했고, 지난주에도 다시 전화가 왔어요. 두 번 모두 제가 바쁘다고 말했고, 그녀에게 다시 전화하겠다고 말했지만, 저는 하지 않았어요. 기분이 너무 우울했어요. 저는 그녀에게 아무런 할 말이 없었어요.

치료자: 그녀가 근처에 살았을 때 어떤 종류의 이야기를 했나요?

데니스: 우리는 비슷한 나이의 아이들이 있어요. 그래서 우리는 아이들에 대해 이야기를 하곤 했어요. 우리는 둘 다 독서를 좋아했고 함께 독서 모임에 가곤 했거든요. 그래서 우리는 읽고 있던 책에 대해 이야기하곤 했어요. 우리 둘 다 예술을 좋아했고…… 우리는 주중에 박물관에서 강좌를 듣곤 했어요. 그래서 우리는 예술과 강좌에 대해 이야기하곤 했지요. 우리는 여유시간에 함께할 계획을 세우는 데 시간을 보내곤 했어요. 저는 그녀와 시간을 보낼 때 항상 매우 재미있었고, 우리는 많은 공통점을 가지고 있었습니다. 그녀가 정말 보고 싶네요.

치료자: 당신은 많은 흥미 있는 활동에 참여했네요. 지금은 어떤가요?

데니스: 남편이 아프고 나서 친구들도 떠나고, 전 그냥 멈췄어요. 저는 그런 일을 꽤 오랫동안 하지 못했어요.

치료자: 지금 박물관 강좌 같은 것을 다시 들어 보는 것에 대해 어떻게 생각하시나요?

데니스: 잘 모르겠어요.

치료자: 어떻게 생각합니까?

데니스: 괜찮은 생각이지만, 조금 버겁기도 하고, 제가 그것을 즐길 수 있을지 모르겠네요. 저는 아직 잘…… 모르겠어요.

치료자: 그럼 일종의 실험을 한번 해 볼까요?

데니스: 글쎄요…… 잘 모르겠어요…….

치료자: 좋다는 뜻인가요?

데니스: 네. 하지만 어떻게 해야 할지 모르겠어요.

치료자: 그럼 강좌를 찾아보는 게 어떨까요?

데니스: 박물관 홈페이지에 가면 이용 가능한 강좌를 찾을 수 있을 거예요.

치료자: 좋아요. 컴퓨터는 있나요?

데니스: 네.

치료자: 작동은 되죠?

데니스: 네.

치료자: 그 일을 하는 것에 대해 기분이 어떤가요?

데니스: 아마 할 수 있을 것 같아요. …… 제 기분이 많이 상해 있지만, 어떻게 해야 할지 알 것 같아요. 자세히 설명하지 않으셔도 됩니

다. 근데 왜 진척 하지 못했을까요?

치료자: 제가 생각하기에 전에는 그것을 하지 않아도 될 이유가 있다고 생각했을 겁니다. 아마도 절망감에 사로잡혀 있었을 겁니다.

데니스: 그런 것 같네요.

치료자: 당신이 절망감에 사로잡혀 있을 때, 이를테면 부인하거나 가능한 선택 또는 해결책을 거부하는 경향이 있죠?

데니스: 맞아요.

치료자: 그렇게 절망감에 사로잡혀 있으면 당신이 할 수 있는 것은 아무것도 없겠죠. 생각하시는 그대로입니까?

데니스: 네.

치료자: 그럼 예전에 온라인에서 검색해 보지 않았다고 자신을 낮게 평가하기보다는 지금 당장 실천해 보는 것은 어떨까요?

이 발췌록은 초기 단계의 치료에서 매우 중요한 단계적 과제 수행 과정에 관하여 예시하고 있다. 치료자는 강좌에 참석하는 단계로 가는 과정을 부분적으로 더 작은 단계로 쪼개어 일련의 질문을 진행하였다. 데니스는 무엇을 해야 할지 깨달을 수 있었지만, 치료자는 그녀의 절망감이 여러 다른 방안을 보지 못하게 하고 있음에 대해 지적하였다.

데니스: 이 단계는 저에게 조금 어려운 것 같아요.

치료자: 처음은 누구나 다 어렵죠. 그래서 "천리길도 한 걸음부터."라는 속담이 있죠.

데니스: 그렇네요.

치료자: 처음이 가장 중요하죠. 그래야 다음 과정도 준비할 수 있고요. 그다음 세 번째 과정, 그리고 그다음도요. 결국 어느 정도 탄력을 받게 되면 걸음걸음이 자연스러워질 것입니다. 우선, 작은 한 걸음만 내딛는 것입니다. 큰 걸음부터 갈 필요는 없습니다.

데니스: 네, 알겠어요. 모든 일은 처음이 어렵다는 거죠. 아마 더 쉬워지겠죠.

두 번째 회기에서 데니스는 성공했다고 보고하였다.

데니스: 제 스스로 온라인으로 그 강좌를 찾아보고 저 자신에게 놀랐어요. 한 강좌가 흥미로워 보여 그걸 온라인으로 등록할까 싶어요. 제가 이런 기분들을 느낄 수 있는지 몰랐어요. 그다음 단계가 기대됩니다.

첫 회기의 끝에서 치료자는 데니스의 다음 주 일정을 계획하는 것을 도와주었다. 그 활동들은 단순한 것으로 기상, 샤워하기, 밥 먹기, 쇼핑하기, 온라인으로 강좌 찾기 등이었다. 마지막으로, 치료자는 데니스에게 치료 회기와 그녀의 절망감에 대한 피드백을 해 줄 것을 요청하였다.

치료자: 반응은 있었나요?

데니스: 저는 여전히 기분이 우울하지만, 조금 나아졌어요. 흥미롭게도, 어떤 강좌를 들을지 찾아보는 것만으로도 기분이 조금 나아지네요. 사실 다이애나에게 전화 걸 생각도 했어요. 이건 나아지고 있는 거겠죠?

치료자: 어떻게 생각하세요?

데니스: 아마도 그런 것 같아요.

2회기

2회기에서 치료자는 데니스와 함께 치료 의제를 정하는 것으로 시작하였다. 데니스는 여전히 하루의 대부분을 집안일을 하지 않고 TV 앞에서 혼자 보내고 있다는 사실에 대해 얘기하고 싶어 하였다. 치료자는 이것을 활동 대 비활동을 주제로 논의하는 기회로 활용하였다. 그러고 나서 그들은 지난 회기 숙제를 점검하였다. 데니스는 일정에 있는 예정된 모든 활동을 수행했고, 그 옆에 그녀가 가졌던 부정적인 생각들을 일부 적어 놓았다. 그녀의 BDI-II 점수는 다소 낮아졌다. (환자들은 정기적으로 매 회기 전에 BDI-II를 실시하고, 이로써 치료 진행 과정을 환자와 치료자가 함께 점검할 수 있다.)

이후 데니스는 그녀의 부정적인 생각들의 목록을 치료자에게 얘기하였다. 한 가지 우려되는 점은 그녀가 첫 회기 동안 계속 남편에 대한 분노 감정을 표현했다는 것이다.

데니스: 저 자신에 대한 것을 드러내는 것은 좋아하지 않지만, 제 생각을 적어 두라고 하셨잖아요. 그래서 여기 가져왔습니다. 첫 회기가 끝나고 다음 날 밤 잠자리에 들었을 때 저는 남편에게 화를 내는 것에 대해 선생님에게 했던 말을 생각해 보았습니다. 전 선생님이 절 정말 가혹하고 냉정한 사람이라고 생각하지 않을까 싶었습니다. 제 말은 제 남편이 그렇게 안타깝게 죽었는데 저는 이렇게 굳어 있고 무신경한 반응을 보였다는 거예요. 저는 이제 그 말 때문에 선생님이 저를 정말 부정적으로 느끼고 저와 함께 일하고 싶어 하지 않을 것이라고 생각하기 시작했어요.

치료자: 제게 기꺼이 생각을 말씀해 주시니 정말 고맙습니다. 이런 부정적인 생각을 하고 있는 사람은 누구인지부터 따져 봅시다.

데니스: 선생님이요? 아…… 아닙니다. 실제로는 저입니다.

치료자: 그렇지요. 저 같은 누군가가 당신의 말씀에 다른 반응을 보일 것이라고 생각하십니까?

데니스: 모르겠어요. 제 말은 일어난 어떤 일에 대해 책임이 없는 사람한테 화를 내는 것은 너무 가혹하다는 뜻입니다.

치료자는 데니스에게 대안적 관점으로 보는 법을 제안하였다.

치료자: 누군가가 당신의 말에 공감하면서 반응할 수 있을 것 같습니까?

데니스: 어떻게 그럴 수 있을까요?

치료자: 제가 헤아려 보니, 거의 같은 시기에 남편과 친구들을 한꺼번에 잃게 되면 매우 혼란스럽고 괴로울 것 같습니다. 심지어 당신은 그들 모두를 사랑하고 보살폈는데, 분하고 화나는 마음도 이해할 만합니다. 이는 매우 어려운 생활사건을 겪은 누구에게라도 기본적이고 아주 인간적인 반응인 것처럼 들립니다.

데니스: 네, 말이 되는 것 같습니다. 고마워요.

이것은 인지치료자가 회기 중에 사건을 활용하여 어떤 식으로 환자에게 자동적 사고를 식별하고 대안적 관점을 고려하게끔 가르칠 수 있는지를 보여 준다. 더불어 치료자는 데니스의 남편과 치료에 관한 그녀의 자동적 사고를 청취하여 확인된 주요 주제의 요약을 제공하였다. 주제는 그녀가 말했던 진술로 인해 가혹하게 평가되고 잠재적으로 처벌될 수 있다는 그녀의 두려움(처벌 도식)이었다. 인지치료자는 흔히 치료의 초기 국면 동안에 초기 부적응 도식을 식별하고 교정하기 시작한다. 도식을 바꾸는 좀 더 집중적인 작업은 재발방지를 위한 예방책으로 후기 국면에서 요구될 수 있다. 이 과정에 대한 것은 이 장의 다음 절에서 상세히 다룰 것이다.

다음에서 치료자는 어떻게 그가 '처벌 도식'이 데니스에게 중요하다는 결론에 도달했는지를 설명한다.

치료자: 당신이 남편에게 화가 난다고 말씀하셨기 때문에, 제가 당신에 대해 부정적인 의견을 갖고 함께 일하고 싶어 하지 않을 것 같다는 생각을 말씀하셨는데, 그것은 자기가 한 말 때문에 너무 가혹하게 심판받고 처벌받게 되는 것은 아닌지 많이 걱정하신다는 말처럼 들립니다.

데니스: 그래요, 맞습니다.

치료자: 이것에 관해 지금 많이 얘기하자는 것은 아닙니다만, 당신은 친구들이 멀리 이사 간 뒤에 그들의 결정에 관하여 비판적이었고 화가 났다고 말씀하셨습니다. 비록 그들이 재정적 이유나 건강상의 이유 등으로 이사했을 수도 있고, 이미 몇 년이 지난 일임에도 불구하고, 여전히 한편으로는 그들에게 분노를 느끼고 있습니다. 당신의 말에 따르자면, 당신은 친구란 필요할 때 더더욱 서로를 위해 있어 줘야만 한다고 굳게 믿고 있습니다. 그런데 만약 친구가 다른 친구를 실망시켰다면 관계는 끝나야만 하는 거군요. 맞습니까?

데니스: 맞아요.

치료자: 그래서 지금 이 중요한 관계들로부터 거의 대부분 뒤로 물러서서 철회하고 계시니, 정말 외로울 것입니다. 이 친구들과 다시 대화를 터 볼까 하는 생각이 있지만, 그간 당신이 그들에게 했던 반응 때문에 이제 거꾸로 그들이 당신에게 화를 내고 처벌할까 봐 두려워하고 계신 것입니다. 당신이나 친구나 누구도 이기는 것이 못되는 덫에 걸려 있습니다. 제 말이 맞습니까?

데니스: 네, 맞아요.

치료자: 그러면 당신을 옭아매고, 그래서 당신의 기분을 비참하게 만드는 것 중 하나는 타인과 자신이 어떻게 행동해야만 한다는 생각이고, 그렇게 '옳은' 방식으로 행동하지 못한다면 그때는 당연히 가혹한 처벌의 결과가 있어야만 한다는 관념(처벌 도식)일 것입니다. 정확한가요?

데니스: 네, 맞는 것 같아요. 그런데 선생님 말씀을 듣다 보니 그게 정말 옳지 못한 것이라고 깨닫게 됩니다.

치료자: 무슨 뜻인가요?

데니스: 그건 너무 지나친 생각 같아서요. 너무나 가혹해요. 사람들은 다 한계가 있고, 그러니 그들도 가끔 실수를 할 수 있죠.

치료자: 당신이 자동적으로 반응하기보다는 이러한 생각을 알아차리고 평가하기 시작하니 아주 좋습니다. 자신 혹은 타인이 특정하게 행동하지 않는다면 강하게 처벌받아야 한다고 생각할 때마다 우리가 경각심을 가져

야 함을 알 수 있습니다. 당신의 생각대로, 아주 어려운 상황일지라도 사람은 봐 주면 안 된다는 생각은 실제 삶의 환경 속에서 사람들에게 거의 통하지 않습니다. 당신이 말했다시피, 두 친구 모두 지금 당신과 떨어져 지내는 것이 매우 좋지 않다고 했고, 그들은 또한 이사 간 후에도 종종 전화를 걸어왔습니다. 이제 만약 당신이 그들의 전화에 반응하고 또 회신하기 시작한다면, 아마 그들도 다르게 반응할 겁니다. 당신이 제게 기대했던 것과 다르게 제가 반응했던 것과 똑같은 방식이겠죠?

데니스: 네, 맞는 말이에요.

회기의 반 정도가 지나고, 치료자는 환자에게 이제까지의 논의에 대한 피드백을 해 줄 것을 요청한다.

치료자: 지금 이 시점에서, 오늘 논의한 것 중에 당신을 괴롭히는 것이 있을까요?

데니스: 저를 괴롭히는 것이요?

치료자: 네.

데니스: 저는 약간 이상한 사람이 된 기분이에요.

치료자: 이건 중요한데요, 설명할 수…….

데니스: 음…… 저도 그렇게 느끼고 싶지는 않지만, 그런 기분이에요.

치료자: 만약 당신이 그렇게 느낀다면 그런 것이겠죠. 이상한 사람이 된 것 같은 느낌을 그대로 두면서, 그에 관해 얘기해 보실까요?

데니스: 음…… 저는 다른 사람들과 너무도 다르게 느껴져요. 다른 사람들은 저 같은 문제를 가지고 있지 않은 것 같습니다. 그들은 여전히 행복한 결혼생활과 삶을 유지해 나가죠. 저만 그들과 너무도 다른 것 같이 느껴집니다.

이 언급은 세 번째 주제인 사회적 고립과 소외를 확인하는 것으로 이끌었다. 데니스는 지난 몇 년간 자신이 점점 달라졌다고 하였다. 하지만 이 시점에 이르러 그녀는 자기의 생각에 합리적으로 대답하는 법에 관한 아이디어를 포착하기 시작한다. 앞의 발췌록에서 치료자가 부정적 생각을 지적한 이후 자발적으로 얘기한다.

데니스: '나는 이상한 사람이야.'라는 생각이 들 때 어떻게 하면 되는지는 알 것 같습니다.

치료자: 그에 대해서 이제 무엇을 해야 할까요?

데니스: 저는 제 스스로한테 "나는 다른 사람들과 별로 다르지 않아. 다른 사람들도 그들의 배우자를 잃기도 해. 나만 혼자가 된 것이 아니야. 내 친구 중에서 단지 내가 처음 그런 일을 겪었을 뿐이야. 나중에는 친구들도 나와 같은 상황이 될 수 있어. 이건 단지 삶의 한 부분이야."라고 말할 거예요. 도움을 구하는 것이 제가 별나다는 뜻은 아니겠지요. 선생님은 아마도 많은 사람을 보았을 것이고, 저 같은 문제를 가진 사람들을 도와주셨겠지요.

치료자: 네, 맞습니다.

이후 치료 회기 중에 치료자가 결혼반지를 끼고 있다는 것을 데니스가 발견했을 때, 똑같은 자동적 사고가 일어났다. 다음 발췌록에서 치료자는 데니스의 '나는 치료자와 매우 다르다.'라는 생각에 관해 실험해 보기로 하였다.

치료자: 이제 실험을 하나 해 봅시다. 당신이 자동적 사고에 스스로 반응할 수 있는지, 그러면 당신의 기분에 어떤 변화가 있겠는지 말입니다. 합리적 반응이 당신의 기분을 좋게 변화시키는지, 아니면 나쁘게 변화시키는지 확인해 봅시다.

데니스: 네, 좋아요.

치료자: 좋습니다. '나는 그와 매우 다르다.' 이것에 대한 합리적인 반응은 무엇일까요? 현실적인 반응은요?

데니스: 선생님은 결혼반지를 끼고 있고, 저는 배우자도 없이 혼자 외롭기 때문에 선생님은 저와 다릅니다.

치료자: 네, 그리고요?

데니스: 그리고요? 선생님이 결혼했다는 것 이외에 제가 선생님에 관해 아는 것은 거의 없습니다. 제가 분명히 알 수 있는 것만 추측한다면, 오히려 유사성으로 볼 수도 있어 보입니다. 우리는 둘 다 결혼을 했기에 그게 어떤 것인지 알아요. 저는 선생님이 배우자를 잃어 본 적이 없다고 짐작하지만, 그것은 사실이 아닐 수도 있겠지요. 선생님 또한 배우자를 잃었을 수도 있겠네요.

치료자: 그러면 당신이 다른 것인가요, 아니면 제가 다른 것인가요? 아니면 우리는 지금 이 시점에서 단지 배우자와 관련하여 상황이 다를 뿐인가요?

데니스: 우리는 지금 단지 상황이 다를 뿐입니다.

이 대화는 재귀인이 사용되었음을 보여 준다. 처음에 데니스는 치료자의 반지가 그들이 서로 매우 다르다는 증거라고 해석하였다. 안내된 발견의 접근법을 사용함으로써 '다르다'는 것에 관하여 '배우자와 관련하여 서로 다르다는 상황'과 '치료자와 그녀는 다르다는 것' 둘 중 하나에 재귀인하였다. 실험이 끝나자 데니스는 마침내 자기가 평가를 왜곡하는 경향이 있다는 것을 깨닫고 만족감을 표하였다.

데니스: 저는 지금 기뻐요. 저는 적어도 누군가가 저에게 이런 점들을 찾아 주어서 기분이 좀 더 나아졌어요. 제가 저뿐만 아니라 타인들도 이렇게 판단했다는 것을 깨닫지 못했고, 그냥 제가 다른 사람들과 많이 다르다고 생각했어요.

치료자: 그래서 이러한 관찰들이 당신의 기분을 좋게 했나요?

데니스: 네.

두 번째 회기의 요점을 요약한 후 치료자는 다음 주 숙제를 내 주었다. 일일 역기능적 사고 기록지([그림 7-4] 참조)를 작성할 것, 그리고 주간 활동 일정표([그림 7-3] 참조)를 작성할 것(숙달 및 즐거움 평정과 함께).

3회기

3회기를 시작하면서 데니스의 기분은 눈에 띄게 향상되었다. 그녀는 박물관에서 강좌를 등록했고, 첫 번째 강좌에 출석하기를 기대하고 있었다. 그녀는 또한 친구 다이애나에게 전화를 걸었으며, 긍정적인 결과를 얻었다. 그녀는 타인과 자신에 대한 부정적이고 가혹한 생각들을 찾아내고 이러한 생각들에 도전하였다. 데니스가 수행을 위해 선택한 첫 주제는 '어떻게 내가 다른 사람들에게서 멀어졌는가'였는데, 이는 그녀의 엄격한 기준과 처벌, 그리고 사회적 고립/소외 도식의 일면이었다.

데니스: 저는 이제 사람들에게서 뒤로 물러나 철회하는 일은 그만하고 싶어요. 다른 사람을 보다 수용하는 사람이고 싶고, 타인과 관계를 맺고 싶어요.

치료자: 망설일 이유가 있나요?

데니스: 생각해 보니, 제가 타인과의 관계에서 약간 거리를 두고 엄격하지 않으면 다른 사람들이 제게 제멋대로 행동할 것 같다고 여겼어요. 만일 다른 사람이 저와 관계 맺기를 원한다면, 제가 가진 규칙을 알고 지켜야만 한다는 것이었죠.

치료자는 계속해서 데니스가 타인과 관계를 맺는 데 왜 그렇게 엄격한 규칙을 고수하게 되었는지에 대해 살펴보기로 하였다. 논의가 진행될수록 그렇게 엄격한 규칙은 좋은 관계를 유지하는 데 반드시 도움이 되지 않는다는 것을 그녀도 알게 되었고, 실제로 이러한 규칙은 때로 다른 사람들을 멀리하도록 만들 수 있었다. 하지만 실제 상황에서 데니스는 결코 자신이 틀렸다고 느끼지 않았다.

치료자의 다음 임무는 데니스가 구체적인 사건의 맥락에서 고수하던 자신의 왜곡된 사고를 합리적인 사고로 대체하도록 돕는 것이었다. 치료자의 요청에 따라 데니스는 그녀의 친구 다이애나와의 대화를 묘사했고, 다이애나가 그녀의 규칙에서 벗어나는 것에 대한 그녀의 편협함이 어떻게 거리를 만들어 내는지 설명하였다. 데니스는 다음 여름에 다이애나와 그녀의 남편이 방문하기를 바랐다. 그러나 다이애나는 그녀의 개가 아주 아팠기 때문에 만약 그 개가 아직 살아 있다면 개를 떠날 수 없다고 말하였다. 데니스는 이것이 터무니없다고 생각하였다. 그녀는 애완동물과의 관계가 인간관계보다 우선해서는 안 된다고 믿었다. 이 일은 데니스가 실제로 다이애나와 다시 가까워지기를 원했을 때 발생하였다. 치료자는 그녀의 부적응 도식을 평가하기 위해 논리적 판단을 사용하도록 도왔다.

치료자: 당신은 이런 생각을 가지겠죠? '내가 그녀와 함께 순위를 바로잡는 것이 당연해. 그녀가 나를 자기 개 다음 자리에 놓게 할 수는 없지. 그렇게 된다면 대가를 치르게 될 걸!' 그렇게 믿고, 또 그것이 옳다고 믿는 것처럼 보입니다. 그리고 당신이 그 생각이 옳다고 믿었기 때문에 그녀가 당신의 바람을 들어주지 않으면, 당신은 그녀에게서 애정을 철회해야만 한다고 느꼈을 것입니다.

데니스: 맞아요.

치료자: 이제 그것을 봅시다. 당신의 생각이 옳다고 생각하나요?

데니스: 음, 모욕적이에요.

치료자: 무엇이 모욕적인가요?

데니스: 그녀는 자신의 개를 저보다 더 높은 순위에 두고 있어요.

치료자: 애완동물을 키워 보셨어요?

데니스: 아니요.

치료자: 당신은 다이애나가 그녀의 개를 가족의 일부라고 느낀다고 생각하지는 않나요?

데니스: 한 번도 그렇게 생각해 본 적은 없어요.

치료자: 만약 당신이 상황을 그런 관점에서 본다면, 당신은 어떻게 느낄 것 같나요?

데니스: 제가 정말 무신경했었네요. …… 옳지 못했어요. 저는 다른 관점을 허용하지 않았어요. 저는 애완동물을 한 번도 키워 보지 않았기 때문에 애완동물을 키우는 것이 어떤 것인지 정말 모릅니다. 다이애나에게 그렇게 비판적이었던 것은 옳지 못한 일이었네요. 저는 좀 더 이해할 필요가 있었어요. 제가 정말 배려하지 못했네요. 저는 실제로 저의 가장 깊은 가치와는 정반대의 방식으로 행동한 거예요.

치료자: 그래서 당신 자신의 가치에 따르면 이것은 옳았나요?

데니스: 아니요. 옳지 않았어요. 저는 그녀의 감정을 존중하지 않았어요. 저는 단지 그녀가 저의 것을 존중하도록 요구하고 있었어요. 그건 옳지 않지요.

치료자: 그렇지요. 이것이 문제 중 하나입니다. 만약 당신이 다른 사람에 대해 당신의 규칙을 굽히거나 포기해서는 안 된다는 느낌을 처리하고 싶다면, 당신이 해야 할 일은 '내가 옳다. 너는 '잘못된' 결정을 했으니 혼나야만 한다.'라는 식의 생각을 찾는 일일 겁니다. 동시에 우리가 하고 있는 이 대화를 돌이켜 보고 당신의 생각이 정말 옳은 것인지 스스로 결정해야 합니다. 이제 매 순간 관계에서 갈등에 생길 때마다 당신이 충분히 이해하지 못했을 가능성을 허용하겠다고는 했지만, 그럼에도 실제 속으로는 '그래도 내가 옳다는 것을 알지.'라고 생각한다면 당신은 일이 끝났다고 느끼게 될 것이고, 그러면 그 사람과는 관계 맺기를 원치 않게 되겠지요. 맞을까요?

데니스: 네, 그 말이 맞는 것 같습니다.

치료자: 그렇다면 우리는 지금 여기서 결정해야만 합니다. 당신은 정말로 그녀의 행동에 대한 당신의 반응을 재평가할 가능성을 열어 두기 위해 애초 당신의 부정적인 판단을 보류하는 것이 옳다고 생각합니까?

데니스: 네.

치료자: 자, 이제 다음에 당신이 '내가 옳고, 나는 다른 사람이 그것을 확실히 알게 할 거야.'라고 생각한다면, 당신은 어떻게 그 생각에 대답하실 건가요?

데니스: 내가 옳다면? 그렇다고 내가 꼭 옳은 것은 아니지. 나는 타인의 관점을 고려할 필요가 있어. 나는 그들을 이해하려고 노력해야 하고, 그러고 나서 내가 생각하는 것이 옳은지 봐야만 해. 이 정도요…….

치료자: 지금 당신은 올바른 대답이라서 말하는 것인가요, 아니면 당신이 정말 그렇게 믿고 있기 때문에 말하는 것인가요?

데니스: 네, 저는 정말로 그렇게 믿어요.

치료자는 데니스가 자신의 자동적 사고에 대한 합리적인 반응을 보다 집중적으로 연습하는 데 도움이 되는 '관점-반대 관점(point-counterpoint)'이라는 기법으로 이 토론을 이어 갔다. 이 발췌록에서 치료자는 데니스가 가진 부정적 사고와 데니스가 보다 합리적으로 자신을 변호하려는 것을 대비시켜 표현하였다.

치료자: 이제 저는 법정의 변호사처럼 이렇게 질

문해 보겠습니다. "이제 나는 당신이 당신 친구가 우정에 관한 규칙들 중 하나를 위반하도록 했음을 알았습니다. 사실입니까?"

데니스: 그래요.

치료자: 지금 제가 보기엔 그건 당신에게 아주 잘못된 일로 보이는데요.

데니스: 아니에요. 그렇지 않아요.

치료자: 당신은 이것을 그렇게 생각하지 않는다고요?

데니스: 그렇습니다. 저는 그녀의 관점에서 이해하려고 노력해야만 해요.

치료자: 음, 당신은 거기 앉아서 당신이 좀 더 이해해야 한다고 말했어요. 하지만 저는 그 이전에 당신이 사람들이 자신을 존중해 주길 원한다고 말한 것을 압니다.

데니스: 그랬습니다. 그런데 저 또한 사람들을 존중할 필요가 있어요.

치료자: 알겠습니다. 그런데 지금 당신은 친구가 이걸 마음대로 하도록 둘 것이라고 말하고 있습니다. 그다음은요?

데니스: 우리가 서로 좀 더 이해할 수 있겠지요. 우리는 더 친해질 것입니다.

치료자: 하지만 그녀가 당신의 우정에 대한 규칙을 존중하지 않는다면 어떻게 더 가까워질 수 있습니까?

데니스: 어쩌면 제 규칙이 이 상황에 적절하지 않을 수 있어요. 저는 좀 더 이해하고 유연해야 하며, 저의 규칙으로부터의 편차에 대해 관용적으로 배우는 것이 필요할 것입니다.

치료자: 하지만 그러면 당신은 상황을 통제할 수 없게 될 거예요.

데니스: 아니요. 그건 과장이에요. 저는 모든 상황을 통제할 필요가 없어요. 저는 여전히 무엇이 타당한지 결정할 수 있어요. 저는 여전히 중요한 것을 통제하고 있어요.

치료자: 어떻게 그렇게 될 수 있습니까?

데니스: 왜냐하면 저는 제 자신을 존중할 수 있고, 제 친구도 존중할 수 있기 때문이에요. 저는 그녀가 제 방식대로 보고 행동하게 만들려고 모든 것을 양자택일의 상황으로 바꿀 필요는 없는 겁니다. 그것은 단지 그녀가 저와 사이좋게 지내기 어렵게 만들 뿐이고, 만약 그녀가 제 방식대로 하든지 아니면 서로 아무것도 하지 않는 식을 계속 고집한다면, 장기적으로 볼 때 결국 저는 관계를 잃게 될 거예요.

마지막으로, 치료자는 도식으로 돌아가서 그녀가 새로운 관점을 얼마나 믿는지 질문하였다.

치료자: 당신이 유연성을 갖는다면 통제력을 잃게 될 것입니다. 지금도 이것을 믿나요?

데니스: 아니요.

치료자: 부분적으로라도 믿으세요?

데니스: 아니요. 사실 제가 만약 너무 유연성이 없다면, 제가 원하는 것을 얻을 가능성을 더 많이 잃게 될 거예요. 저는 제가 통제할 수 있어야 하고 다른 사람이 제 방식대로 해야 한다는 생각에 사로잡혀 있을 때 그 관계의 중요성을 잊어버리는 것 같아요.

치료자: 좋아요. 바로 지금 그걸 얼마나 믿으세요?

데니스: 완전히요.

치료자: 100%?

데니스: 네.

치료자: 90% 또는 80%가 아닌 100%인 것을 확신하십니까?

데니스: 네. 100%.

3회기 남은 시간 동안 데니스와 치료자는 그녀의 기준이 유연하지 않았으며 그녀의 규칙이 충족되지 않았을 때 처벌적인 욕구를 느낀 다른 사례를 검토하였다. 회기는 처음 3회기에서 제기된 주요 쟁점에 대한 요약으로 끝을 맺었다.

초기 회기들의 요약

처음 3회기 동안 치료자는 나머지 치료를 위한 토대를 마련하였다. 그는 즉각적으로 데니스가 부정적 · 자동적 사고를 찾아내도록 가르치는 것으로 시작하였다. 그렇게 함으로써 치료자는 절망감을 이해하기 시작했고, 그녀의 고립을 탐구하기 시작하였다. 다양한 구체적 상황에서 그녀의 생각을 파악함으로써, 그는 이후 데니스의 사고의 중심에 있는 몇 가지 핵심 도식을 추론할 수 있었다: ① 엄격한 기준, ② 처벌, ③ 사회적 고립/소외 도식. 이 모든 것이 데니스의 사회적 고립과 우울증에 기여한 것으로 보인다. 치료자는 두 번째 치료 회기에서 매우 숙련된 방식으로 데니스의 생각을 이용함으로써 그녀가 치료적 상호작용에 대한 증거를 왜곡하며 치료자가 비판적이고 처벌적일 것이라는 부정확한 결론에 도달하였고, 그래서 치료자는 그녀에 대한 긍정적인 기분을 거두고 철회할 것이라고 여겼는데, 이 같은 방식으로 데니스는 남들에게 반응하는 경향이 있음을 밝혔다.

생각과 왜곡을 확인하는 것을 넘어 치료자는 데니스가 그녀의 비활동성과 철회 증상을 극복하기 위한 구체적인 단계적 조치를 취하도록 안내하였다. 치료자는 하루 종일 TV를 보면서 집에 머무르는 것의 장단점을 물었다. 그는 박물관 강좌에 참가하는 과제를 작고 다루기 쉬운 단계로 나누었다. 그리고 그녀와 함께 일주일 동안 지켜야 할 활동 일정을 세웠다.

마지막으로, 치료자는 데니스에게 그녀의 사고의 타당성을 시험하고, 합리적인 반응을 보이며, 기분이 나아질 수 있음을 보여 주기 위해 다양한 전략을 사용하였다. 예를 들어, 3회기 동안 치료자는 실험을 설정하고, 재귀인을 사용하고, 대안적 시각을 제시하고, 관점-반대관점 기법을 연습하였다.

우리가 강조하고 싶은 마지막 요점은 주요한 치료개입 양식은 질문이라는 것이다. 치료자의 의견은 대부분 질문의 형태였다. 이것은 데니스가 회기 밖에서 자신의 생각을 평가하고, 그녀가 치료자에게 공격당한다고 느끼는 것을 방지할 수 있도록 하였다.

이러한 초기 회기들이 끝날 즈음, 데니스는 그녀의 삶이 바뀔 수 있다는 것에 대해 더 낙관적이라고 보고하였다.

이후 회기들

데니스는 일일 역기능적 사고 기록지를 계속 작성하였으며, 자신의 기준을 완화하고 다른 사람들의 관점과 약점에 대해 더 관대할 수 있다는 증거를 수집하였다. 그녀는 결과적으로 자신과 타인 모두에게 더 행복하다고 느꼈다.

치료자는 데니스의 일련의 믿음을 시험하기 위해 몇 가지 실험을 하였다. 여기서 그녀의 믿음이란, 친구들은 그녀가 완벽하게 행동하지 않았을 때 그녀를 처벌하게 될 것이며, 그녀가 다른 사람들과의 관계에서 어떻게 행동해야 하는지에 관한 엄격한 기준을 완화한다면 그녀의 관계는 불쾌하고 바람직하지 않게 될 것이라는 것이었다.

단계적 과제를 통해 데니스는 새롭고 때로는 낯선 상황에도 점진적으로 접근하여 자신의 물러나서 철회하려는 경향에 대처하였다. 그녀는 자신이 다른 사람들에게 자신의 행동 기준을 강요한다는 것을 알았을 때, 또는 그녀 자신에게 가혹해지고 싶은 충동을 느꼈을 때 좀 더 개방적이고 수용적인 행동을 실천하였다(다른 사람들의 반응에 대한 그녀의 이해를 반영하는 자유로운 질문을 하고, 가혹하고 비판적인 진술을 금함으로써). 그녀는 더 편안하고 자연스럽게 느끼기 시작할 때까지 이러한 새로운 행동과 관련된 불편감을 감내하는 연습을 하였다.

데니스가 치료를 끝내자 그녀의 BDI-II 점수는 정상 범위 안에 있었다. 치료의 증상 경감 국면은 20회기에서 성공적으로 완료되었다.

다음 절에서는 만성 우울증에 대한 도식치료의 사례를 포함하여 설명한다.

만성 우울증에 대한 도식치료

도식치료(ST)는 Young(1990/1999; Young et al., 2003)에 의해 개발된 재발성 우울 삽화, 기분부전장애, 조기 발병 우울증, 초기 정신적 외상 또는 부정적인 가족관계(어린 시절에 부모를 잃은 것, 성적·신체적 또는 언어적 학대, 방치, 과잉보호), 동반된 성격장애, 또는 다수의 초기 부적응 도식(EMS)[YSQ(Young, 2005)로 식별됨]을 가진 환자에게 사용될 수 있다. Young과 Klosko(1994)는 환자들이 그들의 도식을 더 잘 이해할 수 있도록 돕기 위해 자조 서적을 출판하였다.

Beck과 동료들(1990, p. 10)은 다음과 같이 지적하였다.

> 도식은 변경하기 어렵다. 이는 행동적·인지적, 그리고 정서적 요소에 의해 확고하게 자리 잡고 있다. 치료적 접근법은 이러한 세 가지 측면의 접근법을 취해야 한다. 엄격하게 인지적 접근법을 취하거나 환자의 왜곡을 논박하려고 하면 통하지 않을 것이다. 회기에서 환자가 환상이나 회상으로 감정소산(abreaction)을 가져도 그 자체로는 성공적이지 못할 것이다. 세 영역 모두를 다룰 수 있는 치료 프로그램이 필수적이다. 환자의 인지적 왜곡은 도식을 가리키는 표식 역할을 한다.

결과적으로, ST는 전통적인 CBT의 중요한 확장을 대표한다. 초기 발달 패턴과 기원, 장기적인 대인관계의 어려움, 환자-치료자 관계, 정서중심 및 경험적 연습에 보다 중점을 둔다.

바바라의 사례연구: 만성 우울증

두 번째 사례연구는 만성 우울증 환자에게 ST를 사용하는 방법을 보여 준다.

개인력과 현재 문제

바바라는 46세의 매우 매력적인 여성인데, 남편 조지와 지난 20년간 결혼생활을 유지하고 있다. 조지는 월스트리트의 투자 은행에서 일하며, 기능성 알코올 중독 문제를 가지고 있다. 둘 다 첫 번째 결혼이었지만, 전반적으로 매우 곡절이 많았다. 바바바라는 결혼생활에서 자녀를 원했지만, 자연임신을 할 수 없었다. 불임치료와 입양에 대한 논의가 있었지만, 바바라는 조지가 적절한 부모가 될 수 있는지에 대해 의문을 품었기 때문에 어떤 선택을 하는 것을 거부했다고 보고하였다.

둘이 처음 만나기 시작했을 때, 바바라는 매우 강한 성적인 끌림을 보고하였다. 하지만 그러한 성적인 끌림은 변덕스러웠고, 관계가 지속된 기간 중에 가끔 오랫동안 사라진 적이 있다고 하였다. 그녀는 처음 몇 달 동안에만 조지와 진정한 행복을 느꼈다고 했는데, 그때 그는 매우 관대하고 매력적이었다고 하였다. 조지와 결혼하기로 한 것은 서로가 운명이라는 감정에 근거를 두고 있었다. 그들은 바바라가 칵테일 바의 웨이트리스로 일했던 고급 술집에서 처음 만났다. 그러나 바바라는 술 마시기를 좋아하지 않았기 때문에, 그들의 관계가 확고해졌을 때 조지는 대부분의 여가시간을 그녀 없이 칵테일 바 라운지에서 보냈다.

첫 면담을 하러 왔을 때, 바바라는 대부분의 시간을 침대에서 보내거나 TV를 보고 있었다. 그녀는 쇼핑하러 가는 것 외에는 거의 집을 떠나지 않았다. '기운을 차리기 위하여' 나갔던 모친 또는 친구와의 외출은 종종 과도한 쇼핑으로 이어졌고, 술에 취해 귀가한 조지는 그녀의 물품 구매가 취향이나 식견도 없는 몰상식한 것이라고 대놓고 비하하곤 하였다. 바바라가 치료를 받기 시작한 것은 남편이 그녀에게 "터무니없는 행동으로 나를 미치게 만들고 있어."라고 말했기 때문이다. 바바라는 자신이 매우 우울하다는 것을 인정하였다. 그녀는 최근의 이 우울증은 아이를 입양하는 것에 대해 남편과 싸움을 벌인 후에 시작되었다고 말하였다.

바바라는 그녀의 삶의 대부분에서 경도 또는 중등도의 우울증을 가지고 있었다고 보고했고, 그 사이에는 고도우울증의 여러 삽화 또한 섞여 있었다. 그녀는 11세 무렵부터 중등도의 우울증을 느꼈다. 외동딸인 그녀는 처음에는 어린 시절 자신의 가정을 괜찮았다고 표현하였다. 바바라는 자신의 어머니를 '나를 위해 모든 것을 해 주신 매우 헌신적인 어머니'라고 묘사하였다. 바바라는 어머니가 자신을 위해 살았다고 진술했지만, 어머니가 가끔 우울증에 빠지곤 했던 것도 기억하였다. 그녀는 일찍이 6세 때 어머니가 우울할 때면 자신이 정서적으로 의지할 수 없었던 것을 기억하였다.

바바라는 그녀의 아버지를 거의 집에 있지 않은 일 중독자라고 묘사하였다. 그가 집에 돌아왔을 때도 대개 혼자 지냈고, 가족과 교류하는 것보다 고독을 더 좋아하였다. 바바라가 어렸을 때 아버지에게 함께 놀자고 다가가면, 그는 그녀를 '짜증 나는 얼간이'라고 부르며 자기를 혼자 내버려 두라고 요구하였다.

바바라는 BDI-II에서 29점을 얻어 중등도 우울증으로 나타났다. 또한 YSQ 제3판(확장판; Young, 2005)의 결과에서 정서적 박탈, 결함, 유기, 의존/무능, 실패, 복종, 인정 추구, 그리고 부정/비관주의 도식에서 매우 높은 점수를 받았다. 그녀의 도식양식 질문지(Schema Mode Questionnaire; Young et al., 2008)는 주로 다음과 같은 방식으로 작동한다고 나타났다: 분리된 방어자, 순응적 굴복자, 처벌적 부모 및 취약한 아동.

바바라의 초기 상담에서 치료자는 이미지를 통한 추가 평가 작업(ST에 대한 표준 평가 절차)을 실시하였다. 이 평가 동안에 바바라는 "눈을 감고 마음 속에서 당신의 어머니에 대한 가장 어렸을 적 기억을 떠올려 보세요."라는 지시를 받았다. 바바라는

6세 때의 아픈 기억으로 어머니가 침대에 누워 있었고 우울했으며 정서적으로 동떨어져 있었다고 보고하였다. 그녀는 이 시기에 매우 두려웠고 어찌할 바를 몰랐던 것 같다고 보고하였다. 바바라가 아버지에 대한 초기 기억을 떠올리도록 요청받은 다음 회기에서도 같은 심상 연습이 활용되었다. 이 상상 속에서 바바라의 아버지는 어린 시절 그녀에게 참기 어렵고, 모욕적이며, 거부적인 행동을 보였다. 이 경험을 하는 동안 그녀는 수용되지 못하는 기분, 자신에 대한 부끄러움, 그리고 아버지가 그녀를 원치 않았다는 감정을 보고하였다.

느낌, 생각, 행동, 그리고 다양한 다른 심리치료적 관심사를 다루는 15페이지 분량의 평가도구인 다중 생활사 검사(Multimodal Life History Inventory; Lazarus & Lazarus, 1991)에서 바바라는 우울증, 자신에 대한 불만, 공허함과 사랑받지 못한 감정, 그리고 인정받지 못한다는 느낌들을 주요 문제로 보고하였다. 그녀는 또한 다음과 같은 행동들이 자신에게 해당될 수 있다고 열거하였다: 지연행동, 철회, 집중곤란, 수면장해, 울음, 그리고 때때로 성질 폭발. 그녀는 더 나아가 자신이 종종 슬프고, 우울하고, 불행하고, 절망적이며, 가치 없고, 외로움을 느낀다고 보고하였다. 그녀는 "인생을 어떻게 살아야 할지 모르겠어요." "인생은 공허하고 낭비예요." "기대할 것이 없습니다."라고 보고하였다.

초기 면접을 바탕으로 바바라는 DSM-IV 축 I에서 주요우울장애와 재발 삽화, 축 II에서 의존성 성격장애 진단을 받았다.

도식양식 작업

이 절에서는 바바라와 함께 도식양식 작업—ST 접근방식의 중요한 구성요소—의 사용을 보여 준다.

바바라의 우울증이 표준적인 인지치료로 해결되지 않았기 때문에 치료자는 ST로 전환하였다. 바바라는 자신의 자동적 사고에 도전하는 법을 배웠고, 자신의 핵심 신념을 합리적인 반응으로 확인하고 도전했으며, 자신의 생각과 신념을 시험하기 위해 단계적 행동과제를 수행했지만, 많은 구체적인 증거가 있음에도 불구하고 그녀는 정서적으로 합리적인 관점을 결코 받아들이지 않았다. 바바라는 자신이 쓸모없고, 무가치하며, 절망적이라고 생각하고 있었다. 그녀의 EMS는 계속해서 완강하게 고정되어 있었다. 치료자는 그다음 단계로 도식양식 접근(schema mode approach)을 활용하여 보다 깊은 감정적 수준에서 바바라의 도식에 접근하기 위한 감정 집중 훈련을 도입하기로 하였다.

도식양식 작업에는 다음과 같은 일곱 가지 일반적인 단계가 있다. ① 환자와 도식양식을 식별하고 명명함으로써 양식에 대한 자각을 증가시키고, ② 유년기 및 청소년기에서 양식의 기원을 탐색하고 적응적 가치를 의논하며, ③ 현재 문제와 증상을 환자의 부적응적 행동양식에 연결하고, ④ 각 양식의 장점과 단점을 발견하며, ⑤ 심상을 사용하여 취약한 아동양식에 접근하고, ⑥ 양식들 간의 대화를 시행하고, ⑦ 회기 내 양식 작업에서의 결과를 회기 외부의 삶으로 일반화한다. 다음 부분에서는 바바라를 돕는 양식 작업의 각 단계에 대해 설명한다.

1단계: 환자와 함께 양식들을 식별하고 명명함으로써 양식에 관한 자각을 증가시키기

이 첫 번째 단계는 치료자와 환자가 문제를 자기(self) 또는 양식(mode)의 또 다른 부분이라는 관점에서 개념화하는 데 도움이 된다. 도식양식 질문지를 통해, 치료자는 이미 바바라가 주로 분리된 방어자, 순응적 굴복자, 처벌적 부모 및 취약한 아동 양식에서 기능하고 있다는 것을 알고 있었다. 이 회기에서는 치료자가 환자에게 어떻게 질문하는지를 제시하며, 그녀가 자기 안에서 이러한 부분들을 인식하고 구분할 수 있도록 한다.

이 부분에서 환자에게 도식양식 질문지의 일반적인 용어를 단순히 적용하기보다는 딱 맞다고 느끼는 용어를 사용하여 각 양식에 이름붙일 것을 권장한다. 환자들은 각 양식과 관련된 생각, 감정 및 행동을 가장 잘 설명하는 용어를 찾도록 격려된다. 이 첫 번째 단계의 주된 목표는 환자가 이러한 부분을 관찰하고 스스로 그것에서 벗어나도록 돕는 것이다. 이 단계는 양식의 자동성(automaticity)을 중단하는 과정으로 시작한다.

치료자: 저는 우리 회기에서 당신이 때때로 매우 슬프고, 화가 나고, 비관적으로 보이는 것에 주목하고 있는데, 반면 당신이 쇼핑을 하면서 발견한 멋진 신발 한 켤레에 대해 이야기하던 것처럼 어떤 때는 그러한 느낌에서 벗어나는 듯이 보입니다.

바바라: 네, 맞는 것 같아요. 제가 산 물건에 관해 이야기하면 기분이 좋아져요.

치료자: '더 좋다'는 것은 어떤 의미인가요?

바바라: 기분이 좋다는 거지요.

치료자: 행복, 평화로움, 만족스러움 같은 건가요?

바바라: 저는 기쁨을 느껴요.

치료자: 어떤 면에서 기쁜가요?

바바라: 저는 엄마나 친구들과 예쁜 것을 볼 때 기쁨을 느끼고, 또 그런 것들을 사는 걸 좋아해요. 그것은 제 마음을 다른 모든 것에서 멀어지게 해요.

치료자: 다른 감정들에서 잠시 멀어지는 건가요?

바바라: 네, 맞아요.

치료자: 다른 감정들은 뭐죠?

바바라: 단지 나쁜 기분이요. 저는 그런 감정을 참을 수 없어요.

치료자: 그래서 나쁜 기분과의 거리 두기를 원하는 부분이 있는 건가요?

바바라: 네.

치료자: 쇼핑 외에 나쁜 감정과 거리를 두는 데 도움이 되는 다른 것들이 있나요?

바바라: 네, 저는 잠을 많이 자요.

치료자: 또 다른 건 없으세요?

바바라: TV를 보긴 하지만 항상 효과가 있는 것은 아니에요.

치료자: 기분 나쁜 것과의 거리 두기를 원하는 당신의 이러한 부분, 우리는 당신의 이러한 부분을 뭐라고 부를 수 있을까요?

바바라: 저의 그 부분이요? 잘 모르겠어요. 뭐라고 불러야 할지 모르겠네요.

치료자: 어떤 느낌인데요?

바바라: 도망치는 기분이에요.

치료자: 좋아요. 그럼 그 부분을 '현실도피자' 부분이라고 불러야 할까요?

바바라: 그런 것 같은데…… 맞는 말처럼 들리네요.

치료자: 그리고 당신이 탈출했던 부분 말이에요. 그 부분에 대해서 좀 더 말씀해 주시겠어요?

바바라: 그건…… 좋지 않은 기분이에요. 정말 나쁘고 끔찍해요.

치료자: 그 부분이 그런 감정들에 대해서 말하는

것을 들어 보고 싶군요.

바바라: 난 그냥 나쁜 사람일 뿐이야. (울먹이는 소리로) 나는 아무짝에도 쓸모없어. 나는 너무 절망적이야. 어떻게 해야 할지 모르겠어. 나는 아무것도 알아낼 수가 없어. 난 정말 빵점짜리 실패자야. …… 선생님, 우리가 정말 이것에 대해 이야기해야만 하는 건가요?

치료자: 바바라, 자신의 이 부분과 접촉하는 것이 기분 나쁘다는 건 알지만, 어느 정도 그걸 잡고 있을 수 있다면 왜 그렇게 기분이 나쁜 것인지 이해하는 데 도움이 될 겁니다. 이 부분이 뭘 원하는지 아시겠어요?

바바라: 저는 기분이 좋아지고 싶어요.

치료자: 기분이 나아지는 데 도움이 되는 것은 무엇인가요?

바바라: 저는 몰라요. 정말 모르겠어요. 전 그냥 선생님이 절 치료해 줬으면 좋겠어요. 제 남편의 말이 옳아요. 저는 비웃음을 당할 만큼 터무니없는 사람이에요.

치료자: 그 얘기는 당신에게 정말 끔찍하게 느껴지는 부분이 있다는 것으로 들리네요. 이 부분은 남편이 한 말—당신은 터무니없어—을 듣고 받아들인 것으로 보입니다. 저는 당신이 남편의 말에 동의하는 걸 잠시 미뤄 두길 바라며, 당신이 끔찍하게 느낀다는 당신의 부분에 관해서 좀 더 자세히 듣고 싶습니다. 당신이 모든 것을 고치기 원하는 그 부분 말입니다. 그 부분이 느껴집니까?

바바라: 네, 느껴져요.

치료자: 더 말씀해 주시겠어요? 당신이 고치고 싶은 것은 뭔가요?

바바라: 모르겠어요. 저는 그저 제 자신에 대해 좋게 느끼고 싶어요. 제 자신에 대해 자랑스러워하고 싶고요. 하지만 저는 그렇지 않아요. 아이를 갖고 싶은데 남편은 제가 감당할 수 있다고 생각하지 않아요. 아마 제 남편이 옳겠죠. 저는 일상생활에서 많은 도움이 필요해요. 저는 아무것도 할 줄 몰라요.

치료자: 그러니까 이 부분, 끔찍하고 무기력하게 느껴지지만 또 더 나아지고 싶은 이 부분을 뭐라고 부를 수 있을까요?

바바라: 저는 모르겠어요. 선생님은 어떻게 생각하나요?

치료자: 글쎄요, 어떤 느낌인가요?

바바라: 무기력하게 느껴져요. 부끄럽고 무기력해요.

치료자: 자신의 이 부분과 접촉할 때면 마치 몇 살쯤 된 것 같은 느낌이 드시나요?

바바라: 어려요, 아주 어려요.

치료자: 그 부분을 '부끄러운 작은 바바라'라고 부를까요? (결함, 의존/무능, 융합/미발달 자기의 EMS와 연합된 취약한 아동양식)

바바라: 네.

치료자: 좋아요. 이제 다른 부분, 즉 당신의 남편과 동의하고 스스로 터무니없다고 부르는 부분…….

바바라: 글쎄요, 저는 터무니없고 어리석어요. 저는 아무것도 감당할 수 없어요.

치료자: 그 부분에 대해서 동의하기 전에 그 부분이 어떻게 들리는지 이야기해 줬으면 좋겠어요. 그 부분은 어떻게 들리나요? 비판적으로 들리나요? 그 부분에 대해서 동의를 하지 않고 그냥 받아들이는 것에 어려움을 겪고 있는 것 같은데요?

바바라: 네, 맞는 것 같아요.

치료자: 그래서 그 부분을 뭐라고 부르고 싶으세요?

바바라: 저도 몰라요. …… 하지만 선생님은 이 부분을 뭐라고 불러야 할지 말해 주지 않겠지요?

치료자: 스스로 답해 보십시오.

바바라: 알겠어요. 저는 '비평가'라고 생각해요.

회기의 이 부분에서 치료자는 바바라가 양식을 인식하고 분류하는 것을 돕는다. 분리된 방어자 양식(Detached Protector mode)은 '현실도피자'로, 처벌적 부모양식(Punitive Parent mode)은 '비평가'로, '취약한 아동양식(Vulnerable Child mode)'은 '부끄러운 작은 바바라'로. 비록 여기서 충분히 설명되지는 않았지만, 치료자는 바바라가 다른 양식을 식별하는 것을 돕기 위해 비슷한 질문을 계속 사용하기도 하였다. 회기의 이 부분에서 '비평가(처벌적 부모양식)'가 바바라에게 엄청나게 부정적인 영향을 일으키고 있는 것이 분명하다. 바바라가 이 양식에서 쏟아지는 처벌적 진술에 대처할 수 있는 유일한 분명한 방법은 '현실도피자(분리된 방어자 양식)'인데, 그 속에서 그녀는 자기 삶의 많은 부분을 그냥 잠들게 하고 있다. 그렇지 않으면 바바라의 1차적인 경험은 '부끄러운 작은 바바라(취약한 아동양식)'에 있는데, 그녀는 거기에서 결함이 있고, 쓸모없고, 절망적이며, 무기력하다고 느낀다.

2단계: 아동기 또는 청소년기에서 양식의 근원을 탐색하기

이 절에서 치료자는 바바라가 이러한 양식의 근원을 인식하도록 돕는 방법을 설명한다. 게다가 치료자는 그녀의 건강한 부모양식(Healthy Parent mode)의 강도를 평가한다.

치료자: '비평가'는 당신의 인생에서 알고 있거나 알았던 누군가처럼 여겨지나요?

바바라: 네, 조지처럼 느껴져요.

치료자: 또 누구 없나요?

바바라: 음, 우리 아버지처럼 느껴지는데…… 우리 아버지 말이에요.

치료자: 어떤 점에서 그렇죠?

바바라: 아버지가 저한테 그렇게 말하곤 했는데…… 아버지의 관심을 끌려고 할 때마다요.

치료자: 당신은 몇 살이었나요?

바바라: 어려요, 아주 어리고…… 제가 기억하는 바로는 3, 4세…….

치료자: 눈을 감고 다시 아버지와 그 어린아이처럼 느껴 볼 수 있을까요?

바바라: (눈을 감는다.)

치료자: 무슨 일이 떠오르는지 말씀해 보세요.

바바라: 제가 아버지의 코트를 잡아당겼고, 아버지는 저에게 소리를 지르고 있어요.

치료자: 아버지께서 당신에게 무슨 말을 하는지 들어 보세요.

바바라: "그만둬라, 이 성가신 놈아. 바보 같으니. 내 외투를 잡아당기는 것밖에 못하겠니? 여기서 나가!"

치료자: 아버지께서 당신에게 이렇게 소리 지르는 것에 대해 어떻게 느끼나요?

바바라: 제가…… 바보 같아요. 저는 얼간이고, 아무것도 아니에요. 쓸모없는 해충…… 골칫거리…….

치료자: 아버지가 맞는 것 같나요? 아니면 당신은 아버지에게 화가 났나요?

바바라: 아니요. 화나지는 않았어요. 그냥 기분이 안 좋아요. (울기 시작한다.) 저는 정말 나빠요.

치료자: 결국 당신의 일부분은 아버지와 같이 자신을 벌주는 것에 동의하고, 스스로 나쁘다고 생각하는 것 같습니다.

바바라: 그래요.

치료자: 어머니는 어디 계신가요?

바바라: 어머니는 저에게 조용히 하고 아버지를 내버려 두라고 말씀하세요. 어머니는 아버지가 하루 종일 너무 열심히 일해서 피곤하다고 하셨죠.

치료자: 그러면 어머니가 그렇게 말했을 때 당신은 무엇을 생각하고 느끼고 있나요?

바바라: 저는 제가 형편없는 사람이라고 생각해요.

치료자: 결국 당신은 부모님으로부터 당신이 문제라는 메시지를 받고 있습니다. 부모님 모두 당신이 이런 가혹한 대우를 받을 만하다고 말하는 것 같고, 부모님을 믿는 당신의 부분이 있어요. 아버지를 괴롭혔기 때문에 벌을 받아 마땅하다. 그런 거죠?

바바라: 네, 맞아요.

치료자: 그러니까 당신의 처벌적인 이 부분은 부모님의 메시지를 받아들인 것인데, 그 메시지는 당신이 나쁘고 문제가 있다는 처벌적인 메시지입니다.

바바라: 네.

치료자: 당신의 어머니는 무엇을 하고 있나요?

바바라: 잠시 후 어머니는 저를 데리고 나가요. 어머니는 제가 슬퍼하는 것을 보시고, 제 기분이 좋아지기를 바라시죠. 저에게 장난감 같은 것을 주거나 먹을 것을 주어서 기분 좋게 하려고 하고요. 어머니는 쇼핑할 때 자주 저를 데리고 가서 저에게 특별한 것을 사 줘요.

치료자: 어머니께서 이런 행동을 하면 기분이 어떤가요?

바바라: 우리가 이렇게 외출하는 동안 저는 기분이 조금 나아졌어요. …… 하지만 나중에는 기분이 안 좋았지요. 저는 여전히 제가 너무 나쁘고 쓸모없기 때문에 수치심을 느꼈어요.

치료자: 그럼 아직도 '부끄러운 작은 바바라'가 기저에 있는 건가요?

바바라: 네, 그거예요.

치료자: 이상적인 부모를 둔 가족, 가족을 위해 그 각본을 다시 쓸 수 있다면 어떻게 되었을까요?

바바라: 저는 모르겠어요. 부모님은 나쁘지 않았어요. 부모님은 최선을 다했어요.

치료자: 그래요. 하지만 퇴근할 때 당신을 보고 기뻐하는 아버지가 있었다면…… 집에 오는 것을 즐기는 아버지…… 당신과 대화하고, 당신을 알게 되고, 당신과 함께 놀았을 아버지였다면요?

바바라: 그러니까…… 저를 사랑했던 아버지?

치료자: 그래요. 온갖 행동을 통해 사랑을 보여 줄 수 있었던 아버지 말이에요.

바바라: 와…… 그러면 너무 달랐을 거예요.

치료자: 그가 당신에게 어떻게 얘기했는지 생각해 보면, 지금 그에게 어떤 화나는 감정을 느끼게 될까요? 아주 어린 이 아이는 단지

그의 관심을 얻으려 애썼던 것인데요.

바바라: 아니요, 저는 그를 방해했어요. 그는 열심히 일하고 왔어요. 저는 그를 혼자 내버려 뒀어야 했어요.

치료자: 방금 하신 말씀…… 당신이 아는 누군가의 말처럼 들리네요.

바바라: 네, 어머니가 한 말처럼 들려요.

치료자: 그렇다면 지금은 그것에 대해서 어떻게 생각하나요?

바바라: 음, 어머니는 평화를 유지하려고 노력했고, 아버지를 대신하려고 했어요.

치료자: 그런데 당신에게는 어땠나요? 이 순진무구한 작은 아이는 모든 아이가 그랬듯이 아버지의 사랑과 관심을 원했을 뿐이잖아요?

바바라: 슬픈 일이에요. 전 슬픔을 느꼈어요.

치료자: 맞습니다. 당신은 가여워요. 당신은 다른 어린아이들이 하는 대로 했을 뿐이에요. 아이들은 부모의 관심을 얻으려고 하고, 자신이 사랑받고, 가치 있고, 인정받고 있다는 것을 알길 바라죠. 당신은 다른 아이들과 다르지 않은데, 무슨 일이 일어났죠?

바바라: (운다.)

치료자: 당신을 향한 아버지의 끔찍한 행동들에 대해서 아무도 당신의 아버지를 탓하지 않았어요. 모두가 아버지에게 동조했고, 마치 당신이 문제인 것처럼 얘기했어요. 그리고 여전히…… 당신의 아버지와 어머니는 마치 당신이 문제인 것처럼 반응했어요.

바바라: 그래요, 맞아요. 그들은 왜 그랬을까요?

치료자: 당신은 당신에게 문제가 있다고 생각하나요, 아니면 그들이 당신에게 행동하는 방식에 문제가 있다고 생각하나요?

바바라: 그들이 저에게 하는 방식이요. …… 그들이 저를 대하는 방식이 문제였어요.

치료자: 맞습니다. 그들은 자신들의 행동에 대해 수치심을 느껴야 하는 사람들이에요. 당신과 당신의 행동에는 수치스러운 것이 전혀 없어요.

앞부분에서 치료자는 바바라에게 자신이 문제가 되는 '처벌적 부모' 메시지를 받아들였고, 자신의 일부인 '비평가'의 근원을 깨닫도록 도와주었다. 치료자의 질문과 논평은 또한 바바라가 그 문제는 실제로 자신의 내재된 결함보다는 그녀를 향한 부모의 행동이었음을 깨닫게 해 주었다.

이제 치료자는 바바라의 관심을 '현실도피자' 양식의 근원으로 돌린다. 이 부분은 아이였던 자신에 대한 끔찍한 감정에서 벗어나고자 한 것이다. 또한 치료자는 바바라에게 '현실도피자'는 단지 단기적인 위안만을 제공할 수 있다는 것을 깨닫도록 도와준다.

치료자: 이제 아이처럼 자신에 대해 나쁜 감정을 가질 때, '부끄러운 작은 바바라' 감정, 그 감정에 어떻게 대처하셨나요? 무엇을 하셨죠?

바바라: 대부분 저는 아무것도 하지 않았어요. 저는 제 방 침대에 앉아서 모든 것이 달라지길 바라면서 상상하곤 했어요. 저는 모든 사람이 동경하는 아름다운 유명인이 되는 것을 상상했어요. 사람들이 저를 애지중지하고, 저를 더 아름답게 보이도록 만들어 주는 비싼 선물과 옷을 주는 것이었어요. 가끔씩 어머니가 저를 데리고 나가서 물건을 사 줬을 때, 그녀가 꿈을 실현시켜 주는 것처럼 느껴

지기도 했어요.

치료자: 당신의 일부인 '현실도피자'가 기분을 좋아지도록 하는 데 도움이 되었습니까?

바바라: 네, 분명히 그랬습니다.

치료자: 그러고 나서는 무슨 일이 생겼습니까?

바바라: 기분이 나아졌어요. 특히 나이가 들면서 제 외모 덕분에 많은 관심을 받았지요. 하지만 결국 아버지는 언제나 다시 소리치기 시작했어요. 저는 아버지가 어머니에게 단순히 저를 '예쁜 바보'로 만드는 데 너무 많은 돈을 쓴다고 소리친 것을 기억해요.

치료자: 결국 기분이 나아지려고 한 노력은 역효과를 낳았군요.

바바라: 맞아요. 저는 오랫동안 정말 기분이 좋지 않았어요. 내면에서 좋게 느낀 적이 없어요.

3단계: 현재 문제 및 증상을 부적응적 양식들과 연결 짓기

이 회기에서 치료자는 바바라에게 유년기에 발달된 이런 양식들이 어떻게 현재에도 여전히 작동하고 있는지 알 수 있도록 돕는 질문을 한다. 바바라는 이런 양식들을 그녀가 왜 그렇게 우울해하는지와 연결 짓기 시작했고, 그녀의 삶에서 반복되는 패턴을 보기 시작하였다.

치료자: 당신의 삶에서 어떤 일이 일어나고 있는지 살펴봅시다. 당신의 그러한 다른 부분들에 대해서 우리의 대화를 통해 어떤 연관성을 깨달을 수 있나요? 그리고 자기 자신에 대해 어떻게 생각하고 느끼는지, 당신의 지금 삶에서는 어떻게 대처하고 있습니까?

바바라: 전 여전히 '현실도피자'가 됨으로써 기분이 좋아지려고 또는 그저 느끼지 않으려고 노력하고 있어요. 흥청망청 쇼핑을 계속하고 어머니와 친구들이 저를 치장해 주는 것도 이제는 예전 같은 효과는 전혀 없어요. 그리고 잠자는 것도 이제는 효과가 없어요.

치료자: 무슨 의미죠?

바바라: 그러니까 저는 정말 잠깐 기분이 좋아지는 것 같습니다. 그러고 나면, 집에 돌아왔던 아버지 대신, 이제는 조지의 집으로 제가 귀가하거나 또는 그가 귀가해서 제게 오는 거죠. 조지는 아버지처럼 비열하고 의지할 수 없을 뿐입니다.

치료자: 그때 무슨 일이 일어납니까?

바바라: 전 다시 정말 기분이 나빠지기 시작해요. 정말 우울해져요. 저는 지루하고 쓸모없는 것 같고, 함께 시간을 보낼 가치가 없는 사람처럼 느껴요. 저에 대한 모든 종류의 나쁜 것을 스스로에게 말하고, 조지가 저에 대해 이야기한 모든 것에 동의하게 됩니다. 저는 제게 최악의 '비평가'예요. 결국 나아진 적이 없는 내면의 오래된 '부끄러운 작은 바바라'와 똑같다고 여전히 느낍니다. 그러고 나면 전 모든 것으로부터 벗어나기 위해 잠을 자고 싶을 뿐이지요. 마침내 그것을 더 명확하게 보기 시작했지만, 오래된 악순환을 반복할 뿐이에요. 아무것도 바뀌지 않았고, 아무것도 변하지 않았어요. 평생 비참했어요.

치료자: 하지만 중요한 변화가 한 가지 있습니다.

바바라: 그게 뭐죠?

치료자: 어떠한 자각도 없이 단지 쳇바퀴 도는 상태에 머무는 것 대신에, 당신은 이제 오랫동안 무슨 일이 일어났었는지 바라보고 이해

하기 시작했다는 것입니다.

4단계: 각 양식의 장점과 단점을 밝히기

치료자는 이제 바바라에게 그녀 자신의 이러한 다른 부분들에 대해 설명을 듣고 실행해 보는 것의 장점과 단점에 관하여 질문하기 시작하였다. 이것은 바바라가 부정적인 양식에서 거리를 두는 데 도움이 되고, 그녀가 어떻게 반응할 것인지 선택하도록 자각을 증가시킨다.

치료자: 이런 자신의 다른 부분이나 양식이 발달했을 때 그것들은 목적을 달성했어요. 그 부분들에 대해 하나하나 이야기해 보고, 과거나 현재 모두에서 그것의 장단점을 분석해 볼까요? '현실도피자'부터 시작해 볼게요.

바바라: 음, 그 부분은 저를 기분 좋게 하거나 적어도 나쁘게 느껴지지 않도록 해 줘요.

치료자: 얼마나 지속되나요?

바바라: 잠시 동안요.

치료자: 그리고 결국 그 부분은 기분이 좋아지는 데 도움이 되나요?

바바라: 아니요. 사실 전 기분 나쁜 것을 피할 수는 없었어요. 결국 기분이 나아졌다고 말할 수 없어요.

치료자: 그러면 당신의 이 '현실도피자' 부분은 어떤 장점이 있습니까?

바바라: 그 부분에 대해 혼란스러워요.

치료자: 그렇군요. 이해할 수 있어요. 기분을 좋게 하는 다른 방법을 모른다면, 약간의 위안은 전혀 느끼지 못하는 것보다는 낫겠지요.

바바라: 네.

치료자: 하지만 가끔씩은 기분 나쁜 것이 좋을 수도 있어요. 왜냐하면 스스로 당신의 감정을 유지하면서 결국 어떤 감정이 더 좋은지 알아보기 시작할 수 있기 때문이에요. 당신에게 정말 재미있는 활동을 찾거나, 성취감과 목적을 가질 수 있거나, 진정한 즐거움을 가지는 것과 같은 것 말입니다.

바바라: 말이 되네요. 하지만 전 그것들을 어떻게 찾는지 모르겠어요.

치료자: 음, 그건 우리가 함께 할 수 있어요.

바바라: 좋아요.

치료자: 그리고 '비평가'는 어떻습니까? '비평가'의 말을 듣는 것은 어떤 장점이 있습니까?

바바라: 그 부분은 제 문제가 무엇인지 말해 줘요.

치료자: '비평가'가 옳다고 생각하십니까?

바바라: 물론이죠.

치료자: 하지만 만약 '비평가'의 말을 다시 당신 아버지의 입에 쏟아 넣고는, 퇴근하여 집에 오는 아버지를 신나서 환영하는 세 살짜리 바바라에게 말하는 것을 듣게 된다면, 당신은 어떻게 생각할까요?

바바라: 그렇게 말한다면 그가 멍청하다고 생각해요. 제 말은, 그가 무슨 생각으로 이 가엾은 어린 소녀에게 상처를 주는 거죠? 그한테 뭐가 잘못된 것일까요?

치료자: 맞아요. 그러면 이 비판적인 단어들을 듣는 것에 어떤 장점이 있나요?

바바라: 아니요…… 없어요. 절대 없어요.

치료자: '비평가'의 말을 듣는 것에 어떤 단점이 있나요?

바바라: 왜 그 부분이 저를 그렇게 기분 나쁘게 만드는지 점점 명확해져요. 저는 그 부분을 듣는 것을 멈춰야 해요. 진짜로 아버지가 말

하는 것을 인정할 때 저는 기분이 매우 나쁘고, 특히 제 자신에 대해서는 정말 나빠요.

치료자: '부끄러운 작은 바바라'를 불러일으킨다는 말인가요?

바바라: 네.

치료자: 그럼 그녀는 어떤가요? 작은 바바라는 무엇이 필요한 거죠?

바바라: 그녀는 자신에게 좋은 감정을 느낄 필요가 있어요. 그녀는 자신에 대해 좋은 것을 들을 필요가 있어요. 그녀는 자기 말을 들어주고 사랑해 주고 관심 가져 주는 누군가가 필요해요.

치료자: 동의합니다.

5단계: 취약한 아동양식에 접근하기 위해 심상 사용하기

치료자는 이제 바바라가 취약한 아동양식에 참여하기를 개시한다. 이 양식에 접근함으로써 치료자와 환자는 '부끄러운 작은 바바라' 부분에 관한 핵심 도식에서 작업을 시작할 수 있다.

치료자: 가끔 '부끄러운 작은 바바라'를 생각하는 것이 불쾌할 수 있다는 것을 알지만, 우리가 진정으로 기분이 좋아지기 위해 필요한 것과 무엇이 그것을 방해하고 있는지 알아내기 위해 그 부분에 대해 자세히 얘기해 주시겠습니까?

바바라: 제가 생각하기에……. (눈을 감는다.)

치료자: 지금 무엇을 느끼고 생각하는지 말해 주세요.

바바라: 이건 오래된 감정이에요. 나는 나쁘고…… 그리고 쓸모없다고 느껴요. (기분이 동요되며 눈을 뜬다.)

치료자: '부끄러운 작은 바바라'로 돌아갈 수 있겠어요? 그녀를 느낄 수 있겠어요?

바바라: 네. (다시 눈을 감는다.)

치료자: 당신은 어디에 있죠? 무엇을 하고 있나요?

바바라: 여전히 방 안 침대에 앉아 있어요. 아버지가 나가라고 말씀하시네요.

치료자: 그래서 기분이 어떤가요?

바바라: 끔찍해요.

치료자: 그래서 무엇을 하길 원하죠?

바바라: 어머니가 들어와서 제 기분을 좋게 만들어 주길 바라요.

치료자: 어머니는 어디에 계시죠?

바바라: 어머니는 방에 누워 계세요. 그녀 역시 기분이 좋지 않아요.

치료자: 만약 당신이 지금 당신과 같이 있기 위해 어머니를 데려오려고 한다면, 그녀는 뭐라고 말할까요? 어머니가 작은 바바라에게 말하는 것을 들어 봅시다.

바바라: 아버지는 일 때문에 피곤할 뿐이야. 그냥 내버려 두면 다 잘 될 거야.

치료자: 이것에 대해 작은 바바라가 생각하는 것을 들려주세요.

바바라: 전혀 도움이 안 돼. 나는 여전히 화나고 기분이 나빠.

치료자: 제가 도와주러 들어가면 어떨까요?

바바라: 좋아요.

치료자: 당신은 사랑스러운 작은 소녀예요. 그러니 보통의 아버지들은 어린 딸에게 그러한 환영을 받고 집에 오는 것을 좋아할 거예요. 당신 아버지는 뭔가 잘못되었어요. 왜 당신

이 아버지에게 소중한 것을 주고 있다는 것을 그는 알지 못하는 걸까요? …… 어린 바바라가 이 말을 들으면 어떻게 느낄까요?

바바라: 훨씬 나아요.

치료자: 이제 당신 아버지와 얘기해 볼게요.

바바라: 네.

치료자: 어떻게 당신 딸에게 그런 식으로 말할 수 있죠? 딸은 당신이 집에 오는 것을 기쁨과 사랑으로 환영하는 것 외에는 아무것도 하지 않았어요. 당신이 하는 반응을 보세요. 딸에 대한 당신의 반응은 너무 부적절해요. 당신은 너무 폐쇄적이고 모든 것에서 벗어나 있어요. 무엇이 당신을 계속 그렇게 하게 하나요? 아름답고 사랑스러운 딸이 있다는 것을 왜 보지 못하는 건가요? 바바라는 그런 대우를 받지 않아야 합니다. 저는 당신이 딸을 해치는 것을 더 이상 참지 않을 겁니다. …… 어린 바바라가 이 말을 듣고 느끼는 기분은 어떨까요?

바바라: 많이 좋아졌어요. 저는 어머니가 아버지에게 이런 식으로 말하기를 바랐어요. 하지만 선생님도 알다시피, 선생님이 정말 아버지에게 그런 말을 하려고 한다면 그는 듣지 않을 거예요. 아버지는 결코 어머니 말을 듣지 않았어요.

치료자: 그래요. 만약 그런 일이 일어났다면, 그 다음에는 무슨 일이 일어나길 바랄까요?

바바라: 잘 모르겠어요.

치료자: 다시 들어가서, 당신 아버지에게 이걸 말하도록 합시다. 당신이 듣기를 선택하든 안 하든 여기서 우리가 당신을 위해 얼마나 오래 머무를지에는 한계가 있는 겁니다! 만약 당신이 우리를 위해 이곳에 있지 않기로 결정한다면, 우리도 당신을 위해 이곳에 머물지 않을 거예요.

바바라: 저는 그가 변할 거라고 생각하지 않아요.

치료자: 그러면 당신과 나는 그를 떠날 것이고, 더 나은 삶을 만들어 낼 거예요.

바바라: 그게 정말 가능한가요?

치료자: 그렇게 하고 싶나요?

바바라: 네. 하지만 그는 어떻게 해요? 아버지는 너무 외로워할 거예요.

치료자: 누가 외로울까요?

바바라: 우리가 머무르지 않는다면 아버지는 외로울 거예요.

치료자: 하지만 만약 당신이 머무른다면 누가 외로울까요?

바바라: 저요.

치료자: 당신은 당신을 위해 그곳에 머물지 않기를 선택한 누군가를 위해 계속 머물러 있기를 원하나요?

바바라: 음, 아니, 그건 옳지 않아요.

치료자: 그럼 어떻게 할까요?

바바라: 전 떠나고 싶어요.

회기의 이 부분에서 치료자는 바바라에게 '건강한 부모양식'을 제시했는데, 그녀는 이러한 양식의 형성을 위한 탄탄한 기본 형판(template)을 경험한 적이 없었다. 이것은 '제한된 재양육'을 의미하는 일종의 예시일 것이다. 이 역할에서 치료자는 충족되지 못했던 내담자의 기본적 욕구를 지원하기 위하여 잠정적이나마 다음의 경험을 제공하는 역할을 담당한다: 안전, 안정성과 예측가능성, 사랑, 양육 지원, 관심, 수용과 칭찬, 공감, 현실적인 한계 제시, 욕구와 감정에 대한 타당화. 치료자는 또한 이러한 욕구가 충족되지 않은 채로 남아 있어야만 한다는 불합리한 메시지나 믿음에 반박하고 도전해야 한다. 그녀는 이러한 작업을 통해 보다 안전하다고 느끼기 시작했고, '건강한 부모'에 의해 보다 보호받는다고 느끼기 시작하였다. '작은 바바라'는 더 이상 자기 자신에 대해 부끄러워하지 않았다.

6단계: 양식 간 대화를 시행하기

치료자가 보여 준 건강한 부모양식을 내면화하기 시작하면, 내담자 자신의 건강한 성인양식도 더욱 강해진다. 환자의 건강한 성인양식은 치료자의 도움과 함께 처벌하는 부모에게 능동적으로 도전하고 싸울 수 있으며, 이를 통해 취약한 아동을 지원하고 보호하도록 치료된다.

치료자는 이제 현실도피자 혹은 분리된 방어자 양식을 지적한다. 이어지는 부분에서 치료자는 현실도피자와 취약한 아동양식 사이의 대화를 마련한다.

치료자: '어린 바바라'가 자신이 가장 좋아하는 것들에 대해서 '현실도피자'와 대화해 보는 건 어떨까요?

바바라: 좋아요. …… 그럼 무엇을 하면 되죠?

치료자: 먼저 소파에 앉아 보세요. 소파에 앉아 '어린 바바라'와 접촉해서 대신 얘기했으면 해요. '어린 바바라'가 흥미 있어 하는 모든 것, 즉 흥미롭고, 관심 있고, 살아 있다는 느낌을 갖게 하는 모든 것에 대해서 이야기해 주세요. 그런 다음 일어나서 반대편 소파에 앉아 주세요. 반대편 소파에 앉으면, '현실도피자'를 대변해 주세요. 그렇게 번갈아 가면서 어떤 일이 생기는지 알아봅시다. 필요하다면 저는 '어린 바바라'를 도울게요.

바바라: ['어린 바바라'로서] 너도 알다시피 학교에서 드레스를 만든 적이 있는데, 바느질을 좋아한다는 것을 알게 되었어. 그건 정말 단순하고 특별하진 않지만 나를 즐겁게 해. 나는 바느질 수업을 다시 듣고 싶은 것 같아.

['현실도피자'로서] 왜 그런 걸 하고 싶어 하는 거야? 만약 잘 안 되면 넌 기분이 나빠질 거야. 사람들은 이 나이에 바느질 수업을 들으려는 널 우습게 생각할지도 몰라. 왜 기분이 나빠지거나 멍청해지려는 위험을 감수하는 거야? 그냥 누워서 잊어버리는 건 어때?

['어린 바바라'로서] 하지만 나는 그걸 좋아하는 것 같아. 만약 내가 생각하기에 즐거운 걸 못하게 된다면, 나는 내가 무엇을 좋아하고 나를 행복하게 하는 게 무엇인지 절대 알 수 없을 거야. …… 계속 네 말을 들으면 평생 잠만 자게 될 거야. 나는 인생을 살고 싶어.

['현실도피자'로서] 나는 기분이 나빠질 수도 있는 위험을 감수할 만큼 가치가 있는 건지 잘 모르겠어.

['어린 바바라'로서] 심지어 처음에 기분이 나쁘더라도 그건 일시적일 거야. 바느질을 잘하게 되거나 내가 잘하는 다른 것을 찾을 수 있을 거야. 계속 하다 보면 결국 뭔가를 찾게 될 거야.

['현실도피자'로서] 좋아, 네 마음대로 해.

['어린 바바라'로서] 꼭 그렇게 할 거야.

이 시점에서 치료자는 바바라가 즐거움과 성취

에 관한 내면의 감각을 발견하도록 돕는 데 초점을 맞추고 있다. 이 과제는 바바라에게 힘든 일인데, 왜냐하면 바바라는 유년기와 청소년기에 어머니에게 의존하며 긴 시간을 보냈고, 특별한 기술이나 재능을 개발하지 않았으며, 다른 사람들이 원하는 그대로 굴종(surrendering)해 왔기 때문이다. 그럼에도 불구하고, 앞부분에서 예시되었듯이 실패할 가능성이나 또 다시 바보 같다고 느낄 수 있다는 일시적 불편감이 있어도 바바라는 자신의 흥미를 끄는 새로운 활동을 시도하는 것의 중요성을 인식하기 시작하였다. 치료의 마지막 단계는 회기에서 배운 이러한 교훈을 받아들여 그것을 일상생활의 경험에 통합하는 것이다.

7단계: 양식 작업의 결과를 실제 생활로 일반화하기

바바라는 바느질 수업에 등록하기로 결심했고, 자신이 꽤 잘해서 스스로 놀랐다. 그러고 나서 바바라는 고급 재봉 수업과 의상 디자인 강좌를 더 수강하기로 결정하였다. 이 강좌를 마친 후 바바라는 의상을 만들어 극장에 자원봉사를 시작하였다. 바바라는 교사와 극장 친구들에게 많은 관심, 찬사와 감사를 받았다. 치료 과정에서 바바라는 자신의 치료자에게 이렇게 말하였다. "아시다시피, 제가 정말로 좋고 자랑스러웠던 적은 이번이 처음인 것 같아요." 바바라의 자신감과 그녀의 친구들과의 관계망이 커짐에 따라 그녀는 조지가 자신을 무시하고 비하하는 행동을 덜 수용하였고, 그에게 맞설 수 있었다. 바바라는 또한 '경제적으로 좋은 것'이라는 이유로 조지의 행동을 용인하는 어머니의 행동 패턴에 점점 더 짜증이 났다. 이것은 바바라가 치료를 시작할 때 조지와의 관계를 의심 없이 받아들인 것과는 극명한 차이를 보인다.

그녀가 조지와의 감정과 어린 시절 부모님과의 감정 사이에서 유사점을 발견하기 시작했을 때, 바바라는 결혼생활에서 이러한 유사점이 그녀에게 건전한 것이었는지에 관하여 의문을 품기 시작하였다. 그녀는 조지의 많은 행동이 부모님의 행동과 마찬가지로 그녀에게 해를 끼치고 있다는 것을 깨달았다. 바바라는 여전히 아이를 입양하고 싶었지만, 좋은 부모가 될 수 있겠는지 조지의 능력에 의문을 품기 시작하였다.

다음 회기에서 바바라와 나눈 대화는 조지와의 관계에서 그녀가 얼마나 더 건강하고 당당해졌는지를 보여 준다.

바바라: 저는 조지가 저에게 잘난 체하는 말투로 말할 때, 제가 다시 아버지와 함께 있는 어린 소녀처럼 느껴요. 저를 사랑해야 할 누군가에 의해 무시받고, 비하하는 행동을 받아들이는 것은 옳지 않은 것 같아요.

치료자: 그래서 무엇을 하고 싶으세요?

바바라: 저는 조지의 음주와 학대 행위에 대해 맞설 준비가 되었다고 생각해요. 그가 계속 이런 식으로 행동한다면, 저는 아이를 입양해서 우리 집에 데려오는 것을 상상조차 할 수 없어요.

치료자: 무슨 일이 일어나길 원하나요?

바바라: 저는 그가 술을 끊고 치료를 시작하길 바라고, 사랑과 존중으로 저를 대해 주길 원해요.

치료자: 만약 그가 그렇게 하지 않는다면요? 그럼 무슨 일이 있을까요?

바바라: 제가 그를 떠나고 이혼을 시도해야 할 것 같아요.

치료자: 상상할 수 있는 최악의 시나리오에서는 어떻게 될까요?

바바라: 최악의 경우에는…… 괜찮을 것 같아요. 제 말은, 저도 이제 제 삶이 있다는 거예요. 저에게는 친구들이 있고요. 그리고 정말 힘든 일이 생기면 선생님도 계시잖아요.

치료자: 제 도움이 필요한 경우라면 저는 당신을 위해 여기 있을 겁니다.

바바라: 네, 저는 괜찮을 것 같아요.

치료의 이 시점에서 바바라는 완전히 통합을 이루었다. 건강한 성인양식으로 그녀의 취약한 아동양식의 일부였던 가장 파괴적인 도식은 치유되었다. 이러한 변화와 함께 바바라의 우울증은 완전히 완화되었다. 이 회기가 끝난 후, 바바라는 조지와 맞서게 되었다. 부부치료를 받았음에도 조지는 변화를 거부했고, 바바라는 이혼을 신청하였다.

이혼이 마무리되면서 바바라의 주요우울증이 한 번 재발한 적이 있었다. '부끄러운 작은 바바라'와 '현실도피자'가 이 시기 동안 일시적으로 되돌아왔다. 그러나 바바라는 부모(양식)가 된 것을 인식할 수 있었고, 이제 더 강하고 건강한 성인의 모습으로 그것을 성공적으로 극복하였다. 그녀는 자신에게 공감하고, 자신을 용서할 수 있었고, 자신이 가족을 가질 기회를 잃은 것을 아파할 수 있었다. 그녀는 학교로 돌아가기로 결심하고 연극학과에서 의상 디자인과 연극을 가르치며 공인 고등학교 교사가 되는 데 성공하였다. 그녀는 또한 연극에 대한 열정을 함께했던, 배려심 많고 정서적으로 의지할 수 있는 남자와 지속적인 관계를 맺게 되었다. 바바라의 만성 우울증은 회복되었고, 그 이후로 그녀에게 증상은 나타나지 않았다.

결론

단극성 및 양극성 우울증 치료에 관한 인지치료의 효능을 제시하는 증거는 계속 늘어나고 있다. 청소년, 성인, 노인 환자들은 모두 인지치료의 혜택을 받는 것으로 밝혀졌다.

인지치료는 환자들이 그들의 생각, 행동 및 감정 사이의 관계를 이해하도록 돕는다. 증거를 탐구하고, 실생활 노출 실험을 설정하고, 장단점을 따지며, 단계적 과제를 시도하고, 다른 개입전략을 채택함으로써 인지는 '검증된다'. 이 과정을 통해 환자들은 자기 자신과 그들의 문제를 좀 더 현실적으로 보기 시작하고, 기분을 더 좋게 만들며, 그들의 부적응적 행동 패턴을 바꾸고, 실생활의 어려움을 해결하기 위한 조치를 취한다. 이러한 변화는 인지치료의 특징 중 하나인, 세심하게 계획된 자조적 치료과제 수행의 직접적인 결과로 발생한다. 인지치료는 환자들이 자동적 사고와 관련된 행동들을 식별하고 수정하는 것을 도움으로써 증상을 감소시킨다.

만성 우울증에 걸리기 쉬운 심층적인 심리 구조를 다루기 위해 도식치료라고 불리는 인지치료가 발전되어 왔다. 초기 증상 감소를 목표로 한 개입을 활용한 후에는 기저의 도식과 양식을 식별하고 수정하는 데 주의와 노력을 기울이게 된다.

철저한 평가에 따라 광범위한 변화의 구성요소들이 적용된다. 이 치료 단계 동안 환자들은 그들 자신의 도식과 양식, 그들의 발달 기원, 그리고 이러한 역기능적 도식 패턴이 어떻게 촉발되고 강화되며 유지되는지를 이해하게 된다.

치료를 통해 인지치료자는 환자들과 협력적인

동맹관계를 유지한다. 그들은 회기를 구조화하는 데 매우 적극적이지만, 여전히 환자가 스스로 결론에 도달할 수 있는 여지를 두면서 도움을 제공한다. 인지치료자는 안내인 역할을 함으로써 환자가 역기능 인지와 생활 패턴의 난관을 다루어 갈 수 있도록 그들을 돕는다. 결과적으로 환자는 향후 우울증 발병을 최소화할 수 있게끔 인지적·정서적·대인관계적 및 행동적 변화를 만드는 데 보다 전향적이게 되며, 필요한 심리적 도구들을 발전시키게 된다.

주

1. 일부 연구자는 '재발(치료 종료 후 6개월 이내 증상의 회귀)'과 '재출현(recurrence, 치료 종료 후 최소 12개월 이후 발생한 완전히 새로운 우울증 삽화 증상)'을 구분하는 것이 유용하다는 것을 발견하였다(Gelder, 1994; Overholser, 1998도 참조). 그러나 이러한 구분은 문헌들에 일률적으로 포함되지는 않고 있다.
2. 약물치료를 받은 환자에 대한 보고된 재발률은 '재발'의 정의, 추적기간의 경과시간, 환자 전집 내 우울증의 심각도 등에 따라 달라졌다(Williams, 1997). 이러한 차이 때문에 일부 더 낮은 비율도 보고되었지만(Keller & Boland, 1998), 추정치의 범위는 34~92%였다(Frank, 1996; Overholser, 1998; Versiani, 1998; Williams, 1997).
3. 여기에 인용된 Young(1990/1999)의 저서는 『성격장애에 대한 인지치료: 도식중심 접근법(Cognitive Therapy for Personality Disorders: A Schema-Focused Approach)』의 제3판을 말한다. 그러나 표현된 아이디어는 1990년에 처음 출판된 것을 위해 개발되었다. 마찬가지로, 1990년에 Young의 도식 질문지(YSQ)가 개발되어 제3판에 다시 인쇄되었다.
4. 현재 도식 영역의 개념은 도식 이론의 구성요소는 아니다. 비록 초기 요인분석 연구가 18개의 EMS를 5개의 광범위한 영역으로 군집화하는 것을 지지했지만, 이후 연구는 도식이 함께 뭉쳐지거나 일부 영역에서 일관되지 않았다. 그럼에도 불구하고, 우리는 이 다섯 가지 영역에 초점을 맞춘 연구들을 포함하였다. 왜냐하면 그 연구 결과들이 도식과 다른 구성개념들 사이의 관계를 조명하기 때문이다. 우리는 도식이 어떻게 함께 모이는가에 대한 질문을 재검토할 수 있도록 가능한 모든 연구를 검토 중에 있다.
5. 이 장의 나머지 부분에서는 '도식'이라는 용어를 Young의 '초기 부적응 도식'을 특정적으로 언급하기 위해 사용한다.
6. 많은 인지치료자는 또한 '기저 가정'에 초점을 맞춘다. 그것은 자동적 사고보다는 '더 심도가 있다'고 하지만 도식이나 핵심 신념보다는 덜 중심적인 인지를 나타낸다. 기저 가정(underlying assumption)은 조건적 신념으로 간주되는 반면, 대부분의 도식은 무조건적이다. 우리 자신의 연구에서 우리는 대부분의 환자와 함께 작업하는 데 이러한 구별이 필요하다는 것을 발견하지 못하였다. 따라서 지속적이고 만연된 조건적 및 무조건적 믿음은 더 넓은 도식의 구성개념으로 통합될 수 있다.

참고문헌

Albon, J. S., & Jones, E. E. (2003). Validity of controlled clinical trials of psychotherapy: Findings from the NIMH Treatment of Depression Collaborative Research Program. *American Journal of Psychiatry*, *159*(5),

775-783.

American Psychiatric Association. (1987). *Diagnostic and statistical manual of mental disorders* (3rd ed., rev.). Washington, DC: Author.

American Psychiatric Association. (1994). *Diagnostic and statistical manual of mental disorders* (4th ed.). Washington, DC: Author.

American Psychiatric Association. (2013). *Diagnostic and statistical manual of mental disorders* (5th ed.). Arlington, VA: Author.

Antonuccio, D. O., Danton, W. G., & DeNelsky, G. Y. (1995). Psychotherapy versus medication for depression: Challenging the conventional wisdom with data. *Professional Psychology: Research and Practice*, *26*(6), 574-585.

Antonuccio, D. O., Thomas, M., & Danton, W. G. (1997). A cost-effectiveness analysis of cognitive behavior therapy and fluoxetine (Prozac) in the treatment of depression. *Behavior Therapy*, *28*, 187-210.

Arnow, B. A., Manber, R., Blasey, C., Klein, D. N., Blalock, J. A., Markowitz, J. C., et al. (2003). Therapeutic reactance as a predictor of outcome in the treatment of chronic depression. *Journal of Consulting and Clinical Psychology*, *71*(6), 1025-1035.

Bailleux, S., Romo, L., Kindynis, S., Radtchenko, A., & Debray, Q. (2008). Study of the bonds between early maladaptive schemas and strategies of coping (among alcohol-dependent patients and depressed patients). *Journal de Therapie Comportementale et Cognitive*, *18*(1), 19-25.

Ball, J. R., Mitchell, P. B., Corry, J. C., Skillecorn, A., Smith, M., & Malhi, G. S. (2006). A randomized controlled trial of cognitive therapy for bipolar disorder: Focus on longterm change. *Journal of Clinical Psychiatry*, *67*, 277-286.

Barber, J. P., & DeRubeis, R. J. (1989). On second thought: Where the action is in cognitive therapy for depression. *Cognitive Therapy and Research*, *13*(5), 441-457.

Barlow, D. H., & Hofmann, S. G. (1997). Efficacy and dissemination of psychological treatments. In D. M. Clark & C. G. Fairburn (Eds.), *Science and practice of cognitive behaviour therapy* (pp. 95-117). Oxford, UK: Oxford University Press.

Barnhofer, T., Crane, C., Hargus, E., Amarasinghe, M., Winer, R., & Williams, J. M. (2009). Mindfulness-based cognitive therapy as a treatment for chronic depression: A preliminary study, *Behaviour Research and Therapy*, *47*(5), 366-373.

Basco, M. R., & Rush, A. J. (1996). *Cognitive-behavioral therapy for bipolar disorder*. New York: Guilford Press.

Beck, A. T. (1967). *Depression: Causes and treatment.* Philadelphia: University of Pennsylvania Press.

Beck, A. T. (1976). *Cognitive therapy and the emotional disorders*. New York: International Universities Press.

Beck, A. T. (1988). *Love is never enough*. New York: Harper & Row.

Beck, A. T., & Alford, B. A. (2009). *Depression: Causes and treatment*. Philadephia: University of Pennsylvania Press.

Beck, A. T., Freeman, A., & Associates. (1990). *Cognitive therapy of personality disorders*. New York: Guilford Press.

Beck, A. T., Rush, A. J., Shaw, B. F., & Emery, G. (1979). *Cognitive therapy of depression*. New York: Guilford Press.

Beck, J. S. (2011). *Cognitive therapy: Basics and beyond* (2nd ed.). New York: Guilford Press.

Bellino, S., Zizza, M., Rinaldi, C., & Bogetto, F. (2007). Combined therapy of major depression with concomitant borderline personality disorder: Comparison of interpersonal and cognitive psychotherapy. *Canadian Journal of Psychiatry*, *52*(11), 718-725.

Berger, T., Hammerli, K., Gubser, N., Andersson, G., & Caspar, F. (2011). Internet-based treatment of depression: A randonmized controlled trial comparing guided with unguided self-help. *Cognitive Behavioral Therapy*, *40*(4), 251-266.

Berndt, E. R., Koran, L. M., Finkelstein, S. N., Gelenberg, A. J., Kornstein, S. G., Miller, I. M., et al. (2000). Lost human capital from early-onset chronic depression.

American Journal of Psychiatry, 157, 940–947.

Beutler, L. E., Scogin, F., Kirkish, P., Schretlen, D., Corbishley, A., Hamblin, D., et al. (1987). Group cognitive therapy and alprazolam in the treatment of depression in older adults. *Journal of Consulting and Clinical Psychology, 55*(4), 550–556.

Bhar, S. S., Gelfand, L. A., Schmid, S. P., Gallop, R., DeRubeis, R. J., Hollon, S. D., et al. (2008). Sequence of improvement in depressive symptoms across cognitive therapy and pharmacotherapy. *Journal of Affective Disorders, 110* (1–2), 161–166.

Biggs, M. M., & Rush, A. J. (1999). Cognitive and behavioral therapies alone or combined with antidepressant medication in the treatment of depression. In D. S. Janowsky (Ed.), *Psychotherapy indications and outcomes* (pp.121–172). Washington, DC: American Psychiatric Press.

Blackburn, I. M., Bishop, S., Glen, A. I. M., Whalley, L. J., & Christie, J. E. (1981). The efficacy of cognitive therapy in depression: A treatment trial using cognitive therapy and pharmacotherapy, each alone and in combination. *British Journal of Psychiatry, 139*, 181–189.

Bledsoe, S. E., & Grote, N. K. (2006). Treating depression during pregnancy and the postpartum: A preliminary meta-analysis. *Research on Social Work Practice, 16*(2), 109–120.

Bockting, C. L. H., Schene, A. H., Spinhoven, P., Koeter, M. W. J., Wouters, L. F., Huyser, J., et al. (2005). Preventing relapse/recurrence in recurrent depression with cognitive therapy: A randomized controlled trial. *Journal of Consulting and Clinical Psychology, 73*, 647–657.

Bowers, W. A. (1990). Treatment of depressed in-patients: Cognitive therapy plus medication, and medication alone. *British Journal of Psychiatry, 156*, 73–58.

Bromet, E., Andrade, L. H., Hwang, I., Sampson, N. A., Alonso, J., de Girolamo, G., et al. (2011). Cross-national epidemiology of DSM-IV major depressive episode. *BMC Medicine, 9*, 90.

Burns, D. D., & Spangler, D. L. (2000). Does psychotherapy homework lead to improvements in depression in cognitive-behavioral therapy or does improvement lead to increased homework compliance? *Journal of Consulting and Clinical Psychology, 68*(1), 46–56.

Castonguay, L. G., Goldfried, M. R., Wiser, S., Raue, P. J., & Hayes, A. M. (1996). Predicting the effect of cognitive therapy for depression: A study of unique and common factors. *Journal of Consulting and Clinical Psychology, 64*(3), 497–504.

Castonguay, L. G., Schut, A. J., Aikens, D., Constantino, M. J., Laurenceau, J. P., Bolough, L., et al. (2004). Integrative cognitive therapy: A preliminary investigation. *Journal of Psychotherapy Integration, 14*(1), 4–20.

Centers for Disease Control and Prevention (CDC). (2010). Current depression among adults-United States, 2006 and 2008. *Morbidity and Mortality Weekly Report, 59*(38), 1229–1235.

Chapman, D. P., Perry, G. S., & Strine, T. W. (2005). The vital link between chronic disease and depressive disorders. *Preventing Chronic Disease, 2*, A14. Retrieved from *www.csc.gov/pdc/issues/jan/04_0066.htm.*

Chapman, D. P., Whitfield, C. L., Felitti, V. J., Dube, S. R., Edwards, V. J., & Anda, R. F. (2004). Adverse childhood experiences and the risk of depressive disorders in adulthood. *Journal of Affective Disorders, 82*(2), 217–225.

Cipriani, A., Santilli, C., Furukawa, T. A., Signoretti, A., Nakagawa, A., McGuire, H., et al. (2009). Escitalopram versus other antidepressant agents for depression. *Cochrane Database of Systematic Reviews, 2*, CD006532.

Clark, D. A., & Beck, A. T. (2010). *Cognitive therapy of anxiety disorders: Science and practice.* New York: Guilford Press.

Colom, F., Vieta, E., Martinez, A., Jorquera, A., & Gastó, C. (1998). What is the role of psychotherapy in the treatment of bipolar disorder? *Psychotherapy and Psychosomatics, 67*, 3–9.

Cong, E., Li, Y., Shao, C., Chen, J., Wu, W., Shang, X., et al. (2012). Childhood sexual abuse and the risk of recurrent major depression in Chinese women. *Psychological Medicine, 42*, 409-417.

Connolly, K. R., & Thase, M. E. (2012). Emerging drugs for major depressive disorder. *Expert Opinion on Emerging Drugs, 17*(1), 105-126.

Conte, H. R., Plutchik, R., Wild, K. V., & Karasu, T. B. (1986). Combined psychotherapy and pharmacotherapy for depression. *Archives of General Psychiatry, 43*, 471-479.

Craighead, W. E., Miklowitz, D. J., Vajk, F. C., & Frank, E. (1998). Psychological treatments for bipolar disorder. In P. E. Nathan & J. M. Gorman (Eds.), *A guide to treatments that work* (pp. 240-248). New York: Oxford University Press.

Crews, W. D., Jr., & Harrison, D. W. (1995). The neuropsychology of depression and its implications for cognitive therapy. *Neuropsychology Review, 5*(2), 81-123.

Curry, J. F. (2001). Specific psychotherapies for childhood and adolescent depression. *Biological Psychiatry, 49*, 1091-1100.

de Oliveira, I. R. (1998). The treatment of unipolar major depression: Pharmacotherapy, cognitive behaviour therapy or both? *Journal of Clinical Pharmacy and Therapeutics, 23*, 467-475.

DeRubeis, R. J., & Feeley, M. (1990). Determinants of change in cognitive therapy for depression. *Cognitive Therapy and Research, 14*(5), 469-482.

DeRubeis, R. J., Gelfand, L. A., Tang, T. Z., & Simons, A. D. (1999). Medications versus cognitive behavior therapy for severely depressed outpatients: Mega-analysis of four randomized comparisons. *American Journal of Psychiatry, 156*(7), 1007-1013.

DeRubeis, R. J., Hollon, S. D., Amsterdam, J. D., Shelton, R. C., Young, P. R., Salomon, R. M., et al. (2005). Cognitive therapy vs. medications in the treatment of moderate to severe depression. *Archives of General Psychiatry, 62*, 409-416.

DeRubeis, R. J., Hollon, S. D., Grove, W. M., Evans, M. D., Garvey, M. J., & Tuason, V. B. (1990). How does cognitive therapy work?: Cognitive change and symptom change in cognitive therapy and pharmacotherapy for depression. *Journal of Consulting and Clinical Psychology, 58*(6), 862-869.

Dobson, K. S., Hollon, S. D., Dimidjian, S., Schmaling, K. B., Kohlenberg, R. J., Gallon, R., et al. (2008). Randomized trial of behavioral activation, cognitive therapy, and antidepressant medication in the prevention of relapse and recurrence in major depression. *Journal of Consulting and Clinical Psychology, 76*(3), 468-477.

Dobson, K. S., & Pusch, D. (1993). Towards a definition of the conceptual and empirical boundaries of cognitive therapy. *Australian Psychologist, 28*(3), 137-144.

Dougherty, L. R., Klein, D. N., & Davila, J. (2004). A growth curve analysis of the course of dysthymic disorder: The effects of chronic stress and moderation by adverse parent-child relationships and family history. *Journal of Consulting and Clinical Psychology, 72*(6), 1012-1021.

Dube, S. R., Anda, R. F., Felitti, V. J., Chapman, D. P., Williamson, D. F., & Giles, W. H. (2001). Childhood abuse, household dysfunction, and the risk of attempted suicide throughout the life span: Findings from the adverse child hood experiences study. *Journal of the American Medical Association, 286*, 3089-3096.

Eberhart, N. K., Auerbach, R. P., Bigda-Peyton, J., & Abela, J. R. Z. (2011). Maladaptive schemas and depression: Tests of stress generation and diathesis-stress models. *Journal of Social and Clinical Psychology, 30*(1), 75-104.

Eifert, G. H., Beach, B. K., & Wilson, P. H. (1998). Depression: Behavioral principles and implications for treatment and relapse prevention. In J. J. Plaud & G. H. Eifers (Eds.), *From behavior theory to behavior therapy* (pp. 68-97). Boston: Allyn & Bacon.

Eisendrath, S., Chartier, M., & McLane, M. (2011). Adapting mindfulness-based cognitive therapy for treatment-resistant depression: A clinical case study. *Cognitive Behavioral Practice, 18*(3), 362-370.

Elkin, I., Gibbons, R. D., Shea, M. T., & Shaw, B. F. (1996). Science is not a trial (but it can sometimes be a tribulation). *Journal of Consulting and Clinical Psychology, 64*(1), 92-103.

Elkin, I., Shea, M. T., Watkins, J. T., Imber, S. D., Sotsky, S. M., Collins, J. F., et al. (1989). National Institute of Mental Health Treatment of Depression Collaborative Research Program: General effectiveness of treatments. *Archives of General Psychiatry, 46*, 971-982.

Evans, M. D., Hollon, S. D., DeRubeis, R. J., Piaseki, J. M., Grove, W. M., Garvey, M. J., et al. (1992). Differential relapse following cognitive therapy and pharmacotherapy for depression. In D. S. Janowsky (Ed.), *Psychotherapy indication and outcomes* (pp. 802-808). Washington, DC: American Psychiatric Press.

Farrell, J., & Shaw, I. A. (2012). *Group schema therapy for borderline personality disorder: A step-by-step treatment manual with patient workbook.* Malden, MA: Wiley-Blackwell.

Farrell, J., Shaw, I. A., & Webber, M. (2009). A schema-focused approach to group psychotherapy for outpatients with borderline personality disorder: A randomized control trial. *Journal of Behavior Therapy and Experimental Psychiatry, 40*, 317-328.

Fava, G. A., Rafanelli, C., Grandi, S., Canestrari, R., & Morphy, M. A. (1998). Six-year outcome for cognitive behavioral treatment of residual symptoms in major depression. *American Journal of Psychiatry, 155*(10), 1443-1445.

Fava, G. A., Rafanelli, C., Grandi, S., Conti, S., & Belluardo, P. (1998). Prevention of recurrent depression with cognitive behavioral therapy: Preliminary findings. *Archives of General Psychiatry, 55*(9), 816-820.

Feldman, G., Harley, R., Kerrigan, M., Jacobo, M., & Fava, M. (2009). Change in emotional processing during a dialectical behavior based skills group for major depressive disorder. *Behaviour Research and Therapy, 47*(4), 316-321

Feng, C. Y., Chu, H., Chen, C. H., Chang, Y. S., Chen, T. H. Chou, Y. H., et al. (2012). The effect of cognitive behavioral group therapy for depression: A meta-analysis 2000-2010. *Worldviews Evidence Based Nursing, 9*(1), 2-17.

Floyd, M., Scogin, F., McKendree-Smith, N. L., Floyd, D. L., & Rokke, P. D. (2004). Cognitive therapy for depression: A comparison of individual psychotherapy and bibliotherapy for depressed older adults. *Behavior Modification, 28*(2), 297-318.

Fournier, J. C., De Rubeis, R. J., Shelton, R. C., Gallop, R., Amsterdam, J. D., & Hollon, S. D. (2008). Antidepressant medications versus cognitive therapy in depressed patients with or without personality disorder. *British Journal of Psychiatry, 192*(2), 124-129.

Frank, E. (1996). Long-term treatment of depression: Interpersonal psychotherapy with and without medication. In C. Mundt & M. J. Goldstein (Eds.), *Interpersonal factors in the origin and course of affective disorders* (pp. 303-315). London: Gaskell/Royal College of Psychiatrists.

Frank, E., & Thase, M. E. (1999). Natural history and preventative treatment of recurrent mood disorders. *Annual Review of Medicine, 50*, 453-468.

Free, M. L., Oei, T. P. S., & Appleton, C. (1998). Biological and psychological processes in recovery from depression during cognitive therapy. *Journal of Behavior Therapy and Experimental Psychiatry, 29*, 213-226.

Freeman, A., & Davison, M. R. (1997). Short-term therapy for the long-term patient. In L. Vandecreek, S. Knapp, & T. L. Jackson (Eds.), *Innovations in clinical practice: A source book* (pp. 5-24). Sarasota, FL: Professional Resource Press.

Futterman, A., Thompson, L., Gallagher-Thompson, D., & Ferris, R. (1995). Depression in later life: Epidemiology, assessment, etiology, and treatment. In E. E. Beckham & W. R. Leber (Eds.), *Handbook of depression* (2nd ed., pp. 494-525). New York: Guilford Press.

Gallagher-Thompson, D., Hanley-Peterson, P., & Thompson, L. W. (1990). Maintenance of gains versus relapse following brief psychotherapy for depression. *Journal of Consulting and Clinical Psychology,*

58(3), 371-374.

Garyfallos, G., Adarnopoulo, A., Karastergiou, A., Voikli, M., Sotiropoulo, A., Donias, S., et al. (1999). Personality disorders in dysthymia and major depression. *Acta Psychiatrica Scandinavica, 99*(5), 332-340.

Geddes, J. R., Carney, S. M., Davies, C., Furukawa, T. A., Kupfer, D. J., Frank, E., et al. (2003). Relapse prevention with antidepressant drug treatment in depressive disorders: A systematic review. *Lancet, 361*, 653-661.

Gelder, M. G. (1994). Cognitive therapy for depression. In H. Hippius & C. N. Stefanis (Eds.), *Research in mood disorders: An update* (Vol. 1, pp. 115-124). Goettingen, Germany: Hogrefe & Huber.

Giesen-Bloo, J., van Dyck, R., Spinhoven, P., van Tilburg, W., Dirksen, C., van Asselt, T., et al. (2006). Outpatient psychotherapy for borderline personality disorder: A randomized trial of schema-focused therapy vs. transference-focused therapy. *Archives of General Psychiatry, 63*, 649-658.

Gilson, M., Freeman, A. M., Yates, J., & Freeman, S. M. (2009). *Overcoming depression: A cognitive therapy approach* (2nd ed.). New York: Oxford University Press.

Gloaguen, V., Cottraux, J., Cucherat, M., & Blackburn, I. M. (1998). A meta-analysis of the effects of cognitive therapy in depressed patients. *Journal of Affective Disorders, 49*, 59-72.

Halvorsen, M., Wang, C. E., Eisemann, M., & Waterloo, K. (2010). Dysfunctional attitudes and early maladaptive schemas as predictors of depression: A 9-year follow-up study. *Cognitive Therapy Research, 34*, 368-379.

Halvorsen, M., Wang, C. F., Richter, J., Myrland, I., Pedersen, S. K., Eisemann, M, et al. (2009). Early maladaptive schemas, temperament and character traits in clinically depressed and previously depressed subjects. *Clinical Psychology and Psychotherapy, 16*(5), 394-407.

Hardeveld, F., Spijker, J., de Graaf, R., Nolen, W. A., & Beekman, A. T. F. (2010). Prevalence and predictors of recurrence of major depressive disorder in the adult population. *Acta Psychiatrica Scandinavia, 122*, 184-191.

Harley, R., Sprich, S., Safren, S., Jacob, M., & Fava, M. (2008). Adaptation of dialectical behavior therapy skills training group for treatment-resistant depression, *Journal of Nervous and Mental Diseases, 196*(2), 136-143.

Harrington, R., Wood, A., & Verduyn, C. (1998). Clinically depressed adolescents. In P. J. Graham (Ed.), *Cognitive-behaviour therapy for children and families* (pp. 156-193). New York: Cambridge University Press.

Hawke, L. D., & Provencher, M. D. (2011). Schema theory and schema therapy in mood and anxiety disorders: A review. *Journal of Cognitive Psychotherapy: An International Quarterly, 25*(4), 257-276.

Hayden, E. P., & Klein, D. N. (2001). Predicting outcome of dysthymic disorder at a 5-year follow-up: The impact of familial psychopathology, early adversity, personality, comorbidity, and chronic stress. *American Journal of Psychiatry, 158*, 1864-1870.

Hayes, A. M., & Strauss, J. L. (1998). Dynamic systems theory as a paradigm for the study of change in psychotherapy: An application to cognitive therapy for depression. *Journal of Consulting and Clinical Psychology, 66*(6), 939-947.

Heim, C., & Nemeroff, C. B. (2001). The role of childhood trauma in the neurobiology of mood and anxiety disorders: Preclinical and clinical studies. *Biological Psychiatry, 49*, 1023-1039.

Henry, W. P., Strupp, H. H., Butler, S. F., Schacht, T. E., & Binder, J. L. (1993). The effects of training in time-limited dynamic psychotherapy: Changes in therapist behavior. *Journal of Consulting and Clinical Psychology, 61*, 434-440.

Hollon, S. D. (1998). What is cognitive behavioural therapy and does it work? *Current Opinion in Neurobiology, 8*, 289-292.

Hollon, S. D., DeRubeis, R. J., & Evans, M. D. (1996). Cognitive therapy in the treatment and prevention of depression. In P. M. Salkovskis (Ed.), *Frontiers of cognitive therapy* (pp. 293-317). New York: Guilford Press.

Hollon, S. D., DeRubeis, R. J., Evans, M. D., Weimer, M. J., Garvey, M. J., Grove, W. M., et al. (1992). Cognitive therapy and pharmacotherapy: Singly and in combination. *Archives of General Psychiatry, 49,* 774-781.

Hollon, S. D., DeRubeis, R. J., Shelton, R. C., Amsterdam, J. D., Salomon, R. M., O'Reardon, J. P., et al. (2005). Prevention of relapse following cognitive therapy vs. medications in moderate to severe depression. *Archives of General Psychiatry, 62,* 417-422.

Hollon, S. D., & Shelton, R. C. (2001). Treatment guidelines for major depressive disorder. *Behavior Therapy, 32,* 235-258.

Hollon, S. D., Shelton, R. C., & Loosen, P. T. (1991). Cognitive therapy and pharmacotherapy for depression. *Journal of Consulting and Clinical Psychology, 59*(1), 88-99.

Hollon, S. D., Thase, M. E., & Markowitz, J. C. (2002). Treatment and prevention of depression. *Psychological Science in the Public Interest, 3,* 39-77.

Howland, R. H. (1993). Chronic depression. *Hospital and Community Psychiatry, 44,* 633-639.

Ingram, R. E., & Holle, C. (1992). Cognitive science of depression. In D. J. Stein & J. E. Young (Eds.), *Cognitive science and clinical disorders* (pp. 187-209). San Diego, CA: Academic Press.

Jacobson, N. S., & Hollon, S. D. (1996). Cognitive-behavior therapy versus pharmacotherapy: Now that the jury's returned its verdict, it's time to present the rest of the evidence. *Journal of Consulting and Clinical Psychology, 64*(1), 74-80.

Jarrett, R. B. (1995). Comparing and combining short-term psychotherapy and pharmacotherapy for depression. In E. E. Beckham & W. R. Leber (Eds.), *Handbook of depression* (2nd ed., pp. 435-464). New York: Guilford Press.

Jarrett, R. B., Kraft, D., Doyle, J., Foster, B. M., Eaves, G. G., & Silver, P. C. (2001). Preventing recurrent depression using cognitive therapy with and without continuation phase. *Archives of General Psychiatry, 58*(4), 381-388.

Jarrett, R. B., & Nelson, R. O. (1987). Mechanisms of change in cognitive therapy of depression. *Behavior Therapy, 18,* 227-241.

Jarrett, R. B., Schaffer, M., McIntire, D., Witt-Browder, A., Kraft, D., & Risser, R. C. (1999). Treatment of atypical depression with cognitive therapy or phenelzine: A double-blind, placebo-controlled trial. *Archives of General Psychiatry, 56,* 431-437.

Jarrett, R. B., & Thase, M. E. (2010). Comparative efficacy and durability of continuation phase cognitive therapy for preventing recurrent depression: Design of a double-blinded, fluoxetine-and pill-placebo-contolled, randomized trial with 2-year follow-up. *Contemporary Clinical Trials, 31*(4), 355-377.

Jarrett, R. B., Vittengl, J. R., & Clark, L. A. (2008). How much cognitive therapy, for which patients, will prevent depressive relapse. *Journal of Affective Disorders, 111*(2-3), 185-192.

Joffe, R., Segal, Z., & Singer, W. (1996). Change in thyroid hormone levels following response to cognitive therapy for major depression. *American Journal of Psychiatry, 153*(3), 411-413.

Johansson, R., & Andersson, G. (2012). Internet-based psychological treatments for depression. *Expert Review of Neurotherapeutics, 12* (7), 861-870.

Joyce, P. R., McKenzie, J. M., Carter, J. D., Rae, A. M., Luty, S. E., Frampton, C. M. A., et al. (2007). Temperament, character and personality disorders as predictors of response to interpersonal psychotherapy and cognitive-behavioural therapy for depression. *British Journal of Psychiatry, 190,* 503-508.

Keller, M. B., & Bolland, R. J. (1998). Implications of failing to achieve successful long-term maintenance treatment of recurrent unipolar major depression. *Biological Psychiatry, 44*(5), 348-360.

Keller, M. B., & Hanks, D. L. (1995). Course and natural history of chronic depression. In J. H. Kocsis & D. N. Klein (Eds.), *Diagnosis and treatment of chronic depression* (pp. 58-72). New York: Guilford Press.

Keller, M. B., McCullough, J. P., Klein, D. F., Arnow,

B., Dunner, D. L., Gelenberg, A. J., et al. (2000). A comparison of nefazodone, the cognitive behavioral-analysis system of psychotherapy, and their combination for the treatment of chronic depression. *New England Journal of Medicine, 342*, 1462-1470.

Kendler, K. S., Kessler, R. C., Walters, E. E., MacLean, C., Neale, M. C., Heath, A. C., et al. (1995). Stressful life events, genetic liability, and onset of an episode of major depression in women. *American Journal of Psychiatry, 152*, 833-842.

Kessler, R. C., Akiskal, H. S., Ames, M., Birnbaum, H., Greenberg, P. A., Jin, R., et al. (2006). Prevalence and effects of mood disorders on work performance in a nationally representative sample of U.S. workers. *American Journal of Psychiatry, 163*(9), 1561-1568.

Kessler, R. C., Petukhova, M., Sampson, N. A., Zaslavsky, A. M., & Wittchen, H. U. (2012). Twelve-month and lifetime prevalence and lifetime morbid risk of anxiety and mood disorders in the United States. *Internal Journal of Methods in Psychiatric Research, 21*(3), 169-184.

Klein, D. N., Santiago, N. J., Vivian, D., Blalock, J. A., Kocsis, J. H., Markowitz, J. C., et al. (2004). Cognitive-behavioral analysis system of psychotherapy as a maintenance treatment for chronic depression. *Journal of Consulting and Clinical Psychology, 72*, 681-688.

Kocsis, J. H., Gelenberg, A. J., Rothbaum, B. O., Klein, D. N., Trivedi, M. H., Manber, R., et al. (2009). Cognitive behavioral analysis system of psychotherapy and brief supportive psychotherapy for augmentation of antidepressant nonresponse in chronic depression: the REVAMP Trial. *Archives of General Psychiatry, 66*(11), 1178-1188.

Koder, D. A., Brodaty, H., & Anstey, K. J. (1996). Cognitive therapy for depression in elderly. *International Journal of Geriatric Psychiatry, 11*(2), 97-107.

Kupfer, D. J., Frank, E., & Wamhoff, J. (1996). Mood disorders: Update on prevention of recurrence. In C. Mundt, M. M. Goldstein, K. Hahlweg, & P. Fiedler (Eds.), *Interpersonal factors in the origin and course of affective disorders* (pp. 289-302). London: Gaskell.

Lam, D. H., Hayward, P., Watkins, E. R., Wright, K., & Sham, P. (2005). Relapse prevention in patients with bipolar disorder: Cognitive therapy outcome after 2 years. *American Journal of Psychiatry, 162*(2), 324-329.

Lazarus, A. A., & Lazarus, C. N. (1991). *Multimodal Life History Inventory* (2nd ed.). Champaign, IL: Research Press.

Leahy, R. L. (2010). *Beat the blues before they beat you*. New York: Hay House.

Lee, C. W., Taylor, G., & Dunn, J. (1999). Factor structure of the Schema Questionnaire in a large clinical sample. *Cognitive Therapy and Research, 23*(4), 441-451.

Levendusky, P. G., & Hufford, M. R. (1997). The application of cognitive-behavior therapy to the treatment of depression and related disorders in the elderly. *Journal of Geriatric Psychiatry, 30*(2), 227-238.

Linehan, M. M. (1993a). *Cognitive-behavioral treatment of borderline personality disorder*. New York: Guilford Press.

Linehan, M. M. (1993b). *Skills training manual for treating borderline personality disorder*. New York: Guilford Press.

Lizardi, H., Klein, D. N., Ouimette, P. C., Riso, L. P., Anderson, R. L., & Donaldson, S. K. (1995). Reports of the childhood home environment in early onset dysthymia and episodic major depression. *Journal of Abnormal Psychology, 104*, 132-139.

Luoma, J. B., Hayes, S. C., & Walser R. D. (2007). *Learning ACT: An acceptance and commitment therapy skills-training manual for therapists*. Richmond, BC, Canada: Raincoast Books.

Luty S. E., Carter, J. D., McKenzie, J. M., Rae, A. M., Frampton, C. M. A., Mulder, R. T. et al. (2007). Randomized controlled trial of interpersonal psychotherapy and cognitive-behavioural therapy for depression. *British Journal of Psychiatry, 190*, 496-502.

Ma, S. H., & Teasdale, J. D. (2004). Mindfulness-based cognitive therapy for depression: Replication and exploration of differential relapse prevention effects. *Journal of Consulting and Clinical Psychology, 72*(1), 31-40.

Manicavasagar, V., Perich, T., & Parker, G. (2012). Cognitive predictors of change in cognitive behavior therapy and mindfulness-based cognitive therapy for depression. *Behavioural and Cognitive Psychotherapy, 40*, 227-232.

Mathew, K. L., & Whitford, H. S. (2010). The long-term effects of mindfulness-based cognitive therapy as a relapse prevention treatment for major depressive disorder. *Behavioural and Cognitive Psychotherapy, 38*, 561-576.

Mathys, M., & Mitchell, B. G. (2011). Targeting treatment-resistant depression. *Journal of Pharmacological Practice, 24*(6), 520-533.

Matthew, K. L., Whitford, H. S., Kenny, M. A., & Denson, L. A. (2010). The long-term effects of mindfulness-bassed cognitive therapy as a relapse prevention treatment for major depressive disorder. *Behavioural and Cognitive Psychotherapy, 38*, 561-576.

McCullough, J. P., Jr. (2000). *Treatment for chronic depression: Cognitive behavioral analysis system of psychotherapy (CBASP)*. New York: Guilford Press.

McCullough, J. P., Jr. (2003). Treatment for chronic depression: Cognitive behavioral-analysis system of psychotherapy. *Journal of Psychotherapy Integration, 13*(3/4), 241-263.

McGinn, L. K., & Young, J. E. (1996). Schema-focused therapy. In P. M. Salkovskis (Ed.), *Frontiers of cognitive therapy* (pp. 182-207). New York: Guilford Press.

Meterissian, G. B., & Bradwejn, J. (1989). Comparative studies on the efficacy of psychotherapy, pharmacotherapy, and their combination in depression: Was adequate pharmacotherapy provided? *Journal of Clinical Psychopharmacology, 9*, 334-339.

Miller, I. W., Norman, W. H., Keitner, G. I., Bishop, S., & Dow, M. G. (1989). Cognitive-behavioral treatment of depressed inpatients. *Behavior Therapy, 20*, 25-47.

Mohr, D. C. (1995). Negative outcome in psychotherapy: A critical review. *Clinical Psychology: Science and Practice, 2*, 1-27.

Murphy, G. E., Simmons, A. D., Wetzel, R. D., & Lustman, P. J. (1984). Cognitive therapy and pharmacotherapy, singly and together, in the treatment of depression. *Archives of General Psychiatry, 41*, 33-41.

National Institute of Mental Health. (2006). The numbers count: Mental disorders in America (Publication No. 06-4584). Retrieved April 6, 2007, from *www.nimh.nih.gov/publicat/numbers*.

Newman, C. F., Leahy, R. L., Beck, A. T., Reilly-Harrington, N. A., & Gyulai, L. (2002). *Bipolar disorder: A cognitive therapy approach*. Washington, DC: American Psychological Association.

Nierenberg, A. A., Keefe, B. R., Leslie, V. C., Alpert, J. E., Pava, J. A., Worthington, J. J., III, et al. (1999). Residual symptoms in depressed patients who respond acutely to fluoxetine. *Journal of Clinical Psychiatry, 60*(4), 221-225.

Oei, T. P. S., & Free, M. L. (1995). Do cognitive behavior therapies validate cognitive models of mood disorders?: A review of the empirical evidence. *International Journal of Psychology, 30*(2), 145-180.

Oei, T. P. S., & Shuttlewood, G. J. (1996). Specific and nonspecific factors in psychotherapy: A case of cognitive therapy for depression. *Clinical Psychology Review, 16*(2), 83-103.

O'Leary, K. D., & Beach, S. R. H. (1990). Marital therapy: A viable treatment for depression and marital discord. *American Journal of Psychiatry, 147*(2), 183-186.

Olfson, M., Marcus, S. C., Druss, B., Elinson, L., Tanielian, T., & Pincus, H. A. (2002). National trends in the outpatient treatment of depression. *Journal of the American Medical Association, 287*, 203-209.

Overholser, J. C. (1998). Cognitive-behavioral treatment of depression, part X: Reducing the risk of relapse. *Journal of Contemporary Psychotherapy, 28*(4), 381-396.

Padesky, C. A., with Greenberger, D. (1995). *A clinician's guide to mind over mood*. New York: Guilford Press.

Paykel, E. S. (2007). Cognitive therapy in relapse prevention in depression. *International Journal of Neuropsychopharmacology, 10*, 131-136.

Paykel, E. S., Scott, J., Teasdale, J. D., Johnson, A. L., Garland, A., Moore, R., et al. (1999). Prevention of relapse in residual depression by cognitive therapy. *Archives of General Psychiatry, 56*, 829-835.

Peeters, F., Huibers, M., Roelofs, J., van Breulkelen, G., Hollon, S. D., Markowitz, J. C., et al. (2013). The clinical effectiveness of evidence-based interventions for depression: A pragmatic trial in routine practice. *Journal of Affective Disorders, 145*(3), 349-355.

Pepper, C. M., Klein, D. N., Anderson, R. L., Riso, L. P., Ouimette, P. C., & Lizardi, H. (1995). DSM-III-R axis II comorbidity in dysthymia and major depression. *American Journal of Psychiatry, 152*(2), 239-247.

Persons, J. B., Burns, D. D., & Perloff, J. M. (1988). Predictors of dropout and outcome in cognitive therapy for depression in a private practice setting. *Cognitive Therapy and Research, 12*(6), 557-575.

Piper, W. E., Ogrodniczuk, J. S., Joyce, A. S., McCallum, M., Rosie, J. S., O'Kelly, J. G., et al. (1999). Prediction of dropping out in time-limited, interpretive psychotherapy. *Psychotherapy, 36*, 114-122.

Quilty, L. C., McBride, C., & Bagby, R. M. (2008). Evidence for the cognitive mediational model of cognitive behavioral therapy for depression. *Psychological Medicine, 38*(11), 1531-1541.

Randolph, J. J., & Dykman, B. M. (1998). Perceptions of parenting and depression-proneness in the offspring: Dysfunctional attitudes as a mediating mechanism. *Cognitive Depressive Disorders, 21*, 401-449.

Rehm, L. P. (1990). Cognitive and behavioral theories. In B. B. Wolman & G. Stricker (Eds.), *Depressive disorders: Facts, theories, and treatment methods* (pp. 64-91). New York: Wiley.

Reinecke, M. A., Ryan, N. E., & DuBois, D. L. (1998). Cognitive-behavioral therapy of depression and depressive symptoms during adolescence: A review and meta-analysis. *Journal of the American Academy of Child and Adolescent Psychiatry, 37*(1), 26-34.

Renner, F., Lobbestael, J., Peeters, F., Arntz, A., & Huibers, M. (2012). Early maladaptive schemas in depressed patients: Stability and relation with depressive symptoms over the course of treatment. *Journal of Affective Disorders, 136*, 581-590.

Riso, L. P., du Toit, P. L., Blandino, J. A., Penna, S., Dacey, S., Duin, J. S., et al. (2003). Cognitive aspects of chronic depression. *Journal of Abnormal Psychology, 112*(1), 72-80.

Riso, L. P., Froman, S. E., Raouf, M., Gable, P., Maddux, R. E., Turini-Santorelli, N., et al. (2006). The long-term stability of early maladaptive schemas. *Cognitive Therapy and Research, 30*(4), 515-529.

Roberts, J. E., & Hartlage, S. (1996). Cognitive rehabilitation interventions for depressed patients. In P. W. Corrigan & S. C. Yudofsky (Eds.), *Cognitive rehabilitation for neuropsychiatric disorders* (pp. 371-392). Washington, DC: American Psychiatric Press.

Rush, A. J., Beck, A. T., Kovacs, M., & Hollon, S. (1977). Comparative efficacy of cognitive therapy and imipramine in the treatment of depressed outpatients. *Cognitive Therapy and Research, 1*, 17-37.

Rush, A. J., Trivedi, M. H., Wisniewski, S. R., Nierenberg, A. A., Stewart, J. W., Warden, D., et al. (2006). Acute and longer-term outcomes in depressed outpatients requiring one of several treatment steps: A STAR*D report. *American Journal of Psychiatry, 163*, 1905-1917.

Sacco, W. P., & Beck, A. T. (1995). Cognitive theory and therapy. In E. E. Beckham & W. R. Leber (Eds.), *Handbook of depression* (2nd ed., pp. 329-351). New York: Guilford Press.

Sachs-Ericsson, N., Verona, E., Joiner, T., & Preacher, K. J. (2006). Parental abuse and mediating role of self-criticism in adult internalizing disorders. *Journal of Affective Disorders, 93*(1-3), 71-78.

Safran, J. D., Muran, J. C., Samstag, L. W., & Stevens, C. (2002). Repairing alliance ruptures. In J. C. Norcross (Ed.), *Psychotherapy relationships that work:*

Therapists contributions and responsiveness to patients (pp. 235-254). New York: Oxford University Press.

Safran, J. D., & Segal, Z. V. (1990). *Interpersonal processes in cognitive therapy*. New York: Basic Books.

Safran, J. D., Segal, Z. V., Vallis, T. M., Shaw, B. F., & Samstag, L. W. (1993). Assessing patient suitability for shortterm cognitive therapy with an interpersonal focus. *Cognitive Therapy and Research, 17*(1), 23-38.

Salkovskis, P. M. (Ed.). (1996). *Frontiers of cognitive therapy: The state of the art and beyond*. New York: Guilford Press.

Sava, F. A., Yates, B. T., Lupu, V., Szentagotai, A., & David, D. (2009). Cost-effectiveness and cost-utility of cognitive therapy, rational emotive behavioral therapy, and fluoxetine (Prozac) in treating depression: A randomized clinical trial. *Journal of Clinical Psychology, 65* (1), 36-52.

Schmidt, N. B. (1994). The Schema Questionnaire and the Schema Avoidance Questionnaire. *Behavior Therapist, 17*(4), 90-92.

Schmidt, N. B., Joiner, T. E., Young, J. E., & Telch, M. J. (1995). The Schema Questionnaire: Investigation of psychometric properties and the hierarchical structure of a measure of maladaptive schemata. *Cognitive Therapy and Research, 19*(3), 295-321.

Schramm, E., Zobel, I., Dykierek, P., Kech, S., Brakemeier, E., Kutz, A., et al. (2011). Cognitive behavioral analysis system of psychotherapy versus interpersonal psychotherapy for early-onset chronic depression: A randomized pilot study. *Journal of Affective Disorders, 129*, 109-116.

Scott, J. (1996a). Cognitive therapy of affective disorders: A review. *Journal of Affective Disorders, 37*, 1-11.

Scott, J. (1996b). The role of cognitive behaviour therapy in bipolar disorders. *Behavioural and Cognitive Psychotherapy, 24*(3), 195-208.

Scott, J. (2000). New evidence in the treatment of chronic depression. *New England Journal of Medicine, 342*, 1518-1520.

Scott, J., Palmer, S., Paykel, E., Teasdale, J., & Hayhurst, H. (2003). Use of cognitive therapy for relapse prevention in chronic depression. *British Journal of Psychiatry, 182*, 221-227.

Segal, Z. V., Williams, J. M. G., & Teasdale, J. D. (2002). *Mindfulness-based cognitive therapy for depression: A new approach to preventing relapse*. New York: Guilford Press.

Shaw, B. F., & Segal, Z. V. (1999). Efficacy, indications, and mechanisms of action of cognitive therapy of depression. In D. S. Janowsky (Ed.), *Psychotherapy indications and outcomes* (pp. 173-196). Washington, DC: American Psychiatric Press.

Shea, M. T., & Elkin, I. (1996). The NIMH Treatment of Depression Collaborative Research Program. In C. Mundt, M. J. Goldstein, K. Hahlweg, & P. Fiedler (Eds.), *Interpersonal factors in the origin and course of affective disorders* (pp. 316-328). London: Gaskell/Royal College of Psychiatrists.

Shea, M. T., Elkin, I., Imber, S. D., Sotsky, S. M., Watkins, J. T., Collins, J. F., et al. (1992). Course of depressive symptoms over follow-up: Findings from the National Institute of Mental Health Treatment of Depression Collaborative Research Program. *Archives of General Psychiatry, 49*(10), 782-787.

Shea, M. T., Pilkonis, P. A., Beckham, E., Collins, J. F., Elkin, I., Sotsky, S. M., et al. (1990). Personality disorders and treatment outcome in the NIMH Treatment of Depression Collaborative Research Program. *American Journal of Psychiatry, 147*(6), 711-718.

Simons, A. D., Murphy, G. D., Levine, J. L., & Wetzel, R. D. (1986). Cognitive therapy and pharmacotherapy for depression: Sustained improvement over 1 year. *Archives of General Psychiatry, 43*, 43-48.

Spanier, C. A., Frank, E., McEachran, A. B., Grochocinski, V. J., & Kupfer, D. J. (1999). Maintenance interpersonal psychotherapy for recurrent depression: Biological and clinical correlates and future directions. In D. S. Janowsky (Ed.), *Psychotherapy indications and outcomes* (pp. 249-273). Washington, DC: American Psychiatric Press.

Spirito, A., Esposito-Smythers, C., Wolff, J., & Uhl, K. (2011). Cognitive-behavioral therapy for adolescent depression and suicidality. *Child and Adolescent Psychiatric Clinics of North America, 20*(2), 191-204.

Stein, D. J., & Young, J. E. (1992). Schema approach to personality disorders. In *Cognitive science and clinical disorders* (pp. 271-288). San Diego, CA: Academic Press.

Stirman, S. W., Miller, C. J., Toder, K., Calloway, A., Beck, A. J., Evans, A. C., et al. (in press). Perspectives on cognitive therapy training within community mental health settings: Implications for clinical satisfaction and skill development. *Depression Research and Treatment.*

Strine, T. W., Mokdad, A. H., Balluz, L. S., Gonzalez, O., Crider, R., Berry, J. T., et al. (2008). Depression and anxiety in the United States: Findings from the 2006 Behavioral Risk Factor Surveillance System. *Psychiatric Services*, 59(12), 1383-1309.

Stuart, S., & Bowers, W. A. (1995). Cognitive therapy with inpatients: Review and meta-analysis. *Journal of Cognitive Psychotherapy, 9*(2), 85-92.

Substance Abuse and Mental Health Services Administration (SAMHSA). (2008). Results from 2007 National Survey on Drug Use and Health: National Findings (Office of Applied Studies, NSDUH Series H-34, DHHS Publication No. SMA 08-4343). Rockville, MD: U.S. Department of Health and Human Services.

Sullivan, M. J. L., & Conway, M. (1991). Dysphoria and valence of attributions for others' behavior. *Cognitive Therapy and Research, 15*(4), 273-282.

Teasdale, J. D. (1997a). Assessing cognitive mediation of relapse prevention in recurrent mood disorders. *Clinical Psychology and Psychotherapy, 4*, 145-156.

Teasdale, J. D. (1997b). The relationship between cognition and emotion: The mind-in-place in mood disorders. In D. M. Clark & C. G. Fairburn (Eds.), *Science and practice of cognitive behavior therapy* (pp. 67-93). Oxford, UK: Oxford University Press.

Teasdale, J. D., Moore, R. G., Hayhurst, H., Pope, M., Williams, S., & Segal, Z. V. (2002). Metacognitive awareness and prevention of relapse in depression: Empirical evidence. *Journal of Consulting and Clinical Psychology, 70*(2), 275-287.

Teasdale, J. D., Segal, Z. V., & Williams, J. M. G. (1995). How does cognitive therapy prevent depressive relapse and why should attentional control (mindfulness) training help? *Behaviour Research and Therapy, 33*, 25-39.

Teasdale, J. D., Segal, Z. V., Williams, J. M. G., Ridgeway, V. A., Soulsby, J. M., & Lau, M. A. (2000). Prevention of relapse/recurrence in major depression by mindfulness-based cognitive therapy. *Journal of Consulting and Clinical Psychology, 68*(4), 615-623.

Thase, M. E. (1992). Long-term treatments of recurrent depressive disorders. *Journal of Clinical Psychiatry, 53*(Suppl. 9), 32-44.

Thase, M. E. (1999). How should efficacy be evaluated in randomized clinical trials of treatments for depression? *Journal of Clinical Psychiatry, 60*(Suppl. 4), 23-32.

Thase, M. E. (2011). Antidepressant combinations: Widely used, but far from empirically validated. *Canadian Journal of Psychiatry, 56*(6), 317-323.

Thase, M. E., Bowler, K., & Harden, T. (1991). Cognitive behavior therapy of endogenous depression: Part 2. Preliminary findings in 16 unmedicated inpatients. *Behavior Therapy, 22*, 469-477.

Tolin, D. F. (2010). Is cognitive-behavioral therapy more effective than other therapies? A meta-analytic review. *Clinical Psychology Review, 30*(6), 710-270.

Treatment for Adolescents with Depression Study (TADS) Team. (2004). Fluoxetine, cognitive-behavioral therapy, and their combination for adolescents with depression: Treatment for adolescents with depression study (TADS) randomized controlled trial. *Journal of the American Medical Association, 292*(7), 807-820.

Treatment for Adolescents with Depression Study (TADS) Team. (2007). Long term effectiveness and safety outcomes. *Archives of General Psychiatry, 64*, 1132-1144.

Trivedi, M. H., Fava, M., Wisniewski, S. R., Thase, M. E.,

Quitkin, F., Warden, D., et al. (2006). Medication augmentation after the failure of SSRIs for depression. *New England Journal of Medicine, 354*, 1243-1252.

Truax, C. B., & Mitchell, K. M. (1971). Research on certain therapist interpersonal skills in relation to process and outcome. In A. E. Bergin & S. L. Garfield (Eds.), *Handbook of psychotherapy and behavior change: An empirical analysis* (pp. 299-344). New York: Wiley.

van Aalderen, J. R., Donders, A. R. T., Giommi, F., Spinhoven, P., Barendregt, H. P., & Speckens, A. E. M. (2012). The efficacy of mindfulness-based cognitive therapy in recurrent depressed patients with and without a current depressive episode: A randomized controlled trial. *Psychological Medicine, 42*, 989-1001.

Versiani, M. (1998). Pharmacotherapy of dysthymic and chronic depressive disorders: Overview with focus on moclobemide. *Journal of Affective Disorders, 51*(3), 323-332.

Vittengl, J. R., Clark, L. A., Dunn, T. D., & Jarrett, R. B. (2007). Reducing relapse and recurrence in unipolar depression: A comparative meta-analysis of cognitive-behavioral therapy's effects. *Journal of Consulting and Clinical Psychology, 75*(3), 475-488.

Vittengl, J. R., Clark, L. A., & Jarrett, R. B. (2009). Continuation-phase cognitive therapy's effect on remission and recovery from depression. *Journal of Consulting and Clinical Psychology, 77*(2), 367-371.

Vocisano, C., Klein, D., Arnow, B., Rivera, C., Blalock, J. A., Rothbaum, B., et al. (2004). Therapist variables that predict symptom change in psychotherapy with chronically depressed outpatients. *Psychotherapy: Theory, Research, Practice and Training, 41*(3), 255-265.

Vos, T., Corry, J., Haby, M. M., Carter, R., & Andrews, G. (2005). Cost-effectiveness of cognitive-behavioural therapy and drug interventions for major depression. *Australian and New Zealand Journal of Psychiatry, 39*(8), 683-692.

Wang, C. E., Halvorsen, M., Eisemann, M., & Waterloo, K. (2010). Stability of dysfunctional attitudes and early maladaptive schemas: A 9-year follow-up study of clinically depressed subjects. *Journal of Behavior Therapy and Experimental Psychiatry, 41*(4), 389-396.

Wang, J. (2004). A longitudinal population-based study of treated and untreated major depression. *Medical Care, 42*(6), 543-550.

Wang, J., Patten, S. D., William, J. V., Currie, S., Beck, C. A., Maxwell, C. J., et al. (2005). Help seeking behaviors of individuals with mood disorders. *Canadian Journal of Psychiatry, 50*(10), 652-659.

Wells, A., Fisher, P., Myers, S., Wheatley, J., Patel, T., & Brewin, C. R. (2012). Metacognitive therapy in treatment-resistant depression: A platform trial. *Behaviour Research and Therapy, 50*(6), 367-373.

Whisman, M. A. (1993). Mediators and moderators of change in cognitive therapy of depression. *Psychological Bulletin, 114*, 248-265.

Wiersma, J. E., van Schaik, D. J. F., van Oppen, P., Mc-Cullough, J. P., Schoevers, R. A., Dekker, J. J., et al. (2008). Treatment of chronically depressed patients: A multisite randomized controlled trial testing the effectiveness of "cognitive behavioral analysis system of psychotherapy" (CBASP) for chronic depression versus usual secondary care. *BMC Psychiatry, 8*, 18.

Wierzbicki, M., & Bartlett, T. S. (1987). The efficacy of group and individual cognitive therapy for mild depression. *Cognitive Therapy and Research, 11*(3), 337-342.

Williams, J. M. G. (1997). Depression. In D. M. Clark & C. G. Fairburn (Eds.), *Science and practice of cognitive behaviour therapy* (pp. 259-283). Oxford, UK: Oxford University Press.

Wolpe, J. (1993). Commentary: The cognitivist oversell and comments on symposium contributions. *Journal of Behavior Therapy and Experimental Psychiatry, 24*(2), 141-147.

World Health Organization (WHO). (2004). The Global Burden on Disease 2004 update. Retrieved from *www.who.int/healthinfo/global_burden_disease /*

GBD_report_2004update_full.pdf.

Wright, J. H. (1996). Inpatient cognitive therapy. In P. M. Salkovskis (Ed.), *Frontiers of cognitive therapy* (pp. 208-225). New York: Guilford Press.

Wright, J. H., & McCray, L. W. (2011). *Breaking free from depression: Pathways to wellness.* New York: Guilford Press.

Wright, J. H., Wright, A. S., Albano, A. M., Basco, M. R., Goldsmith, L. J., Raffield, T., et al. (2005). Computer-assisted cognitive therapy for depression: Maintaining efficacy while reducing therapist time. *American Journal of Psychiatry, 162,* 1158-1164.

Young, J. E. (1999). *Cognitive therapy for personality disorders: A schema-focused approach* (3rd ed.). Sarasota, FL: Professional Resource Exchange. (Original work published 1990)

Young, J. E. (2005). *Young Schema Questionnaire* (3rd ed.). New York: Cognitive Therapy Center of New York.

Young, J. E., Arntz, A., Atkinson, T., Lobbestael, J., Weishaar, E., van Vreeswijk, M., et al. (2008). *Schema Mode Questionnaire (Version 1.1).* New York: Cognitive Therapy Center of New York.

Young, J. E., & Klosko, J. S. (1994). *Reinventing your life: How to break free of negative life patterns.* New York: Plume.

Young, J. E., Klosko, J. S., & Weishaar, M. E. (2003). *Schema therapy: A practitioner' guide.* New York: Guilford Press.

Zettle, R. (2007). *ACT for depression: A clinician's guide to using acceptance and commitment therapy in treating depression.* Richmond, BC, Canada: Raincoat Books.

chapter 8

우울증의 대인관계치료

Kathryn L. Bleiberg, John C. Markowitz 공저
김지혜 역

지난 수십 년간의 연구에 의하면, 대인관계치료(IPT)는 다양한 심리적 문제를 해결하는 데 임상적으로 효용성이 있었으며, 특히 우울증 치료에 효과가 컸다. IPT의 큰 장점 중 하나는 임상가가 프로토콜을 통합적으로 실시하는 방법을 비교적 쉽게 배울 수 있다는 것이다. 이 장에서는 '사라'의 치료 사례를 통해 IPT 치료 과정을 상세히 기술하고자 한다. 사라는 두 달 전, 임신 27주차에 유산을 하였으며, 이후 애도 과정에서 주요우울장애로 고통받고 있다. 사라의 치료자인 Kathryn L. Bleiberg는 IPT 훈련의 국제적인 권위자이다. IPT는 상대적으로 쉽게 실시할 수 있지만, (다른 치료적 접근법들과 마찬가지로) IPT 치료 과정 중 겪게 되는 갈등들이 사라의 사례에서도 분명히 나타나고 있다. 치료자는 애도를 해소하는 데 초점을 맞추었으며, 동시에 상실로 인한 정서적 반응으로서 나타난 사회적 고립과 남편과의 갈등도 함께 다루었다. 연구 결과에 의하면, IPT는 그것의 목적에 충실하고 프로토콜을 성실하게 따를수록 치료 결과가 더 성공적이었다. 치료자와 환자가 특정 과제에 집중하고 함께 작업을 해 나가는 것이 대인관계에 초점을 맞춘 심리치료에서 특히 효과적이라는 증거들이 있다. - D. H. B.

대인관계치료(interpersonal psychotherapy: IPT)는 시간 제한이 있고, 임상적 진단 자체를 치료목표로 삼고 있으며, 실용적이고, 경험적으로 지지된 치료로서 원래는 외래에서 주요우울증 환자들을 치료하기 위해 개발되었다. IPT는 최근 혹은 현재의 생활사건, 대인관계에서의 장애, 증상에 초점을 맞춘다. IPT 치료자는 의학적 모델을 활용하고, 기분 증상과 최근의 생활사건들을 연관시킴으로써 환자가 이해받고 있다는 느낌을 받도록 돕는다. IPT는 우울 증상을 감소시켜서 증상 발현과 관련된 현재의 대인관계 문제를 보다 효과적으로 다룰 수 있도록 하며, 사회적 지지를 활성화시켜서 우울증에서 회복되도록 돕는다(Bleiberg & Markowitz, 2007). IPT가 주요우울증에 대한 개인치료에서 성공을 거두자 다른 정서장애에도 IPT를 적용하기 시작했는데, 여기에는 노인 우울증(Reynolds et al.,

2006, 2010; Sholomskas, Chevron, Prusoff, & Berry, 1983), 청소년 우울증(Mufson, Moreau, & Weissman, 1993; Mufson, Weissman, Moreau, & Garfinkel, 1999; Mufson et al., 2004), HIV 양성 환자들의 우울증(Markowitz, Klerman, Perry, Clougherty, & Mayers, 1992; Markowitz, Kocsis, et al., 1998; Ransom et al., 2008), 임신 중 우울증(Spinelli & Endicott, 2003)과 산후우울증(O'Hara, Stuart, Gorman, & Wenzel, 2000), 기분부전장애(Markowitz, 1998), 양극성장애(Frank, 2005) 등이 포함된다. 나아가 IPT는 사회공포증(Lipsitz, Fyer, Markowitz, & Cherry, 1999), 외상 후 스트레스 장애(Bleiberg & Markowitz, 2005; Markowitz, Milrod, Bleiberg, & Marshall, 2009)와 같은 불안장애에도 적용되었으며, 신경성 폭식증(Fairburn, Jones, Peveler, Hope, & O'Connor, 1993; Fairburn et al., 1995), 폭식장애(Wilfley, 2008; Wilson, Wilfley, Agras, & Bryson, 2010), 그리고 경계선 성격장애(Markowitz, Skodol, & Bleiberg, 2006)의 치료에도 사용되었다. 이와 같이 IPT는 다양한 장애에 적용되었을 뿐 아니라 다른 문화권의 환자들에게도 확대되어 실시되고 연구되었다(Markowitz & Weissman, 2012a). 특히 주요우울증 치료에 효과적임이 입증되면서, IPT는 국가적인 치료지침에도 포함되었다(American Psychiatric Association, 2010; Cuijpers et al., 2011). 이 장에서는 주요우울증에서 개인 IPT를 적용하기 위한 원리, 특징, 기법 등을 다룰 것이며, 임상가가 실제 환자를 대상으로 IPT 기법을 어떻게 적용하는지 설명할 것이다.

주요우울증

주요우울장애(major depressive disorder: MDD)는 가장 흔히 나타나는 우울증으로, 미국에서만 한 해에 수백만의 사람이 이로 인해 고통을 받고 있다. 세계보건기구(World Health Organization: WHO)의 연구에 의하면(Murray & Lopez, 1996), 전 세계적으로 우울증은 장애(disability)를 유발하는 네 번째 주요 원인(leading cause)이며, 2021년에는 두 번째 주요 원인이 될 것으로 예상된다. 기분장애 역학 연구들은 주요우울장애의 유병률과 관련 자료들에 대한 추정치를 제공하고 있다. 전국 동반이환 조사 반복(National Comorbidity Survey Replication: NCS-R; Kessler et al., 2003)에 의하면, 미국에서 MDD의 생애 유병률은 16.2%, 1년 유병률은 6.6%이며, 대부분의 경우 MDD는 상당히 심각한 증상과 기능의 손상을 일으켰다. 미국 및 국제 연구들은 남성보다는 여성의 유병률이 지속적으로 높다고 보고하고 있다. MDD 삽화를 경험할 확률은 여성이 남성보다 2배 높다. MDD가 발병하는 평균적인 연령은 20세와 40세 사이이다(Blazer, 2000). 『정신질환의 진단 및 통계 편람 제5판(DSM-5)』(American Psychiatric Association, 2013)에서는 **하나 이상의** 우울 삽화를 특징적으로 보이는 기분장애를 MDD로 정의하였다. MDD는 최소한 2주 이상 하루 중 대부분, 그리고 거의 매일 지속되는 우울 기분, 모든 일상활동에 대한 흥미나 즐거움의 상실, 그리고 다음 중 최소 4개의 추가적인 우울 증상이 거의 매일 수반되는 질병이다.

- 의미 있는 체중 감소(다이어트를 하고 있지 않은 상태에서)나 증가 혹은 식욕 감소나 증가
- 불면이나 과다수면
- 객관적으로 관찰 가능한 정신운동성 초조나 지연
- 피로나 활력의 상실
- 무가치감, 과도하거나 부적절한 죄책감
- 사고력이나 집중력의 감소 또는 우유부단함
- 죽음에 대한 반복적인 생각, 구체적인 계획 없이 반복되는 자살사고, 또는 자살시도나 자살 수행에 대한 구체적인 계획

주요우울 삽화의 기준에 맞으려면, 환자의 증상이 임상적으로 현저한 고통이나 사회적·직업적, 또는 다른 중요한 기능 영역에서의 손상을 초래해야 한다. 우울증은 사회적 철회 혹은 사회적·직업적 기능의 손상과 연관되어 있다. 어떤 경우에는 주요우울 삽화에 조증 삽화가 수반되어 나타나기도 하는데, DSM-5에서는 이런 경우를 명시자에서 혼재성 양상 동반으로 분류하고 있다. 증상은 약물(substance) 등의 생리적 영향이나 다른 의학적 상태에 의한 것이 아니어야 한다.

IPT의 개발

Klerman, Weissman과 동료들은 1970년대에 우울증의 약물치료 연구를 위한 대조군 치료로서 IPT를 개발하였다(Markowitz & Weissman, 2012b). 그들은 연구 자료에 기초한 심리치료를 개발하고자 하였다. 제2차 세계대전 후 심리사회적 생활사건과 정신장애의 발현에 관한 연구들은 우울과 애도가 역할 갈등(나쁜 관계들), 역할 전환(새로운 직장을 얻거나, 직장을 잃는 것), 대인관계 결핍 등과 관련성이 있음을 보여 주고 있다. 스트레스를 주는 생활사건은 취약한 사람의 경우 우울 삽화를 야기할 수 있으며, 이로 인해 대인관계 기능이 저하되고, 결과적으로 스트레스를 주는 생활사건에 적절히 대처하는 것을 힘들게 하며, 이것은 또 다른 부정적인 생활사건을 촉발시킨다(Bleiberg & Markowitz, 2007).

IPT는 Adolph Meyer(1957)와 Harry Stack Sullivan(1953)의 대인관계 이론, John Bowlby(1973)의 애착 이론에 근거를 두고 있다. 대인관계 이론가들은 사회적·문화적, 그리고 대인관계적 요소를 강조함으로써 정신과의 영역을 확장시켰다. Sullivan은 정신장애의 발병에 대인관계의 역할이 중요하다는 점을 강조하였고, 정신장애를 이해, 평가 및 치료하는 데 대인관계를 활용하였다. Sullivan은 초기 아동기 이후에 발생하는 생활사건과 대인관계가 정신병리에 영향을 준다고 주장하였는데, 이는 오이디푸스기 이전에 초점을 맞추던 당시의 통설들과는 대비되는 주장이었다.

Bowlby(1973)는 안정적인 애착관계의 붕괴가 우울증 발병에 영향을 줄 수 있다고 주장하였으며, 안정적인 애착을 형성하고 유지하는 데 어려움이 있는 경우 정신장애가 나타날 수 있다고 보았다. 사실 사회적 지지는 우울증으로부터 환자를 보호해 준다. 정신의학에서 정신장애가 단순히 어린 시절의 경험에 의해서라기보다는 현재의 생활사건에 영향을 받는다는 생각은 정신분석이 강조되던 시기에는 새로운 것이었다(Klerman, Weissman, Rounsaville, & Chevron, 1984).

IPT의 원리: 우울증에 대한 IPT 모델

IPT의 두 가지 기본적인 원칙은 환자에게 우울증과 발병 상황을 설명해 주는 것이다. 이 원칙들은 매우 단순해서, 심한 우울증으로 집중력이 저하된 환자들도 쉽게 이해할 수 있다. 첫째, IPT 치료자들은 우울증을 의학적인 질병으로 간주하며, 환자에게 그들이 별개의, 그리고 예측 가능한 증상들로 구성되어 있는 흔한 질병을 갖고 있다고 설명해 줌으로써 증상에 압도되지 않도록 해 준다. IPT 치료자들은 우울증의 원인은 복잡하며, 많은 요인에 의해 나타난다고 보고 있다. 원인에는 생물학, 생활경험, 가족력, 그리고 다양한 요인이 포함될 수 있다. IPT 치료자들은 **우울증은 치료될 수 있는 의학적 질병이며, 환자의 잘못이 아님**을 강조한다. 우울증이 치료될 수 있다고 설명하는 것은 환자에게 자신도 좋아질 수 있다는 희망을 심어 준다. 절망감은 잠재적으로 치명적인 우울 증상 중 하나이며, 일반적인 양호한 병의 예후를 왜곡시킨다. 우울증 환자들은 자신의 증상과 증상의 결과로 나타나는 기능의 장애를 개인적인 실패나 성격적인 결함, 취약성의 증거로 생각하는 경향이 있다.

우울증을 비난받지 않아도 되는 질병으로 정의하는 것은 환자가 죄책감, 자기비난과 맞서 싸우는 데 도움이 된다. 치료자는 우울증을 DSM-5 혹은 국제질병분류(International Classification of Diseases: ICD-10; World Health Organization, 1992)를 사용하여 진단할 수 있으며, 증상을 평가하기 위해 Hamilton 우울평정척도(Hamilton Depression Rating Scale: HDRS; Hamilton, 1960)나 Beck 우울척도 제2판(Beck Depression Inventory-II: BDI-II; Beck, Steer, & Brown, 1996) 같은 평정척도를 사용할 수 있다. 우울증을 진단하는 데 의학적 모델을 사용하는 것은 IPT와 다른 심리치료의 다른 점이며, 그 결과 IPT 치료에서는 항우울제를 병행하여 사용하는 것이 가능하다.

IPT의 두 번째 원칙은 환자의 우울증이 현재 혹은 최근의 생활사건과 연관되어 있다는 것이다. 스트레스가 심한 생활사건은 취약한 사람에게 우울 삽화를 촉발할 수 있으며, 역으로 우울증은 개인이 스트레스가 심한 생활사건을 다루기 힘들게 만든다. IPT는 환자의 생활에서 대인관계 문제를 해결하는 데 초점을 맞추는데, 문제 영역(복합 애도, 역할 갈등, 역할 전환, 대인관계 결핍 등)이 환자의 현재 우울 삽화와 연관되어 있기 때문이다. 여성 환자[1]는 대인관계 위기를 해결함으로써 자신의 생활 상황을 개선시킴과 동시에 우울 증상을 경감시킬 수 있다.

IPT의 특징

IPT에는 다른 심리치료와 구별되는 몇 가지 특징적인 면이 있다.

- **IPT는 시간 제한이 있으며 초점이 있는 치료이다.** 주 1회, 12~16회기로 진행되는 단기치료이다. 지속 혹은 유지 회기를 진행할 수도 있는데, 이 경우 격주 혹은 월 1회 진행한다. IPT에

1) 주 1을 보라.

서 시간 제한을 두는 것은 환자로 하여금 자신의 증상이나 생활환경이 빨리 좋아질 수 있는 것이라는 희망을 갖게 한다. 또한 시간 제한은 환자가 치료에 집중하도록 격려하는 기능을 하고, 환자와 치료자가 주어진 치료시간 내에 열심히, 그리고 효율적으로 작업하도록 독려한다. 치료자와 환자는 치료 초기에, 한 가지 혹은 많아야 두 가지 문제 영역에 초점을 맞출 것을 동의한다.

- **IPT는 경험적으로 입증된 치료이다.** IPT의 효용성은 연구를 통해 반복적으로 입증되었기 때문에 치료자는 확신과 낙관 속에서 치료를 진행할 수 있으며, 환자는 자신이 받는 치료에 대해 희망을 가질 수 있다.
- **IPT는 진단을 목표로 한다.** IPT는 특정 진단, 그 진단의 증상, 그리고 증상이 사회적 기능을 어떻게 간섭하고 방해하는지에 초점을 맞추고 있다. IPT는 모든 환자에게 적용되는 것은 아니지만, 많은 환자에게서 무선통제연구를 통해 효용성이 입증되었다.
- **IPT는 '지금-여기'에 초점을 맞춘다.** IPT는 현재와 미래를 위하여 환자의 상황을 개선시키는 것에 중점을 둔다. IPT 치료자들은 환자의 과거에 어떤 일이 일어났는가보다는 현재 증상과 관계의 어려움을 최근 혹은 현재의 생활사건과 관련시킨다. 과거의 우울 삽화와 대인관계를 검토하여 관계양상을 파악하기는 하지만, 치료의 초점은 현재의 관계, 즉 사회적 지지를 구축하고 갈등을 해소하는 것과 사회적 기능에 맞추어져 있다.
- **IPT는 대인관계 문제에 초점을 맞춘다.** IPT 치료자들은 정신내적 방어를 인지할 수도 있지만 환자의 현재 어려움을 내적 갈등의 결과로 보지는 않는다. 대신 치료자는 대인관계와 기능에 초점을 맞추게 된다.
- **IPT는 기분과 현재 생활사건 사이의 상호작용에 초점을 맞춘다.** IPT 치료자들은 스트레스가 심한 생활사건은 주요우울증의 삽화를 야기할 수 있으며, 역으로 우울증이 심리사회적 기능을 저하시킬 수 있음을 강조한다. 이것이 생활 스트레스에 적절히 대처하는 것을 힘들게 하며, 미래의 부정적인 생활사건으로 이끈다.
- **IPT는 감정을 끌어내는 것을 강조한다.** 우울증 환자들은 그들이 느끼는 것을 이해하고, 명명하고, 또 구체화하는 데 어려움을 보이는 경우가 많다. 우울증 환자들은 기분이 '나쁘다'고 보고하기는 하지만 부정적 기분을, 즉 분노, 상처, 부끄러움, 거절, 실망 등과 같이 좀 더 구체적으로 명명하는 것을 어려워한다. 더구나 그러한 부정적인 감정을 인식하게 되면 그런 '나쁜' 정서를 갖고 있었다는 사실을 부끄러워하는 경향이 있다. IPT 치료자는 환자가 자신이 느끼는 감정이 무엇인지를 더 잘 명명할 수 있도록 도와야 하며, 분노 및 실망과 같은 정서가 정상적이고 대인관계에서 유용한 신호가 될 수 있음을 확인시켜 주어야 하고, 환자가 그러한 정서를 길잡이로 사용할 수 있도록 도와주어야 한다(Markowitz & Milrod, 2011). IPT에서 환자들은 자신의 감정을 좀 더 잘 다루는 방법, 그리고 대인관계에서 어떻게 행동하고 무슨 말을 할지를 결정할 때 자신의 감정을 이용하는 방법을 배우게 된다.

IPT와 다른 심리치료의 비교

IPT는 특징적인 이론적 근거가 있고, 다른 심리치료와 차이점이 있지만(Hill, O'Grady, & Elkin, 1992; Weissman, Markowitz, & Klerman, 2000), 절충적인 심리치료로서 다른 치료적 접근법에서 사용되던 기법들을 사용하고 있다. IPT는 소위 말하는 심리치료의 '일반적' 요소를 포함하고 있다 (Frank, 1971). IPT는 '지금-여기'의 진단에 초점을 맞추고 있으며, 시간 제한이 있고, 인지행동치료(cognitive-behavioral therapy: CBT)의 적극적 접근법을 공유하고 있다. IPT와 CBT 모두 역할연기(role playing)와 기술 향상(skills building) 기법을 활용하고 있다. 그러나 IPT는 CBT에 비해 훨씬 덜 구조화되어 있으며, 환자의 기분을 향상시키고 대인관계 문제해결에 도움이 되도록 회기 사이의 활동을 격려하기는 하지만, 공식적으로 과제를 내 주지는 않는다. CBT 치료자는 우울증을 역기능적인 사고 패턴의 결과로 정의하며 이것이 환자에게 어려움을 야기한다고 보고 있지만, IPT 치료자는 우울증이 의학적인 질병이며 관련된 문제들은 우울하기 때문에, 그리고 최근의 생활사건들과 관련되어 나타난다고 생각한다. IPT는 ('뜨거운', 즉 감정적으로 감전된) 자동적 사고보다는 감정을 끌어내는 것을 강조한다. IPT는 부부치료와 유사한 방식으로 대인관계 이슈를 다룬다. IPT 치료자는 지지치료자처럼 환자를 지지해 주고 용기를 북돋운다 (Bleiberg & Markowitz, 2007).

IPT는 한때 '정신역동적' 정신치료로 간주되었지만 그것은 사실이 아니다(Markowitz, Svartberg, & Swartz, 1998). IPT는 우울증에 의학적 모델을 적용하지만, 정신역동적 정신치료는 갈등에 기반한 접근을 한다. IPT 치료자는 무의식적 과정을 다루지 않으며, 전이를 탐색하거나 해석하지 않는 반면, 치료실 밖의 현재 관계에 초점을 맞춘다. 아동기 경험을 인식하기는 하지만 강조하지는 않는다. IPT 치료자는 현재의 증상과 대인관계 문제를 현재의 생활사건, 아동기의 경험과 연관 짓지 않는다. IPT는 과거의 경험이 현재의 어려움에 미치는 영향을 인지하고는 있지만, 이는 단지 대인관계 행동의 패턴과 환자의 부단한 노력에 공감하는 것을 강조하기 위하여 확인할 뿐이다. 정신역동적인 치료와 달리 IPT의 목표는 증상을 경감시키고 사회적 기능을 향상시키는 것이지, 환자의 특성이나 성격을 변화시키는 것이 아니다. 그러나 IPT 치료자는 정신역동적 정신치료자처럼 치료 상황에서 감정을 촉발시키는 것을 강조하고, 또 환자가 이전에는 알지 못했던 기분을 자각하도록 돕는다 (Markowitz & Milrod, 2011; Weissman et al., 2000).

IPT 치료자

IPT 치료자는 학교나 병원의 사무실 혹은 개인적인 치료환경에서 치료를 할 수 있다. 치료자는 전형적으로는 환자의 가족이나 친구에게 자문을 구하지 않는다.

IPT 치료자는 비중립적이고(non-neutral), 적극적인 자세를 취하며(active stance), 우울증에 관한 심리교육을 제공하고, 사회적 기술을 가르치며, 희망을 갖도록 한다. IPT에서 다소 지시적인 접근은 시간 제한을 고수하고 대인관계 문제 영역에 초점을 맞추는 데 필수적인 것이다. 적극적인 자세를 취하는 것은 중립적이고 회기 중 지시를 거의 하지 않는 정신역동적인 입장을 갖고 있는 치료자에게는 상당한 도전일 수 있다.

반면, IPT 치료자는 우울증의 특징인 수동성과 의존성을 강화하기를 원하지는 않는다. 치료자가 모든 문제를 해결한다면 환자의 부적합감을 강화시킬 수 있다. 그러므로 IPT 치료자는 환자가 많은 아이디어를 제시하고, 여러 선택사항을 탐색하고, 회기 사이에 이것들을 검증해 볼 것을 격려한다. 따라서 환자는 치료에서 진전을 보인 생활상의 변화를 스스로 만들었다는 점을 인정할 수(그리고 인정받을 수) 있어야 한다.

IPT 치료자는 우울증이 좋아질 수 있고 변화는 곧 나타날 수 있다는 희망을 심어 주는 데 지지적이고, 열정적이고 낙관적일 필요가 있으며, 환자에게 변화를 만들어 낼 수 있다는 용기를 심어 주고 고무시킬 필요가 있다. IPT 매뉴얼 구성(Weissman et al., 2000; Weissman, Markowitz, & Klerman, 2007)과 무선통제연구에서 나타난 경험적 증거들은 치료자가 확신을 갖는 데 도움을 준다. IPT 치료자는 환자가 치료에서 진전을 보였을 때, 혹은 환자가 변화하기 위한 노력을 했을 때 축하해 준다.

IPT 치료자는 환자가 자신의 기분을 확인하고 표현하도록 강조하기 때문에, 감정을 표현하는 것을 격려하고 또 부정적인 강한 감정은 참도록 격려하는 것을 편안하게 느껴야 한다. 치료자는 사실 기분이 강력한 것이지만, 기분은 기분일 뿐이며, 대인관계 맥락에서 이해되어야 하고, 참으면 지나가게 되는 것임을 보여 주어야 한다.

IPT 환자

연구 결과에 의하면, 주요우울증을 갖고 있는 다양한 환자가 IPT의 적용 대상으로 적합하다. IPT는 프로토콜을 약간 수정하면, 청소년, 성인, 임산부, 노인 우울증 환자의 치료에 적용할 수 있다. 환자는 최근 생활사건의 스트레스와 사회적 접촉에 대하여 치료자에게 보고하여야 한다. 최근 생활사건이 없고 기본적으로 사회적 기술이 결여되어 있는 우울증 환자는 IPT 치료가 가장 힘든 부류이다. IPT는 항우울제와 함께 항정신병 약물치료 혹은 전기충격치료가 필요한 망상형 우울증 환자에게는 적합하지 않다. 중등도 혹은 고도의 성격장애를 동반하고 있는 환자들은 단기 정신치료에 반응하지 않을 수 있다(Weissman et al., 2000). 따라서 경계선 성격장애에 IPT를 적용한 최근의 사례에서는 32주의 치료 회기를 권한다(Markowitz et al., 2006).

네 가지 대인관계 문제 영역

IPT 치료에서는 환자의 현재 우울 삽화의 발병 및 유지와 관련되어 있는 네 가지 대인관계 문제 중 하나를 해결하는 데 초점을 맞춘다. IPT 치료자는 문제 영역 각각에 대해 특징적인 전략을 따르게 된다.

애도

이 문제 영역은 중요한 사람의 사망 후 복합 애도(complicated bereavement)를 나타내는 것이다.

치료자는 애도 과정(mourning process)을 촉진시키고, 카타르시스를 하도록 격려하여, 마침내 상실을 보상할 수 있는 새로운 관계를 구축하고 새로운 활동을 찾도록 돕는다. 치료자는 사랑했던 사람과의 관계 및 그와 연관되어 있는 감정들을 탐색한다. 복합 애도를 보이는 환자들은 사망한 사람과 갈등 관계에 있었던 경우, 그 사람에게 분노를 표현하거나 해결되지 않은 감정을 보고하면서 죄책감을 느끼거나 그러한 감정을 불편해한다. 환자들은 죽은 사람에게 자신이 했던 말이나 행동에 대하여, 혹은 그렇게 말하지 않았던 것에 대하여 죄책감을 느낄 수 있다. 치료자는 이러한 감정을 탐색하고, 부정적인 기분을 인정하고 수용해 줌으로써 환자가 경험하는 죄책감을 드러낼 수 있도록 돕는다.

치료적 상황에서 부정적인 감정을 드러내는 것은 그러한 감정의 강도를 감소시키는 데 도움이 될 수 있다. 치료자는 동시에 상실한 사람에 대해 환자가 갖고 있었던 긍정적인 기분을 탐색하며, 상실감에 대하여 공감해 준다. 마지막으로, 치료자는 환자가 상실한 관계를 대체할 수 있는 새로운 관계를 형성하고 새로운 활동을 할 수 있는 기회들을 탐색하며, 새로운 대안들을 찾도록 돕는다. 상실은 그렇지 않았으면 환자가 접해 볼 수 없었던 새로운 사람과 새로운 활동을 접해 보는 기회가 될 수도 있을 것이다.

역할 갈등

'역할 갈등(role dispute)'은 배우자, 친구, 부모, 친척, 고용주, 동료, 친한 친구 등 의미 있는 사람과의 갈등을 말한다. 치료자와 환자는 관계, 갈등의 속성, 갈등을 해결할 수 있는 방법들을 탐색한다. 우울증 환자는 다른 사람의 요구를 자신의 요구보다 우선시하는 경향이 있다. 그들은 자기주장을 하고, 다른 사람에게 현실을 직시하게 하고, 효과적으로 화를 내는 것을 힘들어하는데, 이러한 면들이 대인관계 갈등을 처리하는 것을 힘들게 만들 수 있다. 치료자는 환자의 이러한 우울 성향들을 다루어 주며 다음과 같이 설명한다. "당신 잘못이 아닙니다. 당신은 자기주장을 하는 방법을 배울 수 있을 것입니다."

치료자는 관계에서 환자의 감정을 인정해 준다. 예를 들면, 환자를 괴롭히는 누군가에게 분노를 느끼는 것은 자연스러운 반응이다. 문제는 이러한 감정을 어떻게 표현하는가 하는 것이다. 치료자는 환자가 사고와 감정을 좀 더 효과적으로 의사소통하는 방법을 배우고, 역할연기를 통하여 상대방과 상호작용을 시연해 보도록 돕는다. 갈등을 해소할 수 있는 방법들을 탐색하고 시도해 본 후에도 갈등이 더욱 심해진다면, 치료자는 환자를 도와 이 어려움을 계속 겪어 낼 것인지, 아니면 관계를 끊을 것인지 고려해 보도록 한다.

역할 전환

'역할 전환(role transition)'은 삶의 위치가 바뀌는 것으로, 예를 들면 관계를 시작하거나 끝낸 것, 직장을 다니기 시작하거나 퇴직한 것, 지리적인 이동, 졸업이나 은퇴, 부모가 된 것, 의학적 질병을 진단받는 것 등이다. 치료자는 환자가 오래된 역할의 상실을 애도할 수 있도록 돕고, 새로운 역할의 긍정적인 면과 부정적인 면을 탐색하도록 하며, 가능하다면 계속 보유할 수 있는 오래된 역할의 긍정적인 면이 무엇인지를 결정하도록 도와주어야 한다. 궁극적으로, 치료자는 환자가 새로운 역할에 적응하고 그에 대해 효능감을 가질 수 있도록 도와주어야 한다. 새로운 역할이 환자가 원하던 것이고 긍정적인 것인 경우에도 예상하지 못한 상실이 수반될 수 있다. 예를 들어, 결혼을 하면 배우자의 가족과 시간을 보내야 하기 때문에 자신의 원가족과 보내는 시간이 줄어들 수 있다. 새로운 큰 집으로 이사 가서 더 좋은 이웃과 지내는 것은 오랫동안 살았던 동네의 이웃 친구들과의 관계를 중단시킬 수 있다. 반대로 새로운 역할이 바람직하지 않은 경우에도, 환자는 치료 과정에서 그동안 알지 못했던 장점을 발견할 수 있다. 직장을 잃은 환자는 이러한 상실이 좀 더 좋은 직장을 찾아볼 수 있는 기회라는 점을 알게 될 것이다.

대인관계 결핍

대인관계 결핍(interpersonal deficits)은 4개의 문제 영역 중 가장 덜 개발된 영역인데, 주요우울증에 대한 IPT에서 이 영역에 초점을 맞추는 경우는 환자가 최근 사회생활을 거의 하지 않고 있는 경우로, 따라서 앞의 세 가지 문제 영역에 해당되지 않는 경우에 국한된다. 이 영역에 속하는 환자는 사회적으로 고립되어 있고, 사회적 지지가 거의 없으며, 견고하고 지지적이거나 만족스러운 대인관계를 거의 경험해 보지 못한 사람이다. 이 문제 영역에서의 치료목표는 환자의 고립을 감소시키는 것이다. 환자는 현재 관계가 결핍되어 있으므로, 치료에서는 과거 관계에 초점을 맞추고 새로운 관계를 형성하는 것에 초점을 맞춘다. 치료자는 과거의 의미 있는 관계들을 살펴봄으로써 긍정적인 면과 부정적인 면을 탐색해 보고, 되풀이되는 문제를 찾아내도록 한다. 치료자는 환자가 사람을 만날 수 있는 기회들을 탐색해 보고, 과거에 좋아했던 활동에 참여하도록 돕는다.

다른 문제 영역에서의 치료와는 달리, 대인관계 결핍에서의 치료는 치료자와의 관계에 초점을 맞출 수 있다. 다른 관계가 없기 때문에, 그리고 환자가 치료적 상황에 대해 불편감을 느낄 가능성이 많다는 점을 고려하여, 치료자는 환자에게 치료자에 대한 감정을 다루도록 격려하며, 이러한 관계에서 나타나는 대인관계 문제를 다룰 수 있다. 환자가 다른 사람과 관계를 형성할 때 치료자와의 관계가 모델이 될 수 있도록 하는 것이 바람직하다. IPT가 일반적으로 생활사건에 초점을 맞춘다는 점을 고려해 볼 때, 그러한 생활이 결핍되어 있는 환자의 경우 IPT에 잘 반응하지 않는다는 것은 놀라운 일이 아니다. 환자의 기저에 기분부전장애가 있는지를 살펴보는 것도 중요한데, 기분부전장애 환자는 최근 생활사건이 거의 없기 때문이다. 기분부전장애 환자들을 위한 IPT 프로토콜도 있다(Markowitz, 1998; Weissman et al., 2000).

IPT 치료 과정

주요우울장애의 IPT 치료는 초기, 중기, 그리고 종결 단계로 구성된다. IPT 기법은 환자가 각 대인관계 문제 영역에서 치료목표를 달성하는 데 도움을 준다. 이 장에서는 이러한 기법을 적용하여 사례를 설명하고자 한다.

초기 단계(1~3회기)

주요우울증에 대한 IPT 초기 회기에서의 과제는 환자가 주로 호소하는 것이 무엇인지 알아내는 것이다. 환자의 증상을 검토하고 진단을 결정하기, 현재 우울 삽화를 대인관계 맥락 내에서 판단하기, 치료적 동맹을 형성하기, 치료 목표와 전략을 포함하여 치료의 틀(frame)을 설정하기 등이 이에 해당된다. 이러한 과제들은 모든 정신치료적 개입에 공통적이지만, 이 과제를 달성해 가는 기법과 과정에 IPT만의 차별점이 있다.

주요우울장애 진단하기

MDD를 진단하기 위해 치료자는 DSM-5 혹은 ICD-10에서 사용하고 있는 우울증의 현재 증상을 알고 있어야 하며, 각 증상에 대해, 또한 과거 우울증을 앓았던 경험이 있는지에 대해 질문해야 한다. 치료자는 HDRS(Hamilton, 1960)나 BDI-II(Beck et al., 1996)와 같은 증상의 심각도를 측정하는 척도를 사용할 수 있으며, 이 척도들은 환자의 진전 상황을 점검하기 위하여 몇 주에 한 번씩 주기적으로 반복 사용할 수도 있다. 치료자는 양극성장애, 일반적인 의학적 상태 혹은 약물에 의한 우울증, 다른 정신과적인 장애를 배제해야 한다. 환자가 MDD 진단기준에 맞는 경우, 치료자는 환자에게 다음과 같이 분명히 설명해 준다.

> "당신은 주요우울장애를 앓고 있습니다. 지난 두 달 동안 당신이 설명해 온 다음과 같은 증상들—대부분의 시간에 기분이 처져 있고, 즐거움을 찾기 힘들며, 무슨 일이든 하기 힘들고, 잠들기 어렵고, 입맛이 없고, 집중하기 어렵고, 자기비판적이고, 스스로를 깎아내리고, 자신의 미래에 대하여 비관적인—은 모두 우울증의 증상입니다. 우울증은 치료 가능한 병입니다. 당신이 이렇게 느끼고 기능장애를 겪는 것은 당신 잘못이 아닙니다. 이것은 천식이나 고혈압 혹은 다른 의학적 질병이 있는 경우와 마찬가지입니다. 그리고 당신은 희망이 없다고 느끼고 있지만, 이 또한 우울 증상 중 하나입니다. 치료의 예후는 매우 좋습니다. 당신은 좋아질 수 있습니다."

치료 초기 단계에, 그리고 필요하다면 치료 전반에 걸쳐 치료자는 우울증과 그것이 사회적 기능에 미치는 영향에 대하여 심리교육을 한다. 치료자는 환자가 자신의 우울 증상을 인지하고 이해할 수 있도록 교육해야 하며, 우울 증상을 좀 더 잘 다룰 수 있도록 도와주어야 하고, 질병과 질병 전의 강점과 능력을 구별할 수 있도록 해 주어야 한다. 치료자는 증상의 심각도, 과거 약물에 대한 반응, 환자의 선호도 등을 고려하여 약물치료의 필요성을 결정한다.

'환자 역할'

IPT 치료자는 환자에게 '환자 역할(sick role)'(Parsons, 1951)을 일시적으로 제공함으로써 기능을 약화시키는 일련의 증상으로 구성된 질병 때문에 고통받고 있다는 사실을 환자 스스로 인정하도록 돕는다. 환자 역할을 하도록 허용하여 환자의 자기비난을 경감시키고, 우울증이 회복될 때까지 책임감에서 면제되도록 하는 것이다. 치료자는 환자에게 우울증이 어떻게 사회적 기능을 저하시킬 수 있는지, 그리고 자신을 지지해 줄 수 있는 가족과 친구들에게 우울증에 대해 어떻게 설명할 것인지를 교육시켜야 한다. 동시에 환자 역할은 치료 과정에서 자신의 증상을 향상시키기 위하여 환자 스스로 노력해야 한다는 책임감도 제공한다.

대인관계 평가척도

IPT에서 정신과적인 개인사(psychiatric history)를 다룰 때 '대인관계 평가척도(interpersonal inventory)'를 사용하는데, 이는 친밀한 관계, 관계 양상, 관계 내에서 다른 사람들에 대한 기대, 다른 사람들이 환자에게 기대한다고 생각되는 것 등 환자의 과거 및 현재의 사회적 기능을 전반적으로 평가한다. 대인관계 설문지를 이용하면 환자가 다른 사람들과 어떻게 상호작용하는지 알 수 있다. 또한 현재의 우울 삽화에 기여한 것은 어떤 관계였는지, 반대로 현재의 우울 증상이 관계에 어떤 영향을 주었는지도 파악할 수 있다. 또한 대인관계 평가척도는 실제적 혹은 잠재적인 사회적 지지도 평가한다. 이와 같은 정보를 수집하기 위해, IPT 치료자는 환자의 과거 및 현재의 대인관계에 대하여 세부적인 질문을 한다. 현재의 대인관계에 대한 질문에는 다음과 같은 내용들이 포함될 수 있다.

> "현재 누구와 대인관계를 맺고 있습니까? …… 당신의 삶에서 중요한 사람이 있습니까? …… 여자 친구/남자 친구는요? …… 그 사람과의 관계는 어떻습니까? …… 그 사람의 어떤 점이 좋습니까? …… 그 사람의 싫은 점은 무엇입니까? …… 당신과 당신 배우자는 다투나요? …… 무엇 때문에 다투나요? …… 싸우면 어떻게 되나요? 싸울 때 당신은 어떻게 합니까/어떻게 말하나요? …… 상대방에게 무엇을 기대하나요? …… 상대방이 당신에게 기대하는 것은 무엇입니까?"

대인관계 문제 영역 확인하기

대인관계 평가척도의 1차적 목적은 환자의 현재 우울 증상과 가장 관련되어 있는 대인관계 이슈가 무엇인지 알아내는 것이다. 치료자는 치료목표가 될 수 있는 주요 대인관계 문제를 확인해야 한다. 치료자는 현재의 우울 증상이 발생한 전후에 환자의 생활에서 어떤 변화가 있었는지 질문한다. "당신이 우울해질 때 어떤 일이 있었습니까?" 치료자는 환자의 삶의 여러 영역을 탐색한다: 집, 직장, 의미 있는 타인과의 관계, 가족 구성원, 그리고 친구들. 치료자는 초점을 맞추어야 할 문제 영역을 1~2개만 선택해야 한다. 너무 많은 영역에 초점을 맞추면 오히려 초점이 없는 치료가 될 수 있다. 치료자는 우울증과 문제 영역을 관련시키며 사례설계를 하여 환자에게 다음과 같이 제시한다.

> "당신의 말에 의하면, 남편과 지내는 데 어려움이 있었던 것이 중요한 문제인 것 같습니다. 우울증의 원인은 복잡하고 다 알려져 있지는 않지만, 중요한 사람과의 갈등이 우울증을 일으킬 수 있음은 이미 알려진 사실입니다. 더구나 우울증은 다른 사람들과의 갈등을 적절히 대처하기 힘들게 만들 수 있습니다. 제 생각엔 앞으로 12주간의 만남을 통해 당신이 남편과의 문제를 좀 더 잘 대처할 수 있는 방법을 찾아 나갔으면 합니다. IPT에서는 이러한 문제를 '역할 갈등'이라고 부릅니다. 당신이 역할 갈등을 해결하게 되면, 당신의 삶과 우울증이 모두 틀림없이 좋아질 것입니다. 이해하시겠습니까?"

선택된 대인관계 문제 영역에 대해 환자가 분명히 동의한 경우에 한하여, 치료자는 치료의 중기 단계로 진행할 수 있다. 치료의 초점에 대해 환자가 동의하면, 치료자는 이 주제로 다시 돌아와서 치료를 계속 진행하게 된다.

치료 계약과 IPT 접근에 대한 설명

초기 단계에서 치료자와 환자는 치료 초점에 대한 동의 외에 치료의 다른 측면들도 논의하고 이해할 수 있어야 한다. 치료자는 시간 제한, 회기의 빈도 및 길이, 종료 날짜, 약속시간, 치료 비용 등의 실제적인 이슈도 다루어야 한다. 또한 치료자는 IPT가 경험적으로 입증된 항우울치료들 중 하나라는 것과 기본적인 IPT 원리들을 설명한다. 치료자는 IPT 치료에서 '지금-여기'의 문제와 사회적 문제 및 대인관계 문제에 초점을 맞춘다는 점을 강조하며 다음과 같이 설명한다.

> "우리는 현재의 스트레스와 대인관계가 당신의 기분에 어떻게 영향을 주는지 이해하기 위해 함께 노력할 것입니다. 우리는 이러한 스트레스와 당신의 대인관계상의 문제들을 좀 더 잘 해결할 수 있도록 함께 작업해 나갈 것입니다. 우리는 당신이 대인관계에서 원하고 또 필요로 하는 것이 무엇인지를 탐색할 것이며, 당신이 원하고 필요로 하는 것을 얻을 수 있는 방법을 찾도록 노력할 것입니다."
>
> "나는 매주 당신이 다른 사람들과의 대인관계에서 어떻게 지냈는지, 이러한 대인관계가 당신의 기분에 어떤 영향을 주었는지, 그리고 당신의 기분이 다른 사람들과의 관계에서 어떤 영향을 주었는지를 경청할 것입니다."

치료자는 환자가 회기 중에 불편감을 느낀 점이 있다면 이를 다루도록 격려한다.

> "당신을 불편하게 한 것이 있다면 어떤 것이든 꼭 말해 주시기 바랍니다. 내가 당신을 불편하게 만들려고 의도하지는 않지만, 그럼에도 불구하고 당신이 불편했다면 꼭 말해 주십시오. 그러면 우리는 그 이슈에 대하여 다룰 수 있을 것입니다. 그것은 당신이 치료 밖 생활에서 유사하게 겪게 되는, 대인관계 긴장 중의 하나이기 때문입니다."

중기 단계(4~9회기)

치료 계약을 맺고 치료의 초점이 되는 대인관계 문제를 선택했다면, 치료자는 회기의 중기 단계로 진행하는 것이 가능하다. 이 단계에서의 목표는 초점이 되는 문제 영역을 해결하는 것이다.

매 회기는 다음과 같은 질문으로 시작된다. "우리가 마지막으로 만난 이후 기분이 어떠셨습니까?" 이 질문은 회기 사이에 발생한 기분, 사건, 그리고 대인관계 상호작용에 관한 개인사를 알아보기 위한 것이다. 또한 환자가 현재의 기분과 상황에 계속 집중할 수 있게 한다. 이 질문에 대한 반응으로서 환자는 자신의 기분("저는 정말 기분이 가라앉아 있었어요.")이나 사건("남편과 저는 크게 싸웠어요.")에 대하여 기술한다. 치료자는 추가 질문을 통해 환자의 기분과 최근의 사건을 연결시키거나, 반대로 사건과 환자의 기분을 연결시킨다("남편과 싸운 후에 기분이 우울해진 것이 틀림없군요!").

정서적으로 과부하된 대인관계 상호작용에 대해 질문할 때는 '의사소통 분석(감정적으로 부하된 상호작용을 평가하고 재구성하는 것)'을 사용하여 환자가 그 상황에서 어떤 감정을 느꼈는지, 그리고 보다 효과적인 의사소통을 하려면 어떻게 했어야 하는지를 이해하도록 돕는다. 치료자는 환자가 원하는 것과 선택 가능한 것들을 탐색함으로써 환자가 원하는 것이 무엇인지 결정하고, 또 원하는 것을 달성하기 위해 선택할 수 있는 것이 무엇인지를 탐색하도록 한다.

"이 상황에서 당신은 어떤 일이 일어나기를 원했습니까? 그 상황에서 당신이 원하는 것을 얻기 위해 무엇을 해야 했을까요? 당신이 할 수 있는 다른 방법은 무엇이 있었을까요?"

우울한 환자들은 자신에게 다른 선택이 있다는 사실을 잘 알지 못하는 경우가 많고, 자신의 요구가 다른 사람들의 요구보다 덜 중요하다고 간주하는 성향이 있다. 치료자는 이를 환자에게 설명해 주고 공감해 주며, 적절한 시기에는 환자에게 어려움을 야기한 우울 증상을 비난하기도 한다. 환자가 적절한 추가 목표를 선택하도록 돕기 위하여, 치료자는 '의사결정 분석(decision analysis)'을 할 수 있다. 이 장 후반부에서는 이 기법을 정교하게 사용한 사례를 제시할 것이다.

역할연기는 환자가 실제 생활에서 대인관계 상호작용을 잘할 수 있도록 준비시키기 위해 치료자와 환자가 잠재적인 상호작용을 하는 것이다. 역할연기 중에 치료자는 환자를 위하여 적절한 어휘를 제공해 주기보다는 환자 스스로 자신의 언어로 대처해 나가도록 격려해야 한다. 이를 통해 환자는 힘을 얻고, 치료자에게서 점차 독립해 나갈 수 있게 된다. 치료자는 대인관계 상호작용에서 환자가 말하고 싶었고 하고 싶었지만 우울증 때문에 할 수 없었던 것들을 역할연기를 통해 찾아낼 수 있음을 지적해 준다. 치료자는 환자에게 역할연기 중에 어떤 느낌이었는지, 내용과 목소리 톤이 편안하게 느껴졌는지, 실제 상황에서 그렇게 말한다면 어떤 느낌일지 등을 질문한다. 환자가 역할연기에서(그리고 결국은 실제 생활에서) 효과적으로 의사소통을 해냈다면, 치료자는 환자의 적응적인 행동을 축하, 격려해 줌으로써 그 행동을 강화시킨다. 실제 생활에서의 성공은 환자의 기분을 호전시킬 뿐 아니라 차후에도 자기주장을 좀 더 잘할 수 있도록 자극을 줄 수 있다.

우울한 환자들은 사회적으로 철회되어 있으며, 이전에는 즐거움을 주었던 활동에 대한 흥미도 상실하게 된다. 치료자는 환자가 다시 사회적 활동을 하도록 격려하고, 새로운 활동이나 기회들, 즉 가능하다면 새로운 관계를 형성할 수 있는 기회들을 탐색해 보도록 격려한다. 치료자는 다른 사람과 관계 맺는 것을 강요당하면 힘들 수 있다는 점을 공감해 주지만, 일단 관계를 맺게 되면 훨씬 나아질 수 있다는 점도 강조해야 한다. 사실 IPT 치료자는 환자에게 위험을 감수해 보도록 요구한다. 즉, 다른 사람들에게 자기주장을 하면서 동시에 스스로에게는 사회적 활동에 참여하도록 요구하는 것이다. 치료자는 환자에게 위험을 감수할 것을 요구하고 있음을 분명히 인식하고 있으며, 이러한 위험이 환자의 기분과 생활환경을 향상시켜 줄 수 있음도 확신시켜 준다. 치료자는 치료의 방향이 옳게 가고 있는지 그렇지 않은지를 다루게 될 것이다.

종결 단계(10~12회기)

마지막 회기에 치료자는 환자가 핵심 문제 영역을 얼마나 해소했는지, 증상은 어느 정도나 개선되었는지를 검토해 보아야 한다. 대인관계 핵심 문제를 해소하기 위해 환자가 했던 행동을 통하여 환자가 좋아진 이유를 검토해 봄으로써, 치료자는 환자가 좋아진 것은 환자 자신의 행동을 통해서라는 것을 일깨워 주고 이를 통해 환자의 자존감이 향상되도록 강화해 준다. 치료자는 환자의 노력과 치료의 진전을 축하해 주고, 치료자 없이도 환자가 이러한 진전상태를 유지시킬 수 있다는 낙관적인 견해를 전해 준다.

치료자는 기분이나 생활 상황이 전혀 나아지지 않았거나 부분적으로만 나아진, 즉 치료에 별 반응을 보이지 않은 환자에게도 설명을 해 주어야 한다. 치료자는 치료가 실패한 것이지 환자가 실패한 것은 아니라는 점을 강조해야 한다. 치료자는 우울증은 치료될 수 있으며, 효과가 입증된 다른 치료법들이 많이 있음을 강조하고, 또 다른 치료법을 찾아보도록 격려함으로써 환자에게 희망을 주어야 한다.

치료자는 치료 종결에 대한 환자의 기분을 탐색해야 하는데, 치료자와의 관계가 끝난다는 점에서 슬픔을 느낄 수 있지만, 동시에 증상의 개선과 치료기간 중 달성한 진전을 앞으로도 유지할 수 있다는 확신 때문에 기쁨도 느낄 수 있음을 인정해 준다. 증상이 재발하는 경우, 환자는 스스로 우울 증상에 대처하는 방법을 알게 된 것이며, 필요하다면 IPT의 '추가(booster)' 회기를 할 수도 있다.

IPT는 의학적 모델을 사용하기 때문에, 치료자는 주요우울증의 재발(relapse and recurrence)에 관한 심리교육을 하고 재발(relapse)가능성에 대해 미리 준비시킨다. 불행히도, 주요우울장애를 한 번 이상 경험한 환자들은 앞으로도 우울 삽화에 취약할 수 있다. 치료자는 이에 대해 알려 주고 스트레스가 심한 생활사건과 기분 간의 관련성에 대하여 교육해 줌으로써 환자가 미래에 스트레스가 심한 환경에서 어려움을 겪을 수 있음을 미리 예상하도록 해 준다. 다행히 환자는 증상의 악화를 막기 위해 치료 과정에서 배운 대처기법을 사용할 수 있다. IPT를 통해 호전이 되긴 했지만 아직도 유의미한 잔류 증상이 있거나 여러 번의 우울 삽화 경험이 있는 경우, 치료자와 환자는 지속 또는 유지 IPT(continuation or maintenance IPT)를 하기로 할 수 있으며, 이는 재발방지에 상당히 효율적이라고 입증되었다(Frank et al., 2007).

사례연구

다음의 사례는 임상가(K. L. B.)가 주요우울증 환자를 대상으로 12주의 단기 IPT 치료를 실시한 경우로, 애도라는 문제 영역을 어떻게 다루었는지 잘 보여 주고 있다. IPT에서 우울증의 발병이 의미 있는 타인의 죽음과 관련되어 있고, 환자가 비정상적인 애도 반응을 할 경우, 애도(grief) 혹은 복합 애도(complicated bereavement)가 초점 문제 영역이 된다(Weissman et al., 2000). 애도 문제(grief problem)는 일반적으로 실제 살았던 사람의 죽음과 관련된 복합 애도인 경우가 대부분이지만, 다음의 사례는 사산과 관련된 복합 애도이다(Bleiberg, 2012). 사실 IPT 문제 영역은 넓은 범위의 사례에 적용할 수 있다. 애도 문제를 다루기 위한 IPT의 특징적인 치료목표와 기법들이 제시되어 있다.

배경 정보

사라는 아이가 없는 35세의 기혼 여성으로, 임신 27주에 태아를 사산한 후 2개월간 주요우울증을 앓았으며, 이를 치료하기 위하여 의뢰되었다. 그녀의 주치의는 사산의 원인을 세균 감염으로 추정하였다. 사라의 주 호소는 "나는 그 상황을 이겨냈어야만 했다고 느낀다."였다.

임신 27주에 태아가 몇 시간 동안 움직이지 않는다고 느낀 사라는 의사에게 전화를 했고, 의사는 병원을 방문하라고 하였다. 의사는 심장박동이 없음을 발견하고 사라에게 태아를 분만할 필요가 있다고 말하였다. 사라는 충격을 받았으며, 마비된 듯하였고, 처음에는 울 수도 없었던 것으로 기억하였다. 사라는 분만을 유도하는 약을 먹었으며, 태아를 분만하였다. 아기를 소생시키려 노력했음에도 불구하고, 아기는 분만 직후 사망하였다. 그녀는 아기를 안아 보고 싶어 하였으며, 의료진은 아기를 하얀색과 분홍색이 섞인 담요에 싸서 그녀에게 건네주었다고 사라는 말하였다. 그녀는 자신과 남편이 교대로 아이를 안아 보았고, 울음을 멈출 수가 없었으며, 다시 의사에게 아이를 넘겨 줄 때까지 시간이 많이 걸렸다고 기억하였다. 그녀는 아이가 '너무 귀여웠고' 남편을 닮은 것 같았다고 말하였다. 병원에서 아이의 발자국 사진을 받았으며, 그것을 집으로 가져왔다. 사라와 그녀의 남편은 아이를 위한 장례식이나 기념식은 하지 않기로 하였다.

사라는 사산 이후로 거의 매일, 하루 종일 슬프고 짜증이 났으며, 이전에 즐겼던 일들, 즉 소설 읽기, 요리, 극장 가기, 운동 등도 전혀 즐겁지 않았다고 하였다. 그녀는 뉴욕시 소재 한 병원의 입원 병동에서 간호사로 일하고 있는데, 사산을 하기 전에는 자신의 일을 매우 즐겼다고 하였다. 하지만 그녀는 자신의 기분 때문에 지금은 일을 즐길 수 없으며, 자신의 임신을 아는 동료들에게 아이를 잃었다는 말을 하기가 두렵다고 하였다. 그녀는 자주 울고, 사회적으로 철회되어 있으며, 에너지 수준이 낮아졌고, 집중하기 어렵고, 식욕이 저하되어 있으며, 스스로에 대해 부정적으로 느껴진다고 하였다. 자살사고나 살 가치가 없다는 느낌은 부인하였다.

사라는 아이의 죽음에 대해 생각하지 않으려고 노력하지만, 그럼에도 불구하고 종종 아이 생각 때문에 괴롭다고 보고하였으며, 아이가 살아 있었다면 어떤 삶을 살았을지 궁금해하곤 한다고 하였다. 사라는 사산 3주 후에 직장으로 복귀하였으며, 직장 일로 주의가 분산되어 상실을 '극복하는 데' 도움이 되기를 희망하였다. 그녀는 친한 친구를 포함한 다른 임신한 여자들이나 아기 엄마들, 그리고 그녀가 임신했었다는 사실을 상기시키는 사람들에 대하여 상당한 적개심과 회피행동을 나타냈다.

사라는 부적절한 죄책감 때문에 괴로워하고 있었다. 아이의 죽음을 막기 위해 사라가 할 수 있는 일은 아무것도 없었다는 의사의 말에도 불구하고, 사라는 아이를 잃지 않기 위하여 자신이 무언가를 했어야 했다는 두려움과 죄책감을 느끼고 있었다. 의사는 세균 감염으로 태아가 사망에 이를 때까지 대부분의 임산부는 아무런 증상을 느끼지 못한다고 설명하였다. 그럼에도 불구하고 사라는 자신이 감염을 인지했어야만 했다고 생각하고 있으며, 35세가 되어서야 임신을 시도했던 점에 대하여 죄책감을 느꼈다. 그녀는 사산을 실패로 느끼는 것 같았다. 더 나아가 사라는 아이를 잃음으로써 남편을 실망시키고 걱정시킨 것에 대하여 죄책감을 느끼고 있었으며, 아이의 상실에 대한 자신의 기분 때문에 남편에게 부담감을 주는 것을 원치 않았다.

사라는 과거에 치료를 받아 본 적이 없었다. 그녀는 20대 후반에 수년간 사귀었던 남자 친구와 헤어진 후 4~6주간 주요우울증을 앓았는데, 이번 우울 삽화가 훨씬 심한 것 같다고 보고하였다. 사라는 자신의 어머니도 우울증을 앓았는데 항우울제를 복용하고 좋아졌다고 하였다.

사라는 평균 신장과 평균 체중에, 자기 나이 또래로 보이는 매력적인 여성이었다. 그녀는 캐주얼하지만 깔끔한 차림으로 청바지와 커다란 스웨터를 입고 있었다. 사라의 동작은 다소 느렸지만 말은 유창하였다. 기분은 우울하고 불안해 보였으며, 감정은 적절해 보였고, 눈물을 흘리곤 하였다. 그녀는 현재 혹은 과거에 자살사고가 있었거나 약물남용 혹은 정신과적 증상이 있었는지에 대한 질문에는 모두 부인하였다. 갑상선 기능장애를 포함하여, 현재 혹은 과거의 의학적 문제도 모두 부인하였다. 또한 그녀는 사산 전에는 임신한 경험이 없으며, 출산능력과 관련된 문제도 없었다. 사실 그녀는 수개월간의 노력 끝에 임신하였다.

사라는 IPT에 적합한 환자였다. 그녀는 주요우울증 진단기준에 맞으며, 증상 발현 즈음에 중요한 생활사건을 경험하였다. 더구나 IPT는 증상 발현과 관련하여 그녀가 경험했던 대인관계 문제를 다룰 수 있다. 사라는 CBT, 약물치료, 혹은 약물과 병행하여 실시하는 (근거기반 항우울) 정신치료에도 적합한 사람이다. 하지만 그녀는 과제를 하는데 관심이 없었고, 가까운 미래에 다시 임신하기를 원하고 있었기 때문에 약물 복용에 대해 거부감을 보였다.

사라와의 IPT 치료

단기 단계(1~3회기)

사라의 치료는 단기치료인 IPT 형식을 따랐다. 첫 3회기에서 치료자는 전반적인 정신과적 개인사를 탐색하였으며, 치료를 위한 틀을 구성하였다. 첫 회기에 주요 호소를 확인하고, 사라의 현재까지 병력을 살펴보았다. 치료는 DSM-5가 출판되기 전에 이루어졌기 때문에, 치료자는 DSM-IV 기준을 사용하여 사라가 주요우울장애에 적합한지 결정하였다. 또한 치료자는 HDRS를 사용하여 사라의 증상의 심각도를 평가하였다.

치료자는 사라가 임신 중 아이를 잃은 것에 대해 공감해 주며 다음과 같이 말하였다. "정말 힘들었겠네요. 상실로 인한 고통이 정말 심했겠군요. 정말 힘든 시간을 보내셨네요." 치료자는 사라를 주요우울장애로 진단하였으며, 구체적인 증상들을 열거하였고, 그녀에게 '환자 역할'을 주었고, 희망을 심어 주었다.

> "지난 수개월간 당신이 겪었던 증상들—우울한 기분, 어떤 일도 즐겁지 않은 것, 흥미 상실, 스스로에 대한 부정적인 느낌과 죄책감, 식사 및 수면의 어려움, 집중의 어려움 등—은 모두 주요우울증의 증상입니다. 그리고 주요우울증은 치료 가능한 병입니다. 이런 증상들은 당신의 잘못이 아닙니다. 그리고 당신은 회복할 수 있는 매우 좋은 기회를 갖고 있습니다."

치료자는 사라의 HDRS 점수 24점은 중등도로 심각한 우울증을 시사한다고 설명해 주고, 병의 진전 여부를 확인하기 위해 일정한 간격을 두고 HDRS를 실시할 계획임을 알려 주었다. 사라의 증상 심각도, 치료를 받으려는 의지, 차후의 임신을 위하여 약 복용에 거부적인 면 등을 고려하여, 치료자는 약물 복용이 필요하지 않다고 생각하였다.

치료자는 IPT와 치료의 이론적 배경을 설명하였다.

치료자: 저는 대인관계 심리치료 훈련을 받았으며, 이 치료가 당신에게 도움이 될 것이라 생각합니다. 대인관계 심리치료는 IPT라고도 하는데, 시간 제한이 있는 치료이고, 유산과 같은 최근의 생활사건이나 스트레스가 당신의 기분에 어떤 영향을 주었는지, 기분 증상이 현재의 사건과 스트레스를 어떻게 더 힘들게 하였는지, 그리고 관계상에 어떤 문제가 있는지 등에 초점을 맞추는 치료입니다. 처음 몇 회기는 당신의 개인사를 다루겠지만, 대인관계 심리치료는 과거가 아닌 지금-여기, 당신의 현재 어려움과 관계에 초점을 맞추는 치료입니다. 이해하시겠습니까?

사라: 네.

치료자: 일반적으로 IPT는 12주 회기로 진행됩니다. 저는 일단 앞으로 12주간 매주 한 번, 50분씩 만날 것을 제안합니다. 그래서 도움이 된다면 12회기가 끝날 때쯤 추가 회기를 더 갖는 것이 도움이 될지를 논의하게 될 것입니다. 어떻게 생각하세요?

사라: 좋습니다. 12주 내에 좋아지면 좋겠네요.

치료자: 당신은 12주 내에 좋아질 수 있습니다. IPT 치료가 효과적이라는 것은 많은 연구를 통해 증명되고 있습니다.

첫 회기 후 사라는 좀 더 희망적이 되기는 했지만, 자신이 주요우울증 진단을 받는 것은 원하지 않는다고 말하였다. 사라는 자신의 사산과 기분 사이의 관련성은 이해할 수 있지만, 두 달 후에는 기분이 좋아졌다고 느꼈고, 자신을 그녀의 어머니처럼 도움이 필요한 우울한 사람으로 생각하는 것을 원치 않는다고 말하였다. 사라는 자신이 항상 '강한 사람'이고, 매우 우수한 수준의 기능을 해 왔다고 말하였다. 치료자는 사라의 이러한 회의적 태도에 놀라지 않았는데, 왜냐하면 환자가 의학적 모델을 수용하는 데에는 시간이 필요하기 때문이다. 더구나 우울증 환자들은 도움을 구하는 것을 불편하게 느끼곤 하는데, 왜냐하면 다른 사람들에게 짐이 되는 것을 두려워하기 때문이다. 그럼에도 불구하고 치료자와 환자는 12주간 작업하기로 동의하였고, 그 후에 추가 회기가 필요한지 여부를 결정하기로 하였다.

사라의 정신과적 개인사를 탐색하는 과정에서, 치료자는 대인관계 평가척도를 사용하여 과거와 현재의 사회적 관계와 친밀한 관계들을 조심스럽게 검토하였다. 치료자는 사라의 가족에 관해 질문하면서 평가를 시작하였다.

"어디서 자랐습니까? …… 가족은 어떻게 됩니까? …… 어머니와의 관계는 어땠습니까? …… 남동생과는요?"

사라는 캐나다에서 부모님과 함께 성장하였으며, 부모님은 현재 60대 초반이고 남동생은 33세로, 모두 아직 그녀가 자랐던 토론토 근처에 살고 있다. 그녀의 아버지는 사라가 성장할 때 일을 열심히 하셨고, 사라는 아버지를 좋아하기는 하였으나 가깝다고 느끼지는 못하였다. 사라는 어머니와 훨씬 가깝다고 느꼈으며 매주 이야기를 나눴는데, 어머니 때문에 쉽게 짜증이 나기도 하였다. 어머니가 주장적이지 않고 가끔씩 우울해지는 것이 사라를 힘들게 하였다. 사라는 남동생과도 매주 대화를 나누는데, 남동생은 결혼을 해서 두 살 된 아들이 있었다. 사라는 남동생과의 관계가 매우 좋고 가깝다고 하였다. 그녀는 남동생이 아이가 있다는 것에 질투심을 느끼고 있으며, 사산 이후에는 이야기하는 빈도가 감소하였다. 이야기하는 과정에서 사라는 조카에 대한 질문은 회피하였다.

가족 구성원들과 사라의 관계를 탐색한 후에, 치료자는 그녀의 삶에 다른 중요한 사람들과 남편과의 관계에 대하여 질문하였다. 사라는 33세에 남편 스티브를 만났는데, 그는 사라보다 한 살 어렸다. 사라는 스티브를 따뜻하고 매력적인 사람이라고 기술하였으며, 그녀를 매우 잘 보살펴 준다고 기술하였다. 사라는 스티브가 '정말 좋은 사람'이기 때문에 자신에게 '과분한 사람'이라고 기술하였다. 사라는 이전 남자 친구들은 정서적인 지지를 잘 해 주지 않았고, "그렇게 나이스하지 않았다." 라고 기술하였다. 사라와 스티브 모두 캐나다에서 왔는데, 만난 곳은 뉴욕이며, 두 사람 모두의 친구가 이들을 소개시켜 주었다. 사라는 20대 초반에 뉴욕으로 옮겨 왔으며, 스티브는 그들이 만나기 2년 전에 옮겨 왔다.

사산 이후에 사라는 스티브와 거리감을 느꼈고, '사소한 일'로 다투기도 하였다. 그녀는 아이를 잃음으로써 그를 힘들게 한 것에 대해 죄책감을 느끼고 있으며 그가 아이의 죽음과 관련하여 자신을 비난하지 않을까 두렵다고 하였다. 사라는 스티브가 상실로 인한 자신의 고통을 알게 되어 그에게 짐이 되는 것을 원하지 않았다. 그녀는 다시 임신하는 것에 대해 두려워하고 있다는 것을 스티브가 이해할 수 없을 것이라고 생각하고 있었다.

사라의 친한 여자 친구들은 서로 다른 주에 살고 있는데, 사산을 하기 전에는 일주일에 한 번씩 그들과 통화하였다. 직장에서도 사산 전에는 거의 매일 대화를 나누는 몇 명의 친구가 있었다. 그녀는 자신이 전에는 '독립적이고' '진취적이며' '다른 사람에게 기대지 않는' 사람이었다고 기술하였다. 오히려 그녀의 친구들은 문제가 생기면 그녀에게 의논하였다. 우울하기 전에는 친구들이 그녀를 일 중독자이고 에너지가 넘치는 사람으로 보았을 것이라고 하였다. 그녀는 친구와 다투는 일이 거의 없었는데, 왜냐하면 그녀는 갈등이 생기는 것을 '불편하게' 느꼈기 때문이다. 그녀는 친구들이나 동료들의 의견에 동의하기 힘든 경우나 화가 났을 때도 이를 직면하기를 회피하였다.

치료자는 사라에게 아이의 상실 이후 편하게 이야기할 사람이 있었는지를 질문하였다. 왜냐하면 끔찍한 상실이나 스트레스가 많은 상황 후에 비밀을 털어놓을 사람이 있다는 것은 중요하기 때문이다. 사라는 상실 이후 가족과 친구들을 피해 왔다고 말하였다. 사라는 친구나 가족, 그리고 동료들에게 임신에 대해 말하기가 불편했는데, 왜냐하면 그녀는 관심의 중심이 되는 것을 좋아하지 않았으며, 임신 첫 3개월간 기분이 그리 좋지 않았던 것에 대해 죄책감을 느꼈기 때문이었다. 그녀는 유산에 대해 말하는 것을 더욱더 힘들게 느꼈다. 유산 이후 부모님과 올케가 사라 부부를 방문하였는데, 사라는 그들에게 무슨 일이 있었으며 그녀가 어떻게 느끼는지를 말할 수 없었다. 그녀는 자신이 임신했다는 사실을 알고 있었던 직장 동료들에게는 현재의 상황에 대해 말해 주어야 한다는 의무감을 느끼고 있었다. 치료자는 사라가 사산에 대한 자신의 기분을 믿고 이야기할 사람이 없다는 점을 지적하였다. 사라는 가족이나 친구들에게 연락을 취하기를 원하지 않았고, 혹은 자신이 얼마나 힘든지를 그들이 알게 하고 싶어 하지 않았다. 그녀는 "제 문제로 다른 사람들을 힘들게 하고 싶지 않아요. 저는 약해지고 싶지 않아요."라고 말하였다.

치료자는 사라가 다른 사람들과 접촉하기 힘들어하는 것에 대해 의학적 모델을 이용하여 우울증이 사회적 기능에 영향을 준 결과로 재구성하여 설명하였다.

치료자: 당신은 약하지 않습니다. 당신은 우울한 겁니다. 그리고 그건 당신 잘못이 아닙니다. 우울한 사람들은 자신의 요구를 최소화하는 경향이 있으며, 친구들한테 도움을 청하기를 피하는데, 왜냐하면 당신처럼 남에게 짐이 되는 것을 두려워하기 때문입니다. 그러나 다른 사람들의 지지를 구하는 것은 적절할 뿐 아니라 정말 도움이 됩니다. 다른 사람들의 지지가 우울증에서 회복하는 데 도움이 된다는 연구 결과가 많습니다. 나는 당신의 딜레마를 이해합니다. 우울증은 당신이 지지를 구하는 행동을 불편하게 느끼도록 하지만, 다른 사람들의 지지는 우울증을 감소시키고 더 우울해지는 것으로부터 보호해 줍니다. 이해하시겠습니까?

사라: 네, 하지만 저는 사람들이 제게 할 말들을 듣고 싶지가 않아요. 그런 말들은 저를 더 힘들게 할 뿐이니까요. 그들은 제가 겪고 있는 고통을 이해하지 못해요.

치료자: 사람들이 어떤 말들을 했나요?

사라는 사람들이 "너는 다시 임신하게 될 거야." 혹은 "사산을 했던 다른 사람을 알아." 등과 같은 말을 했을 때 괴로웠다고 대답하였다. 이러한 말들은 그녀를 화나게 만들었다. 사라는 다른 사람들은 그녀가 경험하고 있는 것을 이해하지 못한다고 느꼈다. 친한 친구 중 한 사람이 최근에 첫째 아이를 낳았는데, 사라는 그녀에게 전화를 하거나 만나는 것을 피하고 있었다. 자신은 그렇지 못하는데, 친구가 아이를 낳은 것이 공정하지 않다고 느꼈다. 또 다른 동료는 사라와 비슷한 시기에 임신을 했는데, 상당히 순조로운 임신상태를 지속하고 있다. 사라는 그녀의 동료들이 임신기간 중 자신이 경험했던 신체적 불편감을 공감하지 못할 것이라고 믿었다.

치료의 첫 단계가 끝날 무렵, 치료자는 사라의 주요우울 삽화를 IPT의 초점 영역에 집중한 사례 설계 내에서 대인관계와 연결시켰다. 사라의 주 호소는 그녀가 아직 아이의 상실에 대해 애도하고 있으며, 정상적 기능 수준을 회복하지 못하고 있다는 것이다. 그녀의 상황은 명백히 애도라는 문제 영역에 속한다. 사라는 복합 애도로 고통을 받고 있다. 사랑하는 사람을 잃은 후 수개월 정도 애도를 하는 것은 정상적이지만, 사라의 우울 증상의 심각도—특히 과도한 죄책감, 낮은 자존감, 사회적 고립—와 그녀가 아기와 아기의 죽음에 대한 생각, 기분, 기억을 회피하는 것은 비정상적인 애도 반응임을 의미한다. 그녀는 사산 후 정서적 지지를 구하지 않았으며, 아기의 상실을 정말 애도하지도 않았다. 사실 사람들은 사랑하는 사람의 상실을 애도하지 않거나 주변 사람들이 같이 애도하도록 사회적 관계망을 사용하지 않은 경우 복합 애도를 경험하게 된다.

치료자는 사라에게 다음과 같이 사례 설계를 제

시하였다.

치료자: 당신의 진술에 의하면, 당신의 우울증은 사산 때문에 촉발된 것이 분명합니다. 당신은 끔찍한 상실 때문에 고통받고 있으며, 애도를 힘들어하고 있습니다. 당신은 매우 고통스러운 시간을 보내고 있습니다. 하지만 이것은 당신 잘못이 아닙니다. 더구나 당신의 상실과 우울증은 당신 삶에서 중요한 사람들, 즉 남편, 친구, 동료들과의 관계에도 영향을 주어서 당신이 자신의 기분을 그들에게 표현하는 것을 힘들게 합니다. 나는 이번 치료에서 이 끔찍한 사건에 대한 당신의 애도를 다루는 데 초점을 맞추었으면 합니다. 애도는 IPT에서 분류한 문제 영역 중 하나입니다. 나는 치료 작업을 통해 당신이 아이의 상실을 애도할 수 있고, 상실로 인해 영향받은 대인관계를 향상시킬 수 있도록 돕고자 합니다. 어떻게 생각하십니까?

사라: 좋습니다.

치료 초점에 대하여 사라의 분명한 동의를 받은 후, 치료자는 치료의 중기 단계를 시작한다.

중기 단계(4~9회기)

중기 회기에서 치료자와 환자는 사라의 대인관계 문제 영역을 해결하기 위한 작업을 하였다. IPT에서 애도에 대한 치료 작업을 하기 위한 전략은 환자가 상실의 감정을 인내하고 다루도록 도와주며, 환자가 애도 과정을 견뎌 내도록 도와줄 수 있는 사회적 지지를 얻도록 돕는 것이다. 또한 치료자는 환자가 이미 갖고 있는 사회적 지지 체계를 사용하도록 도와주고, 흥미와 관심을 재정립하여 새로운 관계를 형성하도록 하며, 상실을 보상해 줄 수 있는 새로운 활동을 탐색하도록 한다(Weissman et al., 2000, 2007).

치료자는 복합 애도에 관해, 그리고 우울증이 사회적 기능에 미치는 영향에 대해 심리교육을 하고, 사라의 우울증을 문제 영역에 반복적으로 연결시켜야 한다. 치료자는 다음과 같은 시작 질문(opening question)으로 매 회기를 시작한다. “지난번 우리가 만난 이후 어떻게 지냈나요?” 이 질문은 회기 사이의 사라의 기분 및 사건에 대한 감정과 개인사를 이끌어 내며, 사라가 자신의 현재의 기분과 생활사건에 계속 초점을 맞추도록 한다.

치료자는 애도 과정을 촉진하기 위해 사라가 상실에 대해 생각하도록 격려한다. 사실 이 과정은 사라의 우울증 발병과 관련된 사건들을 탐색하던 치료 초기 단계에서 이미 시작되었다. 치료자는 사라에게 죄책감의 원인인 아기 사망 전후의 일에 대해 기술하도록 하고, 이러한 사건들과 관련된 사라의 기분을 탐색하였다. 환자가 사랑하는 사람을 상실한 것을 애도하도록 돕는 과정에서, IPT 치료자는 환자에게 죽음과 죽은 사람에 대한 기분을 기술하도록 한다. 치료자는 환자와 고인의 관계를 탐색하는데, 환자가 고인에 대해 좋아했던 점과 좋아하지 않았던 점, 환자가 함께 하고 싶었지만 그럴 기회가 없었던 일은 무엇이 있는지 등을 묻는 것이다. 치료자는 환자에게 고인이 어떻게 사망했으며, 죽음에 대해 환자가 배운 것이 무엇인지, 그리고 그와 관련된 환자의 기분을 탐색한다. 사라의 아기는 출산 전에 죽었기 때문에, 치료자는 이러한 질문을 다소 수정하여 사라가 자신의 임신에 대한 경험과 아이에 대한 경험 등을 이야기할 수 있도록 격려하였으며, 아이가 어떨 것이라고 상상했는지 질문하였다. 치료자는 사라에게 임신해서 좋았던 점과 좋지 않았던 점, 그리고 아이와 같이 하기를 원했던 것에는 어떤 것이 있었는지를 질문하였다.

사라는 자신의 임신에 대해 복잡한 감정을 가졌음을 울면서 이야기하였다. 그녀는 스티브와 결혼한 지 6개월 후부터 임신하기 위해 노력했으며, 그 후 두 달 만에 임신을 하게 되었다. 임신 사실을 알게 되었을 때 사라는 정말 기뻤지만, 동시에 부모가 된다는 것에 두려움을 느꼈다. 그녀는 자신이 '준비되어 있는지' 의문을 갖고 있었다. 사라는 임신 중 건강관리에 상당한 노력을 하였다. 그녀는 건강한 음식, 임신에 안전한 음식들만을 섭취하였으며, 임산부용 비타민을 복용하였고, 임산부용 요가 수업에도 등록하였다. 임산부로서 관리를 열심히 하는 것은 그녀가 '마치 아이를 돌볼 수 있는 좋은 엄마가 된 것처럼' 그녀의 기분을 좋게 하였다.

하지만 사라는 갑자기 심한 피로와 멈추지 않는 메스꺼움으로 힘들어하였으며, 이러한 상태는 임신 12주까지 계속되었다. 그녀는 자신이 임신의 '볼모'가 된 것처럼 느꼈다고 기술하였다. 그녀는 요리하는 것을 좋아했지만 입덧이 다시 심해질 것을 우려하여 요리를 하지 않았다. 그녀는 메스꺼움이 있음에도 불구하고 아이가 필요로 하는 영양분은 섭취하려고 노력하였다. 피로감과 메스꺼움 때문에 너무 쇠약해져서, 간호사로서 필요한 신체적 요구를 더 이상 감당하기 힘들었다. 결과적으로, 그녀는 동료들에게 자신이 임신했다는 사실을 더 이상 감출 수 없었다. 그녀는 슈퍼바이저에게 임신 사실을 말했고, 그녀는 기꺼이 사라가 좀 더 나아질 때까지 환자를 돌보는 일이 아닌 행정 업무를 하도록 조정해 주었다. 사라는 임상적인 일을 포기해야 하는 것에 화가 났는데, 왜냐하면 그 일은 사라가 즐겁게 해 왔던 일이었기 때문이다. 사라는 주변의 지지에도 불구하고 자신의 증상에 대해 과도하게 의식했으며, 동료들에게 환자를 돌보는 부담을 넘긴 것에 대해 상당한 죄책감을 느꼈다. 다른 사람들은 임신을 기뻐하는데 자신은 행복해하지 않는 것에 대해서도 괴로워하였다. 동시에 자신이 임신에 대해 불평하는 것에 죄책감을 느꼈고, 이기적이라고 생각하였다. 사라는 임신에 대해 감사해야만 한다고 느꼈다.

치료자는 임신 첫 석 달간 사라가 경험한 불편감에 공감해 주었으며, 그녀가 힘들어할 수밖에 없었던 것을 인정해 주었다.

치료자: 임신 후 처음 석 달은 정말 힘들고 괴로울 수 있죠. 자신을 너무 몰아세우지 마세요. 몸이 매우 힘들 때도 임신한 사실에 감사하기는 정말 힘듭니다. 그래도 당신은 임신에 대해 감사했던 것 같군요. 당신은 스스로를 돌보기 위해 매우 노력을 했습니다. 조심해서 식사를 했고, 직장환경을 조정했습니다.

사라: 잘 모르겠어요. …… 그랬던 것 같기는 해요.

3개월이 지나 구토와 피로감이 감소하자 사라는 훨씬 낙천적이 되었으며, 아이를 가진 사실에 흥분하였다. 초음파 사진(sonogram)을 통해 아이를 '점점 더 실제로' 느낄 수 있었으며, 자신과 아이가 서로 연결되어 있다는 것을 경험하였다. 임신 16주에 사라는 아이가 딸이라는 것을 알게 되었다. 사라는 흥분하여 아기의 이름을 생각하기 시작하였고, 어떤 모습일지 상상하곤 하였다. 사라는 자신과 남편을 섞어 놓은, 즉 푸른 눈에 금발이고 곱슬머리인 모습을 상상하였다. 그녀는 아이가 남편처럼 친절한 사람일 것이라고 생각하였다. 유모차를 끌고 아이와 공원을 산책하는 모습, 아이와 노는 모습을 상상하였다. 20주에는 태아의 움직임을 느끼기 시작하였고, 이를 매우 즐거워하였다. 아이가 움직이면, 사라는 하던 일을 멈추고 아이의 움직임을 느껴 보려고 하였다. 그녀는 아이의 움직임을 느끼는 것이 '내 인생에서 가장 행복한 시간 중 하나'였다고 말하였다. 그녀나 남편은 아이의 이름을 정하지는 않았지만, **태명**을 '스위티'라고 부르곤 하였다.

사산 후 몇 주간 사라는 아이에 대한 신체적인 기억들로 인해 힘들어하였다. 며칠 동안은 유즙이 분비되었고, 수 주간 질 출혈이 있었다. 사라는 아이를 사산한 후에도 수 주간 자신이 임신 중인 것처럼 보였다고 보고하였는데, 왜냐하면 그녀의 자궁이 임신 전 크기로 서서히 돌아가고 있었기 때문이다. 치료 초기의 평가 과정에서 사라는 자신이 임신 전 체중으로 돌아가려면 아직도 5파운드를 더 감량해야 한다고 말하였다. 사라는 임신했던 때를 그리워하고 있었고, 아이가 배 속에 없기 때문에 '텅 빈' '외로운' 느낌이라고 기술하였다. 그녀는 부모가 되기를 갈망하고, 또 준비가 되어 있었지만 또 다시 아이를 잃게 될 것이 무서워 임신이 두렵다고 하였다.

사산 2주 후 사라의 의사는 발견되지 않은 박테리아 감염이 사산을 일으켰다고 결론을 내렸다. 의사는 사라나 남편이 할 수 있었던 일은 아무것도 없었으며, 이러한 경우는 매우 드물다고 하였다. 의사의 설명에도 불구하고 사라는 아이의 죽음에 대해 자신을 비난하고 있었으며, 남편이 반복적으로 부정했음에도 불구하고 남편 역시 자신을 비난할 것을 두려워하였다. 치료자는 사라의 죄책감을 좀 더 탐색하였다.

치료자: 아이의 죽음을 막기 위해 당신이 무엇을 했어야만 했습니까?

사라: (울면서) 저도 모르겠어요. …… 제가 뭔가를 했어야만 했어요.

치료자는 사라에게 공감해 주고 사라를 지지해 주며, 사라의 죄책감을 우울증과 연관시켰다.

치료자: 이 비극을 막기 위해 당신이 할 수 있었던 일이 있었다면 정말 좋았겠지만, 임신 중에 태아를 잃지 않기 위해 부모가 할 수 있는 일은 거의 없습니다. 당신은 당신이 할 수 있는 모든 일을 한 것 같습니다. 당신은 스스로를 매우 잘 돌보았습니다. 당신은 부적절하고 과도한 죄책감 ─ 우울증의 한 증상 ─ 으로 힘들어하고 있습니다. 당신은 당신이 뭔가를 하지 않은 것에 대하여 자신을 비난하고 있습니다. 아마도 당신이 죄책감을 느끼는 것은 우울증의 한 증상으로 보아야 할 것 같습니다.

사라: 네, 노력해 볼게요.

임신, 아이, 아이의 죽음에 대해 이야기하고 그것과 관련된 기분들을 탐색해 가면서, 사라는 자신과 아이와의 관계, 그리고 아이의 죽음과 관련된 자신의 역할에 대해 좀 더 균형 잡히고 현실적인 지각을 발전시켜 갈 수 있었다. 그녀는 자신이 임신을 감사해하지 않았던 것을 인식하였다. 사실 그녀는 힘들었던 임신 첫 3개월간 할 수 있는 것은 다 했고, 아이도 열심히 돌봤다. 또한 임신 경험은 초기의 불안감에도 불구하고, 사라로 하여금 자신은 부모가 될 준비가 되어 있고 또 매우 즐기고 있다는 점을 인식하게 하였다. 치료 1개월 후 사라의 기분은 다소 좋아졌으며, HDRS 점수는 18점까지 저하되었다. 그녀의 자기비판적 태도는 호전되었으며, 좀 더 희망적이 되었다.

애도를 치료함에 있어 가장 중요한 점은 사랑하는 대상의 상실과 관련된 환자의 감정을 표현하도록 촉진하는 것이다. 치료자는 사라가 아이와 상실에 대해 이야기할 때 그녀의 기분을 탐색하였으며, 사라가 자신의 기분을 잘 표현할 수 있도록, 그리고 울 수 있도록 시간을 주었다. IPT 치료자들은 일반적으로 적극적인 자세를 취하지만, 고통스러운 기분을 표현하도록 촉구할 때는 침묵을 허용하는 것이 중요하다. 치료자는 조용히 경청함으로써 사라의 고통스러운 기분을 수용해 주고, 또 카타르시스가 상실에 대한 애도에서 매우 중요한 부분이라는 것을 보여 준다. 사라는 스스로 피하고 있었던 감정을 표현할 뿐 아니라 이전에는 알지 못했던 감정까지도 표현할 수 있었다.

사라는 병원에서 가져온 아이의 사진과 족적을 침대 밑에 넣어 두고는 외면하고 있었다. 치료자는 사라에게 그것들을 보면 어떨지 탐색하게 하였다. 사라는 무서울 것 같고 기분이 정말 나빠질 것 같다며 두려워하였다. 치료자는 부드럽게 그녀가 피하고 있었던 감정을 경험하면 아마도 기분이 좋아질 수 있을 것이라며 그녀에게 위험을 감수해 볼 것을 권하였다.

"당신의 기분이 당신을 해치지는 않을 것입니다. 당신이 마음속에 감추려고 했던 기분 중 일부를 꺼내면, 아마도 당신의 기분은 좋아질 것입니다. 나는 당신에게 위험을 감수하라고 하지만, 실제로는 당신이 즐겁게 놀랄 것이라는 것을 알고 있습니다."

회기 사이에 사라는 아이의 사진과 족적을 보았다. 치료자는 환자에게 기분이 어땠는지 질문하였다.

사라: 저는 많이 울었어요. 너무 귀여웠어요. 제가 생각했던 것만큼 힘들지는 않았어요. 해방되는 것 같았어요. 그 이후 기분이 좀 더 좋아진 것에 놀랐어요.

치료자: 나는 당신이 위험을 감수해서 매우 기쁩니다. 당신은 기분이 좀 더 좋아진 것 같군요.

사실 치료 종결 몇 주 전에야 사라는 아이의 사진과 족적을 보았다. 사진은 그녀를 편안하게 해주었는데, 자신과 아이를 연결해 주는 느낌을 주었다.

더 나아가 카타르시스를 격려하기 위해 치료자는 사라의 대인관계 상호작용을 다루고, 그녀의 삶에서 사람들과 다시 관계를 맺고 혹은 새로운 관계를 형성할 수 있는 기회를 고려해 보고, 상실을 보상할 수 있는 새로운 활동을 시작할 것을 격려하였다. 치료자는 우울증 환자들이 스스로를 고립시키는 경향이 있으며, 이전에는 즐겼던 활동도 더 이상 하지 않는 경향이 있는데, 이러한 면들이 우울증을 지속시킨다고 설명하였다. 사라는 상실에 대해 이야기하게 되거나 다른 사람들이 한 말이 그녀의 기분을 더 나쁘게 할 것 같아서 사람들과 이야기하는 것을 원하지 않는다고 하였다. 사실 사라가 치료자와 대화했던 것을 살펴보면 사라는 상대방을 편안하게 만들면서 대화를 이끌어 갈 수 있었다. 치료자는 사라와 함께 사람들과의 대화에서 주도권을 유지할 수 있는 방법을 탐색하였고, 역할연기를 통하여 선택 가능한 방법들을 살펴보았다. 또한 사라는 자신에게 도움이 될 수 있는 것이 무엇인지 사람들에게 말할 수도 있다. 치료자는 다음과 같이 설명하였다.

> "우울증 환자들은 종종 자신의 요구를 주장하는데 어려움을 겪습니다. 당신이 무엇을 요구하는지 다른 사람들—남편, 친구, 직장 동료, 당신의 가족 같은—에게 의사소통을 할 수 있다면 당신은 그들과의 관계뿐 아니라 당신의 기분도 향상시킬 수 있을 것입니다. 당신 주위의 사람들은 당신이 필요로 하는 것이 무엇인지 알지 못할 수 있습니다. 당신이 그들에게 말해 준다면, 당신은 그들에게 지지를 얻을 뿐 아니라 그들과 함께 있는 것을 즐기게 되고, 기분도 좋아질 것입니다."

치료자는 **의사소통 분석**(communication analysis)을 사용하여 사라에게 다른 사람과의 관계에서 불쾌했거나 논쟁을 했던 경험을 자세히 이야기해 주기를 요청하였다. 그녀는 당시 무엇을 느꼈으며, 그녀가 한 말은 무엇이고, 어떻게 행동했고, 다른 사람은 어떻게 말하고 행동했는지…… 그리고 치료자와 사라는 다른 사람들이 어떻게 말하고 행동하기를 원하는지, 그렇게 말하게 하기 위해 사라가 갖고 있는 **선택사항**에는 어떤 것이 있는지 탐색하였고, 사라가 원하는 것을 요구하는 **역할연기**를 함께 하였다. 사라는 자신이 임신한 것은 알지만 사산한 것을 모르는 사람들에게 다가가는 것이 싫다고 말하였다. 사실 그녀는 사산에 관한 질문을 받을까 봐 사람들을 피하고 있었다. 사라와 치료자는 이러한 상황을 좀 더 효율적으로 다룰 수 있는 방법 및 이들과의 상호작용을 탐색하였다.

치료자: 사람들은 어떤 질문을 하나요? 혹은 사람들이 무엇을 질문할까 봐 두렵습니까?

사라: 사람들은 "아기는 어때?" 혹은 "너 임신했었지?"라고 물을 거예요.

치료자: 그러면 당신 기분이 어떨 것 같습니까?

사라: 끔찍해요!

치료자: 어떻게 대처하시겠습니까?

사라: 모르겠어요. …… 때로는 "잘 안 됐어." 혹은 "아이가 죽었어."라고 대답해요.

치료자: 좋습니다. 그렇게 말할 때 당신 기분은 어떻습니까?

사라: 괜찮아요. 하지만 그들은 다음에 무슨 일이 있었는지 물어보고, "다시 임신할 수 있어." 혹은 "또 다른 아이를 갖게 될 거야." 등과 같이 바보 같은 소리를 해요.

치료자: 그들이 어떻게 말하거나 행동하기를 바랍니까?

사라: 저는 그들이 단지 "안됐다."라고 말하고 더 이상의 질문은 하지 않았으면 해요. 무슨 일이 있었는지 말하고 싶지 않거든요.

치료자: 그것을 어떻게 전달할 수 있을까요?

사라: 이렇게 말할 수도 있을 것 같아요. "나도 안됐다고 생각해. 하지만 그 일에 대해서는 더 이상 말하지 않는 것이 나을 것 같아."

치료자: 어떻게 들리세요? 그렇게 말하면 기분이 어떨 것 같습니까?

사라: 기분이 괜찮아요. 그렇게 말하면 무례하다고 생각되지는 않나요?

치료자: 아니요. 당신은 공손하게 말했고, 자신이 원하는 바를 적절하게 주장했습니다. 당신과 질문을 하는 사람 모두 불편한 상황이니까요. 당신이 사람들에게 정중하게 방향을 알려 주면, 그들도 쉽게 이해할 것입니다. 그러면 실제로 한번 시도해 보면 어떨까요?

사라는 오랜 친구의 전화를 피하고 있었다고 보고하였다. 그 친구는 아이가 있는데, 그녀를 보면 자신이 사산한 아이가 생각날 것 같아 불편하다고 설명하였다. 사라는 상실에 대하여 이야기하는 것도 원하지 않고 있었다. 그녀는 자신이 어떻게 느끼고 있는지를 말하면 다른 사람들의 기분을 망치지 않을까 두려워서 그들과 말하고 싶지 않다고 하였다. 사라와 치료자는 역할연기를 통하여 친구에게 자신의 불편감에 대해 말하는 것과 그들을 불편하게 하고 싶지 않다는 말을 하는 연습을 하였다. 역할연기를 통해 사라는 직장으로 복귀하는 것과 이웃들을 만나는 것, 그리고 친구들과 이야기하는 것을 준비할 수 있었고 불안감을 감소시킬 수 있었다. 결과적으로, 사라는 조금씩 외출을 하기 시작했고, 친구들과 전화 통화를 할 수 있게 되었다. 그녀는 임신 중 참석했던 요가 수업을 다시 받기 시작했는데, 이를 통해 기분이 호전되었고 다른 사람들과 함께하는 기회를 갖게 되었다. 치료 중기 단계에서 사라의 HDRS 점수는 13점까지 떨어졌으며, 경도우울증 상태를 유지하고 있었다.

사산 이후 사라는 '바보 같은 일'로 남편 스티브와 말다툼을 하였으며, '거리감'을 느끼고 있었다. 치료자는 사라에게 최근의 다툼에 대해 질문하였다. 스티브가 퇴근해서 사라에게 친구 부인이 임신한 사실을 막 알게 되었다고 말하였다. 사라는 자신에게 다른 사람의 임신 사실을 말하는 스티브가 둔감하다고 느꼈다. 그런 이야기를 듣고도 스티브는 자신만큼 불편해하지 않는다는 것이 사라를 괴롭혔고, 그것은 그가 아이의 죽음에 대하여 자신만큼 괴로워하지 않는 것처럼 보였다. 이러한 부부관계는 그녀를 더욱 '외롭다고' 느끼게 하였다. 사라는 그에게 "잘됐네요."라고 반응하고는 방에서 나가 저녁 내내 그의 둔감함을 반추하였다.

사라는 그들이 종종 비슷한 상호작용을 한다고 보고하였다. 치료자는 다시 사라가 남편에게 자기주장을 하지 못하는 것은 우울증과 관련이 있다고 설명하였으며, 그녀의 감정을 내면에 감추고 있는 것은 사라의 기분을 더욱 나쁘게 할 수 있다는 점을 지적하였다. 그들은 사라의 기분이 좋아질 수 있게 이 상황에서 할 수 있는 선택사항들을 탐색하였다. 치료자는 사라가 기술한 상황에서 남편의 의도가 무엇이었는지를 사라가 탐색할 수 있도록 도왔다. 그녀는 남편 친구의 부인이 수차례 유산을 경험했기 때문에, 오히려 이 소식이 사라의 기분을 좋게 하려고 남편이 노력한 것일 수도 있다고 생각하였다. 그들은 사라가 남편에게 자신이 어떻게 느끼는지를 역할연기를 통해 말하도록 하였다. 나중에 사라가 자신의 감정을 남편에게 표현했을 때, 스티브는 사실 그녀에게 희망을 주고 싶어서 그 이야기를 했던 것임을 알게 되었다. 더구나 그녀의 남편 역시 아이의 상실 때문에 힘들어하고 있었지만 자신의 감정을 내보임으로써 사라를 더 힘들게 하고 싶지 않았다고 말하였다. 사라는 스티브 역시 자신과 '같은 처지'에 있었음을 알고 위로를 받았으며, 그에게 다시 친밀감을 느낄 수 있어서 기분이 좋아졌다. 이후에 그들은 임신경험에 대한 복잡한 기분들을 공유할 수 있었다.

종결 단계(10~12회기)

마지막 회기에서 치료자와 사라는 그동안의 진전에 대해 검토하였다. 사라는 자신의 기분이 상당히 좋아졌다고 기술하였다. 사라의 HDRS 점수는 현재 5점으로, 안정적이고 우울증에서 회복된 모습과 일치하였다. 사라의 기분은 밝아졌으며, 아이의 상실에 대하여 덜 몰두하고 있는 것 같았다. "아직도 아이를 생각하면 괴롭지만, 이전만큼은 아니에요. 그로 인해 하루 종일 괴로운 것은 아니에요. 즐거운 일들도 있어요." 또한 사라는 아이의 죽음에 대하여 더 이상 스스로를 비난하지 않았다. 사라는 자신의 기분에 대해 남편이나 친구들, 그리고 다른 사람들과 효과적으로 의사소통할 수 있으며, 사회적 활동을 즐길 수 있고, 이전의 활동들을 다시 할 수 있는 자신의 능력에 대해 만족하고 있었다.

치료자는 사라가 열심히 노력한 것과 그녀의 성과에 대해 축하하였고, 사라가 좋아져서 매우 기쁘다고 이야기하였다. 치료자와 사라는 재발의 가능성과 현재 상태를 유지시킬 수 있는 방법들을 함께 논의하였다. 치료자는 사라의 내력을 살펴볼 때 불행히도 우울증 삽화가 재발할 가능성이 있음을 설명하였다. 사라가 스트레스가 심한 생활사건—역할 갈등, 역할 전환, 그리고 죽음—을 겪으면 취약해질 가능성이 있지만, 그동안 함께 작업하면서 배운 대처기술들을 사용할 수 있다. 사라는 다시 임신하게 되기를 — 역할 전환도 — 원하고 있었고, 다시 임신하기 위해 노력할 것이다. 치료자는 스트레스가 심할 것으로 예상되는 시기에 사라가 자신을 돌볼 수 있는 방법이 무엇일지 탐색하였다. 사라는 다른 사람들에게 도움을 청할 수도 있고, 자신의 감정을 남편과 이야기할 수도 있으며, 힘들어할 경우 사라가 스스로를 용서할 수 있는 방법도 있다.

마지막 회기에 사라는 치료를 시작하기 전 며칠간의 일기장을 다시 읽어 보았으며, 자신이 얼마나 많이 나아졌는지 믿기 어려울 정도라고 말하였다. 또한 유산으로 인한 우울증 때문에 치료를 받을 수밖에 없었지만, 지금 생각해 보면 이것이 평생 계속되어 온 문제라는 사실을 깨달았다고 하였다. 되돌아보면, 그녀는 경도에서 중등도에 이르는 수많은 우울 삽화 때문에 고통을 받아 왔다. 사라는 치료 초기에는 의학적 모델에 상당한 저항감을 가지고 있었음을 인정하였다. 하지만 결과적으로 우울증을 의학적인 병으로 정의하는 것은 사라가 자신의 기능장애에 대해 느꼈던 부끄러움과 죄책감을 경감시켜 주었다. 더구나 우울증을 독립적인 여러 증상의 세트로 봄으로써 증상을 좀 더 쉽게 다룰 수 있었다. 사라는 어머니와도 전보다 잘 지낸다고 보고하였다. 사라는 이제는 우울증을 이해하게 되었고, 우울증과 힘들게 싸워 온 어머니에게 공감하게 되었다. 그녀는 현재의 상태를 유지하는 데 자신감을 갖게 되었고, 대처기술을 배울 기회가 있었음에 감사하고 있었다. 그리고 사라는 미래에 자신이 다시 우울해질 경우 치료받는 것을 주저하지 않을 것이라고 말하였다.

치료자의 격려, 시간 제한, 그리고 IPT의 제한된 회기 등은 사라의 치료 동기를 유지하는 데 도움을 주었다. 사라는 자신의 임신, 아이, 그리고 아이의 죽음에 대해 말할 기회가 있었던 것을 감사하였으며, 치료자가 자신을 이해하고 지지하는 것처럼 느꼈다고 말하였다. 그녀는 강한 감정도 맥락 속에서 보면 이해가 가고, 토론을 통해 감소해 가는 것을 인식하였다. 사라는 치료자가 다른 사람들과 다시 관계를 맺도록 '밀어붙인' 것에 감사한다고 고백하였다. 사라는 다른 사람들과 사회적 관계를 맺는 것을 감당할 수 없을 것이라고 생각했지만, 실제로는 즐거웠던 것에 놀라고 있었다.

모든 환자는 저마다 독특하지만, 사라의 치료는 주요우울장애를 대상으로 한 다른 IPT와 유사하며, 애도의 문제 영역에 대한 치료 작업의 좋은 예가 될 것이다. 감정을 탐색하고 정상화하는 것, 의사소통 분석, 선택사항들을 탐색하는 것, 역할연기, 사회적 위험을 감수하도록 격려하는 것, 그리고 사라의 치료를 위해 적용되었던 여러 기법은 4개의 IPT 문제 영역과 관련된 대인관계 문제를 치료할 때 널리 사용하는 기법들이다.

치료에서 발생하는 일반적인 문제

주요우울장애에 대한 IPT 치료 중 발생하는 전형적인 문제들은, ① 우울증 환자를 대상으로 하는 치료에서 나타나는 전형적인 문제들과 ② 치료적 틀과 관련된 문제들로 나눌 수 있다. 이러한 문제들은 IPT에만 특징적인 것은 아니지만, 치료자가 이러한 이슈를 어떻게 보고 치료해 가는가에서 다른 치료기법들과 IPT 사이에 차이가 있다. IPT 이론에 근거하여 치료자는 환자 문제의 원인을 우울증과 치료 밖 상황에서 대인관계 상호작용을 다루는 데 있어서의 어려움 혹은 의사소통을 효과적으로 하지 못하기 때문으로 보고 있다. 치료자는 지속적으로 낙관적이고 지지적이며 비판단적인 입장을 유지하며, 전이의 해석은 피한다.

예를 들어, 기분부전장애와 함께 주요우울장애가 중복되어 나타난 경우['이중 우울증(double depression)'] 치료자들은 흔히 만성적 특성을 나타내는 우울증 때문에 좌절하는 경우가 많다. 하지만 이 경우에도 치료자는 희망을 버리지 말고 낙천적이 되어야 한다. 어떤 우울증 환자들은 치료자가 여러 차례 안심시켜 줌에도 불구하고 자신의 우울증은 치료될 수 없다고 믿는다. 이 경우 IPT 치료자는 의학적 모델을 적용하여 절망감도 우울증의 한 증상이라고 설명하고, 우울증은 치료될 수 있기 때문에 절망감을 느낄 필요가 없다고 강조한다. 우울한 환자들은 치료를 받는 것을 개인적인 실패로 간주하기도 한다. IPT 치료자의 관점에서 보면, 치료를 받으려는 것은 의학적인 병을 치료하는 적절하고 스마트한 방식이고, 자신의 문제를 해결하는 바람직한 첫걸음이다(Weissman et al., 2000, 2007).

우울증 치료에서 가장 심각한 문제는 환자가 자살사고(suicidal ideation)를 표현하는 것이다. 어떤 치료에서건 치료자는 자살의지의 심각성과 환자의 사회적 지지 정도를 고려하여 입원이 필요한지 여부를 결정한다. 치료자는 일정이 가능하다면 추가 회기를 가질 수도 있다. 치료자는 자살사고의 실현가능성, 생을 마감함으로써 환자가 성취하고자 하는 것은 무엇인지, 그리고 자신의 자살에 대해 다른 사람들이 어떻게 반응할 것이라고 환자가 상상하는지 평가해 보아야 한다. 치료자는 자살을 함으로써 의사소통하고자 의도한 내용을 달리 표현할 수 있는 대안을 환자가 탐색할 수 있도록 도와주어야 한다. 치료자는 자살에 대한 심리교육도 제공하는데, 자살은 우울증의 가장 심각한 증상임을 설명하고, 치료자와 환자가 함께 노력해서 성공적인 치료를 이루어 낼 때까지 환자가 살아 있어야 함을 강조한다. 심각한 자살충동이 있는 환자의 경우, 심리치료와 약물치료를 병행하는 것을 고려해야 한다. 치료자는 환자의 우울증이 좋아질 것이고, 환자가 더 이상 자살충동을 느끼지 않을 것이라는 낙관적인 태도를 취해야 한다(Weissman et al., 2000, 2007).

치료자와의 관계에서도 문제는 발생할 수 있다. 예를 들어, 사회적 지지가 거의 없는 환자는 치료적 관계를 치료 밖 관계의 대체물로 간주할 수 있다. IPT는 치료 밖의 관계에 초점을 맞추므로, 치료자는 부드럽게 환자를 설득하여 치료 **밖** 관계에 다시 초점을 맞추도록 한다. 치료자는 환자가 치료적 관계에서 관계를 맺을 수 있는 능력이 있다는 것은 환자에게 친밀한 관계를 맺을 수 있는 능력이 있음을 반영하는 것임을 강조하며, 환자가 친구나 가족이 없다는 점을 분명히 하며 치료 밖의 환자의 삶의 중요성을 강조한다. 치료자는 환자가 치료자와 관계를 맺은 것과 유사한 방식으로 다른 사람들과 관계를 맺을 수 있는 방법들을 탐색하도록 도움을 준다(Weissman et al., 2000, 2007).

회기에 빠지거나 늦게 오는 것도 우울증 증상의 일부로 생각한다. 치료자는 환자가 회기에 결석하거나 지각하는 것에 주의를 기울이기는 하지만, 회기에 오기가 힘든 것은 우울증의 특성 때문일 수도 있음을 강조한다. 아마도 환자는 치료 밖에서도 약속시간에 늦을 것이다. 치료자는 환자에게 IPT에는 시간 제한이 있음을 상기시킴으로써 제시간에 오는 것에 동기를 갖도록 한다. 치료에 오지 않거나 늦는 이유가 회기 중에 다루었던 내용이 불편했기 때문이거나 치료자나 치료에 대한 부정적인 감정을 가지고 있었기 때문이라면, 치료자는 환자의 기분에 공감해 주고, 환자가 자신의 기분을 직접적으로 표현할 수 있도록 돕는다.

환자가 자신의 생각이나 기분을 표현하지 않고 침묵하고 있거나, 이야기의 주제를 바꾸거나 피할 때, 혹은 자기노출에 문제를 보일 때, 치료자는 이러한 행동에 주목하고, 관련된 기분을 탐색한다. 이와 같은 행동은 IPT와 같이 시간 제한이 있고 초점치료를 하는 경우에 특히 문제가 되는데, 왜냐하면 선택된 문제 영역에 대해 작업하는 것을 힘들게 만들기 때문이다. 환자는 치료자가 자신의 생각이나 기분을 공유하는 것을 불편해하거나 부끄럽게 느낄 수 있다. 치료자는 환자를 놀라게 하는 일은 거의 없으며 또 모든 일을 다 이야기해야만 하는 것은 아니라고 안심시켜 주어야 한다.

반응의 예측인자

IPT가 주요우울증과 다른 장애의 치료에 효과적이라는 강력한 증거들이 있지만, IPT에 대한 치료 반응을 예측할 수 있는 요소들에 대한 자료는 거의 없다. IPT를 포함한 치료법들을 비교 연구한 자료에서 치료 반응의 임상적 예측치를 알 수 있다. 국립정신건강연구소의 우울증 치료의 협력적 연구 프로그램(National Institute of Mental Health Treatment of Depression Collaborative Research Program: NIMH TDCRP; Elkin et al., 1989)에서는 주요우울증을 앓고 있는 250명의 외래 환자를 항우울제(imipramine: IMI), IPT, CBT, 그리고 위약 등의 16주 연구 치료조건 중 하나에 무선할당하였다. TDCRP 자료를 근거로 여러 연구자가 치료 반응에 대한 예측성을 검증하였다. Sotsky와 동료들(1991)

은 TDCRP 피험자 중 낮은 기저선 수준의 사회적 역기능을 보인 환자들은 IPT에 잘 반응한 반면, 대인관계 결핍을 보인 사람들은 잘 반응하지 않았다고 보고하였다. 이러한 결과는 이 장 초기에서 언급한 바와 같이, IPT는 사회적 접촉이 거의 없거나 최근에 생활사건을 보고하지 않는 경우, 그래서 치료의 초점이 IPT 문제 영역 중 대인관계 결핍에 맞춰져 있는 경우 가장 효과가 낮음을 보여 준 것과 일치한다. 초기 증상이 심하고 기능의 손상이 심한 경우, CBT에 비하여 IPT와 IMI가 좋은 반응을 나타내었다(Sotsky et al., 1991; Weissman et al., 2000). 또 다른 연구에서는 TDCRP 환자 중 비정형적인 우울증을 보이는 경우, 즉 기분의 반응성과 자율신경계 증상이 역전되어 나타나는 환자의 경우, IMI나 위약보다는 IPT와 CBT에 더 잘 반응하였다(Stewart, Garfinkel, Nunes, Donovan, & Klein, 1998).

Barber와 Muenz(1996)는 TDCRP 연구에서 치료 과정을 종료한 환자들의 HDRS 점수에 기초하여 볼 때, IPT는 강박성 성격장애를 가지고 있는 경우에 CBT보다 효과적이었고, 반대로 CBT는 회피성 성격장애를 가지고 있는 경우에 더 효과적이었다. 그러나 같은 자료에 기초하여 성격적 특성과 치료 결과의 관계를 검증한 또 다른 연구에서는 성격 특성 간의 차이를 발견하지 못하였다(Blatt, Quinlan, Pilkonis, & Shea, 1995; Weissman et al., 2000).

또 다른 연구에서 Thase와 동료들(1997)은 우울증 환자 91명 중 비정상적인 수면뇌파 프로파일을 보이는 사람들은 정상적인 프로파일을 보이는 사람들에 비하여 IPT 치료에 유의미하게 저조한 반응을 나타냄을 발견하였다. Sotsky와 동료들(1991)의 연구와는 달리 이 연구에서는 증상 심각도가 IPT에 대한 반응을 유의미하게 예측하지 못하였다(Weissman et al., 2000). 추가적인 반응 예측성은 이 장의 앞부분에서 우울증 환자 사라에 대해 소개하면서 기술하였다.

결론

IPT는 주요우울장애와 다른 기분장애에서 치료 효과가 입증된, 시간 제한이 있고 진단을 목표로 한(diagnosis-targeted treatment) 치료이다. IPT는 불안장애, 섭식장애, 그리고 가장 최근에는 성격장애에도 적용되었다. IPT의 효율성은 주로 주요우울장애, 다른 기분장애, 그리고 기타 정신과적 장애들에서 입증되었지만, IPT에 반응하는 예측인자들에 대한 연구에서도 입증되고 있다. 이 장에서는 IPT 프로토콜의 원형, 즉 주요우울장애의 개인치료로서의 IPT 프로토콜을 중심으로 살펴보았다.

IPT 치료자들은 의학적 모델을 적용하고 있으며, 현재 혹은 최근의 생활사건, 대인관계 문제, 그리고 증상에 초점을 두고 있다. IPT는 기분과 생활사건 사이의 상호작용을 강조한다. 부정적이거나 스트레스가 심한 생활사건은 기분에 영향을 주고, 역으로 기분 증상은 부정적이거나 스트레스가 많은 생활사건에 대처하는 데 영향을 주게 된다. IPT 치료는 네 가지 대인관계 문제—애도, 역할 갈등, 역할 전환, 그리고 대인관계 결핍—에 초점을 맞춘다. 치료자는 환자의 우울 증상을 경감시키고, 선택된 대인관계 문제 영역을 해결하도록 함으로써 우울증에서 회복되도록 돕는다. IPT 치료자는 적극적이고, 낙천적이고, 지지적인 자세를 유지한다.

사라의 사례는 IPT의 치료 기법과 과정을 잘 보

여 주고 있다. IPT는 효과가 입증된 절충적인 치료 기법이며, 다른 치료에서 적용되는 기법도 사용한다. IPT는 주요 원리, 기법, 전략, 그리고 치료자와 환자 특성에서 다른 우울증 치료법들과 다르다.

IPT와 그 활용에 대한 추가 정보가 필요하다면 Weissman과 동료들(2000)의 저서인 『대인관계 심리치료를 위한 종합안내서(Comprehensive Guide to Interpersonal Psychotherapy)』, 그리고 『대인관계 심리치료의 임상가를 위한 간편 안내서(Clinician's Quick Guide to Interpersonal Psychotherapy)』(2007)와 『대인관계 심리치료의 사례집(casebook of Interpersonal Psychotherapy)』(Markowitz & Weissman, 2012a)을 참조하기 바란다.

주

1. 표현의 편의성을 위하여 여성 환자로 기술하였다. 사실 대부분의 우울증 환자는 여성이다.

참고문헌

American Psychiatric Association. (2000). *Diagnostic and statistical manual of mental disorders* (4th ed., text rev.). Washington, DC: Author.

American Psychiatric Association. (2010). Practice guideline for the treatment of patients with major depressive disorder, third edition. *American Journal of Psychiatry, 167*(Suppl.), S1-152.

American Psychiatric Association. (2013). *Diagnostic and Statistical manual of mental disorders* (5th ed.). Arlington, VA: Author.

Barber, J. P., & Muenz, L. R. (1996). The role of avoidance and obsessiveness in matching patients to cognitive and interpersonal psychotherapy: Empirical findings from the Treatment for Depression Collaborative Research Program. *Journal of Consulting and Clinical Psychology, 64*, 951-958.

Beck, A. T., Steer, R. A., & Brown, G. K. (1996). *Beck Depression Inventory manual* (2nd ed.). San Antonio, TX: Psychological Corporation.

Blatt, S. J., Quinlan, D. M., Pilkonis, P. A., & Shea, M. T. (1995). Impact of perfectionism and need for approval on the brief treatment of depression: The National Institute of Mental Health Collaborative Research Program revisited. *Journal of Consulting and Clinical Psychology, 63*, 125-132.

Blazer, D. G., II. (2000). Mood disorders epidemiology. In B. J. Sadock & V. A. Sadock (Eds.), *Kaplan and Sadock's comprehensive textbook of psychiatry* (7th ed., Vol. 1, pp. 1298-1308). Philadelphia: Lippincott/Williams & Wilkins.

Bleiberg, K. L. (2012). Interpersonal psychotherapy for peripartum depression. In J. C. Markowitz & M. M. Weissman (Eds.), *Casebook of interpersonal therapy* (pp. 224-242). New York: Oxford University Press.

Bleiberg, K. L., & Markowitz, J. C. (2005). Interpersonal psychotherapy for posttraumatic stress disorder. *American Journal of Psychiatry, 162*, 181-183.

Bleiberg, K. L., & Markowitz, J. C. (2007). Interpersonal psychotherapy and depression. In C. Freeman & M. Power (Eds.), *Handbook of evidence-based psychotherapies: A guide for research and practice* (pp. 41-60). Oxford, UK: Oxford University Press.

Bowlby, J. (1973). *Attachment and loss*. New York: Basic Books.

Cuijpers, P., Geraedts, A. S., van Oppen, P., Andersson, G., Markowitz, J. C., & van Straten, A. (2011). Interpersonal psychotherapy of depression: A meta-analysis. *American Journal of Psychiatry, 168*, 581-592.

Elkin, I., Shea, M. T., Watkins, J. T., Imber, S. D., Sotsky, S. M., Collins, J. F., et al. (1989). National

Institute of Mental Health Treatment of Depression Collaborative Research Program: General effectiveness of treatments. *Archives of General of Psychiatry, 46*, 971-982.

Fairburn, C. G., Jones, R., Peveler, R. C., Hope, R. A., & O'Connor, M. (1993). Psychotherapy and bulimia nervosa: Longer-term effects of interpersonal psychotherapy, behavior therapy, and cognitive behavior therapy. *Archives of General Psychiatry, 50*, 419-428.

Fairburn, C. G., Norman, P. A., Welch, S. L., O'Connor, M. E., Doll, H. A., & Peveler, R. C. (1995). A prospective study of outcome in bulimia nervosa and the long-term effects of three psychological treatments. *Archives of General Psychiatry, 52*, 304-312.

Frank, E. (2005). *Treating bipolar disorder: A clinician's guide to interpersonal and social rhythm therapy*. New York: Guilford Press.

Frank, E., Kupfer, D. J., Buysse, D. J., Swartz, H. A., Pilkonis, P. A., Houck, P. R., et al. (2007). Randomized trial of weekly, twice-monthly, and monthly interpersonal psychotherapy as maintenance treatment for women with recurrent depression. *American Journal of Psychiatry, 164*, 761-767.

Frank, J. (1971). Therapeutic factors in psychotherapy. *American Journal of Psychotherapy, 25*, 350-361.

Hamilton, M. (1960). A rating scale for depression. *Journal of Neurology, Neurosurgery, and Psychiatry, 2*, 56-62.

Hill, C. E., O'Grady, K. E., & Elkin, I. (1992). Applying the Collaborative Study Psychotherapy Rating Scale to ratetherapist adherence in cognitive-behavior therapy, interpersonal therapy, and clinical management. *Journal of Consulting and Clinical Psychology, 60*, 73-79.

Kessler, R. C., Berglund, P., Demler, O., Koretz, D., Merikangas, K. R., Rush, A. J., et al. (2003). The epidemiology of major depressive disorder: Results of the National Comorbidity Survey Replication (NCS-R). *Journal of the American Medical Association, 289*, 3095-3105.

Klerman, G. L., Weissman, M. M., Rounsaville, B. J., & Chevron, E. S. (1984). *Interpersonal psychotherapy of depression*. New York: Basic Books.

Lipsitz, J. D., Fyer, A. J., Markowitz, J. C., & Cherry, S. (1999). An open trial of interpersonal psychotherapy for social phobia. *American Journal of Psychiatry, 156*, 1814-1816.

Markowitz, J. C. (1998). *Interpersonal psychotherapy for dysthymic disorder*. Washington, DC: American Psychiatric Press.

Markowitz, J. C., Klerman, G. L., Perry, S. W., Clougherty, K. F., & Mayers, A. (1992). Interpersonal therapy of depressed HIV-seropositive patients. *Hospital and Community Psychiatry, 43*, 885-890.

Markowitz, J. C., Kocsis, J. H., Fishman, B., Spielman, L. A., Jacobsberg, L. B., Frances, A. J., et al. (1998). Treatment of HIV-positive patients with depressive symptoms. *Archives of General Psychiatry, 55*, 452-457.

Markowitz, J. C., & Milrod, B. (2011). The importance of responding to negative affect in psychotherapies. *American Journal of Psychiatry, 168*, 124-128.

Markowitz, J. C., Milrod, B., Bleiberg, K. L., & Marshall, R. D. (2009). Interpersonal factors in understanding and treating posttraumatic stress disorder. *Journal of Psychiatric Practice, 15*, 133-140.

Markowitz, J. C., Skodol, A. E., & Bleiberg, K. (2006). Interpersonal psychotherapy for borderline personality disorder: Possible mechanisms of change. *Journal of Clinical Psychology, 62*, 431-444.

Markowitz, J. C., Svartberg, M., & Swartz, H. A. (1998). Is IPT time-limited psychodynamic psychotherapy? *Journal of Psychotherapy Practice and Research, 7*, 185-195.

Markowitz, J. C., & Weissman, M. M. (Eds.). (2012a). *Casebook of interpersonal psychotherapy*. New York: Oxford University Press.

Markowitz, J. C., & Weissman, M. M. (2012b). IPT: Past, present, and future. *Clinical Psychology and Psychotherapy, 19*, 99-105.

Meyer, A. (1957). *Psychobiology: A science of man*. Springfield, IL: Thomas.

Mufson, L., Dorta, K. P., Wickramaratne, P., Nomura, Y.,

Olfson, M., & Weissman, M. M. (2004). A randomized effectiveness trial of interpersonal psychotherapy for depressed adolescents. *Archives of General Psychiatry, 61*, 577–584.

Mufson, L., Moreau, D., & Weissman, M. M. (1993). *Interpersonal psychotherapy for depressed adolescents*. New York: Guilford Press.

Mufson, L., Weissman, M. M., Moreau, D., & Garfinkel, R. (1999). Efficacy of interpersonal psychotherapy for depressed adolescents. *Archives of General Psychiatry, 56*, 573–579.

Murray, C. L., & Lopez, A. D. (1996). *The global burden of disease* (Vol. 1). Cambridge, MA: Harvard University Press.

O'Hara, M. W., Stuart, S., Gorman, L. L., & Wenzel, A. (2000). Efficacy of interpersonal psychotherapy for postpartum depression. *Archives of General Psychiatry, 57*, 1039–1045.

Parsons, T. (1951). Illness and the role of the physician: A sociological perspective. *American Journal of Orthopsychiatry, 21*, 452–460.

Ransom, D., Heckman, T. G., Anderson, T., Garske, J., Holroyd, K., & Basta, T. (2008). Telephone-delivered interpersonal psychotherapy for HIV-infected rural persons with depression: A pilot trial. *Psychiatric Services, 50*, 871–877.

Reynolds, C. F., III, Dew, M. A., Martire, L. M., Miller, M. D., Cyranowski, J. M., Lenze, E., et al. (2010). Treating depression to remission in older adults: A controlled evaluation of combined escitalopram with interpersonal psychotherapy versus escitalopram with depression care management. *International Journal of Geriatric Psychiatry, 25*, 1134–1141.

Reynolds, C. F., III, Dew, M. A., Pollock, B. G., Mulsant, B. H., Frank, E., Miller, M. D., et al. (2006). Maintenance treatment of major depression in old age. *New England Journal of Medicine, 354*, 1130–1138.

Sholomskas, A. J., Chevron, E. S., Prusoff, B. A., & Berry, C. (1983). Short-term interpersonal therapy (IPT) with the depressed elderly: Case reports and discussion. *American Journal of Psychotherapy, 36*, 552–566.

Sotsky, S. M., Glass, D. R., Shea, M. T., Pilkonis, P. A., Collins, J. F., Elkin, I., et al. (1991). Patient predictors of response to psychotherapy and pharmacotherapy: Findings in the NIMH Treatment Of Depression Collaborative Research Program. *American Journal of Psychiatry, 148*, 997–1008.

Spinelli, M., & Endicott, J. (2003). Controlled clinical trial of interpersonal psychotherapy versus parenting education program for depressed pregnant women. *American Journal of Psychiatry, 160*, 555–562.

Stewart, J. W., Garfinkel, R., Nunes, E. V., Donovan, S., & Klein, D. F. (1998). Atypical features and treatment response in the National Institute of Mental Health Treatment of Depression Collaborative Research Program. *Journal of Clinical Psychopharmacology, 18*(6), 429–434.

Sullivan, H. S. (1953). *The interpersonal theory of psychiatry*. New York: Norton.

Thase, M. E., Buysse, D. J., Frank, E., Cherry, C. R., Cornes, C. L., Mallinger, A. G., et al. (1997). Which depressed patients will respond to interpersonal psychotherapy?: The role of abnormal EEG profiles. *American Journal of Psychiatry, 154*, 502–509.

Weissman, M. M., Markowitz, J. C., & Klerman, G. L. (2000). *Comprehensive guide to interpersonal psychotherapy*. New York: Basic Books.

Weissman, M. M., Markowitz, J. C., & Klerman, G. L. (2007). *Clinician's quick guide to interpersonal psychotherapy*. New York: Oxford University Press.

Wilfley, D. E. (2008). *Interpersonal psychotherapy for binge eating disorder (BED) therapist's manual*. Unpublished manuscript.

Wilson, G. T., Wilfely, D. E., Agras, W. S., & Bryson, S. W. (2010). Psychological treatments of binge eating disorder. *Archives of General Psychiatry, 67*, 94–101.

World Health Organization. (1992). *The ICD-10 classification of mental and behavioral disorders: Clinical descriptions and diagnostic guidelines*. Geneva, Switzerland: Author.

chapter 9

우울증을 위한 행동활성화

Sona Dimidjian, Christopher R. Martell, Ruth Herman-Dunn, Samuel Hubley 공저
박중규 역

우울증을 치료하는 행동활성화 접근은 지난 수년간 매우 강력한 경험적 지지를 받아 왔고, 그 성과는 가장 심한 우울증의 경우에도 인지치료 및 항우울제 투약과 비교하여 동등 수준 이상이다. 첫인상의 직관과는 상반되게, 행동활성화는 '하면 된다'는 개념에 초점을 두는 것이 아니며, 환자의 우울을 유지시키는 행동과 인지, 정서 반응 전체에 걸쳐 환자의 생활 속에 존재하는 유관 관계를 정밀하게 관찰하는 포괄적 관점을 강조한다. 이 접근법은 내담자에 따라 매우 개별적이기 때문에 특정 목적을 달성하기 위하여 일정한 치료 횟수를 처방하지 않으며, 각 환자에 따라 자유로이 변형 가능하다. '마크'의 치료에 대한 상세하고도 생생한 묘사를 통해 독자들은 기본적인 회피기법으로 채택된 우울에서의 반추(또는 불안에서의 걱정)의 역할에 관한 최신의 강조점을 볼 수 있다. 환자를 활성화시키기 위한 창의적인 치료전략과 행동활성화의 매우 가변적이고도 유연한 속성을 보여 주는 사례연구들은 우울을 치료하는 모든 치료자에게 흥미로울 것인데, 왜냐하면 이는 근거기반 심리치료 중 가장 쉽게 익힐 수 있고 보급가능성도 가장 높기 때문이다.

-D. H. B.

행동활성화(behavioral activation: BA)는 우울증의 경감과 행동 변화에 직접 초점을 둠으로써 추후 재발을 방지하는 구조화된 단기 심리사회적 접근법이다. BA는 취약한 사람들의 생활 문제와 그러한 문제에 대한 그들의 행동 반응이 자신의 환경 속에서 긍정적인 보상을 경험하는 내담자의 능력을 상실하도록 만든다는 전제에 근거한다. 이 치료는 환자의 생활에서 보상의 원천과 더 많은 접촉을 경험하게 하고 생활의 문제를 해결할 수 있도록 돕는 방식을 통해 체계적으로 활성화를 증가시키고자 한다. 치료 절차는 직접적으로 활성화에 초점을 맞추고, 활성화를 방해하는 도피나 회피 행동과 반추적 사고를 치료하며, 이와 함께 생활의 맥락을 개선하는 즐겁고 생산적인 경험을 증가시키고자 한다. 우리가 BA를 우울증에 관한 중요한 새 치료법이라고 믿는 두 가지 주된 이유가 있다. 첫째, 그것의 효능은 최근의 경험적 연구로서 지지되고 있다. 둘째, 이는 간단하고도 쉽게 파악되는 기본 원

리에 근거하며, 적은 수로 구성된 일군의 직설적인 절차를 채택하고 있다.

우울증의 행동적 모델

기본 개념

모든 행동적 모델의 실질적인 핵심 전제는 우울증이 개인의 생활에서 시간 경과에 따라 전개된 특정한 '행동-환경 관계성'과 연결되어 있다고 가정하는 것이다. 이 모델에서 '행동'은 매우 넓은 범위의 구성개념으로서 산책하기부터 사랑하는 사람을 잃고 슬퍼하는 것에 이르는 모든 것을 말한다. 행동은 매우 제한된 것(예: 저녁 식사 후 소파에서 TV를 보면서 누워 있기) 또는 보다 일반적인 행동 레퍼토리(behavior repertoire)의 하나일 수 있다(예: 갈등적 상황에서 자신의 욕구나 요구에 관한 주장 행동을 회피하기).

'환경' 또한 광의의 구성개념으로 현재의 행동이 그 속에서 일어날 뿐만 아니라 시간 경과에 따라 전개되는 일종의 상황(setting)으로 간주할 수 있을 것이다. 환경의 일시적 성질(tempord nature)은 우울증에 대한 행동적 접근방식을 이해하는 데 중요하다. 흔히 현재 환경 속에서 어떤 기능을 수행하지 않는 것 같이 보이는 행동이더라도 과거에는 매우 중요한 기능을 담당했을 수 있다. 따라서 전문가는 우울한 사람이 만족스럽지 못한 일을 하는 식으로 특정한 행동을 지속하는 이유가 궁금한 경우, 시간 경과에 따라 특정 행동 레퍼토리(예: 잠재적 상실을 회피하기)가 어떻게 전개되었는지를 고려해야만 하는 경우가 흔하다.

결론적으로, 우울증에 관한 모든 행동적 모델은 행동과 그것이 발생하는 환경 사이에서 유관관계의 중요성을 강조한다. 유관관계(contingent relationship)는 인간의 활동과 그의 환경적(흔히 대인관계적인) 결과는 '만일 ~라면, ~하다(if-then)'라는 조건적 관계라는 것이다. 예를 들어, 행동주의적 관점의 전문가들은 우울한 내담자가 매일 아침 어려움에 빠진 결혼의 미래에 대해 걱정한다는 사실(fact)에는 아마도 관심을 덜 둘 것이며, 그보다는 그러한 행동의 후속 결과(consequences)에 좀 더 관심의 초점을 둘 것이다. 결과로서 무슨 일이 생기는가? 내담자의 우울은 증가되는가 혹은 감소되는가? 침대에 머무름으로써 환자가 회피하는 혐오적인 것은 무엇인가? 예컨대, 배우자와 결혼 문제에 관하여 맞닥뜨리게 된다든지, 직장에 나가 산더미 같은 미완성 과제를 마주하게 되는 일인가? 유관관계를 이해하는 것은 우울증의 행동적 모델에 관한 핵심 측면이며, BA 치료자가 갖춰야 할 필수기술이다.

행동주의에 입각한 행동활성화의 기원

이러한 일반적인 행동적 개념은 Ferster(1973, 1981), Lewinsohn과 동료들(Lewinsohn, 1974; Lewinsohn, Antonuccio, Steinmetz-Breckenridge, & Teri, 1984; Lewinsohn, Biglan, & Zeiss, 1976)에 의하여 우울증에 관한 구체적인 개념적 체제와 치료방안으로 개발되고 정교화되었다. Ferster의 주요 가정은 우울증이란 학습 역사(learning history)의 결과로서, 이는 어느 개인의 행위가 그사람에게 환경으로부터의 긍정적 보상을 얻지 못하게 하거나 혐오적인 조건에서 도피하게 만드는 방식으로 강화된 경험이라는 것이다. 시간 경과에 따라 긍정적 결과를 산출할 수 있는 행동들이 이러한 과정을 통해 점점 소멸되는 것이 전형적인 결과이다. 예를 들어, 어떤 이가 타인과 긴밀한 관계를 형성하려고 노력했지만 여러 이유로 정적 강화(예: 타인의 상호적 노력)가 따라오지 않게 된다면, 그의 노력은 점차 사라지게 된다.

Ferster(1973, 1981)는 이러한 반응-유관적 정적 강화의 감소가 우울증을 촉진시키는 두 가지 부가적 결과를 초래한다고 추론하였다. 첫째, 사람들은 노력이 보상으로 이어지지 않을 때 외부 환경에 있는 정적 강화의 잠재적 원천보다는 자신의 내부 상태에 대한 반응에 더 집중하는 경향이 있다. 이것은 우울증에서 흔히 볼 수 있는 고전적인 '내부로 향하는' 양상이며, 행동주의적 관점에서는 다음과 같은 의미를 갖는다. 사람이 환경 속에서 자기의 행동이 긍정적 결과를 예측하는 데 믿지 못할 예측요인임을 알게 된다면, 당연히 환경에서의 유관적 상황에 개입하는 소요시간을 줄이게 되는 것이다.

Ferster(1973, 1981)가 관찰한 정적 강화 비율 감소의 두 번째 결과는 개인의 적응적인 행동 레퍼토리가 축소되는 것이다. 긍정적 보상에 의해 유지되는 행동이 점점 줄어들기 때문에 이는 논리적으로 당연한 귀결이 된다. 개인이 일상 속에서 참여(engagement)하는 적극적 시도에 대해 보상을 받지 못하기 때문에 결국 극단적으로 수동적인 행동목록(예: '아무것도 하지 않음')을 채택하게 되는 것이다.

최종적으로, Ferster(1973, 1981)는 행동과 연합된 혐오적 결과의 증가는 우울한 사람들이 일반적으로 도피와 회피에 몰두하게 만듦을 발견하였다. 그 결과, 환경 속에서 잠재적인 정적 강화 요인을 찾으려는 시도보다는 예상되는 혐오적 결과에서 회피하거나 도피하려는 시도에 더 많은 에너지를 쓰는 식이 된다.

Lewinsohn(1974)의 우울증에 관한 초창기 행동적 모델은 Ferster(1973)의 행동분석에서 제안된 여러 아이디어와 잘 부합된다. Lewinsohn과 동료들은 비슷하게 반응-유관적 강화의 중요성을 강조하였고, 행동의 비율이 다음과 같은 세 가지 요인에 의해 영향을 받는다고 개념화하였다: 개인에게 강화가 될 수 있는 사건의 수, 환경에서 강화의 가용성, 강화를 유발하기 위해 요구되는 개인의 도구적 행동. 이와 함께 Lewinsohn은 사회적 회피가 모델의 핵심적 부분이라고 주장하였다. 중요한 것은 Lewinsohn, Sullivan과 Grosscup(1980)이 우울증에 관한 행동적으로 지향된 치료법을 최초로 개발한 일이다. 이후 Lewinsohn, Hoberman, Teri와 Hautzinger(1985)는 우울증의 상호작용적이고 복잡한 성질을 설명하기 위하여 환경적 요인과 함께 인지와 같은 성향적(dispositional) 요인을 아우르는 통합 모델을 제안하였다. 이 모델은 우울증의 원인 및 유지에 있어 인지적 요인이나 환경적 요인 중 어느 하나를 더 강조하거나 우위성(precedence)을 부여하지 않는다. 그보다는 우울증의 복합성을 설명하려고 한다. Lewinsohn의 실험실에서 시작된 연구는 다양한 상황과 전집을 대상으로, 그의 제자 및 동료의 연구를 통해 이어지고 있다(Dimidjian, Barrera, Martell, Muñoz, & Lewinsohn, 2011).

Beck, Rush, Shaw와 Emery(1979)도 BA에 대한 초기 작업에서 선구자적 역할을 하였다. 우울증을 위한 인지치료(cognitive therapy: CT)의 핵심 구성요소로서 BA 전략을 포함시킴으로써, Beck과 동료들은 우울증의 병인과 치료에 있어서 인지의 중요성을 강조하는 보다 광범위한 체제(framework) 속에서 활용되는 주요 BA 전략 중 몇 가지를 개념화하였고 널리 보급하였다.

행동활성화의 현재

Ferster, Lewinsohn과 Beck의 작업은 현대 BA의 발전방식에 중요하게 기여하였다. 이들은 Jacobson과 동료들의 초기 연구와 BA의 임상적 발전에 직접적인 영향을 주었다(Jacobson, Martell, & Dimidjian, 2001; Martell, Addis, & Jacobson, 2001; Martell, Dimidjian, & Herman-Dunn, 2010). 또한 이들의 연구는 행동 변화를 목표로 이론적 및 임상적 강조점 양자 모두를 수렴시킨 BA 접근법을 명확히 기술한 Lejuez, Hopko, LePage, Hopko와 McNei(2001), Lejuez, Hopko, Acierno, Daughters와 Pagoto(2011) 등과 같은 여러 연구자에게 기초를 제공하였다. 우울증을 위한 BA 치료 접근은 여러 팀의 다각적인 연구에 의해 지지되고 있다(예: Hopko, Lejuez, LePage, Hopko, & McNeil, 2003).

우울증에 관한 개념적 모델에서 현대의 개념화는 우울증을 이해하는 데 상황맥락(context)-활동(activity)의 핵심적 중요성을 강조하는 Ferster (1973, 1981)와 Lewinsohn(1974)의 연구에 크게 의존하고 있다. 유전적 · 생물학적 및 기타 원격(distal) 요인들이 우울증과 인과적으로 관련될 수 있음을 인정하지만, 현대의 행동적 개념화는 우울증을 유발하는 생활의 상황맥락 양상들과 우울을 유지시키는 생활의 상황맥락에 반응하는 특정한 방식들에 초점을 둔다. 구체적으로 이 모델은 사람이 우울에 빠지는 이유 중 하나는 낮은 수준의 정적 강화와 높은 수준의 혐오 통제가 형성되게끔 생활의 상황맥락이 변화하기 때문이라고 가정한다. '보상이 점점 줄어드는' 생활은 슬픔과 우울한 기분을 불러올 수 있다. 더불어 사람들은 우울해지면 흔히 중요한 생활의 여러 방면에서 세상으로부터 물러서 철회하게 되고, 기본적 일상사들이 쉽게 와해될 수 있다. 이 두 가지 과정 모두 우울한 기분을 증가시키고, 생활 속에서 문제를 효과적으로 해결할 수 없도록 만든다. 사실상 이러한 과정들은 '이차적 문제행동'으로 개념화되는데, 이는 흔히 ① '기분 향상을 위한 개인의 생활양상들의 연결', ② '상황맥락의 개선과 스트레스 경감을 이끄는 문제해결'을 못하게 막는다.

치료를 위한 BA 접근법은 우울증에 기여하는 두 요인 모두를 표적으로 다룬다. 하나는 우울증 감소를 위해 바꿔야만 하는 생활의 양상들이며, 다른 하나는 우울증을 유지 또는 증가시키는 세상으로부터 물러서는 철회방식이다. BA는 '안내된 활성화(guided activation)'를 통해 이러한 목적을 달성한다. 일련의 행동 변화전략들을 사용하는데, 이는 치료자와 내담자가 함께 내담자에게 강화적일 수 있는 활동들이 무엇인지 면밀히 검토하는 작업에 기초하여 진행되며, 우울증을 유지/악화시키는 관계성을 와해시키게 된다. 임의로 활동을 증가시키거나 기분이나 분위기를 띄우려고 '일반적으로' 생각하는 활동의 시행(예: 영화 보기)은 BA의 핵심이 아니다. 이와는 대비되어 BA 전략은 고도로 개별화된 '맞춤형'으로 이루어진다. BA 치료자의 역할은 내담자가 활성화 전략을 실행할 수 있도록 하는 것이기에, 전문가로서 내담자가 이룰 수 있는 목표를 설정하고, 어려운 작업을 관리 가능한 단위로 나누며, 애로사항을 해결하고, 변화의 과정 내내 동기를 유지하도록 조력하는 '코치'로서 기능하는 것이다.

경험적 연구 성과

우울증 치료에서 전적으로 행동적인 접근법에 대한 관심을 재활성화시킨 첫 번째 연구는 단순하지만 자극적인 질문을 제기한 Jacobson과 동료들(1996)에 의해 수행되었다. 그 질문은 "선행 연구에서 인지치료(CT)가 제시해 왔던 효능이 CT에 포함되어 있는 행동적 구성요소에 의해 설명될 수 있지 않을까?"였다. 주요우울증을 가진 성인들을 ① BA 단독, ② BA와 자동적 사고의 수정을 위해 설계된 개입, ③ 전체 CT 패키지 등 세 가지 조건에 무선할당하고 비교하였다. 결과는 급성기 효능(Jacobson et al., 1996) 및 2년 추적기간의 재발방지 모두에서 BA의 성과가 전체 CT 패키지와 비견될 만한 것이었다(Gortner, Gollan, Dobson, & Jacobson, 1998).

이러한 발견을 바탕으로, BA는 CT의 행동적 측면을 포섭하고 앞서 기술된 Ferster(1973, 1981)와 Lewinsohn(1974)의 초창기 행동적 연구를 통합하는 더욱 명확한 행동개입으로 발전되었다. 이러한 확장된 BA 모델은 출간된 보고서(Jacobson et al., 2001; Martell et al., 2001, 2010)와 환자-지향적 자조 지침서(Addis & Martell, 2004)에서 분명히 볼 수 있다. 추가적으로 BA는 CT 및 항우울제제 투약(antidepressant medication: ADM)과 비교하는 대규모 무선할당, 위약 대조 임상실험을 통해 급성기 및 장기적 효능이 검증되었다. 241명의 우울증 환자가 BA, CT, ADM 및 알약-위약 조건에 무선할당되었으며, 무선할당 시 심각도가 층화 변인으로 사용되었다. 연구 결과는 BA가 우울증에 특히 유망한 치료일 수 있음이 제시되었다(Dimidjian et al., 2006). 보다 심각한 우울증 환자에게 BA의 성과는 표준 CT, ADM에 비교할 때 유사하였고, 더 양호한 유지(retention) 효과를 보였다. 보다 심각한 우울증 환자에게 BA와 ADM은 모두 CT보다 우월하였다. 부가적으로, 추적관찰 결과에서 BA의 지속효과가 보다 유망한 것으로 보였다(Dobson et al., 2008). 결국, BA는 약물 복용 유지와 비교할 때 비용 효과성 측면에서 중요한 이점을 입증하였다.

이러한 결과는 활성화 개입이 특히 인지행동치료(CBT)의 중요한 구성요소임을 제안한 다른 연구들과 일치하는 것이었다. Zeiss, Lewinsohn과 Muñoz(1979)의 고전적 연구에서 대인관계 기술 및 유쾌 활동, 인지 변화에 초점을 두고 치료받은 우울증 환자에게 상응하는 결과가 보고되었다. 반면, 경도 및 중등도 우울증 노인 대상 연구에서 Scogin, Jamison과 Gochneaur(1989)는 인지적 독서치료와 행동적 독서치료의 성과 간의 차이를 발견하지 못하기도 하였다. 행동적 전략의 중요성은 역시 다중의 진단범주에 관한 여러 연구(예: Borkovec, Newman, Pincus, & Lytle, 2002; Foa, Rothbaum, & Furr, 2003; Gloaguen, Cottraux, Cucherat, & Blackburn, 1998)에 의해 보고되어 왔다. 다른 과정-지향적인 연구는 또한 CT에서 BA 요소의 중요성을 강조했으며(Bennett-Levy et al., 2004), 치료자가 실제 대인관계를 변화시키기보다 대인관계에 관한 내담자의 생각을 바꾸는 작업을 하는 경우 결과가 부정적일 가능성을 제시하였다(Hayes, Castonguay, & Goldfried, 1996).

부가적으로, 회피에 대한 Ferster의 초기 강조점은 현대의 행동치료자들에 의해서도 역시 중시되고 있다. 구체적으로, Linehan(1993)은 변증법적 행동치료(dialectical behavior therapy: DBT)에 우울증을 표적으로 하는 수단으로서 슬픔에 대한 '정반대 행위(opposite action)'의 사용을 포함시켰다. Hayes와 동료들(1996)은 광범위한 정신병리학의 발달과 수용전념치료(acceptance and commitment therapy: ACT; Hayes, Strosahl, & Wilson, 1999)의 개념화에서 경험적 회피의 역할을 강조하였다. ACT의 초창기 선구적 연구는 표준 CT와 비교하여 우울증 환자에게 상당한 치료 이득을 산출하였다(Zettle & Rains, 1989).

일부 예비적 연구들은 또한 환자의 행동을 활성화시키는 것이 변화 과정의 중요한 요소라고 제안한다. BA 개입이 추가된 물질사용장애 치료 연구에서는 사전 대비 사후 시점에서 환경적 보상의 증가는 환자의 우울 및 불안 증상의 감소와 관련을 보였는데, 약물치료만 받았던 환자는 그렇지 못하였다(Daughters et al., 2008). 우울증에 대한 CBT 연구에서 기준선에 비교된 활성화의 증가는 개입 이후 우울증 개선을 예측하였다(Christopher, Jacob, Neuhaus, Neary, & Fiola, 2009).

BA에 대한 최근의 인기는 직설적이고도 경제적인 개입으로서 이것의 광범위한 보급가능성 탓에 형성되었다고 할 수 있다. 새로운 환경에서 다양한 임상집단에 BA를 적용하기 위한 여러 연구가 진행되고 있다(연구 상황 및 내담자 변인에 대한 자세한 내용은 다음 참조). BA의 확장에서 과학기술의 활용이 점점 더 중요해지고 있다. 전화 및 화상회의 기술을 이용한 원격치료는 청소년 및 노년 우울증에 효과적이었으며(Lazzari, Egan, & Rees, 2011; Quijano et al., 2007), 인터넷으로 전달되는 컴퓨터용 BA의 적용도 이루어지고 있다(Spates, Kalata, Ozeki, Stanton, & Peters, 2012; Spek et al., 2007, 2008; Van Voorhees et al., 2009; Warmerdam, Van Straten, Twisk, Riper, & Cuijpers, 2008). 마지막으로, 새로운 훈련방법 역시 기술 발전과 함께 진전되는 중이다. 컴퓨터용 BA 훈련 프로그램 예비연구(Hubley, Woodcock, Dimeff, & Dimidjian, 출판 중)의 시험 자료에 근거하여, 우리 연구진은 현재 BA 치료자를 양성하기 위해 개발된 완성 단계의 컴퓨터 보조 치료 프로그램을 검증하고 있다.

요약하건대, BA에 관한 연구는 우울한 환자군을 위한 임상적 적용과 새로운 임상집단에 대한 확장에 탄탄한 기반을 제공하였다(Dimidjian et al., 2011). 이러한 결론은 30개 이상의 임상실험 자료를 통합한 메타분석(Cuijpers, van Straten, & Warmerdam, 2007; Ekers, Richards, & Gilbody, 2007; Mazzucchelli, Kane, & Rees, 2009)과 매우 영향력 있는 치료안내지침(예: National Institute of Heatlh & Clinical Excellence, 2009)과도 일치하고 있다.

진단적 · 임상적 및 기능적 영역의 평가

BA의 적용은 포괄적인 진단적 · 임상적 · 기능적 평가를 기반으로 한다. 일부 평가 작업은 치료 개시 전에 완료되며, 일부는 치료 진행 전반에 걸쳐 시행된다.

우리는 치료 성과 연구에서 DSM의 진단을 평가하기 위한 여러 구조화된 진단면접도구를 사용했으며, 여기에는 DSM-IV 축 I 장애의 구조화된 임상면접(Structured Clinical Interview for DSM-IV Axis I Disorders: SCID-I; First, Spitzer, Gibbons, & Williams, 1997)과 DSM-IV 축 II 장애의 구조화

된 임상면접(Structured Clinical Interview for DSM-IV Axis II Personality Disorders: SCID-II; First, Spitzer, Gibbons, Williams, & Benjamin, 1996)을 포함시켰다. 또한 임상가가 시행하는 Hamilton 우울평정척도(Hamilton Depression Rating Scale: HDRS; Hamilton, 1960)와 환자의 자기보고식 Beck 우울척도 제2판(Beck Depression Inventory-II: BDI-II; Beck, Steer, & Brown, 1996) 및 9문항의 환자 건강 질문지 우울척도(Patient Health Questionnaire Depression Scale: PHQ-9; Kroenke, Spitzer, & Williams, 2001)를 사용하였다.

통상적인 임상 실제에서도 기저선 단계의 진단적 면접 수행이 권장되며(연구기반 면접보다는 덜 구조화된 양식을 사용하여 시행될 수도 있지만), 치료 진행 경과에 따라 우울증의 심각도를 평가하는 척도의 사용도 중요하다. 일반적으로 가장 쉽게 시행할 수 있는 것은 자기보고식 측정도구(예: BDI-II; Beck et al., 1996)이다. 여러 자기보고식 측정도구가 환자의 활동 수준과 내담자의 환경에서 가용한 보상(강화물)에 관한 평가도구로 유용하게 쓰일 수 있다. 우울의 행동활성화 척도(Behavioral Activation for Depression Scale: BADS; Kanter, Mulick, Busch, Berlin, & Martell, 2007; Kanter, Rusch, Busch, & Sedivy, 2009)는 29개 문항으로 구성된 활성화 측정도구로 BA 과정에서 내담자의 활성화 및 회피 수준의 변화를 측정하기 위해 여러 연구(예: Weinstock, Munroe, & Miller, 2011)에서 사용되었다. BADS는 유럽계 스페인인(Barraca, Pérez-Álvarez, & Lozano Bleda, 2011), 페르시아인(Mohammadi & Amiri, 2010) 및 네덜란드인(Raes, Hoes, Van Gucht, & Kanter, 2010)을 대상으로 타당화되었다. 최근 개발된 9개 문항의 단축형 BADS는 타당화 연구(Manos, Kanter, & Luo, 2011)에서 원판과 비교하여 더 양호한 심리측정적 속성 및 내적 일관성, 예언타당도를 보여 주었다.

그 외에도 환경적 보상관찰척도(Environnmental Reward Observation Scale: EROS; Armento & Hopko, 2007)와 보상확률지수(Reward Probability Index: RPI; Carvalho et al., 2010)를 포함한 반응-유관적 정적 강화의 구성개념을 측정하기 위한 자기보고식 질문지도 개발되어 왔다. 이러한 도구들은 간략하며, 최초의 심리측정적 연구에서 유망한 성과를 보고하였다. '유쾌사건 일정 기록지(Pleasant Events Schedule)'(Lewinsohn & Graf, 1973)를 사용할 수 있으며, 개별기술적(idiographic) 행동 평가를 보강하기 위해 법칙정립적(nomothetic) 유쾌활동 측정치들이 요구될 수 있다(다음에서 좀 더 자세히 설명할 것이다). 이러한 도구들은 활동 및 보상의 변화를 평가하기 위해 치료 진행 전반에 걸쳐 정기적으로 시행할 수 있는 유용한 임상적 도구라고 입증될 수 있다. 이용 가능한 도구 및 BA 모델 측정과 관련된 관심사에 대한 전체적인 설명은 Manos, Kanter와 Busch(2010)를 참조하기 바란다.

기능적 가용능력(functional capacity)이 BA 치료의 핵심 구성요소이기 때문에 내담자의 여러 생활영역—직장, 가족, 사회활동 등—에서 우울이 어떠한 영향을 미치고 있는지에 대한 상세한 정보를 수집하는 것이 중요하다. 이러한 영역들은 임상면접이나 표준화된 평가도구[예: 사회적 적응척도(Social Adjustment Scale; Weissman & Bothwell, 1976), 36문항의 의료성과연구 단축형 건강조사지(Medical Outcomes Study 36-Item Short Form Health Survey; Ware & Sherbourne, 1992)]를 사용하여 평가할 수 있다.

치료 과정

BA는 미리 정해진 교본-주도적 방식이 아닌 이론-주도적 치료이기 때문에, 실제 적용에서 매우 개별기술적이다. 치료는 요구된 회기별 진행양식이 아닌 시간 경과에 의한 전형적인 과정을 따른다. 전형적인 활동들은 다음과 같으며, 각각은 다음에서 자세히 설명된다.

- 치료 소개하기
- 치료목표 정하기
- 활성화 및 참여하기의 표적을 개인별로 정하기
- 반복적으로 활성화 및 참여하기 전략을 적용하고 애로사항 처리하기
- 치료 이득을 검토하고 공고화하기

치료 소개하기

BA는 내담자에게 치료를 소개하는 것으로 시작하는데, 이는 일반적으로 처음 두 회기 동안의 초점이 된다. 이 단계의 주요 과제는 우울증의 BA 모델과 1차적인 주요 치료전략에 관한 토의와 치료 구조 및 환자-치료자의 역할과 책임에 대한 정보를 제공하는 것이다.

치료 모델을 제시할 때 우울증에 관한 행동적 접근법과 치료의 변화 과정을 설명하고, 모델이 내담자의 경험에 부합되는 방식으로 구체적이게끔 논의하며, 모델에 대한 의문 및 염려 사항을 말해 보도록 격려하고 그에 대하여 답변한다. 모델은 처음에는 말로써, 그리고 첫 회기가 끝날 무렵에는 간략한 기록을 통해 설명된다. [그림 9-1]에 제시된 개념도는 많은 내담자가 도움이 되었다고 보고한 유용한 보조 자료이다. 치료의 이론적 근거를

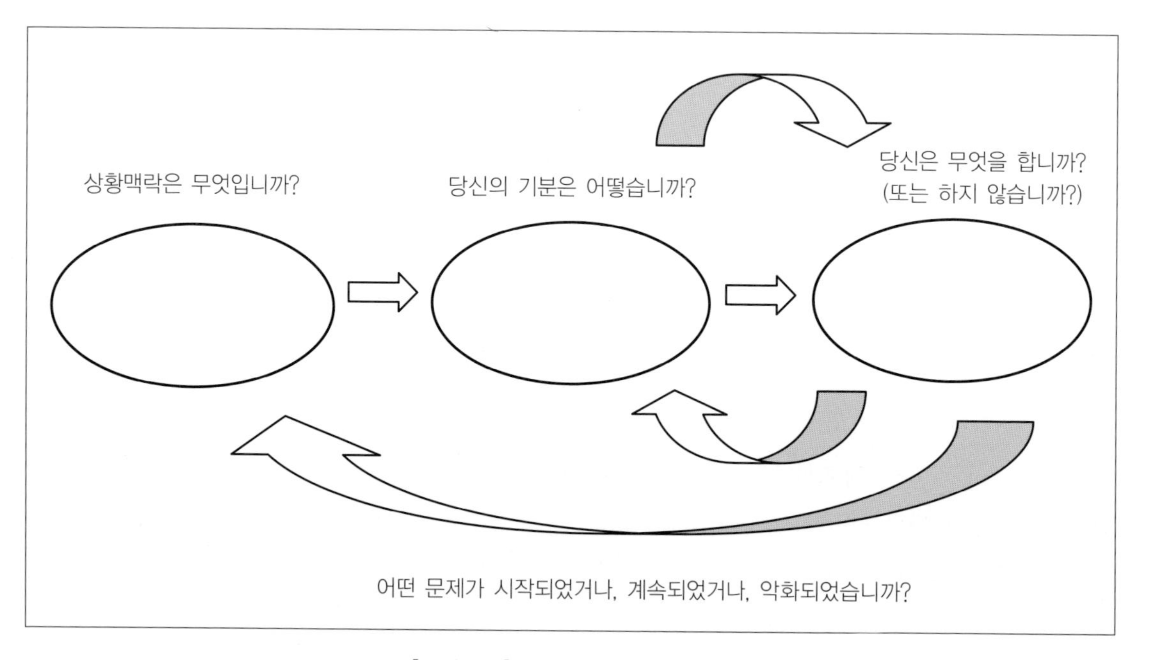

[그림 9-1] 행동활성화 치료 모델

〈표 9-1〉 치료 모델의 열 가지 핵심 사항

1. BA는 생활 속에서 겪는 사건들과 그에 대한 반응방식이 우리의 감정에 영향을 미친다는 아이디어에 기반한다.
2. BA는 사람들이 우울하게 되는 이유의 하나가 생활 속에서 너무 적은 보상과 너무 많은 문제를 겪는 것이라고 가정한다. 스트레스 원인이나 문제를 쉽게 식별할 수도 있지만, 때로는 스트레스 원인을 명확하게 식별할 수 없는데, 여전히 환경으로부터의 적절한 보상은 없을 수 있다.
3. 생활의 맥락이 어렵다면, 일반적으로 슬픔과 낙담, 걱정, 피곤, 진 빠짐 등의 경험을 하게 된다.
4. 이런 방식으로 느낄 때면, 특정한 행동을 하는(또는 하지 않는) 것이 일반적이다. 사람들은 종종 그들 주위의 세상에서 물러서서 철회되며 기본적인 일상생활이 와해되고 있음을 발견하게 된다.
5. 기분이 우울할 때 세상으로부터 물러서서 철회하는 것은 자연스럽고 이해할 수 있는 일이다. 하지만 문제는 이러한 철회가 기분의 하향 나선(downward spirals)이 시작되게 만든다는 것이다(예: 행동이 적을수록 기분이 나빠지고, 기분이 나빠질수록 행동은 적어진다).
6. 그런 식으로 행동하면(또는 행동하지 않으면) 생활의 문제를 효과적으로 해결하는 것이 힘들게 되어 우울증이 지속될 수 있다. 이는 또 하나의 하향 나선이 시작되게 하는데, 그 속에서 당신의 행동은 생활의 상황을 더욱 힘들게 만들거나 그러한 상황의 개선을 방해할 수 있다.
7. 이 치료법에서 우리는 당신이 이러한 하향 나선의 전환을 도울 수 있는 구체적인 사항에 초점을 맞추어, 당신이 생활에 대해 좀 더 적극성을 가지고 또한 참여하도록 도울 것이다.
8. BA는 단지 '더 많은 일을 하는 것'에 관한 것이 아니다. 기분이 나아진다면 이미 그렇게 했을 것이다. 우리는 당신이 시작할 수 있는 작고 관리 가능한 단계부터 시작하여 도움이 될 수 있는 활동을 함께 해 나갈 것이다.
9. 각 회기에서 기분을 개선하고 구체적인 생활의 문제를 해결하는 활동에 참여하도록 실용적이고도 실행 가능한 단계를 개발하게 될 것이다. 회기 간에 우리는 함께 개발한 과제(숙제)를 처리하게 될 것이다. 이러한 숙제는 치료의 필수 부분이며, 즐거움이나 성취감을 높이고 중요한 생활의 목표에 더 다가가도록 생활의 부분들을 수립하고 재연결하는 데 초점을 둘 것이다.
10. 구체적인 방식으로 활성화하고 참여한다면 더 많은 보상을 받고 생활의 문제를 효과적으로 해결할 수 있다. 당신이 적극적으로 참여하고 문제를 효과적으로 해결한다면, 당신은 중요한 생활의 목표를 향해 나아갈 수 있고 기분은 개선될 것이다.

보여 주는 상세한 발췌록이 후반부의 사례 예시에 포함되어 있으며, 주요 요점은 〈표 9-1〉에 요약되어 있다.

두 번째 회기에서 치료자와 내담자는 첫 번째 회기 이후에 생길 수 있는 질문을 포함하여 치료 모델과 내담자의 반응에 대하여 다시 토의한다. 치료 모델의 기본 요소에 관하여 내담자의 '승인'을 얻는 것이 반드시 필요하다. 내담자가 치료와 사례 개념화를 합리적인 것으로 받아들이고 승인하는 경우 치료는 가장 잘 작동한다(Addis & Carpenter, 2000). 내담자가 모델의 핵심적 원리에 동의하지 않는다면, 치료자는 너무 빨리 진행하지 않는 것이 바람직할 것이다. 이런 경우 초기 회기 동안 치료자가 내담자에게 질문을 통해 잠재적 의문 및 염려 사항을 이끌어 내는 것이 중요하다.

예를 들어, 일부 내담자는 행동을 직접 바꾸는 것이 우울증을 치료하는 효과적인 방법이라는 아이디어를 받아들이기 어려울 수 있다. 종종 내담자는 우울증에 대한 생물학적 설명에 푹 빠져 있을 수 있다. 치료자가 이러한 입장에 대해 논박하는 것은 바람직하지 않다. 대신 치료자는 우울증과 관련된 취약성의 출처는 여러 가지이며, 우울증을 개선하는 효과적인 방법의 하나가 행동을 바꾸는 것임을 설명할 수 있다. 때때로 내담자는 행동 변화에 중점을 둔다는 것이 운동을 더 많이 하거나, 영화를 몇 편 더 보거나, 산책을 더 많이 하는 것이라고 여기고, 그렇게 하면 우울증이 사라질 것이라고 생각할 수 있다. 이런 식으로 BA를 이해하고 있다면, 그러한 내담자는 우울증의 치료 과정에서 자신이 겪는 고통과 어려움의 정도를 타당한 것으로 인정받지 못했다는 느낌을 갖게 되리라는 것은 놀랄 만한 일이 아니다.[1] 우리는 흔히 두 가지 사항에 관하여 내담자와 이야기하는 것이 도움이 됨을 발견하였다. 첫째, 행동은 우리의 기분에 강력한 영향을 미칠 수 있으며, 사람들은 이러한 연결을 흔히 자각하지 못하고, 특히 우울할 때면 더욱 그렇게 된다는 것이다. 예를 들어, 누군가가 가족과 상호작용할 때 접근방식을 미묘하게 바꾼다고 우울증이 없어지지는 않겠지만, 그럼으로써 우울증의 심각성은 감소시킬 수도 있으며, 결과적으로 변화를 위한 다른 단계를 설정할 수 있고, 이러한 단계들이 모이면 우울을 반전시키는 데 도움이 될 수 있다. 둘째, 행동 변화는 쉽지 않다는 것이다. 그것이 쉽다면, 우리가 하려고 생각하는 것은 항상 그대로 할 수 있을 것이다(하지만 우리는 그렇지 않다는 것을 잘 알고 있다!). 무엇을 바꾸어야 하는지를 알아야만 행동이 변화하며, 이는 치료에서 상당히 진지하고도 지속적인 '탐색 작업'이 요구되는 일이다. 치료자는 내담자가 무엇을 바꾸고 어떻게 해야 하는지 파악할 수 있도록 코치로서 자신의 역할을 재차 강조할 수 있다.

치료 모델을 제시하고 토의하는 것 외에도 치료 구조 및 치료자와 내담자의 역할을 철저히 논의하는 것도 중요하다. 회기 간 실습, 협력, 회기 구조의 세 가지 핵심적 요소를 강조하는 것이 필수적이다.

1. 치료 초기에 BA의 적극적인 특성을 강조하고 각 회기 사이에서 실습의 중요성을 확고히 하는 것이 필요하다. 치료자는 내담자에게 BA는 회기 중에 고안한 대부분의 치료 '작업'들을 회기와 회기 사이에서 실행하는 매우 행동지향적이며 문제중심적인 접근법임을 강조함으로써 치료의 분위기와 기대를 수립한다. 이후 회기에서 내담자가 배운 내용을 재검토하고, 활동과 관련된 결과를 강조하며, 향후 시도에서 성공가능성을 극대화하기 위하여 치료 과정의 장애물을 식별하고 애로사항을 처리한다. 치료자는 내담자에게 BA의 핵심적인 아이디어를 개관하는 간략한 유인물 읽기과제를 바로 첫 회기부터 할당한다(Martell et al., 2001 참조).
2. BA는 치료자와 내담자가 내담자의 목표를 위해 함께 노력하는 협력적인 치료방법임을 강조하는 것이 중요하다.
3. 각 치료 회기의 구조화된 특성을 내담자에게 미리 소개하는 것이 또한 유용할 것이다. 각 회기의 구체적인 초점들은 내담자에 따라 다르지만, 각 회기의 진행은 유사한 전반적 개요를 따른다. 구체적으로, 각 회기는 우울증의 인지치료(Beck et al., 1979)와 같이 치료자와 내담자가 협력적으로 의제를 정하는 것으로 시작된다. 의제 정하기의 목적은 시간

1) 역자 주: 내담자는 치료를 통해 이해와 위로를 받지 못한 채 무조건 무엇인가를 하도록 강요받았다고 느낄 수 있다는 것이다.

을 효율적으로 조직하여 회기에서 내담자에게 가장 중요한 주제를 다루고, 주요 목표에 도달할 가능성을 최대한 보장하려는 것이다. 치료의 목표가 활성화이기 때문에 의제를 정할 때 내담자에게 많은 권한을 부여할수록 좋을 것이다. 또한 BA에서 숙제가 불가결한 역할을 하기에, 각 회기의 대부분은 이전 회기의 숙제를 검토하고 다음 회기 숙제를 할당하는 데 할애된다. 각 회기를 마칠 즈음에는 내담자에게 해당 회기의 '귀가 메시지'를 반복해 보도록 하여 할당된 숙제에 대하여 명확하게 이해하는지 확인하고, 차후 시간 약속 및 필요시 긴급 연락방법 등에 관한 검토를 진행한다.

이러한 구체적 과업들에 주의를 기울임으로써, 치료자는 내담자를 도울 수 있고 희망감을 전달할 수 있는 전문가로서의 신뢰성을 확립할 수 있다. 치료 초기 단계에서 협력을 공고하게 확립함으로써, 내담자와 치료자는 내담자의 목표를 향해 함께 작업을 개시할 수 있다.

치료목표 정하기

BA의 궁극적인 목표는 내담자들이 생활에서 정적 강화의 원천과 접촉을 증가시키도록 행동을 수정하도록 돕는 것이다. 전형적으로 이 과정은, 첫째, 기본적인 회피 패턴과 와해된 일상생활 영역을 다루고, 둘째, 단기적 및 장기적 목표를 다루는 것을 포함한다. BA에서 치료자는 내담자들이 도피 및 회피 행동 레퍼토리를 자각할 뿐만 아니라 적극적인 대처 반응을 실행할 수 있도록 하는 데 치료 시간의 대부분을 할애한다. 흔히 이 과정의 일부는 기본적 일상생활(예: 수면, 식사, 사회적 접촉)의 변화를 포함한다. 따라서 단기적 목표는 내담자가 덜 우울한 방향으로 자기 생활의 상황들을 전환시킬 수 있도록 돕는 구체적 성취를 자세히 정하는 것이다. 치료자는 종종 치료 표적의 순서를 어떻게 배열할지 불확실할 수 있다. 일반적으로, 우리는 성공의 가능성이 가장 큰 행동 변화에 먼저 초점을 맞추며, 이는 성취의 용이성이나 내담자의 우선순위와 가치의 중요도 수준에 근거한다. 일반적인 예는 집 청소하기, 친구 또는 가족과 함께 시간 보내기, 내담자가 미뤘던 업무를 진행하기, 더 자주 운동하기 등을 들 수 있다. 종종 단기적 목표의 진전에 필요한 행동들은 부적응적 회피나 철회 반응을 대체하는 방식으로 구조화되고 일정을 계획할 수 있다. 치료자는 내담자가 어떻게 느끼고 있는지와 무관하게 단기적 목표의 진전을 위해 내담자와 작업한다. 달리 말하면, 치료자의 1차적 목표 중 하나는 기분에 의해 지배되는 행동의 패턴을 바꾸는 것이다. 특정 시점에서 어떻게 느끼고 있는지와 무관하게, 생활의 목표에서 진전을 이루는 것이 치료의 실무적 표적이며, 이는 그 자체로 항우울적인 것이라고 가정된다. 내담자들은 흔히 특정한 행동 변화의 성공을 그 순간 그 사건을 통해 자신이 어떻게 느끼게 되었는지에 근거하여 판단하기 때문에 이는 매우 결정적인 지점이라고 할 수 있다. 그래서 내담자가 치료목표를 향하도록 또한 달성하도록 돕고 있는 것인지의 관점에서 다른 행동의 결과에 대해 유념하고 있는 것이 치료자에게 매우 중요하다.

회피, 철회 및 일상의 와해와 관련된 단기적 목표가 다루어지고 나면, 내담자들은 우울증과 관련된 더 광범위한 생활의 상황을 다루는 데 도움을 받게 된다. 더 광범위한 생활의 목표를 달성하기 위한 전환은 시간이 더 많이 걸리지만, 이는 근본적으로 개인의 생활의 상황을 변화시킬 수 있는 잠재력을 가진다. 일반적인 예로는 새로운 직장을 구하거나, 고통스러운 대인관계에서 벗어나거나, 새로운 대인관계를 시작하거나, 새로운 곳으로 이주하는 것 등이다. BA는 장기적 목표의 실제 성취에 시간이 걸릴지라도, 이러한 목표를 향해 계속 전진하도록 가르치고 격려하는 도움을 제공한다. 핵심적으로, BA에서 내담자들은 단기적인, 그리고 보다 광범위한 생활의 목표를 달성하기 위하여 사용될 수 있는 기본적인 변화전략들을 배운다.

활성화 및 참여하기의 표적을 개인별로 정하기

어떤 사람도 똑같지 않으며, 모든 사람이 처한 상황도 마찬가지이다. 이는 우울증 치료에서 누군가에게 통했던 활성화 전략이 다른 사람에게는 효과가 없을 수 있으며, 특정 인물에게 효과가 있었던 방안도 언제나 그렇지는 못하다는 것을 의미한다. 활동-환경 교류(activity-environment transactions)가 어떤 사람의 기분을 긍정적 또는 부정 적 방향으로 바꿨는가는 경험적으로 밝힐 수 있는 질문이며, 답변을 위해서는 신중한 주의와 평가가 요구된다. BA를 훌륭하게 수행하는 기술들 대부분은 바로 이러한 종류의 신중한 검토를 바탕으로 한다. BA에서는 이 과정을 '기능분석(functional analysis)'이라고 부르며, 이는 각 내담자에게 개별적으로 활성화 표적을 정하는 열쇠이자 BA의 심장이다. 기능분석은 두 가지 변인의 규명을 강조한다. 첫째, 각 내담자에게 우울증을 유지시키는 것은 무엇인가? 둘째, 내담자 입장에서 변화시키기에 가장 적합한 것은 무엇인가? 이러한 이해는 사례개념화의 기초를 형성하며, 구체적인 활성화 전략의 개별기술적 적용을 안내한다. 일반적으로, 치료자는 다음 사항에 대한 상세한 검토를 하는 데 내담자를 참여시켜야 한다.

- 우울증을 유지시키는 것은 무엇인가?
- 일상생활에서 참여하고 즐기는 방식은 무엇인가?
- 변화를 극대화하는 데 가장 좋을 만한 행동들은 무엇인가?

이 과정은 단순하게 보이지만 실제로는 복잡하며, 행동을 통제하는 유관성을 깨닫지 못하는 경우를 흔히 볼 수 있다. 현실이 이렇기 때문에 치료 초기에 우리는 이러한 관계를 확인하려는 목표(그리고 도전!)에 대해 솔직하게 이야기한다.

행동을 통제하는 유관성의 파악에는 두 가지 핵심 단계가 포함된다. 첫째, 치료자와 내담자는 관심 대상 행동을 명확하고도 구체적으로 정의해야만 한다. 여기에는 행동의 횟수, 지속시간, 강도, 상황조건 등이 포함된다. 제일 관심이 높은 행동은 기분 변화와 가장 밀접하게 연관된 행동이다. 항우울제 약물치료에 익숙한 내담자를 대상으로 한다면, 우리는 흔히 효과가 있는 항우울적인 행동적 성분을 규명하기 원한다고 설명한다. 이를 위해 우리는 우울증을 유지시키는 활동('기분 하락 활동')과 기분과 기능을 향상시키는 활동('기분 상승 활동')을 구체적으로 정의해야만 한다. 예를 들어, 한 내담자의 경우 기본적인 집안일을 완수하는 것의 어려움 때문에 우울 경험이 유지되고 악화되었다. 구체적인 문제들은, ① 지난 6주 동안 쓰레기 봉투를 집 밖의 수거통에 버리지 않고 집 안 구석에 쌓아 둔 것, ② 지난 4개월 동안 우편 청구서를 받았지만 미개봉 상태로 서랍에 그냥 둔 것이었다. 치료는 내담자가 쓰레기를 버리는 행동목표를 달성하기 위한 일련의 단계별 작업으로 시작되었다. 이것은 잠재적으로 '기분 상승 활동'으로 확인되었고(비록 그것이 즐거운 일은 아니었지만), 내담자가 청구서를 처리하는 것보다 이것이 더 쉽다고 판단했기 때문에 치료자와 내담자는 그것에 먼저 초점을 두기로 선택하였다.

둘째, 치료자와 내담자는 행동과 관련된 선행사건 및 결과가 무엇인지 규명하는 작업을 시작함으로써 우울증을 일으키거나 강화시키는 변인을 구체적으로 밝히려는 목표를 달성할 수 있다. 이 작업은 BA 모델의 용어로 상황맥락과 기분 간의 연관, 행위와 기분과의 연관, 시간 경과에 따라 우울을 유지시킬 수 있는 하향 나선 등으로도 일컫는 것들이다. 이러한 유관관계를 규명하는 데 기본적인 행동원리에 대한 이해가 큰 역할을 한다. 실생활의 예로써 이것의 의미를 살펴보자. 우울증 내담자의 경우, 다수의 유관관계가 흔히 관찰된다. 앞에서 논의되었듯이, 부적 강화유관이 만연된 경우가 흔하다. '부적 강화'는 어떤 행동이 환경으로부터 혐오적인 것을 제거할 수 있을 때 그 행동의 발생 확률이 증가하는 것을 말한다. 부적 강화유관 상황은 적응적인 부분도 많이 있다. 예를 들어, 추위를 피하기 위해 따뜻한 외투 입기, 자동차 사고를 피하기 위해 정지 신호에서 멈추기, 처벌을 피하기 위해 자동차를 망가뜨린 이후 부모님에게 깍듯하게 예의를 갖추기 등은 모두 부적 강화가 잘 작동하는 예이다. 그러나 불행히도 어떤 이가 우울해지면, 그 사람의 행동 레퍼토리는 고통스러운 감정이나 대인관계 상황에서 벗어나려는 일순간의 방편으로 도피 및 회피 행동에 의해 지배될 수 있다. 이런 식의 회피 및 도피 행동—우울증의 경험에 대처하려는 시도—은 불행하게도 오히려 우울증을 더욱 악화시키는 2차적 대처 반응으로 이해될 수 있다. 예를 들어, 어떤 사람이 오후에 긴 낮잠을 자면서 절망과 피로의 감정에서 벗어나려고 할 수 있다. 이것은 결과 측면에서 그 순간 일시적으로는 그 사람이 혐오적 맥락을 회피하도록 할 수 있지만, 동시에 넓게 보면 그가 필요한 단계를 밟아 우울이 덜한 상황맥락(운동하기, 구직 활동하기, 집 안 청소하기 등)으로 전환되는 것을 막는다. 약물남용, 과도한 수면, 과도한 TV 시청, 전반적인 비활동성 등은 모두 부적 강화에 의해 유지되는 2차적 대처 반응의 공통된 예이다. 이러한 유형의 부적 강화유관은 사람들이 보다 적응적이고 참여적인 생활을 영위하는 데 기여하는 잠재적으로 강화적인 환경과 접촉하는 것을 방해하는 데 흔히 중심적인 역할을 한다. 내담자의 일상생활에서 구체적인 부적 강화유관의 활성화 존재 여부와 작동방식을 규명하기 위하여 세심한 평가가 요구된다. 정적 강화유관도 내담자에게 문제가 될 수 있다. 이러한 경우, 행동의 가능성은 긍정적 결과와 유관적으로 연합되기 때문에 증가하는 것이다. 예를 들어, 일찍 자는 것은 가족 구성원들이 공감과 지지를 제공함으로써 정적으로 강화될 수 있다. 과식이나 약물남용과 같은 일부 행동은 즉각적으로는 정적 강화효과를 제공할 수 있는 반면, 장기적으로는 목표 성취를 방해하고 우울증이 유지되도록 만든다.

BA에서 기능분석을 어떻게 수행하는가? 기능

분석을 수행하는 BA 치료자를 위한 두 가지 주요한 지침이 있다. BA 모델과 활동 점검(activity monitoring)이다. 첫째, BA 모델은 활동과 기분 사이의 핵심적 연관성을 규명하기 위해 내담자 생활에서 발생하는 구체적인 사건들에 대한 평가를 안내하며, 치료가 소개되는 처음부터 전체 과정 내내 사용될 수 있다. 예를 들어, 내담자가 자신의 아들과의 상호작용의 어려움으로 회기에서 불안감을 이야기했고, 치료자는 상호작용의 구성요소를 이해하기 위해 모델을 사용하기로 제안했다고 하자. 그들은 함께 무슨 일이 일어났는지(예: "내 아들은 수학 시험에 낙제했다고 말했다."), 내담자가 어떻게 느꼈는지(예: "나는 우리의 생활이 항상 힘들 것 같았고, 아들은 졸업도 못할 것 같다는 걱정이 되어서 슬픔을 느꼈다."), 내담자가 한 일은 무엇인지(예: "나는 저녁 식사를 먹다 말고 방으로 들어가 내가 부모로서 얼마나 실패하고 있는지에 대해 생각하였다.")를 명확하게 토론하고 기록하였다. 이러한 요소들은 부정적 감정을 유지하는 하향 나선(예: "고립과 반추는 불안과 슬픔을 증가시킨다.")과 효과적인 문제해결을 막는 하향 나선(예: "나는 그와 직접적으로 대화하지 않았다. 그는 화가 났고, 친구들과 함께 나갔고, 한밤중까지 집에 들어오지 않았다.")을 확인하는 것과 연결될 수 있다. 이러한 평가 과정은 어려운 사건에 대한 활성화 표적을 규명하는 데 도움이 된다(예: 아들과 관련된 상호관계 행동의 중단과 반추보다는 대안을 만들고 실행하기, 아들의 부족한 수학 성적 문제를 해결하기 위한 단계들을 규명하고 실행하기). 회기 내에서 모델의 반복적 적용과 회기 간 과제의 사용을 통해 치료자와 내담자는 시간과 장소에 따른 부적응적 행위의 패턴을 확인할 수 있을 것이다. 궁극적으로, 이러한 방법을 통해 모델을 반복적으로 사용하는 것은 치료 종결 후 자신의 행위를 안내하는 방법을 내담자에게 가르쳐 줄 수 있다.

둘째, BA에서 일상생활 상황맥락에서의 활동 점검은 평가 과정의 핵심이다. 치료자와 내담자는 앞서 열거된 의문사항을 이해하기 위해 내담자가 회기 사이에 완성해 온 상세하고 지속적인 활동 점검을 이용하여 함께 작업해 갈 수 있다. 활동 점검의 역할을 설명할 때, 치료자는 처음부터 이에 관해 설명할 기회를 갖는 것이 중요하며, 어떤 행동을 언제 점검할 것인지 명확히 정의해야 한다. 또한 치료자는 활성화와 참여 과제를 발전시키기 시작한 내담자의 노력을 강화하기 위하여 활동 점검 과제에 대해 주의 깊고도 능숙한 방식으로 확인해야 한다.

치료자는 활동 점검을 위해 다양한 형식을 사용할 수 있으며, 가장 기본적인 형식은 하루 중 내담자에게 일어난 활동과 감정을 시간별로 기록하는 것이다. 치료자는 또한 내담자들이 특정 행위와 연관된 숙달(성취감) 또는 즐거움(기쁨)을 점검하도록 할 수 있다. 일반적으로, 내담자들이 무엇을 했고 어떻게 느꼈는지의 연결을 확인할 수 있을 정도로 충분한 정보를 기록하도록 권고하지만, 지나치게 번거로울 정도로 많은 정보를 요구하지는 않는다. 아울러 내담자가 하루 동안 관찰을 기록하는 시간 간격을 확인하는 것이 유용하다(예: 아침, 점심, 저녁, 취침 전). 매 시간 기록하기가 내담자에게 너무 과중한 경우, 시간표집 절차(time sampling procedures)가 사용될 수 있다. 이 절차에서 내담자와 치료자는 회기 간의 기간 동안 활동 관찰을 언제 할 것인지 합의한다. 시간표집 절차에는 내담자가 한 주간 기능하는 다양한 상황이 포함되어야 한다. 일반적으로, 치료자는 내담자가 하루 동안 일정한 간격으로 기록을 완성하도록 격려할 것인데, 이러한 일정 간격의 기록을 촉진하려면 내담자의 일상에서 자연적으로 존재하는 단서(예: 벽시계의 시간 알림, 라디오의 시각 알림 등)나 주기적인 생활 리듬(예: 식사 또는 수면 시간 등)을 이용하여 기록하는 계획을 세우도록 조언할 수 있다.

치료자는 점검과제를 위하여 간략한 주간 활동 기록지를 내담자에게 제공할 수 있다(예: [그림 9-2] 참조). 그러나 BA에서 흔히 강조되듯이, 행동의 형식보다는 기능이 훨씬 더 중요하다. 따라서 내담자는 활동 기록지를 통해 점검하기보다는 개인용 달력이나 스마트폰 또는 자기만의 기록방법을 사용하는 것이 더 좋을 수도 있다. 내담자의 일상적인 일과에 잘 맞는 식으로 점검과제를 변형하는 것이 매우 권장된다. 예를 들어, 차 안에서 많은 시간을 보내는 내담자는 앞 유리 위에 기록지를 붙여 둘 수 있으며, 다른 사람들은 냉장고나 욕실 거울 등에 붙일 수 있고, 그 외에 주머니, 지갑, 배낭, 서류 가방 등에 넣어 휴대하는 것도 유용하다.

내담자가 활동 점검 과제를 완성하면, 치료자는 그것을 자세히 검토하는 것이 필수적이다. 이를 제대로 하지 못하면 내담자의 행동을 강화하고 사례개념화를 발전시킬 수 있는 기회를 놓치게 된다. 좋은 성과를 거두는 BA를 시행하려면 제출된 활동 기록지를 능숙하게 검토하는 것이 기본적 토대인 것이다. 제출된 활동 기록지를 검토할 때 유능한 치료자라면 어떤 것들에 주목할까? 치료자가 활동 기록지를 검토할 때는 일반적으로 이전에 염두에 두었던 사례개념화와 관련하여 우선순위를 둔 질문 목록을 계속 따라가고 싶을 것이다. 치료자는 활동 기록지를 검토함으로써 내담자의 활동들과 반복적 일상, 생활의 상황맥락을 이해하고 싶을 것이며, 우울한 기분을 유지 또는 악화시킬 수 있는 패턴은 무엇인지 확인하는 작업을 시작하고 싶을 것이다.

치료자가 활동 일정을 검토하는 데 사용할 수 있는 구체적인 질문은 다음과 같다.

- 우울하지 않다면 내담자는 무엇을 할 수 있을까(직업활동, 가정사의 관리, 운동, 사교활동, 여가활동 참여, 식사, 수면 등)?
- 내담자가 다양한 활동에 참여하는가, 아니면 활동 범위가 좁아졌는가?
- 기분과 특정 활동 간에 무슨 관계가 있는가?
- 기분과 특정 생활환경/문제 간에는 무슨 관계가 있는가?
- 우울증을 유지하거나 악화시키는 회피와 철회는 어떤 방식으로 되고 있는가? 내담자가 피하려 하거나(회피) 벗어나려고(도피) 하는 것은 무엇인가? 어떤 구체적인 방법이 사용되는가?
- 반복적인 일상적 일과들이 와해되고 있는가?
- 어느 지점에서 강화 요인과의 접촉을 잃게 되었는가?
- 대처 기술과 전략에서 결손이 있는가?

이러한 질문에 답하기 위해서는 내담자의 활동과 상황맥락의 부분 중에서 시간 경과에 따라 달라진 것과 유지되는 것에 초점을 두는 것이 필수적이다. 우울한 내담자들은 어디서 무엇을 하든 상관없이 자기의 기분은 항상 가라앉아 있다고 보고하는 경우가 흔하다. 이들은 감정을 항상 단순하게 '그냥 그렇다.'라는 식으로 느끼거나, 아마도 감정이 변하기는 하지만 미미하거나 상관없이 그런다고 설명한다. BA의 핵심 전제로서 변동성(variability)

지시: 하루 중 매 시간 활동을 기록하고 그와 연관된 기분 평정을 하십시오. 귀하의 기분에 대해 점수를 매기려면, 치료자와 함께 작업한 하단의 기분 평정 기준을 사용하십시오. 매일 적어도 3~4시간마다 활동 기록지의 빈칸을 채울 수 있도록 해야 합니다.

	월	화	수	목	금	토	일
5~6							
6~7							
7~8							
9~10							
10~11							
11~12							
12~13							
13~14							
14~15							
15~16							
16~17							
17~18							
18~19							
19~20							
20~21							
21~22							
22~23							
23~24							
24~1							
1~2							
2~3							
3~4							
4~5							

기분 평정 — 0점: 관련 활동의 예시:
5점: 관련 활동의 예시:
10점: 관련 활동의 예시:

[그림 9-2] 활동 기록지(매 시간)

은 어디에나 있는데, 다만 때때로 탐지하기 어려울 뿐이다. 게다가 변동성은 임의로 생기는 예측 불가한 것이 아니다. 그보다 행동과 상황 조건의 변동은 기분에 직접적인 영향을 미치며, 같은 식으로 핵심적인 유관성에 관한 결정적 정보를 제공한다. 내담자들이 '항상' 우울하다고 보고할 때는 그것은 그들이 회고적으로 자신의 감정에 대해 부정확하게 보고하거나, 그들의 행동 레퍼토리는 극도로 협소해져 있거나(예: 하루 종일 침대에 누워 있기), 감정의 미묘한 차이를 구별하는 것을 배우지 못했기 때문이다. 감정의 미묘한 차이를 구별하지 못하는 것은 결정적으로 중요한 것이다. 치료자의 주요 핵심 과업의 하나는 내담자가 어디에서 어떠한 행동을 했고, 그래서 그 결과는 감정과 밀접하게 연관되어 있음을 이해하도록 돕는 일이다. 우울증 치료는 이런 각 영역에서 일련의 전략적인 변화를 만드는 것이며, 이들 모두는 기초적 유관관계를 이해하는 것에 기반한다.

반복적으로 활성화 및 참여하기 전략을 적용하고 애로사항 처리하기

BA의 개별기술적 본질을 감안할 때, 치료 경과는 내담자의 범위에 따라 완전히 다르게 보일 수 있다. 이런 다양성에도 불구하고, 우리는 자주 사용되는 몇 가지 직설적인 행동적 방법을 다음에서 논의한다.

활동 일정 편성 및 자기 점검

BA에서 치료의 주요한 활동들은 회기들 간의 기간에 일어난다. 내담자가 귀가하여 실험해 봐야 할 구체적인 활동을 정하지 않은 채 회기를 종료하는 경우는 거의 없다. 그러므로 활동들에 관한 일정 편성(스케줄 짜기)과 결과 관찰은 과정 전체에서 사용되는 기본적인 방법이다. 각 회기의 말미에서 내담자는 구체적인 활동과제를 명확하게 이해할 수 있어야 하며, 주중에 그것을 시행하기 위한 구체적인 전략을 갖춰야 한다(실행에 대한 방해물을 극복하기 위한 계획도 포함해야만 한다).

구체적인 활동 일정 편성은 내담자가 과제를 할 시간을 약속하게 하는 데 유용한 도구가 된다. 특정 요일, 특정 시간에 과제를 수행한다고 서면으로 약속하면, 내담자는 행동 변화의 동기를 외부에서 도움 받는 이득이 있다(즉, '내부에서 외부로'에 반대되는 것으로서 '외부에서 내부로' 작용함). 활동 일정 편성은 상당한 일상적 와해를 겪고 있는 내담자를 위해 자주 사용된다. 일정 편성은 먹기, 일하기, 잠자기, 사회적 접촉 유지하기를 위한 규칙적인 일상생활을 발전시키고 유지하는 노력에 도움이 될 수 있다. 어떤 활동의 경우에는 구체적으로 시행시간을 정하지 못하며, 그런 때에는 그 활동의 완료 여부를 일지에 기록하면 된다.

활동 일정 편성의 주요 핵심은 유관 관리에 자주 주의를 기울이도록 만드는 것이다. 사회심리학자들이 오랫동안 주장했듯이, "의도와 행동 간의 상관관계는 그리 높지 않다. …… 의도와 행동의 관련성이 낮은 것은 사람들이 좋은 의도를 가졌어도 실행에는 실패하는 경우가 많기 때문이다"(Gollwitzer, 1999, p. 493). 이러한 사실을 감안하여, BA 치료자는 내담자가 할당된 과제와 목표의 성공을 극대화할 수 있도록 환경을 조성하는 방법을 강구해야 한다.

유관 관리의 방법 중 유용한 하나는 과제를 완수할 가능성을 높이기 위하여 공적 서약(public

commitment)을 사용하는 것이다(Locke & Latham, 2002). 종종 우리는 친구, 동료 또는 가족이 활성화 계획에 함께 포함될 수 있는지 탐색한다. 예를 들어, 우리 내담자 중 한 사람은 우울증이 더 심해지면, 매일 아침 아내에게 그날 마치려고 계획한 주요 과제를 말하는 것이 중요하다는 것을 배우게 되었다. 그에게 '자기 말을 지키기'는 활성화를 증가시키는 데 도움이 되는 효과적인 강화 요인(reinforcer)이 되었다.

그 외에 활성화를 증진시키는 다른 방법으로 내담자와 함께 환경을 구조화하는 것을 들 수 있다. 즉, 주중에 운동계획을 세운 내담자의 경우 업무를 마치고 나오기 전에 운동복을 착용하는 계획이 중요한 부분이 될 것이다.

마지막으로, 내담자는 특정 행동 변화 과제를 위해 임의적 강화 요인을 사용하는 실험을 할 수 있다. BA의 초점은 내담자가 환경에서 자연적인 강화 요인과의 접촉을 증가시키도록 치중하는 것이지만, 임의적(arbitrary) 강화의 선택적 사용 또한 도움이 된다. 우리가 앞서 언급한 내담자는 활성화 과제를 완수하면 주말에 아내와 특별한 저녁 식사를 계획하였다. 운동 프로그램에 참여한 내담자는 새 프로그램을 시작할 때 운동복을 새로 구입하였다.

어떤 경우, 치료자는 행동 변화를 증진시키기 위해 혐오적 유관의 사용을 제안할 수 있다. 예를 들어, 한 내담자가 침대에만 머물면서 그날의 일을 놓칠 경우, 치료자에게 통화하도록 만드는 방법이 유용할 수 있다. 우리는 내담자들이 가장 좋아하지 않는 자선단체에 기부수표를 쓰게 하는 방법을 설명했으며, 예정된 활동을 완료하지 않으면 수표는 현금으로 기부되도록 하였다(Watson & Tharp, 2002). 대개 혐오적 유관을 단순히 제안하는 것만으로도 변화에 대한 동기를 부여하기에 충분하였다. 예를 들어, 치료자에게 전화하기로 동의한 내담자는 실제로는 월요일 아침 일찍 전화해서 메시지를 남겼다. "이건 우스워요. 잊어 버리세요. 저는 출근 중입니다."

내담자가 활동 일정을 짤 때 점검해야 할 것으로 활성화와 관련된 상황과 결과를 기록하는 것이 중요하다. 이를 통해 특정한 활동과제뿐만 아니라 활동과 기분 간의 유관관계를 주목할 수 있는 정기적이고도 지속적인 정보를 제공한다. 각 회기에서 활성화 및 자기점검을 통해 내담자가 무엇을 배웠는지 논의하는 것은 핵심 사항이 된다. 또한 치료자는 진행 경과에 대한 정기적인 피드백을 제공하여 개선된 영역 및 발생 가능한 문제들과 관련된 애로사항을 처리하는 것을 집중 조명해야 한다.

치료자는 미완성 또는 미시행 과제에 대해 질문하기를 꺼리지 말아야 한다. BA 치료자의 역할은 그것에 주목하는 것이다. 보통 일군의 작은 활성화 과제들에 반복적이고도 지속적으로 초점을 두는 것이 치료 진행의 대부분을 차지한다. 과제의 완성을 막는 요소에 대해 질문하는 것은 중요한 방해 요인이나 잠재적인 회피 패턴과 관련하여 치료자와 내담자에게 필수적인 정보를 제공한다. 이러한 토의의 목적은 내담자를 벌하거나 수치스럽게 하는 것이 아니므로, 직접적이고 비판단적인 태도로 과제에 대해 검토하며 접근하는 것이 중요하다. 동시에 불완전하거나 부분적으로 완수된 과제에 관해 토론하는 것은 내담자에게 혐오적으로 경험될 수 있는데, 이는 내담자가 다음번 숙제를 하는데 도움이 될 수 있다(즉, 치료자의 불편한 질문에서 벗어나는 것은 부적 강화가 된다). 이것이 자연스럽게 생긴다면 문제가 되지 않으며, 실제 치료 과정을 향상시킬 수 있다. 그러나 치료자는 과제 완성도를 높이기 위하여 은연중에 수치심이나 비판을 사용하는 것은 금해야 한다.

단계적 과제 할당

'단계적 과제 할당'은 BA를 대표하며, '활동 일정 편성 작업'의 대부분을 차지한다. 이는 우울증의 인지치료(Beck et al., 1979)에서도 핵심적으로 활용된다. BA 치료자는 성공적인 행동 변화를 촉진시키기 위하여 내담자가 행동을 구체적이고 성취 가능한 단위로 쪼갤 수 있도록 작업해야 한다. 과업을 분류하여 간단한 것에서 복잡한 것까지 적절하게 단계적으로 나누려면, 치료자는 기초적인 자기관리(self-management) 및 문제해결 기술을 다양하게 사용할 수 있어야 한다. 내담자는 배운 내용을 치료 종결 이후에도 새로운 상황과 과업에 적용할 수 있게끔 단계적 과제 할당방법을 익혀야 한다. 단계적 과제 할당의 기술을 설명하는 과정에서 내담자에게 활동의 모든 것을 일거에 달성하는 것이 목표가 아님을 상기시키는 것이 중요하다. 목표는 중요한 과제를 개시하고, 활성화를 증진시키며, 회피하지 않는 것이다. 더불어 과제를 나누는 것은 하위 과제를 성취하는 데 도움이 되며, 이러한 성공경험은 연속선상에 있는 보다 큰 과업의 성취를 위한 강화 요인 및 동기 요인이 될 수 있음을 내담자에게 설명하는 것이 도움이 된다.

단계적 과제 할당은 애초부터 성공이 보장되는 방식으로 진행하는 것이 매우 중요하다. 내담자가 과제 수행을 어려워한다면, 치료자는 과제가 충분히 분할되고 단계적인지 재검토하기를 원할 것이라고 분명히 의사소통해야 한다. 또한 내담자는 회기 동안에 일상생활 장면에서 시도해 보도록 할당된 과제 수행의 단계를 미리 상상해 보고, 생길 수 있는 장애물을 예상하도록 요구받을 것이다. 이 과정에서 특정 요소를 완수하기 어렵다면, 치료자와 내담자는 그 과제를 더 작고 달성 가능한 하위 요소로 나눌 수 있다.

회피 수정과 문제해결

이 부분은 BA의 가장 귀중하고도 다양한 양상의 하나이다. 이전에 언급했듯이 내담자는 아마도 직장이나 집에서 특정한 일이나 슬픔 또는 두려움과 같은 고통스러운 감정, 대인관계 갈등 등의 회피를 문제로 나타낼 수 있다. 이러한 문제 영역을 다루는 데 사용되는 특정한 방법은 회피의 구체적인 성질과 관련되어 있다. 예를 들어, 상실에 대한 애도의 경험을 회피하는 내담자에게는 매일 예전 파트너의 사진을 보고 함께한 시간을 추억하는 기회를 갖는 것이 도움이 될 수 있다. 직장에서 과제를 회피하는 내담자는 일을 작게 나누거나, 그에 대한 구체적인 목록을 만들거나, 다른 동료에게 도움을 구하는 것 등이 도움이 될 것이다. 대인관계 갈등을 회피하는 내담자는 회기 동안 역할연기를 통해 적극적인 의사소통을 연습하고, 친구와의 토론을 시도하며, 치료 회기에 가족을 데려오는 것 등이 도움이 될 수 있다. 이렇듯 광범위한 문제 영역에서 여러 기본적 전략이 치료계획 수립에 도움이 될 수 있다.

첫째, 회피를 처리하려면 내담자에게 협력적 자세를 확고히 하면서 시작해야 한다. 특정 상황에서 내담자가 겪는 불편감이 그의 입장에서는 혐오적 경험을 끝내기 위하여 어떤 행위를 취했다는 것임을 이해하고 의사소통하는 것이 중요하다. 치료자는 회피가 단기적으로는 적응적으로 기능할 수도 있지만, 장기적으로는 문제가 될 수 있는 방식임을 강조해야 할 것이다. 많은 회피행동이 즉각적 유관성의 통제하에 있을 수 있기 때문에 특정 행동의 장기적 결과를 반복적으로 강조하는 것이 도움이 되는 경우가 많다. 그러한 패턴을 확연히 드러내기 위하여 BA 모델을 반복하는 것이 흔히 도움이 된다.

둘째, 회피를 처리하는 데에는 기본적인 문제해결 방법들이 흔히 사용된다. 구조화되고 공식적인 방식으로 문제해결 단계를 가르치는 경우는 거의 없지만, 회피 처리하기는 전형적으로 문제에 접근하고 해결하는 방법을 생각해 내는 것을 포함한다. 따라서 치료자는 회피에 대해 문제해결적 마음가짐을 유지해야 하며, 내담자와 함께 대안적 대처행동을 위한 가능한 방안들을 만들기 위해 협력하는 것이 필수적이다. 문제의 정의와 평가, 대안적인 해결책 만들기, 환경적 유관 관리하기, 필요시 해결방안의 애로사항 처리하기 등이 문제해결 전략에 포함된다. 회피 수정과 문제해결(활동 일정 편성과 점검, 단계적 과제 할당)을 위해 다양한 기본적 전략들이 흔히 사용된다는 점도 지적되어야만 한다.

셋째, 회피에 관한 일관적인 초점을 유지하는 것을 돕기 위해 다양한 기억 보조 수단(mnemonic devices)을 통해 내담자를 조력할 수 있다. 이 장치들은 "행동의 기능은 무엇인가? 그 결과는 무엇인가?"라는 식으로 조직화된 검토를 돕는다. 우리는 내담자가 해야 할 것을 물어보는 ACTION[2]이라는 일반적 방법을 사용한다(Martell et al., 2001).

- 평가하라: 이 행동은 접근인가 아니면 회피인가? 이것은 내 기분을 좋아지게 만들 것 같은가, 아니면 나빠지게 할 것 같은가?
- 선택하라: 내 기분을 더 나쁘게 만들지라도 이 행동을 계속할 것인지, 아니면 새로운 행동을 시도할 것인지 선택하라.
- 시도하라: 선택한 행동을 시도하라.
- 통합하라: 어떤 새로운 행동에는 공정한 기회가 주어질 필요가 있으며, 그것이 도움이 되었는지 아니었는지를 평가하기에 앞서서 그 새로운 행동을 일상활동에 통합시키라.
- 결과를 관찰하라: 세심하게 주의를 기울이고 그 새로운 행동의 효과를 점검하라.
- 절대 포기하지 말라: 변화 만들기에는 흔히 반복적인 노력과 시도가 요구됨을 기억하라.

내담자가 회피행동을 특징으로 하는 행동양식을 보일 때, 치료자는 TRAP[3]을 사용할 수 있다(Martell et al., 2001).

- 촉발 요인: 환경에서 보통 일어나는 일(예: 고용주의 비판)
- 반응: 보통 감정적 반응(예: 창피함이나 슬픔)
- 회피 패턴: 감정적 반응에 대처하려고 사용되었던 회피행동(예: 일찍 퇴근하거나, 동료에게 직업에 대한 불쾌감을 불평함)

치료자는 내담자에게 TRAP에서 벗어나 TRAC[4]으로 돌아갈 것을 요청한다. 즉, 동일한 촉발 요인과 반응조건하에서 '대안적 대처'행동을 시도해 보

2) 역자 주: Assess-Choose-Try-Integrate-Observe the results-Never give up의 약어이다.
3) 역자 주: Trigger-Response-Avoidance Pattern의 약어이다. TRAP은 함정을 뜻한다.
4) 역자 주: Trigger-Response-Alternative Coping의 약어이다. TRAC은 제대로 된 경로를 뜻한다.

라고 요청하는 것이다.

참여하기 전략

우울군을 대상으로 반추행동의 횟수와 연관된 부정적 결과는 많은 연구를 통해 명확히 입증되었다(Nolen-Hoeksema, 2000). BA 접근에서 '반추(ruminating)'는 사람들이 자신의 활동과 환경에 온전히 참여할 수 없게 만드는 행동으로 취급된다. BA를 시행하는 치료자는 내담자가 반추를 얘기하고 있는지 경각심을 유지해야 하며, 내담자가 다음 번 회기에 와서는 활성화 과제가 "제대로 되지 않았다."라고 보고한다면, 반추가 문제가 된 것은 아닌지 주의 깊게 평가해야 한다. 예를 들어, 어떤 여성 내담자가 공원에서 아들과 노는 동안 기분이 나아지지 않았다고 보고했다면, 놀기과제에 단지 부분적으로만 참여했던 것은 아닌지, 그 사유로 인해 이전 파트너와의 관계가 유지되지 못했던 이유에 대해서 또는 그 사건이 여성으로서 자신의 가치에 대해 의미하는 것은 무엇인지 따지는 데 더 신경을 썼기 때문은 아닌지(즉, 반추한 것인지) 조사할 필요가 있다.

BA에서 반추를 처리할 때, 치료자는 반추가 발생하는 상황맥락과 그 결과에 초점을 둔다. 반면, 반추적 사고의 구체적인 내용에 대해서는 관심을 덜 두는 편이다. 예를 들어, 과거 취업기회의 포기를 후회하며 빈번히 반추하는 내담자와 작업할 때, 치료자는 다음과 같은 질문들을 통해 조사해 보도록 요청하였다. 당신이 포기했던 그 직업에 대해 생각하던 그 시간 동안에 무엇을 하고 있었는가? 당신은 그 순간 활동과 주변 환경에 얼마나 적극적으로 개입하고 참여했는가? 다른 직업에 대해 생각했던 동안에, 그리고 그 이후에 무슨 일이 일어났는가? 치료자와 내담자는 이러한 질문들을 협력적으로 검토함으로써 내담자가 현재 직무에 대해 상당한 불안을 느끼고 있으며, 이렇게 혐오과제를 해야 할 때 반추에 빠지기 더욱 쉽다는 것을 밝혀낼 수 있었다. 즉, 반추는 내담자의 불안을 분산시키고 혐오과제에 대한 집중을 감소시킴으로써 부적으로 강화되었다. 빈번하게 반추하는 내담자에게는 현재 활동과 주변 환경에 의도적으로 초점을 맞추는 '경험에 주의집중하기' 연습을 요구할 수 있다. 예를 들어, 그들은 신체감각(색, 소리, 냄새, 맛, 신체운동 등)에 대한 완전한 알아차림(full awareness)을 권고받을 수 있다. 이러한 전략은 마음챙김 실습(Segal, Williams, & Teasdale, 2002)과 유사하며, 또한 변증법적 행동전략의 하나인 '전적으로 정반대 행동하기'(Linehan, 1993)와 매우 일치하는 것이다.

치료 이득을 검토하고 공고화하기

치료자와 내담자가 충분히 개선되었다고 동의하여 종결이 보이는 것 같다면, 나머지 회기는 재발방지에 중점을 두어야 하는데, 이는 주로 내담자가 얻은 이득을 재검토하고 다지는 작업으로 이루어져 있다. 치료가 끝을 향할 때, 향후 내담자의 생활에서 우울한 감정과 행동을 일으킬 수 있는 상황맥락을 예견해 보고 그때 어떻게 대처할 것인지에 초점을 맞추는 것이 흔히 현명할 것이다. 위기로서 다가올 수 있는 생활사건(예: 부모의 사망, 이직)에 대해 자세히 논의해야 하며, 내담자는 스트레스 요인에 직면했을 때 활성화할 수 있는 자조계획을 세울 수 있다. 또한 치료에서 사용되었던 기본적인 BA 모델과 전략을 검토하여 내담자가 향후 이를 도구로 활용하는 방법에 대해 확실한 이해를 지니고 치료를 떠나는지에 대해서도 확인하는 것이 매우 중요하다. 예를 들어, 치료자는 어떤 것을 실행하는 것과 감정을 느끼는 것 사이의 연관성을 확인하는 방법, 구체적이고 확실한 목표를 설정하는 방법, 단계적 과제 할당을 사용하는 방법, 그리고 주요 회피 패턴(예: 직장에서 더 많이 반추하는 것에 주목하기, 친구의 전화에 답하지 못하고 있음을 주목하기 등)을 규명하고 표적으로 삼는 방법 등을 재검토하길 원할 것이다.

치료장면

BA에 대한 초기 연구는 주로 정신건강 관련 기관에서 내원 환자를 대상으로 개인 심리치료를 시행하는 장면에 집중되었다. 그러나 최근의 연구는 광범위한 시행장면 및 전달방식에 걸친 적용을 조사하고 있다. 예를 들어, 몇몇 연구진은 BA를 전문적인 정신건강 진료기관이 아닌 1차 진료장면에서 적용하는 창의적인 방법을 밝혀 왔다. 예비적 시험에서 BA를 사용하여 1차 진료기관에 내원한 성인 우울증 환자 치료의 긍정적 전망이 보고되었고(Gros & Haren, 2011; Uebleacker, Weisberg, Haggarty, & Miller, 2009), Ekers와 동료들은 1차 진료장면의 비전문가들(예: 일반 진료의사 등)도 BA를 배워서 효과적으로 전달할 수 있음을 제시하였다(Ekers, Dawson, & Bailey, 2013; Ekers, Richards, McMillian, Bland, & Gilbdoy, 2011). 마찬가지로, Hopko와 동료들(2011)은 최근 종양 전문 진료기관들에서 우울한 암 환자를 대상으로 BA 무선통제시험(randomized controlled trial: RCT)을 성공적으로 실시하였다. 또한 Dimidjian과 동료들은 우울증 산모에 대한 다중기관참여 RCT를 보다 유연한 전달방식으로 실시하여 BA를 검증하고 있으며, 연구진은 행동적 건강서비스 제공자[5] 및 산부인과 간호사가 임상가로서의 역할을 하였다. 더 많은 내담자에게 BA를 전달하기 위하여 집단치료도 실시 가능한 것으로 보인다(Houghton, Curran, & Saxon, 2008; Porter, Spates, & Smitham, 2004). 또한 BA를 대학교 환경에서 통합하려는 관심도 증가하고 있다(예: Cullen, Spates, Pagoto, & Doran, 2006; Gawrysiak, Nicholas, & Hopko, 2009; Reynolds, MacPherson, Tull, Baruch, & Lejuez, 2011).

치료기간은 12회기에서 24회기에 이른다. 내담자의 자원, 보험 환급 및 기타 요인의 한계에 따라 한정된 치료기간이 요구될 수도 있다. 아울러 저자들은 연구와 임상장면 모두에서 빈번하게 회기 간의 기간 중에 내담자와의 짧은 전화 통화 스케줄을 잡았는데, 이를 통해 서로 간의 관계뿐만 아니라 회기 간 과제 완성의 중요성, 문답 및 문제해결의 기회 제공을 보강할 수 있다.

비록 BA가 대부분 개인치료 형식으로 제공되지만, 내담자의 생활에서 다른 중요한 사람이 치료과정 중에 종종 회기에 함께할 수 있다. 치료에 다른 중요한 사람들을 포함시킬 것인지 여부는 기능분석을 통해 결정한다. 즉, 그것은 개별기술적 기초에 입각하여 결정된다. 공동치료 회기는 내담자의 우울증을 유지하게 하는 패턴을 평가하고, 치료

5) 역자 주: 행동적 건강서비스 제공자(behavioral health provider)는 정신건강 서비스 제공자(mental health provider)와 거의 호환적으로 사용되나, 전통적인 정신건강 전문가보다 보다 폭넓은 범위의 인력도 포함된다.

의 이론적 근거와 접근방법에 대해 가족에게도 정보와 교육을 제공하며, 치료자의 직접적이고 즉각적인 피드백과 함께 내담자와 가족 구성원 모두가 새로운 대인관계 행동을 연습하는 기회를 갖는 데 도움이 된다.

치료자의 자질

우리의 경험에 따르면, BA 치료자가 임상 작업을 수행하기 위해서는 몇 가지 구조적 및 양식적 자질이 강조된다. 간략히 말하자면, BA의 구조적 자질은 회기의 초점을 이끌기 위한 의제의 사용을 통해 이루어진다. 치료자는 각 회기의 처음부터 협력적인 의제 설정 과정에 내담자를 참여시킨다. 일반적으로, 의제는 진행 과정에서 몇 가지 작업의 수행에 관한 검토를 포함하는데, 여기에는 우울증 척도(예: BDI-II 혹은 HRSD)의 시행을 비롯하여 과제 검토, 표적 문제 토의, 새로운 과제 할당 및 회기 요약 등이 포함된다. 또한 이러한 구조는 활성화를 키우려는 확고한 초점에 의해 안내된다. 치료자의 스타일 관점에서 봤을 때, BA 치료자는 내담자와 팀을 이루어 협력하고 학습을 강조하는 것이 핵심적이다. 그렇게 하기 위해 치료자는 적극적인 협업의 지원과 내담자가 회기에서 제시된 정보를 이해했는지 확인 정보 요청하기를 염두에 두고 있어야 한다(예: 구체적 표적 또는 개입, 전체 BA 모델, 귀가 시 가져갈 회기의 요점사항). 모든 BA 전략에서 치료자는 훌륭한 해결사가 될 수 있도록 기본적인 기술 또한 갖춰야 한다. 치료자는 치료에서 발생하는 대부분의 문제를 단순하게 해결해야 할 문제로 취급한다. 따라서 치료자는 문제를 유지시키는 요인에 대해 자연스럽게 호기심을 가져야 하며, 일단의 더욱 기능적인 대안행동들을 생성하는 기술을 구비하고 있어야만 한다. 내담자가 할당된 활성화 계획을 수행하지 않았거나 예정된 회기에 참석하지 않는 등의 어려움에 마주치면, 직접적이고도 사실에 입각한 비판단적인 의사소통 방식을 능숙하게 발휘하는 것이 중요하다. 또한 치료자는 내담자의 변화가능성에 대한 낙관적 입장과 확고한 참여를 견지하면서 분투해야 하며, 동시에 그의 고통과 어려움에 대한 진정한 공감 및 이해라는 양자 간의 균형을 유지해야만 한다. BA 치료자는 내담자가 겪는 어려움을 타당화해야 하며, 진전이 최소인 경우라도 격려할 수 있겠는지 신중하게 모색해야 한다. 마지막으로, 기본적인 행동 개념과 원리를 이해하는 것은 치료자가 우울증의 행동 모델에 따라 사례를 개념화하고 내담자에게 일관된 틀을 제시하는 데 도움이 될 것이다.

ENLIVEN[6](Dimidjian, 2011)은 유능한 BA 치료자에게 필요한 구조와 양식의 전략을 쉽게 기억하도록 돕는다.

- 의제를 정하고 따르기
- 활성화 육성하기
- 내담자와 함께 배우기
- 비판단적 자세 취하기
- 타당화하기
- 격려하기

6) 역자 주: Establishing and following agenda-Nurtures activation-Learns together with client-Is nonjudgmental-Validates-Encourages-Naturally express warmth의 약자이다.

- 자연스럽게 따뜻함을 표현하기

우리는 치료 성과 연구에서 치료자들이 이러한 중요한 자질을 개발하고 유지하는 데 도움을 주기 위하여 치료 진행에 따른 임상 슈퍼비전과 치료자 자문 팀을 이용하였다. 치료자들은 보통 매주 1~2시간 정도 함께 모였다. 이 팀은 치료자들이 기본적인 치료전략(치료계획을 개념화하고, 기능분석을 수행하며, 효과적으로 과제를 단계화하는 것 등)에 기반한 기술을 향상시킬 수 있도록 도움을 제공하였다. 구체적인 사례와 전략에 중점을 둔 맥락에서, 팀은 공감과 비판단, 문제해결, 호기심과 끈기, 변화에 대한 낙관성 등의 치료자 자질에 관한 필수적인 강화를 제공하였다. 아직 실증적으로 시험되지는 못했지만, 많은 치료자가 효과적인 자문 팀의 도움 없이는 심각하고 복잡하며 만성화된 우울에 시달리는 내담자와의 작업에서 이러한 자질을 유지하기는 어려울 것으로 판단된다.

내담자 변인

우리의 치료 성과 연구는 BA 과정을 통해 성인 우울증 환자는 급성적이고 지속적인 임상적 이득을 얻는 것이 가능함을 시사한다. 우리의 임상적 인상으로는, ① 치료의 기본적 근거에 관한 적극적인 참여, ② 할당된 과제를 완수하고자 하는 자발적 의지(willingness)가 가장 중요한 성과 예측 지표였다. 더불어 우리의 치료 연구는 일정한 내담자 특성을 배제 기준으로 적용했음을 지적해야만 한다. 예를 들어, 만일 외래 환자 기준으로 위기를 관리할 수 없을 정도로 급성기 자살위험이 있는 경우에는 내담자에게 보다 집중적인 급성 치료를 제안하였다. 또한 내담자가 더 심하고 뚜렷한 (더 큰 지장을 주고 내담자의 주요 초점인) 동반이환 질환이 있거나, 다른 근거기반치료(예: 강박장애)가 필요한 경우, 우리는 내담자에게 더욱 특정적으로 적합한 치료방안을 제안하였다. 우리 연구진은 우울증에 기여할 가능성이 있는 잠재적인 의학적 문제를 신중히 평가하고, 필요한 경우 적절한 병행 치료를 내담자에게 추천하였다.

최근의 임상연구는 청소년기를 포함한 내담자의 전 생애에 걸친 치료 선택지로서 BA의 잠재력에 주목하고 있다(McCauley, Schloredt, Gudmundsen, Martell, & Dimidjian, 2011; Ritschel, Ramirez, Jones, & Craighead, 2011; Ruggiero, Morris, Hopko, & Lejuez, 2007; Van Voorhees et al., 2009). 이 연구는 Lewinsohn과 동료들(1984)이 개발한 청소년을 위한 우울 경과 대처(Coping with Depression Course: CDC)의 초기 연구와 부합한다. 이 프로그램에는 활동 일정 편성과 이완 훈련, 자기주장/사회기술 훈련, 인지적 재구조화가 포함된다. 물론 청소년 대상 CDC는 인지적 재구조화가 포함되어 특정한 BA라기보다는 광의적 CBT로 간주될 수 있는데, 그래도 강조점은 즐거운 사건에 관한 일정 편성에 두고 있다. 또한 다양한 대상에게 BA가 효과적이라는 근거로서 노년층(Acierno et al., 2012; Meeks, Looney, van Haitsma, & Teri, 2008; Meeks, Teri, van Haitsma, & Looney, 2006; Snarski et al., 2011; Sood, Cisek, Zimmerman, Zaleski, & Fillmore, 2003; Teri, Logsdon, Uomoto, & McCurry, 1997), 다문화 환자군(Kanter, Hurtado, Rusch, Busch, & Santiago-Rivera, 2008; Kanter, Santiago-Rivera, Rusch, Busch, & West, 2010), 불안 및 경계선적 증상을 가진 환자군(Hopko, Lejuez, & Hopko, 2004; Hopko, Sanchez,

Hopko, Dvir, & Lejuez, 2003), 외상후 스트레스 환자군(Jakupcak et al., 2006; Mulick & Naugle, 2004; Wagner, Zatzick, Ghesquiere, & Jurkovich, 2007), 심각한 우울 증상이 있는 물질사용자(Daughters et al., 2008; MacPherson et al., 2010), 조현병 환자군(Mairs, Lovell, Campbell, & Keeley, 2011), 입원 환자군(Curran, Lawson, Houghton, & Gournay, 2007; Hopko, Lejuez, et al., 2003), 암 환자군(Armento & Hopko, 2009; Hopko, Bell, Armento, Hunt, & Lejuez, 2005; Hopko et al., 2011), 비만 같은 다른 동반이환 질환을 가진 환자군(Pagoto, Bodenlos, Schneider, Olendzki, & Spates, 2008), 당뇨병 환자군(Schneider et al., 2011) 등을 대상으로 한 성과가 보고되었다. 비록 이 중 상당수가 초기 연구이며 소규모 공개 임상시험(open-trial) 설계로 진행된 자료를 보고하고 있지만, 연구 결과는 BA가 우울증 및 동반이환 질환으로 고통받는 다양한 내담자를 위한 치료 틀로 채택될 수 있음을 시사하고 있다.

사례연구

배경 정보

다음 절에서는 오랜 우울증의 병력을 가진 43세 남성 마크의 치료를 제시한다. 마크는 4개월 동안 19회기의 치료를 받았다. 여기 기술된 내용은 핵심적인 BA 원칙 및 전략의 적용을 예시하기 위해 제시된 것이다. 초기 회기들은 독자에게 주요 원칙과 전략의 '실행방안'에 관한 정보 제공을 위해 자세히 설명된다. 이후의 회기들은 같은 유형의 원칙과 전략이 적용되며 주제별 초점을 강조한다. 이 사례에 대한 기술은 독자에게 미리 정해진 치료 과정에 관한 설명을 전달하려는 것이 아니며, 이미 정해진 순서에 따르는 전략에 대비되는 도움을 제공한다는 중요한 강조점을 갖는다. BA는 특정 활성화 전략을 선택할 때 기능분석에 기반하는 매우 개별기술적인 치료법이다. 이러한 사항을 감안하여, 독자는 전체 치료 과정에서 치료자가 마크의 어려움을 개념화하고 치료전략을 실행하는 방식에 주의를 기울여야 할 것이다. 이 절의 상세한 예시가 유연하고 개별기술적인 방식으로 기본 원칙과 핵심 전략들을 사용할 수 있게끔 독자에게 영감을 불어넣을 수 있기를 바란다.

마크는 일반의의 의뢰로 치료를 찾게 되었다. 그의 최근 우울증은 3년 동안 가라앉지 않고 지속되었다. 마크는 알코올 남용 내력도 있었다. 알코올 남용 내력은 마크의 첫 번째 결혼에서 중대한 문제를 일으켰고, 20대 초반에 이혼 전력을 남겼다. 그러나 알코올에 관한 문제는 현재 문제의 원인은 아니다. 그는 4년 전 별거 및 이혼 과정에서 심리치료를 받은 적이 있다. 마크는 그때의 치료는 비구조적이었고 목적이 불분명했다고 설명하였으며, 몇 회기 후에 그만두었다고 하였다. 그는 청소년인 쌍둥이 딸들의 공동 양육권을 가지고 있었고, 현재 독신이었으며, 전처와 격주로 번갈아 가며 딸들을 양육하고 있었다.

마크는 '자기가 기억하는 한 어릴 적부터' 우울증이 있었다고 말하였다. 특히 12세 때 그의 아버지가 갑자기 집을 떠나 가족과 모든 접촉을 절연한 직후 첫 번째 우울증 시기를 겪었다고 하였다. 마크는 그의 부모가 행복한 결혼생활을 했다고 믿었으며, 그 당시 아버지가 떠난 것이 자기 탓이라고 스스로를 비난하였다. 마크는 어머니와 자기보다

나이 많은 형제들이 아버지에 대해 결코 얘기하지 않았다고 기억하였다. 그는 청소년기와 성인기의 기분을 설명하면서, "문제없이 기능할 수 있는 기간도 있었습니다. 직장을 다니고 업무도 다 할 수 있었지요. 하지만 정말 행복했던 적은 한 번도 없었습니다."라고 말하였다. 마크의 주된 증상은 우울한 기분, 거의 모든 활동에 대한 즐거움의 상실, 과도한 죄책감, 피로, 집중 곤란, 때때로 죽음에 대한 소극적인 생각 등이었다.

마크는 이혼 전 결혼생활을 중심으로 대부분의 사회적 관계망을 가지고 있었는데, 별거와 이혼 이후 이러한 관계에서 물러서서 위축(철회)되었다. 최근 그는 딸들을 돌보는 일을 제외하고는 대개 혼자 지냈다. 마크는 대학을 마쳤고, 지역 소재 제조회사에서 회계 업무를 담당하고 있다. 그는 취미로 동화 작가 활동을 했고, 최근의 우울증 시기 이전에는 동호인 작가 모임의 일원으로 몇 가지 작업을 하고 있었다.

사례개념화와 치료 과정의 개관

마크의 우울증은 이혼 과정에서 생긴 상황 변화에서 촉발된 것으로 개념화할 수 있다. 더불어 그의 가족력과 연관된 취약성이 현재 경험의 맥락이 되었다. 마크는 이혼 후 심한 슬픔과 불안을 경험했으며, 대인관계에서는 회피로서 반응하였다. 회피는 슬픔과 불안을 줄여 주는 부적 강화로 작용하였다. 마크는 주요 대인관계에 온전히 참여할 수 없었으며, 대신 명백한 방식(예: 사회적 접촉을 거부함) 또는 미묘한 방식(예: 과거 자신이 저지른 실수에 관하여 반복해서 반추함, 대인관계에서 적극적인 참여를 표현하지 못함, 기본적으로 여러 관심사에 관하여 생각과 느낌을 표현하지 못함)을 통해 친밀한 관계를 회피하였다. 치료 과정에서 치료자와 마크는 성인이 된 현재 그의 대인관계 회피는 어린 시절 느꼈던 것처럼 잇따르는 상실감을 강하게 느끼지 않을 만큼 충분히 거리를 두게 만들고 있다는 가설을 세웠다. 반면, 이러한 회피 패턴은 현재 맥락의 여러 면에서 보상경험을 제한시킴으로써 마크의 우울증을 유지시키고 있다. 치료는 초기에 활성화를 증가시키고, 형성된 여러 2차적인 문제와 일상적인 와해를 해결하는 데 초점을 두었다. 치료는 활동 일정 편성(일정 짜기) 및 구조화를 통해 우울증의 하향 나선을 바꾸는 것이었다. 마크는 활성화를 비교적 빠르게 증가시켰지만, 그의 기분은 그렇게 좋아지지 않았다. 그래서 그가 관계에서 친밀감을 회피하기 위해 작동시켰던 기능방식과 반추(사고), 아울러 그가 친밀한 관계를 갖고 기분이 나아지게 하는 목표에 더 다가갈 수 있도록 고안된 새로운 행동방식에 관한 실험에 주요 초점이 맞춰졌다.

1회기

1회기는 평가 과정의 결과를 검토하고, 치료 모델을 제시하며, 질문과 피드백을 격려하고, 마크의 특정한 경험에 맞추어 치료 모델을 맞춤형으로 재단하는 것에 초점을 둔다. 평가 과정을 검토하는 것은 흔히 간략하게 진행된다. 즉, 회기 동안 이 부분에서 치료자가 목표하는 것은 내담자가 제시하는 문제 및 관련된 내력, 이전 치료경험을 확실하게 이해하는 것이다. 치료자는 또한 평가 결과가 내담자의 현재 문제에 대한 주관적 경험에 부합하는지 확인하기 위해 기본적인 진단적 공식화(diagnostic formulation)도 검토한다. 일반적으로 초기 몇 회기 동안 치료법에 대한 논의가 대부분을 차지한다. 다음 발췌록에서 치료 모델을 제시하고 우울증의 원인에 대한 빈번한 질문에 응답하는 치료자의 역할에 대한 예시를 볼 수 있다. 구체적으로, 치료자는 병인과 상관없이 우울증이 행동적으로 치료될 것이라는 아이디어를 제시한다.

치료자: BA를 이끄는 기본 모델에 대해 좀 설명하도록 하겠습니다. 첫 번째 아이디어는 사람에게는 살다 보면 기분이 나쁘게 되는 것과 연결되는 일들이 종종 일어난다는 것입니다. 이러한 전환점은 인생에서 상실이나 와해를 크게 경험하는 것(예: 가족의 사망, 파산 등)처럼 매우 분명하거나 쉽게 알 수 있는 것들이 있습니다. 또한 상대적으로 작은 것일 수도 있는데, 단지 성가신 정도이지만 계속 반복되는 것일 수도 있고, 또한 어느 시기에는 그러한 일들이 한꺼번에 여러 면에서 생기기도 합니다. 가장 중요한 것은 이러한 사건들의 영향이 인생에서 즐거움이나 성취감, 기분이 나아지는 경험과 연결되기는 어렵다는 점입니다. 당신한테도 해당되는 얘기처럼 들립니까?

마크: 제 입장에서 보면, 저도 그런 것 같습니다. 분명히 이혼은 큰일이었습니다. 제 생각에 그 일은 모든 것을 터트렸고, 심지어 지금도 제 기분을 나아지게 하는 것은 거의 없습니다. 제 기분을 나아지게 만들 수 있었던 그 어느 것도 이제는 그렇게 하지 못합니다. 지금 이 시점에서 저는 에너지가 전혀 없습니다.

치료자: 네, 맞는 말씀입니다. 그러한 사건들의 맥락 안에서 모든 일이 다 그렇게 느껴지는 것은 지극히 정상적이라 할 수 있습니다. 흔히 슬픔 또는 비애감이 핵심적이지만, 피로감과 매사에 에너지나 흥미가 없다는 느낌 또한 그렇습니다. 이 모든 것이 우울경험을 구성합니다.

마크: 그렇군요.

치료자: 이 기록지([그림 9-1] 참조)는 이렇게 채울 수 있습니다. 첫 번째 원에는 이혼, 딸들의 공동 양육 문제, 이사 등과 같이 우리가 이미 이야기한 사건 중 몇 가지를 나열할 수 있겠네요. 그 뒤에 잇따르는 피로라든지 낮은 활력 등의 반응은 매우 정상적인 것이며, 우리는 두 번째 원 안에 그것을 쓸 것입니다. 우리가 흔히 발견한 것은 사람들이 이러한 생활의 변화에서 더 나아가 일상생활에서 철회되고 뒤로 물러나는 식으로 반응할 수 있다는 것입니다. 이러한 철회는 침대에 머물면서 아프다고 회사에 전화를 하거나 또는 사회적 약속을 취소하는 것과 같은 명백한 방식일 수도 있고, 때로는 현재 참여 중인 활동보다도 자신의 생각에 더욱 집중하는 것과 같은 미묘한 방식일 수도 있습니다. 이해하실 수 있나요?

마크: 그래요, 정말 그렇습니다. 저는 그 모든 것을 다 합니다.

치료자: 당신이 그렇게 기분이 우울할 때 생활에서 뒤로 물러선다는 것은 정말 그럴 수 있을 것 같습니다. 그런데 이렇게 철회하는 방법의 문제는 그렇게 하면 더 우울해질 수 있으며, 그 자체로 문제가 된다는 것입니다. 이는 당신이 하는 일과 느끼는 것을 일종의 하

향 나선으로 연결시켜 주는 화살표인 것입니다. 당신이 더 많이 물러날수록 또는 생각에 더 많이 사로잡혀 있을수록 실제로 느낌은 더 나빠지고, 활력은 더 줄어들게 될 것입니다.

마크: 네. 그렇게 됩니다.

치료자: 실제로 많은 사람에게 두 번째 하향 나선이 생깁니다. 즉, 첫 번째 하향 나선이 작동할수록 그것은 새로운 문제로 이어질 수 있습니다. 이를테면 직장 상사가 당신을 좌절시켰다거나 친구들이 더 이상 전화를 해 주지 않는 식인데, 이런 일들은 당신에게 처음 우울증을 일으켰던 몇 가지 문제를 해결하지 못하게 만듭니다. 그렇기 때문에 우리가 해야 하는 궁극적인 일의 목표는 이러한 하향 나선을 뒤집는 데 도움이 될 수 있는 새로운 행동(기록지의 세 번째 원을 가리키면서)을 알아내는 것입니다. 우리는 어떤 종류의 활동이 당신의 기분에 긍정적인 영향을 미칠 수 있는지 함께 배우고, 그런 다음 당신이 그러한 특정한 방법들을 활성화하고 적극 참여하도록 도우려는 것입니다. 이후 우리는 당신의 생활에 스트레스나 불만을 일으키는 문제들을 어떻게 해결할 것인지 알아낼 것입니다. 이것이 당신의 경험과 잘 맞는지 알 수 있을까요? 혹시 제가 했던 말과 관련해서 질문이 있습니까? 잘 맞거나 맞지 않는 부분이 있을까요?

마크: 무슨 말씀을 하는지 이해합니다. 일부는 맞는 것 같습니다. 하지만 제가 왜 그렇게 우울해졌는지 모르겠습니다. 제 말은 다른 사람들은 그들의 생활에서 스트레스를 주는 것을 가지고 있지만 잘 기능하는 것처럼 보인다는 겁니다. 다른 사람들은 이혼을 했다거나 형편없는 직업을 가졌는데도 잘하고 있는 것 같습니다. 제가 하고 싶은 말은 제가 이혼한 지 벌써 4년이나 됐다는 겁니다. 우울증은 우리 집안 내력인 것 같습니다. 우리 형은 항상 우울해했고, 아버지가 갑자기 집을 떠났을 때 우울해서 그런 것이 아닐까 하는 생각이 가끔 듭니다. 때때로 저는 제 인생에서 일어났던 일을 정말 이해할 수 없습니다. 저는 정말로 행복했던 적이 없었던 것 같고, 제 머릿속에서 스위치가 켜지면 다시 어두운 동굴로 되돌아가는 것 같습니다. 선생님께서 말씀하신 내용과 제 말이 잘 맞나요?

치료자: 아주 좋은 질문입니다. 우울증과 관련하여 알려진 내용으로는 어떤 사람은 다른 사람보다 좀 더 취약하다는 점입니다. 사람들이 우울증에 취약할 수 있는 원인은 여러 가지입니다. 유전을 비롯해서 생물학적 원인, 개인의 과거 경험 등이 그것입니다. 우리는 당신이 지금 말씀하신 이러한 부분을 당신에 관한 상황의 일부로서 첫 번째 원에 포함시킬 수 있습니다. (가족력이라고 써 넣는다.) 단, 이 치료법이 강조하는 것은 자신이 하는 일을 변화시킴으로써 우울증을 바꿀 수 있다는 점입니다.

마크: 말이 되네요. 말씀 중에 제게 꼭 맞는 부분이 있습니다. 더 많이 뒤로 물러서는 부분 말입니다. 분명히 그렇게 하고 있습니다. 주말 내내 다른 사람과 대화하지 않거나 침대에서 일어나지 않을 때도 있습니다. 그렇게

하면 모든 것이 더 나빠지게 된다는 것을 압니다. 하지만 저는 여전히 그것을 합니다. 그런 기분이 들 때는 어떤 일도 할 수 없을 것 같습니다.

치료자는 이러한 일반적인 질문에 답하면서 우울증에 대한 회피 반응을 정상화하는 방안을 찾는다. 내담자가 치료자를 자신의 분투에 대해 이해하고 진심으로 공감하는 사람으로 경험하는 것이 필수적이다. 장기적으로는 내담자에게 도움이 되지 못할 수도 있겠지만, (적어도 이 시점에서는) 치료자는 내담자의 행동이 이해(타당화)될 수 있다고 의사소통해야 한다. 그래야만 내담자는 변화에 대한 도전을 지나치게 단순한 것으로 여기거나 '받아들이지 못하는' 사람들과 다르게 치료자를 같은 편이라고 느낄 수 있다. 더불어 치료자는 마크에게 안내된 활동(guided activity)의 중요성을 또한 강조하는데, 이때 치료자는 전문가로서의 고유한 역할과 면밀한 평가의 중요성을 상세히 설명한다. 치료자는 우울증에 관한 피상적 이해에 근거한 단순 과제 할당에 대비되는 것으로서 기능분석에 근거한 안내된 과제 할당의 차이를 강조하는데, 왜냐하면 기능분석은 치료의 핵심이며 치료자는 이를 수차례 반복할 것이기 때문이다.

치료자: 정말 제대로 파악하셨습니다. 많은 경우 제가 볼 수 있었던 정말로 딱 맞는 내용입니다. 활성화와 참여를 시작할 때, 대부분 처음에는 기분이 오히려 더 나빠질 수도 있습니다. 뒤로 물러서기(철회)나 회피하기와 관련된 문제는 그렇게 하면 실제로 어느 정도 단기적인 안도감을 얻을 수도 있다는 점입니다. 하지만 장기적으로 보면 그러한 대응 행동의 하향 나선은 당신을 우울증에 갇히게 할 수 있습니다.

마크: 제게 딱 맞는 얘기처럼 들립니다. 전 아무것도 하고 싶지 않아요. 식사를 준비하는 것도 저를 피곤하게 합니다. 접시 위에 은그릇이 긁히는 소리도 짜증이 납니다. 좀 미친 짓이겠지만, 전 그냥 구멍으로 기어 들어가서 머릿속의 불을 끄고 모든 것을 사라지게 하고 싶을 뿐입니다. 그런데 저는 침대에 있을 때 기분이 더 나빠지곤 했습니다. 그때 술을 마시곤 했지요. 그렇게 하면 더 나빠질 줄 알기에 이제는 더 많이 마시지는 않지만, 진짜로 도움이 되지 못한다는 것을 알면서도 그 순간에는 그럴 수밖에 없었습니다. 저는 일시적으로 기분이 좋아졌는데 그것으로 충분하다고 생각했습니다.

치료자: 그래요, 정확합니다. 회피는 지극히 자연스러운 반응입니다. 하지만 불행하게도 그렇게 하면 할수록 당신은 즐거움과 성취감을 느낄 수 있게 하는 일들을 접촉하지 못하게 되고, 당신의 생활에서 스트레스를 일으키는 문제들을 해결하지 못하게 됩니다.

마크: 말씀하신 첫 번째와 두 번째 하향 나선인 것이지요? 알겠습니다. 하지만 그냥 생각만 해도 모든 게 너무 벅찬 느낌입니다.

치료자: 네, 알고 있습니다. 거기서부터 시작할 것입니다. 이 치료는 제가 일반적으로 "더 해야 한다!"라고 당신한테 얘기하는 게 아니라는 걸 강조하고 싶습니다. 흔히 저는 사람들에게 이 방법이 일주일 내내 "하면 된다!" 라는 나이키 광고 같은 치료법이 아니라고

말합니다. 아마도 당신은 일상생활에서 다른 사람들로부터 그런 피드백을 받았을 것이며, 심지어 스스로에게도 비슷한 말을 했을 수 있습니다.

마크: 네, 죄책감이 꽉 찼습니다.

치료자: 제 생각에 그렇게 할 수 있는 일이었다면, 당신은 벌써 했을 것입니다. 이것은 단순한 치료법이지만, 그렇다고 하기 쉽다는 것을 의미하지는 않습니다. 당신이 여기 온 이유는 일상생활의 개선이 쉽지 않았기 때문이며, 이는 제 전문성이 요구되는 출발점이라고 할 수 있습니다. 이 치료법의 핵심 사항 중 하나는 안내된 활성화라는 아이디어입니다. 이것은 당신이 활성화 실험을 할 수 있는 구체적인 방법을 알아내기 위해 당신과 제가 함께 작업할 것임을 의미합니다. 제 전문 지식은, 첫째, 당신의 활성화와 참여를 증가시키는 데 가장 유용한 지점은 어디일지 알아내는 데, 둘째, 당신이 첫 출발점으로 선택할 수 있는 관리 가능한 작은 일을 알아내는 데 활용될 것입니다. 변화 과정에서 저를 코치나 컨설턴트로 여겨도 좋습니다. 우리는 팀으로서 작은 단계부터 계속 함께할 것입니다. 어떠십니까?

마크: 좋은 생각인 것 같아요. 해 볼 만할 것 같습니다.

치료자: 지금부터 다음에 만나기 전까지 이 치료에 대한 간략한 안내서를 읽어 보시길 바랍니다. 그것은 당신에게 더 많은 정보를 제공할 것입니다. 그러면 다음에 만났을 때 우리가 어떻게 아이디어를 실천할 것인지에 대해 더 많은 이야기를 나눌 수 있습니다.

첫 번째 회기를 통해 치료자는 마크에게 치료 모델에 관한 교육을 개시했고, 그가 논리적 근거에 동의하도록 했으며, 적극적으로 치료에 참여하도록 하였다. 치료자는 치료에서 각자의 역할에 관해 소개하였고, 첫 번째 숙제를 내 주었다(치료 안내서 읽기). 첫 번째 회기의 주요 작업은 2회기에서 보다 진전될 논의의 단계를 준비하는 것이다.

2회기

2회기에서 치료자는 마크가 기본적인 치료 모델에 동의하고 있는지 확인하고 치료의 구조를 설명하기 등을 포함하는 여러 핵심적 과제의 소개를 주의 깊게 진행해야만 한다. 치료자는 회기를 시작하면서 이러한 주제들에 유의해야 한다.

치료자: 오늘 만나 뵈니 반갑습니다.

마크: 고맙습니다. 저도 다시 오니 좋습니다.

치료자: 네, 좋습니다. 지난번 회기를 생각해 보니, 좀 더 강조하고 싶은 몇 가지가 있다는 걸 깨달았습니다. 하나는 이 치료는 매우 협력적인 접근법이며, 또한 상당히 구조화된 접근법이라는 것입니다. 우리는 매 회기에 다뤄야 할 의제를 정하는 것에서 시작할 것이고, 서로 협력해야만 합니다. 처음에는 의제에 관해 제가 말할 것이 더 많을 수도 있겠지만, 점점 시간이 지나면서 우리는 함께 보다 많은 의제를 정할 것입니다. 저는 우울증을 이기도록 돕는 전문가인데, 당신은 자신과 자기 인생에 대한 전문가로서 어떤 것은 도움이 되고 어떤 것은 도움이 되지 않는다는 것을 알고 있을 것입니다.

마크: 그럴듯한 말씀이네요.

치료자: 좋습니다. 그래서 오늘 의제와 관련해서 몇 가지 말씀을 드리자면, 저는 치료 접근법과 당신의 반응에 대해 좀 더 이야기하고 싶습니다. 그리고 우리가 어떻게 몇 가지 아이디어를 실행에 옮겼는지에 관해 더 논의하고 싶습니다. 혹시 오늘 우리가 함께 다루었으면 하는 주제가 있습니까?

마크: 딱히 없습니다. 저는 안내서를 읽었는데, 정말 마음에 들었어요. 그 내용은 마치 저를 위해 쓴 것 같았습니다. 기본적으로 "누군가 이런 걸 만들어 놓았다는 걸 고마워했습니다."

치료자: 잘됐군요. 치료 모델의 핵심적인 아이디어 중의 한 가지는 우울한 기분을 일으킬 수 있는 일이 생기고, 그런 다음 사람들은 우울증을 악화시키는 어떤 일을 하거나 또는 하지 않는다는 것입니다. 당신의 경우, 제가 이해하기로는 주된 촉발 요인은 이혼이었으며, 이는 당신이 성장한 가족관계에서 겪었던 것과 마찬가지로 중요한 상실의 맥락에서 우울증이 생겨난 것이라 할 수 있습니다.

마크: 네, 모두 사실입니다. 저는 운동을 하지 않았고, 다른 사람과, 심지어 딸들과도 아무것도 하지 않았고, 그처럼 많은 것을 미루기만 했습니다. 예전에 저와 딸들은 훌륭한 저녁 식사를 함께 요리하곤 했는데, 지금은 피자를 주문하기 위한 노력만 하는 것과 같습니다. 어디서든, 무슨 일이든 그런 것 같습니다. 사소한 것도 큰일처럼 여기게 됩니다. 전 그저 최소한의 관리만 하는 것 같고, 솔직히 그마저도 하지 않을 때가 많습니다.

치료자: 네, 저도 압니다. 당신의 기분을 좋게 해 줄 그런 종류의 일을 계속하는 것은 매우 어려울 수 있습니다. 우리는 바로 거기서 이 치료법을 시작할 것입니다. 지난번 회기와 안내서 읽기를 통해 우리가 함께 여기서 무엇을 할 것인지, 그리고 제가 어떻게 도움이 될 것인지에 대해 생각해 볼 수 있었나요? 만일 당신이 친구에게 이 치료에서 무엇을 하고 있는지 말해야 한다면, 뭐라고 얘기할 수 있을까요?

마크: 제가 즐거움과 일을 잘한다는 숙달감을 갖기 위해서는 어떤 활동을 하면 좋을지 짚어 내려는 노력을 한다고 말할 수 있을 것 같습니다. 그다음 제가 그런 활동에 좀 더 적극적으로 참여하려면 어떻게 하면 좋을지 궁리하는 것이겠지요.

치료자: 그렇습니다! 바로 그것이 이 치료의 중요한 부분입니다. 때때로 우리 생활에서는 완전히 통제할 수 없는 어떤 것이 우울증을 일으킬 수 있는데, 이때 2차적 문제행동이라 부르는 것들이 일어나서 사태가 더 악화될 수 있습니다. 당신이 말한 것처럼 딸과 함께 하는 즐거운 활동을 중단하거나 직장을 그만두는 등의 철회 및 회피와 관련된 행동들이 바로 2차적 문제행동입니다. 이 경우 우리는 그것을 다뤄야만 하며, 이는 치료의 중요한 핵심이 될 수 있습니다. 한편, 또한 우리는 당신을 우울증에 취약하도록 만든 일과 관련된 것으로 보이는 더 큰 문제를 해결해야 할 것입니다. 치료는 2차적 문제를 다룰 뿐만 아니라 보다 적극적으로 문제해결에 참여하는 길을 분명히 함으로써 우울을

일으킨 문제를 직접적으로 해결하는 것을 포함할 수 있습니다.

마크: 제 경우를 말씀하시는 것처럼 들리네요. 왜냐하면 이혼 문제의 일부로서 다이애나와 관련하여 많은 문제가 있었고, 그 문제들이 전혀 나아지지 않고 있습니다.

치료자: 그렇군요. 우리는 무엇이 당신에게 우울증을 유발했는지에 대해 좀 더 이야기할 것입니다. 크게 보자면, 우리는 큰 문제는 이혼이었음을 압니다. 하지만 우리가 당신의 기분과 활동을 매일 따라가 보기 시작하면서, 당신의 기분이 오르락내리락하는 방식을 보게 될 것입니다. 우리는 함께 기분 변화를 주의 깊게 살펴보면서 어떤 계기가 있었는지, 그 순간 당신은 기분에 어떻게 반응했는지, 만약 당신이 다른 일을 시도한다면 도움이 될 수 있겠는지 알아보게 될 것입니다.

치료자는 일반적으로 상황맥락적 사건이 우울증을 유발한다는 사실을 두 번이나 지적했으며, 동시에 몇몇 사건이 취약성에 기여할 수 있음을 인정하였다. 이것은 미묘하지만 중요한 지점인데, 내담자들은 그들의 우울증이 '난데없이' 나타난 것이거나 단순히 '생물학적인' 것이어서 행동적인 수단으로는 바꿀 수 없다고 믿고 있을 수 있기 때문이다. 환경적인 선행사건을 강조함으로써(예: 정적 강화의 상실), 치료자는 우울증이 완전히 환자의 통제를 벗어난 것이라고 여기기보다는 스스로가 우울 반응을 만들어 낼 수 있음을, 또한 더욱 중요한 것으로 행동적 변화를 만드는 것이 그들의 인생에서 새로운 강화 요인을 다시 찾거나 확립할 수 있음을 고려하도록 하였다. 더불어 치료자는 효과적인 행동 변화계획을 수립하는 핵심 부분으로 기분, 활동 및 상황 간의 관계를 주의 깊게 점검하고 평가하는 것이 중요함을 계속 강조하였다. 치료자는 활동 점검의 개시 시점인 2회기의 주요 초점으로 이동하면서 이러한 기초를 확실히 다졌다. 여기에서 치료자는 마크에게 활동 점검이 중요한 이유를 설명하고, 활동 기록지([그림 9-3] 참조)를 완성하는 방법을 가르치기 시작했으며, 그의 최근 경험 중 일부를 직접 기록해 보도록 하였다.

치료자: 우리가 이 치료에서 사용하는 주요 도구들 중 하나는 활동 기록지라고 합니다. 여기 견본이 있습니다. (마크에게 기록지를 건넨다.) 보시다시피, 하루의 매 시간마다 칸이 있습니다. 저는 당신의 행동과 기분을 기록하기 위해 이것을 사용하길 원합니다. 이것은 기본적으로 낮에 당신이 어떻게 시간을 보내고 있으며 어떤 기분인지를 추적합니다. 우리는 당신이 매일, 그리고 매 시간 무엇을 하고 있는지 알고자 합니다. 당신의 인생에서 어떤 활동이 당신의 기분을 좋아지게 하고, 어떤 일이 기분이 나빠지게 할까요? 당신과 제가 당신이 시간을 어떻게 쓰고 기분이 어떤지에 집중하면서 이 점들을 매우 주의 깊게 검토할 것입니다. 때로는 활동 기록지가 우리에게 변화를 필요한 곳을 알려 주며, 우리는 2주 이상 그것을 살펴봐야 할 것입니다.

마크: 알겠습니다.

치료자: 평소와 달리 우울증을 느끼기 시작한 이후로 해 온 일은 무엇일까요?

마크: 운동은 적게 하고, TV는 더 많이 보고, 이

지시: 하루 중 매 시간 활동을 기록하고 그에 연관된 기분 평정을 하십시오. 귀하의 기분에 대해 점수를 매기려면, 치료자와 함께 만든 하단의 기분 평정 기준을 사용하십시오. 매일 적어도 3~4시간마다 활동 기록지의 빈칸을 채울 수 있도록 해야 합니다.

<table>
<tr><th></th><th>월요일</th><th>화요일</th><th>수요일</th><th>목요일</th><th>금요일</th><th>토요일</th><th>일요일</th></tr>
<tr><td>5~6</td><td></td><td></td><td></td><td></td><td></td><td></td><td></td></tr>
<tr><td>6~7</td><td></td><td></td><td rowspan="3">침대에서 생각하며 깨어 있음(9)</td><td></td><td></td><td></td><td></td></tr>
<tr><td>7~8</td><td></td><td></td><td></td><td></td><td></td><td></td></tr>
<tr><td>8~9</td><td></td><td rowspan="7">업무(7)</td><td></td><td></td><td></td><td></td></tr>
<tr><td>9~10</td><td></td><td>출근 준비(8)</td><td></td><td></td><td></td><td></td></tr>
<tr><td>10~11</td><td></td><td rowspan="7">업무(7)</td><td></td><td></td><td></td><td></td></tr>
<tr><td>11~12</td><td></td><td></td><td></td><td></td><td></td></tr>
<tr><td>12~1</td><td></td><td></td><td></td><td></td><td></td></tr>
<tr><td>1~2</td><td></td><td></td><td></td><td></td><td></td></tr>
<tr><td>2~3</td><td></td><td></td><td></td><td></td><td></td></tr>
<tr><td>3~4</td><td rowspan="3">업무/ 신입 사원 교육(5)</td><td rowspan="3">집(7)</td><td></td><td></td><td></td><td></td></tr>
<tr><td>4~5</td><td></td><td></td><td></td><td></td></tr>
<tr><td>5~6</td><td></td><td></td><td></td><td></td><td></td></tr>
<tr><td>6~7</td><td>치료(5)</td><td>저녁 만들기(6)</td><td></td><td></td><td></td><td></td><td></td></tr>
<tr><td>7~8</td><td></td><td rowspan="7">TV(9)</td><td rowspan="6">TV(9)</td><td></td><td></td><td></td><td></td></tr>
<tr><td>8~9</td><td></td><td></td><td></td><td></td><td></td></tr>
<tr><td>9~10</td><td></td><td></td><td></td><td></td><td></td></tr>
<tr><td>10~11</td><td></td><td></td><td></td><td></td><td></td></tr>
<tr><td>11~12</td><td></td><td></td><td></td><td></td><td></td></tr>
<tr><td>12~1</td><td></td><td></td><td></td><td></td><td></td></tr>
<tr><td>1~2</td><td></td><td></td><td></td><td></td><td></td><td></td></tr>
<tr><td>2~3</td><td></td><td></td><td></td><td></td><td></td><td></td><td></td></tr>
<tr><td>3~4</td><td></td><td></td><td></td><td></td><td></td><td></td><td></td></tr>
<tr><td>4~5</td><td></td><td></td><td></td><td></td><td></td><td></td><td></td></tr>
</table>

기분 평정 — 0점: 관련 활동의 예시:
5점: 관련 활동의 예시:
10점: 관련 활동의 예시:

[그림 9-3] 활동 기록지(매 시간) 견본(월요일에 할당되고 목요일에 검토됨)

모든 것에 대해 생각하는 데 보내는 시간만 더 많아요. 그냥 미친 짓이죠.

치료자: 미친 일은 전혀 아닙니다만, 그것이 당신에게 전혀 도움이 되지 않는다는 것에는 동의합니다. 그것은 매우 힘든 일이며, 당신이 여기에 온 이유입니다. 우리는 함께 이 문제를 풀어 나갈 수 있습니다. 당신이 이러한 패턴을 이미 알아차리고 있다는 것은 매우 훌륭한 것이며, 그것은 당신이 무엇을 하고 있는지에 대해 구체적으로 살펴보는 좋은 예가 됩니다. 이 치료는 당신의 기분이 활동에 따라 어떻게 미묘하게 영향을 받는지에 대한 자각을 높이는 것과 좀 더 보상이 될 만한 일들을 증가시키는 것입니다. 마치 우리가 당신의 생활에서 '기분 상승' 및 '기분 하락' 활동을 탐정처럼 찾아내는 임무를 하는 것이며, 기분이 좋아지는 것 및 그렇지 못한 것과 연결된 활동들을 찾는 것입니다.

마크: 이해됩니다. 그래서 제가 이 모든 것을 적어야 할까요? 정말 매 시간 이걸 해야 될까요?

치료자: 제가 활용하는 지침이 있습니다. 저는 내담자들에게 기억에만 의지하지 말고, 될 수 있으면 빈번히 자신의 활동을 기록하도록 요구합니다. 우울할 때 기억의 문제는 그로 인해 자각이 둔해지거나 편향될 수 있다는 것입니다. 매 시간 다 할 필요는 없습니다. 나머지 일상생활도 챙겨야 하니 현실적이어야겠지요! 하지만 3~4시간마다 시도해 보는 것이 좋습니다. 때때로 사람들은 아침, 점심, 저녁, 그리고 자기 전에 하는 것을 좋아하더군요.

마크: 그거 좋을 것 같습니다.

치료자: 뭘 적어야 할지 검토해 봅시다. 당신은 매 시간 칸에 당신의 활동을 적어 넣고 또한 기분에 대해 0부터 10까지의 기분 평정도 해야 합니다. 오늘을 예로 들어 볼까요? 오시기 전 몇 시간 동안 말입니다.

마크: 직장에 있었습니다.

치료자: 좋아요. 회사에서 뭘 하고 있었습니까?

마크: 저는 신입 사원에게 우리 컴퓨터 시스템 사용법을 가르치고 있었어요. 그녀가 그것을 잘 이해하지 못했고 저는 인내심이 별로 없었기 때문에 정말 답답했습니다.

치료자: 기록하기 좋은 정보군요. '업무-신입 사원 교육'이라고 적어 두는 게 어떨까요? 이제 당신의 기분도 0점에서 10점 척도로 평정해서 기록하기를 바랍니다. 그러면 몇 가지 기준을 정할 수 있는지 볼까요? 0점인 기분은 당신에게 무엇이 될 수 있을까요? 우리는 0점이 어떤 식으로든 당신을 위해 가장 유용한 것이며, 정말 좋은 기분상태로 기분 저하나 우울증이 전혀 없는 것이라고 정할 수 있습니다. 반면, 우리는 10점을 당신이 전적으로 나쁘게 느끼는 상태로서 최악의 상태라고 정할 수 있습니다. 5점 정도의 활동을 생각해 보는 것도 도움이 될 것인데, 최선도 최악도 아닌 중간을 말하는 것입니다. 각각의 점수와 관련된 활동들은 무엇일까요?

치료자와 마크는 함께 최저, 중간, 최고 점수와 관련된 활동을 파악하였다. 일부 내담자는 부정적인 기분을 나타내기 위해 최저 점수를 선택하는데, 마크와 같은 또 다른 일부는 최저 점수를 긍정적인 기분(정말 좋음)을 나타내는 기준으로 선택한다. 치료자와 내담자가 분명히 정할 수만 있다면, 이러한 유연성은 내담자가 편안하게 활동 점검을 완료할 때 사용하는 기준점을 정하는 데 도움이 될 것이다. 또한 치료자는 어떤 활동들이 숙달(mastery)과 즐거움(pleasure)에 관련되어 있는지(Beck et al., 1979) 혹은 충족됨(being nourished)과 고갈됨(being depleted)의 느낌과 관련되어 있는지(Segal et al., 2002) 등과 같은 다른 차원으로 평가하도록 내담자에게 요청할 수도 있다. 이러한 것들은 기분을 평정할 때 추가되거나 대체되는 방안이 될 수 있다. 우리는 흔히 전반적인 기분에 관한 평정 기록을 요청함으로써 시작하는데, 이렇게 하는 것은 내담자가 주관적 경험에 관하여 세부적인 구별을 할 필요가 없으므로 좀 더 쉬운 출발점이 된다. 또한 기분 평정은 잠재적인 항우울 활동에 관한 필수적인 정보를 점수 형태로 제공한다. 때로는 기분 평정을 위해 내담자에게 숙달과 즐거움을 구별하는 방법을 가르쳐야 하며, 이 작업이 기분조절에 관한 조력방식에 포함됨도 가르쳐야 한다. 기분 평정과 숙달-즐거움 평정을 시행하는 사례의 경우에 내담자가 원하는 방식과 척도 점수를 신중하게 검토하는 것이 중요하다. 다른 내담자의 경우, 항우울 활동들을 식별하는 데 있어 앞에서 언급한 충족과 고갈의 차원이 도움이 될 수도 있다.

치료자: 이 척도를 감안해서 오늘 2시간 동안 근무할 때의 기분은 몇 점이었나요?

마크: 아마도 5점 정도요.

치료자: 바로 그렇게 하는 거예요. 종종 사람들은 '나는 아무것도 하지 않았다.'라고 생각하기 때문에 빈칸을 그대로 두기도 합니다. 하지만 아무 활동도 하지 않았다면 그렇게 기록하십시오. 아무것도 하지 않았다는 것도 역시 알기를 원합니다.

마크: 그게 무슨 말씀인가요?

치료자: 음, 사람들은 '활동'을 생각할 때 종종 '가게에 가는 것' '영화를 보는 것' '학교에서 아이들을 데리고 오는 것' 같은 것만을 생각합니다. 하지만 우리는 활동을 보다 더 넓은 개념으로 여깁니다. 다이애나의 집까지 운전을 하거나 누군가와 중요한 통화를 하는 것뿐만 아니라 심지어 침대에 누워서 다이애나를 생각하는 데 시간을 쓰는 것도 모두 활동인 것입니다.

마크: (다이애나에 관해서) 그동안 여러 날 그랬던 게 사실입니다.

치료자: 예, 그것을 기록하면 됩니다. 그건 가장 중요한 몇 가지 중 일부입니다. 어떤 면에서는 세부사항이 많을수록 좋습니다. 우리는 '미묘한 변화 주목하기'에서 시작하려고 합니다. 우리는 당신이 조금이라도 기분이 좋아졌다고 느끼는 때는 언제인지, 또한 당신이 기분이 나빠질 때는 무슨 문제가 있는 것인지 파악할 수 있기를 바랍니다.

마크: 이해했습니다.

치료자: 좋아요! 사람들은 이런 생각이 너무 단순하게 들린다고 보통 외면하기도 합니다. 그런데 됩니다. 이는 간단하게 들리지만, 실제로는 그렇게 간단하지 않습니다. 처음에는 모든 활동을 보고 자신의 기분과 어떻게 관련되어 있는지 파악하기 어려울 수 있습니다. 기술과 힘든 노력 두 가지가 모두 필요합니다. 이제 이번 주 동안 활동 점검을 하

는 과정에서 방해가 될 만한 게 있는지 생각 해 볼까요?

치료자는 할당된 과제 수행에 관한 잠재적인 장해물을 의논하고, 질문이 생길 경우 전화 연락을 할 수 있고, 치료자가 도움이 될 가능성에 관해 격려하면서 회기를 마쳤다.

3회기

앞서 언급했듯이, BA 치료자의 필수 역량 중 하나는 활동 기록지를 검토하고 활성화 및 참여 전략을 정의하는 데 도움이 되는 정보를 수집하는 능력이다. 3회기는 마크의 활동 기록지([그림 9-3] 참조)를 검토하고 핵심 문제행동을 자세하게 평가하는 것에 중점을 둔다. 다시 말해, 초기 회기에서 치료자의 초점은 마크의 기분을 개선할 영역의 활동 증가에 있다. 이 작업은 나중에 시행될 회피 수정과 문제해결 작업을 위한 기초가 될 것이다.

치료자: 우리 함께 당신의 활동 기록을 검토해 볼까요?

마크: 좋습니다. (활동 기록지를 치료자에게 넘겨 준다.)

치료자: 자세히 설명해 주시겠어요? 무엇을 배우셨을까요? (마크에게 다시 기록지를 넘겨 준다.)

마크: 선생님께서 염두에 두셨던 것인지 모르겠어요. 지난번 회기 다음 날에 시작했습니다. 저는 그날 일하러 갔지만 기분이 너무 좋지 않아서 일찍 귀가했고, 저녁 때까지 집에서 빈둥거렸습니다. 하루 종일 기분이 좋지 않았습니다. 저는 7점으로 기분을 평정했습니다. 제 자신을 위해 저녁을 만들면서 기분이 좀 좋아졌어요. 다이애나와 저를 위해서 요리하는 것을 좋아했고, 우리는 딸들과 가끔 큰 파티를 열기도 했지요. 하지만 이혼 이후에는 과자 봉지나 그런 것만을 집어 들 뿐이었고요. 기분이 좀 괜찮은 날에는 피자를 주문할 수 있었습니다. 제가 요리를 했을 때 기분이 좀 나아졌고, 대략 5점 정도였습니다.

치료자: 끔찍했겠네요. 정말 잘하셨습니다. 당신은 우리가 말한 대로(당신의 활동과 기분을 평정 하는 것) 정확히 기록을 완성했고 이 모든 정보는 매우 유용합니다. 그날의 구체적인 부분에 대해서 조금 더 여쭤 보고 싶지만, 우선은 전반적인 상황을 파악해 봅시다.

내담자의 노력을 강화하기 위해 검토 과정의 첫 부분에서 치료자가 어떤 식으로 조심하고 있는지에 주목해야 한다. 내담자들은 흔히 기록하는 법을 잘 모르며, 부분적이고 적절하지 못한 채로 기록을 마치는 경우가 대부분이다. 이러한 경우 치료자는 교정적 피드백 제공하기와 내담자 노력을 강화하기라는 필요성 사이에서 균형을 맞춰야만 한다. 종종 내담자들은 활동을 너무 포괄적으로 적거나(예: 6시간 동안 '일하기'), 기분 평정 기록을 하지 못하거나, 아무것도 하지 않았기 때문에 기록을 하지 않는 실수를 한다. 이러한 경우에 치료자들은 솔직하게 사실과 관련된 사항만을 다루는 태도로서 문제를 얘기해야 한다.

치료자: 저녁을 만든 후에 뭘 하셨나요?

마크: 글쎄요, 저녁 식사 후에 저는 TV를 보기 시작했고, 거기서부터 모든 것은 엉망이 되었습니다. 새벽 2시까지 앉아서 TV를 봤습니다. 이게 일에 대한 걱정을 떨쳐 버리고 다이애나에게 좋지 않은 감정들을 떨쳐 내는 데 도움이 될 거라고 생각했습니다. 하지만 저는 정말 우울했습니다. 실제로 제 기분을 9점으로 평정했어요.

치료자: 이건 정말 중요한 정보네요. 다음 날에도 새벽 1시까지 TV를 보셨군요. 많은 밤을 그렇게 보내셨나요? 아니면 그 이틀이 예외인 건가요?

마크: 예외이기를 바라지만 그렇지 않습니다. 오히려 규칙적이에요. 그리고 아침에 일어날 수가 없습니다. 글쎄요, 저는 일어난다고 여기지만 침대에 누워 있습니다. 저는 꽤 늦게 출근하거나 어떤 날은 아프다고 전화하기도 하지요.

치료자: 그래서 우리는 이 기록지를 계속 사용할 것입니다. 이를 통해 우리는 당신의 우울증에 기여할 수 있는 기분이 나빠지는 활동과 기분이 좋아지는 데 도움이 되는 활동의 주제를 구체적으로 알아내려는 것이고, 지난번에 '기분 상승'과 '기분 하락' 활동에 대해 얘기했던 것을 기억하시지요? 중요할 수 있는 몇 가지가 있어 보입니다. 저는 TV 시청과 늦게 잠드는 것이 큰 문제라는 생각이 들고, 다른 두 가지는 요리하기와 직장에서 당신이 어떻게 지낼까 하는 것입니다.

마크: 저는 TV를 보는 게 정말 크다고 생각합니다.

여기서 내담자의 우울이 유지되는 것과 관련된 것으로 보이는 몇 가지 큰 문제 영역을 치료자가 확인했다는 것에 주목해야 한다. BA 치료자는 내담자의 평범한 일상생활이 와해되었는지에 대해서도 경각심을 갖고 있어야 한다. 마크의 경우, 식사와 수면 습관이 유의하게 바뀐 것으로 보였다. 이후 치료자는 평가와 문제해결을 위하여 구체적인 영역(예: 심야의 TV 시청)을 표적으로 삼아 마크와 협력적으로 작업한다. 이 지점에서 치료자는 기능분석의 보다 명확한 과정을 시작한다.

치료자: 그렇습니다, 거기서부터 시작하는 것이 어떨까요? 일반적인 TV 시청과 다른 것처럼 들리니, 문제가 무엇인지 먼저 분명히 하는 것이 좋겠습니다.

마크: 맞습니다. 보통은 TV 시청을 해도 아마 1시간 정도였을 것입니다. 그런데 그때 저는 실제로 글쓰기에 관한 생각에 또한 몰두하고 있었습니다. 보통 때라면 저는 9시경에 TV를 끄고, 이후 한 시간 정도 글을 씁니다. 혹은 제가 아이들을 데리고 있을 때에는 같이 TV를 본 뒤에 끄고 책을 읽거나 게임을 하면서 함께 시간을 보냅니다. 혹은 통화를 하거나 다른 것들을 하죠.

치료자: 그래서 다르다는 거군요. 그렇다면 문제는 당신이 9시에 TV를 끄지 못했고, 그 대신 4~5시간을 더 본다는 것이네요.

마크: 맞습니다. 그게 문제예요.

치료자: 당신은 주일 내내 그렇게 하나요, 아니면 일을 했던 날 밤에만 그러나요?

마크: 인정하긴 싫지만 매일 밤 그런 편입니다. 항상 그렇게 늦게까지는 아니지만 저한테

좋을 정도보다는 항상 많이 늦는 편입니다.

이 지점에 이르자, 치료자는 구체적이고 행동적인 용어를 사용하여 문제 정의하기를 성공적으로 이루어 냈다. 문제에 관한 분명하고 공유된 이해를 통해, 치료자와 내담자는 문제를 유지시키는 유관성과 변화를 위해 가용한 것은 무엇인지 따져 보는 것을 시작할 수 있다.

치료자: TV를 끄는 것이 당신의 기분에 크게 영향을 미치지 않는 것처럼 보이는데, TV 끄기와 관련하여 무엇이 관련되어 있는지 살펴봐야 할 것 같습니다. 9시에 TV를 꺼야만 한다면, 무슨 일이 생길 수 있을까요?

마크: 저는 어젯밤 TV를 끌까 생각했는데 (그렇게 하지 못했고) 이 모든 것에 대해 생각하고 싶지 않았습니다.

치료자: '이 모든 것'이 이혼과 직장에서의 압박감을 의미하는 것입니까?

마크: 그렇습니다. 둘 다.

치료자: 그렇군요. 당신은 적극적으로 회피하고 있는 것입니다. 그리고 TV는 당신이 다른 데로 주의를 분산시킬 수 있게 도와주는 것이고요.

마크: 맞습니다. 이제 저에게는 글쓰기를 시작하기 위한 정신적인 집중력이 없습니다. 집중할 수 없고, 흥미를 가질 수도 없습니다.

치료자: 당신은 주의를 분산시키기라는 관점에서는 딱 맞는 생각을 가지고 있지만, 문제는 당신에게 많은 즐거움과 성취감을 주지 못하는 것으로써 스스로 주의를 분산시키고 있는 것이라고 생각합니다.

마크: 그리고 그동안 제 집은 엉망진창이었습니다. 몇 달 동안 청구서를 지불하지 못하고 있습니다. 또…….

치료자: 그랬군요, 이해가 됩니다. 우리가 이야기했던 2차적 하향 나선이네요. TV를 보는 문제에 관해 함께 작업해 보면 어떨까요? 그런 다음 우리는 당신이 꺼낼 수 있는 다른 것 중 일부도 다뤄 볼 수 있을 것입니다. TV를 보는 문제를 해결하는 것은 단순할지도 모르지만, 제가 보기에는 그것에 관해 좀 더 많은 것을 이해해야 할 것 같습니다.

내담자가 일상의 무수히 많은 문제에 관한 반응에서 얼마나 쉽게 압도당할 수 있고 절망스럽게 될 수 있는지에 주목해야 한다. 치료자는 회기 동안 이러한 가능성에 경각심을 가져야 하며, 내담자의 경험을 이해할 수 있고 내담자가 이내 문제에 다시 초점을 둘 수 있는 방법으로서 BA 모델을 다시 언급하는 것에 유의해야 한다. 치료자는 환자의 기분과 관련된 매일매일의 행동들에 대한 '사소한 사항'에 예리한 관심을 갖는데, 특히 그런 행동이 기분과 관련될 때면 더욱 그렇다. 관심을 가질 때는 이러한 세부적인 수준이 중요하다. 그 의도는 이중적이다. 이러한 논의는 먼저 활성화 대상과 특정 과제의 선택을 안내하고, 다음으로는 마크에게 비슷하게 흥미를 갖는 법을 가르치고 우울증을 극복하는 데 도움이 많이 되거나 적게 되는 자신의 행동방식에 주목하는 것을 시작할 수 있도록 하는 것이다.

치료자: TV와 관련해서 무슨 일이 일어나는지 더 이해해 봅시다. 만약 TV를 끈다면 더 나을

것 같다는 생각이 듭니까?

마크: 늘 '나는 침대에 가야 해.'라고 생각해요. 그러나 제가 침대에 가더라도 잠들지 못하고 누워만 있을 것입니다. 그리고 다이애나가 뭘 하고 있을지 생각하고, 다음 날 직장에서도 얼마나 싫을지에 대해 생각할 거예요. 그래서 그때 저는 차라리 TV를 보는 게 나을 것 같다고 생각할 것입니다.

치료자: 잠자리에 들면 생기는 일이 그런 것입니까? 거기에 누워서 다이애나에 대해 생각하거나 당신이 직장에서 했거나 하지 않았던 것들을 생각한다는 말씀이지요?

마크: 거의 정확해요.

이 대화에서 치료자는 효과적으로 많은 핵심적인 관계를 확인하였다. 심야의 TV 시청은 다음과 연합되었다: ① 기분 악화, ② 직장에서 일을 잘하지 못함, ③ 내담자가 TV를 볼 때 부정적 정동(특히 슬픔과 불안)이 잠정적으로 감소됨. 치료자는 협력적이고도 비판단적인 태도로 작업을 진행하고 있으며, 내담자도 함께한다. 이 지점에서 치료자는 마크의 TV 시청과 기분 사이의 관계에 관한 자신의 가설을 명백하게 드러내면서 조사한다. 이러한 이해를 기초로 그들은 가능한 활성화 전략을 고려할 수 있다.

치료자: 많은 잠재적인 슬픔 및 미래에 대한 불안과 연결된 관심사로부터 당신의 마음이 멀어져 있도록 만들기 때문에 TV를 보는 것이 단기적으로는 도움이 되는 것인지 궁금합니다.

마크: 맞습니다. 그건 사실이에요.

치료자: 하지만 어려운 부분은 이건 단기적으로만 작동하고, 결국 하향 나선 혹은 장기간에 걸친 악순환이 있는 것입니다. TV를 보는 것은 당신에게 즐거움을 주지 못하고, 당신을 활동하지 못하게 하며, 당신의 직장에서 문제를 일으키게 만들고 있습니다.

마크: 그렇습니다, 맞아요. 미친 짓이란 걸 알지만, 그게 하루 일과에 의해 치였을 때 제가 벗어날 수 있는 쉬운 방법이에요.

치료자: 전적으로 그렇지요! 그래서 우리는 이 지점에서 어떤 변화를 언제 만들 것인지 깊이 따져 봐야 합니다. 제 생각으로는 잠자리에 들고 반복해서 생각하는 것(반추)에 관해 작업할 수 있어 보입니다. 아니면 당신이 깨어 있지만 TV 시청하기보다는 좀 더 나은 무엇인가를 하는 방안을 찾는 것입니다. 마음이 가는 것은 어떤 것입니까?

치료자는 매우 협력적인 방식으로 문제해결에 참여하면서 문제행동(TV 시청)의 기능(주의분산)에 주목하고 있다.

마크: TV 말고 더 나은 다른 것을 찾을 수도 있겠지요. 예전에 저는 주 1회 저녁마다 독서모임에 가곤 했어요. 글쓰는 여러 사람이 모였는데, 저는 그중 몇 명을 꽤 좋아했고, 제가 그렇게 했을 적에는 저녁이면 저 또한 책을 읽곤 했습니다.

치료자: 그렇군요. 그런데 독서를 한다는 것은 그 이상으로 예전처럼 다시 글을 쓰기 시작한다는 것인가요, 아니면 글쓰기 자체를 이미 하고 있다는 것인가요?

마크: 아니요. 지금은 글을 쓸 수 있는 방법이 없

는 것 같습니다. 스스로를 쓰레기같이 느끼면서, 빈 페이지를 단지 응시하기만 할 것 같습니다.

치료자: 알겠습니다. 그럼 이렇게 시작해 보는 건 어떨까요? 제가 생각해 본 선택사항은 당신이 밤 9시까지만 TV를 보는 것으로 정할 수 있지 않을까, 그리고 대신 읽을 만한 책을 찾는 것에 대해 함께 작업해 볼 수 있지 않을까 하는 것입니다.

마크: 좋은 생각이네요. 제가 할 수 있는지가 더 문제겠지요.

치료자가 마크의 마지막 진술과 같은 말을 놓치지 않는 것이 특히 중요하다. 내담자가 활성화 전략을 어떻게 시행할지 혹은 시행할지 말지에 대한 확신이 없다면, 이에 대해 면밀히 주의를 기울여야 한다. 즉, 일반적으로 내담자가 "나는 그것을 혼자서 해야만 해."와 같은 태도를 지니고 있다면 치료자와 내담자에게 일어날 수 있는 만일의 사태를 확인하지 않은 것이므로, 마크의 마지막 진술과 같은 말에 주의를 기울이면 도움이 된다. 이전의 유사한 경우를 보면, 치료자가 단순히 내담자의 동기를 자극하는 것보다 세부적인 면을 구체적으로 함께 결정하는 것이 효과적이었다.

치료자: 우리가 분명히 해야 할 사항이 있는데, 단순히 말로만 "당신은 이걸 하면 돼요."라고 하면서 그렇게 놔두는 게 아니고, 실제로 문제를 다룰 것입니다. 당신은 어떤 독자인가요? 책에 몰두할 수 있나요?

마크: 저는 책에 푹 빠질 수 있어요. 그리고 만약 책에 몰두한다면, 종일토록 책에 대해 많이 생각할 것입니다.

치료자: 하지만 그렇게 몰두하기란 어렵겠지요.

마크: 할 수 있을 테니 뭐든 시작해 보죠.

치료자: 좋아요. 우리는 먼저 당신이 몰두할 수 있는 책을 찾아야 합니다. 그러면 밤 9시에는 그 책을 읽기 위해 TV를 쉽게 끌 수 있겠지요.

마크: 네, 좀 더 쉽게 될 수도 있겠네요.

치료자: 그러면 이번 치료 회기가 끝나고 돌아가는 길에 책을 사서 서점의 카페에서 읽기 시작하는 건 어떤가요?

마크: 오, 괜찮네요. 집에 가는 길에 서점이 하나 있습니다. 할 수 있을 것 같습니다.

치료자: 마크, 저는 우리가 지금 당신이 즐거움을 느낄 만한 활동들을 찾기 위해 노력하고 있다는 것을 아실 것이라고 생각합니다. 쉽지는 않겠지만, 지금 당장은 흥미를 느끼지 않더라도 예전에 좋아했던 활동들을 떠올려 보세요. 당신의 기분이 좋았을 때는 친구들이나 여자 친구와 시간을 보내는 것 아니면 책을 읽거나 글을 쓰는 것조차 그리 어렵지 않았다는 것을 알 수 있을 것입니다. 그리고 기분이 좋지 않았을 때 이러한 차이를 좀 더 확실히 느낄 수 있을 거예요. 문제는 기분이 좋지 않았을 때의 악순환이 반복되고 있는 것인데, 아무런 대처를 하지 않고 이런 상황이 계속된다면 기분은 더 나빠지고, 의욕은 점점 더 사라질 것입니다. 그래서 우리는 당신이 즐거움을 느낄 만한 일들을 찾아서 시작해 볼 수 있도록 하는 것입니다.

치료자는 내담자들이 기분의 영향으로 처음에

새로운 행동을 시작하기가 어려울 것이라는 것을 인정하지만, 그래도 실행해야 할 필요가 있다는 것을 강조해야 한다. 많은 경우, 내담자들은 그들의 우울과 관련하여 '내부에서 밖으로' 접근법 또는 기분 의존적 접근법을 채택한다. 즉, 내담자들은 행동을 먼저 변화시키기보다 그들의 기분이 나아지기를 소극적으로 기다린다. BA 치료자는 내담자에게 그의 기분이 좋지 않다고 느낀다면, 이러한 기분이 나아지도록 기다릴 여유가 없다고 가르친다. 치료의 목표는 내담자들이 우울하다고 느낄 때 행동을 활성화시키는 것이다. 행동이 활성화된다면 즉각적이지는 않더라도 결국 기분이 나아지고, 사회적 상황을 철회하거나 회피함으로써 발생하는 2차적 문제를 막을 수 있다. 기분 의존적 행동 다루기(외부에서 내부로의 접근법 혹은 내부에서 외부로의 접근법에 관한 논의)는 우울한 감정에 대한 많은 공감이 요구되며, 치료 과정에서 민감한 지점이다. 치료자는 우울할 때 BA가 어렵다는 것을 타당화해 주는 동시에 실행을 격려하는 숙련된 균형을 맞추어야만 한다. 아울러 변화를 위한 과정에서는 작은 활동이라도 힘주어 격려하는 것(유의한 칭찬을 빈번히 사용하기)이 활성화에 도움이 된다.

마크: 네 …… 그런데 이전에는 이런 말을 들었을 때 무엇을 해야 하는지 알고 있었을지도 모르겠지만, 지금의 저는 어떻게 해야 할지 모르겠습니다. 저녁에 사교 모임에 나갈 때처럼 많은 일이 쏟아진 것 같은 기분이에요. 계획을 세우기가 어렵네요. 그리고 제가 이전에 말했듯이, 거의 1년 동안 매주 목요일 그 작가 동호인의 독서 모임에 갔습니다. 그리고 저는 제 자신에게 "나는 글을 쓰고 있지 않아. 이혼 때문에 이렇게 지쳐 있는데 거기 가는 이유가 뭐야? 아무것도 얻을 게 없잖아."라고 말했지만, 그 모임에서 많은 것을 얻은 건 사실이에요. 하지만 지금은 관심이 없네요.

치료자: 네, 그렇군요. 거기서부터 우리 함께 시작해 보죠. 제가 생각하기에 당신은 사회적인 관계와 글을 쓰던 일상으로 되돌아가기를 원하고 있지만 아직은 어려운 것 같습니다. 그러면 그 이전에 우선 독서와 야간의 TV 시청 다루기를 좀 더 계속해 봅시다. 괜찮으신가요?

마크: 네, 그건 괜찮을 것 같아요.

치료자: 집에 돌아갔을 때 이전에 말했던 독서계획에 관해 한 번 더 생각해 볼까요? 그 계획을 방해할 만한 것이 있을까요?

이 시점에서 치료자는 마크의 참여를 극대화하고 구매 가능한 책에 대해 논의하는 데 남은 시간을 보내면서 활성화 계획을 방해할 수 있는 것들을 예상하였다. 그들은 또한 활동 기록지를 검토하면서 직장생활과 관련된 반추, 사회적 관계에서의 철회, 이전에 즐거움을 느꼈던 활동(예: 요리, 운동)을 억제하는 다른 주요 문제들을 확인하였다. 각각의 경우에 치료자는 그가 TV 시청의 문제에 사용했던 것과 유사한 방법을 적용한다. 문제에 대한 정의, 선행사건과 결과의 확인, 그리고 활동이 내담자의 기분과 어떻게 관련되어 있는지에 대한 가설을 세우고 이를 확인하는 것이다. 또한 치료자는 활동과 기분 사이의 관계를 설명하기 위해 전반적인 BA 모델을 자주 활용한다. 각 사례에서 그들은 활성화를 위해 어떤 목표가 가장 유망한 표적인지 함께 배우면서 작업한다.

아울러 치료자는 단순히 '혼자서 해야만 한다.' 식의 결정은 마크에게 효과적이지 않으며 문제행동을 명확하게 이해하기 위해 활동 일정 편성을 함께 진행하는 것이 필수적임을 계속해서 강조한다. 치료자는 예의 바르고 부드러운 질문, BA 모델에 근거한 철회와 회피의 역할에 대한 일관성 있는 타당화, 활성화 계획을 방해할 수 있는 잠재적인 장벽 등에 관하여 반복적으로 논의한다. 중요한 사항으로서 치료자는 마크에게 숙제하기를 잘 준수하더라도 즉각적인 완화가 나타나지 않을 수도 있음을 강조해야 한다.

"이번 주에 정말 좋았던 것은 이런 일들이 당신의 기분에 어떤 영향을 미치는지 본 것입니다. 비록 그 일들의 긍정적인 효과는 미미할지라도, 어쨌든 우리가 방향을 제대로 잡고 나아가고 있다는 것을 알 수 있었습니다. 그리고 마크, 그런 행동들이 당신의 기분에 즉각적으로 긍정적인 영향을 미치지 않을 수도 있습니다. 하지만 스스로 그 행동을 지속하게 된다면 그 자체로 성공일 것이며, 당신의 기분이 나아지기 시작하려면 어느 정도 활성화 과제를 계속할 필요가 있겠습니다. 물론 제 생각에 그중 일부는 단기적으로라도 당신의 기분이 나아지는 데 도움이 될 것입니다."

이번 회기는 마크가 새 책을 사서 서점의 카페에서부터 읽기 시작하고, 매일 밤 9시에 TV를 끄고 책 읽는 활동을 시도해 보는 것과 과제를 검토하는 것으로 마무리되었다. 또한 마크는 치료자에게 최근에 그에게 연락했던, 예전에 옆집에 살던 오랜 친구 메리에게 전화를 해야겠다고 말하였다.

4회기

마크는 우울증의 심각도가 거의 나아지지 않은 채 4회기에 도착하였다. 그는 사회적 관계를 위한 시도를 늘렸으나 기분이 전혀 나아지지 않았다고 보고하였다. 마크는 또한 새 책을 사는 것을 미루었고, 여전히 밤늦게까지 TV를 시청하였다. 이에 치료자는 의아심과 관심을 가지고 직접적이고도 사실을 다루는 방식으로 두 가지 문제를 거론하였다.

마크: 정말 힘든 한 주였습니다. 저는 메리에게 전화를 했고, 그녀가 주최하는 수영장 칵테일 파티에 가게 되었어요. 파티에 가기로 한 것은 스스로도 놀랄 만한 일이었지만, 저는 시도해 보는 것이 좋을 것이라 생각했지요. 또한 우리가 이야기를 나누었던 것들을 생각하면서, 예전에 제가 얼마나 수영을 좋아했는지가 기억났습니다. 대학교에 다닐 때는 여름에 구조대원으로 활동했죠. 하지만 저는 그 파티에 다녀온 뒤에 더 안 좋아진 것 같습니다. 물론 재미있는 순간들이 있었지만, 좋지 않은 기분들 때문에 제 아파트에 숨어서 주말을 보냈어요.

치료자: 이번 회기에는 그 사건을 의제로 정하면 어떨까요? 당신이 좋아하는 것을 즐기지 못한 파티 말이에요.

마크: 네.

치료자: 그리고 저는 9시 이후에 TV 대신 책을 읽기로 한 숙제에 대해서도 이야기를 나누고 싶습니다. 그러면 메리에게 전화하여 파티에 참석한 것과 TV를 보는 것 중에 어떤 것에 대해 먼저 이야기하고 싶습니까?

마크: TV에 대해 먼저 이야기하겠습니다. 저는 오늘 책을 샀어요. 그리고 저는 그 파티에 지난 금요일에 갔고, 자정이 되어서야 집으로 돌아왔어요.

치료자: 파티에서 집으로 돌아온 다음에 TV를 봤나요?

마크: 아니요, 밤새 밖에 있었더니 평소보다 더 피곤했던 것 같아요. 그래서 돌아오자마자 잠들었습니다.

치료자: 그럼 토요일과 어젯밤은 어땠나요?

마크: 여느 때와 같이 이틀 동안은 늦게까지 잠들지 못했어요.

여기서 치료자는 마크에게 숙제를 지속하는 것에 대한 중요성을 알려 주며, 과제 수행을 방해하는 것이 무엇인지 살펴봐야 하였다.

치료자: 우선 당신이 그 책을 사서 기쁩니다. 잘하셨어요! 그런데 저는 왜 책을 더 빨리 사지 않았는지가 궁금하군요. 제 기억에는 지난주 회기를 마치고 돌아가는 길에 사려고 했던 것 같은데, 안 그런가요?

마크: 네, 그랬죠. 하지만 회기를 마치고 가던 중에 회사에 일이 있다는 전화를 받게 되어 생각만큼 시간이 없었습니다. 그래서 퇴근 후에 사려고 생각했는데, 막상 저녁에는 "시간이 더 있으니깐 주말에 사야겠다."라며 미루게 되었어요. 그 이유는 모르겠어요.

치료자: 만약 지난 회기를 마쳤을 때로 되돌아간다면, 회사에서 전화를 받은 것 외에 계획을 방해하는 다른 것들은 없었나요?

마크: 없었어요. 저는 책을 사는 것에 대해 꽤 낙관적이었어요. 그런데 생각만큼 시간이 없었고 일을 해야만 했습니다.

치료자: 알겠습니다. 그런데 당신은 주말에 책을 살 계획이었지만 오늘 샀군요. 주말에 책에 대해 생각났나요, 아니면 오늘 다시 생각났나요?

마크: 주말에 생각은 났지만, 파티 후에 너무 기분이 좋지 않아서 움직일 수가 없었어요.

치료자: 정말 우울했던 것 같군요. 우리가 첫 번째 회기에서 우울증의 큰 그림을 이해하기 위해 사용했던 도표 기억나나요? 저는 그것이 여기에도 적합하다고 생각합니다.

마크: 어떻게요?

치료자: 파티에 대해 생각해 보면, 그때 당신은 정말 좌절스럽고 우울한 기분이 들었죠? (기록지를 꺼내고 이 상황을 기록한다.)

마크: 네, 맞아요.

치료자: 그리고 당신은 주말에 집에 있으면서도 책을 사지 않았어요. 제 생각에는 이 점이 당신의 기분을 더욱 우울하게 만들었을 것 같습니다. 어떤가요?

마크: 네, 그런 거 같습니다. 전 책을 사는 것과 같은 간단한 일도 할 수 없다고 생각했습니다.

치료자: 바로 그겁니다. 그게 악순환의 시작이었군요.

마크: 정확하게 말씀하셨습니다. 저는 무언가를 하고 싶은 의욕이 점점 사라졌고, 기분은 점점 더 나빠졌어요.

치료자: 당신은 이제 이 모든 것이 어떻게 연결되어 있는지 알게 된 것 같군요. 저는 당신이 오늘 그 책을 사고 난 이후의 기분이 궁금한

데, 좀 나아졌나요? 아니면 어떤가요?

마크: 저는 그렇게 기분이 나쁘지 않았어요. 그리고 이미 집 밖으로 나온 이상 책을 사러 가는 길은 더 쉬웠어요. 게다가 저는 우리가 만나면 당신이 책에 대해 물어볼 것이라는 걸 알고 있었죠.

치료자: 좋습니다! 그러면 제가 당신에게 도움이 될 것이라고 여기는 이 과정을 계속 반복하리란 걸 알 수도 있겠군요.

마크: (살짝 웃음) 맞아요. 과제와 함께 그걸 떠올리는 것은 즐길 만한 일은 아니지만, 도움이 될 것 같군요.

치료자: 제가 보기에 주말에 책을 사기 위해 집 밖으로 나가는 것은 오늘 아침 출근길에 책을 산 것에 비해 더 힘들었을 것으로 생각됩니다. 다시 말하면, 이미 밖에 나와 있었던 점이 과제를 더 쉽게 할 수 있게 한 것 같습니다.

마크: 맞아요. 최근에 그런 일들을 자주 겪는 것 같아요.

치료자: 그래서 선택할 수 있는 한 가지 방법은 주말에 해야 할 일을 정하지 않는 것입니다. 왜냐하면 우리는 당신이 그 일을 실천하는 것은 더 어렵다는 것을 예측할 수 있기 때문이죠. 또 다른 것은 당신이 특히 기분이 우울할 때 휴대전화에 기록해 두었다가 제게 알려 주는 건 어떨까요? 그러면 그 기분들을 점검해 보고 과제들에 대한 조치를 취하는 데 도움이 될 것 같습니다. 그리고 한 가지 더, 당신이 이번 주말에 무엇 때문에 그렇게 우울했는지에 대해 함께 논의해 보면 좋을 것 같습니다.

마크: 저는 그게 가장 중요하다고 생각합니다.

치료자: 그러면 무엇이 가장 도움이 될 수 있을지 알아보기 위해 파티와 주말에 있었던 일에 대해 얘기해 볼까요? 그리고 TV 보는 것과 독서에 대해 다시 이야기해 보도록 하죠.

마크: 네, 제가 그때 느꼈던 것만큼 불쾌하지 않았으면 좋겠어요.

치료자: 활동 기록지를 살펴볼까요? (기록지를 검토한다.) 우리가 만난 이후 목요일과 금요일에는 중간 정도의 기분이었네요. 그런데 금요일 칵테일 파티가 끝나고 난 뒤, 주말에는 7, 8, 9점으로 높게 나왔군요.

마크: 솔직히 이게 저에게 맞는 치료법인지 잘 모르겠어요. 저는 최소한 메리에게 전화를 하고 파티에 가는 것을 시도했다고 생각합니다. 그러고 싶지 않았음에도 그렇게 했어요. 그런데 파티에 다녀온 이후에 기분이 더 나빠졌어요.

내담자가 활성화를 늘리고 있음에도 기분이 나아지지 않는다고 보고하면, 가능한 여러 가설로써 그에 관해 평가하고 설명해 주는 것이 중요하다. 첫째, 치료자는 활성화 과제가 너무 거창하기만 하고 성취감을 느낄 수 있는 세부 단계를 빠트린 것은 아닌지 살펴봐야 한다. 이런 경우 치료자는 과제의 세부 단계에 대해서도 꼼꼼히 피드백을 해 주어야 할 책임이 있다. 둘째, 치료자는 기능분석이 정확하게 이루어졌는지 재검토해야 한다. 기능분석이 제대로 이루어지지 않았다면, 기분 개선의 가능성이 낮은 영역에서의 활성화가 주로 시도되고 있을 수 있기 때문이다. 셋째, 치료자는 내담자의 반추 사고가 활성화를 방해하고 있는지 파악해야 한다. 이 경우에 내담자들은 '신체적'으로는 활성화 과제를 시행하고 있지만, '정신적'으로는 상황 맥락에 참여하지 못한 채 머물고 있기 때문에 긍정적인 보상을 경험하기가 어렵게 된다. 넷째, 내담자들은 자신의 생활의 목표를 달성하고, 문제를 해결하기 위한 단계적인 과정을 제대로 실천하고 있지만, 활성화가 즉각적으로 부정적인 기분을 완화시키지 못하기 때문일 수 있다. 즉, 내담자들은 자신의 기분이 나아지기 위한 '올바른 방향'으로 나아가고 있지만, 효과가 즉각적으로 나타나지 않아 활성화 과제에 대한 불신을 보일 수 있다.

마크의 경우, 치료자는 회기 초반에 마크가 다이애나와의 이혼에 대한 반추가 빈번하다는 언급이 있었다는 점을 근거로 하여 반추 사고가 활성화를 방해하고 있을 가능성이 높을 것이라고 생각하였다.

치료자: 저는 우리가 파티 동안 당신이 어떤 생각을 하고 있었는지에 대해 탐색할 필요가 있을 것 같습니다. 당신은 수영장 가에서 다른 사람들과 이야기하거나 물속에서 수영을 할 때 어떤 생각을 하고 있었나요?

마크: 물속으로 다이빙했을 때, 저는 그 파티가 즐거운 때였다고 기억합니다. 물이 튀는 소리, 시원함, 물 아래의 고요함, 모두 좋았습니다. 그리고 이것이 제가 예전에 수영을 좋아했던 이유였지요. 하지만 한편으로는 제 생각에 정신적으로는 완전히 거기에 머물지 못했던 것 같습니다. 저는 정말 좋아하는 여러 사람과 함께 있었습니다. 저는 메리를 좋아하는데, 그녀의 가족은 동쪽 해안가에서 살다가 돌아왔습니다. 그래서 저는 몇 년 동안 그들을 만나지 못했고, 저는 그들 모두와 즐거운 시간을 보내고 싶었습니다. 하지만 그건 중요하지 않습니다. 저는 거기에 없는 거나 다름없었습니다.

치료자: 혹시 그때 당신은 다이애나와 그녀와 함께 했던 예전의 당신에 대해 생각하고 있었나요?

마크: 네, 주로 그랬던 것 같아요.

치료자: 다른 사람들과 대화를 나누면서 말이죠?

마크: 네, 저는 그들과 이야기하고 있었어요. 그런데 제가 무슨 말을 하고 있었는지 기억나지는 않습니다. 그러니 거기에 없었던 거나 다름없죠.

치료자: 그래서 당신은 기록지에 파티에 대한 점수를 7점으로 작성했군요. 하지만 만약 우리가 파티에서 일어난 일들에 대해 부분별로 점수를 줄 수 있다면, 예를 들어 수영과 같이 활성화에 완전히 참여한 상태와 다른 생각들로 대화에 집중할 수 없었던 순간들로 나누어 볼 수 있다면 각각 어떻게 평정하시겠어요?

마크: 솔직히 수영은…… 좋았어요. 만약 0점이 아주 좋다고 느끼는 거라면, 아마 3점 정도 줄 수 있을 것 같군요. 이 말은 모든 게 다 최악은 아니었다는 의미예요. 하지만 대화를 나누던 그때는…… 9점 정도로 끔찍했어요.

이로써 치료자가 내담자의 활성화를 방해하는 잠재적인 요인을 성공적으로 확인했다는 것을 알 수 있다. 그녀는 계속해서 그 문제의 성질과 범위에 대해 탐색하였다.

치료자: 저는 당신이 어떤 활동을 할 때 주의를 기울여 적극적으로 참여하는지 알아보고 싶은데, 그런 때는 좀 더 즐길 만했을까요?

마크: 네, 맞습니다.

치료자: 직장에서 당신의 기분과 업무 수행을 방해하는 문제 또한 이런 것입니까?

마크: 네, 정확합니다. 제가 사무실에 들어가서 시간을 어떻게 보내고 있는지 아십니까? 몇 시간이 지나도 전 아무것도 하지 못합니다. 저와 다이애나에게 일어났던 일들, 제가 말했던 것, 제가 할 수 있었던 말들을 계속해서 반복적으로 생각하며 방황하게 됩니다. 그건 너무나 끔찍한 일입니다.

치료자: 그래요, 우리는 이것이 해결해야 할 문제임을 알고 있습니다. 그것은 당신이 기분을 개선시킬 가능성과 즐기는 것을 방해하고 있으며, 당신이 업무를 잘 관리하는 것을 방해하고 있습니다. 그럼 파티에서 있었던 일에 대해 좀 더 시간을 내 볼까요?

마크: 네.

치료자: 만약 당신이 이 모든 것에 대해 생각하지 않았다면, 당신은 메리의 가족과 대화할 때 보통 어떻게 했을까요? 제가 그날 밤 당신이 말씀하셨던 것과는 다르게 무엇을 볼 수 있었을까요?

마크: 저는 많은 사람과 이야기를 나누었을 것이고, 그렇게 기분이 나쁘진 않았을 것입니다.

치료자: 맞아요. 그건 정확히 사실일 겁니다. 제가 정말로 궁금한 점은 당신이 그렇게 기분이 나쁘지 않을 때 무엇을 다르게 하고 있었느냐는 것입니다. 그들에게 더 많은 질문을 하려고 했습니까? 눈을 더 많이 마주쳤나요? 다르게 반응했나요?

마크: 네, 말씀하신 모든 것이네요. 저는 대화에 좀 더 적극적이어야 했습니다.

치료자: 그랬다면 당신은 더 참여할 수 있었을 것입니다.

마크: 네, 더 참여했겠죠. 선생님도 알다시피 '이거 정말 짜증 나.'라는 그런 무거운 느낌이 덜했을 것입니다.

이 회기의 앞부분에서 치료자는 마크가 우울하지 않을 때 대인관계에서 어떻게 하는지 행동적으로 정의하기 시작하였다. 이러한 행동을 주의 깊게 구체화하는 것은 마크가 유사한 상황에 접근하는 방법의 목표 변경에 대한 몇 가지 가능한 계획을 개발하는 데 중요한 단계이다.

치료자: 당신이 더 좋았을 때 사람들과 정상적이었던 것처럼 기분이 가라앉지 않았더라면 얘기하기를 실행해 볼 수 있었을까요?

마크: 잘 모르겠습니다.

치료자: 제가 생각하는 핵심 사항은 당신이 반추에 어떻게 반응하고 있는지, 그리고 그렇게 하는 것이 기분에 도움이 되는 것인지 또는 아닌 것인지에 주목해야 한다는 것이며, 그런 다음 당신이 다르게 해야 할 필요가 있는 것은 무엇일지 찾기 시작해야 한다는 것입니다. 파티에서 당신의 기분이 좀 나아졌을 때 당신이 한 것은 더 참여했던 것이라 여겨집니다.

마크: 맞습니다. 하지만 제가 이럴 때는 할 얘기가 없습니다.

치료자: 네, 우울할 때 당신은 더 조용하고 철회

되어 있습니다.

마크: 네, 고통스럽기 때문입니다. 저는 메리의 부모님을 보고 '그들은 결혼한 지 30년이 되었어. 다이애나와 함께라면 나도 그럴 수 있었을 텐데.'라는 생각을 했습니다. 그러고는 그녀가 다른 누군가와 함께 있다는 생각을 하기 시작했습니다. 거기서부터 기분이 나빠지기 시작했습니다.

치료자: 당신의 말이 전적으로 맞습니다. 이혼 때문에 많은 고통이 남았지요. 그리고 그에 대한 반응으로 당신은 자기 생활의 활동 범위를 좁혔습니다. 상실감을 떠올리게 하는 고통을 느끼는 것뿐만 아니라 생활에서 많은 일이 계속되지 못하도록 했습니다. 당신은 심지어 어떤 일을 하고 있을 때에도 고통을 느끼지 않으려고 적극적으로 참여하지 않았습니다. 두 분의 관계가 괜찮았을 때, 이혼 전에 무슨 일이든 할 수 있었던, 그때의 당신으로 되돌아가야 하겠습니다. 우리는 당신을 다시 기본으로 되돌려야만 하고, 일단 그렇게 하면 당신이 훨씬 더 나은 기분을 느낄 수 있는지도 알아낼 수 있을 것입니다.

마크: 좋은 생각입니다.

치료자: 당신은 이게 그림의 떡이라고 생각할 수도 있지만, 우리는 이것을 어떻게 할 수 있을지 알아낼 수 있습니다. 핵심은 파티에 가는 것과 같은 활동을 할 때 당신이 좀 더 많이 참여할 수 있도록 하는 것이며, 이를 위해 구체적이고 관리 가능한 몇 가지 단계를 계획하는 것입니다. 당신이 옳습니다. 좋지 않을 때 세상일에 참여하기란 더 힘든 것인데, 하지만 이러한 참여행동은 부분적으로는 당신이 과거에 그러한 일들을 더 즐겁게 할 수 있었던 이유이기도 합니다. 우리는 당신이 예전에 메리의 가족과 함께 잘 어울렸다는 것을 알고 있으며, 이번 파티에서도 온전히 참여한 수영에서는 많은 즐거움을 느꼈음을 알고 있습니다. 즉, 숨은 비법은 당신이 메리와 함께 그렇게 잘 어울렸던 것처럼 당신의 친구에게 전화해 보는 것이며, 또한 지난번 파티에서처럼 동떨어져 있지 말고 다른 사람들과 진정으로 어울려서 함께 해 보는 것입니다. 때로 당신이 생각 때문에 뒤로 물러나 철회하는 자신을 발견하게 된다면, 우리는 그걸 덜 하도록 만드는 구체적인 전략을 개발해야 할 것입니다. 당신이 그렇게 하는 데 도움이 될 만한 것은 무엇일까요?

마크: 잘 모르겠습니다. 저는 최근 얘깃거리가 거의 없는 것 같습니다.

치료자: 어렵다는 것은 알고 있습니다. 질문을 더 해 보고 상대의 답변에 주의를 기울이기 등 당신이 해 볼 만한 것은 꽤 많습니다. 더불어 대화 중 음성이나 표정 등 보다 구체적인 것에 집중함으로써 마음이 방황하며 반추하지 않도록 도울 수 있습니다. 때때로 당신의 마음이 흔들리고 있음을 단지 주목할 수 있고, 그 순간 당신의 목표에 다시 초점을 맞추기 위해 심호흡을 해 볼 수도 있습니다.

마크: 그것을 시도해 볼 수 있을 것 같습니다. 제 마음은 꼭 계속 방황하는 것 같습니다.

치료자: 알고 있습니다. 그래서 당신이 해야 할 일은 언제 그런 일이 일어날지에 대해 좀 더 경각심을 갖는 연습을 하는 겁니다. 그래서

스스로 마음이 방황하는 것을 잘 알아차릴 수록 당신은 친구에게 다시 집중하는 것을 더 많이 실행해 볼 수 있습니다. 당신은 지금 여기에서도 방황하고 있습니까?

마크: 조금 그런 것 같습니다.

치료자: 여기서 한번 연습해 보겠습니까? 집중해야 할 것을 골라서 여기서 연습해 보면 됩니다.

마크: 좋습니다. 어떻게 하면 되겠습니까?

치료자: 앞으로 5분 동안 시간을 재도록 하겠습니다. 그리고 우리가 이야기를 나누는 동안, 저는 당신이 우리의 토론에 온전히 참여해 주었으면 합니다. 제 생각에 아마 당신의 마음은 종잡을 수 없게 될 겁니다. 특히 우리가 대화를 하는 도중 다이애나를 떠올리게 된다면 더욱 그렇게 될 것입니다. 그럴 때에는 다시 우리의 대화로 돌아오는 것에 집중하셔야 합니다. 제 목소리는 어떤가요? 어조의 변화와 제가 어떻게 말을 하는지, 제가 말하는 속도는 어떠한지 같은 것에 주목해 보세요. 아시겠습니까?

마크: 노력해 보겠습니다.

치료자: 좋습니다. 그럼 이번 주말에 있는 친목 모임에서 선택하여 사용해 볼 수 있는 몇 가지 방법에 대해서 이야기해 봅시다.

치료자와 마크는 그 후 몇 분 동안 이러한 논의를 계속하였다. 그리고 치료자는 마크에게 그의 경험에 대한 피드백을 요청하기 위하여 대화를 끊었다.

치료자: 무엇에 주목하셨나요?

마크: 잘 모르겠습니다. 아마 선생님이 부드럽게 말하고 있었던 것 같습니다.

치료자: 당신은 우리의 토론에 얼마나 참여한 것 같습니까? 0점은 전혀 참여하지 않은 상태이고, 10점은 온전히 참여한 상태인데, 몇 점을 매길 수 있을까요?

마크: 제 생각에는 7점일 거 같습니다. 제가 메리와 통화한 걸 얘기할 때 저는 다이애나에 대해 조금 생각하기 시작했습니다. 저는 당신의 목소리에 집중해야 한다는 것을 상기하였고, 선생님이 정말 관심을 갖고 얘기한다고 짐작했습니다. 우리가 토론하고 있는 것에 선생님이 많은 주의를 기울이고 있다는 생각을 하니 제 생각은 더 이상 방황하지 않게 되었습니다.

치료자: 제가 보기에도 그랬습니다! 당신의 참여도는 대체로 높았고, 당신은 주의를 기울여 몇 번이나 다시 집중하는 것처럼 보였습니다. 아주 잘하셨습니다.

마크: 네, 하지만 조금 이상했습니다. 그러니까 제 말은 보통 사람들은 일상적인 일들에 대해 말할 때 그렇게까지 집중하지는 않는 것 같다는 겁니다.

치료자: 그건 그렇습니다. 저는 다른 사람들이 전형적인 사회적 상호작용을 할 때보다 당신의 말에 훨씬 더 주의를 기울였습니다. 그리고 그것은 보통 인위적인 것으로 느껴질 수 있습니다. 하지만 제 생각에 일단 당신이 사회적인 상호작용에 더 참여하게 되면 그렇게 열심히 집중할 필요는 없어질 것입니다. 자동적으로 그렇게 될 거니까요.

마크: 일리가 있는 말이네요.

치료자는 이와 같이 직접적이고 즉각적인 경험에 주목하는 형식의 대체하는 새로운 행동을 이용하여 회피(반추)를 차단하는 전략을 실행하였다. 이 경우 마크는 자신의 관심을 대인 자극에 주의를 기울이도록 실험한 것인데, 다른 경우 시각, 후각 등과 같은 감각 자극의 어느 측면에만 주목하는 실험을 할 수도 있다. 치료 회기 내 행동 연습은 내담자가 연습하고 치료자로부터 직접적인 피드백을 받을 수 있다는 점에서 매우 중요하며, 이는 치료 회기 밖에서의 표적행동 또는 과제의 성공가능성을 높인다. 이후 치료자는 다음 치료 회기를 위해 행동과제를 검토하고 개발하는 구체적인 과업으로 돌아온다.

치료자: 주말 내내 밖으로 나가지 않은 이야기로 돌아가 봅시다. 책을 사러 나가는 것이 너무 힘든 일이었다고 생각합니까? 이번 주말에 좀 더 참여할 수 있도록 하는 더 쉬운 방법이 있을까요?

마크: 잘 모르겠습니다. 밖에 나가 책을 사는 것이 왜 어려울까요?

치료자: 당신이 정말로 우울할 때는 매우 힘이 듭니다. 더 작은 단계에서 생각해 봅시다. 더 작은 단계를 수행하고 그에 대해 약간의 보상을 받을 수 있다면, 더 쉽게 목표를 향해 나아갈 수 있습니다.

치료자와 내담자는 기준에 따라 등급이 정해진 과제를 계속 진행하였다. 마크가 이전에 친목 모임을 자주 즐겼다는 것을 감안할 때, 그와 치료자는 주말에 친구들과 몇 통의 전화를 하고, 점심 식사에 메리를 초대하는 것부터 시작하는 계획을 세웠다. 점심을 먹는 동안, 그는 특히 그들의 대화에 초점을 맞추는 것에 집중하였다. 치료자는 또한 운동 활동으로 수영이 어떻겠냐고 제안하였다. 마크는 자신의 역량이 이미 정한 숙제만으로도 가득 찼다고 했으며, 수영에 대해서는 이후 논의하기로 하였다. 이후 치료자는 치료 회기의 마지막 순간에 숙제를 검토하고, 진행을 격려하였으며, 변화의 어려움을 확인하고 기본 치료 모델을 강화하였다.

5회기

회기 초반에 마크는 자신의 기분이 좋아졌다고 보고하였고, 치료자는 이것을 의제로 포함시켰다. 그들의 논의를 통해 치료자는 일관되고 규칙적인 일상에서 새로운 행동을 유지하는 것의 중요성을 강조하였다. 이번 회기에서 치료자는 친목 모임의 패턴을 계속 강조하고, 혼자 있을 때 기분이 악화되는 마크의 취약성을 증가시키는 요인에 대하여 평가하였다.

치료자: 어떻게 기분이 더 나아졌는지 자세히 이야기해 보시겠습니까?

마크: 저는 독서계획이 도움이 되는 것 같아서 그 책을 다 읽었습니다.

치료자: 훌륭합니다! 그러면 아마 다른 책이 필요하겠네요.

마크: (웃으며) 저도 그게 맞다고 생각합니다. 문제 하나는 나아졌다고 생각하진 않으세요?

치료자: (웃으며) 오, 저도 그렇게 되었으면 좋겠습니다! 하지만 마크, 전 그게 정말 중요한 질문이라고 생각합니다. 당신이 도움을 받고 있다고 느끼는 몇 가지 방법을 통해 더

나은 느낌을 느끼기 시작할 때 진정한 유혹이 시작됩니다. 이런 변화를 만들기 위해 많은 노력이 필요하다는 것을 아시겠지만, 일상을 유지하는 것도 매우 중요합니다.

마크: 맞아요. 사실 저는 이번 주에는 잘 지냈던 것 같습니다. 저는 다른 사람들에게 더 많이 다가가고 있습니다.

치료자: 아주 좋습니다.

마크: 그리고 메리가 저에게 다시 전화를 했습니다. 저는 우리가 그녀에게 전화하는 것에 대해 이야기하지 않았던 것 같은데, 그녀에게 전화가 왔을 때 같이 점심을 먹지 않겠냐고 물어봤습니다. 그녀가 전화를 했을 때, 저는 기분이 우울했기 때문에 별로 그러고 싶지는 않았습니다. 다이애나와 관련하여 변호사로부터 돈 문제에 대한 편지를 새로 받았거든요. 하지만 어쨌든 메리에게 물어 봤고, 아이들도 같이 데려갔습니다. 저는 그들이 매우 즐거운 시간을 가졌다고 생각합니다.

치료자: 마크, 지난 며칠 동안 확실히 더 많은 사회적 관계를 가졌네요! 당신은 이 치료에서 중요한 역할을 하고 있는데, 그것은 우리가 지금 여기서 정하고 있는 목표와 계획에 따라 행동하고 있다는 것입니다! 이것은 당신이 느끼는 감정에 의해 지시받는 것과는 대조적인 것임을 아시겠지요?

마크: 노력하고 있습니다.

치료자: 당신은 잘하고 있습니다. 지난번에 직장 동료와 점심 먹는 것에 대해서 이야기를 했는데, 그렇게 했습니까?

마크: 네, 점심을 함께 먹었습니다.

치료자: 많은 걸 했군요! 대단합니다. 제가 우리의 행운을 재촉하는 것일 수 있지만 오늘 의제에 수영을 추가하는 것에 대해서 어떻게 생각하십니까?

마크: 그것에 대해서 다시 물어볼 줄 알았습니다.

치료자: (웃으며) 저에 대해서 잘 아시는군요. 어떻게 생각하십니까?

마크: 좋은 생각인 것 같습니다. 사실 주말에 우리 딸들이 좋아할 만한 수영 강습이 있습니다. 그리고 같은 시간대에 저는 수영장에서 한 바퀴 돌 수도 있을 겁니다.

치료자: 훌륭합니다. 이번 주말에도 딸들과 함께 있습니까? 아니면 우리가 이번 주말에 스케줄(일정 편성)을 잡아 볼 수 있을까요?

마크: 네, 그게 도움이 될 것 같습니다.

치료자: 마크, 당신은 사람들과의 관계 개선에 있어 독서와 같은 이러한 활동들이 당신의 향상된 기분과 관련이 있다고 생각하십니까?

마크: 네, 그건 분명히 많은 관련이 있습니다. 저는 우리가 이 모든 것의 진짜 문제에 도달하고 있는지 여전히 확신할 수는 없지만, 그것이 도움이 된다는 선생님의 말은 맞습니다.

치료자: 그러면 우리는 그것에 대해서도 이야기해야만 하겠네요. 다음으로 넘어가기 전에, 당신의 긍정적인 기분에 기여한다고 생각하는 다른 것이 있을까요? 사회적 접촉만이 거의 대부분일까요?

마크: 사회적인 친목 모임의 접촉과 독서를 통해 저 자신의 주의를 다른 곳으로 돌리는 것이겠지요.

치료자: 정말 대단합니다! 잘 기억하고 계셨네요! 이제 다른 책들에 대한 것과 어떻게 일상

스케줄을 유지할 건지에 대해 이야기해 봅시다.

이 시점에서 치료자와 마크는 새로운 책을 선택하고 구입하기 위한 구체적인 계획을 세우는 데 초점을 맞추었다. 그다음으로 치료자는 그러한 개입이 가장 중요한 것을 다루고 있는지 아닌지에 대해서 마크의 견해를 들어 보았다.

치료자: 진짜 문제에 대해서 좀 전에 말씀하신 적이 있습니다. …… 그것이 무슨 뜻인지 궁금합니다.

마크: 저는 아직 다이애나에 대해서 많이 생각을 하고 있는 거 같습니다. 제 생각에 놓아주지 않은 부분이 있는 것 같습니다. 저는 스스로에게 '아직 우리에게 기회가 있을까?' '어떻게 그렇게 다 망쳤지?'라고 생각을 합니다. 그러고 나서 '내가 지금 가진 게 이게 다야? 사람들과 점심을 먹고 밤에 혼자 책을 읽으면서?' 우리가 집중하고 있는 이런 것들이…… 저는 잘 모르겠습니다. 정말로 뭐든 바로잡을 수 있을까요?

치료자: 마크, 저는 당신이 다이애나에 대해 생각하는 면에서는 이런 작업을 하는 것이 진짜 문제를 다루는 것이 아닌 것처럼 느낄 수도 있음을 알며, 그 문제에 관하여 이야기하는 것이 정말 중요하다는 것에도 동의합니다. 동시에 저는 이런 작업들이 큰 차이를 만든다는 사실을 우리가 놓치게 되는 것도 원치 않습니다. 저는 당신이 과거의 몇몇 문제 및 다이애나와 관련하여 여전히 떠오르는 문제들을 다루기 전에 당신의 기분을 북돋을 방법을 찾는 것이 매우 중요하다고 생각합니다. 또한 우리는 비슷한 패턴을 찾아볼 수 있다고 생각하는데, 기분이 가라앉았던 이후로 당신이 다른 사람들한테서 물러섰듯이 이는 다이애나와의 관계에서 생긴 일과도 연관성이 있지 않나 싶습니다.

마크: 사실입니다. 저는 그게 완전히 별개가 아니라고 생각합니다.

치료자: 이제 그 주제에 대해서 좀 더 직접적으로 시간을 집중해야 할 때가 된 것이겠지요?

마크: 저도 그렇게 생각합니다. 아마도 저는 조금 더 기분이 좋아졌기 때문에 더 잘 알고 있는 거 같습니다. 그리고 "지금 이게 전부야?"라고 자주 묻게 되는 것 같습니다. 만약 이게 전부라면, 이대로 그냥 끌려다니는 것은 정말 외로운 삶인 거 같습니다.

치료자와 마크는 과제를 검토하고 치료 회기를 종료하였다. 그 외에 다음 치료 회기에서 마크의 중요한 질문으로 돌아가는 계획에 동의하였다.

6~9회기

다음 회기에서 치료자와 마크는 5회기 때의 마크의 질문으로 되돌아갔다. 반복되는 회기들에서 그는 집에서 하기로 한 일을 진행하고, 운동을 하였고, 친목 모임에의 참여가 개선되었음을 보고하였다. 이러한 진전은 그의 활동 기록지 양식에 일관되게 반영되었으며, 구체적으로 사회적 참여, 독서 및 수영에 관련된 내용이었다([그림 9-4] 참조). (이런 활동 기록지 양식은 활성화 대상이 명확하고 잘 개발되었을 때 사용을 고려할 수 있으며, 시간별 점검을 통해 얻은 상세한 정보는 요구되지 않는다. 아울러 활동 기록지를 보다 상세히 작성하는 것에 어려움이 있는 내담자에게도 사용할 수 있다.)

마크는 다양한 영역에서 정서적으로 분명히 개선되었음에도 불구하고, 전 부인에 대해 자주 반추하고 기분이 취약해지는 경향이 있음을 보고하였다. 치료자와 마크는 그가 전 부인에 대해 반추적 사고를 하는 것에 대한 잠재적인 기능을 탐구하기 시작하였다. 그들은 TV 시청 문제나 사회적 상호작용을 하는 동안 반추하는 문제에 적용했던 것처럼, 마크가 그의 전 부인에 대해 반추하면 어떤 결과가 생기는지에 관한 초기 가설을 세웠다.

치료자: 반추하기는 또 다른 형태의 회피일 수 있지 않을까요? 그것은 당신의 마음이 마치 손상된 음반[7]이 작동하는 식으로 무진 애를 쓰는 것과 같은 것입니다. 당신은 자신이 잘못했던 일과 할 수 있었던 일을 계속해서 재생하고 있으며, 그 영향의 하나는 당신이 실제로는 관계 상실의 고통스러운 감정을 회피하는 것이고, 또한 새로운 관계를 찾는 것조차 회피하는 것이겠지요?

마크: 저는 관계의 상실을 참을 수 없을 것 같은 느낌입니다. 저는 관계가 끝났다는 것을 받아들일 수 없습니다. 그럴 수 없다는 걸 알고는 있지만, 회복할 수 있는 방법이 있을지도 모른다는 생각을 계속하고 있습니다. 우리는 심지어 변호사 없이는 자녀의 건강관리에 대해서도 대화를 나눌 수 없습니다.

치료자: 그래요. 어떤 면에서는 반추적인 생각이 슬픔을 피하는 방법일 수도 있습니다. 저는 당신이 당신의 아버지가 떠나고 난 후 상실을 극복하는 방법에 대해 배웠던 것으로부터 일정 부분 영향을 받은 것은 아닌지 생각하곤 합니다. 아무도 아버님에 대해서 말하지 않은 것 같은데, 당신은 어떻게 해야 책임을 질 수 있는지에 관한 생각에 사로잡혀 있었던 것 같습니다. 저는 지금 당신이 감정적으로 무엇을 해야 할지 모르는 것은 아닌지 궁금합니다.

마크: 제가 어렸을 때 일어났던 일들에 대해서는 확실히 그렇습니다.

치료자: 따라서 우리가 실험해 볼 수 있는 한 가지 가능성은 슬픔과 상실의 경험에 대해서 특별히 시간을 할애하는 것입니다.

과제	월요일	화요일	수요일	목요일	금요일	토요일	일요일
독서	V	V	V	V			V
사회적 참여	V	V	V			V	V
수영						V	V
기분	5	5	5	6	8	3	3

[그림 9-4] 완성된 활동 기록지(매일) 견본

7) 역자 주: 계속 같은 부분에서 재생된다.

마크: 저는 잘 모르겠습니다. 그녀와 제가 잃은 것들에 대해 생각하는 것만으로도 압도되는 것 같습니다. 전 그냥 그 일을 마무리하고 넘어가고 싶습니다.

치료자: 정확히 알 것 같습니다. 그 문제에 대한 반추는 당신을 계속 움직이지 못하게 영향을 주는 것처럼 보입니다. 당신의 생활에서 다른 관계를 추구해 나가는 대신, 당신의 마음속에서는 다이애나와 함께 일어났던 일과 일어나지 않았던 일들이 계속 반복되고 있습니다.

마크: 저는 정말 모르겠습니다. 제가 다른 관계를 맺을 준비는 된 걸까요?

치료자: 그러면 만약 당신이 반추하기를 하지 않았다면, 더 많은 두려움을 경험했을 것이라고 생각합니까?

마크: 다른 관계를 맺을 생각을 했을 때…… 당신도 아시다시피, 저는 직장 내에서 데이트를 해 보고 싶다고 느끼는 사람이 있었다고 생각하지만, 그것이 바로 제가 그녀와 함께 일하는 것조차 보류하게 된 이유가 되었습니다. 그녀는 저에게 몇 번 점심을 같이 먹자고 했습니다. 겨우 2년이 지났는데 저는 다시 같은 상황으로 되돌아오고 싶지 않았고, 이 모든 것을 다시 받아들일 수 없었습니다. 제 아이들도 그런 일을 다시 겪도록 강요하고 싶지 않았습니다.

치료자: 그렇군요. 반추하기는 다이애나에 대한 상실감뿐만 아니라 미래에 경험하게 될 상실감에 대한 두려움을 막아 주는 효과도 갖고 있군요.

치료자는 적응적인 일상생활을 유지하고 기분을 개선하기 위해 이전 회기에서 개발된 계획을 지속하는 것이 중요하다고 강조하였다. 특히 사회적인 관계, 운동, 독서에 대한 지속적인 집중이 필요하다고 강조하였다. 게다가 치료자와 마크는 그가 작가 모임으로 복귀하는 것에 대해 더 자세히 논의하면서, 더 큰 일들은 마크가 감당할 수 있는 작은 조각들로 나누기 시작하였다. 이러한 목표에 대한 작업은 치료 과정의 대부분을 차지하였고, 마크가 상실감을 직접적으로 다루기 시작하면서 사회적인 친목 모임, 운동, TV 시청 제한에 대한 작업이 계속됨에 따라 데이트에 대한 관심이 또다시 나타나기 시작하였다.

10~15회기

이 치료 회기들에서 치료자와 마크는 그의 생활에서, 특히 그가 호감을 느끼고 있는 동료 여성과 새로운 친분관계를 발전시킬 수 있을 것인지에 대해 직접적으로 다루기 시작하였다. 그들은 마크가 새로운 관계를 시작하는 것에 대한 두려움을 회피하지 않고 접근하려면 필요한 방안이 무엇인지 탐색하였고, 치료자는 마크의 반추하는 양식이 과거의 관계 패턴으로부터 학습을 회피하도록 기능해 왔을 것으로 가정하였다. 치료자는 TRAP/TRAC 약자를 사용하는 방법으로 마크가 회피할 가능성이 있는 조건(TRAP)을 인식하도록 도와준 다음, 'TRAC'으로 돌아가기 위해 좀 더 적응적인 대처행동을 하도록 하였다. 예를 들어, 마크는 직장에서 그 여성을 보았을 때(촉발), 긴장하기 시작하고(반응), 그녀와 대화하지 않거나 대화를 형식적인 업무 문제로 제한할 것(회피 패턴)이라고 정리하였다.

같은 조건에서 그가 취할 수 있는 대안적인 대처방법은 그녀에게 커피를 마시고 싶은지 물어보는 것이었다. 그런 다음 치료 회기는 마크가 미래의 관계에 교훈이 될 수 있도록 이전 결혼생활에서 배울 수 있는 것은 무엇인지 자세히 검토하는 데 집중하였다. 다음 대화는 이러한 치료 회기에서 표적으로 삼는 초점들의 여러 유형에 관한 예시를 제공한다.

마크: 다이애나와 있을 때 자주 있었던 일들 중 하나는 제가 그녀 및 딸들과 함께 있는 것처럼 느껴 본 적이 결코 없었다는 것입니다. 그들은 마치 이쪽 작은 세상에 함께 있는 것 같았고, 저는 항상 저쪽 밖에서 겉도는 것 같았어요. 제가 생각한 것을 더 자주, 많이 말했어야 했던 것처럼 저를 좀 더 관계의 중심에 있도록 해야 한다고 생각했지만 그렇게 하지 못했습니다. 결코 그러지 못했죠.

치료자: 그게 그녀와 갈등을 일으켰나요?

마크: 네, 정말입니다. 그녀가 모든 것을 끝내면서 했던 말 중 하나였어요. 밖에만 머무는 문제는 제게는 아주 큰일입니다.

치료자: 밖에 머물러 있다는 것이 구체적으로 무엇을 의미하나요? 당신이 그렇게 하고 있는지를 제가 어떻게 알 수 있나요?

마크: 그냥 일들에 대해 얘기하기 싫다고 하면서 있는 겁니다. 그녀는 제가 매사에 안에 있거나 밖에 있거나 하지 않고, 그냥 내내 경계선인 울타리에 걸쳐 있다고 했습니다.

치료자: 그것이 문제가 된 경우의 구체적인 예를 들 수 있나요?

마크: 글쎄요, 어머니와 형제들은 다이애나를 결코 좋아하지 않았지만, 저는 그들과의 관계에서 다이애나의 편에 선 적이 거의 없었습니다. 전 그냥 일이 벌어지게 내버려 둔 것이죠…….

치료자: 그러면 이것이 그녀와의 관계에서 'TRAP'이었을까요? 당신의 참여(적극적 참여)라는 면에서 그녀가 당신에게 무엇인가 원했던 것이 촉발사건이 되었을까요?

마크: 네, 그랬죠. 왜냐하면 결국 저는 그것에 압도당하는 기분을 느끼게 되었거든요.

치료자: 그리고 회피 패턴은 뒤로 물러서는 철회였군요.

마크: 그랬죠. 전 그냥 물러나서 움츠렸고, 그녀는 우리 가족과 모든 상황을 처리해야 했어요.

치료자: 그러면, 직장 동료에 관한 것인데요. 만약 당신이 지금 그녀에게 입장을 취해야 한다면 어떻게 보일 것 같습니까? 다른 대응방안이 될 수 있는 것은 무엇일까요?

마크: 전혀 모르겠어요.

치료자: 당신 생각에 비슷한 촉발사건이 있는 건가요?

마크: 아마도요. 왜냐하면 제 생각에 그녀는 저하고의 관계에 대해 의아해할 것 같습니다. 저처럼 관심이 있거나 아니거나 그렇겠죠?

치료자: 데이트하고 싶다는 것에 대해 그녀에게 분명히 표현했나요?

마크: 아니요, 그렇지 않아요. 직장에서 자주 많은 이야기를 하지만, 데이트에 대해 얘기했다고는 말할 수 없어요.

치료자: 그녀에게 말해 볼 수 있을까요?

마크: 네, 그럴 수 있을 것 같아요.

치료자: 철회하는 것의 대안으로서 당신이 말할

수 있는 구체적인 것을 생각해 보고 그것 중 일부를 실행해 보는 것은 어떨까요?

이 치료 회기에서 치료자와 마크는 매우 명확하게 구체적인 용어로, 이전 결혼에서의 낮은 만족감 및 저하된 삶의 질과 관련된 행동 유형을 정의한다. 예를 들어, 치료자가 마크에게 하는 다음 질문은 BA의 과정에서 반복되는 핵심 질문이다. "보이는 것에서 구체적으로 무엇이 관련되어 있나요? 무엇처럼 보이나요? 당신이 그러한 일을 하고 있는지 제가 어떻게 알 수 있나요?" 행동을 분석하고 목표를 정의할 때, 치료자는 명확하고 구체적이며 관찰 가능한 행동을 식별하는 것을 강조한다. 그런 다음 치료자와 마크는 미래의 관계를 추구하는 데 있어 대체행동을 실천하기 위해 그가 사용할 수 있는 구체적인 전략을 식별하고자 노력한다. 그들은 계속해서 TRAP/TRAC 체계를 사용하여 발생하는 상황과 마크의 반응을 살피고, 그가 친밀한 대인관계에 보다 적극적으로 접근하도록 유도한다. 마크는 데이트를 시작하면서 친밀한 상호작용에서 직접적이고 현재적인 목표로 하는 활성화 과제를 통해 전략을 수정하고 개선할 수 있는 풍부한 기회를 갖게 된다.

16~19회기

16회기를 마치면서 치료자와 마크는 독특한 생활의 상황맥락과 우울증을 유지시키는 회피 반응 패턴의 측면에서 마크의 우울증을 이해하고 해결하는 일의 대부분이 완성되었다고 동의하였다. 마크는 2차적인 문제행동 측면에서 성공적으로 활성화하였으며(예: 독서, 운동, 사회적 접촉 증가, 집안 주변의 프로젝트 증가, TV 시청 감소), 새로운 관계를 시작함으로써 슬픔과 친밀감에 대한 두려움을 해결하기 위한 조치를 취하였다.

따라서 치료의 마지막 회기는 치료에 사용된 주요 주제와 방법을 검토하고 통합하는 데 초점을 맞추었다. 구체적으로, 치료자와 마크는 즉각적인 목표와 직접적이고 즉각적인 경험에 주의를 기울임으로써 반추를 차단하였으며, 그의 새로운 파트너에게 더 직접적이고 표현적인 새로운 기술을 계속 연습하는 것이 중요함을 확인하였다. 또한 치료자는 마크와 함께 그가 BA의 기본들을 스스로 사용하기 위해 학습했던 방법들을 신중히 검토하였다. 그들은 마크가 우울해지기 시작하거나 회피 반응 패턴에 관여하기 시작할 때 알아차릴 수 있는 방법을 함께 검토하였다. 또한 자신의 기분과 활동을 스스로 점검하고 문제해결을 위한 대안적 대처행동을 취할 수 있는 구체적인 단계를 검토하였다. 그들은 또한 우울증, 회피 및 철회의 악순환을 끊는 데 독특하게 도움이 되는 많은 대안적 활동을 구체적으로 밝혀냈다. 이러한 항우울 활동들은, 예를 들면 운동, 친구와의 통화, 독서를 포함한다. 마크는 치료에서 도구들과 연습 기회들이 잘 갖추어져 있음을 느꼈다고 보고하였다. 그는 또한 자신의 생활에서 이미 자신이 만든 긍정적인 변화에 대해 격려를 받았다고 보고하였다. 그는 자신의 미래에 대해 낙관적인 태도를 보이며 치료를 끝냈고, 치료자에게 함께한 모든 것에 대해 따듯한 고마움을 전하였다. 시간이 흘렀음에도 마크는 치료에서 얻은 이점을 계속 유지하였다. 그는 한 여성과 새로운 관계를 맺었으며, 이듬해에 약혼하였다. 그는 자녀, 동료 및 친구들과의 새로운 관계에서 치료를 통해 배운 많은 기술을 계속 실행하였다.

사례 요약

마크와의 치료 과정은 BA의 핵심 원리와 전략에 대한 여러 예시를 제공한다. 치료는 마크가 제시한 주요 문제에 대한 신중하고 지속적인 기능분석을 통해 이루어졌으며, 이를 통해 치료자는 조직적인 사례개념화를 개발할 수 있었다. 이 작업은 치료 회기 중에 마크와 협력하여 완료되었으며, 또한 치료자가 회원이었던 진행형 임상자문 팀 회의의 주요 초점이기도 하였다. 치료 중에 치료자는 목표 설정, 자기점검, 단계별 과제 할당, 문제해결, 행동 시연, 경험에 대한 주의집중 등 다양하고 구체적인 전략을 사용하였다. 치료자는 또한 대인관계 회피, 반추 및 일상생활의 와해를 포함하여 BA에서 자주 관찰되는 여러 가지 중요한 치료 표적을 다루었다.

전반적으로, 치료자는 치료 동안 코치로서의 역할을 했고, 마크가 회피 패턴을 극복하고 활동 참여를 증가시키도록 구체적인 단계들의 해결을 도왔다. 치료자는 또한 마크에게 활동과 기분 사이의 연관성을 식별함으로써 언제 어디에 집중해야 하는지를 치료자와 함께 배울 수 있도록 하였다. 각 치료 회기에서는 ENLIVEN 전략이 사용되었다. 치료자는 각 치료 회기의 구조와 전반적인 치료 과정을 유지했으며, 함께 배우고 실행하는 것에 지속적으로 초점을 맞추었다. 치료자는 따듯함과 격려, 그리고 이해심을 가지고 반응하면서 마크의 치료 과정 동안 생겼던 어려움과 우울증을 치료하는 도전에 사실적이고 비판단적이며 문제해결적인 접근법을 유지하였다. 치료자는 우울할 때 변화의 어려움과, 특히 기분이 나쁠 때 행동의 중요성을 인정하면서 일관되게 BA 모델에 기반을 두었다. 치료자는 규칙적이고 지속적으로 선택된 변화의 목표들에 대한 활성화의 초점으로 복귀했고, 마크와 함께 팀을 이루어 풍요롭고 보람 있는 생활을 만드는 방법을 배우는 데 도움을 주었다.

결론

이 장은 우울한 내담자에게 BA를 사용하기 위하여 필요한 개념적 기본 원리와 구체적 방법들을 제공한다. Ferster, Lewinsohn과 Beck의 선구적 기초로부터 발전한 BA는 행동 변화에 대한 직접적이고도 지속적인 주의의 힘을 강조한다. BA는 내담자들이 현재의 우울증을 줄이고 미래의 우울 삽화를 예방하는 데 도움을 주는 방식으로 그들이 생활에 적극적으로 참여하도록 돕는 것을 목표로 하고 있다. BA 치료자들은 우울증 내담자들이 더 많은 보상을 가져오는 활동을 증가시키고 중요한 문제들을 해결할 수 있도록 돕는다. 성과 연구 및 여타 수렴적으로 일관되는 경험적 시험의 모든 측면에서 BA는 우울증에 효능이 있는 치료법으로서 밝은 전망을 보이고 있다(Dimidjian et al., 2011). 향후 연구는 BA의 변화 과정과 광범위한 임상 실제 장면에 보급될 수 있는 용이성에 관하여 보다 자세히 진행될 것이다.

참고문헌

Acierno, R., Rheingold, A., Amstadter, A., Kurent, J., Amella, E., Resnick, H., et al. (2012). Behavioral activation and therapeutic exposure for bereavement in older adults. *American Journal of Hospice and*

Palliative Medicine, 29(1), 13-25.

Addis, M. E., & Carpenter, K. M. (2000). The treatment rationale in cognitive behavioral therapy: Psychological mechanisms and clinical guidelines. *Cognitive and Behavioral Practice, 7*(2), 147-156.

Addis, M. E., & Martell, C. R. (2004). *Overcoming depression one step at a time: The new behavioral activation approach to getting your life back.* Oakland, CA: New Harbinger.

American Psychiatric Association. (2013). *Diagnostic and statistical manual of mental disorders* (5th ed.). Arlington, VA: Author.

Armento, M. E. A., & Hopko, D. R. (2007). The Environmental Reward Observation Scale (EROS): Development, validity, and reliability. *Behavior Therapy, 38*, 107-119.

Armento, M. E. A., & Hopko, D. R. (2009). Behavioral activation of a breast cancer patient with coexistent major depression and generalized anxiety disorder. *Clinical Case Studies, 8*(1), 25-37.

Barraca, J., Pérez-Álvarez, M., & Lozano Bleda, J. H. (2011). Avoidance and activation as keys to depression: Adaptation of the Behavioral Activation for Depression Scale in a Spanish sample. *Spanish Journal of Psychology, 14*(2), 998-1009.

Beck, A. T., Rush, A. J., Shaw, B. F., & Emery, G. (1979). *Cognitive therapy of depression.* New York: Guilford Press.

Beck, A. T., Steer, R. A., & Brown, G. K. (1996). *Manual for the BDI-II.* San Antonio, TX: Psychological Corporation.

Bennett-Levy, J., Butler, G., Fennell, M., Hackman, A., Mueller, M., & Westbrook, D. (2004). *Oxford guide to behavioural experiments in cognitive therapy.* Oxford, UK: Oxford University Press.

Borkovec, T. D., Newman, M. G., Pincus, A. L., & Lytle, R. (2002). A component analysis of cognitive-behavioral therapy for generalized anxiety disorder and the role of interpersonal problems. *Journal of Consulting and Clinical Psychology, 70*, 288-298.

Carvalho, J. P., Gawrysiak, M. J., Hellmuth, J. C., McNulty, J. K., Magidson, J. F., Lejuez, C. W., et al. (2010). The reward probability index: design and validation of a scale measuring access to environmental reward. *Behavior Therapy, 42*(2), 249-262.

Christopher, M. S., Jacob, K. L., Neuhaus, E. C., Neary, T. J., & Fiola, L. A. (2009). Cognitive and behavioral changes related to symptom improvement among patients with a mood disorder receiving intensive cognitive-behavioral therapy. *Journal of Psychiatric Practice, 15*(2), 95-102.

Cuijpers, P., van Straten, A., & Warmerdam, L. (2007). Behavioral activation treatments of depression: A meta-analysis. *Clinical Psychology Review, 27*, 318-326.

Cullen, J. M., Spates, C. R., Pagoto, S. L., & Doran, N. (2006). Behavioral activation treatment for major depressive disorder: A pilot investigation. *Behavior Analyst Today, 7*, 151-166.

Curran, J., Lawson, P., Houghton, S., & Gournay, K. (2007). Implementing behavioural activation in inpatient psychiatric wards. *Journal of Mental Health Training, Education and Practice, 2*(2), 28-35.

Daughters, S. B., Braun, A. R., Sargeant, M. N., Reynolds, E. K., Hopko, D. R., Blanco, C., et al. (2008). Effectiveness of a brief behavioral treatment for inner-city illicit drug users with elevated depressive symptoms: The Life Enhancement Treatment for Substance Use (LETS Act!). *Journal of Clinical Psychiatry, 69*(1), 122-129.

Dimidjian, S. (2011, July). *Behavioral activation.* Workshop presentation at Sangath, Goa, India.

Dimidjian, S., Barrera, M., Jr., Martell, C., Munoz, R. F., & Lewinsohn, P. M. (2011). The origins and current status of behavioral activation treatments for depression. *Annual Review of Clinical Psychology, 7*, 1-38.

Dimidjian, S., Hollon, S. D., Dobson, K. S., Schmaling, K. B., Kohlenberg, R. J., Addis, M., et al. (2006). Randomized trial of behavioral activation, cognitive therapy, and antidepressant medication in the acute treatment of adults with major depression. *Journal of Consulting and Clinical Psychology, 74*, 658-670.

Dobson, K. S., Hollon, S. D., Dimidjian, S., Schmaling,

K. B., Kohlenberg, R. J., Gallop, R., et al. (2008). Randomized trial of behavioral activation, cognitive therapy, and antidepressant medication in the prevention of relapse and recurrence in major depression. *Journal of Consulting and Clinical Psychology, 76*(3), 468-477.

Ekers, D. M., Dawson, M. S., & Bailey, E. (2013). Dissemination of behavioural activation for depression to mental health nurses: training evaluation and benchmarked clinical outcomes. *Journal of Psychiatric and Mental Health Nursing, 20*(2), 186-192.

Ekers, D., Richards, D., & Gilbody, S. (2008). A meta-analysis of randomized trials of behavioural treatment of depression. *Psychological Medicine, 38*(5), 611-623.

Ekers, D., Richards, D., McMillan, D., Bland, J. M., & Gilbody, S. (2011). Behavioural activation delivered by the non-specialist: Phase II randomised controlled trial. *British Journal of Psychiatry, 198*(1), 66-72.

Ferster, C. B. (1973). A functional analysis of depression. *American Psychologist, 28*, 857-870.

Ferster, C. B. (1981). A functional analysis of behavior therapy. In L. P. Rehm (Ed.), *Behavior therapy for depression: Present status and future directions* (pp. 181-196). New York: Academic Press.

First, M. B., Spitzer, R. L., Gibbon, M., & Williams, J. B. W. (1997). *User's guide for the Structured Clinical Interview for DSM-IV Axis I Disorders*. Washington, DC: American Psychiatric Press.

First, M. B., Spitzer, R. L., Gibbons, M., Williams, J. B. W., & Benjamin, L. (1996). *User's guide for the Structured Clinical Interview for DSM-IV Axis II Personality Disorders (SCID-II)*. New York: Biometrics Research Department, New York State Psychiatric Institute.

Foa, E. B., Rothbaum, B. O., & Furr, J. M. (2003). Augmenting exposure therapy with other CBT procedures. *Psychiatric Annals, 33*, 47-53.

Gawrysiak, M., Nicholas, C., & Hopko, D. R. (2009). Behavioral activation for moderately depressed university students: Randomized controlled trial. *Journal of Counseling Psychology, 56*(3), 468-475.

Gloaguen, V., Cottraux, J., Cucherat, M., & Blackburn, I. M. (1998). A meta-analysis of the effects of cognitive therapy in depressed patients. *Journal of Affective Disorders, 49*, 59-72.

Gollwitzer, P. M. (1999). Implementation intentions: Strong effects of simple plans. *American Psychologist, 54*, 493-503.

Gortner, E. T., Gollan, J. K., Dobson, K. S., & Jacobson, N. S. (1998). Cognitive-behavioral treatment for depression: Relapse prevention. *Journal of Consulting and Clinical Psychology, 66*, 377-384.

Gros, D. F., & Haren, W. B. (2011). Open trial of brief behavioral activation psychotherapy for depression in an integrated Veterans Affairs primary care setting. *Primary Care Companion to CNS Disorders, 13*(4).

Hamilton, M. A. (1960). A rating scale for depression. *Journal of Neurology, Neurosurgery, and Psychiatry, 23*, 56-61.

Hayes, A. M., Castonguay, L. G., & Goldfried, M. R. (1996). Effectiveness of targeting the vulnerability factors of depression in cognitive therapy. *Journal of Consulting and Clinical Psychology, 64*(3), 623-627.

Hayes, S. C., Strosahl, K. D., & Wilson, K. G. (1999). *Acceptance and commitment therapy: An experiential approach to behavior change*. New York: Guilford Press.

Hopko, D. R., Armento, M. E. A., Robertson, S., Ryba, M. M., Carvalho, J. P., Colman, L. K., et al. (2011). Brief behavioral activation and problem-solving therapy for depressed breast cancer patients: Randomized trial. *Journal of Consulting and Clinical Psychology, 79*(6), 834-849.

Hopko, D. R., Bell, J. L., Armento, M. E. A., Hunt, M. K., & Lejuez, C. W. (2005). Behavior therapy for depressed cancer patients in primary care. *Psychotherapy, 42*(2), 236-243.

Hopko, D. R., Lejuez, C. W., & Hopko, S. D. (2004). Behavioral activation as an intervention for coexistent depressive and anxiety symptoms. *Clinical Case Studies, 3*(1), 37-48.

Hopko, D. R., Lejuez, C. W., LePage, J. P., Hopko, S. D.,

& McNeil, D. W. (2003). A brief behavioral activation treatment for depression: A randomized pilot trial within an inpatient psychiatric hospital. *Behavior Modification, 27*, 458-469.

Hopko, D. R., Sanchez, L., Hopko, S. D., Dvir, S., & Lejuez, C. W. (2003). Behavioral activation and the prevention of suicidal behaviors in patients with borderline personality disorder. *Journal of Personality Disorders, 17*(5), 460-478.

Houghton, S., Curran, J., & Saxon, D. (2008). An uncontrolled evaluation of group behavioural activation for depression. *Behavioural and Cognitive Psychotherapy, 36*(2), 235-239.

Hubley, S., Woodcock, E. A., Dimeff, L. A., & Dimidjian, S. (in press). Disseminating behavioural activation for depression via online training: Preliminary steps. *Behavioural and Cognitive Psychotherapy.*

Jacobson, N. S., Dobson, K. S., Truax, P. A., Addis, M. E., Koerner, K., Gollan, J. K., et al. (1996). A component analysis of cognitive-behavioral treatment for depression. *Journal of Consulting and Clinical Psychology, 64*, 295-304.

Jacobson, N. S., Martell, C. R., & Dimidjian, S. (2001). Behavioral activation treatment for depression: Returning to contextual roots. *Clinical Psychology: Science and Practice, 8*, 255-270.

Jakupcak, M., Roberts, L. J., Martell, C., Mulick, P., Michael, S., Reed, R., et al. (2006). A pilot study of behavioral activation for veterans with posttraumatic stress disorder. *Journal of Traumatic Stress, 19*(3), 387-391.

Kanter, J. W., Hurtado, G. D., Rusch, L. C., Busch, A. M., & Santiago-Rivera, A. (2008). Behavioral activation for Latinos with depression. *Clinical Case Studies, 7*(6), 491-506.

Kanter, J. W., Mulick, P., Busch, A. M., Berlin, K. S., & Martell, C. (2007). The Behavioral Activation for Depression Scale (BADS): Psychometric properties and factor structure. *Journal of Psychopathology and Behavioral Assessment, 29*(3), 191-202.

Kanter, J. W., Rusch, L. C., Busch, A. M., & Sedivy, S. K. (2009). Validation of the Behavioral Activation for Depression Scale (BADS) in a community sample with elevated depressive symptoms. *Journal of Psychopathology and Behavioral Assessment, 31*(1), 36-42.

Kanter, J. W., Santiago-Rivera, A. L., Rusch, L. C., Busch, A. M., & West, P. (2010). Initial outcomes of a culturally adapted behavioral activation for Latinas diagnosed with depression at a community clinic. *Behavior Modification, 34*(2), 120-144.

Kroenke, K., Spitzer, R., & Williams, J. (2001). The PHQ-9: Validity of a brief depression severity measure. *Journal of General Internal Medicine, 16*, 606-613.

Lazzari, C., Egan, S. J., & Rees, C. S. (2011). Behavioral activation treatment for depression in older adults delivered via videoconferencing: A pilot study. *Cognitive and Behavioral Practice, 18*(4), 555-565.

Lejuez, C. W., Hopko, D. R., Acierno, R., Daughters, S. B., & Pagoto, S. L. (2011). Ten year revision of the brief behavioral activation treatment for depression: Revised treatment manual. *Behavior Modification, 35*(2), 111-161.

Lejuez, C. W., Hopko, D. R., LePage, J. P., Hopko, S. D., & McNeil, D. W. (2001). A brief behavioral activation treatment for depression. *Cognitive and Behavioral Practice, 8*(2), 164-175.

Lewinsohn, P. M. (1974). A behavioral approach to depression. In R. M. Friedman & M. M. Katz (Eds.), *The psychology of depression: Contemporary theory and research* (pp. 157-185). New York: Wiley.

Lewinsohn, P. M., Antonuccio, D. O., Steinmetz-Breckenridge, J., & Teri, L. (1984). *The Coping with Depression Course: A psychoeducational intervention for unipolar depression.* Eugene, OR: Castalia.

Lewinsohn, P. M., Biglan, A., & Zeiss, A. S. (1976). Behavioral treatment of depression. In P. O. Davidson (Ed.), *The behavioral management of anxiety, depression and pain* (pp. 91-146). New York: Brunner/Mazel.

Lewinsohn, P. M., & Graf, M. (1973). Pleasant activities and depression. *Journal of Consulting and Clinical Psychology, 41*, 261-268.

Lewinsohn, P. M., Hoberman, H., Teri, L., Hautzinger, M. (1985). An integrative theory of depression. In S. Reiss &R. Bootzin (Eds.) *Theoretical issues in behavior therapy*, (pp. 331-359). New York: Academic Press.

Lewinsohn, P. M., Sullivan, J. M., & Grosscup, S. J. (1980). Changing reinforcing events: An approach to the treatment of depression. *Psychotherapy: Theory, Research, Practice, and Training, 17*, 322-334.

Linehan, M. M. (1993). *Cognitive-behavioral treatment of borderline personality disorder*. New York: Guilford Press.

Locke, E. A., & Latham, G. P. (2002). Building a practically useful theory of goal setting and task motivation: A 35-year odyssey. *American Psychologist, 57*, 705-717.

MacPherson, L., Tull, M. T., Matusiewicz, A. K., Rodman, S., Strong, D. R., Kahler, C. W., et al. (2010). Randomized controlled trial of behavioral activation smoking cessation treatment for smokers with elevated depressive symptoms. *Journal of Consulting and Clinical Psychology, 78*(1), 55-61.

Mairs, H., Lovell, K., Campbell, M., & Keeley, P. (2011). Development and pilot investigation of behavioral activation for negative symptoms. *Behavior Modification, 35*(5), 486-506.

Manos, R. C., Kanter, J. W., & Busch, A. M. (2010). A critical review of assessment strategies to measure the behavioral activation model of depression. *Clinical Psychology Review, 30*, 547-561.

Manos, R. C., Kanter, J. W., & Luo, W. (2011). The Behavioral Activation for Depression Scale-Short Form: Development and validation. *Behavior Therapy, 42*(4), 726-739.

Martell, C. R., Addis, M. E., & Jacobson, N. S. (2001). *Depression in context: Strategies for guided action*. New York: Norton.

Martell, C. R., Dimidjian, S., & Herman-Dunn, R. (2010). *Behavioral activation for depression: A clinician's guide*: Guilford Press.

Mazzucchelli, T., Kane, R., & Rees, C. (2009). Behavioral activation treatment of depression in adults: A meta-analysis and review. *Clinical Psychology: Science and Practice, 16*, 383-411.

McCauley, E., Schloredt, K., Gudmundsen, G., Martell, C., & Dimidjian, S. (2011). Expanding behavioral activation to depressed adolescents: Lessons learned in treatment development. *Cognitive and Behavioral Practice, 18*(3), 371-383.

Meeks, S., Looney, S. W., Van Haitsma, K., & Teri, L. (2008). BE-ACTIV: A staff-assisted behavioral intervention for depression in nursing homes. *The Gerontologist, 48*(1), 105-114.

Meeks, S., Teri, L., Van Haitsma, K., & Looney, S. (2006). Increasing pleasant events in the Nursing Home Collaborative Behavioral Treatment for Depression. *Clinical Case Studies, 5*(4), 287-304.

Mohammadi, A., & Amiri, M. (2010). Behavioral Activation for Depression Scale: Psychometric properties and confirmatory factor analysis for Persian version. *Iranian Journal of Psychiatry and Clinical Psychology, 16*, 65-73.

Mulick, P. S., & Naugle, A. E. (2004). Behavioral activation for comorbid PTSD and major depression: A case study. *Cognitive and Behavioral Practice, 11*(4), 378-387.

National Institute of Health and Clinical Excellence. (2009). *Depression: The treatment and management of depression in adults*. London: Author.

Nolen-Hoeksema, S. (2000). The role of rumination in depressive disorders and mixed anxiety/depressive symptoms. *Journal of Abnormal Psychology, 109*, 504-511.

Pagoto, S., Bodenlos, J. S., Schneider, K. L., Olendzki, B., & Spates, C. R. (2008). Initial investigation of behavioral activation therapy for co-morbid major depressive disorder and obesity. *Psychotherapy Theory Research and Practice, 45*, 410-415.

Porter, J. F., Spates, C. R., & Smitham, S. (2004). Behavioral activation group therapy in public mental health settings: A pilot investigation. *Professional Psychology: Research and Practice, 35*(3), 297-301.

Quijano, L. M., Stanley, M. A., Petersen, N. J., Casado, B. L., Steinberg, E. H., Cully, J. A., et al. (2007). Healthy IDEAS: A depression intervention delivered by community-based case managers serving older adults. *Journal of Applied Gerontology*, *26*(2), 139-156.

Raes, F., Hoes, D., Van Gucht, D., & Kanter, J. W. (2010). The Dutch version of the behavioral activation for depression scale (BADS): Psychometric properties and factor structure. *Journal of Behavior Therapy and Experimental Psychiatry*, *41*, 246-250.

Reynolds, E. K., MacPherson, L., Tull, M. T., Baruch, D. E., & Lejuez, C. W. (2011). Integration of the brief behavioral activation treatment for depression (BATD) into a college orientation program: Depression and alcohol outcomes. *Journal of Counseling Psychology*, *58*(4), 555-564.

Ritschel, L. A., Ramirez, C. L., Jones, M., & Craighead, W. E. (2011). Behavioral activation for depressed teens: A pilot study. *Cognitive and Behavioral Practice*, *18*(2), 281-299.

Ruggiero, K. J., Morris, T. L., Hopko, D. R., & Lejuez, C. W. (2007). Application of behavioral activation treatment for depression to an adolescent with a history of child maltreatment. *Clinical Case Studies*, *6*(1), 64-78.

Schneider, K. L., Pagoto, S. L., Handschin, B., Panza, E., Bakke, S., Liu, Q., et al. (2011). Design and methods for a pilot randomized clinical trial involving exercise and behavioral activation to treat comorbid type 2 diabetes and major depressive disorder. *Mental Health and Physical Activity*, *4*(1), 13-21.

Scogin, F., Jamison, C., & Gochneaur, K. (1989). Comparative efficacy of cognitive and behavioral bibliotherapy for mildly and moderately depressed older adults. *Journal of Consulting and Clinical Psychology*, *57*, 403-407.

Segal, Z. V., Williams, J. M. G., & Teasdale, J. D. (2002). *Mindfulness-based cognitive therapy for depression*. New York: Guilford Press.

Snarski, M., Scogin, F., DiNapoli, E., Presnell, A., McAlpine, J., & Marcinak, J. (2011). The effects of behavioral activation therapy with inpatient geriatric psychiatry patients. *Behavior Therapy*, *42*(1), 100-108.

Sood, J. R., Cisek, E., Zimmerman, J., Zaleski, E. H., & Fillmore, H. H. (2003). Treatment of depressive symptoms during short-term rehabilitation: An attempted replication of the DOUR project. *Rehabilitation Psychology*, *48*(1), 44-49.

Spates, C. R., Kalata, A. H., Ozeki, S., Stanton, C. E., & Peters, S. (2012). Initial open trial of a computerized behavioral activation treatment for depression. *Behavior Modification*, *36*(6), 1-39.

Spek, V., Cuijpers, P. I. M., Nyklicek, I., Riper, H., Keyzer, J., & Pop, V. (2007). Internet-based cognitive behaviour therapy for symptoms of depression and anxiety: A meta-analysis. *Psychological Medicine*, *37*(3), 319-328.

Spek, V., Cuijpers, P., Nyklicek, I., Smits, N., Riper, H., Keyzer, J., et al. (2008). One-year follow-up results of a randomized controlled clinical trial on internet-based cognitive behavioural therapy for subthreshold depression in people over 50 years. *Psychological Medicine*, *38*(5), 635-640.

Teri, L., Logsdon, R. G., Uomoto, J., & McCurry, S. M. (1997). Behavioral treatment of depression in dementia patients: A controlled clinical trial. *Journals of Gerontology: Psychological Sciences*, *52*, 59-66.

Uebelacker, L. A., Weisberg, R. B., Haggarty, R., & Miller, I. W. (2009). Adapted behavior therapy for persistently depressed primary care patients: An open trial. *Behavior Modification*, *33*(3), 374-395.

Van Voorhees, B. W., Fogel, J., Reinecke, M. A., Gladstone, T., Stuart, S., Gollan, J., et al. (2009). Randomized clinical trial of an internet-based depression prevention program for adolescents (Project CATCH-IT) in primary care: 12-week outcomes. *Journal of Developmental and Behavioral Pediatrics*, *30*(1), 23-37.

Wagner, A. W., Zatzick, D. F., Ghesquiere, A., & Jurkovich, G. J. (2007). Behavioral activation as an early intervention for posttraumatic stress disorder and depression among physically injured trauma survivors. *Cognitive and Behavioral Practice*, *14*(4), 341-349.

Ware, J. E., & Sherbourne, C. D. (1992). The MOS 36-Item Short-Form Health Survey (SF-36), I: Conceptual framework and item selection. *Medical Care*, *30*,

473-483.

Warmerdam, L., Van Straten, A., Twisk, J., Riper, H., & Cuijpers, P. (2008). Internet-based treatment for adults with depressive symptoms: Randomized controlled trial. *Journal of Medical Internet Research, 10*, e44.

Watson, D. L., & Tharp, R. G. (2002). *Self directed behavior*. Belmont, CA: Wadsworth/Thomson Learning.

Weinstock, L. M., Munroe, M. K., & Miller, I. W. (2011). Behavioral activation for the treatment of atypical depression: A pilot open trial. *Behavior Modification, 35*(4), 403-424.

Weissman, M. M., & Bothwell, S. (1976). Assessment of social adjustment by patient self-report. *Archives of General Psychiatry, 33*(9), 1111-1115.

Zeiss, A. M., Lewinsohn, P. M., & Muñoz, R. F. (1979). Nonspecific improvement effects in depression using interpersonal skills training, pleasant activity schedules, or cognitive training. *Journal of Consulting and Clinical Psychology, 47*, 427-439.

Zettle, R. D., & Rains, J. C. (1989). Group cognitive and contextual therapies in treatment of depression. *Journal of Clinical Psychology, 45*(3), 436-445.

chapter 10

경계선 성격장애

Andrada D. Neacsiu, Marsha M. Linehan 공저
배주미 역

이 장은 모든 심리치료에 있어 더욱 큰 발전을 나타낸 것 중의 하나를 제시하고 있다. '경계선' 성격을 지닌 내담자를 치료하는 매우 어렵고 까다로운 일을 기꺼이 견디려는 치료자가 거의 없기 때문에 이 내담자들은 심리치료 장면에서 만나게 되는 가장 도움이 필요한 사람들 중에 속한다. 이들은 또한 건강관리 체계에서도 상당한 부담이 된다. 과거 수십 년간 Linehan과 동료들은 경계선 성격장애 내담자들에 대한 상당히 효과적인 치료를 발전시켜 왔으며, 이는 최근 심리치료자들의 필수적인 도구에서 가장 실질적인 공헌을 하는 것의 하나이다. 더욱 흥미로운 점은 이 접근이 정서조절, 대인관계 체계, 좀 더 전통적인 인지행동접근을 일관된 하나의 기법으로 통합했다는 것이다. Linehan은 동양 철학과 종교에 대한 자신의 경험을 섞어 녹였으며, 이 저자들이 그들 접근의 과학적 기초라는 점도 사실이다. 이 장에서 제시된 멋진 사례연구는 성격장애를 치료하는 치료자들에게는 매우 값진 Linehan의 치료경험과 전략적 타이밍을 보여 준다. 놀랍지만 비극적인 결과는 치료가 실패하게 되는 실질적 이슈뿐 아니라 치료환경에 내재된 매우 무거운 임상적 책임감을 강조한다.

– D. H. B.

경계선 성격장애(borderline personality disorder: BPD) 진단을 받은 내담자들의 치료가 어렵다는 것에 대해 대부분의 임상가는 동의한다. 그 결과, 경계선 성격장애는 치료를 하는 데 있어 부정적 태도, 위협감과 염려를 유발하는 낙인적 장애가 되어 오고 있다(Aviram, Brodsky, & Stanley, 2006; Lequesne & Hersh, 2004; Paris, 2005). 아마도 가장 큰 염려는 이들의 매우 높은 자살행동 발생률일 것이다. 경계선 성격장애 기준에 부합하는 내담자의 약 75%가 개인당 평균 3.4회의 자살시도 내력이 있다(Soloff, Lis, Kelly, Cornelius, & Ulrich, 1994). 심지어 어떠한 자살이나 혹은 비자살적 자해행동(nonsuicidal self injurios behavior: NSSI)을 한 적이 없는 사람들 중에서도 자살위협과 호소는 빈번하다. 자살사고는 또한 매우 흔하며, 일상적인 부정적 감정을 유발하고 유지하는 데 기여한다

(Nisenbaum, Links, Eynan, & Heisel, 2010). 비록 이런 많은 행동이 치명적 결과로 이어지지는 않지만, 경계선 성격장애 환자에 대한 추적연구들은 약 7~8%의 자살률을 나타내었고, 결과적으로 자살자의 비율은 약 10%로 추정된다(개관은 Linehan, Rizvi, Shaw-Welch, & Page, 2000 참조). 자살자 중 7~38%는 경계선 성격장애 기준에 부합되며, 초기 성인기 연령대에 발생률이 가장 높다(예: Brent et al, 1994; Isometsa et al., 1994). 자살행동의 치명성과 빈도는 충동성과 가장 강한 상관이 있고(Chesin, Jeglic, & Stanley, 2010), 취약한 심리기능을 나타내며(Soloff & Chiappetta, 2010), 이는 치료의 우선순위를 결정하는 데 어려움을 유발한다. 또한 경계선 성격장애를 지닌 사람들은 분노와 분노 표현에 어려움이 있다. 드물지 않게, 경계선 성격장애 환자의 강한 분노는 자신의 치료자에게로 향한다. 축 I 상태(예: 정서장애와 불안장애) 및 다른 성격장애와 경계선 성격장애의 흔한 동반이환성은 치료를 좀 더 복잡하게 한다. 특히 동반되는 외상 후 스트레스 장애(posttraumatic stress disorder: PTSD)는 경계선 성격장애 환자들에게 더 큰 어려움을 야기한다 (Harned, Rizvi, & Linehan, 2010).

『정신질환의 진단 및 통계 편람 제5판』(DSM-5; American Psychiatric Association, 2013)의 정의에 따른 경계선 성격장애 기준은 기능의 전 영역에서의 전반적인 불안정성과 조절 불능 양상을 나타낸다. 경계선 성격장애에 대한 또 다른 대표적 척도는 경계선 성격장애를 위한 잔나리니 평정척도(Zanarini's Rating Scale for BPD: ZAN-BPD; Zanarini, 2003)이다. 경계선 성격장애 진단을 위해 국제성격장애검사(International Personality Disorder Examination: IPDE; Loranger, 1995)와 DSM-IV 성격장애를 위한 진단면접이 사용된다(Diagnostic Interview for DSM-IV Personality Disorders: DIPD-IV; Zanarini, Frankenburg, Sickel, & Yong, 1996). 경계선 성격장애를 선별하기 위한 경계선 증상 목록(Borderline Symptom List: BLS; Bohus et al., 2001, 2007)과 경계선 성격장애를 위한 맥린 스크리닝 도구(McLean Screening Instrument for Borderline Personality Disorder: MSI-BPD; Zanarini et al., 2003)가 있다.

Linehan(Linehan, 1993a)과 그 이후의 연구자들은 경계선 성격장애는 전반적인 정서조절의 장애라고 제안하였다(Conklin & Westen, 2005; Livesley, Jang, & Vernon, 1998도 참조). 또한 대부분의 DSM-5 경계선 성격장애 기준행동들은 정서조절 문제에 대한 직접적인 결과이거나 혹은 혐오적 정서상태를 조절하기 위한 반응으로 정의할 수 있다(Linehan, 1993b; McMain, Korman, & Dimeff, 2001).

최근 연구에서는 정서조절의 문제가 다른 많은 DSM 장애에서도 흔히 나타난다는 것을 발견하였다(Kring & Sloan, 2010). 다양한 다른 정신건강 장애를 진단받은 사람들도 경계선 성격장애에서 나타나는 것과 유사한 정서조절 어려움의 패턴을 나타낸다. 통제군과 비교했을 때, 높은 예민성과 반응성은 범불안장애(generalized anxiety disorder: GAD; Mennin, Heimberg, Turk, & Fresco, 2005), 약물의존(Thorberg & Lyvers, 2006)과 사회불안장애(social anxiety disorder: SAD) 및 특정공포증(Etkin & Wager, 2007)과 관련된다. 또한 개인적 취약성과 코칭 환경 결핍 간의 상호작용은 공황장애(Barlow, Allen, & Choat, 2004), 범불안장애(Menin, 2004), 몇몇 특정공포증(Cisler, Olatunji, Feldner, & Forsyth, 2010)을 설명하는 원인론과도 유사하다. 따라서 전반적인 정서

조절의 어려움은 경계선 성격장애 이외의 다른 많은 임상군에도 해당되는 것으로 보인다.

이 장은 경계선 성격장애와 전반적인 정서조절 문제의 치료법으로서 변증법적 행동치료(dialectical behavior therapy: DBT; Linenhan, 1993a, 1993b)를 설명하는 데 초점을 둔다. 다음은 DBT에 대한 좀 더 깊은 이해, 즉 이론과 치료방식에 내재된 철학적 뿌리에 관한 내용이다.

다른 이론적 접근에 대한 개관

경계선 성격장애의 치료에는 다양한 접근이 적용되어 왔다. 경계선 성격장애에 대한 수많은 치료방법을 학문적으로 개관하는 것이 우리의 목적은 아니지만, DBT를 자세히 살펴보기 전에 다른 치료접근에 대해 간략히 고찰하는 것은 도움이 될 것이다.

정신역동적

Kernberg(1984; Kernberg, Selzer, Koenigsberg, Carr, & Appelbaum, 1989), Adler와 Buie(1979; Adler, 1981, 1993; Buie & Adler, 1982), Bateman과 Fonagy(2004)의 이론을 포함한 정신역동적 접근은 최근 가장 많은 관심을 받고 있다. 이들 중에서 Kernberg(1984)의 이론적 공헌은 매우 뚜렷하다. 그의 대상관계 모델은 이론과 기법 면에서 매우 포괄적이고 정신분석 문헌에도 상당한 영향을 끼치고 있다. '경계선 성격 구조(borderline personality organization: BPO)'나 경계선 성격장애를 지닌 내담자를 위한 그의 표현적 심리치료인 전이중심 심리치료(transference-focused psychotherapy: TFP)는 해석과 기법적 중립성의 유지, 전이분석의 세 가지 요소를 강조한다. 치료의 초점은 정신내적 갈등의 표출과 해소에 있다. 치료 목적은 충동 통제와 불안 감내, 정서조절 능력을 높이는 것을 포함한다. TFP는 또한 치료 첫해에는 목표위계 접근을 사용한다. 목표는, ① 자살과 자기파괴적 행동의 방지, ② 치료 방해행동, ③ 전이관계를 경험하는 우세한 대상관계 패턴을 식별하고 요약하는 것이다(Clarkin, Levy, Lenzenweger, & Kernberg, 2007). Kernberg(1984)도 경계선 성격 구조나 경계선 성격장애를 지닌 심하게 혼란스러운 내담자를 위한 지지적 심리치료(supportive psychotherapy)를 구분하였다. 표현적 심리치료(expressive psychotherapy)처럼 지지적 심리치료는 치료에서의 대인관계(전이)를 매우 중요하게 다루며, 또한 치료 초기에는 해석(interpretation)이 덜 이루어지고, 치료자와 치료에 대한 부정적 반응(부정적 전이)이 탐색된다. 표현적 심리치료와 지지적 심리치료 모두 자살행동과 치료 방해행동에 1차적인 초점를 두면서 수년 동안 지속될 것으로 본다. TFP 사용을 지지하는 자료는 많지 않다. Clarkin과 동료들(2007)은 다중기관 무선통제연구(mutlisite randomized controlled trial)와 효과적인 근거기반치료(DBT)에 의한 TFP, TFP의 변화 기제로 고려되는 요소들을 배제하여 설계된 정신역동 심리치료를 비교하였다. 남녀가 혼합된 경계선 성격장애를 지닌 사람들이 DBT(N=30), TFP(N=30)와 역동적 지지치료(ST; N=30)에 무선할당되었다. 연구 치료자들은 매주 슈퍼비전을 받았으며, 비록 보고되지는 않았지만 치료 틀을 유지하는지에 대한 평정(adherence rating)이 이루어졌다. 그 결과, 세 가지

치료 모두에서 우울, 불안, 전반적 기능 및 대인관계 적응에서의 향상이 나타났음이 드러났다. 그러나 자살에 있어서는 DBT와 TFP에서만 유의미한 향상이 나타났고(작은 효과크기), 유사하게 분노는 정신역동 심리치료에서만 유의미한 감소가 나타났다(중간 효과크기). Clarkin과 동료의 연구 결과, 불안정성과 신체적이고 언어적인 공격, 충동성은 단지 TFP에서만 나타났다. 이러한 결과들은 조건 간(between condition)에는 차이가 없고, 조건 내(within condition) 변화는 나타났다. 메타인지와 사회인지 기능, 사유기능 등과 같은 몇가지 정신역동적 변인을 포함하는 2차 분석에서 TFP가 통제조건보다 우수하였다(Levy & Scala, 2012). 이러한 결과들은 조심스럽게 해석되어야 할 것이다. 긍정적인 변화는 모든 조건에서 나타난 반면, TFP에서 제시된 변화 기제는 지지되지 않았으며, 비교조건에서는 DBT 치료자가 모델을 따라 치료했는지가 불분명하다는 의문점이 있다.

Doering과 동료들(2010)은 독립적인 무선통제연구(randomized controlled trial: RCT)와 지역 전문가에 의해 치료가 이루어진 TFP를 비교하였다. 104명의 BPD 진단을 받은 여성이 1년간 치료를 받았다. 연구자는 TFP가 자살위험성, 조기 종결, 경계선 정신병리, 서비스 이용, 나쁜 전반적 기능 수준을 낮추는 데 있어 더 낫다고 하였다. TFP 참가자들은 평균 2배 많은 치료 회기를 가졌다. 연구자들이 치료 참가 횟수를 통제하였을 때 다른 결과들은 여전히 유의미한 차이가 있었으나, 자살시도, 서비스 이용에서의 집단 차이는 더 이상 유의미하지 않았다(Doering et al., 2010). 이 연구는 분석에 모든 참가자를 포함시킨 것인지(그들이 어떤 치료 회기에 참여하였는지와 관계없이)와 자살행동을 정확하게 반영하지 않는 사후 통계 검증을 선택했다는 점에서 비판을 받았다(Kleindienst, Krumm, & Bohus, 2011).

Bateman과 Fonagy(2004)에 의해 발전된 정신화치료(mentalization therapy)는 관계 유형과 변화를 억제하는 무의식적인 요소들에 초점을 두는 애착 이론 근거(경계선 성격장애를 애착장애로 보는)의 집중치료이다. '정신화'란 타인과 자신의 행동에 대한 지각과 해석을 의도적인 것으로 본다는 것이다. 이 치료는 경계선 성격장애를 지닌 사람은 정신화에 대한 부적절한 능력을 지닌 것이라는 이론에 근거한다. 따라서 치료는 내담자의 정신경험이 의식적으로 깨어 있도록(awareness) 하고, 정신 구조(mental agency)의 감각들이 좀 더 완전해지고 통합되도록 촉진하는 데 초점을 둔다. 그 목적은 내담자가 경험한 생각과 감정들을 재인식할 수 있는 내담자의 역량을 높이는 것이다. 정신화 근거 치료(mentalization based therapy: MBT)는 18개월의 부분적 입원치료 이후 18개월의 격주로 받는 치료를 성공적으로 제공하거나(Bateman & Fonagy, 1999), 혹은 18개월의 외래 개인과 집단 치료(Bateman & Fonagy, 2009)를 성공적으로 제공하였다. 경계선 성격장애 환자에 대한 치료로서의 MBT는 2개의 RCT로 검증되어 왔다.

첫 번째 RCT는 18개월간의 부분적 입원 이후 18개월의 외래 MBT로 이루어진 치료와 18개월 동안 정신화 근거 치료(MBT)를 실시하는 일반적 치료(treatment as usual: TAU)를 비교하였다(Bateman & Fonagy, 1999). 내담자들은 개인 심리치료가 없는 일반적인 정신과 치료나(통제조건), 부분 입원치료 둘 중 하나에 무선할당되었으며, 치료 프로그램은 다음의 치료 목적, ① 내담자가 치료에 대해 정신분석학적으로 정보를 갖고 관여하는 것, ② 우울과 불안을 포함하는 정신병리의 감소, ③ 자살행동의 감소, ④ 사회적 유능성의 향상, ⑤ 입원기간의 감소로 이루어져 있다. 실험적 치료집단은 정신과 간호사에 의해 제공되는 주 1회의 개인 심리치료, 주 1회의 사이코드라마에 근거한 표현치료(psychodrama-based expressive therapy), 주 3회의 집단치료, 주 1회의 커뮤니티 회의, 월 1회 사례관리자와의 회의, 월 1회의 약물치료 개관이 이루어졌다. 18개월의 부분 입원치료 말 즈음, MBT를 받은 사람들은 자살행동(자살시도와 자해행동), 입원기간, 정신병리의 측정(우울과 불안을 포함), 사회기능 면에서 통제집단과 비교하여 유의미한 감소를 나타내었다. 주 2회의 집단치료로 구성된 18개월의 사후기간 동안 이러한 이득이 유지되고 증가되었다(Bateman & Fonagy, 2001). 연구자들은 그들의 프로그램이 치료효과와 관련된다고 가정하는 세 가지 특성, 즉 치료에 대한 일관된 이론적 지침, 관계중심, 시간 경과에도 일관적 치료를 포함한다고 하였다. 비록 MBT 참가자들이 전반적 사회기능에서의 손상이 나타났음에도, 치료를 통한 이득은 5년 이후의 사후 평가에서도 유지되었다(Bateman & Fonagy, 2008).

두 번째 무선통제연구(RCT; Bateman & Fonagy, 2009)는 구조화된 임상 관리(structred clinical managemnet: SCM)와 통제조건을 지닌 18개월의 외래 환자 MBT와 비교하였다. MBT는 개인 및 집단 심리치료뿐 아니라 위기 전화 코칭을 포함하고 있다. 경계선 성격장애 치료의 최고 전문가인 저자에 의해 개발된 SCM은 집단과 개인 치료를 포함하는 사례관리를 지닌 지지적 개입이다. 두 가지 조건의 참가자에게 유사한 치료시간이 제공되었는지의 여부는 연구 기록에 분명하게 나와 있지 않다. 치료 전과 치료 6개월, 12개월, 그리고 치료 말에 평가가 이루어졌다. 경계선 성격장애 진단과 자살행동에 대한 최근의 내력을 지닌 134명의 남성과 여성이 연구에 포함되었다. 각 시점에 평가가 이루어졌지만, 장기종단적이지는 않기 때문에 해석을 하기에 어려움이 있다. 그럼에도 두 가지 조건의 경우 이후의 향상이 보고되었으며, 지난 6개월간의 자살시도와 지난 12개월간의 자해 삽화, 치료 1년간의 입원기간 감소에 있어서 MBT가 SCM에 비해 효과적이었다. SCM은 치료 초기 6개월간의 자해 삽화를 감소시키는 데 있어서는 MBT에 비해 우수하였다. 또한 일반적 기능과 우울, 사회 적응에 있어서는 MBT가 SCM에 비해 유의미하게 더 높았다(Bateman & Fonagy, 2009).

정신약리학적

경계선 성격장애에 대한 약물치료 문헌 개관들은 약물치료에 대한 딜레마를 강조하고 있다. 경계선 성격장애는 다양한 영역에서 조절의 어려움을 포함하고 있기 때문에 단일 약물로 치료가 어렵다(Dimeff, McDavid, & Linehan, 1999; Lieb, Zanarini, Linehan, & Bohus, 2004; Nose, Cipriani, Biancosino, Grassi, & Barbui, 2006). 연구 결과들은 몇 가지 약물이 전반적인 기능, 인지-지각 증상(예: 의심, 관계 망상, 일시적 환각), 조절 불균형, 혹은 충동적-행동적 통제의 어려움, 정서조절의 어려움 개선에 유용할 수 있음을 나타내고 있다(개관은 Lieb et al., 2004; Nose et al., 2006 참조).

Lieb, Völlm, Rücker, Timmer와 Stoffers(2010)는 27개의 RCT에 대한 메타분석을 실시하였으며,

약물치료를 실시한 집단에 대한 증거를 분석하였다. 1대 항정신성 약물의 경우, 연구 결과들은 분노 감소에 할로페리돌(haloperidol)이, 그리고 자살행동 감소에 플루펜시졸(flupentixol)이 효과가 있음을 지지하였다. 티오틱센(thiothixene)은 효과가 발견되지 않았다. 2대 항정신성 약물의 경우, 증거들은 경계선 성격장애뿐 아니라 동반이환 정신병리의 증상을 감소시키는 데 있어 아리피프라졸(aripiprazole)의 효과를 지지하고 있다. 비록 자살행동에 대한 효과는 복합적이지만, 올란자핀(olanzapine)이 정서적 불안정성, 분노, 정신병 증상을 감소시키는 데 긍정적 효과가 있다는 증거가 있다(Lieb et al., 2010). 위약효과보다 더 우수하다는 증거와 함께 올란자핀이 플루옥세틴(fluoxetine)보다 충동적 공격성과 만성 우울감 감소에 좀 더 효과적인 것으로 보인다(Zanarini, Frankenburg, & Parachini, 2004). 올란자핀은 체중 증가라는 부작용이 일관적으로 발견된다. 지프라시돈(ziprasidone)은 효과적이지 않은 것으로 발견되었다(Lieb et al., 2010).

정서 안정성 및 항우울과 관련하여, 밸프로에이트 세미소디움(valproate semisodium)은 공격성과 충동행동을 포함하여 경계선 성격장애 환자의 대인관계 문제와 우울증을 감소시키는 데 유의미하게 효과적인 것으로 나타났다(Stein, Simeon, Frenkel, Islam, & Hollander, 1995). 라모트리진(lamotrigine)은 충동성을 감소시키는 데 위약효과보다 좀 더 효과적이며, 토피라메이트(topiramate)는 관련된 정신병리와 분노를 감소시킨다고 시사된다. 토피라메이트는 유의미한 체중 감소 부작용이 있다. 항우울제는 경계선 성격장애 치료에 있어 제한적인 효과가 나타났다. 마지막으로, 오메가 3 지방산(omega 3 fatty acid)은 위약효과 이상의 자살위험과 우울증의 감소가 나타났다(Lieb et al., 2010).

요약하면, 몇 가지 약물치료는 경계선 성격장애 정신병리를 치료하는 데 효과적이다. 그러나 경계선 성격장애에 대한 약물치료를 고려할 때 주의가 필요하다. 경계선 성격장애 환자들은 치료 식이요법에 잘 반응하지 않고, 처방된 약물을 오용하거나 남용할 수 있고, 약물에 대한 예상치 못한 효과를 경험할 수도 있다. 이러한 단점들을 염두에 둔다면, 조심스럽게 감찰되면서 실시되는 약물치료는 경계선 성격장애 치료에 있어 심리치료와 더불어 사용할 때 유용하고 중요한 방법이다.

인지-행동적

경계선 성격장애 치료는 인지와 행동 이론가들로부터 계속된 관심을 받아 왔다. 인지적 접근에서는 경계선 성격장애 환자의 문제가 그의 사고 내용과 그 과정에 있는 것이라고 본다. 경계선 성격장애에 대한 Beck의 치료 접근(Beck & Freeman, 1990)은 일반적인 인지적 심리치료를 대표하는 것으로, 세상을 보는 적응적인 방식을 발전시킴으로써 사고를 재구성하고 협조적 관계를 발전시키는 것에 좀 더 초점을 둔다. 특히 불안정한 감정과 파괴적인 행동을 유발하는 부정적이고 양극화된 신념을 감소시키는 데 초점을 둔다(Brown, Newman, Charlesworth, Crits-Christiph, & Beck, 2004). 경계선 성격장애 내담자를 대상으로 실시된 인지치료의 공개 임상실험에서 우울증과 무망감, 자살생각을 포함하는 경계선 성격장애와 관련된 문제들의 감소가 치료 종결 시와 추후 기간 동안에도 발견되었다.

무선통제연구(RCT)의 1년간의 인지치료(CT) 및 로저리안식의 지지치료(Rogerian supportive therapy: RST)는 경계선 성격장애 진단기준에 맞는 65명의 남녀를 대상으로 비교하였다. 이 연구에서 참가자들에게는 6개월간 각 조건에 맞는 치료가 매주 1회씩 제공되었으며, 이후 6개월간은 유지를 목표로 12회기의 치료가 실시되었다. Corttraux와 동료들(2009)은 치료에서 내담자를 유지시키는 데 있어 CT가 RST보다는 우수하다고 하였다. 비록 CT가 RST보다 더 빨리 무망감과 충동성을 감소시켰으나 그 외의 차이는 발견되지 않았다고 하였다. 그럼에도 추후 분석은 RST로 치료한 내담자보다 CT를 실시했던 참가자들이 더 높고 전반적인 임상적 향상을 나타내었다고 보고하였다. 그러나 이 연구의 경우 표본 크기가 작고 조기 종결이 많아, CT의 효과성은 여전히 불명확하다(Cottraux et al., 2009).

Young, Klosko와 Weishaar(2003; Kellogg & Young, 2006), Pretzer(1990), Blum, Pfhl, St. John, Monahan과 Black(2002), Schmidt와 Davidson(Weinberg, Gunderson, Henen, & Cutter, 2006에서 재인용)은 경계선 성격장애 치료에 전통적인 CT 접근을 적용하는 과정에서 경험하는 어려움을 다루고자 시도하였다. Pretzer의 접근은 기본적으로 CT가 경계선 성격장애 내담자를 치료하는 데 있어 맞닥뜨리게 되는 것, 즉 치료자와 내담자 간의 협력적 관계를 형성하고, 치료를 유지하고, 숙제 순응도를 향상시키는 것 등의 어려움을 다루기 위해 수정되어야 함을 강조한다. Blum과 동료들은 인지행동 기술들(예: 거리 유지하기, 목표 설정하기, 문제해결 등)을 경계선 성격장애 내담자와 그 지지 체계(예: 가족과 친구, 보살피는 다른 사람들)에 가르치는 심리교육적 접근을 사용한다. 이 치료는 집단 형태로 제공되며, STEPPS(Systems Training for Emotional Preductability and Problem Solving)하에서 검증되어 왔다. 이 치료는 경계선 성격장애의 낙인을 벗기고, 감정 및 행동을 통제하는 데 초점을 두고 있다. Bos, van Wel, Verbraak과 Appelo(2011)는 STEPPS에서 가장 최근의 RCT를 실행하였다. 그들의 연구에서는 일반적인 임상장면에서 실시되는 다소 느슨한 진단으로의 경계선 성격장애 참가자들이 STEPPS와 개인치료(N=84)나 TAU(N=84)로 무선할당되었다. 18주의 치료 종료 시뿐 아니라 6개월의 추후 평가 시에도 STEPPS로 치료된 참가자들은 일반적이고 경계선 성격장애 특정적 정신병리를 덜 보고하였고, 또 삶의 질이 좀 더 향상되었다. 연구에서 치료는 매주 1회 19회기 동안 제공되었으며, 3개월과 6개월 사이에 1회의 추후 평가가 이루어졌다. 이러한 결과는 경계선 성격장애 내담자의 선정이 다소 거칠었던 STEPPS와 TAU를 비교한 이전 연구(Blum et al., 2008; Bos, van Wel, Verbraak, & Appelo, 2010)와 함께 이러한 개입의 효율성과 효과를 지지하고 있다.

Young의 도식중심치료(schema-focused therapy: SFT; Young et al., 2003; Young, Rygh, Weinberger, & Beck, 이 책의 제7장도 참조)는 안정된 생각 패턴('초기의 부적응적 도식들')은 아동기에 발달될 수 있고, 도식을 강화하는 부적응적인 행동을 유발한다고 하였다. SFT는 개인의 사고와 감정, 행동을 통제하는 역기능적인 도식양식들(즉, 분리된 보호자, 처벌적인 부모, 버려지거나/학대받은 아동, 화난/충동적인 아동)을 확인함으로써 이러한 초기 도식들에 도전하고 이것들을 변화시키는 것을 목적으로 하는 다양한 개입을 포함한다. Giesen-Bloo와 동료들(2006)은 TFP와 SFT의 첫 번째 RCT를 실행하였다. 86명의 참가자가 3년간 주 2회의 SFT나 TFP의 개인치료를 받은 연구에서는 TFP와 SFT를 비교하였다. 두 가지 치료 모두에서 경계선 성격장애 증상은 전반적으로 감소되었으나, SFT를 받은 참여자들이 유의미하게 조금 더 전반적인 향상이 나타났으며 더 낮은 조기 탈락률을 나타내었다. 자살과 비자살적 자해행동은 이 연구의 결과 측정에서는 평가되지 않았다. 추후 2차 분석연구에서는 실행에 드는 SFT 비용이 TFP 실행 비용에 비해 20% 더 낮다고 제시되었다(van Asselt et al., 2009). 또한 Farrel, Shaw와 Webber(2009)는 8개월 집단치료에서 SFT의 효과를 제시하였다. 그들의 연구에서 저자는 TAU의 증가효과를 SFT 집단과 비교 검증하였다. TAU 단독집단과 비교했을 때, TAU-SFT는 경계선 성격장애에서 유의미하게 더 높은 회복률을 나타내었다.

효과성 검증은 2009년도에 실시되었다. Nadort와 동료들(2009)은 전화 위기 지원이 있거나 없는 정규 건강관리센터에서 SFT의 보급판을 검증하였다. 참가자 62명의 자료에서는 추가적인 전화 지원 여부가 추가적인 향상을 나타내지 않는다고 하였으며, SFT의 조건이 성공적이라면 1.5년의 치료 이후 경계선 성격장애 내담자의 42%가 회복된다고 하였다.

Weinberg와 동료들(2006)은 매뉴얼이 지원된 인지치료(manual-assissted cognitive therapy: MACT)의 RCT와 TAU를 수행하였다. MACT는 DBT, CT와 독서치료로부터의 전략을 통합한 간략한 인지행동치료이다. 치료의 대상 목표는 경계선 성격장애로 진단된 참가자의 비자살적 자해행동이다. MACT는 연구 참가자들(N=30)에게 TAU와 함께 보조치료를 제공하였다. 참가자들은 비자살적 자해행동 내력이 있고, 지난 한 달간 최소한 한 번의 자해가 있었던 경계선 성격장애로 진단된 30명의 여성이었다. 그러나 자살은 연구 참가자들을 배제하는 기준의 하나로 고려되었다. 참가자들은 MACT와 TAU를 하는 조건 혹은 TAU만 하는 조건으로 무선할당되었다. 6주의 치료 종결 시와 6개월 후의 추후 평가 시, MACT를 받은 참가자들이 TAU 조건의 참가자들에 비해 비자살적 자해행동의 빈도와 정도가 의미 있게 감소하였다. 이러한 결과는 표본 크기가 작고, 비자살적 자해행동의 평가가 자기보고만을 사용하고 있으므로 조심스럽게 해석되어야 할 것이다.

효과적인 경계선 성격장애 치료로서 DBT의 증거

DBT는 경계선 성격장애 환자, 특히 반복적인 자살시도, 심각하게 역기능적인 성인에 대한 치료로서 표준적인 인지행동치료에서 진화한 것이다. 치료에 대한 이론적인 지향은 세 가지 이론적 접근, 행동과학과 변증법적 철학, 선수행이 섞인 것이다. 이는 행동과학과 행동 변화의 원리가 내담자의 수용에 의해 나타난다는 것이다(선과 서양의 명상수행으로부터 이끌어 낸 기법으로). 이러한 양극은 변증법적인 틀 안에서 균형을 잡게 된다. 비록 변증법이 처음에는 이와 같이 균형을 강조하는 기술로 채택되지만, 변증법은 치료가 진전됨에 따라 곧 처음에는 기대되지 않았던 방향으로 인도하는 원리를 취하게 된다. DBT는 일관된 행동주의적 이론적 위치에 근거하고 있다. 그럼에도 실제 과정이나 전략은 정신역동적, 내담자 중심, 전략적, 인지적 치료 등을 포함하는 다양한 대안치료와 상당히 중복된다.

효과성

앞에서 기술한 것처럼 몇 가지 치료는 경계선 성격장애로 진단받은 사람들에 대해 효과를 나타내고 있으나, DBT가 현재 가장 많은 경험적 지지를 받고 있으며 이 장애에 대해 가장 우수한 치료로 고려되고 있다. DBT는 몇 개의 통제실험에서도 경계선 성격장애에 대한 치료방법으로 평가되어 왔다(〈표 10-1〉 참조). RCT 중 4개의 연구에서는 특히 자살행동을 지닌 내담자들을 모집하였다(Linehan et al., 1999, 2006; Linehan, Armstrong, Suárez, Allmon, & Heard, 1991; McMain et al., 2009). 2개의 RCT 연구에서는 DBT와 약물을 병행한 DBT가 포함되었다(Linehan, McDavid, Brown, Sayrs, & Gallop, 2008; Soler et al., 2005). 결과는 일반적으로 DBT가 매우 효과적인 것으로 나타났다. 높은 자살위험성을 지닌 BPD로 진단되는 성인의 경우, 1년간의 DBT는 TAU(Linehan et al., 1991; Linehan, Heard, & Armstrong, 1993), 내담자 중심치료(client-centered therapy: CCT; Turner, 2000) 및 행동주의가 아닌 전문가에 의한 지역사회 치료(community treatment by non-behavioral experts: CTBE; Linehan et al., 2006)와 비교하여 분노조절, 자살행동, 입원 등에서 유의미하게 더 높은 향상을 나타내었으나, 역동적 정서중심치료 병행 프로토콜에 근거한 약물치료 프로그램보다는 우수하지 않았다(McMain et al., 2009). 한 연구에서는 DBT로 치료된 참가자들이 CTBE 조건 참가자와 비교해 자살행동 관여가 절반 수준이었으며, 이는 DBT가 자살행동 감소에 효과적인 치료라는 것을 시사하였다. 1년간의 치료 동안 우울증, 무력감, 자살사고의 변화는 DBT와 통제치료에서 모두 향상되었다(Linehan et al., 1991, 2006; McMain et al., 2009). 더욱이 DBT와 통제조건에서 약물의존으로부터의 회복은 DBT에서 유의미하게 높은 회복을 나타내었으나, 주요우울장애(major depressive disorder: MDD)와 불안장애에서는 유사한 회복을 나타내었다(Harned et al., 2008).

치료 우수성은 DBT 조건에서의 참가자는 연구자들이 심리치료 시간과 전화 접촉을 통제한 이후에도 1년간의 개인 심리치료를 받은 통제군 대상자들만 비교했을 때에도 유지되었다(Linehan & Heard, 1993; Linehan et al., 1999). 이러한 연구 결과들은 DBT의 효과성이 특정 치료 요인에 의한 것이며, 일반적 요인이나 심리치료자들의 전문성에 의한 것은 아니라고 제시하였다.

그들의 자살위험성과 관계없이 선정된 경계선 성격장애 대상자들은 자살행동과 관련해서는 복합적이다. 정서조절 척도의 향상에서는 DBT가 통제조건보다 우수한 결과를 나타냈다(Koons et al., 2006; Verheul et al., 2003). DBT는 또한 경계선 성격장애와 함께 약물의존을 지닌 성인들에게도 효과적이다(Linehan et al., 1999, 2002).

또 DBT를 적용한 것이 경계선 성격장애로 진단된 사람들을 치료하는 데 효과적이었다는 증거들이 제시되고 있다. Soler와 동료들(2009)은 DBT 기술을 활용한 13주간의 개입이 경계선 성격장애 진단을 충족하는 참가자들에 대해 정신역동적인 집단치료보다 좀 더 성공적이라고 하였다.

Bohus와 동료들(2004)은 자살행동 내력을 보고한 경계선 성격장애 진단 여성들에게 TAU와 DBT

를 적용한 12주간의 입원치료를 비교하였다. 자해 하위 표본에 있어서 사후치료 시 비자살적 자해행동의 감소 면에서는 DBT 환자들이 TAU 환자들보다 유의미하게 더 나았다(62% 대 31%). Roepke와 동료들(2011)은 우울증과 자존감의 측면에서 경계선 성격장애를 지닌 내담자들에게 TAU를 실시했을 때와 비교하여 12주간의 DBT 입원치료가 더 유의미한 향상이 있음을 발견하였다.

연구들은 DBT가 경계선 성격장애 이외에도 나이 든 우울한 성인들(Lynch et al., 2007; Lynch, Morse, Mendelson, & Robins, 2003), 폭식장애 성인들(Safer & Joyce, 2011; Safer, Robinson, & Jo, 2010), 자살위험 청소년들(Barnoski, 2002; Katz, Cox, Gunasekara, & Miller, 2004; McDonell et al., 2010; Rathus & Miller, 2002), 자살위험 대학생들(Pistorello, Fruzzetti, MacLane, Gallop, & Iverson, 2012), B군 성격장애 성인들(Feigenbaum et al., 2012)에게도 효과적이라고 제시하고 있다.

정서조절에 효과적인 치료로서 DBT에 대한 증거

앞에서 언급한 것처럼, 경계선 성격장애를 포함한 많은 정신장애는 정서 상향조절과 하향조절 모두의 결핍을 지닌 정서조절장애로 개념화할 수 있다. 예를 들어, 이론가들은 주요우울장애는 부분적으로 정서 상향조절과 긍정정서 유지의 결핍에 근거한 정서조절장애로 개념화할 수 있다(개관은 Kring & Bachorowski, 1999 참조). 유사하게, 문헌 개관은 불안장애, 조현병, 양극성장애도 정서조절과 직접 관련되어 있다고 제시하고 있다(Kring & Werner, 2004). 정서가 행동과 행동경향 모두를 포함한다는 것을 고려한다면, 정서조절의 어려움과 다른 장애 간의 관계는 행동조절의 어려움이라는 것을 알 수 있다(예: 약물의존). 앞에서 논의한 것처럼, 정서조절의 어려움은 경계선 성격장애에서 보이는 것과 유사하게 다른 장애들에서도 일반적인 것일 것이다. 정서를 인지하고 정서를 기술하고 이름을 붙이고 강한 정서 상황에서 해야 할 일을 아는 것에서 어려움을 지니는 것, 정서적 회피 등이 수많은 축 I 장애에서의 일반적인 어려움이다. 따라서 DBT의 중요한 이론적 전제는 정서조절의 어려움을 나타내는 사람은 성공적인 조절에 필요한 기술이 부족하다는 것이다. DBT는 특히 경계선 성격장애 환자와 일반적인 정서조절의 어려움을 보고하는 사람들에게 정서조절을 향상시키기 위한 기술들을 포함한다.

수많은 RCT는 DBT 기술 훈련만으로도 다양한 집단에 효과적인 개입이 된다고 제시하고 있다(〈표 10-1〉 참조). 이러한 연구들의 대부분은 DBT의 기술 훈련만을 제공하고 있다. 따라서 기술 훈련이 원래 포괄적인 개입의 일부로 개발되었으나, 수많은 연구는 DBT 기술 훈련만으로도 정서조절의 어려움이 있는 다양한 집단을 위한 성공적인 개입이 될 수 있다고 시사하고 있다. 더욱이 DBT 기술 사용(기술 훈련의 산출물)은 경계선 성격장애를 위한 치료에서 정서조절을 위한 적극적인 변화 기제인 것으로 보인다(Neacsiu, Rizvi, & Linehan, 2010).

〈표 10-1〉 DBT에 대한 무선통제연구(RCT)와 연구표

인용	설계	방법	피험자 수/ 실험 조건	실시한 DBT 종류	보고된 일반적 결과	보고된 정서조절의 결과	참여 기준	배제 기준
Barnoski (2002)	통제	DBT vs. TAU (내력 통제), 12개월 추후 평가	DBT=42 TAU=116	rDBT(표준)-1년	출소 후 12개월의 재범률에서 DBT>TAU	없음	청소년 재활기관의 청소년	없음
Bohus et al. (2013)	RCT	iDBT-PTSD vs. TAU-WL, 사전, 사후 평가와 6주 추후	iDBT-PTSD=36 TAU-WL=38	PTSD 적용을 위한 iDBT-3개월	PTSD 증상 감소, PTSD 면접과 자기보고 평가에서 iDBT-PTSD>TAU-WL	없음	아동기 성적 남용의 치료에 의뢰된 17~65세의 여성	조현병, 지적장애, 다른 긴급한 치료를 필요로 하는, 최근의 삶에 위협적인 자살시도, 노출에 부정적인 의학적 조건
Bohus et al. (2004)	RCT	iDBT-PTSD vs. TAU-WL, 사전, 사후 평가와 1개월, 3개월 추후 평가	iDBT=40 TAU=20	입원환자 DBT(iDBT)-3개월	NSSI 척도의 절식효과 iDBT>TAU(62% vs. 31%)	분노는 DBT와 TAU의 모두 동일, 우울 및 불안은 DBT가 TAU보다 감소	지난 2년간의 자살시도와 NSSI의 2회 이상의 삽화가 있는 여성 BPD	만성 조현병, 지적장애, 양극성 I형, 현재 약물 중독
Bradley & Follingstad (2003)	RCT	DBT-ST vs. 무처치(통제)-9주	DBT-ST=24 무처치=25	응용 DBT-ST	두 조건 사이에 유의한 차이는 없었음	우울과 외상 증상이 DBT-ST에서 통제 조건보다 감소	자기보고식 척도의 아동기 남용 및 유의한 외상과 우울	없음
Carter et al. (2010)	RCT	DBT vs. TAU+WL; 사전, 3개월, 6개월 평가	DBT=38 TAU+WL=35	DBT(표준)-6개월)	NSSI, 입원 및 기간, 삶의 질, 손상에서 DBT=TAU	없음	NSSI의 다중 삽화와 지난 1년 동안의 최소 3회의 삽화가 있는 18~65세의 여성, BPD	참여에 적절하지 않은/동기가 없는, 신체적 기능이 저하된, 조현병, 양극성장애, 정신증적 우울, 반사회적 장애, 발달장애

Cavanaugh, Solomon, & Gelles (2011)	RCT	변증법적 심리교육 워크숍(DPEW) vs. 분노관리 워크숍(AMW); 사전, 사후 평가	DPEW=28 AMW=27	대인관계 폭력을 위해 수정한 DBT-ST(DPEW)-8개월	응용 대처기술, 공감기술, 대인관계 폭력의 잠재적 위험 감소의 추후 평가는 DPEW>AMW	분노 관리 기술(사후)에서 DPEW>AMW	친밀한 파트너 폭력이 없는, 폭력적 충동이 있는 약물 복용의 18세 이상의 남성	없음
Clarkin, Levy, Lenzenweger, & Kernberg (2007)	RCT	DBT vs. TFP vs. 지지치료(ST); 사전, 4, 8, 12개월 시점의 평가	DBT=17 TFP=23 ST=22	DBT(표준) - 약물 관리를 적용한 1년	전반적 적응과 사회적응의 향상에서 DBT=TFT=ST; 자살 감소는(최대 3회의 평가에 참가한 사람을 대상으로 분석) TFP=DBT(ST 제외)	우울과 불안의 향상에서 DBT=TFT=ST; 분노와 충동성 감소에서 TFT=ST(DBT제외); TFT에서 유일하게 짜증과 공격적 행동의 유의한 변화	18~50세의 BPD	동반이환 진단; 정신증적 장애, 양극성 I형, 망상장애, 섬망, 치매, 기억상실 및 다른 인지장애, 급성 약물의존
Courbasson, Nishikawa, & Dixon (2012)	RCT	DBT vs. TAU; 사전, 3, 6, 9, 12, 15와 18개월 시점의 평가(마지막 두 시점은 추후 평가)	TAU=8 DBT=13	DBT(표준) - 1년	탈락률에서 DBT <TAU; 역기능적 섭식행동과 태도; 약물 심각도와 사용은 DBT 사후>사전	부정적 정서의 대처와 조절 능력에서 DBT 사후>사전	섭식장애와 약물 남용/의존, 약물 처방을 준수하기로 약속한 18세 이상의 여성	기질적 뇌 증상; 지적장애; 정신증; 만성 자살; 섭식장애 또는 약물 사용 치료에 참가하고 있는
Evershed et al. (2003)	통제	rDBT vs. TAU; 사전, 중간, 사후 평가 및 6개월 추후 평가	rDBT=8 TAU=9	범죄자에 적용하기 위한 재소자 DBT-18개월	폭력 발생률의 심각도에서 DBT>TAU	자기보고의 적대감과 분노는 DBT>TAU	고도의 안전이 확보된 입원 시설에서 경계선적 특성을 보이는 남성 환자	없음

Feigenbaum et al. (2012)	RCT	DBT vs. TAU; 사전, 6개월 및 1년 시점의 평가	DBT=26 TAU=16	DBT(표준)-1년	자기평가의 위험 행동에서 DBT<TAU; NSSI의 감소, 서비스 이용은 DBT<TAU	공격성, 분노 표출, 우울, 화에서 DBT=TAU(두 조건 모두 유의한 감소)	B군 성격장애의 진단을 받은 18~65세	타인에 대한 위협이 예상되는 현저한 전과 이력; 조현병; 양극성장애, 주 약물사용장애, 심각한 인지적 손상
Harley et al. (2008); Feldman et al. (2009)	RCT	TAU+DBT-ST vs. TAU+WL; 사전, 사후 및 6개월 시점의 추후 평가	TAU+DBT-ST=13 TAU+WL=11	치료 저항의 우울에 응용한 DBT-ST 집단-16주	다음 칸 참고	16주까지 우울 향상에서 TAU+DBT-ST>TAU+WL	지속적인 약물 처방의 우울 진단을 받은 18~65세	BPD, 양극성, 조현병 스펙트럼 장애, 급성 약물 남용/의존, 지적장애, 만성 발달장애, 급성 자살위험, 불안정한 의학적 조건, CBT에 참여 중인
Hill, Craig-head, & Safer (2011)	RCT	DBT-AF vs. WL	DBT-AF=18 WL=14	폭식 및 제거 삽화의 향상은 DBT-AF=WL		우울과 역기능적 정서조절에서 DBT-AF>WL	최근의 폭식행동, 제거의 주 보상행동, 안정적인 약물치료	신경성 식욕부진증의 진단을 받은 18세 이상의 남성, 심리치료에 참가 중인, 현재 자살생각이 있는, 약물의존, 정신증적 증상이 있는
Hirvikoski et al. (2011)	RCT	DBT-ST vs. 구조화가 엄격하지 않은 토론집단(통제)	DBT-ST=26 통제=25	스웨덴인에게 적용된 DBT-ST-14주	만족도에서 DBT-ST=통제	없음	약물 처방 중이며, ADHD 진단 기준을 충족하는 성인	약물남용; 70 이하의 지능; 뇌손상 진단; 자폐스펙트럼장애; 자살; 노숙자; 심각한 우울 및 정신증, 또는 약물 처방을 받지 않은 양극성

Katz et al. (2004)	통제	주거 단위의 rDBT vs. TAU; 사전, 사후 및 1년 시점의 추후 평가	rDBT=31 TAU=31	rDBT-평균 거주 기간 =18일	병동에서의 사고에서 rDBT〈TAU; 응급실 방문과 퇴원 후 입원에서; NSSI와 자살사고에서 rDBT=TAU	우울과 무망감에서 rDBT=TAU(두 조건 모두 유의한 감소)	자살시도, 혹은 자살사고로 입원한 14~17세의 입원 환자	지적장애, 정신증, 양극성장애, 심각한 학습 무능력
Koons et al. (2001)	RCT	DBT vs. TAU; 4개월마다 평가; 4개월 시점의 추후	DBT=10 TAU=10	DBT(표준) - 6개월	NSSI, 입원, 자살사고, 해리 증상이 DBT <TAU	무망감, 우울, 분노 표출과 표현에서 DBT>TAU	BPD 여성 참전군인	조현병, 양극성, 약물중독과 반사회성 성격장애
Koons et al. (2006)	RCT	DBT vs. TAU; 사전, 3개월, 6개월 시점의 평가	DBT=10 TAU=10	DBT(표준) - 6개월	DBT가 TAU보다 NSSI 감소 경향성(p<.10); 감소에서 DBT=TAU; 자살사고의 감소에서 DBT>TAU	자살(자기보고)과 무망감의 감소에서 DBT>TAU; 우울(면접), 불안, 분노억압은 DBT=TAU; 분노 표현의 감소는 DBT>TAU	BPD 여성 참전군인	조현병, 양극성, 약물의존, 반사회성 성격장애
Linehan et al. (1991, 1993, 1994)	RCT	DBT vs. TAU; 1년 시점의 추후를 포함한 매 4개월 평가	DBT=22 TAU=22	DBT(표준)-1년	자살행동과 서비스 이용 감소에서 DBT>TAU; 치료 중간에서 DBT<TAU; 자살사고 감소에서 DBT=TAU	우울과 무망감 감소는 DBT=TAU(두 조건 모두 유의한 감소)	현재 및 과거의 자살행동(지난 8주 동안 최소 1회의 삽화)이 있는 18~45세의 여성 BPD	평생 정신증적 장애, 평생 양극성장애, 지적장애, 약물치료가 필요한 발작장애, 신체쇠약으로 치료의 필요가 있거나 치료를 해야 하는
Linehan et al. (1999)	RCT	DBT vs. TAU; 매 4개월 평가; 4개월 시점의 추후	DBT=12 TAU=16	DBT(표준)-1년	약물남용에서 DBT>TAU	분노에서 DBT =TAU(두 조건 모두 유의한 감소)	현재 약물의존의 BPD 여성	정신증적 장애, 양극성장애, 지적장애

Linehan et al. (2002)	RCT	DBT+LAAM vs. 종합적인 12단계의 타당화 치료(CVT-12s)+LAAM; 1회의 추수를 포함한 매 4개월 평가	DBT=11 CVT-12S=12	DBT(표준)-1년	DBT 환자의 경우 12개월의 치료기간 동안 아편 사용의 감소가 유지됨; CVT-12s 환자는 동일한 감소를 보였으나, 지난 4개월의 아편 사용이 증가함; 심리적 증상이 감소함	없음	아편 중독인 18~45세의 여성 BPD	양극성장애, 정신증, 발작장애, 지적장애, 임신, 아편 사용의 대체 약물이 반치료적인 의학적 조건, 강제적 치료가 필요한
Linehan et al. (2006); Harned et al. (2008); Bedics, Atkins, Comtois, & Linehan (2012)	RCT	DBT vs. 전문가의 지역사회 치료(CTBE); 매 4개월과 1년 시점의 추후	DBT=52 CTBE=49	DBT(표준)-1년	자살시도, 응급 서비스 이용, 중단은 DBT<CTBE; DBT에서 약물사용장애의 유의한 감소; 자살사고, 우울, 불안, 섭식장애의 회복은 DBT=CTBE; 내사된 친밀감 향상은 DBT>CTBE	우울 감소는 DBT=CTBE(두 조건 모두 유의한 감소); DBT가 치료와 추후 시점에서 자기 확신, 자기애, 자기보호, 감소된 자기공격의 유의한 변화를 보임; CTBE는 치료 확신의 유의한 치료적 상호작용과 치료자 보호에 유의한 변화를 보임	현재와 과거의 자살행동(지난 8주 동안 최소 1회의 삽화)이 있는 18~45세의 여성 BPD	평생 정신증적 장애, 평생 양극성장애, 지적장애, 약물치료가 필요한 발작장애, 신체쇠약으로 치료의 필요가 있거나 치료를 해야 하는

Linehan et al. (2008)	RCT	DBT + 위약 vs. DBT + 올란자핀(olanzapine)	DBT+플라시보=12 DBT+올란자핀=12	DBT(표준)-6개월	NSSI의 감소에서 위약>올란자핀	올란자핀이 위약보다 화와 신체적 공격성에서 더 빠른 감소를 보임	역기능적 분노조절, 높은 점수의 짜증을 보이는 18~60세의 BPD	조현장애, 양극성 I형, 조현정동, 정신증적 장애, 지적장애, 발작장애, 지난 6개월 이내의 약물의존, 선별 이후 8주 이내의 NSSI, 임신
Lynch et al. (2007)	RCT	치료 반응성이 없는 RCT 후의 8주 약물치료; 표준 DBT+약물(DBT+약물) vs. 약물 단독(MED); 사전, 2, 6, 9, 15개월 시점의 평가	DBT+MED=21 MED=14	DBT(표준)-6개월	DBT+MED가 MED 단독보다 주요 우울장애에서 더 빠른 회복을 보임	없음	55세 이상; 최소 1개 이상의 성격장애, 높은 우울 점수	양극성장애, 정신증적 증상, 인지적 손상의 증후, 현재 ECT
Lynch et al. (2003)	RCT	항우울제(MED) vs. DBT-ST+MED; 사전, 사후, 6개월 시점의 추후 평가	MED=15 DBT-ST+MED=16	응용 DBT-ST(기술 및 주 1회, 30분의 전화 코칭)-7개월	우울장애의 회복은 DBT>MED, 추후에 그 차이가 더 커짐; 의존과 적응적 대처는 단지 DBT에서만 향상	자기보고식 우울(DBT>MED)	현재 주요우울장애(MDD), 60세 이상; 높은 2개 이상의 우울 점수	양극성 장애, 정신증적 증상, 인지적 손상의 증후, 현재 ECT
McDonell et al. (2010)	통제	rDBT vs. 지역사회 TAU(과거력 매칭)	rDBT=106 TAU=104	rDBT(지역사회 거주민에 맞추어 DBT 치료의 강도를 변화시킴)	DBT의 경우, TAU보다 1년 기간의 치료에서 NSSI의 유의한 감소를 보임	없음	12~17세의 청소년	법적 역량 회복에 입소한

McMain et al. (2009)	RCT	DBT vs. 일반 정신과 진료(GPM); 매 4개월 및 4개월 시점의 추후 평가	DBT=90 GPM=90	DBT(표준)-1년	자살행동과 응급 서비스의 이용의 감소에 있어서 DBT=GPM(두 조건 모두 유의한 감소를 보임)	우울, 분노, 고통 증상이DBT=GPM(두 조건 모두 유의한 감소를 보임)	지난 5년 동안, 최소 2개 이상의 자살, 또는 NSSI의 삽화, 참가 신청 3개월 전 최소 1회의 자살 및 NSSI의 삽화가 있는 18~60세의 BPD	정신증적 장애, 양극성 I형 장애, 섬망, 치매, 지적장애, 지난 1개월의 약물의존, 항정신성 약물이 처방된, 심각한 의학적 조건, 2년 이내 퇴원이 예정된
Neacsiu, Eberle, Kramer, Weismann, & Linehan (2013)	RCT	16주 DBT-ST vs. 16주 활동성 지지 집단(ASG); 2개월 시점의 추후를 포함한 매 2개월 평가	DBT-ST=22 ASG=22	16주의 집중 DBT-ST	우울 심각도 향상은 DBT-ST=ASG; 불안 심각도 향상, 기술 사용 증가는 DBT-ST>ASG	정서조절 곤란, 감정통제의 향상은 DBT-ST>ASG; 무감동 증상은 DBT-ST=ASG	DSM-IV-TR의 우울, 또는 불안 장애의 진단기준을 충족하는 높은 정서 역기능의 18~65세의 성인	현재 정신증적 장애, 양극성 I형, BPD, 과거 BPD 이력으로 치료 명령을 받은, 심각한 자살과 다른 심리치료를 중단하지 않으려 하는
Pistorello et al. (2012)	RCT	DBT vs. 전문가 슈퍼비전의 정신역동적 치료(SBE); 6개월 시점의 추후를 포함한 매 3개월 평가	DBT=31 SBE=32	DBT(표준)-7개월에서 1년	NSSI와 항정신병 약물 사용, 자살 감소, 삶의 질 향상은 DBT>SBE	우울 감소(자기보고)는 DBT>SBE	18~25세의 성인, 현재 자살사고, NSSI의 최소 1회의 과거력, 또는 최소 1회의 자살시도	개인 혹은 집단 DBT에 참여하는 정신증적 증상
Rakfeldt (2005)	통제	rDBT vs. 무처치-17주; 사전, 사후 평가	rDBT=7 통제=8	2회의 1시간 기술 훈련을 포함한 응용 rDBT	기능 지표에서 rDBT=통제; 대인관계, 사회적 관계, 의도 및 전반적 기능은 rDBT>통제	없음	시설 프로그램을 이용하는 청소년 거주자; 심각한 정서적 혼란을 경험하지 않음	없음

Rathus & Miller (2002)	통제	rDBT vs. TAU (TAU는 덜 심각한 내담자)	rDBT=29 TAU=82	응용 rDBT-12, 주 2회, 총 12주	정신과 입원 감소는 DBT>TAU; 자살시도는 DBT=TAU(DBT의 경우 1회, TAU의 경우 7회)	없음	청소년 DBT; 지난 16주 동안 자살시도, 최소 3개 이상의 BPD 증상	없음
Roepke et al. (2011)	통제	iDBT vs. WL + TAU; 사전, 10주 후 평가	iDBT=40 TAU=20	iDBT-3개월	자존감 향상은 DBT>TAU	DBT가 우울에서 유의한 향상을 보였으나, TAU에서는 우울의 변화 없었음	여성 BPD	조현장애의 평생 진단, 양극성 I, II형, 지난 6개월 이내의 약물남용, 지적장애
Safer, Telch, & Agras (2001)	RCT	DBT-ST vs. WL	DBT-ST=14 WL=15	DBT-ST-20주	폭식-제거행동 비율의 유의한 감소에서 DBT>WL		18~65세, 최소 1주에 1회의 폭식과 제거 삽화	없음
Safer, Robinson, & Jo (2010); Safer & Joyce (2011)	RCT	(DBT-ST) vs. 적극적 비교집단 치료(ACGT)-20주의 회기; 사전, 사후, 3, 6, 12개월 시점의 추후 평가	DBT-ST BED=50 ACGT=51	폭식장애의 적용을 위한 DBT 기술 훈련(DBT-ST BED)-20주	사후 폭식절제에서 DBT-ST BED=ACGT (DBT의 64%와 ACGT의 36%); 사후 폭식일에서 DBT<ACGT; 자기보고의 절제와 섭식 걱정에서 DBT에 긍정적인 중간 효과크기; DBT가 추후에서 신속한 반응	정서조절척도, 섭식과 연관된 우울, 불안, 혹은 분노, 우울, 자존감에서 유의한 차이가 없음	폭식장애의 18세 이상의 남녀; 지역사회 내의 거리	BMI<17.5kg/m2; 심리치료 참가자; 불안정 약물치료; 규칙적인 제거행동; 정신증; 현재 알코올/약물 남용 혹은 의존; 자살시도의 심각한 우울; 체중 변화를 위한 약물 복용; 현재 임신 혹은 수유; 위우회술 예정

Salbach-Andrae et al. (2009)	RCT	25주의 CBT vs. 25주의 DBT-AN/BN vs. 12주 대기집단	DBT=19 DBT-AN/BN=16 WL=15	신경성 식욕부진증/신경성 폭식증의 청소년의 적용을 위한 DBT	DSM-IV-TR의 섭식장애 진단기준의 회복에서 DBT의 57.9%, DBT- AN/BN의 62.5%, 대기집단의 0%; 열량 회피, 식사 횟수, 심리적 불편감에서 DBT-AN/BN=CBT>WL	정서조절에서 작은 긍정적 효과 크기	AN 혹은 BN의 청소년 여성 (12~21세), 지능 >85	독일어 소통이 불가하거나 이해가 안 되는; 정신증적 장애
Soler et al. (2005)	RCT	DBT-ST+위약 vs. DBT-ST+올란자핀	DBT-ST+플라시보=30 DBT-ST+올란자핀=30	응용 DBT-ST-12주; 전화 코칭 추가	체중과 콜레스테롤 감소에서 올란자핀>위약; 심리적 증상의 감소는 올란자핀=위약	충동성과 공격적 행동의 빈도에서 올란자핀<위약; 우울과 불안 감소는 올란자핀>위약	18~45세의 BPD, 축 I 장애 없음, 높은 임상적 심각성, 심리치료에 참가하지 않는	없음
Soler et al. (2009)	RCT	DBT-ST vs. 정신역동적 지향의 표준 집단치료(SGT); 매 2주의 평가	DBT-ST=29 SGT=30	응용 DBT-ST-3개월	다음 행 참고	우울, 불안, 화, 분노와 정서 불안정에서 DBT>SGT	18-45세의 BPD, 심각도의 전반적 임상적 인상 점수=4, 현재 심리치료 받지 않음	조현장애, 약물로 의한 정신증, 기질적 뇌 증후, 약물의존, 양극성, 지적장애, 현재 우울
Telch, Agras, & Linehan (2001)	RCT	DBT-ST vs. WL; 사전, 사후 및 6개월 시점의 추후 평가	DBT-ST=22 WL=22	폭식장애의 적용을 위한 DBT 기술 훈련	모든 결과에서 DBT=WL	DBT 집단의 여성이 분노를 경험할 때 더 적은 식욕	18~65세의 여성, 폭식장애의 진단기준 충족	현재 심리치료, 체중 감소 프로그램에 참여 중인, 항정신병 약물 사용 중인, 현재 약물사용장애, 현재 자살, 정신증, 임신

Trupin, Stewart, Beach, & Boesky (2002)	통제	rDBT vs. TAU; 사전, 사후 평가	rDBT=45 TAU=45	rDBT-기간이 다름	DBT 집단에서 행동 문제가 유의하게 감소했으나, TAU에서는 그렇지 않음	없음	워싱턴주의 JRA의 청소년, 3개의 다양한 시설	없음
Turner (2000)	RCT	DBT vs. TAU; 6, 12개월 평가	DBT=12 TAU=12	DBT(표준)-1년, 치료기간 단축과 정신역동적 치료와의 협력을 위해 응용	정신건강 기능에서 DBT〉TAU; 두 조건 모두 유의한 향상이 있었으나, 자살행동의 빈도는 DBT>TAU	정서기능의 향상은 DBT=TAU	무선할당에 자원한 BPD	조현장애, 조현정동장애, 양극성, 기질적 정신장애 및/또는 지적장애
Van den Bosch et al. (2002); Verheul et al. (2003)	RCT	DBT vs. TAU; 사전, 11, 22, 33, 44, 52주 및 18개월 시점의 추후 평가	DBT=27 TAU=31	DBT(표준)-1년	자살시도의 감소는 DBT>TAU (DBT=2, TAU=8); DBT에서 NSSI의 유의한 감소, TAU에서는 증가; 자살행동의 심각도에 대한 중간의 효과; 약물 사용은 DBT=TAU	충동적 행동 감소는 DBT>TAU	18~70세의 여성 BPD	정신증적 장애, 양극성 장애, 지역 거주민이 아닌 지적장애
Van Dijk, Jeffrey, & Katz (2013)	RCT	DBT-ST vs. WL	DBT-ST=13 WL=13	양극성 장애의 적용을 위한 DBT-ST-12주	우울감소, 마음챙김(모두 향상)은 DBT-ST=WL	감정 통제의 향상은 DBT-ST=WL(모두 향상됨)	18세 이상의 여성 BPD	현재 조증 상태, 발달지체, 현재의 폭력적, 공격적 행동, 영어를 이해하지 못하는
Waltz et al. (2009)	RCT	DBT 기술 비디오 vs. 통제(정보제공 동영상), 관찰 순서 변경	N=30	'반대 행동'에 관한 DBT 동영상	추후 연구에 참여한 사람 중, 80%는 최소 한번은 '반대 행동'을 수행함	DBT 동영상 관찰자가 정서적 강도에서 유의한 감소를 보임	글 해독 능력이 있는 18세 이상의 BPD, 지능>90, 자신의 병명을 아는, 치료 중인	과거에 공식적인 DBT를 경험한, 정신증적 증상이 현저한

Wasser, Tyler, McIlhaney, Taplin, & Henderson (2008)	통제	rDBT vs. STM(표준적 치료환경); 1개의 주 매칭(연령, 성별, 1축 장애에 따른 정확한 매칭), 1개의 2차 매칭(연령, 성별에 따른 유사한 매칭)	주 매칭: rDBT=7 STM=7 2차 매칭: rDBT=12 STM=12	자원 부족에 따른 응용 rDBT(비숙련 DBT 치료자에 의해 수행됨)	석방 시 정신운동성 흥분은 STM>rDBT; 심리적 증상은 rDBT>STM	우울 감소에서 DBT + STM(두 조건 모두 유의하게 감소함)	KidsPeace 시설의 청소년	없음
Wolf et al. (2011)	RCT	DBT-ST vs. DBT-ST+컴퓨터에 기초한 기술 훈련(CBST)	DBT-ST=11 DBT-ST+ CBST=13	DBT-ST-6개월, CD-ROM에 기초한 부수적인 자조프로그램이 있는, 또는 없는	기술 습득 및 지식 향상에서 DBT-ST+ CBST>DBT-ST	없음	치료 중인 BPD	조현장애, 현재 약물의존, 심각한 인지적 역기능

* 주. > ~보다 유의미하게 큰, < ~보다 유의미하게 작은, = 유의미한 차이가 없는, AF: 식욕초점, FU: 추후, iDBT: 입원 환자 DBT, RCT: 무선통제연구, TAU: 일반적 치료, TFP: 전이초점 심리치료, WL: 대기집단, NSSI: 비자살적 자해, LAAM: levo메틸아세테이트 염산염 식욕억제제, PTSD: 외상 후 스트레스 장애, rDBT: 지역사회 DBT, ECT: 전기충격치료, DBT-ST: DBT 기술 훈련, DBT-ST BED: 섭식장애를 위한 DBT, ADHD: 주의력결핍 과잉행동장애

DBT: 치료 개관

철학적 기초: 변증법

행동치료로 적용될 수 있는 '변증법적'이라는 용어는 현실의 근본적인 속성과 설득적 대화와 관계의 방법 두 가지를 모두 언급하는 것이다[지난 150년간 과학의 전 분야에서 변증법적 접근의 변화에 대한 자료는 Wells(1972: Kagan, 1982에서 재인용)를 참조하라. 좀 더 최근에는 Peng과 Nisbett(1999)이 서양과 동양의 변증법적 사고에 대해 논의하였다]. 세계적 관점 혹은 철학적 입장으로, 변증법은 내담자의 문제와 치료에 적절한 이론적 가설을 발전시키는 과정에 있어 임상가를 이끌 수 있다. 또는 대화와 관계의 측면에서 '변증법'은 변화를 일으키기 위해 치료자에 의해 사용되는 치료적 접근 혹은 전략을 언급한다. 따라서 DBT에서 중심적인 것은 많은 치료적 변증법적 전략이다.

세계관으로서의 변증법

DBT는 현실의 근본적인 특성으로서 전체성과 상호연관성, 그리고 과정(변화)을 강조하는 변증법적 세계관에 근거하고 있다. 첫 번째 특징인 상호연관성과 전체성의 원칙은 전체로서 사람들을 체계를 보는 관점과 고립되어 존재하는 것으로만 보기보다는 사람들이 어떻게 그 체계와 관계를 맺는지를 보는 관점을 제공한다. 맥락주의와 체계 이론가들과 비슷하게, 변증법적 관점은 어떤 체계의 일부에 대한 분석은 그 분석이 그 부분과 전체의 관계가 명확하지 않다면 제한된 가치를 지닌다고 본다. 두 번째 특징은 양극성의 원칙이다. 변증법은 전체에 초점을 두지만, 이는 또 그 전체의 복합성도 강조하고 있다. 따라서 변증법은 현실은 축소될 수 있는 것이 아니라고 주장한다. 즉, 어떠한 한 개체, 한 가지 체계 내에는 그것이 아무리 작더라도 양극이 존재한다는 것이다. 예를 들어, 물리학자들은 아무리 작은 입자도 한 가지로 축소될 수 없다고 한다. 물질이 있는 곳에는 반물질이 있다는 것이다. 모든 원자는 양자와 전자로 구성되어 있다. 즉, 양극성의 성질이 항상 존재한다. 반대로 작용하는 힘은 '정립'과 '반정립'으로 언급되며 모든 곳에 존재한다. 변증법은 이러한 정립과 반정립이 '통합'의 방향으로 움직이게 하며, 통합 내에는 새로운 반대작용의 힘들이 존재할 것이라고 제안한다. 이러한 변증법적 관점의 특성들은 지속적 변화 원칙을 언급한다. 변화는 정립과 반정립의 지속적인 통합을 통해 생성되며, 반대하고자 하는 새로운 힘들이 통합 내에 존재하기 때문에 변화는 계속된다. 이러한 변증법적 원칙들은 DBT의 모든 측면에 내재하고 있으며, 치료 과정을 통해 계속되는 변화를 허용하게 된다. 가장 중요한 변증법적 아이디어는 모든 명제가 그 안에, 또한 바로 반대의 것도 포함하고 있다는 것이다. 즉, Goldberg(1980, pp. 295-296)는 "나는 진리가 서로 모순되고, 모든 지혜의 말은 그 안에 자기모순을 포함하고 있으며, 진리가 서로 같이 공존한다고 가정한다. 반대가 되는 진리들이 반드시 서로를 없애거나 우위를 가질 필요는 없으며, 함께 참여하고 실험하면서 공존한다."라고 하였다. 내담자와 치료자가 이것을 추구하는 한 가지 방법은 반복해서 질문하는 것이다. "무엇이 남았는가?" 이러한 단순한 질문이 통합과 절대적 진실, 즉 반변증법적 위치에 남겨진 것을 찾을 수 있게 한다.

설득으로서의 변증법

대화와 관계의 관점으로부터, 변증법은 형식적인 비인격적 논리보다는 설득과 치료관계에 내재하는 양극의 사용으로 인한 변화를 언급한다. 반대 위치에서의 치료적 양극을 통해 내담자와 치료자는 오래된 의미 속에서 새로운 의미에 도달할 수 있으며, 이를 통해 고려되고 있는 주제의 핵심에 점점 가까워진다. 변증법적 관점의 정신은 명제를 결코 최후의 진리라거나 논쟁할 수 없는 사실로 받아들이지 않는다는 것이다. 따라서 내담자와 치료자 양측에서 언급되는 문제들은 '우리가 이해해야 할 것 중에 남은 것이 무엇인가?' 하는 것이다. 설득으로서의 변증법은 우리가 이 장에서 이후에 설명할 특정 변증법적 전략으로 대표된다. 우리가 자문전략을 논의할 때, 치료자 자문 회의에서의 변증법적 대화 또한 매우 중요하다. 다른 무엇보다도 변증법에 대한 관심은 정신역동적 치료자들이 '치료자 분리'라고 부르는, 즉 경계선 성격장애를 지닌 개인 내담자를 어떻게 치료하고 상호작용할지에 대한 치료자들의 불일치나 논쟁을 의미하는 흔한 현상을 줄일 수 있다. 이러한 치료자들 간의 '분리'는 특정 내담자나 임상적 문제에 대한 진실이 무엇인지를 결정하는 직원들을 하나 이상의 조각으로 나누게 한다.

변증법적 사례 개념화

변증법적 가정은 여러 가지 면에서 DBT의 사례개념화에 영향을 끼친다. 첫째, 변증법은 심리장애를 ① 정상적 기능 측면으로 장애를 정의하고, ② 건강과 장애 간의 연속성을 가정하며, ③ 한 가지 이상의 다중적 원인으로 인해 장애가 유발된다는 것을 가정하는 특성을 지닌 체계적 역기능으로 개념화한다(Hallandsworth, 1990). 유사하게도, 경계선 성격장애(BPD)에 대한 Linehan의 생물사회 이론은 이들이 정상기능의 와해를 나타내는 것이며, 정서조절 기능의 체계적 역기능으로 가장 잘 개념화된다고 가정한다. 이 이론에서는 BPD의 질병 발생원이 여러 가지 요인에 기인한다고 보았다. 그중 한 가지는 '정서적 취약성'으로 알려진, 정서조절 곤란에 대한 개인차를 유발시키는 유전-생물학적 소인이라는 것이다. 다른 것으로는 '비수인적 환경'이라고 언급되는 개인과 상호작용하는 환경에 기인한다는 것이다. 체계적 관점에 대한 가정은 이론가들에게 다양한 영역과 학파로부터의 작업들을 통합하도록 촉구한다.

생물사회 이론에 내재된 두 번째 변증법적 가정은 개인과 환경 간의 관계가 그 사람과 환경 간의 교류라는 것이다. 사회학습 이론으로 보면, 이것은 '상호 결정론' 원칙이다. 상호적 영향에 대한 초점과는 달리 상호 교류적 관점은 개인-환경 체계의 지속적인 유입과 변화 상태를 강조한다. 따라서 BPD는 다양한 환경과 가족 내에서 발생할 수 있으며, 혼란스럽고, 완벽하며, 심지어 정상적인 가족에서도 발생할 수 있다.

정신병리에 대한 소인-스트레스 모델과 같은 상호 교류 모델과 상호작용 모델은 모두 취약한 개인에게 장애를 일으키게 되는 역기능 환경의 역할에 주목한다. 상호 교류 모델은 그럼에도 상호작용적인 소인-스트레스 모델에서 간과하기 쉬운 몇 가지 것을 강조한다. 예를 들어, B로 인한 스트레스가 사람 A를 밀쳤기 때문에, A가 B에게 스트레스에 가득 찬 반응을 하였다. 사고를 치면서 부모의 자유시간 대부분을 요구하는 아동이라고 하자. 혹은 지속적인 자살에 대한 주의가 요구되기 때문에 입원 돌봄 자원이 필요한 내담자를 생각해 보자. 이러한 환경은 이후의 스트레스에 잘 반응할 수 있는 그들의 능력을 더 많이 요구한다. 이들은 아마도 이 시스템의 추가적 요구가 나타난다면, 희생자를 부정하거나(invalidate) 혹은 일시적으로 비난할 수도 있다. 비록 시스템(예: 가족 혹은 치료환경)이 역기능적으로 반응하는 성향이 있었을지라도, 그러한 반응이 특정 개인의 스트레스에 노출되지 않는 방식으로 회피되어 왔을 수 있다. 상호 교류나 혹은 변증법적인 이론은 각 개인의 판단보다는 상황적 현실을 강조하여 비난을 하는 것이 잘 맞지 않기 때문에 오히려 동정을 가지고 정신병리를 설명하고자 한다. 이것은 특히 '경계선'이라고 정신건강 전문가들에게 낙인찍혔을 때 더 적절하다(진단 오용의 예를 위해 Reiser & Levenson, 1984 참조).

우리의 논의에서의 마지막 가정은 행동에 대한 정의 및 모호한 행동을 정의하는 것의 함의와 관련된 것이다. Linehan의 이론과 일반적인 행동주의자들은 '행동'을 유기체가 자극에 대해 나타내는 행위와 반응과 관련된 것이라고 하였다(Merriam-Webster's New Universal Unabridged Dictionary, 1983, p. 100). 관습적으로, 행동주의자들은 행동을 모터, 인지/언어, 생리학적인 것으로 유목화하며, 이것은 모두 공공 혹은 개인적인 것이다. 여기서 다루어야 할 몇 가지가 있다. 첫째, 행동을 이러한 세 가지 유목으로 나누는 것은 임의적이며, 이들의 실제 반응양상은 시스템에 기능적으로 구분되기보다는 개념적인 명확성을 위해 이루어진 것이다. 이러한 점은 특히 정서에 대한 기초연구들은 이들 반응 시스템이 때때로 중복되며, 다소 독립적이지만 완전히 독립적이지는 않고 여전히 변증법적인 세계관과 일관성 있게 남아 있다는 것으로 정서조절을 이해하는 것이 적절하다. 이것과 관련한 점은 BPD에 대한 생물학 및 인지 이론과는 달리 생물사회적 이론은 한 행동양상에 대해 설명하는 것으로, 다른 것보다 본질적으로 더 중요하거나 강력한 한 가지 이유는 없다는 것이다. 그보다 생물사회적 관점에서의 핵심적인 질문은 어떤 조건하에서 행동-행동 관계나 혹은 반응 체계-반응 체계 관계가 유지되는지, 그리고 어떠한 조건하에서 이러한 관계가 BPD를 유발하고 유지하는 인과관계에 들어가게 되는지 등이다.

생물사회 이론

정서조절 곤란

Linehan의 생물사회 이론에서는 BPD를 정서조절 체계 역기능이 1차적인 것이라고 본다. BPD의 행동 패턴은 몇 가지, 아마도 긍정적인 것과 부정적인 것을 포함하는 모든 정서에 걸쳐 기본적인 조절 곤란과 관련되거나 이것의 피할 수 없는 결과이다. Linehan의 관점에서 이러한 정서조절 체계의 역기능은 핵심적 정신병리이며, 따라서 단순히 증상적이거나 정의적인 것은 아니다. 정서조절의 어려움(emotional regulation)은 정서적 취약성(emtional vulnerability)과 정서반응 조절의 어려움(difficulties in emotional modulation)의 복합체이다. 정서적 취약성은 정서적 자극에 대한 높은 민감성, 강력한 정서반응, 기저 감정으로의 느린 회복으로 개념화된다. 정서반응 조절의 어려움은 ① 정서-의존적 행동의 억제, ② 목표를 위한 행동 조직화, ③ 필요한 생리적 각성을 높이거나 낮추는 것, ④ 정서적으로 유발되는 자극으로부터 주의 돌리기, ⑤ 즉각적인 철회나 극단적인 2차적 부정정서를 유발하지 않고 정서를 경험하는 것 등에 어려움이 있는 것이다(Crowell, Beaucaine, & Linehan, 2009 참조).

개념적으로 정서조절 체계의 결핍은 BPD로 진단된 사람들에게 엄청난 정서적 고통뿐 아니라 다중적 행동 문제를 유발한다. 정신병리와 관련된 특성에 대한 임상가 평가를 조사하면, 임상가들은 BPD를 만성적으로 불안하고, 불행하며, 우울하거나 의기소침한 경향이 있다고 기술한다(Bradley, Zittel, & Westen. 2005). 내담자들은 역기능으로 인해 혐오적인 감정을 피하려고 시도하게 되고, 이것은 종종 더 심한 고통을 이끌게 된다. 예를 들어, 자신의 파트너와 싸운 후 강한 분노를 경험하는 여성 내담자는 분노를 피하려는 노력으로 손목 긋기 행동을 하게 될 수도 있다. 그녀는 단시간 내에 분노가 경감되는 느낌을 받는다. 그럼에도 일단 자신의 분노가 사라지기 시작하면, 자해행동에 대한 수치심이 나타나고 정서적 회피행동의 주기가 계속된다. 비록 초기의 조절 어려움의 기제가 분명치 않더라도 생물학적 요인이 중요한 역할을 하는 것 같다. Siever와 Davis(1991)는 BPD 내담자의 정서조절의 결함은 카테콜라민(catecholamine) 기능의 불능 및 과반응과 관련된다고 가정하였다. 이러한 조절 어려움의 원인은 뇌 발달과 신경 체계에 영향을 주는 유전적인 것에서부터 임신 중 환경, 혹은 트라우마적인 아동기 사건에 이르기까지 다양할 수 있다. 더욱이 일란성 쌍생아 연구를 통한 결과들은 유전적 취약성이 있음을 시사하고 있다(Davison & Neale, 1994). 그러나 연구자들은 유전이나 생물학적 요인들이 정신병리를 모두 설명한다고 주장하지는 않는다. 만약 정신병리가 유전적인 것으로만 결정된다면, 일란성 쌍생아의 100%가 동일한 병리를 공유해야 할 것이다. 그렇지 않기 때문에 우리는 앞에서 언급한 것과 같이 생물학적인 것과 환경 간의 상호교류를 통해 그 차이를 설명할 수 있다.

비수인적 환경

정서조절에 대한 초기 기질적 취약성을 지닌 대부분의 사람이 BPD가 되는 것은 아니다. 따라서 이 이론은 특정 발달환경이 필수적이라고 제안한다. Linehan의 이론에서 핵심적 발달환경은 정서적 취약성과 '비수인적 환경(invalidating environment)'의 존재 간의 상호 교류이며(Linehan, 1987, 1993a), 이는 실제 행동의 타당성과는 별도로 개인적 경험을 부정당하고, 처벌받거나, 부적절하게 반응하는 것들이다. 개인적 경험, 특히 정서적 경험과 사건의 해석은 다른 사람들에게는 타당하게 보이지 않고, 처벌받고, 하찮게 여겨지며, 무시된다. 또한 과반응한다거나, 현실적으로 상황을 볼 수 없다거나, 동기가 부족하거나, 해치거나, 조종하려는 동기, 훈육의 부조, 긍정적 (혹은 반대로 차별하는) 태도를 채택하는 데 실패하는 것과 같은 사회적으로 받아들일 수 없는 특성으로 귀인할 수도 있다. 비수인적 환경은 직접 혹은 확대가족, 사회, 직장 및 지역사회를 포함하는 개인의 사회적 환경의 어떤 부분일 수도 있다. 이러한 환경 내에서 출생순위, 형제자매와의 연령 차, 선생님이나 또래, 동료 등과 같은 환경에 영향을 주는 좀 더 특이한 것일 수도 있다. 이것은 두 아이가 같은 집에서 자란 것이 동일한 환경 내에서 자랐다는 것을 의미하는 것은 아니다. 더욱이 사람들은 종종 비수인적 행동들을 의식하지 못하고 부정적인 의도로 행동하지도 않는다.

다음은 비수인적 환경의 세 가지 주요한 특징이다. 첫째, 무차별적인 환경은 개인적 경험과 자기 생성 행동 간의 상호작용을 거부한다. 예를 들어, 어떤 사람이 "당신은 매우 화가 났군요. 하지만 당신은 그것을 인정하지 않을 거예요."라거나 혹은 "당신은 배가 고플 수 없어요. 당신은 그냥 먹는 거예요."라고 말할지도 모른다. 둘째, 비수인적 환경은 정서적 표현을 처벌하고, 정서적인 고양을 간헐적으로 강화한다. 예를 들어, 한 여성이 파트너와 헤어지고 우울한 기분이다. 그녀의 친구와 가족은 '극복하라'거나 '그는 그럴 만한 가치가 없다'거나 '슬퍼하지 말라'고 한다. 몇 주의 과정 동안 그녀는 점점 더 우울해지고 매일의 활동에서 철회하기 시작한다. 다시 그녀의 환경은 비수인적 방식으로 반응한다. 마침내 그 후 3일간의 높은 정서적 고양이 나타난 후에 그녀는 자살시도를 한다. 환경이 갑자기 바뀌어 그녀를 돌보기 위한 지원이 제공된다. 불행하게도 이러한 패턴은 극단적인 역기능 행동을 생각 없이 강화하게 된다. 마지막으로, 비수인적 환경은 문제해결과 그 개인을 위한 목표 달성을 과도하게 단순하게 만든다.

BPD로 진단받은 성인들에 의해 보고된 높은 비율의 아동기 성추행 경험(예: Herman, 1986; Herman, Perry, & van de Kolk, 1989)은 성추행이 아동들에게 전형적인 비수인적 경험(invalidating experience)이라는 것을 시사한다. BPD와 아동·청소년기의 성추행과의 관계는 매우 논란이 많으며, 또 다른 해석의 여지도 크다. 즉, Silk, Lee, Hill과 Lohr(1995)는 수많은 BPD 행동 기준이 BPD 내담자 집단의 아동기 성추행 경험의 심각성과 상관이 있다고 하였다. 반면, Fossati, Madeddu와 Maffei(1999)에 의한 고찰에서는 성추행이 BPD의 주요 위험 요인은 아니라고 하였다.

정서적으로 취약한 개인과 비수인적 환경 간의 상호 교류 패턴으로 인한 전반적인 결과는 경계선 성인에 의해 드러나는 정서적 통제의 어려움과 행동 패턴이다. 이러한 개인은 정서적 각성을 어떻게 명명하고 조절하는지, 정서적 스트레스를 어떻게 견디는지, 혹은 언제 타당한 사건에 대한 타당한 반영으로서의 자신의 감정 반응을 신뢰해야 하는지 배운 적이 없으며, 그 결과 자기부정에 이르게 된다(Linehan, 1993). 좀 더 이상적인 환경에서 개인의 개인적이고 내적인 경험이 외적으로 타당화되는 경험은 안정적인 정체성을 발달시키게 된다. 그럼에도 BPD 내담자의 가족은 사적인 경험에 대해 변덕스럽거나 둔감하게 반응할 수도 있다. 따라서 그 개인은 자신의 내적 상태를 불신하도록 배우고, 대신 어떻게 행동하고 생각하고 느껴야 하는지에 대한 단서로 환경을 탐색했을 수 있다. 이러한 타인에 대한 의존은 일관된 자아감을 발달시키는 데 실패했을 수 있다. 정서적 역기능은 또한 안정적 자아감과 감정에 대한 조절능력을 형성하게 하는 안정적인 대인관계를 발달시키고 유지하는 것을 방해한다. 부정적 감정 표현을 축소시키거나 무시하는 비수인적 환경은 이후 BPD 성인들에게 나타나는 표현방식을 형성하게 한다. 즉, 정서적 경험을 억제하고 억누르는 것에서부터 극단적인 행동 표현 간의 왔다 갔다 하는 방식이다. 약물 과복용, 손목 긋기, 화상과 같은 행동들은 중요한 정서조절 속성을 지니며, 또한 만약 그렇지 않았으면 무시되었을 강한 정서적 고통을 경감시키는 환경으로부터의 돕는 행동을 효과적으로 유발시킨 것이다. 이러한 관점에서 BPD의 역기능적 행동은 압도되고 강하며 고통스러운 부적정서에 대한 잘못된 해결방법으로 보인다.

변증법적 딜레마

Linehan(1993a)는 종종 치료를 방해하는 내담자의 행동 패턴을 '변증법적 딜레마'라고 하였다. 이러한 행동 패턴은 치료에서의 '2차적 목표 대상'으로 언급할 수 있으며(나중에 설명할 다른 목표 대상과 비교하여), 서로 반대 극으로 정의된 3차원의 행동들이 이분화된 여섯 가지 행동으로 대표된다([그림 10-1] 참조). 각 차원의 각 끝 지점은 이론적으로 정서조절 결핍으로서 생물학적 영향을 받는 것이다. 다른 끝에는 비수인적 환경으로 사회적으로 강화받아 온 행동이다. 이러한 2차적인 목표 대상들은 종종 변화를 방해하는 BPD로 진단된 사람들의 특성이며, 치료에 방해가 되는 것이다.

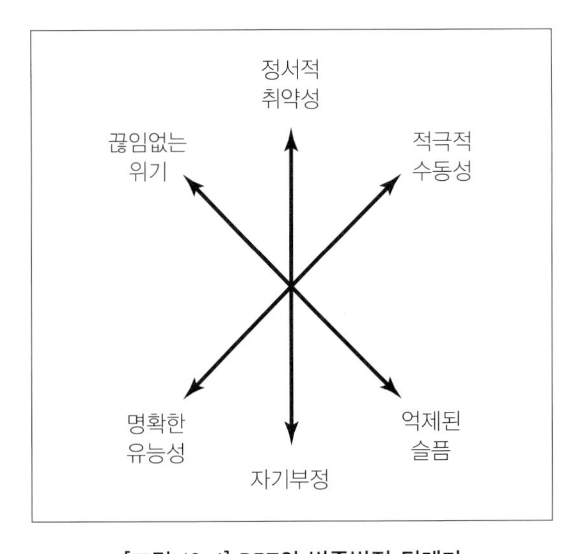

[그림 10-1] DBT의 변증법적 딜레마

정서적 취약성-자기부정

한 가지 변증법적 딜레마는 한쪽은 정서적 취약성(emotional vulnerability, 예: 통제를 잃은 혹은 심연에 빠진 느낌)에 영향을 받는 생물학적인 것으로 대표되는 것이며, 다른 한쪽은 자기부정(self-invalidation, 예: 자신을 증오하거나 경멸하는 것, 자신의 성취를 무시하는 것)에 영향을 받는 사회적인 것으로 대표된다. 이러한 행동 차원에 따라 경계선 성격장애를 지닌 내담자들은 한편으로는 자신의 강렬하고, 참을 수 없고, 통제되지 않는 정서적 고통을 급성적으로 의식하는 것과 다른 한편으로는 자기 자신에 대한 고통받고 무기력함에 대한 무시, 판단과 부정 사이를 종종 왔다 갔다 하게 된다.

여기서의 정서적 취약성은 정서적 취약성과 극심한 정서적 고통에 대한 내담자의 예민한 경험과 의사소통을 말한다. 그리고 '취약성'은 경계선 성격장애를 지닌 사람의 정서조절의 어려움을 설명할 때 정의될 수 있는 정서적 단서에 대한 예민성 이상의 취약함에 대한 강한 경험을 의미한다. 정서적 취약성에 대한 다음의 세 가지 반응은 경계선 성격장애에서는 일반적인 것으로, ① 강한 정서에 직면했을 때 얼어붙거나(freezing) 혹은 해리되고(dissociating), ② 종종 일반적인 사회를 향한 혹은 비수인적 것으로 경험되는 사람에 대한 강한 분노, 그리고 ③ 강한 절망이다. 여기서의 자살은 자신의 고통의 깊이를 다른 사람에게 알리고("내가 너에게 알려 줄게."), 혹은 견딜 수 없는 삶에서 탈출하는 역할을 하는 것일 수 있다.

이러한 양극의 다른 차원은 자기부정이다. 부정된 것은 핵심적으로는 그 사람의 정서경험과 조절되지 않은 반응들이다. 가장 전형적인 이러한 패턴은 강한 자기비난과 자기증오를 지닌 정서적 고통에 대한 반응이다. 이러한 사람들은 자기수치심과 자기경멸감(예: "나한테는 잘못되지 않은 것이 하나도 없다. 나는 나쁜 사람이다.")을 유발하는 원인 제공자로 자신을 생각한다. 정서의존적인 완벽주의도 일반적이다. 즉, 자신의 삶에 대한 어려움을 하찮게 보고, 무시하고, 축소시키는 것으로 인해 현안 문제에 대한 해결을 너무 쉽게 생각한다. 불행하게도, 결국 죽음에 이르는 악순환이 시작된다. 극단적인 완벽주의는, 특히 자신의 능력을 과대평가하는 사람들을 결과적으로 실패로 이끌게 된다. 이러한 실패는 이들에게 자살행동의 단서가 되는 자기혐오를 유발하게 된다. 결과적으로 자기부정은 고집 센 억제를 통해 표현될 수 있으며, 이것은 그 개인이 적극적으로 모든 감정경험을 부인한다는 것이다. 우리 클리닉에 오는 내담자들은 종종 "나는 정서를 느끼지 않아요."라고 말한다. 정서적 취약성 때문에 자기부정은 적극적이고 직접적으로 나타날 수 있으며, 이러한 행동의 결과는 치명적인 결과를 유발할 수도 있다.

적극적 수동성-과도한 유능성

두 번째 행동 차원은 적극적 수동성에 대한 경향 대 과도한 유능성이 사회적으로 매개된 행동이다. 이 차원의 각 극단은 내담자에게는 분노, 죄책감이나 수치감을 유발하고, 치료자에게는 내담자의 능력을 과소평가 혹은 과대평가하는 경향을 이끈다.

'적극적 수동성(active passivity)'은 자신의 문제를 해결하기 위해 타인과 적극적으로 연관되지만, 자기 스스로의 문제를 해결하는 데 있어 수동적인 것으로 정의될 수도 있다. 수동성은 또한 앞으로 나타날 문제를 직면할 때 정지하는 적극적인 과정으로 나타난다. 어떤 면에서 경계선 성격장애를 지닌 사람들은 자신을 내면적으로 조절하는 능력, 특히 요구되는 조절이 비정서 의존행동을 요구할 때는 이를 가지지 못한 것처럼 보인다. 경계선 성격장애를 지닌 사람들은 '자율적 존재'라기보다는 '관계적 존재', 즉 자신의 내적인 대화, 선택, 결정에 의하기보다는 환경에 의해 더 많이 조절되는 존재로 보인다. 그들에게 최상의 자기조절은 그들의 환경을 조절하는 것으로, 적극적 수동성은 그들이 필요한 조절을 제공한다. 여기서의 문제는 자신의 환경을 조절하고 자신에게 필요한 지원을 얻어 내는 것은 매우 큰 정서적 일관성과 조절, 즉 일반적으로는 경계선 성격장애를 지닌 사람들에게는 매우 힘든 특성을 요구한다는 것이다. Lorna Benjamin(1995, p. 192)은 이러한 특성을 "나의 불평은 너의 명령"이라고 기술하고 있다.

이 극단의 반대편은 '과도한 유능성(apparent competence)'으로, 이는 경계선 성격장애를 지닌 개인의 능력을 다른 사람들이 과대평가하게 되는 경향성을 말한다. 따라서 이러한 특성은 경계선 성격장애를 지닌 사람의 행동이라기보다는 관찰자의 행동으로 정의된다. 이것은 자신의 어려움과 장애를 정확하게 지각하지 못하는 것으로, 경계선 성격장애로 진단되는 사람들에게 심각한 영향을 끼친다. 그들은 자신에게 필요한 도움을 얻지 못할 뿐 아니라 자신의 정서적 고통과 어려움을 쉽게 부정당하며, 이것은 더 나아가 오해받고 있다는 느낌을 이끈다. 수많은 행동 패턴은 경계선 성격장애를 지닌 사람들의 유능성을 과대평가하게 한다. 종종 자신의 언어적 표현과 비언어적 표현 간의 의미 있는 차이의 결과로, 경계선 성격장애를 지닌 사람들은 자신이 자신의 고통을 충분히 표현했다고 믿지만, 실제 관찰자들은 이 사람들이 어려운 상황을 효과적으로 다룰 수 있다고 해석한다. 남편과 싸운 후 자살에 대해 무심하고 충동적인 정서 없이 이야기하는 여성이 그 예일 것이다. 경계선 성격장애로 진단되는 사람들은 종종 상황, 특히 관계에 따른 행동을 일반화하는 것에 어려움을 지니고 있다. 예를 들어, 치료자 등과 같이 어떤 사람과 같이 있을 때에는 적절히 잘 대처할 수 있는 사람인데, 혼자 있을 때 혹은 치료자가 아닌 다른 사람과 같이 있을 때에는 대처하지 못할 수도 있다. 즉, 내담자가 치료 상황에서 벗어났을 때 나타날 수 있는 이러한 조절의 어려움을 치료자는 예측하지 못할 수도 있다. 이와 함께 서로 다른 정서에 따른 대처행동을 일반화하는 것에 어려움이 있을 수도 있다. 어떤 정서에서 문제를 해결할 수 있지만, 또 다른 정서에서는 그렇지 않을 수도 있다. 만약 감정 변화가 관찰자에게 매우 분명하다면 이를 이해하는 것이 어렵지 않을 수도 있지만, 이것은 종종 수월한 것이 아니다. 따라서 내담자의 실제적인 유능성에 대한 평가는 치료자와 같은 관찰자가 내담자가 할 수 있거나 할 수 없는 것이 무엇인지를 예측 가능하게 하는 정서 변화를 지속적으로 예상하는 것이 필요하다. 이것은 치료자가 모든 것이 잘되고 있다고 믿고 있을 때 내담자가 치료실에서 나간 지 2시간 후에 자살시도로 응급실에 가게 되는 그러한 특성이다. 내담자의 실패는 종종 치료자가 미래의 행동을 정확하게 예측하는 것에 대한 치료자의(종종 내담자의) 실패에 불과하다.

끊임없는 위기-억제된 슬픔

행동의 세 번째 차원은 '억제된 슬픔(inhibited grieving)'(예: 심각한 외상이나 상실과 관련된 정서경험을 억제하는 것)과 반대되는 것으로 끊임없는 위기(unrelenting crisis)의 연속에서 삶을 경험하는 경계선 성격장애 내담자들의 경향을 말한다. 내담자들은 다른 극단으로 움직이는 것을 촉진하는 방식으로 이러한 극단의 것들을 경험한다. 즉, 현재의 위기와 관련된 정서적 경험을 억제하려는 시도는 현존하는 위기에 추가된 문제행동을 일으키게 되는 것이다. 이러한 변증법적인 딜레마들은 서로 반대 극단의 통합을 나타내는 좀 더 균형 잡힌 지점으로 이동하게 된다.

끊임없는 위기를 경험하는 경계선 성격장애로 진단받는 사람들은 종종 혼란스럽고, 위기로 특징지어 있다. '위기'는 급하게 해결해야 하는 압력이 있는 극단적인 문제가 발생되었음을 의미한다. 끊임없는 위기는 BPD를 지닌 사람들뿐만 아니라 그들의 환경적 자원, 즉 가족, 친구, 동료, 심지어 치료자들도 점점 소진되어 간다는 것이다. 전형적인 세 가지 양상의 끊임없는 위기 유형은 다음과 같다. 첫째, 극단적인 충동성과 정서조절의 어려움을 지닌 사람이 위기 상황을 유발하는 행동에 관여되는 것이다. 빈약한 판단력이 BPD로 진단된 사람의 충동적 행동을 분석할 때 평가될 수 있는 핵심 요인이다. 둘째, 처음에는 위기가 아니었으나 경계선 성격장애 환자들에게는 자원이 부족하여 쉽게 위기가 될 수 있는 것들이다. 이것은 사회경제적 상태나 가족 혹은 또래의 지지가 부족한 것이다. 마지막으로, 끊임없는 위기는 그 시점에 단순히 운명이나 불안 때문일 수 있으며, 그 사람의 통제권 밖에 있는 것들이다. 예를 들어, 내담자의 아파트에 예상치 못한 재난으로 인해 꽤 긴 시간 동안 이웃 집의 싱크대에서 내담자의 집으로 물이 넘어오는 일이 발생하는 것 등이다. 물로 인해 내담자의 아파트 마루는 손상되고, 그는 임대보험이나 아파트 카펫을 새로 깔 경제적 능력이 없다. 그의 아파트는 현재 살 수 없는 수준이지만, 그는 다른 곳에 살 수 있는 형편이 되지 않는다. 이러한 문제는 그 사람의 통제권 밖에 있으나 여전히 그가 해결해야 할 책임 내에 있는 것이다.

반대 극단은 종종 위기로 인해 촉발되는 것으로 '억제된 슬픔'이라는 현상이다. 맥락상으로 '슬픔'이란 슬퍼하는 과정을 언급하는 것으로, 이는 특히 단순히 깊은 슬픔이 아닌 외상적인 상실과 관련된 다중적이고 고통스러운 정서경험을 포함한다. 경계선 성격장애 내담자들은 그들이 스스로 기대하는 삶에서의 상실과 관련된 슬픔을 경험하고 처리할 수 없으며, 일반적으로 그들이 경험하고 대처하는 슬픔에서 회복될 것이라 믿지 않는다. 한 내담자는 우리에게 "저는 슬퍼하지 않아요."라고 말한다. 또 다른 내담자는 "만약 제가 슬프다면, 저는 죽을 거예요."라고 말한다. 경계선 성격장애를 지닌 사람은 그 자신의 정서적 회피와 차단을 인식하지 못할 것이다. 따라서 치료자가 그의 정서적 회피에 동참하여 이러한 슬픔의 과정을 겪어 나가도록 돕는 것이 핵심적인 일이다. 직면하고, 슬퍼하며, 마침내 받아들여야만 하는 영역들은 대처할 수 없이 고통스러운 아동기, 삶을 고통스럽게 만드는 생물학적 특성, 수많은 환경과의 부조화, 현재 환경에서 사랑하는 사람의 부재, 열망했던 특정한 미래에 대한 희망의 상실 등이다. 치료자가 직면해야 하는 것은 지독한 상실이 진실일 수 있으며 내담자가 옳을 수도 있다는 것이다. 그들은 빠져 있는 심연에서 벗어날 수 없다. 슬퍼해야 하는 상황임에도 불구하고, 이러한 상황을 피하고자 하는 것이 수치감을 증가시킨다. 이러한 수치감은 자신이 사랑받지 못하고, 혼자이며, 이러한 정서적 상황에 대처할 수 없을 것이라는 공포의 결과이다. 수많은 내담자는 이러한 영역을 다루기 시작하지만, 그들의 삶에서는 잘 되지 않을 것이라고 믿고 있으며, 종종 이것은 사실이기도 하다. 그리고 그들은 정서를 경험하는 과정을 도와줄 기술이나 자원이 없다. 우리는 종종 내담자들에게 슬픔을 다루고 정서를 경험하기 위해서는 상실한 것에 대한 헌사를 하러 무덤에 가는 것이 필요하며, 무덤 옆에 집을 짓고 거기서 사는 것은 좋은 생각이 아니라고 말해 준다. 그곳은 방문해서 상실의 슬픔을 경험한 후에는 떠나야 하는 곳이다. 이러한 은유의 사용은 수많은 내담자가 심연으로 빠지지 않고 정서를 경험할 수 있도록 돕는다.

치료의 단계와 치료목표

이론적으로, 경계선 성격장애 환자에 대한 치료는 장애수준에 따라 조직화되고 결정될 수 있으며, 단계에 따라 개념화될 수 있다. '장애수준'은 현재의 심각성, 범위, 복잡성과 무능력에 따라 정의된다. 내담자들은 현재의 장애수준에 따라 5단계의 치료로 들어갈 수 있다. 첫째, 사전치료 단계로, 내담자가 치료를 준비하고 다양한 치료목표를 위한 작업에 개입되는 것이 치료 전체 단계를 통해 매우 중요한 것으로 보인다.

1단계에서 1차적인 초점은 내담자를 안정화시

키고 행동 통제를 하는 것이다. 통제 불능인 행동들은 장애의 심각성(예: 정적인 정신증 상태의 내담자로 보일 수 있는) 혹은 다중적인 진단의 복잡성으로 인한 심각성(예: 공황장애와 우울증의 동반이환질환을 지닌 경계선 성격장애의 자살위험 내담자)에 기인한 것이다. 일반적으로 1단계에 들어가는 기준은 현재의 기능 수준에 근거하며, 행동과 기능이 더 나은 통제하에 있지 않으면 다른 목표를 작업할 수 없기 때문이다. Mintz(1968)는 자살위험 내담자의 치료를 논의하면서 어떤 종류의 심리치료도 이미 죽은 내담자에게는 효과가 없다고 하였다. 이후 단계(2~4단계)에서 치료목표는 외상이 아닌 정서경험으로 '조용한 절망'을 대체하고(2단계), '정상적인' 행복과 불행을 경험하고 일상에서의 지속적인 장애와 문제들을 감소시키며(3단계), 미완의 감정을 해결하고 자유를 성취하는 것(4단계)이다. 요약하면, 치료 방향은 통제하에서 행동을 하며, 내담자가 더 나은 기분을 느끼고, 삶과 다른 장애로 인한 문제들을 해결하고, 자유를 발견할 수 있도록 돕는 것이다. 언급할 대부분의 연구는 1단계 치료에 들어간 심각하고 다중적인 장애를 지닌 내담자에게 초점을 두고 있다. 단계의 구성은 치료계획과 내담자의 개념화, 돌봄이 필요한 적절한 수준들을 확인하는 것을 돕고 있다.

치료 전 단계: 오리엔테이션과 개입

오리엔테이션의 특정 과업은 두 가지이다. 첫째, 내담자와 치료자는 함께 일하기 위해서 상호적으로 정보가 제공된 결정을 해야 한다. 전형적으로 1~4회기에서는 내담자와 치료자가 이러한 가능성을 탐색할 기회를 제공하여야 한다. 진단적 면접, 내력 탐색, 가장 높은 발생률을 지닌 행동에 대한 분석, 목표행동 설정 등이 초기 치료 회기에 함께 혹은 독자적으로 이루어진다. 둘째, 내담자와 치료자는 치료의 초기 단계를 이끌어 나가기 위한 일반적인 기대들을 협상한다. 내담자와 치료자는 특히 서로에게 기대할 수 있는 것이 무엇인지에 대해 논의하고, 강조하며, 동의한다. 필요하다면, 치료자는 치료 과정과 관련된 내담자의 역기능성인 믿음을 수정하기 위해 시도한다. 논의된 이슈들은 타당하게 기대할 수 있는 변화율이나 정도, 치료목표, 일반적인 치료 과정, 일반적인 치료 과정에 대해 내담자가 가지고 있는 다양한 미신에 관한 것이다. 경계선 성격장애에 대한 변증법적/생물사회적 관점도 제시된다. 오리엔테이션에서는 몇 가지 추가적인 것들을 다루기도 한다. 첫째, DBT는 내담자와 치료자 간의 강력한 협력관계를 요구하는 지지적인 치료로 제시된다. DBT는 자살방지 프로그램이 아니며, 내담자와 치료자가 가치 있는 삶을 창조하기 위한 팀으로 기능하도록 하기 위한 삶 향상 프로그램이다. 둘째, DBT는 문제행동을 분석하고, 그것을 기술적인 행동들로 대치시키며, 비효율적이고 경직된 사고들을 계속 변화시키는 데 1차적인 강조를 하는 인지행동치료로 기술되고 있다. 셋째, 내담자는 DBT가 행동기술 훈련을 특히 강조하는 기술지향적인 치료라고 소개받는다. 이후에 기술될 타당화 전략에 의해 균형을 갖게 될 개입과 방향 설정은 이러한 치료 단계 동안 가장 중요한 전략이다. 치료자는 내담자가 치료를 그만두도록 허용되기 전 일정 기간 동안 자살 혹은 비자살적 자해행동을 하지 않도록 매우 노력한다. 이러한 기간은 1년이 될 수도 있고, 6개월이 될 수도 있으며, 다음 회기까지 혹은 내일까지일 수도 있다.

1단계: 기본 능력 습득하기

치료 첫 단계의 1차적인 초점은 어느 정도 기능적이고 안정적인 생활 패턴을 형성하기 위해 행동통제를 하는 것이다. 더욱이 DBT는 자살방지 프로그램으로서 가치 있는 것이 아니라 가치 있는 삶을 형성하는 데 초점을 두는 것이다. 따라서 DBT 1단계에서의 1차 치료목표는 삶을 가치 있게 경험할 수 있도록 하기 위해 내담자가 자신의 생활을 꾸리도록 돕는 것이다. DBT는 내담자와 치료자가 모두 동의하는 특정 행동 대상에 치료의 초점을 둠으로써 이러한 목표를 성취하고자 한다. 중요도 순서에 따른 특정 목표 대상들은 생명 위협행동(예: 자살시도, 자살사고, 비자살적 자해행동, 타살 위협 및 행동), 치료 방해행동(예: 치료에 늦게 오기, 치료를 빼먹기, 치료계획을 따르지 않기, 치료자에 대한 적대적 공격), 삶의 질 저하행동(예: 약물남용, 섭식장애, 길에서 살기, 심각한 축 I 장애들)과 행동기술을 증진시키는 것 등이다. 이러한 목표 대상들은 각 치료 회기에서 나타날 가능성이 높은 것에 따라 위계적이고 반복적으로 접근된다. 그렇지만 이러한 행동들이 치료 회기 동안 특정 순서에 따라 다루어져야 한다는 것을 의미하는 것은 아니다. 이는 위계에 근거하여 모든 적절한 행동이 치료 내의 어떤 시점에서는 다루어져야 한다는 것을 의미한다. 예를 들어, 만약 내담자가 치료에 30분가량 늦고(치료 방해행동), 지난주에 자살시도를 했다면(생명 위협행동), 치료자는 치료 방해행동을 먼저 다루고, 그 후에 생명 위협행동을 다루는 것으로 선택할 수 있다.

심각하게 역기능적이고 자살위험이 높은 내담자는 1단계의 목표 대상에 대한 의미 있는 진전이 1년 이상 소요될 수도 있다. 이러한 치료 대상에 더해, 변증법적 행동들을 늘리고자 하는 목표는 모든 치료 형태에서 일반적인 것이다. 변증법적인 사고는 내담자가 복합적이고 다면적으로 실체들을 보고, 모순적인 생각들을 동시에 지니고 그것을 통합할 수 있으며, 불일치하고 모순되는 것들과도 편안해지도록 격려한다. 생각과 행동이 극단적이고 이중적인 경계선 성격장애 환자들에게 이러한 것들은 엄청난 일이다. 내담자에게 정서와 외적 행동 반응을 통합하고 균형을 유지하도록 격려하기 때문에, 변증법적인 강조 또한 내담자의 행동 패턴에 똑같이 적용된다. 특히 기술 향상 대 자기수용, 문제해결 대 문제 수용, 정서조절 대 정서감 내의 영역에서 변증법적 긴장이 나타난다. 균형 있는 반응들을 내담자에게 가르치면서, 정서적·인지적·외적 반응이 있든 없든 간에 극단적인 행동들은 계속해서 다루어져야 한다.

생명 위협행동

물론 내담자를 계속 생존하게 하는 것은 모든 심리치료에서 최우선되는 것이다. 따라서 자살위기 행동(가능성 있는 자살위협, 계획, 준비, 치명적 수단 획득, 높은 자살의도를 포함하여 내담자에게 자살 혹은 자살위협에 대한 높고 긴급한 위기에 놓이게 하는 행동들)은 DBT에서는 최우선 순위에 있는 것이다. 목표 대상과 우선순위는 오리엔테이션과 치료 과정 동안 DBT에서 분명히 하고 있으며, 자살행동과 자살위기는 경계선 성격장애를 지닌 내담자에게 가장 관심이 큰 것이기 때문이다. 비슷하게, 어떤 급성적이고 의도적인 비자살적 자해행동은 최고의 우선순위를 갖기도 한다. 이러한 우선순위는 자살시도와 비자살적 자해행동의 위험성이 이후 자살의 단일 요인으로는 가장 높은 예측치를 보이기 때문이다. 비슷하게, DBT는 비록 이들 행동이 목표와 직접 연관되지 않는다 해도 자살사고와 자살행동의 가치나 장기적 결과에 대한 내담자의 기대를 목표로 한다.

치료 방해행동

내담자와 치료자가 협력적으로 함께 일하도록 하는 것은 DBT에서는 분명한 두 번째 목표이다. 이는 치료를 조기에 끝내려는 경계선 성격장애 내담자들의 경향성과 상당한 주의가 요구되는 이들을 치료하면서 겪게 되는 치료자의 소진과 부주의 행동을 포함하는 것으로, 경계선 성격장애 내담자들이 흔히 보이는 만성적인 특성이다. 관계나 치료 진전을 위협하는 내담자와 치료자의 행동들은 직접적으로, 즉각적으로, 일관성 있게, 지속적으로 다루어져야 하며, 가장 중요한 것은 치료자나 내담자가 더 이상 지속하기를 원치 않더라도 다루어져야 한다는 것이다. 내담자의 방해행동들은 치료받는 것을 원치 않는 것(예: 치료에 늦는 것, 치료에 빠지는 것, 교통수단이 없다고 하는 것, 치료 중에 분리되어 있는 것 등)이나 치료로부터 다른 이득을 취하는 것(예: 집단상담에서 프로그램 내의 다른 내담자에게 약을 파는 것 등), 치료자를 소진하게 하거나 혹은 치료자의 개인적 한계를 넘는 것(예: 새벽 3시에 계속해서 전화하는 것, 치료자에게 계속해서 언어 폭력을 하는 것) 등은 치료 회기 내에서 다루어져야 한다. 치료자의 치료 위협행동들로는 부주의한 것(예: 역기능적인 행동을 무심코 강화하는 것) 혹은 내담자가 불필요하게 스트레스를 느끼고 진전을 어렵게 하는 것(예: 치료자가 치료에 늦는 것, 치료를 빼먹는 것, 가능한 시간 내에서도 전화에 답하지 않는 것 등)이 있다. 이러한 행동들은 그것이 내담자에 의한 것이건 치료자에 의한 것이건 간에 치료시간에 다루어져야 하며, 자문/슈퍼비전 회의에서도 논의되어야 한다.

삶의 질 방해행동

1단계의 세 번째 목표 대상은 내담자가 어느 정도의 질적인 삶을 사는 것을 방해하는 모든 행동이다. 이 항목에 속하는 전형적인 행동들은 심각한 약물남용, 심각한 주요우울 삽화, 심각한 섭식장애, 고위기이며 통제를 벗어난 성행위, 심각한 경제적 어려움(통제할 수 없는 소비, 도박, 혹은 재정을 다룰 수 없는 것), 감금되도록 하는 범죄행동, 직업이나 학교 관련 역기능 행동(직업이나 학교를 쉽게 그만두는 패턴, 해고되거나 혹은 학교에서 실패하는 것, 어떠한 생산적인 활동에도 관여하지 않는 것 등), 주거 관련 역기능 행동(학대적인 사람과 함께 사는 것, 안정적인 주거를 마련하지 않는 것), 정신건강 관련 패턴(반복적인 입퇴원, 심각한 다른 질병을 잘 다루지 못하는 것) 등이다. 여기서의 목표는 내담자가 상당히 안전한 상태와 적절한 기능 수준을 충족할 수 있는 안정적인 생활방식을 갖는 것이다.

필요할 때, DBT는 특정한 삶의 질을 방해하는 행동을 다루는 근거기반 행동 개입들을 통합하여 사용한다. DBT는 원래 근거치료이기 때문에 그것이 DBT의 기본 가정 및 철학과 합치되는 한 다른 근거기반 프로토콜을 통합하여 쓸 수 있다. 예를 들어, 우리는 최근 높은 자살위험 경계선 성격장애 환자들의 PTSD를 다루기 위해 연장된 노출치료 프로토콜을 DBT에 포함시켰다(Harned, Korslund, Foa, & Linehan, 2012). Harned와 동료들(2012)의 표준적인 DBT 프로토콜을 준비하고 내담자에게 실시하기 위한 지침에 따라 파이롯 연구는 13명의

BPD와 PTSD 동반이환으로 진단되고 높은 자살위험이 있는 여성에게 실시되었다. 결과는 PTSD 증상에서는 신뢰로운 향상이 70%, 재발률은 60% 정도로 나타났으며, 이는 표준적인 PTSD 문헌들에서 연장된 노출(PE)치료와 유사한 결과였다.

행동기술

1단계의 네 번째 목표 대상은 내담자가 스트레스 감내력, 정서조절, 대인관계 효과성, 자기조절 영역과 관련된 기술행동들을 습득하고 적용할 수 있는 어느 정도의 능력과 판단 없이 깨어서 반응하는 ('마음챙김' 기술) 능력을 성취하도록 하는 것이다. 우리의 외래 프로그램에서 기술 훈련에 대한 1차적인 책임은 매주 운영되는 DBT 기술집단에 달려있다. 개인치료자는 시간 경과에 따라 기술 습득과 사용을 모니터링하고, 내담자가 자신의 삶 속의 특정 문제 상황에 기술들을 적용하도록 돕는다. 또한 문제가 발생할 때 내담자에게 이러한 기술들을 사용하도록 코치하는 것은 기술집단 리더의 역할이 아니라 개인치료자의 역할이다.

2단계: 조용한 절망

DBT의 1단계는 역기능적 행동을 다루고, 정서 패턴을 조절하기 위한 직접적인 접근들이었다. 현재의 행동과 과거의 외상사건들(아동기의 것을 포함하여) 간의 관계가 탐색되고 언급될 수 있으나, 치료의 초점은 현재의 생각들, 감정들, 행동들 간의 관계를 분명히 분석하는 것이며, 현재의 패턴들을 수용하는 것과 변화시키는 것에 두고 있다. DBT의 2단계 목표는 행동의 통제가 존재하는 상황에서 극단적인 정서적 고통을 경험하는 것으로 정의될 수 있는 '조용한 절망(quiet desperation)'을 감소시키는 것이다(Linehan et al., 1999). 다양한 범위의 정서경험의 어려움(예: 정서적 회피와 정서 관련 단서들)도 이 단계에서의 목표 대상이며, 여기서는 정상적인 정서경험 능력(예: 심각한 정서적 극단화나 행동 통제 상실 없이 전체 범위의 정서를 경험하는 능력)을 향상시키고자 하는 목표를 갖는다. 2단계에는 네 가지 목표가 있다. 초기의 스트레스와 외상사건을 기억하고 수용하기, 외상이었던 사회적 부정과 관련된 자신에 대한 낙인과 자기비난을 줄이기, 부인했다가 침습하는 반응이 교차하는 신드롬을 줄이기, 과거의 어려움에 대한 비난과 관련된 변증법적 긴장을 해소하기이다.

3단계: 삶의 문제를 해결하고 자기에 대한 존중을 증진시키기

3단계에서 DBT는 내담자의 받아들일 수 없는 불행과 삶에서의 문제를 목표로 한다. 이 단계에서 경계선 성격장애 내담자들은 이전의 두 단계에서 문제를 해결하기 위한 작업을 했거나 혹은 이것이 필요할 만큼 심각한 장애를 가지고 있지는 않다. 비록 이 단계의 문제들이 여전히 심각하지만, 그 개인은 삶의 주요 영역에서는 기능하고 있다. 여기서의 목표는 내담자가 행복과 불행의 정상적인 수준뿐 아니라 독립적인 자기존중을 성취하는 것이다. 이 목적을 위해 내담자는 자신에게 가치를 두고, 믿고, 신뢰하며, 타당화하도록 돕는다. 여기서의 목표 대상은 자신의 행동을 비방어적으로 평가하고, 자신의 반응들을 신뢰하며, 다른 사람들과 독립적으로 자기평가를 유지하는 능력들이다. 궁극적으로 치료자는 한발 물러나서 내담자가 자기

타당화를 독립적으로 시도하는 것을 지속적으로 강화하여야 한다. 비록 이 목표가 모든 내담자를 독립적으로 만들지는 않지만, 자기부정 없이 타인과 관계를 맺고 의존하기 위해 충분한 자기신뢰를 갖게 하는 데에는 중요하다.

4단계: 자유를 위한 능력과 지속적인 만족감을 갖기

DBT 치료의 마지막 단계는 불완전감을 해소하고, 지속적인 만족을 위한 능력을 발달시키는 것을 목표로 한다. 자유에 대한 초점은 자신의 소망을 충족하고 현재의 삶과 행동 및 정서적 반응을 변화시키고자 하는 욕구로부터 자유로워지는 것이다. 여기에서 목표는 확장된 깨어 있음(awareness), 영적 충만성, 움직임에서 경험으로의 이동 등이다. 4단계의 내담자들에게는 통찰중심 심리치료, 영적 지시나 연습, 조직화된 실존적 치료 및 인생경험 등이 모두 도움이 된다.

치료 구조화: 기능과 형태

치료의 기능

표준적인 DBT는 다음과 같은 다섯 가지 핵심적인 기능을 중심으로 구조화되어 있다. ① 개인의 기술행동 패턴의 레퍼토리를 늘림으로써 행동능력을 증진하는 것, ② 역기능적인 행동과 효과적인 행동을 방해할 가능성이 높은 반응들(인지, 정서, 행동)에 대한 강화를 감소시킴으로써 내담자의 변화동기를 높이는 것, ③ 치료환경에서 자연적인 환경으로 새로운 행동들을 일반화시키는 것, ④ 치료자의 동기와 능력을 향상시키기 위해 효과적인 치료를 제공하는 것, ⑤ 역기능적인 행동보다는 효과적인 행동이 강화되는 환경을 구성하는 것이다.

치료 유형: 무엇을, 언제, 누가 할 것인가

표준적인 DBT의 기능을 수행하고 대상 목표를 설정하는 것은 다양한 치료 형태에 따라 광범위하며, 개인치료자(DBT에서 항상 1차 치료자인)들은 목표 대상의 순서에 주의를 기울이고 그러한 목표들이 충족시킬 수 있는 치료들을 조직화하는 것에 내담자와 함께 책임을 진다. 기술 훈련에서 서로 다른 목표 세트들이 목표 대상으로 설정된다. 전화회기에서는 또 다른 목표 대상이 위계로 구성될 수도 있다. 자문/슈퍼비전 형태에서는 치료자의 행동들이 목표 대상이 된다. 한 가지 이상의 치료 유형(예: 개인, 집단, 전화 코칭)에 관여한 치료자들은 각 유형에 특정적인 기능을 인식하고 목표 대상의 위계를 유지해야 하며, 치료 유형이 변화될 때 그 위계들이 부드럽게 전환되도록 해야 한다.

개인치료

DBT에서는 효과적인 치료는 결손이 있는 내담자의 능력 및 행동기술과 기술적인 반응들을 사용하는 것을 방해하는 동기적 및 행동적 문제들에 모두 주의를 기울여야 함을 가정한다(기능 2). 비록 이러한 원칙들에 영향을 주는 수많은 방법이 있으나, DBT에서 개인치료자들은 기술 결핍과 동기 문제를 평가하고 문제를 해결하며, 각 영역에서의 문제를 다루기 위해 다른 유형의 치료를 활용하는 것에 대한 책임을 갖는다.

개인 외래치료 회기는 50~90분의 주 1회 회기로 구성되며, 위기 상황에서나 치료 초기에 필요하다면 주 2회로 구성될 수도 있다. 개인치료 내에서의 특정 목표 대상의 우선순위는 앞에서 논의된 DBT의 전반적 우선순위와 같다. 개인치료 회기에서의 치료 초점은 각 순간에 적절한 가장 우선순위가 높은 치료목표 대상으로 결정된다. 이러한 순서는 치료 과정을 통해 변화되지 않는다. 그럼에도 치료목표 대상의 적절성은 변화한다. 적절성은 내담자의 가장 최근의, 매일의 행동(지난 치료시간부터의), 치료 회기 내의 현재 행동에 의해 결정된다. 만약 하나의 목표 대상에 대한 만족할 만한 진전이 이루어지지 못하거나 혹은 그 행동이 전혀 문제가 된 적이 없으며, 또 만약 그 행동이 현재에 뚜렷이 문제가 되지 않는다면, 치료자가 위계에 따라 다른 치료목표 대상으로 변경할 수도 있다. 이러한 위계 재배열은 높은 자살행동이나 고의적인 자해, 치료 방해행동, 심각한 삶의 질 방해행동이 발생할 때, 최소한 치료 의제의 일부분만이라도 각각의 주제에 대해 다루어야 한다. 만약 이러한 행동들이 그 순간에 나타나지 않는다면, 1, 2, 4단계 동안 논의되어야 할 주제들도 내담자에 의해 마련되어야 한다. 치료적 초점(논의된 어떤 주제에서도)은 치료 단계, 향상을 목표로 하는 기술들, 다른 2차 목표 대상들에 따라야 한다. 1단계 동안, 예를 들어 어떤 문제나 주제 영역도 대인관계 이슈, 필요한 기술, 정서조절을 위한 기회, 스트레스 감내력의 측면에서 개념화되어야 한다. 3단계에서 치료자는 주제와 관련 없이 내담자가 치료시간 내에서와 일상 상황 모두에서 삶의 문제들을 감소시키고, 독립적인 자기존중, 자기타당화, 자기수용을 할 수 있도록 돕는 것에 초점을 두어야 한다. (이것은 물론 치료를 통한 목표 대상들이지만, 3단계에서 치료자는 좀 더 물러나서 이전의 두 단계보다는 내담자를 위해 덜 작업한다.) 2단계에서 주요 초점은 만연한 '조용한 절망'을 감소시키는 것뿐 아니라 외상적 단서와 관련된 극단적인 정서와 심리적 의미를 변화시키는 것이다.

매우 역기능적인 내담자에게는 치료 초기에 위계의 상위 부분에 있는 것에 초점을 두는 것이 필요하다. 예를 들어, 만약 자살 혹은 비자살적 자해행동이 지난주에 나타났다면, 이것은 치료방해 행동보다도 더 먼저 주의를 기울여야 한다. 또한 치료 방해행동은 삶의 질 방해행동에 대한 작업보다 먼저 이루어져야 한다. 비록 한 회기에 하나 이상의 대상 목표에 대해 작업할 수 있다 할지라도(내담자에 의해 도입된 것을 포함하여) 우선순위가 높은 목표가 항상 먼저 다루어져야 하고, 필요한 모든 목표가 회기 내에서 적절히 다 다루어져야 한다. 목표 대상행동의 적절성을 결정하는 것은 치료 초기 두 단계 동안 내담자가 작성해서 매주 치료시간에 가져왔던 다이어리 카드 사용에 의해 도움을 받는다. 카드를 작성하거나 가져오는 데 실패하는 것은 치료 방해행동으로 고려되어야 하며, 그렇게 공개적으로 다루어져야 한다. 다이어리 카드의 기록은 자살행동, 비자살적 자해행동, 자해나 자살 행동에 대한 충동, '불행감', 약물의 사용, 행동기술의 사용에 대해서 매일 이루어진다. 다른 목표행동들(폭식증 삽화, 생산적인 활동들, 플래시백 등) 또한 카드의 빈칸들에 기록할 수 있다. DBT를 실시하는 치료자들은 치료 초반에 카드를 정기적으로 점검하는 패턴을 만들어야 한다. 카드는 각 회기의 로드맵 역할을 한다. 따라서 각 회기는 다이어리 카드가 작성되지 않으면 시작할 수가 없다. 만약 그

주에 걸쳐 높은 자살 혹은 자해 행동에 대한 충동이 기록되거나 유의미한 증가가 있다면, 그것은 내담자에게 자살위험성이 있는지 결정하기 위해 평가될 것이다. 만약 약물 남용이나 의존 패턴이 나타난다면, 그것은 삶의 질을 방해하는 행동으로 평가될 것이다.

목표행동에 대해 작업한다는 것은 이 장의 후반부에 기술할 치료전략을 적절히 배열하는 것과 관련된다. 핵심적으로, 매 회기 구조화된 것뿐 아니라 비구조화된 문제해결(치료자에 의한 단순한 해석적 활동을 포함하여)과 비구조화된 타당화 사이의 균형이 있어야 한다. 치료자가 문제해결과 타당화 각각에 할당한 시간은 ① 변화가 필요한 행동이나 해결되어야 할 문제의 긴급성, ② 필요한 변화에 대한 위협이 없으며, 타당화, 이해, 수용에 대한 내담자 욕구의 긴급성에 따라 달라진다. 그럼에도 각 회기에서는 변화(문제해결)와 수용(타당화) 전략 간의 전반적인 균형이 이루어져야 한다. 각각에 대한 균형이 상실된 주의는 비변증법적인 회기를 만들며, 내담자의 진전을 위협하게 된다.

기술 훈련

위기개입 및 다른 1차 목표 대상에 대한 주의의 필요성은 개인 심리치료 내에서는 매우 어려운 기술 습득을 만들게 한다. 즉, 각 치료의 요인들은 행동기술 습득을 직접 목표 대상으로 하게 한다(기능 1). DBT에서 이것은 별도로 매주 2~2.5시간 소요되는 집단 기술 훈련으로 실시되며, 최소한 보통 6개월간 때로는 1년까지 참여해야 한다. 기술 훈련은 개인치료로도 실시될 수 있는데, 집단치료에서보다 개인치료에서 새 기술을 가르치는 것에 집중하는 것이 종종 더 어렵다. 내담자는 두 번 정도 모든 기술 모듈을 다 배운 후에도 개인적 선호나 필요에 따라 기술 훈련을 더 유지할 수 있다. 어떤 DBT 프로그램은 이러한 기술을 습득하였지만 그것을 일상생활의 어려움에 효과적으로 적용하는 것에 대해 매주 자문받을 필요가 있는 내담자들을 위한 졸업생 집단을 개발하였다. 그러나 졸업생 집단의 효과성에 대한 연구는 언급되지 않았다. 청소년 프로그램에는 가족 구성원들도 종종 초대된다. 어떤 프로그램에서는 친구와 가족의 기술 훈련집단이 별도로 운영되기도 한다.

모든 집단에는 전형적으로 리더와 공동리더가 있다. 리더의 1차적인 역할은 기술을 가르치는 데 있으나, 공동리더는 가르쳐야 할 자료와 정보를 처리하는 과정에 구성원들이 초점을 두고 참여할 수 있도록 집단을 운영하여야 한다(모든 사람이 정확한 페이지를 보고 있는지, 리더의 부정이 구성원의 차단을 유발하는지 파악하기, 어떤 사람은 깨우고, 집단시간에 울고 있는 구성원 옆에 앉기 등). 우리는 리더가 두 가지 역할을 혼자하는 경우, 집단이 집중을 유지하기가 힘들고 리더가 기술을 일정에 따라 가르치기 힘들다는 것을 발견하였다. 그리고 때때로 공동리더의 역할을 배우는 것이 더 힘들다.

DBT에서의 기술 훈련은 심리교육적 형식을 따른다. 해결되어야 할 문제에 의해 1차적으로 의제가 결정되는 개인치료와는 달리 기술 훈련의 의제는 가르쳐야 할 기술에 의해 설정된다. 앞에서도 언급한 바와 같이, 기술 훈련은 집단이 초점을 두어야 할 치료목표 대상의 위계에 따른다. ① 치료 파괴 행동(예: 인사불성이 되어 클리닉으로 오는 등 그 장소에서의 약물 사용, 물건을 파괴하는 것, 집단 구성원들이나 치료자에게 긴급한 자살이나 타살 행동으로 위협하는 것), ② 기술 습득을 증진시키고 강화하는 것, ③ 치료 방해행동을 감소시키는 것(예: 집단 상황에서 말하기를 거부하는 것, 집단 중간에서 안절부절못하며 다니는 것, 치료자나 혹은 치료를 공격하는 것)이다. 또한 기술 훈련에서는 개인 심리치료 유형에서 다루어질 것을 주의를 기울여 다루지 않는다. 만약 그러한 행동들에 1차적인 초점이 맞추어진다면, 행동기술을 가르칠 시간이 없을 것이기 때문이다. 일반적으로, 내담자가 기술 훈련 시간을 '힘들게 끌어가고' 동시에 위로받는 동안 이러한 치료 방해행동은 일정을 다 소진하게 된다. DBT에서 모든 기술 훈련은 내담자들이 개인 심리치료와 함께 받아야 하는 것이다. 집단이나 개인 기술 훈련을 통해 각 내담자들은 자신의 1차 치료자들과 다른 문제행동들을 다룰 수 있도록 격려된다. 만약 심각한 자살위험성이 발생하면, 기술 훈련 치료자들은 1차적인 개인치료자들에게 이 문제를 알리게 된다.

비록 앞에서 언급한 모든 전략이 개인 심리치료와 기술 훈련에서 모두 사용됨에도 불구하고 그것은 전혀 다른 것이다. 기술 습득, 강화시키기, 일반화 전략은 기술 훈련에서는 명백한 변화전략들이다. 또한 기술 훈련은 개인 심리치료 요소들에 비해 매우 구조화되어 있다. 이 기술 훈련의 절반을 현재 배우는 기술을 숙제로 연습했는지 점검하는 데 사용할지라도, 다른 절반은 새로운 기술을 배우고 연습하는 데 쓰인다. 대인 간의 과정이 심각하게 위협적인 상황일 때를 제외하고, 기술 훈련에서 논의할 의제와 주제는 일반적으로 미리 정해져 있다.

네 가지 기술 모듈이 6개월 과정으로 순환되면서 배우게 된다. 표준적인 DBT에서 마음챙김 기술은 연속된 유형으로 각각 2주씩 배우게 된다. 새로운 구성원은 2주간의 마음챙김이나 혹은 이후 모듈의 처음 2주 동안에는 집단에 들어올 수 있다.

마음챙김 기술은 DBT의 핵심적인 것으로 보인다. 따라서 그것은 '핵심' 기술이라고 이름 붙여졌다. 이러한 기술들은 명상(선과 명상적 기도를 포함하여) 훈련의 행동적 변형으로 제시되며, 관찰, 기술, 자발적 참여, 비판단적으로 있기, 깨어 있는 것에 초점을 두기, 효과성에 초점을 두기 등을 포함한다. 일반적으로 스트레스를 겪는 감정과 사전의 변화에 초점을 두는 표준적인 행동 및 인지치료와는 달리 DBT에서는 고통을 기술적으로 조절하는 것을 배운다. 마음챙김 기술은 평가를 하지도 않고 그것을 변화시키거나 통제하지도 않은 채, 자신의 생각과 감정, 행동을 경험하고 관찰할 능력을 반영하는 것이다. 스트레스 감내 기술은 두 가지의 기술을 포함한다. 첫째, 고통스러운 상황이 문제가 해결될 때까지 더 악화되지 않도록(예: 생명 위협행동에 관여하지 않은 채) 위기 생존 기술들을 행동을 조절하는 데 사용한다. 둘째, 단기적인 미래에는 해결될 수 없으며, 과거에도 발생했고 앞으로도 변화될 수 없는 문제의 고통을 감내하는 데 '현실을 받아들이는' 기술이 사용될 수 있다.

정서조절 기술은 정서적 스트레스를 감소시키기 위해 목표가 설정되고, 현재의 감정을 확인하고 이름 붙이며, 마음챙김 하기(예: 비판단적으로 경험하기), 정서를 변화시키는 것의 장애물 확인하기, 회복탄력성 증진하기, 그 정서와 반대로 행동하기이다. 대인관계 효율성 기술은 갈등 상황 내에서의 목표를 결정하는 데 효과적인 방법들(예: 어떤 것을 물어보거나 혹은 요구에 '아니'라고 말하기)과 이러한 목표들을 관계를 손상시키지 않거나 자기존중을 희생하지 않고도 얻을 수 있는 가능성을 최대화할 수 있는 전략들을 가르친다.

DBT에서 핵심적인 한 가지 기술인 정서조절 모

듈은 매우 중요한 기술이다. 이 정서조절 기술은 내담자에게 그들의 정서적 각성을 감소시키기 위해 그들의 정서적 조절과 반대되는 행동을 해 보도록 격려하는 것이다. 반대되는 행동 뒤의 이론적 전제는 정서와 관련된 행동충동은 이와 일치하는 행동이 그 정서를 다시 유발할 가능성을 높인다는 것이다(Linehan, Bohus, & Lynch, 2007). 내담자들은 반대되는 표현(예: 얼굴 표정, 자세, 목소리 톤)과 정서 반응의 행동 요인이 정서장애를 다루는 치료방법에 매우 일반적인 것이며, 핵심적으로 효과적인 심리치료에서 변화를 유발하는 주요 기제라는 것을 배우게 된다. 예를 들어, 불안에 효과적인 치료는 노출의 원리와 반응 예방에 근거하며, 이는 정서와 일치되는 행동 대신 불일치되는 행동을 적극적으로 하도록 격려된다(예: Foa & Kozak, 1986). 반대행동 기술은 단순히 공포뿐 아니라 모든 정서에 적용 가능하다. 이는 또한 각 문제 정서에 대한 반대행동을 얼마나 정확히 실행할 것인가에 대한 지침을 제공한다. 따라서 만약 한 가지 정서가 그 상황에서 합리화되지 못하거나 혹은 효과적이지 않으면, 반대행동은 ① 그 정서를 유발하는 자극이나 단서에 노출되고, ② 정서행동 충동에 의해 자극되는 행동을 차단하고, ③ 반대되거나 혹은 정서 반응과 일치하지 않는 방식으로 행동하는 것과 관계되는 것이다(Linehan, 1993b). 예를 들어, 공포에 대한 행동은 피하는 것이다. 따라서 반대행동은 그 상황으로 완전히 다가가는 것이다. 분노의 경우, 행동충동은 주먹을 쥐고 신체적으로나 정서적으로 공격하는 것이며 그 상황을 판단하는 것이다. 분노에 대한 반대행동은 그 상황에서 자신을 부드럽게 없애고, 주먹을 펴고, 손바닥을 열고, 어깨의 긴장을 풀고, 공감적인 표현을 하고, 화가 난 사람이나 상황에 대해 적극적인 공감을 할 수 있도록 하는 것이다(Linehan, 1993b, 2013).

반대행동 기술은 불안을 변화시키기 위해 행동경향을 변화시키라는 1988년 Barlow의 조언과 매우 유사하다. Barlow와 동료들(2004)에 따르면, 부정적인 정서는 우울과 불안 장애에 잠재된 동일 요인이다. 따라서 우울과 불안 장애에 대해 하나의 치료 프로토콜을 제안하였다. Barlow와 동료들이 제안한 통합된 프로토콜은 부정정서에 대한 어려움이 초반의 인지적 재평가(예: 사건이 일어날 가능성과 재난이 발생할 가능성)를 변화시키고, 정서적 회피를 예방하고, 정서와 연합되지 않은 행동경향을 촉진함으로써 해소된다고 주장한다. 마지막 전략의 경우, 핵심적 단계는 정서와 관련된 행동경향을 방지하고, 다른 행동경향을 촉진하며, 정서가 회피하라고 할 때 다가가도록 격려하는 것이다(예: 범불안장애로 진단된 사람은 불안전한 행동에 관여하도록 하고, 분노 문제를 지닌 사람은 거리를 유지하고 수동적으로 행동하도록 격려하며, 우울증으로 진단된 사람은 적극적으로 행동하고 철회되지 않도록 요구한다).

자기조절 기술은 다른 행동기술과 연합하여 사용된다. 그럼에도 행동주의 원칙이 모든 DBT에 내재되어 있기 때문에 이러한 기술이 특정 모듈로 할당되어 있지는 않다. 자기조절 기술은 학습과 행동 변화의 기본 원리에 대한 지식, 현실적인 목표를 설정하고, 자신의 행동분석을 실시하며, 유관조절 계획을 실행하는 능력을 포함한다.

전화 자문

회기와 회기 사이에 내담자에게 전화를 하는 것(혹은 DBT가 입원 병동과 같은 다른 환경에서 실시될 때 추가적인 치료 접촉)은 DBT에서는 핵심적인 부분이다. 전화 자문은 다음의 위계목표를 따른다. ① 응급 위기 개입을 제공하는 동시에 자살행동과 치료자의 관심을 받고자 하는 것 간의 관계를 끊는 것, ② 기술을 코칭하고 기술 일반화를 향상시키는 것, ③ 치료적 관계를 유지할 수 있는 시간상 적절한 맥락을 제공하는 것이다. 기술 코칭을 위한 전화와 관련하여 해결해야 할 문제의 복잡성과 심각성에 따라 전화 자문의 초점이 달라지며, 치료자가 전화를 해야 하는 시간의 길이도 달라진다. 이러한 전화가 치료 회기로 고려되어서는 안 된다는 것을 기억하는 것은 중요하며, 그렇게 사용되어서도 안 된다. 상황이 편하고 이미 명백하며, 내담자가 그 상황에서 할 수 있는 것이나 해야 할 것을 결정하는 것이 쉬운 상황에서의 초점은 내담자가 그 문제를 다루기 위해 행동기술들(역기능적인 행동들보다는)을 사용하도록 돕는 것이다. 반대로, 문제가 복잡하거나 내담자가 쉽게 풀기에 너무 어려운 상황에서의 초점은 스트레스를 경감시키고 견디도록 하는 것이며, 다음 치료 회기까지 역기능적인 문제해결 행동을 억제시키는 것이다. 위기를 해결하는 것이 전화 코칭의 목표는 아니다.

내담자가 자살위험에 있을 때 내담자의 삶을 보호하기 위한 필수적인 단계들을 빼지 않도록, 도움을 위한 모든 전화는 가능한 한 많은 것을 다룬다. 자살 및 비자살적 자해행동과 전화 접촉 증가 간의 유관관계를 끊도록 한다. 이렇게 하기 위해서 치료자는 두 가지 것을 할 수 있는데, 어떤 전화도 받는 것을 거절하거나(자살위기 전화를 포함하여) 혹은 자살위기 동안 전화를 하겠다고 하여 내담자가 다른 위기와 문제 상황에서도 전화를 할 수 있게 하는 것이다. Linehan(1993b)이 언급한 것과 같이 자살행동에 대한 전문가들은 자살위험 내담자들에게 필요할 때 치료자가 접근 가능하다는 것을 비공식적으로 언급한다. 따라서 DBT에서는 두 번째 선택을 받아들이고 자살위험이 없는 기간에도 전화를 하도록 격려하는 것이다. DBT에서는 치료자가 너무 드물게 전화하는 것뿐 아니라 너무 자주 전화를 하는 것도 치료 방해행동으로 고려된다. 내담자는 코칭에 대한 오리엔테이션을 통해 전화를 하는 동안 무엇을 기대할 수 있는지를 배운다. 예를 들어, 치료자는 내담자와 그 전화를 통해 묻고 싶었던 것에 대해 다음과 같이 의사소통할 수 있다. "무엇이 문제예요? 당신이 사용한 기술이 무엇이죠? 당신의 기술 책은 어디 있어요? 가서 책을 펼치고 이 상황에서 당신이 사용할 수 있는 다른 기술이 무엇인지 파악해 봅시다." 치료자들은 내담자들이 효과적으로 도달할 수 있는 것들을 강화하고 싶어 한다. 그렇지만 내담자가 치료자에게 전화하기 전에 그 문제를 쉽게 해결할 수 있는 실제적인 기술을 사용하지 않은 것을 강화하기를 원하지 않는다.

추가적으로, 치료자들은 전화 통화로도 타당화와 동시에 변화에 초점을 둔 전략으로 균형을 이루고자 한다. 치료자가 전화 통화를 하는 동안 의도치 않게 위기행동을 강화하고 회기 사이의 접촉을 늘리게 되는 유관 관리 원리를 의식하는 것은 매우 중요하다.

기술 훈련을 담당하는 사람도 내담자를 치료에 머물게 하기 위해서(물론 필요할 때 내담자를 살아 있도록 하기 위해서) 전화 통화를 한다. 자살위기를 포함한 다른 모든 문제와 관련된 통화는 가능한 한 빨리 1차 치료자에게 돌려야 한다. 우리는 이것이 집단 리더들이 가져야 할 가장 어려운 분별력 중 하나임을 배웠다. 내담자는 다양한 이유로 전화를 할 수 있으며, 집단 리더의 역할은 계속해서 내담자를 개인치료자에게 돌려보내는 것이다.

개인치료자와의 전화 통화에서의 마지막 우위는 관계 회복이다. 경계선 성격장애를 지닌 내담자들은 종종 치료 회기 동안 나타난 상호작용에 대해 지연된 감정 반응을 경험한다. DBT 관점에서 이것은 내담자가 이러한 감정을 다루기 위해 일주일을 기다리도록 요구하는 것은 타당하지 않으며, 내담자가 '마음을 터놓는' 짧은 대화를 하기 위해 전화를 하는 것이 적절하다는 것이다. 이러한 상황에서 치료자의 역할은 위로를 하고 안심을 시키는 것이다. 심층적인 분석은 다음 회기까지 기다려야 한다.

자문 팀

DBT는 경계선 성격장애의 효과적인 치료를 위해서는 치료에서의 치료자의 행동과 경험에도 내담자의 것만큼 주의를 기울여야 한다고 가정한다. 경계선 성격장애를 지닌 내담자를 치료하는 것은 엄청난 스트레스이며, DBT의 치료 틀을 유지하는 것은 매우 힘들기 때문이다(기능 4). 따라서 치료의 필수적인 부분은 치료자에 대한 치료이다. 모든 치료자는 또 다른 사람과 혹은 집단으로 된 자문 팀에 참석하는 것이 요구된다. DBT 자문 회의는 매주 열리며, 현재 내담자에게 DBT를 실시하는 치료자들이 참석할 수 있다. 때때로 임상환경은 시간과 장소의 제약 때문에 자문 팀이 운영 회의의 일부가 되기를 요구하기도 한다. 이러한 상황이 발생할 때는 그 회의의 각각(운영, DBT)에 대한 특정한 의제와 시간 제한을 설정하고 치료자가 제기해야 할 자문 이슈를 거론했는지 확인하는 것이 중요하다. 자문의 역할은 치료자가 치료 틀에 머물고, 치료 전달 과정에서 발생하는 문제들을 거론할 수 있도록 하는 것이다. 따라서 기초적인 목표는 DBT 원리를 각 자문집단 구성원들이 잘 유지할 수 있도록 하는 것이다. DBT 자문 팀은 DBT의 핵심적인 요인으로 보인다. 즉, 이것은 치료자에 대한 또래집단 치료이며, 각 구성원들은 서로에게 치료자이면서 동시에 내담자이기도 하다. 초점은 DBT를 유지하는 행동들을 높이고 DBT가 아닌 행동들은 낮추기 위해 DBT 전략들을 사용하는 것이다.

치료자가 DBT를 유지하기 위해 자문 팀이 하는 세 가지 주요 기능이 있다. 첫째, 자문 팀은 개인치료자들이 치료관계를 유지할 수 있도록 돕는다. 여기서의 역할은 치료자의 기운을 북돋고 치료자를 지지하는 것이다. 둘째, 슈퍼비전이나 자문 팀은 내담자가 치료자와의 상호작용 내에서 균형을 유지할 수 있도록 한다. 균형을 제공하기 위해서 자문가는 치료자에게 가까이 다가가서 강한 위치를 유지하도록 돕는다. 혹은 자문가는 치료자가 내담자와 균형을 유지하기 위해 좀 더 가까이 오기를 요구하면서 뒤로 물러나기도 한다. 셋째, DBT 프로그램을 적용하는 것으로, 팀은 치료를 위한 맥락을 제공하기도 한다.

자문 팀에 합류하기

각 팀은 DBT 내담자들을 치료하고 있거나 혹은 내담자에게 DBT를 실시할 가능성이 있는 치료자들로 구성된다. 자문 팀은 내담자군들을 다룰 수 있는 치료자 공동체인 것이다. 치료자들은 팀에 합류하기 전에 그들의 개입에 대해 완벽히 인식하는 것이 중요하다. 치료자들도 DBT의 사전치료 단계 동안 내담자들이 하는 것처럼 그 팀에 개입하여야 한다(〈표 10-2〉 참조). 개입 회기에 팀원들에게 실

〈표 10-2〉 DBT 자문 팀 개입 회기

1. 팀의 동의, 특히 온정적이고, 마음챙김적이며, 변증법적 태도를 계속 유지하기
2. 팀에서 어떤 역할을 하고 있든(예: 개인치료자, 집단 기술 훈련자, 임상 슈퍼바이저, 약물치료자) 내담자를 볼 수 있어야 함
3. 팀 내에서 치료자로서 기능하여야 하며, 관찰자로 조용히 있거나 자신의 문제에 대해서만 말하는 사람이어서는 안 됨
4. 팀 회의를 다른 집단 치료회기를 다루는 것처럼 다루어야 함[즉, 매주 회의에 참여하고(다른 일이나 내담자를 보는 것과 중복 약속을 하면 안 됨), 끝날 때까지 전화나 PDA 등을 끄거나 필요하다면 무음으로 해야 함]
5. 팀 회의에 적절한 준비를 해서 와야 함
6. 좀 더 경험이 많은 사람들에게 (특히 자신이 어떠한 유용한 것을 제공할 수 있는 존재인지를 상상하기 어려울 때) 기꺼이 임상적 조언을 받기
7. 자신의 실수나 어려움을 인정하기 위한 겸손과 집단에 자신의 문제를 해결할 수 있도록 도움을 요청할 수 있는 자발성을 갖기
8. 당신의 동료 임상가들과 내담자들에게 비판단적이고 온정적이 되기. 자신이 판단적이거나 마음챙김이 없다는 것을 기억하기 위해 비판단적인 종을 울리기. 그러나 누군가를 비난하는 식으로 해서는 안 됨. 종은 일깨우기(reminder) 위한 것이지, 감지(censor)가 아님
9. 해결방안을 주기 전에 문제를 적절히 평가하기(다른 사람들이 당신에게 더 잘해 주었으면 하고 바라는 것처럼 다른 사람에게 하기)
10. 다른 사람이 무시되어지거나 코끼리를 보지 않을 때 "방 안에 코끼리가 있다."라고 소리치기
11. 바뀌는 교통신호등 때문에 정시에 도착하지 못하고 단지 31초만 늦었더라도 기꺼이 연쇄분석(chain analysis)을 수행하기
12. 팀이 잘 기능하기 위해 지도자, 관찰자, 기록자 또는 다른 업무의 역할을 공유하면서 참여하기
13. 만약 자문 팀이 유용하지 않다고 느끼거나 진행되는 방법이 마음에 들지 않는다면, 좌절하여 속으로 마음을 졸이기보다는 이것에 대해 이야기하기
14. 팀 회의를 빠졌을 때는 어떻게 하든 그것을 보완해야 하는데, 왜냐하면 그 팀은 연결이 가장 약한 사람만큼 강할 수 있기 때문임. 따라서 어떤 팀원의 결석도 느끼게 됨
15. 소진, 좌절, 피곤함, 과로, 존중받지 못함, 무망감, 비효율성을 느낄 때조차도 계속 진행해야 함

시되는 것은 첫 회기에 DBT 내담자들에게 사용되는 것과 동일한 전략과 기술이다(예: 악마의 선전, 찬성과 반대, 문제해결 등). 새로운 치료자들은 〈표 10-2〉에 언급된 행동을 실시하여야 하며, DBT 원리를 적용할 때 자신의 효율성과 유지도를 높이기 위해 적극적으로 활동하며, 팀에 의해 치료된 모든 내담자의 치료와 결과에 대해 책임을 지닌다. 예를 들어, 팀원에 의해 치료받고 있는 내담자가 자살시도를 했다면, 팀원들이 그들에게 자살시도를 하는 내담자를 치료해 본 적이 있냐고 물었을 때 모두 그렇다고 대답할 것이다.

자문 회의 형식

DBT 팀 회의를 진행하는 것에는 다양한 방법이 있다. 다음은 우리가 워싱턴 대학교에서 회의를 진행하는 형식이다(비록 이 형식조차도 팀원들의 변화 요구가 있으면 바뀔 수 있다는 것을 기억하는 것이 중요하다). 우리 DBT의 각 팀원은 명확한 팀 리더를 가

진다. 이 사람은 보통 그 팀의 가장 경험 많은 DBT 치료자이며, 그의 역할은 제공되는 치료의 충실도가 간과될 때, 필요하다면 DBT 원리를 정교화하는 것이다. 또한 팀은 팀원이 자신들이나 혹은 서로에 대해, 내담자에 대해 판단적인 언급을 할 때(내용에서나 어조에서), 통합을 추구하지 않고 극단에 머무를 때, 한 번에 두 가지를 해서 마음챙김을 하지 못할 때, 그리고 문제에 대한 평가를 하기 전에 문제에 대한 해결로 빨리 가려고 할 때 벨을 울리는 역할을 하는 관찰자를 정한다. 이러한 관찰의 핵심은 비난은 하지 않으나 그 행동에 팀원들이 주의를 기울이게 하는 것이다.

팀은 마음챙김 연습으로 시작할 수도 있다. 팀에서 마음챙김은 여러 가지 기능을 한다. 첫째, 이것은 팀원들이 완전히 참여하여 한 순간에 한 가지에 초점을 두고, DBT 마인드셋을 사용함으로써 팀으로 전환될 수 있도록 돕는다. 둘째, 이것은 팀 원들이 다른 팀원들과의 연습에서 서로 피드백을 주고받음으로써 그들의 기술을 증진시킬 수 있는 기회를 제공할 수 있다. 자문 팀 동의(〈표 10-3〉 참조)는 DBT 틀을 촉진시키고, 내담자-치료자와 치료자-치료자의 어려움을 조절하기 위한 지지적 환경을 만들 수 있도록 돕는다. 따라서 팀은 팀 미팅 동안 팀 합의서 하나 혹은 모두를 읽도록 한다. 가장 중요하게, 의제는 DBT의 목표 대상의 위계를 따라 팀에서 설정되며, 특히 내담자의 문제보다는 치료자의 욕구에 초점을 두고 이루어진다. 우리의 의제는 다음의 형식을 사용하는데, 이는 개별 팀

〈표 10-3〉 DBT 자문 팀 동의

1. **변증법적 동의**: 우리는 변증법적 철학을 받아들이는 데 동의한다. 절대적인 진리는 없다는 것. 갈등되는 두 의견 사이에서 어려움을 겪을 때는 두 가지 입장으로 진실을 살펴보고, "무엇이 남아 있지?"와 같은 질문에 답하여 이것을 통합하는 데 동의한다.
2. **내담자에게 자문하는 것에 대한 동의**: 우리는 이 집단에 대한 1차적인 목적이 DBT 치료자로서 우리의 기술을 향상시키는 것이며, 내담자들을 서로 연결하지 않는다는 데 동의한다. 우리는 내담자들을 연약한 존재로 보지 않는다. 우리는 다른 집단 구성원을 자신을 대변해 표현할 수 있는 존재로 본다.
3. **일관성 동의**: 변화는 자연스러운 인생 과정이기 때문에, 자연스럽게 발생하는 다양성과 변화를 받아들이는 데 동의한다. 이것은 특정 내담자에게 반응하는 다른 사람의 관점에 동의해야 하거나 행동을 다른 사람에게 맞추어야 한다는 것도 아니다.
4. **한계를 관찰하는 것에 대한 동의**: 우리는 자신의 한계를 관찰하는 데 동의한다. 치료자와 집단 구성원으로서 우리는 다른 구성원을 자신과는 다른 한계를 가졌다고 판단하거나 비판하지 않는다(예: 너무 넓거나, 너무 좁거나, 'just right')는 데 동의한다.
5. **현상학적인 공감에 대한 동의**: 모든 것은 동등하며, 내담자 혹은 나 자신과 다른 구성원의 행동을 경멸하지 않고, 현상학적으로 공감적인 해석을 하는 데 동의한다. 우리는 우리와 내담자들이 최선을 다하고 있으며 나아지고자 한다고 가정한다. 우리는 세상을 내담자와 다른 사람의 시각으로 보려고 노력한다는 데 동의한다. 우리는 비판단적인 자세로 내담자와 다른 사람들을 대한다는 데 동의한다.
6. **오류에 대한 동의**: 우리는 우리가 틀릴 수 있고 실수를 할 수 있다는 사실에 미리 동의한다. 우리는 우리가 유발하거나 기여한 어떤 문제를 가졌을 때, 우리의 진실과 능력을 증명하기 위해 방어적인 태도를 가질 수도 있다는 것에 동의한다. 우리가 틀릴 수도 있기 때문에, 우리는 이러한 동의를 어쩔 수 없이 위배할 수도 있고, 이러한 일이 있을 때에는 반대 의견을 지닌 다른 사람의 관점에 의지하여 통합하고자 한다는 데 동의한다.

의 욕구에 따라 매우 다르게 우선순위가 정해질 수도 있다: ① 내담자의 자살위기 혹은 다른 생명 위협행동에 대한 치료자의 자문 욕구, ② 치료 방해행동(내담자의 결석과 조기 종결뿐 아니라 치료자의 치료 방해행동), ③ 치료자의 팀 방해행동과 소진, ④ 삶의 질 행동의 심각한 손상, ⑤ 좋은 소식을 알리는 것과 치료자의 효율적 행동, ⑥ 지난주 집단 작업에 대한 요약 및 집단 리더에 의한 집단 평가, ⑦ 행정적 문제에 대한 논의(팀을 빼 달라는 요구, 출장이나 여행, 새로운 내담자의 접촉, 기술 훈련자나 집단시간, 자문집단의 형식 변화 등). 이러한 의제는 자문 회의에서 1시간 정도로 소요된다. 이러한 의제가 어쩔 수 없이 길게 보일 수도 있지만, 치료자는 팀을 돕고 자문하고자 하는 명확한 욕구에 의해 일반적으로 잘 조절하게 된다.

추가적인 보살핌

내담자 환경에서의 문제가 기능과 진전을 방해할 때, 치료자는 사례관리 전략으로 바꾸어야 한다. 여기에는 세 가지 사례관리 전략으로, 자문가-내담자 전략, 환경적 개입과 자문/슈퍼비전 팀 회의(앞에서 설명한)가 있다. DBT가 변증법에 기초를 두고 경직된 것을 피하기 때문에, 치료자는 매우 특정한 조건에서만 내담자의 환경에 개입을 한다: ① 내담자가 자기 자신을 옹호해 행동할 수 없고, 결과가 매우 중요한 것일 때, ② 환경의 핵심인물이 권위가 있는 사람하고만 말하고자 할 때(예: 내담자를 대신해 치료자가), ③ 내담자나 다른 사람의 삶이 긴급한 위험에 처해 있을 때, ④ 그것이 인류애적인 것이며 해를 끼치지 않는 일일 때, ⑤ 내담자가 소수자일 때.

자문가-내담자 전략

자문가-내담자 전략은 세 가지 목적으로 개발되었다. 첫째, 내담자는 건강관리 전문가를 포함하여 환경 내에서 다른 사람들과 효과적으로 상호작용함으로써 자신의 삶을 어떻게 운영하고 자신을 돌볼지를 배워야 한다. 자문가-내담자 전략은 내담자의 능력과 자신을 보살피는 자신의 능력을 목표화한다. 둘째, 이 전략은 DBT 치료자와 내담자를 어떻게 치료할지에 대한 다른 의견을 지닌 내담자의 관계망 내의 사람들 사이를 '분리'시키는 태도를 감소시키고자 고안된 것이다. 이 전략의 기본은 치료자가 건강전문가를 포함한 다른 사람들에게 내담자를 어떻게 치료하는지 말하지 않는 것이다. 치료자는 제안할 수는 있으나 요구하지는 않는다. 이것은 실제 다른 사람들이 내담자를 특정 방식으로 다루는 것에 집착하지 않는 것이다. 내담자에 대한 자문가의 역할에 머무르면서 치료자는 이러한 갈등을 벗어나 있을 수 있다. 마지막으로, 내담자에 대한 자문전략은 내담자가 신뢰할 수 있고, 자신을 위해 적절한 개입을 할 수 있다는 메시지를 전함으로써 내담자에게 존중감을 증진시킨다.

앞에서 언급한 것처럼, 보조적인 치료제공(기능 5; 사례관리자, 약물치료자 등)을 조율하고 조직하는 것은 개인치료자의 책임이다. 내담자가 자신의 환경 내의 사람들과 어떻게 상호작용할지를 자문하기보다는 다른 치료 제공자들과 어떻게 상호작용하는지를 직접 자문함으로써, 자문가-내담자 전략은 앞에서 언급한 자문가-치료자 전략과 균형을 유지한다. 앞에서 열거한 특별한 상황을 제외하고, DBT 치료자는 보조치료 제공자들이나 내담자 환경의 다른 제공자들과 내담자 없이 논의를 하지 않는다. 치료자는 내담자가 자신의 관계망에서의 어러움을 해결하기 위해 작업할 때 치료자와 다른 전문가 사이의 중개자 역할을 하도록 한다.

환경에 대한 개입

DBT의 기초는 내담자에게 그의 환경과 효과적으로 상호작용하도록 가르치는 것이다. 따라서 자문가-내담자 전략은 전반적인 사례관리 전략이며, 가능할 때마다 이것을 사용한다. 그럼에도 치료자에 의한 개입이 필요한 상황은 여러 가지가 있다. 보통 환경적 개입 전략은 만약 치료자가 개입하지 않으면 내담자에게 상당한 위험이 닥칠 상황에 사용된다. 환경적 개입은 내담자가 배울 필요가 있는 능력이 부족하거나, 얻기가 불가능하거나, 합리적이지 않거나, 필수적이지 않은 상황에서 치료자가 개입하는 것이 일반적인 규칙이다.

내담자 변인

DBT는 치료하기 어려운 다중진단의 내담자를 치료하기 위해 개발되었다. DBT 1단계를 위해 요구되는 내담자의 몇 가지 특성이 있다. 이 중에서 특정 기간(예: 16주, 6개월에서 1년) 동안의 자발적인 참여와 전념이 매우 중요하다. DBT의 효과적인 적용은 치료자와 내담자 간의 강력한 대인관계를 요구한다. 치료자는 내담자의 생활에서 주요한 강화자가 되는 것이 첫 번째 업무이며, 내담자의 변화를 촉진하기 위해 관계를 사용한다. 지속적인 관계는 내담자가 치료에 참여하기 원할 때 긍정적인 강화 요인으로 사용될 수 있다. 따라서 유관 계약은 비자발적인 내담자에게 타협적이다. 법원 명령에 따른 치료도 만약 내담자가 그 명령이 끝나더라도 치료에 남는 것에 동의한다면 받아 준다. 집단치료를 위해 필요한 내담자의 특성은 타인에 대한 외현적인 공격적 행동을 통제하는 능력이다. DBT는 경계선 성격장애를 지닌 사람들 중에서도 가장 와해된 대상들을 위해 개발되고 평가되어 왔다. 치료에 포함된 모든 내담자는 다중적인 자살시도와 비자살적 자해행동 내력을 지니고 있었다. 그럼에도 치료는 융통성 있게 설계되어 왔고, 덜 와해된 내담자들에게도 효과적인 것으로 보인다.

치료자 변인

치료의 다른 측면과 비교했을 때, DBT를 촉진시키는 치료자 특성은 거의 주목을 받지 못하였다. 그럼에도 연구 결과들은 BPD를 지닌 내담자들에게 효과적인 치료는 수용과 변화의 전략에 대한 능숙한 균형이 필요하다는 가정을 지지하고 있다 (Shearin & Linehan, 1992). DBT 연구들은 또한 내담자에 대한 치료자의 경멸하지 않는 태도가 자살행동의 감소와 관련된다는 것을 발견하였다.

Linenhan(1993b)은 치료 실시 시 균형을 갖추어야 하는 세 가지 양극적 차원에서 요구되는 치료자의 특성을 설명하였다. 첫 번째 차원은 수용지향과 변화지향 간의 균형을 나타낸다. 치료자는 판단적인 태도를 자제할 수 있어야 하며, 내담자와 자신, 이러한 것들이 현재 순간에 있는 것처럼 치료과정을 수용하도록 연습하는 능력이 있어야 한다. 그럼에도 모든 치료자는 변화가 필수적임을 치료가 암시하고, 치료적 영향에 책임을 가져야 한다는 인식을 가져야 한다. 두 번째 차원은 치료자는 흔들림 없는 중심성과 열정적인 융통성 사이의 균형을 유지하여야 한다는 것이다. '흔들림 없는 중심성'은 자신, 치료 및 내담자를 믿는 것을 의미한다.

'열정적인 융통성'은 내담자에 대한 적절한 정보를 취하고, 이전에 자신이 지니고 있던 것을 내려놓음에 따라 자신의 위치를 수정할 수 있는 능력이다. 이러한 두 차원의 균형 속에서 치료자는 과하게 경직되지 않도록 자신의 한계를 관찰할 수 있어야 한다. 마지막 차원은 DBT 치료자는 높은 수준의 양육과 자애로운 요구 간의 균형을 지녀야 한다는 것이다. '양육'은 내담자를 교육하고, 코칭하고, 지원하고, 강화하는 것을 의미하는 반면, '자애로운 요구'는 치료자가 존재하는 능력을 인식하고, 적응적 행동을 강화하고, 내담자가 자신을 위해 필요한 경우 '하는 것'을 거부하는 것이 요구된다. 결국 요구되는 능력은 내담자의 변화할 수 있는 능력을 기꺼이 믿는 것이다.

[그림 10-2] DBT의 치료전략들

출처: Linehan (1993b).

치료전략

DBT에서의 '치료전략'은 치료자의 역할과 초점뿐 아니라 특정 목표를 성취하도록 기능하는 여러 가지 절차를 조율하는 것을 말한다. 비록 DBT 전략이 여러 단계를 포괄하고 있으나, 전략의 사용은 모든 단계를 적용할 필요는 없다. 치료자가 융통성 없이 사전에 정해진 일련의 순서대로 내담자를 끌고 가는 것보다 그 전략의 목적에 맞게 적용하는 것이 더욱 중요하다.

DBT 이전에 언급된 행동목표를 성취하기 위해 다음과 같은 다섯 가지 치료전략 세트를 활용한다: ① 변증법적 전략, ② 핵심 전략, ③ 스타일 전략, ④ 사례관리 전략, ⑤ 통합전략. DBT 전략은 [그림 10-2]에 제시되어 있다. 개인치료 시간 내에 내담자에게, 어떤 전략은 다른 전략보다 좀 더 많이 사용될 수도 있고, 양식 전략이 필요하지 않거나 적절하지 않을 수도 있다. 처음 세 가지 유형의 DBT 치료전략에 대한 요약된 논의는 다음과 같다.

변증법적 전략

변증법적 전략은 전체 치료에서 사용되는 것이며, 치료명에 '변증법'이라는 용어를 포함하여 규범을 제공하고 있다. 여기에는 세 가지 종류의 변증법적 전략이 있다: 치료자가 상호작용을 구조화하는 방식과 관련되는 것, 치료자가 기술적인 행동을 정의하고 가르치는 방법과 관련되는 것, 치료가 실시되는 동안 사용될 특정 전략.

관계의 변증법: 치료전략의 균형을 맞추기

용어와 관련된 가장 일반적인 의미에서 '변증법

적 전략'이란 치료자가 치료관계 내에서 변증법적인 긴장을 어떻게 균형 있게 할 것인가와 관련된다. 앞에서 언급한 바와 같이, 어떤 심리치료 내에서 기본적인 변증법이란 경계선 성격장애 환자를 포함하여 있는 그대로를 받아들이는 것과 변화를 이루려는 노력이다. 변증법적인 치료적 입장이란 수용과 변화, 융통과 안정성, 보살핌과 도전, 능력과 한계, 결핍에 대한 초점 등을 포함하려는 지속적인 관심이다. 이 목표는 치료에서나 내담자의 삶에서 통합 환경을 제공하여 양쪽의 것들을 다루고자 하는 것이다. 가정은 수용을 강조하여 변화를 촉진하고, 변화를 강조하여 수용을 촉진할 수 있다는 것이다. 양극단에 대한 강조는 때로는 동시에 발생하기보다는 시간에 따라 혹은 상호작용의 일부로 발생한다. 비록 인지치료와 행동치료를 포함한 많은 심리치료가 균형의 문제에 관심을 두고 있지만, 치료의 핵심에 균형의 개념을 놓는다는 것은 치료자가 그것의 중요성에 주의를 기울이고 있음을 명확히 하는 것이다.

움직임, 속도, 흐름의 세 가지 주요 특징은 치료적 관계에서의 변증법적인 입장을 유지하는 데 필요한 것들이다. '움직임'은 치료자 측의 확실성, 강함, 완전한 전념을 지니고 움직이는 것을 의미한다. 만약 치료자가 적당한 수준으로 움직인다면, 내담자도 그렇게 움직일 것이다. '속도'는 치료의 움직임을 유지하는 데 있어 핵심이자 수반되는 것이므로 경직되거나 정체되지 않게 한다. 마지막으로, '흐름'은 그 회기의 순간순간 펼쳐진 마음챙김을 의미하며, 부드럽게 반응하고 뚜렷한 노력이 없는 상태이다.

변증법적 행동 패턴을 가르치기

변증법적 사고는 전체 치료에서 강조되고 있다. 치료자는 내담자에 대한 자신의 치료에 있어 변증법적 관점을 유지하고 있을 뿐 아니라 내담자에 대한 변증법적 사고를 가르치고 모델링하는 데 초점을 둔다. 치료자는 내담자의 첫 번째 생각을 부정하거나 두 번째 생각을 주장할 때 양극화하는 일 없이 '이것 아니면 저것'의 입장에서 '이것과 저것 모두'의 입장으로 바뀔 수 있도록 돕는다. 행동적 극단과 경직성은 그것이 인지적 · 정서적 혹은 외현화된 행동적인 것일지라도 통합되지 않았다는 신호이다. 따라서 그것들은 변증법적이지 않은 것으로 고려된다.

대신, 불교에서 말하는 것과 유사한 '중도로 가기'는 격려되고 모방된다. 깨우침으로 가는 길을 따라가는 데 있어 가장 중요한 것은 어떤 극단에도 매이거나 얽히지 않고 항상 중도를 따라가는 것이다(Kyokai, 1966). 균형을 유지하는 것은 중독행동을 치료하는 재발방지 모델에서 지지하는 접근과도 유사하다(Marlartt & Gordon, 1985).

특정 변증법적 전략

여덟 가지 특정 변증법적 전략은 다음과 같다: ① 모순으로 들어가기, ② 은유를 사용하기, ③ 악마의 선전을 연기하기, ④ 확장하기, ⑤ 내담자의 '지혜로운 마음'을 활성화시키기, ⑥ 레몬으로 레모네이드 만들기(부정적인 것을 긍정적인 것으로 바꾸기), ⑦ 자연적인 변화를 허용하기(치료환경 내에서조차 불일치하더라도), ⑧ 항상 "여기에 남아 있는 것은 무엇인가?"라고 물음으로써 변증법적으로 평가하기. 지면의 한계 때문에 이러한 전략의 선정은 다음 절에 제시하였다. 더 심화된 개관을 위해 관심 있는 독자는 DBT 치료 매뉴얼을 참고하라 (Linehan, 1993a).

모순으로 들어가기

모순으로 들어가기는 강력한 기법인데, 왜냐하면 그것이 놀랄 만한 요인을 포함하기 때문이다. 치료자는 설명을 하지 않고 모순을 제시하고, 행동, 치료 과정이나 일반적인 현실 내의 모순적인 반박들을 강조한다. 이 전략의 핵심은 치료자가 합리적인 설명하기를 거부하는 것이다. 내담자의 논리적인 시도는 침묵과 만나게 되고, 해결해야 할 퍼즐들에 약간의 빛을 비추기 위한 질문이나 이야기가 제시된다. 내담자는 이해하고, 양극단의 통합적 방향으로 움직이고, 스스로의 딜레마를 풀어야 한다. Linehan(1993b)은 치료 과정에서 만나게 되는 수많은 전형적인 모순과 그에 상응하는 변증법적 긴장을 강조하고 있다. 내담자가 자신의 행동을 선택하는 것은 자유지만 만약 그들이 그들의 행동을 변화시키기 위한 작업을 하지 않는다면 치료에 남아 있을 수가 없다. 그들은 타인에게 도움을 요청하는 것에 더 기술이 생기면 더 큰 독립성을 성취하는 것을 배울 수 있다. 내담자는 자살할 권리가 있지만, 자살이 위급할 때 치료자를 믿는다면 그들은 안전해질 수 있다. 내담자는 그들의 방식에는 책임을 지지 않으나, 그들이 되고자 하는 것에는 책임을 진다. 이러한 모순된 현실에 대한 강조를 하는 것은 내담자와 치료자 모두가 그들의 사고, 감정, 행동의 경직된 패턴을 직면하여 포기하도록 다루고 있으며, 그 결과 좀 더 자발적이고 융통성 있는 패턴들이 나타난다.

은유를 사용하기: 우화, 신화, 유추, 그리고 이야기

은유, 이야기, 우화와 신화를 사용하는 것은 DBT에서 매우 중요하며, 변증법적 사고를 가르치는 데 대안적 수단을 제공한다. 이야기는 보통 좀 더 흥미롭고, 좀 더 기억하기 쉽고, 꼼꼼히 사건의 다른 의미를 찾도록 격려한다. 또한 은유는 내담자에게 문제로부터 스스로 거리를 두도록 허용한다. 일반적으로, 은유의 아이디어는 내담자가 이해하지 못하는 무엇인가를 내담자가 이해하고 유추하도록 하는 것이다. 또한 은유와 이야기는 치료 과정을 통해 협력적으로 발전할 수도 있다. 치료자와 내담자가 은유와 관련될 때, 내담자는 자신이 작업하고 있는 것이 무엇인지를 기억하도록 하는 치료 과정을 통해 활용되는 강력한 도구가 될 수 있다. 예를 들어, 새로운 기술을 학습함으로써 행동을 변화시키는 것은 숲속에서 새로운 산책로를 만드는 것에 비유될 수 있다. 처음에 현재의 산책로는 잘 정리되어 있고 탐색하기 쉽다. 그렇지만 그 길에는 항상 막힌 곳(역기능적 행동)이 나타난다. 새로운 산책로(기술적 행동)를 만들기 위해서는 산책하는 사람이 새롭고 잘 규정되지 않은 구역이 좀 닳을 때까지 반복해서 오가야 한다. 이것은 산책하는 사람이 시간을 들여 천천히, 정성을 들여, 빗자루로 쓸어내야 한다. 또한 새로운 길을 개발하는 동안, 옛날 길은 다시 덮이게 된다. 치료자는 내담자가 새로운 기술을 개발하려고 노력하는 것과 오래된 역기능적 행동으로 돌아가는 것 사이의 투쟁을 시작할 때마다 이 이야기로 돌아갈 수 있다.

악마의 선전을 연기하기

악마의 선전 기법은 합리적-정서적 및 인지재구성 치료에서 사용되는 논쟁적 접근과 매우 유사하다. 이러한 전략으로, 치료자는 내담자의 역기능적인 신념의 극단적 유형 중 하나를 제시하고, 이 극단적인 언어나 규칙을 인정하지 않는 내담자의 시도를 반박하는 악마의 선전 역할을 연기하는 것이다. 예를 들어, 내담자는 "나는 과체중이기 때문에, 차라리 죽는 게 나아."라고 할 수 있다. 치료자는 이러한 말을 계속 할 수 있다. "그리고 과체중이라는 말의 정의는 사람에 따라 다양할 수도 있기 때문에, 과체중이라고 여겨지는 많은 사람은 매우 끔찍한 게 분명해. 아마도 그것은 죽는 게 낫다는 것을 의미할 거야." 혹은 "아이고, 나는 5파운드나 과체중이야. 나는 죽는 게 나을 거야, 아마도." 내담자가 제안하는 어떤 표현은 신념의 자기패배적인 특성이 분명할 때까지 좀 더 과장적으로 받아쳐서 표현될 수 있다. 악마의 선전 기법은 종종 내담자로부터 강한 개입을 유발하기 위한 초반 몇 회기나 새 치료자가 DBT 팀에 합류하여 개입 회기를 할 때 사용된다. 치료자는 이 치료가 고통스럽고 어렵기 때문에 이러한 개입을 하는 것(그리고 치료에 받아들여지는 것)이 어떻게 좋은 생각이 될 수 있는지가 분명하지 않다고 내담자에게 논박할 수도 있다. 이것은 내담자에게 치료적 변화를 위한 반대 입장을 취하도록 하는 효과를 지닌다. 이러한 기법을 성공적으로 사용한다면, 치료자의 논박은 반대 논쟁을 할 만큼 충분히 합리적으로 보이고, 태도는 신뢰로우며, 순진하지만 색다른 방식으로 이루어진다.

확장하기

'확장(extending)'이라는 용어는 일본의 자기방어술인 아키도(akido)에서 빌려온 것이다. 그러한 맥락에서 확장은 아키도를 배우는 학생이 그들의 자연적인 완결에 도달하기 위한 도전자의 움직임을 기다릴 때, 자연적으로 일어날 수 있는 것보다 끝지점의 움직임이 살짝 더 나아간 것으로, 도전자는 좀 더 취약하고 균형이 깨질 수도 있다. DBT에서 확장은 내담자가 자신이 의도하는 것보다도 더 심각하게 의사소통할 때 나타난다. 이것은 환경에서의 변화를 유도하는 사건이나 문제에 대한 결과가 내담자에게 위협적일 때 특히 효과적이다. 다음번에 예약되지 않은 추가적인 약속시간을 잡아 주지 않으면 자살하겠다고 위협을 하는 내담자와의 다음 상호작용을 살펴보자. 다음의 상호작용은 상호적으로 수용되는 시간을 찾는 것이 실패한 후에 이루어진 것이다.

내담자: 저는 내일 선생님을 보러 올 거예요. 아니면 제가 저를 죽일지도 몰라요. 저는 저 혼자서 더 이상 어떻게 할 수가 없어요.

치료자: 음, 나는 당신이 그렇게 힘든지 몰랐어요. 당신이 스스로 목숨을 끊고 싶을 정도로 힘들다면 우리가 지금 당장 뭔가 해야 할 것 같네요. 입원은 어떤가요? 만약 그것이 필요하다면요.

내담자: 저는 입원하지 않을 거예요! 왜 선생님은 내일 저와의 약속을 잡아 주지 않는 거예요?

치료자: 당신의 생명이 위험한 이런 때에 치료 일정과 같은 일상적인 주제에 대해 우리가 어떻게 논의할 수 있겠어요? 당신은 어떻게 스스로 목숨을 끊을 생각이죠?

내담자: 선생님도 아시잖아요. 왜 다른 사람과의 약속을 취소하거나 옮기지 않는 거예요? 선생님은 학생과의 약속을 다른 시간으로 미룰 수 있잖아요. 저는 더 이상 견딜 수 없다고요.

치료자: 나는 정말 당신이 걱정돼요. 내가 구급차를 불러야 한다고 생각하나요?

치료자가 심각하게 받아들이는 의사소통의 측면(약속을 잡지 않는 것에 대한 가능한 결과로서의 자살)은 내담자가 심각하게 받아들여지길 원하는 측면(다음 날 추가 약속을 잡아 달라고 요구하는 것)이 아니다. 치료자는 그 결과를 심각하게 받아들이고 그 심각성을 더 확장시켰다. 내담자는 문제가 심각하게 받아들여지길 원하고 있으며, 또한 문제의 심각성을 확장시키고 있다.

레몬으로 레모네이드 만들기

레몬으로 레모네이드 만들기는 내담자의 저항을 사용하는 정신역동적 치료의 개념과 유사하다. 치료적 문제는 내담자를 돕는 치료자에게는 기회이기도 하다. 전략은 명백히 문제가 있는 어떤 것에 관여하여 그것을 자산으로 변화시키는 것이다. 문제가 기술을 연습할 기회가 되는 것이다. 고통은 다른 사람에게는 공감을 표현하도록 허용한다. 이 전략이 효과적이기 위해서는 강력한 치료적 관계가 요구된다. 내담자는 치료자가 자신의 고통에 대한 깊은 연민을 갖고 있다고 믿어야만 한다. 이 전략을 사용하는 것의 위험성은 경계선 성격장애 내담자들이 그들을 부정해 온 반복적인 부정적 말들과 쉽게 혼동할 수 있다는 것이다. 치료자는 내담자의 문제를 지나치게 단순히 보는 경향을 피해야만 하고, 내담자의 삶에서의 레몬이 실제로 레모네이드가 됨을 의미하는 말을 해야 한다. 치료자들은 구름이 먹구름이라는 것을 인식하면서도 내담자가 그 상황의 긍정적인 측면, 즉 구름의 흰 가장자리인 희망을 발견할 수 있도록 돕는다.

핵심 전략

타당화

타당화와 문제해결 전략은 변증법적 전략과 함께 DBT의 핵심이자 치료의 중심을 형성한다. 타당화 전략은 가장 뚜렷한 수용전략이며, 그에 반해 문제해결 전략은 가장 명백한 변화전략이다. 비록 두 전략에 대한 상대적인 빈도는 특정 내담자, 현재 상황 및 그 내담자의 취약성에 따라 달라지지만, 두 가지 전략 모두 내담자와의 모든 상호작용에서 사용된다. 그럼에도 전체 회기를 통해 수용과 변화 전략 간의 전반적인 균형이 있어야만 한다. 우리는 이 절에서 수용전략을 논의하고, 다음 절에서 변화전략을 논의할 것이다.

경계선 성격장애를 지닌 내담자들은 스스로를 극심한 정서적 고통을 만성적으로 경험하는 사람으로 본다. 그들은 치료자가 정서적 상태를 변화시켜 주기를 애원하고, 때때로 요구하기도 한다. 비합리적 생각, 가정이나 도식을 수정함으로써 내담자를 변화시키고, 대인관계 문제를 유발시키는 대인관계 행동이나 동기를 비판하고, 비정상적인 생물학적 상태를 변화시키기 위해 약을 주고, 정서적 과반응과 정도를 감소시키는 것에 치료에너지를 집중하는 것은 매우 솔깃한 제안이다. 많은 측면에서 이러한 초점은 내담자의 최악의 두려움을 확인함으로써 내담자의 비수인적인 환경을 개관하게 한다. 내담자는 문제이며 사건에 대한 자신의 반응을 신뢰할 수 없다. 사건에 대한 자신의 반응을 불신하고 부정하는 것은 그럼에도 매우 혐오적인 것이며, 강한 두려움, 분노, 수치감과 이 세 가지의 복합적 감정을 유발할 수 있다. 따라서 변화에 근거한 치료의 전반적인 초점은 혐오적일 수 있으며,

자기부정을 유발할 수 있다. 그럼에도 수용에 근거한 치료는 치료자가 내담자의 문제를 심각하게 받아들이지 않는 것으로 보일 때 타당화되지 않을 수 있다. 따라서 다시 말하지만, 변증법적 태도는 이 두 양극단 간의 균형에 초점을 두어야 한다.

타당화(『Oxford English Dictionaries』; Simpson & Weiner, 1989)란 어떤 대상의 타당성을 확인하고 어떤 것을 타당하도록 만드는 것이다. 그것은 또한 확증하고, 입증하고, 확인하고, 사실임을 입증하는 등의 활동들을 포괄한다. 타당화하는 행동은 진실이나 타당성 있는 것에 대해 권위적인 자원으로부터 지지를 제공받는 것을 포함한다(Merriam-Webster, 2006). 어떤 것이 타당하다는 의사소통은 객관적 증거와 명성이 있는 권위적 지지를 의미하거나 그 반응을 정당화하는 것이다(Simpson & Weiner, 1989). 이것은 DBT의 심리치료적 맥락에서 사용될 때 그 의미가 정확히 그러한 용어와 관련되어 있다.

> 타당화의 핵심은 이것이다. 치료자는 내담자에게 그의 반응이 그의 현재 생활맥락이나 상황에서는 상식적이며 이해 가능하다고 의사소통하는 것이다. 치료자는 적극적으로 내담자를 수용하고 내담자에게 이러한 수용을 전달한다. 치료자는 내담자의 반응을 심각하게 받아들이고 그것을 축소하거나 하찮게 여기지 않는다. 타당화 전략은 치료자에게 사건에 대한 그의 반응에 내재한 타당성을 찾고, 인식하고, 반영할 것을 요구한다. 부모는 버릇없는 아이들의 행동을 강화하기 위해서 그들의 행동이 바를 때를 찾아야 한다. 유사하게, 치료자는 내담자의 반응 내에서 타당화를 드러나게 하고, 때로는 그것을 확대하고, 그것을 강화한다(Linehan, 1993b, pp. 222-223).

다음 두 가지는 여기서 언급할 만큼 중요한 것이다. 첫째, '타당화'란 그것이 타당하다는 것을 인정한다는 의미이다. 이것은 타당하게 '만든다'는 의미가 아니다. 또한 타당하지 않은 것을 타당화한다는 의미도 아니다. 치료자는 관찰하고 경험하고 승인하지만, 타당하게 만들지는 않는다. 둘째, '타당한'과 '과학적'은 동의어가 아니다. 과학은 그것이 타당하고, 논리적이며, 원칙에 확고하고, 일반적으로 권위나 지식으로 받아들여지는지를 결정하는 한 가지 방법이다. 그럼에도 개인적 사건의 진정한 경험이나 염려는 또한 타당화를 주장하는 근거가 될 수 있다. 타당화는 여섯 가지 수준 중 어떤 한 가지로 고려될 수 있다. 각 수준은 이전 수준보다는 좀 더 나은 것으로 고려되며, 각각은 이전 수준에 의존한다. 그것은 DBT의 개념이며, 내담자와의 모든 상호작용에서 요구된다. 이러한 수준은 Linehan(1997)이 가장 잘 설명하고 있으며, 다음의 정의는 그녀의 논의에서 온 것이다.

경청과 관찰(V1)

수준 1 타당화는 내담자가 말하고, 느끼고, 하는 것을 경청하고 관찰하는 것뿐 아니라 듣고 관찰한 것을 이해하고자 하는 적극적인 노력을 요구한다. 이 단계의 핵심은 치료자가 깨어 있고, 내담자에게 관심을 지니며, 내담자가 그 순간에 말하고 행동하는 것에 주의를 기울이는 것이다. 치료자는 상호작용 내에서 반응의 뉘앙스를 알아낸다. 수준 1의 타당화는 내담자뿐 아니라 회기 내에서의 내담자의 존재, 언어, 반응이 "진지한 수목을 끌 만한 힘과 수용"을 가지고 있음을 전달하는 것이다(타당화에 대한 앞의 정의 참조; pp. 360-361).

정교한 반영(V2)

타당화의 두 번째 수준은 내담자 자신의 감정, 생각, 가정 및 행동에 대해 정확히 반영해 주는 것이다. 치료자가 내담자의 말을 듣고 내담자의 행동과 반응을 본 것을 통해 내담자를 이해한 것을 전달하는 것이다. 수준 2의 타당화는 그 개인이 실제 자신인 것에 힘을 실어 주고 진짜임을 증명한다(p. 362).

비언어적인 것을 정교화하기(V3)

수준 3의 타당화에서 치료자는 내담자의 경험과 내담자에 의해 직접 의사소통되지 않은 사건에 대한 반응의 측면들을 이해했음을 전달하게 된다. 치료자가 내담자의 행동에 대한 이유를 '독심술로 알게 되고', 내담자에게 무엇이 일어날지를 앎으로써 그가 어떻게 느끼고 무엇을 소망하고 생각하거나 하고자 하는지 파악할 수 있다. 치료자는 주어진 정보가 없이도 선행사건과 행동 간의 연결을 파악할 수 있다. 치료자는 내담자가 표현하지 않는 감정과 의미를 정교화할 수도 있다(p. 364).

과거의 학습이나 생리적인 역기능의 측면에 대한 타당화(V4)

수준 4에서 행동은 원인의 측면에서 타당화될 수 있다. 여기서의 타당화는 모든 행동은 그 당시 발생한 사건에 의해 일어난다는 개념에 근거한다. 따라서 원칙적으로 이것은 이해 가능한 일이다. 치료자는 과거 사건에 의해 유발된 것으로 보이는 내담자의 행동을 합리화한다. 비록 정보들이 모든 적합한 원인을 결정하는 데 사용되지 못하더라도, 내담자의 감정, 생각과 행동은 내담자의 현재의 경험, 생리학과 현재 삶의 맥락에서는 완벽하게 이해되는 것이다. 최소한 어떤 것이 충분한 원인과 관련되어 항상 합리화되기 위해 '있다'. 즉, 어떤 것은 어떤 일이 일어나기 위해서 반드시 일어나야 한다는 측면에서 '있어야만' 하는 것이다.

현재 맥락이나 표준적 기능에서의 타당화(V5)

수준 5에서 치료자는 행동이 현재 사건, 정상적인 생물학적 기능, 내담자의 궁극적인 인생목표의 측면에서 합리화되고, 이유가 있고, 근거가 있으며, 의미 있고, 효과적임을 의사소통한다. 모든 치료자는 내담자 반응의 지혜와 타당성을 탐색하고 반영하며, 그 반응이 합리적이라는 것을 전달한다. 치료자는 내담자의 역기능적인 반응양상 때문에 상황에 합리적이거나 적절해 보이는 내담자의 반응양상을 못 보지 않는다. 따라서 치료자는 원래부터 합리적인 것으로 내담자의 반응을 본다(그뿐만 아니라 필요하다면 많은 반응의 원래부터 역기능적인 것도 언급한다; pp. 370-371).

극단적 순수함(V6)

수준 6에서의 과제는 내담자의 실제적인 어려움과 무능력에 대한 확고한 공감적 이해를 유지하면서도 내담자가 자신의 강점과 능력을 보고 반응하며 자신을 있는 그대로 인식하는 것이다. 치료자는 친구나 가족들을 믿듯이 내담자에 대해 믿고 있으며, 궁극적인 인생목표를 위해 변화하고 움직일 것을 믿는다. 내담자는 동등한 존중을 지닌 동등한 위치를 지닌 사람으로 대우된다. 가장 높은 수준의 타당화는 그 사람을 '있는 그대로' 타당화하는 것이다. 치료자는 역할 이상, '내담자'나 '장애' 이상을 본다. 수준 6의 타당화에서 내담자를 대하는 것은 내담자를 낮게 보거나 혹은 과하게 약한 존재로 보는 것과 반대된다. 그것은 내담자를 타당하지 않다고 가정하기보다 효율적이고 합리적인 행동을 할 수 있는 개인으로 반응하는 것이다. 수준 1~5는 타당화에서 연속적 단계를 나타내지만, 수준 7은 수준이나 종류가 변화됨을 나타낸다 (p. 377).

격려하기 전략은 다른 종류의 타당화를 구성하며, 경계선 성격장애 내담자의 적극적 수동성과 무망감을 다루기 위한 것이다. 격려하기에서 치료자는 내담자가 최선을 다하고 있다는 것을 믿음을 전달하고, 궁극적으로는 그들의 어려움을 극복할 수 있는 내담자의 능력을 타당화한다(이 유형의 타당화는 잘 다루어지지 않는다면 오히려 그들의 무력감을 부정하는 것이 될 수 있다). 또한 내담자는 치료관계에 대한 믿음을 표현하고, 안심하게 하며, 그들이 향상되고 있다는 증거를 강조한다. DBT에서는 격려하기가 매번의 치료 회기에서 사용된다. 비록 적극적인 격려는 내담자가 자신을 신뢰하고 타당화하는 것을 스스로 배우기를 감소시키지만, 격려하기는 여전히 강력한 치료동맹의 핵심적인 요소로 존재한다.

마지막으로, DBT에서 정규적으로 사용되는 타당화의 또 다른 형태인 기능적 타당화는 언어적 타당화보다 좀 더 효과적일 수 있는 비언어적 또는 행동적인 타당화의 형태이다. 예를 들어, 치료자는 내담자의 다리에 50파운드 블록을 떨어뜨린다. 치료자가 "와, 진짜 다치는 것을 볼 수 있었네요. 당신은 분명 아플 거예요."라고 단순히 말한다면 이것은 타당화하지 않은 것(invalidating)으로 고려된다. 기능적 타당화는 치료자가 내담자의 발에서 블록을 치우는 것을 수반해야 한다.

문제해결

우리는 BPD 내담자는 전형적으로 변화에 1차적인 초점을 기울이는 치료를 부정하는 것(invalidating)으로 경험할 수 있다고 논의하였다. 그럼에도 타당화에 유독 초점을 두는 치료자는 똑같이 문제적일 수도 있다. 내담자의 현재 상태를 수용하는 것에 대한 전념은 삶을 고통스럽고 견딜 수 없는 것으로 경험하는 내담자에게는 거의 위로가 되지 않는다. DBT 내에서 문제해결 전략은 적극적인 문제해결 태도를 격려한다. 치료자는 경계선 성격장애를 지닌 내담자들은 다른 문제를 가진 내담자들에 비해 문제해결 과정이 좀 더 어렵다는 것을 기억해야 한다. 경계선 성격장애를 지닌 내담자들과 작업하는 것은 그들에 대해 동정적인 이해를 하고, 현재의 긍정적 감정을 증진하기 위한 개입을 할 필요성이 매우 크기 때문이다. 앞에서 설명한 타당화 전략뿐 아니라 뒤에서 설명할 불손한 의사소통 전략도 여기서는 매우 유용할 수 있다. DBT 내에서 문제해결은 두 단계 과정으로 이루어져 있다. 첫 번째는 선택한 문제를 이해하고 수용하는 것에 집중하고, 두 번째는 대안적인 해결방법을 생각하는 것이다. 첫 단계는 ① 행동분석, ② 반복되는 행동맥락 패턴에 대한 통찰, ③ 내담자에게 행동, 규준 등과 관련된 원칙에 대한 정보를 제공하는 것, ④ 문제에 대한 가능한 해결분석, ⑤ 내담자에게 바람직한 변화를 유발하기 쉬운 치료적 과정에 대해 방향을 제시하는 것, ⑥ 이러한 과정에 개입을 유발하고 강화하기 위해 고안된 전략 등을 포함한다. 다음 절에서는 이러한 과정에 대해 좀 더 자세하게 기술하도록 한다.

행동분석

행동분석은 DBT에서 가장 중요한 전략 중 하나이다. 이것은 또한 매우 어렵다. 행동분석의 목적은 첫 번째로는 문제를 선정하는 것이고, 그다음 그것을 유발한 원인이 무엇인지, 그것의 재발을 막는 것이 무엇인지, 해결을 위해 유용한 도움이 무엇인지를 결정하는 것이다. 행동분석에서는 다음과 같은 네 가지 중요한 질문이 제시된다.

1. 비효율적인 행동이 강화되고 있거나, 효율적 행동 뒤에 혐오적인 결과들이 뒤따르거나, 보상적인 결과들이 지연되는가?
2. 내담자들이 자신의 감정을 조절하고, 갈등에 기술적으로 반응하고, 자신의 행동을 조절할 수 있는 선행적 행동기술들을 지니고 있는가?
3. 경고 없는 두려움이나 죄책감으로 인해 회피하는 패턴이 있는가, 혹은 효과적인 행동이 억제되는가?
4. 내담자가 자신의 환경 내의 유관관계를 인식하지 못하는가, 혹은 효과적인 행동들이 잘못된 믿음이나 가정에 의해 억제되는가?

이러한 질문에 대한 답은 유관 관리, 행동기술 훈련, 노출이나 인지적 재구조화 등과 같은 적절한 치료 과정을 진행하고 있는 치료자에게 지침이 된다. 따라서 분석의 가치는 치료자들이 효과적 치료 반응을 이끌어 나가기에 충분한 정도로 문제를 평가하고 이해하는 데 도움을 준다. 행동분석의 첫 번째 단계에서는 내담자가 분석해야 할 문제를 확인하고 그것을 행동적 용어로 기술하도록 돕는다. 문제를 확인하는 것은 치료자에게는 가장 어려운 과제일 수 있으며, 만약 그것이 정확하고 구체적으로 되지 않으면 치료자와 내담자가 헤맬 수도 있다. 문제 정의는 일반적으로 지난주에 논의된 사건으로부터 이루어지고, 종종 다이어리 카드를 검토하는 과정에서 일어난다. 증거가 없는 사실을 가정하는 것이 아마도 이 시점에서의 가장 일반적인 실수일 것이다. 확인된 문제는 연쇄분석—행동을 이끌고 그 행동 이후에 나타나는 사건들의 연결고리를 꼼꼼히, 빠짐없이 기술하는 것—으로 평가된다. 연쇄분석에서 치료자는 내담자가 실제 어떤 길에서 시작하는지(취약 요인과 촉진사건을 강조하기)를 포함하여 어떻게 역기능적 반응에 도달하는지의 로드맵을 작성하고, 가능한 대안적인 적응적 길이나 빠져나올 수 있는 교차로들을 제시한다. 추가적인 목적들은 부적응적인 행동을 자동적으로 유발하는 사건들, 문제 반응을 유지하는 도구적인 행동 결손들, 좀 더 적응적인 행동들을 방해할 수 있는 환경 및 행동 반응들을 방해할 수 있는 행동사건들을 확인하는 것이다. 이러한 전반적 목적들은 그 행동의 기능을 결정하는 것이다(예: 그 행동이 해결을 위한 도구인 문제).

연쇄분석은 항상 특정한 환경사건으로부터 시작한다. 문제 반응을 유발하는 환경 내에서 내담자가 종종 아무것도 찾지 못하기 때문에, 이러한 사건을 정확히 찾아내는 것은 매우 힘든 일이다. 그럼에도 불구하고 문제의 발생과 관련된 사건에 대해 기술하도록 하는 것은 중요하다. 치료자는 각 연결고리와 관련된 환경적 · 행동적 사건을 확인하기 위해 시도한다. 여기서 치료자는 매우 명민한 관찰자의 역할을 해야 하는데, 행동을 매우 작은 단위로 생각하고, 내담자의 사고, 감정 및 행동과 순간순간 환경에서 발생한 일들을 매우 작은 단위로 생각해야 한다. 치료자는 내담자에게 "다음에 무슨 일이 일어났지요?" 혹은 "그다음에는 어떻게 되었나요?"와 같이 질문한다. 비록 내담자의 시각에서는 그러한 관계가 자명한 것이지만, 치료자는 가정들을 조심스럽게 다루어야 한다. 예를 들어, 자살시도를 했던 내담자들은 자신의 삶을 지속하는 것이 너무 고통스러워서 스스로 목숨을 끊기로 했다고 언급한다. 내담자의 관점에서는 이것이 그의 자살시도에 대한 적절한 설명이다. 하지만 치료자에게는 삶이 너무 고통스럽기 때문에 자신의 삶을 거두는 것은 단순히 하나의 해결방법일 뿐이다. 즉, 죽음은 더욱 고통스러울 수 있다고 믿을 수도 있고, 삶이 고통스러울지라도 삶을 견뎌야 한다고 결정할 수도 있다. 이러한 예에서는 조심스러운 질문을 통해 내담자가 실제 살아 있는 것보다 죽는 것이 더 행복할 것이라는 가정을 하고 있음을 드러내게 해야 하는 것이다. 이러한 가정에 도전하는 것이 지속적인 자살시도를 끝낼 열쇠가 되는 것이다. 어떠한 결과가 문제 반응을 유지하게 하는지를 정확하게 파악하는 것이 매우 중요한 것이다. 유사하게, 치료자는 문제행동을 약화시킬 수 있는 결과를 찾아야 한다. 치료자는 선행사건과 함께 내담자의 감정, 신체적 감각, 행동, 사고, 가정에 대한 세부적인 기술을 얻음으로써 환경적·행동적 결과를 촉발하는 선행사건들을 알게 된다. 학습 규칙과 강화원리에 대한 해박한 지식이 핵심적인 것이다.

행동분석의 마지막 단계는 문제행동을 유발하고 유지하는 사건에 대해 구성하고, 가설을 검증하는 것이다. BPD에 대한 생물사회 이론은 1차적 중요성을 지닌 몇 가지 요인을 제안한다. 예를 들어, DBT는 강력하거나 혐오적인 정서상태에 가장 밀접한 것에 초점을 둔다. 부적정서가 감소되는 것은 경계선 성격장애의 역기능적인 행동에 대한 1차적인 동기 변인 중의 하나로 항상 의심되는 것이다. 변증법적 사고나 행동 기술의 결핍과 같은 전형적인 행동 패턴들은 문제행동을 유발하고 유지하는데 도구적인 것일 수 있다.

해결분석

일단 문제가 확인되고 분석되면, 대안적 해결방법을 찾고 확인하기 위한 적극적인 시도를 통해 문제해결이 진행된다. DBT에서는 어떤 한 가지 문제에 대해 다섯 가지 반응이 있다고 가정한다: ① 문제를 해결하기, ② 문제에 대한 정서적 반응을 변화시키기, ③ 문제를 인내하기, ④ 불행하게 있기, ⑤ 일을 더 악화시키기. 이러한 다섯 가지 선택지는 치료자와 내담자가 동일한 목적을 향해 지속적으로 작업하면서 확인해야 할 문제해결 이전에 필요한 것으로 제시된다.

동시에 해결방법도 행동분석을 통해 논의되며, 행동분석을 끝내기를 기다리기 전에 이러한 해결방법을 정확히 찾아내기를 요구할 수도 있다. 치료자는 "당신이 생각하기에 이 상황에서 어떻게 다르게 할 수 있었을 것 같나요?"라고 묻는다. 이러한 과정을 통해 내담자가 치료 초기에 모델링하고 지도한 것에 좀 더 강조를 하면서, 치료자는 효과적인 문제해결을 적극적으로 모델링하고 해결방법을 생성한다. 또 다른 상황에서는 좀 더 완벽한 해결분석이 필요하다. 이때 과제는 '브레인스토밍(brainstorm)'을 하거나 혹은 가능한 한 많은 대안적 해결을 생성하는 것이다. 해결은 기대되는 다양한 결과 측면에서 평가되어야 한다. 해결분석의 마지막 단계는 효과적으로 기대되는 해결방법을 선택하는 것이다. 여기서 치료자는 단기적 이득에 대비한 장기적 이득에 주목해야 하며, 다른 사람보다는 내담자에게 최대 이득이 생기는 해결방법을 선택하는 것이 좋다.

문제해결 절차

DBT는 인지적 · 행동적 치료 문헌과 관련된 네 가지 문제해결 과정을 사용한다. 이러한 네 가지, 즉 기술 훈련, 유관 관리, 노출, 인지 수정은 DBT를 통해 변화의 핵심 요인으로 간주되는데, 왜냐하면 이것들이 내담자가 회기를 거듭할수록 변화하는 데 영향을 주기 때문이다. 비록 Linehan(1993b)에 의해 분명한 절차가 논의되었으나, 임상장면에서는 모든 사례에서 변별하는 것이 분명치 않다. 동일한 치료적 연속도 내담자에게 새로운 기술을 가르치고(기술 훈련), 다시 나타날 수 있는 내담자의 행동에 영향을 끼칠 수 있는 결과를 알려 주고(유관관계), 이전에는 연관되었으나 현재는 위협이 되지 않는 단서들에 강화 없이 노출되도록 하고(노출 절차), 내담자의 역기능적인 신념이나 사건에 대한 도식적 과정을 변화시키기(인지 수정) 때문에 효과적일 수 있다. 문헌에서의 수많은 인지적 · 행동적 치료 프로그램과는 달리, 이러한 절차들은 (다음에 언급한 몇 가지 예외는 있지만) 치료적 대화를 통해 비구조화된 방식으로 서로 얽혀서 사용된다. 따라서 치료자는 이들을 전략적으로 사용하기 위해 각각의 절차에서의 효과성을 제공하는 원리들을 잘 인식해야 한다. 예외적인 상황은 기술 훈련 절차가 주로 다루어지는 기술 훈련 등이다.

기술 훈련

기술 증진에 대한 강조는 DBT 전체를 통해 나타나고 있다. 개인치료와 집단치료 모두에서 내담자가 행동기술을 습득하고 연습하는 것에 적극적으로 관여하도록 모든 기회를 제공한다. '기술'이라는 용어는 '능력'이라는 것과 동의적으로 사용되며, 광범위하게는 인지적 · 정서적 · 외현적 행동기술들뿐만 아니라 효과적인 수행을 위해 필수적인 이 기술들의 통합을 포함하고 있다. 기술 훈련은 그 사람의 행동 레퍼토리에 현재는 없거나, 혹은 그가 개개의 행동 요소는 지니고 있으나 효과적으로 통합하여 사용하지 못할 때 요구된다. DBT의 기술 훈련에는 다음과 같은 세 종류의 절차가 포함된다: ① 기술 습득(모델링, 지시하기, 충고하기), ② 기술 강화(현장이나 치료 회기 내에서 격려하기, 역할연기, 피드백), ③ 기술 일반화(기술을 적용하는 작업에 대한 전화 자문, 치료 회기 사이에 들을 수 있도록 치료 회기를 녹음하기, 숙제 할당).

유관 관리

대인관계 내에서의 모든 반응은 잠재적으로 강화, 처벌, 혹은 강화를 유지하거나 제거하는 것이다. 유관 관리는 치료자가 그들의 행동을 전략적으로 조직화하는 것을 요구하며, 따라서 진전을 나타내는 내담자의 행동은 강화되는 반면, 기술이 없거나 부적응적인 행동은 소거되거나 처벌된다. 임의적 결과보다는 자연적인 것이 선호된다. DBT에서 중요한 유관은 내담자에 대한 치료자의 대인관계 행동으로, 이것은 동맹으로 유관관계를 맺는다.

효과적인 유관 관리에서는 치료자가 내담자에게 학습원리를 따를 것을 요구한다. 치료자는 내담자의 행동에 주목하고 DBT 목표에 따라 진전을 나타내는 행동들을 강화하도록 조형의 원리를 사용한다. 유사하게 중요한 것은 치료자가 소거해야 할 목표행동을 강화하지 않도록 살피는 것이다. 경계선 성격장애를 지닌 내담자의 문제행동은 강화 결과를 얻거나 혹은 고통을 주는 사건을 멈추는 데 매우 효과적이다. 또한 소거하기로 한 바로 그 행동들은 정신건강 전문가, 가족 구성원과 친구들에 의해 간헐적으로 강화되어 왔다. 때때로 유관관계는 다른 치료양식에서는 '제한 설정하기'와 유사한 혐오적인 결과의 사용이 필요하다. 혐오적 결과를 적용할 때 중요한 세 가지 지침이 있다. 첫째, 처벌은 '그 잘못에 맞는 것'이어야 하며 내담자가 그것을 적용했을 때 그 방법의 사용을 끝내야만 한다. 예를 들어, DBT에서 세부적인 행동분석은 자살이나 자해 행동 이후에 실시된다. 이러한 분석은 대부분의 내담자에게는 혐오적인 과정이다. 그럼에도 일단 그것을 실시한 후에는 다른 주제를 다룰 수 있는 내담자의 능력이 복구된다. 둘째, 치료자가 커다란 보살핌과 함께 낮은 정도로 매우 짧게 처벌을 사용하고, 긍정적인 대인관계 환경이 내담자의 향상으로 회복되는 것이 중요하다. 셋째, 처벌은 작동될 수 있을 만큼 충분히 강력해야 한다. 비록 최강의 처벌이 치료를 종결하는 것일지라도, 바람직한 피드백 전략은 내담자가 '치료로부터의 휴가'를 갖게 하는 것이다. 이러한 접근은 다른 모든 유관이 실패할 때나 상황이 치료자의 치료적 혹은 개인적 제한이 가해질 만큼 심각할 때 고려된다. 이러한 전략을 사용할 때, 치료자는 어떤 행동이 변화되어야 하는지를 분명히 확인하고, 일단 조건이 충족되면 내담자가 치료로 돌아올 수 있음을 분명히 해야 한다. 치료자는 전화나 편지로 그 사이에 연락을 유지하고, 내담자가 휴가를 보내는 동안 의뢰나 백업을 제공해야 한다.

한계 관찰은 치료자의 개인적 한계를 위협하거나 넘어가려는 내담자의 행동에 문제해결 전략을 응용하는 것과 관련된 특정 유관 관리 사례를 구성하는 것이다. 이러한 행동들은 치료를 수행하는 치료자의 능력이나 자발성을 방해하는 것이다. 치료자는 자신의 개인적 한계를 감찰하는 데 책임을 져야 하며, 내담자와 그것에 대해 분명하게 의사소통해야 한다. 그렇게 하지 않는 치료자들은 결과적으로 소진되고, 치료를 종결하거나, 그렇지 않으면 내담자에게 상처를 주게 된다. DBT는 임의적 한계보다는 자연적 한계를 선호한다. 따라서 한계는 치료자들에 따라, 시간에 따라, 환경에 따라 다양하다. 한계는 치료자에게 좋은 것이나 내담자에게는 좋지 않은 것으로 제시되어야만 한다. 내담자가 자신에게 이익이 있는지를 논쟁하는 것은 궁극적으로 치료자에게는 좋은 것은 아니다.

인지 수정

DBT 내담자에게 주어진 기본적인 메시지는 인지적 왜곡은 1차적으로 각성의 원인이 되는 것처럼 정서적 각성에 의해 유발될 수 있다는 것이다. 대부분의 경우 전반적인 메시지는 내담자의 스트레스들은 사건의 왜곡에 의해서라기보다는 매우 높은 수준의 스트레스로 인한 것이라는 것이다. Beck, Brown, Berchick, Stewart와 Steer(1990), Eliis(1973)에 의해 주창된 것처럼 인지적 재구성 과정도 비록 핵심적인 위치는 아니지만 DBT에서 사용되고 가르친다. 반대로, 앞에서 기술된 유관명확성 전략은 지금-여기에서 작동되는 유관관계를 강조하면서 지속적으로 사용된다.

노출

DBT에서의 모든 변화 과정은 노출전략으로 재개념화될 수 있다. DBT에서 사용되는 노출원리는 불안장애에 대해 개발되어 온 것이며(Foa & Kozak, 1986), 모든 문제적 정서를 언급하는 것으로 확장되었다. 이러한 전략은 자극 간(예: 혐오적 자극, 입원 등 보살핌을 받는 것과 같은 긍정적 자극과 관련되어 역기능적인 연관성을 가지며, 이후에 입원하는 것에 대한 작업이 되어야 한다), 자극과 반응 간(예: 적응적 반응, 감정 표현은 사랑하는 사람에 의한 혐오적 결과, 거부와 연관되어 내담자는 감정을 억압하도록 작업하게 된다)에 발달된 역기능적인 연관성을 재조건화하여 작동한다. 앞에서 언급된 바와 같이, DBT 치료자들은 유발된 단서, 문제행동(정서를 포함하여)과 행동의 결과에 대해 연쇄분석한다. 행동치료 틀 내에서 작업하면서, 치료자가 DBT에서 노출을 사용할 때는 다음과 같은 세 가지 지침을 따른다: ① 문제행동에 선행된 단서에 노출되는 것은 강화되지 말아야 한다(예: 만약 내담자가 자살행동을 논의하는 것을 거절당할까 봐 두려워한다면, 치료자는 내담자를 외면하여 그의 수치심을 강화하지 않아야 한다). ② 역기능적인 반응은 치료의 1차적이고 2차적인 목표이기 때문에 차단되어야 한다(예: 수치심과 관련된 자살 혹은 자해행동은 모아 놓은 약을 버리도록 내담자와 협력함으로써 차단시킨다). ③ 역기능적 행동과 반대되는 행동은 강화된다(예: 치료자는 고통스럽고, 수치와 관련된 자살행동에 대해 말하도록 내담자를 강화해야 한다).

공식적이고 비공식적인 노출 절차에서 처음에는 내담자에게 기법에 대한 소개와 함께 단서에 노출되는 것이 종종 고통스럽거나 싸워야 하는 것으로 경험된다는 것을 알린다. 따라서 치료자는 정서적 각성에 대한 단서를 제거하지 않으며, 동시에 문제 감정과 관련된 행동경향(회피 반응을 포함하여)과 표현경향을 차단한다. 또한 노출 절차의 핵심 단계는 그 정서를 점점 참을 수 없을 때 노출을 조절하거나 끝낼 수 있는 어떤 수단을 내담자에게 가르치는 것이다. 치료자와 내담자는 문제 감정의 감소가 나타난 후에도 내담자가 노출을 자발적으로 끝낼 수 있는 긍정적이고 적응적인 방법을 개발하도록 협력해야 한다.

스타일 전략

DBT는 치료자가 다른 치료전략을 어떻게 실행하는지를 언급하는 의사소통에서 두 가지 다른 스타일의 균형을 유지한다. 첫째, 상호적(reciprocal) 의사소통은 내담자 중심치료(CCT)에서 주창한 의사소통 스타일과 매우 유사하다. 둘째, 불손한(irreverent) 의사소통은 전략적 치료에 대한 글에서 Whitaker(1975)가 주창한 스타일과 매우 유사하다. 상호적 의사소통 전략은 치료자가 내담자를 좀 더 취약하게 함으로써 지각된 힘을 감소시키도록 고안된 것이다. 또한 그들은 중요한 대인관계 내에서 적절하지만 동등한 상호작용에 대한 모델이 될 수 있다. 불손한 상호작용은 보통 상호적 상호작용보다는 좀 더 위험 부담이 있다. 그럼에도 이 방법은 치료 진전이 주춤한 지 오래되었을 때 문제해결을 촉진하거나 정체를 깰 수 있다. 효과적인 사용을 위해서 불손한 상호작용은 상호적 상호작용과 균형을 유지하고, 두 가지는 모두 하나의 천으로 짜여야 한다. 이러한 균형이 없다면 어떤 전략도 DBT를 나타내지 못한다.

상호적 상호작용

반응성, 자기개방, 따뜻한 개입과 진실성은 상호적 상호작용의 기본적 지침이다. 반응성은 내담자가 마음챙김(주의집중) 태도로 내담자에게 주의를 기울이고, 내담자의 안건과 소원을 진지하게 받아들이는 것이다. 그럼에도 이것은 치료자가 치료에서 내담자의 안건에 우선권을 준다는 것을 뜻하지는 않는다. 이것은 치료자가 내담자 안건의 중요성을 공개적으로 타당화한다는 것이다. 그리고 치료적 상호작용에서 따뜻함과 개입을 우정 있고 애정 있는 스타일로 반영하는 것이다. 자기관여적 자기노출은 내담자와 그 행동에 대한 치료자의 즉각적 · 개인적 반응이다. 이러한 전략은 종종 DBT를 통해 자주 사용된다. 예를 들어, 자신의 내담자가 자신의 냉정함에 대해 불평하는 경우, 치료자는 "당신이 나에게 따뜻함을 요구하는 것은 나를 밀어내는 것이고, 그것은 나를 더 따뜻하게 만드는 것을 어렵게 합니다."라고 말한다. 유사하게, 내담자가 다이어리 카드 작성에 계속해서 실패하면, 그럼에도 자신의 치료자에게 자신을 도와 달라고 간청한다면, 치료자는 "당신은 나에게 계속 도움을 요청하지만 당신을 돕는 데 필요한 것들을 하지 않겠지요. 나는 당신을 돕기 원하지만 내게 너무 의지한다고 느끼기 때문에 좌절감을 느껴요."라고 말할 수 있다. 이런 말은 타당화와 도전을 하게 하는 두 가지 역할을 한다. 치료자가 내담자가 전형적으로 강화나 처벌 중 하나를 경험할 것이라고 언급했기 때문에 모두 유관 관리의 예를 구성하며, 내담자의 주의가 그의 대인관계 행동의 결과에 관련되기 때문에 유관 명확성의 예를 구성한다.

전문적이거나 개인적인 정보를 노출하는 것은 대처와 정상적 반응을 타당화하고 모델링하도록 사용된다. 여기서의 핵심 포인트는 치료자가 자신이 문제를 직접 다룬 개인적인 예를 사용해야만 한다는 것이다. 이것은 명백한 요점이 있는 것으로 보이지만, 적극적으로 내담자의 딜레마를 타당화하려고 노력함으로써 그 초점을 맞추는 것은 실패하기가 쉽다. 예를 들어, 자신의 목표가 운동을 하기 위해서 매일 아침 일찍 일어나는 것이지만 실제 아침에 침대에서 일어나는 것이 힘든 내담자와 작업을 할 때, 치료자는 "음, 나도 매일 아침 일어나는 것이 매우 어려워요. 비록 매일 밤 스스로에게 아침에 운동을 해야 한다고 말함에도 불구하고요."라고 말함으로써 행동을 정상적인 것으로 타당화해야 한다. 그럼에도 자기노출은 치료자가 자신이 매일 아침 일어나서 성공적으로 운동을 하려고 어떤 기술을 사용하였는지를 언급할 때만 내담자에게 유용할 수 있다.

불손한 의사소통

불손한 의사소통은 내담자가 '균형을 벗어나'도록 하고, 내담자의 주의를 뺏으며, 대안적 관점을 제시하거나 정서적 반응을 바꾸기 위해 사용된다. 이것은 내담자가 요지부동이거나 혹은 치료자와 내담자가 '움직일 수 없을 때' 매우 유용하다. 이것은 '색다른' 취향을 지니고 있으며, 내담자가 탈출할 수 없는 거미줄을 짜는 논리를 사용한다. 비록 이것이 내담자에게 반응적이기는 하지만, 불손한 의사소통은 내담자가 기대하는 반응은 전혀 아니다. 이것이 효과적이기 위해서는 진정성이 있어야 하며(비꼬거나 판단적이지 않은), 내담자를 향한 연민과 온정으로부터 나와야 한다. 만약 그렇지 않으면 내담자는 오히려 더 경직될 수도 있다. 불손함을 사용할 때 치료자는 내담자의 의사소통에서

의도하지 않은 어떤 부분을 강조하는데, 이것은 전통적이지 않은 방식에서 '재구조화하는' 것이다. 예를 들어, 만약 내담자가 "나는 죽을 거예요."라고 말하면, 치료자는 "당신이 치료를 조기 종결하는 데 동의하지 않았다고 생각하는데요."라고 말한다. 불손한 의사소통은 상호적 의사소통의 온정적 반응성을 날카롭게 대비시키는 무뚝뚝한 스타일이다. 유머, 일종의 단순함, 속임이 없는 것 또한 이 스타일의 특성이다. 직면하는 어조는 목표가 있는 적응적인 다른 반응보다도 불손하고 '헛소리'를 하는 방식이다. 예를 들어, 치료자는 "정신 나갔군요?"라거나 "당신은 내가 그것을 좋은 아이디어라고 생각할지 모른다는 것을 잠시도 믿지 않았죠?"라고 말할 수 있다. 불손한 치료자는 또한 내담자의 허세에 대해 이야기할 수도 있다. 내담자가 "나는 치료를 그만두겠어요."라고 말하면, 치료자는 "다른 곳으로 가는 게 좋겠어요?"라고 반응할 수 있다. 여기서의 트릭은 안전망을 제공하면서 동시에 조심스럽게 허세를 부리는 시간이다. 이것은 내담자가 정체된 것에서 벗어나게 하는 데 중요하다.

사례연구

배경

초기 만남 시, 30세의 백인 기혼 여성이며 아이는 없는 '신디'는 중산층이 사는 교외에서 남편과 함께 살고 있었다. 그녀는 대학교육을 받았고, 의과대학도 거의 2년간 성공적으로 끝마쳤다. 신디가 1년 반 동안 만난 그녀의 정신과 의사로부터, 거의 치명적인 자살시도로 인한 최근의 입원 이후 받고 있던 약물치료를 더 이상 받지 않겠다고 하여 우리 팀 중 한 사람(M. M. L.)에게 의뢰되었다. 의뢰되기 전 2년 동안 신디는 자살사고에 대한 정신과 치료를 위해 최소한 10회 입원하였다. 그녀는 최소한 10여 차례 클로락스(Clorox) 표백제를 마시고, 여러 차례 깊은 자상과 화상을 입는 등 수많은 비자살적 자해행동 및 자살시도에 관여되었다. 또한 목 근처의 동맥을 끊는 것을 포함하여 세 차례의 심각하거나 혹은 거의 치명적인 자살시도를 하였다. 의뢰되었을 때 신디는 DSM-III-R(American Psychiatric Association, 1987)의 경계선 성격장애 기준에 부합되었다. 그녀는 다양한 향정신성 약물을 복용하고 있었다. 27세까지 신디는 직장과 학교에서 잘 기능하였으며, 결혼생활도 비록 남편이 신디의 과도한 분노에 대해 불평하기는 하였으나 서로 상당히 만족하고 있었다. 신디가 의과대학 2학년 때 그녀의 과 동료가 자살시도를 하였다. 신디는 자살에 대해 들었을 때, 자신도 곧 자살하기로 결정했으나 어떤 이유로 자살을 하려고 했는지에 관해서는 통찰이 없었다. 몇 주 내에 그녀는 의과대학을 그만두었고, 심각한 우울증을 갖게 되었으며, 적극적으로 자살시도를 하였다. 신디는 과 동료의 자살 이전에는 심리적 문제가 거의 없었던 사람으로 자신을 설명하고 있으나, 심화된 질문을 통해 14세부터 시작된 그녀의 심각한 거식증 및 폭식증 내력, 알코올과 처방 약물 남용이 드러났다. 또한 그녀가 남편을 만난 것도 대학을 다니고 있을 때 단주 모임(Alcoholics Anonymous: AA)에서였다. 그럼에도 의과대학에서 과 동료의 자살 이전에는 관계에서 전반적으로 유능하게 보일 정도로 잘 유지하고 있었다.

치료

초기 만남 시 신디는 남편과 동반했는데, 그는 자신과 신디의 가족은 그녀가 입원하지 않는 것이 너무 위험해 보인다고 하였다. 결과적으로 그와 신디의 가족은 장기적인 통원치료를 좀 더 적극적으로 고려하고 있었다. 그럼에도 신디는 입원치료를 강력히 선호했는데, 그 지역에서는 M. M. L.을 제외하고는 그녀를 외래치료로 받아들이고자 하는 치료자가 없었기 때문이다. 치료자는 신디를 치료에 받아들이기로 동의했는데, 내담자가 행동 변화에 대해 작업하고 최소한 1년간 치료를 받기로 약속을 하였다(이것은 또한 내담자가 자살시도를 하지 않는 것에 동의한 것을 의미함을 이후에 반복해서 지적한다). 따라서 치료자는 내담자를 받아들이는 것을 동의함으로써 강한 치료동맹을 형성하는 핵심적인 첫 번째 단계를 시작하였다. 그녀는 치료를 받게 되는 것이 대가 없이 이루어지는 것은 아니라고 지적하였다. 동일한 태도로, 치료자는 자신이 현재 순간에 정확히 내담자를 수용함을 전달했으며, 변화에 대한 신디의 개입이 치료동맹의 기초가 됨을 분명히 하였다. 4회기에 신디는 자신이 더 이상 살아 있을 수 없을 것 같다고 말하였다. 1년간의 치료 동안에는 살아 있겠다고 했던 이전의 개입을 상기시켰을 때, 신디는 상황이 변화하였고 더 이상 자신을 어쩔 수 없다고 대답하였다. 이 회기 이후 6개월간 거의 모든 개인치료 회기에서 살아 있을 것인지 혹은 자살할 것인지의 주제가 다루어졌다. 신디는 반사되는 선글라스를 끼고 치료에 왔으며, 의자에 쓰러져 앉거나 혹은 바닥에 앉겠다고 요구하였다. 치료자의 질문들에는 최소한의 언급만 하고 긴 침묵을 보였다. 이전의 자해적 행동을 논의하려는 치료자의 시도에 대한 반응으로, 신디는 화를 내거나 철회(치료 속도를 상당히 느리게 하는)를 하였다. 이러한 반응을 보이는 동안, 신디는 자신이 들은 것에 집중하거나 듣는 것이 어려운 것처럼 보였다. 치료자에게 질문을 받았을 때, 신디는 '멍하고' 동떨어진 것처럼 자신의 경험을 기술하였다. 내담자는 자신이 더 이상 운전, 일, 학교 다니기 등의 다양한 활동에 관여할 수 없다는 자신의 느낌을 언급하였다. 전반적으로 내담자는 자신을 모든 영역에서 무능력한 것으로 보고 있었다.

신디가 매주 작성하는(만약 잊고 오면 치료 회기 시작 시 작성하는) 다이어리 카드의 사용은 치료자가 신디의 자살사고, 불행, 자해충동뿐 아니라 실제적인 자살시도와 비자살적 자해행동 등에 대한 매일의 경험을 조심스럽게 모니터링하게 한다. 신디의 자살행동을 유발하거나 그 이후에 나타난 일련의 사건을 확인하고자 하는 행동분석은 치료에 중요한 초점이 된다. 모든 점에서 치료자는 충동이 강해지는 것으로 자해행동을 개념화하고, 만약 내담자가 자살시도를 하면 치료는 종결되며, 따라서 신디가 살아 있는 동안 더 열심히 작업을 해야 한다고 반복적으로 지적한다.

몇 개월에 걸쳐 행동분석에서는 자살행동이 나타나는, 빈번히 반복되는 행동 패턴을 확인하기 시작한다. 신디의 경우 사건 연쇄는 대인관계 갈등(거의 대부분 남편과의)으로 시작되는데, 이것은 위협받고, 비난받고, 사랑받지 못한다는 그녀의 감정이 쌓이게 한다. 이러한 감정은 종종 자해나 자살에 대한 충동을 느끼게 하는데, 이는 무망감, 분노와 슬픔의 수준에 따라 달라진다. 자해나 자살시도에 대한 결정은 종종 '내가 너에게 보여 줄게.'라는 생각이 따른다. 또 다른 경우에는 무망감과 영원히 고통을 끝내고 싶은 욕구가 지배적인 것으로 보인다. 자해와 자살시도에 대한 의식적 결정에 따라, 신디는 실제적인 행동을 정확히 기억하는 데 어려움을 지니고 있었다. 어느 시점에서 신디는 자신의 다리에 심한 화상을 입어서 재활 수술이 필요하였다. 행동분석은 신디가 치료자가 승인하지 않거나 타당화하지 않는다고 지각한 이후에 흔히 해리가 나타났는데, 이것은 특히 치료자가 변화할 수 있음을 제안했다고 느꼈을 때인 것으로 드러났다. 치료자는 그것이 나타났을 때 즉시 다루어 줌으로써 회기 내 해리를 목표로 하였다.

몇 개월의 치료를 통해 입원치료를 받게 되는 자살행동의 오래된 패턴이 명확해졌다. 신디는 강한 자살사고를 보고하고, 자신을 스스로 죽이고 싶은 충동에 저항할 수 있을까 하는 의문을 표현하고, 입원 허락을 요구하였으며, 만약 그렇지 않으면 스스로 심한 자상이나 화상을 입히고는 그 치료를 위한 입원을 요구하였다. 병원 밖에 머물고 병원을 떠나 있도록 신디를 유도하려는 시도들은 전형적으로 자살위험성을 높이고, 의사들이 그녀의 입원 허락 또는 연장을 주장하게 하였다. 치료자는 이러한 행동 패턴을 관찰하여 입원 자체가 자살행동을 강화시킨다는 가설을 이끌었다. 결과적으로 그녀는 자살행동에 대한 유관 체계를 변화시키도록 시도하였다. 치료자는 교육적이고 유관적인 명확화 전략을 사용하여 신디가 그들이 줄이기 위해 작업하고 있는 바로 그 행동을 입원이 어떻게 강화시키고 있는지 이해하도록 도우려고 시도하였다. 이것은 치료 내에서 서로 합의가 되지 않았는데, 신디는 치료자가 동정심이 없고 자신의 현상적 경험을 이해하지 못한다고 보았기 때문이다. 신디는 그녀의 강한 정서적 고통이 자살가능성을 높이고, 입원이 자신의 안전을 보장하기 위해서 필요하다고 보았다. 그녀는 해리 반응을 통해 자신의 어려움을 자주 언급하면서 자신의 입장을 옹호하려고 하였는데, 이러한 반응은 매우 혐오적인 것으로 보고되고, 그녀의 입장에서는 상당한 시간 동안 제대로 기능할 수 없게 하는 것이었다. 치료자의 관점에서는 자살행동으로 반복 입원함에 따라 초래되는 자살의 해로운 장기적 위험이 입원기간의 단축으로 생길 수 있는 자살의 단기적 위험보다 더 큰 것이다. 이러한 의견 차이는 치료시간에 빈번한 불일치를 이끌었다. 신디가 자신의 행동이 강화에 의해 영향을 받고 있다고 설명하면 이것을 직접적인 공격으로 여긴다는 것이 점차 명확해졌다. 그녀는 입원이 자신의 자살행동을 강화하고 있다는 것을 암시했으며, 따라서 치료자도 그녀의 자살시도 목적이 입원임을 믿게 되었다. 그렇지만 강화 이론으로 설명하려는 대부분의 시도는 무산되었다. 치료자는 세 가지를 통해 수정될 가능성이 있다고 주장함으로써 보완하고자 하였다. 첫째, 치료자는 내담자가 고통을 참기 어렵다고 한 것을 반복해서 타당화하였다. 둘째, 치료자는 매우 강한 고통스러운 정서(혹은 이로 인한 두려움)에 대한 자동 반응이라고 설명하면서 내담자의 반복되는 해리행동이 나타나는 것을 확실히 하였다. 셋째, 치료자는 비록 그렇게 하는 것이 좀 더 힘든 정서적 고통의 원천이 될지라도, 관계를 강화시키고 신디가 치료를 지속하게 하기 위해 신디와 자신 간의 관계의 질을 자주 다루었다. 5개월쯤 되었을 때, 치료자는 현재의 치료 식이요법이 내담자를 의도치 않게 죽게 할 것을 걱정하고 있었다. 이 시점 즈음에 효과적인 치료를 위한 치료자의 제한 설정은 취소하였다. 따라서 치료자는 신디의 입원을 다루기 위한 자문가-내담자 전략을 사용하기로 결정하였다. 첫 번째로 사용한 전략은 신디에게 그녀가 선호하는 입원과 정신과 의사의 허가를 포함하는 새로운 치료 계획을 타협하도록 하는 것이었다. 그렇지만 신디는 현재의 무제한적 입원 병동 접근을 바꾸기 위한 지혜에 동의하지 않기 때문에 그렇게 하기를 거절하였다. 치료자는 신디에게 그녀의 모든 치료 제공자와 함께 자문 회의를 하는 것에 동의하도록 하였고, 신디가 그 회의를 소집하기 위해 모든 사람(치료를 위해 비용을 지불하고 있는 자신의 보험회사 감찰관도 포함)에게 끈기를 가지고 전화를 하도록 하였다.

사례회의에서 치료자는 유관적 입원이 신디의 자살행동을 강화하고 있다는 자신의 가설을 제시하였다. 그녀는 또한 신디가 치료자가 틀렸다는 사례를 만들려고 한다고 주장하였다. 상호작용 의사소통과 유관 관리를 사용하여, 치료자는 자신이 내담자를 죽게 할지도 모른다는 생각이 드는 치료는 할 수 없다고 언급하였으며, 새로운 유관 체계는 신디의 자살행동과 입원 간의 기능적 관계를 깨는 것과 일치하는 것이어야 한다고 요구하였다. 따라서 계획은 내담자가 입원 허가를 얻기 위해 자살시도를 해서는 안 된다는 것에서 시작하였다. 새로운 유관 체계에서 신디는 원하면 3일까지는 입원할 수 있으며, 그 후에는 퇴원해야 하였다. 만약 자신이 퇴원하기에 너무 자살위험이 높다는 것을 사람들에게 확신시키면, 그녀는 안전을 위해서 그녀가 별로 좋아하지 않는 병원으로 가도록 하였다. 필요하다면 자살과 비자살적 자해행동은 입원을 위한 근거가 되지 않아야 하였다. 자살행동과 입원 간의 기능적 관계에 대한 다소의 불일치는 있었지만, 새로운 체계가 합의되었다. 이 회의에 따라 신디의 남편은 아내의 자살행동을 참으면서 더 이상 함께 살 수가 없으며, 그녀의 시체를 발견하게 될 거라는 협박 때문에 이혼을 결심했다고 선언하였다. 치료의 초점은 신디가 이 사건을 극복하고 적절히 살 곳을 찾도록 돕는 것으로 바뀌었다. 신디는 자신이 남편을 필요로 할 때 남편이 자신을 버렸다는 것에 대한 분노와 혼자서는 살아갈 수 없다는 것에 대한 절망 사이를 왔다 갔다 하였다. 그녀는 '자신의 감정을 쏟아내는 것'이 유일하고 유용한 치료라고 보았다. 이로 인해 많은 '눈물 어린' 회기가 이어졌으며, 치료자는 동시에 그러한 고통을 타당화하였다. 치료자는 그 순간의 신디의 경험에 초점을 맞추고 감정을 과장하거나 차단하지도 않았으며, 병원에 입원하지 않고도 자신의 문제를 다룰 수 있는 신디의 능력을 격려하였다. 신디의 역기능 수준이 너무 높았기 때문에, 그녀와 그녀의 치료자는 3개월간 거주치료 시설에 들어가 있어야 한다고 결정하였다. 이 시설은 대처기술 지향을 지니고 있었고, 집단치료는 있지만 개인치료는 제공하지 않았다. 이 기간 동안 신디는 자신의 치료자를 주 1회 만나고, 일주일에 여러 차례 이야기를 하였다. 신디는 코칭을 받으면서 함께 살 룸메이트를 찾았고, 3개월 후(치료 9개월 후)에는 자신의 집으로 돌아갔다. 치료 과정에서 치료자는 신디의 자살행동, 비자살적 자해행동, 치료 방해행동에 대해 여러 가지 전략을 사용하였다. 심층적인 행동연쇄와 해결분석은 치료자가 현재의 자살행동에 영향을 줄 수 있는 요인들에 대한 통찰을 얻을 수 있도록 도왔다. 이러한 분석을 실시할 때 그 과정이 일반적으로 강한 수치감, 죄책감이나 분노감을 유발하기 때문에 대부분의 내담자가 매우 힘들어하는 것처럼, 신디 역시 매우 힘들어하였다. 따라서 행동분석은 내담자가 고통스러운 감정을 관찰하고 경험하도록 격려하는 노출전략으로도 기능하였다. 이것은 또한 자살행동의 이득 및 손해와 관련하여 신디의 기대를 변화시키도록 돕는 인지적 전략도 제공하였는데, 특히 치료자는 "만약 내가 당신에게 화가 나서 당신이 변화하지 않으면 자살하겠다고 위협한다면 당신은 어떻게 느껴질 거라고 생각해요?"라고 반복해서 물었다. 마지막으로, 행동분석은 유관 관리로 제공되어 치료시간에 관심 있는 주제를 결정하는 내담자의 능력은 연쇄 및 해결 분석을 성공적으로 마칠 수 있게 하였다.

신디는 치료 초기에 자신의 강력한 욕구와 소망, 그리고 극단적인 자살행동의 의도를 표현하였다. 이전에 언급했던 것처럼, 이러한 행동 몇 가지는 자신의 삶을 끝내고자 하는 심각한 시도이며, 반면에 다른 행동들은 의미 있는 타인들로부터 관심을 끌고 보살핌을 받기 위한 기능을 한다. 이 내담자는 분명한 변화 절차를 시도하는 데 있어서는 극단적인 민감성을 드러내었는데, 이러한 변화 절차가 그녀의 무능력과 무가치함을 언급하는 것이라고 해석하였기 때문이다. 비록 신디가 치료 첫해에 집단 기술 훈련 회기에 참석하기로 약속하였으나, 그녀는 매우 변덕스러워 집단 회기에 빠지거나 혹은 쉬는 시간에 가 버리기도 하였다. 치료자가 이 이슈를 제기하려고 하면 신디는 그녀가 야맹증이 있어서 밤에 운전을 할 수 없다고 변명하였다. 비록 기술 훈련을 빠지는 것이 치료 방해행동으로 고려되며 치료 동안 빈번히 다루어졌지만, 더 높은 자살위험 행동이 지속적으로 존재하였기 때문에 이것은 치료의 주요 목표가 되지 않았다. 개인치료 회기 동안 내담자에게 적극적으로 기술 습득을 시키고자 하는 치료자의 노력은 다소 제한적이기는 하나 신디가 문제해결에 언어적으로 관여함으로써 다소 진전이 있었다. 불손한 의사소통에 대한 스타일 전략은 치료 과정에는 가치 있는 것이었다. 치료자의 부적절성은 종종 내담자를 '흔드는' 역할을 하였으며, 이는 이분법적인 사고와 부적응적인 인지를 느슨하게 하였다. 그 결과, 신디는 새롭고 적응적인 행동적 해결방법 탐색에 대한 의지가 높아졌다. 마지막으로, 관계전략은 치료동맹을 강화하고 자살행동이나 해리행동의 비유관적 행동을 유지하는 도구로 사용되었다. 여기에 포함된 것은 회기 사이에 치료자가 전화를 거는 것이었으며, 여행 중일 때는 보통 전화번호를 주거나 엽서를 보냈다.

치료가 시작된 지 12개월쯤 되었을 때, 신디의 자살과 자해 행동뿐 아니라 그러한 행동을 하고자 하는 충동이 감소하였다. 또한 입원기간이 눈에 띄게 줄었으며, 8개월 후에는 전혀 없었다. 룸메이트와 함께 살면서 신디는 의과대학에 복학하였다. 복학을 하게 된 이유의 일부분은 그녀의 삶을 변화시키고 싶어서였고, 남편의 사랑과 관심, 적어도 우정을 다시 얻기 위해 노력하고자 하는 것이었다. 치료에서는 자살행동에 대한 유관 변화에 계속 초점을 두면서 정서적 고통과 억압 및 스트레스를 모두 감소시키고, 술에 취하지 않고 적절한 음식 섭취를 유지하는 것을 목표로 추가하였다. 남편 없이 자신의 집에 살던 첫 달에 신디는 몇 차례 폭음을 하였고, 음식 섭취도 갑자기 감소하였다. 이러한 행동을 개선하는 것이 곧 목표가 되었으며, 이러한 행동에 대한 치료자의 강한 관심은 신디에게 비록 자살행동이 아닐지라도 치료자가 이 문제들을 심각하게 받아들이고 있음을 전하게 되었다. 치료는 또한 그녀의 사회적 관계를 확장시키는 것을 목표로 하였다. 치료자는 자살행동과 마찬가지로 이러한 목표들을 관련된 문제를 다루는 통로로 사용하였다. 위기 상황의 빈도가 감소할수록 무시되거나 부인되어 온 경험을 포함하는 가족 패턴을 분석하는 데 더 큰 초점이 주어졌으며, 이는 이후의 생활에서 신디의 문제로 연결되었다. 신디는 성적 또는 신체적 학대를 보고하지는 않았다. 따라서 2단계의 명백한 목표는 현재 문제와 신디의 개인력의 관련성을 이해하는 것이었다.

다른 사례에서, 특히 아동기에 성적 혹은 신체적 학대가 있었던 경우 목표 1단계가 충분히 숙련되기 전에 목표 2단계로 이동하는 것은 이전의 문제행동으로 퇴행시키는 결과를 유발할 수도 있다. 예를 들어, 같은 치료자(M. M. L.)에게 치료받은 다른 내담자 테리는 아동기 전반에 걸쳐 엄마로부터 심각하게 신체적인 학대를 받았으며, 5세부터는 아버지로부터 성적 학대가 시작되었고, 약 12세에는 신체적 학대를 받았다. 치료 전에 테리는 자신이 학대받은 사실을 다른 사람들에게 말하지 않았다.

1단계 목표를 성공적으로 타협한 후에, 치료자는 테리가 자신의 학대경험을 세부적으로 드러내는 것부터 시작하여 외상 관련 단서들에 노출되도록 하였다. 이러한 노출 회기들은 테리의 인생에서 현재 문제들과 얽혀 있는 것이었다. 성적 학대에 초점을 둔 노출 회기 후에 테리는 철회와 회기 중 침묵, 자살사고, 약물 거부 등 이전의 문제행동들로 돌아갔다. 이러한 행동들은 1단계 목표를 반복해서 다루어야 하며, 성적 학대에 대해 다루게 되는 2단계를 중지해야 할 명확한 필요성을 드러내는 것이다. 세 번의 치료 회기를 현재 테리의 자살행동, 치료 방해행동 및 삶의 질 방해행동을 분석하는 데 사용하였다. 이 행동들은 결국 치료자가 아버지에 대한 그녀의 아동기의 정서적 반응, 그리고 공휴일에 아버지와 함께 있을 때 예상할 수 있는 혼란스러운 감정에 대해 어떤 방식으로 판단할 것인가에 대한 걱정과 연관이 있었다.

앞에서 언급했던 것처럼, 3단계는 다른 사람의 의견과 관계없는 내담자의 자기존중을 목표로 한다. 또한 같은 치료자(M. M. L.)에게 치료를 받는 베티는 성공적으로 1단계와 2단계를 지나왔으며, 훈련과 지도적 책임을 통해 매우 유능한 간호사가 되었다. 베티와의 치료는 그녀를 계속 부정하는 매우 강력한 힘을 가진 유의미한 타인(예: 그녀의 슈퍼바이저)의 앞에서도 자신의 자존감을 유지하는 것에 초점을 두어 왔다. 치료 요인들은 다른 사람의 의견에 따르기 위해 자기 의견을 수정하려는 베티의 성향을 언급하고 초점화하고, 자기타당화와 자기위안을 얻도록 지속적으로 시도하며, 베티가 힘있는 타인들에 맞서는 자신을 상상하고 언어화할 수 있도록 상상 연습을 하는 것을 포함하였다. 다른 중요한 사람들과의 상호작용에 베티의 행동이 연관되는 것에 주의를 기울이면서, 치료의 초점은 많은 부분 치료 회기 내에서의 대인관계 행동에 두었다. 따라서 이 시점에서의 치료는 Kohlenberg와 Tsai(1991)가 개발한 기능분석과 매우 유사한 것이다. 전반적으로 치료의 이 세 번째 단계는 내담자와 치료자 간의 좀 더 평등한 관계로 이동하고, 내담자가 자신의 의견을 세우고 자신의 행동을 옹호하는 것을 좀 더 강조하였다. 이 접근은 내담자의 자기주장을 강화하고, 1단계와 2단계에서의 특징들을 타당화하고 기르는 것으로부터 물러나고 삼가는 것을 모두 요구한다. 또한 치료 회기는 격주로 줄어들고 앞으로 다가올 종결과 관련된 이슈를 주기적으로 논의하게 된다.

DBT의 4단계는 즐거움과 자유감을 방해하는 불

완전한 느낌을 목표로 한다. 샐리는 15년 전에 같은 치료자(M. M. L.)와 1단계 치료를 시작하였다. 1단계는 2년 동안 계속되었다. 1년 동안의 휴식기 이후에, 처음 몇 년간은 월 2회 치료에서 월 1회로, 그 이후에는 1년에 4~5회 정도의 치료로 이어졌다. 샐리는 30년 동안 부정기적으로 일을 하는 남편과 결혼생활을 해 왔는데, 그는 헌신적이고 충실하지만 그녀를 매우 부정하고 있었다. 그는 매우 똑똑하지만 대인관계 둔감성 때문에 직업을 잃어 왔다. 그녀는 아이들을 돌보면서 1년 동안 같은 곳에서 정규직으로 일하였다. 가장 가깝다고 느꼈던 아들은 2년 전 비행기 사고로 사망하였으며, 어머니는 작년에 돌아가셨고, 아버지는 매우 아프셨다. 안정적인 결혼생활을 유지하고 있고, 안정적이고 꽤 만족스러운 직장에서 일을 하고 있으며, 잘 적응하는 두 아들을 키우고 있고, 여전히 매우 건강한 상태임에도 불구하고 샐리에게는 인생이 의미없이 느껴졌다. 과거에 그녀는 영적인 활동들에 매우 적극적이었으며, 명상 수련이나 매일의 명상을 지속한 이후에는 만족감이나 기쁨의 느낌을 보고하기도 하였다. 아들이 죽은 이후부터 샐리는 대부분의 영적인 활동을 하지 않았다. 2년간 슬픔에 초점을 둔 이후, 샐리는 4단계를 할 준비를 하였다. 치료계획은 극단적 수용(선 수련 용어로 '자아를 내려놓기')을 혼자 혹은 지지집단과 적극적으로 연습하고 계속 진전을 보이는 것에 몰두하는 것이었다.

축어록

다음의 축어록은 서로 다른 내담자들과 몇 회기 동안 있었던 치료 과정의 실제 예들을 제시한 것이다. 치료자와 내담자 간의 이 특정 대화는 독자들에게 광범위한 DBT 치료전략 적용의 포괄적인 예시를 제공한다. 다음 축어록에서의 회기 내 목표는 치료를 소개하고 개입하게 하는 것이다. 사용된 전략들은 타당화, 문제해결(통찰, 소개하기와 개입), 변증법적(악마의 선전) 및 통합(관계 증진) 전략이다.

내담자를 개입하게 하는 것이 경계선 성격장애 환자의 치료를 시작하는 데 있어 중요한 첫걸음이다. 다음 기록에서 보여 주는 것처럼, 개입전략을 사용할 때 악마의 선전이라는 변증법적 기법은 매우 효과적인 방법이다. 첫 번째 치료 회기에서 치료자의 궁극적 목적은 내담자가 치료에 개입하게 하는 것뿐 아니라 자살행동 근절에도 개입하게 하는 것이다. 치료자는 첫 회기의 목적을 내담자에게 소개하면서 시작하였다.

치료자: 그러니까 당신은 나한테 약간 불안감을 느끼는 거죠?

내담자: 네. 아마도 그런 거 같아요.

치료자: 그래도 그건 있을 수 있는 일이에요. 앞으로 약 50분 동안 우리는 서로 알게 될 기회가 있고, 함께 같이 작업하고 싶은지 알아볼 거예요. 그러니까 내가 하고자 하는 것은 프로그램에 대한 것과 당신이 여기서 뭘 하게 될지를 설명하는 거예요. 그러니 먼저 말씀해 보시겠어요? 나와의 치료를 통해 무엇을 얻고 싶은지, 여기서 무엇을 하고자 하는지에 대해서요.

내담자: 저는 더 나아지고 싶어요.

치료자: 글쎄요. 당신에게 뭐가 문제인가요?

내담자: 저는 지금 엉망진창이에요. (웃음)

치료자: 어떻게요?

내담자: 음, 저도 모르겠어요. 저는 요즘 일상생활조차도 제대로 대처할 수 없어요. 그리고 심지어…… 저는 그냥 엉망진창이에요. 저는 그냥 어떤 것도 어떻게 대처해야 할지를 모르겠어요.

치료자: 그러니까 그것이 정확하게 무슨 뜻일까요?

내담자: 음, 글쎄요. 요즘 제가 하는 모든 일이 그냥 버겁게 느껴져요. 저는 제 직업을 계속 유지할 수 없고, 그래서 지금은 병가 중이에요. 또한 사람들은 제가 너무 병원을 많이 가는 것에 대해 지겨워하는 것 같아요. 그리고 정신과 의사도 제가 자해를 하기 때문에 저를 다른 곳으로 보내 버리려는 것 같고요.

치료자: 얼마나 자해를 자주 하나요?

내담자: 아마도 한 달에 한두 번이요. 라이터나 담배, 때로는 면도칼로도 해요.

치료자: 온몸에 상처가 나 있어요?

내담자: (끄덕인다.)

치료자: 당신의 정신과 의사가 나에게 당신이 클로락스에도 취한다고 말했어요. 그 얘기는 안 하셨네요?

내담자: 그것은 제 생각에 들어가 있지 않았던 것 같아요.

치료자: 그런 일들을 자주 하는 편인가요?

내담자: 저도 확실히는 모르겠어요. 아마도요.

치료자: 그렇다면 아마도 당신과 일하기 위해서는 좋은 추측자가 되어야 하겠네요.

내담자: 흠.

치료자: 불행하게도, 나는 뛰어난 추측자는 아니에요. 그렇지만 우리는 당신이 어떻게 일들을 생각나게 하는지를 가르쳐 줄 거예요. 그러니까 이게 정확히 당신이 치료를 통해 얻고자 하는 것들인가요? 자해를 그만두게 하는 것, 자살시도를 그만두게 하는 것, 혹은 둘 다?

내담자: 둘 다요. 이제 모두 지겨워요.

치료자: 그리고 그 외에 도움 받고 싶은 것들이 또 있나요?

내담자: 흠, 글쎄요. 저는 돈을 어떻게 다루어야 할지를 모르겠어요. 그리고 관계들을 어떻게 다루어야 할지도요. 저는 친구도 없어요. 사람들은 저와 자주 연락을 하지 않아요. 저는 이전에 알코올 중독자였고, 회복 중인 섭식장애 환자예요. 저는 여전히 그러한 경향들을 가지고 있어요.

치료자: 당신은 당신의 어떤 특성들이 알코올 중독과 섭식장애를 자해행동으로 대체하게 했다고 생각하나요?

내담자: 모르겠어요. 저는 그런 식으로 생각해 본 적이 없어요. 다만 저를 어떻게 다루어야 할지 모르겠다고 느낄 뿐이에요. 그리고 당신도 알다시피 그러한 것들에 대해 작업하고 있다고 생각하고, 그것들이 없어지지 않으면 분명히 매우 힘들 거예요. 저는 저 자신을 죽이려고 해서는 안 돼요.

치료자: 그렇다면 당신의 관점에서 한 가지 문제는 당신이 어떻게 해야 할지 모른다는 것이군요. 많은 것을요.

내담자: 네, 정말 많은 것이죠. 저는 어떻게 해야 할지 알고는 있어요. 하지만 어떤 이유로 그렇게 하지 않는 것이죠.

치료자: 흠.

내담자: 선생님도 아시는 것처럼, 저는 돈을 벌

어야 할 필요도 알고 있어요. 저 스스로 경제적인 관리를 해야 하고, 매달 그렇게 해야 하죠. 그러나 그건 정말 어려워요. 선생님도 아시다시피 그것은 제가 아는 것과 같지 않고, 혹은 제가 뭔가를 먹지 말아야 하거나 그런 식으로 하지 말아야 하죠.

치료자: 그러니까 당신은 실제 어떻게 해야 할지 알고는 있지만, 문제는 당신이 아는 것을 실제로 당신이 하게끔 어떻게 해야 할지 모른다는 것처럼 들리네요.

내담자: 정확해요.

치료자: 그것은 아마도 당신의 감정이 잘 통제될 수도 있다, 즉 당신이 적절한 감정일 때 당신은 그렇게 할 수 있다는 것이군요.

내담자: 네. 모든 것은 감정에 달려 있어요.

치료자: 그러니까 당신은 감정적인 사람이군요.

내담자: 네. 저는 두 달씩 집 청소를 하지 않기도 해요. 그러고는 청소를 하고 싶은 기분이 들죠. 그러면 정말 티 없이 깨끗하게 청소를 해서 3주씩이나 그렇게 지내기도 해요. 정말 티 없이요. 그다음엔 다시 엉망인 채로 돌아가고 싶은 기분이 들어요.

치료자: 그러니까 당신과 내가 해야 할 한 가지 과제는 당신의 행동이 움직여지는 방식을 파악하고, 무엇이 기분에 덜 말려들게 하는지를 파악하는 것이네요.

내담자: 맞아요.

치료자는 내담자에 대해 내담자의 감정과 행동 간의 관찰된 상호관계를 명확히 할 수 있는 통찰을 사용하였다. 그녀는 악마의 선전이라는 변증법적 전략을 통해 개입 수정 과정을 시작하였다.

치료자: 그렇게 하는 것은 물론 매우 끔찍할 거예요, 그렇지 않나요? 왜 당신은 그렇게 하고 싶었을까요? 그것은 매우 고통스럽게 들리는데.

내담자: 글쎄요. 저는 그것이 다소 비일관적이라서 그렇게 하고 싶어요. 그것은 선생님도 알다시피 더 나빠요. 규모 있게 돈을 쓰는 것이나 그런 것들, 그렇게 해야 할 필요가 있다는 것을 저도 알아요. 그런데 제가 그렇게 하지 못할 때, 그것이 저를 더 힘들게 만들거든요.

치료자: 왜 당신은 당신이 그렇게 할 수 있는 기분이 아닐 때 그런 것들을 하고 싶어 하는 거죠?

내담자: 왜냐하면 제가 해야 하니까요. 만약 제가 하지 못한다면 그런 식으로는 살아남을 수 없으니까요.

치료자: 그것은 마치 인생이 매우 쉬운 것처럼 들리네요.

내담자: 네. 그런데 저는 제 돈을 재미있고, 바보 같고, 경박한 것들에 그렇게 써 버린다면 삶을 제대로 부양할 수가 없어요.

치료자: 글쎄요. 내 생각에는 당신이 어느 정도 한계를 갖고 그 선을 너무 넘지 않도록 해야 할 것 같네요. 그런데 왜 그런 기분이 아닐 때에 집 청소를 하는 거죠?

내담자: 왜냐하면 집이 엉망이면 그게 저를 힘들게 만들거든요. 그리고 저는 물건들을 찾을 수가 없고, 고지서를 잃어버려 결국 그것을 내지 못하는 것과 같은 일들이 생기고요. 그래서 지금은 제 뒤에 그런 것을 챙겨 주는 에이전시가 있어요. 제가 그것들을 모두

챙길 수가 없고, 그래서 자해를 하고 병원을 가는 것으로 끝내니까요. 그리고 저는 그것을 결국 끝내고 싶었어요. 하지만 만약 제가 청소를 하고 싶지 않은 기분이라서 청소를 하지 않는 것은 그리 문제가 되는 것 같지는 않아요.

치료자: 그러니까 당신의 삶에서는 당신의 기분에 반하는 것들을 하고자 하는 동기가 충분치 않을 때는 끔찍한 일이 일어나는군요.

내담자: 네, 그것이 일어나지 않기 때문에 분명하지는 않지만요.

치료자: 어려운 일이네요. 쉽지 않은 일 같아요. 이것은 단순히 당신이 여기 와서, 내가 "오케이, 마술이 일어나라."라고 말해서 당신이 하고 싶지 않은 기분이 들던 것들을 하고 싶게 만들 수 있는 것은 아닌 것 같아요.

내담자: 네.

치료자: 네. 당신이 일할 기분이 아닐 때, 즉 기분에 좌우된다면, 그것은 다루기 어려운 문제예요. 솔직히 말해서 그 문제가 가장 어려운 문제이긴 하지만, 다룰 수 있는 문제이기도 합니다.

내담자: 네, 그렇군요.

치료자: 내 생각에 우리는 이 문제를 다룰 수 있지만 매우 어려울 거예요. 진짜 문제는 당신이 그러한 힘든 과정을 겪을 의지가 있느냐는 거예요. 그리고 나는 그 문제를 생각해 보고 있어요.

내담자: 글쎄, 그것이 저를 더 행복하게 한다면요.

치료자: 확실해요?

내담자: 네. 저는 11세부터 그런 것들을 겪어 왔어요. 저는 그런 일들이 이제 지겨워요. 이렇게 말하기는 미안하지만, 저는 정말 궁지에 몰린 느낌이에요. 저에게는 이 문제를 해결하거나, 아니면 죽는 것, 이 두 가지 선택뿐입니다.

치료자: 음, 왜 죽지 않습니까?

내담자: 글쎄요. 언젠가 그럴 때가 온다면 죽겠죠.

치료자: 음, 그럼 왜 지금은 아니죠?

내담자: 왜냐하면 이것이 제 마지막 희망이니까요. 제가 마지막 희망을 가지고 있다면 왜 그것을 받아들이지 않겠어요?

치료자: 즉, 다시 말하자면, 만약 당신이 벗어날 수 있다면 죽기보다는 살겠다는 거네요.

내담자: 네, 만약 벗어날 수 있다면요.

치료자: 오케이, 좋아요. 그것이 당신의 강점이 될 수 있어요. 우리는 그것을 곧 다룰 거예요. 상황이 힘들 때 그것을 기억해요. 그리고 지금 나는 당신한테 이 문제와 당신이 스스로를 어떻게 해치고 있다고 느끼는지를 이야기하고 싶고, 그 후에 우리는 당신이 여전히 이것을 다루고 싶은지를 이야기할 거예요.

이 대화의 예에서 보는 바와 같이, 치료자가 악마의 선전 전략을 공격적 태도 없이 사용한 것은 성공적으로 '문에 발을 들여놓고' 내담자가 조기 개입을 하게 하였다.

치료자: 지금 이해해야 할 가장 중요한 것은 우리가 지금 자살방지 프로그램을 하고 있지 않다는 거예요. 우리는 생활증진 프로그램을 하는 중이에요. 우리가 이것을 보는 방식은,

비참한 삶을 사는 것이 어떤 성취는 아니라는 거죠. 만약 우리가 함께 작업을 하기로 결정했다면, 나는 당신의 삶이 향상되도록 도울 것이고, 이것은 당신이 죽거나 해치고 싶어 하지 않도록 할 거예요. 당신의 클로락스 마시기를 포함한 자살행동을 나는 문제해결 행동으로 보고 있다는 것을 알아야 해요. 나는 알코올도 같은 식으로 생각해요. 차이가 있는 것은 자상과 화상인데, 이것은 불행하게도 효과가 있어요. 만약 그것이 효과가 없으면 아무도 한 번 이상 시도하지 않을 텐데요. 만약 단기에 효과가 없으면, 결국 장기적으로도 효과가 없거든요. 자상, 즉 자신을 해하는 것은 음주를 중단하는 것과 정확하게 같아요. 당신은 이것이 힘들게 생각되나요?

내담자: 술을 끊는 것은 그렇게 힘들지 않아요.

치료자: 글쎄요. 내 경험으로는 자해행동을 포기하는 것은 보통 매우 힘들어요. 이것을 위해 우리가 함께 작업해야겠지만, 당신이 훨씬 힘들 거예요. 내가 간략히 말하긴 했지만, 이것을 위해서 당신은 대략 1년 정도 매주 1회의 개인치료, 매주 1회의 집단 기술 훈련을 받아야 해요. 그러니까 문제는 당신이 1년간 개입할 의지가 있는가 하는 것이에요.

내담자: 저는 이런 것들이 지겨워요. 그게 제가 여기 있는 이유예요.

치료자: 그러니까 당신은 1년 동안 치료를 그만두지 않을 것을 동의하는 것이지요?

내담자: 네.

치료자: 그리고 당신은 만약 1년 동안 치료를 계속하고, 당신이 그렇게 생각한다면 1년간 자살하지 않게 될 것을 알고 있지요?

내담자: 논리적으로는요, 네.

치료자: 그러니까 치료가 제대로 이루어지지 않으면 당신은 자신을 죽게 할 테니, 이것을 분명히 할 필요가 있어요. 우리가 해야 할 가장 중요한 기분 관련 목표는 당신의 기분이 어떻든 간에 자살이나 자살시도를 하지 않는 거예요.

내담자: 네.

치료자: 그러니까 그것이 우리가 작업할 유일한 목표가 아니라 첫 번째 목표예요. 당신이 심사숙고하여 동의할 것은 당신의 기분이 어떻든 간에 살아 있기로 하고, 자신을 해치지 않고, 자살시도를 멈추는 것이에요. 지금 문제는 당신이 그에 동의할 것이냐 여부고요.

내담자: 네, 그것에 동의해요.

치료자는 자살행동을 다루겠다는 내담자로부터 성공적으로 얻어 낸 개입을 다시 개입을 강화하기 위한 악마의 선전 전략에 사용하였다.

치료자: 왜 당신은 그것에 동의하는 거죠?

내담자: 저도 모르겠어요. (웃음)

치료자: 내 말의 뜻은 당신이 자살하기보다는 치료를 받고 싶을 수 있겠냐는 거예요?

내담자: 모르겠어요. 그러니까 저는 지금까지 그런 식으로 생각해 본 적이 없네요.

치료자: 흠.

내담자: 제가 원하지 않는 것은…… 제가 살라고 강요받고 있지 않다고 느낄 수 있는 지점에 이르기를 원해요.

치료자: 그러니까 당신은 동의하라고 종용받는

기분이기 때문에 동의하는 것이군요.

내담자: 선생님이 계속 그 질문을 하시니까요.

치료자: 어떻게 생각하세요?

내담자: 솔직히 지금은 제가 제대로 생각하는지 모르겠어요.

DBT 치료자에게 필수적이고 가장 중요한 기술은 내담자가 자신의 한계 상황에 몰렸을 때를 감지하는 능력뿐 아니라 내담자에게 압력을 주는 것으로부터 물러서고 최소한 일시적으로 철회하는 기술이다. 이러한 예에서 치료자로부터 계속되는 압력은 부메랑이 되고, 치료자의 의도와 반대되는 결과를 가져올 수도 있다. 여기서 치료자는 내담자의 혼란을 파악하고 더 종용하는 것은 내담자가 그녀의 개입을 감소시킬 수 있음을 감지하였다. 결과적으로 치료자는 뒤로 물러나서 내담자를 타당화하였다.

치료자: 그러니까 당신은 내가 당신을 벽으로 미는 것 같이 느꼈군요.

내담자: 아니에요. 진짜 아니에요. (울기 시작한다.)

치료자: 지금은 무슨 일이 일어난 건가요?

내담자: (울음을 멈추고) 모르겠어요. 제 말은, 제가 진짜 자살하고 싶어 하는지를 모르겠다는 거예요. 저는 그냥 그래야 한다고 생각했어요. 저는 정말 감정적인 것이라고 생각하지 않아요. 저는 그냥 다른 선택이 없다고 느꼈다고 생각해요. 저는 그냥 "그래, 너도 다른 선택이 없다는 것을 알지. 그러니까 그렇게 하자."라고 말해요. 그리고 선생님도 아시다시피 저에게는 조금의 희망도 보이지 가 않아요. 저는 치료를 받을 거예요. 왜냐하면 그것이 좋을 거라고 생각하니까요. 그게 좋을 것이라는 것은 알지만, 저는 제가 죽으려고 했던 날보다 뭐가 더 나아질지 모르겠어요.

치료자: 글쎄요, 아마도 그게 사실일 수도 있어요. 어쩌면 더 나은 것이 없을 수도 있어요. 그렇지만 자살하는 것이 보통 어떤 문제를 해결하지는 않아요. 비록 그것이 당신에게 한 가지는 도움이 되었을지라도요.

내담자: 치료에 오게 한 거요.

치료자: 네, 그래서 내가 당신에게 한 이런 질문들이 당신을 울게 만든 거예요. 당신은 정말 기분이 안 좋아 보였어요.

내담자: 정말 당황했어요. 그 말을 들었을 때는.

치료자: 우리가 이 대화를 하는 이유는 우리 둘 다에게 매우 명확하게 우리의 관계를 구조화할 필요가 있어서예요. 우리가 함께 무엇을 하고 있는지를 알지 못해서 당신이 당황하는 일들을 줄일 거예요.

내담자: 음.

치료자: 그리고 나는 우리의 1순위 목표가 뭔지와 이것이 얼마나 어려운 것인지를 명확히 하고 싶어요. 만약 당신이 그만두고 싶다면 지금 그만두라는 거예요. 만약 당신이 "네, 저는 이것을 하고 싶어요."라고 말한다면 당신과 좀 더 제대로 작업을 하고 싶어요.

내담자: 저는 그만두고 싶지는 않아요.

치료자: 좋아요. 지금 나는 이것이 좋은 생각이라고 말해 주고 싶어요. 당신도 오늘은 뭔가 기운이 나서 새로운 프로그램을 시작할 수 있을 것 같네요. 하지만 5시간이 지나면

그것이 좋은 생각이 아닌 것 같은 기분이 들 수도 있어요. 엄청나게 잘 먹고 다이어트를 시작하는 것은 쉬운 일이지만, 배고플 때는 훨씬 더 어렵거든요. 그러나 우리는 좋은 생각을 계속 유지할 수 있는 방법을 모색해 볼 겁니다. 엄청 힘들 수도 있지만, 나는 자신이 있어요. 내 생각에 우리는 성공적으로 함께 일할 수 있을 거예요.

치료자가 치료에 개입하고 작업을 하는 것이 어려울 수 있다는 것에 대해 내담자를 준비시킴으로써 그 회기를 마무리하고 있음을 기억하라. 격려하기와 관계 증진은 강한 치료동맹을 위한 기초를 이끌어 낸다. 다음 회기는 치료에 들어간 지 약 4개월 후에 이루어졌다. 이 회기의 목표는 자살행동이다. 치료자는 타당화, 문제해결(유관 명확성, 교육적 정보, 행동분석, 해결분석), 스타일적(불손한 의사소통), 변증법적(은유, 레몬으로 레모네이드 만들기) 및 기술훈련(스트레스 감내) 전략 등을 사용한다.

치료자는 내담자의 다이어리를 살펴보고 최근의 의도적인 자해를 언급하고, 이전에 그녀의 담당의가 진통제 처방을 거절하자 자해를 한 것을 언급하였다. 치료자는 행동분석을 시작하였다.

치료자: 좋아요. 당신은 지난주에 자해를 하는 것은 말도 안 되고 참을 수 없는 일이기 때문에 다시는 자해를 하지 않을 것이라고 나한테 말했지요. 그리고 일요일에 어떻게 그 약속을 어겼는지를 생각해 봅시다. 그것으로부터 우리는 뭔가를 배울 수 있을 거예요. 좋아요. 그럼 당신은 언제 자해충동을 느끼기 시작했나요?

내담자: 저는 수요일에 발을 다쳤어요. 통증을 느끼기 시작했고요.

치료자: 그 전에는 아프지 않았나요?

내담자: 아니요.

치료자: 그 전에는 신경이 죽어 있었나요? 그러니까 당신은 많은 통증을 느끼기 시작했군요. 지금은 언제 통증을 느끼고, 언제 자신을 해치고 싶은 충동을 느끼나요?

내담자: 항상 그래요.

치료자: 그것이 동시에 같이 느껴지나요?

내담자: 대략 그래요.

초기의 촉발환경 사건을 세분화하는 것은 행동 연쇄분석을 실시하는 첫 단계이다. 여기서 치료자는 자살과 자해의 충동이 시작되었던 때를 직접 질문함으로써 시작한다. 치료자가 회기 초기에 불손한 의사소통을 사용하였던 것을 기억하자.

치료자: 그러니까 고통을 느끼는 것이 자해충동을 어떻게 유발한 거죠? 어떻게 된 건지 알고 있나요? 어떻게 고통이 자해충동을 느끼게 한 걸까요?

내담자: 저도 모르겠어요. 아마도 목요일까지는 그렇지 않았던 것 같아요. 제가 간호사에게 말했어요. "저기요, 저는 지금 너무 고통스러워요. 고통이 너무 힘들어서 먹은 것들을 다 토했어요." 그러자 간호사가 도와주려고 했어요. 의사에게 전화해서 제가 너무 고통스러운데, 진통제를 줄 수 있냐고 물어봤어요. 그런데 안 된다는 거예요! 제가 계속 물어봤는데 계속 안 된다고 했고, 저는 점점 더 화가 났어요. 그리고 저는 그들이 저를

믿지 않으니까 정말 힘들다는 것을 보여 줘야 한다고 느꼈어요.

치료자: 그럼 이렇게 생각해 봐요. 그러니까 당신은 사람들이 당신이 말한 것처럼 정말 아프다는 것을 믿는다면, 그들이 당신에게 진통제를 줄 거라고 가정했다는 거죠?

내담자: 네.

치료자: 좋아요. 그 지점에 잘못된 생각이 존재하네요. 그것이 문제네요. 이제 알겠죠. 사람들이 당신이 얼마나 아픈지를 안다고 해도 여전히 약을 주지 않을 가능성이 있어요.

내담자: 저도 확실히 알겠어요. 그리고 제 일기에도 썼어요. 제가 자해를 하지 않더라도 제가 필요할 때 약을 받을 수 있다는 것을요.

치료자는 문제의 발생과 동시에 일어난 사건을 기술하면서 시작하였다. 진통제를 얻지 못하는 것이 자해를 유발하는지는 완전히 명확하지 않다. 다음의 대화에서 치료자는 어떠한 요인이 중요한지를 분석하기 위해서 은유의 변증법적 전략을 사용하였다. 다음의 예는 서로 다른 시나리오가 제시되고 반응이 유발되는 실험을 제시한 것임을 알 수 있다.

치료자: 이제 이렇게 해 볼까요? 이것을 상상해 볼 수 있겠어요? 좋아요. 당신과 내가 바다 한가운데의 뗏목 위에 앉아 있다고 상상해 보세요. 우리 배는 가라앉았고, 우리는 뗏목 위에 있는 거예요. 그리고 배가 가라앉을 때 당신은 다리를 정말 심하게 베었어요. 그리고 우리는 우리가 할 수 있는 최선을 다해 그 상처를 감쌌어요. 하지만 우리한테는 진통제가 없어요. 그리고 우리는 같이 뗏목에 있는데 당신의 다리가 정말 아파요. 당신은 나한테 진통제를 달라고 해요. 그래서 내가 없다고 하죠. 그렇다면 당신은 그때 자해를 하고 싶은 충동을 느끼고 상황이 점점 나빠질까요?

내담자: 아니요, 그것은 전혀 다른 상황이에요.

치료자: 좋아요. 하지만 만약 나에게 진통제가 있는데, 그것을 아끼기 위해서 줄 수 없다고 한다면, 당신은 어떻게 생각할까요?

내담자: 만약 그것이 제게 합리적으로 느껴진다면, 저는 그것을 견디고 자해하지 않을 거예요.

치료자: 만약 당신이 약물 중독이 되지 않게 하려고 거절한다면요?

내담자: 자해를 할 것 같아요.

치료자: 좋아요. 그럼 이것이 좀 더 명확해지네요. 통증이 자해 욕구를 유발하는 것이 아니에요. 사람들이 도우려면 도울 수 있다고 생각되는 도움이 주어지지 않는 것이 자해를 유발하네요.

내담자: 네.

치료자는 내담자의 행동에 대한 다른 사람들의 반응의 결과를 명확히 하기 위해 유관 명확성을 사용하였다. 다음 대화에서 치료자는 다시 비자살적 자해행동의 의사소통 기능을 내담자에게 명확히 하기 위한 노력으로 다시 유관 명확성을 사용하였다.

치료자: 자, 다시 말하면, 자해가 의사소통 행동이었다는 거죠, 그렇죠? 그러니까 우리가 파

악해야 할 것은 그 의사소통 행동이 작동을 멈추도록 하는 방법이에요.

내담자: 왜요?

치료자: 왜냐하면 당신은 그것이 효과가 나지 않을 때까지 그 행동을 멈추지 않을 테니까요. 이것은 마치 다른 사람에게 말하려고 하는 것과 같아요. 방 안에 아무도 없어야 결국에 말하는 것을 멈출 거예요. 전화기가 고장이 나야 말하기를 멈추겠죠.

내담자: 저는 완벽하게 자기주장적인 태도로 연속해서 3일 저녁을 노력했고, 정말 고통스럽다고 분명히 말했어요.

치료자: 그러면 당신과 의자를 한번 바꾸어야겠다고 생각되네요. 당신은 내가 말하는 것을 듣지 않고 있어요.

내담자: 그리고 그들은 계속 안 된다고 말했고, 그 후 작은 불이 제 머릿속에 들어온 것 같아요.

치료자: 당신과 의자를 바꾸려고 생각하고 있어요.

내담자: 왜요?

치료자: 왜냐하면 만약 당신이 여기로 와 앉아서 본다면, 당신의 고통이 얼마나 심하든 간에 진통제를 얻기 위해 자해를 하는 것은 적절한 반응이 아니라는 것을 알게 될 거니까요. 의사가 합리적이지 않았을 수도 있어요. 그들이 당신에게 약을 줬어야 했을 수도 있고요. 하지만 자해가 적절한 반응이 아니라는 것을 말하기 위해서 그들이 잘못했다고 말할 필요는 없어요.

내담자: 네. 저도 그것이 적절한 반응이었다고는 생각하지 않아요.

치료자: 좋아요. 우리가 해야 할 것은 비록 당신이 약을 얻지 못할지라도 그러한 반응이 나오지 않도록 약을 얻는 방법을 알아내는 것이에요. 지금까지 자해는 의사소통으로 매우 효과적으로 작동했어요. 그리고 그것을 멈추는 유일한 방법은 더 이상 그것이 효과를 보지 못하게 하는 것이에요. 물론 사용할 수 있는 다른 방법을 마련하는 것이 좋을 거예요. 당신이 논쟁하고 있는 것은 "좋아, 만약 내가 이 방법을 사용할 수 없다면, 그때는 다른 방법을 사용하는 거야."이죠.

내담자: 저는 그렇게 했어요.

치료자: 그래요. 나는 당신이 그렇게 했다는 것을 알아요. 알고 있어요.

내담자: 복도를 따라 내려온 숙녀분이 당뇨 치료를 하고 있는 중이었는데 정말 안 좋아 보였거든요. 그리고 그들이 그녀에게 진통제를 주었어요.

치료자: 지금 우리는 같은 주파수에 있는 것 같지 않네요.

내담자: 아네요. 우리는 같은 주파수에 있는데요. 선생님은 어떤 주파수에 있어요?

치료자: 나는 당신에게는 진통제를 얻는 것이 타당해 보였을 것이고, 당신에게 진통제가 매우 필요했다는 것은 확실히 이해한다는 주파수에 있어요. 하지만 나는 또한 상황이 어떻든 간에 자해는 일어나지 않아야 한다고 생각한다는 거죠. 당신은 마치 당신이 진통제를 얻어야만 내가 당신에게 동의하는 것처럼 행동하고 있어요.

내담자: 흠.

치료자: 당신은 그들이 당신에게 진통제를 주었

는지 안 주었는지에 대해 말하고 있어요. 나는 그것에 대해 말하는 것이 아니에요. 비록 그들이 약을 주었어야 할지라도, 자해를 하지 않고 어떻게 약을 받을 수 있는지를 말하고 있는 거예요.

계속된 대화에서 제시된 바와 같이 경계선 성격장애 내담자들은 즉각적으로 위기에 초점을 두기를 원한다. 이것은 내담자의 고통을 타당화하고 행동 변화를 촉구하는 것 사이를 왔다 갔다 해야 하는 치료자에게는 엄청난 도전이다. 이 대화는 타당화가 동의에 어떻게 반드시 필수적이지는 않은지를 보여 준다. 치료자는 간호사가 진통제 주기를 거절하는 것은 합리적이지 않다는 것을 타당화할지라도 내담자의 반응이 부적절하다는 것도 여전히 다룬다.

내담자: 저는 몇 가지 스트레스 감내방법을 시도했는데 효과가 없었어요.

치료자: 알았어요. 걱정하지 마세요. 우리가 방법을 찾아낼 테니까요. 당신이 사용한 방법들이 무엇이었는지 알고 싶네요. 하지만 우리가 먼저 확실히 해야 하는 것은 그 그림을 명확히 해야 한다는 거예요. 그 충동이 수요일 이후에 시작되었고, 그 후에 점점 나빠졌다는 것이지요?

내담자: 네, 자해충동이 고통과 함께 점점 커졌어요.

치료자: 고통과 함께요. 좋아요. 그런데 당신은 진통제를 달라는 요구를 그들이 계속 거절하면서 충동도 시작되었다는 거죠? 그리고 당신이 자해를 한다면 그들이 진통제를 주지 않을까 하고 생각했고요.

내담자: 네, 그들이 제 말을 들어주지 않는다면, 그때는 그들에게 보여 줄 수 있다고요.

치료자: 좋아요. 그러니까 당신은 '만약 그들이 내 말을 듣지 않으면, 나는 그들에게 보여 줄 거야.'라고 생각했군요. 그리고 그 생각이 가장 처음 들었던 때는 언제였어요? 수요일이었어요?

내담자: 네.

치료자: 좋아요. 우리는 당신이 자해를 하지 않고 나쁜 일들을 견딜 수 있는 방법을 찾아낼 거예요. 그러니까 당신이 시도했던 것들을 알아보고, 그것이 효과가 없었기 때문에 어떤 다른 방법이 있는지를 파악해 볼 거예요. 당신이 시도해 본 첫 번째 방법이 무엇이었죠?

행동분석이 완전하게 되지 않은 상태에서 흔히 해결분석 단계로 성급하게 이동하게 된다. 그럼에도 치료자의 판단에, 자신이 시도했던 행동기술을 내담자가 설명할 때 잘 반응하여 고통 감내를 시도했던 것을 강화하는 것이 매우 중요하다.

내담자: 저는 제가 적절한 방법을 사용하는 것에 대해 계속 주장했어야 했다고 생각해요.

치료자: 맞아요. 그런데 그것이 잘 안 되었죠. 그런데 그 후에 왜 바로 자해를 하지 않았어요?

내담자: 그러고 싶지 않았어요.

치료자: 왜 그렇게 하고 싶지 않았죠?

내담자: 점점 나빠지는 것을 원치 않았거든요.

치료자: 그러니까 당신은 이득과 손실을 생각하고 있었네요. 만약 내가 이것을 더 악화시킨

다면 내 기분이 더 안 좋아질까 하고요.

내담자: 네.

DBT 기술 훈련의 한 가지 측면은 위기생존 전략으로서의 고통 감내의 이득과 손실을 평가하는 것이 유용함을 강조한다는 것이다. 여기서 치료자는 내담자에게 그가 실제 어떻게 행동기술을 사용했는지를 강조함으로써 레몬으로 레모네이드 만들기라는 변증법적 전략을 사용한다. 치료자가 내담자의 노력을 어떻게 칭찬해서 즉각적으로 강화하였는지를 살펴보자.

치료자: 그거 좋은 생각이네요. 그것을 하는 것의 이득과 손실에 대해 생각해 보았던 것 말이에요. 좋아요, 그러니까 더 나빠지는 것의 손실이 이득보다 더 컸군요. 그래서 당신은 여기서 계속 잘 싸워야 해요. 당신이 시도했던 또 다른 것은 무엇인가요?

내담자: 저는 다른 내담자들과 이야기하려고 했어요.

치료자: 그리고 그들과 무슨 이야기를 했나요?

내담자: 그들은 진통제를 받아야 한다고 말했어요.

치료자: 좋아요. 하지만 그들은 만약 당신이 약을 얻지 못한다면 팔을 긋거나 자해를 해야 한다고 했나요?

내담자: 아니요. 저는 음악을 듣거나 명상을 해서 제 통증을 잊으려고 노력했어요. 책을 읽고 크로스 퍼즐을 하려고 했어요.

치료자: 음. 당신은 극단적 수용을 사용해 본 적이 있나요?

내담자: 그것이 무엇이죠?

치료자: 그건 당신이 진통제를 받지 못할 것이라는 사실을 내려놓고 수용하는 방법이에요. 그리고 당신은 안 되는 것도 받아들이고 다른 방법으로 대처해야 한다는 것도 받아들였네요.

내담자: 어제 그렇게 했지요. 저는 아티반(Ativan)이 조금 필요해서 그것을 가지러 갔어요.

치료자: 어제요?

내담자: 네, 저는 낮잠을 잤어요. 제가 잠에서 깼을 때 저는 "이것 봐, 그들은 상황을 바꾸지 않아. 그러니까 네가 너한테 최선인 방법으로 협상을 해야 해."라고 스스로에게 말했지요.

치료자: 그리고 그런 수용이 조금 도움이 됐나요?

내담자: 저는 여전히 그것이 매우 화나요.

치료자: 좋아요. 그러니까 수용하는 것이 도움이 된 거죠?

내담자: 네.

치료자: 좋아요. 그것이 매우 좋은 기술이고 계속 연습해야 할 기술이에요. 압박감이 느껴질 때, 정말 한계를 느낄 때, 최악의 상황일 때, 극단적 수용은 연습해야 할 기술이에요.

내담자: 알겠어요.

해결분석을 하는 동안 치료자가 내담자의 '브레인스토밍'을 돕거나 미래의 재난을 다루는 직접적 방법을 제시하여 그 과정을 촉진하는 것은 매우 필요한 것이다. 치료자는 고통 감내에 대해 DBT 기술 모듈에 있는 방법을 제시하였다. 극단적 수용을 언급한 것은 자신의 고통을 수용하는 것이 정서적 고통을 끝내는 필수 선행 요소라는 것을 강조하는 것이다.

치료자: 좋아요. 당신이 그 충동에 어떻게 굴복했는지로 다시 돌아가 봅시다. 당신은 그때까지는 모든 방법을 동원해 잘 싸웠어요, 그렇죠? 보통 우리는 무슨 일이 일어났다고 가정할 수 있어요. 그러니까 일요일을 다시 기억해 보고 당신이 비난받았거나, 사랑받지 못했거나, 혹은 수용받지 못했다고 느끼게 한 그날의 대인관계 상황은 없었나 생각해 보세요.

내담자: 글쎄요, 저는 토요일에 화가 나서 단주 모임에 갔어요. 그리고 머릿속에 술을 마시면 통증이 없어질 거라는 생각이 떠올랐어요. 저는 열린 가게가 있는지 동네를 돌아다녔어요. 그러고는 취해 버리려고 했어요. 그게 제 고통이 저에게 끼친 영향이에요. 하지만 저는 열려 있는 가게를 찾지 못했고, 그래서 병원으로 갔어요.

치료자: 당신은 술이 통증을 줄여 줄 거라고 생각했는데 술을 얻지 못했고, 그래서 병원으로 갔군요. 당신은 정말 통증이 심했고요. 그다음에 어떻게 되었나요?

내담자: 저는 간호사에게 "저는 거의 10년 동안 술을 마시지 않았어요. 그런데 술을 마셔야겠다는 충동이 다시 생겼어요. 그만큼 통증이 심해요."라고 말했어요. 그런데 그들은 듣지 않았어요.

치료자: 그래서 당신은 그렇게 해야겠다고 생각했군요.

내담자: 네.

치료자: 그렇군요. 왜냐하면 자살협박이 가장 고도의 의사소통처럼 보였으니까요. 좋아요. 내가 당신에게 알려 주고 싶은 것은 그것이 자살보다는 더 나은 방법이라는 거에요. 왜냐하면 당신이 자신의 위험 수준을 줄였으니까요.

앞의 반응이 매우 무례해서(irreverent), 대부분의 내담자는 치료자가 위협을 한 것을 치료 진전의 사인으로 보지 않을 것이다. 무례함(irreverence)의 치료적 유용성은 '충격적'인 가치에 있으며, 이것은 일시적으로 내담자의 부적응적인 믿음이나 가정을 느슨하게 하고, 내담자가 다른 반응 해결방법의 가능성을 좀 더 개발하게 한다.

내담자: 저는 그것에 대해 어떻게 느끼는지를 당신에게 말했고, 저는 그렇게 될 거라고 생각하지 않았어요. 의사는 여전히 의견을 바꾸지 않을 거예요.

치료자: 그래서 그녀가 무엇을 했죠? 그녀가 전화를 하겠다고 말했나요?

내담자: 그녀가 전화를 했어요.

치료자: 좋아요. 그리고 그다음에는 무슨 일이 있었어요?

내담자: 그녀가 돌아왔어요. 그녀는 정말 다정하게 "정말 미안해요. 의사선생님이 안 된다고 하세요."라고 말했어요.

치료자: 그래서 당신은 화가 났나요?

내담자: 제가 정말 화가 난 건지, 아니면 상처를 받은 건지 모르겠어요.

치료자: 정말요? 그건 매우 흥미롭네요. 좋아요. 그래서 당신은 상처를 받아서…….

내담자: 왜냐하면 저는 저의 테디 베어를 껴안고 한참 동안 우는 것으로 끝냈거든요.

치료자: 그것이 자해를 결심하기 전인가요, 후인

가요?

내담자: 전이에요.

치료자: 좋아요. 그래서 당신은 자신을 해치는 것을 바로 하지는 않았군요. 그러면 자해를 하기로 언제 결정한 건가요?

내담자: 일요일 늦게요.

치료자: 정확히 언제요?

내담자: 한참 울고 난 후에요.

치료자: 그럼 당신은 침대에 누워서 자신이 보살펴지지 않고 상처받고 아마도 버림받고 사랑받지 못한다는 것을 느끼면서 울었군요.

내담자: 네.

치료자: 그것도 정말 적응적인 반응이에요. 그것이 바로 내가 당신에게 가르치려는 거예요. 내 가르침 없이도 이미 당신이 한 것들을 제외해야겠어요. 그리고 당신은 사랑받지 못하고 보살펴지지 않음을 느끼면서 흐느껴 울었어요. 거기서부터 어떻게 당신을 자해를 하게 된 건가요? 잠들지 않고?

내담자: 왜냐하면 저는 화가 났어요. 그리고 말했어요. "제기랄, 내가 그에게 보여 줘야겠어."

치료자: 그러니까 당신은 화가 나기 전에 울음을 멈추었어요, 아니면 화가 난 것이 울음을 멈추게 했어요?

내담자: 제 생각에는 화난 것이 울음을 멈추게 한 것 같아요.

치료자: 그러니까 당신은 어떤 힘이 생겼네요. 누워서 계속 어떤 생각을 반복하고 있었던 것이 틀림없어요. 어떤 생각을 했나요?

내담자: 오랫동안 저는 저를 보살펴 줄 누군가를 원했던 것 같아요.

치료자: 흠, 완벽하게 합리적인 생각이네요. 그런데 지금은 좀 다르게 생각해 볼 수 있을 거예요. 만약 당신이 간호사에게 와서 이야기를 해 주고, 돌봐 달라고 했다면 무슨 일이 일어났을까요?

행동분석의 전반적인 목적은 내담자가 역기능적인 반응에 어떻게 도달하는지에 대한 전반적인 로드맵을 가능한 한 다양한 기호를 써서 구성하는 것이다. 여기서 치료자는 어디에서 가능한 대안적인 반응이 내담자에게 가능한지를 지도의 연결점에서 찾게 된다.

내담자: 그들은 그것을 할 시간이 별로 없어요.

치료자: 그들에게 시간이 없다고요? 그러한 생각이 도움이 되었나요?

내담자: 모르겠어요. 그녀는 저를 도와줄 수가 없었어요.

치료자: 그녀가 당신은 돌볼 수도 있었을 텐데.

내담자: 네, 그런데 그것이 도움이 되었을지는 모르겠어요.

치료자: 무엇이 도움이 되었을까요?

내담자: 진통제를 얻는 것이요.

치료자: 내 생각에 당신은 그렇게 말했던 것 같아요. 당신은 단순한 생각을 가졌어요. 그런데 들어 봐요. 우리는 그 방법이 당신을 도울 수 없기 때문에 다른 방법을 생각해 보려고 해요. 당신에게 효과가 있는 방법이 세상에 꼭 있을 거예요. 우리는 길 위의 바위들과 부딪히기 때문에 갈 수 있는 길을 하나 이상 가져야 해요. 당신도 알다시피 인생은 길 위를 걷는 것과 같고, 우리는 바위와 부딪힐 수 있어요. 목적지로 통하는 길은 하나 이상

있고요. 그리고 당신에게 문제가 되는 것은 발목 통증이 아니에요. 그리고 아마도 그 감정은 뭔가 분노와 관련이 있는 것이거나, 혹은 다른 사람들이 당신을 존중하지 않는다는 감정, 즉 당신이 부정되었다는 감정인 것 같아요.

내담자: 맞아요.

치료자: 내 생각에 문제는 당신 발목의 통증이 아닌 것 같아요. 만약 당신이 나와 뗏목을 타고 있고 약을 구하지 못한다면, 당신이 자신의 통증을 다룰 수 있었겠죠? 그러니까 통증이 문제가 아니고, 부정당하고 있다는 느낌, 보살핌을 받지 못하고 있다는 느낌이 문제겠죠. 그게 나의 추측이에요. 이것이 맞는 것 같아요?

내담자: 네.

치료자: 내 질문은, 그들이 당신에게 주지 않는다면, 당신이 타당화되고 보살핌을 받는다는 느낌을 가질 수 있는 다른 방법은 없을까 하는 거예요.

내담자: 없어요.

치료자: 지금 "나는 다른 길로는 가지 않을 거예요."라고 말하는 것처럼 단정적이거나, 혹은 "나는 다른 방법을 생각할 수 없어요."라고 말하는 것처럼 조금은 열린 태도지만, 그 가능성을 좀 더 열 수는 없을까요?

내담자: 저는 다른 방법은 생각하지 않아요.

치료자: 그것은 다른 방법을 배우려는 마음조차 열려 있지 않다는 뜻인가요?

내담자: 어떻게요?

치료자: 저도 모르겠어요. 우리가 알아봐야죠. 봅시다. 내가 생각한 것은 당신이 고통스럽고 보살핌도 못 받고 심각하게 취급받지 않았다고, 즉 부정되었다고 느낄 때 당신이 자해를 하거나 죽고 싶었다는 거예요. 문제는 당신이 그 문제를 풀기 위해서 자해를 하지 않아도 된다고 느끼는 상황에서 어떻게 해결할 수 있는가 하는 거예요. 그것은 당신에게도 가능한 일이지요?

내담자: 네.

여기서 묘사하는 것처럼, 행동분석은 내담자에게나 치료자에게 모두 몹시 고통스럽고 힘든 과정이다. 치료자는 종종 사기가 저하되고 노력을 그만두고 싶어지는데, 그것은 마치 낙엽 아래 숨겨진 발자국을 찾는 것과 같기 때문이다. 발자국은 거기에 있지만, 그것을 덮고 있는 잎들을 긁어 모아야 할 것이다. 반복된 분석을 통해 내담자는 치료자가 포기하지 않을 것이라는 것을 알게 된다. 이러한 지속성은 내담자의 새롭고 적응적인 문제해결 행동을 시도하지 않으려는 태도를 바꾸게 된다. 내담자가 점차 새로운 행동기술을 습득하게 되면서 좀 더 적응적인 문제해결에 대한 시도가 결국 점점 뚜렷해진다.

다음 회기에서(약 10개월 정도 치료가 진행된), 내담자는 선글라스를 쓰고 와서는 수금하는 기관에서 자신에게 잘못된 계좌로 돈을 보내라고 압력을 준다고 화를 냈다. 또한 그녀의 치료자는 1주일간 그곳을 떠나 있었다. 치료목표는 정서조절과 대인관계의 효율성이었다. 변증법적(은유), 타당화(격려하기), 문제해결(유관 명확성, 유관조절), 스타일적(상호적 의사소통, 불손한 의사소통) 및 통합(관계 증진) 전략이 사용되었다. 첫 번째 대화에서 치료자는 내담자가 선글라스를 벗고 자신의 분노를 표현하도록 작업하기 위해 격려하기, 유관 명확성과 유관 관리 전략을 사용하였다.

치료자: 수금원이 당신에게 그렇게 한 것도 재난은 아니고, 수금원에게 화가 난 것도 재난은 아닌 것 같네요. 그것은 당신 인생을 좀 더 힘들게 만들지만, 당신은 그것을 다룰 수 있어요. 당신은 그것에 대처할 수 있어요. 그것은 당신이 대처할 수 없는 수준은 아니에요. 당신은 정말 강한 여성이고, 당신 내부에 그것을 가지고 있어요. 당신은 그것을 할 것이고 사용할 거예요. 나도 당신을 도울 것이고, 당신 혼자서는 할 수 없어요. 당신은 그것을 나와 함께 해야 해요.

내담자: 어떻게요?

치료자: 글쎄요. 먼저 선글라스를 벗는 것부터 시작해 볼까요?

치료자는 그 이슈를 정상화하려고 시도하고("그것은 재난은 아니에요."), 내담자를 타당화하고("그것은 당신 인생을 좀 더 힘들게 할 거예요."), 격려함으로써("당신은 그것을 다룰 수 있어요, 당신은 그것에 대처할 수 있어요. …… 당신은 정말 강한 여성이에요.") 상호작용을 시작하였다. 치료자는 그 후 치료자의 도움이 내담자의 작업에 대한 자발성과 유관을 갖고 있음을 지적하며 유관 명확성을 제거하였다. 그녀는 바로 내담자의 행동 목록 내에서 그 반응을 요구하여 이것을 계속하였다.

내담자: 저는 선생님이 그렇게 말한 것을 알아요.

치료자: 그리고 나도 내가 그렇게 말한 것을 당신이 알고 있다는 것을 압니다.

내담자: 선생님은 제가 선글라스를 쓴 것을 걸려하네요.

치료자: 글쎄요, 당신은 당신이 다른 사람과 말하는 것을 보는 것을 좋아하나요? (긴 침묵) 그것은 나에게는 어려움을 줘요. 나는 그것이 당신도 더 힘들게 할 것이라고 생각하고요. 나는 당신이 선글라스를 쓰지 않았을 때가 더 낫다고 생각해요. 그리고 그때 당신도 기분이 더 나을 거예요. 나는 그것을 눈치챘거든요. 그리고 당신이 해야 할 일은 선글라스를 벗고, 화를 낼 수 없을 때는 어떻게 대처할지의 문제를 해결하는 거예요. 거기에는 별다른 방법이 없어요. 당신의 인생에 뭔가 화를 내기 두려운 일이 일어났고, 당신과 나는 그것을 다루어야 해요. 그것은 그저 해결해야 할 문제예요. 그것은 재난이 아니고, 다른 것보다 더 나쁜 일도 아니에요. 그것은 그저 당신이 가졌으며, 당신과 내가 해결해야 할 문제예요. 우리는 문제를 해결할 거예요. 우리는 문제해결 팀이에요.

내담자: (선글라스를 벗으며) 좋아요.

치료자: 고마워요. 이것은 당신에게 큰 진전이에요.

치료자는 선글라스와 관련된 자신의 감정을 상호적 의사소통을 사용하여 내담자에게 알려 주었다. 치료자에 의해 취해졌던 실제적인 태도와 그 이슈를 정상화시키려고 시도했던 것(즉, "거기에는 별다른 방법이 없어요. …… 그것은 다른 것보다 더 나쁜 일도 아니에요.")을 기억하라. 또한 해결해야 할 문제로서 그 이슈를 구성하였을 뿐 아니라 치료적 동맹을 증진시키기 위해 관계전략을 사용한 것도 기억하라. 치료자는 이것이 어렵다는 것을 깨닫고 있음을 알림으로써 내담자를 또한 타당화하였다.

치료자: 자, 나는 당신의 내면에서 그것을 찾아내기를 원해요. 나는 당신이 그것을 가지고 있다는 것을 알아요. 당신이 할 수 있다는 것을 알아요. 당신은 포기할 수 없어요. 당신은 당신의 발이 미끄러지게 할 수 없어요. 당신이 어떻게 느꼈는지를 그냥 직접적으로 나한테 말해 보세요. 당신은 당신에게 화가 났고, 수금기관에 화가 났고, 나한테도 화가 났어요.

내담자: (거의 안 들릴 정도로) 저는 선생님한테, 저한테, 그리고 수금기관에 화가 났어요.

치료자는 내담자가 분노를 직접 표현하도록 하기 위한 조형 과정을 계속하기 위해 격려와 칭찬을 사용하였다.

치료자: 좋아요. 그게 당신을 죽였나요? (긴 침묵) 좋아요. 그것이 어려웠나요? 그것이 어려웠지요, 그렇죠? 이제 조금 힘 있게 말해 봅시다. 조금 더 힘 있게 말할 수 없나요?

내담자: (고개를 가로젓는다.)

치료자: 네, 당신은 할 수 있어요. 나는 당신 안에 그것이 있다는 것을 알아요. 나는 당신의 강인함에 대해 좋은 기분을 느껴요. 나는 이것이 얼마나 기분 좋게 해 줄지 모르지만, 그래도 나는 기분이 좋아요. 그리고 나는 당신도 그렇게 할 수 있고 또 그렇게 해야 한다는 것을 알아요. 또 당신은 좀 더 힘을 내서 그것을 말해야 할 필요가 있어요. 당신이 얼마나 화났는지를 표현해 보세요. 당신은 소리를 지르거나, 비명을 지르거나, 혹은 물건을 던질 필요가 없어요. 그냥 크게 "나는 화가 났어!"라고 말하면 돼요. (긴 침묵) 물론 당신이 원한다면 비명을 지를 수도 있지만, 당신은 "나는 화가 났어!"라고 말할 수 있어요.

내담자: 좋아요. 그것은 모두 제가 할 수 있는 거예요.

치료자: 들어 봐요. 당신은 위험을 조금 감수해야 해요. 당신은 이것을 지나가는 것이 아니고 통과하는 거예요. 당신은 위험을 받아들여야 해요. 당신은 산을 타는 사람과 같고, 우리는 빙하의 균열된 틈까지 왔어요. 그것은 매우 깊지만, 산사태가 있기 때문에 돌아갈 수도 없어요. 유일한 방법은 그 균열된 틈 위를 점프해서 앞으로 가는 거예요. 당신은 이것을 할 수 있어요. 당신이 얼마나 화가 났는지, 당신이 어떻게 느끼는지를 내가 이해할 수 있는 방법으로 나에게 말해 주세요.

내담자: (긴 침묵) 저는 아무것도 할 수 없어요.

치료자: 말도 안 되는 소리예요.

내담자: 선생님은 제가 선생님에게 화를 내기를 원하지요, 그렇죠?

치료자: 나는 당신이 누구에게 화를 내건 안 내건 상관 안 해요. 나는 당신이 이미 화가 났다고 생각해요. 나는 당신이 그것을 그저 표현하기를 바라는 거예요. 게다가 나는 당신에게 오늘은 다른 것을 하라고 요구하지 않을 거예요. 당신이 오늘 해야 할 유일한 일은 화가 난 목소리로 "나는 화가 나."라고 말하는 것이고, 나는 당신이 그것을 할 수 있다고 생각해요. 그리고 만약 당신이 그것을 하

지 않으면 내가 화날지도 몰라요. 나는 화를 낼 거라고 생각하지 않지만 화가 날지도 몰라요. 좋아요. 나는 화가 날 수 있어요. 당신도 화가 날 수 있고, 우리는 때로 화가 날 수 있어요. 그러나 그것이 우리 중 누구를 죽이지는 않을 거예요.

격려하기와 은유는 내담자가 좀 더 힘 있게 자신의 분노를 표현하도록 하는 데 성공적이지 않았다. 결과적으로 치료자는 내담자에게 내담자가 '점프 트랙'을 하도록 하기 위한 불손한 의사소통으로 변경하였다. 그러고는 치료자가 내담자에게 자신의 분노를 표현하는 것을 계속 거절하는 경우 어떤 잠재적 부정적 결과가 있는지(즉, "내가 화가 날지도 몰라요……")에 대해 어떻게 의사소통했는지 기억하라. 이러한 방식으로 치료자는 내담자의 변화를 촉진하기 위한 유관으로 두 사람의 관계를 사용하였다.

치료자: 좋아요, 그래서 당신은 얼마나 화가 났어요? 1점에서 100점 척도로 당신이 얼마나 화가 났는지를 말할 수 있어요? 100점은 당신이 자신을 죽일 준비가 된 수준이에요. 당신은 너무 화가 나서 필요하다면 전쟁에 나갈 수도 있어요.

내담자: (간신히 들릴 정도로) 아마도 100점요.

치료자: 정말요?

내담자: 그들은 제 상황을 알아요.

치료자: 흠.

내담자: 선생님은 집요하네요.

치료자: 흠. 누가 화내기에 가장 안전할까요? 당신 자신에게요, 나에게요, 아니면 수금원에게요?

내담자: 수금원요.

치료자: 좋아요, 그럼 당신이 얼마나 화가 났는지를 말해 보세요. 당신은 100점만큼 화난 사람같이 들리지 않아요. 한번 50점 정도라도 화난 것처럼 해 보세요.

내담자: (크고 화난 목소리로) 그들이 정말 저를 열받게 해요!

치료자: 잘했어요. 그들은 나도 열받게 합니다.

계속된 대화에서 제시된 바와 같이, 경계선 성격장애 내담자와 작업하는 것에서의 1차적 어려움은 행동 작업에 연루되기를 거절하는 경향이 있다는 것이다. 따라서 치료자는 끈기를 가지고 내담자의 "할 수 없다."라는 언급에도 포기하지 않는 것이 절대적으로 요구된다. 이와 같은 상황에서 불손한 의사소통은 돌파구를 찾게 하고, 내담자와의 동맹관계를 형성하게 하였다.

Linehan의 사후 개입

이 책을 쓰기 위해 신디의 사례를 집필 완료한 후에 신디는 처방 약물과 알코올을 과용하여 사망하였다. 나(M. M. L.)는 이 사례를 제외하고 좀 더 성공적인 사례로 바꿀 것을 고민하였다. 그럼에도 신디를 기리기 위해, 또한 내가 이 실패이자 성공인 치료로부터 더 많이 배울 수 있을 것이라고 생각했기 때문에 이 사례를 남겨 두기로 결정하였다. 신디가 약물 과용이 되었을 때 초기 문제는 그녀와 소원해진 남편에게 전화를 걸고, 남편이 다른 여자와 살고 있음을 발견한 것이었다. 다음 날 아침 전화 통화에서 나에게 말한 것처럼, 신디는 그들이 언젠가는 다시 합칠 것이라는, 혹은 적어도 가까운 친구가 될 것이라는 말하지 않았던 희망이 산산조각난 것이었다. 그녀는 울면서 다시 전화를 했고, 그녀가 5병 반 정도의 술을 마셨다는 것을 언급하였다. 그 정도의 음주는 이전에도 있었으며, 전화 통화를 통해 남편 없이도 살 수 있다는 희망을 제공하고, 문제해결을 하며, 다양한 위기개입을 하고, 다음 날 약속시간까지 밤새도록 신디가 정신을 유지하도록 하면서 보냈다. 신디의 룸메이트도 집에 있었고, 그녀와 이야기를 할 것에 동의하였으며, 함께 TV 영화를 보았고, 잠자리에 들었다. 신디는 자살하고 싶은 느낌이 들었으나, 음주를 멈출 것이며 약속 전에 어떤 자기파괴적인 행동도 하지 않겠다고 말하였다. 또 나는 그녀에게 이야기를 하고 싶으면 그날 밤 다시 전화를 해도 된다고 이야기하였다. 다음 날 신디는 약속시간에 나타나지 않았고, 내가 그녀 집에 전화를 했을 때 그녀의 룸메이트는 그녀가 전날 밤에 잠자리에 들었으나 죽어 있는 것을 발견하였다. 이 시점에서 나는 몇 가지 과제를 해야 했는데, 그 치료자를 치료해 온 다른 치료자에게 전화를 해서 알리고, 내담자가 죽었을 때 비밀보장의 한계를 알려 달라고 법적 자문에게 부탁하는 것이었다. 또한 그 가족(신디의 부모와 멀어진 남편)에게 이 사실을 알리고, 그들 각각에게도 조의를 표하였다. 다음 날, 치료 팀의 시니어 치료자이자 슈퍼바이저로서 나는 치료 팀과 그 자살에 대해 논의하고 처리하기 위해 회의를 하였다. 특히 신디의 기술 훈련 집단에 남아 있는 내담자들을 치료하는 개인치료자들에게도 그 사실을 알리는 것이 매우 중요하였다. 집단 구성원들은 그들의 개인 심리치료자들로부터 그 사실을 통보받았다. 그다음 집단 회기를 시작하는 시점에서 두 명의 구성원은 그럼에도 심각하게 자살사고가 있었고, 그 중 한 명은 잠시 입원을 해야 하였다(자살이 있은 지 3주 후쯤 두 사람은 다시 기력을 회복하였다). 세 번째 집단 구성원은 이 치료가 실패인 것으로 밝혀졌다고 말하면서 DBT를 그만두고 다른 치료로 변경하였다. 자살이 있고 나서 며칠, 몇 주 안에 나는 장례식에 참석하고 신디의 룸메이트와 부모님을 만났다.

우리는 이 자살에서 무엇을 배울 수 있었는가? 첫째, 명문화된 치료 프로토콜을 거의 모두 따랐을 때조차도 우리가 내담자를 구하지 못할 수 있다는 것을 기억하는 것이 중요하다. 효과적인 치료라 하더라도 결국 실패할 수 있다. 이 사례에서 DBT는 실패하였다. 이것은 달성된 진전이 중요하지 않거나 사실이 아니라는 것을 뜻하는 것은 아니다. 이러한 '심연의 미끄러운 지점'을 안전하게 타협하였다면, 아마도 내담자는 결국 높은 질의 삶을 발달시킬 수 있었을 것이다. 그 개인이 실질적인 진전을 이루었다 하더라도 위험이 모두 제거되는 것은 아니다. 이 사례의 마지막 전화 통화에서 나는 내담자가 절박한 자살의 일반적 위기보다 더 높은 위기 수준에 있음을 믿지 않았다. 내담자가 견디기 힘들다고 울부짖었던 이전의 수많은 전화 통화 및 치료 회기와는 달리, 마지막 통화에서 내담자는 그날 저녁에 계획이 있다고 하였고, 술을 그만 마시는 것과 어떠한 자살이나 자기파괴적인 행동을 멈추는 것에 동의하였으며, 그것은 나와 그녀의 룸메이트에게 그 전화 통화 이후 그녀가 더 나은 상태에 있는 것처럼 느껴지게 하였다. 그녀의 룸메이트도 집에 있었고 그녀를 도울 수 있었다. 따라서 나는 그날 저녁에 자살을 방지할 추가적 방법을 강구하지 않았다. 또한 전화 통화 동안 초점을 두었던 문제행동은 음주였다. 나는 위기 평가를 실시하는 동안 자살에 대한 주제를 끌어냈다.

둘째, 내가 알 수 있었는가? 만약 내가 촉발 원인에 좀 더 주의를 기울이고 전화 통화 끝에 표현된 정서에 덜 주의를 기울였다면 그랬을 수도 있다. 내담자에 대한 노트를 살펴보면서, 나는 치명적이지 않은 자해들이 남편에 대한 강한 분노의 결과였다는 것을 알았다. 거의 치명적이었던 시도들이 결국 내담자가 그녀의 남편과의 관계가 회복되지 않고 끝날 것임을 믿을 때 일어났다. 내담자는 비록 남편을 잃는 것은 견딜 수 있었지만, 몇 년 이후 어떤 시점에 재결합할 것이라는 희망을 잃는 것은 견딜 수 없었다. 만약 내가 이 두 가지 생각(희망을 완전히 잃는 것과 자살시도)을 연결시켰다면 나는 그날 저녁에 이후의 위기가 다시 발생하는 것에 대한 더 나은 계획을 세웠을 것이다. 나는 그 상황을 전혀 다르게 다루었을 것이다. "그 여자는 완전히 매춘부일 겁니다. 당신의 남편을 되돌릴 방법을 생각해 봅시다. 우리는 그것을 확실히 할 수 있어요."라고 이야기했을 것이다. 행동 평가를 실시하면서 동시에 일관된 패턴으로 그것을 조직화하는 것의 가치는 이 사례에서 강조되었다. 이러한 측면에서 나는 DBT를 거의 모두 문자적으로는 제공하였으나, 그러한 방향으로는 제공하지 않았다.

셋째, 모든 것이 언급되고 시행되었을 때 경계선 성격장애를 지닌 사람들은 치료가 영원한 차이를 가질 기회를 가질 때까지 그들의 삶에서 거의 상상할 수 없는 고통을 감내해야 한다. 궁극적으로 치료는 내담자를 구할 수 없다. 내담자만이 자신을 구할 수 있다. 비록 실수가 있다 해도 내담자들은 계속해야 한다. 이 사례에서 '치명적 위험이 있는 사람들을 위한 치명적이지 않은 약물'에 대한 프로토콜은 내담자가 거의 치명적인 약물과용의 과거력을 가졌음에도 오염되었다. 왜 그 프로토콜을 실시하지 않았는가? 거기에는 두 가지 이유가 있었다. 첫 번째 이유는, 내담자가 약물 처방이 자신의 생존에 필수적이라는 강한 신념을 가지고 치료에 왔기 때문이다. 내담자의 약물 처방을 다루려는 나의 다양한 시도는 그녀의 강한 저항에 부딪혔다. 비록 그 약물이 매우 소량으로 사용될지라도 유일하게 안전한 대안은 그녀와 함께 사는 사람(그녀의 남편이나 혹은 룸메이트)이 그녀의 약물을 다루도록 하는 것이었는데, 내담자는 그것에도 저항하였다. 또한 몇몇 전문가는 DBT의 '치명적이지 않은 약물' 프로토콜에 대해 동의하지 않는데, 왜냐하면 그들은 향정신성 약물들이 자살위험 내담자의 치료방법 중 하나라고 믿기 때문이다. 나는 전문가와 내담자의 저항에 직면하여 마지못해 동의하였다. 두 번째 이유는, 행동분석에서 내담자가 선호하는 치명적 행동은 손목 긋기라고 시사하였기 때문이다. 따라서 나는 그녀가 자살에 약물 사용은 하지 않을 것이라는 잘못된 안전의식을 지니고 있었다.

넷째, 집단 구성원들의 자살은 집단치료에 참여 중인 경계선 성격장애 내담자들에게는 매우 스트레스가 크다. 비록 심리교육적 행동기술 집단에서의 치료동맹은 강하지 않다고 믿기 쉽지만, 내 경험에는 이것이 일반적인 원칙은 아니다. 한 집단 구성원의 자살은 재난적 사건이며, 전염된 자살과 자해행동 및 조기 종결을 일으킬 수 있다. 따라서 자살 이후의 일정 시간 동안 집단 모임을 하는 것은 극단적인 주의가 요구된다. 유사한 주의가 치료 팀에도 필요한데, 어려운 상황 속에서 치료자들을 지탱해 주고 있는 희망의 실타래가 엉켜 버릴 수 있기 때문이다. 치료자의 개인적 반응뿐 아니라 슬퍼하고 애도하는 것을 나누고 수용하는 것도 매우 중요하다. 표면으로 전혀 드러나지 않는 법적인 책임에 대한 두려움도 직접 다루어져야 한다. 필요시에는 법적 자문도 구해야 한다. 적절한 시점에 그 사례와 치료에 대한 조심스러운 점검도 이루어져야 하며, 이렇게 할 때에야 이후의 치료가 향상될 수 있다.

감사의 글

이 장은 Marsha M. Linehan에게 국립 정신건강 기금 No.NH34486이 지원되어 쓰인 것이다. 이 장의 일부는 Linehan(1993b), Linehan과 Koerner(1992), Koener와 Linehan(1992), Linehan (1997)으로부터 정리한 것이다. Linehan(1997)으로부터의 인용들은 미국심리학회(American Psychological Association)의 허락하에 재인쇄된 것이다. 마지막으로, 이 장은 이 책의 이전 판의 같은 장을 재구성한 것이며, 이에 대해 이전 저자인 Bryan M. Cochran, Constance A. Kehrer와 Liz Dexter Mazza의 공헌에 감사드린다.

참고문헌

Adler, G. (1981). The borderline-narcissistic personality disorder continuum. *American Journal of Psychiatry, 138*, 46-50.

Adler, G. (1993). The psychotherapy of core borderline psychopathology. *American Journal of Psychotherapy, 47*, 194-206.

Adler, G., & Buie, D. H. (1979). Aloneness and borderline psychopathology: The possible relevance of child development issues. *International Journal of Psychoanalytic Psychotherapy, 60*, 83-96.

American Psychiatric Association. (1987). *Diagnostic and statistical manual of mental disorders* (3rd ed., text rev.). Washington, DC: Author.

American Psychiatric Association. (2000). *Diagnostic and statistical manual of mental disorders* (4th ed., text rev.). Washington, DC: Author.

American Psychiatric Association. (2013). *Diagnostic and statistical manual of mental disorders* (5th ed.). Arlington, VA: Author.

Aviram, R. B., Brodsky, B. S., & Stanley, B. (2006). Borderline personality disorder, stigma, and treatment implications. *Harvard Review of Psychiatry, 14*, 249-256.

Barlow, D. H. (1988). *Anxiety and its disorders: The nature and treatment of anxiety and panic*. New York: Guilford Press.

Barlow, D. H., Allen, L. B., & Choate, M. L. (2004). Toward a unified treatment for emotional disorders. *Behavior Therapy, 35*, 205-230.

Barnoski, R. (2002). *Preliminary findings for the Juvenile Rehabilitation Administration's Dialectic Behavior Therapy Program* (Document No. 02-07-1203). Olympia: Washington State Institute for Public Policy.

Bateman, A., & Fonagy, P. (1999). Effectiveness of partial hospitalization in the treatment of borderline personality disorder: A randomized controlled trial. *American Journal of Psychiatry, 156*, 1563-1569.

Bateman, A., & Fonagy, P. (2001). Treatment of borderline personality disorder with psychoanalytically oriented partial hospitalization: An 18-month follow-up. *American Journal of Psychiatry, 158*, 36-42.

Bateman, A. W., & Fonagy, P. (2004). Mentalization-based treatment of BPD. *Journal of Personality Disorders, 18*, 36-51.

Bateman, A., & Fonagy, P. (2008). Eight-year follow-up of patients treated for borderline personality disorder: Mentalization-based treatment versus treatment as usual. *American Journal of Psychiatry, 165(5)*,

631-638.

Bateman, A., & Fonagy, P (2009). Randomized controlled trial of outpatient mentalization-based treatment versus structured clinical management for borderline personality disorder. *American Journal of Psychiatry, 166*(12), 1355-1364.

Beck, A. T., Brown, G., Berchick, R. J., Stewart, B. L., & Steer, R. A. (1990). Relationship between hopelessness and ultimate suicide: A replication with psychiatric outpatients. *American Journal of Psychiatry, 147*, 190-195.

Beck, A. T., & Freeman, A. (1990). *Cognitive therapy of personality disorders*. New York: Guilford Press.

Bedics, J. D., Atkins, D. C., Comtois, K. A., & Linehan, M. M. (2012). Treatment differences in the therapeutic relationship and introject during a 2-year randomized controlled trial of dialectical behavior therapy versus nonbehavioral psychotherapy experts for borderline personality disorder. *Journal of Consulting and Clinical Psychology, 80*(1), 66-77.

Benjamin, L. S. (1996). *Interpersonal diagnosis and treatment of personality disorders* (2nd ed.). New York: Guilford Press.

Blum, N., Pfohl, B., St. John, D., Monahan, P., & Black, D. W. (2002). STEPPS: A cognitive-behavioral systems-based group treatment for outpatients with borderline personality disorder-preliminary report. *Comprehensive Psychiatry, 43*, 301-310.

Blum, N., John, D. S., Pfohl, B., Stuart, S., McCormick, B., Allen, J., et al. (2008). Systems Training for Emotional Predictability and Problem Solving (STEPPS) for outpatients with borderline personality disorder: A randomized controlled trial and 1-year follow-up. *American Journal of Psychiatry, 165*(4), 468-478.

Bohus, M., Haaf, B., Simms, T., Limberger, M. F., Schmahl, C., Unckel, C., et al. (2004). Effectiveness of inpatient dialectical behavioral therapy for borderline personality disorder: a controlled trial. *Behaviour Research and Therapy, 42*, 487-499.

Bohus, M., Limberger, M. F., Chapman, A. L., Kuhler, T., Stieglitz, R., & Frank, U. (2007). Psychometric properties of the Borderline Symptom List (BSL). *Psychopathology, 40*, 126-132.

Bohus, M., Limberger, M. F., Frank, U., Sender, I., Gratwohl, T., & Stieglitz, R. D. (2001). Development of the borderline symptom list. *Psychotherapies, Psychosomatik, Medizinische Psychologie, 51*, 201-211.

Bohus, M., Dyer, A. S., Priebe, K., Krüger, A., Kleindienst, N., Schmahl, C., et al. (2013). Dialectical behaviour therapy for post-traumatic stress disorder after childhood sexual abuse in patients with and without borderline personality disorder: a randomised controlled trial. *Psychotherapy and Psychosomatics, 82*(4), 221-233.

Bos, E. H., van Wel, E. B., Appelo, M. T., & Verbraak, M. J. (2010). A randomized controlled trial of a Dutch version of systems training for emotional predictability and problem solving for borderline personality disorder. *Journal of Nervous and Mental Disorders, 198*(4), 299-304.

Bos, E. H., van Wel, E. B., Appelo, M. T., & Verbraak, M. J. (2011). Effectiveness of Systems Training for Emotional Predictability and Problem Solving (STEPPS) for borderline personality problems in a "real-world" sample: Moderation by diagnosis or severity? *Psychotherapy and Psychosomatics, 80*, 173-181.

Bradley, R. G., & Follingstad, D. (2003).Group therapy for incarcerated women who experienced interpersonal violence: A pilot study. *Journal of Traumatic Stress, 16*(4), 337-340.

Bradley, R., Zittel, C. C., & Westen, D. (2005). The borderline personality diagnosis in adolescents: Gender differences and subtypes. *Journal of Child Psychology and Psychiatry, 46*, 1006-1019.

Brent, D. A., Johnson, B. A., Perper, J., Connolly, J., Bridge, J., Bartle, S., et al. (1994). Personality disorder, personality traits, impulsive violence, and completed suicide in adolescents. *Journal of the American Academy of Child and Adolescent Psychiatry, 33*, 1080-1086.

Brown, G. K., Newman, C. F., Charlesworth, S. E., Crits-Christoph, P., & Beck, A. T. (2004). An open clinical trial of cognitive therapy for borderline personality disorder. *Journal of Personality Disorders, 18*, 257-271.

Buie, D. H., & Adler, G. (1982). Definitive treatment of the borderline personality. *International Journal of Psychoanalytic Psychotherapy, 9*, 51-87.

Carter, G. L., Willcox, C. H., Lewin, T. J., Conrad, A. M., & Bendit, N. (2010). Hunter DBT project: A randomized controlled trial of dialectical behaviour therapy in women with borderline personality disorder. *Australian and New Zealand Journal of Psychiatry, 44*, 162-173.

Cavanaugh, M. M., Solomon, P. L., & Gelles, R. J. (2011). The dialectical psychoeducational workshop (DPEW) for males at risk for intimate partner violence: A pilot randomized controlled trial. *Journal of Experimental Criminology, 7*(3), 275-291.

Chesin, M. S., Jeglic, E. L., & Stanley, B. (2010). Pathways to high-lethality suicide attempts in individuals with borderline personality disorder. *Archives of Suicide Research, 14*, 342-362.

Cisler, J. M., Olatunji, B. O., Feldner, M. T., & Forsyth, J. P. (2010). Emotion regulation and the anxiety disorders: An integrative review. *Journal of Psychopathology and Behavioral Assessment, 32*, 68-82.

Clarkin, J. F., Levy, K. N., Lenzenweger, M. F., & Kernberg, O. F. (2007). Evaluating three treatments for borderline personality disorder: A multiwave study. *American Journal of Psychiatry, 164*, 922-928.

Conklin, C. Z., & Westen, D. (2005). Borderline personality disorder in clinical practice. *American Journal of Psychiatry, 162*(5), 867-875.

Cottraux, J., Note, I. D., Milliery, M., Genouihlac, V., Yao, S. N., Note, B., et al. (2009). Cognitive therapy versus Rogerian supportive therapy in borderline personality disorder. *Psychotheray and Psychosomatics, 78*, 307-316.

Courbasson, C., Nishikawa, Y., & Dixon, L. (2012). Outcome of dialectical behaviour therapy for concurrent eating and substance use disorders. *Clinical Psychology and Psychotherapy, 19*(5), 434-449.

Crowell, S. E., Beauchaine, T. P., & Linehan, M. M. (2009). A biosocial developmental model of borderline personality: Elaborating and extending Linehan's theory. *Psychological Bulletin, 135*, 495-510.

Davison, G. C., & Neale, J. M. (1994). *Abnormal psychology* (6th ed.). New York: Wiley.

Dimeff, L. A., McDavid, J., & Linehan, M. M. (1999). Pharmacotherapy for borderline personality disorder: A review of the literature and recommendations for treatment. *Journal of Clinical Psychology in Medical Settings, 6*, 113-138.

Doering, S., Horz, .S, Fischer-Kern, M., Schuster, P., Benecke, C., Buchheim, A., et al. (2010). Transference-focused psychotherapy v. treatment by community psychotherapists for borderline personality disorder: Randomised controlled trial. *British Journal of Psychiatry, 196*, 389-395.

Ellis, A. (1973). *Humanistic psychotherapy: The rational-emotive approach*. New York: Julian Press.

Etkin, A., & Wager, T. D. (2007). Functional neuroimaging of anxiety: A meta-analysis of emotional processing in PTSD, social anxiety disorder, and specific phobia. *American Journal of Psychiatry, 164*, 1476-1488.

Evershed, S., Tennant, A., Boomer, D., Rees, A., Barkham, M., & Watson, A. (2003). Practice-based outcomes of dialectical behaviour therapy (DBT) targeting anger and violence, with male forensic patients: A pragmatic and non-contemporaneous comparison. *Criminal Behaviour and Mental Health, 13*(3), 198-213.

Farrell, J. M., Shaw, I. A., & Webber, M. A. (2009). A schema-focused approach to group psychotherapy for outpatients with borderline personality disorder: A randomized controlled trial. *Journal of Behavior Therapy and Experimental Psychiatry, 40*, 317-328.

Feigenbaum, J. D., Fonagy, P., Pilling, S., Jones, A., Wildgoose, A., & Bebbington, P. E. (2012). A real-world study of the effectiveness of DBT in the UK National Health Service. *British Journal of Clinical Psychology, 51*(2), 121-141.

Feldman, G., Harley, R., Kerrigan, M., Jacobo, M., & Fava, M. (2009). Change in emotional processing during a dialectical behavior therapy-based skills group for major depressive disorder. *Behaviour Research and Therapy, 47*(4), 316-321.

Foa, E. B., & Kozak, M. J. (1986). Emotional processing of fear: Exposure to corrective information. *Psychological Bulletin, 99*, 20-35.

Fossati, A., Madeddu, F., & Maffei, C. (1999). Borderline personality disorder and childhood sexual abuse: A meta-analytic study. *Journal of Personality Disorders, 13*, 268-280.

Giesen-Bloo, J., Van Dyck, R., Spinhoven, P., van Tilburg, W., Dirksen, C., van Asselt, T., et al. (2006). Outpatient psychotherapy for borderline personality disorder: Randomized trial of schema-focused therapy vs. transference-focused psychotherapy. *Archives of General Psychiatry, 63*, 649-658.

Goldberg, C. (1980). The utilization and limitations of paradoxical intervention in group psychotherapy. *International Journal of Group Psychotherapy, 30*, 287-297.

Gunderson, J. G. (1984). *Borderline personality disorder*. Washington, DC: American Psychiatric Press.

Harley, R., Sprich, S., Safren, S., Jacobo, M., & Fava, M. (2008). Adaptation of dialectical behavior therapy skills training group for treatment-resistant depression. *Journal of Nervous and Mental Disease, 196*(2), 136-143.

Harned, M. S., Chapman, A. L., Dexter-Mazza, E. T., Murray, A., Comtois, K. A., & Linehan, M. M. (2008). Treating co-occurring Axis I disorders in recurrently suicidal women with borderline personality disorder: A 2-year randomized trial of dialectical behavior therapy versus community treatment by experts. *Journal of Consulting and Clinical Psychology, 76*(6), 1068-1075.

Harned, M. S., Rizvi, S. L., & Linehan, M. M. (2010). Impact of co-occurring posttraumatic stress disorder on suicidal women with borderline personality disorder. *American Journal of Psychiatry, 167*(10), 1210-1217.

Harned, M. S., Korslund, K. E., Foa, E. B., & Linehan, M. M. (2012). Treating PTSD in suicidal and self-injuring women with borderline personality disorder: Development and preliminary evaluation of a dialectical behavior therapy prolonged exposure protocol. *Behaviour Research and Therapy, 50*, 381-386.

Herman, J. L. (1986). Histories of violence in an outpatient population: An exploratory study. *American Journal of Orthopsychiatry, 56*, 137-141.

Herman, J. L., Perry, J. C., & van der Kolk, B. A. (1989). Childhood trauma in borderline personality disorder. *American Journal of Psychiatry, 146*, 490-495.

Hill, D. M., Craighead, L. W., & Safer, D. L. (2011). Appetite-focused dialectical behavior therapy for the treatment of binge eating with purging: A preliminary trial. *International Journal of Eating Disorders, 44*(3), 249-261.

Hirvikoski, T., Waaler, E., Alfredsson, J., Pihlgren, C., Holmström, A., Johnson, A., et al. (2011). Reduced ADHD symptoms in adults with ADHD after structured skills training group: Results from a randomized controlled trial. *Behaviour Research and Therapy, 49*(3), 175-185.

Hollandsworth, J. G. (1990). *The physiology of psychological disorders*. New York: Plenum Press.

Isometsa, E. T., Henriksson, M. M., Aro, H. M., Heikkinen, M. E., Kuoppasalmi, K. I., & Lonnqvist, J. K. (1994). Suicide in major depression. *American Journal of Psychiatry, 151*, 530-536.

Katz, L. Y., Cox, B. J., Gunasekara, S., & Miller, A. L. (2004). Feasibility of dialectical behavior therapy for suicidal adolescent inpatients. *Journal of the American Academy of Child and Adolescent Psychiatry, 43*, 276-282.

Kegan, R. (1982). *The evolving self: Problem and process in human development*. Cambridge, MA: Harvard University Press.

Kellogg, S. H., & Young, J. E. (2006). Schema therapy for borderline personality disorder. *Journal of Clinical Psychology, 62*, 445-458.

Kernberg, O. F. (1984). *Severe personality disorders: Psychotherapeutic strategies*. New Haven, CT: Yale University Press.

Kernberg, O. F., Selzer, M. A., Koenigsberg, H. W., Carr,

A. C., & Appelbaum, A. H. (1989). *Psychodynamic psychotherapy of borderline patients*. New York: Basic Books.

Keuthen, N. J., Rothbaum, B. O, Fama, J., Altenburger, E., Falkenstein, M. J., Sprich, S. E., et al. (2012). DBT-enhanced cognitive-behavioral treatment for trichotillomania: A randomized controlled trial. *Journal of Behavioral Addictions, 1*(3), 106-114.

Kleindienst, N., Krumm, B., & Bohus M. (2011). Is transference-focused psychotherapy really efficacious for borderline personality disorder? *British Journal of Psychiatry, 98(2)*, 156-157.

Koerner, K., & Linehan, M. M. (1992). Integrative therapy for borderline personality disorder: Dialectical behavior therapy. In J. C. Norcross & M. R. Goldfried (Eds.), *Handbook of psychotherapy integration* (pp. 433-459). New York: Basic Books.

Kohlenberg, R. J., & Tsai, M. (1991). *Functioned analytic psychotherapy: Creating intense and curative therapeutic relationships*. New York: Plenum Press.

Koons, C. R., Chapman, A. L., Betts, B. B., O'Rourke, B., Morse, N., & Robins, C. J. (2006). Dialectical behavior therapy adapted for the vocational rehabilitation of significantly disabled mentally ill adults. *Cognitive and Behavioral Practice, 13*, 146-156.

Koons, C. R., Robins, C. J., Tweed, J. L., Lynch, T. R., Gonzalez, A. M., Morse, J. Q., et al. (2001). Efficacy of dialectical behavior therapy in women veterans with borderline personality disorder. *Behavior Therapy, 32*, 371-390.

Kring, A. M., & Bachorowski, J. A. (1999). Emotions and psychopathology. *Cognition and Emotion, 13*, 575-599.

Kring, A. M. & Sloan, D. M. (2010). *Emotion regulation and psychopathology: A transdiagnostic approach to etiology and treatment*. New York: Guilford Press.

Kring, A. M. & Werner, K. H. (2004). Emotion regulation and psychopathology. In P. Philippot & R. S. Feldman (Eds.), *The regulation of emotion* (pp. 359-408). Mahwah, NJ: Erlbaum.

Kyokai, B. D. (1966). *The teachings of Buddha*. Japan: Bukkyo Dendo Kyokai.

Lequesne, E. R., & Hersh, R. G. (2004). Disclosure of a diagnosis of borderline personality disorder. *Journal of Psychiatric Practice, 10*, 170-176.

Levy, K. N., & Scala, J. W. (2012). Transference, transference interpretations, and transference-focused psychotherapies. *Psychotherapy, 49*(3), 391-403.

Lieb, K., Völlm, B., Rücker, G., Timmer, A., & Stoffers, J. M. (2010). Pharmacotherapy for borderline personality disorder: Cochrane Systematic Review of randomised trials. *British Journal of Psychiatry, 196*, 4-12.

Lieb, K., Zanarini, M., Linehan, M. M., & Bohus, M. (2004). Seminar section: Borderline personality disorder. *Lancet, 364*, 453-461.

Linehan, M. M. (1987). Dialectical behavior therapy for borderline personality disorder: Theory and method. *Bulletin of the Menninger Clinic, 51*, 261-276.

Linehan, M. M. (1993a). *Cognitive-behavioral treatment of borderline personality disorder*. New York: Guilford Press.

Linehan, M. M. (1993b). *Skills training manual for treating borderline personality disorder*. New York: Guilford Press.

Linehan, M. M. (1997). Validation and psychotherapy. In A. Bohank & L. Greenberg (Eds.), *Empathy reconsidered: New directions in psychotherapy* (pp. 353-392). Washington, DC: American Psychological Association.

Linehan, M. M. (in press). *Skills training manual for treating borderline personality disorder* (2nd ed.). New York: Guilford Press.

Linehan, M. M., Armstrong, H. E., Suarez, A., Allmon, D., & Heard, H. L. (1991). Cognitive-behavioral treatment of chronically parasuicidal borderline patients. *Archives of General Psychiatry, 48*, 1060-1064.

Linehan, M. M., Bohus, M., & Lynch, T. R. (2007). Dialectical behavior therapy for pervasive emotion dysregulation: Theoretical and practical underpinnings. In J. J. Gross (Ed.), *Handbook of emotion regulation* (pp. 581-605). New York: Guilford Press.

Linehan, M. M., Comtois, K. A., Murray, A., Brown, M. Z.,

Gallop, R. J., Heard, H. L., et al. (2006). Two-year randomized trial + follow-up of dialectical behavior therapy vs. therapy by experts for suicidal behaviors and borderline personality disorder. *Archives of General Psychiatry, 63*, 757-766.

Linehan, M. M., Dimeff, L. A., Reynolds, S. K., Comtois, K., Shaw-Welch, S., Heagerty, P., et al. (2002). Dialectical behavior therapy versus comprehensive validation plus 12-step for the treatment of opioid dependent women meeting criteria for borderline personality disorder. *Drug and Alcohol Dependence, 67*, 13-26.

Linehan, M. M., & Heard, H. L. (1993). Impact of treatment accessibility on clinical course of parasuicidal patients: In reply to R. E. Hoffman [Letter to the editor]. *Archives of General Psychiatry, 50*, 157-158.

Linehan, M. M., Heard, H. L., & Armstrong, H. E. (1993). Naturalistic follow-up of a behavioral treatment for chronically parasuicidal borderline patients. *Archives of General Psychiatry, 50*, 971-974.

Linehan, M. M., & Koerner, K. (1992). A behavioral theory of borderline personality disorder. In J. Paris (Ed.), *Borderline personality disorder: Etiology and treatment* (pp. 103-121). Washington, DC: American Psychiatric Association.

Linehan, M. M., McDavid, J. D., Brown, M. Z., Sayrs, J. H., & Gallop, R. J. (2008). Olanzapine plus dialectical behavior therapy for women with high irritability who meet criteria for borderline personality disorder: A double-blind, placebo-controlled pilot study. *Journal of Clinical Psychiatry, 69*(6), 999-1005.

Linehan, M. M., Rizvi, S. L., Shaw-Welch, S., & Page, B. (2000). Psychiatric aspects of suicidal behaviour: Personality disorders. In K. Hawton & K. van Heeringen (Eds.), *International handbook of suicide and attempted suicide* (147-178). Sussex, UK: Wiley.

Linehan, M. M., Schmidt, H., III, Dimeff, L. A., Craft, J. C., Kanter, J., & Comtois, K. A. (1999). Dialectical behavior therapy for patients with borderline personality disorder and drug-dependence. *American Journal of Addiction, 8*, 279-292.

Linehan, M. M., Tutek, D. A., Heard, H. L., & Armstrong, H. E. (1994). Interpersonal outcome of cognitive behavioral treatment for chronically suicidal borderline patients. *American Journal of Psychiatry, 151*, 1771-1776.

Livesley, J. W., Jang, K. L., & Vernon, P. A. (1998). Phenotypic and genetic structure of traits delineating personality disorder. *Archives of General Psychiatry, 55*, 941-948.

Loranger, A. W. (1995). *International Personality Disorder Examination (IPDE) manual*. White Plains, NY: Cornell Medical Center.

Lynch, T. R., Cheavens, J. S., Cukrowicz, K. C., Thorp, S. R., Bronner, L., & Beyer, J. (2007). Treatment of older adults with co-morbid personality disorder and depression: A dialectical behavior therapy approach. *International Journal of Geriatric Psychiatry, 22*, 131-143.

Lynch, T. R., Morse, J. Q., Mendelson, T., & Robins, C. J. (2003). Dialectical behavior therapy for depressed older adults: A randomized pilot study. *American Journal of Geriatric Psychiatry, 11*, 33-45.

Marlatt, G. A., & Gordon, J. R. (1985). *Relapse prevention: Maintenance strategies in the treatment of addictive behaviors*. New York: Guilford Press.

McDonell, M. G., Tarantino, J., Dubose, A. P., Matestic, P., Steinmetz, K., Galbreath, H., et al. (2010). A pilot evaluation of dialectical behavioural therapy in adolescent longterm inpatient care. *Child and Adolescent Mental Health, 15*(4),193-196.

McMain, S., Korman, L. M., & Dimeff, L. A. (2001). Dialectical behavior therapy and the treatment of emotion dysregulation. *Journal of Clinical Psychology, 57*(2), 183-196.

McMain, S. F., Links, P. S., Gnam, W. H., Guimond, T., Cardish, R. J., Korman, L., et al. (2009). A randomized clinical trial of dialectical behavior therapy versus general psychiatric management for borderline personality disorder. *American Journal of Psychiatry, 166*, 1365-1374.

Mennin, D. S. (2004). Emotion regulation therapy for generalized anxiety disorder. *Clinical Psychology and Psychotherapy, 11*, 17-29.

Mennin, D. S., Heimberg, R. G., Turk, C. L., & Fresco, D. M. (2005). Preliminary evidence for an emotion dysregulation model of generalized anxiety disorder. *Behaviour Research and Therapy, 43*, 1281-1310.

Merriam-Webster, Inc. (2006). Merriam-Webster online dictionary. Available online at *www.m-w.com*.

Merriam-Webster's New Universal Unabridged Dictionary. (1983). Cleveland, OH: Dorset & Baber.

Mintz, R. S. (1968). Psychotherapy of the suicidal patient. In H. L. P. Resnick (Ed.), *Suicidal behaviors: Diagnoses and management* (pp. 271-296). Boston: Little, Brown.

Nadort, M., Arntz, A., Giesen-Bloo, J., Eikelenboom, M., Spinhoven, P., van Asselt, T., et al. (2009). Implementation of outpatient schema therapy for borderline personality disorder with versus without crisis support by the therapist outside office hours: A randomized trial. *Behaviour Research and Therapy, 47*, 961-973.

Neacsiu, A. D., Eberle, J. E., Kramer, R., Weismann, T., & Linehan, M. M. (2013). *A treatment mechanism for emotion dysregulation across mood and anxiety disorders: A randomized controlled trial*. Manuscript under review.

Neacsiu, A. D., Rizvi, S. L., & Linehan, M. M. (2010). Dialectical behavior therapy skills use as a mediator and outcome of treatment for borderline personality disorder. *Behaviour Research and Therapy, 48*(9), 832-839.

Nisenbaum, R., Links, P. S., Eynan, R., & Heisel, M. J. (2010). Variability and predictors of negative mood intensity in patients with borderline personality disorder and recurrent suicidal behavior: Multilevel analyses applied to experience sampling methodology. *Journal of Abnormal Psychology, 119*(2), 433-439.

Nose, M., Cipriani, A., Biancosino, B., Grassi, L., & Barbui, C. (2006). Efficacy of pharmacotherapy against core traits of borderline personality disorder: Meta-analysis of randomized controlled trials. *International Clinical Psychopharmacology, 21*, 345-353.

Paris, J. (2005). Borderline personality disorder. *Canadian Medical Association Journal, 172*, 1579-1583.

Peng, K., & Nisbett, R. E. (1999). Culture, dialectics, and reasoning about contradiction. *American Psychologist, 54*, 741-754.

Pistorello, J., Fruzzetti, A. E., MacLane, C., Gallop, R., & Iverson, K. M. (2012). Dialectical behavior therapy (DBT) applied to college students: A randomized clinical trial. *Journal of Consulting and Clinical Psychology, 80*(6), 982-984.

Pretzer, J. (1990). Borderline personality disorder. In A. Freeman, L. Pretzer, B. Fleming, & K. M. Simon (Eds.), *Clinical applications of cognitive therapy* (pp. 181-202). New York: Plenum Press.

Rakfeldt, J. (2005). Dialectical behavior therapy with transitional youth: Preliminary findings. *Best Practices in Mental Health, 1*(2), 61-76.

Rathus, J. H., & Miller, A. L. (2002). Dialectical behavior therapy adapted for suicidal adolescents. *Suicide and Life-Threatening Behavior, 32*, 146-157.

Reiser, D. E., & Levenson, H. (1984). Abuses of the borderline diagnosis: A clinical problem with teaching opportunities. *American Journal of Psychiatry, 141*, 1528-1532.

Roepke, S., Schröder-Abé, M., Schütz, A., Jacob, G., Dams, A., Vater, A., et al. (2011). Dialectic behavioural therapy has an impact on self-concept clarity and facets of self-esteem in women with borderline personality disorder. *Clinical Psychology and Psychotherapy, 18*(2), 148-158.

Safer, D., Robinson, A., & Jo, B. (2010). Outcome from a randomized controlled trial of group therapy for binge eating disorder: Comparing dialectical behavior therapy adapted for binge eating to an active comparison group therapy. *Behavior Therapy, 41*, 106-120.

Safer, D. L., & Joyce, E. E. (2011). Does rapid response to two group psychotherapies for binge eating disorder predict abstinence? *Behaviour Research and Therapy, 49*(5), 339-345.

Safer, D. L., Telch, C. F., & Agras, W. S. (2001). Dialectical behavior therapy for bulimia nervosa. *American Journal of Psychiatry, 158*, 632-634.

Salbach-Andrae, H., Bohnekamp, I., Bierbaum, T., Schneider, N., Thurn, C., Stiglmayr, C., et al. (2009). Dialektisch behaviorale therapie (DBT) und kognitiv behaviorale therapie (CBT) für Jugendliche mit Anorexia und Bulimia nervosa im Vergleich [Dialectical behavior therapy and cognitive behavior therapy for anorexia and bulimia nervosa among adolescents: A randomized, controlled trial with a waiting control group]. *Kindheit und Entwicklung [Childhood and Development]*, *18*(3), 180-190.

Shearin, E. N., & Linehan, M. M. (1992). Patient-therapist ratings and relationship to progress in dialectical behavior therapy for borderline personality disorder. *Behavior Therapy*, *23*, 730-741.

Siever, L. J., & Davis, K. L. (1991). A psychobiological perspective on the personality disorders. *American Journal of Psychiatry*, *148*, 1647-1658.

Silk, K. R., Lee, S., Hill, E. M., & Lohr, N. E. (1995). Borderline personality disorder symptoms and severity of sexual abuse. *American Journal of Psychiatry*, *152*, 1059-1064.

Simpson, J. A., & Weiner, E. S. (1989). *Oxford English Dictionary* (2nd ed.) [Online]. Retrieved December 17, 2000, from *www.oed.com*.

Soler, J., Pascual, J. C., Campins, J., Barrachina, J., Puigdemont, D., Alvarez, E., et al. (2005). Double-blind, placebo-controlled study of dialectical behavior therapy plus olanzapine for borderline personality disorder. *American Journal of Psychiatry*, *162*(6), 1221-1224. Erratum in *American Journal of Psychiatry*, *165*(6), 777.

Soler, J., Pascual, J. C., Tiana, T., Cebria, A., Barrachina, J., Campins, M. J., et al. (2009). Dialectical behaviour therapy skills training compared to standard group therapy in borderline personality disorder: A 3-month randomised controlled clinical trial. *Behaviour Research and Therapy*, *47*, 353-358.

Soloff, P. H., & Chiapetta, L. (2012). Subtyping borderline personality disorder by suicidal behavior. *Journal of Personality Disorders*, *26*(3), 468-480.

Soloff, P. H., Lis, J. A., Kelly, T., Cornelius, J., & Ulrich, R. (1994). Risk factors for suicidal behavior in borderline personality disorder. *American Journal of Psychiatry*, *151*, 1316-1323.

Stein, D. J., Simeon, D., Frenkel, M., Islam, M. N., & Hollander, E. (1995). An open trial of valproate in borderline personality disorder. *Journal of Clinical Psychiatry*, *56*, 506-510.

Telch, C. F., Agras, W. S., & Linehan, M. M. (2001). Dialectical behavior therapy for binge eating disorder: A promising new treatment. *Journal of Consulting and Clinical Psychology*, *69*, 1061-1065.

Thorberg, F. A., & Lyvers, M. (2006). Negative mood regulation (NMR) expectancies, mood, and affect intensity among clients in substance disorder treatment facilities. *Addictive Behaviors*, *31*(5), 811-820.

Trupin, E. W., Stewart, D. G., Beach, B., & Boesky, L. (2002). Effectiveness of a dialectical behaviour therapy program for incarcerated female juvenile offenders. *Child and Adolescent Mental Health*, *7*(3), 121-127.

Turner, R. M. (2000). Naturalistic evaluation of dialectical behavioral therapy-oriented treatment for borderline personality disorder. *Cognitive and Behavioral Practice*, *7*, 413-419.

van Asselt, D. I., Dirksen, C. D., Giesen-Bloo, J. H., van Dyck, R., Spinhoven, P., van Tilburg, W., et al. (2008). Out-patient psychotherapy for borderline personality disorder: Cost-effectiveness of schema-focused therapy v. transference-focused psychotherapy. *British Journal of Psychiatry*, *192*, 450-457.

Van den Bosch, L., Verheul, R., Schippers, G. M., & van den Brink, W. (2002). Dialectical behavior therapy of borderline patients with and without substance use problems: Implementation and long-term effects. *Addictive Behaviors*, *2*, 911-923.

Van Dijk, S., Jeffrey, J., & Katz, M. R. (2013). A randomized, controlled, pilot study of dialectical behavior therapy skills in a psychoeducational group for individuals with bipolar disorder. *Journal of Affective Disorders*, *145*(3), 386-393.

Verheul, R., van den Bosch, L. M. C., Koeter, M. W. J., de Ridder, M. A. J., Stijnen, T., & van den Brink, W. (2003). Dialectical behaviour therapy for women with borderline personality disorder: 12-month, randomised clinical trial in The Netherlands. *British Journal of Psychiatry, 182*, 135-140.

Waltz, J., Dimeff, L. A., Koerner, K., Linehan, M. M., Taylor, L., & Miller, C. (2009). Feasibility of using video to teach a dialectical behavior therapy skill to clients with borderline personality disorder. *Cognitive and Behavioral Practice, 16*(2), 214-222.

Wasser, T., Tyler, R., McIlhaney, K., Taplin, R., & Henderson, L. (2008). Effectiveness of dialectical behavior therapy (DBT) versus standard therapeutic milieu (STM) in a cohort of adolescents receiving residential treatment. *Best Practices in Mental Health, 4*(2), 114-125.

Weinberg, I., Gunderson, J. G., Hennen, J., & Cutter, C. J., Jr. (2006). Manual assisted cognitive treatment for deliberate self-harm in borderline personality disorder patients. *Journal of Personality Disorders, 20*, 482-492.

Wells, H. (1972). Alienation and dialectical logic. *Kansas Journal of Sociology, 3*, 7-32.

Whitaker, C. A. (1975). Psychotherapy of the absurd: With a special emphasis on the psychotherapy of aggression. *Family Process, 14*, 1-16.

Wolf, M., Ebner-Priemer, U., Schramm, E., Domsalla, M., Hautzinger, M., & Bohus, M. (2011). Maximizing skills acquisition in dialectical behavioral therapy with a CD-ROM-based self-help program: Results from a pilot study. *Psychopathology, 44*(2), 133-135.

Young, J. E., Klosko, J. S., & Weishaar, M. E. (2003). *Schema therapy: A practitioner's guide*. New York: Guilford Press.

Zanarini, M. C. (2003). Zanarini Rating Scale for Borderline Personality Disorder (ZAN-BPD): A continuous measure of DSM-IV borderline psychopathology. *Journal of Personality Disorders, 17*, 233-242.

Zanarini, M. C., Frankenburg, F. R., & Parachini, E. A. (2004). A preliminary, randomized trial of fluoxetine, olanzapine, and the olanzapine-luoxetine combination in women with borderline personality disorder. *Journal of Clinical Psychiatry, 65*, 903-907.

Zanarini, M. C., Frankenburg, F. R., Sickel, A. E., & Yong, L. (1996). *The Diagnostic Interview for DSM-IV Personality Disorders*. Belmont, MA: McLean Hospital, Laboratory for the Study of Adult Development.

Zanarini, M. C., Vujanovic, A., Parachini, E., Boulanger, J., Frankenburg, F., & Hennen, J. (2003). A screening measure for BPD: The McLean Screening Instrument for Borderline Personality Disorder. *Journal of Personality Disorders, 17*, 568-573.

chapter 11

양극성장애

David J. Miklowitz 저
최기홍 역

이 장에서는 과학적인 연구 근거를 지닌 창의적이면서도 중요한 심리학적 치료법을 제시한다. David J. Miklowitz는 양극성장애를 위한 가족중심치료라는 혁신적인 방법을 제시하는데, 이 치료의 효과성에 대한 근거는 충분하다. 양극성장애의 발병과 유지에 기여하는 심리적 요인에 대한 수년간의 체계적인 연구를 바탕으로 개발된 이 정교한 가족치료적 접근은 심리사회적 요인을 치료목표로 삼는다(예: 적절한 심리교육, 의사소통 향상 훈련, 문제해결 기술 교육). 이 장과 특히 매우 유용한 사례연구는 양극성장애라는 중증 정신질환의 성공적인 치료를 위해 심리학적 접근과 약물치료적 접근이 어떻게 중요한 관련을 맺는지를 잘 보여 준다. - D. H. B.

양극성장애(bipolar disorder)는 가장 오래되고 가장 확실하게 인식되는 정신장애 중 하나이다. 이 장애에 대한 우리의 생각은 지난 100년 동안 발전해 왔지만, '조증-우울의 비정상성'에 대한 초기의 묘사(Kraepelin, 1921)는 현재 우리가 가지고 있는 개념과 매우 유사하다. 이 장은 장애, 진단, 종단적 경과 및 약물치료에 대한 기본적인 정보를 검토하면서 시작할 것이다. 질병에 관한 정보는 그 자체로도 흥미롭지만, 약물치료와 더불어 심리사회적 치료를 제공하는 것에 대한 이론적 근거를 제공한다. 이 장의 대부분은 외래 환자를 대상으로 한 집중적이고 시간 제한적인 심리사회적 치료인 가족중심치료(family-focused treatment: FFT)에 대해 설명한다. 가족중심치료(FFT)는 심리교육, 의사소통 향상 훈련(communication enhancement training: CET), 문제해결 기술 훈련의 세 가지 상호 연관된 모듈로 구성되어 있다(Miklowitz, 2008b; Miklowitz & Goldstein, 1997). 이 치료법은 최근 조증 혹은 우울증 삽화를 경험하는 사람을 위해 고안되었다.

양극성장애의 진단

DSM-5 기준

양극성장애의 핵심적인 특징은 극심한 정동조절 곤란 또는 매우 낮은 수준(우울증)에서 매우 높은 수준(조증)까지 요동치는 기분상태이다. 조증 삽화 환자는 행복하고 좋은 기분 또는 과민한 기분을 경험한다. 일반적으로 일주일 이상 행동이 활발해지며(예: 목표지향적 활동의 증가, 고위험 활동에 대한 과도한 개입, 수면 욕구의 감소, 평소보다 과도하게 말이 많아지고 또는 수다스러워지며, 언어에 압박을 느낌), 인지적 기능의 변화(예: 과대망상 또는 과대한 자기가치, 사고의 비약, 산만함)가 나타난다. 조증 삽화 진단을 위해서는 개인의 심리사회적 기능(결혼, 직업 또는 사회)에 손상이 나타나거나, 입원이 필요하거나, 정신증(예: 과대망상)이 나타난다는 증거가 있어야 한다(DSM-5; American Psychiatric Association, 2013 참조).

경조증 삽화를 경험하는 사람은 조증과 유사한 증상을 많이 보이지만, 일반적으로 그 기간은 더 짧다(4일 또는 그 이상). 경조증의 증상은 사회 또는 직업 기능에 심각한 손상을 가져오지 않으며, 입원이나 정신증과 관련이 없다. 그러나 증상은 개인의 일상적 행동(다른 사람이 관찰할 수 있는 행동)에 실제 변화를 동반해야 한다. 조증과 경조증의 구분점은 질병의 형태보다는 정도이기 때문에 임상가도 구분하기가 어렵다. 환자는 행동의 증가가 자신의 기능에 영향을 미치는 정도를 자주 과소평가하는데, 이는 자신의 행동에서 좋은 점만을 보기 때문이다. 따라서 환자의 평가와 치료 시에 중요한 타인들(즉, 부모, 배우자 또는 파트너, 형제자매)을 포함하는 것이 매우 중요하다.

DSM의 이전 판에서 주요우울 삽화와 조증 삽화를 일주일 혹은 그보다 오랜 기간 동안 거의 매일 경험할 때 '혼재' 삽화를 근거로 I형 양극성장애를 진단하였다. 이러한 정의는 임상가에게 상당한 혼란을 가져왔고, 임상가들 중에는 양극단의 삽화가 증후군(증상들 혹은 기능손상과 조합)이라는 진단기준을 무시하는 경우도 있었고, 다양한 동반이환으로 인해 다양한 우울이나 경조증/조증의 증상을 겪는 환자들을 혼재 삽화를 경험하는 것으로 오인할 가능성이 있었다(Frank, 2011). 한 대규모 인구조사에 따르면 '혼재된 경조증(mixed hypomania)'은 I형 또는 II형 양극성장애가 있는 여성에게 특히 흔한 것으로 나타났다(Suppes et al., 2005). 이러한 사항은 진단뿐만 아니라 예후를 위해서도 고려해야 한다. 두 가지 이상의 조증 증상을 지닌 주요우울장애 환자는 조증 증상이 없는 주요우울장애 환자보다 양극성 우울장애를 지닌 환자와 발병 연령, 양극성장애의 가족력, 기능손상, 자살시도, 이후 I형 양극성장애로의 전환 등의 특징에서 유사함을 보였다(예: Sato, Bottlender, Schröter, & Möller, 2003; Fiedorowicz et al., 2011).

DSM-5에서 혼재 삽화의 기준은 조증, 우울증 또는 경조증 삽화에 있어 세부진단(course specifier)을 더 광범위하게 적용하였다. 기분 삽화 동안 반대 극단에서 3개 이상의 임계치 이하의 증상을 경험할 때 혼재 특성(mixed feature)이라는 세부진단을 적용한다. 그러나 하위 임계치의 혼재 증상들을 동반하는 우울장애를 치료할 때, 항우울제와 기분안정제(mood stabilizer)를 함께 처방해야 하는지에 대해서는 의문의 여지가 있다(First, 2010).

DSM-5는 양극성장애의 진단을 이전의 DSM 체계와는 다소 다르게 다룬다. 먼저, 임상가는 환자가 조증 삽화의 횡단적(cross-sectional) 기준을 충족하는지 여부를 결정한다. 환자가 이 기준을 충족시키면 I형 양극성장애 진단을 내린다. 환자가 최근 DSM-5의 주요우울 삽화 기준을 충족하는 경우, 조증, 혼재 또는 경조증의 내력이 있는 경우에는 양극성장애로 진단한다. 그렇지 않으면 주요우울장애 또는 지속성 우울장애와 같은 다른 기분장애를 고려한다. 환자가 관해상태에 있으면, 선행되는 조증 혹은 혼재 삽화의 증거가 있어야 한다. 다소 복잡하지만, 중요한 시사점은 단일 조울증(DSM-IV에서는 단일 혼재) 삽화가 있을 때에는 우울장애가 차트에 기록되지 않았더라도 I형 양극성장애 진단을 내리기에 충분하다는 것이다. 여기서 핵심 단어는 '차트에 기록된(documentable)'인데, 왜냐하면 환자들은 우울증 내력을 과소 보고하기 때문이다.

양극성장애의 진단은 어떻게 바뀌었나

DSM의 개정은 우리가 양극성장애를 생각하는 방식에 변화를 가져왔고, 새로운 개정판이 출판되면서 지속적인 수정이 이루어질 것이다. 일관된 논쟁 영역 중 하나는 아동기 및 청소년기에 발병한 양극성장애에 대해 별도 기준을 사용해야 하는지이다. 아동의 조증과 경조증의 삽화는 성인보다 더 짧으며, 양극 간의 전환이 더 잦고, 임계 이하의 혼재상태가 더 긴 것으로 나타난다(Birmaher et al., 2009). DSM-IV(American Psychiatric Association, 1994)는 발달상의 차이가 분명함에도 불구하고 성인과 아동의 조증 진단에 동일한 기준을 사용하였다(Leibenluft, Charney, Towbin, Bhangoo, & Pine, 2003). 그러나 DSM-5에는 빈번하고 폭발적인 기질의 분출과 지속적인 과민 반응이 있는 아동을 특징짓기 위해 새로운 진단인 '파괴적 기분조절부전장애(disruptive mood dysregulation disorder)'를 포함하였다. 이 진단범주를 제안한 연구자들이 모두 이 새로운 장애를 신설하는 것에 동의하지는 않았지만(예: Axelson, Birmaher, Findling, et al., 2011) 이러한 진단범주가 아동의 양극성장애 진단에서 위양성(false positive, 즉 양극성장애가 아닌데 진단을 내리는 실수)을 줄일 것이라 믿는다(예: Leibenluft, 2011).

DSM-5는 I형 양극성장애와 II형 양극성장애를 구별한다. I형 양극성장애 환자들은 조증 삽화를 경험하지만, II형 양극성장애 환자는 적어도 하나의 주요우울 삽화와 경조증 삽화를 가지고 있어야 한다(이 장에서 '양극성장애'라는 용어는 따로 정의하지 않는 이상 DSM-5에 정의된 I형 또는 II형 양극성장애를 지칭한다). DSM-5는 또한 환자의 13~20%에서 나타나는 '급속 순환(rapid cycling)'을 경과의 세부진단에 포함하였다(Calabrese, Fatemi, Kujawa, & Woyshville, 1996). 급속 순환은 환자가 1년 내에 네 가지 이상의 주요우울증, 조증 또는 경조증 삽화를 경험한 경우에 적용된다. 이 경과에 대한 세부진단을 적용할 때 혼란스러운 점은 한 삽화가 끝났을 때와 다른 한 삽화가 시작될 때를 알기가 어렵다는 점이다. 환자가 48시간 내에 조증에서 우울증으로 빠르게 전환[일부는 '초급속 순환(ultrarapid cycling)'이라고 한다]하면 이때 새로운 삽화가 나타나는 것인지, 아니면 그것이 같은 삽화의 다른 증상인지, 혼재 삽화인지 구분해야 한다. 급속 순환은 장애의 일시적인 상태로 나타나는 것으로 보이며, 일생 동안 일어나는 현상은 아니다(Coryell, Endicott, &

Keller, 1992).

마지막으로, DSM-5는 항우울제 또는 기타 홍분제에 의해 유발되는 조증 또는 경조증 삽화를 겪는 우울증 환자의 문제를 진단에 포함하였다. 세로토닌(serotonin), 노르에피네프린(norepinephrine) 및 도파민(dopamine) 계통에 작용하는 항우울제의 영향으로 인해, 특히 기분 변화에 대한 생물학적 취약성을 지닌 환자의 경우 이러한 약물이 활성화를 유도할 가능성이 있다. 환자가 조증 삽화를 한 번도 경험한 적이 없다가 항우울제 복용 후 증상이 나타났다면, 대개 약물로 인한 기분장애 진단을 받는다. 양극성장애의 진단은 조증 증상이 항우울제보다 선행되었거나(종종 시기적 구분이 어렵다), 항우울제를 약물치료에서 제거한 후에도 적어도 한 달 동안 조증 증상이 지속되는 경우에 고려한다. 조증에 가까운 상태를 유발할 수 있는 향정신성 마약(예: 코카인, 암페타민)을 남용하는 환자에게도 유사한 진단 고려사항이 적용된다.

역학, 동반이환률, 그리고 변별진단

다양한 연구, 문화 및 연령대에 걸쳐, I형 및 II형 양극성장애는 인구의 2% 이상에 영향을 미친다. 일반적으로 구조화된 진단면접을 이용하여 총 9,282명의 미국 성인을 대상으로 한 전국 동반이환 조사 반복(National Comorbidity Survey Replication: NCS-R)에서 I형 양극성장애는 1%, II형 양극성장애는 1.1%, 임계치 이하 양극성 질환(예: 다른 질병으로 특정되지 않은 양극성장애 또는 순환성장애)은 2.4%의 평생 유병률을 보고하였다(Merikangas et al., 2007). 세계보건기구(WHO)의 세계 정신건강 설문조사(World Health Organisation Survey Initiative)에서는 11개국의 성인 61,392명을 대상으로 동일한 진단도구를 사용하였는데, I형 양극성장애가 0.6%, II형 양극성장애가 0.4%, 임계치 이하 장애가 1.4%로 보다 낮은 평생 유병률을 보고하였다(Merikangas et al., 2011).

청소년(13~18세)의 경우, 지역사회 표본에서 2.5%가 I형 또는 II형 양극성장애 평생 유병률이 보고되었으며, 유병률은 연령에 따라 증가하였다(Merikangas et al., 2012). 흥미롭게도, 청소년의 1.7%는 우울증 없이 DSM-IV의 조증 삽화 기준에 부합하였다. 마지막으로, 7세에서 21세 사이의 총 16,222명의 청소년을 대상으로 한 전 세계 12건의 연구를 메타분석한 결과, 양극성장애의 비율은 1.8%였고, 국가별로 차이가 없었다(Van Meter, Moreira, & Youngstrom, 2011).

양극성장애는 다른 장애와 동반이환이 발생하며, 그중 일부는 즉각적인 치료의 초점이 되어야 한다. 양극성장애가 동반된 장애는 정동조절 곤란이 공통적인 문제가 된다. NCS-R에서의 1년 유병률을 고려할 때, 조증 또는 경조증과 불안장애 사이에 가장 높은 상관관계(62.9%)가 관찰되었고, 행동장애[주의력결핍 과잉행동장애(ADHD, 44.8%)와 약물사용장애(36.8%)]가 그 뒤를 따랐다(Merikangas et al., 2007).

일부 연구에서는 소아 발병 환자가 성인 발병 환자보다 동반이환이 더 많음을 보고하였다(Leverich et al., 2007). 중복되는 증상을 고려하지 않더라도 양극성장애와 소아 ADHD의 동반이환률은 60~90%이다(Kim & Miklowitz, 2002). 양극성장애를 앓고 있는 청소년의 경우 약물사용장애의 위험은 건강한 청소년보다 5배나 더 높다(Wilens et al., 2004). 불안장애와의 동반이환률은 약 44%

이다(Masi et al., 2012; Sala et al., 2010). 흥미롭게도, 양극성장애가 있는 부모의 자녀에게서 불안장애가 처음 진단되는 경우가 많으며, 이는 주요 정동장애의 첫 징후가 될 수 있다(Henin et al., 2005).

양극성장애와 성격장애의 구분은 특히 어렵다. 특히 경계선 성격장애의 특징은 정서적 불안정성이다. Akiskal(1996)은 임상가들이 잘 치료되지 않은 역치하의 기분장애를 성격장애로 이해하는 경우가 있다고 주장하였다. 양극성장애와 성격장애의 동반이환률은 상당히 과소 추정된다. 예를 들어, George, Miklowitz, Richards, Simoneau와 Taylor(2003)는 양극성장애 환자의 29%만이 관해기간 동안 성격장애 진단기준을 충족한다는 것을 발견하였다. 또한 동반된 성격장애 진단은 경계선 성격장애가 아니었고, 종종 C형 성격장애(예: 회피성 또는 의존성 성격장애)였다.

때로는 양극성장애와 단극성장애 사이의 경계를 구분 짓기가 어렵다. 양극성장애와 단극성 우울장애는 매우 유사할 수 있지만, 평균적으로 양극성 우울증은 발병 연령이 낮고 단기 기분 변화가 더 잦으며 주요우울장애에 비해 치료 반발성이 높다(Cuellar, Johnson, & Winters, 2005). 알코올 및 관련 질병에 대한 전국 역학 조사(N=13,048)에서 양극성 우울증 환자는 단극성 우울증 환자보다 자살 시도나 정신운동장애가 더 자주 나타났으며, 단극성 우울증 환자는 피로감을 보고할 가능성이 더 높았다(Weinstock, Strong, Uebelacker, & Miller, 2009). 하지만 양극성 우울증과 단극성 우울증의 차이는 눈에 띄지 않으며, 조증이나 경조증의 내력을 주의 깊게 평가하는 것이 변별진단을 내리는 데 도움이 된다.

단극성 유형의 흥분된 우울증과 양극성 유형의 혼재된 조증 사이의 구별은 훨씬 더 복잡하다. 둘 다 슬픔과 고도의 불안, 초조(restless), 활성화 상태를 특징으로 하기 때문이다. Goldberg와 Kocsis(1999)는 임상가가 이 둘의 구분을 하고자 할 때, 목표지향성과 감소하지 않는 에너지(수면 부족에도 불구하고) 등의 속성에 주의를 기울여야 한다고 권고하는데, 이 두 가지는 모두 단극성 우울장애보다는 양극성장애에서 나타나는 속성이다.

양극성장애와 조현병의 차이는 상당히 어려운 임상적 판단의 대상이다. 조현병을 앓고 있는 환자가 정신증 삽화를 보일 때, 심하게 활발하거나 사고와 행동에 있어 과장되며 의기양양하거나 우울하게 보일 수 있다. 이전에는 병인학적으로 뚜렷이 구분되는 것으로 생각했던 장애들에서, 즉 양극성장애와 조현병 또는 다른 정신증적 장애 사이에서 유전적인 유사성이 발견되고 있다(Berrettini, 2003). 예를 들어, 최근의 유전체 관련 연구(genome wide association study: GWAS)에서 조현병 환자와 기분이질적인 정신증(예: 슬픔이나 기쁨 등 기분과 관련되지 않은 망상 또는 환각)을 경험하는 양극성장애 환자들이 유사한 유전적 변이를 공유하는 것으로 보고되었다(Goes et al., 2012).

DSM-5는 조현정동장애와 정신증적 증상이 있는 주요기분장애를 구분한다. 조현정동장애에서는 최소한 2주 동안에는 눈에 띄는 정서적 증상이 없이 망상과 환각이 나타난다. 주요기분장애에서 정신증적 증상은 상당한 기분장애를 겪을 때만 나타난다. 조현병, 조현정동장애, 주요정동장애(양극성 및 단극성)를 지닌 환자를 10년 추적조사한 결과, '기분과 불일치하는' 망상 및 환각(즉, 그 내용이 과장이나 의기양양 혹은 무가치한 느낌과 관련이 없는)은 여러 진단에서 예후가 좋지 않았다(Harrow,

Grossman, Herbener, & Davies, 2000). Harrow와 동료들(2000)은 조현정동장애를 차원적인 관점으로 이해할 것을 제안하였는데, 일부 환자는 정신증을 주로 경험하고, 다른 환자들은 기분장애 스펙트럼을 주로 경험한다는 것이다.

DSM-5는 하위 증후군 또는 하위 정동조건으로 순환성장애(cyclothymic disorder)를 포함한다. 순환성장애 환자는 경조증 증상의 기간과 짧은 우울증 기간 사이를 순환하지만, 주요우울장애의 기준에는 미치지 못한다. 환자가 조증, 혼재 또는 우울증 삽화를 경험하면 I형 또는 II형 양극성장애가 진단된다. 다시 말해, 이러한 구분을 할 때 증상의 정도와 기간을 중요하게 고려한다. 본 저자의 경험에 비추어 볼 때, 임상가들은 특히 환자들이 자신의 과거에 대해 보고할 때 정보가 신뢰할 만하지 못한 경우, 순환성장애 대신 II형 양극성장애 범주로 생각한다. 때때로 순환성장애와 양극성장애를 그 순간에 구별하려 하기보다는 시간을 두고 환자의 기분 변화를 관찰하는 것이 더 좋다.

약물치료와 양극성장애의 진행 단계

표준 약물치료

양극성장애의 치료 경과(시간이 지남에 따라 재발하고 관해하는 패턴)를 볼 때, 환자를 안정화시키고 지역사회에서 기능하도록 도울 수 있는 약물치료가 필요하다. 약물치료 이전(즉, 1960년 이전)에 환자들은 한번 입원하면 수년간 입원해 있어야 하였다(Cutler & Post, 1982). 현재 리튬, 항경련제{디발프로엑스 나트륨(데파코트)[Divalproex sodium(Depakote)], 라모트리진(라믹탈)[lamotrigine(Lamictal)] 및 기타 약제}, 비정형 항정신성 약물{올란자핀(자이프렉사)[olanzapine(Zyprexa)], 쿠에티아핀(쎄로켈)[quetiapine(Seroquel)], 리스페리돈(리스페달)[risperi-done(Risperdal)], 지프라시돈(지돈)[ziprasidone(Geodon)] 또는 아리피프라졸(아빌리파이)[aripipra-zole(Abilify)]}이 양극성장애의 경과 개선에 도움을 주고 있다(Goldberg, 2004; Malhi, Adams, & Berk, 2009). 이 약물 중 일부는 급성 발병을 조절할 뿐만 아니라 발병 위험을 줄이거나 발병 지속시간 또는 심각도를 최소화하는 데 도움이 되는 등 '예방적 가치'를 지니고 있다.

대부분의 정신과 의사는 약물치료를 세 단계로 기술한다. 첫 번째, '급성기 단계'에서는 조증, 혼재 또는 우울 장애의 가장 심각한 증상을 통제하는 것이 목표이다. 두 번째, '안정화 단계'는 환자가 급성기에서 완전히 회복하는 것을 돕는 것이 목적이며, 흔히 잔류 증상(예: 경도우울증) 또는 사회적-직업적 장애수준을 치료하는 것을 의미한다. 마지막으로, '유지 관리 단계'에서는 재발을 방지하고 재발 증상을 지속적으로 치료하는 것이 목표이다. 양극성장애에 권장되는 약물은 치료 단계에 따라 다르다. 급성기 및 안정화 단계에서는 항정신성 약물과 기분안정제를 함께 처방할 수 있다. 환자에게 잔류 우울 증상이 나타난다면 조증이 안정된 후에 항우울제를 복용하는 것을 고려한다. 이러한 약물치료의 단계는 양극성장애를 위한 심리사회적 개입, 즉 심리치료를 제공하면서 서로 보완하며, 최적의 치료 결과를 위해 협의하여 제공되어야 한다.

증상 결과

만일 약물치료가 효과적이라면 왜 우리는 심리사회적인 치료를 필요로 하는가? 양극성장애에 대한 약물치료에서 일관적으로 발생하는 문제는 '갑자기 나타나는(breakthrough) 증상'이다. 리튬 또는 항경련제 치료의 경우 1년 내 재발률은 약 37%이다(Gitlin, Swendsen, Heller, & Hammen, 1995). I형 혹은 II형 양극성장애가 있는 1,469명의 성인 중 49%가 1년 내에 재발하였다. 이 재발 수치의 2배가 우울 삽화에서(조울증 또는 경조증 삽화보다는) 나타났다. 성인 양극성장애 환자 146명을 대상으로 12.8년간 추적관찰한 결과, 환자들은 삶에서 우울 증상(임상적 혹은 하위 임상 수준에서)이 32%, 조증 또는 경조증 증상이 9%, 혼재 또는 순환성 증상이 6% 나타났다. 환자들은 삶의 약 절반의 시간 정도만 관해상태로 있었다(Judd et al., 2002).

Keck과 동료들(1998)은 급성 조증 또는 혼재 삽화가 발병한 134명의 환자를 대상으로 양극성장애의 12개월 경과 과정을 관찰하였다. 환자의 대다수(N=104)는 항정신성 약물이나 항우울제와 기분안정제로 치료를 받았다. 연구자들은 환자가 조증, 혼재 또는 우울증 발병에 대한 DSM 기준을 최소 8주 이상 충족시키지 못하는 경우 '증후군 회복'이라고 구분하였다. '증상 회복'은 환자가 8주 동안 기분장애 증상을 거의 또는 전혀 갖지 않아야 한다는 엄격한 기준이다. 그리고 '기능적 회복'은 환자가 경험, 우정, 관심사 및 독립적인 생활 등에서 발병 전 상태의 수준을 되찾는 것 등을 요한다. 연구를 마친 106명의 환자 중 51명(48%)이 12개월의 추적관찰을 통해 증후군 회복을 달성하였다. 증상을 회복한 환자는 28명(26%)이었으며, 추적관찰 기간 중 기능 회복에 도달한 환자는 25명(24%)이었다. 부정적인 결과의 예측 요인에는 낮은 사회경제적 지위, 약물치료 비순응, 더 오랜 발병기간 등이 포함되었다.

사회-직업적 기능

양극성장애를 지닌 환자는 직장, 사회 및 가족 기능에 심각한 손상을 경험하고, 질병의 조기 재발 가능성은 하위 증후적(subsyndromal) 우울이 있을 때 극적으로 증가한다(Altshuler et al., 2006; Gitlin, Mintz, Sokolski, Hammen, & Altshuler, 2011). 또한 지속되는 우울 증상을 경험하는 환자는 종종 인지 기능의 손상을 보이는데, 이는 사회-직업적 기능에 큰 영향을 미친다(Altshuler, Bearden, Green, van Gorp, & Mintz, 2008). I형 및 II형 양극성장애 환자 253명을 대상으로 한 연구에서 약 33%만이 풀타임으로 근무하였고, 9%만이 파트타임으로 일하였다. 57%의 환자가 보호시설에서만 일할 수 있거나 일할 수 없다고 보고하였다(Suppes et al., 2001).

기분 증상과 기능 간의 관계는 양방향으로 나타난다. 잔류 우울 증상은 사회적 기능 및 직업상의 기능 저하와 분명한 관련성을 보이지만(Gitlin et al., 2011), 다른 연구 결과에 따르면 저조한 사회적 기능이 더 짧은 시간 내의 기분장애 재발을 예측한다(예: Weinstock & Miller, 2008).

약물 비순응

양극성장애를 지닌 환자가 많은 '갑자기 나타나는 삽화'를 경험하는 이유 중 하나는 약물에 대한 비순응(nonadherence)이다. Colom, Vieta, Tacchi,

Sanchez-Moreno와 Scott(2005)은 양극성장애 환자의 60% 이상이 자신의 삶의 어떤 시점에서 약물치료를 중단한다고 추정하였다. 조증이나 혼재성 삽화로 첫 입원을 한 이후 1년 동안 40~60%가 부분적으로 또는 완전히 처방을 따르지 않는다(Strakowski et al., 1998). 한 대형 건강유지기관의 연구에 따르면 환자들은 리튬을 평균 76일 동안 복용한 것으로 나타났다(Johnson & McFarland, 1996). 약물치료의 비순응은 장애의 과정에 상당한 영향을 미친다. 예를 들어, 파킨슨병 환자가 갑자기 약물치료를 중단하면 재발이나 자살위험이 훨씬 높아진다(Baldessarini, Tondo, & Hennen, 2003).

환자가 기분안정제 복용을 중단하는 이유는 다양한데, 여기에는 부작용, 장애에 대한 통찰력 부족, 나이, 사회경제적 지위 저하, 약물에 대한 정보 부족, 약물로 기분을 조절하는 것에 대한 부정적 감정, 최근의 입원 및 낮은 가족 지원 등이 포함된다(Colom, Vieta, Tacchi, et al., 2005). 이 쟁점들 중 일부는 복용량을 조정하거나 한 약물을 다른 약물로 대체하면서 해결할 수 있다. 비순응과 관련된 다른 문제는 함께 제공하는 심리치료에서 다룰 수 있다.

왜 심리치료인가

생물학적 및 유전적 요인의 영향이 큰 양극성장애에서 심리사회적 치료의 역할은 무엇인가? 약물치료가 양극성장애의 1차 치료(first-line treatment)라는 점에는 의심의 여지가 없다. 리튬, 항경련제 및 비정형 항정신성 약물이 재발률을 낮추고 기능을 개선한다는 증거가 충분하다. 하지만 환자의 재활에 더 나은 결과를 가져올 수 있도록 도울 수 있을까? 양극성장애 환자가 이룰 수 있는 최적의, 어쩌면 다소 지나치게 낙관적일 수 있는 결과는 오랜 기간 동안 증상을 안정적으로 관리하고, 삽화 이후에도 사회적 기능장애를 최소화하며, 일관되게 업무나 가정생활을 유지하는 것일 것이다. 실제로 이것은 이러한 환자들이 매우 얻고 싶어 하는 것이고, 때로 이러한 결과를 위해 환자들이 스스로 관리전략을 고안하기도 한다(Murray et al., 2011).

심리치료는 증상 관리를 위한 기술을 교육하고, 사회적 및 직업적 역할기능을 증진시키며, 약물치료를 잘 유지할 수 있도록 돕는다. 이러한 목표가 시사하는 중요한 점은 정신장애의 생물학과 심리학적 요소들은 서로 완전히 분리될 수 없다는 것이다. 심리치료에 반응하는 환자(예: Kumari et al., 2011)들에게서 신경기능의 변화[예: 기능적 자기공명영상검사(functional magnetic resonance imaging: fMRI)에서 나타난 바와 같이]가 나타난다는 것을 알고 있다. 주요기분장애 치료에서 정신치료와 약물치료가 시너지 효과를 낼 수 있다는 점에 대해서도 생각해 볼 만하다.

외래치료 프로그램에 심리치료를 포함해야 한다는 강력한 주장은 환자가 스트레스 촉발사건에 대처할 수 있도록 도와야 한다는 뜻이기도 하다. 다음 절에서 언급했듯이, 특정 형태의 생애사건과 가족 내의 긴장은 양극성장애 경과에서 위험 요인으로 작용한다. 심리치료는 이러한 요인들을 치료목표로 삼아 적응적인 대처 기제를 환자에게 교육함으로써 건강하게 지내는 동안(periods of wellness)에 미래의 재발가능성을 사전에 막을 수 있도록 도움을 줄 수 있다.

재발에 대한 취약성-스트레스 모델

심리치료가 양극성장애 환자에게 도움이 될 것이라는 개념에는 스트레스가 기분장애의 증상을 유발하는 데 중요한 역할을 한다는 개념이 내포되어 있다. 이 견해에 대한 증거는 무엇이며, 심리사회적 개입의 목표는 무엇인가?

생애사건과 사회적 리듬

생애사건은 양극성 우울증의 재발과 관련이 있으며, 일부 연구에서는 양극성장애와 관련이 있다고 보고되었다(Johnson, 2005a). 생애사건과 기분재발의 연관성과 관련하여 두 가지 주요 가설이 제안되었다. 첫 번째는 사회 리듬 안정성 가설(social rhythm stability hypothesis)이다. Ehlers, Kupfer, Frank와 Monk(1993)는 주요 생애사건이 기분장애 환자들의 일상 리듬(예: 잠에서 깨고, 먹고, 운동하고, 사회적으로 어울리고, 일하고, 잠을 자는 등)을 방해한다고 가정한다. 생애사건은 이미 형성된 사회 및 일주기 리듬(예: 낮시간 동안 기능하는 내분비 신경 생성)을 방해하는 시간 분배자(zeit-storers 혹은 time distributor)로 작용할 수 있다. 예를 들어, 이전에 실직한 환자가 계속해서 근무시간이 바뀌는 직장을 얻게 될 때, 환자는 수면 습관을 포함하여 새로운 일상의 루틴을 강요받는 셈이다. 주요 생애사건은 또한 사회적 시간 신호 장치(social zeitgeber 혹은 time giver)로 기능하며, 안정된 리듬을 유지하는 데 도움이 되는 사람이나 사건을 잃도록 만든다. 예를 들어, 배우자나 파트너는 환자가 예측 가능한 수면 일정을 유지하도록 돕는다. 관계의 분리나 상실은 중요한 정서적 사건이 될 뿐 아니라 리듬을 지키는 데 도움을 주던 사람을 잃는 결과를 초래한다.

양극성장애 환자들은 적은 정도의 수면 습관 변화에도 아주 민감하다. Malkoff-Schwartz와 동료들(1998, 2000)의 연구는 수면 습관에 변화를 가져오는 생애사건(예: 비행기 여행으로 인해 시차가 바뀌는 것)이 조증 삽화를 예측한다고 밝혔다. 그러나 우울 삽화는 리듬을 방해하는 생애사건(rhythm-disruptive events)과 특별히 연관되지 않았다. 이러한 연구 결과가 시사하는 임상적 함의점 중 하나는 환자들이 자신의 사회적 리듬을 규칙적으로 유지하도록 교육받는다면, 특히 일반적으로 그러한 리듬을 방해할 수 있는 생애사건을 마주하게 될 때 양극성장애의 결과가 개선될 것이라는 점이다. 따라서 불규칙적인 수면 주기는 치료의 목표가 된다. 이것은 대인-사회 리듬치료(interpersonal and social rhythm therapy: IPSRT; Frank, 2005)의 주된 기조이며, 다음에서 논의할 것이다.

생애사건, 목표조절의 어려움, 그리고 조증

12개 이상의 연구에서 조증 내력을 보유한 사람들이나 조증에 취약한 학생들이 스스로를 보상에 더 강렬한 감정으로 반응하기 쉬운 사람이라고 표현하였다(Johnson, Edge, Holmes, & Carver, 2012). 보상 민감도에 대한 자기보고는 I형 양극성장애 환자들의 조증의 심각도와 정적 상관을 보였고(Meyer, Johnson, & Winters, 2001; Salavert et al., 2007), 고위험군 대학생들이 I형 혹은 II형 양극성장애로의 전환을 예측한다고 보고되었다(Alloy et al., 2012). 관련된 개념인 고양된 야망(heightened ambition)은 I형 양극성장애가 있는 환자들의 조증의 심각성과 관련이 있었다(Johnson et al., 2012). 잠재적인 부정적인 결과를 고려하지 않고 보상을 추구하는 것, 즉 충동적인 보상 추구는 조증으로 발병하는 결과를 초래한다(Swann, Dougherty, Pazzaglia, Pham, & Moeller, 2004).

Sheri Johnson과 동료들(2000)은 과도한 보상 민감도가 성공에 대한 반응을 높일 수 있기 때문에 조증 증상은 목표 달성과 관련된 생애사건(예: 승진) 이후에 발생할 가능성이 더 높다고 보았다. 목표 달성은 자신감을 높여 목표 참여도를 높이고 조증 증상을 촉진시킬 수 있다(Johnson, 2005b). I형 양극성장애 환자에 대한 두 편의 종단 연구에서 목표 달성 생애사건은 조증 증상의 증가를 예측했지만 우울 증상의 증가는 예측하지 못하였다. 이 결과는 조증으로 인해 생길 수 있는 생애사건(예: 일자리 상실)을 통제한 이후에도 유지되었다(Johnson et al., 2000, 2008).

가족 스트레스

가족 갈등은 또한 양극성장애 순환의 근원이 되기도 한다. 가족 스트레스를 측정하는 한 가지 방법은 가족 구성원의 '표현된 감정(expressed emotion: EE)'의 수준을 평가하는 것이다. 이 절차에서 연구자들은 약 1시간 동안 Camberwell 가족 면접(Vaughn & Leff, 1976)을 가족 구성원(부모, 배우자/파트너 또는 형제자매)에게 실시하여, 환자의 정신 질환에 대한 가족의 반응을 평가한다. 이때 특히 최근의 질병 삽화에 중점을 둔다. 추후 훈련된 평가자가 이 면접의 녹화 파일을 보고 다음의 세 가지 주요 측면에서 평가한다. 첫째는 중요한 코멘트(예: "제가 이야기를 해도 그가 아무 말을 하지 않는 것에 화가 나요. 마치 아무도 없는 느낌이 들어요."), 둘째는 적대감, 또는 환자에 대한 개인적이고 일반화된 비난(예: "저는 그 사람에 대해서는 아무것도 좋아하지 않아요."), 셋째는 과도한 감정적 관여, 혹은 너무 걱정하거나 과보호하거나 환자를 보살피기 위해 과도한 자기희생적 행동을 하는 경향[예: "저는 앨런(아들)이 좋아하지 않기 때문에 집에 사람들은 초대하지 않아요."]이다. 이 측면들 중 하나 이상에서의 점수가 높은 가족 구성원을 '높은 EE', 그렇지 않은 사람들은 '낮은 EE' 집단으로 정의한다.

EE는 잘 알려진 조현병 경과(course)에 대한 예측인자이다. Butzlaff와 Hooley(1998)가 조현병에서의 EE에 대한 28건의 종단연구를 메타분석한 결과, 23건의 연구가 핵심적 결과를 동일하게 보고하였다. 질병 삽화 후 EE가 높은 가정으로 돌아온 환자는 EE가 낮은 가정으로 돌아온 환자에 비해 9개월에서 1년간의 추적관찰 기간 동안 재발가능성이 2~3배 높았다. 몇몇 연구는 전향적으로 또는 후향적으로 양극성장애 환자들을 추적한 후, 높은 EE 가족과 재발 사이의 연관성에 대해 보고하였다(Honig, Hofman, Rozendaal, & Dingemanns, 1997; Miklowitz, Goldstein, Nuechterlein, Snyder, Mintz, 1988; O'Connell, Mayo, Flatow, Cuthbertson, & O'Brien, 1991; Priebe, Wildgrube, & Muller-Oerlinghausen, 1989; Yan, Hammen, Cohen, Daley, & Henry, 2004). 가족치료를 받는 청소년 양극성장애 환자의 가족 EE에 대한 2년간의 연구도 이 종단적 연관성을 반복 검증하였다(Miklowitz, Biuckians, & Richards, 2006).

이러한 결과를 해석함에 있어, 첫 번째로 양극성장애 환자는 가족환경에서 오는 스트레스에 민감하며 가족의 EE 수준이 타고난 생물학적 취약성을 이끌어 낸다고 해석할 수 있다. 그러나 이러한 연관성은 그렇게 단순하지 않다. 첫째, 양극성장애, 단극성장애 또는 조현병 환자의 가족 중 높은 EE를 보인 쪽이 낮은 쪽보다 환자의 부정적 문제 행동을 환자가 통제할 수 있다고 해석하는 것으로 나타났다(예: Hooley & Licht, 1997; Weisman, Lopez, Karno, & Jenkins, 1993; Wendel, Miklowitz, Richards, & George, 2000). 둘째, 양극성장애에 대처하는 가족과 환자는 얼굴을 맞대고 상호작용을 할 때 종종 언어적으로 공격적이 되는 악순환에 빠진다. Simoneau, Miklowitz와 Saleem(1998)은 양극성장애 환자의 가족 중 EE가 높은 가족이 낮은 가족보다 문제해결을 하기 위해 얼굴을 맞대고 상호작용을 할 때 더 부정적임을 발견하였다. 높은 EE 가정의 환자와 가족은 비생산적인 '공격-반격'의 주기에 걸려드는 경향이 있다. 종종 환자들은 이런 상호작용 시 도발하는 쪽에 속하였다. 그들은 언어적으로 공격적이거나 처벌적인 가족들의 '희생자'는 아니었다(Miklowitz, Wendel, & Simoneau, 1998; Simoneau et al., 1998).

분명히, 심리사회적 치료 프로그램에서는 가족의 정서적 환경(가족의 높은 EE 태도 또는 상대 환자 의사소통을 특징짓는 부정적인 상호 교환)의 측면을 개입의 대상으로 고려해야 한다. 그러나 가족의 태도와 상호작용 패턴을 바꾸고자 하는 한 번의 시도가 가족들의 태도와 인식을 직접적으로 바꾸는가? 혹은 이러한 문제를 없앨 수 있는가? 양극성장애가 있는 배우자/파트너, 자손 또는 형제자매와 대면하는 가족은 분명히 상당한 분노를 느끼며, 그들에게 그러지 말아야 한다고 말하기는 어렵다. 다른 이들은 자신들의 과보호 행동이 상황에 의해 발생하는 것 이상이라고 느낀다.

FFT를 개발할 때, 동료들과 나는 이러한 태도와 상호작용 패턴을 다룰 수 있는 요소의 하나가 심리교육(psychoeducation)이며, 심리교육을 통해 장애와 그 징후에 관해서 환자와 가족에게 정보를 제공해야 한다고 결론을 내렸다. 앞에서 설명한 바와 같이 가족(부모, 배우자 또는 형제)은 환자의 혐오적인 행동(예: 짜증, 공격성, 일할 수 없거나 낮은 생산성)의 일부가 생화학적으로 유발된 질병 때문일 수 있음을 이해해야 한다. 이것은 임상가인 우리에게는 명백하게 보일지 모르지만 일상적으로 환자를 대하는 가족은 혐오스러운 행동을 성격 요인 또는 게으름 탓으로 돌리거나, "그가 나를 힘들게 하려고 이러는 것이다."라고 믿기 쉽다. 또한 환자들도 자신들이 가족 구성원을 분노하게 하는 방식에 대해서 더욱 잘 인식해야 한다.

부정적인 상호작용을 근절할 수는 없지만 의사소통 및 문제해결 기술을 교육하여 상호작용을 보다 생산적으로 바꿀 수는 있다. 따라서 교육에서는 가족이나 커플들이 한 번에 많은 문제를 해결하기보다 한 가지 문제에 집중하도록 하고, 비생산적인 공격-반격의 주기를 피하기 위해 경청기술을 사용하는 법을 가르친다. 이 장의 뒷부분에서는 어려운 치료 사례를 소개하면서 이와 관련된 방법들을 설명할 것이다.

치료효과 연구

통제된 심리치료 효과 연구는 양극성장애 분야에서 새로운 분야이며, 여전히 약물치료 효과 연구만큼 이루어지지 못하고 있다. 이 절에서는 개인 및 가족/부부 개입에 대한 몇 가지 무선통제연구(무선할당연구)를 소개한다. 이 분야의 연구에 대한 보다 자세한 개관은 Geddes와 Miklowitz(2013), Miklowitz와 Scott(2009)을 참고하라.

개인치료

개인치료 중 강조할 만한 두 가지 중요한 모델을 소개하고자 한다. 첫째는 인지행동 모델이다. 인지행동 모델은 약물 부작용, 조증 전 과도한 위험 감수(또는 보상 과대평가), 우울 삽화 동안 행동의 비활성화를 포함한 재발 위험 요인에 초점을 둔다. Lam, Hayward, Watkins, Wright와 Sham(2005; Lam et al., 2003)은 6개월에 걸쳐 12~18회기 동안 인지행동치료(cognitive-behavioral therapy: CBT)와 약물치료를 병행한 경우와 약물치료만 실시한 경우를 비교하였다(N=103). 환자들은 적어도 6개월 동안 관해 중이었으며, 지난 5년간 3회 이상의 삽화를 경험하였다. 1년 추적조사에서 CBT와 약물치료를 받은 환자의 44%가 재발했는데, 약물치료만 받은 환자는 75%가 재발하였다. 치료 후 12개월에서 30개월 이후에 CBT와 약물치료는 약물치료 단독에 비해 재발을 더 예방하지는 못했지만, 삽화가 진행된 날들과 기분에는 지속적으로 긍정적인 영향을 미쳤다. 그중에서도 조증보다는 우울증에 미치는 영향이 더 컸다.

영국의 CBT에 대한 다기관 효과 검증(N=253) 연구에서는 양극성장애 환자의 모든 하위 집단이 CBT로부터 똑같은 이득을 얻지는 않음을 보여 주었다(Scott et al., 2006). 이 연구는 22회기의 CBT와 약물치료를 병행한 경우와 일반적 치료(treatment as usual: TAU)와 약물치료를 병행한 경우를 비교하였다. 환자들은 연구 참여 전에 다양한 증상을 경험하고 있었는데, 재발에 이르는 기간에 있어 CBT의 효과가 발견되지는 않았다. 사후분석 결과, 12개 미만의 이전 삽화를 가진 환자는 TAU보다 CBT를 받았을 때 재발이 적었다. 그러나 12회 이상의 삽화를 가진 환자는 TAU보다 CBT를 받았을 때 재발가능성이 더 높았다. 저자들은 CBT가 장애의 초기 단계 또는 재발이 적은 과정에 있는 환자에게 가장 적합하다고 결론지었다. 그러나 6개의 무선통제연구를 '메타 회기(metaregression)' 분석한 결과 이전 삽화의 수가 재발률을 조절한다는 근거는 발견하지 못하였다(Lam, Burbeck, Wright, & Pilling, 2009).

주의집중 및 기억 전략을 강조하는 행동치료의 한 형태인 인지 재활은 인지기능손상이 있는 양극성장애 환자들의 약물치료에 좋은 보조치료가 될 것이다. 18명을 대상으로 한 공개 임상실험(open trial)에서 Deckersbach와 동료들(2010)은 14회기의 치료 후에 환자들이 자신의 기저선과 비교했을 때 우울 증상, 작업기능 및 집행기능이 개선되었음을 발견하였다. 신경심리학적 손상이 있는 환자들을 대상으로 한 인지 재활의 무선통제연구가 앞으로 필요하다.

Ellen Frank와 동료들(2005)은 IPSRT(interpersonal and social rhythm therapy)의 효능을 연구하였다. 이 치료법은 Klerman, Weissman, Rounsaville과 Chevron(1984)의 우울증 대인 심리치료의 핵심 요소뿐만 아니라 환자 스스로 일상과 수면 주기를 조절하는지의 요소도 포함한다. 최근 기분 삽화를 가진 환자는 기분안정제 복용과 IPSRT 45분 회기 혹은 약물 복용과 적극적인 임상 관리 개입에 무선할당되었다. 후자(임상 관리 개입)는 약물 부작용과 증상 관리에 중점을 두고 심리치료진과 20분간 회기를 진행하였다. 무선할당은 급성기 치료 시에 실시하여 매주 1회 치료 회기를 제공하였고, 예방 · 유지 단계가 시작될 때 다시 무선할당하여 2년 동안 격주 혹은 월 1회의 치료 회기를 제공하였다. 급성기에 IPSRT를 받은 환자는 급성기에 임상 관리를 받은 환자보다 유지 단계에서 재발 전까지 더 긴 간격을 유지하였다. IPSRT는 급성기에 성공적으로 일상생활을 안정화시키고, 수면 주기를 유지했던 환자들이 유지 단계에서 재발을 지연시키는 데 가장 효과적이었다(Frank et al., 2005). IPSRT는 또한 직업기능에 긍정적 영향을 미쳤다(Frank et al., 2008). 따라서 규칙적인 일과는 장애의 악화 과정을 예방하고 기능을 향상시킬 수 있다.

집단 심리교육

집단 심리교육의 효과는 재향군인병원 외래진료소(Bauer et al., 2006)와 건강유지기관(health maintenance organization)의 대규모 무선통제연구에서 보고되어 왔다(Simon, Ludman, Bauer, Unutzer, & Operskalski, 2006). 두 연구 모두에서 심리교육은 체계적인 관리의 한 요소로 제공되었으며, 간호치료 매니저가 환자를 모니터링하고 의사가 치료지침을 준수하는지를 모니터링하는 것과 함께 제공되었다. 이러한 체계적인 치료 모델은 양극성장애 환자를 위한 일반적인 치료와 비교하여 질병 경과 및 기능 개선에 매우 효과적이었다.

바르셀로나 대학교에서 약물치료와 집단 심리교육을 조합하여 무선통제연구를 수행하였다(Colom et al., 2003). 양극성장애로 약물치료를 받고 있었다가 관해된 환자 총 120명을 ① 구조화된 집단 심리교육 21회기 또는 비구조화 지지집단 21회기에 할당했으며, 두 경우 모두 심리학자들이 치료를 제공하였다. 심리교육 회기에는 신념과 태도에 대한 논의, 행동 개입, 강의, 역할연기, 토론과 과제(회기 간 과제)가 포함되었다. 2년 동안 집단 심리교육을 받은 사람들은 비구조화 집단에 할당된 사람들에 비해 유의하게 낮은 재발률과 입원율을 보였으며, 더 높고 안정적인 혈장 리튬 수치를 보였다(Colom et al., 2003; Colom, Vieta, Sanchez-Moreno, et al., 2005). 더욱이 이 표본을 5.5년 동안 추적관찰한 결과, 집단 심리교육에서 얻은 이득이 지속되었다(Colom et al., 2009). 따라서 집단 심리교육은 관해 상태에 있는 초기 양극성장애 환자를 위한 약물치료에 비용 효율이 높은 보조치료로 보인다.

가족치료

현재 양극성장애 환자를 위한 약물의 보조치료로 가족개입에 대한 여러 연구가 있다. 이 중에서도 2000년 이후에 발표된 연구들에 초점을 맞추고자 한다. 초기 가족 및 부부 치료 연구를 이해하기 위해서는 보다 포괄적인 개관(Miklowitz, 2008a; Miklowitz & Scott, 2009)을 참고하길 추천한다.

FFT에 대한 다섯 건의 무선통제연구가 진행되었는데, 이 중 두 건은 캘리포니아 주립대학교(UCLA; Rea et al., 2003)와 콜로라도 대학교(Miklowitz, George, Richards, Simoneau, & Suddath, 2003)에서 급성 삽화 이후 병원에서 모집된 성인들을 대상으로 실시되었다. 한 가지 연구는 양극성장애를 위한 체계적인 치료 향상 프로그램(Systematic Treatment Enhancement Program for Bipolar Disorder: STEP-BD; Miklowitz et al., 2007b)의 맥락에서 시행되었는데, 양극성 우울장애 환자들을 대상으로 세 가지의 집중적인 심리치료(FFT, IPSRT 또는 CBT)를 통제조건과 비교하였다. 두 편의 무선통제연구는 소아 발병 환자들과 함께 진행되었는데, 하나는 양극성장애 청소년들(Miklowitz et al., 2008), 다른 하나는 증상이 있는 소아나 유전적으로 양극성장애에 대한 위험이 있는 청소년(9~17세)과 함께 실시되었다(Miklowitz et al., 2013). 이 연구들은 다음에서 더욱 자세히 설명할 것이다.

UCLA와 콜로라도 연구

이들 연구에서는 심리교육, 의사소통 향상 훈련 및 문제해결 기술 훈련으로 구성된 9개월 동안의 21회기로 구성된 FFT 개입의 효과를 검증하였다. 참가자는 환자와 부모 또는 배우자였다. 환자들은 양극성장애의 진단 단계(현재 장애를 경험하는)에서 모집되었으며, 항정신증 혹은 항우울 요소가 있거나 없는 기분안정제를 꾸준히 복용하고 있었다. 그러나 이 연구들은 중요한 측면에서 차이점이 있었다. 콜로라도 연구에서는 비교집단인 '위기관리' 집단이 필요에 따라 9개월에 걸쳐 두 차례의 가족교육과 개인 위기개입 회기에 참여하였다. UCLA 연구에서 비교집단의 환자들은 FFT 개입과 비슷한 강도(21회기)의 개별 사례관리 및 문제해결 개입을 받았다.

이러한 설계상의 차이에도 불구하고 콜로라도와 UCLA 연구에서 나온 결과는 매우 유사하였다. 콜로라도 연구(Miklowitz et al., 2003)에서 2년에 걸친 FFT와 약물치료는 위기관리와 약물치료에 비해 재발 빈도를 낮추고, 재발까지의 시간을 지연시켰다. FFT는 또한 우울증과 조증 증상에서 더 큰 개선을 이끌었는데, 이런 효과는 9개월 및 12개월간의 추적관찰에서는 나타나지 않았지만 24개월의 추적기간에는 지속되었다. UCLA 연구(Rea et al., 2003)에서는 2년간의 추적관찰 동안 입원율에 대한 FFT의 효과가 나타났다. 재발까지의 시간에 대한 FFT의 효력은 첫해에서는 보이지 않았지만, 두 번째 해부터 나타났다. 특히 9개월의 치료 후 1~2년의 추적기간 동안 재입원율이 FFT 집단에서는 12%, 개별 치료군에서는 60%였다. 재발에 대한 비율은 각각 28%와 60%였다. 두 연구의 결과는 FFT의 효과가 지연 될 수 있음을 암시한다. 치료가 질병을 바꾸어 놓는 효과를 보이기 전에 환자 및 가족 구성원은 치료를 충분히 '체득(absord)'하고, 교육과 기술 훈련 등을 그들의 일상생활에 통합해야 할 것이다.

앞의 연구 결과는 Simoneau, Miklowitz, Richards, Saleem과 George(1999)의 연구에서 더 분명해졌다. 콜로라도 연구에서 FFT 또는 위기관리 치료 전후에 기록했던 가족 상호작용 기록을 조사하였다. 가족(환자와 그들의 부모 또는 배우자)은 10분간의 문제해결 토론으로 구성된 상호작용 평가에 참여했으며, 이 평가는 파트너 상호작용 코딩을 위한 범주 시스템(Category System for Coding Partner Interactions; Hahlweg et al., 1989)을 이용하여 코딩되었다. FFT 또는 위기관리 프로토콜이 완료된 후 동일한 평가를 위해 44명의 가족을 다시 불렀다. 흥미롭게도, 치료 후(1년) 상호작용 평가에서 FFT 환자와 위기관리 환자는 부정적인 상호작용(예: 비판)의 빈도에서는 서로 다르지 않았다. 그러나 치료 후 긍정적인 상호작용 행동, 특히 비언어적인 영역에서 명확한 차이가 있었다. FFT 후 환자와 가족들은 서로 미소 지으며 상대가 말하면 고개를 끄덕이고, 말하면 서로를 향해 몸을 기대는 행동이 증가하였다. 또한 심리사회적 치료 과정 중

비언어적인 상호작용에서 환자가 호전된 정도는 치료하는 동안 개선된 증상의 심각도와 상관관계가 있었다.

FFT는 가족환경에서 일정한 긴장감을 개선한 것으로 보인다. 앞으로의 연구는 가족 간의 상호작용과 환자의 증상에 대해 여러 가지 시간 지연적인 평가를 사용하여 가족 의사소통 개선과 환자의 증상 결과 사이의 방향적인 관계를 풀어내는 데에 도움이 될 것이다.

STEP-BD 연구

STEP-BD는 미국의 15개 주에서 기분안정제를 심리사회적인 치료법과 병행했을 때의 효과를 연구하였다(Miklowitz et al., 2007b). 우울 삽화를 겪는 양극성장애 환자(N=293)는 항우울제가 있거나 없는 기분안정제와 30회기로 구성된 FFT, IPSRT, CBT 또는 협력적 케어(collaborative care: CC), 3회기의 심리교육 치료에 무선할당되었다. 집중적인 치료에 할당되었던 환자는 1년 동안 더 높은 회복률을 보였고, CC 환자보다 평균 110일을 더 빠르게 회복하였다. 또한 1년의 연구기간 동안 기분이 더욱 안정적인 경향을 보였다. FFT에서 환자의 77%는 1년 안에 회복했는데, 대인치료에서는 65%, CBT에서는 60%였다. CC 조건에서는 52%가 1년 안에 회복하였다. 집중적인 치료들 사이에서는 차이가 유의하지 않았다. STEP-BD에서 주목할 만한 가치가 있는 것은, 보조 항우울제가 있는 기분안정제에 무선할당된 환자가 위약군 환자보다 우울증에서 더 빨리 회복된다는 증거는 없었다는 점이다(Sachs et al., 2007).

양극성장애를 위한 가장 큰 무선치료연구 중 하나인 STEP-BD는 심리학적 치료법이 우울 삽화에서 양극성장애 환자를 안정화시키기 위한 노력의 필수 요소임을 시사한다. 임상가가 기분안정제 또는 비정형 항정신성 약물을 복용하는 양극성 우울증 환자를 치료할 때 집중 심리치료를 추가하는 것은 항우울제를 추가하는 것에 비해 빠른 회복을 야기하는 것으로 보인다(Miklowitz et al., 2007a, 2007b). 기분을 관리하고, 전조 증상을 조기에 확인하고 개입시키며, 환자의 약물 순응도를 높이고, 대인관계 또는 가족의 문제해결을 위한 집중적인 치료의 공통적인 요소는 보다 신속한 회복에 기여할 수 있다. FFT는 그 한계가 분명함에도 불구하고 이 연구에서 특히 유력한 치료법으로 밝혀졌다. 연구 대상 환자 가족의 54%만이 연락이 가능했고, 치료에 참여하는 것으로 밝혀졌다.

조기 발병 양극성장애에서의 가족 심리교육

가족 심리상담의 최근 응용은 유년기 발병 양극성장애를 가진 환자들에 초점을 맞추어 왔는데, 이들은 주로 원가족과 함께 살거나 강한 연계를 지니고 있었다. 청소년을 위한 FFT(FFT for adolescents: FFT-A; Miklowitz et al., 2004)는 이 연령대의 발달 요구(예: 보다 자주, 간략한 삽화가 일반적으로 혼재하여 발생)에 맞춘 21회기 구조로 구성되었다. 양극성장애를 가진 58명의 청소년기 환자를 대상으로 2년간 무선통제연구를 실시한 결과, 세 번의 가족 심리교육(강화된 치료, enhanced care: EC)을 받은 환자와 비교했을 때, FFT-A 환자는 기저 우울 증상에서 더 빨리 회복되고 추적관찰 동안보다 적은 시간을 우울하게 보냈으며, 2년간의 추적조사에서 우울 증상이 크게 개선되었다(Miklowitz et al., 2008). 또한 FFT-A의 효과는 치료 전 기간 동안 가족의 EE 수준에 의해 조절되었다. 높은 EE 가족에 속한 청소년들은 EC보다 FFT-A에서 2년 동안 우울 증상과 조증 증상 모두에서 큰 개선을 보였다. 낮은 EE 가정의 청소년들에 대한 FFT-A의 효과는 강력하지 않았다(Miklowitz et al., 2009).

양극성장애를 일으킬 위험이 있는 아동 및 청소년을 대상으로 FFT 판이 개발되었다. 이 청소년들은 ① I형 또는 II형 양극성장애를 가진 1차 친척(대개 부모)과 ② 주요우울장애(MDD)나 달리 명시되지 않은 양극성장애(bipolar disorder not otherwise specified: BD-NOS)의 형태로, 심각한 기분조절 장애나 손상을 가지고 있었다. BD-NOS를 앓고 있는 아동은 기준선으로부터의 변화를 나타내는 단기간(1~3일) 동안 반복적인 조증 또는 경조증이 있었다. BD-NOS 아동과 조증에 대한 양성적인 가족 내력을 추적관찰한 결과, 절반 정도가 5년 이내에 I형 또는 II형 양극성장애로 '전환'되었다(Axelson, Birmaher, Strober, et al., 2011).

1년 무선통제연구에서 주요우울장애 또는 BD-NOS가 있는 40명의 고위험 아동(9~17세)을 FFT의 고위험 판(high-risk version of FFT: FFT-HR) 또는 1에서 2회기의 교육 대조군에 무선할당하였다(Miklowitz et al., 2013). FFT-HR 참가자는 1년 동안 교육 대조군보다 초기 기분 증상으로부터 보다 빠른 회복, 기분 증상으로부터 더 오랫동안 관해, 그리고 경조증 증상에서 더 큰 개선을 보였다. 청소년기의 표본에서 볼 수 있듯이 치료효과의 정도는 높은 EE(낮은 EE와 비교하여) 가정의 고위험군 아동들에서 더 컸다.

소아 양극성장애에 대한 가족개입은 다른 치료 모델들에서도 가능성이 보인다. 대규모 대기명단 시행(N=165)에서 Fristad Verducci, Walters와 Young(2009)은 다가족 집단에 할당된 기분장애 아동에서 대기명단에 있는 아동보다 6개월의 연구기간 동안 더 큰 기분 개선을 발견하였다. 또한 1년 후에 다가족 집단에 참여한 대기명단의 아동들은 12개월에서 18개월 사이에 같은 수준의 개선을 보였다.

마지막으로, 학령기 양극성장애 아동을 대상으로 개발된 가족중심 CBT 치료는 심리교육, 인지적 재구조화, 그리고 정서개입을 통합한다(West & Weinstein, 2012). 이 12회기의 치료는 공개 임상실험에서 긍정적인 효과를 나타냈다. 현재 무선통제 연구 결과를 기다리는 중이다.

요약

약물치료에 가족, 집단, 또는 개별 심리사회적 치료를 추가하면 약물치료만 진행할 때에 비해 더욱 긍정적인 양극성장애 치료효과를 얻을 수 있다. 결론을 내릴 때 우리는 치료 시작 시 환자의 다양한 임상상태를 명심해야 한다. 예를 들어, CBT와 집단 심리교육에 대한 연구들은 관해상태의 환자에 초점을 맞춘 반면, FFT와 IPSRT 연구들은 증상을 경험하거나 급성 삽화에서 부분적으로만 회복한 환자들을 대상으로 진행되었다.

이 장의 나머지 부분에서는 FFT를 제공할 때의 세부사항에 대해 설명한다. 누구를 대상으로 하며 어떻게 진행되는가? 가족들은 양극성장애에 대해 어떤 교육을 받으며 의사소통 및 문제해결의 새로운 방식을 어떻게 학습하는가? 이를 논의하는 동안 독자는 가족개입의 다양한 목표(즉, 가족의 태도 또는 기대, 대인 갈등, 약물 중독)를 생각해 보고, 이러한 목표를 가지고 실시된 가족개입이 미치는 다양한 결과 영역(outcome domains)에 대해서 고민해 볼 수 있다.

치료의 맥락

치료의 목표와 구조

FFT는 여섯 가지 목표를 가지고 있으며, 모두 양극성장애의 삽화에 대처하는 것과 관련이 있다. 이는 〈표 11-1〉에 요약되어 있다. 이들 중 일부는 현재 삽화를 다루는 것과 관련이 있고, 나머지는 장래의 삽화를 예상하는 데 중점을 두며 이 삽화들에 대한 스트레스 촉발사건들을 다룬다. 약물치료나 안정적이고 지지적인 가족환경이 결여된 사례에는 가족중심치료가 더욱 필요하다.

증후성 양극성장애(syndromal bipolar disorder) 환자의 경우, FFT는 대개 1시간씩 21회기의 외래치료 환경에서 제공된다. 회기는 매주 3개월, 격주로 3개월, 매월 1회씩 3개월 동안 진행된다. 여기에는 21회기 판이 소개되어 있지만, 양극성장애의 위험에 처한 아동(4개월에 12회기; Miklowitz et al., 2013) 및 정신질환 고위험군 청소년/초기 성인기를 위한 짧은 판(6개월에 걸쳐 18회기)도 개발되었다 (Schlosser et al., 2012).

〈표 11-1〉 가족중심치료의 여섯 가지 목표

다음 영역에서 환자와 가족을 돕는다.
• 양극성장애의 최근 삽화와 연관된 경험을 통합하기
• 장래 삽화에 대한 환자의 취약성을 인식하고 인정하기
• 증상 관리를 위한 기분안정제의 필요성을 인정하기
• 환자의 성격과 양극성장애의 증상을 구별하기
• 조증 또는 우울증 삽화를 유발하는 스트레스 사건을 인식하고 대처하는 법 배우기
• 기분 삽화 이후의 기능적인 가족관계를 재정립하기

이 9개월에 걸친 21회기 구조는 조현병 환자 가족의 행동치료를 위해 Falloon, Boyd와 McGill (1984)이 처음 고안한 것이다. 어떤 가족은 초기에 덜 집중적인 접촉이 필요하고, 다른 가족은 나중에 더 집중적인 접촉이 필요하다. 어떤 사람들은 이처럼 많은 치료를 필요로 하지 않기 때문에 회기별 계획은 임상가에게 필수라기보다는 지침서가 될 것이다. 치료는 기분 삽화로부터의 회복 단계로 병렬로 진행하도록 설계되어 있다. 안정화 단계에서 약 7회기 정도는 심리교육을 진행하는데, 이때 환자와 가족은 양극성장애의 본질, 경과 및 치료에 대해 알게 된다. 이 단계에서 환자는 종종 증상을 경험하기도 하고, 대개 발병 전보다 사회적으로나 직업적으로 낮은 수준의 기능을 보인다(Keck et al., 1998). 심리교육은 종종 안정화 단계에 나타나는 가족 긴장을 줄임으로써 임상적 안정화를 촉진하려는 목표를 지닌다. 이는 환자와 가족이 급성 삽화 동안 급하게 일어났던 여러 사건을 이해하고, 질환의 원인과 치료에 대한 공통적인 이해에 이르고, 재발의 징후가 있을 때 가족이 어떻게 행동할 것인지를 계획하고, 회복 기간 동안 환자의 기대와 가족의 기능에 대해 조정하도록 돕는다.

일단 가족이 의사소통 교육 모듈(7~10회기)을 시작하면 환자는 여전히 기분장애 증상을 보이기는 하지만, 보통 급성 삽화에서는 안정화된 상태이다. 이 시점에서 환자는 대개 가족 갈등 해소와 행동 변화 촉진을 목표로 하는 활동을 감당할 수 있다. 예를 들어, 다른 가족 구성원이 말하는 동안 듣는 연습을 할 수 있고, 가족 구성원도 반대로 할 수 있다. 이러한 활동은 환자의 감정이 조절되지 않는 때에는 어려울 수 있지만, 의사소통 훈련에 의해 도입된 구조는 환자가 자신의 감정을 표현하는 방법을 조절하는 데 도움을 줄 수 있다.

마지막 단계인 문제해결 훈련(4~5회기) 동안 기분 삽화는 크게 완화되고, 환자는 약물치료의 유지 단계로 옮겨 간다. 이 단계에서 환자와 가족은 때로는 더 일찍 질병에 의해 붕괴된 삶의 질 문제(예: 결혼/같이 살고 있는 환자가 어떻게 일을 찾을 수 있는지, 부모가 어떻게 청년 자녀가 집에서 나가고 점진적으로 더 독립적일 수 있도록 도울 수 있는지)를 다루고자 할 동기를 갖는다. 한 달에 한 번씩 진행되는 FFT의 마지막 몇 회기는 9개월간의 치료기간 동안 얻은 이점들이 오래갈 수 있게 돕는다.

치료환경

FFT는 UCLA 의과대학 아동 및 청소년 기분장애 프로그램(Child and Adolescent Mood Disorders Program: CHAMP), 캘리포니아 컬버시티에 있는 Didi Hirsch 커뮤니티 정신건강 서비스, 콜로라도주 볼더에 있는 콜로라도 가족 프로젝트, 스탠퍼드 대학교의 소아 양극성장애 프로그램, 피츠버그 대학교 의과대학(University of Pittsburgh School of Medicine)의 아동 및 청소년 양극성장애 서비스 프로그램 등 다양한 외래치료 환경에서 실시되었다.

UCLA-CHAMP는 양극성 스펙트럼 장애(I형 양극성, II형 양극성 또는 BD-NOS) 어린이 및 청소년 치료를 전문으로 한다. 치료자는 심리학과, 정신의학과, 정신과 의사 및 심리학 인턴, 결혼 및 가족 치료자, 심리학 대학원생으로 구성된다. 2010년 1월에 개설된 이 클리닉은 매월 10~12명의 새로운 환자와 가족을 평가하고 있다.

내담자 변인

FFT는 양극성장애(I형 양극성, II형 양극성 또는 BD-NOS) 환자 및 그와 함께 사는(혹은 가까이 사는) 부모, 형제자매, 또는 성인, 배우자/파트너와 함께 실시된다. 환자의 나이는 다양하며, 가족 참여자는 양극성장애 환자의 부모와 배우자의 친척, 또는 이혼 부모를 포함할 수도 있다. 후자의 경우 우리는 회기의 일부를 환자와 한 부모, 다른 일부를 환자와 다른 한 부모와 함께 진행할 수 있다.

양극성장애 환자는 조증, 혼재 삽화, 경조증, 우울증 또는 급속 순환을 나타낼 수 있다. 그러나 가장 최근 삽화(조증 삽화 혹은 우울 삽화)가 치료의 표적이 되며, 환자가 다음 회기에 나타나기 전에 환자의 상태에 따라 치료 표적이 바뀔 수 있다. 조울증이나 경조증이 있는 환자, 특히 의기양양하거나 과장된 사람들은 종종 자신이 실제로 아프다는 것을 부인하며, 장애와 치료는 단순히 다른 사람들이 자신을 통제하는 것이라고 믿을 수도 있다. 우울증 환자는 심리사회적 치료에 더 많은 동기를 가지고 있을 수 있지만, 회기의 교육적인 내용에 동화하는 데에 인지적 어려움을 겪을 수 있다. 혼재 삽화 또는 급속 순환 양극성장애 환자도 FFT의 대상이 될 수 있다. 이러한 증상들 중 어느 것이라도 치료 중 약물 변경이나 입원과 같은 응급 처치가 필요할 수 있다. 긴 기간 동안 증상이 회복된 환자에게 FFT를 제공하는 것에 대한 금기사항은 없지만, 우리의 경험에 의하면 최근 삽화를 경험한 환자와 가족 구성원에 비해 치료 동기가 낮다.

알코올 또는 기타 약물 중독을 동반한 환자는 특별한 문제를 지닌다. 이 환자들은 대개 심리사회적 치료와 약물치료에 저항한다. 또한 마약이나 알코올의 효과는 기분장애의 순환을 모방할 수 있기 때문이다. 일반적으로 현재 물질 사용 문제(약물 의존/중독)가 있는 환자는 FFT가 시작되기 전에 물질 사용을 중단한 경우보다 성공적으로 치료된다. FFT에 물질 사용 프로그램을 보완해야 하는 경우 [예: 이중 진단을 받은 사람을 위한 익명의 알코올 중독자들(Alcoholics Anonymous: AA) 집단]가 종종 있다. 양극성장애와 물질 사용 문제를 동반한 청소년을 치료하기 위한 프로토콜이 개발되었다(Goldstein, Goldstein, & Miklowitz, 2008; Miklowitz, 2012).

병행 약물치료

환자의 약물치료를 감독하는 정신과 의사가 필요하다. 전형적으로, 처방은 1차 기분안정제, 보통 리튬 카보네이트(lithium carbonate), 항경련제{디발프로엑스 나트륨(데파코트)[divalproex sodium(Depakote)]}, 또는 라모트리진(라믹탈)[lamotrigine(Lamictal)]을 포함한다. 이 기분안정제의 선택은 적어도 부분적으로 환자가 조증 삽화를 경험하는지 여부에 따라 결정되며, 이 경우 리튬이 종종 권장된다. 라모트리진은 양극성 우울증에 점점 더 많이 사용되고 있다. 우리는 점점 더 1차적 기분안정제 또는 전통적인 기분안정제에 대한 보조제로서 비정형 항정신성 약물{리스페리돈(리스페달)[risperi-done(Risperdal)], 쿠에티아핀(쎄로켈)[quetiapine(Seroquel)], 아리피프라졸(아빌리파이)[aripipra-zole(Abilify)], 지프라시돈(지돈)[ziprasidone(Geodon)], 또는 올란자핀(자이프렉사)[olanzapine(Zyprexa)]}을 처방 받는 환자들을 많이 보고 있다. 이 약제가 조증 조절에 매우 효과적이며(Scherk, Pajonk, & Leucht, 2007), 일부(특히 쿠에티아핀)는 항우울제 성질을 가지고 있다는 강력한 증거가 있다(Malhi et al., 2009). 이 약제들은 환자가 매우 동요되거나 정신증적인 경우 특히 도움이 된다. 환자의 우울증이 호전되지 않으면 기분안정제나 비정형 항정신성 약물의 보조제로 항우울제{예: 파록세틴(팍실)[paroxetin(Paxil)], 벤라팍신(이펙서)[venlafaxine(Effexor)], 부프로피온(웰부트린)[bupropion(Wellbutrin)]}가 권장되지만 우울증에서 조증, 혼재, 또는 급속 순환 상태로의 전환 위험(Altshuler et al., 1995)과 아동들에게서 자살충동이나 자살행동의 위험(Vitiello & Swedo, 2004)이 증가할 우려가 있어 소량만 투여된다. 그러나 항우울제가 기분안정제와 비정형 항정신성 약물로 치료 중인 양극성 우울증 환자에게 조증을 유발한다는 증거는 거의 없다(Sachs et al., 2007).

FFT의 핵심 원리는 심리치료자가 환자의 정신과 의사와 정기적으로 접촉해야 한다는 것이다. 이 접촉은 치료 초기에 확립된다. 심리사회적 치료 팀과 약물치료 팀 간의 밀접한 관계는 환자가 처방을 준수할 가능성을 높여 준다. 또한 '(치료 팀의) 분열'의 가능성을 낮추고, 환자(또는 심지어 가족 구성원)가 '좋은 의사'와 '나쁜 의사'를 나누어 생각하는 경향을 감소시킨다. 예를 들어, 환자가 종종 정신과 의사에 대해 불평하고, 그들의 FFT 임상가들에게 "제 약을 봐 주셨으면 좋겠어요."라고 말한다고 해 보자. 환자의 정신과 의사와 정기적으로 대화를 하는 FFT 임상가는 환자에게 정신과 의사와 이러한 문제를 직접 이야기해 볼 것을 권장하면서 생기는 문제를 피할 수 있다.

일부 환자는 모든 약물을 거부하며 심리치료를 받는 것이 약물치료를 대신할 것이라고 생각한다. 이 환자들은 종종 약물요법 및 정신과 의사와의 좋지 않은 경험이 있으며, 그들 자신이 아프지 않거나 자신의 질병을 '대체의학'을 사용하여 치료할 수 있다고 믿을 수도 있다. 우리는 일반적으로 이 환자들에게 강경하게 표준 약물치료(보통 리튬, 항박동제 또는 비정형 항정신성 약물)를 하지 않는 한 FFT에 참여할 수 없다고 하였다. 약물치료를 하지 않는 양극성장애 환자는 재발 확률이 높으며, 임상가가 그들의 질병이 심리사회적 치료만으로 관리될 수 있음을 암시하는 것은 최선이 아니다.

치료자 변인

UCLA와 콜로라도 연구에서 치료자의 연령은 23~55세 사이이며, 임상경험은 1년에서 30년 사이였다. 대다수는 임상심리학 대학원생 또는 임상심리학 인턴, 정신의학 또는 심리학 박사후 수련생이다. FFT를 배우기 전에 가족치료에 대한 광범위한 배경을 가진 사람은 거의 없다. 15개 사이트의 STEP-BD 프로그램에는 치료경험이 다양한 치료자가 참여하였다. 즉, FFT 치료자가 처음부터 일정량의 임상교육을 받아야 한다는 요구사항은 없다.

FFT 결과의 예측인자로서 치료자 변인에 대한 연구는 없었지만, 우리의 임상경험은 두 가지 변인이 이 개입의 이해에 영향을 미친다고 생각한다. 첫 번째는 가족 또는 부부를 상호 의존적이며 다른 구성원의 행동에 서로 영향을 미치는 시스템으로 생각할 수 있는 능력이다. FFT에 어려움을 겪는 치료자는 이런 식의 체계적인 사고방식으로 전환하는 데 어려움을 느낀다. 예를 들어, 가족 회기를 마치 한 명의 환자와 여러 명의 관찰자가 있는 개별 회기처럼 진행하는 경향이 있다. 이 같은 문제 중 일부는 다른 형태의 가족치료를 배우는 경우에도 발생한다.

두 번째 긍정적 예측인자는 **생물심리사회적으로** 생각하려는 의지이다. 이는 비록 양극성장애의 증상이 동시적인 스트레스 요인에 의해 부분적으로 유발되더라도 양극성장애를 약물치료가 필요한 생물학적 기반을 지닌 질환으로 볼 수 있는 균형 잡힌 시각을 지닌 것을 말한다. 따라서 치료자는 심리사회적 이슈가 더욱 흥미롭고 급한 이슈로 보일지라도 종종 환자가 약물 처방을 준수하도록 균형 잡힌 시각을 유지해야 한다.

우리는 다음과 같은 훈련 프로토콜이 FFT 학습에서 효과적이라는 것을 발견하였다. 첫째, 치료자가 1~2일간 진행되는 FFT 워크숍에 참석한다. 그런 다음 훈련된 FFT 치료자가 사례를 논의하고, 회기를 관찰하고(혹은 테이프를 들을 수 있는), 집단 슈퍼비전 회기에 참석한다. 그리고 양극성장애 청소년이나 양극성장애 위험이 있는 아동을 위한 출판된 치료 매뉴얼(Miklowitz, 2008b)을 읽는다. 그런 다음 그들은 훈련된 FFT 치료자의 보조치료자 역할을 한다. 면밀한 슈퍼비전하에서 두 건의 사례를 치료한 후, 그들은 가족이나 커플을 독립적으로 진행할 준비를 갖춘 상태가 된다.

보조치료 모델은 훈련에 있어 몇 가지 장점이 있다. 그것은 가족치료 문헌에서 오래 언급되어 왔다(예: Napier & Whitaker, 1988 참조). 보조치료자들은 그들의 동료 치료자를 따라 배운다. 또한 개인이 한 치료자와 '친해진' 것 같아 보이면, 다른 치료자가 가족 구성원과 어울려 균형을 맞출 수 있다. 회기 중 임상가들 간의 대화는 가족이나 부부 구성원에게 의사소통 기술에 대한 효과적인 모델링을 제시할 수 있다.

치료 전 평가

진단 평가

양극성장애는 입원 병동 및 지역사회 환경에서 점점 더 흔한 진단이 되고 있다. 과거에 이 문제를 식별해 내지 못했던 것을 고려하면 이는 긍정적인 부분이지만, 현대의 진단 평가에서도 아직 부족한 면이 있다. 특히 아동과 청소년에게 지지할 만한 근거 없이 '양극성'이라고 진단을 내리는 것은 특히 문제이다(Carlson et al., 2009). 지역사회에서 진단을 위한 평가를 하지만 이러한 평가가 보험료 환급을 위해 부적절하게 이루어지기도 한다. 우리에게 의뢰된 환자 중 일부는 순환성장애, 경계선 성격장애 또는 심지어 주요우울장애의 진단이 더욱 적절하였다. 많은 청소년은 '분노 공격행동' 때문에 의뢰된다. 지역사회 현장에서 일하는 우리의 동료들도 양극성장애로 추정되는 환자들이 의뢰되어 올 때 이와 유사한 문제가 있음을 지적하였다.

새로운 환자를 만났을 때 임상가는 구조적인 진단 면접의 전부 또는 일부를 사용하여 진단을 내리고, 진단의 신뢰성을 보장하는 것이 유용하다. 우리의 연구 프로토콜 내에서는 진단 평가를 위해 DSM-IV의 구조화된 임상면접(Structured Clinical Interview for DSM-IV: SCID; First, Spitzer, Gibbon, & Williams, 1995) 환자 판을 사용하였다. SCID는 다른 곳에서 잘 설명되어 있다(Spitzer, Williams, Gibbon, & First, 1992). 환자가 18세 미만인 경우, 우리는 K-SADS 우울증 및 조증 평정척도(K-SADS Depression and Mania Rating Scale; Axelson et al., 2003; Chambers et al., 1985; Kaufman et al., 1997)와 함께 학령기 아동을 위한 정서장애 및 조현병을 위한 계획-현재 및 평생 판(Schedule for Affective Disorders and Schizophrenia for School-Age Children-Present and Lifetime Version: K-SADS-PL)을 사용한다. K-SADS-PL은 아동과 적어도 한 명의 부모와의 개별 면담과 각 증상 항목에 대한 합의된 평가를 한다. DSM-5에서는 파괴적 기분조절장애를 추가하거나 자폐스펙트럼장애의 정의를 확장하는 등의 변화를 포함하여 이러한 요소들이 평가에 반영되었다.

SCID 또는 K-SADS-PL에서 얻은 자료의 신뢰성에 영향을 줄 수 있는 요인 중 일부는 환자가 급성상태인지 또는 안정적 상태인지이다. 급성상태의 환자는 증상 보고에 있어 신뢰도가 떨어질 수 있다. 일반적으로 조증 환자는 자신의 증상을 축소하고, 우울증 환자는 그 반대이다. 양극성장애를 가진 환자들도 과거의 일을 회고하여 보고하는 데 어려움을 겪는다. "나는 1,000개가 넘는 삽화를 겪었다."와 "나는 유아기 때부터 계속 조증-우울증을 앓았다."라는 진술이 진단 면접에서 접할 수 있는 흔한 반응이다.

구조화된 또는 비구조화된 임상면접 중 무엇을 사용하든 간에, 환자의 기분조절장애 및 관련 활동 변화가 하위 증후군 수준인지 또는 증후군 수준인지를 결정하는 것은 종종 어려운 일이다. 일부 환자는 더욱 심각한 우울 증상 대신 짧은 기간의 경조증이나 과민 반응을 먼저 호소한다. 이러한 짧은 경조증 혹은 과민 반응 기간은 DSM의 경조증에 대한 기준 기간(4일 이상)에 도달하지는 못한다. 특히 아동이나 청소년의 경우는 더욱 그러하다. 어떤 경우에는 환자가 하나의 짧은 기간의 증상만을 경험하기도 한다. 이들 환자 중 일부는 순환성장애나 주요우울장애의 진단이 더 적합하다. 지속시간이나 증상 수의 기준을 충족시키지 못하는 조증 증상을 보이는 아동의 경우 BD-NOS로 진단된다.

Hagop Akiskal(1996)은 양극성 스펙트럼을 다소 넓게 고려하도록 권장했는데, 이를 통해 과민 반응(충만함, 지나친 낙관주의, 과장, 자극 추구, 다른 사람들에게 신체적으로 접촉하는 것) 또는 '양극성 기분부전증'을 포함하는 핵심적인 기질 문제를 포함할 수 있다. FFT에서 이러한 환자들을 포함하기 위해 양극성 스펙트럼을 넓히면 당황스러운 면이 발생하기도 한다. 임상가들은 그런 환자들을 치료할 때 I형 또는 II형 양극성장애가 있는 환자와 같은 방식으로 진행해야 하는가? 각 삽화를 식별할 수 없다면 조증이나 우울증 삽화를 일으킬 수 있는 요인에 대해서 임상가가 환자나 가족에게 어떻게 교육할 수 있는가? 환자가 제대로 된 조증 삽화를 경험한 적이 없다면, 치료자는 그가 후에 조증 삽화를 겪을 것이라고 가정한 채로 회기를 진행해야 하는가? 똑같은 자기관리 기법(예: 가족 갈등을 최소화하기 위한 문제해결 활용)을 적용해야 하는가?

우리의 일반적인 인상으로 볼 때, 명확히 구분되지 않는 주기의 기분 삽화를 경험하는 환자들은 명확한 양극성장애 환자들과는 구분된다. 그러므로 FFT 치료를 추천하기 전에 임계 이하 수준이라 하더라도 질병 삽화에 대한 근거가 있어야 한다. 그럼에도 불구하고, 심리사회적 개입은 이러한 넓은 스펙트럼 증상을 나타내는 환자들의 안정화에 중요한 역할을 하며, 이것은 향후 연구의 중요한 방향이 될 것이다.

기분 차트

환자에게 매일 기분 차트를 작성하도록 요청하는 것은 진단의 명확성과 환자의 치료 과정에 도움이 된다. 그러한 도구 중 하나인 사회적 리듬 메트릭(Social Rhythm Metric; Monk, Kupfer, Frank, & Ritenour, 1991)은 환자가 +5(**행복감/활성화**)에서 -5(**우울감**) 척도를 사용하여 일상적 기분을 평정하고, 이러한 기분에 영향을 줄 수 있는 사회적 루틴(예: 수면-잠자기 시간, 환자가 사교하는 시간에 사회적 자극의 강도, 환자의 운동 습관 및 기타 요인)을 기록하도록 요청한다.

Leverich와 Post(1998)는 환자가 매일의 기분 변화, 약물, 생활 스트레스 요인 및 수면에 대해 스스로 평가하는 '생활 차트'를 개발하였다. 기분/활동 차트의 데이터는 환자와 임상가가 환자가 경험하는 주기의 형태와 사회적 스트레스 요인이 환자의 기분 변화에 기여하는 정도를 협력적으로 평가하는 데 도움을 준다. [그림 11-1]은 기분 차트의 예시이다. 환자가 보고한 특정 사회적 스트레스 요인 및 수면 패턴과 연관된 장애의 주기를 볼 수 있다. 이 예에서 스트레스 요인(애완동물의 질병)은 수면장애 및 하위 증후군 수준의 혼재 기분 증상이 나타나는 것과 관련이 있다.

가족 평가

FFT는 개입의 목표물을 명확히 하기 위해 가족의 태도와 행동에 대한 철저한 평가로 시작된다. UCLA의 연구진은 Camberwell 가족면접(Camberwell Family Inteview)으로 시작하였다. Camberwell 가족면접은 이전에 논의된 EE 평가

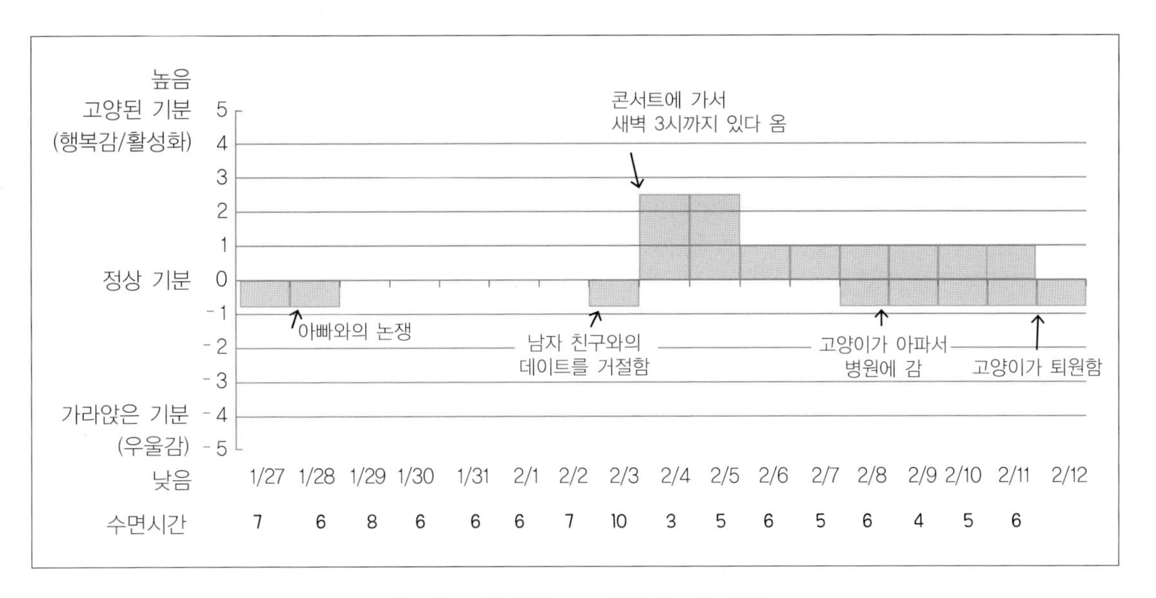

[그림 11-1] 자기보고 기분 차트의 예시

도구이다. 이 면접은 보통 환자가 급성 증상을 보일 때 진행되며, 증상을 형성하는 시기인 치료 전 단계를 포함하여 최근 3개월의 기간에 중점을 둔다. 면접은 다음과 같은 질문에 대한 답을 요구한다. 최근 가정이나 가족-친척 관계의 긴장도 수준은 어느 정도인가? 환자의 행동 중 가족 논쟁이나 적대감을 자극하는 행동은 무엇인가? 가족 구성원들은 환자가 양극성장애를 가진 것을 이해하는 편인가, 아니면 환자의 부정적인 행동을 환자의 내부 혹은 통제 가능한 요인으로 돌리는 편인가?

EE/Camberwell 가족면접을 사용할 시의 문제점은 지역사회 현장에서 적용하기 어렵다는 것이다. 2명의 부모와의 면담은 총 3시간이며, 면접 녹화 파일을 코딩하는 데 가족당 6시간의 추가 시간이 필요하다. 임상가의 목적이 연구가 아닌 치료 계획일 경우, 지각된 비판척도(Perceived Criticism Scale; Hooley & Teasdale, 1989)와 같은 자기보고식 측정도구로 대체할 수 있다. 이 척도는 간단하게 환자가 1~10점 척도를 이용해 가까운 가족과 자신이 서로에 대한 비판적 의견을 표현하는 정도를 평가한다. 우리는 1년의 추적기간 동안 성인 양극성장애 환자 360명을 대상으로 이 척도의 예측타당도를 평가하였다(Miklowitz, Wisniewski, Miyahara, Otto, & Sachs, 2005). 환자가 가족의 비판 때문에 화가 나고 괴로워하는 정도는 1년 후의 우울 수준을 강하게 예측하였다. 흥미롭게도, 그들이 가족들로부터 받는 비판의 양은 유의미한 예측 지표가 되지 않았다.

우리의 연구 프로토콜에서는 대개 치료가 시작되기 전에 상호 평가를 위해 가족을 동반한다. 먼저, 환자와 각 가족 구성원이 하나 또는 여러 가지 가족 문제의 주제를 고른다. 그런 다음 가족은 이러한 주제 중 하나 이상을 논의하고, 임상가는 일방경을 통해 관찰한다. 이러한 10분간의 문제해결 토론 내용은 추후 파트너 상호작용 코딩을 위한 범주 시스템(Hahlweg et al., 1989)이나 관계기능에 대한 전반적 평가(Global Assessment of Relational Functioning; Dausch, Miklowitz, & Richards, 1996)를 활용하여 코딩한다.

임상가는 FFT의 기술교육 모듈을 활용하기 위해 가족의 의사소통 및 문제해결 행동을 짧게 관찰할 수 있다. Yogi Berra의 말을 인용하면, "단순히 지켜보는 것을 통해 많은 것을 볼 수 있다." 우선 많은 가족이나 환자가 한 가지 문제에 집중하지 못하고, 서로의 문제에 대해 다른 가족 구성원을 비난하거나 그들을 비난한 것에 대해 반격한다. 일부는 공격-반격 주기에 걸려든다. 임상가는 먼저 이러한 상호작용이 이루어지는 형태, 즉 그들이 관여되는 일대일 혹은 삼자적 관계를 파악한다. 이러한 상호작용을 부추기는 내용(약물 복용 습관, 독립성, 대인관계의 경계)과 가족 구성원이 통제 불능 상태에 이르기 전에 이러한 공격-반격 주기를 멈출 수 있는지를 식별해야 한다. 누가, 누구를, 얼마나 자주 비난하는지, 비난의 대상은 어떻게 반응하는지, 최초의 문제가 해결되었는지, 환자 또는 가족의 말이 얼마나 명확(또는 불명확)하게 전달되는지를 평가해야 한다.

치료 과정

심리교육

〈표 11-2〉는 FFT에서 다루는 주제 영역을 요약한 것이다. FFT의 심리교육 모듈을 시작하려면 세 가지 조건이 필요하다. 첫째, 환자는 정신과 의사를 만나고 투약요법을 시작해야 한다. 둘째, 진단 평가가 완료되어야 한다. 셋째, 환자가 가족과의 회기를 견뎌 낼 수 있어야 한다. 환자가 관해나 회복 상태에 있어야 할 필요는 없다.

〈표 11-2〉 가족중심치료의 구조와 주제 개관

Ⅰ. 심리교육

양극성장애의 증상과 과정
- (경)조증과 우울증의 신호와 증상
- 가장 최근 기분 삽화의 발전
- 가장 최근 삽화에서 생활사건의 역할
- 시간 경과에 따른 장애의 과정

양극성장애의 역학
- 취약성-스트레스 모델
  - 스트레스의 역할
  - 유전적 · 생물학적 선천성
- 장애의 과정에서 위험 요인 및 예측 요인

개입과 자기관리
- 기분 차트 작성
- 약물의 종류
- 심리사회적 치료의 종류
- 가족이 돕는 방법
- 장애의 자기관리
- 재발방지 훈련

Ⅱ. 의사소통 향상 훈련
- 긍정적 감정 표현
- 적극적 경청
- 변화를 위한 긍정적인 요구
- 부정적 감정 표현

Ⅲ. 문제해결 기술 훈련
- 문제 정의하기
- 해결방안 만들기
- 이점/약점 평가
- 하나 혹은 여러 가지 해결책 통합하기
- 실행계획 세우기
- 문제상태 점검

심리교육 모듈을 구성하는 7회 또는 그 이상의

주간 회기에서 참가자들(환자들과 가족들)은 양극성장애의 증상, 삽화가 일어나는 방식, 유전, 생물학 및 스트레스의 역할, 약물치료법, 스트레스 관리전략의 역할에 대해 알게 된다.

초기 회기: 이론적 근거 제공하기

다른 대부분의 치료법과 마찬가지로 임상가는 FFT의 이론적 근거를 설명하면서 회기를 시작한다. 많은 참가자는 왜 가족이나 부부 회기에서 최근 양극성장애 삽화를 겪은 환자의 약물 처방이 필요한지 질문한다. 환자에게 이론적 근거를 제공함에 있어 특히 도움이 되는 것은 '재진입 모델(reentry model)'이다(Miklowitz, 2008b, p. 104).

> "기분장애 삽화는 모든 가족 구성원에게 일종의 외상일 수 있습니다. …… 양극성장애가 있는 사람이 집에 돌아와 회복하기 시작하면, 모두가 다시 서로에 대해 익숙해져야 하고, 서로에게 무슨 일이 일어났는지 이해하는 시기를 겪습니다. 이것은 가족에게는 힘든 시간이며, 여기서 우리 치료의 목적 중 하나는 이 시기 동안 모두가 덜 혼란스럽도록 돕는 것입니다. 우리는 여러분의 가족인 ○○ 씨가 아프기 전의 상태로 돌아갈 수 있도록 돕고자 합니다. 우리는 이런 회복기간(recovery period)을 잘 보낼 수 있는 몇 가지 방안을 제공해 드리고자 합니다."

이러한 소개를 하는 데에는 두 가지 목적이 있다. 첫째, 가족 구성원들에게 환자의 병에 대한 그들의 감정적인 반응—비록 부정적일지라도—이 정상적이고 예상할 수 있는 것임을 알려 주는 것이다. 둘째, 이 치료법에는 장애 관련 정보에 대한 참가자의 정서적 반응을 이해하고 명료화하는 것이 포함될 것임을 암시한다. 이를 통해 치료의 특징이 더 명확해질 수 있다.

> "우리가 이런 문제를 놓고 토론할 때 감정이 올라오면 그에 대해 이야기해 주세요. 우리는 이러한 내용이 여러분과 여러분의 경험에 어떻게 적용되는지 궁금합니다. 우리가 여기에서 제시하는 내용 중 일부에 동의하거나 동의하지 않을 수 있습니다. …… 이 작업의 목적은 ○○ 씨가 경험한 것이 어떤 맥락에서 나타난 것인지를 보다 잘 이해하는 것입니다(p. 110)."

다음으로 치료에 대해 예고한다.

> "우리는 여러분(가족)과 함께 두 가지 수준에서 작업을 할 것입니다. 하나는 ○○ 씨가 정신과 의사와 진행 중인 약물치료를 안정적으로 받을 수 있도록 돕는 것입니다. 두 번째는 여러분이 어떻게 가족 구성원으로서 스트레스를 최소화할 수 있는지에 대해 알아볼 것입니다. …… 이를 위해서는 여러분이 양극성장애에 대한 사실을 배우고, 서로 의사소통을 하고, 문제해결 방식을 향상시키는 등 여러 방법이 있다고 생각합니다. 이러한 전략들은 환자가 잘 회복할 기회를 높여 주며, 여러분이 가족으로서 장애에 잘 대처할 수 있도록 도울 것입니다. 어떠세요?(p. 107)"

양극성장애의 증상

FFT는 일련의 유인물을 가족이나 부부 토론을 위해 사용한다. 여기에는 조증, 경조증 또는 우울증 삽화의 증상에 대한 설명이 그림과 함께 들어 있다. 이 유인물의 목적은 참가자가 진단기준을 암기하도록 하는 것이 아니라, 가족들이 병에 대해서 말하는 것을 금기시하지 않고 낙인을 없앨 수 있는 출발점을 제공하는 것이다. 환자들은 목록을 보고 가족에게 기분이 좋을 때, 과민해질 때, 잠들 수 없을 때, 쏟아지는 생각이나 과장된 계획들로 활성화될 때가 어떤 느낌인지를 설명한다. 마찬가지로, 가족 구성원은 환자가 조증 또는 경조증으로 순환할 때 관찰한 행동을 설명한다. 우울증 증상에 대해서도 유사한 대화를 진행한다. 다음에 나와 있는 환자, 어머니, 아버지 및 치료자 간의 대화를 참조하라.

환자: 조증과 경조증을 경험해요. 저는 조증 때문에 정말 병원에 입원해야 해요. 조증을 경험할 때 저는 날씨를 통제한다고 믿어요. 전 유명해진 것 같아요. 제가 경조증일 때는, 음, 단순히 너무 스트레스를 많이 받을 때나 카페인을 많이 섭취했을 때, 모든 것을 되찾았을 때 경조증 상태가 될 수 있죠…….

어머니: 저는 아이가 조증상태일 때를 알 수 있어요. 그때 제가 매우 화가 나기 시작하거든요. 이 아이가 저를 자극하죠.

아버지: 그리고 이 아이는 이런 눈 모양을 하죠. 또 이 아이는 우리가 자신의 말을 듣지 않는다고 말합니다…….

환자: 하지만 제 말을 듣지 않잖아요! 저를 거의 조종하려고만 하잖아요.

치료자: 서로를 경청하는 것에 대해서는 조금 후에 이야기할게요. 경청은 매우 중요하고, 이후 회기를 진행하면서 우리가 초점을 둘 부분입니다. 하지만 먼저 당신이 조울증이나 경조증 상태가 될 때를 관찰한 다른 부분들이 있는지 조금 더 이야기해 보죠. (초점의 방향을 다시 정해 준다.)

환자: 저는 꽤 민감한 상태가 돼요. …… 저는 모든 것을 매우 강하게 경험해요. 하지만 보세요. 가족은 이런 상태 자체를 저라고 생각해요.

증상에 대한 이 토론에서 다루는 주제와 앞의 〈표 11-1〉에 요약된 FFT의 여섯 가지 목표가 어떻게 연관되는지를 주목해 보라. 재발에 대한 환자의 취약성은 자신의 삽화의 전조 증상을 가족들이 식별하면서 명확해진다. 환자는 가족의 의사소통 방식에 대해 지적한다. 그녀는 자신의 증상 중 일부(즉, 강도 및 반응성)가 자신의 성격인지의 여부에 대해 의문을 제기한다. 그녀의 삽화를 유발하는 데 중요한 역할을 할 수 있는 스트레스 요인에 대한 논의를 시작한다.

취약성-스트레스 모델과 생애사건 평가

심리교육 초반에 심리치료자는 양극성 질환의 경과에 있어 스트레스, 뇌의 생물학적 불균형 및 유전적 취약성이 함께 미치는 영향에 대해 강조하여 설명한다. 이러한 취약성-스트레스 상호작용을 설명하는 유인물을 제공하며 다양한 위험 요인과 보호 요인을 검토한다. 예를 들어, 환자와 가족 구성원은 '수면 위생 불량'(예: 불규칙한 시간, 예기치 못한 취침시간을 갖는 것 등), 알코올 및 마약 사용, 가족 간 스트레스를 일으키는 상호작용, 도발적이거나 너무 자극적인 대인간 상호작용이 미치는 부정적 영향에 대한 정보를 제공한다. 그리고 환자가 약물치료를 잘 받을 수 있도록 돕는다. 환자가 복용하는 다양한 약물의 목적과 필요한 경우 혈액검사를 하여 모니터링하는 이유에 대해서도 설명한다. 보호 요인에 대해 살펴볼 때는 가족 내에서 갈등을 줄이고, 특히 회복기간 동안 가족들이 환자에게 갖는 기대 수준을 조절하는 것에 중점을 둔다. 다음의 대화에서 임상가는 우울증이 노력의 부족이 아니라는 것과 개인의 병전 직업상태를 유지하기 전에 회복기간이 필요하다는 점을 상기시킨다.

치료자: (환사 게리에게) 아직 너무 많은 것을 기대하실 수는 없다고 생각합니다. 당신은 현재 증상에서 여전히 회복 중에 있습니다. 이전의 상태로 돌아오기까지 다소 시간이 걸릴 수 있습니다.

어머니: 얼마나 오래요? 그 아이는 한동안 이래왔거든요.

치료자: 실망스러우시겠지만, 회복기라고 생각해야 합니다. 독감에 걸린 사람이 있으면 완전히 회복하기 위해 2~3일이 더 필요할 수 있지요. 양극성장애의 경우 이 기간은 평균 3~6개월입니다. 하지만 당신이 약물치료와 함께 가족치료에 참여했다는 점과 친구관계를 잘 유지해 왔다는 점에서 당신이 회복하고 다시 일터로 돌아갈 수 있을 것으로 기대합니다.

여기서 임상가는 희망을 제공하면서도 미래에 대한 장밋빛 이야기만 하지는 않는다. 가족들은 이러한 양극성 삽화들을 이전에도 종종 겪어 왔기 때문에 지나치게 낙관적인 미래 전망을 제시하는 임상가는 비현실적이라고 일축한다.

장애와 관련된 생물학 및 유전학적 정보를 제공하는 것은 약물치료를 정당화하는 데 중요하다. 그러나 임상가가 장애의 신경생리학에 대해 너무 자세하게 설명할 필요는 없다. 대신 임상가는 참가자들과 가족의 가계도를 검토하고, 우울증이나 조증이 있었던 가족이 있다면 생물학적/유전적 정보에 대해 설명하는 것이 좋다. 이러한 가족력을 검토할 때 양극성장애에 대한 취약성은 조증이 없는 우울증, 알코올 중독, 자살경향성, 기분 변화 등 여러 가지 형태로 나타날 수 있다는 점을 안내한다. 다음에서 임상가는 양극성장애에서 신경조절장애의 개념에 대해 설명한다.

> "양극성장애가 있는 사람들이 자신의 정서적인 상태, 수면, 각성을 조절하는 데 어려움을 겪고 있다고 알고 있습니다. 이러한 기능은 뇌의 중요한 회로인 변연계에 의해 조절됩니다. 조증상태일 때 우리의 변연계는 지나치게 활동적인 상태가 되고, 뇌의 집행부인 전두엽은 그 일을 할 수 없게 된다고 생각할 수 있습니다. 마치 브레이크가 작동하지 않을 때 발을 계속 굴리는 것과 거의 같다고 볼 수 있습니다. 사람이 우울해지면 시스템이 꺼지고 회로는 비활성화됩니다. 이러한 두뇌활동의 변화는 의식적인 노력으로 통제하기 매우 어려울 수 있는데, 이럴 때 처방받은 약물이 신경계의 균형을 맞추도록 도와줄 수 있습니다."

가족 구성원이 환자의 혐오적인 행동을 의도적인 것['기본적 귀인 오류(fundamental attributional error)']으로 간주하기 시작할 때, 임상가는 신경조절장애의 역할을 상기시켜 설명할 수 있다. 그러나 가족과 환자가 가지고 있었던 오랜 가족 갈등과 같은 스트레스 요인을 무시할 정도로 장애의 생물학적 본질만을 강조하지 않아야 한다. 다시 말해,

환자는 환경과 취약성의 악순환에서 아직 벗어나지 않았기 때문이다. 가족 구성원들과 논쟁을 시작할 때 자기관찰을 하고, 이러한 갈등에 대한 자신의 반응이 장애의 증상 때문인지 혹은 자신이 발병 전에 지니고 있었던 갈등 요인 때문인지를 살피는 것이 좋다. 질병의 삽화가 나타날 때 발생할 수 있는 삶의 변화를 설명하는 유인물을 제공하여, 가장 최근의 삽화에서 스트레스 요인을 명확히 살필 수 있다. 이러한 삶의 변화 중 일부는 매우 심각하고 부정적일 수 있다(예: 부모의 사망). 다른 변화들은 강렬하지는 않지만 수면 주기에 변화를 일으킬 수 있다(예: 휴가). 임상가는 가족이나 부부와 함께 스트레스 요인이 조증과 우울증을 유발하는 데 다른 역할을 할 수 있다는 점을 고려하여 환자의 현재 삽화의 촉발사건이 무엇인지에 대해 살피고 논의한다. 참가자들이 가장 최근의 삽화에 영향을 미친 단 하나의 원인에 동의하는지가 중요하지 않다 할지라도, 기분 삽화가 환경 및 신경생리학적 요인의 영향을 받는다는 인식을 가질 수 있다는 이점이 있다.

재발방지 훈련

심리교육이 끝날 무렵이면 가족과 환자는 문제 해결방안에 대해 논의하기 시작한다. 이때 과제는 앞으로 일어날 수 있는 삽화의 전조 증상을 검토하고, 재발을 예방하기 위해 필요한 조치를 취하는 것이다. 참가자들은 응급 정신과 서비스(예: 환자의 정신과 의사에게 연락하는 것), 행동활성화 연습(예: 우울증 환자가 낮시간 동안 야외활동을 계획하도록 돕는 것) 등을 포함하여 조증이나 우울증이 재발했을 때를 대비한 행동 대안을 만들어 본다. 각 가족 구성원은 재발방지 계획에 있어 각자의 역할을 수행할 수 있도록 요청받는다. 예를 들어, 어떤 가정에서는 부모가 의사와 연락을 취하는 것이 더 적합할 수 있다. 다른 환자의 경우 첫 연락을 환자 자신이 하고 싶어 할 수 있다. 가족이나 부부는 임상가를 포함한 비상 연락 담당자의 전화번호를 쉽게 볼 수 있는 곳에 비치할 것을 권유받는다.

질병 개념에 대한 저항을 다루기

양극성장애 환자는 가족 구성원과 마찬가지로 때로 심리교육 자료에 강한 저항을 보이기도 한다. 심리교육 자료들에서 양극성장애가 결국 재발될 것으로 비치기 때문이다. 젊은 환자들은 재발성 질환의 개념을 거부할 가능성이 높다. 특히 아직 경조증 상태에 있을 경우 그들은 자신이 통제력이 있다고 느끼며 병을 앓고 있다는 생각을 족쇄처럼 느낀다. 더욱이 그들은 양극성장애 또는 다른 정신증 진단과 관련된 낙인에 특히 주의를 기울이고, 그들의 행동이 마치 미친 사람의 행동으로 분류될 것을 두려워한다. 또한 가족 구성원들도 심리교육의 내용에 대해 저항을 할 수 있다. 우울증 환자의 가족은 장애를 생화학적 불균형의 결과물이 아니라 고의적인 행동으로 보기도 한다. 가족 구성원의 저항은 때로 가족의 갈등과 연관이 있다.

정신장애를 받아들이는 것은 환자와 친척에게 고통스러운 과정이다. 종종 심리교육 자료는 "왜 하필 저입니까? 왜 지금입니까? 저는 어떤 삶을 살게 될까요? 이제부터 사람들이 저를 정신적으로 아픈 사람으로 대할까요? 저는 정상으로 돌아갈 수 있을까요?" 등의 주제를 다룬다. 가족은 "저는 항상 그/그녀를 돌봐야 합니까? 제 꿈과 희망은 사라졌습니까?"라고 묻고, 배우자/파트너는 "제가 그/그녀를 떠나야 하나요?"라고 물을 수도 있다.

이러한 질문을 할 때, 일부 환자는 그 장애의 실체를 '과소평가'하거나, 부인하거나, 병을 표면적으로는 인정하지만 그것이 현실이 아닌 것처럼 반응하기도 한다.

다른 사람들은 '과장해서 받아들이거나' 불필요하게 자신을 제한한다. 예를 들어, 한 여성은 "기분이 왔다 갔다 하기 때문에 아무도 내게 가까이 올 수 없어요."라며 로맨틱한 관계를 피하였다. 마찬가지로 가족 구성원은 장애의 현실을 부인하거나 대조적으로 환자의 건강상태를 과하게 감시하고 그의 행동을 불필요하게 제한하고자 할 수 있다. 환자가 질환을 과소평가하고 가족은 과대평가하거나, 혹은 그 반대의 경우로 서로 대처방식이 다를 때 가족 갈등은 최고조에 달할 수 있다.

FFT 임상가는 병에 대한 이러한 반응의 원인이 될 수 있는 고통스러운 정서적 문제를 민감하게 다루어야 한다. 이러한 반응을 다루는 한 가지 방법은 저항이 발생할 것이라고 예측하고, 그것을 당연하고 건강한 반응이라고 재구성하여 논의하는 것이다. 예를 들어, 약물치료를 받아들이지만 병이 난 이후 부모가 자신의 행동을 과도하게 통제하고 감독하려 한다고 불평하는 젊은 경조증 남성을 생각해 보자. 이 젊은이에게 임상가는 다음과 같이 말할 수 있다.

> "당신이 약물치료를 받고 치료계획을 따르는 것이 다행이지만, 항상 이렇게 하고 싶지는 않을 수도 있습니다. 이 진단이 자신에게 적합한지 또는 더 많은 증상이 있는지에 대한 질문이 있을 수 있습니다. 왜 이런 질문을 갖게 되는지도 이해할 수 있습니다. 양극성장애(또는 실제로 어떤 병이든) 등의 용어로 진단받는 일은 받아들이기 어려운 고통스러운 과정입니다. 이러한 고통스러운 과정은 정상적이고 건강한 투쟁입니다. 그래서 우리가 이런 내용을 다룰 때, 그 내용이 당신에게는 관련이 없다고 느끼거나 관련이 없는 것처럼 반응하는 자신을 발견할 수도 있습니다. 만약 당신이 이러한 반응을 보이면 우리는 당신이 다시 논의에 참여할 수 있도록 요청을 할 텐데, 그때 참여하는 것에 동의해 주시기 바랍니다."

이 개입은 어딘가 역설적인 면이 있지만, 임상가는 환자가 저항을 유지하도록 격려하거나 진단을 반대하는 환자의 의견을 강화하지 않아야 한다는 점을 기억하라. 대신, 임상가는 환자가 정신건강 문제를 부인하고 싶은 마음을 예상 가능한 것으로 재구성하고 그에 기저하는 정서적 고통과 연결시킬 수 있다.

두 번째 개입방법은 '고통을 공유하는 것'이다. 정신 질환이 있는 사람으로 분류되는 것은 자신이 가족 내에서 경쟁심을 느낄 수도 있는 형제자매를 포함한 다른 가족 구성원의 아래에 놓이는 것으로 느끼게 할 수 있다. 가족에게 질병에 대한 심리교육을 하면, 마치 질병을 지닌 사람이 부족하고 나약한 사람으로 비칠 수도 있다. 임상가는 다른 가족 구성원들도 그들이 경험하는 우울, 불안 또는 다른 문제와 관련된 그들 자신의 경험을 공유하도록 격려함으로써 이러한 부분을 다룰 수 있다. 이 과정은 기분(mood) 문제를 정상화하며, 격양된 감정을 진정하는 데 도움이 된다.

다음은 최근 조증 삽화를 겪은 25세 조쉬와의 대화이다. 모두가 자신이 '마약'을 한 것 같다고 생각하기 때문에 강렬하게 고양되었다. 조쉬는 자신이 한 것은 단지 '파티를 많이 한 것'뿐이었다고 말하였다. 심리교육 중에 그의 아버지는 자신도 대학생 때 우울증 삽화를 경험했음을 인정하였다.

치료자: 조쉬, 제가 방금 양극성장애에 대해 이야기한 것에 대해 정서적으로 고양이 된 것 같아요. 기분이 상했나요?

조쉬: 모르겠어요. 선생님이 말한 것 때문이 아니에요. 전 그냥 가족 중에서 유일하게 문제가 있는 사람이 되는 게 지겨워요.

치료자: 유일하게 문제가 있다는 것이 정말 사실인가요? 가족 중에 혹시 우울 문제를 겪었던 사람은 없나요? 아니면 제가 방금 설명한 조증을 경험한 분은요?

아버지: (잠시 멈춤) 제가 우울증을 겪었죠. 그리고 그것에 대해 조쉬에게 말한 적 있어요. 내가 대학 시절에 대해 얘기한 것 기억하니?

조쉬: (찌푸린 채) 모르겠어요. 더 얘기해 줄 수 있어요?

아버지: 난 오랫동안 잠을 자거나 먹지도 못하고 공부할 수도 없었단다. 그러고는 한 학기를 휴학했지.

이후 회기에서는 아버지와 그의 우울증 내력에 초점을 맞추었다. 조쉬는 망상적 사고를 포함한 정신증 병력이 있었음을 밝혔다. 조쉬는 처음에는 표정이 어두웠지만, 계속된 이야기에서 더욱 협조적인 태도로 임했고, 정신질환의 꼬리표가 어떤 식으로 자신을 낙인찍히게 만들었는지에 대해 더 많이 이야기하였다.

저항을 다루는 세 번째 방법은 신체질환에 빗대어 설명하는 것이다. 정신질환을 다른 만성 신체질환의 범주에서 볼 수 있게 되면, 환자와 가족이 질환에 대해 편견을 덜 수 있다. 당뇨병과 고혈압은 스트레스가 주요 원인 중 하나이기 때문에 좋은 비유가 될 수 있다.

"양극성장애는 고혈압과 마찬가지로 생물학적 불균형을 수반하며, 스트레스에 거의 비슷한 방식으로 영향을 받습니다. 스트레스를 많이 받으면 대부분의 사람은 혈압이 변합니다. 그러나 고혈압을 앓고 있는 사람들은 혈압이 극단적으로 바뀌는 불확실성이 있습니다. 유사한 방식으로, 중요한 일이 생기면 대부분의 사람이 기분의 변화를 경험하지만 양극성장애가 있는 사람들의 기분은 더 극적인 수준으로 변화할 수 있지요."

이러한 비유를 할 때, 임상가는 사회적 낙인에 대한 환자의 감정을 잘 다루어야 한다.

"고혈압과 같은 만성 신체질환과 유사점이 있지만, 양극성장애는 다른 사람들이 두려워하는 경향이 있고 그것이 무엇을 의미하는지 모르기 때문에 양극성장애 환자로 사는 것이 더욱 힘들 수 있습니다. 사람들은 당신이 의도적으로 그런다고 생각할 수도 있습니다. 당신은 다른 사람들—특히 당신에게 가장 중요한 사람들—이 무서워하지 않도록 정신질환에 대해 설명하고 가르치는 데 시간을 들여야 할 수 있습니다."

의사소통 향상 훈련

FFT의 두 번째 모듈인 의사소통 향상 훈련(CET)은 대략 8회기에 시작하여 약 7~8회기(주 1회 5회기 후, 격주 회기를 2주 혹은 3주)로 진행된다. CET는 두 가지 가정을 따른다. 첫째, 혐오적인 가족 간의 의사소통은 주로 정신과 증상에 대한 반응으로 나타나거나 가족이나 부부 사이에 고통이 있음을 반영하기도 한다. 둘째, 혐오적인 의사소통의 빈도는 기술 훈련을 통해 줄일 수 있다.

CET는 환자와 그 가족에게 '긍정적인 감정 표현' '적극적 경청' '다른 사람의 행동 변화를 긍정적으로 요청하기' '부정적 피드백을 제공하기'의 네 가지 의사소통 기술을 역할연기 형식으로 가르친다. 이러한 기술은 Falloon과 동료들(1984), Liberman, Wallace, Falloon과 Vaughn(1981)의 조현병에 대한 행동적 가족 관리 접근법의 핵심이다. 역할연기 중 이 기술들의 비중은 이전에 실시한 가족 평가의 결과에 따라 달라진다. 심한 갈등과 높은 EE 태도를 가진 가족의 경우에는 참가자들이 서로 행동의 변화를 요구할 수 있도록 하는 적응방법에 초점을 맞출 수 있다. 정서적으로 멀어진 부부의 경우에는 긍정적인 피드백과 경청 기술에 중점을 두어 파트너가 상호 의존 관계를 형성하도록 도울 수 있다.

이 모듈은 가족을 위한 CET 방법에 대한 설명으로 시작된다.

> "가정의 긴장이 높아지면 양극성장애의 재발에 취약해집니다. 좋은 의사소통과 문제해결은 이전에 다루었던 스트레스에 대한 '보호 요소' 중 하나일 수 있습니다. 가족의 갈등을 해소하기 위해서는 친화적 의사소통 기술을 배우는 것이 방법이 될 수 있습니다. …… 우리는 가능한 한 가장 명확하고 스트레스가 적은 방식으로 의사소통하는 것을 돕고자 합니다. …… 의자를 서로를 향하도록 돌려놓고 새로운 대화방법을 연습할 것입니다(Miklowitz, 2008b, p. 208)."

CET는 더 큰 치료의 맥락에서 여섯 가지 목표 중 두 가지와 관련되어 있다. 참가자가 스트레스 촉발사건을 극복하고, 질병 삽화 후 가족관계를 회복하도록 돕는 것이다. 첫 두 가지 기술인 긍정적인 피드백과 적극적인 경청은 일반적으로 커플이나 가족 구성원 간에 협력적 환경을 조성한다. 대조적으로 '변화에 대한 긍정적인 요청'과 '부정적인 피드백 제공'은 어느 정도 갈등을 경험하여 참가자가 역할연기와 행동 사연 형식에 익숙해지면 도입한다.

임상가는 참가자에게 각 기술의 구성요소를 설명하는 유인물을 제공한다(예: 적극적인 경청을 위해서는 눈을 잘 맞추고, 머리를 끄덕이고, 명확한 질문을 하고, 들었던 내용을 다른 말로 바꾸어 보고, 자신이 이해한 것을 확인한다). 그런 다음 임상가는 가족들에게 필요한 기술을 모델링하여 보여 준다. 예를 들어, 임상가는 한 가족 구성원이 치료에 대해 협조적인 경우 이를 칭찬하거나 다른 가족 구성원이 문제에 대해 이야기하는 동안 효과적인 경청의 시범(모델링)을 보여 줄 수 있다. 기술을 도입하고 모델링한 후에 참가자는 임상가가 코치해 주고 안내해 주는 것을 따라 기술을 연습한다. 전형적으로 치료자는 주어진 기술을 사용하기 위해 1명씩 코칭한다. 다른 가족 구성원은 이에 대해 적극적으로 피드백을 한다. 화자나 청자는 그 기술을 잘 사용할 때까지 기술을 연습해야 한다. 참가자는 회기 간 과제(숙제)를 통해 치료 회기에서 배운 내용/기술을 가정과 직장에서 일반화할 수 있도록 연습한다.

많은 경우 기술 습득은 보기보다 어렵다. 양극성장애를 가진 38세의 제시는 과거에 여러 정신증적 조증과 경계선 수준의 지적장애를 지니고 있었다. 그녀는 백화점에서 선물을 포장하는 아르바이트를 하고 있었다. 제시는 자신의 아파트로 이사하려고 했고, 이사 차량을 찾는 데 도움이 필요하였다. 그녀는 함께 살았던 아버지에게 '긍정적인 요청을 하는 법'을 연습하기로 하였다.

치료자: 그것은 아버지한테 물어봐도 좋을 주제인 것 같네요. '긍정적인 요청' 유인물 내용을 보고 아버지께 이사를 도와 달라고 요청할 수 있습니까?

아버지: 도움이 되지 않을 겁니다. 제시가 아직 하나의 상자도 포장하지 않았기 때문에 옮길 것이 아무것도 없을 겁니다! (웃음)

제시: 음, 저 (망할) 상자들을 주면 할게요.

치료자: (이러한 부정적 상호작용에서 벗어나도록 하기 위해) 제시, 당신이 이사 업체를 찾는 것과 같은 일을 아버지에게 도와 달라고 요청할 수 있나요?

제시: (아버지를 바라보고 머쓱하게 웃으며) 아빠, 이사 업체를 찾도록 도와주시겠어요? (웃음)

아버지: (더 심각해져서) 아니야. …… 이걸(유인물) 안 보고 있잖니. 너는 이렇게 말해야지. "그렇게 해 주신다면 고맙겠어요……."

제시: (어깨를 으쓱거리며) 좋아요, 그렇게 해 주신다면 고맙겠어요. 전화번호를 주세요.

치료자: (잠시 후) 음, 제시, 잘해 주었어요. 아버님, 제시가 방금 한 말 중에 어떤 부분이 좋으셨나요?

아버지: (비꼬면서) 이런, 진정성이요.

제시: (다소 신경질적으로 웃는다.)

치료자: 음, 괜찮으시다면 그녀가 어떻게 말하면 좋을지 한번 보여 주시겠어요?

아버지: "전화번호를 알려 주시면 감사하겠어요. 그러면 제가 이사계획을 세우는 것이 훨씬 편해질 거예요."는 어떨까요?

치료자: 잘하셨어요, 아버님. 제시, 아버지가 한 것에서 좋은 것과 좋지 않았던 것이 무엇이었나요?

제시: 아빠는 유인물을 따라 했어요. 선생님이 말씀하신 대로 했어요.

치료자: 맞아요, 하지만 당신은 정확히 아버지가 말한 그대로 말할 필요는 없습니다. 자신만의 말투로 바꿀 수 있어요. 한 번 더 해 볼 수 있겠어요?

제시: (거친 숨을 내쉬며 웃는다.)

치료자: 알아요, 이런 상황에 있는 게 어려운 일이라는 거. 하지만 잘하고 있어요. 계속 해 보세요.

제시: 아빠, 이사 차량의 전화번호를 알려 주시겠어요? 그러면 고맙겠어요. 그러면 제가 이사에 대해 걱정을 덜 수 있을 것 같아요. 그리고 어, 도움을 주시면 감사할 거예요.

치료자: 아주 좋았어요, 제시. 아버님, 이번에는 어떠셨어요?

아버지: (조금 주저하며) 더 좋았습니다. 훨씬 더 말이 되네요.

이러한 종류의 기술은 환자의 증상이 심각하거나 인지기능이 낮은 경우 또는 가족의 갈등 정도가 너무 심해 생산적인 대화를 할 수 없는 경우에는 습득하기가 어렵다. 이 환자는 중등도의 경조증을 앓고 있으며, 제한적인 지적 기능을 가지고 있었다. 기술 훈련이 분명히 그녀에게 부담이 되었고 그녀를 불안하게 했지만, 제시는 인내와 연습을 통해 의사소통 기술을 일부 습득할 수 있었고 아버지와의 관계가 점진적으로 향상되었다. 종종 꽤 비판적이었던 그녀의 아버지는 이전에는 그녀의 제한된 기능이 노력의 부족이라고 믿었으나, 그보다는 양극성장애의 결과라는 점을 점점 더 이해하게 되었다.

『FFT 매뉴얼』(Miklowitz, 2008b)은 '서로 쉽게 공격적이 되는(short-fuse)' 가족에 대해 설명한다. 이 가족은 분명히 일반적인 토론으로 시작하지만, 곧 분노하고 서로 비판하고 공격하는 토론으로 빠르게 바뀐다. 우리의 연구에 따르면 이들은 보통 높은 EE 가족 또는 부부일 수 있지만 반드시 그렇지는 않다(Simoneau et al., 1998). 우리는 EE 또는 Camberwell 가족면접에서 상냥하고 지지적으로 보이는 가족들이 일대일 상호작용에서 환자를 대할 때 매우 공격적이며 대립적인 태도를 보이는 것에 놀랐다. 환자가 경조증을 경험하고 있거나 쉽게 짜증을 낸다면 이러한 일이 발생할 확률이 크게 높아진다는 것은 놀랄 만한 일이 아니다. 서로 쉽게 공격적이 되는 가족은 일반적으로 이러한 감정 때문에 의사소통 훈련에서 어려움을 겪는다(이후 제시한 사례연구 참조). 그러나 여전히 이러한 가족들이 지닌 원래의 의사소통 스타일을 교정하면서 기술 훈련을 시도할 수 있다. 예를 들어, 치료자는 참가자들이 논쟁 중에 적극적인 경청기술을 사용하도록 권장할 수 있다. 한 부부가 부정적인 말을 주고받은 후, 임상가는 다음과 같이 말하였다.

> "지금 이것이 중요한 토론이라고 생각합니다. 여러분은 서로의 문제를 개방하는 것에 익숙합니다. 그러나 여러분이 서로의 관점을 충분히 이해하고 있는지에 대해서는 걱정이 됩니다. 그럼 우리가 더 효과적으로 토론할 수 있을지 봅시다. 우리가 적극적인 경청 연습에서 했던 것처럼 다음 이야기를 하기 전에 상대방이 한 말을 바꾸어 말하기를 해 봤으면 좋겠어요. 또 의자를 돌려서 서로 눈맞춤을 더 잘할 수 있도록 하는 것은 어떨까요?"

여기에서 임상가가 커플의 의사소통 문제를 '개방하는 것을 좋아하지만 서로의 관점을 충분히 이해하지 못하는 것'으로 재구성한 점에 다시 주목해 보라. 부부나 가족의 지속적인 역동적 관계(명확하게 학대나 위협이 되지 않는 한)를 수정하는 것이 필요하지만 적응적 대처방법이라는 식으로 재구성하는 것이 '나쁜' 또는 '역기능'이라고 표현하는 것보다 낫다.

쉽게 화를 내는 가족들도 '긍정적인 요청'이나 '부정적인 피드백'을 활용하여 파트너가 서로의 행동의 특정 측면에 대해 건설적인 제안을 하고(예: "당신이 내 건강 습관에 대해 나쁘게 말할 때 기분이 좋지 않아요."), 이러한 행동을 개선할 수 있는 방법에 대한 제안을 할 수 있다(예: "목소리 톤에 좀 더 신경을 써 줄래요?"). 이 연습은 종종 FFT의 최종 모듈인 문제해결 단계의 발판이 된다.

문제해결 기술 훈련

양극성장애 환자의 가족은 환자가 최근에 질환을 겪은 경우 문제해결에 어려움을 겪는다(예: Simoneau et al., 1998). 양극성장애의 발병 후 적응할 때 나타나는 가족 문제는 약물치료 비순응, 이전 직업이나 사회적 역할 재개의 어려움, 조증 삽화 동안 발생한 재정적 및 사회적 피해(삶의 황폐화), 관계/생활 상황 갈등의 네 가지 범주 중 하나에 속하는 것으로 보인다.

FFT에서 문제해결의 목적은 다음 세 가지이다: ① 어려운 갈등 주제에 관한 가족 간의 대화를 여는 것, ② 그들이 이 문제들에 대한 정서적 반응을 나눌 수 있는 상황을 만들어 주는 것, ③ 문제에 대한 효과적인 해결방안을 정의, 생성, 평가 및 구현하기 위한 뼈대를 만들 수 있도록 돕는 것. 이 모듈은 FFT의 마지막 4~5회기를 차지하며, 대개 회기가 격주로 진행되는 4~5개월째부터 시작된다. 문제해결은 FFT의 마지막에 배치되는데, 대개 이 시점에서 환자가 관해상태에 있으며 인지적 및 정서적으로도 새로운 행동을 취할 수 있기 때문이다. 더욱이 심리교육과 CET가 잘 진행되었다면, 가족 구성원들은 가족 갈등을 만들고 유지하는 데 있어 자신의 역할을 바라볼 준비가 되어 있으며 서로의 견해를 듣는 데 보다 개방적일 것이다.

문제해결 훈련에서 가족에게 해결방안을 생각할 수 있도록 문제를 더 작은 단위로 나누라고 가르친다. 가족 구성원에게 문제해결 기록지를 제공하고 다음의 단계를 수행하게 한다. 문제를 정의하기(각 참가자의 의견을 반영하여), 모든 가능한 해결방안에 대해 '브레인스토밍'하기, 각 해결방안을 각각 고려하며 장점과 단점을 비교하기, 최선의 하나 또는 여러 개의 해결방안을 선택하기, 선택한 해결방안을 계획하고 실행하기이다. 비교적 적은 문제를 해결하는 데 있어 어느 정도 성공적인 경험을 하면, 새로운 더 큰 문제를 해결하기 위한 시도를 하고 기록하도록 회기 간 과제를 할당한다. 과제는 가족에 맞게 할당하는 것이 필요한데, 일부 가족은 단순히 다음 회기에서 다룰 문제를 생각해 오는 것처럼 단순한 과제를 정하는 것이 필요할 수도 있다.

문제해결에 대한 이론적 근거는 다음과 같다.

> "지금까지 우리는 주로 서로 의사소통하는 방법에 대해 이야기해 왔습니다. 이제 우리는 당신이 겪었던 몇 가지 구체적인 생활 문제를 다루려고 합니다. 우리가 당신이 문제를 해결하기 위해 무엇을 해야 하는지 제안하기보다는—이 방법은 효과적이지도 않을 것입니다—가족과 함께 협동적으로 문제를 해결할 수 있는 방법에 대해 이야기하려고 합니다."(Miklowitz, 2008b, p. 259)

근거 제시 후 문제해결 단계에 대해 검토하고, 가족들이 문제해결 기록지에 친숙해지도록 돕는다. 임상가는 또한 치료의 초기 회기에서 참가자들이 제기했던 문제 중 몇 가지에 대해서 검토하기도 한다.

문제해결 방법의 사례를 보자. 35세의 칼라는 이혼 직후 새로운 남자 친구인 타키와 함께 이사하였다. 그녀는 경제적인 형편이 좋지 않았다. 그녀는 '자존감을 유지하기 위해 소비하는' 경향이 있었다. 실제로 그녀의 소비는 대부분 경조증 동안에 이루어졌는데, 칼라가 타키와 만난 지 얼마 되지 않아 발병하였다. 타키는 그녀와의 관계를 발전시키기 위해서 칼라가 자신의 신용카드를 쓸 수 있게 해 주었다. 그들이 만난 첫 달, 그의 카드 청구서는 엄청나게 늘었다. 칼라의 직장생활은 불안정하였다. 그녀는 수년간 예산을 유지하고 계좌를 유지하는 데 어려움을 겪어 왔다. 그들은 이 문제로 심하게 다투기 시작하였다. 칼라는 타키가 돈을 이용해 여성을 통제한다고 주장했고, 타키는 그녀가 자신을 이용하며 배려하지 않는다고 생각하였다.

우선, 임상가는 의사소통 향상 연습으로 돌아갔다. 그는 커플이 특정 지출 문제에 초점을 두기보다는 전반적인 지출 문제를 다루도록 하였다. 칼라는 타키가 경청하는 동안 자신이 생각할 때 '문제의 핵심'이라고 느낀 것을 이야기하였다. 그다음은 타키가 근본적인 문제에 대한 그의 견해를 설명하고, 칼라는 이를 듣고 다른 말로 바꾸어 보도록 하였다. 문제해결에서 사용하는 이 방식은 궁극적으로 문제를 보다 명확하게 정의하도록 도왔다. 칼라는 자신이 구매해야만 하는 필수품보다 의복과 '사치품'에 더 많은 지출을 했지만, 그녀의 증상이 해결되지 않은 채로는 생계를 책임지는 것이 현실적으로 불가능하였다. 다양한 방안이 고려되었다. 타키가 소비의 대부분을 담당하고, 칼라의 계좌는 매달 상한선을 정해 놓는 것, 또는 둘의 재정을 단순히 분리하는 것이었다. 제안된 방안들은 장단점 등을 고려해 평가되었다. 마침내 그들은 다소 복잡하지만 현명한 해결방안에 합의하였다. 칼라는 각각의 계좌와 연동된 3개의 직불카드를 받았다. 각 카드는 지출 내역으로 분류되었고(예: 의료 비용), 지출 한도가 표시되어 있었다. 그들은 해결방안이 효과가 있는지를 결정하고 의견이 다를 때 경청하기 기술을 연습하기 위해 매주 만나야 하였다.

이 예시에서 문제는 어느 정도 환자의 잔류 증상으로 인해 발생한 것이었다. 또한 관계에서의 역동이 있었다. 칼라는 남자들에게 매우 의존하고는 남자들을 평가 절하하는 경향이 있었고, 타키는 여성을 구출한 후 구조원이 된 자신에 대해 화를 내는 경향이 있었다. 임상가는 처음에 그들이 지니고 있는 더 커다란 관계의 문제를 주제로 자신들의 감정을 표출하도록 도왔다. 그간 쌓인 이슈에 대해서 일정량의 감정을 표현하게 되면, 종종 더 세부적인 문제들(이 사례에서는 소비에 대한 의견 충돌)을 다루는 것에 대한 저항을 줄일 수 있다.

가족이나 부부와 첫 번째 문제해결 연습을 할 때, FFT 임상가는 치료 참가자들이 문제해결 방식에 대해 어떤 반응을 하는지 모니터링한다. "이건 정말 우리에게 필요한 것이었어요."라는 반응부터 "에이, 너무 보여 주기 식인데요."까지 다양하다. 양극성장애 환자와 그의 가족 구성원은 자발성을 원하고, 빠르게 진행되고 예측할 수 없는 상호 교환을 즐기며, 쉽게 지루해한다. 의사소통과 문제해결 연습은 구조를 강조하고 목표 지향성을 격려하지만, 이 때문에 저항을 일으킬 수도 있다. 저항은 주제를 바꾸거나 '서로 비난'하기, 또는 숙제에 협조하지 않는 형태로 드러날 수 있다.

저항을 대할 때 임상가는 문제해결에 대한 이론적 근거들을 제공할 수 있다(예: "가끔 큰 문제로 옮겨 가기 전에 더 적은 문제들을 해결하면서 자신감을 얻어야 합니다."). 그러나 종종 그는 가족 구성원이 반대하는 것이 문제해결을 위한 '방법'인지, 아니면 문제를 해결하려는 시도와 연관된 특정한 대가나 고통스러운 결과(예: 양극성장애가 있는 아들의 어머니가 아들이 독립성을 요구하는 일을 제대로 처리할 수 없을까 봐 두려워함)인지를 판단해야 한다. 문제해결의 결과를 두려워하는 가족은 종종 해결방안을 접하고는 "이건 정말로 문제가 아니야."라고 주장하면서 문제해결 과정을 빠르게 포기한다. 임상가는 다양한 방안을 활용할 수 있다. 하나는 해결되지 않은 문제에 대해 임상가가 책임을 지는 것이다. 예를 들어, 이렇게 말할 수 있다. "아마도 제가 이 문제를 해결하도록 권유한 것이 잘못이었나 보네요. 어쩌면 여러분이 먼저 다루고 싶으신 다른 것이 있을 수 있지요. 이제 그것에 대해 얘기해 볼까요?" 아니면 역설적으로 가족의 어려움을 '건강한 회피'로 인한 것으로 재구성하여 그 문제를 더 진행해 볼 수도 있다.

"가족이 문제해결을 할 때 득과 실을 생각하는 과정이 필요합니다. 이 문제를 해결하는 데에서 오는 이점이 확실히 있지만 숨겨진 대가가 있을 수도 있습니다. 이 문제를 해결하는 데 드는 대가가 이점보다 크다면 여러분이 해결방안을 시도하기 꺼리는 것을 이해할 수 있을 겁니다. 지금 그런 상황인가요?"

이러한 개입을 할 때 가족 구성원들은 지금은 이 특정 문제를 건드리지 않고 그냥 넘어갈 수 있다. 나중에 압력이 사라지면 다시 이 문제로 돌아가서 더욱 성공적으로 이를 해결할 수 있다.

FFT 종결

FFT는 9개월 후에 종료된다. 치료가 끝나 가면, 치료자는 치료에 대한 여섯 가지 목표(앞에서 논의함)와 그 목표가 실현되었거나 실현되지 못한 정도를 가족 구성원과 함께 검토한다. 환자의 양극성장애 상태는 치료 시작 시의 상태와 비교하여 평가한다. 경우에 따라 FFT 회기의 추가(maintenance) 회기 또는 '조정(tune-up)' 회기가 권장된다.

환자 및 다른 가족 구성원과 후속 치료 의뢰에 대해서 논의한다. 예를 들어, 일부 환자는 FFT 후 다른 양극성장애 환자들과 함께 상호 지지집단에 참여하거나 개인치료를 받기도 한다. 가족 구성원은 우울증 및 양극성장애 지원동맹(www.dbsalliance.org) 또는 전국정신질환동맹(www.nami.org)의 지지집단에 참여하기로 결정할 수 있다. 우리의 경험에 비추어 볼 때, 가족이 FFT 이후 추가로 가족 또는 부부 치료를 요청하는 것은 드문 일이지만, 요청이 있을 경우 의뢰가 이루어진다.

임상가들은 지속적인 약물치료와 의사소통 및 문제해결 기술을 가족의 일상생활에 통합하는 것이 중요함을 재차 강조한다. 마지막으로, 재발 훈련에 대한 재검토가 이루어진다(앞의 '심리교육' 절 참조). 환자의 전조 증상을 검토하고 환자와 가족이 재발을 방지하기 위해 취할 수 있는 조치들을 재검토한다.

사례연구

36세의 유럽계 미국인 여성 데브라는 남편 베리(46세)와 8세인 딸 질과 함께 살았다. 그녀는 2년제 대학을 졸업했고, 수하물 가게에서 판매원으로 파트타임으로 근무하였다. 그녀는 이전에 결혼을 했던 경험이 있다. 데브라는 대학병원에서 II형 양극성장애로 진단받고 FFT에 의뢰되었다. 초기 SCID로 진단을 확인하였다. 그녀는 한 번에 몇 주 동안은 흥미를 잃고, '낙담한' 상태에 있어 우울 증상이 있는 것으로 확인되었다. 그녀는 식욕이 없으며, 밤마다 수차례 깨고, 피곤하며 죄책감을 느끼고, 집중을 할 수가 없다고 호소하였다. 그녀는 자살사고에 대해서는 부인하였다. 그녀는 현재의 우울증이 '정말 심각하며', 1년 내내 심해졌다 잦아들었다를 반복했다고 보고하였다. 데브라는 "저는 약한 정도의 우울감은 수없이 겪었어요."라고 말하였다. 그녀는 8년 전 자신의 첫 발병 날짜를 적어 두었는데, 첫 남편과 이혼하고 난 후였다.

데브라는 또한 지난달에 고조되고 과민한 기분을 동반한 경조증 삽화가 약 5일간 있었음을 시인하였다. 그녀는 "자신감 수준이 높아졌었어요."라고 설명하면서 쏟아지는 생각이나 활동 수준의 증가, 수다스러움, 여러 다양한 프로젝트에 참여한 것 등을 이야기하였다. 그녀는 "저는 평생 이런 식으로 행동해 왔어요."라고 하며 이러한 시기의 시작과 끝이 언제였는지를 기억하는 데 어려움을 겪었다. 그녀는 베리가 자신의 이러한 기분 변화에 대해 이야기한 것에 대해 인정하였다. 데브라는 "그는 이제 우리가 말다툼을 할 때마다 제가 조증을 느끼고 있다고 말해요. …… 그건 저에 대한 그의 새로운 무기죠."라고 불평하였다. 그녀는 망상이나 환각에 대해 부인하였다.

데브라는 이전에 설트랄린(졸로푸트)[sertraline (Zoloft)]과 부프로피온(웰부트린)[bupropion (Wellbutrin)]으로 치료를 받았다. 그녀의 정신과 의사는 최근 일일 1,500mg의 디발프로엑스 나트륨(데파코트)[divalproex sodium(Depakote)] 처방을 시작했는데, 그녀는 이 약물이 기분 안정에 변화를 가져왔다고 하였다.

변호사인 베리는 '빈틈없는' 유형의 사람 같았다. 그는 임상가들에게 매우 사무적으로 반응했으며, '데브라의 보살핌과 관련된 것을 제외하고는' 자신과 논의할 문제가 없다고 주장하였다. 그는 정신과적 병력이 없다고 하였다. 그는 FFT를 교육 과정으로 이야기하기를 원했고, 아내가 그것을 '치료'라고 부르면 방어적인 태도로 변하였다. 커플과 공동치료 팀원으로 참여하는 FFT 임상가들은 그의 방어적인 태도를 다루기 전에 그와 라포를 형성하기 위한 작업이 필요함을 염두에 두면서, 치료에 대한 그의 태도를 바꾸려고 설득하는 것은 추후로 미루었다.

가족 평가

베리와 Camberwell 가족면접을 실시한 결과, 높은 EE 기준에 부합하는 것으로 나타났다. 그는 1시간 동안의 면담에서 아홉 가지에 대해 비판하였다. 그는 데브라의 기억, 업무 습관, 혼란스러움에 대해서 구체적으로 불평하였다(예: "그녀는 학부모-교사 회의에 대해 결코 기억하는 법이 없어요." "그녀는 직장에서 시간표 제출하는 걸 잊어버리는데 그건 절 미치게 하죠."). 베리는 그가 여전히 데브라를 사랑하지만, 자신이 그녀 때문에 지쳐 가고 있음을 인정하였다. 그는 그녀가 양극성장애뿐 아니라 ADHD를 앓고 있다고 확신하고 있었다.

데브라와 베리는 옷을 잘 차려입고 웃음을 띤 채 가족 상호작용 평가를 받기 시작하였다. 임상가들은 그들과 개별 면담을 나누고, 그들이 논의해야 할 중요한 문제 주제에 도달하였다. 베리는 데브라가 그에게 거짓말을 한다고 주장하였다. 그녀는 과거의 잘못에 대해 사과하고, "나는 거짓말하거나 감추지 않았어. …… 그런 것들은 대개 내가 잊어버렸거나 중요하다고 생각하지 않은 것들이야."라고 주장하였다. 이 이슈에 대해 논의하는 동안 부부 사이의 역동은 명확해졌는데, 베리가 고발하고 꾸짖으면 데브라는 사과하고 그녀의 행동을 정당화하는 식이었다. 베리가 고발적인 태도를 취하면 취할수록 데브라는 점점 더 우울해 보였다.

베리: 당신은 인생을 거짓말로 사는 거야. 당신은 진실을 왜곡하고 아무것도 기억하지 못한다고 말하지.

데브라: 하지만 난 정말 기억이 안 나는 걸. 나는 당신에게 모든 것을 말하려고 노력했어. 가끔 정말 잊어버리는 거야. (그녀의 의자를 흔들기 시작한다.)

베리: (데브라의 의자를 가만히 붙들고) 왜 나에게

거짓말하는 것이 괜찮다고 생각하지?

데브라: 아니야. 나는 당신에게 솔직해. 당신은 더 많은 것이 있다고 믿고 싶겠지만, 나는 숨기는 게 없어.

베리: 난 당신이 늘 그럴 거라고 생각해. 그게 당신의 문제야. 내가 당신에게 거짓말하면 어떻겠어? 어떤 기분일 것 같아? 나랑 계속 살고 싶을까?

데브라: (시무룩하게) 아마 아니겠지. 하지만 나는 연습 삼아 당신에게 내 감정을 솔직하게 보이려고 노력하고 있어. (어색하게 웃는다.)

베리: 당신 또 그렇게 슬쩍 웃고 있잖아. 뭔가 피해 가려고 할 때 하는 행동이야.

데브라: (방어적인) 오, 나 좀 쉬게 해 줘.

베리: 우리가 당신의 문제에 대해 직접적으로 이야기하고 있어서 힘든 거야? 이게 당신 성격 때문인지 양극성인지 뭔지 때문인지는 몰라도 당신은 요즘 아무것도 참아 내질 못해. 특히 사람들에 대해서 더 그렇지…….

이 평가를 보았던 치료자들은 베리의 비판 수준과 데브라가 한 수 아래에 임하는 것에 초점을 두었다. 그들은 또한 평가를 통해 베리가 데브라의 약을 챙겨 주고, 의사와의 일정을 잡고, 대개 그녀와 함께 병원에 방문하였음을 알 수 있었다. 초기 FFT 만남은 2명의 임상가와 함께했고, 그중 1명은 수련생이었다.

심리교육(1~7회기)

초기 회기에서 임상가들(다음 대화에서 치료자 1, 2)은 심리교육적인 요소에 특히 강조점을 두며 부부에게 FFT를 설명하였다. 그들은 의사소통 향상과 문제해결 모듈에 대해서 미리 안내하였다. 부부는 정중하게 들었지만 회의적인 내색을 보였다.

베리: 우리는 몇 년 동안 여러 치료를 받아 왔지만 효과를 본 적이 없어요.

치료자 1: '우리'라고 말씀하시는 게 부부를 뜻하나요?

베리: 부부치료도 받고, 그녀가 개인치료도 받았습니다.

데브라: 나는 워커 박사님이 좋은 사람이라고 생각해.

베리: 그래, 하지만 아직 양극성장애 진단을 받지 않았을 때잖아. 그분은 당신에게 우울증 치료만 해 줬는걸. 또 죄다 "당신은 아동 학대를 당하고 그것을 잊어버렸습니다."와 같은 말만 했어.

치료자 1: 부부치료는 어땠나요?

베리: 어린 시절을 파고들며 감정에 접근하려고 했습니다.

치료자 1: 데브라는요?

데브라: 그렇게 나쁘지 않았어요. 저는 꽤 유용하다고 생각했어요.

치료자 1: 음, 그 회기가 얼마나 도움이 되는지에 대해 다른 의견을 갖고 있는 것 같군요. FFT는 어떻게 다른지 말씀드리겠습니다. 우리의 치료는 주로 현재에 집중할 것이고, 두 분이 부부로서 양극성장애에 어떻게 대처하는지를 두고 작업할 것입니다. 베리, 당신은 데브라의 기분장애 주기에 영향을 받을 겁니다. 하지만 데브라, 당신도 자신의 증상에 대한 베리의 반응에 영향을 받게 될 겁니다.

여러분의 과거가 무의미하다고 말하는 것이 아닙니다. 단지 우리가 초점을 두지 않는다는 거죠.

베리: 저는 이 모든 상황을 다루는 데 도움이 필요합니다. 정보가 많을수록 좋습니다.

치료자 1: 네, 그게 맞다고 봅니다. 그러나 우리는 여러분에게 많은 정보를 쏟기만 하지는 않을 것입니다. 정보를 여러분의 상황에 맞게 개별화하여 드리길 원합니다. 부부로서 장애에 대해 같이 이해하고 그것에 대해 대화하는 법을 배우시면 작업이 훨씬 쉬울 것입니다.

이 대화에서 치료자는 FFT와 더욱 일반적인 형태의 부부치료를 구별하였다. 이 시점에서 임상가들은 이미 베리가 자신의 행동이 데브라의 기분에도 영향을 미친다는 점을 돌아보도록 하는 과제에 저항할 것이라 생각하였다.

심리교육 자체는 두 번째 회기에 시작되어 일곱 번째 회기까지 진행되었다. 첫 번째 과제는 부부가 '양극성장애'에 대해 함께 정의해 보도록 격려하는 것이었다. 평가 과정에서 두 사람 모두 '순환'이라는 단어를 언급했지만, 그것이 어떤 의미인지에 대해서는 명백한 합의가 없었다.

치료자 1: '양극성'이라는 용어의 의미에 대해 이야기할 때 우리 모두가 같은 것을 말하고 있는지 확인하고 싶네요. 데브라, 좀 전에 우울증이 어떤 느낌인지 아주 잘 설명해 줬지요. 이제 다른 쪽 삽화에 대해 이야기해 봅시다. (조증/경조증 증상을 설명하는 유인물을 나눠 준다.) 베리, 이 중에서 데브라가 경조증을 앓을 때 관찰한 것들이 있습니까?

베리: (유인물을 훑어보며) 음, 식욕 부진을 빼고는 전부인 것 같네요. …… 그녀를 두고 과장되었다고도 말할 수 있겠어요. 그녀는 자신이 언젠가 부자가 될 것이라고 생각합니다. (웃음)

치료자 2: 마지막으로 그녀가 그랬던 게 언제였나요?

베리: 지난번에 제가 사건을 맡고 있을 때요. 그녀는 제가 사건을 맡을 때마다 항상 그러죠.

데브라: 동의해요. 하지만 저는 그가 계속 일해야 할 때 제가 할 것이 더 많아지기 때문이라고 생각해요. 그는 '방치'라고 생각하지만, 저는 그가 없는 동안 제가 처하는 상황에 대해 잊어버린 것이라고 생각해요. (목록을 본다.) 전 더 많은 에너지를 느끼고, 제 몸에 불편함을 느끼고 피부 밖으로 뛰쳐나갈 것 같아요. …… 아마 쇼핑하러 가기 좋은 날일 거예요! (키득키득 웃는다.) 저는 대개 더 과민해지고, 전반적으로 사람들에 대해 참지 못하죠.

베리: 특히 저한테요. (웃음)

데브라가 관계 문제가 자신의 기분에 어떤 영향을 주는지를 이야기하며 자기 스스로를 변호해 본 것은 처음이었다. 흥미롭게도, 확신에 찬 그녀의 태도는 남편의 부정적인 태도를 일부 걷어 냈다. 치료자는 곧 베리와 데브라가 실제로 양극성 삽화를 구성하는 요소에 대한 합의를 이루지 못했음을 알아차렸다. 이는 FFT에서 중요한 점이다. 가족이나 부부 구성원은 환자가 언제 아픈지를 지각하는 데 있어 공통적인 이해를 가지고, 환자를 더욱 심한 삽화로부터 보호하는 절차(예: 정신과 의사를 찾아가거나, 환자의 작업량을 줄이거나, 부정적인 언어 소통을 줄이는 법을 배우는 등)를 시작할 수 있다. 하지만 아직 데브라가 서로 다른 삽화를 갖고 있는지는 확실치 않았다.

치료자 2: 데브라, 당신이 '삽화'라고 부르는 것을 가지고 있다고 생각합니까? 며칠 동안 이상해지는 것 같다거나?

데브라: 2~3일 동안 많은 일을 할 수 있고, 기억이 나아지고요. 2~3일 동안은 그렇지 않아요. 저는 할 수 있…….

베리: (끼어들며) 집안일 같은 거죠. 그녀는 딸의 방을 반복해서 정리해요. 그녀는 스펀지로 자주색 페인트칠을 한 다음 그날 저녁에 닦아내 버리죠. 또 새 옷장을 넣고요.

데브라: 난 누군가를 죽이는 대신 모든 에너지를 집안일에 쏟아 내는 거야. (둘 다 웃음을 띤다.)

치료자 1: 오늘은 조금 천천히, 두 분이 언제 삽화가 높고 낮은지에 합의를 하셨는지를 확인해 보고자 해요. 데브라, 기분 차트를 작성해 보신 적 있나요?

치료자는 데브라와 베리가 매일 각자 데브라의 기분상태 변화를 추적하도록 하는 과제를 작성하도록 하여, 장애의 증상을 이해하기 위한 (성격적 특질이 아니라) 작업을 할 수 있게 하였다.

이 부부의 역동은 3~5회기에서 더욱 분명해졌다. 데브라의 기분 차트 작성은 일관성이 없었고, 베리는 기분 차트를 성실히 작성하는 것이 쓸데없는 일이라고 느꼈다. "그녀는 자기 질환에 대해 책임을 지지 않을 거예요."라고 주장하였다. 그럼에도 불구하고, 데브라는 자신의 기분 변화에 대해 작성하지는 않았지만 잘 기억하였다. 치료자들은 이 과제를 하기 위한 그들의 노력이 다소 성의 없었지만 시도에 대해 칭찬해 주었다. 흥미롭게도, 베리는 그녀의 행동을 '조증'이라고 불렀지만 데브라는 일상에서 겪는 성가심에 대한 반응이라고 주장하였다.

베리: 당신은 토요일 아침에 지옥 같은 조증이 있었어.

치료자 2: 무슨 의미죠, 베리?

베리: 저는 질이 축구하러 가야 한다고 그녀에게 말하려고 했어요. 그러자 그녀는 내 머리를 진짜 물어 버렸죠.

데브라: 그건 당신이 이미 여덟 번이나 말했으니까 그런 거야. 나는 조증이었던 게 아니라 성가셨던 거야. 우리 딸조차도 당신이 과하다고 그랬잖아.

이것은 치료 전반에 걸친 주제가 되었다. 베리는 질이 실제 문제에 대한 일시적인 과민 반응을 보일 때마다 그녀를 '조증'이라고 부를 정도로 데브라의 기분 변화를 과하게 분류하는 경향이 있었다. 그는 또한 그녀가 '안정된…… 지루한…… 긴장을 좀 풀고 잠시 혼자 있고 싶다.'라고 느낄 때 자주 '우울증'이라고 불렀다. 치료자들은 누구 탓을 하거나 편을 들지 않도록 주의하였다. 치료자 1이 말하였다.

치료자 1: 저도 이것이 구분하기 어려운 것이라고 생각해요. 데브라의 삽화가 시작되고 끝날 때 이것을 결정할 수 있는 간단한 규칙을 드릴 수 있으면 좋겠어요. 그러나 보셨듯이 그게 항상 분명하지는 않습니다. 저는 보통 내담자분들께 증상 목록을 다시 보고 '이 증상들 중 하나 이상이 있는지, 수면에 더욱 어려움을 겪고 과민 반응이 동반되는지, 쏟아지는 생각이 있는지' 등을 질문해 보길 권합니다. 조증 삽화 동안이거나, 다른 상황까지 넘나들 정도거나, 하루 종일 당신의 증상이나 손상이 동반되지 않는 이상, 단순히 화가 나는 것은 '조증'이라고 불리기에는 충분치 않습니다.

치료자들은 데브라의 삽화를 이해하기 위해 취약성-스트레스 모델을 설명하였다. 데브라는 어머니의 우울증과 아버지의 알코올 남용이라는 가족력에 대해 이야기하였다. "우리 어머니는 아마도 양극성장애셨던 것 같은데, 그 당시에는 그렇게 부르진 않았어요." 그들은 데브라의 이전 우울증과 관련이 있을지도 모를 스트레스 요인을 발견하였다. 베리는 위험 요소에 대해 이야기할 때 매우 적극적으로 의견을 냈다. 그는 사람이 붐비는 장소(예: 쇼핑몰)에서 그녀가 경조증이 되며, 아주 적은 양이라도 술을 마시는 것은 그녀의 수면장애를 유도하여 결국 경조증을 유발한다고 언급하였다. 치료자들은 위험 요소(예: 약물남용, 수면 불규칙, 예측 불가능한 일상의 루틴, 가족 갈등) 및 보호 요소(예: 정기적인 약물 복용, 원활한 가족 의사소통)에 대한 유인물을 제공하였다. 다음으로, 임상가들은 베리와 데브라가 재발방지 계획을 세우는 것을 도왔다.

치료자 1: 우리가 만난 내담자 중에서 이 질환을 제일 잘 이겨 내신 분은 혼란스러워하던 시기에 배우자나 가까운 가족 구성원에게 의지할 수 있었던 분들이셨어요. 배우자에게 돌아서서 "나 다시 아픈 것 같아."라고 이야기를 하는 것과 통제력을 모두 포기한 채로 그들의 충고만 듣는 것 사이에서 극복할 수 있는 힘을 얻은 거죠. 데브라, 당신의 기분이 왔다 갔다 할 때, 더 많은 통제력을 갖기 원할 거예요. 베리, 어쩌면 당신은 가끔 당신이 가는 줄 위를 걷는 것처럼 불안함을 느낄 수도 있습니다. 장애나 진단명을 이야기하지 않고 "그래, 당신 아픈 것 같아. 그리고 내가 당신을 도와줄게."라고 말하고 싶겠죠.

베리: 그게 우리의 공통점이에요. 우린 둘 다 통제력을 원하거든요. 그 부분에서 서로에게 끌렸을 수도 있죠.

치료자 1: 음, 아마도 두 분 다 자신의 운명을 통제하고 싶어 한다는 사실은 처음에 두 사람이 매력을 느낀 부분이었겠네요(재구성). 그러나 처음에 사람들을 끌어당기는 것이 그렇듯이, 통제력을 포기하지 않으려는 것이 이후 관계에서 문제가 될 수 있죠.

부부는 데브라의 경조증 전조 증상이 어떻게 되는지(예: 집안일에 대한 관심이 증가하고, 예외적으로 일찍 일어나고, 다양한 상황에서 과민 반응을 보이는 것)와 위험 요소(예: 알코올)에 대해 어느 정도 합의를 이루었다. 그들은 긴급 전화번호를 손에 닿을 수 있는 곳에 두는 것, 금주, 높은 대인관계 스트레스 상황(예: 데브라와 그녀의 어머니 간 갈등)을 피하는 것 등의 재발방지 계획을 함께 만들었다. 베리와 데브라는 또한 그녀의 증상이 심해지기 시작할 때 어떻게 의사소통할 것인지에 대해서도 논의하였다. 베리는 "몰아세우지 않는 법을 배워야겠다."라며 "생각하는 것을 막 쏟아내 버리지 말아야겠다."라고 인정하였다. 흥미롭게도, 그들은 데브라가 최악의 기분 변화가 있을 때에도 규칙적인 수면 주기를 유지하자는 제안(주말마저도)을 거부하였다. 베리는 "우리가 군에 입대를 해야 할 것 같은데요."라고 비난하며 늦은 시간까지 파티를 벌이는 것을 포기하지 않을 것이라 강조하였다.

심리교육 모듈은 질병이라는 꼬리표가 데브라의 자존감에 미치는 영향에 대한 논의로 끝을 맺었다. 그녀는 처음 6회기 내내 양극성장애 진단에 대한 불편감을 넌지시 말해 왔다.

치료자 1: 때로는 증상 목록을 살펴보고 양극성장애의 원인에 대해 이야기할 때 사람들은 꼬리표가 달리거나 분석당하는 느낌을 받을 수 있습니다. 데브라, 당신도 여기서 그런 적 있나요?

데브라: 처음 여기 왔을 때 저는 제가 괴롭힘 당하는 것처럼 느껴졌어요. 꼭 '저를 비난하는 시간'같다고 느꼈죠. 그리고 우리의 문제를 일으킨 생물학적인 이유가 있었던 거죠.

치료자 1: 부부 사이의 모든 문제가 양극성장애로 인해 일어난 건 아니란 것을 아셨으면 해요.

데브라: 네, 저도 두 분이 이 부분에 있어서는 공정했다고 생각해요. 저는 그런 이야기를 하기 힘들었고, 가끔 베리가 장애가 아니라 저 자체를 싫어한다고 생각해요.

치료자 1: 그러니까 당신의 성격과 장애 사이의 경계가 불분명하다는 거군요.

데브라: 네, 저한테는 그 두 가지가 전혀 달라요.

치료자 1: 이런 이야기를 해 주셔서 정말 기쁩니다. 저는 당신이 사람들과 어울리는 방식에 대해 이야기를 나눌 때 명확히 하는 것이 중요하다고 봅니다. …… 당신이 하는 모든 일이 이 질환으로 축소되어서는 안 됩니다.

베리: 그리고 저는 너무도 그것(질환)만을 이야기했던 것 같네요.

데브라: (적극적으로 변하여) 그래, 그리고 당신은 다른 사람들 앞에서 그런 얘기를 해…… 그건 나한테는 정말 문제가 될 수 있는 일이야. 우리는 멋진 대화를 나누었잖아! 난 당신과 늘 질환 얘기만 하는 데 지쳤어. 당신은 그 이야기만 하고 싶어 하는 것 같아.

베리: (깜짝 놀라며) 왜 나한테 이런 이야기를 하지 않았어?

데브라: 당신한테 정말 말할 필요가 있는 것 같아. …… 난 그냥 그것을 이야기하는 것도, 아예 안 하는 것도 아닌 중간을 원해.

베리: 그럼 뭘 원하는 거야?

데브라: (눈물을 흘리며) 잘 모르겠어.

치료자 1: 잘 모르겠다는 그 마음을 이해할 수 있을 것 같네요. …… 베리에게서 어느 정도의 도움을 필요로 하는지 항상 확신할 수는 없지요. 아마 당신은 균형을 이루고자 노력하는 중인지도 몰라요. 시간이 좀 필요한 일이죠. 우리가 한 사람으로서의 당신보다 질병에만 관심이 있다고 느끼지 않았으면 좋겠어요(심리교육 자료에 대한 명백한 저항을 검토한다).

데브라: 기분 차트를 작성할 때 빼고는 보통 그렇게 느끼지 않아요(치료 과제에 대한 저항에 기저하는 정서적 고통을 인정한다). 저는 그냥 다

른 여자 친구들과 이야기하듯이 베리와 대화하고 싶어요. 제 병이나 의사 이야기 말고 다른 것들에 대해 이야기하고 싶어요.

의사소통 향상 훈련(8~14회기)

8회기에서 치료자들이 부부에게 CET를 소개하였다. 베리와 데브라는 모두 그들의 의사소통에서 '요구-철회' 패턴을 보였다. 베리는 데브라의 기분 상태를 이해하는 과정에서 끼어들었고, 데브라는 뒤로 물러나며 비협조적이 되었다. 데브라는 "너는 우리 집에서는 그러지 않았잖아."라는 말 때문에 그녀가 우울하다는 것을 인정하거나 이에 대해 이야기하기가 힘들었다고 인정하였다. 데브라는 남부에서 자랐는데, 그곳에서는 자신의 약점에 대해 이야기하지 않는 분위기였다. 대조적으로 베리는 로스앤젤레스 출신이었는데, 그곳에서는 자신의 주변에 있는 사람들에게 자신의 문제를 쏟아붓는 분위기였다.

치료자들은 요구-철회 패턴을 설명하는 것으로 시작하였다.

치료자 1: 이는 양극성장애를 두고 작업하는 부부들에게서 볼 수 있는 역학 중 하나입니다. 기분장애를 가진 사람은 배우자에게 화가 나고, 배우자는 그들이 공격받았다고 생각해서 그에 반응하고, 그들이 반응하면 말다툼은 점점 더 심해지는 거죠. 환자는 자신이 화낼 만한 합당한 이유가 있다고 생각하고, 배우자는 그 분노를 양극성 질환의 증거로 봅니다.

베리: 음, 제 문제는 데브라가 자신의 증상을 알지 못한다는 것입니다.

데브라: 나는 알고 있지만, 혼자 있고 싶은 거야. 당신은 내 말을 끝내지.

베리: 그리고 당신은 방에서 나가 버리지. 당신은 일반적인 의사소통을 하지 못해. 당신 부모님과 있는 것 같았다고…….

데브라: 내가 그 상태(우울증)에 있을 때 가장 하기 싫은 건 심각한 대화나 어떤 사람이 내가 무엇을 하기 원하고 왜 그런지를 물어보는 거야.

치료자 2: 두 분 사이에서 일어나는 일에 대해 이야기해 봅시다(두 사람이 관계에 초점을 둘 수 있도록 환기한다). 여러분이 무언가에 대해서 이야기하려고 할 때 어떻게 됩니까? 둘 중 한 명은 얘기를 하지 않나요? 이야기를 하지만 잘 되지 않는군요?

베리: 그녀는 그걸 미루고, 다루려고 하지 않아요. 그럼 저는 소리를 지르죠. 그녀는 제 주변을 떠나 피해 버려요. 그러면 저는 더 이상 어떻게 이렇게 살 수 있을지 생각하기 시작하죠.

치료자 2: 데브라는 이를 어떻게 설명하시겠어요?

데브라: 베리는 그가 원하는 답을 제가 하지 않을 때 좌절해요. 그러면 저는 제가 그 사람에게 좌절감을 줬다는 것에 기분이 좋지 않죠. 그는 저에게 화났다는 느낌 때문에 기분이 나빠지고요. 그러면 저는 또다시 그가 저에게 화낸 것에 대해, 그의 기분이 나빠지게 했다는 것에 상심하죠.

치료자 2: 이 부분, 부부로서의 의사소통에 대해 작업하기 원하세요?

베리: 네. 우린 양극성장애 때문에 의사소통을

하지 못했습니다. 그녀가 양극성장애가 없었다면 이러한 문제를 겪었을지 모르겠어요. 그녀는 우울하고, 생각을 나누려 하지 않고, 시도조차 하지 않는 걸요. …… 그러고는 이런 궁금증이 들게 하죠. 혹시 선생님도 그녀가 양극성장애뿐만 아니라 주의력결핍장애도 가지고 있다고 생각하시나요?

데브라: 오, 아니야, 또 시작이야.

치료자 1: 베리, 아무도 확실히 말할 수는 없어요. 하지만 그 원인이 무엇이든지 간에 우리가 당신의 관계에 더 초점을 맞출 준비가 된 것처럼 들리네요(토론의 방향을 재조정하지만, 문제에 대한 베리의 지적을 비판하지는 않는다). 여러분이 설명하신 것 중 적어도 일부는 부부로서 서로 의사소통하는 습관에 대한 것이네요. 우리는 서로가 잘한 일에 대해 칭찬하는 법, 경청하는 법, 서로의 행동 변화를 요청하는 법 등 꽤 중요한 기술들을 가르쳐 드릴 겁니다. 이것이 진짜 기분의 순환이든지, 아니면 관계가 요동치는 시기이든지 기분이 왔다 갔다 하는 동안 여러분을 도와줄 겁니다(곧 시작할 의사소통 모듈에 대한 이론적 근거를 제공한다).

데브라: 네, 저는 논쟁하는 법을 배우고 싶어요. 그는 변호사라서 저보다 논쟁에 뛰어나거든요.

베리: (여전히 화가 난 채로) 하지만 봐, 당신 가족 중에서 아무도 그런 말을 한 적이 없어. 아무도 당신 곁에 없었고. 당신은 내가 당신에게 그만큼의 열정이 있으니 나한테 반응하는 거잖아. 그러고 내가 화내면 그제서야 가만히 듣는 거지. 그게 내가 당신을 이해시키는 유일한 방법이야.

치료자 1: 이 지점에서 같이 작업해 볼 만한 부분이 많은 것 같네요. 데브라, 저는 잠시 동안 '양극성 갈고리'에서 당신을 내려놓고 두 분이 서로 어떻게 행동하고 반응하는지를 다루고 싶네요. 우리가 단지 양극성장애에 대한 의사소통만 다룰 필요는 없습니다. 여러분이 재정, 친구…… 등에 대해 의사소통하는 것도 다룰 수 있죠.

베리: 그래 봐야 여기서 하는 것뿐인 걸요. …… 우리가 집에서 어떻게 의사소통하는지 어떻게 아시겠어요?

치료자 1: 댁에 도청장치를 달아야죠, 뭐. (모두 웃음) 우리는 여기서 새로운 방식의 말하기로 역할연기를 해 볼 겁니다만, 매 회기 사이에 집에서 이 방식을 연습하셔야 할 겁니다. 연습을 하실 수 있다면 큰 도움이 될 것이라 생각합니다(희망을 표현한다).

치료자들은 이제 이 부부의 의사소통 패턴을 더 잘 이해하게 되었다. 요구-철회 패턴은 부분적으로 다른 가족력에서 파생되었지만, 베리가 비판적이게 된 것도 영향이 있었다. 그것이 데브라의 분노를 유발하기는 했지만, 때로 일종의 긍정적 결과를 냈기 때문이다. 그들은 이러한 의사소통 패턴이 얼마만큼 그녀의 양극성장애로 인한 것인지에 대해서 의견이 나뉘었다. 베리는 거의 또는 전적으로 그들의 문제가 질환 때문이라고 생각했고, 데브라는 이러한 베리의 가정을 모든 것을 그녀의 탓으로 돌리려는 시도로 보았다. 치료자는 그들의 결혼 역동이 데브라의 기분 변화와는 별개로 존재해 왔고, 이것이 그녀의 경조증과 우울증 삽화로 인해 확대된 것이라고 해석하였다. 경조증 삽화 동안 그녀는 더욱 예민하고 반응적이었으며, 우울할 때는 더욱 물러서는 경향이 있었다.

9회기에 치료자는 기술 훈련을 시작하였다. FFT는 긍정적인 의사소통 기술로 시작하여 커플이나 가족 구성원이 더 어려운 문제를 다룰 때 협력할 가능성을 높인다. 한 치료자가 긍정적인 감정 표현이라는 제목의 유인물을 소개하며 시작했는데, 상대방의 행동에 대해서 칭찬하고 그것에 대해 자신이 어떻게 느꼈는지를 말하도록 하였다. 처음에는 치료자들이 기술을 모델링하였다. 한 치료자가 베리에게 다음과 같이 칭찬하였다. "이곳(클리닉)까지 장시간 운전해 주시고, 치료를 받을 수 있게 일정을 조정해 주셔서 감사합니다. …… 저는 당신이 우리가 여기서 하는 치료를 가치 있게 여긴다고 느낄 수 있었습니다." 베리는 이 같은 칭찬에 고마워하였다. 그런 다음 치료자는 베리와 데브라가 서로를 향해 의자를 돌리고 서로에게 칭찬할 만한 행동을 고르도록 하였다. 흥미롭게도, 두 사람 모두 칭찬거리를 고르는 데 어려움이 없었다. 문제는 긍정적인 정서에 머무르며 부정적인 정서가 새어 들어오지 않도록 하는 것이었다.

베리: 당신이 수요일에 질을 축구장에 데려다 줘서 고마워. 당신이 내가 그날 너무 피곤했던 것과 당신이 ……하는 동안 내가 양육을 전담하는 사람이라는 걸 알아주는 것 같았어…….

치료자 2: (끼어들며) 베리, 잠시 멈추어 볼게요. 데브라, 베리가 말한 것 중에 어떤 부분이 좋았나요? 그가 이 기록지에 있는 지시사항을 따랐나요?

데브라: 음, 말씀하신 것처럼 그는 잘하고 있지만 특히 첫 부분이 좋았어요. 그가 그렇게 느껴주었다는 게 기뻐요.

베리: 내가 당신한테 충분히 긍정적인 피드백을 준 것 같아?

데브라: (멈추며) 잘했어.

치료자 2: 베리, 꽤 잘하셨어요. 끝부분 이야기는 빼고 해 볼까요?

베리: (빙그레 웃으며) 선수치셨네요. 좋아요, 데브라, 질을 축구장에 데려다 주어서 다시 한 번 고마워. …… 내 일정을 존중해 주고 나를 생각해 주는 것 같았어.

치료자 2: 좋습니다. 데브라, 어떠세요?

데브라: 훨씬 좋아요.

베리: 가끔 제가 여기에 요령을 배우러 온 것 같다는 생각이 드네요.

CET의 10, 11회기는 적극적인 듣기기술에 중점을 두었다. 부부 중 한 사람은 다른 사람이 이야기하는 동안, 처음에는 결혼 이외의 문제(즉, 직장관계)에 대해 말한 다음 부부 관련 문제에 관해 이야기하였다. 베리와 데브라 모두 듣기기술을 다시 연습해야 하였다. 특히 데브라는 베리가 말할 때 '도망가는' 경향이 있었고, 주제에 머무르도록 독려해야 하였다. 그녀는 베리가 그녀와 이야기할 때 그녀가 사려 깊고 직관적인 대답을 내놓을 수 있는지 검사받는 기분이 든다고 인정하였다. 그녀의 '확인'은 그녀가 그의 말을 들을 때 잘하고 있는지에 대한 불안감에 대처하는 방법이었다.

듣기에 있어 베리의 어려움은 충고를 하려는 그의 자연스러운 경향성 때문이었다. 데브라가 말을 시작하면, 그는 1~2분 정도 듣고 있다가 금방 "잠깐, 그 사람한테 언제 전화할 거야?" 혹은 "지난번에 얘기할 땐 그 이력서 끝낼 거라고 했잖아. 아직 안 끝냈어?" 등의 질문을 하기 시작하였다. 이 기술을 연습하기 위한 숙제의 도움을 받아 회기 내에서 계속 연습을 하면서 베리는 자신의 행동을 의식할 수 있었다. 특히 신랄한 순간에, 그는 "저는 제가 그녀에게 반응하는 방식이 싫어요. …… 이런 사람이 되고 싶지 않아요."라고 인정하였다.

FFT가 3개월을 경과하고 회기의 빈도가 격주로 바뀜에 따라(12~14회기), 임상가는 부부가 서로의 행동 변화를 요구하고 부정적인 감정을 표현하는 등 더 적극적인 의사소통 방식을 도입하였다. 이 시점에서 베리가 데브라의 기능 저하에 대해서 지속적으로 불평하기는 했지만 그녀는 평가 단계 때처럼 우울해하지는 않았다. 그는 그녀가 하루 동안 한 것과 하지 못한 것에 대해 자신에게 이야기하지 못한다고 주장했고, 실제로는 하지 않은 것에 대해서도 했다고 이야기한다고 불평하였다. 그는 이를 데브라가 '끝까지 해내지 못하는(lack of follow though)' 문제로 분류하였다. 대조적으로, 데브라는 그가 자신의 행동에 대해 '사소한 일까지 따지는' 것에 대해 적극적으로 표현하게 되었다.

치료자 1: 여러분과 함께 하고 싶은 작업 중 하나는 서로에게 변화를 요청하는 방식입니다. 누군가에게 도움을 요청하는 적절한 방법은 무엇일까요? (베리와 데브라에게 '긍정적인 요청하기'라는 제목의 유인물을 나누어 준다.) 서로 정면을 바라봐 주세요. 상대가 했으면 하는 것과 그것이 당신의 기분을 어떻게 만들지에 대해 말해 보세요. 데브라, 1분 전에 베리가 사소한 것에 트집을 잡는다고 이야기했지요. 이것을 당신이 그에게 바라는 것으로, 즉 긍정적인 요청으로 바꾸어 보시겠어요? 그가 당신을 도울 수 있는 방식으로 바꾸어 말해 보면 어때요? 그가 어떻게 하면 잔소리를 하지 않으면서도 당신이 일을 끝까지 잘 마무리하도록 도와줄 수 있을까요?

데브라: 베리, 당신이 딜레마가 있을 때 나에게 좀 더 자유를 준다면…… 그게 날 정말 행복하게 하는 일이 될 거야.

베리: 예를 들면, 우리가 당신의 페이스대로 일하기를 원한다는 뜻이야?

치료자 1: 베리, 그녀가 말하도록 하세요.

데브라: 음, 장 볼 일이 있다면 "그래, 이게 목록에 있었지. 내가 할 거야. …… 당신이 기다려 준다면 내 시간 안에 그걸 끝낼게."라고 말할 수 있으면 좋겠어. 그러면 긴장이 줄어들 것 같아.

치료자 2: 베리, 데브라가 당신에게 부탁한 것에 대해 어떻게 생각하세요? 그녀가 이 기록지의 내용을 따랐나요?

베리: 그녀가 저에게 잘 요청했다고 생각해요. 하지만 궁금한 건, 그러면 그녀가 장을 볼까요?

데브라: 장보기의 이 부분을 내가 하면 이 (다른) 부분은 당신이 해 주는 식으로 계획을 세우면 도움이 될 것 같아. 그렇게 하면 내가 "베리에게 보여 줄 거야. 그가 내 삶을 움직이는 게 아니야. 난 그의 방식대로 하지 않을 거야."라는 말을 안 하게 될 것 같아.

치료자 1: 한번 열등한 기분을 느끼면 그 계획이 개인적으로 도움이 될지라도 그것을 끝까지 해내지 않고 거절하는 경우가 종종 있습니다. 데브라, 당신도 종종 그런가요?

치료자들은 데브라의 적극적인 태도를 격려하면서도 동시에 베리가 이전에 그녀를 '수동 공격성'이라고 부른 것에 대해서 직면시켰다. 그런 다음 그들은 베리가 데브라에게 긍정적인 요청을 해 보도록 하였다.

치료자 2: 베리, 데브라에게 행동의 변화를 요청할 수 있겠어요?

베리: (임상가를 보면서) 좋아요. 데브라, 이건 나한테 아주 중요한 건데…….

치료자 2: 그녀에게 말씀해 보시겠어요?

베리: (데브라를 향해) 네. 이야기할 때 그냥 나가버리지 않는 것이 나한테는 너무 중요해. 피하지 말라고. 특히 우리가 질과 그녀에 대한 우리의 의견 차이에 대해 이야기할 때 말이야. 그건 정말 나를 화나게 해.

치료자들은 데브라가 베리의 '높은 EE' 행동을 회피하는 반응을 보이는 것을 다시 관찰하였다. 그리고 그녀의 반응에 대해 언급하였다.

치료자 1: 데브라, 무슨 일이에요? 피하려고 하는 것 같은데요.

데브라: (얼른 돌아와서 미소 짓는다.) 네, 제가 그런 것 같네요. 우리가 무슨 얘길 하고 있었죠?

베리: 보셨죠, 저는 저게 그녀의 주의력결핍장애의 일환이라고 생각해요. 선생님, 그녀에게 리탈린(Ritalin, 이런 상태에 대한 약물)이 필요하다고 보시나요?

치료자 1: 베리, 이 경우에는 그렇게 생각하지 않습니다. 데브라, 제가 잠시 이야기해도 된다면, 좀 전에 있었던 일은 당신이 공격받는다고 느끼기 때문에 피하신 것 같아요.

데브라: 그건 사실일 거예요. 그가 또 "당신 이거 하고, 저거 해."를 시작했거든요.

베리: (좌절하며) 아, 당신도 나에게 바꿔 달라고 요청했잖아. 내가 여기서 모든 걸 해야 하는 거야?

치료자 1: 베리, 다시 시도해 보세요. 이번에 당신이 어떻게 말하는지를 점검해 봤으면 좋겠네요. 그녀가 하지 않았으면 한다고 말한 것은, 당신이 말하는 동안 그녀가 도망가지 않았으면 한다는 것이었지요. 그건 중요합니다. 그러면 그 대신 어떻게 말하면 좋을까요?

베리: 그녀가 저와 함께하기를 원합니다. 대화를 하는 거죠!

치료자 1: 다시 시도해 보시겠어요? 이번에는 그녀가 어떻게 하길 바라는지 말해 보세요.

베리: (한숨을 쉬며) 데브라, 우리가 말할 때 이러면 좋을 거야. …… 특히 질에 대해 이야기를 나눌 때는 말하는 데 집중을 하고, 나에게 말하는 것을 끝마쳐 주면 고맙겠어. 그렇게 하면 우리가 뭐랄까, 파트너처럼 느껴질 거야.

치료자 2: 베리, 훨씬 나아졌어요. 듣기가 더 쉬울 것 같네요. 데브라?

데브라: 네, 좋았어요. …… 더 쉬워요. 이걸 더 많이 해 봐야겠어요.

CET 내내 다음 회기에 오기 전에 해야 할 과제를 강조하였다. 부부는 매주 기술을 익히려는 노력을 기록하도록 격려받았다. 부부는 문제해결 부분이 시작할 때쯤 관계에서의 긴장이 줄었다고 보고하였다.

문제해결(15~18회기)

FFT 회기는 4~6개월째에는 더 적은 빈도(격주)로 진행되었다. 15회기에서 문제해결이 도입되었다. 치료자들은 이론적 근거를 설명하고, 부부에게 토론할 만한 구체적인 문제를 선별하도록 한 후 문제해결 단계를 같이 검토하였다.

부부가 선택한 첫 번째 문제는 가벼운 것이었다. 그들은 고양이 두 마리를 키웠는데, 하나는 데브라가 키우던 것(이전 결혼 때부터)이고, 다른 하나는 베리가 데려온 것이었다. 그들은 고양이에게 얼마나 먹여야 하는지를 두고 의견이 갈렸다. 데브라는 "우리 고양이는 통통했으면 좋겠어."라며 먹이를 자주 주었고, 베리는 자신의 고양이가 날씬했으면 하였다. 그 결과, 베리의 고양이가 배고파서 밤중에 그들을 깨웠다. 데브라의 수면 주기가 바뀌었고, 이는 그녀를 더욱 과민하고 가만히 못 있게 하여 경조증에 가깝게 만들었다. 치료자가 주의를 기울여서 찾아보았지만, 고양이의 다이어트가 양극성장애의 수면 주기에 미치는 영향에 대한 연구는 없었다.

부부는 여러 가지 대안을 고려하였다. 고양이를 똑같이 먹이는 것, 베리의 고양이를 차고에서 키우는 것, 베리의 고양이를 다른 집에 보내는 것, 잠들기 전에 고양이 두 마리에게 먹이를 주는 것이 그것이었다. 그들은 마침내 이 중 마지막을 골랐다. 문제 자체가 그들 사이의 유머와 장난기를 일으켰고, 같이 문제를 해결할 수 있다는 것에 대해 만족감을 얻었다.

잠재적으로 더 심각한 갈등의 근원 두 번째는 그들의 밤중 생활과 관련이 있었다. 두 사람 모두 파티에 가는 것을 좋아했지만 베리는 파티가 데브라의 기분 순환에 긍정적 영향을 준다고 생각하여 자신이 더 오래 머물고자 하였다. 하지만 그녀는 많은 사람과의 상호작용으로 과도하게 자극되고 쉽게 지치곤 하였다. 그들은 여러 가지 대안을 고려하였다. 각자의 차로 이동하고 베리가 동의하면 데브라가 피곤할 때 집에 먼저 가서 자는 것, 데브라가 택시를 타고 집에 오는 것 등이었다. 그들은 마침내 파티에 가기 전에 출발시간을 미리 얘기해서 정해 두기로 결정하였다.

이 부부는 청구서 지불이나 질의 방과 후 활동을 돕는 것과 같은 다른 문제에도 문제해결 방법을 성공적으로 적용할 수 있게 되었다. 그들은 문제를 세분화하는 데 어려움을 겪었고, '서로 불평'하거나 작은 문제를 해결하는 도중 갑자기 큰 문제를 들추는 경향이 있었다. 베리는 자주 "그녀의 양극성장애가 이런 문제의 원인인데 그건 다루고 있지 않아요."라고 불평하였다. 치료자들은 다시 한 번 베리가 문제를 정의하는 방식에 대해 직면하지는 않되 문제의 원인이 데브라에게 있든 그렇지 않든 부부가 여전히 받아들일 수 있는 타협을 이끌어내기 위해 협력해야 한다는 메시지를 전달하였다.

종결(19~21회기)

7개월 만에 데브라는 우울증이 많이 경감되어 옷 가게의 판매 점원으로서 새로운 일자리를 얻었다. 치료자들은 부부가 심리교육, CET, 문제해결 기술 모듈 등을 거치며 작업한 것을 검토하는 것에 중점을 두어 치료의 종결 단계를 논의하기 시작하였다. 두 사람 모두 관계가 개선되었으며, 가끔 집에서 의사소통 기술을 사용한다고 하였다. 치료자들은 그들이 얼마나 좋아졌는지를 언급하고, 매주 시간을 내어 만나고, 하나 또는 그 이상의 기술들을 시연해 보라고 권유하였다.

그러나 베리는 데브라의 임상적인 개선에 대해 완전히 확신하지 못하였다. 최종 회기 중 한 번은 그가 데브라의 증상과 요리, 보증금 내기, 질의 옷을 세탁하기, 또는 그녀가 잘하기로 약속했던 다른 일들을 처리하기 등의 과업들을 잘 해내려는 것에 대해 '의지가 없다'는 문제로 돌아왔다. 다음과 같은 대화가 계속되었다.

베리: (불안하게 웃으며) 어느 날 밤 결혼을 했는데, 제가 데브라와 결혼을 하게 될 것을 아는 거예요. 하지만 그녀의 얼굴도 볼 수 없고, 진짜 그녀인지도 모르는 꿈을 꾼 거예요. 제가 거기에 있을지 확신할 수가 없었어요.

치료자 1: 그리고 당신은 잠옷을 입은 채 모든 사람 앞에 서 있었고요.

베리: (웃음) 그래요, 저는 공부하지 않은 시험에 응시하려고 했어요. 그러나 실제로, 때로는 그녀가 같은 사람이 아닌 것 같은 느낌이 들었습니다. 특히 그녀가 우리가 이야기한 것들을 따르지 않으려 할 때요.

치료자 1: 이에 관한 몇 가지 생각을 말씀드리겠습니다. 많은 배우자가 직면하는 딜레마가 "나는 내 아내와 혹은 남편과 끝까지 함께해야 하나? 아니면 그를 떠나서 나 자신을 챙겨야 하나?"입니다. 실제로 떠나는 사람들도 있고요. 실제로 많은 사람이 잘 해결되고 나아지기를 기다리면서 계속 함께하죠.

베리: 상황이 나아진 것 같아요.

데브라: 저도 그렇게 생각해요. 베리, 당신이 왜 그리 부정적인지 모르겠어.

베리: 음, 당신이라면…….

치료자 1: (끼어들며) 제가 이 부분에 대해 정리해 보죠. 베리, 데브라가 통제할 수 있는 것과 없는 것을 당신 스스로 잘 구별하는 것이 중요하다고 생각합니다. 때로는 둘 사이에 그것이 모호하겠죠. 당신이 그녀가 따르기 싫은 것 같다고 이야기할 때 그것은 분명히 데브라가 의도적으로 그렇게 행동한다고 이야기하는 것으로 들립니다. 무언가 그녀가 당신에게 상처를 주고 화나게 하는 것처럼요. 데브라, 일을 마무리 짓는 것에 대한 문제가 당신의 집중력과 연관된 것 같나요? 당신의 주의나 기억은요?

데브라: (단호하게 고개를 끄덕이며) 절대적으로요! 그에게 그 사실을 깨닫게 해 주신다면 우리 사이가 더 훨씬 나아질 거예요.

베리: 그 기억과 관련된 것은 양극성장애인가요, 주의력결핍장애인가요?

치료자 1: 그 부분은 아직 확신할 수 없습니다. 그건 진단적 구별일 뿐이며, 한쪽 혹은 다른 쪽 대답이 도움을 드릴 수 있을지 확신할 수 없네요. 아마 정말 궁금하신 것은 이런 문제들이 그녀가 통제할 수 있는 것인지 아닌지겠죠. 제가 당신이라면, 저를 정말 괴롭게 하는 것은 그녀가 일부러 그렇게 한다는 생각일 것입니다.

베리: 네, 그리고 저는 그것에 대해 항상 생각하지는 않아요.

치료자 1: 그녀가 생물학적인 불균형 때문에 그러는 것이라고 생각한다면 더욱 공감하게 될 것입니다. 누군가 다리를 다쳐서 계단을 오르는 데 어려움을 겪는다면 그가 일부러 나를 잡고 올라서려고 한다고 생각할 때보다 더 공감하게 되는 것처럼요.

이 부분에서 치료자는 데브라에 대한 베리의 비판적 태도의 주요 원인이라고 생각했던 것을 직접적으로 다루었다. 그녀의 행동 중 많은 부정적인 부분이 통제 가능하고 의도적이라는 믿음이었다(Hooley & Licht, 1997; Miklowitz et al., 1998). 어떤 경우에는 베리가 데브라의 동기에 대해 옳았을 수도 있다. 그러나 데브라가 증상을 통제할 수 있는지에 대한 의문을 제기하면서(일부러 그러는 것으로) 그녀의 행동의 이유를 의도적인 것으로 자꾸 생각하게 된 것이다. 통제 가능한 행동과 불가능한 행동을 구분하는 것은 양극성장애 환자의 가족에게 심리교육을 제공할 때 중요한 핵심적 요소이다.

베리와 데브라의 치료 과정

FFT를 마친 데브라는 약물치료를 꾸준히 받았음에도 불구하고 경도우울증을 겪었다. 그녀의 우울증은 안타까운 일이었으나, 그렇게 심각하지 않았기 때문에 그녀는 직장을 유지하거나 양육 의무를 다할 수 있었다. 그녀의 경도경조증 기간에는 가끔씩 그녀가 베리와 말다툼을 일으켰지만, 악화되지는 않았다. 베리와 데브라는 이전보다 더 잘 의사소통하고 있었고, 두 사람 다 베리가 이전보다 그녀에 대해 더 인내를 가지며 덜 비판적이라는 데 동의하였다. 하지만 데브라는 자주 자신이 영화에 나온 대사인 "이보다 더 좋아질 수 없다면 어떡하지?"라는 마음으로 반응하고 있는 것을 발견하였다. 그녀는 기능적이었지만, 자신이 원했던 인생—성공적인 커리어, 남편과의 더 친밀한 관계, 더 많은 친구, 그녀의 딸과 더 좋은 관계, 더 큰 재정적 성공—을 살 수 없음에 대한 유감을 표현하였다. 그녀는 자신이 겪는 장애의 현실과 그것의 심리사회적 영향을 받아들이기 힘들어하였다. 그러나 데브라는 FFT가, 그리고 약물치료가 그랬듯이 도움이 되었다고 느꼈고, 도중에 그만두겠다는 태도를 보인 적이 없었다. 치료자들은 그녀를 개인과 집단 치료에 의뢰했지만, 데브라는 당분간 심리사회적 치료는 받지 않기로 하였다. 베리는 기분장애 환자의 배우자를 위한 DBSA 집단의 명함을 받아 갔다.

결론

가족 심리교육 치료는 약물치료에 유용한 보조 치료인 것으로 보인다. 그러나 양극성장애를 가진 모든 환자가 가족이 있는 것은 아니며, 개인치료 또는 집단치료 방법을 중요한 대안으로 고려해 볼 만하다. 기분안정제가 우울증 증상보다 조증 증상 완화에 더 효과적인 데 비해, 심리치료는 조증보다 우울증에 더 효과가 높다는 결과는, 양극성장애 환자의 외래치료에서 약물치료와 심리사회적인 개입이 결합된 형태로 제공되어야 하는 더 강력한 근거가 된다.

어떤 가족이 FFT에 가장 적합한 대상인지에 대한 연구는 제한적이다. 우리의 몇몇 임상실험에서 높은 EE 가족의 환자는 낮은 EE 가족의 환자보다

1~2년 동안 기분의 심각도 점수에서 더 큰 감소를 보였다. 그러나 FFT 치료를 받은 고/저 EE 가정의 환자들에서 모두 재발이 감소하는 것을 발견할 수 있었다. 우리가 임상적으로 관찰했을 때, FFT에 잘 반응하지 않는 환자들은 하위 집단이 있는 것으로 보인다. 특히 양극성장애의 진단을 받아들이는 데 더 많이 저항하는 환자는 종종 FFT의 교육적인 부분을 싫어한다. 이 환자들은 일반적으로 자신의 문제가 외부(예: 다른 사람에게 치료를 잘못 받았다)에서 기인했다고 보고, 그들 자신의 행동에 스스로 책임을 지도록 요구하는 개입에는 저항한다. 이 환자들은 또한 약물치료도 거부한다. 안타깝게도, 많은 환자가 (양극성)장애의 실체를 이해하기 전에 여러 번 입원하게 되는 것을 보아 왔다.

다른 종류의 저항은 장애를 생물학적인 기반으로 보는 것에 기인한다. 일부 환자는 그들의 정신건강에 대한 이야기를 약물 처방을 하는 정신과 의사에게만 하고, 심리치료는 자신들의 문제와는 무관한 것으로 본다. 우리는 이런 입장이 잘못된 것이라고 보지는 않는다. 어떤 하위 집단 환자들은 약물치료만으로도 도움을 받고 잘 기능하기 때문이다. 향후 연구에서는 약물치료만을 선호하는 사람들과 심리학적 치료를 요청하는 사람들 사이에 증상, 질병의 단계, 또는 가족/유전적 변인에서 차이가 있는지를 검토해야 할 것이다. 또 중요한 것은 일부 II형 양극성 우울증 환자들은 약물치료를 할 때만큼이나 심리학적 치료를 통해 빠르게 회복된다는 점이다(Swartz, Frank, & Cheng, 2012).

가족 구성원은 종종 저항의 주요 원천이다. 그 이유에는 환자(보상 없이 수년간 도움을 주려고 노력했을 수도 있는 대상)와 자신을 분리하고자 하는 욕구, 시간 또는 거리 제약, 낯선 사람 앞에서 가족이나 부부의 문제에 관해 이야기하는 불편함 등이 포함된다. 더욱 미묘한 것은 장애에 대해 비난 받을 것에 대한 두려움이다(Hatfield, Spaniol, & Zipple, 1987). 가족치료를 위한 움직임은 오래 시도되었지만, 여전히 부모들이 정신질환에 기여했다는 것을 꾸짖는 문화에 뿌리를 두고 있다. FFT의 근거가 되는 이론적 모델은 어떤 식으로든 열악한 양육을 양극성장애의 발병과 연결시키지 않는다. 그럼에도 불구하고 임상가는 종종 자신이 이러한 구시대의 입장을 취하지 않음을 치료 초기에 명확히 해야 한다.

향후 방향

미래의 중요한 연구는 '실제(일반적으로 지역사회의 정신건강)' 치료환경에서 일하는 임상가들에 의해 시간 제약이 있는 상태에서 환자들에게 전달되는 심리사회적 치료의 임상적 영향에 대한 효과성 연구를 포함할 것이다. 앞서 설명했듯이, FFT는 대규모 외래 환자 다중기관에서 근무하는 치료자를 포함한 대규모 집단 STEP-BD 효과성 연구에서 우울증을 안정시키고 건강을 유지하는 데 효과적이라는 것이 입증되었다(Miklowitz et al., 2007b). FFT가 STEP-BD(CBT, IPSRT)가 포함된 다른 치료법과 함께 임상가들을 훈련시켜 실용화될 수 있을지 여부는 지켜봐야 할 것이다.

이와 관련된 문제는 FFT의 적절한 구조를 결정하는 것이다. 많은 지역사회 환경에서 보험회사는 6회기에서 8회기의 치료 비용만 지불한다. FFT는 다소 시간이 많이 걸리며, 참가자의 임상 결과와 가족의 삶의 질에 있어 가장 큰 영향을 미치는 요소를 밝히는 연구가 필요하다. 예를 들어, 어떤 가족은 심리교육 모듈 또는 의사소통 모듈만으로도 이득을 볼 수 있다. 대개 이러한 모듈은 치료효과 크기에서 큰 손실 없이 간소화될 수 있다. 사실 FFT와 같은 치료법을 수정하는 결정은 비용 절약의 목적보다는 임상 결과 연구에 근거하는 것이 가장 이상적이다.

마지막 향후 방향은 양극성장애가 있는 아동기 및 청소년기 환자나 유전적으로 취약하여 초기 전조 증상을 보이는 아동을 대상으로 한 FFT나 기타 심리치료의 적용가능성 여부이다. 양극성장애가 학령기 또는 초기 청소년기에도 존재한다는 사실은 이제 막 인식되고 있으며, 조증의 가족력 등과 같이 장애의 발병을 예측하는 요인들이 확인되고 있다(Axelson, Birmaher, Strober, et al., 2011; Birmaher et al., 2009). 우리의 현재 연구에서는 장애의 가장 초기 단계에서 FFT를 제공하는 것이 장애로 전환하는 위험을 감소시키는지 여부를 검토하고 있다(Miklowitz et al., 2013). 아마도 성인 양극성장애 환자의 부적 증상이나 심리사회적인 결과가 조기 발견과 정교하게 계획된 예방적 개입을 통해 완화될 수 있을 것으로 생각한다.

감사의 글

이 장은 다음 기관의 연구비에 의하여 지원되었다. 국립정신건강연구소 기금(National Institute of Mental Health Grant) Nos. MH43931, MH55101, MH42556, MH62555, MH073871, MH077856, MH093676 및 MH097007; 조현병과 우울장애 연구학회의 저명 연구자 기금(Distinguished Investigator Award from the National Association for Research on Schizophrenia and Depression), 콜로라도 대학교의 연구와 창의력 위원회의 기금(Faculty Fellowship from the University of Colorado's Council on Research and Creative Work)에 감사드린다.

이 장의 초벌 번역 과정에 함께 참여해 준 고려대학교 심리학부 손가은 학생에게 감사드린다.

참고문헌

Akiskal, H. S. (1996). The prevalent clinical spectrum of bipolar disorders: Beyond DSM-IV. *Journal of Clinical Psychopharmacology*, *16*(Suppl. 1), 4-24.

Alloy, L. B., Urošević, S., Abramson, L. Y., Jager-Hyman, S., Nusslock, R., Whitehouse, W. G., et al. (2012). Progression along the bipolar spectrum: A longitudinal study of predictors of conversion from bipolar spectrum conditions to bipolar I and II disorders. *Journal of Abnormal Psychology*, *121*(1), 16-27.

Altshuler, L. L., Bearden, C., Green, M., van Gorp, W., & Mintz, J. (2008). A relationship between neurocognitive impairment and functional impairment: A pilot study. *Psychiatry Research*, *157*, 289-293.

Altshuler, L. L., Post, R. M., Black, D. O., Keck, P. E. J., Nolen, W. A., Frye, M. A., et al. (2006). Subsyndromal depressive symptoms are associated with functional impairment in patients with bipolar disorder: Results of a large, multisite study. *Journal of Clinical Psychiatry*, *67*(10), 1551-1560.

Altshuler, L. L., Post, R. M., Leverich, G. S., Mikalauskas, K., Rosoff, A., & Ackerman, L. (1995). Antidepressant-induced mania and cycle acceleration: A controversy revisited. *American Journal of Psychiatry*, *152*, 1130-1138.

American Psychiatric Association. (1994). *Diagnostic and statistical manual of mental disorders* (4th ed.).

Washington, DC: Author.

American Psychiatric Association. (2013). *Diagnostic and statistical manual of mental disorders* (5th ed.). Arlington, VA: Author.

Axelson, D., Birmaher, B. J., Brent, D., Wassick, S., Hoover, C., Bridge, J., et al. (2003). A preliminary study of the Kiddie Schedule for Affective Disorders and Schizophrenia for School-Age Children mania rating scale for children and adolescents. *Journal of Child and Adolescent Psychopharmacology, 13*, 463-470.

Axelson, D. A., Birmaher, B., Findling, R. L., Fristad, M. A., Kowatch, R. A., Youngstrom, E. A., et al. (2011). Concerns regarding the inclusion of temper dysregulation disorder with dysphoria in the Diagnostic and Statistical Manual of Mental Disorders, Fifth Edition. *Journal of Clinical Psychiatry, 72*(9), 1257-2262.

Axelson, D. A., Birmaher, B., Strober, M. A., Goldstein, B. I., Ha, W., Gill, M. K., et al. (2011). Course of subthreshold bipolar disorder in youth: Diagnostic progression from bipolar disorder not otherwise specified. *Journal of the American Academy of Child and Adolescent Psychiatry, 50*(10), 1001-1016.

Baldessarini, R. J., Tondo, L., & Hennen, J. (2003). Lithium treatment and suicide risk in major affective disorders: Update and new findings. *Journal of Clinical Psychiatry, 64*(Suppl. 5), 44-52.

Bauer, M. S., McBride, L., Williford, W. O., Glick, H., Kinosian, B., Altshuler, L., et al. (2006). Collaborative care for bipolar disorder: Part II. Impact on clinical outcome, function, and costs *Psychiatric Services, 57*, 937-945.

Berrettini, W. (2003). Evidence for shared susceptibility in bipolar disorder and schizophrenia. *American Journal of Medical Genetics, Part C, 123*, 59-64.

Birmaher, B., Axelson, D., Goldstein, B., Strober, M., Gill, M. K., Hunt, J., et al. (2009). Four-year longitudinal course of children and adolescents with bipolar spectrum disorders: The Course and Outcome of Bipolar Youth (COBY) study. *American Journal of Psychiatry, 166*(7), 795-804.

Butzlaff, R. L., & Hooley, J. M. (1998). Expressed emotion and psychiatric relapse: A meta-analysis. *Archives of General Psychiatry, 55*, 547-552.

Calabrese, J. R., Fatemi, S. H., Kujawa, M., & Woyshville, M. J. (1996). Predictors of response to mood stabilizers. *Journal of Clinical Psychopharmacology, 16*(Suppl. 1), 24-31.

Carlson, G. A., Findling, R. L., Post, R. M., Birmaher, B., Blumberg, H. P., Correll, C., et al. (2009). AACAP 2006 Research Forum-Advancing research in early-onset bipolar disorder: Barriers and suggestions. *Journal of Child and Adolescent Psychopharmacology, 19*(1), 3-12.

Chambers, W. J., Puig-Antich, J., Hirsch, M., Paez, P., Ambrosini, P. J., Tabrizi, M. A., et al. (1985). The assessment of affective disorders in children and adolescents by semi-structured interview: Test-retest reliability. *Archives of General Psychiatry, 42*, 696-702.

Colom, F., Vieta, E., Martinez-Aran, A., Reinares, M., Goikolea, J. M., Benabarre, A., et al. (2003). A randomized trial on the efficacy of group psychoeducation in the prophylaxis of recurrences in bipolar patients whose disease is in remission. *Archives of General Psychiatry, 60*, 402-407.

Colom, F., Vieta, E., Martinez-Aran, A., Reinares, M., Goikolea, A., Benabarre, A., et al. (2009). A randomized trial on the efficacy of group psychoeducation in the prophylaxis of bipolar disorder: A five year follow-up. *British Journal of Psychiatry, 194*(3), 260-265.

Colom, F., Vieta, E., Sanchez-Moreno, J., Martinez-Aran, A., Reinares, M., Goikolea, J. M., et al. (2005). Stabilizing the stabilizer: Group psychoeducation enhances the stability of serum lithium levels. *Bipolar Disorders, 7*(Suppl. 5), 32-36.

Colom, F., Vieta, E., Tacchi, M. J., Sanchez-Moreno, J., & Scott, J. (2005). Identifying and improving non-adherence in bipolar disorders. *Bipolar Disorders, 7*(5), 24-31.

Coryell, W., Endicott, J., & Keller, M. (1992). Rapidly

cycling affective disorder: Demographics, diagnosis, family history, and course. *Archives of General Psychiatry, 49*, 126-131.

Cuellar, A. K., Johnson, S. L., & Winters, R. (2005). Distinctions between bipolar and unipolar depression. *Clinical Psychology Review, 25*(3), 307-339.

Cutler, N. R., & Post, R. M. (1982). Life course of illness in untreated manic-depressive patients. *Comprehensive Psychiatry, 23*, 101-115.

Dausch, B. M., Miklowitz, D. J., & Richards, J. A. (1996). A Scale for the Global Assessment of Relational Functioning, II: Reliability and validity in a sample of families of bipolar patients. *Family Process, 35*, 175-189.

Deckersbach, T., Nierenberg, A. A., Kessler, R., Lund, H. G., Ametrano, R. M., Sachs, G., et al. (2010). Cognitive rehabilitation for bipolar disorder: An open trial for employed patients with residual depressive symptoms. *CNS Neuroscience and Therapeutics, 16*(5), 298-307.

Ehlers, C. L., Kupfer, D. J., Frank, E., & Monk, T. H. (1993). Biological rhythms and depression: The role of *zeitgebers* and *zeitstorers*. *Depression, 1*, 285-293.

Falloon, I. R. H., Boyd, J. L., & McGill, C. W. (1984). *Family care of schizophrenia: A problem-solving approach to the treatment of mental illness*. New York: Guilford Press.

Fiedorowicz, J. G., Endicott, J., Leon, A. C., Solomon, D. A., Keller, M. B., & Coryell, W. H. (2011). Subthreshold hypomanic symptoms in progression from unipolar major depression to bipolar disorder. *American Journal of Psychiatry, 168*(1), 40-48.

First, M. B. (2010). DSM-5 proposals for mood disorders: A cost-benefit analysis. *Current Opinion in Psychiatry, 24*(1), 1-9.

First, M. B., Spitzer, R. L., Gibbon, M., & Williams, J. B. W. (1995). *Structured Clinical Interview for DSM-IV Axis I disorders*. New York: Biometrics Research Department, New York State Psychiatric Institute.

Frank, E. (2005). *Treating bipolar disorder: A clinician's guide to interpersonal and social rhythm therapy*. New York: Guilford Press.

Frank, E. (2011). Proposed revisions to the concept of mixed episodes in DSM-5: The path traveled (abstract). *Bipolar Disorders, 13*(1), 14.

Frank, E., Kupfer, D. J., Thase, M. E., Mallinger, A. G., Swartz, H. A., Fagiolini, A. M., et al. (2005). Two-year outcomes for interpersonal and social rhythm therapy in individuals with bipolar I disorder. *Archives of General Psychiatry, 62*(9), 996-1004.

Frank, E., Soreca, I., Swartz, H. A., Fagiolini, A. M., Mallinger, A. G., Thase, M. E., et al. (2008). The role of interpersonal and social rhythm therapy in improving occupational functioning in patients with bipolar I disorder. *American Journal of Psychiatry, 165*(12), 1559-1565.

Fristad, M. A., Verducci, J. S., Walters, K., & Young, M. E. (2009). Impact of multifamily psychoeducational psychotherapy in treating children aged 8 to 12 years with mood disorders. *Archives of General Psychiatry, 66*(9), 1013-1021.

Geddes, J. R. & Miklowitz, D. J. (2013). Treatment of bipolar disorder. *Lancet, 381*, 1672-1682.

George, E. L., Miklowitz, D. J., Richards, J. A., Simoneau, T. L., & Taylor, D. O. (2003). The comorbidity of bipolar disorder and Axis II personality disorders: Prevalence and clinical correlates. *Bipolar Disorders, 5*, 115-122.

Gitlin, M. J., Mintz, J., Sokolski, K., Hammen, C., & Altshuler, L. L. (2011). Subsyndromal depressive symptoms after symptomatic recovery from mania are associated with delayed functional recovery. *Journal of Clinical Psychiatry, 72*(5), 692-697.

Gitlin, M. J., Swendsen, J., Heller, T. L., & Hammen, C. (1995). Relapse and impairment in bipolar disorder. *American Journal of Psychiatry, 152*(11), 1635-1640.

Goes, F. S., Hamshere, M. L., Seifuddin, F., Pirooznia, M., Belmonte-Mahon, P., Breuer, R., et al. (2012). Genomewide association of mood-incongruent psychotic bipolar disorder. *Translational Psychiatry, 2*, e180.

Goldberg, J. F. (2004). The changing landscape of psychopharmacology. In S. L. Johnson & R. L. Leahy

(Eds.), *Psychological treatment of bipolar disorder* (pp. 109-138). New York: Guilford Press.

Goldberg, J. F., & Kocsis, J. H. (1999). Depression in the course of bipolar disorder. In J. F. Goldberg & M. Harrow (Eds.), *Bipolar disorders: Clinical course and outcome* (pp. 129-147). Washington, DC: American Psychiatric Press.

Goldstein, B. I., Goldstein, T. R., & Miklowitz, D. J. (2008). *Integrating a substance use disorder (SUD) perspective into family-focused therapy of adolescents with bipolar disorder (FFT-A)*. Pittsburgh, PA: Western Psychiatric Institute and Clinic.

Hahlweg, K., Goldstein, M. J., Nuechterlein, K. H., Magana, A. B., Mintz, J., Doane, J. A., et al. (1989). Expressed emotion and patient-relative interaction in families of recent-onset schizophrenics. *Journal of Consulting and Clinical Psychology*, *57*, 11-18.

Harrow, M., Grossman, L. S., Herbener, E. S., & Davies, E. W. (2000). Ten-year outcome: Patients with schizoaffective disorders, schizophrenia, affective disorders and mood-incongruent psychotic symptoms. *British Journal of Psychiatry*, *177*, 421-426.

Hatfield, A. B., Spaniol, L., & Zipple, A. M. (1987). Expressed emotion: A family perspective. *Schizophrenia Bulletin*, *13*, 221-226.

Henin, A., Biederman, J., Mick, E., Sachs, G. S., Hirshfeld-Becker, D. R., Siegel, R. S., et al. (2005). Psychopathology in the offspring of parents with bipolar disorder: A controlled study. *Biological Psychiatry*, *58*(7), 554-561.

Honig, A., Hofman, A., Rozendaal, N., & Dingemanns, P. (1997). Psychoeducation in bipolar disorder: Effect on expressed emotion. *Psychiatry Research*, *72*, 17-22.

Hooley, J. M., & Licht, D. M. (1997). Expressed emotion and causal attributions in the spouses of depressed patients. *Journal of Abnormal Psychology*, *106*, 298-306.

Hooley, J. M., & Teasdale, J. D. (1989). Predictors of relapse in unipolar depressives: Expressed emotion, marital distress, and perceived criticism. *Journal of Abnormal Psychology*, *98*, 229-235.

Johnson, R. E., & McFarland, B. H. (1996). Lithium use and discontinuation in a health maintenance organization. *American Journal of Psychiatry*, *153*, 993-1000.

Johnson, S. L. (2005a). Life events in bipolar disorder: Towards more specific models. *Clinical Psychology Review*, *25*(8), 1008-1027.

Johnson, S. L. (2005b). Mania and dysregulation in goal pursuit. *Clinical Psychology Review*, *25*, 241-262.

Johnson, S. L., Cuellar, A., Ruggero, C., Perlman, C., Goodnick, P., White, R., et al. (2008). Life events as predictors of mania and depression in bipolar I disorder. *Journal of Abnormal Psychology*, *117*, 268-277.

Johnson, S. L., Edge, M. D., Holmes, M. K., & Carver, C. S. (2012). The behavioral activation system and mania. *Annual Review of Clinical Psychology*, *8*, 143-167.

Johnson, S. L., Sandrow, D., Meyer, B., Winters, R., Miller, I., Solomon, D., et al. (2000). Increases in manic symptoms following life events involving goal-attainment. *Journal of Abnormal Psychology*, *109*, 721-727.

Judd, L. L., Akiskal, H. S., Schettler, P. J., Endicott, J., Maser, J., Solomon, D. A., et al. (2002). The long-term natural history of the weekly symptomatic status of bipolar I disorder. *Archives of General Psychiatry*, *59*, 530-537.

Kaufman, J., Birmaher, B., Brent, D., Rao, U., Flynn, C., Moreci, P., et al. (1997). Schedule for Affective Disorders and Schizophrenia for School-Age Children —Present and Lifetime version (K-SADS-PL): Initial reliability and validity data. *Journal of the American Academy of Child and Adolescent Psychiatry*, *36*, 980-988.

Keck, P. E., McElroy, S. L., Strakowski, S. M., West, S. A., Sax, K. W., Hawkins, J. M., et al. (1998). 12-month outcome of patients with bipolar disorder following hospitalization for a manic or mixed episode. *American Journal of Psychiatry*, *155*, 646-652.

Kim, E. Y., & Miklowitz, D. J. (2002). Childhood mania, attention deficit hyperactivity disorder, and conduct disorder: A critical review of diagnostic dilemmas.

Bipolar Disorders, *4*, 215-225.

Klerman, G. L., Weissman, M. M., Rounsaville, B. J., & Chevron, R. S. (1984). *Interpersonal psychotherapy of depression*. New York: Basic Books.

Kraepelin, É. (1921). *Manic-depressive insanity and paranoia*. Edinburgh, UK: Livingstone.

Kumari, V., Fannon, D., Peters, E. R., Ffytche, D. H., Sumich, A. L., Premkumar, P., et al. (2011). Neural changes following cognitive behaviour therapy for psychosis: A longitudinal study. *Brain*, *134*(8), 2396-2407.

Lam, D. H., Burbeck, R., Wright, K., & Pilling, S. (2009). Psychological therapies in bipolar disorder: The effect of illness history on relapse prevention—a systematic review. *Bipolar Disorders*, *11*(5), 474-482.

Lam, D. H., Hayward, P., Watkins, E. R., Wright, K., & Sham, P. (2005). Relapse prevention in patients with bipolar disorder: Cognitive therapy outcome after 2 years. *American Journal of Psychiatry*, *162*, 324-329.

Lam, D. H., Watkins, E. R., Hayward, P., Bright, J., Wright, K., Kerr, N., et al. (2003). A randomized controlled study of cognitive therapy of relapse prevention for bipolar affective disorder: Outcome of the first year. *Archives of General Psychiatry*, *60*, 145-152.

Leibenluft, E. (2011). Severe mood dysregulation, irritability, and the diagnostic boundaries of bipolar disorder in youths. *American Journal of Psychiatry*, *168*(2), 129-142.

Leibenluft, E., Charney, D. S., Towbin, K. E., Bhangoo, R. K., & Pine, D. S. (2003). Defining clinical phenotypes of juvenile mania. *American Journal of Psychiatry*, *160*, 430-437.

Leverich, G. S., & Post, R. M. (1998). Life charting of affective disorders. *CNS Spectrums*, *3*, 21-37.

Leverich, G. S., Post, R. M., Keck, P. E. J., Altshuler, L. L., Frye, M. A., Kupka, R. W., et al. (2007). The poor prognosis of childhood-onset bipolar disorder. *Journal of Pediatrics*, *150*(5), 485-490.

Liberman, R. P., Wallace, C. J., Falloon, I. R. H., & Vaughn, C. E. (1981). Interpersonal problem solving therapy for schizophrenics and their families. *Comprehensive Psychiatry*, *22*, 627-629.

Malhi, G. S., Adams, D., & Berk, M. (2009). Medicating mood with maintenance in mind: Bipolar depression pharmacotherapy. *Bipolar Disorders*, *11*(Suppl. 2), 55-76.

Malkoff-Schwartz, S., Frank, E., Anderson, B. P., Hlastala, S. A., Luther, J. F., Sherrill, J. T., et al. (2000). Social rhythm disruption and stressful life events in the onset of bipolar and unipolar episodes. *Psychological Medicine*, *30*, 1005-1016.

Malkoff-Schwartz, S., Frank, E., Anderson, B., Sherrill, J. T., Siegel, L., Patterson, D., et al. (1998). Stressful life events and social rhythm disruption in the onset of manic and depressive bipolar episodes: A preliminary investigation. *Archives of General Psychiatry*, *55*, 702-707.

Masi, G., Mucci, M., Pfanner, C., Berloffa, S., Magazù, A., & Perugi, G. (2012). Developmental pathways for different subtypes of early-onset bipolarity in youths. *Journal of Clinical Psychiatry*, *73*(10), 1355-1341.

Merikangas, K. R., Akiskal, H. S., Angst, J., Greenberg, P. E., Hirschfeld, R. M. A., Petukhova, M., et al. (2007). Lifetime and 12-month prevalence of bipolar spectrum disorder in the National Comorbidity Survey Replication. *Archives of General Psychiatry*, *64*(5), 543-552.

Merikangas, K. R., Cui, L., Kattan, G., Carlson, G. A., Youngstrom, E. A., & Angst, J. (2012). Mania with and without depression in a community sample of US adolescents. *Archives of General Psychiatry*, *69*(9), 943-951.

Merikangas, K. R., Jin, R., He, J. P., Kessler, R. C., Lee, S., Sampson, N. A., et al. (2011). Prevalence and correlates of bipolar spectrum disorder in the World Mental Health Survey Initiative. *Archives of General Psychiatry*, *68*(3), 241-251.

Meyer, B., Johnson, S. L., & Winters, R. (2001). Responsiveness to threat and incentive in bipolar disorder: Relations of the BIS/BAS scales with symptoms. *Journal of Psychopathology and Behavioral Assessment*, *23*, 133-143.

Miklowitz, D. J. (2008a). Adjunctive psychotherapy for

bipolar disorder: State of the evidence. *American Journal of Psychiatry, 165*(11), 1408-1419.

Miklowitz, D. J. (2008b). *Bipolar disorder: A family-focused treatment approach* (2nd ed.). New York: Guilford Press.

Miklowitz, D. J. (2012). A family intervention approach to bipolar disorder and substance abuse in late adolescence. *Journal of Clinical Psychology: In Session, 68*(5), 502-513.

Miklowitz, D. J., Axelson, D. A., Birmaher, B., George, E. L., Taylor, D. O., Schneck, C. D., et al. (2008). Family-focused treatment for adolescents with bipolar disorder: Results of a 2-year randomized trial. *Archives of General Psychiatry, 65*(9), 1053-1061.

Miklowitz, D. J., Axelson, D. A., George, E. L., Taylor, D. O., Schneck, C. D., Sullivan, A. E., et al. (2009). Expressed emotion moderates the effects of family-focused treatment for bipolar adolescents. *Journal of the American Academy of Child and Adolescent Psychiatry, 48*, 643-651.

Miklowitz, D. J., Biuckians, A., & Richards, J. A. (2006). Early-onset bipolar disorder: A family treatment perspective. *Development and Psychopathology, 18*, 1247-1265.

Miklowitz, D. J., George, E. L., Axelson, D. A., Kim, E. Y., Birmaher, B., Schneck, C., et al. (2004). Family-focused treatment for adolescents with bipolar disorder. *Journal of Affective Disorders, 82*(Suppl. 1), 113-128.

Miklowitz, D. J., George, E. L., Richards, J. A., Simoneau, T. L., & Suddath, R. L. (2003). A randomized study of family-focused psychoeducation and pharmacotherapy in the outpatient management of bipolar disorder. *Archives of General Psychiatry, 60*, 904-912.

Miklowitz, D. J., & Goldstein, M. J. (1997). *Bipolar disorder: A family-focused treatment approach*. New York: Guilford Press.

Miklowitz, D. J., Goldstein, M. J., Nuechterlein, K. H., Snyder, K. S., & Mintz, J. (1988). Family factors and the course of bipolar affective disorder. *Archives of General Psychiatry, 45*, 225-231.

Miklowitz, D. J., Otto, M. W., Frank, E., Reilly-Harrington, N. A., Wisniewski, S. R., Kogan, J. N., et al. (2007a). Is psychosocial management effective?: In reply to Saddichha and Kumar. *Archives of General Psychiatry, 64*, 1452-1453.

Miklowitz, D. J., Otto, M. W., Frank, E., Reilly-Harrington, N. A., Wisniewski, S. R., Kogan, J. N., et al. (2007b). Psychosocial treatments for bipolar depression: A 1-year randomized trial from the Systematic Treatment Enhancement Program. *Archives of General Psychiatry, 64*, 419-427.

Miklowitz, D. J., Schneck, C. D., Singh, M. K., Taylor, D. O., George, E. L., Cosgrove, V. E., et al. (2013). Early intervention for symptomatic youth at risk for bipolar disorder: A randomized trial of family-focused therapy. *Journal of the American Academy of Child and Adolescent Psychiatry, 52*(2), 121-131.

Miklowitz, D. J., & Scott, J. (2009). Psychosocial treatments for bipolar disorder: Cost-effectiveness, mediating mechanisms, and future directions. *Bipolar Disorders, 11*, 110-122.

Miklowitz, D. J., Wendel, J. S., & Simoneau, T. L. (1998). Targeting dysfunctional family interactions and high expressed emotion in the psychosocial treatment of bipolar disorder. *In Session: Psychotherapy in Practice, 4*, 25-38.

Miklowitz, D. J., Wisniewski, S. R., Miyahara, S., Otto, M. W., & Sachs, G. S. (2005). Perceived criticism from family members as a predictor of the 1-year course of bipolar disorder. *Psychiatry Research, 136*(2-3), 101-111.

Monk, T. H., Kupfer, D. J., Frank, E., & Ritenour, A. M. (1991). The Social Rhythm Metric (SRM): Measuring daily social rhythms over 12 weeks. *Psychiatry Research, 36*, 195-207.

Murray, G., Suto, M., Hole, R., Hale, S., Amari, E., & Michalak, E. E. (2011). Self-management strategies used by "high functioning" individuals with bipolar disorder: From research to clinical practice. *Clinical Psychology and Psychotherapy, 18*(2), 95-109.

Napier, A. Y., & Whitaker, C. (1988). *The family crucible: The intense experience of family therapy*. New York:

Harper & Row.

O'Connell, R. A., Mayo, J. A., Flatow, L., Cuthbertson, B., & O'Brien, B. E. (1991). Outcome of bipolar disorder on long-term treatment with lithium. *British Journal of Psychiatry, 159*, 132-129.

Priebe, S., Wildgrube, C., & Muller-Oerlinghausen, B. (1989). Lithium prophylaxis and expressed emotion. *British Journal of Psychiatry, 154*, 396-399.

Rea, M. M., Tompson, M., Miklowitz, D. J., Goldstein, M. J., Hwang, S., & Mintz, J. (2003). Family focused treatment vs. individual treatment for bipolar disorder: Results of a randomized clinical trial. *Journal of Consulting and Clinical Psychology, 71*, 482-492.

Sachs, G. S., Nierenberg, A. A., Calabrese, J. R., Marangell, L. B., Wisniewski, S. R., Gyulai, L., et al. (2007). Effectiveness of adjunctive antidepressant treatment for bipolar depression. *New England Journal of Medicine, 356*(17), 1711-1722.

Sato, T., Bottlender, R., Schroter, A., & Moller, H. J. (2003). Frequency of manic symptoms during a depressive episode and unipolar "depressive mixed state" as bipolar spectrum. *Acta Psychiatrica Scandinavica, 107*(4), 268-274.

Sala, R., Axelson, D. A., Castro-Fornieles, J., Goldstein, T. R., Ha, W., Liao, F., et al. (2010). Comorbid anxiety in children and adolescents with bipolar spectrum disorders: prevalence and clinical correlates. *Journal of Clinical Psychiatry, 71*(10), 1344-1350.

Salavert, J., Caseras, X., Torrubia, R., Furest, S., Arranz, B., Duenas, R., et al. (2007). The functioning of the Behavioral Activation and Inhibition Systems in bipolar I euthymic patients and its influence in subsequent episodes over an eighteen-month period. *Personality and Individual Differences, 42*(7), 1323-1331.

Scherk, H., Pajonk, F. G., & Leucht, S. (2007). Second-generation antipsychotic agents in the treatment of acute mania: A systematic review and meta-analysis of randomized controlled trials. *Archives of General Psychiatry, 64*(4), 442-455.

Schlosser, D. A., Miklowitz, D. J., O'Brien, M. P., De Silva, S., Zinberg, J. L., & Cannon, T. D. (2012). A randomized trial of family-focused treatment for adolescents and young adults at risk for psychosis: Study rationale, design, and methods. *Early Intervention in Psychiatry, 6*(3), 283-291.

Scott, J., Paykel, E., Morriss, R., Bentall, R., Kinderman, P., Johnson, T., et al. (2006). Cognitive behaviour therapy for severe and recurrent bipolar disorders: A randomised controlled trial. *British Journal of Psychiatry, 188*, 313-320.

Simon, G. E., Ludman, E. J., Bauer, M. S., Unutzer, J., & Operskalski, B. (2006). Long-term effectiveness and cost of a systematic care program for bipolar disorder. *Archives of General Psychiatry, 63*(5), 500-508.

Simoneau, T. L., Miklowitz, D. J., Richards, J. A., Saleem, R., & George, E. L. (1999). Bipolar disorder and family communication: Effects of a psychoeducational treatment program. *Journal of Abnormal Psychology, 108*, 588-597.

Simoneau, T. L., Miklowitz, D. J., & Saleem, R. (1998). Expressed emotion and interactional patterns in the families of bipolar patients. *Journal of Abnormal Psychology, 107*, 497-507.

Spitzer, R. L., Williams, J. B., Gibbon, M., & First, M. B. (1992). The Structured Clinical Interview for DSM-III-R (SCID): I. History, rationale, and description. *Archives of General Psychiatry, 49*(8), 624-629.

Strakowski, S. M., Keck, P. E., McElroy, S. L., West, S. A., Sax, K. W., Hawkins, J. M., et al. (1998). Twelve-month outcome after a first hospitalization for affective psychosis. *Archives of General Psychiatry, 55*, 49-55.

Suppes, T., Leverich, G. S., Keck, P. E., Nolen, W. A., Denicoff, K. D., Altshuler, L. L., et al. (2001). The Stanley Foundation Bipolar Treatment Outcome Network: II. Demographics and illness characteristics of the first 261 patients. *Journal of Affective Disorders, 67*, 45-59.

Suppes, T., Mintz, J., McElroy, S. L., Altshuler, L. L., Kupka, R. W., Frye, M. A., et al. (2005). Mixed hypomania in 908 patients with bipolar disorder evaluated prospectively in the Stanley Foundation Bipolar Treatment Network: A sex-specific phenomenon. *Archives of General Psychiatry,*

62(10), 1089-1096.

Swann, A. C., Dougherty, D. M., Pazzaglia, P. J., Pham, M., & Moeller, F. G. (2004). Impulsivity: A link between bipolar disorder and substance abuse. *Bipolar Disorders, 6*, 204-212.

Swartz, H. A., Frank, E., & Cheng, Y. (2012). A randomized pilot study of psychotherapy and quetiapine for the acute treatment of bipolar II depression. *Bipolar Disorders, 14*(2), 211-216.

Van Meter, A. R., Moreira, A. L., & Youngstrom, E. A. (2011). Meta-analysis of epidemiologic studies of pediatric bipolar disorder. *Journal of Clinical Psychiatry, 72*(9), 1250-1256.

Vaughn, C. E., & Leff, J. P. (1976). The influence of family and social factors on the course of psychiatric illness: A comparison of schizophrenia and depressed neurotic patients. *British Journal of Psychiatry, 129*, 125-137.

Vitiello, B., & Swedo, S. (2004). Antidepressant medications in children. *New England Journal of Medicine, 350*, 1489-1491.

Weinstock, L. M., & Miller, I. W. (2008). Functional impairment as a predictor of short-term symptom course in bipolar I disorder. *Bipolar Disorders, 10*(3), 437-442.

Weinstock, L. M., Strong, D., Uebelacker, L. A., & Miller, I. W. (2009). Differential item functioning of DSM-IV depressive symptoms in individuals with a history of mania versus those without: An item response theory analysis. *Bipolar Disorders, 11*(3), 289-297.

Weisman, A., Lopez, S. R., Karno, M., & Jenkins, J. (1993). An attributional analysis of expressed emotion in Mexican-American families with schizophrenia. *Journal of Abnormal Psychology, 102*, 601-606.

Wendel, J. S., Miklowitz, D. J., Richards, J. A., & George, E. L. (2000). Expressed emotion and attributions in the relatives of bipolar patients: An analysis of problem-solving interactions. *Journal of Abnormal Psychology, 109*, 792-796.

West, A. E., & Weinstein, S. M. (2012). A family-based psychosocial treatment model. *Israeli Journal of Psychiatry and Related Sciences, 49*(2), 86-93.

Wilens, T. E., Biederman, J., Kwon, A., Ditterline, J., Forkner, P., Moore, H., et al. (2004). Risk of substance use disorders in adolescents with bipolar disorder. *Journal of the American Academy of Child and Adolescent Psychiatry, 43*(11), 1380-1386.

Yan, L. J., Hammen, C., Cohen, A. N., Daley, S. E., & Henry, R. M. (2004). Expressed emotion versus relationship quality variables in the prediction of recurrence in bipolar patients. *Journal of Affective Disorders, 83*, 199-206.

chapter 12

조현병과 기타 정신병적 장애

Nicholas Tarrier, Rumina Taylor 공저
최기홍 역

지난 10년간 가장 주목할 만한 진보 중 하나는 조현병의 '양성' 증상을 심리학적 치료(psychological treatment)로 직접 치료하는 것이다. 이러한 진보의 대부분은 원래 영국에서 시작되었으며, 국가보건서비스(National Health Service: NHS)의 맥락에서 일하는 수석 연구자 집단이 이러한 접근법을 개발하고 평가하였다. 임상심리학자인 Nick Tarrier 박사는 이 시기 동안 집단을 이끌었다. 사례관리와 항정신성 약물이 제공되는 상황과 맥락에서 심리학적 치료의 매우 독창적인 치료 구성요소가 더해지면서 급성기의 환자는 물론, 약물치료에 완전히 반응하지 않는 만성 환자에게 효과적이라는 것이 입증되었다. 영국과 미국 정부가 후원하고 발간하는 치료 지침서에서 이러한 포괄적인 치료 권고안을 통합시켰고, 그 과학적 증거는 충분하다. 최근에는 고위험군이 발병하는 것을 예방하기 위해 심리학적 치료를 통합하는 절차가 필요하다는 명확한 증거가 등장하였다. 심리학적 치료법 제공의 추진력은 영화 〈뷰티풀 마인드〉 속 러셀 크로우가 연기한 주인공, 짐의 복잡한 망상을 만들어 내는 사례에서도 잘 설명되어 있다. 망상은 주로 친구와 가족을 포함한 다른 사람들이 자신을 이용하고, 그의 돈과 여자 친구를 빼앗아 가기 위해 음모를 꾸민다는 것이다. 이러한 증상을 치료하기 위한 심리학적 치료법이 이 장에 잘 묘사되어 있다. 경험적으로 지지되는 새로운 심리학적 치료는 중증 정신질환을 가진 환자들을 치료하는 심리과학 발전의 최전선을 대표하며, 조현병의 고통을 어느 정도 완화시킬 수 있다. - D. H. B.

조현병(schizophrenia)은 환각, 망상 및 사고 장애의 양성 증상을 특징으로 하는 중증 정신질환이다. 환각은 다른 감각에서도 나타나지만 청각적 환각이 일반적이며, 종종 본인이나 제3자에 대해 말하는 목소리의 형태를 띤다. 망상은 주로 기괴하며, 강한 확신을 동반하고, 주로 지각이나 경험의 잘못된 해석을 수반한다. 망상의 내용은 외계인의 통제, 박해, 신체적 · 종교적 또는 과장된 생각 등 다양한 주제를 포함한다. 사고장애는 언어의 분열과 해체로 드러난다. 환각과 망상, 때로 사고장

애는 '양성 증상'이라 한다. 양성 증상이라는 의미는 정상적인 기능의 과잉이나 왜곡을 뜻한다. 음성 증상 또한 빈번히 나타나며, 감정의 범위와 강도, 사고와 언어의 유창성과 생산성에 제약을 가져오고, 행동을 시작하는 데 어려움을 가져오는 등 일상적이고 정상적인 기능이 감소하는 상태를 가리킨다. 이러한 증상은 개인, 사회 및 직업 기능에 역기능을 초래하고, 동반되는 질환으로는 특히 우울 증상과 불안 증상이 자주 나타나며, 기능을 손상시킨다. 또한 자살위험이 높다. 조현병과 정신질환의 진단 및 분류 측면은 수십 년 동안 많은 논쟁을 불러일으켰고, 대부분의 정신병리학이나 정신의학 교과서에서 진단과 분류에 대한 자세한 내용을 찾을 수 있다. 정신과 진단과 분류에 있어 개인차가 존재하며, 동일한 진단의 경우에도 시간이 지남에 따라 임상양상에 상당한 차이가 있다. 심리학적 치료를 이야기할 때는 진단과 분류가 그다지 중요하지 않다. 최근 정신증에 대한 인지행동치료(cognitive-behavioral therapy for psychosis: CBTp)는 주로 양성 증상을 완화하고 증상으로 인한 고통을 감소시키는 데에 초점을 맞추고 있는데, 이는 이 장에서 주로 다룰 내용이다. 조현병에 대한 표준 치료법은 항정신성 약물과 몇몇 종류의 사례관리에 국한되어 있었으나, 이 장에서는 CBTp가 포함되어야 함을 강조한다. 실제로 근래에 개정된 영국의 국립보건연구소(National Institute for Health and Clinical Excellence: NICE; 2009) 지침과 미국의 조현병 환자 치료결과 연구팀(Dixon et al., 2010) 지침에서는 모두 조현병 환자에게 약물치료와 함께 CBTp를 제공할 것을 제안하였다.

조현병을 위한 인지행동치료 개발

조현병을 위한 인지행동치료(cognitive-behavioral therapy: CBT)는 공통된 주제와 일련의 원칙을 공유하지만, 대부분 영국에 위치한 다수의 기관과 센터에서 개발되었다. 조현병을 위한 CBT는 이론적이고 개념적인 토대가 충분하다. 1980년대부터 1990년대까지 불안과 정서 장애를 치료하는 데 CBT가 성공적으로 적용되고 그 수요가 극적으로 증가하면서, 조현병도 심리학적인 관점으로 이해하고 치료하고자 했던 임상심리학자들에게 영향을 미쳤다. 특히 영국에서 임상심리학자들은 성인 정신건강 서비스를 통해 다양한 장애에 심리학적 치료를 제공하였으며, 이 과정에서 여러 진단에 맞게 치료 방법을 적용할 수 있었다. 영국의 국가보건서비스(NHS)의 보편적 건강관리 체계는 심리학적 치료의 적용과 정신건강의 다양한 분야 간 다학제적 협력을 용이하게 하였다. 또한 건강전문가, 특히 임상심리학자의 전문교육을 위한 정부의 지원 자금은 일반 환자와 정신증을 보이는 중증 정신질환 환자들에게 CBT의 중요성을 인식하도록 도왔고, 서비스의 보급을 도왔다. 그러나 보건서비스에 대한 치료 보급과 CBTp의 보편적 이용률은 생각보다 천천히 증가했고, 이 과정에서 몇 가지 문제점이 나타났다(Broker & Brabban, 2006; Tarrier, Barrowclough, Haddock, & McGovern, 1999).

연구 근거

임상가는 임상, 윤리 및 경제적인 사항을 고려

하여 치료의 경험적 근거를 평가하고, 그러한 근거 자료를 바탕으로 치료를 선택하고 적용해야 한다. 경험적 근거는 통제되지 않은 예비연구와 소규모 프로젝트에서부터 통제된 연구, 그 이후 효능과 효과에 대한 대규모의 무선통제연구(randomized controlled trials: RCTs)로 발전한다. 정신건강을 연구하는 데 있어 RCTs가 적합하지 않다는 비판(Richardson, Baker, Burns, Lilford, & Muijen, 2000; Slade & Priebe, 2001)에도 불구하고, RCTs는 여전히 모든 치료의 효과를 결정하는 '황금 기준'으로 여겨진다(Doll, 1998; Pocock, 1996; Salkovskis, 2002; Tarrier & Wykes, 2004). 일단 통제실험(controlled trials) 결과가 데이터베이스에 축적되면, 메타분석을 통해 그 치료의 평균 치료효과 수준을 가늠할 수 있다. 상충되는 결과도 존재하지만(예: Lynch, Laws, & McKenna, 2010), 조현병에 대한 여러 편의 메타분석 결과 CBTp가 양성 증상을 치료하는 데 효과적이라는 사실이 밝혀졌다(Gould, Mueser, Bolton, Mays, & Goff, 2001; Pilling et al., 2002; Rector & Beck, 2001; Tarrier & Wykes, 2004; Zimmermann, Favrod, Trieu, & Pomini, 2005). Tarrier와 Wykes(2004)가 개관한 조현병에 대한 20편의 CBT 통제실험 중, 양성 증상에 대한 CBT의 효과에 대해서는 19편의 연구가 긍정적 근거를 제공하였다. 이 연구의 평균 효과크기는 0.37(SD=0.39, 중간값=0.32)이며, 범위는 -0.49와 0.99 사이이다. 효과크기를 분류하기 위해 Cohen(1988)이 제시한 효과크기(d)를 사용하였고, 14편(74%)의 연구가 작은 효과크기, 6편(32%)이 보통, 3편(16%)이 큰 효과크기를 보고하였다. 전반적으로 이 연구들은 일반적 치료(treatment as usual: TAU)에 비해 양성 증상을 호전시키는 데 적당한 효과크기를 도출하였는데, 장애의 본질과 심각성을 감안할 때 놀랄 일은 아니다. 최근의 메타분석 및 검토 결과를 보면 임상실험에서 CBTp의 효과크기는 30편의 연구에서 양성 증상에 대한 효과크기가 0.476이었고, 14편의 연구에서 음성 증상에 대한 효과크기는 0.474, 11편의 연구에서 사회적 기능에 대한 효과크기는 0.477, 11편의 연구에서 우울증에 대한 효과크기는 0.424였다(Wykes, Everitt, Steele, & Tarrier, 2008). 보다 최근의 메타분석은 TAU 및 다른 심리학적 치료(심리적 교육 및 가족개입)와 비교한 추적관찰(치료 후 3~15개월)에서 CBTp의 효과성(effectiveness)을 입증하였다. Sarin, Wallin과 Widerlöv의 연구(2011)는 22편의 연구와 참가자 2,469명의 자료를 포함했는데, 추적관찰에서 CBTp를 다른 심리적 개입과 비교했을 때 양성, 음성 및 일반 증상에 대한 CBTp의 치료효과 크기는 작은 수준(small effect)이었다. CBTp를 추적관찰 기간 및 다른 심리학적 치료가 끝난 직후 TAU와 비교했을 때 CBTp가 더 효과적인 경향이 있었지만 통계적으로 유의하지는 않았다. 따라서 CBTp의 효과는 치료 후에 시간이 지나면서 천천히 나타나는 것으로 보인다.

만성 조현병의 증상 관리

조현병 환자의 상당수가 유지 약물에도 불구하고 지속적인 환각과 망상을 경험하며, 더 이상 약물치료에 반응하지 않기도 한다. CBTp 연구의 대부분은 만성질환 환자를 대상으로 실시했는데, 이 중 유효한 16건의 연구 자료에서 평균 효과크기는 0.4(SD=0.32, 중앙값=0.33), 범위는 -0.32에서 0.99까지였다(Tarrier & Wykes, 2004). 또 다른 연구들에서는 CBTp를 사용하여 보다 명확하게 정의된 참가자 집단과 특정 증상을 목표로 삼았다. 예를 들어, Fowler와 동료들(2009)은 정신증의 초기 단계에 속해 있고, 사회적 기능 및 실업률이 낮은 청년들을 모집하여 사회 회복을 개선하기 위해 CBT를 실시하였다. TAU만 단독으로 실시한 집단과 비교했을 때, 사회적 회복 문제를 겪고 있는 정신증(동반이환 정서장애가 없는) 환자들이 CBT를 받은 경우 건설적이고 구조화된 활동을 하는 데 더 많은 시간을 할애한 것으로 나타났다. 더욱이 이는 증상과 절망이 줄어들면서 나타난 성취라는 점에서 임상적으로 중요한 의미를 갖는다. 이와 유사하게, Grant, Huh, Perivoliotis, Stolar와 Beck(2012)은 신경인지 손상이 있는 조현병 환자의 기능 및 음성 증상 개선을 위해 18개월 동안의 회복중심 인지치료 패키지(recovery-focused cognitive therapy package)를 제공하고 그 효과를 평가하였다. 치료를 받은 환자들은 전반적인 기능 및 양성 증상, 음성 증상(동기)에서 유의미한 개선을 보였다. 이전의 연구에서 Trower와 동료들(2004)은 명령 환각 증상을 보이는 환자들의 환각에 순응하는 행동을 목표로 하여 인지치료를 진행하였다. 인지치료를 받은 집단에서 12개월의 추적관찰 기간 동안 지속적으로 지각력과 맹목적인 음성, 관련 순응행동, 조울 증상 및 우울 증상이 상당히 감소하였다. 이 연구는 더욱 긴 추적관찰 기간을 갖는 대규모 다기관 RCT에서 반복 검증되어 치료개입의 효과와 효과의 지속성에 관하여 보다 명확한 결론을 도출할 수 있도록 해 주었다(Birchwood et al., 2011). 걱정, 불면증, 추론 편향은 망상과 이로 인한 고통이 지속되도록 하는 요인이라고 제기되어 왔는데, 최근에는 이러한 요소들을 직접적으로 다룸으로써 망상적 신념을 치료하는 보다 성공적인 접근법이 개발되었다(연구 검토를 위해서는 Freeman, 2011 참조).

급성 조현병에서의 증상 회복

몇몇 연구에서는 급성 정신질환 발병으로 입원한 급성 환자의 치료에서 CBTp 활용을 조사하였다. 이때 참가자가 심하게 아프고, 의심스럽고, 불안해하고, 불안정할 수 있다. 그렇기 때문에 이 치료법을 적용할 때는 치료기간의 범위를 유연하게 적용할 수 있도록 일종의 '치료법 봉투(therapy envelope)'로서 필요할 때 필요한 개입을 필요한 시기만큼 꺼내어 활용한다. 2건의 연구에서 -0.49와 0.93의 효과크기를 보였으나(Drury, Birchwood, Cochrane, & Macmillan, 1996, Haddock, Tarrier, et al., 1999), 두 연구 간에도 상당한 차이가 있다. 현재까지 가장 규모가 크고 방법론적으로 가장 엄격한 연구인 조기 조현병에서의 인지적 현실성 회복치료 연구(Study of Cognitive Reality Alignment Therapy in Early Schizophrenia: SoCRATES; Lewis et al., 2002)는 조기 발병한 조현병 환자 309명을 대상으로 0.12의 효과크기를 보였다. 18개월 동안 이 임상실험 집단을 추적한 결과, CBTp와 지지적 상담이 모두 TAU 단독집단에 비해 임상적 이점을 나타냈으며, 특히 청각 환각이 CBTp에 더 잘 반응하는 경향이 있었다(Tarrier, Lewis, et al., 2004). 최근의 RCT는 정신증 첫 발병의 급성기에 CBTp 혹은 친구되기 집단(befriending)에 환자들을 무선할당하여 효과를 검증하였다. CBTp는 치료의 중간 시점과 종료 시점을 비교했을 때 0.39의 효과크기를 보이며, 친구되기 집단에 있던 환자에 비해 기능이 개선되었지만 증상의 호전은 유사하였다(Jackson et al., 2008).

CBTp는 SoCRATES 연구 결과(Lewis et al., 2002)와 유사하게 조기 회복을 촉진시키는 것으로 나타났으나, CBTp군과 친구되기 집단(befriendling)군 간의 차이는 1년 추적관찰에서 사라졌다.

재발방지

많은 연구에서 재발방지 또는 향후 급성 발작을 예방·지연시키는 CBTp의 효과에 대해 조사하였다. 재발은 증상 악화가 가져오는 혼란과 고통, 경제적 비용을 고려했을 때 중요한 결과이다. 재발방지가 일련의 구성요소 중 하나로 포함된 CBTp에 관한 연구는 대조군 치료에 비해 1.4%의 재발 감소를 나타낸다는 4건의 연구가 있었고, CBTp에서 재발방지에 초점을 둔 2건의 연구(Tarrier & Wykes, 2004)에서는 21%의 평균 재발률 감소를 보였다. CBTp와 TAU 및 다른 심리적 개입의 재발률을 비교한 소수의 연구를 포함한 Sarin과 동료들(2011)의 최근 메타분석에 의하면 CBTp가 재발방지에 효과를 보였다는 강력한 증거가 입증된 바는 없다. 급성기에 인지치료를 제공하는 것은 입원 횟수와 1년 추적관찰 시 병원 입원 일수를 줄이는 데 효과가 미미하였다(Jackson et al., 2008). 다기관에서 실시한 방법론적으로 엄격한 RCT 연구에서는 최근 재발한 정신질환 환자의 재발방지 및 증상 감소를 위해 특별히 고안된 CBTp 및 가족개입의 효과를 조사하였다(Garety et al., 2008). 두 가지 개입은 CBTp가 우울증과 증상을 줄이고 사회기능을 향상시켰음에도 불구하고 12개월 또는 24개월 추적조사에서 관해나 재발에 아무런 영향을 미치지 못했으며, 가족개입은 망상으로 인한 고통을 개선하였다. 같은 연구진에 의한 추후 연구(Dunn et al., 2012)는 자료를 재검토하기 위해 새로운 통계방법을 사용했는데, CBTp는 치료를 완전히 끝내고 재발방지 및 증상을 목표로 하는 일련의 인지적·행동적 전략을 포함하는 경우에만 증상이 완화되는 데 효과가 있는 것으로 나타났다.

조기 개입

정신질환이 개인에게 미치는 영향 외에도, 조현병 경과를 이른 시점에서 바꾸는 데에 대한 관심이 커져 왔다. Morrison과 동료들(2004)은 조기 개입 집단을 대상으로 첫 번째 급성 발작을 피하거나 지연시키기 위해 전조기간에 CBT 기법을 이용하여 개입하는 것에 대해 보고하였다. 그들은 표면적인 양성 증상이 아니라 문제해결의 어려움에 초점을 맞추었다. 이 첫 번째 RCT의 결과는 희망적인데, CBTp는 정신질환으로의 진행을 예방하는 데 있어 TAU보다 효과적이며, 항정신성 약물 처방으로 이어지지 않으면서도 증상을 감소시키는 것으로 나타났다. 그러나 이러한 결과는 심각한 정신질환을 앓고 있는 젊은 층에게 제공되는 인지치료와 TAU에 관한 더 큰 규모의 다기관 RCT에서 반복 검증되지는 않았다. 저자들은 통제집단에서 예상과는 다르게 낮은 전환율(정신증으로 전환되는 비율)로 인해 차이를 도출하기 어려웠을 수 있다는 가능성을 제기했으나, 12~24개월 내에 정신증으로 전환되는 비율에는 집단 간 차이가 없었다(Morrison, French, et al., 2012). 이 치료법은 증상의 빈도와 강도에서 임상적으로 중요한 이점을 가진다. 또한 연구자들은 정신질환 치료약을 중단한 환자들을 대상으로 한 조기 개입에서의 인지치료 효과를 평가하였다(Morrison, Hutton, et al., 2012). 모든 참가자는 양성 및 음성 증상의 개선, 기능 증가, 추적관찰 시 자기보고된 회복의 증가를 경험하였다. 조기 개입 서비스, CBT 및 초기 정신질환(질병 발병 후 3~5년)에 대한 가족개입의 RCT에 대한 최근 메타분석은 이 중요한 시기에 개입하는 것의 긍정적 효과를 확인하였다. 치료 패키지의 일환으로 CBTp, 가족의 노력 및 약물을 포함한 조기 개입 서비스는 재발률과 입원 및 증상의 감소뿐만 아니라 치료에 대한 더 나은 접근과 참여를 가능하게 하였다. 2년간의 추적관찰 기간 동안 CBTp만 받은 집단의 경우 증상의 중증도가 개선된 반면, 가족치료는 치료 종료 시점에서 재발률 및 입원율을 개선하였다(Bird et al., 2010). 따라서 조기 개입 서비스가 제공하는 전체적인 치료계획은 질병의 초기 단계에서 유익한 것으로 보인다.

근거 요약

부분적으로 관해된 만성 조현병 환자에서 CBTp가 양성 증상을 감소시키는 근거는 매우 강력하다. 그러나 CBTp가 중증질환 환자의 회복 속도를 임상적으로 유의한 수준으로 촉진하는지에 대한 증거는 모호한데, 재발률 감소에 초점을 두고 실시할 경우에는 이러한 이점이 명확히 부각되지만, 일반적인 CBTp에서는 만족스럽지 못한 결과를 내기 때문이다. CBTp와 가족개입이 질병의 초기 단계에 있는 조기 개입 서비스로 제공될 때, 환자에게 유익할 수 있다는 긍정적인 증거가 있다. 전조 단계에서 CBT를 제공하면 증상이 호전될 수는 있지만, 취약성을 지닌 개인의 정신질환을 완전히 예방할 수 있는 이점은 거의 없는 것으로 보인다.

이론적 진보

조현병의 이론적 근거에 대해서는 지속적인 논쟁이 있어 왔으며, 생물학적인 설명이 지배적이었다. 그러나 심리적 요인과 사회적 요인이 조현병의 진행에 영향을 미친다는 사실이 지속적으로 밝혀지면서 정신질환 증상의 유발과 유지에서 심리사회적 요인의 중요성을 강조한 스트레스-취약성 모델이 통합되어 왔다(Nuechterlein, 1987). 인지 모델은 CBT의 진보와 함께 발전하였다(Garety, Kuipers, Fowler, Freeman, & Bebbington, 2001). 이러한 인지 모델이 제안되고 경험적으로 검증되면서 CBTp 치료가 더욱 발전할 것으로 기대된다. 예를 들어, CBTp는 자살위험을 줄이는 데 거의 영향을 미치지 않는 것으로 보인다(Tarrier, Haddock, et al., 2006). 그러나 그러한 위험의 근본적인 심리적 기제에 대한 더 큰 개념적 이해를 통해 자살위험을 줄이기 위한 보다 집중적인 개입이 이루어질 수 있을 것으로 기대된다(Bolton, Gooding, Kapur, Barrowclough, & Tarrier, 2007; Johnson, Gooding, & Tarrier, 2008).

기본적인 임상적 원리

다수의 기본적인 임상적 원리가 조현병에 대한 다양한 형태의 CBTp를 개발하는 데 기반이 되었다: 치료관계의 형성, 정신질환 경험(증상)을 확인하고 이 경험에 대한 환자의 인지, 행동 및 감정과의 연관성을 환경적 맥락 내에서 이해하는 사례개념화에 기반한 평가, 정신질환 증상과 이로 인한 정서적 고통을 줄이기 위해 인지 및 행동 기술을 사용하는 사례개념화에 기반한 개입전략. 환자는 증상을 인식하고 이를 관리하는 방법에 대해 배운다(예: 환청에 대한 대처기법을 배우고 주의를 전환시키거나 다른 경험에 대해 집중하거나 생각하는 등).

환자는 대처전략을 배우게 되는데, 이 전략은 처음에는 단계별로 나뉘고, 개별적으로 학습된 후 전체 전략으로 통합된다. 이러한 대처전략이 치료 밖에서도 실행될 수 있도록 이를 치료 회기 중에 충분히 학습한다. 이러한 대처기술을 배우는 것은 환자가 환청 등에 대해서 가져왔던 신념(예: "환청은 통제 불가능하다." "환청은 너무 힘이 강하다." 또는 "나는 환청에 순종해야 한다." 등)을 바꾸게 한다. 따라서 주의를 전환하거나 다른 곳에 주의를 기울이는 등 주의를 비롯한 기본적인 심리적 과정을 제어하는 방법을 배우는 과정에서 환자는 자신의 경험이나 증상에 대한 신념에 도전하는 법을 배우게 된다. 망상과 부적절한 신념을 반증하기 위해 행동실험이나 현실 검증을 해 볼 수 있다. 부적절한 신념을 강화하는 회피 및 안전 행동을 식별하는 데에는 특별한 주의가 필요하다. 이렇게 행동을 바꾸는 것은 믿음과 망상을 변화시키는 강력한 방법이다(예: 호흡 운동, 빠른 휴식, 심상, 긍정적인 과제를 중심으로 한 내적 대화를 장려하는 것). 이를 통해 환자는 자기-지시(self-instruction)와 대처전략을 습득하는데 도움을 받고, 이는 증상으로 인한 각성을 감소시킨다. 환자는 자기-지시와 대처전략을 통해 각성을 감소시킬 수 있고, 지속적으로 이러한 행동을 할 수 있도록 도움을 받을 수 있다. 치료에 저항적인 환자들은 그들의 망상이 사실이라고 확신하고 흔들리지 않으며, 주관적인 경험의 진실 여부를 확인하기를 꺼린다. 이러한 경우 임상가는 증상 자체보다는 스트레스를 줄이는 것으로 치료목표를 협의해야 한다. 그렇지 않을 경우에는 환자가 치료에 참여하지 않고 거부하는 결과를 초래할 수도 있기 때문이다.

환자의 망상적인 신념은 자연스럽게 발생하고, 치료자와 함께 실시한 행동실험 및 현실 검증을 통한 상충되는 증거에도 불구하고 망상이 지속되는 경우가 빈번하다. 이러한 망상을 약화시키기 위해서 치료자는 소크라테스 질문과 상반되는 증거에 주의를 둘 수 있도록 환자가 경험한 사건과 관련 증거들을 재평가하여 망상에 대한 믿음을 약화시킬 수 있는 모든 기회를 활용해야 한다. 모순된 증거에 주의를 기울이도록 돕는 기법이 있는데, 이른바 '콜롬보 기술'이라고도 알려져 있다. 환자는 모순을 설명하고, 새로운 모순된 증거에 비추어 자신의 설명을 검토한다. 이는 망상이 강하게 유지될 때에는 다소 느리게 진행될 수 있지만, 점차적으로 망상적인 신념을 약화시킬 수 있다. 또한 어떤 경우에는 망상적 해석이 남아 있거나 다시 그러한 해석으로 회귀할 수 있지만, 그 망상이 삶이나 행동에 미치는 중요도나 괴로움을 크게 줄일 수 있다. 예를 들어, 저자 중 한 명(N. T.)에게 치료를 받은 나이가 많은 성인 여성 환자는 불경스럽고 외설스러운 성격의 환청을 경험하였다. 그녀는 뇌가 송신기로 작동하여 주변의 다른 사람들이 그녀가 지니는 불경스럽고 외설적인 생각을 들을 수 있도록 방송된다고 믿었다. 그녀의 주된 사회적 관계는 지역 교회와 관련된 사교 모임이었다. 어느 일요일, 그녀는 교회에서 예배를 드리던 중에 목소리를 듣고 그에 대한 자신의 생각이 교회에 큰 소리로 전달되었다고 확신하였다. 그녀는 당황스러움과 부끄러움으로 교회 다니는 것을 그만두었고, 그곳으로 돌아가거나 친구들과 연락을 할 수 없었다. 또한 자신이 교회 성도들에게 배척당했다고 확신하였다. 이에 대한 증거를 묻는 질문에, 그녀는 실제 예배 후에 다른 교회 성도들을 만났으며, 성도들이 자신을 완전히 무시해서 거절감과 수치심, 자기혐오감을 더욱 심하게 느꼈다고 대답하였다. 그녀가 배척되었던 상황에 대해 조금 더 자세히 물어보니, 자신이 포장도로를 걷고 있었고, 교회의 성도들이 저 멀리에서 운전하는 것을 보았다고 하였다. 이러한 상황에서는 사실 성도들이 그녀를 보지 못하고 지나쳤을 확률이 높다. 이런 식으로 상황을 구체화하고 증거를 수집함으로써 자신이 성도들에게 배척당했다는 강한 신념에 조금씩 도전할 수 있었다. 그녀는 상황에 대한 자신의 해석을 검증해 본다는 치료목표에 동의하였다. 성도들이 교회에서 그녀를 피할 것이라는 두려움이 사실이라면 그녀가 교회에 갔을 때 성도들이 부정적 반응을 보여야 할 것이다. 반대로, 두려움이 비합리적이라면 부정적인 반응이 없을 것이다. 실제로는 다른 성도들은 그녀가 교회로 돌아오는 것을 보고 기뻐할 것이다. 그녀는 교회로 돌아갈 것을 생각할 때 상당히 불안했지만, 환청경험과 불안에 대처할 수 있는 대처방법을 배웠고, 점차 이를 활용하며 교회에 다시 가 보는 것을 시도할 수 있었다. 그녀에게 뜻밖의 일이 일어났다. 사람들이 자신을 밀어내거나 배척할 줄 알았던 것과는 너무도 다르게 따뜻함과 관심으로 환대를 받았다. 이 경험(행동실험 결과)은 다른 사람들이 그녀의 생각을 들을 수 있다는 그녀의 신념을 상당히 약화시켰고, 망상의 강도 또한 줄어들었다. 몇 달 후, 추적기간에 그 사건에 관해 질문을 했을 때, 그녀는 다른 사람들이 자신의 생각을 들을 수 있다고 여전히 믿었지만 그것이 다른 사람들을 전혀 괴롭히는 것처럼 보이지는 않았기 때문에 더 이상 걱정하지 않게 되었다고 이야기하였다. 이 경우 과거 사건에 대한 그녀의 망상적인 생각이나 설명이 다시 회귀한 것처럼 보이지만, 그 망상이 더 이상 그녀에게 고통을 초래하거나 그녀의 사회적 기능을 악화시키지는 않았다.

최근에는 또한 환자의 자기존중감과 자기-가치를 향상시키는 것이 강조되고 있다. 이러한 치료에 대한 연구에 따르면, 자기존중감과 자기-가치에 초점을 둔 치료가 환자들에게 효과적이고 잘 받아들여진다고 밝혀졌다(Hall & Tarrier, 2003). 이 장에서 우리는 증상을 치료한 후에 이러한 자기존중감과 자기-가치를 향상시키는 방법을 활용하여 증상 감소에서 자존감 향상으로 옮겨 가는 과정을 보여 줄 것이다. 그러나 치료의 초기 단계에서도 자기존중감 향상을 시작하지 못할 이유는 없으며, 어떤 경우에는 치료 초기 시점에서 자기존중감 향상을 도모하는 것이 바람직할 수도 있다.

미래에는 스마트폰과 같은 신기술을 사용하여 실시간 평가 및 개입을 실시하고 치료 프로토콜을 개별화할 수 있는 흥미롭고 새로운 기회도 열릴 것으로 보인다(Kelly et al., 2012).

배경 요인과 관련 요인

질병의 단계와 치료 목적과의 관계

조현병은 그 경과에 있어 여러 단계를 거친다. 예를 들어, 정신질환의 발병 전에 나타나는 전조단계(prodromal stage)는 불안, 우울, 과민 반응, 불면증 및 준정신증적 경험(예: 마술적 사고, 편집증의 느낌)의 비특정적인 증상을 특징으로 한다. 전조 단계는 정신증 삽화를 경험하는 방향으로 진행되며, 정신증 증상과 함께 기능에 심각한 방해를 받는다. 정신증의 발병은 보통 입원을 포함하여 급성 관리를 필요로 한다. 정신증의 급성 발병에서 회복한 후에 적정한 항정신성 약물치료로 관해 또는 부분 관해되는 기간이 이어진다. 회복 및 관해 기간 동안에도 잔류 증상이 남아 있는 경우가 드물지 않고, 경우에 따라 회복이 거의 없는 경우도 있다. CBTp의 치료목표 및 전략은 질병의 단계에 따라 다르다. 예를 들어, 전조 단계에서의 목표는 정신증으로의 이환을 막는 것이다. 급성 발병기에는 증상의 회복을 빠르게 하는 것을 목표로 한다. 부분 관해 시, 목표는 잔류 증상을 줄이고 더 이상의 재발을 예방하는 것이다. 완전 관해에서 목표는 환자가 잘 생활할 수 있도록 돕는 것이다. CBTp의 전략과 치료목표는 질병의 단계에 따라 달라질 수 있다. 예를 들어, 정신증 발병으로 인한 급성 입원 기간 동안 환자는 종종 혼란스러워하고, 고민하고, 동요한다. 따라서 치료 회기는 짧고 여러 번 진행되는 반면, 지역 사회 내에 거주하는 만성 환자의 경우에는 치료 회기를 정상적인 외래 환자 형식과 유사하게 유지할 것이다. 모든 경우에 있어 치료는 환자가 감당할 수 있는 범위로 조절한다. CBTp는 가장 예외적인 경우를 제외하고는 적절한 항정신성 약물치료와 함께 제공된다. 질병의 다양한 단계와 적절한 치료전략은 〈표 12-1〉에 요약되어 있다.

관련 특징 및 장애

임상가가 질병의 증상뿐 아니라 관련된 특징과 복합 요인에 주의를 기울이는 것이 중요하다. 이 특징들은 장애의 기본적인 심리 과정(예: 주의)에서 임상 문제(예: 자살위험), 사회적 문제(예: 사회적 박탈 및 빈약한 고용 기회)에 이르기까지 다양하다. 이와 관련된 특징은 〈표 12-2〉에 요약되어 있다.

임상가는 이러한 다양한 문제가 언제든 나타날 수 있음을 인식하는 것이 중요한데, 그러한 문제들 중 일부는 임상가가 환자에게 전하는 메시지를 최대한 간단하고 간결하게 유지하면서도 반복적으로 제시하는 것이 중요하다(즉, 대처전략을 연습할 때 간결한 메시지로 반복하여 전달하는 것 등). 환자에게 단순한 포인트로 전달하고 메모할 수 있도록 하면, 이것이 기억의 보조 장치로 활용된다. 작은 워크북을 만들 때와 같이 환자가 계속 이 포인트를 기록하도록 도울 수 있다. 이는 대개 유인물을 제공하는 것보다 효과적인데, 유인물은 자주 읽지 않고 잘 잃어버리기 때문이다. 환자가 감당할 수 있

〈표 12-1〉 조현병 단계에 따른 치료 목표 및 방법

단계	목표	치료방법
발병 전 전조 단계	정신증 이환 예방	조기 징후와 증상 악화 예방을 위한 CBT
급성 삽화	빠른 회복	CBT 및 대처 훈련
부분적으로 관해된 잔류 증상	증상 감소	CBT, 대처 훈련, 자존감 증진
관해(Remission)	재발방지	재발방지를 위한 CBT와 가족개입
재발 전조	재발개입	조기 징후 식별 및 재발방지

〈표 12-2〉 조현병 관련 특징: 조현병의 심리학적 치료 시 평가하고 고려해야 하는 잠재적인 문제점

심리적 문제점
- 논리적이지 않거나 느린 사고 과정
- 소음과 신호를 구분하는 것의 어려움
- 제한된 주의력
- 사회적 상호작용에 대한 과민성
- 사회적 단서를 처리하는 것의 어려움
- 단조롭고 제한된 감정
- 과도한 흥분 또는 기능장애를 유발하는 각성조절 문제
- 스트레스와 삶의 사건에 대한 과민성
- 우울감과 절망감에 빠질 높은 위험성
- 외상의 영향
- 낙인
- 낮은 자기존중감과 자기가치
- 물질 및 알코올 남용의 높은 위험성
- 자살과 자해의 높은 위험성
- 발병으로 인한 정상적인 청소년 및 초기 성인 발달의 저해

심리사회적 문제점
- 가족 및 대인관계 환경에 대한 과민성(전문 직원이 제공하는 환경도 포함)
- 폭력의 희생자가 될 위험

사회적 문제점
- 사회적 박탈상태
- 열악한 집안상태
- 하향적 사회적 편류(downward social drift)
- 실업과 고용 시장에서 경쟁의 어려움
- 제한된 사회적 관계망
- 다른 사회 자원의 활용을 방해하는 정신과 병력

는 정도를 고려하여 회기에서 다룰 내용과 회기의 시간에 균형을 맞추는 것이 중요하다. 처음에는 회기를 짧게 유지하거나, 환자가 회기 동안에 충분히 참여했다고 느낀다면 회기를 마칠 수 있도록 하는 것이 가장 좋다. 초기에는 일대일 대면치료가 환자에게 스트레스를 줄 수 있기 때문에, 초기 회기는 지지적인 환경을 조성하여 환자와 임상가와 함께한다는 일종의 사회적 스트레스에 점차 익숙해지도록 하는 데 시간을 할애할 수 있다. 환자의 긴장 및 불안을 다루기 위한 간단한 전략(예: 짧은 이완)을 활용하여 치료 상황에 익숙해지도록 도울 수 있으며, 주의집중을 위해 구체적인 전략을 제안할 수도 있다. 방 안의 일부분에 초점을 맞추는 등 잠깐 동안 간단한 주의집중 작업을 하여 환자가 주변을 인식하는 데 부적절한 자극이 영향을 덜 미치도록 하는 데 도움을 받을 수 있다. 치료자가 조현병

환자에게서 심한 고통, 우울증 또는 자살을 생각하게 할 것으로 예상할 수 있는 언어적/비언어적 단서를 제공하지 않도록 신경을 쓰는 것도 중요하다. 환자가 보이는 감정이 단조롭거나 부적절할 수 있으므로 치료자가 중요한 위험 신호를 놓칠 수도 있다. 환자에 대해 알고, 그가 어떤 식으로 반응하는지 아는 것, 그의 정신상태에 대해서 어떠한 가정을 만들지 않는 것, 또 환자가 처음부터 자신의 삶이나 기분에 중요한 변화가 있을 때는 치료자에게 알리도록 동의를 얻는 것을 통해 이를 피할 수 있다.

불행하게도, 사회적 조건이나 환경과 같은 일부 문제는 치료자가 변화시킬 수 있는 역량 밖에 있지만, 동시에 치료 과정에 영향을 미칠 수 있다. 그러므로 환자가 자신의 상황을 개선하려는 시도를 돕는 데 힘을 실어 주거나 지지하고 옹호해 줌으로써 그들에게 힘을 주는 것이 필요할 수 있다. 마지막으로, 치료자는 비판적이지 않은 접근법을 채택해야 하며, 치료요법이 예상보다 느리게 진행되는 경우에 겪을 수 있는 좌절을 받아들이는 방법을 배우는 것이 중요하다. 때로는 일부 환자와 치료 작업을 하는 것이 어려울 수 있는데, 치료자는 이러한 한계를 인식하고 관대하게 접근하는 법을 개발해야 한다. 연구에 따라서는 사례관리자와 환자 간에 긍정적인 관계가 없을 경우 치료 경과가 좋지 않은 것으로 나타났다(Tattan & Tarrier, 2000).

치료의 맥락

CBT를 의뢰할 때까지는 환자가 여러 전문 분야의 정신건강 팀 구성원에게 정신증 약물치료와 일련의 사례관리를 받을 가능성이 크다. 정신증이 있는 환자는 일반적으로 일반의 또는 1차 진료 팀에 의해, 혹은 사고 및 응급실에서 진단을 받고 정신건강 서비스에 의뢰된다. 정신건강 서비스는 의료철학과 의료 서비스 구조에 따라 각기 다른 국가에서 다른 방식으로 제공되지만, 치료의 내용은 서비스가 제공되는 방식과는 독립적일 수 있다. 따라서 이 장에서 설명하는 치료 절차는 다양한 유형의 서비스 구조와 맥락에서 활용될 수 있다. 우리는 병원과 보건센터 외래 환자시설에 있는 폐쇄 병동과 개방 병동(일반 병동), 지역사회 시설 및 환자의 집에서 CBTp를 제공하였다. 시스템의 유연성이 높을수록 환자가 관여하고 참석할 확률이 높다. 이를 위해 우리는 때로 환자의 집에 찾아가는 치료를 제공하기도 하는데, 이는 영국에서 자주 행해지는 절차이다.

치료효과 연구 결과는 CBT가 평균 약 20회의 치료 회기에 걸쳐 제공된다는 것을 보여 준다. 이 치료는 3개월이 넘는 집중적인 치료가 될 수도 있고, 9개월이 조금 넘거나 그보다 더 긴 기간 동안 이루어지는 덜 집중적인 치료가 될 수도 있다. 임상가로서 판단할 때, 일부 환자는 강도 높은 치료에서 도움을 얻는 반면, 일부 환자는 강도가 약하더라도 지속적인 치료에서 더 이득을 얻는 것으로 보인다. 임상가는 항상 환자의 임상적 필요에 주목해야 하고, 엄격하게 '모든 것을 한 번에 다 만족시키는' 프로토콜을 고수하기보다는 협력적인 접근방식을 취해야 한다. CBT가 조현병을 '치료'하지는 않지만, 환자가 만성질환에 대처하는 데 도움이 된다는 사실을 기억해야 한다.

앞에서 설명한 것처럼 질병이나 장애와 관련된 여러 요인을 파악하는 것이 중요한데, 그 이유는 환자가 정신증 증상뿐만 아니라 여러 임상적 어려움을 경험할 수 있기 때문이다. 임상가는 이러한 다양한 임상적 어려움과 관련된 문제를 해결하거나 치료할 준비가 되어 있어야 한다. 불안장애, 우울장애, 절망, 자살 행동 및 위험과 같은 임상 문제를 다루는 것은 치료의 우선순위일 뿐만 아니라, 다른 정신장애들과 정신증 사이에 중요한 동반이환과 질환 간의 상호작용이 있을 수 있기 때문에 그 위험에 대해 신중히 평가하고 치료 시 고려해야 한다.

이 장에 설명된 치료법은 개별 CBTp에 대한 것이지만, 집단 형식으로 치료를 제공하는 것도 가능하다. 집단은 일부 환자에게 호평을 받고 있으며, 환자들이 서로에게서 배울 수 있다는 이점이 있다. 연구 결과는 자기존중감 향상이라는 측면에서 임상적 이점이 있음을 제시하지만, 증상의 감소는 개별치료(예: Barrowclough et al., 2006)의 경우에 비해 완만하며 추적관찰 시 개선이 줄어들거나 사라지는 것으로 보인다(Lecomte, Leclerc, & Wykes, 2012).

가족개입과 같은 다른 심리사회적 치료도 가능하다. 여러 편의 문헌에서 가족개입이 초기와 후기 정신증 환자 등의 위험군에서 재발률을 감소시키는 것으로 나타났다(Bird et al., 2010; Onwumere, Bebbington, & Kuipers, 2011; Onwumere & Kuipers, 2011). 가족개입의 세부사항은 이 장의 범위를 벗어나기에 다루지 않는다(가족개입의 임상적 적용에 대해서는 Barrowclough & Tarrier, 1992; Kuipers, Onwumere, & Bebbington, 2010; Mueser & Glynn, 1995; 또한 Miklowitz, 이 책 제11장 참조). 우리는 개별 CBT와 가족개입을 다소 성공적으로 결합하였고, 치료자에게 이 전략이 임상적으로 유익한지 고려해 볼 것을 제안한다. 다른 연구자들은 조현병과 약물남용 환자들에게 가족치료를 제공했는데, 치료 결과 증상과 기능 면에서 환자와 그들의 가족 모두에게 도움이 되었다(Mueser et al., 2013). CBT 치료와 함께 제공되는 가족개입은 가정환경의 스트레스를 감소시키고 지속적인 개선을 도울 수 있다. 많은 환자가 혼자 살거나 친척과 멀어진다는 점을 고려할 때, 그들에게는 가족개입이 선택사항이 아닐 수도 있다.

환자 변인

조현병 환자의 20~45%가 약물치료에 반발성이 있고(Kane, 1999), 5~10%가 항정신성 약물로 치료적 이점을 얻지 못하는(Pantelis & Barns, 1996) 등 집단 내에서도 차이를 보인다. '치료 반발성' '불완전한 회복력' 및 '치료의 어려움을 견디지 못하는(treatment intolerance)' 등 용어 사이에 혼동이 있기는 하지만, 항정신성 약물의 진보에도 불구하고 기존의 약물치료는 상당수의 환자에게 효과가 없다는 것이 명백하다. 따라서 치료를 개인의 필요에 맞도록 조정하고 수정하는 것이 중요하며, 심리학적 치료에 대한 좋은 반응을 이끄는 요인과 반대로 좋지 않은 반응을 이끄는 요인들을 이해하는 것이 중요하다. 안타깝게도, CBT(Tarrier & Wykes, 2004)에서 어느 환자가 효과를 누릴지, 또는 그렇지 않을지에 대한 상세한 내용은 거의 알려져 있지 않다. 열악한 결과와 관련된 요인으로는 정서적 단조로움이나 무언어증(인지적 결여) 등의 음성 증상이 있다(Tarrier, 1996). 더 나은 결과와 관련된 요인으로는 질병의 지속기간이 짧고 나이가 어린 경우(Morrison, Turkington, et al., 2012), 치료 전 대처 능력이 우수한 경우(Premkumar et al., 2011), 임상적 · 인지적 통찰력이 더 우수한 경우(Emmerson, Granholm, Link, McQuaid, & Jeste, 2009; Perivoliotis et al., 2010), 치료 전 증상이 덜 심한 경우(Tarrier, Yusupoff, Kinney, et al., 1998), 기본적 기능 및 교육 성취도가 높은 경우(Allott et al., 2011), 자신의 신념과 반대되는 가설을 더 잘 수용하는 경우(Brabban, Tai, & Turkington, 2009; Garety et al., 1997) 등이 있다. 이러한 결과는 덜 중증인 병, 덜 심한 인지 결손 및 더 나은 기능을 가진 환자가 더 잘 반응할 수 있다고는 제시하지만, 현재는 확고하고 빠른 규칙이 정립되어 있는 것은 아니다. 치료 중단은 더 중요한 문제이다. 치료를 중단한 환자는 남성, 실업자이거나 숙련이 덜된 경우, 교육 수준이 낮고 발병하기 전의 IQ가 낮은 경향성이 있다는 보고가 있다. 또한 장기간의 질병을 가지고 있지만 치료를 중단할 때 반드시 증상이 심해진다는 것은 아니며, 어느 정도 수준에서 기능할 수 있다. 부작용, 대마초 또는 다른 약물 사용, 가족 구성원이 치료에 관여하지 않는 등의 요인이 치료 이탈과 관련된 요인으로 나타났다(Stowkowy, Addington, Liu, Hollowell, & Addington, 2012). 치료에서 중도탈락하는 환자가 반드시 담당 임상가를 의심하는 것은 아니나, 환각과 망상으로 고통받으며 편집 증상을 보이기도 한다. 또한 우울해하며 일정 수준의 절망감을 경험하기도 한다. 대다수의 사람은 심리치료의 요점을 이해하지 못하거나 자신이 치료에서 이득을 얻지 못할 것이라고 생각한다(Tarrier, Yusupoff, McCarthy, Kinney, & Wittkowski, 1998).

치료자 변인

치료자 변인에는 교육, 경험, 역량, 슈퍼비전 및 개인 스타일을 포함한 여러 요소가 포함된다. 보건의료 공무원이나 행정가는 주로 경제적 이유로 이 복잡한 치료법이 최소한의 자격만 있어도 제공될 수 있을 것이라고 기대하는 경향이 있는데, 이러한 생각은 오해이다(Tarrier et al., 1999). 정신증이 있는 사람의 심리학적 치료는 복잡하며, 이 장에서 설명한 대로 정신증 자체를 치료할 수 있는 기술과 경험 외에도 불안장애, 외상 후 스트레스 장애 등 일련의 동반이환 문제를 함께 이해하고 치료할 수 있어야 한다. 우울장애 및 중독 관련 장애, 중증 정신질환이 있는 환자를 성공적으로 치료하기 위해서, 임상가는 다양한 임상적 요구와 복잡한 수준에 반응할 수 있도록 CBT를 충분히 숙련되게 훈련받고 경험하여야 한다. 최근의 한 연구는 치료자가 CBT를 제공하는 데에 임상적 시간의 대부분을 할애하고 슈퍼비전을 자주 받는 것이 CBTp에서의 더 나은 결과와 관련이 있다는 것을 보여 주었다(Steel, Tarrier, Stahl, & Wykes, 2012). 우리는 정신증의 치료는 처방 매뉴얼을 따르는 것만으로는 충분하지 않다고 본다. 관련 기능 및 장애 부분에서 언급했듯이 임상가는 치료를 위한 임상적 문제를 제시하고 범위를 정하는 데 유능해야 한다. 마찬가지로, 임상가는 관리가 어렵거나 불안해하고 치료에 참여시키기 까다로운 사람을 참여시킬 수 있는 임상적 자질을 갖추어야 한다. 이전의 연구는 긍정적인 관계가 없는 것이 저조한 치료 결과와 관련이 있으므로 임상가들이 치료관계를 발전시키고 참여를 유지하기 위한 경험과 인내가 요구된다고 제안한다(Tattan & Tarrier, 2000). 최근의 연구에서는 델파이 방법을 사용하여 해당 분야의 전문가들이 CBTp에서 중요한 성분으로 간주하는 것을 조사하였다. 필수적이라고 합의된 요소들에는 상세한 평가, 인지 모델 및 사례개념화의 사용, 변화기법의 실행 및 치료자가 지녀야 하는 태도(예: 환자 문제의 정상화와 타당화 등)가 포함되었다(Morrison & Barratt, 2010).

CBT의 절차: Manchester 모델

임상 모델: 대처-회복 모델

Tarrier가 개발하고 기술한 모델은 다른 모델과 많은 유사점을 가지고 있으며, 현장의 다른 임상 연구자들이 이를 활용하고 토론하는 과정을 통해서 개발했다는 이점을 취하고 있다. 이 모델의 기조는 환자가 질환에 대처하는 회복 모델(recovery model)인데, 여기서 질환은 삶의 여러 측면을 바꿀 수 있고, 그들의 희망과 열망에 영향을 미칠 수 있으며, 우울장애 및 불안장애 등과 같은 동반이환장애로 이어질 수 있는 잠재적이고 지속적인 상태로 정의된다. 치료자는 가능한 한 환자의 회복 과정을 촉진시키는 데 도움을 주어야 한다. 대처 모델(coping model)은 다른 CBT 접근법과 매우 유사하고 CBT의 많은 방법을 사용하지만, 증상을 치료하기보다는 증상에 대처하는 것을 강조하며, 인지 내용과 행동뿐만 아니라 인지 과정(예: 주의)을 수정하는 데에도 초점을 둔다.

치료에 지침이 되는 임상 모델은 [그림 12-1]에 제시되어 있다. 이는 정신증 증상(예: 환각 및 망상)의 경험은 내적 요인과 외적 요인 사이의 역동적인 상호작용이라고 가정한다. 내적 요인은 생물학적이거나 심리적이며, 유전적으로 타고나거나 후천적으로 학습될 수 있다. 예를 들어, 유전적 요인은 뇌의 생화학적 기능과 인지능력에 영향을 줄 수 있다. 다른 측면에서는, 인지 유연성의 결핍과 부적응 태도로 인해 생물학적 및 심리적 역기능이 후천적으로 나타날 수 있다고도 볼 수 있다. 이러한 내적 요인은 정신증에 대한 개인의 취약성을 가중시키며, 대인관계 상황 또는 과도하게 부담이 되는 상황과 같은 환경적 스트레스에 노출됨으로써 위험이 더욱 증가한다. 내적 요인과 외적 요인 사이의 상호작용은 장애가 발생하는 원인과 증상 유지를 이해하는 데 모두 중요하다. 환각은 정보처리의 문제(예: 원인 모니터링, 즉 소리가 어디서 나타나는지)와 관련되며, 망상은 확률론적 추론의 문제와 관련된다. 이 두 가지는 몸의 각성 수준과 함께 연합되어 정신증을 특징짓는 지각과 사고의 혼란을 초래한다. 개인은 이러한 경험을 해석하고, 의미를 부여하고, 그 결과를 이해하려고 시도하는 1차 및 2차 평가 과정을 겪게 된다. 이러한 경험을 하면서 신체적 건강, 사회적 지위, 그리고 수반되는 감정 반응을 걱정하게 되고, 회피나 안전 행동을 하게 된다. 정신증 경험에 대한 즉각적인 반응은 다차원적인데, 정서적 · 행동적 및 인지적 요소를 모두 포함한다. 우울한 기분, 사회적 상황에 대한 불안, 외상의 영향과 같은 2차적인 영향으로 상황이 더욱 복잡해질 수 있다.

이 모델은 정신증 경험을 한 이후 그에 대한 피드백을 평가(경험에 대한 믿음 등)하는 반응에 대해 강조하는데, 이 평가는 여러 경로를 통해 이루어지며, 정신증 경험을 유지하거나 재발할 가능성을 높인다. 예를 들어, 위협하는 목소리(환청)나 편집증적 생각에 대해 2차적으로 강한 불안이나 분노를 느낄 수 있다. 이 두 가지 감정은 자율신경계를 자극하고, 직접적으로 각성 수준을 증가시키며, 이후

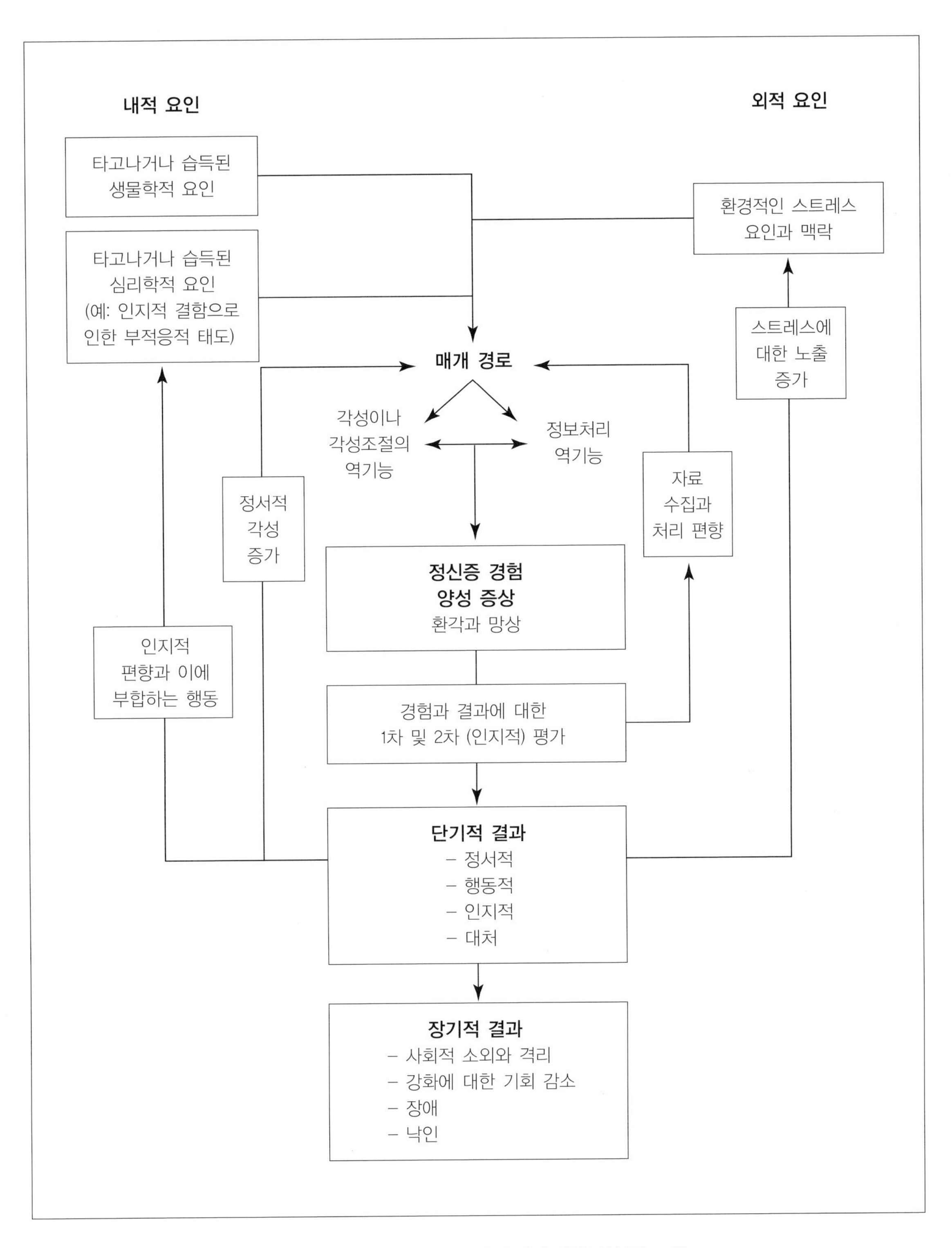

[그림 12-1] 정신증의 발병과 유지에 대한 임상적 모델

의 정보처리를 방해함으로써 간접적으로 영향을 미치고 정신증의 가능성을 높일 수 있다. 정신증 증상에 행동적인 반응을 할 수 있는데, 이러한 행동이 환경을 더욱 어렵게 하여 스트레스에 노출시킬 수 있고, 정신증을 유지하거나 혹은 악화시키는 외상의 위험을 증가시킬 수 있다(예: 폭력에 휘말리거나 위험한 행동을 하는 등). 예를 들어, 편집증적인 생각은 대인관계 갈등 또는 사회적 회피와 철회를 초래할 수 있는데, 두 경우 모두 정신증 증상이 발생할 가능성을 높일 수 있다. 대인관계 갈등을 박해의 증거로 해석할 수 있는 반면, 이로 인해 대인관계에서 철회하고 고립되면 그러한 증거를 반박할 수 있는 기회를 잃어 결과적으로 자신의 해석을 확증하는 반추의 늪에 빠지고, 사람들에 대한 분노를 느껴 결과적으로 편집증적인 신념이 강해질 수 있다. 환청(예: 목소리) 또는 망상의 내용을 타당하고 사실인 것으로 믿게 되면, 이러한 믿음과 일관성을 갖는 증거를 수집하고, 앞으로의 상황도 그에 맞추어 해석하는 편향을 야기할 수 있다.

정신증 환자는 자신의 경험으로 인해 역기능적인 신념을 갖게 되고, 이에 대해 확신하거나 확신을 불식시키는 것에 실패한다. 이 과정은 경험-신념-행동-확립(experience-belief-action-confirmation) 주기 또는 EBAC 주기라고 불린다([그림 12-2] 참조). 이 주기에서는 부적응적인 신념과 행동이 정신증 경험을 유지하게 한다고 제안한다. [그림 12-1]의 임상 모델은 환자의 문제가 어떻게 발생하고 유지되는지에 대해 전반적으로 묘사한다. 또한 시간에 따른 사건과 관련된 특정적이고 구체적인 요소들을 포함하는데, 이러한 요소들이 EBAC 주기로 반복되어 경험된다([그림 12-2] 참조).

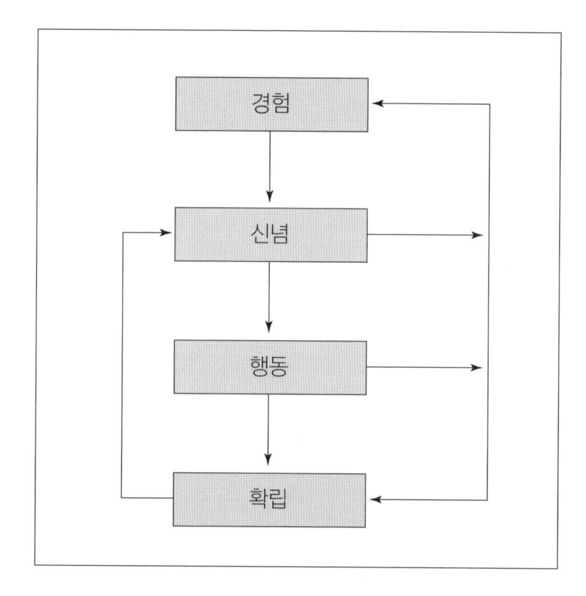

[그림 12-2] 경험-신념-행동-확립(EBAC)의 주기

평가

임상가는 환자의 정신증 증상에 결정적인 요인을 평가하고 개념화할 수 있어야 한다. 임상가는 표준화된 평가도구를 사용하는 것이 도움이 된다는 것을 알 수 있다(많은 표준화된 평가도구가 있는데, 이들은 다양한 기능을 평가한다; 평가에 대한 자세한 설명 및 개관은 Barnes & Nelson, 1994 참조). 우리는 정신증의 양성 증상을 다차원적으로 평가하는 효과적인 방법으로 정신증 증상 평정척도(Psychotic Symptom Rating Scales; PSYRATS; Haddock, McCarron, Tarrier, & Faragher, 1999)를 추천한다. 임상가는 정신증 증상의 개인차를 이해해야 한다. 환자가 경험한 정신증의 양성 증상의 성격과 변이를 다루는 반구조화된 면접(Antecedent and Coping Interview: ACI; 자세한 내용은 Tarrier, 2002, 2006 참조)을 사용하여 이를 평가할 수 있다. 정신증 증상, 각 증상에 동반되는 정서적 반응, 각 증상이 나타나는 상황 및 맥락, 증상으로 인한 결과, 환자의 행동 및 신념이 어떻게 영향을 받는지, 그리고 환자가 어려움을 극복하기 위해 사용하는 방법 등이 포함된다. 이를 통해 임상가는 환자가 매일 어떻게 정신증을 경험하며, 이로 인해 환자의 감정, 행동 및 신념이 어떻게 바뀌었는지에 대해 포괄적으로 이해할 수 있다. 임상가는 정신증 증상과 관련된 회피 및 안전 행동, 환자가 지니는 비현실적이거나 망상적인 신념, 그리고 이러한 신념을 거부하지 못하게 되는 이유를 신중하게 이해해야 한다. 임상가는 [그림 12-1]과 [그림 12-2]에 나와 있는 임상 모델을 지침으로 사용해야 한다.

개입

대처전략

임상가가 환자의 정신증 경험에 대한 포괄적인 개념화를 했다면, 환자와 상담하고 CBTp의 기초를 제공할 수 있다. 때로 환자가 망상의 진실성에 대해 완전히 확신하고 대체 견해를 받아들이지 못하는 경우가 있을 수 있는데, 이 경우는 이러한 환자의 태도에 대처하는 것을 목표로 삼아 진행할 수 있다.

CBTp와 대처 훈련의 특징은 다음과 같다.

- 개별화된 평가 또는 사례개념화를 근거로 해야 한다.
- 정상적이고 일반적인 어려움이나 역경을 다루는 과정을 강조한다.
- 회복 과정의 일부로 강조한다.
- 충분한 교육(over-learning), 시뮬레이션 및 역할연기를 통해 체계적으로 실시된다.
- 실제 상황에서 치료의 진척에 따라 여러 가지 전략을 부가적으로 실시할 수 있다.
- 치료가 아닌 현재의 문제에 대처할 수 있는 새로운 반응 세트를 제공한다.
- 인지 대처기술이 내적 통제하에 내부에 통합될 때까지는 지속적으로 외부적인 언어화를 하는 등의 과정을 통해 연습한다.
- 집행기능을 향상시킨다.
- 인지 및 행동 대처기술은 단계별 연습이나 리허설 과정을 통해 습득된다.
- 재평가 및 재귀인의 기회를 제공한다.

여기에는 인지 과정, 인지적 내용 및 행동 변화가 포함된다.

주의 전환

환자가 한 주제 또는 경험에서 다른 데로 주의를 적극적으로 돌리는 과정인 '주의 전환(attention switching)'은 진행 중인 반응을 억제하고 대안적 반응을 시작하는 것을 포함한다. 환자는 회기 내에서 시연을 통해 특정 단서에 주의를 집중하도록 훈련한다. 예시로 외부 자극(예: 그림을 묘사하기, 주변 교통 소음에 귀 기울이기) 또는 내부 자극(종종 긍정적인 이미지 상) 등이 있고, 주로 사용되는 것은 긍정적인 이미지들이다. 예를 들어, 한 내담자에게 긍정적인 장면을 선택하도록 요청하자, 자신이 즐겁게 식사했던 블랙풀의 한 레스토랑을 선택하였다. 그는 레스토랑의 시각적 이미지를 이끌어 내기 위해 훈련받으며, 식사장면, 가구, 장식 등을 자세하게 설명하도록 지시를 받았다. 식사하면서 경험한 모든 감각을 기억하도록 요청할 수 있는데, 음식에 대한 시각 기억, 그 냄새와 맛, 그의 손에 칼과 포크를 든 느낌, 먹는 경험 등이 해당된다. 그는 자신의 의지로 기억을 이끌어 낼 수 있을 때까지 레스토랑에서 식사했던 기억을 인출하도록 계속 연습하였다. 그는 망상적인 생각에서 식사의 이미지로 주의를 돌리는 연습을 하였다. 망상이 나타나면 주의 전환을 활용할 때라는 단서로 활용하기로 하였다(다음 '인식 훈련' 참조).

주의 좁히기

환자는 주의의 범위와 내용을 제한하는 과정으로 '주의 좁히기(attention narrowing)'를 훈련한다. 많은 환자가 자신의 마음을 '비우는' 것에 대해 이야기하거나 대처전략으로 주의를 집중하는 모습을 보인다. 이는 조현병 환자가 직면하는 문제 중 하나가 신호를 적절하게 필터링하여 신호와 소음을 구별하는 데 어려움이 있음을 보여 주는 증거이다. 환자의 주의에 초점을 두고 주의 통제를 향상시키기 위한 훈련은 환자의 주의를 좁히고 규제함으로써 이러한 어려움을 극복하는 데 도움이 될 수 있다.

수정된 자기진술 및 내적 대화

지난 몇 년간 자기진술이 성공적으로 치료와 개입에 통합될 수 있음이 알려졌다. 자기진술(self-statements) 및 내적 대화(internal dialogue)의 사용은 감정조절에 도움을 주는데, 환자의 환청(목소리)과 관련된 부정적인 감정을 극복하고, 목표지향적 행동을 유도하고, 현실 검증을 할 수 있도록 도움을 받는 등 여러 가지 이점이 있다. 환자는 "나는 두려워할 필요가 없다." "나는 계속 가야 하고 버스에 타야 한다." 또는 "내가 전에 그를 만난 적이 없는데 왜 저 사람이 나를 보고 있다고 생각하는가?"와 같은 현실적인 반응에 대한 진술을 배운다. 적절한 단서를 주고 나서 일련의 진술이나 질문을 소리 내어 반복하도록 요청한다. 말이나 글로 표현된 진술이 내면화될 때까지 점차적으로 소리 크기를 줄여 나간다. 환자는 회기 내에서 시뮬레이션 상황을 통해 이를 연습한다. 이런 연습을 통해 정신증 경험에 대한 대체적 설명을 생성하고 평가할 수 있다.

재귀인

환자는 경험에 대한 대체적 설명을 생성한 다음, 해당 경험을 하면서 재귀인 진술을 연습한다. 한 환자와 처음 대처 훈련을 시작할 때 "실제 목소리가 아니라 내 병이야."와 같은 질병에 관한 재귀인(reattribution)을 사용하였다. 이후 이것이 도움이 되지 않아 채택하지 않게 되었으며, 또 다른 설명을 사용해 보았다. "그것은 진짜 목소리처럼 들릴지 모르겠지만 사실 내 생각일 뿐이야." "사람들이 나를 바라보는 것처럼 보일 수도 있지만, 그들이 어딘가를 보느라 그런 거야." 등의 설명이다. 자신의 증상이나 상황에 대한 통제력을 높이거나 자신의 목소리가 전능하다거나 대적할 수 없는 것이라는 신념에 도전할 수 있는 변화를 일으킨다면, 이는 증상의 본질이나 통제능력에 관한 재귀인이 일어난 증거가 될 수 있다. 예를 들어, "목소리가 쓸데없는 것에 대해 말한다면, 그 목소리가 어떻게 강력할 수 있겠는가?" 또는 "그것이 사실이 아니라면 나는 그것을 믿을 필요가 없다." 등과 같은 식으로 말이다.

인식 훈련

환자는 자신의 양성 증상, 특히 그들의 발병 증상을 인식하고 모니터하도록 배운다. 환자는 자신의 경험을 알게 될 뿐만 아니라 이러한 경험을 받아들이려고 하지만 그런 증상들에 반응하지는 않는다. 환자는 자신의 목소리를 알고 있지만 반응을 보이지 않거나 내용에 사로잡히지 않는다. 인식 훈련의 한 가지 기능은 환자가 내용보다는 자신의 생각 및 인식의 형태와 특징을 인식하도록 하는 것이다. 예를 들어, 환청 음성이 나타날 때를 모니터링한 후, 주의 전환을 사용하여 환청 내용이 미칠 정서적 영향을 최소화하는 것이다. 인식 훈련의 목표는 환자가 증상, 특히 증상의 내용에서 벗어나며, 즉각적으로 대안행동을 할 수 있는 신호로 인식하도록 돕는 것이다.

이완기법

높은 수준의 각성은 조현병의 정신병리와 관련되어 있으며, 정신증 경험에 선행한다고 알려져 있다. 따라서 환자는 이러한 각성에 대처하는 전략을 배우는 것이 중요하다. 이때의 대처전략은 오르락내리락하며 움직이지 않고 조용히 앉아 있는 것과 같은 다소 수동적인 전략일 수도 있고, 호흡 훈련이나 빠른 이완과 같은 보다 적극적인 전략일 수도 있다. 보통은 시간이 많이 걸리기 때문에 전통적인 점진적 이완 운동과 같은 긴 이완 훈련을 선호하지 않으며, 신속하고 유용한 기술이 더욱 도움이 된다.

활동 수준의 증가

조현병이 있는 많은 사람이 활동이 없는 동안에 망상적 사고나 환각에 취약해지며 어려움을 경험하는 것으로 나타난다. 이에 반해 무언가 할 일을 찾는 것이 도움이 된다고 보고한다. 따라서 간단한 활동을 계획하는 것이 증상이 시작될 때의 강력한 대처전략이 될 수 있다. 간단한 활동을 늘림으로써 목적성 있는 활동을 증가시킴과 동시에 증상이 악화되는 상태를 예방할 수 있다.

사회적 참여 및 이탈

많은 환자가 사회적 상호작용을 잘 견디지 못하지만, 놀랍게도 많은 사람은 사회적 참여(social engagement)가 오히려 유용한 대처방법이라고 생각한다. 이는 사회적 상호작용이 주의를 증상에서 사회적 상호작용으로 돌릴 수 있는 이중 작업과제가 되어서 부적응적 사고를 합리적인 것으로 바꾸는 데 도움이 되기 때문일 것이다. 개인이 견딜 수 있는 수준 내에서 사회적 상호작용과 사회적 자극의 양을 적정하게 유지하여 사회적 자극에 대한 내성을 키울 수 있음을 환자에게 알리는 것이 유익하다. 과도한 사회적 자극은 오히려 사회적 철회 및 회피를 이끌 수 있다. 적정한 사회적 자극을 유지하기 위해 환자는 잠시 동안 방을 나갔다가 돌아오거나, 일시적으로 사회집단에서 멀어지거나, 짧은 시간 동안 대화하지 않거나, 시선을 다른 곳으로 돌리거나 낮추는 등의 이탈(disengagement)방법을 배울 수 있다. 이러한 방법을 사용함으로써 환자는 사회적 자극을 통제하고 견딜 수 있다. 환자는 또한 사회적 상호작용을 하면서 자신이 견딜 수 있는 수준으로 강도를 조절할 수 있다고 생각하면 보다 자신감 있게 사회적인 상호작용을 시작할 수 있다. 대인 상호작용과 역할연기를 위한 특정 기술을 간단한 교육으로 배우고 촉진할 수 있다.

신념 수정

우리는 증거를 검토하고 대안 설명을 작성하여 자신의 신념을 평가하고, 부적절한 경우 그에 도전할 수 있다. 많은 환자가 이미 어느 정도 이런 과정을 하고 있지만, 높은 각성 수준이나 오랜 고립과 회피로 인해 이러한 시도에도 불구하고 어려움을 겪을 수 있다. 이 방법은 환자에게 보다 직접적이고 친절한 도움이 제공되어야 한다는 부분을 고려하고 나면, 전통적인 인지치료에서 사용되는 방법과 매우 유사하다. 신념 수정의 목표는 신념 수정 기술을 자기조절 과정에 통합하는 것이다. 환자들은 자신의 신념에 대해 질문할 때 다음과 같이 질문할 수 있다. "나를 감시하는 사람의 목적은 무엇일까? (나를 감시하기 위해) 얼마나 많은 노력과 비용이 들 것인가? (나를 감시하는 사람은) 어떻게 자원을 조달하고 그 자원을 얻기 위해 노력할 것인가? 또한 (그들은) 어떤 이득을 얻는가?" 마찬가지로 환자들은 망상의 생각과 근거 사이의 불일치를 찾아내고 그들의 신념에 도전할 수 있다. 예를 들어, 15년 전에 싸웠던 사람이 속한 집단이 자신에게 복수하려 할 것이라고 생각해서 두려워하며 한 청년을 피하는 환자가 있다. 그런데 그 당시의 갱단원이 지금은 30대 중반에서 30대 후반까지일 것을 생각하면 자신이 현재 잘못된 연령집단을 경계하고 있었다는 점을 알 수 있다. 이것은 그가 '자신을 안전하게 지키기 위해 경계해야 한다.'라는 자신의 두려움을 다시 점검해 보는 계기로 사용할 수 있다. 실제로 그의 안전행동은 위험의 원천으로부터 그를 보호하지 못한다.

또한 환자들은 자신이 듣는 환청 목소리에 대해 갖고 있는 신념에 도전하기 위해 증거를 수집하는 방법을 배울 수 있다. 환자가 자신의 목소리를 전능하고 진실된 것으로 생각하면, 임상가는 목소리가 전하는 이야기에서 잘못되었거나 일치하지 않는 점이 있는지에 대한 자료를 수집할 수 있다. 예를 들어, 자신이 스파이였기 때문에 살해될 것이라는 목소리를 들은 한 환자는 그 환청이 사실이어야 하고, 자신은 이 운명을 받아들여야 한다고 결론지었다. 그러나 환청 목소리는 또 다른 시기에 자신이 곧 결혼할 것이라고 말했고, 이에 대한 근거를 찾을 수 없어 이는 사실이 아니라고 판단하였다. 그러나 그는 살인의 위협에 관한 목소리가 진실인지에 대해서는 한 번도 생각해 보지 못하였다. 환청 목소리가 주장한 것과는 달리 가까운 장래에 결혼할 가능성이 적다는 것을 깨닫고 그의 환청 목소리의 진실성에 의문을 제기하였으며, 스파이의 객관적인 증거인 스파이 반지가 나오지 않았다는 사실을 포착하게 되면서 자신이 살해당할 것이라는 생각에도 도전할 수 있었다.

현실 검증 및 행동실험

신념을 검증하는 가장 강력한 방법은 아마도 어떤 유형의 행동으로 신념이 사실에 기반한 것인지를 실제로 시험해 보는 것일 것이다. 또한 행동 변화는 인지 변화를 일으키는 가장 좋은 방법일 수 있다. 편향된 해석과 자신의 가설이 맞다고 생각하는 경향이 잘못된 결론을 이끌어 낼 수 있는데도, 환자는 이를 사실로 받아들이고 자연스럽게 이에 따라 행동한다. 환자는 특정 신념을 파악하고 검증하며, 상충되는 근거와 대안적 가설을 생성하는 방법을 배울 수 있다. 실생활에서 이 일을 하지 못하면 대개 회피의 패턴이 생기는데, 회피는 결국 검증하지 못한 신념을 유지하게 하는 역할을 할 수 있다.

대처전략 강화

대처방법은 시간이 지남에 따라 더 많이 습득할 수 있으며, 주의집중과 같은 인지 과정을 제어하기 위한 단순하고 직접적인 시도에서부터 인지적 내용과 추론을 수정하는 좀 더 복잡한 자기주도적 방법에 이르기까지 다양하고 복잡하다. 흔히 주의 전환과 이완 요법을 사용하면서 망상의 강도를 둔하게 하는 등 대처전략들을 조합하여 현실 검증능력을 향상할 수 있다. 이러한 초기 대처방법이 없다면 환자는 현실을 검증할 기회를 얻지 못할 수도 있다. 또한 초기 대처전략은 환청 목소리의 전능한 힘과 망상의 힘에 도전하고 자기효능감을 증가시키는 데 사용될 수 있다. 치료자는 "당신의 목소리에 효과적으로 대처하기 위해 이러한 주의 전환방법을 사용했는데, 이것이 그 목소리가 나를 완전히 통제할 수 있고 나는 무기력하다는 생각에 대해 무엇을 이야기해 줍니까?"와 같은 질문을 던질 수 있다. 환자는 목소리가 틀릴 수 있는 것으로 입증되었으며, 자신이 그 상황을 어느 정도 통제할 수 있다고 이야기할 수 있을 것이다. 더 나아가 자기효능감 및 대처능력을 더욱 향상시키기 위해 자기진술 또는 수정된 내적 대화를 활용할 수 있음을 의미한다.

행동 또는 인지의 수정

행동과 인지의 변화는 상호 보완하며, 반드시 하나가 다른 것보다 우위에 있지는 않다. 행동의 변화는 비합리적인 생각과 신념을 시험하고 도전하거나 학습경험을 통해 도전하는 데 사용될 수 있다. 마찬가지로, 인지의 변화는 행동을 바꾸고 새로운 행동을 확립하는 기회로 사용될 수 있다. 치료자는 환자가 자신의 신념을 재평가할 기회를 가질 수 있도록 주의를 기울여야 한다. 이것은 행동실험의 일부로 수행될 수 있으며, 자연적으로 발생하는 변화나 치료에서 얻은 변화에 대해서도 반영을 하면서 이행할 수 있다. 평가 및 사례개념화 과정에서 치료자는 환자의 회피 또는 안전 행동에 항상 주의를 기울여야 하며, 환자가 자신의 두려움, 부끄러움, 또는 부적절한 인지를 검증하려고 하지 않거나 피하려고 하는 행동을 주의 깊게 살펴야 한다. 치료 초기에 행동실험을 통해 환자의 신념을 검사할 수 있고, 환자 스스로 "내가 바꿀 수 없다면 아무것도 가치가 없다." 또는 "나는 내 인생이나 주변 상황에 대해서 통제할 수 없다."와 같은 낙담하거나 희망이 없는 신념이 있을 때 신속하게 대처할 수 있는 기회를 제공한다. '통제할 수 없다'는 믿음은 자주 반복되는 행동이나 치료시간에 언급되는 많은 작은 행동 변화를 이용하여 논박될 수 있다. 마지막으로, 아직 근거가 확고하지는 않지만, 치료 효과의 변화를 얻기 위해서는 치료 초기에 시행하는 것이 더 도움이 된다는 보고가 있으며, 활동 수준을 증가시켜 신념을 재평가하는 기회를 얻을 수도 있다.

인지 내용 또는 인지 과정의 수정

치료자는 환각 또는 망상의 내용을 수정할지 또는 주의집중 과정을 수정할지를 선택해야 한다. 전통적으로 인지치료에서는 인지의 내용이 주요 초점이 되어 왔다. 대처 모델 개입에서는 인지처리 과정을 수정하는 것까지 확대하는데, 그 이유는 인지처리 과정을 수정하는 것이 임상적 유연성을 제공하기 때문이며, 정신증을 지닌 많은 환자가 주의력이나 집행기능에서 결함을 경험하기 때문이다. 예를 들어, 주의 전환을 이용하여 주의집중 과정의 초기에 어떤 경험이 정서상태에 미치는 영향을 최소화할 수 있다. 예컨대, 환청의 목소리가 실제로 말하고 있는 내용보다 환청의 물리적 특성이나 환청이 들릴 때 몸에 나타나는 반응에 주의를 기울여 주의를 전환할 수 있다. 이러한 주의 전환을 통해 환청의 목소리 또는 망상의 내용이 진실인지에 대해 도전할 수 있는 기회를 얻을 수 있을 뿐만 아니라 이러한 경험 속에서 통제감을 얻을 수 있다. 예를 들어, 한 환자가 살인을 범했다고 러시아인 청년을 비난하는 환청의 목소리가 들리는 경우, 초기에는 자신의 감정을 조절하기 위해 체계적인 방법으로 자신의 주의를 환청의 목소리에서 벗어나도록 도와줄 수 있다. 이 기법은 경험이 감정에 미치는 힘을 약화시키고, 통제감각을 이끌어 내고, 목소리가 강력하다는 믿음에 도전하는 데 사용될 수 있다. 자기효능감의 향상과 이전보다 강해진 권한으로 환자는 스스로 살인과 관련된 객관적인 증거를 조사함으로써 살인 혐의로 러시아 청년을 기소하고 있는 환청의 내용에 도전할 수 있다. 또한 살인자가 러시아 청년이라는 환청이 진실이 아닐 수도 있다는 점은 살인이 실제 일어나지 않았을 수도 있다는 점에 이르는 데에도 사용될 수 있다. 즉, 한 가지 문제에 있어 환청 목소리가 잘못될 수 있다면, 다른 문제에 대한 것도 잘못된 것일 수 있다. 인지 과정과 내용의 수정은 치료자에게 치료와 개입에 대한 두 가지 기본 경로와 한 전략에서 다른 전략으로 이동할 수 있는 유연성을 제공한다.

사례연구

다음 사례는 CBTp가 실제로 어떻게 적용되는지에 대해 몇 가지 정보를 제공한다.

환자 내력

28세의 짐은 22세 때 정신질환이 발병하였다. 첫 번째 발병에서 짐은 친구를 포함한 주변 사람들을 의심하기 시작했으며, 그들이 자신의 돈을 훔쳐갔다고 주장하였다. 그는 지역 주점에서 사람들과 있을 때와 버스로 여행할 때 사람들이 자신의 주머니에서 돈과 지갑을 가져가는 것을 느낄 수 있었다고 말하였다. '뭔가 잘못됐다'는 느낌이 몇 개월 동안 들었고, 짐은 사람들이 자신의 생각에 반대하고 '자신을 실망시키려는' 환청의 목소리를 듣기 시작하였다. 이 목소리는 짐에게 '(누군가) 짐의 계획'에 반대하고 (사람들이) 누구에게 연루됐는지를 알려주고, 그래서 목소리 주인의 감시하에 있어야 한다고 경고하였다. 이 목소리는 특히 짐에게 가장 가까운 사람들이 그를 가장 반대하는 사람들이며 '최악의 사기꾼'이라고 주장하였다. 목소리는 짐에게 그의 여자 친구를 신뢰할 수 없다고 말했으며, 여자 친구가 다른 남자와 성관계를 갖는 환시를 경험하였다. 그는 여자 친구를 믿었지만, 목소리가 이러한 비난을 하자 매우 화가 났다. 어떤 경우에 짐은 통제력을 상실하고, 남자 친구들에게 자신의 여자 친구와 불륜관계를 맺었는지에 대해서 추궁하였고, 친구들이 부인한 이후에는 그것을 받아들였다.

짐은 또한 그에 대해 말하는 다른 종류의 목소리를 들었다. 이 목소리는 대개 '계획'에 대해 이야기하고, 모욕적이며 비판적인 발언을 하였다. 때로는 여자 친구가 바람을 피웠다는 것에 대해 비웃었고, 짐의 성기능장애 때문에 그녀가 부정한 관계를 맺는 것이라고 이야기하였다.

짐의 친구와 가족은 그가 사회관계에서 멀어지

고, 자기관리가 어려워지며, 점점 흐트러지는 것을 알아차렸다. 그는 종종 혼자서 중얼거리거나 가족에게는 "내 어려움에 대해 퍽도 관심이 있겠다."라며 비꼬는 말을 하였다. 목소리는 그에게 "계획을 곧 시작할 만한 징후를 찾아라."라고 목소리를 높였다. 짐은 집 근처에 버스가 도착한 시간 및 광고의 종류와 같은 일상적인 사건에 대해 기록해 두었고, 부모님은 많은 글자에 밑줄이 그어진 채로 집 안에 널려 있는 것을 발견하고는 짐에 대해 점점 더 걱정스러워하였다. 그들은 그가 상당한 양의 술을 마시는 것에 대해 우려하였다. 짐의 친구들은 그를 피하기 시작했고, 그는 점점 더 혼자가 되었다. 그는 여자 친구와 헤어졌는데, 그녀가 부정에 대한 그의 추궁을 더 이상 견딜 수 없었기 때문이었다.

여름철에 상황은 매우 빠르게 악화되었고, 짐은 어느 날 저녁 입원치료를 받게 되었다. 짐이 동네 술집에 일찍 간 날이었다. 그의 친구 몇 명이 거기에 있었지만 그는 혼자서 술을 마시며 사람들과는 멀리 떨어져 있었다. 갑자기 짐은 자리에서 일어나 자신의 돈을 훔치고, 자신감에 상처를 주고, 자신에 대해 안 좋은 소문을 퍼뜨린 친구들을 비난하며 소리치기 시작하였다. 그는 주머니에서 잔돈을 집어 친구들에게 던졌다. 그들은 그를 무시하려고 했지만 짐은 점점 더 흥분하여 공격적이 되었고, 마침내 그는 그들 중 하나에게 공격을 하였다. 많은 사람이 휘말리게 되었고, 싸움이 일어나면서 그 상황은 더욱 혼란스러워졌다. 경찰이 출동하고 짐이 체포되었다. 짐은 경미하지만 신체 상해를 입어 현지 병원의 응급실로 이송되었고, 이후 정신과 병동에 입원하였다. 짐은 병원에서 약 5주간을 보냈는데, 그 기간 동안 그는 항정신성 약물치료를 받았다. 그의 건강관리 계획에는 상담이 포함되어 있었으며, 가족은 조현병과 집에서 도움을 줄 수 있는 방법에 대한 일반적인 정보를 받았다. 짐의 증상은 병원 입원기간 동안 안정되었으며, 정신과 의사와의 외래 진료 약속을 잡았고, 외래치료 팀이 가정에 방문하여 제공하는 치료에도 동의하면서 퇴원하였다.

수년간의 치료기간 동안 짐은 비슷한 패턴으로 다섯 차례의 재발을 겪었다. 그의 편집증 증상은 완화되거나 경감되지 않은 채 환청의 목소리에 따라 사회에서 고립되었고, 자신을 돌보는 일에 점점 더 어려움을 겪었다. 재발할 때마다 짧은 기간 동안 입원치료를 받고 약물치료를 받았다. 그러나 잔류 증상(residual symptoms)은 발병 후에도 지속되었고, 약물치료의 강도가 증가하였으며, 비정형 항정신성 약물로 변경하였지만 짐은 환청, 편집증적 망상이나 관계적 사고 및 환각을 지속적으로 경험하였다. 그는 외출을 피했고, 그의 편집증 증상으로 주변 사람들이 놀라는 일이 발생하였다. 환청의 목소리는 지속적으로 짐의 여자 친구를 의심하는 질문과 '환시의 이미지'를 던졌지만, 그는 다행히 새로운 관계를 시작하고 유지할 수는 있었다.

짐의 회복을 돕고, 지속적인 양성 증상을 치료하기 위해 다학제 팀과의 논의를 거친 후 그는 CBT에 의뢰되었다.

현재 상황

짐은 현재 자신의 아파트에 산다. 그는 몇 주에 한 번씩 가까이에 살고 있는 부모와 좋은 유대감을 가지고 있다. 그는 실업상태이며 장애 혜택을 받고 있다. 짐은 정신건강 문제 회복을 위해 낮 병원에 일주일에 2~3일 참석한다. 그는 컴퓨터를 공부하기 위해 전문대학에 다녔지만 최근에는 사회관계가 너무 힘들다는 이유로 학교교육을 중단하였다. 짐은 여자 친구인 수와 안정적이고 정기적인 관계를 갖고 있다. 그는 자신이 병에 걸리기 전에 사귀었던 친구와는 연락을 끊었으며, 가끔씩 볼 수는 있지만 그들이 다닐 것으로 예상하는 장소는 피한다. 그는 항정신성 약물을 처방 받고 정신과 의사와 월례 외래 진료에 참석한다. 지역사회에서 일하는 정신과 간호사가 상담과 지원을 제공하고, 정신상태를 모니터링하기 위해 일주일에 한 번 집에 방문한다.

의뢰 시 정신상태

짐은 자신에 대해서 이야기하는 다양한 목소리의 환청을 경험하였다. 그는 환청을 '도움이 되는' 목소리와 '악의적인' 목소리로 구분하였다. '도움이 되는' 목소리는 다른 사람의 '계획'에 대해 경고하고, 위협을 받고 있는 위험한 상황과 시간에 대해 알려 주었다. 목소리는 그를 공격하거나 폭행할 수 있는 '사기꾼'을 피하라고 경고하였다. 짐은 환청 목소리의 경고가 매우 도움이 되었다고 생각하고, 이러한 경고에 따라 행동해서 피해를 입지 않을 수 있었다고 생각한다. '도움이 되지 않는 나쁜' 목소리는 일반적으로 그가 '어리석고, 쓸모없고, 좋지 않고' '성적으로는 별로'라는 등 개인적으로 명예훼손적인 진술을 했다고 한다.

목소리는 짐에게 여자 친구 수가 믿을 만하지 못하고 그를 속인다고 하였다. 그는 이러한 목소리가 '도움이 될 것인가' 또는 '악한 것인가'에 대해 확신하지 못하였다. 이 목소리는 또한 수가 짐을 믿을 만하지 못하게 생각하고 있으며, 이런 상황을 참고 있는 것은 멍청하고 쓸모없는 일이라고 말하였다. 그는 이러한 일들이 극도로 비참한 심상으로도 보인다고 하였다. 짐은 수가 불충실하다는 것을 믿지 않는다고 말했지만, 환청의 목소리는 더욱 강렬해지고 강요적이었으며, 그는 환청에 되받아 소리치며 저항할 수 없었다. 수는 짐의 두려움이 근거가 없는 것이라며 짐을 안심시킬 수 있었다.

개입

처음에 짐은 임상가와 접촉하기를 꺼렸다(짐은 CBT를 받기 위해 임상심리학자에게 의뢰되었다). 소개 당시에 그는 매우 의심이 많았으며, 첫 약속을 위해 집에 방문했을 때 문을 열어 주지 않았다(영국의 경우 정신건강 전문가들이 가정 방문을 하는 경우가 종종 있다). 문을 사이에 두고 짧은 대화가 끝나고, 더 편한 시간에 돌아오겠다며 대화를 끝맺었다. 이후 두 차례의 방문에서도 짐은 문을 열어 주기를 거절하였다. 이런 경우에는 짐이 지금 임상가의 방문을 꺼리는 마음이 틀리지 않고 그럴 수 있으며 타당하다고 생각한다는 것을 말해 준다. 그리고 나중에는 또 다른 마음이 들 수 있으니 다음 기회에 방문하겠다고 이야기한다. 초기에 치료에 참여하기를 꺼리는 경우, 가장 좋은 전략은 (변화를 이루려 하기보다) '저항을 다루고', 상황 속에서의 긴장을 완화하고, 모든 동요를 최소화하며, 대신 임상가와의 접촉을 유지할 수 있도록 다른 시간에 다시 찾아오는 것이다.

다음 번에 임상가가 방문했을 때, 짐은 더 편안한 상태였고 방문을 허락하였다. 짐의 편집증을 감안할 때, 임상가는 이 시기에 짐과 긍정적이고 협력적인 관계를 수립하고 짐이 완전히 편안해질 때까지 증상이나 심리치료의 주제를 소개하지 않는 것이 중요하다고 보았다. 그래서 짐의 경우 첫 번째 회기는 간단하게 진행되었으며, 전반적인 웰빙과 짐이 관심을 갖는 주제에 대해 이야기하였다. 이 시점에서 임상가의 주된 관심은 짐이 치료자와의 관계를 형성하고 유지하는 것이었다. 평가와 치료를 더 빨리 진행할 가능성이 없는 것은 아니지만, 참여 유지가 가장 핵심적이다.

네 번째 회기는 더 길었고, 임상가는 심리치료의 가능성을 소개하였다. 이때 짐의 증상에 대한 논의를 했는데, 그 내용은 다음과 같다.

> "아무도 없을 때 목소리를 들었다는 것으로 이해했어요. 이것에 대해 어떻게 생각하세요? 그 목소리가 무엇인가요? 목소리 때문에 겪는 어려움이 있나요? 당신은 이런 목소리에게 어떤 것을 하고 싶나요?"

이러한 질문들은 정신증 경험에 대한 이야기를 시작할 기회를 줄 뿐 아니라 치료에 대한 가능성도 열어 준다. 또한 환청에 대한 환자의 생각과 그것이 실제인지 혹은 아닌지에 대한 환자의 생각을 이해할 수 있다.

마찬가지로 임상가는 편집증 망상에 대해 질문할 수 있다.

> "사람들과의 관계에서 어려움을 겪고 있는 것이 사실인가요?"
>
> "사람들이 당신에게 반감을 느끼고 있다고 생각하나요? 이런 생각들과 느낌들에 대해 어떻게 생각하세요? 왜 이런 일이 일어나고 있다고 생각합니까?"
>
> "그들과 어울리기가 어려운가요?" "이러한 생각과 걱정이 들 때 어떻게 하세요?"

임상가는 짐이 이러한 망상을 얼마나 강하게 믿고 있는지, 그리고 치료를 받으려 할 것인지를 신속하게 평가할 수 있다.

짐은 치료에 큰 관심이 없었다. 그는 자신이 겪는 두려움과 환청의 목소리가 실제라고 생각했으며, 심리학적 치료가 자신에게는 적절하지 않다고 생각하였다. 이런 반응은 잔류 증상이나 지속적인 정신증 증상을 경험하는 환자에게서 종종 나타난다. 이런 경우 다음의 몇 가지 중요한 사항을 고려해야 한다.

- 치료적 관계를 유지하기 위해 해야 할 일은 무엇인가?
- 임상적으로 중요한 문제를 어떻게 식별하고, 서로 상호 합의할 수 있는가?
- 어떻게 하면 환자가 자신에게 도움이 되는 이득을 얻을 수 있을 것으로 생각하는 치료를 구성할 수 있는가?

첫째, 짐의 경험을 타당화하는 것이 중요하지만, 그 원인에 동의할 필요는 없다. 이 경우 **짐이 목소리를 듣고 있으며, 일부 사람이 그에게 반감이 있다고 믿는 것**은 실제 짐이 경험하고 있는 것이다. 이러한 짐의 주관적 경험에 동의하는 것이 중요하다. 이러한 주관적 경험에 동의한다 할지라도, 임상가가 짐이 듣는 목소리가 실제 존재하는 사람(주체)의 목소리이며, 실제로 사람들이 그에게 반감을 가지고 있다는 점에는 동의하지 않을 수 있다. 이것은 짐의 경험과 실제 삶에서 그에게 일어나는 일에 대한 짐의 믿음을 분리하는 데 도움이 된다. 즉, 짐이 믿음을 가지고 있다는 것과 그 믿음이 사실이라는 것은 같지 않다는 것이다. 마찬가지로, 짐이 목소리를 듣는 것은 이러한 목소리를 믿는 것과는 동일한 것이 아니다. 이 시점에서 환청의 목소리에 대한 짐의 믿음에 반드시 동의할 필요는 없지만, 임상가가 짐이 지속적으로 치료관계에 머물러 있도록 돕는 것이 더 중요하다.

다음으로, (정신증) 경험의 결과에 대해 물어보는 것이 도움이 된다. 환청 목소리 중 일부는 혼란을 일으키고, 짐의 편집증적 생각은 그를 두렵게 한다. 혼란과 공포(경험의 결과)는 짐이 해결하고 싶어 하는 문제가 될 가능성이 크다. 이것은 다음과 같이 다룰 수 있다

"목소리가 때때로 당신을 매우 화나게 한다고 말해 줬습니다. 아마도 화가 나는 부분에 대해 도움을 줄 수 있을 것 같은데, 이 부분에 대해 함께 이야기해 보시겠어요?"

"그곳에서 어떤 사람들이 당신에게 적대적이고 해하려고 한다는 생각을 하면서 무섭고 두려운 감정이 드는 것 같아요. 아마도 그 두려움은 우리가 같이 이야기해서 덜 느끼게 할 수 있을 것 같아요. 당신이 적대적인 사람들에게 잘 대처한다면 두려움을 덜 느낄 수도 있을까요?"

따라서 환자의 망상이 심각하거나 증상에 대한 통찰력이 부족한 경우, 증상을 줄이려 하거나 환자가 실제라고 믿고 있는 것을 설득하려는 시도는 오히려 역효과를 낳을 수 있다. 그러나 환자가 겪고 있는 고통에 공감하고 그 고통을 줄일 방안을 찾는 것은 함께 협업할 수 있는 실행 가능한 대안이 될 수 있다. 증상에 대한 정서적 반응을 조절할 힘이 생기면, 증상 자체도 약화시킬 수 있다.

그러나 짐은 이러한 고통을 다룬다는 치료목표에 대해서도 크게 관심이 없었다. 그가 사람들을 두려워하는 것은 그를 해치려는 사람들이 있다고 믿는 것을 감안할 때 충분히 합리적인 반응이었고, 이 두려움의 감정이 그를 벼랑 끝에 두었기 때문에 혹시 모를 위협과 위험에 더욱 주의를 기울인 것이다. 그의 믿음과 (과도한) 경계가 실제로는 그를 (혹시 모를) 해로움에서 안전하게 지켜 주었기 때문에, 짐은 이러한 자신의 믿음이나 행동을 바꾸고 스스로를 위험한 방향으로 끌어들이는 동기가 거의 없었다.

환자가 치료관계에 머물 수 있도록 하기 위해서는 환자와 논쟁하지 않는 것이 중요하다. 환자가 치료의 이득에 대해 확신이 없는 치료의 초기 단계에서는 더더욱 그렇다. 짐이 치료에 지속적으로 참여하도록 돕기 위해 사용한 다음 전략은, 짐이 자신의 인생의 목표가 무엇인지 탐색하는 것이었다.

임상가: 짐, 당신은 어떤 목표를 가지고 있습니까? 당신이 개인적으로 달성하고자 하는 것이 있습니까? 어떤 이유에서건 당신이 (하고 싶었지만) 할 수 없었던 일이 있습니까?

짐: 네, 많은 것이 있습니다. 저는 좋은 보수를 받고 싶습니다. 저는 대학에 가고 싶습니다. 그건 제가 좋은 직장을 구하는 데 도움이 될 것입니다.

임상가: 대학에 가면 좋은 직장을 얻을 수 있다. 그것은 합리적인 생각이네요. 다시 대학에 가고 싶습니까?

짐: 그렇지만 전에 대학으로 돌아갔을 때 문제가 있었습니다.

임상가: 어떤 문제였습니까?

짐: 음…… 사람들이 무섭습니다. 저는 그 사람들 중 일부가 무섭고 교활하며 제 돈을 갈취하는 사람들이라고 생각합니다. 목소리가 제게 그 사람들이 있는 대학에 가지 말라고 이야기했고, 저는 목소리가 말해 주는 것을 따라야만 합니다.

임상가: 당신이 이야기한 것을 잠시 요약해 볼게요. 당신이 가진 중요한 목표 중 하나는 대학에 진학하여 좋은 직장을 얻을 수 있도록 노력하는 것이군요. 하지만 사람들에 대한 두려움과 목소리가 대학에 진학하여 목표를 달성하려는 것에 방해가 되는 것 같아요. 그런가요?

짐: 네, 맞습니다.

이와 같이 짐은 그의 중요한 목표가 정신증으로 인해 방해받고 있음을 깨달았으며, 그와 임상가는 함께 해결해야 할 문제와 목표를 도출할 수 있다. 짐은 점차 치료를 받는 것의 이점을 이해할 수 있게 된다.

임상가는 치료관계의 유지뿐만 아니라 짐이 겪고 있는 문제에 대해 많은 것을 배웠다. 목소리는 짐에게 특정 상황에 대해 경고하고, 그는 그 목소리에 귀를 기울이고 회피행동을 한다. 그는 자신이 생각하는 위험에서 스스로를 보호하는 수많은 안전행동을 만들었다. 이러한 위협이 진짜 위험한지를 시험하거나 반박하는 것은 환자 입장에서는 안전감이 낮아지고 위험을 높이는 행동이기 때문에 시도하지 않을 가능성이 높다. 그러나 추후에 짐의 이러한 의사결정 내용을 알고 있는 것(메타인지적)이 현실 검증에 도움이 되는 상황이 생긴다. 짐은 자신이 따르는 명령 환청(직접 명령을 내리는 목소리)을 경험하고 이 목소리가 강력하다고 생각하며, 자신은 통제력을 거의 혹은 전혀 갖지 않는다고 생각한다. 하지만 자신이 환청의 명령에 따르는 결정을 했다는 점(어느 정도 통제력을 지님), 그리고 이런 자신의 결정이 결국 자신의 소중한 목표(대학에 가고 직장을 얻는 것)에 방해가 된다는 점은 자신이 안정을 위해 내린 결정이 자신의 목표와는 불일치한다는 점을 점차 깨닫게 한다.

사례개념화

치료는 환자의 문제에 대한 정확한 평가에서 자연스럽게 이어지며, 평가를 하면서 정신증 증상에 선행하는 사건이 무엇인지, 증상을 경험하고 어떤 행동을 하며 어떤 결과가 따라오는지에 대한 세부사항을 아는 것이 중요하다(사례개념화에 대한 보다 자세한 논의는 Tarrier & Calam, 2002 참조). 짐은 다양한 정신증 증상을 경험하므로 증상에 따라 단계별로 개념화하고 개입하는 것이 바람직하다.

편집증 망상

짐은 여러 가지 상황에서 편집증적인 망상을 가지고 있다. 혼자 있을 때 짐은 그의 옛 친구와 가족이 그의 돈을 전부 훔쳐서 그를 상대로 음모를 꾸미고 있다고 걱정한다. 이런 걱정은 짐에게 경비(보호 요인)가 필요하다는 목소리가 들리면서 더 강화된다. 짐은 또한 외출할 때 더욱 편집증적이 된다. 예를 들어, 길거리에서 그는 사람들을 훑어보고는 옛 친구의 흔적을 찾는다. 이런 방식으로 혹시라도 그를 공격할 수 있는 '무서운 사람들'이 자신을 보게 될 경우 도망갈 수 있다. 그는 또한 대학생 때 그랬던 것처럼 낮 병원에 대해서도 의심을 한다. 환청의 목소리는 상황이 위험하고, 위험한 사람들이 있으며, 자신을 돌봐야 할 때라는 점을 알려 준다. 짐은 목소리가 위험에 대해 경고할 것임을 알고 있으므로, 목소리가 들릴 때 주의를 기울인다. 짐은 낮 병원에 머물러 있는 시간이 길어질수록 더 초조함을 느끼므로, 보통 낮 병원에서는 아주 잠시만 있다가 집으로 돌아간다. 이런 패턴 속에서 자신의 목소리가 초조함을 낮추는 데 도움이 되었고 결과적으로 자신을 도왔으며, (혹시 모를) 위험에서 자신을 보호해 준다고 생각하였다. 짐은 목소리가 왜 자신을 돕는지에 대해 궁금해하지만, 자신이 어떤 면에서 특별하기 때문에 목소리가 그렇게 하는 것이라고 결론을 내린다. 하지만 '사악한' 목소리는 그를 불쾌하게 만들기 때문에 자신의 결론이 딱 맞아떨어지지는 않는다. 짐은 자신이 특별하기 때문에 '악'의 목소리와 불쾌함을 통해 자신이 도움을 받고, 그에 합당한 존재인지의 여부를 검증받고 있다고 결론을 내린다. 특별한 사람들만이 도움을 받고 검증을 받게 된다고 여긴다. 이런 식으로 짐은 '도움이 되는' 목소리와 '악의적' 목소리를 모두 경험하는 불협을 해결하였다.

임상가와 짐은 낮 병원에서 겪는 고통(스트레스)을 다루는 것에 동의한다.

임상가: 짐, 무슨 일이 생기고 있는지 저한테 말해 줄 수 있어요? 제가 이 질문을 하는 이유는 대학 다니기는 당신이 원했던 중요한 목표였지만 의심스러운 사람들 때문에 그 목표를 이루는 것이 어려워졌다고 이야기한 것을 기억하기 때문입니다. 여기에서 경험하는 상황은 대학에서 경험했던 것과 유사한 것 같아요. 혹시 우리가 낮 병원에서 경험한 상황을 살펴보면, 대학에 복귀했을 때 어떻게 대처할지 배울 수 있지 않을까 생각해요. 어떻게 생각하세요?

짐: 네. 음…… 현재 일어나는 일 중 하나는 목소리를 통해서 제가 위험하다는 것을 알고 있다는 거예요. 사람들이 저를 언제 공격하려고 하는지를 알 수 있기 때문이죠. 목소리는 저를 도우려고 하기 때문에 저에게 무서운 사람들이 거기에 있다고 경고합니다.

임상가: 목소리는 당신이 위험하다는 것을 어떻게 알 수 있습니까?

짐: 그것은 제가 어떻게 느끼는지 알기 때문에 말할 수 있습니다.

임상가: 당신이 취약해질 때 어떻게 느끼나요?

짐: 불안정하고 벼랑 끝에 서 있는 느낌입니다.

임상가: 매우 불안하고 걱정스럽고 스트레스를 받는 느낌인가 보네요.

짐: 네, 그렇습니다.

짐은 낮 병원을 생각하면서 불안해한다. 예기불안, 상황불안, 사회불안, 공격에 대한 두려움, 또는 전반적으로 높아진 각성 수준과 같은 다양한 이유가 있을 수 있다. 한 가지 가설은 짐이 불안감을 느끼고 나서 목소리가 자신의 취약함을 알려 준다고 오인하는 것이다. 그의 불안감이 환청을 경험할 가능성을 증가시켰을 수 있으며, 짐은 이 연관성에 자신만의 의미를 부여한다. 목소리에 힘과 의도가 있다고 말이다.

임상가: 그래요, 짐. 그래서 당신이 불안하고 위험하다고 느끼면 그다음에 어떤 일이 일어나나요?

짐: 일반적으로 목소리가 들립니다. 그것은 많은 것을 말할 수 있지만, 위험에 대해 경고할 것입니다. 저는 또 목소리가 저를 향해 공격할 것이라는 것도 압니다. 하지만 저는 안전을 지키는 것이 중요하기 때문에 목소리에 귀 기울여야 합니다.

여기서는 이 상황에서 짐에게 목소리가 들리고, 그 목소리에 주의를 기울이려 한다는 것이 중요하다. 즉, 작은 목소리라도 감지하려고 노력한다는 것을 의미한다. 이 점은 (일부러 목소리에 주의를 기울이는 대신에 다른 곳으로) 주의를 전환하는 것이 이 상황을 극복하는 데 도움이 될 수 있음을 시사한다. 임상가는 현 단계에서 이 방법을 제안하지는 않지만, 나중에 이 부분에 대해 다시 이야기할 수 있다.

임상가: 목소리가 당신에게 경고할 때는 어떤 상황입니까?

짐: 목소리가 위험한 사람을 발견하면 "그가 너를 붙잡을 것이고, 너를 공격할 거야. 여기서 빠져나가는 것이 나아."라고 이야기합니다. 목소리가 그렇게 말할 때, 저는 그 남자가 악의적으로 저를 볼 수 있으며, 그가 저를 따라올 것이라 생각합니다. 그래서 저는 가능한 한 빨리 그곳에서 빠져나옵니다.

임상가: 그런 다음에는 어떻게 되나요?

짐: 거기서 빠져나오고, 도망쳤다는 것을 알고 나서야 안심합니다. 저는 저를 안전하게 지켜 주는 목소리가 있다는 걸 알게 됩니다. 그렇지 않았으면 그 장소에 그대로 있었을 것이고, 끔찍한 곤경에 빠졌을 것입니다. 그 상황에 대해 생각할수록 운이 좋았다는 생각이 들고, 저 자신이 특별한 사람이라는 느낌을 받습니다. 목소리는 저를 안전하게 지켜 줍니다.

짐은 개인적인 의미(자신이 특별한 사람이라는)도 얻고, 그의 목소리를 통해 자신을 안전하게 보호할 수 있는 능력을 갖고 있다고 생각한다. 실제로 그는 자신의 불안을 줄이고 두려움의 결과를 피하는 데 도움이 되는 일종의 안전행동을 개발한 것이다. 그의 회피행동은 또한 자신이 특별한 존재임을 느끼게 하는 것으로 보인다.

이러한 기능분석을 통해 짐의 행동 패턴은 임상가가 추후 짐이 자신의 안전행동을 포기하고 누군가에게 공격받을 것이라는 파국적인 예측을 반박하는 행동실험 등을 계획하는 데 도움이 된다. 이를 위해서는 먼저 조금 더 자세한 정보를 얻는 것이 도움이 된다.

임상가: 당신은 목소리가 대부분 낮 병원에서 위험에 대해 경고한다고 말했습니다. 항상 이런 일이 발생합니까?

짐: 아니요, 매번 그런 것은 아닙니다. 저는 항상 목소리를 매우 주의 깊게 듣지만 때로는 목소리가 들리지 않습니다.

임상가: 그래서 목소리가 없을 때는 어떤 일이 일어납니까?

짐: 가끔은 여전히 취약한 느낌이 들지만, 저는 그대로 있습니다.

임상가: 낮 병원을 떠나지 않고 거기에 머물러 계십니까?

짐: 네, 때로는 지루해서 집으로 돌아가지만, 보통은 머물며 이야기를 하고 차도 한 잔씩 마십니다.

임상가: 그러면 짐, 목소리가 들리든 그렇지 않든 간에 주변에 있는 사람들은 거의 같은 사람들인가요?

짐: 그렇습니다. 거의 항상 같은 사람들입니다.

임상가: 그래서 때로는 목소리가 당신에게 누군가를 위험한 사람이라고 말하면 당신은 꽤 빨리 빠져 나와 당신이 공격당하지 않았다고 안심하고, 다른 때에는 목소리가 들리지 않았지만 당신은 (위험했다고 생각했던) 주변 사람들과 함께 있다는 거군요. 위험할 수도 있었지만 아무 일도 일어나지 않았고요. 때때로 위험하고 다른 때는 위험하지 않다는 것을 의미하는 것 같은데요. 이 부분에서 이상한 점은 없나요?

짐: 네, 그렇네요. 그건 생각해 보지 않았습니다.

여기서 임상가는 짐의 신념을 논박하는 데 사용할 수 있는 일관성이 없는 상황을 찾고 있다. 임상가는 논리적 불일치를 강조하고 그에 대한 짐의 답변에 피드백을 제공한다. 임상가는 목소리에 대한 짐의 생각에 대해 더 탐색한다.

임상가: 가끔은 목소리가 없는데, 왜 그럴까요?

짐: 저도 모르겠습니다. 어쩌면 그것이 그날 다른 누군가를 돌보아야 해서일지도 모릅니다. 네, 그럴 겁니다. 돌봐야만 하는 다른 특별한 사람들이 있어서 그들을 돕고 있는 중입니다. 목소리가 이처럼 많은 특별한 사람을 보살피고 있다면, 목소리가 얼마나 중요한 존재인지를 보여 주는 것이죠. 저 역시 목소리가 보살피는 정말로 특별한 사람들 중 하나인 거고요.

이 시점에서 짐은 망상적인 생각 체계에 대해 새로운 정보를 모으고 수용하는 것처럼 보인다. 새로운 정보가 망상 체계에 도전하기보다는 흡수되고 그 체계를 보호하는 방식으로 처리된다. 하지만 짐이 목소리를 듣고 귀 기울이면 더 스트레스를 느끼고, 목소리에 주의를 빼앗기지 않고 오히려 낮 병원에 참여하고 있을 때 더 편안해진다는 점은 앞으로 대안적인 설명을 발전시켜 나갈 기회를 주므로, 이러한 일련의 사고 체계를 이해하는 것은 유용하다.

임상가는 이제 짐이 자신의 신념 중 일부를 시험해 볼 동기를 강화하는 것이 중요하다. 그는 낮 병원에서의 상황을 대학에서의 상황과 비교하고, 자신의 중요한 목표를 달성하기 위해 짐이 당일 학교에서 더 잘 대처하도록 노력할 동기를 부여한다. 게다가 일반적으로 짐은 공격의 두려움 때문에 양가적이 되기는 하지만, 자신이 학교에 돌아가고 싶어 한다는 것을 알았다. 자신의 두려움을 관리하고 학교와 같은 상황에서 좀 더 편해지는 법을 배우고 싶어 한다는 것을 알았고, 이것이 동기부여 요소가 된다.

짐은 계속 진행되고 있는 상황에 대한 대안적인 설명을 할 필요가 있다. 그는 새로운 정보를 다른 방식으로 해석하고 처리할 수 있으며, 이러한 방식은 자신의 망상을 더 이상 강화할 수 없다. 과거에 짐은 그가 자신의 뇌에 있는 신경화학물질에 불균형이 생겨 정신증이 나타난 편집증 환자라고 들었다. 이런 설명이 짐에게는 매력적이지 않았다. 이러한 설명은 자신이 경험하는 편집증과 그로 인한 고통을 반영(reflect)하거나 타당화(validation)하지 않으며, 낙인을 형성하게 한다(즉, 그가 경험하는 고통은 실제 고통이 아니고 모두 내 뇌의 불균형 때문이라는 메시지를 받을 수 있기 때문이다). 짐에게는 이러한 설명 대신 심리학적 치료에 협력할 수 있는 자신의 경험을 타당화해 주는 다른 대안적 모델이 필요하다.

임상가는 편집증이 상황을 여러 가지로 해석할 수 있는 방안 중 하나를 선택한 결과이며, 이러한 선택으로 짐이 스트레스를 받고 불안한 마음을 가지면 낮 병원에서와 마찬가지로, 자신이 더 위험에 처해 있다는 목소리를 듣게 될 수 있다(취약해지는 상황)고 이야기할 수 있다. 그리고 그가 걱정하거나 불안할 때 환청이 들릴 수 있지만, 환청이 들린다고 해서 그것이 항상 그가 아무것도 할 수 없을 정도로 취약하다는 것을 의미하지는 않는다. 임상가는 환청이 짐에게 공격당할 것이라고 말할 때, 목소리를 무시하고 자신이 낮 병원에서 하고 있는 일에 계속 집중해 보는 것을 제안할 수도 있다. 목소리가 들리기 이전에, 이후에 같은 사람들이 거기에 있고 목소리가 없을 때 그를 공격하지 않았기 때문에, 목소리가 들릴 때에도 그가 공격받을 것 같지 않다는 점에 대해 이야기 나눈다. 이러한 행동실험을 통해 목소리가 짐을 정말 위험으로부터 안전하게 보호하는지 시험해 볼 수 있다. 이는 환청의 목소리가 진실되며 도움이 된다는 짐의 믿음을 시험해 볼 힘을 실어 준다.

짐은 이러한 두려운 상황에 직면했을 때 자신의 목소리가 들린다는 사실을 잘 알고 있었기 때문에 더욱더 내부에 주의를 기울이며, 외부 자극을 살필 수 있는 주의의 초점을 오히려 '취약해질 수 있는' 느낌에 맞추고 목소리를 경청하려고 한다. 이러한 전략은 내부 감각을 증폭시킬 가능성이 더 높았다. 그는 목소리가 말하는 것과 일치하는 단서를 찾고, 더 내부적으로 자신의 주의를 집중시킬 가능성이 높아지게 된다. 이러한 내부 초점과 주의를 찾는 과정은 목소리에 초점을 두고 있었다. 임상가는 짐에게 이러한 상황 속에서 두려움을 다루기 위해 다른 주의집중 전략을 사용할 수 있음을 소개하였다. 이 전략은 회기 내에서 시연을 실시하고, 적절한 내적 대화를 이끌었다.

짐은 환청의 목소리를 여러 가지 방식으로 이해하였다. 그는 자신이 '특별할 수도' 있기 때문에 목소리가 자신에게 위협을 미리 알려 준다고 믿었다. 그는 텔레파시를 통해 이 일을 할 수 있을 것이라고 생각했으며, 이 과정에서는 거의 통제감을 갖지 못하였다. 짐은 환청이 종종 불쾌감을 주기 때문에 어려움을 겪었고, 환청이 자신이 위험을 피할 수 있도록 돕는다면 왜 자신을 불쾌하게 만드는지 이해할 수 없었다. 그러나 짐은 자신이 특별한 사람이기 때문에, 목소리에게 일종의 '시험을 받아야' 할 필요가 있다고 결론을 내렸다. 물론 이 설명의 대부분은 목소리가 실제로 존재하는 위험에 대해 경고했다는 잘못된 전제하에 만들어졌는데, 이 전제는 도전받을 수 있다. 그의 경험에 대한 대안적인 설명은 이 경험을 정상화함으로써 이루어질 수 있다. 모든 사람은 때로 자기지시적이거나 기괴한 생각을 가지고 있다. 짐의 경우에는 단지 이러한 생각들이 자신의 일부가 아니라 외부에서 들리는 목소리로 인식된다는 점에서 차이가 있다. 짐은 비록 이러한 설명을 완전히 받아들이지는 않았지만, 자신이 가지고 있는 믿음이 의심해 볼 만한 것이라는 것을 알게 되었다. 아주 작은 변화이지만 이것이 점차 그의 마음속에 오랫동안 지녀 왔던 목소리에 대한 신념과 믿음에 대해 의심의 씨앗을 품게 했고, 심리치료 동안에 지속적으로 이야기할 수 있게 했으며, 점차 망상에 기반한 설명력을 약화시켰다.

짐은 두 가지 문제에 봉착하였다. 그에게는 목소리에 대한 두 가지 설명 외에는 달리 대안적인 설명이 없었는데, 하나는 비록 목소리가 애매하고 잘 정의되지 않지만 강력한 독립체나 존재라는 것(망상적 증상)이고, 다른 하나는 두뇌에서 발생한 생화학적 불균형의 징후라는 것(신체 질병)이었다. 임상가는 이에 더하여 짐의 환청 목소리가 그 자신의 생각이나 희미한 기억을 반영한 것일 수 있다고 제안하였다. 그 이유는 짐의 환청 목소리가 종종 그의 두려움이나 우려 또는 그의 과거의 모습을 반영했기 때문이다.

목소리는 짐이 위험에 처했을 때 경고하였다. 그는 목소리가 이런 상황에서 그를 돕고 보호했다고 믿었다. 예를 들어, 짐이 길을 걸어가고 있을 때 목소리는 다가오는 사람이 그를 공격할 것이라고 하였다. 짐은 그 남자를 피하기 위해 길을 건넜고, 그렇게 함으로써 공격을 피할 수 있었다고 믿었다. 그는 또한 남자가 '의심스러워' 보였고, 목소리가 그를 위험에서 구해 주었다고 믿어 의심치 않았다. 다음은 이 장의 앞부분에서 언급한 EBAC 주기의 예이다.

- 경험(Experience): 목소리는 의심스러운 한 사람이 접근하고 있음을 알려 준다.
- 믿음(Belief): 자신은 급박한 위험에 처해 있다.
- 행동(Action): 길을 건넌다.
- 확인(Confirmation): 공격당하는 것을 피하였다.

이를 다루는 치료 회기에 대해 조금 더 살펴보도록 하자.

임상가: 그 사람이 거리에서 당신에게 접근했을 때, 그 사람이 당신을 보고 있었고 목소리가 위험하다고 말합니다. 다음에는 무슨 일이 일어날까요?

짐: 글쎄요, 저는 그가 저에게 접근할 것을 알았고, 그래서 길을 건너가 버렸습니다.

임상가: 접근하던 사람이 당신을 보거나, 따라오거나, 아니면 뭐라고 어떤 말을 했습니까?

짐: 아니요, 그렇지 않았던 것 같습니다.

임상가: 입장을 바꾸어 당신이 그 사람을 공격하려고 했다면 그 점이 이상하지 않나요?

짐: 네, 그렇네요. 저는 전에는 그런 것은 생각해 보지 않았어요. 단지 그 자리를 피할 수 있어서 다행이라고만 생각했어요.

임상가: 거리를 걸어가면서는 어디를 보죠?

짐: 물론 제가 걸어갈 곳을 봅니다. 당연한 질문을 하시네요!

임상가: 그렇게 보일 수도 있지만, 이 부분을 함께 생각해 봐요. 그 사람이 당신을 공격하려고 바라보고 있다고 생각했는데요. 그 사람은 어디로 걸어가고 있었죠?

짐: 글쎄요, 그는 저를 향해 걸어오고 있었어요. 아마도 그는 걸어오는 방향을 바라보고 있었을 거예요.

임상가의 계속된 질문에 짐은 자신이 다른 이유

가 아니라 단순히 그 남자의 시야에 있었기 때문에 그가 자신을 보았다고 느꼈다는 결론을 내렸다. 공격할 의도의 증거는 없었고, 짐이 그의 시야에서 벗어나면 그 남자는 더 이상 신경을 쓰지 않았다. 이 부분을 더욱 강조하기 위해 실험을 해 볼 수 있다. 때로는 짐이 자신의 행동 때문에 사람들의 관심을 끌기도 한다. 즉, 사람들이 자신을 보게 만드는 것이다(자기충족적 예언). 다시 말하지만, 이것은 유사한 질문을 반복적으로 함으로써 이끌어 낼 수 있고 시험해 볼 수도 있다. 짐의 편집증적인 행동 및 친구와 가족의 행동에 대한 다른 예들을 사용하여 비슷한 방법을 적용해 볼 수 있다. 임상가가 내담자와 함께 성공적으로 신념이나 행동에 변화를 이끌었다면, 이러한 성공적인 과거의 사례를 이용하여 현재의 어려움에 적용할 수 있다. 이전에 짐이 생각이나 행동에 변화를 만든 것과 현재 상황 간의 공통점이 있는지 물으면서 현재 상황에서도 과거의 성공경험을 이어 가도록 도울 수 있다.

목소리가 보내는 '환상'

짐은 다른 남자와 성관계를 갖고 있는 자신의 여자 친구에 대한 '환상'을 보고는 매우 화가 났다. 그는 이러한 이미지를 텔레파시와 환청의 목소리가 전달했다고 생각하였다. 짐은 그의 여자 친구가 믿을 만하지 못하다고 생각하지 않았지만, 목소리가 그렇게 말하면 매우 화가 났다. 그는 이미지에 대해 생각하지 않으려 했지만, 이런 전략이 실패하면 텔레파시가 이미지를 전송했다는 사실을 더욱 확신하게 되었다. 짐이 더욱 화가 날수록 여자 친구에 대한 실망에 자신이 없어졌고, 이를 텔레파시와 목소리가 보낸 이미지가 옳다는 주장을 뒷받침하는 증거로 생각하였다. 이에 대한 대안적 설명은 짐에게 이미지가 매우 생생하고, 여자 친구의 불륜에 대한 비극적인 생각에 부딪혀 자신의 감정을 억압하려고 노력하지만 그러한 억압을 하면 할수록 이미지는 더 생생하고 빈번하게 떠오른다는 것이다. 그리고 짐이 여자 친구와의 안정적인 관계에 대해 반추하게 되고, 이러한 반추는 지속적으로 관계에 대한 걱정을 만들어 낸다는 것이다. 이 대안적인 설명과 함께 여자 친구와의 안정적인 관계를 지지하는 객관적인 증거들을 검토하면서 부정, 텔레파시, 그리고 목소리에 대한 짐의 망상적인 신념은 점차 약화되었다. 임상가는 짐이 이미지를 자신의 마음에서 밀어낼수록 더 자주, 더 생생하게 떠오른다는 리바운드 효과를 보여 주기 위해 사고 억제 연습을 하였다. 또한 억압하는 대신 '시각적 이미지'에 대한 노출을 시도해 보는 것이 이 경우에도 유용하였다(모든 경우에 유용한 것이 아닐 수도 있음을 주의해야 한다). 더 주의를 기울인 이미지는 시간이 지날수록 희미해지고, 문제의 원인이 되었던 고통도 함께 줄어들었다. 이러한 경험은 시각적 이미지가 외부에서 보낸 텔레파시가 아닌, 내부에서 일어나는 현상에 대한 증거임을 보여 준다. 짐은 또한 목소리가 들리면 그 영향을 줄이기 위한 방법으로 대안 자극에 주의를 전환하는 전략을 배웠다. 이런 전략을 사용하면서, 환청경험이 결국 외부 주체가 보내는 것이 아니라 짐의 내부에서 만들어진 것일 가능성이 높다는 것을 입증한다고 논의하였다. 임상가는 이러한 경험을 불안장애와 비교해 보았는데, 불안장애는 비현실적이고 위협적인 신념을 불러일으키며 '일어날 수 있는 일'이나 상상 속의 '대재앙'의 생생한 이미지가 갑자기 강렬한 감정을 일으킬 수 있다고 지적하였다. 이러한 경험은 현실적이지 않으며, 오히려 희박하고 개연성이 적은 상황이라고 생각할 수 있다.

이러한 논의를 통해 망상적인 신념의 강도가 약간 감소한 것은 짐이 증상이 가지고 있는 통제력, 위협 및 진실성에 대한 자신의 신념에 도전하는 또 하나의 계기로 활용되었다.

낮은 자기존중감: 일반적인 문제

조현병이 있는 많은 사람은 자기존중감이 낮다. 이러한 현상은 부정적인 자기도식에서 기인된 것일 수 있다. 심한 정신증을 경험하면서 나타난 결과이며, 정신증의 여러 측면과 관련이 있다. 정신질환에 대한 낙인, 심지어는 괴롭힘과 배제, 사회적 거부감과 부정적인 대인환경의 영향, 가치가 없거나 가치가 떨어진다고 예상할 때 느껴지는 감각의 고통을 겪을 수 있다. 우울장애와 자살충동을 동시에 지니고 있는 환자는 우울한 기분 때문에 자기존중감이 떨어지는 느낌을 받을 수 있다. 죽고 싶다고 느낄 때면, 스스로 그만큼 가치가 없고 자신이 죽을 만하다고 생각하는 방향으로 귀인할 수도 있다.

부정적 자기도식에 잠재적으로 영향을 미치고 이를 지속시키는 부정적 요인이 [그림 12-3]에 제

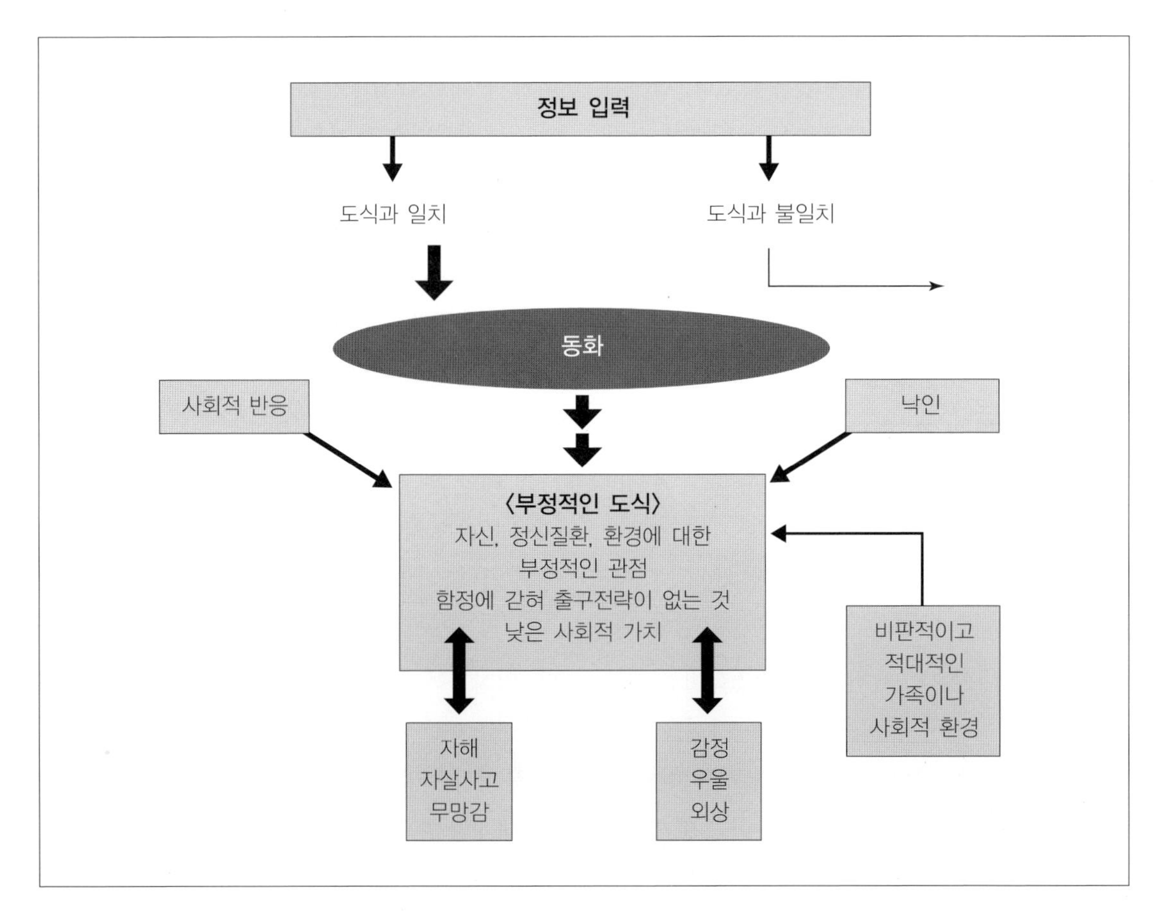

[그림 12-3] 부정적인 도식의 지속

시되어 있다. 이 그림에서 알 수 있듯이 부정적인 자기도식에 영향을 미치고 이를 유지하는 요소는 강하고 복잡하며 강력하다. 중증 정신증을 앓고 있는 상황에서는 부정적인 자기도식에 정보가 동화되는 방식을 새로운 해석이 편향시키며, 이러한 부정적인 자기도식은 도전받고 조절 혹은 변경되기보다 유지되고 강화된다.

낮은 자기존중감은 효과적인 대처전략을 효과적으로 사용하는 것을 방해하고, 우울증과 자해의 위험을 증가시킨다.

환자의 자기존중감 향상

여기에서 소개하는 전략들의 목표는 긍정적인 귀인을 일반화하고, 부정적인 자기도식에 대해 도전하며, 전반적인 자긍심을 향상시키고, 긍정적인 감정 반응을 유도하는 것이다. 이 방법은 2단계로 수행할 수 있다. 첫 번째 단계는 자아에 대한 긍정적 인지를 이끌어 내고, 두 번째 단계는 긍정적인 감정 반응을 이끌어 내는 것이다. 이 두 가지 단계는 함께 결합되어 적용될 수 있다. 그래서 긍정적 인지와 긍정적 감정 반응이 함께 나타나도록 도울 수 있다. 2단계 과정의 절차는 다음에서 설명한다.

1단계: 인지적 반응

- 환자에게 자신에 대한 긍정적인 요소(자질)를 최대 10개 정도 만들어 보라고 요청한다(개수는 환자의 능력에 따라 달라질 수 있으며, 환자가 필요한 수만큼의 긍정적 요소를 만들어 내는 데 실패하지 않는 것이 중요하다).
- 환자가 이러한 긍정적 자질에 대한 목록을 작성한 후에는 0점에서 100점 척도(0=전혀 아님, 100=완전히 맞음)에서 얼마나 진실에 가까운지를 평정하도록 요청한다.
- 환자에게 각 자질에 대한 구체적인 증거를 제시하도록 요청하라. 최근에 발생했으며 '지난 주'와 같이 시간 연계가 될 수 있는 활동을 구체적으로 탐색한다. 또한 환자의 지식을 활용하여 예를 도출한다. 가능한 한 많은 예를 묻고 기록한다.
- 환자에게 각 자질에 대한 예시 목록을 시연해 볼 것을 요청하라. 처음에는 상황을 말로 설명하고 심상을 이용해 연습한 다음 자신이 어느 정도 이러한 자질을 지니고 있는지에 대해 재평가할 수 있다. (보통 이러한 시연 이후에 긍정적 자질에 대한 확신 정도는 증가하는 방향으로 변화한다. 환자가 주의를 더 집중하여 증거를 찾아냄에 따라 신념 수준이 바뀔 수 있다는 점을 강조해야 한다.)
- 다음 주에 환자의 행동을 살펴보고 이러한 자질을 지녔다는 주장을 뒷받침하는 구체적인 증거를 기록하기 위해 환자가 연습할 수 있도록 과제를 할당한다. 목표는 다수의 긍정적인 자질을 발견하고, 여러 상황 속에서 일반화하며, 경험을 통한 재학습을 하는 것이다.
- 다음 회기에서 예시에 대한 피드백을 제공하고 추가 예시를 살핀다. 중요한 점은 환자가 실제로 이러한 자질을 가지고 있다는 신념을 명확히 하고, 이러한 신념이 변화하는 부분을 주목하여 보는 것이다.
- 구체적인 행동과 증거를 찾고 그에 집중하는 것이 자신에 대한 신념을 어떻게 변화시키는지 살펴보며, 결국 이러한 연습을 통해 자신에 대한 보다 일반적인 믿음이 변화할 수 있다는

점을 논의한다. 환자가 자신에 대해 보다 긍정적인 시각을 가질 수 있도록 돕는 모든 긍정적인 자질과 그러한 행동이나 절차를 했을 때 강화하는 것이 중요하다.

- 앞의 절차를 반복한다. 집중을 할수록 환자 자신에 대한 신념 수준이 변화하며, 자기존중감은 신념에 크게 영향을 받을 수 있으므로 자기존중감에 변화가 생길 수 있다는 점을 지속적으로 강조한다.

'데이브'의 사례는 이 절차를 잘 보여 준다. 데이브는 눈에 띄게 감소된 자신의 증상과 그에 대처하는 방법을 성공적으로 배웠고, 기능 수준을 크게 향상시켰다. 데이브는 자신이 지닐 수 있다고 생각한 여러 가지 자질, 즉 '도움이 되는(helpful)' 자질에 100점 만점에 60점을 주었다. 그는 '친근한(friendly)'에는 50점을 주었고, '좋은 아버지'에는 30점을 주었다. 이러한 자질들과 그에 대한 신념을 뒷받침할 만한 구체적인 증거를 찾아보았다. 그는 '도움이 되는' 자질에 대한 근거로 몇 달 전에 친구에게 돈을 빌려 주었고, 지난주에는 누군가에게 문을 열어 주었으며, 정원에서 아버지를 도왔다. 이렇게 자질과 근거를 살펴본 후에 점수를 60점에서 90점으로 재평정하였다.

데이브는 '친근한' 자질에 대한 근거로, 10~20년 동안 많은 친구와 교류했다고 이야기하였다. 친구들은 정기적으로 그에게 연락하고 그와 어울리는 것을 즐겼다. 그는 선술집이나 버스에서 사람들과 편안하게 이야기할 수 있었다. 그는 부모님의 친구들과도 잘 지냈다. 데이브는 어려움이나 별도의 준비 없이도 치료자와 잘 지내고 의사소통을 즐겼으며, 다른 환우들과도 이야기할 수 있다고 생각하였다. 그는 이 자질에 대한 점수를 50점에서 100으로 재평가하였다.

'좋은 아버지'가 되기 위해 데이브는 매주 아들과 딸을 데리고 외출하는 것을 즐겼다(아이들의 어머니가 양육권을 갖고 키우고 있었고, 데이브는 그녀와 이혼하였다). 데이브는 자신에게 양육권이 없어 아이들을 보지 못하게 된 상황에 화가 났다. 그는 아이들에게 선물을 사 주는 것을 좋아하였다. 그는 아이들과 외출했을 때 (데이브 자신이 무엇을 할지 결정하기보다는) 아이들이 하고 싶은 활동을 하도록 허용해 주는 데에서 행복감을 느꼈다. 데이브는 이 자질에 대해 30점에서 60점으로 재평정하였다. 그러나 이 시점에서 부정적인 생각이 들었다. 그는 현재 아이들과 함께 살지 않기 때문에 좋은 아버지가 될 수 없다고 생각하였다. 그는 그들의 어머니와 함께하지 않았다. 그는 아이들을 짧은 시간 동안만 보며, 아버지가 없는 것이 아이들의 성장을 망치기 쉽다고 이야기하였다. 그가 생각할 때 이런 방식은 아버지로서 책임 있는 육아가 아니었다. 이 시점에서 임상가는 부정적 견해가 유지되는 방식([그림 12-3] 참조)에 대한 모델을 보여 주면서, 데이브의 이런 생각이 부정적인 도식과 일치하는 방식으로 상황을 해석하는 것임을 논의하였다. 데이브의 현재 해석은 긍정적인 면을 최소화하고 부정적인 면을 극대화하는 일종의 '과잉일반화'라고 짚어 주는 과정이 도움이 되었다. 또한 이러한 생각과 신념이 데이브 자신의 기분을 우울하게 만들고 스스로에 대해 부정적인 믿음을 유지하게 하지만, 상황을 정확하게 반영하지는 못하였다. 데이브는 자신에 대한 부정적인 생각에 도전하기 위해 여러 가지 연습을 한다. 즉, '나쁜 아버지'를 보다 명확하게 정의해 보고 자신의 행동을 객관적으로 이 정의와 비교해 보았다. 그는 유사한 상황에 있는 다른 사람의 행동과 자신의 행동을 비교해 보기도 하였다. 마지막으로, 그는 자신이 한 일과 상황에 대해 현실적이고 객관적인 평가를 하도록 요청받았다. 이 연습을 하는 동안, 임상가는 부정적으로 편향된 자기평가가 얼마나 삶에 영향을 미치는지에 대해, 그리고 미래에 이러한 부정적인 편향에 대응하기 위한 전략들을 배우는 것이 얼마나 중요한지를 강조하였다.

2단계: 감정적 반응

데이브와 함께 이러한 자질이 왜 중요한지와 그 자질을 지니고 있음으로써 얻을 수 있는 잠재적 이득에 대해 논의하였다. 임상가는 이 과정에서 유도된 학습과 심상(guided discovery and imagery)을 사용하였고, 이런 과정이 데이브에게 의미 있고 중요했다는 점을 확인하였다. 임상가는 먼저 그에게 각 자질의 실제적인 예를 생각해 보도록 요청하였다. 이때 자질에 대한 믿음의 수준, 맥락과 관련된 구체적 행동을 생각해 볼 것을 특별히 강조하였다. 그 믿음의 수준을 표시하면서 데이브가 경험하는 감정적 변화에 주의를 기울이며, 긍정적인 변화에 초점을 두었다. 데이브가 다른 사람에게 자신의 긍정적인 자질을 보여 주면서, 다른 사람이 자신과 상호작용할 때 경험하게 될 긍정적인 감정 반응을 상상하고, 다른 사람의 경험을 생생하게 상상하며, 이 경험을 어떻게 느끼고 어떤 방식으로 시도했는지 설명하도록 요청하였다. 또한 그가 다른 사람에게 긍정적인 감정을 불러일으켰을 때 어떻게 느끼는지를 묘사하도록 요청하였다.

예를 들어, 친구를 돕기 위해 관대함을 표현할 때, 데이브는 먼저 유도된 심상을 통해 그가 도움을 받았을 때 친구가 어떻게 느꼈는지 상상해 보았다. 임상가는 그가 이 긍정적인 감정을 유지해 보도록 요청하였다. 그런 다음 비슷한 과정을 통해 데이브 자신의 친구가 도움을 받았다고 느낀 것을 알았을 때 자신이 어떻게 느낄지를 상상하고 묘사하도록 요청하였다. 다시 데이브가 이 감정을 유지해 보도록 요청하였다. 모든 긍정적인 자질 및 시나리오에 대해서 유사한 과정을 수행해 볼 수 있다.

재발방지

재발이 사전 경고 없이 발생하는 경우는 거의 없다. 보통 선행하는 증상의 기간이 며칠, 또는 더 일반적으로는 몇 주, 경우에 따라서는 몇 달 동안 지속될 수 있다. 평균 전조 단계는 약 4주이다(Birchwood, Macmillan, & Smith, 1994). 공통적인 전조 증상 및 징후로는 비정신증 증상(예: 경도우울증 또는 불면증, 불안, 불면증, 과민성, 기분 변화 및 대인 민감성) 및 약한 수준의 정신증 증상(예: 의심스러운 마술적 사고, '무엇인가 이상하거나 잘못되었다'는 느낌, 자신이 그 주변 사람들과 잘 '어울리지 않는다'는 느낌) 등을 경험한다. 전조 단계에서 환자는 사회나 대인관계에서 철회하고, 사회적 접촉을 피하며, 취미 또는 관심사를 버리고, 더 많이 고립되어 일이나 다른 일상적인 요구나 활동을 계속할 수 없는 등의 변화가 나타난다. 병이 진행됨에 따라 이러한 징후와 증상은 더욱 심화되고, 환자는 자신을 돌볼 수 없거나, 사회적 또는 성적으로 부적절하거나, 다른 사람을 비난하며 혼자서 중얼거리거나, 전화나 텔레비전의 연결을 끊는 등의 이상한 행동을 보일 수 있다.

이때 환자에게 이전에 발병했을 때의 전조 증상을 떠올려 보도록 요청할 수 있으며, 발병의 시작이나 병원 입원을 기준으로 변화가 나타난 상황을 확인한 다음, 변화가 처음 발견된 시기, 변화된 내용, 진행 상황 및 순서를 평가한다. 각 징후 또는 증상은 진료 카드에 기록해 둘 수 있으며, 환자가 징후와 증상을 일어난 순서대로 열거할 수 있도록 한다. 이 방법으로 환자의 재발 신호, 즉 환자의 전조 단계(prodromal stage)를 특징짓는 증상 및 징후들을 파악하고 재발하는 데 걸리는 시간과 그 경과를 확인할 수 있다. 가족 구성원 또는 정신건강 전문가가 전조 증상과 그 순서를 식별하는 데 도움을 줄 수도 있다. 임상가는 조기징후척도(Early Signs Scale; Birchwood et al., 1989)와 같은 전조 증상을 평가하는 표준화된 평가도구를 유용하게 사용할 수 있다. 이러한 도구를 이용하여 환자가 자연스럽게 회상하지 못할 가능성이 있는 전조 증상에 대해 생각해 보거나 질문할 수 있다. 환자는 실제로 재발 전조 및 재발과는 관련 없는 정상적인 기분 변화를 구별할 수 있어야 한다. 이는 구분 훈련 과정을 통해 이루어지며, 환자는 감정에 있어 정상적인 변화를 재발의 전조로 오해하는 '거짓 경보'와 실제 전조 증상을 구별하는 것을 목표로 몇 주 동안의 기분과 경험 변화의 경과를 모니터링한다.

다음 단계는 하나의 변화가 발생하면 그다음 계획을 세우는 '게임계획(game plan)'을 정립하는 것이다. 대처전략을 정하고 연습할 수 있으며, 다른 사람들의 도움을 받을 수 있고, 정신과 서비스의 도움을 요청할 수 있다. 여기에는 처방 약물의 복용량을 늘리거나 변경하는 것도 포함될 수 있다. 환자의 전조 국면 시간 경과에 대한 이해와 함께, 임상가는 전조 국면의 여러 국면에서 행할 수 있는 다양한 개입을 논의하면서 이 시기를 '기회의 창'으로 보고 서로 여러 가지 대처행동을 생각해 볼 수 있다. 치료방법들 가운데 중요한 부분은 미래에 대한 계획, 특히 잠재적으로 스트레스가 많은 사건과 이때 발생할 수 있는 증상과 재발의 징후를 인식하는 것이다. 임상가에게 자신의 상태를 담은 엽서를 전달하는 방식으로 환자와 임상가 모두 상태를 모니터링할 수 있다. 휴대전화나 전자 메일과 같은 도구를 활용하여 환자를 모니터링하고, 접촉을 유지하고, 재발의 징후를 확인하여 최적의 시기에 개입할 수 있는 새롭고 혁신적인 플랫폼과 방법을 제공할 수 있다. 이러한 기술적 진보는 또한 실시간 평가와 개입, 그리고 개인별로 중요한 기간을 파악하고 개인화된 개입을 제공하는 지능형 시스템의 개발을 가져올 수 있다(Kelly et al., 2012).

임상적 문제와 어려움

사고장애

전형적으로 언어의 혼란을 특징으로 하는 사고장애는 환자가 전하는 의미를 이해하기 어렵게 만든다. 그러나 축적된 임상적 경험과 인내심을 가지고 환자가 하는 장황한 듯한 말에서 몇 가지 내부 논리를 발견할 수 있다. 이는 환자에게 그 의미를 설명하도록 요구하거나 임상가 자신이 이해한 부분을 반영하면서 이루어질 수 있다. 그다음에는 보다 일관된 언어로 다시 표현해 본다. 침착한 방식으로 조직화된 단계를 차근히 진행하면 환자에게 과도한 감정을 유발하는 내용을 발견할 수 있으며, 이러한 발견에서 시작하여 감정적 과부하를 예방하는 전략이나 방안을 함께 논의할 수 있다.

치료가 잘 되지 않는 정신증 증상

유감스럽게도, 치료자의 최선의 노력과 최적의 약물치료로도 환자의 증상이 크게 개선되지 않는 경우가 있다. 이처럼 개선이 어려운 경우에는 여러 가지 선택지를 이용할 수 있다. 첫째, 증상보다는 환자의 삶의 질을 극대화할 수 있는 적절한 지원 서비스가 이루어지도록 노력하는 것이 필요하다. 둘째, 치료, 특히 약물치료나 주변 환경을 정기적으로 검토해야 하며, 과도한 스트레스를 피할 수 있어야 한다. 마지막으로, 몇 가지 간단하고 직접적인 인지-행동적 전략을 계속 연습하고 수행해 볼 필요가 있다. 왜냐하면 오랜 시간이 지나면 이러한 작은 행동전략들이 쌓여 큰 효과를 나타낼 수 있기 때문이다.

자살과 자해의 위험

조현병 환자에게 자살위험은 상당히 높다. 위험 요인으로는 젊은 남성, 잦은 재발과 만성질환, 높은 수준의 정신증 증상 및 기능장애, 우울장애와 관련된 절망감, 심리적 타격에 대한 두려움, 치료에 대한 지나친 의존 또는 치료에 대한 믿음 상실 등이 있다. 한 연구에서는 자살위험에 대한 두 경로를 절망이 매개한다고 보고하였다. ① 사회적 고립 증가, 질병의 지속기간 연장, 양성 증상, 노년층, 실업자 기여 등, ② 자기 자신에 대한 높은 부정적 시각, 가족이나 친척들의 높고 잦은 비판, 남성, 미혼자, 실직자, 더 많은 음성 증상 등에 유의미하게 작용하였다(Tarrier, Barrowclough, Andrews, & Gregg, 2004). 보다 최근의 코호트 연구 및 체계적 개관에서는 이전의 결과를 재확인하고 확장하였다. 즉, 젊은 남자 환자 중 범죄 경력이 있는 경우 자살의 위험이 높다는 내용인데, 이 결과는 IQ가 낮은 사람들에 한정된다(Webb, Långström, Runeson, Lichtenstein, & Fazel, 2011). 51개의 연구를 체계적으로 개관한 결과, 우울한 증상, 환각 및 망상, 동반된 신체적 질병 및 약물의 부적절한 오용과 같은 중요한 질병 관련 예측인자가 추가로 확인되었다(Hor & Taylor, 2010).

치료자는 조현병이 있는 사람들을 치료하면서 자살시도가 있을 수 있음을 인식하는 것이 중요하다. 불행히도, 조현병 환자는 종종 자살충동이 있을 때 치명적인 방법(예: 고지에서의 점프, 약물남용 또는 총기)을 사용한다. 치료자는 자살충동의 존재를 평가할 필요가 있으며, 환자가 구체적인 계획을 세우거나 행동을 취했는지, 자해 및 자살에 대해 정상적인 보호장벽이 있는지 여부를 묻는 것이 필요하다. 자기존중감의 하락이나 무망감과 절망감의 증가(특히 질병이나 회복에 대한 환자의 인식과 관련된 경우), 가족이나 사회적 관계망의 와해, 사회환경의 변화, 지지적 관계의 상실(예: 정신건강 직원의 변경, 직원의 휴가) 등 위험을 높일 수 있는 요인에 대해 주의하여 살펴야 할 필요가 있다. 또한 주요 생활사건, 손실 또는 수치스러운 경험을 할 때 크게 낙담할 수 있다.

자살위험을 증가시킬 수 있는 몇 가지 요소 중에는 정신증과 관련된 요소도 있다. 예를 들어, 환자에게 자해를 가하라고 명령하는 환각을 경험할 수 있다. 저자 중 한 사람(N. T.)은 낯선 신체 감각을 경험한 환자를 치료한 적이 있었는데, 이 환자는 감각을 영국 여왕이 자신의 몸에 들어가려는 것으로 해석하였다. 그는 충성스런 국민으로서 여왕이 들어올 수 있도록 자신의 몸을 비워야 한다고 생각했으며, 손목을 그어 자신을 죽이려 하였다. 이러한 시도는 실제 죽을 의지로 인한 것은 아니었지만 왕족에 대한 사회 규약 등에 의해 영향을 받았다. 다행히 환자의 그러한 시도는 실패하였다.

많은 임상가는 정신증 증상이 심한 정신질환의 부담과 가혹한 현실에서 스스로를 보호하려는 측면을 가지고 있다고 가정한다. 치료를 받으며 통찰력이 증가하고 증상이 개선되면서, 이러한 현실적 부담에 노출되어 자살을 고려할 가능성이 증가한다. 임상가는 이러한 모든 요인을 인식하고 환자를 잘 이해해야 하며, 문제가 될 수 있는 상황이나 변화를 모니터링해야 한다. 예측 가능한 변화와 계획을 알아 다른 정신건강 전문가와 효과적인 의사소통을 하고, 우울한 기분과 절망감을 직접적으로 해결하는 것이 중요하다. 급성 자살위험을 평가할 때, 환자의 단조로운 정동이나 일치하지 않는 정동으로 인해 (실제 매우 절망적이나 그렇게 보이지 않는 경우) 정확한 평가가 어려울 수 있다. 우울장애 환자에게서 나타나는 자살과 관련된 단서가 조현병 환자에게는 나타나지 않을 수 있다. 자살위험이 높을 경우, 응급 정신과 서비스를 요청해야 한다.

이중진단: 알코올 및 약물 사용의 동반이환

동반되는 약물 사용은 조현병 환자에게 점차 커지고 있는 문제이다. 이중진단을 받은 환자는 조현병만을 지니고 있는 환자보다 더 안 좋은 예후가 보고된다. 이중진단을 받은 경우, 보다 지속적으로 증상을 경험하고, 더 자주, 그리고 더 일찍 재발과 재입원을 하게 되며, 응급 서비스를 받을 가능성이 더 높다. 알코올이나 약물 사용의 영향으로 폭력 수준이 높아질 수 있고, 자살과 자해의 위험이 커진다.

동기강화 면담은 조현병 환자가 약물 사용을 중지할 수 있도록 변화시키기 위한 동기를 부여하는 데 효과적으로 사용되어 왔다(Barrowclough et al., 2001; Haddock et al., 2003). 동기강화 면담은 특정 면담이 아닌 '스타일'이라고 불려 왔으며, 물질 또는 알코올 사용행동을 바꾸고, 동시에 정신질환을 해결하려는 환자의 동기를 증가시키기 위해 CBT 접근법에 통합될 수 있다. 알코올 또는 약물 사용과 정신증 증상 사이의 중요한 상호작용에서는 이러한 이중치료 접근법(CBT+MI)이 도움이 된다. 많은 환자는 알코올이나 물질이 문제를 야기하지 않는다고 생각하며, 친구와의 교제, 즐거움과 같은 긍정적인 효과가 부정적인 결과보다 더 중요하다고 생각하기도 한다. 초기 회기에서는 환자에게 변화나 변화에 대한 동기를 이끌어 내는 데 초점을 둘 수 있다. 치료자는 반영적인 경청, 수용 및 선택적 보상과 같은 동기강화 면담기술을 사용하여 긍정적 변화와 관련된 진술을 이끌어 낸다. 일단 환자가 물질 또는 알코올 사용이 문제임을 인식하고 변화의 욕구를 나타내면, 치료는 이 목표를 달성하기 위한 실제적인 방법으로 연결될 수 있다. 지금까지 행해진 가장 대규모의 RCT에서는 TAU+MI+CBT의 조합조건과 TAU만 있는 조건에 정신증과 약물 사용 문제가 있는 이중진단 환자를 무선할당하여 그 효과를 비교하였다. 연구 결과, CBT+MI+TAU 치료가 약물을 하지 않을 동기를 더욱 강화하였고, 하루 동안 섭취하는 약물이나 알코올 사용량이 현저하게 줄었으며, 이러한 변화는 추적관찰 기간 동안에도 유지되었다. 하지만 재발률, 증상 및 기능과 같은 임상 결과에는 별다른 추가 효과가 발견되지 않았다(Barrowclough et al., 2010).

결론

CBTp는 조현병과 정신증을 경험하는 환자에게 중요한 이점을 제공하며, 포괄적인 치료계획의 일환으로 수행되어야 한다. CBTp는 환자를 '치료'하는 것이 아니라, 환자가 질병에 대처하고 그로부터 회복하는 것을 돕는다. CBTp에서의 개입은 상세한 평가 및 사례개념화에 기반하며, CBT와 정신질환에 대한 상당한 숙련도, 경험 및 지식을 요구하고, 단순한 프로토콜의 형식 이상이다. CBT 절차를 알리고 더 발전시키기 위해서는 심리학적 관점에서 정신질환을 이해하는 이론적 측면에 대한 더 많은 연구가 필요하다. 또한 새로운 심리학적 치료가 정신건강 서비스에 보급되어 환자에게 제공될 수 있는 절차에 대한 연구가 필요하다.

감사의 글

본 원고의 초벌 번역에 함께 참여해 준 고려대학교 심리학부 손가은 학생에게 감사를 드립니다.

참고문헌

Allot, K., Alvarez-Jimenez, M., Killackey, E. J., Bendall, S., McGorry, P. D., & Jackson, H. J. (2011). Patient predictors of symptom and functional outcome following cognitive behaviour therapy or befriending in first-episode psychosis. *Schizophrenia Research*, *132*, 125-130.

Barnes, T. R. E., & Nelson, H. E. (1994) *The assessment of psychoses: A practical handbook*. London: Chapman & Hall.

Barrowclough, C., Haddock, G., Lobban, F., Jones, S., Siddle, R., Roberts, C., et al. (2006). Group cognitive behaviour therapy for schizophrenia: Randomized controlled trial. *British Journal of Psychiatry*, *189*, 527-532.

Barrowclough, C., Haddock, G., Tarrier, N., Lewis, S., Moring, J., O'Brian, R., et al. (2001). Randomised controlled trial of motivational interviewing and cognitive behavioural intervention for schizophrenia patients with associated drug or alcohol misuse. *American Journal of Psychiatry*, *158*, 1706-1713.

Barrowclough, C., Haddock, G., Wykes, T., Beardmore, R., Conrod, P., Craig, T., et al. (2010). Integrated motivational interviewing and cognitive behavioural therapy for people with psychosis and comorbid substance misuse: Randomised controlled trial. *British Medical Journal*, *341*, c6325.

Barrowclough, C., & Tarrier, N. (1992). *Families of schizophrenic patients: A cognitive-behavioural intervention*. London: Chapman & Hall.

Birchwood, M., Macmillan, F., & Smith, J. (1994). Early intervention. In M. Birchwood & N. Tarrier (Eds.), *Psychological management of schizophrenia* (pp. 77-108). Chichester, UK: Wiley.

Birchwood, M., Peters, E., Tarrier, N., Dunn, G., Lewis, S., Wykes, T., et al. (2011). A multi-centre randomised controlled trial of cognitive therapy to prevent harmful compliance with command hallucinations. *BioMed Central Psychiatry*, *11*, 155-160.

Birchwood, M., Smith, J., MacMillan, F., Hogg, B., Prasad, R., Harvey, C., et al. (1989). Predicting relapse in schizophrenia: The development and implementation of an early signs monitoring system using patients and families as observers. *Psychological Medicine*, *19*,

649-656.

Bird, V., Premkumar, P., Kendall, T., Whittington, C., Mitchell, J., & Kuipers, E. (2010). Early intervention services, cognitive-behavioural therapy and family intervention in early psychosis: Systematic review. *British Journal of Psychiatry, 197*, 350-356.

Bolton, C., Gooding, P., Kapur, N., Barrowclough, C., & Tarrier, N. (2007). Developing psychological perspectives of suicidal behaviour and risk in people with a diagnosis of schizophrenia: We know they kill themselves but do we understand why? *Clinical Psychology Review, 27*, 511-536.

Brabban, A., Tai, S., & Turkington, D. (2009). Predictors of outcome in brief cognitive behavior therapy for schizophrenia. *Schizophrenia Bulletin, 35*, 859-864.

Brooker, C., & Brabban, A. (2006). *Measured success: A scoping review of evaluated psychosocial interventions training for work with people with serious mental health problems*. London: National Health Service, National Institute for Mental Health in England.

Cohen, J. (1988). *Statistical power analysis for the behavioral sciences* (2nd ed.). Hillsdale, NJ: Erlbaum.

Dixon, L. B., Dickerson, F., Bellack, A. S., Bennett, M., Dickinson, D., Goldberg, R. W., et al. (2010). The 2009 schizophrenia PORT psychosocial treatment recommendations and summary statements. *Schizophrenia Bulletin, 36*, 48-70.

Doll, R. (1998). Controlled trials: The 1948 watershed. *British Medical Journal, 317*, 1217-1220.

Drury, V., Birchwood, M., Cochrane, R., & Macmillan, F. (1996). Cognitive therapy and recovery from acute psychosis: A controlled trial: I. Impact on psychotic symptoms. *British Journal of Psychiatry, 169*, 593-601.

Dunn, G., Fowler, D., Rollinson, R., Freeman, D., Kuipers, E., Smith, B., et al. (2012). Effective elements of cognitive behaviour therapy for psychosis: Results of a novel type of subgroup analysis based on principal stratification. *Psychological Medicine, 42*, 1057-1068.

Emmerson, L. C., Granholm, E., Link, P. C., McQuaid, J. R., & Jeste, D. V. (2009). Insight and treatment outcome with cognitive-behavioral social skills training for older people with schizophrenia. *Journal of Rehabilitation Research and Development, 46*, 1053-1058.

Fowler, D., Hodgekins, J., Painter, M., Reilly, T., Crane, C., Macmillan, I., et al. (2009). Cognitive behaviour therapy for improving social recovery in psychosis: A report from the ISREP MRC trial platform study (improving social recovery in early psychosis). *Psychological Medicine, 39*, 1627-1636.

Freeman, D. (2011). Improving cognitive treatments for delusions. *Schizophrenia Research, 132*, 135-139.

Garety, P. A., Fowler, D. G., Freeman, D., Bebbington, P., Dunn, G., & Kuipers, E. (2008). Cognitive-behavioural therapy and family intervention for relapse prevention and symptom reduction in psychosis: Randomised controlled trial. *British Journal of Psychiatry, 192*, 412-423.

Garety, P. A., Fowler, D., Kuipers, E., Freeman, D., Dunn, G., Bebbington, P., et al. (1997). London-East Anglia randomised controlled trial of cognitive-behavioural therapy for psychosis: II. Predictors of outcome. *British Journal of Psychiatry, 171*, 420-426.

Garety, P., Kuipers, E., Fowler, D., Freeman, D., & Bebbington, P. E. (2001). A cognitive model of the positive symptoms of psychosis. *Psychological Medicine, 31*, 189-195.

Gould, R. A., Mueser, K. T., Bolton, E., Mays, V., & Goff, D. (2001). Cognitive therapy for psychosis in schizophrenia: An effect size analysis. *Schizophrenia Research, 48*, 335-342.

Grant, P. M., Huh, G. A., Perivoliotis, D., Stolar, N. M., & Beck, A. T. (2012). Randomized trial to evaluate the efficacy of cognitive therapy for low-functioning patients with schizophrenia. *Archives of General Psychiatry, 69*, 121-127.

Haddock, G., Barrowclough, C., Tarrier, N., Moring, J., O'Brien, R., Schofield, N., et al. (2003). Randomised controlled trial of cognitive-behavior therapy and motivational intervention for schizophrenia and substance use: 18 month, carer and economic outcomes. *British Journal of Psychiatry, 183*, 418-426.

Haddock, G., McCarron, J., Tarrier, N., & Faragher, B. (1999). Scales to measure dimensions of hallucinations and delusions: The Psychotic Symptom Rating Scales(PSYRATS). *Psychological Medicine, 29*, 879-890.

Haddock, G., Tarrier, N., Morrison, A. P., Hopkins, R., Drake, R., & Lewis, S. (1999). A pilot study evaluating the effectiveness of individual inpatient cognitive behavioural therapy in early psychosis. *Social Psychiatry and Psychiatric Epidemiology, 34*, 254-258.

Hall, P. H., & Tarrier, N. (2003). The cognitive-behavioural treatment of low self-esteem in psychotic patients: A pilot study. *Behaviour Research and Therapy, 41*, 317-332.

Hor, K., & Taylor, M. (2010). Review: suicide and schizophrenia: A systematic review of rates and risk factors. *Journal of Psychopharmacology, 24*, 81-90.

Jackson, H. J., McGorry, P. D., Killackey, E., Bendall, S., Allott, K., Dudgeon, P., et al. (2008). Acute-phase and 1-year follow-up results of a randomized controlled trial of CBT versus befriending for first-episode psychosis: The ACE project. *Psychological Medicine, 38*, 725-735.

Johnson, J., Gooding, P., & Tarrier, N. (2008). Suicide risk in schizophrenia: Explanatory models and clinical implications, the schematic appraisal model of suicide (SAMS). *Psychology and Psychotherapy, 81*, 55-71.

Kane, J. M. (1999). Management strategies for the treatment of schizophrenia. *Journal of Clinical Psychiatry, 60*(Suppl. 12), 13-17.

Kelly, J. A., Gooding, P., Pratt, D., Ainsworth, J., Welford, M., & Tarrier, N. (2012). Intelligent real time therapy(iRTT): Harnessing the power of machine learning to optimise the delivery of momentary cognitive-behavioural interventions. *Journal of Mental Health, 21*(4), 404-414.

Kuipers, E., Onwumere, J., & Bebbington, P. (2010). Cognitive model of caregiving in psychosis. *British Journal of Psychiatry, 196*, 259-265.

Lecomte, T., Leclerc, C., & Wykes, T. (2012). Group CBT for early psychosis-Are there still benefits one year later? *International Journal of Group Psychotherapy, 62*, 309-321.

Lewis, S. W., Tarrier, N., Haddock, G., Bentall, R., Kinderman, P., Kingdon, D., et al. (2002). Randomised controlled trial of cognitive-behaviour therapy in early schizophrenia: Acute phase outcomes. *British Journal of Psychiatry, 181*(Suppl. 43), 91-97.

Lynch, D., Laws, K. R., & McKenna, P. J. (2010). Cognitive behavioural therapy for major psychiatric disorder: Does it really work?: A meta-analytical review of well-controlled trials. *Psychological Medicine, 40*, 9-24.

Morrison, A. P., & Barratt, S. (2010). What are the components of CBT for psychosis?: A Delphi study. *Schizophrenia Bulletin, 36*, 136-142.

Morrison, A. P., French, P., Stewart, S. L. K., Birchwood, M., Fowler, D., Gumley, A. I., et al. (2012). Early detection and intervention evaluation for people at risk of psychosis: Multisite randomised controlled trial. *British Medical Journal, 344*, e2233.

Morrison, A. P., French, P., Walford, L., Lewis, S., Kilcommons, A., Green, J., et al. (2004). A randomised controlled trial of cognitive therapy for the prevention of psychosis in people at ultra-high risk. *British Journal of Psychiatry, 185*, 291-297.

Morrison, A. P., Hutton, P., Wardle, M., Spencer, H., Barratt, S., Brabban, A., et al. (2012). Cognitive therapy for people with a schizophrenia spectrum diagnosis not taking antipsychotic medication: An exploratory trial. *Psychological Medicine, 42*, 1049-1056.

Morrison, A. P., Turkington, D., Wardle, M., Spencer, H., Barratt, S., Dudley, R., et al. (2012). A preliminary exploration of predictors of outcome and cognitive mechanisms of change in cognitive behaviour therapy for psychosis in people not taking antipsychotic medication. *Behaviour Research and Therapy, 50*, 163-167.

Mueser, K., & Glynn, S. M. (1995). *Behavioral family*

therapy for psychiatric disorders. Needham Heights, MA: Allyn & Bacon.

Mueser, K. T., Glynn, S. M., Cather, C., Xie, H., Zarate, R., Fox Smith, L., et al. (2013). A randomized controlled trial of family intervention of co-occurring substance use and severe psychiatric disorders. *Schizophrenia Bulletin, 39*(3), 658-672.

National Institute for Health and Clinical Excellence (NICE). (2009). *Schizophrenia: core interventions in the treatment and management of schizophrenia in adults in primary and secondary care, updated guideline*. London: Author.

Nuechterlein, K. H. (1987). Vulnerability models for schizophrenia: State of the art. In H. Hafner, W. F. Gattaz, & W. Janzarik (Eds.), *Search for the cause of schizophrenia* (pp. 297-316). Heidelberg, Germany: Springer-Verlag.

Onwumere, J., Bebbington, P., & Kuipers, E. (2011). Family interventions in early psychosis: specificity and effectiveness. *Epidemiology and Psychiatric Sciences, 20*(13), 113-119.

Onwumere, J., & Kuipers, E. (2011). Cognitive-behavioral family intervention in psychosis. In M. Rimondini (Ed.), *Communication in cognitive behavioral therapy* (pp. 185-201). New York: Springer.

Pantelis, C., & Barns, T. R. E. (1996). Drug strategies in treatment resistant schizophrenia. *Australian and New Zealand Journal of Psychiatry, 30*, 20-37.

Perivoliotis, D., Grant, P. M., Peters, E. M., Ison, R., Kuipers, E., & Beck, A. T. (2010). Cognitive insight predicts favorable outcome in cognitive behavioral therapy for psychosis. *Psychosis, 2*, 23-33.

Pilling, S., Bebbington, P., Kuipers, E., Garety, P., Geddes, J., Orbach, G., et al. (2002). Psychological treatments in schizophrenia: I. Meta-analysis of family interventions and cognitive behaviour therapy. *Psychological Medicine, 32*, 763-782.

Pocock, S. J. (1996). *Clinical trials: A practical approach*. Chichester, UK: Wiley.

Premkumar, P., Peters, E. R., Fannon, D., Anilkumar, A. P., Kuipers, E., & Kumari, V. (2011). Coping styles predict responsiveness to cognitive behaviour therapy in psychosis. *Psychiatry Research, 187*, 354-362.

Rector, N. A., & Beck, A. T. (2001). Cognitive behavioral therapy for schizophrenia: An empirical review. *Journal of Nervous and Mental Disease, 189*, 278-287.

Richardson, A., Baker, M., Burns, T., Lilford, R. J., & Muijen, M. (2000). Reflections on methodological issues in mental health research. *Journal of Mental Health, 9*, 463-470.

Salkovskis, P. M. (2002). Empirically grounded clinical interventions: Cognitive behaviour therapy progresses through a multidimensional approach to clinical science. *Behavioural and Cognitive Psychotherapy, 30*, 3-10.

Sarin, F., Wallin, L., & Widerlöv, B. (2011). Cognitive behavior therapy for schizophrenia: A meta-analytical review of randomized controlled trials. *Nordic Journal of Psychiatry, 65*, 162-174.

Slade, M., & Priebe, S. (2001). Are randomised controlled trials the only gold that glitters? *British Journal of Psychiatry, 179*, 286-287.

Steel, C., Tarrier, N., Stahl, D., & Wykes, T. (2012). Cognitive behaviour therapy for psychosis: The impact of therapist training and supervision. *Psychotherapy and Psychosomatics, 81*(3), 194-195.

Stowkowy, J., Addington, D., Liu, L., Hollowell, B., & Addington, J. (2012). Predictors of disengagement from treatment in an early psychosis program. *Schizophrenia Research, 136*, 7-12.

Tarrier, N. (1996). A psychological approach to the management of schizophrenia. In M. Moscarelli & N. Sartorius (Eds.), *The economics of schizophrenia* (pp. 271-286). Chichester, UK: Wiley.

Tarrier, N. (2002). The use of coping strategies and self-regulation in the treatment of psychosis. In A. Morrison (Ed.), *A casebook of cognitive therapy for psychosis* (pp. 79-107). Cambridge, UK: Cambridge University Press.

Tarrier, N. (2006). A cognitive-behavioural case formulation approach to the treatment of schizophrenia. In N. Tarrier (Ed.), *Case formulation in cognitive behaviour therapy: The treatment of challenging and complex clinical cases* (pp. 167-187). London: Routledge.

Tarrier, N., Barrowclough, C., Andrews, B., & Gregg, L. (2004). Suicide risk in recent onset schizophrenia: The influence of clinical, social, self-esteem and demographic factors. *Social Psychiatry and Psychiatric Epidemiology, 39*, 927-937.

Tarrier, N., Barrowclough, C., Haddock, G., & McGovern, J. (1999). The dissemination of innovative cognitive-behavioural treatments for schizophrenia. *Journal of Mental Health, 8*, 569-582.

Tarrier, N., & Calam, R. (2002). New developments in cognitive-behavioural case formulation: Epidemiological, systemic and social context: An integrative approach. *Cognitive and Behavioural Psychotherapy, 30*, 311-328.

Tarrier, N., Haddock, G., Lewis, S., Drake, R., Gregg, L., & the Socrates Trial Group. (2006). Suicide behaviour over 18 months in recent onset schizophrenic patients: The effects of CBT. *Schizophrenia Research, 83*, 15-27.

Tarrier, N., Lewis, S., Haddock, G., Bentall, R., Drake, R., Kinderman, P., et al. (2004). Cognitive-behavioural therapy in first-episode and early schizophrenia 18-month follow-up of a randomised controlled trial. *British Journal of Psychiatry, 184*, 231-239.

Tarrier, N., & Wykes, T. (2004). Is there evidence that cognitive behaviour therapy is an effective treatment for schizophrenia: A cautious or cautionary tale? (Invited essay). *Behaviour Research and Therapy, 42*, 1377-1401.

Tarrier, N., Yusupoff, L., Kinney, C., McCarthy, E., Gledhill, A., Haddock, G., et al. (1998). A randomised controlled trial of intensive cognitive behaviour therapy for chronic schizophrenia. *British Medical Journal, 317*, 303-307.

Tarrier, N., Yusupoff, L., McCarthy, E., Kinney, C., & Wittkowski, A. (1998). Some reason why patients suffering from chronic schizophrenia fail to continue in psychological treatment. *Behavioural and Cognitive Psychotherapy, 26*, 177-181.

Tattan, T., & Tarrier, N. (2000). The expressed emotion of case managers of the seriously mentally ill: The influence of EE and the quality of the relationship on clinical outcomes. *Psychological Medicine, 30*, 195-204.

Trower, P., Birchwood, M., Meaden, A., Byrne, S., Nelson, A., & Ross, K. (2004). Cognitive therapy for command hallucinations: Randomised controlled trial. *British Journal of Psychiatry, 184*, 312-320.

Webb, R. T., Långström, N., Runeson, B., Lichtenstein, P., & Fazel, S. (2011). Violent offending and IQ level as predictors of suicide in schizophrenia: National cohort study. *Schizophrenia Research, 130*, 143-147.

Wykes, T., Everitt, B., Steele, C., & Tarrier, N. (2008). Cognitive behaviour therapy for schizophrenia: Effect sizes, clinical models and methodological rigor. *Schizophrenia Bulletin, 34*, 523-537.

Zimmermann, G., Favrod, J., Trieu, V. H., & Pomini, V. (2005). The effect of cognitive behavioural treatment on the positive symptoms of schizophrenia spectrum disorders: A meta-analysis. *Schizophrenia Research, 77*, 1-9.

chapter 13

알코올사용장애

Barbara S. McCrady 저
박상규 역

이 장은 알코올 사용 문제를 지닌 개인과 작업하는 임상가는 물론, 훈련 과정 중에 있는 예비 임상가에게 치료적 접근을 안내하는 매우 유용한 자원이 될 것이다. 철저히 최신의 정보로 갱신되고 편집된 이 장에서 저자는 어떻게 최근의 사회적 동향과 법안의 발의가 치료받고자 하는 음주 문제를 지닌 내담자들의 특성을 변화시켰는지 설명하며 서두를 뗀다. 익명의 알코올 중독자들(Alcoholics Anonymous: AA) 모임에서부터 단기개입, 집중 입원치료 등 다양한 치료적 접근에 적용 가능한 경험적 근거들을 짧게 검토한 후, 저자는 모든 임상가가 음주 문제를 가진 개인들에게 적절한 개입을 선택하고 실행할 때 꼭 고려해야 할 수많은 요인을 설명한다. Barbara McCrady는 이해를 돕기 위한 다양한 사례문을 사용하여 환자들이 치료를 시작하도록 동기부여하는 방법들을 포함한 중요한 치료적 전략들을 설명한다. 부부의 인정을 강조하고 파트너가 활기를 되찾게 하는 방식으로, 이 장에서 확장된 사례연구는 과도한 음주의 결과로 너무나 흔히 나타나는 비극을 분명히 보여 준다. 이 사례 설명의 맥락에서 저자는 임상가들이 단순히 많은 치료 절차를 늘어놓은 책에서는 찾을 수 없는 것, 즉 탁월하고 숙련된 임상가가 치료 과정에서 불가피하게 마주하는 장애물에 대처하는 법에 대해 세부적으로 설명한다. – D. H. B.

알코올사용장애(alcohol use disorders: AUD)는 종종 수업에 빠지는 대학생의 폭음에서부터 음주로 인해 심각한 의학적 · 사회적 결과를 경험하는 극심하고 만성적인 알코올 중독에 이르기까지 다양한 심각도를 아우르는 문제들의 이질적 집합이다. 비록 알코올사용장애의 유병률은 여성보다 남성에게, 고연령층 성인보다는 저연령층 성인에게서 더 높게 나타나지만, 이러한 문제들은 어떤 사회인구학적 · 인종/민족적 · 직업적 배경을 지닌 개인이든 간에 영향을 미친다. 정신건강 및 의료 현장에서는 최소 25%의 내담자가 그들이 보고하는 문제의 일부로서 알코올사용장애를 가질 가능성이 있다(예: Zimmerman, Lubman, & Cox, 2012). 따라서 보건 및 정신건강 직종 종사자들은 이러한 내담자들에게 효과적인 치료 과정을 파악, 평가 및 계획하는 데 유능해야 한다. 이 장은 음주와 음주 문제의 사회적 배경을 설명하고, 알코올사용장애의 개념화와 치료를 위한 통합적 모델을 제공하며, 임상적 모델을 설명하기 위해 일련의 사례문들과 확장된 사례연구 모두를 소개한다.

21세기를 살아가는 임상가는 복잡하고 모순된 치료 관계망 안에서 치료를 제공할 수 있어야 하고, 알코올 및 기타 물질 사용장애의 치료에 대한 공식적이고도 체계적인 훈련을 받아야 하고, 전통적인 회복 관점에 열정적으로 협조하는 비자발적인 내담자들과 그에 반감을 느끼는 자발적인 내담자들 모두와 작업하기 위한 도구가 있어야 하며, 알코올 사용에 있어 주요하며 지속되는 변화를 장려하거나 알코올 사용으로부터 개인과 집단이 경험할 수 있는 피해를 감소시키기 위해 노력해야 한다. 최근 통과된 2개의 미 연방법으로 인해 알코올 및 기타 물질 사용장애(AUD와 기타 SUD)의 치료에 유능한 임상가의 수요는 증가할 것이다. 2010년 미국에서 통과된 「환자보호법(Patient Protection Act)」과 「부담적정보험법(Affordable Care Act)」은 1차 진료현장에서 약물검사와 단기개입이 보험 급부 대상이 되도록 지시하며, 2008년의 「Wellstone-Domenici 정신건강 균등성 및 중독 형평성법(Wellstone-Domenici Mental Health Parity and Addiction Equity Act)」은 신체건강, 정신건강, 중독 문제 모두에 유사한 건강보험 혜택이 적용되도록 지시한다. 만일 이러한 법률들이 성공적으로 시행된다면, AUD를 가진 개인들을 파악하여 치료하게 될 것이다.

비록 AUD 치료에 유능한 임상가의 수요는 증가할 가능성이 높으나, AUD 환자들은 치료하기가 어렵고 좌절감을 준다는 악명 높은 평판 때문에 많은 임상가가 중독집단을 기피할 수 있다. 이 장은 음주 문제를 가진 사람과 작업하기에 유용하고 효과적인 도구를 가졌으며, 이러한 도구를 통해 약간의 성공을 거둔 임상가라면 이런 내담자들을 보기 위한 긍정적인 이유를 찾을 것이라고 가정한다. 음주 문제를 가진 개인은 치료가 가능하다. 그들을 치료하기는 어렵지만 동시에 보람도 있다. 그리고 그들이 성공적으로 변화할 때, 임상가는 그들이 자신의 인생에서 중요하고 만족스러운 변화를 만들도록 돕는 데 참여하는 흔치 않은 기회를 가진다.

알코올 문제의 정의와 진단

진단

『정신질환의 진단 및 통계 편람 제5판(DSM-5)』(American Psychiatric Association, 2013)에서 알코올 문제의 진단은 AUD를 그 심각도의 범위가 폭넓은 단일한 장애로서 다룬다. DSM의 이전 판은 알코올 남용과 의존을 구별하였으나, 이러한 구분은 더 이상 적용되지 않는다. AUD로 진단되기 위해서 개인은 11개 진단기준 중 최소 2개 이상을 충족시켜야 하며, 이는 경도(2~3개 증상), 중등도(4~5개 증상), 고도(6~11개 증상)로 분류된다. 이 11개의 진단기준은 DSM-IV의 알코올 남용과 알코올 의존의 진단기준을 합친 것으로, 기존의 '알코올과 관련된 거듭된 법적 문제' 기준을 삭제하고 '알코올에 대한 갈망감'을 포함시켰다. 따라서 이 진단기준은 ① 직장, 가정 혹은 학교와 관련된 주요한 역할 책임 수행에 실패하는 것, ② 신체적으로 해가 될 수 있는 방식으로 반복하여 음주하는 것, ③ 음주가 사회적 혹은 대인관계적 문제를 유발함에도 불구하고 음주를 지속하는 것, ④ 알코올 사용을 줄이거나, 멈추려는 시도를 하거나, 욕구가 있음에도 이에 성공하지 못하는 것, ⑤ 계획했던 것보다 더 오랜 시간 동안 혹은 더 많은 양의 음주를 하는 것, ⑥ 신체적 내성의 징후를 보이는 것, ⑦ 신체적 금단의 징후를 보이는 것, ⑧ 다른 활동을 도외시하는 것, ⑨ 알코올을 구하거나 마시고, 그 효과로부터 회복하는 데에 상당한 양의 시간을 소모하는 것, ⑩ 알코올이 반복적인 신체적 혹은 심리적 문제를 유발함을 알면서도 계속 알코올을 사용하는 것, ⑪ 알코올에 대한 끊임없는 갈망을 경험하는 것을 포함한다. 알코올 의존 또한 '부분 관해' 상태이거나 '완전 관해' 상태인 것으로 분류될 수 있으며, 관해는 '조기(최소 3개월 이상)' 혹은 '지속적(12개월 또는 그 이상)' 상태로 구분할 수 있다.

대안적 정의

AUD의 공식적인 정신과적 진단과는 대조적으로, 행동연구자들과 임상가들은 알코올 문제란 금주, 문제가 되지 않는 수준의 사용, 문제가 되는 수준의 사용 모두를 포괄하는 알코올 사용 연속성의 일부를 표상할 뿐이라고 제안하였다. DSM-5는 이러한 관점에 따라 조정되었지만 여전히 장애를 명시하는 절단점을 가진다. 알코올 문제의 연속성 관점에서, 문제들은 다양한 형태로 나타날 수 있다. 어떤 문제들은 공식적인 진단기준과 일치하는 방식으로 나타날 수도 있지만, 다른 문제들은 보다 가볍거나 간헐적으로 나타날 수도 있다. 알코올 문제 조망을 사용함으로써, 임상가는 내담자가 축적해 온 음주방식 및 부정적 결과들, 다양한 생활기능 영역에서 나타나는 행동적 과잉 및 결핍에 더욱 명확하게 집중할 수 있다. 진단을 덜 강조하는 것은 임상가가 내담자를 보다 개인적인 관점에서 고려하도록 장려한다. 따라서 비록 공식 진단이 내담자의 문제 심각도를 파악하고 정의하는 데 유용하며 공식적인 기록을 남기는 데 필요하지만, 이 장에서 강조되는 임상 평가에서의 접근법은 진단적 문제들보다는 문제의 파악에 더 큰 비중을 둔다.

이 장에서는 알코올 사용 문제를 문제들의 다변량적 집합으로 본다. 알코올 소비만이 알코올 사용 문제들을 공통적으로 정의하는 특성이다. 이 문제들은 심각한 알코올 의존부터 경도의 국한된 문제들까지 그 심각도가 다양하다. 누군가에게는 알코올 소비 자체가 주요한 호소 문제일 수 있다. 반면, 다른 사람은 대인관계 장애, 직업적 문제, 혹은 건강 문제 등과 같은 알코올 사용의 결과가 치료를 찾게 되는 주된 이유일 수 있다. 알코올 문제를 다변량적 관점에서 살펴봄으로써, 이 장은 또한 이러한 문제들이 다양한 수준에서 각기 다른 내담자들에게 나타나는 데 있어 유전적 · 심리학적 · 환경적 결정 요인들과 같은 다수의 원인이 존재할 것으로 가정한다.

복잡한 문제

음주 문제는 다양한 문제가 수반됨으로 인해 더욱 복잡해진다. 그 가운데 중요한 것은 AUD와 다른 정신과적 진단의 동반이환질환이다. AUD 진단을 받은 내담자 중 대부분은 다른 심리적 문제를 가지고 있다. 이는 그들의 음주 선행사건이 될 수도 있고, 음주와 동시에 발생할 수도 있으며, 음주의 결과로도 나타날 수 있다(Rosenthal, 2013). 그중 가장 흔한 축 I 장애는 기타 물질사용장애(substance use disorders: SUD)와 불안장애로, 치료현장의 남성 환자 중 60%까지 나타난다. 남성 AUD 환자에게서 가장 흔한 축 II 장애 동반이환 질환은 반사회성 성격장애로, 15~50%에 이른다. 여성 환자는 우울장애를 더 많이 보이는데, 여성 AUD 환자 가운데 25~30%는 AUD 발병 이전에 우울을 경험한다.

알코올 문제는 또한 인지기능, 신체건강, 대인관계, 형사 사법 체계, 직장환경, 주변 환경과 관련된 문제들과 얽혀 복잡해지기도 한다. 알코올 중독을 지닌 다수는 약간의 인지 결손을 경험하는데, 특히 추상적 추론, 기억, 인지적 융통성, 문제해결 능력에서 두드러지며, 정서 구분에서 어려움을 느끼기도 한다(이 문헌의 개관은 Oscar-Berman & Marinković, 2007 참조). 언어기능은 일반적으로 손상되지 않기 때문에 이러한 인지적 문제들은 항상 곧바로 드러나지는 않는다. 폭음 또한 다양한 의학적 문제를 유발하며, 이에 어떤 신체기관이든 영향을 받을 수 있다. 폭음은 심근증, 간 질환, 위염, 궤양, 췌장염, 말초신경증 등 다양한 질환을 유발할 수 있다. 비록 명백한 의료 질환이 관찰되지 않더라도, 폭음의 영향은 잠재되어 있으며 심신을 쇠약하게 할 수 있다. 많은 사람은 음주 시 음식을 잘 먹지 않는데, 이는 영양 결핍, 에너지 고갈, 은근한 신체적 불편감을 초래한다. 모든 연령집단의 사망률은 알코올 의존과 함께 상승하며, 이는 남성보다 여성에게서 더 높다.

대인관계 또한 악화될 수 있다. 별거 및 이혼율은 일반인 집단에 비해 7배까지 높으며(Paolino, McCrady, & Diamond, 1978), AUD 진단을 받은 남성과 여성 집단 모두 더 높은 수준의 부부간 폭력을 보이고(Smith, Homish, Leonard, & Cornelius, 2012), 그들의 배우자/파트너와 자녀들은 정서 및 행동 문제를 더 많이 경험하는 것으로 나타난다(Moos & Billings, 1982; Moos, Finney, & Gamble, 1982). 적극적으로 음주하는 AUD 환자의 배우자들과 자녀들의 의료 서비스 이용 수준은 증가하는 것으로 나타났다(Spear & Mason, 1991).

음주 문제 치료에 참석하는 개인은 음주운전 및 음주 관련 위법에 대해 처벌받거나 아동 복지 문제로 인해 법률 체제에 관여되어 있을 수 있다. 자신의 음주가 문제를 유발한다는 사실을 인정하는 수준과 자신의 음주방식을 바꾸고자 하는 동기 수준은 내담자마다 각기 다르다.

결론적으로, 치료현장의 내담자는 문제를 일으키는 방식으로 음주를 하고, 공식적으로 AUD 진단을 받으며, 1개 이상의 축 I 혹은 축 II 장애의 진단기준 역시 충족할 수 있다. 내담자는 또한 인지적 손상, 신체건강 문제, 대인관계 혹은 직업적 문제, 그리고/혹은 법적 문제와 같은 다른 주요 문제들을 경험할 수도 있다. 문제 인식과 변화를 위한 동기 수준은 낮을 수도 있다. 임상가는 이렇게 복잡한 임상적 상황을 개념화하고 치료하기 위한 합리적인 접근법을 어떻게 고안할 수 있을까?

이론적 모델

이 장에서 제안한 모델은 치료계획이 다차원적이어야 하며, 알코올 문제를 위한 효과적인 치료가 1개 이상 존재함을 가정한다. 하나의 치료적 접근법이 다른 접근법들에 비해 탁월함이 입증 가능한 특정 장애들과는 달리, 알코올의 영역에는 타당하고 경험적으로 지지된 다양한 치료 접근법이 존재한다(개관은 Hallgren, Greenfield, Ladd, Glynn, & McCrady, 2012 참조). 이 치료법들은 알코올 문제의 병인론, 경과, 치료목표, 치료 길이에 있어 각기 다른 개념화에 근거한다. 그 가운데 가장 좋은 근거를 가진 치료들로는 단기 및 동기부여 중심 개입, 인지행동치료, 12단계 촉진치료, 행동적 부부치료, 단서 노출치료, 공동체 강화 접근이 있다. 효과적인 치료에는 공통적인 요인들이 몇 가지 있는 것으로 보이는데, 이는 〈표 13-1〉에 요약되어 있다. 치료자의 주요 책임은 특정 치료 모델이나 환경에 맹종하는 것이 아니라, 내담자가 자신에게 효과적인 치료적 접근과 치료환경을 찾을 수 있도록 돕는 것이다. 마찬가지로 중요한 두 번째 책임은 비록 초기 치료환경이 효과적이지 않더라도, 내담자가 계속 노력할 수 있도록 동기를 강화해 주는 것이다. 이러한 치료 모델은 다음 7개의 주요한 사항을 고려한다: ① 문제의 심각도, ② 수반되는 생활 문제, ③ 내담자의 기대, ④ 동기부여 및 치료적 관계, ⑤ 현재의 음주방식을 유지하는 변인, ⑥ 사회적 지지 체계, ⑦ 변화의 유지.

문제의 심각도

문제의 심각도는 상대적으로 비이론적이며, 제공할 치료의 유형, 치료의 강도, 초기 치료환경에 대한 결정을 내리는 데 가장 중요하다. 심각한 알코올 의존은 만성적이며 재발하는 장애로서 가장 잘 개념화될 수 있고(McEllan, Lewis, O'Brien, & Kleber, 2000), 재발은 상당 기간의 금주기간 이후에도 나타난다. 당뇨, 심혈관 질환, 류머티스성 관절염 등 다른 만성장애들과 마찬가지로, 임상가는 장기적 관점을 차용할 필요가 있으며, 긍정적 기능을 하는 기간을 최대화하고 문제적 알코올 사용 기간을 최소화하는 것이 주요 목표가 되어야 한다. 반대로, 어떤 개인들은 더 이상 진전되지 않으며, 제한된 수준의 알코올 관련 문제를 가지고 있다(Finney, Moos, & Timko, 2013). 역학 자료에 의하면 알코올 관련 문제를 경험하는 대부분의 사람은 공식적 치료나 개입 없이도 해결되거나 관해되는 것으로 알려져 있다. 심각도의 연속선상에서 경도의 문제를 경험하는 개인과 작업하는 임상가는 자연스러운 변화 과정을 보완하고, 이들이 자신의 음주에 변화를 꾀할 수 있도록 영감을 주는 단기적이고 동기를 강화하는 개입을 계획해야 한다.

수반되는 생활 문제

AUD를 지닌 내담자들은 종종 다수의 생활기능 영역—신체적 · 심리적/정신과적 · 가족, 사회/대인관계적 · 직업적 · 법적 · 아동 복지, 주거, 교통 영역—에서 문제를 경험한다. 다양한 생활 영역의 평가는 효과적 치료의 계획과 전달에 있어 매우 중요하다. 연구 결과, 내담자의 문제 영역을 성공적으로 겨냥하는 것이 이러한 문제에 대한 눈에 띄는 변화를 일으킬 수 있으며, 이는 심지어 심각한 알코올 의존이 있으며 주거지가 없는 환자에게도 적용된다고 한다(Cox et al., 1998). 더 나아가서 다수의 문제 영역을 겨냥한 치료를 제공하는 것은 알코올 및 약물 사용에 긍정적인 효과 또한 강화시킨다(McLellan et al., 1997; Morgenstern et al., 2006; Ryens, McCrady, Morgan, Violette, & Pandina, 2012).

내담자의 기대

임상가는 내담자에게 그들이 진행할 치료의 강도와 문제의 가능한 경과에 대해 정확히 기대하는 바를 알려 주어야만 한다. 최근 심리사회적 치료 기대 질문지(Psychosocial Treatment Expectation Questionnaire)의 개발을 통해 내담자들이 치료의 목적 및 분위기에 대한 기대는 물론 치료가 자신들의 일상생활에 영향을 미칠 가능성에 대한 기대 역시 가지고 있음이 밝혀졌음에도 불구하고(Leite, Seminotti, Freitas, & Drachler, 2011), 아직까지 이런 내담자의 기대에 영향을 미치는 방식에 관한 연구는 소수이다. 연구가 제한적이기 때문에 여기서 추천하는 것들은 부분적으로만 AUD의 경과와 치료 관련 경험 연구들에서 파생된 것이며, 추가적인 연구가 이루어져야 한다.

치료자는 제한적이며 덜 심각한 문제를 가진 내담자들에게는 치료의 길이가 짧을 것이며, 이는 그들의 음주를 감소시키는 데 성공적일 확률이 높고, 장기적 예후가 좋음을 알려 줄 수 있다. 또한 이런 내담자들에게는 현재나 미래의 어느 시점에 음주를 완전히 그만두기로 결정할 수도 있고(Leite, Seminotti, Freitas, & Drachler, 2011), 혹은 완화된 방식으로 음주를 계속할 수도 있음을 알려 줄 수 있다.

그러나 보다 심각하고 만성적인 AUD를 지닌 내담자들은 치료와 문제의 가능한 경과에 대해 다른 종류의 기대를 주어야 한다. 치료자는 그들에게 대략 25%의 내담자가 치료 후 최소 1년간 지속적인 금주상태를 유지하며, 또 다른 10%는 별다른 문제 없이 완화된 수준으로 알코올을 사용하고, 평균적으로 자신의 음주량을 87%가량 줄이며, 알코올 관련 문제는 60%가량 감소할 것이라고 알려 줄 수 있다(Miller, Walters, & Bennett, 2001). 이런 내담자들의 과제는 음주가 그들의 생활을 최소한으로 방해하는 방식으로만 음주를 관리하는 기술을 배우는 것이다. 만성질환과의 비유가 유용할 수 있다. 예를 들어, 당뇨병 환자와 마찬가지로 심각한 AUD를 경험하는 내담자는 건강한 기능을 지지하기 위해 상당한 생활방식의 변화를 만들고 유지해야 한다. 당뇨병 환자와 같이 심각한 AUD를 지닌 내담자는 문제가 발생할 수 있다는 경고 신호와 무엇을 해야 할지를 알 필요가 있다. 두 사례 모두 자신의 만성적 문제를 잊거나 무시해서는 안 된다.

동기부여 및 치료적 관계

내담자들은 자신의 음주가 문제가 된다는 사실을 인지하는 수준과 변화 준비 정도가 각기 다르다. 동기부여 모델(motivational model)은 개인이 지각하는 행동 비용이 이로 인한 이익보다 높으며, 행동 변화로부터 일정 수준의 이익을 기대할 수 있을 경우 변화를 개시한다고 제안한다(Cunningham, Sobell, Sobell, & Gaskin, 1994). Prochaska와 DiClemente(2005)는 변화에 대한 준비 단계의 연속성을 제안한 바 있다. 이 연속성은 개인이 특정 행동을 문제적인 것으로 인지하지 않는 '숙고 전' 단계, 특정 행동양식이 문제적일 수도 있음을 고려하는 '숙고' 단계, 변화하기로 결정하는 '결정' 혹은 '준비' 단계, 문제를 해결하기 위해 적극적인 행동을 개시하는 '실행' 단계를 포함한다. '실행' 단계 이후에는 행동 변화가 성공적이었다면 '유지' 단계, 문제행동이 다시 나타난다면 '재발' 단계가 된다. Miller와 Rollnick(2002)은 문제의 심각도에 대한 자각, 행동 변화로 인한 긍정적 결과에 대한 자

〈표 13-1〉 물질사용장애의 치료 원칙

1. 치료환경의 구조 및 조직화
- 명확하고 잘 조직화됨
- 프로그램에 능동적으로 내담자를 참여시킴
- 지지적이며 정서적 표현이 풍부한 환경 제공
- 자기주도성, 노력, 사회적 기술의 발달을 강조
- 내담자가 자신의 치료에 책임감을 가지며 완수하도록 기대

2. 제공자의 유형과 제공자가 하는 일
- 중독 전문가 혹은 정신건강 임상가가 실시하는 치료
- 효과적인 치료동맹의 발달이 결정적임
  - 명확한 공감
  - 치료에서 내담자의 경험에 대한 존중
  - 대립적인 분투를 피할 것
- 내담자를 위한 목표 방향 제공
- 치료에 대한 중간 수준의 구조를 제공
- 변화나 치료에 참여하는 것에 대한 양가감정 다루기
  - 대면 수준을 내담자의 저항 수준에 적정하게 할 것
  - 분노한 내담자와 논쟁하는 것을 피할 것
  - 내담자가 자신의 진단이나 변화의 필요성을 인정하도록 밀어붙이는 것을 삼갈 것

3. 돌봄 수준, 돌봄의 지속성, 치료의 요소
- 내담자가 치료에 머물도록 유의할 것
- 물질사용장애의 심각도를 일부 고려해서 치료의 강도 및 길이를 결정
  - 낮은 알코올 의존성을 보이지만 과음하는 사람들을 위해서는 보다 덜 강력하고 짧은 치료가 적절하며, 집중치료는 더 나쁜 결과를 낳음
  - 심각한 알코올 의존성을 보이는 내담자는 보다 집중적인 초기 치료에 더 나은 결과를 보이며, 12단계 상담과 12단계 집단에의 참여에 초점을 맞춘 치료에 더 긍정적인 반응을 보임
- 내담자의 여타 사회복지사업 및 건강관리의 필요성을 평가하고 방책을 마련할 것

4. 맥락적 요인
- 연인 · 배우자 등 중요한 타인의 참여
- 내담자가 자신의 사회적 환경을 재구조화하여 변화 및 절제를 지지하는 사람들을 포함하도록 도움
- 치료에 남아 있거나 자신의 물질 사용을 변화시키는 데 전념할 생각이 별로 없는 내담자의 경우, 치료 유지를 장려하기 위해 가족이나 사회적 지원 체계의 다른 구성원을 치료에 참여시킴
- 물질사용장애를 보이는 청소년 치료에서는 가족, 또래, 기타 타인을 포함한 다양한 체계가 관여하는 접근법을 사용

5. 내담자 특성
- 변화준비성이 높은 것은 치료에 대한 높은 성공률과 관련됨
- 물질사용장애의 심각도가 높은 것은 치료에 대한 좋지 않은 반응과 관련됨

6. 특정한 치료적 요소
- 내담자의 동기에 집중
- 내담자가 자신의 알코올 혹은 약물 사용을 영속시키는 생각 및 행동의 반복적 패턴에 대한 인식을 키우도록 도움
- 내담자의 정서적 경험에 주의를 기울이기
- 물질사용장애의 발달 및 유지에 있어 조건화의 역할을 고려하기. 임상가는 알코올 혹은 약물에 대해 조건화된 특정 반응의 지표를 조심스럽게 평가해야 하며, 이러한 조건화된 반응들을 변화시킬 방법들을 개발해야 함
- 긍정적인 결과에 대한 기대를 강화시키기

7. 내담자-치료 매칭
- 동반이환장애를 평가하고 추가적으로 제시되는 문제에 대해 경험적으로 지지된 치료를 사용
- 여성 내담자에게는 여성 특정적인 치료를 사용

출처: Hagga, McCrady, & LeBow (2006).

각, 변화를 만들기 위한 선택에 대한 인식 등을 포함한 몇 가지 요인이 개인의 변화에 대한 준비성에 영향을 미친다고 제안하였다. 내담자의 정확한 변화 단계와 자기지각이 임상가가 초반에 치료에 접근하는 방식과 치료를 계획하는 데 안내지침이 될 수 있다.

현대의 모델들은 동기를 치료적 행동과 내담자의 인생경험에 의해 영향받을 수 있는 상태로 본다. 동기를 강화하기 위한 치료적 접근법들은 내담자가 음주를 지속하는 것보다 자신의 음주 습관을 변화시키는 것에 대해 더 이야기하도록 이끌며, 이러한 '변화에 대한 이야기'는 더 나은 결과를 예측한다(Moyers, Martin, Houck, Christopher, & Tonigan, 2009). 동기강화 접근법은 매우 분노하고 적대적인 상태로 치료를 시작한 내담자들에게 특히 효과가 있다(Project MATCH Research Group, 1997b). Miller와 Rollnick(1991)은 동기를 강화하는 여섯 가지의 공통 요소를 FRAMES라는 두문자어를 통해 설명한다. 이는 내담자의 상태에 대한 개인 맞춤형 피드백(feedback: F), 내담자의 변화를 위한 개인적 책임(responsibility: R)의 강조, 변화의 필요성에 대해 지지적인 태도로 명확한 조언(advice: A) 제공, 단순히 한 가지 치료나 치료목표만을 고집하는 것이 아닌 어떻게 변화를 꾀할 수 있는지에 대한 선택 가능한 메뉴(menu: M) 제공, 치료를 따뜻하고 공감적(empathic: E)이며 지지적인 방식으로 제공, 내담자가 지각하는 변화에 대한 자기효능감(self-efficacy: S)을 강화하는 것 모두를 포함한다.

현재의 음주방식을 유지하는 요인

치료계획을 위한 사례개념화는 문제적 음주방식을 유지하는 요인들에 집중한다. 각기 다른 치료 모델들이 음주를 유지하는 현 요인들을 개념화하는 데 다양한 틀을 사용한다. 여기서는 사례개념화를 위해 인지-행동적 접근법을 사용한다(Epstein & McCrady, 2009 참조). 인지-행동적 사례개념화는 과거의 요인들보다는 음주 습관을 유지시키는 현재의 요인들을 검토하는 것이 문제적 음주행동을 가장 잘 치료할 수 있다고 가정한다. 음주를 유지하는 요인들은 개인 수준에서 나타날 수도 있고, 혹은 환경적 맥락이나 대인관계와 관련되어 있을 수도 있다. 이 모델은 음주와의 반복적인 연합을 통해 부적 혹은 정적 강화가 이루어졌거나 강화를 기대하게 하는 음주의 외부 선행사건들이 있다고 가정한다. 또한 이 모델은 외부 선행사건과 음주행동 간 관계를 매개하는 인지 및 정서 상태가 있으며, 알코올의 강화효과에 대한 기대감이 차후의 음주행동을 결정하는 데 중요한 역할을 한다고 가정한다. 마지막으로, 이 모델은 음주가 그러한 결과에 의해 유지되며, 결과의 출처는 생리적 · 심리적 · 대인관계적일 수 있음을 가정한다.

음주에 대한 이러한 가정들을 통합하기 위해, 나와 동료들은 기능적 분석 구조를 사용한다. 이 구조에서 음주 반응(R)은 음주에 선행하는 환경적 자극(S)에 의해 유도되며, 자극과 반응 간의 관계는 인지적 · 정서적 · 생리적 혹은 유기적(O) 요인들에 의해 매개되고, 반응은 음주로 인해 긍정적 결과나 부정적 결과(C)를 피하는 것에 의해 유지된다. 다양한 개인, 가족, 그리고 여타 대인관계 요인이 음주와 관련되어 있다. 개인 수준에서 환경적 선행사건들은 특정한 음주 상황, 하루 중 특정한 시간, 혹은 단순히 알코올을 보는 것이나 냄새 맡는 것과 관련되어 있을 수 있다. 유기적 요인들은 알코올에 대한 갈망, 금단 증상, 분노·불안·우울과 같은 부적정서, 부정적 자기평가나 비합리적 신념, 혹은 특정 상황에서 알코올의 효과에 대한 긍정적 기대를 포함한다. 개인 수준 강화 요인은 갈망 혹은 금단 현상의 감소, 부적정서의 감소 혹은 정적정서의 증가, 부적 자기평가의 감소, 문제와 걱정에 대한 몰두의 감소를 포함할 수 있다.

가족 수준에서도 다양한 음주의 선행사건이 발생한다. 알코올은 가족 행사 혹은 일상의 자각에 있어 일반적인 부분일 수 있다. 가족 구성원들은 해당 개인에게 음주를 그만두라고 잔소리하거나, 재정 상황이나 술의 공급을 통제함으로써 문제적 음주행동에 영향을 주려 시도할 수 있다. 이런 행동들은 더 많은 음주를 하게 되는 선행 요인이 될 수 있다. 지나친 음주를 하는 구성원이 있는 가족에서는 형편없는 의사소통 및 문제해결 기술은 물론, 더 많은 음주를 선호하는 부부 문제, 성 문제, 재정 문제, 자녀 양육 문제가 발생할 수도 있다. 음주 문제가 있는 개인은 이러한 가족 수준의 선행사건에 부적정서, 문제 대처에 대한 낮은 자기효능감, 보복적인 생각을 경험하며 다양한 반응을 보일 수 있다. 가족의 행동은 음주를 강화하는 역할을 할 수 있다. 가족은 음주 문제가 있는 구성원이 취했을 때 돌봐 주거나 그의 책임을 대신함으로써 그가 음주로 인해 부정적인 결과를 경험하지 않도록 보호해 줄 수도 있다. 많은 연구자가 음주자의 친밀한 대화나 적극성의 증가와 같이 음주와 관련된 부부간 상호작용에서의 긍정적 변화를 관찰하였고, 이는 이러한 긍정적 행동들이 음주를 강화시킬 수 있음을 의미한다(예: Frankenstein, Hay, & Nathan, 1985).

여타 대인관계 요인 역시 음주의 선행사건으로서 기능한다. 이는 술을 마시라는 사회적 압력, 직업과 관련된 음주 상황들, 알코올 섭취가 중요한 역할을 하는 친구관계, 직장 동료, 친구, 지인과의 대인관계 갈등을 포함한다. 개인은 음주의 대인관계적 선행사건에 대한 갈망, 알코올 사용에 대한 긍정적 기대, 사회적 불편감, 술을 마시지 않는 것에 대한 부적 자기평가로 반응할 수 있다. 음주로 인한 긍정적인 대인관계 결과는 갈망이나 사회불안의 감소, 사회적 유대감이나 즐거움 강화, 사회적 편안함 혹은 적극성의 증가를 포함할 수 있다.

사회적 지지

내담자의 사회 관계망에 포함된 가족과 다른 구성원들의 행동은 사례개념화에 필수적이다. 일반적인 사회적 지지의 유용성은 물론, 금주 혹은 적당한 수준의 음주에 대한 사회적 지지는 성공적인 치료에 결정적이다. 금주에 대해 내담자가 사회 관계망으로부터 지지를 받는 것은 더 나은 음주 결과와 관련되며, 음주의 지속에 대한 지지는 더 나쁜 결과와 관련된다(Longabaugh, Wirtz, Zywiak, & O'Malley, 2010). 음주를 강력하게 지지하는 사회 관계망을 가진 내담자들은 해당 사회망으로부터 분리되어 금주나 적당한 음주를 지지하는 새로운 사회 관계망에 접촉하기 위한 조심스러운 절차를 밟을 수 있다. 익명의 알코올 중독자들(AA) 모임의 참여가 이런 기능을 할 수 있다는 연구 결과들이 존재하며(Longabaugh, Wirtz, Zweben, & Stout, 1998), 알코올 문제로부터의 자연적 회복에 대한 연구에 따르면 새로운 연인관계나 종교적 활동에 참여하는 것 역시 변화를 가능케 하는 방법일 수 있다(Vaillant & Milofsky, 1982).

변화의 유지

앞서 이루어진 논의에서 심각한 AUD를 가진 개인은 항상 높은 재발가능성이 존재함을 고려해야 한다는 관점이 내포되어 있는데, 이는 장기적이며 뿌리 깊은 습관들은 변화하기 어려우며, 과음으로 인해 유도된 생리 및 신진대사의 영구적 변화가 있기 때문이다(Woodward, 2013). 유지와 재발 과정을 개념화하기 위해 관련 치료와 함께 몇몇 모델이 제안되었다. 가장 두드러진 유지 모델은 재발방지(relapse prevention: RP) 모델(Marlatt & Gordon, 1985; Witkiewitz & Marlatt, 2004) 및 AA와 같은 사례로 가장 잘 설명되는 질병 모델을 포함한다. RP 모델은 앞서 언급한 기능적 분석 모델의 확장으로, 성공적인 변화를 유지하는 데 있어 환경, 대처기술, 인지 및 정서 반응 간의 상호작용에 초점을 맞춘다. RP 모델에서 재발은 내담자가 효과적인 대처기술이 없거나 이를 적용하지 못하는 고위험 상황에 대한 반응으로서 나타난다. 해당 상황의 대처에 대한 낮은 자기효능감이 이러한 어려움을 배가시킬 수 있다. 만일 내담자가 효과적으로 대처하지 못한다면, 알코올 사용의 가능성은 높아진다. Marlatt과 Gordon(1985)은 초기 음주 이후에 인지적 요인인 '금주위반효과(abstinence violation effect: AVE)'가 활성화된다고 주장하였다. AVE는 전부냐 전무냐의 사고를 표상한다. 일단 술을 마신 이후부터 내담자는 스스로가 '술을 마시고 있는' 것으로 간주하는 방식으로 사고를 전환하며, 계속 술을 마시게 된다. RP 치료는 고위험 상황의 파악 및 대처기술의 습득, 음주 삽화를 이전 음주방식의 '재발'보다는 다시 배우고 절제상태로 돌아갈 수 있는 '실수'로 간주하도록 돕는 인지적 재구조화와 같은 인지행동치료와 공통된 개입의 몇 가지 요점에 집중한다. RP는 또한 고위험 상황의 발생을 감소시키기 위해 생활방식의 변화에도 집중하며, 내담자의 삶에 존재하는 기쁨 및 열망들과 의무 및 책임들 간의 균형('하고 싶은 것-해야 하는 것' 사이의 균형)을 발달시키도록 장려한다. 최근의 연구에서 Marlatt(Marlatt & Donovan, 2005; Witkiewitz & Marlatt, 2004)는 재발을 "다차원적이며 역동적인" 것으로 묘사하였고(Marlatt & Donovan, 2005, p. 21), 가족사와 사회적 지지 같은 더 장기적인 위험 요인들의 영향은 물론 보다 근접한 재발의 위험 요인들도 고려하였다. 그는 또한 인지, 대처기술, 정서, 음주 간에 상호작용이 있다고 주장하였다.

질병 모델 관점은 알코올 중독을 만성적이며 꾸준히 진행되는 것으로 보며, 그 진행을 더디게 할 수는 있으나 완치할 수는 없는 것으로 본다. 질병 모델에 기반한 치료는 내담자가 자신이 이러한 질병을 가지고 있음을 인정하도록 돕고, 금주와 평생 회복 프로그램만이 해당 질병의 진행을 더디게 할 수 있으며, AA에의 참여나 여타 12단계 집단이 변화의 성공적인 유지에 필수적이라는 데 초점을 둔다(예: Slaymaker & Sheehan, 2013).

이 장에서 소개된 모델은 RP 모델과 가장 가까우나, 임상가들은 AA가 근거한 질병 모델에 대해 알고 있어야 하며, 몇몇 내담자는 이 모델과 프로그램이 자신들에게 유용하고 적절하다고 느끼기 때문에 이를 선호하기도 한다는 것을 인지해야 한다.

이론적 모델의 임상적 적용

개관

치료 모델의 주요 요소는 문제 인식과 치료 진입에의 촉진, 치료계획 및 전달에 직접적인 시사점을 가진다. 그 개인이 치료를 시작하지 않았다면, 그 개인이 자신에게 음주 문제가 있으며 변화가 필요함을 인지하도록 돕는 기술들이 존재한다. 알코올 문제의 치료를 찾는 내담자를 위해, 치료자는 치료를 제공하기에 가장 적절한 환경을 결정해야 하며, 내담자에게 가장 적절한 치료방식을 선택해야 한다. 치료적 기술은 음주 및 여타 삶의 문제와 관련된 내담자의 요구에 맞추어 재단되어야 한다. 또한 치료자는 음주가 발생하는 사회적 맥락은 물론, 변화를 위한 사회적 맥락 역시 고려해야만 한다. 치료자는 음주 문제를 지닌 내담자에게 치료를 제공하는 데 있어 미묘하고 비특정적인 측면을 인식해야 하며, 변화 과정에 지속적으로 참여하고자 하는 내담자의 동기를 강화시키는 치료적 관점을 활용해야 한다. 치료자는 치료와 변화에 대한 내담자의 관점에 주의를 기울여야 하며, 내담자에게 음주 결과와 관련된 명확한 장기적 예측을 제공할 수 있어야 한다. 치료 모델의 핵심 요소들은 〈표 13-2〉에 나열되어 있다.

〈표 13-2〉 치료의 단계

1. 사례 식별 및 치료에의 진입
2. 평가
3. 치료환경의 선택
4. 치료방법의 선택
5. 변화를 위한 동기의 강화 및 유지
6. 음주목표 선택
7. 금주 시작하기
8. 기능분석의 실시
9. 초기 단주전략
10. 대처전략
11. 배우자/가족의 참여 및 치료의 사회적 맥락
12. 장기적 유지
13. 복잡한 조건들을 관리하기
14. 자조집단의 역할

사례 식별 및 치료에의 진입

적극적인 치료 모델의 적용을 논의하기 전에 내담자가 치료 체계에 진입하도록 돕는 방법을 고려하는 것은 중요하다.

사례 식별 및 검사

음주를 하는 많은 개인은 자신에게 음주와 관련된 문제가 없다고 생각한다. 그들은 자신의 음주방식에서 드러나는 고위험 특성을 인지하지 못할 수도 있고, 혹은 이로 인한 부정적인 결과가 일어나는 것을 인지하지 못할 수 있다. 이들은 수치감이나 죄책감 때문에 자신의 문제에 대해 말하기를 꺼릴 수도 있고, 혹은 보건전문가들이 음주에 대해 관심이 없거나 우려하지 않는다고 지각할 수도 있다. 일반 보건 및 정신건강 현장에서 음주 및 그 결과에 대한 정례적인 질문을 하는 것이 이런 어려움의 일부를 제거할 수 있다. 보건 및 정신건강 서비스를 요구하는 개인들에게서 관찰되는 높은 음주 문제 유병률을 고려했을 때, 음주에 관한 질문은 모든 임상가의 접수면접에 포함되어야 한다. 「부담적정보험법」은 모든 1차 진료현장에서 환자들에게 알코올 및 약물 문제에 대한 검사를 실시하도록 요구한다. 1차 진료에 심리 서비스의 통합이 증가하였음을 고려하면, 정신건강 전문가들이 이러한 진료현장에 적절한 검사도구를 소개하는 데 앞장설 수 있다.

알코올 문제를 가진 내담자들을 파악하기 위해 많은 검사 면접과 문항이 개발되었다. 최소한 모든 내담자는 그들이 술을 마시는지 또는 마시지 않는지를 대답해야 하고, 음주자들은 자신의 음주량과 빈도에 대한 후속 질문에 답해야 한다. 남성의 경우 일주일에 28표준잔 이상, 여성의 경우 21표준잔 이상을 마시면 과음이거나 고위험으로 간주되어야 한다.[1] 만일 내담자가 한 달에 두 번 이상 과음(남성 5잔 이상, 여성 4잔 이상)을 보고한다면 이 역시 관심을 기울여야 한다. 음주의 주관적 및 객관적 결과에 대해 질문하기 위해 후속 질문들이 사용될 수 있다. CAGE[끊기(Cut down), 성가신(Annoyed), 죄책감(Guilty), 해장술(Eye-opener); Mayfield, McLeod, & Hall, 1974; 〈표 13-3〉 참조]와 알코올사용장애 선별검사(Alcohol Use Disorders Identification Test: AUDIT; Saunders, Aasland, Babor, de la Fuente, & Grant, 1993)가 유용한 두 가지 검사 방법이다. CAGE에서 2개의 긍정적 응답을 하는 것은 높은 AUD 진단가능성을 암시하지만, 단 1개의 긍정적 응답도 추가적인 임상적 질문을 타당화한다. AUDIT은 알코올 검사에 있어 직접적인 접근법과 은근한 접근법 모두를 포함하기에, 스스로 음주 문제를 파악하기 꺼리는 내담자들에게 유용할 수 있다. CAGE와 AUDIT 문항들은 〈표 13-3〉에 제시되어 있다.

1) 주 1을 보라.

음주자가 치료에 참여하도록 동기부여

임상가의 초기 과제는 내담자가 어떤 종류의 변화라도 시작하도록 유도하는 것이다. 치료를 시작하도록 내담자에게 동기를 부여하는 방법은 다양하다. 임상가는 동기강화 상담기술을 이용할 수 있고(Miller & Rollnick, 2002), 가족 및 걱정하고 있는 다른 사람들을 협동적인 내담자 중심치료에 함께하도록 할 수 있으며(Miller, Meyers, & Tonigan, 1999; Smith & Meyers, 2004), '개입'과 같은 대립적인 접근을 사용할 수도 있다(Liepman, 1993). 그러나 진행 중인 치료현장에서 동기부여의 원칙 및 기술을 실행하는 것은 임상가에게 창의적인 과제를 부여한다. 다음 3개의 사례가 내담자들이 치료에 참여하도록 동기부여를 하는 데 각기 다른 접근법의 적용을 설명한다.

빌은 오랜 내력의 과음, 다수의 공포증, 양극성장애를 가진 은퇴한 화학자였다. 나는 처음 그의 부인인 다이애나에게 연락을 받았고, 그녀는 자신의 남편이 20년의 음주 내력이 있으며, 은퇴 이후에 음주가 더 늘어 자신은 어찌할 바를 모르겠다고 호소하였다. 자녀들은 분노했고 그와의 연락을 끊겠다고 위협했으며, 그녀와 남편은 자주 다투었다. 그리고 그녀 자신 역시 점점 불안하고 우울함을 느끼기 시작하고 있었다. 다이애나는 공인된 중독상담자와 의논을 하였는데, 상담자는 '개입'을 계획해야 한다고 이야기하였다. 이 개입이란 다이애나와 자녀들이 빌의 음주에 대해 정면으로 맞서고, 그가 치료를 받을 것을 주장한 후 입원치료시설에 곧바로 데려가는 것이었다. 다이애나가 망설이자, 상담자는 그녀 역시 그에게 의존하는 종속적 관계

〈표 13-3〉 알코올 사용 및 문제 검사를 위한 질문지

CAGE

1. 술을 끊어야겠다고 생각하신 적이 있습니까?
2. 술로 인해 주변 사람들로부터 비난을 받은 적이 있습니까?
3. 술로 인해 죄책감을 느낀 적이 있습니까?
4. 아침에 일어나자마자 해장술을 찾은 적이 있습니까?

알코올사용장애 선별검사(AUDIT)

1. 술을 얼마나 자주 마십니까?
   0) 전혀 마시지 않는다
   1) 한 달에 한 번 미만
   2) 한 달에 2~4회
   3) 일주일에 2~3회
   4) 일주일에 4회 이상

2. 평소 술을 마시는 날 몇 잔 정도나 마십니까?
   0) 1~2잔
   1) 3~4잔
   2) 5~6잔
   3) 7~9잔
   4) 10잔 이상

3. 한 번 술을 마실 때 소주 1병 또는 맥주 4병 이상의 음주는 얼마나 자주 하십니까?
   0) 전혀 없다
   1) 한 달에 한 번 미만
   2) 한 달에 한 번
   3) 일주일에 한 번
   4) 매일같이

4. 지난 6개월간 술을 한번 마시기 시작하면 멈출 수 없다는 것을 안 때가 얼마나 자주 있었습니까?
   0) 전혀 없다
   1) 한 달에 한 번 미만
   2) 한 달에 한 번
   3) 일주일에 한 번
   4) 매일같이

5. 지난 6개월간 당신은 평소 같으면 할 수 있었던 일을 음주 때문에 실패한 적이 얼마나 자주 있었습니까?
   0) 전혀 없다
   1) 한 달에 한 번 미만
   2) 한 달에 한 번
   3) 일주일에 한 번
   4) 매일같이

6. 지난 6개월간 술을 많이 마신 다음 날 아침에 일과를 시작하기 위해 다시 해장술을 필요로 했던 적이 얼마나 자주 있었습니까?
   0) 전혀 없다
   1) 한 달에 한 번 미만
   2) 한 달에 한 번
   3) 일주일에 한 번
   4) 매일같이

7. 지난 6개월간 음주 후에 죄책감이 들거나 후회를 한 적이 얼마나 자주 있었습니까?
   0) 전혀 없다
   1) 한 달에 한 번 미만
   2) 한 달에 한 번
   3) 일주일에 한 번
   4) 매일같이

8. 지난 6개월간 음주 때문에 전날 밤에 있었던 일이 기억나지 않았던 적이 얼마나 자주 있었습니까?
   0) 전혀 없다
   1) 한 달에 한 번 미만
   2) 한 달에 한 번
   3) 일주일에 한 번
   4) 매일같이

9. 음주로 인해 자신이나 다른 사람이 다친 적이 있었습니까?
   0) 없었다
   2) 있었지만, 지난 6개월 동안은 없었다
   4) 지난 6개월 동안 있었다

10. 친척이나 친구 또는 의사가 당신이 술 마시는 것을 걱정하거나 술 끊기를 권유한 적이 있습니까?
   0) 없었다
   2) 있었지만, 지난 6개월 동안은 없었다
   4) 지난 6개월 동안 있었다

출처: Mayfield, McLeod, & Hall (1974).

에 있으며 그가 술을 마시도록 허용하고 있다고 말하였다. 그녀는 자신이 개입을 시작하고 싶지 않다고 확신하는 동시에, 무언가 조치를 취해야 한다는 확신을 가지고 낙담하여 상담자의 사무실을 떠났다. 나는 가장 최소한의 개입을 먼저 시도하였다. 전화상으로 나는 다이애나가 빌에게 아침에(술 마시는 걸 시작하기 전에) "빌, 나는 당신이 술 마시는 것에 대해 걱정이 돼요. 내가 알코올 치료를 전문으로 하는 심리학자와 이야기해 봤는데, 그녀가 평가를 위해 당신을 만나는 것에 대해 동의했어요. 평가 후엔 우리가 뭘 할 수 있을지에 대해서 그녀가 피드백을 줄 거예요."라고 말해 볼 것을 제안하였다. 나는 그녀에게 이 진술에서 더 보태지 말고, 빌의 질문에 단순히 응답만 하라고 지시하였다. 만일 그가 거부하면, 그녀는 나에게 다시 연락하도록 되어 있었다.

나는 한 달 후에 다이애나로부터 소식을 들을 수 있었다. 빌은 그녀의 요청을 거절했고, 그녀는 자신이 할 수 있는 다른 것이 없을까 궁금해하였다. 나는 빌을 변화로 이끌도록 동기부여하기 위해 그녀 자신의 행동을 바꾸는 방법에 대해 논의하도록 개인상담을 제안하였다. 다이애나는 상담을 받으러 왔고, 빌의 음주 내력과 그녀의 현재 기능에 대한 추가적인 평가를 진행한 후에, 나는 Thomas의 단일 가족치료(Thomas, Yoshioka, & Ager, 1996) 및 공동체 강화와 가족 훈련(community reinforcement and family training: CRAFT) 모델(Smith & Meyers, 2004)에서 착안한 세 가지 기본적인 행동전략을 제안하였다. 첫째로, 나는 다이애나에게 빌이 술을 마실 수 있는 만큼 마시도록 내버려 두어 자연스레 부정적인 결과들이 나타나게 하라고 지시하였다. 둘째로, 나는 빌이 술에 취해 있지 않을 때만 다이애나가 그의 음주와 관련된 부정적 행동들에 대해서 사실적인 피드백을 주도록 장려하였다. 피드백의 구조는 다음과 같았다. "빌, 나는 당신이 술을 마시던 어젯밤에 X가 일어나서 걱정이 돼요." 셋째로, 나는 다이애나에게 빌이 음주를 하고 있지 않을 때 긍정적인 일을 하며 그와 함께 시간을 보내도록 장려하였다. 그들이 겨울에 플로리다로 가려고 했음을 고려하여, 나는 그곳에서 돌아오기 직전에 다이애나가 빌에게 평가를 받기 위해 나를 보러 가자는 요청을 반복해야 한다고 제안하였다.

그 후, 봄에 다이애나에게서 빌과 같이 평가받기 위한 방문 예약을 잡고자 한다는 전화가 걸려왔다. 빌과 다이애나 모두 방문하였다. 다음은 우리가 초기에 논의한 내용이다.[2] (이 장에 실린 대화에서 나는 치료자이다.)

치료자: 나는 당신을 만나게 되어 무척 기뻐요. 당신도 알다시피, 다이애나가 몇 달 전에 나와 먼저 이야기했고, 그래서 나는 당신이 약간은 아는 사람처럼 느껴져요. 당신이 처음에는 찾아오길 꺼렸다는 것을 이해하고, 오기로 결정해 줘서 기뻐요. 어떻게 된 건가요?

빌: 뭐, 다이애나가 부탁했고, 저도 그녀가 걱정하고 있다는 걸 알고 그래서 동의했죠. 하지만 전 오늘만 오기로 동의했어요. 그 어떤 종류의 노력도 하지 않을 거예요.

치료자: 나도 그걸 이해하고, 당신이 불편해하는 어떤 것도 하지 않을 것입니다. 오늘 내

1) 주 2를 보라.

가 하고 싶은 건 당신이 술을 마심으로써 발생할 수 있는 문제의 종류들에 대해 더 나은 이해를 얻는 거예요. 오늘 우리가 함께하는 시간 마지막에는 내가 몇 가지 피드백을 드리고, 만일 당신이 조금이라도 변화를 만들고 싶다면 당신을 위한 몇몇 선택지에 대해 논할 수 있어요. 만약 내가 묻는 것 중에 응답하기 불편한 것이 있다면 그냥 알려 주세요. 아셨죠?

빌은 눈에 띄게 불편해했고, 자신의 의자를 내 사무실의 뒤쪽 구석으로 최대한 밀었다. 그는 다이애나에게서 몸을 돌린 채 앉았고, 다이애나가 말할 때마다 종종 천장을 보거나 한숨을 쉬었다. 그의 명백한 불편감이 있었음에도 불구하고, 그는 자신의 음주에 대해 명확한 이야기를 들려주었다. 그는 지난 25년간 과음해 왔고, 어느 순간부터는 매일 저녁 잭 대니얼스 위스키 한 파인트를 마시게 되었다. 그는 60대 초반에 대장암 진단을 받았고 수술치료를 받았다. 수술을 받은 이래로 그는 자신의 건강에 대해 우려해 왔고 자신의 음주를 줄이려 시도해 왔다. 현재 그의 음주방식은 거의 매일 저녁에 술을 마시는 것이었고, 적게는 그롤쉬 맥주 두 캔에서 네 캔부터 많게는 가끔씩(대략적으로 한 달에 두 번) 잭 대니얼스 1파인트까지도 마셨다. 그는 음주를 하지 않는 날에 금단 증상을 보고하지 않았고, 자신의 음주로 인한 명백한 의학적 후유증도 보고하지 않았다. 그는 자신이 음주를 통제할 수 있다는 느낌이 들지 않는다고 했고, 다이애나가 속상해하는 것에 대해 슬픔을 표현하였다. 빌의 말이나 행동에서 분명히 느껴지는 다이애나에 대한 사랑이 그가 나를 보러 오기로 한 주요 이유임이 분명하였다.

나는 빌의 불편감을 고려하여 다른 내담자들에게는 실시했을 그 어떤 표준화된 평가도구들을 완료하거나 초기 면접을 구조화하려는 노력도 하지 않았다. 대신, 나는 그가 이끄는 대로 따랐고 그가 표현하는 정서들을 반영하는 의견을 자주 말했으며, 때때로 빌이 스스로를 표현할 수 있도록 다이애나에게 방해하지 말아 달라고 요청하였다. 1시간 면담의 마지막 15분 동안 우리는 피드백과 논의로 전환하였다.

치료자: 이제 당신에게 너무 많은 질문을 하는 걸 그만두고, 가능한 다른 선택들에 대해 논해 볼 수 있을까 해요. 나는 당신이 찾아와 준 게 기쁘고, 이게 당신에게 쉽지 않았을 거란 걸 이해해요. 당신과 다이애나가 말해 준 것들을 보면, 당신의 음주에 대해 걱정할 수도 있겠다는 생각이 들어요. 당신이 마시는 술의 양은 안전하고 건강한 음주에서 권고되는 수준을 넘어섰어요. 당신은 스스로 통제감이 없음을 느끼며 걱정하고 있고, 당신의 음주는 가족을 속상하게 만들어서 당신 자신도 고통스럽게 했죠. 어떻게 생각하세요?

빌: 제 생각에 이 모든 것을 한꺼번에 이야기하는 게 제가 술을 너무 많이 마시고 있다는 걸 더 분명하게 하는 거 같네요. 그래도 멈추고 싶진 않아요. 저는 좋은 맥주를 즐기는데, 저녁에 한두 병 정도 마시는 걸 기대해요. 저는 그냥 이게 지나쳐서 다이애나에게 상처 주는 수준까지 가지 않길 바랄 뿐이에요.

치료자: 그러면 당신도 걱정하고 있고 특정한 종류의 변화는 타당하다고 생각하지만, 그것이 어떤 종류의 변화가 되어야 할지는 확신

이 없는 거죠?

빌: 정확히요.

치료자: 내 생각에 당신에게는 몇 가지 선택지가 있어요. 특정한 변화를 만드는 건 우리가 논의한 문제들을 고려했을 때 타당해요. 아마 가장 안전한 선택은 음주를 멈추는 걸 거예요. 만일 술을 마시지 않는다면 음주로 인한 미래의 건강 문제가 일어나지 않을 것이고, 어떤 측면에서는 당신이 지금 거의 매일 술을 마시는 일과를 살고 있단 걸 고려할 때 가장 쉬울 거예요. 그렇지만 당신이 금주하고 싶지 않다면, 우린 좀 더 안전하고 건강한 수준, 다이애나와 자녀들이 편안하게 느끼는 수준까지 당신이 음주를 줄이는 방향으로 노력할 수 있어요. 나는 그 목표를 달성하기 위해 당신과 함께 작업할 의향이 있어요. 나는 당신이 당장 집중 입원치료 프로그램을 받을 필요가 있다고 생각하진 않지만, 변화를 만들기 위해 도움을 좀 받는 건 아마 이로울 거라고 생각해요. 어떻게 생각하십니까?

빌: 전 선생님이 제가 술을 줄일 수 있다고 생각해서 놀랐어요. 여기에 대해서 생각을 해 봐야겠어요. 다이애나 편으로 선생님에게 다시 연락하도록 할게요.

논의는 다이애나로부터의 조언도 함께하여 지속되었으며, 우리의 논의에 대해 생각해 보겠다는 약속만으로 이 회기는 끝났다. 며칠 후, 다이애나는 빌이 나와 치료를 시작하고 싶어 한다는 것을 알려주기 위해서 전화했고, 우리는 예약을 잡았다.

78세의 과부이자 은퇴한 교사인 도로시는 자신의 아파트에서 쓰러진 후 지역 의료센터에 입원하였다. 입원 당시 그녀의 혈중 알코올 농도(blood alcohol lever: BAL)는 185mg%였고, 오래된 멍의 흔적이 많이 있었으며, 쓰러질 때 어깨를 삐고 손목이 부러졌다. 그녀는 알코올 금단을 위한 약을 즉시 투여 받았고, 중독 상담 팀이 입원 둘째 날 그녀를 보기 위해 소집되었다. 내가 그녀를 보러 갔을 땐 도로시의 아들인 존이 병실에 있었다. 그의 도움으로 나는 도로시가 40대 초반부터 술을 마시게 된 긴 내력을 얻을 수 있었다. 비록 도로시는 음주를 멈추고 싶어 했지만, 그녀는 한 번에 며칠 이상 성공한 적이 없었고, 어떤 종류의 알코올 치료를 받은 적도 없었다. 2년 전 그녀의 남편이 죽은 이래로 도로시는 매일 블랙베리 브랜디 1파인트를 마셔 왔다. 그녀는 이전에 친구들과 하던 사회활동을 완전히 중단해 버렸고, 위생상태는 악화되었으며, 자신의 집에서 여러 번의 사고를 경험하였다. 도로시는 이 정보를 울먹이며 제공했고, 자신의 행동에 대해 엄청난 수치심을 표현하였다. 존은 그녀의 집이 '엉망'이라고 묘사했고, 그는 그녀에게 화가 나고 역겨움을 느낀다고 말하였다. 도로시의 가족력에는 아버지, 두 명의 남자 형제, 외삼촌을 포함한 여러 사람이 알코올 문제를 가지고 있었다. 약물 투여에도 불구하고, 그녀는 면담 동안에 명백한 알코올 금단 징후를 보였다. 도로시는 눈물을 흘렸으며, 반복적으로 자신이 '죄가 많고 나쁜' 사람이라고 말하였다. 그녀에 대한 나의 면담 방식은 공감하는 것이었다. 나는 그녀에게 무엇을 걱정하는지 물었고, 기분이 어떤지 질문했으며, 현재 상황에 대한 그녀의 명백한 고통을 반향해 주었다. 그러고 나서 나는 그녀와 같은 문제를 가진 사람들을 돕기 위한 치료가 있다고 말해 주었다. 즉각적이고 강력한 그녀의 반응은 그녀 자신이 너무 나쁘고 음주는 죄라는 것이었다. 비록 나는 보통 알코올 의존을 질병으로 명명하는 것에 대한 강력한 지지자는 아니지만, 질병 모델이 실제로 그녀에게 수용 가능하며 지지적일 수 있다고 결정하였다. 생리적 의존 및 심각한 알코올 의존의 가족력으로 특징지어지는 그녀의 오랜 알코올 의존 내력을 고려했을 때, 이런 모델은 그럴듯하고 적절해 보였다.

"도로시, 당신이 자신의 음주와 당신 자신과 가족에게 일어난 모든 문제로 매우 속상해하고 있다는 걸 잘 알겠어요. 당신이 스스로를 비난하고, 음주가 당신이 나쁜 사람이란 걸 보여 준다고 생각하는 것도 이해해요. 당신의 음주에 대해 다른 방식으로 생각할 수 있다는 걸 말해 주고 싶어요. 당신은 내가 말하는 것에 동의할 수도 있고 하지 않을 수도 있지만, 내가 말하는 것에 대해 생각해 보길 바라요. 어떤 사람들은 알코올 중독이 질병이라고 말해요. 당신의 경우에는 그게 진실이라고 생각해요. 당신은 아마도 알코올에 더 취약한 유전자를 가지고 있을 거예요. 당신의 아버지, 삼촌, 형제들 모두 같은 종류의 질병을 가진 걸로 보여요. 우린 알코올 중독에 대한 취약성에 유전가능성이 있다는 걸 알고, 난 당신이 그걸 물려받았다고 추측해요. 오랜 시간 동안 당신의 몸은 음주에 적응되었어요. 알코올이 없는 것보다는 있는 게 더 편안한 거죠. 만일 당신이 멈추려 한다면 당신의 몸이 나쁘게 반응할 거예요. 지금 느끼는 몸 떨림과 메스꺼움은 당신의 몸이 알코올에 중독되어 버렸다는 징후예요."

"이게 다 뭘 의미할까요? 이건 당신의 몸이 다른 사람의 몸과는 달리 알코올에 반응한다는 거고, 아마 당신이 음주를 시작할 때부터 그래왔을 거예요. 당신이 음주 문제를 가진 건 당뇨 환자가 인슐린을 만들 수 없는 것만큼이나 당신 잘못이 아니에요. 사람들은 자신에게 발병한 질병에 대한 책임이 없어요. 하지만 그 질병을 돌보기 위한 결정을 내리고, 도움을 요청하고, 도움을 주는 사람들의 조언을 따르는 데에는 책임이 있죠. 음주가 당신에게 유발한 문제들을 제외하고 당신은 건강해요. 그리고 당신에게는 당신을 걱정하는 사람들이 분명히 있죠. 만일 도움을 받을 수 있다면, 더 나아질 확률이 높아요."

도로시는 초반에 이렇게 자신의 문제를 재구조화하는 것에 대해 회의적이었다. 내가 권유하지 않았는데, 그녀의 아들은 그날 병원을 떠날 때 질병으로서의 알코올 중독에 관한 브로셔를 집어서 어머니가 읽을 수 있도록 가져다주었다. 내가 다음 날 그녀를 보러 왔을 때, 그녀는 이 질병 개념과 치료에 관해 많은 질문을 했고, 나는 동기강화 상담의 관점을 취한 채로 최대한 사실적으로 응답하였으며, 그녀의 관심과 우려를 반영하고, 억지로 치료에 밀어 넣으려 시도하지 않았다. 내가 세 번째로 방문했을 때, 그녀는 치료 프로그램에 참여하는데 동의하였다. 그녀는 단기 거주형 재활 프로그램에 참여한 후, 그보다 장기적인 외래 집단치료를 시작하였다. 도로시는 내가 그녀를 처음 만난 병원에서 자원봉사를 시작했고, 은퇴할 나이가 될 때까지 몇 년 동안 술을 마시지 않았으며, 적극적으로 봉사활동을 계속하였다.

데니스는 알코올, 처방 아편제, 벤조디아제핀(benzodiazepines) 남용 내력이 있는 41세의 치과의사였다. 데니스의 사례는 개인이 치료를 시작하도록 동기부여하기 위해서 모든 임상적 기술을 총집합해야 할 필요성을 분명히 보여 준다. 내가 데니스를 보았을 때, 우리 센터는 주(州) 치과의사협회와 알코올 및 약물 문제를 가진 치과 의사들을 위해 평가, 동기부여, 치료 의뢰, 관찰 서비스를 제공한다는 계약을 맺은 상태였다. 나는 금요일 오후 응급실 의료진으로부터 데니스를 평가해 달라는 부탁을 받고 병원을 방문할 예정이었다. 데니스는 약물 과다 복용으로 그의 사무실 직원에 의해 응급실에 옮겨진 상태였다. 그의 상태는 안정되었고, 이제는 병원을 떠나겠다고 막무가내였다. 의뢰한 의료진은 우리의 프로그램이 '뭔가 할 수 있길' 바랐다. 나는 데니스의 사무실 직원, 아내, 그의 AA 협심자로 활동해 왔던 다른 치과 의사로부터 연거푸 전화를 받았다. 전화상으로 그들은 다수의 약물 남용, 가정 폭력, 환자와의 오후 예약 취소, 환자의 엉뚱한 치아를 발치한 일, AA와 외래치료에서의 반복된 실패 내력에 대해 들려주었다. 모두가 데니스를 다루기 힘들다고 묘사했으며, 그가 자살을 시도할까 봐 우려하고 있었다. 나는 그들 모두에게 병원에서 나를 만날 것을 요청했으며, 그들을 만나기 위해 사무실을 떠났다. 응급실 의료진에게는 지금 병원으로 가고 있으니 내가 도착할 때까지 데니스를 붙잡아 두도록 부탁하였다.

병원에 도착했을 때, 나는 먼저 데니스와 개인적으로 대화를 나누었다. 그는 정상적인 의식과 지남력을 보였고, 적대적이고 분노한 상태였으며, 나와 말을 섞으려 하거나 어떤 종류의 치료계획에 대해서도 동의하려는 의향이 전혀 없었다. 내가 할 수 있는 최선의 동기강화 상담기술은 그에게 전혀 통하지 않았다. 상황의 위기성과 그의 극단적으로 심각한 SUD를 고려하여 나는 보다 대면적인 기술, 즉 개입(Liepman, 1993)을 활용하기로 결정하였다. 개입은 저항적인 내담자에게 맞서 강제적인 조치를 계획하기 위해 만들어진 것이다. 연구에 따르면 가족들 중 2/3가 개입을 이행하지 않지만(빌과 다이애나가 그랬듯이), 개입이 시행된다면 내담자가 치료를 시작할 확률은 매우 높다(Miller et al., 1999). 나는 사무실 직원, 데니스의 아내, 그의 AA 협심자를 함께 모아 놓고 그들이 데니스와 함께 모여 그의 문제에 대해 이야기해 볼 의향이 있는지에 대해 물었다. 그들은 안도했고 그렇게 하길 열망하였다. 우리는 약 30분을 함께 소요했고, 그동안 나는 개입을 위한 기본적인 요구사항들에 대한 개관을 서술하였다. ① 각자의 피드백은 돌봄과 걱정의 표현으로 시작해야만 한다. ② 각자는 데니스의 음주 및 약물 사용과 관련된 구체적이고 행동적인 피드백을 제공해야 한다(예: 그가 무책임하다고 말하기보다는 예약을 취소했던 사실을 언급하기). ③ 각자의 피드백 마지막에 걱정의 표현을 반복하고 데니스가 도움을 받도록 요청한다. 우리는 그 후에 데니스와 모여 앉았고, 각자가 이야기를 시작하였다. 데니스는 울기 시작했고, 긴 시간 후에 그가 도움이 필요하다는 사실과 나의 치료 권고를 따르겠다는 것에 동의하였다.

평가

내담자가 치료를 받고자 찾아오면, 치료자는 우선 음주와 약물 사용 및 다른 삶의 기능 영역에서의 문제에 관한 초기 평가를 실시해야 한다(Donovan, 2013; SUD 평가를 위한 포괄적 설명 제공; Green, Worden, Menges, & McCrady, 2008; 다양한 AUD 평가도구의 심리측정적 속성에 대한 설명 제공). 치료에 대한 내담자의 동기와 자원들을 평가하는 것이 중요하며, 인지행동치료를 제공하는 경우에는 음주 기능분석에 대한 평가도 필요하다. 내담자의 배우자/파트너 또는 다른 가족 구성원들이 치료 과정에 관여하는 경우에는 전반적인 관계기능과 함께 음주와 관련하여 그들이 가지는 역할 또한 평가할 필요가 있다.

음주 평가

임상적 면접은 내담자의 음주 내력과 음주에 대한 현재의 인식을 평가하기 위해 사용된다. 임상적 면담 과정에서 다뤄져야 할 주요한 주제들이 〈표 13-4〉에 정리되어 있다. 일반적으로, 우리는 현재의 BAL 수준을 평가하기 위해 각 회기의 시작 부분에 휴대용 음주측정기를 활용한다. 임상적 면접 외에도 2개의 구조화된 면접을 사용하여 진단에 필요한 음주의 양과 빈도, 양상 및 기타 정보들에 대한 표준화된 정보를 얻을 수 있는데, 치료 전의 음주 및 약물 사용 행동을 시간대별로 평가하기 위해 사용되는 시간선 추적면접(Timeline Follow-Back Interview: TLFB; Sobell & Sobell, 1995), 그리고 DSM-IV의 구조화된 임상면접(Structured Interview for DSM-IV: SCID; Spitzer, Williams, Gibbon, & First, 1996)의 알코올 및 약물 부분이 그것이다. Form-90(Tonigan, Miller, & Brown, 1997)과 같은 대안적인 구조화된 면접도 음주 내력, 음주 패턴 및 결과에 대한 정보를 얻기 위해 사용될 수 있으며, 자기보고식 검사도구들을 사용하여 알코올 의존의 심각도(알코올 의존 척도, Alcohol Dependence Scale: ADS; Skinner & Allen, 1982) 및 부정적인 음주 관련 결과들(음주자 결과 척도, Drinker Inventory of Consequences: DrInC 또는 간이 문제 척도, Short Inventory of Problem: SIP; Miller, Tonigan, & Longabaugh, 1995)을 평가할 수 있다.

〈표 13-4〉 초기 임상 면접에서 다루는 주제 (부부가 모두 있는 경우)

1. 초기 방향성 설정
   a. 소개
   b. 음주측정기 검사
   c. 간편 설문지

2. 초기 평가
   a. 드러난 문제
   b. 문제가 드러날 때 사용되는 술과 마약의 역할
   c. 다른 문제들
   d. 음주가 파트너에게 어떻게 영향을 주었는지
   e. 음주가 대인관계에 어떻게 영향을 주었는지

3. 음주/약물 사용 평가
   a. 알려진 환자
      i. 음주 패턴의 양과 빈도
      ii. 최근 음주와 약물 사용
      iii. 음주/약물 문제의 기간
      iv. 음주/약물 사용의 부정적인 결과
      v. DSM-5 증상
      vi. 해독 필요성의 평가

   b. 배우자
      i. 음주 패턴의 양과 빈도
      ii. 최근 음주와 약물 사용
      iii. 음주/약물 문제의 기간
      iv. 음주/약물 사용의 부정적인 결과
      v. DSM-5 증상
      vi. 해독 필요성의 평가

4. 다른 문제들에 대한 평가
   a. 정신증적 증상
   b. 우울증
   c. 불안
   d. 인지장애
   e. 건강상태

5. 가정 폭력의 평가
   a. 이 평가는 각 배우자와 함께 개인적으로 수행된다.
   b. 갈등전술척도(Conflict Tactics Scales)의 검토
      i. 신체적 침습의 삽화를 식별하기
      ii. 침습으로부터의 피해/부상 수준 밝히기
      iii. 부부치료에서 개인의 안전감각을 평가하기

다른 문제 영역들에 대한 평가

임상가는 삶의 다른 문제들을 평가하기 위하여 매우 다양한 방법을 활용할 수 있다. 구조화되지 않은 면접에서부터 간단한 문제 체크리스트, 공식적 면접기법들에 이르기까지 여러 평가방식이 존재한다. 중독 심각도 지수(Addiction Severity Index: ASI; McLellan et al., 1992)는 여러 영역에 걸쳐 내담자의 기능을 평가하기 위한 목적으로 폭넓게 사용되며, 그 소척도들은 의학적 영역과 심리적 영역, 가족/사회, 법률, 고용, 알코올 및 약물 영역까지 포괄하고 있다. ASI는 공유저작물로서 평가도구, 지침 및 채점 프로그램을 온라인(http://triweb.tresearch.org/index.php/tools/download-asi-instruments-manuals)에서 다운로드할 수 있다. ASI는 면접에 약 45분 정도가 소요되며, 컴퓨터를 활용해서 면접을 진행하는 판도 존재한다. 그러나 ASI는 어떤 장애에 대해서도 진단 정보를 제공하지 않으며, 주의 깊은 임상가라면 다른 심리적 장애의 존재가능성을 평가하기 위해서 공식적인 진단 선별 질문지(formal diagnostic screening questions)를 사용할 필요가 있다.

동기의 평가

동기를 평가하기 위해서는 다음 사항들이 고려되어야 한다. ① 내담자가 치료를 받고자 하는 이유(도움 추구 행동과 관련된 외적 요인들에 대한 세심한 주의와 함께), ② 내담자의 치료목표, ③ 변화에 대한 내담자의 준비성, ④ 내담자가 자신의 현재 음주 패턴으로 인한 부정적인 결과들을 인식하고 변화에 뒤따르는 긍정적 결과들을 예측하는 정도가 그것이다. 임상적 면접은 치료를 받고자 하는 이유에 대한 정보를 제공하며, 음주목표는 내담자에게 직접 질문하거나 간단한 목표 선택 양식을 활용하여 평가할 수 있다([그림 13-1] 참조). 준비도 측정(Readiness Ruler; Hesse, 2006)은 내담자가 변화에 대한 자신의 준비성을 나타낼 수 있게끔 구성된 간단한 10점 척도이다. 이는 변화하는 것에 대한 내담자의 열망과 자신감을 평가하기 위해서도

이번에 우리는 음주에 대해 당신의 목표를 알고자 합니다. 다음에 제시된 목록을 읽고 제시된 목록 옆에 있는 상자에 체크를 하십시오. 현재 당신의 목표를 가장 잘 나타내도록 열거된 목록을 채우십시오.

☐ 나는 술을 마시는 방식을 바꾸지 않기로 결정했습니다.
☐ 나는 술을 줄이고 더 잘 통제하기 위해 술을 마시는 횟수와 마시는 양을 조절하기로 결정했습니다. 나는 ______________(기간) 동안 ______________병/잔(상한선) 이하로 제한하고 싶습니다.
☐ 나는 일정 기간 동안 완전히 술을 마시지 않기로 결정한 후 다시 마실 것인지에 대해서 다시 한 번 결정할 것입니다. 나에게 금주기간은 ______________(시간)입니다.
☐ 나는 정기적으로 술을 마시지 않기로 마음을 먹었지만, 내가 충동을 이기지 못할 것 같다는 생각이 강할 때는 가끔 술을 마시고 싶습니다.
☐ 한 번씩 술을 마시고, 마실 수도 있음을 알고 있음에도 불구하고 술을 마시지 않기로 결정했습니다.
☐ 나는 한 번에 술을 완전히 끊고 완전히 절제하며 평생 동안 결코 술을 마시지 않기로 결정했습니다.
☐ 이 항목들은 나에게 적용되지 않습니다. 나 자신의 목표는 ______________입니다.

[그림 13-1] 목표 설정 질문지

사용될 수 있다. 로드아일랜드 대학교 변화평가 척도(University of Rhode Island Change Assessment Scale; McConnaughy, Prochaska, & Velicer, 1983), 변화를 위한 준비도 질문지(Readiness to Change Questionnaire; Rollnick, Heather, Gold, & Hall, 1992), 그리고 변화준비 단계 및 치료태도 척도(Stage of Change Readiness and Treatment Eagerness Scale: SOCRATES; Miller & Tonigan, 1996)는 모두 변화의 단계를 측정한다. 음주로 인한 부정적 결과들 및 변화에 뒤따르는 긍정적 결과들의 인식 또한 임상적 면담을 통해 평가될 수 있으며, 내담자와 함께 의사결정 균형 기록지(Decisional Balance Sheet; Marlatt & Gordon, 1985)를 작성함으로써 평가될 수도 있다([그림 13-2] 참조).

기능분석

음주의 선행사건들을 식별하기 위해서는 두 가지 평가기법이 사용될 수 있다. 자기보고식 질문지인 음주 패턴 질문지(Drinking Patterns Questionnaire: DPQ; Menges, McCrady, Epstein, & Beem, 2008)는 음주 또는 음주 욕구들에 대한 잠재적인 환경적·인지적·정서적·대인관계적·개인 내적 선행사건들을 포함하고 있다. 내담자가 어떤 상황에서 과도한 음주를 하는지 평가하는 간략한 측정도구인 음주상황척도(Invertory of Drinking Situations; Annis, Graham, & Davis, 1987) 또한 사용될 수 있다. 치료기간 동안의 내담자 음주 및 음주 욕구 기록을 위해서는 일일 자기기록 카드([그림 13-3] 참조)가 사용된다. 음주 또는 음주 욕구와 관련된 사건들을

	음주하지 않는 것	음주하는 것
찬성		
반대		

[그림 13-2] 의사결정 균형 기록지

충동			음주/약물 사용				
시간	강도(1~7)	촉발 요인	시간	유형	양	도수	촉발 요인

대인관계 만족도

1 2 3 4 5 6 7

매우 불만족 매우 만족

[그림 13-3] 내담자용 자기기록 카드 샘플

토론함으로써 내담자와 임상가 모두가 음주의 선행사건 및 결과들을 보다 명확히 이해하는 데 도움을 받을 수 있다. 또한 자기기록 카드들은 임상가로 하여금 음주의 양과 빈도뿐 아니라 음주 욕구의 빈도와 강도까지 추적할 수 있도록 한다.

배우자 평가

질문지와 자기기록 카드들을 통해 내담자의 배우자가 음주에 어떻게 대처해 왔는지 평가할 수 있다. 치료에 참여하는 배우자는 음주자의 음주 및 음주 욕구에 대해서 인식한 것을 매일 Likert 척도상에 기록한다(없음, 가볍게 있음, 어느 정도 있음, 또는 심함; [그림 13-4] 참조). 또한 대처 질문지(Coping Questionnaire; Orford, Templeton, Velleman, & Copello, 2005)를 통해 내담자의 음주에 대처하기 위해 자신이 시도한 다양한 방법을 확인할 수 있다. 여기에는 적극적인 관여, 관용적-소극적 대처, 그리고 철회가 포함된다. 두 배우자가 모두 치료에 참여하는 경우, 부부간 관계의 다른 양상들을 평가하는 것 또한 중요하다. 변화 영역 질문지(Areas of Change Questionnaire: ACQ; Margolin, Talovic, & Weinstein, 1983) 및 부부적응척도(Dyadic Adjustment Scale: DAS; Spanier, 1976)는 관계에서의 문제와 만족을 평가하는 우수한 자기보고식 측정도구이다. 개정판 갈등책략척도(Revised Conflict Tactics Scales; Straus, Hamby, Boney-McCoy, & Sugarman, 1996)는 물리적 폭력을 포함한 관계 갈등을 평가하는 간결한 측정도구이다.

치료환경의 선택

치료를 시작하기에 적절한 환경을 결정하기 위하여 음주의 평가, 수반되는 문제 영역, 그리고 동기에 대한 정보가 사용된다. 다른 신체건강 및 정신건강 영역들과 마찬가지로, 치료를 위한 제한의 최소화 원칙이 알코올 및 약물 치료에 적용되어야 한다. 역사적으로 가장 우수한 치료방법으로 여겨져 온 것은 고정된 기간(보통 28~30일) 동안 진행되는 거주형 재활이다. 그러나 여러 수준의 치료가 가지는 효과성을 비교한 연구들(예: Fink et al., 1985; Longabaugh et al., 1983; McCrady et al., 1986 참조)은 대부분의 내담자가 외래치료환경에서도 효과적으로 치료될 수 있음을 확인하였으며, 의료보험사들은 일반적으로 치료 회기들에 대한 예비 승인을 요구하고 있다. 외래치료는 치료의 가장 지배적인 형태로, 외래치료와 입원치료를 비교했을 때 내담자

날짜	시간	음주	약물사용	충동 수준	관계	만족감
		No L M H	No L M H	No L M H	0 1 2 3 4 5 6 7	0 1 2 3 4 5 6 7
		No L M H	No L M H	No L M H	0 1 2 3 4 5 6 7	0 1 2 3 4 5 6 7
		No L M H	No L M H	No L M H	0 1 2 3 4 5 6 7	0 1 2 3 4 5 6 7
		No L M H	No L M H	No L M H	0 1 2 3 4 5 6 7	0 1 2 3 4 5 6 7

* 주: 카드의 뒷면을 사용하여 배우자의 변화를 위한 행동을 기록하십시오.

[그림 13-4] 배우자용 자기기록 카드 샘플

비율은 10:1 수준으로 나타난다(Roman, 2013).

미국 의학연구소(Institute of Medicine, 1990), Sobell과 Sobell(2000)은 치료의 수준을 결정하기 위한 방법으로 단계적 관리 모델을 제안하였다. 단계적 관리 모델은 초기 치료 과정에서의 내담자 반응을 기반으로 보다 집중적이거나 광범위한 치료로 단계적으로 나아가는 간단한 개입들(as the modal initial approach to treatment)을 제안한다. 이러한 모델은 경제적으로 보수적이며, 치료에 따르는 제한의 최소화 원칙을 유지한다. 그러나 보다 심각한 문제를 가진 내담자는 매우 단기적인 치료(예: Rychtarik et al., 2000)로는 충분히 치료되지 않을 수 있으며, 미국중독의학협회(American Society of Addiction Medicine: ASAM)의 기준을 사용한 연구들에서 내담자가 이 기준에 의해 제안되는 수준보다 덜 집중적인 치료를 받게 될 경우 예후가 좋지 않을 수 있음이 제안되었다(Magura et al., 2003).

치료의 수준을 결정하기 위하여 제안된 의사결정 모델들은 여러 주에서 시행되었다. ASAM(2001)은 치료의 초기 수준을 선택하기 위한 다차원적 의사결정 모델을 제안하였다. ASAM 기준은 치료의 초기 수준을 권고함에 있어서 감독하에서의 철회

〈표 13-5〉 치료환경의 선택을 위한 미국중독의학협회의 일반 지침

관리 수준	진단 기준
수준 0.5. 조기 개입	• SUD의 발달 위험 • SUD 진단과 확립에 대한 불충분한 정보
수준 I. 외래치료	• 주요한 금단 증상 혹은 금단 발작의 심각한 위험성이 없음 • 치료를 방해할 수 있는 급성 또는 만성 의학적 또는 정신적 문제가 없음 • 변화를 위한 개방성 • 변화를 유지할 수 있는 능력 • 환경 변화에 대한 합리적인 환경 지원
수준 II. 집중 외래치료	• 주요한 금단 증상 또는 금단 발작의 심각한 위험성이 없음 • 집중적인 관찰이 요구될 수 있는 정신증적 증상이 없고 급성 혹은 만성 의학적 문제가 없음 (그리고) • 변화를 꺼리지 않음 (그리고) • 변화를 유지하는 능력이 제한되거나 • 변화를 위한 환경적 지원이 제한되지 않음
수준 III. 의학적으로 관찰되는 집중 입원치료	• 다음 중 최소한 두 가지가 충족되어야 함 - 금단 위험 - 집중적인 관찰하에 관리될 수 있는 급성 또는 만성 의학적 또는 정신적 문제의 일정한 수준 - 변화에 대해 꺼리는 것 - 변화를 유지하는 능력의 제한 - 변화에 대한 환경적 지원의 제한
수준 IV. 의학적으로 관리되는 집중 손상치료	• 주요한 금단 증상 또는 금단 발작에 대한 심각한 위험 (또는) • 치료를 방해할 수 있는 급성 또는 만성 의학적 또는 정신의학적 문제

필요성, 관찰을 필요로 하는 의학적 상태, 정신병적 상태의 공존, 변화에 대한 동기 및 치료에 대한 수용이나 저항 정도, 재발가능성, 개인이 가진 사회환경적 특성을 고려한다. 이 기준들은 다시 5개의 주요한 치료 수준과 연결된다: 조기 개입, 외래치료, 집중 외래치료/부분입원, 거주형/입원 치료, 의학적으로 관리되는 집중 입원치료. 〈표 13-5〉는 주요 기준들이 어떻게 치료 수준 결정에 적용되는지를 요약·설명하고 있다. ASAM 기준에 대한 연구들은 이러한 기준을 임상 실제에서 사용할 때 직면하게 되는 여러 장애물을 제시하였다. 예를 들어, 노숙인들의 경우에는 치료비를 지불할 수 있는 돈이나 보험이 없는 까닭에 치료시설에 대한 접근이 제한될 수 있다. 또한 이들은 프로그램을 받을 수 있는 자리가 부족하여 대기자 명단에 올라가기도 한다. 몇몇 프로그램은 실용적인 문제들(식품 구입권, 주거, 실업, 의학적 치료, 정신건강 치료, 가족치료)과 같이 노숙인들이 필요로 하는 보조적인 서비스가 부족할 수 있다(O'Toole et al., 2004). 알코올 치료를 받고자 하는 환자들 중 일부는 그들의 보험이나 의료부조(medicaid)가 입원치료만을 보장하거나, 입원치료에 대한 가족의 압력이 있거나, 또는 외부 기관(예: 근로자 지원 프로그램)에서 특정 수준의 치료를 규정하는 것과 같은 이유로 ASAM 기준에서 제안하는 것보다 더 집중적인 치료를 받게 될 수 있다. 또한 어떤 환자들은 그들의 업무 일정 또는 보다 집중적인 치료에 대한 거부로 인하여 ASAM 기준에서 제안하는 것보다 덜 집중적인 치료를 받게 될 수도 있다(Kosanke, Magura, Staines, Foote, & DeLuca, 2002). 치료의 초기 수준을 결정하는 데 고려해야 할 추가적인 사항들이 다음에 정리되어 있다.

해독의 필요성

내담자가 신체적으로 알코올에 의존하는 상태라면, 음주가 중단되거나 감소되었을 때 금단 증상을 경험하게 된다. 내담자가 신체적으로 알코올 의존상태임을 보여 주는 증후에는 매일 음주하는 것, 정기적으로나 간헐적으로 하루 종일 음주하는 것 등이 포함된다. 야간에 공포감을 느끼면서 깨어나는 것, 떨림, 메스꺼움, 또는 이러한 증상들을 첫 각성 시에 경험하는 것 또한 의존의 징후이다. 금주하거나 음주량을 크게 줄이면 떨림, 메스꺼움, 구토, 수면장해, 과민성, 불안, 그리고 맥박과 혈압, 체온의 상승과 같은 경미한 수준의 금단 증상들이 나타난다. 이러한 증상은 대부분 5~12시간 내에 시작된다. 보다 심각한 금단 증상들(예: 발작, 섬망, 또는 환각)은 대개 금주 후 24~72시간 이내에 나타난다. 내담자가 첫 임상장면에서 만나기 이전의 며칠 동안에 알코올을 섭취하지 않았다면 알코올 금단에 대한 우려는 부적절하다. 만약 내담자가 음주를 멈춘 것이 최근 3일 이내라면, 임상가는 금단의 징후에 대하여 내담자에게 직접 묻거나 관찰할 필요가 있다. 금단 증상의 임상적 평가(Clinical Institute Withdrawal Assessment: CIWA; Sullivan, Sykora, Schneiderman, Naranjo, & Sellers, 1989)는 현재의 금단 증상에 대한 객관적 측정도구를 제공한다. 내담자가 현재 음주를 지속하는 상태라면, 임상가는 음주 내력, 음주 패턴 및 이전의 금주 시도에 따른 결과들을 토대로 하여 해독이 필요한지 여부를 결정해야 한다.

내담자가 해독을 필요로 하는 경우, 다섯 가지의 대안이 사용 가능하다: 입원 또는 부분입원 의료 해독, 입원 비의료 해독, 외래 의료 또는 비의료 해독. 내담자가 알코올 금단 과정에서 방향감각 상실, 섬망, 환각, 또는 발작을 경험한 내력을 가지고 있거나, 현재 방향감각 상실, 섬망, 또는 환각의 징후를 나타낼 경우에는 의학적 도움을 받는 입원 의료 해독이 필수적으로 요구된다. 내담자가 신체적으로 알코올로부터 떨어지지 않으면 음주를 그만둘 수 없다고 스스로 믿지만 금단의 주요한 징후들은 나타나지 않고 건강도 좋으며 다른 약물 남용도 없는 상태라면 사회적 해독이 적절할 수 있다. 내담자가 어느 정도의 사회적 지지를 받고 있다면, 해독은 부분입원 또는 외래진료에 기초하여 시작될 수 있다. 이 두 가지 대안 사이의 선택은 내담자가 해독 과정에서 필요로 하는 지지의 수준과 해독 후 구조화된 프로그램의 필요 여부에 따라 결정된다. 내담자가 상당히 구조화된 프로그램을 필요로 하는 경우에는 부분입원을 통한 해독이 선호된다. 내담자가 경도나 중등도의 AUD를 가지고 있는 경우, 몇 주에 걸쳐서 점진적으로 알코올 섭취를 줄여 가는 프로그램 또한 사용될 수 있다(Cohn et al., 2010).

의학적 문제

해독을 위해 최선의 환경을 고려하는 임상가는 다른 의학적인 문제들의 존재를 함께 고려해야 한다. 신중한 접근을 위해서는 모든 내담자가 치료 시작 시에 철저한 신체검사와 혈액 및 소변 검사를 받을 필요가 있다. 임상가는 내담자와의 첫 접촉 장면에서 신체적 건강에 대한 질문들을 포함시켜야 하며, 의미 있는 수준의 신체적 불편감이 언급될 경우 내담자는 즉각적인 의학적 주의를 받아야 한다. 몇몇 내담자는 입원을 필요로 하는 의학적 문제들을 가지고 있으며, 이런 경우 입원이 치료의 시작점이 된다.

치료력

신체적인 건강 문제를 고려한 다음, 임상가는 내담자의 과거 치료력을 확인해야 한다. 고려해야 할 질문들은 다음과 같다.

1. 내담자가 이전에 외래치료를 시도했으며, 성공적으로 음주를 중단 혹은 감소시킬 수 있었는가? 그런 적이 있었다면, 외래치료에서의 다른 시도들이 권고될 수 있다.
2. 내담자가 과거에 외래치료를 중단한 적이 있는가? 그런 적이 있었고 어떤 변인도 도중에 변경되었던 징후가 없다면, 보다 집중적인 부분입원 또는 입원 프로그램이 고려될 수 있다.
3. 내담자가 부분입원 프로그램 도중에 중단했거나 반복적으로 술을 마셨던 적이 있는가? 그런 적이 있었다면, 입원치료가 권고될 수 있다.
4. 내담자가 입원 환자 프로그램 종결 후 즉각적으로 재발했는가? 그랬다면 재발은 입원 환자에서 자연적인 환경으로의 일반화 과정에서 발생한 문제들과 연관되어 있을 수 있기 때문에 부분입원 또는 외래 환자 환경이 적절할 수 있다. 대안으로, 장기간의 구조화된 환경을 제공하기 위하여 중간 거주지(halfway house)가 고려될 수 있다.

이전의 중단 시도

많은 내담자가 그들 스스로 음주를 성공적으로 줄이거나 단주했던 경험을 가지고 있다. 스스로 성공적으로 단주했던 경험이 있는 내담자들은 과거에 성공적인 변화경험이 없는 사람들에 비해 외래

치료의 성공가능성이 높다.

사회적 지지 체계

사회적 지지 체계는 초기 치료를 위한 적절한 환경을 결정하는 데 있어서 고려해야 할 중요한 변인이다. 내담자가 다른 사람으로부터 지지를 받고 있으며 그 사람이 지지와 강화를 기꺼이 제공해 줄 중요한 출처로 인식된다면, 이 내담자는 외래치료를 받을 수 있는 좋은 후보자가 된다. 내담자가 충분한 사회적 지지를 받지 못하거나 과음을 지지하는 환경에 속해 있을 경우에는 입원 또는 부분입원 치료가 권장된다. 대안으로, 중간 거주지는 현재 사회적 지지 체계가 없으며 금주기간 도중에도 이를 성공적으로 발전시켜 보지 못했던 이들에게 좋은 치료환경을 제공할 수 있다.

개인적 자원

다음으로 고려되어야 할 영역에는 내담자의 개인적인 심리적 자원들이 포함된다. 내담자가 다른 삶의 영역에서는 목표를 설정하고, 행동을 변화시키고, 과제를 완수하는 데 성공적이었는가? 그랬다면, 외래치료를 실현할 수 있는 가능성이 보다 높다. 개인 자원의 다른 측면으로는 인지적 기능이 있다. 내담자가 기억, 주의, 추상 또는 문제해결에서 유의한 인지적 결손을 나타낼 경우, 보다 높은 수준의 치료가 고려될 수 있다. 그렇지 않다면 내담자는 치료 과정에서 제시된 정보들을 유지하거나 음주를 회피하기 위한 성공적인 방법들을 만들어 내는 데 어려움을 겪을 수 있다.

다른 심리적 문제들

이 장의 앞부분에서 언급되었듯이, 음주 문제를 가진 이들은 종종 다른 중요한 심리적 문제들을 함께 가지고 있다. 임상가는 이러한 문제들을 평가할 뿐 아니라 이들의 치료에 적절한 환경에 기반하여 치료 수준을 결정해야 한다. 심각한 수준의 우울증을 앓고 있는 내담자의 경우 자살가능성을 반드시 평가하여야 하며, 적절한 예방 조치가 있어야 한다.

치료에 대한 태도

평가하기 어려운 영역이기는 하지만, 내담자가 치료받고자 하는 의지와 변화에 대한 욕구는 치료 수준을 결정하는 데 있어 중요한 요소이다. 양가성을 나타내지만 치료 참석에 대한 의지를 가진 내담자의 경우 치료에 참석하고 변화해 나가는 것에 대한 고밀도의 강화를 제공하는 보다 집중적인 프로그램에 더 잘 반응할 수 있다. 그러나 때로는 양가성이 보다 집중적인 환경에서의 치료 제공을 불가능하게 할 수 있는데, 내담자가 그러한 프로그램에 필요한 수준까지 자신의 일상을 방해받고 싶어 하지 않을 수 있기 때문이다.

실제적인 우려사항

임상가가 반드시 고려해야 할 몇 가지 실제적인 우려사항들이 있다. 특정한 치료적 접근법에서 이러한 문제들은 내담자의 '거부' 증거로 고려될 수 있으나, 저자는 이러한 실제적 문제들을 치료에 대한 실제 장애물로 간주하고 이를 극복하기 위하여 내담자와 협력한다. 실제적인 장애물들 가운데 일부는 내담자가 휴직하는 것이 가능한지, 직업적으로 위기에 처한 상황인지, 고용주가 치료를 지원할 의향이 있는지, 추가로 결근하는 것이 해고로 이어질 수 있는지와 같이 직장을 중심으로 하고 있다.

두 번째 우려사항은 내담자의 재정적 상태이다.

내담자가 (병가를 내는 것이 불가능한 경우) 잠정적으로 노동을 할 수 없는 입장에 처해 있는 동안 일을 중단하고 수입을 줄일 수 있는 여유가 있는가? 여유가 없다면, 외래치료나 일을 병행할 수 있는 부분입원 프로그램이 적절할 것이다. 또 다른 재정적 우려사항은 치료 비용에 대한 내담자의 지불능력이다.

또 다른 실제적 우려사항들은 이동 및 보육에 관한 것이다. 내담자가 외래 예약에 따라 방문할 수 있는가? 운전면허를 가지고 있거나, 그렇지 않다면 다른 가용한 이동 수단이 있는가? 입원이 필요한 경우 아이를 맡길 곳이 있는가? 그렇지 않다면 일일 치료환경이 적절할 수 있다. 임상가는 치료에 대한 다양한 실제적 장애물을 반드시 고려해야 한다.

개인적 선호

마지막으로, 치료에 대한 내담자 스스로의 선호가 반드시 주의 깊게 고려되어야 한다. 내담자가 입원 또는 거주형 치료 프로그램에 참여하기를 강하게 희망할 경우, 초기 평가에서 외래치료가 가능할 것으로 제안되었다 하더라도 이러한 요청을 주의 깊게 경청해야 한다. 유사하게, 내담자가 외래치료를 희망할 경우 임상가는 설령 보다 집중적인 치료가 바람직하다고 여겨지더라도 이를 시도해봐야 할 것이다.

일반적인 고려사항

일반적으로, 초기 치료환경의 선택은 임시적 결정으로 여겨져야 한다. 종종 초기 계약은 내담자가 선호하는 환경을 포함하여 수립되지만, 다른 수준의 치료가 요구하는 상황이 함께 명시될 수 있다. 예를 들어, 임상가는 내담자가 외래환경에서 단주하는 것이 극도로 어려울 것이라고 생각하지만 내담자가 이를 희망하는 경우, 초기 계약에 음주의 감소 또는 단주를 위한 계획 및 이를 보조하기 위한 기술들의 학습과 시간 제한을 포함할 수 있다. 내담자가 지정된 기간 내에 성공하지 못할 경우, 계약은 재검토되고 대안적인 환경이 고려될 수 있다. 따라서 초기 환경 결정이 중요하기는 하지만 다른 치료환경들을 지속적으로 고려하고 논의하는 것이 치료 과정에서의 중요한 초기 단계이다.

치료방법의 선택

내담자가 입원, 거주형, 또는 집중 외래치료를 받는 경우, 여러 치료방법이 혼합되어 치료에 포함된다. 여섯 가지의 주요한 치료방법이 알코올 치료에 활용될 수 있다: 자조집단, 개인치료, 집단치료, 부부치료, 가족치료, 그리고 집중치료 프로그램. 외래환경에서 임상가는 이러한 치료방법들 중에서 좀 더 융통성을 가지고 선택할 수 있다.

자조집단

가장 일반적으로 활용되는 자조집단은 AA이다. 미국의 50개 주뿐만 아니라 전 세계 150개가 넘는 국가에서 AA가 널리 활용되고 있다. 알코올 중독은 억제될 수는 있으나 치료되기 어려운 신체적·정서적·영성적 질병이라는 관점에서 볼 때, AA는 회복에 대한 구체적인 접근방법을 제공한다. 회복은 AA의 12단계를 수행하면서 단주하는 평생에 걸친 과정이다(AA에 대한 자세한 설명은 McCrady, Horvath, & Delaney, 2003 참조). AA의 회원으로 참가하기 위한 유일한 요건은 음주를 중단하고자 하는 열망이며, 회원이 되었다고 해서 회비를 지불하거나 조직에 가입할 필요는 없다. AA에 참여하는 이들은 일반적으로 다른 모임들에 참여하게 되는데, 여기에는 그들의 회복을 돕는 AA 협심자들과 관계를 맺는 것, 모임 전에 커피 만들기부터 한 AA 집단의 구성원들이 다른 집단에 가서 '헌신(commitments)'을 하는 것에 이르는 AA 관련 기타 활동들에 참여하는 것 등이 포함된다. 보다 적극적인 활동 참여는 보다 성공적인 변화와 관련되어 있다(McCrady & Tonigan, 출판 중 참조).

연구 결과에 따르면, AA에 가입할 가능성이 높은 이들은 문제에 대한 대처방법으로 사회적 지지를 사용했던 경험이 있으며, 음주에 대해 통제감을 상실한 적이 있고, AA에 가입하지 않은 이들에 비해 한 번 술을 마실 때 더 많이 마셨으며, 자신의 음주에 대해 불안감을 경험했던 적이 있고, 알코올이 그들의 정신기능을 향상시킨다고 믿었으며, 보다 종교적이거나 영성적인 것으로 나타났다(McCrady & Tonigan, 출판 중). AA(12단계 촉진) 참여를 용이하게 하는 외래치료는 통제된 임상실험에서 다른 형태의 외래치료들만큼 효과적인 것으로 확인되었고, 몇몇 근거는 12단계 촉진을 받는 내담자들이 보다 행동 지향적인 치료를 받는 내담자들보다 절대 금주를 유지할 가능성이 높음을 제안한 바 있다(Project MATCH Research Group, 1997a). 12단계 촉진치료는 특히 과음 상황에서 그들을 지지해 주는 사회적 체계를 가진 개인들에게 성공적인 것으로 보인다(Longabaugh et al., 1998).

최근에는 대안적인 몇몇 자조집단이 발전하였다. 자기관리 및 회복 훈련(Self-Management and Recovery Training: SMART)은 주로 인지-행동주의적 원리들에 기반을 둔 자조 접근법이다. SMART는 비합리적 신념들, 자기인식과 기대를 성공적인 변화의 핵심으로 강조하며, 회복을 위한 몇몇 단계를 제공한다. SMART는 금주를 바람직한 음주목표로서 제안하지만, 개인의 선택을 강조한다. 깨어 있는 정신을 위한 비종교적 기구/스스로를 구원하라(Secula Organizations for Sobriety/Save Ourselves: SOS)는 주로 AA의 영성적인 측면에 대응하고자 발전되었으며, 변화 과정의 일부로 위대한 힘(Higher Power)을 내세우지 않는다. 여성금주조직(Women for Sobriety)은 여성을 위한 자조 접근법으로서 변화과정의 일부로 자기주장, 자신감, 자율성과 같은 여성 문제들을 강조한다. 절제관리(Moderation Management, 2006)는 적정한 음주 결과들을 성취하기 위한 행동원칙들을 바탕으로 하고 있다. 이러한 대안적인 접근법들은 모두 AA에 비해서 행동주의적 접근법들과 보다 잘 호환되지만, 내담자들에게 널리 활용되고 있지는 않다.

개인치료

개인치료는 주로 외래 환자들을 대상으로 제공된다. 개인치료와 집단치료 간의 선택을 안내하는 자료는 매우 부족하다. 알코올 중독을 가진 여성들에 대한 여러 문헌에서 여성들이 집단치료보다는 개인치료에 더 잘 반응한다고 제안하나, 그에 대한 경험적 근거는 부족한 실정이다. 알코올 중독을 가진 노인들을 대상으로 한 치료에서도 유사한 주장이 적용되나, 마찬가지로 경험적 근거가 부족하다.

집단치료

알코올 영역에서는 집단치료가 개인치료보다 좋다는 강한 신념이 존재한다(그러나 여성과 노인들에 대해서는 앞에 언급된 내용 참조). 집단치료는 보다 경제적으로 제공할 수 있으며, 집단 구성원들

간의 상호작용을 통해 모델링, 피드백, 그리고 행동적 시연의 기회를 개인치료에서보다 더 많이 제공할 수 있다. 집단치료를 위한 행동주의적 모델(Monti, Kadden, Rohsenow, Cooney, & Abrams, 2002; Sobell & Sobell, 2011)은 잘 정리되어 있는 편이다. 집단환경에서 기능할 수 있으며 다른 심리적 문제로 인해 집중적이며 개인적인 주의가 필요한 내담자를 제외하고는 집단치료에 할당될 수 있다.

부부치료

알코올 중독 치료에 배우자/파트너를 참여시킬 경우 긍정적 치료 결과의 가능성이 높아진다는 사실이 여러 연구를 통해 제안된 바 있다(McCrady, Epstein, Cook, Jensen, & Hilderbrand, 2009; McCrady, Owens, & Brovko, 2013). 경험적 근거들에도 불구하고 전통적인 알코올 중독 상담가들은 부부치료보다는 개인 또는 집단 치료를 선호하며, 관계의 변화 이전에 개인적인 변화에 초점을 맞추는 것이 중요하다고 강조한다. 개인치료 및 관계치료를 통합시킨 치료 모델을 활용하는 방법이 존재한다(McCrady & Epstein, 2009). 부부치료는 파트너가 치료에 참여할 의향이 있으며, 치료의 초기 단계부터 지지적인 태도로 기능할 수 있는 안정적 관계를 가진 내담자들에게 가장 적합한 치료방법이다. 심각한 가정 폭력을 경험한 적이 있거나 둘 중 한 명이 관계에 대한 헌신이 매우 모호한 경우에는 부부치료가 덜 적합하다.

음주자가 도움을 받고 싶어 하지 않는 경우, AUD 환자의 파트너에게 치료를 제공하기 위한 기술들도 개발되어 있다. 개인적인 의사결정, 의사소통, 음주에 대한 한계 설정을 강조하는 행동주의 집단들은 개인으로 하여금 치료를 받거나 음주를 줄이도록 동기화하는 데 효과적이다(Miller et al., 1999; Sisson & Azrin, 1986; Smith & Meyers, 2004; Thomas, Santa, Bronson, & Oyserman, 1987). Al-Anon은 알코올 중독에 영향을 받는 배우자나 다른 가족 구성원들에게 제공하는 자조 접근법이다.

가족치료

가족치료 영역에서 알코올 중독에 대한 높은 관심에도 불구하고 AUD 환자의 모든 가족이 함께 참여하는 모델은 거의 없다. 자조 영역에서는 가족 구성원들의 알코올 중독에 영향받는 청소년들을 위한 Alateen이 있는데, Alatot의 경우 보다 어린 가족 구성원들을 대상으로 하고 있다.

집중치료 프로그램

기술적으로 본다면 치료방법이라기보다는 하나의 치료환경이라고 해야 하지만, 집중치료 프로그램은 알코올 치료에서 하나의 치료방법으로 간주될 수 있을 만큼의 구체적이고 분명한 역할을 가지고 있다. '미네소타 모델(Minnesota model)'(Slaymaker & Sheehan, 2013)은 집단치료, 교육, 자조집단 참여 및 일부 개인상담을 포함하는 집중치료 접근법이다. 미네소타 모델에 기반한 프로그램들은 부정(denial)에 대한 직면, 알코올에 무력한 알코올 중독자라는 것에 대한 수용, 서로를 돌보는 상호 의존적인 관계의 발전, AA 참여에 대한 의지를 강조한다. 시간이 지남에 따라 미네소타 모델 프로그램들에는 사회기술 및 이완 훈련을 포함하는 여러 행동주의적 전략과 기술 및 RP 기술이 통합되었다. 미네소타 모델 프로그램들은 알코올 중독 치료에 대한 가장 효과적인 접근법으로서 배포되었으나, 이러한 주장을 뒷받침하는 자료는 부족한 실정이다. 이들 프로그램에 대한 연구의 대부분은 단일한 치료 프로그램의 평가만을 포함하고 있으며, 모든 평가가 사설 치료센터에서 이루어졌다. 평가 결과는 치료를 받는 이들에게서 상당한 수준의 금주가 나타났음을 제안하나(예: Filstead, 1991; Stinchfield & Owen, 1998 참조), 이들 연구의 참가자들은 예후가 좋지 못한 경향이 있으며, 적절한 통제가 이뤄지지 않은 상태에서는 다른 접근법들과 비교해서 이 치료법들이 가지는 상대적인 효과성을 결론 내리는 것이 불가능하다. Slaymaker와 Sheehan(2013)은 미네소타 모델 프로그램들과 유사한 질병 모델에 기반을 둔 집중치료들에 대한 보다 최근의 실험적 및 준실험적 연구들을 개관하여, 이 연구들이 치료 모델의 효능을 지지한다는 결론을 내렸다. 이들의 폭넓은 가시성은 많은 알코올중독 환자와 그 가족이 이 프로그램들을 선택할 수 있게끔 하였다.

변화를 위한 동기의 강화 및 유지

치료 수준에 대한 결정이 내려지고 내담자가 치료를 받기 시작하면, 임상가는 치료 참여와 변화에 대한 내담자의 동기에 꾸준히 집중해야 한다. 동기를 강화하기 위한 기술에는 피드백, 동기강화 상담 기술들의 사용, 상호 목표 설정 및 의사결정, 치료 계약 및 희망의 고취 등이 포함된다. 세 가지 임상 사례는 이러한 기술 가운데 일부를 보여 주고 있다.

(이 장의 앞부분에서 소개되었던) 빌은 매우 잠정적인 상태로 치료를 시작하였다. 그는 음주에 대한 표준화된 평가를 받고자 했으며, 이에 따라 1개월 TLFB(Sobell & Sobell, 1995), DrInC(Miller et al., 1995), 그리고 의사결정 균형 기록지(Marlatt & Gordon, 1985; [그림 13-2] 참조)에 응답하였다. 이 정보를 바탕으로 필자는 그에게 음주에 대한 표준화된 피드백 기록지([그림 13-5] 참조)를 제공하였다. 이 기록지에는 그의 음주가 국가 규준(Epstein & McCrady, 2009)과 비교했을 때 어느 정도인지를 비롯하여 그의 최고 BAL, 평상시의 BAL, 그리고 음주로 인한 부정적인 결과들에 대한 정보가 포함되어 있었다. 빌은 피드백에서 흥미로운 점을 발견하고 알코올 대사, 역학 조사, 그리고 알코올 및 건강 영향에 대해 질문하였다. 그의 아내인 다이애나는 이 대화에 대해 다소 참을성 없는 모습을 보였지만, 필자는 알코올과 그 효과들에 대해 더 많이 배우고자 하는 빌의 관심이 긍정적인 신호라고 생각하였다.

음주목표에 대해 함께 논의한 후 필자는 남성을 위한 절제관리(2006)의 음주지침, 즉 한 주에 14잔 이상 마시지 않는 것, 한 주에 4일 이상 마시지 않는 것, 한 번에 4잔 이상 마시지 않는 것을 제안하였다. 빌은 매일 술을 마시는 것은 계속하고 싶지만, 하루에 3잔 이상은 마시지 않겠다는 의사를 표명하였다. 다이애나는 이에 기뻐하면서, 그가 이 제한을 지킨다면 그녀는 '황홀할 것'이라고 말하였다. 그가 선택한 목표는 내가 원했던 수준에 미치지는 못했지만, 나는 그가 치료에 더 참여하도록 만들기 위해 거기에 동의하였다. 그런 다음 나는 그에게 첫 '숙제'로서 음주에 관한 자기기록을 시작하도록 지시하였다([그림 13-3] 참조). 숙제의 할당은 동기의 수준을 확인하는 유용한 행동적 관찰자 역할을 하며, 필자는 다음 회기에 빌이 완성된 자기기록 카드를 가지고 돌아왔을 때 기쁨을 느꼈다.

수잔은 치료 연구 프로젝트의 일환으로 필자가 외래치료에서 치료했던 39세의 컴퓨터 프로그

알코올 중독자에게

1. 평가 과정에서 얻은 정보를 바탕으로 지난달 동안에 소비한 '표준 음주량'을 계산했습니다.

주당 표준 음주의 총 횟수 ____________________ 1일 평균 음주량 ____________________

2. 미국 내 모든 사람의 음주 추세를 볼 때, 당신은 미국 여성/남성 인구 대비 약 _______% 이상의 음주를 하고 있습니다.

3. 지난달에 가장 높았던 혈중 알코올 농도(BAL)와 평균 수준을 계산했습니다. 당신의 알코올 농도는 남자이든 여자이든 간에, 그리고 체중이 얼마든지 간에 당신이 소비하는 표준 음주의 횟수, 당신이 취하지 않을 정도로 마신 기간의 길이로 환산합니다. 그래서,

평균 주간 혈중 알코올 농도의 추정치는 ____________________입니다.
주당 평균 예상 혈중 알코올 농도의 추정치는 ____________________입니다.

이 항목은 당신이 보편적으로 얼마나 중독된 상태인지를 측정한 것입니다. 뉴저지에서는 법적 중독 한계가 80mg% 이상입니다.

4. 당신은 음주로 인해 많은 부정적인 결과를 경험했습니다. 다음은 가장 중요한 몇 가지 예입니다.

____________________ ____________________
____________________ ____________________
____________________ ____________________

배우자에게

____________________ ____________________
____________________ ____________________
____________________ ____________________

1. 당신은 당신의 아내/남편의 음주에 대해 여러 가지 방법을 시도해 왔습니다. 가장 많이 시도한 사항은 다음과 같습니다.

____________________ ____________________
____________________ ____________________
____________________ ____________________

부부에게

1. 당신이 걱정하는 다양한 영역 내의 수많은 문제가 있습니다. 어떤 문제들은 여러분 모두를 위한 염려입니다.

____________________ ____________________
____________________ ____________________
____________________ ____________________

2. 걱정의 일부는 주로 남편에 대한 것입니다.

____________________ ____________________
____________________ ____________________

3. 걱정의 일부는 주로 아내에 대한 것입니다.

____________________ ____________________
____________________ ____________________

[그림 13-5] 음주에 대한 부부의 피드백 기록지

래머였다. 수잔은 매일 술을 마셨으며, 일반적으로 하루 3잔의 와인을 섭취하였다. 그녀는 여러 차례 단주를 시도했으나 실패했고, 음주량이 현저하게 높은 것은 아니었지만 스스로 음주를 완전히 통제하지 못한다고 느끼고 있었다. 그녀는 술을 마신 날 저녁에 자녀들에게 주의를 기울이고 가용할 수 있는 자신의 능력에 대해 우려했으며, 이러한 우려는 남편이 사업차 빈번히 출장을 가게 된 이래로 더욱 심해져 있었다. 수잔은 자발적으로 치료를 받고자 했으며, 음주를 완전히 그만두길 희망하였다. 그녀가 스스로 치료받기를 원하고 금주의 필요성에 대해 스스로 설명했음에도 불구하고, 동일한 형태의 구조화된 피드백에 대한 수잔의 반응은 빌과는 매우 달랐다. 그녀는 TLFB를 위한 정보를 제공하였고 러트거스 사용 결과 질문지(Rutgers Consequences of Use Questionnaire: RCU)를 완료했지만, 필자가 그녀에게 주당 21.5잔을 평균적으로 마시고 있다고 피드백을 주었을 때 그녀는 그 수치가 지나치게 높으며 측정도구가 정확하지 않은 것 같다고 얘기하였다. 그녀는 또한 자신이 현재 연구에 참여하고 있는 것이지 치료에 참여하고 있는 것이 아니라며, 그렇기 때문에 우리가 정확한 자료를 가지고 있는 것이 중요하다고 생각한다고 밝혔다. 필자는 그녀의 관점에 대해 논쟁하지 않았으며, 그녀가 현재 연구에 참여하고 있는 것에 동의하지만 이 연구가 그녀에게도 도움이 되길 바란다고 하였다. 그녀는 치료를 계속했으며, 몇 주가 지난 후에 스스로 다음과 같이 얘기하였다. "아시다시피 저는 제가 지금 치료받고 있다는 걸 알고 있고, 정말로 그걸 필요로 해요. 제 생각에 저는 처음에 연구에 많은 부분 집중함으로써 저의 자존심을 지키려고 했던 것 같아요."

앤은 결혼한 대학 졸업생으로 현재 칵테일바 종업원으로 근무하고 있었으며, 20개월 난 딸 브레넌의 어머니였다. 그녀의 남편인 찰리는 풀타임 근무를 하면서 기계공학 박사 과정을 밟고 있었다. 그녀는 여성 치료 연구 프로그램의 일환으로 치료를 받기 시작하였다. 그녀는 매일 술을 마셨으며, 다양한 음주 패턴을 가지고 있었다. 그녀의 남편이 학교에 있는 저녁에, 그녀는 한 병 또는 두 병의 와인을 마셨다. 남편이 집에 있는 경우 그녀의 일반적인 음주량은 저녁 식사와 함께하는 와인 1잔이었다. 그녀는 또한 근무시간이 끝나는 날 저녁이면 4~6잔의 맥주를 마셨다. 내가 그녀의 알코올 섭취 수준이 여성들 내에서 상위 99%에 해당된다는 피드백을 주었을 때 그녀의 눈은 눈물로 가득 찼으며, 눈에 띄게 심란해하는 상태로 다음과 같은 말을 반복하였다. "그게 나쁘다는 건 알고 있었어요. 그렇지만 이 정도일 줄은 몰랐어요." 치료가 진행되는 동안 앤의 음주는 거의 변화하지 않았다. 그녀는 약속을 취소하거나 변경하였고, 몇 번에 걸쳐 "만약 제가 당신을 좋아하지 않았다면, 저는 아마 모든 걸 그만둘 거예요."라고 얘기하였다. 그녀는 계속하였다.

앤: 저는 술 마시는 걸 정말로 좋아해요. 찰리가 학교에 있을 때 저는 혼자서 양고기 볶음이나 샐러드 같은 멋진 저녁 식사를 만들고 훌륭한 와인 한 병을 마셔요. 아무도 저를 방해하지 않고, 저 홀로 즐기는 거죠. 그렇지만 브레넌 때문에 이걸 멈춰야 한다는 걸 알고 있어요.

치료자: (치료 프로토콜의 일부로서 우리는 의사결정 매트릭스를 완성하였으며, 필자는 그것을 다시

보자고 제안하였다.) 앤, 의사결정 매트릭스를 다시 살펴보죠. 우리는 몇 주 전에 이걸 했어요. 지금 이걸 봤을 때 어떤 느낌이 드나요?

앤: 모든 것이 여전히 사실이에요. 이렇게 술을 마시는 상태에서 저는 좋은 어머니로 있지 못해요. 밤에는 어머니 역할을 하지 못하고, 낮에는 에너지가 없죠. 브레넌을 그냥 TV 앞에 둬 버리고, 아이는 〈도라 디 익스플로러〉를 보고 있죠. 아이가 컸을 때에 대해서 계속 생각하고 있어요. '나는 이 아이가 술 취한 엄마를 가지길 원하는 걸까?'

치료자: 그런 느낌들이 지금은 매우 강한 것처럼 보입니다. 하지만 매일 그런 느낌을 당신의 마음속에 유지하는 것이 어렵죠. 저는 당신이 이 기록지를 매일 어느 한 시점에 다시 읽어 볼 수 있을 지 궁금합니다. 이게 도움이 될까요?

앤: 그럴 것 같아요. 브레넌이 아침을 먹는 동안에 그걸 볼 수 있을 거예요. 그렇게 되면 저의 동기가 제 바로 앞에 앉아 있는 게 되겠죠. 해 볼게요.

앤은 그녀의 의사결정 매트릭스를 매일 다시 읽어 보기 시작하였다. 그 과제는 약 한 달 동안 도움이 된 것 같았으며, 그녀는 음주량을 줄이기 시작했고, 체육관에 등록했으며, 정기적으로 치료를 받으러 왔다. 그러나 이러한 변화는 오래 유지되지 못했고, 그녀는 치료에 불규칙적으로 참여했으며, 이전의 과음 패턴으로 금방 되돌아가 버렸다.

음주목표의 선택

치료계획에서 고려해야 할 마지막 주요 영역은 음주목표를 선택하는 것이다. 전통적인 알코올 중독 치료 접근법에서는 금주만을 유일하고 적절한 음주목표로 여기는데, 이는 이러한 접근법들에서 알코올 중독을 금주를 통해서만 억제될 수 있는 진행성 질환으로 간주하기 때문이다. 행동주의적 임상가들은 금주를 대신할 수 있는 대안들을 검토하고, 내담자에게 적절한 수준으로 음주하는 방법을 가르칠 수 있는 다양한 전략을 개발해 왔다. 절제(moderation) 훈련은 위험한 음주자들이나 경도의 AUD를 가진 이들을 위한 목표로서 더 잘 받아들여지는 편이지만 여전히 논란의 대상이 되고 있으며, 이러한 치료법을 제공하고자 하는 임상가들은 전통적인 주류 알코올 중독 치료 커뮤니티에서 제기되는 비판에 취약할 수 있다. 과거의 연구들은 알코올 중독의 장기적인 결과에 감소된 음주 또한 포함됨을 제안하지만(Helzer et al., 1985; Vaillant, 1983), 절제 훈련의 성공에 대한 자료는 더 혼재되어 있는 상태이다. 유럽에서 진행된 두 연구에 따르면, 내담자에게 치료목표를 선택할 수 있는 기회를 제공할 경우 치료에 대한 준수도가 높아지고 치료 결과 또한 증진될 수 있는 것으로 나타났다(Ojehegan & Berglund, 1989; Orford & Keddie, 1986). 웹 기반 개입(Hester, Delaney, Campbell, & Handmaker, 2009) 또는 여성 치료집단(Walitzer & Connors, 2007)을 활용한 절주(moderate drinking) 훈련을 평가한 최근의 두 연구에서는 모두 낮은 의존성을 가진 음주자들을 대상으로 절제 훈련의 긍정적 결과를 확인하였다(여성 치료집단을 활용한 연구에서는 30개월에 걸친 추후 평가에서도 결과가 유지되었음). 과거에 나는 우선되는 치료목표로서 금주를 지지하였으며(예: McCrady, 1992; Nathan & McCrady, 1987 참조), 여전히 중등도 또는 고도의 AUD를 가진 이들에게는 그것이 보다 우선되는 치료목표라는 관점을 유지하고 있다. 금주는 명확하게 정의되어 있으며, 미국의 통상적인 임상 실제에도 부합한다. 또한 절제된 음주라는 목표에 선뜻 동의해 버리면 "알코올은 중요하며 나의 일상기능에 필수적이다."라는 내담자의 견해가 강화될 가능성이 있다.

특정한 상황에서는 '감소된 음주'목표를 사용하는 것이 적절할 수 있다. 절제는 내담자가 치료에 참여하게끔 하기 위한 임시적인 목표로 사용되거나, (빌의 경우처럼) 내담자가 금주에는 동의하지 않지만 변화를 위해 도움을 받고자 하는 경우에 사용될 수 있다. 또한 절제된 음주목표는 알코올 의존이나 금단의 징후가 거의 없고, 적정 수준의 음주를 할 수 있었던 내력이 있으며, 지속적인 음주로 인해 악화될 수 있는 의학적이거나 심리적인 문제들이 없고, 보다 젊고, 가족 내에 알코올 중독 환자가 없는 내담자에게 보다 더 적합하다(Rosenberg, 1993). 임상가와 내담자가 절제목표를 선택하는 경우, 초기에 금주기간을 두는 것은 일반적으로 내담자가 적정한 수준의 음주를 하는 것을 보다 쉽게 만든다. 절제목표를 선택하는 경우 임상가는 과도한 음주로 인한 현재의 부정적 결과들과 잠재적인 부정적 결과들을 내담자가 인식하고 치료목표를 선택할 때 정보들을 토대로 사려 깊은 선택을 할 수 있도록 돕는 것에 신경 써야 한다. 임상가는 어떤 식의 초기 음주목표(금주 또는 절제)는 잠정적인 것이고, 치료가 진행됨에 따라 재평가되는 것으로 생각해야 한다.

금주 시작하기

금주를 목표로 하는 내담자들을 위하여 임상가들은 그들이 금주를 시작할 수 있도록 돕는 여러 대안을 가지고 있다. 절제가 목표인 내담자들의 경우, 가장 보수적인 접근법은 금주기간으로 시작한 다음 점차적으로 알코올을 다시 사용해 나가는 것이다. 앞서 언급되었듯이, 내담자가 금주에 도달하기 전까지 입원 해독, 외래 해독, '차가운 칠면조' 해독(내담자가 술을 단번에 끊는 것) 또는 몇 주간에 걸친 단계적 음주 감소 프로그램을 비롯한 몇몇 대안적인 해독전략이 활용될 수 있다. 다음에 단계적 음주 감소 프로그램의 실제 사례가 묘사되어 있다.

48세의 노숙자이자 실업자인 스티브는 헤로인, 코카인 및 알코올 의존의 오랜 내력을 가지고 있으며, 헤로인 해독 이후에 치료에 참여했으나 여전히 하루 평균 8잔의 술을 마시고 있었다(보통 양주 반 파인트에 맥주 1~2잔). 그는 건강했으며, 알코올 금단 증상의 내력이 없었다. 그는 주거지가 없고 경제적으로 빈곤한 상태라 입원 해독 시설을 이용할 수가 없었다. 초기 치료는 그가 고정적인 주거환경을 얻고 한시적 일반 부조(복지)를 받을 수 있도록 돕는 데 초점이 맞춰졌다. 이와 같은 사회적 개입 후에 치료자(실습생 중 한 명)는 그의 음주에 집중하기 시작하였다. 스티브는 단계적 음주 감소 프로그램에 대한 강한 선호를 표현하였다. 그는 지역 내 무료 클리닉의 의사에게 평가와 의학적 치료를 받았다. 우리는 명확한 기준선 설정을 위하여 그의 음주를 1주일 동안 기록하였다. 그런 다음 우리는 주당 15% 또는 8잔씩 음주를 줄여 나가는 프로그램을 설정하였다. 우리는 매주 이 목표를 달성하기 위한 구체적인 전략들을 논의했으며, 스티브는 자신의 음주를 지속적으로 관찰하였다. 알코올과 헤로인 사용의 재발로 오랫동안 사귀었던 친구와 헤어지게 되었는데, 그 친구에게 다시 연락하였다. 그녀는 그가 헤로인으로부터 벗어났다는 소식을 들었고, 그와 다시 관계를 맺는 것에 관심을 나타냈다. 그녀는 그가 술을 마신다는 것을 모르는 상태였기 때문에, 그녀의 존재는 그에게 음주 감소 프로그램을 따르는 것에 대한 강력한 유인가를 제공하였다. 프로그램은 순조롭게 진행되었으며, 그는 7주 후에 술을 끊었다.

기능분석의 실시

앞서 설명한 것처럼 내담자의 음주와 관련된 요인들에 대한 행동 평가는 구조적인 차원과 양적 차원을 모두 포괄하며, 음주 및 음주 욕구에 대한 임상적 면접, 질문지 및 자기기록이 함께 통합되어 있다. 앞에서 간략하게 설명되었던 수잔의 사례는 행동 평가 과정에서의 복잡성과 결과를 잘 보여 준다.

수잔은 유대인 대가족에서 태어났으며, 가족 중 많은 이가 그녀를 필요로 하였다. 그녀는 각각 10세, 8세, 4세인 세 딸을 두고 있다. 그녀의 음주는 치료를 시작하기 5년 전부터 증가했는데, 교통사고로 인해 이란성 쌍둥이 형제를 잃은 후부터였다. 당시 그들은 함께 Bruce Springsteen 콘서트에 갔고, 그곳에서 그녀의 남동생은 여러 잔의 술을 마셨다. 사고 후 실시된 부검에서 그는 코카인을 사용했던 것으로 확인되었는데, 수잔은 그러한 약물 사용에 대해서는 인지하지 못하고 있었다. 그녀는 쌍둥이 동생에게 운전을 허락하고, 그가 난폭한 방식으로 운전하기 시작했을 때 그만둘 것을 주장하지 않았다는 사실로 자신을 비난하였다. 그녀는 사고 직후부터 술을 마시기 시작했으며, 매일 반 병의 와인을 마시는 음주 패턴이 빠르게 확립되었다.

마시는 양 자체는 많지 않았지만, 그녀는 알코올이 (특히 하루의 말미에) 남동생의 죽음에 대한 압도적인 슬픔을 피할 수 있도록 돕는다는 점에서 매우 중요하다고 보고하였다. 행동 평가의 결과는 음주 선행사건들의 보다 복잡한 양상을 드러냈다. 수잔은 DPQ에서 정서적인 선행사건을 가장 중요하게 평가했으며, 슬픔, 상처받은 느낌, 좌절감을 인정하였다. 그녀는 또한 특정한 식당, 하루의 특정한 시간대(저녁), 그리고 활동들(특히 TV를 보는 것)과 같은 특정 환경들이 음주의 촉발 요인이 됨을 보여 주었다. 다른 중요한 촉발 요인들은 수잔의 자기기록 카드에서 나타났는데, 대가족 구성원들 또는 친구들과의 상호작용 및 그녀의 아이들과 관련된 상황들이었다. 그녀의 부모님은 그녀가 아이들을 기르는 방식에 대해 매우 비판적이었다. 수잔과 그의 남편 조쉬는 보수적인 교회를 다녔고, 집에서 유대교 방식을 유지했으며, 폭력적인 비디오 게임들을 허용하지 않았고, 딸들이 예술활동(음악, 춤, 또는 그림)에 참여하기를 기대하였다. 그녀의 부모님은 증손녀들의 교육과 수잔 부부의 기준이 지나치게 엄격하고 보수적이라고 믿었으며 그에 대한 비판을 표명하였다. 다른 가족 내 스트레스 요인으로는 이혼 절차를 밟고 있는 자매 및 경제적 어려움에 처해 있는 사촌과의 상호작용이 포함되어 있었다. 이들은 정기적으로 수잔에게 연락했으며, 그녀에게 관심이나 돈을 요구하였다. 수잔의 기능분석 결과는 [그림 13-6]에 정리되어 있다.

[그림 13-6] 수잔의 기능분석

초기 단주전략

초기 단주전략들은 내담자가 금주를 유지하는 것을 돕는다. 인지-행동주의적 기술들은 개인에 따라 다양하지만, 고위험 상황을 피하거나 바꾸기 위한 자극 통제 전략들, 음주 욕구에 대처하는 기술을 개발하는 것, 음주하거나 음주하지 않는 것에 대해 다르게 생각하는 방법을 배우는 것, 고위험 상황에서의 음주에 대한 행동적 대안들을 식별하는 것, 이전까지는 알코올을 통해 얻었던 강화물을 다른 대안들을 통해 얻을 수 있도록 개발하는 것, 술을 거절하는 방법을 배우는 것 등이 포함될 수 있다.

자극 통제

자극 통제 전략들은 동일한 환경 내에서 음주와 관련된 환경적 단서들을 피하거나, 재조정하거나, 다른 반응을 보임으로써 이를 변화시키기 위한 것이다. 자극 통제 전략들은 '사람, 장소, 사물'에 맞추어야 한다는 AA의 제안과 양립할 수 있다. 수잔과 함께한 작업은 자극 통제 전략의 예시를 보여준다. 수잔의 치료 초기 단계에서 자극 통제 전략들은 주요한 기능을 수행하였다. 그녀는 기능적 분석 과정에서 밝혀진 환경에서 일어나는 여러 고위험 상황에 대처하기 위한 구체적인 전략들을 개발하였다.

그녀의 첫 번째 접근법은 가능하다면 언제든 그러한 상황들을 피하는 것이었다. 그녀는 조쉬에게 술을 판매하지 않는 식당에서만 식사할 것을 제안하였고, 아울러 술에 초점이 맞춰진 저녁 행사(예: 칵테일파티)에 대한 몇 번의 초대를 거절하도록 요청하였다. 그녀가 피할 수 없었던 하나의 상황은 자녀들이 잠자리에 들고 난 하루의 끝자락이었다. 평소 그녀는 조쉬가 딸들을 재울 준비를 돕는 동안 설거지를 마무리한 다음, 아이들에게 이야기를 들려준 뒤 와인을 들고 방에 앉아 TV를 보는 것이 일과였다. 그녀는 이러한 패턴을 멈출 필요가 있다고 판단하였으며, 잠자리 준비를 마친 후 책 한 권과 허브차를 들고 소파에 기댄다면 음주에 대한 충동을 덜 경험하리라 생각하였다. 가벼운 소설들을 몇 권 사기 위해 서점에 가기까지 3주가 소요되었지만, 일단 책을 구입하고 나자 수잔은 화가 났을 때를 제외하고는 계획을 성공적으로 수행할 수 있었다.

충동 다루기

음주를 줄이거나 금주를 시작하면, 개인은 알코올에 대한 충동이나 갈망을 경험할 수 있다. 내담자들에게 이러한 충동이 음주 상황들에 대한 학습된 반응임을 이해시키는 작업은 도움이 된다. Marlatt과 Gordon(1985)은 환자들이 충동에 대처하도록 돕기 위한 방법으로 이미지 사용을 제안하였고, 수용지향적(acceptance-oriented) 상상(예: 충동과 더불어 서핑하기)이나 행동지향적(action-oriented) 상상(예: 사무라이 칼로 충동을 공격하기)들을 묘사하였다.

수잔은 음주에 대한 충동에 몸부림쳤고, 특히 쌍둥이 동생의 죽음을 떠올리게 만드는 무언가가 있을 때 더욱 그러하였다. 치료 과정에서 우리는 동생의 죽음에 대하여 그녀가 느끼는 다양한 감정에 초점을 맞추었으며, 또한 충동들을 보다 직접적으로 다루고자 하였다. 처음에 수잔은 이미지 기법에 대해서 자신이 상상을 잘하는 사람이 아니라며 부정적인 반응을 보였다. 그녀에게는 상당히 강한 충동들에 대처하기 위한 어떤 방법이 필요했기에, 나는 그녀를 다음과 같이 조금 더 몰아붙였다.

치료자: 당신이 스스로 상상력이 풍부한 사람이라고 생각하지 않는 건 고맙지만, 아마도 제가 도움을 드릴 수 있을 것 같아요. 그저 잠시만 저를 따라서, 우리가 당신을 붙잡고 있는 상상을 끌어낼 수 있을지 한 번 살펴봐요. 어떤 상상이든 상관없어요. 산에 올랐다가 반대편으로 내려오는 장면을 떠올릴 수도 있고, 소화기를 사용해서 충동을 흩뿌리는 상상을 해 볼 수도 있겠죠.

수잔: (웃으며) 제가 상상할 수 있다는 건 저도 알아요. 선생님이 병에서 튀어나와 저를 향해 머리를 흔드는 모습을 상상할 수도 있죠.

치료자: 그래요. 제가 심술궂게 보이는 편이 좋을까요?

수잔: 아뇨. 그냥 선생님이 그렇게 있는 것만으로도 제가 상상하는 데 도움이 될 거예요.

치료자: 네. 그 정도면 괜찮아요.

수잔: 사실 저는 한 줄로 늘어선 와인 병들을 떠올릴 수 있어요. 선생님이 첫 번째 와인병에서 나온 다음, 다른 병들에 들어 있는 온갖 역겨운 것들을 보여 주는 거죠.

치료자: 어떤 것들이 역겨울까요? 진드기?

수잔: 진드기가 좋겠네요. 바퀴벌레도 좋을 것 같아요.

치료자: 한번 해 봅시다.

이 시점에서 나는 그녀에게 상상된 충동 상황에서 이미지를 사용하는 것을 연습하도록 하였다. 놀랍게도 그녀는 이미지를 자주 사용하였으며, 이러한 방법이 도움이 됨을 알게 되었다.

충동에 대처하는 두 번째 기술은 가족 구성원이나 친구들에게 도움을 받는 것이다. AA에 참여하는 사람들은 술에 대한 충동을 느낄 때 AA 프로그램에 있는 누군가에게 전화를 걸라는 이야기를 들으며, 보통 몇몇 회원의 전화번호를 받는다. AA에 참석하지 않는 내담자들은 다른 지지 자원을 찾아볼 수 있다. 예를 들어, 수잔은 술을 마시고픈 충동이 들 때면 남편에게 도와줄 것을 요청하였다. 그녀는 조쉬에게 자신이 술을 끊은 이유를 상기시키고, "물론 그건 네가 결정해야 해."라고 말해 달라고 부탁하였다.

알코올에 대한 인지왜곡 다루기

과음을 하는 사람들은 보다 가벼운 음주를 하는 사람들에 비해 알코올의 효과에 대해 강하고 긍정적인 기대가 있다(Pabst, Baumeister, & Kraus, 2010). 내담자들은 음주가 사회적인 상호작용을 촉진하고, 성적 반응성을 향상시키며, 고통스러운 사건이나 감정을 잊게 해 주고, 자신을 더 능력 있게 만들어 준다고 믿을 수 있다. 이러한 신념들은 종종 깊게 자리 잡고 있으며 무너뜨리기 어려운데, 내담자가 음주를 지속하고 있다면 특히 그러하다. 몇 가지 인지전략이 도움이 될 수 있다. 첫째, 금주기간을 통해 내담자는 알코올 없이 많은 상황을 경험할 수 있는데, 이는 종종 재평가로 이어지며 치료자로부터의 투입은 거의 없다. 어느 순간에 많은 내담자는 취중 대화의 어리석음, 높은 혈중 알코올 농도와 그에 동반하는 좋지 못한 외모나 행동, 냄새, 그리고 음주상태에서 형성된 관계의 피상성에 깊은 인상을 받는다. 지혜로운 치료자는 이러한 관찰을 주의 깊게 살펴보고, 그 중요성과 자기관련성(self-relevance)을 강조한다. 내담자가 이와 같은 경험을 자발적으로 하지 않는다면, 치료자는 영화나 비디오테이프, 또는 (내담자의 금주를 알고 지지하는 사람과 함께) 인근 주점에 방문하는 등 내담자가 술에 취한 상태에서의 행동을 관찰할 수 있는 비교적 안전한 방법을 개발함으로써 취중 행동거지에 대한 새로운 관점을 촉진한다.

자기-변화 문헌(Ludwig, 1985)에서 보고된 두 번째 전략은 과거에 예상했던 음주의 긍정적 이점에 대한 생각이 유지될 수 있으나 명백한 부정적인 결과를 생각하는 것으로 생각을 바꿀 수 있는 능력이다. 치료자와 내담자는 음주로 인한 부정적인 결과들의 목록을 함께 작성하고, 내담자가 긍정적인 생각들과 부정적인 생각 목록을 짝지을 수 있도록 회기 내에서 이미지 시연(imaginal rehearsal)을 활용할 수 있다. 자연적인 환경 내에서의 지속적 시연이 중요하다. 셋째, 일부 내담자는 그들을 음주로 이끄는 음주에 대한 잘못된 신념을 발전시킨다. 이러한 신념의 일반적인 사례로는 "나는 잘해 왔어. 오늘밤은 그냥 마셔도 돼." "딱 한 잔만 마셔야지." 등이 있다. 몇몇은 적당한 수준의 음주가 가능하겠으나 다른 내담자들은 통제력을 상실할 때까지 음주를 계속한 내력이 있는데, 이는 통제에 대한 신념에 직접적으로 반하는 것으로 이들은 그러한 신념에 대항하는 방법을 배울 필요가 있다.

스티브와 함께한 작업은 음주에 대한 긍정적 기대들을 다루기 위한 인지전략들의 간단한 예시를 보여 준다. 스티브는 통제 상실의 음주 삽화에 대한 오랜 내력을 가지고 있었다. 한동안 금주하다가도 '맥주 한 잔은 마실 수 있지. 그 정도는 괜찮을 거야.'라고 생각하였다. 치료자는 이러한 신념이 옳은지에 대해 의문을 제기하였다. 스티브는 과거에 자신이 음주를 통제할 수 있었던 적이 전혀 없었고, 만약 여자 친구가 이러한 문제를 알았다면 매우 화가 나서 아마 자신을 떠났으리라는 것, 그리고 과음의 재발이 대개 헤로인 사용으로 이어진다는 것을 순순히 인정하였다. 스티브와 그의 치료자는 술 생각이 날 때 사용하기 위한 간단한 인지 공식을 만들었다: '1=32=10'. 이는 한 잔의 술이 1쿼트(32온스)로 이어지고, 다시 헤로인 사용(하루에 10팩)으로 연결됨을 의미한다.

대안적/방해 행동

음주는 시간을 소비하는 활동이며, 내담자들은 자신이 그간 술 마시느라 보냈던 시간을 잘 사용하는 데 도움이 될 만한 몇 가지 대안을 찾아볼 수 있을 것이다. 정신적 · 신체적으로 몰두할 수 있는 데에 시간을 사용할 수 있는 구체적인 행동적 대안들을 논의하는 것은 치료 초기에 도움이 되는 또 다른 유용한 전략이다.

스티브의 경험은, 특히 높게 동기화된 내담자들이 찾을 수 있는 대안의 좋은 예시를 제공한다. 하숙집에 방을 구하고 해독(detoxification)치료 과정을 시작한 후, 스티브는 완전히 비구조화되어 있는 자신의 하루를 채워야 하는 어려운 상황에 직면하게 되었다. 그의 시간 중 일부는 무료 급식소를 오가거나 옷 나눔과 같은 자선 프로그램에 참여하기 위한 적절한 자격 증명서를 얻고자 무료 클리닉에서 대기하는 등 가난한 상태에서의 시간 소모적인 일에 사용되었다. 그러나 이러한 필수적인 활동들에도 불구하고, 스티브는 몇 시간이나 되는 자유시간이 있었다. 스티브는 자신만의 활동들을 만들어 냄으로써 이를 다루기 시작하였다. 그는 도서관 이용 카드를 만들었고, 도서관에 머무르는 시간을 일정에 추가하였다. 무작위나 재미 위주로 책을 고르는 대신, 그는 자신에게 중세 기독교에 대한 관심을 불러일으킨 십자군에 대한 책들을 읽기로 결심하였다. 천주교 냉담자였던 그는 다시 미사에 나가기로 결심하고 매일 참석하기 시작하였다. 그는 매일 미사에 참석하면서 성경공부 모임에도 들어갔으며, 사려 깊고 열성적인 참가자가 되었다. 이후 창의적인 사람인 스티브는 종교적인 주제를 바탕으로 단편 소설을 쓰기 시작하였다.

강화물을 얻는 대안적 방법 탐색

알코올 및 약물 사용의 강력한 측면 중 하나는 이러한 물질들이 가진 정신활동적인 특성이다. 그 효과가 장시간 지속되지는 않으나, 단기적으로 봤을 때 많은 양의 알코올은 부적정서를 효과적으로 완화하며, 강박적 사고를 감소시키고, 근육의 긴장을 풀어 준다. 또한 알코올성 음료들은 다른 음료로 대체하기 어려운 독특하고 매력적인 맛을 가지고 있다. 기능적 분석의 중요한 측면은 음주의 긍정적 결과에 대한 내담자의 인식을 명확히 하는 것이다. 임상가는 몇 가지 방법을 통해 이러한 지각된 강화물들이 가지는 힘을 다룰 수 있다: 내담자가 동일한 유형의 긍정적 경험을 할 수 있는 대체 수단을 개발하도록 돕는 것, 매력적인 결과를 얻게 되리라는 내담자의 신념에 도전하는 것(예: 내담자가 보드카를 마신 후 실제로 더 사회적으로 적응적이고 적극적이게 되는지 질문하는 등), 내담자가 이러한 강화물들의 중요성을 재평가하도록 돕는 것, 내담자가 장기적인 관점에서 보다 가치 있게 평가될 수 있는 다른 종류의 강화물을 찾도록 돕는 것(예: 쾌락주의보다 영성에 높은 가치를 두는 등) 등.

음주 거절 기술

몇몇 음주가는 대인관계적인 측면에서 금주에 어려움을 겪는다. 이들에게 있어서 대인관계 상황을 음주의 큰 위험 요소로 보는 것, 효과적인 반응들을 개발하는 것, 그리고 이러한 반응들에 대하여 시연을 해 보는 것은 모두 치료를 구성하는 중요한 요소가 된다. 초기 연구(Chaney, O'Leary, & Marlatt, 1978)에서는 신속한 반응을 보이는 것이 성공적인 변화와 밀접한 관련을 지닌다고 제안한 바 있다. 보다 최근의 연구에서는 음주에 대한 거절 훈련이 치료 예후에 독특하고 긍정적으로 기여한다는 사실을 확인하였다(Witkiewitz, Donovan, & Hartzler, 2012). 효과적인 음주 거절법에 관해 제안된 요소들은 알코올성 음료를 원치 않는다고 명확하게 표현하고, 대안이 되는 음료를 요청하며, (음주) 요청에 대하여 편안하고 자신감 있는 태도로 상호작용하는 것, 그리고 사회적 압력에 직면하여 끈질기게 버티는 것을 포함한다(Foy, Miller, Eisler, & O'Toole, 1976). 아울러 과도한 사회적 압력을 받는 내담자의 경우에는 이와 같은 사회적 상황이나 사람들을 아예 피하는 것에 대하여 고려해 보라는 조언을 듣게 될 수 있다.

음주 거절에 대한 지침이 간단해 보이기는 하나, 내담자의 신념과 기대는 음주 거절 과정을 종종 어렵게 만든다. 일반적인 인지로는 "모두가 나를 알코올 중독자로 보게 될 거야." "내가 술을 마시지 않으면 주최자의 기분이 상할 거야." 또는 "술을 마시지 않으면 사람들은 내가 자신들에게 지나치게 잘하려 한다고 여길 거야." 등이 포함된다. 다른 왜곡된 신념들과 마찬가지로, 임상가는 대부분의 사람이 실제로는 다른 사람의 음주에 관심이 없고, 주최자가 정말로 우려하는 것은 손님들이 즐기고 있는지 여부라는 등 음주 거절 상황들에 대해 생각해 볼 수 있는 대안적인 프레임워크를 제공할 수 있다. 또한 많은 내담자는 술을 마시지 않는 것에 대해 양면성을 경험하고 있으며, 음주 거절 과정의 가장 어려운 부분은 대인관계가 아닌 자기 내면에 있음을 깨닫게 된다. 음주 거절의 또 다른 복잡한 측면은 내담자가 말하려는 개인적인 정보가 얼마나 되느냐이다. 사람들은 대체로 관계 친밀도, 상대방의 행동이나 태도에 대한 지식에 따라 저마다 다른 수준의 개인적 정보들을 공유한다. 우리는 내담자가 자신의 음주 문제를 밝히길 원치 않는 사람들에게 간단히 "아니요, 저는 괜찮습니다."라고 말하고, 압력이 있을 경우에는 "체중관리 중이라 더 이상 칼로리를 섭취할 수 없어요." "약을 먹고 있어서 술을 마시면 안 돼요." "속이 안 좋아서 안 마시는 게 좋을 것 같아요."와 같이 구체적인 정보를 노출하지 않고 압력을 완화할 수 있는 단순한 반응들을 사용하게끔 권장한다. 이와 같은 대답들 중 무엇도 미래의 음주 요청으로부터 내담자를 보호하지는 못하지만, 적어도 그 순간에는 유용할 수 있다. 가까운 관계의 경우, 내담자는 언제, 어디서, 어떻게, 얼마나 드러낼 것인지에 대해 결정을 내리게 된다. 2개의 임상적 예시가 이를 보여 준다.

스티브는 하숙집에 거주하였고, 집 앞에서 음주를 즐기는 다정하고 사교적인 이웃들이 있었다. 그 이웃들은 포르투갈 아조레스 출신으로 영어를 거의 쓰지 않았다. 어느 날 이들에게 맥주를 받아 마신 뒤, 그는 치료자에게 자신이 '포르투갈어를 하지 못했기 때문에' 술을 거절할 수 없었다고 주장하였다. 이에 치료자는 아마도 'No'라는 말과 함께 미소를 짓고 손짓 표현을 한다면 포르투갈 사람들도 이해할 수 있을 것임을 제안하였다. 스티브는 음주를 거절하는 것에 대한 어려움이 술을 마시고 싶다는 자신의 욕망에서 비롯된 것이며, 친절하게 'No'라고 말한다면 분명히 통할 것이라고 인정하였다.

수잔은 자신에게 음주 문제가 있고, 금주하고 있다는 것을 누구에게도 알리고 싶지 않았다. 이러한 태도는 다가올 칵테일파티에서 어려움을 야기하였다. 전략적으로 수잔은 그날 저녁에 탄산수를 마시기로 하고, 언제나 탄산수 잔을 들고 다님으로써 음주 권유를 미연에 방지하기로 하였다. 만약 음주 제안을 받으면 그녀는 자신에게 음주로 인해 악화될 수 있는 건강상의 문제가 생겼다고 말하기로 결심했으며, 이에 탄산수를 계속 고수하였다. 그녀는 친구 중 한 명(사회복지사)이 그녀의 알코올 문제를 짐작하지 않을까 우려하였으나, 저녁 모임은 무사히 진행되었다.

대처전략

내담자들은 음주와 직접 연관된 것 이외에도 여러 문제에 직면한다. 음주 문제가 없는 내담자들처럼 이들도 역기능적 사고, 부적정서, 그리고 대인관계 갈등으로 인한 일반적인 삶의 역경들을 마주한다. 내담자가 금주나 적절한 수준의 음주를 유지하는 보다 큰 능력을 개발해 나감에 따라 임상가는 내담자가 마주한 다른 문제들에도 보다 많은 관심을 기울일 수 있다. 역기능적 사고들이나 사회적 기술 부족에 대처하는 임상기법들은 음주 문제를 가진 내담자들에게 쉽게 사용될 수 있다.

부적정서 다루기

알코올 남용이나 의존을 보이는 사람들이 부적

정서를 경험하는 원인은 다양하다. 이 장의 앞부분에서 언급했다시피, 이들은 다른 정신질환과의 동반이환율이 높은 수준이다(예: 정서 및 불안 장애가 상당히 흔함). 성적 · 신체적 학대를 경험한 비율 또한 알코올 사용장애군에서 높으며, 이러한 문제의 후유증으로는 종종 강한 부적정서 요소들이 포함된다. 또한 부적정서에 대처하고자 장기간에 걸쳐 알코올을 사용해 온 사람들은 우리 삶의 일부인 고통에 대처하기 위한 경험과 기술들이 제한적일 수 있다.

부적정서에 초점을 맞추려면 그 원인에 대한 신중한 평가가 필수적이다. 다른 장애와 관련된 강렬한 부적정서는 해당 장애의 적절한 접근법에 맞추어 다뤄져야 한다. 장애에 기인한 것으로만 볼 수 없는 부적정서를 다루는 일은 또 다른 도전이 된다. 행동주의적 기분관리 프로그램들(예: Monti et al., 1990)이 개발되어 왔으나, 이에 대한 설명은 이 장의 범위를 벗어난다. 그러나 어떤 공통된 원칙들은 가치가 있다. 내담자들이 처음으로 음주를 줄이거나 멈추려 할 때, 이들은 모든 감정을 낯설고 강렬하게 경험할 수 있다. 인지재구성은 내담자들이 이러한 강렬한 감정들을 변화 과정에서의 자연스러운 부분으로 바라보도록 돕는 데 유용할 수 있다. 부적정서가 심한 시기에 음주를 피하는 것은 절제를 목표하는 내담자들에게 대안적인 대처전략을 배울 기회를 제공한다. 대처전략들은 부적정서의 유형에 따라 다양할 수 있으며, 휴식하기, 기도나 명상하기, 우울감을 줄이기 위해 즐거운 사건 경험을 늘리기, 분노 감정에 대처하기 위해 분노관리법과 자기주장 기술을 사용하기 등을 포함할 수 있다.

수잔과의 작업은 이러한 원칙 중 몇 가지를 보여 준다. 수잔에게 가장 어려웠던 것은 쌍둥이 남동생의 죽음을 상기시키는 모든 상황이었다. 그들의 생일, 남동생의 기일, 어버이날, 명절 축하행사, 그리고 남동생이 있었다면 중요한 역할을 했을, 그녀의 자녀를 위한 특별한 행사[예: 바트 미츠바(유대교 성인식)] 등이 강렬하고 부정적인 감정과 강한 음주 욕구를 유발하였다. 수잔이 남동생의 죽음 직후부터 술을 과도하게 마시기 시작했음을 볼 때, 그녀는 슬픔을 경험하거나 심지어 남동생의 죽음과 남동생에 대한 자신의 감정에 대해 논의하는 데에는 거의 시간을 쓰지 않았다. 치료에서 내가 사용한 초기 접근법은 치료시간에 남동생에 대해 간단히 대화를 나눔으로써 그녀가 이러한 부정적인 느낌들에 노출되는 기회를 제공하는 것이었다. 두 번째 접근법은 그녀로 하여금 동생을 떠올리게 하는 사건들에 접근하는 방법을 논의하고 식별하는 것이었다. 나는 6개월간 그녀를 만났으며, 이 기간 동안 여러 사건이 자연스럽게 일어났다. 예를 들어, 그의 기일을 맞이하기 한 주 전에 우리는 그의 죽음과 기억들에 집중할 수 있는 방법들에 대해 토론하였다. 수잔은 그녀의 자녀 중 하나를 동생의 묘지로 데려가 함께 묘지를 청소하고 꽃을 심었다. 그리고 동생의 기일이던 토요일에, 그녀는 가족과 함께 사원을 방문하여 남동생이 가장 좋아했던 저녁 식사 메뉴를 요리하였다. 그날은 슬픔이 가득했고 수잔은 몇 차례 울음을 터뜨렸으나, 이날은 그녀가 술에 취해 동생의 기억을 더럽히는 대신에 그를 기렸다고 스스로 느낀 첫 번째 기일이었다. 우리는 또한 인지재구성 기법을 활용하여 남동생의 죽음에 대해 그녀가 반복하고 있는 자기비난적 사고에 대해 다루었다. 그녀는 남동생의 죽음에 대해 스스로를 비난하지 않는 것이 어려우며, 몇몇 인지

전략이 이러한 자기비난에 큰 영향을 준다는 것을 알았다. 수잔은 마침내 이렇게 생각할 수 있게 되었다. '나는 이런 비난들로 나 자신을 영원히 고문할 순 없어. 내가 이걸 극복하지 못하면 좋은 어머니가 될 수 없을 거야. 내가 자식들을 실망시킨다면 내 동생도 나에게 실망하겠지.'

생활방식의 균형과 즐거운 활동

Marlatt과 Donovan(2005)은 긍정적 경험들을 증진하고, 책임과 즐거움 사이의 균형을 맞추게끔 하는 생활방식의 변화가 장기적인 성공을 뒷받침한다고 제안한다. 비록 성공적인 자기변화 요인들에 대한 몇몇 연구에서 '대안적 의존성'(예: 일이나 운동을 강박적으로 수행하는 것)의 개발이 성공적이고 장기적인 금주와 연관됨을 확인한 바 있으나, 우리는 일반적으로 보다 균형 잡힌 접근법을 추구하며 작업한다. 변화를 시작하면서 우리의 내담자 중 일부는 자신들이 가족들과 직업, 가정에 대한 높은 책임감을 가지고 이전의 책임 부족을 만회해야 한다고 생각하게 된다. 대규모 집 단장이나 리모델링 프로젝트 착수하기, 자녀들과 함께 자유시간 보내기, 10년 묵은 지저분한 서랍과 수납장 정리하기 등이 흔히 나타난다. 책임감에 대한 이러한 열정은 내담자와 그 가족 모두에게 양날의 검이 될 수 있다. 책임감에의 끊임없는 주의는 만족스러운 동시에 피곤하고 보상받지 못하는 일일 수 있으며, 내담자들로 하여금 금주가 가지는 가치에 대해 의문을 품게 할 수 있다. 가족 구성원들은 내담자가 자기 책임을 감당하려는 모습에 감격할 수 있으나, 한편으로는 이러한 변화의 안정성을 미심쩍어하고 내담자가 결국엔 책임지기를 포기하리라는 예상에 불편해할 수도 있다. 가족은 또한 내담자의 열정을 자신의 독립적인 삶과 일정을 침해하는 것으로 경험할 수 있다. 내담자들은 이러한 반응에 대비해야 하고, 임상가는 가족의 반응을 이해할 수 있는 것으로 재구조화하는 작업을 도울 수 있다. 대부분의 내담자에게 있어 임상가가 긍정적인 변화를 위해 여가시간, 즐거운 활동들, 자기강화의 중요성을 제안하는 것이 중요하다.

수잔이 하루에 30분간 휴식을 취하고 독서나 운동을 할 수 있도록 돕는 것은 쉬운 일이 아니었다. 그녀는 자신이 딸들을 위해 헌신해야 한다고 믿었는데, 이는 자녀들이 집에 있을 때에는 거의 모든 시간을 그들과 함께해야 한다는 신념에 기인하였다. 자녀들이 학교에 가면 그녀는 청소, 요리, 잔심부름, 청구서 수납, 그 외의 집안일에 몰두하였다. 하루가 저물 무렵이면 그녀는 지치고 긴장한 상태가 되었으며, 알코올이 '안정을 취하기 위한' 좋은 수단이었다고 평가하였다. 우리는 마침내 그녀가 점심시간 전에 30분의 시간을 비우고, 그 시간에 운동용 자전거를 타거나, 일일 명상에 대한 책을 읽거나, 걷는 등의 활동을 하도록 합의하였다. 그녀는 종종 다른 책임들을 우선시하면서 이러한 노력에서 부분적인 성공만을 거두었다.

배우자/가족의 참여 및 치료의 사회적 맥락

알코올사용장애 치료에 대한 연구들은 몇몇 중요한 사회적 체계의 관여가 긍정적인 치료효과들과 관계될 수 있음을 시사한다(McCrady et al., 2013에서 검토). 때문에 임상가가 첫 번째로 생각해 보아야 할 것은 내담자의 배우자, 파트너 또는 기타 유의미한 사람들을 치료장면에 참여시키는 일이다. 중요한 사람들을 참여시키는 방법은 다양하다. 이들을 정보의 원천으로 활용하는 것, 음주나 금주에 차별적인 강화를 제공하도록 하는 것, 정서적이거나 실질적인 측면에서 지지를 제공하도록 돕는 것, 이들을 관계중심치료에 참여시키는 것, 이들에게 음주자가 없는 상태에서 치료를 제공하는 것, 이들이 새로운 사회 체계에 접근할 수 있도록 돕는 것 등이다.

정보제공

전통적으로, 알코올 중독에 빠진 이들은 자신의 음주나 그 결과를 최소화하거나 거짓말을 한다고 여겨진다. 경험연구 결과는 이러한 개인들이 술에 취하지 않은 상태라면, 그리고 진실을 말함에 따른 부정적 결과가 크지 않은 상황이라면 비교적 정확한 정보를 제공함을 시사한다(예: Sobell & Sobell, 2003). 이러한 결과들에도 불구하고 많은 임상적 고려사항은 가족 구성원들로부터 정보를 얻는 것이 치료의 평가 단계에서 유용할 수 있다고 제안한다.

외부에서 의뢰되거나 강제로 치료받는 내담자들은 자신의 음주에 대한 모든 정보를 제공하는 것을 꺼릴 수 있다. 의뢰기관으로부터의 정보수집은 내담자와 임상가 모두가 의뢰 사유를 이해하는 데 도움이 된다. 스스로 치료장면을 찾은 내담자일지라도, 기억회상의 어려움으로 인하여 내담자가 알려 주지 못하는 정보들을 중요한 주변인들이 제공할 수 있을 것이다. 또한 친밀한 주변 인물들은 대개 오랜 시간 동안 여러 환경에서 음주자를 관찰해 왔으며, 음주 선행 요인을 개념화하는 데 기인하는 중요한 관찰사항들을 지니고 있을 수 있다.

음주와 금주에 대한 반응

금주에 대해 차등적 강화를 제공하고 음주에 따른 부정적인 결과를 적용하는 관계망을 형성하는 것은 또 다른 형태의 사회체계적 개입이다. 이러한 강화물들은 친구나 가족의 긍정적인 평가나 격려와 같은 비교적 간단한 것일 수도 있고, 음주나 금주의 결과를 명시하는 세밀한 계약의 협상을 포함할 수도 있다. '지역 강화 접근법(community reinforcement approach)'(Meyers & Smith, 1995)은 내담자가 잠재적 강화물들(직업, 가족, 동호회 등)에 접촉할 수 있도록 돕고, 내담자와 파트너에게 행동적 대처기술들을 가르치며, 맨 정신을 유지하는 데 따른 강화물에 대한 임시 계약의 작성을 포함할 수 있다. 또한 내담자는 디설피람(disulfiram)이나 날트렉손(naltrexone)을 처방받을 수 있고, 주변인들이 투약 준수를 모니터링할 수 있다. 지역 강화 접근법에 대한 평가 결과, 내담자들은 금주와 직업을 유지하고, 입원이나 투약을 피하며, 안정된 주거를 유지하는 데 있어서 통제집단 피험자들보다 유의하게 더 성공적인 것으로 나타났다. 임상가는 환경적 우발 상황을 조작하는 데 초점을 맞춘 일반적인 치료법들에 더하여, 배우자나 파트너 및 다른 가족 구성원들에게 내담자가 자연적으로 발생하는 음주의 부정적인 결과들을 경험할 수 있도록 하는 방법도 가르칠 수 있다. 많은 배우자나 파트너는 직장에서 음주자를 감싸거나, 그들의 일을 대신하거나, 음주에 대해 친구나 가족들에게 거짓말을 함으로써 이러한 부정적 결과들로부터 음주자를 보호한다(예: Orford et al., 2005). 부정적인 결과들을 경험하는 것은 음주 문제의 강도와 심각성에 대한 내담자의 자각을 증진할 수 있으며, 변화에 대해 추가적인 동기를 제공할 수 있다.

음주 단서 감소시키기

중요한 타인들은 보다 많은 음주를 유발하는 행동에 관여할 수 있다. 남편이 술을 끊기를 원하는 아내는 자신의 걱정이 남편의 변화 동기를 불러일으키리라는 희망을 품고서 그의 음주로 인한 문제들에 대해 반복적으로 잔소리할 수 있다. 또한 어떤 남편은 아내가 술을 끊도록 하기 위해 알코올에 대한 접근을 제한하거나 금전적인 통제를 강화할 수 있다. 이러한 행동은 음주 문제를 가진 사람의 분노나 방어를 이끌어 내어 더 많은 음주를 유발하는 등 의도치 않게 부정적인 영향을 미칠 여지가 있다. 배우자나 파트너가 이러한 행동들을 식별하는 법을 배우고, 행동의 결과를 인식하며, 음주에 대한 우려를 논의하는 대안적인 방법들을 찾도록 돕는 것이 유용할 수 있다.

금주 지지하기

중요한 타인들은 내담자에게 다양한 종류의 지지를 제공할 수 있다. 이러한 지지에는 내담자가 행동 변화를 시도하도록 돕기, 음주에 대한 충동 논의하기, 음주위험이 높은 상황을 회피하려는 내담자의 계획 돕기, (내담자의 요청에 따라) 금주를 뒷받침하는 다른 대처기술들의 개발을 돕기 등이 포함될 수 있다.

관계 변화하기

많은 내담자의 경우 배우자나 파트너, 자녀, 부모 혹은 가까운 친구와의 상호작용이 음주를 유발하는 단서로 작용한다. 따라서 이러한 대인관계를 변화시키는 데 초점을 맞춘 치료는 중요한 타인들이 관여하는 또 다른 방법이 된다. 이러한 치료적 개입에는 커플치료나 가족치료, 부모기술 훈련 등이 포함될 수 있다. 선행연구(McCrady et al., 2009; McCrady, Stout, Noel, Abrams, & Nelson, 1991)에 따르면 알코올 결합치료(conjoint alcoholism treatment) 과정에서 커플관계를 변화시키는 데 초점을 맞추면 음주 결과의 안정성이 증가하며, 이별이 감소하고, 커플 만족도가 향상되는 결과로 이어질 수 있다.

새로운 사회 체계에 접촉하기

몇몇 내담자는 사회적 지원 체계가 없거나, 혹은 과음을 강하게 지지하는 체계를 가지고 있다. 이들의 경우 금주를 강화해 주거나 과음과 양립할 수 없는 새로운 체계에 접촉하게 하는 것이 중요하다. 자조집단들은 이러한 지지의 잠재적인 원천이 될 수 있다. 많은 종교단체가 음주에 반대하므로, 이와 같은 집단에 진지하게 참여하는 것 또한 금주를 도울 수 있다. 여러 단체 활동 역시 음주와 양립할 수 없다. 달리기, 하이킹, 자전거 동호회 등이 그 예시이다. 불행히도 술은 거의 모든 활동에 관여할 수 있으며, 치료자와 내담자는 각 집단의 규범이 음주를 포함하는지 여부를 판단하기 위하여 활동집단들을 주의 깊게 살펴볼 필요가 있다.

요약하면, 알코올 중독치료에서 사회적 맥락에 대한 결정은 복잡하다. 초기 평가에는 적어도 한 명의 중요한 타인이 동반되어야 한다. 평가 결과는 치료에 가장 많이 참여할 수 있는 사람이 누구인지, 누가 지지와 강화의 원천이 될 수 있는지 밝힐 수 있어야 한다. 쉽게 접근할 수 있는 지지 자원이 없는 내담자들의 경우에는 새로운 지지 체계가 개발될 필요가 있다.

장기적 유지

재발방지하기

Marlatt과 Gordon의 재발방지(RP) 모델(1985)과 Witkiewitz와 Marlatt의 수정된 RP 모델(2004)은 통합적인 치료 모델이다. Epstein과 McCrady(2009)의 인지행동치료(cognitive-behavioral therapy: CBT) 매뉴얼은 치료 후반부 몇 회기에서의 구체적인 RP 훈련들을 제공한다. 음주 고위험 상황 식별하기, 고위험 상황에 대처하는 대안적 전략 개발하기, 대처에 대한 자기효능감 증진하기, 알코올 사용에 대한 긍정적 기대들 다루기, 균형 잡힌 생활습관 개발하기와 같은 RP 치료 모델의 여러 요소가 이미 설명되었다. RP 모델의 추가적이고 중요한 부분은 재발가능성을 다루고, 재발과 관련된 예방 및 대응 전략들을 개발하는 것이다.

내담자들은 치료 후 다시금 알코올을 사용하는 경우가 드물지 않다고 듣고, 치료에서 이러한 가능성을 다루게 된다. 여기에서는 두 가지 기본 전략이 사용된다. 첫째, 내담자는 행동적 · 인지적 · 대인관계적 · 정서적 신호를 포함하는, 임박한 재발의 징후들을 목록화하는 데 도움을 받는다. 내담자의 배우자나 파트너가 치료의 일부로 참여한다면 이들 또한 목록화에 기여할 수 있다. 목록이 만들어진 후에는 이러한 징후가 나타났을 때 가용할 수 있는 반응들을 개발하게 된다. 가장 중요한 것은 이러한 경고 신호가 재발의 필연성에 대한 숙명론적인 인식과 무대책으로 연결되기보다는 행동으로 이어져야 한다는 것을 내담자가 인식하는 것이다. 둘째, 음주나 과음에 대한 반응을 포함한다. 임상가는 내담자가 술을 마시고 파국적 사고에 빠져들 가능성에 주의를 환기하고 대안사고들을 연습하도록 도움으로써 금주위반효과(AVE)의 가능성을 해결하고자 한다. Marlatt과 Gordon(1985) 또한 일련의 행동 단계를 제안하였다. 최초의 음주와 이어지는 음주 사이에 행동 지연(1~2시간)을 두고, 당면한 음주 상황에서 벗어나며, 그 시간 동안 음주 상황에 대한 기능분석을 수행하고, 음주로 인해 얻어질 수 있는 부정적 결과들을 검토하며, 도움을 줄 수 있는 누군가에게 연락하는 것이다. 몇몇 연구 결과는 이러한 RP 접근법의 활용을 지지하고 있다. 예를 들어, 우리는 자체 연구(McCrady, Epstein, & Hirsch, 1999)를 통해 알코올 중독 결합치료의 일부로 포함하는 것이 RP가 포함되지 않은 결합 CBT에 비하여 재발 삽화의 기간을 감소시키는 데 성공적임을 확인하였다. O'Farrell, Choquette와 Cutter(1998)는 초기 치료 후 12개월 동안 추가 치료 회기를 제공하여 RP 기술을 커플치료에 적용하였고, 이렇게 추가 치료를 받은 커플들 사이에서 음주의 빈도가 낮게 나타났음을 보고하였다.

내담자와 접촉 유지하기

제한 시간이 있는 치료는 많은 내담자에게 적절하고 효과적이며, 외래치료 과정 이후에 장기적이고 지속적인 개선을 보인다는 좋은 증거가 있다(Project MATCH Research Group, 1998). 그러나 재발은 흔히 나타난다. RP에 관해 설명한 임상전략들은 문제적 음주기간을 최소화하는 한편, 긍정적인 결과들을 최대화하기 위한 것이다. 그러나 일부 내담자의 경우는 알코올 의존증이 만성적이고 재발하는 장애로 간주되어야 한다(McLellan et al., 2000). 당뇨나 류마티스성 관절염과 같은 다른 만성적 건강 문제와 마찬가지로, 개인들을 치료하고 내보내는 급성치료 모델은 이들에게 부적합하고 비효율적일 수 있다. 이에 대한 대안전략은 장기간에 걸쳐 긴 시간적 간극을 두고 저강도의 접촉을 제공하는 것이다(McKay et al., 2011).

알코올 의존의 내력이 심하고, 다양한 치료적 사건이 발생하며, 성공적인 변화에 어려움이 있는 내담자를 대상으로 한 치료 초기 과정에서 임상가는 해당 내담자의 생각과는 달리 몇몇 형태의 접촉이 지속적이고 장기적으로 유지될 것이라는 기대치를 설정할 수 있다.

54세의 기혼 남성인 리는 알코올 의존과 광장 공포의 문제로 치료를 받게 되었다. 치료는 두 장애 모두에 초점을 두었으며, 그는 금주에 성공하여 직접 운전할 수 있는 거리를 점차 늘리는 데 성공하였다. 리의 집은 내 사무실에서 차로 한 시간 거리에 있었고, 아내가 동행하지 않아도 내 사무실로 차를 몰고 올 수 있게 되기까지 거의 12개월간 치료가 지속되었다. 연말쯤에 우리는 2~3주에 한 번씩 만남을 가졌다. 리가 1년간 금주하였고 좋은 기능을 유지하고 있다는 점에서 우리는 치료 종결을 의논하였다. 이에 대한 그의 반응은 교훈적이다.

리: 선생님, 저는 아주 아주 오랫동안 술을 마셨어요. 1년은 상대적으로 너무 짧은 시간이고요. 저는 선생님을 꾸준히 뵈어야 할 것 같아요.

치료자: 리, 걱정하시는 건 이해하지만 당신은 꽤 오랫동안 잘 지내셨어요. 찾아오는 빈도를 조금 줄이는 게 좋겠네요. 한 달에 한 번씩 만나도록 하고, 시간도 한 시간 대신 30분 정도로 짧게 하는 건 어떨까요?

리: 좋은 생각 같아요. 한번 해 보죠.

나는 리와의 상담 빈도와 시간을 줄여 나갔으며, 5년간의 치료 과정에서 마지막 3년은 1년에 두 번, 회기당 15분씩 그를 만났다. 그는 회기의 중요성에 대하여 다음과 같이 설명하였다. "저는 선생님을 만나서 제가 무엇을 해 왔는지 말씀드려야 한다는 것만 알아요. 그게 절 계속 정직하게 만들어 줘요."

복잡한 조건들을 관리하기

이 장의 앞부분에서 설명했듯이 AUD를 가진 내담자들은 다른 복잡한 조건들을 무수히 많이 나타낼 수 있다. 임상가는 이러한 내담자들의 다양한 요구에 대한 치료계획을 평가하고 개발해야 한다. 적어도 임상가는 주거, 교통, 수입, 직업/고용, 법체계, 가족, 양육, 의학적 상태, 동반이환하는 정신질환 등과 관련된 가능한 문제들을 고려해야 한다. 복잡한 내담자들을 치료하기 위해서는 지역사회 서비스 및 유관기관에 대한 지식, 그리고 다양한 기관과의 업무관계 개발이 필수적으로 요구된다. Rose, Zweben, Ockert와 Baier(2013)는 다른 보건 및 사회 체계를 아우르는 포괄적인 틀을 제공한다.

자조집단의 역할

자조집단의 유형은 이 장의 앞부분에서 설명하였다. 다양한 치료전략은 적절하다고 판단될 경우 자조집단에의 참여를 촉진할 수 있다. 임상가는 우선 내담자가 자조집단에 참여하기에 적합한 후보자인지 여부를 평가해야 한다. 사회불안이 높거나 사회공포증이 있는 내담자, 자기 문제를 혼자 해결해야 한다고 믿는 내담자, 자조집단에 부정적인 경험이 있는 내담자들은 좋지 못한 후보자일 수 있다. 반대로, 친화적인 내담자, 다른 사람으로부터 도움을 받아 문제를 해결하는 데 익숙한 내담자, 자신의 음주에 대해 유독 불안해하고 염려하는 내담자, 사회적 지지 체계가 오히려 과음이 지속되도록 이끄는 내담자, 그리고 보다 심한 알코올 의존을 보이는 내담자들은 AA의 특히 좋은 후보자이다. 자조집단의 사회적 지지 측면에는 관심이 있으나 AA의 일부 구성요소(예: 무력함이나 영성)를 명시적으로 거부하는 사람의 경우에는 대안적인 자조집단에 의뢰하는 것이 최선일 수 있다.

치료의 다른 모든 측면과 마찬가지로, 임상가는 AA나 다른 자조집단을 소개하는 데 있어서 내담자 중심 접근법을 사용해야 한다. 이러한 접근법은 내담자와 치료자 간의 대화, 내담자의 인식이나 우려에 대한 인정과 논의, 상호 합의된 계획의 개발을 제안한다. 많은 내담자가 AA에 대해 잘못된 인식을 가지고 있으며 대안적인 몇몇 조직에도 익숙하지 않기 때문에, 임상가는 이러한 조직들을 설명하고 질문에 대답할 준비를 갖추어야 한다. 아울러 각 집단의 기초적인 유인물을 사무실에 구비해 두는 것도 임상가에게 도움이 될 수 있다. 때때로 나는 주저하는 내담자들로 하여금 실제로 일어나는 일들을 직접 경험해 보게끔 하고자 몇 번의 미팅을 권유할 수 있다. 우리는 기간과 횟수가 지정된(예: 3주간 여섯 번) 미팅을 위해 매우 단기적인 합의를 하게 된다. 우리는 내담자가 집단활동을 경험한 후에도 지속적으로 부정적인 태도를 보이거나 꺼릴 경우 이 아이디어를 포기하겠다는 데 동의한다. 또한 우리는 자조집단 모임에 대한 내담자의 경험과 인식을 매 회기마다 논의한다. 나는 치료의 다른 측면에도 행동적 샘플링(behavioral sampling)을 활용한다. 내담자들은 종종 전략—그것이 완화 기술이든, AA 모임이든, 적극적 반응이든 간에—을 직접 시도해 보지 않고는 그 전략이 어떻게 작동할지 상상할 수 없다. 나는 내담자들이 새로운 전략에 개방적이기를 권장한다. AA에서 새로운 참가자는 "당신이 한 최선의 생각이 당신을 여기로 데려온 거예요."라는 말을 들을 수 있는데, 이는 그들 스스로의 대처전략이 효과적이지 않았음을 시사한다. 행동적 샘플링은 이와 같은 구조에 기초하고 있다.

치료자 변인

다른 치료들과 마찬가지로, 치료자가 가정하는 내담자와의 관계와 치료적 입장은 매우 중요하다. 공감, 적극적 경청(active listening), 희망 심어 주기(instillation of hope), 치료적 원칙과 기법의 유연한 적용, 그리고 치료자와 내담자가 상호 동의하에 결정된 목표들을 향해 함께 작업한다는 느낌 등이 핵심적이다. 연구들은 대립적인 방식이 아닌 공감적이고 동기를 고취하는 방식의 치료가 더 나은 치료성과와 연결되며, 반대로 치료자가 행하는 대립적인 방식들은 내담자로 하여금 방어적이고 수동공격적인 행동을 촉발하는 경향이 있음을 시사한다(Miller, Benefield, & Tonigan, 1993; Miller & Rollnick, 2002). 이러한 반응들은 건설적인 치료적 관계에 거의 도움이 되지 않는다.

알코올사용장애를 가진 내담자와의 작업은 종종 어려운데, 치료장면에서 내담자가 보이는 행동이나 알코올과 관련한 내담자의 내력이 모두 치료자에게는 지겹게 여겨지거나 화나는 것일 수 있기 때문이다. 내담자는 치료장면에서 자신의 음주를 최소화하거나 음주에 대해 거짓말을 할 수도 있다.

만약 배우자나 파트너가 치료에 관여한다면, 치료적 관계는 더욱 복잡해진다.

음주 문제가 있는 내담자, 내담자가 술을 덜 마시거나 그만 마시기를 바라는 배우자 또는 파트너를 함께 치료함으로써 치료자는 사실상 배우자/파트너와 동맹관계가 된다. 내담자의 파트너는 치료자의 답변을 그대로 따라 하거나, 내담자의 행동에 분노를 표현하거나, 내담자와 대결 구도를 취하거나, 혹은 내담자가 언어적으로 공격적이거나 지배적이 되는 것을 허용함으로써 자신은 순종적인 태도를 보일수도 있다. 파트너는 이러한 모든 행동을 치료자와의 동맹관계를 향상시키려는 시도로서 행할 수 있다.

특정한 치료적 태도나 행동들은 성공적인 치료를 이끄는 것처럼 보인다. 첫 번째는 내담자에게 공감적으로 다가가는 것이다. 치료자는 치료에 발을 들이는 내담자의 주관적인 경험과 개인적으로 수치스럽고 종종 사회적으로 허용되지 않는 행동들을 시인하는 것에 대한 어려움을 이해해야 한다. 또한 치료자는 장기적인 음주행동 변화와 관련된 엄청난 어려움을 이해할 필요가 있다. 치료자는 몇몇 자조집단 모임(예: AA, SMART Recovery)에 참가해서 그곳에 있는 내담자들의 말에 주의 깊게 귀 기울임으로써 자신의 내면에 깊이 자리한 행동 패턴들을 바꾸고, 이를 통해 내담자에 대한 이해를 높이려고 시도할 수 있다.

두 번째로 중요한 치료적 기술은 내담자 자신과 그의 음주행동을 구분할 수 있는 능력이다. 내담자는 치료자가 자신의 음주 관련 행동들에 거부감을 표시하거나 반대로 치료자가 이러한 행동들을 묵과 또는 허용한다는 느낌을 받지 않은 채로 음주 관련 행동을 설명할 수 있도록 허용되어야 한다. 이것은 성취하기 매우 까다로운 균형이며, 특히 내담자가 자신의 행동과 관련된 당황스러움이나 불쾌감을 감추고자 음주 삽화를 농담처럼 묘사할 때는 더욱 그렇다. 행동 변화에 대한 내담자의 동기는 부정적인 음주 관련 행동들에 대해 토론하거나 이러한 행동들을 생각할 때 이와 연관된 부정적인 감정을 경험하는 것을 통해 향상될 수 있다. 치료자는 또한 내담자와 희망에 대해 이야기해야 한다. 이러한 작업은 음주에 대한 변화와 연관될 수 있는 긍정적인 변화를 예상하거나 이러한 변화가 가능함을 강조함으로써 이루어질 수 있다. 즉, 내담자에게 전하는 함축된 메시지는 다음과 같다.

> "당신은 술을 마실 때 당신 자신이나 주변의 사람들에게 스트레스를 주는 많은 일을 해 왔습니다. 당신이 치료를 받고 있다는 사실은 당신이 변화를 원한다는 일종의 선언입니다. 당신이 술을 마셨을 때 해 온 일에 대해 이야기하는 것은 중요한데, 왜냐하면 이러한 행동들을 인지하고 있는 것은 금주에 대한 열망, 그리고 이러한 행동을 멈추고 싶다는 열망을 더욱 강화할 것이기 때문입니다. 변화는 시간이 오래 걸리는 일이고 또한 당신에게 많은 작업을 요구하지만, 저는 당신이 꾸준히 치료에 참가한다면 반드시 성공할 수 있을 거라고 믿습니다."

다른 말로 하자면, 치료자의 메시지는 변화에 관해 긍정적인 반면, 음주 관련 행동에 대해서는 부정적이다.

세 번째로 중요한 치료적 기술은 진실성(integrity)이다. 내담자의 불편감과 그들이 강화받아 온 내력(음주에 대한 정적/부적 강화)으로 인해 몇몇 내담자는 자신의 음주사건, 실패한 과제들, 혹은 치료장면에 있는 자신의 기분과 태도에 대해 이야기하는 것이 어렵다고 느낀다. 치료자는 내담자의 거짓말이 과거에는 적응적인 기능을 했다는 사실을 고려하여 정직하게 구는 것이 얼마나 힘들지 인식하는 한편, 어떻게 해야 정직할 수 있을지 배우는 것이 치료의 일부라는 사실을 명확히 알려야 한다. 또한 치료자는 진실성에 관해 긍정적인 모델을 제공해야 한다. 치료자는 내담자의 호흡에서 느껴지는 술 냄새를 무시하지 않아야 하며, 또한 매주 과제를 체크해야 한다. 내담자의 행동에 주의를 기울이는 것은 내담자에게 치료를 열심히 따라가는 것의 중요성을 알려 줄 뿐만 아니라, 치료자와 내담자로 하여금 치료가 진행되면서 생기는 문제들을 파악할 수 있는 가능성을 높여 준다.

또한 치료자는 치료장면에서 자신과 내담자 모두의 책임을 명시해야 하며, 적절한 한계점을 제시할 필요가 있다. 치료자는 내담자에 대한 명확한 기대를 설정해야 한다. 매 치료 회기에 제시간에 올 것, 만일 참가하지 못하는 경우에는 연락할 것, 치료를 위해 돈을 지불할 것, 취하지 않은 상태로 치료에 올 것, 할당된 과제를 완료할 것 등이 그 예시이다. 또한 치료자는 자신 또한 치료에 제시간에 오고, 합리적으로 연락이 가능하도록 유지하며, 치료자와 멀리 떨어져 있을 경우 대체방안을 제공하고, 경험적 근거가 있는 치료를 제공하는 등 치료에 대한 자신의 책임(commitment) 역시도 분명히 해야 한다. 치료 과정에서 치료자의 행동에 대한 기대를 명확하게 하는 것은 치료에 진지한 절차로 임하는 치료자의 책임감을 강조하는 것이기도 하다.

내담자 변인

몇 개의 내담자 특성만이 치료 결과의 일관된 예측 요인이다(Haaga, McCrady, & Lebow, 2006). 치료 결과에 대하여 긍정적인 기대를 가지고 있는 내담자들이 보다 좋은 결과를 얻는 경향이 있다. 또한 변화를 위해 보다 준비되어 있는 내담자들도 더 긍정적인 결과를 얻을 수 있다. 마지막으로, 더욱 심각한 문제를 지닌 내담자들은 좋지 못한 결과를 얻게 된다. 치료에 대한 기대와 변화 준비 모두 치료자에게 영향을 받을 수 있다.

치료자는 음주 문제로 치료장면을 찾는 사람들이 가지고 있는 다양한 문제를 인식하고 그에 민감해야 한다. 내담자의 정서적인 경험, 신념, 태도, (치료환경에 대한 부분에서 설명한) 신체적 상태, (음주의 사회적 맥락 부분에서 설명한) 음주의 사회적 맥락은 모두 치료계획의 중요한 측면이다.

사람들은 그들의 음주가 문제를 일으키고 있음을 처음 인식했을 때 다양한 반응을 보인다. 가장 일반적으로는 부정적인 결과들이 누적됨에 따라 개인은 자신의 행동이 통제를 벗어난다고 느끼고 부끄러워하기 시작한다. 그의 행동은 자기정의(self-definition)에 수용될 수 없는 것일 수도 있다. 따라서 경제적이거나 직업적인 무책임성, 가족을 도외시하는 것, 신체적 또는 언어적 폭력은 모두 개인이 강한 죄책감과 자책감을 느끼는 행동일 수 있다. 이러한 행동들을 낯선 인물에게 시인한다는 생각은 무섭고 당혹스러워서, 내담자로 하여금 음주와 관련된 문제들을 논의하기 어렵게 만든다. 많은 내담자는 그들의 문제를 나약함이나 의지력의 부족 탓으로 돌리며, 만약 자신들이 '강하다면' 이러한 사건들이 일어나지 않을 것이라고 믿고 자신을 비난한다. 이에 내담자들은 치료자로부터의 암묵적인 비난에 유달리 민감하다. 치료자는 질문을 하면서 공감적인 말을 하고, 그들의 행동이 과음하는 사람들 사이에서는 흔한 것이라는 걸 내담자에게 알리고, 음주 관련 행동에 대한 내담자의 설명을 수용적인 태도로 경청함으로써 이러한 어려움을 완화할 수 있다. 내담자는 또한 변화를 어렵게 만드는, 알코올과 자신의 능력에 대한 여러 믿음과 태도를 가지고 있다. AUD를 가진 사람들은 감정과 행동에 미치는 알코올의 영향에 대한 긍정적 기대들을 가지고 있으며, 음주 문제가 없는 사람들보다 이를 더 강하게 받아들인다. 그들은 자신의 음주를 외부적인 이유로 돌릴 수 있으며, 그들 자신은 음주나 변화들에 개인적인 책임이 없다고 믿을 수 있다. 그들은 음주를 변화시키거나 음주 및 알코올 관련 상황을 다루는 능력에 대한 자기효능 신념이 낮을 수 있으며, 혹은 실제에 기반하지 않은 비현실적으로 높은 자기효능 신념을 가지고 있을 수도 있다. 마지막으로, 음주를 중단했다가 다시 마시면 인지 부조화가 일어날 수 있다. 이들은 알코올을 섭취한 것에 대한 지나치고 부정적인 반응을 특징으로 하는 AVE(Marlatt & Gordon, 1985)를 경험하고 자신이 금주를 '날려 버렸다'는 자기인식을 가질 수 있으며, 결국 이전의 음주 패턴이 재발하게 된다.

사례연구

앞에서 나는 우리 치료 모델 중 일부의 적용을 설명하기 위하여 사례를 제시하였다. 이번에는 온전한 치료 사례를 제시하여, 치료 진행 과정에서 나타나는 앞서 설명한 여러 문제를 보여 줄 것이다. 이 커플은 알코올 중독에 대한 결합 행동치료에 따른 변화 유지의 여러 접근법을 평가하는 연구 프로젝트의 일부로 참여하였다(McCrady et al., 1999).

이 연구에 참여한 커플들은 적어도 6개월간 결혼이나 동거 상태에 있어야 했다. 둘 중 누구도 불법 약물 사용을 주된 문제로 가지고 있지 않아야 했으며, 심각한 인지 손상이나 정신증을 보이지 않아야 했다. 또한 오직 남성 파트너만이 알코올 남용이나 의존 증거를 보여야 했다. 모든 커플은 치료자에 의해 매주 진행되는 15~17회기의 외래치료를 받았으며, 기저선 평가 및 치료 후 18개월간의 사후 평가에 동의하였다.

칼과 마리아는 부부로 둘 다 32세였다. 그들은 칼의 음주 문제 때문에 치료에 참여하였다. 마리아는 보통 키에 길고 검은색의 곱슬머리의 비만한 체구였다. 칼 또한 보통 키였고, 금발이었으며, 날씬했으나 '술배'가 보이기 시작하는 상태였다. 이 부부는 결혼한 지 5년이 되었으며, 서로 알고 지낸 지는 12년 정도 되었다. 2세와 3세인 두 아들이 있었다. 칼의 아버지가 몇 년 전에 돌아가시긴 했지만 둘 다 온전한 가족 출신이었다. 칼의 가족은 주로 폴란드계였으며, 마리아는 이탈리아계 가정 출신이었다.

치료 당시에 칼과 마리아는 5개월째 별거 중이었다. 칼은 자신의 어머니 집에서 생활하고 있었다. 마리아는 가난한 지역의 방 한 칸짜리 아파트를 빌리고, 거기에서 두 아들과 함께 생활하였다. 마리아는 숙달된 미용사였고, 칼은 노조회관에서 일하는 전기 기술자였다. 그 당시에 칼은 일을 하지 않고 있었는데, 이는 마리아가 이혼을 신청할 경우에 그녀나 자녀들을 부양하게 되는 패턴을 만들고 싶지 않았기 때문이었다. 게다가 만약 그가 일정 기간 일을 하지 않으면 노조의 연금보험에서 돈을 인출할 수 있게 될 것이고, 그는 그것이 돈을 쉽게 얻는 방법이라고 생각하였다. 마리아도 일을 하지 않았는데, 왜냐하면 마리아가 일하는 동안 칼이 아이들을 돌보아야 했지만, 그녀는 그가 아이들을 돌보기 위해 자신의 집에 올 것이라고 믿을 수 없었기 때문이다. 그녀는 부양아동가족부조(Aid to Families with Dependent Children: AFDC)의 지원을 받았으며, 칼은 '비밀스럽게' 잡일들을 맡아 하였다. 이들은 둘 다 고졸이었다.

부부는 마리아의 재촉으로 치료를 받게 되었다. 그녀는 칼의 음주에 대해 매우 염려하였으며, 이를 별거의 주된 이유로 제시하였다.

행동 평가와 사례개념화

몇 가지의 접근법을 사용하여 칼과 마리아를 평가하였다. 그들에 대한 평가는 치료연구 프로젝트에 포함되는 것이었기에 임상현장에서 사용되는 것보다 다소 광범위하였다. 그러나 평가의 주요한 요소들은 임상현장에서도 적용될 수 있다.

음주 문제의 평가

그의 음주를 평가하기 위하여 우리는 임상면접을 통해 칼의 음주 내력과 현재 음주에 대한 인식을 알아보았다. 각 회기의 시작점에서는 휴대용 음주측정기를 사용하여 혈중 알코올 농도(BAL)를 확인하였다. 이에 더하여, 두 가지 구조화된 면접법인 TLFB(Sobell & Sobell, 1995)와 국제진단면담도구의 물질남용 모듈(Composite International Diagnostic Interview-Substance Abuse Module: CIDI-SAM; Robins et al., 1988)의 알코올 섹션을 사용하여 음주에 대한 보다 완전한 패턴을 알아보고자 하였다. 마리아는 모든 면담에 참여하였으며 추가적인 정보를 제공하였다.

TLFB에서는 치료 전 정해진 기간 동안의 매일의 음주행동을 확인한다. 이 연구에서 우리는 지난 6개월 동안 칼의 음주행동에 대해 질문하였으며, 사교 모임이나 진료 예약, 휴일 및 다른 행사들을 비롯하여 그와 마리아의 일상에서 중요했던 사건들을 언급함으로써 음주에 대한 기억을 떠올리도록 도왔다. TLFB에서 칼은 지난 6개월간 사실상 거의 매일 술을 마셨던 것으로 나타났다. 그가 유일하게 술을 마시지 않았던 날은 몇몇 친구와 함께 무단침입을 시도한 죄로 체포되었을 때뿐이었다. 그가 선호하는 술은 맥주와 보드카였으며, 많을 때는 약 32잔까지도 마셨다고 한다.

그의 평균 음주량은 하루 10~12잔 정도였다. 칼은 (당시에는 유효한 진단 체계였던) DSM-IV와 DSM-5에서 생리적인 의존을 동반하는 심각한 알코올 의존증에 대한 진단기준을 충족하였다. 그는 고등학교 시절부터 술을 마셨고, 25세에 처음으로 음주 문제가 있었다고 보고하였다. 칼은 음주운전(DWI)으로 인한 세 차례의 체포, 주거침입으로 인한 한 차례의 체포, 취중 근무로 인한 상사로부터의 경고, 아내와의 갈등, 아내와 아들들에 대한 책임을 도외시했다는 느낌 등 음주로 인한 다양한 문제를 경험한 바 있었다. 그는 수많은 기억 상실(blackout)을 경험하였고, 해장술을 마시고, 술을 원하지만 마실 수 없을 것으로 생각되는 상황에서 '공황'을 느끼며 온종일 음주하는 등 생리적 의존의 여러 징후를 보고하였다. 그러나 칼은 알코올 금단 증상은 전혀 경험한 적 없다고 하였다. 또한 그는 음주와 관련하여 신체적인 건강이나 정서적 측면에서 문제를 겪고 있지도 않다고 보고하였다. 치료목표에 대해 질문하자 칼은 자신이 바라는 것은 술을 좀 줄이고 적당한 수준의 음주를 계속하는 것이지만 아내가 금주를 주장하고 있어, 기꺼이 그 목표를 향해 노력하겠다는 의사를 밝혔다.

우리는 음주 패턴 질문지(DPQ; Menges et al., 2008)와 자기기록 카드(self-recording cards)라는 두 가지의 평가기법을 활용하여 칼의 음주에 대한 선행 요인을 확인하였다. DPQ는 음주 선행 요인에 대한 칼과 마리아의 인식을 평가하기 위해 사용되었다. 칼은 지난 6개월간의 음주에 영향을 미친 모든 선행 요인을 체크하여 DPQ를 작성하였고, 마리아 또한 그의 음주에 대한 자신의 견해를 알리기 위해 질문지를 작성하였다. 그들은 또한 가장 영향력 있는 선행 요인이 무엇이라고 생각하는지 표시하도록 요청받았다. 두 사람 모두 환경적인 영향들이 칼의 음주에 가장 중요하다고 인식하였으며, 술집이나 본인의 집, 일하지 않는 오후 시간, 기념행사, 술 마시는 다른 사람들과 함께 있는 것을 두드러진 예시로 들었다.

두 번째로 중요한 음주 단서들은 그들의 관계에 대한 것이었는데, 칼은 말다툼, 분노, 잔소리를 듣는 느낌, 또는 함께 즐거운 시간을 보내는 것을 선행 요인으로 꼽았다. 칼과 마리아 모두가 우려를 표시한 세 번째 영역은 생리학적 선행 요인들로, 주로 안절부절못하거나 피로한 상태가 대표적이었다.

칼은 치료가 진행되는 동안 일일 자기기록 카드를 사용하여 음주 및 음주충동을 기록하였다. 그가 기록한 정보를 검토하고 음주 및 음주충동과 관련된 사건들에 대해 논의한 결과, 과음하는 친구들과 함께하는 것이 칼의 음주에 중요한 요소임이 분명하였다. 자기기록 카드는 '안절부절못하는' 느낌과 관련된 요소들도 명확하게 해 주었다. 칼과 마리아가 함께 있고 자녀들이 활동적인 상태에서 그가 어디론가 떠나거나 벗어나고 싶어지면, 그는 안절부절못하고 짜증스러워지며 '이를 완화하기 위해' 술을 마시고 싶어질 것이다. 마지막으로, 칼은 마리아가 그가 했던 약속을 상기시키거나(심지어 그것이 아파트로 책을 한 권 가져오는 것과 같이 매우 단순한 것일지라도), 그에게 어떤 책임 있는 행동을 하게끔 하거나, 혹은 그 스스로 '갇혀 있는' 듯한 느낌을 받게 될 때 술을 마시고 싶어 한다는 것이 분명해졌다.

우리는 질문지와 자기기록 카드를 사용하여 마리아가 칼의 음주에 어떻게 대처했는지 평가하였다. 그녀는 Likert 척도(없음, 가벼운, 중간, 과도한)로 그의 음주에 대한 자신의 인식을 기록했으며, 매일의 결혼만족도 또한 기록하였다. 음주 삽화 전후에 그녀가 보인 반응들은 치료 회기에서 논의되었다. 여기에 더하여, 둘은 수정판 대처 질문지(Orford et al., 2005)를 함께 작성하였다.

이러한 평가들로부터 얻어진 자료에 따르면, 마리아가 칼의 행동에 자주 의문을 제기하고, 그를 위협하거나, 술을 마시지 말라고 애원하였다는 것이 명백하였다. 그녀는 그를 멀리하거나, 경찰에 신고하거나, 성관계를 거부하는 등 여러 가지 부정적인 방식으로 그의 음주에 반응하였다. 동시에 그녀는 칼이 술을 마시지 않을 때면 긍정적인 행동들을 보이거나, 그를 위해 좋은 일을 하거나, 그가 술을 마시지 않을 때 함께할 수 있는 긍정적인 것들에 대해서 이야기하는 등 그의 금주를 지지하기 위해 진심으로 노력하였다.

부부관계

우리는 변화 영역 질문지(ACQ; Margolin et al., 1983)와 부부적응척도(DAS; Spanier, 1976)를 실시하고, 이들이 대인관계 문제에 대해 논의하는 비디오테이프를 보면서 부부관계를 평가하였다. 마리아는 그들의 관계에 대해 몇 가지 중요한 걱정거리가 있었다. 그녀는 칼이 음주하는 것 외에도 그가 일하거나 자녀 돌보기를 꺼리며 어머니로부터 독립하지 않는다는 점에서 그의 명백한 책임감 부족을 걱정하였다. 전반적으로, 마리아는 칼에게 의지하거나 정서적인 지지를 받을 수 없다고 느꼈다. 마리아가 언급한 두 번째 근심거리는 그들의 역할에 대한 정의였다. 그녀는 칼이 본인이 해야 할 역할을 자신에게 전가하였으며, 그러한 행동을 자신이 용인했다고 느꼈다. 그 결과로 그녀는 종종 화나고 분개하였다. 끝으로 마리아는 칼의 어머니를 문제로 지적했으며, 그녀를 칼을 문제에서 구해 주지만 어떠한 요구도 하지 않는 '구원자'로 묘사하였다. 마리아는 칼과 자신이 처음 데이트할 때에는 둘 다 술을 마시고, 늦은 시간까지 밖에 머무르고, 오토바이를 타고 즐겁게 시간 보내는 것을 좋아하였으나, 이제는 그들의 삶과 함께 '앞으로 나아가서' '어딘가로 향해야 할 때'라고 느꼈다고 설명하였다.

칼은 결혼생활에 대한 걱정은 적었다. 그는 마리아가 '잔소리'를 하거나 자신의 음주에 대해 논의하는 걸 싫어하였으며, "만약 내가 다른 아내를 만났다면 음주 문제는 없었을 거야."라고 말하기도 하였다. 그는 또한 논의를 오래 진행하길 원하는 그녀의 '끈기'와 그가 음주했을 때 보이는 그녀의 '태도 변화'를 싫어하였다.

그들의 상호작용을 담은 비디오테이프는 몇 가지 의사소통 문제를 드러냈다. 칼과 마리아는 자주 서로의 말을 가로막았으며, 상대방의 말에 귀 기울이지 않았다. 서로를 자주 비꼬고 신랄하게 논평하였는데, 이를 보통 웃거나 장난스러운 듯 말하였다. 마리아는 자신을 향한 책임 가중에 불평하였고, 칼은 그녀가 자신의 책임을 다하지 않는다고 비난하면서도 자기 자신의 책임에 대해서는 무엇도 인정하려 하지 않았다.

이처럼 상당한 관계 문제에도 불구하고, 그들은 함께하는 것을 즐겼으며, 다양한 활동과 여가(예: 낚시, 자녀들과 공원에 가기 등)를 공유하고, 매우 긍정적인 성관계를 나누었다. 마리아는 자신들의 관계에 대해 "제가 아무것도 요구하지 않을 때면 우린 무척 잘 지내요."라고 말하였다.

행동적 개념화

칼의 음주는 사회적인 맥락에서 발전한 것으로 보이며, 거의 대부분이 비슷한 집단 내에서 유사한 양상으로 나타났다. 이러한 양상은 친구들이나 (관계 초기에) 마리아와의 긍정적인 사회적 상호작용에 의해서 강화되었다. 그는 알코올에 대한 상당한 내성을 발달시키면서 점점 더 많은 양을 섭취할 수 있게 되었고, 그 결과 알코올에 대한 생리적 의존 징후들을 동반하는 매일의 음주 패턴이 나타나게 되었다. 칼에게 있어서 알코올은 다양한 긍정적 결과를 제공하였다. 그는 음주와 관련한 맛이나 느낌, 음주의 사회적 맥락, 음주가 가져다주는 이완감을 즐겼다. 비록 그가 음주로 인해 다양하고 심각한 부정적 결과를 축적해 왔으나, 그중 무엇도 그 자신이나 술에 대한 그의 내적 인식에 영향을 미치지 않았다. 그의 관점에서 볼 때 부정적인 결과들은 경찰이나 직장 상사, 그의 아내와 같은 다른 사람들에 의하여 가해지는 것이었다. 더구나 칼은 삶의 많은 부분에서 자기 행동에 대한 책임을 회피할 수 있었다. 일을 하지 않을 때 그는 어머니와 함께 생활할 수 있었는데, 그녀는 피난처와 음식을 제공함으로써 일하지 않음에 따르는 부정적인 결과들로부터 아들을 보호해 주었다. 아내에게서 자신을 불편하게 만드는 요구를 받게 되면, 칼은 아내를 회피하거나 무시하였다. 알코올과 관련한 그의 문제들은 부부의 각기 다른 발달 단계로 인해 두드러지는 측면도 있었다. 마리아는 책임감과 장기적인 목표를 가지고 보다 어른스러운 삶의 단계로 나아갈 준비가 되어 있었던 반면, 칼은 여전히 20대 초반의 생활방식과 행동 패턴을 유지하려 하였다.

자신의 문제를 외부 귀인하고 부정적인 결과와 책임을 회피하려는 성향이 있음에도 불구하고 아내와 자녀들은 칼에게 소중했으며, 그는 자신의 삶에서 그들을 잃고 싶지 않았다. 따라서 그는 자신이 원하는 이러한 강화물들을 유지하고자 치료를 받게 되었지만, 아내가 성공적이고 장기적인 결혼생활을 위해 필수적이라고 여기는 행동적 변화들을 반드시 이루려는 목적은 아니었다.

치료가 진행됨에 따라(다음 참조) 칼은 관계를 유지하기 위한 다양한 노력을 했지만 행동의 변화는 회피하였으며, 그의 아내와 (때때로) 치료자는 이러한 행동들을 강화하려 하였다. 마리아는 그녀 자신을 위한 긍정적 강화물들을 얻는 효과적인 방법으로 제한된 레퍼토리를 가지고 있었다. 그녀는 대부분의 긍정적 감정이 외부로부터 얻어지길 기대하는 듯 보였고, 잔소리와 비난은 그녀가 자신이 원하는 것을 얻기 위해 사용한 유일한 언어적 행동이었다. 그녀는 칼과 지속적으로 접촉하였으나, 그와 동시에 불쾌하고 부정적인 언행을 보임으로써 그의 음주를 강화하였다. 그녀는 그가 술을 끊고 더욱 책임감 있게 행동하기 전까지 (자신이 즐거워하는) 일을 할 수 없으며, 그의 단주로 자신이 화가 덜 나기 전까지는 체중을 줄일 수 없다고 말하면서 그녀의 행복감에 대한 책임을 칼에게 전가하였다.

부부로서 칼과 마리아는 이와 같은 중요한 문제들을 논의하기 위한 언어적 기술이 부족하였다. 이들의 상호작용에서는 혐오 통제(aversive control), 책임 회피, 공감적인 의사소통의 부족이 특징적으로 나타났다.

내담자를 변화에 준비시키기

칼과 마리아는 평가의 모든 단계에 함께 참여하였다. 초기 평가에서 두 사람은 모두 칼의 음주에 대한 인식, 그들의 관계, 그리고 칼의 음주에 대처하기 위한 각자의 노력이 어떠했는지에 대해 설명할 것을 요청받았다. 나는 부부를 함께 살펴봄으로써 음주가 그들의 관계와 밀접하게 연관되어 있으며, 긍정적인 변화를 일으키기 위해서는 각자가 자신의 행동을 살펴볼 필요가 있겠다는 견해를 전달하였다. 평가 종료 시점에 나는 (앞서 요약한 바와 같이) 내가 지각한 주된 문제점들에 대해 피드백을 제공하고, 치료계획의 방향을 설정하였다. 치료계획에 대한 논의에서 나는 다음과 같은 사항을 다루었다.

> "우리는 여러분에게 부부로서 치료를 받도록 요청했죠. 그건 음주가 여러분의 결혼생활이나 가정을

비롯한 삶의 많은 부분에 영향을 미치기 때문입니다. 마리아, 당신의 말을 들어 보니 칼의 음주에 대처하고자 많은 방법을 시도했고, 때로는 화가 나고 좌절했다는 것을 알겠어요. 당신이 도움을 주려고 한 것은 분명하지만, 칼, 당신은 마리아가 당신의 음주에 대해서 어떤 말을 하든 대체로 불쾌하게 여긴 것 같아요. 치료 과정에서 우리는 당신의 음주에 대해 살펴보고, 당신이 거기에 어떻게 대처해 왔는지, 그리고 두 사람이 부부로서 어떻게 지내고 있는지 살펴볼 겁니다. 지금 여러분은 별거 중이고, 관계에 대한 고민도 많으시죠. 치료를 진행하면서 저는 여러분의 의사소통을 향상시키고자 도울 것이고, 함께 시간을 보내고 문제들에 대해 논의하는 새로운 방법들을 시도해 보도록 요청할 거예요. 이 치료법은 세 가지 주요한 주제에 초점이 맞추어질 예정입니다. 칼, 당신의 음주, 마리아, 두 분이 여기에 그간 어떻게 대처해 왔는지, 그리고 어떻게 각자 자신에게 더 잘 맞고 서로의 관계에도 좋은 방식으로 대처할 수 있을까에 대해서요."

칼과 마리아가 모두 자신들의 치료목표를 포착했다고 느낀 이러한 전반적 지향점 외에도 우리는 칼의 음주목표에 대해 보다 자세히 논의하였으며, 이러한 목표들을 달성하기 위한 계획을 수립하였다. 앞서 언급하였듯이 칼이 선호하는 음주목표는 적당한 수준의 음주였다. 그러나 마리아 자신은 그가 금주하기를 강하게 원했으며, 칼은 치료에 앞서 그러한 목표에 동의하였다. 그가 그동안 매일 술을 마시며 알코올에 대해 관용적이라는 증거를 보여 왔기 때문에, 나는 그가 도움 없이는 술을 끊지 못할까 우려되었다. 이에 나는 의료적인 감독하에 중독을 치료하는 것에 대하여 논의하였다.

"칼, 나는 당신이 혼자 술을 끊는 것이 어려울 것 같아 걱정스러워요. 당신은 술을 매일, 많이 마셔 왔어요. 질문지에서 당신은 술을 마실 수 없을 것 같다는 생각을 하면 '공황'을 느끼고, 대체로 온종일 술을 마신다고 했죠. 이런 것들은 모두 당신이 알코올에 '메여 있는 상태'일 수 있음을 암시하고, 그렇다면 당신의 몸은 알코올이 없어졌을 때 강한 반응을 보일 거예요. 술을 마시지 않는 첫 며칠을 보내는 가장 쉬운 방법은 병원에 입원하여 해독 프로그램을 받는 것이고, 저는 당신이 이 방안을 고려해 보면 좋겠어요."

칼은 입원치료를 받는다는 생각에 매우 부정적인 반응을 보였다. 그는 '가둬지는 것'에 대해 두려워하였고, "제가 미쳐 버릴 거란 걸 알아요. 전 갇혀 있는 걸 참을 수 없어요. 24시간이 지나면 저는 바로 떠나야 할 거예요. 그건 좋은 생각이 아니에요."라고 말하였다. 나는 칼이 치료에 참여토록 하는 데 가장 큰 관심을 두었기 때문에 강제로 그를 해독센터에 떠미는 것은 부적절하다고 생각하였다. 만약 내가 향후 치료를 위한 전제조건으로 단기 입원치료를 내건다면, 그가 치료를 완전히 그만두게 될 것이라는 확신이 있었다. 이에 우리는 금주를 성취하기 위한 계획을 수립하였다. 이 계획은 두 가지 주요 구성요소를 가지고 있었다: ① 칼은 술이 깬 채로 치료를 받으러 오며, 그의 혈중 알코올 농도(BAL)는 호흡을 통한 음주 측정을 통해 검증될 것이다. ② 칼은 음주를 점진적으로 줄여 나간다는 목표를 세웠으며, 금주목표일을 6주 뒤로 설정하였다. 만약 그가 이러한 목표들을 달성하지 못하면 우리는 감독하에서의 해독치료 필요성을 재평가할 것이다. 그는 마리아와 마찬가지로 이러한 합의를 받아들일 수 있었다.

치료 과정

치료 과정은 독자들에게 전형적인 치료 사례에서의 진척과 함정들에 관해 명확하게 설명하기 위해 순차적으로 기술하였다. 이 치료는 몇 가지 주요한 영역을 다루고 있다: ① 칼이 음주를 줄이고 중단하는 것을 돕는 것, ② 칼에게 금주를 유지하기 위한 기술들을 가르치는 것, ③ 자신의 음주 문제에 대한 칼의 인식을 향상시키는 것, ④ 마리아에게 보다 건설적인 대처전략을 가르치는 것, ⑤ 부부에게 긍정적으로 상호작용하는 법을 가르치는 것, ⑥ 부부에게 공통의 문제해결 기법들을 가르치는 것. 이에 더하여, 치료가 진행됨에 따라서 우리는 마리아를 위해 개별적인 행동 변화의 몇몇 다른 영역에도 초점을 맞추었다.

초기 면접과 1~2회기

초기 면접 회기에서 칼의 혈중 알코올 농도(BAL)는 400mg%를 초과하였다. 비록 심한 만취 증상을 보이지는 않았으나 그는 공격적이었으며, 면접을 진행하는 임상가는 그가 합리적인 초기 면접을 수행할 수 있는 상태라고 느끼지 못하였다. 그는 칼에게 BAL이 너무 높으므로 의사의 진료를 받아볼 것을 제안했으나 칼은 이를 거절하였고, 임상가는 면접 일정을 다시 조정하였다. 재조정된 예약일에 칼은 술에 취하지 않은 상태로 정보를 제공할 수 있었으며, 프로그램의 연구적 측면에 대한 사전 동의를 하고 기저선에서의 자료 수집을 위한 회기 일정을 정할 수 있었다.

그러나 첫 치료 회기에서 칼은 다시금 높은 BAL(120mg%)을 보였다. 그는 단지 '맥주 2잔'을 마셨다고 했으며, 자신은 괜찮다고 주장하였다. 우리는 칼과 마리아의 근심거리와 목표들에 대해 짧게 논의하였으나, 나는 칼의 BAL이 이렇게 높은 상태에서는 생산적인 회기를 진행할 수 없을 것이라고 제안하였다(나의 일반적인 방침은 내담자의 BAL이 50mg% 이상일 경우 치료 회기를 다시 잡도록 하는 것이다). 칼은 다음 회기에 취하지 않은 상태로 올 것이며, 하루에 4잔 이상의 술은 마시지 않겠다고 동의하였다. 나는 칼과 마리아에게 자기기록 카드를 주었으며, 여기에 음주, 음주충동, 결혼만족도를 매일 기록하도록 요청하였다. 칼은 날짜당 한 장의 카드를 받았으며, 그가 실제로 마신 술에 대해 기록하고 술을 마셨거나 마시고픈 충동을 느꼈던 상황을 카드 뒷면에 메모하도록 요청받았다([그림 13-3] 참조).

마리아는 일주일간 사용할 수 있는 한 장의 카드를 받았다. 나는 그녀에게 칼의 음주에 대한 매일의 추정치(없음, 가벼운, 중간, 과도한)를 적고, 그가 그날 느꼈던 음주충동의 강도에 대해서도 추정치를 기록하게끔 하였다. 아울러 그녀도 자신의 결혼만족도를 매일 평가하였다([그림 13-4] 참조).

칼과 마리아가 두 번째 회기에 참여했을 때, 그의 BAL은 60mg%로 또다시 상승하였다. 그는 낮에 맥주를 4잔쯤 마셨다고 보고하였다. 우리는 해독치료에 대한 논의를 이어 나갔고, 칼은 자신이 알코올에 중독되었다고 느꼈음을 이야기하였다. 그는 중독치료를 고려해 보겠다고 하였으며, 우리는 해독치료에 대한 추가 논의를 위해 전화상담 일정을 예약하였다. 두 차례의 전화상담을 마친 후, 칼은 또다시 입원을 원치 않는다고 결정하였다. 치료 회기에 오는 동안 마리아가 그의 카드를 완성해 주었으나, 첫 2주 동안에 칼은 자기기록 카드를 사용하지 않았다. 나는 칼의 음주에 대해 명확하게 알고 있지는 못했으나, 그가 매일 술을 마시고 있다는 것은 분명하였다.

3~5회기

칼은 세 번째 회기에 BAL이 0mg%인 상태로 방문하였다. 그는 입원치료 없이 술을 끊겠다는 바람을 다시 한 번 언급하였고, 우리는 그의 음주 횟수를 6주간에 걸쳐 점진적으로 줄여 나가 0으로 만들기 위한 계획을 마련하였다. 음주목표를 설정하는 것 외에도 우리는 음주에 대한 행동분석적 관점에 대해서 논의하였다. 이들 부부에게 음주를 행동적으로 사고하는 방식을 소개하기 위하여 나는 다음과 같이 이야기하였다.

> "우리는 당신의 음주를 구성한다고 생각되는 모든 요소를 주의 깊게 관찰하고 분석할 거예요. 나는 우리가 당신의 음주를 살펴보고 어떤 상황이 술을 마시고 싶어지게 만드는지 알아낼 수 있다고 생각해요. 그걸 알아내면 우리는 이런 상황에서의 대안을 마련하기 위해 함께 작업할 수 있어요. 우리는 당신의 음주를 분석하기 위해 '촉발 요인(triggers)' 기록지라고 불리는 이런 기록지들을 사용할 거예요. 자, 이제 이 중 하나를 같이 살펴보죠."

그런 다음 나는 칼에게 최근의 음주 상황들을 확인하도록 요청하였다. 그는 낚시를 하면서 술 마시기를 좋아한다고 하였다. 이야기한 대로, 우리는 [그림 13-7]에 제시된 '촉발 요인' 기록지의 박스들을 채워 완성하였다. 칼은 자신의 음주에 대해서 상당히 비심리학적인 관점을 보였다. '맥주를 좀 마시고 싶다.'며 자기 생각을 기술하였고, 감정은 '행복함'으로 적었다. 그는 낚시를 할 때 음주가 긍정적 결과를 가져온다고 보았으며('나는 즐거운 시간을 보낸다.'), 자신이 집에 돌아오면 화를 내는

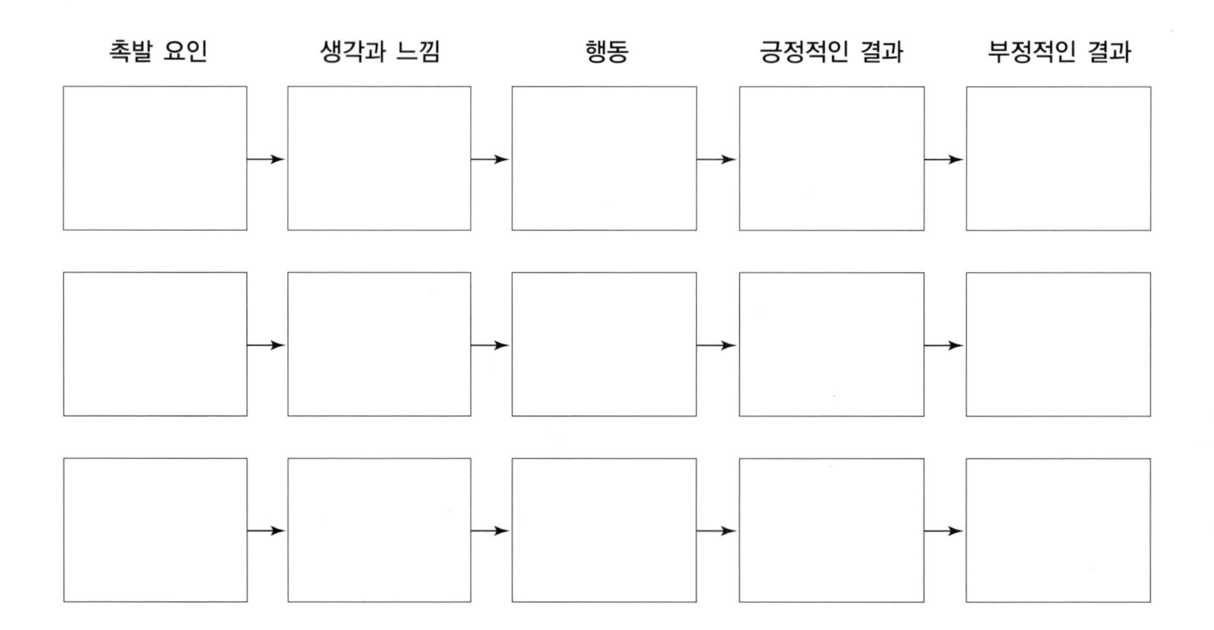

[그림 13-7] '촉발 요인' 기록지

마리아에게서는 부정적인 결과들만이 얻어진다고 느꼈다.

칼과 마리아는 행동분석을 빠르게 이해하였고, 그것이 그의 음주를 개념화하기 위한 편한 방법임을 알았다. 그런 다음 나는 둘 모두에게 DPQ를 완성하여 다음 치료 회기에 가져오라는 과제를 할당하였고, 일주일간 사용할 자기 녹음 카드를 추가로 전달하였다.

칼은 네 번째 회기에도 취하지 않은 상태로 참석했으나, 주말 동안 과음을 했다고 보고하였다. 치료 중 그의 주당 알코올 소비량을 나타낸 그래프는 [그림 13-8]에 제시되어 있다. 칼과 마리아의 주중 결혼만족도의 평균 수치는 [그림 13-9]에 제시하였다. 칼은 계속되는 과음에 대해 아무런 우려도 표현하지 않았으며, 술을 줄이고자 노력하고 있다는 증거도 보이지 않았다.

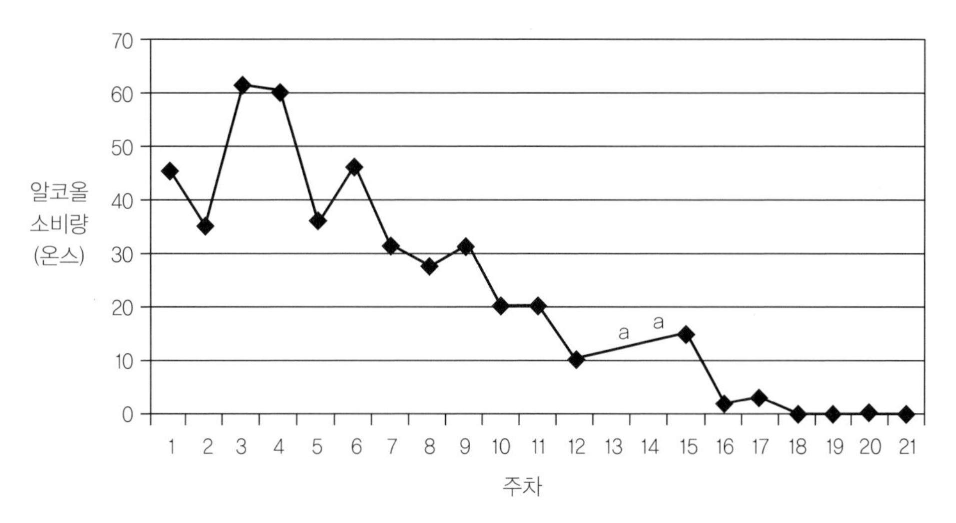

[그림 13-8] 칼의 주간 알코올 소비량. 'a'로 표시된 구간은 자기기록 데이터가 누락된 부분임.

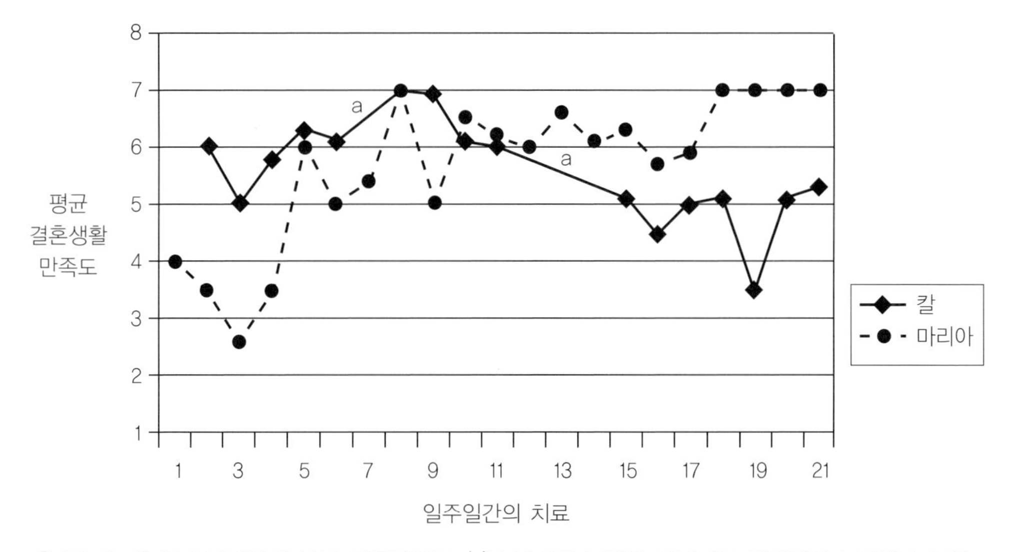

[그림 13-9] 칼과 마리아의 주간 결혼만족도. 'a'로 표시된 구간은 자기기록 데이터가 누락된 부분임.

"저는 당신이 지난 2회기 때 취하지 않은 상태로 참석한 걸 기쁘게 생각해요. 그건 당신에게 쉬운 일이 아니라는 걸 알아요. 이것은 또한 당신이 이 치료가 성공하길 원한다는 걸 말해 주죠. 그렇지만 저는 당신이 회기들 사이에 술을 줄이지 않고 있다는 점이 걱정스러워요. 오히려 당신의 음주는 다소 과해 보이네요. 당신이 실제로는 술을 줄이고 싶지 않은 건지, 아니면 술을 줄이는 방법을 모르는 건지 분명치가 않아요."

칼은 술을 줄이는 일이 어려웠지만, 마리아와 자녀들이 돌아오기를 원하기에 술을 끊고자 다짐했다고 말하였다. 이후 우리는 그가 금주하는 데 도움을 주는 여러 잠재적인 전략에 대해 논의하였는데, 여기에는 잠을 자는 것(그의 제안), 집안에서 마실 수 있는 대안적인 음료를 찾는 것(나의 제안), 다시 일하러 가는 것(마리아의 제안) 등이 있었다. 칼은 이 중 어떠한 계획에도 전념하기를 주저하였고, 마리아는 그가 정말로 술을 끊을 의향이 있는지 의문을 제기하였다.

칼의 양가적인 태도에 대응하기 위하여 나는 그의 음주에 대한 마리아의 못마땅함과 부부간의 논쟁 이외에 음주로 인한 다른 결과들에 대해서도 살펴볼 것을 제안하였다. 칼은 다른 어떤 부정적인 결과도 생각할 수 없었다. 나는 그에게 음주운전으로 인한 법적 문제나 무단침입에 따른 체포에 대해 질문했으나, 칼은 후자의 혐의를 술과 관계된 것이라고 믿지 않으며 음주운전법은 "얼토당토않아요."라고 대답하였다. 또한 그는 자신이 운전면허가 없음에도 여전히 운전 중이고, 만약 면허가 10년간 취소되더라도 운전을 계속할 것이라고 말하였다(같은 달에 2회, 10년 미만의 기간에 3회 적발되었음을 고려하면 실제로 가능성이 있었다). 칼은 음주의 또 다른 측면들에 대해서도 우려가 부족한 모습을 보였으나, 결혼과 자녀들에 대한 헌신 때문에 기꺼이 술을 끊겠다고 다시금 이야기하였다. 나는 칼이나 마리아가 여러 차례에 걸쳐 보고한 부정적인 결과들의 목록을 만들고 그에게 매일 적어도 두 번은 그 목록을 검토할 것을 요청했으며, 이러한 결과들 중 무엇이 그에게 근심거리가 되는지 생각해 보도록 요청하였다. 칼은 회기들 사이에 그 목록을 '한두 번' 살펴보았다고 보고했으나, 그 내용에 대해서는 상대적으로 무관심하였다.

칼의 상대적인 변화 동기의 부족에 대한 우려에도 불구하고, 나는 그의 음주에 대한 행동적 분석을 진행하기로 결정하였다. 만약 우리가 개별적인 음주 선행 요인들을 밝혀낼 수 있다면, 그리고 만약 칼이 이러한 상황 중 일부에서 가끔씩 음주를 성공적으로 피할 수 있다면, 그의 자기효능감이 증가함에 따라 변화에 대한 동기도 높아질 수 있다고 생각하였다. 우리는 회기 중에 2개의 다른 음주 상황에 대해 논의하였으며, 나는 그에게 집에서 할 과제로 2개의 행동적 연결고리(behavioral chains)를 만들어 오도록 하였다. 그의 음주에 대한 행동적 분석의 완성된 요약본은 [그림 13-10]에 제시되어 있다.

다음 회기에 칼은 BAL이 118mg%인 상태로 방문하였으며, 치료 회기에 앞서 지난 며칠간 과음을 했다고 보고하였다. 오랜 논의 끝에 그는 해독치료를 받는 것에 동의하였다. 칼은 입원이 두렵고 해독치료 후에도 금주를 못할까 걱정이 된다고 말하였다. 나는 해독이 치료의 첫 단계일 뿐이며, 그가 술을 마시지 않고도 대처하는 법을 배울 수 있도록 우리가 함께 도울 것임을 강조하고자 노력하였다.

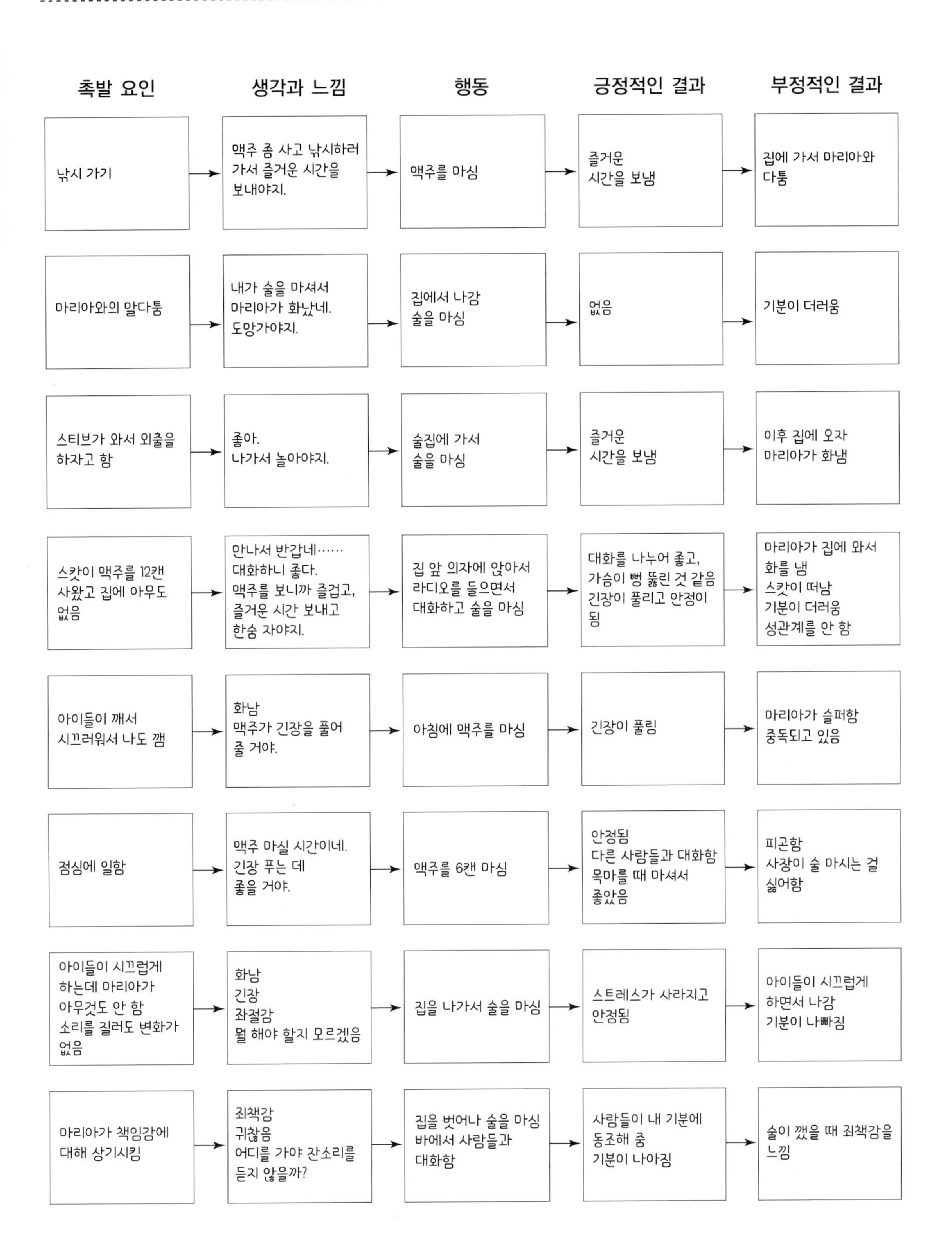

[그림 13-10] 칼의 음주에 대한 행동적 분석 샘플

그는 또한 술을 마시지 않으면 삶이 즐겁지 않을 것이라는 신념도 드러냈다. 마리아는 칼이 해독치료를 받도록 격려하는 것과 칼이 내 사무실에서 벗어나기 위해 해독치료에 동의했을 뿐이라고 나에게 말하는 것 사이에서 갈피를 잡지 못하였다. 칼의 염려가 컸기 때문에 나는 그에게 내 사무실에서 바로 해독센터에 전화를 걸어 그가 가진 모든 궁금증에 대해 질문하도록 하였다. 그는 그렇게 했으며, 다음 날 입원하는 것으로 일정을 예약하였다.

6~8회기

칼은 해독치료에 들어가지 않았으며, 다시금 '갇히는 것'을 받아들일 수 없다고 말하였다. 그는 여전히 매일 술을 마셨으며, 음주를 줄이기 위한 최소한의 노력만을 하고 있었다. 나는 그에게 외래치료로 진행되는 해독 프로그램을 제안하고 이를 담당하는 동료 의사의 전화번호를 주었으나, 그가 이러한 추천을 따르리라고는 거의 기대하지 않았다. 칼은 계속해서 치료를 받고 음주를 변화시키겠다는 의지를 표명하였으며, 나는 그가 변화에 대한 충분한 의지를 갖추고 있는지 의심스러웠음에도 치료를 지속하기로 결정하였다. 우리가 6회기를 진행하는 동안 그의 음주에 대한 행동적 분석을 완성하였으며, 음주의 선행 요인으로 작용하는 마리아의 몇몇 행동을 식별하였다. 여기에는 그에게 책임감을 상기시키는 것, 약속이 있고 그들과 자녀의 외출 준비를 위해 해야 할 일이 많은 상태에서 그녀가 느리게 움직이는 것, 그의 음주에 대해 지적하는 것이 포함되었다.

6회기의 어느 시점에 칼은 "선생님, 마리아는 정말 성깔이 있어요. 그녀가 해변에서 저한테 무슨 짓을 했는지 들어 보셔야 해요."라고 하였다. 마리아는 곧장 반응하여, "바바라에게 팔을 보여줘."라고 말하였다. 칼은 소매를 걷어 아래쪽 팔뚝을 덮은 여러 개의 긁힌 자국과 멍을 보여 주었다. 그러자 마리아는 칼의 음주 때문에 몹시 좌절하였으며, 화가 났을 때 그를 붙잡고, 할퀴고, 가슴이나 복부를 때리려 했음을 설명하였다. 이러한 행동은 4개월 전부터 시작되었으며, 그녀는 자신이 매우 화가 나 있다는 것을 알았다. 또한 그녀는 자신이 자녀들에게 폭력적으로 구는 것에 대한 우려를 나타내었으며, 자녀들에게 화가 났을 때 가끔 신체적 체벌을 가하기도 했다고 인정하였다. 마리아의 분노나 좌절감은 알코올 중독자의 배우자들에게서는 놀랍지 않고 흔히 나타나는 반응이었지만, 신체적인 공격성은 다소 독특한 일이었으며 칼에 의한 신체적 학대가 없는 경우이기에 더욱 그러하였다. 나는 아동 학대의 증거가 있을지 여부를 우려하였고, 이에 우리는 자녀들에 대한 그녀의 행동을 매우 자세하게 논의하였다. 그녀는 어떤 방식으로든 자녀를 멍들게 하거나, 베거나, 다치게 하지 않았으며, 그녀의 훈육으로 인해 자녀들이 의사를 찾거나 응급실에 간 적도 없었다고 보고하였고, 칼 또한 이를 확인해 주었다. 두 사람 다 '엉덩이를 찰싹 때리는' 식의 신체적 체벌을 하거나 위험한 상황에서 자녀들을 빼내는 것이 적절한 형태의 훈육이라는 신념을 보고하였다. 그러나 마리아는 자신이 항상 자녀들을 이성적으로 훈육하지는 않으며, 경우에 따라 특정 상황에서 아이들을 빼낼 때 그들의 팔을 때리거나 너무 세게 잡아당기곤 한다고 느꼈다. 이들의 보고로 보아 마리아가 자녀를 학대하고 있다고 여겨지지는 않았으나, 나는 그녀의 우려사항을 치료에서 다루는 것이 중요하다고 생각하였다. 나는 마리아에게 향후 2주 동안 자신이 아이들에게 너무 강하게 반응하고 있다거나 마리아가 신체적으로 공격적인 반응을 한다고 칼이 느낄 때는 언제든 이를 자기기록 카드에 적어 보도록 지시하였다.

이후 두 회기에 걸쳐서 칼은 음주를 상당히 줄여 나가기 시작했으며, 각각의 치료 회기에 취하지 않은 상태로 참여하였다. 칼과 마리아는 더욱 많은 시간을 함께 보내기 시작했고, 함께 있는 시간이 보다 긍정적이라고 보고하였다. 그들은 가족과 함께 바비큐 파티를 하고, 자녀를 데리고 해변으로 낚시를 갔다.

마리아는 매주 두 차례씩 그녀가 자녀 중 하나의 팔을 때리거나 너무 세게 붙잡았다고 느꼈을 때 자신의 반응을 성실하게 기록하였다. 우리는 이 상황들의 선행 요인들을 논의했으며, 몇 가지 중요한 측면을 확인하였다. 마리아는 피곤했으며, 자녀들도 피곤했고, 그녀는 (방 건너편에 있거나 손이 꽉 차서) 지시를 강제할 수 없는 상황에서 자녀에게 무언가를 시키려 하였다. 각각의 상황에서 그녀는 자녀에게 수차례 말로 지시했으나 소용이 없었고, 이후 화가 난 채로 쿵쾅거리며 방을 가로질러가 아들을 붙잡았다. 우리는 대안전략을 논의하였으며, 나는 스스로를 좌절감에 빠뜨리기보다는 자녀들이 구두 지시에 즉각적으로 따를 수 있도록 하는 것이 중요하다고 강조하였다. 그녀는 나의 제안을 재빨리 받아들였고, 자신의 근심거리에 대해 논의할 수 있게 된 것에 안도감을 표현하였다. 2주가 지나자 마리아는 자녀들에 대한 과도한 신체적 반응의 사례를 더 이상 보고하지 않았으며, 부모로서 자신을 다시 잘 통제하는 것 같다는 느낌을 보고하였다. 칼의 관찰 또한 그녀의 보고를 확인해 주었다.

마리아의 자녀 훈육에 대한 문제를 논의하는 한편, 우리는 칼에게 몇 가지 자기관리 계획(self-management planning) 기법들을 시행하기 시작하였다. 나는 칼에게 그가 술을 마시지 않고도 어떤 촉발 요인(trigger)들을 다루는 법을 알게 된다면 금주가 더 쉬워질 것이라고 제안하였다. 그는 알코올의 중요성을 최소화하기 위하여 상황을 피하거나 재배열할 수 있었다. 우리는 이러한 과정을 보조하기 위하여 자기관리 계획 기록지를 사용하였다([그림 13-11] 참조).

촉발 요인	계획	장점	단점	어려운 수준
1.				
2.				

[그림 13-11] 자기관리 계획 기록지 샘플

우리는 자기관리 계획의 주제로 낚시를 선택했는데, 이는 낚시가 그에게 빈도가 잦고 음주도 많이 하는 활동이었기 때문이다. 칼은 술 없이 낚시하는 것에 대해 다양한 아이디어가 있었다. 여기에는 큰아들을 데리고 가는 것, 아내를 데리고 가는 것, 뛰어난 어부이자 술을 전혀 마시지 않는 오랜 친구를 초대하는 것 등이 포함되었다. 아울러 칼은 낚시를 가기 전날 밤에 탄산음료를 사두었다가 집을 떠날 때 냉장박스를 음료로 가득 채운다면, 블록 끝에 있는 주류 판매점에 들리고픈 유혹이 줄어들 것이라고 생각하였다. 나는 칼에게 이 계획을 실행에 옮겨 보고, 술을 마시지 않고 친구들과 시간을 보낼 수 있는 다른 자기관리 계획도 개발해 볼 것을 과제로 요청하였다.

칼은 낚시계획을 성공적으로 수행하였다. 또한 그의 친구인 스캇에게 테니스를 치자고 한 다음 패스트푸드 식당으로 가서 식사하려는 계획을 세웠는데, 여기에서는 술을 마실 수 없기 때문이었다. 칼은 계획에 아무런 장애물이 없다고 보았으나 이를 실행하지 않았으며, 그에 대한 이유도 제시하지 못하였다. 다만 그는 스캇에게 자신이 술을 마시지 않으려 노력하고 있다는 이야기를 하였고, 그의 친구는 이에 대해 긍정적이고 지지적인 반응을 보였다.

이들 몇 회기에서의 또 다른 주요 주제는 칼의 음주 변화에 대한 강화였다. 칼은 금주에 대해 너무나 양가적이었기 때문에 나는 그가 음주를 감소시키고 결국 금주로 인한 몇몇 긍정적인 결과를 경험해 보도록 하는 것이 매우 중요하다고 생각하였다. 또한 나는 음주에 대한 칼과의 상호작용에서 마리아가 강압적인 방법 대신 사용할 수 있는 긍정적인 방법들을 알려 주고 싶었다. 이 주제를 소개하면서 나는 그들 모두가 술을 끊거나 줄이는 것을 보다 긍정적으로 만들 방법을 찾아봐야 한다고 제안하였다. 나는 먼저 마리아에게 칼이 술을 마시지 않을 때 긍정적인 피드백을 주어야 한다고 제안하였다. 그러나 칼은 이 제안에 상당히 부정적인 반응을 보였으며, 이렇게 말하였다. “저는 이걸 그저 절 멈추게 하려는, 그녀의 또 다른 교활한 수법이라고 생각할 겁니다. 저는 그녀가 아무 말도 하지 않았으면 좋겠어요.” 이 논의를 계속하면서 나는 칼에게 그의 금주를 가치 있도록 만들기 위해 마리아가 할 수 있는 일이 없을지 질문했고, 그는 그녀가 술에 관한 이야기를 자제하고 ‘까다롭게’ 굴지 않으면서 그와 시간을 보내는 것을 제안하였다. 부부는 그가 술을 마시지 않을 때 저녁 식사로 새우를 요리해 먹는 것과 같은 몇 가지 즐거운 활동을 함께하기로 결정하였다. 그들은 이러한 계획들을 성공적으로 실행할 수 있었으며, 비록 그들이 함께 있는 동안에도 칼이 술을 마시긴 하였으나 이때 음주량은 상당히 줄어들었다.

9~11회기

치료의 이 시점에서 칼은 하루에 대략 3잔에서 6잔 정도로 술을 줄였으나, 완전히 금주하지는 않고 있었다. 음주충동에 대한 보고 역시도 감소하기 시작하였다. 마리아는 거의 매일 높은 수준의 결혼만족도를 보고했으며(1~7점 척도에서 7점으로 응답), 부부는 대부분의 여가시간을 마리아의 아파트나 칼의 어머니 집에서 보내고 있었다. 그러나 치료 회기에서 이들은 노스캐롤라이나로 이사하려는 마리아의 바람, 그리고 칼이 자신을 정서적으로 지지해 주지 않는 것 같다는 그녀의 느낌이라는 2개의 주요한 주제를 중심으로 보다 빈번하게 논쟁하기 시작하였다. 나는 그들과 함께 구조화된 의사소통 훈련을 시작하였으며, 자신의 말을 꺼내기 전에 상대가 말을 마치도록 기다리기, 반영적 경청하기(reflective listening), 구체적이고 긍정적으로 요청하기 등을 가르쳤다. 이들 회기는 의사소통에 대한 유인물을 통해 보충되었다. 배우자에 대한 예의나 존경의 가치 등의 기본적인 주제들과 함께 나쁜 의사소통의 몇몇 원천을 다룬 첫 번째 유인물을 읽은 후, 그들은 서로를 부르는 별칭(예: '바보' '멍청이' '돌대가리')이 부부관계에 부정적인 영향을 미칠 수 있다는 점에 대해 매우 놀랐다. 그들은 가정 내에서 부정적인 의사소통보다 긍정적인 의사소통을 나누기 시작했고, 이것이 자신들의 대화에 미치는 영향에 대해 기뻐하였다.

비록 치료가 진척되고 있기는 했으나, 나는 칼이 여전히 매일 술을 마시고 있는 것을 걱정했고 이런 우려를 그에게 전달하였다. 칼은 자신이 이제는 금주할 수 있을 것 같다고 하였으며, 돌아오는 주에 이틀간 술을 마시지 않기로 약속하였다. 이러한 계약에 동의한 첫 주에 칼은 금주전략에 대해 논의하는 것을 원치 않았으며 약속을 지키지 못하였다. 두 번째 주에 우리는 그가 어떻게 금주할 것인가에 대해 매우 구체적인 계획을 논의하였다. 그는 매일 일정 시간을 마리아와 자녀들과 함께하기로 계획했고, 그동안 어머니 집에 맥주를 더 사두지 않기로 결심하였다. 이에 더하여, 그는 음료수를 사두고 일찍 잠자리에 들 계획을 세웠다. 나는 또한 그가 금주를 시도함에 있어서 마리아를 지지자로 활용할 수 있다고 제안하였다. 나는 종종 내담자가 충동에 대해 논의할 수 있는 누군가를 찾도록 권유하는데, 파트너는 좋은 지지 자원이 될 수 있었다. 그는 마리아를 관여시키는 것에 대해 다시 한 번 반대하였고, "저는 술을 마시고 싶다고 그녀에게 말하지 않을 거예요. 그렇게 해서 얻을 거라고는 설교뿐이니까요."라고 말하였다. 나는 그에게 평소에는 그가 요청한 것이 아니었기 때문에 아내의 조언이 싫었겠지만, 이번 같은 상황에서는 그 자신이 음주에 대해 우려하는 사람이기에 다를 것이라고 제안하였다. 그는 이러한 재구조화에 긍정적으로 반응하였다. 그런 다음 나는 마리아가 어떤 말을 하면 그에게 도움이 될지 질문하였고, 그는 그녀가 이것은 그의 선택이라고 말해 주기를 희망하였다. 마리아는 설교를 하지 않는 게 어려울 것이라고 하였으나 역할연기를 하는 것에는 동의하였다. 그들은 해변으로 차를 몰고 가는 것을 상상했고, 칼은 이렇게 말하였다. "가는 길에 잠시 들러서 맥주를 한 팩 사면 좋겠어." 마리아는 이렇게 대답하였다. "그러고 싶다면 그건 당신이 선택할 일이야. 그렇지만 당신이 원하면 우리는 맥주 대신 탄산음료를 마실 수도 있어." 칼은 자신이 그녀의 반응을 이렇게나 좋아한다는 것에 놀라워했으며, 마리아는 이렇게 중립적인 태도를 취하는 것이 매우 어려움을 인정하였으나 그가 음주하지 못하게 막는 것이 자신의 책임이 아니라는 느낌을 마음에 들어 하였다. 그들은 다음 주에 이러한 논의를 한 번 시도해 보는 것에 동의하였다.

칼은 대부분의 계획을 실행하였으며 목표한 이틀간 겨우 한 잔의 맥주만을 마셨으나, 금주하는 날들을 유지하는 데에는 성공하지 못하였다. 그러나 그는 술을 마시고픈 충동에 대해서 마리아에게 일절 얘기하지 않았으며, 목표를 달성하지 못하는 것에 대해 다시금 별다른 우려를 표현하지 않았다. 회기가 진행되는 동안 칼과 마리아는 노스캐롤라이나에 2주 동안 여행을 다녀올 것이라고 말하였다. 칼은 그곳에서의 일자리를 제안한 계약자를 알았고, 마리아는 생활비가 적게 들고 자녀들을 키울 수 있는 보다 전원적인 환경으로 이사할 가능성에 흥미를 느끼고 있었다. 그녀는 칼이 여전히 음주를 계속하는 동안에는 이사하지 않을 것이라고 말했으나, 두 사람은 모두 새로운 가능성을 탐색하는 이번 여행이 매력적이라고 생각하였다.

12~15회기

칼과 마리아는 2주간의 여행 후 노스캐롤라이나에 대해 매우 고무된 채로 돌아왔다. 그들은 그곳에서 일을 할 수 있고 생활비도 더 저렴하다고 믿었으며, 둘 다 자신들이 방문한 지역이 마음에 들었다. 마리아는 칼에게 의지할 수 없다면 자신의 가족을 떠나고 싶지 않았기에, 칼이 상당한 시간 동안 금주하지 않는다면 이사하지 않을 것이라고 다시 한 번 말하였다. 그는 다시금 술을 끊겠다고 이야기하였다. 나는 치료가 쉬어 가는 틈을 활용하여 진행 상황에 대한 나의 모든 기록을 검토하였으며, 조금 떨어진 상태에서 이들 부부에 대해 생각해 보았다. 내 생각에 칼은 마리아의 압박 때문에 금주에 동의하긴 했지만, 완전한 금주보다는 음주를 줄이는 쪽을 원하는 게 명백하였다. 그러나 그는 행동 변화를 동반하지 않은 채 자신의 행동이 바뀔 것이라는 말로 안심시키면서 이러한 갈등을 해결하고자 하였다. 그는 우리가 개발했던 행동적 계획 중 몇 가지만 실행했을 뿐이었으며, 나는 이러한 실행 부족이 기술적인 부족을 반영한다고는 생각하지 않았다. 나는 이 치료 회기에서 칼의 행동 불일치에 대해 지적하기로 결정하였다.

이 논의를 시작하기 위하여 나는 칼과 마리아에게 현재까지의 진행 상황에 대해 논의하고 싶다고 말하였다. 나는 지금까지 그들이 이룩한 긍정적인 변화들을 강조하였다. 칼은 음주를 상당히 줄였으며, 술을 적게 마시는 데 도움이 되는 기술들을 개발하였고, 그들의 의사소통은 향상되기 시작하였다. 또한 그들은 상호 간에 즐거운 시간을 함께 보내고 있었으며, 가능성 있는 장기 계획을 함께 고려하기 시작하였다. 그러나 나는 칼이 음주에 대한 일련의 약속을 하고 지키지 않았음을 언급하였다. 나는 그들에게 칼이 초기에 금주목표로 잡았었던 날짜와 해독 및 금주에 대한 그의 깨진 약속들이 적힌 내 경과노트의 몇 구절을 읽어 주었다. 나는 그들에게 2개의 대안적 설명을 제안하였다. 칼은 완전한 금주를 원치 않았지만 마리아를 행복하게 하기 위해서는 금주에 동의해야 한다고 느꼈을 수 있고, 혹은 정말로 술을 끊을 수가 없었으며, 이에 대한 더 많은 도움이 필요했던 것일 수도 있다. 이런 방식으로 설명을 제시함으로써 나는 칼이 정직하지 않거나 변화할 동기가 없다는 딱지를 붙이지 않으려고 애썼다. 나는 또한 칼이 여전히 술을 마시고 있음에도 마리아가 높은 결혼만족도를 보고함으로써 그의 지속적인 음주를 도운 면이 있으며, 아마도 음주를 줄인 게 그녀에게 정말로 받아들일 만한 것이었을 수도 있음을 이야기하였다. 두 사람 모두 나의 피드백에 상당히 강하게 반응하였다. 칼은 "처음에는 술을 끊고 싶지 않았는데, 이제는 그리 나쁘게 보이지 않아요. 지금 술을 많이 마시는 게 아무런 의미도 없으니 끊을게요. 별일도 아니고, 선생님을 실망시키고 싶지 않아요."라고 말하였다. 마리아는 "저는 언제나 칼이 저나 선생님이 자신을 비난하지 않도록 하기 위해서 어떤 말이든 하는 것 같아요. 칼이 술을 줄인 이후로는 무척 행복해서 그가 여전히 술을 마시고 있다는 사실을 조금 잊어버렸어요. 저는 그가 음주를 계속하는 상태에서 어디든 그와 함께 떠나는 게 두려워요. 예전엔 정말 힘들었어요. 그때로 돌아가고 싶지 않아요."라고 말하였다.

이 대화 후에 칼은 자신이 적당한 수준의 음주를 선호한다는 것을 부인하며, '완전히 끊을 것'이라고 단언하였다. 다음 2주간 칼은 매주 하루씩 술을 마셨다(첫 주에는 맥주 1잔, 두 번째 주에는 맥주 1잔). 우리는 음주 상황에서의 행동적 대안 개발, 음주 권유를 거부하는 시연, 충동에 대처하는 다양한 전략 사용 등의 행동적 대처전략을 논의하였지만, 칼은 그 중요성을 경시하였다. 대신에 그는 다음과 같은 인지적 대처전략들에 초점을 맞추었다: 음주에 대한 충동이 느껴질 때 술을 마시지 않을 이유들에 대해 생각하기("이건 가치 없는 일이야. 마리아와 아이들이 더 중요해."), 지연 전술 사용하기["당장은 아무것도 안 마실 거야. 5시(혹은 하루 중 다른 시간)에도 여전히 술을 마시고 싶다면 그때 맥주를 마시겠어."], 음주의 긍정적인 측면을 중요하지 않게 여기기("맥주 한두 잔은 아무런 도움이 되지 않을 거야. 그리고 난 그런 식의 즐거움을 느끼고 싶지 않아.").

아울러 칼과 마리아는 그들의 장기적 목표에 대해 논의를 시작하였다. 나는 그들에게 향후 5년 동안 그들이 어떻게 살아가길 바라는지 적어 보도록 요청하였다. 칼은 다음과 같은 내용을 적었다.

> 마리아와 아이들이 생활하기 편안한 장소, 좋은 학교, 뒷마당. 재정 상황을 정리하고, 돈을 절약하고, 청구서들도 정리하고, 신용도를 높이기. 안정적인 수입 유지하기(예: 꾸준히 건설업이나 다른 일을 하기. 마리아와 사랑하며 살기, 자기계발: 돈을 더 잘 관리하고, 마리아의 말을 더 객관적인 태도로 경청하기, 안정된 일자리 확보하기). 마리아: 더 높은 자제력, 분노 참기, 자신감 향상하기, 체중 감량, 일상적인 문제들에 비관적 태도 줄이기(예: 벌레, 교통체증, 사고 등).

마리아는 놀라울 정도로 유사한 5년간의 목표를 적었다.

> 지금으로부터 5년 후, 서른일곱 살이다. 조나단은 여덟 살, 마르크는 일곱 살이다. 우리는 노스캐롤라이나의 임대주택에서 살고 있다. 나는 일하고 있고, 칼도 일하는 중이다. 아이들은 학교에 있다. 우리는 두 대의 차를 가졌다. 칼은 5년째 술을 마시지 않고 있다. 나는 4년째 날씬한 몸매를 유지 중이다. 우리는 개인파산을 선고받은 후부터 신용을 되찾기까지 2년을 남겨 두고 있다. 어느 날 밤에 우리는 가족들과 함께 휴식을 취하거나 조나단 또는 마르크의 야구나 축구 경기를 보러 갈 것이다. 또 다른 날 밤에 나는 사람들을 만나거나 심부름을 하러 나간다. 칼도 다른 밤들을 비슷하게 보낼 것이다. 우리는 경제적으로 어느 정도 편안할 것이다. 삶에서 내가 원하는 세 가지는 다음과 같다.

마리아: 차분함, 날씬함, 안정감, 자동차, 돈, 독립성, 내 삶에 대한 통제

칼: 동기(motivation), 금주, 책임감, 만족감

칼과 마리아의 목표가 매우 비슷했기 때문에, 나는 그들에게 이를 소리 내어 읽어도 될지 물어보았다. 둘 다 이 제안에 동의하였기에 나는 그렇게 하였다. 그들은 상당히 긍정적으로 반응하였으며

용기를 얻었다. 장기적인 목표가 너무나 유사하였기에, 그들은 이러한 목표의 달성을 위해 함께 일할 수 있었다. 나는 그들에게 자기주장이나 문제해결과 관련된 기술들을 가르치기 시작하였으며, 그들의 관계나 다른 대인관계 상황들에서 이러한 기술을 활용하는 방법에 대해 논의하였다.

16~18회기

칼은 15회기부터 치료가 끝날 때까지 음주를 하지 않았다. 그는 술을 마시고픈 충동이 몇 차례 있었으나, 곧 사그라들었다고 보고하였다. 그러나 그는 술을 마시지 않은 데 따른 매우 강한 반응에 대해 논의하였다. 그는 술이 그리웠고, 자신에게 중요한 무언가를 잃었다는 느낌이 있다고 하였다. 또한 그는 이전에는 기분이 안 좋을 때마다 술을 마실 수 있었지만 지금은 그럴 수 없기에 좌절감이 느껴진다고 하였다. 나는 그에게 자신이 알코올을 그리워한다는 것을 인식하는 능력이 알코올 없는 삶을 재구성할 수 있는 중요한 단계이며, 이러한 반응은 그가 술을 마시지 않겠다는 진지한 목적을 가지고 있다는 점을 보여 주는 것이라고 언급하면서 그의 감정을 재구성(reframing)하고자 노력하였다. 재구성 작업은 칼에게 도움이 되는 것 같았지만, 그는 여전히 금주가 불편하다고 생각하였다.

칼이 금주를 유지하면서 그의 결혼만족도도 감소하였다. 이전에 칼은 상당히 높은 결혼만족도를 보였으나, 술을 끊은 후 점차 불행해졌다. 내가 이에 대해 질문하자 그는 화해라는 측면에 있어서 '아무런 변화도 없는' 느낌을 받는다고 말하였다. 우리는 자기주장과 문제해결 훈련을 시작하였으며, 나는 칼에게 이러한 기술들을 활용하여 그의 느낌을 마리아에게 보다 직접적으로 표현할 수 있다고 제안하였다. 그들은 회기 중에 그의 느낌과 화해를 원하는 마음, 그게 얼마나 어려울지에 대한 그녀의 우려에 관하여 긍정적인 논의를 하였으며, 각각의 논의에서 우리가 작업했던 몇몇 긍정적인 기술을 사용해 보았다. 두 사람 모두 다시 함께 살고 싶지만, 그러기 위한 계획을 세우는 일이 쉽지 않으리라는 것에 동의하였다. 우리는 이 계획을 세우기 위하여 두 번의 치료 회기에 걸쳐 구조화된 문제해결 기법들을 사용하였다. 화해를 하는 데 있어 주된 장애물은 재정적인 문제였다. 마리아는 복지 혜택을 받고 있었으나, 그녀나 칼 중 한 명이 일을 시작하면 보다 적은 액수의 공공부조 지원을 받게 될 것이었다. 그러나 그들이 함께 살기 위해서는 보증금과 첫 달 집세를 위하여 충분한 돈을 저축해야 할 것이다. 그들은 마침내 마리아가 '암암리에' 매주 몇 시간씩 미용사로 일하고, 그동안 칼이 자녀들을 돌보기로 결정하였다. 만약 이것이 잘 이뤄진다면, 칼은 다시 직장을 구하기 시작할 것이었다. 일단 두 사람 모두가 일을 시작하면, 그들은 보증금과 임대료를 낼 돈을 절약하기 위하여 일정 기간 칼의 어머니와 함께 생활할 것이고, 뉴저지에 아파트를 구하거나 노스캐롤라이나에서 임대할 트레일러를 찾아 이사할 것이다. 그들은 또한 문제해결 기법을 사용하여 그들의 다른 부채들을 갚아 나가기 위한 계획을 수립하였다.

치료 종결

칼과 마리아는 임상연구의 일환으로 참가한 것이었기에, 우리는 (그가 술에 취했던 회기를 포함하여) 18회기 후에 치료를 종결해야 했다. 그들은 치료 과정에서 상당한 진전을 이루었다. 칼은 한 달 이상 금주를 유지하고 있었고, 마리아는 자녀를 훈육하는 보다 효과적인 방법을 배웠으며, 더 이상 자녀를 지나치게 체벌하는 것에 대한 우려를 보고하지 않았다. 부부관계는 상당히 눈에 띄게 개선되었고, 그들은 화해를 위한 건설적인 계획을 가지고 있었다. 나는 칼이 여전히 금주에 대해 불편해하는 것을 걱정했으며, 그가 음주의 촉발 요인들에 대처하는 효과적인 대처전략 중 몇 가지만을 습득했다고 생각하였다. 우리는 금주를 약속하고 장기적인 목표를 설정하는 것 외에는 칼의 책임 회피 방식에 대해 직접적으로 다루지 않았다. 칼이 이러한 동의에서 자신이 맡은 바를 이행할 것인지 여부는 상대적으로 검증되지 않은 것이었다. 부부는 치료 종결을 상당히 편안하게 받아들였지만 추후 치료에 대해 질문했으며, AA와 함께 부부 또는 행동적 접근법에 초점을 맞춘 다른 지지집단들에 대해서도 문의하였다. 나는 그들에게 SMART와 부부 AA 집단을 추천하였다. 나는 지속적인 치료가 이들에게 유익할 것이라고 생각했으나, 임상연구 프로토콜의 제약으로 장기 치료를 제공할 수는 없었다.

논평

칼과 마리아는 꽤 전형적인 커플이었다. 칼이 변화에 양가적인 태도를 보인 것, 오로지 외부 요인 때문에 치료를 시작한 것, 그리고 많은 행동적 개입에 저항한 것 등은 상당히 대표적인 사례이다. 나는 마리아가 자기의 공격적인 행동과 감정들을 논의하기 시작한 후, 칼이 본인만이 치료의 유일한 초점이라는 느낌을 그만 받게 되면서 다시 치료에 참여하기 시작했다고 믿는다. 나는 그들이 적당한 음주를 목표로 재합의하는 것을 기꺼이 허용하였지만, 칼이 구두로만 금주에 동의하고 이후에 이를 회피할 수 있다고 생각하는 것이 치료적으로 좋지 못했다고 생각하였다. 칼의 행동에 대해 직접적으로 이야기해 보는 것은 그가 고집을 부리고 또다시 치료목표를 조정하게끔 하거나 그렇지 않다면 자신의 약속을 충실히 이행하도록 만들었다.

칼의 경우, 금주 촉진에 있어서 행동기술 훈련의 역할이 다른 내담자들에 비해 상대적으로 덜 중요하였다. 그는 치료시간에 소개된 다양한 기술을 시도하였지만, 주로 인지적 대처전략들에 의존하였다. 그의 변화된 음주행동을 이해하는 데에는 아마도 강화의 역할이 더 중요했을 것이다. 결혼생활은 치료 시작부터 칼에게 중요했으며, 부부관계를 개선하기 위한 방안으로 치료에 전념하는 것은 그에게 치료의 강화 가치를 높여 주었다. 그가 금주를 해야만 관계를 다시 회복할 수 있다는 마리아의 일관된 말, 관계를 위해 장기적 목표를 의논하는 꾸준한 과정, 그리고 그들이 노스캐롤라이나에서 생활할 수 있는 긍정적인 삶을 기대하는 것 모두가 치료 강화에 기여하였다.

마지막으로, 그 부부와 나의 관계가 그들이 만들어 낸 긍정적인 변화에 기여했을 것이다. 나는 그들이 어려움을 갖고 있음에도 불구하고 호감이 가는 매력적인 커플이라고 생각하였다. 나는 종종 칼을 놀리거나 회유하면서 설득하곤 했는데, 그는 치료 끝자락에 이렇게 이야기하였다. "처음에는 제가 선생님을 좋아하는지 아닌지 몰랐지만, 이후에는 선생님이 약간 귀엽다고 생각했고, 그러고 나선 선생님이 절 포기하지 않을 거라는 걸 깨달았어요. 그래서 한번 시도해 보기로 다짐했죠." 나는 자신을 돌보는 마리아의 능력을 강화하려고 노력했으며, 그녀가 어떤 면에서는 나를 여성 롤모델로 생각하지 않았을까 추측한다. 그녀는 나에게 종종 개인적인 질문(결혼했는지, 아들의 나이가 몇 살인지)을 했고, 종결 회기 때 탁상 달력을 선물로 주었다. 우리가 한 연구 결과들은 더욱 숙련된 치료자일수록 내담자들을 치료에 잘 잡아 둘 수 있음을 시사하는데(Epstein, McCrady, Miller, & Steinberg, 1994; Raytek, McCrady, Epstein, & Hirsch, 1999), 나는 이러한 복잡한 관계들을 잘 다룰 수 있는 것이야말로 숙련된 치료자가 다른 치료자들에 비해 풍부하게 가지고 있는 기술이지 않을까 생각한다.

전형적인 문제들

이 사례에서 나타난 문제들은 상당히 흔한 것이다: 술에 취한 채 치료 회기에 오는 것, 치료 중에 지속적으로 음주하는 것, 변화에 양가적인 태도를 보이는 것, 과제를 하지 않는 것, 치료가 진행되는 과정에서 새롭고 주요한 문제들을 발견하는 것 등. 거짓말을 하거나 아예 치료 회기에 오지 않는 것 또한 음주 문제가 있는 내담자들이 종종 나타내는 전형적인 장애물이다.

칼과 마리아와 작업하면서 나는 이런 어려움들을 최소화할 수 있었는데, 이는 마리아가 치료에 상당히 의욕적이었으며 또한 예정된 약속을 지키는 것에 매우 책임감이 있었기 때문이다. 또한 둘 모두로부터 칼의 음주와 음주충동에 대한 기록을 받음으로써 나는 그의 음주에 대해 보다 명확한 인상을 가질 수 있었으며, 우리의 진행 과정(혹은 진행의 부족)에 대하여 명확한 생각을 유지할 수 있었다.

성공이나 실패에 대한 임상적 예측 요인

여러 요인이 치료의 성공이나 실패를 예측한다. 그러나 이러한 요인들을 다루기 전에 '성공'의 정의를 먼저 논의하는 것이 중요하다. 어떤 치료에서든 소수의 내담자만이 장기간, 연속적으로 성공적인 변화(금주 또는 문제되지 않는 수준의 음주)를 유지한다. 그 비율은 집단의 인구통계학적 특성에 따라 달라지며, 보통 결혼한, 안정적인 일자리와 주거지가 있는, 동반이환 정신질환이 없는 사람들이 최상의 치료 결과를 얻는다. 치료 이후의 환경 또한 장기적인 결과를 결정짓는 데 중요한 역할을 한다(Moos, Finney, & Cronkite, 1990). 음주 결과의 장기적인 불안정성은 알코올 중독을 만성적이고 재발하는 장애로 규정하게 하였으며, '성공'을 고정적인 결과보다는 하나의 과정으로 재개념화하였다. 즉, 음주나 과음을 피하기 위한 효과적인 기술들을 배우는 것뿐만 아니라, 재발 시 그 기간과 심각성을 최소화할 수 있는 대처법을 배운 내담자들도 '성공적인' 것으로 간주되어야 한다는 것이다. 치료효과성 연구에서 연구자들은 절대적인 '성공' 대신 상대적인 평가법을 사용하며, 여기에는 금주하거나 적당한 수준의 음주를 한 날의 비율, 과음한 기간과 비교한 금주기간의 길이 등을 살펴보는 것 등이 포함된다. 개별 임상가들의 관점에서 특정한 내담자 특성이나 행동들은 치료 과정에 대한 좋은 징조로 인식된다. 변화에 대한 중요한 (내부적 또는 외부적) 동기를 가진 내담자, 자신의 음주와 삶의 문제 사이의 관계를 잘 인식하는 내담자는 치료가 좀 더 수월하다. 치료 초기의 과제들에 잘 순응하는 것, 회기에 취하지 않은 상태로 오는 것, 치료 바깥에서의 행동에 대해 솔직하게 말하는 것 또한 긍정적인 지표이다. 그러나 임상가의 행동도 성공의 또 다른 중요한 예측 요인이다. 많은 연구에서 임상가가 하는 행동의 다양한 측면을 지적해 왔다. 공감, 구체적인 목표 설정과 치료계획, 음주 관련 목표를 강요하기보다는 내담자와의 상의를 통해 수립하는 것, 내담자에게 치료에 대한 선택지들을 제공하는 것 등이 그 예시이다. 이러한 것들은 모두 치료에서의 양호한 순응과 연관된다.

결론

음주 문제를 가진 사람에게 치료를 제공하는 것은 복잡하면서도 지속적으로 흥미로운 과정이다. 임상가는 각각의 내담자와 적절한 관리 수준의 연결, 치료환경, 치료방법, 그리고 기법에 대한 결정들에 직면한다. 수반되는 의료적 · 심리적 · 정신의학적 · 인지적 문제들을 식별하는 진단기술들은 이러한 내담자들에 의해 도전받게 된다. 치료는 다양한 치료기법에 대한 지식, 때때로 좌절스럽고 어려운 내담자들과 긍정적인 치료관계를 형성할 수 있는 능력, 그리고 '순간적으로 대처하는' 능력을 필요로 한다.

술을 많이 마시는 개인을 대상으로 음주를 줄일 수 있도록 동기를 부여하는 짧은 1회기 치료부터 심한 알코올 의존증을 보이는 개인들을 대상으로 하는 복잡하고 긴 치료까지, 치료는 결코 지루하거나 틀에 박힌 작업이 아니다. 치료방법에 대한 임상가의 선택을 돕는 많은 수의 경험적 문헌이 있으며, 임상기법들과 문제점들을 설명하고 있는 중요한 임상 문헌들도 존재한다. 아울러 음주 문제를 가진 많은 이가 스스로 혹은 최소한의 도움만으로 성공적인 변화를 성취하지만, 치료는 또한 사람들이 삶의 주요한 문제들을 변화시킬 수 있는 효과적인 방법을 제공할 수 있다.

따라서 이 장은 시작과 같이 이렇게 결론 내린다. 음주 문제를 가진 개인들에게 사려 깊고 정보에 입각한 치료를 제공하기 위해 임상가는 많은 것을 알고 수용적이어야 하며, 이것이 임상가들의 '영업비법'이 될 수 있다.

주

1. 표준잔으로, 12온스의 맥주 한 잔, 5온스의 와인 한 잔, 1.5온스의 86도 증류주 한 샷을 동등하게 본다.
2. 이 장에 실린 모든 대화는 치료자와 내담자의 실제 대화를 일부 바꾸어 옮긴 것이다.
3. 이렇게 옮겨 적은 글에는 모든 단어에 대하여 내담자가 사용한 맞춤법이 포함된다.
   ※ 원문은 responsibility(책임감)를 responsability로 적는 등 내담자의 맞춤법 실수를 그대로 기술하였으나, 한국어 번역본에서는 이를 반영하지 않았음.

참고문헌

American Psychiatric Association. (2013). *Diagnostic and statistical manual of mental disorders* (5th ed.). Arlington, VA: Author.

American Society of Addiction Medicine (ASAM). (2001). *ASAM patient placement criteria for the treatment of psychoactive substance use disorders* (2nd ed., rev.). Chevy Chase, MD: Author.

Annis, H. M., Graham, J. M., & Davis, C. S. (1987). *Inventory of Drinking Situations (IDS): User's guide*. Toronto: Centre for Addiction and Mental Health.

Chaney, E. F., O'Leary, M. R., & Marlatt, G. A. (1978). Skills training with alcoholics. *Journal of Consulting and Clinical Psychology, 46*, 1092–1104.

Cisler, J. M., Amstadter, A. B., Begle, A. M., Resnick, H. S., Danielson, C. K., Saunders, B. E., et al. (2011). PTSD symptoms, potentially traumatic event exposure, and binge drinking: A prospective study with a national sample of adolescents. *Journal of Anxiety Disorders, 25*, 978–987.

Cohn, A. M., Graff, F. S., Epstein, E. E., McCrady, B. S., Cook, S., Schneider, M., et al. (2010, June). *Alcohol use outcomes following "cold turkey" or graduated reduction among women with an alcohol use disorder enrolled in treatment*. Paper presented at the annual meeting of the Research Society on Alcoholism, San Antonio, TX.

Cox, G. B., Walker, R. D., Freng, S. A., Short, B. A., Meijer, L., & Gilchrist, L. (1998). Outcome of a controlled trial of the effectiveness of intensive case management for chronic public inebriates. *Journal of Studies on Alcohol, 59*, 523–532.

Cunningham, J. A., Sobell, L. C., Sobell, M. B., & Gaskin, J. (1994). Alcohol and drug abusers' reasons for seeking treatment. *Addictive Behaviors, 19*, 691–696.

Donovan, D. (2013). Evidence-based assessment: Strategies and measures in addictive behaviors. In B. S. McCrady & E. E. Epstein (Eds.), *Addictions: A comprehensive guidebook* (2nd ed., pp. 311–352). New York: Oxford University Press.

Epstein, E. E., & McCrady, B. S. (2009). *A cognitive-behavioral treatment program for overcoming alcohol use problems: Therapist guide*. New York: Oxford University Press.

Epstein, E. E., McCrady, B. S., Miller, K. J., & Steinberg, M. L. (1994). Attrition from conjoint alcoholism treatment: Do dropouts differ from completers? *Journal of Substance Abuse, 6*, 249–265.

Filstead, W. (1991). *Two-year treatment outcome: An evaluation of substance abuse services for adults and youths*. Park Ridge, IL: Parkside Medical Services.

Fink, E. B., Longabaugh, R., McCrady, B. S., Stout, R. L., Beattie, M., Ruggieri-Authelet, A., et al. (1985). Effectiveness of alcoholism treatment in partial versus inpatient settings: Twenty-four month outcomes. *Addictive Behaviors, 10*, 235–248.

Finney, J. W., Moos, R. H., & Timko, C. (2013). The course of treated and untreated substance use disorders: Remission and resolution, relapse and mortality. In B. S. McCrady & E. E. Epstein (Eds.), *Addictions: A comprehensive guidebook* (2nd ed., pp. 108–131). New York: Oxford University Press.

Foy, D. W., Miller, P. M., Eisler, R. M., & O'Toole, D. H. (1976). Social skills training to teach alcoholics to refuse drinks effectively. *Journal of Studies on Alcohol, 37*, 1340–1345.

Frankenstein, W., Hay, W. M., & Nathan, P. E. (1985). Effects of intoxication on alcoholics' marital communication and problem solving. *Journal of Studies on Alcohol, 46*, 1–6.

Green, K., Worden, B., Menges, D., & McCrady, B. S., (2008). Assessment of alcohol use disorders. In J. Hunsley & E. Mash (Eds.), *A guide to assessments that work* (pp. 339-369). New York: Oxford University Press.

Haaga, D. A. F., McCrady, B., & Lebow, J. (2006). Integrative principles for treating substance use disorders. *Journal of Clinical Psychology, 62*, 675–684.

Hallgren, K. A., Greenfield, B. L., Ladd, B., Glynn, L. H., & McCrady, B. S. (2012). Evidence-based practices for the treatment of adults with alcohol use disorders. In P. Sturmey & M. Hersen (Eds.), *Handbook of evidence-based practice in clinical psychology: Vol. II. Adult disorders* (pp. 133–166). Hoboken, NJ: Wiley.

Helzer, J. E., Robins, L. N., Taylor, J. R., Carey, K., Miller, R. H., Combs-Orme, T., et al. (1985). The extent of long-term moderate drinking among alcoholics discharged from medical and psychiatric treatment facilities. *New England Journal of Medicine, 312*, 1678-1682.

Hesse, M. (2006). The Readiness Ruler as a measure of readiness to change polydrug use in drug abusers. *Harm Reduction Journal, 3*. Published online at *www.harmreductionjournal.com/content/3/1/3*.

Hester, R. K., Delaney, H. D., Campbell, W., & Handmaker, N. (2009). A web application for moderation training: Initial results of a randomized clinical trial. *Journal of Substance Abuse Treatment, 37*, 266-276.

Institute of Medicine. (1990). *Broadening the base of treatment for alcohol problems*. Washington, DC: National Academy Press.

Kosanke, N., Magura, S., Staines, G., Foote, J., & DeLuca, A. (2002). Feasibility of matching alcohol patients to ASAM levels of care. *American Journal on Addictions, 11*, 124-134.

Leite, de C., Seminotti, J. C., Freitas, N. F., & Drachler, M. P. de L. (2011). The Psychosocial Treatment Expectations Questionnaire (PTEQ) for alcohol problems: Development and early validation. *European Journal of Psychological Assessment, 27*, 228-236.

Liepman, M. R. (1993). Using family influence to motivate alcoholics to enter treatment: The Johnson Institute Intervention approach. In T. J. O'Farrell (Ed.), *Treating alcohol problems: Marital and family interventions* (pp. 54-77). New York: Guilford Press.

Longabaugh, R., McCrady, B., Fink, E., Stout, R., McAuley, T., & McNeill, D. (1983). Cost-effectiveness of alcoholism treatment in inpatient versus partial hospital settings: Six- month outcomes. *Journal of Studies on Alcohol, 44*, 1049-1071.

Longabaugh, R., Wirtz, P. W., Zweben, A., & Stout, R. L. (1998). Network support for drinking, Alcoholics Anonymous and long-term matching effects. *Addiction, 93*, 1313-1333.

Longabaugh, R., Wirtz, P. W., Zywiak, W. H., & O'Malley, S. S. (2010). Network support as a prognostic indicator of drinking outcomes: The COMBINE study. *Journal of Studies on Alcohol and Drugs, 71*, 837-846.

Ludwig, A. M. (1985). Cognitive processes associated with "spontaneous" recovery from alcoholism. *Journal of Studies on Alcohol, 46*, 53-58.

Magura, S., Staines, G., Kosanke, N., Rosenblum, A., Foote, J., DeLuca, A., et al. (2003). Predictive validity of the ASAM Patient Placement Criteria for naturalistically matched vs. mismatched alcoholism patients. *American Journal on Addictions, 12*, 386-397.

Margolin, G., Talovic, S., & Weinstein, C. D. (1983). Areas of Change Questionnaire: A practical approach to marital assessment. *Journal of Consulting and Clinical Psychology, 51*, 921-931.

Marlatt, G. A., & Donovan, D. M. (Eds.). (2005). *Relapse prevention: Second edition: Maintenance strategies in the treatment of addictive behavior*. New York: Guilford Press.

Marlatt, G. A., & Gordon, J. R. (Eds.). (1985). *Relapse prevention: Maintenance strategies in the treatment of addictive behaviors*. New York: Guilford Press.

Mayfield, D., McLeod, G., & Hall, P. (1974). The CAGE questionnaire: Validation of a new alcoholism instrument. *American Journal of Psychiatry, 131*, 1121-1123.

McConnaughy, E. A., Prochaska, J. O., & Velicer, W. F. (1983). Stages of change in psychotherapy: Measurement and sample profiles. *Psychotherapy: Theory, Research, and Practice, 20*, 243-250.

McCrady, B. S. (1992). A reply to Peele: Is this how you treat your friends? *Addictive Behaviors, 17*, 67-72.

McCrady, B. S., & Epstein, E. E. (2009). *Overcoming alcohol problems: A couples-focused program*. New York: Oxford University Press.

McCrady, B. S., Epstein, E. E., Cook, S., Jensen, N. K., & Hildebrandt, T. (2009). A randomized trial of individual and couple behavioral alcohol treatment for women. *Journal of Consulting and Clinical Psychology, 77*, 243-256.

McCrady, B. S., Epstein, E. E., & Hirsch, L. (1999).

Maintaining change after conjoint behavioral alcohol treatment for men: Outcomes at six months. *Addiction, 94*, 1381-1396.

McCrady, B. S., Horvath, A. T., & Delaney, S. I. (2003). Self-help groups. In R. K. Hester & W. R. Miller (Eds.), *Handbook of alcoholism treatment approaches: Effective alternatives* (3rd ed., pp. 165-187). Boston: Allyn & Bacon.

McCrady, B. S., Longabaugh, R. L., Fink, E., Stout, R., Beattie, M., Ruggieri-Authelet, A., et al. (1986). Cost effectiveness of alcoholism treatment in partial hospital versus inpatient settings after brief inpatient treatment: Twelve month outcomes. *Journal of Consulting and Clinical Psychology, 54*, 708-713.

McCrady, B. S., Owens, M., & Brovko, J. (2013). Couples and family treatment methods. In B. S. McCrady & E. E. Epstein (Eds.), *Addictions: A comprehensive guidebook* (2nd ed., pp. 454-481). New York: Oxford University Press.

McCrady, B. S., Stout, R., Noel, N., Abrams, D., & Nelson, H. F. (1991). Effectiveness of three types of spouse-involved behavioral alcoholism treatment. *British Journal of Addiction, 86*, 1415-1424.

McCrady, B. S., & Tonigan, J. S. (in press). Recent research into twelve step programs. In: R. Ries, D. Fiellin, S. Miller, & R. Saitz (Eds.), *Principles of addiction medicine* (5th ed.). Baltimore: Lippincott/Williams & Wilkins.

McKay, J. R., Van Horn, D., Oslin, D. W., Ivey, M., Drapkin, M. L., Coviello, D. M., et al. (2011). Extended telephone-based continuing care for alcohol dependence: 24-month outcomes and subgroup analyses. *Addiction, 106*, 1760-1769.

McLellan, A. T., Grissom, G. R., Zanis, D., Randall, M., Brill, P., & O'Brien, C. P. (1997). Problem-service "matching" in addiction treatment: A prospective study in four programs. *Archives of General Psychiatry, 54*, 730-735.

McLellan, A. T., Kushner, H., Metzger, D., Peters, R., Smith, I., Grissom, G., et al. (1992). The fifth edition of the Addiction Severity Index. *Journal of Substance Abuse Treatment, 9*, 199-213.

McLellan, A. T., Lewis, D. C., O'Brien, C. P., & Kleber, H. D. (2000). Drug dependence, a chronic medical illness: Implications for treatment, insurance, and outcomes evaluation. *Journal of the American Medical Association, 284*, 1689-1695.

Menges, D., McCrady, B. S., Epstein, E. E., & Beem, C. (2008). Psychometric evaluation of the Drinking Patterns Questionnaire: A measure of high-risk drinking situations. *Addictive Behaviors, 33*, 1061-1066.

Meyers, R. J., & Smith, J. E. (1995). *Clinical guide to alcohol treatment: The community reinforcement approach*. New York: Guilford Press.

Miller, W. R., Benefield, R., G., & Tonigan, J. S. (1993). Enhancing motivation for change in problem drinking: A controlled comparison of two therapist styles. *Journal of Consulting and Clinical Psychology, 61*, 455-461.

Miller, W. R., Leckman, A. L., Delaney, H. D., & Tinkcom, M. (1992). Long-term follow-up of behavioral self-control training. *Journal of Studies on Alcohol, 53*, 249-261.

Miller, W. R., Meyers, R. J., & Tonigan, J. S. (1999). Engaging the unmotivated in treatment for alcohol problems: A comparison of three strategies for intervention through family members. *Journal of Consulting and Clinical Psychology, 67*, 688-697.

Miller, W. R., & Rollnick, S. (1991). *Motivational interviewing: Preparing people to change addictive behavior*. New York: Guilford Press.

Miller, W. R., & Rollnick, S. (2002). *Motivational interviewing: Preparing people for change* (2nd ed.). New York: Guilford Press.

Miller, W. R., & Tonigan, J. S. (1996). Assessing drinkers' motivations for change: The Stages of Change Readiness and Treatment Eagerness Scale (SOCRATES). *Psychology of Addictive Behaviors, 10*, 81-89.

Miller, W. R., Tonigan, J. S., & Longabaugh, R. (1995). *The Drinker Inventory of Consequences (DrInC): An instrument for assessing adverse consequences of alcohol abuse*. Rockville, MD: National Institute on

Alcohol Abuse and Alcoholism.

Miller, W. R., Walters, S. T., & Bennett, M. E. (2001). How effective is alcoholism treatment in the United States? *Journal of Studies on Alcohol, 62*, 211-220.

Moderation Management. (2006). The MM limits. Retrieved September 21, 2006, from www.moderation.org/readings.*shtml#mmlimits.*

Monti, P. M., Abrams, D. B., Binkoff, J. A., Zwick, W. R., Liepman, M. R., Nirenberg, T. D., et al. (1990). Communication skills training, communication skills training

with family and cognitive behavioral mood management training for alcoholics. *Journal of Studies on Alcohol, 51*, 263-270.

Monti, P. M., Kadden, R. M., Rohsenow, D. J., Cooney, N. L., & Abrams, D. B. (2002). *Treating alcohol dependence: A coping skills training guide* (2nd ed.). New York: Guilford Press.

Moos, R. H., & Billings, A. (1982). Children of alcoholics during the recovery process: Alcoholic and matched control families. *Addictive Behaviors, 7*, 155-163.

Moos, R. H., Finney, J. W., & Cronkite, R. (1990). *Alcoholism treatment: Context, process, and outcome.* New York: Oxford University Press.

Moos, R. H., Finney, J. W., & Gamble, W. (1982). The process of recovery from alcoholism: II. Comparing spouses of alcoholic patients and matched community controls. *Journal of Studies on Alcohol, 43*, 888-909.

Morgenstern, J., Blanchard, K. A., McCrady, B. S., McVeigh, K. H., Morgan, T. J., & Pandina, R. J. (2006). A randomized field trial examining the effectiveness of intensive case management for substance dependent women receiving temporary assistance for needy families (TANF). *American Journal of Public Health, 96*, 2016-2023.

Moyers, T. B., Martin, T., Houck, J. M., Christopher, P. J., & Tonigan, J. S. (2009). From in-session behaviors to drinking outcomes: A causal chain for motivational interviewing. *Journal of Consulting and Clinical Psychology, 77*, 1113-1124.

Nathan, P. E., & McCrady, B. S. (1987). Bases for the use of abstinence as a goal in the behavioral treatment of alcohol abusers. *Drugs and Society, 1*, 109-132.

O'Farrell, T. J., Choquette, K. A., & Cutter, H. S. G. (1998). Couples relapse prevention sessions after behavioral marital therapy for male alcoholics: Outcomes during the three years after starting treatment. *Journal of Studies on Alcohol, 59*, 357-370.

Ojehegan, A., & Berglund, M. (1989). Changes in drinking goals in a two-year outpatient alcoholic treatment program. *Addictive Behaviors, 14*, 1-10.

Orford, J., & Keddie, A. (1986). Abstinence or controlled drinking in clinical practice: A test of the dependence and persuasion hypotheses. *British Journal of Addiction, 81*, 495-504.

Orford, J., Templeton, L., Velleman, R., & Copello, A. (2005). Family members of relatives with alcohol, drug and gambling problems: A set of standardized questionnaires for assessing stress, coping and strain. *Addiction, 100*, 1611-1624.

Oscar-Berman, M., & Marinković, K. (2007). Alcohol: Effects on neurobehavioral functions and the brain. *Neuropsychology Review, 17*, 239-257.

O'Toole, T. P., Freyder, P. J., Gibbon, J. L., Hanusa, B. J., Seltzer, D., & Fine, M. J. (2004). ASAM Patient Placement Criteria treatment levels: Do they correspond to care actually received by homeless substance abusing adults? *Journal of Addictive Diseases, 23*, 1-15.

Pabst, A., Baumeister, S. E., & Krause, L. (2010). Alcohol-expectancy dimensions and alcohol consumption at different ages in the general population. *Journal of Studies on Alcohol and Drugs, 71*, 46-53.

Paolino, T. J., Jr., McCrady, B. S., & Diamond, S. (1978). Some alcoholic marriage statistics: An overview. *International Journal of the Addictions, 13*, 1252-1257.

Prochaska, J. O., & DiClemente, C. C. (2005). The transtheoretical approach. In J. C. Norcross & M. R. Goldfried (Eds.), *Handbook of psychotherapy integration* (2nd ed., pp. 147-171). New York: Oxford University Press.

Project MATCH Research Group. (1997a). Matching alcoholism treatments to client heterogeneity: Project

MATCH posttreatment drinking outcomes. *Journal of Studies on Alcohol, 58*, 7-29.

Project MATCH Research Group. (1997b). Project MATCH secondary a priori hypotheses. *Addiction, 92*, 1671-698.

Project MATCH Research Group. (1998). Matching alcoholism treatments to client heterogeneity: Project MATCH three-year drinking outcomes. *Alcoholism: Clinical and Experimental Research, 22*, 1300-1311.

Raytek, H. S., McCrady, B. S., Epstein, E. E., & Hirsch, L. S. (1999). Therapeutic alliance and the retention of couples in conjoint alcoholism treatment. *Addictive Behaviors, 24*, 317-330.

Robins, L. N., Wing, J., Wittchen, H. U., Helzer, J. E., Babor, T. F., Burke, J., et al. (1988). The prevalence of psychiatric disorders in patients with alcohol and other drug problems. *Archives of General Psychiatry, 45*, 1023-1031.

Rollnick, S., Heather, N., Gold, R., & Hall, W. (1992). Development of a short "Readiness to Change" Questionnaire for use in brief opportunistic interventions. *British Journal of Addictions, 87*, 743-754.

Roman, P. (2013). Treatment for substance use disorders in the United States: An organizational technology perspective. In B. S. McCrady & E. E. Epstein (Eds.), *Addictions: A comprehensive guidebook* (2nd ed., pp. 597-621). New York: Oxford University Press.

Rose, S. J., Zweben, A., Ockert, D., & Baier, A. (2013). Interfaces of substance abuse treatment with other health and social systems. In B. S. McCrady & E. E. Epstein (Eds.), *Addictions: A comprehensive guidebook* (2nd ed., pp. 641-655). New York: Oxford University Press.

Rosenberg, H. (1993). Prediction of controlled drinking by alcoholics and problem drinkers. *Psychological Bulletin, 113*, 129-139.

Rosenthal, R. N. (2013). Treatment of persons with dual diagnoses of substance use disorder and other psychological problems. In B. S. McCrady & E. E. Epstein (Eds.), *Addictions: A comprehensive guidebook* (2nd ed., pp. 659-707). New York: Oxford University Press.

Rychtarik, R. G., Connors, G. J., Whitney, R. B., McGillicuddy, N. B., Fitterling, J. M., & Wirtz, P. W. (2000). Treatment settings for persons with alcoholism: Evidence for matching clients to inpatient versus outpatient care. *Journal of Consulting and Clinical Psychology, 68*, 277-289.

Rynes, K. N., McCrady, B. S., Morgan, T., Violette, N., & Pandina, R. (2012). *Need-service matching predicts drug use outcomes in comprehensive treatment for mothers in the child welfare system*. Unpublished manuscript.

Saunders, J. B., Aasland, O. G., Babor, T. F., de la Fuente, J. R., & Grant, M. (1993). Development of the Alcohol Use Disorders Screening Test (AUDIT): WHO collaborative project on early detection of persons with harmful alcohol consumption-II. *Addiction, 88*, 791-804.

Sisson, R. W., & Azrin, N. (1986). Family-member involvement to initiate and promote treatment of problem drinkers.*Journal of Behavior Therapy and Experimental Psychiatry, 17*, 15-21.

Skinner, H., & Allen, B. A. (1982). Alcohol dependence syndrome: Measurement and validation. *Journal of Abnormal Psychology, 91*, 199-209.

Slaymaker, V., & Sheehan, T. (2013). The disease model. In B. S. McCrady & E. E. Epstein (Eds.), *Addictions: A comprehensive guidebook* (2nd ed., pp. 451-481). New York: Oxford University Press.

Smith, J. E., & Meyers, R. J. (2004). *Motivating substance abusers to enter treatment: Working with family members*. New York: Guilford Press.

Smith, P. H., Homish, G. G., Leonard, K. E., & Cornelius, J. R. (2012). Intimate partner violence and specific substance use disorders: Findings from the National Epidemiologic Survey on Alcohol and Related Conditions. *Psychology of Addictive Behaviors, 26*, 236-245.

Sobell, L. C., & Sobell, M. B. (2003). Alcohol consumption measures. In J. P. Allen & V. B. Wilson (Eds.), *Assessing alcohol problems: A guide for clinicians and researchers, second edition* (pp. 75-99). Bethesda, MD: National Institute on Alcohol Abuse and Alcoholism.

Sobell, L. C., & Sobell, M. B. (1995). *Alcohol Timeline Followback users' manual.* Toronto: Addiction Research Foundation.

Sobell, L. C., & Sobell, M. B. (2011). *Group therapy for substance use disorders: A motivational cognitive-behavioral approach.* New York: Guilford Press.

Sobell, M. B., & Sobell, L. C. (2000). Stepped care as a heuristic approach to the treatment of alcohol problems. *Journal of Consulting and Clinical Psychology, 68,* 573-579.

Spanier, G. (1976). Measuring dyadic adjustment: New scales for assessing the quality of marriage and similar dyads. *Journal of Marriage and the Family, 38,* 15-28.

Spear, S. F., & Mason, M. (1991). Impact of chemical dependency on family health status. *International Journal of the Addictions, 26,* 179-187.

Spitzer, R. L., Williams, J. B. W., Gibbon, M., & First, M. B. (1996). *Structured Clinical Interview for DSM-IV: Patient Edition (with Psychotic Screen-Version 1.0).* Washington, DC: American Psychiatric Press.

Stinchfield, R., & Owen, P. (1998). Hazelden's model of treatment and its outcome. *Addictive Behaviors, 23,* 669-683.

Straus, M., Hamby, S. L., Boney-McCoy, S., & Sugarman, D. B. (1996). The Revised Conflict Tactics Scales (CTS2): Development and preliminary psychometric data. *Journal of Family Issues, 17,* 283-316.

Sullivan, J. T., Sykora, K., Schneiderman, J., Naranjo, C. A., & Sellers, E. M. (1989). Assessment of alcohol withdrawal: The revised Clinical Institute Withdrawal Assessment for Alcohol scale (CIWA-Ar). *British Journal of Addiction, 84,* 1353-1357.

Thomas, E. J., Santa, C., Bronson, D., & Oyserman, D. (1987). Unilateral family therapy with the spouses of alcoholics. *Journal of Social Service Research, 10,* 145-162.

Thomas, E. J., Yoshioka, M., & Ager, R. D. (1996). Spouse enabling of alcohol abuse: Conception, assessment, and modification. *Journal of Substance Abuse, 8,* 61-80.

Tonigan, J. S., Miller, W. R., & Brown, J. M. (1997). The reliability of FORM 90: An instrument for assessing alcohol treatment outcome. *Journal of Studies on Alcohol, 58,* 358-364.

Vaillant, G. (1983). *The natural history of alcoholism.* Cambridge, MA: Harvard University Press.

Vaillant, G., & Milofsky, E. S. (1982). Natural history of male alcoholism: 4. Paths to recovery. *Archives of General Psychiatry, 39,* 127-133.

Walitzer, K. S., & Connors, G. J. (2007). Thirty-month follow-up of drinking moderation training for women: A randomized clinical trial. *Journal of Consulting and Clinical Psychology, 75,* 501-507.

Witkiewitz, K., Donovan, D. M., & Hartzler, B. (2012). Drink refusal training as part of a combined behavioral intervention: Effectiveness and mechanisms of change. *Journal of Consulting and Clinical Psychology, 80,* 440-449.

Witkiewitz, K., & Marlatt, G. A. (2004). Relapse prevention for alcohol and drug problems: That was zen, this is tao. *American Psychologist, 59,* 224-235.

Woodward, J. J. (2013). Alcohol. In B. S. McCrady & E. E. Epstein (Eds.), *Addictions: A comprehensive guidebook* (2nd ed., pp. 135-154). New York: Oxford University Press.

Zimmerman, A., Lubman, D. I., & Cox, M. (2012). Tobacco, caffeine, alcohol and illicit substance use among consumers of a national community managed mental health service. *Mental Health and Substance Use, 5,* 287-302.

chapter 14

약물사용장애

Stephen T. Higgins, Stacey C. Sigmon, Sarah H. Heil 공저
신성만 역

이 장에서는 심리적 치료개입이 가장 어려운 유형의 장애로 알려진 코카인사용장애를 경험하고 있는 24세 남성 '빌'의 사례를 살펴 볼 것이다. 대부분의 코카인사용장애 내담자들처럼, 빌은 코카인뿐만 아니라 알코올사용장애도 가지고 있다. 또한 빌은 분노조절의 문제, 니코틴 및 마리화나의 과도한 사용, 자살사고, 사회 및 직업적 문제(5세 된 딸을 만나지 못하도록 금지되어 있는 것도 포함)도 가지고 있다. Stephen T. Higgins와 동료들이 빌과 같은 사람들을 대상으로 한 경험적 지지를 바탕으로 한 개인치료 프로토콜을 만들 수 있었다는 사실은 그 자체로 주목받을 만한 업적이다. 그러나 이 전략의 다각적인 성격에 대해 잘 알 수 있으려면 숙련된 전문가이어야만 하는데, 중독행동의 전반적 측면뿐만 아니라 기분장애, 대인관계 및 생계 문제에 대해서도 주의를 기울일 수 있어야 한다. 이러한 다양한 측면이 어떻게 관계되어 있는지를 잘 이해하고 포괄적으로 접근하지 않는다면 이 치료전략은 성공을 거두지 못할 것이다. 중독 관련 문제를 직접적으로 다루고 있지 않는 임상전문가나 학생들 또한 약물사용장애에 대한 최신의 심리적 접근방법을 잘 숙지하고 있다면 분명 대단히 유익할 것이다. -D. H. B.

약물사용장애(drug use disorders)는 미국을 포함한 대부분의 선진국에서 높은 유병률을 나타내고 있으며, 엄청난 사회적 비용을 발생시키고 있다. 통계를 살펴보면 약물사용장애가 미국 내에서 얼마나 광범위하게 일어나고 있는지 알 수 있는데, 12세 이상의 미국인 중 1억 3,120만 명(51.4 %)이 음주 문제(지난 30일 동안)가 있었고, 6,960만 명(27.2%)이 니코틴 사용 문제를 가지고 있었으며, 2,270만 명(8.9%)이 현재 불법 약물을 사용하고 있다고 보고되었다[United States Department of Health and Human Services (USDHHS), 2012]. 물론 모든 약물 사용자가 부작용을 경험하고 있는 것은 아니지만 높은 비율로 심각한 문제들이 발생한다. 한 통계에 따르면 지난 한 해 동안 12세 이상의 미국인 중 2,220만 명(8.7%)이 『정신장애의 진단 및 통계 편람 제4판, 텍스트 개정(DSM-IV-TR)』(American Psychiatric Association, 2000)의 진

단기준에 의해 약물 남용 또는 의존으로 진단받았으며, 150만 건(0.6%)에 다다르는 약물사용 문제와 관련된 치료가 제공되었다(USDHHS, 2012). 이러한 약물사용 문제가 미국 경제에 미치는 비용은 연간 6천억 달러 이상 될 것으로 추정된다(Bouchery, Harwood, Sacks, Simon, & Brewer, 2011; Centers for Disease Control and Prevention, 2008; U.S. Department of Justice, 2011).

분명 약물사용장애에 효과적으로 개입할 수 있는 치료가 절실히 필요한 시점이다. 이 장에서는 불법 약물사용장애에 대한 심리사회적 치료에 중점을 둔다. 알코올 문제에 대한 치료는 McCrady가 쓴 이 책의 제13장에 상세히 수록되어 있으며, 니코틴사용장애에 대한 몇몇 훌륭한 개관도 포함되어 있다(예: Kenford & Fiore, 2004; Schnoll & Lerman, 2006). 이 글의 초점은 경험에 기반한 개입에 있기 때문에 이 장에서 우리는 주로 행동 및 인지행동치료를 다룰 것이다. 이 장에서 자세히 다루겠지만 약물사용장애에 대한 효과적인 현대적 치료법들은 보통 심리치료와 약물치료를 병행하여 시행되는 경우가 많다. 이 장에서는 다중요소 개입을 사용하여 치료 시행의 세부사항, 즉 코카인 의존의 외래치료를 위해 개발한 공동체 강화 접근법(Community Reinforcement Approach: CRA)과 바우처 개입을 설명할 것이다. 끝으로, 미국 약물 남용 연구소[National Institute on Drug Abuse(NIDA), 2009]에서는 35년 이상의 연구 결과들을 토대로 불법 약물남용을 다루는 데 효과적인 것으로 드러난 치료 원칙 열세 가지를 발표하였는데, 이 장 전체는 이러한 원칙들을 기본적으로 적용하여 쓰였다(〈표 14-1〉 참조).

〈표 14-1〉 효과적인 치료 원칙

1. 모든 개인에게 적합한 단 하나의 치료방법은 존재하지 않는다.
2. 치료는 언제든지 쉽게 이용할 수 있어야 한다.
3. 효과적인 치료는 약물 사용의 측면뿐만 아니라 개인의 다양한 필요도 다루어야 한다.
4. 개인의 치료 및 서비스 계획은 지속적으로 평가되어야 하며 개인의 변화하는 필요들을 충족시킬 수 있도록 적절히 수정될 수 있어야 한다.
5. 치료효과를 얻기 위해서는 적절한 기간 동안(예: 3개월 이상) 치료를 받는 것이 중요하다.
6. 상담(개인 및/또는 집단) 및 기타 행동치료들은 중독에 대한 효과적인 치료의 핵심 구성요소이다.
7. 약물치료는 많은 중독자에게 중요한 치료 요소이며, 특히 상담 및 기타 행동치료들과 병행할 때 효과가 있다.
8. 정신장애를 함께 가지고 있는 중독 또는 약물남용 환자는 두 가지 질환 모두를 통합적으로 치료해야 한다.
9. 의료기관에서 실시하는 약물 해독 과정은 중독치료의 첫 번째 단계에 불과하며, 그것만으로는 장기적으로 약물사용 행동을 거의 바꾸지 못한다.
10. 자발적이어야만 치료에 효과가 있는 것은 아니다.
11. 치료 중에도 약물 사용의 가능성을 지속적으로 모니터링해야 한다.
12. 치료 프로그램은 HIV/AIDS, B형 간염 및 C형 간염, 결핵 및 기타 전염성 질병에 대한 위험성을 평가하고, 환자에게 자신이나 타인에게 감염 위험을 높일 수 있는 행동을 수정하거나 바꿀 수 있도록 상담을 제공해야 한다.
13. 마약 중독에서의 회복은 장기간의 과정이 될 수 있으며, 종종 여러 번의 치료 삽화를 필요로 한다.

임상적 장애 정의하기

치료에 대한 논의를 진행하기 전에 약물사용장애를 진단하기 위한 기준을 간략하게 논의하겠다. 이 장에서 논의된 연구들에서는 DSM-IV-TR(American Psychiatric Association, 2000)이 주로 사용되었으며, 향후에는 DSM-5(American Psychiatric Association, 2013)를 적용하도록 할 계획이다. 2013년 5월에 발표된 DSM-5에는 DSM-IV-TR과 다른 주요 변경 사항이 포함되어 있다(O'Brien, 2011). DSM-IV-TR에 포함된 남용 및 의존 진단 카테고리는 DSM-5에서 열한 가지 증상을 포함하는 단일 '물질사용장애' 스펙트럼으로 대체되었다. 이러한 증상들은 DSM-IV-TR에서 발견되는 것들과 대체로 유사하다: ① 의도한 것보다 더 많은 양의 물질을 사용하거나 장기간 사용, ② 물질 사용을 줄이거나 통제하려는 끊임없는 열망이나 실패한 노력, ③ 물질을 얻기 위해 필요한 활동에 많은 시간을 소비, ④ 갈망, ⑤ 주요 역할 의무를 이행하지 못함, ⑥ 지속적 또는 반복적인 사회적 또는 대인관계 문제가 있음에도 불구하고 약물 사용을 지속, ⑦ 물질 사용으로 인해 중요한 사회, 직업 또는 여가 활동의 중단 또는 감소, ⑧ 신체적으로 유해한 상황에서도 물질 사용, ⑨ 물질에 의해 유발되거나 악화된 것으로 보이는 지속적이고 반복적인 신체적 또는 심리적 문제에 대한 지식에도 불구하고 물질 사용의 지속, ⑩ 내성, ⑪ 금단. 장애 스펙트럼에서 경미한 수준(2~3개 증상)은 DSM-IV-TR의 덜 심각한 남용 범주와 더 큰 증상(6개 이상의 증상) 및 더 심각한 의존성 범주에 필적한다. 다음에 논의된 모든 연구에는 이 스펙트럼의 더 심하거나 '의존성'이 있는 사람들이 포함되어 있다.

일반적으로 약물사용장애 정도가 심각한 경우 치료 결과가 좋지 않다. 약물사용장애의 심각도는 약물 사용 빈도, 약물 사용량과 투여 경로, 인구사회학적 요인(예: 교육 수준)의 영향을 받는다. 이러한 요인들과 약물을 반복적으로 사용한 결과로 나타나는 좋지 않은 징후 및 증상의 수 사이에 정적인 상관관계가 있을 것이라는 사실에는 의심의 여지가 없다. 이러한 이유로 DSM-IV-TR은 코카인 및 기타 약물사용장애의 심각도를 평가하는 데 도움이 되며, DSM-5의 스펙트럼 접근법 또한 더욱 유용할 것으로 예상된다.

평가

포괄적인 평가는 약물사용장애를 효과적으로 임상 관리하는 데 있어 필수적인 첫 단계이다. 이 절에서는 DSM-IV-TR의 코카인 의존 진단기준을 충족시키면서, DSM-5의 코카인사용장애 스펙트럼에서 심각도에 해당하는 개인에게 약물치료기관에서 사용하는 평가방법에 대해 간략히 설명하려 한다. 소개하는 평가 체계는 비교적 일반적이어서 코카인사용장애뿐 아니라 다른 유형의 약물 사용장애에도 약물명만 바꾸어 적용하면 쉽게 응용해서 사용할 수 있다.

치료 클리닉의 모든 초기 연락은 접수 담당자가 담당하며, 접수 담당자는 내담자가 약물 사용과 관련된 문제를 보고하고 있는지, 18세 이상인지, 치료 클리닉이 위치한 행정구역 내에 거주하고 있는지 등을 확인한다. 우리가 제공하는 CRA 바우처 치료는 집중적인 치료로서 일주일에 여러 번 클리닉을 방문해야 한다. 원거리에 사는 사람들은 보통 이러한 까다로운 일정을 소화하지 못하지만, 보다 덜 집중적인 치료개입 방법으로 원거리에 사는 환자들을 참여시킬 수도 있다. 여기서 중요한 것은 제공되는 치료에 적합한 실질적인 지리적 범위를 고려해야 한다는 것이다. 따라서 이러한 기준을 충족시키지 못하는 사람들은 적당히 가까운 클리닉에 의뢰될 수 있다. 반면, 기준을 충족시킨 사람들은 접수 평가를 위해 면담 약속을 잡는다.

가능한 한 빨리 접수 평가를 위한 일정을 잡아야 한다(원칙 2, 〈표 14-1〉 참조). 연락 후 24시간 이내에 면담 일정을 잡으면 초기 연락과 평가 면접 사이에 생길 수 있는 변심과 같은 문제들이 크게 줄어드는데, 이는 약물사용장애가 있는 사람들에게 있어 중요한 문제이다(Festinger, Lamb, Kirby, & Marlowe, 1996). 24시간 이내에 올 수 없는 내담자들을 위한 2차 목표는 72시간 내에 그들을 오게 하는 것이다.

접수 평가는 약 3시간이 소요될 예정이라고 알린다. 초기 회기는 가장 중요한 회기 중 하나이다. 클리닉 직원은 내담자의 잠재적인 불안을 인식하고, 내담자가 편안함을 느낄 수 있도록 노력해야 한다. 변화를 향한 중요한 첫걸음을 내딛고 있는 내담자를 격려하고, 최근 약물 사용과 관련하여 신체적으로 아프거나 불편할 수도 있다는 점을 인정해 주며, 내담자의 지각력 등이 부족하더라도 유연하게 대응할 수 있어야 한다. 짧은 휴식, 음식 및 음료, 또는 간단한 전화의 필요를 수용해 주는 것도 도움이 된다. 모든 상호작용을 통해 공감을 제공하며 "당신은 할 수 있습니다."라는 매우 긍정적인 메시지를 전하고자 해야 한다.

접수 평가를 진행하는 동안 약물 사용에 대한 자세한 정보를 수집한다. 또한 치료 준비도를 평가하고 정신과적 기능의 문제, 고용상태와 직업, 여가활동, 현재의 사회적 지지 체계, 가족 및 사회 문제, 법적 문제를 종합적으로 평가한다(원칙 3, 〈표 14-1〉 참조). 이러한 정보들을 얻기 위해 우리가 주로 사용하는 도구들을 일반적인 순서대로 소개할 것이다. 이 도구들은 치료 대상자들에 따라 순서를 수정해서 쉽게 사용할 수 있다. 이 책에서는 임상적인 논리를 포함하는 효과적인 평가 패키지의 예를 제공하고자 하였다.

자기보고식 질문지

우리는 접수평가를 위해 몇 가지 자기보고식 질문지를 사용한다. 면접자는 내담자에게 인사하고, 자신을 소개하며, 내담자를 개인 사무실로 안내한다. 그 후 조심스러우면서도 간략하게 접수 평가의 과정을 내담자에게 설명해 준다. 자기보고식 질문지를 작성하기 전에 내담자의 읽기능력에 대해 질문하는 것은 중요하다. 읽기능력에 문제가 있는 것으로 의심되는 경우, 면접자의 도움 없이 질문지를 작성할 수 있는지 확인하기 위해 내담자에게 몇 개의 질문을 크게 소리 내어 읽도록 요청한다. 글을 잘 읽지 못하는 내담자의 경우는 사적인 환경에서 직원이 질문을 소리 내어 읽어 줌으로써 진행할 수 있다. 잘 읽지 못하는 내담자가 이러한 상황에서 불편감을 느낄 수 있기 때문에 주의 깊고 긍정적인 태도로 접근해야 한다. 읽을 수 있는 내담자에게는 양식을 작성하는 데 45분을 주도록 한다.

우리는 내담자에게 일상적이고 간략한 인구통계학적 질문들에 답하도록 한다. 내담자의 현재 주소와 전화번호를 얻는 것은 중요하며, 내담자의 소재를 항상 알고 있는 사람의 수를 아는 것 또한 중요하다. 이 정보는 내담자가 예정된 치료 회기에 참여하지 않거나 내담자에게 다른 임상적 목적을 위해 연락해야 하는 경우, 그리고 치료 후 추후 평가를 위해 연락하는 데에도 필요하다.

변화준비 단계 및 치료태도 척도(Stages of Change Readiness and Treatment Eagerness Scale: SOCRATES; Miller & Tonigan, 1996)는 내담자의 인식에 대한 정보를 제공하는데, 이는 약물 사용 문제의 심각성과 약물 사용을 줄이기 위한 행동에 관한 것이다. 이 질문지는 변화에 대한 동기강화의 양적 지표를 제공하며, 이는 특정 치료목표를 준수하려는 내담자의 의지에 대해 알려 주는 중요한 지표가 될 수 있다. 약물 사용을 줄이려는 내담자의 동기는 약물에 따라 달라지기 때문에 특정 물질(즉, 코카인, 알코올 및 기타 약물 사용)을 나타내는 SOCRATES의 세 가지 판을 사용한다. 예를 들어, 우리 클리닉에서 치료를 원하는 거의 모든 사람은 코카인 사용을 바꾸기 위해 행동할 준비가 되어 있지만, 대부분은 우리가 가장 자주 사용하는 약물 사용의 두 가지 형태인 알코올이나 마리화나 사용을 바꾸는 것에 대해서는 대단히 모호하게 반응한다. 우리의 접근방식은 내담자가 코카인에 관하여 취할 준비가 되어 있는 행동을 우선 강화하고 다른 종류의 약물 사용이 코카인 사용을 성공적으로 중단할 확률을 감소시킬 수 있다는 과학적 근거들을 공감적인 태도로 공유하는 것이다. 또한 우리는 모든 중독 물질 사용에 있어서 단기적으로라도 약물을 완전히 끊는 것이 성공의 가능성을 가장 높이는 길이라고 생각한다. 알코올 사용은 코카인 사용의 가능성을 증가시키며 좋지 않은 치료 결과를 예측하게 만드는 직접적인 요인이다. 마리화나의 사용은 그 자체로 코카인 단약 성공과는 직접적인 관계가 없다 하더라도 마리화나라는 약물 자체가 야기하는 문제가 있다.

우리는 내담자가 경험한 코카인의 부작용 유형에 관한 구체적인 정보를 수집하는 효과적인 수단으로 코카인 의존성 자기검사(Cocaine Dependency Self-Test; Washton, Stone, & Hendrickson, 1988)의 개정판을 사용한다. 약물 사용의 부작용에 대해 체계적으로 수집된 정보는 중요하다. 이러한 정보는 치료 과정에서 변화에 대한 동기를 촉진하고 유지하기 위한 노력의 일환으로 코카인 사용의 장단점에 관한 내담자의 문제해결을 돕는 데 유용하다.

또한 불법 약물사용장애를 가진 내담자의 상당수가 문제성 음주자이기 때문에 그와 관련된 문제의 평가도 필수적이다. 이를 위해 알코올 평가의 일환으로 널리 사용되는 간단한 알코올 중독 검사도구인 미시건 알코올 중독 선별검사(Michigan Alcoholism Screening Test: MAST)가 사용된다(Selzer, 1971). 코카인 남용과 의존에 대한 치료를 받는 거의 모든 내담자가 알코올을 사용하고 있으며, 그중 약 60%가 알코올 의존에 대한 DSM-IV-TR 진단기준을 충족한다는 것을 고려하면, MAST는 알코올 문제가 있는 내담자를 평가하는 데 유용하다.

우울은 약물사용장애 치료를 위한 내담자들에게 나타나는 공통적인 문제이다. 우리는 우울한 징후를 찾기 위해 정기적으로 Beck 우울척도 제2판(Beck Depression Invertory-II: BDI-II; Beck, Steer, Ball, & Ranieri, 1996)을 사용하여 판독한다. 치료에 들어가는 코카인 남용자의 평균 BDI-II 점수는 임상 범위에 해당한다. 대부분의 내담자는 치료 1~2주 후에 점수가 급격히 감소한다. 그러나 이것이 모든 내담자에게 해당되는 것은 아니다. 따라서 주의 깊게 평가하고, 우울함을 보이는지 살펴보고, 증상이 해결되지 않았을 때 개입하는 것이 중요하다. 자살위험에 대한 평가와 모니터링 또한 중요하다. 우리는 지역 정신건강 위기 서비스와 협력하여 개발한 프로토콜을 사용한다.

증상 체크리스트-90 개정판(Symptom Checklist 90-Revised: SCL-90-R; Derogatis, 1983)은 정신과적 증상을 광범위하게 선별하는 데 사용되며, 보다 심층적인 정신과적 평가가 필요한지 여부를 결정하는 데 도움이 된다. 또한 SCL-90-R은 정신상태의 진행 상황이나 변화의 모니터링을 쉽게 관리할 수 있다.

내담자가 이러한 자기보고식 질문지를 완료하면 이후에는 정보가 일관되게 나타나는지 확인하기 위해 클리닉의 면접자가 검토한다. 불일치한 부분은 내담자와 함께 해결한다.

프로그램 설명

자기보고식 질문지 작성과 구조화된 면접의 시작 사이에 필요한 자료 수집을 위해 적절한 단계를 포함시키는 것이 효과적이다. 우리는 이 과정에서 치료 프로그램과 그것의 기반이 되는 철학에 대해 간략히 설명한다. 이때 내담자는 질문을 하거나 우려를 표명할 기회를 가지는데, 이 과정에서의 목표는 치료에서 일어날 일에 대해 내담자에게 오리엔테이션을 제공하고, 낙관적 분위기를 조성하며, 내담자가 치료에 성공할 수 있다는 희망을 갖도록 돕는 것이다. 이 설명과 상호작용 과정은 보통 짧게 진행된다(10~15분). 접수 평가 회기 동안에는 먼저 구조화된 면접을 완료하게 되는데, 이후에 담당 치료자가 보다 자세한 근거와 설명을 제공하게 된다. 내담자가 치료 과정에 대한 질문을 하면 초기 면접자는 우선 간략한 답변을 제공하고, 치료자가 곧 만나서 프로그램에 대한 더 많은 정보를 제공하고 어떻게 치료가 진행될 것인지 자세히 알려 줄 것이라고 안심시켜 준다.

간략한 설명을 제공함에 있어, 초기 평가를 진행하는 직원은 우리의 프로그램은 비밀을 준수할 것이며 코카인에 문제가 있는 사람들을 위해 특별히 개발되었다고 설명한다. 불법 약물 사용자들은 짐작할 만한 이유들로 비밀유지에 대해 상당히 염려한다. 내담자는 전반적인 치료기간, 클리닉 방문의 권장 빈도 및 소요시간, 치료방법의 일반적인 초점 및 방향(즉, 생활방식 변화)에 대해 설명을 듣게 된다. 이러한 변화의 주요 목표는 내담자가 코카인 사용을 중단하고 긍정적인 변화를 만들어 더 큰 삶의 만족을 얻는 데 있다고 설명해 준다. 이러한 설명의 예는 다음과 같다.

> "직업을 찾는 데 관심이 있다면 치료자는 필요한 경우 이력서 쓰는 것이나, 교통 편의를 제공한다거나, 전화 지원을 통해 일자리를 찾도록 도와줍니다. 학교에 다시 다니기를 원한다면, 우리는 입학 지원서를 준비하거나, 학비와 필요한 도움을 받을 수 있도록 해 주며, 입학 면접에 가려는데 교통편이 없는 경우 직접 데려다주기도 합니다. 만약 대인관계에 문제가 있다면 대인관계 상담도 가능합니다. 여가활동에 정기적으로 참여하지 못하고 있다면 원하는 경우 우리는 다양한 선택지를 제시해 줄 수 있으며, 농구, 테니스, 낚시, 보트 타기, 미술 및 공예 수업 등 원하는 활동 모임에 데려다줄 수도 있습니다."
>
> "또한 우리는 대처기술 훈련을 제공합니다. 따라서 분노를 조절하는 데 문제가 있다면 분노 관리를

할 수 있도록 도움을 받을 수 있습니다. 돈 문제가 있는 경우 재무 관리를 도와드릴 수도 있습니다. 자녀들의 행동 문제에 어려움이 있는 경우, 우리는 그 문제에 대한 도움을 얻을 수 있도록 서비스를 연결해 줄 수 있습니다. 휴식시간을 편안히 보내고 싶다면 이완기술과 스트레스 관리 등에 대해서도 배울 수 있습니다."

또한 초기 면접자는 클리닉의 인센티브 프로그램에 대한 간단한 설명을 제공해야 한다.

"당신은 또한 우리의 인센티브 프로그램에 참여할 것입니다. 이 프로그램의 운영방식은 코카인 없는 소변 샘플을 제공하면 목표를 달성하는 데 사용할 수 있는 포인트를 얻게 된다는 것입니다. 그것이 의미하는 것은 당신이 약물 사용을 자제하면 영화 관람, 체육관 입단, 수업 듣기, 낚싯대 구입 등과 같은 활동에 대해 지불할 수 있는 포인트를 모을 수 있다는 것입니다. 이 면접 이후에 당신의 치료자가 이 시스템에 대해서 당신에게 더 자세히 설명해 줄 것입니다."

반구조화된 면접

반구조화된 약물 사용 내력 면접(우리 클리닉에서 개발됨)은 현재 및 과거 약물 사용에 관한 정보 수집을 쉽게 하기 위해 사용된다. 이전의 약물 사용에 대한 상세한 정보는 적절한 치료계획을 위해 필수적이다.

약물 사용 기록을 작성하는 목표는 약물의 사용 기간, 심각성 및 패턴에 관한 자세한 정보를 얻는 것이다. 내담자의 약물 사용(양과 빈도)에 대한 정확성은 최근의 사용을 검토하는 효과적인 기법[즉, 타임라인 추후 면접(Timeline Follow-Back Interview); Sobell & Sobell, 1992; 개관은 Hjorthoj, Hjorthoj, & Nordendof, 2012 참조]에 의해 효율적으로 진행될 수 있다. 내담자는 달력을 보면서 지난주에 약물을 사용한 일수와 매번 어느 정도의 양이었는지 하루 단위로 상기해 내도록 요구받는다. 그램(g)은 일반적인 코카인의 양을 표시할 때 가장 좋은 단위이다. 지난 3주 동안에 대해 이러한 방법으로 평가가 실시되고, 진단의 정확성을 위해 최대한 기억나는 데까지 회상해 내도록 한다. 이러한 방법은 지난 30일 동안의 내담자의 약물 사용 패턴을 잘 추적할 수 있게 해 준다. 초기 면접자는 약물 사용 내역에 대한 정확한 평가 자료를 얻기 위해 가능한 한 자세하고 명확한 설명을 해 달라고 요구한다. 약물남용인지 또는 약물의존인지 등에 대한 진단은 이후 석사 또는 박사급 심리학자가 하도록 한다.

중독 심각도 지수(Addiction Severity Index: ASI; McLellan, Cacciola, Alterman, Rikoon, & Carise, 2006)는 마약 사용과 관련된 여러 문제에 대해 신뢰할 수 있는 유효한 평가를 제공하고, 알코올 및 마약 사용, 고용, 의료, 법률, 가족, 사회 및 심리적 기능 등과 같은 문제에 대한 정량적인 시간기반 평가를 제공한다. 알코올 및 마약 사용, 고용, 의료, 법률, 가족, 사회 및 심리적 기능 등이 포함된다. ASI에서 얻은 정보는 생활방식 변화목표를 포함하는 치료계획을 개발하는 데 아주 유용하다. 또한 여러 가지 문제 영역에 대해 시간을 기반으로 정량적인 종합 점수를 산출한다는 점에서 추후 조치 진행 상황을 평가하는 데 유용한 도구이다. 초기 평가자가 신뢰할 수 있는 ASI 면접(ASI 사용교육에 대한 정보는 www.tresearch.org/training/asi_train.html 참조)을 실시할 수 있도록 ASI 관리교육이 필요하다.

실제 필요성 평가 질문지(Practical Needs Assessment Questionnaire, 우리 클리닉에서 개발됨)는 내담자의 초기 치료 참여(예: 주거, 법률, 교통 또는 보육)를 방해할 수 있는 긴급한 필요사항이나 위기가 있는지 여부를 평가한다. 면접자는 현재 주택, 보육, 법적 환경, 의료 문제 및 내담자에게 현재 심각한 우려가 될 수 있는 기타 문제에 관해 구체적인 질문을 한다. 확인된 모든 위기 상황에 대해서는 자세한 정보가 수집된다. 이렇게 하는 이유는 즉각적인 임상적 주의가 필요한 문제를 선별해 내야 하기 때문이다. 약물의존 치료를 시작한 많은 사람의 삶은 대부분 큰 혼란 속에 있다. 급하게 도움이 필요한 일들에 대해 신속한 지원이 제공되지 않는다면 내담자의 치료 참여와 유지는 대단히 어려워질 것이다. 보다 실질적인 도움을 얻기 위해 지역사회 기관에 연결하여 도움을 얻게 하는 방법도 있다.

초기 면접을 마친 후, 실무자는 내담자에게 몇 분 안에 담당 치료전문가와 만날 것이라는 사실을 알린다. 짧은 휴식시간(5~10분) 동안 면접자는 이 새로운 사례를 담당할 치료자를 위한 요약 기록지와 관련 정보를 완성한다. 면접자는 사례를 검토하기 위해 치료전문가와 간단히 만남을 가진다. 그 후, 내담자는 치료자에게 소개된다. 우리는 내담자가 치료자와의 간략한 만남 없이 접수 평가 장소를 떠나지 않도록 노력해야 하고, 치료가 시작될 때까지 코카인 사용을 중단할 수 있는 구체적인 계획을 알려야 한다.

여러 측면에서 초기 면접은 교감을 형성하기 위한 오리엔테이션 회기이다. 내담자와 라포를 형성하고, 우리가 실시하고 있는 치료방법을 뒷받침하는 논리를 설명한다. 이 과정을 통해 내담자는 치료에 대해 확실한 기대감을 갖게 된다. 우리는 내담자와 클리닉의 구성원들이 치료 성공을 위해 상당히 열심히 노력해야 함을 인정함과 동시에 이 과정을 함께한다면 결국 할 수 있다는 믿음을 전달하는 '할 수 있음' 접근방식을 이 과정에서 계속 유지한다. 치료자와 내담자는 이 첫 회기에서 상호 협의하에 초기 치료계획을 수립하기 시작한다. 내담자는 이 치료의 핵심 요소라고 할 수 있는 엄격한 소변검사에 대한 설명을 듣게 된다. 약물치료가 필요한 경우, 이와 관련된 의료 프로토콜을 수행하기 위한 초기 단계가 적용된다. 코카인 의존자들의 경우, 우리는 보통 문제적 음주자들의 음주를 줄이는 데에 사용하는 디설피람(disulfiram)을 엄격한 모니터링하에 복용하게 해서 코카인 사용도 줄이게 한다(Carroll, Nich, Ball, McCance, & Rounsaville, 1998). 최근에 우리는 처방된 아편계 약물의 남용 빈도가 증가하고 있다는 이유로 날트렉손(naltrexone) 치료를 실시하기 시작하였다.

불법 약물사용장애의 인지행동치료

개념적 틀

행동 및 인지행동 치료는 주로 조작적 조건화와 반응 조건화의 개념과 원리, 그리고 사회학습 이론에 근거하고 있다. 이 개념적 틀 내에서 약물 사용은 약물남용적 생활방식에서 파생된 사회 및 기타 비약물적인 강화와 함께 약물로 인한 생리적인 강화효과에 의해 적어도 부분적으로 유지되는 학습된 행동으로 간주된다(Higgins, Heil, & Lussier,

2004). 약물남용이 사람과 실험 동물에게 강화물로 써 기능한다는 신뢰할 수 있는 경험적 관찰 결과는 이를 과학적으로 지지해 준다(Griffiths, Bigelow, & Henningfield, 1980; Higgins et al., 2004). 코카인, 다른 정신자극제, 에탄올, 오피오이드(opioids), 니코틴 및 진정제가 강화물 역할을 하며, 다양한 종류에 의해 자발적으로 자가 관리된다. 또한 반응 조건화 및 조작적 조건화를 통해 이전에 약물 사용과 짝지어진 환경적 사건이 약물 탐색 행동으로 이어질 수 있다. 이러한 약물이 건강한 실험실 동물 혹은 인간에게서 자발적으로 약물을 찾고 사용하는 지속적이고 안정적인 패턴을 형성하는 데 있어 신체적 의존성이 필수적인 것은 아니다. 공통점은 여기서 끝나지 않는다. 약물 사용 가능성, 약물 투여량, 강화계획 및 약물 사용에 대한 다른 환경 조작의 효과는 약물남용의 다른 종류나 유형에 따라 일관되고 일반적이다(Griffiths et al., 1980; Higgins et al., 2004). 이러한 공통점은 강화와 다른 학습원리가 약물 사용, 남용 및 의존의 근본적 결정 요인이라는 이론적 입장을 지지한다.

이 개념적 모델 내에서 약물 사용은 거의 사용하지 않고 문제가 적은 사용 패턴에서부터 과도한 사용과 죽음을 포함한 많은 부작용을 일으키는 패턴에 이르기까지 사용 빈도의 연속체를 따라 감소하는 정상적이고 학습된 행동으로 간주된다. 학습의 동일한 과정과 원리가 이 연속체 전체에서 작동하는 것으로 가정된다. 신체적으로 온전한 모든 인간은 약물이 유발하는 강화에 필요한 신경생물학적 시스템을 보유하고 있다. 따라서 약물 사용, 남용, 그리고 의존의 패턴이 개발된다. 다르게 말하면, 개인은 약물 남용이나 의존을 발전시키기 위해 어떠한 예외적이거나 병리학적 특성도 가질 필요가 없다. 유전적이거나 후천적인 특성(예: 물질의존, 다른 정신질환)은 약물 남용이나 의존(즉, 위험 인자)의 확률에 분명히 영향을 미칠 수 있지만, 이 모델은 앞과 같은 사용장애들이 나타나는 것에 있어 그러한 특수성이 필수적이지 않음을 가정한다.

치료는 내담자의 신체적 · 사회적 환경을 재구성하는 데 도움을 주기 위해 고안되었다. 목표는 약물 사용 및 연관된 약물을 사용하는 생활방식으로 인한 강화의 영향을 체계적으로 약화시키고, 지속적인 약물 사용과 양립할 수 없는 건강한 대체활동을 통해 강화 빈도를 증가시키는 것이다. 다음에서 우리는 이러한 중요한 목표를 달성하기 위해 경험적으로 검증되고 있는 효과적인 행동 및 인지행동 요법의 기본 범주를 설명할 것이다(Carroll & Onken, 2005).

행동적 개입, 인지행동적 개입, 개입효과성에 대한 경험적 지지

보통 네 가지 이상의 효과성이 검증된 행동치료 또는 인지행동 치료개입들이 불법 약물사용장애의 치료재활 장면에서 사용된다(Carroll & Onken, 2005). 첫째, 코카인, 메타암페타민(methamphetamine), 그리고 다양한 종류의 약물사용장애(예: Carroll et al., 1994; Rawson et al., 2004; Reback & Shoptaw, 출판 중)에 효과성을 보이는 인지행동(cognitive-behavioral)/재발방지(relapse prevention) 치료이다. 일반적으로 이러한 접근법은 내담자로 하여금 자신의 약물 사용에 영향을 미치는 환경적 선행 요인과 그 결과들이 무엇인지 파악해 낼 수 있도록 교육하는 기능분석 훈련(functional analysis training)을 수반한다. 기능분석은 일반적으로 약물 사용 정도를 변화시키기 위해 개인의 환경을 재조정하여 고위험 상황을 회피하도록 하거나 회피할 수 없을 때에는 효과적으로 관리할 수 있도록 하는 기술 훈련(skills training)도 포함한다. 인지전략은 종종 약물 사용과 관련된 비현실적인 기대를 확인하고 수정하며 약물에 대한 갈망에 효과적으로 대처하여 약물 사용의 가능성을 높이는 사고 패턴을 바꾸는 데 사용된다. 사회기술 훈련(social skills training)은 내담자가 사회적 불안에 대처하기 위해 약물을 사용하거나 특정 기술의 부족이 건강한 대체활동에 접근하지 못하도록 하는 요인이 될 때 주로 사용된다(예: Monti, Rohsenow, Michalec, & Abrams, 1997). 치료 과정에는 '인지행동치료'와 '재발방지 치료'라는 용어가 보통 비슷한 의미로 사용된다는 점을 인식시키는 것과 동시에 재발을 막기 위한 체계적인 훈련도 포함된다. 또한 이러한 접근법이 불법 약물사용장애 치료에 효과적이라는 연구들이 보고되고 있다(메타분석은 Irvin, Bowers, Dunn, & Wong, 1999 참조).

둘째, 유관 관리(contingency management)는 코카인, 아편제 및 다른 유형의 불법 약물사용장애(Higgins, Silverman, & Heil, 2008)뿐만 아니라 기타 행동 건강 문제를 치료하는 데에도 일반적으로 사용되는 효과적인 행동치료 전략이다(예방의학지의 부록 '인센티브 및 건강' 참조; Higgins, Silverman, Sigmon, & Naito, 2012). 행동 결과에 대해 체계적으로 강화하거나 처벌하는 방법을 사용하는 유관 관리는 약물사용뿐만 아니라 다른 치료적 목표들을 달성하기 위해서도 사용되는데, 치료 프로그램에 대한 참여율을 높이거나 처방 약물을 잘 복용하도록 하는 데에도 적용된다(Higgins et al., 2008). 최근 연구들에 근거해서 다양한 상품으로 교환할 수 있는 바우처를 물질사용 중지에 대한 강화물로 받는 형태의 유관 관리 프로그램이 불법 약물사용장애에 대한 공통적인 개입방법이 되었다. 우리는 유관 관리 프로그램의 효과성을 지지하는 적어도 2개의 메타분석 연구 결과에 대해 알고 있는데, 하나는 메타돈(methadone) 치료 프로그램의 내담자들을 대상으로 한 것이고(Griffith, Rowan-Szal, & Roark, 2000), 다른 하나는 보다 일반적인 약물사용장애를 치료하는 프로그램에서 나타난 효과성에 대한 것이다(Lussier, Heil, Mongeon, Badger, & Higgins, 2006).

셋째, 문제 음주자에 대한 효과적인 개입인 동기강화 상담(Vasilaki, Hosier, & Cox, 2006)은 불법 약물사용장애를 치료하는 데에도 대단히 많이 사용되고 있다. 동기강화 상담은 내담자가 개인의 가치와 목표를 파악하고, 약물 사용이 자신의 가치/목표와 상충되는지 여부를 조사하고, 개인 목표와 가치 사이의 모순이나 갈등을 해결하는 방법을 탐색하게 도와줌으로써 행동 변화를 촉진하도록 설계된 개입이다(Miller & Rollnick, 2002). 그러나 불법 약물사용장애에 대한 동기강화 상담의 효과성에 대한 연구 결과는 여전히 혼재되어 있다(예: Martino, Carroll, & Rounsaville, 2006; Smedslund et al., 2011).

넷째, 부부행동치료는 알코올사용장애(Carroll & Onken, 2005; O'Farrell & Clements, 2005)와 관련해서는 광범위하게 사용되고 연구되지는 않았지만, 불법 약물사용장애의 치료에 있어서는 효과적인 것으로 나타났다(Carroll & Onken, 2005; O'Farrell & Clements, 2012). 이 치료는 주로 의사소통 기술 향상의 필요성을 강조한다. 부부로 하여금 관계가 보다 더 만족스럽게 되기 위해서 서로에게 어떤 행동의 변화가 있어야 하는지 알게 하고, 그 변화가 일어나도록 효과적으로 협상하는 법을 가르친다. 보통 약물 사용을 중단하고 대신 추천된 약물치료 요법을 준수하기로 내담자가 동의하는 치료적 계약서 작성도 포함된다. 행동적 가족상담(behavioral family counseling)은 불법 약물사용장애가 있는 청소년에게 효과가 있으며(예: Azrin, Donohue, Besalel, Kogan, & Acierno, 1994), 다양한 가족치료 개입 또한 효과성이 보고되고 있다(예: Henggeler, Pickrel, Brondino, & Crouch, 1996; Liddle et al., 2001).

앞에서 기술한 특정 개입들을 포함하는 불법 약물사용장애에 대해 다중요소 치료를 제공하는 것이 가장 일반적이다(예: Bellack, Bennett, Gearson, Brown, & Yang, 2006). 실제로 우리가 코카인 의존을 치료하기 위해 사용하는 CRA와 바우처의 병행 사용(community reinforcement approach Plus vouchers)은 청소년을 위한 가족치료만을 제외하고 앞에서 설명한 모든 개입방법을 프로그램에 포함하고 있다. 다음 절에서는 CRA와 바우처를 병행하여 사용하는 개입과 코카인 의존의 치료에 대해 설명하고자 한다. 효능과 관련해서는 바우처의 효능을 뒷받침하는 메타분석에 대해 앞에서 설명하였다(Lussier et al., 2006). 메타분석은 약물사용장애 치료에서 바우처 유무와 상관없이 CRA의 효과성을 지지했으며(Roozen et al., 2004), 무선임상실험에서는 CRA의 내용이 CRA와 바우처 병행치료의 원동력이 되는 요소임을 입증하였다(Higgins et al., 2003).

CRA와 바우처 병행 사용

CRA에 바우처를 병행한 치료의 권장기간은 치료를 위한 24주와 사후관리를 위한 24주를 포함한다(Budney & Higgins, 1998). 약물사용장애에 대한 치료기간의 영향은 아직 CRA나 다른 효과적인 심리치료를 통해 실험적으로 검증되지는 않았지만, 3개월 이상의 치료기간이 일반적으로 권장된다(원칙 5, 〈표 14-1〉 참조).

CRA는 알코올 의존 내담자에게는 집단치료 형식으로 전달되었지만, 이 모델에서 CRA 치료는 개인상담으로 전달된다(Azrin, 1976). 이전에 언급했듯이 치료에는 CRA와 바우처의 두 가지 주요 구성요소가 포함된다.

공동체 강화 접근법

공동체 강화 접근법(CRA)을 구성하고 있는 구체적인 내용을 살펴보기 전에 치료방식의 보다 일반적인 특성을 언급할 필요가 있다. 치료자는 치료일정을 잡거나 목표를 설정할 때 최대한 융통성 있게 진행하려고 노력하는데, 이것은 치료의 유지 및 진행을 더 용이하게 해 준다. 특히 치료의 초기 단계에는 치료자가 내담자의 일정에 최대한 맞추어 주어야 하며, 최대한 치료에 쉽게 참여할 수 있도록 해 준다. 상담시간에 늦게 오거나 정해진 시간보다 빨리 마치려고 하는 것도 최대한 받아 주며, 원래 정해진 시간을 그날 내에서는 조금씩 옮길 수 있도록 해 주기도 한다. 필요한 경우 클리닉 밖에서도 내담자를 만날 수 있다. 특히 이러한 치료 과정의 기본적 틀을 지키기 어려워하는 내담자의 경우에는 바로 이 영역에서의 개선 자체가 치료계획의 일부가 될 수 있다.

치료자는 공감과 훌륭한 경청기술을 보여 주어야 한다. 내담자의 상황과 내재된 어려움을 진심으로 이해할 수 있어야 하고, 그러한 이해를 잘 전달할 필요가 있다. 치료 과정에서 치료자는 옳고 그름에 대한 판단을 유보하고, 대신 내담자가 직면하고 있는 어려운 문제들에 대해 진심으로 공감하고 배려해야 한다.

마지막으로, CRA는 치료자와 내담자 모두 치료를 통해 적극적으로 문제를 해결하고 실행에 옮기려는 태도를 개발하도록 요구한다. 능동적인 문제해결은 치료적 관계의 가장 기본이 되는 부분이다. 윤리적인 경계 내에서 치료자는 내담자의 생활방식의 변화를 촉진하기 위해 필요한 일을 최선을 다해서 할 수 있다. 치료자는 내담자를 필요한 미팅이나 취업 면접에 데려다줄 수도 있다. 내담자들과 여가활동을 함께 시작할 수도 있고, 어떤 목표를 달성하기 위해서라면 상담시간을 하루 중 적절한 시간으로 옮기기도 한다. 필요한 경우 내담자가 자기 사무실 전화를 쓰게 하기도 하고, 그들이 참여할 수 있는 건강한 여가활동을 위한 아이디어나 가능한 일자리를 찾아 주기 위해 신문을 검색하기도 한다. 요약하면, CRA 치료자의 좌우명은 "우리는 실현할 수 있다."이며, 내담자가 치료자를 보고 그러한 태도를 모델링하도록 하기 위해 최선을 다한다.

CRA는 치료 첫 12주 동안 1주일에 2회 1~1.5시간의 치료 회기가 제공되고, 치료 마지막 12주 동안은 1주일에 1회씩 같은 시간에 제공된다. 회기는 다음 일곱 가지의 일반적인 주제 중에서 내담자 개개인의 필요에 따라 초점을 맞춘다.

첫째, 내담자는 코카인 사용의 선행사건과 그 결과를 인식하는 방법을 배운다. 즉, 코카인 사용 과정을 기능적으로 분석하는 방법을 교육받는다. 또한 습득한 정보를 코카인 사용을 줄이는 데 어떻게 적용할 수 있는지에 대해서도 교육받는다. ① 코카인의 사용은 일련의 과정이 있는 행동이며, 발생 확률을 더 높이는 상황들이 존재한다. ② 코카인 사용에 영향을 미치는 상황을 파악하는 것을 학습함으로써 내담자는 향후 코카인 사용의 가능성을 줄일 수 있는 계획을 수립하고 실행할 수 있다. 기능적인 분석방법을 가르치는 데 우리가 적용하는 기법은 약물남용 치료에 널리 사용되고 있는 Miller와 Muñoz(예: 2005), 그리고 McCrady(이 책의 제13장)가 개발한 방법에 기초하고 있다.

[그림 14-1]의 양식을 사용하여 내담자가 자신의 코카인 사용 사례를 분석할 수 있도록 돕는다. 우리는 다음과 같이 설명한다.

"당신은 기능적인 분석을 통해 코카인 사용과 가장 밀접한 원인을 파악할 수 있습니다. 어떤 상황에서는 코카인을 사용하는 반면, 다른 상황에서는 코카인을 사용하지 않는 경우가 있습니다. 우리를 둘러싸고 있는 주변 상황은 특히 우리가 그 영향을 깨닫고 조심하지 않는다면 우리도 모르는 사이에 코카인 사용에 강력한 영향을 미칠 수 있습니다."

"코카인 사용에 영향을 줄 수 있는 상황은 누구와 함께 있는지, 어디를 가는지, 하루 중 몇 시인지, 가지고 있는 돈은 얼마인지, 알코올은 어느 정도 섭취했는지, 그리고 그때 기분은 어땠는지 등일 수 있습니다. 코카인 사용을 이해하는 첫 번째 단계는 당신이 사용하기 쉬운 상황을 파악하는 것입니다. 우리가 흔히 방아쇠라고 부르는, 당신에게 있어서 '촉발사건'이 무엇인지 찾는 것입니다. 또한 당신이 경험하는 약물 사용의 결과를 확인할 필요가 있습니다.

촉발사건	생각과 감정	행동	결과	
			긍정적인 것	부정적인 것

[그림 14-1] 물질 사용에 대한 기능적 분석을 위한 형식

촉발사건	계획	±결과	어려움(1~10)
1.	a. b. c. d. e.		

[그림 14-2] 자기관리 계획서

출처: Budney & Higgins (1998).

즉, 즉각적이고 일반적으로 긍정적인 결과(고양되는 것, 즐겁게 하는 것)는 무엇인지, 지연되거나 종종 부정적으로 귀결되는 결과(돈을 잃는 것, 원치 않는 성행위, 배우자와의 싸움 등)는 무엇인지 살펴보십시오. 촉발사건과 그 결과들을 확인하고 나면, 당신은 당신의 코카인 사용을 줄이도록 하는 데 중요한 목표가 될 수 있는 어떤 특정한 패턴을 발견하게 될 것입니다."

내담자는 코카인 사용의 최근 삽화 3개를 분석하는 과제를 할당받는다. 코카인 사용을 분석하는 방법을 배우는 것은 특히 초기 치료기간 동안 강조된다. 또한 이는 치료 전반에 걸쳐 코카인 사용에 대한 갈망 문제를 다루고, 내담자로 하여금 코카인을 사용하게 하는 일탈을 수정하고, 이에 대해 이해하도록 돕는다.

기능적 분석과 관련하여 내담자는 이를 통해 밝혀진 정보를 사용해 향후 코카인 사용 위험을 줄이기 위한 자기관리 계획을 배운다. [그림 14-2]와 같은 자기관리 계획서를 사용하여 내담자는 코카인 사용의 선행사건과의 접촉을 최소화하고, 코카인 사용으로 얻을 수 있는 긍정적인 결과에 대한 대안을 찾고, 코카인 사용의 부정적인 결과를 명백히 하기 위해 일상활동을 재구성하도록 권고받는다.

대부분의 내담자에게 이루어지는 자기관리 계획의 핵심은 약물 거절 교육이다. 코카인을 그만하고자 하는 대부분의 코카인 사용자는 코카인 중단 계획을 세우든 안 세우든 간에 코카인을 사용하는 사람들과 계속 접촉한다. 코카인 혹은 코카인에 접근할 수 있는 기회를 거절하는 것은 대부분의 내담자가 예상하는 것보다 훨씬 더 어렵다. 우리는 특정한 자기주장 훈련(assertiveness training)을 함으로써 이 문제에 접근할 수 있다(예: McCrady, 이 책의 제13장; Meyers & Smith, 1995). 효과적인 거절의 주요 구성요소가 〈표 14-2〉에 제시되어 있다. 치료자는 약물 거절 기술 훈련의 근거를 설명하고, 효과적인 거절의 핵심 요소에 대한 세부 논의에 내담자를 참여시키고, 내담자의 거절방식(핵심 요소를 통합)을 개념화하며, 내담자가 코카인을 제공받는 장면에서 역할연기를 실시하도록 한다. 역할연기 상황은 사람, 시간대, 위치 등 내담자의 입장에서 구체적이고 현실적이어야 한다. 이때 내담자와 치료자는 번갈아 역할을 맡기 때문에 내담자는 건설

〈표 14-2〉 효과적인 거절의 구성요소

1. 먼저 **'아니요(No)'**라고 말한다.
2. 약물을 건네거나 **지금이 아니더라도 언제든** 코카인을 하고 싶으면 말하라고 하는 사람에게는 "어쩌면 나중에." "집에 가야 해." "지금 약물치료 중이야." 등과 같은 말을 하라. 그들은 나중에 다시 물어볼 것이다.
3. 신체 언어가 중요하다.
   a. 시선을 적절히 맞추는 것이 중요하다. 대답할 때 그 사람을 똑바로 보라.
   b. 당신의 말투와 목소리의 높낮이로 당신이 진지하다는 것을 분명하게 나타내야 한다.
4. 그 사람과 함께 시간을 보내고 싶다면 다른 할 일을 제시하고, 그것이 코카인 사용과 양립할 수 없는 것인지 확인하라(아이들과 산책하거나 공원에 데려가기, 운동하기 등).
5. 새로운 대화 주제로 변경하라.

적인 피드백을 받으면서 거절기술을 연습할 기회를 가지며, 또한 치료자를 통해 효과적인 거절기술을 모델링할 수 있는 기회를 갖게 된다.

둘째, 모든 내담자는 건강한 생활방식을 도와주는 새로운 사회 관계망을 개발하기 위한 교육과 코카인이나 다른 약물을 하지 않고 즐거운 여가활동에 참여할 수 있게 하는 교육을 받는다. '안전한' 사회 관계망과의 접촉을 체계적으로 개발 및 유지하고 안전한' 여가활동에 참여하는 것은 대다수의 내담자를 위한 치료에서 최우선 순위이다. 특정 치료목표를 설정하고 특정 목표에 대한 주간 진행사항을 점검한다(원칙 4, 〈표 14-1〉 참조).

분명하게, 건강한 사회 관계망과 여가활동을 개발하기 위한 계획은 내담자의 상황, 기술 및 관심사에 따라 개별화되어야 한다. 참여하고자 하는 내담자에게 자조집단(알코올 중독자 모임 또는 약물 중독자 모임)은 절주하는 생활방식을 지원하는 새로운 동료 관계망을 개발하는 데 효과적인 방법이 될 수 있다. 클리닉 직원들은 종종 내담자와 한두 번의 자조 모임을 가진다. 이때 절대로 강요하는 방식으로 자조활동에 개입해서는 안 된다. 우리는 건강한 생활방식(예: 교회 단체)을 강화시키는 다양한 사회집단에 내담자가 참여하도록 돕는다. 클리닉 직원은 새로운 활동을 시도하고자 하는 내담자와 동행할 수 있다. 일부 내담자는 코카인 사용 전에 종사했던 활동을 재개하기를 원하거나 그들이 새롭게 참여하고자 하는 활동들에 대한 명확한 아이디어를 원한다. 우리는 그런 내담자들이 활동을 재개 및 참여할 수 있도록 돕는다. 다른 많은 내담자는 약물과 관련 없는 취미를 가져 본 적이 없거나 원하는 활동을 어떻게 찾아야 하는지를 알지 못한다. 우리는 종종 이전에 또는 다른 방법으로 탐구하고 싶

었던 활동에 대한 아이디어를 촉구하기 위해 내담자들이 여가 흥미 검사지를 완성하도록 한다. 내담자들이 즐겁게 참여할 수 있을지 여부를 확신할 수 없더라도 새로운 활동을 시도해 보도록 권장한다. 다음에서 설명하는 바와 같이, 바우처는 건강한 생활방식을 위한 여가 및 기타 활동을 시작하는 비용을 지원하기 위해 사용될 수 있다.

셋째, 다양한 형태의 개별화된 기술 훈련은 일반적으로 내담자의 코카인 사용에 직간접적으로 영향을 미칠 수 있는 특정 기술(예: 시간 관리, 문제해결, 자기주장 훈련, 사회적 기술 훈련 및 감정조절) 부족을 해결하기 위해 제공된다. 예를 들어, 앞에서 논의한 자기관리 및 사회/여가 목표의 성공에 있어 필수적인 것은 일정 수준 이상의 시간 관리 기술이다. 모든 내담자에게는 계획을 수월하게 할 수 있는 일일 계획표가 제공된다. 내담자가 계획표를 잃어버리거나 잊을 수 있으므로 다음 주 치료를 위해 사본을 준비하는 것이 좋다. 치료자는 다음과 같은 이유를 제시한다.

> "치료에서 일일 계획표를 작성하는 것에는 일정을 계획하고, 당신의 삶에서 각종 기념일들과 활동들의 우선순위를 학습하는 것이 포함됩니다. 코카인 문제를 해결하려면 상당한 생활방식의 변화가 필요하고, 이를 수행하는 효율적인 방법을 개발하는 것이 중요합니다. 어떤 내담자들은 계획을 좋아하지 않는다고 말하고 자발적으로 행동하기를 좋아합니다. 그러나 그들이 자신의 삶을 계획하고 조직하는 방식을 찾지 못한다면, 그들은 종종 압도되어 목표를 달성하지 못할 수 있습니다."

대부분의 내담자의 경우, 시간 관리는 치료 전반에 걸쳐 이루어진다. 치료 회기 사이에 코카인 단약에 도움이 되는 활동 일정을 작성하는 것의 중요성이 각 회기에서 강조된다. '위험도가 높은' 시간대의 계획은 특히 중요하다. '할 일' 목록, 일일 계획 및 우선순위 지정 활동이 이루어진다.

기술 훈련의 다른 사례로서 우리는 코카인 사용을 중단한 후 우울증이 계속되는 내담자들과 함께 우울증 조절(Lewinsohn, Muñoz, Youngren, & Zeiss, 1986; Muñoz & Miranda, 2000)에 대한 프로토콜을 시행한다(원칙 8, 〈표 14-1〉 참조). 우리는 때때로 새로운 사람들을 만나는 것과 데이트하는 것에 대한 사회적 불안을 보고하는 개인들과 함께 사회기술 및 이완 훈련을 시행한다(Rodebaugh, Holaway, & Heimberg, 2004). 많은 내담자가 약물 사용 중단으로 인한 불면증에 대해서 지속적으로 문제를 보고한다. 그들과 함께 우리는 종종 Morin(2004)이 개발한 것을 기반으로 한 치료 프로토콜을 시행한다. 우리는 종종 재정 관리와 관련해서 내담자와 협력한다. 많은 내담자의 경우, 단순히 수중에 거액의 현금을 가지고 있기 때문에 유혹을 받지 않을 수 있도록 월급을 직접 예치하게끔 한다. 다른 사람들에게는 빚을 갚을 계획이 수반될 수 있으며, 이는 스트레스를 줄이는 것에 도움이 될 수 있다. 내담자는 종종 우리의 지원 혜택을 받을 수 있는 너무 많은 문제를 가지고 있기 때문에 그중에서도 코카인 금단 현상에 직간접적으로 영향을 줄 수 있는 문제들에 개입하는 규칙을 따른다. 이때 우리는 내담자의 코카인 사용에 대한 기능적 분석 및 기타 이용 가능한 정보에 크게 의존한다. 코카인 사용과는 관련이 없지만 전문적인 주의를 요하는 문제에 대해서는 일반적으로 의뢰를 한다. 우리는 코카인 사용 문제를 해결하는 데 치료의 초점을 맞추고,

코카인 의존 문제에 직간접적인 영향을 미치지 않는 다른 문제들로 주의를 빼앗기지 않게 노력한다.

넷째, 실직한 내담자에게는 취업에 효과적인 방법인 구직 클럽이 제공된다(구직 클럽 매뉴얼 참조; Azrin & Besalel, 1980). 코카인과 관련된 치료를 원하는 대다수의 사람은 실직상태이므로 많은 내담자에게 이 서비스가 제공된다. 우리는 다른 사람들이 교육목표 또는 새로운 직업 방향을 추구하도록 돕는다. 의미 있는 직업은 건강한 생활방식의 기본이며, 모든 내담자를 위한 직업능력 향상을 목표로 한다. 몇 가지 일반적인 유형의 직업 문제에 대해 우리가 따르는 규칙은 〈표 14-3〉에 요약되어 있다.

다섯째, 약물을 하지 않는 배우자가 있는 내담자에게는 부부 행동치료, 부부에게 사용되는 긍정적인 의사소통 기술, 서로의 행동에 대해서 원하는 변화를 도출하기 위해 상호 계약을 협상하는 방법을 가르칠 수 있도록 고안된 개입들이 제공된다. 우리는 8회기에 걸쳐 관계적인 부분에 치료를 제공하려고 시도하는데, 첫 4회기는 연속적으로 제공되고, 다음 4회기는 교대로 2주마다 제공된다. 우리는 이상에 대해 다음과 같은 이론적 근거를 토대로 설명한다.

〈표 14-3〉 직업상담에서 정한 목표의 예

실업자 내담자
- 일주일에 여덟 번 정도 일자리가 있는지 연락한다.
- 이력서를 작성한다.
- 하루에 이력서 첨부 편지와 함께 2개의 이력서를 발송한다.
- 일주일에 두 번 일자리 서비스에 간다.
- 직업교육 프로그램에 등록한다.
- 직업 탐험 프로그램에 등록한다.
- 직업기술 관련 수업을 듣는다.
- 교육가능성에 대한 정보를 수집하고 생각한다.

'너무 많은' 시간을 일하거나 불규칙한 일정이 있는 내담자
- 매주 35~50시간 사이의 근무시간을 유지한다.
- 보다 규칙적인 일정을 세운다.
- 대체 근무 일정을 찾아본다.

약물 사용 환경에 '고위험' 수준으로 노출되거나 불만족스런 직원과 일하는 사람
- 일자리 변경을 고려한다.
- 계속 일하면서 다른 직업을 찾기 위한 이력서를 제출한다.
- 약물 사용의 위험을 줄이거나 작업환경을 개선하기 위해 작업환경을 수정한다.
- 직업 탐색 수업에 등록한다.
- 직업기술이나 대안적인 직업 관련 교육 수업을 등록한다.

"잘 알고 있듯이, 당신이 코카인 문제로 인해 부정적인 영향을 받는 삶의 중요한 영역은 배우자와의 관계입니다. 문제가 있는 사람의 지인들은 일반적으로 문제의 영향을 가장 많이 받습니다. 코카인에 의존하는 사람들의 배우자들은 그들의 배우자가 사용을 중단하도록 여러 번 노력했을 것입니다. 변화를 돕기 위한 전략은 다양합니다. 분노와 좌절이 자주 일어나고 절망감과 무력감이 발생합니다. 때때로 도움을 주려는 시도는 약물을 하는 상대방의 분노나 원망으로 이어집니다."

"치료의 이 부분에서 우리는 코카인 사용이 당신의 관계에 어떻게 영향을 미치는지, 그리고 우리가 당신의 관계의 긍정적인 면을 높이기 위해 어떻게 노력할 수 있는지에 초점을 맞추고 있습니다. 또한 배우자가 당신이 코카인을 중단하는 데 도움을 줄 수 있는 방법을 논의합니다. 우리는 이 코카인 문제를 보다 효과적으로 처리할 수 있도록 노력할 것입니다."

"우리는 약물남용 문제가 있는 곳에서는 일반적

으로 의사소통 문제가 있음을 발견했습니다. 일반적으로 분노, 침묵, 냉담 또는 분개로 가득한 의사소통 속에서 배우자는 자신의 필요를 관계 밖에서 충족할 수 있도록 시도합니다. 결과적으로, 내담자들이 우리를 보러 올 때쯤 관계에 남아 있는 즐거움은 거의 없습니다."

이상의 개입은 일련의 연습을 포함한다. 배우자는 가계 책임, 자녀 양육, 학업 성취도, 개인의 독립성, 배우자의 독립성, 일반적인 행동 등에서 현재의 행복 수준을 독립적으로 평정한다. 이 평정 결과는 공유되고, 진행 상황을 확인하기 위해 매주 재평가가 논의된다. 다음으로, '친절함을 상기시키는 알림'(배우자에 대한 감사와 애정을 표현하기와 같은) 시스템을 시행한다. 목표는 배우자와 긍정적인 시간을 갖도록 하는 것이다. 각 배우자는 자신의 배우자에 대해 '친절한' 태도를 일상적으로 유지하고, 배우자가 아닌 자신의 행동에 대한 일일 기록을 한다. 이 정보는 회기 동안 검토되고 공유된다. 긍정적인 상호작용이 이루어진 후, 배우자는 이전에 언급한 관계의 핵심 요소, 즉 완전한 관계가 어떻게 나타나는지와 관련하여 '완벽한 관계'에 해당되는 요소들을 각자 확인한다. 마지막으로, 배우자는 긍정적인 의사소통 기술을 사용하여 서로의 행동에 대한 상호적인 변화를 통해 '완벽한 관계'를 향해 나아가기 시작한다. '긍정적' 및 '상호적'이라는 용어는 근본적으로 중요하다. 요청은 오로지 긍정적인 측면으로만 언급되어야 하며, 이를 통해 두 사람은 변화를 만들 수 있다.

여섯째, HIV/AIDS 교육은 치료 초기에 모든 내담자에게 제공되며, 내담자의 개별적인 특정 요구사항이나 위험행동을 다루는 상담과 함께 제공된다(Herrmann et al., 2013). 우리는 모든 내담자에게 주사기를 공유하는 것과 성행위를 통해 HIV/AIDS에 걸릴 수 있는 가능성을 제시한다. 여기에는 적어도 두 번의 회기가 필요하다. 먼저, 내담자는 HIV/AIDS 지식검사를 완료한다. 그 후 그들은 치료자와 함께 HIV/AIDS에 관한 비디오를 보고 토론한다. 토의 중 치료자가 강조하는 요점이 〈표 14-4〉에 제시되어 있다. 내담자는 HIV/AIDS 예방 팸플릿 및 무료 콘돔(필요한 경우)도 제공받는다. HIV/AIDS 지식검사가 반복되고 남아 있는 오류들은 모두 논의되고 해결된다. 마지막으로, 내담자에게 HIV 항체와 B형 간염 및 C형 간염 바이러스 검사에 대한 정보가 제공되며, 그들은 검사를 받아야 한다(원칙 12, 〈표 14-1〉 참조). 검사에 관심이 있는 사람들은 클리닉 직원이 약속을 잡는 데 도움을 준다.

일곱째, 알코올 의존에 대한 DSM-IV-TR 진단기준을 충족시키거나 알코올 사용이 코카인 사용과 관련되어 있다고 보고한 모든 사람에게는 디설피람 치료가 제공된다(원칙 7, 〈표 14-1〉 참조). 디설피람 치료란 알코올 중독자를 위한 CRA 치료의 핵심적인 부분이며(Meyers & Smith, 1995), 알코올과 코카인에 의존하는 내담자의 두 물질 사용이 감소되도록 한다(Carroll et al., 1998). 내담자는 일반적으로 소변검사 날 병원 직원의 감독하에 250mg의 복용량을 섭취하고, 가능한 경우에는 다른 날 가까운 지인의 감독하에 복용한다. 우리는 내담자가 디설피람 계약서에 서명하도록 권장한다([그림 14-3] 참조). 디설피람 치료는 내담자가 약물의 권장 복용량을 준수하면서 섭취하였는지 점검될 경우에만 효과적이다. 특히 직원들의 감독하에 점검될 경우 매우 효과적이었다. 다른 날 지인이 점검

〈표 14-4〉 HIV/AIDS의 논의에서 강조되는 요점

1. HIV/AIDS와 관련된 위험집단 중 가장 빠른 속도로 증가하는 집단은 정맥주사(intravenous: IV) 약물을 사용하는 사람들과 그들의 성관계 파트너이다. HIV/AIDS가 전염되기 시작했을 때 이 집단은 감염자 중 작은 비율을 차지했지만, 현재는 그 수가 빠르게 증가하고 있다. 게이 남성뿐만 아니라 다른 사람들도 감염되기도 한다.
2. HIV에 전염되는 세 가지 방법을 살펴보라. (a) 감염된 사람과의 성관계를 통한 전염, (b) 혈액을 통한(주사 바늘 공유와 같은 것) 전염, (c) 임신 도중 또는 출산 시에 감염된 산모로부터 전염되는 것의 세 가지가 있다. HIV가 전염될 수 있는 가장 빠른 방법은 혈액(혈액에는 가장 높은 농도의 바이러스가 포함되어 있음)을 통한 것이며, 주사 바늘을 공유하는 것('작업')은 바이러스가 한 사람에서 다른 사람으로 전파되는 '쉬운' 방법이라는 것을 설명하라.
3. HIV에 감염된 사람들이 반드시 아파 보이는 것은 아니며, 그들은 감염된 것조차 모를 수도 있다는 점을 강조하라. 당신은 그 사람이 바이러스에 감염되었는지 여부를 눈으로 봐서는 알 수 없다.
4. 현재 정맥주사(IV)를 통한 약물을 사용 중인 내담자가 주사 바늘을 공유하는 경향이 있는 경우 안전할 수 있는 유일한 방법은 새로운 바늘을 사용하거나 아직 사용 중인 경우 그것을 소독하는 것임을 강조하라. 적절한 주사기 소독에 필요한 절차를 검토하라.
5. 체액 교환(혈액, 질 분비물, 정액, 쿠퍼액 등)으로부터 안전하지 않은 성관계는 바이러스를 주고받게 되는 수단이기도 하다. 성관계(구강, 질 및 항문 성행위 포함)는 라텍스 콘돔을 사용하면 더 안전할 수 있다.
6. 알코올 및 기타 약물 사용은 (a) 면역계 억제의 가능성과 (b) 더 큰 위험(예: 약물 사용, 안전하지 않은 성관계)을 불러올 수 있는 판단력 저하에 기여한다는 점을 강조하라.

나 ____________________는 다음에 설명된 정기적인 시간에 디설피람을 복용하는 것에 동의한다. 나는 이것을 ________일 동안 복용할 것을 동의한다. 이 기간이 지나면 나는 계속 디설피람을 복용할지 말지를 치료자와 논의하는 데 동의한다. 또한 다음 지정된 사람에게 예정될 때마다 디설피람 투여를 지켜보도록 동의한다.

나 ____________________는 디설피람 가정 방문 복용에 참석하는 것에 동의한다.

시간: ________________ 날짜: ________________ 장소: ________________

디설피람을 예정대로 ____________ 복용했을 시, 나는 디설피람의 복용에 대한 보상으로 ____________을 할 것이다.

________________________ ________________________
내담자 서명 파트너 서명

________________________ ________________________
치료자 서명 날짜

[그림 14-3] 디설피람 계약서

하는 것은 적절한 사람이 필요한 빈도로 그렇게 할 수 있다면 효과적이다. 이 방법들을 사용할 수 없는 경우, 우리는 내담자가 클리닉에 방문하는 날 더 많은 용량(500mg)을 복용하게 하고 그 사이에는 복용하지 않도록 한다.

담배와 카페인 이외의 약물 사용 또한 CRA 치료에서 권장되지 않는다. 아편의 신체적 의존성에 대한 DSM-IV-TR 기준을 충족하는 사람은 메타돈 또는 기타 아편 유사제를 사용한 대체치료에 대한 인접 서비스를 참조하라(Bickel, Amass, Higgins, Badger, & Esch, 1997 참조). 우리는 남용과 관련된 문제 때문에 마리화나 단약을 권유하지만 마리화나 사용이나 의존이 코카인 의존에 대한 치료에 부정적인 영향을 미친다는 사실을 발견하지는 못하였다(Budney, Higgins, & Wong, 1996). 중요한 것은 다른 약물 사용으로 인해 내담자를 돌려보내거나 치료를 거부하지 않는 것이다. 우리는 금연을 권장하지만 보통 코카인 의존에 대한 치료 과정 중에는 하지 않는다. 금연이 성공적으로 다른 약물 남용 또는 의존에 동시적인 치료로 통합될 수 있다는 것을 입증하는 새로운 연구가 시작되면 이러한 접근의 가능성이 열릴 것이다.

24주간의 치료가 끝나면 내담자는 적어도 한 달에 한 번 간단한 치료 회기와 소변검사를 포함하는 병원에서의 6개월간의 사후관리에 참여하도록 권장된다. 치료자 또는 내담자가 필요하다고 판단되면 더 자주 병원에 연락하는 것이 좋다. 이러한 병원 방문은 진행 상황을 점검하고, 치료 중 시작된 생활습관 변화의 다른 측면 또는 코카인 사용 문제를 해결하는 촉진 회기로 간주될 수 있다. 따라서 내담자의 병원 방문은 갑작스럽게 끝나는 것이 아니라 점진적으로 감소하는 것임을 더 고려해야 한다.

바우처 프로그램

앞서 언급했듯이 바우처 프로그램은 단약을 강화하기 위해 고안된 유관 관리 개입방법이다. 코카인 및 다른 약물에 의존적인 많은 사람은 혼란스러운 자신들의 삶을 치료하기 위해 찾아온다. 이러한 사람들이 그들의 삶을 안정시키고 재구조화하는 것을 돕기 위해서는 어느 정도 시간이 필요하다. 따라서 단약을 위한 강화물이 사람들의 행동에 자연스럽게 영향을 미치도록 하는 것이 필요하다. 보호된 환경은 선택사항이지만 바우처 프로그램은 비용이 저렴한 대안으로 간주된다. 목표는 이 강화 프로그램이 치료 초기의 12주 동안 중요한 역할을 하도록 하는 것이며, 이 기간 동안 CRA 치료도 계속 진행된다. CRA는 내담자가 생활방식을 재구성하는 것을 돕기 때문에, 때때로 바우처가 중단되면 CRA가 코카인 단약을 유지하기 위한 자연적인 강화물로 준비된다.

바우처 프로그램은 엄격한 소변검사 프로그램과 함께 시행된다(원칙 11, 〈표 14-1〉 참조). 우리는 내담자들에게 바우처 프로그램과 소변검사 일정을 설명하는 단약 계약서(Abstinence Contract)에 서명하도록 요청한다([그림 14-4] 참조). 소변 샘플은 1~12주 중 월 · 수 · 금요일마다 모든 참여자로부터 수집되고, 치료 중 13~24주 동안 월 · 목요일마다 수집된다. 샘플은 코카인 음성 샘플에 대한 강화물 전달이 지연되는 것을 최소하기 위해 현장 효소 다중증폭 면역분석법(onsite enzyme multiplied immunoassay technique: EMIT; Syva Company, San Jose, CA)을 통해 즉시 선별된다. 가짜 샘플을 제출할 가능성을 줄이기 위해 모든 샘플 수집이 동성 직원에 의해 이루어지며, 그 직원은 샘플의 무결성과 관련하여 우려할 만한 사항이 있으면 다른 샘플

이것은 코카인 단약 유지를 돕는 ____________(내담자)와 ____________(치료자) 간의 약속입니다. 이 약속에 따라 나는 치료자가 24주 동안 나의 소변 샘플을 모으는 일정을 세우도록 할 것입니다. 나는 치료의 처음 12주 동안 매주 월 · 수 · 금요일마다 일주일에 세 번 소변 샘플을 제공할 것입니다. 치료의 다음 12주 동안(13~24주차)은 월 · 목요일마다 일주일에 두 번 소변 샘플을 모을 것입니다. 동성의 클리닉 직원이 소변 샘플을 관찰할 것입니다. 즉각적인 분석을 위해 소변 샘플의 반은 분석센터에 제출될 것이고, 나머지 반은 클리닉에 보관될 것입니다. 샘플들은 코카인, 암페타민, 아편, 마리화나, 진정제 등 다양한 종류의 약물남용을 알아보기 위해 분석될 것입니다.

각각의 표본에는 소변이 3온스씩 수집됩니다. 만약 분석하기에 양이 부족하다면, 계획된 샘플 제공에 실패한 것으로 간주될 것입니다.

만약 긴급 상황으로 인해 내가 도시를 벗어나게 된다면, 나는 떠나기 전에 먼저 치료자에게 알릴 것입니다. 나의 치료자는 내가 ________________으로 인해 치료에 오지 못하는 것을 입증할 것입니다. 만약 내가 입원을 해야 한다면, 나의 치료자는 병원에서 소변 샘플을 모으도록 조율할 것입니다. 만약 내가 아프지만 입원을 하지 않는다면 여전히 계획한 대로 샘플을 제공할 것입니다. 만약 내가 이동하기 불편하거나 기상 악화로 이동이 어렵다면, 나는 클리닉 직원의 도움을 받아 소변 채집을 위해 클리닉으로 갈 것입니다. 치료자와 나는 문을 닫는 공휴일에 소변 샘플 채집 일정을 어떻게 조정할지 같이 상의할 것입니다.

의학적 이유로 약물 중 하나에 대한 처방전을 발급받은 경우, 치료자에게 처방전의 사본을 제공할 것입니다. 소변에서 그 약물이 검출되면, 그것은 마약 사용에 대한 재발로 간주되지 않습니다. 나는 치료자가 필요하다고 판단할 때 우편이나 전화를 통해 약물을 처방한 의사 또는 치과 의사와 의사소통할 수 있도록 안내합니다.

코카인이 검출되지 않은 소변 샘플

치료의 1~12주차의 기간 동안 수집된 각각의 코카인 음성 샘플에 대해서 점수가 부여됩니다. 각 점수는 0.25달러의 금전적 가치를 지니지만, 돈으로 직접 교환되지는 않습니다. 코카인 음성 샘플이 모이는 것에 따라 받은 점수대로 바우처가 주어질 것입니다. 이 바우처에는 해당 날짜에 획득한 점수와 현재까지 누적된 점수 및 해당 금액을 명시합니다.

치료의 첫 12주 동안 첫 번째 코카인 음성 소변 샘플은 10점을 얻게 되며, 그 이후 연속되는 코카인 음성 샘플은 이전에 얻은 점수에 5점을 추가로 더해 줍니다. 예를 들어, 코카인 음성 소변 샘플로 수요일에 10점을 받았다면 금요일의 코카인 음성 샘플로 15점을 얻고 그다음 월요일에는 20점을 얻게 됩니다. 코카인을 중단하는 동기를 강화하기 위한 인센티브로, 매주 클리닉에서 코카인 음성 소변 샘플이 3개 수집될 때마다 10달러의 보너스를 받게 됩니다. 코카인 양성 소변 샘플이 발견되지 않았을 경우 치료 첫 12주 동안 997.50달러에 해당하는 금액의 바우처를 받을 수 있습니다. 우리 프로그램의 주된 강조점은 생활방식 변화, 주로 약물 사용을 효과적으로 대체할 수 있는 활동의 증가이기 때문에, 이 인센티브 시스템에서 얻은 돈은 치료자와 내가 동의한 사회 또는 오락 용품 및 활동에 사용해야 합니다. 바우처 사용 허용 용도 목록이 만들어져서 나에게 공유되어 있습니다. 치료의 두 번째 12주 동안은 인센티브 프로그램이 변경될 것입니다. 코카인 음성 샘플에 대한 바우처를 받는 대신 쿠폰을 받게 될 것입니다.

소변 샘플 검사 결과 코카인 음성일 경우 치료 전체의 24주 동안 다음과 같은 조치가 취해질 것입니다. 바우처(1~12주) 또는 쿠폰(13~24주)이 배달됩니다. 바우처가 주어진 후, 상품이나 서비스를 '구매'하고 싶은지 묻습니다.
바우처는 24주 프로그램 중 언제든지 사용할 수 있습니다. 적립된 바우처는 어떠한 경우에도 강제로 회수되지 않습니다. 코카인 양성 소변 샘플에 대한 절차는 다음에서 설명합니다.

코카인이 검출된 소변 샘플
모든 소변 샘플은 약물 사용 여부를 가리기 위해 검사됩니다. 이 계약이 코카인에 한정되어 있지만, 양성으로 선별된 모든 약물에 대한 기록이 보관됩니다. 모든 코카인 양성 소변 샘플에 대해서는 바우처를 받을 수 없습니다. 또한 연속된 코카인 음성 샘플로 획득한 추가적 점수는 다시 10점으로 초기화됩니다. 나는 양성 샘플 발견 이전의 바우처 가치로 되돌리기 위해서 코카인 음성 샘플을 연속으로 5개 제출해야 합니다. 다섯 번째 음성 샘플부터는 양성 샘플 이전에 이어져 오던 금전적 가치를 얻을 수 있으며, 이전에 적용되던 점수를 매기는 체계도 다시 계속됩니다(예: 각 음성 샘플은 이전의 것에서 얻은 점수보다 5점 더 얻게 되는 것).

소변 샘플을 제공하지 못했을 때
지정된 날짜에 소변 샘플을 제공하지 못했을 때(치료자의 사전 동의 없이), 이것은 샘플이 코카인 양성으로 검출되었을 때와 마찬가지로 취급하고 앞의 코카인 양성 샘플의 경우의 규칙을 적용합니다. 클리닉 직원이 나의 집에 방문해서 샘플을 수집한다고 해도(물론 나의 허락이 있는 경우), 이런 방식으로 수집한 코카인 음성 소변 샘플은 바우처 점수를 얻지 못하거나 바우처 점수를 10으로 재설정할 수 없습니다.
실제로, 입원하는 경우를 제외하고 클리닉 밖에서 수집된 코카인 음성 샘플은 '중립'입니다. 반면에 클리닉 직원이 클리닉 외부에서 내 샘플을 가져갔는데 그 샘플이 코카인 양성으로 판명되는 경우 코카인 양성 소변 샘플에 대해서는 앞서 설명한 방법으로 조치할 것입니다.

다음의 서명은 앞에서 요약한 소변검사 시스템에 동의함을 의미합니다. 이 과정들은 나에게 상세하게 설명되었으며, 나는 클리닉에서 내담자로 있는 동안 코카인 음성 및 코카인 양성 소변 샘플을 제공하였을 때 나타나는 각각의 결과에 대해 이해하고 있습니다.

____________________ ____________________
내담자 서명 파트너 서명

____________________ ____________________
치료자 서명 날짜

[그림 14-4] 단약 계약서

을 요청할 권리가 있다. 모든 샘플은 벤조일엑고닌(benzoylecgonine), 즉 코카인 대사 물질을 통해 선별되며, 매주 1건의 무작위로 선택된 샘플도 다른 약물남용 여부에 대해 선별된다. 혈중 알코올 농도(breath alcohol level: BAL)는 소변 샘플을 수집할 때 평가된다. 예정된 샘플을 제출하지 않으면 코카인 양성 결과로 대체하여 간주한다. 참여자는 샘플을 제출한 후 몇 분 이내에 소변검사 및 BAL 결과를 통보받는다.

1~12주 동안 수집된 소변 샘플은 벤조일엑고닌에 대한 음성검사로 바우처에 기록되어 참여자에게 제공된다. 점수는 각각 0.25달러에 해당하는 가치가 있다. 돈은 내담자에게 직접 제공되지 않는다. 대신, 점수는 지역사회에서 생필품을 구매하는데 사용된다. 직원이 모든 구매를 한다. 첫 번째 음성 샘플은 점수당 0.25달러 또는 2.50달러로 10점을 얻는다. 이후 연속 음성 샘플에 대한 바우처 값은 5점씩 증가한다(두 번째=15점, 세 번째=20점 등). 지속적인 코카인 단약의 가능성을 더 높이기 위해 연속적인 음성 샘플 3점마다 10달러의 보너스를 받는다. 코카인 양성 샘플이나 계획된 일정에 맞추어 샘플을 제출하지 못하는 경우 바우처의 가치는 처음의 2.50달러로 재설정되지만, 같은 방식에 따라 가치를 다시 상승시킬 수 있다. 양성 샘플 발견 후 코카인 음성 샘플을 5개 제출하면 재설정 이전의 점수로 되돌아간다. 점수는 일단 획득하면 삭감되지 않는다.

내담자와 치료전문가는 점수로 생필품을 구매하도록 함께 선택한다. 일반적으로 구매하는 품목은 YMCA 이용권, 평생교육 자료, 낚시 자격증, 지역 레스토랑 상품권, 취미용품 등을 포함하며 매우 다양하다. 치료자는 모든 구매에 대해 거부권을 가진다. 치료자가 약물 복용 없이 건강한 활동을 증가시키는 개별 치료목표에 합치된다고 판단하는 경우에만 구매가 승인된다.

바우처 프로그램은 12주차 주말에 종료된다. 13~24주차 동안에는 코카인 음성 소변 샘플 하나당 버몬트주에서 발행한 쿠폰 1매를 받게 된다. 24주간의 치료기간 동안 내담자는 바우처를 통해 1~12주차 동안은 바우처에서, 13~24주차 동안은 쿠폰으로 최대 997.50달러의 보너스를 받을 수 있다. 권장되는 6개월간의 사후관리 기간 동안은 이러한 인센티브가 제공되지 않는다. 인센티브가 감소함에 따라 치료효과의 크기가 크게 감소하지만, 12주 코스의 치료기간 동안 수백 달러에 불과한 상품권이 치료에 효과적이라는 강력한 근거가 있다(Lussier et al., 2006).

사후관리

치료자는 치료의 처음 두 회기(1주차) 동안 내담자에 대해서 알아 가고 관계를 발전시키는 것 이외에도 많은 과제를 수행한다. 이 회기는 동기를 강화하고 치료를 위한 분위기를 조성하는 데 중요하다. 따라서 여기서 초기 치료 회기 동안 수행할 특정 과제에 대한 자세한 설명을 제공할 것이다.

앞서 논의한 바와 같이, 소변검사와 코카인 사용검사 결과가 가장 먼저 다루어지는 분야이다. 치료자는 코카인 사용에 대한 직접적인 평가로 회기를 시작함으로써 이 치료의 초점이 코카인사용장애라는 분명한 메시지를 전한다.

코카인 사용 및 바우처 제공에 대한 논의 후, 치료자는 내담자가 모든 약물 사용을 중단했는지 확인해야 한다. 여기에서 치료자는 내담자가 제기할 수 있는 새로운 질문에 대답할 수 있다.

주거, 교통 또는 육아와 같은 실질적인 상황이 치료 참석에 문제가 된다면, 이러한 요구는 첫 번째 회기의 주요 초점이 되어야 한다. 치료자는 내담자가 이러한 문제에 대한 해결책을 찾는 데 도움이 되도록 가능한 모든 조치를 취해야 한다.

치료자는 코카인 사용에 대한 고위험 상황, 특히 다가오는 한 주 동안 발생할 수 있는 상황에 대처하기 위한 대안적인 활동이나 전략을 논의해야 한다. 앞에서 설명한 바와 같이, 내담자로 하여금 클리닉에서 제공하는 일정표나 그 사본을 사용하게 하면 대체 계획이나 활동을 예약하는 데 매우 유용하다. 다음 회기에 대한 일정도 잡아야 하며, 내담자는 해당 약속시간대의 요일과 시간을 기록해야 한다.

치료자는 구체적인 목표와 방법으로 포괄적인 치료계획을 수립해야 한다. 치료자는 이 작업을 다음과 같은 방법으로 소개할 수 있다.

> "치료계획은 우리가 성취하기 위해 중요하다고 생각하는 것들과 그것을 성취하려고 하는 방법을 적어 둘 수 있게 해 줍니다. 우리는 치료계획을 당면한 과제, 즉 코카인 및 기타 약물 사용을 중단하고 생활의 다른 중요한 측면에 대한 만족도를 높이는 것에 도움을 줄 수 있는 생활방식 변화에 초점을 맞추기 위해 사용합니다. 치료계획은 당신과 나 사이의 협력적인 노력을 통해 개발될 것입니다. 우리가 설정한 목표가 중요하다고 생각하는 것과 이것이 인생에서 원하는 것을 성취하는 데 도움이 된다고 생각하는 것은 중요합니다. 이 과정에서 제가 하는 일은 의미 있고 효과적인 목표를 도출하고 코카인 및 기타 약물 문제를 가진 사람들을 치료하는 것에 대한 지식과 경험을 토대로 조언을 제공하는 것입니다."

치료자는 내담자의 삶의 변화가 필요한 부분에 대한 아이디어를 제시해야 한다. 제안된 각 변경 사항에 대해 치료자가 내담자로부터 수집한 정보뿐만 아니라 연구 결과 및 임상경험을 토대로 하는 근거를 제공하는 것이 중요하며, 여기에 열린 토론과 아이디어 교환이 뒤따라야 한다.

내담자가 참여하기를 꺼리는 경우, 치료자는 각 잠재적 영역에서 변화에 대한 내담자의 생각을 물어야 한다. 치료자는 "당신은 무엇을 생각합니까?"와 같은 질문을 통해 내담자의 참여를 촉진할 수 있다. "당신은 이것에 대해 어떤 생각을 가지고 있습니까?" "이 말이 당신에게 의미가 있습니까?" "이것이 중요하다고 생각합니까?" "이런 유형의 변화가 가능합니까?" 치료자와 내담자는 어떤 삶의 영역에 문제가 있고 변화되어야 하는지에 대해 동의하는 것이 중요하다. 내담자가 치료자의 견해에 동의하지 않고 그 문제가 계속해서 제기될 경우, 그 영역은 치료에서 따로 빼놓고 나중에 논의해야 한다.

변화를 위한 영역이 합의된 후에 치료자와 내담자는 각각에 대해 상의해야 한다. 치료자는 능동적인 경청기술(반영과 공감)을 사용하고, 특정 영역에 집중하도록 노력해야 한다. 그들은 내담자에게 각 회기에서 이러한 문제 영역에 집중할 것임을 알려야 한다. 진전 및 문제에 대해서는 공개적으로 논의하고, 계획에 내용을 추가하거나 삭제할 경우에는 치료자와 내담자가 함께 결정한다.

다음으로, 치료자와 내담자는 함께 이러한 문제 영역을 다루어야 하는 순서를 결정하며, 항상 코카인의 단약을 향상시키는 것이 최우선 목표이다. 상호 합의가 중요하며, 치료자는 그러한 합의를 달성하기 위해 타협해야 할 수도 있다.

그런 다음 각 문제 영역에 대해 구체적인 목표를 설정해야 한다. 치료자가 특정 목표를 설정하기 위한 근거를 제공하는 것이 중요하다.

"구체적인 목표 설정은 중요합니다. 이것은 약물사용을 중단하고 약물 없이 보다 만족스러운 삶을 사는 데 중요하다고 동의한 주요 변화들에 초점을 맞추는 데 도움이 될 것입니다. 구체적인 목표는 진행 상황을 측정하는 방법을 제공합니다. 이것은 진행이 여러 차례 더딜 수 있기 때문에 매우 중요할 수 있습니다. 당신은 아무것도 진전된 것이 없다고 느낄지도 모릅니다. 실제로 당신에게서 변화가 진행되는 중일 수 있지만, 별로 다르게 느껴지지 않을 수 있습니다. 특정 목표에 대한 정보는 진전이 느릴지라도 올바른 방향으로 나아가는지 여부를 보다 분명하게 보여 줍니다."

"이러한 정보는 계획대로 진행되지 않을 때에도 표시될 수 있으며, 목표를 다시 생각하거나 목표를 달성할 수 있는 다른 방법을 찾도록 유도할 수 있습니다. 또한 특정 목표에 대한 진행 상황을 추적하는 것은 당신이 하고 있는 노력에 대해 보상하거나 칭찬해 줄 수 있도록 도와줍니다. 때때로 생활방식의 변화는 어렵습니다. 우리는 또한 당신이 스스로를 칭찬하는 법을 배우고, 자신이 잘하고 있다면 스스로에 대해서 신뢰를 얻기를 바랍니다."

이러한 목표는 측정할 수 있어야 하며, 진행 상황을 그래프로 나타낼 수 있다. 변화를 위한 목표는 치료계획에 열거된 우선순위 영역에서 설정되어야 하며, 1차 또는 2차 행동 변화 목표로 분류되어야 한다. 일반적인 목표의 예는 다음과 같다.

- 주 5회 일자리 문의 또는 직업 재활을 위한 일정 잡기
- 매주 3회 약물남용의 위험이 높은 시간에 여가 활동에 참여하기
- 매주 4시간씩 가족이나 친구와 함께 재미있는 활동에 참여하기
- 매주 1회 야간 수업에 참여하기
- 고졸 학력 인증서(general equivalency diploma: GED) 취득을 위한 과제를 2시간 동안 하기
- 일반적으로 코카인을 사용했을 때 밤에는 약물을 사용하지 않는 사람과 함께 계획하고 활동하기

치료자와 내담자는 공동으로 이 목표들을 정해야 한다. 효과적인 목표 설정을 위한 기본 원칙은 다음과 같다.

- 처음에는 비교적 작은 목표를 설정하여 내담자가 일찍 성공할 수 있도록 한다.
- 비현실적인 목표를 피할 수 있도록 선택한 목표를 달성하기 위해 모든 장애가능성을 철저히 분석한다.
- 목표가 전반적인 치료계획과 어떤 관련이 있는지에 대해 내담자가 이해하고 있는지 확인한다.

내담자가 원하는 행동 변화를 수행하고 달성할 확률을 최대로 높이는 것은 중요하다. 치료자의 책임은 적절한 상담 스타일과 행동 절차를 사용하여 대상 행동의 수행가능성을 높이는 것이다.

치료계획은 객관적인 진행 지표를 기반으로 한 일정한 재평가와 평가 및 변경의 과정이기 때문에

치료계획을 정기적으로 갱신해야 한다(원칙 4, 〈표 14-1〉). 내담자와 치료자는 목표가 달성되거나, 개입이 실패하거나, 새로운 정보가 있을 때 치료계획을 자주 검토하고 토론하고 평가해야 한다. 이러한 변화는 정기적인 임상 슈퍼비전 모임에서 검토되어야 한다.

치료계획을 실행하고, 진행 상황을 모니터링하고, 내담자의 필요와 발전 및 문제점에 따라 치료계획을 수정 및 업데이트하는 것은 나머지 치료의 '밑거름'이 된다.

임상 슈퍼비전

우리 클리닉에서는 행동심리학 및 약물남용 치료 전문 지식을 갖춘 박사급의 심리학자가 슈퍼비전을 제공한다. 슈퍼바이저는 치료계획에 중요한 정보를 제공하고 행동 변화를 위한 목표를 선택한다. 슈퍼바이저는 진행상태를 모니터링하는 방법에 대한 지침을 제공한다.

슈퍼비전은 보통 매주 2~3시간 동안 진행되며, 이 시간 동안 모든 사례가 검토된다. 치료자는 구체적인 치료목표와 마지막 슈퍼비전 회의 이후의 진전 여부에 따라 각 내담자의 진행 상황에 대해 슈퍼바이저 및 기타 클리닉 치료자에게 지속적으로 보고한다. 진행은 모든 목표에 대해 시각적으로 제시된다.

이 모델에 대한 슈퍼바이저의 슈퍼비전 내용에는 지원, 피드백, 문제해결 및 교육 등의 내용이 균형 있게 포함되어야 한다. CRA와 바우처 병행 사용에서 능동적인 치료적 접근이 필요하다는 점을 감안할 때, 슈퍼바이저는 치료계획을 이행함에 있어서 안정적인 지원, 격려 및 지시의 자원이 되어주어야 한다.

우리는 사례를 검토할 때 정형화된 프로토콜을 따른다. 우선, 치료 시작 시점에서 내담자의 코카인 소변검사 결과에 대한 그래프의 검토를 시작한다. 두 번째로, 우리는 변화목표인 알코올이나 다른 약물의 사용에 대해서 검토한다. 그런 다음 치료 회기에서의 출석, 생활습관 변화의 주요 목표 및 그에 대한 보조 목표를 검토한다. 치료목표가 필요에 따라 검토되고 수정되면 자살 또는 새로 확인된 문제행동과 같은 최근의 위기나 관련이 있는 임상 문제가 논의된다.

치료의 어느 시점에서 치료 목표 및 대상이 변경될 수 있다. 목표의 변경은 이전 목표의 달성, 특정 목표를 향한 진전의 실패, 목표가 코카인 사용과 기능적으로 관련이 없음이 명확하게 드러날 때 촉진될 수 있다.

CRA와 바우처 병행치료의 적용: 사례연구

이 절에서는 클리닉에서 CRA와 바우처 병행치료를 받는 내담자의 사례를 살펴본다. 우리가 이 사례를 선택한 이유는 치료기법의 적용 과정 전반에 있어서 여러 측면을 잘 설명해 줄 수 있기 때문이었다. 치료 결과는 완벽하지는 않았지만 대단히 좋았다. 또한 이 사례는 코카인 의존 내담자들이 경험하는 다각적인 문제들도 보여 준다.

빌은 24세이며 미혼이고 싱글이다. 빌은 백인 남성으로 코카인 사용 문제에 대한 도움을 받기 위해 클리닉에 자문을 구하였다. 빌은 현재 부모님과 살고 있지만 이곳을 방문하여 접수면접을 받기 몇 주 전까지는 코카인을 사용하는 친구와 함께 살았다. 그는 옛 애인과의 사이에서 5세 된 딸을 두고 있지만 현재 별거 중이다. 빌은 마약 전과를 우려한 아이 엄마의 반대로 딸을 합법적으로 만날 수 있는 권리를 박탈당한 상태이다.

고등학교를 졸업한 빌은 지난 3년간은 상점에서 점원으로 근무하였다. 그의 말에 따르면 자신 주변의 사람들은 대부분 마약 중독자들이다. 빌은 골프나 스키처럼 건강한 사회적 활동이나 여가생활을 즐겼던 적도 있었지만 지난 수년 동안은 거의 하지 않았다.

그는 무기를 사용한 범죄로 형사소송에서 유죄 판결을 한 번 받은 내력이 있다. 그 결과로 3개월 동안 수감생활을 하기도 했지만 치료를 받으러 온 지금은 보호관찰하에 있지 않다.

주 호소 문제

빌은 클리닉에 오기 전 3일 동안 과도하게 약에 빠져 있었으며, 코카인을 더 이상 하지 않도록 도움을 받기 원하였다. 그는 코카인을 하지 않기 위해 과거에 자신이 시도했던 것들에 대해 이야기했지만 모두가 그리 성공적이지는 않았다고 하였다. 빌은 코카인 과다 사용 삽화 이후의 느낌에 대해 '지긋지긋하다'고 했고, 그의 코카인 사용이 야기한 재정적 문제에 대해 걱정하였다. 그는 또한 마약 사용과 관련한 생활방식의 결과로 그의 딸과 옛 애인으로부터 멀어지게 되었고, 결국 딸을 더 이상 만날 수 없게 된 데에 대해 심각한 우려를 표하였다.

평가

코카인 사용

빌은 DSM-IV-TR의 코카인 의존 진단기준을 충족한다. 그는 코로 흡입하는 코카인을 6년 동안 사용한 병력을 가지고 있다. 가장 최근 코카인을 사용했던 때는 일주일 전이고, 친구와 함께 집에서 10.5g의 코카인을 사용했는데 이것이 그의 전형적인 코카인 사용 패턴이라고 보고하였다. 접수면접에서 빌은 지난 30일 동안 3회의 코카인 사용 삽화가 있었다고 보고했으며, 각 삽화는 주말에 일어났고 약 48시간 지속되었다. 그는 보통 술집이나 친구들의 집에서 친구와 함께 코카인을 사용하였다.

그의 코카인 사용은 술집에서 시간을 보내거나 너무 많은 시간 동안 일을 하게 된 다음에 일어나며, 가끔 지루함, 우울, 불안, 분노 등과 같은 감정을 느낀 이후에 나타났다. 빌은 신체적/금전적 문제, 관계의 단절, 우울, 불안, 자살사고, 폭력충동 등 코카인 사용이 초래하는 정신과적 증상을 포함한 상당수의 심각한 결과들이 일어났음을 보고하였다.

다른 약물 사용

빌의 첫 알코올 사용은 16세 때였다. 그는 매주 13~15잔의 독한 술을 마시고 폭음하는 음주 패턴을 가지고 있었다고 하였다. 그는 지난 30일 중 5일을 술을 마셨다고 보고하였다. 빌의 첫 번째 대마초 사용은 14세 때였다. 그는 이후 10년 동안 대마초를 일상적으로 사용해 왔으며, 지난 30일 중 30일 모두 마리화나를 피웠다고 보고하였다. 그는 암페타민과 환각제를 가끔 사용했다고 보고하였고 그러한 물질을 현재는 사용하지는 않으며, 정기적으로 사용한 적도 없다고 하였다. 빌은 일반적인 수준의 흡연자이며 하루에 약 20개비의 담배를 피웠다. 빌은 약물남용에 대한 치료 내력은 없다고 보고하였다.

또한 빌은 DSM-IV-TR의 알코올, 마리화나, 니코틴 의존 진단기준도 충족한다.

다른 정신과적 문제들

빌은 우울과 자살사고 내력이 있음을 보고하였다. 그는 또한 분노조절에 어려움을 겪고 있으며, 이것이 그에게 중대한 문제임에 동의했고, 최근 이 문제들에 대한 상담도 받아 왔다고 언급하였다. 그의 BDI 점수는 접수면접에서 23점이었으나(Beck, Ward, Mendelson, Mock, & Erbaugh, 1961), 자살사고에 대해서는 보고하지 않았다.

변화를 위한 동기

빌의 SOCRATES 점수는 코카인 단약에 대한 강한 의지를 보여 주었다. 그는 단주에 대해서는 중간 수준으로 전념할 것이라고 밝혔지만, 치료기간 동안 디설피람 치료에는 동의하였다. 그는 치료가 끝난 후 사회적 상황에서의 음주를 지속할 계획이라고 하였다. 그는 마리화나 사용을 중단하는 데에는 관심이 없었다. 그는 그것을 문제시하지 않았으며 현재는 금연할 생각도 없다.

사례개념화

빌은 매일 긴 시간 동안 일을 했고 때로는 몇 개의 일을 동시에 하기도 하였다. 이 때문에 일 외에 다른 활동을 위한 시간을 거의 낼 수 없었으며, 여가나 오락을 위한 활동은 거의 하지 못하고 있었다. 일을 제외하고는 빌에게 있어서 코카인이나 다른 마약들이 주는 강화효과에 필적할 만한 대안적 강화 자원은 거의 없었다. 이러한 상황이 초래하는 악순환은 보통 눈덩이처럼 불어나게 되어 있어서 코카인 및 관련 약물 남용이 점점 더 개인의 활동 전체를 독점적으로 차지하게 된다. 빌의 경우 오랜 시간 일하고, 술집에 자주 가고, 마약을 사용하는 생활습관과 함께 분노조절의 어려움도 보이면서 애인과의 관계를 망치게 되었고, 딸과 만날 수 있는 시간 또한 제한되었다. 이러한 관계 단절은 다시 코카인을 대체할 수 있는 강화 자원을 더 감소시키고, 역으로 코카인 사용에 할당할 수 있는 추가적인 시간과 상황은 확보되게 한다. 우리는 빌의 오랜 근무시간이 약물남용 생활방식에 대한 취약성을 증가시킨 부분도 있지만, 직업이 있다는 사실은 코카인에 대항할 수 있는 보호 요소로서 빌이 자신의 행동을 더욱 잘 통제할 수 있도록 해 주는 측면도 있다고 보았다. 전일제 직업을 가지고 있다는 사실은 코카인 의존이나 코카인 비강 흡입 등에 대한 다양한 치료 접근을 사용할 때 좋은 결과를 예측할 수 있게 해 주는 긍정적인 요인이다.

치료계획

코카인 단약은 빌의 치료계획의 최우선 순위였고, 항상 이 치료법의 주요 초점이다. 다음으로, 우리는 빌에게 있어서 코카인과 알코올 사용이 밀접하게 관계되어 있음을 이유로 금주를 권하였다. 이전에 언급했듯이 빌에게 마리화나 흡연을 지속하는 것이 가져올 수 있는 잠재적인 이익과 부정적 결과들에 대해 충분히 검토하도록 했음에도 불구하고 빌은 마리화나를 계속하기로 하였다. 우리의 임상 접근법은 마리화나 사용을 줄이거나 중단하도록 하는 행동을 치료 과정 중 기회가 있을 때마다 강화하기 위해 노력하겠지만 빌이 변화에 대해 더욱 거부감을 갖도록 논쟁하지는 않는 것이다. 건강한 오락활동, 특히 주말에 코카인 사용과 음주를 대체할 수 있는 활동에 정기적으로 참여하는 방식을 재정립하는 것이 최우선 과제였다. 치료자는 빌에게 왜 이러한 활동에 대한 참여가 최우선적인지에 대해 다음과 같은 이론적 근거를 제공하였다.

치료자: 코카인이나 여타 약물이 누군가의 일상생활의 일부가 되면, 그들은 대부분 약물 사용 외에 이전에 즐기던 수많은 다른 활동을 그만두게 됩니다. 당신의 경우도 이에 해당하는 것 같습니다. 당신은 건강한 오락활동을 많이 하곤 했지만, 코카인을 복용한 후에는 그런 활동을 멀리하게 되었습니다.

빌: 정말 그런 것 같네요. 웃기기도 하고요. 저도 모르는 사이에 차츰 멀어지게 된 것 같아요. 한 번도 그런 활동들을 싫어했던 것 같지는 않는데, 그냥 먼 곳으로 끌려간 기분이네요.

치료자: 그게 보통 모두가 하는 답변입니다. 그래도 당신에게는 강점이 많이 있어요. 당신에게는 다른 건강한 활동들을 했고 즐겼던 경험이 있습니다. 그런 경험들은 치료기간 동안 당신이 발전시킬 수 있는 강점입니다.

빌: 좋네요. 최근에는 제가 강점을 가지고 있었다고 좀처럼 느끼지 못했거든요. 그런데 어떻게 하나요? 제 코카인 사용과 제 여가활동이 어떤 관계가 있죠?

치료자: 건강한 사회/오락 활동은 사람의 삶에서 중요한 부분입니다. 그런 활동은 지루함을 줄여 주고 건강한 느낌을 주며, 당신이 좋아하는 사람들과 함께할 기회를 제공함으로써 퇴근 후 시간들을 기대하게 하는 긍정적인 효과를 가져옵니다. 그런 활동들은 코카인을 사용하지 않는 상태가 되는 것과 그것을 유지하는 데 중요한 역할을 합니다. 당신이 마약 사용을 포기했을 때, 당신은 마약 사용으로 보내던 시간에 다른 것을 해야 합니다. 만약 그때 당신이 하는 일이 만족스럽거나 즐겁지 않다면, 혹은 아무것도 하지 않고 가만히 앉아서 외로움이나 지루함을 이겨 내야 한다면 당신은 다시 마약을 사용하기가 쉽습니다. 이것이 우리가 당신이 건강한 사회/오락 활동의 규칙적인 계획을 세우도록 돕는 세부적인 치료 요소를 만든 이유입니다.

빌: 네. 그게 저한테 중요할 수 있겠네요. 저는 외출해서 돌아다니는 것이 어려워요. 지루해지고 안달나죠.

치료자: 좋아요. 그럼 당장 이것을 해 봅시다. 당신에게 일일 계획표를 줬죠. 오늘부터 다음 번 방문 사이에 해 볼 수 있는 몇 가지 활동을 계획해 봅시다.

또 다른 우선순위는 빌이 너무 많은 시간 일하거나 몇 개의 일을 같이 하지 않아도 되도록 적당한 보수를 받을 수 있는 일자리를 찾도록 돕는 것이었다. 빌의 코카인 사용 생활방식과 양립할 수 없는 활동을 더 많이 만들어 가도록 격려하기 위해 그의 딸을 방문할 수 있는 권리를 되찾도록 청원하는 데 도움을 주었다. 다른 정신과적 문제와 관련하여 우리는 빌의 BDI 점수를 매주 모니터링하여 치료 시작 몇 주 내에 코카인 의존 내담자들에게 흔히 발생하는 급격한 점수 악화 여부를 관찰하기로 하였다. 분노조절의 문제가 애인과의 관계를 악화시킨 원인이기도 했고 딸의 방문권을 획득하기 위해서는 그녀와 좋은 관계를 유지해야 했기 때문에, 우리는 빌이 분노조절 프로그램에 참여하는 것이 적절할 것이라 생각하였다.

다음은 이 치료계획을 시행하는 과정을 기술해 놓은 것이다.

코카인 단약

유관 바우처(contingent vouchers)는 초기 단약을 돕기 위해 표준 12주 계획에 따라 빌에게 제공되었다. 기능분석은 1회기와 2회기에서 수행되었다. 빌은 술집이나 특정 친구들의 집에서 술을 마시거나, 특히 오랫동안 근무한 후 우울증이나 지루함을 경험하는 경우에 코카인을 할 가능성이 높았다. 그는 영화를 보거나, 안전한 친구 집에 가거나, 사냥, 낚시, 스키를 할 경우 코카인을 할 가능성이 줄어드는 것으로 확인되었다. 이 정보는 빌의 자기관리 계획과 사회활동, 여가활동을 계획하는 과정에서 업데이트되어 사용되었다.

[그림 14-5]는 빌의 코카인 사용 및 소변검사 결과가 누적된 24주의 치료 기록이다. 그가 코카인을 사용한 것으로 나온 때는 치료 시작 후 7주째 주간에 발생하였다. 빌은 결과에 놀라워하며 여러 친구와 함께 마리화나를 피웠을 때 파이프에 조금 남아 있었던 코카인이 아마 그 원인일 것이라고 말하였다.

치료자: 안녕하세요, 빌. 어떻게 지내고 있어요?

빌: 꽤 좋아요.

치료자: 보세요. 당신의 소변검사 기록입니다. 코카인에 양성 반응이 나왔군요.

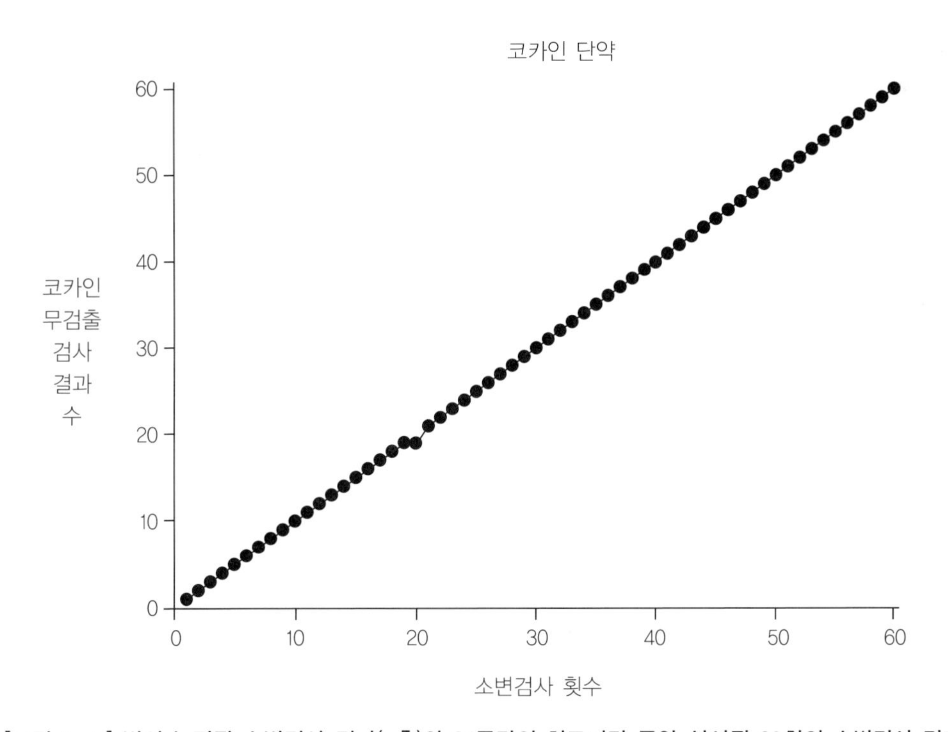

[그림 14-5] 빌의 누적된 소변검사 결과(Y축)와 24주간의 치료기간 동안 실시된 60회의 소변검사 결과(X축)

빌: 말도 안 돼요. 와…… 그럴 리 없어요. 코카인을 한 적이 없는걸요? 주말 동안 어떤 것도 하지 않았어요.

치료자: 이것이 기계가 샘플을 해석한 결과입니다. 주말 동안 한 일에 대해 구체적으로 이야기해 봅시다. 무엇을 했는지 검토해 보도록 합시다. 그러면 앞으로 일어날 일에 대한 통찰력을 얻게 될 것입니다.

빌: 금요일 밤에는 자정 정도에 가게 문을 닫고 집으로 돌아가 잠자리에 들었어요. 토요일 아침에는 일을 했고요. 퇴근 후에는 몇 명의 친구와 함께 잠깐 놀았어요.

치료자: 운동하기로 계획하지 않으셨나요?

빌: 안 갔어요. 갔어야 했지만, 오랜만에 보는 친구들을 만나는 바람에 다른 길로 샜죠.

치료자: 그들 중 코카인을 하는 친구가 있나요?

빌: 네. 1명 있어요. 하지만 그는 제가 지금 치료 중이라는 것을 알아요. 제 주변에서는 코카인을 하지 않았어요.

치료자: 친구들과 정확히 무엇을 했나요?

빌: 그냥 친구 중 1명의 집에 가서 비디오 게임을 하고 텔레비전을 보았죠. 마리화나를 몇 번 했어요. 선생님도 알다시피, 저는 여전히 마리화나를 해요. 아마도 우리가 사용한 파이프에 코카인이 조금 묻었을 수 있겠네요. 그런 것 같아요.

치료자: 그럴 수 있겠네요. 분명한 것은 계획했던 것에서 벗어났기 때문에 문제의 위험성이 증가되었다는 거예요.

빌: 동의해요. 제가 왜 그랬는지 저도 모르겠어요. 친구들을 만나기 전까지는 계획한 대로 정말 잘했거든요. 원래는 어머니께서 저를 체육관에 데려다주실 계획이었지만 날이 좋았기 때문에 어머니께 걸어가겠다고 했죠. 그러다 친구들을 만났고, 이야기를 하다 보니 체육관에 가기로 했던 계획은 온데간데 없어졌어요.

치료자: 의심할 여지도 없네요. 지금까지 계획한 대로 아주 잘 따라 주었어요, 빌. 코카인을 아주 훌륭하게 단약해 왔지요. 그렇게 하기는 정말 쉽지 않았을 것이고, 지금까지 해온 것에 대해 엄청난 보상을 받아 마땅해요.

빌: 젠장, 실수한 것 같네요.

치료자: 중요한 것은 현재 상황에서 배울 점을 찾는 거예요. 당신도 알다시피, 치료를 시작할 때 나는 마리화나의 단약을 추천했어요. 마리화나는 그것 자체로도 문제가 되고, 코카인을 비롯한 다른 약물 사용자들과 당신이 접촉하도록 하죠.

빌: 어느 정도 동의하지만, 저는 정말로 지금 마리화나가 문제라고 생각하지는 않아요. 치료를 시작할 때부터 마리화나를 정기적으로 해 왔고, 그것은 코카인을 멀리하는 데 도움이 돼요. 다른 점은 제가 계획대로 체육관에 가지 않고 친구들과 하루 종일 놀았다는 것이죠. 그게 제가 실수한 부분이에요. 이 점이 그동안 제가 보낸 다른 주말들과 가장 크게 다른 부분이죠.

치료자: 아주 좋은 분석이에요. 하지만 잘 기억해 두세요. 마리화나를 하지 않았다면, 파이프를 사용할 일도 없었을 거예요. 그래도 지난날의 주말들과 이번 주말이 어떤 점에서 달랐는지 생각한 것은 아주 잘했어요. 대안으로 세운 활동계획들을 잘 지켜 나가는 것이

그저 나가서 노는 것보다 효과가 좋았죠. 가장 중요한 것은 이런 상황 가운데서 배울 점을 찾고 성장하는 것입니다. 코카인 음성 결과가 나오려면 수요일에는 어떻게 해야 한다고 생각하십니까?

빌: 글쎄요. 저는 그냥 지금까지 했던 것을 지켜나갈 거예요. 지금까지의 계획들, 일, 어머니 찾아 뵙기 같은 것이요. 그리고 내일 밤에는 데이트가 있어요. 오늘 밤 체육관에 가기로 계획했고, 반드시 지킬 것입니다. 전혀 문제가 없을 거예요.

치료자: 약물을 하는 다른 사람들, 특히 과거에 함께 코카인을 했던 사람들과 접촉하는 것을 최소화하는 것은 어때요? 우리는 우연히 그들을 만났을 때 당신이 어떻게 말해야 하는지에 대한 역할연기를 해 볼 수도 있어요.

빌: 그렇게 할 수 있을 것 같아요. 그들 대부분을 그리 자주 보지는 않지만. 네, 그래요.

치료자: 좋아요. 당신도 알다시피, 소변검사 결과를 가지고 이야기할 수밖에 없어요. 그래서 오늘은 바우처를 받지 못할 것 같네요. 오늘의 양성 결과 때문에 처음부터 다시 시작해야 할 거예요. 하지만 다시 돌아와서 연속 다섯 번의 음성 반응을 보인다면 오늘의 양성 반응 결과가 나오기 전의 바우처로 회복할 수 있어요.

빌: 괜찮네요.

우리의 경험상 코카인을 사용한 것에 대해서 내담자가 부인한다고 염려할 필요는 없다. 내담자가 코카인을 정기적으로 다시 한다면 양성 반응이 곧 나타날 것이다. 그 대신, 치료자는 빌과 함께 코카인을 단약하는 동안 마리화나를 하는 것의 위험성에 대하여 검토하였다(약물을 사용하는 친구들과 계속 어울리는 것, 코카인을 접할 수 있는 공간에 가는 것, 다른 긍정적인 활동이나 휴식을 취하는 것 대신 마리화나를 하는 것). 그들은 또한 계획된 활동을 잘 지켜나가는 것의 중요성에 대해서 되짚었고, 그가 약물을 사용하는 친구들과 맞닥뜨렸을 때 계획을 잘 지키기 위해 사용할 수 있는 사회기술을 역할연기로 준비하였다. 빌은 그에게 어떤 점들이 효과가 있는지 활동을 계획하고 그 계획을 지키는 것에 대하여 깊은 통찰력을 가졌고, 치료자는 그의 분석을 강화하였다. 코카인을 한 것을 부인하였다는 사실은 더 이상 다뤄지지 않았다. 빌과 치료자는 치료계획을 함께 수립했고, 약간의 수정을 거쳤다. 빌의 24주의 치료기간 동안 더 이상의 코카인 사용은 없었으며, 코카인을 단약한 그의 기록들은 완벽하였다.

단주

첫 회기 동안 치료자는 빌과 함께 디설피람 치료의 근거에 대하여 이야기를 나누었다.

치료자: 빌, 당신에게 디설피람 치료를 제공하고자 하는 이유와 단주에 대해서 이야기를 해 볼까 해요. 먼저, 이전 기록들을 보면 당신은 술을 마실 때 코카인을 할 가능성이 높아집니다. 다른 사람들도 마찬가지죠. 코카인 의존으로 치료를 받는 많은 사람에게서 알코올 섭취와 코카인 사용이 매우 상관관계가 높다는 과학적 근거가 있어요.

빌: 전 더 이상 술에 취하고 싶지는 않아요. 그냥 조금 마시는 건 어때요? 그것도 문제가 될까요?

치료자: 술을 조금 마시는 것도 코카인을 효과적

으로 단약하는 데 유의미하게 악영향을 미칠 수 있습니다. 우리뿐만 아니라 다른 클리닉에서도 디설피람을 사용하고 금주하는 것이 술을 계속하는 것보다 코카인 단약에 더 효과적인 것으로 나타났습니다.

빌: 그 약을 얼마나 먹어야 한다고 생각하세요? 술을 다시는 마실 수 없다는 뜻인가요?

치료자: 당신이 이 약을 영원히, 혹은 몇 년 동안 복용해야 한다고 말씀드리는 것이 아닙니다. 술을 다시는 마실 수 없다는 뜻도 아니지요. 도로를 놓는 과정에 있어서 몇 개의 다리를 놓을 수 있다는 뜻입니다. 그러나 지금은 코카인을 그만둘 가능성을 최상으로 끌어올리고 싶다면 디설피람 치료를 정말 추천해요.

빌: 저는 음주가 얼마나 문제가 되는지 아직 잘 모르겠어요. 어느 정도 문제를 일으킬 수 있다는 것은 알지만 그렇게 확신하지는 않아요.

치료자: 빌, 제가 두 번째로 강조하고 싶은 것은 당신이 우울과 자살사고가 있었다고 말했다는 거예요. 약물을 하는 것은, 특히 알코올 같은 경우 진정제입니다. 우울 증상이나 자살의 위험을 더 악화시킬 수 있죠. 단주하는 기간은 이런 문제들을 다룰 수 있도록 해 줄 겁니다. 그리고 또 다른 고려할 점은 디설피람 치료에 동의하는 것은 단약과 생활방식을 바꾸는 것에 대한 당신의 굳은 결의를 표명하는 것일 수 있다는 겁니다. 이는 일반적으로 도움이 될 것이고, 당신의 딸에게 찾아갈 수 있는 방문권을 획득하는 데에도 도움이 될 것입니다.

빌: 저기요, 저는 지금 이 상황에서 좀 더 나아지길 바라요. 스스로 코카인을 끊기로 마음먹었을 때 죽어라 노력해도 안 되더라고요. 확신할 수는 없지만 아마 제가 계속 술을 마셨기 때문일 수 있어요. 이대로 계속 둘 순 없어요. 치료기간 동안 약을 복용하는 것은 어떤가요? 꽤나 노력하는 거예요. 뭐라 그러셨죠? 치료가 24주 동안이라고 하셨나요? 그 동안 약을 복용하는 것으로 하죠.

빌은 치료기간 동안 디설피람 치료를 하는 것에 동의하였다. 주 3회 클리닉 직원의 관찰하에 250mg을 투여하고, 다른 날에는 집에서 아버지의 관찰 하에 같은 양을 투여하기 위한 계획이 세워졌다.

디설피람 치료와 함께, 치료자는 알코올 섭취와 관련하여 빌의 기능분석을 진행하였다. 빌이 술을 더 많이 혹은 더 적게 마시게 되는 상황을 검토하고, 과거에 술을 마시고 경험했던 부정적인 결과들을 작성하였다. 치료자와 빌은 술집에 가거나 술을 마시지 않고 휴식을 취할 수 있는 다른 방안들을 찾아 계획을 세웠고, 술이 있을 때 어떻게 거절할 것인지, 그리고 술을 마시고 싶어지는 순간에는 어떻게 할지 연습하였다.

빌은 치료기간 동안 디설피람 치료를 잘 따라 주었다. 그는 디설피람 치료 동안 딱 한 번 일요일 아침에 약을 복용하지 않고 그날 오후에 집에서 맥주 두 캔을 마셨다. 월요일에 치료자는 빌과 함께 어떤 것이 그로 하여금 술을 마시게 했는지, 그리고 디설피람을 투여하는 것을 지켜보기로 한 아버지와 무슨 일이 있었는지 분석하였다. 치료자와 빌은 술을 마셨던 과거를 되짚어 보고 그에 따른 부정적인 결과에는 어떤 것들이 있었는지 상기하였다. 빌은 다시 단주 및 디설피람 치료를 시작하였다.

24주의 치료가 끝이 날 무렵(23주차), 빌은 '원할 때 술을 마시고 싶다'는 바람을 표현하였고, 계획된 대로 디설피람 치료를 그만두어도 되는지 물어보았다. 치료자는 그것이 지금까지의 성과를 위태롭게 할 수 있다는 자신의 걱정을 이야기하였다.

치료자: 이번 주에 디설피람 치료가 끝나는 것으로 계획되어 있군요?

빌: 네, 약속했기 때문에 잘 지켜 왔죠. 하지만 지금은 제가 원할 때, 가령 일이 끝나고 쉬고 싶을 때 맥주 한 잔 정도를 마실 수 있으면 좋겠어요. 별거 아니에요.

치료자: 빌, 지금까지 계획을 아주 잘 따라 주었어요. 대부분의 사람은 코카인을 중단하는 데 당신만큼 성공적이지 못했어요.

빌: 오, 동의해요. 저는 정말로 치료에 잘 참여했다고 생각해요. 이제 거의 끝나가네요. 저는 제가 원할 때는 술을 마실지 말지 선택할 수 있다면 좋을 것 같아요.

치료자: 디설피람 치료를 그만두는 것이 코카인 단약을 유지하는 데 얼마나 위험할 것이라고 생각하세요?

빌: 문제가 될 거라고 생각하지 않아요. 정말로 확신해요.

치료자: 빌, 그것 참 좋네요. 그런 자신감은 성공에 매우 중요하죠. 그렇지만 좀 더 구체적으로 이야기해 볼까요? 기억하세요. 당신이 술을 마셨던 과거는 여전히 당신과 함께해요. 과거에 폭음을 했던 순간에 코카인은 당신을 따라다녔죠. 과거와 비교해서 지금은 어떤 점이 다를까요?

빌: 글쎄요, 먼저 제가 예전에 그랬던 것처럼 술을 마시지는 않을 거예요. 술에 취하고 싶지는 않아요. 자주 마시고 싶을 것이라고 생각되지도 않고요. 예전 친구들과도 술을 마시지는 않을 거예요. 그저 데이트나 어떤 순간, 저녁을 먹으러 갔을 때 술을 한 잔 하고 싶다면 할 수 있는지 궁금해요.

치료자: 매우 신중하게 고려 중이시군요. 좋아요. 그런 종류의 계획은 당신의 코카인 단약을 유지하는 데 중요하죠. 당신이 술을 마시러 간다면 그 위험성을 가능한 한 어떻게 줄일 수 있을지 더 이야기해 봅시다. 그러니까 제 말은 당신이 얼마나 자주 마시든지, 한 번에 얼마나 많이 마시든지, 어디서 마시든지, 누구와 함께 마시든지 과음이나 코카인으로부터 스스로를 지킬 수 있는 무언가 말이에요. 타당한 것 같나요?

빌: 네, 그럼요. 정말 좋아요.

이번에는 치료자가 음주 프로토콜을 시작하였다(Miller & Muñoz, 2005 참조). 최우선의 권장사항은 단주이나, 빌은 그 권고를 따르지 않을 것이다. 그러므로 우리는 그에게 문제적 음주로 가는 가능성을 줄일 수 있는 기술들을 체계적으로 알려 주는 것이 나을 것이라 여겼다. Miller와 Muñoz는 내담자가 음주를 통제된 방식으로 할 수 있도록 기술을 가르쳐 주는 것에 목적을 두었다. 이런 기술들 중 몇몇은 폭음과 관련된 상황(장소, 사람, 시간, 감정 상태)을 분석하는 것과 같이 코카인 사용에 활용되었던 방법과 같다. 다른 것들은 특별히 음주와 관련이 있는 것이다(예: 알코올 함유량과 관련된 정보를 알려 주거나 음주량, 체중, 혈류량의 관계를 알려 주는 것). 빌과 치료자는 치료의 마지막 주에 음주 통제

프로토콜의 핵심 요소 중 일부를 다루었고, 나머지 부분은 추후 회기 동안 다루었다. 빌은 마지막 주에 한 번 음주를 하였다고 말하였다. 그는 오직 두 잔만 마셨고, 코카인은 하지 않았다. 빌은 치료 후에도 음주를 거의 하지 않은 것으로 보고하였다.

다른 약물 사용

빌은 접수면접에서 이야기하였던 마리화나의 사용 패턴을 그대로 보였다. 그는 계속해서 마리화나의 사용이 다른 치료목표를 방해하지 않는다고 주장하였다. 결과적으로 치료자는 마리화나를 줄이거나 멈추어야 하는 근거를 제시하였지만 성공하지 못하였다.

여가활동

처음 몇 회기 동안 치료자와 빌은 새로운 여가활동들을 개발하는 것의 중요성에 대하여 논하였다. 주마다 4개의 활동에 참여하고, 치료기관에서 새로운 활동들도 시도해 보기로 계획하였다. 치료자는 빌에게 코카인 단약 치료기간 동안 받게 되는 바우처가 이 활동들을 하는 데 지불될 수 있음을 상기시켜 주었다.

치료기간 동안 빌은 주마다 4개의 여가활동을 하는 그의 목표를 달성해 왔다. 활동으로는 영화보기, 사냥, 골프, 지역 레스토랑에서 식사하기가 포함되었다. 그는 그의 바우처로 지역 극장에서 연극 표를 샀고, 골프장 이용료를 냈으며, 새로운 여자 친구와 레스토랑에서 저녁을 먹기 위해 상품권을 구매하였다.

가족/사회적 지지

회기 초기에 치료자는 빌과 함께 가족, 친구, 약물을 하지 않는 다른 사람들을 포함한 사회적 관계망 확장의 필요성에 대하여 이야기하였다. 빌은 딸과의 만남을 늘리고 싶다고 이야기하였다. 그 목적을 위해 빌과 치료자는 방문권을 얻기 위해 필요한 절차들을 알아보고 과제를 분석하였다. 이는 법적인 절차를 완료하는 것을 포함하는 것이었고, 치료자는 역할연기를 통해 그의 전 파트너에게 원하는 바를 적절히 말하는 것을 도와주었다.

빌은 방문권을 얻는 데 성공하였다. 그의 목표는 한 주에 두 번 딸과 교제하는 것이었고, 꾸준히 이루었다.

다른 종류의 사회적 지지를 생각해 보면, 빌은 치료기간 동안 다른 안전한 친구들과의 교제를 늘리고 싶어 하였다. 그는 그의 새로운 직장(앞으로 이야기 될)에서 몇 명의 여성도 만나 볼 수 있었다. 그중 1명과 정기적으로 데이트를 하기 시작하였다.

고용/교육

빌은 정규직을 했던 이력이 있어 조짐이 좋았다. 그러나 치료를 시작했을 무렵에는 수당을 제대로 지급받지 못하였고 음주를 계속하였다. 그는 더 나은 봉급을 받을 수 있는 직업을 찾기를 원했고, 그래서 더 적은 시간 일하고 딸과 더 많은 시간을 보내며 음주를 줄이고자 하였다. 따라서 빌은 구직클럽에 참여하였고, 일주일에 세 번 클리닉을 찾아 지역 구직란을 보고 이력서를 작성하였으며, 면접 시연을 하였다. 빌은 더 좋은 조건이면서 음주할 가능성이 적은 직장을 성공적으로 구하였다. 이후 그의 직업적 목표는 초과 근무를 하지 않는 것이 되었다.

빌은 또한 코카인을 하는 동안 축적된 막대한 빚에 대하여 우려하였다. 치료자는 클리닉에 재정 관리 프로토콜을 실시하여 대출 상환을 위한 예산을 짜고 개인 자산을 관리할 수 있는 기술을 개발하고자 하였다. 빌은 근처 은행에서 저축 통장을 만들어 급여 계좌이체를 할 수 있도록 하였다. 그는 치료자의 사무실에 있는 전화를 사용하여 채무자들과 돈을 갚는 일정을 조정하였다. 빌은 치료기간 동안 끊임없이 빚을 갚아 모든 빚을 다 갚을 수 있었다.

빌은 소매업을 개업하는 것을 장기적인 목표로 삼았다. 그와 치료자는 준비해야 할 것들을 분석해 보았다. 그들은 컴퓨터 수업을 받는 것이 좋은 시작이 될 수 있다고 서로 동의하였다. 치료자는 빌이 지역 대학에서 제공되는 수업에 대한 정보를 모을 수 있도록 도왔다. 빌은 지역 대학에 재정적인 지원을 요청하였다.

정신과적 모니터링

접수 당시 빌의 BDI 점수는 23점이었다. 그의 BDI 점수는 치료 2주차부터 가파르게 떨어졌고, 치료 말미에는 2점에 도달하였다.

빌과 치료자는 약물남용자들에게 사용되는 분노조절 프로토콜을 진행하였다(Monti, Kaden, Rohsenow, Cooney, & Abrams, 2002). 이 프로토콜은 빌이 화를 내도록 만드는 상황을 확인할 수 있도록 도왔고, 그런 촉발사건들에 잘 대처할 수 있도록 하는 대처기술들을 익히도록 하였다. 치료자와 빌은 화가 날 수 있는 상황이 치료실 밖에서 일어났을 경우 어떻게 대처하였는지 기록하였다. 치료자는 그런 정보를 주마다 검토하였고, 잘 대처한 상황인 경우 사회적인 강화물을 주었으며, 빌이 도움을 필요로 할 경우에는 대안방안들을 역할연기를 통해 다루어 보았다.

치료 과정의 요약

빌은 코카인을 중단하고 문제적 음주를 줄이며 사회/여가 활동의 참여를 늘리고 분노를 조절하고 딸과의 관계를 향상하는 데 상당한 진전을 보였다. 진전을 보이지 못했던 한 영역은 마리화나의 사용과 불법 약물 사용 커뮤니티에 참여하는 것이었다. 이런 과정들은 〈표 14-5〉에서 치료 전과 후의 ASI

〈표 14-5〉 접수면접, 치료종결과 치료 후 추후 평가의 ASI 소척도와 BDI 점수

점수	치료 전	치료 후	12개월 후	24개월 후	36개월 후	48개월 후
ASI 소척도						
의학적	0.42	0.09	0.09	0.18	0.00	1.00
고용	0.07	0.10	0.09	0.11	0.13	0.08
음주	0.13	0.00	0.06	0.00	0.05	0.11
약물(코카인을 제외한)	0.28	0.07	0.08	0.08	0.09	0.19
코카인	0.66	0.00	0.00	0.00	0.00	0.00
법률적	0.00	0.00	0.40	0.00	0.00	0.00
가족/사회적	0.22	0.10	0.00	0.00	0.00	0.22
심리적	0.36	0.00	0.09	0.09	0.18	0.53
BDI	23	1	3	5	10	6

종합 점수 변화로 나타난다. 종합 점수는 0점(지난 30일 동안 문제가 없음)과 1점(약간의 문제가 있음)으로 구성된다. 치료가 끝난 후 빌의 점수는 상당한 개선을 보여 주었다.

사후관리

24주의 치료 프로토콜이 끝난 후 빌은 6개월간의 사후관리 프로그램에 참여하였다. 또한 치료 시작 4년 후 사후 평가를 받았다(〈표 14-5〉 참조). 따라서 우리는 치료 과정을 비교적 잘 볼 수 있었다.

빌은 대체로 치료기간 동안 이루었던 성과들을 유지하였다. 모든 소변 독소 시험이 사후관리 기간 동안 시행되었으며, 코카인에 음성 반응을 보였다. 그는 두 번 코카인을 사용하였으나 시간 간격이 꽤 있었고, 완전히 재발한 것도 아니었다. 그는 술을 적당량 마신다고 보고하였으며, 한 번 취했다고 하였다. 그는 치료 동안 그래왔던 것처럼 마리화나를 규칙적으로 하고 있다.

다른 기능 영역들을 살펴보면 빌은 정규직을 유지해 왔다. 12개월째에 접어드는 검진에서 범죄에 연루된 적이 한 번 있었는데, 빌에 의하면 약물남용과 관련된 것은 아니고 평가 전후로 해결되었다고 한다. 그의 우울 증상은 접수 때보다 낮게 잘 유지되고 있었다. 건강상으로 위기가 왔던 48개월차 전까지 전반적인 기능은 잘 유지되었다. 빌은 마비가 주기적으로 오는 등 신경근에 문제가 생겼다. 그는 또한 고통스러운 치아 건강 문제를 일상적으로 겪고 있었다. 검진 당시 빌은 여전히 신경근 문제를 앓고 있었으며 진단을 받지는 않았다. 이 위기는 코카인이나 다른 약물의 재발로 이어지지 않았다. 빌은 잘 해결해 나갔다. 48개월차에 ASI 약물 척도 점수의 증가는 치아 문제 관련 진통제와 관련된 것이었다. 그렇지만 분명히, 건강상의 문제들이 심신을 불안정하게 만들었다. 빌은 이런 상황이 재발의 위험성을 높일 수 있다고 생각했지만 치료를 다시 받으러 가야 하는 것이라고는 생각하지 않았다. 직원은 빌에게 코카인을 중단하고 금주를 유지하는 것에 대하여 이야기하였고, 만일 욕구가 다시 올라온다면 다시 치료를 받으러 와도 된다고 이야기하였다.

결론

이 장에서는 불법 약물 사용의 효과적인 임상 관리에 관해 활용할 수 있는 최신의 과학적 정보를 제시하였다. 이 과정에서 우리는 일반적으로 불법 약물 사용에 대해 고려해야 할 효과적인 치료의 원칙을 설명하려고 노력했으며, 치료에 대한 예시로 코카인 의존 사례를 소개하였다. 우리는 하나의 효과적인 치료법을 강조했지만 행동 및 인지행동 치료에 어떤 요소들이 포함되는지에 대해서는 충분히 다루지 못하였다. 우리는 제한된 자원과 여타 현실적인 어려움 등으로 인해 많은 치료자가 이 장에서 설명한 치료방법을 완벽하게 활용하지는 못할 것이라는 점을 잘 안다. 빌에게 제공된 치료의 비용은 연구비를 통해 지원받았다. 그럼에도 불구하고 이러한 치료에 대한 좋은 정보들이 불법 약물 사용을 효과적으로 치료하는 데 있어 필수적인 요소들에 대해 중요한 통찰을 제공해 줄 수 있을 것이라 기대한다. 더불어 우리의 이 모든 노력이 약물의존자들을 치료하는 치료자들의 어깨를 조금이라도 가볍게 해 줄 수 있을 것이라는 희망을 품어 본다.

감사의 글

이 장은 약물남용 국립기관의 연구비(Nos. DA09378, DA030534, DA031928)에 의해 지원되었다.

참고문헌

American Psychiatric Association. (2000). *Diagnostic and statistical manual of mental disorders* (4th ed., text rev.). Washington, DC: Author.

American Psychiatric Association. (2013). *Diagnostic and statistical manual of mental disorders* (5th ed.). Arlington, VA: Author.

Azrin, N. H. (1976). Improvements in the community-reinforcement approach to alcoholism. *Behaviour Research and Therapy, 14*, 339-348.

Azrin, N. H., & Besalel, V. A. (1980). *Job Club counselor's manual*. Baltimore: University Park Press.

Azrin, N. H., Donohue, B., Besalel, V. A., Kogan, E. S., & Acierno, R. (1994). Youth drug abuse treatment: A controlled outcome study. *Journal of Child and Adolescent Substance Abuse, 3*, 1-16.

Beck, A. T., Steer, R. A., Ball, R., & Ranieri, W. (1996). Comparison of Beck Depression Inventories -IA and -II in psychiatric outpatients. *Journal of Personality Assessment, 67*, 588-597.

Beck, A. T., Ward, C. H., Mendelson, M., Mock, J., & Erbaugh, J. (1961). An inventory for measuring depression. *Archives of General Psychiatry, 4*, 561-571.

Bellack, A. S., Bennett, M. E., Gearson, J. S., Brown, C. H., & Yang, Y. (2006). A randomized clinical trial of a new behavioral treatment for drug abuse in people with severe and persistent mental illness. *Archives of General Psychiatry, 63*, 426-432.

Bickel, W. K., Amass, L., Higgins, S. T., Badger, G. J., & Esch, R. A. (1997). Effects of adding behavioral treatment to opioid detoxification with buprenorphine. *Journal of Consulting and Clinical Psychology, 65*, 803-810.

Bouchery, E. E., Harwood, H. J., Sacks, J. J., Simon, C. J., & Brewer, R. D. (2011). Economic costs of excessive alcohol consumption in the U.S., 2006. *American Journal of Preventive Medicine, 41*, 516-524.

Budney, A. J., & Higgins, S. T. (1998). *The community reinforcement plus vouchers approach: Manual 2. National Institute on Drug Abuse therapy manuals for drug addiction* (NIH Publication No. 98-4308). Rockville, MD: National Institute on Drug Abuse.

Budney, A. J., Higgins, S. T., & Wong, C. J. (1996). Marijuana use and treatment outcome in cocaine-dependent patients. *Journal of Experimental and Clinical Psychopharmacology, 4*, 1-8.

Carroll, K. M., Nich, C., Ball, S. A., McCance, E., & Rounsaville, B. J. (1998). Treatment of cocaine and alcohol dependence with psychotherapy and disulfiram. *Addiction, 93*, 713-727.

Carroll, K. M., & Onken, L. S. (2005). Behavioral therapies for drug abuse. *American Journal of Psychiatry, 162*, 1452-1460.

Carroll, K. M., Rounsaville, B. J., Nich, C., Gordon, L. T., Wirtz, P. W., & Gawin, F. (1994). One-year follow-up of psychotherapy and pharmacotherapy for cocaine dependence: Delayed emergence of psychotherapy effects. *Archives of General Psychiatry, 51*, 989-997.

Centers for Disease Control and Prevention. (2008). Smoking attributable mortality, years of potential life lost, and productivity losses-U.S. 2000-2004. *Morbidity and Mortality Weekly Report, 57*, 1226-1228.

Derogatis, L. R. (1983). *SCL-90-R: Administration, scoring and procedures manual-II*. Towson, MD: Clinical Psychometric Research.

Festinger, D. S., Lamb, R. J., Kirby, K. C., & Marlowe, D. B. (1996). The accelerated intake: A method for increasing initial attendance to outpatient cocaine treatment. *Journal of Applied Behavior Analysis, 29*, 387-389.

Griffith, J. D., Rowan-Szal, G. A., Roark, R. R., & Simpson, D. D. (2000). Contingency management in outpatient methadone treatment: A meta-analysis. *Drug and Alcohol Dependence, 58*, 55-66.

Griffiths, R. R., Bigelow, G. E., & Henningfield, J. E. (1980). Similarities in animal and human drug taking behavior. In N. K. Mello (Ed.), *Advances in substance abuse: behavioral and biological research* (pp. 1-90). Greenwich, CT: JAI Press.

Henggeler, S. W., Pickrel, S. G., Brondino, M. J., & Crouch, J. L. (1996). Eliminating (almost) treatment dropout of substance abusing or dependent delinquents through home-based multisystemic therapy. *American Journal of Psychiatry, 153*, 427-428.

Herrmann, E. S., Heil, S. H., Sigmon, S. C., Dunn, K. E., Washio, Y., & Higgins, S. T. (2013). Characterizing and improving HIV/AIDS knowledge among cocaine-dependent outpatients using modified materials. *Drug and Alcohol Dependence, 127*(1-3), 220-225.

Higgins, S. T., Heil, S. H., & Lussier, J. P. (2004). Clinical implications of reinforcement as a determinant of substance use disorders. *Annual Review of Psychology, 55*, 431-461.

Higgins, S. T., Sigmon, S. C., Wong, C. J., Heil, S. H., Badger, G. J., Donham, R., et al. (2003). Community reinforcement therapy for cocaine-dependent outpatients. *Archives of General Psychiatry, 60*, 1043-1052.

Higgins, S. T., Silverman, K., & Heil, S. H. (2008). *Contingency management in substance abuse use treatment*. New York: Guilford Press.

Higgins, S. T., Silverman, K., Sigmon, S. C., & Naito, N. A. (2012). Incentives and health: An introduction. *Preventive Medicine, 55*, S2-S6.

Hjorthoj, C. R., Hjorthoj, A. R., & Nordentoft, M. (2012). Validity of Timeline Follow-Back for self-reported use of cannabis and other illicit substances-systematic review and meta-analysis. *Addictive Behaviors, 37*, 225-233.

Irvin, J. E., Bowers, C. A., Dunn, M. E., & Wong, M. C. (1999). Efficacy of relapse prevention: A meta-analytic review. *Journal of Consulting and Clinical Psychology, 67*, 563-570.

Kenford, S. L., & Fiore, M. C. (2004). Promoting tobacco cessation and relapse prevention. *Medical Clinics of North America, 88*, 1553-1574.

Lewinsohn, P. M., Munoz, R. F., Youngren, M. A., & Zeiss, A. M. (1986). *Control your depression*. New York: Simon & Schuster.

Liddle, H. A., Dakof, G., Parker, K., Diamond, G. S., Barrett, K., & Tejeda, M. (2001). Multidimensional family therapy for adolescent drug abuse: Results of a randomized clinical trial. *American Journal of Drug and Alcohol Abuse, 27*, 651-688.

Lussier, J. P., Heil, S. H., Mongeon, J. A., Badger, G. J., & Higgins, S. T. (2006). A meta-analysis of voucher-based reinforcement therapy for substance use disorders. *Addiction, 101*(2), 192-203.

Martino, S., Carroll, K. M., & Rounsaville, B. J. (2006). A randomized controlled pilot study of motivational interviewing for patients with psychotic and drug use disorders. *Addiction, 101*, 1479-1492.

McLellan, A. T., Cacciola, J. C., Alterman, A. I., Rikoon, S. H., & Carise, D. (2006). The Addiction Severity Index at 25: Origins, contributions, and transitions. *American Journal on Addictions, 15*, 113-124.

Meyers, R. J., & Smith, J. E. (1995). *Clinical guide to alcohol treatment: The community reinforcement approach*. New York: Guilford Press.

Miller, W. R., & Muñoz, R. F. (2005). *Controlling your drinking: Tools to make moderation work for you*. New York: Guilford Press.

Miller, W. R., & Rollnick, S. (2002). *Motivational interviewing: Preparing people for change* (2nd ed.). New York: Guilford Press.

Miller, W. R., & Tonigan, J. S. (1996). Assessing drinkers' motivation for change: The Stages of Change Readiness and Treatment Eagerness Scale (SOCRATES). *Psychology of Addictive Behaviors, 10*, 81-89.

Monti, P. M., Kadden, R. M., Rohsenow, D. J., Cooney, N. L., & Abrams, D. B. (2002). *Treating alcohol dependence: A coping skills training guide* (2nd ed.). New York: Guilford Press.

Monti, P. M., Rohsenow, D. J., Michalec, E., Martin, R. A., & Abrams, D. B. (1997). Brief coping skills treatment for cocaine abuse: Substance use outcomes at three months. *Addiction, 92*, 1717-1728.

Morin, C. M. (2004). Cognitive-behavioral approaches to the treatment of insomnia. *Journal of Clinical Psychiatry, 65*, 33-40.

Muñoz, R. F., & Miranda, J. (2000). *Individual therapy manual for cognitive behavioral treatment for depression*. Santa Monica, CA: RAND Corporation.

National Institute on Drug Abuse (NIDA). (2009). *Principles of addiction treatment: A research-based guide* (2nd ed.; NIH Publication No. 09-4180). Rockville, MD: Author.

O'Brien, C. (2011). Addiction and dependence in DSM-V. *Addiction, 106*, 866-867.

O'Farrell, T. J., & Clements, K. (2012). Review of outcome research on marital and family therapy in treatment for alcoholism. *Journal of Marital and Family Therapy, 38*, 122-144.

Rawson, R. A., Marinelli-Casey, P., Anglin, M. D., Dickow, A., Frazier, Y., Gallagher, C., et al. (2004). A multi-site comparison of psychosocial approaches for the treatment of methamphetamine dependence. *Addiction, 99*, 708-717.

Reback, C. J., & Shoptaw, S. (in press). Development of an evidence-based, gay-specific cognitive behavioral therapy intervention for methamphetamine abusing gay and bisexual men. *Addictive Behaviors*.

Rodebaugh, T. L., Holaway, R. M., & Heimberg, R. G. (2004). The treatment of social anxiety disorder. *Clinical Psychology Review, 24*, 883-908.

Roozen, H. G., Boulogne, J. J., van Tulder, M. W., van den Brink, W., De Jong, C. A., & Kerkhof, A. J. (2004). A systematic review of the effectiveness of the community reinforcement approach in alcohol, cocaine and opioid addiction. *Drug and Alcohol Dependence, 74*, 1-13.

Schnoll, R. A., & Lerman, C. (2006). Current and emerging pharmacotherapies for treating tobacco dependence. *ExpertOpinion on Emerging Drugs, 11*, 429-444.

Selzer, M. L. (1971). The Michigan Alcoholism Screening Test. *American Journal of Psychiatry, 127*, 1653-1658.

Silverman, K., Robles, E., Mudric, T., & Stitzer, M. L. (2004). A randomized trial of long-term reinforcement of cocaine abstinence in methadone-maintained patients who inject drugs. *Journal of Consulting and Clinical Psychology, 72*, 839-854.

Smedslund, G., Berg, R. C., Hammerstrøm, K. T., Steiro, A., Leiknes, K. A., Dahl, H. M., et al. (2011). Motivational interviewing for substance abuse. *Cochrane Database of Systematic Reviews, 5*, CD008063.

Sobell, L. C., & Sobell, M. B. (1992). Timeline Follow-Back: A technique for assessing self-reported alcohol consumption. In R. Z. Litten & J. P. Allen (Eds.), *Measuring alcohol consumption: Psychosocial and biochemical methods* (pp. 41-72). Totowa, NJ: Humana Press.

Sulzer-Azaroff, B., & Meyer, G. R. (1991). *Behavior analysis for lasting change*. Fort Worth, TX: Holt, Rinehart & Winston.

U.S. Department of Health and Human Services (USDHHS). (2012). *National Survey on Drug Use and Health, 2010* (Substance Abuse and Mental Health Services Administration. Center for Behavioral Health Statistics and Quality). Ann Arbor, MI: Interuniversity Consortium for Political and Social Research [distributor].

U.S. Department of Justice. (2011). *The economic impact of illicit drug use on American society* [Product No. 2011-Q0317-002]. Washington, DC: United States Department of Justice, National Drug Intelligence Center.

Vasilaki, E. I., Hosier, S. G., & Cox, W. M. (2006). The efficacy of motivational interviewing as a brief intervention for excessive drinking: A meta-analytic review. *Alcohol and Alcoholism, 41*, 328-335.

Washton, A. M., Stone, N. S., & Hendrickson, E. C. (1988). Cocaine abuse. In D. M. Donovan & G. A. Marlatt (Eds.), *Assessment of addictive behaviors* (pp. 364-389). New York: Guilford Press.

chapter 15

우울증과 물질남용을 위한 근거기반 관계 및 반응성 치료

John C. Norcross, Larry E. Beutler 공저
정경미 역

이 책은 내담자, 치료자, 그리고 둘의 관계와 관련된 요인들을 다루며, 이를 통해 내담자에게 적합한 치료를 어떤 방식으로 맞춰야 하는지에 집중한다. 동기강화 상담(Payne, Ellard, Farchione, Fairholme, & Barlow, 제6장 참조)이나 내담자의 사회적 및 대인관계에 집중하기를 다룬 이 책의 다른 장에서는 여러 가지 접근방식을 혼합하여 소개하였다. 그러나 이 장의 저자이자 우울증과 물질남용 문제를 평생 연구해 온 두 임상가는 이 장에서 접근방식들의 치료적 요인들을 명확하게 구분한다. 이 장은 진단적인 요인을 고려한 적합한 치료방식에 대해 근거를 제시하며 설명한다. 내담자 요인에 따른 적합한 치료방식의 예로는, 내담자의 '준비성' 혹은 저항 정도에 따라 치료자가 주는 지시의 정도가 달라질 수 있다는 것이다. 공황장애와 같은 특정 장애의 효과적인 증상 감소를 위해서는 절차 선택이 중요하듯이, 치료자와 내담자 간의 관계적 요인과 꾸준한 양방향적 피드백, 그리고 투명하고 협력적인 치료방식을 확립하는 것 또한 중요하다. 저자들은 복합 물질남용과 우울증에 시달리는 한 젊은 여성 '앰버'의 사례를 통해 이러한 통합적 치료방식을 보여 준다. 통합적 치료방식을 이해함으로써 이 책을 읽는 독자의 경험은 더욱 풍요롭게 될 것이다. -D. H. B.

심리치료는 치료방식이자 내담자 개인과 맥락에 적합한 치료적 관계이다. 이에 대해서는 아마도 모든 치료자와 내담자가 동의할 것이다. 그러나 근거기반치료에 대한 연구가 늘어나면서, 심리치료의 치료방식을 구체화하는 것만이 주목을 받게 되었다(Norcross, Beutler, & Levant, 2006). 내담자에 맞게 치료방법을 선택하는 것이 도움이 되기는 하지만, 치료자와 내담자의 관계가 치료의 성공과 실패를 좌우한다는 점에서 구체화에만 집중하는 것은 임상적으로 적절하지 않다(Norcross, 2011). 더불어

심리치료가 효과적이기 위해서는 내담자와 치료자 간의 관계를 형성하고, 적합한 내담자-치료자 조합을 찾는 것이 매우 중요하다 (Beutler, 2009).

모든 심리치료자가 알고 있듯이, 심리치료는 내담자 개인의 특성과 그의 상황적 특이성에 맞춰져야 한다. Freud는 이미 1919년도에 정신분석적 심리치료를 전통적 분석의 대체방법으로 소개하였는데, 이는 그때 당시에 사용되었던 방식이 보편적인 적용가능성이 없다고 깨달았기 때문이다 (Wolitzky, 2011). Gordon Paul(1967, p. 111, 원문에서 강조)은 다음과 같은 질문으로 개별화된 심리치료를 정의한다. "**누가 어떤 문제에 대해 어떤 상황에서 어떤 치료를 적용해야 가장 효과적인가?**" 모든 심리치료자는 어떤 한 사람에게 효과적이었던 치료가 다른 사람들에게는 효과적이지 않을 수 있음을 알고 있다. 우리는 서로 '개개인에게 적합한 개별적인 방법'을 모색해야 한다.

이런 선구적인 사고는 최근 20여 년 동안 수많은 연구를 통해 구체적인 맞춤화된 지침으로 발전되었다. 하지만 내담자를 질병 자체가 아닌 질병을 가진 인격체로 보고 적합한 심리치료를 찾아내는 연구는 최근까지지도 찾아보기 어렵다. 현대 의학의 아버지인 William Osler 경(1906)이 말했듯이, "**가끔은 내담자가 어떤 질병을 갖고 있는지보다 질병을 갖고 있는 내담자가 어떤 사람인지 아는 것이 더욱 중요하다.**"

심리치료에서 이런 최적의 조합을 찾는 것에는 여러 가지 이름이 부여되었다. 예를 들어, 치료의 적응(treatment adaptation), 반응성(responsiveness), 조율(attunement), 매칭(matchmaking), 맞춤제작(customizing), 처방(prescriptionism), 치료 선택(treatment selection), 특이성 요인(specificity factor), 차별화된 치료(differential therapeutics), 맞춤화(tailoring), 그리고 개별화(individualizing)가 있다. 어떤 이름을 부여하든 그 목적은 개인과 그의 개별적 상황에 맞춰 치료효과를 증폭시키는 것이다. 즉, 심리치료자는 각 내담자를 위해 새로운 치료를 찾아내는 것에 힘써야 한다.

이 장에서는 우울증과 물질남용의 동반이환질환에 통합적 심리치료를 적용한다. 이 장은 해당 치료와 그것의 과학적 근거에 대한 개관으로 시작한다. 연구를 통한 과학적 근거는 특히 심리치료에서 적합한 내담자와 치료자 간의 관계가 얼마나 중요한지에 대한 과학적 근거를 제시한다. 기분장애와 물질남용의 동반이환질환에 대한 개관에 이어 치료를 선택하는 과정을 단계적으로 서술한다. 마지막으로, 만성 우울증, 물질남용, 그리고 다수의 기타 심리적 장애를 앓고 있는 여성 '앰버'의 사례를 자세히 다룬다.

접근방식에 대한 개관

이 장에서 소개되는 심리치료에 대한 접근방식은 넓은 의미에서는 통합적(integrative) 접근방식으로 분류되며, 구체적인 명칭은 '체계적인 절충주의(systematic eclecticism)' 혹은 '체계적인 치료 선택(systematic treatment selection)'이다. 통합적 심리치료의 특징은 단일 접근방식에 대한 불만족과 내담자가 다른 심리치료 방식을 통해 이득을 볼 수 있을지에 근거해 여러 접근방식을 탐색하는 것이다(Norcross & Goldfried, 2005). 다양한 내담자 개개인의 필요에 따라 심리치료법과 치료적 관계를 맞추며, 진단뿐 아니라 비진단적 부분까지 고려한다. 여러 이론적 접근방식에서 절충적인 방법(eclecticism)을 모색하고, 근거기반 원칙에 기반하여 해당 방법들을 내담자에게 맞추며, 마지막으로 명확하고 체계적으로 적용한다.

누군가에게는 아무리 효과적이어도, 모든 내담자와 상황에 효과적인 단 하나의 심리치료는 없다. 따라서 근거기반 접근에는 통합적이진 않아도 융통적인 자세가 필요하다. 심리치료가 누구에게나 보편적으로 적용된다는 것은 불가능할 뿐 아니라, 어떤 상황에서는 비윤리적이기도 하다. 각 내담자에게 동일한 심리치료를 제공할 수 있으면 얼마나 간편할까! 그러나 이것은 우리가 그간 밝혀 온 개인차, 내담자 선호도, 그리고 문화 차이에 대한 정보와 상충된다.

다른 건강 관련 전문가에게 동일한 상황을 적용해 보면 이해가 될 것이다. 의학적 비유를 들자면, 모든 내담자와 모든 질병에 동일한 치료를 처방하는 의사에게 그 누가 가겠는가? 교육적 비유를 들자면, 모든 교육적 기회에 동일한 교육방식만 사용하는 선생을 칭찬하겠는가? 또는 모든 아동과 모든 잘못한 행동에 대해 동일한 대응을 하는 아동보육자에게 아이를 맡기겠는가? 아마도 당연히 아니라고 대답할 것이다. 같은 맥락에서 심리치료 내담자에게도 치료적 배려가 필요하다.

간단히 말해, 이 접근은 그 어느 이론도 보편적으로 타당하지 않으며, 그 어떤 치료적 기제도 모든 사람에게 동일하게 적용될 수 없음을 가정한다. 따라서 내담자와 상황에 따라 다른 방법 및 관계를 택할 때 치료가 더욱 효과적이고 효율적일 수 있다. 즉, 내담자와 전문가 모두에게 적합한 치료를 선택해야 한다는 것이다.

물론 겉으로 보기에는 거의 모든 전문가가 내담자 개인에게 맞춰진 치료를 지향한다. 결국 내담자 개인의 필요에 맞게 심리치료를 선택해야 한다는 주장을 진심으로 반대하는 이가 누가 있겠는가? 실제로 치료 매뉴얼은 이론적 근거나 기술적인 절차 측면에서 융통적일 것을 강조한다. 하지만 다음에서 볼 수 있듯이 통합적 치료는 융통성 이상의 것을 요구한다.

- 통합적 치료는 단순히 색다른 이론 혹은 경험에 의한 것이 아니며, 치료연구의 결과로부터 직접적으로 도출된다.
- 통합적 치료는 한 가지 이론적 체제에서 도출된 것이 아니며, 여러 가지 다양한 심리치료가 관여할 수 있음을 가정한다.
- 치료 선택은 내담자의 진단에만 의존하는 것이 아니며, 내담자의 여러 진단적 및 비진단적 특성을 고려한다.
- 많은 치료자가 치료 선택의 폭이 좁은 것과는 달리, 통합적 치료에서는 최상의 치료방식 및 치료적 관계 제공을 목표로 한다. 효과적인 심리치료를 위해서는 서로 얽혀 있는 그대로의 개입과 관계, 즉 도구적 특성과 대인관계적 특성 모두 필요하다.
- 내담자에게 방법과 관계를 매칭시켜 주는 것은 치료 전이나 사례개념화 때만 하는 것이 아니며, 치료를 하는 과정 중에 지속적으로 일어난다.
- 다음에 소개될 사례 예시에서 분명하게 보이듯이, 내담자들은 변화하며 향상한다. 그리고 치료 초기 때 그들이 생각하는 문제점이 꼭 그들의 주된 질병이거나 치료 종결 시점의 목표는 아니다. 통합적 치료는 내담자들의 향상을

기록하며, 치료가 종결되기까지 내담자들과 함께 지속적으로 변화한다.

연구 근거

통합적 접근방식은 다양한 연구를 통해 지지되어 왔다. 첫 번째로, 심리치료에 대한 기본적인 연구들은 통합적 치료의 기반이 되는 주요 원칙을 제공해 왔다. 이를 기반으로 치료 선택 과정을 체계화하였다. 통합적 치료에 대한 많은 연구는 이 치료가 다른 치료보다 내담자가 보이는 향상 정도가 높음을 보여 준다. 통합적 접근방식에서는 또 다른 하나의 심리치료 '체제'를 만드는 대신 최신 연구 결과를 그 구조 체계 안으로 융합하는 것을 시도한다.

통합적 접근방식은 치료들 간에 분명한 공통 요인을 수용하면서 치료 간의 차이를 강조한다. 통합은 모으는 것이다. Abraham Lincoln이 말한 것과 같이, "서로 각기 다른 것들이 모여 하나의 목표를 가지고 적을 이겨 내는 것"처럼 말이다. 이에 대한 연구들은 내담자와 상황에 따른 다양한 치료방식을 최상적으로 사용하는 것이 효과적임을 보여 준다. 강조하지만, 이러한 치료들의 융합은 체계적인 과정과 통합적 관점을 통해 일어나야 한다. 즉, 통합적이되 단순한 혼합은 아니어야 한다는 것이다.

두 번째로, 보다 더 구체적인 증거는 우리가 진행 중인 내담자 특성에 따른 치료 선택에 대한 계획적 연구 결과에서 찾을 수 있다(세부 설명은 Castonguay & Beutler, 2006; Norcross, 2011 참조). 근거기반치료와 내담자의 진단적 특성 간의 매칭의 효과를 지지하고 있는 연구 증거는 다음과 같다.

긍정적 작용을 하는 관계

수십 년간의 심리과학은 성공적인 심리치료에 영향을 주는 관련 행동을 밝혀 왔으며, 다수의 메타분석을 통해 그중 어떤 요인이 긍정적인 결과를 가져오는지 구체적으로 보여 주었다(Norcross, 2011). 주로 심리치료자가 제공하는 치료관계의 요소들에 대한 연구 근거를 요약하면 다음과 같다.

동맹

동맹이란 치료자와 내담자 간에 맺어지는 특정한 합동관계이다. 이는 주로 치료자와 내담자 간에 긍정적이며 감정적인 유대감과 상호 간 치료목표를 일치시키고 합의를 내릴 수 있는 능력에 기반한다. 201개의 연구와 1만 4,000명의 성인 내담자를 분석한 한 메타분석에서는 동맹이 심리치료의 결과와 관련이 있으며, 효과크기(d)가 0.60인 것으로 나타났다(Horvath, Del Re, Flükiger, & Symonds, 2011). [이 장에서 보고되는 모든 효과크기는 d값을 사용하며, 0은 효과 없음, 0.20은 작은 효과, 0.50은 중간 효과, 그리고 0.8 이상은 큰 효과를 의미한다(Cohen, 1988).]

성인 연구와 같이 청소년 치료에서도 동맹은 내담자와 치료자 간의 협동적 유대감으로 간주되지만, 이 경우 심리치료자는 청소년과는 물론 부모 혹은 보호자와의 동맹, 즉 2개의 동맹을 확립한다. 한 메타분석에서는 29개의 연구와 2,202명의 청소년 내담자 및 892명의 부모를 분석하여 동맹과 청소년 치료의 결과 간의 관계를 추정하였다(Shirk & Karver, 2011). 그 결과, 치료자와 청소년 간에, 그리고 치료자와 부모/보호자 간의 효과크기(d)는 모두 0.39로 나타났다.

개인치료와 유사하게, 커플 및 가족 치료(couple and family therapy: CFT)에서도 동맹을 통해 상호 간의 유대감을 형성하고 치료자와 치료목표 및 과제를 협의하여 결정한다. 그러나 가족 구성원들 각각이 치료자에 대한 호감도와 합의 정도가 다르기 때문에 체계적으로 상호작용하는 다수의 동맹을 형성하는 것이 일반적이다. 24개의 연구(총 1,461명의 내담자를 포함한 7개의 커플 연구와 17개의 가족 연구)를 분석한 한 메타분석(Friedlander, Escudero, Heatherington, & Diamond, 2011)에서는 커플 및 가족 치료에서 일어나는 동맹의 효과크기(*d*)가 0.53임을 보고하였는데, 이는 동맹이 이 치료효과에서 상당한 비율을 차지함을 시사한다. 통상적 기준에 따르면, 행동과학에서 이 효과크기의 수치는 중간 정도의 효과 크기를 의미하는데, 치료 성공률이 낮은 동맹일 경우 37%에서 높은 동맹일 경우 63%로 증가함을 말한다.

집단치료에서의 화합

개인치료에서의 동맹과 가장 유사한 관계는 집단치료에서의 화합일 것이다. 한 메타분석은 3,323명의 내담자를 포함한 40개의 연구를 분석하여 화합과 집단 심리치료 사이의 관계를 살펴보았다(Burlingame, McClendon, & Alonso, 2011). 효과크기는 0.52로 중간 정도의 효과로 나타났다. 이는 집단에서 화합의 정도가 증가할수록 내담자의 결과가 향상되며 심리적 증상이 감소함을 시사한다. 이러한 상관관계는 외래 내담자와 입원 내담자를 포함한 다양한 환경과 다양한 장애에서 관찰되었다.

공감

대부분의 연구는 공감을 내담자의 생각과 느낌, 그리고 투쟁 정도를 내담자의 관점에서 이해하고 그에 대해 내담자와 소통할 수 있는 치료자의 민감성으로 본 Carl Rogers(1957)의 정의를 따른다. 한 메타분석에서는 치료자의 공감과 치료 결과 간의 관계를 탐색하였다(Elliott, Bohart, Watson, & Greenberg, 2011). 이 메타분석은 57개의 연구를 분석하였으며, *d*값은 0.61로, 치료자 공감과 내담자 성공 간의 중간 효과크기를 보고하였다. 공감은 인지행동적 · 정신역동적, 그리고 인본주의적 성향을 포함한 이론에 관계없이 일관되게 치료 결과를 예측한다.

내담자 피드백 모으기

치료자는 표준화된 척도와 예상되는 치료에 대한 반응을 통해 내담자의 정신건강을 체계적으로 관찰한다. 모니터링의 결과는 치료자에게 피드백으로 기능하며, 다음 회기에서 즉각적으로 논의한다. 9개의 연구를 분석한 메타분석에서 치료 결과에 미치는 피드백의 효과크기가 0.49와 0.70 사이로 나타났다(Lambert & Shimokawa, 2011). 위험 수준인 내담자의 경우, 내담자 피드백을 위험 신호로 사용하는 경우, 심리치료에서의 내담자의 기능퇴보가 2/3가량 줄어들었다. 즉, 치료자가 내담자의 정신건강 기능을 지속적으로 관찰할 때 내담자의 기능이 향상될 수 있다. 이 관찰은 좋지 않은 동맹을 개선시키고, 동기를 증가시키며, 치료 중단을 줄일 수 있는 기회를 제공한다. 체계적 피드백은 진행 중인 치료의 실패가능성을 예측하며, 내담자와 협력하여 관계를 회복시키는 데 유용하다.

목표에 대한 합의

내담자가 도움을 요청한 문제의 본질을 근거로 치료의 목표를 세운다. 따라서 문제의 본질에 대한 합의와 이를 위해 적용하는 방법이 목표에 대한 합의를 위한 필수적 요소이다. 한 메타분석에서는 내담자-치료자 목표 합의가 심리치료의 결과와 연관되는지 탐색하였다(Tryon & Winograd, 2011). 총 1,302명의 내담자를 포함한 15개의 연구를 분석한 이 메타분석에서 효과크기(*d*)는 0.72로 나타났다. 이 결과는 치료의 목표 및 목표를 달성하는 방법에 대한 치료자와 내담자 간의 합의가 높을수록 치료 결과가 긍정적임을 보여 준다.

협동

내담자가 합의한 치료목표를 달성하도록 돕기 위해서는 전문가와 내담자가 팀(team)으로 기능해야 한다. 2,260명의 내담자와 19개의 연구를 분석한 한 메타분석에서는 협동이 치료 결과에 주는 영향에 대해 0.70의 효과크기(*d*)를 보고하였다(Tryon & Winograd, 2011). 이 결과는 목표 합의와 유사하게, 협동이 잘 될수록 내담자의 향상 정도가 높음을 보여 준다.

지지/긍정적 관심

치료자의 긍정적 관심과 치료 결과 간의 상관관계를 탐색하기 위해 Farber와 Doolin(2011)은 18개의 연구를 포함한 메타분석을 실시하였다. 메타분석의 전체 효과크기(*d*)는 0.57이었으며, 이는 긍정적 관심이 치료 결과와 중간 정도의 상관이 있음을 보여 준다. 즉, 긍정적 관심은 치료 과정-결과 공식에서 절대 빠뜨려서는 안 되는 유의미한 요인임을 알 수 있다.

연구자들은 많은 요인의 효과가 겹치기 때문에 각 요인의 독립적인 영향을 파악할 수 없음을 강조한다. 그럼에도 개선이 가능한 요인들 중 하나로서, 치료자-내담자 관계가 심리치료의 성공에 중요한 예측 요인이며 기여 요인인 것은 명백한 사실이다.

긍정적 작용을 하는 내담자-치료 간의 합

내담자와 치료 간의 합, 혹은 반응성은 내담자의 어떤 진단적 차원을 기준으로 치료를 매칭해야 치료가 효과적일 수 있는지 말해 준다. 이러한 일종의 내담자-치료 간의 매칭 정도(matchmaking)를 파악하기 위해 200개 이상의 내담자 변인 중에서 적어도 100개 이상에 대해 연구가 진행되었다(Clarkin & Levy, 2004). 다수의 치료 결과 변인을 내담자 특성과 연관짓는 메타분석이 진행되었고, 그 결과 저항(reactance), 변화의 단계(stages of change), 대처방식(coping style), 선호도(preferences)와 문화(culture) 등 5개의 강력한 변인을 찾을 수 있었다(Norcross, 2011). 다음에 이들 변인에 대한 간략한 설명을 포함하였으며, 이후에 소개될 사례에서 이들 변인이 어떤 역할을 하는지 보여 줄 것이다.

저항 수준

연구는 내담자의 저항이 높을수록 치료 결과가 좋지 않을 것이라는 예상이 사실임을 보여 준다(연구의 82%에서 이러한 결과를 볼 수 있다). 그러나 치료 결과는 내담자의 저항 수준과 치료자의 지시 정도를 적절하게 조합하여 개선할 수 있다. 구체적으로, 저항이 높은 내담자들에게는 자기통제 방법, 최소의 치료자 지시, 그리고 역설적 개입이 치료 결과에 효과적이었다. 반대로, 저항 수준이 낮은 내담자들에겐 높은 치료자의 지시 정도와 분명한 지침이 효과적이었다. 이 관계는 0.76의 매우 큰 효과크기(*d*)를 통해서 확인할 수 있다(Beutler, Harwood, Michelson, Song, & Holman, 2011).

변화의 단계

변화의 단계는 숙고 전(precontemplation), 숙고(contemplation), 준비(preparation), 행동(action), 그리고 유지(maintenance)로 나뉘며, 내담자가 현재 처해 있는 변화의 단계에 따라 내담자가 이뤄 낼 수 있는 향상의 정도가 달라진다. 39개의 심리치료 연구를 분석한 한 메타분석(Norcross, Krebs, & Prochaska, 2011)의 평균 효과크기(*d*)가 0.46으로, 해당 단계가 심리치료의 결과를 신뢰 있게 예측함을 보여 준다. 이러한 효과는 다양한 정신적 및 의학적 질병을 앓고 있는 내담자들의 심리치료 직후와 12개월 추후 검사에서 사실로 나타났다.

중요한 것은 행동의학과 심리치료에 대한 연구 모두에서 내담자의 변화에 대한 준비 단계가 미치는 효과가 특정한 변화 단계에 따라 다르다는 것이 관찰되었다는 것이다. 47개의 연구를 통해 내담자의 변화에 대한 준비 단계와 심리치료 과정 간의 관계를 탐색한 한 메타분석(Rosen, 2000)에서는 큰 효과크기(d=0.70, 0.80)를 보고하였다. 즉, 모든 장애에 대해 내담자의 변화에 대한 준비 단계에 따라 심리치료를 맞추는 것이 결과를 유의하게 향상시킨다는 것을 알 수 있다(Prochaska & Norcross, 2013).

이러한 내담자에 대한 표식정보(marker)는 심리치료자에게 해야 할 것과 하지 말아야 할 것에 대한 지침을 제공한다. 이는 저항과 관련해서 치료자의 지시 정도를 내담자의 저항 수준에 맞추는 것이 필요함을 보여 주며, 치료자가 높은 정도로 지시를 내려 내담자의 저항 수준을 높이는 일은 피하는 것이 좋음을 시사한다. 변화에 대한 준비 단계에서 준비 혹은 행동 단계에 있는 내담자들에게는 행동 지향적 치료가 매우 효과적이다. 그러나 숙고 전 및 숙고 단계에 있는 내담자들에게는 이 같은 치료가 덜 효과적이며, 심지어는 해로울 수 있다.

대처방식

주로 충동성, 자극 추구, 외향성을 포함한 외현화와 자기비판, 충동 억제, 내향성을 포함한 내현화가 주로 연구되었다. 진행된 연구의 약 80%는 내담자의 대처방식에 따라 치료효과에 차이가 남을 보여 주었다. 이 중 12개의 연구를 통해 내담자를 1,000명 이상 분석한 한 메타분석에서는 치료자 방식을 내담자의 대처방식에 맞게 매칭해 주는 것의 효과크기(d=0.55)가 중간 정도로 나타났다(Beutler, Harwood, Michelson, et al., 2011). 구체적으로, 내현화 내담자들에게는 대인관계적이며 통찰지향적인 치료가 더욱 효과적으로 나타난 반면, 외현화 내담자들에게는 증상에 집중하고 기술을 발전시키는 치료가 더욱 효과적이다. 이런 패턴은 우울한 내현화 여아와 과잉행동을 하는 외현화 남아와 같이 서로 다른 성향의 아동 내담자들에 대해서는 잘 입증되었으나, 성인 내담자를 다룬 연구는 많지 않다.

선호도

내담자 선호도 및 목표는 해당 내담자를 위한 최선의 치료방법과 치유적 관계를 파악하는 직접적인 지표이다. 수십 년 동안 축적된 실증적 증거는 치료 시작 시 내담자의 선호도와 치료목표를 심각하게 고려해야 함을 보여 준다. 35개의 연구를 포함한 한 메타분석에서는 선호하는 치료를 받은 내담자와 비선호하는 치료를 받은 내담자 간의 치료 결과를 비교하였다. 그 결과, 선호하는 치료를 받은 내담자의 경우, 긍정효과에 대한 효과크기($d = 0.31$)는 중간 정도로 나타났다. 선호하는 치료를 받은 내담자는 심리치료 과정 중에 낙오될 가능성이 1/3가량 줄었다(Swift, Callahan, & Vollmer, 2011). 이는 상당히 큰 효과임을 알 수 있다.

문화

65개 연구의 8,620명의 내담자를 분석한 한 메타분석에서는 문화를 고려한 치료와 전통적이고 문화에 대한 고려를 배제한 치료의 효과를 탐색하였다. 문화를 고려한 치료에서 사용한 가장 흔한 방법은 문화적 배경 및 가치를 포함하는 것, 내담자가 선호하는 언어를 사용하는 것, 그리고 동일 문화를 가진 치료자와 매칭하는 것이었다. 그 결과, 문화를 고려한 치료를 받은 내담자에게서 긍정적인 효과크기($d = 0.46$)가 나타났다(Smith, Rodriguez, & Bernal, 2011). 문화적 '매칭'은 윤리적 책임으로서, 그리고 근거기반치료로서 작동할 가능성이 높다.

우울증 및 물질남용

우울증은 행동의학 질병 중에 발생률이 매우 높고, 거의 모든 행동적 및 의학적 질환 중에서 가장 빈번하게 발생하는 동반이환질환이다. 특히 물질남용, 외상 후 스트레스 장애, 각종 불안장애, 심장질환, 암, 그리고 다른 신체질환과 함께 발생할 가능성이 높다(Beutler, Clarkin, & Bongar, 2000; Kessler et al., 2005). 만성질환을 겪는 내담자의 80%가 (단극성) 우울증을 동반이환질환으로 앓는다. 많은 연구자는 우울증과 물질남용의 높은 동반이환율에 근거하여 물질남용이 우울장애의 징후라는 의견을 제안하기도 한다. 이는 우울증과 물질남용으로 나타나는 외상 후 스트레스 장애 등의 질병에도 공통적으로 적용된다(Housley & Beutler, 2007).

우울증과 물질남용의 동반이환질환에 대한 평생 유병률은 10% 정도로 매우 높으며, 물질사용장애의 평생 유병률과 거의 비슷하다. 더군다나 우울증과 물질남용이 함께 나타나는 경우에는 치료에도 비슷한 패턴으로 반응한다. 대부분의 구조화된 치료는 우울증과 물질남용에 미치는 효과가 비슷하다(Beutler & Malik, 2002). 우울증의 진행은 경로가 매우 다양해서 어느 한 사람이 겪는 우울증은 다른 사람이 겪는 우울증과는 매우 다를 수 있다. 어떤 경우, 우울증을 겪고 있는 내담자의 패턴이 우울증보다는 우울증과 함께 경험하는 동반이환질환과 더 유사한 경우가 있다. 이 경우, 우울증에 효과적인 치료는 제공되지 않을 수 있다(예: Cuijpers, van Straten, Andersson, & van Oppen, 2008; Cuijpers et al., 2010). 즉, 우울증은 개별적인 질병이기보다 괴로움 및 손상의 지표로 간주된다.

이제까지의 논의에서, 우울증의 치료에 긍정적 효과를 미치는 치료관계 및 맞춤 전략들이 물질남용을 개선하는 데에도 효과적임을 알 수 있다. 예를 들어, Beutler와 동료들(2003)은 우울증과 물질남용의 동반이환질환을 겪고 있는 내담자 집단을 통해 내담자의 저항 수준과 대처방식을 포함한 선행 요인 (예: 치료 특징, 동맹으로 측정 가능한 치료관계, 그리고 치료 특징과 내담자 요인의 매칭이 적합한 정도)이 치료 결과에 미치는 상관적 및 절대적 영향을 비교하였다. 심리치료를 구분하는 범주는 치료자의 지시 정도, 통찰의 상대적 비율, 그리고 증상중심 개입이었다(Beutler et al., 2000).

[그림 15-1]과 [그림 15-2]를 통해 내담자 요인, 치료방식, 치료관계, 그리고 치료와 내담자 매칭의 적합도를 포함한 모든 요인이 성공적 심리치료에 영향을 미침을 확인할 수 있다. 요인들은 종결 시점과 치료 종결 6개월 후의 추후 치료 시점에서 우울증 증상에 보다 영향을 미쳤지만, 각 범주 요인의 패턴과 상대적 영향은 비슷하였고, 치료의 효

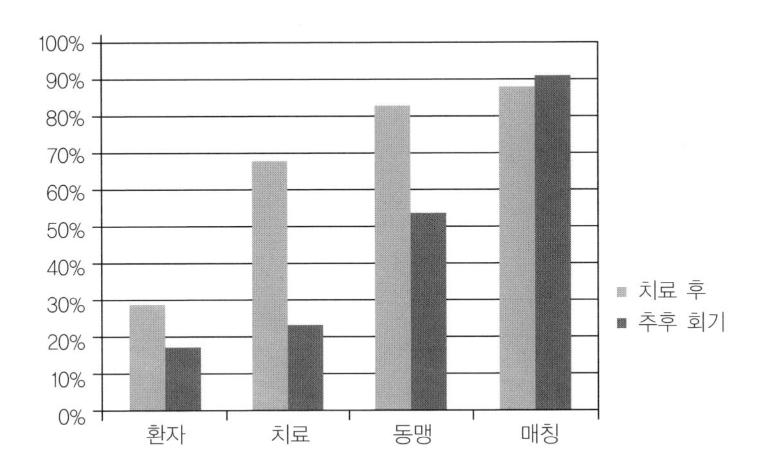

[그림 15-1] 내담자, 치료, 관계, 그리고 치료 적합도가 물질남용 및 우울 동반이환질환 내담자의 우울증 [Hamilton 우울평정척도(Hamilton Rating Scale for Depression: HRSD)]에 미치는 상대적 기여도

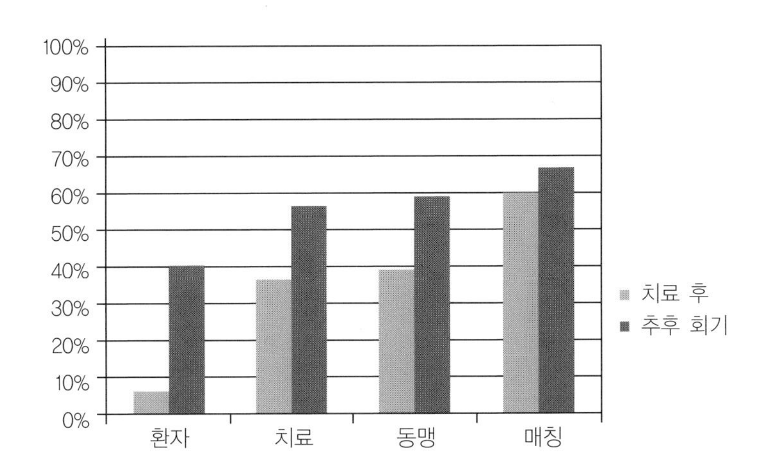

[그림 15-2] 내담자, 치료, 관계, 그리고 치료 적합도가 물질남용 및 우울 동반이환질환 내담자의 물질남용 [중독 심각도 지수(Addiction Severity Index: ASI)]에 미치는 상대적 기여도

과에 전반적으로 영향을 미쳤다. 우울증과 물질남용의 경우, 내담자에게 적합한 치료방식 및 치료적 관계를 고려한 심리치료가 최대의 효과를 보고하였다. 다음에서 설명하는 연구 결과는 이 접근방식을 적용하는 근거가 되었다.

접근방식의 적용

치료 선택은 치료환경, 치료 형식, 치료 강도, 약물치료, 치료 관계, 그리고 치료방식에 관한 지속적인 결정 과정이다. 이는 각 내담자가 각 시점에 가장 잘 반응하는 치료 요인이 다르기 때문이다. 치료를 진행할 때 아무런 노력 없이 매주 심리치료를 진행할 수 있다고 가정하면 안 된다. 내담자의 진단적 특징 및 범진단적 특징에 근거한 치 료방식을 선택하는 결정에 많은 시간과 노력을 투자해야 한다.

치료환경

치료환경이란 치료가 일어나는 장소이다. 예를 들어, 심리치료자의 사무실, 정신과 병동, 사회복귀 훈련시설, 외래 클리닉, 학교, 혹은 병동이 있다. 환경의 선택은 내담자가 가진 장애의 심각도와 내담자에 대한 지지 제공 여부에 달려 있다. 우울증 및 물질남용과 관련해서는 입원치료 혹은 해독이 필요한지에 대한 판단이 가장 시급하다.

각 치료는 내담자 특성과도 연관이 있다. 예를 들어, 가장 좋은 치료환경은 내담자의 기능적 손상의 정도와 저항 수준으로 결정된다. 기능손상이 많고 매우 저항적인 내담자들은 제한적인 치료환경이 필요하다. 그러나 내담자와 치료자들은 대부분 제한적인 환경보다 덜 제한적인 외래치료 환경을 더 선호한다.

치료 형식

치료 형식은 누가 치료에 참여하는지를 말하며, 치료 내에서 일어나는 관계와 관련된다. 치료 형식은 일반적으로 개인, 집단, 커플, 그리고 가족으로 나뉘며, 치료에 참가하는 내담자 수와 신분이 하나의 치료 변인이 된다.

수십 년의 연구가 특히 집단, 커플, 그리고 가족치료의 비용적 효율성을 보여 준다. 이런 형식의 치료는 개인치료만큼이나 효과적이지만 내담자들과 치료자들은 주로 개인치료 형식을 선호한다. 그러나 사회적 지지 체계가 낮거나 주요 문제가 다른 특정 인물과 관련된 경우에는 다인 치료 형식(집단, 커플, 가족 등)이 바람직하다.

치료 강도

치료의 강도는 치료의 전체 **지속기간**, 한 회기의 **길이**, 그리고 치료적 접촉의 **빈도**로 결정된다. 또한 여러 치료 형식의 사용이 혼합될 수 있다. 예를 들어, 집단치료와 개인치료를 혼합하거나 약물치료와 심리치료를 한꺼번에 사용할 수 있다.

치료 강도는 내담자의 개인 자원을 고려하여 주요 문제의 복잡성과 기능손상의 정도에 따라 결정해야 한다. 예를 들어, 다양한 치료목표, 심각한 기능손상, 적은 사회적 지지, 그리고 성격장애를 동반하는 내담자는 간단한 문제가 있는 내담자에 비해 상당히 더 길고 강도가 높으며 다양한 치료를 필요로 할 것이다. 기분장애와 물질남용을 동반이환질환으로 앓는 내담자는 거의 모든 경우에 치료 강도가 높은 장기적 돌봄이 필요하다.

약물치료

우울을 동반한 물질남용자들과 같이, 심각한 수준의 만성질환을 겪는 내담자들을 위해서는 향정신성 약물을 사용하는 것이 바람직하다. 통합적 심리치료에서는 융통성 있게 약물치료와 심리치료를 동시에 사용하므로, 통합적 치료에서 약물치료의 사용은 쉽게 관찰된다. 그럼에도 불구하고 통합적 치료자들은 물질남용을 또 다른 물질로 치료하는 것을 권하지 않는다.

약물만 사용하는 것은 통합적 치료가 아니다. 임상 수준의 우울증과 물질남용에 있어 심리치료가 가장 효과적이라는 많은 연구(예: Antonuccio, 1995; Antonuccio, Danton, & DeNelsky, 1995; DeRubeis et al., 2005; Hollon, 1990)가 있음에도 불구하고, 심리 서비스에 대한 보험 배상금을 줄이고 가능한 심리 서비스를 제한하는 것은 내담자가 약물치료를 선호하게 만든다. 특히 내담자의 자기보고식 척도, 부작용 개관, 그리고 장기적 추후 결과를 고려했을 때, 심리치료가 약물치료만큼 효과적이라는 것을 보여 주는 과학적 근거가 많다. 이는 약물치료의 효과를 평가 절하하는 것이 아니라, 심리치료의 효과를 강조하는 것이다.

치료관계

모든 심리치료는 치료관계 속에서 발생한다. 치료 선택은 기법에만 제한되는 것이 아니다. 통합적 접근에서는 내담자에게 치료방식뿐만 아니라 관계의 방식 또한 매칭하려 한다. '적합한 치료방식'을 선택하듯 '적합한 치료관계' 또한 결정해야 한다(Norcross & Beutler, 1997). 내담자가 자신이 안전하고, 보살핌받고 있고, 치료자와 연결되어 있다는 느낌을 받지 못한다면 아무리 적합한 치료방식을 사용하더라도 효과가 없을 것이다.

따라서 치료자는 내담자와 작업동맹을 형성하고, 내담자에게 내담자 자신의 경험과 걱정에 대한 공감을 보이도록 초기에 애써야 한다. 치료자는 내담자와 협동하여 치료목표를 정하고, 내담자의 선호도를 파악하고, 초반에 있을 수 있는 불신과 두려움을 줄여야 하며, 내담자에게 공감과 지지를 제공해야 한다.

심리치료 방식을 내담자에게 맞추는 것은 치료자가 권위적으로 내담자에게 특정한 심리치료를 처방하는 것으로 오인될 수 있다. 그러나 실제로는 절대 그렇지 않다. 치료자는 공감적인 협동을 향상시키고, 내담자의 선호도를 참고하여 내담자가 안정감과 헌신을 느끼도록 관계를 형성하는 것을 목표로 해야 한다. 이러한 관계의 본질은 내담자의 선호도, 문화, 그리고 성격에 따라 결정된다. 예를 들어, 내담자가 저항적이라면 치료자는 내담자가 받아들일 수 없는 무언가를 밀어내려고 하는 것인지(선호도), 아직 변화를 받아들일 준비가 안 된 것인지(변화의 단계) 혹은 지시가 불편한 것인지(반응성)를 고려해야 한다. 내담자의 의견을 듣고 존중해야 내담자에게 필요하고 적합한 방향으로 치료관계를 만들어 갈 수 있다(Norcross, 2010).

치료방식

치료자가 처음 내담자를 만날 때 즉각적으로 높은 강도의 치료 방식과 전략을 시작하고 싶은 유혹을 느낄 수 있다. 그러나 치료방식은 연관 변인에 따라 융통성 있게 선택되어야 한다. 통합적 치료를 위해서는 치료방식을 결정하기 전에 영향을 줄 수 있는 모든 요인을 지속적으로 고려해야 한다.

치료방식의 선택에 있어 가장 논란이 많은 장애는 우울증과 물질남용이다. 다른 장애의 경우, 가끔 치료자 사이에 바람직한 치료환경과 치료 형식에 대해 동의할 수 있으나, 우울증과 물질남용의 장애의 경우, 이론적 성향이 다른 치료자들은 적합한 치료에 대해 확연히 다른 입장을 취할 때가 많다. 더군다나 하나의 치료도 여러 방식으로 사용될 수 있다. 따라서 통합적 치료에서는 특정 기법에 집중하기보다는 치료방식이 언제든 변화할 수 있도록 근본적인 원칙만 지키려 한다. **융통적이면서도 구체적인 것이 원칙이다.** 각 원칙은 치료자의 선호도와 기술에 따라 여러 가지 방법과 다양한 기법으로 사용될 수 있다. 이를 통해 서로 다른 치료 체계에서 적합한 기법을 짜 맞춰 특정 내담자에게 맞추도록 한다(Norcross, 2013).

심리치료자가 한 번에 너무 많은 처방적 지침을 따르기는 힘들다(Halford, Baker, McCredden, & Bain, 2005). 앞서 소개했듯이, 연구로 뒷받침되는 처방적 지침은 저항, 변화의 단계, 대처방식, 선호도, 그리고 문화를 포함하기 때문에 이들 변인에 집중하는 것이 좋다.

그렇다면 치료 선택에서 진단은 어떤 역할을 하는가? 단극성 우울증과 물질남용에 대한 심리치료의 경우, 진단으로 특정 치료방식을 결정하지 않는다. 한마디로, 진단에 의한 차별적 치료효과는 과학적 근거가 부족하다. 진단만으로 치료계획을 선택하는 것은 과학적으로 근거가 부족하며, 임상적으로도 비윤리적이다. **우울증과 물질남용의 치료방식은 저항, 변화의 단계, 대처방식, 선호도, 그리고 문화를 포함한 내담자 특성을 기반으로 선택되어야 한다.**

임상 평가

통합적 접근은 효과적인 치료를 위한 임상 평가를 매우 중요하게 여긴다(Harwood, Beutler, & Groth-Marnat, 2011). 임상 평가는 효과적인 치료방식 및 치료관계를 선택하기 위해, 심리치료를 시행하는 동안 내담자의 반응을 관찰하고 계획 수정을 하기 위해, 그리고 심리치료 종결 시점에 전반적인 치료의 결과를 평가하기 위해 사용된다. 따라서 평가는 치료 과정 동안 계속 이루어지며, 내담자와 협동적이고, 전반적으로 치료에 매우 유용하다.

통합적 치료에서 임상 평가는 일반적인 임상 평가와 한 가지 다른 점이 있다. 일반적인 임상 평가와 같이 면접을 통해 현재 문제, 중요한 과거, 그리고 치료에 대한 기대 및 목표에 관한 정보를 수집하며, 면접을 진행하는 동안 치료자와 내담자 간에 작업동맹을 쌓는다. 또한 내담자에 대한 추가 정보를 얻고 장애를 변별하기 위해 공식 심리검사를 사용한다. 증상에 대한 평정[예: Beck 우울척도 제2판(Beck Depression Inventory-II: BDI-II), 증상 체크리스트 90-개정판(Symptom Checklist 90-Revised)]과 병리 및 성격 측정도구[예: 미네소타 다면적 인성검사-2(Minnesota Multiphasic Personality Inventory-II), Millon 다축임상성격 질문지-III(Millon Clinical Multiaxial Inventory-III)]를 모두 사용하는 것을 추천한다.

통합적 치료의 평가가 기존의 임상 평가와 다른 점은 처음부터 치료 선택에 지침이 될 다수의 내담자 특성에 대한 자료를 수집한다는 것이다.

앞서 소개한 다섯 가지의 내담자 특성은 내담자와 치료 간에 매칭을 하는 과정의 지침이 된다. 물론 내담자 특성이 다섯 가지 특성으로 제한된 것은 아니지만, 해당 내담자 특성들은 연구를 통해 입증되었기 때문에 지침으로 사용된다.

내담자들에게 적합한 치료를 매칭할 수 있도록, 그리고 그 치료를 적합하게 적용할 수 있는 전문가를 찾도록 도와주는 무료 온라인 프로그램이 개발되었다(www.innerlife.com). 그리고 전문가가 연구기반치료를 내담자에 맞게 계획할 수 있게 해 주는 옵션을 저렴한 비용에 사용할 수 있다. 내담자가 평가를 완료하는 시간은 약 15분으로, 항목별로 연속적인 질문에 대답을 요한다. 완료 시 Innerlife STS는 내담자에게 맞춰진 다음과 같은 치료 항목들을 다루는 보고서를 출력해 준다.

- 잠재적인 문제 영역
- 고려해 볼 치료
- 피해야 할 치료
- 적합한 치료자
- 치료자 선택 지침
- 자조적 자료

내담자의 치료자에게 제공되는 보고서는 이와 유사한 항목에 대한 세부사항을 다루고 있는데, 동일한 웹사이트를 통해 입수할 수 있다. 이 상세한 보고서에는 치료센터의 직원이 알아야 할 환경의 구조화와 효과적 변화를 위해 필요한 것들과 같은 프로그램 관련 고려사항 또한 포함된다.

사례연구: 앰버

첫 만남

처음에는 앰버의 아버지가 저자의 개인 상담소에 연락하였다. 다음 달에 감옥에서 출소하는 32세의 유럽계 미국인이자 이혼녀인 자신의 딸의 심리치료를 의뢰하기 위해서였다. 상담소에서는 아버지에게 3개월 정도가 걸릴 대기명단에 대해 안내하고, 약물치료를 시작할 수 있는 상담소 내의 정신과 의사 동료를 소개했으며, 심리학자들의 이름 또한 알려 주었다. 앰버와 그녀의 부모는 저자 중 1명(J. C. N.)을 기다린 후에 만나 보기로 결정하였지만, 개인 심리치료를 시작하기 두 달 전부터 익명의 알코올 중독자 모임(Alcoholics Anonymous: AA)[1]에 참석하고 항우울제[플루옥세틴(fluoxetine), 80mg까지]와 항불안제[부스파(BuSpar), 하루에 세 번 20mg씩]를 복용하기 시작하였다. 심리치료의 지연이 임상적으로 바람직하지는 않지만, 차후 심리치료의 효과에 대한 기저선과 통제 비교기간에 대한 자료를 제공해 주었다. 즉, 초기 평가를 통해 심리치료와 별개로 이미 시작한 약물치료와 알코올 중독자 모임의 효과를 비교할 수 있었다. 이 두 약물은 심리치료 전반에 걸쳐 정신과 의사의 관찰하에 지속적으로 복용되었다.

1) 역자 주: 알코올 중독자 자조 모임, 익명의 금주 동맹, 알코올 중독자 갱생회 등 여러 가지 명칭을 사용한다.

내담자와의 첫 회기에서 치료자는 기본적인 자유 질문으로 시작하였다.

치료자: 앰버 씨, 오늘 어떤 일로 오셨어요? 무엇을 달성하고 싶은가요?

내담자: 음, 저는 우울하기도 하고 회복 중인 약물 남용자예요. 몇 개월 전에 감옥에서 나왔고, 그곳에서 경계선 성격장애를 진단받았어요. 전 이 모든 것을 다 바꾸고 싶어요.

앰버 씨의 사례는 다음과 같다. 이름을 편하게 앰버라고 부를 수 있도록 허락할 때까지 내담자를 앰버 씨라고 불렀는데, 앰버는 10분이 채 되지 않았을 때 이름을 편하게 부르라고 하였다. 앰버가 기술한 이야기와 문제들을 살펴보겠다. 첫 회기의 주된 과제는 두 가지이다. 첫 번째는 그녀가 이해받고 존중받는 느낌을 주는 것이고, 두 번째는 함께 치료의 계획을 시작할 수 있는 충분한 정보를 수집할 수 있도록 공감적인 관계를 구축하는 것이다.

앰버는 힘들고 복잡했던 과거를 기술하였다. 다정하고 안정적인 가족이었음에도 불구하고, 앰버는 항상 우울하고, 외로웠으며, 무능함을 느꼈다. 짧게는 3개월에서 길게는 1년까지 걸렸던 세 차례의 심리치료와 다수의 항우울제는 그녀의 고통을 완화시키기에는 역부족이었다. 약 5년 전, 그녀는 준법률가로 회계장부 정리를 도우며 일하던 법무소에서 횡령을 하기 시작하였다. 훔친 돈은 값비싼 아편제와 벤조디아제핀(benzodiazepines) 및 알코올 구입을 위한 자금으로 사용하였다. "그것들은 저를 무감각하게 해 줘요." 약물은 그녀의 충동조절 능력을 감소시키고 판단력을 더욱 손상시켜 그녀가 병리적 도박과 좀도둑질(shoplifting)을 지속하게 만들었다. 이후 약물을 하기 위해 절도를 하고, 약물을 공급해 주는 남자들과 혼외 성관계를 하는 지경까지 이르렀다. 또한 자해, 불안정성, 그리고 버림받는 것에 대한 공포가 심각해졌다. 법무소에서는 앰버의 횡령을 알아차렸고, 훔친 물건들이 경찰에게 발각되었으며, 3년 동안 결혼생활을 유지한 그녀의 남편이 그 형사사건들에 대해 알게 되었다. 앰버는 해고되었고, 형을 살게 되었으며, 이혼을 당하였다. 그 후 그녀는 지방(county) 감옥과 주(state) 감옥에서 2년을 보냈고, 성실성을 인정받아 일찍 석방되어 몇 년의 가석방을 선고받았다.

단축 정신상태검사(mental status examination) 결과는 양호했으며, 앰버는 건강해 보였고, 실제 나이보다 동안으로 보였다. 앰버는 면접 내내 예의가 바르며, 공손하고, 대화를 지속할 수 있었다. 앰버는 자신의 상태로 인해 매우 괴로워하고 자살사고가 있음을 인정했지만, 자살 의도나 계획은 없었다. 정서는 매우 우울하고 불안하지만 적절하였다. 정신증, 조증 혹은 공격성에 대한 증거나 기능손상은 없었다. 다음 회기와의 사이와 추후 방문 동안 그녀의 기능에 대한 상세한 평가가 이루어질 것이다.

앰버의 지난 세 번의 심리치료 경험이 그다지 성공적이지 않았다는 것을 인지한 후, 그 치료에서 무엇이 작동적이고 비작동적이었는지 탐색하기 시작하였고, 이를 통해 나는 앰버와 협동적 관계를 형성하였다.

치료자: 앰버, 그 경험들 중 심리치료자가 어떻게 당신에게 도움이 될 수 있는지 배웠을 거예요. 치료자의 어떤 행동이 도움이 되었고 어

떤 것이 도움이 되지 않았나요?

앰버: 음, 저는 정말 모르겠어요……. (당황하고 곤혹스러워한다.)

치료자: 제가 곤란하게 하려고 한 것은 아니에요 (선호도를 밝히지 않으려는 그녀의 주저함을 권위에 대한 저항 대신 치료자의 예상치 못한 질문에 귀인). 치료하는 동안, 여기서 하는 것과 향상 정도에 대해서 피드백을 구할 거예요. 그게 내가 앞으로 치료하는 동안 만들어 가기를 원하는 솔직한 파트너 관계예요. 혹시 지난 치료에서 무엇이 효과적이고 무엇이 효과적이지 않았는지에 대해 생각나는 게 있어요?

앰버: 음, A 선생님과 한 치료에서 제가 배운 것은 없지만, 그분은 상당히 친절하고 지지적이었어요. A 선생님을 좋아했지만 향상이 없었어요. B 선생님은 저보고 자유연상을 하고 꿈을 말해 달라고 했어요. 흥미롭기는 했지만 제 기분이 나아지지는 않았어요.

치료자: 그런 일들은 반복하면 안 되겠네요. 새로운 기술을 가르쳐 주지 않으면서 착하기만 한 것과 너무…… 체계 없이 내버려 두는 것이 안 좋은 것일까요?

앰버: ……그리고 너무 수동적인 것도요. 저는 좀 기술이랑 지침이 필요해요. 이 모든 것(그녀의 문제)을 다룰 수 있는 방법이요.

치료 과정의 투명성을 위해 앰버에게 추가적 선호사항, 회기 간의 목표(흔히 과제라고 함), 그리고 읽기요법(bibliotherapy)을 선택할 것을 권하였다. 그리고 우리 각자 맡아야 할 역할과 앰버에게 기대되는 적극적이고 협동적인 태도로 주제를 바꾸어 대화하였다. 앰버는 머리로는 내담자가 적극적이어야 함을 이해하지만, 그 임무를 수행하기가 너무 어렵다고 생각하였다. "저는 제 인생 내내 이렇게 느꼈어요. 무엇을 원하는지는 아는데, 거기까지 갈 수가 없어요."

이렇게 심리치료는 우리가 진행할 방식에 대한 설명과 경험 모두를 나누면서 시작되었다. 내담자의 자발적 합의와 적극적 협동을 통해 치료를 진행하기 위해 3회기 동안 할 활동을 정하였다. 첫 번째로, 앰버에게 자신에 대해 정신과 의사와 논의하고, 감옥에서의 심리 보고서들을 받아 볼 수 있는 것에 대해 동의를 받았다. 또한 보호관찰관에게 연락이 오면 회신해 달라는 부탁을 하였다. 두 번째로, 치료자는 앰버의 인생 전반에 대한 내력을 파악하고 중요한 정보를 얻기 위해 컴퓨터화된 다양한 심리검사를 권하였다. 우리는 다음 회기에 그녀의 검사 답변을 검토할 것이다. 세 번째로, 앰버는 치료목표의 우선순위를 선택하게 될 것이다. 앰버는 어떤 것에 우선적으로 집중하고 싶은가?

이 모든 활동은 치료 과정을 시작하고, 과거의 성공적이지 못했던 치료경험을 뒤로하고 앰버가 협동할 수 있게 계획하였다. 우리는 서로 더 연결된 느낌으로 보다 긍정적이지만, 문제의 심각성에 대해 조금은 압도된 채 첫 회기를 마쳤다.

내력과 배경

앰버는 세 자녀(딸, 아들, 딸) 중 막내로, 정상 발달을 하였다. 그녀의 기억과 어머니의 개별적 보고에 따르면, 앰버는 '태어났을 때부터' 청소년기까지 항상 불안에 시달렸다. 내담자와 그녀의 부모 모두 외상경험은 없으며, 오히려 모두가 가족생활이 안정적이고 비교적 무난하다는 의견이었다. 두 부모 모두 전문직 종사자이며, 앰버와 그녀의 미래에 대해 사려가 깊은 것으로 보였다.

내담자는 학업에는 성공적이었지만 친구관계는 힘들어하였다. 높은 성적으로 고등학교를 졸업하고 대학에서 학위를 취득한 후, 1년간 준법률가 과정을 밟았다. 학창 시절부터 앰버는 무능감, 낮은 자존감, 회피, 그리고 학교에 대한 저항에 시달렸다. 학교에서 짧게 왕따를 경험하면서 초등 생활지도 교사와 여러 차례 상담을 하기도 하였다.

그녀의 청소년기는 조용하지만 뛰어난 학업 성취와 '몰래'하는 좀도둑질, 비자살적 자해, 그리고 수업 전 음주('기분을 풀고 긴장을 가라앉히기 위해') 같은 내현화 증상들을 많이 보였다. 대학에서는 1년 동안 폭식을 하였다. 그녀는 섭식장애와 다른 기능상 문제에 대해 "그 누구도 안 적 없다."며 "모두 안에 눌러 담았다."라고 보고하였다.

그 무렵 앰버는 5년 동안 두 명의 다른 정신과 의사에게 세 번의 개인치료를 받았다. 그 치료들이 실질적으로 고통을 덜어 주지 못하자, 앰버는 모든 것을 '포기'한 후 중독, 억누를 수 없는 충동, 그리고 횡령의 늪에 빠져 몇 주 만에 해고되고, 감옥에 가고, 이혼을 하게 되었다고 보고하였다.

성장하며 저절로 없어진 천식, 운동 시 사고로 인한 골절, 그리고 계절에 따른 알레르기만 보고되었을 뿐 의료 내력은 무난하였다. 앰버는 향정신성 약물을 제외한 다른 약물은 복용하지 않고 있었으며, 주치의와 부인과 의사에게 주기적으로 검진을 받고 있었다. 신체건강은 양호하였고, 운동도 꾸준히 하고 있었다. 감옥에서 석방된 이후로 담배를 매일 몇 개비씩 피우기 시작한 것 이외에는 치료 시작 60일 전부터 알코올과 약물은 사용하지 않고 있었다.

반대로, 가족 내력에서는 다수의 정신장애가 확인되었다. 그녀의 언니는 섭식장애로 입원을 하였으며, 불안장애로 인해 아직 심리치료를 받고 있다. 그녀의 오빠는 임상적 수준의 불안과 우울을 경험하고 있으며, 이로 인해 주기적으로 심리치료와 약물치료를 받고 있었다. 앰버의 어머니는 강한 집착과 광장공포증 성향으로 여러 차례 고통 받고 있으며, 전문적 도움을 받아 왔다. 그녀의 아버지는 성격적으로 '매우 불안'하지만 치료를 받은 적은 없다고 한다.

평가와 개념화

두 번째 만남 때 실시된 정신상태검사와 회기 사이에 작성한 생애 내력 검사와 더불어, 앰버는 미네소타 다면적 인성검사-2(MMPI-2), BDI-II, 그리고 Beck 불안척도(Beck Anxiety Inventory: BAI)를 완료하였다. [그림 15-3]에서 볼 수 있듯이, 그녀는 Beck 도구를 사용한 두 척도 모두에서 고도 범위의 점수를 받았다(BDI-II=37, BAI=49). 11점 시각 척도(0=전혀 없음, 10=최악)에서 앰버의 지난 일주일간의 충동성 정도는 알코올은 3점, 약물은 2점, 도박은 8점, 그리고 좀도둑질은 9점이었다.

앰버의 MMPI-2 프로파일은 D, Pt, Sc 척도를 포함한 여러 척도에서 임상적으로 높게 나타나 상당히 심각한 정도의 심리적 문제가 시사되었다[웨일스 코드(Welsh code) 87**21*3460"'9+/5:F***+L-K/]. 우울, 불안, 그리고 사회적 내향성은 물론, 외상 후 스트레스 장애(PTSD) 증상을 측정하는 두 척도 역시 모두 백분위 99 이상으로 높았다. 컴퓨터 해석 보고서는 "해당 MMPI-2 임상적 프로파일을 가진

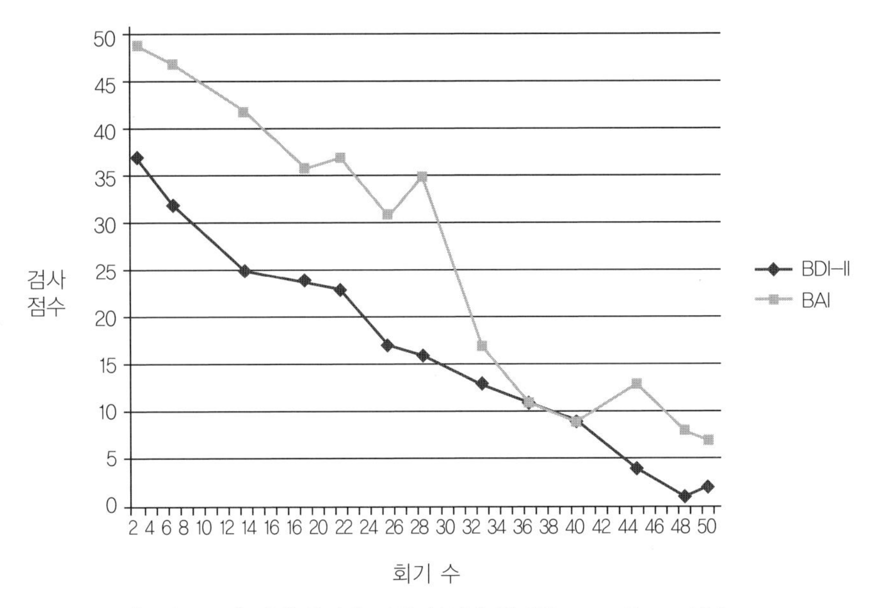

[그림 15-3] 전체 회기에 걸쳐 실시된 앰버의 BDI-II와 BAI 점수

사람들은 만성적인 심리적 부적응의 패턴을 보일 수 있으며, 불안, 긴장, 그리고 우울에 압도되어 있다. 이 내담자는 무력하고 소외되고 무능하며 불안정하다고 느끼고 있으며, 인생에 희망이 없고 아무것도 제대로 되는 것이 없다고 믿고 있다. 이 내담자는 지식화(intellectualization)와 비생산적인 자기분석을 통해 자신의 걱정을 통제하려고 하지만, 집중하고 결정을 내리는 것을 힘들어하고 있다." 라고 기술되어 있었다. 그녀의 대처방식은 뚜렷하게 내현적이고(백분위 99), 회피적이었으며(백분위 95 이상), 대인관계에서는 '그 누구도 절대 완전히 신뢰하거나 사랑하지 않는' 양가적 경향을 보였다. 낮은 동기와 자신을 드러낼 수 없는 것, 2개의 부정적 치료 지표 또한 모두 백분위 95 이상으로 매우 높았다.

동시에, 이런 여러 가지 어려움에도 불구하고 앰버는 여러 가지 장점을 가지고 있었다. 감옥에서 수년을 견뎠고, 세 번의 기대를 저버리는 결과를 경험했음에도 자발적으로 심리치료를 찾고 있었으며, 솔직하고 기꺼이 말하는 태도로 치료자를 대하려고 스스로를 채찍질하고 있었다. 그녀는 지성과 지지적인 가족을 가지고 있고, 회복성이 높았으며, 어려움을 감내하는 사람이었다. 또한 그녀가 표현했듯이 '이번에 (심리치료가) 잘 되지 않으면 감옥으로 돌아가게 될 것'을 마음속 깊이 알고 있었다.

한편으로, 이 치료 접근방식은 정식 진단보다 앰버의 특별함과 복잡성까지 이해하는 데에 더 관심을 둔다. 그러나 그렇다고 해서 진단이 전혀 중요하지 않은 것은 아니다. 두 번째 회기에서 나는 그녀가 작성한 생애 내력 검사와 심리검사 결과를 앰버와 함께 검토하였다. 앰버는 인정하기 힘들어하였으나 검사 결과를 '사실'로 받아들였다. 그녀는 과거 치료에서 경험하지 못한, 자신이 가진 다수의 질병에 대한 솔직한 대화를 환영하였다. 그녀는 자신이 그동안 우울증이라고 명명해 왔던 높은 수준의 불안과 검거 및 감옥생활로 인한 PTSD의 여러 징후에 특히 놀라움을 보였다.

그녀의 정신상태검사, 임상적 내력, 그리고 심리검사 결과는 주요우울장애, 복합물질남용, (만성적) 범불안장애, PTSD, 병리적 도박, 도벽, 경계선 성격장애, 그리고 회피성 성격의 특징을 포함한 다수의 진단 가능한 DSM-5 장애로 수렴되었다. 전반적 기능평가(Global Assessment of Functioning: GAF)는 50점이었다.

하지만 평가가 질병 혹은 강점만으로 끝난다면 이는 치료 목적을 충족시키지 못한다. 진단을 넘어서 앰버는 인격적으로 어떠한 사람인가? 그녀의 치료 선호도, 반응성 정도, 변화의 단계, 대처방식, 그리고 문화는 어떠한가? 성격 특성에 있어서 앰버는 병리적으로 내성적이고 의존적일 만큼 반응성이 낮으며, 대처방식은 본질적으로 내현적이다. 도벽과 물질남용은 전형적으로 외현화 양식을 나타내지만, 그녀는 대부분의 문제를 다른 사람들에게 숨겨 왔다. 문제별 변화의 단계에 있어서 앰버의 불안은 준비 단계, 우울증은 숙고 단계, 도박과 도벽은 초기 행동 단계, 그리고 물질남용은 초기 유지 단계이다. 그러나 '문제를 이겨 내고 싶은' 이 패턴에서 두 가지 어려움이 관찰되었다. 앰버는 아직 경계선 성격장애와 PTSD에 대해 이해하기 어려워하였다. 그녀는 감옥에 있을 때 진단받은 경계선 성격장애 진단에 대해 이해하지 못하고 있으며, 이를 무섭고 부정적인 것으로 보고 있다. 게다가 감옥과 연관된 PTSD를 위한 치료에 대해 논의하고 싶어 하지 않는다. 그녀의 선호도를 인지하고 해당 문제들에 대해 그녀가 숙고 전 단계에 있음을 존중한다. 문화에 있어서 앰버는 자신을 중독에서 회복 중인 유럽계 미국인 여성 이성애자로 여긴다.

내담자 준비시키기

앰버는 두 번째 회기에 더욱 편안하고 덜 괴로운 모습으로 나타났다. 이러한 관찰사항을 말해 주니, 앰버는 "지난주보다 더 괜찮기는 했어요."라고 대답하였다. 나는 더 협동하고, 피드백을 받고, 목표와 과제에 대해 원활하게 합의하기 위해 첫 회기에 대한 인상에 대해 물어보았다. 그녀는 나에 대해 느끼는 편안함과 '지독하게 엉망인 인생'에 대해 스스로 느끼는 수치심 및 죄책감에 대해 기술하였다. 나는 첫 회기라는 것과 그동안 비밀을 간직해 왔다는 것을 고려할 때 그녀의 솔직함과 열린 마음이 인상 깊었다고 알렸다. 우리는 치료자-내담자 매칭이 '좋다'는 데 동의하고, 앞서 설명한 검사 결과를 검토하기 시작하였다.

그녀의 변화 단계와 일관되게, 앰버는 초기 회기에서 우울증과 약물 비사용에 집중하기로 결정하였다. 이 순서는 다양한 질병을 가진 내담자들의 치료목표의 일반적인 순서와 일치하기 때문에, 나는 그에 합의하였다. 참고로, 자살 관련 및 범죄 재발행동에 가장 높은 우선순위를 두어야 하며, 다음은 치료를 방해하는 행동, 그리고 마지막으로 삶의 질을 방해하는 행동 순으로 정하는 것이 일반적이다(Linehan, 1993a). 우리는 매주 개인 심리치료를 진행하되, 그녀의 고통과 장애가 빠른 시일 내에 줄지 않으면 빈도를 증가시키기로 하였다.

심리치료를 위해 다음 두 가지에 대해 내담자를 준비시킨다. 하나는 심리치료에서 기본사항을 알리기 위함이고, 나머지는 특정 구체적인 치료를 진행하기 위함이다. 두 번째 회기의 많은 부분은 심리치료의 준비 작업인 비밀유지, 취소 상황, 치료자에게 연락 취하기, 위기 다루기, 부재 시의 전화 응답 서비스, 지불 등의 기본적인 사항 전달에 시간을 할애한 후, 이어 적극적이고 숙지가 잘 된 내담자로서 앰버의 역할에 대해 설명하였다. 치료경험이 있는 앰버는 정보를 빠르게 이해하였고, 정보를 정확하게 이해하기 위한 질문을 하였으며, 치료의 구조에 대해 선뜻 동의하였다. 경험이 더 적은 내담자에게는 이 사항들에 더 많은 시간을 투자해야 한다.

추가적으로는 심리치료가 더 큰 계획 중 일부라는 관점을 소개하는 것이다. 연구는 장애를 가진 내담자들이 종합적인 치료에 가장 잘 반응한다는 것을 보여 준다. 특히 장애가 심한 내담자들의 경우는 더 많은 치료, 더 긴 치료, 향정신성 약물, 여러가지 치료 형식(개인, 커플, 집단)뿐 아니라 사회적 지지 체계의 강화를 위한 노력이 효과적이다 (Beutler, Harwood, Alimohamed, & Malik, 2002). 기분장애와 물질남용을 모두 갖고 있는 내담자들은 이것의 좋은 예이다. 단순히 말해서, 복잡한 문제에는 복잡한 치료가 필요하다.

두 번째 준비 단계로 물질남용, 도박, 그리고 도벽의 재발방지와 우울증을 위한 인지행동치료 (cognitive-behavioral therapy: CBT)를 결합한 특정 치료방식을 설명하였다. 이러한 특정 치료는 행동과 유지에 해당하는 앰버의 변화 단계, 많은 지시가 필요한 낮은 반응성 수준, 그리고 변화 도구 및 과제에 대한 선호도를 고려할 때 앰버에게 적합하다. 앰버가 가진 장애의 경우, CBT와 재발방지의 효과성에 대한 확실한 연구 근거가 있다.

심리치료는 내담자의 변화 단계에 맞게 치료 방식과 관계를 수정하여 시작하고, 치료 과정 동안 내담자가 변화의 단계를 거치면서 변화하는 것이 가장 효과적이다. 생각이 많은 내담자에게는 치료자가 내담자 자신의 문제에 대한 통찰력을 성취하게끔 격려하는 소크라테스 같은 선생의 역할을 취하는 것이 적절하다. 앰버가 행동 단계에 들어섰기 때문에, 치료자는 중요한 경기를 많이 경험하고 훌륭한 경기계획을 세워 전달하는 경험적이고 지지적인 감독으로 기능한다.

연구 결과는 앰버의 행동 및 유지 단계와 낮은 반응성에 치료자의 높은 지시 정도가 적절함을 시사하지만, 치료자는 동시에 내담자에게 더 많은 책임과 자기지시를 넘겨 주는 것에 대해 조심스럽게 논의해야 한다. 생애 전반에 걸친 의존성과 낮은 반응성을 보여 온 앰버는 치료자의 높은 지시 정도에 가장 잘 반응할 것이다. 동시에, 권력을 쥔 치료자와 내성적이고 순종적인 앰버의 관계를 의식적 혹은 무의식적인 방법으로 재연하지 않도록 조심해야 한다. 따라서 세 번째 회기에서 나는 앰버와 함께 이 문제에 대해 논의하며, 발전하는 관계를 위한 각자의 역할에 대해 약속하였다.

치료자: 지난 회기에 당신의 우울증과 약물 사용을 해결하기 위해 제가 행동계획과 과제를 내 주고 적극적으로 도와주면서 지침을 알려 주는 치료자가 되기로 합의했어요. (앰버는 동의의 끄덕임을 보인다.) 연구 결과도 이런 방법을 지지해요. 근데 제 걱정은 이렇게 하는 것이 당신의 의존적이고 남들에게 미루는 성향을 더 강화시킬 수 있다는 것이에요. 이해가 가나요?

앰버: 음……. 네, 저는 그렇게까지 생각해 보지 못했는데 그렇게 될 수도 있을 것 같네요.

아마 선생님에게 더 의존하게 되겠죠.

치료자: 단기적으로 당신의 우울증을 감소시키고 술과 약물을 사용하지 않게 만드는 동안에는 괜찮을 거예요. 그러나 장기적으로 볼 때 저에게 과하게 의존하는 것은 당신의 내성적인 성격을 더 내성적으로 만들 수 있어요. 이런 역설적인 상황에서 벗어날 수 있게 이렇게 하는 것은 어떨까요? 초기 회기에는 당신이 덜 우울해지고 술과 약물의 절제를 유지하도록 제가 더 많이 지시를 할게요. 하지만 그 후 회기에는 당신이 좀 더 적극적으로 리드할 수 있었으면 좋겠고, 또 그럴 수 있도록 알려 줄게요. 알코올 중독자 모임과 비슷할 거예요. 지금은 멘토에게 많이 의지하지만, 언젠가 당신도 누군가의 멘토가 되는 것처럼요. 어떻게 생각하세요?

앰버의 경우처럼 중간 목표와 최종 목표 사이의 차이는 거의 언제나 잘 수용된다. 중간 목표는 괴로움을 감소시키는 것이고, 최종 목표는 대인관계 행동을 재구조화하는 것이다. 심리치료는 단기적으로 지시 정도를 더 높이지만 장기적으로는 더 성숙하고 적극적인 관계로 발전하게끔 돕는다.

계속적으로 평가하면서 앰버의 목표 성취 정도를 파악할 것이며, 한 단계에서의 성공은 다른 목표의 성취로 이어질 것이다. 변화의 단계로 볼 때 '지금 앰버가 있는 곳'에서 가장 먼저 다뤄야 할 목표는 우울증을 줄이고 술과 약물에 대한 절제를 유지하는 것이다. 이러한 목표들은 앰버에게 가장 적절한 행동을 알려 주고, 이는 앰버의 자살사고와 재범의 가능성을 감소시킨다. 그녀의 만성 불안, PTSD, 경계선 성격장애 증상 등은 추후 회기에서 더 자세히 다뤄진다.

향상 정도 관찰하기

우리는 심리치료의 전반에 걸쳐 내담자의 기능 및 증상, 과제 및 목표에 대한 합의, 그리고 치료 관계에 대한 만족감으로 구성된 3개의 핵심 부분에 대해 내담자 피드백을 지속적으로 수집한다. 증상 관찰을 목적으로, 앰버와 나는 향상 정도를 평가하기 위해 BDI-II와 BAI를 4회기마다, 즉 한 달 주기로 작성하기로 결정하였다. 해당 결과들은 [그림 15-3]을 통해 볼 수 있다. 회기 내에 긴 시간이 소요되는 평가를 너무 빈번하게 진행하는 것은 불필요하기도 하지만, 내담자들이 귀찮아할 수 있다. 모든 회기에 앰버는 음주, 약물 사용, 도박, 좀도둑질에 대한 충동 정도를 '전혀 없음'인 0점에서 '매우 심함'인 10점까지 11점 시각척도로 평가할 것이다.

치료와 관계 만족도의 경우, 내담자에게 점수를 매기게 하고 그것을 살펴본 후 직접적으로 질문하는 과정을 취한다. 이는 "심리치료가 어떻게 진행되고 있는 것 같아요? 우리(관계)가 잘 되고 있나요?"와 같은 폭넓은 자유 질문으로 시작한다. 그다음에는 내담자의 답변과 상황이 이끄는 대로 더 집중적인 질문으로 이어 간다. 앰버의 경우, "지금까지 무엇이 가장 도움이 되었나요? 무엇이 가장 덜 도움이 되었나요? 치료가 원하는 것을 잘 반영하고 있나요? 제가 충분하게 지시를 내리고 충분한 도움을 제공하고 있나요? 어떻게 하면 우리가 발전할 수 있을까요?" 등의 질문을 하였다.

이런 부분을 평가하기 위해 COMPASS(Lueger et al., 2001), 핵심 상담성과도구(Clinical Outcomes in Routine Evaluation: CORE) 시스템의 임상 결과(영국에서 광범위하게 사용됨; Barkham et al., 2001), 변화결과관리 시스템 파트너(Partners for Change Outcome Management System: PCOMS; Miller, Duncan, Sorrell, & Brown, 2005), 그리고 상담성과척도-45(Outcome Questionnaire-45: OQ-45; Lambert et al., 2004) 등의 다양한 측정도구가 개발되어 있다. 우리는 Innerlife STS 시스템(www.innerlife.com)을 선호하는데, 이 시스템은 치료자와 내담자판이 있고, 치료 전과 치료 과정 정보를 모두 제공한다. 여기서 중요한 점은 결과 관찰 시스템을 결정하고 이를 사용하여 치료자가 정보를 주기적으로 수집한다는 것이다. 앞서 말한 질문을 하는 것이 익숙하지 않은 초보 치료자들은 특히 치료에 관련된 질문과 관계 만족도 질문에 대해서는 공식 측정 시스템을 사용할 것을 매우 권장한다.

치료 과정

세 번째 회기까지 공감적 치료동맹을 구축하고, 치료계획 수립을 위한 진단적 및 범진단적 정보를 충분히 수집하고 내담자를 준비시킨 후, 네 번째 회기에서는 우울증과 재발방지를 위한 CBT를 실시한다.

CBT는 기본적인 프로토콜을 따른다. 나는 앰버에게 우울 인지 모델을 소개하고, 우울증을 일으키는 사고를 찾을 수 있도록 유도하고, 회기 이외의 시간에 그 사고들이 떠오를 때마다 기록하고, 더 건설적인 대체/대안 사고를 문장으로 적은 후 현재 자기가 가진 사고를 도전하고 반박하도록 지도하였다. 또한 앰버는 행동활성화 전략을 사용하는데 동의하였고, 이에 따라 하루에 3시간 이상 집 밖으로 나가기로 하고(추후 치료에는 6시간으로 증가함), 주 4시간을 봉사하기로 결정하였다(점차적으로 주 15시간으로 증가함). 앰버에게 심리학자에 의해 추천된 연구 결과에 근거한 우울증 관련 자조서의 목록(Norcross et al., 2013)을 제시했고, 그중 『필링 굿(Feeling Good: The New Mood Therapy)』(Burns, 1999)을 읽기로 결정하였다. 추후 앰버는 이 책의 학습교재(workbook)를 구입했고, 이 교재를 사용하여 자신의 활동 목록을 기록하고 회기 중에 나와 논의하였다.

회기의 반 정도는 우울증을 위한 CBT를, 그리고 나머지 반은 앰버의 음주, 약물 사용, 좀도둑질, 그리고 도박 재발방지를 다루었다. 앰버는 알코올 중독자 모임을 통해 중독의 치료에서 재발이라는 것을 알게 되었다. 더욱 시급한 것은, 앰버 자신이 약물을 사용하거나 좀도둑질을 하다가 감옥으로 돌아갈 수도 있다는 압박감을 느낀다는 것이다.

재발방지는 증상이 다시 발현되는 것을 방지하고 유지 단계를 지속하도록 계획된 자기관리 훈련이다(Marlatt & Donovan, 2007). 회기 내 논의와 회기 간 교재 학습을 통해 앰버는 재발을 과정으로 이해하는 법, 고위험 상황을 구별하는 법, 중독행동 욕구에 대처하는 법, 그리고 규칙적인 생활 패턴을 확립하고 유지하는 법을 배운다. 앰버에게 가장 위험한 촉발 요인은 비활동, 부정적인 기분상태, 그리고 특정한 친구들과 관련이 있다. 다행히도, 이 중 첫 두 가지는 우울을 위한 CBT를 통해 성공적으로 조절하고 있다. 우리는 회기 중 꽤 많은 시간을 그녀가 참석 중인 알코올 중독자 모임의 구호인 "사람, 장소, 그리고 물건을 피하자."를 실천하는 것에 대해 다루었다. 촉발 요인을 피했음에도 불구하고 욕구를 직면할 때를 대비해서 욕구

파도타기(urge-surfing)도 실습하고 예행연습을 하였다.

컴퓨터를 잘 사용하는 앰버는 재발방지에 대한 연구논문을 검색했고, 완전히 이해하지는 못했지만, 9,504명의 내담자를 대상으로 재발방지의 효과성을 다룬 26개의 연구를 종합정리한 메타분석을 찾았다(Irvin, Bowers, Dunn, & Wang, 1999). 이 연구 결과는 재발방지 프로그램이 비치료 통제집단에 비해 효과적이며, 특히 알코올과 복합물질사용장애가 동반이환일 경우 더 효과적임을 보고하였다. "딱 저네요."라고 앰버는 회기 중에 미소 지으며 인정하였다.

13회기 혹은 14회기 중 한 회기에, 평소 같지 않게 치료 중 앰버의 말수가 매우 적었다. 내가 치료에 의욕이 없는지 묻자, 그녀는 설득력 없이 "아, 오늘 그냥 피곤하네요."라고 대답하였다. 이러한 모습은 다음 회기까지도 지속되었다.

치료자: 앰버, 오늘 별로 (심리치료에) 의욕이 없는 것 같아요. 예전에 보였던 태도와는 다르게 느껴져요. 평소에 보이던 기운과 활력이 없네요. 요즘 회기에서 무엇을 경험하고 어떤 느낌을 받고 있나요?

앰버: 음…… 잘 모르겠어요. …… 그냥 짜증나요.

치료자: 말해 줘서 고마워요. 누군가에게 짜증과 실망을 말한다는 것이 앰버에게 얼마나 힘든 것인지 알고 있어요. 정말 잘했어요.

앰버: 좀 힘든 것이…… (약 30초가량 생각에 잠긴다.) 지난 회기에 이것을 다 해내려고 제가 얼마나 힘들게 노력했는지 선생님이 이해하지 못한다고 생각했어요. 마치 제가 충분히 하고 있지 못한 것처럼 느껴지고 저에 대해서 비판적인 것 같았어요.

치료자: 앰버가 심리치료 중에, 그리고 혼자서도 매우 열심인 것을 제가 못 알아보고 앰버의 노력에 대해 비판적이라고 느꼈군요…….

앰버: 네, 맞아요. 근데 이제 선생님을 실망시키거나 화나게 할까 봐 두려워요…….

치료자: 앰버, 절대 아니에요. 오히려 완전히 반대로 느끼고 있어요. 오늘 힘들지만 나에게 감정을 얘기해 줘서 매우 기쁘고 자랑스러워요. 나는 우리 관계가 이 정도로 발전했다고 보는데, 앰버는 그렇게 느껴지지 않나요?

앰버는 자신의 감정을 표현하는 것이 두렵다고 말하였다. 적극적인 자기주장은 거절당하거나 버림받는 것에 대한 두려움을 촉발시킨다. 내가 유사한 느낌을 경험한 적이 있는지 물어보니, 앰버는 질문이 끝나기도 전에 "저희 아버지한테서요."라고 대답하였다. 앰버는 이전에 자신의 아버지가 말로는 지지적이지만 행동으로는 비판적이고 받아들이지 않는 것처럼 보인다고 언급했던 적이 있다. 앰버의 아버지에 대한 언급은 자신의 경험에 대한 공유로 이어진다. 촉구 없이 그녀는 곧 "아, 제가 선생님을 아버지와 연결해 이야기한 것이군요……."라며 자신의 행동에 대해 분석하였다.

심리치료의 종결 때에 앰버와 나는 모두 이 회기를 치료의 가장 두드러진 전환점으로 꼽았다. 앰버는 남성인 나에게 불만을 토로하면서 자신의 목소리를 냈고, 자신이 아버지에게 가진 감정들을 나에게(그리고 아마 다른 이에게도) 전이하고 투사하고 있다는 것을 깨달았다. 물론 나의 공감 실패 혹은 객관적인 관점이 앰버의 감정을 일깨웠을 가능성도 크지만, 근본적인 감정은 분명 아버지에 대한 것이었다.

이 회기는 앰버의 자기인식을 일깨워 주는 것을 넘어서 치료관계를 탄탄하게 만들었으며, 치료자-내담자 동맹에서 발생할 수 있는 균열을 방지하는 방법에 대해서 좋은 예를 보여 주었다(Safran, Muran, & Eubanks-Carter, 2011). 치료자는 방어적이지 않게 반응할 수 있고, 관계에 공감적이면서 직접적으로 주의를 기울일 수 있고, 상호 역할을 이해할 수 있고, (필요시) 행동을 수정할 수 있고, 마지막으로 내담자의 대립적인 관계 패턴에 주의를 기울일 수 있다. 여러 연구에서 치료자-내담자 동맹의 균열을 바로잡는 것이 치료 결과를 긍정적으로 예측한다고 하였다(Safran et al., 2011). 회기 끝에 앰버는 '돌파구와 같은' 경험을 했다고 말했으며, 나는 치료자로서 좋은 순간을 경험했다고 느꼈다.

20회기에서 22회기 즈음에 앰버의 우울감은 상당히 줄었다. 앰버의 BDI-II 점수는 절반으로 줄었으며([그림 15-3] 참조), 자살사고는 없어졌다. 알코올과 물질사용 욕구는 0~2점 사이로 내려갔으며, 약물 사용, 음주, 도박, 그리고 좀도둑질은 전혀 하지 않았다.

자신감을 새로 찾고 치료 과정에 대한 신뢰를 갖게 된 앰버는 자신의 불안과 PTSD를 다룰 준비가 되었다. 그러나 아직 갈등과 두려움은 다루기 어려워하였다. '우울증'은 그녀에게 익숙하고 편안한 용어이지만, '불안'을 이해하는 것은 낯설고 불편해하였다.

주저함과 저항을 다루는 여러 가지 치료적 방법이 있지만, 앰버의 경우 동기강화 상담(motivational interviewing: MI)을 선택하였다. 동기강화 상담은 앰버의 숙고 단계에 적합하며, 적은 수의 회기로도 큰 효과가 있다는 연구에 의해 지지받는다(Hettema, Steele, & Miller, 2005). 동기강화 상담은 내담자가 행동을 변화시킬 수 있도록 구체적인 방법을 제공해 줌으로써 사람중심치료를 가능하게 해 준다(Miller & Rollnick, 2002). 유도중심의 동기강화 상담을 통해, 나는 다음의 목적을 달성하기 위해 노력하였다.

- **공감 표현하기**를 위해 반영적 경청법(reflective listening)을 사용하고, 불안 문제와 PTSD에 대해 주저하는 앰버에게 공감해 줌
- 우울증과 물질남용만 앓고 있다는 앰버의 확신과는 달리 실제로는 높은 불안을 경험하고 있다는 임상 결과 간의 **논리적인 차이를 일깨워 줌**
- **저항과 함께 구르기**(roll with resistance)를 사용하여 앰버의 확신을 대립보다는 숙고와 호기심을 통해 다룸
- 내담자가 변화할 수 있는 능력이 있음을 적극적으로 강조함으로써 **자기효능감을 지지함**

동기강화 상담에서는 치료관계 속에서 갈등을 피하고 내담자가 변화의 시도를 할 수 있게 해 줌으로써 저항이 치료자-내담자의 치료적 상호작용에 미치는 부정적인 영향을 긍정적인 방향으로 틀어 주는 지렛대 역할을 한다. 뱃사공이 강한 물살에서 역으로 노를 젓지 않는 것처럼, 동기강화 상담자 또한 내담자와 대립하지 않는다. 그 대신 내담자 속의 에너지를 사용하여 상호작용을 이끌 수 있도록 저항과 함께 구른다(Moyers & Rollnick, 2002).

동기강화 상담은 변화하고, 탐색하고, 주저함을

해결하려는 앰버의 내적 동기를 향상시키는 데 사용되었다. 동기강화 상담 위주로 진행한 세 번의 회기 후에 앰버는 자신의 불안과 PTSD를 직면하기로 하였다. Carl Rogers가 예측한 대로 촉진하는 환경, 공감적 치료자, 그리고 자주성이 고무될 때, 내담자는 짧은 시간 내에 많은 것을 달성할 수 있게 된다. 동기강화 기법이 가진 융통성은 내담자의 주저함과 저항을 최소화시키기 위한 목적으로 다른 심리치료와의 융합을 가능하게 한다(Miller & Moyers, 2005).

이제 회기의 대부분 시간 동안은 앰버의 불안으로 인한 회피와 감옥 관련 PTSD에 집중한다. 앰버는 우울의 인지 재구조화를 통해 실생활에서 일어날 사건에 대해 인지적으로 대비하였다. 먼저, 앰버는 알코올 중독자 모임 때의 발언과 고속도로 운전에 대한 두려움에 집중하기로 결정하였다. 나는 선택과 자주성을 높이기 위해 앰버에게 노출-반응방지(prolonged exposure with response prevention)와 안구운동 민감소실 및 재처리요법(eye movement desensitization and reprocessing: EDMR) 등 2개의 PTSD를 위한 치료법에 대해 자료를 제공하였다. 노출-반응방지는 과제가 있는 반면, EDMR은 과제가 없기 때문에 EDMR을 시도해 보기로 하였다.

동시에 EMDR의 창시자가 최근 출시한 자조서 『지난 일을 잊기(Getting Past Your Past)』(Shapiro, 2012)를 읽기 시작하였다. 앰버가 이 사실을 보고했을 때, 나는 결단력을 갖고 행동한 점을 칭찬해 준 후, 실은 앰버가 자조 자료에 관심을 표했을 때 권장했어야 했다고 멋쩍게 자백하였다. 앰버는 웃으면서 나에게 '했어야 하는 것(should)'이라는 용어 사용에 주의하라고 경고했고, 앰버는 치료 종결 시에 이 교류가 매우 중요한 사건이었다고 언급하였다. 나는 이에 대해 한참 웃고 나서 인지치료를 정복한 것에 대해 축하해 준 후, "저보다 낫네요." 라고 언급하였다. 앰버는 진지하고 엄숙한 표정으로 "맞아요, 전 메뚜기예요(Yes, grasshopper)."라며 노련한 스승이 열혈 학생을 '메뚜기'라고 부르는 내용이 나오는, 자신의 아버지가 좋아하던 오래된 TV 연속극의 대사로 맞받아쳤다.

본격적으로 EMDR을 시작하기 전에 숨쉬기와 자기진정(self-soothing) 기술을 연습하였다. 그 후 구속될 때 일어났던 일련의 외상사건을 다루기 위해 90분의 회기를 다섯 차례 진행하였다. 앰버는 몇 차례의 악몽과 재경험(flashback) 때 숨쉬기와 자기진정 기술을 성공적으로 사용하며 회기를 잘 견뎌 냈다. 그녀의 불안은 외상사건에 대한 주관적 고통 수치(subjective units of distress: SUDs)의 감소와 함께 뚜렷하게 감소하였다. 다섯 번의 EMDR 회기가 끝났을 때 주관적 고통 수치는 각 사건에 대해 1점 혹은 2점으로 나타났고, 앰버는 이 수치가 사람이라면 그 누구라도 가질 만한 수준의 고통이라고 생각하였다.

그 사이에 알코올 중독자 모임에서의 발언과 고속도로 운전에 대한 노출은 성공적으로 계속되었다. 앰버의 목표인 '평균적인 수준'과 정도로 모임에서 발언하게 되었다. 고속도로 위 팻말에 적힌 속도 제한에 맞추거나 그 이상의 속도로 달리는 것은 '별것 아닌' 것이 되었다. 이를 통해 앰버는 회피가 단기적으로는 불안을 줄이지만 장기적으로는 훨씬 더 많은 괴로움을 초래한다는 것을 배웠다.

앰버에겐 낯선 경계선 성격장애를 다루기 시작하면서, 우리는 실생활 노출치료에 대한 집중도를 낮추었다. 읽기요법을 적용하면서 앰버의 내성적이고 공감추구적(approval-seeking)인 특성에 대한 교육을 천천히 시작하였다. 정신건강 전문가들이 추천하는 자주성과 경계선 성격 자조 자료를 앰버에게 권하고 지정해 주는 대신 앰버에게 적극적으로 선택하기를 권하였다. 그러자 그녀는 3개나 선택하였다. 앰버는 부모님을 위해 『당신의 완벽한 권리(Your Perfect Right)』(Alberti & Emmons, 1995)와 『난 가끔 미친 듯이 행동해요(Sometimes I Act Crazy)』(Kreisman & Straus, 2006)를, 그리고 자신을 위해 『경계선 성격장애를 위한 행동치료(Skills Training Manual for Treating Borderline Personality Disorder)』(Linehan, 1993b)를 선택하였다.

행동적 및 여성주의적 접근으로 자기주장 훈련(assertiveness training)을 시작하였다. 이를 통해 주장과 공격의 차이를 탐색하고, 자기주장을 할 때 느끼는 죄책감과 거절에 대한 두려움을 다루기 위한 인지적 재구조화를 진행하고, 자신의 가족과 사회에서 경험하는 권력에 관한 성역할을 살펴보고, 회기 내에서 역할연기를 통해 특정한 반응들을 연습하고, 목소리와 어투를 바꾸기 위해 역할연기를 녹음하고, 마지막으로 가족 구성원들과 수행할 과제를 함께 고안하였다. 자기주장은 회기 내뿐 아니라 회기 간 기간에도 목표가 된다. 나는 치료 초기에 앰버가 회기가 지날수록 더 많은 통제권을 갖겠다고 약속한 것을 상기시켰다. 그녀는 동의했고, 나는 웃으며 "이제 제가 메뚜기네요."라고 말하였다.

'무능하다'는 자신에 대한 앰버의 정체성 혹은 도식(schema)을 철저히 탐색하였다. 마지막 20회기 동안 사용한 정서처리, 인지 재구조화, 적극성 훈련, 전이 해석, 그리고 직접적 연습을 포함한 여러 교차치료 방식은 요약이 어렵다. 감정 관련 작업으로는 몇 번의 빈 의자 기법(two-chair method 혹은 empty-chair method)을 사용하여 앰버의 기능적 부분과 손상된 부분의 대화를 하게 하였다. 앰버는 이 연습을 하면서 "선명해졌어요. 얼마나 충동적인지, 그리고 어떻게 이상한 행동으로 이어지는지 잘 보여요."라고 기술하였다. 그녀의 증상은 점점 없어졌다.

앰버는 이제 인생과 치료에 있어 끝없는 선택을 하게 된다. 직장을 구해야 하는가? 이성관계는 어떻게 해야 하는가? 대학원을 간다면 어떨까? 치료에서 무엇을 해결하고 싶은가? 물론 나도 이에 대해 앰버와 논의하겠지만, 앰버는 내 지지하에 스스로 최종 결정을 내릴 것이다.

요약하자면, 앰버는 앞서 나열한 인생의 도전들을 다음과 같이 해결하기로 하였다. 앰버는 현재 하고 있는 주 20시간의 봉사활동을 지속하면서 아르바이트를 구해 보기로 하였다. 이력서에는 전과 기록과 중독 관련 기록이 포함되어 있으므로 상당히 높은 불안을 야기했지만, 앰버는 회피하지 않고 이를 행동으로 옮겼다. 앰버는 가볍게 이성과의 만남을 시작했고, 스스로 아직 이성과 관계를 맺을 준비가 되지 않았다는 판단을 내렸다. 앰버는 자신과 이성관계를 맺고 싶은 여러 남자가 있었고, 그 중 두 명은 좀 더 '깊게' 관계를 발전시키고 싶어 했다는 것에 좋은 기분을 느꼈다. 앰버는 '시간이 지나 준비가 될 때' 그 결정을 내릴 것이다. 앰버는 관심 있는 직업 목록을 통해 다양한 직업을 탐색했고, 많은 심리치료와 알코올 중독자 모임의 참가자처럼 사회복지의 직업을 갖기로 결정하였다. 마지막으로, 주도성 부족과 경계선 성격장애에 대한 치료는 앰버가 자신의 부모와 경계를 세우게 해 주었다. 몇 번의 치료 회기에 부모를 초대하여 수년간 지속되어 온 부모와 정신장애 자녀 간의 관계에서 벗어나 정상적으로 기능하는 성인들 간의 관계를 맺어 가기 시작하였다.

50회 정도의 회기가 지난 후 앰버는 "최근에 제 충동(음주, 약물, 도박, 그리고 좀도둑질)에 점수를 매기지 않았어요."라고 언급하였다. 나는 잠시 생각한 후 "그럴 필요가 없어 보이는데요?"라며 대답하였다. 그리고 합의하에 2~3주마다 한 번씩 앰버의 상태를 확인하기로 결정하였다.

심리치료가 끝나 가는 동안, 그리고 앰버가 치료를 통합하고 내재화하는 동안, 나는 그녀의 미래에 대해 언급하며 우울증, 물질남용, 회피, 불안, 그리고 무능함의 패턴으로 다시 빠지지 않게 하는 최선의 방법은 자기돌봄이라고 말해 주었다. 앰버는 몇 주간 이에 대해 고민한 후 추후 회기에 자기돌봄 목록을 들고 왔다. 그중에는 담배 피우기를 줄이는 것, 알코올 중독자 모임에 참석하는 것과 운동을 지속하는 것, 그리고 적극적인 사회활동이 다수 포함되어 있다.

유지 혹은 추가 회기는 문제가 복잡하거나, 중독행동이 있고, 내담자의 장애가 심하며, 성격장애가 있을 때 권장된다. 이 특징들은 '옛날 앰버'에게 적용되며, 재발경향성을 보이는 매우 강한 지표들이다. 이러한 이유로 앰버와 몇 달간 월별 유지 회기를 계속할 계획을 세웠다.

전형적인 문제

통합적 치료를 받고 있는 내담자들의 가장 전형적인 문제는 회기 내와 회기 간의 많은 할 일에 대한 압박이다. 통합적 치료에서는 문제를 더 포괄적이고 적극적으로 진행하기 위해 내담자에게 더 많은 요구를 한다. 우리는 치료 내의 과제가 연구를 통해 효과적이라는 근거가 있기도 했고(Kazantzis, Whittington, & Dattilio, 2010), 앰버가 직접 요청하였기 때문에 주기적으로 논의하여 결정하였다. 내담자에게 동기가 있고 그것이 지속되도록 치료자는 내담자와의 협동을 통해 적절한 속도로 과제를 '처방'해야 한다. 앰버의 경우, "이 작업이 부담되지 않으면서 도전적이게 느껴지나요?"라는 질문을 통해 적절성이 반복적으로 확인되었다.

통합적 치료를 진행하는 치료자들에게 나타나는 흔한 문제는 자신들에게 익숙한 관계양식과 원래 사용하던 치료방식으로 퇴보하는 것이다. 예를 들어, 지시 수준이 높아야 한다는 연구 결과에 따라 높은 지시 수준을 보이면서 치료를 시작하지만, 치료가 경과되면서 자신에게 익숙한 낮은 지시 수준으로 돌아가는 경우가 있다. 혹은 다른 예로, 행동 단계에 있는 내담자들과 작업하는 것이 더 익숙한 치료자는 내담자가 보이는 숙고 단계에 적합한 탐색적인 자세로 시작해도 자신도 모르게 내담자가 준비가 되기도 전에 내담자에게 행동지향적 과정을 소개할 수 있다. 주기적인 재평가, 실시간 내담자 피드백, 그리고 치료자-내담자 관계에 대한 치료자의 자기인식은 이러한 이탈을 피하게 해 준다.

초보 치료자가 이 접근을 사용할 때의 주된 어려움은, 치유적 관계 혹은 치료방식 중 과하게 하나에 치우치는것, 규칙으로 이뤄진 치료지침과 직접적이고 경험에 의한 혼합주의를 전적으로 따르는 것, 그리고 오로지 연구 근거 혹은 참여자 선호도에만 의존하는 식으로 한쪽으로 치우친 선택을 하는 것이다. 극으로 향하는 일반적인 경향성을 피하고, 대신 이를 체계적으로 융합하는 균형된 융통성, 즉 아리스토텔레스식 접근을 추구해야 한다.

이는 심리치료를 양자택일이나 이분법적 방법으로 파악하도록 훈련된 심리치료자에게는 문제가 될 수 있다. 또한 여러 가지 목표가 순차적으로 달성되어야 하는 여러 장애를 가진 앰버와 같은 내담자에게는 벅차게 느껴질 수 있다. '모두를 위한 단일한 방식의 치료'는 특별한 개인 및 특이한 상황에 짜 맞춰야 하는 심리치료의 굉장한 노동에 비해 매력적이고 쉬운 대안이 될 수 있다.

결과 및 예후

50개의 주별 개인 회기와 유지 회기 동안 앰버는 우울을 감소시키고 절제를 유지하였다. [그림 15-3]에서 볼 수 있듯이 그녀의 우울증은 시간에 따라 꾸준히 줄어들었다. 불안 점수가 가장 크게 감소한 때는 EMDR을 실시하였던 26주와 32주 사이였다. 음주, 약물남용, 그리고 좀도둑질에 대한 욕구는 심리치료 3개월 만에 0점으로 내려갔지만, 도박 욕구는 주기적으로 3점 혹은 4점의 범위로 올라왔다. 다행히 앰버는 그 유혹에 굴복하지 않았다. 증상적으로 앰버의 검사 결과는 정상 범위였으며, 이보다 좋을 수는 없었다.

대인관계에서도 앰버는 향상을 보였다. 앰버는 덜 충동적이고, 감정에 대해 자기조절을 잘 하게 되었고, 자기진정 방법을 잘 쓰게 되었고, 더 자기주장을 하고, 표현력이 늘었다. 경계선 성격장애의 진단기준을 충족하지는 않지만 버림받는 것에 대한 두려움으로 인해 이성관계를 회피하고 있었다. 앰버는 약물에 바친 시간을 안타까워했으며, 자신에 대한 죄책감과 수치심을 다른 사람만큼 처리하게 되었다.

약물의 경우, 심리치료를 진행한 1년 동안 점차적으로 플루옥세틴은 80mg에서 40mg으로, 부스파는 60mg에서 20mg으로 절반 수준이 되었다. 유지 차원에서 이 약물들은 지속하고 있으며, 점차적으로 줄일 계획이다. 그리고 앰버는 일주일에 두 번 알코올 중독자 모임과 월별 심리치료 유지 회기에 참석한다. 가장 최근의 유지 회기에서 그녀의 BDI-II 및 BAI 점수는 모두 3점으로 완전히 정상 수준이었다.

이 모든 긍정적 효과에도 불구하고 대부분의 심리치료 사례와 마찬가지로, 앰버 역시 모든 목표를 달성하지는 못하였다. 그녀는 아직도 담배를 하루에 최대 세 개비씩 피우며, 범죄 이력으로 많은 일자리에 지원할 수 있는 자격이 없어 전일제 직장은 찾지 못하고 있다. 그러나 그녀는 전일제의 3/4에 해당하는 시간을 2개의 일자리로 채우고 있으며, 사회복지 대학원에의 지원을 준비하고 있다. 그리고 앰버는 새로운 상황을 직면할 때 가끔 심하게 불안과 회피를 겪을 때가 있다.

이 모든 것을 종합해 보면, 예후는 확실히 밝다. 그녀는 치료자가 표현했듯이 '새로운' 앰버이며, 앰버가 말했듯이 앰버 '2.0판'이다.

사례 논평

지금까지 우리는 복잡하고 여러 장애를 가진 한 여성의 사례를 통해 치료방식을 보여 주었다. 전형적으로, 그녀는 별개의 두 장애를 수년간 앓았다. 앰버의 사례와 같이 만성화된 동반이환질환은 개인 심리치료, 약물치료, 지지집단, 자조 자료, 그리고 몇 번의 가족 회기를 포함한 통합적 치료의 필요성을 증가시킨다. 약물 사용자에게 높은 확률로 발생하는 성격장애와 PTSD는 심리치료를 복잡하게 만들며, 치료방식을 다양하고 신중하게 골라야 할 필요성을 증가시킨다.

이 같은 좋은 결과에 심리치료자도 기여한 바가 있지만, 앰버의 역할이 매우 컸다. 앰버는 새로운 기술을 습득하고, 재발을 방지하고, 불안을 유발하는 상황에 자신을 일부러 노출시키려는 온갖 노력을 서슴치 않았다. 밝고, 적극적이고, 심리학에 관심이 있는 내담자였던 앰버는 숙고 단계에서 행동 단계로, 그리고 최종적으로는 장기적 유지 단계까지 갈 수 있었다. 이 모든 내담자 특성은 성공적인 결과를 예측하게 해 준다.

많은 상황적인 것과 운도 도움이 되었다. 앰버는 알코올 중독자 모임에 주기적으로 참석하였고, 정신을 번쩍 들게 만드는 투옥경험으로 동기가 높았으며, 50회기의 심리치료 비용을 지불한 지지적인 부모가 있었다. 공공 상담소에서 일하는 치료자와의 몇 번의 회기로는 아마 이와 같은 성공을 이루지는 못했을 것이다. 앰버는 비록 자신의 이전 치료경험에 대해 그닥 긍정적이지 않았지만, 이전의 심리치료가 다시 심리치료를 받기로 한 것과 앰버의 주도성 확대에 도움을 준 것은 확실하다.

통합적 접근이 효과적일 수 있었던 것은 아마 앰버에게 맞는 치료관계와 치료방식을 결정하고 그에 적합하게 수정한 것 때문이었을 것이다. 치료는 연구 근거, 내담자의 선호도, 변화의 단계, 그리고 다른 범진단적 특성을 고려하였고, 순차적으로 진행하였다. 치료자는 매끄럽고 반응적인 태도로 치료방식(전통적으로 사람중심적, 행동적, 인지적, 노출, 여성주의적, 정신역동적, 그리고 경험적 방볍과 관련된)과 치유적 자원(정신분석치료, 약물치료, 자조치료, 그리고 알코올 중독자 모임의 정신)을 연합하여 체계적으로 우울증, 물질남용, 그리고 다른 질병을 다뤘다.

성공과 실패의 예측 요인

실패를 겪지 않는 치료나 치료자는 없다. 경험이 풍부한 치료자는 자신이 지향하는 것과 다른 치료방식이 더 유용할지와 특정 문제를 다루는 데 어떤 다른 지향성이 자신의 지향적 약점을 보완해 줄지를 궁금해한다. 통합적 치료는 각각의 지향이 특정 분야와 맞아떨어지며, 이렇게 연결될 때 효과가 최대화될 수 있다고 가정한다(Pinsof, 1995). 이러한 이유로, **경쟁 치료법은 갈수록 적이 아닌 동업자로 환대받는다**(Landsman, 1974). **서로 상충하는 것이 아니라 상호 보완적인 것이다.**

통합적 치료가 실패할 경우, 통합의 원칙을 따르지 않았거나, 특정 치료를 적용하는 데 필요한 기술의 부족, 특정 내담자와 특정 치료자 간의 불일치, 혹은 적합한 치료자 양식과 목표를 위한 지침이 되는 내담자 차원의 부정확한 평가가 그 이유일 수 있다. 비슷한 특성의 내담자에게서 기대하는 목표 달성 속도보다 자신의 내담자가 느릴 때, 앞서 말한 대안들을 고려해 볼 필요가 있다. 통합적 치료는 범진단적 내담자 차원에서 초기 평가뿐만 아니라 여기서 차용하는 치료방식이 연구 결과에 일치하는지를 확인하기 위해 주기적으로 검토되어야 한다. 마지막으로, 치료 과정에 대한 피드백은 내담자의 향상을 둔화시키고 막는 것과 이러한 교착상태를 극복하기 위한 절차에 대한 논의할 수 있게 해 준다. 지난 몇 년 동안 우리는 성공과 교착의 핵심을 설명하기 위해 일련의 검사 결과(예: [그림 15-3]에서 제시된) 또는 Innerlife STS의 그래프를 내담자와 공유해 오고 있다.

결론

심리치료는 내담자 개인과 상황에 맞추는 치료방식이자 치유적 관계이다. 이 장에서는 우울증과 물질남용으로 괴로워하는 내담자들에게 무엇을 제공해 치료 효과와 효율을 증가시킬 수 있는지 보여주는 것이 목표였다. 이러한 치료 선택은 체계적이고 융통성이 있어야 하며 근거에 기반해야 한다. 이와 같은 이유로, 앰버와 같이 복잡하고 동반이환 질환을 가진 내담자, 혹은 단일치료가 실패하거나 부분적으로 성공적이었던 내담자에게 특히 통합적 치료를 권한다.

이 장의 내용과 사례는 통합적 심리치료를 처음부터 완전하게 계획할 수 있다는 인상을 줄 수 있는데, 임상적 현실은 그렇게 순탄하지 않다. 시작부터 사례개념화를 하고 치료를 계획하려고 노력하지만, 사태를 전환시키는 사건이 발생할 가능성이 있는데, 이는 환영할 만하다. 치료 선택은 비선형적이며 역동적이다. 어느 시점에 일어난 행동 혹은 변화가 뒤따라오는 모든 행동에 영향을 미친다. 심리치료의 신비 중 하나는 '다음 회기에 어떤 일이 일어날지 절대 예측할 수 없다'는 것이다. 내담자와 지속적으로 반응하고, 예상하지 못한 것과 함께 변화해야 하지만, 이는 임상적 경험과 연구적 지지에 근거하여 이뤄져야 한다.

이 장에서는 통합적 치료를 정리하고 물질남용과 우울증을 위한 체계적 치료 선택을 단계별로 상세하게 설명하였다. 연구 문헌에서 영향을 준다고 밝혀진 내담자의 특성을 고려하여 치료를 내담자에게 맞춘다. 즉, 현대 심리치료자의 치료적 레퍼토리에는 여러 가지 치료방식과 대인관계적 자세가 중요하게 자리 잡고 있다는 것을 보여 준다. 성과 연구, 노련한 경험, 그리고 치료적 문화를 고려하여 내담자를 고려함으로써 그들의 특정적이고 차별적인 가치를 밝힐 수 있다. 즉, 통합적 치료에서는 내담자 개인의 필요성과 맥락에 적합한 근거기반 관계, 치료, 그리고 반응성을 고려한다.

참고문헌

Alberti, R., & Emmons, M. (1995). *Your perfect right: A guide to assertive living* (7th ed.). San Luis Obispo, CA: Impact.

American Psychiatric Association. (2013). *Diagnostic and statistical manual of mental disorders* (5th ed.). Arlington, VA: Author.

Antonuccio, D. O. (1995). Psychotherapy for depression: No stronger medicine. *American Psychologist, 50,* 450-452.

Antonuccio, D. O., Danton, W. G., & DeNelsky, G. Y. (1995). Psychotherapy versus medication for depression: Challenging the conventional wisdom with data. *Professional Psychology: Research and Practice, 26,* 574-585.

Barkham, M., Margison, F., Leach, C., Lucock, M., Mellor-Clark, J., Evans, C., et al. (2001). Service profiling and outcomes benchmarking using the CORE_OM: Toward practice-based evidence in the psychological therapies. *Journal of Consulting and Clinical Psychology, 69,* 184-196.

Beutler, L. E. (2009). Making science matter in clinical practice: Redefining psychotherapy. *Clinical Psychology: Science and Practice, 16,* 301-317.

Beutler, L. E., & Clarkin, J. (1990). *Systematic treatment selection: Toward targeted therapeutic interventions.* New York: Brunner/Mazel.

Beutler, L. E., Clarkin, J., & Bongar, B. (2000). *Guidelines for the systematic treatment of the depressed patient*. New York: Oxford University Press.

Beutler, L. E., & Harwood, T. M. (2000). *Prescriptive psychotherapy: A practical guide to systematic treatment selection*. New York: Oxford University Press.

Beutler, L. E., Harwood, T. M., Alimohamed, S., & Malik, M. (2002). Functional impairment and coping style. In J. C. Norcross (Ed.), *Psychotherapy relationships that work* (pp. 145-173). New York: Oxford University Press.

Beutler, L. E., Harwood, T. M., Kimpara, S., Verdirame, D., & Blau, K. (2011). Coping style. In J. C. Norcross (Ed.), *Psychotherapy relationships that work* (2nd ed., pp. 336-353). New York: Oxford University Press.

Beutler, L. E., Harwood, T. M., Michelson, A., Song, X., & Holman, J. (2011). Reactance/resistance. In J. C. Norcross (Ed.), *Psychotherapy relationships that work* (2nd ed., pp. 261-278). New York: Oxford University Press.

Beutler, L. E., & Malik, M. L. (2002). Diagnosis and treatment guidelines: The example of depression. In L. E. Beutler & M. L. Malik (Eds.), *Rethinking the DSM* (pp. 251-278). Washington, DC: American Psychological Association.

Beutler, L. E., Moleiro, C., Malik, M., Harwood, T. M., Romanelli, R., Gallagher-Thompson, D., et al. (2003). A comparison of the Dodo, EST, and ATI factors among comorbid stimulant-dependent, depressed patients. *Clinical Psychology and Psychotherapy, 10*, 69-85.

Burns, D. (1999). *Feeling good: The new mood therapy* (rev. ed.). New York: Avon.

Burlingame, G., McClendon, D. T., Alonso, J. (2011). Group cohesion. In J. C. Norcross (Ed.), *Psychotherapy relationships that work* (2nd ed., pp. 110-131). New York: Oxford University Press.

Castonguay, L. G., & Beutler, L. E. (Eds.). (2006). *Principles of therapeutic change that work*. New York: Oxford University Press.

Clarkin, J. F., & Levy, K. N. (2004). The influence of client variables on psychotherapy. In M. J. Lambert (Ed.), *Bergin and Garfield's handbook of psychotherapy and behavior change* (5th ed., pp. 194-226). New York: Wiley.

Cohen, J. (1988). *Statistical power analysis for the behavioral sciences* (2nd ed.). Hillsdale, NJ: Erlbaum.

Cuijpers, P., van Straten, A., Andersson, G., & van Oppen, P. (2008). Psychotherapy for depression in adults: A meta-analysis of comparative outcome studies. *Journal of Consulting and Clinical Psychology, 76*, 909-922.

Cuijpers, P., van Straten, A., Schuurmans, J., van Oppen, P., Hollon, S. D., & Andersson, G. (2010). Psychotherapy for chronic major depression and dysthymia: A meta-analysis. *Clinical Psychology Review, 30*, 51-62.

DeRubeis, R. J., Hollon, S. D., Amsterdam, J. D., Shelton, R. C., Young, P. R., Salomon, R. M., et al. (2005). Cognitive therapy vs medications in the treatment of moderate to severe depression. *Archives of General Psychiatry, 62*, 409-416.

Elliott, R., Bohart, A. C., Watson, J. C., & Greenberg, L. S. (2011). Empathy. In J. C. Norcross (Ed.), *Psychotherapy relationships that work* (2nd ed., pp. 132-152). New York: Oxford University Press.

Eysenck, H. J. (1970). A mish-mash of theories. *International Journal of Psychiatry, 9*, 140-146.

Farber, B. A., & Doolin, E. M. (2011). Positive regard. In J. C. Norcross (Ed.), *Psychotherapy relationships that works* (2nd ed., pp. 168-186). New York: Oxford University Press.

Friedlander, M. L., Escudero, V., Heatherington, L., & Diamond, G. M. (2011). Alliance in couple and family therapy. In J. C. Norcross (Ed.), *Psychotherapy relationships that work* (2nd ed., pp. 92-109). New York: Oxford University Press.

Halford, G. S., Baker, R., McCredden, J. E., & Bain, J. D. (2005). How many variables can humans process? *Psychological Science, 16*, 70-76.

Harwood, T. M., Beutler, L. E., & Groth-Marnat, G. (Eds.). (2011). *Integrated assessment of adult personality* (3rd ed.). New York: Guilford Press.

Hettema, J., Steele, J., & Miller, W. R. (2005). Motivational interviewing. *Annual Review of Clinical Psychology, 1*, 91-111.

Hollon, S. D. (1990). Cognitive therapy and pharmacotherapy for depression. *Psychiatric Annals, 20*, 249-258.

Horvath, A. O., Del Re, A., Flückiger, C., & Symonds, D. (2011). Alliance in individual psychotherapy. In J. C. Norcross (Ed.), *Psychotherapy relationships that work* (2nd ed., pp. 25-69). New York: Oxford University Press.

Housley, J., & Beutler, L. E. (2007). *Treating victims of mass disaster and terrorism*. Cambridge, MA: Hogrefe & Huber.

Irvin, J. E., Bowers, C. A., Dunn, M. E., & Wang, M. C. (1999). Efficacy of relapse prevention: A meta-analytic review. *Journal of Consulting and Clinical Psychology, 67*, 563-570.

Kazantzis, N., Whittington, C., & Dattilio, F. (2010). Meta-analysis of homework effects in cognitive and behavioral therapy: A replication and extension. *Clinical Psychology: Science and Practice, 17*, 144-156.

Kessler, R. C., Berglund, P., Demler, O., Jin, R., Merikangas, K. R., & Walters, E. E. (2005). Lifetime prevalence and age-of-onset distributions of DSM-IV disorders in the National Comorbidity Survey Replication. *Archives of General Psychiatry, 62*, 593-602.

Kreisman, J. J., & Straus, H. (2006). *Sometimes I act crazy: Living with a borderline personality disorder*. Hoboken, NJ: Wiley.

Lambert, M. J., Morton, J. J., Hatfield, D., Harmon, C., Hamilton, S., Reid, R. C., et al. (2004). *Administration and scoring manual for the Outcome Questionnaire-45*. Salt Lake City, UT: OQ Measures.

Lambert, M. J., & Shimokawa, K. (2011). Collecting client feedback. In J. C. Norcross (Ed.), *Psychotherapy relationships that work* (2nd ed., pp. 203-223). New York: Oxford University Press.

Landsman, J. T. (1974, August). *Not an adversity but a welcome diversity*. Paper presented at the annual meeting of the American Psychological Association, New Orleans, LA.

Linehan, M. M. (1993a). *Cognitive-behavioral treatment of borderline personality disorder*. New York: Guilford Press.

Linehan, M. M. (1993b). *Skills training manual for treating borderline personality disorder*. New York: Guilford Press.

Lueger, R. J., Howard, K. I., Martinovich Z., Lutz, W., Anderson, E. E., & Grissom, G. (2001). Assessing treatment progress of individual clients using expected treatment response models. *Journal of Consulting and Clinical Psychology, 69*, 150-158.

Marlatt, G. A., & Donovan, D. M. (Eds.). (2007). *Relapse prevention: Maintenance strategies in the treatment of addictive behaviors* (2nd ed., pp. 267-271). New York: Guilford Press.

Miller, S. D., Duncan, B. L., Sorrell, R., & Brown, G. S. (2005). The Partners for Change Outcome System. *Journal of Clinical Psychology: In Session, 61*, 199-208.

Miller, W. R., & Moyers, T. B. (2005). Motivational interviewing. In G. P. Koocher, J. C. Norcross, & S. S. Hill (Eds.), *Psychologists' desk reference* (2nd ed., pp. 267-271). New York: Oxford University Press.

Moyers, T. B., & Rollnick, S. (2002). A motivational interviewing perspective on resistance. *Journal of Clinical Psychology: In Session, 58*(2), 185-193.

Miller, W. R., & Rollnick, S. (2002). *Motivational interviewing: Preparing people for change* (2nd ed.). New York: Guilford Press.

Norcross, J. C. (2010). The therapeutic relationship. In B. L. Duncan, S. D. Miller, B. E. Wampold, & M. A. Hubble (Eds.), *Heart and soul of change* (2nd ed., pp. 113-142). Washington, DC: American Psychological Association.

Norcross, J. C. (Ed.). (2011). *Psychotherapy relationships that work* (2nd ed.). New York: Oxford University Press.

Norcross, J. C. (2013). *Changeology: Five steps to realizing your goals and resolutions*. New York: Simon & Schuster.

Norcross, J. C., & Beutler, L. E. (1997). Determining the therapeutic relationship of choice in brief therapy. In J. N. Butcher (Ed.), *Personality assessment in managed care: A practitioner' guide*. New York: Oxford University Press.

Norcross, J. C., Beutler, L. E., & Levant, R. F. (Eds.). (2006). *Evidence-based practices in mental health: Debate and dialogue on the fundamental questions*. Washington, DC: American Psychological Association.

Norcross, J. C., Campbell, L. M., Grohol, J. M., Santrock, J. W., Selagea, F., & Sommer, R. (2013). *Self-help that works* (4th ed.). New York: Oxford University Press.

Norcross, J. C., & Goldfried, M. R. (Eds.). (2005). *Handbook of psychotherapy integration* (2nd ed.). New York: Oxford University Press.

Norcross, J. C., & Karpiak, C. P. (2012). Clinical psychologists in the 2010s: Fifty years of the APA Division of Clinical Psychology. *Clinical Psychology: Science and Practice, 19*, 1-12.

Norcross, J. C., Krebs, P. M., & Prochaska, J. O. (2011). Stages of change. In J. C. Norcross (Ed.), *Psychotherapy relationships that work* (2nd ed., pp. 279-300). New York: Oxford University Press.

Osler, W. (1906). *Aequanimatas*. New York: McGraw-Hill.

Paul, G. L. (1967). Strategy of outcome research in psychotherapy. *Journal of Consulting Psychology, 31*, 109-118.

Pinsof, W. M. (1995). *Integrative problem-centered therapy: A synthesis of biological, individual, and family therapies*. New York: Basic Books.

Prochaska, J. O., & Norcross, J. C. (2013). *Systems of psychotherapy: A transtheoretical analysis* (8th ed.). Pacific Grove, CA: Brooks/Cole.

Rogers, C. R. (1957). The necessary and sufficient conditions of therapeutic personality change. *Journal of Consulting Psychology, 21*, 95-103.

Rosen, C. S. (2000). Is the sequencing of change processes by stage consistent across health problems?: A meta-analysis. *Health Psychology, 19*, 593-604.

Safran, J. D., Muran, J. C., & Eubanks-Carter, C. (2011). Repairing alliance ruptures. In J. C. Norcross (Ed.), *Psychotherapy relationships that work* (2nd ed., pp. 224-238). New York: Oxford University Press.

Shapiro, F. (2012). *Getting past your past: Take control of your life with self-help techniques from EMDR therapy*. New York: Rodale.

Shirk, S. R., & Karver, M. (2011). Alliance in child and adolescent therapy. In J. C. Norcross (Ed.), *Psychotherapy relationships that work* (2nd ed., pp. 70-91). New York: Oxford University Press.

Smith, T. B., Rodriguez, M. D., & Bernal, G. (2011). Culture. In J. C. Norcross (Ed.), *Psychotherapy relationships that work* (2nd ed., pp. 316-335). New York: Oxford University Press.

Swift, J. K., Callahan, J. L., & Vollmer, B. M. (2011). Preferences. In J. C. Norcross (Ed.), *Psychotherapy relationships that work* (2nd ed., pp. 301-315). New York: Oxford University Press.

Tryon, G. S., & Winograd, G. (2011). Goal consensus and collaboration. In J. C. Norcross (Ed.), *Psychotherapy relationships that work* (2nd ed., pp. 153-67). New York: Oxford University Press.

Wolitzky, D. L. (2011). Psychoanalytic theories of psychotherapy. In J. C. Norcross, G. R. VandenBos, & D. K. Freedheim (Eds.), *History of psychotherapy* (2nd ed., pp. 65-100). Washington, DC: American Psychological Association.

chapter 16

수면장애의 치료

Katherine A. Kaplan, Allison G. Harvey 공저
서수연 역

의료 및 정신건강 종사자들 사이에서 최고의 비밀은 대중적이고 자주 광고되는 약물치료에 비해 불면증을 위한 단기 심리치료가 훨씬 우수하다는 것이다. 성인 인구의 약 6%가 불면증 진단기준에 해당할 정도로 불면증 증상이 있으며, 약 12%는 불면증이 주간 활동에 지장이 있다고 보고할 만큼 문제는 심각하지만 대부분은 잘 치료받으려 하지 않는다. 불면증은 다른 정신장애와 동반이환율이 높고, 최근 연구에 의하면 불면증은 다른 장애를 선행하며, 심지어 동반이환질환의 원인이 될 수 있다고 보고하였다. 이는 모든 건강 및 정신건강 전문가가 이 장에서 제시하는 최신의 간략한 개입을 인식해야 하는 이유이다. 실제로 미국수면학회(American Academy of Sleep Medicine)에서는 이 치료법을 현재 수면제를 복용하는 환자들을 포함하여, 모든 형태의 불면증 환자를 위한 최우선 치료로 권고하였다. 이처럼 급성장하는 분야의 지도자인 Kaplan과 Harvey는 모든 건강전문가에게 필수적인 효용성 및 지속성이 입증된 최신 통합적 행동 및 인지적 접근법에 대하여 간략히 소개한다.

– D. H. B.

수면장애(sleep disorders)는 흔히 발생하며, 높은 이환율과 기능장애를 동반한다. 이 장에서는 높은 유병률과 공중보건 영역에서 영향이 높은 불면증을 다룰 것이다. 또한 심리치료의 역할이 커지고 있는 과다수면장애에 대해서도 간략하게 논의할 것이다. 이 장에서 다루지는 않겠지만, 그 외의 다양한 수면장애는 존재하며, 모두 유병률이 높고 기능에 손상을 입힌다. 예를 들어, 폐쇄성 수면무호흡증/호흡저하증은 수면 중에 일시적으로 호흡이 멈추는 상부기도의 폐쇄를 수반하며, 주간 졸림 및 심혈관계 문제를 일으킨다. 하지불안증후군은 수면 중 다리를 움직이고 싶은 비자발적인 충동을 수반하며, 이는 부분적 또는 완전한 각성을 유도하여 수면 분절과 주간 졸림을 야기한다. 임상가는 이런 다양한 수면장애에 대한 지식과 수면센터, 신경과 전문의 혹은 다른 건강전문가에게 내담자를 소개해야 할 타이밍을 알고 있는 것이 중요하다(Kryger, Roth, & Dement, 2010).

불면증은 수면 개시와 수면 유지의 어려움, 조기증을 수반하는 유병률이 높은 수면장애이다. 불면증은 상당한 기능손상 및 높은 건강 관련 비용과 관련이 있다. 불면증은 종종 다양한 심리학적 · 의학적 동반이환질환을 동반하고, 이런 질환의 예후를 예측한다. 이러한 이유로 불면증은 치료에서 중요하게 다뤄진다. 이 장에서는 수면에 대한 간략한 개관과 진단 및 이론적 고려사항을 먼저 다룰 것인데, 이러한 지식은 이 장의 핵심인 불면증을 위한 인지행동치료(cognitive-behavioral therapy for insomnia: CBT-I)에 대한 기반을 이해하는 데 필요하기 때문이다.

수면과 불면증

수면 단계

인간의 수면은 수면의 깊이에 따라 3단계(N1, N2, N3)로 구분할 수 있는 ① 비렘수면(non-rapid eye movement: NREM)과 ② 급속 안구운동(rapid eye movement: REM) 수면으로 구분된다. 성인의 NREM-REM 순환 주기는 70~120분 사이이다(Kryger et al., 2010). NREM 수면은 에너지 보존과 회복에 있어 중요한 역할을 하며, 몇몇 조직에서 가장 빠른 세포 분열과 단백질 합성을 하는 단계이기도 하다(Kryger et al., 2010). REM 수면은 학습(Karni, Tanne, Rubenstien, Askenasy, & Sagi, 1994) 및 불필요한 정보에 대한 망각(Crick & Mitchison, 1983), 기억의 응고화(Walker & Stickgold, 2006), 정서처리 및 기분/정서조절(Yoo, Gujar Hu, Jolesz, & Walker, 2007)을 한다고 알려져 있다. 수면 박탈이 면역계, 신경내분비계 및 심혈관계를 포함하여(Banks & Dinges, 2010), 다양한 건강 영역에 해로운 영향을 미친다는 것은 이제 널리 알려진 사실이다(Zee & Turek, 2006). 이러한 중요한 기능을 고려할 때, 수면장애는 공중보건에 중요한 영향을 미친다고 볼 수 있다.

수면의 2과정 모델

수면조절에 대한 2과정 모델(two-process model of sleep regulation; Borbély, 1982)은 이후에 기술할 치료의 기반이 된다는 점에서 중요하다. 실제로 많은 임상가가 다음에 기술되는 자극조절 및 수면 제한을 실시하기 위해 이론적 근거의 일부로서 이 모델을 내담자에게 설명한다. 이 모델은 수면과 각성이 두 가지 과정, 즉 항상성 과정과 일주기 과정으로 인해 발생한다고 제안하였다(Achermann & Borbély 2010). 항상성 과정은 수면을 취할 가능성에 영향을 미친다. 깨어 있는 시간이 길어질수록 수면 욕구가 증가하며, 그 결과로 수면을 취하지 못했을 때 수면 욕구가 증가하고, 충분한 양의 수면이나 낮잠을 취한 이후에는 수면 욕구가 감소한다. 일주기 리듬은 대략 24시간 주기로 작동하는 내부 생체 시계이다. 이는 멜라토닌, 체온 및 주간의 각성 수준을 포함하는 다른 생물학적 기능의 변화를 주관한다(Lack & Bootzin, 2003). 이 두 과정은 수면 욕구(항상성 과정)가 높고 각성 수준(일주기 과정)이 상대적으로 낮을 때 수면을 취할 수 있도록 함께 작동한다. 즉, 한 사람이 오후에 낮잠을 잔 경우, 항상성에 의해 수면 욕구가 낮아졌기 때문에 그날 저녁에 잠들기 어려울 수 있다. 마찬가지로 수면 부족으로 일찍 잠자리에 든 경우, 수면 압력이 높더라도 일주기 각성이 수면 개시를 방해할 수 있다.

모든 연구는 아니지만, 몇몇 연구에서는 불면증 환자들에게서 수면 항상성이 손상되어 있다는 것을 발견하였다(예: Besset, Villemin, Tafti, & Billiard, 1998; Suepanski, Zorick, Roehrs, & Roth, 2000). 이와 마찬가지로, 일주기 리듬 이상이 불면증에 어떤 역할을 하는지에 대한 합의는 부족하다. 교대 근무 또는 시차로 인해 환경적으로 유도된 위상의 변화는 급성 불면증을 발생시킬 수 있다. 또한 다음에서 논의할 불면증 이론의 핵심 개념인 과다각성(hyperarousal)은 24시간의 문제가 아닌 일주기 영향에 의해 변동이 있을 수 있다고 보는 증거도 있다(Perlis, Smith, & Pigeon, 2005).

생애주기에 따라 변화하는 수면

생애주기에 걸쳐 수면은 변화한다. 이는 연령대가 다양한 내담자와 함께 상담을 진행할 때, 치료자의 수면 변화에 대한 기대에 영향을 미칠 수 있기 때문에 매우 중요하다. 연령이 증가함에 따라 서파 수면은 감소하고, 얕은 수면과 각성이 흔하게 발생한다. 또한 일주기와 항상성 과정도 나이의 영향을 받는다. 예를 들어, 일주기 리듬은 나이가 들면서 멜라토닌, 햇빛과 같은 자이트게버(zeitgeber)에 덜 민감해진다(van Someren, 2000). 청소년기 전반에 걸쳐, 수면 위상이 지연되어 늦은 취침과 각성 시간이 선호된다는 것은 많은 연구를 통해 밝혀졌다(Jenni, Achermann, & Carskadon, 2005). 이러한 패턴은 수면 개시 불면증(밤에 잠들기 어려움)을 초래할 수 있다. 중년기에서 노년기로 갈수록 수면 위상이 다시 앞당겨져서 일찍 일어나고 일찍 잠에 드는 수면 패턴을 선호하게 되며, 이는 조기증(이른 아침에 깨어 다시 잠에 드는 것이 어려움)을 발생시킬 수 있다(Ancoli-Israel, 2009). 일주기 리듬과 함께 항상성 과정 또한 생애주기에 걸쳐 연령에 따른 변화가 나타난다. 60대와 70대 집단은 20대 집단에 비해 수면 항상성의 감소 및 총 수면시간(total sleep time: TST)의 감소를 보인다(Klerman & Dijk, 2008).

불면증 진단

다음으로는 진단 시 고려사항, 유병률과 동반이환율을 살펴보고, CBT-I 치료 항목의 개념화에 영향을 미치는 불면증의 여러 모델을 살펴볼 것이다.

수면장애는 『수면장애의 국제 분류 제2판(International classification of sleep disorders: ICSD)』(American Academy of Sleep Medicine, 2005), 연구 진단기준(Research Diagnostic Criteria: RDoC; Edinger et al., 2004) 및 『정신질환의 진단 및 통계 편람 제5판(DSM-5)』(American Psychiatric Association, 2013)의 세 가지 주요 분류 체계가 있다. DSM-5에 의하면 수면을 개시하거나 유지하는 데의 어려움과 같은 주관적인 증상 호소가 있으면 불면증 진단을 내릴 수 있다. 이러한 어려움은 주간 기능손상과 관련이 있어야 하며, 다른 의학적 또는 정신적 상태에 의해 더 잘 설명되어서는 안 된다.

앞에서 설명한 불면증 진단기준은 객관적 수치로 더욱 명확해졌다. 객관적 수치 기준에 따르면 주관적으로 보고된 수면 잠복기(sleep onset latency: SOL) 및/또는 입면후각성 시간(wake after sleep onset: WASO)이 적어도 6개월 동안 매주 최소 3일, 30분 이상 나타나야 한다(Lichstein, Durrence, Taylor, Bush, & Riedel, 2003). 불면증에 대한 주관적인 불편함은 수면장애에 대한 객관적 증거 없이도 진단을 내리기에 충분하다(뒤의 '평가' 참조).

불면증의 유병률과 동반이환율

DSM-IV-TR 기준으로 일반 성인 인구의 약 6%가 불면증 진단기준을 충족하며, 대략적으로 일반 인구의 약 33%가 임상적인 수준에서 불면증 증상을 보고한다. 또한 일반 성인 인구의 12%가 수면장애로 인해 낮 동안 후유증을 겪고 있다(Hohagen et al., 1993; Ohayon, 2002). 최근 조사에 따르면 불면증으로 인한 건강 관련 비용이 불면증을 정의하는 진단 체계와 관계없이 상당한 것으로 보고되었다(Roth et al., 2011).

불면증은 광범위한 의학적 질환 및 정신장애와 관련되기 때문에 이전 DSM(DSM-IV-TR; American Psychiatric Association, 2000)에서는 불면증을 '일차성', 그리고 '이차성' 또는 동반이환 불면증으로 구분하였다. 그러나 불면증이 정신장애를 선행하고 예측할 수 있음을 밝힌 역학 조사에 의해 일차성 불면증과 이차성 불면증 사이의 구분이 없어졌다(Breslau, Roth, Rosenthal, & Andreski, 1996; Ford & Kamerow 1989). 사실상 미국 국립보건원[National Institutes of Health(NIH), 2005] 과학 학술회의에서는 불면증이 다른 장애와 함께 동반되며, 다른 장애의 유지에 영향을 미친다는 증거에 근거하여 '이차성'이라는 용어를 '동반이환'으로 대체하도록 하였다(Harvey, 2001; Smith, Huang, & Manber, 2005). 이러한 결론은 DSM-5에서 받아들여졌고, DSM-5에서는 '일차성' 불면증과 '이차성' 불면증을 구분하지 않으며 '불면장애'만 존재한다.

노인의 경우 불면증은 종종 의학적 질환을 동반하며, 이는 평가 및 치료 문제를 복잡하게 하고, 더 나아가 부담과 비용을 더욱 가중시킬 수 있다(Morin et al., 2006). 대규모 역학 연구에서 Ford와 Kamerow(1989)는 불면증과 다른 정신장애 또는 의학적 질환 사이에 약 50%의 동반이환율이 있음을 발견하였고, 다른 연구에서는 약 75%까지 동반이환율을 보인다고 보고하였다(Lichstein, 2000). 동반이환이 있는 불면증의 경우 추가적으로 경험적 · 임상적 주의를 기울일 필요가 있다. 그 이유는 수면 문제와 의학적 질환 또는 정신장애의 악순환으로 인해 수면 문제가 전반적인 건강을 악화시키고 정신장애 증상을 증가시키며, 이것이 또 수면 문제를 악화시킬 수 있기 때문이다. 다행히도, 한 연구에서 동반이환장애를 치료하지 않더라도 불면증에 CBT-I 치료가 효과적이라는 증거를 제시하였다(Rybarczyk, Lopez, Schelble, & Stepanski, 2005). Smith와 동료들(2005)은 동반되는 질환이나 질병이 있는 경우 CBT-I의 효과성은 일반적으로 중간 정도에서 큰 정도라고 밝혔는데, 이는 일차성 불면증의 치료효과와 비슷한 정도이다.

불면증의 모델

여기에서는 중요하고 영향력 있는 Spielman 모델에 대해 다룰 것이다. 다음에는 CBT-I에서 다루고 치료해야 하는 장애의 특정 측면을 설명하는 데 있어 도움이 되는 불면증의 여러 가지 행동, 인지 및 통합 모델을 살펴볼 것이다.

Spielman의 3요인 모델

이 모델은 3요인(3-factor) 혹은 3-P 모델이라고 불리는 스트레스-취약성 모델이다. Spielman,

Caruso와 Glovinsky(1987)는 급성 또는 단기 불면증은 **취약**(predisposing) 요인(예: 특질)과 **유발**(precipitating) 요인(예: 생활 스트레스원)에 의해 발생한다고 보았다. 이러한 급성 형태는 **지속**(perpetuating) 요인(예: 부적응적인 대처전략)으로 인해 만성 또는 장기적인 불면증으로 발전할 수 있다. 취약 요인(예: 걱정이 많은 경향)은 불면증에 대한 취약성이며, 이는 일생 동안 불면증의 취약 요인이 된다. 급성 불면증을 촉발하는 유발 요인은 시간에 지남에 따라 영향력이 약해진다. 이와 대조적으로 지속 요인은 불면증을 유지시킨다. CBT-I는 지속 요인의 감소를 목표로 하며, 취약 요인, 유발 요인, 지속 요인을 불면증 진단의 역치하 수준으로 감소시키는 것을 목표로 한다.

행동 모델

불면증에서 가장 중요한 행동 모델 중 하나는 자극 통제 모델(stimulus control model)이다(Bootzin, 1972). 이 모델은 불면증이 침대 또는 침실이 수면과 연합되지 않을 때 발생한다는 조건화 원리에 기반을 두고 있다. 이 외에도 불면증은 많은 가능한 반응의 연합으로 발생할 수 있다(예: 깨어 있고 잠을 자지 못하는 것에 대해 불안해하는 것). 이 장의 후반부에서 분명하게 알 수 있듯이, 이 이론은 가장 효과적인 개입법인 '자극 통제'의 발전을 가져왔다(Morin et al., 2006).

인지 모델

불면증의 인지 과정에 대한 몇몇 초반 연구에서는 불면증을 가진 사람들이 각성시간을 과대추정하고 총 수면시간을 과소추정하는 경향이 있음을 지적하면서(Bixler, Kales, Leo, & Slye, 1973; Carskadon et al., 1976), 불면증에서 인지적 각성의 역할을 연구하기 시작하였다(Borkovec, 1982; Lichstein & Rosenthal, 1980). 1990년대의 중요한 업적은 수면에 도움이 되지 않는 신념의 중요성을 강조했으며(Morin, 1993), 취침 전 침습적 사고에 대한 내용을 서술했다는 것이다(Watts, Coyle, & East, 1994; Wicklow & Espie, 2000). 지난 10년 동안 지각된 위협을 완화하기 위한 안전행동의 사용과 위협에 대한 주의를 포함하여 불면증에서 다른 인지적 기제에 대한 경험적 관심이 증가하였다(Espie, 2002; Harvey, 2005; Harvey, Tang, & Browning, 2005).

불면증의 인지 모델은 불면증을 지속시키는 인지 과정을 구체화하는 것을 목표로 했으며(Harvey, 2002a), CBT-I의 중요한 구성요소를 설명한다. 이 개념에 따르면, 불면증 유지에 기여하는 요인은 낮과 밤에 작동하는 다음과 같은 인지 과정들을 포함한다: ① 걱정과 반추, ② 선택적 주의와 모니터링, ③ 수면과 주간 기능 결함에 대한 오지각, ④ 수면에 대한 역기능적 신념(Morin, 1993에 근거함), 그리고 ⑤ 신념을 유지시키는 역기능적인 안전행동이다. 이 모델에 의해 제시된 많은 구체적인 예측은 경험적으로 연구되었고, 이는 모델의 개선(Harvey, 2005)과 공개 임상실험에서 예비적으로 지지된 새로운 인지치료적 접근법으로 이어졌다(Harvey, Sharpley, Ree, Stinson, & Clark, 2007).

통합 모델

Morin(1993)의 불면증을 위한 인지행동 모델은 인지적 · 시간적 · 환경적 변인을 유발 및 지속 요인으로 포함시키며, 과다각성을 불면증의 핵심 유발 요인으로 지목하였다. 조건화는 이러한 각성을 악화시킬 수 있다. 예를 들어, 일시적(예: 취침 전 습관)·환경적(예: 침실) 자극이 잘 수 없다는 두려움과 연합될 수 있다. 그에 대한 결과로 걱정과 반추가 일어날 수 있다. 인지 모델과 마찬가지로, 주간 피로, 걱정과 수면 손실 및 부적절한 습관(예: 침대에서 과도하게 오래 누워 있는 것)에 대한 정서적 고통과 같은 추가적인 지속 요인이 뒤따를 수 있다.

요약하면, 적절한 불면증 치료는 공통적인 유지효과를 다루기 위해 인지적·행동적 과정을 모두 치료목표로 공략한다. 제시된 각각의 모델은 불면증 진단을 개념화하고 치료목표를 잡는 데 영향을 주었다. 다음으로는 불면증의 복합적 치료인 CBT-I의 효과성에 대한 근거를 살펴볼 것이다.

CBT-I 치료의 근거

CBT-I는 여러 메타분석 연구(예: Irwin, Cole, & Nicassio, 2006; Montgomery & Dennis, 2003; Morin, Culbert, & Schwartz, 1994; Murtagh & Greenwood, 1995)를 통해, 그리고 미국수면의학회의 실무 위원회의 검토(Chesson et al., 1999; Morin et al., 1999) 등을 통해 효과적인 치료로서 검증되었고, 업데이트되었다(Morin et al., 2006).

많은 무선통제연구(randomized controlled trials: RCTs)에서 CBT-I의 구성요소들을 서로 각각 비교하거나 혹은 위약집단과 비교하였다. 최근 한 연구에 따르면, 성인과 노인 표본에서 CBT-I의 효과가 24개월까지 장기간 지속되었음이 밝혀졌다(Morin et al., 2006). 이 연구에서는 경험적으로 입증된 근거기반치료를 실시하기 위해 미국심리학회 산하 임상심리학회 기준을 사용하였으며(Chambless & Hollen, 1998), 자극 통제, 역설적 의도 개입, 이완 훈련 및 수면 제한 등 다양한 CBT-I 치료의 구성요소가 이 기준을 충족시키는 것으로 결론이 내려졌다. 수면 위생 개입만 단독으로 실시하는 것은 불면증 치료에 효과적이지 않은 것으로 밝혀졌다. 불면증의 인지치료는 전도유망한 새로운 접근방법으로 떠올랐으나, 근거기반치료의 기준을 충족시키기 위해서는 더 많은 무선통제연구가 이루어져야 할 것으로 보인다.

불면증의 약물치료는 여러 종류가 있으며, 처방을 받고 살 수 있는 약과 처방전 없이 구입할 수 있는 일반 의약품이 모두 포함된다(Kryger et al., 2010). 여기에는 벤조디아제핀계와 비벤조디아제핀계 수면제[예: 졸피뎀(zolpidem), 잘레플론(zaleplon), 에스조피클론(eszopiclone)], 항우울제[예: 트라조돈(trazodone), 독세핀(doxepin)], 그리고 처방전 없이 구입 가능한 항히스타민제[예: 디펜히드라민(diphenhydramine), 독실라민(doxylamine)] 등이 해당된다. 그러나 연구들에 따르면 불면증 내담자들이 받아들이기에 비약물적 개입이 더 용이하며(Morin, Gaulier, Barry, & Kowatch, 1992), 약물치료만 단독으로 실시했을 때보다 치료효과가 더 오래 지속되는 것이 밝혀졌다(Morin et al., 2009; Sivertsen et al., 2006). 동반이환 불면증의 경우, 이상적인 치료적 개입은 불면증 증상을 완화시키면서 다른 약물과의 상호작용으로 인해 부작용을 일으키지 않는 개입이다. 그렇기 때문에 이런 환자군의 경우 불면증을 위한 비약물적 치료가 가장 좋은 선택일 수 있다(Harvey, 2008).

요약하면, CBT-I는 수면장애의 치료에 있어 효과적이고 유망한 접근이며, 특히 동반이환 불면증의 치료에 유용할 것으로 보인다. 다음 장에서는 CBT-I를 실시할 때 고려해야 하는 치료목표, 치료환경과 내담자-치료자 변인에 대해 살펴볼 것이다.

치료의 맥락

치료 목표와 구조

CBT-I는 불면증을 지속시키는 행동적 · 인지적 과정을 파악하고 수정하는 것을 목표로 한다. 치료는 시간 제한을 두고 이루어지는데, 일반적으로 6~8회기로 구성되며 각 회기는 50분 정도 소요된다. 이는 제한된 시간 내에 여러 목표를 다루어야 하기 때문이다. 따라서 치료는 의제 설정을 통해 이루어지며, 목표지향적이고, 각 내담자마다 개별적으로 적용된 사례개념화를 중심으로 이루어져야 한다.

[그림 16-1]에 CBT-I의 전체적인 치료 구조가 제시되어 있다. 첫 번째 치료 회기에서는 치료의 이유 및 목적 설명, 사례개념화, 그리고 수면과 불면증에 대한 심리교육에 중점을 둔다. 이후 이어지는 2~3회기에서는 행동에, 그다음 2~3회기에서는 인지에 초점을 맞춘다. 치료자는 사례개념화를 기반으로 내담자의 행동 혹은 인지를 목표로 개입할 것인지, 아니면 두 가지 모두 개입할 것인지 결정해야 한다. 예를 들면, 과도한 걱정, 반추, 수면에 대한 역기능적 신념, 그리고 여러 가지 안전행동 등을 보이는 내담자는 인지적 개입으로 치료를 시작하는 것이 도움이 될 수 있다. 반면, 불규칙한 수면, 주간의 낮잠, 침대에서 지나치게 오랜 시간을 보내는 것 등이 문제인 내담자는 행동적 개입이 효과적일 가능성이 높다. 마지막 회기에서는 그동안 학습한 것들을 요약하며 향후 불면증 재발을 예측하고 대처할 수 있는 계획을 세운다.

치료환경

이제부터 제시할 CBT-I는 외래 내담자를 대상으로 하며, 집단치료보다는 개인치료가 주로 이루어지는 치료 형식 위주로 기술되어 있다. 일반적으로 매주 회기가 진행된다. 치료자에게는 치료도구들(수면일지, 유인물, 사고 기록지)과 계산기(매주의 평균 수면시간과 수면 효율성을 계산할)를 놓을 책상이나 탁자가 있는 것이 도움이 될 것이다. 내담자에게는 치료와 관련된 모든 기록을 폴더에 별도로 보관하며, 해당 폴더를 매 회기에 지참할 것이 권장된다.

치료가 개인을 기반으로 진행된다고 하더라도, 수면환경에 있어 사회적 맥락과 가족적 맥락을 고려할 필요가 있다. 내담자에게는 침대를 같이 쓰는 배우자, 아이들, 애완동물 등이 있을 것이며, 이러한 점들을 고려해 치료자는 내담자 개개인의 삶의 맥락에 맞추어 치료지침을 적용해야 할 필요가 있다. 사회적 맥락을 치료에 전략적으로 적용하는 것은 내담자의 치료 준수와 행동 변화를 촉진시킬 수 있다. 치료를 준수하기 위해 필요한 기술, 친구나 가족의 격려 등이 내담자가 규칙적인 수면 패턴을 지키고, 수면 제한 및 자극 통제를 실천하는 데 도움이 될 수 있다. 많은 내담자가 매일 아침 같은 시간에 기상하기 위해 휴대폰 알람을 사용한다. 이와 마찬가지로, 지나치게 오래 자는 것을 방지하기 위해 아침에 깨워 달라고 가족과 친구들에게 도움을 구하거나, 또는 잠자리에 들기 1시간 전부터는 잠을 자기 위한 이완시간을 갖고자 이 시간을 '연

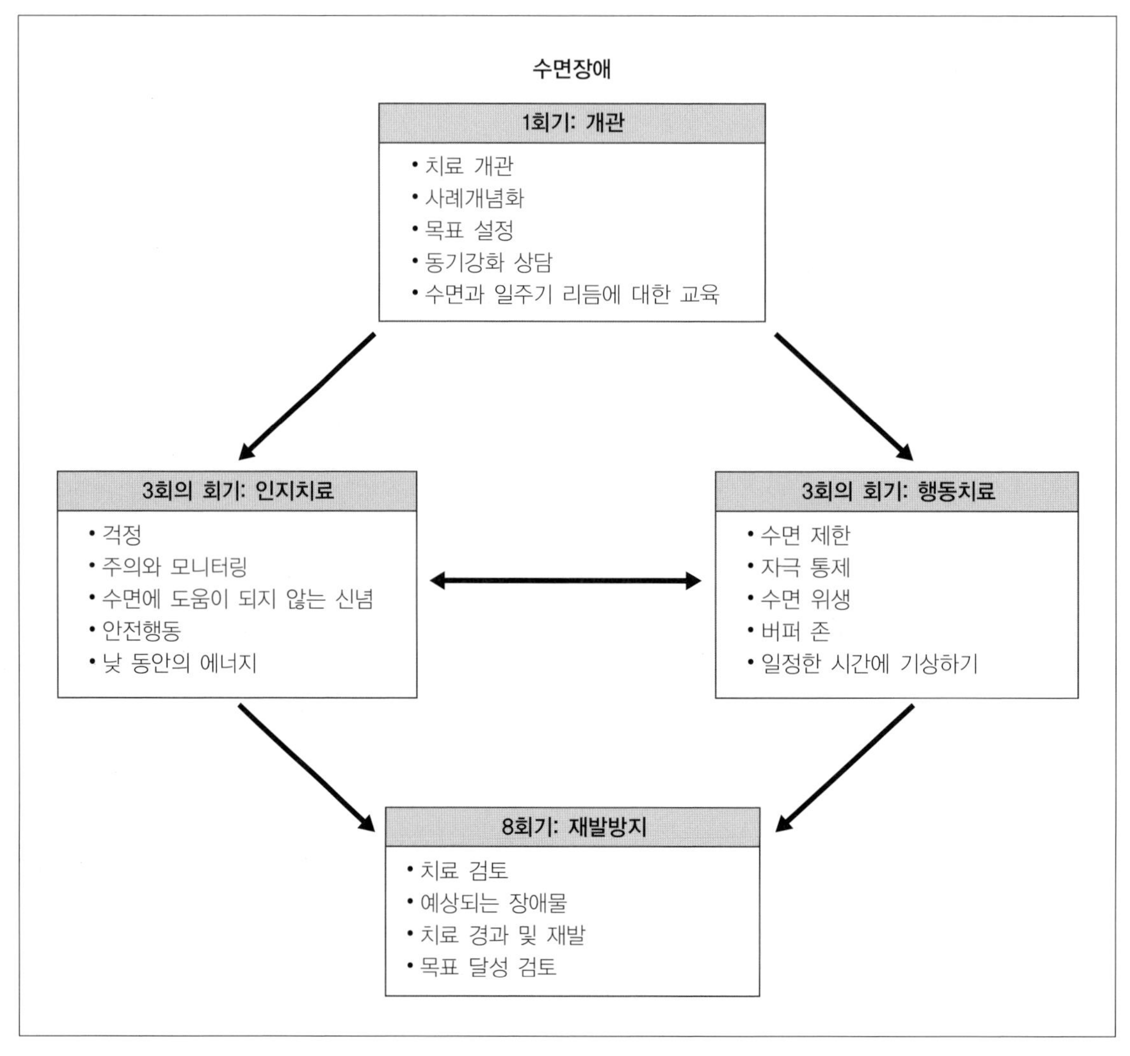

[그림 16-1] 치료 흐름도

사례개념화에 따라 적용할 인지적 · 행동적 목표 개입부터 시작하며, 이는 임상가의 재량임을 유의하라.

락 불가 시간'으로 정해 존중해 달라고 부탁하는 방법 등은 성공적인 치료에 중요할 수 있다.

내담자 변인

여기에 소개한 치료는 '불면증'이 있는 사람들을 위한 것이며, 불면증은 잠에 들기 어렵거나 수면을 유지하는 것이 어려운 증상이 일주일에 최소 3일 밤 이상 이어질 때로 정의한다. 이 치료는 남성과 여성 모두 동일하게 적용할 수 있으며, 성인에게 적합한 치료이긴 하나 10대 청소년에게도 실시할 수 있다(Clarke & Harvey, 2012; Harvey, 2009). 또한 이 치료는 불안과 우울, 기타 정신장애들을 포함해 다양한 동반이환 진단을 받은 내담자들에게도 효과적이다. 특히 알코올사용장애나 물질사용장애가 수면에 미치는 수많은 영향을 고려할 때,

이 장애들을 동반이환으로 가지는 내담자들은 특별히 더 주의가 필요하다.

치료를 받고 있는 많은 내담자는 치료와 함께 밤마다 수면제(처방 받은 약물 혹은 일반 의약품)도 복용하고 있다. 내담자들은 약물 용량을 줄이거나 중단하기를 바랄 것이다. 처방받은 약물을 줄이고 싶으면 근거가 있는 다양한 치료 프로토콜이 존재하니 참고문헌을 참조하기 바란다(Belleville, Guay, Guay, & Morin, 2007; Lichstein et al., 1999). 처방받은 약물을 변경해야 한다면, 항상 주치의와 공동으로 협의하여 변경해야 한다. 처방전 없이 살 수 있는 수면제는 실질적인 중단효과가 없는 것으로 보이며(Morin, Koetter, Bastien, Ware, & Wooten, 2005), 이런 일반 의약품들은 의사와 따로 상의 없이도 중단할 수 있다.

치료자 변인

치료에 있어 임상가와 내담자 간의 협력적인 관계를 형성하는 것은 필수적이다. 치료의 상당 부분이 내담자가 치료 권고사항을 이행하고 준수하는지 여부에 달려 있기 때문에, 치료자와 내담자 간의 강력한 동맹이 필요하며, 진실된 공감과 지지도 함께 이루어져야 한다. 이러한 맥락에서 치료자는 조력자 혹은 문제해결사로서 기능하며, 구체적인 지침과 지시사항, 수정을 위한 피드백 등을 내담자에게 제공한다. 치료는 지시적이고 과제중심적이며, 내담자는 치료를 통해 수면을 증진시키는 기술과 치료가 끝난 이후에도 잔류 불면증 증상에 대처하는 문제해결 기술을 배운다. 내담자는 치료 과정에 능동적으로 참여하게 되며, 이러한 임상적 절차들을 이행할 책임을 가진다.

치료는 매우 구조화되어 있으며, 많은 시간과 노력이 들고, 성실한 과제 수행의 태도가 요구된다. 이는 아무리 강조해도 지나치지 않다. 처음에 일부 절차는 다소 단순하고 직관적으로 보일 수 있지만, 과제를 포함해 전체 프로그램을 규칙적이고 일관적으로 준수하는 것이 성공적인 결과에 가장 중요하다는 사실을 내담자에게 주의시켜야 한다.

CBT-I 개입은 불면증을 위한 약물치료와 대조해서 살펴볼 필요가 있다. CBT-I를 실시하더라도 만성 불면증을 빠르게 치료할 수 있는 특효약은 없다. 그렇기 때문에 치료의 조기 종결을 피하기 위해서는 내담자에게 한두 번의 방문만으로는 즉각적인 치료효과가 나타나지 않는다는 사실을 주의시켜야 한다. 치료는 보통 6~8주가 소요되는데, 이는 시간 제한을 둠으로써 치료 준수율을 극대화하기 위함이다. 대다수의 내담자가 불면증으로 수년 동안 고통받는다는 사실을 고려한다면, 이는 매우 단기간의 투자에 불과하다.

내담자에게 희망을 심어 주고, 치료 결과에 대해 긍정적이면서도 현실적인 태도를 갖게 해 주는 것 역시 중요하다. 때때로 스트레스 때문에 잠을 설치는 것은 정상적인 일이며, 내담자도 이러한 일들을 예상할 수 있어야 한다. 또한 치료가 종료된 후에도 내담자가 수면을 향상시키는 도구와 방법을 습득하고 유지하는 것이 치료의 목표라는 점을 강조하는 것이 중요하다.

마지막으로, 치료자들은 내담자와 상의해서 규칙적으로 보상을 받거나 정적 강화를 받을 수 있는 시스템을 만들어서 내담자의 행동 변화를 촉진시키고자 한다. 내담자들은 아침에 커피숍으로 산책을 가거나 목욕을 즐기는 것과 같은, 일상에서 얻을 수 있는 작은 보상들을 활용하여 치료 준수의 동기를 높일 수 있다. 이와 마찬가지로 치료자는 내담자가 실패한 것보다 성공한 것들을 치료 회기에서 강조해 주는 것이 좋다. 예를 들면, 만약 내담자의 주간 수면일지상 7일 중에 4일 동안 낮잠을 잔 것으로 나타났다면, 낮잠을 자지 않은 남은 3일에 대해 칭찬하고, 어떻게 하면 낮잠을 피할 수 있을지에 대한 기능분석을 시행한다. 낮잠을 자지 않은 날의 밤에는 어떤 긍정적인 면이 있었는지 이러한 부분들을 짚어 주는 것이 좋다(예: 밤중에 깨는 시간이나 또는 잠드는 데까지 걸린 시간이 감소함).

평가

주관적인 평가

DSM-5의 기준에서 제시된 것처럼 불면증은 주관적인 평가로 정의된다. 보통 불면증을 평가할 때 3단계의 자기보고식 수면 기록이 수집된다(불면증 평가에 대한 추가 정보는 Buysse, Ancoli-Israel, Edinger, Lichstein, & Morin, 2006 참조). 첫째, 진단기준 및 동반이환질환 유무를 평가하기 위해 임상적인 수면 내력에 대한 면담이 진행된다. 수집하는 정보는 수면 잠복기, 수면 개시 이후 깬 횟수, 수면 개시 이후 깨어 있었던 총 시간, 총 수면시간, 그리고 수면의 질에 대한 평가와 같은 주요 수면 지표의 추정치와 야간의 수면장애의 기간, 빈도, 심각도를 포함한다. 불면증의 발병, 기간, 증상의 유형(예: 수면 개시, 수면 유지, 조기 각성 문제, 혹은 이 유형들의 조합)에 대한 정보도 수집된다. 불면증으로 인한 부정적 영향 및 주간 기능에 대한 설명이 핵심적이다. 덧붙여 약물(처방된 약과 일반 의약품)에 대한 정보를 확인하는 것과 동반이환 정신질환과 의학적 상태(다른 수면장애 포함)를 검사하는 것도 중요하다.

둘째, 하나 혹은 그 이상의 타당화된 척도들을 사용하여 수면 문제[예: 피츠버그 수면의 질 지수(Pittsburgh Sleep Quality Index); Buysse, Reynolds, Monk, Berman, & Kupfer, 1989], 불면증[예: 불면증 심각성 척도(Insomnia Severity Index); Bastien, Vallieres, & Morin, 2001], 주간 졸림증[예: 스탠퍼드 졸음 척도(Stanford Sleepness Scale); Hoddes, Zarcone, Smythe, Phillips, & Dement, 1973] 여부와 심각도를 측정할 수 있다. 수면장애에 대한 연구 진단기준을 평가하는 반구조화된 면담도구인 수면장애를 위한 Duke 구조화된 면담(Duke Structured Interview for Sleep Disorders; Edinger et al., 2009)은 수면장애의 진단을 확실히 하기 위해 사용될 수 있다.

셋째, 내담자에게 2주 동안 매일 기상 후 가능한 한 빨리 수면일지(Carney et al., 2012)를 작성하도록 하여 전향적인 수면의 추정치를 산출할 수 있다. 수면일지는 수면의 어려움에 있어 매일 밤의 변산성과 수면-기상 패턴을 포함한 풍부한 정보를 제공하고, 지연된 수면 위상이나 앞당겨진 수면 위상과 같은 일주기 리듬의 문제 여부를 확인하는 것에도 사용될 수 있다. 또한 수면일지는 가장 두드러진 기억(예: 최악의 밤)이나 최근(예: 지난 밤)을 기준으로 응답하는 것처럼 회고적 보고와 관련된 여러 문제를 감소시킨다(Smith, Nowakowski, Soeffing, Orff, & Perlis, 2003). 흥미롭게도, 일지 작성을 지속함에 따라 생기는 수면 패턴에 대한 '개선된 인식'은 수면 손실에 대한 불안을 감소시킬 수 있고, 이는 수면을 개선시킬 수 있다(Morin, 1993, p. 71). [그림 16-2]는 수면일지 견본이다.

아침에 지난밤에 대한 정보를 기입하시오. …월/일	화요일 3/25	____ /	____ /	____ /	____ /	____ /	____ /	____ /
1. 어제 나는 _____부터 _____까지 낮잠을 잤다(모든 낮잠시간을 적을 것).	1:30 부터 2:30 P.M.							
2. 어제 나는 _____mg의 약물을 복용하였다. 그리고/또는 _____oz의 술을 수면제로 마셨다.	스틸녹스 5mg							
3. 지난밤에 침대에 가서 불을 _____시(A.M. 혹은 P.M.)에 껐다.	10:45 P.M. 11:15 P.M.							
4. 나는 불을 끄고 나서 _____분 안에 잠에 들었다.	40min							
5. 내 수면은 _____번 방해받았다(밤 동안 깨어난 횟수를 명시할 것).	3							
6. 내 수면은 _____분간 방해받았다(각각 깨어났던 기간을 명시할 것).	10 45							
7. 지난밤 나는 침대를 _____번 벗어났다.	3							
8. 오늘 아침 나는 실제로 _____시에 일어났다(최종적으로 일어난 시간을 기록할 것).	6:15 A.M.							
9. 오늘 아침 나는 _____시(A.M. 혹은 P.M.)에 일어날 계획이었다(구체적 시간에 대한 계획이 없었다면 공란으로 남겨 둘 것).								
10. 오늘 아침 나는 실제로 침대에서 _____시에 나왔다(시간을 명시할 것).	6:40 A.M.							
11. 오늘 아침에 일어났을 때 나는 _____점이라고 느꼈다(1~5점 중 응답할 것: 1=지침, 5=상쾌함).	2							
12. 전반적으로 지난밤 내 수면은 _____점이었다(1~5점 중 응답할 것: 1=잠들지 못한, 5=매우 깊은 수면).	3							

[그림 16-2] 수면일지 견본

객관적인 평가

수면다원검사(polysomnography: PSG)는 수면을 여러 단계로 구분하는 데 사용된다. 수면다원검사는 뇌파, 안구운동, 근긴장을 측정하기 위해 표면 전극을 두피와 얼굴에 부착해야 한다. 측정된 자료는 수면 단계와 수면 주기(비렘수면과 렘수면) 측면에서 각 에포크(epoch)를 구분하는 데 사용된다. 수면다원검사의 단점으로는 높은 비용, 참여자의 불편함, 노동집약적 특징이 있다. 수면다원검사는 일반적인 불면증의 평가에는 필요하지 않지만(Reite, Buysse, Reynolds, & Mendelson, 1995), 수면무호흡증이나 주기성 사지운동장애와 같은 수면장애의 동반이환이 의심되는 내담자에게는 중요하다.

액티그래피(actigraphy)는 수면의 객관적 추정치를 제공하는 대안적인 방법이다. 액티그래피는 손목에 착용하는 작은 장치이고, 센서, 프로세서, 기억 장치가 있다. 센서는 신체 움직임을 조사하고 다운로드 받아 분석하여 수면 지표의 다양한 추정치를 만들 수 있지만, 수면 단계를 구별하지는 못한다. 환자가 아닌 성인을 대상으로 하여 활동측정기와 수면다원검사로 정의된 총 수면시간 추정치의 상관은 .88에서 .97까지의 범위에서 상당히 높은 편이다(Jean-Louis et al., 1997). 그러나 불면증 환자들에게 액티그래피의 타당도가 일정하지 않다는 것은 주목할 만하다. 액티그래피의 경우 수면이 분절된 사람들(Paquet, Kawinska, & Carrier, 2007)과 수면 개시기간 같이 가만히 누워 있는 각성기간(Lichstein et al., 2006)에 대해서는 정확성이 떨어진다. 다수의 연구에서 액티그래피는 불면증 환자의 총 수면시간을 과대 측정하는 경향이 있고, 기상시간을 과소 측정하는 경향이 있다는 것을 입증해 왔다(Lichstein et al., 2006; Vallieres & Morin, 2003). 이처럼 액티그래피가 불면증의 평가에 필수적이지 않고 총 수면시간을 과대 측정하기는 하지만, 최소한으로 방해되는 방법으로 수면-각성 주기의 전체적인 윤곽을 제공한다(Morgenthaler et al., 2007).

치료 도입

불면증의 내력과 심각도, 7~14일의 일지 자료 평가 후에 내담자와의 첫 번째 치료 회기 일정을 잡을 수 있다. 첫 번째 회기는 몇 가지 중요한 치료 요소를 포함한다. 치료 개관 및 근거 제공, 개별화된 사례개념화 도출, 내담자에게 기본적인 수면 과정에 대해 교육시키는 것이다. 첫 회기 후에 행동적 · 인지적인 과정 중에서 선택적으로 목표를 정한다. 치료는 치료 중 습득한 기술들의 복습 및 재발방지에 초점을 두며 종결된다.

치료 개관

치료에 대한 첫 번째 소개로, 치료자는 첫 회기에서 치료에 대해 개략적으로 설명한다. 이는 다음과 같은 형식을 취할 수 있다.

> "당신이 받게 될 치료는 수면을 위한 인지행동치료(짧게는 CBT)입니다. CBT는 수면 문제에 기여하고, 이를 지속시키는 행동(수면 습관, 수면 일정), 생각, 신념(잠이 오지 않는 것과 그 결과에 대한 걱정)을 변화시키는 것을 돕는 심리적 개입입니다. 이런 목표는 연구를 통해 효과성이 입증됐기 때문에 정해

졌습니다. 불면증을 위한 CBT의 주된 특징은 수면에 대한 집중적인 개입이며, 다른 심리치료에 비해 상대적으로 짧고 당신이 치료에서 매우 주도적인 역할을 하게 됩니다. 치료는 6~8주 동안 진행되며 50분의 개인치료 회기로 구성됩니다. 각 회기의 주된 안건은 지난주의 수면일지를 검토하는 것과 수면 습관, 일정, 신념, 생각 등의 변화를 촉진하기 위한 실질적인 권고와 숙제를 제공하는 것, 치료 경과와 숙제를 방해하는 문제를 해결하도록 돕는 것을 포함합니다. 주된 목표는 수면 및 주간 기능의 개선을 돕는 것입니다. 이 목표들을 달성하기 위해 직접적인 지도를 제공받게 되지만, 집에서 그 권고사항들을 실행하는 것에 대한 책임은 당신에게 있습니다."

개관을 소개한 후, 치료자는 개입의 임상적 효과성과 어떻게 이 개입이 개발되었는지에 대해 추가적으로 설명한다. 이 정보는 치료의 신뢰도를 향상시키고, 오랫동안 불면증이었던 내담자에게 희망을 주는 데 유용하며, 동시에 수면의 급격한 변화를 기대하는 것에 대해 주의를 준다.

"이 치료는 약물치료에 대한 대안으로 심리학자들에 의해 개발되었습니다. 임상연구에 기반하고 있으며 전 세계적으로 광범위하게 검증되었습니다. 이 치료는 당신과 비슷하게 불면증으로 고통받는 수백만 명의 사람에게 효과적인 것으로 확인되었습니다. 이 치료는 수면을 개선시키고, 스스로 수면을 통제할 수 있는 자기관리 기술 및 치료를 마치고도 간헐적으로 발생할 수 있는 불면증 증상에 대해 적응적으로 대처할 수 있는 방법에 대해 배우는 것입니다. 이 접근은 약물보다 당신의 수면을 개선시키는 데 더 많은 시간이 걸리지만, 연구에 따르면 CBT가 치료 종결 후에도 오랫동안 수면 개선이 잘 유지되는 것으로 나타났습니다."

치료자들은 치료의 협력적인 특징과 핵심 토대인 과제의 중요성을 강조하도록 권고받는다. 대부분의 CBT에서 공통적인 접근의 기본은 내담자가 자신의 치료에서 적극적인 역할을 맡는 것이다. 이와 같이 내담자는 더 나은 수면조절을 이루기 위해 새로운 기술들을 배우도록 권고받는다.

매일 수면일지를 작성하는 것은 치료의 필수적인 요건이며, 첫 회기 때부터 강조된다. 치료자들은 다음과 같은 이유 때문에 매일 수면일지를 작성하는 것이 중요하다고 설명한다. ① 치료 전의 수면 문제의 특징과 심각도를 기록하기 위해, ② 수면 패턴의 매일 밤 변산성을 평가하고 수면을 개선하거나 악화시키는 데 기여하는 요인들을 확인하기 위해, ③ 치료효과를 관찰하기 위해, ④ 치료 과정의 준수를 평가하기 위해서이다. 내담자가 수면을 관찰하는 것에 실패하거나 일지를 가져오는 것을 잊어버리면 치료는 어려워질 수 있다. 자기관찰을 준수하지 않는 것은 치료 과정을 준수하지 않는 것과 관련된 것처럼 보이기 때문에, 치료자들은 문제가 된다면 이 주제를 솔직하게 다룰 것을 권고받는다. 내담자가 정확한 시간을 제공하기 위해 시계를 관찰할 필요는 없다. 수면시간에 대해 '느껴지는 감'만 필요하다. 특정한 날에 자기관찰이 간과되었다면 내담자들이 회고적으로 수면 지표들을 추정하지 않도록 해야 한다. 매일 수면일지를 기록하는 것을 준수하기 위해 일지를 작성할 시간과 장소를 정하는 것이 도움이 된다. 예를 들어, 내담자와 치료자는 일지를 기입하기 위한 시간(아침)과 장소(부엌)를 논의할 수 있다.

기능분석과 사례개념화

사례개념화를 하기 위해 치료자와 내담자는 불면증의 빈도와 강도, 지속기간과 불면증의 선행사건들에 대해 논의하며, 취침 전에 일상적으로 하는 행동, 밤에 형성된 습관(예: 휴대전화를 켜 놓은 채로 자는지), 기상 후의 기분(예: 졸음, 무기력함), 그리고 낮 동안의 활동(예: 카페인 섭취, 낮잠)과 같은 수면 관련 행동과 결과를 평가한다. 야간부터 주간까지 수면과 관련된 특정한 생각, 감정, 그리고 행동과의 관계를 도표로 그리게 된다. [그림 16-3]이 밤 동안의 일을 사례개념화한 예시이다.

사례개념화는 자신의 수면에 대한 내담자의 호기심을 유발하고, 자신의 수면 문제에 대해 대략적으로 그림을 그릴 수 있게 해 준다. 이를 위해 치료자는 다음과 같이 사례개념화를 소개할 수 있다.

> "우리가 앞으로의 회기를 계획하면서 당신의 불면증 경험에 대해 최대한 세부적으로 아는 것이 도움이 될 것입니다. 마치 당신의 수면을 현미경 밑에 놓고 보는 것처럼 말입니다. 이것을 하기 위해서는 최근에 불면증 증상을 경험한 일상적인 밤과 이어서 불면증을 경험한 다음 날에 대해 먼저 물어볼 것입니다. 선택한 밤과 낮에 대해 제가 최대한 이해할 수 있도록 많은 질문을 할 것입니다. 마치 지문과 같다고 생각하면 좋을 것 같습니다. 모든 사람의 경험은 다르기 때문에 치료도 조금 달라야 합니다. 이렇게 진행해도 괜찮으시겠습니까?"

첫 단계는 내담자가 최근에 경험한 **매우 독특한** '불면증 사건'을 선택하도록 돕는 것이다. 한 번에 하나의 모델(예: 주간이나 야간 중에 하나)을 다룰 것임을 명심해야 한다. 명확한 사건은 특정한 날의 특정 시간에 일어난 상황이어야 한다. 또한 선택한 특정한 날이 내담자 자신에게 전형적인 불면의 밤이었는지를 정기적으로 확인해야 한다. 가끔 선택된 야간이나 주간이 일반적이지 않거나 크게 스트레스를 받은 날이 아닐 수도 있다. 만약 그런 경우에 치료자는 해당 모델을 중지시키고, 일반적이고 스트레스 사건으로 작용한 날을 다시 선택해야 한다. 예를 들면, 최근에 일어난 구체적인 사건은 "지난 화요일 밤 새벽 1시까지 일을 했는데 그 후에 잠을 잘 수 없었어요." 또는 "금요일에 회사에서 아주 끔찍한 하루를 보냈어요. 저는 아팠고, 컨디션도 안 좋았고, 일도 제대로 하지 못했어요."와 같다. 야간 혹은 주간 모델의 내용을 탐색하기 위해서 정보를 수집할 수 있는 질문들을 하는 데 시간을 할애해야 한다. 초기에 이런 대화를 나누는 것의 목표는 **정확히** 어떤 일이 일어났는지 알기 위해서이고, 그에 따른 결과가 무엇인지에 대해 세부적으로 묘사하도록 하는 것이다. 다음은 새벽 2시에 잠에서 깼다는 내담자의 예이다([그림 16-3] 참조).

치료자: 무엇 때문에 잠에서 깼나요?

내담자: 모르겠어요.

치료자: 그때가 몇 시인지 어떻게 아셨어요?

내담자: 시계를 봤는데 새벽 2시였어요.

치료자: 시계를 보았고 새벽 2시라는 것을 알았을 때 어떤 생각이 들었나요?

내담자: '세상에'라고 생각했어요.

치료자: 네, 시계를 보고 새벽 2시라는 것을 알아차렸을 때 '세상에'라는 생각이 들었다는 거죠. 조금 더 이야기해 줄 수 있나요? '세상에'라는 말은 무슨 의미인가요?

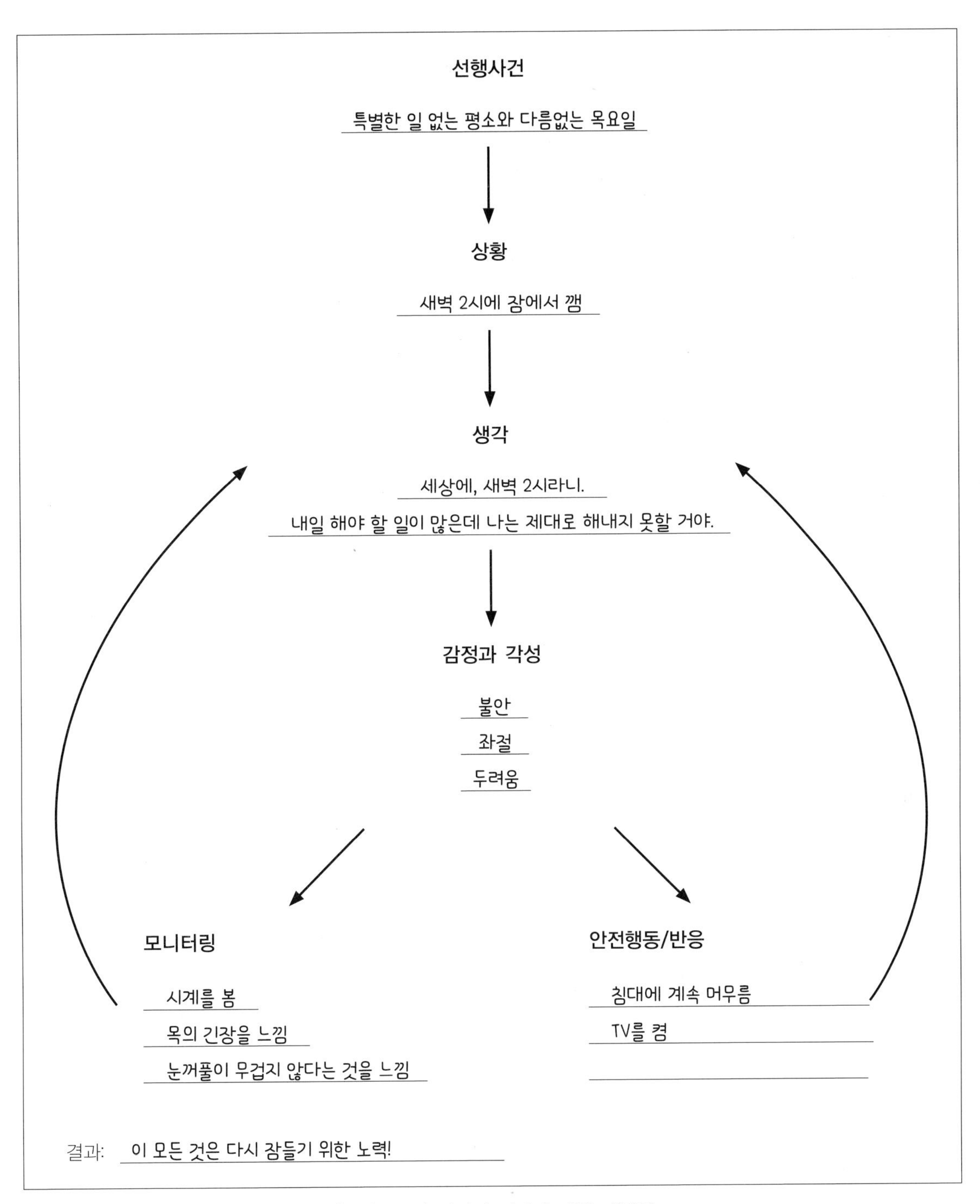

[그림 16-3] 야간의 사례에 대한 개념화

내담자: '세상에, 내일 해야 할 일이 많은데 나는 제대로 해내지 못할 거야.'라는 생각이에요.

치료자: 그렇다면 '내일 할 일이 많은데 제대로 못할 것 같아.'라는 생각이 들 때 어떤 기분

이 들었나요?

내담자: 정말 불안했어요.

David M. Clark 팀에 의해 개발된 고전적 치료(Clark et al., 1999, 2006)를 바탕으로 모델을 만들 때 도움되는 질문들은 다음과 같다. 다음은 야간 모델에 대한 질문들로, 유사한 주간 모델에 대한 질문은 꺾쇠 괄호([ ]) 안에 제시하였다.

부정적인 생각을 확인하기 위한 질문

- "침대에 들어가기 전에[일어날 때], 침대에 들어갈 때[하루를 위한 준비가 되었을 때], 잠에 들지 못한다는 것을 알았을 때[일을 잘 못했을 때] 어떤 생각이 드나요?"
- "그 결과로 어떤 일이 일어날 것이라고 생각했나요?"
- "그것이 의미하는 것은 무엇이죠? 그로 인해 발생할 수 있는 최악의 일은 무엇이죠?"

안전행동을 확인하기 위한 질문

- "X라는 일이 일어날 것이라고 여겨질 때, 그 일이 일어나는 것을 방지하기 위해 노력한 것이 있나요?"
- "당신이 꼭 잠을 잘 수 있게[낮 동안 좋은 수행을 할 수 있게] 하는 행동은 어떤 것이 있나요?"

감정을 확인하기 위한 질문

- "X라는 일이 일어날 것을 두려워할 때 당신의 몸에서는 어떤 반응이 일어났나요?"
- "X 사건을 생각할 때 어떤 감정이 드나요?"
- "당신의 에너지 수준은 어느 정도인가요?"

모니터링하는 것을 확인하기 위한 질문

- "X 사건이 일어날 것이라는 것을 어떻게 알았나요?"
- "잠에 들 것 같거나 시간이 몇 시인지 어떻게 알았나요[얼마나 피곤한지 어떻게 알았나요]?
- "불면증이 다시 왔을 때 어떻게 아나요?"
- "잠에 들지 못했다는 것을 어떻게 아나요[여전히 피곤한가요]?

치료자는 불면증으로 인해 흔하게 있는 생각, 감정과 행동의 악순환 관계를 내담자가 잘 이해할 수 있게 하기 위해 질문을 하는 것이 중요하다. 이러한 질문들은 화살표(연결고리)에 초점을 맞춘다. '모니터링'과 '안전행동'을 생각과 연결하는 것이 중요하다. 이것에 대해 도움을 줄 몇 가지 질문이 있다.

생각, 감정, 행동을 연결하기 위한 질문

- "당신이 집중할 때[시계를 보는 것과 같은 모니터링의 예를 제시하라], 어떤 생각이 드나요?
- "당신이 집중하는 것[오랜 시간 침대에 있는 것과 같은 안정행동의 예를 제시하라]은 다시 잠드는 것에 어떤 영향을 미치나요?
- "이러한 것들을 모니터링할 때[X와 같은 사건을 다룰 때], 그것이 당신의 걱정을 덜어 주거나 더 많은 걱정을 불러일으키나요?"

결과를 이끌어 내기 위한 질문

- "피로와 긴장에 계속 주의를 기울이는 것이 [낮 동안에] 어떤 결과를 가져오나요?"
- "잠에 들기 위한 이러한 생각, 감정과 행동은 다시 잠드는 데 어떤 영향을 끼쳤나요[당신의

남은 하루에는 어떤 영향을 끼쳤나요]?"

일단 모델을 설정하게 되면, 치료자는 **개인 맞춤판**을 내담자와 공유하고, 피드백과 반응을 확인해야 한다. 치료자는 다음과 같이 설명할 수 있다.

"방금 말씀해 주신 내용들은 아주 유용했습니다. 작성한 것을 보여 드릴 테니 제가 어떤 부분을 잘못 해석했고, 맞게 해석했는지 말씀해 주세요. 이것은 우리가 찾으려고 했던 것과 유사합니다. 이러한 생각들[내담자가 보고한 생각들]은 이러한 기분[내담자가 보고한 기분]을 이끄는 것처럼 보여요. 생각과 기분을 합치면 둘 다 잠드는 것을 어렵게 만듭니다. 또한 생각과 감정이 우리를 각성시킵니다. 각성으로 인해 주위 환경과 우리의 몸에 더 예민해지고[내담자가 참여할 수 있도록 예시를 들어 주라], 이것은 추가적으로 더 많은 생각과 감정을 유발합니다. 그로 인해 우리는 대처를 하기 위해 특정한 행동을 합니다[내담자가 하는 안전행동의 예시를 든다]. 지금까지 설명한 것들의 일정 부분은 잠에 드는 데 실제로 도움이 되겠지만 그래도 치료하는 동안은 종종 실험을 통해서 진짜 도움이 되는지 확인해 봐야 할 것입니다. 이는 우리가 그것을 안전행동이라고 부르는 이유입니다. 안전행동이란 사람들이 문제를 해결하려고 시도하는 행동들이지만, 의도하지 않게 문제에 기여를 하게 됩니다. 이러한 행동이 도움이 되는지 아닌지 직접 확인해 봐야 하죠. 이 모델이 당신에게 얼마나 맞는 것 같나요?"

일단 이 모델이 완성되면, 내담자에게 개입할 수 있는 방법들이 있는지 물어보는 것이 중요하다. 영역이 정해지면, 문제를 유지하는 화살표에 굵은 세로선 2개를 그려서 악순환을 끊는 것을 시각적으로 보여 주어야 한다. 대부분의 내담자는 개입방법을 스스로 제시하지 못하기 때문에, 치료자가 도움을 주기 위해 다음과 같이 이야기할 수 있다.

"우리의 목표 중 하나는 생각을 바꾸는 것으로 하면 좋을 것 같습니다. 우리는 생각을 바꾸면 감정을 바꾸는데, 이것만으로도 다시 잠드는 데 도움이 많이 될 것이라고 생각합니다. 또한 모니터링을 더 이상 안 하는 것도 목표로 잡으면 좋을 것 같습니다. 모니터링을 더 이상 하지 않을 때, 대부분의 사람은 더 편안해지고 잠을 더 잘 잔다고 보고합니다. 또한 이미 말했듯이, 만약 관심이 있다면 현재 대처하기 위해 하는 행동들을 실험해서, 혹시 지금 하고 있는 행동들이 악순환에 기여하고 있는 것은 아닌지도 확인하면 좋을 것 같습니다."

모델의 한 부분 또는 더 많은 부분의 변화가 체계 자체를 바꿀 수 있다는 사실을 설명하며 이를 요약해 주어야 한다.

목표 설정

일단 사례개념화와 불면증 모델을 구축하면, 회기 내에서 구체적인 목표들을 설정하고 적어 나간다. 목표는 분명하고(예: "밤에 점점 빨리 잠이 든다." 대신에 "매일 밤 30분 이내에 잠이 든다."), 실현 가능해야 한다(예: "자는 동안 한 번도 깨지 않는다."는 생물학적으로 가능하지 않으므로 대신 "자는 동안 몇 번씩만 잠깐 깨어난다."). 치료자와 내담자는 야간의 목표(입면, 수면 유지, 취침시간을 앞당기기)와 주간의 목표(활력 증가, 카페인 섭취 감소)를 모두 설정할 수 있다. 치료의 중간과 종결 시점에서 목표를 간략하게 다시 논의해 본다.

치료목표는 첫 번째 회기에 설정하지만 치료를 진행하는 동안 주기적으로 재평가하고 재조정할 필요가 있다. 현실적이고 조작적이며 명확한 목표를 설정하는 것이 중요하다. 목표 설정은 치료에 집중하도록 도움을 준다. 명확한 목표를 설정함으로써 치료적 동맹은 내담자의 필요와 요구에 맞는 방향을 유지하고, 관련이 없는 소재로 분산되는 것을 최소화한다. 또한 목표 설정은 내담자가 갖는 수면에 대한 기대의 유용한 정보를 제공해 주는데, 간혹 이런 기대들은 목표 설정 과정에서 조정될 필요가 있다.

동기강화 상담

동기강화 상담(Motivational Interviewing: MI)은 내담자를 한 개인으로 받아들이며, 논쟁이나 설교를 피하고, 변화를 위한 언어를 이끌어 내고, 조성하는 과정에 집중하는 것을 강조하는 의사소통 방법이다(예: 변화 대화; Miller & Rollnick, 2002). 또한 동기강화 상담은 정기적이고도 직설적인 변화에 대한 장단점에의 요약을 포함하는데, 이것은 수면에 방해되는 많은 행동은 보상으로도 작용하기 때문이다.

변화의 장단점에 대해 검토를 실시한다. 예를 들어, 내담자가 주중과 주말에 상관없이 동일한 시간대에 기상하는 것을 자주 힘들어한다면, 치료자의 안내에 따라 행동의 변화로 인한 장단점을 작성해 보도록 한다. 이는 행동의 변화를 촉진할 수 있다. 동기강화 상담은 추후 회기에서 추가적인 전략을 소개할 때 재고해 볼 수 있다.

수면과 일주기 리듬 교육

일주기 리듬과 수면 욕구의 항상성에 대한 교육(앞의 '수면과 불면' 참조)을 내담자에게 실시한다. 이 과정은 다음과 같은 두 부분에서 중요하다: ① 매일 같은 시간에 침대에 들어가고 기상하는 것은 일주기 리듬이 24시간 수면-각성 주기에 적응되도록 도움을 준다. ② 낮잠은 자연적으로 증가하는 항상성을 보이는 수면 압력을 방해한다. 전 연령대의 개인은 생애 전반에 걸쳐 특징적으로 나타나는 수면의 변화에 관해 교육을 받는 것이 도움이 된다. 청소년기와 초기 성인기에 사춘기 때의 생물학적 변화로 인해 수면과 각성 시각이 지연되는 것을 이해하는 것은 향후 치료에 도움이 된다. 마찬가지로 성인들에게 나이가 듦에 따라 얕은 수면이 증가하고 수면이 분절되는 것과 수면 욕구가 연령에 따라 변화하는 것(매일 밤 7시간씩 자도 충분하다는 것과 같이)을 설명하는 것은 치료의 기초를 세우는 방법이 될 수 있다.

행동적 요소

수면 제한

Spielman과 동료들(1987)이 개발한 수면 제한 요법은 수면 욕구를 극대화하기 위해서는 침대에 누워 있는 시간을 제한해야 한다는 일반적인 전제를 기초로 하며, 결과적으로 침대와 수면 간의 연합을 강화시켜 준다. 이 행동요법은 침대에서 보내는 시간을 감소시키는 것으로 시작하며, 침대에서 보내는 시간이 내담자가 수면시간으로 추정한 시간과 일치해야 한다. 예를 들어, 개인이 매일 약 6시간 동안 잠을 자지만(수면일지에 기초한 한 주의 평균), 보통 침대에서 잠들기까지 2시간을 더 보낸다면 수면 제한 요법은 침대에서 보내는 시간을 6시간으로 줄이는 것으로 시작할 것이다. 초기에 침대에서 보내는 시간을 감소시키는 것은 개인의 항상성을 기반으로 한 수면 욕구를 증가시키는 것이 목적이며(Perlis & Lichstein, 2003), 침대와 각성 간의 연합을 감소시킨다. 이 제한을 따르면 수면은 점차 효율적이게 되며, 어느 순간부터는 침대에서 보내는 시간이 점차 증가할 것이다.

치료자들은 전 주의 수면일지를 기반으로 총 수면시간, 침대에서 보내는 시간, **수면 효율성**을 계산하여 수면 제한을 시작한다. '수면 효율성'은 총 수면시간을 침대에서 보내는 시간으로 나누고 100을 곱하여 백분율을 구하는 것으로 정의한다. 이전의 예를 보면, 내담자가 한 주 평균 6시간의 수면을 취하고 침대에서 평균 8시간을 보낸다면, 한 주의 수면 효율성은 (6/8)×100, 혹은 75%라고 할 수 있다. 목표는 수면 효율성을 85~90% 이상으로 높이는 것이다. 치료자는 전 주의 총 수면시간(6시간)과 동등한 '수면 구간'을 설정하고, 취침시간과 기상시간을 내담자와 함께 결정한다(예: 오전 12시부터 오전 6시까지). 수면 효율성이 85%에 도달하면 내담자와 치료자는 구간을 점진적으로 넓혀 최적의 수면시간에 도달한다(예: 매주 30분).

내담자들은 수면 제한을 시작하는 것을 자주 망설인다. 많은 불면증 환자는 최소한의 수면시간이라도 '확보'하기 위해 침대에서 많은 시간을 보내야 한다고 믿는다. 여전히 일부 사람은 수면 제한으로 인한 단기적인 수면 박탈을 걱정하지만, 결국에 내담자들은 **더 많은** 수면 욕구를 보이며, 수면 제한은 단기적으로만 수면 박탈을 하는 전략이다. 내담자에게 뇌와 신체가 침대에서 깨어 있는 시간과 낮은 수면 효율성으로 이끄는 습관을 발전시키고 있었음을 설명해 주어야 한다. 수면 제한은 수면시간을 강화함으로써 수면 효율성을 증진시키는 가장 효율적인 방법이다. 초기에 더 많이 잠을 자게 되지는 않지만 수면의 질과 수면 효율성이 향상될 수 있음을 내담자에게 설명해야 한다. 이것이 수면 문제를 치료하는 첫걸음이다. 내담자의 수면 효율성이 개선되면 '수면 구간'을 확장하여 침대에서 보내는 시간을 더 늘릴 수 있음을 다시 확인시켜 주어야 한다.

자극 통제

자극 통제 치료요법의 논리는 불면증이 침대 및 잠을 자지 못하는 상태와 연합된 조건화의 결과라고 본다. 침대와 취침시간, 침실이 이전에 수면과 연합되었던 특성을 상실하였기 때문에 치료의 주요 목적은 수면과 자극 조건 간의 연합을 재정립하거나 강화하는 것이다. Bootzin, Epstein과 Wood(1991)에 따르면, 자극 통제는 내담자로 하여금 일련의 구체적인 행동 권고를 준수하도록 해야 한다. 권고는 다음과 같은 제안사항을 담고 있다.

- **졸릴 때에만 침대에 들어간다.** 수면과 침대 간의 연합을 재정립하기 위해서 내담자들에게 졸리거나 금방이라도 잠들 것 같을 때에만 침대에 가서 머물도록 지시한다. 치료자는 '졸림'과 '피곤함'은 다르다고 설명하며, 내담자가 저녁에 피곤함을 느끼더라도 졸림을 느낄 때까지 침대에 가지 않고 기다려야 한다고 설명한다.

주의할 점은 수면 제한의 일환으로 수면 구간을 설정했다면, 내담자는 졸음이 오더라도 수면 구간이 시작될 때까지 **깨어 있어야 한다**는 것이다.

- **잠이 오지 않는다면 침대에서 나온다.** 깨어 있는 상태로 침대에서 시간을 보내게 되면 걱정, 반추와 각성이 연합될 수 있기 때문에 15~20분 사이에 잠들지 못하면 침대에서 벗어나고, 졸릴 때에만 침대로 돌아오도록 내담자에게 지시한다. 회기 내에 다음과 같이 소개될 수 있다.

"만약 15~20분 내에 잠들거나 다시 잘 수 없다면, 침대에서 벗어나 다른 방으로 가서 이완될 수 있는 조용한 활동을 한다. 독서, 음악 감상, 간단한 퍼즐을 하거나 각성되지 않을 활동을 찾는다. 졸릴 때에만 침대로 돌아오고, 밤 동안 필요한 만큼 반복한다. 깨어 난 이후 20분 이상 잠들지 못할 때에는 일어나서 침대에서 나와 다른 방으로 가도록 한다. 이러한 치료계획은 침대와 침실을 **빨리** 잠드는 것과 연합하는 데 도움을 줄 것이다.

- 치료자들은 내담자와의 브레인스토밍을 통해 이완할 수 있는 활동을 논의하여 회기 내에 적어 보고, 내담자의 얘기를 경청하여 잠재적으로 자극적인 활동이 될 수 있는 활동들(인터넷 검색, 특정 TV 프로그램 시청, 집 안 청소)을 하는 것은 권하지 않아야 한다. 내담자에게 이 권고가 지키기 어려운 것이라는 것을 강조한다. 내담자에게 침대 옆에 따뜻한 옷을 두게 하여 침대 밖으로 나오고 싶은 욕구를 증가시킬 수 있게 한다. 원룸에 사는 내담자라면 침대를 벗어났을 때 대체할 수 있는 공간(의자나 바닥에 깔아 놓은 방석)으로 어디가 좋을지 함께 논의해 본다.
- **침실을 수면과 부부관계 시에만 사용한다.** 침대와 침실에서의 모든 수면 방해 활동(불편한 대화, 공부, TV 시청)을 제한한다. 많은 사람이 침대에 일찍 들어가서 수면을 유도하기 위해 독서를 하거나 TV를 본다. 침대에서 깨어 있는 채로 보내는 이러한 시간들이 침대와 수면 간의 연합을 약화시킨다는 것을 내담자들에게 상기시켜 준다.
- **낮잠을 자지 않도록 한다.** 내담자에게 낮잠이 수면 압력의 항상성을 낮출 수 있음을 설명한다. 낮잠으로 인해 밤에 잠이 들거나 수면을 유지하기 더 어려워진다는 것을 설명하는 것이다. 수면일지에서 낮잠을 잔 날 잠을 청하기 어려웠거나 밤 동안 깨어 있는 시간이 많았던 것을 구체적인 예로 들어 주면 도움이 된다. 만약 내담자가 특정 시간에 규칙적으로 낮잠을 잔다면, 대안이 될 수 있는 활동을 함께 계획해 볼 수 있다. 낮잠이 단기적으로는 도움이 된다고 느껴지더라도 장기적으로는 수면-각성 리듬을 방해하고 불면을 지속시킬 수 있음을 내담자에게 말해 준다.

수면 위생

수면과 수면 방해행동 및 수면 문제와 관련해 주간에 나타나는 결과에 관한 정보를 내담자에게 알려 주는 것은 수면을 개선하기 위한 첫걸음이다. 수면 위생을 목표로 하는 치료는 행동적인 개입이며, 수면 방해 습관을 개선하는 것을 목표로 한다. 수면 위생 개입은 전형적으로 다음과 같은 요소를 포함한다(Morin & Espie, 2003). 첫째, 알코올, 담배, 그리고 카페인 사용으로 인한 수면 방해 효과에 관한 교육을 내담자에게 실시하여 저녁에 카페인 섭취를 피하고 잠자리에 들 시간에 알코올/담배 소비를 피하도록 한다. 내담자에게 잠자리에 들기 전 가벼운 간식을 권장하되 거한 식사는 피하도록 한다. 마찬가지로 운동은 수면을 지속시키고 질을 향상시키는 것으로 알려져 있어 내담자에게 권고하지만, 취침시간 몇 시간 이내의 운동은 수면 개시를 지연할 수 있다. 마지막으로, 내담자에게 침실 환경을 조용하고, 어둡고, 시원하게 유지하도록 권장한다. 수면위생 교육이 전형적으로 CBT-I의 한 구성요소로 포함됨에도 불구하고 불면증을 위한 단독치료로는 아직 경험적으로 지지되지 않았다(Morin et al., 2006).

긴장 풀기, 기상하기, 그리고 규칙적인 생활하기

긴장을 푸는 습관

내담자들은 어두운 환경에서 30~60분의 이완과 수면 향상 활동을 하는 '긴장을 풀기 위한 습관'을 고안하기 위해 도움이 필요하다. 규칙적으로 긴장을 푸는 시간을 가지는 것은 여러 영역에서 도움이 된다. 이완을 촉진시키고, 침대/수면시간과의 정적 연합을 증가시키며, 빛이 어둑한 환경에서 할 시에 저녁형인 내담자의 일주기 리듬을 앞당기고 이러한 변화를 유지시켜 준다(Wyatt, Stepanski, & Kirkby, 2006). 긴장을 푸는 습관으로 장려되는 활동들은 독서, 단장/위생, 목욕, 간단한 퍼즐 풀기, 부드러운 음악 감상, 그리고 내담자가 선택한 다른 이완적인 활동들이 해당된다. 가장 중요한 문제는 상호작용이 가능한 전자 매체의 사용(인터넷 검색, 휴대전화 사용, 소셜 네트워크)이다. 내담자들도 이러한 활동들이 자극이 된다는 것을 인정하긴 하지만 잠자기 전에 이러한 활동을 포기해야 한다는 것에 대해 주저할 것이다. 많은 내담자는 사회적으로 고립되어 있어, 취침시간 전에 인터넷을 기반으로 한 사회적 상호작용에 의존을 하기 때문에 동기강화 상담은 유용할 수 있다. 한 주에 걸쳐 행동실험을 실시하는데(예: '평상시처럼' 세 밤을 자고, 이후의 세 밤은 '긴장을 푸는 습관'을 해 보면서 매일 취침 전에 이완 정도와 수면 잠복기를 평가한다), 이를 통해 '긴장을 푸는 습관'의 수면 촉진 효과를 잘 보여 줄 수 있다(Harvey & Talbot, 2012a). 많은 내담자가 자발적으로 전자기기에 대한 금지시간을 정하고, 긴장을 푸는 활동을 시작하는 시간을 상기시키기 위한 휴대전화 알람을 설정한다.

기상 습관

앞서 언급된 바와 같이, 내담자들은 각성할 때의 수면 관성과 수면 관성을 증가시키거나 감소시킬 수 있는 행동에 관한 교육을 통해 도움을 받았다. 수면 관성을 억압하는 데 유용한 행동에는 알람시간 연장하기, 기상 후 햇볕 쬐기(예: 볕이 들어오도록 커튼을 열거나 아침을 바깥에서 먹는 것), 아침에 신체활동 하기, 샤워하기, 빠른 리듬의 음악 듣기, 사회적 상호작용 하기와 같은 활동들을 하도록 권장한다. 계속 자고 싶은 욕구를 이기기 위한 행동 권고로는, 알람을 침대로부터 멀리 둬서 알람을 끄기 위해 일어나야만 하는 방법이 있다. 또한 침구를 정리해서 침대로 돌아가고자 하는 마음을 줄이는 방법도 있다. 가족과 친구들의 격려 또한 아침 기상시간을 준수하도록 도울 수 있다.

규칙적인 수면-각성 시간 실천하고 변화시키기

불규칙한 일정이 수면 문제의 중요한 특징으로 나타난다면 일주일 내내 수면과 각성 시간을 규칙적으로 하는 것이 도움을 주는 개입이 될 수 있다. 내담자가 주중과 특히 주말에 같은 시간에 일어나도록 동기를 높이는 것이 치료의 핵심이다(Crowley & Carskadon, 2010). 규칙적으로 기상했을 시에, 특히 낮잠을 자지 않도록 했을 경우, 저녁에 지속적으로 졸음이 유발될 것이다.

다음과 같이 '시차' 개념을 사용하여 불규칙적인 수면에 대해 설명하는 것이 도움이 된다.

치료자: 시차를 겪어 본 적이 있나요?

내담자: 네, 겪어 본 적 있어요.

치료자: 마지막으로 겪은 게 언제였죠?

내담자: 가장 최근은 친척을 만나기 위해 비행기를 타고 동부로 여행을 갔던 때요.

치료자: 어떤 변화를 느꼈나요?

내담자: 음, 집중할 수 없는 것 같은 느낌을 받았어요. 잠들기 힘들었고, 평소보다 훨씬 심했어요!

치료자: 동부로 여행을 했다면 3시간의 시차가 있네요, 맞나요?

내담자: 네.

치료자: 지난주의 수면일지를 살펴봅시다. 주중과 주말은 어떤 차이가 있었나요?

내담자: 음…… 금요일과 토요일에 침대에 들어간 시간이 새벽 2시였어요. 왜냐하면 이틀 모두 외출을 했었거든요. 그 때문에 다음 날 더 늦잠을 자게 된 것 같아요.

치료자: 그럼 일요일과 월요일에는 몇 시에 침대에 누웠어요?

내담자: 11시에 자려고 했어요. 왜냐하면 출근을 해야 하니까요.

치료자: 그러니까 주말에는 새벽 2시에 자고, 평일에는 밤 11시에 자러 가는 거지요. 거의 나라를 횡단해서 비행한 것이나 마찬가지네요!

내담자: 어머나. 그런 식으로는 생각해 보지는 못했네요.

치료자: 일요일과 월요일에 잠드는 것이 어려운 건 너무나 당연했겠네요. 몸이 '시간 변화'를 겪고 있기 때문에 시차를 느껴 잠들기 어려운 것이죠.

내담자: 일요일 밤에 문제가 있을 수밖에 없었네요!

수면 일정을 앞당기기를 원하는 내담자의 경우 앞당겨진 취침시간에 적응할 수 있도록 행동 수정을 실시한다. 체계적으로 적은 시간(예: 취침시간을 매주 20~30분씩 앞당기기)만을 반드시 수행하도록 한다. 일주기 체계가 앞당겨지는 데 도움을 줄 수 있도록 각성 시에 빛에 노출되도록 하고, 내담자의 기상시간의 변산성을 최소화한다. 취침시간을 앞당기기 시작하면서 축적되는 수면 압력(예: 수면 부족)이 다음 날 밤 수면 개시를 앞당길 가능성이 있기 때문에 수면 일정에 도움을 준다는 것을 내담자에게 다시 한 번 잘 설명해 주어야 한다.

인지적 요소

걱정

만성 불면증을 경험하는 사람들은 잠들지 못할 것을 포함하여 다양한 주제에 대해 침대에서 걱정하는 것으로 알려져 있다(Harvey, 2002b; Wicklow & Espie, 2000). 걱정과 관련된 인지 모델(예: Harvey, 2002a)은 걱정이 수면을 방해하는 교감신경계와 상응하는 생리적인 각성을 활성화시킨다고 가정한다(Espie, 2002). 따라서 걱정을 목표로 하는 개입은 불면증 치료에서 중요한 임상 영역이다.

잘 알려진 인지치료적 접근(Beck, 1995; Young, Rygh, Weinberger, & Beck, 이 책의 제7장)을 기반으로, 걱정을 다루기 위한 첫 번째 단계에서는 부정적 자동사고(negative automatic thoughts: NATs)와 사고의 오류에 대한 교육을 한다. 치료자는 NATs에 대해 내담자에게 다음과 같이 소개할 수 있다.

치료자: 영화관 밖에 각각 친구가 도착하기를 기다리는 두 사람이 있다고 상상해 봅시다. 친구가 늦었고, 두 사람은 기다리는 중입니다. 첫 번째 사람은 '이런, 그녀가 왜 늦는지 궁금하군. 그녀에게 별일이 없어야 할 텐데! 오는 길에 사고가 났나?'라고 생각하고, 두 번째 사람은 '이런, 그녀가 늦는 것이 믿기지 않는군. 항상 이랬어. 내 시간을 존중하지 않아. 좋지 않은 친구야.'라고 생각합니다. 첫 번째 사람이 어떤 감정을 느끼고 있겠습니까?

내담자: 아마 다소 두렵고 걱정될 거예요.

치료자: 맞습니다. 그렇다면 두 번째 사람은 어떨까요?

내담자: (웃으면서) 화나고, 아마도 분노를 느낄 거예요.

치료자: 정확합니다. 동일한 상황의 두 사람은 그들이 생각하는 것에 따라 상황에 대한 정서적인 반응이 매우 다릅니다. 다시 말해서, 우리의 생각은 감정에 직접적으로 영향을 줄 수 있습니다. 종종 수많은 생각을 잇달아 하지만 이를 알아차리지 못합니다. 우리는 그 생각이 사실인지 멈춰서 고민하지 않고 액면 그대로 받아들입니다. 앞으로 몇 주 동안 수면과 관련된 사고에서 자동사고를 찾아보고, 대체 사고를 만들 것입니다.

이후 치료자는 자동사고에 대해 더 많은 교육을 제공한다: ① 자동사고는 우리가 하는 말과 평행하여 존재하는 생각과 같고, ② 종종 완전히 인지하지 못하며, ③ 극도로 빠르고 때로는 문장보다는 단지 몇 마디에 불과하며, ④ 심사숙고한 결과로 발생하지 않고 단지 반사적으로 일어나며, ⑤ 종종 멈추기도 어려우며, ⑥ 우리가 종종 반문을 하기 위해 멈추지 않고 그 타당성을 인정하며, ⑦ 종종 강렬한 감정에 선행한다. 치료자는 매일 수백 개의 NATs를 한다는 점과 감정의 변화에 주의를 기울이는 것이 NATs를 찾는 데 도움이 된다는 것을 강조해야 한다.

그다음으로 치료자는 내담자와 함께 지난 2일간 강렬한 감정을 경험한 순간을 선택하여, 그 감정과 관련된 NATs를 발견할 수 있는 출발점으로 사용한다. 이것들은 간단한 3칸 형식으로 된 자동사고 기록지(상황-사고-감정)에 기록할 수 있다. 내담자는 감정의 변화에 주의를 기울이고 자동사고 기록지에 작성함으로써 일주일 동안 추가적인 NATs, 특히 불면증 관련 NATs를 식별하는 것을 연습한다("피곤하다." 또는 "나는 오늘 대처할 수 없다."). 또한 치료자는 일반적인 인지왜곡(흑백사고, 파국적 재앙화, 개인화, 감정을 사실로 오인하기 등)에 대한 심리교육을 제공하고, 내담자에게 일주일 동안 발견한 NATs의 일부를 분류해 보도록 한다.

다음 치료에서 치료자는 내담자의 자동사고 기록지를 검토하고, NATs의 주제 및 NATs에 대해 간략한 토론/검토를 한다. 치료자는 다양한 질문을 통해 사고의 타당성을 평가하기 위해 내담자에게 확장된 자동사고 기록지를 소개한다. 사고의 타당성은 사고에 반하는 증거, 사고를 해석하는 대안적 방법, 발생할 수 있는 최악의 사건과 내담자가 극복할 수 있는 방법, 이렇게 생각하여 도움이 되는 것과 이런 생각을 하는 것에 대한 영향, 다른 사람들은 이 상황을 어떻게 바라보는가, 내담자가 80세가 되었을 때 그 사고가 얼마나 중요한가, 그리고 그 사고가 '사고의 오류' 중 하나에 해당되는가와 같은 질문을 통해 확인할 수 있다. 내담자와 치료자는 NATs를 함께 선택하고, 치료 내에서 자동사고 기록지를 활용하여 작업을 진행한다.

내담자가 이 절차를 완전히 파악하면 치료자는 매일 하나의 확장된 기록을 작성하거나 적어도 몇 가지 예시를 제시할 것을 과제로 내 준다. 이 작업은 몇 주 동안 계속된다. 치료자는 내담자가 매일 확장된 기록지 작성을 **지속하기** 위해서 다음의 이유를 제시한다: ① NATs를 관찰, 보고 및 평가하는 것이 NATs로부터 거리를 두고 객관적으로 바라볼 수 있게 도와주며, ② NATs의 관찰, 보고 및 평가는 그 사고가 신뢰롭지 않다는 것을 인식하고 현실/논리를 확인할 수 있는 기회를 제공한다. 제일 중요한 것은 ③ 수년간 가지고 있었던 생각의 습관을 바꾸는 데 오랜 시간이 걸리기 때문에, 오래된 습관을 바꾸는 연습이 필요하다는 것이다. 몇 주 동안 매일 하나의 자동사고 기록지를 작성하면 새로운 생각하는 습관이 형성될 것이다.

도움이 되고 도움이 되지 않는 걱정 전략

다른 걱정 개입방법을 제공하여 내담자는 자신에게 맞는 걱정을 관리하는 데 도움이 되는 전략과 도움이 되지 않는 전략의 목록을 만들 수 있다. 도움이 되지 않는 전략에는 억압(Harvey, 2003a), 걱정에 대한 긍정적인 신념(Harvey, 2003b) 및 '왜'라는 질문이 포함될 수 있다(Watkins & Baracaia, 2001). 억압의 경우, 억압과 관련된 것들이 떠오를 때마다 억압으로 인한 부정적인 결과를 빠르면 첫 회기부터 소개한다. 예를 들어, 내담자가 "제 생각을 억압하려 했어요." 또는 "제 마음속에서 생각을 지웠어요."라는 식의 말을 하는 순간, 치료자는 생각 억압의 역설적 효과를 설명하기 위해 치료 중에 '백곰 실험'을 실시해야 한다("몇 분 동안 눈을 감고, 크고 푹신한 흰곰을 제외하고 우리가 원하는 것을 떠올려 보세요."). 이것은 내담자가 억압을 하는 것이 역설적으로 생각을 더 하게 만드는 '사고 반동'이나 억압된 사고에 대한 모니터링으로 인해 억압된 생각을 더 하는 것으로 이어질 수 있다는 것을 알려준다(억압 및 다른 사고조절 전략에 대한 유용한 평가는 Ree, Harvey, Blake, Tang, & Taylor, 2005 참조). 치료자는 취침 전 걱정의 유용성에 대해 긍정적인 믿음을 갖고 있는 내담자를 고려하여야 한다. 치료자는 소크라테스식 질문을 사용하여 취침 전 걱정의 장단점에 대해 논의하거나 잠자리에서의 걱정에 대한 긍정적인 믿음이 도움이 되는지 여부에 대한 자료를 수집하기 위해 행동실험을 고려해 볼 수 있다. 마지막으로, '왜'라는 질문은 특히 불면증 환자들이 많이 한다. 많은 내담자가 "왜 내가 깨어 있지?" 또는 "왜 나는 내 파트너처럼 자지 못할까?"와 같은 질문을 한다. 이때 치료자는 내담자에게 경험적 연구에서 '왜'라는 질문이 반추를 증가하게 하고, 수면을 막는다는 이론적 근거를 설명한다.

걱정을 관리하기 위해 하지 **말아야** 할 것들을 검토한 후, 내담자에게 대안적이고 더 유용한 사고 관리 전략을 제시해 주어야 한다. 첫째, 생각을 통제하거나 억압하지 않는다. 오히려 반대로 생각이 오는 대로 그대로 오고 가게 둔다. 생각을 자유롭게 하는 것은 생각의 강도와 힘을 낮추게 되고, 심지어는 지루해지기까지 할 수 있다. 또 다른 유용한 대안은 어떤 생각을 하는지 확인하고, 앞에서 설명한 확장된 자동사고 기록지를 통해 그 생각을 평가하는 것이다. 일상에서 벗어나 이완하기 또는 버퍼 존을 소개하는 것도 걱정에 도움이 될 수 있다. 끝으로, 내담자의 삶에서 긍정적인 면에 초점을 두기 위해서 '현재를 충분히 즐기는 것'을 연습해야 한다. 현재를 충분히 즐긴다는 것은 하루 중에 내담자가 겪었던 긍정적인 경험을 살펴보고, 이것에 대해 감사하고 이것을 증진시키는 것을 의미한다. 그것은 창밖을 보며 사랑스러운 나무와 꽃을 관찰하거나, 좋아하는 휴가를 회상하거나, 가족 모임을 기대하거나, 배우자/애인과 데이트하는 등의 작고 일상적인 것일 수 있다. 내담자가 긍정적인 경험에 집중하도록 장려하고, 부정적인 생각이 들 때 긍정적인 경험으로 돌아가 즐길 수 있게 해주어야 한다. 주요 목표는 취침시간을 긍정적인 생각과 연관시키는 것이다. 회기 내에서 현재, 과거나 미래에 즐거웠던 기억들을 알아차릴 수 있도록 같이 작업을 한다. 치료 회기 내에서 긍정적인 순간을 즐길 수 있도록 연습하고, 내담자에게 자신의 경험에 대해 물어본다.

행동실험이라고 소개를 하며 이러한 대안적인 전략 하나 또는 그 이상을 과제로 내 준다. 〈표 16-1〉에 나와 있는 행동실험은 CBT-I의 모든 인지요법에서 사용되는 강력한 방법들이다(행동실험에 대한 자세한 내용은 Perlis, Aloia, & Kuhn, 2012; Ree & Harvey, 2004a 참조). 목표는 내담자에게 경험과 연습 모두를 제공하는 것이다. 필요할 경우, 이후의 치료에서 추가 실험을 하도록 할 수 있다.

주의와 모니터링

이전에 언급했듯이, 많은 연구에서 불면증 환자들은 수면시간을 과소평가하고 밤중에 깨어 있는 시간을 과대평가한다는 것을 밝혔다(예: Harvey & Tang, 2012). 내담자는 자신의 지각된 수면 문제에 대해 더 불안해하고 수면상태에 대한 경계가 증가하면서 전날 밤에 못 잤다고 생각하며 자신의 수면에 대해 부정확한 결론을 내릴 수 있다. 마찬가지로, 내담자는 주간의 피로 징후를 모니터링할 수 있다(수면 관련 모니터링에 대해 측정하기 위해서는 Neitzer Semler & Farvey, 2004 참조). 치료 내에서와 일상생활에서의 행동실험을 통해 주의 편향과 모니터링의 효과를 확인할 수 있다(Harvey & Talbot, 2012b; Ree & Harvey, 2004a).

모니터링의 개념을 소개하기 위해 치료자는 다음과 같이 할 수 있다.

치료자: 눈을 감고 무릎 관절과 그곳에 있는 감각에 집중하십시오. 한번 해 보도록 하겠습니다. 2분 동안 해 보도록 하겠습니다. (2분 후) 어떤 것이 느껴지나요?

내담자: 음…… 약간 따끔거리고 저립니다. 가벼운 통증도 있는 듯합니다.

치료자: 당신이 언급한 것들이 심각한 면역 체계 질환의 징후임을 나타내는 많은 연구가 있었다고 잠깐 동안 상상해 보십시오. 만일 이것이 사실이라고 하면, 남은 시간 동안 당신의 주의는 어떻게 될까요?

내담자: 하루 종일 무릎에 신경을 쓰게 되겠지요!

치료자: 그렇다면 그 감각에 대해 어떻게 생각하게 될까요?

내담자: 글쎄요, 더 나빠지지는 않았을까 걱정하고 있겠죠.

치료자: 당신의 수면이 무릎이라고 생각해 보세요. 당신이 피곤하거나 졸린 증상을 살펴볼수록 더 많은 증상이 나타날까요?

치료자는 이 대화를 이용하여 낮과 밤에 실시할 모니터링에 대해서 내담자와 자유롭게 의견을 나눠 볼 수 있을 것이다. 그런 다음 치료자는 모니터링을 평가하기 위해 다음의 행동실험 중 하나 또는 그 이상을 소개할 수 있다.

〈표 16-1〉 행동실험 설계, 시험과 진행 단계

단계와 기술	예시
1단계. 실험을 통해 변경하고 싶은 생각, 신념, 행동을 확인하라. 실험을 하는 목적과 목표는 명백해야 한다. 목표는 도움이 되지 않는 신념/행동에 도전하거나 새로운 신념/행동을 시험하는 것이 포함된다. 회기 내에서 목표를 적는다.	빅터는 잠을 잘 때 시계를 보는 것이 도움이 될지 확신하지 못한다. 그는 시간을 아는 것, 얼마만큼의 잘 시간이 남았는지 계산하는 것이 밤중에 불안을 높일 수도 있다고 생각한다. 하지만 시간을 모르는 것 또한 밤중에 걱정과 불안을 높일 가능성이 있다고 생각한다. 빅터와 그의 치료자는 다음을 실험해 보았다. "밤중에 시계를 보는 것이 내 수면에 도움이 될까 안 될까?"
2단계. 실험을 하기 위한 아이디어를 얻기 위해 협력해서 브레인스토밍하라. 내담자가 실험을 할 장소와 시간을 구체화하여 정하도록 한다. 이는 창의력을 발휘하고 내담자의 호기심을 불러일으킨다. 내담자가 가진 생각을 받아들이고 유연하게 적용하는 것은 내담자가 실험을 완수하기 위한 동기를 강화할 것이다. 내담자는 자신의 실험에 창의적인 제목을 붙이는 것을 좋아할 수 있다.	빅터와 치료자는 잘 때 시계를 보는 것의 영향을 실험하는 것에 동의하였다. 그들은 3일 밤을 보통 때처럼 시계를 보고, 이후 3일 밤은 시계를 보지 않는 것에 합의하였다. 빅터는 '시계가 없는' 밤에 시계를 돌아보고 싶을 것이라 말했고, 그와 그의 치료자는 그러한 유혹을 줄이기 위해 방에서 시계를 옮기도록 협력해서 브레인스토밍하였다.
3단계. 결과에 대한 예측을 기록하고 실험을 완수한 후에 가능한 한 빨리 결과를 기록할 방법을 고안하라. 이는 매우 중요하다. 결과의 기록을 지연하게 되면 자신의 실험에 대한 기억이 희미해지고 부정확해진다.	빅터는 "밤에 시계를 보지 않으면 내 불안감이 증가하고 밤새도록 몇 시인지 궁금해지기 때문에 더 오랫동안 불안해질 것이다."라고 예측을 하였다. 그는 잠에서 깨기 직전에 '어젯밤의 불안'을 1~10점 척도로 기록하고, 수면일지를 사용하여 잠드는 데 걸린 시간을 알아보았다.

4단계. 예측되는 문제들과 해결책을 브레인스토밍하라. 내담자에게 실험을 완수하지 못하게 하는 것이 무엇인지 물어본다. 장애물을 확인하고 어떻게 극복할지 논의한다. 실험이 새로운 기술에 중점을 둔다면 실험의 부분으로 구성하기 전에 회기 내에서 함께 기술을 연습한다.	빅터와 그의 치료자는 실험을 완료하는 데 방해가 되는 장애물에 대해 논의한다. 빅터는 실험하기로 한 날 중 하루는 취침시간이 지연될 수 있는 파티에 참석할 예정이다. 이에 그와 그의 치료자는 이 '전형적이지 않은' 밤의 경우, 시계 관찰 실험을 건너뛰고 다른 6일간만 진행하기로 하였다.
5단계. 실험하라.	빅터는 시계를 보면서 3일 밤을, 그리고 시계를 보지 않고 3일 밤을 보낸다. 수면일지에 불안과 일반적인 수면 변인들을 기록한다.
6단계. 실험을 검토하라. 내담자에게 실험에서 배운 중요한 점을 요약하도록 한다. 내담자 자신이 빠뜨리는 부분을 채우는 것을 돕고, 결론을 함께 작성한다. 이후 회기에서 내담자에게 각 실험으로부터 얻은 결과를 상기시킨다. 만약 결과가 예상과 다를 경우 어떤 의미로는 다르게 기대했던 결과에 영향을 미친 요인들(기분, 행동, 인지)을 검토하기 위한 후속 질문을 한다. 전형적으로 신중한 질문을 통해 결과와 관계없이 실험에서의 교훈을 도출할 수 있다.	시계를 본 날: 불안 평정(1~10점 척도): 8, 6, 7 잠드는 데 걸린 시간(분): 120, 45, 60 시계를 보지 않은 날: 불안 평정(1~10점 척도): 10, 6, 4 잠드는 데 걸린 시간(분): 140, 50, 15 언뜻 보기에 이들 숫자는 실험을 어느 방향으로든 '해결'하는 것으로 보이지 않는다. 그러나 세부적으로 질문을 하면, 이후의 검증 가능한 가설을 세울 수 있다. 빅터는 자신의 불안 수준과 잠드는 데 걸린 시간은 시계를 보면서 잠드는 밤과 일치한다고 이야기한다. 시계를 볼 수 없는 밤에 빅터는 자신이 몇 시인지 궁금해할 때 불안감이 매우 높았다고 이야기하였으나, 3일째 되는 날 그는 시간에 대해 거의 생각하지 않았다. 빅터와 그의 치료자는 새로운 행동 변화로 인해 겪을 수 있는 초기 불안에 대해서 논의하고, 변화에 익숙해지기 위해서는 더 많은 시간이 필요하다는 결론에 도달한다.
7단계. 필요할 경우 후속 실험을 하라. 실험이 완전히 완수되지 못했거나, 결과가 모호하거나, 또는 다른 질문이 제기되었을 때에는 1단계로 돌아가서 추가 실험을 고안한다.	빅터와 치료자는 '시계를 보지 않는 날'을 더 늘리고, 일어나자마자 불안과 잠드는 데 걸린 시간을 평정하는 것을 결정하였다.

피로에 대한 모니터링

내담자와 함께 간단한 산책을 한다. 내담자에게 5분 동안 피곤함과 졸림의 징후에 특히 주의하면서 자신의 몸상태를 모니터링하라고 지시한다. 내담자에게 얼마나 피곤한지 평정하도록 한다. 그런 다음 5분 정도를 나무, 꽃, 하늘 등의 외부적인 것에 집중하도록 하고, 내담자에게 얼마나 피곤한지 다시 평정하게 한다. 그런 다음 사무실로 돌아가서 실험 결과에 대해 논의하는 시간을 가진다.

소리에 대한 모니터링

야간의 모니터링에 대해 내담자에게 안내하기 위해서는 '레이더'의 비유를 사용하는 것이 좋다. 쓰레기 수거 차량을 모니터링한 내담자는 매일 밤 쓰레기 수거 차량의 소리가 '레이더' 역할을 하게 된다. 그녀는 밤중에 많은 소리를 들으며 깨게 되고, '이런, 쓰레기 수거 차량이야. 벌써 새벽 5시네. 나는 절대 충분한 수면을 취할 수 없을 거야.'라고 생각할 것이다. 이러한 생각은 그녀가 잠을 자는 데 어려움을 겪도록 하는 불안을 이끈다. 우리는 이 모니터링을 확인하기 위해 여러 방법을 사용한다: ① 쓰레기 수거 차량의 소리를 듣고 잠에서 깨어났는지, 또는 차량으로 인해 내담자가 선잠에서 깨어났는지 여부를 평가하고, ② 야간에 '레이더'를 켜는 것에 대한 장단점을 논의하고, ③ 내담자에게 광범위한 소리에 대한 둔감화를 위해서 방안에서, 그리고 멀리 떨어져서, 인접한 방에서, 그리고 더 멀리 떨어져서 소리를 듣고, 도로에서 소리를 듣고, 그 후 멀리 떨어져서 소리를 다시 듣게 한다.

신체적 외모에 대한 모니터링

이전에 치료했던 한 내담자는 수면 부족을 경험한 다음 날 자신의 외모에 대해 불평하곤 하였다. 그녀는 일어나자마자 거울을 보고 눈 밑의 다크서클을 확인하였다. 그녀가 잠을 잘 잔 날에 다크서클이 어느 정도 생겼는지 물었을 때, 그녀는 잠을 잘 잔 날에는 다크서클이 있는지 확인하지 않는다고 고백하였다. 우리는 몇 주 동안 매일 일어나서 어떻게 잤든 상관없이 그녀의 다크서클을 확인하도록 했고, 다크서클의 정도를 평정하도록 하였다. 내담자는 아침마다 다크서클에 변화가 없으며, 수면이 부족하지 않은 날에는 그녀가 다크서클을 신경 쓰지 않았음을 알게 되었다.

시계에 대한 모니터링

밤중에 시계에 주의를 기울이는 것은 불안과 경계를 증가시켜 수면을 방해할 수 있다. 내담자와 치료자는 3일 밤 동안은 시계를 언제든지 볼 수 있게 하고, 3일 밤 동안은 시계를 숨기도록 하는(즉, 벽을 향하게 돌려 놓거나, 침대 아래에 두어) 실험을 진행한다. 아침에 전날 밤의 잠에 대한 전반적인 불안을 평정하고 수면일지를 기록하도록 한다. 수면일지는 다음 치료에서 시계를 볼 수 있는 밤과 시계를 숨긴 밤의 불안과 각성의 관계에 대한 비교를 위해 살펴본다.

수면에 관한 도움이 되지 않는 신념

1990년대 불면증에 대한 중대한 연구에서 Morin(예: 1993)은 수면에 관한 도움이 되지 않는 신념들의 역할을 강조하였다. 이러한 역기능적 신념들은 낮과 밤 동안 침습적이고 걱정스러운 사고를 악화시켜 수면 교란의 발달과 지속에 기여한다(Harvey, 2002a). 불면증에 대한 역기능적 신념 예시는 상쾌함을 느끼기 위해서 밤 동안 한 번도 깨지 않고 수면을 취해야 한다는 신념으로 나타날 수 있다. 깨는 것은 수면의 자연스러운 부분이기 때문에 이러한 신념은 도움이 되지 않는다(예: Akerstedt et al., 2002). 이 신념에 대한 걱정은 밤에 깨서 수면이 분절되면 다음 날 업무 수행에 장해를 가져올 것이라는 믿음으로 이어질 수 있다. 한 대규모의 상관연구(Jansson & Linton, 2007)에서 수면, 우울, 불안, 그리고 각성에 관한 역기능적 신념에 대해 1

년 간격으로 두 시점에서 조사하였다. 연구자들은 수면에 대한 역기능적인 신념 중에서 특히 불면증의 장기적인 부정적 결과에 대한 신념은 각성, 우울, 불안, 그리고 단기간 결과에 대한 신념을 통제하고도 만성적인 불면증 증상을 예측한다고 보고하였다. 이러한 연구는 수면에 관한 역기능적인 신념을 수정하는 것을 목표로 하는 것이 만성 불면증을 치료하는 데 중요하다는 것을 시사한다.

자동사고 기록지와 더불어 수면에 관한 역기능적인 신념들은 일반적으로 두 가지 방법으로 다룰 수 있다: ① 역기능적인 신념을 탐색하기 위한 온화한 소크라테스식 질문을 사용, 그리고 ② 신념에 관련된 질문지를 제작하여 자료를 수집(Harvey & Eidelman, 2012). 다음의 대화에서는 치료자가 내담자로 하여금 수면 욕구와 아침의 에너지 수준에 대한 비현실적인 기대를 탐색하고 교정하도록 소크라테스식 질문을 사용하는 방법을 제시하였다.

치료자: 당신이 이야기하는 것을 들으니, 매일 8시간을 자야 한다는 것을 강하게 믿는 것 같군요.

내담자: 글쎄요, 저는 건강을 유지하기 위해서는 8시간을 자야 한다고 생각해 왔습니다.

치료자: 당신이 아는 모든 사람의 키가 같나요?

내담자: 물론 그렇지 않습니다!

치료자: 성인의 정상적인 키는 몇인가요?

내담자: 글쎄요, 모두에게 적용할 수 있는 규준은 없지 않을까요. 다양해서…….

치료자: 수면도 마찬가지입니다. 피로를 회복한 느낌과 하루 종일 기능을 잘한다는 느낌을 받기 위해 필요한 수면의 양은 개인차가 있습니다. 대부분 7시간 또는 8시간이라고 하지만, 누군가는 그보다 덜 자도 아침에 피로가 풀렸다고 느낍니다. 6.5시간의 방해받지 않은 수면이 8시간의 분절된 수면보다 만족스럽고 상쾌할 수 있습니다. 따라서 최적의 수면시간을 결정하기 위해 다양한 수면시간을 경험하는 것이 중요할 것입니다. 실제로 7시간의 수면이 필요하지만 8시간의 수면이 필요하다고 생각한다면 어떻겠습니까?

내담자: 1시간 동안 깨어 있을 거고…… 그리고 왜 잠이 안 오는지 걱정하며 보내겠지요!

치료자: 정답입니다. 비현실적인 목표를 추구하는 것은 역효과를 낳고, 불안하게 할 것입니다. 결과적으로, 근본적인 수면 문제들을 지속시킬 것입니다. 또한 저는 당신이 아침에 완전히 피로가 풀렸다고 느끼지 않을 때 매우 걱정한다는 것을 알았습니다.

내담자: 글쎄요, 아침에 피로가 풀렸다고 느끼지 않으면 전날 밤에 숙면을 취하지 못한 것으로 생각돼서 걱정스러워요.

치료자: 타당한 추정일 수 있습니다. 하지만 숙면을 취하는 사람들도 항상 피로가 풀리고 에너지가 넘치는 채로 아침에 일어나는 것은 아닙니다.

내담자: 그러니까 제가 아침에 일어났을 때 피곤하다고 느껴도 잠을 잘 자지 못했다는 것은 아니라는 말씀이지요?

치료자: 제가 말하고자 하는 것은 기대와 해석에 대해 주의를 기울여야 한다는 것입니다. 충분한 숙면을 취해도 낮 동안 항상 상쾌하고 에너지가 넘치는 것을 기대하기는 어렵습니다. 우리의 느낌과 에너지는 매일 다르기 때문입니다.

내담자: 저도 그렇다는 것을 느꼈습니다.

치료자: 그렇다면 다음에 스스로 비현실적인 기준을 세운 것을 알았을 때 어떻게 대안적으로 생각할 수 있을까요?

내담자: 8시간의 수면이 모두에게 필수적으로 적용되는 '최적의 표준'이 아니며, 완전히 피로가 풀렸다고 느껴지지 않아도 그것을 받아들이고 그 전날 잘 자지 못했거나 다음 날 잘 기능하지 못할 것이라는 결론을 짓지 않을 수 있을 것입니다.

치료자: 좋습니다! 이렇게 생각하는 것이 수면에 대한 당신의 불안도 줄일 것입니다.

이 대화가 보여 주듯이, 많은 내담자가 수면의 필요조건과 주간의 에너지 수준에 대해 비현실적인 기대를 가지고 있다. 한 가지 중요한 치료목표는 내담자에게 잠을 적게 자고 에너지 수준이 낮은 것이 항상 병리적이지는 않으며, 잠을 잘 자는 사람도 항상 8시간을 자거나 아침에 일어났을 때 개운하지 않다는 것을 깨닫게 하는 것이다. 내담자들에게는 소크라테스식 질문을 통해 자신의 수면과 주간의 에너지 수준에 대해 가지고 있는 기대를 재평가하는 것이 도움이 될 수 있다.

또한 수면에 관한 비현실적인 신념들을 평가하기 위해 설문을 고안할 수 있다. 치료자는 회기 전에 목표로 할 비현실적인 신념을 파악하고 있어야 한다(예: "숙면을 취하는 사람들은 8시간을 잔다." "불면증을 가진 사람들만 주간에 피로를 느낀다." 또는 "밤중에 네 번 깨는 것은 비정상이다."). 역기능적인 신념 및 태도에 대한 척도(Dysfunctional Belief and Attitude Scale; Morin & Espie, 2003)는 수면에 관한 도움이 되지 않는 신념들의 변화를 평가하고 기록하기 위한 훌륭한 측정도구이다. 치료자는 다음과 같이 설문을 소개할 수 있다.

"이 치료의 매우 효과적인 부분 중 하나는 우리가 함께 설문을 제작하고 배부하는 것입니다. 이를 통해 얻을 수 있는 것이 몇 가지 있습니다. 숙면을 취하는 사람들로부터 왜 잘 자는지에 대한 조언을 얻고, 숙면을 취하는 사람들이 실제로 어떻게 자는지 상기시키는 것, 그리고 수면에 관한 우리의 신념에 대한 자료를 얻는 것입니다. 많은 사람은 수면에 대한 신념들을 잡지 기사, 부모, 스스로의 경험을 통해 얻었습니다. 무엇이 또는 누가 수면에 관한 생각들에 가장 큰 영향을 주었습니까? (내담자가 대답하도록 한다.) 더 많은 자료에 기반하기 위해 우리는 함께 설문을 제작하고 당신 연령대의 사람들에게 배부할 것입니다. 이는 항상 흥미로운 활동이고, 다른 사람들이 어떻게 수면을 관리하는지 배울 수 있는 기회입니다. 수면이 연령에 따라 변화한다는 점을 감안하여 당신과 비슷한 연령대의 사람들에게 초점을 맞출 것입니다. 과거에 도움이 됐던 질문들이 여기 몇 개 있습니다."

이쯤에서 치료자는 내담자의 수면에 관한 역기능적인 신념에 대해 구체적으로 질문한다. 설문지의 질문에는 다음과 같은 것들이 포함된다.

- "당신은 숙면을 취합니까, 아니면 불면증이 있습니까?" 이 질문은 스스로를 '숙면을 취하는 사람'이라고 여기는 사람도 종종 아침에 피로를 느끼고, 밤에 깨고, 오후에 졸림을 느낀다는 것을 설명하기 위해 유용하다.
- "매일 몇 시간 잡니까?"

- "잠드는 데에 시간이 얼마나 걸립니까?"
- "밤에 몇 번 깹니까?"
- "1~10점 척도를 바탕으로, 일어날 때 얼마나 정신이 맑습니까? 각성을 높이기 위해 도움이 된다고 생각하는 것은 무엇입니까?"
- "얼마나 자주 낮잠을 잡니까? 낮잠이 당신의 이후 수면에 영향을 줍니까?"
- "취침 전에 하는 습관이 있습니까? 아침에 일어나자마자 어떤 습관을 갖고 있습니까?"
- "주간에 피로를 느낍니까? 언제 느낍니까? 피로를 느낄 때 에너지를 증진시키기 위해 무엇을 합니까?" 이 질문은 종종 다른 사람들이 사용하는 전략을 듣게 해 주는데, 그중 휴식을 취하거나 잠을 자는 전략을 이야기하는 사람들은 상당히 적다. 보통의 대안으로는 환경을 바꾸는 것, 맑은 공기를 마시는 것, 산책하는 것, 차가운 물을 마시는 것, 또는 간식을 먹는 것이 포함된다. 내담자는 휴식과 수면 외에 에너지를 증진시킬 수 있는 방법이 있다는 것과 지루함이 피로를 유발하는 가장 큰 요인이라는 것을 깨닫는다.

설문이 정말로 협동적이고 열정과 흥미를 생성할 수 있도록 내담자가 선택한 질문들도 추가되어야 한다. 내담자들은 종종 설문에 포함될 수 있는 질문으로 꿈, 악몽, 또는 수면 패턴에 대해 궁금해한다. 또한 기분에 대한 질문("얼마나 자주 슬픕니까?" 또는 "주간의 기분과 수면이 관계가 있다고 느낍니까?")은 숙면을 취하는 사람들에게도 수면과 기분은 서로 상관이 있다는 정상적인 범주의 경험이라는 증거를 제공해 준다.

안전행동

역기능적인 신념과 관련이 있는 다른 행동 중에는 소위 '안전행동'이라는 것이 있다. 안전행동은 두려운 결과를 회피하기 위한 행동으로, 두 가지 이유에서 부적응적이다: 즉, 그것은 ① 도움이 되지 않는 신념들의 부당성을 증명하지 못하게 하고, ② 두려운 결과가 발생할 가능성을 높인다. 불면증 환자들은 수면에 관한 역기능적인 신념들로 인한 불안에 대처하기 위해 종종 안전행동을 한다(Salkovskis, 1991). 앞부분에서 온전하고 방해받지 않은 수면만이 다음 날 수월한 직업 수행을 가능하게 한다는 역기능적인 신념을 가진 내담자에 대해 언급하였다. 이 내담자는 밤에 깨지 않기 위해 저녁에 모든 사회활동을 피하고, 귀마개를 착용하고, 잘 때 음향 기기를 사용하는 안전행동을 하게 될 수 있다. 이런 행동을 하는 것을 어느 정도는 이해할 수 있지만, 이러한 행동들을 함으로써 이 내담자는 일상적인 안전행동이 지켜지지 않아도 잠을 잘 잘 수 있다는 것을 배우지 못할 것이다. 역설적으로, 이러한 행동들을 하는 것은 오히려 두려운 결과가 발생할 가능성을 높인다. 밤에 사회활동을 하지 않는 것은 수면에 더 집착할 가능성을 높이고, 반추/걱정, 그리고 슬픈 기분을 느끼도록 할 것이다. 귀마개가 어떠한 상황에서는 도움이 될 수 있지만, 불편하다고 느낄 수 있고 혹은 오히려 주변의 소리를 듣기 위해 집중하게 된다면 수면 문제에 기여할 것이다. 음향기기는 밤에 깨어 있도록 촉진한다.

안전행동을 다루기 위해 도움이 되는 평가도구가 있다(Ree & Harvey, 2004b). 행동실험은 안전행동을 선택적으로 적용한 다음에 중단하게 하여 안전행동의 악영향을 입증해 준다. 예를 들어, 내담자가 수면에 대한 영향이 두려워서 저녁에 외출하지 않는다면, 전문가와 내담자는 일주일에 이틀은 집에서 보내고('통제'조건) 이틀은 외출을 하게 하는 것(사람들과 어울리기, 영화 보러 가기 등; '실험'조건)으로 구성된 행동실험을 할 수 있다. 치료자는 내담자가 주간 일지에 표준적인 수면 변인들(SOL, TST 등)을 기록하게 할 뿐만 아니라 매일 밤 느낀 만족감과 기분을 측정할 수 있는 간단한 척도들을 추가하도록 지시한다. 보통 외출로 인해 수면에 최소한의(또는 일관적이지 않은) 변화가 있었음을 강조하는 것뿐만 아니라 내담자가 외출을 한 밤에 기분과 만족감이 증가했음을 언급하는 것이 도움이 된다.

주간의 에너지

잠을 잘 못 자는 사람들은 종종 깨어 있는 동안이나 낮 동안 자신의 피로도에 대해 모니터링을 한다. 일어나자마자 멍한 상태(소위 '수면 관성' 상태)를 경험하는 것은 정상이며, 주간 모니터링을 위한 행동실험과 주의전략을 소개하는 것은 수면에 대한 불안과 집착을 감소시킬 수 있다. 많은 내담자는 주간에 덜 피곤하기 위한 방법은 더 자는 것뿐이라고 생각한다. 그러므로 행동실험을 통해 내담자로 하여금 에너지를 높이는 활동의 효과를 경험하도록 한다(Ree & Harvey, 2004a). 이는 주간의 피로감과 때때로 피할 수 없는 수면 박탈을 관리할 수 있게 에너지를 생성하거나 소진시키는 활동들의 목록을 만들 수 있는 기회이다.

많은 내담자는 하루 동안 에너지가 점차적으로 소진되고, 에너지를 생성하기 위한 방법은 수면을 취하거나 휴식을 취하는 것뿐이라고 생각한다. 이에 따라 많은 내담자는 잠을 특별히 잘 자지 못한 후에는 에너지를 보존하기 위해 노력한다. 따라서 행동실험은 다음과 같은 생각을 수정하는 것을 목표로 한다. '에너지는 휴식이나 수면을 통해서만 증진된다.' 그리고 '나는 에너지가 많지 않기 때문에 이를 보존하기 위해 조심해야 한다.'와 같이 수면 이외에 에너지 수준에 영향을 주는 다른 요인들을 설명하기 위해 실험을 사용한다.

행동실험을 진행하기 위해 내담자와 치료자는 수면과 하루 동안의 에너지에 대해 의논하며 수면일지를 사용한다. 내담자와 치료자는 야간 수면의 질은 좋았으나 주간의 에너지 수준이 낮았거나, 야간 수면의 질은 나빴으나 주간의 에너지 수준은 높았던 예시들을 기록한다. 치료자는 다음과 같이 말할 수 있다. "매우 흥미롭군요. 수면이 낮 동안 어떻게 느끼는지에 대한 유일한 원인이 아니라면 다른 원인들이 있겠네요." 에너지를 측정하기 위해 다음과 같은 실험을 이틀간 진행하라: 첫째 날에는 3시간 동안 에너지를 **보존하는 것**에 집중한 다음, 3시간 동안 에너지를 **사용하는 것**에 집중을 한다. 각 3시간의 구간이 지난 후에 내담자는 자신의 에너지와 기분을 기록한다. 다음 날, 내담자는 이것을 반대 순서로 한다. 내담자가 에너지를 보존하는 것을 어떻게 정의하는지에 주의하라. 예시로 동료들과 어울리는 것을 피하는 것, 업무를 천천히 하는 것, 단조로운 일만을 하는 것, 친구들과 점심을 먹으러 나가지 않는 것, 그리고 전화를 다시 걸지 않는 것이 포함된다. 또한 회기 내에서 에너지를 사용하는 전략에 대해 브레인스토밍하라. 여기에는 10분간 산책하는 것, 모든 전화를 다시 거는 것, 동료와 커피 마실 계획을 세우는 것, 서류 작업을 처리하는 것, 정수기로 물 마시러 가는 것, 또는 잡지나 간식을 사기 위해 동네 가게에 가는 것이 포함된다. 회기에서 내담자가 기분과 피로감을 측정할 수 있게 같이 만든 양식에 기록하도록 하라. 내담자는 일반적으로 에너지를 '사용'함으로써 기분과 에너지가 **나아짐**을 느낄 것이고, 에너지를 사용한다는 것은 에너지를 생성하는 것과 동의어가 될 것이다. 치료자는 에너지 수준은 탄력적이어서 쉽게 늘어난다고 이야기해 줄 수 있다.

치료 요약과 재발방지

마지막 치료 회기는 그동안 배웠던 기술을 강화하고 차질에 대비하는 것을 목표로 한다. 재발방지는 장기적으로 수면장애를 최소화하거나 재발하지 않도록 능력을 키우기 위한 것이다. 치료의 종결 시 치료자는 내담자로 하여금 불면증이 발생할 위험이 높은 상황들을 알아보고 이러한 위험이 높은 상황들을 방지하거나 대처할 수 있는 기술에 대해 의논하도록 이끈다. 내담자와 치료자는 개선점을 유지하는 데 있어 장애물이 되는 것에 대해 함께 의논하고, 미래의 수면장애에 대비하여 문제를 해결한다. 재발방지 작업은 학습과 성취에 대한 개별화된 요약을 통해 이루어진다. 개입이 더 필요한 부분은 구체적인 목표를 세우고 각각의 목표를 달성하기 위한 계획을 세움으로써 다뤄진다.

마지막 회기에서 치료자와 내담자는 숙면을 취하는 사람들에 대해서도 정상적인 경과(어쩌다가 발생하는 불면 증상)와 재발(빈번하고 만성적인 불면증이 다시 발생하는 것)을 구분한다. 가끔 잠을 잘 자지 못하는 것을 피할 수 없다는 것과 이를 만성적인 불면증의 재발로 해석하는 것을 주의하도록 내담자와 논의한다. 과거에 문제가 되었던 상황을 확인하고 일시적인 차질에 대한 '새로운' 반응을 검토하는 것이 개선점을 유지하는 데 중요하다.

치료자는 내담자가 이틀간 혹은 사흘간 불면이 있는 전형적인 시나리오에 대해 상상하고, 미래에 이러한 상황에 대처할 수 있는 전략을 탐색하도록 이끈다. 이는 내담자가 잠이 오지 않는 밤에 대처하기 위한 필수적인 기술을 통합했는지 다시 한 번 확인할 수 있는 좋은 기회이다. 어떻게 하면 내담자가 이전의 나쁜 수면 패턴으로 돌아가는 것을 피할 수 있는지 논의하라.

내담자는 치료 자료를 검토하고, 문제에 대해 스스로 평가하고, 가장 좋은 행동을 알아보도록 강하게 권유받는다. 치료자는 치료가 종결된 후에도 내담자가 치료에서 사용한 기술들을 계속 사용하도록 장려해야 한다. 치료자는 내담자와 함께 그동안 배운 기술을 검토하고, 불면증의 재발을 방지하기 위해 어떤 기술을 사용할 수 있을지 검토한다. 예를 들어, 치료자는 내담자에게 치료 회기에서 특별히 도움이 되었다고 느낀 확장된 사고 기록지나 자료의 복사본을 여러 개 줄 수 있다.

치료에서 흔히 나타나는 문제

불면증을 치료하기 위해 CBT-I를 진행하면서 전문가가 부딪힐 수 있는 흔한 문제에는 적어도 세 가지가 있다. 수면-각성 일정을 규칙적으로 지키는 것의 어려움, 수면 제한을 시행하는 것에 대한 저항, 그리고 치료 준수를 방해하는 불면증의 원인에 대한 신념들이 치료를 준수하는 것을 방해할 수 있다. 각각의 문제들에 대한 해결책을 다음에 간략히 제시하였다.

내담자들은 종종 주말을 포함하여 매일 같은 시간에 자고 일어나는 것을 꺼린다. 이는 특히 주말 저녁에 사람들과 어울리고 유흥을 계획하는 10대나 젊은 성인들에게 문제이다. 앞서 언급했듯이, 수면 일정을 규칙적으로 지키는 것에 대한 장단점을 솔직하게 검토하는 동기강화 상담을 통해 양가감정을 해결하고 내담자가 변화에 대비할 수 있도록 도와준다. 치료자가 내담자에게 행동계획을 세우는 것을 장려하는 것이 도움이 될 수 있다(예: 동기를 강화하기 위해 친구들과 브런치 계획하기, 등산 가기, 주말 저녁보다는 주말 아침에 사회적 활동하기). 마지막으로, 가족과 친구들이 변화를 장려하는 데 도움이 될 수 있다. 어떤 내담자는 부모님이 주말을 포함하여 매일 아침에 침실 등을 켜는 것이 도움이 된다고 하였다. 또 다른 내담자는 매일 같은 시간에 친구에게 모닝콜을 해 달라고 부탁했고, 전화를 받을 수 있도록 침대 옆에 휴대전화를 두는 것에 동의하였다.

수면 일정을 규칙적으로 지키는 것과 더불어 내담자들은 종종 수면 제한을 실행하는 것에 저항한다. 내담자가 치료에 대해 가지고 있는 걱정(예: 잠을 적게 자는 것에 대한 두려움)에 대해 솔직하게 표현할 수 있도록 도와주고, 특별히 도움이 필요한 부분에 대한 기본적인 교육과 문제해결 방법을 제공하는 것이 도움이 된다. 종종 수면 제한으로 인한 경미한 수면 박탈이 수면 욕구를 쌓이게 하고 체계가 정상 궤도로 돌아오게 하는 '도구'로 묘사하는 것, 혹은 그것이 장기적이고 지속적인 이득을 위한 단기적인 부작용이라고 묘사하는 것은 도움이 된다. 내담자들이 자신의 수면을 가지고 실험하도록 장려하라.

마지막으로, 내담자들은 치료에 대한 기대와 준수를 결정하는 불면증의 원인에 대해 다양한 신념을 가지고 있을 것이다. 어떤 내담자들은 불면증의 원인이 순수하게 생물학적 원인에 의한 것이라고 생각한다. 다른 내담자들은 심리학적 요인들을 인식한다. 그리고 또다른 내담자들은 불면증 발병의 원인이 환경적(예: 아이의 출생, 외상경험)이라고 생각한다. 각각은 CBT-I의 치료 항목을 시행하는 것에 대한 동기부여에 영향을 준다. 치료자는 내담자가 가지고 있는 불면증에 관한 신념들을 인정하면서 불면증을 처음 발병하게 한 취약/유발 요인들과 무관하게 지속 요인들(너무 오래 침대에서 시간을 보내는 것, 걱정, 낮잠)이 현재 불면증을 지속시킨다는 것을 강조하는 Spielman 모델을 설명한다(앞의 '불면증의 모델' 참조). 이러한 지속 요인들이 CBT-I 치료의 초점이 될 것이다.

결론과 미래 방향성

CBT-I는 불면증에 효과적인 치료로 부상하고 있다. CBT-I는 간략하고 외래 환자에게도 쓸 수 있는 구조화된 치료로, 불면증을 지속시키는 행동과 인지, 주의 과정(attentional process)에 초점을 둔다. CBT-I는 구조화되어 있지만 내담자 개개인의 사례개념화에 따라 **유연하게** 적용될 수 있는 방법이라고 강조한다. 치료자는 평가 자료, 수면일지를 활용하고, 임상적 직관에 따라 치료계획을 수립한다. 이러한 치료계획은 특정 영역의 걱정(예: 불규칙한 수면 일정, 걱정과 반추, 안전행동에 대한 의존)에 초점을 두고 설명한다. 마지막으로, CBT-I는 불면증과 함께 동반이환하는 질환을 가지고 있는 내담자에게 적용될 수 있으며, 과다수면장애와 같은 수면장애를 해결하기 위한 방안으로 활용될 수 있다. 이 장의 결론에서는 치료의 성공이나 실패를 예측하는 내담자-치료자 변인, 기분장애와 동반이환하는 불면증을 치료할 때 생기는 문제, 그리고 과다수면을 치료하기 위해 CBT-I의 원리를 사용하는 것을 다루고자 한다.

임상적 결과의 예측 변인

CBT-I의 성공 혹은 실패를 예측하는 요인에 대한 연구가 부족한 실정이므로 추후 연구에서 좀 더 관심을 두어야 하는 부분이다. 치료 시 중단을 예측하는 내담자 요인 중에는 짧은 수면시간과 높은 우울 증상 수준이 있는 것으로 밝혀졌다(Ong, Kuo, & Manber, 2008). 치료를 완료한 내담자의 경우에는 불면증 증상이 심각하고 기능 수준이 낮았던 내담자들이 실제로 임상적 개선을 예측한다(Van Houdenhove, Buyse, Gabriëls, & Van den Bergh, 2011). 또한 임상적 개선은 수면에 대한 역기능적인 신념의 변화를 통해 예측된다(Edinger, Wohlgemuth, Radtke, Marsh, & Quillian, 2001; Morin, Blais, & Savard, 2002). 집단 CBT-I의 성공을 예측하는 치료자 요인은 내담자가 지각하는 치료자의 소속감과 따뜻함이었으며, 내담자가 보기에 자주 대면시키는 치료자는 더 많은 내담자가 치료를 중단하였다(Constantino et al., 2007). 임상적 경험을 통해 호기심과 실험 의식을 기르고, 내담자에게 과제를 제공할 때 명확하고 합리적인 근거를 제공하는 것이 내담자의 동기와 치료 결과에서 큰 차이가 있음을 발견하였다.

기분장애에서의 불면증의 치료

수면장애는 기분장애와 흔히 동반되며(Armitage, 2007), CBT-I는 수면과 일주기 리듬을 안정화시키는 개입방법으로 특히 유용하다. 예를 들어, 양극성장애 환자들은 총 수면시간의 변산성이 크며(Gruber et al., 2009), 수면 효율성이 감소하고 밤중에 각성시간이 증가하기 때문에(Eidelman, Talbot, Gruber, Hairston, & Harvey, 2010; Harvey, Schmidt, Scarna, Semler, & Goodwin, 2005), 특히 수면 제한과 자극 통제 요법에 잘 반응할 수 있다. 예비 조사에 따르면 항우울제와 CBT-I를 함께 적용하거나(Manber et al., 2008) 독립적으로 CBT-I를 실시할 때 단극성 우울증을 개선시키는 것으로 밝혀졌다(Taylor, Lichstein, Weinstock, Sanford, & Temple, 2007). 우울증이나 양극성장애 환자의 수면 문제를 해결하고자 하는 임상가를 위해 다음과 같은 권고를 한다. 첫째, 매 회기를 시작할 때 우울, 불안, 그리고 조증 증상을 정기적으로 모니터링한다. 치료 중 내담자의 정서가 불안정할 상황을 대비해 치료 시작 전 내담자와 안전할 수 있는 계획에 대해 미리 협의한다. 만약 우울이나 조증 증상이 나타난다면, 증상 감소에 도움을 줄 수 있는 총 수면시간(TST)의 변화를 평가하고 수면 제한 또는 자극 통제를 수정하거나 일시적으로 중단하는 것을 고려해야 한다. 끝으로, 우리는 임상가들이 앱워스 졸음척도(Epworth Sleepiness Scale; Johns, 1991)와 같은 도구를 사용해 규칙적으로 졸음 정도를 평가할 것을 권장한다. 졸음 수준이 임상적으로 유의미한 수준일 경우(10점)에는 내담자가 졸음을 느낄 때 운전을 하거나 안전하지 않은 행동을 하는 것을 삼가도록 한다.

과다수면 치료에서 적용한 CBT-I

일부 연구자는 불면증과 마찬가지로 심리적인 기제로 인해 과다수면장애(잠을 너무 많이 자는 것)가 유지되는 것에 기여할 가능성이 있다고 주장하였다(Billiard, Dolenc, Aldaz, Ondze, & Besset, 1994; Jacobson, Martell, & Dimidjian, 2001; Nofzinger et al., 1991). 만약 이 가설이 실증적으로 입증된다면 과다수면의 심리적 치료개입을 개발하는 것이 유용할 것이다. 우리는 4~8회기로 구성된 심리적 개입방법을 개발했으며, 이에 대한 경험적인 평가를 기다리는 중이다. 과다수면의 치료에는 여러 구성요소가 사용되는데, 이는 이전에 다뤘던 불면증 치료개입을 적용하거나 더 확장된 개입이라 할 수 있다.

불면증 치료와 마찬가지로 과다수면 치료는 기능분석과 사례개념화로 시작한다. 치료자는 과다수면의 빈도, 강도, 지속시간뿐만 아니라 그 선행사건, 행동, 결과까지 조사한다. 내담자는 일일 수면일지를 작성하고 에너지나 활동 수준, 다른 환경적 요인 또는 심리적 요인에 관한 중요 자료도 추가적으로 조사한다. 첫 회기에서는 동기강화 상담을 실시하여 과다수면 치료의 장단점을 간단히 검토한다(Miller & Rollnick, 2002). 이후 치료자와 내담자는 치료목표를 설정한다. 삶에 대한 목표 설정도 중요하지만 가장 먼저, 그리고 가장 분명히 설정되어야 하는 목표는 수면에 대한 것이다(하룻밤에 약 8시간 자는 것으로 수면시간을 줄인다). 이는 삶에 대한 목표 설정만큼이나 중요하다. 기분장애를 가진 내담자들에게 '일어날 필요가 없다.'라는 생각은 그들의 과다수면에 크게 기여하는데, 삶에 대한 목표 설정에서 이러한 임상적 경험들이 기반이 된다. 기분장애와 수면장애를 모두 가지고 있는 사람의 경우 종종 실직을 당하거나 사회적 대인관계에 지장이 생긴다. 일어나서 해야 하는 일이나 가족/친구들을 만날 일이 없을 때 어떤 사람들은 수면을 줄이려는 동기가 약해지는 것처럼 보인다. '수면'과 '삶'에 대한 치료목표를 설정하고 난 후, 그다음 주에 내담자는 이러한 목표에 한 발짝 다가갈 수 있는 작은 행동 하나를 이야기해 보도록 한다. 우리는 목표를 도달하는 데 있어 장애물들이 미치는 영향을 제한하기 위해 문제해결을 실시하며, 목표 달성 정도(예: 활동 계획하기)를 지속적으로 모니터링한다.

과다수면이 있는 내담자들에게 수면과 관련된 다양한 문제에 대한 교육을 받는 것이 도움이 된다. 특히 두 분야가 중요하다. 첫 번째는 일주기 리듬에 영향을 주는 환경의 자극(예: 빛)으로, 일주기 리듬이 작동하는 원리와 내버려 두었을 때 지연되는 양상을 보이는 경향에 대한 교육이다. 두 번째는 이전에 설명했던 수면 관성에 대한 교육이다. 마지막으로, 내담자와 긴장을 푸는 시간과 '기상 프로토콜(예: 알람이 울릴 때 '알람 버튼'을 끄지 않기, 침대 정리를 해서 다시 자려고 침대에 눕는 것을 방지하기, 샤워하기, 경보하기, 햇빛 쬐기)'을 설정하고 일주일간의 수면-각성 시간의 변동성을 최소화한다.

마지막으로, 이 장에서 제시되었던 많은 행동실험과 설문은 과다수면에서 볼 수 있는 낮은 에너지 수준과 피로를 효과적으로 치료하는 데 도움을 줄 수 있다. 예를 들어, 내담자는 에너지를 어떻게 소비하는지에 대한 경험이 에너지를 효과적으로 발생시키는 방법이 된다는 '에너지 실험'을 함으로써 도움을 받을 수 있다. 때로는 정서와 졸림을 개선할 수 있는 상황적 변인을 설명하기 위해 내담자에게 사회적 활동이나 집을 떠나기 전후로 정서와 에너지 수준을 평가하게 하는 실험을 구성한다. 에너지 수준을 높이고, 침대에서 나오고, 지루할 때 시간을 보내기 위해 다른 사람들이 무엇을 하는지에 대한 자료를 모으는 설문조사의 구성은 유용한 전략을 세우는 데 도움이 될 수 있다. 마지막으로, 피로와 비교하여 외부적인 자극을 관찰하는 교육과 실험은 과다수면에 대한 주의 편향을 깨는 데 도움이 될 수 있다. 마지막으로, 회기를 마무리하며 재발방지 차원에서 경과를 검토하고, 개선된 점을 강화하고, 가능한 방해 요소들을 논의한다. 이러한 방식으로 불면증에 유용한 많은 치료원리가 과다수면 치료에도 적용될 수 있다.

참고문헌

Achermann, P., & Borbély, A. A. (2010). Sleep homeostasis and models of sleep regulation. In M. H. Kryger, T. Roth, & W. C. Dement (Eds.), *Principles and practice of sleep medicine* (5th ed., pp. 431-444). Philadelphia: Elsevier.

Akerstedt, T., Billiard, M., Bonnet, M., Ficca, G., Garma, L., Mariotti, M., et al. (2002). Awakening from sleep. *Sleep Medicine Reviews, 6*, 267-286.

American Academy of Sleep Medicine. (2005). *International classification of sleep disorders (ICSD): Diagnostic and coding manual* (2nd ed.). Westchester, IL: Author.

American Psychiatric Association. (2000). *Diagnostic and statistical manual of mental disorders* (4th ed., text rev.). Washington, DC: Author.

American Psychiatric Association. (2013). *Diagnostic and statistical manual of mental disorders* (5th ed.). Arlington, VA: Author.

Ancoli-Israel, S. (2009). Sleep and its disorders in aging populations. *Sleep Medicine, 10*(Suppl. 1), S7-S11.

Armitage, R. (2007). Sleep and circadian rhythms in mood disorders. *Acta Psychiatrica Scandinavica, 433*(Suppl.), 104-115.

Banks, S., & Dinges, D. F. (2010). Chronic sleep deprivation. In M. H. Kryger, T. Roth, & W. C. Dement (Eds.), *Principles and practice of sleep medicine* (5th ed., pp. 67-75). Philadelphia: Elsevier/Saunders.

Bastien, C. H., Vallieres, A., & Morin, C. M. (2001). Validation of the Insomnia Severity Index as an outcome measure for insomnia research. *Sleep Medicine, 2*, 297-307.

Beck, J. S. (1995). *Cognitive therapy: Basics and beyond.* New York: Guilford Press.

Belleville, G., Guay, C., Guay, B., & Morin, C. M. (2007). Hypnotic taper with or without self-help treatment of insomnia: a randomized clinical trial. *Journal of Consulting Clinical Psychology, 75*, 325-335.

Besset, A., Villemin, E., Tafti, M., & Billiard, M. (1998). Homeostatic process and sleep spindles in patients with sleep-maintenance insomnia: Effect of partial (21 h) sleep deprivation. *Electroencephalography and Clinical Neurophysiology, 107*(2), 122-132.

Billiard, M., Dolenc, L., Aldaz, C., Ondze, B., & Besset, A. (1994). Hypersomnia associated with mood disorders: A new perspective. *Journal of Psychosomatic Research, 38*(Suppl. 1), 41-47.

Bixler, E. O., Kales, A., Leo, L. A., & Slye, T. A. (1973). A comparison of subjective estimates and objective sleep laboratory findings in insomnia patients. *Sleep Research, 2*, 143.

Bootzin, R. R. (1972). Stimulus control treatment for insomnia. *Proceedings of the American Psychological Association, 7*, 395-396.

Bootzin, R. R., Epstein, D., & Wood, J. M. (1991). Stimulus control instructions. In P. J. Hauri (Ed.), *Case studies in insomnia* (pp. 19-28). New York: Plenum Press.

Borbély, A. A. (1982). A two process model of sleep regulation. *Human Neurobiology, 1*, 195-204.

Borkovec, T. D. (1982). Insomnia. *Journal of Consulting*

and Clinical Psychology, 50, 880-895.

Breslau, N., Roth, T., Rosenthal, L., & Andreski, P. (1996). Sleep disturbance and psychiatric disorders: A longitudinal epidemiological study of young adults. *Biological Psychiatry, 39*(6), 411-418.

Buysse, D., Ancoli-Israel, S., Edinger, J. D., Lichstein, K. L., & Morin, C. M. (2006). Recommendations for a standard research assessment of insomnia. *Sleep, 29*, 1155-1173.

Buysse, D. J., Reynolds, C. F., Monk, T. H., Berman, S. R., & Kupfer, D. J. (1989). The Pittsburgh Sleep Quality Index: A new instrument for psychiatric practice and research. *Psychiatry Research, 28*, 193-213.

Carney, C. E., Buysse, D. J., Ancoli-Israel, S., Edinger, J. D., Krystal, A. D., Lichstein, K. L., et al. (2012). The consensus sleep diary: Standardizing prospective sleep self-monitoring. *Sleep, 35*(2), 287-302.

Carskadon, M. A., Dement, W. C., Mitler, M. M., Guilleminault, C., Zarcone, V. P., & Spiegel, R. (1976). Self-reports versus sleep laboratory findings in 122 drug-free subjects with complaints of chronic insomnia. *American Journal of Psychiatry, 133*(12), 1382-1388.

Chambless, D. L., & Hollon, S. D. (1998). Defining empirically supported theories. *Journal of Consulting and Clinical Psychology, 1*, 7-18.

Chesson, A. L., Jr., Anderson, W. M., Littner, M., Davila, D., Hartse, K., Johnson, S., et al. (1999). Practice parameters for the nonpharmacologic treatment of chronic insomnia (An American Academy of Sleep Medicine report, Standards of Practice Committee of the American Academy of Sleep Medicine). *Sleep, 22*, 1128-1133.

Clark, D. M., Ehlers, A., Hackmann, A., McManus, F., Fennell, M., Grey, N., et al. (2006). Cognitive therapy versus exposure and applied relaxation in social phobia: A randomized controlled trial. *Journal of Consulting and Clinical Psychology, 74*, 568-578.

Clark, D. M., Salkovskis, P. M., Hackmann, A., Wells, A., Ludgate, J., & Gelder, M. (1999). Brief cognitive therapy for panic disorder: A randomized controlled trial. *Journal of Consulting and Clinical Psychology, 67*, 583-589.

Clarke, G., & Harvey, A. G. (2012). The complex role of sleep in adolescent depression. *Child and Adolescent Psychiatric Clinics of North America, 21*(2), 385-400.

Constantino, M. J., Manber, R., Ong, J., Kuo, T. F., Huang, J., & Arnow, B. A. (2007). Patient expectations and therapeutic alliance as predictors of outcome in group cognitive-behavioral therapy for insomnia. *Behavioral Sleep Medicine, 5*(3), 210-228.

Crick, F., & Mitchison, G. (1983). The function of dream sleep. *Nature, 304*, 111-114.

Crowley, S. J., & Carskadon, M. A. (2010). Modifications to weekend recovery sleep delay circadian phase in older adolescents. *Chronobiology International, 27*, 1469-1492.

Edinger, J. D., Bonnet, M. H., Bootzin, R. R., Doghramji, K., Dorsey, C. M., Espie, C. A., et al. (2004). Derivation of research diagnostic criteria for insomnia: Report of an American Academy of Sleep Medicine Work Group. *Sleep, 27*, 1567-1596.

Edinger, J. D., Wohlgemuth, W. K., Radtke, R. A., Marsh, G. R., & Quillian, R. E. (2001). Does cognitive-behavioral insomnia therapy alter dysfunctional beliefs about sleep? *Sleep, 24*, 591-599.

Edinger, J. D., Wyatt, J. K., Olsen, M. K., Stechuchak, K. M., Carney, C. E., Chiang, A., et al. (2009). Reliability and validity of the Duke Structured Interview for Sleep Disorders for insomnia screening. *Sleep, 32*, A265.

Eidelman, P., Talbot, L. S., Gruber, J., Hairston, I., & Harvey, A. G. (2010). Sleep architecture as correlate and predictor of symptoms and impairment in inter-episode bipolar disorder: Taking on the challenge of medication effects. *Journal of Sleep Research, 19*(4), 516-524.

Espie, C. A. (2002). Insomnia: Conceptual issues in the development, persistence, and treatment of sleep disorder in adults. *Annual Review of Psychology, 53*, 215-243.

Ford, D. E., & Kamerow, D. B. (1989). Epidemiologic study of sleep disturbances and psychiatric disorders. An opportunity for prevention? *Journal of the*

American Medical Association, 262, 1479-1484.

Gruber, J., Harvey, A. G., Wang, P. W., Brooks, J. O., III, Thase, M. E., Sachs, G. S., et al. (2009). Sleep functioning in relation to mood, function, and quality of life at entry to the Systematic Treatment Enhancement Program for Bipolar Disorder (STEP-BD). *Journal of Affective Disorders, 114*(1-3), 41-49.

Harvey, A. G. (2001). Insomnia: Symptom or diagnosis? *Clinical Psychology Review, 21*, 1037-1059.

Harvey, A. G. (2002a). A cognitive model of insomnia. *Behaviour Research and Therapy, 40*, 869-894.

Harvey, A. G. (2002b). Trouble in bed: The role of pre-sleep worry and intrusions in the maintenance of insomnia [Special issue]. *Journal of Cognitive Psychotherapy, 16*, 161-177.

Harvey, A. G. (2003a). The attempted suppression of presleep cognitive activity in insomnia. *Cognitive Therapy and Research, 27*, 593-602.

Harvey, A. G. (2003b). Beliefs about the utility of presleep worry: An investigation of individuals with insomnia and good sleepers. *Cognitive Therapy and Research, 27*, 403-414.

Harvey, A. G. (2005). A cognitive theory of and therapy for chronic insomnia. *Journal of Cognitive Psychotherapy: An International Quarterly, 19*, 41-60.

Harvey, A. G. (2008). Sleep and circadian rhythms in bipolar disorder: Seeking synchrony, harmony, and regulation. *American Journal of Psychiatry, 165*, 820-829.

Harvey, A. G. (2009). The adverse consequences of sleep disturbance in pediatric bipolar disorder: Implications for intervention. *Child and Adolescent Psychiatry Clinics of North America, 18*(2), 321-338.

Harvey, A. G., & Eidelman, P. (2012). Intervention to reduce unhelpful beliefs about sleep. In M. Perlis, M. Aloia, & B. Kuhn (Eds.), *Behavioral sleep medicine treatment protocols* (pp. 79-90). New York: Academic Press.

Harvey, A. G., Schmidt, D. A., Scarna, A., Semler, C. N., & Goodwin, G. M. (2005). Sleep-related functioning in euthymic patients with bipolar disorder, patients with insomnia, and subjects without sleep problems. *American Journal of Psychiatry, 162*, 50-57.

Harvey, A. G., Sharpley, A. L., Ree, M. J., Stinson, K., & Clark, D. M. (2007). An open trial of cognitive therapy for chronic insomnia. *Behaviour Research and Therapy, 45*, 2491-2501.

Harvey, A. G., & Talbot, L. (2012a). Behavioral experiments. In M. Perlis, M. Aloia, & B. Kuhn (Eds.), *Behavioral sleep medicine treatment protocols* (pp. 71-78). New York: Academic Press.

Harvey, A. G., & Talbot, L. S. (2012b). Intervention to reduce misperception. In M. Perlis, M. Aloia, & B. Kuhn (Eds.), *Behavioral sleep medicine treatment protocols* (pp. 91-96). New York: Academic Press.

Harvey, A. G., & Tang, N. K. (2012). (Mis)perception of sleep in insomnia: A puzzle and a resolution. *Psychological Bulletin, 138*(1), 77-101.

Harvey, A. G., Tang, N. K. Y., & Browning, L. (2005). Cognitive approaches to insomnia. *Clinical Psychology Review, 25*, 593-611.

Hoddes, E., Zarcone, V., Smythe, H., Phillips, R., & Dement, W. C. (1973). Quantification of sleepiness: A new approach. *Psychophysiology, 10*, 431-436.

Hohagen, F., Rink, K., Kappler, C., Schramm, E., Riemann, D., Weyerer, S., et al. (1993). Prevalence and treatment of insomnia in general practice: A longitudinal study. *European Archives of Psychiatry and Clinical Neuroscience, 242*, 329-336.

Irwin, M. R., Cole, J. C., & Nicassio, P. M. (2006). Comparative meta-analysis of behavioral interventions for insomnia and their efficacy in middle-aged adults and in older adults 55+ years of age. *Health Psychology, 25*, 3-14.

Jacobson, N., Martell, C., & Dimidjian, S. (2001). Behavioral activation treatment for depression: Returning to contextual roots. *Clinical Psychology: Science and Practice, 8*, 255-270.

Jansson, M., & Linton, S. J. (2007). Psychological mechanisms in the maintenance of insomnia: Arousal, distress, and sleep-related beliefs. *Behaviour Research and Therapy, 45*(3), 511-521.

Jean-Louis, G., von Gizycki, H., Zizi, F., Spielman, A., Hauri, P., & Taub, H. (1997). The actigraph data analysis software: II. A novel approach to scoring and interpreting sleep-wake activity. *Perceptual and Motor Skills, 85*, 219-226.

Jenni, O. G., Achermann, P., & Carskadon, M. A. (2005). Homeostatic sleep regulation in adolescents. *Sleep, 28*, 1446-1454.

Johns, M. W. (1991). A new method for measuring daytime sleepiness: The Epworth sleepiness scale. *Sleep, 14*, 540-545.

Karni, A., Tanne, D., Rubenstien, B. S., Askenasy, J. J. M., & Sagi, D. (1994). Dependence on REM sleep of overnight improvement of a perceptual skill. *Science, 265*, 679-682.

Klerman, E. B., & Dijk, D. J. (2008). Age-related reduction in the maximal capacity for sleep-implications for insomnia. *Current Biology, 18*(15), 1118-1123.

Kryger, M. H., Roth, T., & Dement, W. C. (2010). *Principles and practice of sleep medicine* (5th ed.). Philadelphia: Saunders.

Lack, L. C., & Bootzin, R. R. (2003). Circadian rhythm factors in insomnia and their treatment. In M. Perlis & K. Lichstein (Eds.), *Treatment of sleep disorders: Principles and practice of behavioral sleep medicine* (pp. 305-343). New York: Wiley.

Lichstein, K. (2000). Secondary insomnia. In K. Lichstein & C. Morin (Eds.), *Treatment of late-life insomnia* (pp. 297-319). Thousand Oaks, CA: Sage.

Lichstein, K. L., Durrence, H. H., Taylor, D. J., Bush, A. J., & Riedel, B. W. (2003). Quantitative criteria for insomnia. *Behaviour Research and Therapy, 41*, 427-445.

Lichstein, K. L., Peterson, B. A., Riedel, B. W., Means, M. K., Epperson, M. T., & Aguillard, R. N. (1999). Relaxation to assist sleep medication withdrawal. *Behavior Modification, 23*(3), 379-402.

Lichstein, K. L., & Rosenthal, T. L. (1980). Insomniacs' perceptions of cognitive versus somatic determinants of sleep disturbance. *Journal of Abnormal Psychology, 89*, 105-107.

Lichstein, K. L., Stone, K. C., Donaldson, J., Nau, S. D., Soeffing, J. P., Murray, D., et al. (2006). Actigraphy validation with insomnia. *Sleep, 29*, 232-239.

Manber, R., Edinger, J. D., Gress, J. L., San Pedro-Salcedo, M. G., Kuo, T. F., & Kalista, T. (2008). Cognitive behavioral therapy for insomnia enhances depression outcome in patients with comorbid major depressive disorder and insomnia. *Sleep, 31*(4), 489-495.

Miller, W. R., & Rollnick, S. (2002). *Motivational interviewing: Preparing people for change* (2nd ed.). New York: Guilford Press.

Montgomery, P., & Dennis, J. (2003). Cognitive behavioural interventions for sleep problems in adults aged 60+. *Cochrane Database of Systematic Reviews, 1*, CD003161.

Morgenthaler, T., Alessi, C., Friedman, L., Owens, J., Kapur, V., Boehlecke, B., et al. (2007). Practice parameters for the use of actigraphy in the assessment of sleep and sleep disorders: An update for 2007. *Sleep, 30*(4), 519-529.

Morin, C. M. (1993). *Insomnia: Psychological assessment and management*. New York: Guilford Press.

Morin, C. M., Blais, F., & Savard, J. (2002). Are changes in beliefs and attitudes about sleep related to sleep improvements in the treatment of insomnia? *Behaviour Research and Therapy, 40*, 741-752.

Morin, C. M., Bootzin, R. R., Buysse, D. J., Edinger, J., D., Espie, C. A., & Lichstein, K. L. (2006). Psychological and behavioral treatment of insomnia: An update of recent evidence (1998-2004). *Sleep, 29*, 1396-1406.

Morin, C. M., Culbert, J. P., & Schwartz, S. M. (1994). Nonpharmacological interventions for insomnia: A meta-analysis of treatment efficacy. *American Journal of Psychiatry, 151*, 1172-1180.

Morin, C. M., & Espie, C. A. (2003). *Insomnia: A clinical guide to assessment and treatment*. New York: Kluwer Academic/Plenum Press.

Morin, C. M., Gaulier, B., Barry, T., & Kowatch, R. A. (1992). Patients' acceptance of psychological and pharmacological therapies for insomnia. *Sleep, 15*, 302-305.

Morin, C. M., Hauri, P. J., Espie, C. A., Spielman, A. J., Buysse, D. J., & Bootzin, R. R. (1999).

Nonpharmacologic treatment of chronic insomnia: An American Academy of Sleep Medicine review. *Sleep, 22*, 1134-1156.

Morin, C. M., Koetter, U., Bastien, C., Ware, J. C., & Wooten, V. (2005). Valerian-hops combination and diphenhydramine for treating insomnia: A randomized placebo-controlled clinical trial. *Sleep, 28*(11), 1465-1471.

Morin, C. M., Vallieres, A., Guay, B., Ivers, H., Savard, J., Merette, C., et al. (2009). Cognitive behavioral therapy, singly and combined with medication, for persistent insomnia: A randomized controlled trial. *Journal of the American Medical Association, 301*(19), 2005-2015.

Murtagh, D. R., & Greenwood, K. M. (1995). Identifying effective psychological treatments for insomnia: A meta-analysis. *Journal of Consulting and Clinical Psychology, 63*, 79-89.

Neitzert Semler, C., & Harvey, A. G. (2004). Monitoring for sleep-related threat: A pilot study of the sleep associated monitoring index (SAMI). *Psychosomatic Medicine, 66*, 242-250.

National Institutes of Health. (2005). National Institutes of Health State of the Science Conference Statement: Manifestations and management of chronic insomnia in adults, *Sleep, 28*, 1049-1057.

Nofzinger, E. A., Thase, M. E., Reynolds, C. F., III, Himmelhoch, J. M., Mallinger, A., Houck, P., et al. (1991). Hypersomnia in bipolar depression: A comparison with narcolepsy using the multiple sleep latency test. *American Journal of Psychiatry, 148*(9), 1177-1181.

Ohayon, M. M. (2002). Epidemiology of insomnia: What we know and what we still need to learn. *Sleep Medicine Reviews, 6*, 97-111.

Ong, J. C., Kuo, T. F., & Manber, R. (2008). Who is at risk for dropout from group cognitive-behavioral therapy for insomnia? *Journal of Psychosomatic Research, 64*(4), 419-425.

Paquet, J., Kawinska, A., & Carrier, J. (2007). Wake detection capacity of actigraphy during sleep. *Sleep, 30*(10), 1362-1369.

Perlis, M., Aloia, M., & Kuhn, B. (Eds.). (2012). *Behavioral sleep medicine treatment protocols*. New York: Academic Press.

Perlis, M., & Lichstein, K. (Eds.). (2003). *Treating sleep disorders: Principles and practice of behavioral sleep medicine*. New York: Wiley.

Perlis, M. L., Smith, M. T., & Pigeon, W. R. (2005). Etiology and pathophysiology of insomnia. In M. H. Kryger, T. Roth, & W. C. Dement (Eds.), *Principles and practice of sleep medicine* (4th ed., pp. 714-725). Philadelphia: Elsevier/Saunders.

Ree, M., & Harvey, A. G. (2004a). Insomnia. In J. Bennett-Levy, G. Butler, M. Fennell, A. Hackman, M. Mueller, & D. Westbrook (Eds.), *Oxford guide to behavioural experiments in cognitive therapy* (pp. 287-305). Oxford, UK: Oxford University Press.

Ree, M., & Harvey, A. G. (2004b). Investigating safety behaviours in insomnia: The development of the Sleep-Related Behaviours Questionnaire (SRBQ). *Behaviour Change, 21*, 26-36.

Ree, M. J., Harvey, A. G., Blake, R., Tang, N. K., & Shawe-Taylor, M. (2005). Attempts to control unwanted thoughts in the night: Development of the thought control questionnaire-insomnia revised (TCQI-R). *Behaviour Research and Therapy, 43*, 985-998.

Reite, M., Buysse, D., Reynolds, C., & Mendelson, W. (1995). The use of polysomnography in the evaluation of insomnia. *Sleep, 18*, 58-70.

Roth, T., Coulouvrat, C., Hajak, G., Lakoma, M. D., Sampson, N. A., Shahly, V., et al. (2011). Prevalence and perceived health associated with insomnia based on DSM-IV-TR; International Statistical Classification of Diseases and related health problems, Tenth Revision; and Research Diagnostic Criteria/International Classification of Sleep Disorders, Second Edition criteria: Results from the America Insomnia Survey. *Biological Psychiatry, 69*, 592-600.

Rybarczyk, B., Lopez, M., Schelble, K., & Stepanski, E. (2005). Home-based video CBT for comorbid geriatric insomnia: A pilot study using secondary data analyses. *Behavioral Sleep Medicine, 3*, 158-175.

Salkovskis, P. M. (1991). The importance of behaviour in the maintenance of anxiety and panic: A cognitive account. *Behavioural Psychotherapy, 19*, 6-19.

Sivertsen, B., Omvik, S., Pallesen, S., Bjorvatn, B., Havik, O. E., Kvale, G., et al. (2006). Cognitive behavioral therapy vs zopiclone for treatment of chronic primary insomnia in older adults: A randomized controlled trial. *Journal of the American Medical Association, 295*, 2851-2858.

Smith, L. J., Nowakowski, S., Soeffing, J. P., Orff, H. J., & Perlis, M. L. (2003). The measurement of sleep. In M. L. Perlis & K. L. Lichstein (Eds.), *Treating sleep disorders: Principles and practice of behavioral sleep medicine* (pp. 29-73). New York: Wiley.

Smith, M. T., Huang, M. I., & Manber, R. (2005). Cognitive behavior therapy for chronic insomnia occurring within the context of medical and psychiatric disorders. *Clinical Psychology Review, 25*, 559-592.

Spielman, A. J., Caruso, L. S., & Glovinsky, P. B. (1987). A behavioral perspective on insomnia treatment. *Psychiatric Clinics of North America, 10*, 541-553.

Spielman, A. J., Saskin, P., & Thorpy, M. J. (1987). Treatment of chronic insomnia by restriction of time in bed. *Sleep, 10*, 45-56.

Stepanski, E. J., Zorick, F., Roehrs, T., & Roth, T. (2000). Effects of sleep deprivation on daytime sleepiness in primary insomnia. *Sleep, 23*, 215-219.

Taylor, D. J., Lichstein, K. L., Weinstock, J., Sanford, S., & Temple, J. R. (2007). A pilot study of cognitive-behavioral therapy of insomnia in people with mild depression. *Behavior Therapy, 38*(1), 49-57.

Vallieres, A., & Morin, C. M. (2003). Actigraphy in the assessment of insomnia. *Sleep, 26*, 902-906.

Van Houdenhove, L., Buyse, B., Gabriëls, L. & Van den Bergh, O. (2011). Treating primary insomnia: Clinical effectiveness and predictors of outcomes on sleep, daytime function and health-related quality of life. *Journal of Clinical Psychology in Medical Settings, 18*(3), 312-321.

Van Someren, E. J. (2000). Circadian rhythms and sleep in human aging. *Chronobiology International, 17*, 233-243.

Walker, M. P., & Stickgold, R. (2006). Sleep, memory, and plasticity. *Annual Review of Psychology, 57*, 139-166.

Watkins, E., & Baracaia, S. (2001). Why do people ruminate in dysphoric moods? *Personality and Individual Differences, 30*, 723-734.

Watts, F. N., Coyle, K., & East, M. P. (1994). The contribution of worry to insomnia. *British Journal of Clinical Psychology, 33*, 211-220.

Wicklow, A., & Espie, C. A. (2000). Intrusive thoughts and their relationship to actigraphic measurement of sleep: Towards a cognitive model of insomnia. *Behaviour Research and Therapy, 38*(7), 679-693.

Wyatt, J. K., Stepanski, E. J., & Kirkby, J. (2006). Circadian phase in delayed sleep phase syndrome: Predictors and temporal stability across multiple assessments. *Sleep, 29*, 1075-1080.

Yoo, S. S., Gujar, N., Hu, P., Jolesz, F. A., & Walker, M. P. (2007). The human emotional brain without sleep-a prefrontal amygdala disconnect. *Current Biology, 17*, R877-R878.

Zee, P. C., & Turek, F. W. (2006). Sleep and health: Everywhere and in both directions. *Archives of Internal Medicine, 166*, 1686-1688.

chapter 17

섭식장애: 범진단적 프로토콜

Christopher G. Fairburn, Zafra Cooper 공저
배주미 역

『정신질환의 진단 및 통계 편람 제5판(DSM-5)』에서는 신경성 식욕부진증과 신경성 폭식증이 명확히 정의되고 구분되며, 폭식장애가 특정 장애로 처음 인정되었다. 그러나 심각한 섭식장애를 지닌 많은 사람이 이러한 진단기준에 명확히 들어맞지 않고, '기타 섭식장애' 범주로 분류된다. 이것은 섭식장애를 지닌 사람들이 시간 경과에 따라 한 장애에서 다른 장애로 바뀌게 되는 사례가 되기도 한다. DSM의 섭식장애 분류 기준에 오랫동안 관여해 온 이 장의 저자들은 이들 장애를 위해 고안된 가장 성공적인 치료를 개발한 사람들에 포함된다. 따라서 Fairburn과 동료들이 각각의 장애에서부터 '달리 명시된' 분류에 이르는 모든 섭식장애에 적용할 수 있는 '범진단적' 통합 이론과 치료 프로토콜을 고안하고 개발해 오고 있다는 것은 매우 의미 있는 일이다(정서장애에 대한 유사한 접근은 Payne, Ellard, Farchione, Fiarholme, & Barlow, 이 책의 제6장 참조). 이 장에서 Fairburn과 Cooper는 상태 기술 치료(state-of-the-art treatment)를 기술하고 있다. 어떤 독자들에게는 놀라운 시작일 수 있겠지만, 저자들은 개입을 요구하는 핵심 문제가 반드시 섭식이나 폭식, 저체중이나 설사나 구토가 아니라 체형이나 체중에 대한 비정상적인 태도나 신념이라는 것을 확인한다. '모듈식' 경향으로 구성된 다양한 치료를 적용하기 위한 조언이 이 치료를 실시하기 위한 기술이라고 말하는 것이다. 섭식장애에 적용된 인지행동치료의 세부적인 설명이 이러한 어려운 문제를 다루는 임상가들에게 매우 큰 유용성을 지닌다. - D. H. B.

신경성 식욕부진증(anorexia nervosa), 신경성 폭식증(bulimia nervosa), 폭식장애(binge eating disorder)와 같은 임상적 섭식장애(eating disorders)는 사춘기 소녀들과 젊은 성인 여성들의 높은 신체적 · 심리적 이환율의 원인이다. 이 장애는 남자들 사이에서 훨씬 적게 나타난다. 이 장애는 일반적으로 청소년기부터 시작하여 만성적인 경과를 경험할 수 있다. 이것의 영향은 매우 광범위하여, 심리적 · 신체적 · 사회적 기능을 방해한다. 일단 섭식장애가 생기면, 치료가 어렵고 보건 서비스에 상당

한 부담을 지우게 된다. 이 장에서 우리는 섭식장애의 정신병리와 그것들을 지속시키는 기제를 설명한다. 우리는 이러한 기제를 방해하도록 설계되어 있는 범진단적 인지행동치료를 기술한다.

분류 및 진단

DSM-5 체계

섭식장애를 분류하고 및 진단하기 위한 DSM-5 체계는 세 가지 특정 질환을 명시하고 있다: 신경성 식욕부진증, 신경성 폭식증 및 폭식장애이다. 또한 나머지 2개의 범주로는 '달리 명시된 급식 또는 섭식 장애(other specified feeding or eating disorder)' 및 '명시되지 않는 급식 또는 섭식 장애(unspecified feeding or eating disorder)'가 있다(American Psychiatric Association, 2013).

본질적으로, 신경성 식욕부진증을 진단하기 위해서는 다음의 세 가지 특징이 나타나야 한다.

1. 체격과 체중에 대한 과대평가. 즉, 체격과 체중의 측면에서 자기 가치를 크게, 심지어 예외적인 것으로 판단함
2. 이것은 종종 날씬하고자 하는 강한 욕망으로 표현되며, 체중이 늘고 살이 찌는 것에 대한 강렬한 두려움과 결합하게 됨
3. 과도하게 낮은 체중을 적극적으로 유지, 관리하는 것(예: 예상한 것의 85% 또는 체질량 지수 ≤17.5[1])

무월경(청소년 이상의 여성에서), 즉 이전의 DSM 판에서 신경성 식욕부진증 진단을 위한 요건은 타당성이 의심스러워 제외되었다. 즉, 다른 진단기준을 충족하는 여성 대부분은 무월경을 지니고 있으나 그렇지 않을 수도 있다.

신경성 폭식증 진단을 위해서는 다음의 세 가지 특징이 나타나야 한다.

1. 신경성 식욕부진증에서처럼 체형과 체중을 과도하게 평가하는 것
2. 반복적인 폭식. '폭식(binge eating)'은 객관적으로 많은 양의 음식을 먹으며 동시에 통제력을 상실하는 삽화가 있는 것
3. 극단적인 체중 통제 행동, 즉 엄격한 섭식제한, 반복적인 자기유도 구토나 하제를 사용하는 것

또한 신경성 폭식증을 진단하기 위한 배제 기준이 있는데, 즉 신경성 식욕부진증의 기준에는 맞지 않아야 한다는 것이다. 이러한 기준은 한 사람이 동시에 두 가지 진단을 받는 것은 확실히 불가능하다.

폭식장애는 DSM-IV에서는 임시적인 진단이었으나, DSM-5에서는 완전한 진단으로 인정되었다. 신경성 폭식증과 신경성 식욕부진증에서 보이는 극단적인 체중 통제 행동이 없는 경우에도 반복적인 폭식이 나타나는 경우 섭식 문제로 볼 수 있도록 고안된 것이다.

어떠한 진단기준도 두 가지 기타 섭식장애 진단에 특정화된 것은 없다.

1) 주 1을 보라.

임상적 특성

신경성 식욕부진증 및 신경성 폭식증과 달리 명시된 섭식장애의 사례 대부분은 여성이나 남성 및 청소년에서도 근본적으로 동일하고 뚜렷한 '핵심 정신병리'를 공유하고 있다. 체형과 체중에 대한 과대평가를 한다는 것이다. 대부분의 사람은 삶의 다양한 영역(예: 그들의 관계의 질, 그들의 업무 수행, 그들의 운동 기량)에서 그들이 인식한 자신의 수행에 근거하여 스스로를 평가하는 반면, 섭식장애가 있는 사람들은 그들의 체형과 체중, 그리고 그것에 대한 자신의 통제능력의 측면에서 대부분의 자기가치를 판단한다. 이러한 섭식장애(그리고 신체이형장애)의 정신병리학은 독특하며, 일반적인 사람들에게는 거의 나타나지 않는다. 이것은 '체형 불만족'과 구별되어야 하는데, 이는 자신의 외모의 측면을 싫어하는 것이다. 어느 정도의 체형 불만족은 일반적인 것이며, 이러한 것은 때로 '규범적 불만'으로 언급되기도 한다.

체형과 체중에 대한 과대평가는 체중 감소를 추구하게 하고(이것이 특정 체중으로의 감소가 아닌 일반적인 체중 감소에 대한 추구임을 기억하라), 체중 증가와 살찌는 것에 대한 강한 두려움을 유발한다. 이 장애에서 대부분의 다른 특징은 이 핵심 정신병리에 2차적인 것이며, 그것의 결과이다(예: 소식, 심하게 저체중이 되는 것). 따라서 신경성 식욕부진증 환자들은 지속적이고 성공적인 체중 감소의 추구로 심한 저체중 상태가 된다. 이러한 추구는 문제로 여겨지지 않는다. 오히려 이것은 가치 있어 보이며, 그 결과 환자들은 변화하고자 하는 열망이 거의 없다. 이러한 이유로 이들 환자의 치료 시작은 종종 다른 사람들의 책임이 된다. 신경성 폭식증에서 음식 섭취를 제한하려는 시도들이 이에 대한 통제 상실을 반복적으로 하는 삽화로 인해 와해된다. 일반적으로 이러한 폭식은 혐오적이고 스트레스의 원인이 되기 때문에 이들은 도움을 청하게 된다. 결과적으로 신경성 폭식증 환자들은 치료에 개입시키기가 더 쉬우며, 수반되는 수치감이나 비밀에도 불구하고 그들의 섭식 문제를 드러내고 치료에 개입되는 데 몇 년을 미루기도 한다.

신경성 식욕부진증과 신경성 폭식증의 핵심 정신병리는 다른 식으로 표현되기도 한다. 많은 환자가 '살찐 느낌'으로 혐오적인 신체적 · 정서적 상태에 대해 잘못된 명명을 하고, 이것을 실제 살찐 것이라고 생각한다. 또한 수차례 반복해서 자신의 체형에 대해 비난하고, 자신이 싫어하는 부분에 초점을 둔다. 이것은 환자들이 자신의 체구를 과대평가하게 한다. 다른 사람들도 자신을 뚱뚱하고 혐오스럽게 여길 것으로 가정하고, 자신의 신체를 보는 것을 적극적으로 피한다. 비슷한 행동이 체중(체중 체크)에도 나타나, 많은 환자는 빈번하게 자신의 체중을 잰다. 그 결과 이 환자들은 매일매일의 사소한 체중 변동에 집착하는 반면, 다른 환자들은 그들의 체중을 아는 것을 피하고, 체중에 대해 과도하게 걱정하는 상태로 남게 된다.

신경성 식욕부진증

신경성 식욕부진증에서의 체중 감소에 대한 추구는 음식을 살찌게 하는 것으로 보고 피하기 때문에 극심하고 선택적인 음식 섭취를 제한하게 한다. 일반적으로 이와 같은 진짜 '식욕부진(식욕 상실)'은 없다. 이러한 극심한 소식은 금욕, 경쟁심, 타인에게 관심받고자 하는 욕구 등을 포함하는 다른 동기의 표현일 수 있다. 이 장애의 초기 단계에서 극심한 소식은 자신의 권리를 추구하는 목표일 수 있으며, 환자는 이것이 부여하는 자기통제감에 대해 높은 가치를 부여할 수 있다. 어떤 환자들은 또한 자신의 체중 감소에 기여하는 운동에 매달릴 수도 있다. 이것은 운동에 대한 강한 동기, 운동하고자 하는 경향, 삶의 다른 측면보다 운동을 우선시하는 것 등으로 특징지어질 수 있다. 자기유도 구토와 다른 극단적인 체중 통제 형태(예: 하제의 과다 사용 등)는 이러한 환자군의 하위 집단에서 나타나며, 비록 그들에게 많은 양이 객관적으로 많은 양은 아니지만 중복되는 집단군도 섭식에 대한 통제력 상실 삽화를 지닌다. 우울과 불안 양상, 안절부절못함, 감정의 변덕스러움, 손상된 집중력, 성욕의 감소 및 강박적 특성 등이 종종 나타난다. 이러한 양상은 전형적으로 체중이 감소할 때 더 나빠지고 체중이 증가하면 향상된다. 환자들이 과소체중이 될 때 그들 대부분이 사회적으로 철회되고 고립되기 때문에 외부 세계에 대한 흥미도 감소한다. 이것은 또한 그들의 체중이 증가하면서 더 나아지는 경향이 있다.

신경성 폭식증

신경성 폭식증을 지닌 사람들의 섭식 습관은 신경성 식욕부진증의 그것과 유사하다. 주요하게 구별되는 특성은 음식 섭취를 제한하려는 시도가 반복되는 폭식 삽화에 의해 실패한다는 것이다. 이러한 삽화의 빈도는 주 1회(DSM-5 진단기준)에서부터 하루에 여러 차례까지 나타나며, 한 삽화에서의 음식 섭취량도 다양하지만 대략 1,000~2,000kcal에 달한다. 대부분의 사례에서 폭식 이후에 보상적 자기유도 구토나 하제 오용이 나타나지만, '제외'하지 않는 환자 하위 집단도 있다. 신경성 폭식증 환자 대부분의 체중은 건강한 범위(BMI 18.5~25)인데, 이는 과소섭취와 과대섭취가 서로 균형을 이루는 효과가 있기 때문이다. 그 결과, 이 환자들은 매우 낮은 체중을 유지하고자 하는 2차적인 심리적·신체적 영향을 경험하지 않는다. 우울과 불안 특성은 신경성 폭식증에서는 뚜렷이 나타나 신경성 식욕부진증 환자들보다 심하며, 약물 오용이나 자해에 관여하는 환자 하위 집단도 있다. 폭식을 하는 신경성 식욕부진증 환자들에게서도 존재하는 이 하위 집단은 경계선 성격장애 진단을 받기도 한다.

폭식장애

폭식장애를 가진 환자들은 신경성 폭식증 환자만큼의 반복되는 폭식이 보고되지만, 폭식 이외의 섭식 습관은 확연히 다르다. 앞에서 언급한 바와 같이 신경성 폭식증에서는 매우 강한 섭식제한을 하며, 그들 대부분 폭식을 하지 않을 때에는 매우 제한된 섭식을 유지하고자 한다. 반면에 폭식장애를 지닌 사람들은 폭식 외에도 전반적으로 과식하는 경향이 있다. 또한 폭식장애를 가진 환자들의 섭식 습관은 폭식이 추가되어 있지만 비만한 사람들과도 비슷하다. 따라서 자기유도 구토와 하제 오용은 나타나지 않고, 과도한 운동 경향도 나타나지 않는다. 폭식장애에 대한 치료를 받고자 하는 사람들은 과체중이거나 비만 기준에 부합되는 사람들이다(BMI≥30.0).

달리 명시된 및 명시되지 않는 섭식장애

DSM-5의 '달리 명시된' 및 '명시되지 않는' 섭식장애 정신병리는 DSM-IV에서 섭식장애 NOS로 언급되었으며, 신경성 식욕부진증, 신경성 폭식증 및 폭식장애에서 나타나는 것과 매우 유사하다. 이것은 또한 상당한 지속기간과 심각도를 보인다(Fairburn et al., 2007). 결과적으로, 이들 간의 명확한 경계가 없음에도 불구하고 이 범주 내의 두 하위 집단을 구분하는 것은 도움이 된다. 첫 번째 집단은 신경성 식욕부진증이나 신경성 폭식증과 매우 유사하지만 진단기준에는 못 미치는 사례들이다. 예를 들어, 체중이 신경성 식욕부진증의 기준보다는 높거나 폭식장애 빈도가 신경성 폭식증을 진단하기에는 너무 적은 경우이다. 이러한 사례들은 '달리 명시된 섭식장애' 범주에 속하게 된다. 두 번째이자 더 큰 하위 집단은 신경성 식욕부진증과 신경성 폭식증의 임상 특징이 그 두 가지 장애의 원형적 특징과는 다른 방식으로 혼합되어 나타나는 사례들이다. 이러한 상태들은 특징이 '혼합된' 것으로 기술되며, 이들은 '명시되지 않는 섭식장애' 범주에 포함된다. 이러한 유형의 사례들은 흔하게 나타난다(Fairburn & Cooper, 2011).

독자들은 폭식이 없음에도 반복적으로 제거하는(purging) 특성을 설명하는 용어로 소위 '제거행동장애(purging disorder)'라고 이해하게 된다. DSM-5에서 이러한 사례들은 '달리 명시된 섭식장애' 범주에 속하게 된다. 우리 경험으로는, 이러한 기준을 충족하는 대부분의 사람이 주관적인 폭식을 경험하며, 따라서 신경성 폭식증의 변형을 가진 것으로 보게 되는 것이다.

마지막으로, 늦은 저녁이나 밤중에만 과식을 하는 것으로 기술하는 환자들은 '야식증후군(night eating syndrome)'이라고 하는데, 이는 이 장의 범위에서 벗어난 것이다. 야식증후군에 대한 정보나 치료에 대한 내용은 Laudgren, Alision과 Stunkard(2012)의 책에서 언급된다.

발달 및 세부 과정

신경성 식욕부진증은 전형적으로 상당히 극단적으로 융통성 없는 상태의 섭식제한을 시작하면서 보통 청소년기에 발병한다. 이 장애의 초기 단계는 스스로 제한을 하고 치료 반응적이지만, 만약 문제가 지속된다면 증상이 좀 더 자리를 잡게 되어 좀 더 집중적인 치료가 필요해진다. 사례의 10~20%가 다루기 힘들고 반복된다고 밝혀졌다. 비록 치료되는 환자들이라도 잔류 증상이 일반적이며, 특히 체형, 체중과 섭식에 대한 과도한 관심은 일반적이다. 폭식의 발전이 흔히 나타나는 것으로, 이 사례의 반 정도가 완전히 신경성 폭식증으로 발전한다. 긍정적 예측 요인들 중 가장 뚜렷한 것은 발병 연령이 어리고 기간이 짧은 것인 반면, 부정적 예측 요인은 긴 병력, 심각한 체중 감소, 폭식장애 및 구토를 포함한다. 신경성 식욕부진증은 10세부터 이후 10년 동안 조기 사망률을 높이는 것과 관련된 한 가지 섭식장애이다. 대부분의 사망이 의학적 문제로 인한 직접적 결과나 자살에 의해 발생한다.

신경성 폭식증은 발병 연령이 다소 늦은데, 전형적으로 10대 후반이나 초기 성인기에 나타난다. 이는 보통 신경성 식욕부진증과 똑같은 방식으로 시작하는데, 사실 신경성 폭식증의 1/4이 진단기준을 충족시키기도 한다. 결과적으로, 폭식 삽화는 섭식제한을 방해하며, 그 결과 체중은 정상이거나 거의 정상 수준에 이른다. 이 장애는 극단적인 자기 반복을 한다. 따라서 환자는 와해된 섭식을 8년 이상 지속하는 병력을 지니기도 한다. 어떠한 일관된 예후에 대한 예측 요인이 확인되지는 않지만, 아동기 비만, 낮은 자존감, 성격와해의 징후 등이 부정적 예후와 관련된다.

폭식장애는 증상이나 과정에서 다소 다른 연령을 보인다. 대부분의 환자는 중년이며, 1/3이 남성이다. 이것은 신경성 식욕부진증, 신경성 폭식증, 기타 섭식장애와는 매우 다른데, 일반적으로는 여성들이며(약 10%는 남성), 청소년이나 젊은 성인들이다. 임상적 경험은 폭식장애 과정에 따라 다르고, 지속적이기 보다는 단계적이며, 대부분의 환자가 섭식장애로부터 벗어난 기간이 수개월 정도였다고 보고한다. 이들 환자는 과식이나 체중 증가를 보이는 일반적 경향이 있다. 이들은 신경성 식욕부진증이나 신경성 폭식증 내력을 거의 보고하지 않는다.

기타 섭식장애 발달 및 과정에 대해서는 거의 알려져 있지 않다. 대부분의 환자가 청소년기이거나 20대 초반이며, 신경성 폭식증은 상당히 긴 병력을 지니고 있다(Fairburn et al., 2007). 환자의 1/4이 과거에 신경성 식욕부진증이나 신경성 폭식증을 지녔기 때문에 그들의 현재 상태는 진화되는 섭식장애의 현재 상태일 뿐이다.

'범진단적' 관점

섭식장애를 분류하는 DSM-5에서는 신경성 식욕부진증, 신경성 폭식증, 폭식장애를 각각의 치료방식을 요구하는 구분되는 임상적 상태로 본다. 이것은 증거가 뒷받침되지 않는 임상적 특징에 대한 고려와 시간에 따른 경과와는 다른 것이다(Fairburn & Harrison, 2003). 폭식장애를 예외로 하며, 섭식장애는 공통적인 많은 특징을 지니고 있고, 이는 다른 정신과적 장애에서는 나타나지 않는 것이다. 이 과정에 대한 연구들은 환자들이 시간이 지남에 따라 이러한 진단 간에 변화가 나타남을 시사하고 있다. 즉, 시간에 따른 변화는 예외라기보다는 일반적인 것이다. 이러한 시간에 따른 변화는 이 장애들이 동일하고 뚜렷한 정신병리를 공유하면서도 동시에 '범진단적(transdiagnostic)' 기제의 공유가 이들 섭식장애 정신병리의 유지와 관련된다는 것이다(Fairburn, Cooper, & Shafran, 2003). 만약 그렇다면 이를 유지하는 기제를 성공적으로 다룰 수 있는 치료들은 하나 이상의 섭식장애 유형에 모두 효과적이어야 한다.

인지행동 이론

신경성 폭식증

대부분의 근거기반 인지행동치료와 동일하게, 신경성 폭식증을 위한 인지행동치료(cognitive-behavior treatment for bulimia nervosa: CBT-NT)에 근거한 이론은 이 장애의 발달을 설명하기보다는 오히려 **장애를 유지하는 과정**에 관심이 있다. 이 이론에 따르면, 자기평가에 대한 이들 환자의 역기능적 도식은 이 장애를 유지하는 데 핵심적인 것이다. 앞에서 언급한 바와 같이 대부분의 사람은 다양한 삶의 영역에 대해 스스로 인식한 성과에 근거하여 자신을 평가하는 반면, 섭식장애를 지닌 환자들은 자신의 체형과 체중, 그리고 그것을 통제할 수 있는 능력에 근거하여 자신을 판단한다. 그 결과, 그들은 섭식 통제, 날씬함, 적극적으로 추구하는 체중 감소를 통한 체형, 체중, 섭식에 초점을 두는 반면, 과식, 살찜, 체중 증가는 열심히 피하고자 한다. 신경성 폭식증의 다른 특징 대부분은 체중 통제 행동, 다양한 형태의 신체 점검 및 회피의 다양한 형태, 체중 및 체형, 섭식에 대한 집착을 포함하는 '핵심 정신병리'에 기초를 두고 있다. [그림 17-1]은 관련된 주요 과정에 대한 도식적 표상(혹은 '개념화')을 표현하고 있다.

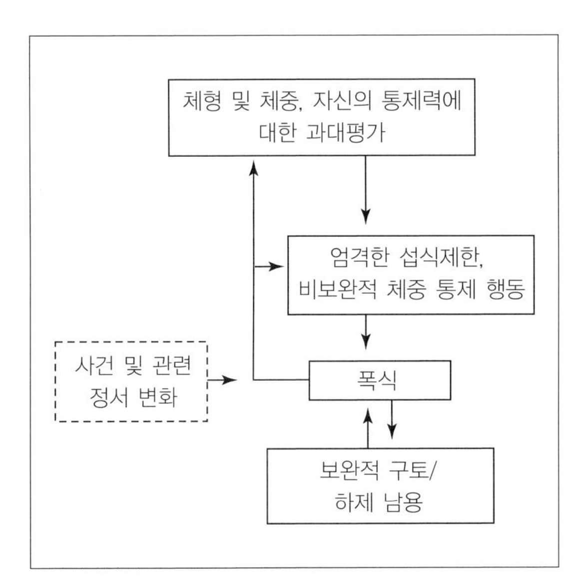

[그림 17-1] 신경성 폭식증의 유지에 대한 인지행동치료 이론

출처: Fairburn (2008), p. 19.

핵심 정신병리에 대한 직접적 표현이 아닌 신경성 폭식증의 유일한 특징은 이들 환자의 폭식행동이다. 인지행동 이론에 따르면 이러한 폭식행동이 적게 먹는 방법은 아니지만 섭식을 통제하려는 이들 환자의 독특한 방식의 산물이라는 것이다. 그들이 어떻게 먹는지에 대해 제공된 일반적인 지침보다, 이들 환자는 몇 가지 극단적이고 특별한 섭식 규칙을 따르려고 한다. 수반되는 또 다른 경향, 즉 빈번하고 부득이하게 이 규칙을 깨고자 하는 극단적이고 부정적인 방식으로 반응하는 경향은 사소한 섭식에서의 실수도 자기통제 부족의 증거로 해석된다. 그 결과, 환자들은 자신의 섭식을 제한하려는 시도를 포기하고 대신 먹고자 하는 충동에 굴복하고 반응한다. 이것은 섭식을 제한하고자 하는 시도가 폭식 삽화에 의해 반복적으로 방해받는 매우 뚜렷한 패턴을 나타내게 된다. 폭식행동은 자신의 섭식, 체형, 체중을 통제하는 자신의 능력에 대한 환자의 관심을 강화시킴으로써 핵심 정신병리를 유지하도록 하고, 이는 이후의 폭식행동 삽화 위험성을 높이는 더욱 제한적인 섭식을 부추기게 된다.

섭식에서 환자의 실수와 폭식은 우울해서 나타나는 것은 아니며, 그보다는 생활에서의 어려움에 대한 반응이거나 감정 변화와 관련되어 나타난다. 부분적으로는 폭식이 부정적 감정을 일시적으로 경감시켜 주기 때문에, 또한 부분적으로는 환자가 자신의 어려움에 대한 생각으로부터 벗어날 수 있게 해 주기 때문에 발생한다.

계속되는 과정은 보완적인 '제거'(즉, 폭식행동 삽화의 반응으로 구토를 하거나 하제를 사용하는 것)를 연습하는 환자들에게 폭식을 유지하게 한다. 칼로리 섭취를 막는 것과 관련하여 제거의 효율성에 대한 환자의 잘못된 신념은 폭식을 하지 않게 하는 것을 방해한다. 그들은 구토가 단순히 그들이 먹은 것으로 일부분만 배출한 것이며, 하제 사용은 에너지 섭취에는 거의 효과가 없다는 것을 인식하지 못한다(Fairburn, 2013).

신경성 폭식증을 유지하는 잘 정립된 인지행동적 설명은 치료에 대한 명확한 의미를 갖는다. 만약 치료에서 폭식행동과 제거에 대한 영향이 지속된다면, 자신의 섭식에 대한 환자의 극단적 시도를 다루고, 자신의 체형과 체중을 과도하게 평가하고자 하는 환자의 극단적 시도 및 혐오적 사건과 부정적 기분에 대한 반응으로 먹고자 하는 경향을 다룰 필요가 있다.

신경성 식욕부진증과 달리 명시된 섭식장애

신경성 폭식증 유지에 대한 인지행동적 설명은 다른 섭식장애에도 모두 확장될 수 있다. 앞에서 언급한 바와 같이 '범진단적' 이론은 신경성 식욕부진증과 신경성 폭식증에 공통점이 있다는 것을 강조한다(Fairburn et al., 2003). 그들은 본질적으로 체형과 체중에 대해 과대평가를 한다는 동일한 핵심 정신병리를 지니며, 자신의 정신병리를 유사한 태도와 행동으로 표현한다.[2)] 따라서 신경성 식욕부진증 환자들은 신경성 폭식증 환자들과 동일하게 경직되고 극단적인 방식으로 음식 섭취를 제한하고, 토하고, 하제를 사용하고, 과도한 운동을 한다. 폭식은 두 집단을 구분하지는 않는데, 왜냐하면 폭식을 하는 신경성 식욕부진증의 하위 집단도 있기 때문이다. 두 장애의 주요한 차이는 저섭취와 과식 간의 상대적인 균형에 있으며, 체중에 대한 그것의 영향에 있다. 신경성 폭식증에서는 체중이 일반적으로 크게 두드러지지 않는 반면, 저섭취가 우세한 신경성 식욕부진증은 그 결과로 체중이 매우 적고 기아의 특징이 있어 이것이 임상적 특징과 유지에 공헌하게 된다. 이와 관련된 특별한 중요성은 그들의 사회적 철회가 기아로 나타난다는 것인데, 외부 영향으로부터 고립되는 것이 섭식, 체형, 체중에 대한 그들의 과도한 관심을 감소시키기 때문에 사회적 철회가 자기 섭취를 격려하게 된다. [그림 17-2]는 신경성 식욕부진증의 고전적인 '제한적' 형태에 대한 인지행동적 개념화를 보여 주고 있다.

신경성 폭식증과 신경성 식욕부진증을 유지하

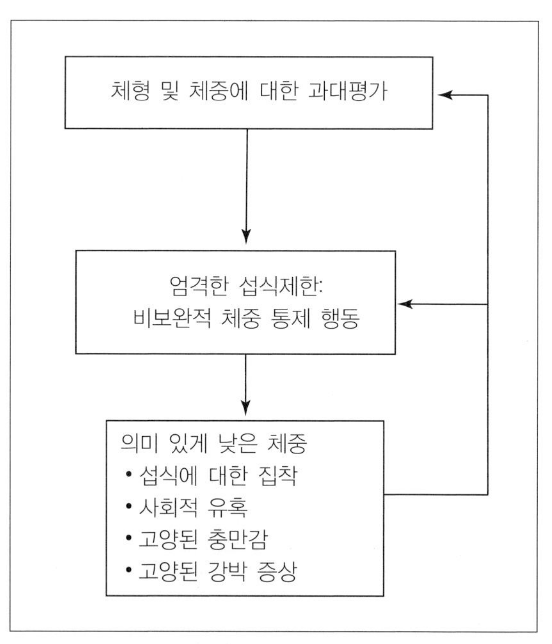

[그림 17-2] 신경성 식욕부진증의 유지에 대한 인지행동 이론

출처: Fairburn (2008), p. 21.

2) 주 2를 보라.

는 기제는 또한 다른 특정 섭식장애에서 나타나는 임상적 특징을 유지하게 하는 것으로 보인다. [그림 17-3]은 혼합된 범진단적 개념화를 나타내고 있다. 이것은 신경성 폭식증과 제한적 신경성 식욕부진증 개념화가 조합된 것이다. 우리의 경험상 이러한 혼합된 개념화는 그것이 정확히 무슨 형태이든 모든 섭식장애를 유지하는 핵심 과정을 나타낸다. 한 개인에게 나타나는 특정 과정은 섭식장애 정신병리에 존재하는 성향에 따라 달라진다. 어떤 사례(예: 대부분의 폭식장애)에서는 단지 이렇게 제한된 몇 개의 과정만 나타나는 반면, 다른 경우(예: 폭식과 제거가 있는 신경성 식욕부진증)에는 대부분의 모든 과정이 작동한다. 신경성 폭식증 유지에 대한 인지행동적 설명에서는 공통적으로 이러한 범진단적인 설명은 치료에서 언급되는 과정을 강조하며, 따라서 임상가는 환자의 정신병리에 들어맞는 치료를 고안하도록 돕는다.

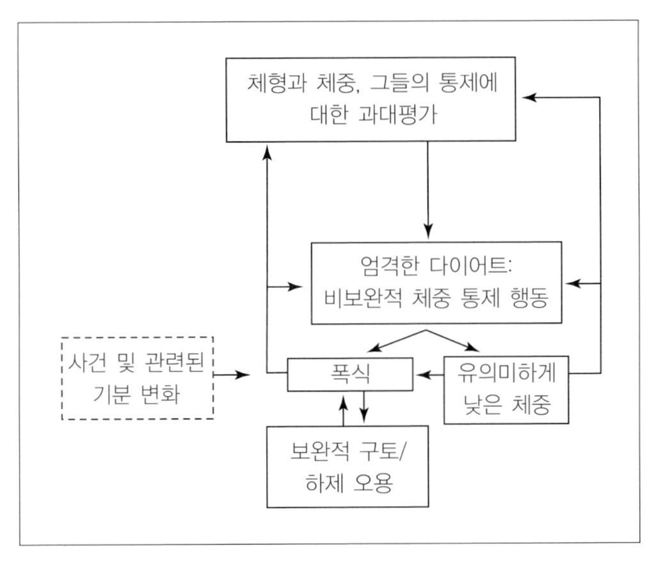

[그림 17-3] 섭식장애에 대한 '범진단적' 인지행동 이론

출처: Fairburn (2008), p. 21.

치료에 대한 연구

섭식장애를 분류하는 현재의 방식과 일관되게, 치료에 대한 연구는 고립에 대한 특정 장애에 초점을 두어 왔다. 이 연구는 Hay와 Claudino(2010)에 의해 고찰되었으며, 권위적인 메타분석이 영국 국립임상연구원(National Institute for Clinical Excellence: NICE)(2004)에 의해 실시되었다. 무선통제 설계로 이루어진 치료의 대부분은 주로 신경성 폭식증에 초점을 둔 것이며, 청소년을 대상으로 한 치료는 적었다. 신경성 폭식증에 대한 인지행동치료(CBT-BN)가 명확히 가장 효과적이었다. 그럼에도 이 치료는 만병통치약이 아니며, 치료를 시작한 환자의 절반 정도가 지속적이고 최상의 반응을 보인다. 대인관계치료(interpersonal psychotherapy: IPT)는 CBT-BN의 잠재적인 대안으로, 적절한 효과를 거두기 위해서는 약 8~12개월 이상이 소요된다. 항우울제[특히 아침에 60mg 용량의 플루옥세틴(fluoxetine)]는 이득이 있지만, CBT-BN과 함께 복용하는 것만큼 크지는 않으며, 이러한 효과도 지속적이지 않다는 몇몇의 결과도 제시되고 있다.

신경성 식욕부진증에 대한 연구는 훨씬 적다. 대부분은 청소년에 대한 연구이며, 가족기반치료(family-based treatment: FBT; Lock, le Grange, Agras, & Dare, 2001)로 매우 특화된 치료에 대한 것이다. 가족기반치료[FBT, 런던의 모즐리 병원에서 사용되어 종종 '모즐리 방법(the Maudsley Method)이라고 불림]에 대한 광범위한 열의에도 불구하고, 이 방법 역시 한계가 없는 것은 아니다(Lock, 2011; Lock et al., 2010). 이 치료는 어떤 가족과 환자들에게는 받아들여지지 않으며, 어떤 환자들은 부모의 격려 없이 밥을 먹는 것이 어렵고, 환자의 절반도 훨씬 안 되는 수만이 치료에 제대로 반응을 한다.

폭식장애 치료에 대한 연구들이 점점 늘고 있다. 다양한 심리학적 치료가 매우 효과적인 것으로 보이며, 신경성 폭식증과 신경성 식욕부진증으로 치료받았을 때보다 더욱 효과적이다(Wilson, Grilo, & Vitousek, 2007). 세 가지 치료가 가장 효과적인데, CBT-BN의 적용, CPT, '지도된 자기치료(guided self-help)'라고 불리는 가장 단순한 CBT-BN 판이 그것이다. 폭식장애에 대한 CBT-BN과 IPT의 효과는 시간을 늘린 과정으로는 둘 다 유사한 효과를 보이지만, 신경성 폭식증에서 보인 반응과는 매우 다르다. 전반적으로 폭식장애가 공유된 '명시되지 않는' 정신병리 과정이 잠재적 영향을 지니고 있는 것으로 보이는 다른 섭식장애보다는 치료에 더욱 반응적이다. 어쩌면 가장 놀라운 것은 지도된 자기치료의 효과이다(Wilson & Zandberg, 2012). 이 간단한 개입(전형적으로 각 회기당 20분씩 8~10회기의 비전문가 '촉진자'에 의해 이루어짐)은 치료 종결 시와 2년 추후 평가 시 회기당 50분씩 20회기의 IPT만큼 효과적이다(Wilson, Wilfley, Agras, & Bryson, 2010). 폭식장애에 대한 약물치료는 없다. 마지막으로, 비만 동반이환에 대한 이들 치료의 유의미한 효과는 없는 것으로 보인다. 이들 환자의 과도한 칼로리 섭취가 그들 스스로 공급한 것이라기보다는 그들 외부의 과식으로부터 이루어진다는 것도 놀라운 일은 아니다.

기타 섭식장애 치료에 대한 연구는 1개뿐이라 그들의 이환율에서 제외되었다. 이러한 연구 결과들은 다음에서 논의될 것이다.

증진된 인지행동치료 연구

인지행동치료에 대한 최근의 범진단적 형태는 달리 명시된 섭식장애를 포함하여, 성인에게 나타나는 모든 영역의 섭식장애를 위해 고안되도록 발전되어 왔다(Fairburn, 2008; Fairburn et al., 2003). 이것은 앞에서 언급된 범진단적 이론에 근거하며, CBT-BN으로부터 고안되었다. 증진된 인지행동치료(enhanced cognitive behavior therapy: CBT-E)는 그것이 치료 유지와 효과를 향상시키도록 다양한 새로운 전략과 과정을 사용하였기 때문에 '증진된'이라고 기술하였다. 또한 이것은 섭식장애의 핵심, 즉 임상적 완벽주의, 낮은 자존감, 대인관계 어려움 등을 '외부적'으로 변화시켜 장애물을 극복하도록 고안된 모듈을 가지고 있다. 따라서 CBT-E의 두 가지 형태는 섭식장애의 정신병리에 특별히 초점을 두는 초점화된 형태와 변화시켜야 할 세 가지 외재적 장애물을 함께 다루는 광범위한 형태이다.[3] 이 치료는 또한 두 가지 길이가 있는데, 심각하게 저체중이 아닌 BMI 18.5 이상의 환자를 위한 20주 판과 BMI 18.5 이하인 환자를 위해 2배까지 늘릴 수 있는 판이다.

1차적으로는 외래치료를 위해 고안된 CBT-E는 낮 병원이나 입원 병동 판으로 개발되어 왔으나, 집단치료용이라기보다는 개인치료용이다(Dalle Grave, 2012). 이것은 청소년을 위해서도 개정되었

3) 주 3을 보라.

다(Cooper & Stewart, 2008; Dalle Grave, Calugi, Doll, & Fairburn, 2013).

CBT-E에 대한 연구는 여전히 초보 수준이다. 이와 관련된 첫 번째 연구에서 Fairburn과 동료들(2009)은 섭식장애 환자의 범진단적 사례들을 영국의 지역기반 국가건강서비스(National Health Service center) 두 군데에서 모집하였는데, 이들은 모두 BMI 17.5 이상이었다(즉, DSM-IV 용어로 신경성 폭식증이거나 혹은 기타 섭식장애). 이 환자들은 대기자 통제군이거나 초점화된 혹은 광범위한 CBT-E에 할당되었으며, 그 후 그들은 사후 평가까지 60주 동안 같은 집단에 속하였다. 이를 통해 다음과 같은 두 가지 발견이 있었다.

1. CBT-E의 두 가지 판은 전반적으로 동일하게 효과적이다. 치료 반응 크기는 CBT-E가 그 이전 것인 CBT-BN에 비해 조금 더 효과적인데, 특히 치료 배제 기준을 덜 사용했을 때 그렇다(Crow & Peterson, 2009).
2. 신경성 폭식증과 기타 섭식장애 환자들 간의 치료 반응에서는 차이가 없다.

옥스퍼드의 두 번째 연구(미출판)가 이러한 발견들에 대해 동일 연구를 실시하였다. 또한 호주의 개방된 범진단적 연구에서도 치료 종결자들의 경우에는 매우 유사한 결과를 얻었다(Byrne, Fursland, Allen, & Watson, 2011). 불행하게도, 이 연구의 치료자들은 CBT-E 전문가로부터 훈련 및 슈퍼비전을 받지 않았으며, 따라서 이 결과들에 대해 완전한 신뢰를 갖는 것이 어려웠다.

원래의 영국 연구에서도 계획된 중재분석(planned moderator analysis)을 실시하였다(Fairburn et al., 2009). 이 결과들은 치료의 광범위한 판이 치료목표로 고안된 외적 정신병리를 더 효과적으로 치료하는 반면, 초점화된 판이 나머지 환자에게는 더 효과적이라는 것이다.

다른 한 연구는 소개할 가치가 있는데, 이것은 신경성 폭식증 치료에서 CBT-E(초점화된 형태, 20주 이상 20회기 실시)를 더 긴 정신분석치료(약 2년에 걸쳐 100회기 동안 치료)와 비교한 것이다(Poulsen et al., 출판 중). 두 세트의 치료자들이 사용되었으며, 각각은 잘 훈련되고 슈퍼비전되었다. 결과는 CBT-E가 20주 후(CBT-E의 종결 시점)와 2년 후(정신분석의 종결 시점) 모두에서 정신분석에 비해 효과적이라는 것이 발견되었다. 이것은 실시된 치료 회기나 치료기간의 뚜렷한 차이를 무시한 것이다. 더욱이 이것은 주 연구자가 정신분석 치료자이기 때문에 충성효과와도 반대되는 것이다. 이 결과는 소위 '도도새 평결(dodo bird verdict)'이라고 불리는 명확한 논리적 결과로, 모든 치료자가 그것의 효과에서는 동일하다는 결론을 내렸다(Luborsky, Singer, & Luborsky, 1975).

최근까지도 CBT-E에 대한 가장 중요한 질문은 저체중 환자들을 치료할 때에도 사용할 수 있는가 하는 것이다(즉, 신경성 식욕부진증 환자나 달리 명시된 섭식장애를 지닌 저체중 환자). 이것이 사용 가능하다는 것은 이제 명확하다. 따라서 이 장애를 지닌 세 코호트의 환자들에서 좋은 결과가 나타났는데, 두 코호트는 성인군(총 N=99; Fairburn, Cooper, Doll, Palmer, & Dalle Grave, 2013), 한 코호트는 청소년군(N=49; Dalle Grave et al., 2013)이었으며, 그들은 모두 심각하게 저체중이다.

결론을 말하면, CBT-E에 대한 연구로부터 언급해야 할 세 가지는 다음과 같다.

1. CBT-E는 성인의 모든 유형의 섭식장애를 치료하는 데 사용될 수 있다. 따라서 CBT-E는 이러한 관점에서 진정으로 범진단적이다. 이것은 섭식장애에 대한 다른 근거기반치료에는 적용되지 않았다. 그럼에도 CBT-E는 서로 다른 섭식장애를 위한 서로 다른 치료들을 배울 필요가 없게 하였다(Fairburn & Wilson, 2013).
2. CBT-E가 신경성 식욕부진증 성인의 치료에서 사용하기에 좋은 자료라는 것을 강조할 필요가 있다. 또한 CBT-E의 적용에 대한 자료가 다른 어떤 치료보다도 많다.
3. CBT-E는 신경성 식욕부진증을 지닌 청소년을 치료할 수도 있다. 이것은 FBT의 잠재적 대안으로 사용된다. 두 접근을 비교한 연구가 이를 명확히 나타내고 있다(Dalle Grave et al., 2013).

이 장의 나머지 부분은 CBT-E의 주요 형태, 즉 초점화된 판을 기술하는 데 할애한다. 이것은 이 치료의 핵심 판이며, CBT-E의 다양한 판의 기본으로 사용되는 것이다. 이것은 섭식장애를 지닌 수많은 성인을 치료하는 데 사용된 판이며, 외래치료에서 사용될 수 있도록 한 것이다. 초점화된 치료의 전체 설명은 광범위한 판의 세부사항(Fairburn, Cooper, Shafran, Bohn, & Hawker, 2008)과 함께 치료지침 완전본(Fairburn, 2008; Fairburn, Cooper, Shafran, et al., 2008b)에 기술되어 있다. Dalle Grave(2012)의 책은 CBT-E가 입원, 낮 병원, 집중적 외래치료 환경에 적절하게 수정되어 사용될 수 있는지를 기술하고 있으며, 청소년에게 필요한 두 가지 수정에 대해 기술하고 있다(Cooper & Stewart, 2008; Dalle Grave et al., 2013).

치료의 맥락

환자

CBT-E는 임상적으로 심각한 섭식장애 환자를 위한 치료이다(섭식장애 정신병리는 일관적이며, 환자의 심리사회적 기능이나 신체적 건강을 유의미하게 손상시킨다). 이는 18세 이상의 환자를 위해 고안되었으며, 남자나 여자 모두에게 모두 적절하다. 외래기반치료이기 때문에, 신체적 측면에서나 정신과적 관점에서 모두 이러한 방식으로 환자가 관리되는 것이 안전하다. 임상장면에서 이는 환자의 신체상태가 안정적이며, 자살위험성이 없다는 것을 의미한다. 이 치료는 BMI 15~40의 환자들을 위해 고안되었다. 몇몇 BMI 15 이하 환자에게 외래 CBT-E를 사용할 수는 있겠지만, 이 경우 매우 경험 많은 치료자에게 맡겨져야 할 것이다. 이러한 환자를 다루는 것은 Dalle Grave(2012)에서 논의하고 있다. BMI 40 이상의 환자는 Mitchell과 de Zwaan(2012)의 책에서 다루고 있다.

치료자

CBT-E를 사용하는 데 필요한 특별한 전문적 자격은 없으나, 적절한 배경적 지식과 경험이 있는 것이 바람직하다. 첫째, 이상적으로 치료자는 일반적인 정신병리와 특히 섭식장애 정신병리에 대한 지식이 잘 갖춰져야 하며, 섭식장애 환자들과 일한 경험이 있어야 한다. 둘째, 치료자는 섭식장애의 의학적 어려움을 잘 알고 적절히 다룰 수 있어야 한다(Fairburn, Cooper, & Waller, 2008b). 셋째, 치료자는 단기적인 정신병리 초점화 치료를 잘 사용할 수 있어야 하며, 이러한 방식으로 일한 경험이 있어야 한다.

CBT를 사용하는 수많은 적용 예와는 달리, 치료자의 성별은 섭식장애 환자 치료에 관계된다. 이들 환자의 대부분이 여성이며, 그 결과 여성 치료자들에게 다소 이득이 있다. 그들은 환자의 어려움을 좀 더 이해하는 것으로 비춰지며, 따라서 체형과 체중을 수용한다는 측면에서 역할 모델이 될 수도 있다. 이러한 고려는 사소한 것이지만, 그럼에도 치료 실시 과정에서 좀 더 도움이 될 수도 있다. 우리의 경험으로는 여성과 남성 모두 유능한 CBT-E 치료자가 될 수 있다.

환자를 평가하고 치료하기 위해 그들을 준비시키기

초기 평가 면담

초기 평가 면담은 세 가지 연관되지 않은 목표를 지닌다. 첫 번째 목표는 환자가 편안해지고 긍정적인 치료관계를 형성하기 시작하는 것이다. 이것은 몇 가지 이유로 매우 중요한데, 첫째 섭식장애를 가진 많은 환자는 그들의 '자아-동질적' 정신병리 특성으로 인해(특히 저체중 환자들의 경우), 수치심 때문에(특히 폭식장애 환자들의 경우), 혹은 과거에 경험한 혐오적인 치료경험 때문에 치료에 대해 매우 양가적이다. 평가를 하는 임상가는 환자들의 평가 면담에 대한 태도에 민감해질 필요가 있으며, 그에 대해 직접 물어보아야 한다. 목표는 환자에게 자신의 문제의 성질에 대한 전문적 견해와 치료적 선택을 제공하면서 면담을 끝내는 것이다.

두 번째 목표는 진단을 하는 것이다. 명확한 섭식장애가 불안장애(예: 사회공포증으로 인해 타인들과 밥을 먹기 어려움), 정서장애(예: 임상적 우울증으로 인한 심각한 체중 감소), 혹은 단순한 과식(예: 비만의 경우)으로 바뀌는 경우도 있다. 가장 적절한 다음 단계가 무엇인지를 결정하기 위해서 하나의 문제나 문제들(만약 동반이환병리가 있다면)을 정확하게 진단하고 심각도를 평가하는 것이 중요하다.

세 번째 목표는 환자가 외래기반치료를 받는 것이 안전한가를 확인하는 것이다. 이것은 환자의 건강상태나 자살위험성에 대해 걱정할 이유가 없는지를 점검하는 것이 요구된다. 이렇게 하는 것에 대한 지침은 치료지침 완성본에 나와 있다(Fairburn, Cooper, Shafran, et al., 2008b; Fairburn, Cooper, & Waller, 2008b).

환자들은 만약 그들이 바란다면 다른 사람들을 치료에 초대할 수 있다. 그들은 도덕적 지지(대기 장소에 머무는 것)나 정보제공자가 된다. 정보제공자의 관점은 흥미로운데, 이것이 환자의 어려움에 대한 다른 시각을 제공할 수 있기 때문이다. 환자가 공개하지 않은 문제들(예: 환자가 정해진 시간에 식사를 하지 않거나 매우 적은 양만 섭취하는 것)이 기술될 수도 있다. 그럼에도 성인 환자들이 계속 섭식 문제를 감추는지를 정보제공자가 관여하거나, 감추지 않는다면 관여하지 않아야 한다고 주장하는 것은 적절하지 않다. 이 상황은 부모의 관여가 필수적인 어린 환자들에게는 달라질 수 있다.

첫 번째 면담이 끝날 때쯤에 치료자는 환자의 체중과 키를 측정한다. 이것은 대부분의 환자에게 매우 민감한 문제이며, 어떤 환자들은 완강히 저항한다. 환자가 평가를 마무리해야 해서 체중을 재야 할 때, 우리는 이에 대해 설명을 한다. 우리는 환자가 보고한 체중과 키에 의지해 평가하는 것은 부정확할 수 있기 때문에 적절하게 보지 않는다. 우리 경험상 환자는 그런 일이 없기를 바라기는 하지만 그들의 체중을 잴 것을 예측하고 있다. 이 단계에서 환자가 알고 싶어 하지 않는 그들의 체중을 알아야만 한다고 주장하지는 않으며, 그럼에도 우리는 평가 결과를 논의할 때 그들에게 그들의 BMI를 알려 주는 것이 좋다.

환자가 지치기 때문에 우리는 긴 평가시간을 선호하지 않는다. 또한 우리는 평가 과정의 일부로 환자를 두 번 만나야 하는데, 한두 주 후의 두 번째 약속시간에 가치 있는 새로운 정보가 추가되는 것을 발견했기 때문이다. 두 번째 약속시간에 환자는 좀 더 편안해진다. 그들은 이전에는 공개하지 않았던 정보를 공개하고, 좀 더 주의 깊은 탐색(예: 동반이환 우울 특성에 대한 탐색)을 하는 기회가 된다. 두 번째 약속시간은 치료 선택에 대해 논의하기에 좋다.

우리는 흔히 환자가 초기 평가 면담 전에 몇 가지 질문지를 작성하도록 요구한다. 이것은 유용하여, 환자의 섭식장애에 대한 성향이나 심각성에 대한 표준화된 정보를 제공한다. 우리가 선호하는 두 가지 질문지는 섭식장애검사 질문지(Eating Disorder Examination Questionnaire: EDE-Q; Fairburn & Beglin, 2008)와 임상적 손상평가(Clinical Impairment Assessment: CIA; Bohn & Fairburn, 2008)이다. EDE-Q는 현재 섭식장애 특성의 심각도에 대한 측정을 제공하며, CIA는 심리사회적 기능 면에서 이러한 정신병리의 영향을 평가한다. 두 질문지는 모두 짧고 작성하기가 쉬우며, 최근 28일 이내의 일에 초점을 두고 변화에 민감하다. 또한 일반적인 정신과적 특성에 대한 잘 구성된 측정도구 중 하나를 포함한다.

평가에 대한 결과

두 번째 약속시간 종결 시에 최선의 행동계획을 결정할 수 있다. 일반적으로 다음과 같은 다섯 가지 가능한 단계가 있다.

1. '아무것도' 안 하기. 이것은 스스로 제한을 두고자 하는 사소한 섭식장애 문제일 경우 적절하다.
2. 관찰하기. 문제의 성향이나 심각성이 명확하지 않다면 적절하다. 예를 들어, 증상이 감소되고 있는 경우이다.
3. 외래기반 CBT-E를 제안하기. 이것은 대부분의 환자에게 적절하다. 우리는 실제 CBT-E를 BMI 15.0~40.0의 모든 섭식장애 환자에게 제안한다.
4. 좀 더 집중적인 치료를 제안하기. 우리는 BMI 15.0 이하이고, 신체적 상태가 불안정한 환자들에게 좀 더 집중적인 치료(주로 낮 병원이나 입원치료)를 제안한다. 이후에 CBT-E를 실시할 수 있다. CBT-E를 통해 얻을 수 있는 이득이 적을 때 또한 좀 더 집중적인 치료를 제안한다.
5. 다른 곳으로 의뢰하기. 문제가 섭식장애가 아닌 경우(예: 불안장애나 정서장애)에 적절한 결정이다.

만약 환자가 과거에 CBT에서 이득을 얻지 못했다면, 그들에게 두 번째에도 동일한 치료를 제공하는 것이 이득이 있는지를 고려해 보는 것이 좋다. 반면에 환자의 환경이 과거보다 좀 더 좋은 결과를 낼 수 있으며, 환자가 과거보다 좀 더 동기화되어 있을 때에는 실시하는 것도 가능하다. 환자가 과거에 받았던 CBT에 대해 이야기할 때 CBT-E의 특성과 매우 다르다는 것을 언급하는 것은 매우 중요하다. 이전에 받았던 치료가 무엇이었는지를 정확히 알아내는 것은 언제나 필요한 일이다.

CBT-E를 즉시 시작하는 것에 대한 반대

CBT-E를 즉시 시작하는 것에 대한 몇 가지 반대가 있다. 이들 대부분은 섭식장애에 대한 심리학적 치료에 적용되는 것이다. 주요한 반대들은 다음과 같다.

동반이환하는 임상적 우울증

섭식장애를 지닌 대부분의 환자는 2차적인 우울 특징이 있으며, 상당한 하위 집단은 독립적이지만 임상적 우울증과 상호작용한다. 섭식장애를 지닌 환자의 임상적 우울증을 확인하고 다루는 것은 치료지침 완성본(Fairburn, Cooper, & Waller, 2008a)에서 상세히 논의하고 있다. 임상적 우울증은 다양한 방식으로 심리적 치료를 방해한다. 우울 사고는 변화가능성에 대한 다루기 힘든 부정적 생각을 유발하며, 충동 감소에도 비슷한 효과를 갖는다. 집중력 손상 또한 문제인데, 이는 정보를 기억하지 못하게 한다. 우울증이 치료된 후에 CBT-E는 시작될 수 있으며, 이러한 환자들은 종종 특히 매우 동기화된다.

다른 한편으로, 정신병리의 동반이환 유형(예: 불안장애, 성격장애)은 CBT-E에 대한 반대가 되는 것은 아니다. 따라서 CBT-BN에 대한 연구는 전형적으로 축 I과 축 II 동반이환장애를 지닌 환자를 포함하였으나, 어떤 것도 결과에 대한 일관적 예측요인은 아니었다.

유의미한 약물남용

치료 회기 내에 약에 취해 있는 것은 실제 그 회기를 쓸모없게 만들며, 치료 밖에서 계속 심하게 취해 있는 것도 환자가 CBT-E를 활용할 능력을 감소시킨다. CBT-E를 시작하기 전에 약물남용을 다루어야 한다.

주요한 생활의 어려움이나 위기

이는 치료가 방해를 받을 만한 산만한 상황을 의미한다. 위기가 지나갈 때까지 치료를 미루는 것이 좋다.

규칙적으로 참여하지 못함

CBT-E의 핵심 특징은 '치료적 모멘텀'을 형성하고 유지하는 것이다. 치료 회기는 빈번하며(특히 초기 단계에서는), 규칙적인 것을 요구한다. 우리는 환자들에게 처음 6주간은 결석하지 않고, 나머지 기간에도 최대한 연속 2주를 결석하지 않을 것을 약속하도록 요구한다. 만약 미리 예약한 휴가 등으로 인해 이것이 불가능하다면, 치료 시작을 미뤄야 한다. 일반적으로 환자들은 이러한 태도 뒤의 규칙들을 이해하고 존중한다. 그들은 우리가 그들의 치료를 진지하게 다루고 있으며, '잘못된 시작'을 하는 것을 원하지 않는다는 것을 알 수 있다.

치료자 결석

치료적 모멘텀을 형성하고 유지하고자 하는 욕구는 치료자에 대한 복종으로 나타난다. 만약 치료자가 처음 6주간 결석을 하는 경우, 시작을 미루는 것이 낫다. 치료자의 결석을 최소화하기 위한 방법들은 치료지침에서 논의되었다(Fairburn, Cooper, Shafran, et al., 2008b).

환자에게 CBT-E를 설명하기

만약 CBT-E가 제안된다면, 이것을 정확하게 설명하는 것이 중요하다. 일단 설명을 하게 될 때에는 정보 기록지(www.credo-oxford.com)의 도움이 가능하며, 환자가 질문할 기회가 있으므로 우리가 제안한 것이 무엇인지를 그들에게 생각해 보고, 그들이 결정한 것을 1주일 안에 알려 달라고 한다. 우리의 경험으로는 실제로 그들 모두가 그 치료방법을 시작하겠다고 대답한다.

치료에 대한 개관

치료의 길이

CBT-E는 단기적 · 시간 제한적이며 매우 개별화된 심리학적 치료로, 일대일 치료로 실시될 때 가장 효과적이다. 심각하게 저체중이 아닌 환자들의 경우(BMI 18.5 이상[4]), 초기 평가 이후에 50분으로 구성된 20회기를 20주 이상에 걸쳐 실시하는 것으로 충분하다. 이보다 저체중인 경우에는 치료가 길어지고, 40주 이상 40회기 정도의 치료가 실시된다. 이 장에서 우리는 20주 치료를 먼저 소개하고, 그 후 저체중 환자들에게 필요한 적용을 기술할 것이다.

CBT-E가 시간 제한적이라는 사실은 그것이 개별화되었다는 주장과는 일치되지 않은 것 같다. 이것이 맞다면, 우리의 경험으로는 이 정도의 치료회기로 충분하다. 고정된 시간 틀 내에서 작업한다는 것은 많은 장점이 있으며, 이는 치료의 길이를 표준화했다는 잠재적 단점보다 큰 것이다. 이것의 가장 큰 이득은 환자와 치료자가 모두 집중을 한다는 것이다. 초기에 필요한 치료적 모멘텀을 형성하도록 촉진하고, 치료자와 환자가 함께 환자가 변화될 수 있도록 열심히 작업을 하게 돕는다. 때때로 치료가 마무리되지 않은 채 흐지부지 끝나지 않도록 공식적인 종결을 할 수 있게 한다. 유한한 종결 시점은 중요한데, 이것은 중요한 미래지향적 주제(예: 재발위험성을 어떻게 최소화할지)를 치료의 마지막 부분에 포함하게 한다.

치료 길이를 조정하는 것이 적절한 상황들이 있다. 매우 드물지만 치료 길이를 줄여야 할 필요가 있을 때도 있는데, 이러한 변화가 매우 심오하고 빨리 나타나 다루어야 할 정신병리가 거의 남아 있지 않은 드문 상황에서 그러하다. 대부분의 상황에서는 치료를 연장해야 한다. 이를 위한 지침은 이 장의 마지막 부분에서 간략히 소개한다.

치료의 구조

20주 판의 치료는 네 단계로 이루어진다.

4) 주 4를 보라.

- **1단계**. 이것은 매우 중요하다. 이 단계의 목적은 환자를 치료와 변화에 개입시키는 것으로, 섭식장애를 유지하는 과정에 대한 개념화를 함께 만들고, 교육을 제공하고, 체중에 대한 염려를 다루고, 규칙적 식사 패턴을 소개한다. 초기의 준비 회기 이후에 4주 동안은 주 2회로 치료를 한다.
- **2단계**. 이 단계의 목적은 잘 살펴보고, 진전도를 고찰하며, 변화의 장애물을 확인하고, 필요하면 개념화를 수정하고, 3단계를 계획한다. 이 단계는 일반적으로 2회기로 이루어지며, 각각 주 1회로 실시한다.
- **3단계**. 이것은 치료의 본론이다. 목적은 환자의 섭식장애를 유지하는 핵심 기제를 다루는 것이다. 이 단계는 주 1회씩 8회의 치료로 이루어진다.
- **4단계**. 이것은 치료의 마지막 단계로, 미래에 초점을 두게 된다. 여기에는 두 가지 목적이 있는데, 첫 번째는 치료를 통해 나타난 변화를 이후 몇 달 동안 확실히 유지하는 것이며, 두 번째는 장기적으로 재발을 방지하는 것이다. 이 단계에서는 3회기를 2주 간격으로 실시한다.

또한 치료가 끝나고 20주 후에 단회기의 점검을 약속한다.

CBT-E의 실시

CBT-E는 그 자체로 완전한 치료가 되도록 고안되었다. 우리의 관점에서 이것은 다른 치료 형태와 섞지도 않고, 다른 것과 함께 쓰지도 않는다. 이 두 가지는 치료의 가치를 떨어트린다.

CBT-E는 무엇이 어떻게 될지라도, 섭식장애에 좀 더 초점화된 채로 남아 있어야 한다. 만약 환자가 무시될 수 없는 치료기간 내의 위기를 경험한다면, 예를 들어 어린 환자의 부모 중 한 사람이 갑자기 사라지거나 환자를 무기력하게 버려둔다면, 우리는 목표로 하는 문제를 다루는 CBT-E 회기와 함께 1~2회의 '위기 회기'를 실시해야 한다. 이것은 매우 드물게 이루어진다. 아주 가끔이지만 만약 CBT-E를 지속하는 것이 적절치 않은 상황이라면, 몇 주간 이것을 연기할 수도 있다.

우리는 어떤 치료자들의 경우 치료 진전이 느리거나 어려울 때 치료전략을 바꾸려는 유혹을 받는 것을 보아 왔다. 우리는 이것이 적절치 않다고 생각한다. 이 방법에서 다른 치료방법으로 바꾸거나, 혹은 다른 기법을 더하거나, '통합하려고' 시도하고자 유혹을 받을지라도 상대적으로 진전이 적은 이유를 이해하려고 노력하면서 CBT-E의 틀을 유지하도록 하는 것을 권고한다. 또한 이것이 CBT-E의 발전과 특히 그것의 광범위한 형태의 발전을 나타낸 전략이다.

치료 프로토콜

1단계: 잘 시작하기

이것은 치료의 초기 집중 단계이다. 여기에는 몇 가지 서로 연관된 목표가 있는데, 이것들은 환자의 섭식장애의 정확한 유형과 관계없이 모두 적용되는 것이다.

첫 회기 준비 단계

첫 회기는 전형적으로 2시간 길이이며, 다음과 같은 네 가지 목표가 있다.

환자를 치료와 변화의 관점에 개입시키기

섭식장애를 지닌 환자와 작업을 하는 데 있어 특별한 도전은 치료에 그들을 개입시키는 것이다. 많은 환자가 의심과 다양한 수준의 저항을 지니고 치료에 온다. 치료자는 이를 이해하고, 양가감정을 가진 환자들에게 민감한 것이 매우 중요하다.

첫 회기는 이러한 측면에서 특히 중요하다. 치료자들이 환자를 평가하는 것처럼, 환자들은 치료자들을 평가한다. 어떤 임상가들은 첫 단계를 '동기 증진'이라고 주장한다. 우리도 치료에 대한 동기와 특히 변화에 대한 동기가 매우 중요하다는 것에 동의하지만, 유능하게 실시된 CBT-E는 변화에 대한 동기를 증진시키고, 동기에 대한 면담전략이 의미 있게 중복된다(Wilson & Schlam, 2004). 우리는 CBT가 아닌(non-CBT) 특별한 절차가 필요하다고 보지 않는다.

환자를 개입시키는 것과 함께 치료에서 무엇이 일어날지를 설명하는 것이 필요하다. 이것을 염두에 두면서, 환자들에게 그들이 시작하려는 치료에 대한 충분한 정보를 주는 것은 매우 중요하다. 이와 관련해서 다양한 주제가 다루어질 필요가 있다.

1. **치료의 성격과 스타일**. 환자는 치료의 이름, 성격, 스타일에 대해 명확히 들을 필요가 있다.
2. **치료 실현 가능성**. 환자는 또한 치료 회기 수, 시간, 빈도 등에 대해 들어야 한다.
3. **회기 중 체중 측정**. 환자에게 1회기나 2회기부터 치료의 요소로서 회기 중 체중 측정을 할 것이라는 것을 미리 알려 준다. 원칙들이 설명될 필요가 있다(뒤의 '협력적 체중 측정하기' 참조). 환자들은 체중 측정을 거부한 사람이 있는지를 질문하기도 한다. 몇몇 환자는 대답에 매우 거부적이었으나, 첫 회기에 '개입'되고 원칙이 잘 설명되는 상황에서는 거부가 거의 문제가 되지 않는다는 것을 발견하였다. 우리의 경험상 환자가 회기 중 체중 측정에 두려움을 가지고 있다면, 이 절차를 나중에 설명하는 것은 어렵다.
4. **'소유권', 열정과 희망을 심기**. 치료자의 치료가 아니라 환자의 치료라는 개념이 언급될 필요가 있다. 치료를 통해 환자들은 무슨 일이 일어나고 있는지와 왜 일어나는지를 명확하게 깨달아야 한다. 많은 환자가 그들의 섭식 문제를 극복하기를 열망하고, 치료를 시작하고자 하는 열망이 있는 동안 열정과 희망을 최대화하는 것이 중요하다. 이러한 부분은 일반적인 섭식장애에 대한 지식과 특별한 환자의 섭식 문제에 대한 정보를 제공하는 것과 관련이 있다.

우리는 그들의 섭식장애를 결코 극복하지 못할 것이라고 말하는 환자들을 드물지 않게 만난다. 그러한 언급은 거의 근거가 없는 경우가 많다. 그렇게 말하는 것은 자기충족적 예언을 하게 하는데, 그것이 환자가 가져온 회복에 대한 희망을 약화시키기 때문이다. 연구들은 치료효과에 대한 신뢰로운 예측치를 생성하지 않으며, 수년 동안의 우리의 경험은 이와 관련된 우리의 임상적 판단을 신뢰하지 말 것을 가르치고 있다. 이에 우리는 치료에 대한 환자의 반응에 지속적으로 놀라게 된다.

존재하는 정신병리에 대한 성질과 심각성을 평가하기

치료환경에 따라 초기 평가 면담을 실시하는 사람이 이후의 환자를 치료할 사람일 수도 있고 아닐 수도 있다. 우리 환경에서 치료자들은 종종 환자들을 처음 보게 된다. 이것은 섭식장애에 대한 두 번째 평가가 이루어진다는 것을 의미하며, 따라서 치료자는 완전한 그림을 가지게 된다. 필수 불가결하게, 이 평가는 첫 평가와 일정 정도 중복된다.

특별한 평가는 진단적이기보다는 치료중심적이며, 이것은 환자를 처음 보았을 때 실시한 것과는 다소 다르다. 광범위한 주제가 포괄되며, 주요한 초점은 환자의 현재 상태에 둔다. 면담에서 정보를 얻는 방식이 사용되지만, 치료자는 환자가 어떤 주제에 민감한지를 의식하여야 한다(예: 폭식, 자기유도 구토).

함께 개념화를 형성하기

다음 단계는 환자의 섭식 문제를 유지하는 것으로 보이는 과정을 개별화된 시각적 표상(즉, 다이아그램)화하는 '개념화'를 형성하는 것이다. 만약 환자가 저체중이 아니거나 혹은 섭식장애가 특이하거나 이해하기 어려운 것이 아닐 때에는 첫 회기에 실시되지만, 그렇지 않은 경우에는 다음 회기로 연기되는데, 치료자가 개념화를 생각할 충분한 시간이 부족하기 때문이다.

개념화를 형성하는 것에는 몇 가지 목적이 있다. 그것은 환자가 치료에 개입하는 것을 돕고, 환자의 변화에 핵심적인 '탈중심화'와 관련되며, 섭식 문제는 자기 영속적 기제의 다양한 상호작용에 의해 이해될 수 있고 유지되는 개념임을 전달한다. 이는 치료에서 목표화해야 할 것을 잘 안내한다.

복합적인 범진단적 개념화는 앞의 [그림 17-3]에 제시되어 있다. 치료자는 개별화된 개념화가 도출될 수 있는 원형양식을 사용하여야 하는데, 이것은 특정 임상 특징들에 부합되는 것들이다. 치료자가 그 원형양식에 더 익숙해질수록 개별화된 개념화를 형성하기가 더 쉽다. 환자들의 섭식 문제는 이러한 방식으로 모두 개념화될 수 있다.

개념화는 환자의 문제를 유지시켜 주는 것으로 보이는 핵심 기제에 초점을 두어야 한다. 그것은 복합적일 필요도 없고(개념화가 과하게 세부적이고 혼란스러울 위험성이 있으므로), 문제의 원천에 집중하지 않는다.

일반적으로 '다이아그램' 혹은 '그림'으로 언급되는 개념화는 단계별로, 서두르지 않고, 치료자가 주도하지만 환자가 적극적으로 개입하게 하면서 그려진다. 환자는 변화하기 원하는 것(예: 폭식)이나 명확하게 문제인 것(예: 매우 낮은 체중)으로 시작하는 것이 최선이다. 가능하고 적절할 때마다 환자 자신의 용어가 사용되어야 한다. 개념화는 그것이 단지 얻어진 정보에 근거할 수밖에 없기 때문에, 치료자는 임시적인 정보를 명확히 해야 하며, 치료 동안 필요할 때마다 수정해야 할 것이다. 환자는 섭식장애에 대한 믿을 만한 설명으로 개념화를 수용하는 것이 중요하다. 대부분 이것으로 채워지게 된다.

일단 개념화가 이루어지면, 치료자는 치료를 위한 개념화의 활용을 논의해야 한다. 섭식장애를 극복하기 위해서 다루어져야 할 초점은, 환자가 변화되고 싶은 것(예: 섭식에 대한 통제 상실)뿐만 아니라 그것들을 유지하는 기제(예: 악순환)이다. 따라서 예를 들어, 폭식을 하는 환자의 경우에는 치료는 단순히 폭식을 멈추는 것 이상에 초점을 둘 필요가 있다. 즉, 환자의 다양한 식이요법, 혐오적 사건이나 비폭식 시의 기분 등을 다루는 능력 및 체형이나 체중에 관한 관심 등을 다룰 필요가 있다. 다양한 유지 기제를 다루지 않는다면 재발가능성이 현저하게 높아진다.

실시간으로 자기감찰하기

첫 회기의 마지막 과제는 실시간 자기감찰(자기모니터링)을 하는 것이다. 이것은 관련된 행동, 생각, 감정과 사건을 '그 순간에' 기록하는 것이다. 이것은 치료 시작 시점부터 시작되어야 하고, 1회기에 잘 조정되어야 한다. 이것은 치료를 통해 계속되고 핵심적인 내용이 된다. 자기감찰에는 두 가지 목적이 있는데, 첫째는 치료자가 매일매일 일어나는 일들을 정확하게 확인하는 것이며, 둘째는 그 상황에서 그들의 생각, 감정, 행동을 인식함으로써 환자들이 그들이 해 온 선택과 그들이 생각한 많은 것이 자동적이고 그들의 통제로 변화시킬 수 있는 것 이상임을 배우게 된다는 것이다.

우리가 사용하는 감찰은 환자가 완성하고 사용하기에 쉬운 것이다. 정확히 기록하는 것은 치료 동안 나아진다. 초기에는 환자의 섭식행동을 주로 강조한다. 섭식행동을 감찰하는 방법을 기술할 때, 질문에 대한 환자의 섭식 습관을 형성하고 있는 것(목적을 위해 만든)의 예를 조사하도록 연습하게 된다. 〈표 17-1〉은 자기감찰에 대한 지시문을 제시하고 있고, [그림 17-4]는 완성된 자기감찰 기록지를 제시한다.

우리는 기록을 위해 스마트폰 앱을 사용하라고 조언하지 않는데, 우리의 경험으로는 그것이 훨씬 덜 풍부한 자원을 제공하고 그 결과 치료를 방해하게 된다.

정확한 실시간 기록을 하는 것에 기초가 되는 것은 처음으로 자신이 적은 것을 가지고 온 1회기에 환자의 기록을 자세히 조사하는 것이다. 이 기록을 살펴보는 것은 매일의 기록을 환자와 치료자가 번갈아 살펴보는 합동 과정으로 이루어져야 한다. 1회기에 기록을 살펴보는 것에는 두 가지 측면이 있다. 감찰의 질을 평가하는 것과 환자의 섭식행동에 대한 정보를 평가하는 것이다. 이후의 회기에서 치료자가 기록 과정 또는 기록의 정확성에 대해서 환자에게 질문하기는 하지만, 대부분의 초점은 기록된 것에 두게 된다. 이러한 추후 회기에 기록을 살펴보는 것은 일반적으로 10분 미만이다. 치료자는 이것을 하는 동안 확인된 문제를 다루지 않지만, 그 문제를 알아보고 그것을 회기 의제로 둘 필요가 있다.

1단계의 본론

첫 준비 회기 이후에 주 2회의 8주간 치료가 이어진다. 우리는 주 2회의 만남이 치료적 효과를 형성하고 환자가 망가진 섭식태도를 다룰 수 있게 되는 데 필요하다는 것을 발견하였다. 주 1회는 대부분의 환자에게는 충분하지 않았다. 1단계는 다음과 같이 네 가지 다른 요소를 갖는다.

협력적 체중 측정하기

협력적 체중 측정 개입은 몇 가지 목적을 지닌다. 첫째, 환자의 섭식행동이 치료 과정에서 변화함에 따라, 그들은 체중 변화에 대해서도 불안해하기 쉽다는 것이다. 회기 내에 체중을 재는 것은 환자의 체중에 대한 정확한 주간 자료를 제공한다. 둘째, 정규적인 회기 내의 체중 측정은 치료자가 환자에게 흔히 오해석을 하기 쉬운 체중계의 숫자를 제

〈표 17-1〉 자기감찰 지시문

치료를 하는 동안 당신이 먹거나 마시는 모든 것과 그때 무슨 일이 있었는지를 기록하는 것이 중요합니다. 우리는 이것은 '자기감찰'이라고 하는데, 이것의 목적은 두 가지입니다. 첫째, 이것은 당신이 어떻게 먹는지에 대한 상세한 그림을 제공하고, 당신의 섭식 문제를 정확히 이해하도록 도울 것입니다. 둘째, 당신이 그것을 하는 바로 그 시간에 당신이 무엇을 하는지를 의식하도록 함으로써, 자기감찰은 이전에는 자동적이고 당신의 통제 밖에 있던 행동을 당신 스스로 변화시키도록 돕습니다. 정확한 '실시간' 감찰은 치료의 핵심입니다. 이것은 당신이 변화하도록 돕습니다.

처음에는 당신이 섭취한 모든 것을 적는다는 것이 짜증 나고 불편할 수 있지만, 이것은 곧 적응되고 분명한 가치를 갖게 됩니다. 여전히 자신의 생활방식을 감찰하는 것이 불가능한 사람도 있을 수 있습니다. 이것은 여전히 도전으로 간주됩니다.

어떻게 감찰하는 것인지를 알기 위해 단순한 감찰기록을 살펴봅시다. 매일 기록을 새로 시작합니다.

- 첫 번째 칸은 당신이 뭔가를 먹거나 마신 시간을 기록하고, 두 번째 칸은 섭취한 음식과 음료수가 무엇인지를 기록합니다. 칼로리는 기록하지 말아야 하며, 섭취한 것을 단순히 기록합니다. 각 아이템은 가능한 한 섭취한 직후에 기록합니다. 먹고 마신 것을 몇 시간 후에 기록하는 것은 제대로 되지 않는데, 왜냐하면 그때의 당신의 행동을 바꾸기 때문입니다. 당신이 이러한 식으로 기록을 한다면 감찰 기록지를 가지고 다닐 필요가 있으며, 기록을 얼마나 지저분하게 했는지 글씨가 엉망인지는 중요하지 않습니다. 중요한 것은 당신이 먹고 마신 것을 그 즉시 모두 기록하는 것입니다.
- 당신이 식사로 보는 섭식 삽화들은 다 확인되어야 합니다. 스낵이나 다른 간식들은 기록되지 않아도 됩니다.
- 세 번째 칸에는 어디서 음식을 먹고 마셨는지가 기록되어야 합니다. 만약 집에서 먹었다면 어느 방에서 먹었는지도 기록되어야 합니다.
- 네 번째 칸에는 별표를 쳐야 하는데, 당신이 느끼기에 과하게 먹거나 마신 경우입니다. 이것은 당신 자신의 판단에 따르며, 다른 사람들의 생각과는 관계없이 표시합니다. 이것은 '폭식' 동안에 당신이 먹은 음식을 모두 기록하는 것이 필수적입니다.
- 다섯 번째 칸에는 당신이 토하거나(v 표시) 하제(L 표시나 횟수) 또는 이뇨제(D 표시나 횟수)를 복용한 것을 기록합니다.
- 마지막 칸에는 치료 동안의 다양한 방법을 기록합니다. 이 칸은 당신이 섭식을 하는 것에 영향을 주었던 사건이나 감정을 기록하는 일기장으로 사용되어야 합니다. 예를 들어, 폭식을 하거나 혹은 식사를 거른 사건 이전에 논쟁이 있었다면, 당신은 이것을 기록해야 합니다. 섭식을 할 때마다 그것에 대한 생각이나 느낌과 같은 짧은 견해를 기록합니다. 당신은 이 칸에 섭식과 관련 없는 다른 중요한 사건이나 환경을 기록할 수도 있습니다. 마지막 칸은 당신의 체중(과 그에 대한 생각)을 측정할 때마다 기록합니다.

모든 치료 회기는 당신의 가장 최신의 감찰 기록지를 상세히 점검하는 것을 포함합니다. 당신은 이것을 가지고 와야 함을 기억해야 합니다!

* 주: Fairburn (2008), p. 61에서 발췌. 이 표는 www.credo-oxford.com으로부터 다운로드됨.

섭식장애

Day 목요일 Date 3월 21일

시간	섭취한 음식과 음료수	장소	*	p	맥락 및 의견
7.30	물 1잔	부엌			118파운드(53.5kg)–끔찍함 어제부터 목이 마름
8:10	계피 건포도 베이글 1개	카페	*		
	블랙커피				베이글을 반 개만 먹었어야 하는데. 오늘은 절대 폭식하지 않기
10:35	바나나 반 개	사무용 책상			잘 되고 있음
	블랙커피				
11:45	호밀식빵 위에 훈제 칠면조를 올린 것	카페			일반적인 점심
	가벼운 마요네즈				
	다이어트 콜라			✓	
6:40	사과파이 한 쪽	부엌	*		도와줘–먹는 것을 멈출 수 없어. 나는 완전히 통제를 잃었어. 나는 내가 정말 싫어.
to	1/2 갤런 아이스크림		*		
7:30	땅콩버터 바른 토스트 네 쪽		*		
	다이어트 콜라				
	건포도 베이글		*		
	땅콩버터 바른 토스트 두 쪽		*		
	다이어트 콜라				
	병에 든 땅콩버터		*		
	건포도 베이글		*		
	스니커즈 초콜릿 바		*		
	다이어트 콜라 큰 것			✓	역겹다. 나는 왜 이럴까? 나는 아침부터 또 다시 시작했다. 하루를 다 망쳤다. 정말 외롭다. 뚱뚱하고 매력 없이 느껴지고, 포기하고 싶다.
9:30	무지방 치즈가 든 쌀 케이크	부엌			
	다이어트 콜라				

[그림 17-4] 완성된 자기감찰 기록지

V. 구토(vomiting). 빈칸의 자기감찰 기록지는 www.credo-oxford.com에서 다운로드 받을 수 있음.

대로 해석할 수 있도록 돕게 한다. 셋째, 협력적 체중 측정은 신체 점검의 한 가지 형태인 체중 점검을 다룬다. 섭식장애를 지닌 수많은 환자가 빈번히, 하루에 수회에 걸쳐 자신의 체중을 측정한다. 그 결과, 그렇지 않았다면 눈치채지 못했을 매일의 체중 변동에 대해 관심을 갖게 된다. 다른 환자들은 그들의 체중을 아는 것을 적극적으로 피하지만 그것에 대해 과도한 관심을 가지고 있다. 일반적으로 이러한 환자들은 과거에는 빈번히 체중 측정을 하였으나, 빈번한 체중 점검이 너무 혐오적이라는 것을 깨닫고 그것을 회피하는 것으로 바뀐 것이다. 체중 측정 회피는 환자들이 체중 증가에 대한 자신의 두려움이 적절치 않다는 것을 확인시켜 줄 자료가 없기 때문에, 빈번한 체중 측정만큼 문제가 된다.

환자들은 그들의 체중을 평가하는 방법과 해석하는 방법을 배울 필요가 있다. 그들은 체중이 그들의 수분 섭취상태, 방광상태, 생리상태 및 기타 상태에 따라 1일 이내에도, 또한 날마다 변동된다는 것을 배운다[이 모든 정보는『폭식 극복하기 제2판(Overcoming Binge Eating, Second Edition)』(Fairburn, 2013) 참조]. 빈번한 체중 측정은 오해석을 하기 쉬운 비연속적인 체중 변동에 몰두하게 한다. 이것은 그로 인해 체중계에서 무슨 결과가 나타나든 많은 환자가 자신의 섭식을 제한하게 한다. 그리하여 이러한 중요한 유지 과정을 협력적 체중 측정 개입으로 무너뜨리게 된다.

협력적 체중 측정은 치료자와 환자가 함께 회기 시작 시 환자의 체중을 재는 것과 관련된다. 이것은 주 1회 실시된다(예: 저체중의 경우는 다음 참조). 치료자와 환자는 환자의 개인 체중 그래프에 가장 최근의 체중 지점을 찍고, 단순히 최근의 체중 수치를 강조하기보다는 지난 4주간의 경향을 강조하면서 최근에 나타나는 패턴을 함께 해석한다. 이 개입의 핵심적 요소는 환자가 이 시간 외에는 체중을 재지 않는 것이다.

환자는 BMI에 대해서도 교육을 받아야 한다. 자신의 BMI를 알고, 건강의 관점에서 그 의미를 이해해야 한다. 체중은 매일 어느 정도는 변화하는 것이 자연스럽기 때문에, 원하는 체중을 엄격하게 유지하지 않도록 권고된다. 환자들은 대신 전체 체중에서 약 3kg의 변화를 받아들일 수 있도록 한다.

대부분의 환자는 그들의 체중에 대한 치료의 효과를 불안해한다. 신경성 폭식증이나 기타 섭식장애가 있는 환자(저체중이 아닌)들은 일반적으로 체중에 큰 변화가 나타나지 않는다. 치료의 목적은 그들에게 섭식에 대한 통제력을 주는 것이며, 따라서 가능한 한 그들의 체중에 대한 통제력도 그들에게 줄 것이라고 환자에게 말한다. 환자들이 그들의 섭식행동이 안정화되고 자신의 체중이나 체형에 대해 덜 민감해지는 치료 종결 시까지 특정한 목표 체중을 결정하는 것을 미루는 것이 최선이다. 치료 후반에는 환자에게 섭식제한이 음식에 대해 과몰두하게 하고 폭식행동을 유발할 위험이 있기 때문에 섭식제한을 하기보다는 목표 체중을 갖는 것에 반대하는 조언을 한다.

섭식 문제에 대해 환자를 교육하기

섭식 및 체중 조절과 관련된 미신들이 있으며, 어떤 것들은 많은 환자에게 섭식 문제를 유지하도록 작용한다. 그들이 신뢰로운 정보원을 지니고 있

5) 주 5를 보라.

다는 것을 확신하면서, 우리는 환자들에게 섭식장애에 대한 권위 있는 책 중 한 권을 읽도록 조언한다. 우리는『폭식 극복하기』를 읽게 하는데, 이 책이 필요한 정보를 모두 담고 있으며, 환자들에게도 인기가 있기 때문이다.[5] 또한 이 책은 CBT-E 지향적이며, 따라서 이 치료와 매우 잘 부합된다. 또한 어떤 치료자는 환자들이 CBT-E를 진전시킬 수 있도록 워크북으로 이것을 사용한다.『폭식 극복하기』는 그들이 폭식 환자이든 아니든 모든 섭식장애를 다루고 있으며, 단순히 폭식을 다루고 있는 것이 아니기 때문에 모든 섭식장애 환자에게 적합하다는 것을 언급해야 한다.

우리는 모든 내담자에게 이 책을 한 권씩 지급하며, 적합한 치료 순간(대략 2주차)에 그들이 그 책을 가지고 있는지를 확인하는 방법을 사용한다. 우리는 여유가 될 때 이 책을 언급하고, 그들이 특히 적용해야 할 부분을 짚어 필요 없는 부분은 제외시키며, 그들이 이해하지 못하거나 혹은 논의하고 싶은 부분에 대해 질문하게 한다. 우리는 이 절차를 '지도된 독서(guided reading)'라고 한다. 이것은 환자들이 효율적이고, 신랄하며, 개인적인 방식으로 교육받을 수 있도록 한다.

'규칙적 섭식'을 형성하기

규칙적 섭식은 어떤 섭식장애를 지니고 있든지 간에 성공적인 치료에서 기본적인 것이다. 폭식장애를 지니고 있는 환자들에게 규칙적 섭식은 빈도를 급속히 줄이는 신뢰로운 결과를 나타낸다. 높은 수준의 섭식제한을 하는 환자들에게는 식이요법의 중요한 형태, 즉 하루 동안 섭식을 미루게 하는 '지연된 섭식'을 다룬다. 그리고 저체중인 환자들에게는 체구를 키우는 규칙적 식사와 간식을 소개한다.

규칙적 섭식은 3회기쯤 도입된다. 이것은 환자에게 그들이 먹는 방식을 바꾸도록 처음 요구되는 시점이다. 이 개입에는 두 가지 측면이 있다. 첫째는 환자들이 하루 동안 규칙적 간격으로 먹어야 한다는 것이다(주로 매일 3회의 계획된 식사와 2회의 계획된 간식). 둘째는 환자의 섭식이 3회의 식사와 간식으로 주로 제한되어야 한다는 것이다. 이 개입에 대해 다음과 같은 몇 가지 측면이 강조될 필요가 있다.

1. 환자들은 그들의 계획된 식사와 간식에서 무엇을 먹을지를 선택하는 것이 허락되어야 한다. 유일한 조건은 식사와 간식 후에 토하거나, 하제를 오용하거나, 다른 보상적 방법을 사용하지 말아야 한다는 것이다.
2. 환자들은 그들이 치료 상황에서 무엇을 몇 번 먹을지를 바꾸고자 하는 압력을 받아서는 안 된다. 왜냐하면 그렇게 하는 것은 규칙적 식사 패턴을 적용할 수 없게 하기 때문이다.
3. 만약 환자가 무엇을 먹을지에 대한 조언을 구하더라도, 중요한 것은 그들의 섭식 패턴이며 무엇을 먹을지가 아니라는 것을 말해야 한다. 만약 그렇지 않으면, 환자가 지침을 원할 경우 그들이 최소한의 회기 내 음식을 포함한 다양한 음식을 섭취하는 것이 이상적임을 말해야 한다.
4. 새로운 섭식 패턴이 환자의 환경이나 식욕과 관계없이 형성되어야 하지만, 이것은 또한 환자의 매일의 개입 수준에 맞추어 조정되어야 한다.
5. 그들의 섭식 습관이 혼란스럽거나 과도하게 제한적인 사람들은 단계별로 이것을 도입해야 할 필요도 있다. 환자는 그때의 자신의 식

욕 및 배고픔, 포만감에 대한 감각이 와해되는 것 같으며, 한동안 그들이 무엇을 먹을지를 결정하지 못한다. 대신, 그들은 동의된 섭식 패턴에 적응되어야 한다.

6. 섭식습관이 무질서하거나 매우 제한적인 환자는 단계별로 이 섭식 패턴을 소개할 필요가 있다. 환자는 식욕과 배고픔, 그리고 포만감의 감각이 왜곡되어 있으며, 현재의 느낌으로 섭식을 결정해서는 안 된다는 것을 이해해야 한다. 오히려 환자는 새로운 섭식 패턴을 유지해야 한다.

두 가지 서로 다른 전략이 계획된 식사와 간식 사이의 섭식에 환자가 저항하는 것을 도울 수 있다. 첫 번째 전략은 섭식과 잘 맞지 않거나 덜 어울리는 활동들은 확인하도록 돕는 것이다. 어떤 어려움이 발생할지를 예측해 보도록 하고, 규칙적인 섭식 패턴이 형성되도록 돕기 위한 활동을 조정하게끔 초기에 개입해야 한다. 이것을 하는 방법에 대한 조언은『폭식 극복하기』에 수록되어 있다. 또 다른 전략은 매우 다른 것이다. 그것은 환자가 섭식에 대한 충동에 초점을 두고, 그것이 일시적인 현상이며 그것에 항복하지 않도록 인식하게 한다. 이것은 환자가 그 충동으로부터 거리를 유지하고 그것을 없애려고 하기보다는 오히려 단순하게 관찰하는 것을 배우도록 할 수도 있다. 환자는 충만한 감정을 가짐에 따라 이러한 충동이 점차 사라지는 것을 발견할 것이다. 이 두 번째 전략은 대부분의 환자에게는 어려운 것이며, 특히 치료 초기에는 더욱 그렇다. 따라서 식사와 간식 시간 사이의 먹고자 하는 충동이 중간 정도이며 덜 과도해지는 치료 후반에 사용하도록 남겨 두는 것이 좋을 수도 있다.

의미 있는 타인과 관련되기

CBT-E는 성인에 대한 개인치료로 발전되어 왔다. 반면에 이것은 타인과는 적극적으로 관여하지 않는 것이다. 그럼에도 불구하고 치료를 촉진시키기 때문에, '의미 있는 타인들'을 만나도록 연습하고 그것을 쉽게 할 수 있도록 한다. 우리는 환자가 변화하기 위한 최적의 환경을 만들기 위한 목적으로 그렇게 한다. 타인과의 관여를 위한 두 가지 지침은 다음과 같다.

1. 타인이 환자가 변화하고자 하는 것을 도울 수 있는지
2. 타인이 환자의 외모나 섭식에 대해 혐오적으로 언급함으로써 환자의 변화를 어렵게 만드는지

전형적으로 타인과의 회기는 약 45분간 지속되고, 정규 회기 이후에 이루어진다. 우리는 환자의 3/4이 이러한 회기를 약 3회기까지 갖게 한다(저체중 환자들의 경우는 이러한 회기를 더 많이 갖게 한다). 섭식장애 이외의 주제는 일반적으로는 잘 다루지 않는다. 청소년 환자들은 타인과의 관여에서 훨씬 효과를 보인다(Cooper & Stewart, 2008; Dalle Grave et al., 2013).

2단계: 점검하기

2단계는 치료에서 변동하는 과정이다. 이 단계는 다음 세 가지 목적을 갖는다.

1. 진행 상황을 함께 살펴보기
2. 필요하다면 공식을 수정하기
3. 3단계를 설계하기

동시에 치료자는 1단계에서 도입된 과정들이 정착되도록 지속적으로 노력해야 한다. 치료 회기는 이제 주 1회로 실시된다.

이와 같이 진행 상황에 대해 공식적으로 살펴보는 것은 신경성 폭식증(Fairburn, Agras, Wilson, & Stice, 2004)과 폭식장애(Masheb & Grilo, 2007)를 포함하는 다양한 정신과적인 장애(Wilson, 1999)에 대한 강력한 증거들이, 초기 몇 주간의 변화 정도가 치료 결과에 대한 잠재적 예측치이기 때문이다(Wilson, 1999). 따라서 만약 과정이 제한되면, 이것은 초기에 인지되어야 할 필요가 있고, 그에 대한 설명을 찾을 필요가 있는데, 왜냐하면 치료도 필요에 따라 조정될 수 있기 때문이다.

진행 상황을 함께 살펴보기

진행 상황을 살펴보는 것은 환자가 일단 EDE-Q, CIA 및 일반 정신과적 특징에 대한 측정도구를 완성하는 것 등으로 체계적으로 실시한다. 이러한 방식으로 환자와 치료자 모두는 변화의 정도를 조사할 수 있다. 환자의 감찰 기록지 조사도 도움이 될 수 있다. 게다가 환자와 치료자는 환자가 치료의 다양한 요인에 부합되는 정도를 고려해야 한다.

일반적으로 그들의 진행 상황에 대한 환자의 관점은 과도하게 부정적이었다. 환자에 대한 중요한 과업은 환자가 변화된 것과 변화되지 않은 것에 대한 균형 있는 평가에 도달할 수 있도록 돕는 것이다. 전형적으로 어떠한 폭식과 보상적 하제의 빈도가 감소되어 왔으며 섭식 패턴이 향상된 반면, 체형에 대한 관심은 변화되지 않을 것이다.

한 가지 중요하지만 때때로 간과되는 것은, 진행 상황에 대한 이유가 기대한 것만큼 크지 않은 것은 임상적으로 우울증이 존재한다는 것이다. 이상적으로 이러한 우울증은 치료 전에 탐지되고 치료되어야 하지만, 불가피하게 어떤 것은 놓치기도 하고 어떤 것은 새로 생기기도 한다. 만약 임상적 우울증이 나타나면 항우울제로 이를 치료하도록 하고(Fairburn, Cooper, & Waller, 2008a), 환자가 반응할 때까지 CBT를 지속할 것을 고려한다.

공식을 수정하기

1단계 동안 학습한 것과 관련한 공식을 살펴보는 것이 중요하다. 종종 어떠한 변화도 나타나지 않을 수 있는데, 공식을 원래 만들 시기에는 분명치 않았던 문제와 과정이 발견되기도 한다. 예를 들어, 과도한 운동이 생각했던 것보다 훨씬 더 큰 문제로 나타날 수도 있다. 만약 그렇다면, 공식은 수정되어야 한다. 만약 환자가 '광범위한' 형태의 CBT-E를 받았다면, 임상적인 완벽주의, 핵심적인 낮은 자존감, 대인관계 어려움 등의 문제들이 고려되어야 한다(Fairburn, Cooper, Shafran, Bohn, & Hawker, 2008a 참조).

3단계를 설계하기

마지막으로, 2단계에서는 3단계를 설계해야 한다. 이 단계는 치료가 매우 개별화되는 단계이며, 치료자는 3단계의 어떤 요소가 환자에게 가장 적절할지와 어떠한 순서로 실시할지를 결정해야 한다(다음을 참조).

3단계: 기제를 유지하는 핵심을 다루기

이것은 치료의 주요 부분이다. 목표는 환자의 섭식 문제를 유지하게 하는 핵심 기제를 다루는 것이다. 이것은 다음 여섯 가지로 범주화될 수 있다.

1. 체형과 체중에 대한 과대평가
2. 섭식통제에 대한 과대평가
3. 섭식제한
4. 섭식에서의 사건 및 정서 관련 변화
5. 섭식제한하기
6. 저체중 유지하기

이러한 기제의 상대적 공헌도는 개인에 따라 달라진다. 단지 몇 가지 기제만이 폭식장애 환자들에게 작동하는 반면, 폭식과 제거행동(purging)을 보이는 신경성 식욕부진증 환자들의 경우에도 대부분이 작동한다. 앞의 네 가지가 이에 해당한다. 섭식제한하기와 저체중 유지하기는 각각 다루어서 저체중 환자들에게 적용이 요구될 때 논의된다. 이러한 기제가 다루어지는 순서는 환자들의 정신병리 유지와 관련된 상대적 중요성과 그것을 다루는데 소요되는 시간에 따라 달라진다. 일반적으로는 체형 및 체중과 관련된 염려를 다루는 것으로 시작하는 것이 가장 좋은데, 이는 가장 복잡한 기제이며 시간도 가장 많이 소요된다.

동시에 치료자는 1단계에서 소개된 과정들을 계속해서 실시할 필요가 있다. 만약 환자가 광범위한 형태의 CBT-E를 받고 있다면, 한 가지 이상의 추가적 모듈을 또한 도입한다(Fairburn, Cooper, Shafran, et al., 2008a).

체형과 체중에 대한 과대평가를 다루기

대부분의 섭식장애의 핵심에는 뚜렷한 '핵심 정신병리', 즉 체중과 체형에 대한 과대평가가 있는데, 이는 체형 및 체중과 이를 통제할 수 있는 능력에 근거해 자기가치 판단을 대부분 혹은 전적으로 하는 것이다. 앞에서 기술한 바와 같이, 이 장애의 다른 특징들은 대부분 이 정신병리에 2차적이거나 혹은 그것의 결과이다. 이 정신병리는 대다수 섭식장애 환자의 개념화의 핵심이며, 치료의 주요 목표이다. 임상경험과 연구 결과에 따르면, 만약 이 정신병리가 성공적으로 다루어지지 못할 경우 정신병리가 재발할 가능성이 상당히 크다. 이러한 과정의 다섯 가지 측면은 다음과 같다.

1. 과대평가와 그 결과를 확인하기
2. 취약한 자기평가 영역을 개발하기
3. 신체점검을 다루기
4. 신체회피를 다루기
5. '살찐 느낌'을 다루기

초기에는 이러한 순서대로 이것을 다룰 필요는 없다. 또한 3단계의 마지막으로 진행됨에 따라 장애물을 다루는 환자의 기술을 발달시키는 것이 중요하다.

과대평가와 그 결과를 확인하기

시작점은 환자에게 자기평가라는 개념을 교육하는 것이다. 치료자는 또한 환자가 자기평가에 대한 그들의 도식을 확인하도록 돕는다. 마지막으로, 그 도식의 의미가 논의되고, 과대평가를 다룰 계획이 고안된다. 치료자들은 종종 자기평가의 주제를 어떻게 다룰지 확신이 없지만, 완전한 치료지침은 환자에게 그것을 어떻게 설명할지를 보이는 세부적인 대화를 제공한다.

대부분의 사람은 그들이 가치를 두는 영역의 개인적 기준에 도달하는가를 근거로 자신을 판단하는 경향이 있음을 치료자가 간략히 설명하면서 시작한다. 치료자는 환자들이 자신의 자기 가치에 중요한 공헌을 하게 되는 그들의 삶의 영역의 목록을 만들도록 돕는다. 대부분 이것에는 외모가 포함되며, 또한 아마도 섭식을 통제하는 것이 들어갈 것이다. 치료자는 그 후 자기평가 영역에서 그것들의 상대적 중요성을 계속 탐색하게 된다. 상대적 중요성에 대한 단서는 이 영역에서 계속 문제가 나타날 때 환자의 반응량(강도와 지속성의 측면)이다. 목록화된 삶의 다양한 영역이 파이차트의 방식으로 순위 매겨지고 표현된다. 섭식장애가 없는 사람의 파이차트는 [그림 17-5]에서 제시된 것과 같고, 이는 [그림 17-6]의 체형과 체중의 과대평가가 큰 '조각'으로 그려진 섭식장애를 지닌 전형적인 사람의 파이차트와 대비된다.

환자들이 다음 회기 전에 여러 번 자신의 파이

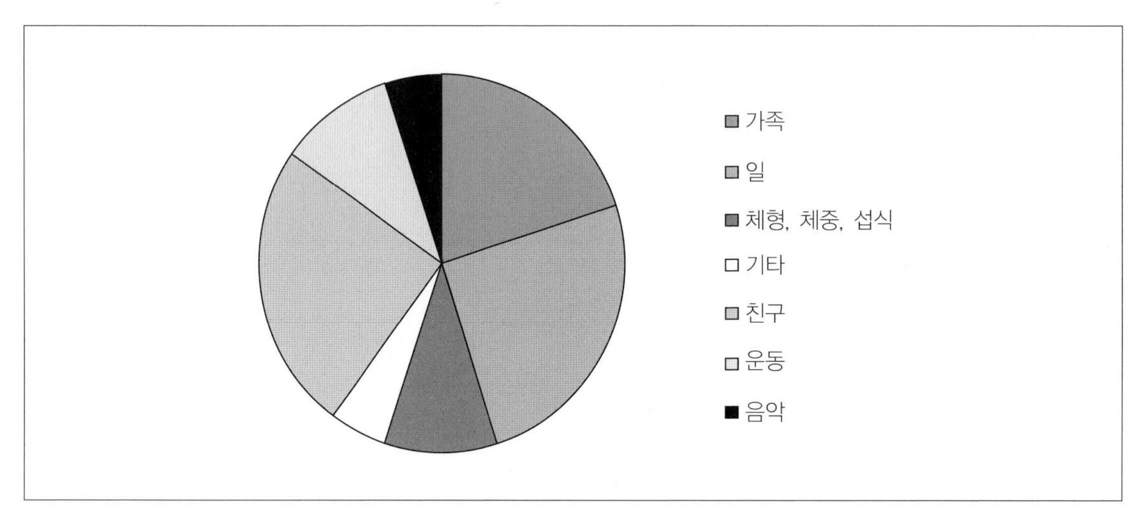

[그림 17-5] 섭식 문제가 없는 젊은 여성의 파이차트

출처: Fairburn (2008), p. 99.

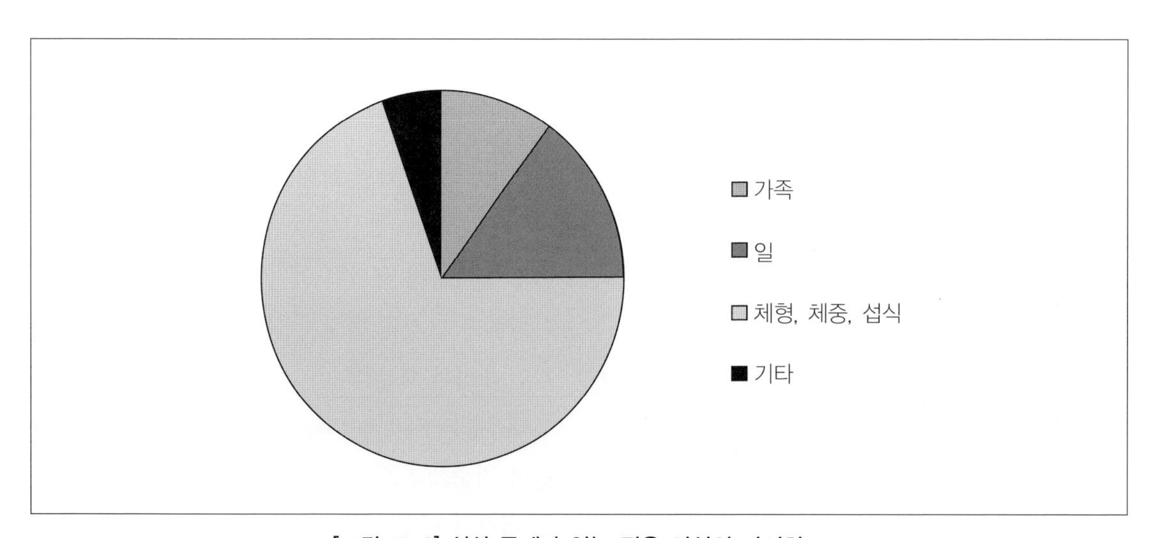

[그림 17-6] 섭식 문제가 있는 젊은 여성의 파이차트

출처: Fairburn (2008), p. 98.

차트를 살펴보는 것은 그들에게 도움이 되는데, 이것은 이후에 논의될 수 있고 필요에 따라 조정될 수 있기 때문이다. 일반적으로 수정은 체형과 체중의 중요성을 나타내는 조각의 크기를 키우는 형태를 취한다.

그다음 단계로는 환자에게 자기가치에 대한 자기도식의 의미를 생각하게 하고, 그것이 어떤 문제와 관련되는지를 생각해 보게 한다. 이러한 논의는 일반적으로 다음 세 가지 주요 문제를 확인하게 한다.

1. 우세한 조각이 있는 파이차트를 보인다는 것은 '위험하다'는 것이다. 사람들을 특히 취약하게 만드는 우세한 파이 조각은 염려하는 영역에서 그들의 개인적 기준에 도달할 수 있도록 그들의 능력을 위협하게 한다.
2. 외모에 근거하여 대체로 자신을 판단하는 것은 매우 문제가 있는데, 왜냐하면 삶의 이 특정 영역은 제한된 정도로만 통제할 수 있기 때문이다. 따라서 그것은 사람들의 감정을 때때로 실패한 것처럼 느끼게 한다.
3. 체형과 체중에 커다란 중요성을 부여하는 것은 사람들에게 다이어트를 하도록 하며, 환자의 사례에서는 이것이 그들의 섭식 문제를 유지하도록 하는 것이다.

이 논의는 자연스럽게 자기평가 조사의 마지막 단계, 즉 과대평가 결과를 포함하는 개념화('확장된 개념화') 작성으로 연결된다. 치료자는 환자에게 체형과 외모에 중요성을 둔 결과로 그들이 무엇을 하고 경험했는지를 묻는다. 목표는 치료자가 위로 향하는 화살표를 더하고 이러한 과대평가의 결과가 그 과대평가를 유지하게 한다는 것을 설명하는 [그림 17-7]과 유사한 그림을 도출하는 것이다.

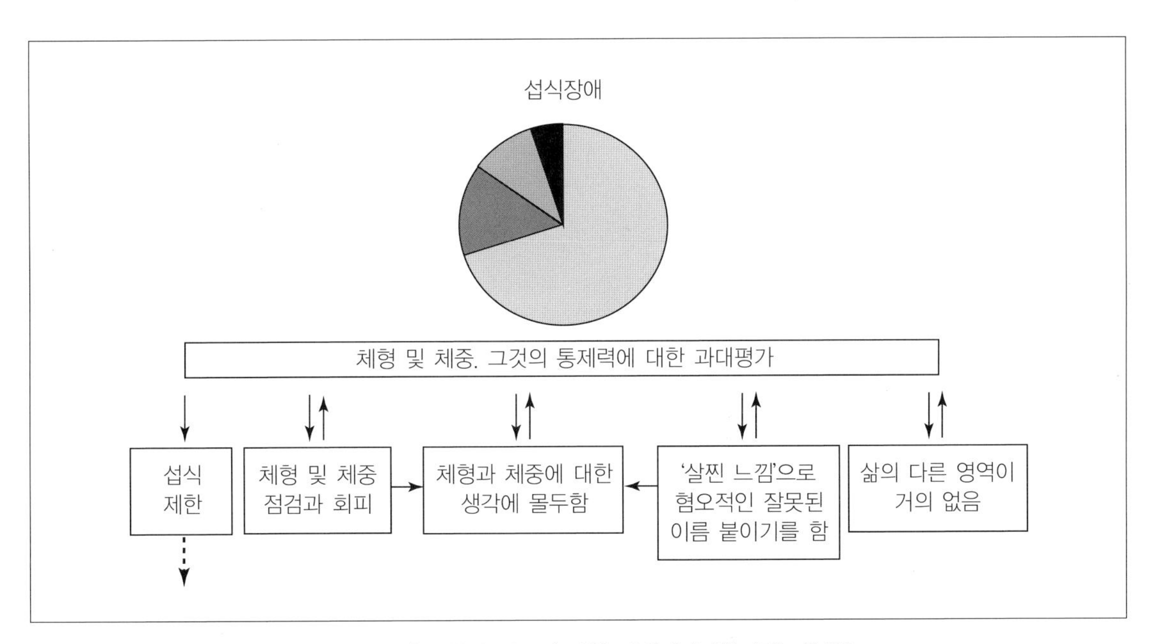

[그림 17-7] 체형과 체중에 대한 과대평가: '확장된' 개념화

출처: Fairburn (2008), p. 101.

이것을 실시한 후, 치료자는 다음의 두 가지 중요한 전략으로 환자에게 체형과 체중에 대한 염려를 다룰 계획을 고안한다.

1. 자기평가의 새로운 영역을 개발하기
2. 체형과 체중과 관련된 중요성을 감소시키기

이 두 가지는 모두 중요하며 상호 보완적이다.

취약한 자기평가 영역을 개발하기

체형과 체중에 대한 과대평가를 다루는 것은 점차적으로 과대평가의 정도를 감소시킨다. 체형 및 체중과 관련된 파이차트의 '조각'은 줄어들게 된다. 그러나 동시에 체형과 체중의 상대적 중요성을 감소시키기 위해 다른 자기평가 영역의 수와 중요성을 늘리는 것이 가장 중요하다. 이것을 성취하기 위해, 환자들은 삶의 다른 측면에 적극적으로 관여하기 시작하도록 도움을 받을 필요가 있다. 이 과정은 6단계로 이루어져 있으며, 이는 치료의 나머지 단계를 통해 계속 다룰 필요가 있다.

1. 자기평가에 대한 새로운 영역을 개발해야 할 근거를 설명한다.
2. 환자들이 관여하게 되는 새로운 활동들을 확인하도록 돕는다.
3. 환자들이 시도할 수 있는 한 가지 혹은 가능하면 두 가지 활동에 동의를 한다.
4. 환자들이 확인된 활동을 시도하도록 확인을 하고, 때로는 문제해결 접근을 사용하도록 한다(이 장의 후반부에 설명됨).
5. 치료자의 격려 및 촉진과 함께 매주 과정을 점검한다.
6. 일반적으로 신체점검을 시작하면서, 동시에 체형과 체중에 대한 환자의 과대평가에 직접 목표를 둔다. 그것이 환자의 염려를 유지하는 매우 핵심적인 것들이기 때문이다.

신체점검을 다루기

신체 점검과 회피의 중요성은 최근 파악되고 있다. 그 이유는 매우 간단한데, 그에 대해 아는 임상가들이 거의 없다는 것이다. 이것은 환자들이 묻지 않으면 그들의 행동을 공개하지 않고, 대부분이 그것에 대해 의식하지 않기 때문이다.

신체점검을 다루는 첫 번째 단계는 신체점검, 신체회피와 그 결과에 대한 정보를 제공하는 것으로, 이는 다음의 두 가지를 강조하게 된다.

1. 모든 사람은 자신의 신체를 어느 정도까지 점검하지만, 섭식장애를 가진 많은 사람은 자신의 신체를 반복적으로 점검하며, 종종 비정상적인 방법으로 점검한다. 이러한 점검은 '후천적 천성'이 될 수도 있는데, 왜냐하면 환자들이 자신이 무엇을 하는지 의식하지 못하기 때문이다. 섭식장애가 있는 사람들에게 이러한 점검은 외모에 대한 불만족을 유지하게 한다.
2. 섭식장애를 지닌 어떤 사람들은 자신의 신체를 보는 것을 피하고, 다른 사람들이 그들을 보는 것도 싫어한다. 일반적으로 이러한 사람들은 과거에는 신체점검을 했지만, 반복된 점검을 견딜 수 없어서 회피하는 것으로 바뀌게 되었다. 신체회피는 문제가 되는데, 그것이 정확한 정보가 없는 상태에서 체형과 외모에 대한 염려와 두려움을 갖게 하기 때

문이다. 따라서 그것을 다루는 것은 매우 필요하다.

다음으로, 치료자들은 환자들이 어떤 점검과 회피에 관여하고 있는지를 파악할 필요가 있다. 특정한 감찰 기록지가 이러한 목적을 위해 사용될 수 있다(www.credo-oxford.com 참조). 신체점검이 어떤 환자들에게는 매우 큰 스트레스이기 때문에, 24시간 내에 단지 두 번, 즉 한 번은 일하는 중에, 또 한 번은 일이 끝난 후에 점검을 하도록 요구하는 것이 최선이다. 이것은 스트레스가 됨에도 불구하고 그들의 섭식장애를 극복하는 데 도움이 되는 정보를 다루도록 할 것이다. 환자들이 그들의 체형을 얼마나 자주 점검하는지를 질문받는 것도 환자들에게는 일반적인 것이다.

환자들의 다양한 신체점검 형태를 확인하여, 이것을 그들이 '규준적인지'에 따라 두 집단으로 나눌 수 있었다.

신체점검의 일반적이지 않은 형태. 신체점검의 일반적이지 않은 형태는 모두 함께 중지되는 것이 최선이다. 이것의 예로는 특정 신체 부위의 넓이를 측정하고, 자신의 사진을 찍는 것 등이 있다. 원칙이 잘 설명되고 그들의 지원을 받는다면 환자들이 이를 중지할 수도 있다. 강조해야 할 두 가지 요점은 다음과 같다.

1. 신체점검은 보통 환자가 싫어하고, 혐오효과를 가지는 자기 외모의 어떤 측면에 집중되어 있다.
2. 점검의 일반적이지 않은 형태를 중지하는 것은 보통 휴식기로 경험된다.

신체점검의 좀 더 표준적인 형태를 다루기. 또 다른 전략은 신체점검의 좀 더 표준적인 형태를 받아들이는 것이 필요한 것이다. 여기서 문제는 점검 빈도, 점검방식, 그들이 발견하는 것에 대한 환자의 해석이다. 치료자는 환자가 그들 자신을 점검한 후에 다음의 질문들을 고려하도록 돕는다.

- 그들이 발견한 것은 무엇인가?
- 이런 방식의 점검으로 그들이 원하는 정보를 얻을 수 있는가?
- 이러한 점검의 혐오적인 효과는 없는가?
- 더 나은 대안이 있는가?

거울은 특히 주의를 기울이도록 사용되는데, 왜냐하면 거울은 상당히 신뢰롭기는 하지만 잘못된 정보를 도출하기도 하고, 그 결과 환자들이 신체불만족을 유지하는 데 중요한 역할을 해 왔기 때문이다. 따라서 거울과 거울 사용에 대한 교육은 중요하다. 강조해야 할 요점은 일반적으로는 눈치채기 어려운 흠이 사람들이 싫어하는 외모의 세부적 측면을 살펴볼 때는 주의를 집중하게 한다는 것이다. 또는 계속 점검하는 것이 뚜렷한 흠을 과장하게 하는 경향도 있다. 따라서 환자들은 우리가 일상적으로 보는 방식대로 그들의 거울을 사용하는지 질문할 필요가 있다. 거울은 화장, 빗질, 면도 등을 하는 데 사용할 수 있는 유용한 물건이다. 전신거울은 옷이 어울리는지를 보는 데에도 도움이 된다. 그러나 치료자들은 환자들이 전신거울로 자신의 나체를 보는지를 물어봐야 한다. 만약 그들의 외모가 이미 불만족스럽다면, 그렇게 함으로써 앞에서 언급된 과장의 과정을 통해 그들의 체형을 더 싫어하게 될 위험성이 있다. 그들에게 거울 보기를 완전히 회피하라고 말하는 것이 아니라, 앞에서 열거한 목적에 따라 거울 사용을 제한하도록 조언하는 것이다.

체형에 대한 불만족을 적극적으로 유지하게 하는 신체점검의 또 다른 형태는 다른 사람들과 자신을 끊임없이 비교하는 것이다. 이러한 비교 성향은 다른 사람과 비교하여 자신의 신체가 매력적이지 못하다는 결론에 도달하게 한다. 앞에서 언급한 바와 같이, 자신의 체형에 대한 환자의 평가는 꼼꼼하며 자신이 싫어하는 신체 부위에 선택적으로 초점을 두게 된다. 이러한 꼼꼼함으로 지각된 결함은 과장하기 쉽고, 선택적 주의집중은 전반적인 체형 불만족을 높이게 된다. 그들은 타인에 대해서는 피상적이며 무비판적인 판단을 하는 경향이 있다. 더욱이 이러한 비교를 할 때 그들은 오염된 참조집단, 일반적으로는 마르고 매력적인 사람들을 선택하는 경향이 있다.

비교 결정을 다루기 위한 단계들은 다음과 같다.

1. 치료자들은 환자들이 언제 어떻게 비교를 하는지 확인할 수 있도록 환자를 돕는다.
2. 일단 이러한 정보가 선택되면, 치료자들은 비교하는 사람의 선정 면에서, 체형을 평가하는 방법에서 비교가 왜곡된 것인지를 환자가 생각하도록 돕는다. 다음과 같은 두 가지 요점이 강조될 필요가 있다.
   - 신체점검은 자신의 신체를 다른 사람들의 신체와 비교하는 것이 불가능하지는 않으나 어려운 것이라는 관점을 환자에게 제공한다. 예를 들어, 자신을 거울로 보는 것과 그들이 타인을 바라볼 때 보는 것은 다를 수 있다.
   - 자신을 매체에 드러난 사람들(모델, 영화배우, 다른 유명인사들)과 비교하는 것은 문제가 되는데, 왜냐하면 그들은 대표성이 없는 하위 집단이며 잘 조작된 이미지이기 때문이다.
3. 어떤 숙제는 이러한 논의를 하는 데 매우 유용한 보충 자료가 된다. 예를 들어, 비교할 사람을 선택할 때 환자가 좀 더 과학적이 되도록 요구할 수도 있다. 마른 사람을 선택하는 대신, 치료자는 복잡한 도로를 빠르게 걷고 있는 사람들 중 (같은 성별, 연령대의) 세 번째 사람을 선택하도록 요구할 수도 있다. 그들은 또한 다른 사람들의 신체도 꼼꼼히 조사하는 실험을 할 수 있다. 이렇게 하는 한 가지 방법은 환자에게 방(혹은 수영장이나 체육관)을 바꾸도록 하거나, 한눈에 매력적으로 보이는 동일한 연령과 성별의 사람 주변에 있는 사람을 선택하여 그 후 환자가 개인적으로 민감한 신체 부위에 초점을 맞추어 그들의 신체를 꼼꼼히 조사하도록 한다. 여기서 환자가 밝혀내는 것은 꼼꼼히 조사를 하면 아무리 매력적인 사람도 분명한 흠이 있다는 것이다.
4. 환자의 비교 결정이 왜곡되어 있다고 가정함으로써, 치료자는 이러한 왜곡에 대해 환자의 신체와 관련된 관점의 타당성을 탐색해 보아야 한다. 이러한 탐색의 목적은 환자로 하여금 그들의 점검과 비교가 타인의 신체와 자신의 신체에 대한 정보를 왜곡하도록 한다는 것을 깨닫게 하는 것이다.

신체회피를 다루기

기술적이고 문자상의 의미로 '노출(exposure)'은 여기서 전략을 뜻한다. 치료자는 환자가 자신의 신체를 보고 느끼는 것에 익숙해지고, 다른 사람과 자신의 신체를 공평하게 비교하도록 도울 필요가 있다. 그들은 자신의 신체를 스스로 보거나 다른 사람이 보도록 하는 것에 익숙해져야 한다. 어둠 속에서 옷을 입고 벗는 것은 이제 점점 없어져야 할 것이며, 환자는 펑퍼짐하고 신체를 가리는 옷을 입는 것을 점점 그만두어야 한다. 신체 노출 정도와 관련된 활동(예: 수영)에 참여하는 것이 도움이 될 수 있다. 문제의 정도와 관련하여, 신체회피를 다루는 것은 아마 계속되는 몇 번의 회기가 요구될 것이다. 환자가 반복적인 신체점검으로 돌아갈 위험성이 있기 때문에, 치료자는 환자가 표준적이고 위험이 적은 점검 형태를 채택하도록 도울 필요가 있다.

'살찐 느낌'을 다루기

'살찐 느낌'은 많은 여성으로부터 보고되는 경험이나, 그 감정의 강도와 빈도는 섭식장애를 지닌 사람들에게서 더 크게 나타난다. 이것은 치료를 위한 중요한 목표가 되는데, 왜냐하면 환자가 그들의 실제 체형과 체중이 어떻건 간에 살찐 것으로 여기기 때문이다. 따라서 살찐 느낌은 체형과 체중에 대한 과도한 염려의 표현일 뿐 아니라 섭식장애를 유지시키는 것이다.

살찐 느낌에 대한 연구는 거의 없으며 이에 대해 기술된 것도 거의 없다. 놀라운 것은 살찐 느낌은 날마다, 심지어 하루 중에도 뚜렷이 변동되는 경향이 있다는 것이다. 이것은 특히 다른 환자들의 핵심 정신병리의 다른 측면과는 매우 다르며, 상당히 안정적이기도 하다. 섭식장애를 지닌 사람들에게 살찐 느낌은 어떤 감정과 신체 경험이 잘못 이끌어진 결과라는 것이 우리의 견해이다. '살찐 느낌'과 '살찌고 있는 것'은 전혀 다른 것이며 그 둘이 동시에 일어나기도 한다는 것을 강조하는 것이 중요하다. 비만한 많은 사람은 자신의 체형에 불만이 있더라도 살찐 느낌 때문에 어려움을 겪지는 않지만, 어떤 사람들은 자신의 체형에 불만이 있으며 섭식장애를 가진 사람들과 같은 방식을 보인다. 살찐 느낌은 그들의 신체 불만족을 유지하는 데 기여하기 때문에, 이 환자들에게 이 문제를 다루는 것은 필수적이다.

일반적으로 살찐 느낌에 초점을 두기 위해 신체점검과 회피를 다루는 것으로 시작하는 것이 좋은 방법이지만, 그렇지 않은 사례들도 있다. 살찐 느낌이 특히 뚜렷한 특징을 보이는 사람들에게는 신체 점검과 회피를 직면시키기 전에 살찐 느낌을 다루는 것을 권고한다.

다음은 '살찐 느낌'을 다루는 다섯 단계이다.

1. 치료자는 '살찐 느낌'이 '살찌고 있는 것'과 같지 않다는 것과 동시에 살찐 느낌은 다른 감정과 감각을 감춰 주고 있다는 것을 먼저 설명해야 한다.
2. 환자는 그들에게 강한 살찐 느낌이 들었을 때 기록하도록 요구받는다. 이것은 이 목적을 위한 기록지의 오른쪽 줄을 사용하는 일반적 기록 과정의 일부가 될 수도 있다. 이것은 정확한 실시간 기록을 요구한다. 환자의 '살찐 느낌'에 대한 기록은 그들에게 그런 느낌이 들었을 때 동시에 들었던 생각을 작성하게 한다.

3. 일단 환자가 이것에 익숙해지면, 그들은 동시에 그들이 살쪘음에 대한 두 가지 질문을 스스로 하게 한다.
   - 이 느낌이 들었던 지난 1시간 동안 무슨 일이 있었지?
   - 나는 지금 어떤 감정을 느끼고 있지?
4. 주로 환자가 살찐 느낌을 경험하는 것은 어떠한 부정적 기분상태가 유발되거나 혹은 신체적 각성을 높이는 신체감각에 의해 일어나는 것이다. 이러한 두 종류의 자극의 예로는 다음과 같은 것들이 있다.
   - 지루하거나, 우울하거나, 외롭거나, 피곤한 느낌
   - 빵빵하거나 땀나는 것 같은 느낌, 자신의 신체가 흔들리거나 자신의 허벅지가 맞닥뜨려 쓸리는 느낌, 옷이 꽉 조이는 느낌
5. 그다음 주에 걸쳐 환자는 그들이 강한 살찐 느낌을 가질 때마다 기록해야 한다. 이에 더해, 그들은 문제해결적 접근(이 장의 뒷부분에 나옴)을 사용하여 어떠한 위장된 문제(예: 지루한 감정)를 다루어야 한다. 어떤 환자는 문제해결적 접근을 섭식에서 유발된 변화를 다루는 맥락에서 이미 배웠을 수도 있다. 다른 환자들의 경우는 이 접근이 이 시점에 도입될 필요가 있다. 환자의 높아진 신체 자각에 대한 반응을 다루는 것과 관련하여, 치료자는 문제가 이러한 감각 자체라기보다 그에 대한 부정적 해석이라는 것을 환자가 이해할 수 있도록 도와야 한다.

살찐 느낌을 다루는 것은 일반적으로 몇 주가 소요되며, 회기 내의 의제에 관한 항목으로 반복해서 나타난다. 일반적으로는 살찐 느낌의 빈도와 강도가 점차 감소하는 것으로 환자의 변화의 경험에 대한 '관계', 살찐 느낌과 실제 살찌고 있는 것이 더 이상 동일하지 않다는 것을 이해하게 된다. 이러한 초인지적 변화는 중요한데, 일단 이렇게 되면 살찐 느낌이 신체 불만족을 일으키지 않는다.

섭식제한과 음식회피를 다루기

다이어트는 섭식장애 환자들의 가장 뚜렷한 특징 중 하나이다. 치료의 주요 목표는 이 환자들이 다이어트를 하고자 하는 강한 성향을 다 없애지는 못하더라도 줄이는 것이다. 앞에서 언급한 것처럼 식사제한의 시도('제한적 섭식')는 성공적일 수도 있고 그렇지 않을 수도 있다. 따라서 생리학적 측면에서의 저섭취('제한적 섭식')와 체중 감소가 나타나는 것이 어쩔 수 없을지도 모른다. 이 절에서 우리는 제한된 식사와 식사 규칙을 다루는 것에 초점을 두고자 한다. 섭식제한은 저체중인 사람들의 치료와 관련된 뒷부분에서 다룰 것이다.

섭식장애를 지닌 환자들의 제한된 식사는 강도면에서 매우 극단적이고 형태도 경직되어 있다. 이 환자들은 스스로에게 몇 가지 까다로운 식사 규칙을 설정한다. 식사시간(예: 오후 6시 이전), 식사방법(하루에 600kcal 이하), 특히 먹어야 하는 음식과 피해야 하는 수많은 음식('음식회피')에 관심이 있다. 대부분 이러한 세 가지 식사 규칙을 모두 가지고 있다. 그 결과, 환자들의 식사는 융통성이 없고 제한된다. 이러한 제한된 식사는 가치가 있음에도 불구하고 유해한 영향을 명확히 나타낸다.

제한된 식사를 다룰 때 중요한 첫 번째 단계는 환자가 자신의 섭식에 문제가 있음을 알도록 도와야 한다는 것이다. 이것은 그들의 공식을 참조하는

것도 가능한데, 대부분의 사례에서 다이어트가 섭식 문제를 유지시키는 핵심 역할을 하고 있음을 보여 주고 있다. 만약 이 환자도 이러한 사례와 같다면 그 문제를 극복하도록 다루는 것이 필요할 것이다. 두 번째 단계는 그들의 다이어트가 일상생활에 유해한 영향을 줄 수도 있다는 것이다. 이는 CIA(Bohn & Fairburn, 2008)를 사용하여 밝힐 수도 있는데, 외식을 하지 않는 것, 식사시간에 긴장을 느끼는 것, 음식과 섭식에 대한 생각에 사로잡혀 있는 것 등이 그 예에 해당된다.

일단 제한된 식사가 문제라는 데 동의하면, 치료자와 환자는 존재하는 다양한 식사 규칙을 확인할 필요가 있다. 대부분의 치료 과정에서 이 단계는 뚜렷해질 것이다. 이러한 규칙들을 다루는 기저의 원리는 다음과 같다.

1. 특정한 규칙과 그것을 동기화시키는 것이 무엇인지 확인한다.
2. 규칙을 깨는 결과가 무엇인지 환자와 함께 탐색한다. 환자는 규칙을 깨는 것이 체중 증가나 다양한 폭식행동을 유발한다고 믿을 수도 있다.
3. 규칙 깨기의 결과를 탐색하기 위해 환자와 규칙을 깰 계획을 세우고, 그 계획을 환자가 실행할 수 있도록 돕는다.
4. 계획된 규칙 깨기의 의미를 분석한다.
5. 이러한 규칙이 더 이상 의미를 갖지 않을 때까지 동일한 규칙을 깨는 더 많은 방법을 계획한다.

폭식을 하는 환자들에게는 음식회피에 좀 더 주의를 기울이는 것이 중요하다. 첫 번째 단계는 피하고자 하는 음식을 확인하는 것이다. 이것의 좋은 방법은 동네 수퍼마켓을 방문하여 그들이 체형이나 체중에 영향을 끼칠 것이 두려워 꺼리는 음식들을 써 보도록 하는 것이다. 환자와 치료자는 환자가 섭취하는 데 어렵다고 느끼는 정도에 따라 이러한 음식들(마흔 가지 이상)의 순위를 매겨야 한다. 환자들은 가장 쉬운 것부터 시작하여 점차 어려운 것으로 바꾸는 방식을 통해 이들 음식을 그들의 섭식에 포함시키도록 도움을 받을 것이다. 섭취량은 중요한데, 궁극적인 목표가 환자들이 무사히 정상적인 양을 먹도록 하는 것이기 때문이다. 회피하는 음식의 체계적인 도입은 환자가 그것을 먹는 것에 대해 더 이상 불안해하지 않을 때까지 계속되어야 한다. 이것은 치료의 나머지 부분이나, 때로는 그 이상이 될 수도 있다.

다른 식사 규칙도 유사한 방식으로 다루어져야 하는데, 규칙을 유지하고 그 규칙을 깨는 것과 관련된 신념에는 모두 초점을 두어야 한다. 사회적 식사를 방해하는 규칙을 다루는 것은 특히 중요하다.

섭식과 관련된 사건 혹은 기분 관련 변화를 다루기

섭식장애를 지닌 환자들에게 식사행동은 사건이나 기분 외의 것에 대한 반응을 변화시킬 수 있다. 특히 폭식에서는 더욱 그러하다. 관련된 다양한 기제는 다음을 포함한다.

- 폭식이나 구토는 부정적 사건이나 기분에 대한 대처이다. 폭식은 두 가지 관련된 속성을 지니고 있다. 하나는 주의분산으로 환자의 혐오적인 생각을 벗어나게 하는 것이며, 다른 하나는 직접적인 정서조절 효과로 강한 정서상태를 약화시키는 것이다. 두 번째 속성은 구토

나 심한 운동을 하는 것과도 관련된다.

- 외적 사건이 환자의 통제 밖에 있을 때 개인적 통제감을 얻기 위해 덜 먹거나 먹는 것을 멈추게 된다. 이것은 종종 저체중인 환자에게 나타난다.
- 덜 먹는 것은 다른 것에 영향을 끼친다. 예를 들어, 이것은 스트레스나 분노감을 드러내는 방법이거나 혹은 반항의 행동이 될 수도 있다.

만약 3단계에서 사건과 기분이 섭식장애를 유지하는 데 공헌하는 것으로 보인다면, 이러한 공헌은 평가되고 환자가 자신의 섭식에 영향을 끼치기보다 사건이나 감정을 직접적이고 효과적으로 다루는 것을 돕기 위한 목적으로 개입되어야 한다. 대부분의 환자에게 첫 단계는 실시간 기록을 통해 섭식에서의 이러한 변화를 확인하는 것이며, 이후 회기에서는 관련 촉발 요인을 찾기 위해 한두 가지의 예를 자세히 점검하는 것이다. 그 후 환자들은 '주도적인 문제해결'의 측면에서 문제해결에 대한 다양한 인지행동 기법을 훈련받아야 한다. 이러한 접근의 두드러진 특징은 초기에 문제를 밝히는 것을 강조하는 것이다. 이는 완성된 치료지침에 자세히 기술되어 있으며, 또한『폭식 극복하기』에서도 환자의 관점으로 기술되어 있다. 이러한 접근은 잘 지도된다면 대부분의 사례에서 뚜렷이 효과가 있다. 예외는 각성과 관련된 정서상태를 견디는 데 어려움이 있는 환자들이다. 이러한 환자들(경계선 성격장애 진단 성향이 있는 사람들)은 '정서적 감내 부족'을 지니고 있다. 이들은 주도적인 문제해결로부터 이득이 있지만, 이들의 정서를 대처하는 데 있어 직접적인 도움이 좀 더 필요하다. 이러한 목적을 위해 우리는 변증법적 행동치료(dialectical behavior therapy: DBT; Linehan, 1993)의 요소와 중복되는 접근을 사용하며, 이는 치료지침에 제시되어 있다.

좌절과 생각틀

섭식장애의 핵심 정신병리는 '생각틀', 즉 생각의 틀로 보일 수 있다. 정상적인 사람의 '생각'은 변화하는 환경에 따라 달라지지만, 섭식장애를 가진 사람들은 그 안에 고정되는 경향이 있고, 그 환자의 생각들은 섭식장애 사고에 의해 지속적으로 지배된다. 이는 환자들에게 뚜렷한 방식으로 내적·외적 자극을 여과하게 한다. 즉, 이는 섭식장애 행동 특성을 형성하게 하고, 다양한 신체적 · 정서적 경험에 '살찐 느낌'과 같은 잘못된 이름을 붙이게 한다.

CBT-E에서 사용되는 인지행동 전략은 섭식장애의 핵심 특징과 그것을 유지하게 하는 과정을 다루도록 고안되어 있다. 진전을 보이는 환자의 경우, 이러한 기제가 좀 더 건강하고 적절한 생각틀이 점차 변화되어 3단계 동안 점차적으로 약화되는 것이다. 생각틀에서의 이러한 변화는 치료의 마지막 1/3 지점에서는 명확해진다. 그들은 "일요일 저녁에 제가 섭식장애라는 것을 잊었어요!"라고 놀라움을 보이며 보고한다. 처음에는 섭식장애의 생각틀이 사소한 자극(예: 친구과 얼마 전에 시작한 다이어트에 대해 이야기하기)에도 다시 원래대로 돌아가고, 환자의 섭식장애 행동, 사고, 감정으로 돌아간다. 이러한 '좌절'은 즉각적으로 해결하지 않으면 다시 원상복귀하게 될 수도 있다. 환자들이 자신의 행동에서의 초기 변화를 탐지하여 그들의 섭식장애 생각들을 발견하는 것을 배우기 위해, 이 치료 단계에서의 생각틀을 주제로 내놓는다. 일단 환자가 이렇게 하면, 그들은 그 생각들을 어떻게 '내보내는지'를 배울 수 있으며, 좌절을 예방할 수 있다. 원래대로 돌아가려는 생각틀을 찾아내고 효과적으로 다루는 연습은 매우 가치가 있으며, 좌절 초반에 빨리 개입되는 이러한 기술은 CBT-E의 낮은 재발률을 상당 부분 설명해 준다. 이것은 또한 치료 후반의 간헐적인 좌절을 경험할 때에도 도움이 되는데, 치료 과정에서 이러한 전략과 절차를 사용할 기회를 제공하기 때문이다. 환자가 자신의 생각틀을 어떻게 조작하고 좌절을 다루는지에 대한 상세한 기술은 치료지침에 제시되어 있다.

4단계: 잘 종결하기

이것은 치료의 마지막 단계이다. 20회기의 치료를 받은 환자는 이후 5주에 걸쳐 3회기(2주 간격으로)의 치료를 받게 된다. 여기에는 다음 두 가지 목적이 있다.

1. 치료에서 이루어진 변화가 유지되고 잘 이루어져 있는지를 확인하는 것
2. 이후의 재발위험을 최소화하는 것

동시에 환자는 자기관찰을 중단하고, 회기 내에서 체중을 점검하는 것에서 스스로 재는 것으로 이동하게 된다.

치료에서 이루어진 변화가 유지되는지 확인하기

이것을 위한 첫 단계는 환자의 성과와 남은 문제를 자세히 점검하는 것이다. 이것은 EDE-Q와 CIA를 지침으로 사용하여 실시한 2단계와 매우 유사한 방식으로 실시된다. 그 후, 남아 있는 문제에 따라 치료자와 환자는 5개월 후에 사후치료 점검 회기를 할 때까지 실시해야 할 환자를 위한 특정한 단기계획을 수립한다. 전형적으로 이것은 신체점검과 음식회피에 대한 이후의 작업뿐 아니라 새로운 관심과 활동 개발 노력을 격려하는 것도 포함된다.

미래의 재발위험을 최소화하기

재발은 나타나거나 전혀 나타나지 않는 현상이다. 재발은 다양하게 나타나는데, '실수'로 시작되어 이후에 다시 커지는 좌절이 될 수도 있다. 일반적으로 실수는 종종 혐오적인 체형 관련 사건(예: 비판적 언급, 옷이 이전보다 꽉 끼게 느껴짐)에 의해 제한적 섭식으로 돌아가게 한다. 이전에 폭식경향이 있던 환자는 이러한 제한적 섭식으로의 회귀가 앞에서 기술된 기제를 통해 폭식을 유발하게 되고, 이것은 더 심한 제한적 섭식을 하게 하며, 이후의 폭식위험성을 증가시킨다. 며칠 내에 섭식장애의 모든 측면이 다시 나타난다. 이러한 일련의 사건에 대한 환자의 반응은 이후의 방향에 결정적이다. 만약 초기에 탐지되어 조기에 논의되면 개입하는 것이 비교적 쉽지만, 만약 그렇지 않다면 그 좌절을 다루기가 점차 어려워지게 된다.

장기적으로 재발위험을 최소화하기 위해서는 치료자가 다음을 따를 필요가 있다.

1. **환자의 상황에서 나타날 수 있는 일반적인 촉발요인과 가능한 일련의 사건을 강조하면서, 재발위험성에 대해 환자를 교육한다.** 어떤 환자들은 다시는 섭식 문제를 나타내지 않기를 바라는 경향이 있다. 이것은 특히 폭식을 멈춘 환자들에게 일반적이지만, 다른 사례에서도 흔히

나타난다. 치료자는 미래에 대한 환자의 희망을 부정적으로 보지 않고, 환자의 희망이 가능함을 확신시킬 필요가 있다. 만약 그렇지 않으면, 환자가 '유지계획'을 고안하는 것을 심각하게 생각하지 않을 가능성이 있다. 또한 나타나는 좌절에 부정적으로 반응할 취약성도 있다. 환자는 자신의 섭식장애를 아킬레스건으로 보는 것을 배워야 한다. 즉, 이것은 일반적인 스트레스와 어떤 촉발 요인에 대한 반응이다.

2. **문제가 커지기 전에 초기에 발견하는 것이 중요함을 강조한다.** 이러한 생각에 따라 치료자와 환자는 재발가능성과 관련된 위험 신호를 조기에 쉽게 탐지해야 한다. 폭식과 구토, 배출을 하는 경향이 있는 환자에게 이러한 행동 형태는 어떠한 좌절 과정에서도 초기에 나타나며, 쉽게 발견된다. 제한적 섭식을 주요하게 보이는 섭식장애 환자들이 이러한 불길한 징후를 찾도록 도울 필요가 있다.
3. **이후에 문제가 나타날 때 사용하기 위한 행동계획(작성된 개인적 '장기 유지계획')을 환자와 구축한다.** 이것에는 두 가지 중요한 요소가 있다. 발생된 섭식 문제에 초점을 두고 그것을 수정하기와 좌절을 유발하는 촉발 요인을 다루기이다. 일반적으로 전자는 아마도 『폭식 극복하기』에서의 지침과 같이 치료 과정에서 배운 것을 수행하면서 이루어질 수 있지만(제대로 된 것을 하기), 후자는 문제해결을 사용하여 성취할 수 있다.
4. **환자가 더 도움을 요청해야 하는 시기를 논의한다.** 환자가 필요하다면 더 도움을 요청하는 것은 중요하다. 앞에서 기술된 전략이 몇 주 내에 정상 궤도로 다시 돌아와야 한다는 것이다. 만약 문제를 바로잡기 위해 몇 주를 노력한 후에도 문제가 여전히 해결되지 않았으면, 우리는 환자에게 외부의 도움을 구해야 함을 제안한다.

치료를 종결하거나 연장하기

CBT-E가 계획대로 종결되지 않는 것이 특별한 상황은 아니다. 핵심 유지 기제가 무너지는 지점에 다다를 때 치료는 종결될 수 있고 또 종결되어야 한다. 만약 그렇지 않으면, 환자는(그리고 치료자도) 섭식장애가 자연스럽게 해결되었다기보다는 지속적인 치료에 의해 나아지고 있다고 생각할 위험성이 있다. 실제 이것은 여전히 다이어트 중이며, 폭식과 구토를 때때로 하며, 체형과 체중에 대한 염려가 남아 있는 환자가 치료를 종결하려는 것을 수락할 수 있음을 의미한다.

때로는 치료 연장에 대한 근거들도 있다. 우리의 관점에서 이렇게 하는 주요 지침은 환자의 기능을 심각하게 저해하고 그들의 목표를 이루지 못하게 하는 섭식장애가 나타나는 것이다. 치료 연장의 또 다른 이유는 주로 임상적 우울증이나 삶의 위기 출현으로 인해 치료에 상당한 손상이 있는 것을 보완하기 위해서이다.

어떤 환자들은 CBT-E를 통해 이득이 없는 경우도 있다. 이러한 환자들은 낮 병원이나 입원치료로 의뢰하도록 한다.

사후치료 점검 약속

우리는 보통 치료 종결이 이루어지고 약 20주 후에 사후치료 점검 약속을 한다. 이 시간에 환자는 어떠한 새로운 치료 처치는 받지 않는다. 점검 회기에는 몇 가지 목적이 있다.

1. 이후의 치료를 위해 환자의 상태와 욕구가 재평가되어야 한다. 만약 남아 있는 섭식장애 문제들이 환자의 기능을 유의미하게 저해한다면, 이후의 치료가 고려되어야 할 것이다. 만약 재발가능성이 있다면 환자가 다시 원래의 상태로 회복하기 위해 몇 회기의 짧은 치료가 필요하다.
2. 환자가 단기 유지계획을 실행하고 있는지 점검한다. 계속 다룰 필요가 있는 환자의 남아 있는 섭식장애 특성들을 확인하고자 하는 목적을 가지고 계획을 점검해야 한다.
3. 어떤 좌절을 다루고 있었는지를 논의한다. 환자가 좌절을 탐지하고 다루는 능력은 세심히 점검되어야 한다.
4. 장기 유지계획이 점검되어야 한다.

저체중 환자를 위한 CBT-E

섭식장애를 지닌 대부분의 환자가 어떤 단계에서는 저체중이며 한동안 저체중이 되어 있을 수 있다. 일반적으로는 이러한 상태가 지속되지는 않으며 빠졌던 체중이 다시 늘어나지만, 소수의 환자는 섭식에 대한 통제를 엄격하게 하며 계속 저체중 상태로 있다. 이러한 환자들의 상당수는 신경성 식욕부진증의 진단기준을 충족하지만, 그 외에는 한두 가지 이상의 섭식장애 진단도 가능하다.

CBT-E를 저체중 환자에게 사용하는 데에는 큰 수정이 필요하지 않은데, 이들 환자의 핵심 정신병리와 행동이 대부분의 섭식장애 환자의 그것과 유사하기 때문이다. 그럼에도 이들 집단에서 나타나는 세 가지 문제를 다루기 위한 조정은 필요하지만 이것에 한정시킬 필요는 없다.

1. 변화에 대한 제한적 동기
2. 저체중 상태
3. 너무 적은 식사(제한된 섭식)

변화에 대한 동기를 증진시키기 위해 CBT-E는 시간을 더 연장해야 하며, 심지어 체중 회복을 위해서도 시간이 더 필요하다. 따라서 앞에서 언급한 것처럼 BMI 15.1~18.5의 환자를 위해서는 약 40주간의 치료가 필요하며, 일반적으로 환자가 지속적으로 체중이 늘 때까지는 주 2회로 실시하여야 한다. 일단 체중이 늘기 시작하면, 회기는 주 1회로 실시하며, 치료 종결기에 이르면 2~3주 간격으로 실시한다.

환자의 건강과 안전은 항상 가장 중요한 것이며, 이것은 저체중 환자의 경우에는 그들의 신체적 건강이 불안정하기 때문에 더욱 그러하다. 치료자는 환자의 잠재적 신체 문제에 주의를 기울여야 하며, 의학적인 자격이 부족한 치료자의 경우에는 환자의 의학적 문제를 다루기 위한 자문이 가능한 의사와 접촉을 해야 한다.

개관

20주 판의 CBT-E의 4단계가 저체중 환자를 위한 판과 잘 매칭되지는 않는다. 이러한 환자에 대한 치료는 다음 세 단계로 생각해 볼 수 있다.

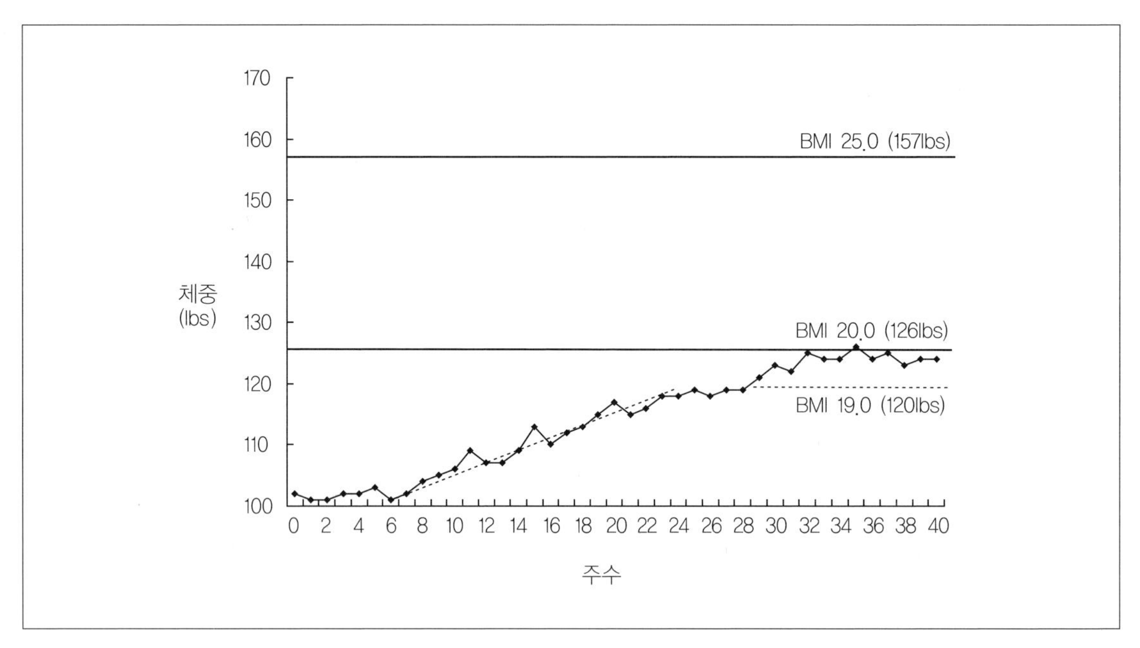

[그림 17-8] 신경성 식욕부진증 내담자의 체중 그래프

출처: Fairburn (2008), p. 180.

- **1단계.** 이것은 8주간 지속되며, 초점은 환자에게 개입하고 그들이 체중 증가를 위해 필요한 결정에 이르도록 돕는다.
- **2단계.** 이것은 체중 증가 단계이다. 목표는 환자가 매주 0.5kg의 비율로 체중이 증가하도록 하는 것이다. 따라서 이 단계의 길이는 다시 얻어질 시점에 결정된다.
- **3단계.** 이것은 체중 유지 단계로, 환자가 그들의 새로운 체중을 유지할 수 있도록 연습하는 것이다. 이 단계는 약 8주간 지속된다.

이러한 단계를 특히 강조한 결과, 환자의 체중 그래프에는 뚜렷한 세 가지 패턴이 나타나며, 이 그래프는 [그림 17-8]에 제시되어 있다.

1단계

처음 2회의 치료 회기가 20주 치료의 것과 유사하지만, 저체중의 효과에 대한 교육을 실시하고, 이 개념화 내에 이러한 정보를 포함하기 위해서는 다소의 수정이 필요하다. 임상적으로 이와 관련된 것은 다음과 같다.

- 저체중과 관련 특성에 대한 초기 평가에서는 조심스럽게 질문되어야 한다. 이러한 질문은 일반적인 평가 내에서 함께 이루어져야 한다.
- 저체중의 결과에 대한 개별교육은 섭식장애에 대한 개념화가 이루어지기 전에 실시되어야 한다. 이것은 20주 치료 판에서처럼 초기 회기에 실시하기보다는 2회기로 개념화를 미루는 것이다.

- 환자의 섭식 문제 유지(예: 음식과 섭식에 대한 집착, 규칙성과 예측가능성에 대한 필요성, 모호함, 고양된 충만감, 우울감, 사회적 철회)에 저체중이 기여함을 강조하는 개념화를 함께 작성한다. 이러한 특성에 대한 환자지향적 기술은 『폭식 극복하기(2판)』(Fairburn, 2013)에 제시되어 있다.
- 치료에 대한 개념화의 의미를 논의한다. 주요 초점은 확인된 거의 모든 효과는 환자의 체중이 늘면 해결될 것이며, 동시에 저체중 상태에서 가면을 쓰고 있는 환자가 자신의 진짜 성격을 발견하게 된다는 것이다. 이와 함께 치료는 단순한 체중 증가 이상과 관련이 있음을 강조하고 있다.

강조점은 다시 환자가 변화를 결심하도록 돕는 것이 된다. 목표는 환자가 그들에게 부과되는 결정을 취하기보다는 스스로 그 결정을 하도록 하는 것이다. 목적은 환자가 변화의 이득과 '새로운 출발' 가능성에 관심을 갖게 하는 것이다. 이 과정에는 다음 5단계가 있다.

1. '변화로 인한 현재의 장단점' 생각하기
2. '변화로 인한 미래의 장단점' 생각하기
3. '결론' 표를 만들기(〈표 17-2〉의 예시 참조)
4. 환자가 이러한 결론의 의미를 확인하고 수용하도록 돕기
5. 환자가 행동을 결정하고 '실행하도록' 돕기

〈표 17-2〉 변화에 대한 찬성과 반대: 한 환자의 '결론'

나는 더 좋아지고 체중을 다시 회복하기를 원한다, 왜냐하면……

- 나는 섭식과 체중에만 관여된 삶이 아닌, 충실한 삶을 살아갈 수 있을 것이다.
- 나는 건강해질 것이다: 나의 뼈와 심장은 건강해질 것이다. 나는 감기에 걸리지 않고, 쇠약해지지 않고 적절하게 잠을 잘 것이다. 나는 질병에 걸리고 싶지 않다.
- 나는 다른 사람들과 좋은 관계를 갖고 파트너와 자녀를 갖게 될 것이다. 나는 그들에게 좋은 역할 모델이 될 것이다.
- 나는 직업을 즐기고 성공할 것이다.
- 그 순간에는 섭식 문제 때문에 내가 일을 잘 처리하지 못하게 된다. 더 좋아진다면, 실수하지 않게 된다.
- 체중을 다시 회복한다는 것은 내가 날씬해지고 건강해질 것이라는 것을 의미한다. 그것은 내가 다시 비만이 된다는 것을 의미하는 것은 아니다.
- 더 좋아진다는 것은 포기한다는 것이 아니다. 더 좋아지지 않는 것이 포기하는 것이다. 더 좋아진다는 것은 내게 또다른 삶의 기회를 준다는 것이다.
- 나는 섭식에서 강할 수 있다는 것을 보여 주고 싶다. 절식은 오히려 쉬운 일이다.
- 건강한 체중을 위해 음식을 충분히 섭취한다는 것이 탐욕적인 것은 아니다. 그것은 정상이다.
- 건강한 체중과 충분한 섭식은 내가 섭식을 진정으로 통제할 수 있도록 도울 것이다. 나는 무엇을 먹을 것인지 선택할 수 있을 것이다. 그 순간에는 섭식 문제가 나를 통제한다. 좋아지게 되면 섭식을 통제할 수 있게 되고, 다시 정상적인 체중도 통제할 수 있게 될 것이다.
- 좋아지게 되면 나는 한 개인으로서 재능을 발전시키고 나의 진실한 자아를 발견해 나갈 수 있을 것이다.
- 더 좋은 삶은 내게 선택의 기회를 줄 것이다. 섭식 문제는 나를 방해해 왔다. 변화는 좋을 수밖에 없다.

출처: Fairburn (2008), p. 167.

20주 치료에서처럼, 체중 점검과 규칙적 섭식이 동시에 실시된다. 한 가지 차이는 체중 점검이 매 회기 실시되는 것인데, 환자들의 저체중이 심각한 건강 문제이며 치료의 주요 대상이기 때문이다. 또 한편으로 규칙적 섭식은 세 끼의 식사와 3회의 간식으로 이루어진다. 즉, 환자는 20주 치료에서는 5회였던 식사를 6회 제공받게 된다.

만약 환자가 체중 증가를 결정했다면, 그때는 2단계가 실시된다. 만약 이 주제에 대한 연장된(최소한 8주 이상) 탐색에도 불구하고 이러한 결정에 도달하지 못했다면, CBT-E는 실패한 것이며 다른 치료 선택지가 고려되어야 한다. 이것은 다섯 사례 중 하나 정도로 발생한다.

2단계

2단계에서는 체중 증가가 초점이며, 앞에서 기술된 것처럼 환자의 섭식장애 정신병리도 동시에 다루어진다. 따라서 체형과 체중, 섭식제한, 사건이나 감정에 따른 섭식 변화에 과하게 가치를 두는 것의 변화를 강조한다.

체중 증가는 이 환자들에게는 매우 힘든 일이다. 그것은 길고 수고스러운 과정이다. 환자들이 매주 약 0.5kg의 체중을 증가시키려면 매일 약 500kcal의 잉여 에너지를 꾸준히 섭취하는 것이 요구된다.

목표는 BMI 19.0을 넘게 하는 것이다. 이것은 대부분의 환자가 여전히 마르기는 했으나 저체중의 심리생물학적 영향으로부터 벗어났다는 의미이다. 여기서는 이러한 외형을 보완하려고 하지 않는 것이 중요하다. 많은 여성 환자는 그들의 BMI가 17.0~18.0 범위일 때 체중 증가를 멈추고자 하는데, 이러한 체형이 좀 더 여성스럽기 때문이다. 이것은 심각한 실수가 될 수 있는데, 왜냐하면 그들이 여전히 저체중의 유해한 영향을 경험하고 있으나 체중 증가의 이득은 거의 경험하지 못하였기 때문이다. 이 수준의 BMI에 있는 환자들은 계속 체중을 줄이고자 하는 경향이 있다.

환자들의 체중 증가를 도울 수 있는 방법에 대한 자세한 기술은 완성된 치료지침에서 제공하고 있다.

3단계

이 단계의 목표는 환자가 BMI 19.0~20.0의 체중을 유지하도록 돕는 것이다. 환자와 치료자는 이 시점에서 서로 정반대의 것에 관심을 둔다. 환자는 체중이 늘 것을 두려워하고, 치료자는 그렇지 못할 것을 두려워한다. 치료자의 두려움은 일반적으로 좀 더 현실적이다. 체중 감소의 위기와 위험도는 환자와 공개적으로 논의하여야 한다.

이 치료 단계는 일반적으로 부드럽게 진행되고, 2단계와 비교하자면 확실히 그렇다. 치료자는 환자에게 저체중으로 인해 유약해지는 상황에서 벗어나 현재를 충실하게 살도록 격려해야 한다. 환자들이 더 충만해지고, 위험을 겪어 보고, 그것을 즐기도록 격려해야 하는데, 그와 함께 그들의 새로운 체중 유지의 중요성을 잊지 않도록 해야 한다.

마지막 몇 회기는 20주 치료 판에 포함된 것 같은 주제를 담고 있다. 따라서 그들은 다음의 것들을 다루어야 한다.

1. 좌절과 생각틀
2. 치료에서 이루어진 변화가 유지되는지 확인하기

3. 미래의 재발위험을 최소화하기

결론

CBT에 대한 신화와 오해가 많다. 특히 두 가지가 지배적인데, 첫째는 치료가 진단중심이라는 것이다. 즉, 치료 형태가 환자의 DSM 진단에 의해 절대적으로 결정된다는 것이다. 둘째는 치료가 경직된 구조라는 것이다. 우리는 CBT-E에 대해 이러한 비판이 없기를 희망한다. CBT-E에서 환자의 치료 형태는 진단과 독립적인 매우 개별적인 개념화를 요구한다. 이것은 환자의 섭식장애 정신병리에 근거하는 것이지, 그들의 DSM 진단에 근거하는 것이 아니다. 더욱이 이러한 개념화는 치료 진전과 환자의 정신병리에 따라 수정되고 좀 더 개별화된다. 환자 A의 10회기는 환자 B의 10회기와는 거의 관계가 없다. CBT-E에서 기술된 것은 사용되는 전략과 하위 전략이며, 변화를 위해 사용되어야 할 절차들이지만, 그것의 적용 방식이나 시점은 사례에 따라 다양할 수 있다. 그 결과, CBT-E는 일반적 치료 이상의 것을 배워야 하는 상당한 도전이 되지만, 그 효과가 적지 않은 것이 실행에서 더 큰 보상이 된다.[6)]

감사의 글

이것을 지원해 준 웰컴 트러스트(Wellcome Trust)에 감사를 드린다. Christopher G. Fairburn은 Principal Research Fellowship의 지원(046386)을 받았으며, Zafra Cooper는 strategic award 지원(094585)을 받았다. 섭식장애에 대한 우리의 연구는 웰컴 트러스트의 프로그램 기금(046386)을 받은 것이다. Sarah Collins는 원고에 대한 소중한 피드백을 주었다.

주

1. 체질량지수(Body Mass Index: BMI)는 신장에 대해 조정된 체중을 나타내기 위해 광범위하게 사용되는 방식이다. 이것은 신장 미터(meters squared)당 체중 킬로그램(kilogram)으로 나눈 것이다[예: wt/(ht)2]. BMI는 18~60세의 양쪽 성 모두의 성인에게 적용된다. 건강한 BMI 범위는 18.5~25.0이다.
2. 만약 핵심 정신병리에 차이가 있다면, 신경성 식욕부진증 환자들은 그들의 체형이나 체중보다는 초당 그들의 섭식을 통제하는 데 관심이 있다. 이것은 단기간의 더 어린 내담자 사례에서는 더욱 그러하다.
3. 원래 치료의 광범위한 버전은 '정서적 감내력'이라고 불리는 변화의 네 번째 장애물을 다루는 것이다. 이것은 이후 CBT-E의 초점화된 형태로 통합되었다.
4. 20주 판의 CBT-E에 대한 우리 연구는 BMI 17.5 이상의 환자들을 포함하였으나, 우리의 임상적 경험상 저체중 환자들에게는 더 긴

6) 주 6을 보라.

치료가 제안된다. 따라서 우리는 BMI 18.5 이하의 환자를 위해 수정하고 있다.

5. C. G. F.는 홍미에 대한 명백한 갈등은 인정한다.
6. 웹 사이트 www.credo-oxford.com은 CBT-E의 임상적 상태와 훈련 기회에 대한 업데이트 된 정보를 제공한다. CBT-E를 실행하기 위해 필요한 모든 자료는 이 웹 사이트에서 무료로 다운로드할 수 있다.

참고문헌

American Psychiatric Association. (1994). *Diagnostic and statistical manual of mental disorders* (4th ed.). Washington, DC: Author.

American Psychiatric Association. (2013). *Diagnostic and statistical manual of mental disorders* (5th ed.). Arlington, VA: Author.

Bohn, K., & Fairburn, C. G. (2008). The Clinical Impairment Assessment Questionnaire (CIA 3.0). In C. G. Fairburn, *Cognitive behavior therapy and eating disorders* (pp. 315-317). New York: Guilford Press.

Byrne, S. M., Fursland, A., Allen, K. L., & Watson, H. (2011). The effectiveness of enhanced cognitive behavioural therapy for eating disorders: An open trial. *Behaviour Research and Therapy, 49*, 219-226.

Cooper, Z., & Fairburn, C. G. (2011). The evolution of "enhanced" cognitive behavior therapy for eating disorders: Learning from treatment non-response. *Cognitive and Behavioral Practice, 18*, 394-402.

Cooper, Z., & Stewart, A. (2008). CBT-E and the younger patient. In C. G. *Fairburn, Cognitive behavior therapy and eating disorders* (pp. 221-230). New York: Guilford Press.

Crow, S., & Peterson, C. B. (2009). Refining treatments for eating disorders. *American Journal of Psychiatry, 166*, 266-267.

Dalle Grave, R. (2012). *Intensive cognitive behavior therapy for eating disorders*. New York: Nova Science.

Dalle Grave, R., Calugi, S., Doll, H. A., & Fairburn, C. G. (2013). Enhanced cognitive behaviour therapy for adolescents with anorexia nervosa: An alternative to family therapy? *Behaviour Research and Therapy, 51*, R9-R12.

Fairburn, C. G. (2005). Evidence-based treatment of anorexia nervosa. *International Journal of Eating Disorders, 37*, S26-S30.

Fairburn, C. G. (2008). *Cognitive behavior therapy and eating disorders*. New York: Guilford Press.

Fairburn, C. G. (2013). *Overcoming binge eating* (2nd ed.). New York: Guilford Press.

Fairburn, C. G., Agras, W. S., Walsh, B. T., Wilson, G. T., & Stice, E. (2004). Early change in treatment predicts outcome in bulimia nervosa. *American Journal of Psychiatry, 161*, 2322-2324.

Fairburn, C. G., & Beglin, S. J. (2008). Eating Disorder Examination Questionnaire (EDE-Q 6.0). In C. G. Fairburn, *Cognitive behavior therapy and eating disorders* (pp. 309-313). New York: Guilford Press.

Fairburn, C. G., & Bohn, K. (2005). Eating disorder NOS (EDNOS): An example of the troublesome "not otherwise specified" (NOS) category in DSM-IV. *Behaviour Research and Therapy, 43*, 691-701.

Fairburn, C. G., & Cooper, Z. (2011). Eating disorders, DSM-5 and clinical reality. *British Journal of Psychiatry, 198*, 8-10.

Fairburn, C. G., Cooper, Z., Bohn, K., O'Connor, M. E., Doll, H. A., & Palmer, R. L. (2007). The severity and status of eating disorder NOS: Implications for DSM-V. *Behaviour Research and Therapy, 45*, 1705-1715.

Fairburn, C. G., Cooper, Z., Doll, H. A., O'Connor, M. E., Bohn, K., Hawker, D. M., et al. (2009). Transdiagnostic cognitive-behavioral therapy for patients with eating disorders: A two-site trial with 60-week follow-up. *American Journal of*

Psychiatry, 166, 311-319.

Fairburn, C. G., Cooper, Z., Doll, H. A., Palmer, R. L., & Dalle Grave, R. (2013). Enhanced cognitive behaviour therapy for adults with anorexia nervosa: A UK-Italy study. *Behaviour Research and Therapy, 51*, R2-R8.

Fairburn, C. G., Cooper, Z., & Shafran, R. (2003). Cognitive behaviour therapy for eating disorders: A "transdiagnostic" theory and treatment. *Behaviour Research and Therapy, 41*, 509-528.

Fairburn, C. G., Cooper, Z., & Shafran, R. (2008). Enhanced cognitive behavior therapy for eating disorders ("CBT-E"): An overview. In C. G. Fairburn, *Cognitive behavior therapy and eating disorders* (pp. 23-34). New York: Guilford Press.

Fairburn, C. G., Cooper, Z., Shafran, R., Bohn, K., & Hawker, D. M. (2008a). Clinical perfectionism, core low self-esteem and interpersonal problems. In C. G. Fairburn, *Cognitive behavior therapy and eating disorders* (pp. 197-220). New York: Guilford Press.

Fairburn, C. G., Cooper, Z., Shafran, R., Bohn, K., Hawker, D. M., Murphy, R., et al. (2008b). Enhanced cognitive behavior therapy for eating disorders: The core protocol. In C. G. Fairburn, *Cognitive behavior therapy and eating disorders* (pp. 47-193). New York: Guilford Press.

Fairburn, C. G., Cooper, Z., & Waller, D. (2008a). "Complex cases" and comorbidity. In C. G. Fairburn, *Cognitive behavior therapy and eating disorders* (pp. 245-258). New York: Guilford Press.

Fairburn, C. G., Cooper, Z., & Waller, D. (2008b). The patients: Their assessment, preparation for treatment and medical management. In C. G. Fairburn, *Cognitive behavior therapy and eating disorders* (pp. 35-44). New York: Guilford Press.

Fairburn, C. G., & Harrison, P. J. (2003). Eating disorders. *Lancet, 361*, 407-416.

Fairburn, C. G., & Wilson, G. T. (2013). The dissemination and implementation of psychological treatments: Problems and solutions. *International Journal of Eating Disorders, 46*, 516-521.

Hay, P. J., & Claudino, A. M. (2010). Evidence-based treatment for the eating disorders. In W. S. Agras (Ed.), *The Oxford handbook of eating disorders* (pp. 452-479). Oxford, UK: Oxford University Press.

Linehan, M. M. (1993). *Cognitive behavioral treatment of borderline personality disorder*. New York: Guilford Press.

Lock, J. (2011). Evaluation of family treatment models for eating disorders. *Current Opinion in Psychiatry, 24*, 274-279.

Lock, J., le Grange, D., Agras, W. S., & Dare, C. (2001). *Treatment manual for anorexia nervosa: A family-based approach*. New York: Guilford Press.

Lock, J., le Grange, D., Agras, S., Moye, A., Bryson, S. W., & Jo, B. (2010). Randomized clinical trial comparing family-based treatment with adolescent-focused individual therapy for adolescents with anorexia nervosa. *Archives of General Psychiatry, 67*, 1025-1032.

Luborsky, L., Singer, B., & Luborsky, L. (1975). Comparative studies of psychotherapies. *Archives of General Psychiatry, 32*, 995-1008.

Lundgren, J. D., Allison, K. C., & Stunkard, A. J. (Eds.). (2012). *Night eating syndrome: Research, assessment, and treatment*. New York: Guilford Press.

Masheb, R. M., & Grilo, C. M. (2007). Rapid response predicts treatment outcomes in binge eating disorder: Implications for stepped care. *Journal of Consulting and Clinical Psychology, 75*, 639-644.

Mitchell, J. E., & de Zwaan, M. (2012). *Psychosocial evaluation and treatment in bariatric surgery*. New York: Routledge.

National Institute for Clinical Excellence. (2004). *Eating disorders: Core interventions in the treatment and management of anorexia nervosa, bulimia nervosa and related eating disorders*. London: Author.

Poulsen, S., Lunn, S., Daniel, S. I. F., Folke, S., Mathiesen, B. B., Katznelson, H., et al. (in press). A randomized controlled trial of psychoanalytic psychotherapy versus cognitive behavior therapy for bulimia nervosa. *American Journal of Psychiatry*.

Wilson, G. T. (1999). Rapid response to cognitive behavior therapy. *Clinical Psychology: Science and Practice*,

6, 289-292.

Wilson, G. T., Grilo, C. M., & Vitousek, K. M. (2007). Psychological treatment of eating disorders. *American Psychologist*, *62*, 199-216.

Wilson, G. T., & Schlam, T. R. (2004). The transtheoretical model and motivational interviewing in the treatment of eating and weight disorders. *Clinical Psychology Review*, *24*, 361-378.

Wilson, G. T., Wilfley, D. E., Agras, W. S., & Bryson, S. W. (2010). Psychological treatments of binge eating disorder. *Archives of General Psychiatry*, *67*, 94-101.

Wilson, G. T., & Zandberg, L. (2012). Cognitive-behavioral guided self-help for eating disorders: Effectiveness and scalability. *Clinical Psychology Review*, *32*, 343-357.

chapter 18

커플 고충

Andrew Christensen, Jennifer G. Wheeler, Brian D. Doss, Neil S. Jacobson 공저
정경미 역

이 교재의 제2판에서는 처음으로 커플치료에 대해 개념화와 치료전략 측면에서 이전과 전혀 다른 접근방식을 제시하였다. 이 새로운 접근은 '통합적 행동커플치료(IBCT)'로 명명되며, 기술과 개념화에 있어 기존 방식과 큰 차이가 있다. 이 판에서 설명한 바와 같이, IBCT는 정교하면서도 직관적으로 접근 가능한 전략이다. 이 장에서는 이러한 전략을 실질적인 고충을 겪고 있는 한 쌍의 커플의 치료 상황에 적용하였다. 이 새로운 전략들은 상당한 임상기술과 재능이 요구되기 때문에, 특히 초보 치료자들은 이 장에서 제시된 흥미로운 사례 설명을 통해 많은 부분을 학습할 필요가 있다.

– D. H. B.

이 교재의 다른 장과 달리, '커플 고충(couple distress)'이라는 용어는 특정 임상장애 혹은 성격장애를 지칭하지 않는다. DSM-5에서 커플 고충은 DSM-IV-TR에서와 동일하게 간주된다. 즉, '정신장애'로 간주되지는 않지만 '임상적 주의가 필요한 기타 상태'의 범주에 속하며, '배우자나 친밀한 동반자와의 관계 고충'보다 낮은 'V 코드'가 할당된다. 그렇지만 커플 고충이 대부분의 DSM 장애만큼의 상당한 심리적 · 육체적 고통을 일으킬 수 있다는 점에서는 논쟁의 여지가 없다(예: Beach et al., 2006). 더욱이 커플 고충은 우울과 같은 DSM 장애를 유발하고, 악화시키고, 복잡하게 하거나, 혹은 재발의 계기가 될 수도 있다(Whisman, 2007; Whisman & Bruce, 1999). 추가적으로 커플 고충은 자녀들에게 큰 영향을 미칠 수 있으며, 외현화 및 내현화 장애를 유발하거나 악화시킬 수 있다(Buehler et al., 1997). 실제로 DSM-5에서 커플 고충과 같은 관계양상에 더 많은 주의를 기울이고, 일부 관계 문제를 장애로 포함시키려는 노력이 있었으나, 반영되지는 않았다(American Psychiatric Association, 2013; Beach et al., 2006). 이러한 노력의 가치와 결과가 어떻든 간에 커플 고충이 심각한 심리적 결과를 가져오며, 치료적 관심을 받을 만한 가치가 있다는 것에는 의심의 여지가 없다.

이 장에서는 커플 고충의 유망한 치료 접근방식인 통합적 행동커플치료(integrative behavioral couple therapy: IBCT)를 설명하고자 한다(Christensen & Jacobson, 2000; Christensen, Jacobson, & Babcock, 1995; Jacobson & Christensen, 1998). 우선 전통적 행동커플치료(traditional behavioral couple therapy: TBCT)에서 시작된 이 접근법의 발전을 간략히 검토한 다음, IBCT의 이론과 기법을 설명한다. 그 다음, 치료 단계와 특정 개입의 활용을 포함한 IBCT의 적용에 대해 설명한다. 마지막으로, IBCT를 뒷받침하는 실증적 근거에 대해 논의하고 커플 고충 치료에 IBCT를 적용하는 사례를 제시할 것이다.

전통적 행동커플치료(TBCT)

('개인' 혹은 '집단' 치료와는 대조적으로) '커플치료'라는 용어는 애정관계에 있는 두 개인의 기능을 향상시키기 위한 임상적 접근방식을 의미한다.[1] 커플치료가 특정한 한 쌍을 강조한다는 점에서 차이가 있으나, 본질적으로 이는 두 **개인**의 치료를 위한 상황적 접근방식이다. 따라서 커플 고충에서의 성공적인 치료는 두 사람의 관계 안에서 특정 상호작용에 대한 각 개인의 기여도와 반응을 평가하고 수정하는 것이며, 많은 연구자가 이것을 강조하였다(예: Baucom & Hoffman, 1986; Gurman, Knickerson, & Pinsof, 1986; Holtzworth-Munroe & Jacobson, 1991; Jacobson, 1978a, 1984; Jacobson & Holtzworth-Munroe, 1986; Jacobson & Margolin, 1979; Stuart, 1980; Weiss, Hops, & Patterson, 1973).

30년이 넘는 기간 동안 커플 고충의 치료를 위한 '황금 기준(gold standard)'은 행동커플치료였다(커플치료에 대한 개관은 Baucom, Shoham, Kim, Daiuto, & Stickle, 1998; Christensen & Heavey, 1999; Jacobson & Addis, 1993; Snyder, Castellani, & Whisman, 2006 참조). Stuart(1969), Weiss와 동료들(1973)에 의해 처음 적용된 TBCT는 강화와 모델링, 배우자들 간의 타협과 협력을 기르기 위한 행동 시연의 기초적인 행동원리를 사용한다. 상대 배우자의 행동 변화를 도모하기 위해, TBCT는 어떻게 목표행동을 증가 혹은 감소시킬 수 있는지(행동적 상호작용), 보다 효과적으로 소통할 수 있는지(의사소통 훈련), 그리고 문제를 평가하고 해결하여 전반적인 관계 만족도를 높이는지(문제해결)를 가르쳐 준다. Jacobson과 Margolin(1979)의 논문은 TBCT의 치료 매뉴얼로 사용되고 있다.

초기 연구들은 TBCT가 유의미한 변화를 일으킴을 보여 주었고(Jacobson 1977, 1978b), 곧 커플 고충 치료에서 행동기법의 적용을 지지하는 여러 치료 지침과 프로그램 및 출판물이 발표되었다(예: Floyd & Markman, 1983; Gottman, Notarius, Gonso, & Markman, 1976; Jacobson & Margolin, 1979; Knox, 1971; Liberman, 1970; Liberman, Wheeler, deVisser, Kuehnel, & Kuehnel, 1981; Stuart, 1980). 후속 연구는 커플 고충 치료에 있어 행동적 접근방식의 효용성을 지속적으로 지지해 왔다(Baucom & Hoffman, 1986; Gurman et al., 1986; Jacobson, 1984; Jacobson, Schmaling, & Holtzworth-Munroe, 1987). 일부 연구에서는 커플 중 한 명이 우울(Gupta, Coyne, &

1) 주 1을 보라.

Beach, 2003)이나 알코올 중독(O'Farrell & Fals-Stewart, 2000), 또는 불안(Baucom et al., 1998)과 같은 장애를 가지고 있는 경우에도 TBCT가 효과적임을 연구를 통해 보여 주었다.

TBCT의 효과성은 반복적으로 증명되었으나, 일부 연구 결과는 TBCT의 효용성과 일반화 가능성에서 몇 가지 한계를 보여 준다. 예를 들어, TBCT를 받은 커플의 약 1/3은 치료 이후 커플관계의 질에서 향상을 보이지 않았다(Jacobson et al., 1987). 더불어 이 치료에 반응을 보인 많은 커플이 치료 이후 1년 혹은 2년 내에 문제의 재발을 보고하였다(Jacobson et al., 1984, 1987). Snyder, Wills와 Grady-Fletcher(1991)에 따르면 TBCT를 받은 커플의 치료 4년 후 이혼율은 37%였다.

TBCT의 제한적 효과에 대한 연구 결과는 추가적인 치료 접근방식의 필요성을 보여 주었고, 일부 연구자는 TBCT의 효과성을 향상시키기 위해 다양한 수정과 개선을 시도하였다(예: Baucom & Epstein, 1990; Baucom, Epstein, & Rankin, 1995; Epstein & Baucom, 2002; Floyd, Markman, Kelly, Blumberg, & Stanley, 1995; Halford, 2001). 하지만 다수의 비교 치료연구는 TBCT에서 시도된 다양한 개선방법이 치료의 효용성을 증가시킨다는 것을 입증하지 못하였다. 예를 들어, 인지전략의 추가는 기존의 TBCT만큼의 치료효과를 보였으나, TBCT보다 뛰어난 효과를 보여 주지는 않았다(예: Baucom et al., 1998).

치료 결과를 검토하는 것 외에도, 커플치료 연구는 '치료 성공'과 '치료 실패'가 어떻게 다른지 이해하고자 시도하였다. 치료 반응에 대한 초기 연구에서는 TBCT의 성공에 영향을 미치는 것으로 보이는 몇 가지 요인을 확인하였다. TBCT에 긍정적인 반응을 보인 커플들과 비교했을 때, '치료 실패' 혹은 '치료하기 어려운' 것으로 간주되는 커플들은 대개 연령이 많고, 정서적으로 분리되어 있고, 기본적인 문제에 있어 더 양극화되어 있었으며, 심한 고충을 호소하였다(개관은 Baucom & Hoffman, 1986; Hahlweg, Schindler, Revenstorf, & Brengelmann, 1984; Jacobson, Follette, & Pagel, 1986; Jacobson & Christensen, 1998 참조). 이 커플들에겐 효과적인 치료가 가장 필요하지만, 이들의 특성은 협력과 타협, 그리고 행동 변화를 촉진하는 능력에 부정적인 영향을 미친다. 예를 들어, 노인 커플은 젊은 커플보다 자신들의 파괴적인 행동방식을 더 고수하는 경향을 보였다. 근본적인 문제(예: 성 역할에 얼마나 보수적인가와 같은)에 대해 더 양극화된 커플은 결코 상호 만족스러운 타협에 도달할 수 없을 것이며, 정서적으로 이미 분리된 커플은 협력이 불가능할 수도 있다. 이러한 특성들은 오래 지속되어 왔고, 뿌리 깊게 자리 잡아 외견상 '변화 불가능한' 행동 패턴으로 보인다. 따라서 TBCT의 변화 지향적인 기법들이 이러한 커플들에게 효과적이지 않다는 것은 놀라운 일이 아니다.

'통합적' 치료

이러한 TBCT의 연구 결과들은 IBCT 연구를 촉진시키는 원동력이 되었다. 특히 추적 과정에서 드러난 TBCT의 한계는 보다 지속적인 효과를 가지는 치료법을 찾고자 하는 노력에, 그리고 어려운 사례에도 적용 가능한 치료를 찾고자 하는 노력을 가중시켰다. IBCT에 나타난 세 가지 발전 방향은 치료를 보다 지속적이고, 광범위하게 적용할 수 있도록 하기 위한 것이다: ① 구체적인 목표행동보다는 커플이 가진 문제의 '주제(theme)'에 초점을 두는 것, ② '유관 형성(contingency-shaped)' 행동 대 규칙 통제(rule-governed) 행동에 대해 강조하는 것, 그리고 ③ 정서적 수용에 집중하는 것.

IBCT의 효과를 더 광범위하게 적용하고 더 오래 지속 가능하게 하기 위한 첫 번째 방법은 커플 사이에서 오래 지속되어 온, 본질적으로는 다르지만 기능적으로는 유사한 행동방식인 관계적 '주제'에 주목하는 것이다. 이는 커플의 행동방식에 대한 종합적인 평가가 요구된다는 점에서는 TBCT와 유사하나, 단지 특정 행동목표만이 아닌 여러 복잡한 행동적 상호작용이 치료적 개입에서 고려된다는 점에서 다르다.

TBCT를 포함한 모든 행동적 접근방식의 핵심은 광범위하고 전반적인 불만을 구체적이고 관찰 가능한 행동들로 변환하는 평가 과정에 있다. 예를 들어, 아내가 남편이 자신을 사랑하지 않는다고 불만을 호소하며 치료자를 찾아오지만, 남편은 아내가 자신을 신뢰하지 않는다고 불만을 표현할 수 있다. TBCT 치료자는 아내의 전반적인 불만을 남편이 더 자주 키스하거나 포옹하는 것과 같은 구체적인 행동목표로 정의하도록 도움을 줄 것이다. 또한 남편의 전반적인 불만은 남편이 성취한 것들에 대해 더 자주 칭찬을 하는 것과 같이, 아내의 구체적인 행동목표로 정의하도록 도와줄 것이다. 하지만 IBCT는 전반적인 불만사항을 구체적인 행동 목표로 변환하는 과정에서 귀중한 정보를 놓칠 수 있음을 시사한다. TBCT는 전반적인 불만을 행동 목표로 구체화하는 과정에서 배우자가 서로를 만족시킬 수 있는 수단을 의도치 않게 제약한다. 예를 들어, 아내가 '사랑받는 느낌'을 오로지 신체적인 애정 표현으로 정의할 경우, 남편이 더 높은 수준의 신체적인 애정 표현을 하지 않는다면 아내의 욕구는 충족되지 못할 것이다. 사실 남편은 일하는 도중에 아내가 어떻게 지내는지 살피기 위해 전화를 하거나, 처가 식구들 간의 갈등을 들어 주거나, 혹은 아내의 자동차 타이어 공기압이 위험 수준으로 낮은 것을 발견하거나 하는 것으로 사랑을 표현할 수 있다. 아니면 남편은 아내가 뭘 원하는지 잘 모르거나, 자신의 사랑을 신체적인 방식으로 표현하는 것은 너무 직접적이라 생각할 수 있다. 따라서 아내와 남편의 생각, 감정, 행동에 대한 보다 정교한 탐색과 기능적 분석 없이는 치료적 변화를 촉진할 수 있는 중요한 기회를 놓칠 수도 있다. 게다가 이러한 매우 구체적인 행동 정의는 의원성 효과(iatrogenic effects)[2]를 초래할 수 있다. 이 사례에서 아내는 남편의 행동을 점점 더 남편의 부족한 애정으로 정의하게 될 것인데, 이는 TBCT 개입에서는 '사랑'이 구체적인 남편의 행동으로 정의되기 때문이다. 아내가 오직 남편의 신체적인 애정 표현만을 '사랑받는 것'으로 생각한다면, 아내의 분노와 상실감은 치료를 통해 개선되기보다는 오히려 악화될 수 있다.

TBCT가 구체적인 행동목표를 강조하는 것과 달리, IBCT는 커플의 내력(history)에서 나타나는 보다 광범위한 '주제'에 주목한다. 즉, 아내가 사랑을 받거나 받지 않는다고 느껴 온 여러 상황, 그리고 남편이 아내가 자신을 신뢰하거나 그렇지 않다고 느끼는 여러 상황에 대한 공통된 이해에 초점을 맞

2) 역자 주: 치료로 인해 파생된 결과로, 주로 부작용을 지칭한다.

추고 있다. 물론 이러한 공통된 이해는 아내가 사랑을 받지 못한다고 느끼게 하는 것이 무엇이며 어떻게 해야 사랑을 받는다고 느낄 수 있을지, 그리고 남편이 아내로부터 신뢰를 받지 못한다고 느끼게 하는 것이 무엇이며 어떻게 해야 신뢰를 받는다고 느낄 수 있을지를 보여 주는 구체적 행동의 예시를 포함한다. 하지만 IBCT는 이에 국한되지 않고, 각 배우자에게 상대가 원하는 정서적 상태를 제공할 수 있는 모든 행동에 대해 가능성을 열어 둔다. 그러므로 한 배우자가 특정 행동(예: 육체적 애정 표현)을 수행하는 것이 어려운 경우, 동일한 기능을 하는 다른 행동(예: 근무 중에 아내에게 전화하기)을 할 수 있다. IBCT에서는 주제를 하나 혹은 그 이상의 구체적인 행동으로 정의하기보다는, 폭넓은 정서적 '주제(사랑을 받지 못한다고 느끼는 아내의 내력과 신뢰를 받지 못한다고 느끼는 남편의 내력)'에 초점을 맞춤으로써 각 배우자가 상대의 요구에 부응할 수 있는 기회를 높이는 동시에 그 기능적 측면에 대한 관심을 유지한다.

더 많은 커플에게 IBCT를 적용하고 보다 지속적인 변화를 만들기 위해 고안된 두 번째 전략은 '규칙 통제(rule-governed)' 행동과 '유관 형성(contingency-shaped)' 행동(Skinner, 1966)의 구분이다. 규칙 통제 행동에서는 개인의 행동을 이끄는 규칙이 정해져 있으며, 그 규칙을 준수할 경우 행동이 강화된다. 앞의 예로 보면, 치료자는 출퇴근 시 아내에게 키스를 하는 것과 같이 남편이 할 수 있는 애정행동의 목록을 만들어 이를 행동으로 옮기도록 할 수 있다. 이를 실천하게 되면, 남편은 아내와 치료자 모두로부터 해당 행동에 대한 강화를 받을 것이다. TBCT는 주로 긍정적 변화를 이끌어 내기 위해 '규칙 통제' 전략을 이용하는 데 기반을 두고 있다. '규칙 통제' 전략은 행동적 상호작용이며, TBCT에서의 의사소통 교육과 문제해결 교육의 두드러지는 특징이다. 두 경우 모두, TBCT 치료자는 커플들에게 문제 논의 과정에서 사용할 수 있는 올바른 의사소통 혹은 문제해결 규칙을 가르친다. '나 전달법(I statements)'을 사용하거나 '해결책을 제안하기 이전에 문제를 명료하게 정의'하는 지침이 그 예이다.

'유관 형성' 행동의 경우, 상황에서 자연스럽게 발생하는 사건들이 목표행동을 이끌어 내고 강화시키는 역할을 한다. 예를 들어, 상호작용 중에 남편은 어떤 자극이 아내를 안거나 키스하고 싶다는 욕구를 일으키면 아내에게 애정을 보이게 된다. 친밀감이나 다정한 제스처로 표현되는 신체적 접촉에 대한 경험과 제스처에 대한 아내의 반응 같은 것들이 애정행동을 강화시키는 역할을 할 것이다. TBCT와 달리, IBCT는 '유관 형성' 행동 변화에 좀 더 초점을 맞춘다. IBCT 치료자는 각 배우자로부터 기대하는 경험을 촉발시키는 사건을 찾아낸 뒤 이러한 사건들을 조율하려고 시도한다. 예를 들어, 치료자는 아내의 비난은 남편을 밀어내지만, 외로움에 대한 아내의 표현은 남편을 아내에게 다가오게 만든다는 가설을 세울 수도 있다. IBCT 치료자는 남편이 비난(예: 남편이 자신을 무시한다는 것)을 듣는 경우 ('무시당했다'라는 느낌의 결과로) 아내가 외로운지를 묻고, 만약 아내가 그러한 외로움을 인정하는 경우 그에 대해 이야기하도록 격려한다. 치료적 목표는 아내의 대화를 (비난에서 자기노출로) '전환'하는 것이고, 이는 또한 아내의 이야기를 듣는(혹은 무시하는) 남편의 전형적인 방어적 자세를 '전환'할 수도 있다. 이러한 '유관 형성' 행동을 강조하는 전략은 '규칙 통제'식 접근보다 더 복잡하고 쉽지 않은 개입이 요구되지만, IBCT는 이러한 '유관 형성'식 접근방식이 커플관계의 패턴에 있어 보다 심층적이고 지속적인 변화를 이끈다고 주장한다.

더 많은 커플에게 보다 지속적인 변화를 이끌기 위해 고안된 IBCT의 세 번째 전략은 바로 정서적 수용에 초점을 맞추는 것이다. TBCT는 긍정적인 변화를 만들어 내는 접근법을 통해 커플 고충을 해결한다. 앞서 소개한 커플의 경우, 남편이 좀 더 신체적인 애정 표현을 하고, 아내 역시 칭찬하는 언어적 표현을 더 많이 한다면, 아마도 문제는 해결될 것이다. 그러나 남편이 신체적으로 애정을 표현하지 않거나 이를 꺼린다면, 혹은 아내가 칭찬을 하지 않거나 이를 꺼린다면, 이 사례는 치료 실패가 될 것이다. 만약 남편과 아내가 처음에는 이런 변화를 이끌어 낼 수 있었지만 이를 장기적으로 유지할 수 없다면, 이 사례는 재발의 가능성이 높은 일시적인 성공으로 볼 수 있을 것이다.

TBCT와 달리, IBCT는 변화뿐 아니라 정서적 수용에 중점을 두고 있다. TBCT의 변화지향적 목표와 달리, IBCT의 목표는 자신의 파트너와 차이에 대한 각자의 수용을 증진시키는 것이다. 커플의 오래 지속되어 온 갈등을 없애려 노력하기보다는 타협할 수 없는 명백한 차이에 대해 새롭게 이해하도록 하며, 이러한 이해를 통해 상대에 대한 친밀감과 공감, 연민을 고취시키고자 한다. 변화보다는 수용에 중점을 둠으로써, IBCT는 개선의 여부와 방법을 결정하기 이전에 서로의 행동을 이해할 수 있는 환경을 조성한다. 앞의 예에서 IBCT는 애정 표현을 어려워하는 남편과 남편을 칭찬하기 힘들어하는 아내에 대해 탐색한다. 이 같은 어려움은 상대를 얼마나 사랑한다고 느끼는지와는 거의 무관하다. 이렇게 서로에 대해 알아 가면서 배우자들은 상대에 대해 더 깊게 이해하고, 보다 정서적인 친밀감을 경험할 수 있으며, 이를 통해 서로의 행동 변화를 요구함으로써 예전에 느꼈던 사랑의 감정(즉, 육체적 애정 표현과 언어적 칭찬 표현의 증가)을 느끼게 될 수도 있다.

IBCT에서 '변화'를 추구하지만, 이 변화는 특정 배우자의 어떤 행동이 변화하기를 기대하는 TBCT의 방식과는 사뭇 다르다. TBCT에서 '변화'는 배우자 B의 불만에 대해 배우자 A가 특정 행동의 주기나 강도를 변경함으로써 이루어진다. 그러나 IBCT에서 치료적 '변화'는 배우자 A의 '문제'행동에 대한 배우자 B의 **정서적 반응**을 수용하는 것을 포함한다. 배우자 간의 차이가 '타협할 수 없는' 것으로 확인될 경우, IBCT의 치료전략은 근본적으로 '변하지 않았던' 행동을 바꾸기 위해 노력하기보다는, 배우자의 '문제가 되는' 행동에 대한 '불만' 반응을 바꾸는 것이다. 이상적으로는, 배우자 A의 행동에 내재된 생각과 감정을 살피는 것을 통해 배우자 B가 상대의 행동에 대해 새롭게 이해하고, '불만'을 보다 파괴적이지 않은 반응으로 바꾸는 것이다. 결과적으로, 배우자 B의 이러한 반응 변화는 보통 배우자 A의 행동 주기나 강도에 유익한 영향을 미치게 된다. 오로지 변화에만 초점을 맞춘 접근방식과는 대조적으로, 이 접근방식은 양극화되고 분열된 '변화하지 않는' 커플들에게 전반적인 결혼 만족도를 높일 수 있는 기회를 제공한다.

이러한 맥락에 있어서 수용과 체념을 혼동해서는 안 된다. '체념'은 한 배우자가 마지못해 굴복하고 더 나은 관계에 대한 희망을 포기하는 반면, '수용'은 상대를 **변화시키려는 몸부림**에서 '벗어나는' 것이다. 이상적으로 배우자들이 이러한 몸부림에서 '벗어나는' 것은 마지못해서가 아닌 상대의 경험에 대한 새로운 인식에 따른 결과이다. 개인 각자의 관점에서 커플 고충을 이해하고 차이를 받아들이는 것을 배우는 것이 상대를 변화시키려는 노력에서 겪은 고통을 줄여 줄 수 있을 것으로 기대한다. 따라서 IBCT의 효과적인 커플 고충 치료를 위해서는 그들 스스로가 고충을 만들고 지속시키는 데 기여하는 요인들을 이해하는 것이 중요하다.

커플 고충의 원인론

IBCT에 따르면, 관계 고충은 두 가지 기본적인 영향, 강화 포만 같은 강화 교환의 감소와 갈등 발생으로 인한 처벌 교환의 증가 결과로 발생한다. '강화 포만(reinforcement erosion)'은 한번 강화되었던 행동이 반복적 노출로 인하여 보다 덜 강화되는 현상을 말한다. 예를 들어, 신체적 애정을 표현하는 것은 관계의 초기 단계에서 상대에게 강렬한 온기와 즐거움을 줄 수 있다. 하지만 오랜 세월을 함께 지낸 후에는 이러한 애정행동들의 강화 정도가 약화될 수 있다. 어떤 커플에게는 이전에 강화된 행동이 '당연히 받아들여지게 되는' 반면, 다른 커플에게는 이전에 강화된 행동이 오히려 회피적이게 될 수 있다. 어떤 경우에는 한때 매력적이었거나 사랑스러웠던 또는 즐겁게 여겨졌던 행동들이 커플 고충을 발생시키고 악화시키는 행동이 된다.

강화 포만과 함께, 커플이 점점 많은 시간을 함께함으로써 갈등이 드러날 수 있다. 관계의 초기 단계에서는 배우자의 배경과 목표, 관심사의 차이가 신경이 쓰이지 않거나 무시될 수 있다. 예를 들어, 배우자 A는 돈을 절약하고자 하고, 배우자 B는 돈을 쓰기를 원하는 경우, 돈을 쓰는 것이 암묵적으로 요구되는 교제기간 동안에는 이 차이가 극명하게 드러나지 않을 수 있다. 이 차이를 초기에 알아차리면, 각자가 상대의 소비 습관에 익숙해져서 '긍정적인' 차이로 인식할 수 있다. 혹은 결국 각자가 상대방이 자신의 방식을 절충하거나 바꾸기를 기대할 수 있다. 그러나 시간이 지나면서 이러한 불일치와 그에 따른 관계 내에서의 연관성이 불가피하게 드러나게 된다. 한때 색다르고, 흥미로우며, 도전적이라고 여겨졌던 상대방과의 차이는 궁극적으로 자신의 목표와 관심사를 가로막는 걸림돌로 인식될 수 있다. 더욱이 이미 존재하는 불일치 외에도 다른 예기치 못한 불일치가 삶의 새로운 경험들(예: 자녀를 가지는 것이나 직업을 변경하는 것) 사이에서 발생할 수 있다. 그러므로 처음 서로 간의 다름을 현실적으로 평가했던 커플들조차도 시간이 지나면서 예상치 못했던 불일치를 깨닫게 될 수 있다.

이러한 불일치는 그 자체로 도전적인 과제이지만, 각 배우자의 정서적 민감도나 취약성으로 인해 더욱 악화될 수 있다. 앞의 사례에서 만약 커플 중 '절약가(saver)'가 경제적으로 빈곤한 배경에서 성장하여 궁핍해지는 것에 대한 두려움을 경험해 왔다면, 절약과 관련된 문제는 강렬한 정서에서 비롯되었을 것이다. 이로 인해 가진 것을 쓰면서 즐기고자 하는 상대 배우자의 욕구를 이해하기 어려울 수 있다. 불일치는 또한 외부 스트레스 요인에 의해 악화될 수 있는데, 예를 들어 '절약가-소비자(saver-spender)' 커플 중 한 명이 실직을 하게 되면, 이들의 차이는 더욱 첨예하게 부각될 수 있다. 돈과 관련한 문제를 극복하려는 커플의 노력은 역설적으로 문제를 더욱 악화시킬 수 있다. 예를 들어, 만약 소비자가 상대에게 자신이 산 것을 숨기거나 피하는 동시에 절약가가 소비자를 추궁하는 행동을 하게 되면 문제가 점점 더 악화될 수 있다. IBCT의 목표 중 하나는 친밀감 및 관계 만족도 수준을 극대화하는 동시에 보다 효과적인 의사소통 과정을 통해 불일치의 파괴적인 속성을 최소화하는 방식으로 커플 간의 이러한 불일치성을 알아보고 재구성하도록 하는 것이다.

IBCT의 적용

개념화

IBCT의 가장 중요한 조직화 원칙은 '개념화(formulation)'로, 이는 치료자가 커플의 문제를 어떻게 개념화하고 설명하는지를 기술하는 데 사용하는 용어이다. 개념화는 커플 고충에 대한 기능적 분석에 기반하며, **주제**, **DEEP 분석**, **상호적 올가미**의 세 가지 기본적 요소로 구성된다. 치료자는 치료 회기 내 혹은 치료 회기 사이에 커플이 마찰을 빚을 때마다 치료 전반에 걸친 개념화와 해당 요소들을 재검토한다.

IBCT의 가장 기본적인 목표 중 하나는 커플이 개념화를 관계 내력의 일부로 수용하는 것이다. 그 시점 이후로, 커플은 관계와 갈등을 이해하기 위한 하나의 맥락으로 개념화를 활용할 수 있다. 또한 개념화는 커플의 문제에 있어 논의할 수 있는 하나의 언어가 되며, 문제에 한 발짝 물러서서 바라볼 수 있게 하는 기반이 된다. 그러나 명심해야 할 것은, 개념화는 역동적 개념으로서 치료 전반에 걸쳐 변화와 수정(혹은 '재개념화')이 필요하다는 것이다.

주제

'주제'는 커플의 주요 갈등을 기술하는 것으로, 대개 커플이 겪는 문제를 파악하여 이를 단어나 구절로 묘사한다. 예를 들어, 고통을 겪는 많은 커플의 흔한 주제는 '친밀감-독립성(closeness-independence)'으로, 한 배우자는 보다 밀접한 친밀감을 요구하는 반면, 다른 배우자는 보다 독립성을 보장받기를 원한다. 다른 흔한 주제들로는 신뢰, 성생활, 돈이나 육아가 있다. 물론 특정한 한 화제나 그 밖의 많은 문제로도 다툴 수 있지만, 대부분 한 가지 혹은 두 가지의 광범위한 주제가 쟁점이 될 것이다.

DEEP 분석

IBCT에서 치료자는 커플의 주제 혹은 문제에 대한 DEEP 분석을 실시한다. DEEP 분석은 커플 고충에 관여하는 네 가지 주요 요인인 차이(Differences), 정서적 민감도(Emotional sensitivities), 외부적 조건(External circumstances), 상호작용 패턴(Patterns of interaction)의 약어이다. IBCT는 커플 간의 차이와 이에 대한 각자의 정서적 민감도나 취약성으로 인해 커플이 주된 갈등이나 주제를 가지게 되며, 이들이 외부적 조건에 의해 악화될 수 있다고 주장한다. 예를 들어, 친밀감-독립성의 주제에서 배우자 A는 더 높은 친밀감 및 교감을 원하며, 배우자 B는 더 독립적이기를 바랄 수 있는데, 이는 이들이 커플이기 이전에 서로 다른 유전자와 사회학습 내력을 지닌 두 사람이기 때문이다. 아마 두 사람 모두 초기에는 관계가 진전되는 것에 매료되어 이 차이를 쉽게 알아차리지 못했을 것이다. 아니면 아이를 갖거나 배우자 둘 중 하나가 직업적으로 성공 가도를 달리기 전까지는 친밀감과 독립성에 대한 욕구가 거의 차이가 없었을 수도 있다. 차이의 근거가 무엇이든 간에 차이는 곧 결함으로 받아들여지기 때문에 커플에게 문제가 발생한다. 예를 들어, 친밀감을 추구하는 사람은 상대를 '친밀감을 두려워하는' 사람으로 바라볼 수 있고, 독립성을 추구하는 사람은 상대를 '신경과민적으로 의존적인' 사람으로 볼 수 있다. 배우자들이 각자의 요구가 모두 충족될 수 없다는 것을 알게 되는 것이다. 차이에 대해 감정적인 문제를 일으키는 정서적 민감성이나 취약성이 존재하지 않는 경우, 타협은 비교적 쉬울 수 있다. 배우자 A가 배우자 B보다 더욱 친밀감을 원하고 버림받는다고 느끼는 것에 대해 정서적 취약성을 지니고 있다면, 친밀감에 대한 협상은 배우자 A에게 위협적일 수 있다. 마찬가지로 배우자 B가 독립성을 보장받기를 원하고 통제받거나 속박당한다고 느끼는 것에 대한 정서적 취약성을 지니고 있다면, 배우자 B에게도 친밀감에 대한 협상이 위협적일 수 있다. 외부적 조건은 문제를 더욱 증폭시킨다. 친밀감을 원하는 배우자 A가 다른 사회적 지지 자원들로부터 멀리 떨어진 지역에 거주하거나, 보다 독립성을 보장받기를 원하는 배우자 B가 자신이 독자적으로 참여하고자 하는 여가활동이 가까이에 위치하고 있다면, 두 사람 간의 갈등은 더욱 악화될 것이다. 그들의 차이(D)와 정서적 민감도(E), 외부적 조건(E)의 조합이 두 사람을 더 양극화하는 파괴적인 상호작용 패턴(P)을 야기할 수 있다.

'상호작용 패턴'은 문제를 가지고 있는 커플이 주제와 관련된 갈등을 겪을 때 종종 발생하는 불만스럽고 파괴적인 의사소통을 의미한다. 서로의 차이에 직면한 배우자들의 자연스러운 반응은 바로 상대를 변화시키려고 하는 것이다. 일부 커플에게 서로를 변화시키려는 이 같은 노력은 성공적일 수 있다. 그러나 많은 경우 두 배우자 간의 차이가 심화되고, 상충되는 입장에서 양극화되는 결과를 낳을 수 있다. 배우자 간에 문제가 양극화될 경우, 서로를 바꾸려는 시도들은 오히려 갈등을 악화시키고, 양극화된 입장을 고수하게 만든다. 친밀감-독립성의 주제를 지닌 커플의 예에서 친밀감을 추구하는 사람이 더 많은 친밀감을 쌓고자 노력할수록, 독립성을 추구하는 사람에게는 그것이 '침범적'으로 여겨져 '물러서게' 만들고, 이러한 과정에서 양극화가 발생할 수 있다. 한 배우자가 '앞으로 나아갈수록' 다른 배우자는 '물러서게' 되며, 한 배우자가 '물러설수록' 다른 배우자는 '앞으로 나아가게' 된다. 또한 원하던 목표를 이루지 못하면 그 목표는 더욱 중요해져서 커플은 점점 더 필사적으로 부질없는 노력을 기울이게 되며, 따라서 차이는 더욱 커지게 된다. 이로 인해 친밀감을 추구하는 사람은 독립성에 대한 요구가 없어 보이고, 독립성을 추구하는 사람은 친밀감에 대한 요구가 없는 것처럼 보이기 시작한다. 결국 상호작용을 통해 커플이 이전보다 더 달라져 버린 것이다.

상호적 올가미

양극화 과정의 결과를 설명하는 상호적 올가미는 일반적으로 커플이 갈등 상황에 '갇혔다' 혹은 '덫에 걸렸다'라는 느낌을 받게 하기에 '올가미'라고 칭한다. 상호적 올가미에 걸린 커플은 상대를 변화시키기 위해 할 수 있는 모든 일을 했으며, 아무것도 효과가 없었던 것처럼 보인다고 느낀다. 하지만 서로를 변화시키고자 하는 노력을 포기하지 못하는데, 그것이 불만스러운 관계를 체념한다는 것을 의미하기 때문이다. 결과적으로, 이들은 각자의 입장을 더욱 고수하게 된다.

몹시 양극화된 커플은 무력감과 허무감을 경험하는데, 이러한 경험을 서로 진솔하게 논의하는 경우는 극히 드물다. 결과적으로, 배우자는 상대 배우자 또한 올가미에 걸렸다고 느낀다는 사실을 알지 못할 것이다. 상대가 '옭아매였다'는 느낌을 받았다는 사실을 아는 것은 수용 작업에 있어 중요한 측면이며, 상대의 '고착'된 기분을 서로 경험하도록 권하는 것은 때로는 배우자 간의 공감과 친밀함을 고취시키는 첫걸음이 될 수 있다.

치료의 단계

IBCT에는 평가 단계와 치료 간에 뚜렷한 차이가 있다. 평가 단계에서는 커플이 함께 참여하는 공동 회기를 적어도 한 차례 가진 후에 후속적으로 개별 회기를 진행한다. 그다음에는 피드백 회기가 진행되며, 이 과정에서 치료자는 각 배우자와 문제에 대한 개념화와 치료에 대한 치료자의 계획을 설명한다. 피드백 회기 이후 **치료** 회기를 진행하는데, 정확한 회기 수는 각 커플의 치료 필요도에 따라 사례별로 결정된다. 최근 심각하고 만성적인 문제를 겪는 커플(다음에서 논의함)을 대상으로 한 IBCT에 대한 임상연구에서 평가한 프로토콜의 경우, 평가 및 치료 단계를 포함하여 최대 26회기로 구성되었다.

객관적인 측정도구의 사용

객관적인 측정도구(〈표 18-1〉 참조)는 초기 평가와 치료 과정에서 커플의 진행 과정을 확인하는 데 유용할 수 있다. 이러한 객관적인 측정도구가 IBCT를 실시하는 데 반드시 필요하지는 않으나, 회기 내에서 다루지 않았던 불일치 영역에 대한 추가적인 정보를 제공하고, 커플의 문제와 만족도 수준에 대한 객관적인 자료를 제시할 수 있다. 추가적으로, 치료에서 커플의 향상 정도(혹은 부족한 점)를 공유하고 적극적으로 논의하는 것은 치료 결과를 향상시킬 수 있다는 연구 결과가 있다(예: Halford et al., 2012). 예를 들어, 커플의 관계 만족도는 커플 만족도 지수(Couples Satisfaction Index; Funk & Rogge, 2007)로, 배우자의 관계에 대한 헌신과 별거 혹은 이혼에 대한 동향은 결혼상태척도(Marital Status Inventory; Crane & Mead, 1980; Weiss & Cerreto, 1980)로, 배우자의 갈등과 문제행동 영역은 문제 영역 질문지(Problem Areas Questionnaire; Heavey, Christensen, & Malamuth, 1995)와 배우자 행동 빈도 및 수용가능성 척도(Frequency and Acceptability of Partner Behavior Inventory; Christensen & Jacobson, 1997; Doss & Christensen, 2006)로, 그리고 커플 간의 신체적 폭력 수준은 개정판 갈등책략척도(Revised Conflict Tactics Scales: CTS2; Straus, Hamby, Boney-McCoy, & Sugarman, 1996)로 평가할 수 있다.

임상가에게는 관계 만족도와 배우자 간의 폭력, 헌신 및 문제 영역을 평가하는 최소한의 측정도구를 시행할 것을 권한다. 관계 만족도에 대한 측정은 치료 결과를 평가하는 데 기준이 되며, 주기적으로 반복하여 시행해야 한다. 커플이 자발적으로 드러내지 않는 걱정들이 질문지에 드러날 수 있으므로 폭력과 헌신, 문제 영역에 대한 측정이 필요하다. 예를 들어, 커플은 흔히 폭력이나 성적인 문제가 있어도 치료 과정에서 이를 언급하지 않는 경우가 있다. Christensen(2010)은 임상가들이 만족도와 폭력, 헌신의 기준치를 평가하기 위

〈표 18-1〉 유용한 평가 및 선별 도구들

- 커플 만족도 지수(Funk & Rogge, 2007)
  관계 고충을 측정한다(무료로 사용 가능한 측정도구를 구하려면 www.courses.rochester.edu/surveys/funk에 접속).

- 커플 질문지(Christensen, 2009)
  커플 만족도와 가정 폭력 및 헌신에 대한 간이 선별 평가이며, 전형적인 긍정적 및 부정적 상호작용에 대한 개방형 서술을 포함한다(무료로 사용 가능한 측정도구를 구하려면 http://ibct.psych.ucla.edu에 접속).

- 배우자 행동 빈도 및 수용가능성 척도(Christensen & Jacobson, 1997; Doss & Christensen, 2006)
  스물네 가지의 행동 범주 내에서 배우자 행동의 빈도와 수용가능성 정도를 평가한다(무료로 사용 가능한 측정도구를 구하려면 http://ibct.psych.ucla.edu에 접속).

- 결혼상태척도(Crane & Mead, 1980; Weiss & Cerreto, 1980)
  관계에 대한 헌신과 별거 혹은 이혼에 대한 동향을 평가한다(이 측정도구를 구하려면 다음으로 연락; Robert L. Weiss, PhD, Oregon Marital Studies Program, Department of Psychology, University of Oregon, Eugene, OR 97403-1227; darkwing.uoregon.edu/~rlweiss/msi.htm).

- 문제 영역 질문지(Heavey, Christensen, & Malamuth, 1995)
  커플 간의 일반적인 문제 영역 혹은 불일치 영역을 평가한다(무료로 사용 가능한 측정도구를 구하려면 http://ibct.psych.ucla.edu에 접속).

- 개정판 갈등책략척도(Straus, Hamby, Boney-McCoy, & Sugarman, 1996)
  가정 폭력을 평가한다(이 측정도구를 구하려면 다음으로 연락; Multi-Health Systems, P.O. Box 950, North Tonawanda, NY 14120; www.mhs.com).

- 주간 질문지(Christensen, 2010)
  지난 회기 이후의 유의미한 긍정적 및 부정적 사건들을 평가하며, 단축형 커플 만족도 지수를 포함한다(무료로 사용 가능한 측정도구를 구하려면 http://ibct.psych.ucla.edu에 접속).

해 사용할 수 있는 단축형 커플 질문지(brief Couple Questionnaire)를 개발하였다. 일반적으로 커플들은 첫 회기에 작성할 질문지를 받게 되고, 질문지를 완성하여 각자의 개별 회기에 가지고 온다. 질문지는 평가 단계의 일부일 뿐 아니라 커플이 보고한 고통과 만족의 기준치로부터 얼마나 변화했는지를 평가하기 위하여 치료 후반과 치료 종결, 추적관찰 시에 시행될 수 있다.

가정 폭력에 대한 평가

객관적인 측정도구는 특히 커플의 신체적 폭력에 대한 내력을 평가하는 데 유용하다. 가정 폭력에 대한 평가는 모든 커플의 치료 접수에서 매우 중요한 부분인데, 이는 각자의 개인적 안전이 위험 상황에 처해 있는지 확인할 뿐만 아니라 일부 폭력적인 커플에게는 커플치료를 행하는 것이 **금지되어** 있기 때문이다(Jacobson & Gottman, 1998; Simpson, Doss, Wheeler, & Christensen, 2007). 커플치료는 두 배우자 모두가 그들의 문제에 대한 책임을 일정 부분 나누어 가지는 것을 필요로 하나, 커플 문제에 가정 폭력이 포함되어 있을 경우에는 폭력의 가해자가 행동에 대한 책임을 혼자 지어야만 하기 때문에 이들에게 커플치료를 적용하는 것이 부적절하다. 더욱이 치료 회기들은 강한 정서적 감정을 이끌어 낼 수 있기 때문에 회기 이후 어떤 커플들에게는 커플치료 자체가 폭력의 촉발점이 될 수도 있다. 이런 경우 커플의 상호작용 문제를 다루지 않고, 가해자의 폭력적 행동에 초점을 맞추는 치료가 필요하다. CTS2(Straus et al., 1996)와 단축형 커플 질문지(Christensen, 2010)는 커플의 신체적 공격성의 빈도와 강도를 평가하고, 커플치료를 금지해야 할지 여부를 결정하는 데 유용한 선별도구이다. 마지막으로, 커플의 폭력 내력은 평가 단계, 주로 개별 회기에서 직접적으로 다루어져야 하며, 이때는 상대에게 야기될 결과를 두려워하지 않으면서 편안하게 이야기할 수 있어야 한다.

평가

평가 단계에서는 일반적으로 커플들의 공동 회기(1회기)를 진행한 후 이어서 각자의 개별 회기(2회기와 3회기)를 진행한다. 평가 단계의 주요 목표는 치료자가 커플에게 치료가 적합한지를 평가하고, 적합하다면 개념화로 발전시켜 나가는 것이다. 그러나 치료자는 평가기간을 커플이 치료 과정에 적응하는 시간으로도 활용해야 한다. IBCT 치료자가 비록 평가 단계에 적극적으로 개입하지는 않지만, 이러한 초반의 몇 회기에서도 치료적 효과를 이끌어 낼 수 있다.

오리엔테이션(1회기)

인사와 소개를 마치고, 커플은 치료 과정에 대한 안내를 받는다. 오리엔테이션에는 비용 청구 절차를 설명하고 비밀 유지와 예외 조항을 정의하며, IBCT에 참여했을 때 발생할 수 있는 위험과 이점을 간략하게 기술한 내담자 동의서를 검토하고 서명을 받는다.

사전 동의 과정에서 제공하는 일반적인 정보 외에도 커플에게 IBCT의 특정 절차에 대해 안내한다. 치료자는 커플에게 치료 과정에서의 평가 단계와 치료 단계 간 차이를 설명해야 하고, 이러한 치료가 치료를 받으러 올 때 예상했던 것과 다른 지를 물어보아야 한다. 치료자는 치료를 바로 시작하는 것이 아님을 알았을 때 커플이 느끼는 실망감에 대비해야 한다. 또한 치료자는 유용한 도움을 제공하기 이전에 왜 평가기간이 필요한지에 대해 설명할 필요가 있다.

또한 첫 회기에서 커플은 『**커플의 성격차이 해결법**(Reconcilable Differences)』(Christensen, Doss, & Jacobson, 2014; Christensen & Jacobson, 2000)이라는 지침서를 소개받는다. 커플에게 피드백 회기 이전에 이 책의 제1장을 읽도록 요청한다. 이상적으로는, 이 장을 읽음으로써 치료자가 피드백 회기에서 표현하는 것과 비슷한 방식으로 커플들이 자신의 문제를 개념화할 수 있게 돕는다.

치료자는 커플 중 적어도 한 사람이 치료에 참여하는 것에 대해 양가감정을 느낄 수 있다는 것을 알아야 한다. 평가기간 동안 치료자는 내담자에게 이러한 양가감정은 정상적이지만 분명히 파악할 필요가 있음을 알린다. 또한 평가기간이 내담자가 치료자에 대해 알아 가고, 이 치료가 커플에게 '적합(good match)'할지 판단하는 기회가 될 수 있음을 설명해야 한다.

문제 영역(1~3회기)

커플이 치료 과정에 대한 안내를 받은 후, 치료자는 커플이 현재 경험하고 있는 문제에 대한 검토를 시작으로 평가를 진행한다. 이러한 정보의 대부분은 객관적인 측정도구를 통해, 그리고 각 배우자의 개별 회기 중에 수집할 수 있기 때문에 1회기에서 이 논의로 회기의 모든 시간을 할애해서는 안 된다. 그러나 첫 회기에서 치료자는 커플이 자신들의 문제와 고통을 명료하게 이해했는지 확인할 필요가 있다.

객관적인 측정도구와 평가 회기에서 수집된 정보를 통해, 치료자는 커플이 가진 문제 영역을 기술하고 그들에 대한 개념화를 할 수 있어야 한다. 다음 여섯 가지 질문은 평가에 대한 지침을 제공하며, 평가기간이 종료될 때까지 답할 수 있어야 한다.

1. 커플이 얼마나 고통스러운가?
2. 커플은 관계에 얼마나 헌신적인가?
3. 어떠한 사안이 커플을 분열시키는가?
4. 이러한 사안들이 왜 그들에게 문제가 되는가?(DEEP 분석)
5. 관계를 유하게 만드는 이 커플의 강점은 무엇인가?
6. 치료는 어떠한 도움을 제공할 수 있는가?

처음 세 가지 질문은 객관적인 질문지로 답할 수 있다. 그러나 질문지로 해결할 수 있는 질문도 일반적으로 면담에서 보다 자세하게 탐색되어야 한다. 예를 들어, 개별 회기는 커플 간의 문제가 매우 심각하여 별거가 임박해 있는지, 혹은 각 배우자의 관계에 대한 헌신의 수준과 불륜이 있을 가능성 및 커플의 신체적 폭력 내력을 평가하는 데 특히 유용할 수 있다.

문제 영역에 대한 평가에는 커플의 '협력가능성 세트(collaborative set)'(Jacobson & Margolin, 1979)를 포함해야 한다. 이 용어는 커플이 관계에서의 문제에 대한 책임뿐 아니라 관계가 변화하기 위해서는 둘 다 바뀌어야만 한다는 공동의 관점을 공유하는 것을 의미한다. 이 협력의 강도에 따라 변화지향적 혹은 수용지향적 개입이 필요한지가 결정된다. 커플의 협력이 견고할수록 초기의 변화지향적 개입이 성공할 가능성이 보다 높아진다. 하지만 자신을 상대방의 행동으로 인한 무고한 피해자라고 믿고 치료에 참여한, 협력이 부족한 커플은 우선 수용 작업에 전념하여야 한다.

네 번째 질문, 즉 커플의 쟁점이 그들에게 왜 문제가 되는가는 앞서 설명한 DEEP을 통한 기능적 분석이 요구된다. 일반적으로 공동 면담에서 DEEP 분석의 네 가지 측면 모두에 대한 초기 정보를 얻을 수는 있지만, 특히 정서적 민감도와 상호작용 패턴과 같이 감지하기 힘든 요인들은 일반적으로 개별 면담에서 다루어지는 게 적절하다. 성인들은 대부분 자신의 행동을 통제하는 모든 요인을 인지하지 못하고 있거나, 혹은 알고 있어도 이에 대해 인정하는 것을 부끄러워할 수 있기 때문에 기능적 분석은 단순하고 직접적인 질문만이 아닌 감정과 패턴을 포함해야 한다. 치료자는 특히 중요한 강화물과 처벌물을 보여 줄 수 있는 커플의 정서적 반응에 세심한 주의를 기울여야 한다. 예를 들어, 친밀감-독립성 주제를 가진 커플이 함께 보내는 시간의 양에 대해 자주 논쟁한다고 가정해 보자. 그러나 그 특정 쟁점이 가장 주요한 쟁점은 아닐 수 있다. 아내는 지지와 위로가 특히 필요했던 시기에 가족들에게 버림받았던 경험이 있었을 수 있다. 또한 결혼생활에 대한 그녀의 두려움은 남편도 자기를 버릴 것이라는 생각에서 비롯되었을 수 있다. 그녀에게 커플이 함께하는 시간은 남편이 필요할 때 늘 함께하지는 못할 것이라는 그녀의 걱정에 대한 잘못된 지표일 뿐이다. 이를 확신한다면, 그녀는 훨씬 적은 시간을 함께하는 것을 견딜 수 있을 것이다. 남편의 경우, 그의 과거 사회적 학습 내력이 그가 타인에 의해 통제받거나 속박당하는 것을 특히 예민하게 만들었다고 가정하여 보자. 이 경우, 그가 아내와 함께하는 동안 계속 싸우는 이유는 그가 아내와 시간을 함께 보내고 싶지 않아서라기보다는 그녀에게 통제받는 느낌에 대한 자연스러운 저항이라고 할 수 있다. 이러한 상황에서 IBCT 치료자는 함께 시간을 보내는 것에 대한 반복적 논쟁에서 벗어나, 관계에 영향을 미치는 각 배우자의 정서적 민감도와 정서적 반응을 유발하는 상호작용 패턴과 같이, 각 배우자의 행동에 영향을 미치는 보다 중요한 우발적 상황에 대한 논의로 옮겨 가는 것이 필요하다.

커플의 강점에 대한 다섯 번째 질문에 대한 답변 또한 공동 및 개별 면담에서 찾을 수 있다. 커플이 어려움에 집중할 때에도 자신들의 강점을 잊지 않는 것은 도움이 된다. 때때로 커플의 강점과 문제 사이에 흥미로운 관계가 있는데, 바로 후자가 전자의 변화를 이끌 수 있다는 것이다. 예를 들어, 남자는 훨씬 즉흥적이고, 여자는 신중하고 계획적인 것처럼 서로의 삶에 대한 접근방식이 달라 서로에게 매력을 느끼게 되었다고 가정해 보자. 때로는 이러한 차이가 매력적으로 느껴지고 도움이 될 수 있으나, 짜증과 갈등의 원인이 될 수도 있다.

어떤 치료가 도움을 줄 수 있는가에 대한 마지막 질문에 답하기 위해, 치료자는 먼저 커플이 커플치료에 적합한지를 확인해야 한다. 예를 들어, 커플에게 심각한 폭력이나 물질의존 문제가 있다면, 일반적으로 커플치료가 권장되지 않고 특정 문제를 다루는 치료가 필요할 것이다. 만약 커플이 커플치료에 적합하다면, 치료자는 치료의 초점에 대한 개관과 치료가 어떠한 것들로 구성되어 있는지 설명해야 한다.

커플의 내력(1회기)

치료에 대한 안내와 그들의 문제 영역에 대한 평가를 받은 이후, 치료자는 커플관계에 관한 내력을 확인한다. 치료자는 내력 확인을 통해 커플의 서로에 대한 애착을 잘 이해하려 하는데, 가끔은 두 사람이 처음 커플이 된 이유를 무색하게 만들어 버릴 정도로 문제가 악화된 경우도 있다. 또한 내력은 커플에게 약간의 즉각적인 치료효과를 제공할 수 있다. 일반적으로 커플이 관계 초기(그리고 일반적으로 더 행복했던) 단계에 대해 이야기할 때, 그들은 보다 긍정적인 정서를 경험하기 쉽다. 그간 관계의 부정적인 측면에 집중해 왔기 때문에 커플은 젊은 시절의 사랑과 교제, 서로의 매력에 대해 아마 아주 오랫동안 잊고 있었을 것이다. 이 같은 방식으로 커플이 자신들의 관계가 발전해 나간 과정을 설명하도록 하는 것은 그 자체로 치료적일 수 있다. 비록 상대를 탓하거나 비난하지 않으면서 내력을 이야기하는 것이 몇몇 커플에게는 상당한 고통을 야기할 수 있지만(그러한 경우, 치료자는 다음의 지침을 따르지 않고 대신 그들의 고통을 타당화하는 데 회기를 활용해야 한다), 대부분의 커플은 그들의 행복했던 시간을 회고하는 것을 즐긴다.

다음 일련의 질문은 치료자에게 커플의 내력에 대한 유용한 정보를 제공하고, 커플이 처음 사랑에 빠지게 되었던 이유를 깊이 생각해 볼 수 있는 기회를 제공한다.

- "두 분은 어떻게 만나게 되었나요?"
- "두 분의 교제는 어땠나요?"
- "두 분은 각자 상대의 어떤 점에 매료되었나요?
- "문제가 시작되기 전의 관계는 어땠나요?"
- "현재에는 사이가 좋을 때 두 분의 관계가 어떻게 달라지나요?"
- "만약 현재의 문제가 더 이상 존재하지 않는다면 관계가 어떻게 달라질까요?"

이러한 질문과 다른 관련 질문들은 또한 각자의 미래에 대한 희망 및 꿈과 같은 서로에 대한 유용한 정보들을 알려 줄 수 있다. 커플의 내력에 대한 정보는 치료자가 피드백 회기에서 커플에게 설명하게 될 커플 개념화를 형성하는 데 유용하다.

개인 내력(2~3회기)

각 커플의 개인 내력은 흔히 각자의 행동에 대한 맥락을 제공하고 발생 가능한 정서적 취약성을 알려 준다는 점에서 개념화 과정에 유용한 정보를 제공한다. 예를 들어, 어쩌면 남편은 부담을 많이 주는 어머니를 통해 문제에 직면하면 피해야 한다고 배워 왔기에, 이러한 방식이 아내의 요구에 대응하는 법으로 지속되었을 수 있다. 아니면 아내는 아마 이전에 바람을 피운 두 남자 친구가 있었기에 남편이 배신할 것 같은 어떠한 조짐에도 민감할 수 있다.

다음의 질문은 각 커플의 개인 내력에 대한 설명을 이끄는 데 유용할 수 있다.

- "부모님의 결혼생활은 어땠나요?"
- "아버지와의 관계는 어땠나요?"
- "어머니와의 관계는 어땠나요?"
- "형제자매들과의 관계는 어땠나요?"
- "이전에 소중했던 연인과의 관계는 어땠나요?"

어떤 경우에는 이러한 각각의 질문에 지나치게 많은 시간이 소요될 수 있다. IBCT 치료자는 현재 관계와 유사하거나 그에 영향을 미칠 수 있는 이러한 초기 관계의 특징을 도출하고자 애쓴다. 예를 들어, 치료자가 남편과 아내 간의 갈등을 받아들이는 방식에서의 차이를 인지했다면, 남편에게 그의 가족이 어디에 살았는지와 같은 세부사항보다는 그의 가정에서 일어났던 갈등양상에 보다 집중할 것이다.

피드백

평가 회기 동안 수집된 정보와 질문지를 바탕으로 치료자는 피드백 회기(보통 4회기)에서 커플에게 그들이 호소하는 문제에 대한 개념화를 제시한다. 피드백 회기는 커플의 문제 영역을 평가하는 데 사용된 앞선 여섯 가지 질문에 대한 개관을 따른다. 피드백 회기는 치료자의 설교가 아니라 제시된 개념화에 대해 커플의 피드백을 받고 그에 답하는 형식으로 진행되어야 한다. 커플은 자신들의 관계에 대한 전문가이므로 이 과정은 적절하다.

또한 치료자는 피드백 회기에서 개념화에 기반하여 커플을 위해 고안된 치료계획을 설명한다. 치료자는 커플에게 치료의 목표와 그것을 달성하기 위한 절차를 설명한다. 치료의 목표는 수용과 변화 기법의 조합을 통해 커플 고충을 해결할 수 있는 회기 내 환경을 조성하는 것이다. DEEP 분석과 관련하여, IBCT는 커플의 서로 간의 차이와 정서적 민감도에 대한 정서적 수용을 촉진시킨다. 다만, 이것이 가능하다 해도 이러한 요인들은 천천히 변화한다. 외부 스트레스 요인은 때때로 변화하기도 하나, 이 또한 수용이 요구된다. IBCT에서 변화 가능하며, 변화를 위한 노력의 초점이 되는 것은 바로 상호작용 패턴이다. 수용과 변화라는 이러한 목표를 달성하기 위한 절차는 대개 ① 개념화와 연관된 사건과 쟁점에 대한 회기 내 논의와 ② 회기에서 진행했던 작업을 보다 촉진시켜 나가기 위해 회기 밖에서 수행하는 과제로 이루어진다. 피드백 회기 동안 치료자는 커플에게 주간 질문지(Weekly Questionnaire; Christensen, 2010)를 소개하고 검토한 뒤, 각 회기 전에 이를 작성해 올 것을 각자에게 요청한다. 이는 지난 회기 이후 커플의 경험에 대한 정보를 제공하고 치료 회기의 기반이 된다. 이 질문지에는 4개 문항으로 구성된 커플 만족도 지수(Couples Satisfaction Index; Funk & Rogge, 2007)가 포함되는데, 이를 통해 치료자는 매주 커플의 관계 만족도를 확인할 수 있다. 이 질문지는 커플의 삶에 어떠한 주된 변화가 있었는지, 혹은 폭력이나 약물/마약과 관련한 문제적 사건이 발생한 적이 있었는지에 대해 묻는다. 그다음, 질문지는 각 배우자에게 지난주에 그들이 했던 가장 긍정적이거나 의미가 있었던 상호작용, 가장 어려웠거나 부정적이었던 상호작용, 그리고 미래에 다가오는 도전적인 사건이 있는지에 대해 묻는다. 마지막으로, 커플은 논의 과정에서 긍정적 사건, 부정적 사건, 또는 앞으로 다가올 사건, 혹은 특정 사건과 관련되지 않은 일부 사안(예: 저축하기)을 가장 중요한 순서대로 순위를 정하게 한다. 이 정보는 커플에게 줄 과제를 결정하게 해 주는 정보가 된다. 이러한 질문지를 통해 커플이 보여 준 긍정 및 부정적 사건, 앞으로 다가올 도전적인 사건과 일반적인 쟁점은 치료 회기에서 다루어야 할 주제가 된다.

피드백 회기의 목적은 개방적인 의사소통을 통해 커플이 변화와 수용의 목표에 맞추어 문제를 바라보게 하는 새로운 방식을 찾게 하는 것이다. 또한 피드백 회기는 커플이 치료를 통해 어떤 것을 기대할 수 있는지 아이디어를 제공하며, 이를 통해 그들의 참여 의지를 끌어낸다. 마지막으로, 피드백 회기를 통해 간단한 개입을 제공할 수 있다. 첫 개입은 치료자가 커플의 강점에 대해 설명하는 것이다. 이 논의에서 커플은 그들의 문제에 대한 해결책을 알게 될 수도 있다. 치료자는 특별히 수용에 대한 주제를 다루는 『커플의 성격차이 해결법』(Christensen & Jacobson, 2000; Christensen et al., 2014) 제2부의 관련 장(chapter)을 과제로 내 줄 수 있다. 개념화와 치료계획을 설명하고, 커플이 치료를 진행하기로 합의한 후, 나머지 회기에서는 커플 간의 수용을 높이고 각자의 변화를 촉진하는 데 전념한다.

치료

정서적 수용을 쌓기 위한 IBCT 기법

일반적으로 치료는 수용을 촉진하는 데 초점을 맞추며 시작한다. 커플이 상대와 협력할 수 있고('협력가능성'), 둘 모두 관계에서 명확한 변화를 만들어 가기를 원하는 경우는 예외이다. 이 경우, 치료자는 변화전략에서부터 치료를 시작한다.

수용의 맥락에서, 각 회기의 실제 내용은 커플과 그들이 매주 '가지고 오는' 것에 의해 결정된다. 치료자는 개념화와 관련된 정서적으로 핵심적인 소재를 찾는다. 보통 주간 질문지에 기록된 개념화와 관련된 최근의 부정적이거나 긍정적인 사건이 논의의 주제가 된다. 예를 들어, 친밀감-독립성 주제를 지닌 커플은, 독립성을 추구하는 사람이 친구들과 밤을 새기를 원하나 친밀감을 추구하는 사람이 이를 반대했던 힘든 사건에 대해 논의할 수 있다. 또한 주간 질문지에 보고된, 앞으로 다가올 사건에 중점을 둘 수도 있는데, 예를 들어, 커플의 주말 여행에 대해 독립성을 추구하는 사람이 혼자 있을 자신만의 공간의 부재에 대해 염려하는 것을 논의할 수 있다. 질문지에 보고된, 개념화와 관련된 광범위한 사안 또한 논의에 적합하다. 예를 들어, 주말 여행을 친구들과 각자 따로 가는 것이 커플에게 받아들여질 수 있는가와 같은 것이 있다.

때로는 회기 도중에 개념화와 관련한 핵심적인 사건이 커플 사이에서 발생하는데, 회기 내에서 발생하는 사건에 연관된 정서가 회기 간에 발생하는 감정에 비해 접근하기 더욱 쉬운 경향이 있기 때문에 치료자는 일반적으로 이러한 사건들을 최우선 과제로 삼아야 한다. 예를 들어, 친밀감을 추구하는 사람이 논의 과정에서 정서적으로 불안정해지자 독립성을 추구하는 사람이 이를 외면할 때, IBCT 치료자는 그들의 친밀감-독립성 주제를 드러내는 예가 되는 '그 순간'에 초점을 맞추고 DEEP 분석을 활용하여 이를 탐색하고 규정한다. 치료자는 또한 회기 동안에 그들의 어려움을 보여 주는 상호작용을 구조화하거나 다른 종류의 상호작용에 대한 가능성을 만들어 줄 수 있다. 예를 들어, 치료자는 커플이 최근의 힘겨웠던 상호작용을 통해 배울 수 있게 이를 재연하도록 하거나 화제에 관해 이전과 다른, 보다 긍정적인 상호작용을 시도하도록 독려할 수 있다. 이러한 모든 주제는 **공감적 참여**(empathic joining)와 **문제로부터 일관된 거리 두기**(unified detachment), **내성 기르기**(tolerance building)의 세 가지 수용 쌓기 전략을 시행하는 데 있어 유용하다. 앞의 두 전략은 마지막 전략에 비해 자주 사용되는데, 이는 이 두 전략이 보다 높은 수용뿐만 아니라 보다 높은 친밀감을 발생시키기 때문이다.

공감적 참여

'공감적 참여'는 자신이 정서적 고통을 겪는 것을 상대방의 탓으로 돌리며 비난하는 것을 멈추고 대신에 서로의 경험에 대한 공감을 발전시켜 나가는 과정을 말한다. 공감적 참여를 조성하기 위해, IBCT 치료자는 커플의 문제를 각 배우자의 결함이 아닌 차이에서 비롯된 결과로 재개념화하고, 이러한 차이를 특히 다루기 어렵게 만드는 정서적 민감도를 강조한다. 커플의 행동은 서로 간의 차이에서 비롯되었다고 기술하며, 특히 각자가 지니고 있는 정서적 민감도를 감안하여 이러한 차이에 대한 반응이 정상적이며 이해 가능한 것이라고 설명한다.

커플이 서로의 행동에 대해 재개념화할 때,

IBCT 치료자는 각자가 주었던 고통보다는 각자가 경험하고 있는 고통을 강조하는 것이 중요하다. 커플 간에 공감을 형성하기 위한 하나의 전략은 '부드러운 표출(soft disclosures)'을 활용하는 것이다. 커플들은 종종 분노나 혐오감과 같이 '강한(hard)' 표출을 활용하여 정서적인 고통을 표현한다. 강한 표출은 취약성을 드러내지 않기에 더 표현하기 쉽지만, 상대에 대한 비난을 내포하고 있어 상대방이 이를 경청하기가 보다 어렵다. '고통과 비난'의 조합은 갈등을 유발한다. 그러나 치료자가 커플로 하여금 비난을 하지 않고 고통을 표현하도록 할 수 있다면, 이는 상대방으로부터의 수용을 증가시키는 결과로 이어질 수 있다. IBCT 치료자는 때때로 각자의 행동의 기저에 깔린 두려움과 상처, 부끄러움과 같은 '연약한(soft)' 감정을 내보이는 부드러운 표출을 하도록 권한다. 부드러운 표출은 취약성을 드러내기에 더 어려울 수 있지만, 상대로 하여금 경청하게 하고 공감을 이끌어 낼 수 있다. 따라서 공감적 참여는 ① 커플의 불화를 서로 간의 **차이**와 이러한 차이에 대한 당연한 정서적 반응의 결과로 **재개념화**하고, ② 고통스러운 감정을 표현하기 위해 **부드러운 표출**을 활용함으로써 촉진될 수 있다. 이러한 표출은 치료자와 각 커플 간의 상호작용을 통해, 혹은 치료자가 커플에게 각자 직접 이러한 표출을 하도록 유도할 수 있으며, 이는 표출에 대한 정서적 강도를 높이고 커플들이 과거에 해 본 적 없던, 하지만 해 볼 수도 있었던 대화를 할 수 있게 해 준다(Wile, 2008).

문제로부터 일관된 거리 두기

이 IBCT 기법은 커플이 그들의 문제로부터 '한 발 벗어나' 각자의 잘잘못을 따지지 않고, 혹은 변화에 대한 책임을 전가하지 않고 문제를 이야기하도록 만들어 준다. 이러한 방식으로 커플은 자신들의 문제로부터 '일관된 거리 두기'를 하게 된다. 이 전략은 커플이 자신들의 문제(이러한 차이가 어떻게 그들의 배경으로부터 만들어졌는지)와 정서적 민감도(어떠한 과거 경험이 이러한 민감도로 이어질 수 있었는지), 외부 스트레스 요인(어떻게 이러한 스트레스 요인이 발생하였는지), 그리고 상호작용 방식(어떻게 각자가 자신의 관점에서 이해할 수 있는 방식으로 상호작용하는지)에 대한 DEEP 논의에 참여하게 만들어 준다. 그러나 대부분의 경우는 커플의 이해와 수용을 돕고, 최종적으로 상호작용 패턴을 변화시키는 데 활용된다. 예를 들어, 치료자는 커플이 특정 갈등의 과정을 설명할 때 일방적인 판단을 하지 않고 대화에 참여하도록 안내할 수 있으며, 이 과정을 통해 어떤 요인이 반응을 유발하는지, 어떻게 특정 사건이 다른 사건과 연결되어 있는지, 어떻게 미래에 발생할 수 있는 갈등을 진정시키거나 중단시킬 수 있는지 등을 파악한다. 이 접근방식은 지적인 분석(intellectual anaylsis)으로, '당신(you)' 혹은 '나(me)'의 관점이 아니라 제3자의 관점인 '그것(it)'과 같이 문제를 정서로부터 분리된 방식으로 설명한다. 가능하다면 치료자는 커플의 주제나 상호작용 패턴, 혹은 상호적 올가미에 명칭을 부여하고, 나아가 문제를 '그것'으로 정의하는 데 이를 활용해야 한다. 자신을 문제와 분리함으로써 배우자들은 정서적으로 '격앙'되지 않은 상태로 갈등에 대해 논의할 기회를 가지게 된다. 이러한 방식을 통해 커플은 보다 중립적이고 객관적인 입장에서 갈등을 이해하려고 노력할 수 있다. 자신들의 문제에 대해 일종의 공동 마음챙김(joint mindfulness)을 하는 것이다. 치료자는 또한 커플이 문제와 정서적 거리를 유지하기 위한 방법으로 각자에 대해 폄하하지 않는 선에서 은유나 유머 또한 사용할 수 있다.

내성 기르기

한 배우자가 상대방의 행동으로 인하여 극심한 정서적 고통을 경험하고 있을 때 상대방을 수용하는 것은 매우 어려울 수 있다. 이러한 상황에서 IBCT 치료자는 한 배우자가 다른 배우자의 '불쾌한' 행동에 대해 내성을 기를 수 있도록 도와야 한다. 내성을 기름으로써, 이상적으로 배우자는 해당 행동으로 인한 고통이 줄어드는 경험을 할 수 있다. 그러나 내성을 기르기 위해서는 '불쾌한' 상대방의 행동을 방지하거나, 피하거나, 혹은 이러한 행동에서 벗어나려는 노력을 중단해야만 한다. 대신에 저항 없이 상대방의 행동을 경험함으로써 그 행동에 대한 민감도를 감소시키고, 이상적으로는 '불쾌한' 행동이 덜 고통스럽게 느껴지게 된다.

내성을 기르는 전략 중 하나는 '긍정적 재강조', 즉 **상대방이 행한 부정적 행동의 긍정적 측면**에 초점을 맞추는 것이다. 부정적 행동이 한때 상대방에 대해 매력을 느꼈던 특성과 어떤 식으로든 관련될 때, 이 전략은 비교적 쉬울 수 있다. 예를 들어, '고지식함'으로 보이는 상대방의 행동이 애초에 매력적으로 느껴졌던 '안정성'일 수 있다. 반대로 '가벼움' 혹은 '무책임함'으로 보이는 상대방의 행동은 초기에 자신을 매료시켰던 '자유분방함' 혹은 '반항적임'일 수 있다. 긍정적 재강조는 문제가 되는 행동의 부정적인 특성에 대해 부정하라는 것이 아니고, 어떠한 특성이라도 보통 긍정적 및 부정적 특징을 모두 지니고 있다는 관점을 가지게 하는 것이다.

차이에 대한 내성을 기르기 위한 또 다른 전략은 **차이가 다른 것들을 보완하는 방식**에 초점을 맞추고, 이러한 차이가 관계를 '유지시키는' 역할을 함을 보여 주는 것이다. 한 배우자의 안정성은 상대의 자유분방함과 균형을 이룰 수 있다. 치료자는 커플 사이에 차이가 없다면 관계가 '악화될' 수 있음을 언급할 수 있다. 이러한 차이는 위협으로 간주하기보다 관계의 긍정적 측면이 될 수 있음을 설명한다.

상대방의 행동에 대해 내성을 기르는 세 번째 기법은 행동을 할 때 **불가피하게 발생하는 사소한 실수와 잘못에 대해 커플을 준비시키는 것**이다. 이는 커플이 처음으로 서로의 행동에서 변화를 감지하고 치료 과정에 대해 긍정적으로 느끼기 시작할 때 특히 중요하다. 이 시기에 치료자는 커플의 노고와 진전에 대해 축하하지만, 그들이 여전히 '퇴보'할 수 있음을 경고해야 한다. 커플에게 사소한 실수가 발생할 수 있는 상황을 상상하도록 하고, 사전에 실수에 대한 대응방식을 준비하게 한다. 이러한 실수를 어떻게 처리할지 준비시키는 것은 커플의 내성을 기르는 데 도움이 된다.

내성을 기르는 것과 연관된 전략은 커플에게 회기 내에서나 가정에서 **불쾌한 행동을 하도록** 지시하는 것이다. 커플은 하고 싶지 않을 때 미리 정한 '불쾌한 행동'을 하도록 지시받는다. 커플 모두에게 지시를 내리는데, 이는 회기 내에서나 미래에 목격하게 될 불쾌한 행동이 계획된 행동임을 인지시키기 위함이다. 이상적으로 이는 불쾌한 행동을 모호하게 만들어 이러한 행동에 대한 정서적 반응을 경감시킬 수 있다. 그러나 보다 중요한 것은 불쾌한 행동을 미리 계획함으로써 상대방에 대한 자신의 불쾌한 행동의 영향을 관찰할 수 있는 기회를 제공한다는 것이다. 특히 원하지 않지만 계획한 '불쾌한 행동'을 하면, 공감을 할 수 있는 정서적 상태에서 관찰이 가능해진다. 회기 내에서 시행한 경우, 치료자는 미리 계획한 '불쾌한 행동'에 대한 반응을 어떻게 보고하는지 알려 줄 수 있다. 가정에서 시행하는 경우, 치료자는 미리 계획한 '불쾌한 행동'을 하는 대상지지적 행동을 한 뒤 상대방에게 그 행동이 계획된 것임을 알리라고 지시하는데, 이는 상황을 악화시키지 않으면서 '실험' 이후 '보고'를 할 수 있는 기회를 제공한다.

많은 커플에게서 피할 수 없는 고통의 원인 중 하나는 상대방이 스스로 인식하지 못하는 중요한 방식으로 자신의 요구를 들어주지 않는다는 느낌을 받는다는 것이다. 그러나 한쪽이 상대방의 모든 요구를 충족시켜 주는 경우는 드물다. 수용을 쌓는 데 있어 중요한 측면은 자신의 요구를 충족시키기 위한 자신의 독립성 혹은 **자기돌봄**을 증진시키는 것이다. 커플은 상대방이 스스로를 돌볼 수 없을 때 다른 대안을 찾도록 장려해야 한다. 즉, 스트레스를 받을 때 친구들과 가족에게 도움을 구하는 방법을 배우거나 스스로 문제를 정의하고 해결할 수 있는 새로운 방법을 찾아야 할 필요가 있다. 독립성이 증가하게 되면, 정서적 요구를 충족시키기 위해 상대에게 의존하는 것이 줄어든다. 이는 상대가 자신의 요구를 충족시켜 주지 않는 것에 대한 민감도를 감소시키며, 이로 인해 갈등이 줄어들게 된다.

변화를 촉진시키는 전통적인 전략

어떤 커플에게는 변화개입이 바람직할 수 있다. IBCT 치료자가 '변화'기법보다 '수용'을 높이는 방식으로 치료를 시작할지 여부는 주로 커플의 협력가능성이나 구체적인 치료 요구에 따라 달라진다. 그러나 일반적으로 변화기법은 수용 작업이 끝나고 치료 후반에 진행되는 경우에 가장 효과적이다. 일단 수용을 통해 협력가능성이 높아지면, 커플은 그들이 이미 가지고 있었던 기술과 전략을 적용하여 변화를 이끌어 낼 수 있기 때문에 보통의 경우 수용 작업만으로 변화를 이끌어 내는 데 충분하다. 이러한 상황에서는 의도적인 변화전략을 사용할 필요가 없다.

행동 교환

행동 교환(behavior exchange: BE)의 주요 목표는 커플의 일상적인 긍정적 행동과 상호작용의 비율을 높이는 것이다. 이 기법은 각 배우자의 긍정적 행동을 증가시키므로 촉진적이다. 행동 교환은 커플 간의 상당한 협력이 요구되기 때문에 수용 작업을 마친 뒤 치료 후반에 시행되는 것이 가장 바람직하다. 행동 교환을 사용하여 커플의 긍정적 상호작용을 증가시키는 것 외에도 IBCT 치료자는 행동 교환을 수용 작업이 좀 더 필요해 보이는 영역을 평가하기 위한 진단적 도구로도 고려해야 한다.

행동 교환의 세 가지 기본 단계는 다음과 같다. ① 각자가 관계 만족도를 증가시키고자 상대를 위해 할 수 있는 행동을 파악하는 것, ② 커플의 일상 행동의 레퍼토리에서 그 목표행동의 빈도를 증가시키는 것, ③ 긍정적 행동을 주고받는 경험을 보고하는 것이다. 커플은 종종 상대의 만족도를 높이기 위해 할 수 있는 행동의 목록을 만드는 과제를 받는다. 상대로부터 비판받을 위험을 줄이고, 각자의 과제에만 집중하기 위해 커플은 서로 이러한 목록에 대해 논의하지 않도록 지시받는다. 다음 회기에서는 커플의 목록을 재검토하고 논의한다. 커플의 다음 과제는 다음 회기의 목록에 있는 행동 중 하나 혹은 그 이상을 수행하는 것인데, 서로에게 어떤 행동을 수행할지를 알리지는 않는다. 후속 치료 회기에서 커플은 과제 수행의 성공에 대해, 그리고 상대에게 기대했던 효과가 있었는지에 대해 검토한다. 효과가 없어 보이는 항목은 제거하고, 이후 회기에서 각 배우자는 목록에 있는 행동의 이점을 최적화하기 위해 상대로부터 피드백을 받는다.

의사소통 훈련

많은 커플은 정식 '훈련'을 받지 않았음에도 효과적인 의사 전달자가 되는데, 원활하지 못한 의사소통은 고통스런 커플의 문제를 악화시키거나 심지어 많은 문제를 야기할 수 있다. 상대를 변화시키려는 시도에서 배우자는 강압(울기, 위협하기, 애정 표현의 절제)과 같은 부적응적인 의사소통 전략에 의지할 수 있다. 강압은 자신의 요구에 대해 상대방이 결국 순응한다는 측면에서 단기적인 효과는 있을 수 있으나, 바라던 효과를 계속해서 얻기 위해서는 점점 더 강압적인 전략이 요구되기에 강압의 사용이 크게 증가한다. 또한 강압은 또 다른 강압을 낳는 경향이 있어, 한 배우자의 강압은 다른 배우자의 강압을 유발한다. 이러한 상호작용은 커플이 극도로 양극화되는 피할 수 없는 결과를 낳는다. 의사소통과 문제해결 훈련의 목표는 커플에게 문제를 논하는 방법과 이러한 파괴적인 전략에 의지하지 않고 변화에 대해 협상하는 방법을 가르치는 것이다. 이상적으로, 이러한 기술은 치료가 종결된 이후에도 커플에게 유용할 것이다.

의사소통 훈련의 일환으로, 커플은 '화자(speaker)'와 '청자(listener)'의 기술 모두를 배운다. 보다 효과적인 '화자'가 되기 위해 커플은 ① '나 진술법'으로 표현함으로써 자기 자신에게 초점을 맞추고, ② "나는 …에 서운하다." 혹은 "나는 …에 화가 났다."와 같은 정서적 반응을 표현하는 데 초점을 맞추며, ③ "나는 당신이 멀리 있을 때 나에게 연락하지 않으면 서운해요."와 같이 정서적 반응을 이끌어 내는 배우자의 특정 행동에 초점을 맞추도록 지도받는다. 또한 보다 효과적인 청자가 되기 위해서, 커플은 상대방이 방금 말한 내용을 다른 말로 바꾸어 표현하고 인식하도록 지도받는다. 다른 말로 바꾸어 이야기하는 것은 일반적으로 상호작용의 속도를 낮추는 것과 더불어 의사소통 과정에서 둘 중 어느 누구도 오해가 없도록 하고, 늦추어 이야기한 내용에 대해 성급하게 결론을 내리는 경향을 감소시킨다.

커플이 이러한 의사소통 기술에 대한 교육을 어느 정도 받게 되면, 그들은 치료 회기 중에 이러한 기술을 사용하도록 지시받는다. 이 지침에 따라 의사소통을 하는 것이 연습할 때는 어색하게 느껴질 수 있으므로 치료자는 커플지침에 따라 대화하도록 고무해야 하며, 연습을 통해 지침을 따르는 것이 보다 자연스러워질 것임을 설명해야 한다. 커플이 지침을 벗어나 파괴적인 의사소통을 시작하는 경우, 치료자는 이를 중단하고 교정을 할 준비가 되어 있어야 한다. 치료자는 각 연습 회기 후에 피드백을 제공해야 하고, 이러한 연습 과정을 잘 관찰해야 한다. 치료자가 커플의 회기 내 의사소통 기술이 향상되었다는 확신을 갖게 되면, 이러한 기술을 과제로 연습하게 만든다.

이러한 기본적인 의사소통 기술은 흔히 커플이 서로의 감정을 상대방과 공유하고, 한 배우자가 상대방의 행동으로 인해 화가 나는 경우 등의 문제를 논의할 수 있게 해 준다. 그러나 때로 커플은 감정을 공유하거나 사건을 보고하는 것 이상의 것, 즉 앞으로 닥칠 혹은 반복되는 문제를 해결할 필요가 있는데, 바로 이 점이 문제해결 의사소통 기술의 목적이다.

문제해결 훈련

때로 일상적인 문제를 둘러싼 커플의 갈등보다 피해를 주는 것은 문제 그 자체가 아닌 문제를 해결하기 위한 파괴적인 시도이다. 이러한 시도는 상대방의 방어적인 태도와 분노를 느낀 커플 중 한 사람의 비난에서 시작될 수 있다. 곧 논쟁은 이에 대항하는 상대방에 대한 비난과 인격 모독으로 번질 수 있으며, 문제를 둘러싼 갈등 속에서 문제 자체는 사라지게 된다. 문제해결 훈련에서 커플은 문제를 정의하는 기술, 문제해결 기술 및 구조화 기술의 세 가지 기술 세트를 사용하여 건설적인 문제해결을 하도록 교육받는다.

첫째, 커플은 갈등을 일으키는 행동과 이를 둘러싼 상황을 기술함으로써 최대한 자세하게 문제를 **정의**하도록 배운다. 커플은 또한 정서적 수용을 높이기 위한 노력의 일환으로, 문제의 결과로 인해 경험하게 되는 감정의 일부를 표현하도록 권장된다. 마지막으로, 두 배우자 모두 문제를 지속시키는 각자의 역할을 정의하도록 요구받는다.

일단 문제가 정의되면, 커플은 문제해결을 지향하는 노력을 시작할 수 있다. 문제해결의 첫 단계는 브레인스토밍(brainstorming)으로, 이 단계에서 커플은 문제에 대해 가능한 한 많은 해결책을 제시해야 한다. 커플은 불가능하거나 바보 같은 것조차 포함하여 어떠한 것이든 모두 해결책으로 고려될 수 있다는 설명을 듣는다. 브레인스토밍된 해결책에 대해 즉각적으로 평가적인 언급을 하는 것은 권장되지 않으며, 어떤 해결책이 실제로 실행 가능한지에 대한 논의는 추후로 미뤄 둔다. 하지만 해결책에 대한 제안은 나중에 검토할 수 있도록 기록해 놓는다. 이 연습은 부담이 없고, 재미있을 수 있으며, 회기 동안에 가끔은 긍정적인 정서를 유발할 수 있다. 목록이 작성된 이후 커플은 목록을 살펴보면서 명백히 불가능하거나, 바보 같거나, 혹은 효과적이지 않을 것 같은 제안을 배제한다. 목록이 정리된 후 각 항목은 문제를 해결할 수 있는 가능성을 지니고 있는 해결책으로 간주된다. 커플은 각 항목별로 장단점을 고려하여 최종 선택 목록이 만들어질 때까지 목록을 추가적으로 수정해 나간다. 엄선된 항목들은 문제에 대해 가능한 해결책으로 개념화하는 데 활용된다. 이 해결책에 대한 합의는 기록으로 남기며, 때때로 각 배우자의 서명을 받는다. 마지막으로, 커플에게 합의된 것을 실행하는 데 있어 장애물이 될 만한 것들을 고려하고, 그것들을 이겨 낼 수 있는 전략을 강구하도록 한다. 그다음에는 둘 다 자주 볼 수 있는 곳에 합의문을 붙여 놓도록 하고, 문제를 해결해 나가는 진행 과정을 검토할 날짜를 정한다. 이후 몇 회기 동안 치료자는 그들과 함께 진행 과정을 확인하고, 필요할 경우 합의문을 재검토하도록 한다.

마지막으로, 커플은 문제해결에 대한 구조화 기술을 배운다. 구조화를 위해 특정 시간과 장소를 확보하라고 지시받는다. 또한 커플은 '사건이 일어난 현장'에서 문제를 논의하지 말 것을 지시받는데, 이는 지정된 시간이 될 때까지 문제에 대해 논의하는 것을 미루는 것이다. 마지막으로, 커플은 한 번에 오직 하나의 문제에만 집중하도록 안내받는다. 문제해결 논의를 거쳐, 커플은 상대방의 말을 다른 말로 바꿔 표현하는 기본 지침을 따르고, 각자의 의도에 대한 부정적인 추론과 부정적인 언어적 의사소통과 비언어적 의사소통을 모두 하지 말 것을 요청받는다.

커플의 문제해결 기술에 대한 첫 시도는 회기 내에서 치료자의 감독하에 이루어져야 한다. 하지만 커플이 문제해결 기술을 연습하고 그에 대한 피드백을 받은 후에는 가정에서 동일 기법을 통해 문제를 논의하고 협상할 것을 권장한다.

IBCT 치료자는 커플에 맞게 이러한 행동 변화 기술을 시행해야 한다. 예를 들어, 커플이 문제를 논의하는 과정에서 문제의 정의와 해결책을 동시에 고려하는 것이 도움이 된다고 판단하면, 치료자는 해결책을 고려하기 전에 문제에 대해 신중하게 정의해야 한다고 명시된 지침을 지키지 않아도 된다. 혹은 만약 바보 같거나 불가능한 해결책을 만드는 것이 커플의 집중을 방해한다면, 치료자는 이를 권장하지 않는다. 치료자는 또한 이러한 전략들을 커플의 개념화에 맞추려 노력한다. 예를 들어, 친밀감을 추구하는 사람이 논의를 주도하고 함께 하는 시간에 관한 문제를 해결하기 위한 제안을 하지만, 독립성을 추구하는 사람이 논의에 참여하지 않는다면, 치료자는 문제해결에 대한 초점을 독립성을 추구하는 사람에게로 전환시킬 수 있다.

IBCT에 관련된 치료자와 내담자 변인

어느 치료에서와 마찬가지로, IBCT 치료자도 내담자에 대해 개인적인 판단을 하지 않는 자세를 유지하는 것이 중요하다. 하지만 IBCT의 맥락에서는 커플이 서로에 대해 수용하는 것과 동일한 방식으로 치료자가 두 배우자 모두를 수용하는 것이 특히 중요하다. IBCT 치료자는 두 배우자 모두의 경험과 반응을 인정하고, 아무리 힘들지라도 그들에 대한 공감과 연민을 느낄 수 있는 방법을 반드시 찾아야 한다.

수용을 실천하는 것 외에도 IBCT 치료자들에게는 커플의 회기 내 상호작용에 대해 주의 깊게 관찰하고, 그들의 다양한 문제행동의 기능을 확인하는 것이 중요하다. IBCT 치료자는 커플 문제의 개념화와 연관이 있을 수 있는 미묘한 언어적 및 비언어적 신호에 특히 주의를 기울여야 한다. 또한 IBCT 치료자는 커플의 즉각적인 요구를 다루기 위해 이미 정한 어떠한 의제도 언제든지 포기할 준비가 되어 있어야만 한다. 회기 중에 파괴적인 상호작용이 발생하는 경우, IBCT 치료자는 그들과 대립하지 않는 태도를 유지하면서 해당 상호작용을 효과적으로 중단시켜야만 한다. 다른 중요한 IBCT 기술은 개입할 때 커플이 사용하는 언어와 용어를 활용해야 한다. 마지막으로, IBCT 치료자의 목표는 성공적인 관계를 '응원하는' 것이 아닌 커플이 삶의 다른 방식을 찾는 희망을 경험하고, 안전하게 자신들의 관계에 대해 논의하고 평가할 수 있는 환경을 조성해 주는 것이다.

IBCT의 효능

2개의 소규모 시범 조사와 1개의 주요 연구 등의 총 3개 연구가 IBCT의 효능을 입증하고 있다. Wimberly(1998)는 8쌍의 커플을 집단 형태의 IBCT에 할당하고, 9쌍의 커플을 대기명단 통제집단에 무선할당하였는데, 훈련 후 IBCT에 할당된 커플에서 향상된 나은 결과를 확인하였다. Jacobson, Christensen, Prince, Cordova와

Eldridge(2000)는 21쌍의 커플을 IBCT 혹은 TBCT에 무선할당하였다. 치료가 끝난 후, IBCT를 받은 커플의 80%가 개선을 보여, 64%를 기록한 TBCT를 받은 커플에 비해 임상적으로 유의미한 관계 만족도 향상을 보여 주었다.

일반적인 커플치료와 IBCT를 사용한 커플치료에 관한 현재까지의 가장 대규모의 연구가 Christensen과 동료들(2004)에 의해 발표되었다. UCLA와 워싱턴 대학교 두 곳에서 실시된 이 임상실험에서, Christensen과 동료들은 극심하고 만성적인 고통을 겪는 134쌍의 커플을 IBCT 또는 TBCT에 무선할당하였다. 참여한 커플들은 IBCT와 TBCT 치료를 모두 제공하는 박사 수준의 전문적인 치료자들에게 최대 26회기의 커플치료를 받았으며, 두 치료 모두 세심하게 관리되었다. 적합도와 능숙도 자료는 치료가 예측한 방식으로 진행되었다는 근거를 마련하였다. 종결 시에는 IBCT 커플의 70%와 TBCT 커플의 61%가 관계 만족도에서 임상적으로 유의미한 향상을 보였다. IBCT에 있어 결혼 만족도에 대한 치료 전후의 효과크기는 $d=0.90$이었고, TBCT의 경우 $d=0.71$이었다(Christensen, Atkins, Baucom, & Yi, 2010 참조). 비록 종결 결과가 유의미하게 다르지는 않았으나, 변화의 궤적은 IBCT와 TBCT 커플 모두 다르게 나타났다. IBCT 커플은 치료 동안 만족도가 꾸준히 향상되었으나, TBCT 커플의 경우 치료 초기에 더 급속도로 향상되었고, 치료 후기에는 IBCT 커플의 이득의 증가 속도에 비해 더뎠다.

Atkins와 동료들(2005)은 이전 연구에서 치료에 대한 반응의 예측 요인을 탐색하였다. 의사소통의 질과 같은 다양한 대인관계적 변인은 커플의 초기 상태를 예측하였으나, 일부 변인은 접수면접에서부터 치료 종결까지의 변화를 예측하였다. 보다 긴 결혼생활을 지속한 커플은 만족도에 있어 더 많은 향상을 보였고, 성적으로 불만족하는 커플들의 경우 개입 초기 효과가 늦게 나타났으며, 전반적으로 TBCT보다 IBCT에서 더 일관된 향상을 보였다.

Doss, Thum, Sevier, Atkins와 Christensen(2005)은 커플치료를 탐색하는 연구에서 변화의 기제를 분석하였다. 치료 초기에 목표행동 빈도의 변화는 두 치료조건에 대한 만족도의 증가와 상관관계가 있었다. 그러나 치료 후기에는 목표행동 수용의 변화만이 두 치료조건에 대한 만족도의 향상과 상관관계가 있었다. TBCT는 IBCT에 비해 초기 치료의 목표행동에서 유의하게 큰 향상을 보였으나, IBCT는 치료 전반에 걸쳐 목표행동의 수용에 있어 유의미하게 증가를 가져왔다. 즉, 이 연구는 각 치료로 인한 기제 변화와 해당 기제에 미치는 치료 간의 차이에 대해 검증하였다.

그 이후 진행된 몇몇 연구에서는 이 커플들에 대한 추적관찰을 실시하였다. Christensen, Atkins, Yi, Baucom과 George(2006)는 2년의 추적관찰 기간 동안, 6개월마다 커플의 관계 만족도 자료를 관찰하였다. Baucom, Sevier, Eldridge, Doss와 Christensen(2011)은 2년 이후 추적관찰 시점의 자료를 수집하였다. 그리고 Christensen과 동료들(2010)은 5년의 추적관찰 기간 동안, 대략 6개월에 한 번씩 관계 만족도와 관계상태를 살펴보았다. 커플들은 2년에 걸쳐 치료를 통해 높아진 관계 만족도를 유지하였는데, IBCT 커플이 TBCT 커플에 비해 유의미하게 높은 관계 만족도를 지니고 있는 것으로 나타났다. TBCT 커플은 의사소통에 대한 폭넓은 훈련을 받기 때문에 훈련 종결 시에 IBCT 커플보다 의사소통에 있어 더욱 높은 향상을 보였지만(Sevier, Eldridge, Jones, Doss, & Christensen, 2008), 2년간 추적 시에는 IBCT 커플이 치료효과를 더 유지하는 것으로 나타났다(Baucom et al., 2011). 3년 추후 조사에서 일부는 치료효과를 유지하지 못하였고, IBCT와 TBCT 간의 차이는 없어졌다. 5년 추적관찰에서 치료 이전과 비례한 결혼 만족도 결과의 효과크기는 IBCT가 $d=1.03$, TBCT가 $d=0.92$로 나타났다. 또한 IBCT 커플의 50%와 TBCT 커플의 45.9%에서 임상적으로 유의미한 향상이 나타났다. 모든 134쌍의 커플로부터 취합한 관계상태에 대한 자료에서는 IBCT 커플의 25.7%와 TBCT 커플의 27.9%가 별거하거나 이혼한 것으로 나타났다. 5년 차의 추적관찰에서는 어떠한 결과도 통계적으로 유의미하지 않았다. 이러한 추적관찰 자료는 다른 커플치료의 장기적 결과와 유사하였다.

Baucom, Atkins, Simpson과 Christensen(2009)은 2년의 추적관찰에서 예측 요인을 조사하였다. 이전의 예측 연구와 같이, 결과에 대한 예측 요인들은 거의 없었다. 아마도 커플 서로 간의 더 많은 헌신과 노력이 있었기에 2년 후의 추적관찰에서 보다 나은 결과가 나왔다고 볼 수 있다. 이 연구에서는 이전의 예측 연구에서 사용하지 않았던 두 가지 객관적인 예측 변인이 사용되었다. 관찰 자료 중 음성 녹음을 자료화하여 각성 수준을 측정하였고, 기록된 관찰 자료의 언어적 분석을 통해 영향력 전술(infleunce tactics)을 측정하였다. 이러한 기준을 적용했을 때, 여성의 각성 수준이 낮고 배우자에 대한 주장성이 높지 않은 중간 수준의 고통을 지닌 커플이 각성 수준이 높고 주장성이 강한 중간 수준의 고통을 지닌 커플에 비해 치료에서 더 나은 수행을 보였다. 여성의 각성 수준이 높고 연성적(soft) 영향력 전술을 사용한 커플의 경우, IBCT에 참여한 커플이 TBCT에 참여한 커플보다 나은 수행을 보였다. 이 결과는 반복 검증이 필요하나, 정서적 각성이 높고 커플이 외부 환경 변화에 대한 적응력이 높은 경우 정서적 표현을 강조하는 IBCT 전략이 TBCT 전략에 비해 더 효과적일 수 있다.

이 표본에 대해 알아야 할 중요한 사실은, 이 연구들이 심각하고 만성적으로 고통을 경험하는 커플을 대상으로 진행되었으나, 한 명 혹은 둘 모두 양극성장애나 조현병, 혹은 심각한 수준의 자살경향성을 가졌거나, 현재 약물 또는 알코올의 남용 및 의존에 대한 진단기준에 부합하거나, 경계선, 반사회성 또는 조현형 성격장애의 진단기준에 부합하거나, 혹은 심각한 신체적 폭력 내력을 지니고 있는 커플의 경우는 제외되었다는 것이다. 이런 커플들을 배제하는 이론적 근거는 그들에게는 치료가 아닌 주요 장애에 대한 치료가 선행되어야 하기 때문이다. 그러나 커플 모두 혹은 한 명이 불안이나 우울과 같은 심리적 장애를 갖고 있는 경우는 표본에 포함되었다. 이는 비록 이들이 개인적인 문제를 보이고 있지만, 이들의 관계가 커플 문제를 다루는 치료를 통해 적절히 다루어질 수 있다는 가정에 근거한다. 또한 커플관계 문제 중 일부는 이러한 개인적인 문제가 원인일 수도 있다. 이 때문에 선행 자료는 IBCT가 커플 중 1명이 특정한 다른 심리적 장애를 지니고 있는 경우를 포함해 많은 커플에게 성공적으로 적용될 수 있음을 시사한다. 하나의 예로, 예측 요인에 대한 선행 연구는 DSM-IV 진단을 위한 구조화된 임상적 면접을 포함하는 정신장애의 지표들이 커플치료 과정에서의 개선과 연관성이 없다는 것을 발견하였다. 게다가 Atkins, Dimidjian, Bedics와 Christensen(2009)은 해당 표본에서 우울증이 관계 만족도가 향상됨에 따라 개선된다는 것을 발견하였다.

이 장이 기술된 시점에도 보다 자세한 커플치료의 과정과 5년 추적 결과 및 연관된 잠재적 변화 기제, 그리고 5년 추적 결과에 대한 예측 요인에 대해 탐색 중이다. 특정 표본에 대한 연구 외에도 IBCT의 영역을 확장시키기 위한 추가적인 연구가 진행되고 있다. Brian Doss와 Andrew Christensen은 온라인치료에 IBCT를 적용하고 있고, 국립아동건강 및 개발기구(National Institute of Child Health and Development)의 지원을 받아 치료의 효능을 검증하고 있다. 또한 IBCT는 미국 재향군인관리국(U.S. Veteran's Administration: VA)이 전국에서 시행하는 근거기반치료의 하나로 선정되었다. 전국에 있는 VA 치료자들은 며칠간의 워크숍에서 집중적인 훈련을 받은 후, IBCT를 활용하여 둘 이상의 커플을 치료하는 과정에서 매주 6개월 동안 슈퍼비전을 받는다. 훈련을 받은 IBCT 자문가는 치료자의 기록된 회기를 듣고 자문을 제공하는데, 치료자가 훈련 프로그램을 성공적으로 이수하기 위해서는 IBCT 기준의 평정척도에서 숙련 수준에 도달해야 한다. 프로그램 평가 자료는 연구의 일환으로 수집되며, 초기 결과는 VA 집단의 커플들에서 IBCT에 대한 긍정적인 효과가 있음을 보여 준다. 온라인 연구 문헌들과 이러한 치료 접근에 대해 훈련받은 치료자의 국가 데이터베이스를 포함한 IBCT 관련 추가 정보들은 ibct.psych.ucla.edu에서 확인 가능하다.

사례연구

IBCT 적용의 실연을 위해 앤과 마크의 사례[3]를 보여 줄 것이다. 평가와 피드백 회기에서 대화를 인용하였으며, 더불어 IBCT 수용 쌓기 기법을 잘 보여 주는 치료 회기를 포함하였다.[4]

치료 시작 시점에 앤과 마크는 결혼 10년 차의 중년 커플이었다. 앤에게는 전남편과의 사이에서 얻은 3명의 자녀가 있다.

평가

1회기

인사와 소개를 마친 뒤, 앤과 마크의 치료자(S 치료자)는 평가 과정에 대해 다음과 같이 안내하며 1회기를 시작하였다.

"앞으로 우리는 다음 25회기 동안 치료를 진행할 거예요. 두 분이 앞서 모든 질문지를 작성하셨으니, 이미 평가 과정의 첫 단계를 마친 겁니다. 오늘을 포함해 앞으로 세 번의 방문은 평가의 두 번째 단계입니다. 오늘은 제가 두 분을 알아 가는 시간을 가지고, 두 분의 관계에 대해 들어 보려 합니다. …… 두 분의 만남과 교제 과정부터 현재 여기까지 이르게 된 상황을 살펴보면서 말이죠. 그리고 다음 두 번의 방문에서는 두 분을 각자 개별적으로 만나려고 합니다. 그 이후 네 번째 방문 때는 제가 두 분께 피드백을 드릴 거예요. 그때는 무엇을 해야 할지에 대한 이해를 돕기 위해서, 오늘 회기와 오늘 회기에서 작성

3) 주 2를 보라.
4) 주 3을 보라.

하신 질문지 및 개별 회기에서 얻은 모든 정보를 취합해서 말씀드릴게요."

특히 커플이 치료에 참여하는 것에 대한 주저함이나 양가감정을 표현하는 경우, 치료자는 다음을 언급해야 한다.

"이 평가기간은 두 분이 저와, 우리가 할 치료에 대해 알아 갈 수 있는 기회이기도 합니다. 이걸 통해 이 치료가 필요한지에 대한 감을 잡을 수 있을 거예요."

앤과 마크가 이러한 설명을 이해했는지 여부를 확인한 뒤, 치료자 S는 그들의 현재 문제에 대한 간략한 설명을 요청하였다.

"두 분의 내력을 확인하기에 앞서, 두 분께서 '도움을 받자'고 결정을 내리게 만든 지속되고 있는 문제들에 대해 말씀해 주실 수 있나요?"

앤과 마크가 자신들의 관계에 대해 각자 입장에서 차례대로 번갈아 가며 설명한 후, 치료자 S는 다음과 같은 탐색 질문을 사용하여 커플의 발달 내력을 수집하였다.

"처음부터 시작해 보죠. 두 분이 어디서 어떻게 만났는지 말씀해 주시겠어요?"

"마크, 처음에 앤의 어떤 부분에 매력을 느꼈나요? 앤, 당신은요?"

"앤, 마크가 관심이 있다는 걸 어떻게 알았나요? …… 그가 어떤 말을 했나요? …… 그를 어떻게 유혹하셨나요? 두 분 중 누가 먼저 상대에게 다가갔나요?"

"동거를 하다가 어떻게 결혼을 하기로 결정하셨나요?"

이를 설명하는 과정에서 앤과 마크는 서로에 대해 칭찬할 많은 기회를 가졌다. 마크는 앤을 관능적이었다고 표현하였고, 앤은 마크가 매우 멋지고 여유 있다고 표현하였다. 치료자 S는 마크와 앤 모두 첫 키스가 매우 좋았다고 동의하는 것과 같이, 둘의 교제기간 동안 일어났던 자세한 행동 정보를 수집하기 위해 매우 철저하고 구체적으로 접근하였다.

평가 단계에서도 수용을 쌓을 수 있는 기회가 있었다. 1회기 중 어떤 시점에서 앤은 처음 (춤을 추자고 한) 마크를 거절하였던 상황을 매우 부드럽게 이야기하였다. 앤은 마크가 자신이 거절했음에도 화를 내지 않아 안심이 되었다고 말하였다. 또한 마크의 곁에 있을 때 진정한 자기 자신의 모습을 드러낼 수 있었다고 하였다. 앤은 마크의 이러한 모습이 매력적이었다고 말하였다. 처음에 앤의 거절에 자존심이 상했다고 이야기했던 마크는 앤의 부드러운 말투에 다음과 같이 반응하였다. "그건 좀 놀라운데요. 앤에게 그런 감정이 중요하다는 건 알고 있지만, 그 당시 그렇게 느꼈다는 것은 몰랐어요." 앤도 치료 회기에서 그 사건을 이야기하기 전까지는 자신이 그렇게 느꼈다는 것을 깨닫지 못했다고 말하였다.

1회기를 마칠 무렵, 치료자 S는 앤과 마크가 함께한 시간과 서로가 처음 매력적이라고 느꼈던 점, 그리고 문제 영역들과 관련된 생각에 대해 잘 이해할 수 있었다. 다음 두 번의 개별 회기를 통해 치료자 S는 개념화를 위해 필요한 정보들을 '채울' 수 있었다.

2~3회기

치료자 S는 간략한 교육을 통해 개별 회기에 대해 안내한 뒤, 커플의 문제 영역과 관련하여 진행 중인 평가에 대해 소개하였다.

"오늘 우리가 진행하면서 다루어야 할 주제가 많아요. 저는 당신과 (앤/마크)가 모두가 가지고 있던 문제를 명확하게 하는 데 시간을 할애할 거예요. 첫 만남에서 당신이 인지한 문제에 대해 말씀해 주셨지요(문제 영역). 그게 무엇을 의미하는지 말씀해 주실 수 있나요?"

앤과 마크가 공동 회기에서 언급한 문제와 더불어, 치료자 S는 앤과 마크가 '배우자 행동 빈도 및 수용가능성 질문지'에 표기한 문제 영역들을 개별 회기에서 다루었다.

"제가 앤/마크가 작성한 문제 영역 목록을 살펴보았을 때, 당신에게 가장 걱정스러운 항목은 (문제 영역)이었습니다. 이에 대해 설명해 주실 수 있나요?"

치료자 S는 앤과 마크가 그들의 의견 차이와 싸움을 구체적으로 설명하도록 노력하였다. 설명 과정에서 마크와 앤이 행동을 구체적으로 기술할 수 있게 치료자 S는 탐색 질문을 사용하였다.

"두 분이 (문제 영역)과 관련하여 다투신 적이 있나요? 그 다툼은 어땠나요?"

"두 분이 모두 화가 났을 경우, 당신은 어떻게 하는 편인가요?"

"가장 최근의 언쟁에 대해 말씀해 주세요. 당신이 겪었던 가장 최악의 언쟁에 대해 말씀해 주세요. 만약 제가 그때 녹화를 했다면 무엇을 보았을까요?"

커플의 갈등 패턴을 이해하는 것과 더불어, 치료자 S는 또한 그들이 성장해 온 가정에서 문제가 어떻게 다루어졌는지 물어보았다("당신의 부모님은 갈등 상황에 어떻게 대처하셨나요?"). 이 정보는 개인의 발달 내력과 갈등 상황에서 각 배우자의 정서적 취약성, 그리고 각자가 과감하게 반복하는 패턴이나 피하려고 하는 것(예: 신체적 폭력)을 이해하는 데 있어 유용할 수 있다.

앤과 마크의 언쟁에 대한 기술을 할 때, 치료자 S는 이 커플이 신체적 폭력에 관여한 적이 있는지에 대해 평가하였다. 이 평가는 모든 커플의 치료 평가에서 매우 중요한 측면이며, 개별 면담을 실시하는 주된 이유이다. 다음과 같은 간단하고 단순한 질문을 사용할 수 있다.

"언쟁이 서로를 밀치거나, 잡아당기거나, 혹은 어떤 형태의 신체적 폭력으로 이어진 적이 있나요?"

만약 한 배우자가 이 질문에 대해 시인하거나 CTS2와 같은 질문지에서 폭력이 있었던 것으로 나타난다면, 폭력에 대해 보다 철저한 평가가 시행되어야 하며, 제시된 바에 따라 적절한 의뢰가 이루어져야 한다(Jacobson & Gottman, 1998). 이 사례에서 앤과 마크에게 폭력 문제는 없었다.[5)]

마지막으로, 개별 회기는 치료자가 각 배우자의 관계에 대한 헌신도(commitment) 수준을 평가할

5) 주 4를 보라.

수 있는 좋은 기회를 제공한다. 이 평가에서 또한 한 명 혹은 두 배우자 모두의 외도 여부에 대해 조사한다. 외도는 IBCT에서 특수한 치료가 요구되며 (Jacobson & Christensen, 1998), 이는 이 장의 범위를 넘어선다. 다행히, 앤과 마크의 관계에서 외도로 인한 문제는 없었다. 치료자 S는 앤과 마크에게 개별적으로 질문하였다.

"1에서 10까지 점수를 매긴다면, (마크/앤)에 대한 당신의 헌신도를 어느 정도로 평가하시겠어요?"

앤과 마크가 각자의 평가 회기를 마칠 때쯤, 치료자 S는 커플의 개념화를 위한 문제 영역과 (폭력 내력이 없다는 것을 포함한) 갈등방식, 관련된 가족력 및 헌신 수준에 대한 충분한 정보를 얻었고, 이어서 피드백 회기를 진행하였다.

피드백과 개념화

4회기

치료자 S는 앤과 마크에게 앞으로 무엇을 기대해야 하는지에 대한 방향을 제시하며 피드백 회기를 시작하였고, 또한 문제 영역에 대한 치료자의 개념화와 설명에 대해 의견을 물으며 참여를 촉진하였다.

"첫 회기에서 말씀드렸듯이, 이번 회기에서는 두 분과 함께 피드백을 나누고 싶어요. 제가 두 분의 질문지를 살펴보는 시간과 저희가 함께 얘기하는 시간이 두 분을 더욱 잘 이해하는 데 매우 도움이 되었어요. 두 분의 적극적인 참여와 반응이 저희가 앞으로 할 작업에 굉장히 중요한 부분을 차지하기 때문에, 회기가 진행되는 동안 제가 그저 지침을 드리고 마무리 짓는 것보다는 두 분의 적극적인 반응을 기대할 거예요. 또 생각나는 것을 말씀하시고, 일치하는 정보를 더 말씀하시거나, 정보가 일치하지 않을 때에는 저에게 알려 주세요."

치료자 S는 앤과 마크가 작성한 질문지에서 얻은 정보를 설명하며 피드백을 제공하기 시작하였다.

"두 분께 드렸던 측정도구는 커플 스펙트럼(spectrum) 내에서 두 분이 어디쯤에 위치하는 지를 알려 줍니다. 스펙트럼은 매우 행복한 결혼생활을 하는 커플에서부터 '매일' 평균 수준의 고충을 호소하는 커플, 그리고 이혼한 사람들과 유사한 고충을 호소하는 커플까지 다양한 범위를 포함합니다. 두 분은 모두 고통을 경험하고 있고, 더 나아질 수 있는 영역에 있어요. 앤이 비록 더 높은 수준의 고통을 호소하고 있지만, 두 분 모두 괴로움을 겪고 계십니다."

치료자 S는 앤과 마크의 헌신 수준에 대한 요약으로 넘어갔고, 이를 치료 과정에서의 강점으로 보았다.

"헌신도 측면에서 두 분은 모두 관계에 헌신적이며, 이는 두 분에게 있어 매우 중요합니다. 특히 일어난 모든 일에도 불구하고, 관계에 헌신이 남아 있다는 것은 커플치료에서 매우 중요합니다. 두 분 모두 그것을 보여 주고 표현해 주셨다는 건 의미가 있네요."

치료자 S는 앤과 마크의 문제 영역에 대한 요약

으로 넘어갔다. 치료자 S는 질문지에서 얻은 자료와 회기 내에서의 이야기들을 통해 다음과 같은 세 가지 기본적인 문제 영역을 지적하였다.

"자, 그럼 두 분이 어려움을 겪는 관계 영역에 대해 이야기해 볼게요. 한 영역은 재정인데요, 이것은 언쟁의 영역이 되곤 하죠. 앤의 경우에는 때로 책임에 대한 부담으로 분노를 느끼고 있고, 마크의 경우에는 재정상태가 어떤지에 대해 죄책감을 느끼고 있습니다. 이 영역은 친밀감과 연대감 같은 감정보다 분노와 죄책감, 부담감 같은 정말로 많은 다양한 감정을 일으키죠. 제 말이 맞나요? 두 분이 재정적인 측면과 관련하여 다르게 생각하는 것이 있나요?"

"제가 본 다른 영역은 앤의 자녀들에 관한 것입니다. 두 분은 앤의 자녀들에 대해 매우 다른 감정을 느끼고 있어요. 앤, 당신은 마크가 자녀들에게 관여하지 않는다고 느끼고 있어요. 마크는 환영받지 못한다고 생각하고 있어요. 마크는 (아이들이) 마크에게 마음을 열지 않는 것은 앤의 잘못이라 여기고 있습니다. 직접적으로 표현되든 아니든 간에, 이 영역은 두 사람 모두에게 강렬한 감정을 불러일으키는 영역입니다. 두 분이 이야기하지 않을 순 있으나, 저는 분명히 두 분 모두가 일촉즉발의 상황에 있다는 느낌을 받았어요. 방금 말한 문제들이 가족과 함께 보내야 하는 시간이 많아지는 휴일 동안 더 많이 나타날 것이라고 생각됩니다."

"제가 본 세 번째 영역은 반응성에 관한 겁니다. 어떠한 것에 대한 반응으로 나타나는 행동들은 자신이 표현하고자 하는 메시지나 느끼고 있는 감정들을 전달해요. 두 분이 할 수 있는 반응은 신체적인 접촉에 무반응 혹은 예민함을 표출하는 것, 신체를 만지는 것 혹은 질문하는 것들을 포함해요. 그래서 우리가 해야 할 일 중 하나는 자신이 가진 감정을 표현하는 것이에요. 이건 두 분 각자에게 놀라운 일일 수도 있어요."

각각에 대해 설명을 하면서, 치료자 S는 앤과 마크에게 각 문제 영역에 대한 피드백과 설명에 덧붙이고 있는 것은 없는지 확인하였다.

피드백 회기 중에도 수용 작업의 기회가 발생하였다. 마크가 앤의 자녀들과의 관계에 대해 이야기할 때, 그는 처음에 그녀의 자녀들이 무례하고 오직 자기들끼리만 이야기한다며 '강하게' 감정을 표현하였다. 마크가 앤의 자녀들에 대해 비판적으로 말했기 때문에 치료자 S는 앤의 자녀들에 대해 마크가 보다 부드럽게 감정을 표현하도록 유도하였다.

치료자 S: 무례한 것 외에 (앤의 자녀들이) 자신에게 말을 걸지 않을 때 어떤 느낌이 드나요?

마크: 무시당하는 느낌이 듭니다.

치료자 S: 무시당하는 느낌 외에 어떤 기분이 드나요?

마크: 제가 중요하지 않다는 느낌이 듭니다. 마치 제가 그들을 부양하기 위해서만 있는 것 같았습니다.

치료자 S: 가족의 일원이 아닌 것처럼 말이죠.

마크: 네. 저는 그저 아이들이 엄마에게는 애정을 표현하기만을 바라면서 체념하고 있어요.

치료자 S: 그럼 아이들이 엄마에게 관심을 기울이지 않는 것이 당신을 화나게 하나요? 그러니까 이 감정은 단지 **마크에게** 국한되는 것이 아니라 앤의 아들들이 **앤과** 어떻게 상호작용하는지에 대한 감정인가요?

마크: 네, 네, 그렇습니다.

치료자 S: 그리고 그것이 당신을 화나게 하나요?

마크: 네, 그래요. 저는 보호해 주고 싶은 생각이 들어요. 아이들이 앤에게 고마움을 더 표현했으면 좋겠어요. 그렇지만 저도 앤에게 고마움을 더 많이 표현하고 싶어요. 저는 충분히 고마움을 표현하지 못한 것 같아요. 어쩌면 이건 관련이 있을 거예요. …… **제가** 잘하지 못한다는 것을 상기시켜 주는 것일 수 있어요.

마크가 앤의 자녀들을 비난하기보다 자신의 감정을 보다 부드럽게 진술하도록 변화시킴으로써, 치료자 S는 뜻하지 않게 마크가 자신의 행동 및 정서적 민감도에 대한 중요한 자각을 할 수 있는 기회를 제공할 수 있었다.

커플의 문제 영역을 검토한 이후, 치료자 S는 앤과 마크의 평가에서 관찰하였던 두 가지 주제에 대해 설명하였다.

"개별 회기와 질문지에서, 그리고 오늘의 두 분의 이야기로 미루어 볼 때, 두 분에게는 두 가지 주제가 있는 것으로 보입니다. 회기 내에서 무슨 얘기를 하건 보통은 화제가 있지요? 제가 두 분에게 '주제'라고 하는 것도 이와 같은 것입니다. 가끔 제가 주제를 지적할 거예요. 다시 말씀드리지만, 주제는 우리가 함께 다루어야 할 작업입니다. 주제는 여러 다양한 형식으로 나타날 수도 있기 때문에 확실한 의사소통을 위해서 여러분과 이를 공유하려 합니다. 괜찮으신가요?"

"제 생각에, 첫 번째 주제는 두 사람 모두 사랑과 인정을 받지 못한다고 느끼는 것입니다. 두 분은 사랑을 받는다는 것이 어떤 의미인지 알고 있어요. 인정을 받는다는 것이 어떤 의미인지도 압니다. 하지만 두 분의 정의는 다릅니다. 그리고 이러한 다른 정의로 인해, 그리고 두 분의 다른 경험으로 인해 어떤 일이 생기면 인정받지 못하고 사랑받지 못했다는 느낌을 받게 됩니다. 재정이나 자녀들에 대한 논쟁에서 이에 대한 무언가, 그러니까 인정받지 못한다고 느끼는 것과 같은 감정이 있는 것 같습니다. 어떠신가요?"

"두 번째 주제는 두 분 모두 어떤 이유로든 불안정감을 가지고 있다는 것입니다. 이는 일부 논쟁과 차이, 갈등, 큰 싸움 또한 불안에서 비롯됩니다. 그 감정이 올라오면 싸움이 시작될 수 있습니다. 구체적인 예를 들면, 앤은 불안정감을 이야기할 때 가족 구성원과 관련됩니다. 이것은 앤이 자신을 다른 여성과 비교할 때처럼 앤이 스스로 어떻게 느끼는지에 영향을 줍니다. 마크는 앤이 이전 결혼 상대와 서류상의 이혼을 하지 않았다는 사실에 대해 불안정감을 느낀다고 했죠. 이는 다른 남성과 비교해 당신이 얼마나 자신감을 느끼는지에 영향을 미칠 수 있습니다. 다시 말해, 사랑받지 못하고, 인정받지 못하고, 불안정감을 느끼는 것, 이러한 것이 바로 주제입니다."

치료자 S는 각 주제(그리고 그 주제와 연관되어 있는 차이와 정서적 민감도 및 외부 스트레스 요인)를 설명하고 앤과 마크에게 이러한 주제에 대한 피드백을 받은 후, 그들의 의사소통 혹은 양극화 패턴과 그에 따른 상호적 올가미에 대해 논의하였다.

"자, 두 분이 빠지게 되는 '올가미'라고 부르는 것

은 무엇일까요? 두 분은 사랑받지 못하고 불안하다고 느끼는 것에 대해 다양한 반응을 하고 있습니다. 제가 보기에 마크는 이런 감정을 느끼게 되면 거리두기를 하는 것 같아요. 그리고 제가 보기에 앤은 비난하기를 사용하고 있는 것 같네요. 두 분의 반응을 함께 합쳐 놓으면 순환이 생기게 됩니다. 감정이 올라오면, 마크는 거리를 두게 되고 앤은 비난하게 되죠. 마크는 비난받는다고 느끼면 거리를 두게 되고, 앤은 거리감을 느끼면 더 비난하게 됩니다. 거리 두기, 비난, 비난, 거리 두기. 이것이 우리가 올가미라고 부르는 것입니다. 비난하는 것과 거리를 두는 것이 교대로 나타날 수 있어서, 각자의 반응은 상대를 더욱 불안하게 만들 수 있습니다."

양극화 과정과 상호적 올가미를 검토한 후, 치료자 S는 앤과 마크에게 다음 치료 회기에서 다룰 것에 대해 설명하였다.

"오늘 이야기했던 것들이 우리가 앞으로 몇 주 동안 다룰 것들이에요. 날짜를 정하고 그날 두 분에게 있었던 어떤 일이든 간에 이야기할 겁니다. 매번 우리가 무엇을 해야만 한다고 구조화하지는 않을 거예요. 무엇을 여기로 가져오시든 그건 두 분에게 달려 있습니다."

"제가 기대하는 바는 두 분이 모두 마음을 열고 자신의 반응과 질문, 경험 등을 공유하는 데 거리낌이 없을 만큼 이곳을 충분히 편안한 장소로 만드는 것입니다. 친밀감에 대한 욕구는 공유하는 것과 위험을 감수하는 것을 필요로 할 거예요. 지금 상대가 어떻게 반응할 건지에 대해서는 어떠한 확신도 가질 수 없어요. 항상 기분이 좋지만은 않을 거예요. 그러나 한편으로는 우리가 마음을 터놓기 위해 지불해야 할 대가이기도 하죠. 두 분은 이것에 대해 좀 더 생각해 볼 수도 있어요. 저희는 매주 재개념화를 하면서 계속해서 더 명확하고 더 잘 이해할 수 있도록 노력할 거예요."

주제와 DEEP 분석, 상호적 올가미를 포함하는 개념화 단계의 기초를 닦은 치료자 S는 수용 쌓기 작업을 시작할 준비를 마쳤다.

치료: 수용 쌓기

앤과 마크의 후속 회기 대부분은 수용을 쌓는 데 중점을 두었다. 다음은 치료자 S가 공감적 참여와 일관된 거리 두기, 내성 기르기와 같은 기법을 사용하여 앤과 마크의 수용을 높이고자 했던 일부 회기에서 발췌한 것이다.

12회기

이 회기의 내용은 앤과 마크의 아파트 찾기와 그들이 겪고 있는 어려움에 관한 것이다. 해당 논의에서 마크는 앤이 꿈꾸는 아파트를 구매할 만큼의 충분한 돈을 벌지 못하기 때문에 무능하다고 생각하며 불안정감을 느낀다고 언급하였다. 이는 앤과 마크의 불안정감에 대한 주제를 탐색할 수 있는 기회를 제공하였다.

마크: 우리가 원하지 않는 아파트로 결정한다면, 그건 앤이 원하는 아파트를 해 줄 수 없는 제 무능력을 영원히 기억하게 만드는 큰 사건이 될 겁니다

치료자 S: '내가 앤이 정말 원하는 걸 줄 수 있을까?'라는 생각이 드는 때가 또 있나요?

마크: 네. 만약 앤이 돈이 많은 사람과 결혼했다면 원하는 아파트를 얻을 수도 있었겠죠.

앤: 당신이 매력적인 스무 살 연하의 여자와 결혼했다면 주변에 자랑할 만한 아내를 얻었을 수도 있지. 하지만 그런 일은 일어나지 않았잖아. (둘 다 웃는다.)

치료자 S: 그러면 이건 두 분의 불안정감을 보여주는 예일 수 있겠네요. 앤이 스무 살 연하의 여자를 '마크가 원하는 것'이라고 생각하고, 마크가 그 사람과 함께라면 더 행복할 수도 있었을 거라고 생각하는 것과 같이요.

마크: (치료자 S에게) 제 생각에는 최악의 순간이 닥치면 앤이 그렇게 생각하는 것 같아요. 마치 모든 남자는 어린 여자를 좋아하고, 중요한 것을 지키기 위해서는 스스로를 더욱 채찍질해야 한다고…… (앤에게) 꿈꾸는 아파트를 가지고 싶은 것에 대한 당신의 생각이 나와 비슷한 거 아냐? 그렇다면 당신도 '저기 저 돈 많은 사람이라면 내가 원하는 아파트를 사 줄 수 있을 텐데.'라고 생각할 수 있는 거잖아. (치료자 S에게) 저는 앤이 그렇게 생각하는 게 당연하다고 보거든요.

앤이 스무 살 연하의 여자에 대해 언급하며 둘이 함께 웃었을 때, 앤과 마크가 일관된 거리 두기(unified detachment)를 발전시켜 나가고 있음을 보여 주었다. 이전에는 앤에게 매우 고통스러웠던 사안에 대해 둘은 농담을 할 수 있게 되었다. 이어서 대화는 마크와 다른 여자와의 관계에 대한 앤의 불안정감을 탐색하는 것으로 넘어갔다.

치료자 S: 그렇다면 앤의 관점에서 마크의 이상형은 어떤 사람인가요? 그 이상형에 대해 설명해 주시겠어요?

앤: 글쎄요, 아마 아이를 낳을 수 있는 좀 더 어린 사람이나, 테니스를 치고, 운동을 하고, 또한 요리와 집안일도 잘하는 사람이면서, 수입이 좋고, 잠자리도 괜찮은…….

치료자 S: (마크에게) 앤이 바라는 부유한 남자와 견줄 만하네요. (앤에게) 이 여자는…….

앤: 하지만 이런 여자는 이 세상 어딘가에 존재해요. 많은 여자가 저렇다고요.

치료자 S: 그리고 앤은 다른 여자와 대화하는 마크를 보면서 비슷한 생각을 하고 있군요. 앤은 마크가 다른 여자와의 대화를 얼마나 즐겨 하나 궁금해하고, 자신은 경쟁 상대가 안 되니까 마크를 뺏기는 것이 시간 문제라는 생각을 하고 있으신 거군요.

앤: 맞아요, 저런 여자들이 우리 사이를 쉽게 갈라놓겠죠.

치료자 S: 불안정감이 생길 때, 마크는 앤이 원하는 것을 함께 하고 부양할 수 있는 부유한 남자가 필요하다고 생각하고, 앤은 자신이 육체적인 면에서 다른 여자에게 경쟁상대가 안 된다고 생각하고 있군요. 심지어 앤이 운동으로 몸을 가꾼다 하더라도 말이죠. 그래서 어떤 여자가 나타나 '그를 빼앗는 것'이 시간 문제라고 생각하고 있군요. 앤, 위협을 느끼게 만드는 마크의 몇 가지 행동에 대해 말씀해 보시겠어요?

앤: 마크는 다른 여자가 얼마나 매력적인지에 대해 이야기할 때 제가 마치 남자인 것처럼 대해요. 제가 뚱뚱하다고 하거나 아니면 이중턱을 가지고 있다고 말을 하거나…… .

치료자 S: 그렇다면 마치 앤이 기준에 못 미친다는 듯이 말하는 거군요.

앤: 네.

치료자 S는 아파트 구매에 대한 화제로 돌아와서 아파트 구매를 은유로 사용하여 중요한 결정을 내릴 때 앤과 마크가 원하는 것과 현실 사이에서 '타협'하는 것에 대해 설명하였다.

치료자 S: 아파트에 대한 결정이든 혹은 두 분의 관계에서 발생하는 결정이든 간에 두 분이 결정을 했으면 "그래 결정했어."라고 하면서 그것으로 끝을 내는 겁니다.

앤: 그렇게 하면 좋을 것 같아요. 한 번도 그런 생각을 해 본 적이 없어요. 그게 바로 우리가 힘든 점이기도 하죠. …… 우리가 원하는 모든 것을 얻지 못할 것이란 현실 말이에요. 아파트를 보러 다니며 생긴 불안정감과 두려움은 사실 우리가 원하는 것을 갖지 못할 것이라는 생각 때문인지도 몰라요.

마크: 근데 다음에 보기로 한 아파트가 우리가 정말로 살고 싶은 아파트라는 사실이 걱정이네요.

앤: 맞아요. 옆 언덕 너머의 아파트예요.

마크: 그러니깐 생각을 해 봐야 하는 거죠. '원하는 것이 100점이라면 60점 정도에 만족을 해야 할까?' 그런데 저는 적어도 90점 정도를 원하거든요. 현실은 기대만큼 못 미치는 것에 대해서 인정을 하고 받아들이기가 어려워요.

치료자 S: 두 분이 결혼을 하기로 결심했을 때, 두 분 각자가 결정을 내렸을 거예요. 각자 상대방이 서로를 선택할 때 어떤 기준으로 결정을 내렸는지 궁금하지 않나요? '상대방은 나를 60점이라고 생각한 걸까? 아니면 90점으로 생각한 걸까?'

마크: 네.

앤: 그렇죠.

치료자 S: 이제 두 분이 불안정한 상황에 있다고 가정해 봅시다. 어떤 일이 일어날까요? 불안정한 상황에 있다면, 90점은 마치…….

앤: 50점으로 느껴지겠죠.

치료자 S: 정확해요. 기분이 좋을 때는 아마도 이렇게 생각하겠죠. '나는 너한테 90점짜리 남편이야.' 혹은 '너는 나한테 90점짜리 아내야.' 하지만 불안정한 상황에 있게 되면 이렇게 생각하겠죠. '나는 50점짜리 아내와 살고 있구나.' 그러다 자기 자신에 대해서 불안정한 상태가 되면 '세상에, 나는 30~40점 정도 남편밖에 안 되는구나.'라고 생각할 거예요. 하지만 두 분은 결혼할 때 이미 타협하셨어요. "바로 이 사람이랑 결혼하는 거야."라고 결정하고 타협하셨죠.

마크: 하지만 '타협한다'는 것은 부정적인 어감을 가지고 있지 않나요?

치료자 S: 그렇게 생각하실 수도 있죠. 그런데 '타협'이라는 단어와 평행선에 있는 단어는 '수용'입니다.

마크: 아, 그렇네요.

치료자 S: 타협을 거치고 나면, 상대방을 보며 "이 사람은 원래 이런 사람이었어."라고 받아들이게 됩니다. 그것이 90점이든, 80점이든, 60점이든, 35점이든, 두 분이 타협을 했다는 것은 "나는 이것을 받아들인다."라고 선언한 것과 같죠.

치료자 S는 아파트 구매를 은유로 활용하여, 앤과 마크의 불안정감에 대한 주제가 어떻게 확장될 수 있는지 설명하였다. 또한 두 사람에게 원했던 것보다 낮은 기준으로 타협을 했는지에 대한 질문이 어떻게 불안정감에서 비롯되었는지를 설명하였다. '결정에 대한 불안정감'이라는 추가적인 구성요소를 주제에 더함으로써 앤과 마크 각자가 상대를 위협하는 행동이 무엇인지에 대한 이해를 도왔고, 더불어 수용을 만들어 가는 가교 역할을 하게 되었다.

17회기

이 회기에서 치료자 S는 앤과 마크와 함께 불안정감에 대한 주제를 계속해서 다루었다. 해당 대화 중 다음에 서술할 부분에서는, 앤과 마크가 서로 익숙한 양극화 과정에 대해 논의하였다. 마크는 앤에게 운동을 더 자주 할 것을 제안하였다. 앤은 마크의 제안을 그녀의 외모에 대한 지적으로 해석하였고, 이 제안은 앤을 불안정하게, 또 위협받는다고 생각하게 만들었다. 이후 앤은 우울해지고 '아무것도 하지 않음'으로써 마크의 제안에 대해 '저항하였고', 결국 마크가 그녀를 더욱 비난하게 만들었다.

여기서 치료자 S는 두 가지의 IBCT 수용 쌓기 기법을 사용하였다. 첫 번째 기법은 공감적 참여이다. 치료자 S는 운동에 대한 마크의 언급이 제안인지 혹은 앤의 외모에 대한 비난인지 확인하려 노력하였고, 마크는 자신의 불안정감에 대해 다음과 같이 부드럽게 표현하였다.

치료자 S: 이건 핵심적인 질문입니다. 두 분에겐 기준이 있을 거예요. "여기까지는 당신을 받아들일 수 있지만 그 이상이 되면 당신이 변화해야 해."라는 메시지인 거죠. 그런데 다르게 생각해 보면 변화를 요구하는 것이 내가 변해서 그렇다는 것은 아니에요. 역설적인 것은 상대방의 기준을 받아들이면 변화가 일어날 수 있다는 거죠. 그런데 자세히 들여다보면 상대방이 충족해야 하는 기준도 있지만, "이 정도까지는 용납하지만 그 이상은 안 돼."라는 자신의 기준도 있어요. 두 분 모두 이 기준을 확인하고 싶어 하시는 것 같네요.

앤: 어쩌면 그럴지도 모르겠네요.

치료자 S: 두 분 모두 자신의 기준으로 보고 있네요. 앤은 당신의 모습, 외모에 관한 것입니다. 마크는 재정적인 부양자로서 자신을 바라보는 것입니다. 그리고 유혹은 그 상황이 불편해지면 그때 상대방이 나타나 필요한 역할을 하게 되는 거예요. 그 불편함에 집중하는 대신 상대방에게 자신의 감정을 얘기하는 거죠.

앤: 그렇네요.

마크: 네, 저도 알아챘어요. 치료를 시작한 이후에요. 제가 제 자신에 대해 불안해지면 바깥으로 눈길을 돌리고 있더군요. "넌 이렇게 해야만 해."라고 말하면서요. 그게 제 기분을 나아지게 하거든요.

치료자 S: 맞아요, 그게 활성화되어 있어요. 조언을 주는 것일 수도 있고, '이래라저래라' 하는 남성적인 행동일 수도 있죠.

마크: 네, 앤의 아이들에게도 그렇게 하죠. 제가

그런다는 걸 알아요.

치료자 S는 마크의 제안이 가지는 비판적인 특징 대신, 그가 **왜** 비판적이 되었는지를 강조하는 데 중점을 두었다. 마크에게 자신의 행동에 대한 **이유**를 생각해 보도록 하였고, 그 결과 마크는 자신이 불안정하다고 느낄 때 비판적이 된다는 것을 인지하였다. 마크는 이러한 행동이 앤의 행동을 지시하려는 시도뿐 아니라 앤의 자녀들과의 상호작용에서도 일어난다는 것도 인지하게 되었다.

치료자 S가 회기 내에서 사용한 두 번째 수용 쌓기 기법은 내성개입이다. 즉, 배우자의 부정적 행동의 긍정적인 측면을 강조하는 것이다. 치료자 S는 다음과 같이 계속하였다.

치료자 S: 어떤 경우에는 (조언을 제공하는 것이) 정말 적절할 수 있어요. 사람들이 좋아할 수도 있죠. 마크가 상담자로서 하는 일처럼 말이죠. 정말로 생산적이라는 느낌을 받지 않나요?

마크: 네, 저는 사람들의 삶을 바꾸죠. 제가 그런다는 걸 저도 알아요.

치료자 S: 반면에 어떤 상황에서는 조언이 비판적으로 느껴질 수 있어요. 제가 보기엔 두 분의 경우가 여기에 해당합니다. 앤에겐 조언이 비판적으로 받아들여진 것이죠.

앤: 네.

치료자 S: 그리고 "만약 내가 뭔가를 하지 않는다면……"과 같이 위협적인 상황으로 느껴졌을 거예요.

여기서 치료자 S는 마크의 제안이 앤에게 지도나 조언을 주기 위한 긍정적인 시도임을 재차 강조하였다. 직업상담사인 마크는 다른 사람들에게 건설적이고 도움이 되는 제안을 하는 것이 익숙하다. 치료자 S는 마크의 이 같은 행동 측면을 강조하였다. 바로 이 같은 '상담자' 자질이 마크가 자신이 하는 일에서 뛰어날 수 있게 만든다는 것이다. 그러나 치료자 S는 마크의 행동을 **전적으로** 긍정적인 방향으로만 재정립하지는 않았다. 치료자 S는 또한 마크의 '조언'이 앤에게 어떻게 비판적이며 위협적으로 경험되는지를 강조하였다.

회기가 끝나갈 무렵, 치료자 S는 두 가지 개입에서 비롯된 정보에 근거해 앤과 마크의 양극화 과정을 재구성하였다.

치료자 S: 저는 마크가 정말 잘 표현하셨다고 생각해요. 불편감을 느낄 때 마크는 항상 이렇게 해 왔던 거예요. 이게 바로 마크의 방식인 거죠. 마크는 이제서야 주변을 보기 시작하신 거예요. 마크는 앤과 대화를 할 때 상담사가 될 때가 있어요. 조언을 하고 싶겠죠. 하지만 앤의 입장에서는 상담사보다는 권위적인 교관을 만나는 것처럼 느낄 수 있습니다. 그리고 앤, 그때는 질책을 받는다고 느끼겠죠. 자신을 형편없다고 여길 수 있어요.

앤: 네.

치료자 S: 그래서 앤은 그 말을 받아들이거나, 그렇지 않으면 맞서야 한다고 느끼겠죠.

마크: 제 생각에는 제가…… 저항하는 것은…… 글쎄요, 네, 이해할 수 있을 것 같아요. 정말로요.

25회기

마지막 회기에서 앤은 최근 자신이 행복을 '누릴 자격이 없다'고 느꼈다는 통찰과 행복에는 어느 정도의 대가가 필요하다는 자신의 믿음에 대해 이야기하였다. 그녀는 자신의 행복을 위해서 누군가가 희생을 했거나, 혹은 행복에는 대가가 있을 것으로 생각했기에 행복이 죄책감을 느끼게 만들었다고 말하였다. 앤은 이러한 감정을 청소년기에 한 차례 겪었던 섭식장애, 그리고 어른이 되어 가끔 경험하는 우울 삽화와 연결 지었다.

다음의 대화에서 치료자 S는 여러 가지 IBCT 기법을 사용하여 앤의 통찰과 그녀의 감정이 커플의 양극화 과정에 어떻게 영향을 주는지에 대해 논의하였다. 첫 번째로, 치료자 S는 공감적 참여를 사용하여 앤이 우울해질 때 (마크가 앤에게 어떻게 생각하거나, 느끼거나, 혹은 행동'해야 하는지'에 대해 제안할 때) 어떤 경험을 하는지 마크가 이해하도록 도왔다. 그러고 나서 치료자 S는 앤과 마크를 문제(마크가 제안을 할 때마다 앤이 비판받고 있다고 느끼는 것)로부터 분리하였다. 치료자 S는 앤과 마크가 서로의 행동에 대해 어떻게 정서적으로 반응하는지 다루기보다 둘 사이의 기본적인 의사소통 문제에 집중하였다. 둘의 문제를 의사소통 방식으로 설명함으로써, 치료자 S는 앤과 마크를 문제와 분리시키면서 의사소통에 대한 정식 훈련 없이 각자에게 오래된 문제에 대응하는 새로운 방법을 제시하였다.

치료자 S: 앤은 행복을 느끼는 것에 있어 갈등이 있는 것 같네요. 행복해진다는 것은 마치 아이스크림을 먹는 것과 같아요. '이걸 먹으면 살이 찔 수도 있겠지만, 나는 이 맛있는 아이스크림을 먹겠어. 왜냐면 난 이걸 먹을 자격이 있거든. 나는 이 순간을 누릴 자격이 있다고!'라고 생각하시는 거죠. 행복한 순간도 아이스크림과 같아요. '어떻든 간에 나는 이 순간을 누릴 자격이 있다.'라고 생각하시는 거예요. 하지만 동시에 드는 죄책감을 마크에게 표현하면서 그와 동시에 제가 설명한 행복을 누리기에는 처음에 쉽지 않으실 거예요.

앤: 우울에 빠져 소파에서 전혀 몸을 움직일 수가 없을 때 그런 생각을 많이 해요. 제 스스로 많이 자책하죠.

치료자 S: 그렇기 때문에 마크는 그냥 경청해 줄 필요가 있어요. 그저 듣고 "너 정말 힘들겠구나."라고 말할 필요가 있어요. 마크는 문제를 해결하기 위해 "음, 그런 식으로 받아들이면 안 돼." 혹은 "이러저러한 것도 방법이야. 왜냐하면……"이라고 말하고 싶은 충동을 느끼겠지만, 그건 앤에게 자기비난을 불러오고 논쟁을 일으킬 수 있어요. 앤이 고통받는 걸 느꼈을 때 마크가 하던 반응은 "네가 뭘 해야 하는지 가르쳐 줄게."예요. 하지만 그것은 단지 "봤지? 바보야. 너는 이것도 못해?"라는 앤의 감정을 촉발시키고, 곧 앤의 자기비난으로 이어지게 될 거예요. 앤을 비난하기보다 "너 정말 스스로에 대해 자책감이 심하게 드는구나."라고 말해서 앤의 불안감과 자기비난에 대한 주제를 다른 말로 바꾸어 표현한다면, 앤과 공감대를 유지할 수 있게 될 거예요.

마지막으로, 치료자 S는 내성개입(tolerance intervention)을 활용하여 앤과 마크가 자신들의 문제가 의사소통 방식의 차이에서 나온 것임을 인식하게 하였다. 치료자 S는 커플의 문제가 의사소통의 어려움에서 비롯된 것이라고 기술하면서, 앤이 어떻게 **느끼는지**에 따라 상황에 반응하는 반면, 마크는 논리나 **근거**를 바탕으로 상황에 어떻게 반응할지 결정한다고 설명하였다. 치료자 S는 또한 이러한 의사소통 방식의 차이가 어떻게 앤과 마크 사이에서 문제를 일으키는지 지적하면서 이러한 차이가 사실은 상호 보완적이라고 설명한다.

치료자 S: (마크에게) 전 다음 방법을 권하고 싶습니다. 앤의 감정을 이해하지 못할 때 그것이 무엇이든 논리적으로 반응하는 대신 이렇게 한번 반응해 보는 것은 어떨까요? "그건 말도 안 돼."라고 말하는 대신, "너는 심하게 자책하는 것으로 보여."라고 말해 보세요. 앤, 마크가 이렇게 자신을 이해해 주는 것을 표현한다면 마크를 훨씬 더 가깝고 편하게 느끼시겠죠?

앤: 네, "당신은 그래야만 해."라고 쐐기를 박는 말이 아니면 돼요. (마크가 웃는다.)

치료자 S: 앤은 정서적 경험에서 나온 것을 이야기하고 마크는 합리적인 경험에서 나온 것을 이야기하는데, 두 이야기 모두 다 필요하고 중요합니다.

이 대화는 또한 앤과 마크가 어떻게 그들의 문제에서 일관된 거리 두기를 발전시켰는지 보여 준다. 앤이 마크에게 비난받는다고 느꼈던 둘의 '화제(hot topic)'를 설명할 때 앤은 '"당신은 그래야만 해."라고 쐐기를 박는 것'의 표현을 사용하였고, 마크는 이 말을 웃어넘길 수 있었다.

결론

단일 사례연구는 실례를 분명하게 보여 주는 목적으로는 유용하지만, 이를 근거로 치료에 대해 일반화된 결론을 내릴 수는 없다. 그러나 우리가 지금까지 설명한 연구들은 IBCT의 효용성에 대한 몇 가지 긍정적인 결과를 제시한다.

IBCT는 Hayes(2004)가 행동치료의 '제3의 물결'이라고 부른 것에 포함된다. '제1의 물결'은 전통적인 고전적 및 조작적 조건화 접근방식이었고, '제2의 물결'은 인지전략의 통합이었다. '제3의 물결'에서는 '보다 직접적이고 교훈적인 것은 물론 상황적이며 경험적인 변화전략'을 강조한다(p. 6). 수용과 마음챙김은 이러한 제3의 물결의 핵심이다. 이러한 치료들은 상당한 관심을 끌었고 그 효과성 검증 연구도 활발하게 진행되었지만, 추가적인 연구를 통해 이러한 치료, 특히 IBCT가 커플관계에서 오는 실질적 고통을 포함한 인간의 고통을 1, 2세대의 연구보다 더욱 완화시킬 수 있는지 지속적으로 확인해 나가야 한다.

주

1. '커플치료'는 결혼한 커플들뿐 아니라 결혼하지 않은 커플, 게이와 레즈비언 커플(커플)에 적용될 수 있기 때문에, '결혼치료'라는 보다 제한된 용어보다 '커플치료'라는 더 포괄적인 용어로 사용한다.
2. 비밀보장을 위해 식별 정보는 변경되었지만,

임상적 역동은 정확하게 묘사되었다. 그리고 인용문은 치료 회기 영상에서 직접 인용한 것이나, 가독성을 높이고자 조금 변형하였다.

3. 다른 곳에서 찾아볼 수 있는 TBCT 개입을 적용한 실례(예: Cordova & Jacobson, 1993; Jacobson & Margolin, 1979)는 여기에 포함되지 않았다.
4. 이 프로젝트에서는 CTS2를 사용하여 폭력을 평가하였으며, 아내가 남편으로부터 어느 정도 혹은 심각한 수준의 폭력을 당하였다고 신고한 커플은 프로젝트에서 제외하였다. 그들은 치료자 배정 전에 프로젝트에서 배제되었고, 폭력에 대한 적절한 개인치료에 의뢰되었다. 치료자 S는 일부 여성이 CTS2에서 상대방으로부터 당한 폭력에 대해 인정하지 않을 수도 있음을 인지했으나(물론 개별 회기에서는 폭력에 대해 인정할 수도 있다), 이들을 배제하지는 않았다. 임상적 상황에서 임상가는 모든 내담자에게 커플 질문지나 CTS2를 제공하고, 개별 회기 동안 폭력을 행사하거나 당했다고 인정하는 질문지 문항에 특히 초점을 맞추어 후속 조치를 취할 것을 권고한다. 이러한 면담을 토대로 임상가들은 필요하다면 내담자를 다른 치료에 의뢰해야만 한다(Jacobson & Gottman, 1998).

참고문헌

American Psychiatric Association. (2013). *Diagnostic and statistical manual of mental disorders* (5th ed.). Arlington, VA: Author.

Atkins, D. C., Berns, S. B., George, W., Doss, B., Gattis, K., & Christensen, A. (2005). Prediction of response to treatment in a randomized clinical trial of marital therapy. *Journal of Consulting and Clinical Psychology, 73*, 893-903.

Atkins, D. C., Dimidjian, S., Bedics, J. D., & Christensen, A. (2009). Couple discord and depression in couples during couple therapy and in depressed individuals during depression treatment. *Journal of Consulting and Clinical Psychology, 77*, 1089-1099.

Baucom, B. R., Atkins, D. C., Simpson, L. E., & Christensen, A. (2009). Prediction of response to treatment in a randomized clinical trial of couple therapy: A 2-year follow-up. *Journal of Consulting and Clinical Psychology, 77*, 160-173.

Baucom, D. H., & Epstein, N. (1990). *Cognitive behavioral marital therapy*. New York: Brunner/Mazel.

Baucom, D. H., Epstein, N., & Rankin, L. A. (1995). Cognitive aspects of cognitive behavioral marital therapy. In N. S. Jacobson & A. S. Gurman (Eds.), *Clinical handbook of couple therapy* (pp. 65-90). New York: Guilford Press.

Baucom, D. H., & Hoffman, J. A. (1986). The effectiveness of marital therapy: Current status and application to the clinical setting. In N. S. Jacobson & A. S. Gurman (Eds.), *Clinical handbook of marital therapy* (pp. 597-620). New York: Guilford Press.

Baucom, D. H., Shoham, V. M., Kim, T., Daiuto, A. D., & Stickle, T. R. (1998). Empirically supported couple and family interventions for marital distress and adult mental health problems. *Journal of Consulting and Clinical Psychology, 66*(1), 53-88.

Baucom, K. J. W., Sevier, M., Eldridge, K. A., Doss, B. D., & Christensen, A. (2011). Observed communication in couples two years after integrative and traditional behavioral couple therapy: Outcome and link with five-year follow-up. *Journal of Consulting and Clinical Psychology, 79*, 565-576.

Beach, S. R. H., Wamboldt, M. Z., Kaslow, N. J., Heyman, R. E., First, M. B., Underwood, L. G., et al. (2006). *Relational processes and DSM-V: Neuroscience, assessment, prevention, and treatment*. Washington, DC: American Psychiatric Publishing.

Buehler, C., Anthony, C., Krishnakumar, A., Stone, G., Gerard, J., & Pemberton, S. (1997). Interparental conflict and youth problems behaviors: A meta-analysis. *Journal of Child and Family Studies, 6*, 233-247.

Christensen, A. (2009). Couple Questionnaire. Unpublished questionnaire. (To obtain this freely available measure, contact Andrew Christensen, PhD, UCLA Department of Psychology, Los Angeles, CA 90095; *christensen@psych.ucla.edu*.)

Christensen, A. (2010). Weekly Questionnaire. Unpublished questionnaire. (To obtain this freely available measure, contact Andrew Christensen, PhD, UCLA Department of Psychology, Los Angeles, CA 90095; *christensen@psych.ucla.edu*.)

Christensen, A., Atkins, D. C., Baucom, B., & Yi, J. (2010). Marital status and satisfaction five years following a randomized clinical trial comparing traditional versus integrative behavioral couple therapy. *Journal of Consulting and Clinical Psychology, 78*, 225-235.

Christensen, A., Atkins, D. C., Berns, S., Wheeler, J., Baucom, D. H., & Simpson, L. E. (2004). Traditional versus integrative behavioral couple therapy for significantly and chronically distressed married couples. *Journal of Consulting and Clinical Psychology, 72*, 176-191.

Christensen, A., Atkins, D. C., Yi, J., Baucom, D. H., & George, W. H. (2006). Couple and individual adjustment for two years following a randomized clinical trial comparing traditional versus integrative behavioral couple therapy. *Journal of Consulting and Clinical Psychology, 74*, 1180-1191.

Christensen, A., & Heavey, C. L. (1999). Interventions for couples. *Annual Review of Psychology, 50*, 65-102.

Christensen, A., & Jacobson, N. S. (1997). *Frequency and Acceptability of Partner Behavior Inventory: Unpublished measures*. Los Angeles: University of California, Los Angeles.

Christensen, A., & Jacobson, N. S. (2000). *Reconcilable differences*. New York: Guilford Press.

Christensen, A., Doss, B. D., & Jacobson, N. S. (2014). *Reconcilable differences* (2nd ed.). New York: Guilford Press.

Christensen, A., Jacobson, N. S., & Babcock, J. C. (1995). Integrative behavioral couple therapy. In N. S. Jacobson & A. S. Gurman (Eds.), *Clinical handbook of couple therapy* (pp. 31-64). New York: Guilford Press.

Cordova, J., & Jacobson, N. S. (1993). Couple distress. In D. H. Barlow (Ed.), *Clinical handbook of psychological disorders* (2nd ed., pp. 481-512). New York: Guilford Press.

Crane, D. R., & Mead, D. E. (1980). The Marital Status Inventory: Some preliminary data on an instrument to measure marital dissolution potential. *American Journal of Family Therapy, 8*(3), 31-35.

Doss, B. D., & Christensen, A. (2006). Acceptance in romantic relationships: The Frequency and Acceptability of Partner Behavior Inventory. *Psychological Assessment, 18*, 289-302.

Doss, B. D., Thum, Y. M., Sevier, M., Atkins, D. C., & Christensen, A. (2005). Improving relationships: Mechanisms of change in couple therapy. *Journal of Consulting and Clinical Psychology, 73*, 624-633.

Epstein, N., & Baucom, D. H. (2002). *Enhanced cognitive-behavioral therapy for couples: A contextual approach*. Washington, DC: American Psychological Association.

Floyd, F. J., & Markman, H. J. (1983). Observational biases in spouse observation: Toward a cognitive/behavioral model of marriage. *Journal of Consulting and Clinical Psychology, 51*, 450-457.

Floyd, F. J., Markman, H. J., Kelly, S., Blumberg, S. L., & Stanley, S. M. (1995). Preventive intervention and relationship enhancement. In N. S. Jacobson & A. S. Gurman (Eds.), *Clinical handbook of couple therapy* (pp. 212-230). New York: Guilford Press.

Funk, J. L., & Rogge, R. D. (2007). Testing the ruler with item response theory: Increasing precision of measurement for relationship satisfaction with the Couples Satisfaction Index. *Journal of Family Psychology, 21*, 572-583.

Gottman, J., Notarius, C., Gonso, J., & Markman, H. (1976). *A couple's guide to communication*. Champaign, IL: Research Press.

Gupta, M., Coyne, J. C., & Beach, S. R. H. (2003). Couples treatment for major depression: Critique of the literature and suggestions for some different directions. *Journal of Family Therapy, 25*, 317-346.

Gurman, A. S., Knickerson, D. P., & Pinsof, W. M. (1986). Research on the process and outcome of marital and family therapy. In S. L. Garfield & A. E. Bergin (Eds.), *Handbook of psychotherapy and behavior change* (3rd ed., pp. 565-624). New York: Wiley.

Hahlweg, K., Schindler, L., Revenstorf, D., & Brengelmann, J. C. (1984). The Munich Marital Therapy Study. In K. Hahlweg & N. S. Jacobson (Eds.), *Marital interaction: Analysis and modification* (pp. 3-26). New York: Guilford Press.

Halford, W. K. (2001). *Brief therapy for couples: Helping partners help themselves*. New York: Guilford Press.

Halford, W. K., Hayes, S., Christensen, A., Lambert, M., Baucom, D. H.,& Atkins, D. C. (2012). Toward making progress feedback an effective common factor in couple therapy. *Behavior Therapy, 43*, 49-60.

Hayes, S. C. (2004). Acceptance and commitment therapy and the new behavior therapies. In S. C. Hayes, V. M. Follette, & M. M. Linehan (Eds.), *Mindfulness and acceptance: Expanding the cognitive-behavioral tradition* (pp. 1-29). New York: Guilford Press.

Heavey, C. L., Christensen, A., Malamuth, N. M. (1995). The longitudinal impact of demand and withdrawal during marital conflict. *Journal of Consulting and Clinical Psychology, 63*, 797-801.

Holtzworth-Munroe, A., & Jacobson, N. S. (1991). Behavioral marital therapy. In A. S. Gurman & D. P. Knickerson (Eds.), *Handbook of family therapy* (2nd ed., pp. 96-133). New York: Brunner/Mazel.

Jacobson, N. S. (1977). Problem solving and contingency contracting in the treatment of marital discord. *Journal of Consulting and Clinical Psychology, 45*, 92-100.

Jacobson, N. S. (1978a). A review of the research on the effectiveness of marital therapy. In T. J. Paolino & B. S. McGrady (Eds.), *Marriage and marital therapy: Psychoanalytic, behavioral, and systems theory perspectives* (pp. 395-444). New York: Brunner/ Mazel.

Jacobson, N. S. (1978b). Specific and nonspecific factors in the effectiveness of a behavioral approach to the treatment of marital discord. *Journal of Consulting and Clinical Psychology, 46*, 442-452.

Jacobson, N. S. (1984). A component analysis of behavioral marital therapy: The relative effectiveness of behavior exchange and problem solving training. *Journal of Consulting and Clinical Psychology, 52*, 295-305.

Jacobson, N. S., & Addis, M. E. (1993). Research on couple therapy: What do we know? Where are we going? *Journal of Consulting and Clinical Psychology, 61*, 85-93.

Jacobson, N. S., & Christensen, A. (1998). *Acceptance and change in couple therapy: A therapist's guide to transforming relationships*. New York: Norton.

Jacobson, N. S., Christensen, A., Prince, S. E., Cordova, J., & Eldridge, K. (2000). Integrative behavioral couple therapy: An acceptance-based, promising new treatment for couple discord. *Journal of Consulting and Clinical Psychology, 68*(2), 351-355.

Jacobson, N. S., Follette, W. C., & Pagel, M. (1986). Predicting who will benefit from behavioral marital therapy. *Journal of Consulting and Clinical Psychology, 54*, 518-522.

Jacobson, N. S., Follette, W. S., Revenstorf, D., Baucom, D. H., Hahlweg, K., & Margolin, G. (1984). Variability in outcome and clinical significance of behavior marital therapy: A reanalysis of outcome data. *Journal of Consulting and Clinical Psychology, 52*, 497-564.

Jacobson, N. S., & Gottman, J. (1998). *When men batter women: New insights into ending abusive relationships*. New York: Simon & Schuster.

Jacobson, N. S., & Holtzworth-Munroe, A. (1986). Marital therapy: A social learning/cognitive perspective. In N. S. Jacobson & A. S. Gurman (Eds.), *Clinical handbook of marital therapy* (pp. 29-70). New York: Guilford Press.

Jacobson, N. S., & Margolin, G. (1979). *Marital therapy:*

Strategies based on social learning and behavior exchange principles. New York: Brunner/Mazel.

Jacobson, N. S., Schmaling, K. B., & Holtzworth-Munroe, A. (1987). Component analysis of behavioral marital therapy: Two-year follow-up and prediction of relapse. *Journal of Marital and Family Therapy, 13*, 187-195.

Knox, D. (1971). *Marital happiness: A behavioral approach to counseling*. Champaign, IL: Research Press.

Liberman, R. P. (1970). Behavioral approaches to family and couple therapy. *American Journal of Orthopsychiatry, 40*, 106-118.

Liberman, R. P., Wheeler, E. G., deVisser, L. A., Kuehnel, J., & Kuehnel, T. (1981). *Handbook of marital therapy: A positive approach to helping troubled relationships*. New York: Plenum Press.

O'Farrell, T. J., & Fals-Stewart, W. (2000). Behavioral couples therapy for alcoholism and drug abuse. *Journal of Substance Abuse and Treatment, 18*, 51-54.

Sevier, M., Eldridge, K., Jones, J., Doss, B., & Christensen, A. (2008). Observed communication and associations with satisfaction during traditional and integrative behavioral couple therapy. *Behavior Therapy, 39*, 137-150.

Simpson, L. E., Doss, B. D., Wheeler, J., & Christensen, A. (2007). Relationship violence among couples seeking therapy: Common couple violence or battering? *Journal of Marital and Family Therapy, 33*, 270-283.

Skinner, B. F. (1966). *The behavior of organisms: An experimental analysis*. Englewood Cliffs, NJ: Prentice Hall.

Snyder, D. K., Castellani, A. M., & Whisman, M. A. (2006). Current status and future directions for couple therapy. *Annual Review of Psychology, 57*, 317-344.

Snyder, D. K., Wills, R. M., & Grady-Fletcher, A. (1991). Long-term effectiveness of behavioral versus insight-oriented marital therapy: A 4-year follow-up study. *Journal of Consulting and Clinical Psychology, 59*, 138-141.

Straus, M. A., Hamby, S. L., Boney-McCoy, S., & Sugarman, D. B. (1996). The Revised Conflict Tactics Scales (CTS2): Development and preliminary psychometric data. *Journal of Family Issues, 17*(3), 283-316.

Stuart, R. B. (1969). Operant interpersonal treatment for marital discord. *Journal of Consulting and Clinical Psychology, 33*, 675-682.

Stuart, R. B. (1980). *Helping couples change: A social learning approach to marital therapy*. New York: Guilford Press.

Weiss, R. L., & Cerreto, M. C. (1980). The Marital Status Inventory: Development of a measure of dissolution potential. *American Journal of Family Therapy, 8*(2), 80-85.

Weiss, R. L., Hops, H., & Patterson, G. R. (1973). A framework for conceptualizing marital conflict, technology for altering it, some data for evaluating it. In L. A. Hamerlynck, L. C. Handy, & E. J. Mash (Eds.), *Behavior change: Methodology, concepts, and practice* (pp. 309-342). Champaign, IL: Research Press.

Whisman, M. A. (2007). Marital distress and DSM-IV psychiatric disorders in a population-based national survey. *Journal of Abnormal Psychology, 116*, 638-643.

Whisman, M. S., & Bruce, M. L. (1999). Marital dissatisfaction and incidence of major depressive episode in a community sample. *Journal of Abnormal Psychology, 108*, 674-678.

Wile, D. B. (2008). After the honeymoon: How conflict can improve your relationship (Rev. ed.). Oakland, CA: Collaborative Couple Therapy Books.

Wimberly, J. D. (1998). An outcome study of integrative couples therapy delivered in a group format (Doctoral dissertation, University of Montana, 1997). *Dissertation Abstracts International B: Sciences and Engineering, 58*(12), 6832.

찾아보기

/ 인명 /

/ 내용 /

● 편저자 소개 ●

David H. Barlow 박사는 미국심리학회의 인증 전문심리학자로서 보스턴 대학교의 심리학과와 정신과 교수이고, 불안 및 관련장애 센터의 설립자이자 소장이다. 그는 500개 이상의 논문과 서적에서 독립적인 장을 맡아 저술하였으며, 60개의 서적과 임상매뉴얼을 저술하였다. 그중 정서장애 및 임상연구 방법에 관한 책들은 아랍어, 중국어, 힌두어 및 러시아어 등의 20개 이상의 언어로 번역되어 있다.

Barlow 박사의 대표적인 저술로는 『심리장애의 평가와 치료계획을 위한 핸드북 2판(Handbook of assessment and treatment planning for psychological disorders, second edition)』『불안 및 불안 관련장애 2판(Anxiety and its disorders, second edition)』 등이 있다. 그는 많은 상을 수상하였으며, 최근에는 행동인지치료학회의 Career/Lifetime Achievement 상을 받았다. 임상심리학회와 행동인지치료학회의 회장을 역임하였고, 『Clinical Psychology: Science and Practice and Behavior Therapy』의 편집자이다. Barlow 박사의 연구는 40년 이상 국립건강연구원에 의해 지원받았다.

〈David H. Barlow 박사의 또 다른 저서〉

『불안 및 불안 관련 장애: 불안과 공황장애의 특성과 치료 2판(Anxiety and its disorders: The nature and treatment of anxiety and panic, second edition)』

David H. Barlow

『만성불안: 범불안장애와 불안-우울의 혼합장애(Chronic anxiety: Generalized anxiety disorder and mixed anxiety-depression)』

Ed., Martin M. Antony, David H. Barlow

『심리장애의 평가와 치료계획을 위한 핸드북 2판(Handbook of assessment and treatment planning for psychological disorders, second edition)』

Ed., Martin M. Antony, David. H. Barlow

『공황장애의 심리치료(Psychological treatment of panic)』

David H. Barlow, Jerome A. Cernuy

● 공저자 소개 ●

David H. Barlow, PhD. 매사추세츠주 보스턴 대학교 심리학과, 불안 및 관련장애 센터
Aaron T. Beck, MD. 펜실베이니아주 필라델피아의 펜실베이니아 페럴만 의과대학 정신건강의학과, 펜실베이니아주 발라 신위드의 벡(Beck) 인지행동치료센터
Larry E. Beutler, PhD, ABPP. 캘리포니아주 팰로앨토 대학교 심리학과
Kathryn L. Bleiberg, PhD. 뉴욕주 뉴욕시 코넬 대학교의 웨일 코넬 의과대학 정신건강의학과
Andrew Christensen, PhD. 캘리포니아주 로스앤젤레스의 캘리포니아 대학교 심리학과
Zafra Cooper, DPhil. 영국 옥스퍼드 대학교 정신건강의학과
Michelle G. Craske, PhD. 캘리포니아주 로스앤젤레스의 캘리포니아 대학교 심리학과
Sona Dimidjian, PhD. 콜로라도주 볼더의 콜로라도 대학교 심리학과 및 신경과학과
Brian D. Doss, PhD. 플로리다주 코럴 게이블즈의 마이애미 대학교 심리학과
Kristen K. Ellard, PhD. 매사추세츠주 보스턴의 매사추세츠 종합병원 정신건강의학과
Christopher G. Fairburn, DM. 영국 옥스퍼드 대학교 정신건강의학과
Christopher P. Fairholme, PhD. 매사추세츠주 불안 및 관련장애 센터
Todd J. Farchione, PhD. 매사추세츠주 보스턴 대학교 심리학과, 불안 및 관련장애 센터
Edna B. Foa, PhD. 펜실베이니아주 필라델피아의 펜실베이니아 대학교 정신건강의학과, 불안장애의 치료 및 연구 센터
Martin E. Franklin, PhD. 펜실베이니아주 필라델피아의 펜실베이니아 페럴만 의과대학 정신건강의학과
Allison G. Harvey, PhD. 캘리포니아주 버클리의 캘리포니아 대학교 심리학과
Sarah H. Heil, PhD. 버몬트주 벌링턴의 버몬트 대학교 정신건강 및 심리학과의 버몬트 행동 및 건강 센터
Richard G. Heimberg, PhD. 펜실베이니아주 필라델피아의 템플 대학교 심리학과, 성인 불안 클리닉
Ruth Herman-Dunn, PhD. 워싱턴주 시애틀의 워싱턴 대학교 심리학과
Stephen T. Higgins, PhD. 버몬트주 벌링턴의 버몬트 대학교 정신건강 및 심리학과의 버몬트 행동 및 건강 센터
Samuel Hubley, MA. 콜로라도주 볼더의 콜로라도 대학교 심리학과 및 신경과학과
Neil S. Jacobson, PhD. (작고함) 워싱턴주 시애틀의 워싱턴 대학교 심리학과
Katherine A. Kaplan, PhD. 캘리포니아주 스탠포드 의과대학 정신건강 및 행동과학과
Marsha M. Linehan, PhD. 워싱턴주 시애틀의 워싱턴 대학교 심리학과
Leanne Magee, PhD. 펜실베이니아주 필라델피아의 정형외과, 아동-청소년 정신건강 및

행동과학과, 필라델피아의 아동병원

John C. Markowitz, MD. 콜롬비아 대학교 정신건강의학과, 뉴욕 주립 정신병원 정신건강의학과, 코넬 대학교 웨일 의과대학 정신건강의학과

Christopher R. Martell, PhD. 위스콘신주 밀워키의 위스콘신 대학교 심리학과, Martell 행동활성화 연구 및 자문 센터

Barbara S. McCrady, PhD. 뉴멕시코주 앨버커키의 뉴멕시코 대학교 심리학과, 알코올리즘, 약물 남용 및 중독 센터

David J. Miklowitz, PhD. 임상심리학 박사, 정신건강의학과 교수, 미국 로스앤젤레스 캘리포니아 주립대학교, 시멜 신경과학 및 인간 행동 연구소, 데이비드 게펜 의과대학 소속

Candice M. Monson, PhD. 캐나다 온타리오주 토론토 라이어슨 대학교 심리학과

Andrada D. Neacsiu, PhD. 노스캐롤라이나주 던햄의 듀크 의과대학 정신건강 및 행동과학과

John C. Norcross, PhD, ABPP. 개인치료실, 펜실베이니아주 스크랜튼의 스크랜튼 대학교 심리학과

Susan M. Orsillo, PhD. 매사추세츠주 보스턴의 서폭 대학교 심리학과

Laura A. Payne, PhD. 캘리포니아주 로스앤젤레스의 캘리포니아 대학교 데이비드 게펜 의과대학 소아과

Patricia A. Resick, PhD. 노스캐롤라이나주 던햄의 듀크 의과대학 정신건강 및 행동과학과

Shireen L. Rizvi, PhD. 뉴저지주 피스카타웨이, 뉴저지의 럿거스 주립대학교 응용 및 전문심리학 대학원

Lizabeth Roemer, PhD. 매사추세츠주 보스턴 대학교 심리학과

Jayne L. Rygh, PhD. 뉴욕주 뉴욕시의 개인치료실

Stacey C. Sigmon, PhD. 버몬트주 벌링턴의 버몬트 대학교 정신건강 및 심리학과의 버몬트 행동 및 건강 센터

Nicholas Tarrier, PhD. 임상심리학 박사, 정신건강의학과 교수, 영국 킹스 칼리지 런던 정신과 소속

Rumina Taylor, DClinPsy. 임상심리학 박사, 정신건강의학과 교수, 영국 킹스 칼리지 런던 정신과 소속, 영국 런던 남부 머슬리 국립건강국 파운데이션 트러스트 소속

Arthur D. Weinberger, PhD. (**퇴직**) 뉴욕주 뉴욕시의 뉴욕 인지치료센터

Jennifer G. Wheeler, PhD. 워싱턴주 시애틀시의 개인치료실

Jeffrey E. Young, PhD. 콜롬비아 대학교 정신건강의학과, 뉴욕시 뉴욕 도식치료연구소

● 역자 소개 ●

김정모(Kim, Jungmo)

독일에서 '부정적 정서경험 후의 우울환자의 자기초점적 주의'로 석사학위를 받았고, '우울장애와 불안장애 증상의 구별을 위한 행동활성화와 억제체계의 비교'를 통해 박사학위를 받았다. 독일 공인심리치료자의 기본 과정을 이수한 후 한국에서 마음챙김에 기초한 인지행동치료의 연구와 교육에 중점을 두고 학술활동에 전념하고 있다. 제50대 임상심리학회장을 역임한 후 현재 영남대학교 심리학과의 임상심리학 교수로 재직 중이다.

김지혜(Kim, Jihae)

연세대학교를 졸업하였으며, 고려대학교 임상심리학 석사를 졸업한 후 고려대학교에서 '자기 초점화주의가 불안에 미치는 영향'을 주제로 임상심리학 박사학위를 취득하였다. 이후 불안 및 우울 장애에 관한 연구 및 다양한 검사를 국내에서 표준화하는 연구를 수행하였고, 임상심리학회 회장을 역임하였다. 현재 성균관대학교 의과대학 삼성서울병원의 교수로 재직 중이다.

박상규(Park, Sanggyu)

영남대학교 심리학과 학사, 영남대학교 대학원 석사(산업 및 상담심리전공), 계명대학교 대학원 박사(임상 및 상담심리전공)학위를 받았다. 현재 가톨릭꽃동네대학교 상담심리학과 교수로 재직 중이다. 세종 · 충북도박문제관리센터운영위원장을 맡고 있으며 한국중독포럼 공동대표이다. 『숲치료 이야기』(공저, 학지사, 2020), 『행복수업』(학지사, 2020), 『스마트폰에 빠진 우리 아이 구출하기』(학지사, 2019), 『알코올중독자, 내 안의 또 다른 나』(공저, 학지사, 2019), 『중독상담학 개론』(공저, 학지사, 2018), 『중독의 이해와 상담실제』(2판, 공저, 학지사, 2017), 『중독과 마음챙김』(학지사, 2016) 등을 저술하였으며, 한국중독심리학회장, 한국중독상담학회장, 문화체육관광부소속 한국도박문제관리센터 이사장 등을 역임하였다.

박중규(Park, Joongkyu)

연세대학교 심리학과에서 학사, 석사, 박사를 마쳤다. 서울대병원 신경정신과에서 임상심리 수련을 이수했고, 연세대학교 의과대학 세브란스병원 정신과, 인제대학교 일산백병원 신경정신과에서 근무하였다. 제53대 임상심리학회장을 역임하였고, 현재는 대구대학교 재활심리학과 교수로, 대구대학교 정신건강상담센터 센터장을 맡고 있다.

배주미(Bae, Joomi)

연세대학교 심리학과를 졸업한 후 동 대학원에서 석사졸업, 동 대학원에서 '아동기 우울증의 인지변인'을 주제로 임상심리학 박사학위를 취득하였다. 이후 삼성서울병원에서 임상심리수련과정을 마쳤고, 미국 Beck Institute for Cognitive Therapy에서 엑스턴십(externship)을 수료하였으며, 한국청소년상담복지개발원의 상담조교수로 재직하였다. 현재 마음사랑아동청소년상담센터의 소장, 마음사랑의 상담원으로 상담 및 심리치료를 하고 있다.

서수연(Suh, Sooyeon)

고려대학교 심리학과에서 학사, 미국 오하이오 주립대학교 임상심리대학원에서 석사·박사 학위를 취득하였다. 미국 시카고 러쉬 의과대학에서 심리레지던트를 수료하였고, 스탠퍼드 의과대학 수면클리닉에서 박사후과정을 수료하였다. 고려대학교 안산병원 인간유전체연구소 연구교수를 역임하였고, 현재 성신여자대학교 심리학과 교수로 재직 중이다. 『사례로 배우는 불면증을 위한 인지행동치료』(시그마프레스, 2017)와 「What do people do before going to bed? A study of bedtime procrastination using time use surveys」(교신, 2020), 「Sleep disturbance in women who undergo surgical menopause compared with women who experience natural menopause」(교신, 2019), 「Sex differences in insomnia: From epidemiology and etiology to intervention」(주저자, 2018) 등을 저술하였다.

신성만(Shin, Sungman)

계명대학교 심리학과를 졸업하고 미국 위스콘신 대학교에서 재활심리학 석사학위를 취득하였다. Asian Pacific Counseling and Treatment Center(미국, LA)에서 심리치료사로 일했으며, 미국 보스턴 대학교에서 정신재활상담학 박사학위를 받고 하버드 의과대학 정신과 연구원을 거쳐 2004년부터 한동대학교 상담심리학과 및 심리학과 대학원의 교수로 재직 중이다. 중독상담학회장 및 중독심리학회장을 역임하였고, 행동중독, 약물중독, 동기강화상담, 실존치료 등에 관심을 두고 연구하고 있다.

전미애(Jeon, Miae)

부산대학교를 졸업한 후, 대구대학교에서 임상 및 상담 심리학 전공으로 석사학위를 받았고, 영남대학교에서 심리학 박사학위를 받았다(논문: 「정서조절을 위한 Mindfulness-Based Cognitive Therapy의 치료적 과정」). 2005년부터 2012년까지 국내의 다양한 장면에서 임상경험을 쌓았고, 영남대학교 학생상담센터에서 선임연구원을 역임하며 심리학과에서 강의를 하였다. 2012년부터 2016년까지 캐나다의 캘거리 대학교 심리학과에서 방문학자로 활동하며 연구와 개인 및 집단 상담을 수행하였다. 현재 캐나다 온타리오주의 공인 심리치료자로서 알코올 및 약물 중독 재활센터를 거쳐, 토론토시의 청소년 상담기관에서 심리치료자로 일하면서, 동시에 개인상담실 운영을 겸하고 있다. 주요 역서로 『스스로 공황을 극복하는 10가지 방법』(사회평론아카데미, 2020)과 『초보자를 위한 인지행동치료』(공역, 학지사, 2014)가 있다.

정경미(Chung, Kyongmee)

연세대학교 심리학과와 동 대학원 졸업 후, 미국 하와이 주립대학교에서 ADHD의 지속적 주의력에 대한 조사를 주제로 임상심리학 박사학위를 취득하였다. 이후 미국 노스캐롤라이나 대학교 채플힐과 존스홉킨스 대학교에서 박사후 과정을 수료하고, 컬럼비아 의과대학 소아청소년 정신의학과에서 임상강사를 역임하였다. 현재 연세대학교 심리학과 교수이며, 행동주의 심리학을 기반으로 자폐증 치료, 그리고 우울 및 다양한 정신적 어려움에 대한 Digital Phenotyping과 Digital Therapeutic을 활발하게 연구하고 있다.

조용래(Cho, Yongrae)

서울대학교 심리학과를 졸업하고, 동 대학원에서 임상심리학을 전공하여 박사학위를 받았다. 서울대학교병원 신경정신과에서 임상심리연수원(3년) 과정을 수료하였으며, 조선대학교 의과대학 정신과 부교수, 미국 University of Texas at Austin 심리학과 방문교수, 한국임상심리학회장을 역임하였다. 현재 한림대학교 심리학과 교수로 재직하고 있으며, 한국인지행동치료학회 회장, 강원도 소방심리지원단장을 맡고 있다. 『정서장애의 단일화된 범진단적 치료 프로토콜: 치료자용 가이드』(공역, 학지사, 2017), 『정서조절의 노하우: 정서장애의 단일화된 범진단적 치료 프로토콜 워크북』(공역, 학지사, 2017), 『양극성장애: 기분의 상승과 하락을 반복하는 사람들』(공저, 학지사, 2016)』 등 12편의 저 · 역서가 있고, 「Role of panic appraisal in predicting the severity of panic and agoraphobic symptoms」(책임, 2021)』 등 150여 편의 논문을 국내외 유수학술지에 게재하였다.

최기홍(Choi, Keehong)
현재 고려대학교 심리학부 부교수이며, 고려대학교 부설 KU 마음건강연구소 소장을 맡고 있다. 미국 네브래스카 주립대학교에서 임상심리학으로 박사학위를 취득하고, 뉴욕 컬럼비아 대학병원에서 정신과 펠로우, 예일 대학교 병원에서 연구과학자로 심리치료 효과 연구 및 중증정신질환의 재활에 관한 연구를 진행하였다. 저서로는『아파도 아프다하지 못하면』(사회평론, 2018)이 있고, 역서로는『정서도식치료 매뉴얼: 심리치료에서의 정서조절』(공역, 박영스토리, 2019),『정신장애 치료와 재활을 위한 인지재활: 치료자 지침서』(공역, 학지사, 2018),『중증정신질환의 치료와 재활: 통합적 패러다임』(공역, 학지사, 2011) 등 다수가 있다.『Journal of Abnormal Psychology』『British Journal of Psychiatry』『Psychological Medicine』『Schizophrenia Research』『Journal of Affective Disorders』등 국내외 전문 학술지에 70여 편의 논문을 게재하였다. 미국 공인 심리학자(코네티컷주)이자 한국심리학회 공인 임상심리전문가로 근거기반 심리치료, 특히 인지행동치료 서비스를 임상현장에 제공하고, 후학을 양성하며, 차세대 심리평가 및 심리치료 개발을 위한 국가 연구 과제를 수주하여 진행하고 있다.

현명호(Hyun, Myoungho)
중앙대학교 심리학과를 졸업한 후에 중앙대학교 대학원에서 임상심리학으로 석사 · 박사학위를 취득하였다. 박사학위의 주제는 '통증'에 대한 것이었으며, 이후 '용서' '자살' '중독' 등에 관심을 두어 연구하였다. 한국임상심리학회와 한국건강심리학회 학회장을 역임하였다. 현재 중앙대학교 심리학과 교수로 교육과 연구활동을 하고 있으며, 대한스트레스학회 이사장, (사)대학연구윤리위원회 부회장으로 활동하고 있다.

심리장애의 임상적용을 위한 핸드북

-근거기반의 단계적 치료-

Clinical Handbook of Psychological Disorders: A Step-by-Step Treatment Manual (5th ed.)

2021년 7월 25일 1판 1쇄 인쇄
2021년 7월 30일 1판 1쇄 발행

엮은이 • David H. Barlow
옮긴이 • 김정모 · 김지혜 · 박상규 · 박중규 · 배주미 · 서수연
신성만 · 전미애 · 정경미 · 조용래 · 최기홍 · 현명호
펴낸이 • 김진환
펴낸곳 • (주) 학지사
04031 서울특별시 마포구 양화로 15길 20 마인드월드빌딩
대표전화 • 02)330-5114 팩스 • 02)324-2345
등록번호 • 제313-2006-000265호

홈페이지 • http://www.hakjisa.co.kr
페이스북 • https://www.facebook.com/hakjisabook

ISBN 978-89-997-2427-5 93180

정가 37,000원

역자와의 협약으로 인지는 생략합니다.
파본은 구입처에서 교환해 드립니다.